Bräutigam/Kraul

Internet of Things

Internet of Things

Rechtshandbuch

Herausgegeben von

Prof. Dr. Peter Bräutigam
München

Dr. Torsten Kraul LL.M.
Berlin

Bearbeitet von den Herausgebern und

Stefan Bauer LL.M., München; *Dr. Alexander Birnstiel LL.M.*, München; *Prof. Dr. Dr. Walter Blocher*, Kassel; *Thomas Böhne*, München; *Dr. David Bomhard*, München; *Dr. Steffen Burrer*, München; *Dr. Michael Denga LL.M.*, Berlin; *Sebastian Dienst*, München; *Prof. Dr. Christian Djeffal*, München; *Andreas Egger*, Augsburg; *Dr. Wolfgang Feiel*, Wien; *Dr. Korbinian Feller*, München; *Dr. Martin Geipel*, Berlin; *Janik Goßler LL.M.*, Frankfurt a. M.; *Dr. Korbinian Hartl*, München; *Prof. Dr. Dirk Heckmann*, München; *Martin Hedrich*, Frankfurt a. M.; *Dr. Thomas Josef Heitzer*, Düsseldorf; *Prof. Dr. Dr. Kai-Michael Hingst*, Hamburg; *Prof. Dr. Ing. Dipl.-Inform. Joachim Hohmann*, Kaiserslautern; *Ingo Hüttemeyer*, Düsseldorf; *Prof. Dr. Johannes Kreile*, München; *Tobias Kugler*, Frankfurt a. M.; *Christian Alexander Mayer*, München; *Dr. Ralph Nack*, München; *Dr. Anne Paschke*, Berlin; *Dr. Mansur Pour Rafsendjani*, München; *Dr. Louis Püschel*, Bayreuth; *Dr. Michael Reiling*, München; *Dr. Thomas Roth*, Frankfurt a. M.; *Prof. Dr. Maximilian Röglinger*, Bayreuth; *Dr. Daniel Rücker LL.M.*, München; *Dr. Bärbel Sachs LL.M.*, Berlin; *Prof. Dr. Joachim Schrey*, Frankfurt a. M.; *Dr. Nico Schur*, Düsseldorf; *Dr. Klaus M. Steinmaurer MBA*, Wien; *Dr. Thomas Thalhofer*, München; *Olaf Vogel*, Bonn; *Dr. Nikolai Warneke*, Frankfurt a. M.; *Prof. Dr. Andreas Wiebe LL.M.*, Göttingen

2021

C.H.BECK

www.beck.de

ISBN 978 3 406 74898 1

Wilhelmstraße 9, 80801 München
Druck und Bindung: Westermann Druck Zwickau GmbH
Crimmitschauer Straße 43, 08058 Zwickau

Satz: 3w+p GmbH, Rimpar
Umschlaggestaltung: Druckerei C.H. Beck, Nördlingen

CO_2 neutral
chbeck.de/nachhaltig

Gedruckt auf säurefreiem, alterungsbeständigem Papier
(hergestellt aus chlorfrei gebleichtem Zellstoff)

Vorwort

„... When wireless is perfectly applied the whole earth will be converted into a huge brain, which in fact it is, all things being particles of a real and rhythmic whole ....“

Nicola Tesla, 30. 1. 1926

Die vor fast 100 Jahren formulierte Vision von Nicola Tesla (zum Zitat → § 3 Rn. 24) wird mit dem Internet of Things zur Realität. Und das Potenzial ist enorm – geht es doch nicht mehr nur um die Vernetzung der Computer (Internet der Computer), die von voluminösen Mainframes zu kleinen Personal Computer und weiter zu noch viel kleineren/handlichen Smartphones schrumpften, sondern um die Vernetzung der Dinge (Internet der Dinge), und zwar nicht nur physischer, sondern auch virtueller Dinge.

Ermöglichte der Buchdruck überhaupt erst den Austausch menschengenerierter Information, der durch das Internet auf Echtzeit („any time“ und „any place“) beschleunigt wurde, so revolutioniert und erweitert das Internet of Things diesen Austausch auf maschinengenerierte Daten („anything“). Das Internet ist damit überall.

Damit geht ein enormes ökonomisches Potenzial einher. Zum stationären Handel, dem E- und M-Commerce, kommt nun der „IoT-Commerce“, bei dem es nicht mehr der Mensch ist, der seinen Bedarf erkennt und durch Bestellung befriedigt, sondern direkt das autonom agierende smarte Gerät. Dies geschieht sowohl im industriellen, also im Unternehmenskontext („Industrial IoT“, Industrie 4.0), als auch im Verhältnis zum Verbraucher („Consumer IoT“).

Die Konzeption des vorliegenden Handbuchs folgt geübter juristischer Herangehensweise. So wird denn auch zunächst der Sachverhalt aufgearbeitet, bevor eine rechtliche Einordnung und Beurteilung unternommen wird. Dem folgend beschäftigt sich der 1. Teil des Handbuchs mit den Grundlagen des Internet of Things, also der Definition, den ökonomischen Erwartungen und den grundlegenden Fragestellungen. Ganz im Mittelpunkt steht dabei das smarte Gerät, also das IoT-Device, das mit seinen Sensoren, Aktoren und der eingebetteten Datenverarbeitung die Fähigkeit zur Interaktion und zur Erbringung digitaler Services besitzt. Im 2. Teil werden die technischen Strukturen, vor allem die Kommunikations- und die IT-Infrastruktur (5G-Standard, Schmalband, Cloud Computing, Edge Computing, Plattform und Applications) beleuchtet. Der 3. und 4. Teil sind dann der juristischen Aufarbeitung des Internet of Things und seiner Merkmale gewidmet. Diese erfolgt gleichermaßen im Lichte des nationalen und des EU-Rechts. Gerade dem EU-Recht kommt besondere Bedeutung zu, prägt es doch unmittelbar oder mittelbar den rechtlichen Rahmen vieler Aspekte des Internet of Things. Bei näherer Beschäftigung mit der Materie kristallisiert sich heraus, dass zwischen allgemeinen rechtlichen Themen, die bei allen IoT-Systemen relevant sein können, und speziellen sektor-und branchenspezifischen Fragestellungen unterschieden werden kann. Deshalb bildet der 3. Teil – wenn man so will – den allgemeinen Teil der juristischen Subsumtion und setzt sich mit den grundlegenden rechtlichen Fragestellungen wie dem Daten(schutz)recht, der Vertragsgestaltung, der Haftung, dem IT-Sicherheits-,Vertriebs-, Patent- und Kartellrecht sowie dem Telekommunikations- und Exportkontrollrecht auseinander. Darüber hinaus werden in diesem Teil mit den Themen Künstliche Intelligenz und Blockchain wichtige Bestandteile des IoT rechtlich betrachtet.

Im 4. Teil werden schließlich ausgewählte Rechtsprobleme wichtiger Sektoren/Branchen angerissen; behandelt werden die Automobilwirtschaft (Connected Cars), die Landwirtschaft (Smart Farming, Farm Management), die Energiewirtschaft (Smart Home, Smart Metering), Immobilien- und Gesundheitswirtschaft, Banken und Versicherungen, der Maschinenbau (Smart Factory), der Handel, der Verkehr (Ridepooling, Ridesharing) die Medien, die Telekommunikation und die öffentliche Verwaltung (Smart Country, Smart Cities). Weder bei den behandelten Sektoren noch bei den Fragestellungen innerhalb der einzelnen Sektorenkapitel erhebt das Handbuch Anspruch auf Vollständigkeit.

Das wäre bei dieser Materie, die sich mit großer Rasanz weiter entwickelt, auch unmöglich.

Das Werk konnte nur durch eine wunderbare Teamarbeit entstehen. Daher gilt es Dank zu sagen. Zunächst bedanken wir uns bei all unseren 40 Mitautoren sowie den Verantwortlichen beim C.H.Beck Verlag. Dank gilt dabei Herrn Dr. Wasmuth, mit dem auf dem Fest zum 85. Geburtstag des Verlegers Dr. Beck die Idee zu diesem Buch geboren wurde. Bedanken möchten wir uns weiter bei Frau Schrödl für die umsichtige Übernahme des Lektorats. Dank gilt auch den Mitgliedern des Smart Centers von Noerr sowie Frau Gümpelein und Frau Weber für die Betreuung und das Korrekturlesen der Manuskripte. Schließlich sagen wir unseren Familien und Freunden Dank für ihr Verständnis und ihren Langmut.

München/Berlin März 2021

Peter Bräutigam
Torsten Kraul

Bearbeiterverzeichnis

Stefan Bauer LL.M., Rechtsanwalt, München	§ 14
Dr. Alexander Birnstiel LL.M., Rechtsanwalt, München	§ 14
Prof. Dr. Dr. Walter Blocher, Universität Kassel	§ 12
Thomas Böhne, Rechtsanwalt, München	§ 22
Dr. David Bomhard, Rechtsanwalt, München	§ 23
Prof. Dr. Peter Bräutigam, Rechtsanwalt München	§ 1
Dr. Steffen Burrer, Rechtsanwalt, München	§ 8
Dr. Michael Denga LL.M. (London), Maître en Droit (Paris), Humboldt-Universität Berlin	§ 11
Sebastian Dienst, Rechtsanwalt, München	§ 6 Rn. 112–365
Prof. Dr. Christian Djeffal, Technische Universität München	§ 25
Andreas Egger, Universität Augsburg	§ 2
Dr. Wolfgang Feiel, Leiter Recht und Kommunikation Wien	§ 15 Rn. 1–136
Dr. Korbinian Feller, Rechtsanwalt, München	§ 22
Dr. Martin Geipel, Rechtsanwalt, Berlin	§ 18
Janik Goßler LL.M., Rechtsanwalt, Frankfurt a. M.	§ 16
Dr. Korbinian Hartl, Rechtsanwalt, München	§§ 5, 7 Rn. 430–599
Prof. Dr. Dirk Heckmann, Technische Universität München	§ 10
Martin Hedrich, Rechtsanwalt, Frankfurt a. M.	§ 26
Dr. Thomas Josef Heitzer, Rechtsanwalt, Düsseldorf	§ 28
Prof. Dr. Dr. Kai-Michael Hingst, Rechtsanwalt, Hamburg	§ 17
Prof. Dr. Ing. Dipl.-Inform. Joachim Hohmann, Technische Universität Kaiserslautern	§ 21
Ingo Hüttemeyer, Leiter Digital Excellence/IoT, Düsseldorf	§ 21
Dr. Torsten Kraul LL.M., Rechtsanwalt, Berlin	§ 4
Prof. Dr. Johannes Kreile, Rechtsanwalt, München	§ 24
Tobias Kugler, Rechtsanwalt, Frankfurt a. M.	§ 7 Rn. 127–429
Christian Alexander Mayer, Rechtsanwalt, München	§ 27
Dr. Ralph Nack, Rechtsanwalt, München	§ 13
Dr. Anne Paschke, Berlin	§ 10
Dr. Mansur Pour Rafsendjani, Rechtsanwalt, München	§ 20
Dr. Louis Püschel, Universität Bayreuth	§ 2
Dr. Michael Reiling, Rechtsanwalt, München	§ 9
Prof. Dr. Maximilian Röglinger, Universität Bayreuth	§ 2
Dr. Thomas Roth, Rechtsanwalt, Frankfurt a. M.	§ 19
Dr. Daniel Rücker LL.M., Rechtsanwalt, München	§ 6 Rn. 112–365
Dr. Bärbel Sachs LL.M., Rechtsanwältin, Berlin	§ 15 Rn. 137–223
Prof. Dr. Joachim Schrey, Rechtsanwalt, Frankfurt a. M.	§ 7 Rn. 127–429
Dr. Nico Schur, Düsseldorf	§ 6 Rn. 1–111

Dr. Klaus M. Steinmaurer MBA, Geschäftsführer Fachbereich Telekom und Post Rundfunk und Telekomregulierungs GmbH, Wien	§ 3
Dr. Thomas Thalhofer, Rechtsanwalt, München	§ 7 Rn. 1–126
Olaf Vogel MLE, MBA, Rechtsanwalt, Frankfurt a. M.	§ 26
Dr. Nikolai Warneke, Rechtsanwalt, Frankfurt a. M.	§ 17
Prof. Dr. Andreas Wiebe LL.M., Universität Göttingen	§ 6 Rn. 1–111

Inhaltsverzeichnis

§ 4 IT-Infrastruktur

§ 5 Ökosysteme

3. Teil. Besondere rechtliche Fragestellungen

§ 6 Daten

§ 7 Vertragsgestaltung

§ 8 Haftung

§ 11 Künstliche Intelligenz

§ 12 Blockchain-Lösungen

§ 13 Patentrecht

§ 14 Kartellrecht

§ 15 Besondere Regulierungsfragen

§ 21 Anwendungsbereiche von IoT in der Immobilienwirtschaft

§ 22 Landwirtschaft

§ 23 Maschinenbau und Smart Factory

Abkürzungsverzeichnis

a.	anno/Jahr
aA	andere(r) Ansicht
Abb.	Abbildung
ABl.	Amtsblatt
ABl. C	Amtsblatt der Europäischen Gemeinschaften, Teil C: Mitteilungen und Bekanntmachungen
ABl. L	Amtsblatt der Europäischen Gemeinschaften, Teil L: Rechtsvorschriften
Abs.	Absatz
abw.	abweichend
ACM	Association of the Computing Machinery
aE	am Ende
AEUV	Vertrag über die Arbeitsweise der Europäischen Union
ÄndG	Änderungsgesetz
ÄndVO	Änderungsverordnung
aF	alte Fassung
AfP	(Archiv für Presserecht) – Zeitschrift für Medien- und Kommunikationsrecht
AG	Amtsgericht, Aktiengesellschaft
AGG	Allgemeines Gleichbehandlungsgesetz
AGB	Allgemeine Geschäftsbedingungen
AIRCOM	Allied Air Command
AktG	Aktiengesetz
allg.	allgemein
AllMBl.	Allgemeines Ministerialblatt
ALM	Arbeitsgemeinschaft der Landesmedienanstalten
Alt.	Alternative
aM	andere(r) Meinung
AMG	Arzneimittelgesetz
amtl.	amtlich
Anh.	Anhang
Anl.	Anlage
Anm.	Anmerkung(en)
ANSI	American National Standards Institute
Anz.	Anzeiger
AöR	Archiv des öffentlichen Rechts
AP	Arbeitsrechtliche Praxis, Nachschlagwerk des Bundesarbeitsgerichts
API	Application Programming Interface
ArbG	Arbeitsgericht
ArchPF	Archiv für Post- und Fernmeldewesen
ArchPT	Archiv für Post und Telekommunikation
ARPA	Advanced Research Projects Agency
ARPANET	Netz der ARPA (Advanced Research Projects Unit)
Art.	Artikel
ASF	Apache Software Foundation
ASP	Access Service Provider
AT	Allgemeiner Teil
ATA	Allgemeine Technologieanmerkung
AtG	Atomgesetz
ATM	Asynchronous Transfer Modus
AT&T	American Telephone & Telegraph

Aufl.	Auflage
AuR	Arbeit und Recht
ausf.	ausführlich
Ausg.	Ausgabe
AVMD-RL	Richtlinie über audiovisuelle Mediendienste
AWG	Außenwirtschaftsgesetz
AWV	Arbeitsgemeinschaft für wirtschaftliche Verwaltung e.V.
Az.	Aktenzeichen
BAFA	Bundesamt für Wirtschaft und Ausfuhrkontrolle
BaFin	Bundesanstalt für Finanzdienstleistungsaufsicht
BAG	Bundesarbeitsgericht
BAGE	Entscheidungssammlung des Bundesarbeitsgerichts
BAK	Branchenarbeitskreis
BAnz.	Bundesanzeiger
BAWe	Bundesaufsichtsamt für den Wertpapierhandel
BayGVBl.	Bayerisches Gesetz- und Verordnungsblatt
BayObLG	Bayerisches Oberstes Landesgericht
BayVBl	Bayerische Verwaltungsblätter
BayVerfGH	Bayerischer Verfassungsgerichtshof
BayVGH	Bayerischer Verwaltungsgerichtshof
BB	Der Betriebs-Berater
BBankG	Bundesbankgesetz
Bbg.	Brandenburg
BBK	Bundesamt für Bevölkerungsschutz und Katastrophenhilfe
Bd., Bde.	Band, Bände
BDB	Bundesverband Deutscher Banken
BDI	Bundesverband der Deutschen Industrie
BDSG	Bundesdatenschutzgesetz
Bearb.	Bearbeiter
BeckTKG-Komm	Beck'scher TKG-Kommentar, hrsg. von Geppert/Schütz, 4. Aufl. 2013
Begr.	Begründung
Begr. RegE	Begründung Regierungsentwurf
Beil.	Beilage
bej.	bejahend
Bek.	Bekanntmachung
Bem.	Bemerkung
ber.	berichtigt
BEREC	Body of European Regulators for Electronic Communication
bes.	besonders
Beschl.	Beschluss
betr.	betreffend
BetrVG	Betriebsverfassungsgesetz
BfDI	Bundesbeauftragte(r) für den Datenschutz und die Informationsfreiheit
BFH	Bundesfinanzhof
BGB	Bürgerliches Gesetzbuch
BGB-InfoV	Verordnung über Informationspflichten nach bürgerlichem Recht
BGBl. I (II, III)	Bundesgesetzblatt Teil I (II, III)
BGH	Bundesgerichtshof

BGH LM	Nachschlagewerk des Bundesgerichtshofs, Lindenmaier/Möhring, ua (Hrsg.)
BGHR	BGH-Rechtsprechung, hrsg. von den Richtern des Bundesgerichtshofs, Köln 1987 ff. (Losebl.)
BGHSt	Entscheidungssammlung des Bundesgerichtshofs in Strafsachen
BGHZ	Entscheidungssammlung des Bundesgerichtshofs in Zivilsachen
BHO	Bundeshaushaltsordnung
BITKOM	Bundesverband Informationswirtschaft, Telekommunikation und neue Medien e.V.
BKA	Bundeskriminalamt
BKAG	Bundeskriminalamtgesetz
BKartA	Bundeskartellamt
Bl.	Blatt
BLM	Bayrische Landeszentrale für neue Medien
BMAS	Bundesminister(ium) für Arbeit und Soziales
BMBF	Bundesminister(ium) für Bildung und Forschung
BMF	Bundesminister(ium) der Finanzen
BMI	Bundesminister(ium) des Innern
BMJV	Bundesminister(ium) der Justiz und für Verbraucherschutz
BMWi	Bundesminister(ium) für Wirtschaft und Energie
BMVI	Bundesminister(ium) für Verkehr und digitale Infrastruktur
BND	Bundesnachrichtendienst
BNetzA	Bundesnetzagentur für Elektrizität, Gas, Telekommunikation, Post und Eisenbahnen
BoR	Board of Regulators
BPersVG	Bundespersonalvertretungsgesetz
BPatG	Bundespatentgericht
BR	Bundesrat
BRAKMitt	Mitteilungen der Bundesrechtsanwaltskammer
BR-Drs.	Bundesrats-Drucksache
BReg	Bundesregierung
BR-Prot.	Bundesratsprotokoll (Stenographische Berichte der Verhandlungen des Bundesrates)
BSD	Berkeley Software Distribution License
BSI	Bundesamt für Sicherheit in der Informationstechnik
BSIG	Gesetz über das Bundesamt für Sicherheit in der Informationstechnik
BSI-KritisV	BSI-Kritisverordnung
bspw.	beispielsweise
BStBl.	Bundessteuerblatt
BT	Besonderer Teil
BT-Drs.	Bundestags-Drucksache
BT-Prot.	Bundestagsprotokoll (Stenographische Berichte der Verhandlungen des Deutschen Bundestages)
BuB	Bankrecht und Bankpraxis
Buchst.	Buchstabe
Bull.	Bulletin
BVerfG	Bundesverfassungsgericht
BVerfGE	Entscheidungssammlung des Bundesverfassungsgerichts
BVerfGG	Gesetz über das Bundesverfassungsgericht
BVerfSchG	Bundesverfassungsschutzgesetz
BVerwG	Bundesverwaltungsgericht
BVerwGE	Entscheidungssammlung des Bundesverwaltungsgerichts

BWahlG	Bundeswahlgesetz
BWVPr	Baden-Württembergische Verwaltungspraxis
BYOD	Bring Your Own Device
BZT	Bundesamt für Zulassungen in der Telekommunikation (Saarbrücken)
bzw.	beziehungsweise
B2B	Business to Business
B2C	Business to Consumer
B2T	Business to Thing
ca.	circa
CA	Certification Authority
CACM	Communications of the ACM
CC	Common Criteria
CCITT	Comité Consultatif International Téléphonique et Télégraphique
CD	Compact Disk
CDA	Communications Decency Act
CDPA 1988	Copyright, Designs and Patents Act 1988
CEN	Comité Européen de Normalisation
CENELEC	Comité Européen de Normalisation Électrotechnique
CERN	Conseil Européen pour la Recherche Nucléaire
CERT	Computer Emergency Response Team
CFR	Code of Federal Regulations (der USA)
CIS	Common Information System
CISG	Übereinkommen der Vereinten Nationen über Verträge über den internationalen Warenkauf
C-IST	Cooperative Intelligent Transport Systems
CM	Computer Magazin
CMLRev	Common Market Law Review
CMMV	Clearing-Stelle Multimedia der Verwertungsgesellschaften für Urheber- und Leistungsschutzrechte
CoC	Cybercrime-Konvention (Budapester-Konvention)
CPS	Cyber Physical Systems
CPU	Central Processing Unit
CR	Computer und Recht
CS-A	Cybersecurity Act
CSV	Comma-seperated Values
CW	Computerwoche
C2C	Consumer to Consumer
DaaS	Database as a Service
DAB	Digital Audio Broadcasting
DAO	Decentralized Autonomous Organization
DApps	Dezentralized Applications
DARPA	Defense Advanced Research Projects Agency
dass.	dasselbe
DB	Der Betrieb
DBMS	Datenbankmanagementsystem
DDoS	Distributed Denial of Service
DENIC	Deutsches Network Information Center
ders.	derselbe
DES	Data Encryption Standard
DFG	Deutsche Forschungsgemeinschaft

DFN	Deutsches Forschungsnetz
DFÜ	Datenfernübertragung
DGAP	Deutsche Gesellschaft für Ad-hoc-Publizität
DGB	Deutscher Gewerkschaftsbund
dh	das heißt
dies.	dieselbe(n)
DIHT	Deutscher Industrie- und Handelskammertag
DIN	Deutsches Institut für Normung
DIN-Mitt.	DIN-Mitteilungen (Zentralorgan der deutschen Normung)
DI-RL	Digitale-Inhalte-Richtlinie
Diss.	Dissertation
DJT	Deutscher Juristentag
DLM	Direktorenkonferenz der Landesmedienanstalten
DLT	Distributed Ledger Technology
DMCA	Digital Millennium Copyright Act
DMMV	Deutscher Multimedia-Verband
DN	Domain Name
DNS	Domain Name System
DNSO	Domain Name Supporting Organization
DÖV	Die öffentliche Verwaltung
DO	Dezentralized Organization
DOI	Digital Object Identifier
DP	Design-Prinzip
DRiZ	Deutsche Richterzeitung
DSB	Datenschutz-Berater; Dispute Settlement Body
DS-GVO	Datenschutz-Grundverordnung
DSR	Dispute Settlement Reports
DSRI	Deutsche Stiftung für Recht und Informatik
DSRITB	DSRI-Tagungsband
DS-RL	Datenschutzrichtlinie
DStR	Deutsches Steuerrecht
DStZ	Deutsche Steuer-Zeitung
DSU	Dispute Settlement Understanding
DTB	Deutsche Termin Börse
DuD	Datenschutz und Datensicherung
DuR	Demokratie und Recht
DVB	Digital Video Broadcasting
DVBl.	Deutsches Verwaltungsblatt
DVD	Digital Versatile Disk
DVO	Durchführungsverordnung
DVR	Datenverarbeitung im Recht
DZWir	Deutsche Zeitschrift für Wirtschaftsrecht
E	Entscheidungssammlung, Entwurf
EAG	Europäische Atomgemeinschaft
EARN	European Academic and Research Network
EBE/BGH	Eildienst Bundesgerichtliche Entscheidungen
EBU	European Broadcasting Union
ECMS	Electronic Coypright Management System
E-Commerce	Electronic Commerce
EC-RL	E-Commerce-Richtlinie
ECS	European Communications Satellite
Ed., Eds.	Editor, Editors

EDGE	Enhanced Data Rates for GSM Evolution
EDI	Electronic Data Interchange
EDIFACT	Electronic Data Interchange For Administration, Commerce and Transport
EDSA	Europäischer Datenschutzausschuss
EDV	Elektronische Datenverarbeitung
EECC	European Electronic Communication Code
EFTA	European Free Trade Association
EG	Europäische Gemeinschaft(en)
EGBGB	Einführungsgesetz zum Bürgerlichen Gesetzbuche
EGMR	Europäischer Gerichtshof für Menschenrechte
EGStGB	Einführungsgesetz zum Strafgesetzbuch
EGV	Vertrag zur Gründung der Europäischen Gemeinschaft vom 25. 3. 1957
EG-Vertrag	Vertrag zur Gründung der Europäischen Gemeinschaft vom 25. 3. 1957
eIDAS-VO	Verordnung über elektronische Identifizierung und Vertrauensdienste für elektronische Transaktionen im Binnenmarkt
Einf., einf.	Einführung, einführend
Einl.	Einleitung
EIOPA	European Insurance and Occupational Pensions Authority
EIOPA-BoS	EIOPA Board of Supervisors
ElGVG	Elektronischer Geschäftsverkehr-Vereinheitlichungsgesetz
E-Mail	Electronic Mail
eMBB	enhanced Mobile Broadband
EMR	Institut für Europäisches Medienrecht
EMRK	Konvention zum Schutze der Menschenrechte und Grundfreiheiten
endg.	endgültig
ENISA	Europäische Agentur für Netz- und Informationssicherheit
Entsch.	Entscheidung
entspr.	entsprechend
Entw.	Entwurf
EnWG	Energiewirtschaftsgesetz
EP	Europäisches Parlament
EPC	Electronic Product Code
ePrivacy-RL	ePrivacy-Richtlinie
ePrivacy-VO	ePrivacy-Verordnung
EPÜ	Europäisches Patentübereinkommen
erg.	ergänzt
Erg.-Bd.	Ergänzungsband
Erg.-Lfg.	Ergänzungslieferung
Erl.	Erlass, Erläuterung
ERP	Enterprise Resource Planning
Erwgr.	Erwägungsgrund
ES	Entscheidungssammlung
EStG	Einkommensteuergesetz
et al.	und andere
etc	et cetera
ETH	Ethereum
ETSI	European Telecommunications Standards Institute (Europäisches Institut für Telekommunikationsnormen)
EU	Europäische Union
EuG	Europäisches Gericht erster Instanz

EuGH .... Gerichtshof der Europäischen Gemeinschaften
EuGHE .... Sammlung der Rechtsprechung des Gerichtshofes der Europäischen Gemeinschaften
EuGVÜ .... Europäisches Gerichtsstands- und Vollstreckungsübereinkommen
EuGVVO .... Europäische Gerichtsstands- und Vollstreckungsverordnung
EU-KOM .... Europäische Kommission
EULA .... Endbenutzer-Lizenzvereinbarung
EuLR .... European Law Review
EuR .... Europarecht
EUV .... Vertrag über die Europäische Union (Maastricht-Vertrag) vom 7.2. 1992
EuZPR .... Europäisches Zivilprozessrecht
EuZVR .... Europäisches Zivilverfahrensrecht
EuZW .... Europäische Zeitschrift für Wirtschaftsrecht
e.V. .... eingetragener Verein
EVI .... Electronic Vehicle Identification
EVM .... Etherum Virtual Machine
evtl. .... eventuell
EWG .... Europäische Wirtschaftsgemeinschaft
EWiR .... Entscheidungen zum Wirtschaftsrecht
EWR .... Europäischer Wirtschaftsraum
EWS .... Europäisches Wirtschafts- und Steuerrecht, Europäisches Währungssystem
EzA .... Entscheidungen zum Arbeitsrecht, hrsg. von Stahlhacke

f. .... folgende
FAG .... Gesetz über Fernmeldeanlagen
FA-RL .... Fernabsatzrichtlinie
FARLFDL .... Fernabsatzrichtlinie für Finanzdienstleistungen
FAZ .... Frankfurter Allgemeine Zeitung
FCC .... Federal Communications Commission
FernAbsG .... Fernabsatzgesetz
FernUSG .... Fernunterrichtsschutzgesetz
FeV .... Fahrerlaubnisverordnung
ff. .... fortfolgende
FHE .... Fully Homomorphic Encryption
FIN .... Fahrzeugidentifikationsnummer
Fn. .... Fußnote
FR .... Frankfurter Rundschau
FRAND .... Fair, Reasonable and Non-Discriminatory
FRL .... Fernsehrichtlinie
FS .... Festschrift
FSF .... Freiwillige Selbstkontrolle Fernsehen
FSK .... Freiwillige Selbstkontrolle der Filmwirtschaft
FSM .... Freiwillige Selbstkontrolle Multimedia
FST .... Freiwillige Selbstkontrolle Telefonmehrwertdienste
FTC .... Federal Trade Commission
FTO .... Freedom to Operate
FTP .... File Transfer Protocol
FÜ .... Europäisches Übereinkommen über das grenzüberschreitende Fernsehen
FZ .... Forschungszentrum
FZV .... Fahrzeug-Zulassungsverordnung

G.	Gesetz
GABl.	Gemeinsames Amtsblatt
GASP	Gemeinsame Außen- und Sicherheitspolitik
GATS	General Agreement on Trade in Services
GATT	General Agreement on Tariffs and Trade
GB	Giga-Byte
GBl.	Gesetzblatt, Gesetzblätter
GbR	Gesellschaft bürgerlichen Rechts
gem.	gemäß
GEMA	Gesellschaft für musikalische Aufführungsrechte und mechanische Vervielfältigungsrechte
GESAC	Groupement Européen des Societés d'Auteurs et Compositeurs
GewArch	Gewerbearchiv
GewO	Gewerbeordnung
GG	Grundgesetz für die Bundesrepublik Deutschland
ggf.	gegebenenfalls
GH	Google Home
GHz	Gigaherz
GI	Gesellschaft für Informatik
GM	General Motors
GmbH	Gesellschaft mit beschränkter Haftung
GMBl.	Gemeinsames Ministerialblatt
GMD	Gesellschaft für Mathematik und Datenverarbeitung
GO	Geschäftsordnung
GPKE	Geschäftsprozesse zur Kundenlieferung mit Elektrizität
GPL	General Public License
GPRS	General Packet Radio Service
grdl.	grundlegend
grds.	grundsätzlich
GRCh	Charta der Grundrechte der Europäischen Union
GRL	Genehmigungsrichtlinie
GRUR	Gewerblicher Rechtsschutz und Urheberrecht
GRUR Int	Gewerblicher Rechtsschutz und Urheberrecht, Internationaler Teil
GRUR-Prax	Gewerblicher Rechtsschutz und Urheberrecht – Praxis im Immaterialgüter- und Wettbewerbsrecht
GRUR-RR	Gewerblicher Rechtsschutz und Urheberrecht Rechtsprechungsreport
GS	Gesetzessammlung, Gedächtnisschrift
GSG	Gerätesicherheitsgesetz
GSM	Global System for Mobile Communications
GUIDEC	General Usage for International Digitally Ensured Commerce
GVBl., GV	Gesetz- und Verordnungsblatt
GVG	Gerichtsverfassungsgesetz
GVL	Gesellschaft zur Verwertung von Leistungsschutzrechten mbH
GV NW	Gesetz- und Verordnungsblatt für das Land Nordrhein-Westfalen
GVO	Gruppenfreistellungsverordnung
GWB	Gesetz gegen Wettbewerbsbeschränkungen (Kartellgesetz)
GWG	Geldwäschegesetz
hA	herrschende Auffassung
HABM	Harmonisierungsamt für den Binnenmarkt
Habil.	Habilitation
HaftPflG	Haftpflichtgesetz

HdB	Handbuch
HDFS	Hadoop Distributed Filesystem
HDTV	High Definition Television
Herv.	Hervorhebung
HessStAnz	Hessischer Staatsanzeiger
HessVGH	Hessischer Verwaltungsgerichtshof
HGB	Handelsgesetzbuch
HK	Handkommentar
Hk-BGB	Bürgerliches Gesetzbuch-Handkommentar, hrsg. von Schulze, 4. Aufl. 2005
HK-VertriebsR	Handkommentar Vertriebsrecht
hL	herrschende Lehre
hM	herrschende Meinung
Hrsg.	Herausgeber
hrsg.	herausgegeben
Hs.	Halbsatz
HTML	Hypertext Markup Language
HTTP	Hypertext Transport Protocol
HWG	Heilmittelwerbegesetz
IaaS	Infrastructure as a Service
IAHC	International Ad Hoc Committee
IANA	Internet Assigned Numbers Authority
ibd.	ibidem
ICANN	Internet Corporation for Assigned Names and Numbers
ICC	International Chamber of Commerce
ICIS	International Conference on Information Systems
ICS	Industrial Control System
idF	in der Fassung
idR	in der Regel
idS	in diesem Sinne
iE	im Erscheinen, im Ergebnis
IEEE	Institute of Electrical and Electronics Engineers
ieS	im engeren Sinne
IETF	Internet Engineering Task Force
IFG	Informationsfreiheitsgesetz
IFTTT	If This Then That
IFU	Internationale Fernmeldeunion
IFV	Internationaler Fernmeldevertrag
IGH	Internationaler Gerichtshof
IHK	Industrie- und Handelskammer
IIoT	Industrial Internet of Things
ILO	International Labor Organization
IMEI	International Mobile Station Equipment Identity
IN	Intelligentes Netz
InfoSoc-Richtlinie	EU-Richtlinie zum Urheber in der Informationsgesellschaft
insbes.	insbesondere
InterNIC	Internet Network Information Center
IOSCO	International Organization of Securities Commissions
IoT	Internet of Things
IP	Internet Protocol; Internationales Privatrecht/int. Privatrechte
IPA	Intelligenter persönlicher Assistent

IPbR	Internationaler Pakt über bürgerliche und politische Rechte
IPG	Internet Phone Gateway
IPR	Intellectual Property Right
IPrax	Praxis des Internationalen Privat- und Verfahrensrechts
IRC	Internet Relay Chat
iRd	im Rahmen des/der
iRv	im Rahmen von
iS	im Sinne
ISA	Intelligent Speed Adaption/Assistance
ISAC	Information Society Activity Center
iSd	im Sinne des/der
iSv	im Sinne von
ISDN	Integrated Services Digital Network
ISMS	Informationssicherheitsmanagementsystem
ISO	International Organization for Standardization
ISP	Internet Service Provider
IT	Informationstechnik
ITAS	Institut für Technikfolgenabschätzung und Systemanalyse
ITG	Informationstechnische Gesellschaft
ITRB	IT-Rechtsberater
ITS	Intelligent Transport Systems
ITSEC	Information Technology Security Evaluation Criteria
IT-SiG	IT-Sicherheitsgesetz
ITU	International Telecommunication Union, Internationale Telegraphen Union
iÜ	im Übrigen
IuK	Informations- und Kommunikation(stechnik)
iVm	in Verbindung mit
IVS	Intelligente Verkehrssysteme
IWG	Informationsweiterverwendungsgesetz
iwS	im weiteren Sinne
IZPR	Internationales Zivilprozessrecht
IZVR	Internationales Zivilverfahrensrecht
JA	Juristische Arbeitsblätter
JBl.	Juristische Blätter
JCP	Journal of Consumer Policy
Jg.	Jahrgang
JMStV	Jugendmedienschutz-Staatsvertrag
JöR	Jahrbuch des öffentlichen Rechts der Gegenwart
jurisPK-Internetrecht	juris Praxiskommentar Internetrecht, hrsg. von Heckmann, 2007
JuSchG	Jugendschutzgesetz
JR	Juristische Rundschau
jur.	juristisch
JurPC	Internet-Zeitschrift für Rechtsinformatik und Informationsrecht
JuS	Juristische Schulung
JZ	Juristenzeitung
Kap.	Kapitel
KEK	Kommission zur Ermittlung der Konzentration im Medienbereich
KES	Kommunikations- und EDV-Sicherheit
Kfz	Kraftfahrzeug

KG	Kammergericht, Kommanditgesellschaft
KI	Künstliche Intelligenz
KJ	Kritische Justiz
KJM	Kommission für Jugendmedienschutz der Landesmedienanstalten
KMU	Kleine und mittlere Unternehmen
KOM	Dokument der EG-Kommission, Legislativvorschläge und andere Kommissionsmitteilungen von allgemeinem Interesse
KOM endg.	Kommissionsdokument endgültig
krit.	kritisch
KRITIS	Kritische Infrastrukturen
KSchG	Kündigungsschutzgesetz
KUG	Gesetz betreffend das Urheberrecht an Werken der bildenden Künste und der Photographie (Kunsturhebergesetz)
K&R	Kommunikation und Recht
KVAV	Krankenversicherungsaufsichtsverordnung
KWG	Gesetz über das Kreditwesen
kWh	Kilowattstunde
LAG	Landesarbeitsgericht
LAN	Local Area Network
LDA	Bayerisches Landesamt für Datenschutzaufsicht
LED	Light Emitting Diode
Lfg.	Lieferung
LG	Landgericht
Lit.	Literatur
lit.	Buchstabe/littera
LM	Lindenmaier-Möhring ua (Hrsg.), Nachschlagewerk des BGH
LMA	Landesmedienanstalt
LMG	Landesmediengesetz
LMK	Kommentierte BGH-Rechtsprechung, Lindenmaier-Möhring
LoRaWAN	Long Range Wide Area Network
LPR Hessen	Hessische Landesanstalt für privaten Rundfunk
LPWAN	Low-Power Wide-Area Network
Ls.	Leitsatz
LT-Drs.	Drucksache des Landtags
LTE	Long Term Evolution
LugÜ	Übereinkommen über die gerichtliche Zuständigkeit und die Vollstreckung gerichtlicher Entscheidungen in Zivil- und Handelssachen – Luganer Übereinkommen
LV	Landesverfassung
m.	mit
MaAlgo	Mindestanforderungen an Algorithmen
maN	mit ausführlichen Nachweisen
M-Commerce	Mobile Commerce
MarkenG	Markengesetz
Mat.	Materialien
maW	mit anderen Worten
MBl.	Ministerialblatt
MCPS	Mechanical Copyright Protection Society
MDR	Monatsschrift für Deutsches Recht
MDStV	Mediendienste-Staatsvertrag
ME	Musterentwurf

MedG	Mediengesetz
MFA	Multifaktoren-Authentifizierung
MFM	Mittelstandsgemeinschaft Fotomarketing
MHS	Message Handling System
MIDI-File	Musical Instrument Digital Interface-File
MILNET	Military Network
MIME	Multipurpose Internet Mail Extensions
MinBl.	Ministerialblatt
Mio.	Million
MIT	Massachusetts Institute of Technology
MLR	Market Law Review
MMA	Madrider Abkommen über die internationale Registrierung von Marken
MMR	Multimedia und Recht
mMTC	massive Machine Type Communications
MODEM	Modulator/Demodulator
Mot.	Motive
MR	Medien und Recht
MR-Int.	Medien und Recht International
Mrd.	Milliarde
MR-RL	Markenrechtsrichtlinie
Ms.	Manuskript
MsbG	Messstellenbetriebsgesetz
MSISDN	Mobile Subscriber Integrated Services Digital Network Number
MStV	Medienstaatsvertrag
MSN	Microsoft Network
MTA	Message Transfer Agent
MTS	Message Transfer System
MüKoBGB	Münchner Kommentar zum BGB, hrsg. von Rebmann/Säcker/Rixecker, 5. Aufl. 2006 ff.
MüKoZPO	Münchner Kommentar zur Zivilprozessordnung, hrsg. von Lücke/Wax
MVNO	Mobile Virtual Network Operator
mwN	mit weiteren Nachweisen
M2M	Machine to Machine
NAF	National Arbitration Forum
NASDAQ	National Association of Securities Dealers Automated Quotations
NB-IoT	Narrowband-IoT
NCAZ	Nationales Cyber-Abwehrzentrum
NCCUSL	National Conference of Commissioners on Uniform State Laws
NdsGVBl.	Niedersächsisches Gesetz- und Verordnungsblatt
NetzDG	Netzwerkdurchsetzungsgesetz
nF	neue Fassung, neue Folge
NFC	Near Field Communication
NfD	Nachrichten für Dokumentation
NIC	Network Information Center
NIS-RL	Richtlinie über Maßnahmen zur Gewährleistung einer hohen gemeinsamen Netz- und Informationssicherheit
NJ	Neue Justiz
NJW	Neue Juristische Wochenschrift
NJW-RR	NJW-Rechtsprechungs-Report
nnv	noch nicht veröffentlicht

No.	Number (Nummer)
NPE	Non-practicing Entity
NPSI	Nationaler Plan zum Schutz der Informationsinfrastrukturen
Nr.	Nummer(n)
nrkr	nicht rechtskräftig
NSF	National Science Foundation (USA)
NSI	Network Solutions Inc.
NStZ	Neue Zeitschrift für Strafrecht
nv	nicht veröffentlicht
NVwZ	Neue Zeitschrift für Verwaltungsrecht
NVwZ-RR	Neue Zeitschrift für Verwaltungsrecht – Rechtsprechungs-Report
NW, nw	Nordrhein-Westfalen, nordrhein-westfälisch
NWVBl	Nordrhein-Westfälische Verwaltungsblätter
NZA	Neue Zeitschrift für Arbeitsrecht
NZA-RR	Neue Zeitschrift für Arbeitsrecht-Rechtsprechungs-Report
NZKart	Neue Zeitschrift für Kartellrecht
NZV	Netzzugangsverordnung
oä	oder ähnlich(es)
OCR	optical character recognition
ODM	Origin Destination Matrix
OECD	Organization for Economic Cooperation and Development
OEEC	Organization for European Economic Cooperation
og	oben genannt
OGH	Oberster Gerichtshof
OHG	Offene Handelsgesellschaft
ÖVD	Öffentliche Verwaltung und Datenverarbeitung
OLG	Oberlandesgericht
OLGR	Oberlandesgerichtsreport
OMC	s. WTO
OSI	Open System Interconnection
OSIS	Open System for Information Services
OSS	Open Source Software
OT	Operational Technology
OTA	Office for Technology Assessment
OTP	One-Time-Password
OTT	Over-the-top Content
OVEG	Amtliche Sammlung der Entscheidungen des Oberverwaltungsgerichts/der Oberverwaltungsgerichte
OVG	Oberverwaltungsgericht
OWiG	Gesetz über Ordnungswidrigkeiten
PaaS	Platform as a Service
PatG	Patentgesetz
PBefG	Personenbeförderungsgesetz
PC	Personal Computer
PCMCIA	Personal Computer Memory Card International Association
PDA	Personal Digital Assistant
PflVG.	Pflegeversicherungsgesetz
PGP	Pretty Good Privacy (Verschlüsselungsprogramm)
PIN	Persönliche Identifikationsnummer
PjZS	Polizeiliche und justizielle Zusammenarbeit in Strafsachen
POS	Point of Sale

PPD	Published Price to Dealer
PPP	Public Private Partnership
ProdHaftG	Produkthaftungsgesetz
provet	Projektgruppe verfassungsverträgliche Technikgestaltung e.V. Kassel
PSE	Personal Security Environment
PSTN	Public Switched Telephone Network
PVÜ	Pariser Verbandsübereinkunft
RAM	Random Access Memory
RÄStV	Rundfunkänderungsstaatsvertrag
RBÜ	Revidierte Berner Übereinkunft
RdA	Recht der Arbeit
RdErl	Runderlass
RDV	Recht der Datenverarbeitung
RED-RL	Richtlinie über die Harmonisierung der Rechtsvorschriften der Mitgliedstaaten über die Bereitstellung von Funkanlagen auf dem Markt
RefE	Referentenentwurf
RegE	Regierungsentwurf
REST-API	Representational State Transfer API
RFID	Radio Frequency Identification
RGZ	Entscheidungen des Reichsgerichts in Zivilsachen
RiA	Recht im Amt
RIPE NCC	Réseaux IP Européens Network Coordination Centre
RIW	Recht der internationalen Wirtschaft
RL	Richtlinie(n)
RLM	registrierende Leistungsmessung
Rn.	Randnummer(n)
ROM	Read Only Memory
RRL	Rahmenrichtlinie
r+s	Recht und Schaden
Rs.	Rechtssache
RSA	Rivest/Shamir/Adleman (Verschlüsselungsverfahren)
Rspr.	Rechtsprechung
RStV	Rundfunkstaatsvertrag
RSVP	Resource Reservation Protocol
RTR	Rundfunk und Telekom Regulierungs-GmbH
RuF	Rundfunk und Fernsehen
RuP	Recht und Politik
S.	Satz, Seite
SaaS	Software as a Service
SEC	Securities and Exchange Commission
SEPs	Standardessenzielle Patente
SET	Secure Electronic Transaction
SigG	Gesetz zur digitalen Signatur
SigV	Verordnung zur digitalen Signatur
SIM	Subscriber Identity Module
SLA	Service Level Agreement
Slg.	Sammlung
SMG	Smart-Meter-Gateway
SMTP	Simple Mail Transport Protocol
SoA	Serviceorientierte Architektur

sog.	sogenannt(e)
SSNIP	small, significant non-transitory increase in price
SSO	Single Sign-On
SSOs	Standardisierungsorganisationen
SSS	Smartes Service System
StGB	Strafgesetzbuch
StGH	Staatsgerichtshof
StromNZV	Stromnetzzugangsverordnung
StPO	Strafprozessordnung
str.	streitig, strittig
StrÄndG	Strafrechtsänderungsgesetz
stRspr	ständige Rechtsprechung
StV	Strafverteidiger, Staatsvertrag
StVG	Straßenverkehrsgesetz
StVÜ	Wiener Übereinkommen über den Straßenverkehr
StVZO	Straßenverkehrs-Zulassungsordnung
SZ	Süddeutsche Zeitung
TA	Technikfolgenabschätzung, Technische Anleitung
TAB	Büro für Technikfolgen-Abschätzung
TAK	Themenarbeitskreis
TAN	Transaktionsnummer
TAZ	Tageszeitung
TCP/IP	Transmission Control Protocol/Internet Protocol
TDDSG	Teledienstedatenschutzgesetz
TDG	Teledienstegesetz
TEE	Trusted Execution Environment
teilw.	teilweise
ThürVBl.	Thüringer Verwaltungsblätter
TK	Telekommunikation
TKG	Telekommunikationsgesetz
TKO	Telekommunikationsordnung
TKÜV	Telekommunikationsüberwachungsverordnung
TKG-ÄndG	Telekommunikationsänderungsgesetz
TLD	Top Level Domain
TMG	Telemediengesetz
TSM-VO	Telcom Single Market-Verordnung
T2T	Thing to Thing
ua	unter anderem
UA	User Agent
uä	und ähnliches
UAbs.	Unterabsatz
UCB	University of California, Berkeley
UCITA	Uniform Computer Information Transaction Act
UDP	User Datagram Protocols
UDRL	Universaldienstrichtlinie
UDRP	Uniform Domain Dispute Resolution Policy
UFITA	Archiv für Urheber-, Film-, Funk- und Theaterrecht
UIC	siehe ITU
UKlaG	Unterlassungsklagengesetz
	Universal Mobile Telecommunications System

UmwHG .... Umwelthaftungsgesetz
UN .... United Nations
UNCID .... Uniform Rules of Conduct for Interchange of Trade Data by Teletransmission
uö .... und öfter
UPR .... Umwelt- und Planungsrecht
URETS .... Uniform Rules on Electronic Trade
UrhG .... Gesetz über Urheberrechte und verwandte Schutzrechte (Urheberrechtsgesetz)
Urh-RL .... Urheberrechtsrichtlinie
URL .... Uniform Resource Locator; Universaldienstrichtlinie
URLLC .... Ultra Reliable and Low Latency Communications
URP .... Domain Name Resolution Policy
Urt. .... Urteil
US/USA .... United States (of America)
UStG .... Umsatzsteuergesetz
usw .... und so weiter
uU .... unter Umständen
UVP .... Unique Value Proposition
UWG .... Gesetz gegen den unlauteren Wettbewerb

v. .... vom, von, versus
va .... vor allem
VA .... Verwaltungsakt
VAG .... Versicherungsaufsichtsgesetz
VAIT .... Versicherungsaufsichtliche Anforderungen an die IT
Var. .... Variante
VAS .... Value-Added Service
VBlBW .... Verwaltungsblätter für Baden-Württemberg
VBN .... Vermitteltes Breitbandnetz
VDI .... Verein Deutscher Ingenieure e.V.
VDMA .... Verband Deutscher Maschinen- und Anlagenbau e.V.
Verf. .... Verfasser
VerfGH .... Verfassungsgerichtshof
Verh. .... Verhandlungen
VersR .... Versicherungsrecht
VersVermV .... Versicherungsvermittlungsverordnung
VerwA .... Verwaltungsarchiv
VG .... Verwaltungsgericht; Verwertungsgesellschaft
VGH .... Verwaltungsgerichtshof
VGHE .... Entscheidungen des Verwaltungsgerichtshofs
vgl. .... vergleiche
VO .... Verordnung
Vol. .... Volume (Band)
Vorb. .... Vorbemerkung
VR-RL .... Verbraucherrechterichtlinie
vs. .... versus
VuR .... Verbraucher und Recht
VVDStRL .... Veröffentlichungen der Vereinigung der Deutschen Staatsrechtslehrer
VVG .... Versicherungsvertragsgesetz
VVG-InfoV .... Verordnung über Informationspflichten bei Versicherungsverträgen
VwGO .... Verwaltungsgerichtsordnung

VwV	Verwaltungsvorschrift
VwVfG	Verwaltungsverfahrensgesetz
WahrnG	Urheberrechtswahrnehmungsgesetz
WAN	Wide Area Network
WCT	WIPO Copyright Treaty
WIN	Wissenschafts-Netz
WIPO	World Intellectual Property Organization (Weltorganisation für geistiges Eigentum, Genf, franz.Abk. l'OMPI)
WIPR	World Intellectual Property Report
WiR	Wirtschaftsrecht
WPg	Die Wirtschaftsprüfung
WRP	Wirtschaft in Recht und Praxis
WSA	Wirtschafts- und Sozialausschuss
WTO	World Trade Organization
WUA	Welturheberrechtsabkommen
WuB	Entscheidungen zum Wirtschafts- und Bankrecht
WVK	Wiener Vertragsrechtskonvention
WWW	World Wide Web
WZG	Warenzeichengesetz
X.25	Internationales Standardprotokoll der Telefonnetze
z.	zum, zur
ZAK	Kommission für Zulassung und Aufsicht der Landesmedienanstalten
ZaöRV	Zeitschrift für ausländisches öffentliches Recht und Völkerrecht
ZAW	Zentralverband der Deutschen Werbewirtschaft
zB	zum Beispiel
ZBB	Zeitschrift für Bankrecht und Bankwirtschaft
ZD-Aktuell	Zeitschrift für Datenschutz
ZEuP	Zeitschrift für Europäisches Wirtschaftsrecht
ZfJ	Zentralblatt für Jugendrecht
ZfP	Zeitschrift für das Postwesen
ZfV	Zeitschrift für Verwaltung
ZG	Zeitschrift für Gesetzgebung
ZHR	Zeitschrift für das gesamte Handelsrecht und Wirtschaftsrecht
Ziff.	Ziffer
ZIP	Zeitschrift für Wirtschaftsrecht
Zit.	Zitat
ZITiS	Zentrale Stelle für Informationstechnik im Sicherheitsbereich
ZPO	Zivilprozessordnung
ZPT	Zeitschrift für Post und Telekommunikation
ZRP	Zeitschrift für Rechtspolitik
zT	zum Teil
zugl.	zugleich
ZUM	Zeitschrift für Urheber- und Medienrecht, früher: Film und Recht
ZUM-RD	Zeitschrift für Urheber- und Medienrecht – Rechtsprechungsdienst
zust.	zustimmend
zutr.	zutreffend
ZVersWiss	Zeitschrift für die gesamte Versicherungswissenschaft
ZWeR	Zeitschrift für Wettbewerbsrecht
ZZP	Zeitschrift für Zivilprozess
2FA	Zwei-Faktor-Authentifizierung

1. Teil. Grundlagen

§ 1 IoT – Definition und Fragestellungen

Übersicht

Literatur:

Andelfinger/Hänisch, Internet der Dinge, Berlin/Heidelberg 2015; *Becher,* Einführung in die EU-Netzneutralitätsverordnung, ZJS 2018, 390; *Beckmann/Müller,* Kartellrecht, in: Hoeren/Sieber/Holznagel (Hrsg.), Handbuch Multimedia-Recht, 54. EL, München 2021; *Bräutigam/Klindt,* Industrie 4.0, das Internet der Dinge und das Recht, NJW 2015, 1137; *Bräutigam/Thalhofer,* Cloud Computing, in: Bräutigam (Hrsg.), IT-Outsourcing und Cloud-Computing, 4. Aufl., Berlin 2019; *Eschenbruch/Gerstberger,* Smart Contracts, NZBau 2018, 3; *Finsterbusch,* Der erste Personalcomputer, FAZ 12.8.2011, www.faz.net/aktuell/wirtschaft/unternehmen/vor-dreissig-jahren-der-erste-personalcomputer-11107150-p3.html (22.2.2021); *Fleisch,* Internet der Dinge (2014), Enzyklopädie der Wirtschaftsinformatik, www.enzyklopaedie-der-wirtschaftsinformatik.de/lexikon/technologien-methoden/Rechnernetz/Internet/Internet-der-Dinge (22.2.2021); *Gartz,* Die Apple-Story: Aufstieg, Niedergang und „Wieder-Auferstehung" des Unternehmens rund um Steve Jobs, 2. Aufl., Kilchberg 2005; *Geisberger/Broy,* Agenda CPS, Integrierte Forschungsagenda Cyber-Physical Systems, München 2012; *Gersdorf/Paal* (Hrsg.), BeckOK Informations- und Medienrecht, 30. Ed. 2020; *Koelle,* Tangible User Interfaces. Ein kurzer Überblick über Forschungsfeld und Literatur, www.medien.ifi.lmu.de/lehre/ws1011/mmi2/mmi2_uebungsblatt1_loesung_koelle.pdf (22.2.2021); *Körber,* Die Facebook-Entscheidung des Bundeskartellamtes – Machtmissbrauch durch Verletzung des Datenschutzrechts?, NZKart 2019, 187; *Körber,* TKG-Novelle 2011. Breitbandausbau im Spannungsfeld von Europäisierung, Regionalisierung und Netzneutralität, MMR 2011, 215; *Kolany-Raiser/Heil/Orwalt/Hoeren,* Big Data und Gesellschaft: Eine multidisziplinäre Annäherung, 2018; *Küchler,* Technische und wirtschaftliche Grundlagen, in: Bräutigam (Hrsg.), IT-Outsourcing und Cloud-Computing, 4. Aufl., Berlin 2019; *Kuhn/Voß,* IT-Sicherheit: Angriff aus dem Wohnzimmer, WirtschaftsWoche 6.11.2016, www.wiwo.de/technologie/digitale-welt/it-sicherheit-angriff-aus-dem-wohnzimmer/14744770.html (22.2.2021); *Lehner,* Quanten-Blockchain und die Digitalisierung des Bösen, DSRITB 2017, 807; *Litzel,* Was ist Industrie 4.0?, www.bigdata-insider.de/was-ist-industrie-40-a-563898/ (22.2.2021); *Lutz/Engel,* Bedeutung der Netzneutralität für die Industrie 4.0, ZD-Aktuell 2018, 05951; *Martini/Weinzierl,* Die Blockchain-Technologie und das Recht auf Vergessenwerden, NVwZ 2017, 1251; *Mattern,* Pervasive/Ubiquitous Computing, Informatik-Spektrum 2001 145; *Mattern,* Ubiquitous Computing: Schlaue Alltagsgegenstände – Die Vision von der Informatisierung des Alltags, www.vs.inf.ethz.ch/publ/papers/mattern2004_sev.pdf (22.2.2021); *Mattern/Flörkemeier,* Vom Internet der Computer zum Internet der Dinge, www.vs.inf.ethz.ch/publ/papers/Internet-der-Dinge.pdf (22.2.2021); *Minerva/Biru/Rotondi,* Towards a definition of the Internet of Things (IoT), 2015; *Mühlich,* Datenschutz und Industrie 4.0 – eine sensible Annäherung ist notwendig, ZD 2014, 381; *Mundt,* Die Facebook-Entscheidung des Bundeskartellamtes, NZKart 2019, 117; *Ollesch/Gries/Hesenius/Gruhn,* Echtzeitsysteme. Einsatzfelder und Forschungsfragen für CPS, cps-hub-nrw.de/knowledgebase/publikation/3482-echtzeitsysteme (22.2.2021); *Osing,* Die Netzneutralität im Binnenmarkt: Zur Bindung der Internet-Provider an die Europäischen Grundfreiheiten und Grundrechte, 2017; *Patalong,* Als die Dose unser Leben veränderte, Spiegel Online 9.8.2006, www.spiegel.de/netzwelt/tech/25-jahre-ibm-pc-als-die-dose-unser-leben-veraenderte-a-430636.html (22.2.2021); *Roy,* Industrie 4.0 – Gestaltung cyber-physischer Logistiksysteme zur Unterstützung des Logistikmanagements in der Smart Factory, Berlin 2017; *Schaudel,* Sensor 4.0 für Industrie 4.0, Tagungsband 12. Dresdner Sensor-Symposium 2015; *Scheurle/Mayen* (Hrsg.), Telekommunikationsgesetz, 3. Aufl., München 2018; *Schoenberger,* The Internet of Things, Forbes Magazine 18.5.2002; *Schuler,* Selbstlernende Analyse-Maschine „DeepMind", www.deutschlandfunk.de/kuenstliche-intelligenz-selbstlernende-analyse-maschine.2907.de.html?dram:article_id=438342 (22.2.2021); *Searle,* Minds, Brains, and Programs, The Behavioral and Brain Sciences Vol. 3 (3) 1980, 417; *Shaw,* What is IPv6, and why aren't we there yet?, www.networkworld.com/article/3254575/what-is-ipv6-and-why-aren-t-we-there-yet.html (22.2.2021); *Sosnit-*

za, Das Internet der Dinge – Herausforderung oder gewohntes Terrain für das Zivilrecht? CR 2011, 764; *Thiesse/Michahelles,* An overview of EPC Technology, Sensor Review 26/2 (2006); *Vogelsang,* Die Debatte um Netzneutralität und Quality of Service, in: Klumpp/Kubicek/Roßnagel/Schulz (Hrsg.), Netzwelt, Berlin/Heidelberg 2010, S. 5; *Weiser,* The Computer for the 21st Century, Scientific American September 1991, 94.

I. Vom Internet der Personal Computer zum Internet der Dinge

1 Als *Steve Wozniak* und *Steve Jobs* im Jahr 1976 einen Computer für den Ottonormalverbraucher öffentlich präsentierten, war dies ein technischer Meilenstein in der Geschichte des Internets. *Apple I,* wie er getauft wurde, wird von einigen als der erste **„Personal Computer" (PC)** angesehen.[1] Wesentliche Kennzeichen dieses Personal Computers waren dabei im Gegensatz zu seinen Vorläufern, dass er weitgehend handlich, kostengünstig und alltagstauglich war.[2] Schließlich hatten die Menschen jahrzehntelang zuvor mit Computern etwas verbunden, das exklusiv einem Kreis von ausgewählten Wissenschaftlern und Computerexperten vorbehalten war. Die allerersten Rechner wiesen einen räumlichen Umfang einer Schrankwand auf und bewegten sich preislich in einem für den Verbraucher nicht gerade erschwinglichen Rahmen.[3] Als bezeichnend für den damaligen Zeitgeist kann dabei die Aussage, dass „ein Weltmarkt für vielleicht fünf Computer" existieren würde, herangezogen werden, die der damalige IBM-Chef *Thomas Watson* im Jahr 1943 getätigt haben soll.[4]

2 Revolutionär war daher die nun in Aussicht gestellte **Massentauglichkeit.** Zwar war der *Apple I* nicht annähernd vergleichbar mit der Leistungs- und Funktionsfähigkeit heutiger Personal Computer; im Wesentlichen beschränkte sich dessen Einsatz auf Schreib-, Rechenarbeiten sowie erste Computerspiele.[5] Aber die Idee eines Computers für jedermann war geboren und tatsächlich war dies erst der Anfang für weitere sich daran anschließende Entwicklungen. Als der Konzern IBM 1981 mit dem „5150 Personalcomputer" in diesen Markt einstieg und mit einem modularen Aufbau einen richtungsweisenden Industriestandard setzte, verhalf er dem Personal Computer zur Popularität in den privaten Haushalten.[6]

3 Die eigentlich entscheidende Neuerung, die die neuen Computer mit sich brachten, war die Möglichkeit der **Vernetzung der Rechner** untereinander und der damit verbundene Datenaustausch – das **Internet.** Die einzelnen Internetdienste erlaubten es den Nutzern miteinander zu kommunizieren. Waren es anfangs noch vorwiegend Großrechner von Universitäten und Forschungsinstituten, die übers Internet miteinander verbunden waren, trat spätestens in den 1990er-Jahren mit der Einführung des **World Wide Web** (WWW) eine Kommerzialisierung des Internets ein.[7] Durch die Generierung von HTML-Seiten war es theoretisch für jeden über das WWW möglich, seine Ansichten zu verschiedensten Themen öffentlich kundzutun. Natürlich wurde dies zunächst primär von Unternehmen genutzt, die über die entsprechende Expertise zur Erstellung der Websites verfügten. Insbesondere der Onlinehandel erlangte so Aufwind. Dennoch war nicht zu verkennen, dass das Internet so auch für den Einzelnen endlich einen Ort bot, sich weltweit und ohne inhaltliche Einschränkungen zu äußern. Spätestens durch die Einführung von Internetblogs ergab sich diese Möglichkeit auch für den technisch nicht so versierten Laien, ohne dabei einen eigenen Webserver betreiben zu müssen. Suchmaschinen erleichterten dabei wiederum für andere Nutzer das Auffinden dieser Inhalte. Dies führte zu einer erheblichen Stärkung der sozialen Komponente des Webs. Das **Web 2.0** war geboren.[8] Zwar war bereits zuvor die Kommunikation untereinander über das Internet per E-Mail

---

1 *Gartz* Die Apple-Story S. 7.
2 www.networkworld.com/article/3254575/what-is-ipv6-and-why-aren-t-we-there-yet.html (22.2.2021).
3 royal.pingdom.com/retro-delight-gallery-of-early-computers-1940s-1960s/ (22.2.2021).
4 blog.hnf.de/ein-weltmarkt-fuer-fuenf-computer/ (22.2.2021).
5 *Patalong* Spiegel Online 9.8.2006.
6 *Finsterbusch* FAZ 12.8.2011.
7 *Andelfinger/Hänisch* Internet der Dinge S. 12.
8 www.techopedia.com/definition/4922/web-20 (22.2.2021).

oder über Diskussionsforen wie das *Usenet* möglich gewesen. Entscheidend war aber nun, dass die Blogs einer wesentlich breiteren Masse zugänglich waren, die sich interaktiv über die dortige Kommentarfunktion unter den veröffentlichen Artikeln austauschen konnten. Durch die Etablierung von **Social-Media-Plattformen** wie zB *Facebook, Instagram* oder *Twitter* trat eine noch stärkere soziale Vernetzung und auch Einbindung des Internets in das alltägliche Leben der Menschen ein. Nutzer der jeweiligen Plattform kreieren dort ein eigenes Nutzerprofil, mit dem sie vor allem die Wahrnehmungen ihrer eigenen Lebenswelt in Sekundenschnelle online mit anderen teilen können. Doch die immer rasanter voranschreitende Vernetzung der realen mit der virtuellen Welt vollzieht sich mittlerweile längst nicht mehr nur über klassische PCs. Durch den Einsatz von **Smartphones,** die ihren Besitzern in handlicher Form immer griffbereit zur Verfügung stehen, können diese Computerfunktionen praktisch von überall und zu jeder Zeit genutzt werden.

Generell lässt sich feststellen, dass auch im Übrigen eine zunehmende **Durchdringung** 4
des Alltags mit Informationstechnologie stattfindet. Mittlerweile existieren viele Gegenstände, die mit eigenen Mikroprozessoren, Sensoren und Netzwerktechnik ausgestattet sind und von Millionen Menschen täglich benutzt werden. Als Anwendungsfelder eröffnen sich dabei praktisch unbegrenzte Möglichkeiten. Dies geht von einem Kühlschrank, der verbrauchte Lebensmittel selbst nachbestellt, zu einem intelligenten Herzschrittmacher bis hin zu Fabriken mit selbstwartenden Maschinen. Die Allgegenwärtigkeit von Rechnern in sämtlichen Lebensbereichen wird auch unter den Begriff **Ubiquitous Computing,** der bereits 1988 erstmals vom Informatiker *Mark Weiser* geprägt wurde, gefasst. Immanent ist dem Ganzen dabei, dass sog. **Smart Devices** dem Menschen alltägliche Arbeit möglichst unscheinbar im Hintergrund abnehmen sollen.[9] Der Personal Computer verschwindet und wird durch intelligente Gegenstände ersetzt, die dem Menschen die Arbeit erleichtern, ohne dass den Gegenständen besondere Aufmerksamkeit geschenkt werden muss. Der oft in diesem Zusammenhang ebenfalls genannte Begriff **Pervasive Computing** kann weitgehend synonym dazu verwendet werden, betrifft jedoch vorwiegend die industrielle Komponente dieser allesdurchdringenden Informationsverarbeitung. Das Augenmerk liegt dort auf Prozessen im Bereich des Onlinehandels und sonstigen internetbasierten Geschäftsprozessen.[10] All diese Vorgänge sind auch letztendlich der Ansatzpunkt für das **Internet der Dinge:** Es beschreibt die Vision, dass sich nun nicht nur Menschen, sondern auch Dinge über das Internet austauschen und selbstständig miteinander kommunizieren können.[11] Wesentlicher Unterschied zum Internet der Personal Computer ist folglich, dass die Aufgabe des Menschen sich nunmehr lediglich auf die Steuerung der smarten Gegenstände im Hintergrund beschränkt. Ein anfänglicher menschlicher Input ist nicht mehr notwendig. Die Gegenstände agieren nämlich – vernetzt über das Internet – weitgehend autonom, erkennen bestimmte Situationen und passen sich diesen sogleich an. Durch dieses Internet der Dinge erfährt der Kreis der Teilnehmer am Datenaustausch durch die Erweiterung auf Gegenstände so eine erhebliche Steigerung. Schätzungen zufolge soll es bis zum Jahre 2025 75 Milliarden vernetzter Dinge geben.[12] Nach einer Studie des McKinsey Global Institute soll das Internet der Dinge bis 2025 dabei einen wirtschaftlichen Mehrwert von 11,1 Billionen Dollar pro Jahr generieren.[13]

---

[9] *Mattern* Ubiquitious Computing: Schlaue Alltagsgegenstände – Die Vision von der Informatisierung des Alltags.

[10] *Mattern* Informatik-Spektrum 2001, 145 (146).

[11] Gabler Wirtschaftslexikon, Stichwort: Internet der Dinge, wirtschaftslexikon.gabler.de/definition/internet-der-dinge-53187 (22.2.2021).

[12] news.sap.com/germany/2019/10/iot-chance-moeglichkeiten (22.2.2021).

[13] *McKinsey Global Institute,* The Internet of things: Mapping the value beyond the hype, Executive summary, 2.6.2015, www.mckinsey.com/~/media/McKinsey/Industries/Technology%20Media%20and%20Telecommunica tions/High%20Tech/Our%20Insights/The%20Internet%20of%20Things%20The%20value%20of%20digitizing %20the%20physical%20world/Unlocking_the_potential_of_the_Internet_of_Things_Executive_summary.pdf (22.2.2021).

II. Begriffsdefinition und Merkmale des Internets der Dinge

5 Auch wenn die Vision eines Internet der Dinge schon länger in den Köpfen einiger Wissenschaftler geisterte,[14] wurde der Begriff **„Internet of Things" (IoT)** wörtlich erstmals von *Kevin Ashton,* dem damaligen Leiter und Mitgründer des Massachusetts Institute of Technology (MIT) Auto-ID Labs, verwendet. Im Jahr 2002 veröffentlichte das Forbes Magazine mit diesem Titel einen Artikel, in dem er mit den Worten, „we need an 'Internet-for-things', a standardized way for computers to understand the real world" zitiert wurde.[15] Ausgangspunkt war, dass das MIT mit Ashton ab 1999 eine firmenübergreifende **RFID (Radio Frequency Identification)-Infrastruktur** entwickelte.[16] Diese Technologie ermöglicht es, alle möglichen Gegenstände mit identifizierbaren Chips auszustatten und mit Endgeräten zu verknüpfen, sodass diese Gegenstände jederzeit online nachverfolgt und kontrolliert werden können.

6 Eine einheitliche Begriffsdefinition für das Internet der Dinge zu finden, gestaltet sich nicht einfach. Das zeigt schon der Blick auf die vielen Anwendungsfelder, die dem Internet der Dinge zugeordnet werden. Diese reichen von der Rückverfolgung einzelner Pakete oder Artikel im Supermarkt über den Einsatz von **Robotik** im **medizinischen Bereich** bis hin zum **autonomen Fahren** oder dem sog. **Smart Home.** Im Kontext der Logistik wird das Internet der Dinge oftmals deckungsgleich mit dem **EPCglobal-Netzwerk** verwendet.[17] Bestandteil dieses Netzwerks, das eine Infrastruktur zum Austausch von RFID-Daten bietet, ist der **Electronic Product Code (EPC).** Weit überwiegend wird jedoch das Internet der Dinge von einem allgemeineren Blickwinkel aus betrachtet. Die RFID-Technologie stellt nur eine von vielen verschiedenen Informationstechniken dar, die aus normalen Gegenständen Smart Devices entstehen lassen kann. Der Begriff wird daher oft technologieoffen definiert. Der renommierte **Wirtschaftsinformatiker *Edgar Fleisch*** sieht das Internet der Dinge als die Idee eines erweiterten Internets, welches neben klassischen Rechnern und mobilen Endgeräten auch beliebige physische Gegenstände mittels Sensoren und Aktuatoren in seine Infrastruktur einbindet und so zu Anbietern bzw. Konsumenten verschiedenster digitaler Dienste macht.[18] Ähnlich versteht der englischsprachige **Wikipedia-Eintrag** unter dem Internet der Dinge die evolutionäre Weiterentwicklung und Erweiterung der Internetkonnektivität (also der öffentlich zugänglichen Vernetzung der Personal Computer (und Devices)) auf physische Objekte und Gegenstände des täglichen Gebrauchs.[19] Für das **IEEE** (Institute of Electrical and Electronics Engineers) beginnt ein IoT-System auf der Ebene, auf der das einzelne „Ding" durch eine eindeutige globale Kennung identifiziert wird und von überall und jederzeit zugänglich ist. Die so identifizierten „Dinge" müssen also mit dem Internet verbunden sein.[20] Doch bereits die Vernetzung von (einigen wenigen) Gegenständen untereinander, ohne dass diese auch nach außen hin mit dem Internet verbunden sind wird bereits dem Internet der Dinge zugeordnet.[21] So bestimmt das **World Wide Web Consortium,** die wichtigste internationale Organisation für die Standardisierung der Techniken im World Wide Web, die virtuelle Darstellung von mit Sensoren und Aktoren ausgestattete physische Objekte zum wesentlichen Element des Internets der Dinge.[22] Die **Europäische Kommission** versteht unter dem Internet der Dinge ein Netz untereinander verbundener Gegenstände, will dieses

---

[14] *Weiser* Scientific American September 1991, 94: *Weiser* spricht von „specialized elements of hardware and software connected by wires, radio waves and infrared,[…] [that] will be [so] ubiquitous that no one will notice their presence".

[15] *Schoenberger* Forbes Magazine 18. 5. 2002.

[16] *Mattern/Flörkemeier* Vom Internet der Computer zum Internet der Dinge S. 2.

[17] *Thiesse/Michahelles* Sensor Review 26/2 (2006), 101; *Fleisch* Internet der Dinge (2014).

[18] *Fleisch* Internet der Dinge (2014).

[19] en.wikipedia.org/wiki/Internet_of_things (22. 2. 2021).

[20] *Minerva/Biru/Rotondi* Towards a definition of the Internet of Things (IoT) S. 71.

[21] www.gruenderszene.de/lexikon/begriffe/internet-of-things?interstitial (22. 2. 2021).

[22] www.w3.org/WoT/ (22. 2. 2021).

neue Phänomen aber nicht als bloße Erweiterung des heutigen Internet verstanden wissen, sondern als eine Gesamtheit aus neuen unabhängigen Systemen, die mit ihren eigenen Infrastrukturen betrieben werden und sich teilweise auf bestehende Internet-Infrastrukturen stützen. Weitere Elemente seien die Symbiose mit neuen Diensten und die Kommunikation von Dingen zu Dingen.[23]

Die **Internationale Fernmeldeunion** (IFU) definiert das Internet der Dinge als „globale Infrastruktur für die Informationsgesellschaft, die fortgeschrittene Dienste ermöglicht, indem sie (physische und virtuelle) Dinge miteinander verbindet, die auf bestehenden und sich entwickelnden interoperablen Informations- und Kommunikationstechnologien basieren."[24] Diese Definition versteht das Internet der Dinge daher mehr als Konzept, das einzelne technologische Fortschritte vereint. Durch die Verwendung möglichst allgemeiner, technologie- und anwendungsunabhängiger Begriffe bleibt die Definition entwicklungsoffen. Viele Anwendungen, die in Zukunft dem Internet der Dinge zuzuordnen sind, befinden sich zurzeit noch in der Entwicklung, sodass eine rein auf Anwendungen bezogene Definition viel zu eng wäre. Dem Begriff des Internets der Dinge muss sich also entweder durch eine Beschreibung seiner wesentlichen Elemente oder Merkmale (zum jetzigen Zeitpunkt) oder durch möglichst offene Begriffe genähert werden. Dem zweiten Ansatz folgend spricht die IFU in einer Anmerkung zur Begriffsdefinition von Internet der Dinge als einer „weitreichenden Vision mit technologischen und gesellschaftlichen Auswirkungen."[25] Obenstehende Definition impliziert zudem, dass die beschreibenden Begriffe nicht mehr in ihrer ursprünglichen Semantik verstanden werden dürfen. Unter einem **Ding (thing)** werden in diesem Kontext eben **nicht nur Objekte der physischen Welt,** sondern auch **der digitalen Welt verstanden („virtuelle Dinge"**, die in der digitalen Welt abgebildet sind, ohne eine zugehörige Sache in der physischen Welt). Thing darf also nicht im Sinne von device verstanden werden. Zwar sind nach heutiger Beschreibung körperliche Gegenstände mit Kommunikationsfähigkeiten und/oder Fähigkeiten zur Interaktion mit ihrer Umwelt wesentliche Bestandteile des Internets der Dinge. Aber eben nicht nur. Wollte man das Internet der Dinge als weiteren Schritt in der Menschheitsgeschichte verstehen, könnte dessen revolutionäres Element Folgendes sein: Während der **Buchdruck** im 16. Jahrhundert überhaupt erst die Weitergabe größerer Mengen **menschengenerierter Informationen** ermöglichte, wurde der **Datenaustausch mit Aufkommen des Internets** zu jeder Zeit **(anytime)** und mit der Etablierung mobiler Geräte an jedem Ort der Welt **(anyplace)** möglich. Das **Internet der Dinge** erweitert nun den Austausch menschengemachter Informationen um den Transfer **maschinengenerierter Daten (anything).**[26] Allein dieses Verständnis des Internets der Dinge reduziert den Begriff aber auf ein Bündel allgemeiner und abstrakter Beschreibungen, die ihn jeglicher Präzision und Unterscheidbarkeit berauben. Will man sich dem Internet der Dinge aus diesem Grund mit einer etwas genaueren Definition nähern, kommt man nicht umhin, sich auch auf dessen (derzeitige) wesentliche Charakteristika zu beziehen. 7

1. Smart Objects/smartes Gerät/IoT-Device

Ein Begriff, der oft im Zusammenhang mit dem Internet der Dinge fällt, ist das vielen Anwendungsbezeichnungen vorangestellte Wort **smart** (Smart Home, Smart Contract, Smart Device). Tatsächlich sind für das Internet der Dinge sog. **Smart Objects** oder **smarte Geräte** oder **IoT-Devices** konstituierend. Allgemein versteht man darunter physische Objekte, denen aufgrund von eingebetteter Informations- und Kommunikationstechnologie eine völlig neue Qualität in Form von künstlicher Intelligenz zukommt.[27] 8

[23] Mitteilung der Europäischen Kommission KOM(2009) 278, 2.
[24] Recommendation ITU-T Y.2060 (06/2012) S. 1.
[25] Recommendation ITU-T Y.2060 (06/2012) S. 1.
[26] Recommendation ITU-T Y.2060 (06/2012) S. 3.
[27] *Mattern/Flörkemeier* Vom Internet der Computer zum Internet der Dinge S. 1.

Wie bei allen im Zuge der Digitalisierung aufkommenden neuen Begrifflichkeiten handelt es sich auch bei der Definition der künstlichen Intelligenz um eine sehr dynamische, die sich mit dem weiteren technologischen Fortschritt immer wieder verändert.[28] Dass nun auch Objekten eine gewisse Intelligenz attribuiert wird – also eine Eigenschaft, die eigentlich nur höher entwickelten Lebewesen zukommt – lässt sich auch auf den Gedanken des **Cognitive Computing,** einer Disziplin, die die Erkenntnisse aus der Hirnforschung auf die Computerprogrammierung überträgt, zurückführen. Ziel des Cognitive Computing ist es, menschliche Denkprozesse in einem computergestützten Modell zu simulieren. Mit Hilfe von selbstlernenden Algorithmen, die Data Mining, Mustererkennung und natürliche Sprachverarbeitung verwenden, kann der Computer die Funktionsweise des menschlichen Gehirns nachahmen. Denn obwohl Computer die menschlichen Kapazitäten bei der Lösung von Rechenaufgaben schon längst überholt haben, stellen manche für den Menschen einfache Aufgaben, wie das Verstehen der natürlichen Sprache oder das Erkennen von einzigartigen Objekten in einem Bild, den Computer vor unlösbare Herausforderungen.[29] Dennoch kann in diesem Zusammenhang noch nicht von einer echten, der menschlichen Intelligenz ebenbürtigen Eigenschaft gesprochen werden. Die Stärke der „künstlichen Intelligenz" ist vor allem die Mustererkennung. Ohne den vorigen menschlichen Input (in Form der „Fütterung" der Maschine mit Daten) kann auch der Computer die ihm gestellten Aufgaben nicht lösen. Der **Turing-Test,** anhand dessen beurteilt wird, ob künstliche Intelligenz dem menschlichen Denkvermögen entspricht, eignet sich nur bedingt für eine solche Feststellung. Getestet wird nämlich lediglich die Fähigkeit eines Programms, mit einem Menschen zu kommunizieren, was aber nichts über das Vorhandensein von Intentionalität oder eines Bewusstseins aussagt.[30]

9 Der Definition des Smart Objects (auch smartes Gerät → § 2 Rn. 2ff. oder (IoT)-Device → § 3 Rn. 206ff.) muss sich also auf andere Art genähert werden. Beim derzeitigen Stand der Technik bietet sich eine Analyse der Smart Objects anhand von **vier Ebenen** an, bei denen sich die Ausprägung der Intelligenz in mehreren Dimensionen zeigen kann.[31] Grundlegend ist, dass auf einer **ersten Ebene** (**Geräteebene** (→ § 2 Rn. 11ff.)) das **Objekt** aus der realen Welt mit Sensoren, Aktuatoren und Rechenleistung versehen wird, sodass es in der Lage ist, die Umwelt zu erfassen und steuerungsfähig ist. Auf einer **zweiten Ebene,** der **Interaktionsebene** (→ § 2 Rn. 17ff.) gilt es zu betrachten, wie das Smart Thing mit einzelnen oder verschiedensten Akteuren in Kontakt tritt und kommuniziert. Schließlich kann auf einer **dritten Ebene, der Datenebene** (→ § 2 Rn. 21ff.) betrachtet werden, wie Daten gewonnen und verarbeitet werden. Die **vierte Ebene** betrifft dann die verschiedenen Services (**Serviceebene** (→ § 2 Rn. 25ff.)), die durch das Objekt angeboten werden, inwieweit diese auch offline zur Verfügung gestellt werden können und welchen Nutzungszweck diese haben.[32] Es muss bei den heutzutage als intelligent bezeichneten Lösungen vor allem zwischen **automatischen** und **autonomen** Systemen unterschieden werden. Bei **automatischen Systemen** legt der Nutzer die Parameter des Systems so fest, dass die durch das System auszuführenden Handlungen und zu treffenden Entscheidungen genau bestimmt sind, sodass der Nutzer genau weiß, welches Ergebnis erzielt wird, wenn die Parameter erfüllt sind.[33] **Autonome Systeme** dagegen können ihr eigenes Verhalten kontrollieren, treffen eigenständige Entscheidungen und übertragen die Aufgaben nur in Ausnahmefällen an eine höhere (menschliche) Instanz. Selbst wenn diese Systeme bereits die Fähigkeit besitzen, zu lernen und sich durch eigene Erfahrungen zu

---

[28] *Küchler* in Bräutigam IT-Outsourcing und Cloud-Computing S. 77.

[29] www.forbes.com/sites/bernardmarr/2016/03/23/what-everyone-should-know-about-cognitive-computing/#1b7e61455088 (22.2.2021).

[30] Sog. Chinese-Room-Argument des amerikanischen Philosophen John *Searle,* erstmals vorgebracht in seinem Aufsatz „Minds, Brains, and Programs", in: The Behavioral and Brain Sciences Vol. 3 (3) 1980, 417.

[31] *Püschel/Röglinger/Schlott* WuM 9 (2) 2017, 54 (54ff.).

[32] *Püschel/Röglinger/Schlott* WuM 9 (2) 2017, 54 (54ff.).

[33] *Sosnitza* CR 2011, 764 (765).

verbessern, stellen sie letztlich lediglich eine Nachahmung menschlicher Intelligenz dar, die auf Mustererkennung beschränkt bleibt.

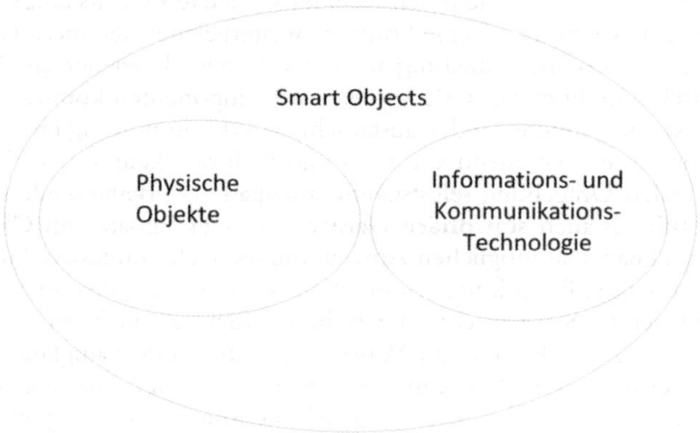

Abb. 1: Kernelemente eines Smart Object

2. Vernetzung

Eine wichtige Komponente der Intelligenz von IoT-Gegenständen ist deren Fähigkeit, miteinander zu kommunizieren. Denn Ziel des Internets der Dinge ist es, dass die Gegenstände selbst „die reale Welt begreifen“ und auf den Menschen insoweit nicht mehr angewiesen sind. Die Kommunikation kann wiederum nur durch Vernetzung gewährleistet werden, die zwischen den einzelnen Objekten stattfindet. 10

a) Cyber Physical Systems

Die dabei durch Vernetzung entstehenden informationsverarbeitenden Gesamtsysteme werden auch als **Cyber Physical Systems (CPS)** bezeichnet und sind die technologische Basis der Kombination von IT mit der physikalischen Welt.[34] Zwar existiert für CPS keine genaue einheitliche Definition.[35] Allgemein kann darunter aber die Verbindung mechanischer Komponenten über offene und globale Kommunikationsnetzwerke wie dem Internet mit moderner Informationstechnik verstanden werden. Dadurch kann ein Austausch von Informationen miteinander vernetzter Gegenstände und Systeme in Echtzeit erfolgen.[36] Die Definition des Begriffs Cyber Physical System gestaltet sich ähnlich schwierig wie die einheitliche Definition des Begriffs des Internets der Dinge. Auch eine Abgrenzung zum Begriff des Internets der Dinge fällt nicht leicht. Teilweise wird (vor allem im US-amerikanischen Raum) der Begriff des CPS als Synonym für das Internet der Dinge verwendet.[37] Eine Abgrenzung gelingt am ehesten, wenn man beide Begriffe als evolutionäre Schritte versteht, bei denen proprietäre, geschlossene Systeme den ersten und das Internet der Dinge den bislang letzten evolutionären Schritt bedeuten. **Cyber Physical Systems** sind damit als **Vorstufe zur vollständigen Vernetzung** zu verstehen und weisen dabei lediglich einen geringeren Grad an Vernetzung auf. Im Gegensatz zu herkömmlichen eingebetteten (embedded) Systemen ist das CPS ein Netzwerk von interagierenden Geräten mit physikalischen Ein- und Ausgängen anstelle von Einzelgeräten.[38] Das Internet der Dinge ist als offenes, vollständig vernetztes, flexibel agierendes und interaktives System, 11

[34] www.sit.fraunhofer.de/de/cyberphysicalsystems/ (22.2.2021).

[35] *Roy*, Industrie 4.0 – Gestaltung cyber-physischer Logistiksysteme zur Unterstützung des Logistikmanagements in der Smart Factory, 2017, S. 48 mit einer Auflistung verschiedener Ansätze.

[36] www.bigdata-insider.de/was-ist-ein-cyber-physisches-system-cps-a-668494/ (22.2.2021).

[37] *Minerva/Biru/Rotondi* Towards a definition of the Internet of Things (IoT) S. 71.

[38] *Minerva/Biru/Rotondi* Towards a definition of the Internet of Things (IoT) S. 71.

das die physikalische Welt nahtlos mit der virtuellen Welt der Informationstechnik verknüpft der letzte Schritt.[39] **Kernbestandteile der CPS** sind **Sensoren, Aktoren** und **vernetzte Software.** Die von einem Sensor eines vernetzten Geräts aufgenommenen Daten werden über ein Netzwerk an eine Software weitergeleitet, die diese Daten verarbeitet und das Ergebnis der Datenverarbeitung über das Netzwerk wieder an die Aktoren des Gerätes übermittelt. Die in einem CPS vernetzten Komponenten können damit ihre Umwelt wahrnehmen, sich untereinander austauschen und autonom agieren. Dadurch ist es ihnen möglich sichzesse weitgehend autonom und bedürfen keines menschlichen Eingreifens meh ihrer realen Umgebung selbstständig anzupassen.[40] Bestandteile eines CPS können sowohl **mobile** als auch **stationäre Geräte** sein. Der Einsatz von CPS ist in nahezu jedem Bereich denkbar. Die möglichen Anwendungsbereiche umfassen Automotive, Luftfahrt, Transport, Energie, Produktion, Gesundheit, Infrastruktur oder auch Unterhaltung.[41] Die Anwendung der CPS verspricht eine höhere Effizienz, niedrigere Kosten und eine schnellere Bearbeitung von komplexen Vorgängen. Durch ihre Fähigkeit, sich ihrer Umwelt anzupassen, erfolgen die Pror. Eine Herausforderung der Zukunft wird sein, einen einheitlichen Standard zu etablieren, um das reibungslose Zusammenspiel der verschiedenen Technologien und Hardware- oder Softwarekomponenten zu ermöglichen.[42]

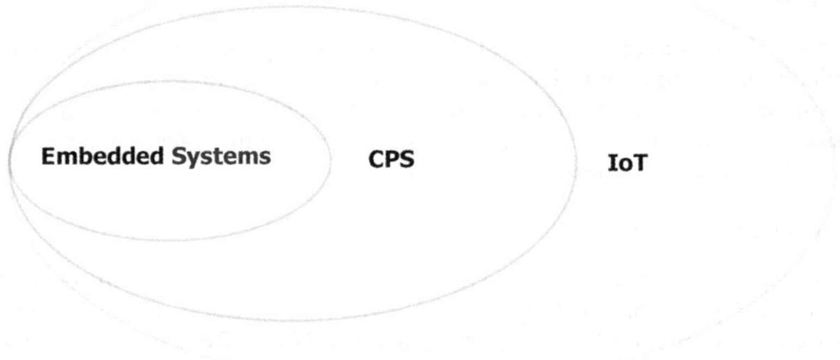

Abb. 2: Vom Embedded System über CPS zum IoT

b) Plattform, dezentrale Datenverarbeitung und Blockchain

12 Wesensmerkmal des Internets der Dinge ist nicht nur der Austausch von Daten, sondern vor allem auch deren Verarbeitung durch eine Software. Dies kann entweder dezentral mithilfe eines eingebetteten Systems oder durch zentrale Server geschehen, die die verarbeitende Software bereitstellen. Letzteres stellt die weitaus verbreitetere Struktur bei IoT-Anwendungen dar. Das Internet der Dinge basiert daher üblicherweise auf Cloud-Dienstleistungen. Unter **Cloud Computing** (→ § 4 Rn. 7 ff. und zu Verträgen mit Cloud Providern → § 7 Rn. 1 ff.) versteht man die Verlagerung von Infrastruktur, **Plattform** (zur Plattform → § 4 Rn. 25 ff.) und Software in die „Wolke", also einen zentralen Server, auf den üblicherweise via Internet zugegriffen werden kann. Die Dienste, die über die Cloud geboten werden können, reichen von der Zurverfügungstellung von Speicherplatz bis hin zur Softwarelösung. Über bestimmte Schnittstellen können diese Dienste abgerufen und auf nahezu jeder Hardware ausgeführt werden.[43] Das Cloud Computing gliedert sich in

[39] *Geisberger/Broy,* Agenda CPS, Integrierte Forschungsagenda Cyber-Physical Systems, 2012, S. 21.
[40] *Ollesch/Gries/Hesenius/Gruhn* Echtzeitsysteme. Einsatzfelder und Forschungsfragen für CPS S. 4.
[41] www.sit.fraunhofer.de/de/cyberphysicalsystems/ (22.2.2021).
[42] www.bigdata-insider.de/was-ist-ein-cyber-physisches-system-cps-a-668494/ (22.2.2021).
[43] *Bräutigam/Thalhofer* in Bräutigam IT-Outsourcing und Cloud-Computing S. 1265.

drei Servicetypen. Beim **Infrastructure as a Service (IaaS)** beschränkt sich der Cloud-Dienst auf die Zurverfügungstellung einer Infrastruktur – also Speicherkapazität, Netzwerkbandbreite oder weitere für den Betrieb eines virtuellen Systems erforderliche Ressourcen. **Platform as a Service (PaaS)** bedeutet im klassischen Verständnis, dass der Anbieter dem Cloud-Nutzer neben der Hardware eine Ebene zur Entwicklung eigener Anwendungen zur Verfügung stellt. Das höchste Service-Level wird beim **Software as a Service (SaaS)** erreicht. Der Cloud-Dienstleister stellt dem Anwender die komplette Software in der Cloud zur Verfügung.[44] Die gesamte Datenverarbeitung und Steuerung der Gegenstände findet in der Cloud statt.

Nachteil einer zentralen Architektur ist jedoch, dass alle gesammelten und verarbeiteten 13
Daten auf einem zentralen Server gespeichert werden. Dies erfordert nicht nur einen entsprechenden Aufwand an Ressourcen, sondern macht die Struktur auch empfindlicher gegenüber Angriffen. Gerade bei Hochgeschwindigkeitsanforderungen und der Notwendigkeit von Echtzeitauswertungen, etwa bei industriellen IoT-Anwendungen, wird deshalb die Datenverarbeitung „am Rande des Netzwerks" (sog. **Edge Computing** → § 4 Rn. 12 ff.) durchgeführt. Die so schon vor Ort verarbeiteten Daten können dann weiter in die Cloud-Umgebung übertragen werden, sodass Edge Computing und Cloud Computing sich auf diese Weise arbeitsteilig ergänzen. Eine Alternative zur zentralen Datenverarbeitung bietet die Blockchain-Technologie. Bei der **Blockchain** (→ § 12) wird eine beliebig erweiterbare Liste von Datensätzen durch Kryptographie verbunden und gesichert und bei allen Teilnehmern eines Netzwerks dezentral gespeichert.[45] Jede mit dem Netzwerk verbundene Einheit (Node) hat eine Kopie der Daten gespeichert und kann diese eigenständig verarbeiten. Nach der Verarbeitung versucht das Netzwerk durch eine Aktualisierung des Datenbestandes einen Gleichlauf aller dezentral gespeicherten Datensätze wiederherzustellen. Dieses Konzept kann auch für das Internet der Dinge fruchtbar gemacht werden. Durch die Blockchain wird vor allem die Authentizität und Integrität der Daten sichergestellt. Ein Blockchain-Netzwerk ist fast unmöglich zu hacken und die dezentrale Organisation verhindert, dass Ausfälle einzelner Komponenten das Netzwerk beeinträchtigen. Das Prinzip der Blockchain erfordert aber auch eine höhere Komplexität des einzelnen Devices, das zur Datenverarbeitung und -speicherung eigenständig fähig sein muss. Neben einem starken zentralen Plattformsystem, bei dem sich der Gegenstand allein auf die Übermittlung mittels Sensoren gesammelter Daten konzentriert und einer dezentralen Organisation, bei der die Datenverarbeitung im Gegenstand selbst und der Datenaustausch allein unter den Gegenständen stattfindet, sind auch Mischformen denkbar.

c) Breitband, Schmalband und Netzneutralität

Die durch sämtliche Anwendungen des Internets der Dinge vorausgesetzte Konnektivität 14
kann bei komplexeren Systemen nur durch eine ausreichende Breitbandinfrastruktur gewährleistet werden. Die Vielzahl an vernetzten Gegenständen bedeutet steigende Datenmengen, die durch Telekommunikationsnetze übertragen werden müssen. Gleichzeitig bestehen insbesondere im Bereich der Industrie erhöhte Ansprüche an die Qualität der Datenübertragung, die Ausfallsicherheit, die ständig verfügbare Verbindung zum Netz und Latenzzeiten, die eine Echtzeitübertragung ermöglichen.[46] Bezüglich der Breitbandinfrastruktur besteht jedoch in Deutschland noch ein erheblicher Ausbaubedarf. So geht aus einem Bericht des Europäischen Rechnungshofes aus dem Jahr 2018 hervor, dass sich die Zielsetzung der EU, flächendeckende Geschwindigkeiten von einem Gigabit pro Sekunde bis zum Jahr 2025 zu erreichen, wohl mit den aktuell genutzten Technologien in Deutsch-

[44] *Bräutigam/Thalhofer* in Bräutigam IT-Outsourcing und Cloud-Computing S. 1272.
[45] *Küchler* in Bräutigam IT-Outsourcing und Cloud-Computing S. 101.
[46] *Lutz/Engel* ZD-Aktuell 2018, 05951.

land nicht verwirklichen lässt.[47] Dies hemmt wiederum die Entwicklung von Anwendungen im Internet der Dinge, da viele Unternehmen aus Gründen der mangelnden Infrastruktur von IoT-Projekten absehen.[48]

15 Zur Bewältigung riesiger Datenfluten ist der neue **Breitbandstandard 5G** (ausführlich dazu → § 3 Rn. 77 ff.) imstande. Im 5G-Netz sollen Übertragungsgeschwindigkeiten bis zu 10 GBits/s möglich sein. Da bei der 5G-Technologie aber vor allem hohe Frequenzbereiche genutzt werden, ist das Ausbreitungsverhalten der elektromagnetischen Wellen nicht mehr für die Versorgung größerer Gebiete geeignet. Moderne Mobilfunknetze werden daher in Zukunft aus einer Mischung von Makrostandorten und ergänzenden Mikrostandorten bestehen.[49] In diesem Zusammenhang wird die **Small-Cell-Technologie** eine entscheidende Rolle spielen (→ § 3 Rn. 92 ff.). Mobilfunkmasten müssen näher an das Endgerät heranrücken, weil die Reichweiten der einzelnen Masten im Vergleich zum Vorgängerstandard LTE/4G wesentlich geringer ist. Trotz des in Deutschland teilweise schleppend verlaufenden Netzausbaus ist die Devise der Bundesnetzagentur, dass Deutschland Weltspitze bei der digitalen Infrastruktur und Leitmarkt für 5G werden solle.[50] Dennoch setzen viele Unternehmen auf sog. regionale 5G-Frequenzen, die ihnen den Aufbau eines regional beschränkten Netzes (zB innerhalb einer Industrieanlage) ermöglichen.[51] Parallel zum Breitbandausbau läuft der Ausbau eines **Schmalbandnetzes** (zur Narrowband (NB)-IoT → § 3 Rn. 68 ff.). Ein solches Netz ermöglicht den Anschluss einer großen Anzahl einfacher Geräte, die sich durch die nur gelegentliche Übertragung geringerer Mengen an Daten und einen niedrigen Energieverbrauch auszeichnen (sog. Narrowband-IoT). Im Allgemeinen werden alle Anschlüsse mit Geschwindigkeiten bis 2048 kbit/s (2 Mbit/s) als Schmalbanddienst bezeichnet. Daher fallen auch die Mobilfunktechniken GSM, GPRS und EDGE unter diese Kategorie.[52] Die drahtlose (Tele-)Kommunikation der verbundenen Geräte im Bereich des Schmalband-IoT erfolgt über ein low-power wide-area network (LPWAN), in dem Informationen über eine Basisstation an den Empfänger weitergeleitet werden. Ähnlich wie bei der Nutzung hoher Frequenzbereiche zur Datenübertragung (Breitband) gibt es auch im Niedrigfrequenzbereich (Schmalband) mehrere Protokolle und Standards für die Datenübertragung in einem LPWAN.[53] Für das Narrowband-IoT besteht ein breites Anwendungsfeld: Denkbar wäre die nächtliche Überwachung der Position von Baugeräten an einer Baustelle, die Dokumentation der Kühlkette beim Lebensmitteltransport oder die Erfassung der Belegung von Parkplätzen.

16 Der angestrebte Ausbau der Breitbandinfrastruktur steht in engem Zusammenhang mit der **Interoperabilität** (→ § 3 Rn. 155 ff.), der **Diensteportabilität** (→ § 3 Rn. 169 ff.) und der sog. **Netzneutralität** (→ § 3 Rn. 178 ff.). Schon der Begriff bedarf einer näheren Erläuterung. Einer strikten Definition nach versteht man darunter den Grundsatz der uneingeschränkten neutralen Übertragung von Daten im Internet.[54] Jegliche Differenzierung beim Übertragungsvorgang hinsichtlich Absender, Empfänger, Art, Inhalt, Gerät, Dienst oder Anwendung würde danach einen Eingriff in die Netzneutralität bedeuten.[55] Dem liegt das **Best-Effort**-Prinzip zugrunde, wonach Datenpakete rein nach der zeitlichen Reihenfolge ihrer Anfrage behandelt werden und die Daten somit „gleichberechtigt" – allein durch die vorhandenen Kapazitäten der Transportnetze begrenzt – übertragen wer-

---

[47] Europäischer Rechnungshof, Sonderbericht Nr. 12 2018: Der Breitbandausbau in den EU-Mitgliedstaaten: Trotz Fortschritten werden nicht alle Ziele der Strategie Europa 2020 erreicht.
[48] www.interxion.com/de/news/2017/12/idc-studie-zeigt-hurden-und-wege-zum-internet-der-dinge/ (22.2.2021).
[49] www.feei.at/ikt/breitband/einfach-erklaert-was-ist-5g (22.2.2021).
[50] www.bundesnetzagentur.de/DE/Sachgebiete/Telekommunikation/Unternehmen_Institutionen/Breitband/MobilesBreitband/MobilesBreitband-node.html (22.2.2021).
[51] www.heise.de/newsticker/meldung/5G-Deutsche-Industrie-setzt-auf-eigene-Netze-4052024.html (22.2.2021).
[52] www.computerweekly.com/de/definition/Schmalband-Narrowband (22.2.2021).
[53] Etwa LoRaWAN, LTE-M, Narrowband-IoT von 3GPP oder Mioty, vgl. de.wikipedia.org/wiki/Low_Power_Wide_Area_Network (22.2.2021).
[54] BeckOK InfoMedienR/*Paal* AEUV Art. 102 Rn. 77.
[55] Scheurle/Mayen/*Klement* EU-NNVO Rn. 21.

den.[56] Anderer differenzierender Ansicht nach meint Netzneutralität lediglich die Chancengleichheit beim Wettbewerb der Netzdienste.[57] Demnach soll eine Bevorzugung im Datentransfer anhand sachlicher Kriterien zulässig sein, während ein willkürliches Blockieren oder Behindern von Wettbewerbern oder Anwendungen konträr zu einer neutralen Behandlung im Netz stünde.[58] Für eine gezielte Priorisierung bestimmter Datenflüsse oder eine sog. **Quality-of-Service**-Differenzierung bestehen jedenfalls die technischen Möglichkeiten. Quelle und Inhalt der zu übertragenden Datei können durch die heutigen Netzwerke identifiziert werden.[59] Durch Technologien wie die „Deep Packet Inspection" oder das Internetprotokoll in der Version 6 (IPv6) ist es möglich, den Datenverkehr zu steuern, sodass einzelne Datenpakete bevorzugt behandelt werden können.[60] Netzbetreiber können damit so bei einer Überschreitung der Kapazität der Internetleitung Content Partner, die für die bevorzugte Übertragung ihrer Datenpakete ein gesondertes Entgelt entrichten, bevorzugt behandeln (sog. **priority pricing**).[61] Der Ausbau der Telekommunikationsinfrastruktur steht in einem engen Zusammenhang mit der Netzneutralität. Denn die Netzbetreiber wenden gerade beim Ausbau des 5G-Mobilfunknetzes enorme Mittel auf und wollen die kommerziellen Nutzer dieser Infrastruktur an den Kosten beteiligen. Im Gegenzug sollen Datenpakete von kommerziellen Nutzern, die ein gesondertes Entgelt für die Datenübermittlung entrichten, mit einer höheren Dienstequalität übertragen werden.[62] Kritiker befürchten die Entstehung eines **Zwei-Klassen-Internets,** in dem nur die Inhalte der „Big Player" die entsprechende Aufmerksamkeit von den Nutzern bekommen. Namhafte Befürworter[63] der Netzneutralität argumentieren, dass Netzanbieter zudem in die Lage versetzt werden, ähnliche Dienste ihrer Mitbewerber zu blockieren und damit den Wettbewerb zu verzerren. In Anbetracht der bestehenden Kapazitätsengpässe verwundert es nicht, dass auch in der Praxis Bestrebungen von Telekommunikationsunternehmen bestehen, diese Möglichkeiten auch tatsächlich zu nutzen. Viele sehen hier das Leitbild eines grundsätzlich offenen und neutralen Internets in Gefahr.[64] Rechtlich wird einem Missbrauch durch die EU-Netzneutralitätsverordnung (dort vor allem in Art. 3 Abs. 3) sowie durch das kartellrechtliche Missbrauchsverbot entgegengetreten. Allerdings können sich auch hier durchaus noch Schlupflöcher beispielsweise für sog. Spezialdienste der Netzbetreiber ergeben, sodass das Thema Netzneutralität weiter brisant bleibt.[65] Im Zusammenhang mit dem neuen 5G-Breitbandstandard ergibt sich zudem für die Netzbetreiber die Möglichkeit des sog. **Network Slicing:** Mobilfunkbetreiber können ihre physischen Netzwerke in virtuelle Teile aufteilen, die einzelnen Unternehmen oder Ökosystemen für ihren speziellen Einsatz zugewiesen werden können. Kritiker sehen darin die Gefahr einer kompletten Segmentierung des Internets, bei der jede Anwendung im Netzwerk einzeln kontrollierbar wäre.[66]

---

[56] *Osing,* Die Netzneutralität im Binnenmarkt: Zur Bindung der Internet-Provider an die Europäischen Grundfreiheiten und Grundrechte, 2017, S. 31.
[57] *Vogelsang* in Klumpp/Kubicek/Roßnagel/Schulz Netzwelt S. 5 (5f.); *Körber* MMR 2011, 215 (220).
[58] *Vogelsang* in Klumpp/Kubicek/Roßnagel/Schulz Netzwelt S. 5 (5f.); *Körber* MMR 2011, 215 (220).
[59] *Beckmann/Müller* in Hoeren/Sieber/Holznagel MultimediaR-HdB Teil 10 Rn. 9.
[60] *Becher* ZJS 5/2018, 390 (391).
[61] *Bräutigam* in Bräutigam/Rücker E-Commerce-HdB 1. Teil Rn. 13.
[62] *Bräutigam* in Bräutigam/Rücker E-Commerce-HdB 1. Teil Rn. 12.
[63] Darunter Tim Berners-Lee (Begründer des World Wide Web) und Vinton Cerf (Entwickler des Internetprotokolls), www.computerwoche.de/a/netzwerk-trends-das-muessen-it-verantwortliche-wissen,3095188 (22.2.2021).
[64] *Beckmann/Müller* in Hoeren/Sieber/Holznagel MultimediaR-HdB Teil 10, Rn. 9.
[65] *Becher* ZJS 5/2018, 390 (395).
[66] netzpolitik.org/2018/netzneutralitaet-vs-5g-wie-der-kommende-mobilfunkstandard-das-offene-internet-beerdigen-koennte/ (22.2.2021).

3. Das Internet der Dinge als technisches Funktionsbündel

17 Das Internet der Dinge ist keine einzelne neue Technologie, sondern setzt sich aus mehreren technischen (Neu-)Entwicklungen zusammen, die einander ergänzen, teilweise konvergieren und durch deren Bündelung ein qualitatives Aliud darstellen. Die Kombination unterschiedlicher Technologien lässt ein Novum in der Datenverarbeitung entstehen. Die wesentlichen Bestandteile des Internets der Dinge sind die physischen Objekte, die Kommunikationsinfrastruktur und die Software zur Datenverarbeitung (in der Cloud, am Rande des Netzwerks oder auf dem Objekt selbst). Gerade bei den physischen Objekten ermöglichte der technologische Fortschritt in den letzten Jahren die Funktionen, die heute für Smart Devices charakteristisch sind. Die wichtigsten Funktionen und Eigenschaften heutiger smarter Geräte sind vor allem die **Sensorik** und **Aktorik,** die **eingebettete Informationsverarbeitung, Benutzungsschnittstellen** und die **Kommunikationsfähigkeit** der Geräte sowie deren **Fähigkeit, digitale Services bereitzustellen.** Die Fortschritte in der Sensorentechnik in den letzten Jahren hat die Fertigung sehr kleiner, aber dennoch leistungsfähiger Sensoren ermöglicht.[67] Zudem sind die Preise für Sensoren dramatisch gefallen und haben sich in den letzten zehn Jahren mehr als halbiert.[68] Erst dadurch wurden Objekte in die Lage versetzt, Informationen über ihre Umgebung zu sammeln und aufzuzeichnen. Objekte können nun zugleich über Aktoren auf ihre Umwelt einwirken. Durch leistungsstarke Mikroprozessoren und Einplatinencomputer können die Objekte die gesammelten Informationen gleich selbst verarbeiten und interpretieren. Für die Interaktion mit einem menschlichen Gegenüber fand auch eine Weiterentwicklung der Benutzerschnittstellen statt. **Tangible User Interfaces** ermöglichen dem Benutzer eine auf dessen physikalischen Erfahrungen mit der realen Umwelt basierende Interaktion mit der digitalen Repräsentation von Informationen. Die Interaktion findet nicht mithilfe von Maus, Bildschirm oder Touchscreen, sondern haptisch erfahrbar im dreidimensionalen Raum statt.[69] Als weitere Innovationen sind flexible Displays auf Polymerbasis sowie die Sprach-, Bild- und Gestenerkennung zu nennen. Denkbar wäre aber auch das Gerät lediglich mit einer Funkschnittstelle auszustatten und die Interaktionskomponente in das Web oder das Mobiltelefon zu exportieren.[70]

18 Die wichtigste Funktion der smarten Objekte ist jedoch die Fähigkeit, untereinander bzw. mit einem Server **Daten auszutauschen** und **zu kommunizieren.** Diese kann – wie in der Logistik oft verwendet – über RFID-/NFC-Transponder erfolgen. Auch funkbasierte Technologien und Standrads wie Wi-Fi, Bluetooth, ZigBee, GSM, UMTS oder eben der neue 5G-Standard ermöglichen die Datenübertragung unter den Geräten. Eine im Zusammenhang mit dem Internet der Dinge wichtige Rolle spielen auch die Einführung und Etablierung des neuen IP-Standards **Internet Protocol version 6 (IPv6).** Dieser Standard dient der Übertragung von Daten in paketvermittelnden Rechnernetzen, insbesondere dem Internet und ist wichtige Voraussetzung, dass alle (Internet-)Teilnehmer im Netz identifizierbar und adressierbar sind. Da die Vorgängerversion IPv4 auf maximal 4,3 Milliarden IP-Adressen beschränkt ist (effektiv nur etwa 4 Mrd.), führte die rasante Verbreitung des Internets und die ständig wachsende Weltbevölkerung zu einer Adressknappheit. Mit IPv6 ist die Vergabe von theoretisch $3{,}4 \cdot 10^{38} \approx 340$ Sextillionen Adressen möglich.[71] Vor allem die gegenüber IPv4 zeitlich stabilere und weiter reichende öffentliche Adressierbarkeit der Geräte machen diesen Standard zu einem Schlüssel für das Internet der Dinge. Doch auch die Entwicklung und Etablierung neuer Netzwerkprotokolle und Standards wie der Breitbandstandard 5G oder LTE-M, NB-Fi Protocol, Narrowband-IoT (NB-IoT) und LoRaWAN für LPWANs sind technologische Treiber des Internets der

---

[67] *Andelfinger/Hänisch* Internet der Dinge S. 18.
[68] *Schaudel* Tagungsband 12. Dresdner Sensor-Symposium 2015 S. 48.
[69] *Koelle* Tangible User Interfaces. Ein kurzer Überblick über Forschungsfeld und Literatur.
[70] *Mattern/Flörkemeier* Vom Internet der Computer zum Internet der Dinge S. 5.
[71] *Shaw* What is IPv6, and why aren't we there yet?.

Dinge. Letztlich kommt es für Etablierung des Internets der Dinge auch auf weitere Fortschritte in der Softwareentwicklung an. Um der Flut an generierten Daten Herr zu werden, bedarf es spezieller Software-Systeme, die es ermöglichen, Rohdaten in nützliche Informationen umzuwandeln. Denn die Fähigkeit der Maschine, Daten auszuwerten und Muster zu erkennen, ist auch ein Gradmesser ihrer „Intelligenz". Die Programmierung selbstlernender Algorithmen steht dabei erst am Anfang ihrer Entwicklung.[72]

4. Das Internet der Dinge aus wirtschaftlicher Perspektive

Das Internet der Dinge hat enormes ökonomisches Potenzial (hierzu → § 2 Rn. 100ff.). 19
Daher verwundert es nicht, dass sich in diesem Zusammenhang eigenständige Begriffe herausgebildet haben, die bei einer umfänglichen Definitionsannäherung an das Internet der Dinge nicht fehlen dürfen.

a) Industrial IoT/Industrie 4.0

Die Bezeichnung **Industrie 4.0** basiert auf einem Zukunftsprojekt der deutschen Bundes- 20
regierung aus dem Jahr 2011, das darauf abzielte, eine Hightech-Strategie für die Bundesregierung zu entwickeln, um die deutsche Industrie auf den zukünftigen Technologiewandel vorzubereiten.[73] Erklärtes Ziel der im Zuge dieser Entwicklung entstandenen und noch heute unter Leitung des Bundesforschungs- sowie des Bundeswirtschaftsministeriums aktiven Plattform „Industrie 4.0" ist es, durch ein Zusammenwirken von Akteuren aus Wirtschaft, Wissenschaft und Politik (i) alle neuen Entwicklungen auf dem Gebiet der produzierenden Industrie zu beobachten, (ii) so ein umfassendes Verständnis zu gewinnen und (iii) ggf. geeignete technische Standards zu initiieren.[74] Parallel zu derartigen Vorgängen in Deutschland, etablierten sich auch im englischsprachigen Raum aufgrund ähnlicher Bestrebungen der amerikanischen Regierung die entsprechenden Begriffe **„Industrial Internet of Things"**, „Industrial IoT" und „Industry 4.0".[75] Es handelt sich hierbei in wissenschaftlicher Hinsicht nicht um wirklich präzise Bezeichnungen, sondern eher um reine Marketingbegriffe, die aktuelle Trends in der Automation und dem Datenaustausch in Fabrikationstechnologien beschreiben.[76] Die Bezeichnung **Industrie 4.0** lehnt sich dabei – wie schon der Wortlaut andeutet – an die vierte große industrielle Revolution. 4.0 spielt dabei auf die bei Software-Produkten üblicherweise verwendeten Versionsnummern an. Die vierte industrielle Revolution reiht sich in die vorhergehenden industriellen Revolutionen ein. So begann der Prozess der Industrialisierung Ende des 18. Jahrhunderts mit der **ersten industriellen Revolution** durch die Verbreitung **mechanischer Produktionsanlagen,** die mit Wasser- und Dampfkraft funktionierten. Daran schloss sich die **zweite industrielle Revolution** an, die durch den Einsatz **elektrischer Energie** eine Massenfertigung ermöglichte. Die **dritte industrielle Revolution** wurde wiederum durch die Digitalisierung und die damit verbundene **Automatisierung** der Produktion eingeleitet.[77] Die **vierte industrielle Revolution** bedeutet nun als nächste Stufe eine weitergehende Individualisierung in der Produktion, eine Hybridisierung der Produkte, dh die Verzahnung von Produktion und Dienstleistung, sowie die Einbeziehung von Kunden und Geschäftspartnern in die Geschäftsprozesse.[78] Industrie 4.0 umfasst im Kontext des Produktionsprozesses die Einschaltung von **Cyber-Physical Systems,** des **Internets der Dinge,**

---

[72] *Schuler* Selbstlernende Analyse-Maschine „DeepMind".
[73] www.bmbf.de/de/zukunftsprojekt-industrie-4-0-848.html (22.2.2021).
[74] www.plattform-i40.de/I40/Navigation/DE/Plattform/Plattform-Industrie-40/plattform-industrie-40.html (22.2.2021).
[75] *Bräutigam* in Bräutigam/Rücker E-Commerce-HdB Teil 1 B Rn. 2.
[76] *Bräutigam/Klindt* NJW 2015, 1137.
[77] Arbeitskreis Industrie 4.0 Umsetzungsempfehlungen für das Zukunftsprojekt Industrie 4.0 S. 17.
[78] Gabler Wirtschaftslexikon, Stichwort: Industrie 4.0, wirtschaftslexikon.gabler.de/definition/industrie-40-540 32 (4.3.2019).

des Cloud Computings und des Cognitive Computings.[79] Das industrielle IoT stellt somit einen wesentlichen Teilaspekt der Industrie 4.0 dar. Mithilfe von intelligenten Maschinen, die von der Eingangslogistik, über die Produktion, das Marketing und die Ausgangslogistik bis zum Service vernetzt sind, soll es zu einem tiefgreifenden Wandel der Produktionsabläufe und Arbeitsprozesse in der Industrie kommen.[80] Anvisiertes Ziel ist letztendlich die sich zum größten Teil selbst organisierende **Smart Factory** (ausführlich → § 23). In dieser „intelligenten Fabrik" sollen Menschen, Maschinen, Anlagen, Produkte und die Logistik zusammenwirken, Informationen austauschen und miteinander kommunizieren.[81] Die damit einhergehende Steigerung in der Effizienz führt zu einem völlig neuem Wertschöpfungsprozess. Allein auf Deutschland bezogen wird durch die Industrie 4.0 ein wirtschaftlicher Mehrwert bis zu 87 Mrd. EUR in den Branchen Maschinenbau, chemische Erzeugnisse, Kraftwagenfahrzeuge und -zulieferer, elektrische Ausrüstung, Landwirtschaft sowie der ITK-Branche erwartet, was für diese eine jährliche Steigerung um 1,7 Prozent bedeuten würde.[82] Relevante Anwendungsbereiche sind neben der klassischen Fabrikation etwa das Gebiet Mobilität mit der Entwicklung von autonomen Fahrsystemen. Daneben ist auch das Gesundheitswesen zu nennen, in dem beispielsweise die elektronische Patientenakte eine schnittstellenübergreifende Kommunikation ermöglicht oder Roboter die Aufgaben menschlicher Pflege- oder Fachkräfte übernehmen könnten. Schließlich revolutionieren im Bereich der Energieversorgung sog. Smart Grids, intelligente Stromnetze mit zentraler Steuerung die Elektrizitätsversorgung.[83] Als Vorteile einer derartigen Vernetzung sind für die einzelnen Unternehmen herauszustellen, dass einerseits eine schnellere, flexiblere und kostengünstigere Produktion ermöglicht wird und andererseits eine bessere Überwachung und Steuerung der einzelnen Produktionsprozesse garantiert wird.[84] Diese Effekte werden sich potenzieren, wenn Smart Factories nicht nur intern vernetzt intelligent operieren, sondern auch mit anderen Smart Factories über die Unternehmensgrenzen hinweg interagieren. Zudem ist es den Unternehmen möglich ihren Kunden leichter maßgeschneiderte Produkte nach individuellen Kundenwünschen zu produzieren. Nicht zu vernachlässigen sind aber auf der anderen Seite die technische Anfälligkeit der industriell eingesetzten komplexen Anwendungen, sowie die gravierenden großflächigen wirtschaftlichen und auch haftungsrechtlichen Auswirkungen, die eine Manipulation der intelligenten Maschinen bedeuten würde.

b) Consumer IoT

21 Während Industrie 4.0 das Internet der Dinge aus dem Blickwinkel des großen wirtschaftlichen Gesamtkontexts beschreibt, geht es bei Consumer IoT um den Aspekt des Nutzens für den einzelnen Verbraucher. Damit bezieht sich der Begriff vor allem auf die vielen von Verbrauchern mit dem Internet verbundenen und „smarten" Geräte wie intelligente Haushaltsgeräte, Wearables oder Smartphones. Auch diesen Geräten gemein ist das Sammeln, Speichern und Übermitteln von Daten sowie deren Auswertung durch Software in der Cloud. Schätzungen gehen davon aus, dass es im Jahr 2030 knapp 125 Mrd. Endgeräte gibt, die über das IoT miteinander verbunden sind, also etwa 15 pro Erdbewohner.[85] Der Trend geht zur immer weitergehenden Verknüpfung des Verbrauchers und seiner Umgebung („Smart Home") mit technischen Geräten und dem Internet. Consumer IoT bedeutet damit die Digitalisierung sämtlicher Lebensbereiche des Verbrauchers.

[79] *Küchler* in Bräutigam IT-Outsourcing und Cloud-Computing S. 93.
[80] Arbeitskreis Industrie 4.0 Umsetzungsempfehlungen für das Zukunftsprojekt Industrie 4.0 S. 18.
[81] *Litzel* Was ist Industrie 4.0?.
[82] BITCOM/Fraunhofer IAO, Industrie 4.0 – Volkswirtschaftliches Potenzial für Deutschland, 2014, S. 39.
[83] Gabler Wirtschaftslexikon, Stichwort: Industrie 4.0, wirtschaftslexikon.gabler.de/definition/industrie-40-540 32 (22.2.2021).
[84] *Mühlich* ZD 2014, 381.
[85] www.reply.com/en/topics/internet-of-things/the-evolution-of-the-consumer-internet-of-things (22.2.2021).

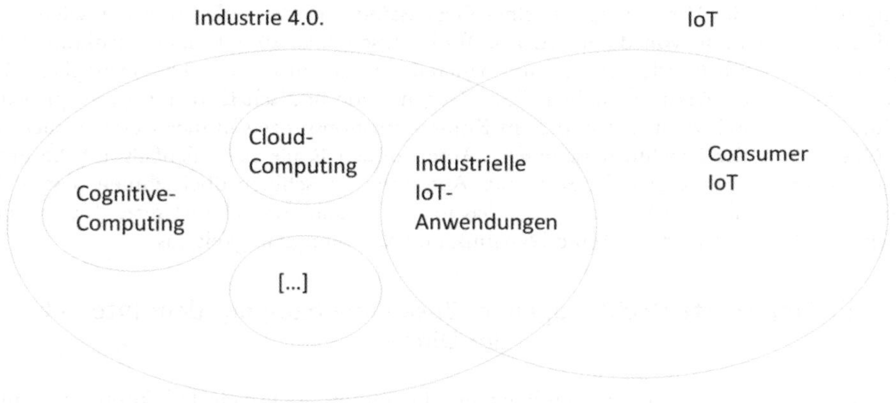

Abb. 3: Grafische Aufbereitung der Begriffszusammenhänge

Der stationäre Handel entwickelt sich dabei über den **E-Commerce** und den **M-Commerce** zum **IoT-Commerce** (→ § 2 Rn. 102 ff.), der als wirkmächtige Ergänzung zu den vorgenannten Absatzformen hinzutritt. Der IoT-Commerce ist davon geprägt, dass das smarte Gerät Bedarfe beim Verbraucher selbst erkennt und durch autonomes Auslösen der Bestellung befriedigt. Die entscheidende Weiterentwicklung besteht darin, dass intelligente Algorithmen zur Absatzförderung nicht auf der Seite der Unternehmen, sondern beim Kunden direkt eingesetzt werden.

c) (IoT-)Ökosysteme

Das wirkliche Potenzial des Internets der Dinge wird erst gehoben, wenn man die Bildung 22 von **IoT-Ökosystemen/smarten Ökosystemen** mit in die Betrachtung einbezieht (hierzu →§ 2 Rn. 50 ff.). Unter einem IoT-Ökosystem/smarten Ökosystem versteht man das Zusammenspiel von Kun-den/Menschen, Unternehmen und smarten Geräten mit dem Ziel der Interaktion und Wertschöpfung; dabei können völlig neue digitale Services – mithin insgesamt also **Smarte-Service-Systeme** (**SSS** → § 2 Rn. 51) entstehen. Diese IoT-Ökosysteme (SSS) dürfen nicht nur auf einen Unternehmensbereich oder ein Unternehmen beschränkt gedacht werden, sondern können sich über die Grenzen vieler Unternehmen erstrecken oder sich mit anderen IoT-Ökosystemen vernetzen. Die IoT-Ökosysteme sind dabei ua auch gleichzeitig Basis für die Entwicklung und Integration neuer Softwareanwendungen (Applikationen/Apps). So können innerhalb der IoT-Ökosysteme **„App-Ökosysteme“** (→ § 5 Rn. 12 ff.) der Weiterentwicklung von Software und damit weiteren Akteuren wie App-Entwicklern und App-Anbietern die Tür öffnen und so die Möglichkeit schaffen, zusätzliche digitale Services anzubieten und damit weitere Wertschöpfung zu generieren.

5. Die dynamische Semantik des Begriffs des Internets der Dinge

Es zeigt sich, dass weder eine rein die heutigen Anwendungen beschreibende Definition 23 den Begriff in all seinen womöglich zukünftigen Facetten treffen kann noch eine völlig begriffsoffene Annäherung diesem Begriff gerecht wird. Mit einer Beschreibung als „weitreichende Vision mit technologischen und gesellschaftlichen Auswirkungen“[86] werden zwar retrospektiv alle Neuerungen auf dem Gebiet des IoT begrifflich erfasst, vorwärtsgerichtet kann der Anwender damit aber wenig anfangen. Daher bedarf es eines neuen Ansatzes: Das Internet der Dinge muss als entwicklungsoffener Sammelbegriff von Anwen-

[86] Recommendation ITU-T Y.2060 (6/2012) S. 1.

dungen, die auf der Vernetzung einzelner Gegenstände aus der realen und virtuellen Welt und der Verarbeitung von deren (Arbeits-)Ergebnissen (Daten) auf einem strukturgebenden System (Plattform oder Blockchain) basieren, verstanden werden. Dies ermöglicht den Austausch und die Zusammenarbeit dieser Gegenstände und schafft damit etwas qualitativ Neues. Der Mensch zieht sich in diesem Kommunikationsprozess immer weiter zurück. Er ist Nutznießers der Früchte maschineller Arbeit dessen Rolle sich allenfalls auf die eines Überwachers im Hintergrund beschränkt. Autonome Maschinen übernehmen (fast) vollständig frühere menschliche Domänen. Das IoT stellt keine statische Materie dar, sondern zeichnet sich vor allem durch seine Dynamik und Wandlungsfähigkeit aus.

III. Ungeklärte Rechtsfragen im Zusammenhang mit dem Internet der Dinge

24 Als weitgehend neues, von einer einheitlichen Definition noch nicht klar konturiertes und stetig in der Entwicklung zu begreifendes Feld, existieren auch eine Reihe ungeklärter Rechtsfragen im Zusammenhang mit dem Internet der Dinge. Mit dem weiten Spektrum der möglichen Anwendungsfelder sind unterschiedlichste rechtliche Fragestellungen verbunden. Im Rahmen dieses Kapitels soll nur ein kurzer Überblick zu den Themen gegeben werden, die in den nachfolgenden Kapiteln dann vertieft behandelt werden.

1. Das „Recht des Internets der Dinge" als Querschnittsmaterie

25 Das Internet der Dinge ist in rechtlicher Hinsicht als Querschnittsmaterie einzuordnen. Denn die damit verbundenen Technologien und Lösungsansätze finden Einzug in verschiedenste Lebensbereiche und sorgen damit für Innovationen in fast allen Branchenzweigen. Ein Anwendungsfeld für IoT-Dienste ist beispielsweise einer der ältesten Wirtschaftsbereiche der Menschheit, nämlich die **Landwirtschaft** (ausführlich → § 22), die mit smarten Farm-Management-Systemen gerade revolutioniert wird. Daneben sind klassische industrielle Zweige wie die **Automobilwirtschaft** (ausführlich → § 16) betroffen, wo zum einen sämtliche Prozesse im Zusammenhang mit der Produktion durch IoT-Anwendungen optimiert werden und zum anderen das vernetzten Auto als Endprodukt erhebliche Fortschritte für die Fahrzeugtechnik bedeutet. Ähnliche Entwicklungen lassen sich auf dem Gebiet der Luftfahrt beobachten. Allgemein erfährt der **Maschinenbau** im Kontext der **Smart Factory** eine technologische Revolution (ausführlich → § 23). Im Logistikbereich profitiert die Branche von einer durch IoT-Technologien optimierten Lieferkette und im **Handel** (ausführlich → § 20) kann durch das Internet der Dinge individuell und personalisiert auf Kundenwünsche eingegangen werden. Weitere betroffene Sparten sind die **Energiewirtschaft** (ausführlich → § 18), die Chemieindustrie und das **Gesundheitswesen** (ausführlich → § 19). In der Finanzbranche bedienen sich **Banken- und Finanzinstitute** (ausführlich → § 17) ebenso intelligenter Lösungen wie die **Versicherungswirtschaft** (ausführlich → § 28). Auch in der **Medien-** (ausführlich → § 24) und **Telekommunikationslandschaft** (ausführlich → § 26) wird das Internet der Dinge in Zukunft eine gewichtige Rolle spielen. Das Internet der Dinge prägt mehr und mehr auch die **Immobilienwirtschaft** (ausführlich → § 21) und die **öffentliche Verwaltung,** dort va die vielfältigen Anwendungsfelder in der **Smart City** (ausführlich → § 25) und den **Verkehr** (ausführlich → § 27). Neben Anwendungen, die das tägliche Leben erleichtern sollen, sind schier unendliche Möglichkeiten an IoT-Produkten im Bereich Lifestyle, Freizeit und Sport denkbar. Strukturelle Veränderungen, ausgelöst durch den Einsatz von IoT sind auch bei der öffentlichen Verwaltung zu erwarten. Kurzum: Das Internet der Dinge betrifft nahezu jeden menschlichen Lebensbereich. Branchen, in denen heute der Einsatz von IoT-Anwendungen noch undenkbar erscheint, können schon morgen von intelligenten Geräten abhängig sein.

In Anbetracht der vielen verschiedenen Anwendungsfelder zeigt sich, dass das Internet der Dinge nicht nur ein Rechtsgebiet betrifft, sondern gleich mehrere bereichsspezifische Rechtsmaterien vereint. Doch auch innerhalb der einzelnen Anwendungsfelder werden verschiedenste rechtliche Bereiche berührt. Dies geht von vertragsrechtlichen und haftungsrechtlichen Fragestellungen aus dem Zivilrecht, über datenschutzrechtliche Problemkreise mit oftmals öffentlich-rechtlichem Bezug hin zu regulatorischen Bestimmungen. Zum Internet der Dinge existiert kein einheitliches gesetzliches Kompendium. Unterschiedliche Regelungswerke, von verschiedenen Gesetzgebern auf nationaler und europäischer Ebene und eine Vielzahl unterschiedlicher Gerichtsbarkeiten, tragen zur juristischen Vielschichtigkeit und Komplexität des Themas bei. Sicherlich stehen dabei abhängig vom einzelnen branchenspezifischen Anwendungsfeld schwerpunktmäßig bestimmte Rechtsbereiche mehr oder weniger im Fokus. Beispielsweise kommt bei IoT-Anwendungen im Gesundheitssektor und der damit verbundenen Verarbeitung personenbezogener Patientendaten dem Datenschutzrecht eine größere Bedeutung zu als etwa im Transport- und Verkehrswesen. Diesem Umstand wird in Form eines eigenständigen Kapitels für jede Branche mit den jeweiligen rechtlichen Einzelheiten im 4. Teil (→ §§ 16ff.) Rechnung getragen. 26

2. Besondere rechtliche Herausforderungen

Allgemein lassen sich jedoch die besonderen rechtlichen Herausforderungen des Internets der Dinge identifizieren, die branchen- und sektorübergreifend bestehen. Diese können in die folgenden, an dieser Stelle nur überblicksmäßig dargestellten Rechtsgebiete aufgegliedert werden, die dann im 3. Teil (→ §§ 6ff.) eingehend erörtert werden. 27

a) Recht an Daten und Datenschutzrecht

Eine elementare Rolle spielt beim Internet der Dinge das Thema Daten. Im Bereich der Industrie 4.0 kommt es zu einer Unmenge an maschinengenerierter Daten, die durch die Nutzung der mit IoT-Technologie ausgestatteten Geräte entstehen. Gleichzeitig ist die digitalisierte Wirtschaft in einem hohen Maße auf den unverfälschten Zugriff für die Verarbeitung dieser Daten angewiesen. Personenbezogene als auch maschinengenerierte Daten sind das „Öl des 21. Jahrhunderts". Vor diesem Hintergrund geht es zunächst um die grundsätzliche Frage, ob überhaupt ein **„Eigentumsrecht" an Daten** bestehen kann und wer deren Zuordnungsobjekt ist (ausführlich → § 6 Rn. 1–111). Eine einheitliche Tendenz lässt sich mangels konkreter gesetzlicher Regelung hier nicht ausmachen. Vielmehr bestehen verschiedenste Ansätze, die von einer gänzlichen Ablehnung eines solchen Rechts an Daten bis zu einem **Immaterialgüterrecht *sui generis*** reichen. Unabhängig davon kann ein Schutz von Daten zwar auch durch andere Regelungswerke erfolgen. Gesammelte Daten im Rahmen einer **Datenbank** können dem urheberrechtlichen Schutz nach §§ 87a ff. UrhG unterfallen, mit der Folge, dass der Hersteller der Datenbank der entsprechende Rechteinhaber wäre. Dieser Schutz stößt jedoch bei IoT-Anwendungen an seine Grenzen, wenn es beispielsweise um Daten geht, die noch nicht in eine Datenbank aufgenommen sind oder es sich um noch zu generierende Daten handelt.[87] 28

Ferner können Daten durch das **GeschGehG geschützte Geschäftsgeheimnisse** darstellen und werden von den **§§ 202b, 303a StGB** strafrechtlich geschützt. Dennoch besteht gerade außerhalb dieser explizit geregelten Anwendungsbereiche weiterer rechtlicher Ausgestaltungsbedarf. Dem kann etwa auf vertraglicher Ebene begegnet werden, wobei die Interessen des Herstellers und die des Anwenders des IoT-Dienstes angemessen zu berücksichtigen sind. Schließlich ergibt sich aus der Tatsache, dass die Auswertung der anfal- 29

---

[87] *Kolany-Raiser/Heil/Orwalt/Hoeren,* Big Data und Gesellschaft: Eine multidisziplinäre Annäherung, 2018, S. 244.

lenden Daten oftmals durch externe Dienstleister erfolgt, ebenfalls juristischer Handlungsbedarf in Form von eigenen Daten-Auswertungsverträgen.

30 Aus der Perspektive des Nutzers von IoT-Dienstleistungen ist dagegen hauptsächlich von Interesse, wie der **Datenschutz** ausgestaltet ist. So werden gerade im Bereich der Consumer IoT über den Verbraucher höchst sensible Daten – man denke etwa an ein intelligentes Blutzuckermessgerät, welches den Gesundheitszustand dokumentiert – angesammelt. Die Zulässigkeit der Verarbeitung solcher personenbezogener Daten richtet sich nach der **DS-GVO.** Der einschlägige Rechtfertigungstatbestand für eine zulässige Datenverarbeitung stellt in der Praxis meist die **Einwilligung der betroffenen Person** dar, an die bestimmte Anforderungen zu stellen sind. Probleme bestehen ferner im Kontext von Massendaten und einer wirksamen **Anonymisierung** dieser Datenmengen. Eine Möglichkeit einer unzulässigen Datenverarbeitung schon möglichst im Vorfeld Einhalt zu gebieten, kann dabei durch die Konzepte des **Privacy by Design** und des **Privacy by Default** erreicht werden. Nähere Ausführungen finden sich unter → § 6.

b) Vertragsgestaltung, automatisierte und autonome Vertragsschlüsse

31 Die rechtssichere Etablierung von IoT-Systemen fordert zunächst eine passende Vertragsgestaltung. Dies betrifft erstens die Verträge mit den **Cloud-Providern** (→ § 7 Rn. 1 ff.), zweitens die **Plattformnutzungsverträge** im B2B-und B2C-Umfeld (→ § 7 Rn. 127 ff.) und die **Verträge rund um die Entwicklung um den Vertrieb von Applications** (Apps) auf der Plattform (→ § 7 Rn. 430 ff.). Eine weitere rechtliche Herausforderung, der man sich im Zuge der fortschreitenden Entwicklung des Internets der Dinge stellen muss, ist die Bewertung von Vertragsschlüssen, an denen intelligente Systeme beteiligt sind. Vor dem Hintergrund von Kühlschränken, die den Warenbestand überprüfen und daraufhin selbständig fehlende Waren nachbestellen sowie von automatisierten Bestellvorgängen im E-Commerce zeigt sich die Relevanz solcher automatisierter und autonomer Vertragsabschlüsse in den verschiedensten IoT-Anwendungsfeldern. Zentrale Rechtsfrage ist dabei, wer die Vertragsparteien in diesem Kontext sind. Ausgangspunkt stellt dabei die Überlegung dar, dass für den Abschluss eines Vertrages grundsätzlich eine Willenserklärung, die auf einer menschlichen Handlung basiert, für eine Zurechnung erforderlich ist. Die **Rechtsfigur einer elektronischen Person** im deutschen Recht ist *de lege lata* nicht vorgesehen. Bei automatisierten Anwendungen gestaltet sich die Zurechnung einer von der Maschine erzeugten Erklärung an den jeweiligen Nutzer noch weitgehend problemlos. Hier bestimmt die natürliche Person im Vorfeld bestimmte Parameter, aufgrund derer das System dann selbstständig tätig wird. Zu unterscheiden sind davon jedoch die diffizileren Fälle in denen **autonome Systeme** vertraglich agieren. Es handelt sich dabei um Programme, die aufgrund künstlicher Intelligenz in der Lage sind, eigene Berechnungen durchzuführen, dabei lernfähig sind und somit völlig eigenständig Entscheidungen treffen können. Hier stellt sich die Frage, welche bestehenden Rechtsfiguren des BGB herangezogen werden können, um dennoch zu einer Zurechnung an den Systembetreiber oder Nutzer zu gelangen. Diskutiert werden die Anwendung der Regeln der **Stellvertretung,** der **Botenschaft,** die Rechtsfigur **der *offerta ad incertas personas*** sowie die **Blanketterklärung.** Sich daran anschließende Folgeprobleme betreffen den Punkt, zu welchem Zeitpunkt eine maschinell erzeugte Willenserklärung abgegeben wird oder zugeht sowie ob und unter welchen Voraussetzungen eine fehlerhaft abgegebene Erklärung angefochten werden kann. Mit Blick auf diese rechtlichen Unsicherheiten ergibt sich jedenfalls auch ein Bedürfnis, dem vorab vertragsgestalterisch entgegenzuwirken. Eine eingehende Behandlung erfährt dieses Thema in → § 7 Rn. 127–429.

c) Haftungsfragen

32 Das Internet der Dinge bringt auch **haftungsrechtliche Implikationen** mit sich. Bei der Nutzung von IoT-Diensten kann es zu erheblichen Vermögensschäden kommen, wenn

Big-Data-Analysen zu maschinelle Fehleinschätzungen bezüglich bestimmter gesellschaftlicher Entwicklungen führen. Auch können zum Beispiel bei einem Unfall durch ein autonom steuerndes Fahrzeug Dritte zu Schaden kommen. Gerade aufgrund der komplexen einzelnen Anwendungen im Internet der Dinge, die effizient agieren und genauestens aufeinander abgestimmt sind, kann bereits ein Systemfehler eine Kettenreaktion auslösen, die das ganze System zum Absturz bringt. Zwingend stellt sich dann die Frage, wen die Haftung für einen dabei entstehenden Schaden trifft. Mangels Rechtspersönlichkeit und Haftungsmasse muss die IoT-Anwendung selbst dabei ausscheiden. In Betracht kommen damit im Wesentlichen die im Umfeld des Geräts Beteiligten, nämlich dessen **Hersteller, Betreiber** und **Nutzer.** Im Bereich der vertraglichen Haftung ergeben sich hier insbesondere **Zurechnungsfragen** zwischen den einzelnen involvierten Unternehmern und deren Zulieferern in den Produktionsprozessen der smarten Fabrik. Fraglich ist daneben, ob eine Zurechnung von Maschinenfehlern über die Rechtsfigur des Erfüllungsgehilfen erreicht werden kann. Haftungsrechtliche Probleme sind schwerpunktmäßig im deliktischen Bereich angesiedelt. So geht es um die Frage, ob das herkömmliche Produkthaftungs- und Produzentenhaftungsrecht den neuen Herausforderungen des Internets der Dinge ausreichend Rechnung trägt. Abgesehen davon geht das Deliktsrecht dem Grundsatz nach von einer **verschuldensabhängigen Haftung** nach den §§ 823 ff. BGB aus. Bei **lernfähiger autonomer Software** (zur Haftung bei KI → § 11 Rn. 54 ff. und → § 11 Rn. 71 ff.), der ein Fehler unterläuft, erscheint es jedoch schwer, ein Verschulden des sonst sorgfältig handelnden Verwenders zu konstruieren. Dies hat zur Folge, dass sich auf diesem Weg nur äußerst selten eine Haftung begründen lässt. Eine Alternative dazu wäre in der **verschuldensunabhängigen Gefährdungshaftung** zu sehen. Für autonome Autos lässt sich hier ohne Weiteres auf die verkehrsrechtliche Gefährdungshaftung des StVG zurückgreifen. Bei sonstigen autonomen Systemen existiert keine entsprechende haftungsrechtliche Regelung. Die Grundsätze, die die Gefährdungshaftung im Straßenverkehrsrecht tragen, lassen sich hier nicht zwangsläufig übertragen, da für eine Kausalhaftung stets eine beherrschbare Risikoquelle von Nöten ist. Diese lässt sich beispielsweise beim Inverkehrbringen von Software für den Hersteller schwer eingrenzen. Unabhängig davon wäre zunächst ein gesetzgeberisches Tätigwerden in diese Richtung erforderlich. Unter → § 8 wird das Thema weiter vertieft.

d) IT-Sicherheitsrecht

Nicht zu unterschätzen sind auch die Herausforderungen, die sich durch das Internet der Dinge im Bereich des **IT-Sicherheitsrechts** ergeben. Die rasante technische Entwicklung der intelligenten und digital vernetzten Dienste erfordert **Sicherheitskonzepte,** die auf entsprechendem technischen Niveau mithalten können. Anschaulich zeigt sich die Problematik, wenn Konzept und Entwicklung divergieren, etwa bei Schadsoftware oder Cybereingriffen von Hackern in komplexe Maschinen-Infrastrukturen. Deren Folge kann die Stilllegung eines gesamten Betriebs sein. Doch gilt es nicht nur die IoT-Systeme vor Gefahren von außen zu schützen, sondern auch den von diesen Systemen selbst ausgehenden Gefahren neuartiger elektronischer Aggression Einhalt zu gebieten. Im Zusammenhang mit Hackern, die mithilfe von unzureichend gesicherten IoT-Anwendungen gezielte Angriffe in großem Ausmaß auf Server ausführen, wird dabei teils plakativ auch von einem **„Internet of Threats“**[88] gesprochen. Von zentraler Bedeutung sind daher ausreichende Sicherheitsmaßnahmen beim Einsatz von IT-Systemen. Als Ausgangspunkt für den Begriff IT-Sicherheit dient **§ 2 Abs. 2 BSIG,** der diese allgemein als die Einhaltung bestimmter Sicherheitsstandards, die die Verfügbarkeit, Unversehrtheit oder Vertraulichkeit von Informationen betreffen, durch Sicherheitsvorkehrungen in informationstechnischen Systemen, Komponenten oder Prozessen oder bei deren Anwendung definiert. Auch das IT-Sicher- 33

[88] *Kuhn/Voß* WirtschaftsWoche 6.11.2016.

heitsrecht ist eine Querschnittsmaterie, die verschiedenste Regulierungsvorschriften auf **nationaler, europäischer** und auch **internationaler** Ebene aufweist. Besondere Anforderungen an die IT-Sicherheit werden dabei insbesondere an **kritische Infrastrukturen,** nämlich Einrichtungen mit weitreichender Bedeutung für Wirtschaft und Versorgung, gestellt. Von staatlicher Seite aus soll die Informationssicherheit durch gesetzliche Vorgaben, wie zB der Etablierung von **bußgeldbewehrten Meldepflichten** bei bestimmten Sicherheitsvorfällen gewährleistet werden. Daneben bestehen aber auch eigenständige Bestrebungen der Wirtschaft, durch ***security by design*** Sicherheitslücken bereits im Stadium der Produktentwicklung und des Produktdesigns zu schließen. Näheres zu diesem Aspekt des Internets der Dinge unter → § 10.

e) Blockchain

34 Die einzelnen IoT-Devices, die in einem Netzwerk verbunden sind, sammeln und generieren Unmengen an Daten. Erforderlich ist daher grundsätzlich ein zentraler Server, der diese Daten verwaltet. Eine Alternative zu diesem Modell bieten hier **Blockchain-Lösungen** an, bei denen die Daten direkt auf den vernetzten Geräten gespeichert werden und so eine Kommunikation der Geräte untereinander ermöglicht wird, ohne dass dabei ein zentrales Rechenzentrum benötigt wird. Technisch gesehen ist die Blockchain damit eine dezentrale Datenbank, die fähig ist, Informationen in aneinandergereihten Datenblöcken zu speichern und diese mithilfe von digitalen und kryptographisch sicheren Fingerabdrücken, sog. Hashes, zu verketten.[89] Sie wird daher auch **Distributed Ledger Technology** genannt, wobei Distributed Ledger das digitale Hauptbuch darstellt, das in diesem Fall vielfach und dezentral gespeichert wird, um den Datenaustausch transparent und nachverfolgbar zu machen.[90] Die bekannteste Anwendungsform ist wohl Bitcoin, das weltweit führende digitale Zahlungsmittel. Mittlerweile sind aber auch zunehmend Anwendungsbeispiele im Bereich des Internets der Dinge auf dem Vormarsch. Dies betrifft beispielsweise den Einsatz in der industriellen Produktion bei automatisierten Lieferketten oder die dezentrale Energieversorgung über Smart Grids. Wichtig ist die Blockchain auch bei sog. **Smart Contracts** (ausführlich → § 12 Rn. 111 ff.), die einen schuldrechtlichen Vertrag als Programmcode abbilden sollen.[91] In der Praxis könnten solche Smart Contracts etwa im Transportrecht zum Einsatz kommen, sodass Temperatursensoren eines Containers überprüfen, ob die zu transportierende Ladung vorschriftsgemäß gekühlt wurde und somit festgestellt werden kann, ob die einzelnen Bedingungen des jeweiligen Frachtvertrages auch eingehalten wurden. Ein Vorteil dieser Technologie ist gewiss in dem Sicherheitsaspekt zu sehen, da das Blockchain-Netzwerk durch entsprechende **Validierungs- und Autorisierungsmechanismen** und seine **dezentrale Verwaltung** nur schwer zu hacken ist. Des Weiteren ermöglicht die Blockchain direkte Transaktionen unter den Teilnehmern (Peer-to-Peer-Modelle), mit der Folge, dass mangels Einschaltung eines dritten Mittelmanns Kosten minimiert werden und grundsätzlich eine schnellere Abwicklung erfolgen kann. Als technische Herausforderung gestaltet sich allerdings deren **Skalierbarkeit,** da das Wachstum einer Blockchain mit zunehmender Größe an ihre Grenzen stößt. Weitere Ausführungen finden sich unter → § 12.

f) Regulierung

35 Da das Internet der Dinge in sämtlichen Anwendungsfeldern präsent ist, müssen die einzelnen bereichsspezifischen IoT-Anwendungen auch den entsprechenden rechtlichen Regelungen auf diesem Gebiet entsprechen. Regulierungsbestimmungen von Seiten des Staates existieren dabei in vielen Sektoren wie etwa in der Automobilwirtschaft, in der

[89] *Martini/Weinzierl* NVwZ 2017, 1251.
[90] *Lehner* DSRITB 2017, 807 (808).
[91] *Eschenbruch/Gerstberger* NZBau 2018, 3.

Gesundheitswirtschaft oder in der Finanzwirtschaft, in denen IoT-Lösungen bereits herangezogen werden oder zukünftig noch weiter ausgebaut werden sollen. Allgemein stellt sich aber die Frage, inwieweit sich die neuartigen Dienste unter das vorhandene herkömmliche Regulierungswerk subsumieren lassen. Die rechtlichen Bestimmungen sind für den klassischen Einsatz der Technik als bloßes Hilfsmittel des im Vordergrund agierenden Menschen konzipiert und nicht auf die Geschäftsmodelle der Machine-to-Machine-Kommunikation zugeschnitten. In der praktischen Umsetzung bedeutet dies ein erhebliches Maß an Rechtsunsicherheit für die involvierten Akteure. Auswirkungen hat dies für das Internet der Dinge vornehmlich im Bereich des **Telekommunikationsrechts** (ausführlich → § 15 Rn. 1–136), wenn die Datenübertragung wie in den überwiegenden Fällen über ein Mobilfunknetz läuft. Es ist weitgehend unstreitig, dass es sich bei der M2M-Kommunikation um Telekommunikation iSd TKG handelt. Allerdings gestaltet es sich oft schwierig zu bestimmen, ob auch eine IoT-Anwendung einen Telekommunikationsdienst iSd TKG oder eine sonstige Applikation darstellt. Hinzu kommt etwa, dass der durch die Vielzahl von kommunizierenden Anwendungen hervorgerufene steigende Bedarf an Mobilfunknummern nach neuen technischen Lösungsmodellen verlangt. Abgrenzungsschwierigkeiten ähnlicher Natur ergeben sich auch im allgemeinen Produktsicherheitsrecht. Hier ist auf der einen Seite zwischen dem Gerät als Produkt an sich und auf der anderen Seite den im Gerät angebotenen Diensten, die üblicherweise nicht als Produkt zu klassifizieren sind, zu unterscheiden. Daneben ist ein besonderes Augenmerk darauf zu legen, welche Herausforderungen sich im Hinblick auf **exportkontrollrechtliche Vorgaben** (ausführlich → § 15 Rn. 137 ff.) an IoT-Anwendungen stellen. Allgemein schwingt dabei im Hintergrund immer die Frage mit, inwieweit der Staat angesichts der neuen rasanten Entwicklungen im Bereich des Internets der Dinge zusätzlich regulierend tätig werden soll. Hierbei sollte es Ziel sein, den schwierigen Spagat zwischen dem Schutz des Verbrauchers durch in den Markt eingreifende Sicherheitsstandards und einer dennoch möglichst freien Entfaltung der IoT-Anwendungen im Wettbewerb zu bewerkstelligen, damit diese ihr Innovationspotential auch ausschöpfen können. Eingehende Erläuterungen zu diesem Thema finden sich auch unter → § 15.

g) Patentrecht

Das Internet der Dinge, als technisches Funktionsbündel, besteht aus einer Vielzahl an 36
technologischen Innovationen, die durch **Patente** und andere **gewerbliche Schutzrechte** geschützt sind. Es verwundert daher nicht, dass die Zahl der Patentanmeldungen im IoT-Bereich in den Jahren von 2015 bis 2017 um 54 Prozent gewachsen ist.[92] Für die Funktionsfähigkeit des Internets der Dinge bedarf es aber einer Einigung auf gewisse Standards, Protokolle und Formate, damit die flächendeckende Interoperabilität der Smart Objects und Plattformen sichergestellt ist. Die Standardisierung erfolgt weltweit durch unterschiedliche Standardisierungsorganisationen, die die technischen Standards festlegen. Da diese technischen Standards jedoch eine Vielzahl an patentrechtlich geschützter Beiträge enthalten, kann ein Standard oft nicht ohne den patentierten technischen Beitrag verwendet werden. In diesem Fall spricht man von sog. **Standardessenziellen Patenten (SEP).** Die Interessen des Patentrechtsinhabers, der durch die ausschließliche Nutzung des Patents seine Forschungs- und Entwicklungskosten amortisieren will und die des Unternehmers, der für seine IoT-Produkte auf Industriestandards zurückgreifen will und damit auf die Nutzung des standardessenziellen Patents zwingend angewiesen ist, um einen Marktzugang zu erhalten, liegen häufig diametral auseinander. Dass der Patentrechtsinhaber damit grundsätzlich ein Instrument in der Hand hat, Wettbewerber erheblich zu schädigen, zeigt die kartellrechtliche Dimension des patentrechtlichen Unterlassungsanspruchs auf. Der

---

[92] European Patent Office, Patents and the Fourth Industrial Revolution. Summary of key findings, documents.epo.org/projects/babylon/eponet.nsf/0/17FDB5538E87B4B9C12581EF0045762F/$File/fourth_industrial_revolution_2017__key_findings_en.pdf (22.2.2021).

EuGH führte dazu in einem grundlegenden Urteil[93] aus, wann der Inhaber eines SEPs missbräuchlich iSd Art. 102 AEUV agiert. Die Anforderungen, die ein Patentrechtsinhaber nach diesem Urteil erfüllen muss, bevor er einen Unterlassungsanspruch geltend machen kann, werden in → § 13 ausführlich erläutert.

h) Kartellrecht

37 Das Internet der Dinge fordert das Kartellrecht heraus. So stellt sich zum einen die kartellrechtliche Problematik von **Kooperationen und Informationsaustausch,** wenn mehrere Anbieter von IoT-Systemen oder IoT-Anwendungen eine (an sich wünschenswerte) Kompatibilität herstellen. Umgekehrt kann es zum anderen aber auch von Bedeutung sein, gegenüber marktbeherrschenden IoT-Ökosystemen (sog. Gatekeepern) **Zugangsansprüche Dritter** vorzusehen. Eine weitere aktuelle Frage stellt sich im Zusammenspiel von Kartellrecht und Datenschutzrecht. Kernelement des Internets der Dinge ist die Erhebung und Verarbeitung von Daten, darunter auch personenbezogener Daten. Gemäß dem im europäischen Datenschutzrecht vorherrschenden weiten Ansatz zur Definition des personenbezogenen Datums[94] ist nicht auszuschließen, dass auch maschinengenerierte Daten einen Personenbezug aufweisen. Die Rechtmäßigkeit der Verarbeitung dieser Daten bestimmt sich nach der DS-GVO. Doch Verstöße gegen Datenschutzrecht können – nach einer aufsehenerregenden Entscheidung des Bundeskartellamtes[95] – unter Umständen ein Einschreiten der Kartellbehörden rechtfertigen. Nachdem sich das soziale Netzwerk ***Facebook*** in seinen AGB das Recht einräumen ließ, Daten über den Nutzer auch außerhalb der eigenen Webseite zu sammeln und diese Daten dem individuellen Nutzerkonto zuzuordnen, sah das Bundeskartellamt den Tatbestand der missbräuchlichen Ausnutzung der marktbeherrschenden Stellung in Form des Konditionenmissbrauchs als erfüllt an. Nachdem das OLG Düsseldorf im einstweiligen Rechtsschutz der Auffassung des Bundeskartellamts mit Hinweis auf den fehlenden Nachweis der Wettbewerbsfähigkeit entgegengetreten ist, hat schließlich der BGH festgestellt, dass Facebook seine marktbeherrschende Stellung missbräuchlich ausnutzt; der BGH begründete dies mit der Einschränkung der Wahlmöglichkeit der Nutzer im Hinblick auf die Intensität des Datenzugriffs durch Facebook.[96] Weitere IoT-bezogene Problemstellungen im Kartellrecht ergeben sich bei der autonomen Kommunikation der Geräte untereinander. So stellt sich etwa die Frage, wie mit **algorithmengestützter Preisbildung** (→ § 14 Rn. 144 f.) wettbewerbsrechtlich umgegangen werden soll. Um mit den Anforderungen der Digitalisierung mitzuhalten, unterliegt schließlich die Rechtsetzung im Kartellrecht selbst auf EU- und nationaler Ebene einer rasanten Weiterentwicklung; das manifestiert sich zB an den kurz aufeinanderfolgenden **9. und 10. GWB-Novellen.** Die kartellrechtliche Behandlung von IoT-Systemen nimmt daher in → § 14 großen Raum ein.

i) Vertrieb

38 Bei IoT-Systemen kommt dem Vertrieb der smarten Geräte eine wichtige Rolle zu. Soweit Herstellerplattformen zentrale Instanzen eines IoT-Ökosystems bilden, kann sich die ohnehin schon weiter entwickelte **vertikale Vorwärtsintegration** im Vertrieb für **Handelsvertreter, Vertragshändler** und **Kommissionsagenten** hin zum Hersteller weiter

---

93 EuGH Urt. v. 16.7.2015 – C-170/13, GRUR 2015, 764.

94 Nach Ansicht europäischer Datenschutzagenturen erstreckt sich der Bereich persönlicher Daten (personenbezogener Daten) auch auf IP Adressen und Cookies, sogar wenn der Name des Nutzers als solcher ohne Einschaltung Dritter nicht zu identifizieren ist, s. Artikel-29-Datenschutzgruppe, Stellungnahme 1/2008 zu Datenschutzfragen im Zusammenhang mit Suchmaschinen, WP 148, S. 6–8 und Stellungnahme 4/2007 zum Begriff „personenbezogene Daten", WP 136, S. 16–17.

95 BKartA Beschl. v. 6.2.2019 – B 6-22/16, GRUR-Prax 2019, 266 Rn. 529 – Facebook; *Mundt* NZKart 2019, 117.

96 OLG Düsseldorf Beschl. v. 26.8.2019 – VI Kart 1/19, MMR 2019, 742; BGH Beschl. v. 23.6.2020 – KVR 69/19, GRUR 2020, 1318 Rn. 53 – Facebook.

erhöhen. Umgekehrt können auch mächtige Absatzmittler mit eigenen IoT-Plattformen eine Abhängigkeit von Herstellern der smarten Geräte schaffen. Dies hat Auswirkungen auf die Vertragsgestaltung und stellt neue Herausforderungen an das **Vertriebskartellrecht.** All das wird in → § 9 ausführlich dargestellt.

j) Künstliche Intelligenz (KI)

Mit den IoT-Systemen geraten auch die besonderen rechtlichen Herausforderungen der 39
Nutzung von **künstlicher Intelligenz (KI)** ins Blickfeld. IoT und KI stehen hier in einem gleichsam **symbiotischen Verhältnis** zueinander, benötigt doch die KI große Datenmengen als Trainingsmaterial; genau dieses Datenmaterial wird aber beim Betrieb von IoT-Systemen in riesigen Mengen produziert. Umgekehrt verbessert der Einsatz der KI die Datenanalyse und bietet damit die Grundlage für weitere Wertschöpfung (zB durch das Angebot Predictive Maintenance). Die juristischen Problemstellungen durch den Einsatz von KI reichen vom **Vertragsschluss durch KI** über die **Haftung für KI** bis zur Frage des **Eigentums an KI-Schöpfungen;** sie werden in → § 11 im Detail abgehandelt.

§ 2 Ausgangslage und ökonomische Erwartungen an das Internet der Dinge

Übersicht

Literatur:

Adner, Match Your Innovation Strategy To Your Innovation Ecosystem, Harvard Business Review 84 (2006), 98; *Atzori/Iera/Morabito,* The Internet of Things: A survey, Computer Networks 54 Nr. 15 (2010), 2787; *Avital/Dennis/Rossi/Sørensen/French,* The Transformative Effect of the Internet of Things on Business and Society, Communications of the Association for Information Systems 44 (2019), 129; *Baines/Lightfoot/Evans/Neely et al.*, State-of-the-art in product-service systems, in: Proceedings of the Institution of Mechanical Engineers, Part B: Journal of Engineering Manufacture 221 Nr. 10 (2007), 1543; *Baltuttis/Häckel/Oberländer/Röglinger/Seyfried,* Towards effective monetization of the Internet of Things – A conceptual model to assess the value of IoT-solutions in an industrial context, Arbeitspapier, Lehrstuhl Röglinger; *Barth* Innovation versus Cybersecurity: Survival hangs in the Balance, SC Magazine 31. 5. 2017, www.scmagazine.com/home/security-news/in-depth/innovation-versus-cybersecurity-survival-hangs-in-the-balance/ (15. 11. 2019); *Bauer/Schlund/Marrenbach/Ganschar,* Industrie 4.0 – Volkswirtschaftliches Potential für Deutschland, www.bitkom.org/sites/default/files/file/import/Studie-Industrie-40.pdf (15. 11. 2019); *Beverungen/Müller/Matzner/Mendling/vom Brocke,* Conceptualizing smart service systems, Electronic Markets 29 Nr. 1 (2019), 7; *Bharadwaj,* Digital business strategy: Toward a next generation of insights, MIS Quarterly 37 Nr. 2 (2013), 471; *Bitzer/Kleylein-Feuerstein/König/Röglinger/Urbach/Wenninger,* Smart Devices erfolgreich in Produktionsprozesse integrieren, fim-rc.de/wp-content/uploads/2020/01/Studie_Smart-Devices-03.07.2019-1-1.pdf (15. 11. 2019); *Blume/Röglinger/Seyfried/von Wachter,* Design Principles for Internet of Things Ecosystems, Arbeitspapier, Lehrstuhl Röglinger; *Bolton,* Developing for Google Home vs. Amazon Echo, Dice 29. 6. 2017, insights.dice.com/2017/06/29/developing-google-home-vs-amazon-echo/ (15. 11. 2019); *BMWi,* Digitalisierung der Industrie – Die Plattform Industrie 4.0, Fortschrittsbericht April 2016, www.bmwi.de/Redaktion/DE/Publikationen/Industrie/digitalisierung-der-industrie.html (15. 11. 2019); *Bohn,* Google Home Developers actions Ecosystem Appstore, The Verge 8. 12. 2016, www.theverge.com/2016/12/8/13878444/google-home-developers-actions-ecosystem-app-store (15. 11. 2019); *Borgia,* The Internet of Things vision: Key features, applications and open issues, Computer Communications 54 (2014), 1; *Bosch,* From software product lines to software ecosystem, in: Proceedings of the 13th International Software Product Line Conference, 24.-28. 8. 2009; *Boschert/Rosen,* Digital Twin—The Simulation Aspect, in: Hehenberger/Bradley (Hrsg.), Mechatronic Futures: Challenges and Solutions for Mechatronic Systems and their Designers, Basel 2016; *Clauser,* Amazon Echo vs. Google Home: Which Voice Controlled Speaker Is Best for You?, thewirecutter.com/reviews/amazon-echo-vs-google-home/#privacy-and-security-con-cerns (15. 11. 2019); *Clover,* Situ Scale Review: This Smart Scale Needs a Smarter App, MacRumors 16. 11. 2018, www.macrumors.com/review/situ-smart-scale/ (15. 11. 2019); *CNBC,* Amazon Echo Market Share tops Google Home, www.cnbc.com/2017/10/12/amazon-echo-market-share-tops-google-home.html (15. 11. 2019); *CNET,* Everything that will work with Google Home, www.cnet.com/pictures/everything-that-will-work-with-google-home/ (15. 11. 2019); *De La Cruz,* Keeping your Home safe with Google Home, homealarmreport.com/home-security/be-safe-with-google-home/ (15. 11. 2019); *El Sawy/Pereira,* Business Modelling in the Dynamic Digital Space, Berlin/Heidelberg 2013; *Encarnação/Kirste,* Ambient Intelligence: Towards Smart Appliance Ensembles, in: Hemmje/Niederee/Risse (Hrsg.), From integrated publication and information systems to virtual information and knowledge environments: Essays dedicated to Erich J. Neuhold on the occasion of his 65th birthday, Berlin/

Heidelberg 2005; *Evans,* 5 Ways The Internet Of Things Will Influence Commerce, Forbes 31.5.2018, www.forbes.com/sites/michelleevans1/2018/05/31/iot-will-have-the-most-impact-on-business-in-the-next-five-years-survey-says/#2fe981775a3d (15.11.2019); *Fähnle/Püschel/Röglinger/Stohr,* Business Value of the IoT: A Project Portfolio Selection Approach, in: 26th European Conference on Information Systems (ECIS), 23.-28.6.2018 Portsmouth; *Fleisch/Weinberger/Wortmann,* Geschäftsmodelle im Internet der Dinge, ZfBf 67 (2015), 444; *Gartner,* 5 Trends Emerge in the Gartner Hype Cycle for Emerging Technologies, www.gartner.com/smarterwithgartner/5-trends-emerge-in-gartner-hype-cycle-for-emerging-technologies-2018/08 (15.11.2019); *Gierej,* Techniques for designing value propositions applicable to the concept of outcome-economy, Engineering Management in Production and Services 9 Nr. 1 (2017), 56; *Groenfeldt,* Touchscreen On The Fridge Door To Order Groceries, Watch Football, Forbes 6.1.2016, www.forbes.com/sites/tomgroenfeldt/2016/01/06/touchscreen-on-the-fridge-door-to-order-groceries-watch-football/#3537ea9d11ba (15.11.2019); *Heater,* Will Google Home finally Break out of Amazon Echos shadow, TechCrunch 3.10.2017, techcrunch.com/2017/10/03/will-google-home-finally-break-out-of-amazon-echos-shadow/?guccounter=1 (15.11.2019); *Hines/Holweg/Rich,* Learning to evolve, International Journal of Operations & Production Management 24 Nr. 10 (2004), 994; *Hines/Rich,* The seven value stream mapping tools, International Journal of Operations & Production Management 17 (1997), 46; *Huber/Püschel/Röglinger,* Capturing Smart Service Systems – Development of a Domain-specific Modeling Language, Information Systems Journal 29 (2019), 1207; *Kastrenakes,* Everything new you can do with Google Home, The Verge 8.10.2017, www.theverge.com/2017/10/8/16439458/google-home-update-feature-list-skills (15.11.2019); *Kiel/Voigt,* How the Industrial Internet of Things Changes Business Models in Different Manufacturing Industries, International Journal of Innovation Management 20 Nr. 8 (2016); *Lea/Blackstock,* City Hub: A Cloud-Based IoT Platform for Smart Cities, in: IEEE, Proceedings of the 6th International Conference on Cloud Computing Technology and Science: CloudCom 2014, 15.-18.12.2014 Singapur; *Li,* The technological roadmap of Cisco's business ecosystem, Technovation 29 Nr. 5 (2009), 379; *Lusch/Vargo,* Service-dominant logic: Premises, perspectives, possibilities, Cambridge 2014; *Maglio/Spohrer,* Fundamentals of service science, Journal of the Academy of Marketing Science 36 Nr. 1 (2008), 18; *Maglio/Vargo/Caswell/Spohrer,* The service system is the basic abstraction of service science, Information Systems and e-Business Management 7 Nr. 4 (2009), 395; *Maity/Dass,* Consumer decision-making across modern and traditional channels: E-commerce, m-commerce, in-store, Decision Support Systems 61 (2014), 34; *Mattern/Flörkemeier,* Vom Internet der Computer zum Internet der Dinge, Informatik-Spektrum 33 (2010), 107; *McKinsey,* Unlocking the Potential of the Internet of Things, www.mckinsey.com/business-functions/mckinsey-digital/our-insights/the-internet-of-things-the-value-of-digitizing-the-physical-world (15.11.2019); *Melton,* The Benefits of Lean Manufacturing, Chemical Engineering Research and Design 83 Nr. 6 (2005), 662; *Moore,* Predators and Prey: A New Ecology of Competition, Harvard Business Review 71 (1999), 75; *Moynihan,* Alex and Google record what you say. But what happens to that data?, Wired 12.5.2016, www.wired.com/2016/12/alexa-and-google-record-your-voice/ (15.11.2019); *National Science Foundation,* Partnerships for Innovation: Building Innovation Capacity, www.nsf.gov/pubs/2018/nsf18511/nsf18511.pdf (15.11.2019); *Newman,* Amazon's Alexa has a Data Dilemma: Be more like Apple or Google?, Fast Company 14.7.2017, www.fastcompany.com/40440637/amazons-alexa-has-a-data-dilemma-be-more-like-apple-or-google (15.11.2019); *Oberländer/Röglinger/Rosemann/Kees,* Conceptualizing business-to-thing interactions – A sociomaterial perspective on the Internet of Things, European Journal of Information Systems 27 Nr. 4 (2018), 486; *Obermaier* (Hrsg.), Industrie 4.0 als unternehmerische Gestaltungsaufgabe: Betriebswirtschaftliche, technische und rechtliche Herausforderungen, 2. Aufl., Wiesbaden 2017; *Oliva/Kallenberg,* Managing the transition from products to services, International Journal of Service Industry Management 14 Nr. 2 (2003), 160; *Parker/van Alstyne/Jiang,* Platform Ecosystems: How Developers Invert the Firm, MIS Quarterly 41 Nr. 1 (2017), 255; *Podnar Žarko/Broering/Soursos/Serrano,* Interoperability and Open-Source Solutions for the Internet of Things, Basel 2017; *Porter/Heppelmann,* How Smart, Connected Products Are Transforming Competition, Harvard Business Review 92 Nr. 11 (2014), 3; *Porter/Heppelmann,* How Smart, Connected Products Are Transforming Companies, Harvard Business Review 93 Nr. 10 (2015), 1; *Promotorengruppe Kommunikation der Forschungsunion Wirtschaft – Wissenschaft* (Hrsg.), Umsetzungsempfehlungen für das Zukunftsprojekt Industrie 4.0, Abschlussbericht des Arbeitskreises Industrie 4.0, www.bmbf.de/files/Umsetzungsempfehlungen_Industrie4_0.pdf (15.11.2019); *Püschel/Schlott/Röglinger,* What's in a Smart Thing? Development of a Multi-layer Taxonomy, in: 37th International Conference on Information Systems (ICIS), 11.–14.12.2016 Dublin; *Radziwon/Bilberg/Bogers/Madsen,* The Smart Factory: Exploring Adaptive and Flexible Manufacturing Solutions, Procedia Engineering 69 (2014), 1184; *Razzaque/Milojevic-Jevric/Palade/Clarke,* Middleware for Internet of Things: A Survey, IEEE Internet of Things Journal 3 Nr. 1 (2016), 70; *Rijsdijk/Hultink,* How Today's Consumers Perceive Tomorrow's Smart Products, Journal of Product Innovation Management 26 Nr. 1 (2009), 24; *Silva/Sa Silva/Boavida,* A symbiotic resources sharing IoT platform in the smart cities context, in: IEEE, Tenth International Conference on Intelligent Sensors, Sensor Networks and Information Processing (ISSNIP), 7.–9.4.2015 Singapur; *Sinha/Park,* Building an Effective IoT Ecosystem for Your Business, Basel 2017; *Sjödin/Parida/Leksell/Petrovic,* Smart Factory Implementation and Process Innovation, Research-Technology Management 61 Nr. 5 (2018), 22; *Sternberg/Stefansson/Westernberg/Boije af Gennäs/Allenström/Nauska,* Applying a lean approach to identify waste in motor carrier operations, International Journal of Productivity and Performance Management 62 Nr. 1 (2012), 47; *Suchman,* Human-machine reconfigurations: Plans and situated actions, 2. Ed., Cambridge 2009, www.loc.gov/catdir/enhancements/fy0642/2006007793-d.html (15.11.2019); *Turban/King/Lee/Liang/Turban,* Electronic Commerce, Basel 2015; *Uckelmann/Harrison/Michahelles* (Hrsg.), Architecting the Internet of Things, Berlin/Heidelberg 2011; *Velamuri,* Hybrid value creation. Markt- und Unternehmensentwicklung/Markets and Organisations, Wiesbaden 2013; *Velamuri/Neyer/Möslein,* Hybrid value creation: a systematic review of an evolving research area, JfB 61 Nr. 1 (2011), 3; *Walton,* The Internet as a Technology-Based Ecosystem: A New Approach to the Analysis of Business, Markets and Industries, London 2017; *Want/Schilit/Jenson,* Enabling the Internet of Things, Computer 48 Nr. 1 (2015), 28; *World Bank,* Services value added (% of GDP), data.worldbank.org/indicator/NV.SRV.TOTL.ZS?locations=EU, data.worldbank.org/indicator/NV.SRV.TOTL.ZS?locations=US (22.2.2021).

I. Einleitung

1 Digitale Produkte und Dienstleistungen sind aus dem Alltag von Privatpersonen, Unternehmen und der Gesellschaft nicht mehr wegzudenken. Die Digitalisierung zwingt Unternehmen und ermöglicht es ihnen zugleich, bestehende Geschäfts- und Betriebsmodelle auf Basis digitaler Technologien fundamental neuzudenken.[1] Digitale Technologien kommen dabei immer schneller und immer günstiger auf den Markt. Eine digitale Technologie, die über alle Anwendungsbereiche hinweg viel Aufmerksamkeit in den letzten Jahren auf sich gezogen hat, ist das **Internet der Dinge** (Internet of Things, IoT).

2 Im IoT werden physische Objekte mit Sensoren, Aktuatoren und Rechenleistung ausgestattet sowie mit dem Internet verknüpft. Die dadurch entstehenden **smarten Geräte** werden zu selbstständigen Akteuren in einer vernetzten Gesellschaft und tragen zu einer zunehmenden Verschmelzung von digitaler und physischer Welt bei. Gleichzeitig ermöglichen smarte Geräte neuartige Interaktionen zwischen Unternehmen, Geräten und Individuen sowie innovative Wertversprechen und Geschäftsmodelle auf Basis neu verfügbarer Daten und allgegenwärtiger Vernetzung. Schätzungen zufolge sollen im Jahr 2025 insgesamt 75 Milliarden smarte Geräte mit dem Internet sowie untereinander verbunden sein. Bis zum Jahr 2025 wird dabei mit einem Wertschöpfungspotenzial von 11 Billionen US-Dollar kalkuliert.[2]

3 Bereits heute finden sich einfache bis sehr komplexe Beispiele für das IoT in zahlreichen Anwendungsbereichen wie Smart City, Smart Mobility, Smart Health, Smart Home oder Smart Factory.[3] Für Privatpersonen bzw. Endkonsumenten ermöglicht es zB mit einem smarten Thermostat, die Raumtemperatur im eigenen Heim von unterwegs zu steuern. Zudem kann sich ein smarter Thermostat selbstlernend an den Tagesrhythmus von Hausbewohnern anpassen, um Energie zu sparen. Smarte Geräte können aber nicht nur individuell agieren, sondern sich auch mit anderen smarten Geräten sog. **smarten Ökosystemen** bzw. smarten Servicesystemen verbinden. Die Interaktion von smarten Geräten in Ökosystemen ermöglicht die Entstehung innovativer Services, die über die Fähigkeiten des einzelnen smarten Geräts weit hinausgehen. Zum Beispiel lässt sich der smarte Thermostat mit Rauchmeldern oder Sensoren zur Messung von Kohlenstoffmonoxid koppeln. Sobald zu hohe Werte gemessen werden, sendet der Rauchmelder einen Alarm an den Thermostat, der daraufhin die Heizungen abschaltet und ggf. einen Notruf auslöst. Sämtliche Aktivitäten der smarten Geräte aus diesem Beispiel sowie alle Informationen über die erfasste Umwelt werden via Smartphone bereitgestellt, sodass im Fall eines Brandes nicht nur die aktuell im Haus befindlichen Bewohner alarmiert werden, sondern auch alle Hausbewohner, die sich derzeit nicht im Haus befinden.

4 Mit Blick auf die Gesellschaft kann IoT einen Beitrag im **Gesundheitsbereich** leisten. Diabetespatienten können zB von einem Blutzuckermessgerät, das sie direkt am Körper tragen, profitieren. Dabei wird regelmäßig über den Tag hinweg der Blutzuckerwert gemessen. Die Werte werden jedoch nicht direkt an den Patienten weitergegeben, sondern

---

[1] *Porter/Heppelmann* Harvard Business Review 92 Nr. 11 (2014), 3 ff.

[2] *Gartner,* 5 Trends Emerge in the Gartner Hype Cycle for Emerging Technologies; *McKinsey,* Unlocking the Potential of the Internet of Things.

[3] *Borgia* Computer Communications 54 (2014), 1.

gehen verschlüsselt an einen medizinischen Dienstleister, der den Patienten kontaktiert, sofern die Werte besorgniserregend sind, um zu besprechen, wie die Medikamentengabe besser eingestellt werden kann. Ein weiteres Beispiel aus dem Gesundheitsbereich sind smarte Armbänder, die bei einem Sturz den Rettungsdienst benachrichtigen und diesen für eine erste Diagnose per Video auf das Armband schalten.

Im industriellen Kontext ist ebenfalls der deutliche Trend zu beobachten, dass IoT im- 5
mer mehr in Unternehmensabläufe integriert wird. Zu nennen sind hier zB Trendthemen wie **Industrie 4.0** und weitere subsumierbare Konzepte wie **cyber-physische Systeme** (dh Integration von Informationstechnologie und physische Prozesse, mit dem Ziel, physische Prozesse zu beeinflussen und zu vernetzen) oder **Digital Twins** (dh digitale Repräsentationen von Prozessen, Produkten, Maschinen oder Individuen).[4] Während im englischsprachigen Raum vom **industriellen IoT** (Industrial IoT) gesprochen wird, hat sich in Deutschland aufgrund einer Initiative der Deutschen Bundesregierung zur Förderung von IoT im industriellen Kontext der Begriff **Industrie 4.0** etabliert.[5] IoT bietet hier die Möglichkeit, einzelne Arbeitsschritte bis hin zu ganzen Prozessen zu optimieren. So können zB smarte Brillen die Arbeitsumgebung mit zusätzlichen Informationen anreichern und den Werker bei der Einrichtung und Wartung von Maschinen anweisen. Des Weiteren ist es möglich, dass sich fertig hergestellte Produkte selbstständig durch den Warenausgangsprozess koordinieren und automatisiert durch den Spediteur verladen werden. Zudem vernetzen sich Maschinen, Anlagen und Produkte zu sog. **Smart Factories,** die sowohl innerhalb als auch über Unternehmensgrenzen hinweg mit anderen Smart Factories interagieren.[6] Ein Beispiel wäre, dass eine Produktion mit mehreren Fertigungsstufen in jeweils unterschiedlichen Unternehmen in Echtzeit hinsichtlich ihrer Machbarkeit (zB Prüfung von Fähigkeiten der einzelnen Unternehmen und der zur Verfügung stehenden Ressourcen) geprüft werden kann.

Um das IoT als **Schlüsseltechnologie** besser zu verstehen, beschäftigt sich dieses Kapi- 6
tel mit dessen konzeptioneller Ausgangslage und dessen ökonomischem Potenzial. Dazu wird in → Rn. 7 ff. zunächst auf das einzelne smarte Gerät und dadurch neu entstehende Interaktionsformen eingegangen. In → Rn. 50 ff. wird die Vernetzung von smarten Geräten hin zu smarten Ökosystemen und die damit verbundene Entstehung innovativer Services näher betrachtet. → Rn. 100 ff. beschäftigen sich mit dem ökonomischen Potenzial des IoT im Konsumentenbereich sowie im industriellen Kontext. Abschließend werden die wichtigsten Erkenntnisse kurz zusammengefasst.

II. Das smarte Gerät als Grundbaustein des Internets der Dinge

1. Der grundlegende Aufbau von smarten Geräten

Wie dem Haus der Grundstein, so bilden smarte Geräte die Grundlage des IoT. Wird das 7
Beispiel einer Landmaschine betrachtet, so hat sich dessen traditionelle Funktion (zB Feld pflügen) längst weiterentwickelt. So kann eine Landmaschine Daten an den Hersteller oder den Landwirt senden, die diese anschließend analysieren und auswerten. Daraus ergeben sich neue Möglichkeiten, wie im Bereich der vorbeugenden Instandhaltung. So lässt sich bspw. der Verschleiß stark beanspruchter Maschinenkomponenten besser antizipieren. Auch Leistungskennzahlen wie die Tagesproduktivität lassen sich auf dieser Basis ermitteln. Im vorliegenden Beispiel werden Daten nicht nur versendet. Vielmehr kann die Landmaschine auch über das Internet gesteuert werden, bis hin zur simultanen Koordinierung und Steuerung mehrerer Landmaschinen. Zudem kann die Landmaschine Daten anderer Ma-

[4] *Boschert/Rosen* in Hehenberger/Bradley, Mechatronic Futures, S. 59–74; *Obermaier,* Industrie 4.0 als unternehmerische Gestaltungsaufgabe: Betriebswirtschaftliche, technische und rechtliche Herausforderungen, 2017.

[5] BMWi, Digitalisierung der Industrie – Die Plattform Industrie 4.0, Fortschrittsbericht April 2016.

[6] *Radziwon et al.* Procedia Engineering 69 (2014), 1184.

schinen, Landwirtschaftsbetriebe und Unternehmen nutzen. Durch die Vernetzung von Landwirtschafts- und Wettersystem kann die Landmaschine auf neue Funktionen zurückgreifen (zB Wetterprognose) und ihren Einsatz selbstständig optimieren. Wo bisher die Grenzen einer Branche galten, werden sich in Zukunft vernetzte smarte Ökosysteme zu sog. **Systems of Systems** verknüpfen.[7]

8 Die Grundlage vernetzter smarter Ökosysteme ist und bleibt jedoch das **smarte Gerät.** Nicht selten findet der Begriff des smarten Geräts Verwendung als Sammelbecken, in den ungeachtet existierender Unterschiede smarte Alltagsgegenstände verschiedenster Anwendungsbereiche und Entwicklungsstufen einsortiert werden. Um die Komplexität von smarten Geräten und deren transformative Wirkung auf Interaktionen zwischen Unternehmen und Individuen sowie auf Geschäftsmodelle zu verstehen, greift dieses Vorgehen jedoch zu kurz. Hierfür ist ein Blick hinter die Fassade von smarten Geräten erforderlich.

2. Kurze Einordung in bestehende smarte Geräte-Architekturen

9 Auch wenn sich der Mehrwert von IoT erst an der Kundenschnittstelle oder durch den Einsatz von smarten Geräten in betrieblichen Prozessen und Produkten manifestiert, so müssen Unternehmen die technologischen Voraussetzungen für deren Einsatz schaffen. In diesem Zusammenhang werden unterschiedliche IoT-Architekturen diskutiert, die alle einen ähnlichen Aufbau aufweisen.[8] Alle IoT-Architekturen betrachten das physische Objekt ausgerüstet mit Sensoren, Aktoren und Rechenleistung als Fundament auf einer sog. **Gerätebene.** Auf Basis ihrer Internetverbindung können smarte Geräte mit verschiedenen Akteuren aus ihrer Umwelt interagieren – bspw. mit Individuen, Unternehmen oder anderen smarten Geräten. Interaktionen mit anderen Akteuren werden auf einer **Interaktionsebene** untersucht. Eine weitere wesentliche Eigenschaft von smarten Geräten ist die Sammlung von Daten aus unterschiedlichen Quellen sowie deren Verarbeitung für unterschiedliche Zwecke. Dies wird auf der **Datenebene** gebündelt. Die gewonnenen Daten werden schließlich dazu genutzt, um digitale Services zu kreieren. Da sich der innovative Charakter von smarten Geräten insbesondere durch digitale Services ausdrückt, findet man als oberste Ebene von IoT-Architekturen üblicherweise eine **Serviceebene.** Diese vier Ebenen lassen sich verwenden, um smarte Geräte strukturiert zu analysieren.

3. Eine Taxonomie für smarte Geräte

10 Eine **Taxonomie** ist ein Klassifikationsschema, mit dem sich Objekte eines bestimmten Anwendungsbereichs systematisch anhand von Dimensionen und Dimensionsausprägungen analysieren lassen. Taxonomien zielen darauf auf, Objekte nicht vollständig zu erfassen, sondern diese vielmehr ihrem Wesen nach unterscheiden zu können. Um die Variantenvielfalt von smarten Geräten zu strukturieren, wurde eine mehrdimensionale Taxonomie auf Basis der Literatur sowie einer Auswahl von 200 smarten Geräten aus unterschiedlichen Anwendungsdomänen des IoT entwickelt (Abb. 1).[9] In Anlehnung an bestehende IoT-Architekturen (→ Rn. 9) umfasst die Taxonomie vier Ebenen: Gerätebene, Interaktionsebene, Datenebene und Serviceebene. Auf diese wird im Folgenden detailliert eingegangen.

---

[7] *Porter/Heppelmann* Harvard Business Review 92 Nr. 11 (2014), 3.

[8] *Fleisch/Weinberger/Wortmann* ZfBf 67 (2015), 444; *Porter/Heppelmann* Harvard Business Review 92 Nr. 11 (2014), 3.

[9] *Püschel/Schlott/Röglinger* in 37th International Conference on Information Systems (ICIS) 2016.

	Dimension	Ausprägung			
Service	Ökosystem-Integration	Keine	Eingeschränkt	Offen	
	Leistungsversprechen	Gerät-zentriert	Service-zentriert		
	Offline-Funktionalität	Keine	Eingeschränkt		
Daten	Verwendung	Transaktional	Analytisch (grundlegend)	Analytisch (fortgeschritten)	
	Herkunft	Gerät-Status	Gerät-Kontext	Gerät-Nutzung	Cloud
Interaktion	Partner	Nutzer	Unternehmen	Geräte	
	Multiplizität	Eins-zu-Eins	Eins-zu-Viele		
	Richtung	Unidirektional	Bidirektional		
Gerät	Autonomie	Keine	Selbstgesteuert	Selbstlernend	
	Aktuatorik	Unmittelbar	Intermediär		
	Sensorik	Einfach	Umfangreich		

Abb. 1: Taxonomie für smarte Geräte[10]

a) Gerätebene

Die Gerätebene bildet das Fundament eines smarten Geräts. Auf dieser Ebene wird das physische Objekt um **Sensoren, Aktoren** und **Rechenlogik** erweitert – und somit zum smarten Gerät. Ein weiterer wichtiger Bestandteil der Gerätebene ist der Autonomiegrad eines smarten Geräts. 11

aa) Sensorik. Die Erfassung von Daten über die physische Umwelt (zB Temperatur, Luftfeuchtigkeit oder Helligkeit) ist ein wesentliches Merkmal von smarten Geräten.[11] Die Sensorik definiert den Rahmen für die Menge und Vielfalt an Daten, die ein smartes Gerät direkt erfassen kann. Daher wird zwischen **einfacher** und **umfangreicher Sensorik** unterschieden.[12] Smarte Geräte verfügen über einfache Sensorik, wenn sie einfache Daten sammeln, zB sammelt der smarte Duschkopf Eva Drop über seine Sensoren die Position des Nutzers, um den Wasserverbrauch zu steuern.[13] Umfangreiche Sensorik findet sich hingegen in smarten Geräten, die komplexe Daten erfassen, zB die smarte Sicherheitskamera Nest Cam IQ, die 4K-Farbsensorik, Infrarottechnik und hochauflösende Mikrofone verwendet, um Außen- und Innenbereich eines Hauses zu überwachen.[14] 12

bb) Aktorik. Neben der Erfassung von Daten aus der Umwelt mittels Sensoren können smarte Geräte durch Aktoren ihre Umwelt beeinflussen (zB durch akustische Signale, Vibration sowie Text- oder Sprachnachrichten).[15] Bei einem smarten Gerät kann zwischen **unmittelbarer** und **intermediärer Aktorik** unterschieden werden.[16] Im Falle intermediärer Aktorik verfügt ein smartes Gerät über keine eigene Aktorik und beeinflusst seine Umwelt über andere Geräte (zB Smartphone, Tablet oder sonstige Werkzeuge). Zum Beispiel sendet das smarte Türschloss Lockitron Benachrichtigungen per Smartphone an den Nutzer, um zu signalisieren, dass die Tür verschlossen ist.[17] Verfügt ein smartes Gerät über eigene Aktorik, mit der es die Umwelt beeinflussen kann, so wird es in dieser Dimension als **unmittelbar** klassifiziert. Zum Beispiel kann ein Fitnesstracker verschiedene Fitnessda- 13

[10] *Püschel/Schlott/Röglinger* in 37th International Conference on Information Systems (ICIS) 2016.
[11] *Borgia* Computer Communications 54 (2014), 1.
[12] *Atzori/Iera/Morabito* Computer Networks 54 Nr. 15 (2010), 2787.
[13] „Eva Drop", evadrop.com/ (15.11.2019).
[14] „Nest Cam IQ", store.google.com/de/product/nest_cam_iq (15.11.2019).
[15] *Beverungen et al.* Electronic Markets 29 Nr. 1 (2019), 7.
[16] *Püschel/Schlott/Röglinger* in 37th International Conference on Information Systems (ICIS) 2016.
[17] „Lockitron", lockitron.com/ (15.11.2019).

ten auf dem eingebauten Bildschirm anzeigen. Wichtig ist, dass smarte Geräte gleichzeitig über eine unmittelbare und eine intermediäre Aktorik verfügen können.

14 **cc) Autonomie.** Immer mehr smarte Geräte können unabhängig vom Menschen handeln, benötigen keine externen Ereignisse, um Aufgaben zu erfüllen, und verfügen über sog. Self-x-Fähigkeiten (zB die Fähigkeit, sich selbst zu steuern, zu optimieren und zu lernen).[18] Da es sich beim Autonomiegrad eines smarten Geräts um eine relevante Eigenschaft handelt, muss dieser Rechnung getragen werden. Die Autonomie von smarten Geräten baut auf grundlegenden Self-x-Fähigkeiten (dh **selbststeuernd**) und fortgeschrittenen Self-x-Fähigkeiten (dh **selbstlernend**) auf. Smarte Geräte, die über keine Self-x-Fähigkeiten verfügen, werden als **nichtautonom** klassifiziert. So wiegt zB die smarte Lebensmittelwaage Situ Lebensmittel und zeigt zum einen das Gewicht auf dem eingebauten Display an und sendet zum anderen die Informationen an das Smartphone des Nutzers.[19] Die Waage erfüllt dabei ihren konventionellen Zweck, erweitert um die Darstellung von Informationen auf dem Smartphone des Nutzers. Eine Selbststeuerung oder ein Selbstlernen findet dabei nicht statt.

15 Im Gegensatz dazu arbeiten smarte Geräte wie der smarte Staubsauger-Roboter Roomba **selbststeuernd.**[20] Der smarte Staubsauger-Roboter ist dabei mit Sensoren und Software ausgestattet, um den Boden selbststeuernd zu reinigen. Dabei arbeitet er bis zur Zielerfüllung seiner Aufgaben eigenständig und im Regelfall ohne externe Interventionen durch den Nutzer.[21]. Der smarte Staubsauger-Roboter verbessert jedoch in der Regel seine Vorgehensweise während oder zwischen seinen Einsätzen nicht, sodass er seine Aufgaben selbststeuernd, aber eben nicht selbstlernend erfüllt.

16 Noch weiter ausgereifte smarte Geräte sind sogar in der Lage, sich an Umgebungsbedingungen anzupassen und aus den Bedürfnissen und Präferenzen ihrer Nutzer zu lernen.[22] Solche **selbstlernenden** smarten Geräte können ohne externe Interventionen (teilweise sogar ohne externe Startauslöser) zielorientiert handeln und entscheiden. Ohne externe Intervention schließt dabei nicht das Zusammenspiel mit anderen technischen und menschlichen Akteuren aus, die für die Durchführung einer Aufgabe oder das Erreichen von Zielen notwendig sind. Dabei verbessern bzw. optimieren selbstlernende smarte Geräte stetig ihre eigene Vorgehensweise bei der Durchführung von Aufgaben mittels fortgeschrittener Self-x-Fähigkeiten sowie fortgeschrittener Datenanalysefähigkeiten.[23] Selbstlernende smarte Geräte nehmen menschlichen Nutzern zudem Entscheidungen ab.[24] So lernt bspw. die smarte Kamera Nest Cam IQ die Abläufe von Hausbewohnern und warnt bei auftretenden Anomalien, zB bei einem Einbruch in das eigene Haus, die Hausbewohner mittels Nachricht auf das Smartphone.

b) Interaktionsebene

17 Auf der zweiten Ebene der Taxonomie, der Interaktionsebene, werden die Interaktionseigenschaften eines smarten Geräts untersucht. Die Interaktionsebene schlägt die Brücke zur digitalen Welt. So ist sichergestellt, dass zB über eine Internetverbindung der Remote-Zugriff auf die Aktoren, Sensoren und die Anwendungslogik eines smarten Geräts möglich ist. Auf der Interaktionsebene werden die **Richtung** der Interaktion, die Multiplizität

[18] *Porter/Heppelmann* Harvard Business Review 92 Nr. 11 (2014), 3.
[19] „Situ Scale", www.macrumors.com/review/situ-smart-scale/ (15.11.2019).
[20] „Roomba", www.irobot.de/haushaltsroboter/staubsaugen?gclid=Cj0KCQjw9pDpBRCkARIsAOzRzitE9BHiKn_asOv3_Md9fs9QdYZ3O3kQksPLKbJivcGtLP-aWQIgtUkaApwJEALw_wcB (15.11.2019).
[21] *Rijsdijk/Hultink* Journal of Product Innovation Management 26 Nr. 1 (2009), 24.
[22] *Porter/Heppelmann* Harvard Business Review 92 Nr. 11 (2014), 3.
[23] *Rijsdijk/Hultink* Journal of Product Innovation Management 26 Nr. 1 (2009), 24.
[24] *Beverungen et al.* Electronic Markets 29 Nr. 1 (2019), 7; *National Science Foundation,* Partnerships for Innovation: Building Innovation Capacity; *Oberländer et al.* European Journal of Information Systems 27 Nr. 4 (2018), 486.

sowie die **Art** der Interaktionspartner des smarten Geräts beschrieben. In → Rn. 39 werden innovative Interaktionsmuster zwischen Kunden, Unternehmen und smarten Geräten noch einmal vertiefend betrachtet.

aa) Interaktionsrichtung. Die Richtung der Interaktion eines smarten Geräts mit seinem Interaktionspartners kann in **unidirektional** und **bidirektional** unterteilt werden.[25] Unidirektional meint, dass die Daten nur in eine Richtung zwischen den Interaktionspartnern fließen. Zum Beispiel erfasst ein smarter Tennisschläger während des Trainings Daten, die in einem nächsten Schritt auf das Smartphone des Nutzers weitergeleitet werden und nach dem Training entsprechend eingesehen werden können. Bei einer bidirektionalen Interaktion sind mindestens zwei Partner aktiv beteiligt, zwischen denen Daten in beide Richtungen fließen. So warnt zB ein smartes Armband, das zur Reduzierung von Stress entwickelt worden ist, den Nutzer durch Vibration, wenn es erhöhte Belastungen erkennt. Nutzer können dann am Armband bestätigen, dass sie entweder dieser Warnung nachkommen oder sich aktuell in gar keiner Stresssituation befinden. 18

bb) Multiplizität. Smarte Geräte lassen sich des Weiteren nach der Anzahl der Interaktionen, in der sie sich zum Zeitpunkt der Benutzung befinden, klassifizieren. Man unterscheidet zwischen **Eins-zu-eins-** und **Eins-zu-viele**-Interaktionen.[26] Bei einer Eins-zu-eins-Interaktion interagiert ein smartes Gerät mit genau einem Interaktionspartner. So ist zB der Lumo Run Fitness-Tracker, der an der Sportbekleidung befestigt ist und verschiedene Fitnessparameter auf dem Smartphone des Benutzers bereitstellt, für die Nutzung durch genau eine Person ausgelegt.[27] Im Gegensatz dazu finden Eins-zu-viele-Interaktionen zwischen dem smarten Gerät und mehreren Interaktionspartnern statt. So kann zB der smarte Thermostat von Nest, der den Standort aller Familienmitglieder über deren Smartphone nachvollziehen kann, die Temperatur im Haus nach dem Verlassen durch die letzte Person sowie vor Rückkehr der ersten Person anpassen.[28] 19

cc) Interaktionspartner. Ein wichtiges Merkmal von smarten Geräten ist, dass sie als neuartiger Akteur in das klassische Beziehungsgefüge zwischen Kunde und Unternehmen eintreten und somit den Kunden und das Unternehmen in ihre Interaktion integrieren. Smarte Geräte fungieren somit als Grenzobjekte (dh boundary objects). Des Weiteren können smarte Geräte mit anderen smarten Geräten interagieren. Daher werden drei Arten von Interaktionspartnern unterschieden: **Nutzer, smarte Geräte** und **Unternehmen.**[29] Die Interaktion mit Nutzern ist einfach zu erklären: Dabei reicht es aus, wenn der Nutzer das smarte Gerät und dessen Funktionen verwendet. Interaktionen zwischen smarten Geräten lassen sich anhand des smarten Türklingelsystems Skybell veranschaulichen: Wenn der smarte Rauchmelder der Firma Nest im Haus Rauch- bzw. Kohlenmonoxid erkennt, meldet der Rauchmelder dies an das Skybell.[30] Daraufhin färben sich außerhalb des Hauses die LED-Leuchten von Skybell rot und signalisieren, dass der Zutritt zum Haus unsicher ist. Wenn Skybell zudem Bewegungen an der Haustür erkennt, löst es bei den Kameras von Nest, die innerhalb und außerhalb des Hauses angebracht sind, aus, dass die Überwachung des Hauses gestartet werden soll. So können die Hausbewohner Familienmitglieder ausfindig machen, die sich entweder im Haus oder in unmittelbarer Umgebung befinden. Um die Interaktion zwischen einem smarten Gerät und einem Unternehmen zu 20

---

[25] *Oberländer et al.* European Journal of Information Systems 27 Nr. 4 (2018), 486; *Suchman,* Human-machine reconfigurations: Plans and situated actions, 2009.
[26] *Porter/Heppelmann* Harvard Business Review 92 Nr. 11 (2014), 3.
[27] „Lumo Run Fitness-Tracker", www.mindtecstore.com/Lumo-Run-Lauftrainer-Sensor (15. 11. 2019).
[28] „Nest Learning Thermostat", store.google.com/product/nest_learning_thermostat_3rd_gen (15. 11. 2019).
[29] *Beverungen et al.* Electronic Markets 29 Nr. 1 (2019), 7; *Uckelmann/Harrison/Michahelles,* Architecting the Internet of Things, 2011.
[30] „Skybell", www.skybell.com/ (15. 11. 2019).

veranschaulichen, kann das medizinische Armband QMedic herangezogen werden: Werden beim Träger des Armbands (zB ein pflegebedürftiger Mensch) Anomalien im Bewegungsablauf (zB durch einen Sturz) oder während des Schlafens erkannt, wird ein Call-Center benachrichtigt und bei Bedarf zur Verfügung stehendes Pflegepersonal damit beauftragt, den Nutzer des Armbands persönlich aufzusuchen.[31] Auch hier ist zu erwähnen, dass ein smartes Gerät immer mit mehreren Interaktionspartnern gleichzeitig interagieren kann.

c) Datenebene

21 Daten sind eine Schlüsselressource im digitalen Zeitalter.[32] Im Kontext des IoT können Daten sogar das wichtigste Leistungsmerkmal eines smarten Geräts sein, da durch die Nutzung bzw. Verarbeitung von Daten Funktionen bereitgestellt werden, die für das smarte Gerät charakteristisch sind, und es sich somit von anderen Produkten auf dem Markt differenziert.[33] Smarte Geräte können dabei interne und externe Daten verarbeiten und zudem den Zugriff auf in Echtzeit erfasste lokale Daten ermöglichen. Dementsprechend konzentriert sich die Datenebene darauf, woher ein smartes Gerät Daten bezieht (dh **Datenherkunft**) und wie es Daten weiterverwendet (dh **Datenverwendung**).

22 **aa) Datenherkunft.** Die Datenherkunft umfasst vier Ausprägungen: **Gerät-Status, Gerät-Kontext, Gerät-Nutzung** und **Cloud.** Die Ausprägung **Gerät-Status** bezieht sich auf produkteigene Daten, zB den Akkustand oder den Zeitpunkt der Inbetriebnahme.[34] Erfasst das smarte Gerät zudem Daten aus seiner Umgebung, wie Geräusche oder die Temperatur, erfüllt es die Ausprägung **Gerät-Kontext.**[35] Werden Nutzungsdaten, also während einer Interaktion entstehende Daten, des smarten Geräts verwendet, so führt dies zur Ausprägung **Gerät-Nutzung.** Die letzte Ausprägung **Cloud** bezieht sich auf die Nutzung zusätzlicher externer Daten, die ein smartes Gerät mittels seiner Internetverbindung zB aus Anbieter- und Produktdatenbanken bezieht.[36] Die Ausprägung Cloud umfasst auch weitere externe Quellen, zB wenn ein smartes Gerät direkt von einem anderen smarten Gerät Daten bezieht. Smarte Geräte können dabei Daten verschiedener Herkunft gleichzeitig verarbeiten. Der smarte Staubsaugerroboter Roomba nutzt zB zur Koordinierung während des Staubsaugens Kontextdaten, um sich durch den Raum zu koordinieren (dh Gerät-Kontext). Des Weiteren kann der Nutzer aus verschiedenen Saugoptionen vor dem eigentlichen Reinigungsvorgang auswählen (dh Gerät-Nutzung), sodass beide Datenquellen kombiniert werden, um das Ziel der Reinigung des Raums zu erreichen.

23 **bb) Datenverwendung.** Aufbauend auf der Datenherkunft beschreibt die zweite Dimension die Fähigkeit von smarten Geräten, Daten zu verwenden. Die Datenverwendung kann dabei in **transaktionale** und **analytische** Datenverwendung unterschieden werden. Letztere wird zusätzlich noch einmal in **grundlegende** und **fortgeschrittene** Datenverwendung differenziert, um den verschiedenen Entwicklungsstufen von smarten Geräten Rechnung zu tragen. Von transaktionaler Datenverwendung wird gesprochen, wenn die Daten genutzt werden, um einzelne Transaktionen oder Interaktionen durchzuführen. Der smarte Duschkopf Eva Drop kann zB Daten über die Wassertemperatur und über die Position der sich in der Dusche befindlichen Person verarbeiten, um so den Wasserfluss zu regulieren und letztendlich dauerhaft zu reduzieren. Diese Art der Datennutzung kann als

---

31 „QMedic", www.qmedichealth.com/ (15.11.2019).

32 *Bharadwaj* MIS Quarterly 37 Nr. 2 (2013), 471.

33 *Beverungen et al.* Electronic Markets 29 Nr. 1 (2019), 7; *Bucherer/Uckelmann* in Uckelmann/Harrison/Michahelles, Architecting the Internet of Things, S. 253–277; *Porter/Heppelmann* Harvard Business Review 93 Nr. 10 (2015), 1.

34 *Borgia* Computer Communications 54 (2014), 1.

35 *Borgia* Computer Communications 54 (2014), 1.

36 *Porter/Heppelmann* Harvard Business Review 92 Nr. 11 (2014), 3.

reaktiv angesehen werden und bezieht sich auf die Fähigkeit von smarten Geräten, auf Veränderungen in der Umgebung zu reagieren.[37]

Darüber hinaus können Daten für **analytische Zwecke** verwendet werden. Diese werden üblicherweise in **deskriptiv, diagnostisch, prädiktiv** und **präskriptiv** unterteilt.[38] Die deskriptive Datenverwendung ist dabei als grundlegende analytische Datenverwendung anzusehen. Die diagnostische, prädiktive sowie die präskriptive Datenverwendung hingegen werden der fortgeschrittenen analytischen Datenverwendung zugeordnet. Smarte Geräte mit grundlegender analytischer Datenverwendung ermöglichen demnach vor allem deskriptive Analysen bzw. Auswertungen analog zu einfacher Tabellenkalkulation. Das smarte Tracking-Armband Fitbit Charge zB trackt und visualisiert die vom Nutzer zurückgelegte Wegstrecke und die dabei verbrannten Kalorien.[39] Die fortgeschrittene analytische Datenverwendung hingegen ermöglicht anspruchsvollere Analysen und Auswertungen. Zum Beispiel kann die smarte Indoor-Kamera Nest Cam IQ mittels Gesichtserkennung erkennen, ob eine Person, die das Haus betritt, ein Familienmitglied oder ein Fremder ist. Im Falle eines Fremden oder eines Einbrechers werden die Hausbewohner mittels Push-Nachricht auf dem Smartphone informiert, sodass die Hausbewohner weitere Schritte einleiten können (zB Benachrichtigung von Sicherheitsbehörden). 24

d) Serviceebene

Die oberste Ebene der Taxonomie stellt die Verknüpfung zwischen dem smarten Gerät und digitalen Services dar. Dabei erfolgt endgültig die Verschmelzung von physischer und digitaler Welt, wobei neben der rein physischen Funktion von smarten Geräten als innovative Neuerung nun zusätzlich **digitale Services** hinzukommen. Die Serviceebene beschreibt, ob ein smartes Gerät eine Offline-Funktionalität zur Verfügung stellt, und untersucht das zentrale Leistungsversprechen eines smarten Geräts. Schließlich wird beschrieben, ob ein smartes Gerät in der Lage ist, sich in Ökosysteme zu integrieren.[40] 25

aa) Offline-Funktionalität. Die Dimension Offline-Funktionalität analysiert, in welchem Umfang die Funktionalität eines smarten Geräts auch ohne Internetverbindung zur Verfügung steht.[41] Dabei wird zwischen **eingeschränkt** und **keine Offline-Funktionalität** differenziert. Eingeschränkte Offline-Funktionalität meint, dass ein smartes Gerät digitale Services anbieten kann, ohne dass es eine Internetverbindung benötigt. Das smarte Gerät verfügt dabei zumeist immer noch über eine Funktion in der physischen Welt. Die smarte Glühbirne LIFX zB funktioniert wie eine herkömmliche Lampe und kann mittels Lichtschalter ein- oder ausgeschaltet werden.[42] Um jedoch die Farbe der Glühbirne zu ändern und um weitere Funktionen nutzen zu können, ist eine aktive Netzwerkverbindung erforderlich. Keine Offline-Funktionalität meint, dass zur Nutzung des smarten Geräts und seiner Services eine Internetverbindung zwingend erforderlich ist. So benötigt bspw. die smarte Steckdose WeMo eine funktionierende Internetverbindung, um seine beiden Funktionen zu erfüllen: die Fernsteuerung von Haushaltsgeräten und das Tracking des Energieverbrauchs.[43] 26

---

[37] *Rijsdijk/Hultink* Journal of Product Innovation Management 26 Nr. 1 (2009), 24; *Suchman,* Human-machine reconfigurations, 2009.

[38] *Porter/Heppelmann* Harvard Business Review 92 Nr. 11 (2014), 3; *Porter/Heppelmann* Harvard Business Review 93 Nr. 10 (2015), 1; *Want/Schilit/Jenson* Computer 48 Nr. 1 (2015), 28.

[39] „Fitbit", www.fitbit.com/de/store?utm_source=&utm_medium=paidsearch&gclid=Cj0KCQjw9pDpBRCkARIsAOzRzivSWf68Bk-KW2ymRg4nCPp96b4R_62JWQypiOkScJSYA1q-U4oD-g0aAvk6EALw_wcB&gclsrc=aw.ds (15.11.2019).

[40] *Porter/Heppelmann* Harvard Business Review 92 Nr. 11 (2014), 3.

[41] *Mattern/Flörkemeier* Informatik-Spektrum 33 (2010), 107.

[42] „LIFX", www.lifx.com/ (15.11.2019).

[43] „WeMo", www.belkin.com/de/PRODUKTE/home-automation/c/wemo-home-automation/ (15.11.2019).

27 **bb) Leistungsversprechen.** Aus einer Produkt-Service-Sicht (dh Bündelung von physischen Produkten mit Services) und im Einklang mit der Idee, dass smarte Geräte die Brücke zwischen physischer und digitaler Welt schlagen, bestehen smarte Geräte aus einem physischen Objekt und einer zusätzlichen Repräsentation in der digitalen Welt.[44] Aufbauend auf dieser Sicht können smarte Geräte als Verteilungsmechanismus für digitale Services dienen.[45] Vor diesem Hintergrund wird zwischen smarten Geräten mit einem **gerätzentrierten** und einem **servicezentrierten Leistungsversprechen** unterschieden. Smarte Geräte mit einem gerätzentrierten Leistungsversprechen dienen in erster Linie dazu, in der physischen Welt ihren primären Zweck zu erfüllen, ergänzt um digitale Services.[46] Ein Beispiel ist der Tennisschläger von Babolat, der Spielern hilft, ihr Spiel über eine App zu tracken und auf Basis der bereitgestellten Auswertungen und Empfehlungen zu verbessern.[47] Trotz des digitalen Services bleibt die ursprüngliche Funktionalität des Schlägers in der physischen Welt erhalten. Smarte Geräte mit einem servicezentrierten Leistungsversprechen verfügen ebenfalls über ein zugrundeliegendes physisches Objekt. Dieses dient jedoch in erster Linie als Verteilungsmechanismus für den digitalen Service. Smarte Geräte dieser Art können nicht ohne digitalen Service verwendet werden. So hat bspw. Amazons Echo keine physische Funktionalität.[48]

28 **cc) Ökosystem-Integration.** Ein wichtiges Merkmal von smarten Geräten ist, dass diese nicht nur Daten über sich selbst und aus ihrer Umgebung erfassen, sondern auch Daten in einem größeren Ökosystem mit mehreren anderen smarten Geräten austauschen sowie wechselseitig ihre Funktionalität nutzen können.[49] Dies ermöglicht die Entstehung von **smarten Servicesystemen,** indem miteinander verbundene smarte Geräte zusammenarbeiten, sowie die Entstehung von sog. **Systems of Systems,** in denen Produktsysteme verbunden sind und sich gegenseitig koordinieren.[50] Die Integration eines smarten Geräts in ein solches System wird als Ökosystemintegration bezeichnet. Dabei können drei Ausprägungen unterschieden werden: **keine, eingeschränkte** und **offene Ökosystemintegration.** Der smarte Duschkopf Eva Drop zB verfügt zwar über Merkmale eines smarten Geräts (zB Sensoren und Aktoren, Interaktion mit dem Nutzer), lässt sich jedoch nicht in smarte Ökosysteme integrieren. Die Ausprägung **eingeschränkt** bezieht sich auf smarte Geräte, die sich in ein Ökosystem integrieren können, jedoch nur mit smarten Geräten desselben Anbieters oder Herstellers kompatibel sind. So ist bspw. die smarte Kamera Pivot Teil des smarten Ökosystems Zmodo.[51] Wenn sich eine Tür oder ein Fenster öffnen und somit einer der dort angebrachten Zmodo Sensoren ausgelöst wird, kann die Kamera den Fokus in diese Richtung setzen und das Bild auf das Smartphone des Nutzers übertragen. Pivot kann jedoch nicht mit smarten Geräten anderer Anbieter interagieren. Die Kamera ist ausschließlich mit smarten Geräten von Zmodo kompatibel und kann nur über die Zmodo App gesteuert werden. Schließlich ermöglicht eine **offene** Ökosystemintegration, dass smarte Geräte mit smarten Geräten anderer Hersteller kompatibel sind.[52] So kann der

---

[44] *Oliva/Kallenberg* International Journal of Service Industry Management 14 Nr. 2 (2003), 160; *Velamuri/Neyer/Möslein* JfB 61 Nr. 1 (2011), 3.
[45] *Lusch/Vargo,* Service-dominant logic: Premises, perspectives, possibilities, 2014.
[46] *Porter/Heppelmann* Harvard Business Review 92 Nr. 11 (2014), 3.
[47] „Babolat", de.babolat.com/ (15.11.2019).
[48] „Amazon Echo", www.amazon.de/dp/B06ZXQV6P8?&tag=googhydr08-21&ref=pd_sl_888rykxaf8_e&adgrpid=72140421558&hvpone=&hvptwo=&hvadid=358116364058&hvpos=1t1&hvnetw=g&hvrand=13469066994347809364&hvqmt=e&hvdev=c&hvdvcmdl=&hvlocint=&hvlocphy=1004113&hvtargid=kwd-50712656950&hydadcr=18571_1739135&gclid=Cj0KCQjw9pDpBRCkARIsAOzRziucGh86gB2HW-3lUBWK3gwcFDC4NnEPAJV9KXSERKg7q5ywPR47rH0aAnjIEALw_wcB (15.11.2019).
[49] *Porter/Heppelmann* Harvard Business Review 92 Nr. 11 (2014), 3.
[50] *Oberländer et al.* European Journal of Information Systems 27 Nr. 4 (2018), 486.
[51] „Zmodo", www.zmodo.com/ (15.11.2019).
[52] *Porter/Heppelmann* Harvard Business Review 93 Nr. 10 (2015), 1.

Nest-Thermostat die Temperatur im Haus anpassen, wenn das smarte Türschloss Kevo meldet, dass die Haustür geöffnet ist.[53]

e) Beispiele aus dem Konsumentenbereich

29 Nachfolgend wird die eben vorgestellte Taxonomie anhand von zwei Beispielen aus dem **Konsumentenbereich** genauer illustriert. Die smarte Lebensmittelwaage Situ ist ein smartes Gerät, das die Erfüllung von Nutzerbedürfnissen auf einer einfacheren Entwicklungsstufe anvisiert (Abb. 2).

	Dimension	Ausprägung			
Service	Ökosystem-Integration	Keine	Eingeschränkt	Offen	
	Leistungsversprechen	Gerät-zentriert	Service-zentriert		
	Offline-Funktionalität	Keine	Eingeschränkt		
Daten	Verwendung	Transaktional	Analytisch (grundlegend)	Analytisch (fortgeschritten)	
	Herkunft	Gerät-Status	Gerät-Kontext	Gerät-Nutzung	Cloud
Interaktion	Partner	Nutzer	Unternehmen	Geräte	
	Multiplizität	Eins-zu-Eins	Eins-zu-Viele		
	Richtung	Unidirektional	Bidirektional		
Gerät	Autonomie	Keine	Selbstgesteuert	Selbstlernend	
	Aktuatorik	Unmittelbar	Intermediär		
	Sensorik	Einfach	Umfangreich		

Abb. 2: Klassifizierung Situ Food Scale[54]

30 Sie verfügt über eine einfache Sensorik, die das Wiegen von Lebensmitteln ermöglicht. Mit eigener sowie intermediärer Aktorik zeigt die Lebensmittelwaage das Gewicht von Lebensmitteln über das eigene Display und über eine App an. Die Situ-Lebensmittelwaage ist nicht-autonom, benötigt einen Auslöser für jede Aktion und kann immer nur mit einem Benutzer interagieren. Sie ermöglicht eine einfache analytische Datenverwendung, zB zur Berechnung von Nährstoffen und Kalorien. Ohne eine Internetverbindung, die es ermöglicht, Daten an die App zu übertragen, kann die **smarte Waage** wie eine herkömmliche Waage verwendet werden. Daher ist die Offline-Funktionalität als eingeschränkt zu charakterisieren. Demnach besitzt die Lebensmittelwaage ein gerätzentriertes Leistungsversprechen. Die Waage wird isoliert von anderen smarten Geräten eingesetzt und kann sich demnach nicht in ein Ökosystem integrieren.

[53] „Kevo", www.kwikset.com/kevo/default (15. 11. 2019).

[54] *Püschel/Schlott/Röglinger* in 37th International Conference on Information Systems (ICIS) 2016.

	Dimension	Ausprägung			
Service	Ökosystem-Integration	Keine	Eingeschränkt	Offen	
	Leistungsversprechen	Gerät-zentriert	Service-zentriert		
	Offline-Funktionalität	Keine	Eingeschränkt		
Daten	Verwendung	Transaktional	Analytisch (grundlegend)	Analytisch (fortgeschritten)	
	Herkunft	Gerät-Status	Gerät-Kontext	Gerät-Nutzung	Cloud
Interaktion	Partner	Nutzer	Unternehmen	Geräte	
	Multiplizität	Eins-zu-Eins	Eins-zu-Viele		
	Richtung	Unidirektional	Bidirektional		
Gerät	Autonomie	Keine	Selbstgesteuert	Selbstlernend	
	Aktuatorik	Unmittelbar	Intermediär		
	Sensorik	Einfach	Umfangreich		

Abb.3: Klassifizierung Nest Cam IQ[55]

31 Die Überwachungskamera von Nest ist ein smartes Gerät, das sich auf einer hohen Entwicklungsstufe befindet (Abb. 3). Mit einem eingebauten Lautsprecher und einer Verknüpfung mit dem Smartphone des Nutzers verfügt die Kamera über eine fortgeschrittene Aktorik. Diese ermöglicht es der Kamera, sowohl mit dem Nutzer als auch mit anderen smarten Geräten zu interagieren. Das eingebaute Mikrofon und die Videofunktionalität schaffen die Voraussetzungen für die Erfassung und Verarbeitung umfangreicher anwendungsspezifischer Daten. So können durch die Überwachungskamera Bewegungen, aber auch die Geräuschkulisse in der Umgebung aufgezeichnet werden. Spannend ist zudem der Blick auf die Datenverwendung. Neben der transaktionalen Datenverwendung (dh die Kamera alarmiert den Nutzer bei Bewegungen im Haus) ist die Überwachungskamera in der Lage, aus Daten zu lernen. Laut Hersteller ermöglicht es die Verwendung analytischer Methoden, aus dem Aufgezeichneten zu lernen und situationsspezifisch zu entscheiden, ob eine Alarmierung erforderlich ist oder nicht. Mit dem Angebot ihrer **smarten Überwachungskamera** zielt Nest damit auf eine substanzielle Erweiterung von Produktnutzung und Geschäftsmodellpotenzial einer herkömmlichen Überwachungskamera ab. Die smarte Kamera lässt sich auch in Ökosysteme integrieren, um die Steuerung von Smart Homes zu ermöglichen.

4. Typische Gruppen von am Markt existierenden smarten Geräten

32 Für die Erstellung der Taxonomie wurden **200 smarte Geräte** aus unterschiedlichen Anwendungsdomänen des IoT klassifiziert. Die 200 smarten Geräte stellen jedoch nur einen Auszug der hohen Anzahl am Markt verfügbarer Geräte dar. Aufgrund der hohen Anzahl und Vielfalt stellt sich die Frage, ob es Gemeinsamkeiten, also typische Eigenschaftsmuster, existierender smarter Geräte gibt. Die zuvor vorgestellte Taxonomie ermöglicht es, smarte Geräte zunächst einzeln zu klassifizieren. Auf diese Klassifikation können statistische Verfahren zur Identifikation von Gruppen angewendet werden. Diese Gruppen fassen smarte Geräte mit gleichen bzw. sehr ähnlichen Eigenschaften zusammen. Auf einer ersten Ebene wurden zwei Gruppen identifiziert: Die **gerätzentrierte Gruppe** und die **servicezentrierte Gruppe.**

33 In der gerätzentrierten Gruppe, die wiederum aus zwei Untergruppen besteht, wird deutlich, dass der Mehrwert des smarten Geräts primär auf dessen Funktion in der **physischen** Welt liegt und smarte Geräte demnach ein gerätzentriertes Leistungsversprechen

[55] *Püschel/Schlott/Röglinger* in 37th International Conference on Information Systems (ICIS) 2016.

aufweisen. Die servicezentrierte Gruppe, die aus drei Untergruppen besteht, zeichnet sich hingegen dadurch aus, dass der Mehrwert primär auf den jeweiligen **digitalen Services** beruht. Die jeweiligen Untergruppen werden nachstehend beschrieben.

a) Stand-alone Thing-Centric Executant

Diese Gruppe ist dadurch charakterisiert, dass sich darin smarte Geräte befinden, die mit einem **zusätzlichen digitalen Service** ausgestattet wurden. Smarte Geräte in dieser Gruppe sind nichtautonom, brauchen für jede Aktion einen externen Trigger durch den Nutzer und können auch nicht mit anderen smarten Geräten kommunizieren, sondern interagieren vor allem mit dem Nutzer. Beispiele sind die smarte Oral-B Zahnbürste und die smarte Gabel HAPIfork, die das Zahnputz- bzw. Essverhalten beobachten und Echtzeit-Feedback via Smartphone anbieten.[56] Unabhängig von ihren digitalen Services verfügen beide smarten Geräte über ein gerätzentriertes Leistungsversprechen und erfüllen somit primär die Funktion einer Zahnbürste bzw. einer Gabel. Zudem verfügen beide Geräte über einfache datenanalytische Fähigkeiten, indem sie deskriptive Auswertungen über das Zahnputz- bzw. Essverhalten bereitstellen. Schließlich interagieren beide Geräte nur mit einem Nutzer und sind in keinerlei Ökosysteme integriert. 34

b) Connected Thing-Centric Performer

Diese Gruppe zeichnet sich dadurch aus, dass sich darin smarte Geräte befinden, die sich hinsichtlich der Zielerfüllung einer Aufgabe **selbstständig steuern** können. Solche Geräte benötigen einmalig einen externen Trigger durch den Nutzer und erfüllen dann eigenständig ihre Aufgabe. Smarte Geräte in dieser Gruppe können mit anderen smarten Geräten kommunizieren, sind in Ökosysteme eingebettet und verfügen zum Teil über grundlegende datenanalytische Fähigkeiten. Beispiele sind die Bosch-Waschmaschine I-Dos mit ihrem automatisierten und App-basierten Dosiersystem und der smarte Kühlschrank Smart Instaview mit seiner Sprachsteuerungsfunktion.[57] Beide Geräte haben eine an das physische Produkt gekoppelte Funktionalität und können diese unabhängig vom digitalen Service (dh automatisierte Dosierung via App und Sprachsteuerung) anbieten. Sowohl I-Dos als auch Smart Instaview sind in Ökosysteme wie Bosch Home Connect oder Google Home integriert. 35

c) Standalone Service-Centric Monitor

Diese Gruppe ist dadurch charakterisiert, dass sie ihre **Umwelt beobachten,** ohne in ein Ökosystem integriert zu sein. Geräte in dieser Gruppe besitzen keine Funktion in der Realwelt und können ihren digitalen Service meist nur in Verbindung mit einem Smartphone anbieten. Zudem sind sie nichtautonom und brauchen für jede Aktion ein auslösendes Ereignis. Beispiele dafür sind der intelligente Fitnesstracker RunScribe und das Gerät MonBaby, das den Schlaf eines Babys überwacht.[58] Beide Geräte sind eine Art Clip, die an einem Laufschuh bzw. Babyhemd befestigt werden. Sie verfügen über keine eigenen Aktoren, sondern kommunizieren nur über das Smartphone. Die smarten Geräte überwachen die Laufleistung bzw. den Schlaf des Babys und ermöglichen dabei Analysen über die 36

---

[56] „HAPIfork", www.amazon.de/HAPILABS-104-HAPIfork-Smart-Gabel-Bluetooth-Funktion/dp/B00FRPCQZ0 (15.11.2019); „Oral-B Genius", www.oralb.de/de-de/produkte/elektrische-zahnbuersten/oral-b-smartseries-6400-elektrische-zahnbuerste-crossaction (15.11.2019).

[57] „Bosch I-Dos", www.amazon.de/HAPILABS-104-HAPIfork-Smart-Gabel-Bluetooth-Funktion/dp/B00FRPCQZ0 (15.11.2019); „LG Smart Instaview", www.lg.com/de/door-in-door-kuehlschraenke?cmpid=2019HQSEM_HA_DG_Google_Refrigerator-Broad-Brand-1903_Instaview_k0448_pc&gclid=Cj0KCQjw9pDpBRCkARIsAOzRziutRbx1Vh-cf6U-AKkS1TdpPzGbrHQ8k-I8hYJazH0lJrXkRkBsCkgaApZTEALw_wcB (15.11.2019).

[58] „MonBaby", monbaby.com/ (15.11.2019); „RunScribe", runscribe.com/ (15.11.2019).

dazugehörige App. Das smarte Gerät selbst dient dabei nur als Verteilungsmechanismus für den digitalen Service.

d) Connected Service-Centric Partner

37 Diese Gruppe zeichnet sich dadurch aus, dass smarte Geräte in **Ökosysteme eingebettet** sind und so mit anderen Geräten kommunizieren und neuartige Services erzeugen können. Smarte Geräte in dieser Gruppe verfügen jedoch nur über einfache Sensoren, sind selbststeuernd, aber eben nicht selbstlernend. Zudem verfügen smarte Geräte in dieser Gruppe über grundlegende datenanalytische Fähigkeiten. Wie die anderen servicezentrierten Geräte verfügen diese smarten Geräte über keine Offline-Funktionalität und dienen primär als Verteilmechanismus für digitale Services. Ein Beispiel ist der smarte Rauchmelder von Nest Protect.[59] Sobald das Gerät eine erhöhte Rauchentwicklung feststellt, meldet es an andere smarte Geräte im Ökosystem, zB Ventilatoren und Luftfiltersysteme, dass diese die Qualität der Luft im Haus nach Möglichkeit verbessern sollen.

e) Self-Learning Service-Centric All-rounder

38 Diese Gruppe zeichnet sich dadurch aus, dass es sich um **selbstlernende smarte Geräte** handelt, die über fortgeschrittene datenanalytische Fähigkeiten verfügen und in smarten Ökosystemen eine zentrale Rolle einnehmen. Diese Gruppe repräsentiert smarte Geräte, die über die am weitesten entwickelten Fähigkeiten verfügen. Ein Beispiel ist der smarte Thermostat von Nest, der selbstlernend ist und sich an das Verhalten seiner Nutzer anpasst. Er ist zudem mit Lampen, Schlössern sowie anderen Produkten verschiedener Anbieter kompatibel und kann diese steuern. Der Thermostat stellt somit einen zentralen Akteur in einem Smart Home dar.

5. Innovative Interaktionsmuster ermöglicht durch das IoT

39 Das IoT ermöglicht neue **Interaktionen** mit bzw. zwischen smarten Geräten. Smarte Geräte werden dabei zum gleichwertigen Interaktionspartner und revolutionieren die Kunden-Anbieter-Beziehung, wie zB **Business-to-Customer-** oder **Business-to-Business-Interaktionen (B2C/B2B).** Somit bilden smarte Geräte in Interaktion mit Kunden und Unternehmen die Grundlage für neue Services und Geschäftsmodelle. Interaktionen, in die ein smartes Gerät als Akteur involviert ist, lassen sich anhand sog. **Business-to-Thing-Interaktionsmuster (B2T)** beschreiben. Das Klassifikationsschema für B2T-Interaktionen umfasst sechs elementare Interaktionsmuster, die sich wiederum zu komplexen Interaktionsnetzen zusammensetzen lassen. Jedes der elementaren B2T-Interaktionsmuster umfasst drei Elemente: ein smartes Gerät (Thing, T), einen Kunden (Customer, C) und ein Unternehmen (Business, B).[60] Die Interaktionsmuster ergeben sich dadurch, dass die einzelnen Elemente miteinander interagieren oder eben nicht (Abb. 4).

40 Im Folgenden werden die einzelnen B2T-Interaktionsmuster erläutert.

---

[59] „Nest Protect", store.google.com/de/product/nest_protect_2nd_gen?hl=de-DE (15.11.2019).
[60] *Oberländer et al.* European Journal of Information Systems 27 Nr. 4 (2018), 486.

Interaktionsmuster	Beispiel	Eigenschaften	Interaktionsmuster	Beispiel	Eigenschaften
C2T-Only	Smarter Medikamentenwecker mit Erinnerungsfunktion	▪ Interaktion lediglich zwischen einem vernetzten smarten Gerät und einem Kunden ▪ Keine Interaktion mit einem Unternehmen	Business-Centred B2T	Kontinuierlicher Glukosemonitor zur intelligenten Blutzuckermessung	▪ Unternehmen als zentraler Akteur ▪ Keine direkte Interaktion zwischen einem smarten Gerät und einem Kunden
B2T-Only	Intelligenter Müllbehälter zur Verbesserung der Müllentsorgung	▪ Interaktion lediglich zwischen einem vernetzten smarten Gerät und einem Unternehmen ▪ Keine direkte Interaktion mit einem Kunden	Thing-Centred B2T	Tesla- Automatisches Software-Update fürs Auto	▪ Smartes Gerät als zentraler Akteur ▪ Keine direkte Interaktion zwischen einem Kunden und einem Unternehmen
Customer-Centred B2T	HAPIfork – Intelligente Gabel mit Ernährungscoaching-funktion	▪ Kunde als zentraler Akteur ▪ Keine direkte Interaktion zwischen einem smarten Gerät und einem Unternehmen	All-In B2T	Safety Watch - Medizinisches Warnsystem mit Notruf- und Ferndiagnosefunktion	▪ Direkte Interaktion zwischen allen drei Elementen

Abb. 4: Business-to-Thing-Interaktionsmuster[61]

a) Customer-to-Thing Only

Das einfachste B2T-Interaktionsmuster nennt sich **Customer-to-Thing Only.** Hier interagiert lediglich ein **vernetztes smartes Gerät** mit einem **Kunden.** Es ist kein Unternehmen involviert. Dieses Interaktionsmuster kann als sehr einfach angesehen werden.[62] Ein Beispiel ist ein smarter Medikamentenwecker, der dem Patienten als Erinnerung eine SMS oder eine E-Mail schickt, wenn dieser seine Medikamente nehmen soll. 41

b) Business-to-Thing Only

Das nächste B2T-Interaktionsmuster heißt **Business-to-Thing Only.** Hier interagieren lediglich ein **smartes Gerät** und ein **Unternehmen.** In diesem Fall ist der Kunde nicht involviert.[63] Ein Beispiel für dieses Interaktionsmuster ist der intelligente Müllbehälter, der mit dem Entsorgungsunternehmen kommuniziert, wenn er voll ist und entleert werden soll. 42

c) Customer-Centred B2T

Interessanter wird es in Szenarien mit mehr als einer Interaktion. Ein Beispiel hierfür ist das B2T-Interaktionsmuster **Customer-Centred B2T.** Hier interagieren das **smarte Gerät** und der **Kunde** sowie der Kunde und das **Unternehmen.** Der Kunde fungiert dabei als zentraler Akteur des Informationsaustauschs zwischen smartem Gerät und Unternehmen.[64] Ein Beispiel ist die sog. HAPIfork – eine intelligente Gabel. Diese Gabel kann einerseits direkt mit dem Kunden interagieren, ohne ein Unternehmen zu involvieren. Dies entspricht dem ersten B2T-Interaktionsmuster. HAPIfork kann jedoch auch Ernährungscoaching anbieten, wobei der Kunde zustimmen muss, dass die über seine Ernährungsgewohnheiten gesammelten Daten an das Unternehmen zur Verarbeitung und Auswertung weitergeleitet werden. 43

[61] *Oberländer et al.* European Journal of Information Systems 27 Nr. 4 (2018), 486.
[62] *Oberländer et al.* European Journal of Information Systems 27 Nr. 4 (2018), 486.
[63] *Oberländer et al.* European Journal of Information Systems 27 Nr. 4 (2018), 486.
[64] *Oberländer et al.* European Journal of Information Systems 27 Nr. 4 (2018), 486.

d) Business-Centred B2T

44 Das vierte B2T-Interaktionsmuster trägt den Namen **Business-Centred B2T.** Hier interagiert das **smarte Gerät** unmittelbar mit dem **Unternehmen** und das Unternehmen mit dem **Kunden.** Bei diesem Interaktionsmuster fungiert das Unternehmen als Schnittstelle des Informationsaustauschs.[65] Auch für dieses B2T-Interaktionsmuster ist ein Beispiel aus dem medizinischen Bereich zu nennen, nämlich die smarte Blutzuckermessung. Diese funktioniert so, dass ein Patient das Blutzuckermessgerät direkt am Körper trägt – wie es bereits heute von Diabetespatienten bekannt ist. Es wird regelmäßig über den Tag der Blutzucker gemessen. Die Werte werden jedoch nicht direkt an den Patienten weitergegeben, da manche Patienten solche Daten unter Umständen selbst nicht richtig interpretieren können. Die Blutzuckerwerte gehen vielmehr verschlüsselt an einen medizinischen Dienstleister, der den Patienten kontaktiert, sofern die Werte besorgniserregend sind oder um in bestimmten Abständen routinemäßig den Verlauf durchzusprechen und zu überlegen, wie die Medikamentengabe reguliert werden kann.

e) Thing-Centred B2T

45 Im fünften B2T-Interaktionsmuster **Thing-Centred B2T** steht das Gerät im Zentrum des Geschehens. Entsprechend ist das **smarte Gerät** der zentrale Akteur, da der Informationsfluss durch das smarte Gerät kanalisiert und gesteuert werden.[66] Als Beispiel hierfür kann ein Auto von Tesla dienen.[67] Moderne Autos benötigen von Zeit zu Zeit ein Software-Update. Damit verbunden steht die Frage, wie ein solches Software-Update installiert werden kann. Das erfolgt dadurch, dass das Auto als smartes Gerät weiß, wann die Software aktualisiert werden muss. Das Auto wird sich automatisch mit dem Hersteller in Verbindung setzen und fragen, ob es ein Software-Update oder eine neue Funktionalität gibt. Sofern der Kunde zustimmt, kann die Software aktualisiert oder eine neue Funktionalität installiert werden.

f) All-in B2T

46 Das letzte B2T-Interaktionsmuster wird als **All-in B2T** bezeichnet. An diesem Interaktionsmuster sind der **Kunde,** das **smarte Gerät** sowie das **Unternehmen** beteiligt.[68] Auch hierfür existiert ein Beispiel, das dem medizinischen Umfeld entstammt. Die Safety Watch ist ein smartes Gerät, das sowohl für einen Notruf als auch für eine Ferndiagnose eingesetzt werden kann. Ein prototypischer Anwendungsfall ist eine Wohneinrichtung für ältere Menschen oder eine Einrichtung für betreutes Wohnen. Wenn ein Bewohner stürzt, erkennt dies die Safety Watch selbstständig und informiert – sofern gewünscht – das Pflegepersonal oder den Notdienst. Der Notdienst kann sich direkt über die Safety Watch mit einem der Bewohner in Verbindung setzen und dessen Gesundheitszustand abfragen bzw. den Kontakt halten, bis ein Krankenwagen eintrifft.[69]

47 Diese **elementaren B2T-Interaktionsmuster** eignen sich für einfache Beispiele, an denen genau ein Kunde, ein smartes Gerät und ein Unternehmen beteiligt sind. Tatsächlich dominieren Stand heute Anwendungsfälle auf Basis dieser elementaren Interaktionsmuster den Markt. Von diesen Anwendungsfällen entfallen die meisten auf das Customer-to-Thing Only-Interaktionsmuster. Dies bedeutet, dass die Grundlagen im Bereich der Sensorik und Aktorik sowie im Bereich der Kommunikationsschnittstellen in vielen Fällen vorhanden sind, jedoch noch nicht umfänglich genutzt werden. Entsprechend gibt es zahl-

---

[65] *Oberländer et al.* European Journal of Information Systems 27 Nr. 4 (2018), 486.
[66] *Oberländer et al.* European Journal of Information Systems 27 Nr. 4 (2018), 486.
[67] *Porter/Heppelmann* Harvard Business Review 92 Nr. 11 (2014), 3.
[68] *Oberländer et al.* European Journal of Information Systems 27 Nr. 4 (2018), 486.
[69] „Lively Safety Watch", www.amazon.com/Lively-Personal-Emergency-Response-Activity/dp/B00NGLVKAO (15.11.2019).

reiche digitale Möglichkeiten, um auf Basis des IoT neue Services und Geschäftsmodelle zu schaffen und neue Erfolgspotenziale zu ergründen. Auf Basis der elementaren Interaktionsmuster lassen sich **komplexe Interaktionsnetze** zusammensetzen, an denen mehrere Akteure beteiligt sind und in denen auch weitere Interaktionsmuster wie Consumer-to-Consumer (C2C) und Thing-to-Thing (T2T) sowie klassische B2C- und B2B-Interaktionen vorkommen können. Ein Beispiel für ein komplexeres Interaktionsnetz ist in Abb. 5 dargestellt und wird nachfolgend erklärt.

Ein bekannter Anwendungsfall ist die Automobilbranche. General Motors (GM) zB stattet seine Autos mit dem **OnStar**-System aus, das die Interaktion aus der Ferne zwischen Nutzern, GM und anderen Unternehmen ermöglicht. Daraus resultiert eine Form des Car Sharings, die **RelayRides** genannt wird.[70] Dieses basiert auf einem Business-Centred-B2T-, einem B2B- und einem C2C-Muster. Bei RelayRides fordert der mietende Kunde (Customer Rent, C_r) beim Besitzer (Car Owner, C_O) das Mieten des Autos (T) für eine bestimmte Zeit und einen bestimmten Preis an (1). Beide müssen dafür bei RelayRides registriert sein. Falls die Anfrage angenommen wird, bucht der mietende Kunde das Auto und der Bezahlungsprozess über RelayRides (B_R) wird initiiert (2). RelayRides wickelt die Zahlung über eine Bank (B_B) ab (3). Zu Beginn fordert der mietende Kunde bei RelayRides die Entriegelung des Autos via E-Mail oder SMS an (4). RelayRides entriegelt über Fernzugriff das Auto und die Fahrt kann beginnen (5). Die Schritte (4) und (5) werden zum Ende der Fahrt wiederholt, um das Auto wieder zu verriegeln. Im Gegensatz zu herkömmlichen Car Sharing Services müssen sich die Kunden bei RelayRides nicht persönlich treffen. Durch das OnStar-System und das Verstauen der Schlüssel im Handschuhfach muss der Kunde lediglich RelayRides kontaktieren, um das Auto zu entriegeln. Des Weiteren muss sich keiner der Kunden um die Abwicklung der Zahlung kümmern. 48

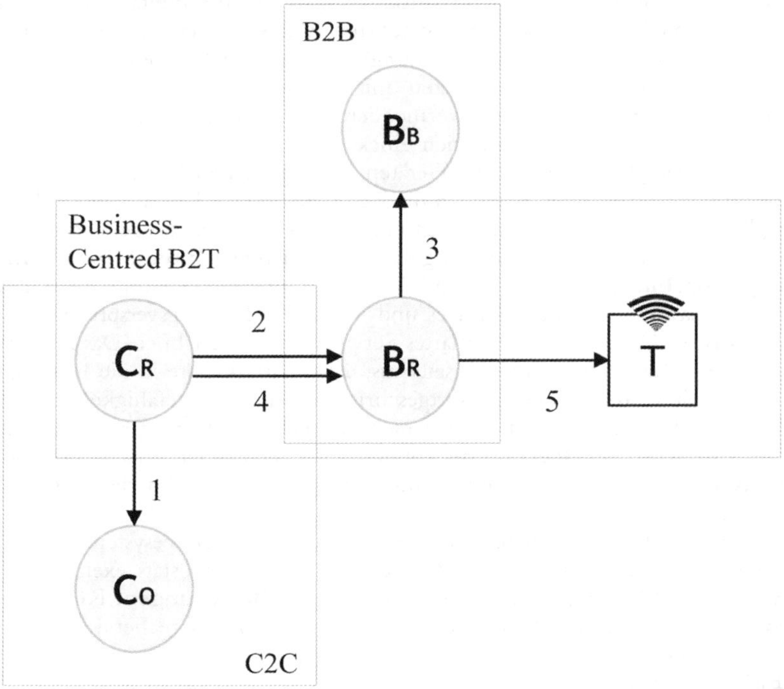

Abb. 5: Interaktionsmuster für Carsharing mit RelayRides[71]

[70] „RelayRides/Turo", turo.com/de-de (15.11.2019).

[71] *Oberländer et al.* European Journal of Information Systems 27 Nr. 4 (2018), 486.

49 Das hier beschriebene Klassifikationsschema zeigt, wie das IoT die **Interaktion** zwischen **Kunden, Unternehmen** sowie **smarten Geräten** verändert. **Komplexere Interaktionsmuster** bzw. **Interaktionsnetze** zwischen mehreren Akteuren bilden die Basis für innovative Services und Geschäftsmodelle – auch über Unternehmensgrenzen hinweg. Solche komplexeren Interaktionsnetze werden im Folgenden detaillierter betrachtet und ausgearbeitet.

III. Vom smarten Gerät zum smarten Ökosystem

1. Smarte Ökosysteme und deren Komponenten

50 Services spielen in Wirtschaft und Gesellschaft eine zentrale Rolle. Bereits 2014 betrug der Anteil des Servicesektors 76 Prozent des Bruttoinlandprodukts der USA und 66 Prozent des Bruttoinlandprodukts der Europäischen Union.[72] Da sich Produkte aufgrund des hohen Marktdrucks und der hohen Wettbewerbsintensität oft rasch standardisieren, nutzen viele Unternehmen die Möglichkeit, ihre Produkte mit passenden Serviceangeboten zu erweitern.[73] Anfangs waren solche Angebote einfach gehalten und vom eigentlichen physischen Produkt trennbar (zB Finanz- oder Instandhaltungsservices), im Laufe der Zeit wurden **Services** jedoch immer **komplexer** und schließlich auch sehr eng an physische Produkte gekoppelt. Die **Kopplung** von **Services** an das **physische Produkt,** was auch oft als **hybride Produkte** oder **Produkt-Service-Systeme** bezeichnet wird, ermöglicht es Unternehmen, sich stärker von Wettbewerbern zu differenzieren und Wettbewerbsvorteile aufzubauen.[74]

51 Wie in → Rn. 7 ff. schon gezeigt, entstehen durch das IoT ebenfalls **hybride Produkte,** bestehend aus einem physischen Produkt, erweitert um digitale Services. Digitale Services werden hierbei aufgrund der eingeführten Fähigkeiten (zB Aktorik, Sensorik, Fähigkeit zur Interaktion und Datenverarbeitung) von smarten Geräten ermöglicht. Insbesondere die Fähigkeit von smarten Geräten, mit anderen smarten Geräten, aber auch mit menschlichen Nutzern zu interagieren, ermöglicht neue und innovative Services, die über singuläre Produkt-Service-Kombinationen eines einzelnen smarten Geräts weit hinausgehen. Durch die Fähigkeit von smarten Geräten, interagieren zu können, treten diese wie bereits beschrieben als weiterer Akteur in die klassische Service-Konsumenten-Anbieterbeziehung (dh Kunden-Anbieter-Beziehung) ein. Interaktionsbeziehungen können sich dabei von einfach bis äußerst komplex ausgestalten. **Komplexe Interaktions- und Wertschöpfungsbeziehungen,** bestehend aus Mensch, Unternehmen und smarten Geräten mit dem Ziel, dass neue digitale Services und innovative Leistungsversprechen entstehen, werden als smartes Ökosystem oder smartes Servicesystem bezeichnet. Das Adjektiv smart drückt in diesem Zusammenhang einerseits aus, dass smarte Geräte in die Leistungserbringung integriert sind, andererseits dass fortgeschrittene Datenanalysefähigkeiten und Self-x-Fähigkeiten zum Einsatz kommen. Ist dies nicht der Fall, spricht man nur von einem Servicesystem. **(Smarte) Servicesysteme** können auch ineinander verschachtelt sein, wodurch **Systems of Systems** entstehen. Im weiteren Verlauf wird der Begriff SSS für Smarte Servicesysteme verwendet.

52 Die einzelnen Akteure und deren Beziehungen in einem Servicesystem bzw. SSS werden im Folgenden vorgestellt und am Beispiel des Nest-Thermostats exemplarisch erläutert. SSS bestehen dabei allgemein aus **Ressourcen** und **Beziehungen.** Ressourcen lassen sich in soziale und technische Ressourcen unterteilen.[75] Dementsprechend können **Indivi-**

---

[72] World Bank „Services value added (% of GDP).

[73] *Velamuri,* Hybrid value creation. Markt- und Unternehmensentwicklung/Markets and Organisations, 2013.

[74] *Baines et al.* in Proceedings of the Institution of Mechanical Engineers, Part B: Journal of Engineering Manufacture 221 Nr. 10 (2007), 1543.

[75] *Oberländer et al.* European Journal of Information Systems 27 Nr. 4 (2018), 486.

duen, smarte Geräte, Digital Hubs und die **Physische Umwelt** unterschieden werden (→ Rn. 53 ff.). Ressourcen sind durch Beziehungen miteinander vernetzt. Beziehungen können wiederum in **Interaktionen, Beobachtungen** und **Parametrisierungen** unterschieden werden (→ Rn. 59 ff.).[76] Das interaktive Zusammenwirken (dh co-creation) von Servicesystemen und deren Komponenten bildet einen **Service** zum wechselseitigen Nutzen aller Beteiligten.[77] Im Folgenden werden zunächst Ressourcen- und Beziehungsarten näher erläutert. Anschließend soll auf Servicesysteme, SSS und Services eingegangen werden.

a) Ressourcen

aa) Individuen. Individuen sind Menschen, die durch die Einbringung von **Wissen** und 53 **Fähigkeiten** wesentlich zu Services beitragen. In Interaktion mit anderen Ressourcen, zB mit anderen Individuen, die wiederum ihr Wissen und ihre Fähigkeiten oder sich selbst als Ressource einbringen, entsteht ein **Service.** Zum Beispiel bringt der Kunde bei einem Friseurbesuch sich selbst als Ressource ein und der Friseur seine Fähigkeiten des Haareschneidens. Das Einbringen von Wissen, Fähigkeiten und Ressourcen durch Individuen ist auch im IoT weiterhin ein wichtiger Bestandteil. Interaktionen sind dabei aber nicht mehr nur zwischen Individuen möglich, sondern auch zwischen Individuen und technischen Akteuren wie smarten Geräten und Digital Hubs.[78] Des Weiteren besitzen Individuen Eigenschaften, die ebenfalls bei der Erstellung von Services berücksichtigt werden müssen. **Smarte Geräte** besitzen die Fähigkeit, Eigenschaften von Individuen (zB Blutdruck) zu **beobachten** und **weiterzuverarbeiten.** Individuen können dabei noch einmal in zwei Gruppen unterteilt werden. So gibt es Individuen, die sich **aktiv** oder **passiv** in die Erstellung von Services einbringen. **Aktive Individuen,** zB Kunden, wirken direkt an der Leistungserstellung mit und profitieren unmittelbar davon. Zum Beispiel kann ein Hausbewohner über eine smarte Kamera, die er über das Smartphone ansteuert, prüfen, ob im eigenen Heim im Vergleich zu den sonstigen Abläufen Auffälligkeiten zu erkennen sind (zB im Falle eines Einbrechers). Das Individuum bringt sich hier also durch aktives Verhalten ein. **Passive Individuen** bringen sich nicht aktiv ein und profitieren nur indirekt. Zum Beispiel kann der smarte Thermostat die Abläufe von Hausbewohnern erlernen und somit den Energieverbrauch entsprechend regulieren. Die einzelnen Hausbewohner bringen sich also passiv ein, ohne den smarten Thermostat aktiv zu nutzen.

bb) Smarte Geräte und Digital Hubs. Ressourcen, die in SSS eine essenzielle Rolle 54 spielen und direkt für das IoT stehen, sind **smarte Geräte,** die als Grenzobjekt zwischen Individuen und Unternehmen agieren. Das smarte Gerät repräsentiert dabei die Fähigkeiten und das Wissen des Anbieters, von denen der Kunde wiederum partizipiert. **Digital Hubs** hingegen sind Softwarekomponenten, die nur in der digitalen Welt existieren, jedoch über ähnliche Fähigkeiten wie smarte Geräte verfügen.[79] Smarte Geräte und Digital Hubs können verschiedene Aufgaben ausführen, wie das Sammeln, Speichern, Austauschen und Analysieren von Daten. Weitere Aufgaben können zB die Koordination und Parametrisierung anderer Ressourcen sein. Ein zentrales Konzept in diesem Zusammenhang sind die bereits zuvor eingeführten Self-x-Fähigkeiten. Im Vergleich zu Digital Hubs können smarte Geräte entsprechend ihrer physischen Repräsentation, auch Aufgaben in der physischen Welt haben. So ist es möglich, dass smarte Autos weiterhin ihren eigentlichen Zweck, Menschen von einem Ort zu einem anderen Ort zu transportieren, erfüllen. Des Weiteren können auch smarte Geräte und Digital Hubs wie Individuen Eigenschaften

---

[76] *Huber/Püschel/Röglinger* Information Systems Journal 29 (2019), 1207.
[77] *Maglio et al.* Information Systems and e-Business Management 7 Nr. 4 (2009), 395.
[78] *Maglio/Spohrer* Journal of the Academy of Marketing Science 36 Nr. 1 (2008), 18.
[79] *Lea/Blackstock* in IEEE, Proceedings of the 6th International Conference on Cloud Computing Technology and Science: CloudCom 2014, S. 799–804.

besitzen, die bei der Leistungserstellung berücksichtigt werden müssen. Eigenschaften von smarten Geräten beziehen sich entweder auf die **physische** (zB die Farbe des Geräts) oder auf die **digitale Welt** (zB geringer Akkustand). Die Eigenschaften von Digital Hubs hingegen beziehen sich nur auf die **digitale Welt** (zB das Gerät ist an- oder ausgeschaltet).

55 Smarte Geräte und Digital Hubs verfügen über **Daten** und **Funktionen.**[80] Während Daten gesammelt, gespeichert und ausgetauscht werden, verarbeiten und analysieren Funktionen die Daten aktiv. Funktionen werden zudem dazu verwendet, um konkrete Aufgaben zu definieren, die smarte Geräte in der physischen oder digitalen Welt (zB die Reinigungsfunktion eines smarten Staubsaugers) und Digital Hubs in der digitalen Welt ausführen (zB das Vorhersagen von Kursdaten oder das Vorschlagen von Büchern).

56 Da smarte Geräte und Digital Hubs über unterschiedliche Funktionen verfügen, die sich auf deren Fähigkeiten zurückführen lassen, wird zwischen **nichtautonomen** (dependent) und **autonomen** (self-dependent) **smarten Geräten** und **Digital Hubs** unterschieden.[81] Autonome smarte Geräte und Digital Hubs können ohne externe Interventionen (teilweise sogar ohne externe Trigger) zielorientiert handeln und entscheiden. Dieses Vorgehen schließt dabei nicht das Zusammenspiel mit anderen Ressourcen aus, welche für die Durchführung einer Aufgabe oder das Erreichen von Zielen notwendig sind. Dabei verbessern bzw. optimieren sie stetig ihre eigene Vorgehensweise bei der Durchführung von Aufgaben auf Basis von fortgeschrittenen Self-x-Fähigkeiten sowie fortgeschrittenen Datenanalysefähigkeiten. Zudem können autonome smarte Geräte und Digital Hubs durch Ziele parametrisiert werden und selbst wiederum andere smarte Geräte und Digital Hubs parametrisieren. Ein Beispiel für ein autonomes smartes Gerät ist ein autonomes Auto, welches ohne Intervention durch den Menschen fahren kann. Dabei lernt es aus Interaktionen mit anderen Autos. Des Weiteren besitzt es die Fähigkeit, einen Menschen von der Arbeit abzuholen, ohne dazu eine Anweisung von einem Individuum oder einer anderen Ressource (dh Trigger) erhalten zu müssen. Nichtautonome smarte Geräte und Digital Hubs hingegen benötigen externe Anweisungen und Auslöser für Aufgaben, da sie nicht lernfähig sind und auch nicht mit Zielen parametrisiert werden können.

57 Neben der Unterscheidung in nichtautonom und autonom sind die Kompatibilität (bzw. Ökosystem-Integration) und die Datenverwendung, welche bereits im Rahmen der Vorstellung der Taxonomie eingeführt wurden (→ Rn. 10ff.), weitere Attribute von smarten Geräten und Digital Hubs. Kompatibilität entspricht dabei der Fähigkeit von smarten Geräten und Digital Hubs, mit anderen Geräten zu kommunizieren und zusammenzuarbeiten (dh eingeschränkte oder offene Kompatibilität). Die Datenverwendung entspricht dabei der bereits eingeführten Aufteilung in transaktional und analytisch.

58 **cc) Physische Umwelt.** Die physische Umwelt ist ebenfalls als Ressource anzusehen, spielt jedoch im Vergleich zu den anderen Ressourcen eine passive Rolle. So können smarte Geräte und Individuen die Eigenschaften (zB Temperatur, Feuchtigkeit oder Eigenschaften von Objekten) der physischen Umwelt beobachten. Zum Beispiel kann ein smarter Rauchmelder den Kohlenmonoxid-Gehalt im Haus messen und bei Überschreiten einer Obergrenze eine Nachricht auf das Smartphone des Hausbesitzers senden und zusätzlich die Feuerwehr alarmieren.

b) Beziehungen

59 **aa) Interaktion.** Ressourcen sind durch Beziehungen vernetzt. Dabei kann zwischen den Beziehungsarten **Interaktion, Beobachtung** und **Parametrisierung** unterschieden werden. **Interaktionen** stellen den am häufigsten vorkommenden Beziehungstyp dar. Generell ermöglichen Interaktionen das Zusammenspiel von Ressourcen, die an einem Austausch be-

---

[80] *Atzori/Iera/Morabito* Computer Networks 54 Nr. 15 (2010), 2787.

[81] National Science Foundation Partnerships for Innovation: Building Innovation Capacity; *Püschel/Schlott/Röglinger* in 37th International Conference on Information Systems (ICIS) 2016.

teiligt sind.[82] Interaktionen treten dann auf, wenn Ressourcen zB Daten austauschen, Funktionen auslösen oder über Ereignisse benachrichtigen. Interaktionen finden immer zu einem bestimmten Zeitpunkt statt und sind somit zeitdiskret. Interaktionen können uni- oder bidirektional sein (→ Rn. 18). Zudem können Interaktionen wiederholt oder nicht wiederholt auftreten. Zum Beispiel übermittelt ein smartes Gerät einem Digital Hub in regelmäßigen Abständen seinen Status. Wenn hingegen der Nutzer eines smarten Fitnesstrackers ein bestimmtes Ziel erreicht, dann wird dieser über das Ereignis nur einmalig informieren. Des Weiteren können SSS hierarchisch verschachtelte Strukturen aufweisen, was bedeutet, dass Ressourcen innerhalb eines SSS andere Ressourcen steuern. Die Anweisung von Ressourcen wird auch als Parametrisierung bezeichnet.[83] Beispielsweise besitzt ein Smart Home oft ein zentrales Digital Hub, das damit verbundene Geräte parametrisiert.

bb) Parametrisierung. Parametrisierung steht für alle Beziehungen, bei denen eine Ressource eine andere hinsichtlich vereinbarter Ziele steuert, sodass sich eine der beiden Ressourcen verpflichtet, das vereinbarte Ziel zu erfüllen. Anders als Interaktionen beziehen sich Parametrisierungen auf einen Zeitraum und sind somit zeitkontinuierlich.[84] Sie dienen der Koordination und Kontrolle von Ressourcen, wobei Ressourcen über Freiheitsgrade für eigene Entscheidungen verfügen. Per Definition können nur Individuen und autonome smarte Geräte und Digital Hubs andere Ressourcen parametrisieren. Der Nest-Thermostat verfügt zB über verschiedene Optionen zur Regulierung der Temperatur eines Haushalts, aus denen der Nutzer auswählen kann. Um die ausgewählte Option realisieren zu können, interagiert der Nest-Thermostat nicht nur mit den verbundenen Geräten, sondern parametrisiert diese, um die Temperatur entsprechend zu regulieren. 60

cc) Beobachtung. Beobachtung meint die Sammlung von Daten (dh Eigenschaften des zu beobachtenden Objekts bzw. der zu beobachtenden Ressource) durch die integrierte Sensorik eines smarten Geräts. Im Kontext von SSS können neben smarten Geräten auch Individuen die Eigenschaften von anderen Ressourcen beobachten. Da Digital Hubs keine physische Repräsentation besitzen, können sie weder beobachten noch beobachtet werden. Die Eigenschaften von Digital Hubs werden durch Interaktionen abgerufen. Selbstbeobachtung, also die Fähigkeit von smarten Geräten und Digital Hubs ihren eigenen Status zu überwachen, wird nicht durch die Beobachtung abgebildet, sondern über Self-x-Fähigkeiten. 61

c) Services und Servicesysteme

Die vorgestellten Ressourcen und deren Beziehungen bilden **Servicesysteme.** Zum Beispiel ist eine Person, die ihr Wissen und ihre Fähigkeiten bereitstellt, oder ein autonomer Digital Hub, der Funktionen und Daten bereitstellt, die kleinste Form von Servicesystemen, sog. **atomare Servicesysteme.**[85] Auch nichtautonome smarte Geräte und Digital Hubs werden als atomare Servicesysteme angesehen. Sind hingegen autonome smarte Geräte involviert, so wird von einem **atomaren SSS** gesprochen. Es gibt zudem auch **zusammengesetzte Servicesysteme.**[86] Dabei enthält ein Servicesystem über eine verschachtelte Struktur mindestens ein weiteres Servicesystem. Gleiches gilt für **zusammengesetzte SSS.** Hier umfasst ein SSS mindestens ein weiteres Servicesystem oder SSS. 62

---

[82] *Oberländer et al.* European Journal of Information Systems 27 Nr. 4 (2018), 486; *Suchman,* Human-machine reconfigurations, 2009.
[83] *Encarnação/Kirste* in Hemmje/Niederee/Risse, From integrated publication and information systems to virtual information and knowledge environments, S. 261–270.
[84] *Encarnação/Kirste* in Hemmje/Niederee/Risse, From integrated publication and information systems to virtual information and knowledge environments, S. 261–270.
[85] *Huber/Püschel/Röglinger* Information Systems Journal 29 (2019), 1207; *Oberländer et al.* European Journal of Information Systems 27 Nr. 4 (2018), 486.
[86] *Maglio et al.* Information Systems and e-Business Management 7 Nr. 4 (2009), 395.

63 Ein **Service** besteht immer aus mindestens zwei Servicesystemen und den darin enthaltenen Ressourcen, die in einem interaktiven Zusammenarbeitsprozess wechselseitig wertschöpfend tätig sind. SSS und deren Zusammenspiel mit anderen Servicesystemen ermöglichen die Entstehung neuer und innovativer Services. Ein Beispiel ist ein Familienhaushalt, in welchem eine smarte Waschmaschine (autonomes smartes Gerät) mit einem Individuum sowie mit der E-Commerce-Plattform eines Herstellers (nichtautonomes Digital Hub) interagiert. Die Waschmaschine überwacht den Füllstand des Waschmittels und passt den aktuellen Füllstand kontinuierlich an. Bei Unterschreiten eines bestimmten Grenzwerts fragt die Waschmaschine das Individuum, ob er Waschmittel kaufen möchte oder ob die Waschmine dies eigenständig bei der E-Commerce-Plattform bestellen soll. Dabei dient die intelligente Waschmaschine als Grenzobjekt zwischen Haushalt (zusammengesetztes SSS) und Hersteller (atomares SSS).

d) Beispiele aus dem Konsumentenbereich

64 Das in Abb. 6 dargestellte SSS zeigt exemplarisch die Möglichkeiten eines komplexen **Smart Home,** das erst durch die Vernetzung einzelner smarter Geräte realisiert wird. Zentraler Akteur in diesem Beispiel ist der Nest-Thermostat, ein mit Sensorik, Aktuatoren und Rechenlogik ausgestatteter Thermostat, der über fortgeschrittene Self-x- und datenanalytische Fähigkeiten verfügt. Der Nest-Thermostat hat in den vergangenen Jahren an großer Beliebtheit in Wissenschaft und Praxis gewonnen, da er nicht nur die Möglichkeiten des IoT, sondern auch die Vorteile vernetzter Systeme illustriert. Wie das vorliegende Beispiel zeigt, ermöglicht der Nest-Thermostat die Erstellung komplexer Services vor allem durch die Interaktion mit weiteren Akteuren (dh Unternehmen, smarte Geräte und Individuen).

65 Das dargestellte **Smart Home System** umfasst sieben Servicesysteme (dh Connected Driving, IFTTT, Smart Home, Nest, Bank Server, Energieversorger und Wetterstation) sowie die darin involvierten Ressourcen und deren Beziehungen untereinander. Erst das Zusammenspiel der einzelnen Servicesysteme ermöglicht es, dass neue Services entstehen. Aus dem Zusammenspiel der Servicesysteme entstehen folgende drei beispielhafte Services, die ebenfalls in Abb. 6 enthalten sind: Energy Saving Service, Coming Home Service und Rush Hour Reward Service. Im vorliegenden Beispiel hat der Nest-Thermostat Beziehungen zu allen anderen Ressourcen des Smart Home Service Systems (zB zu Smart-Home-Geräten, dem Hausbesitzer und dem Wohnraum). Er fungiert zudem als Grenzobjekt zwischen dem Smart-Home-System und dem Nest-Servicesystem, um so Kunde und Anbieter zu integrieren. Des Weiteren ist der Nest-Thermostat über die Nest Cloud mit weiteren Ressourcen anderer Servicesysteme verbunden (zB mit der Wetter-Cloud oder der IFTTT-Cloud). Diese Verbindungen ermöglichen dem Nest-Thermostat die Nutzung von Daten und Funktionen anderer Ressourcen, welche wiederum für die Erstellung von neuen Services relevant sind.

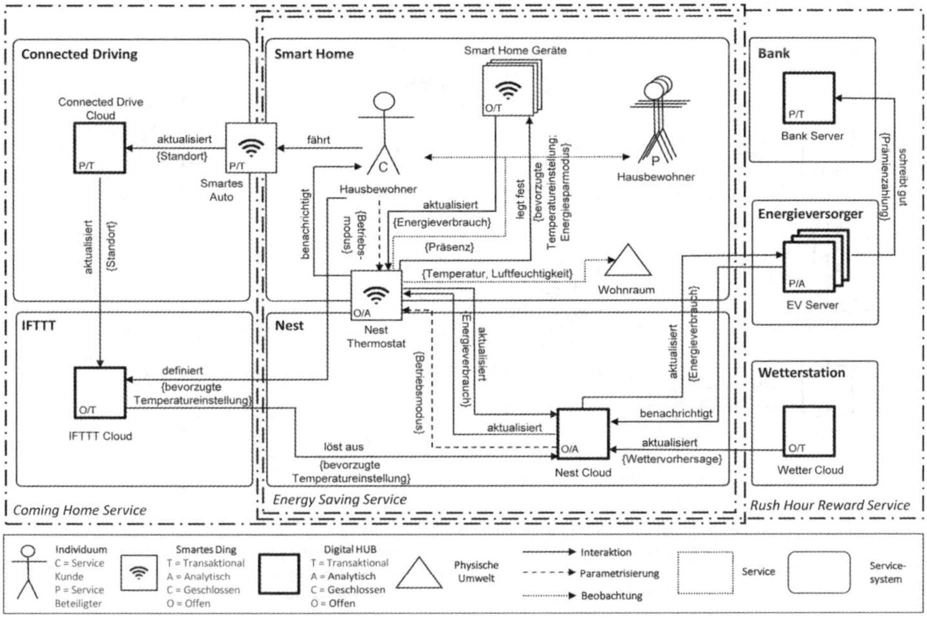

Abb. 6: Modell des Nest-Szenarios[87]

aa) Coming Home Service. Im Folgenden werden der Coming Home Service und der Rush Hour Reward Service erläutert, da jedes Servicesystem mindestens einmal in einem der Services enthalten ist. Außerdem beruht die Funktionsweise beider Services auf dem Energy Saving Service, der den Energieverbrauch des Smart Home verwaltet. Der Energy Saving Service nutzt die Fähigkeiten des Nest-Thermostats, um Hausbewohner und Raumeigenschaften (zB Temperatur des Wohnzimmers) zu beobachten. Sobald ein Hausbewohner aktiv den Nest-Thermostat parametrisiert (zB durch Aktivieren des Energiesparmodus), aktualisiert es die Nest Cloud mit den Daten (zB dem Energieverbrauch der Smart-Home-Geräte oder dem Verhalten der Bewohner). Durch das Hinzunehmen weiterer externer Daten anderer Servicesysteme (zB der Wetter-Cloud) erkennt der Energy Saving Service Muster und kann so den Energieverbrauch optimieren. 66

Der Coming Home Service (Abb. 7) hat das Ziel, in Abhängigkeit von der Anwesenheit des Hausbewohners den Energieverbrauch im Haus zu regeln. Der Coming Home Service basiert auf einem sog. recipe (Rezept), dh einer simplen Abfolge von Bedingungen, die über die webbasierte Plattform IFTTT („If This Then That") realisiert werden kann.[88] Ein wichtiger Bestandteil zur Realisierung des Coming Home Service ist das smarte Auto des Hausbewohners. Das smarte Auto ist mit dem Nest-Servicesystem über ein IFTTT-Rezept verbunden. Sobald der Hausbewohner mit dem smarten Auto eine zuvor definierte Schwelle (Nähe zum Haus) überschreitet, löst die IFTTT Cloud bei der Nest Cloud den Service (Prozess) aus. Die Nest Cloud parametrisiert daraufhin den Nest-Thermostat mit den notwendigen Temperatureinstellungen. Daraufhin stellt der Nest-Thermostat die Smart-Home-Geräte entsprechend der Vorgaben der Nest Cloud ein. Somit ist es möglich, dass die Temperatur im Haus in Abhängigkeit von der Anwesenheit des Hausbewohners optimal eingestellt ist und der Energieverbrauch reduziert wird. 67

[87] *Huber/Püschel/Röglinger* Information Systems Journal 29 (2019), 1207.
[88] „IFTTT", ifttt.com/nest_thermostat (15.11.2019).

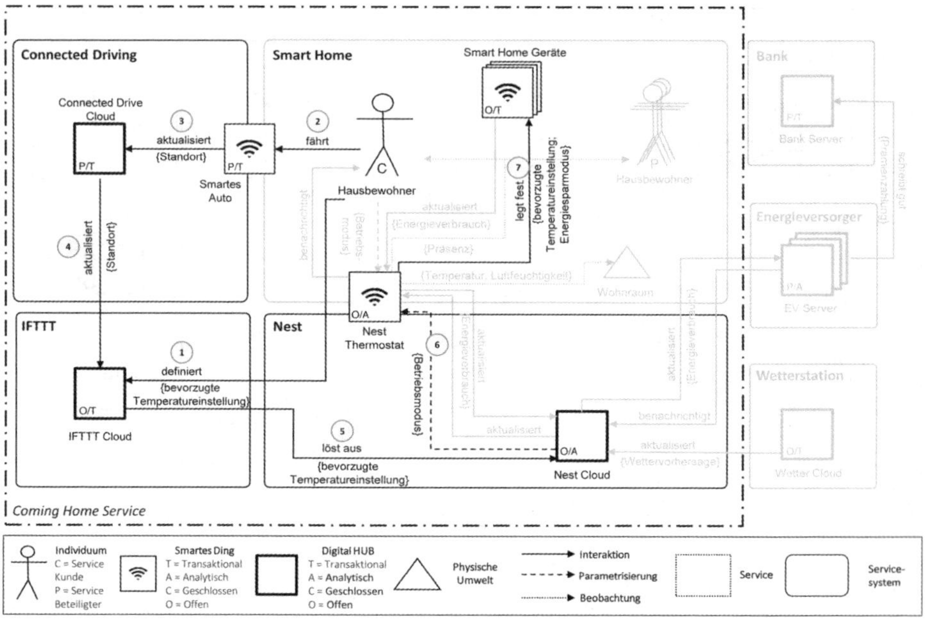

Abb. 7: Modell mit Hervorhebungen für den Coming Home Service[89]

68 **bb) Rush Hour Reward Service.** Ein weiterer Service im Verbund des Nest-Thermostats ist der Rush Hour Reward Service.[90] Dessen Ziel ist es, dass Hausbewohner eine Bonuszahlung vom Energieerzeuger erhalten, wenn sie während erhöhter Energienachfrage selbst Energie einsparen. In Abb. 8 sind die relevanten Ressourcen und Beziehungen des Rush Hour Reward Service hervorgehoben. Einige Energieversorger bieten ihren Kunden sog. Rush-Hour-Tarife an. Rush Hour bedeutet, dass für den nächsten Kalendertag mehr Energienachfrage als -angebot prognostiziert wird – bspw. für eine Region oder ein Bundesland. In diesem Fall sendet das Energieunternehmen die entsprechende Information an den Nest-Thermostat. Wenn eine Rush Hour prognostiziert wird, kann der Nest-Thermostat den Kunden fragen, ob er am Rush-Hour-Service teilnehmen möchte. Falls ja, darf der Nest-Thermostat am Rush-Hour-Tag nach Anweisung des Energieunternehmens selbstständig andere smarte Energieverbraucher im Haus (zB eine intelligente Waschmaschine oder den Kühlschrank) kontaktieren und um eine zeitweise Reduktion des Energieverbrauchs bitten. Zum Beispiel kann der Kühlschrank die Temperatur etwas nach oben regulieren. Im Gegenzug erhält der Kunde im Rush-Hour-Tarif vom Energieversorger Geld für die eingesparte Energie.

[89] *Huber/Püschel/Röglinger* Information Systems Journal 29 (2019), 1207.
[90] „Rush Hour Reward Service", support.google.com/googlenest/answer/9247645?hl=en (15.11.2019).

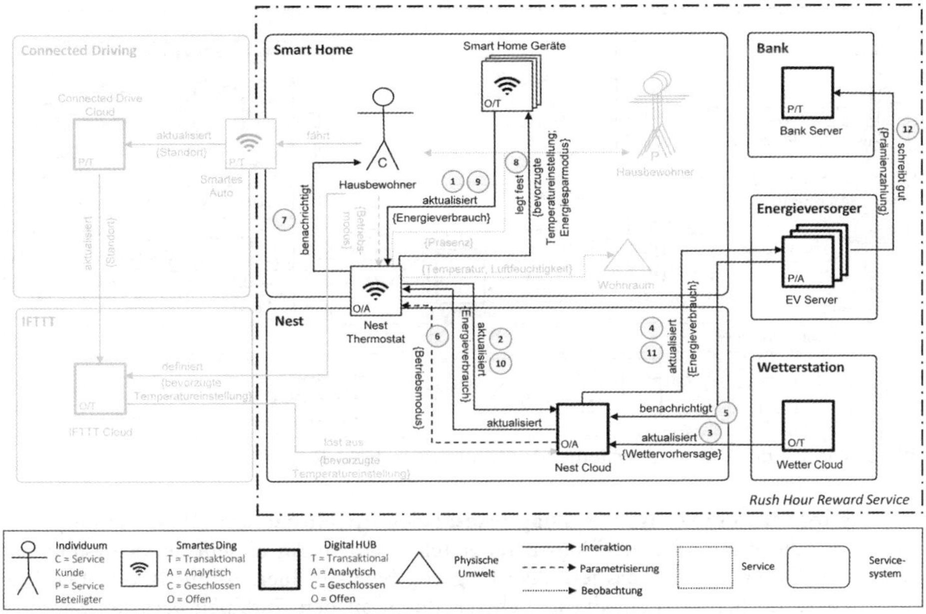

Abb. 8: Modell mit Hervorhebungen für den Rush Hour Reward Service[91]

e) Beispiel aus dem industriellen Kontext

Beim folgenden Beispiel handelt es sich um ein **SSS** aus dem **industriellen Kontext.** Im Mittelpunkt stehen die datenbasierten Wartungsservices von Rolls-Royce, einem der größten Hersteller von Gasturbinen.[92] Diese sind unter anderem in zahlreichen Flugzeugen der zivilen Luftfahrt verbaut und bieten schon seit Jahren zahlreiche Serviceoptionen, vor allem im Bereich der vorbeugenden Instandhaltung. Letzteres ist im nachstehenden Beispiel abgebildet. 69

Das dargestellte **Wartungssystem für Motoren** umfasst fünf einzelne Servicesysteme (dh Airbus A380, Airline Kontrollcenter, AIRCOM-Cloud, Rolls-Royce Operations Center, Repair & Overhaul) sowie die darin involvierten Ressourcen und deren Beziehungen. Aus dem Zusammenspiel der verschiedenen Servicesysteme ermöglicht Rolls-Royce seinen Kunden, den Airlines, schnell, einfach und bedarfsgerecht auf mögliche Störungen und erwartete Ausfälle zu reagieren. Im folgenden Beispiel werden zwei Services, die in Abb. 9 dargestellt sind, exemplarisch beschrieben: Der **Diagnoseservice im Flugzeug** und die **vorbeugende Instandhaltung.** 70

---

[91] *Huber/Püschel/Röglinger* Information Systems Journal 29 (2019), 1207.

[92] SITAONAIR „Engine Health Management", www.sitaonair.aero/sitaonair-selected-rolls-royce-simplify-collection-engine-health-monitoring-data/ (15.11.2019).

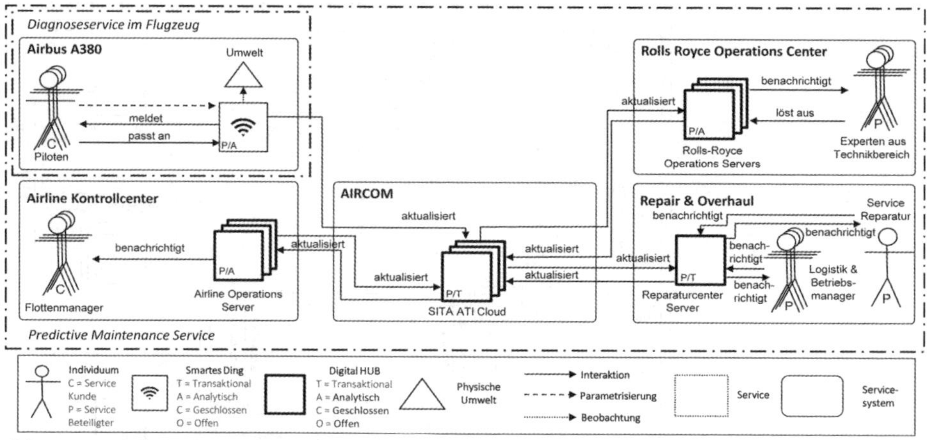

Abb. 9: Modell des Wartungssystems für Motoren von Rolls-Royce[93]

71 **aa) Diagnose im Flugzeug.** Der **Diagnoseservice im Flugzeug** umfasst alle Diagnosefunktionen, die während eines Flugs bereitgestellt werden. An diesem Servicesystem sind sowohl die Piloten als auch das jeweilige Flugzeug beteiligt (hier: Airbus A380). Die Diagnose basiert auf Sensordaten, die in Echtzeit durch an den Turbinen verbaute Sensoren erfasst werden können. Somit ist es möglich, den Piloten während des Fluges zahlreiche Kennzahlen und Auswertungen bereitzustellen. Dies ermöglicht eine bessere und schnellere Reaktion auf unvorhersehbare Probleme, wie bspw. eine zunehmende Vibration der Rotorenblätter in einem Triebwerk. Die Sensorik erfasst dabei verschiedene Eigenschaften kritischer Bauteile (zB Temperatur, Vibration). Die erhobenen Daten werden anschließend vom Board-System zu einer Kennzahl aggregiert. Somit ist es den Piloten möglich, bestimmte Triebwerke bei Bedarf zu entlasten, wodurch sich mögliche Schäden vermeiden lassen. Die ermittelten Kennzahlen unterstützen die Piloten ebenfalls bei einer schnellen und validen Entscheidungsfindung.[94]

72 **bb) Vorbeugende Instandhaltung.** Aufgrund des zuvor beschriebenen **Diagnoseservice im Flugzeug** können Piloten mögliche Betriebsstörungen proaktiv entdecken und melden. Dies deckt jedoch nur einen kleinen Teil der möglichen Störungen in der zivilen Luftfahrt ab. Um Abnutzungserscheinungen oder sich abzeichnende Schäden frühzeitig erkennen und beheben zu können, bietet Rolls-Royce seinen Kunden (zB Airlines) den Service der **vorbeugenden Instandhaltung** (dh **predictive maintenance**) an (Abb. 10). Die Basis für diesen Service bilden wiederum Sensordaten und Datenanalysefunktionen. Auf Basis der Daten ist es möglich, sowohl genaue Vorhersagen zu Wartungsintervallen als auch damit verbundene Entscheidungen zu treffen. Hierbei werden Sensordaten, die während des Fluges erhoben werden, nach Landung am jeweiligen Flughafen an den Hersteller sowie an die Airline übertragen. Falls eine Störung entdeckt wird, ergibt sich nachstehender Ablauf:

73 Nach der Landung werden die während des Fluges erhobenen Sensordaten an die AIRCOM-Cloud übermittelt. Zusätzlich übermittelt die Airline wichtige Betriebsinformationen (zB Flugstrecke, Ankunftszeit, anstehende Flüge) an die Plattform. Algorithmen werten die Daten aus und identifizieren mögliche Störungen. Wird eine Störung identifiziert, meldet die Cloud diese an den Hersteller (Rolls-Royce Operations Server) und übermittelt zugleich wichtige Informationen für die Auswertung (zB Flugzeugtyp, Betriebshisto-

[93] SITAONAIR „Engine Health Management".
[94] SITAONAIR „Engine Health Management".

rie). Anschließend wird die Störung von technischen Experten bei Rolls-Royce analysiert. Sollte sich die Störung als kritisch erweisen, wird ein erweitertes Expertenteam zur genaueren Analyse herangezogen. Nachdem die Ursache für die Störung identifiziert werden konnte, werden sowohl die Fluggesellschaft als auch die lokalen Serviceteams informiert. Zum Teil wird zusätzlich eine Inspektion vor Ort durchgeführt, um die Störung und mögliche Lösungen genauer bestimmen zu können. Aufgrund des engen Servicenetzwerks von Rolls-Royce können Inspektionen weltweit angeboten werden. Nach der Inspektion vor Ort werden Logistik- und Reparaturteams über die Bereitstellung und Montage benötigter Ersatzteile informiert. Anschließend wird das Problem am nächsten passenden Flughafen von einem Rolls-Royce-Techniker behoben. Durch die frühzeitige Reaktion auf Störungen sowie die datenbasierte Einschätzung durch Expertenteams können Airlines mögliche Ausfälle von Flugzeugen minimieren und die operative Betriebsdauer ihrer Flotte verbessern.[95]

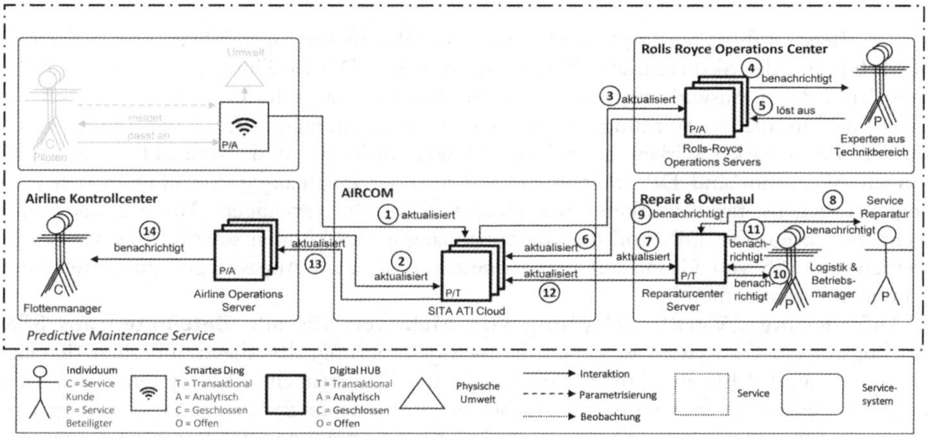

Abb. 10: Modell mit Hervorhebungen des vorbeugenden Instandhaltungs-Services[96]

2. Design-Prinzipien für smarte Ökosysteme

a) Grundlegende Begriffe: Anforderungen, Unteranforderungen und Design Prinzipien

Die einzelnen Akteure und Beziehungen in einem smarten Ökosystem bzw. SSS wurden 74
bereits aufgezeigt. Im Folgenden liegt der Fokus auf den **Grundsätzen** (dh **Design-Prinzipien, DPs**) für die **Gestaltung** erfolgreicher **SSS.** Eine Übersicht findet sich in Abb. 11. Die Anforderungen an erfolgreiche SSS können durch die Erfüllung von Unteranforderungen adressiert werden. Die verbindenden Linien in Abb. 11 beschreiben Ursache-Wirkungs-Beziehungen.

[95] SITAONAIR „Engine Health Management".
[96] SITAONAIR „Engine Health Management".

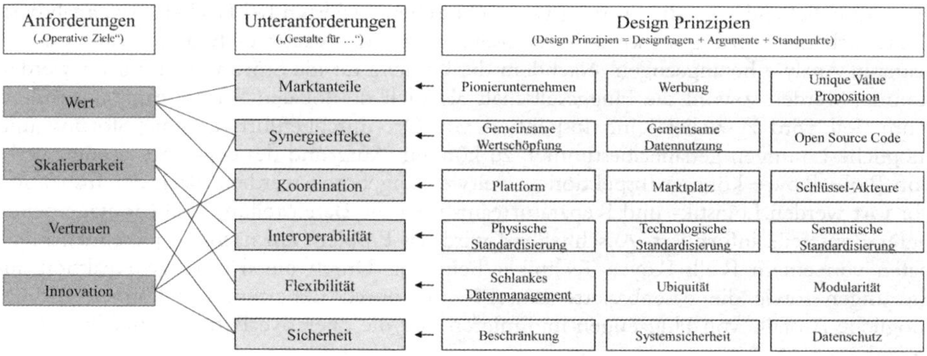

Abb. 11: Design-Prinzipien eines SSS[97]

Zum Beispiel führt die Implementierung von DPs für Interoperabilität (Ursache) zu einer Erhöhung der Skalierbarkeit (Wirkung) eines SSS. Die Erfüllung einer Unteranforderung kann dabei Auswirkungen auf mehrere Anforderungen haben. Die DPs haben zudem eine kumulative Wirkung, dh je mehr bzw. je umfangreicher DPs implementiert werden, desto stärker wirken sie auf eine Unteranforderung und damit auf die Anforderungen. Weiterhin sind DPs weitgehend voneinander unabhängig. Sie können sich zwar begrenzt gegenseitig verstärken oder abschwächen, die jeweiligen Auswirkungen aber nicht umkehren. Die DPs sind domänenunabhängig und können sowohl dazu verwendet werden, ein SSS von Grund auf neu zu gestalten als auch Anpassungen an bestehenden Lösungen vorzunehmen.[98]

75 **Anforderung „Wert": Schaffung von Mehrwert für alle Beteiligten am SSS.** Wichtig für ein Ökosystem ist neben der Wertgenerierung, dass dieser mit allen Beteiligten geteilt wird.[99] Ein objektiver Messwert ist die Fähigkeit eines Ökosystems, sein Leistungsversprechen zu monetarisieren. Dabei bewirkt eine ineffiziente Wertschöpfung eine geringere Attraktivität beim Kunden, was in letzter Konsequenz wiederum zu einem Zusammenbruch des Ökosystems führen kann. Damit ein SSS erfolgreich sein kann, muss es daher einen signifikanten Mehrwert für Kunden und Unternehmen bieten.[100]

76 **Anforderung „Skalierbarkeit": Sicherstellung von Skalierbarkeit für schnelles Wachstum.** Ein wesentlicher Erfolgsfaktor für SSS ist die Fähigkeit, in kurzer Zeit schnell wachsen zu können. Dadurch werden Synergien ermöglicht, die Innovationen in großem Maßstab und eine umfassende Palette an Produkten und Services erlauben. Aufgrund der Eigenschaften des IoT bestehen SSS aus einer großen Anzahl an smarten Geräten. Dies bringt wiederum eine große Heterogenität in der Soft- und Hardwarelandschaft mit sich. Diese Heterogenität müssen SSS bewältigen können, vor allem durch eine frühzeitige und konsequente Implementierung von hochskalierbaren Systemen.[101]

77 **Anforderung „Vertrauen": Erreichen eines hohen Maßes an Vertrauen und Stabilität.** Smarte Geräte sind nicht nur in der Lage zu kommunizieren, sondern besitzen auch die Fähigkeit, autonom zu handeln und die physische Umwelt zu beeinflussen. Damit geht einher, dass Ausfälle von smarten Geräten oder Manipulationen an smarten Geräten zu bedrohlichen Situationen führen können. Darüber hinaus führt ein schnelles, innovatives und disruptives Umfeld zum ständigen Wandel eines SSS. Ein SSS mit einer Vielzahl unterschiedlicher smarter Geräte wird nur dann erfolgreich sein, wenn es in der

[97] *Blume et al.*, Design Principles for Internet of Things Ecosystems, Arbeitspapier.
[98] *Blume et al.*, Design Principles for Internet of Things Ecosystems, Arbeitspapier.
[99] *Moore* Harvard Business Review 71 (1999), 75.
[100] *Sinha/Park,* Building an Effective IoT Ecosystem for Your Business 2017.
[101] *Podnar Žarko et al.*, Interoperability and Open-Source Solutions for the Internet of Things, 2017.

Lage ist, Vertrauen zwischen den Beteiligten zu garantieren und Stabilität innerhalb des SSS sicherzustellen.[102]

Anforderung „Innovation": Schaffung eines hochinnovativen Umfelds. Neben dem wesentlichen Aspekt, dass in einem SSS durch die Zusammenarbeit Wert geschaffen werden muss, ist es wichtig, dass die Akteure des SSS gemeinsam Innovationen vorantreiben. Dabei sind operative wie auch dynamische Fähigkeiten zur Weiterentwicklung des SSS gleichermaßen wichtig. SSS müssen zudem die Zusammenarbeit mit anderen Unternehmen sowie die gemeinsame Produkt- und Service-Entwicklung erleichtern, um langfristig wettbewerbsfähig zu sein. Im IoT erfüllen Entwickler und Hersteller von smarten Geräten die Schlüsselrolle für ein hochinnovatives Umfeld.[103] Sofern für ein SSS ein innovationsförderndes Umfeld geschaffen ist, können alle Teilnehmer darin in einer sich gegenseitig verstärkenden Dynamik innovieren.[104] 78

Unteranforderung 1: Marktanteile. Ein hoher Marktanteil, dh ein großer Kundenstamm, fördert die Attraktivität für potenzielle Unternehmen und Entwickler. In einem großen Markt können Entwickler eine hohe Anzahl von Produkten und Services anbieten, was wiederum die Attraktivität für die Nutzer erhöht.[105] Durch Netzwerkeffekte ist dies ein sich selbst verstärkender Prozess. In Summe führen viele an einem SSS beteiligte Akteure zu einer hohen Marktmacht, die notwendig ist, um neue Märkte zu erschließen und besetzte Märkte zu verteidigen.[106] Um eine nachhaltige Marktmacht zu erreichen, müssen die Teilnehmer an das Ökosystem gebunden werden. Daher ist es wichtig, dass die Teilnehmer von einer Mitwirkung am Ökosystem profitieren und ihre Ergebnisse monetarisiert werden können. Um das Ökosystem auf einen hohen Marktanteil und eine effektive Monetarisierung auszurichten, müssen drei Design Prinzipien adressiert werden: Pionierunternehmen, Werbung und „Unique Value Proposition" (UVP). 79

Unteranforderung 2: Synergieeffekte. Ein Ökosystem hat zum Ziel, die Zusammenarbeit zwischen den Akteuren zu fördern, erfordert dafür aber auch Koordination. Akteure müssen dementsprechend für den zusätzlichen Koordinationsaufwand im SSS überkompensiert werden, um sie von der Mitwirkung zu überzeugen. Diese Überkompensation kann durch Synergien, dh die gemeinsame Nutzung von Ressourcen zur Effizienzsteigerung, erreicht werden. Der Wert, der durch die Kooperation in einem Ökosystem entsteht, soll größer als die Summe der einzelnen Teile sein.[107] Darüber hinaus ermöglichen Synergien den Teilnehmern eines Ökosystems, die eigenen Produkte und Services zu kombinieren, um so zu innovieren und weitere Netzwerkeffekte zu ermöglichen.[108] Um in einem smarten Ökosystem Synergien zu erzielen, müssen Entscheidungen bezüglich der gemeinsamen Wertschöpfung, der gemeinsamen Datennutzung und der Bereitstellung von Open Source Code koordiniert getroffen werden. 80

Unteranforderung 3: Koordination. Das IoT erfordert aufgrund der Komplexität an involvierten Teilnehmern Koordination, sodass SSS ihr Potenzial selbst bei hoher Skalierung voll ausschöpfen können. Koordination ermöglicht dabei einen Überblick über alle Marktaktivitäten der Teilnehmer, unterstützt die Orchestrierung von Produkten und Services innerhalb eines SSS und dient der fairen Verteilung geschaffener Werte.[109] Eine faire Wertverteilung führt dabei zu Transparenz und schafft Vertrauen zwischen den Teilnehmern. Für die Koordination in einem SSS ist es daher wichtig, eine Plattform einzurichten, eine Art Marktplatz bereitzustellen und Schlüssel-Akteure einzubinden. 81

---

[102] *Bosch* in Proceedings of the 13th International Software Product Line Conference 2009.
[103] *Parker/van Alstyne/Jiang* MIS Quarterly 41 Nr. 1 (2017), 255.
[104] *Adner* Harvard Business Review 84 (2006), 98.
[105] *Walton,* The Internet as a Technology-Based Ecosystem: A New Approach to the Analysis of Business, Markets and Industries, 2017.
[106] *Sinha/Park,* Building an Effective IoT Ecosystem for Your Business, 2017.
[107] Li Technovation 29 Nr. 5 (2009), 379.
[108] *El Sawy/Pereira,* Business Modelling in the Dynamic Digital Space, 2013.
[109] *Silva/Sa Silva/Boavida* in IEEE, Tenth International Conference on Intelligent Sensors, Sensor Networks and Information Processing (ISSNIP) 2015, S. 1–6.

82 **Unteranforderung 4: Interoperabilität.** Es ist zu erwarten, dass die Interoperabilität ein wichtiger Beschleuniger für die weitere Verbreitung des IoT sein wird und bis zu 40 Prozent seines potenziellen wirtschaftlichen Werts ausmacht. Interoperabilität bedeutet dabei, eine einfache Kommunikation sowie Zusammenarbeit zwischen verschiedenen Technologien, Teilnehmern und zwischen Ökosystemen zu ermöglichen.[110] Obwohl Interoperabilität ein Beschleuniger für das IoT ist, sind Teilnehmer von SSS nicht zwingend an hoher Interoperabilität interessiert aufgrund ihres Interesses an der eigenen Marktmacht und dem Schutz des eigenen geistigen Eigentums. So hat sich bspw. Apple dafür entschieden, seinen AppStore aufgrund der besseren Monetarisierung nur für seine eigenen Produkte verfügbar zu machen. Um die Interoperabilität letztendlich aktiv voranzutreiben, muss eine physische, technologische und semantische Standardisierung erfolgen.

83 **Unteranforderung 5: Flexibilität.** Für skalierbare SSS benötigen Unternehmen eine flexible Architektur, auf die zuverlässig aufgebaut werden kann. Sowohl mit Blick auf die Architektur als auch auf die darunterliegende Infrastruktur haben Entscheidungen zu einem frühen Zeitpunkt zwangsläufig einen nachhaltigen Einfluss auf das gesamte Ökosystem. Obwohl der Aufbau eines flexiblen SSS herausfordernd und teuer sein kann, ermöglicht die konsequente Implementierung von Flexibilität im Bedarfsfall eine schnelle Skalierung und Anpassung.[111] Um ein SSS flexibel zu gestalten, müssen die Design Prinzipien Datenmanagement, Ubiquität und Modularität berücksichtigt werden.

84 **Unteranforderung 6: Sicherheit.** Ein sicheres SSS bietet auf der einen Seite viele Vorteile: Es verhindert Sicherheitsvorfälle, damit verbundene rechtliche Auseinandersetzungen sowie den Verlust an Reputation und Vertrauen. Auf der anderen Seite können restriktive Sicherheitsvorgaben die Entstehung von Innovationen verhindern, da sie eine Barriere für Entwicklungen (dh Produkte und Service) darstellen.[112] Da SSS zudem dezentral funktionieren, stellen sie eine zusätzliche Sicherheitsherausforderung dar, da die Sicherheit an vielen Knotenpunkten eines SSS gewährleistet sein muss. Weitere Herausforderungen hinsichtlich der Sicherheit ergeben sich aus der branchenübergreifenden Vernetzung von smarten Geräten und der damit verbundenen Nutzung von öffentlichen Netzwerken. Daher sollten Sicherheitsfragen so früh wie möglich im Lebenszyklus eines SSS angegangen werden. Ein sicheres SSS sollte hinsichtlich Sicherheitsfragen daher folgende Design Prinzipien adressieren: Beschränkung, Systemsicherheit und Datenschutz.

b) Beispielhafte Einordnung eines smarten Ökosystems anhand von Google Home

85 Die vorgestellten Design-Prinzipien werden im Folgenden am Beispiel von **Google Home (GH)** aufgezeigt. GH ist ein smarter Sprachassistent, anhand dessen – basierend auf öffentlich zugänglichen Quellen – gezeigt werden soll, wie sich die Design-Prinzipien ausgestalten können. GH ist ein zentraler Akteur, der sich mit anderen smarten Geräten vernetzen und diese steuern kann. Inzwischen gestalten viele Kooperationspartner von Google ihre smarten Geräte kompatibel zu GH, sodass sich eine Vielzahl unterschiedlicher smarter Geräte um GH herum zentriert.[113] GH wurde insbesondere als Beispiel gewählt, da es noch Wachstumspotenzial bietet und sich somit die Design-Prinzipien vielfältiger erläutern lassen.

86 Mit Blick auf die Bewertung der DPs wird folgende Notation genutzt: „++" bedeutet, dass sich sowohl GH selbst als auch separate öffentliche Quellen einig sind, dass die Implementierung des diskutierten DPs von sehr großer Bedeutung ist. Liegen Hinweise auf eine teilweise oder zukünftig geplante Implementierung vor, wird das jeweilige DP mit einem „+" versehen. Eine „0" besagt, dass in öffentlich zugänglichen Quellen keine Belege dafür gefunden werden konnten, dass GH dieses DP bei einer Implementierung berücksichtigen

---

[110] *Podnar Žarko et al.*, Interoperability and Open-Source Solutions for the Internet of Things, 2017.
[111] *Razzaque et al.* IEEE Internet of Things Journal 3 Nr. 1 (2016), 70.
[112] Barth SC Magazine 31. 5. 2017.
[113] CNET Everything that will work with Google Home.

wird. Wenn festgestellt wird, dass GH die Implementierung eines DPs ablehnt, wird dies mit „-" markiert.[114]

Marktanteile: Pionierunternehmen (–) Werbung (+) Leistungsversprechen (0) 87

GH war gegenüber Konkurrenten (zB Amazon) zwei Jahre zu spät am Markt, um Pionierunternehmen zu sein. Allerdings forciert GH eine gute Online- und Offline-Werbung durch das Verfassen von Artikeln und die Durchführung von Konferenzen. In Bezug auf das Leistungsversprechen unterscheiden sich die Funktionen von GH kaum von denen der Wettbewerber, jedoch hat GH das Potenzial ein UVP zu entwickeln, indem es auf Daten der Google-Suchmaschine und Dienste wie Google Maps zurückgreift. Zusammenfassend lässt sich sagen, dass GH wenig Anreize für Kunden bietet, sich genau für das SSS von Google zu entscheiden. Dies führt wiederum zu einem geringen Marktanteil und einer geringeren Wertschöpfung innerhalb des SSS im Vergleich zu Wettbewerbern.[115] GH besitzt jedoch die große Chance, seinen Marktanteil durch Vernetzung mit den Google-Diensten signifikant auszubauen. 88

Synergien: Gemeinsame Wertschöpfung (++) Gemeinsame Datennutzung (-) Open Source Code (+) 89

GH konzentriert sich auf eine gemeinsame Wertschöpfung mit anderen Unternehmen, die es ermöglicht, Produkte und Services gemeinsam zu entwickeln, sodass diese in das SSS eingebunden werden können.[116] Im Gegensatz dazu bestätigen diverse Quellen, dass Google eindeutig nicht beabsichtigt, Daten weiterzugeben. Zwar veröffentlichte Google Protokolle von durch GH aufgezeichneten Gesprächen der Kunden und teilt Programmiercode sowie dazugehörige Anleitungen mit den externen Unternehmen, dennoch dürfen deren Entwickler kaum selbstständig Programmiercodes ändern oder selbst anbieten. Auf diese Weise möchte Google die Ausgestaltung des SSS kontrollieren.[117] Zusammenfassend lässt sich sagen, dass der eingeschränkte Datenaustausch und die restriktive Handhabung von Open-Source-Code Synergien und Innovationen verringern. Dadurch ist es Google jedoch möglich, die Ausgestaltung der Wertschöpfung und die Auswahl der beteiligten Partner zu bestimmen. 90

Koordination: Plattform (++) Marktplatz (0) Schlüssel-Akteure (++) 91

Das gesamte Smart Home von Google basiert auf Android-Software, wobei der smarte Sprachassistent GH als Plattform fungiert, was bedeutet, dass jedes zusätzliche Gerät mit dem Sprachassistenten verbunden werden muss. GH nutzt Software auf Basis künstlicher Intelligenz, die in der Lage ist, Sprachbefehle zu verarbeiten, um Geräte zu steuern. Beteiligte Unternehmen können dabei die Funktionalität nutzen, um eigene Schlüsselwörter zu definieren, sodass Kunden die Anwendung des beteiligten Unternehmens aktivieren können.[118] Da jede Anwendung in der Cloud vorinstalliert ist und kein Marktplatz für Anwendungen existiert, gibt es für die beteiligten Unternehmen außer dem Verkauf der eigenen smarten Geräte keine Möglichkeiten zur Monetarisierung.[119] Da Google als zentraler Akteur das SSS kontrolliert sowie Softwarefunktionalitäten und die Zusammenarbeit mit Unternehmen bestimmt, erfüllt GH die Definition eines Schlüssel-Akteurs. Dabei koordiniert Google die SSS-Teilnehmer in technischer Hinsicht, um so Vertrauen und Stabilität aufrecht zu erhalten. Jedoch ist die Verteilung der Ergebnisse der gemeinsamen Wertschöpfung intransparent und insbesondere Entwickler der beteiligten Unternehmen profitieren monetär kaum von der Mitarbeit. 92

---

[114] *Blume et al.*, Design Principles for Internet of Things Ecosystems, Arbeitspapier.
[115] CNBC, Amazon Echo Market Share tops Google Home; *Heater* TechCrunch 3.10.2017.
[116] *Kastrenakes* The Verge 8.10.2017.
[117] *Bohn* The Verge 8.12.2016.
[118] *Bohn* The Verge 8.12.2016.
[119] *Bohn* The Verge 8.12.2016.

93 **Interoperabilität:** Physische (0) Technologische (+) Semantische (0) Standardisierung

94 Bisher gibt es weder Hinweise dafür, dass die Vielfalt an smarten Geräten begrenzt ist, noch dass die semantische Standardisierung innerhalb des Smart Home von Google gefördert wird. Im Hinblick auf die technologische Standardisierung müssen die Teilnehmer die von Google vorgegebenen Programmiersprachen, Software-Architekturen und Anwendungsschnittstellen verwenden, um das System nutzen oder darauf aufbauen zu können.[120] Da die von Google genutzten Technologien gängig sind und sich smarte Geräte aufgrund von einfachen Verknüpfungsregeln an GH koppeln lassen, ist eine grundlegende Interoperabilität gegeben. Aufgrund der aktuellen Größe von GH ist eine physische und semantische Standardisierung bisher nicht erforderlich, könnte bei zunehmender Skalierung jedoch zu signifikanten Schwierigkeiten bzgl. der Interoperabilität führen.

95 **Flexibilität:** Schlankes Datenmanagement (+) Ubiquität (+) Modularität (+)

96 Das allgemeine Konzept von GH besteht darin, Sprachbefehle für andere Geräte (dh smarte Geräte) lokal zu sammeln, sie an einen Server zur Verarbeitung zu senden, dort zu verarbeiten und die Befehle an smarte Geräte zurückzugeben. Für die weitere Kommunikation und Datenverarbeitung sind die smarten Geräte eigenständig verantwortlich.[121] Somit wird der Datenstrom minimiert und ein schlanker Datenmanagementansatz realisiert. Im Hinblick auf die Ubiquität muss GH jederzeit (zB über das Internet) verfügbar und nutzbar sein, da es mit sicherheitskritischen smarten Geräten, zB Türschließanlagen oder Überwachungskameras, verbunden ist. Nur so kann für den Nutzer die Kontrolle bspw. über das eigene Heim gewährleistet werden.[122] Mit Blick auf die Modularität erfolgt eine Umsetzung mittels einer Serviceorientierten Architektur (SoA, Kapselung von Software nach Services bzw. Diensten wie zB Eröffnung eines Accounts bei Google), jedoch stellt Google keine genauen Informationen über die zugrundeliegende Architektur bereit. Zusammenfassend kann gesagt werden, dass GH ein sehr flexibles und gut funktionierendes System hinsichtlich der aktuellen Größe des SSS etabliert hat.

97 **Sicherheit:** Constraining (+) System Security (++) Data Privacy (++)

98 Für Entwickler bestimmt Google, ob und welche Arten von Apps sie einrichten dürfen. Unternehmen, die smarte Geräte für GH anbieten, müssen geprüfte Partner sein. Somit ist es nur eingeschränkt möglich, neue Software oder smarte Geräte in das SSS zu integrieren.[123] Darüber hinaus achtet Google sehr auf die Sicherheit des SSS (zB mit verschlüsselten Daten und passwortgeschützten smarten Geräten), um so einen hohen Sicherheitsstandard aufrecht zu erhalten.[124] Gleiches gilt für den Datenschutz. Durch den Zugang für Dritte zu Sprachaufnahmen von Kunden ist die Privatsphäre dennoch gefährdet, da es möglich ist, Kunden anonymisierte Aufnahmen aufgrund von bestimmten Schlüsselwörtern zuzuordnen.[125] Abschließend lässt sich sagen, dass die Sicherheit von GH einen wesentlichen Fokus von Google darstellt. Dennoch bewegt sich Google auf einem schmalen Grat, was die Weitergabe von Daten an Dritte und die Wahrung des Datenschutzes angeht.

99 Zusammenfassend lässt sich festhalten, dass GH mit der Implementierung der Gestaltungsoptionen für Flexibilität und Sicherheit die erforderlichen Voraussetzungen für ein schnelles Wachstum und ein hohes Maß an Vertrauen geschaffen hat. Die DPs für Koordination und Synergie wurden überwiegend berücksichtigt, um das Potenzial der gemeinsamen Wertschöpfung und Innovationsfähigkeit zu nutzen. Beim Marktanteil und der Interoperabilität besteht weiteres Potenzial bzgl. der umfangreicheren Umsetzung von weiteren DPs.

---

[120] *Bolton* Dice 29.6.2017.
[121] *Moynihan* Wired 12.5.2016.
[122] *De La Cruz,* Keeping your Home safe with Google Home.
[123] *Bohn* The Verge 8.12.2016.
[124] *Clauser,* Amazon Echo vs. Google Home: Which Voice Controlled Speaker Is Best for You?.
[125] *Newman* FastCompany 14.7.2017.

Es bleibt zudem abzuwarten, wie sich die fehlende Interoperabilität auswirkt, wenn die bereits jetzt hohe Anzahl an smarten Geräten weiter zunimmt. Das Beispiel GH zeigt also, wie durch die vorgestellten DPs ein SSS aus der Praxis analysiert werden kann und dass sich die Umsetzung der DPs positiv auf die Anforderungen an ein SSS auswirken.

IV. Das ökonomische Potenzial des Internets der Dinge

1. Das IoT und dessen Potenzial im Konsumentenbereich

Das **IoT** hat das Potenzial, den **Einzelhandel** stark zu verändern.[126] Bis vor einigen Jahren wurde der Einfluss des IoT auf den Einzelhandel noch fiktiv am Beispiel des intelligenten Kühlschranks diskutiert. Beispielhafte Funktionalitäten waren die Überwachung des Verfallsdatums, Empfehlungen für Kochrezepte und eine automatisierte Nachbestellung von Lebensmitteln. Ein ähnlicher Anwendungsfall von IoT im Einzelhandel ist die smarte Waschmaschine, die automatisch Waschmittel nachbestellt. Erst in jüngerer Zeit wurden diese Ideen realisiert. So bietet zB Samsung einen intelligenten Kühlschrank mit integriertem Touchscreen an. Mit Hilfe des Kühlschranks lassen sich Artikel in eine digitale Einkaufsliste aufnehmen und können im Nachgang direkt online bestellt werden.[127] Mit mehreren Millionen verkaufter Geräte ist auch der smarte Sprachassistent Echo von Amazon ein weiteres bekanntes Beispiel für ein smartes Gerät im Einzelhandel. Der smarte Sprachassistent bietet durch seine Verbindung mit dem Amazon Marketplace eine nahtlose Integration zum Online-Einkauf. Der Kauf von Produkten wird dabei mit einfachen Sprachbefehlen ermöglicht. Kommt es zu einem Kauf von Produkten über ein smartes Gerät, wird von IoT-Commerce gesprochen. Dabei schaltet sich das smarte Gerät als Grenzobjekt zwischen Kunde und Unternehmen. 100

Auf dem Weg vom stationären Einzelhandel hin zum IoT-Commerce gab es drei Entwicklungsstufen: **E-Commerce** (dh Electronic Commerce), **M-Commerce** (dh Mobile Commerce) und letztendlich **IoT-Commerce.** Im E-Commerce wurde das Einkaufen durch Desktop-Geräte (zB Personal Computer) mit Internetanschluss bei einem Online-Anbieter ermöglicht, im M-Commerce ersetzten oder ergänzten mobile Endgeräte (zB Smartphones und Tablets) mit Internetanschluss Desktop-Geräte und im IoT-Commerce ersetzen oder ergänzen smarte Geräte (zB Sprachassistenten) mit Internetanschluss mobile Endgeräte. 101

Die Basis für **E-Commerce** wurde mit der Entwicklung und dem Erscheinen des WWW Anfang der 1990er Jahre geschaffen. Durch das Internet hatten Unternehmen die Möglichkeit, sich im Internet zu präsentieren und dort ihre Produkte und Services anzubieten.[128] Mit dem Aufkommen von immer mehr mobilen Geräten in den 2000er Jahren begann die Zeit des M-Commerce. **M-Commerce** beschreibt den Einsatz von Smartphones und Tablets im Einkaufsprozess und bietet die Möglichkeit, „über ein drahtloses, internetfähiges Gerät von jedem Ort Waren einkaufen zu können".[129] Die Mobilität ist dabei ein wesentliches Unterscheidungsmerkmal zwischen M-Commerce und E-Commerce. Das mobile Endgerät kann ortsunabhängig genutzt werden und ermöglicht einen schnellen, einfachen und zeitunabhängigen Zugang zum Internet. Darüber hinaus ermöglichen mobile Geräte ortsbezogene Dienste und Werbung, die individuell an den Kunden und dessen Bedürfnisse angepasst werden können. So ermöglicht zB die Plattform Uber die Bestellung eines Taxis zum aktuellen Standort des Kunden und schätzt dabei die Ankunftszeit beim Kunden sowie Dauer und Kosten der Fahrt.[130] Mit dem Einsatz von smarten Geräten entsteht aktuell eine weitere Möglichkeit zum Online-Einkauf. Im IoT- 102

[126] *Avital et al.* Communications of the Association for Information Systems 44 (2019), 129.
[127] *Groenfeldt* Forbes 6. 1. 2016.
[128] *Turban et al.*, Electronic Commerce, 2015.
[129] *Maity/Dass* Decision Support Systems 61 (2014), 34.
[130] *Turban et al.*, Electronic Commerce, 2015.

Commerce bilden nichttraditionelle, intelligent vernetzte physische Objekte wie Sprachassistenten, intelligente Waschmaschinen und Thermostate die Schnittstelle zwischen Kunde und Unternehmen. Dabei ist zu beachten, dass IoT-Commerce keine grundlegende Verdrängung von E- und M-Commerce bedeutet, sondern als Evolution von E-Commerce und M-Commerce bzw. als Ergänzung zu E-Commerce und M-Commerce gesehen werden kann.[131]

103 Die Unterscheidung des **IoT-Commerce** von den bisherigen Erscheinungsformen lässt sich anhand von spezifischen Merkmalen des IoT darstellen.[132] Das erste Merkmal im IoT-Commerce ergibt sich aus der Kontextfähigkeit eines smarten Geräts. Auf Basis von Sensoren und Aktoren ist es möglich, dass das smarte Gerät den Kontext seiner Umgebung erfassen und auch beeinflussen kann. So ist es zB möglich, dass ein smarter Thermostat die Notwendigkeit erkennt, die Temperatur im Haus zu regulieren, bevor ein Hausbewohner diesen Bedarf erkennt. Durch das smarte Gerät wird somit der Verbrauch gesteuert und letztendlich der Kauf von Energie durchgeführt. Das zweite Merkmal ergibt sich durch die natürliche Interaktion von smarten Geräten mit dem Nutzer (zB auditive oder visuelle Interaktion). Zum Beispiel ermöglichen smarte Sprachassistenten den Online-Einkauf nun mittels Sprachsteuerung. Das dritte Merkmal ergibt sich aus der Fähigkeit smarter Geräte zunehmend autonom zu agieren. Die Autonomie von smarten Geräten dient dabei der Automatisierung von Kundenprozessen. Auch im E-Commerce wurden bereits intelligente Algorithmen genutzt, allerdings hier vor allem auf Seiten der Unternehmen (zB Kaufempfehlungen beim Einkauf auf der Internetseite von Amazon). Im IoT-Commerce hingegen finden sich nun dezentrale smarte Objekte auf Kundenseite, die den Kunden mit dem Unternehmen integrieren. Dh, dass smarte Geräte als Bindeglied (dh auch Grenzobjekt genannt) zwischen Kunde und Unternehmen dienen.[133] Smarte Geräte, wie zB der smarte Kühlschrank, nutzen diese Fähigkeiten, um auf Basis des vergangenen Verbraucherverhaltens selbstständig zu entscheiden, welche Lebensmittel zu welchem Zeitpunkt, bei welchem Anbieter neu bestellt werden sollen.

2. Das IoT und dessen Potenzial im industriellen Kontext

104 Im industriellen Kontext ist ebenfalls der Trend zu beobachten, dass IoT-Technologien immer mehr in Unternehmensabläufe integriert werden. Zu nennen sind hier zB Trendthemen wie **Industrie 4.0** und weitere subsumierbare Konzepte wie **cyber-physische Systeme** (dh Integration von Informationstechnologie und physischen Prozesse mit dem Ziel, physische Prozesse zu beeinflussen und zu vernetzen) oder **Digital Twins** (dh digitales Abbild von Prozessen und Produkten).[134] Während im Englischen vom **Industriellen IoT** (Industrial IoT) gesprochen wird, hat sich in Deutschland aufgrund einer Initiative der Deutschen Bundesregierung zur Förderung von IoT im industriellen Kontext der Begriff **Industrie 4.0** etabliert.[135] IoT bietet hier die Möglichkeit, einzelne Arbeitsschritte bis hin zu ganzen Prozessen sowie die Zusammenarbeit in Wertschöpfungsnetzwerken über Smart Factories hinweg zu optimieren.

a) Industrie 4.0

105 Im Fokus von **Industrie 4.0** stehen die horizontale und vertikale Integration von Menschen, Maschinen und Informationssystemen hin zu Systemen sowie das dynamische Management dieser Systeme. Industrie 4.0 hat dabei das Ziel, Betriebsabläufe (zB Enginee-

[131] *Evans* Forbes 31.5.2018.

[132] *Fleisch/Weinberger/Wortmann* ZfBf 67 (2015), 444; *Püschel/Schlott/Röglinger* in 37th International Conference on Information Systems (ICIS) 2016.

[133] *Beverungen et al.* Electronic Markets 29 Nr. 1 (2019), 7.

[134] *Boschert/Rosen* in Hehenberger/Bradley, Mechatronic Futures, S. 59–74; *Obermaier,* Industrie 4.0 als unternehmerische Gestaltungsaufgabe, 2017.

[135] BMWi, Digitalisierung der Industrie – Die Plattform Industrie 4.0, Fortschrittsbericht April 2016.

ring-, Planungs-, Produktions- und Logistikprozessen) flexibler und robuster zu gestalten. So sollen sich selbstorganisierende und sich in Echtzeit optimierende Produktionsressourcen, Fabriken und Wertschöpfungsnetzwerke entstehen. Ein weiterer Aspekt ist die Möglichkeit der Nutzung von Echtzeitinformationen, die flächendeckend und schnittstellenfrei zur Verfügung stehen.[136]

Diese Merkmale von Industrie 4.0 haben insbesondere einen Einfluss auf Produkte und 106
Prozesse von produzierenden Unternehmen. So werden sich Produkte zunehmend mit anderen Objekten vernetzen und so einen Mehrwert schaffen. Im Vordergrund stehen dabei smarte Produkte **(smarte Geräte),** die jederzeit identifizierbar und lokalisierbar sind (→ Rn. 7 ff.) und bereits während des Produktionsprozesses über das Wissen ihrer Herstellung verfügen. Smarte Produkte besitzen dabei die Fähigkeit, selbstständig einzelne Produktionsstationen anzusteuern. Zudem kann gewährleistet werden, dass fertige Produkte die Parameter ihres optimalen Einsatzes und ihrer Einsatzbedingungen über den gesamten Lebenszyklus hinweg kennen. Diese Informationen können wiederum für die Optimierung von Prozessen genutzt werden. Mit Blick auf die Unternehmensprozesse werden sich Maschinen, Anlagen, Produkte und produktionsunterstützende Objekte (zB Behältnisse) vernetzen sowie intelligent und autonom steuern, wobei mit einer Einsparung von Kosten und Zeit sowie einer erhöhten Flexibilität zu rechnen ist. Ein wesentliches Element dabei ist die **intelligente Fabrik (Smart Factory),** die sowohl innerhalb als auch über Unternehmensgrenzen hinweg mit anderen Smart Factories interagiert. Ein Beispiel ist, dass eine Produktion mit mehreren Fertigungsstufen in jeweils unterschiedlichen Unternehmen in Echtzeit hinsichtlich ihrer Machbarkeit (zB Prüfung von Fähigkeiten der einzelnen Unternehmen und der zur Verfügung stehenden Ressourcen) geprüft werden kann. So ermöglicht die Smart Factory, die Beherrschung von zunehmend komplexer werdenden Produktionsabläufen.[137]

Durch **Industrie 4.0** können Wünsche von Kunden und Entwicklern beim Entwurf, 107
der Konfiguration, Bestellung, Planung, Produktion, dem Betrieb und beim Recycling berücksichtigt werden. Aber auch kurzfristige Änderungswünsche vor oder während der Produktion und sogar während des Betriebs sind dabei möglich. Somit wird die Möglichkeit geschaffen, dass auch bei **kleinen Losgrößen** rentabel produziert wird. Im Rahmen von Industrie 4.0 kann die Produktion somit nach situativen und kontextabhängigen Zielen gesteuert und gestaltet werden. Mitarbeiter können sich so wertschöpfenden Tätigkeiten widmen, da sie von einfachen repetitiven Aufgaben befreit werden.[138]

b) Anwendungsfälle im industriellen Kontext

Vor allem in **KMU** besteht nach wie vor ein enormes Potenzial bezüglich der Transforma- 108
tion hin zu Industrie 4.0. Smarte Geräte bzw. smarte Endgeräte (zB smarte Armbänder) als eine Ausprägung bieten hierfür in der Produktion vielfältige Nutzenpotenziale. Bspw. können durch den zielgerichteten Einsatz smarter Endgeräte Rüstzeiten oder Maschinenausfälle reduziert und dadurch Produktionsprozesse verbessert werden. Im Folgenden wird eine Auswahl einfacher Anwendungsfälle skizziert.[139] Wie bereits erwähnt ermöglicht Industrie 4.0 insbesondere bzgl. der Zusammenarbeit in Wertschöpfungsnetzwerken wesentlich komplexere Anwendungsfälle.

---

[136] *Bauer/Schlund/Marrenbach/Ganschar,* Industrie 4.0 – Volkswirtschaftliches Potential für Deutschland; Promotorengruppe Kommunikation der Forschungsunion Wirtschaft – Wissenschaft, Umsetzungsempfehlungen für das Zukunftsprojekt Industrie 4.0.

[137] *Bauer/Schlund/Marrenbach/Ganschar,* Industrie 4.0 – Volkswirtschaftliches Potential für Deutschland; Promotorengruppe Kommunikation der Forschungsunion Wirtschaft – Wissenschaft, Umsetzungsempfehlungen für das Zukunftsprojekt Industrie 4.0.

[138] *Bauer/Schlund/Marrenbach/Ganschar,* Industrie 4.0 – Volkswirtschaftliches Potential für Deutschland; Promotorengruppe Kommunikation der Forschungsunion Wirtschaft – Wissenschaft, Umsetzungsempfehlungen für das Zukunftsprojekt Industrie 4.0.

[139] *Bitzer et al.*, Smart Devices erfolgreich in Produktionsprozesse integrieren.

109 **aa) Werkzeuginstandsetzung bei Maschinenausfällen.** Die Werkzeuginstandsetzung im Zuge von Maschinenausfällen ist für produzierende Unternehmen oftmals mit Stillstandszeiten und nicht wertschöpfenden Wartezeiten verbunden. Der Einsatz von smarten Endgeräten (zB smarte Brille) im Rahmen der Instandsetzung kann Stillstands- und Wartezeiten verkürzen. Falls Produktionsmitarbeiter an einer Maschine zB einen Werkzeugbruch, der zu einem Stillstand führt, erfassen, können sie bewerten, wie schwerwiegend der Schaden ist und im Bedarfsfall auf die Expertise der Instandhaltung zurückgreifen. Dazu kann ein Bild des Werkzeugs per smarter Brille an die Instandhaltung geschickt werden. Sollte das Werkzeug nicht vor Ort instandgesetzt werden können, wird das Werkzeug von den Produktionsmitarbeitern ausgebaut und per Brille ein Auftrag für den Transport des Werkzeugs in die Instandhaltung erstellt. Die Instandhaltung wird parallel über die notwendige Reparatur informiert und beginnt bereits mit den entsprechenden Vorbereitungen. Ein Logistikmitarbeiter plant den Transport auf Basis einer definierten Priorisierung ein und liefert das Werkzeug in die Instandhaltung. Die Instandhaltung wird über die vollzogene Anlieferung informiert. Das Werkzeug wird begutachtet und die Instandsetzungsdauer an die Produktions- und Logistikmitarbeiter kommuniziert. Nach der Instandsetzung beauftragt die Instandhaltung die Logistik mit dem Transport des Werkzeugs zur Maschine. Ein Logistikmitarbeiter plant den Auftrag ein und transportiert das Werkzeug zurück zur Maschine. Der entsprechende Produktionsmitarbeiter wird durch die smarte Brille über die bevorstehende Anlieferung informiert. Nach dem Eintreffen wird das Werkzeug von den Produktionsmitarbeitern eingebaut und die erfolgreiche Werkzeuginstandsetzung per smarter Brille kommuniziert.

110 **bb) Anleitung für Werkzeugwartung.** Produktionsmitarbeiter können im Rahmen der Werkzeugwartung durch Checklisten unterstützt werden. Die Checklisten werden über ein smartes Armband zur Verfügung gestellt und sollen die Mitarbeiter auf wichtige Arbeitsschritte hinweisen. Die Mitarbeiter müssen dabei die Durchführung einzelner Arbeitsschritte bestätigen, sodass sichergestellt ist, dass ein Werkzeug ordnungsgemäß gewartet wurde. Heutzutage wird die Werkzeugwartung oft basierend auf der Erfahrung einzelner Mitarbeiter durchgeführt. Bei einer Wartung, die auf Basis von Mitarbeiterwissens durchgeführt wird, besteht die Möglichkeit, dass wichtige Arbeitsschritte übersehen werden. Die Abwesenheit erfahrener Mitarbeiter soll jedoch keinen Einfluss auf die Qualität von Wartungen haben. Um diese Problematik zu vermeiden, werden den Mitarbeitern in Zukunft per smartem Armband Checklisten zur Verfügung gestellt. Hierdurch können ein standardisierter Arbeitsablauf und eine hohe Prozessqualität gewährleistet werden. Dabei ist es zudem möglich, Fotos abzulegen, um die ordnungsgemäße Wartung der Werkzeuge zu dokumentieren. Zu Beginn der Wartung öffnet der Mitarbeiter auf seinem smarten Armband die Wartungsanleitung des vorliegenden Werkzeugs und erhält die Anweisungen bzw. Hinweise zu den wesentlichen Arbeitsschritten. Nach jedem Arbeitsschritt wird der Mitarbeiter dazu aufgefordert, die Durchführung zu bestätigen, sodass sichergestellt ist, dass dem Mitarbeiter die einzelnen Arbeitsschritte bewusst sind, und um letztendlich sicherzustellen, dass das Werkzeug ordnungsgemäß gewartet wurde.

111 **cc) Echtzeitinformationen über Maschinen zur Produktionssteuerung.** Echtzeitinformationen über Maschinen können zur Produktionssteuerung genutzt werden. Dazu werden die Produktionsdaten verschiedener Produktionsmaschinen aufgezeichnet und in einer Datenbank ausgewertet. Die ausgewerteten Ergebnisse stehen der Produktionssteuerung letztendlich als Entscheidungshilfe zur Verfügung. Dadurch können ineffiziente Stellen in der Produktion frühzeitig ausfindig gemacht und schwerwiegende Probleme bei Maschinen durch die Analyse von Fehlerursachen bereits identifiziert werden, bevor es zu kostenintensiven Ausfällen kommt. Dabei wird der Maschine anhand der gesammelten Daten ein Wert zugeordnet, der Auskunft darüber gibt, wann eine Maschine auszufallen droht. Bei Produktionsmaschinen, die die benötigten Daten nicht selbstständig aufzeich-

nen, können Stillstandszeiten, Produktionszeiten und Fehlerursachen durch einen Produktionsmitarbeiter manuell über ein smartes Gerät erfasst werden. Diese Informationen können anschließend für alle Produktionsmaschinen verglichen werden. Zum einen kann damit prognostiziert werden, wann es voraussichtlich zu Ausfällen kommt. Zum anderen kann die Auswertung dazu genutzt werden, dass zB im Rahmen einer Effizienzanalyse von Produktionsmaschinen, die Daten in Echtzeit an das smarte Gerät des Schichtleiters gesendet werden. Dem Schichtleiter dient die Effizienzanalyse als Basis für seine Produktionsplanung bzw. kurzfristige Produktionssteuerung.

dd) Benachrichtigung bei vorausschauender Fehlererkennung. In der Produktion 112
kommt es häufig zu Ausschuss aufgrund von fehlerhaften Teilen oder Verschleißteilen. Für Unternehmen ist es daher wichtig, vorausschauend mögliche ausschussverursachende Gründe im Produktionsablauf zu erkennen, um diesen vorzubauen und um die Produktion aufrecht zu erhalten. Dies kann umgesetzt werden, indem Abweichungen von definierten Produktionskennzahlen im Produktionsprozess frühzeitig erkannt und kommuniziert werden, sodass entsprechende Gegenmaßnahmen getroffen werden können. Fehler, die einem Ausschuss zu Grunde liegen, treten oft nicht unvorhersehbar ein, sondern es lassen sich schleichende Abweichungen erkennen. Aus diesem Grund können Schwellwerte innerhalb eines Toleranzbereichs festgelegt werden, sodass frühzeitig entsprechende Abweichungen erkannt werden und Gegenmaßnahmen eingeleitet werden können, bevor es tatsächlich zu Ausschuss oder Stillständen kommt. Die Ist-Werte eines Produktionsprozesses werden nahezu in Echtzeit durch Sensoren an der Produktionsmaschine erfasst und an eine Datenbank gesendet. Sobald ein Sensorwert einen Schwellwert überschreitet, wird eine Warnung an die Mitarbeiter gesendet (zB auf ein smartes Armband). Bei komplexen Maschinen oder einer hohen Anzahl an Maschinen in der Produktion wird zusätzlich der Ort des Sensors, an dem ein Schwellwert überschritten wurde, übermittelt. Dadurch spart sich der Mitarbeiter Laufwege, da er zielgerichtet zum betroffenen Bereich gehen kann. Der Mitarbeiter behebt die Ursache, bevor eine Störung eintritt und bestätigt dies über sein smartes Gerät.

ee) Früherkennung von Maschinenausfällen. Wie im vorangegangenen Anwendungs- 113
fall beschrieben können fehlerhafte Teile an Maschinen zu Ausfällen von Maschinen, aber auch zu Ausschuss führen. Mit Hilfe smarter Endgeräte kann Stillstandzeiten durch das frühzeitige Erkennen von klassischen Fehlerbildern über Vibrations-, auditive oder visuelle Änderungen an der Fertigungsanlage vorgebeugt werden. Um das Fehlerbild zu ermitteln, wird der Fertigungsanlage fortlaufend der Normalzustand gegenübergestellt und in Echtzeit durch Sensoren an der Fertigungsanlage erfasst und an eine Datenbank gesendet. Sobald ein Sensorwert vom definierten Normalzustand abweicht, wird eine Warnung an die Mitarbeiter gesendet. Bei komplexen Maschinen oder einer hohen Anzahl an Maschinen in der Produktion wird wiederum zusätzlich der Ort des Sensors, an dem die Abweichung auftritt, übermittelt. Um die Abweichungen zu erkennen, kann auf Machine-Learning-Ansätze in smarten Endgeräten zurückgegriffen werden. So ist es möglich, den Normalzustand zu erlernen, Abweichungen gegenüberzustellen und bei Bedarf eine Meldung an den Mitarbeiter zu geben.

3. Das IoT und dessen unternehmensübergreifendes Potenzial – B2B- und B2C-Bereich

Das IoT birgt auch **Potenzial** im Rahmen der **unternehmensübergreifenden Zusam-** 114
menarbeit. So können Unternehmen mit unterschiedlichen Zielgruppen (zB Geschäftskunden, Endverbraucher) ihre im Einsatz befindlichen IoT-Lösungen nicht nur intern nutzen, zB zur Unterstützung von Abläufen in der Produktion, sondern auch extern bereitstellen. Von der externen Bereitstellung der IoT-Lösungen kann dabei nicht nur die

jeweilige Zielgruppe partizipieren, sondern auch das Unternehmen selbst. Für Unternehmen ist dabei zum einen wichtig, wie sich neu entstehende Geschäftsmodelle und die damit verbundenen Potenziale ausgestalten, zum anderen ist für Unternehmen interessant, wie sich IoT-Lösungen bewerten und monetarisieren lassen. Dabei reichen klassische aufwandsbasierte Verfahren nicht mehr aus, sondern der Einsatz von wertbasierten Monetarisierungsansätzen ist notwendig. Die Ableitung eines solchen Ansatzes stellt für die Praxis aktuell eine Herausforderung dar, ist aber maßgeblich für die Gestaltung digitaler Geschäftsmodelle.[140]

a) Modell zur Bewertung von unternehmensübergreifenden IoT-Lösungen

115 Einen solchen Ansatz bietet das im Folgenden beschriebene Modell. Hierbei werden in einer beispielhaften **B2B2C-Wertschöpfungskette** drei Teilnehmer betrachtet: der Lieferant (Business Supplier), der den **Geschäftskunden** (Business Customer) bedient, der wiederum den **Endverbraucher** (Consumer) bedient. Die Beziehungen zwischen den Teilnehmern werden als B2B bzw. als B2C bezeichnet.

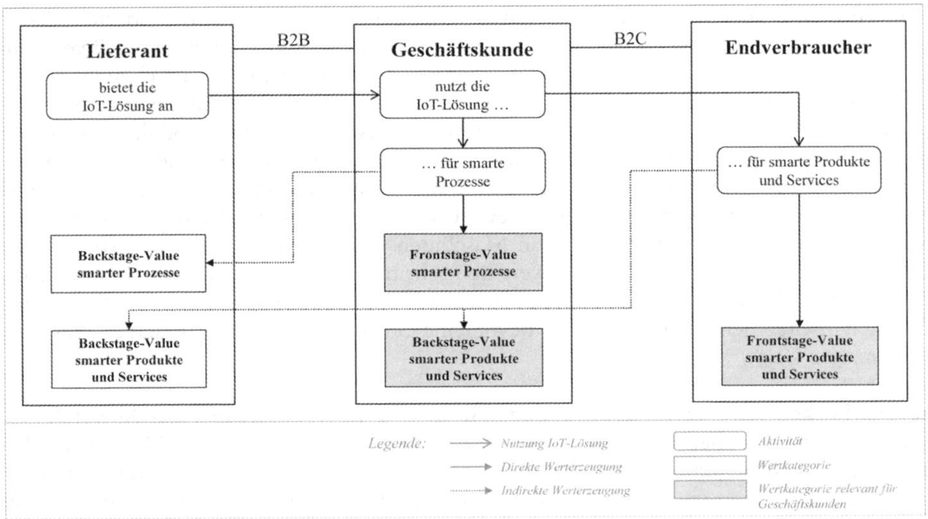

Abb. 12: Modell zur Bewertung von IoT-Lösungen[141]

116 Die vorliegende beispielhafte Wertschöpfungskette ist bewusst generisch gehalten, kann jedoch leicht erweitert werden, um zusätzliche Geschäftskunden und Endverbraucher aufzunehmen. Somit können bei Bedarf komplexere Geschäftsbeziehungen abgebildet werden. In der vorliegenden Wertschöpfungskette bietet der Lieferant dem Geschäftskunden eine IoT-Lösung an. Dabei ist der Lieferant an einem effektiven Preis auf Grundlage des für den Geschäftskunden generierten Werts interessiert. Der Geschäftskunde wiederum nutzt die IoT-Lösung entweder intern um Prozesse zu smartifizieren, extern um smarte Produkte und Dienstleistungen anzubieten oder für beides.[142] Smarte Produkte und Dienstleistungen auf Basis von IoT-Lösungen zielen dabei immer auf den Einsatz beim Endverbraucher ab. Abb. 12 veranschaulicht das skizzierte Modell zur Bewertung von IoT-Lösungen und gibt einen Überblick über die Wertkategorien, die für den jeweiligen Akteur relevant sind.

---

[140] *Baltuttis et al.*, Towards effective monetization of the Internet of Things: A conceptual model to assess the value of IoT-solutions in an industrial context, Arbeitspapier.

[141] *Baltuttis et al.*, Towards effective monetization of the Internet of Things: A conceptual model to assess the value of IoT-solutions in an industrial context, Arbeitspapier.

[142] *Fähnle et al.* in 26th European Conference on Information Systems (ECIS) 2018.

Auf IoT-Lösungen basierende smarte Produkte und Services sowie Prozesse ermöglichen eine Wertschöpfung sowohl beim Kunden als auch beim Unternehmen.[143] Der Nutzen, der einem Kunden (Geschäftskunde oder Endverbraucher) durch die direkte Nutzung einer IoT-Lösung entsteht, wird als **Frontstage-Value** bezeichnet. Der **Backstage-Value** hingegen erfasst den Nutzen, der dem Lösungsanbieter (Lieferant oder Geschäftskunde) indirekt zugutekommt, zB durch Nutzung und Analyse der auf Kundenseite entstandenen Daten zur Verbesserung des Produkts oder Services. Durch die Unterscheidung von Front- und Backstage-Value einerseits sowie von IoT-Lösung, smarter Prozess und smartes Produkt andererseits ergeben sich insgesamt fünf Wertkategorien, die für die Bewertung von IoT-Lösungen relevant sind.[144] 117

Ein **Beispiel** für die Bereitstellung einer IoT-Lösung über mehrere Unternehmen bis zum Endverbraucher hinweg wird im Folgenden dargestellt: Ein **Hersteller für Autowaschanlagen (Lieferant)** stellt seinem Geschäftskunden, einem Betreiber von Autowaschanlagen, ergänzend zur Waschanlage eine Service-Anwendung bestehend aus Hard- und Softwarekomponenten bereit. Diese Service-Anwendung ermöglicht es, dass die Waschanlage vom Betreiber (Geschäftskunden) über das Internet ferngesteuert werden kann. Die Fernsteuerung erlaubt zB, dass die Zufuhr von Waschmittel dosiert oder die Waschstraße entsprechend der Autos korrekt eingestellt werden kann. Die Infrastruktur zum Betrieb der Service-Anwendung liegt beim Hersteller (Lieferant) der Autowaschanlage. Für die Nutzung der Infrastruktur bezahlt der Betreiber (Geschäftskunde) einen Preis an den Waschanlagenhersteller (Lieferant). Lediglich das Equipment der Autowaschanlage und die Service-Anwendung sind beim Betreiber (Geschäftskunde) im Einsatz. Der Endverbraucher partizipiert dahingehend von der smarten Autowaschanlage, dass er über eine App ein monatliches Abo-Paket mit unterschiedlichen Optionen abschließen kann. Nach Abschluss einer Option kann der Endverbraucher unabhängig von der Tageszeit die Waschanlage ohne Extrazahlungen nutzen. Im Folgenden werden die Wertkategorien für alle Teilnehmer (Lieferant, Geschäftskunde und Endverbraucher) vorgestellt.[145] 118

Der Frontstage-Value smarter Prozesse (Geschäftskunde): Der Geschäftskunde nutzt die vom Lieferanten bereitgestellten IoT-Lösungen zur Verbesserung seiner Prozesse. So profitiert der Geschäftskunde direkt von smarten Prozessen, bspw. durch einen IoT-basierten selbstständig lernenden Prozessablaufplan, der kürzere Produktionszeiten oder einen effizienteren Ressourceneinsatz ermöglicht. 119

Der Backstage-Value smarter Prozesse (Lieferant): Der Lieferant bietet IoT-Lösungen für smarte Prozesse an und profitiert dabei indirekt durch kontinuierliche Ferninteraktionen, Datenerfassungen und Analysen. Bspw. kann der Lieferant Prozessdaten des selbstlernenden Prozessablaufplans sammeln und analysieren, um zukünftige Lösungen für neue oder bestehende Kunden weiter zu verbessern oder neu zu entwickeln. Dadurch kann der Lieferant in Zukunft höhere Umsätze realisieren, da er die Funktionalitäten je nach Kundenanforderungen individualisieren und optimieren kann. 120

Der Frontstage-Value smarter Produkte und Dienstleistungen (Endverbraucher): Der Endverbraucher konsumiert Produkte und nimmt Services in Anspruch, die der Geschäftskunde vom Lieferanten bezieht. So profitiert der Endverbraucher direkt von smarten Produkten und Services, zB durch erweiterte kundenorientierte Funktionalitäten wie einer automatisierten Zahlungsmöglichkeit bei Bestellung mittels eines smarten Sprachassistenten. Dadurch ergibt sich beim Endverbraucher ggf. eine höhere Zahlungsbereitschaft gegenüber dem Geschäftskunden oder der Bedarf nach weiteren Produkten und Services. 121

143 *Beverungen et al.* Electronic Markets 29 Nr. 1 (2019).

144 *Baltuttis et al.*, Towards effective monetization of the Internet of Things: A conceptual model to assess the value of IoT-solutions in an industrial context, Arbeitspapier.

145 *Baltuttis et al.*, Towards effective monetization of the Internet of Things: A conceptual model to assess the value of IoT-solutions in an industrial context.

122 **Backstage-Value smarter Produkte und Dienstleistungen (Geschäftskunde):** Der Geschäftskunde nutzt die IoT-Lösungen des Lieferanten, um dem Endverbraucher smarte Produkte und Services anzubieten. Dadurch entsteht für den Geschäftskunden indirekt ein Wert, weil durch kontinuierliche Ferninteraktionen, Datenerfassungen und Analysen der IoT-Lösung Kundendaten erfasst werden, die zur Verbesserung oder Neuentwicklung zukünftiger IoT-Lösungen genutzt werden können. Dadurch kann auch der Lieferant in Zukunft höhere Umsätze realisieren, zB durch Individualisierung und Optimierung der Funktionalitäten nach Kundenwunsch.

123 **Backstage-Value smarter Produkte und Dienstleistungen (Lieferant):** Der Lieferant bietet IoT-Lösungen an, mit denen der Geschäftskunde wiederum smarte Produkte und Services für den Endverbraucher anbietet. Damit kann der Lieferant einen zusätzlichen Backstage-Value, ähnlich wie der Geschäftskunde, realisieren. Hierfür muss allerdings eine Schnittstelle zur beim Geschäftskunden im Einsatz befindlichen IoT-Lösung gegeben sein, um einen Zugriff auf die (ggf. anonymisierten) Daten der smarten Produkte und Dienstleistungen zu ermöglichen. Je nach Aufbau der IoT-Lösung kann sich der Backstage-Value entweder aus dem Einsatz von smarten Produkten und Services beim Geschäftskunden oder aus dem Backstage-Value der smarten Produkte und Services des Geschäftskunden ableiten. In der Praxis kann dieser Vorgang, zB beim Zugriff auf Kundendaten über mehrere involvierte Akteure hinweg, durch gesetzliche oder vertragliche Rahmenbedingungen geregelt sein.

124 Die **fünf Wertkategorien** bilden die **Grundlage** für die systematische **Bewertung** von **IoT-Lösungen.** Der Wert für den Geschäftskunden als zentralem Teilnehmer im Modell kann durch folgende Kategorien beeinflusst werden (in Abb. 12 dunkelgrau hervorgehoben): (1) durch den Frontstage-Value smarter Prozesse (Geschäftskunde), (2) durch den Frontstage-Value smarter Produkte und Services (Endverbraucher) und (3) durch den Backstage-Value smarter Produkte und Services (Geschäftskunde). Dabei wirkt sich (1) direkt auf den Geschäftskunden aus, zB durch Effizienzsteigerungen. Kategorie (2) wirkt sich ebenfalls direkt auf Geschäftskunden aus, da der Endverbraucher zB bereit ist, einen höheren Preis zu zahlen und/oder mehr und neue Produkte und Services zu kaufen. Kategorie (3) beeinflusst abschließend den Wert des Geschäftskunden indirekt, durch kontinuierliche Ferninteraktionen, Datenerfassungen und Analysen aus der Nutzung von IoT-Lösungen durch den Endverbraucher.[146]

125 In einem ersten Schritt müssen die Kategorien (4) der Backstage-Value smarter Prozesse (Lieferant) und (5) der Backstage-Value smarter Produkte und Services (Lieferant) nicht zwingend bei der strukturierten Bewertung des Kundenwerts von IoT-Lösungen berücksichtigt werden, da diese Wertkategorien in erster Linie den Geschäftskunden als IoT-Lösungsanbieter betreffen. Im Gegensatz dazu kann der Backstage-Value des Lieferanten kaum mit dem Geschäftskunden in Verbindung gebracht werden und stellt keine solide Basis für die Bewertung dar. Diese Wertkategorien werden erst relevant, wenn der Lieferant wesentliche Erkenntnisse aus den IoT-Lösungen gewonnen hat, was wiederum eine ausreichende Anzahl von Geschäftskunden erfordert, die die IoT-Lösung über einen längeren Zeitraum nutzen. Daher liegt der Fokus beim Ableiten des Wertes für den Geschäftskunden von IoT-Lösungen nicht auf diesen lieferantenzentrierten Wertkategorien.[147]

b) Übersicht der Werthebel

126 Aufbauend auf dem vorliegenden Modell zur Bewertung von IoT-Lösungen können die ausgewählten (dh für den Geschäftskunden relevanten) Wertkategorien mit einem Werthebelansatz operationalisiert werden. So kann beim **(1) Frontstage-Value smarter Prozes-**

---

[146] *Baltuttis et al.*, Towards effective monetization of the Internet of Things: A conceptual model to assess the value of IoT-solutions in an industrial context, Arbeitspapier.

[147] *Hines/Rich* International Journal of Operations & Production Management 17 (1997), 46; *Sternberg et al.* International Journal of Productivity and Performance Management 62 Nr. 1 (2012), 47.

se (Geschäftskunde) in internen Prozessen durch mehr Flexibilität, Qualität oder Effizienz Wert generiert werden, was zu einer allgemeinen Leistungssteigerung und zur Reduktion verschwenderischer Aktivitäten führt.[148] Im Einklang mit dem Konzept der sieben Verschwendungsarten in der Produktion, können folgende Unterkategorien gebildet werden: **Verringerung falscher Prozesse, Verringerung Ausschuss, Verringerung Wartezeiten, Verringerung unnötiger Abläufe, Verringerung Überproduktion, Verringerung hoher Bestände** und **Verringerung Transporte.**[149]

Falsche Prozesse meint die unnötig hohe Komplexität von Prozessen bzw. den Einsatz unflexibler Prozesse sowie den übermäßigen Einsatz von Ressourcen zur Aufrechterhaltung von Prozessen. **Ausschüsse** sind fehlerhafte Teile aufgrund unzureichender Qualität, deren Bearbeitung zusätzlichen Aufwand verursacht. **Wartezeiten** treten auf, wenn unnötige Verzögerungen zB bei der Anlieferung von Waren auftreten und es eine Abhängigkeit beim folgenden Prozessschritt gibt. **Unnötige Abläufe** beziehen sich auf unnötige Bewegungen von Menschen, zB übermäßig aufwendige Koordination von Entscheidungen. **Überproduktion** entsteht, wenn Produkte hergestellt werden, die über der Nachfrage des Marktes liegen. Dies führt zu unnötigen Lagerbeständen und unverkauften Produkten. **Hohe Bestände** betrifft die Lagerung von Produkten, Zwischenprodukten oder Rohstoffen in unnötiger Höhe. **Transport** ist eine nichtwertschöpfende Tätigkeit und beschreibt die unnötige Verlagerung von Gütern an einen anderen Ort. Für jede dieser Unterkategorien sollen im Folgenden ausgewählte Werthebel mit exemplarischen IoT-Lösungen und Ursache-Wirkungs-Beziehungen vorgestellt werden. 127

Der **(1) Frontstage-Value smarter Prozesse (Geschäftskunde)** wird durch **Verringerung falscher Prozesse** positiv beeinflusst. Dies kann bspw. durch IoT-Lösungen erfolgen, welche die Effizienz von Prozessen verbessern und den Ressourcenbedarf reduzieren. Beispiele hierfür sind eine Verringerung des Energiebedarfs, eine Verringerung des Bedarfs an Maschinen oder eine Verringerung des Personalbedarfs. Die **Verringerung** von **Ausschuss** kann zB durch die Erhöhung der Prozessqualität, die Erhöhung der Fehlererkennungsrate oder die Erhöhung der Wartungsqualität realisiert werden. Diese Werthebel können zB durch ferngesteuerte Lösungen zur Qualitätskontrolle oder vorbeugende Instandhaltung umgesetzt werden. Um eine **Verringerung** von **Wartezeiten** zu erreichen, müssen Rüst-, Stillstands- und ungeplante Wartungszeiten verringert werden. Dies kann zB mithilfe von Maschinen erreicht werden, die sich mit anderen Maschinen hinsichtlich der zur Verfügung stehenden Kapazitäten abstimmen und den Durchlauf zB von Werkstücken optimieren. Die **Verringerung unnötiger Abläufe** kann durch eine Verbesserung der autonomen Entscheidungsfindung von Maschinen oder durch einen Fernzugriff auf die Maschine durch den Menschen erreicht werden. Eine **Verringerung** von **Überproduktion** kann durch eine smarte Produktionsplanung die flexibel auf Angebots- und Nachfrageänderungen reagiert, umgesetzt werden. **Verringerung hoher Bestände** kann zB durch eine Erhöhung der Just-in-time-Lagerung oder eine Erhöhung der Transparenz der Lieferkette erreicht werden. Eine Möglichkeit bieten dabei zB IoT-Lösungen zur Nachverfolgung von Waren in Echtzeit. Die **Verringerung** von **Transporten** wird durch die Verringerung der Transportdistanzen oder die Erhöhung der logistischen Reaktionsfähigkeit positiv beeinflusst. Dies kann zB durch den Einsatz intelligenter Leitsysteme, die den Transport von Waren optimal steuern, erreicht werden.[150] 128

Der **(2) Frontstage-Value smarter Produkte und Services (Endverbraucher)** bezieht sich auf die Verbesserung des Leistungsversprechens von Produkten und Services. Dieser Frontstage-Value wird entsprechend der **Bedürfnisse** des Endverbrauchers in 129

---

148 *Hines/Holweg/Rich* International Journal of Operations & Production Management 24 Nr. 10 (2004), 994.

149 *Hines/Rich* International Journal of Operations & Production Management 17 (1997), 46; *Melton* Chemical Engineering Research and Design 83 Nr. 6 (2005), 662.

150 *Arnold/Kiel/Voigt* International Journal of Innovation Management 20 Nr. 8 (2016); *Fähnle et al.* in 26th European Conference on Information Systems (ECIS) 2018; *Porter/Heppelmann* Harvard Business Review 93 Nr. 10 (2015), 1; *Sjödin et al.* Research-Technology Management 61 Nr. 5 (2018), 22.

funktionale und **nichtfunktionale** gegliedert. Nichtfunktionale Elemente zielen dabei zB auf Emotionen, veränderte Lebensumstände oder soziale Aspekte ab. Nichtfunktionale Elemente sind daher ausschließlich für B2C-Beziehungen relevant. Funktionale Elemente hingegen sind sowohl für B2B- als auch für B2C-Beziehungen relevant. Basierend darauf kann der Frontstage-Value von Produkten und Services des Endverbrauchers in zwei Kategorien unterteilt werden, nämlich **Erhöhung des funktionalen Werts** und **Erhöhung des nichtfunktionalen Werts.** Für beide Unterkategorein werden ausgewählte Werthebel basierend auf IoT-Lösungen vorgestellt. Die **Erhöhung des funktionalen Werts** kann bspw. durch den Einsatz von IoT-Lösungen erhöht werden, die die Personalisierung von Funktionen oder die Echtzeitbereitstellung von Services ermöglichen. Die **Erhöhung des nichtfunktionalen Werts** hingegen bezieht sich eher auf subjektive Faktoren, die die Wahrnehmung des Endverbrauchers in Bezug auf den Wert des Produkts oder des Services in den Mittelpunkt stellen. Zu den Werthebeln in dieser Unterkategorie gehören zB die Personalisierung emotionaler Attribute, ein verbessertes Design oder eine erhöhte Nachhaltigkeit.[151]

130 Der **(3) Backstage-Value smarter Produkte und Services (Geschäftskunde)** kann analog zu (2) in funktional und nichtfunktional gegliedert werden. Eine **Erhöhung des funktionalen Werts** kann zB erreicht werden, indem in die Entwicklung von IoT-basierten Produkten und Services investiert oder das Wissen über das Design neuer Geschäftsmodelle gesteigert wird. Da IoT-Lösungen den Geschäftskunden und Endverbraucher integrieren, kann die Beobachtung des Kundenverhaltens genutzt werden, um Produkte, Services und Geschäftsmodelle zu gestalten oder zu verbessern. Durch eine **Erhöhung des nichtfunktionalen Werts** kann zB Stärkung der Marke des Unternehmens oder durch bessere Kundenbeziehungen ermöglicht werden. IoT-Lösungen ermöglichen hier einen engen Kontakt des Geschäftskunden mit dem Endverbraucher.[152]

V. Zusammenfassung und Einordnung der wesentlichen Erkenntnisse

131 Um das IoT als eine der aktuellen und zukünftigen Schlüsseltechnologien besser zu verstehen, hat sich dieses Kapitel mit der **konzeptionellen Ausgangslage** und dem **ökonomischen Potenzial** des IoT beschäftigt. Dazu wurde in → Rn. 7 ff. zunächst auf das einzelne smarte Gerät und dadurch neu entstehende Interaktionsformen eingegangen. In → Rn. 50 ff. wurde die Vernetzung von einzelnen smarten Geräten hin zu smarten Ökosystemen und die damit verbundene Entstehung von neuen innovativen Services näher betrachtet. → Rn. 100 ff. beschäftigten sich abschließend mit dem ökonomischen Potenzial von IoT im Konsumentenbereich sowie im industriellen Kontext.

132 Die wesentlichen Erkenntnisse, die sich daraus für Unternehmen und Führungskräfte ergeben, werden im Folgenden noch einmal zusammengefasst. Es ist wichtig ist zu verstehen, dass im IoT rein physische Objekte mit Sensoren, Aktoren und Rechenleistung ausgestattet und dem Internet verknüpft werden. Die dadurch entstehenden smarten Geräte werden zu selbstständigen Akteuren in einer vernetzten Gesellschaft und tragen zu einer zunehmenden Verschmelzung von digitaler und physischer Welt bei. Dabei kann die Vielzahl am Markt verfügbarer Geräte anhand einschlägiger Merkmale unterschieden werden. Ein smartes Gerät verfügt zwar auf einer übergreifenden Ebene über gleiche konstitutionelle Merkmale (zB Aktorik, Sensorik, Fähigkeit zur Interaktion, Nutzung und Verwendung von Daten, Bereitstellung von digitalen Services). Diese Merkmale können sich jedoch hinsichtlich ihrer Ausprägung von **smartem Gerät** zu smartem Gerät deutlich unterscheiden. Dabei gibt es **zwei übergreifende Gruppen:** Zum einen smarte Geräte, die ihre Funktion in der Realwelt um einen digitalen Service erweiterten (zB der smarte

[151] *Fähnle et al.* in 26th European Conference on Information Systems (ECIS) 2018; *Gierej* Engineering Management in Production and Services 9 Nr. 1 (2017), 56.

[152] *Gierej* Engineering Management in Production and Services 9 Nr. 1 (2017), 56.

Staubsaugerroboter, der über das Smartphone gesteuert werden kann), und zum anderen smarte Geräte, die in der Realwelt letztendlich nur einen physischen Platzhalter haben, um den digitalen Service zur Verfügung zu stellen (zB smarte Sprachassistenten, die aufgrund ihrer Fähigkeit lernen zu können, sich an das Nutzerverhalten anpassen). Innerhalb der Gruppen können die smarten Geräte anhand weiterer Merkmale wie zB deren Autonomie oder Ökosystemintegration noch einmal genauer unterschieden werden. Für Unternehmen und Führungskräfte ist es wichtig zu verstehen, dass sich smarte Geräte unterscheiden lassen. In Abhängigkeit von den Kunden, die ein Unternehmen erreichen möchte und welche Ausrichtung ein Unternehmen verfolgt, können sich smarte Geräte in einem Produktportfolio oder in einem Unternehmensprozess ganz unterschiedlich einfügen und ausgestalten. Da sich das smarte Gerät zudem als zusätzlicher Akteur in die klassische Kunden-Anbieter-Beziehung einfügt (dh ein smartes Gerät integriert als Grenzobjekt zwischen Kunde und Unternehmen), ist es wichtig zu verstehen, dass dadurch innovative Interaktionsbeziehungen bzw. Interaktionsmuster entstehen, welche sich bis hin zu komplexeren Netzwerken ausbauen lassen. Diese bieten das Potenzial, neue Services oder gänzlich neue Geschäftsmodelle zu diskutieren und zu entwerfen. Die unterschiedlichen Interaktionsmuster sollen Unternehmen und Führungskräfte zudem dazu anregen, darüber nachzudenken, welche Netzwerkpartner (dh Kunden und weitere Unternehmen) auf welche Art einzubinden sind.

Die **Vernetzung** von **smarten Geräten** in komplexen Netzwerken ist ein weiterer 133
wesentlicher Aspekt des IoT. Das IoT wird vor allem dann sein volles Potenzial entfalten können, wenn Unternehmen und Führungskräfte in Ökosystem-Kategorien denken. Grund ist, dass durch die Vernetzung und Interaktion von smarten Geräten untereinander sowie mit dem Menschen **Services** entstehen, die **über** die **singulare Produkt-Service-Kombination** eines einzelnen smarten **Geräts hinausgehen.** Das Denken in Ökosystemen sollte sich dabei aber nicht nur auf die Grenzen des eigenen Unternehmens beschränken, sondern erfordert zwingend auch Überlegungen, wie eine Zusammenarbeit mit anderen Unternehmen, mit dem Ziel innovative Geschäftsmodelle und Services zu entwickeln, aussehen kann. Um letztendlich IoT-Ökosysteme zu gestalten, gilt es eine Vielzahl weiterer Anforderungen (zB Schaffung von Vertrauen zwischen den Teilnehmer am Ökosystem, Sicherstellung der Skalierbarkeit) und damit verbundene Design Prinzipien zu berücksichtigen.

Wie das vorliegende Kapitel zeigt, erstreckt sich das Potenzial des IoT über die gesamte 134
Wertschöpfungskette vom Endkunden bis hin zum Unternehmensnetzwerk. Im Endkonsumentenbereich ergänzen oder verdrängen smarte Geräte mobile Anwendungen und bilden dabei als Akteure die Schnittstelle zwischen Kunde und Unternehmen. Aufgrund einschlägiger Merkmale (dh Kontextfähigkeit, neue Interaktionsmöglichkeiten, Autonomie) von smarten Geräten können Unternehmen dem Endkunden nun eine Vielzahl neuer Services zur Verfügung stellen (zB eine smarte Waschmaschine, die sich eigenständig dosiert, die Wäsche wäscht und Waschmittel eigenständig nachbestellt).

Im industriellen Kontext bietet IoT das Potenzial, dass sich Produkte entsprechend der 135
zur Verfügung stehenden Kapazitäten selbstständig durch den Produktionsprozess koordinieren und auch noch im Gebrauch beim Endkunden in Interkation mit dem Unternehmen stehen, sodass die gewonnenen Daten zur Optimierung des Produkts aber auch der Unternehmensabläufe genutzt werden können. Zudem bietet das IoT das Potenzial, interne Prozesse zu unterstützen oder gänzlich neu auszugestalten, was wiederum Zeit- und Kostenvorteile mit sich bringt. Dabei vernetzen sich zum einen Maschinen, Anlagen und Produkte innerhalb der Fabrik, zum anderen wird eine fabrikübergreifende Vernetzung (dh innerhalb und außerhalb der Unternehmensgrenzen) ermöglicht. Dabei können Unternehmen ihre IoT-Lösungen sowohl intern als auch extern bereitstellen. So entstehen smarte Wertschöpfungsnetzwerke (smarte Ökosysteme), die gegenüber heute bestehenden Strukturen effizientere Abläufe, aber eben auch innovative Produkte und Geschäftsmodelle ermöglichen. Der vorliegende Abschnitt dieses Buches zeigt dabei auch, dass innerhalb

dieser Netzwerkstrukturen die Preisfindung zwischen den einzelnen beteiligten Akteuren neu gedacht werden muss, da es eine Verschiebung von aufwandsbasierten zu wertbasierten Ansätzen gibt.

136 Für Unternehmen bietet das IoT ganz unterschiedliche Einsatzmöglichkeiten. Diese sind abhängig vom Unternehmenstyp und dessen Kontextfaktoren, von den Kunden, die ein Unternehmen erreichen möchte, und davon, welche interne und externe strategische Ausrichtung ein Unternehmen verfolgt. Unternehmen und Führungskräfte sollten daher in einem ersten Schritt evaluieren, welchen Mehrwert das IoT im Unternehmen leisten kann und erst in einem zweiten Schritt die Realisierung angehen. Ganz sicher werden dabei Aspekte der Vernetzung innerhalb und über Unternehmensgrenzen hinaus sowie die Zusammenarbeit einerseits mit Kunden, andererseits mit weiteren Unternehmen über Branchengrenzen hinweg zukünftig noch stärker in den Fokus rücken. Was dies im Einzelfall für Unternehmen bedeutet und welche rechtlichen Fragestellungen damit einhergehen, wird in den weiteren Kapiteln erörtert.

2. Teil. Strukturen

§ 3 Kommunikationsnetze und Devices

Übersicht

Literatur:

BEREC, Draft report on the impact of 5G on regulation and the role of regulation in enabling the 5G ecosystem, BoR (19) 245; *BEREC,* Enabling the Internet of Things, BoR (16) 39; *BEREC,* Internet of Things Indicators, BoR (19) 25; *BEREC,* Study on Implications of 5G Deployment on Future Business Models (DotEcon/Axon Partners Group), BoR (18) 23; *Binder Grösswang* (Hrsg.), Digital Law. Rechtliche Aspekte der Digitalisierung, Wien 2018; *Böttcher,* Welche Netzwerke braucht die IoT-Kommunikation?, Computerwoche 25.4.2016, www.computerwoche.de/a/welche-netzwerke-braucht-die-iot-kommunikation,3227026 (25.4.2016); *Capgemini,* IoT-Sicherheit: Sind Sie gewappnet für 200 Milliarden vernetzte Geräte in 2020?, www.capgemini.com/de-de/2018/10/internet-of-things-sicherheit/ (25.10.2018); *Dod,* Network Slices – Das Ende der Netzneutralität, IVM-Whitepaper 2016/3; *FierceWireless* (Hrsg.), Whitepaper LTE-M and NB-IoT: New Technologies Bring Many Advantages, Some Concerns 3/2020; *Gartner,* Gartner Says 5.8 Billion Enterprise and Automotive IoT Endpoints Will Be in Use in 2020, Press Release 29.8.2019, www.gartner.com/en/newsroom/press-releases/2019-08-29-gartner-says-5-8-billion-enterprise-and-automotive-io (29.8.2019); *Haug,* Grundwissen Internetrecht, 3. Aufl., Stuttgart 2016; *Hetmank,* Internetrecht, Wiesbaden 2016; *Johannig/Mildner,* Car IT kompakt, Wiesbaden 2015; *Kerber/Schweitzer,* Interoperability in the Digital Economy, Deutsche Gesellschaft für Recht und Informatik e.V., http://www.jipitec.eu/issues/jipitec-8-1-2017/4531 (10.12.2019); *Knyrim* (Hrsg.), Praxishandbuch Datenschutzgrundverordnung, Wien 2016; *Krieger,* Cyberangriff durchs Aquarium, SZ 12.2.2019, www.sueddeutsche.de/wirtschaft/hacker-cyberangriff-durchs-aquarium-1.4327003 (12.2.2019); *Lasku/Pichai et al.*, Realizing the potential of the Internet of Things with 5G, Prism 1/2020, 76; *Maxwell/Devisme,* Internet of Things – A Fast Forward to the Future, Global Media and Communications Watch 14.6.2019, www.hlmediacomms.com/2019/06/14/__trashed-2/ (14.6.2019); *Mawell/Zou et al.*, A comparison of IoT regulatory uncertainty in the EU, China, and the United States, Washington 2019; *Metzner,* 6 Beispiele wie das IoT Unternehmen voranbringt, Industry of Things 26.4.2018, www.industry-of-things.de/6-beispiele-wie-das-iot-unternehmen-voranbringt-a-707568/ (26.4.2018); *Moßner,* IoT-Trends 2018: „IoT-Angriffe werden unser Leben bedrohen“, Industry of Things 2.1.2018, www.industry-of-things.de/iot-trends-2018-iot-angriffe-werden-unser-lebenbedrohen-a-673759/ (2.1.2018); *Pollierer,* Internet of Things und Datenschutz, Dako 3/2019, 57; *Pradler,* Wie IoT-Geräte für Konsumenten nützlicher werden, Digitale Welt 27.2.2018, digitaleweltmagazin.de/2018/02/27/wie-iot-geraete-fuer-konsumenten-nuetzlicher-werden/ (27.2.2018); *Qusay* (Hrsg.), Internet of Things A to Z, Technologies and Applications, New Jersey 2018; *Raffling/Schock* (Hrsg.), Digitale Wirtschaft und Industrie 4.0, Wien 2018; *Ropper,* Grundlagen der Nachrichtentechnik, München 2018; *Ross,* EU-Kommission will Zertifizierung für sichere Internetgeräte schaffen, heise online 25.10.2018, www.heise.de/ix/meldung/EU-Kommission-will-Zertifizierung-fuer-sichere-Internetgeraete-schaffen-4202642.html (25.10.2018); *Rouse,* IoT Devices (internet of things devices), internetofthingsagenda.techtarget.com/definition/IoT-device (5.5.2020); *Sassenberg/Faber* (Hrsg.), Rechtshandbuch Industrie 4.0 und Internet of Things, München 2017; *Sauter,* Grundkurs Mobile Kommunikationssysteme, 7. Aufl., Wiesbaden 2018; *Senger,* IoT-Plattformen sind Voraussetzung für Industrie 4.0, Digitale Welt 27.2.2018, digitaleweltmagazin.de/2018/02/27/iot-plattformen-sind-voraussetzung-fuer-industrie-4-0/ (27.2.2018); *Wachter,* 5G: Neuer Schwung für das IoT?, Funkschau 21.5.2019, www.funkschau.de/markt-trends/5g-neuer-schwung-fuer-das-iot.165581.html (21.5.2020).

I. Kommunikationsnetze/Infrastruktur/Devices

1. Einleitung

1 Die Vernetzung der Welt passiert. Und sie passiert immer schneller. Wahrscheinlich ist diese Entwicklung nur die logische Folge der „Vermessung der Welt", die mit *Gauß* und *Humboldt* einsetzte und von der uns *Daniel Kehlmann* in seinem Roman berichtete. Immer kleinere und gleichzeitig leistungsfähigere Chips machen es möglich, Dinge der physischen Welt im digitalen Raum miteinander zu verbinden.

2 Mit der Weiterentwicklung der Sensortechnik entstehen neue Möglichkeiten, Daten zu Informationen zu verarbeiten und daraus neue Services und Anwendungen zu entwickeln, die uns bis vor kurzem in dieser Art nicht vorstellbar erschienen. Zentrales Ziel ist dabei, die **weitgehende Digitalisierung bekannter analoger Prozesse** zu erreichen, mit dem Fokus, dadurch zu effizienteren Ergebnissen zu gelangen.

3 Diese Automatisierung durch Vernetzung betrifft mittlerweile alle Lebensbereiche. Nicht nur die industrielle Fertigung, **Stichwort „Industrie 4.0"**, die weitestgehend eine **statische Vernetzung** voraussetzt, ist davon erfasst, sondern auch **jede Art von mobilen Anwendungen,** bei denen eine Kommunikation zwischen physischen Objekten ohne oder nur mit eingeschränkter menschlicher Beteiligung stattfindet. Die Fernwartung von Flugzeugtriebwerken, die im Betrieb die Lieferung eines Ersatzteils an den Zielflughafen auslöst, oder autonome U-Bahnen sind heute schon prominente Beispiele dafür.

4 Neben der industriellen Vernetzung von Dingen **(Industrial Internet of Things (IIoT))** findet eine solche auch bei vielen Anwendungen und Prozessen des täglichen Lebens statt **(Consumer Internet of Things (CIoT)).** Die wesentliche Verbesserung der Leistungsfähigkeit der zur Verfügung stehenden Kommunikationsinfrastrukturen ist dabei von entscheidender Bedeutung. Es ist daher nur verständlich, wenn sich ein Buch wie dieses einleitend mit den technischen Grundlagen von IoT aus Sicht der zugrundeliegenden Kommunikationsinfrastruktur auseinandersetzt und mit den damit korrelierenden Fragen der sektorspezifischen Regulierung in Verbindung setzt. Dabei scheint es jedenfalls zulässig von der **Netzinfrastruktur als „[...] Mutter der Digitalisierung!** [...]" zu sprechen.[1]

5 IoT-Anwendungen treten abhängig vom Zweck, den sie erfüllen sollen, in ganz verschiedenartiger Form auf. Sie können wie erwähnt vollkommen statisch sein, aber auch im Wesentlichen mobil, oder in einer Kombination von beidem auftreten. Wir müssen daher je nach Anwendung unterscheiden, welche technischen Voraussetzungen die genutzten Infrastrukturen erfüllen müssen, um den jeweiligen Anforderungen gerecht zu werden.

6 Dabei sind Fragen über die **Bandbreite,** die **Latenz** und die **Netzstabilität** zu stellen und zu klären, wer diese im Rahmen der Erbringung der IoT-Leistungen bereitstellt bzw.

[1] www.ots.at/presseaussendung/OTS_20190828_OTS0174/die-infrastruktur-ist-die-mutter-der-digitalisierung (8.5.2020).

für die Bereitstellung verantwortlich ist. Welche Netztechnologie im Einzelfall zur Anwendung kommt, ist eine individuelle Entscheidung. Meist stehen mehrere Möglichkeiten zur Verfügung. Ausgehend von den technischen Voraussetzungen werden in diesem Kapitel kurz auch die wesentlichen rechtlichen und regulatorisch relevanten Fragestellungen im Überblick beleuchtet.

Festzuhalten ist, dass zum jetzigen Zeitpunkt die einzelnen mit IoT-Anwendungen zu- 7
sammenhängenden Fallkonstellationen noch nicht abschließend juristisch erfasst und ausjudiziert sind. Es ist auch weitestgehend offen, wie weit die aktuelle regulatorische Toolbox, die noch in die 1990er Jahre zurückreicht und derzeit die Basis für die nationale Gesetzgebung ist, überhaupt noch ausreicht, bzw. in wie weit es mit dem neuen Kodex für elektronische Kommunikation (EECC[2]) gelungen ist, ausreichend Abhilfe zu schaffen.[3] Dieses Kapitel unternimmt damit auch den Versuch, die einschlägigen Fragestellungen zu identifizieren und will, wo möglich, auch neue Lösungsansätze vorstellen.

Folgende Grundgedanken sind dabei als leitende Hypothesen zu IoT den kommenden 8
Ausführungen zu Grunde gelegt:

- IoT funktioniert nur, wenn eine, der jeweiligen IoT-Anwendung entsprechende, Netzinfrastruktur für elektronische Kommunikation vorhanden ist. Aber **nicht jede Ausprägung von IoT funktioniert auch mit jeder Art von Netzinfrastruktur.**
- Die Vernetzung physischer Dinge erfolgt grundsätzlich, aber nicht ausschließlich über Plattformen auf Basis von mobilen Netzinfrastrukturen. Die **Verantwortlichkeiten für das Funktionieren einer Anwendung sind auf der Netzseite durch physikalische Einschränkungen begrenzt.**
- Bei der Beurteilung rechtlicher Fragestellungen ist eine **klare Abgrenzung** zwischen **Plattforminfrastruktur** und **Netzinfrastruktur** vorzunehmen.
- Neben dem Datenschutz und der Datensicherheit kommt im Bereich von IoT der **Netzintegrität** und der **Netzsicherheit** eine besonders **wichtige Rolle** zu, um mit IoT-Anwendung langfristig nachhaltige neue Geschäftsmodelle zu entwickeln.
- Es ist ein holistischer Ansatz bei der Beurteilung einzelner Sachverhalte zu wählen, der Anwendung, Plattform, vernetztes Objekt und Infrastruktur als technische Voraussetzungen, von denen rechtsrelevante Fragestellungen ausgehen, gesamthaft erfasst. **Interoperabilität** ist eine **zentrale Frage** auf allen Ebenen, um einen **positiven Wettbewerb** und **Innovation in Zukunft** sicherzustellen.

Es ist nicht möglich, eine generelle Betriebsanleitung für IoT-taugliche Infrastruktur für 9
elektronische Kommunikation zu schreiben. Um dem Thema gerecht zu werden, ist deswegen ein strukturierter Ansatz zu wählen, der sich zuerst aus Infrastrukturperspektive eine Definition für das durchaus breite Feld möglicher IoT-Anwendungen bereitlegt und darauf aufbauend potentielle Netzarchitekturen beschreibt. Zum Abschluss soll in einem Exkurs noch auf spezifische Fragestellungen aus dem Blickwinkel von IoT-Devices eingegangen werden.

Dabei ist klarzustellen, dass unter dem Terminus Netzinfrastruktur nicht zwingend ein 10
gängiges öffentlich zugängliches Kommunikationsnetz verstanden werden muss. Unter diesem Begriff können eine Vielzahl verschiedener Möglichkeiten einer Netzarchitektur verstanden werden. Das können rein örtlich begrenzte Infrastrukturen sein, die entweder feste Netztechnologie nutzen, auf bestimmten, nicht der öffentlichen Kommunikation vorbehaltenen Frequenzbereichen funktionieren oder aber auch räumlich oder technisch eingegrenzte Teilbereiche in öffentlichen Netzen (beispielsweise bei 5G Netzen, wo bestimmte Network Slices[4] für einen konkreten Zweck vorgehalten werden können).

[2] European Electronic Communication Code Richtlinie (EU) 2018/1972 v. 11.12.2018 über den europäischen Kodex für die elektronische Kommunikation.

[3] Beispiele sind die Nutzung von beschränkten Nummernressourcen für IoT-Anwendungen oder die ausländische Nutzung von geografischen Rufnummern.

[4] Network Slice ist ein für bestimmte Anwendungen innerhalb eines physischen Mobilnetzes reserviertes virtuelles Netz (= slice).

11 Auch die Reservierung bestimmter Frequenzbereiche für private Netze ist eine Möglichkeit. Dieses Modell wurde zuletzt in Deutschland von der Bundesnetzagentur im Zuge der Versteigerung des C-Bandes (3.4 GHz bis 3.8. GHz)[5] im ersten Halbjahr 2019 vorgesehen.[6] Für eine Beurteilung des jeweiligen Sachverhaltes aus rechtlicher und regulatorischer Sicht ist diese Differenzierung wesentlich. Es ist, wie auch nachfolgend noch genauer gezeigt werden wird, davon auszugehen, dass aktuell eine größere Zahl von IoT- und M2M-Anwendungen auf anderen mobilen und festen Netzarchitekturen aufbauen als den uns geläufigen und öffentlich zugänglichen. Insbesondere **5G wird** auf jeden Fall dazu **beitragen,** dass sich die **Grenzen des Infrastrukturwettbewerbs** immer weiter **verschieben.**

12 In einer von Vodafone bei Machina Research beauftragten Studie aus 2014 wird davon ausgegangen, dass im Jahr 2024 nur mehr weniger als ein Prozent der für M2M und IoT-Anwendung genutzten Verbindungen auf klassischen Netzinfrastrukturzugängen beruhen werden.[7] Zu berücksichtigen ist, dass nicht jede bereitgestellte Infrastruktur einem besonderen bzw. einem einheitlichen Regulierungskonzept unterliegt. Voranzustellen ist allerdings die im Nachgang sicher noch detaillierter zu diskutierende Hypothese, dass jede heute der Kommunikationsnetzregulierung unterliegende IoT-Infrastruktur jedenfalls als Kommunikationsdienst zu beurteilen sein wird, wobei hier wiederum bei der Beurteilung der Regulierungsintensität die konkrete Position des einzelnen Bereitstellers des jeweiligen Kommunikationsdienstes heranzuziehen sein wird.

13 In den nachfolgenden Ausführungen soll zwar auf die potentiell zu beachtenden Arten von Netzwerken im Überblick einggangen werden, in der rechtlichen und regulatorischen Betrachtung wird aber der Fokus auf Narrowband IoT-Lösungen basierend auf gängigen Mobilfunktechnologien allgemein und 5G-Technologie im Speziellen gelegt. Wie noch zu zeigen ist, gibt es für IoT-Lösung mannigfaltige technische Zugangslösungen. Einige davon können für ganz bestimmte Anwendungsbereiche auch sehr gute Ergebnisse erzielen.

14 Zum besseren Verständnis der folgenden Ausführungen ist vorwegzuschicken, dass sich für die globale Einsatzfähigkeit von Lösungen, und für die Standardisierung einerseits der Netzwerkkomponenten aber andererseits auch der vielen unterschiedlichen Devices, auf die wir am Ende dieses Beitrages noch eingehen werden, immer mehr zeigt, dass Narrowband-IoT im speziellen und ganz generell **5G-Technologie** als die **erfolgsversprechenden Netzzugangstechnologien** gesehen werden können. Die aktuellen globalen **Standardisierungsbestrebungen** laufen bereits. Vor allem die Mobilfunkindustrie setzt große Hoffnung darauf, durch den neuen 5G-Standard ihre Geschäftsmodelle durch IoT-Anwendungen zu erweitern. 5G bietet aber auch eine gute Möglichkeit die dringend notwendigen Sicherheitsstandards insbesondere bei den IoT-Devices voran zu bringen.

15 Besonderes Augenmerk ist auf den EECC vom Dezember 2018[8] zu richten, der eigentlich bis Ende 2020 in den nationalen Rechtsordnungen umzusetzen gewesen wäre. Leider sind nur wenige Staaten dieser Pflicht nachgekommen, was für die kommenden Monate zu unnötiger Rechtsunsicherheit führen wird.[9] Einerseits hat man mit diesem Regelwerk den Versuch unternommen, im Bereich der elektronischen Kommunikation eine Verbesserung der Wettbewerbsfähigkeit (gemeinsames „level playing field") zwischen allen Beteiligten zu erreichen, andererseits ist erkennbar, dass sich der europäische Gesetzgeber wei-

[5] C-Band: bedeutet „core" – Band und bezeichnet jene Frequenzbänder, die für die Kernanwendungen von 5G reserviert sind.

[6] BNetzA, Pressemitteilung v. 31.10.2019, 5G-Frequenzgebühren für lokale Anwendungen, www.bundesnetzagentur.de/SharedDocs/Pressemitteilungen/DE/2019/20191031_LokalesBreitband (8.5.2020).

[7] BEREC BoR (16) 39, S. 4.

[8] Richtlinie (EU) 2018/1972 v. 11.12.2018 über den europäischen Kodex für die elektronische Kommunikation.

[9] Am 4.2.2021 hat die EU-Kommission daher ein Vertragsverletzungsverfahren gegen 24 EU-Mitgliedstaaten einschließlich Deutschland eingeleitet, vgl. https://ec.europa.eu/germany/news/20210204-telekommunikationsvorschriften-vertragsverletzungsverfahren_de (28.2.2021).

terhin stark am Konzept der interpersonellen Kommunikation orientiert und dabei den Anforderungen der Maschinenkommunikation nicht überall gerecht werden kann.[10]

Inwieweit im Zuge der Umsetzung in nationales Recht Ermessensspielräume zur Verbesserung der Wettbewerbsfähigkeit bei IoT-Anwendungen genutzt werden, liegt also in der Hand der nationalen Regierungen und Parlamente. Darin versteckt sich allerdings die Gefahr, dass es wiederum zu einer besonders starken Fragmentierung innerhalb Europas kommt, mit dem Risiko eines relevanten Wettbewerbsnachteils gegenüber den Wirtschaftsräumen in Asien und in den USA. Im Sinne einer möglichst großen Harmonisierung kommt hier der Zusammenarbeit aller europäischen Regulierer im Rahmen des **Board of European Regulators for Electronic Communication** (BEREC) eine besondere Bedeutung zu, wenn es um die harmonisierte Regulierung der zugrundeliegenden Netzinfrastrukturen geht. 16

Der Klärung der Frage über die der **Interoperabilität** von **Plattformen** und damit zusammenhängend **vernetzten Objekten (Devices)** wird in Zukunft sowohl rechtlich als auch technisch eine immer **stärkere Bedeutung** zukommen. Anders als es im horizontalen Bereich auf Ebene der Kommunikationsnetze durch klare Terminierungsregelungen und Zusammenschaltungsverpflichtungen sichergestellt ist, bestehen im Bereich von IoT-Plattformen im Speziellen und im Plattformbereich generell keine vergleichbaren Regelungen. Auch im EECC finden sich dazu keine abschließenden Regelungen. 17

Dieses Kapitel wird sich dazu parallel zu den Überlegungen über die Netzinfrastrukturen auch mit den konkreten Fragestellungen zu vernetzten Objekten **(Devices)** selbst widmen, die im Kontext von IoT eine Schlüsselrolle einnehmen. Ausgehend von unterschiedlichen Device-Typen, die man im Wesentlichen in die Kategorien **Consumer, Enterprise** und Industrial einteilen kann, geht es bei diesen Ausführungen einerseits darum Anwendungen, die mit der Vernetzung einzelner Dinge möglich gemacht werden, zu beschreiben, andererseits aber auch um die den vernetzten Objekten, die oft nur für einen ganz bestimmten Zweck eingesetzt werden sollen und zumeist, wie beispielsweise Sensoren, auch massenhaft zur Verfügung gestellt werden, immanenten Risiken für das gesamte IoT-**Ökosystem** einschließlich der Netzinfrastruktur. Gerade diese Risiken werden heute oft noch unterschätzt und kommerziellen Vorteilen untergeordnet. Auf Ebene der vernetzten Objekte sind daher die Fragen zur Netzsicherheit und Netzintegrität genauso wie die Fragen der Interoperabilität zentral. 18

Bei beiden Fragekomplexen ist es wichtig, die Funktion der vernetzten Objekte gemeinsam mit der Netzinfrastruktur zu diskutieren. Bei der Interoperabilität deshalb, weil die vernetzten Objekte oftmals einen integralen Bestandteil der IoT-Netze selbst darstellen und hier gerade auf **IoT-User-Ebene** ein unerwünschter Wettbewerbsnachteil durch sog. *lock in* wie es heute ja bei einzelnen Anwendungen erkennbar ist,[11] eintritt. Diese nicht zufriedenstellende Situation kann sich nachhaltig negativ auf Investitions- und Innovationsbereitschaft auf allen Wertschöpfungsebenen auswirken. 19

Es stellt sich auch die Frage, wie weit durch Standardisierung auf Device-Ebene sowohl für dieses wettbewerbliche Problem, als auch für das angesprochene Sicherheitsproblem Abhilfe geschaffen werden kann. Bei der Netzsicherheit, der wir uns in diesem Beitrag noch ausführlich zuwenden werden, ist diese **Korrelation** zwischen Netz und Device noch stärker erkennbar und daher ebenso eine integrierte Betrachtung angebracht. 20

[10] *Maxwell/Devisme* Global Media and Communications Watch 14.6.2019.

[11] Bspw. wird heute im Bereich M2M in Automobilen noch oftmals eine SIM-Karte eines Betreibers verbaut und damit verhindert, dass der Service auch durch einen anderen Netzanbieter als dem Vertragspartner des Autoherstellers erbracht werden kann. Es sind hier technische Möglichkeiten vorzusehen, die einen Wechsel ermöglichen, ohne dass dazu kostspielige Umrüstungsmaßnahmen erfolgen müssen.

2. Definition IoT aus der Infrastrukturperspektive

21 Der Begriff IoT hat keine **bislang einheitliche, allgemein gültige Definition** und wird heute oft vielfältig verwendet. Gemeinsam ist dabei den verschiedenen Erklärungen, dass es jedenfalls um physische Dinge gehen muss, die mittels mobiler oder drahtloser Zugangstechnologie mit dem Internet verbunden und miteinander vernetzt sind. Die genau technische Ausgestaltung bleibt immer dem jeweiligen Einzelfall vorbehalten.

22 In erster Linie denken wir bei IoT heute an drahtlose Vernetzungen, allerdings ist diese Sichtweise so nicht ganz richtig. Vor allem die Maschinenkommunikation innerhalb von einem Unternehmen, zB in einer Produktionshalle, kann sehr wohl auch auf Basis einer drahtgebundenen Verbindung der betreffenden Maschinen untereinander und mit dem Internet erfolgen. Eine Hybridlösung aus Festnetztechnologie in Verbindung mit WLAN-Technik könnte eine andere Alternative sein. Eine **IoT-Lösung** muss also **nicht zwingend drahtlos** sein.

23 Mit der neuen 5G-Technologie, auf die nachfolgend (→ Rn. 13ff.) detailliert eingegangen wird, ergeben sich aber in naher Zukunft wichtige weitere Möglichkeiten der drahtlosen Vernetzung (zB Smart Cells, Campus Netze, uvm). Es ist davon auszugehen, dass diese Technologie bei der Errichtung und dem Betrieb von IoT-Netzwerken sehr bald eine gewichtige Rolle spielen wird. Diese Prognose ist deshalb valide, weil der **5G-Standard ganz speziell auch für IoT entwickelt** wurde und im Vergleich zu älteren Mobilfunktechnologien, die bereits aktuell für IoT im Einsatz sind, in der Lage ist, bestimmte Anwendungen parallel auszuführen, ohne dass es dadurch zu einer Leistungsbeeinträchtigung kommt.

a) Allgemeine Ansätze einer Definition

24 Einen ersten Entwurf, was denn mit IoT gemeint sein könnte, hat bereits *Nikola Tesla* in seinem Interview im Collieres Magazine vom 30. 1. 1926 gegeben, als er meinte:[12]

„[…] When wireless is perfectly applied the whole earth will be converted into a huge brain, which in fact it is, all things being particles of a real and rhythmic whole. We shall be able to communicate with one another instantly, irrespective of distance. "[…] and the instruments through which we shall be able to do this will be amazingly simple compared with our present telephone. A man will be able to carry one in his vest. […] When the wireless transmission of power is made commercial, transport and transmission will be revolutionized. […]".

Dieser zu seiner Zeit sicherlich ausgesprochen visionäre Ansatz kommt heute dem, was mit 5G alles möglich ist und sein wird, bereits sehr nahe.

25 Der Wissenschaftliche Dienst des Deutschen Bundestages wiederum erklärt den Begriff wie folgt:

„[…] Mit dem „Internet der Dinge" (engl: Internet of things) oder „Allesnetz" wird die Vernetzung von Gegenständen mit dem Internet verstanden, so dass diese Gegenstände über das Internet selbstständig kommunizieren und einen Material- oder Produktionsfluss festlegen. Die Verbindung der am Produktionsfluss beteiligten Systeme mit softwaretechnischen Komponenten wird als „cyber-physische Systeme" bezeichnet. Auf diese Weise wird der automatisierte Produktionsprozess mit moderner Informations- und Kommunikationstechnik verknüpft. Im internationalen Kontext werden häufig Bezeichnungen wie „cyber-physical systems", „advanced/smart/digital manufacturing", „smart factory" oder „advanced/smart/digital production/industry" für Industrie 4.0 verwendet […]".[13]

---

[12] paleofuture.gizmodo.com/nikola-teslas-incredible-predictions-for-our-connected-1661107313 (14.9.2019).

[13] Wissenschaftliche Dienste des Deutschen Bundestages, Aktueller Begriff: Industrie 4.0, Nr. 23/16 (26.9.2016), www.bundestag.de/resource/blob/474528/cae2bfac57f1bf797c8a6e13394b5e70/Industrie-4-0-data.pdf (14.9.2019).

Diese Erklärung stellt im Wesentlichen auf die zugrundeliegende Definition des Begriffes „Industrie 4.0“ ab und beschränkt sich damit auf die vorrangig industrielle Verwendung von IoT. Einerseits wird damit ein sehr wichtiges Anwendungsgebiet von IoT umfassend in einer Definition abgebildet, andererseits erscheint dies nicht weitgehend genug, um die von IoT ausgehenden Möglichkeiten auch vollumfänglich zu erfassen.

Ein darüber hinaus gehendes Verständnis von IoT zeichnet dagegen *Kevin Ashton,*[14] 26 dem die erstmalige Verwendung des Begriffes „Internet of Things“ im Jahr 1999 zugeschrieben wird, wenn er meint:

„[...] The fact that I was probably the first person to say ‚Internet of Things‘ doesn't give me any right to control how others use the phrase. But what I meant, and still mean, is this: Today computers – and, therefore, the Internet – are almost wholly dependent on human beings for information.[...] If we had computers that knew everything there was to know about things – using data they gathered without any help from us – we would be able to track and count everything, and greatly reduce waste, loss and cost. We would know when things needed replacing, repairing or recalling, and whether they were fresh or past their best. We need to empower computers with their own means of gathering information, so they can see, hear and smell the world for themselves, in all its random glory. RFID and sensor technology enable computers to observe, identify and understand the world – without the limitations of human-entered data.[...]“

Mit dieser Definition schlägt *Ashton* bereits die Brücke zum Themenbereich Artificial Intelligence, der eng mit den bereits umgesetzten und vielmehr noch zu erwartenden Potentialen von IoT zusammenhängt.

Mittel- und langfristig ist ja nicht durch **optimierte Maschinensteuerung** gestei- 27 gerte Effizienz eines Prozesses der alleinige Wert, der durch IoT erzielt werden soll, im Zentrum aller Bemühungen, sondern geht es darum, aus der Digitalisierung von industriellen, aber auch alltäglichen Prozessen Daten zu gewinnen, die für neue Erkenntnisse sorgen und wiederum in gewinnbringende Anwendungen umgesetzt werden können.

b) Definition in den europäischen Gremien

Das BEREC hat sich in seinem Report BoR(16) 39 vom Februar 2016 mit dieser Defini- 28 tionsfrage befasst und aus regulatorischem Gesichtspunkt klar festgestellt, dass das Thema IoT-Services einer laufenden Entwicklung unterliegt. Das macht es nach Ansicht der Regulierung schwer, eine genaue Definition festzulegen, was denn ein solcher Service sei und was als Objekt verstanden werden kann.[15]

M2M und **IoT** werden im Übrigen aus **Sicht der europäischen Regulierer** in einem 29 genannt, wobei Ersteres sich als Teilmenge von Zweiterem verstehen kann. Bereits 2010 wurde in einem Report on Convergent Services M2M als ein „[...] generisches Konzept zum Austausch von auf Daten basierenden Informationen zwischen zwei voneinander entfernt liegenden Maschinen über ein mobiles oder fixes Netzwerk ohne weiteren menschlichen Eingriff [...],“ beschrieben.[16] Dem folgend wurde in einer Studie der EU-Kommission zu IoT die Definition vorgenommen, dass „The Internet of Things enables objects sharing information with other objects/members in the network, recognizing events and changes so to react autonomously in an appropriate manner. The IoT therefore builds on communication between things (machines, buildings, cars animals, etc.) that leads to action and value creation“.[17]

Allen **Definitionen** gemein ist, dass es sich bei **IoT** um die **Verbindung aller mögli-** 30 **chen physischen Dinge über das Internet** handelt. Die Verbindungen werden dabei

[14] www.rfidjournal.com/articles/view?4986 (14.9.2019).
[15] BEREC BoR (16) 39, S. 5.
[16] BEREC BoR (10) 65, S. 6.
[17] „Definition of a Research and Innovation Policy Leveraging Cloud Computing and IoT-Combination“, Study prepared by the IDC and TXT for the European Commission, May 2015.

über unterschiedliche drahtlose Netzwerke ermöglicht, die dafür sorgen, dass Daten, die durch IoT-Devices gewonnen werden, untereinander bzw. über digitale Plattformen miteinander ausgetauscht werden.

31 Der Zweck des Datenaustausches definiert sich über die Zielsetzung der jeweiligen Anwendung. Streng genommen könnten wir heute so auch jedes Mobilfunknetz als eine, oder besser **die** grundlegende IoT-Anwendung bezeichnen, erfolgen doch die Verbindungen mit dem Kern-Netz eines Mobilfunknetzes neben der Luftschnittstelle jedenfalls IP-basiert. Und rein technisch macht es keinen Unterschied, ob zwischen den einzelnen Verbindungen zwei Mobiltelefone stehen oder ob es sich über das Netz miteinander verbundene IoT-Devices handelt, die Sensordaten austauschen.

c) Zusammenfassung

32 Wie weit oder wie eng auch immer man das Spektrum von M2M- und IoT-Services definiert, ist grundsätzlich dort von Bedeutung, wo es um konkrete Fragen der Anwendbarkeit von kommunikationsrechtlichen Vorschriften bei der Erbringung solcher Dienste geht. Hier ist vom bestehenden Regulierungskonzept ausgehend, auf die jeweils involvierte Netzinfrastruktur abzustellen.

33 Diese Herangehensweise kann aber im Lichte des Wettbewerbes zwischen einzelnen Netzen zu Verzerrungen führen, ist doch davon auszugehen, dass das derzeit in Geltung stehende Regulierungskonzept die mit IoT und M2M zusammenhängenden Besonderheiten aus technischer, rechtlicher und ökonomischer Sicht noch nicht ausreichend berücksichtigt.

34 Obwohl seitens BEREC davon ausgegangen wird, dass aktuell ein Überdenken noch nicht erforderlich erscheint,[18] ist es doch angebracht sich in nächster Zukunft näher mit dieser Definitionsfrage und ihren Implikationen auf den Rechtsrahmen für elektronische Kommunikation auseinander zu setzen. Der EECC bietet dazu sicher im Zuge der nationalen Umsetzung eine gute Möglichkeit. Es erscheint auch angebracht, sich im Lichte der aktuellen Diskussion auf europäischer Ebene zum Thema Plattformen auch näher mit der Bedeutung von bestehenden und zukünftigen Plattformen auf IoT-Systeme auseinanderzusetzen. Der Einfluss des **Plattformenwettbewerbs** auf innovative Weiterentwicklungen im IoT ist nicht hoch genug einzuschätzen, geht es doch auch bei IoT im Wesentlichen um Daten und deren Verarbeitung zu neuen Services und Produkten, die wiederum der Datengenerierung dienen.

3. IoT – technische und ökonomische Rahmenbedingungen

35 Soweit grundsätzliche Klarheit darüber besteht, was unter einem IoT-System zu verstehen ist und zu welchem Zweck ein solches System eingerichtet wird, sind zuerst jene technischen und ökonomischen Rahmenbedingungen festzulegen, welche unabhängig von der eingesetzten Technologie als allgemein gültig verstanden werden können.

36 Ausgehend von dem einleitend vorgenommenen Definitionsversuch (→ Rn. 21 ff.), soll an dieser Stelle für die weitere Behandlung des Themas ein zusammenfassender Überblick über die wesentlichen Charaktermerkmale von IoT-Services gegeben werden. Dabei ergibt sich für die Bestimmung, welche Besonderheiten mit IoT verbunden sind, die Notwendigkeit, im Wesentlichen aus drei Gesichtspunkten an das Thema heranzugehen, um eine umfassende Einsicht zu bekommen.

37 Diese drei **Anknüpfungspunkte** sind (i) **Kommunikation,** das bedeutet, wie ist die Art der Kommunikation zwischen den einzelnen vernetzten Objekten organisiert, (ii) **Devices,** nämlich welche technischen Eigenschaften müssen IoT-Devices erfüllen, um den Ansprüchen der Vernetzung gerecht zu werden und (iii) **Netzwerk,** wobei es darum geht, die

---

[18] Vgl. BEREC BoR (16) 39, S. 3.

technischen Anforderungen an einen sicheren Zugang und das Management **verschiedener Netzelemente** und unterschiedlicher **plattformbasierter Services** zu bestimmen. Dazu in Verhältnis zu stellen sind die konkreten Anforderungen, die generell an ein IoT-System zu stellen sind. Diese Parameter, wie beispielsweise die Festlegung der Adressierung oder der Umfang der angestrebten Datenraten, sind je nach Blickpunkt unterschiedlich einzuordnen und zu gewichten. Im Überblick zeigt nachfolgende Tabelle auf, welche Charaktermerkmale unter diesen Prämissen für IoT Anwendungen jedenfalls relevant sind:

38

Anforderung	Kommunikation	Devices	Netzwerk
Anbindung	vollautomatische Datenkommunikation mit keiner oder eingeschränkter menschlicher Beteiligung	remote relativ einfach, entweder statisch oder mobil	unterschiedliche Netzwerktechnologien unterschiedliche Protokolle (IP, SMS, USSD,...)
Adressierung	kA	unterschiedliche Netzwerkidentifikation möglich, keine einheitlichen Standards	Identifikationsmerkmal
Datenvolumen	meist geringes Verkehrsvolumen; kann in Zukunft steigen, wenn videobasierte Anwendungen eingeführt werden	kA	geringe Belastung des Netzwerkes; Latenz je nach Anwendung von Bedeutung. Wertschöpfung auf Netzebene gering
Sicherheit	von Netz und Device abhängig	keine einheitlichen Sicherheitsstandards; Devices meist für globalen Markt produziert, daher oft nur minimalen Anforderungen gerecht	besondere Sicherheitsanforderungen für angebotene Dienste; Sicherheitsstandard dienstabhängig
Energieverbrauch	abhängig vom beabsichtigten Ergebnis und der vorgesehenen Lebensdauer unterschiedliche Kommunikationsarten im Netzwerk vorgesehen	Energieversorgung zentrales Thema, wenn es sich um langfristig verbaute Einheiten handelt; hohe Aufwendungen bei Tausch	kA
Interoperabilität	kA	vom Netz abhängig	Interoperabilität mangels Standardisierung nur eingeschränkt

Auf Netzseite stellen **Objektidentifikation** (Adressierung), Sicherheit und Interoperabilität die zentralen Anknüpfungspunkte dar, die für die erfolgreiche Umsetzung von IoT als Grundvoraussetzungen zu qualifizieren sind. Korrespondierend ist auch bei IoT-Devices Netzwerkidentifikation und Netzwerksicherheit, aber auch Interoperabilität von entscheidender Bedeutung. Hier stellt das Fehlen einheitlicher international geltender Standards ein globales Risiko dar, für das rasch Abhilfe geschaffen werden muss. Dort wo IoT-Devices verbaut werden, ist auch die Anforderung einer möglichst langfristigen autonomen Energieversorgung des einzelnen Objektes (Sensors) noch nicht abschließend gelöst, wobei in diesem Bereich rasche Fortschritte zu erwarten sind. 39

a) Die IoT-Wertschöpfungskette im Überblick

40 Die folgende Abbildung skizziert vereinfacht die Wertschöpfung innerhalb eines IoT-Systems. Im Wesentlichen ist immer von vier Beteiligten auszugehen, die an der Wertschöpfungskette teilhaben. In der Praxis kommt es dabei natürlich vor, dass bestimmte Rollen von einem Beteiligten gemeinsam wahrgenommen werden. Beispielsweise kommt es in einzelnen Konstellationen vor, dass Connectivity Service Provider und IoT-Service Provider eine Funktionseinheit darstellen oder IoT-User und End-User eine Person sind. Insbesondere im Bereich von **Industrieanwendungen (iIoT)** ist das nicht selten der Fall.[19]

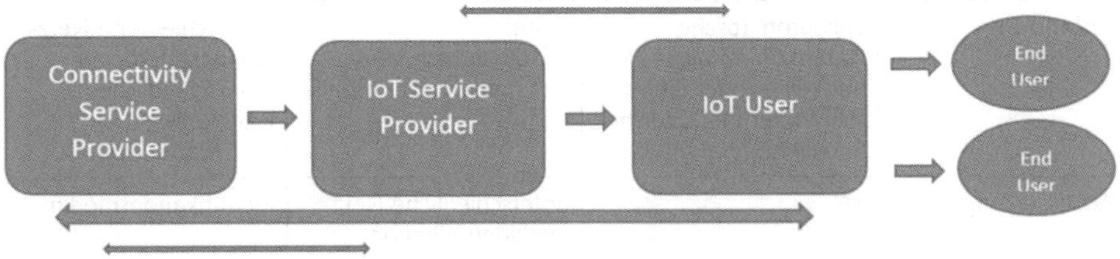

Abb. 1: Wertschöpfung innerhalb eines IoT-Systems (Quelle: RTR)[20]

41 Für den IoT-User, das ist beispielsweise der Autohersteller, der in seinen Fahrzeugen in Car Wifi integriert und seinen Käufern (= end user) anbietet, gibt es dabei unterschiedliche Möglichkeiten die Konnektivität herzustellen. So kann der IoT-User zwei Verträge abschließen, jeweils einen mit dem Connectivity-Anbieter und einen mit dem Bereitsteller der Dienstleistung, oder aber mit einem von diesen eine Art Generalunternehmervertrag, der beide Leistungskomponenten beinhaltet, abschließen.

42 Gerade dort, wo es sich beim Bereitsteller der Konnektivität um ein **marktmächtiges Unternehmen** handelt, ist oft davon auszugehen, dass dieser **auch das IoT-Service** anbieten kann. Aus wettbewerblicher Sicht können sich dabei aber Konflikte ergeben, die im Detail noch zu einer Vielzahl offener rechtlicher Fragestellungen führt. Konkret geht es dabei um die Frage wie Fälle zu behandeln sind, wo sich der IoT-User eines eigenen oder dritten IoT-Service Provider bedienen will, dieser aber seitens des Connectivity Providers gegenüber dessen gleichartigem eigenen Provider Angebot benachteiligt wird.

43 Es stellt sich vor allem die Frage, ob ein solches marktmächtiges Unternehmen verpflichtet werden kann, einem dritten IoT-Service-Betreiber die gleichen Zugangsbedingungen auf seinem Netz als virtuellen Mobilfunknetzbetreiber (MVNO[21]) zu gewähren, wie er sie innerhalb seiner Gruppe den eigenen Einheiten, die gleichartige oder ähnliche IoT-Services anbieten, gewährt. Diese Frage des **MVNO-Zuganges** wird sich vermehrt mit dem Ausbau von **5G-Netzwerkinfrastruktur** stellen.

44 Nationale Regulatoren werden hier genau beachten müssen, welche Auswirkungen einzelne Verhaltensweisen auf dem Markt insgesamt auf den Wettbewerb haben und insbesondere die Verbreitung von IoT-Anwendungen fördern oder verhindern.

b) Das aktuelle IoT-Ökosystem

45 Bevor wir hier tiefer in das Thema Netzwerk und dahinterliegende Technologien einsteigen, kann unter Zugrundelegung einleitend vorgenommenen Definitionen (→ Rn. 21 ff.) folgendes von der OECD entwickelte technische und ökonomische Ökosystem für eine erfolgreiche Umsetzung von IoT-Lösungen im Allgemeinen herangezogen werden:

[19] BEREC BoR (16) 39, S. 9.
[20] BEREC BoR (16) 39, S. 9.
[21] Mobile Virtual Network Operator = MVNO.

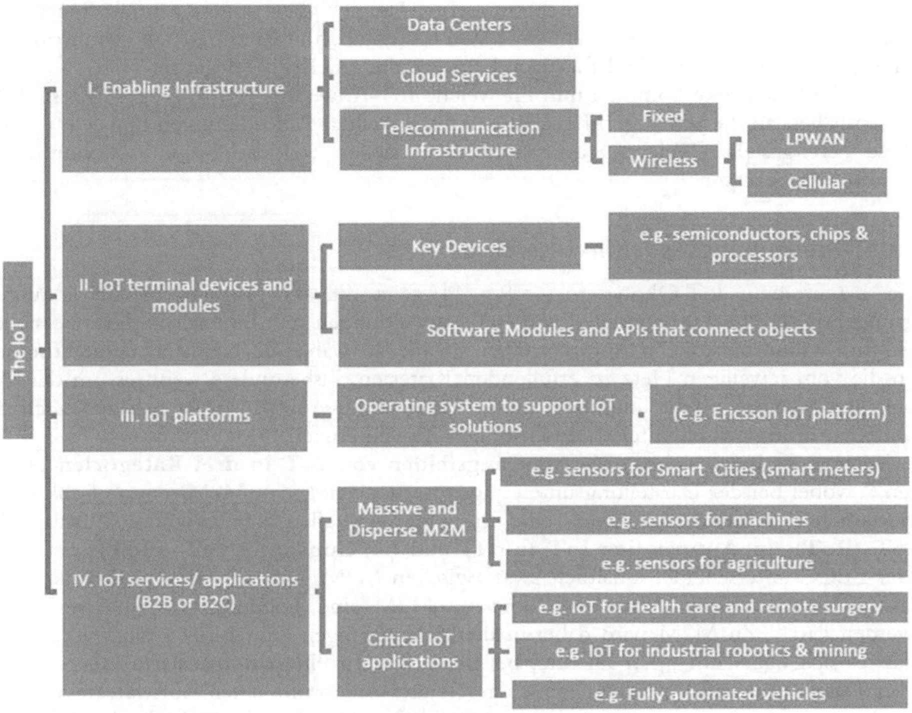

Abb. 2: Das IoT-Ökosystem – OECD 2018 (Quelle: OECD 2018)[22]

Erkennbar ist, dass es in jedem einzelnen Fall notwendig ist, **eine technisch den angestrebten Anforderungen genügende Netzwerkinfrastruktur** zur Verfügung zu haben. Nur wenn eine solche Infrastruktur vorhanden ist, kann über die bereitgestellte Netztechnik (Systemtechnik) eine Vernetzung der von der jeweiligen Anwendung erfassten physischen Objekte vorgenommen werden und damit die gesicherte Kommunikation zwischen diesen Objekten bzw. über Plattformen auch mit anderen Netzwerken ermöglicht werden. 46

Eine wichtige, aus technischer Sicht zu klärende Frage, ist dabei jene der Identifikation eines solchen physischen Objekts innerhalb des angesprochenen Netzwerkes. Anders als in klassischen Kommunikationsnetzen muss nämlich hier nicht zwingend auf eine Nummernressource zurückgegriffen werden. Netzwerke stellen insofern, unabhängig von der technologischen Ausgestaltung, die Kernfunktionalität eines IoT-Ökosystems dar. 47

Plattformen bilden darauf aufbauend die Basis, um einen strukturierten Datenaustausch zu ermöglichen. Dieser wieder ist Grundlage der Datenanalyse und der daraus resultierenden Anwendung, zu deren Zweck die Vernetzung bestimmter physischer Elemente eigentlich stattfindet. Als konkrete Beispiele in diesem Zusammenhang lassen sich dazu die Praxisbeispiele in diesem Buch bezeichnen. 48

Im Gegensatz zu Smartphones oder anderen zur interpersonellen Kommunikation gedachten Objekten, ist bei für IoT-Anwendungen vorgesehenen Devices davon auszugehen, dass diese **nur für eingeschränkte Anwendungen** herangezogen werden und nur für ganz bestimmte Zwecke mit den darauf beschränkten Ressourcen ausgestattet sind. Eine vielfach von IoT-Devices geforderte Eigenschaft ist wie bereits erwähnt, eine **relative lange autonome, zumeist mobile Verfügbarkeit.** Das stellt besondere Anforderungen an die der Anwendung zur Verfügung stehende Energiequelle (meist Batterie). Entsprechen- 49

[22] BEREC BoR (19) 25, S. 5.

des Ressourcenmanagement zur Sicherung einer Langlebigkeit ist eine zentrale Spezifikation, die an solche Devices gestellt wird. Wie später noch auszuführen sein wird, sind die gängigen Internetprotokolle dafür eigentlich technisch nicht ausgelegt.

50 Welche Netzwerke kommen nun für welche IoT-Anwendungen in Frage? Was sind die wesentlichen an die jeweilige Netzinfrastruktur gestellten Anforderungen und wie werden diese bereitgestellt? Welche Fragen sind dabei neben technischen und ökonomischen Punkten zu beachten?

4. IoT-Anwendungsfelder im Überblick

51 Das beschriebene IoT-Ökosystem (→ Rn. 44) zeigt auf, dass es unterschiedliche, nutzergruppenspezifische Ausprägungen von IoT-Anwendungen gibt. Je nach Zielgruppe stellen sich auch unterschiedliche Anforderungen an die zu wählende Netzwerkarchitektur und an die vom jeweiligen Netz zu erfüllenden Kriterien, insbesondere wenn es um den Aspekt der Sicherheit geht. Innerhalb dieser Anwendungsgruppen ergibt sich zusätzlich die Differenzierung zwischen festen und mobilen Anwendungen.

52 Vereinfacht lassen sich die **Anwendungsfelder von IoT in drei Kategorien** einteilen,[23] wobei bei der Darstellung unten angenommen wird, dass M2M sich als Subkategorie von IoT definiert und jeweils eine Ausprägung in allen drei Varianten (i) **Industrial IoT (iIoT),** (ii) **Automotive IoT (aIoT)** und (iii) **Consumer IoT (cIoT)** sein kann. Der EECC unterscheidet inhaltlich zwar zwischen M2M und IoT, aus den Erläuterungen lässt sich aber erkennen, dass auch dort mit M2M eine Teilmenge von IoT verstanden werden darf.[24] Zu M2M wird dabei in den Erläuterungen zum EECC näher ausgeführt, dass es sich dabei um „[…] Dienste, bei denen es um eine automatisierte Übermittlung von Daten und Informationen zwischen Geräten oder um einen Softwareanwendung, (die)ohne oder nur mit geringfügiger menschlicher Beteiligung stattfindet […]“,[25] geht. Begrifflich geht die Bezeichnung Internet of Things aber über diese Definition hinaus. Nach dem Verständnis von **BEREC** lassen sich die Hauptanwendungsfelder von IoT daher wie in nachstehender Abbildung zusammenfassend darstellen:[26]

[23] BEREC BoR (19) 25, S. 14.
[24] Erwgr. 12 EECC.
[25] Erwgr. 249 EECC.
[26] BEREC BoR (19) 25, S. 13.

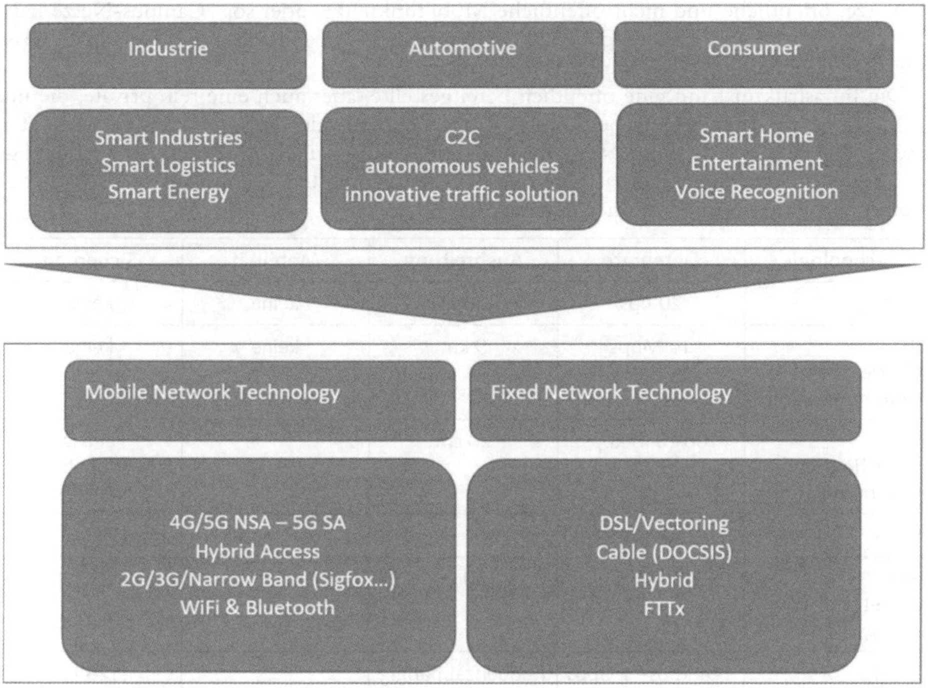

Abb. 3: Hauptanwendungsfelder von IoT (Quelle: RTR)[27]

II. Netzwerke und Konnektivität

Wie bereits vermerkt, setzt eine IoT-Anwendung nicht zwingend eine drahtlose Netzwerkstruktur voraus. Sowohl drahtgebundene als auch hybride Lösungen können anwendungsspezifisch herangezogen werden. Allerdings kann vorweg davon ausgegangen werden, dass in jedenfalls überwiegender Zahl drahtlose Lösungen für zukünftige Anwendungen die bevorzuget Zugangstechnik darstellen werden. 53

Dadurch wird mehr Flexibilität gewährleistet, zum Beispiel, wenn es darum geht eine Unternehmenslösung zu erweitern oder sie neu zu konfigurieren. Drahtgebundene Lösungen sind immer auch mit baulichen Maßnahmen verbunden und können damit oft auch nicht kurzfristig an geänderte Bedingungen angepasst werden. 54

Netzwerke und **Konnektivität** spielen jedenfalls eine **Schlüsselrolle** für die Einrichtung und den **Betrieb von IoT-Anwendungen.** Dabei ist darauf zu achten bei der Errichtung solcher Netze ausgehend vom Zweck, der erreicht werden soll, die richtigen Basisentscheidungen zu treffen. Eine dieser Basisentscheidungen betrifft die Technologieauswahl, die zweite entscheidende Frage ist die eigentliche Netzarchitektur, die immer mit der Technologieentscheidung korreliert. 55

1. IoT-Netzwerktechnologie

Es gibt heute eine Vielzahl **verschiedener Netzwerktechnologien,** die für IoT-Services zur Verfügung stehen (→ Rn. 58). Im konkreten hängt es immer von den Anforderungen der jeweiligen Applikation ab, welche Technologie am besten eingesetzt werden kann. Es kann sich dabei um ein globales Satelliten-Netzwerk, genauso wie um regionale und loka- 56

[27] BEREC BoR (19) 25, S. 13.

le Netze, öffentliche und nicht öffentliche Mobilfunknetze, oder sog. Campus-Netze handeln, aber auch, wie einleitend bereits angesprochen, um einfach auf Kabel, bzw. Glas- oder Kupfertechnologie basierende Verbindungen.

57 Die Infrastruktur kann eine öffentlich bereitgestellte, aber auch eine rein private, die nur für einen bestimmten, einem bestimmten Unternehmen oder Personenkreis zugeordneten Zweck errichtet wurde, sein. Nachfolgende Tabelle, die keinen Anspruch auf Vollständigkeit erhebt, bietet einen groben Überblick zu den gängigsten Technologien, die bei IoT-Netzen zur Anwendung kommen können.[28]

58

Technologie	Datenrate	Ausbreitung	Mobilität	Sicherheit
X10	20 bps	20 m	keine	keine
PLC (Powerline Communication)	10 Mbps	9 km	keine	keine
NFC (Nearfield Communication)	106–848 kbps	20 cm		LPI/D Low Probability of Inercept/Detect
WIFI	250 Mbps	60 m		WPA2
BLE (Bluetooth Low Energy)	1 Mbps	50 m		128 bit
3G/4G	144 kbps–1 Gbps	frequenzabhängig		128 bit
5G	> 1 Gbps	frequenzabhängig		256 bit
SigFox	100/600 bps u/d	15 km		keine
LoRa WAN (Low Range Wide Area Network)	0,3–50 kbps	10 km		128 bit

2. IoT-Netzwerkarchitektur

59 Vereinfacht dargestellt bildet untenstehende Abbildung die Architektur eines IoT-Systems ab. Im Wesentlichen verteilen sich die bei einer IoT-Lösung zur Anwendung kommenden Systemkomponenten auf drei Schichten, (i) die **Objektschicht,** der einerseits das zu vernetzende Objekt selbst, sowie die zugehörige Sensorik und die steuernde Software zuzurechnen ist, (ii) die **Konnektivitätsschicht,** die das physische Netzwerk sowie die zur Anwendung gelangende Übertragungsart beinhaltet und (iii) die **Anwendungsschicht,** in der sich die eigentliche IoT-Anwendung wiederfindet.

60 Objekt und Konnektivitätsschicht sind dabei als transportorientierte Schichten zu bezeichnen, das bedeutet, dass sich innerhalb dieser Schichten die Herstellung der Vernetzung und der zugehörige **Datentransport** zwischen den einzelnen Objekten abspielt, während sich in der anwendungsorientierten Schicht die konkreten Schritte finden, die dazu notwendig sind, um das mit der IoT-Anwendung zu erreichende Ziel umzusetzen.

[28] Vgl. *Alsubaei et al.* in Qusay Internet of Things A to Z S. 79.

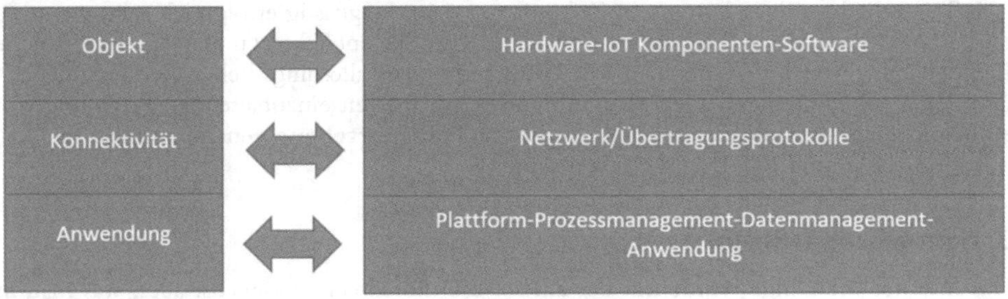

Abb. 4 (Quelle: RTR)[29]

Wie bereits erwähnt zeichnen sich die üblicherweise diskutierten IoT-Anwendungen dadurch aus,[30] dass sie 61
- grundsätzlich nur beschränkte **Speicherkapazität** aufweisen,
- eingeschränkte **Energieversorgung** berücksichtigen müssen,
- geringe **Prozessorkapazität** haben und
- unterschiedliche **Bandbreiten** und **Latenzzeiten** voraussetzen.

Da die gängigen Protokolle für diese Einschränkungen auf Ebene der Devices und den Anforderungen für die jeweiligen Applikationen keine vollständig zufrieden stellenden Lösungen bereitstellen konnten, wurde in den letzten Jahren der Entwicklung von Narrowband Internet of Things (NB-IoT) Lösungen und sog. Low Power Wide Area Networks (LPWAN) große Aufmerksamkeit gewidmet. 62

Diese Entwicklungen werden auf breiter Basis durch die europäischen und internationalen Standardisierungsgremien (zB ETSI (European Standards Telecommunication Institute)) weiterentwickelt. Hand in Hand damit geht auch die Weiterentwicklung von **5G New Radio (5G NR).** Aufgrund der zukünftigen Bedeutung und der besseren Übersichtlichkeit macht es daher Sinn, sich in den kommenden Ausführungen auf diese technologischen Entwicklungen zu fokussieren und dort wo es notwendig erscheint, auch auf andere Technologiestandards, die in Verwendung sind, hinzuweisen. 63

Aus heutiger Sicht sollten wir uns natürlich im Klaren sein, dass **nahezu alle bereits gängigen** und in naher Zukunft zu erwartenden **IoT-Anwendungen** zumindest auf Basis von **4G LTE** oder niedriger erbracht werden können. Für einen Smart Meter oder der Fernalarm einer Liftanlage in einem Gebäude reicht grundsätzlich schon 2G aus, da weder Bandbreite noch Latenz bei solchen Anwendungen von Bedeutung sind. Am wichtigsten ist hier die generelle Ausfallssicherheit, wo 2G sicher Vorteile gegenüber anderen derzeit in Verwendung stehenden Technologien hat. 64

Problematisch ist aber die Neuerrichtung von solchen IoT-Systemen auf Basis der älteren Technologie, weil damit zu rechnen ist, dass sowohl 3G-Technologie, als auch 2G-Technologie in den nächsten Jahren auslaufen werden. Zukunftssichere Investments setzen daher auf 5G-Technologie. 65

Heute kommt der klare Vorteil von 5G dort zutage, wo es sich bereits um Anwendungen mit hohen Anforderungen an die Bandbreite und/oder die Latenz wie beispielsweise im Bereich von Augmented Reality oder Virtual Reality handelt. 3GPPP Release 16, das mit Ende des ersten Halbjahres 2020 erwartet wird, wird dann die Kommerzialisierung von Network Slices ermöglichen. Für die **Nutzung solcher Slices auf internationaler Ebene** durch **Roaming** fehlen bislang aber noch die dringend **erforderlichen regulatorischen Lösungsansätze.** Es bleibt abzuwarten, welche Lösungen dabei marktseitig entwickelt werden und welche Rolle am Ende Regulierer bzw. Gerichte hier einnehmen müssen. 66

---

[29] Vgl. *Schoder* in Qusay Internet of Things A to Z S. 15.
[30] Vgl. *Schoder* in Qusay Internet of Things A to Z S. 16.

67 IoT-Geschäftsmodelle können in Zukunft nur dann langfristig erfolgreich sein, wenn sie die Chance bekommen, auf internationaler Ebene Skaleneffekte zu nutzen. Eine solche Ermöglichung von internationalen IoT-Lösungen bedarf allerdings neben den festzulegenden Rahmenbedingungen auch einer zumindest europaweit einzuhaltenden Regelung von einheitlichen Sicherheitsstandards, die es für die **Transportebene** genauso wie für die Applikationsebene und IoT-Devices geben sollte.

3. Narrowband (NB)-IoT

68 Das Internet der Dinge wurde mit der Zielsetzung konzipiert, möglichst alles, was man in unserer noch teilweise analogen Welt sinnvoll vernetzen kann, auch zu vernetzen, mit dem Ziel daraus Prozessverbesserungen, Informationen oder sonst nützliche Ergebnisse zu erzielen. Es geht darum das „Allesnetz" zur Realität werden zu lassen. Dabei bestehen aber verschiedene technische Restriktionen, die es zu lösen gilt. Diese Notwendigkeit wurde in der Einleitung zu diesem Abschnitt bereits erwähnt.

69 Denken wir zB an eine Brücke, an deren kritischen Punkten Sensoren angebracht sind, die die Brückenfunktionen überwachen. Diese Sensoren sind an den betroffenen Positionen in der Brückenkonstruktion verbaut. Sie können daher nicht einfach oder nur unter besonders großem Aufwand und hohen Kosten ausgetauscht werden.

70 Da es nur sinnvoll ist, diese Sensoren über eine Luftschnittstelle in einem bestehenden Mobilfunknetz mit der Überwachungsplattform zu verbinden, ist sicherzustellen, dass (i) eine **unterbrechungsfreie konstante Datenübertragung** zu jedem Zeitpunkt möglich ist und (ii) das diese Übertragung über einen **möglichst langen Zeitraum wartungsfrei** sichergestellt werden kann. Als **langer Zeitraum** sind dabei **rund zehn Jahre** zu verstehen. Innerhalb dieser Zeit ist davon auszugehen, dass auch die Brücke grundlegenden Wartungsarbeiten unterzogen wird, bei denen dann auch die Sensortechnik erneuert bzw. ausgetauscht werden kann. Das jeweilige Modul muss daher mit der am Anfang zur Verfügung gestellten Energie (Batterie) auskommen. Im Gegensatz dazu ist davon auszugehen, dass der Brückensensor selbst mit einer sehr geringen Bandbreite auskommt, da sich die regelmäßig übermittelte Information auf sehr wenig Bytes beschränkt.

71 NB-IoT als eine spezielle Form der energiesparsamen LPWAN[31]-Technologie zeichnet sich durch niedrigen Energieverbrauch, sehr hohe Gebäudedurchdringung und große Reichweite aus. Die eingesetzten Module sind kostengünstig bereitzustellen, als Basisinfrastruktur wird bei NB-IoT auf bestehende Mobilfunkinfrastruktur zurückgegriffen.

72 NB-IoT eignet sich neben dem bereits angeführten Beispiel (→ Rn. 67) für alle IoT-Anwendungen, die nur geringe Bandbreite benötigen und auf lange Zeit ausgelegt sein müssen. Das sind beispielsweise sehr viele Smart City-Anwendungen, wie Verkehrssteuerungsanwendungen, Parkplatzmanagement, smarte Straßenlaternen oder smartes Abfallmanagement.

73 **NB-IoT** ist allerdings eine **SIM-Lösung,** die dabei die **Sicherheitsmechanismen der jeweils zugrundeliegenden Mobilfunktechnologie** nutzt. Diese basieren auf den Spezifikationen des 3GPP-Standards. Damit ist grundsätzlich auch ein internationaler Einsatz einer Anwendung durch den Einsatz von Roaming möglich.

74 Problematisch ist, dass durch den Einbau von Standard-SIM Karten eines bestimmten Betreibers praktisch kein weiterer Kartentausch, bzw. kein Wettbewerb um den Kunden mehr möglich ist. Jeder Wechsel gestaltet sich dann zu einem sehr kostenintensiven Projekt, von dem viele in den meisten Fällen zurückschrecken. Eine Abhilfe könnte eine ge-

---

[31] Low Power Wide Area Network = LPWAN. Mit dieser Technologie wird dafür gesorgt, dass der Energieverbrauch von Sensoren auf das absolut notwendige Minimum beschränkt wird, um eine möglichst lange Lebensdauer und eine sehr weite Ausbreitung sicherzustellen.

setzlich verpflichtende **IMSI**[32]**-Portierung** ermöglichen, allerdings sind vor allem die großen Betreiber gegen eine solche Lösung. Diese Lock-in-Effekte werden derzeit kritisch durch die Regulierungs- und Wettbewerbsbehörden beobachtet.

NB-IoT bzw. LPWAN sind Netzwerktechnologien, der heute als Standard für nahezu alle von uns als „smart" bezeichnete IoT-Anwendungen zum Einsatz kommen können. Sie können bereits heute durch die Verwendung von Frequenzen im Bereich unter einem Gigahertz mit gängiger LTE-Technologie erbracht werden. Ein Nachteil von NB-IoT liegt allerdings darin, dass es sicherheitstechnisch noch proprietär zu bezeichnen ist und daher ein Risiko darstellt (→ Rn. 125 ff.). 75

Langfristig, um das gesamte Potential von IoT auszuschöpfen, wird es notwendig sein, eine Netzwerktechnologie bereit zu stellen, die allen individuellen Anforderungen entsprechen kann. Zu diesem Zweck wurde die 5G-Technologie entwickelt, die als **die spezielle** IoT-Netzwerktechnologie bezeichnet werden kann. Vor allem 5G Stand Alone wird auch sicherheitstechnisch wichtige Fortschritte bringen (→ Rn. 78). Nichtsdestotrotz wird auch hier die Evaluierung möglicher Risiken notwendig sein (→ Rn. 143). 76

4. 5G – eine Netzwerktechnologie für das „Allesnetz"

Bereits heute werden die gängigen Mobilfunktechnologien wie LTE und 3G aber auch in bestimmten Fällen 2G den Anforderungen spezifischer im Markt befindlicher oder angekündigter IoT-Anwendungen gerecht. Auch alternative Netztechnologien wie etwa SigFox erfüllen in ihren Nischen sehr erfolgreich die an sie gestellten Anforderungen. Mittel- bzw. langfristig ist davon auszugehen, dass IoT zu einer Massenmarktanwendung werden wird. Auch werden IoT-Geschäftsmodelle langfristig nur dann reüssieren, wenn sie ausreichende **Skaleneffekte** erzielen können. Das bedeutet nationale wie internationale Interoperabilität wird eine wichtige Voraussetzung für den erfolgreichen Einsatz von IoT-Anwendungen. Zusätzlich müssen dauerhaft sehr hohe Sicherheitsstandards erfüllt werden. Das setzt einheitliche Standards bei den vernetzten Objekten (Devices) genauso wie auf der Netzseite voraus.[33] 77

Mit immer neuen Use Cases wird auch damit zu rechnen sein, dass **die Kosten für die Devices weiter massiv sinken werden.** Gleichzeitig steigen die Anforderungen an Netzverfügbarkeit und Netzkapazität bzw. wird die geringere Latenzzeit zukünftig eine immer größere Rolle spielen. Um diese Anforderungen flächendeckend nachhaltig sicherzustellen, ist der Einsatz von 5G-Technologie eine sinnvolle Antwort darauf. Die technischen Möglichkeiten von 5G im allgemeinen und die Bestrebungen, die Ausrollung von 5G-Netzen in ganz Europa und weltweit zu beschleunigen, einschließlich der damit korrelierenden verstärkten Nutzung von 5G-Anwendungen im Industriebereich, wird sich massiv auf existierende Wertschöpfungsketten auswirken und in neuen Geschäftsmodellen resultieren.[34] Wie die Abbildung unten zeigt, kann durch 5G gegenüber den Möglichkeiten der vorangegangenen Mobilfunktechnologien das Potential von IoT um ein Vielfaches besser ausgeschöpft werden. 78

---

[32] International Mobile Subscriber Information = IMSI; jeder SIM-Karte ist dabei eine eigene eindeutige Nummer zugeordnet, aus der der ursprüngliche Netzbetreiber im Ausgabeland hervorgeht und anhand derer man eine Mobilfunknummer und die natürliche oder juristische Person, der diese Nummer zugeteilt ist, herausfinden kann.

[33] BEREC BoR (18) 23, S. 6: „[...] *Internet of Things (IoT):* Significant growth in the number of connected IoT-devices is expected, with a CAGR of 21% per annum until 2022, driven by a growing range of use cases and the falling cost of devices. Mobile network operators are well placed to offer connectivity for emerging IoT-applications due to their existing coverage. Although alternative technologies may be sufficient at present, including improvements being made to 4G services to support such applications, 5G might achieve the reliability, latency, scalability, security and ubiquitous mobility that could support proliferation of a mass-scale IoT-environment. [...]".

[34] BEREC BoR (19) 245, S. 6.

79 Der 5G-Standard wurde ganz speziell auch in Hinblick auf Anwendungen in Richtung Internet of Things entwickelt. Zu beachten ist, dass es eigentlich **zwei 5G-Standards** gibt bzw. von zwei aufeinanderfolgenden Entwicklungsphasen gesprochen werden muss. Die erste Phase stellt dabei das von der 3GPP[35] veröffentlichte sog. **5G Release 15 Non Stand Alone (5G-NSA)** dar. In der Praxis bedeutet dies eine Kombination von 4G (LTE) mit 5G (New Radio), die im Wesentlichen eine Verbesserung der Bandbreiten gegenüber LTE herbeiführt, aber sonst noch keine wesentlichen Unterschiede hat. 5G-NSA ist jene Technologie, die aktuell dort zum Einsatz kommt, wo 5G heute bereits kommerziell angeboten wird.[36]

80 Mit Release 16, das nach mehreren Verschiebungen am 3.7.2020 veröffentlicht wurde, wurden die Voraussetzungen für „5G Non Stand Alone“ geschaffen,[37] das sich von der vorangehenden Variante vor allem dadurch unterscheidet, dass es eigene Core Netz Technik nutzt (5G NG-Core) und eine vollständig neue Netzarchitektur ermöglicht. Zusätzlich besteht auch das Ziel mit diesem Standard auch einen Sicherheitsstandard für Netz und IoT-Devices **end to end** zu implementieren. Das ist bei der derzeit im Feld befindlichen Technologie noch nicht möglich und ein großes Problem für den sinnvollen Einsatz von IoT (vgl. dazu auch → Rn. 186 ff.).

81 Dem **Network Slicing,** das eine der **zentralen technischen Innovationen im Bereich 5G** Stand Alone ist, kommt dabei eine wichtige Rolle zu. Network Slicing ist eine softwarebasierte Funktionalität und bedeutet, dass ein physisches 5G-Netzwerk gleichzeitig in unterschiedliche virtuelle Netzwerke geteilt werden kann und über diese virtuellen Netzwerke verschieden Anwendungen bedient werden können. Nach Ansicht von BEREC ermöglicht Network Slicing bestehenden Netzbetreibern, für ihre 5G-Investments kommerziell erfolgreiche Geschäftsmodelle zu entwickeln, weil sie dadurch in die Lage versetzt werden, die konkreten Bedürfnisse unterschiedlicher Branchen zu erfüllen.[38]

82 BEREC ist der Meinung, dass mit Marktrelevanz von Network Slicing ungefähr ab 2022/2023 zu rechnen ist. Bis dahin wird man seitens der Regulierung die Entwicklung beobachten, aber keine **Regulierungsmaßnahmen** vorab vorschlagen.[39] Dass die Möglichkeiten von Netzwork Slicing durch die geltenden Netzneutralitätsrichtlinien eingeschränkt wären, wie dies oft vom **Industriesektor** kritisiert wird, will man auf Seiten der Regulierer zum aktuellen Zeitpunkt so noch nicht sehen.[40]

83 Durch diese neuartige **Netzarchitektur** in Verbindung mit neuer Sensortechnik werden sich die möglichen Einsatzfelder von 5G für Anwendungen im Internet der Dinge vervielfachen. Als wichtigste Anwendungsfelder sind dabei Industrie und Gewerbe aber vor allem auch die Landwirtschaft zu sehen, wo die Bedeutung von vernetzten Systemen ganz besonders zügig fortschreitet.[41]

---

[35] 3rd Generation Partnership Project, das als weltweites Standardisierungsgremium für die gängigen Mobilfunktechnologien (2G/3G/4G/5G) fungiert.
[36] Enhanced Mobile Broadband = eMBB.
[37] www.3ppp.org (28.2.2021).
[38] Vgl. BEREC BoR (19) 245, S. 6.
[39] Vgl. BEREC BoR (19) 245, S. 9.
[40] BEREC BoR (19) 245, S. 9.
[41] Massive Machine Type Communications = mMTC.

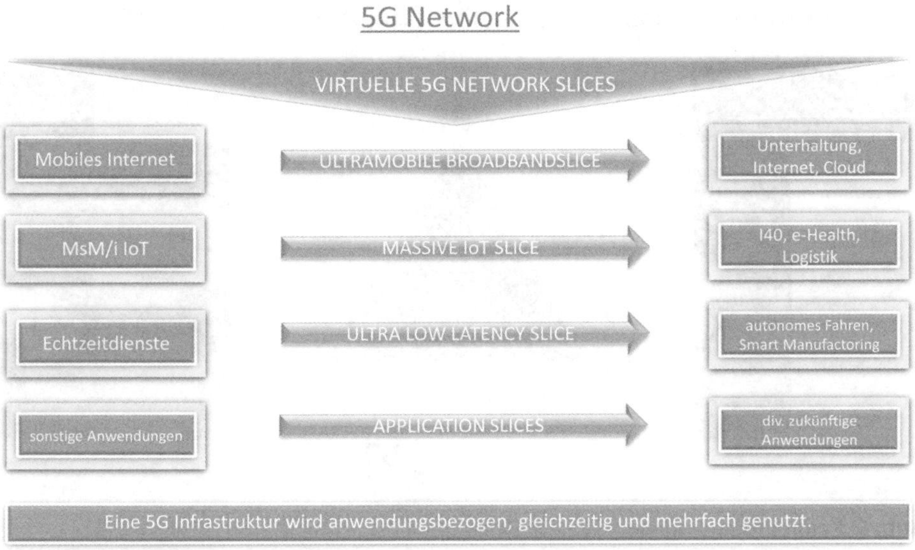

Abb. 5 (Quelle: RTR)

Um die **Möglichkeiten von 5G (NR)** wirklich voll auszuschöpfen zu können, ist ein umfassender weitestgehend **flächendeckender Glasfaserausbau (backhaul)** notwendig, vor allem dann, wenn es um bandbreitenabhängige Anwendungen geht. Nur, wenn eine Sendeanlage mit Glasfaser angebunden ist, kann das Service in der vorgesehenen Form auch gewährleistet werden. Nur partiell kann im Einzelfall eine Richtfunkanbindung kurzfristig abhelfen. Dort, wo **Edge-Computing mit sehr niedrigen Latenzzeiten** Teil des Konzeptes einer Anwendung ist, ist das Erfordernis einer umfassenden Netzverdichtung als zusätzliche Bedingung für das uneingeschränkte Funktionieren von angebotenen Lösungen eine Grundvoraussetzung. 84

5. Die Möglichkeiten von 5G für das Internet of Things

Das Kommunikationsdreieck in der untenstehenden Abbildung gibt einen einfachen Überblick über das Potential von 5G. Sprachkommunikation rückt ganz klar in den Hintergrund. Die Vernetzung von physischen Objekten und der Datentransport sind im Fokus dieser neuen Technologie. 85

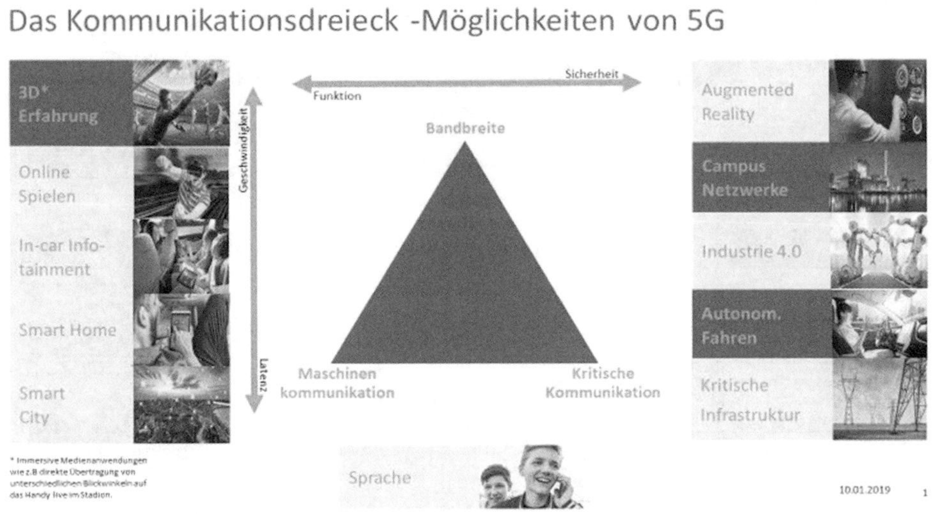

Abb. 6: Kommunikationsdreieck (Quelle: RTR)

86 5G-Anwendungen sind einerseits als massenmarkttaugliche IoT-Services (Infotainment, ...) andererseits als iIoT-Businessanwendungen zur Steigerung von Effizienz und Produktivität sowohl im Produktions- als auch im Dienstleistungsbereich und in der öffentlichen Verwaltung konzipiert (Smart Applications).

87 Diese „Smartification" hat bereits eingesetzt und wird mit dem Ausbau der Netze immer mehr Lebensbereiche erfassen. 5G-Anwendungen sind grundsätzlich entlang von zwei wesentlichen Dimensionen, das sind (i) **hochbitratiger Datentransfer und Latenz** sowie (ii) **Funktionalität und Sicherheit** ausgerichtet. Es ist von einer Korrelation zwischen Latenz und hohem Sicherheitsbedürfnis auszugehen. Die **Übertragungsgeschwindigkeit** selbst ist in solchen Fällen von **untergeordneter Rolle,** weil die Datengröße der zu übermittelnden Informationen meistens sehr gering ist. Diese Anforderung stellt sich beispielsweise bei kritischen Infrastrukturen, technisch komplexen Industrieanwendungen oder dem autonomen Fahren.

88 Der Unterschied von 5G zu anderen Mobilfunktechnologien besteht vor allem auch darin, dass es ein sehr breites Frequenzspektrum nutzt und dadurch in der Lage ist, allen an die Netzinfrastruktur gestellten Anforderungen umfassend gerecht zu werden. Dabei spielt vor allem Reichweite und Gebäudedurchdringung neben der Bandbreite eine wichtige Rolle. Für den Laien lässt sich dies mit der Faustregel zusammenfassen, dass je niedriger das genutzte Frequenzspektrum ist, desto höher ist auch die Reichweite und die Gebäudedurchdringung, je höher das genutzte Spektrum ist, desto kleiner sind die Zellen, desto höher ist die zur Verfügung stehende Bandbreite.

89 5G verwendet 0,7 GHz bis 28 GHz und kann damit alle Anforderungen bestens abdecken. 4G/LTE zum Vergleich funkt im Bereich zumeist unter 3,5 GHz. Der Schwerpunkt liegt im Bereich 1,8–2,6 GHz. Damit ist diese **Technologie gegenüber 5G langfristig im Nachteil,** wenn es um die Erreichung besonders hoher Bandbreiten geht. Auch die Nutzung des Spektrums außerhalb des öffentlichen Mobilfunks in privaten Netzen ist in der Form, wie sie bei 5G möglich ist, bei den bisher zur Verfügung stehenden Mobilfunktechnologien nicht vorgesehen.

90 Wenn es um IoT-Anwendungen geht, ist es notwendig, dass es End-Usern möglich gemacht wird, die Netzkonfiguration für ihre Anwendung nach ganz persönlichen Präferenzen zu gestalten. Es muss daher zulässig sein, dass geografisch begrenzte Klein- und Kleinstnetze errichtet und betrieben werden können. Vor allem eine **Entkopplung von internen Datenströmen** von jenen die über das öffentliche Netz transportiert werden,

ist ein wichtiger Bestandteil von IoT. Das wiederum verlangt die Einhaltung besonders hoher Datenschutz- und Netzsicherheitsstandards an die zum Einsatz kommende Netzinfrastruktur. Diese hier genannten Anforderungen, die an zukünftige IoT-Netzwerke gestellt werden, können nach aktuellem Stand der Technik nur mit 5G-Technologie erfüllt werden. Release 16 und vor allem 17 der 3GPPP Standardisierungsgruppe werden hier notwendige zusätzliche Weiterentwicklungen bringen.

Aufgrund der umfangreichen Frequenznutzungsmöglichkeiten bei 5G NR spricht man auch von einem **Multi-Layer-Spektrum.** Das sieht dann grob folgendermaßen aus:[42] 91

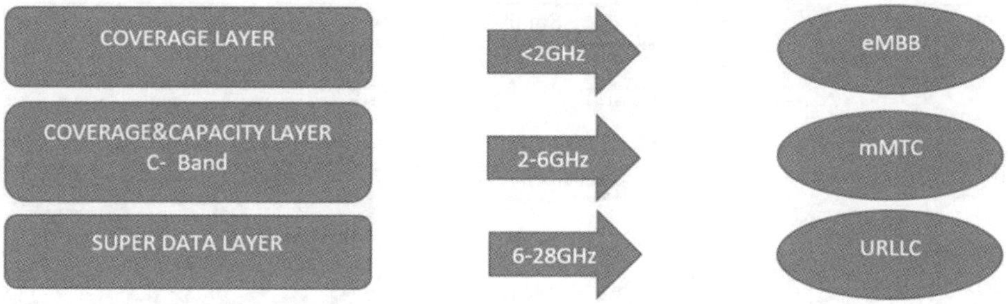

Abb. 7: Multi-Layer-Spektrum (Quelle. RTR)

Diese Abbildung stellt vereinfachend auf die Hauptanwendungsfälle innerhalb des angegebenen Bandes da. In der Realität stehen natürlich vor allem im C-Band alle Möglichkeiten zum Einsatz bereit. Dieses Band bietet auch von allen zur Verfügung stehenden Spektren eine ausgewogene Balance zwischen Flächenabdeckung und Geschwindigkeit/Latenzzeit.

6. Smart Cell-Technologie und ihre Bedeutung für IoT

Smart Cell-Technologie, was so viel wie „Schlaue Funkzellentechnik" bedeutet, wird in Zukunft eine Schlüsseltechnologie im 5G Netz sein. Es handelt sich dabei um sehr kleine Funkzellen mit relativ geringer Sendeleistung und nur sehr kurzer Reichweite. Damit werden gerade die Anforderungen, die sich aus den Frequenzbändern von 6–28 GHz ergeben, erfüllt. 92

Um diese Bänder nutzen zu können, ist eine **sehr engmaschige Netzstruktur notwendig.** Wenn solche Smart Cells innerhalb und außerhalb von Gebäuden installiert werden, macht das hochbitratige Services mit sehr niedriger Latenz möglich.[43] Smart Cells bieten sich daher besonders für geografisch begrenzte, kleinräumige IoT-Netzwerke, sowohl im öffentlichen aber auch im privaten Bereich an. Um die Potentiale allerdings vollständig nutzen zu können, ist es notwendig, dass jede Zelle über einen eigenen Stromanschluss und im besten Fall einen eigenen Glasfaseranschluss verfügt. 93

Gerade im öffentlichen Raum kann dies durch die **damit verbundenen Tiefbauarbeiten und der ebenfalls einhergehenden Verdichtung** mit Klein- und Kleinstantennen zu einem **massiven Widerstand** führen. Das ganz abgesehen von den mit den notwendigen Anbindungen zusammenhängenden Kosten. Aus rechtlich regulatorischer Sicht ist die Errichtung von Smart Cells Art. 57 EECC zu beachten. Das europäische Parlament war sich der Tatsache bewusst, dass die Nutzung der Smart Cells-Technologie ein wesentlicher Treiber für IoT sein kann, allerdings unterschiedliche nationale und/oder regionale gesetzliche Vorschriften hier einem raschen Ausbau entgegenstehen können. 94

---

[42] eMBB = enhanced Mobile Broad Band; mMTC = massive Machine Type Communications; URLLC = Ultra Reliable and Low Latency Communications.

[43] Vgl. dazu auch Abb. 6 Kommunikationsdreieck → Rn. 85.

95 **Art. 57 Abs. 1 EECC** legt daher fest,[44] dass grundsätzlich für die Errichtung von Zugangspunkten mit geringer Reichweite **keine unangemessenen administrativen Beschränkungen** auferlegt werden dürfen. Einschränkungen wären nur aus Gründen der öffentlichen Sicherheit, ökologischen oder historischen Gründen zulässig. Art. 57 Abs. 2 EECC ermächtigt die Kommission, betreffend der Abmessungen von Klein- und Kleinstsendeanlagen, die unter diese Regelungen fallen sollen, eine eigene Durchführungsverordnung zu erlassen. Diese Maßnahme sollte bis 30. 6. 2020 umgesetzt gewesen sein (→ Rn. 15).[45]

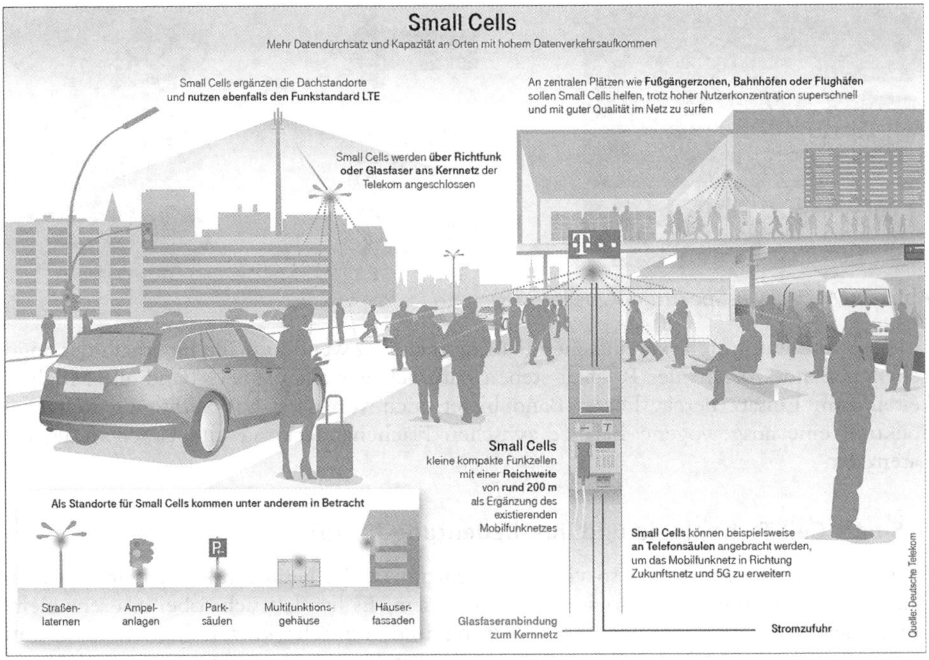

Abb. 8: Smart Cells (Quelle: Deutsche Telekom)[46]

a) Campus Netzwerke

96 In die Errichtung und den Betrieb von sog. Campus Netzwerken wird von den konventionellen Anbietern öffentlicher Netze große Hoffnung gesetzt, allerdings sehen hier auch Quereinsteiger neue Geschäftsmöglichkeiten. Da alle am Markt tätigen Betreiber investieren werden, ist mit zusätzlichem Wettbewerb auf horizontaler Ebene zu rechnen. Viel interessanter aus Sicht des Wettbewerbs ist aber, dass mit ziemlich großer Sicherheit in Zukunft auch ein verstärkter vertikaler Wettbewerb eintreten wird.

97 Der Aufbau von privaten IoT-Netzwerken, die auf definierten Betriebsgeländen in geografisch beschränkter Form die gesamte firmeninterne Kommunikation übernehmen und gleichzeitig auch die Steuerung der unternehmensinternen Prozesse und des **unternehmensinternen Datenflusses** sicherstellen, steht dabei im Fokus. Unternehmen erhoffen sich davon große Effizienzgewinne und gleichzeitig durch Entkoppelung der unternehmensinternen Kommunikation vom öffentlichen Internet eine Erhöhung der Sicherheit. Abhängig von der eingesetzten Netzwerktechnologie und den regulatorischen Rahmenbedingungen auf nationaler Ebene sind bei der Errichtung und dem Betrieb solcher Netze

[44] Art. 57 Abs. 1 EECC.
[45] Art. 57 Abs. 2 EECC.
[46] www.telekom.com/de/medien/mediencenter/infografiken.

besondere rechtliche und technische Anforderungen zu beachten. Soweit es sich dabei um telekommunikationsspezifische Auflagen handelt, müssen diese gewöhnlich bei der Frequenzzuteilung in einem Verwaltungsakt festgelegt werden.

Vor allem die effiziente **Spektrumskoordination** wird in Zukunft **die nationalen Regulierungsbehörden vor besondere Herausforderungen** stellen. Es ist jedenfalls mit dem Auftreten vertikaler Anbieter mit einem erhöhten Abstimmungs- und Koordinationsaufwand zu rechen. In der von BEREC beauftragten Studie von DotEcon/Axon wird dies kritisch eingeschätzt.[47] 98

b) Edge Computing

Mit der **Verbreitung von IoT-Anwendungen** und der **weiteren Verdichtung von Netzwerken** wird auch die **Bedeutung von Edge Computing stark wachsen.** Mit welchen konkreten Anwendungen hier zu rechnen ist, ist noch nicht klar definiert. 99

Als konkreter Use Case wären smarte Anwendungen in der Landwirtschaft (Präzisionslandwirtschaft) zu erwähnen, wo es schon konkrete Anwendungsfelder gibt. Gerade im Zusammenhang mit dem Klimawandel und dem auf den meisten landwirtschaftlichen Betrieben lastenden Leistungsdruck können durch den Einsatz von IoT und Edge Computing nachhaltige Vorteile für alle betroffenen Bereiche erzielt werden. Es können dadurch bei einem konsequenten Einsatz der Output der Betriebe erhöht und gleichzeitig die Belastung der Natur verringert werden. Durch die gleichzeitige Datenanalyse können laufend Verbesserungen durchgeführt werden und das System innerhalb eines Betriebes den Anforderungen gemäß weiterentwickelt werden. 100

Potentielle Möglichkeiten die sich durch die Verwendung von IoT in der Landwirtschaft ergeben sind beispielsweise die **Datenanalyse direkt auf dem Feld.** Sensoren können heute bereits für eine automatische Analyse und eine entsprechende Anpassung der Ausbringung von Gülle in Echtzeit sorgen und damit langfristig für eine deutlich geringere Nitratbelastung ins Grundwasser und eine genaue Steuerung der Düngung sorgen. Ein anderes Beispiel ist die Ausbringung von Pestiziden mit Kamera- und Sensortechnologie. Damit können Pflanzen verlässlich und schnell identifiziert werden und Unkraut werden mit einem Strahl des Pflanzenschutzmittels bespritzt werden, während Nutzpflanzen verschont bleiben. Damit lässt sich der Einsatz von Pflanzenschutzmitteln um bis zu 90 Prozent reduzieren, was Kosten spart und die Umwelt massiv schont. 101

Drohnen wiederum können **zur Datensammlung** eingesetzt werden. Sie überwachen das Pflanzenwachstum oder prüfen den Boden. Die daraus gewonnenen Informationen werden dann zum optimierten Einsatz von Arbeitsmaschinen verwendet und praktisch ohne Zeitverzögerung direkt weitergegeben werden.[48] 102

Aufgrund der technischen Voraussetzungen ist aber davon auszugehen, dass es wie bei **Smart Cells geografisch beschränkte, kleinräumige Anwendungen** sein werden, die eng mit dem Einsatz von Smart Cells verbunden sein werden und insbesondere in Campus-Netzen ein Anwendungsfeld finden könnten. Besonders ist darauf zu achten, dass durch offene Standards Portabilität sichergestellt und lock in verhindert wird. 103

Beides ist immer gemeinsam auf Netzebene und im Bereich der vernetzten Objekte selbst zu beobachten und gegebenenfalls sind rechtzeitig regulatorische Gegenmaßnahmen 104

[47] BEREC BoR (18) 23, S. v: „[…] We see considerable scope of private 5G networks within the confines of factories and warehouses. This is pro-competitive and will help drive broader 5G roll-out. It is important that spectrum allocation models take this possibility into account. Unlicensed spectrum may not be appropriate for these applications due to their reliability and security needs. A secondary licensing model could work well at higher frequencies with limited propagation. There may be need for some degree of coordination about which bands should be used for private 5G networks and the licensing model for spectrum across Member States. This is a matter for possible guidance from BEREC […]“.

[48] *Pickel/Schreier,* Die Digitalisierung auf den Acker bringen, www.industry-of-things.de/die-digitalisierung-auf-den-acker-bringen-a-903273/ (8.2.2020).

zu ergreifen. Aktuell wird die Entwicklung von den Regulierungsbehörden und der EU-Kommission noch beobachtet.[49]

III. Herausforderungen für IoT-Services in öffentlichen Netzwerken

105 Um die Erbringung von IoT-Services innerhalb eines öffentlichen Netzes zu gewährleisten, ist es je nach technischer Ausgestaltung des Dienstes wichtig, dass netzseitig Ressourcen bereitgestellt werden und technischer Zugang gewährt wird. Das sind:
- die ausreichende Verfügbarkeit von dienstespezifischen Spektrumsressourcen, soweit es sich um mobile Konnektivität zwischen den Objekten im Netzwerk handelt, und
- eine ausreichende Verfügbarkeit von geeigneten **Adressierungs-** bzw. **Identifikationselementen** im Netz für die vernetzten Objekte
- Interoperabilität von Netzen und Devices und **Diensteportierung**
- **Roaming**
- **Netzneutralität**
- **Netzsicherheit.**

106 Für IoT-Netzwerke und Anwendungen bedeuten diese sechs Punkte die **größten Herausforderungen.** Vor allem mangelnde bzw. mangelhafte Harmonisierung macht es schwierig international standardisierte IoT-Anwendungen in den Markt zu bringen und auf nationaler und internationaler Ebene zusätzlichen Wettbewerb zu unterstützen.

1. Spektrum

107 Grundsätzlich steht es jedem offen zu entscheiden, welche Netzwerktechnologie für einen IoT-Dienst in Anspruch genommen wird und die dazu notwendigen Spektrumsressourcen nachzufragen. In der überwiegenden Anzahl der Fälle ist aber davon auszugehen, dass für eine sinnvolle Diensterbringung die Flexibilität und Mobilität eines drahtlosen Netzwerks erforderlich sind.

108 Gerade **mit der Verbreitung von 5G-Netzwerken** wird sich diese **Anforderung verstärken.** Genau aus diesem Grund stellt die Verfügbarkeit von geeignetem Spektrum eine zentrale Voraussetzung dar. Hier hat in Europa die Umsetzung bereits begonnen und wird Schritt für Schritt weiter vorangetrieben. Nachfolgende Tabelle gibt einen Überblick über die aktuelle Lage der Vergabe zu 5G-Spektrum in Europa:

LAND	700 MHz	3.400-3.800 MHz	26 GHz
AT	vergeben Q3/2020	vergeben	offen
BE	offen	temporäre Vergabe vor Auktion	offen
CZ	vergeben Q4/2020	teilw. vergeben (60 MHz)	offen
DK	vergeben 2019	offen	verschoben
FI	vergeben 2016	nur teilw. Outdoor nutzbar (RU)	vergeben Q2/2020
FR	vergeben 2015	vergeben	offen
DE	vergeben 2015	vergeben (< 350 MHz)	01/21 Start regional
HU	vergeben 2020	vergeben Q4/2020 (< 350 MHz)	offen

[49] BEREC BoR (18) 23, S. vi: „[…] It is possible that applications such as augmented reality might use edge computing for low latency applications. Edge computing can only be procured from 5G network operators. Open standards for portability of edge computing applications may be important to ensure that consumers are not locked in to one network operator […]".

IE	temporäre Vergabe bis 2021	vergeben (> 350 MHz)	offen
IT	vergeben 2018	teilw. vergeben (< 350 MHz	offen
NL	vergeben 2020	offen	offen
PL	offen	teilw. vergeben (< 350 MHz)	offen
PT	offen	offen	offen
RO	offen	teilw. vergeben (< 350 MHz)	offen
SK	vergeben Q4/2020	eingeschränkt vergeben	offen
SI	verschoben 2021	offen	offen
ES	offen	eingeschränkt vergeben	offen
SE	vergeben 2018	320 MHz vergeben (80 MHz res.)	offen
CH	vergeben 2019	teilw. vergeben (< 350 MHz)	offen
HE	vergeben Q4/2020	vergeben Q4/2020	vergeben Q4/2020
UK	verschoben 2021	3.600–3.800 MHz verschoben 21	offen

Abb. 9: Quelle: RTR (Stand Februar 2021)

Im 3.400–3.800 MHz Band ist die Situation komplex, da es hier alte und neue Nutzungsrechte gibt, die alten sind für 5G nicht unbedingt nutzbar und laufen noch einige Jahre. In vielen Ländern wurde daher nur ein Teil des Bandes vergeben. Die Angaben zu den zur Verfügung stehenden Frequenzblöcken in obiger Tabelle (MHz) beziehen sich ausschließlich auf den nach Cullen für 5G bzw. 4G nutzbaren Teil des Spektrums. 109

Im Frequenzbereich 26 GHz haben bis heute nur vereinzelt Vergaben stattgefunden. Wann die restlichen europäischen Länder nachziehen, ist noch offen. Für 26 GHz ergibt sich zusätzlich die Herausforderung der Festlegung eines neuen Vergabedesigns. Um hier auch Möglichkeiten für vertikale Wettbewerber zu schaffen, ist grundsätzlich das bisher übliche Versteigerungsmodell zu überdenken. 110

Auch aufgrund der **Menge der zur Verfügung stehenden Blöcke** ist zu überlegen, ob man in diesem Bereich sich nicht darauf verständigt, zukünftig die Frequenzen für bestimmte Zwecke, auf bestimmte unterschiedlich zu wählende Zeit und geografisch beschränkt **bloß auf Antrag** zuzuteilen. Vorstellbar wäre hier ein Vergaberegime wie es aus der Vergabe von Rundfunkfrequenzen bekannt ist. Alternativ werden auch **Hybridmodelle** diskutiert. Ein reines Versteigerungsmodell ist aber eher auszuschließen. 111

a) Spektrum und IoT-Anwendungen

Die jeweiligen Anforderungen an das benötigte Spektrum sind immer von der Art, den konkreten Zielsetzungen und den technischen Bedingungen der jeweiligen IoT-Anwendung abhängig. Es kann daher keine allgemein verbindliche Aussage dazu getätigt werden. So ist stets die Frage zu klären, ob mit dem Service eine Flächenversorgung oder eine bloß punktuelle Versorgung beabsichtigt ist, ob es notwendig ist eine Indoor-Versorgung zu erzielen, oder ob sich das im Einzelfall erübrigt. 112

Auch ist wichtig zu wissen, ob das zu betreibende Netzwerk **öffentlich zur Verfügung** stehen soll, oder bloß für private Zwecke bereitsteht. Auch die schon erwähnte Lebensdauer des Objektes spielt für die Wahl des jeweiligen Spektrums eine Rolle. Beispielsweise lassen sich die Verbindungen für lokale IoT-Anwendungen oft über WIFI oder 113

Bluetooth verwirklichen, während bestehende Technologien/Netze wie GSM, 3G oder LTE im Bereich M2M Konnektivität, wenn diese über weite Distanzen (Smart Meter) zu realisieren ist, oder Mobilität (inCar WIFI) erforderlich ist, eine kosteneffiziente Grundlage zur Erbringung eines IoT-Services darstellen.

b) Verfügbare Frequenzbereiche für IoT/M2M-Anwendungen

114 Für alle IoT/M2M-Services, die sich mobiler Netzwerktechnologien bedienen, kommen vor allem die Bänder von 800 bis 900 MHz und neuerdings für 5G-spezifische Dienste auch 700 MHz in Frage, sowie das Band um 1.500 MHz (allerdings nur zur Unterstützung im downlink in Kombination mit 700 MHz), 1.800 MHz, 2 Ghz, 2,6 GHz und 3,4 bis 3,8 GHz. 3,4 GHz bis 3,8 GHz werden auch als **5G-Kernband** oder C(ore)-Band bezeichnet, weil es sich dabei um ein Spektrum handelt, das sich durch relativ hohe Bandbreite in Verbindung guten Ausbreitungseigenschaften auszeichnet und daher sehr gut für IoT-Netzwerke geeignet ist, die nicht nur punktuell zur Verfügung stehen möchten.

115 Angemerkt werden darf hier, dass die **Handhabe dieser Spektren und deren Vergabe den einzelnen nationalen Regulierungsbehörden unterliegt.** In Deutschland hat zB die Bundesnetzagentur ganz speziell für sog. Campus-Anwendungen im Bereich 3,4 GHz bis 3,8 GHz einhundert Megahertz für Unternehmen von der Versteigerung im Frühjahr 2019 ausgenommen.

116 Dieses Spektrum wird auf begründeten Antrag einzelnen Unternehmen zur geografisch begrenzten Nutzung für einen bestimmten mit der Zuteilung festgelegten Zweck zugeteilt. Die BNetzA stellt dabei für lokale Netze den Frequenzbereich von 3.700 bis 3.800 MHz bereit. Die Frequenzen können insbesondere für Industrie 4.0, aber auch die Land- und Forstwirtschaft eingesetzt werden. Eine Antragsberechtigung kann sich aus dem Eigentum an dem Grundstück oder aus einem sonstigen **Nutzungsrecht** (zB Miete, Pacht) bzw. entsprechender Beauftragung ergeben.

117 Anträge können elektronisch gestellt werden und sollen in einem einfachen, unbürokratischen Verfahren bearbeitet werden. Das Spektrum kann unmittelbar nach der Zuteilung genutzt werden. Die jeweilige dem Antrag entsprechende Zuteilungsdauer soll dafür sorgen, dass Frequenzen nur für die tatsächliche Zeit ihrer Nutzung beantragt werden.[50]

118 In Österreich wurde anders als in Deutschland im Frühjahr 2019 die Versteigerung des **gesamten** Frequenzbereiches 3.400 bis 3.800 MHz so gestaltet, dass Frequenzen für regionale Bereiche erworben werden konnten. Auf Grundlage dieser regionalen Frequenzen beabsichtigen nun einzelne Erwerber solcher Frequenzen neben anderen Anwendungen auch die Nutzung ihrer Frequenzen für iIoT-Anwendungen zu forcieren.

119 Ziel war es dabei, durch neue Anbieter auch im Bereich IoT-Anwendungen den Wettbewerb zu stärken.[51] Vor allem in Hinblick auf spezifische lokale Anwendungen mit nur sehr geringen Reichweiten, dafür allerdings sehr großen Bandbreiten wird in Zukunft auch noch der Frequenzbereich 26 GHz eine Rolle spielen. Von diesem Band ist nach Vorgaben der EU in allen Mitgliedstaaten bis Ende 2020 zumindest 1 GHz zur Vergabe vorzubereiten.[52] Diesen Vorgaben der EU-Kommission haben krisenbedingt, aber auch mangels Geschäftsmodellen nur sehr wenige Staaten Rechnung getragen. Es ist aber 2021 damit zu rechnen, dass es zu nächsten Schritten kommt. Die Bundesnetzagentur hat bei-

[50] BNetzA, Pressemitteilung v. 21.11.2019, Antragsverfahren für lokale 5G Funkanwendungen gestartet, www.bundesnetzagentur.de/SharedDocs/Pressemitteilungen/DE/2019/20191121_lokaleFreq.html (21.11.2019).

[51] www.rtr.at/de/pr/PI07032019TK (7.3.2019).

[52] Europäische Kommission, Pressemitteilung v. 14.5.2019, EU-Kommission harmonisiert die drei wichtigsten Frequenzbänder für 5G-Mobilfunk: „Insbesondere die Verfügbarkeit des 26-GHz-Bandes wird die Bereitstellung innovativer Dienste wie hochauflösende Videokommunikation sowie Virtual und Augmented Reality erleichtern. Die Harmonisierung des 26-GHz-Bandes in ganz Europa muss in allen Mitgliedstaaten bis Ende März 2020 abgeschlossen sein, während die effektive Nutzung von mindestens 1 GHz dieses Bandes spätestens Ende 2020 erfolgen wird.", ec.europa.eu/germany/news/20190514-frequenzen-5g_de.

spielsweise im Januar 2021 mit der Vergabe von regionalen Frequenzen in diesem Bereich begonnen.[53]

c) Zukünftige Anforderungen an das Spektrum

In Hinblick auf die sehr dynamische Entwicklung von Services im IoT-Bereich auch durch den weiter fortschreitenden Ausbau von 5G und der immer weitergehenden Spezifikation in diesem Bereich ist zu erwarten, dass Überlegungen entwickelt werden, wie in Zukunft sichergestellt werden kann, dass die Ressource Spektrum ausreichend und vor allem einfach für alle potentiellen Marktteilnehmer zur Verfügung gestellt wird. 120

Dabei ist besonderes Augenmerk auf die zukünftigen **Lizenzierungsmechanismen** zu legen, um zu vermeiden, dass es durch derzeit **bestehende Barrieren zu Innovationshemmnissen** kommt. Um hier die richtigen Entscheidungen zu treffen, ist es für nationale Regulierungsbehörden gemeinsam mit der Europäischen Kommission an der Zeit, sich ein umfassendes Bild über die zu erwartenden Marktentwicklungen zu machen und vorausschauend die gegebenenfalls notwendigen Adaptionen des Rechtsrahmens gegenüber dem bisherigen Status quo vorzunehmen. Gegebenenfalls ist in internationalen Gremien (ITU/WRC) auch dafür zu sorgen, dass zusätzliche Frequenzbänder zur Verfügung gestellt werden können. 121

d) Elektromagnetische Strahlung (EMF)

Mit dem Thema IoT, Vernetzung und Mobilität ist auch die Diskussion über die möglichen **schädlichen Auswirkungen von elektromagnetischer Strahlung auf den menschlichen Organismus** verbunden. An sich sind diese Diskussionen und die dabei vorgebrachten Argumente nicht neu und begleiten den Ausbau des Mobilfunks seit fast 30 Jahren, allerdings ist im Zuge der neueren Entwicklung von einer neuen Qualität und Vehemenz, wie die Diskussion ausgetragen wird, auszugehen. 122

So kann man in jüngster Zeit immer öfter **im Web auf dort kursierende Verschwörungstheorien** stoßen, nach denen zumindest eine Korrelation zwischen dem Ausbruch der Corona-Pandemie und dem 5G-Netzausbau bestehen soll. In Großbritannien führte das zu mehreren Brandanschlägen auf Sendestandorte.[54] Gegner dieser neuen Technologie nutzen hier die Möglichkeiten im Netz, um durch größtmögliche Verunsicherung ihre Interessen durchzusetzen und einen raschen 5G-Ausbau zu behindern. 123

Es ist **wichtig für den Erfolg von IoT-Projekten,** die vorgebrachten **Bedenken** sehr **ernst** zu **nehmen.** Vor allem ist es nicht seriös, wenn man sich ausschließlich auf die Argumentation zurückzieht, dass mit den neuen Technologien sowieso alles besser wird, weil die Zellen kleiner und die Sendestärke genutzter Sendeanlagen ebenfalls geringer ausfällt. Dieses Argument stimmt zwar je Einheit, lässt aber unberücksichtigt, dass die Summe der Einheiten, die Strahlen abgeben oder empfangen, gegenüber heute in Zukunft exponentiell ansteigen wird. 124

Experten gehen davon aus, dass 2020 weltweit insgesamt rund 25 Mrd. Geräte vernetzt sein werden. Das bedeutet mehr als drei Geräte pro Kopf der Weltbevölkerung. Häuser, Fahrzeuge, öffentliche Infrastruktur, aber auch Wearables und eine Vielzahl weiterer Alltagsgegenstände kommunizieren nicht nur mit Menschen, sondern zunehmend auch untereinander. Manches davon wissen wir gar nicht richtig, bzw. ist es uns gar nicht bewusst, dass wir es mit einem vernetzten Objekt zu tun haben.[55] 125

---

[53] Vgl. BNetzA, Antragsunterlagen für lokale breitbandige Frequenznutzungen, www.bundesnetzagentur.de (28.2.2021).

[54] Stuttgarter Nachrichten, Verschwörungstheorien um 5G ufern aus, www.stuttgarter-nachrichten.de/inhalt.coronavirus-verschwoerungstheorien-um-5g-ufern-aus.3560a435-f03a-4c68-9468-a061107d3d0a.html (22.4.2020).

[55] *Wachter* Funkschau 21.5.2019.

126 Selbst wenn man allein annimmt, dass beispielsweise auf Basis aktueller Studien im Jahr 2020 sehr wahrscheinlich rund 5,8 Mrd. vernetzte Objekte ausschließlich in den Bereichen Unternehmen und Mobilität in Verwendung stehen werden,[56] wird offensichtlich, dass es bereits in sehr naher Zukunft **notwendig** sein wird, hier den **Zugang durch ein möglichst engmaschiges Netz** sicherzustellen. Bei Unternehmenslösungen bedeutet das auf einem definierten Gelände (zB Firmencampus) oder in einem Raum (zB Produktionshalle) ein privates 5G-Netz für die gewünschten Zwecke aufzubauen.

127 In Hinblick auf Mobilitätslösungen heißt es wiederum, ein sehr dichtes öffentliches Netzwerk bereitzustellen, mit dem auch die überregionale Verfügbarkeit bestimmter IoT-Services gewährleistet werden kann. Dabei wird noch gar nicht an autonomes Fahren gedacht, sondern im Wesentlichen an Lösungen im Bereich der Verkehrstelematik und des Entertainments.

128 Klar ist, dass **je dichter die Vernetzung physischer Dinge auf Basis drahtloser Verbindungen ist, desto größer ist auch der Summenstrahlungswert** an einem bestimmten Ort. Fest steht aber auch, dass in den mittlerweile 30 Jahren seitdem die Liberalisierung des Mobilfunks begonnen hat, die wissenschaftliche Forschung über EMF (Electro Magnetic Fields) keine wissenschaftlich fundierte Aussage über einen tatsächlichen Zusammenhang zwischen der von den bestehenden Sendeanlagen ausgehenden Strahlung und möglichen Krankheiten herstellen konnte.

129 Aber diese Forschung hat gleichzeitig geholfen, mittlerweile **breit anerkannte Grenzwerte** zu entwickeln. Diese wurden in Europa mit der Ratsempfehlung vom Juli 1999 für den Frequenzbereich 0 MHz bis 300 GHz verbindlich festgelegt.[57] Basis für diese EU-Empfehlung sind die korrespondierenden Grenzwerte der WHO und der ITU. Auf nationaler und bisweilen auch regionaler Ebene gibt es darüberhinausgehende strengere Grenzwerte.

130 Im gleichzeitigen **Zusammenspiel** mit mehreren **verschiedenen Sendequellen,** was typischerweise bei IoT-Netzen der Fall sein wird, können diese **lokalen Grenzwerte** Auswirkungen auf die Kosten der Errichtung eines IoT-Netzes haben und die mögliche **Netzarchitektur** massiv **beeinflussen.**[58]

131 Es muss aber davon ausgegangen werden, dass mit höherer IoT-Penetration auch eine höhere Senderdichte der Fall sein wird.[59] Insbesondere wenn es um den Einsatz der höheren Frequenzbereiche geht. Externer Widerstand ist hier vorprogrammiert und wird dann sowohl öffentliche wie auch private Betreiber solcher IoT-Netze gleichermaßen treffen. Nur ein proaktives Herangehen und ein sachliches Eingehen auf die Argumente der Gegner kann helfen, den Widerstand gegen neue Infrastrukturprojekte zu mindern. Es ist zu erwarten, dass dieser Widerstand steigen wird, je weiter IoT und damit der Bedarf nach Netzressourcen vorangetrieben werden. Ohne solche begleitenden Maßnahmen kann das Thema Strahlung ein schwerwiegendes Problem für zukünftige IoT-Projekte sowohl im privaten wie im öffentlichen Raum werden.

2. Adressierung und Identifikation

132 Die Frage **möglicher Einschränkungen bei der Adressierung** stellt sich eigentlich nur im Bereich von öffentlich zugänglichen Netzwerken. Inwieweit dies für die Weiterentwicklung von IoT-Diensten und deren Verfügbarkeit von Bedeutung sein kann, wird sich dabei in den kommenden Jahren zeigen.

133 Wenn aber davon auszugehen ist, dass es mit 5G möglich sein soll, in Zukunft bis zu eine Million Objekte[60] pro Quadratkilometer zu vernetzen (LPWAN – low power wide

[56] Gartner Press Release 29.8.2019.
[57] Empfehlung 1999/519/EG des Rates v. 12.7.1999.
[58] BEREC BoR (19) 245, S. 18.
[59] Vgl. dazu Art. 58 EECC.
[60] *Wachter* Funkschau 21.5.2019.

area networks), ist damit allerdings das potentielle Risiko einer Engpasssituation bei der Identifikation einzelner vernetzter Objekte in einem IoT-Netz verbunden. Dafür muss jetzt eine nachhaltig sinnvolle Alternative gefunden werden. Dabei sind als mögliche **Adressierungselemente** einerseits **Nummernressourcen** zu beachten und alternativ IP-Adressen. Bei **IP-Adressen** ist wieder zu beachten, dass deren **Verwaltung international** erfolgt.[61]

a) Nummern

In klassischen Kommunikationsnetzen wird die **Identifizierung über konkrete Nummern** vorgenommen. Die Nummernvergabe und die Nummernverwaltung ist eine grundsätzlich nationale Aufgabe und entfaltet daher auch nur Wirksamkeit innerhalb der Grenzen eines Nationalstaates. Das wiederum kann bei IoT-Services, die grenzüberschreitend angelegt sind, zu rechtlichen Problemen aufgrund unterschiedlicher Auslegung der rechtlichen Bestimmungen führen, weil bisher die Nutzung nationaler Rufnummern grundsätzlich nur innerhalb eines Staatsgebietes vorgesehen war. 134

Allgemein ist bei der Festlegung der Adressierungsvoraussetzungen zu beachten, welche Arten von Nummern für ein IoT-Service benötigt werden, wem das Recht zur Beantragung von Nummern, bzw. von MNC (Mobile Network Code) zusteht und ob die extraterritoriale Nutzung zulässig ist. Das alles sind Fragen, die im Wesentlichen auf nationaler Ebene zu klären sind und daher oftmals innerhalb Europas uneinheitlich gehandhabt werden. Allgemein sind die in einem öffentlichen Netz zur Verfügung stehenden Nummern nationale oder internationale E.164 Nummern bzw. nationale oder internationale E.212 IMSI Mobilnummern. Soweit IoT-Services auf Basis öffentlicher mobiler Netzwerke erbracht werden, ist auch davon auszugehen, dass sich an dieser Situation nicht sehr viel ändern wird, weil dies den Strukturen innerhalb dieser Netzwerke am besten entspricht. 135

Wenn sich ein IoT-Service Provider im Rahmen seines Geschäftsmodelles als MVNO positionieren möchte, ist die zusätzliche Frage zu beantworten, in wie weit er auch um einen eigenen **MNC (Mobile Network Code)** ansuchen kann. Insbesondere, wenn sich diese Art des Geschäftsmodells durchsetzt, kann es hier zu Engpässen kommen, weil grundsätzlich pro Land nur ca. 100 MNC zur Verfügung stehen. **Mit der Umsetzung des EECC** in allen europäischen Mitgliedstaaten sollte jedenfalls der **Zugang** zu den entsprechenden **Nummernressourcen** für IoT-Anbieter durch objektive, transparente und nichtdiskriminierende Verfahrenskriterien **erleichtert** werden.[62] 136

Bei der Nutzung von Nummern in ausländischen Netzen gibt es, wie auch nachfolgend angemerkt (→ Rn. 138), weiterhin noch große Differenzen in der Auslegung zwischen den einzelnen nationalen Regulierungsbehörden, aber auch von Seiten der europäischen Kommission ist man hier zurückhaltend bzw. lehnt man die extraterritoriale Nutzung von E.164 Nummern aus Sicherheitsgründen grundsätzlich ab und lässt nur in Ausnahmefällen zu bestimmten M2M-Services eine Nutzung zu.[63] 137

Das Board of Regulators **(BEREC)** hat dazu in seinem Draft-Report allerdings ausdrücklich festgehalten, dass auch von einer Nutzung von Devices im (benachbarten) Ausland auszugehen ist. Aus diesem Grund ist die Nutzung ausländischer MNC für IoT-Anwendungen zuzulassen bzw. auch die stärkere Nutzung von globalen Mobile Country Codes (MCC) zu überlegen.[64] Wenn es gelingt hier eine Klarstellung zu erreichen, was bedeutet, dass einige Länder von ihrer bisher vertretenen sehr strengen Rechtsauslegung zum Nummerierungsthema etwas abweichen müssen, würde das für die Regulierung und den Sektor in Zukunft mehr Rechtsicherheit bedeuten. 138

[61] ICANN = Internet Corporation for Assigned Names and Numbers.
[62] Erwgr. 250 EECC.
[63] Vgl. EcC Report 194, Extra-Territorial Use of E.164 Numbers, 25. 4. 2013.
[64] BEREC BoR (19) 245, S. 15.

139 In Erwgr. 250 des EECC behält sich die Kommission vor, in Abstimmung mit BEREC ggf. Umsetzungsmaßnahmen zu erlassen, falls die vorhandenen zur Verfügung stehenden Nummerierungsressourcen nicht die Nachfrage dafür decken, insbesondere wenn es um die Erbringung unionsweiter Services geht.[65] Es bleibt abzuwarten, wie hier die weitere Entwicklung voranschreitet. Die Umsetzung des EECC auf nationaler Ebene wird jedenfalls entscheidend sein.

b) IP-Adressen

140 Im Bereich von fixen Verbindungen ist die Nutzung von IP-Adressen als Adressierungselement schon sehr üblich (WIFI etc), wobei aber auch eine immer stärkere Nutzung im mobilen Bereich zu erwarten ist. Insbesondere mit der **sukzessiven Einführung von IPv6,** das neben sonstigen Vorteilen gegenüber dem noch gängigen IPv4 Protokoll vor allem eine nahezu unerschöpfliche Menge an Adressen zur Verfügung stellt, sind hier große Fortschritte zu erwarten. Im mobilen Bereich ist damit zu rechnen, dass **IPv6 parallel zu der Nutzung von E.164 bzw. E.212** in Zukunft vermehrt zur Anwendung kommen wird.

c) Zusammenfassung

141 Als gängige Adressierungs- bzw. Identifikationselemente von IoT-Anwendungen innerhalb von öffentlichen Netzen sind nationale und internationale Nummern (E.164 und E.212) auszumachen sowie parallel auch eine Identifikation über die IP-Adresse (IPv4 und IPv6). Beide Möglichkeiten werden noch mittel- bis langfristig nebeneinander zur Anwendung kommen. Es sind diesbezüglich auch keine Barrieren für zukünftige IoT-Anwendungen identifizierbar.

142 Genau zu beobachten wird sein, inwieweit die Nummernnutzung außerhalb des Staates der Nummernvergabe für zulässig erachtet wird, weil es hier in Europa noch unterschiedliche Zugänge der nationalen Regulierungsbehörden gibt. Aus Sicht der EU-Kommission und von BEREC wird jedenfalls die **extraterritoriale Nutzung von E.164** als zulässige Lösung angesehen, die dazu beitragen kann, mögliche Engpässe und damit negative ökonomische Effekte wegen einer Beschränkung der Einsatzmöglichkeiten von IoT-Anwendungen zu vermeiden.[66]

3. Roamingbeschränkungen

143 Viele Geschäftsmodelle, die IoT-Anwendungen zu Grunde legen, sind Moblitätsanwendungen, die oft nicht nur innerhalb nationaler Grenzen funktionieren müssen, sondern global. Im Rahmen solcher Anwendungen vernetzte Objekte sind weltweit unterwegs. Beispielsweise Automobile, die weltweit ausgeliefert werden und in denen eine **IoT-Entertainmentlösung** fixverbaut wurde. Oder **Trackinglösungen** für Container, die ständig grenzüberschreitend unterwegs sind.

144 Für ein stationäres IoT-Geschäftsmodell kann es wiederum ein Ziel sein, dass durch Roaming eine Verbesserung der Coverage und eine Erhöhung der Ausfallssicherheit gewährleistet werden soll. Das gilt zB **für Smart Grid**-Lösungen Permanentes Roaming bietet sich hier als technische Lösung an, allerdings gibt es dafür rechtliche Beschränkungen, die derzeit noch nicht eindeutig geklärt sind.

a) Fehlende Rechtssicherheit bei globalen Anwendungen

145 Bis heute ist die Regulierung von Roaming ausschließlich auf nummernbasierte interpersonelle Kommunikation, die für einen begrenzten Zeitraum grenzüberschreitend ist, aus-

[65] Erwgr. 250 EECC.
[66] BEREC BoR (16) 39, S. 19.

gerichtet. **IoT-Anwendungen waren bis heute nie im Regulierungsfokus.** Selbst in der Roamingregulierung 2015 wurde ausschließlich auf das Reisen innerhalb der Union abgestellt.[67] Weder in Art. 1 noch in den Definitionen nach Art. 2 der DSM-Verordnung wird auf IoT-Anwendungen Bezug genommen.

Im Ergebnis bedeutet das eine **nicht generelle Anwendbarkeit** dieser Regulierung auf IoT-Anwendungen. Soweit aber Art. 15 Abs. 4 der DSM-Verordnung festlegt, dass jedenfalls M2M-Verbindungen nicht der Regulierung unterliegen,[68] kann der Umkehrschluss gezogen werden, dass soweit IoT-Anwendungen Roaming auf Grundlage der festgelegten Bestimmungen nutzen, dies als zulässig zu sehen ist, bzw. MNO den Zugang nur verwehren dürfen, soweit dafür objektive Kriterien herangezogen werden können. 146

Genau da liegt aber eines der Hauptprobleme für **globale IoT-Anwendungen,** weil diese **grundsätzlich permanentes Roaming** voraussetzen, es aber im Zusammenhang mit der DSM-Verordnung einen Ausschließungsgrund darstellt. Allerdings wird es weiterhin freigestellt, unabhängig von der Roamingregulierung eine eigenständige kommerzielle Einigung bilateral zu finden.[69] 147

Diese Lösung ist aber problematisch, da sie einerseits zu viel Interpretationsspielraum lässt und mögliche innovative Lösungen nicht wirklich fördert. Wenn man sich potentielle IoT-Angebote, die auch heute schon in den Markt gebracht werden, näher ansieht, ist erkennbar, wie wichtig für den Wettbewerb ein gemeinsames globales Verständnis zu permanentem Roaming wäre. Die derzeitige unterschiedliche Einstellung einzelner Regierungen zu den Geschäftsmodellen weltweit tätiger Anbieter bedeutet eine ungeheure Rechtsunsicherheit, die wiederum **Investitionen in neue Dienste behindert.** Während permanentes Roaming in Europa zumindest verhandelbar ist, wird dieses in Brasilien beispielsweise ausländischen Betreibern generell untersagt. Aktuell gibt es auch Bestrebungen der türkischen Regierung permanentes Roaming zu verbieten. Für globale IoT-Projekte ist das sowohl für Anbieter von Lösungen wie auch für potentielle Auftraggeber, zumeist international tätige Unternehmen, eine nicht zufriedenstellende Situation. Durch die Blockade einzelner Länder werden so innovative internationale Lösungen blockiert und damit generell auch Innovation gehemmt. 148

Es ist daher erforderlich, dass hier dringend eine **gemeinsame rechtliche Sichtweise festgelegt** wird. Im ersten Schritt sollte das zumindest auf EU-Ebene möglich gemacht werden. Nur dadurch kann es gelingen bestehende Show-Stopper für neue internationale bzw. globale IoT-Lösungen zu beseitigen. 149

b) Zusammenfassung

Eine mühsame und auch nur beschränkt rechtssichere Möglichkeit für die Zukunft ist, anhand von bilateralen Vereinbarungen IoT-Services transnational auszurollen. Alternativ ist die Nutzung von sogenannten **GlobalSIM** (internationale E.212) zu überlegen, um solche transnationalen Dienste über permanentes Roaming anzubieten. Beides ist aber sehr arbeits- und zeitaufwändig. Um die erfolgreiche Nutzung von IoT auf globaler Ebene, oder zumindest innerhalb Europas sicherzustellen, wird wie bereits ausgeführt (→ Rn. 105 ff.) in 150

[67] VO (EU) Nr. 531/2013 (Roaming III), ABl. 2012 L172, 10 idF VO (EU) Nr. 2015/2120 (TSM Regulation), die in Art. 1 festhält „ein gemeinsamer Ansatz […], der sicherstellen soll, dass den Nutzern öffentlicher Mobilfunknetze auf Reisen innerhalb der Union im Rahmen von unionsweiten Roamingdiensten – verglichen mit den unter Wettbewerbsbedingungen gebildeten Preisen in den einzelnen Mitgliedstaaten – […] keine überhöhten Preise in Rechnung gestellt werden"/„[…] a common approach to ensuring that users of public mobile communications networks, when travelling within the Union, do not pay excessive prices for Union-wide roaming services in comparison with competitive national prices […]".

[68] Art. 15 Nr. 4 VO (EU) Nr. 531/2013 (Roaming III), ABl. 2012 L172, 10: „[…] Absätze 2 und 3 gelten nicht für Geräte, bei denen eine mobile Datenübertragung von Maschine zu Maschine erfolgt"/„[…] Paragraphs 2 and 3 shall not apply to machine-to-machine devices that use mobile data communication […]".

[69] BEREC BoR (16) 39, S. 26.

nächster Zukunft eine klare Regulierung betreffend permanent Roaming für IoT-Anwendungen notwendig sein.[70]

151 Anzumerken ist, dass die EU-Kommission in ihrem jüngsten Report zum Roaming Markt in Europa auf diese Problematik Bezug nimmt. So hält sie in ihrem Bericht fest, dass die Entwicklungen bei 5G- und IP-basierten mobilen Kommunikationsformen in den nächsten Jahren Auswirkungen auf den Roamingmarkt haben wird. Man will aber konkret erst im nächsten Review darauf eingehen und vorerst von einer Regulierung absehen.[71] Am Ende könnte aus dieser Zurückhaltung aber ein Wettbewerbsnachteil gegenüber anderen großen Volkswirtschaften wie den USA oder China resultieren. Diese Position sollte daher noch einmal überdacht werden.

152 In ihrem Bericht nimmt die Kommission dabei auch auf die Bedeutung von eSIMs Stellung und sieht darin gerade für die Entwicklung von IoT-Anwendungen eine große Bedeutung in der Zukunft.[72] Auf europäischer Ebene ist daher sehr genau auf die kurzfristige Entwicklung zu achten, denn aus ersten Erfahrungen lässt sich feststellen, dass für viele IoT-Geschäftsmodelle ausschließlich dann ein positives Ergebnis möglich ist, wenn durch grenzüberschreitendes Angebot ausreichend Skaleneffekte erzielbar sind. Dies kann dann zu positiven Wettbewerbs- und **Innovationseffekten** führen. Aktuell bleiben solche Chancen vielfach noch ungenutzt.

4. Interoperabilität von Netzen und Devices und Diensteportabilität

153 **Interoperabilität von Netzen und Devices** stellt genauso wie Diensteportabilität eine **wichtige Herausforderung** für die Zukunft von IoT-Systemen dar. Nur wenn diese Voraussetzungen einheitlich nach klaren regulatorischen und technischen Standards sichergestellt werden, kann auch ein nachhaltiger und breitenwirksamer Einsatz von IoT-Anwendungen möglich sein. Interoperabilität und Portabilität sind Grundlagen für ausreichenden Wettbewerb und Innovation auf allen Ebenen eines IoT-Systems.

154 Wie wichtig diese Voraussetzungen sind, wird uns aktuell gerade in der Diskussion über Tracing Apps gemeinsam mit der Corona-Pandemie vor Augen geführt.[73] Im Wesentlichen geht es dabei um die Möglichkeit, überall wo sich eine Person befindet, kontaktlos eine Datenkommunikation zwischen zwei Mobilfunkgeräten betriebssystemunabhängig sicherzustellen. Die derzeit diskutierten Lösungen sind oftmals nationale Applikationen und mangels einheitlicher technischer Standards nur eingeschränkt in der Lage, auf die gegebenen Anforderungen Antworten zu liefern. Ein wichtiger erster Schritt in die richtige Richtung ist dabei aber die Öffnung der Schnittstellen durch Apple und Google in ihren Betriebssystemen. Damit übernehmen diese US-Unternehmen aber wieder eine Führungsrolle, der Europa nichts entgegenzusetzen hat.[74] Es zeigt sich dabei, dass **kurzfristig** auch **klare regulatorische Vorgaben** dazu notwendig sind.[75] Auch werden **gemeinsame technische Standards** erforderlich sein, um eine technisch sinnvolle und vor allem auch grundrechtskonforme Lösung sicherzustellen. Im Grunde geht es dabei immer nur um ein europaweit aktives IoT-System, bei dem Smartphones jeder Bauart als IoT-Devices zur Lokalisierung von Infektionsquellen dienen sollen.

---

[70] BEREC BoR (16) 39, S. 29: „[...] „It might also be worthwhile to consider an access right for IoT permanent roaming".
[71] COM(2019) 616 final, 14.
[72] COM(2019) 616 final, 92.
[73] eurlex.europa.eu/legalcontent/DE/TXT/PDF/?uri=CELEX:32020H0518&from=EN (25.2.2021).
[74] *Scott/Braun et al.* Politico v. 15.5.2020, www.politico.eu/article/google-apple-coronavirus-app-privacy-uk-france-germany (18.5.2020).
[75] *Scheuer/Hoppe et al.* Handelsblatt v. 10.5.2020, www.handelsblatt.com/technik/it-internet/kontaktverfolgung-gegen-infektionen-apple-und-google-geben-bei-corona-apps-den-staaten-die-regeln-vor/25813744.html?ticket=ST-1882503-XefGMBcgaaachrzl1BGj-ap6 (25.2.2021).

a) Interoperabilität

Wie bereits in → Rn. 1 ff. ausgeführt, gibt es keine bestimmte Netzarchitektur oder eine fix vorgegebene Bauanleitung für ein IoT-System. Vielmehr ist von sehr individuellen Lösungen auszugehen, die im Wesentlichen aus drei Bestandteilen bestehen: (i) einem festen oder mobilen Netz, (ii) einer Plattform, die die Interaktion zwischen den vernetzten Objekten und dem Netz organisiert, und (iii) den vernetzten Objekten selbst, die wiederum unterschiedlich ausgestaltet sein können. 155

Verkürzt dargestellt lässt sich behaupten, eine IoT-Lösung ist immer dafür geschaffen, ein **ganz bestimmtes analoges Problem technisch** dadurch zu lösen, dass sie durch digitale Vernetzung realer Objekte, in Kombination mit einer speziell für den Anwendungsfall entwickelten Software die zu digitalisierenden Prozesse abbildet. Allerdings ist es mit der Lösung eines Problems oft nicht getan und ist davon auszugehen, dass innerhalb dieses gesamten Systems mehrere zusätzliche Funktionen zu erfüllen sind. 156

Diese Funktionen können, müssen aber nicht immer von ein und derselben Person bereitgestellt werden. Oftmals setzt sich ein System aus Komponenten vieler unterschiedlicher Lieferanten zusammen und werden Dienstleistungen wie Konnektivität und Plattformdienstleistung unabhängig voneinander erbracht. Das bedeutet auch, dass es für den End User innerhalb eines IoT-Systems eine Vielzahl unterschiedlicher Vertragsverhältnisse geben kann. Je größer diese Zahl ist, desto schwieriger wird es eine **vertragliche Durchgängigkeit** sicherzustellen. 157

Wie unter dem Kapitel der IoT-Wertschöpfungskette erörtert (→ Rn. 39 ff.), gibt es grob zusammengefasst den Connectivity Provider, der das Netz bereitstellt, den IoT-Service Provider, der das eigentliche Service, die Plattform organisiert, den IoT-User, der die Lösung bereitstellt und den End User. Um das volle Potential ausschöpfen zu können, ist es notwendig, dass innerhalb dieser Wertschöpfungskette eine **volle Interoperabilität von eingesetzter Hardware und Software** gegeben ist. 158

Zusätzlich wird es aber auch notwendig sein, eine **Interoperabilität zwischen Kernnetzwerk und verschiedenen anderen Netzwerken** ebenfalls zu ermöglichen. Der Bereich des autonomen Fahrens ist hier ein sehr gutes Beispiel, wo einerseits auf horizontaler Ebene die Kommunikation zwischen unterschiedlichen Fahrzeugen unterschiedlicher Hersteller sicherzustellen ist, andererseits auch die vertikale Vernetzung zwischen Fahrzeug und Verkehrsleitsystem und anderen Anwendungsbereichen, zB im Bereich Information und Entertainment. 159

Diese Kommunikation kann teilweise durch fahrzeugeigene Sensortechnik in Kombination mit Netztechnik eines Konnektivitätsanbieters, der mit dem Fahrzeughersteller einen Vertrag hat, erfolgen. Dabei muss der Anbieter des Netzzuganges nicht zwingend auch der Betreiber des genutzten physischen Netzes sein. 160

Dort vor allem, wo wir es mit grenzüberschreitenden IoT-Services zu tun haben, spielen bei der Beantwortung der Frage der Interoperabilität zwei Faktoren eine bedeutsame Rolle. Zum Ersten ist die Frage des permanenten Roamings zu lösen (vgl. dazu auch → Rn. 148), zum Zweiten ist die möglicherweise notwendige Interoperabilität zwischen verschiedenen Services und den Devices unterschiedlicher Hersteller zu klären. 161

Entscheidend ist hier die umfassende Standardisierung relevanter Schnittstellen. Für Mobilitätslösungen im Auto ist zB sicherzustellen, dass eine deutsche Ampel mit einem italienischen Auto genauso einwandfrei kommunizieren kann, wie im umgekehrten Fall. 162

Bislang mangelt es noch weitestgehend an solchen einheitlichen Standards. Daher kann das Zusammenspiel derzeit nur auf Grundlage bilateraler vertraglicher Vereinbarungen funktionieren. Das stellt allerdings ein grundlegendes Problem im Sinne der Nachhaltigkeit solcher IoT-Systeme dar. Auch wenn das System bei der Einrichtung makellos funktioniert, kann es im Verlauf dazu kommen, dass innerhalb des Systems oft nur kleine Änderungen vorgenommen werden (Softwareupdate bei einem der vernetzten Objekte durch 163 den Hersteller, der nicht mit dem Konnektivitätsanbieter abgestimmt ist), die das gesamte IoT-System lahmlegen.

164 Das ist möglicherweise in vielen Einzelfällen kein allzu großes Problem. Es kann oft leicht korrigiert werden. Allerdings dort, wo es um öffentliche Anwendungen **(Smart City)** oder um Industrieanwendungen **(Smart Factory)** geht, kann eine solche Veränderung in einer unabhängigen Systemkomponente sehr weitgehende Zusatzaufwendungen in nachgelagerten Systembereichen erforderlich machen.

165 Auch aus Sicht des **Wettbewerbs und der Innovationsfähigkeit** ist es bedenklich, dass ausschließlich dann eine Funktionsfähigkeit eines IoT-Systems sichergestellt ist, wenn dieses nicht von der ursprünglichen Architektur abweicht. Weder die Lieferanten von Systemkomponenten noch die Entwickler von Software bzw. Plattformen haben große Motivation das ursprünglich installierte System zu verändern, oder Teile eines Systems durch eventuell günstigere ersetzen zu lassen. Der **IoT-User** ist mit **der Entscheidung für ein bestimmtes IoT-System seinen Lieferanten und Dienstleistern völlig ausgeliefert,** bis zu dem Zeitpunkt, wo er sich entscheidet das System zur Gänze auszutauschen oder von außen, zB durch die Insolvenz eines Vertragspartners dazu gezwungen ist, das IoT-System zur Gänze auszutauschen. Eine solche zusätzliche Investitionsentscheidung wird oft lange Zeit hinausgeschoben bzw. wurde, wenn sie von außen erzwungen wird, oftmals nicht im Investitionsbudget dafür vorgesorgt.

166 In Zeiten sehr rascher technischer Entwicklungszyklen ist man daher mit der Entscheidung für ein bestimmtes System auf Jahre an eine zu diesem Zeitpunkt bereits wieder veraltete Technologie gebunden.[76] Man ist dann dem guten Willen seiner Lieferanten ausgeliefert, wie lange sie ihre Leistung bereitstellen und ab welchem Zeitpunkt sie verlangen, dass man neue Investitionen zu tätigen hat. Um das zu veranschaulichen, soll folgendes praktisches Beispiel dienen.

167 In ganz Europa werden beispielsweise **Liftanlagen** in Wohnhäusern zu Wartungszwecken und für die Einhaltung von Sicherheitsvorschriften mit Mobilfunkmodulen ausgestattet. Seit Jahren wird dazu die **2G-Technologie verwendet,** die zuverlässig für Verbindung der Liftkanzel mit der Notrufzentrale sorgt. Diese Module sind mit SIM-Karten eines Anbieters ausgestattet und in den Liften verbaut. In der Schweiz ist der frühere Monopolist Swisscom der Betreiber, der im Großteil des Marktes für Hauslifte die SIM-Karten zur Verfügung stellt. Swisscom hat nun beschlossen 2G durch 5G abzulösen und den Netzbetrieb von 2G 2020 einzustellen.[77] Für **Hausverwaltungen** und andere Betreiber von Liftanlagen bedeutet das nun ab sofort, dass sie in ihre Anlagen **kostspielig neue 5G-Module** einbauen müssen, wenn sie ihren gesetzlichen Verpflichtungen der Bereitstellung einer sicheren Notrufverbindung gerecht werden wollen.

168 Dieses Beispiel zeigt, welche Abhängigkeiten innerhalb von IoT-Systemen entstehen können und wie notwendig es ist, durch regulatorische Werkzeuge und einheitliche Standards nachhaltige Interoperabilität sicherzustellen und vermeidbare Abhängigkeiten zu unterbinden.

b) Diensteportabilität

169 Das Problem, dass eine IoT-Lösung zu einem **wettbewerblich unerwünschten Lock-in-Effekt** führt, besteht grundsätzlich immer dort, wo IoT-Services auf der Basis von Konnektivität durch SIM-Karten in öffentlichen mobilen Netzen bereitgestellt werden. Mit der SIM-Karte ist immer eine IMSI-Nummer[78] als Identifizierungsmerkmal verknüpft.

---

[76] *Sliwa* in Qusay Internet of Things A to Z S. 51 ff.

[77] www.swisscom.ch/de/about/unternehmen/portraet/netz/abloesung-2g.html (25. 2. 2021).

[78] Die internationale Mobilfunk-Teilnehmerkennung, International Mobile Subscriber Identity (IMSI), ist eine Zahl mit 15 Stellen, die der netzinternen Kennung eines Mobilfunkteilnehmers dient. Sie befindet

Grundsätzlich ist festzuhalten, dass die Nummernportierung, wie wir sie kennen und die im Wesentlichen geregelt wurde, um den Betreiberwechsel für physische Personen zu erleichtern, im Bereich von IoT-Services keine bzw. nur eine untergeordnete Rolle[79] spielt. Der Zugangsanbieter ist zwar gesetzlich verpflichtet, als Kommunikationsdienstbetreiber die Nummer, mit der ein vernetztes Objekt adressiert wird, zu portieren, allerdings hilft dies im Fall von IoT-Diensten, wo oft sehr viele IoT-Devices verbaut sind, nur bedingt. Eine Einzelportierung für jedes IoT-Device, das in einem IoT-System integriert ist, ist in den meisten Fällen weder administrativ noch kostenmäßig sinnvoll. Es dürfte daher in den meisten Fällen bloß eine theoretische Option sein, den Host-Betreiber zu wechseln. 170

Auch wenn die **Nummernportierung** per se für die Diensterbringung keine Bedeutung für den IoT-User oder End User hat, weil es für sie keine Rolle spielt, über welches konkrete Netz die vernetzten Objekt kommunizieren, da die SIM-Karten meist mit den Sensoren verbaut sind und sich in verschiedenen voneinander getrennt lokalisierten vernetzten Objekten befinden, ist es heute noch **sehr schwer, einen Wechsel des Betreibers** durchzuführen und wenn, dann nur mit hohem Aufwand, weil alle SIM-Karten, gegebenenfalls auch die Kartenmodule selbst ausgebaut und gewechselt werden müssen. Das führt zu negativen Incentives für einen IoT-User, den Host-Betreiber zu wechseln. 171

Es ist also wichtig, dass rechtliche Grundlagen geschaffen werden, um einen Betreiberwechsel auch im Fall von IoT-Anwendungen besser zu ermöglichen. Die Umsetzung des EECC bietet sich dazu aktuell an. 172

Eine Möglichkeit hier Abhilfe zu schaffen ist es, für bestimmte IoT-User **eigene Mobile Network Codes** bereitzustellen, sodass diese als ihr eigener Konnektivitätsanbieter auftreten können. Als MVNO (mobile virtual network operator) könnten sie bei Bedarf ihren Host Provider wechseln und so alternative Netzdienstleistungen in Anspruch nehmen.[80] Dazu ist es aber wiederum notwendig, ein eigenes Kernnetz zu betreiben. Das wird sich in vielen Fällen aber nicht rechnen und daher nur eine bloß theoretische Alternative darstellen. 173

Als zusätzliches regulatorisches Erfordernis wäre dabei die **IMSI-Portierung** zu berücksichtigen, um es einem **MVNO** zu ermöglichen seinen **Hostbetreiber zu wechseln,** ohne dabei aufgrund eines Wechsels der SIM-Karten einen großen Teil seiner Kunden verlieren zu müssen. Eine gesetzlich zulässige IMSI-Portierung ermöglicht im Falle des Betreiberwechsels die Portierung eines gesamten Systems. Derzeit ist eine solche Lösung zwar gesetzlich nicht ausgeschlossen, jedoch mangels Anspruchs darauf ist ein Lösungsanbieter auf den Goodwill eines Hostbetreibers angewiesen, der auf ein solches Vorhaben mangels Interesses und Vorteil nur bedingt eingehen wird. Es besteht jedenfalls regulatorischer Handlungsbedarf, um auch im Bereich IoT-Services einen Wettbewerb sicherzustellen. 174

Die Bereitstellung von eigenen MNC ist zudem auch nur beschränkt möglich, weil hier jedem Land nur eine limitierte Nummernzahl zur Verfügung steht und daher eine unbegrenzte Vergabe nicht möglich ist. Darüber hinaus ist auch ein zusätzlicher Investitionsaufwand notwendig. Diese Lösung bietet sich daher nur für ganz spezielle Fälle an, wo etwa auch ein öffentliches Interesse an so einer Lösung bestehen kann. Das wäre zum Beispiel für öffentliche Versorgungsbetriebe, wie Wasserwerke, Kraftwerke oder den öffentlichen Verkehr denkbar. 175

Eine Alternative zur Bereitstellung von eigenen MNC wäre gegebenenfalls die Möglichkeit der **OTA (over the air programming)-Programmierung von SIM-Karten,** was so viel bedeutet wie, dass SIM-Karten über das Funknetz umprogrammiert werden 176

---

sich auf der SIM-Karte und dient der eindeutigen Identifizierung des Netzteilnehmers (oder auch des IoT-Devices) und dem Routing innerhalb der verschiedenen Mobilfunknetze.

[79] *Sassenberger/Kiparski* in Sassenberg/Faber Industrie 4.0 und Internet-HdB § 5 Rn. 94.

[80] BEREC BoR (16) 39, S. 29 f.

können. Ein entsprechender Mechanismus wurde seitens der GSMA bereits 2014 spezifiziert ermöglicht, aber, obwohl technisch möglich, aktuell noch nicht wirklich auch die Neufestlegung eines Konnektivitätsanbieters over the air, sondern beschränkt auf netzinternes Updaten der SIM-Karten. Voraussetzung für die vollständige Neuprogrammierung wäre der flächendeckende Einsatz von eSIM. Insbesondere bestehende Betreiber werden hier aus gutem Grund nicht aktiv tätig und verbauen weiterhin Module auf Basis physischer SIM-Karten. Darüber hinaus lassen sich dadurch auch keine neuen Möglichkeiten für bereits in Betrieb befindliche IoT-Anwendungen finden.

c) Zusammenfassung

177 In der Praxis gibt es noch keine umfassend zufriedenstellende Lösung, um den mit der Errichtung und den Betrieb von IoT-Services verbundenen, vor allem auf der Netzseite bestehenden Lock-in-Effekten wirksam zu begegnen. In Erwgr. 249 des EECC ist dazu zwar ausdrücklich festgehalten, dass die Mitgliedstaaten angehalten sind, OTA-Lösungen zu forcieren. Dabei nimmt die Richtlinie ganz besonders Bezug auf IoT-Kommunikation, für die hier die Möglichkeit des einfachen Betreiberwechsels geschaffen werden soll.[81] Wie das in der Praxis dann aussehen wird, bleibt abzuwarten.

5. Netzneutralität

178 Netzneutralität und Internet of Things, gibt es da überhaupt einen gemeinsamen Ansatzpunkt? Die Antwort darauf muss ein ganz klares Ja sein. Netzneutralität steht dafür, dass jede Art von Verkehr und Inhalt im Internet nicht unterschiedlich behandelt werden darf. Priorisierung einzelner Dienste ist grundsätzlich abzulehnen. Für Anwendungen im Internet of Things ist aber eine Priorisierung oft ein wesentliches Element für jenen Service, das mit der Anwendung erbracht werden soll.[82]

179 Es geht darum, ganz **bestimmte Kommunikationsarten zur Diensterbringung** zu nutzen. Generell kann man dann natürlich die Frage stellen, ob Anwendungen des Internet of Things überhaupt unter die Regelungen der Netzneutralität fallen sollen. Das führt aber zu einer sehr komplexen Abgrenzungsfrage, zu der es heute noch keine einheitliche juristische Meinung gibt.

180 Vor allem Vertreter der Industrie plädieren oftmals für eine Aufweichung der bestehenden Netzneutralität-Regelungen. Nach der dort vertretenen Ansicht gehen die **Regelungen zu den Special Services** nicht weit genug und behindern damit den sinnvollen Einsatz der Network Slicing Technologie. Nur wenn hier die Ausnahmen erweitert werden, ist nach diesem Verständnis ein sinnvoller Einsatz der Technologie möglich.

181 Die aktuell europaweit gültigen **Regelungen zur Netzneutralität sind in der DSM-VO vom November 2015** festgelegt und einheitlich in allen Mitgliedstaaten gültig.[83] Art. 3 Abs. 3 VO (EU) 2015/2021 legt fest, dass grundsätzlich jeder Datenverkehr im Netz gleich zu behandeln ist. Art. 3 Abs. 4 widmet sich der Frage von Ausnahmen, wo im Einzelfall der Einsatz von Netzwerkmanagementmaßnahmen zulässig sein könnte. Art. 3 Abs. 5 VO (EU) 2015/2021 bestimmt schließlich wann es sich um **„Special Services“** handeln soll, die generell von den Regeln der Netzneutralität ausgenommen werden sollen.

182 Special Services sind nach dieser Bestimmung keine klassischen Internetzugangsdienste, sondern Dienste, die ganz bestimmten Sachverhalten vorbehalten sind. Für die konkrete Auslegung dieses Art. 3 wurde generell BEREC beauftragt, das hier 2016 Guidelines erlassen hat, die aktuell einem Review unterzogen werden.[84]

---

[81] Erwgr. 249 EECC.
[82] *Sassenberger/Kiparski* in Sassenberger/Faber Industrie 4.0 und Internet-HdB § 5 Rn. 188f.
[83] Verordnung (EU) 2015/2021 des Europäischen Parlaments und des Europäischen Rates v. 25.11.2015.
[84] BEREC BoR (16) 127.

Entlang dieser sehr klaren europäischen Rechtslage ist es nicht ganz nachvollziehbar, warum keine, oder nur geringe Möglichkeiten zur Nutzung von **Network Slicing** für IoT-Anwendungen bestehen sollten. Vielmehr ergibt sich bei genauer Betrachtung eine generelle Anwendbarkeit der Netzneutralitätsbestimmungen und der Guidelines für IoT-Services, sofern das dafür genutzte Netz nicht ausschließlich privaten Zwecken dient. Zu prüfen ist immer, ob ein angebotener Service die Voraussetzungen gem. Art. 3 Abs. 5 erfüllt, um als „Specialized Service" eingestuft zu werden. 183

Dazu ist es notwendig, dass die Anwendung eine **Netzwerkoptimierung** zur konkreten Diensterbringung objektiv benötigt und es durch dieses **Netzwerkmanagement** zu keiner Einschränkung im Zugang zum Netz selbst kommt, oder der Dienst selbst als Substitut für einen Zugang dienen kann. Bei Network Slicing wird das Vorliegen dieser Voraussetzungen durch den nationalen Regulator auf Antrag zu prüfen sein, bzw. im Fall der Nichteinhaltung der Vorgaben der DSM-Verordnung und der Guidelines von Amts wegen dagegen einzuschreiten sein. 184

Eine generelle Freizeichnung von IoT-Services von den Regelungen zur Netzneutralität kann daher nicht angenommen werden. Im Übrigen würde ein solches Vorgehen alle Türen für Umgehungen der **Netzneutralitätsbestimmungen** in der DSM-Verordnung öffnen. Das ist aus wettbewerbsrechtlichen, aber auch demokratiepolitischen Überlegungen jedenfalls abzulehnen. 185

6. Netzsicherheit

Bereits bisher schon waren Telekommunikationsnetzinfrastrukturen oft als **kritische Infrastrukturen** eingestuft. Im Zusammenhang mit IoT-Anwendungen ergeben sich aber zusätzliche Bedrohungsszenarien, die bei der Architektur und dem Betrieb solcher Netze zu beachten sind. Wenn davon auszugehen ist, dass mit Hilfe von **5G ein Ökosystem mit einer nahezu unbegrenzten Anzahl von vernetzten Objekten** geschaffen wird, in das alle Lebensbereiche (Haus, öffentlicher und privater Verkehr, Gesundheitswesen, Industrie uvm) integriert sind und dabei auf der Transportebene Trilliarden sensibler Daten bewegt werden, stellen sich für solche Netzwerke ganz spezifische Sicherheitsanforderungen. 186

Aber auch dort, wo es sich um rein privat genutzte Netze handelt, kann es gleichermaßen hohe Sicherheitsanforderungen geben. Insbesondere bei Campus-Netzen, bei denen sensible firmeninterne Daten (Betriebs- und Geschäftsgeheimnisse, geistiges Eigentum etc) verarbeitet und verwaltet werden, wird das Thema Sicherheit eine zentrale Anforderung an den Bereitsteller einer solchen Netzlösung sein. 187

Für die Akzeptanz und die **Vermarktbarkeit** von IoT-Anwendungen **ist Sicherheit** somit sehr wichtig. Bis vor kurzem war es aber fast ausschließlich dem Markt überlassen, hier sich selbst Standards vorzuschreiben. Mit der Netz- und Informationssicherheitsrichtlinie von 2016 wurde ein erster Schritt in die Richtung einer generellen Regulierung getan.[85] Aktuell zu beachten ist die Empfehlung der EU-Kommission vom 26.3.2019 betreffend der Cybersecurity in 5G-Netzen, die einen EU-weit koordinierten Zugang festlegt und sich den Kriterien, unter denen gewisse Netzelemente verbaut werden dürfen, widmet, sowie die darauf aufbauenden weiterführenden Rechtsakte der EU, zuletzt die am 29.1.2020 veröffentlichte **5G-Netzsicherheits-Toolbox,**[86] die bis spätestens Ende Juni 2021 in den nationalen Rechtsordnungen umgesetzt wird (auch → Rn. 205). 188

Die Kommission verwendet in ihrer Empfehlung eine sehr **weite Definition von 5G-Netzen** und bezieht dabei alle Drahtlostechnologien mit ein, die auf weltweit vereinbar- 189

[85] Richtlinie (EU) 2016/1148 über die Sicherheit von Netzen und Informationssystemen des Europäischen Parlaments und des Europäischen Rates v. 6.6.2016.

[86] Europäische Kommission, Pressemitteilung v. 29.1.2020, Sichere 5G-Netze: Kommission billigt EU-Instrumentarium und erläutert die nächsten Schritte, ec.europa.eu/commission/presscorner/detail/en/IP_20_123.

ten technischen Normen für die Mobilfunk- und Drahtloskommunikation beruhen, für Netzanbindungs- und Mehrwertdienste verwendet werden und fortgeschrittene Leistungsmerkmale wie sehr hohe Datengeschwindigkeit und -kapazität, Kommunikation mit niedriger Latenzzeit, ultra-hohe Zuverlässigkeit oder Unterstützung einer großen Zahl verbundener Geräte aufweisen.

190 Dies kann auch vorhandene Netzbestandteile umfassen, denen frühere Generationen mobiler und drahtloser Kommunikationstechnik (4G oder 3G) zugrunde liegen. 5G-Netze sind so zu verstehen, dass sie alle einschlägigen Teile des Netzes umfassen.[87] Zu diesem Zweck wurde 2019 im ersten Schritt der aktuelle Stand der Sicherheit in den Telekommunikationsnetzen in der EU erhoben. Ziel war dabei eine allgemeine Risikobewertung zu bekommen und auf deren Grundlage entsprechende regulatorische Werkzeuge zum richtigen Umgang mit diesen Risiken zu entwickeln.[88]

191 In Erwgr. 14 der Empfehlung wird festgehalten, dass der **künftige europäische Rahmen** für die **Cybersicherheitszertifizierung** ein **wesentliches unterstützendes Instrument bilden soll,** um ein kohärentes Sicherheitsniveau zu fördern. Dies sollte die Entwicklung von Systemen für die Cybersicherheitszertifizierung ermöglichen, die den Bedürfnissen der Nutzer von 5G-Geräten und -Software entsprechen.[89]

192 In den Begriffsbestimmungen wird neben der Definition von 5G zusätzlich auch noch der als weitergehend in der Empfehlung verwendete Begriff von Infrastruktur per se definiert, und zwar in der Art, als damit Infrastrukturen innerhalb des digitalen Ökosystems gemeint sind, die der Digitalisierung über ein breites Spektrum kritischer Anwendungen in Wirtschaft und Gesellschaft hinweg dienen.[90]

193 Es ist erkennbar, dass die Kommission alle **bestehenden und zukünftigen Entwicklungen** im Bereich von Netzen einschließlich des Internet of Things im Auge hat und klar die Absicht verfolgt, **für die Zukunft einheitliche europäische Regulierungswerkzeuge** zu entwerfen, die den zu erwartenden Sicherheitsanforderungen umfassend, also nicht ausschließlich auf öffentliche Kommunikationsinfrastruktur bezogen, entsprechen. Dies ist insofern wichtig, als bisherige in den nationalen Gesetzen festgelegte Bestimmungen zur Sicherung der Netzsicherheit und Netzintegrität eine umfassende Erweiterung in diesem Sinne erfahren müssen und den zuständigen Behörden auch gegenüber IoT-Netzwerken Eingriffsmöglichkeiten zur Verfügung gestellt werden.

194 Zu betonen ist dabei auch, dass Netzsicherheit **nicht losgelöst von den notwendigerweise festzulegenden einheitlichen Sicherheitsstandards für vernetzte Objekte (IoT-Devices)** gesehen werden darf. Hier ist ein holistischer Ansatz in der Festlegung von Kompetenzen und rechtlichen Werkzeuge zu wählen, um eine koordinierte Vorgehensweise zu ermöglichen. Insgesamt als Herausforderung werden sich bei der Entwicklung und Umsetzung solcher Werkzeuge die unterschiedlichen Zuständigkeiten in den einzelnen Nationalstaaten herausstellen. Wie die Koordinierung gestaltet wird, bleibt abzuwarten, als mögliches europäisches Koordinierungsgremium bietet sich BEREC in Abstimmung mit der NIS-Kooperationsgruppe[91] an.[92]

195 Das Ergebnis des auf Grundlage der Empfehlung vom 26.3.2019 durchgeführten Risk Assessments wurde von der **NIS-Kooperationsgruppe** am 9.10.2019 veröffentlicht und bringt dabei deutlich zum Ausdruck, dass das dort analysierte Sicherheitsrisiko einen sehr

[87] Empfehlung (EU) 2019/534 der Kommission v. 26.3.2019 Cybersicherheit der 5G-Netze – Empfehlungspunkt II lit. a.

[88] Empfehlung (EU) 2019/534 der Kommission v. 26.3.2019 Cybersicherheit der 5G-Netze – Empfehlungspunkt I.

[89] Empfehlung (EU) 2019/534 der Kommission v. 26.3.2019 Cybersicherheit der 5G-Netze – Erwgr. 14.

[90] Empfehlung (EU) 2019/534 der Kommission v. 26.3.2019 Cybersicherheit der 5G-Netze – Empfehlungspunkt II lit. b.

[91] Die NIS-Koordinationsgruppe setzt sich aus Vertretern der Mitgliedstaaten, der EU-Kommission und der ENISA zusammen.

[92] BEREC BoR (19) 245, S. 28; Empfehlung 2019/534/EU der Kommission v. 26.3.2019 Cybersicherheit der 5G-Netze – Erwgr. 24.

weiten Begriff des Netzes zugrunde legt und auch spezielle IoT-Netzinfrastrukturen in eine Beurteilung miteinzuschließen sind.

So werden in dem Bericht mehrere große Sicherheitsprobleme genannt, die in 5G-Netzen im Vergleich zu den bestehenden Netzen stärker ins Gewicht fallen. Diese Sicherheitsprobleme ergeben sich bei der 5G-Technologie (die zugleich auch eine Reihe spezifischer Sicherheitsverbesserungen mit sich bringt), insbesondere im wichtigen Softwarebereich und im breiten Spektrum der Dienste und Anwendungen, die durch 5G-Technik ermöglicht werden. IoT kommt bei den aktuellen Sicherheitsüberlegungen dabei eine wichtige Rolle zu. 196

Die Rolle der Lieferanten beim Aufbau und Betrieb von 5G-Netzen und dem Grad der Abhängigkeit von einzelnen Technologieausstattern ist dabei besondere Aufmerksamkeit zu schenken. Anwendungsmöglichkeiten durch IoT stellen nach dem Bericht der NIS-Koordinationsgruppe eine erhöhte Angriffsgefahr dar und bieten mehr potenzielle Ansatzpunkte für Angreifer im Internet. Da 5G-Netze zunehmend auf Software basieren, steigen die Risiken im Zusammenhang mit größeren **Sicherheitslücken,** zB wegen mangelhafter **Softwareentwicklungsprozesse** bei Lieferanten. Dadurch könnte es auch für Angreifer leichter werden, Hintertüren in die Produkte einzubauen und deren Erkennung zu erschweren.[93] 197

Die EU-Kommission hat daher auf Grundlage der ersten Risikoanalyse in den einzelnen Mitgliedstaaten und des darauf aufsetzenden Risikoberichts am 29. 1. 2020 eine Toolbox veröffentlicht, die nun als Grundlage für zukünftige Sicherheitsstandards in den europäischen 5G-Netzen dienen soll.[94] Mit dieser **Toolbox** sind europäische Regierungen angehalten, verbindliche gesetzliche und technische Vorschriften und Standards für Netzausstatter und Netzbetreiber festzulegen, nach denen in Zukunft Netze zu errichten und zu betreiben sind. Die Staaten trifft dabei die Verpflichtung, die Einhaltung dieser Vorschriften durchgehend zu überwachen (→ Rn. 205). 198

Neben der Software in den Kernnetzen sind es aber gerade die vernetzten Objekte selbst, die oft nur rudimentäre Sicherheitsanforderungen bei der eingebauten Software erfüllen und keinen einheitlichen weltweiten Standards folgen. Risikobedenken, die sich dabei auftun, betreffen ganz allgemein auch die Einhaltung gültiger Datenschutzstandards durch diese vernetzten Objekte, weil hier oft aus Kostengründen kein Wert auf Einhaltung nationaler oder supranationaler Normen gelegt wird, sondern ausschließlich nach dem Prinzip „one size fits all" ein globaler **Minimalstandard** zur Verfügung gestellt wird. 199

Es gibt heute bereits eine Vielzahl von Geschäftsmodellen, sowohl im B2B- als auch im B2C-Bereich, bei denen mit IoT-Devices smarte Ideen umgesetzt werden. Die Anwendungsfelder reichen von den bekannten Smart Home-Anwendungen vom Baumarkt bis zu der komplexen Steuerung eines Containerschiffs.[95] Gerade bei der **Software und deren Sicherheit** bestehen heute **bei vernetzten Objekten** vielfach noch die größten **Mängel.** Passworte bei den meisten am Markt zu findenden IoT-Devices haben beispielsweise aus Kostengründen kein oder nur ein sehr niedriges Sicherheitsniveau, die Verschlüsselung ist nicht bzw. nicht ausreichend vorhanden und es gibt keine oder nur unzureichende Updates.[96] Dieser Schwachpunkt wird von **Hackern** ausgenutzt und eine Vielzahl von ihnen einfach übernommen und dann zu einem von diesen Hackern festgelegten Zeitpunkt benützt, um einen gezielten Angriff auf ein bestimmtes Ziel zu starten. Wir kennen diesen Sachverhalt als **Distributed Denial of Service (DDoS) Angriff,** bei dem sich der Cyberangreifer der von ihm gekaperten Devices bedient, um eine Zieladresse beispielsweise durch 100.000 und mehr Anfragen lahm zu legen. Erfolgt so ein Angriff 200

[93] EU-Kommission, Pressemitteilung v. 9. 10. 2019, Bericht über EU-weit koordinierte Risikobewertung von 5G-Netzen, ec.europa.eu/commission/presscorner/detail/de/IP_19_6049 (9. 10. 2019).
[94] COM(2020) 50 final.
[95] *Schöne/Schmitz* Security Insider 9. 4. 2018, www.security-insider.de/schifffahrt-in-der-iot-falle-a-702661/ (25. 2. 2021).
[96] *Shu/Rosenberg/Upadhyaya/Rao* in Qusay Internet of Things A to Z S. 277.

auf sog. kritische Infrastrukturen, kann das besonders gefährlich, am Ende auch tödlich sein. Einer besonderen Gefährdung unterliegen dabei Stromversorgungsinfrastrukturen, die zB mit intelligenten Smart Meter IoT-Devices integrieren und damit besonders verletzlich sind.[97] Gerade die mit einem Angriff auf das Stromnetz verbundenen **Dominoeffekte** können mit nicht abschätzbaren Folgen zu einem generellen **Blackout** führen.

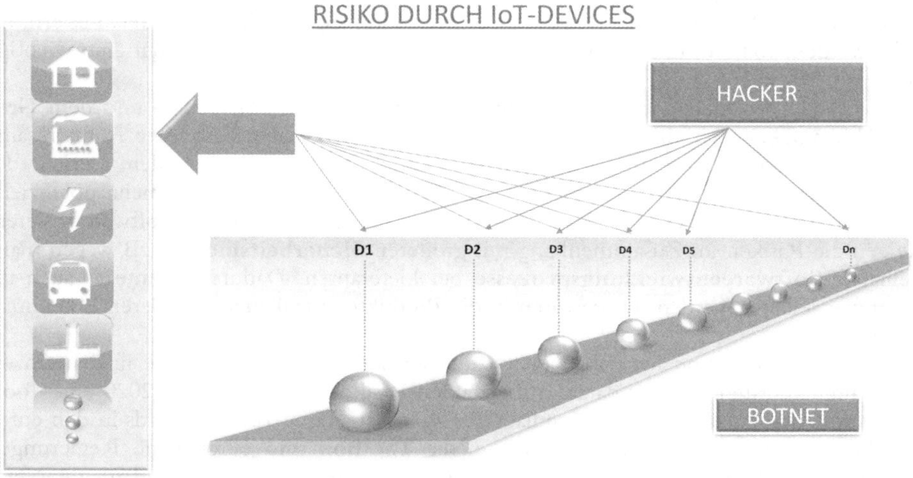

Abb. 10: Risiko durch IoT-Devices (Quelle: RTR)

201 Über den Umweg des vernetzten Objektes wird es so dem Angreifer nämlich leicht gemacht, in die inneren Strukturen des Netzes selbst einzudringen und dann von dieser Position aus den eigentlich schädlichen Angriff zu starten.[98] Hier wird erst klar, wie wichtig es ist, nicht nur die **Sicherheit der Netzinfrastruktur** selbst im Auge zu haben, sondern sich ein Bild darüber zu machen, wie eine **Sicherung gegenüber den in einem IoT-Netz eingebrachten Devices** vorzunehmen ist und welche Sicherheitsmaßstäbe diejenigen, die die in das IoT-Netz einzubringende Hard- und Software herstellen, von sich aus zu erfüllen haben.

202 Wenn auf EU-Ebene daher Maßnahmen zur Verbesserung der Sicherheit in Netzen ergriffen werden und dazu entsprechende regulatorische Werkzeuge erarbeitet werden sollen, ist es dringend angebracht, auch die Sicherheitsanforderungen an vernetzte Objekte selbst mit zu regeln.

203 **Vernetzte Objekte sind über das Internet weltweit zugänglich,** ohne dass man einen physischen Kontakt herstellen muss. Das ist einerseits bequem für den einzelnen, kann aber insgesamt ein gravierendes Risiko für die Allgemeinheit darstellen, dessen wir uns bewusst sein sollten und für das wir Gegenmaßnahmen vorbereitet haben sollten.[99]Auch die NIS-Koordinationsgruppe hat in ihrem Bericht festgestellt, dass aufgrund der neuen Merkmale der 5G-Netzarchitektur und neuer 5G-Funktionen bestimmte Netzausrüstungen oder Netzfunktionen, zB Basisstationen oder wichtige technische Verwaltungsfunktionen der Netze, leichter verwundbar werden.

204 Erhöhte Risiken entstehen auch durch die Abhängigkeit der Mobilfunknetzbetreiber von ihren Lieferanten. Dadurch wird sich auch die Zahl der Angriffspunkte, die von Angreifern ausgenutzt werden könnten, und die potenzielle Schwere der Folgen solcher Angriffe erhöhen.[100] Bedrohungen der Verfügbarkeit und Integrität der Netze werden große

[97] Raffling/Schock/*Wöhrl* Digitale Wirtschaft und Industrie 4.0 S. 226.
[98] *Mantz/Spitka* in Sassenberger/Faber Industrie 4.0 und Internet-HdB § 6 Rn. 134ff.
[99] *Sliwa* in Qusay Internet of Things A to Z S. 67.
[100] COM(2019) 616 final, 14.

Sicherheitsbedenken hervorrufen: Da 5G-Netze voraussichtlich das Rückgrat vieler unverzichtbarer IoT-Anwendungen bilden werden, wird neben der Vertraulichkeit und dem Schutz der Privatsphäre auch die **Integrität** und **Verfügbarkeit** dieser Netze zu einer wichtigen Frage **nationaler Sicherheitsinteressen** und zu einer großen sicherheitspolitischen Herausforderung für die EU werden.

Aus Sicht der EU-Kommission entsteht dadurch ein neues Sicherheitsparadigma, das es 205 erforderlich macht, den derzeit für diesen Sektor und sein Ökosystem geltenden politischen und sicherheitspolitischen Rahmen laufend zu evaluieren und zu überprüfen.[101] Die Umsetzungsfrist für die 5G Toolbox in innerstaatliches Recht war bis zum 30. 6. 2020 vorgesehen. Im Umsetzungsbericht vom 24. 7. 2020 hat die EU-Kommission festgestellt, dass zu diesem Zeitpunkt nur wenige Mitgliedstaaten soweit waren.[102] Im Report vom 16. 12. 2020 von EK und ENISA wurden in diesem Zusammenhang bereits Fortschritte festgestellt und die Empfehlung abgegeben, bis Ende des zweiten Quartals 2021 die Implementierung der Toolbox vom 29. 1. 2020 in allen Mitgliedstaaten abzuschließen.[103] Diese Empfehlung ist auch Bestandteil der ebenfalls am 16. 12. 2020 veröffentlichten EU-Cybersecurity-Strategie.[104]

IV. Exkurs: IoT-Device

Abschließend sollen noch in aggregierter Form und ergänzend zu den vorangegangenen 206 Ausführungen, in denen von IoT-Devices und vernetzten Objekten im Wesentlichen aus dem Gesichtspunkt des Netzwerkes die Rede war, die wichtigsten Fragestellungen, die sich im Zusammenhang mit IoT-Devices selbst stellen, betrachtet werden. Dabei geht es darum, neben einer abstrakten Beschreibung auch durch praktische Beispiele die jeweiligen Besonderheiten herauszuarbeiten.

1. Definition

Ein IoT-Device ist grundsätzlich ein **nicht standardisiertes Rechnerelement,** das, in 207 den meisten Fällen drahtlos, an ein Netzwerk angebunden ist und die Möglichkeit hat über das Internet Daten zu übertragen.[105] IoT-Devices unterscheiden sich von anderen gleichartigen physischen Objekten daher im Wesentlichen dadurch, dass es sich bei ihnen um **softwaregesteuerte Einheiten** handelt, die mit einem **Sensor** ausgestattet sind und **über das Internet mit einem weiteren zentralen Rechner** (das kann auch eine eigene Plattform sein) verbunden sind, der die Sensordaten verarbeitet und daraus Informationen ableitet, die wiederum weiterverarbeitet werden, oder die direkt mit anderen physischen Objekten verbunden sind und mit diesen Daten zu einem bestimmten vorab definierten Zweck austauschen.

Daher folgt, dass IoT-Devices heute, oft ohne, dass es uns bewusst ist, auch in sog. 208 Smart Devices wie **Tablets** und **Laptops, Smartphones** oder **Smart Watches** vorzufinden sind. Beispielsweise nutzten wir früher die Uhr, um die Zeit und das Datum abzulesen. Heute messen wir damit die **Herzfrequenz,** unseren **Kalorienverbrauch** und wieviel Schritte wir am Tag zurückgelegt haben. Alle diese Daten werden im Internet übertragen und mit weiteren Datenbanken und Geräten abgeglichen.[106] Durch **Analyse**

[101] COM(2019) 616 final, 14.
[102] Vgl. ec.europa.eu/commission/presscorner/detail/de/ip_20_1378 (28. 2. 2021).
[103] Vgl. ec.europa.eu/digital-single-market/commission-reviews-impacts-and-eu-process-and-eu-toolbox (27. 2. 2021).
[104] Vgl. ec.europa.eu/commission/presscorner/detail/de/ip_20_2391 (27. 2. 2021).
[105] *Rouse* IoT Devices (internet of things devices).
[106] www.softwaretestinghelp.com/internet-of-things-iot-testing/ (25. 2. 2021).

unserer Daten, die wir freiwillig bereitstellen, können wir dann **konkrete Handlungsempfehlungen abrufen.**

209 Neben diesen Beispielen aus unserem alltäglichen Umfeld finden sich aber eine Vielzahl von Anwendungsmöglichkeiten im industriellen und gewerblichen Umfeld sowie im öffentlichen Bereich. Vernetzte Maschinen, mit denen vollintegrierte Produktionsprozesse ermöglicht werden, sind genauso wie Verkehrssteuerung oder Lichtsteuerung im öffentlichen Raum heute bereits ganz **alltägliche Anwendungen von IoT-Lösungen.**

Abb. 11: Anwendungen von IoT-Lösungen (Quelle: RTR)

210 IoT-Devices verfügen daher grundsätzlich über **Sensoren, Software,** ein **Steuerelement** und **Rechnerkapazität,** mit denen ein bestimmtes physisches Objekt, das mit dem Internet verbunden ist, ausgestattet ist. Durch dieses IoT Device wird der automatische Datenaustausch zwischen verschiedenen miteinander vernetzten Objekten oder auch Personen ermöglicht, ohne, dass es dazu einer menschlichen Intervention bedarf.[107]

2. Anwendungsbereiche

211 Die Möglichkeiten, die sich aus der Nutzung von IoT-Devices ergeben, sind vielfältig. Ihr Einsatzfeld ist dabei nahezu unbeschränkt und wird laufend weiterentwickelt. Eigentlich sind sie in ihrer jetzigen Form eine logische **Fortsetzung der Automatisierung bei der industriellen Fertigung.** Mit Beginn dieser Entwicklung wurden in einfachen technischen Geräten Regelkreise über spezielle Programme eingebaut, die dazu dienten, ganz bestimmte Ergebnisse bereit zu stellen (zB bestimmte Temperaturen in einem Prozess sicherstellen) bzw. bestimmte zu erfüllen. Die wesentliche Neuerung von solchen IoT-Devices gegenüber den früheren Regelkreisen ist grundsätzlich nur die nunmehrige **Anbindung und Steuerung über das Internet,** die vorher nur innerhalb eines geschlossenen lokalen Netzwerkes möglich war.

[107] www.hcltech.com/technology-qa/what-is-an-iot-device (25.2.2021).

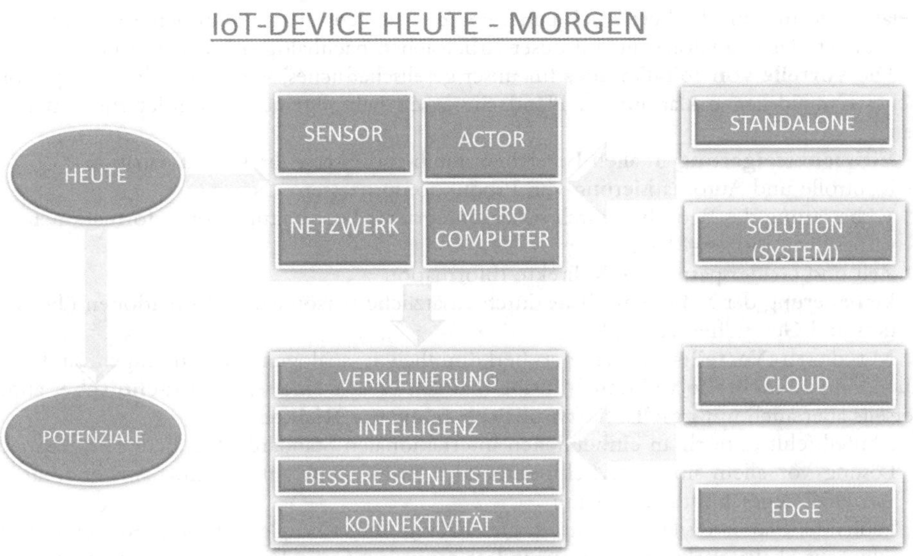

Abb. 12: Entwicklungspotenziale von IoT-Devices (Quelle: RTR)

Wie aus dieser Abbildung ersichtlich wird, verbindet ein IoT-Device die Funktionalitäten eines Sensors, eines Aktors, des Internets und eines **Micro-Computers** miteinander. Bereits heute können IoT-Devices in verschiedener Form in Erscheinung treten. Zum einem in einem **Stand-alone-Ansatz,** bei dem ein solches Device über das Internet entweder mit einer Cloud zur weiteren Datenverarbeitung verbunden ist, oder die Daten über ein (unternehmens-)eigenes Rechenzentrum verwaltet werden, zum anderen über eine komplexe Systemlösung, bei der die Kommunikation verschiedener Devices untereinander wie auch mit einem zentralen System erfolgt. 212

Durch die **immer kleineren Devices** verbunden mit **verbesserten Schnittstellen,** mehr **Rechnerleistung** und **schnellerer Anbindung,** insbesondere mit 5G, ergeben sich hier auch in der Anwendung ganz neue Möglichkeiten, erweitern sich die Einsatzgebiete von solchen IoT-Devices stetig. Die Auslagerung von Speicherkapazitäten in die Cloud, die es ermöglicht, wirklich große Datenmengen zu verarbeiten und damit ganz neue Lösungsansätze zuzulassen, sowie die Verbindung mit EDGE-Technologie bilden enorme Potentiale für zukünftige Gesamtlösungen. Vor allem die hohen Bandbreiten im Netz und die Auslagerung des Speichers bildet gemeinsam mit KI-Technologien die technische Grundlage, die zB für eine erfolgreiche Umsetzung von Projekten zum autonomen Fahren von entscheidender Bedeutung ist. Das gilt für alle komplexen cyber-physischen Systeme, die durch die Vernetzung einfacher IoT-Devices entstehen.[108] 213

Generelle Anwendungsbereiche für solche Systeme sind Produktion, Logistik, Mobilität, Energie, Umwelt und Verteidigung. Eine Fahrzeugproduktion mit Prozesssteuerungs- und Automationssystemen und stationären oder mobilen Robotern (**Smart Factory** und **Smart Production**) spielt ebenso eine Rolle wie die Etablierung von Steuerungssystemen für den Zug-, Flug- und Autoverkehr.[109] 214

Die Möglichkeit mehrere 1.000 solcher Devices zusammenzuschalten und damit ganze Fabriken zu automatisieren und mittels **KI** und **Big Data** auch intelligent bzw. autonom zu steuern, ist wesentliche Grundlage für das, was uns unter dem Stichwort Industrie 4.0 215

---

[108] Gabler Wirtschaftslexikon, Stichwort: Cyber-physische Systeme, wirtschaftslexikon.gabler.de/definition/cyber-physische-systeme-54077 (25.2.2021).

[109] Gabler Wirtschaftslexikon, Stichwort: Cyber-physische Systeme, wirtschaftslexikon.gabler.de/definition/cyber-physische-systeme-54077 (25.2.2021).

geläufig ist und mit der bereits seit geraumer Zeit für Jedermann/Frau bemerkbar die Auswirkungen der Digitalisierung auf unser Arbeitsleben nachhaltig sichtbar werden.

216 Die **Vorteile von IoT-Devices** für unser gesellschaftliches, wirtschaftliches und persönliches Umfeld liegen klar auf der Hand. Sie lassen sich allgemein wie folgt zusammenfassen:

- **Effizienzsteigerung** in allen Bereichen durch verbesserte direkte Information
- Kontrolle und Automatisierung von Produktionsprozessen
- Verbesserung des Betriebes durch prozessintegrierte Verarbeitung von Informationen
- verbessertes Prozess-Monitoring
- Zeit und Geldersparnis durch direkte Information
- Verbesserung der **Lebensqualität** durch zusätzliche persönliche Informationen über Fitness und Gesundheitszustand

217 Mit diesen **Vorteilen** gegenüber herkömmlichen analogen Anwendungen sind aber auch einige **Nachteile** verbunden. Dabei handelt es sich einerseits um **technische,** andererseits aber auch um **gesellschaftspolitisch relevante Risiken:**

- Aktuell fehlt es noch an einheitlichen internationalen Standards. Das bedeutet, dass jede Lösung vor allem im Unternehmensbereich immer nur auf die eine Anwendung im Einzelfall zugeschnitten sein kann.
- Fehlende Standardisierung erhöht gleichzeitig die Komplexität von Anwendungen, schwächt Skaleneffekte ab und verhindert damit langfristig Innovationswettbewerb.
- Mangelnde einheitliche Vorschriften für Sicherheit und Datenschutz machen IoT-Devices meistens anfällig für Missbrauch. Je mehr solche Devices im Netz verfügbar gemacht werden, desto höher wird auch das Risiko für die Netzsicherheit generell.
- Die Geschwindigkeit, mit der auf Basis der zur Verfügung stehenden technischen Möglichkeiten eine Vernetzung passiert, führt dazu, dass wir diese Vernetzung nicht mehr bewusst wahrnehmen können und damit auch nicht in der Lage sind, dort wo es notwendig ist, regulatorisch rechtzeitig, dh ex ante, gegenzusteuern.

Aufgrund des aktuell durch die COVID-19-Krise extern angestoßenen **Digitalisierungsschubes** lohnt es sich heute mehr denn je, genau über die aktuellen Entwicklungen im Bereich Vernetzung und IoT-Devices nachzudenken und zu überlegen, wo dringend begleitende Regulierung erforderlich ist.

3. Nutzen und Risiko von IoT-Devices

218 IoT-Devices sind dazu gedacht uns Menschen zu Hause, im Unternehmen und bei der industriellen Fertigung zu unterstützen, indem sie gelernte Arbeitsabläufe effizienter und schneller übernehmen oder in bestimmten Situationen Aktionen anstoßen, die unseren Bedürfnissen entsprechen, ohne dass es einer zusätzlichen menschlichen Interaktion bedarf. Als ein Beispiel dafür könnte etwa der smarte Konferenzraum dienen, in dem ein Thermostat mit einem Sensor ausgestattet ist und je nach Raumbelegung die Klimaanlage regelt, um für eine den tatsächlichen Umständen angepasste angenehme Raumtemperatur zu sorgen.[110]

219 IoT-Devices geben uns daher die **Möglichkeit,** durch **intelligente Vernetzung** von physischen Objekten und Betriebsprozessen nützliche Bereiche in unserem Alltagsleben genauso wie im Rahmen der industriellen Produktion zu übernehmen. Eine Voraussetzung für diese Vernetzung und die digitale Abbildung ursprünglich analoger Prozesse ist ein ausgeklügeltes Devicemanagment, damit einzelne Prozesse so abgebildet werden können, um den grundlegenden Anforderungen, die von der Sicherheit über die Interoperabilität und Datensicherheit bis hin zum Energiemanagement reichen, entsprechen zu können.

[110] *Rouse* IoT Devices (internet of things devices).

Durch ein solches IoT-Devicemanagment ist es möglich innerhalb eines Unternehmens, aber auch innerhalb eines Haushalts im privaten Bereich eine **große Anzahl solcher IoT-Devices zu integrieren** (Sicherstellung der Konfiguration und Registrierung) und innerhalb ihrer Lebensdauer zu monitoren (Fehlerdiagnose und Wartung) und wo notwendig dann auch zu tauschen. Das ist eine besonders wichtige Voraussetzung für den erfolgreichen Einsatz von IoT-Devices in vielen Lebensbereichen. 220

Abhängig davon, um welche IoT-Anwendung es sich handelt, kann ein solches Devicemanagment auf verschiedene Art sichergestellt werden. Da ist zum einen die nutzerspezifische Lösung, die ausschließlich innerhalb des Netzwerks des einzelnen Nutzers zur Verfügung steht, und zum anderen die „Software as a Service (SaaS)"-Lösung, die ein solches Devicemanagement über eine Plattform bereitstellt. Solche Lösungen werden heute bereits in großem Umfang von Amazon oder Microsoft, aber auch von Bosch angeboten und sind vor allem auch für Klein- und Mittelbetriebe von Interesse, um ihre Prozesse digital abbilden zu können und dadurch an den Potenzialen, die mit IoT erzielbar sind, mit zu partizipieren, ohne selbst umfassende interne Expertise dazu aufzubauen und vorzuhalten. 221

Eine ganz besonders wichtige Rolle spielt IoT bereits im Bereich der **Fertigungsindustrie** und diese Bedeutung wird in Zukunft noch weiter ausgebaut werden. Die äußerst komplexe unternehmensübergreifende Vernetzung von Produktionslinien einschließlich Robotern ermöglicht dabei auch standortübergreifende Lösungen. Wir kennen solche Lösungen – wie auch bereits erwähnt – unter dem Schlagwort Industrie 4.0 (→ Rn. 150ff.). 222

Um sicherzustellen, dass das Zusammenspiel hier nicht nur an einem Standort, sondern gleichzeitig an vielen unterschiedlichen Unternehmensstandorten funktioniert, ist es notwendig, dass sich Unternehmen, die diese Möglichkeiten nutzen wollen, Gedanken über umfassende Plattformlösungen machen, die ihre individuellen Bedürfnisse abdecken. Dazu gehören weitgehende Sicherheitsanforderungen genauso wie maßgeschneiderte Analysetools und Schnittstellen zu unterschiedlichen Systemen. Solche Plattformen haben damit noch in ihrer Komplexität weit über einfaches Devicemanagment hinausgehende Aufgaben zu erfüllen. Insbesondere geht es dabei darum, alle grundlegenden Funktionen der Unternehmenssteuerung und Planung, einschließlich Produktentwicklung, bereitzustellen. Aus Sicht der Unternehmensberatung PwC werden die hier notwendigen Investitionen in naher Zukunft rund 50 Prozent der kommenden Ausrüstungsinvestitionen pro Jahr darstellen.[111] 223

Die **Möglichkeiten durch IoT-Devices nutzenstiftende Anwendungen zu schaffen,** sind faktisch **unbegrenzt** und werden durch KI-Lösungen noch weiter unterstützt. Doch ist es gerade diese Vielfältigkeit, verbunden mit einer fehlenden Standardisierung und dem Fehlen einer ausreichenden allgemein gültigen Regulierung, die auch große Risiken auslösen kann. Nur wenn gelingt, diese mit den IoT-Devices und den angeschlossenen IT-Systemen bzw. Plattformen in Verbindung stehenden **Risiken nachhaltig in den Griff** zu bekommen, lässt sich langfristig nachhaltig ein tatsächlicher ökonomischer und gesellschaftlicher Nutzen aus dieser Entwicklung ableiten. 224

Wie bereits erwähnt, bedeutet Sicherheit des IoT nicht nur Sicherheit der Zugangsnetzwerktechnologien, sondern ganz besonders auch Sicherheit der IoT-Devices selbst sowie gleichzeitig auch der diesen angeschlossenen (firmen-)internen IT-Netzwerke. 225

In einem Artikel der Süddeutschen Zeitung wird beispielsweise über einen **Cyberangriff durch das Aquarium** berichtet. Konkret ging es um einen Fall, in dem sich Hacker 2017 über den Thermostat eines Aquariums Zugang zu den Firmendaten eines Kasinos in Las Vegas verschafften und diese Daten auf einen Server in Finnland transferierten.[112] Dieses Beispiel macht deutlich, dass durch die immer weitere Vernetzung die Verletzbarkeit an sich sicher geplanter Netzwerke durch IoT-Devices wie hier der Thermostat, der ganz offensichtlich nicht oder nur schlecht geschützt war, steigt. 226

---

[111] *Senger* Digitale Welt 27.2.2018.
[112] *Krieger* SZ 12.2.2019.

227 Durch die immer komplexere Systemarchitektur innerhalb von Unternehmen entstehen durch Einsatz unterschiedlicher, keinen einheitlichen Standards unterliegender IoT-Devices oftmals unsichere Anwendungsarchitekturen. Sicherheitslücken durch veraltete Firmware, **unbewusst eingebaute Backdoors** und eine oft **fehlende oder schwache Kommunikationsverschlüsselung** innerhalb der internen Systeme, die aber erst auffallen, wenn es zu spät ist, verschärfen dieses Problem. Hier ist zukünftig sicherlich verstärktes regulatorisches Augenmerk darauf zu richten.

228 Eine **umfassende interne IT-Governance** ist daher beim Einsatz von IoT im Unternehmen erforderlich, um einen, dem umfassenderen Einsatz von IoT-Devices genügenden höheren Sicherheitsstandard zu gewährleisten und das damit verbundene Gefährdungspotential eines Unternehmens möglichst niedrig zu halten. Und dabei geht es nicht nur um wirtschaftliche Absicherung eines Unternehmens, denn Cyberangriffe treten in vielen unterschiedlichen Formen in Erscheinung.

229 Wenn sich eine Cyberattacke beispielsweise gegen medizinische Einrichtungen, Dienste oder Geräte richtet, können die möglichen Folgen besonders fatal sein. Der Patient ist im Falle eines solchen Angriffs auf ein medizinisches IoT-Device einer Gefahr ausgesetzt, die für ihn erhebliche Auswirkungen haben kann. Das geht vom Verlust seiner personenbezogenen Gesundheitsdaten bis hin zu körperlichen Schäden oder sogar dem Tod. Die Verwendung von IoT-Devices in kritischen Bereichen wie Krankenhäusern oder zu Verkehrslenkungsmaßnahmen bzw. zur Steuerung von kritischen Infrastrukturen wie beispielsweise Kraftwerken ist daher genau zu überlegen und besonders hohen Sicherheitsstandards zu unterwerfen. Je kritischer ein Bereich ist, desto mehr sind Entscheidungsträger, die auch den Einsatz von IoT-Anwendungen festlegen, angehalten, ein umfassendes Risiko- und Krisenmanagmentsystem zu implementieren und optimierte IT-Sicherheitsprozesse in ihren Organisationen sicherzustellen.

4. Datenschutz – ein zentrales Thema für IoT-Devices

230 Dem Grunde nach besteht jedes IoT-Device aus vier wesentlichen Elementen:
- Sensor
- Actor
- Netzwerk
- Microcomputer

Für ein IoT-Device ergibt sich daraus direkt **noch kein datenschutzrechtlich relevanter Sachverhalt.** Allerdings kommt es durch den Einsatz eines solchen IoT-Devices dazu, dass eine Unmenge an Daten generiert und verarbeitet werden. Nicht selten sind dabei die Gerätehersteller auch gleichzeitig Datenaggregatoren und Datenvermittler. Man denke dabei nur an Datenbrillen oder Google Nest.[113] Dazu kommen noch Applikationsentwickler und soziale Plattformen, über die IoT-Devices integriert sind. In der aktuellen Diskussion über Maßnahmen zur Bekämpfung der COVID-19-Pandemie werden beispielsweise weltweit digitale Lösungen erörtert. Für die Unterstützung bei der Unterbrechung von Infektionsketten sind dabei verschiedenste Ansätze in Überlegung. Ein vielversprechender Ansatz liegt in der Messung von Nähe **(Proximity)** zwischen Smartphones, um dadurch ein mögliches Ansteckungsrisiko abzuleiten und eine ansteigende Infektionskette so früh wie möglich zu unterbrechen, indem potenziell betroffene Menschen möglichst zeitnah informiert werden, um sich in Selbstisolation begeben zu können und dadurch keine weiteren Infektionen zu verantworten. Mittlerweile sind in über 30 Ländern über 40 verschiedene Systementwicklungen solcher **„contact tracing Apps“** im Einsatz, mit unterschiedlichen technologischen Ansätzen, die von Lösungen mit hohen Datenschutzanforderungen bis hin zu „Überwachungssystemen“ reichen. Jede dieser Anwendungen ist grundsätzlich als IoT-Anwendung zu qualifizieren.

---

[113] store.google.com/at/category/connected_home (25.2.2021).

In jedem einzelnen Fall besteht die **Möglichkeit des Zugriffs auf personenbezogene Daten des Nutzers eines IoT-Devices.** In der alltäglichen Praxis ist sich dabei der Nutzer oft gar nicht dieser Datenverarbeitung bewusst. Dieser Mangel wird auch nicht dadurch geheilt, dass in seitenlangen kleingedruckten AGB etwas darüber vermerkt ist bzw. eine Einwilligung zu einer solchen Datenverarbeitung unbewusst zugestimmt wurde. Es wird im Ernstfall nicht möglich sein, dass man sich darauf berufen kann, denn eine solche Einwilligung ist zumindest im Bereich der EU dann in den meisten Fällen nicht gültig zustande gekommen.[114] 231

Im Wortlaut legt Art. 5 Abs. 3 ePrivacy-RL (RL 2002/58/EG) fest, dass die Benutzung elektronischer Kommunikationsnetze für die Speicherung von Informationen oder den Zugriff auf Informationen, die im Endgerät eines Teilnehmers oder Nutzers gespeichert sind, nur unter der Bedingung gestattet ist, dass der betreffende Teilnehmer oder Nutzer gem. der DS-RL (RL 95/46/EG) **klare und umfassende Informationen insbesondere über die Zwecke der Verarbeitung** erhält und durch den für diese Verarbeitung Verantwortlichen auf das Recht hingewiesen wird, diese Verarbeitung zu verweigern.[115] Dieser Anforderung wird bei IoT-Devices, die auch als Endgerät im Sinne dieser Bestimmung zu kategorisieren sind, oft nicht erfüllt werden. 232

Darüber hinaus sind aktuell verfügbare Sensoren nicht in der Lage, verschlüsselte Kommunikationsverbindungen herzustellen, da ihnen die dafür notwendige Rechenkapazität fehlt. Allerdings ist davon auszugehen, dass es hier bald zu Verbesserungen kommt. 233

Eine **IoT-Anwendung** und mit dieser verbunden der **Einsatz von IoT-Devices** erfordert jedenfalls im Einzelfall eine **grundlegende datenschutzrechtliche Überprüfung** auf Grundlage der einschlägigen Bestimmungen der **DS-GVO,** bei der festzustellen ist, ob die erforderlichen Einwilligungen auch gegeben sind. Die Schutzerfordernisse personenbezogener Daten sind dabei besonders zu berücksichtigen. Insbesondere bei B2C-Anwendungen wird es oft sehr schwierig sein, die Anonymität bei der Nutzung der angebotenen Dienstleistung zu wahren. 234

V. Schlussbemerkungen

Ziel dieses Kapitels ist, dem Leser neben einer einführenden Definition über das, was eigentlich IoT sein kann, einen Überblick über die technischen Möglichkeiten von IoT-Netzen zu geben und einen Ausblick auf die zukünftige Entwicklung zu skizzieren. Dabei wurde schwerpunktmäßig auf die 5G-Netztechnologie, die ja ganz speziell für IoT entwickelt wurde, abgestellt. Im Markt befinden sich derzeit eine Vielzahl unterschiedlicher Netztechnologien, die allerdings meist auf bestimmte genau definierte Sachverhalte mit geografischer Einschränkung abgestellt sind und auch nur eingeschränkte Interoperabilität vorweisen, bzw. gar nicht dafür ausgelegt sind. Für eine breit angelegte ökonomische Nutzung von IoT, auch auf Konsumentenseite, bieten sich die gängigen Mobilfunktechnologien und da ganz besonders 5G als Grundlage für die notwendige Konnektivität an. 235

Gleichzeitig wurde versucht herauszuarbeiten, dass es einen engen Zusammenhang mit der gewählten Netzarchitektur und den zu erreichenden Zielen geben muss. Viele rechtliche und regulatorische Fragestellungen im Bereich von IoT-Systemen hängen direkt oder indirekt mit der gewählten Netzwerkinfrastruktur, deren Architektur und der gewählten Technologie zusammen. Dabei ist festzustellen, dass es offenbar noch zu früh ist, weitergehende Regulierung im Bereich IoT vorzunehmen, sondern man sich aktuell sowohl bei der EU-Kommission als auch im BEREC darauf beschränkt zu beobachten 236

---

[114] Vgl. dazu auch den Anwendungsbereich von Art. 5 Abs. 3 ePrivacy-RL (Richtlinie 2002/58/EG des Europäischen Parlament und des Rates v. 12.7.2002 über die Verarbeitung personenbezogener Daten und den Schutz der Privatsphäre in der elektronischen Kommunikation (Datenschutzrichtlinie für elektronische Kommunikation)).

[115] Anwendungsbereich von Art. 5 Abs. 3 ePrivacy-RL 2002/58/EG.

und versucht, soweit Regulierung notwendig erscheint, mit dem bestehenden Instrumentarium zu Recht zu kommen. Dieser Zugang leuchtet – unter der Prämisse zuerst Innovation zu fördern und einen Markt zu entwickeln – grundsätzlich ein, weil er mögliche durch Regulierung entstehende Innovationshemmnisse vermeidet. Allerdings ist es für eine nachhaltige Entwicklung des Geschäftsfelds IoT notwendig, in einigen Punkten sehr bald zumindest auf europäischer Ebene eine rechtlich klare Position zu verabschieden.

237 Als **Defizite** in der derzeitigen Rechtslage sind **mangelnde Standardisierung betreffend Interoperabilität und Netzsicherheit** zu identifizieren, sowie die **noch nicht abschließende Regelung der Adressierung** bei gleichzeitiger internationaler Nutzung von nationalen Adressierungselementen. Damit zusammen hängt auch eine **dringend notwendige Neufassung** der Regelungen zum **Roaming,** soweit es vernetzte Objekte, die sich grenzüberschreitend bewegen, betrifft.

238 Im abschließenden Exkurs wurde noch etwas genauer auf das Thema IoT-Devices Bezug genommen und deren Relevanz für eine erfolgreiche Umsetzung von IoT-Projekten herausgearbeitet. Klar wird jedenfalls, dass es grundsätzlich keine allgemein gültige IoT-Lösung gibt, sondern dass jedes einzelne IoT-Projekt ein modular aufgebautes Einzelprojekt ist, bei dem den Komponenten Netzwerk und Devices eine entscheidende Rolle zukommen. Vor allem bei den IoT-Devices fehlt es allerdings noch an einer weltweiten technischen Standardisierung. Damit können verschiedene Potentiale heute noch nicht, oder nur eingeschränkt genutzt werden. Diese nicht zufriedenstellende Situation hat auch Auswirkungen auf die, IoT-Lösungen immanenten, Sicherheitsrisiken. Es ist für einen nachhaltigen Erfolg von IoT notwendig, rasch eine **einheitliche Standardisierung zu erreichen,** um ansonsten nicht kalkulierbare Risiken hintanzuhalten.

§ 4 IT-Infrastruktur

Übersicht

Literatur:

Abts/Mülder, Grundkurs Wirtschaftsinformatik, 9. Aufl., Wiesbaden 2017; *Ahlberg/Götting* (Hrsg.), Beck'scher Online-Kommentar Urheberrecht, 29. Ed., München 2020; *Auer-Reinsdorff/Conrad* (Hrsg.), Handbuch IT- und Datenschutzrecht, 2. Aufl., München; *Barnitzke,* Rechtliche Rahmenbedingungen des Cloud Computing. Eine Untersuchung zur internationalen Zuständigkeit, zum anwendbaren Recht und zum Datenschutzrecht, Baden-Baden 2014; *Bräutigam* (Hrsg.), IT-Outsourcing und Cloud-Computing, Eine Darstellung aus rechtlicher, technischer, wirtschaftlicher, und vertraglicher Sicht, 4. Aufl., Berlin 2019; *Baumgartner/Ewald,* Apps und Recht, 2. Aufl., München 2016; *Brennscheidt,* Cloud Computing und Datenschutz, Baden-Baden 2013; *Bundesamt für Sicherheit in der Informationstechnik,* Cloud Computing Eckpunktepapier, Februar 2012, http://www.bsi.bund.de/DE/Themen/Verbraucherinnen-und-Verbraucher/Informationen-und-Empfehlungen/Wie-geht-Internet/Zwei-Faktor-Authentisierung-Datensicherheit/zwei-faktor-authentisierung-datensicherheit_node.html (28.3.2019); *Bundesamt für Sicherheit in der Informationstechnik,* Zwei-Faktor-Authentisierung für höhere Sicherheit, http://www.bsi-bund.de/SharedDocs/Downloads/DE/BSI/Publikationen/Broschueren/Eckpunktepapier-Sicherheitsempfehlungen-CloudComputing-Anbieter.html (13.9.2019); *Determann,* Softwarekombinationen unter der GPL, GRUR Int. 2006, 645; *Dreier/Vogel,* Software- und Computerrecht, Frankfurt a. M. 2008; *Federrath,* Technik der Cloud, ZUM 2014, 1; *Forgó/Helfrich/Schneider* (Hrsg.), Betrieblicher Datenschutz, 2. Aufl., München; *Fromm/Nordemann* (Hrsg.), Urheberrecht, 12. Aufl., Stuttgart 2018; *Gronau/Becker/Kliewer/Leimeister/Overhage* (Hrsg.), Enzyklopädie der Wirtschaftsinformatik, Online-Lexikon; *Hilber* (Hrsg.), Handbuch Cloud Computing, Köln 2014; *Hoppen/Thalhofer,* Der Einbezug von Open Source-Komponenten bei der Erstellung kommerzieller Software, CR 2010, 275; *Jaeger/Metzger,* Open Source Software, 5. Aufl., München 2020; *Kersken,* Handbuch für Fachinformatiker, 6. Aufl., Bonn 2013; *Kessel/Vogt,* Wirtschaftsinformatik Schritt für Schritt, 2. Aufl., Konstanz/München 2018; *Kian,* Cloud Computing: Herausforderung für das Rechtssystem, Baden-Baden 2016; *Kienle,* Warum IoT von Open Source profitiert, Industry of Things 29.9.2017, www.industry-of-things.de/das-internet-feiert-50-geburtstag-a-646243/ (26.8.2019); *Kilian/Heussen* (Hrsg.), Computerrechts-Handbuch, 35. Erg.-Lfg., München 2020; *Kompetenzzentrum Trusted Cloud,* Arbeitsgruppe „Rechtsrahmen des Cloud Computing", Arbeitspapier Nr. 8 – Vertikaler Aufbau von Cloud-Diensten, Entwurf, Februar 2015, www.digitale-technologien.de/DT/Redaktion/DE/Dossiers/trusted_cloud_abgel_rechtsrahmen.html (9.12.2019); *Leimeister,* Einführung in die Wirtschaftsinformatik, 12. Aufl., Berlin/Heidelberg 2015; *Leupold/Glossner* (Hrsg.), Münchener Anwaltshandbuch IT-Recht, 3. Aufl., München 2013; *Mell/Grance,* The NIST Definition of Cloud Computing, National Institute of Standards and Technology, September 2011; *Link,* Konzeption und Realisierung einer Cloud-Plattform zur Konfiguration und dem Deployment von Services, Stuttgart 2018: *Luber,* Was ist Multi-Faktor-Authentifizierung (MFA)?, Security Insider 4.8.2017, www.security-insider.de/was-ist-multi-faktor-authentifizierung-mfa-a-631486/ (13.9.2019); *McClelland,* IoT Device Management: What Is It and Why Do You Need It?, IoT For All 20.2.2019, www.iotforall.com/what-is-iot-device-management/ (18.9.2019); *Spindler/Schuster* (Hrsg.), Recht der elektronischen Medien, 4. Aufl., München 2019; *Schläger/Thode* (Hrsg), Handbuch Datenschutz und IT-Sicherheit, Berlin 2018; *Schricker/Loewenheim* (Hrsg.), Urheberrecht, 5. Aufl., München 2017; *Srinivasan* (Hrsg.), Regulatory Aspects of Cloud Computing in Business Environments, Houston 2014; *Tezel,* Cloud Computing: SaaS, PaaS & IaaS einfach erklärt, ZD-Aktuell 2016, 05026; *Wiebe,* „User Interfaces" und Immaterialgüterrecht – Der Schutz von Benutzungsoberflächen in den U.S.A. und in der Bundesrepublik Deutschland, GRUR Int. 1990, 21; *Wolff,* Microservices: Ein Überblick, Berlin 2017.

I. Übersicht

1. Einführung

1 Kernfunktionalität des Internet der Dinge ist die intelligente Verarbeitung und Verteilung solcher Daten, die mithilfe von Smart Devices generiert werden. Als Bestandteil der Darstellung der tatsächlichen Gegebenheiten des Internet der Dinge führt dieses Kapitel in die technischen Grundlagen der hierfür erforderlichen **IT-Infrastruktur,** also Hard- und Software ein. Dies soll es insbesondere Lesern ohne einschlägige Vorkenntnisse ermöglichen, die in diesem Handbuch behandelten Rechtsfragen des Internet der Dinge auch vor dem einschlägigen technischen Hintergrund nachzuvollziehen.

2 Um die für das Internet der Dinge erforderlichen IT-Prozesse abzubilden, kommen überwiegend Technologien zum Einsatz, die schon langjährig in der IT etabliert sind.[1] Eine allgemeinverbindliche Definition des Begriffs der IT-Infrastruktur existiert dabei nicht.[2] Der Aufbau einer funktionsfähigen IT-Infrastruktur im Kontext des Internet der Dinge setzt das Ineinandergreifen verschiedener **Komponenten und Prozesse** voraus. Diese können je nach Bedarf in den unterschiedlichsten Zuschnitten erworben, lizenziert oder als Service in Anspruch genommen bzw. angeboten werden (→ § 7 Rn. 1 ff.). Häufig erfolgt die Segmentierung dabei anhand des etablierten Schichtenmodells, wonach IT-Infrastruktur neben der Infrastruktur im engeren Sinne – Hardware und Betriebssystem – auch die darüber liegende (Software-)Plattform sowie die auf dieser betriebenen Anwendungen umfasst. Diese Abschichtung ist auch der nachfolgenden Darstellung zugrunde gelegt.

3 Eine wesentliche technologische, wirtschaftliche wie auch rechtliche Trennlinie bildet der **Ort der Verarbeitung** der durch das Smart Device generierten Daten. Diese kann je nach Anwendungsfall einerseits nach Übertragung über ein Netz in einer Cloud-Umgebung oder andererseits dezentral auf dem Endgerät selbst oder anderweitig „on premise", erfolgen, sog. Edge Computing. Freilich können diese Technologien auch kombiniert werden.

4 Entsprechend der im konkreten Anwendungsfall gewählten Struktur ergeben sich etwa **besondere Anforderungen** an die Gestaltung von Lieferanten- (→ § 7 Rn. 1 ff.) und Kundenverträgen (→ § 7 Rn. 127 ff.) sowie IT-Sicherheit (→ § 10) und Datenschutz (→ § 6 Rn. 112 ff.). Ferner beeinflusst die Frage, ob eine Datenübertragung in die Cloud stattfindet, wesentlich das Haftungsprofil eines IoT-Service, denn üblicherweise wird der Anbieter eines solchen Dienstes eine Verantwortung für die Datenübertragung über ein Netz und insbesondere das offene Internet nicht übernehmen wollen (→ § 8). Weiter spielen regulatorische Vorgaben des Telekommunikationsrechts vorwiegend dann eine Rolle, wenn ein Datenaustausch über das Internet stattfindet (→ § 15 Rn. 1 ff.).

5 Unabhängig davon, ob ein IoT-Service im Wege des Cloud oder des Edge Computings durchgeführt wird, fokussiert sich die Darstellung in diesem Kapitel auf **Grundlagen** der dabei eingesetzten IT-Infrastruktur. Diese endet insofern am (Router-)Ausgang des genutzten Rechenzentrums bzw. Servers. Hingegen sind Gegenstand von → § 3 die technischen Gegebenheiten bei der Herstellung und Aufrechterhaltung der internetgestützten Datenverbindung zwischen der IT-Infrastruktur und dem entsprechenden Device oder anderen Übergabepunkten. Einzelheiten zu möglichen Smart Devices und ihrer Anbindung an die IT-Infrastruktur zur Datenübertragung wurden in → § 1 erläutert.

6 Ferner können Anbieter von IoT-Plattformen auf diesen nicht nur eigene Anwendungen betreiben, sondern auch Dritten die Integration und den Betrieb von Anwendungen ermöglichen. Je nach Ausgestaltung der **Plattform** können solche Dritten wiederum auf Grundlage ihrer eigenen Apps Leistungen gegenüber Kunden erbringen und auf diese

[1] Vgl. *Schorer* in Hilber Cloud Computing-HdB/Teil 1 C Rn. 29.

[2] Enzyklopädie der Wirtschaftsinformatik Stichwort: IT-Infrastruktur, www.enzyklopaedie-der-wirtschaftsinformatik.de/lexikon/daten-wissen/Informationsmanagement/IT-Infrastruktur (28.3.2019).

Weise umfangreiche Ökosysteme einschließlich App Stores entstehen. Entsprechende Ökosysteme setzen zum einen auf der Plattform- und der Anwendungsschicht auf, die in diesem Kapitel dargestellt sind. Die darüber hinausreichenden spezifischen Aspekte solcher Ökosysteme einschließlich der Verhältnisse zwischen den dabei Beteiligten werden gesondert in → § 5 dargestellt.

2. Cloud Computing

Wesentliche Grundlagentechnologie des Internet der Dinge ist das **Cloud Computing.** Hierbei werden die Daten aus dem Smart Device über ein Netz auf eine entsprechende IT-Infrastruktur übertragen. Dort werden die Daten gespeichert und verarbeitet und, je nach Anwendung, Ergebnisse der Verarbeitung an das Device zurück übertragen oder an andere Stellen weitergeleitet. Cloud Computing kann dabei alle Schichten der IT-Infrastruktur umfassen. So formuliert auch das Bundesamt für Sicherheit in der Informationstechnik in seinem Eckpunktepapier: 7

„Cloud Computing bezeichnet das dynamisch an den Bedarf angepasste Anbieten, Nutzen und Abrechnen von IT-Dienstleistungen über ein Netz. Angebot und Nutzung dieser Dienstleistungen erfolgen dabei ausschließlich über definierte technische Schnittstellen und Protokolle. Die Spannbreite, der im Rahmen von Cloud Computing angebotenen Dienstleistungen umfasst das komplette Spektrum der Informationstechnik und beinhaltet unter anderem Infrastruktur (zB Rechenleistung, Speicherplatz), Plattform und Software."[3]

In Cloud-Verträgen ist dementsprechend eine Unterscheidung nach Leistungsinhalten nach den drei **Service-Ebenen** „Infrastructure as a Service" (IaaS), „Platform as a Service" (PaaS) und „Software as a Service" (SaaS) geläufig.[4] 8

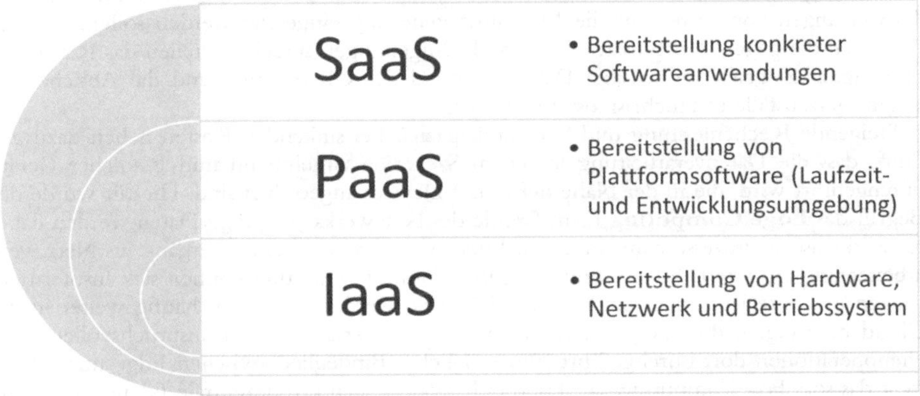

Abb. 1: Service-Ebenen

Innerhalb des Cloud Computing lassen sich verschiedene **Modelle** unterscheiden. Abhängig davon, wer auf die bereitgestellte Cloud-Umgebung zugreifen kann, wird zwischen Public, Private und Hybrid Clouds differenziert.[5] Bei einer Public Cloud werden virtuelle IT-Infrastrukturen von einem Anbieter einer Mehrzahl von Unternehmen oder Anwendern zur Verfügung gestellt. Eine Private Cloud hingegen zeichnet sich dadurch aus, dass die Cloud-Umgebung ausschließlich für eine Organisation betrieben wird. Die 9

[3] Bundesamt für Sicherheit in der Informationstechnik, Cloud Computing Eckpunktepapier, S. 15f.
[4] BITKOM Leitfaden Cloud Computing S. 15, www.bitkom.org/Bitkom/Publikationen/Leitfaden-Cloud-Computing-Was-Entscheider-wissen-muessen.html (28.3.2019).
[5] *Hedrich/Wegener* in Forgó/Helfrich/Schneider Betr. Datenschutz-HdB Kap. 5 Rn. 8ff.

Private Cloud kann auf unternehmensinternen Servern oder durch Dritte gehostet werden. Hybrid Clouds bilden eine Mischform aus Public und Private Clouds.[6]

10 Der Einsatz der geeigneten IT-Infrastruktur bestimmt sich nach den spezifischen **Anforderungen** des Anwenders. Für IoT-Anwendungen spielen Cloud-Lösungen externer Anbieter eine zentrale Rolle, weil Unternehmen die anfallenden Datenmengen mit der eigenen IT-Infrastruktur in der Regel nicht bewältigen und umfassend nutzen können. Die Cloud zeichnet sich insofern durch Flexibilität, schnelle Skalierbarkeit und ständige Verfügbarkeit ohne langfristige, kapitalintensive Investitionen in eigene Rechenzentren aus. Anwender können hierbei unter den verschiedensten Lösungen wählen. Diese reichen von einzelnen Service-Komponenten, etwa Infrastructure as a Service (IaaS) oder Platform as a Service (PaaS), bis hin zu vollständigen, plug-and-play-fähigen IoT-Plattformen, bei denen Nutzer im Rahmen von App-Ökosystemen konkrete IoT-Services beziehen können. Der Markt hat sich hier über die letzten Jahre hinweg stark ausdifferenziert und die Zahl der verfügbaren IoT-Clouds liegt derzeit im dreistelligen Bereich.

11 Bieten Public Clouds in der Regel standardisierte und damit kostengünstige Lösungen, bietet eine Private Cloud-Umgebung demgegenüber ein höheres Maß an **Individualisierbarkeit** und damit Flexibilität. Ferner gewinnt der Nutzer in solchen Modellen stärkere Kontrolle und Sicherheit, denn der Zugriff erfolgt entweder über das abgegrenzte Intranet oder über ein abgeschlossenes Virtual Private Network (VPN).

3. Edge Computing

12 Angesichts der Latenzzeiten bei der Datenübertragung über Netze stoßen im Kontext des Internets der Dinge Cloud-Lösungen bei Hochgeschwindigkeitsanforderungen an ihre **Leistungsgrenzen.** Dies betrifft etwa industrielle IoT-Anwendungen, wenn Echtzeit-Auswertungen von Daten für die Maschinensteuerung eingesetzt werden sollen. Weitere Faktoren, die gegen den Einsatz von Cloud-Umgebungen sprechen, stellen das Risiko des unbefugten Zugriffs auf sensible Daten während der Übertragung und die Absicherung gegen Netzausfälle in Hochrisikosystemen dar.

13 Steigende Rechenleistung und Speicherkapazität bei sinkenden Kosten haben dazu geführt, dass die Datenverarbeitung in diesen Szenarien zunehmend mittels solcher Geräte durchgeführt wird, die in der Nähe der Smart Devices angeordnet sind. Hierfür wurde der Begriff des **Edge Computing** („am Rande des Netzwerks") geprägt. Daten werden dabei für zeitkritische Prozesse nahe an ihrem Entstehungsort, vor dem Übergang ins Netz, verarbeitet und analysiert. Edge Computing und Cloud Computing können sich insofern ergänzen und ihre jeweiligen Stärken ausspielen: So werden die Daten häufig weiter in die Cloud übertragen, dort gespeichert und weniger zeitkritische oder anspruchsvollere Rechenoperationen dort durchgeführt. Ein mögliches Bindeglied zwischen Edge und Cloud stellt das sog. Fog Computing dar. Hierbei handelt es sich um dezentrale (kleine) Rechenzentren in der Nähe der entstehenden Daten mit höherer Rechenleistung. Fog Computing führt durch die Zwischenverarbeitung nahe der Datenquelle zu geringeren Latenzzeiten und einer Reduzierung des im Netz zu übertragenen Datenvolumens.

[6] MAH IT-R/*Stögmüller* 4. Teil R. Rn. 9.

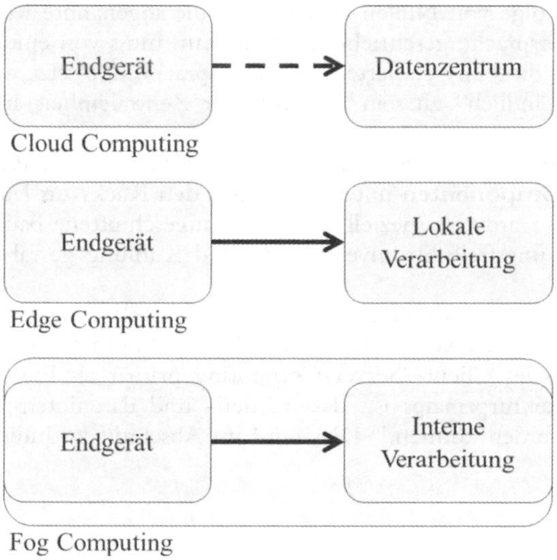

Abb. 2: IoT-Service-Möglichkeiten

II. Schichten der IT-Infrastruktur

1. Infrastruktur

Die unterste Schicht der IT-Infrastruktur bildet die **Infrastruktur im engeren Sinne.** 14
Darunter fallen die Hardware, also physische Geräte und andere materielle Komponenten, und das Betriebssystem als immaterielle Software. Diese Ebene stellt grundlegende Funktionalitäten für die Ausführung von Anwendungen bereit.[7] Vereinfacht ausgedrückt umfasst sie diejenigen Dienste, die auch ein lokaler Computer für den ordnungsgemäßen Betrieb von Computerprogrammen zur Verfügung stellen müsste.[8]

a) Hardware

Als **Hardware** werden alle materiellen Komponenten eines Rechnersystems bezeichnet.[9] 15
Die Hardware besteht zunächst aus einer Zentraleinheit mit Prozessoren, Arbeitsspeichern und Leitungen für die Datenübertragung, den sog. Bussen.[10] Hinzu kommen Festspeicher, die in der Regel aus einer Vielzahl von Festplatten bestehen.[11] Ebenfalls zur Hardware gehört die Netzwerktechnik, bestehend aus Routern, Switches und Netzwerkkabeln, die mehrere Server und/oder Speichergeräte miteinander in Clustern verbindet.[12]

Die eigentliche Rechenleistung erbringt die Zentraleinheit (engl. Central Processing 16
Unit, **CPU**). Hierzu arbeiten innerhalb der Rechnerorganisation mehrere Komponenten zusammen; maßgeblich für die Ausführung von Softwareprogrammen sind jedoch insbesondere Prozessoren.[13] Diese verfügen über einen festgelegten Satz elementarer Anweisun-

---

[7] Enzyklopädie der Wirtschaftsinformatik, Stichwort: Plattform, www.enzyklopaedie-der-wirtschaftsinformatik.de/lexikon/technologien-methoden/Software/Plattform (28.3.2019).
[8] *Barnitzke* S. 48.
[9] *Abts/Mülder* S. 25.
[10] Enzyklopädie der Wirtschaftsinformatik, Stichwort: IT-Infrastruktur, www.enzyklopaedie-der-wirtschaftsinformatik.de/lexikon/daten-wissen/Informationsmanagement/IT-Infrastruktur (28.3.2019).
[11] *Kessel/Vogt* S. 96.
[12] Vgl. Enzyklopädie der Wirtschaftsinformatik, Stichwort: IT-Infrastruktur, www.enzyklopaedie-der-wirtschaftsinformatik.de/lexikon/daten-wissen/Informationsmanagement/IT-Infrastruktur (28.3.2019).
[13] Vgl. *Abts/Mülder* S. 30–33.

gen in Form einer Folge von Nullen und Einsen, die sogenannte Maschinensprache. Ein in einer Programmiersprache geschriebenes Programm muss von einem Übersetzungsprogramm daher erst in die binär codierte Maschinensprache übersetzt werden, um aus Sicht des Prozessors „verständlich" zu sein und von der Zentraleinheit ausgeführt werden zu können.[14]

17 Der Betrieb dieser Hardware im engeren Sinne wird in einem Rechenzentrum durch weitere physische **Komponenten** unterstützt, etwa den Racks zur Montur der Hardware. Zuletzt erfordert die Hardware speziell auf die IT zugeschnittene bauliche Einrichtungen, in denen unterbrechungsfreie Stromversorgung und Kühlung gewährleistet werden (sog. Housing).[15]

18 Von den Servern in Rechenzentren sind PCs und mobile Geräte wie Smartphones und Tablets als weitere Kategorie von IT-Geräten – die sog. **Clients** – zu unterscheiden. Diese dienen im Rahmen des Client-/Server-Computing primär als Ein- und Ausgabegeräte. Vorteil dieses Architekturprinzips ist, dass rechen- und datenintensive Aufgaben an die Server ausgelagert werden können.[16] Dies wird im Abschnitt zu Interfaces näher erläutert (→ Rn. 112 ff.).

b) Betriebssysteme

19 Um die Ausführung von Anwendungen zu ermöglichen, müssen Hardware-Ressourcen nutzbar gemacht und gesteuert werden.[17] Dies ist Aufgabe des **Betriebssystems,** das die Schnittstelle zur Hardware darstellt und alle Programme erfasst, die zum Betrieb des Rechners erforderlich sind.[18] Das Betriebssystem bildet den Kern der Systemsoftware.[19] Es verwaltet die für die – ggf. parallel – laufenden Anwendungen erforderlichen Rechnerressourcen möglichst effizient.[20] Bekannte Beispiele für Betriebssysteme sind etwa die kommerzielle Software Microsoft Windows oder MacOS sowie das Open Source-Betriebssystem Linux.[21]

20 Das Betriebssystem fungiert ferner als **Schnittstelle** „nach oben". Jede auf dem Rechner laufende Software, einschließlich einer IoT-Plattformsoftware und darauf basierender Anwendungen, muss diese Schnittstelle nutzen, um Zugang zu den vom Betriebssystem verwalteten Rechnerressourcen zu bekommen. Dabei abstrahiert das Betriebssystem von den spezifischen Eigenschaften der Hardware, das heißt sie verbirgt die Besonderheiten der darunter liegenden Hardware.[22] Für die Ausführung einer Anwendung ist es mithin unerheblich, welche konkrete Hardware zum Einsatz kommt, solange alle üblichen Funktionalitäten vom Betriebssystem unterstützt werden.[23]

---

[14] Enzyklopädie der Wirtschaftsinformatik, Stichwort: Plattform, www.enzyklopaedie-der-wirtschaftsinforma tik.de/lexikon/technologien-methoden/Software/Plattform (28.3.2019).

[15] Enzyklopädie der Wirtschaftsinformatik, Stichwort: IT-Infrastruktur, www.enzyklopaedie-der-wirtschaftsin formatik.de/lexikon/daten-wissen/Informationsmanagement/IT-Infrastruktur (28.3.2019).

[16] *Kessel/Vogt* S. 98.

[17] Enzyklopädie der Wirtschaftsinformatik, Stichwort: Plattform, www.enzyklopaedie-der-wirtschaftsinforma tik.de/lexikon/technologien-methoden/Software/Plattform (28.3.2019).

[18] *Abts/Mülder* S. 44.

[19] Zur Systemsoftware (bzw. sog. systemnahen Software) werden ferner auch Übersetzungsprogramme (Compiler und Interpreter), Datenbanksysteme, Web-Browser und die sog. Middleware gezählt. Enzyklopädie der Wirtschaftsinformatik, Stichwort: Software, www.enzyklopaedie-der-wirtschaftsinformatik.de/lexikon/ technologien-methoden/Software/Plattform (28.3.2019).

[20] Enzyklopädie der Wirtschaftsinformatik, Stichwort: Betriebssystem, www.enzyklopaedie-der-wirtschaftsin formatik.de/lexikon/technologien-methoden/Software/Betriebssystem (28.3.2019).

[21] *Kessel/Vogt* S. 99.

[22] *Kessel/Vogt* S. 97; Enzyklopädie der Wirtschaftsinformatik, Stichwort: Betriebssystem, www.enzyklopaedie-der-wirtschaftsinformatik.de/lexikon/technologien-methoden/Software/Betriebssystem (28.3.2019).

[23] Vgl. *Kessel/Vogt* S. 97.

c) IaaS und Virtualisierung

21 Abhängig vom Anforderungsprofil des Anwenders kann die Infrastruktur eigenständig erworben, aufgebaut und entweder als Edge- oder als Private Cloud-Infrastruktur in einem eigenen Rechenzentrum oder dem Rechenzentrum eines Dienstleisters betrieben werden. Alternativ steht eine Vielzahl von **IaaS**-Angeboten zur Verfügung. Hierbei wird Nutzern als Private oder Public Cloud der „on demand"-Zugriff auf Infrastrukturkomponenten zur Datenverarbeitung, zum Datentransport und zur Datenspeicherung gewährt.[24] Sie können auf der Infrastruktur nach Bedarf eigene Plattformen und Anwendungen aufsetzen und betreiben.[25] Insofern bietet der IaaS-Ansatz gegenüber dem Betrieb eines eigenen Rechenzentrums oder dem klassischen IT-Outsourcing erhebliche Flexibilität.[26]

22 IaaS wird in den verschiedensten **Modellen** angeboten. Diese können es dem Nutzer ermöglichen, die zur Verfügung gestellten Leistungen spezifisch nach Hardware-Komponenten, also etwa CPUs und Speichermedien, sowie Betriebssystem zu konfigurieren. Bei anderen Angeboten bleibt der Anbieter in der konkreten Hardware-Konfiguration frei, sagt aber bestimmte Leistungsmerkmale zu, insbesondere Rechengeschwindigkeit.

23 Um die gewünschte Effizienz und Skalierbarkeit der Bereitstellung von Infrastructure as a Service ausspielen zu können, teilt sich üblicherweise eine Vielzahl von Nutzern die **Ressourcen** eines Anbieters.[27] Solche IaaS-Angebote werden durch Technologien ermöglicht, unter deren Einsatz Rechnerressourcen virtuell zur Verfügung gestellt werden können. Hierdurch können dieselben Hardware-Komponenten gleichzeitig durch mehrere Anwender genutzt werden. Dazu kommt eine Virtualisierungssoftware (engl. Hypervisor) zum Einsatz, die dafür sorgt, dass die einzelnen Anwender jeweils nur auf den ihnen zugeordneten Teilbereich der Infrastruktur, einen sog. Tenant, zugreifen können.[28]

24 Der **Hypervisor** virtualisiert die Hardware, indem er physische Server nachbildet und als virtuelle Hardwareeinheiten bereitstellt.[29] Einem auf der virtuellen Hardware laufenden Betriebssystem wird hierbei vorgespiegelt, sich allein auf der spezifischen Hardware zu befinden. Tatsächlich werden dem Betriebssystem die erforderlichen physischen Rechnerressourcen aus einem Pool verfügbarer Serverhardware dynamisch zugeordnet.[30] Die virtuelle Hardware verhält sich hierbei wie ein eigenständiger Server.[31] Ein virtualisierter Server kann daher etwa Rechen- und Speicherleistung von vernetzten Hardware-Komponenten an unterschiedlichen Standorten beziehen.[32] Vom klassischen IT-Outsourcing und auch vom Application Service Providing[33] unterscheidet sich der IaaS-Ansatz mithin dadurch, dass nicht jedem Kunden ein eigener Server bereitgestellt wird.[34] Ein großer Stellenwert kommt daher dem Prinzip der Mandantentrennung zu[35] (→ Rn. 87).

---

24 *Tezel* ZD-Aktuell 2016, 05026.

25 Vgl. *Hedrich/Wegener* in Forgó/Helfrich/Schneider Betr. Datenschutz-HdB Kap. 5 Rn. 13.

26 Enzyklopädie der Wirtschaftsinformatik, Stichwort: Rechenzentrum, www.enzyklopaedie-der-wirtschaftsinformatik.de/lexikon/daten-wissen/Informationsmanagement/IT-Infrastruktur/rechenzentrum-1 (28.3.2019).

27 *Brennscheidt* Cloud Computing S. 29.

28 Vgl. Enzyklopädie der Wirtschaftsinformatik, Stichwort: IT-Infrastruktur, www.enzyklopaedie-der-wirtschaftsinformatik.de/lexikon/daten-wissen/Informationsmanagement/IT-Infrastruktur/rechenzentrum-1 (28.3.2019); *Hedrich/Wegener* in Forgó/Helfrich/Schneider Betr. Datenschutz-HdB Kap. 5 Rn. 6.

29 Vgl. *Brennscheidt* Cloud Computing S. 29f.

30 *Schorer* in Hilber Cloud Computing-HdB Teil 1 C Rn. 38, 40f.

31 Vgl. *Kessel/Vogt* S. 110.

32 *Kian* S. 24f.

33 Unter Application Service Providing (ASP) versteht man die Bereitstellung eines Anwendungsprogramms über ein Netzwerk, damit ein Kunde die Software für seine Zwecke nutzen kann. *Pruß/Sarre* in Auer-Reinsdorff/Conrad IT-R-HdB Technisches Glossar: Application Service Providing (ASP).

34 MAH IT-R/*Stögmüller* 4. Teil R. Rn. 6f.

35 *Barnitzke* S. 37ff.

2. Plattform

25 Die **Plattform** stellt die mittlere Schicht der IT-Infrastruktur im Cloud Stack dar. Sie ermöglicht Nutzern den Betrieb konkreter Anwendungen. PaaS-Angebote können dabei sehr unterschiedlich strukturiert sein. So kann Nutzern auf Grundlage der virtuellen Infrastruktur zunächst eine vorinstallierte Entwicklungsumgebung zur Verfügung gestellt werden, innerhalb derer sie eigene Anwendungen erstellen können. Diese Anwendungen können dann über Schnittstellen (sog. Application Programming Interfaces oder APIs) auf der Plattform in einer einheitlichen, von der Entwicklungsumgebung entkoppelten Laufzeitumgebung ausgeführt werden.[36] Zudem gehören zur Plattformebene auch systemnahe Software und Datenbanksysteme. Eine trennscharfe Abgrenzung zu IaaS- und SaaS-Dienstleistungen ist hierbei oftmals nicht möglich. Ebenfalls Teil der Plattformebene kann die Schaffung der softwareseitigen Voraussetzungen für die Anbindung und den Datenaustausch mit Smart Devices, sog. Connectivity, sein (→ Rn. 85).

26 Die Nutzer werden bei PaaS-Angeboten von der Administration der Betriebssystem- und Serversoftware **entlastet.**[37] Gleichzeitig können sie die zugrundeliegende Infrastruktur nicht verwalten oder kontrollieren. Sie sind mithin im Vergleich zu IaaS-Nutzern weniger flexibel.[38]

27 Als Grundlage für eigene Anwendungen des Nutzers können umfangreiche IoT-Plattformen sämtliche Bestandteile beinhalten, um den Nutzern innerhalb ihres dedizierten Tenants auf der Infrastruktur die Anlage und Verwaltung von **Accounts** (und ggf. Unter-Accounts), die Übertragung von Daten von und an Smart Devices und andere Stellen, die Speicherung in Datenbanken sowie den Datenaustausch mit konkreten Apps auf der Plattform über APIs zu ermöglichen. Ferner kann der Plattformbetreiber Nutzern bestimmte grundlegende Programm-Funktionalitäten, sog. Microservices, zur Verfügung stellen, die diese in ihre Anwendungen einbinden können.

a) Plattformsoftware

28 Unter **Software** ist die Gesamtheit aller Programme zu verstehen, die für ein Rechnersystem zur Verfügung stehen. Ein Programm wiederum ist eine „Folge von zusammenhängenden, maschinenverständlichen Arbeitsanweisungen an einen Computer, um eine Verarbeitung von Daten zu ermöglichen".[39] Im Kontext des Internet der Dinge ist zwischen der Plattformsoftware und Software zu unterscheiden, die als Anwendung für die Lösung spezifischer Probleme und Aufgaben entwickelt und auf der Plattform betrieben wird.[40] Im Kontext des Internet der Dinge werden Anwendungen etwa zur Device-Steuerung oder zur Auswertung der von den Sensoren erhobenen Daten eingesetzt (→ Rn. 85).

29 Der Anbieter stellt im Rahmen von PaaS-Leistungen nur die **Plattformsoftware,** dh diejenige System- und Unterstützungssoftware bereit, die die Entwicklung von Anwendungen ermöglicht und die für deren Betrieb erforderlich ist. Die Plattformsoftware beinhaltet insbesondere eine Entwicklungs- und Laufzeitumgebung. Zur Plattformsoftware können ferner auch Datenbanksysteme, APIs sowie die als Grundlage für die Anlage und Verwaltung von Accounts sowie die Erbringung von Microservices eingesetzte Software gezählt werden; zur besseren Übersicht werden diese in nachfolgenden Abschnitten separat erläutert.

30 **aa) Entwicklungsumgebung. Entwicklungsumgebungen** ermöglichen die Erstellung von Anwendungen auf einer Plattform.[41] Sie unterstützen Programmiersprachen und stel-

[36] *Hedrich/Wegener* in Forgó/Helfrich/Schneider Betr. Datenschutz-HdB Kap. 5 Rn. 14.
[37] *Federrath* ZUM 2014, 1 (2).
[38] Vgl. *Brennscheidt* S. 33.
[39] *Abts/Mülder* S. 55.
[40] Vgl. *Leimeister* S. 66.
[41] *Schmidt* in Auer-Reinsdorff/Conrad IT-R-HdB § 1 Rn. 80.

len Programmbibliotheken bereit, die Software-Entwickler zur Programmierung benötigen. Zudem bieten sie schnellen Zugriff auf Werkzeuge für die Programmentwicklung wie Editoren, Compiler, Linker und Debugger an.[42]

Grundvoraussetzung für die Entwicklung von Anwendungen sind **Programmiersprachen** und Compiler, also Übersetzer.[43] Mithilfe einer Programmiersprache wie beispielsweise Java wird eine Aufgabenstellung an den Rechner formuliert.[44] Ein auf diese Weise erstelltes Programm schreibt dem Rechner exakt vor, was zu tun ist und welche Ergebnisse erzeugt werden sollen. Die Compiler wandeln das in einer Programmiersprache geschriebene Programm sodann in die für den Rechner verständliche Maschinensprache um.[45] 31

Im Rahmen von PaaS-Angeboten entwickeln Nutzer eigene Anwendungen entsprechend der vom Anbieter in sog. **Frameworks** spezifizierten Anforderungen. Frameworks schreiben etwa die Verwendung bestimmter Programmiersprachen, Schnittstellen, Netzwerke, sowie Speicher- und Datenverarbeitungssysteme vor.[46] Dies erleichtert insbesondere die Wiederverwendung von Standardkomponenten und die Nutzung von umfangreichen Programmbibliotheken.[47] 32

bb) Laufzeitumgebung. Unter **Laufzeitumgebung** wird diejenige Basis-Software verstanden, die die Ausführung von Anwendungen auf der Plattform ermöglicht.[48] Die Laufzeitumgebung isoliert hierbei den Betrieb einer Anwendung von der Rechnerinfrastruktur, indem sie standardisierte Anwendungsroutinen zur Verfügung stellt.[49] 33

Die Laufzeitumgebung befindet sich als **Softwareschicht** zwischen Anwendungs- und Virtualisierungsebene bzw. Betriebssystemschicht.[50] Sie ist unabhängig von der Entwicklungsumgebung, sodass eine in einem bestimmten Framework entwickelte Anwendung in verschiedenen Laufzeitumgebungen betrieben werden kann. So übersetzt etwa die Plattform.NET die in der Entwicklungsumgebung verwendete Programmiersprache in einen standardisierten Zwischencode, der eine programmiersprachenunabhängige Ausführung der jeweiligen Anwendung ermöglicht.[51] 34

b) Datenbanksysteme

aa) Aufgaben und Bestandteile. Die Verarbeitung der im Kontext des Internet der Dinge gewonnenen Daten erfolgt durch Anwendungsprogramme, die der Nutzer bei PaaS-Angeboten selbst betreibt, oder bei SaaS-Angeboten vom Anbieter als Dienstleistung bezieht (→ Rn. 85 ff.). Zur Speicherung und Verwaltung dieser Daten kommen **Datenbanksysteme** zur Anwendung, die üblicherweise in die Plattform-Ebene eingebunden sind und sich aus den eigentlichen Datenbanken und Systemsoftware – dem Datenbankmanagementsystem (DBMS) – zusammensetzen.[52] 35

Datenbanksysteme können auch aus unterschiedlichen funktionalen Komponenten gebildet werden. Diese Komponenten können als **web-basierte Dienste** bereitgestellt wer- 36

[42] Vgl. *Schmidt* in Auer-Reinsdorff/Conrad IT-R-HdB § 1 Rn. 81, 83.
[43] *Abts/Mülder* S. 490.
[44] Vgl. *Abts/Mülder* S. 490.
[45] *Abts/Mülder* S. 490.
[46] *Tezel* ZD-Aktuell 2016, 05026.
[47] *Kessel/Vogt* S. 109.
[48] *Banitzke* S. 48.
[49] Vgl. AG Rechtsrahmen Cloud Computing, Arbeitspapier Nr. 8, S. 10 f.
[50] *Barnitzke* S. 40.
[51] *Abts/Mülder* S. 496.
[52] Enzyklopädie der Wirtschaftsinformatik, Stichwort: Datenbankmanagementsystem, www.enzyklopaedie-der-wirtschaftsinformatik.de/lexikon/daten-wissen/Datenmanagement/Datenbanksystem/Datenbankmanagementsystem (28. 3. 2019).

den, die über eine Programmierschnittstelle abgerufen werden können. Bei diesem Ansatz spricht man auch von „Database as a Service" (DaaS).[53]

37 Die aus den angebundenen Smart Devices und anderweitig auf eine IoT-Plattform übertragenen sowie die im Rahmen der Nutzung von Anwendungen auf der Plattform entstehenden Daten werden in Datenbanken abgelegt. Unter einer Datenbank ist eine „Sammlung von strukturierten, inhaltlich zusammengehörenden Daten" zu verstehen.[54] Um die weitere Datenverarbeitung durch Anwendungen zu ermöglichen, müssen die in der Datenbank vorgehaltenen Daten verwaltet, gesteuert und kontrolliert werden. Diese Aufgabe übernimmt das **DBMS,** das ähnlich wie ein Betriebssystem fungiert.[55] Anwendungen können nur über das DBMS auf die gespeicherten Daten zugreifen.[56] Das DBMS ermöglicht zudem die Durchführung der Datenspeicherung sowie die möglichst effiziente Ausnutzung des vorhandenen Speichers.[57] Daten werden hierbei als unabhängige Ressource behandelt, dh die physische Organisation der Speicherung und Organisation der Daten erfolgt unabhängig von der laufenden Anwendung.[58]

38 **bb) Datenbankmodelle.** Ein DBMS ist an ein bestimmtes **Datenbankmodell** gekoppelt. Dieses bestimmt, wie Daten in einer Datenbank gespeichert werden und wie sie manipuliert werden können.[59] In der Praxis kommen überwiegend relationale Datenbankmodelle zur Anwendung, wobei die Daten in Form von zweidimensionalen Tabellen verwaltet werden, die miteinander verknüpft werden können.[60] Für relationale Datenbanken gibt es mit SQL eine etablierte und weitgehend standardisierte Abfragesprache,[61] die ohne Programmierkenntnisse verwendet werden kann.

39 Neben relationalen Datenbankmodellen bestehen insbesondere auch objektorientierte, objekt-relationale und multidimensionale Modelle, die auf bestimmte **Verwendungszwecke** zugeschnitten sind.[62] So bieten objektorientierte Datenbankmodelle Vorteile gegenüber relationalen Modellen, da sie komplexe und spezielle Datenstrukturen besser repräsentieren können.[63]

40 Angesichts des enorm wachsenden Datenvolumens und komplexer Datenanalysen in Echtzeit – wie im Kontext des Internet der Dinge oftmals erforderlich – leiden herkömmliche Datenbanken zunehmend unter **Performance-Problemen.** Eine gesteigerte Verarbeitungsgeschwindigkeit ermöglichen unter anderem Ansätze wie das sog. In-Memory-Datenbanksystem. Hierbei werden Daten anstatt auf relativ langsamen Festplatten komplett

---

[53] Enzyklopädie der Wirtschaftsinformatik, Stichwort: Datenbanksystem, www.enzyklopaedie-der-wirtschafts informatik.de/lexikon/daten-wissen/Datenmanagement/Datenbanksystem/Datenbankmanagementsystem (28.3.2019).

[54] *Abts/Mülder* S. 161.

[55] Enzyklopädie der Wirtschaftsinformatik, Stichwort: Datenbankmanagementsystem, www.enzyklopaedie-der-wirtschaftsinformatik.de/lexikon/daten-wissen/Datenmanagement/Datenbanksystem/Datenbankmanage mentsystem (28.3.2019).

[56] *Abts/Mülder* S. 161.

[57] Enzyklopädie der Wirtschaftsinformatik, Stichwort: Datenbankmanagementsystem, www.enzyklopaedie-der-wirtschaftsinformatik.de/lexikon/daten-wissen/Datenmanagement/Datenbanksystem/Datenbankmanage mentsystem (28.3.2019).

[58] *Abts/Mülder* S. 161; vgl. Enzyklopädie der Wirtschaftsinformatik, Stichwort: Datenbanksystem, www.enzy klopaedie-der-wirtschaftsinformatik.de/lexikon/daten-wissen/Datenmanagement/Datenbanksystem/Daten bankmanagementsystem (28.3.2019).

[59] *Schmidt* in Auer-Reinsdorff/Conrad IT-R-HdB § 1 Rn. 85.

[60] Vgl. *Schmidt* in Auer-Reinsdorff/Conrad IT-R-HdB § 1 Rn. 98.

[61] *Schmidt* in Auer-Reinsdorff/Conrad IT-R-HdB § 1 Rn. 99.

[62] Vgl. Enzyklopädie der Wirtschaftsinformatik, Stichwort: Datenbankmanagementsystem, www.enzyklopa edie-der-wirtschaftsinformatik.de/lexikon/daten-wissen/Datenmanagement/Datenbanksystem/Datenbankma nagementsystem (28.3.2019).

[63] Vgl. *Kersken* S. 751.

im Hauptspeicher eines oder mehrerer Server bereitgehalten.[64] Datenintensive Anwendungen in der Cloud werden zudem zunehmend von nicht-relationalen Datenbanken unterstützt, die sich insbesondere durch eine hohe Verfügbarkeit und einen hohen Datendurchsatz, nicht hingegen durch Konsistenz auszeichnen.[65]

cc) Anforderungen an die Datenverwaltung. DBMS müssen insbesondere folgenden drei **Hauptanforderungen** genügen:[66] 41

- Der Datenbestand muss bestimmten Nutzergruppen ganz oder teilweise zugänglich sein und sich für bestimmte andere **Nutzergruppen** sperren lassen. Dies ist nicht nur Voraussetzungen für eine (virtuelle) Aufspaltung der Plattform in verschiedene Nutzer-Accounts und Unter-Accounts, sondern insbesondere auch für eine Verteilung von Zugriffsrechten innerhalb eines Accounts, etwa entsprechend einem Rollenkonzept (→ Rn. 55). Hierbei werden Datenbanksysteme meist durch mehrere Nutzer und Anwendungen genutzt.[67] Daher ist es wichtig, dass Konflikte infolge von konkurrierenden Zugriffen vermieden werden.[68] Dies kann erreicht werden, indem Datensätze eines Nutzers in einer separaten Datenbank oder einem separierten Teilbereich einer Datenbank abgelegt werden. Im Übrigen ist sicherzustellen, dass Anwendungen, die gleichzeitig auf die Datenbank zugreifen, nicht fehlerhafte Ausgaben oder Änderungen bewirken.[69]
- Der Datenbestand muss nach beliebigen Merkmalen **ausgewertet** und verknüpft werden können, wodurch die Grundlage einer Verarbeitung durch jegliche Form von Anwendungen geschaffen wird. Dabei ist es erforderlich, dass Daten mit einem bestimmten Nutzer oder einer bestimmten Datenquelle verknüpft werden können. Zu den Anforderungen gehört es insofern auch, dass personenbezogene Daten den jeweils Betroffenen zugeordnet werden können, um dem datenschutzrechtlich Verantwortlichen die Einhaltung der Betroffenenrechte zu ermöglichen. Ferner kann insofern die Differenzierung zwischen Rohdaten (sog. Input) und verarbeiteten Daten (sog. Output) von Bedeutung sein. Im Kontext des Internet der Dinge sind Input-Daten beispielsweise Daten über den Zustand einer Maschine, die von einem Sensor während des laufenden Betriebs ausgelesen werden. Output-Daten entstehen hingegen infolge der Verarbeitung der in einer Datenbank gespeicherten Input-Daten durch eine Anwendung. Diese Kategorien von Daten unterliegen häufig einer unterschiedlichen rechtlichen Behandlung. Voraussetzung hierfür ist es, dass die Daten technisch entsprechend identifiziert werden können. Technisch erfolgt die Verknüpfung, indem die Daten mit einer individuellen ID versehen werden. Dieser Vorgang wird wiederum in einer Meta-Datenbank registriert. Hierdurch kann die Zuordnung der Daten durch Abgleich der ID mit den Informationen in der Meta-Datenbank erfolgen.
- Abfragen und Änderungen des Datenbestandes müssen Antworten in kurzer Zeit ermöglichen.[70] Die **Leistungsfähigkeit** des Datenbanksystems hat dabei wesentlichen Einfluss auf die Performance einer IoT-Plattform und damit für deren Eignung für Hochgeschwindigkeitsanforderungen, etwa im industriellen Kontext bei der Verarbeitung von Maschinendaten in Echtzeit.

Hinzu kommen **weitere Anforderungen,** ua Datenintegrität, Datensicherheit und Datenschutz. Hervorzuheben ist überdies das Kriterium der Datenunabhängigkeit. Hiermit wird nicht nur die Unabhängigkeit der Anwendungsprogramme von der Datenorganisa- 42

[64] *Abts/Mülder* S. 185; Enzyklopädie der Wirtschaftsinformatik, Stichwort: In-Memory Data Management, www.enzyklopaedie-der-wirtschaftsinformatik.de/lexikon/daten-wissen/Datenmanagement/Datenbanksystem/In-Memory-Data-Management (28.3.2019).
[65] *Abts/Mülder* S. 186 f.
[66] *Leimeister* S. 86; s. auch *Abts/Mülder* S. 162.
[67] Vgl. *Abts/Mülder* S. 162.
[68] *Abts/Mülder* S. 162.
[69] *Abts/Mülder* S. 162.
[70] *Leimeister* S. 86.

tion bezeichnet,[71] sondern auch die Unabhängigkeit der logischen von der physischen Datenorganisation. Der Nutzer muss somit lediglich die Datenstrukturen kennen; Prozeduren zur Verarbeitung von Datensätzen werden hingegen vom DBMS zur Verfügung gestellt.[72]

43 **dd) Datenaustausch.** Das DBMS besteht aus Softwareprogrammen, die Aufbau, Kontrolle, Änderung und Abfrage der Datenbank ermöglichen. Hinzu kommen Schnittstellen zur Anwendungsebene, zur darunter liegenden Hardware sowie ggf. zu anderen Systemen.[73] Damit Anwendungsprogramme über eine **Schnittstelle** die Daten erstellen, manipulieren und auswerten können, stellt das Datenbankmanagementsystem folgende Komponenten bereit:
- *Datendefinitionssprache:* Mittels der **Datendefinitionssprache** lässt sich die Struktur des Datenbankinhalts anlegen. Hierdurch werden alle Objekte erzeugt, geändert oder gelöscht, die in der Datenbank eingesetzt werden sollen. Derartige Objekte einer Datenbank sind etwa Indizes, Referenzen oder Benutzerrechte.[74]
- *Datenmanipulationssprache:* Mit Hilfe der **Datenmanipulationssprache** lassen sich die in der Datenbank vorgehaltenen Daten bearbeiten. Dies ermöglicht die Änderung, Auslesung oder Löschung von Daten.[75]
- *Datenwörterbuch:* Ein **Datenwörterbuch** enthält alle Informationen über die in der Datenbank enthaltenen Daten, die sog. Metadaten. Diese geben Auskunft über die inhaltliche Bedeutung der Daten sowie über die diesbezügliche Autorisierung zur Nutzung.[76]

44 **ee) Zugriff.** Anwendungen greifen auf die Datenbestände mittels einer Benutzersprache – etwa SQL – über eine Kommunikationsschnittstelle zu, die vom DBMS gesteuert wird. Hierbei lassen sich lesende und schreibende **Datenzugriffe** unterscheiden. Darunter sind definierte Datenbankoperationen zu verstehen, bei denen im ersten Falle Datenbestände lediglich ausgelesen und im zweiten Falle auch eingefügt, geändert oder gelöscht werden können.[77] Um eine in einer Hochsprache formulierte Anfrage intern zu verarbeiten, ist eine Anfrageverarbeitung erforderlich, welche insbesondere die Zugriffsberechtigungen prüft. Hierzu wandelt das DBMS die Anfrage auf der Grundlage vorhandener Zugriffsstrukturen in Code um und synchronisiert etwaige parallele Zugriffe.[78]

45 Um Anwendungen den entfernten Zugriff auf die in verteilten Datenbanken vorgehaltenen Daten zu ermöglichen (sog. **Remote Database Access**), wird aus Anwendungssicht eine „virtuelle" Datenbank erzeugt. Dies wird durch eine Softwareschicht (sog.

---

[71] *Abts/Mülder* S. 162.

[72] *Leimeister* S. 86.

[73] *Abts/Mülder* S. 161; vgl. Enzyklopädie der Wirtschaftsinformatik, Stichwort: Datenbanksystem, www.enzyklopaedie-der-wirtschaftsinformatik.de/lexikon/daten-wissen/Datenmanagement/Datenbanksystem/In-Memory-Data-Management (28.3.2019).

[74] Enzyklopädie der Wirtschaftsinformatik, Stichwort: Datenbankmanagementsystem, www.enzyklopaedie-der-wirtschaftsinformatik.de/lexikon/daten-wissen/Datenmanagement/Datenbanksystem/Datenbankmanagementsystem (28.3.2019).

[75] Enzyklopädie der Wirtschaftsinformatik, Stichwort: Datenbankmanagementsystem, www.enzyklopaedie-der-wirtschaftsinformatik.de/lexikon/daten-wissen/Datenmanagement/Datenbanksystem/Datenbankmanagementsystem (28.3.2019).

[76] Enzyklopädie der Wirtschaftsinformatik, Stichwort: Datenbankmanagementsystem, www.enzyklopaedie-der-wirtschaftsinformatik.de/lexikon/daten-wissen/Datenmanagement/Datenbanksystem/Datenbankmanagementsystem (28.3.2019).

[77] Vgl. Enzyklopädie der Wirtschaftsinformatik/*Gabriel,* Datenbankmanagementsystem, www.enzyklopaedie-der-wirtschaftsinformatik.de/lexikon/daten-wissen/Datenmanagement/Datenbanksystem/Datenbankmanagementsystem (28.3.2019).

[78] Vgl. Enzyklopädie der Wirtschaftsinformatik, Stichwort: Datenbanksystem, www.enzyklopaedie-der-wirtschaftsinformatik.de/lexikon/daten-wissen/Datenmanagement/Datenbanksystem/Datenbankmanagementsystem (28.3.2019).

Middleware) bewirkt, die von den Einzelheiten der konkreten Datenspeicherung in den verschiedenen Systemen abstrahiert.[79]

c) Microservices

aa) Aufgaben. Microservices stellen eine Ausprägung der sog. service-orientierten IT-Architektur dar. Der zentrale Gedanke dieses neuartigen Softwarearchitekturansatzes ist die fachliche und technische Zerlegung von Anwendungen in einzelne IT-Serviceleistungen. Auf der Basis verfügbarer Module können PaaS-Nutzer Microservices in ihre Anwendungen einbinden. Die Kommunikation zwischen den eingesetzten Diensten und den Anwendungen wird durch sprachunabhängige Standardschnittstellen und -protokolle gewährleistet.[80] Entwickler können einzelne Services (wieder-)verwenden und diese auch kombinieren.[81] 46

Microservices sind als Extremfall einer service-orientierten Architektur zu verstehen, bei der kleine, unabhängige Dienste mit niedrigem **Abstraktionsniveau** zur Verfügung gestellt werden.[82] Diese erledigen kleine Aufgaben wie etwa einzelne Suchfunktionen im Kontext eines DBMS. 47

bb) Microservices als Grundlage von SaaS und als eigenständiges Softwareangebot. Microservices können als eigenständige Servicekomponenten bereitgestellt werden. Nutzer können dann aus Programmbibliotheken die passenden Microservices auswählen. Zudem bilden Microservices zunehmend eine wichtige **Grundlage** für SaaS-Angebote, da sie durch Kombination mit anderen Microservices zu komplexen Anwendungen zusammengesetzt werden können. Vorteil einer solchen Lösung ist, dass der Großteil des Systems einsatzfähig bleibt, wenn nur einer von mehreren Microservices ausfällt.[83] Microservices zeichnen sich zudem durch große Flexibilität aus, da sie in jeder Programmiersprache und mit jeder Plattform implementiert werden können.[84] Allerdings steigt aufgrund der verteilten Architektur und der Vielzahl der eingesetzten Komponenten auch die Komplexität.[85] 48

d) Kompatibilität und Programmierschnittstellen

Um ihre Funktion als zentraler Layer der IT-Infrastruktur im Rahmen des Internet der Dinge erfüllen zu können, müssen die Komponenten der Plattform einerseits untereinander und die Plattform als Ganze andererseits mit einer Vielzahl von anderen Komponenten der Infrastruktur, den auf der Plattform betriebenen Anwendungen und den angebundenen Smart Devices und anderen Datenquellen **kompatibel** sein, dh mit ihnen zusammenwirken können. Dies wird durch den Einsatz von Programmierschnittstellen (engl. Application Programming Interface, API) erheblich vereinfacht. 49

aa) Funktionsweise. Ein **Application Programming Interface** erlaubt den standardisierten Informationsaustausch zwischen Softwareprogrammen bzw. Programmteilen. APIs sind Code-Bausteine, die die strukturierte Übergabe von Daten und Befehlen nach einer 50

[79] Enzyklopädie der Wirtschaftsinformatik, Stichwort: Remote Database Access, www.enzyklopaedie-der-wirtschaftsinformatik.de/lexikon/is-management/Systementwicklung/Softwarearchitektur/Middleware/Remote-Database-Access (28.3.2019).

[80] *Pruß/Sarre* in Auer-Reinsdorff/Conrad IT-R-HdB Technisches Glossar: Service-orientierte Architektur (SOA).

[81] Srinivasan/*Lee-Post/Pakath* Kap. 1 S. 5.

[82] Enzyklopädie der Wirtschaftsinformatik, Stichwort: Architekturmuster, www.enzyklopaedie-der-wirtschaftsinformatik.de/lexikon/is-management/Systementwicklung/Softwarearchitektur/Architekturentwicklung/architekturmuster (28.3.2019).

[83] Enzyklopädie der Wirtschaftsinformatik, Stichwort: Architekturmuster, www.enzyklopaedie-der-wirtschaftsinformatik.de/lexikon/is-management/Systementwicklung/Softwarearchitektur/Architekturentwicklung/architekturmuster (28.3.2019).

[84] *Wolff* S. 3.

[85] Vgl. *Wolff* S. 32.

zuvor definierten Syntax ermöglichen. Diese sind vom eigentlichen Programmablauf der angebundenen Software klar getrennt und werden lediglich für die Kommunikation eingesetzt.

51 Durch ihre Funktionsweise führen APIs zu einer **Modalisierung** und Vereinfachung. Im Kontext des Internet der Dinge werden sie von den Anbietern entsprechender Services etwa dazu eingesetzt, um dem Nutzer der Infrastruktur den Datenaustausch mit der von ihm eingesetzten Plattform oder dem Kunden eines Plattform-Service die Integration seiner Anwendungen oder die Anbindung von Smart Devices oder sonstigen externen Datenquellen zu ermöglichen.[86] Jede Anwendung muss entsprechend der technischen Spezifikationen der Schnittstelle codiert werden.[87] Hierfür ist es erforderlich, dass auch in die interagierende Software des Nutzers eine entsprechende API als Gegenstück integriert ist. Hierzu kann der Anbieter dem Nutzer entweder entsprechenden Code oder aber eine umfassende Dokumentation zur Verfügung stellen, mittels derer der Nutzer die Schnittstelle selbst nachbilden kann. In jedem Fall aber wird üblicherweise mit einer API eine umfassende Dokumentation bereitgestellt, in der die einzelnen Funktionen, die genaue Syntax und mögliche weitere Parameter beschrieben sind.

52 **bb) Begrifflichkeiten.** Im Zusammenhang mit Programmierschnittstellen hat sich in der Informatik eine besondere **Terminologie** herausgebildet. Einige der gängigen Begrifflichkeiten ist deshalb nachfolgend erläutert.

53 Einerseits werden APIs nach der Art ihres technischen Aufbaus in verschiedene **Typklassen** unterteilt:

- *Funktionsorientiert:* Überwiegend werden Funktionen und deren Parameter zur Kommunikation verwendet.
- *Dateiorientiert:* Mit Hilfe von verschiedenen Dateisystemaufrufen werden einzelne Dateien und Dateifunktionen angesprochen.
- *Objektorientiert:* Solche Programmierschnittstellen arbeiten mit sog. Schnittstellenzeigern und sind gegenüber rein funktionsorientierten Schnittstellen deutlich flexibler.
- *Protokollorientiert:* Wesentliches Merkmal von protokollorientierten APIs ist ihre Unabhängigkeit von einem definierten Betriebssystem oder einer bestimmten Hardware.

54 Darüber hinaus lässt sich nach Anwendungsbereich wie nachfolgend **spezifizieren** bzw. abgrenzen:

- *REST-API (Representational State Transfer-API):* Solche APIs unterstützen den Austausch von Daten auf verteilten Systemen. Das System wird hierdurch in die Lage versetzt, Daten und Aufgaben auf verschiedene Server zu verteilen oder von dort anzufordern. REST-APIs werden daher im Cloud-Kontext häufig eingesetzt.
- *Cloud-API:* Der Begriff der Cloud-APIs ist für solche Programmierschnittstellen geläufig, die den Datenaustausch zwischen den einzelnen Layern der Cloud-Architektur ermöglichen. Insofern ist auch von Infrastruktur-APIs (Datenaustausch zwischen IaaS und Plattform) und Plattform-API (Datenaustausch zwischen PaaS und Anwendungen) die Rede.
- *Benutzerschnittstelle (User Interface):* Lediglich eine begriffliche Nähe besteht zwischen der Programmier- und der Benutzerschnittstelle. Letztere bezeichnet anders als die API nicht einen maschinenlesbaren Programmcode, sondern die Schnittstelle zwischen Anwender und Nutzer der Anwendung (→ Rn. 112 ff.).

e) Accounts

55 Der individuelle Zugang des Anwenders zur Plattform und den darauf betriebenen bzw. genutzten Anwendungen erfolgt über einen dem Kunden zugeordneten **Account.** Soweit die IT-Infrastruktur mehreren Nutzern zur Verfügung gestellt wird, kann der Account da-

[86] Vgl. Spindler/Schuster/*Gersdorf* TKG Vorb. §§ 48 ff. Rn. 4.
[87] Spindler/Schuster/*Gersdorf* TKG Vorb. §§ 48 ff. Rn. 4.

bei mit dem Zuschnitt des Tenants (→ Rn. 23) deckungsgleich sein, dem Nutzer also virtuell etwa eigene Rechenkapazitäten, Speicherplatz, Datenbanken und Anwendungen zugeordnet sein. Dies spielt häufig bei IoT-Anwendungen im Unternehmenskontext eine Rolle, wenn die von einer Cloud-Plattform verarbeiteten und dort gespeicherten Informationen vom Zugriff des Anbieters und anderer Nutzer auch technisch abgegrenzt sein sollen.

Je nach technischer Gestaltung der Plattform kann es dem Anwender seinerseits ermög- 56
licht werden, innerhalb seines Accounts weitere **Unter-Accounts** (und ggf. Sub-Tenants) einzurichten, über die er plattformbasierte Leistungen gegenüber eigenen Kunden erbringen und diesen einen eigenständigen Plattformzugang gewähren kann.

aa) Zugangsdaten und Authentifizierung. Um Zugang zu dem jeweiligen Account zu 57
erhalten, werden dem Kunden vom jeweiligen Plattformbetreiber **Zugangsdaten** (Benutzer-ID und Passwort) zur Verfügung gestellt, mit denen er sich in das Benutzerkonto einwählen kann, wobei hierbei in aller Regel eine bestimmte Qualität des Passworts vom Plattformbetreiber gefordert wird (zB eine Mindestlänge und/oder die Kombination von Buchstaben, Zahlen und Sonderzeichen). Um einen Zugriff von unberechtigten Dritten auf den Nutzeraccount zu verhindern, haben sich mittlerweile neben der bloßen Abfrage der Zugangsdaten zusätzliche Authentifizierungsverfahren etabliert. Zuvorderst sind hierbei die Zwei-Faktor- bzw. die Multi-Faktor-Authentifizierung zu nennen.

Bei der sog. Zwei-Faktor-Authentifizierung (2FA) wird beim Anmeldevorgang auf der 58
Plattform vom User ein über die bloßen Zugangsdaten hinausgehendes Sicherheitsmerkmal (Faktor) abgefragt. Dies kann etwa dadurch geschehen, dass das System der Plattform zur Eingabe eines weiteren zeit- oder ereignisbasierten sog. One-Time-Passwords (OTP) auffordert.[88] Ebenso denkbar, obgleich aufgrund komplexerer Vorkehrungen weniger häufiger anzutreffen, ist die **Authentifizierung mittels** eines sog. kryptographischen Sicherheitstokens oder durch die Abfrage biometrischer Merkmale des Benutzers wie etwa eines Fingerabdrucks oder der Augeniris.[89] Der Vorteil der 2FA liegt vor allem darin, dass es unbefugte Dritte wesentlich schwerer haben, sich mit den von ihnen erlangten Zugangsdaten in das jeweilige Benutzerkonto einzuwählen, da sie in aller Regel keinen Zugriff auf den für die Anmeldung erforderlichen, weiteren Faktor haben. Kommen mehr als zwei Faktoren bei der Authentifizierung des Nutzers zur Anwendung, handelt es sich um die sog. Multi-Faktoren-Authentifizierung (MFA). Die MFA erhöht naturgemäß die Sicherheit des Zugangs, geht aber aufgrund der Abfrage einer Vielzahl von Faktoren zu Lasten der Benutzerfreundlichkeit der Plattform.[90]

Sofern die jeweilige IoT-Plattform zudem Zugang zu verschiedenen Applikationen bzw. 59
Services ermöglicht, bietet sich das sog. **Single Sign-On** (SSO)-Verfahren an. Hierbei liegt der Vorteil für den Nutzer der Plattform darin, dass er sich nur ein einziges Mal bei einem zentralen Anmeldedienst authentifiziert und hierdurch zugleich aber auf eine Vielzahl von Anwendungen auf der Plattform, die eine Authentifizierung erfordern, zugreifen kann, ohne sich erneut anmelden zu müssen.[91] Im Gegensatz dazu ermöglicht aber auch ein Identitätsdiebstahl den ungeschützten Zugriff Dritter auf eine Vielzahl von Anwendungen, sodass Plattformbetreiber das SSO-Verfahren vor dem Hintergrund der IT-Sicherheit stets mit Vorsicht genießen sollten.

bb) Admin- und User-Konzepte. Sofern es sich bei dem jeweiligen Nutzer der Platt- 60
form und der auf ihr befindlichen Applikationen um ein Unternehmen bzw. Organisation

[88] Vgl. hierzu Bundesamt für Sicherheit in der Informationstechnik, Zwei-Faktor-Authentisierung für mehr Sicherheit.
[89] Vgl. zu beiden Bundesamt für Sicherheit in der Informationstechnik, Zwei-Faktor-Authentisierung für mehr Sicherheit.
[90] *Luber* Security Insider 4. 8. 2017.
[91] Vgl. hierzu Schläger/Thode/*Schläger* Teil I Rn. 296.

handelt, bei dem mehrere Mitarbeiter auf die Plattform zugreifen wollen, bietet es sich an, sog. **Berechtigungskonzepte** zu implementieren. Diese dienen dazu, den Zugang zur Plattform und den darauf betriebenen Anwendungen klar zu strukturieren. Üblich ist die Untergliederung in Admin- und User-Rollen, wobei sich hierbei die jeweils zugewiesenen Berechtigungen voneinander unterscheiden:

- *Admin:* Hierbei handelt es sich regelmäßig um eine Person, die im Rahmen eines privilegierten Benutzerkontos dazu berechtigt ist, sämtliche jeweils bereitgestellten Funktionalitäten der Plattform uneingeschränkt zu nutzen, einschließlich der Verwaltung und Konfiguration von Accounts. Insofern kommen dem Admin weitreichende Befugnisse zu.
- *User:* Im Gegensatz zum Admin handelt es sich bei Usern um solche Personen, die lediglich zu einer eingeschränkten Nutzung der Plattform und/oder der Anwendungen berechtigt sind und somit nicht sämtliche von der Plattform bereitgestellten Funktionalitäten wahrnehmen können. Welche jeweiligen Nutzungs- und Zugriffsrechte der User hat, wird durch den Admin bestimmt. Er kann im Rahmen des Rollenkonzepts der Plattform entsprechende Berechtigungen erteilen und entziehen.

61 Der Vorteil der Implementierung von Berechtigungskonzepten liegt in erster Linie in der Schaffung von interner sowie externer Sicherheit der IoT-Plattform. Unternehmensintern wird die **Sicherheit** dadurch sichergestellt, dass nicht jeder Mitarbeiter vollen Zugriff auf alle Funktionalitäten der Plattform erhält, sodass etwaiges Fehlerpotential bei der Handhabung der Plattform und ihrer Anwendungen minimiert wird. Dies schützt gleichzeitig auch die als User agierenden Mitarbeiter, da sie letztlich nur einen eingeschränkten Zugriff auf die Plattform nehmen können. Externe Sicherheit wird dadurch geschaffen, dass unberechtigte Dritte im Falle des Erlangens von Identifikationsdaten (etwa von Benutzername und Passwort) eines Users keinen vollen Zugriff auf die Plattform und insbesondere keine Berechtigung zu Änderungen von Accountdaten erhalten.

62 **cc) Device- und User-Account-Verwaltung.** Dem eingesetzten Admin obliegt einerseits die **Verwaltung** und Konfiguration der User-Accounts. Daneben umfassen seine Berechtigungen üblicherweise auch die Verwaltung der mit der Plattform vernetzten Devices.

63 Im Rahmen der Verwaltung der User-Accounts kann der Admin die jeweiligen Accounts und damit verbundene Berechtigungen an die User vergeben. Zudem können die User vom Admin einzelnen **Benutzergruppen** zugeordnet werden, die sich wiederum im Hinblick auf die Zugriffsberechtigungen unterscheiden können. Hierdurch kann ein abgestuftes und je nach Mitarbeiter (User) ausdifferenziertes Berechtigungskonzept geschaffen werden. Je nachdem, welcher Gruppe der jeweilige User zugeordnet wird, werden diesem dann die jeweils für diese Benutzergruppe geltenden Nutzungsberechtigungen automatisch und zeitsparend zugewiesen. Zudem kann der Admin auch individuell Zugriffsrechte entziehen oder Accounts gänzlich sperren.

64 Zur sog. **Device-Verwaltung** zählt eine Vielzahl von Prozessen, angefangen beim Hinzufügen von Devices zur IoT-Plattform und ihrer Authentifizierung sowie deren Abmeldung (sog. Provisioning und Authentication), über das Konfigurieren und die Steuerung der Geräte bis hin zum diagnostischen Überwachen von Fehlfunktionalitäten der Devices, der Fernübertragung von Softwareupdates („Over-the-air-Update") sowie dem Schließen von Sicherheitslücken (Patching).[92] Die Device-Verwaltung dient somit in erster Linie dazu, die fehlerfreie Funktionalität und Vernetzung der mit der IoT-Plattform verbundenen Geräte sicherzustellen und ist insbesondere im unternehmensbezogenen Kontext der Nutzung von IoT-Anwendungen essentiell, um Ausfallzeiten so gering wie möglich zu halten. Für die Device-Verwaltung stehen diverse Softwarelösungen zur Verfügung.

[92] *McClelland* IoT For All 20.2.2019.

f) Einsatz von Open-Source-Komponenten

aa) Begriffsbestimmungen: Open Source und Standardsoftware. Der Aufbau von IoT-Plattformen ist ohne den Einsatz von **„Open Source Software"** (OSS) kaum noch denkbar. Eine zentrale Komponente sind insofern DBMS-Lösungen. So ist etwa MySQL ein auf OSS basierendes und beliebtes Datenbanksystem. 65

Bei OSS handelt es sich um Programme, deren Quelltext in der Regel kostenlos erhältlich ist und frei zur Verfügung steht. Zudem ist OSS im Gegensatz zur proprietären („closed") Software von der Grundidee getragen, dass jeder Nutzer die Software einschränkungslos ausführen, den Quellcode einsehen sowie verändern können und zudem berechtigt sein soll, die Software weiterzugeben.[93] Insofern bietet OSS mehr **Flexibilität** als proprietäre Software, da sie insbesondere stets Bearbeitungen und Weiterentwicklungen durch den Nutzer selbst zulässt. OSS hat sich daher als kostengünstige und attraktive Alternative zu kommerzieller Standard-Software etabliert. Freilich existieren in der Praxis verschiedene Lizenzmodelle, die sich im Hinblick auf die dem Nutzer eingeräumten Rechte und Pflichten voneinander unterscheiden können.[94] 66

bb) Arten von Open-Source-Lizenzen. Generell lassen sich die Arten von Open-Source-Lizenzen grob in zwei verschiedene **Kategorien** einordnen. 67

(1) Lizenzen mit Copyleft-Effekt. Vielfach wird OSS unter Lizenzen mit dem sog. Copyleft-Effekt bereitgestellt. Dabei darf die Software zunächst von jedermann frei genutzt, modifiziert, erweitert und auch in geänderter Form weiterverbreitet werden, wobei zudem die Verpflichtung besteht, anderen Nutzern die Freiheit zu gewähren, auch diese Änderungen der Ausgangssoftware frei kopieren und ändern zu dürfen.[95] Die Idee des **Copyleft** versteht sich in erster Linie als Gegenentwurf zum Copyright, das Nutzern in aller Regel Einschränkungen bei der Nutzung von Software vorgibt. Für Unternehmen trägt der Einsatz von OSS mit Copyleft-Effekt allerdings erhebliche Risiken in sich, da der wirtschaftliche Wert von Weiterentwicklungen durch die Pflicht zur Lizenzierung unter der OSS-Lizenz kompromittiert zu werden droht. 68

Innerhalb der Lizenztypen mit Copyleft-Effekt lassen sich weiterhin nach dessen Reichweite zwei Untergruppen unterscheiden 69

– *Lizenzen mit **strengem Copyleft-Effekt:*** Hierbei handelt es sich um Lizenzen, die dadurch gekennzeichnet sind, dass der Nutzer durch die entsprechenden Lizenzbedingungen in einem sehr weiten Umfang verpflichtet wird, sämtliche von der Ursprungssoftware abgeleiteten Werke unter der ursprünglichen OSS-Lizenz weiterzuverbreiten. Ein Beispiel für eine solche Lizenz ist die GNU General Public License (GPL), bei der es sich um die am weitesten verbreitete OSS-Lizenz handelt.[96] So heißt es beispielsweise in Ziff. 2 lit. b der zweiten Version der GPL (GPLv2) wie folgt:

> *„You must cause any work that you distribute or publish, that in whole or in part contains or is derived from the Program or any part thereof, to be licensed as a whole at no charge to all third parties under the terms of this License."*

Ähnlich verhält es sich innerhalb der dritten Version der GPL (GPLv3), deren Ziff. 5 die Lizenzbedingungen auch für auf der OSS basierende Werke zur Anwendung bringt.[97] Lizenzen mit einem **strengen Copyleft-Effekt** erfassen somit nicht nur eigentliche

---

[93] Free Software Foundation Europe, Was ist freie Software?, fsfe.org/about/basics/freesoftware.de.html (20.8. 2019); vgl. auch *Dreier/Vogel* S. 210.

[94] BITKOM Open-Source-Software 2.0 Leitfaden S. 59ff., www.bitkom.org/Bitkom/Publikationen/Bitkom-Leitfaden-zu-Open-Source-Software-20.html (21.8.2019).

[95] GNU-Projekt, Copyleft. Was ist das?, www.gnu.org/licenses/copyleft.de.html (26.08.2019).

[96] www.ifross.org/welches-sind-wichtigsten-open-source-lizenzen-und-welchem-lizenztyp-gehoeren-sie (16.10.2019).

[97] www.gnu.org/licenses/gpl-3.0 (16.10.2019).

Modifikationen (Veränderungen, Verbesserungen, etc) der unter der Lizenz zur Verfügung gestellten OSS, sondern uU auch Software, in welche die OSS-Komponente eingebettet ist oder die mit dieser interagiert. Dies hat mitunter zur Folge, dass der Nutzer auch an sich proprietäre Komponenten unter der OSS-Lizenz im Quellcode zugänglich machen muss.

- *Lizenzen mit schwachem Copyleft-Effekt:* Im Gegensatz zu Lizenzen mit strengem Copyleft-Effekt zeichnen sich Lizenzen mit **schwachem Copyleft-Effekt** dadurch aus, dass zwar die vom Nutzer vorgenommenen Änderungen, Erweiterungen und Verbesserungen der OSS unter den gleichen Lizenzbedingungen weitergegeben werden müssen, unter denen der Nutzer die OSS erworben hat. Anders als beim strengen Copyleft erstrecken sich die Lizenzbedingungen aber nicht auch auf Software, mit welcher die OSS interagiert.[98] Lizenzen mit schwachem Copyleft-Effekt geben dem Nutzer also mehr Freiheiten als solche mit strengem Copyleft-Effekt, erlegen dem Nutzer aber stärkere Pflichten auf als eine permissive Lizenz, die dem Nutzer völlige Freiheit im Hinblick auf Modifikationen gewährt (→ Rn. 70 f.). Ein Beispiel für eine Lizenz mit schwachem Copyleft-Effekt bildet die GNU Lesser General Public License (LGPL), die vor allem für Programmbibliotheken Anwendung findet.[99]

70 **(2) Permissive Lizenzen.** Grundsätzlich von Lizenzen mit Copyleft-Effekt unterscheiden sich die sog. **permissiven Lizenzen** (auch bekannt als freizügige Lizenzen[100]), da sie dem Nutzer keinerlei Bedingungen dazu vorgeben, dass er die von der OSS abgeleiteten Werke und/oder Modifikationen und Erweiterungen im Rahmen der ursprünglichen Lizenz an andere Nutzer weitergeben muss.[101] Insofern gewähren permissive Lizenzen dem jeweiligen Nutzer der OSS die größtmögliche Handlungsfreiheit, da sie dem Nutzer einerseits die Bearbeitung und Erweiterung der lizenzierten OSS erlauben, er andererseits aber andere Nutzer von der Nutzung des Ergebnisses dieser Bearbeitungen und Erweiterungen ausschließen kann.[102] Der zuvor frei zugängliche Quellcode kann also in Projekten ohne offenen Quellcode eingesetzt werden (Closed Source).[103]

71 Zwei der wohl **bekanntesten** permissiven Lizenzen sind die ursprünglich von der University of California, Berkeley (UCB) entwickelte Berkeley Software Distribution License (BSD) und die Apache-Lizenz der Apache Software Foundation (ASF).

72 **cc) Anbindung von Open-Source-Komponenten.** Es existieren mehrere technische Möglichkeiten, um OSS-Komponenten in die bestehende IoT-Softwarelandschaft zu **integrieren.** In Betracht kommen neben einer Anbindung über Schnittstellen auch (dynamische oder statische) Verlinkungen, wobei sich der Integrationsgrad der OSS in die bestehende Software je nach gewählter technischer Einbindungsmöglichkeit unterscheidet:

- *Schnittstellen:* Hierbei handelt es sich um eine **Übergangs- und Verbindungsstelle** zwischen zwei Systemen, im Falle von OSS also um eine Übergangs- und Verbindungsstelle zwischen der OSS und der proprietären Softwarelandschaft des IoT-Anbieters, welche die Kommunikation zwischen den Programmen ermöglicht. Die Anbindung der Software erfolgt dabei in aller Regel über ein sog. Application-Programming-Interface (API), bei dem die OSS als eigenständig ausgeführter Softwarebaustein (Subprogramm) genutzt wird.[104]
- *Dynamische Verlinkung:* Die sog. **dynamische Verlinkung** zeichnet sich dadurch aus, dass die OSS in der Ausführungsumgebung der IoT-Software platziert wird und erst in

[98] BITKOM Open-Source-Software 2.0 Leitfaden S. 18.
[99] *Mantz* in Kilian/Heussen ComputerR-HdB Kap. 32.6 Rn. 34.
[100] www.irights.info/artikel/was-ist-copyleft/27804 (16. 10. 2019).
[101] *Dreier/Vogel* S. 211.
[102] BITKOM, Open-Source-Software 2.0 Leitfaden, S. 17.
[103] irights.info/artikel/was-ist-copyleft/27804 (16. 10. 2019).
[104] *Hoppen/Thalhofer* CR 2010, 275 (276).

dem Moment in den Hauptspeicher geladen wird, in dem die Funktionalität der jeweiligen OSS benötigt wird.[105] Die OSS und die restliche Systemlandschaft sind hierdurch nur lose miteinander verbunden.[106]
- *Statische Verlinkung:* Die sog. **statische Verlinkung** ist die engste Form der Einbindung von OSS in den restliche IoT-Softwarelandschaft, bei der die OSS im Quellcode in eine einheitliche Programmdatei aufgenommen wird. Hierdurch wird eine derartige Verbindung zwischen der OSS und der restlichen, proprietären Software aufgebaut, dass ein einheitlich ausführbares Programm entsteht.[107]

dd) Vorteile des Einsatzes von Open-Source-Software. Der Einsatz von OSS nach Maßgabe der durch die jeweiligen Lizenzbedingungen gewährten Freiheiten bieten für IoT-Anwendungen erhebliche Chancen. Überblicksartig seien an dieser Stelle insbesondere folgende **Vorteile** erwähnt:[108] 73
- *Umfassende Verfügbarkeit:* Das umfangreiche Angebot an OSS, ua im Bereich der Betriebssysteme als auch im Rahmen von DBMS Lösungen, ermöglicht **vielfältige** Lösungsansätze für die technische Ausgestaltung von IoT-Anwendungen.
- *Innovationsförderung:* OSS kann im Rahmen von IoT innovationsfördernd wirken, da Unternehmen aufgrund der hohen **Anpassungsfähigkeit** von OSS-Komponenten schnell auf aktuelle Entwicklungen in der schnelllebigen IoT-Branche reagieren können.
- *Aufbau von IoT-Ökosystemen:* Durch die verhältnismäßig **einfache** Anbindung von OSS an die bestehende Softwarestruktur von IoT-Anwendungen (insbesondere über Schnittstellen) unterstützt OSS die Kommunikation innerhalb der IT-Struktur und fördert den Aufbau von komplexen IoT-Ökoystemen.
- *Kosten- und Zeitersparnis:* Da OSS in aller Regel **kostenlos** zur Verfügung gestellt wird, bietet sich der Einsatz insbesondere auch für Unternehmen an, die aufgrund beschränkter finanzieller Mittel auf die Lizenzierung von meist kostenintensiver proprietärer Software absehen. Auch können technisch erforderliche Anpassungen aufgrund der offenen Einsehbarkeit des Quellcodes der OSS zeiteffizient und ohne größeren Aufwand umgesetzt werden.

ee) Risiken beim Einsatz von Open-Source-Komponenten. Neben den dargestellten Chancen und Vorteilen des Einsatzes von OSS in IoT-Anwendungen bringen insbesondere Lizenzbedingungen mit einem strengen Copyleft-Effekt aber auch **Risiken** mit sich, die IoT-Anbieter im Blick haben sollten. 74

Zu berücksichtigen ist, dass der Einsatz von OSS unter einer strengen Copyleft-Lizenz dazu führen kann, dass die gesamte IoT-Softwareinfrastruktur, die von der OSS abgeleitet ist oder mit dieser interagiert, unter den für die OSS geltenden Lizenzbedingungen und im vollständigen Quellcode zugänglich zu machen ist. In diesem Zusammenhang wird regelmäßig von einer **„Infektion"** der proprietären Software durch OSS bzw. dem **„viralen Effekt"** gesprochen.[109] 75

Wann jedoch eine Softwarekombination von OSS und proprietärer Software eine Infektion (unter der GPL) bewirkt, ist nicht abschließend geklärt,[110] orientiert sich aber maßgeblich daran, ob in dem Ergebnis der Kombination von OSS und proprietärer Software eine urheberrechtliche **Bearbeitung** der OSS gesehen werden kann oder lediglich eine Verbindung zweier selbständiger Werke.[111] In technischer Hinsicht ist hierbei nach 76

---

[105] *Hoppen/Thalhofer* CR 2010, 275 (278).
[106] *Mantz* in Kilian/Heussen ComputerR-HdB Kap. 32.6 Rn. 30.
[107] *Mantz* in Kilian/Heussen ComputerR-HdB Kap. 32.6 Rn. 29.
[108] *Kienle* Industry of Things 29.9.2017.
[109] *Hoppen/Thalhofer* CR 2010, 275 (275); MAH IT-R/*Wiebe* Teil 3 Rn. 122.
[110] Vgl. MAH IT-R/*Wiebe* Teil 3 Rn. 123.
[111] Schricker/Loewenheim/*Spindler* UrhG Vorb. §§ 69a ff. Rn. 48; ähnlich Fromm/Nordemann/*Czychowksi* GPL Rn. 13.

den verschiedenen Anbindungsmöglichkeiten von OSS an die IoT-Softwarelandschaft zu unterscheiden:

77 **(1) Schnittstellen.** Zu einem viralen Effekt kommt es jedenfalls dann nicht, wenn die OSS als eigenständiges Subprogramm mittels **Schnittstellen** an die Software angebunden wird, wodurch lediglich die Kommunikation zwischen beiden Systemen zum gemeinsamen Zusammenwirken ermöglicht wird.[112] Anders kann es sich jedoch verhalten, wenn die Schnittstellenfunktion über die reine Kommunikation hinausgeht und die durch die Schnittstellen vermittelte Kombination von OSS und proprietärer Software die Struktur der Softwarebestanteile betrifft.[113]

78 **(2) Dynamische und statische Verlinkung.** Schwieriger zu beurteilen ist die Frage nach dem Auftreten des viralen Effekts bei der sog. **dynamischen** Verlinkung. Wie dargelegt kann eine unter der GPL stehende OSS die IoT-Softwarelösung dann infizieren, wenn durch die Verbindung von OSS und der anderen Software ein „abgeleitetes Werk" (GPLv2) bzw. eines auf der OSS „basierendes Werk" (GPLv3) geschaffen wird. Hierzu sind die für die Beurteilung des Vorliegens einer urheberrechtlichen Bearbeitung geltenden Grundsätze heranzuziehen (→ Rn. 69).

79 Danach spricht viel dafür, dass eine Infektion der IoT-Software beim dynamischen Verlinken der OSS ausscheidet, da es an der erforderlichen Dauerhaftigkeit und der inhaltlichen Übernahme wesentlicher kreativer Anteile fehlt.[114] Anderer Ansicht ist jedoch die Free Software Foundation, welche die GPL ins Leben gerufen hat und von einer generellen Infektionswirkung dynamischen Verlinkens ausgeht.[115] Teilweise wird auch eine **Infektion** zumindest dann angenommen, wenn entweder die Software, die auf die OSS zugreift, oder die OSS für die proprietäre Software eigens hierfür geschrieben wurde (wie es zB bei sog. Frameworks der Fall sein kann) und die proprietäre Software mit der OSS daher ein strukturelle Einheit bildet.[116]

80 Generell kann dem Themenkomplex aufgrund der technischen Gegebenheiten der Anbindung von OSS im Einzelfall somit keine abschließende Beurteilung in die eine oder die andere Richtung zugeführt werden,[117] sodass IoT-Anbieter bei der Einbindung von OSS mithilfe dynamischen Verlinkens **Vorsicht** walten lassen sollten.

81 Anders als beim dynamischen Verlinken greift der virale Effekt aber jedenfalls stets bei der **statischen** Verlinkung, da hierbei eine dauerhafte Verbindung zwischen OSS und proprietärer Software geschaffen wird.[118]

82 **(3) Praxisempfehlung.** Da IoT-Anbieter in aller Regel ein erhebliches Interesse daran haben, dass der Quellcode ihrer Anwendung der Öffentlichkeit unzugänglich bleibt, sollten sie beim Einsatz von OSS-Komponenten unter Lizenzen mit Copyleft-Effekt darauf achten, eine möglichst klare **Trennung** zwischen den OSS-Bestandteilen einerseits und

---

[112] Institut für Rechtsfragen der Freien und Open Source Software, Wann muss eigenentwickelte Software unter der GPL lizenziert werden?, www.ifross.org/wann-muss-eigenentwickelte-software-unter-gpl-lizenziert-werden (5. 9. 2019); genereller *Hoppen/Thalhofer* CR 2010, 275 (278).

[113] Institut für Rechtsfragen der Freien und Open Source Software, Wann muss eigenentwickelte Software unter der GPL lizenziert werden?, www.ifross.org/wann-muss-eigenentwickelte-software-unter-gpl-lizenziert-werden (5. 9. 2019).

[114] *Determann* GRUR-Int 2006, 645 (647).

[115] Free Software Foundation, Frequently Asked Questions about the GNU Licenses: Does the GPL have different requirements for statically vs. dynamically linked modules with a covered work?, www.gnu.org/licenses/gpl-faq.html#GPLStaticVsDynamic (5. 9. 2019).

[116] *Jaeger/Metzger* Open Source Software Rn. 59; ebenso *Mantz* in Kilian/Heussen ComputerR-HdB Kap. 32.6 Rn. 30.

[117] *Hoppen/Thalhofer* CR 2010, 275 (278); ebenso Schricker/Loewenheim/*Spindler* UrhG Vorb. §§ 69a ff. Rn. 49.

[118] *Hoppen/Thalhofer* CR 2010, 275 (279).

der proprietären Software andererseits vorzunehmen.[119] Nur so lässt sich eine Infektion der IoT-Softwarelandschaft vermeiden. Hierzu bietet es sich an, bei der Anbindung von OSS-Komponenten auf Schnittstellen zurückzugreifen oder allenfalls eine dynamische Verlinkung in der Weise einzusetzen, dass lediglich die reine Kommunikation zwischen den Softwarebestandteilen ermöglicht wird. Eine statische Verlinkung bietet sich hingegen nicht an, da sie ein erhebliches Risiko einer Infektion der gesamten IoT-Softwarelösung zur Folge hat.

Um negative Folgen beim Einsatz von OSS zu vermeiden und Compliance mit den jeweils geltenden Lizenzbedingungen sicherzustellen, sollte insgesamt ein umfassendes **Open Source-Management** betrieben werden. Hierzu gehört die Implementierung einer entsprechenden Policy, die durch Schulungen der befassten Mitarbeiter flankiert werden sollte, sowie Prüfungen und ein Tracking eingesetzter OSS. 83

ff) Verantwortlichkeit für die Einhaltung. Mitunter schwierig zu beantworten ist die Frage, wer im Rahmen des Einsatzes einer IoT-Plattform für die Einhaltung der Vorgaben von OSS-Lizenzen **verantwortlich** ist. Insoweit kommen auf einer solchen Plattform verschiedene Beteiligte (Betreiber der IoT-Plattform, Softwarehersteller, Anwender bzw. Nutzer der Plattform und der bereitgestellten Software) in Betracht. Erster Anknüpfungspunkt der lizenzvertraglichen Pflichten ist üblicherweise die Nutzung der OSS. Maßgeblich ist demnach insbesondere, welcher Beteiligte die OSS im urheberrechtlichen Sinne einsetzt, also insbesondere vervielfältigt. Letztlich bedarf die Beantwortung dieser Frage stets einer einzelfallbezogenen technischen und wertungsmäßigen Prüfung, sodass sich hier pauschale Feststellungen naturgemäß verbieten. 84

3. Anwendungen/SaaS-Schicht

Anwendungen stellen die dritte und höchste Ebene der IT-Infrastruktur dar und bauen logisch auf den darunterliegenden Ebenen auf.[120] Es kann sich um vom Anbieter selbst oder von Dritten entwickelte Anwendungen handeln (sog. Third Party Apps). Diese werden auf der Server-Architektur des Infrastruktur- bzw. Plattform-Anbieters ausgeführt[121] und den Nutzern im Wege eines web-basierten „on demand"-Service (sog. Software as a Service oder SaaS) bereitgestellt.[122] Nutzer erhalten online Zugriff auf die jeweils aktuelle Fassung der Software und können somit auf eine Installation auf eigener Hardware („on premise") sowie Wartung und Aktualisierung verzichten,[123] denn im Rahmen von SaaS ist üblicherweise ausschließlich der Anbieter für die Administration der gesamten serverseitigen IT-Umgebung zuständig.[124] Als Beispiel für SaaS-Angebote können konkrete Anwendungen zur Steuerung von Maschinen, Anlagen und Fahrzeugen, Smart Home-Anwendungen oder Predictive Maintenance-Dienste genannt werden, die über eine cloudbasierte IoT-Plattform genutzt werden können.[125] 85

SaaS beruht auf den technischen Eigenschaften der service-orientierten Softwarearchitektur (→ Rn. 46f.). Es bietet eine flexible Anpassung an die Bedürfnisse des Nutzers, indem Anwendungspakete kundenspezifisch konfiguriert werden können. Zudem werden die Softwarekomponenten auf einer zentralen **virtuellen Infrastruktur** betrieben, sodass für neue Anwender nicht erst ein dedizierter Server installiert werden muss.[126] Hierbei 86

[119] Ebenso *Hoppen/Thalhofer* CR 2010, 275 (280).
[120] *Tezel* ZD-Aktuell 2016, 05026.
[121] Vgl. *Kian* S. 22f., die zudem darauf hinweist, dass der Anwender die Software auch selbst auf Server auslagern kann.
[122] *Hedrich/Wegener* in Forgó/Helfrich/Schneider Betr. Datenschutz-HdB Kap. 5 Rn. 15.
[123] Vgl. *Kian* S. 22.
[124] *Pruß/Sarre* in Auer-Reinsdorff/Conrad IT-R-HdB Technisches Glossar: Software as a Service (SaaS).
[125] www.device-insight.com/centersight/ (15.10.2019).
[126] *Pruß/Sarre* in Auer-Reinsdorff/Conrad IT-R-HdB Technisches Glossar: Software as a Service (SaaS).

kommunizieren die Apps über Application Programming Interfaces mit der Plattform und können insbesondere auf Rohdaten innerhalb des Datenbanksystems auf der Plattform zugreifen und dort die Ablage der Ergebnisse der Verarbeitung veranlassen (→ Rn. 49 ff.).

87 Insofern kommt der **Mandantenfähigkeit** des Systems eine entscheidende Rolle zu, da diese die Trennung der Daten verschiedener Anwender gewährleistet.[127] Mandantenfähigkeit setzt das Vorliegen folgender Merkmale voraus:
- Mehrere Anwender (Mandanten) können ein und dieselbe Instanz der Software gleichzeitig nutzen.
- Dabei bleiben die individuellen Daten der einzelnen Anwender strikt voneinander getrennt; Anwender können nur auf die eigenen Daten zugreifen.
- Die anwenderspezifischen Programmparamenter können unabhängig voneinander konfiguriert werden.[128]

a) Apps

88 Die gegenüber Nutzern im Rahmen von SaaS-Angeboten zur Verfügung gestellten Anwendungen werden häufig als **Apps** bezeichnet.[129] Hierbei handelt es sich in der Regel um kleine, übersichtliche Softwareanwendungen, die zur Lösung von konkreten Aufgaben oder zur Behebung von spezifischen Nutzerproblemen eingesetzt werden. Sie sind von der Plattformsoftware abzugrenzen, die die Grundlage für die Ausführung einer App bildet (→ Rn. 28 ff.).

89 Apps können beispielsweise zur Erleichterung und Verbesserung der Administration eines Unternehmens eingesetzt werden. Sie können aus verschiedenen **Komponenten** bestehen, wobei die Zusammensetzung im Einzelnen dem jeweiligen Entwickler obliegt. Mögliche Bestandteile sind Standardkomponenten, Individualentwicklungen und Open-Source-Software, die auch kombiniert in einer Anwendung genutzt werden können.

90 **aa) Standardsoftware und Individualanpassung.** Der Einsatz von **Standardsoftware** im Rahmen der Entwicklung von Apps bietet erhebliche Vorteile, insbesondere aufgrund deren schneller Verfügbarkeit.[130] Zudem kann bei der Einlizenzierung von Standardkomponenten in der Regel mit geringeren Kosten und einer transparenteren Vergütung gerechnet werden, da die Lizenzgebühr bei Vertragsschluss festgelegt wird. Bei der Erstellung von Individualsoftware hingegen lassen sich die Kosten häufig zu Projektbeginn nicht im Detail absehen, was zu Planungsschwierigkeiten für das Unternehmen führen kann.

91 Gleichwohl können nutzerspezifische Anforderungen die Individualanpassung von Software erforderlich machen.[131] Hierbei ist zwischen **Individualsoftware** im eigentlichen Sinne und dem sog. Customizing von Standardsoftware zu unterscheiden. Im ersten Fall wird eine Anwendung für ein einzelnes Unternehmen bzw. eine spezialisierte Aufgabenstellung entwickelt.[132] Im zweiten Fall werden Apps hingegen kundenspezifisch konfiguriert, ohne dass dabei der Quellcode der Software verändert werden muss.[133] Dies erfolgt in der Regel durch Parametrisierung, das heißt durch die Auswahl zwischen bereits in der Software vorgegebenen Grundeinstellungen.[134] Bei diesem Ansatz ist es von Vorteil, dass der Workflow einfach gehalten wird. Da nur zwischen ohnehin vorhandenen Einstellungen der Software gewählt wird, sind die möglicherweise auftretenden Fehler begrenzt und

[127] *Pruß/Sarre* in Auer-Reinsdorff/Conrad IT-R-HdB Technisches Glossar: Software as a Service (SaaS).
[128] *Pruß/Sarre* in Auer-Reinsdorff/Conrad IT-R-HdB Technisches Glossar: Mandantenfähigkeit.
[129] Die Bezeichnung „App" ist die Kurzform des englischen Begriffs „Application" (auf Deutsch „Anwendung").
[130] Vgl. *Kessel/Vogt* S. 59: „Standardsoftware ist ein Softwareprodukt, das für ein ganzes Marktsegment und nicht nur für einen Kunden entwickelt wird".
[131] Vgl. *Leimeister* S. 240.
[132] *Abts/Mülder* S. 59.
[133] *Pruß/Sarre* in Auer-Reinsdorff/Conrad IT-R-HdB Technisches Glossar: Customizing.
[134] *Sarre* in Auer-Reinsdorff/Conrad IT-R-HdB § 1 Rn. 56.

deren Beseitigung erfordert zumeist einen geringeren Aufwand. Neben diesen beiden Standardvarianten sind in der Praxis auch weitere Ansätze geläufig, etwa Customizing mit ergänzender Programmierung von Sonderfunktionen.[135]

bb) Open-Source-Software. Auch im Rahmen von Apps spielt der Einsatz von **OSS** 92 eine erhebliche Rolle und es stellen sich die damit verbundenen Fragen (→ Rn. 65 ff.). Eine besondere Akzentuierung ergibt sich allerdings im Hinblick auf die Beurteilung, inwieweit der Anbieter oder der Nutzer für die Einhaltung der OSS-Bedingungen verantwortlich ist. Maßgeblich hierfür ist, dass beim Einsatz von Apps der Programmcode nicht zwingend auf der Plattform, sondern etwa bestimmte Skripte auch auf den Systemen des Nutzers ausgeführt werden können.

b) Deployment und Aktualisierung

Der Betrieb einer App auf der Plattform erfordert deren Installation und Konfiguration. 93 Beides wird als **Deployment** (Softwareverteilung) bezeichnet. Das Deployment umfasst in einem weiten Verständnis neben der Installation der Software auch deren Aktualisierung und ggf. auch das Entfernen der Software von der Plattform. Der Betrieb von komplexen IoT-Plattformen, zumal solchen, die (auch) als Ökosysteme für Third Party Apps fungieren, stellt hohe technische und operative Anforderungen an das Deployment. Es werden verschiedene Formen des Deployments unterschieden:

- *Manuell:* Möglich, wegen der damit verbundenen Nachteile jedoch in der Praxis eher unüblich ist ein vollständig **manuelles Deployment.** Hierbei muss die Applikation manuell auf den zuvor aufgesetzten Server transportiert und dort ausgeführt werden, wobei diverse Anpassungen an das jeweilige Betriebssystem auf dem Server erforderlich sein können. Gerade das Aufsetzen eines Servers kann mit erheblichem Arbeitsaufwand verbunden sein. Das manuelle Deployment wird häufig mithilfe einer umfangreichen Dokumentation oder eines Handbuchs ausgeführt, da zahlreiche Einzelschritte erforderlich sind.
- *Skripte:* Daneben ist ein Deployment durch **Skripte,** also dedizierte Softwareprogramme möglich, die Arbeitsanweisungen für die einzelnen Unterschritte des Deployments beinhalten. Diese Skripte können manuell oder durch andere Skripte aufgerufen werden.[136] So können einige der Arbeitsschritte, die beim manuellen Deployment anfallen, eingespart werden.
- *Virtuelle Maschine:* Darüber hinaus kann für den Deployment-Prozess eine **virtuelle Maschine** genutzt werden. Eine virtuelle Maschine ist ein virtuelles Computersystem, bei dem die Hardware nachgebildet wird, auf der wiederum verschiedene Betriebssysteme laufen können. In diesem Fall sind keine Skripte zur Ausführung notwendig, da die Einstellungen der virtuellen Maschine über Tools justiert werden können. Die Software befindet sich hier in der virtuellen Maschine, in der auch das Betriebssystem simuliert wird.[137] Die virtuelle Maschine wird auf den Server transportiert und dort ausgeführt.
- *Container:* Am geläufigsten ist wohl das **Container-Deployment.** Hierbei werden sog. Container, also standardisierte Softwareeinheiten erstellt, die die konkrete Anwendung enthalten, um diese auf dem Server auszuführen (→ Rn. 106 ff.). Hier kann jeder Container im Prinzip als einzelne, voll funktionsfähige virtuelle Maschine betrachtet werden. In jedem Container wird ein Betriebssystem simuliert, auf dem mehrere Anwendungen laufen können. Es kann aber anders als bei der virtuellen Maschine nur ein Betriebssystem simuliert werden. Trotz der vielfältigen Einsatzmöglichkeiten eines Containers benötigt er weniger Speicherplatz als eine virtuelle Maschine.[138]

---

[135] Vgl. *Sarre* in Auer-Reinsdorff/Conrad IT-R-HdB § 1 Rn. 56.
[136] *Link* S. 23.
[137] *Link* S. 24.
[138] www.docker.com/resources/what-container (11. 12. 2019).

94 **aa) Herausforderungen beim Deployment.** Beim Deployment stellen sich unabhängig von der auf der Plattform zu betreibenden Anwendung typische Herausforderungen, denen durch die Auswahl der geeigneten **Deployment-Strategie** begegnet werden kann. Diese typischen Problemfelder betreffen insbesondere Kompatibilität, Einfachheit und Sicherheit des Deployment-Vorgangs.

95 **(1) Kompatibilität.** Zentrales Ziel des Deployment ist es, dass die auf einem lokalen Gerät entwickelte Anwendung auch auf dem Server fehlerfrei abläuft. Probleme können insofern auftreten, wenn die Software nur an die lokale Entwicklungsebene angepasst war, auf dem Server hingegen nicht funktionsfähig ist. Zur Gewährleistung der **Kompatibilität** eignet sich besonders das Container-Deployment, da im Container die Rechnerarchitektur eines real existierenden oder hypothetischen Rechners nachgebildet wird und der Container so auf jeder Umgebung funktionsfähig ist. Dafür wird häufig die als Open-Source-Software verfügbare Container-Lösung Docker Engine eingesetzt.

96 Um die Kompatibilität einer Anwendung mit der Plattform zu gewährleisten, stehen ferner bestimmte Deployment-Strategien zur Verfügung, die nicht nur beim Container-Deployment anwendbar sind. Allerdings ergeben sich gerade bei einer **kombinierten Anwendung** weitere Vorteile. Erwähnenswert sind dabei **Blue/Green-Deployment** und Canary-Deployment. Darüber hinaus gibt es den veralteten Ansatz vom „Big Bang"-Deployment, auf den hier wegen der mangelnden praktischen Relevanz nicht näher eingegangen werden soll.

97 Beim sog. Blue/Green-Deployment werden Anwendungen auf zwei separaten, aber ansonsten inhaltsgleichen Systemen entwickelt. Wird im Rahmen der **kontinuierlichen Auslieferung** (→ Rn. 107) ein Update bereitgestellt, erfolgt die Implementierung zunächst nur auf einem der beiden Systeme. Da immer nur eine Umgebung im System aktiv genutzt wird, kann die andere als Test-Umgebung eingesetzt werden. Ein Wechsel auf die aktive Umgebung erfolgt erst dann, wenn sichergestellt ist, dass die Anwendung fehlerfrei läuft. Falls es doch zu Anwendungsfehlern kommt, ist zudem jederzeit ein Wechsel auf die vorherige Version möglich, die noch in der Test-Umgebung zur Verfügung steht.

98 Die Funktionsweise des Canary-Deployment ähnelt der des Blue/Green-Deployment. Dieser Ansatz ist jedoch noch **risikoärmer,** da der Wechsel zwischen den verschiedenen Systemen nicht in einem einzigen Schritt erfolgt. Die Software wird vielmehr nach und nach auf den Servern implementiert (sog. Rolling-Deployment), wenn zuvor keine Fehler aufgetreten sind.

99 **(2) Einfachheit.** Eine weitere Herausforderung für ein erfolgreiches Deployment ist die Schaffung eines einfach handhabbaren **Gesamtprozesses,** mittels dessen die Fehleranfälligkeit des manuellen Deployment-Verfahrens reduziert werden kann. So kann die Überführung einer Anwendung von der Entwicklungs- in die davon verschiedene Produktivumgebung Probleme bei der Softwareausführung mit sich bringen. Zudem kann der Deployment-Prozess auch aus mehreren Einzelschritten bestehen, die zwingend in einer besonderen Reihenfolge vorgenommen werden müssen. Je mehr der Einzelschritte des Deployments automatisiert ablaufen, desto weniger aufwändig und mithin fehleranfällig ist dieses. Mittel zur Automatisierung sind beispielsweise kontinuierliche Integration und kontinuierliche Auslieferung (→ Rn. 107 ff.).

100 Zudem besteht auch der Bedarf, eine Anwendung vor dem Deployment auf der Plattform durch andere Entwickler **testen** zu lassen. Ist dafür erst eine langwierige Installation notwendig, erschwert dies den Arbeitsalltag erheblich. Hierfür ist der Einsatz einer virtuellen Maschine nur bedingt geeignet, denn diese beinhaltet ein Gastbetriebssystem, das häufig mehrere Gigabytes an Speicherplatz in Anspruch nimmt. Dies kann die Festplattenkapazitäten eines Entwicklungsrechners überstrapazieren. Auch dafür bietet das Container-Deployment Lösungen. So beinhaltet oder erfordert der Docker-Container kein eigenes Betriebssystem, was die Größe der Anwendung erheblich reduziert und das Starten und

Beenden des Containers beschleunigt. Ferner lassen sich mit geeigneten Containerlösungen komplexe Anwendungen schnell erstellen und veröffentlichen.[139]

Das Container-Deployment dient der **Vereinfachung** weiterhin dadurch, dass kein eigener Server aufgesetzt werden muss. Das Aufsetzen eines Servers ist uU mit erheblichem zeitlichen Aufwand verbunden. 101

(3) Sicherheit. IoT-Plattformen stellen hohe Anforderungen an die **IT-Sicherheit.** Diese betreffen insbesondere auch das Deployment von Anwendungen auf der Plattform, gerade dann, wenn diese die Integration von Third Party-Apps ermöglicht. Hierzu sind Sicherheitstools- und -techniken anzuwenden. Besondere Synergieeffekte können entstehen, wenn Sicherheitstests bereits in die kontinuierliche Integration und kontinuierliche Auslieferung integriert werden. 102

Sicherheitsrisiken beim Internet der Dinge ergeben sich insbesondere daraus, dass auf die Plattform regelmäßig sensible Daten übermittelt werden, deren Geheimhaltung von hoher Bedeutung ist. Dabei muss sichergestellt werden, dass nur tatsächlich berechtigte Personen über Anwendungen auf der Plattform Zugriff auf diese Daten erhalten. Weiterhin ist zu vermeiden, dass Anwendungen potentiell schädliche Software enthalten, die auf andere auf dem Server liegende Daten zugreifen oder die Plattform anderweitig kompromittieren könnte. Zur Vermeidung dieser Szenarien werden verschiedene Strategien eingesetzt. Eine Möglichkeit ist das vorherige Testen der Software vor deren Deployment auf den Server (sog. Quality Gate). Dies kann entweder automatisiert mithilfe entsprechender Software erfolgen oder es kann ein sog. Review Team eingesetzt werden, welches Anwendungen vorab kontrolliert. Letzteres ist allerdings mit hohem zusätzlichen Arbeits- und Personalaufwand verbunden. Daher kommt dies aus Praktikabilitätsgründen nur bei offensichtlich kritischer Software in Betracht und kann in der Regel nicht generell vor Deployment auf sämtliche Anwendungen erstreckt werden. 103

Die Anforderungen an ein vorheriges Testing sind vor allem dann hoch, wenn nicht auf Container-Deployment gesetzt wird. Dieses bietet eine technische **Sicherheitsschranke** dadurch, dass Container als geschlossene Einheit von einem direkten Plattform-Zugriff abgekoppelt sind. Zudem kann der Plattformbetreiber eigenständig entscheiden, welche Zugriffsrechte er für den Container einräumt. Erhält dieser keine sog. Administratorenrechte, ist über den Container üblicherweise kein Zugriff auf andere Plattforminhalte möglich. Insbesondere kann (ohne eine spezifische Berechtigung) nicht auf diejenigen Inhalte zugreifen, die sich in anderen Containern befinden.[140] 104

(4) Verantwortlichkeit für das Deployment. Üblicherweise erfolgt der Betrieb von Anwendungen auf einer IoT-Plattform und damit auch deren Deployment durch den **Betreiber** der Plattform. Der Plattformanbieter kann sich aber auch dazu entschließen, seine Plattform für Third Party-Apps zu öffnen. Dabei kann den Drittanbietern der Zugang in unterschiedlich weitem Umfang eingeräumt werden. Beispielsweise kann der Drittanbieter selbst berechtigt sein, seine Anwendungen zu implementieren. Dies stellt allerdings besondere Anforderungen an Sicherheitsmaßnahmen für die Plattform. In diesem Fall ist die Plattform strikt gegen unberechtigte Zugriffe durch und Schadsoftware als Teil der Third Party-Apps abzuschirmen, insbesondere durch den Einsatz von Container-Lösungen. 105

bb) Deployment-Prozesse. Wesentliche Aspekte des **Deployment-Prozesses** ist neben der eigentlichen Implementierung der Anwendung auf der Plattform deren Testing und Aktualisierung. 106

---

[139] *Link* S. 24.

[140] docs.docker.com/engine/security/ (20. 11. 2019).

107 **(1) Bau des Containers und dessen Verteilung.** Wegen der hohen Praxisrelevanz soll das Container-Deployment näher erläutert werden. Hierbei wird nicht eine statische Entwicklungsumgebung auf der Plattform eingesetzt, sondern mittels einer Software, die sich zwischen Plattform und Anwendung befindet, **virtuell** ein Server repliziert. Der einzelne Container muss kein vollständiges Betriebssystem enthalten, sondern benötigt nur die für die Ausführung relevanten Daten. Als Standardsoftware für das Container-Deployment hat sich die Open Source-Lösung Docker etabliert.[141]

108 Im Wesentlichen kann bei der Nutzung von Docker zwischen zwei **Schritten** unterschieden werden. Zunächst muss ein Container auf einem lokalen Rechner ‚gebaut' werden, bevor er in Schritt zwei auf den Server transportiert und dort ausgeführt werden kann.[142] Ein Container ist eine standardisierte Softwareeinheit. Jeder einzelne Container enthält sämtliche Software, die für die Ausführung der Anwendung auf der Plattform notwendig ist (beispielsweise Quellcode, Tools, Einstellungen und System Libraries). Es handelt sich um eigenständige Software-Pakete, die mit hoher Verlässlichkeit auf eine fremde Umgebung transportiert und dort ausgeführt werden können. Die Container sind nicht von einem Server oder einer bestimmten Umgebung abhängig und es können auch mehrere Container auf einem Server laufen, ohne sich gegenseitig bei der Ausführung zu behindern.

109 **(2) Testing.** Um die Funktionsfähigkeit, Kompatibilität und Sicherheit des Betriebs einer Anwendung auf der Plattform sicherzustellen, sind vor jedem erstmaligen Deployment wie auch vor Updates Tests der Anwendung **(Quality Gate)** durchzuführen (→ Rn. 103). Hierbei werden zunehmend die Prinzipien der kontinuierlichen Auslieferung (Continuous Delivery) angewandt. Darunter wird eine Sammlung von Techniken, Prozessen und Tools verstanden, die das Deployment verbessern. Im Hintergrund werden kontinuierliche Überprüfungen jedes Entwicklungsstands der Anwendung einschließlich aller Änderungen und Erweiterungen sowie automatisierte Tests für eine jederzeit lauffähige Software durchgeführt. Durch die sofortige Überprüfung der Änderungen entsteht eine Kette der Qualitätssicherung, die schnellstmöglich Fehler aufzeigen kann. Wegen der Kleinteiligkeit der Prüfungsschritte lassen sich Fehler genau identifizieren. Anders als bei klassischen Entwicklungssystemen kann der Nutzer auch beinahe jederzeit Softwareupdates anfordern. Diese Vorgehensweise beschleunigt Prozesse, da nicht erst separate Tests der Überarbeitungen notwendig sind, und bietet daher monetäre Anreize.

110 **(3) Aktualisierung.** Nach der Bereitstellung werden Anwendungen durch **Updates** aktualisiert. Hierdurch können etwa Anwendungsfunktionen verbessert oder nachträglich aufgetretene Fehler korrigiert werden.[143] Sicherheitsprobleme können ebenfalls Updates erforderlich machen. Die Bereitstellung von Daten und das Einspielen von Updates lässt sich schneller und zuverlässiger realisieren, wenn möglichst viele Prozesse automatisiert werden. Daher sind automatisierte Prozesse zur Implementierung von Updates manuellen in der Regel vorzuziehen. Dabei sind die Begriffe kontinuierliche Integration (Continuous Integration) und ebenfalls kontinuierliche Auslieferung zu nennen.

111 **Kontinuierliche Integration** beschreibt eine Software-Entwicklungstechnik, bei der Entwickler ihre Arbeit in regelmäßigen Abständen in einem zentralen Repository zusammenfügen. Das Repository ist das Verzeichnis, in dem die Software liegt. Ein bekanntes Repository ist beispielsweise GitHub. Die Software wird zunächst lokal geschrieben und dann manuell ins Repository geschoben. Diese Integration sollte mindestens auf einer täglichen Basis erfolgen. Nach jeder Integration läuft ein automatischer Test ab, der Fehler so schnell wie möglich erkennt. Der Umfang der zu testenden Software wird dabei vom Ent-

[141] www.docker.com/resources/what-container (20.11.2019).
[142] www.docker.com/resources/what-container (25.10.2019).
[143] *Pruß/Sarre* in Auer-Reinsdorff/Conrad IT-R-HdB Technisches Glossar: Update.

wickler selbst festgelegt. Hierdurch kann Aufwand vermieden werden, der durch vollumfängliche Tests der gesamten Software auch nach nur geringen Aktualisierungen entstehen würde. Durch das Testen der aktualisierten Software lassen sich Integrationsfehler reduzieren und schnell eine geschlossene Software entwickeln. Gerade bei großen Softwareprojekten lassen sich so lange Integrationsprozesse mit ungewisser Dauer vermeiden.

Eine **Aktualisierung** kann auch erforderlich sein, wenn sich die Bedingungen auf der Plattform verändern, etwa APIs geändert oder neu implementiert werden. Davon unberührt bleiben jedoch regelmäßig Container, da diese unabhängig von den jeweiligen Plattformbedingungen agieren. Eine Anpassung wäre lediglich bei einem manuellen oder durch Skripte unterstützen Deployment erforderlich. Diese Unabhängigkeit von Änderungen der Plattform ist ein weiterer Grund, warum verstärkt Container-Deployment eingesetzt wird. 112

c) KI und Algorithmen

Zunehmend werden auch im IoT-Umfeld Anwendungen eingesetzt, die auf Methoden der künstlichen Intelligenz basieren. Dabei handelt es sich um voll funktionsfähige Anwendungen, die **Machine Learning** einsetzen. Die technischen Grundlagen der KI werden in → § 11 erläutert (→ § 11 Rn. 12 ff.). 113

4. User-Interfaces

Der Zugang zu und die Bedienung von IoT-Plattformen erfolgt über Benutzerschnittstellen, sog. **User Interfaces.** Begrifflich sind diese abzugrenzen. Zum einen werden Hardware-Interfaces eingesetzt, um Geräte miteinander zu verbinden. Weiterhin dienen sog. Application Programming Interfaces dem Austausch von Daten zwischen verschiedenen Software-Komponenten (→ Rn. 25). Hier soll es ausschließlich um User Interfaces gehen. Sie ermöglichen es dem Nutzer, mit einem Gerät oder einer Software zu kommunizieren. Ihre Qualität hat wesentliche Bedeutung für die User Experience. Dabei werden vor allem graphische Benutzeroberflächen und textbasierte User Interfaces eingesetzt. Graphische Benutzeroberflächen enthalten neben Text auch graphische Bedienelemente wie Icons. Mit dem Klicken auf ein Icon oder einen Text wird ein bestimmter Teil des Programms ausgeführt, der für die durch den Benutzer ausgewählte Aktion zuständig ist.[144] 114

User Interfaces erleichtern dem Nutzer die Verwendung und den **Zugriff** auf die IoT-Plattform und die hierauf von ihm verwendeten Anwendungen. So kann der Nutzer Einstellungen ändern und seinen Account verwalten, etwa Devices hinzufügen und entfernen, Admin- und User-Rollen zuweisen und diesen Berechtigungen erteilen oder entziehen (→ Rn. 55 ff.). Über User Interfaces können ferner Benutzerdaten eingegeben und diese der Programmlogik zur Verfügung gestellt werden.[145] Ein besonders nutzerfreundliches User Interface zeichnet sich dadurch aus, dass der Nutzer durch minimale Eingaben das gewünschte Resultat erzielt und die Schnittstelle leicht und bestenfalls intuitiv zu bedienen ist. 115

User Interfaces basieren letztlich auf Programmcode, wobei verschiedene Arten der Bereitstellung unterschieden werden. Geläufig sind einerseits **Mobile Apps,** die etwa auf Smartphones und Tablets installiert werden können (und die begrifflich von Apps im Sinne von gegenüber Nutzern im Rahmen von SaaS-Angeboten zur Verfügung gestellten Anwendungen abzugrenzen sind (→ Rn. 88 ff.)). Andererseits werden User Interfaces in Form von Clients bereitgestellt. Diese können einerseits auf der Plattform betrieben und lediglich der Zugriff über einer Browser ermöglicht (sog. Web Clients) oder aber zur lokalen Installation angeboten werden. 116

---

[144] pythonbuch.com/gui.html (27.11.2019).
[145] *Wiebe* GRUR-Int. 1990, 21 (22).

a) Mobile Apps

117 Als Mobile Apps werden Anwendungen für **mobile Endgeräte** bezeichnet. Hierbei wird zwischen sog. Native Apps und Web Apps unterschieden.[146] Native Apps werden für ein bestimmtes Betriebssystem entwickelt und sind auf dessen Funktionen und Fähigkeiten optimal abgestimmt. Der Zugriff auf Native Apps erfolgt über einen in das Betriebssystem des mobilen Endgeräts integrierten App Store. Eine fertig entwickelte Native App ist daher erst dann verfügbar, wenn sie in den jeweiligen App Store eingestellt ist.[147] Dies erfolgt in der Regel nach Prüfung der App durch den App-Store-Betreiber. Native Apps sind plattformabhängig, das heißt sie müssen den jeweiligen technischen Rahmenbedingungen des App Stores entsprechen.[148] Daher ist es nicht möglich, etwa eine Android-App auf einem iPhone zu installieren.[149]

118 Eine **Mobile App** muss anderen Anforderungen genügen als beispielsweise ein Web Client. So muss eine Mobile App trotz eines in der Regel kleineren Bildschirms auf dem Device problemlos für den Nutzer ausführbar sein. Dadurch müssen die Symbole kleiner abgebildet werden und nicht immer wird eine Textbeschreibung beim jeweiligen Button aus Platzgründen möglich sein. Dennoch muss die Anwendung für den Nutzer verständlich und leicht nutzbar bleiben.

119 **Web Apps** werden hingegen mit Webtechnologien realisiert, weshalb sie unabhängig vom benutzten Betriebssystem sind und nicht über App Stores bereitgestellt werden.[150] Im Kontext von mobilen Endgeräten zählen auch sie zu den Mobile Apps. Da sie sich in ihrer Funktionsweise jedoch nicht von sonstigen Web Interfaces unterscheiden, werden sie im folgenden Abschnitt zu Web Clients erläutert.

b) Web Clients

120 **Web Clients,** auch Web Apps genannt, werden auf Basis von Webtechnologien wie HTML5 entwickelt.[151] Client-seitige Programme werden überwiegend über den Webbrowser von einem Webserver abgerufen und müssen nicht auf dem Endgerät installiert werden.[152] Die grafische Aufbereitung von Websites erfolgt dann auf der Client-Seite im Webbrowser, die Ausführung der Anwendung hingegen auf dem Server (sog. Thin-Client).[153]

121 Allerdings erfordern manche SaaS-Angebote zur Nutzung des Dienstes auch spezielle Clients, die auf dem Endgerät installiert werden müssen. Die Rechenleistung wird in diesem Falle weiterhin im Server des Anbieters erbracht, jedoch wird die Anwendung direkt auf dem Client ausgeführt (sog. **Fat-Client**).[154] Dies kann beispielsweise erforderlich sein, um lange Ladezeiten zu vermeiden.[155]

c) Einsatz von Open-Source-Software

122 Im Rahmen von User Interfaces kann auch auf **OSS** zurückgegriffen werden (→ Rn. 65 ff., 92). Für die Frage, ob der Anbieter oder der Nutzer für die Einhaltung der OSS-Bedingungen verantwortlich ist, kommt es wesentlich darauf an, ob die entsprechende Software auf der Plattform oder aber auf einem Device des Nutzers ausgeführt wird.

[146] *Pruß/Sarre* in Auer-Reinsdorff/Conrad IT-R-HdB Technisches Glossar: App.
[147] Vgl. *Baumgartner/Ewald* Apps Rn. 91.
[148] *Baumgartner/Ewald* Apps Rn. 91.
[149] *Abts/Mülder* S. 504 f.
[150] *Abts/Mülder* S. 505.
[151] *Pruß/Sarre* in Auer-Reinsdorff/Conrad IT-R-HdB Technisches Glossar: App.
[152] *Abts/Mülder* S. 128, 505.
[153] *Abts/Mülder* S. 123.
[154] Vgl. *Schorer* in Hilber Cloud Computing HdB Teil 1 C Rn. 34.
[155] *Küchler* in Bräutigam IT-Outsourcing und Cloud Computing S. 210.

Insofern ist zu unterscheiden. Während das sog. Backend stets auf der Plattform betrieben wird, befinden sich die Skripte zur Ausführung der OSS als Teil von Mobile Apps sowie Clients auf dem lokalen Device des Nutzers.

§ 5 Ökosysteme

Übersicht

Literatur:

Auer-Reinsdorff/Conrad (Hrsg.), Handbuch IT- und Datenschutzrecht, 3. Aufl., München 2019; *Borges/Meents* (Hrsg.), Rechtshandbuch Cloud Computing, München 2016; *Bräutigam/Rücker* (Hrsg.), Rechtshandbuch E-Commerce, München 2017; *Degmair,* Apps – Die schwierige Suche nach dem Vertragspartner, K&R 2013, 213; *Hoeren,* Datenbesitz statt Dateneigentum, MMR 2019, 5; *Höppner/Schulz,* Die EU-Verordnung („PZB-Verordnung") für Fairness und Transparenz von Online-Vermittlungsdiensten 2019/1150, ZIP 2019, 2329; *Karbaum/Schulz,* Einstweilige Maßnahmen der Kartellbehörden – wirksamer Wettbewerbsschutz im Zeitalter digitaler Ökosysteme, NZKart 2019, 407; *Langer/Appt,* Unternehmen „App" – Datenschutz- und Vertragsrechtliche Herausforderungen rund um die App-Entwicklung und den App-Vertrieb aus der Inhouse Perspektive, DSRITB 2013, 69; *Martini/Botta,* Iron Man am Arbeitsplatz? – Exoskelette zwischen Effizienzstreben, Daten- und Gesundheitsschutz, NZA 2018, 625; *Nolte/Hecht,* Plattformverträge, ITRB 2006, 188; *Pieper/Schneider,* Die Besonderheiten bei Entwicklungsverträgen für „smarte" Systeme, DSRITB 2015, 805; *Sassenberg/Faber* (Hrsg.), Rechtshandbuch Industrie 4.0 und Internet of Things, 2. Aufl., München 2020; *Söbbing,* Plattform as a Service, ITRB 2016, 140; *Solmecke/Taeger/Feldmann* (Hrsg.), Mobile Apps, Berlin/Boston 2013; *Taeger/Pohle* (Hrsg.), Kilian/Heussen, Computerrechts-Handbuch, 35. Erg.-Lfg., München 2020; *Vocke/Kunkel/Hilbert,* Industrie 4.0 aus rechtlicher Sicht, WPg 2018, 1039.

I. Der Begriff „Ökosystem"

1 Der wirtschaftlich sinnvolle Einsatz sog. „smarter" Endgeräte setzt ein mehrschichtiges Zusammenwirken verschiedener physischer bzw. softwareseitiger Ebenen voraus. Dabei besteht eine vollständige „IoT-Umgebung" (zu den Begrifflichkeiten bereits → § 2) für die Nutzer „smarter" Endgeräte in aller Regel aus
- grundlegender technischer Infrastruktur (dazu → § 3),
- den technischen Lösungen für die Anbindung der jeweiligen Endgeräte (Stichwort: Konnektivität, dazu → § 3),
- und schlussendlich (proprietären) Leistungen, gestützt auf **Softwareanwendungen** (**Softwareapplikationen** bzw. **„Apps"**).

2 Letztere werden – schon den hardwareseitig engen Grenzen diverser Endgeräte geschuldet – oft als sog. „as a Service-Lösung" zur Verfügung gestellt (dazu grundlegend → § 7 Rn. 430 ff.).[1] Ein derartiges Wirkungsgefüge verschiedener Leistungsebenen und der beteiligten Akteure lässt sich auch als Ökosystem bezeichnen.[2]

II. Bedeutung und Ausblick

3 In der digitalen Ökonomie haben sich längst wirtschaftlich bedeutsame Ökosysteme etabliert. Dabei ist das Ökosystem aber stets mehr als nur die Summe der einzelnen beschriebenen Teilleistungen oder Akteure. Es werden vielmehr einzelne physische wie digitale

---

[1] S. auch *Vöcke/Kunkel/Hilbert* WPg 2018, 1039 (1043) und zum „as a Service"-Begriff *Schmidt/Pruß* in Auer-Reinsdorff/Conrad IT-R-HdB § 3 Rn. 327.

[2] Zum Begriff auch *Bräutigam* in Bräutigam/Rücker E-Commerce-HdB 1. Teil D Rn. 2.

Teilprodukte, also Software und physische Infrastruktur bzw. Endgeräte zahlreicher wirtschaftlich und rechtlich eigenständiger Akteure derart miteinander verknüpft, dass aus Sicht eines Nutzers im Idealfall ein einheitlich erscheinendes Endprodukt entsteht.[3]

Exemplarisch können hier nur die von Google oder Apple aufgebauten Ökosysteme rund um „Android“ bzw. „iOS/PadOS/WatchOS“ etc genannt werden, welche jeweils aus Nutzersicht längst untrennbar mit dem jeweiligen Endgerät verbunden sind und oft das zentrale Kaufargument für die einzelnen Endgeräte darstellen. Umgekehrt kann der Ausschluss aus einem Ökosystem das kommerzielle Ende eines Endgeräts bedeuten (es sei hier nur auf den Hersteller Huawei und seinen durch US-Recht bedingten Ausschluss von Googles Android-Diensten und damit den wesentlichen Schaltstellen im Ökosystem „Android“ verwiesen).[4] Mit anderen Worten: Erst die Anbindung an ein Ökosystem macht die mit entsprechender Hardware – etwa um Software direkt verwenden zu können, im Bereich des industriellen IoT primär Sensorik zur Erfassung von Daten – versehenen Endgeräte auch wirklich „smart“.[5] 4

Dabei ist die Welt der Smartphones nur ein anschauliches Beispiel aus dem Massenmarkt für das Potential digitaler Ökosysteme. Technisch betrachtet sind Smartphones nur eine Art von Endgerät. Daneben stehen zahlreiche weitere smarte Produkte (zB Armbanduhren, Kühlschränke, Industrieanlagen, Fahrzeuge etc), die in der Lage sind, sich mit weiteren Systemen zu vernetzen.[6] Teilweise werden die Produkte selbst vom Anbieter der für das Ökosystem zentralen Plattform[7] hergestellt (als prägendes Beispiel Apple mit seinem aufeinander abgestimmten Produktportfolio); der Hersteller kann aber auch eine unabhängige Partei sein.[8] **Plattform bzw. „zentrale Plattform“ in diesem Sinne meint die für das Zusammenwirken der beteiligten Akteure wesentliche technische Infrastruktur, in der Regel in Kombination mit dem wesentlichen (oder einzigen) Vertriebskanal von Software im Ökosystem.**[9] 5

(Digitale) Ökosysteme haben ganz allgemein das Potenzial, eine **zentrale Bedeutung** etwa in den Bereichen Smart Home, Smart City, Smart Factory oder der Telemedizin zu erlangen. In der „smarten“ Fabrik der Zukunft beispielsweise sollen/werden so alle Abläufe in der Produktion mithilfe komplexer Softwareanwendungen derart miteinander verbunden, dass verschiedenste Technologien (Software, Mechanik, Elektronik und Informatik) zu einer einzigen Infrastruktur auf einer Plattform verschmelzen und mithilfe von künstlicher Intelligenz autonom miteinander interagieren können.[10] Durch die Möglichkeit, Datenströme zwischen Maschinen zu erfassen und deren Auswertung durch Softwareanwendungen ergibt sich unter Umständen die Möglichkeit, selbst bestehende Maschinenbestände und deren Nutzung zu verbessern. 6

Im Bereich **Smart Home** sind ebenso unzählige Anwendungsmöglichkeiten denkbar. So können Haushaltsgeräte verschiedener Hersteller unter Zugriff auf einheitliche Schnittstellen miteinander kommunizieren, womit eine einheitliche Datenbasis für den Haushalt erzeugt wird; weiterhin können durch Zugriff auf **über die Plattform bezogene Anwendungen** Funktionalitäten in den Haushalt gebracht werden die so, ohne die Plattform, nicht möglich wären, zB automatisierte Bestellungen über von Lebensmittelhändlern dem Endkunden bereitgestellte Softwareanwendungen.[11] Weiterführend auch → § 2 Rn. 50ff. 7

---

[3] *Henseler-Unger* in Sassenberg/Faber Industrie 4.0 und Internet-HdB, 1. Aufl. 2017, Teil 1 Rn. 24; vgl. auch *Bräutigam* in Bräutigam/Rücker E-Commerce-HdB 1. Teil D Rn. 3.
[4] support.google.com/android/thread/29434011?hl=en (30.4.2020).
[5] Vgl. *Henseler-Unger* in Sassenberg/Faber Industrie 4.0 und Internet-HdB § 1 Rn. 11ff.
[6] *Pieper/Schneider* DSRITB 2015, 805 (807).
[7] Oder auch „Leitunternehmen“ nach *Bräutigam* in Bräutigam/Rücker E-Commerce-HdB 1. Teil D Rn. 3.
[8] *Pieper/Schneider* DSRITB 2015, 805 (809).
[9] Vgl. zum „Leitunternehmen“ auch *Bräutigam* in Bräutigam/Rücker E-Commerce-HdB 1. Teil D Rn. 3 und Rn. 21f.
[10] *Martini/Botta* NZA 2018, 625.
[11] Zum Thema „Platform as a Service“ *Schmidt/Pruß* in Auer-Reinsdorff/Conrad IT-R-HdB § 3 Rn. 330.

8 Neben diesen technischen-operativen Aspekten stellen Ökosysteme auch ein mit guten Wachstumsperspektiven verbundenes Geschäftsfeld dar. Allgemein soll die gesamtwirtschaftliche Bedeutung des Internets der Dinge beständig steigen, wobei den Plattformen letztendlich die kommerziell wie strategisch bedeutsamste Rolle zukommt.[12]

III. Vorteile aus Sicht der Endnutzer und Bedeutung von Apps

9 Aus Sicht der Nutzer IoT-fähiger und an ein Ökosystem angebundener Endgeräte ergeben sich gleich mehrere wesentliche Vorteile.

10 Auf einer **Produktionsebene** (Stichwort „Smart Factory“) kann durch automatisierte effiziente Arbeitsteilung und Koordination zwischen den Endgeräten selbst und softwarebasierte Datenanalyse andererseits das Produkt idealerweise kostengünstiger und effektiver hergestellt werden.[13] Unter Umständen kann dem Kunden sogar eine umfassende, individuell angepasste Leistung angeboten werden.[14] Hierbei lässt sich noch weiter differenzieren: Zum einen lassen sich in konsequenter Fortführung bekannter **Prozessoptimierung** aktuell bestehende Produktionsverfahren weiter optimieren, zum anderen können Daten generiert und analysiert werden, welche neue Einblicke in die Fabrikationsprozesse geben und sich auch losgelöst von ihrer Quelle für gänzlich neue Geschäftsmodelle und Leistungen nutzen lassen. Auf rechtlicher Ebene wird letztgenannte Option intensiv unter dem Stichwort „Datenhandel“ bzw. „Eigentum an Daten“ diskutiert“.[15]

11 Im industriellen Kontext, aber insbesondere im Bereich der an **Verbraucher** gerichteten IoT-Geräte, entsteht durch die Integration der Endgeräte in ein Ökosystem ein Mehrwert durch **neue Funktionalitäten und nahezu beliebige Erweiterbarkeit** durch **entsprechende Softwareanwendungen (Apps).** Hier kann als Beispiel der „BMW ConnectedDrive Store“ benannt werden, auf welchem **kostenpflichtige Service-Apps** (zB Anwendungen bezüglich der aktuellen Verkehrssituation, Informationen über die aktuelle Parksituation, Online-Fahrtenbücher etc) für BMW-Fahrzeuge angeboten werden.[16] BMW agiert mithin sowohl als **Hersteller eines Endgeräts** (des Fahrzeugs) als auch als Betreiber einer **Plattform zum Vertrieb von Apps.**[17] Mercedes hat einen anderen Weg gewählt und setzt auf eine App als Zugangsportal („Mercedes me“), innerhalb derer auch Verlinkungen zu von Mercedes ausgewählten Apps von Drittanbietern bereitgestellt werden.[18] Auch wenn bei Mercedes der erste Zugang zu der „me-Funktion“ über den herkömmlichen Apple- oder Android-Store erfolgt, behalten beide Unternehmen die volle Kontrolle über ihre App-Angebote.

IV. „App-Ökosysteme“ – Die verschiedenen Akteure

12 Mit besonderem Fokus auf dem Element **Softwareapplikationen (Apps)** als eine[19] tragende Säule eines IoT-Ökosystems (dazu bereits → Rn. 11) ergeben sich nun grundlegende Rollen für die typischerweise beteiligten Akteure. Da eine Vielzahl an Fallgestaltungen denkbar ist, soll im Folgenden zunächst exemplarisch und ohne Anspruch auf Vollständig-

---

[12] *Vöcke/Kunkel/Hilbert* WPg 2018, 1039 (1042).
[13] *Krcmar* in Borges/Meents Cloud Computing Teil 1 § 2 Rn. 35.
[14] *Krcmar* in Borges/Meents Cloud Computing Teil 1 § 2 Rn. 36.
[15] *Czychoswki/Siesmayer* in Kilian/Heussen ComputerR-HdB Kap. 20.5 Rn. 56 ff.; weiterführend zur Diskussion *Hoeren* MMR 2019, 5 (5 ff.).
[16] www.bmw-connecteddrive.de/app/index.html#/portal (23.2.2021).
[17] Ähnlich bspw. auch Salesforce, vgl. *Krcmar* in Borges/Meents Cloud Computing Teil 1 § 2 Rn. 50.
[18] www.mercedes-benz.com/de/mercedes-me/%20(9.%5e9.%5e2019);%20; www.autobild.de/artikel/mercedes-me-grosses-app-update-2019-14273981.html (23.2.2021).
[19] Die gerade für den Bereich der industriellen IoT tragende Säule der Datenanalyse (Stichwort „Predictive Maintenance“) basiert letztendlich auch auf dem Einsatz entsprechender Software.

keit[20] ein gerade im Bereich des „Consumer-IoT" typisches Szenario dargestellt werden.[21] Es lässt sich dabei in der Regel zwischen den folgenden Akteuren differenzieren:

1. Übersicht der beteiligten Akteure

Eine **Schlüsselrolle** übernimmt der **Plattformbetreiber,** welcher die **App-Plattform** 13 als zentralen bzw. in der Regel einzigen Vertriebskanal für Software im Ökosystem zur Verfügung stellt. Insoweit Anwendungen als „as a Service"-Leistungen erbracht werden – was mit Blick auf die limitierten Rechenkapazitäten von IoT-Endgeräten ein typisches Szenario ist – stellt der Plattformbetreiber oftmals auch die entsprechende für den Betrieb und die eigentliche Nutzung der Apps erforderliche technische **(Cloud-Plattform-)Infrastruktur** zur Verfügung.[22] Daneben steht der **App-Anbieter,** welcher Leistungen in Form von Apps bzw. auf Basis von Apps über vorgenannten Vertriebskanal anbietet und dabei ggf. die Cloud-Infrastruktur des Plattformbetreibers nutzt.

Gewissermaßen am Anfang der Leistungskette steht der **App-Entwickler.** Er ist oft 14 personell identisch mit dem App-Anbieter, insbesondere wenn die App das primäre unternehmerische Geschäftsfeld darstellt. Insbesondere bei kleinen und mittleren Unternehmen, bzw. Unternehmen ohne klassischen Fokus auf digitale Geschäftsfelder, handelt es sich oftmals aber auch um unabhängige und lediglich vertraglich mit dem App-Anbieter verbundene Dritte.[23]

Notwendig für das **Internet der Dinge** ist schließlich der **Hersteller der Endgeräte,** 15 auf bzw. in Kombination mit welchen die jeweiligen Apps überhaupt nur zum Einsatz kommen können.[24] Naturgemäß bedingen die technischen Spezifikationen der Endgeräte das im Ökosystem entstehende Softwareangebot. Hier im Fokus mit Schwerpunkt auf der Entwicklung und dem Vertrieb der Software stehen allerdings App-Anbieter und Plattformbetreiber.

Am Ende der Leistungskette steht der **Endkunde** als **Endnutzer bzw. App-Nutzer,** 16 welcher das jeweilige smarte Gerät und die spezifischen softwarebasierten Erweiterungen nutzt und darüber ggf. datengestützte Dienstleistungen (zB medizinische Analysen) empfängt.[25]

2. Branchenspezifische Ausgestaltungsoptionen

Die **vorstehende Einteilung** geht – noch neutral – von einem relativ offenen „IoT-Öko- 17 system" bzw. korrespondierenden „App-Ökosystem" aus, bei welchem die genannten Rollen von rechtlich bzw. wirtschaftlich unabhängigen Personen (Plattformbetreiber A, Endgerätehersteller B, App-Anbieter C etc) ausgeübt werden können.

Demgegenüber sind gerade im Industriekontext aber auch reduzierte, exklusivere An- 18 sätze nicht unüblich, zB das Angebot „intelligenter" vernetzter Maschinen und dem Angebot ergänzender Apps **ausschließlich** durch den Hersteller der Maschinen selbst. Denkbar ist hier auch, dass der um Kontrolle und Exklusivität bemühte Hersteller sein Angebot äußerst **selektiv** um spezialisierte Anwendungen von Drittanbietern ergänzt und diese – zur Wahrung des eigenen Kundenkontakts – im eigenen Namen vertreibt. Weiterhin setzt die Entwicklung von hochspezialisierter Software für ebenso spezialisierte Endgeräte (zB in

---

[20] BMWi, Grünbuch Digitale Plattformen, Mai 2016, S. 8 und 26.

[21] Diese Einteilung nach *Vöcke/Kunkel/Hilbert* WPg 2018, 1039 (1043) sowie *Zdanowiecki* in Bräutigam/Rücker E-Commerce-HdB 11. Teil A Rn. 16 ff.

[22] Vgl. *Krcmar* in Borges/Meents Cloud Computing Teil 1 § 2 Rn. 50 oder *Vöcke/Kunkel/Hilbert* WPg 2018, 1039 (1043); zum Thema „Platform as a Service" allgemein *Schmidt/Pruß* in Auer-Reinsdorff/Conrad IT-R-HdB § 3 Rn. 330.

[23] *Zdanowiecki* in Bräutigam/Rücker E-Commerce-HdB 11. Teil A Rn. 18.

[24] Solmecke/Taeger/Feldmann/*Denker/Hartl/Denker* Kap. 2 A Rn. 9.

[25] *Henseler-Unger* in Sassenberg/Faber Industrie 4.0 und Internet-HdB, 1. Aufl. 2017, Teil 1 Rn. 25; *Degmair* K&R 2013, 213.

der Medizintechnik) oftmals besondere Kenntnisse über Spezifika der herstellerabhängigen Betriebssoftware und die Verwendung von geschütztem Material des Herstellers voraus, sodass es für den Hersteller nahe liegt, selbst als Plattformbetreiber aufzutreten und über die entsprechenden Nutzungsbedingungen und Lizenzklauseln den erforderlichen Transfer von Know-How zu ermöglichen, aber auch abzusichern.

19 Letztendlich steht die **branchenspezifische Ausgestaltung** eines IoT- bzw. korrespondierenden App-Ökosystems in einem Spagat zwischen Offenheit und Kontrolle. Historisch war und ist der Aufstieg von beispielsweise Apple oder (mit Einschränkungen) auch Google durch eine streng kompetitive Ausrichtung im Verhältnis zu anderen Ökosystemen und durch fehlende Interoperabilität geprägt.[26] Ob dieser auf Kontrolle ausgerichtete Ansatz auch für spezialisierte Plattformen erfolgsversprechend sein wird, bleibt abzuwarten. Gerade klassische Industriebranchen stehen vor der Herausforderung, bei offenen Plattformen die Branchenkonkurrenz mit „ins Boot" zu holen und so ggf. technologische Vorteile zu nivellieren, anderseits aber bei dem Versuch, kleinteilig marken- oder unternehmensspezifische Plattformen zu etablieren, durch „Meta-Akteure" wie Google oder Amazon[27] ausgestochen zu werden.[28]

20 Mit Blick auf die dominierenden Akteure Google und Apple im Bereich von App-Plattformen besteht auch die Möglichkeit für ein Unternehmen – gewissermaßen als Minimalweg – eine eigene Plattform zum **reinen Vertrieb von Apps** an Endkunden auf Basis des Google Play-Store bzw. Apple App-Store „aufzusetzen".[29] Dabei handelt es sich allerdings nicht im eigentlichen Sinne um die Etablierung einer eigenen Plattform mit ggf. über den reinen Vertriebskanal hinausgehenden und im IoT-Umfeld in aller Regel notwendigen technischen Leistungen.[30] Im Ergebnis wird lediglich auf Basis des App-Stores bzw. Play-Stores ein für ausgewählte Dritte (Endkunden, Kooperationspartner etc) beschränkter Bereich eingerichtet, in welchem vom Unternehmen selektierte Apps angeboten werden.[31]

3. Das Verhältnis von App-Entwickler und App-Anbieter

21 Der **App-Anbieter** kann einerseits selbst Entwickler der jeweiligen App sein, er kann sich aber auch eines weiteren Dienstleisters bzw. Softwareentwicklers bedienen und dann lediglich das Ergebnis dieser vertraglich beauftragten Softwareentwicklung anbieten.[32] Für den letztgenannten Fall der **Auftragsentwicklung** hat sich wiederum ein eigenständiges weitläufiges Geschäftsfeld gebildet, welches aus Softwareagenturen, Designern und sonstigen Dienstleistern besteht.[33]

a) Entwicklung und Vertrieb aus einer Hand

22 Die eigenständige Entwicklung durch den App-Anbieter selbst hat den Vorteil, dass kein Know-How oder Geschäftsprozesse offen gelegt werden müssen und der Anbieter die volle Kontrolle über alle Daten und internen Prozesse behält.[34] Weiterhin tritt keine **Abhängigkeit von externen Dienstleistern** ein. Beide Faktoren werden regelmäßig dann besonders relevant werden, wenn die App das zentrale Geschäftsmodell des Anbieters selbst

---

[26] *Bräutigam* in Bräutigam/Rücker E-Commerce-HdB 1. Teil D Rn. 6ff.
[27] aws.amazon.com/de/iot/ (23.2.2021).
[28] Als Bsp. einer offenen deutschen Industrielösung im Bereich IoT auch mit eigenen Anwendungen etwa Axoom, www.i40-bw.de/de/100orte/axoom-gmbh/ (30.4.2020).
[29] *Zdanowiecki* in Bräutigam/Rücker E-Commerce-HdB 11. Teil E Rn. 4ff.
[30] Zu den Ebenen einer umfassenden Plattform etwa *Söbbing* ITRB 2016, 140.
[31] *Zdanowiecki* in Bräutigam/Rücker E-Commerce-HdB 11. Teil E. Rn. 4ff.
[32] *Zdanowiecki* in Bräutigam/Rücker E-Commerce-HdB 11. Teil E Rn. 4ff.
[33] *Degmair* K&R 2013, 213.
[34] *Langer/Appt* DSRITB 2013, 69 (71).

ist, er also primär als Softwareanbieter im IoT-Umfeld auftritt, wie zB ein Anbieter medizinischer Analysen im Bereich der Telemedizin.

Ebenso kommt den Faktoren **Unabhängigkeit und Know-how-Schutz** hohe Bedeutung zu, wenn der Anbieter deckungsgleich mit dem Plattformbetreiber und ggf. Hersteller der Endgeräte ist und sein zukünftiges Geschäftsmodell primär im Angebot eines Ökosystems selbst sieht. In diesem Fall kommt dem Angebot aus einer Hand also strategische Bedeutung zu. Als Beispiel können Pkw-Hersteller angeführt werden, welche digitale Dienste für ihre Fahrzeuge unabhängig von Google oder Apple anbieten wollen und langfristig ein eigenes marken- bzw. flottenspezifisches (App-)Ökosystem etablieren wollen.[35] 23

In beiden Konstellationen ist die **Alternative der Auftragsentwicklung** freilich nicht ausgeschlossen. Durch vertragliche Regelungen besteht sowohl die Möglichkeit umfangreichen Know-how-Schutzes als auch die Möglichkeit, durch lange Pflege- und Wartungsvereinbarungen und umfassende Dokumentation die strategische Abhängigkeit von Entwicklern zu verringern. Ob vertragliche Regelungen aus operativer Sicht als ausreichend erachtet werden, ist dabei eine Frage der fallbezogenen Risikoabschätzung. 24

b) Auftragsentwicklung

Für die Entwicklung durch Dritte ist der Abschluss eines **Softwareentwicklungsvertrages** erforderlich. Es bestehen hier im App- bzw. IoT-Kontext keine grundlegenden Unterschiede zur Auftragsentwicklung „klassischer" Software. 25

Der Bezug zu vernetzten Endgeräten ist allerdings im Rahmen der Leistungsbeschreibung von entscheidender Bedeutung. Es sind typischerweise, wie auch bei der eigenen Entwicklung, Vorgaben und **Richtlinien der Plattformanbieter** zu beachten. Um einen reibungslosen Austausch von Daten und eine Interoperabilität aller Leistungsebenen sicherzustellen und nicht zuletzt, um (rechtlichen) Anforderungen an beispielsweise Datenschutz und IT-Sicherheit nachzukommen, ist es unabdingbar, gewisse (Minimal-)Standards für Anwendungen im App-Ökosystem festzuschreiben. Ergänzend bestehen seitens des Plattformbetreibers oft eigene wirtschaftliche Interessen, bestimmte softwaregestützte Funktionalitäten nicht oder nur unter gewissen Voraussetzungen in das Ökosystem einzubinden. 26

Im Rahmen der App-Entwicklung sind derartige Vorgaben des Plattformbetreibers zu berücksichtigen und im Falle der Auftragsentwicklung vertraglich abzubilden. 27

4. Der (App-)Plattformbetreiber

a) Begriffsverständnis

Auf das Verständnis des Begriffs „Plattform" im Sinne dieses Beitrages wurde bereits hingewiesen. Es ist gewissermaßen Wesensmerkmal von (IoT-)Ökosystemen im Allgemeinen, dass einzelne Akteure die Rolle eines „Leitunternehmens" einnehmen und durch Vorgabe technischer Rahmenbedingungen und Anforderungen an Komponenten – namentlich insbesondere Apps – einerseits sowie **Vorhaltung eines zentralen Vertriebskanals** für Softwareanwendungen und (ggf.) Bereitstellung der technischen Infrastruktur[36] andererseits das Ökosystem steuern.[37] 28

Als **Exkurs** sei an dieser Stelle angemerkt, dass der Begriff „Plattform" als solcher bisher keine feste Definition erfahren hat.[38] Er wird hier im soeben genannten Sinne verwandt; übergreifend beschreibt er letztendlich jedes Forum für digitale Interaktion zwischen mehreren Parteien.[39] 29

---

[35] *Bräutigam* in Bräutigam/Rücker E-Commerce-HdB 1. Teil D Rn. 39.
[36] Zu „Platform as a Service" *Schmidt/Pruß* in Auer-Reinsdorff/Conrad IT-R-HdB § 3 Rn. 330.
[37] *Bräutigam* in Bräutigam/Rücker E-Commerce-HdB 1. Teil D Rn. 3.
[38] So schon – und noch immer zutreffend – *Nolte* ITRB 2006, 188 (189).
[39] BMWi, Grünbuch Digitale Plattformen, Mai 2016, S. 8 und 26.

b) Plattformbetreiber und App-Anbieter

30 Typisches Szenario aus dem Bereich des Consumer-IoT war und ist, dass ein wirtschaftlicher Akteur (zB Hardwarehersteller) zuerst eine Plattform bereitstellt, auf welcher sich das Ökosystem entwickeln soll, um so als unverzichtbarer Mittelsmann zwischen den **eigentlichen Anbietern gerätebezogener Software** und den Endkunden zu fungieren. Ziel dieses Vorgehens ist, so peu à peu den eigenen Markt zu erweitern, um dem Endkunden schlussendlich ein ganzheitliches, nach eigenen Bedingungen geschaffenes Produkt präsentieren zu können, welches breitgefächert alle möglichen Bedürfnisse aus allen möglichen Bereichen befriedigt.[40] In diesem Sinne ist der Plattformanbieter zunächst um möglichst breite Beteiligung unabhängiger Softwareentwickler bemüht (als Beispiel sei auf die aktuelle Offensive von Huawei verwiesen, ein eigenes App-Ökosystem für Smartphones zu etablieren),[41] perspektivisch besteht aber bei jeder erfolgreichen Plattform die Gefahr eines „Lock-In" für den App-Anbieter und eine Dominanz des Plattformbetreibers.

31 **Regelfall der großen App-Ökosysteme** ist weiterhin, dass der Plattformbetreiber selbst umfangreich als App-Anbieter auftritt und dabei in vielen Bereichen in Konkurrenz zu unabhängigen Drittanbietern tritt. Neben immanenten wettbewerbsrechtlichen Fragen (dazu → § 14) sind zumindest wesentliche Anforderungen an Transparenz und Fairness der vom Plattformbetreiber verwendeten Verträge gegenüber App-Anbietern durch die P2B-Verordnung festgelegt. Der effektive Nutzen für die betroffenen App-Anbieter ist allerdings umstritten.[42] Voraussetzung ist zudem, dass sich die Apps an Verbraucher richten.[43] Im Rahmen der rein industriellen, unternehmerisch ausgerichteten Plattformen besteht daher keine entsprechende gesetzliche Regulierung. Abzuwarten ist hier, ob im Falle der Etablierung von etwa branchenspezifisch dominierenden B2B-Plattformen eine dem B2C-Bereich entsprechende Abhängigkeit der App-Anbieter von Plattformen eintritt.

c) Verhältnis zu Cloud-Anbietern und sonstigen Dienstleistern

32 Im Verhältnis des Plattformbetreibers als Leitunternehmen zu den sonstigen für Vertrieb und anschließende Nutzung der konkreten Apps notwendigen Dienstleistern sind **verschiedene Ausgestaltungen denkbar.**

Soweit der Plattformbetreiber neben dem reinen **Vertriebskanal** auch die wesentliche technische **Infrastruktur** für den Betrieb der Apps (mit Ausnahme des Endgerätes) bereitstellt, kann seine Leistung alle Ebenen der technischen Infrastruktur – von der Systemumgebung, in welcher Apps cloud-basiert ablaufen, bis hinab zur Hardware – umfassen.[44] Im Regelfall wird gerade ein branchenspezifischer Plattformbetreiber (etwa ein klassisches Industrieunternehmen, welches im Rahmen seiner Digitalisierungsprozesse eine Plattform für Apps etablieren will) zumindest auf der Ebene Server/Hardware/Rechenleistung[45] auf große Dienstleister zurückgreifen, um eine notwendige Skalierungsfähigkeit sicherzustellen.

33 Auch wenn der Plattformbetreiber eine App lediglich über die Plattform vertreibt, die für den Betrieb der App wesentliche Infrastruktur aber gänzlich durch den App-Anbieter selbst oder Dritte zur Verfügung gestellt wird, hat der **Plattformbetreiber typischerweise Einfluss auf die Leistungen** dieser dritten Parteien, da Vorgaben an Inhalt und technische Ausgestaltung der Apps durch den Plattformbetreiber sowie vom Plattformanbieter

---

[40] *Karbaum/Schulz* NZKart 2019, 407.
[41] *Kerkman* Handelsblatt 14.1.2020, www.handelsblatt.com/technik/it-internet/smartphones-alternative-zu-android-huawei-umgarnt-die-app-entwickler/25339090.html?ticket=ST-2912-YPxEAGvynHHyyiIihw6I-ap5 (30.4.2020).
[42] Kritisch etwa *Höppner/Schulz* ZIP 2019, 2329 (2329 ff.).
[43] *Höppner/Schulz* ZIP 2019, 2329 (2332).
[44] Vgl. *Schmidt/Pruß* in Auer-Reinsdorff/Conrad IT-R-HdB § 3 Rn. 330 zur Einteilung.
[45] „Infrastructure as a Service", vgl. dazu *Schmidt/Pruß* in Auer-Reinsdorff/Conrad IT-R-HdB § 3 Rn. 331.

vorgegebene technische Rahmenbedingungen wie Bibliotheken, Programmiersprachen und Schnittstellen[46] auch hierauf mittelbar Einfluss nehmen.

Im Verhältnis zum Endgerätehersteller ergibt sich eine faktische Notwendigkeit der Ko- 34
operation. Soweit Apps direkt auf einem Endgerät installiert werden, zielt die Plattform notwendigerweise auf eine bestimme Systemumgebung ab und muss deren Eigenheiten in den Vorgaben an die einzelnen Apps berücksichtigen. Soweit – gerade im Bereich des industriellen Internet der Dinge – die App „as a Service" Cloud-basiert betrieben und zB auch nur im Webbrowser visualisiert wird, ist es notwendig, dass **Schnittstellen** zwischen Endgerät und App bzw. Endgerät, Plattform und darauf betriebener App vorhanden sind. Auch diese wird in aller Regel der Plattformbetreiber vorgeben.

[46] *Schmidt/Pruß* in Auer-Reinsdorff/Conrad IT-R-HdB § 3 Rn. 330 zu „Platform as a Service".

3. Teil. Besondere rechtliche Fragestellungen

§ 6 Daten

Übersicht

Literatur zu I.:

Adam, Daten als Rechtsobjekte, NJW 2020, 2063; *Alexander,* Gegenstand, Inhalt und Umfang des Schutzes von Geschäftsgeheimnissen nach der Richtlinie (EU) 2016/943, WRP 2017, 1034; *Amstutz,* Dateneigentum, AcP 218 (2018), 438; *Ann,* EU-Richtlinie zum Schutz vertraulichen Know-hows – Wann kommt das neue deutsche Recht, wie sieht es aus, was ist noch offen?, GRUR-Prax 2016, 465; *Ann,* Know-how – Stiefkind des geistigen Eigentums, GRUR 2007, 39; *Ann/Loschelder/Grosch,* Praxishandbuch Know-how-Schutz, Köln 2010; *Arens,* Gesetz zum Schutz von Geschäftsgeheimnissen (GeschGehG), neue Herausforderungen für den Geschäftsführer, GWR 2019, 375; *Bach,* Neue Richtlinien zum Verbrauchsgüterkauf und zu Verbraucherverträgen über digitale Inhalte, NJW 2019, 1705; *Bamberger/Roth/Hau/Posek* (Hrsg.), Beck'scher Onlinekommentar BGB, 56. Ed. Stand 1.11.2020, München 2020; *v. Baum/Appt/Schenk,* Die vernetzte Fabrik: Rechtliche Herausforderungen in der Industrie 4.0 (Teil 1), DB 2017, 1824; *Becker,* Lauterkeitsrechtlicher Leistungsschutz für Daten, GRUR 2017, 346; *Becker,* Rechte an Industrial Data und die DSM-Strategie, GRUR Newsletter 01/2016, 7; *Beyer/Beyer,* Verkauf von Kundendaten in der Insolvenz – Verstoß gegen datenschutzrechtliche Bestimmungen?, NZI 2016, 241; *Brammsen,* Wirtschaftsgeheimnisse als Verfassungseigentum, DÖV 2007, 10; *Bräutigam/Klindt,* Industrie 4.0, das Internet der Dinge und das Recht, NJW 2015, 1137; *Bullinger/Hermes,* Insolvenzfestigkeit von Lizenzen im zweiten Anlauf einer Insolvenzrechtsreform?, NZI 2012, 492; *Busse/Kreukenschrijver,* Patentgesetz, 8. Aufl., Berlin 2016; *Czychowski,* Keine Anwendung der Vertragsbeschränkungen der Datenbank-RL auf nicht geschützte Datensammlung – Ryanair/PR Aviation, GRUR 2015, 253; *Dann/Markgraf,* Das neue Gesetz zum Schutz von Geschäftsgeheimnissen, NJW 2019, 1774; *Denga,* Gemengelage des Datenrechts, NJW 2018, 1371; *Denninger,* Die Zweitanmelderproblematik im Arzneimittelrecht, GRUR 1984, 627; *Determann,* Gegen Eigentumsrechte an Daten, ZD 2018, 503; *De Wachter,* Intellectual Property in an Age of Big Data: an Exercise in Futility?, CRi 2014, 1; *Dorner,* Big Data und „Dateneigentum", CR 2014, 617; *Dorschel* (Hrsg.), Praxishandbuch Big Data: Wirtschaft – Recht – Technik, Wiesbaden 2015; *Dreier/Schulze,* Urheberrechtsgesetz, 6. Aufl., München 2018; *Drexl,* Neue Regeln für die europäische Datenwirtschaft?, NZKart 2017, 339; *Drexl,* Designing Competitive Markets for Industrial Data – Between Propertisation and Access, JIPITEC 8 (2017), 257; *Drexl/Hilty/Desaunettes/Greiner/Kim/Richter/Surblytė/Weidemann,* Ausschließlichkeits- und Zugangsrechte an Daten, GRUR Int. 2016, 914; *Ebnet,* Der Informationsvertrag, Baden-Baden 1995; *Ehlen/Brandt,* Die Schutzfähigkeit von Daten – Herausforderungen und Chancen für Big Data Anwender, CR 2016, 570; *Eichberger,* Rechte an Daten – Verfassungsrechtliches Eigentum an Daten, VersR 2019, 709; *Enders,* Know How Schutz als Teil des geistigen Eigentums, GRUR 2012, 25; *Ensthaler,* Industrie 4.0 und die Berechtigung an Daten, NJW 2016, 3473; *Faber/Griga/Groß,* Predictive Maintenance – Hürden und Chancen zur sinnvollen Nutzung von Maschinendaten, DS 2018, 299; *Faustmann,* Der deliktische Datenschutz, VuR 2006, 260; *Fehrenbacher,* Der Lizenzvertrag, JR 2001, 309; *Fezer,* Dateneigentum der Bürger, ZD 2017, 99; *Fezer,* Dateneigentum, MMR 2017, 3; *Foerste,* Die Produkthaftung für Druckwerke, NJW 1991, 1433; *Forkel,* Der Franchisevertrag als Lizenz am Immaterialgut Unternehmen, ZHR 153 (1989), 511; *Fries/Scheufen,* Märkte für Maschinendaten, Eine rechtliche und rechtsökonomische Standortbestimmung, MMR 2019, 721; *Fromm/Nordemann,* Urheberrecht, 12. Aufl., Stuttgart 2018; *Gaster,* Zur anstehenden Umsetzung der EG-Datenbankrichtlinie (I), CR 1997, 669; *Gaster,* Der Rechtsschutz von Datenbanken, Köln 1999; *Gitter,* Gebrauchsüberlassungsverträge, Heidelberg 1988; *Gölzer,* Big Data in Industrie 4.0 – eine strukturierte Aufarbeitung von Anforderungen, Anwendungsfällen und deren Umsetzung, Nürnberg 2017; *Greco,* Verwertung von Know-how, Frankfurt a. M. 2010; *Grützmacher,* Dateneigentum – Ein Flickenteppich, CR 2016, 485; *Gsell/Krüger/Lorenz/Reymann* (Hrsg.), BeckOGK Zivilrecht, 56. Ed. Stand: 1.11.2020, München 2020; *Habel,* Know-how in Computerprogrammen, CR 1991, 257; *Haberstumpf,* Verkauf immaterieller Güter, NJOZ 2015, 793; *Haberstumpf,* Der Schutz elektronischer Datenbanken nach dem Urheberrechtsgesetz, GRUR 2003, 14; *Hacke,* Immaterialgüterrechtlicher Schutz von KI-Trainingsdaten, GRUR 2020, 1025; *Haedicke,* Dingliche Wirkungen und Insolvenzfestigkeit von Patentlizenzen in der Lizenzkette, ZGE/IPJ 3 (2011), 377; *Härting,* „Dateneigentum" – Schutz durch Immaterialgüterrecht?, CR 2016, 646; *Hauck,* Geheimnisschutz im Zivilprozess – was bringt die neue EU-Richtlinie für das deutsche Recht, NJW 2016, 2218; *Heinzke,* Richtlinie zum Schutz von Geschäftsgeheimnissen, CCZ 2016, 179; *Henn/Pahlow* (Hrsg.), Patentvertragsrecht: Grundprinzipien – Vertragsformen – Rechtsgestaltung, 6. Aufl., Heidelberg 2017; *Herberger/Martinek/Rüßmann/Weth/Würdinger* (Hrsg.), juris PraxisKommentar BGB, Bd. 2, 9. Aufl., Saarbrücken 2020; *Herrmann,* Praktische Auswirkungen der neuen EU-Richtlinie zum Schutz von vertraulichem Know-how und Geschäftsgeheimnissen, CB 2016, 368; *Hessel/Leffer,* Rechtlicher Schutz maschinengenerierter Daten, MMR 2020, 647; *Heuer-James/Chibanguza/Stücker,* Industrie 4.0 – vertrags- und haftungsrechtliche Fragestellungen, BB 2018, 2818; *Heun/Assion,* Internet(recht) der Dinge, CR 2015, 812; *Heymann,* Rechte an Daten, CR 2016, 650; *Hieke,* Big Data, Zum gesetzlichen Schutz und der rechtlichen Zuordnung von Daten, InTeR 2017, 10; *Hille,* Die Bestimmung angemessener Geheimhaltung im Recht der US-amerikanischen Geschäftsgeheimnisse, WRP 2019, 1408; *Hilty,* Lizenzvertragsrecht, Bern 2000; *Hilty,* Rechtsfragen kommerzieller Nutzung von Daten, in: Weber/Hilty (Hrsg.), Daten und Datenbanken, Rechtsfragen zu Schutz und Nutzung, Baden-Baden 1999; *Hoeren,* Datenbesitz statt Dateneigentum, MMR 2019, 5; *Hoeren,* Thesen zum Verhältnis von Big Data und Datenqualität, MMR 2016, 8; *Hoeren,* Big Data und Datenqualität – ein Blick auf die DS-GVO, ZD 2016, 459; *Hoeren,* Dateneigentum – Versuch einer Anwendung von § 303a StGB im Zivilrecht, MMR 2013, 486; *Hoeren/Münker,* Die EU-Richtlinie für den Schutz von Geschäftsgeheimnissen und ihre Umsetzung – unter besonderer Berücksichtigung der Produzentenhaftung, WRP 2018, 150; *Hoppen,* Sicherung von Eigentumsrechten an Daten, CR 2015, 802; *Hörl,* Schadensersatz für Datenverlust, ITRB 2014, 111; *Hornung/Goeble,* „Data Ownership" im vernetzten Automobil, Die rechtliche Analyse des wirtschaftlichen Werts von Automobildaten und ihr Beitrag zum besseren Verständnis der Informationsordnung, CR 2015, 265; *Joecks/Miebach* (Hrsg.), Münchener Kommentar zum Strafgesetzbuch §§ 185–262, 3. Aufl., München 2017, §§ 263–358, 3. Aufl., München 2019; *Kalbfus,* Angemessene Geheimhaltungsmaßnahmen nach der Geschäftsgeheimnis-Richtlinie, GRUR-Prax 2017, 391; *Kalbfus,* Die EU-Geschäftsgeheimnis-Richtlinie, GRUR 2016, 1009; *Kaur/Rani,* Modeling and Querying Data in NoSQL Databases, International Conference on Big Data, 2013; *Kerber,* A New (Intellectual) Property Right for Non-Personal Data? An Economic Analysis, GRUR Int. 2016, 989; *Kiefer,* Das Geschäftsgeheimnis nach dem Referentenentwurf zum Geschäftsgeheimnisgesetz: Ein Immaterialgüterrecht, WRP 2018, 910; *Kim,* No One's Ownership as the Status Quo and a Possible Way Forward: A Note on the Public Consultation on Building a European Data Economy, GRUR Int. 2017, 697; *Kirchner,* Big Data Management: Die Haftung des Big Data-Anwenders für Datenfehler (Vertragsrecht – Teil 1), InTeR 2018, 19; *Köhler/Bornkamm/Feddersen* (Hrsg.), Gesetz gegen den unlauteren Wettbewerb, 39. Aufl., München 2021; *Kraßer,* Verpflichtung und Verfügung im Immaterialgüterrecht, GRUR Int. 1973, 230; *Kraßer,* Grundlagen des zivilrechtlichen Schutzes von Geschäfts- und Betriebsgeheimnissen sowie von Know-how, GRUR 1977, 177; *Kraßer/Schmid,* Der Lizenzvertrag über technische Schutzrechte aus der Sicht des deutschen Zivilrechts, GRUR Int. 1982, 324; *Kraul,* „Recht an Daten": Aktuelle Gesetzeslage und vertragliche Ausgestaltung, GRUR-Prax 2019, 478; *Kraus,* Datenlizenzverträge, DSRITB 2015, 537; *Krüger/Wiencke/Koch,* Der Datenpool als Geschäftsgeheimnis, GRUR 2020, 578; *Kühling/Sackmann,* Irrweg „Dateneigentum", Neue Großkonzepte als Hemmnis für die Nutzung und Kommerzialisierung von Daten, ZD 2020, 24; *Leister,* „Angemessene Geheimhaltungsmaßnahmen" – Handlungsbedarf in der Praxis durch Neudefinition des Geschäftsgeheimnisbegriffs, GRUR-Prax 2019, 75; *Leistner,* Datenbankschutz – Abgrenzung zwischen Datensammlung und Datengenerierung, CR 2018, 17; *Leistner,* „Last exit" withdrawal? Die Zukunft des europäischen Datenbankschutzes nach der EuGH-Entscheidung in Sachen BHB v. Hill und dem Evaluierungsbericht der Kommission, K&R 2007, 457; *Leistner,* Der neue Rechtsschutz des Datenbankherstellers, Überlegungen zu Anwendungsbereich, Schutzvoraussetzungen, Schutzumfang sowie zur zeitlichen Dauer des Datenbankherstellerrechts gemäß §§ 87a ff. UrhG, GRUR Int. 1999, 819; *Lejeune,* Die neue EU-Richtlinie zum Schutz von Know-how und Geschäftsgeheimnissen, CR 2016, 330; *Loewenheim/Leistner/Ohly* (Hrsg.), Schricker/Loewenheim, Urheberrecht: Kommentar, 6. Aufl., München 2020; *Maaßen,* „Angemessene Geheimhaltungsmaßnahmen" für Geschäftsgeheimnisse, GRUR 2019, 352; *Mantz,* Haftung für kompromittierte Computersysteme – § 823 I BGB und Gefahren aus dem Internet, K&R 2007, 566; *Markendorf,* Recht an Daten in der deutschen Rechtsordnung, ZD 2018, 409; *McGuire,* Der Schutz von Know-how im System des Immaterialgüterrechts, GRUR 2016, 1000; *McGuire,* Die Lizenz: eine Einordung in die Systemzusammenhänge des BGB und des Zivilprozessrechts, Tübingen 2012; *McGuire,* Nutzungsrechte an Computerprogrammen in der Insolvenz – Zugleich eine Stellungnahme zum Gesetzesentwurf zur Regelung der Insolvenzfestigkeit von Lizenzen, GRUR 2009, 13; *Meier/Wehlau,* Die zivilrechtliche Haftung für Datenlöschung, Datenverlust und Datenzerstörung, NJW 1998, 1585; *Metzger,* Digitale Mobilität – Verträge über Nutzerdaten, GRUR 2019, 129; *Michl,* „Datenbesitz" – ein grundrechtliches Schutzgut?, NJW 2019, 2729; *Moos,* Datenschutz- und Datennutzungsverträge: Vertragsmuster, Klauseln, Erläuterungen, 2. Aufl., Köln 2018; *Müllmann,* Auswirkungen der Industrie 4.0 auf den Schutz von Betriebs- und Geschäftsgeheimnissen, WRP 2018, 1177; *Ohly,* Das neue Geschäftsgeheimnisgesetz im Überblick, GRUR 2019, 441; *Otte-Gräbener/Kutscher-Puis,* Handlungsbedarf durch das neue Geschäftsgeheimnisgesetz für Vertraulichkeitsvereinbarungen im Rahmen von Liefer- und Vertriebsverträgen, ZVertriebsR 2019, 288; *Pahlow,* Lizenz und Lizenzvertrag im Recht des geistigen Eigentums, Tübingen 2006; *Palandt,* Bürgerliches Gesetzbuch, 80. Aufl.,

München 2021; *Partsch/Rump,* Auslegung der „angemessenen Geheimhaltungsmaßnahme“ im Geschäftsgeheimnisgesetz, NJW 2020, 118; *Patzkak/Beyerlein,* Adressdatenhandel zu Telefonmarketingzwecken – Vertragstypologische Einordnung unter Berücksichtigung der Haftungsfragen, MMR 2007, 687; *Paul,* Der industrielle Lohnfertigungsvertrag über geschützte Gegenstände, NJW 1963, 2249; *Peifer,* Individualität im Zivilrecht: der Schutz persönlicher, gegenständlicher und wettbewerblicher Individualität im Persönlichkeitsrecht, Immaterialgüterrecht und Recht der Unternehmen, Tübingen 2001; *Peschel/Rockstroh,* Big Data in der Industrie, Chancen und Risiken neuer datenbasierter Dienste, MMR 2014, 571; *Pfaff,* Der Know-how-Vertrag im bürgerlichen Recht, BB 1974, 565; *Piltz/Zwerschke,* „Rechte an Daten“: Neuere Entwicklungen und Haftungsrecht, GRUR-Prax 2021, 11; *Pokorny,* NoSQL databases: a step to database scalability in web environment, International Journal of Web Information Systems Vol. 9 No. 1 (2013), 69; *Pombriant,* Data, Information, Knowledge, CRi 2013, 97; *Raue,* Die Rechte des Sacheigentümers bei der Erhebung von Daten, NJW 2019, 2425; *Redeker/Pres/Gittinger,* Einheitlicher Geheimnisschutz in Europa (Teil 1), WRP 2015, 681; *Roßnagel,* Rechtsfragen eines Smart Data-Austauschs, Datengetriebene Kooperation in der Industrie, NJW 2017, 10; *Roth,* Lizenzen an geschützten Stellungen ohne gesicherten Rechtscharakter, München 2004; *Säcker/Rixecker/Oetker/Limperg* (Hrsg.), Münchener Kommentar zum Bürgerlichen Gesetzbuch, Bd. 1, 8. Aufl., München 2018, Bd. 2, 8. Aufl., München 2019, Bd. 3, 8. Aufl., München 2019, Bd. 5, 8. Aufl., München 2020, Bd. 6, 8. Aufl., München 2020; *Sahl,* Daten als Basis der digitalen Wirtschaft und Gesellschaft, RDV 2015, 236; *Sappa,* How Data Protection Fits with the Algorithmic Society via Two Intellectual Property Rights – A Comparative Analysis, GRUR Int. 2019, 135; *Schefzig,* Die Datenlizenz, DSRITB 2015, 551; *Schefzig,* Wem gehört das neue Öl? – Die Sicherung der Rechte an Daten, K&R 2015, 3; *Scheja,* Schutz von Algorithmen in Big Data Anwendungen, CR 2018, 485; *Schmidt/Zech,* Datenbankherstellerrecht für Rohdaten?, Wie Big Data-Anwendungen die Tatbestandsvoraussetzungen der §§ 87a ff. UrhG erfüllen können, CR 2017, 417; *Schneider/Spindler,* Der Erschöpfungsgrundsatz bei „gebrauchter“ Software im Praxistest, CR 2014, 213; *Scholz,* Zum Fortbestand abgeleiteter Nutzungsrechte nach Wegfall der Hauptlizenz – Zugleich Anmerkung zu BGH „Reifen Progressiv“, GRUR 2009, 1107; *Schönke/Schröder,* Strafgesetzbuch: Kommentar, 30. Aufl., München 2019; *Schreiber-Ehle,* Geheimnisschutz im Unternehmen, Orientierung und Anleitung für einen angemessenen Schutz, CR 2019, 485; *Schur,* Die Lizenzierung von Daten, Einordnung, Grenzen und Möglichkeiten von vertraglichen Zugangs- und Datennutzungsrechten in der digitalen Ökonomie, Tübingen 2020; *Schur,* Die Lizenzierung von Daten, GRUR 2020, 1142; *Schuster,* Sicherheit von Daten und Geheimnis im Vertrag, CR 2020, 726; *Schwartmann/Hentsch,* Eigentum an Daten – Das Urheberrecht als Pate für ein Datenverwertungsrecht, RDV 2015, 221; *Schweitzer,* Datenzugang in der Datenökonomie: Eckpfeiler einer neuen Informationsordnung, GRUR 2019, 569; *Schweitzer/Peitz,* Ein neuer europäischer Ordnungsrahmen für Datenmärkte, NJW 2018, 275; *Seegel,* Die Insolvenzfestigkeit von Lizenzen und Lizenzverträgen, CR 2013, 205; *Sendrowski,* Zum Schutzrecht „sui generis“ an Datenbanken, GRUR 2005, 369; *Sosnitza,* Gedanken zur Rechtsnatur der ausschließlichen Lizenz, in: Ohly/Bodewig/Dreier/Götting/Haedicke/Lehmann (Hrsg.), Perspektiven des Geistigen Eigentums und des Wettbewerbsrechts: Festschrift für Gerhard Schricker zum 70. Geburtstag, München 2005; *Specht,* Ausschließlichkeitsrechte an Daten – Notwendigkeit, Schutzumfang, Alternativen, CR 2016, 288; *Specht,* Konsequenzen der Ökonomisierung informationeller Selbstbestimmung: Die zivilrechtliche Erfassung des Datenhandels, Köln 2012; *Spindler,* Zukunft der Digitalisierung – Datenwirtschaft in der Unternehmenspraxis, DB 2018, 41; *Spindler,* Data and Property Rights, ZGE/IPJ 9 (2017), 399; *Spindler,* Digitale Wirtschaft – analoges Recht: Braucht das BGB ein Update?, JZ 2016, 805; *Spindler,* Deliktsrechtliche Haftung im Internet – nationale und internationale Rechtsprobleme, ZUM 1996, 533; *Spindler/Sein,* Die endgültige Richtlinie über Verträge über digitale Inhalte und Dienstleistungen, Anwendungsbereich und grundsätzliche Ansätze, MMR 2019, 415; *Spindler/Sein,* Die endgültige Richtlinie über Verträge über digitale Inhalte und Dienstleistungen, Gewährleistung, Haftung und Änderung, MMR 2019, 488; *Staudenmayer,* Auf dem Weg zum digitalen Privatrecht – Verträge über digitale Inhalte, NJW 2019, 2497; *Staudinger,* Kommentar zum Bürgerlichen Gesetzbuch, Buch 2 Recht der Schuldverhätlnisse, Vorbem. zu §§ 611 ff. §§ 611–613, 16. Aufl., Berlin 2020, §§ 631–651, 15. Aufl., Berlin 2014; *Stender-Vorwachs/Steege,* Wem gehören unsere Daten?, NJOZ 2018, 1361; *Stöckel/Brandi-Dohrn,* Der dingliche Charakter von Lizenzen, CR 2011, 553; *Stumpf,* Der Know-how-Vertrag, Heidelberg 1970; *Telle,* Big Data und Kartellrecht, InTeR 2017, 3; *Thalhofer,* Recht an Daten in der Smarten Factory, GRUR-Prax 2017, 225; *Thiel,* Das neue Geschäftsgeheimnisgesetz (GeschGehG) – Risiken und Chancen für Geschäftsgeheimnisinhaber, WRP 2019, 700; *Tjong Tjin Tai,* Data ownership and consumer protection, EuCML 2018, 136; *Troller,* Das technische Geheimnis im System des Immaterialgüterrechts, GRUR Int. 1958, 385; *Voigt/Herrmann/Grabenschröer,* Das neue Geschäftsgeheimnisgesetz – praktische Hinweise zu Umsetzungsmaßnahmen für Unternehmen, BB 2019, 142; *Wandtke/Bullinger* (Hrsg.), Praxiskommentar zum Urheberrecht, 5. Aufl., München 2019; *Weisser,* Nochmals: Nichtigkeit von Unternehmenskaufverträgen wegen Verstoßes gegen datenschutzrechtliche Vorschriften?, Recht und Steuern 2007, 180; *Weisser/Färber,* Rechtliche Rahmenbedingungen bei Connected Car, Überblick über die Rechtsprobleme der automobilen Zukunft, MMR 2015, 506; *Welp,* Datenveränderung (§ 303a StGB) – Teil 1, IuR 1988, 443; *Wiebe,* Die semiotische Analyse als interdisziplinäre Methode, in: v. Lewinski/Wittmann (Hrsg.): Urheberrecht!, Festschrift für Hon.-Prof. Dr. Michael M. Walter zum 80. Geburtstag, Wien 2018, S. 13; *Wiebe,* Von Datenrechten zu Datenzugang – Ein rechtlicher Rahmen für die europäische Datenwirtschaft, Überblick und erste Bewertung zur Mitteilung der EU-Kommission vom 10.01.2017, CR 2017, 87; *Wiebe,* Schutz von Maschinendaten durch das Sui-generis-Schutzrecht für Datenbanken, GRUR 2017, 338; *Wiebe,* Protection of industrial data – a new property right for the digital economy?, GRUR Int. 2016, 877; *Wiebe,* Landkarten als Datenbanken: Der Informationswert von Daten, GRUR-Prax 2016, 49; *Wiebe/Funkat,* Multimedia-Anwendungen als urheberrechtlicher Schutzgegenstand, MMR 1998, 69; *Wiebe/Schur,* Protection of Trade Secrets in a Data-driven, Networked Environment – Is the update already out-dated?, GRUR Int. 2019, 746; *Wiebe/Schur,* Ein Recht an industriellen Daten im verfassungsrechtlichen Spannungsverhältnis zwischen Eigentumsschutz, Wettbewerbs- und Informationsfreiheit, ZUM 2017, 461; *Wischmeyer/Herzog,* Daten für alle? – Grundrechtliche Rahmenbedingungen für Datenzugangsrechte, NJW 2020, 288; *Wulf/Burgenmeister,* Industrie 4.0 in der Logistik – Rechtliche Hürden beim Einsatz neuer Vernetzungs-Technologien, Anwendungsbeispiele und Lösungswege zu sechs zentralen Bereichen der Logistik, CR 2015, 404; *Yi,* Daten als eigentumsrechtlicher oder immaterialgüterrechtlicher Gegenstand in China, GRUR Int. 2019, 238; *Zech,* Daten als Wirtschaftsgut – Überlegungen zu einem „Recht des Datenerzeugers", CR 2015, 137; *Zech,* „Industrie 4.0" – Rechtsrahmen für eine Datenwirtschaft im digitalen Binnenmarkt, GRUR 2015, 1151; *Zech,* Information als Schutzgegenstand, Tübingen 2012; *Zieger/Smirra,* Fallstricke bei Big Data-Anwendungen – Rechtliche Gesichtspunkte bei der Analyse fremder Datenbestände, MMR 2013, 418.

I. Rechte an Daten

1 Die **Rechte an sensor- und maschinengenerierten Daten** sind Gegenstand einer intensiven **rechtspolitischen Debatte.**[1] Einige Vorschläge plädierten für die Schaffung eines Ausschließlichkeitsrechts an (nicht-personenbezogenen) Daten.[2] Als Begründung wird va darauf hingewiesen, dass ein solches Recht einen Anreiz zur Datenproduktion setzt, den Datennutzen zuweist und die Offenbarung von Daten fördert, was die Entstehung von Märkten begünstigt.[3] Auch die EU-Kommission hat sich dieser Frage angenommen und die Einführung eines solchen Rechts angedacht.[4]

2 Die Vorschläge zur Schaffung eines Ausschließlichkeitsrechts an Daten sind aber zu Recht auf **massive Kritik** in der Lit. gestoßen.[5] Zunächst kann der Schutzgegenstand nicht ausreichend spezifiziert werden,[6] was wiederum einen mittelbaren Schutz der in den Daten enthaltenen Informationen bewirken könnte.[7] Hierdurch ist eine indirekte Monopolisierung von Informationen zu befürchten, was vor dem Hintergrund der Wettbewerbs- und der Informationsfreiheit höchst bedenklich erscheint.[8] Ein rechtsökonomisches Bedürfnis, das die damit einhergehenden Einschränkungen rechtfertigen könnte, wurde bislang noch nicht nachgewiesen, zumal die Investition in Big Data-Anwendungen steigen

---

[1] Allg. zur Diskussion *Wiebe* GRUR Int. 2016, 877; *Spindler* DB 2018, 41; *Denga* NJW 2018, 1371; *Schweitzer/Peitz* NJW 2018, 275; *v. Baum/Appt/Schenk* DB 2017, 1824; *Wiebe/Schur* ZUM 2017, 461; *Thalhofer* GRUR-Prax 2017, 225; *Hieke* InTeR 2017, 10; *Roßnagel* NJW 2017, 10 (11); *Ehlen/Brandt* CR 2016, 570; *Wulf/Burgenmeister* CR 2015, 404 (407 ff.); *Bräutigam/Klindt* NJW 2015, 1137 (1139); *Schefzig* K&R 2015, 3; *Sahl* RDV 2015, 236; *Hornung/Goeble* CR 2015, 265; *Schwartmann/Hentsch* RDV 2015, 221; *Weisser/Färber* MMR 2015, 506 (508); *Peschel/Rockstroh* MMR 2014, 571; *Yi* GRUR Int. 2019, 238; *Becker* GRUR 2017, 346; *Eichberger* VersR 2019, 709; *Fries/Scheufen* MMR 2019, 721; *Schweitzer* GRUR 2019, 569; *Raue* NJW 2019, 2425; *Michl* NJW 2019, 2729; *Wischmeyer/Herzog* NJW 2020, 288; *Schur* GRUR 2020, 1142; *Hacker* GRUR 2020, 1025; *Piltz/Zwerschke* GRUR-Prax 2021, 11; *Hessel/Leffer* MMR 2020, 647.

[2] S. va *Zech* CR 2015, 137 (144); *Zech* GRUR 2015, 1151 (1159); *Zech* Information S. 385 ff., 434 ff.; s. a. *Ensthaler* NJW 2016, 3473 (3476 f.); *Markendorf* ZD 2018, 409 (411); für ein Dateneigentum *Hoeren* MMR 2013, 486 (488 f.); nunmehr in Richtung eines Datenbesitzes *Hoeren* MMR 2019, 5; ähnlich *Tjong Tjin Tai* EuCML 2018, 136; *Adam* NJW 2020, 2063; für ein repräsentatives Dateneigentum der Bürger *Fezer* ZD 2017, 99; *Fezer* MMR 2017, 3; ähnlich *Amstutz* AcP 218 (2018), 438.

[3] *Zech* CR 2015, 137 (144 f.).

[4] Vgl. COM(2015) 192 final, 15; COM(2017) 9 final, 14; sowie SWD(2017) 2 final, 33; s. hierzu auch die Bewertung von *Wiebe* CR 2017, 87; *Wiebe/Schur* ZUM 2017, 461 (472); für einen Überblick s. *Kim* GRUR Int. 2017, 697 (699).

[5] Vgl. etwa *Kühling/Sackmann* ZD 2020, 24; *Stender-Vorwachs/Steege* NJOZ 2018, 1361 (1365 ff.); *Determann* ZD 2018, 503; *Bull* CR 2018, 425 (430); *Spindler* ZGE/IPJ 9 (2017), 399; *Drexl* JIPITEC 8 (2017), 257; *Drexl* NZKart 2017, 339 (344); *Wiebe* GRUR Int. 2016, 877; *Wiebe* CR 2017, 87 (93); *Heymann* CR 2016, 650 (652 ff.); *Härting* CR 2016, 646; *Drexl/Hilty et al.* GRUR Int. 2016, 914; *Grützmacher* CR 2016, 485; *Becker* GRUR Newsletter 01/2016, 7 (8); *Heun/Assion* CR 2015, 812; *Hornung/Goeble* CR 2015, 265.

[6] *Wiebe* GRUR Int. 2016, 877 (883); *Wiebe/Schur* ZUM 2017, 461 (470).

[7] *Wiebe/Schur* ZUM 2017, 461 (470); *Drexl* NZKart 2017, 339 (343).

[8] *Drexl* JIPITEC 8 (2017), 257 (Rn. 103 ff.); *Wiebe* GRUR Int. 2016, 877 (882); *Wiebe/Schur* ZUM 2017, 461 (470 ff.); *Grützmacher* CR 2016, 485 (495); *Hornung/Goeble* CR 2015, 265 (268 f.).

und insofern kein Marktversagen ersichtlich ist.[9] Eine Zuordnung steht zudem einerseits vor dem Problem, dass eine Vielzahl von Personen berechtigte Interessen an den Daten haben.[10] Andererseits erscheint eine ausschließliche Zuordnung auch bedenklich, weil die fehlende Rivalität von Daten die Möglichkeit paralleler Nutzungshandlungen durch mehrere Personen zur gleichen Zeit eröffnet.[11] Big Data-Analyseverfahren basieren gerade hierauf, dh auf einem weitgehenden Zugang zu Daten, sodass eine künstliche, durch das Recht herbeigeführte Verknappung den Bedürfnissen von Big Data im Grunde zuwiderläuft.[12]

Angesichts dieser Probleme hinsichtlich der Spezifizierung, der Zuordnung und der ökonomischen Rechtfertigung eines Ausschließlichkeitsrechts sollte (jedenfalls derzeit) noch **kein Ausschließlichkeitsrecht** geschaffen werden, zumal sich die Märkte gerade erst ausbilden. Auch die **EU-Kommission** hat die entsprechenden Ansätze vor dem Hintergrund dieser Hindernisse nicht weiter aufgegriffen.[13] Der Schutz und die Verwertung von Daten müssen also unter Rückgriff auf die bestehende Rechtslage bewältigt werden. Für den Schutz existiert letztlich zwar kein Schutzsystem, das auf den Schutz von Daten im Zuge des Internet of Things zugeschnitten ist. Dennoch lassen sich bestehende Rechte aus dem Immaterialgüterrecht und dem Delikts- und Strafrecht in gewissem Umfang nutzbar machen, um einen effektiven Schutz von Daten zu bezwecken (dazu → Rn. 4 ff.). Die Verwertung von Daten muss sich demgegenüber (mangels positiver Verwertungsbefugnisse) allein auf das Vertragsrecht stützen. Solche Verträge über Daten bedürfen mangels eines Ausschließlichkeitsrechts einer sorgfältigen Ausgestaltung (dazu → Rn. 64 ff.). 3

1. Input und Ergebnisse

a) Kurze Begriffsbestimmung: Daten und Informationen

Obwohl beide Begriffe – auch in Gesetzen – häufig austauschbar benutzt werden, ist die Unterscheidung von **Daten** und **Informationen** für das Informationsrecht grundlegend und unbedingt zu beachten. Für die interdisziplinäre Arbeit erscheint das dreidimensionale Informationskonzept der Semiotik weiterführend.[14] Das Konzept der Information lässt sich danach in drei hierarchische Ebenen unterteilen: 4

- Syntaktik: 5
  Beschränkter Blick auf den Informationskanal mit der Möglichkeit der Quantifizierung („Entropie"); Aufbau und Strukturierung von Zeichen nach formalen Regeln (Rechtschreibung, Grammatik)
- Semantik:
  Bedeutung eines Zeichens oder Zeichenfolge und Beziehung zum Bezeichneten; Entnahme der Bedeutung durch Decodierung

---

[9] S. va *Kerber* GRUR Int. 2016, 989; *Dorner* CR 2014, 617 (625 f.); s. ferner *Drexl* JIPITEC 8 (2017), 257 (Rn. 74 ff.); *Spindler* ZGE/IPJ 9 (2017), 399 (401); *Drexl* NZKart 2017, 339 (341); *Drexl/Hilty et al.* GRUR Int. 2016, 914 (915).

[10] *Determann* ZD 2018, 503 (506); *Wiebe/Schur* ZUM 2017, 461 (470); *Drexl* JIPITEC 8 (2017), 257 (Rn. 105); *Härting* CR 2016, 646 (648); *Wiebe* GRUR Int. 2016, 877 (883); *Kerber* GRUR Int. 2016, 989 (995).

[11] *Heymann* CR 2016, 650 (653).

[12] *Dorner* CR 2014, 617 (625 f.).

[13] Derzeit scheinen va die vertraglichen Aspekte der Datennutzung im Mittelpunkt rechtspolitischer Bestrebungen zu stehen, vgl. SWD(2018) 125 final, 2, 5 ff.; s. auch COM(2020) 66 final, 13.

[14] Vgl. *Wiebe* FS Walter 2018 S. 23; zurückgehend auf *Morris,* Grundlagen der Zeichentheorie, in Reihe Hanser 106 – Kommunikationsforschung, 2. Aufl. 1975 (übersetzt v. *Roland Posner*), S. 33 ff.; *Eco,* Einführung in die Semiotik, 1972, S. 28 ff.; *Carnap,* Introduction to Semantics, 3. Ed. 1948; vgl. auch *Steinmüller,* Informationstechnologie und Gesellschaft, 1993, S. 202 f.; *Pombriant* CRi 2013, 97; *Zech* Information S. 25 mwN.

– Pragmatik:
  Wirkung der Zeichen im Verwendungszusammenhang; Zwecke, die die Information aus Seiten von Sender und Empfänger erfüllen soll; hier werden Kontext und Hintergrundwissen von Bedeutung.

6 Für das Verhältnis von Information und Daten ergibt sich aus der semiotischen Betrachtung: Daten sind der **syntaktischen Informationsebene** zuzuordnen, Information umfasst alle drei Ebenen. Für das Konzept der Daten ergibt sich der Bezug zum digitalen Kommunikationskanal. Nach ISO/IEC 2382-1 (1993) sind Daten „a reinterpretable representation of information in a formalized manner suitable for communication, interpretation, or processing", dh das Konzept der Daten bezeichnet Informationen im Speicher- und Transportzustand. Die Datenebene bezeichnet Information in der Phase des Transports und der Speicherung, der Computer ist (vorerst) eine „perfekte Syntaxmaschine". Aus dieser Unterscheidung ergibt sich zugleich die Gemeinsamkeit: die Datenebene ist Teil des Informationskonzepts, die rechtliche Behandlung der Datenebene betrifft auch die Information insgesamt.

b) Mangelnde Sacheigenschaft von Daten

7 Eine Sache iSv § 90 BGB ist jeder Gegenstand, der sinnlich wahrnehmbar, beherrschbar und abgegrenzt ist.[15] Daten fehlt es an diesen Eigenschaften, denn sie sind nicht unmittelbar wahrnehmbar, sind infolge ihrer Ubiquität nicht wie körperliche Gegenstände beherrschbar und ihnen fehlt die räumliche Abgrenzbarkeit.[16] **Daten** sind daher **immaterielle Güter.**[17] Das Eigentum am Datenträger führt demnach nicht automatisch zu einer Berechtigung an den darauf gespeicherten Daten, vielmehr sind beide Fragenkomplexe trotz gewisser Auswirkungen des Sacheigentums auf die Datenerhebung zu unterscheiden.[18]

c) Datenbankherstellerrecht sui generis

8 Es ist denkbar, dass die Daten urheberrechtlich geschützte Inhalte enthalten und vom Schutzumfang des **Urheberrechts** mit umfasst sind. Durch Maschinen produzierte oder sensorgestützt erhobene Daten weisen jedoch in der Regel keine individuelle menschliche Leistung auf. Nur in Ausnahmefällen ist es denkbar, dass softwaregestützt produzierte Daten die Individualität des Programmierers ausdrücken.

9 Der durch die Datenbank-RL 96/9/EG[19] eingeführte Datenbankschutz knüpft daher auch nicht bei den Daten als Schutzgegenstand an, sondern ist einerseits auf den Schutz des in der Strukturleistung der Datenbank sich ausdrückenden Werks gerichtet, andererseits auf den Schutz der **Investition** in die Errichtung und Unterhaltung der Datenbank. Auch bei letzterem geht es insoweit nicht um den Schutz der Daten selbst, sondern diese sind nur Anknüpfungspunkt für den Schutz der Investition in die Datenbank. Da der urheberrechtliche Schutz von Datenbanken nach § 4 Abs. 2 UrhG keine große Bedeutung hat, soll im Folgenden zunächst das Datenbankherstellerrecht nach §§ 87a ff. UrhG im Mittelpunkt stehen.[20]

---

[15] BeckOK BGB/*Fritzsche* § 90 Rn. 6 ff.

[16] Zu den Eigenschaften von Daten vgl. *Zech* Information S. 327.

[17] *Zieger/Smirra* MMR 2013, 418 (419); *Schefzig* K&R 2015, 3; *Hornung/Goeble* CR 2015, 265 (268); *Stender-Vorwachs/Steege* NJOZ 2018, 1361 (1362); MüKoBGB/*Stresemann* § 90 Rn. 25; Palandt/*Ellenberger* BGB § 90 Rn. 2; zu möglichen Auswirkungen des Sacheigentums am Datenträger vgl. aber *Raue* NJW 2019, 2425.

[18] *Specht* CR 2016, 288 (292); MüKoBGB/*Stresemann* § 90 Rn. 25.

[19] Richtlinie v. 11.3.1996 über den rechtlichen Schutz von Datenbanken, ABl. 1996 L 77, 20, umgesetzt durch Art. 7 des IuKDG v. 22.7.1997, BGBl. 1997 I S. 1870.

[20] Vgl. auch *Wiebe* GRUR 2017, 338 ff.; *Schmidt/Zech* CR 2017, 417; für KI-Trainingsdaten *Hacker* GRUR 2020, 1025 (1028).

aa) Datenbankbegriff. Eine **Datenbank** ist in § 4 Abs. 2 iVm § 4 Abs. 1 UrhG definiert als eine Sammlung von Werken, Daten oder anderen unabhängigen Elementen, die systematisch und methodisch angeordnet und einzeln mit elektronischen oder anderen Mitteln zugänglich sind. 10

(1) Unabhängigkeit der Elemente. Durch die Voraussetzung der **Unabhängigkeit der Elemente** werden solche Gestaltungen ausgegrenzt, die von vornherein für ein Ganzes geschaffen sind, inhaltliche Wechselbeziehungen aufweisen und so in ihrer Verschmelzung eine einheitliche Aussage bilden.[21] Der EuGH hat in Übereinstimmung damit auf einen „selbstständigen Informationswert" und darauf abgestellt, dass sich die Elemente voneinander trennen lassen, ohne dass der Wert des Inhalts beeinträchtigt wird.[22] 11

Ein gutes Beispiel zur Abgrenzung des Datenbankbegriffs sind Stadtpläne. Diese stellen eine Sammlung einer Vielzahl übereinanderliegender topografischer Einzeldaten dar, zB Wegenetz, bebaute Flächen oder die Lage und Gestalt öffentlicher Gebäude. Die Einzelelemente, zB dass sich an einem öffentlichen Platz ein öffentliches Gebäude befindet, lassen sich unabhängig voneinander herauslesen und abrufen. Der EuGH stellte darauf ab, dass sich diese Einzelelemente wiederum aus jeweils zwei Daten zusammensetzen, nämlich geografischer Koordinate und Signatur.[23] Danach sind nicht nur Daten als geschützte Elemente denkbar, sondern auch eine beliebige weitere Kombination mehrerer Daten als Elemente der Datenbank. Insofern bleibt es dem Hersteller überlassen, welche Arten von Elementen der Datenbank er definiert.[24] 12

Der EuGH stellt dann fest, dass sich durch Herauslösen von Elementen aus der Karte zwar der Informationswert reduziere, dies aber unschädlich sei, solange ein **„selbstständiger Informationswert"** bleibe. Eine quantitative Untergrenze für diese Minderung nennt der EuGH nicht. Dabei sei nicht auf den Hauptzweck der Datenbank oder den typischen Nutzer abzustellen, sondern auf jeden Dritten, der sich für die Daten interessiere. 13

Der EuGH folgert daraus, dass sich der selbstständige Wert daraus ergebe, dass die Informationen den Kunden des verwertenden Unternehmens wichtige Informationen lieferten. Dabei ist zu beachten, dass sich dieser Informationswert natürlich aus dem neuen Kontext ergibt, in den die Daten gestellt werden. Dies ist aber vor dem Hintergrund der Unterscheidung zwischen Daten und Informationen nicht anders möglich, da die Bedeutung sich erst auf der Informationsebene erschließt und Daten als solche noch keine Bedeutung haben. Dieser weite Datenbankbegriff gibt Raum für eine weite Anwendung des Datenbankherstellerrechts. 14

(2) Systematisch oder methodisch angeordnet. Das Merkmal der systematischen oder methodischen Anordnung dient der Abgrenzung gegenüber völlig ungestalteten „Datenhaufen".[25] Nach Erwgr. 21 der Datenbank-RL ist dabei nicht auf die physische Speicherung abzustellen, vielmehr kommt es hier auf die logische Gesamtsicht, das konzeptionelle Modell, schematisiert in einem **Datenmodell** an.[26] Nach Erwgr. 20 der Datenbank-RL gehören zu den geschützten Elementen auch Elemente des Abfragesystems, etwa Thesaurus oder Indexierungssysteme. Entscheidend ist dabei die Verbindung des Datenbestandes 15

[21] Vgl. ferner LG München I Urt. v. 30.3.2000 – 7 O 3625/98, NJW 2000, 2214 (2215), wonach Werke ausgeschlossen sind, deren Elemente ein „verbindendes Gewebe" bilden, etwa literarische und Musikwerke sowie im entschiedenen Fall einzelne Musik- und Tonspuren von „MIDI-Files".

[22] EuGH Urt. v. 1.3.2012 – C-604/10, GRUR 2012, 386 Rn. 26 – Football Dataco Ltd. ua/Yahoo! UK Ltd.

[23] EuGH Urt. v. 29.10.2015 – C-490/14, GRUR 2015, 1187 – Esterbauer; vgl. auch BGH Urt. v. 10.3.2016 – I ZR 138/13, GRUR 2016, 930 – TK 50 II.

[24] Vgl. *Wiebe* GRUR Prax 2016, 49 ff.

[25] Vgl. OLG Köln Urt. v. 15.12.2006 – 6 U 299/05, MMR 2007, 443 – DWD-Wetterdaten; Schricker/Loewenheim/*Vogel* UrhG § 87a Rn. 24.

[26] Vgl. *Wiebe/Funkat* MMR 1998, 69 (72), mit Bezug auf *Vossen,* Datenmodelle, Datenbanksprachen und Datenbankmanagementsysteme, 2. Aufl. 1994, S. 23 ff.; *Leistner* GRUR Int. 1999, 819 (823).

mit einem Abfragemittel, das zielgerichtete Recherchen nach Einzelelementen in diesem Datenbestand ermöglicht.[27] Erst hierdurch erreicht eine Datenbank ihre Funktion der Informationsverarbeitung.

16 Die Möglichkeit der *Wiederauffindbarkeit* der Elemente *durch ein **Abfragemittel*** unterscheidet eine Datenbank im Sinne der Richtlinie von einer bloßen Sammlung von Elementen, die zwar auch Informationen liefert, der es aber an einem Mittel zur Verarbeitung der einzelnen Elemente, aus denen sie besteht, fehlt.[28] Hierin liegt also auch der Unterschied zu einer Sammlung von Rohdaten, bei der es sich nicht um eine geschützte Datenbank handelt. Auch von Maschinen produzierte oder durch Sensoren erhobene Daten müssen diese Schwelle überwinden, indem sie in einer Form gespeichert werden, die eine Wiederauffindbarkeit in systematischer oder methodischer Form ermöglicht.

17 Diese vom Stand der Technik Anfang der 1990er Jahre ausgehende Konzeption ist durch das heutige **Datenmanagement in vernetzten Strukturen** zunehmend unscharf geworden. Big Data Analytics arbeitet bspw. mit HDFS (Hadoop Distributed Filesystem). Die Daten sind in Rechnerclustern gespeichert. Metadaten befinden sich im NameNode (Verzeichnisstruktur, Dateiverwaltung).[29] Das entspricht zwar nicht mehr dem „klassischen" Bild einer auf einem Server liegenden Datenbank mit Software und Benutzerschnittstelle. Es lässt sich aber durchaus mit dem klassischen Modell eines Datenbankmanagementsystems in der Informatik auf drei Ebenen (Datenbasis, Datenbankmanagementsystem, Schnittstelle) in Einklang bringen.[30] Zwar ist die Datenbasis auf verteilten Rechnernetzwerken gespeichert, die Mindestanforderungen der Speicherung auf einem körperlichen Träger ist dadurch aber ebenso erfüllt wie die der systematischen und methodischen Anordnung aufgrund der Metadaten. Da der Speicherort grundsätzlich keine Rolle spielt, liegt eine Datenbank auch dann vor, wenn die Datenbestände, auf die ein einheitliches Abfragemittel zugreift, räumlich verstreut auf mehreren Servern gespeichert sind.[31]

18 Dies wird auch durch die gängige Abgrenzung des Vorliegens einer von **mehreren Datenbanken** bestätigt. Maßgeblich soll insoweit sein, ob die Abfrage durch eine einheitliche Software gesteuert wird oder durch verschiedene Programme.[32] Liege nur ein einheitliches Computerprogramm vor, handele es sich um eine einzige Datenbank, bei verschiedenen Computerprogrammen sei von mehreren eigenständigen Datenbanken auszugehen.[33] Bei zwei oder mehreren softwaremäßig voneinander getrennten Abfragetools handelt es sich also um mehrere Datenbanken, auch wenn diese auf denselben physischen Datenbestand zugreifen.

19 **(3) Einzelne Zugänglichkeit der Elemente.** Für das weitere Merkmal der einzelnen Zugänglichkeit der Elemente ist nicht auf eine theoretische Möglichkeit bei Verfügbarkeit entsprechender Software abzustellen, sondern darauf, ob die vom Hersteller vorgesehenen und im Produkt enthaltenen Funktionen dem Benutzer einen einzelnen Zugriff auf die jeweiligen Elemente erlauben.[34] Mit diesem Merkmal sollen etwa Aufzeichnungen von

---

[27] OLG Köln Urt. v. 15.12.2006 – 6 U 299/05, MMR 2007, 443 (444) – DWD-Wetterdaten.
[28] EuGH Urt. v. 9.11.2004 – C-444/02, GRUR 2005, 254 Rn. 32 – Fixtures-Fußballspielpläne II.
[29] hadoop.apache.org/docs/r1.2.1/hdfs_design.html (30.6.2019); www.aosabook.org/en/hdfs.html (30.6.2019).
[30] Vgl. *Wiebe/Funkat* MMR 1998, 69 (74); vgl. auch *Schmidt/Zech* CR 2017, 417 (420).
[31] Vgl. LG Berlin Urt. v. 22.12.2005 – 16 O 743/05, ZUM 2006, 343 (344) – eBay-Angebotsdatenbank; vgl. auch *Wiebe* GRUR 2017, 338 (340).
[32] Wandtke/Bullinger/*Hermes* UrhG § 87a Rn. 31.
[33] LG Berlin Urt. v. 22.12.2005 – 16 O 743/05, ZUM 2006, 343 (344) – eBay-Angebotsdatenbank, wo aufgrund verschiedener Abfrageprogramme die Bewertungsdatenbank und die Angebotsdatenbank von eBay jeweils als getrennte, eigenständige Datenbanken angesehen wurden.
[34] Vgl. Dreier/Schulze/*Dreier* UrhG § 87a Rn. 8; *Gaster* CR 1997, 669 (673); *Wiebe/Funkat* MMR 1998, 69 (74). Der BGH hat mit Urt. v. 6.5.1999 – I ZR 199/96, MMR 1999, 470 (472) – Tele-Info-CD, die einzelnen Einträge in einem Telefonbuch als einzeln zugänglich angesehen, da sie aufgrund der alphabetischen Anordnung leicht auffindbar seien.

audiovisuellen, kinematografischen, literarischen oder musikalischen Werken als solche vom Schutz als Datenbankwerk ausgenommen werden, da sie bereits als **Einheit** geschützt sind. Der EuGH hat diese Merkmale dahingehend konkretisiert, dass ein technisches Mittel (elektronisches, elektromagnetisches, elektrooptisches Verfahren) oder ein anderes Mittel, wie ein Index, Inhaltsverzeichnis oder Gliederung in der Sammlung vorhanden sein muss. Dieses Mittel muss es ermöglichen, auf jedes in der Sammlung enthaltene Element zuzugreifen.[35]

bb) Wesentliche Investition. Zur Begründung der Schutzfähigkeit einer Datenbank 20
nach § 87a UrhG kommt es auf das Vorliegen wesentlicher Investitionen in die Beschaffung, Überprüfung oder Darstellung der Elemente an. Zu den nach § 87a Abs. 1 UrhG **berücksichtigungsfähigen Investitionen** gehören nicht nur solche finanzieller Art, sondern auch der Einsatz technischer Mittel und menschlicher Ressourcen.

Der EuGH hat die Schutzfähigkeit dadurch eingeschränkt, dass er zwischen **Daten-** 21
sammlung und **Datenerzeugung** unterscheidet und den Schutz auf Investitionen in die Sammlung bereits vorhandener Daten beschränkt, während die Kosten für die Generierung von Daten ausgeklammert blieben.[36] Sind selbständige Aufwendungen für die Sammlung und Überprüfung der Daten im Hinblick auf die Datenbank nicht separat nachzuweisen, finden sie keine Berücksichtigung.

Es ist aber eine etwas **weitere Auslegung** dieser Abgrenzung möglich. Danach handelt 22
es sich bei Beobachtung und Messung um Aufwand für die Sammlung von Daten, da Elemente ermittelt werden, die in der Natur bereits vorhanden sind und lediglich durch Messung „gesammelt" werden.[37] Das gilt bspw. für meteorologische oder geologische Daten, Genanalysen, etc. Bereits vorhandene Daten sind allgemein verfügbar und können daher grundsätzlich von jedem Dritten mit gleichem Aufwand gesammelt werden, während erzeugte Daten „ihrer Natur nach" niemandem außer dem Datenerzeuger selbst bekannt sind.[38]

In vergleichbarer Weise wurden in der **Rechtsprechung** Aufwendungen für die Er- 23
mittlung der Verkaufszahlen und der Anzahl von Hörfunkeinsätzen von Musiktiteln als berücksichtigungsfähige Investition angesehen, da sie nicht der Erzeugung neuer Daten, sondern der Feststellung tatsächlicher Vorgänge und damit um die Ermittlung vorhandener Elemente zwecks Zusammenstellung in einer Datenbank dienten.[39] Die Information als solche existiert bereits und wird durch die Messung nicht erst erzeugt, sondern steht vielmehr auch weiterhin jedermann zur Verfügung. Auch die Messung von Wetterdaten und geografischen Daten wurde als berücksichtigungsfähiger Teil der Datensammlung angesehen.[40] Eine wesentliche Investition kann auch bei solchen Datenbanken vorliegen, die darauf ausgerichtet sind, fortlaufend gepflegt und insbesondere aktualisiert zu werden.[41]

---

[35] EuGH Urt. v. 9.11.2004 – C-444/02, GRUR 2005, 254 Rn. 30 – Fixtures-Fußballspielpläne II; vgl. auch BGH Urt. v. 22.6.2011 – I ZR 159/10, GRUR 2011, 1018 Rn. 28 – Automobil-Onlinebörse.

[36] EuGH Urt. v. 9.11.2004 – C-338/02, GRUR 2005, 252 – Fixtures-Fußballspielpläne I; Urt. v. 9.11.2004 – C-444/02, GRUR 2005, 254 – Fixtures-Fußballspielpläne II; Urt. v. 9.11.2004 – C-46/02, GRUR Int. 2005, 244 – Fixtures-Fußballspielpläne III; vgl. auch OLG Hamburg Urt. v. 8.6.2017 – 5 U 54/12, CR 2018, 22; dazu ausf. auch *Leistner* CR 2018, 17; OLG Köln Urt. v. 28.2.2020 – 6 U 128/19, ZUM-RD 2020, 244 (247); *Hacker* GRUR 2020, 1025 (1029).

[37] Wohl hM: Wandtke/Bullinger/*Hermes* UrhG § 87a Rn. 49; *Wiebe* GRUR 2017, 338 (341); *Schmidt/Zech* CR 2017, 417 (421f.); *Leistner* CR 2018, 17 (20); *Leistner* JZ 2005, 408; Schricker/Loewenheim/*Vogel* UrhG § 87a Rn. 55; Dreier/Schulze/*Dreier* UrhG § 87a Rn. 13.

[38] Vgl. auch *Leistner* K&R 2007, 457 (460); zweifelnd *Sendrowski* GRUR 2005, 369 (372).

[39] BGH Urt. v. 21.7.2005 – I ZR 290/02, GRUR 2005, 857 (859) – Hit Bilanz.

[40] OLG Köln Urt. v. 15.12.2006 – 6 U 299/05, MMR 2007, 443 – DWD-Wetterdaten; LG München I Urt. v. 9.11.2005 – 21 O 7402/02, GRUR 2006, 225 – Topografische Kartenblätter; vgl. ferner BGH Urt. v. 21.4.2005 – I ZR 1/02, GRUR 2005, 940 (941) – Marktstudien, zu Investitionen eines Markt- und Meinungsforschungsinstituts zur Erhebung von Marktdaten.

[41] OLG Köln Urt. v. 28.2.2020 – 6 U 128/19, ZUM-RD 2020, 244 (246); dazu *Wiebe* GRUR-Prax 2020, 240.

24 Wendet man diese Abgrenzung auf **industrielle Daten** an, so kann man die sensorgestützte Datenerhebung der Datensammlung zuordnen, da sie sich auf bereits existierende Informationen bezieht und jedem Dritten in gleicher Weise möglich wäre. Von Maschinen erzeugte Daten sind zunächst nur dem Betreiber oder Bediener der Maschine bekannt und nicht von jedem Dritten in gleicher Weise zu erlangen. Die Maschinenerzeugung ist daher der Phase der Datenerzeugung zuzurechnen, sodass die entsprechenden Aufwendungen nicht berücksichtigungsfähig sind. Demgegenüber lassen sich etwa Produktionsdaten, die in Wertschöpfungsnetzwerken erhoben werden, wohl eher dem Bereich der Datensammlung zuordnen, da sie grundsätzlich auch von jedem Dritten gemessen werden könnten. Dies gilt etwa für Echtzeitdaten aus der Produktion (Stückzahl, Geschwindigkeit, Verzögerungen etc), sowie für Daten, die in einem Auto aufgrund diverser Sensoren erhoben werden.

25 Wegen des auf Datenbanken bezogenen Schutzzwecks des Herstellerrechts müssen die erhobenen Daten unmittelbar nach der Sammlung einer **geschützten Datenbank** zugeführt werden bzw. für diesen Zweck gesammelt werden, um den Zusammenhang zwischen Datenbank und Sammlung herzustellen. In der Praxis dürften allerdings Fälle, in denen Daten nicht nach der Erhebung in einer Datenbank gespeichert, sondern als Rohdaten unsortiert gespeichert werden, selten sein.

26 **cc) Hersteller als Rechteinhaber.** Inhaber des sui-generis-Rechts ist nicht wie im Urheberrecht derjenige, der die Datenbank konzipiert hat, sondern die Person, „die die Initiative ergreift und das **Investitionsrisiko** trägt".[42] Das ist diejenige Person, die die „Organisations- und Anordnungsgewalt über den Datenbankaufbau" innehat und die für die Organisation notwendigen Verträge schließt.[43] Dies können natürliche oder juristische Personen sein.

27 In **vernetzten Wertschöpfungsketten** muss man auch insoweit jeweils von der Datenbank aus denken, in der die Daten primär gespeichert werden. Werden die Sensoren vom Hersteller eingebaut und die Daten bei diesem in eine Datenbank eingestellt, ist er als Datenbankhersteller anzusehen. Werden die Daten direkt an dritte Dienstleister übermittelt, kommt es darauf an, ob sie zuvor im Auto oder beim Hersteller in einer Datenbank erfasst wurden, was dann auch zu einer Zuordnung zum Hersteller führt.

28 Anders kann es etwa bei **Smart-Analytics-Verfahren** in Produktionsanlagen sein.[44] Ein Dienstleister erhebt mit einem eigenen Gerät Messdaten, was der Phase der Datensammlung zuzurechnen ist. Die Datenbank befindet sich unter organisatorischer Verantwortung des Dienstleisters, so dass dieser als Hersteller der Datenbank und damit Rechteinhaber anzusehen ist. Erfolgt die Datenerhebung allerdings vollständig im Auftrag des Produzenten, so wäre der Dienstleister als Auftragnehmer auch bezüglich des Datenbankbetriebs anzusehen und der Produzent als Auftraggeber Inhaber des Datenbankherstellerrechts. Bei Auftragserstellung klammert die Datenbank-RL „Auftragnehmer" ausdrücklich aus, sodass jedenfalls „Subunternehmer, welche nur innerhalb der Verantwortungssphäre des Auftraggebers handeln", auszuschließen sind.[45]

29 In vernetzten Umgebungen kann allerdings die Zuordnung der Datensammlung zu einem Datenbankhersteller schwierig werden. Hier müsste man genau eruieren, in welcher Datenbank die Daten zuerst gespeichert werden und wer als Hersteller dieser Datenbank anzusehen ist. Möglicherweise kommen **mehrere Beteiligte als Hersteller** in Betracht,

---

[42] Erwgr. 41 Datenbank-RL; BGH Urt. v. 1.12.2010 – I ZR 196/08, CR 2011, 498 Rn. 26 – Zweite Zahnarztmeinung II; Urt. v. 22.6.2011 – I ZR 159/10, K&R 2011, 641 Rn. 19 – Automobil-Onlinebörse.

[43] Schricker/Loewenheim/*Vogel* UrhG § 87a Rn. 72; vgl. auch Dreier/Schulze/*Dreier* UrhG § 87a Rn. 19; Wandtke/Bullinger/*Hermes* UrhG § 87a Rn. 131 ff.

[44] *Wiebe* GRUR 2017, 338 (342); *Bräutigam/Klindt,* Digitalisierte Wirtschaft/Industrie 4.0, Gutachten 2015, S. 25.

[45] Vgl. *Gaster* Datenbanken Rn. 485.

mit der Folge der Anwendung von §§ 705 ff. BGB.[46] Spätestens an dieser Stelle werden dann auch die vertraglichen Regelungen relevant.

dd) Schutzumfang und Grenzen. (1) Verwertungsrechte. § 87b Abs. 1 UrhG ordnet dem Hersteller das ausschließliche Recht zu, die **Entnahme und Weiterverwendung** von Daten aus der geschützten Datenbank zu kontrollieren und enthält dem Urheberrecht entsprechende Verwertungsrechte der Vervielfältigung, Verbreitung und öffentlichen Wiedergabe einschließlich des Rechts der öffentlichen Zugänglichmachung. 30

Für einen Eingriff in das **Vervielfältigungsrecht** (Entnahme) kommt es allein darauf an, dass sich die Gesamtheit oder ein Teil der Datenbank auf einem anderen Datenträger als dem der Ursprungsdatenbank wiederfindet. Dabei ist es unerheblich, ob die Übertragung auf technischem Wege erfolgt oder mittels eines manuellen Verfahrens, etwa Abschreibens. Auch eine Speicherung im Arbeitsspeicher eines Computers reicht aus. Es bedarf auch keiner unmittelbaren Übernahme aus der geschützten Datenbank. Entscheidend ist nur, dass sich die **„Herkunft"** der gespeicherten Daten auf die geschützte Datenbank zurückführen lässt. In einer Industrie 4.0-Umgebung kann insoweit ein faktisches Monopolrecht für den Hersteller der „Erstdatenbank" entstehen. 31

Nach der Rechtsprechung des EuGH ist die **bloße Abfrage** der Datenbank „zu Informationszwecken" ohne Beschränkungen möglich, sobald die Datenbank öffentlich zugänglich gemacht wurde.[47] Bis zu einer Zugänglichmachung der Datenbank gegenüber Dritten kann der Rechteinhaber den Zugang vorbehalten oder von bestimmten Voraussetzungen abhängig machen.[48] 32

(2) Entnahme wesentlicher Teile. Das Datenbankherstellerrecht macht den Schutz aber von weiteren Voraussetzungen abhängig. Eine Rechtsverletzung kann zunächst dann gegeben sein, wenn ein wesentlicher Teil der Datenbank übernommen oder verwendet wurde. Die **Wesentlichkeit** kann einmal in **quantitativer** Hinsicht bestimmt werden, wobei auf das Verhältnis des entnommenen Datenvolumens zum gesamten Volumen der Datenbank abgestellt wird.[49] Insoweit soll bei einem Zehntel noch keine Wesentlichkeit vorliegen,[50] jedoch jedenfalls bei 75 Prozent.[51] Damit bleibt zwar offen, wo die Untergrenze zu ziehen ist, zumindest aber erhält die Praxis einen wichtigen Orientierungspunkt. 33

Alternativ kann die Wesentlichkeit in **qualitativer** Hinsicht nach dem Umfang der Investitionen in den übernommenen Teil im Verhältnis zur gesamten Datenbank bestimmt werden. Da es um den Schutz der Investitionen geht, können erhebliche Investitionen in die Änderung und Aktualisierung die Wesentlichkeit der Entnahme auch dann begründen, wenn nur die quantitativ eher unwesentlichen Änderungen übernommen werden.[52] Dies wurde angenommen bei einem Datenabgleich zwischen zwei Datenbanken, ohne dass dieser von der vertraglichen Nutzungserlaubnis umfasst war. Übernommen wurden die von der Klägerin aktualisierten Daten, die den „eigentlichen wirtschaftlichen Wert" verkörperten.[53] 34

---

[46] Schricker/Loewenheim/*Vogel* UrhG § 87a Rn. 75; Dreier/Schulze/*Dreier* UrhG § 87a Rn. 21.

[47] Vgl. bereits EuGH Urt. v. 9.11.2004 – C-203/02, GRUR 2005, 244 Rn. 55 – BHB-Pferdewetten; s. auch BGH Urt. v. 22.6.2011 – I ZR 159/10, GRUR 2011, 1018 Rn. 63 – Automobil-Onlinebörse.

[48] BGH Urt. v. 22.6.2011 – I ZR 159/10, GRUR 2011, 1018 Rn. 73 – Automobil-Onlinebörse.

[49] EuGH Urt. v. 9.11.2004 – C-203/02, GRUR 2005, 244 – BHB-Pferdewetten; Urt. v. 5.3.2009 – C-545/07, CR 2009, 724 – Apis-Hristovich EOOD/Lakorda AD.

[50] BGH Urt. v. 1.12.2010 – I ZR 196/08, CR 2011, 498 Rn. 15 – Zweite Zahnarztmeinung II.

[51] BGH Urt. v. 13.8.2009 – I ZR 130/04, MMR 2010, 41 Rn. 18 – Gedichttitelliste III.

[52] BGH Urt. v. 30.4.2009 – I ZR 191/05, CR 2009, 735 Rn. 53 ff. – Elektronischer Zolltarif; dazu auch *Stadler* K&R 2009, 584.

[53] BGH Urt. v. 30.4.2009 – I ZR 191/05, CR 2009, 735 Rn. 61 – Elektronischer Zolltarif; demgegenüber wurde die Übernahme eines wesentlichen Teils hinsichtlich eines Datenabgleichs abgelehnt in BGH Urt. v. 22.6.2011 – I ZR 159/10, GRUR 2011, 1018 Rn. 59 ff. – Automobil-Onlinebörse.

35 **(3) Entnahme unwesentlicher Teile bei automatisierter Auswertung.** Größere praktische Bedeutung gerade im Hinblick auf automatisierte Auswertungen von Datenbanken hat der zweite Verletzungstatbestand des § 87b Abs. 1 S. 2 UrhG. Danach ist auch die Entnahme eines **unwesentlichen Teils** tatbestandsmäßig, wenn die Verwertung wiederholt und systematisch erfolgt und diese einer normalen Auswertung der Datenbank zuwiderläuft oder die berechtigten Interessen des Herstellers unzumutbar beeinträchtigt sind. Da es sich um einen Umgehungstatbestand handelt, ist danach zu fragen, ob durch die kumulative Wirkung der Handlungen ein wesentlicher Teil des Inhalts der Datenbank wieder erstellt und dadurch die Investition des Herstellers schwerwiegend beeinträchtigt wird.[54] Zu beachten bleibt, dass jeweils nur auf den einzelnen Nutzer abzustellen ist, nicht auf die Gesamtheit der Zugriffe. Das hängt mit dem Charakter als Umgehungstatbestand zusammen. Ein Zusammenrechnen aller Zugriffe durch verschiedene Nutzer kommt daher nur dann in Betracht, wenn die verschiedenen Nutzer bewusst als Mittäter zusammenwirken.[55]

36 Ansonsten ist va die Frage relevant, wie Zugriffe auf Datenbanken in **automatisierter Form** in einer vernetzten Umgebung zu bewerten sind. Der BGH hatte bei Nutzung einer Suchmaschine auf die Einschränkung durch Suchkriterien abgestellt und insoweit die Entnahme eines wesentlichen Teils abgelehnt.[56] Der EuGH hat dies jedoch anders bewertet und geht davon aus, dass eine spezialisierte **Metasuchmaschine** die **gesamte Datenbank** dem Nutzer verfügbar mache, sodass es nicht mehr auf die Zahl der tatsächlich gefundenen oder angezeigten Ergebnisse ankomme.[57] Auf die Schutzfreiheit der Abfrage könne sich nur der Nutzer berufen. Demgegenüber stelle die Operation der Suchmaschine eine Weiterverwendung dar. Konsequent angewendet würde dies generell die Anwendung von § 19a UrhG auf Suchmaschinen zur Folge haben. Ob dies auch für automatisierte Auswertungen mittels eines Algorithmus gilt, ohne dass noch Suchkriterien durch einen Nutzer eingegeben werden, ist offen.[58]

37 Auch bei der notwendigen Interessenabwägung haben deutsche Gerichte das **Allgemeininteresse** an Information und Kommunikation betont, insbesondere bei Suchdiensten und Screen Scraping, also dem Auslesen fremder Webpages.[59] Der EuGH stellt die ökonomischen Interessen stärker in den Vordergrund. Dies dürfte jedenfalls in einem B2B-Kontext eher zu einem Vorrang der wirtschaftlichen Interessen des Datenbankherstellers vor dem Interesse an einem freien Informationszugang von Wettbewerbern führen.

38 **(4) Weiterverarbeitung und Big Data.** Das Sui-generis-Recht beinhaltet **kein eigenes Bearbeitungsrecht.** Bei Weiterverarbeitung der Daten in der Produktions- und Vertriebskette ist jede Übermittlung aus der geschützten Datenbank an weitere Verarbeiter iRv § 87b Abs. 1 UrhG zu erfassen.

39 Noch relevanter ist im Kontext von Big Data sowie von Industrie 4.0 die Aggregierung und **„Veredelung"** der Daten. Bei Big Data Analytics werden „neue" Daten produziert. Hinsichtlich der verarbeiteten Daten stellt dies eine Entnahme oder Weiterverwendung dar, hinsichtlich der „neuen" Daten eine Generierung, aus der für den Verarbeiter ein eigenes Datenbankherstellerrecht entsteht. Es können etwa Daten aus einer Datenbank so bearbeitet werden, dass zusätzliche Informationen in Semantic-Web-Repräsentation mithilfe semantischer Annotationen hinzugefügt werden, die die reinen Daten um Metainfor-

---

[54] EuGH Urt. v. 9.11.2004 – C-338/02, GRUR 2005, 252 – Fixtures-Fußballspielpläne I; BGH Urt. v. 22.6.2011 – I ZR 159/10, GRUR 2011, 1018 Rn. 68 – Automobil-Onlinebörse; Urt. v. 1.12.2010 – I ZR 196/08, CR 2011, 498 Rn. 35 – Zweite Zahnarztmeinung II.

[55] BGH Urt. v. 22.6.2011 – I ZR 159/10, GRUR 2011, 1018 Rn. 59ff. – Automobil-Onlinebörse.

[56] BGH Urt. v. 22.6.2011 – I ZR 159/10, K&R 2011, 641 Rn. 55 – Automobil-Onlinebörse; ebenso OLG Hamburg Urt. v. 24.10.2012 – 5 U 38/10, BeckRS 2012, 22946.

[57] EuGH Urt. v. 19.12.2013 – C-202/12, EuZW 2014, 152 – Innoweb.

[58] Vgl. auch Dreier/Schulze/*Dreier* UrhG § 87b Rn. 11.

[59] BGH Urt. v. 17.7.2003 – I ZR 259/00, GRUR 2003, 958 – Paperboy; OLG Hamburg Urt. v. 18.8.2010 – 5 U 62/09, CR 2011, 47 – Autobingooo II; OLG Frankfurt a. M. Urt. v. 5.3.2009 – 6 U 211/08, CR 2009, 390; vgl. aber OLG Köln Urt. v. 28.2.2020 – 6 U 128/19, ZUM-RD 2020, 244 (248).

mationen, insbesondere in Bezug auf deren Interpretation und Bedeutung, erweitern. Hierdurch wird es Maschinen ermöglicht, zu erkennen, dass es sich bei einem bestimmten Datenfeld etwa um die Firmenbezeichnung handelt, ohne dass die Struktur der dahinterliegenden Datenbank bekannt sein muss. Die RDF-Daten sind demnach von ihrer „Qualität“ her mehr als die ursprünglichen Daten. Die dabei anfallenden Investitionen lassen sich als solche in die Darstellung des Inhalts einer neuen Datenbank einordnen und unterliegen insoweit dem Schutz durch ein eigenes Datenbankherstellerrecht des bearbeitenden Unternehmens. Gleichzeitig wäre wegen der Weiterverwendung die Zustimmung des Herstellers der Datenbank erforderlich, der die Daten entnommen wurden.

(5) Schutzdauer. Die Schutzdauer von 15 Jahren erscheint in einem dynamischen industriellen Umfeld als sehr lang. Problematisch für Industrie 4.0 erscheint auch die Regelung des § 87a Abs. 1 S. 2 UrhG, wonach eine wesentlich geänderte Datenbank als **neue Datenbank** gilt. Voraussetzung ist zunächst eine „in ihrem Inhalt nach Art und Umfang wesentlich geänderte Datenbank“. Dies umfasst Aktualisierungen und intensive Überprüfungen.[60] Es bleibt aber die Unsicherheit, dass jeweils festgestellt werden muss, wann laufende Änderungen die Schwelle der Wesentlichkeit der Investition erreichen. 40

Mit dem Entstehen einer „neuen Datenbank“ beginnt auch die **Schutzfrist neu** zu laufen. Unklar ist, ob der Neubeginn der Frist nur für den Teil gilt, der von der Neuinvestition betroffen ist, oder für die gesamte Datenbank.[61] Wegen der Abgrenzungsschwierigkeiten wird darauf abgestellt, bei der Prüfung einer Verletzung nach § 87b UrhG nur die Elemente zu berücksichtigen, die innerhalb der vergangenen Jahre Gegenstand einer wesentlichen Neuinvestition waren, sei es im Wege der Ergänzung, der Aktualisierung oder Überprüfung.[62] Damit erhält man praktisch mehrere, zeitlich unterschiedliche, parallele Schutzrechte. Dies würde allerdings bedeuten, dass man über Jahre alle Investitionen in die jeweiligen Datenbanken sowie die betroffenen Daten dokumentieren müsste, um Inhaber der Rechte und Schutzdauer zu bestimmen, was kaum praktikabel erscheint. 41

ee) Bewertung des Datenbankschutzes. Das Datenbankherstellerrecht kann für Daten mittelbar einen durchaus effektiven Schutz bieten, wenn die Daten unmittelbar nach der Produktion in einer Datenbank gespeichert werden. Anders als das von der EU-Kommission angedachte Datenproduzentenrecht (→ Rn. 1) nimmt das Datenbankherstellerrecht eine **datenbankzentrierte Sichtweise** ein, schützt also nicht die Daten, sondern die Investitionen in die Datenbank. Andererseits erscheint die Anknüpfung an eine Datenbank praktikabler als ein Schutz der Daten als solcher, der bereits konzeptionell problematisch ist (→ Rn. 2). Die Rechtezuweisung ist leichter und verursacht insoweit weniger Transaktionskosten. 42

Die Wesentlichkeitsschwelle kann eine sinnvolle Begrenzung des Schutzes leisten und damit dem Interesse an Innovation durch **freien Informationsfluss** entgegenkommen. Gerade bei Maschinendaten wird sich das Problem der „sole-source“-Datenbanken verstärkt stellen, dass nämlich die Daten nur aus einer Quelle verfügbar sind und das Herstellerrecht daher – entgegen der Intention des Gesetzgebers – faktisch eine Monopolstellung an den Daten selbst vermittelt. 43

Problematisch ist das Fehlen eines **internationalen Schutzes.** Trotz Reziprozitätsklausel ist es der EU nicht gelungen, die USA, Japan oder China zur Einführung eines entsprechenden Schutzes zu bewegen, so dass dieser auf den EWR beschränkt bleibt, was im globalen Datenverkehr Probleme aufwirft. 44

---

[60] Dreier/Schulze/*Dreier* UrhG § 87a Rn. 17.

[61] In letzterem Sinne Wandtke/Bullinger/*Hermes* UrhG § 87d Rn. 10; aA *Gaster* Datenbanken Rn. 651 f.; offengelassen durch BGH Urt. v. 3.11.2005 – I ZR 311/02, GRUR 2006, 493 (495) – Briefmarkenkatalog auf CD-ROM.

[62] Vgl. *Leistner* GRUR Int. 1999, 819 (837); *Haberstumpf* GRUR 2003, 14 (31); Fromm/Nordemann/*Cychowski* UrhG § 87d Rn. 4 f.; Dreier/Schulze/*Dreier* UrhG § 87d Rn. 8.

d) Schutz von Daten als Geschäftsgeheimnisse

45 Der Schutz von Geschäftsgeheimnissen wurde durch die EU-Richtlinie zum Schutz von Geschäftsgeheimnissen harmonisiert,[63] die in Deutschland durch das GeschGehG umgesetzt wurde.[64] Letztendlich führt das GeschGehG zu einer Abkehr von dem rein strafrechtlichen hin zu einem zivilrechtlichen Schutzansatz. Dieser Schutz lässt sich auch für Daten in gewissem Umfang fruchtbar machen, wobei der Schutz Daten nicht per se erfasst und deshalb Probleme aufwirft (→ Rn. 46 ff.). Ferner ist das Geschäftsgeheimnis nur gegen bestimmte Angriffsformen geschützt (→ Rn. 56), sodass der Schutz im Ergebnis keinem Ausschließlichkeitsrechtrecht entspricht (→ Rn. 57).

46 **aa) Definition von Geschäftsgeheimnissen und Anwendung auf Daten.** Für die Schutzfähigkeit von Daten ist va die Legaldefinition des Geschäftsgeheimnisses in Art. 2 Nr. 1 GeschGeh-RL bzw. § 2 Nr. 1 GeschGehG relevant, die sich von der bislang gebräuchlichen Definition unter den §§ 17 ff. UWG aF löst.[65] Nach Art. 2 Nr. 1 GeschGeh-RL sind Geschäftsgeheimnisse Informationen, die geheim sind (lit. a), kommerziellen Wert haben, weil sie geheim sind (lit. b), und die Gegenstand von den Umständen entsprechenden angemessenen Geheimhaltungsmaßnahmen derjenigen Person sind, die die rechtmäßige Kontrolle über die Informationen besitzt (lit. c). In Deutschland wurde diese Legaldefinition durch § 2 Nr. 1 GeschGehG umgesetzt, wenn auch etwas unzweckmäßig: Die ersten beiden Voraussetzungen (Geheimsein und wirtschaftlicher Wert) wurden unter lit. a zusammengefasst und im Anschluss an die angemessenen Geheimhaltungsmaßnahmen unter lit. b wurde eine weitere, unter der GeschGeh-RL nicht vorgesehene Voraussetzung unter lit. c hinzugefügt, nämlich das berechtigte Interesse an der Geheimhaltung. Zu beachten ist, dass Geschäftsgeheimnisse bislang allein Geheimnisse des kaufmännischen Geschäftsverkehrs bezeichneten, die neue Legaldefinition demgegenüber aber auch auf technisches Wissen anwendbar ist und daher im Ergebnis dem bisher bekannten Begriff des Unternehmensgeheimnisses entspricht.[66]

47 **(1) Schutzansatz.** Im Ausgangspunkt ist zu berücksichtigen, dass der Geheimnisschutz in der Legaldefinition auf den Schutz von Informationen (zu den Begriffen → Rn. 4 ff.) bezogen ist. Er ist demnach von seinem Schutzkonzept her nicht auf Daten zugeschnitten, auch wenn ein Schutz für Daten weithin für möglich erachtet wird.[67] Die wesentliche Einschränkung des Schutzes von Daten durch den Geheimnisschutz liegt aber darin, dass mit dem Geheimsein sowie dem wirtschaftlichen Wert inhaltliche Anforderungen zu prüfen sind (mit dem *Geheimsein* ist die semantische und mit dem *wirtschaftlichen Wert* die pragmatische Ebene der Information betroffen, → Rn. 5).[68] Ein Schutz von Daten würde demgegenüber auf der Zeichenebene ansetzen, dh bestimmte Zeichenfolgen wären ungeachtet ihres Inhalts zu schützen.[69] Deshalb ist der Geschäftsgeheimnisschutz **kein auf Daten maßgeschneidertes Schutzsystem,** zumal Daten kaum eine Berücksichtigung im Richtlinientext gefunden haben. Daher kann der Geheimnisschutz im Grunde nur mittelbar fruchtbar gemacht werden: Daten werden reflexartig geschützt, wenn in ihnen geheime Informationen von wirtschaftli-

---

[63] Richtlinie 2016/943/EU des Europäischen Parlaments und des Rates vom 8. Juni 2016 über den Schutz vertraulichen Know-hows und vertraulicher Geschäftsinformationen (Geschäftsgeheimnisse) vor rechtswidrigem Erwerb sowie rechtswidriger Nutzung und Offenlegung, ABl. 2016 L 157, 1 ff.; im Folgenden GeschGeh-RL.

[64] Vgl. BGBl. 2019 I S. 466; BT-Drs. 19/4724, 7 ff.; BT-Drs. 19/8300, 2 ff.; s. auch *Ohly* GRUR 2019, 441.

[65] Einen Vergleich beider Definitionen erbringt *Kalbfus* GRUR 2016, 1009 (1010 f.).

[66] Ausf. *Hauck* NJW 2016, 2218 (2219).

[67] *Alexander* WRP 2017, 1034 (1038); *Dorner* CR 2014, 617 (622); *Zech* GRUR 2015, 1151 (1155); *Hacker* GRUR 2020, 1025 (1032); *Hessel/Leffer* MMR 2020, 647 (649); *Peschel/Rockstroh* MMR 2014, 571 (574); BGH Urt. v. 27.4.2006 – I ZR 126/03, GRUR 2006, 1044 (1046) – Kundendatenprogramm; Urt. v. 26.2.2009 – I ZR 28/06, GRUR 2009, 603 (604) – Versicherungsuntervertreter; OLG Köln Urt. v. 5.2.2010 – 6 U 136/09, GRUR-RR 2010, 480 – Werbeadressen als Geschäftsgeheimnis.

[68] *Wiebe/Schur* GRUR Int. 2019, 746 (747); *Zech* GRUR 2015, 1151 (1156).

[69] *Wiebe/Schur* GRUR Int. 2019, 746 (747); *Zech* GRUR 2015, 1151 (1153).

chem Wert enthalten sind. Es ist also stets eine **einzelfallabhängige Prüfung** des jeweiligen Datenbestands vorzunehmen, ob die folgenden Voraussetzungen vorliegen.[70]

(2) Geheimsein. Geheim ist eine Information dann, wenn sie weder insgesamt noch in der genauen Anordnung und Zusammensetzung ihrer Bestandteile den Personen in den Kreisen, die üblicherweise mit dieser Art von Informationen umgehen, allg. bekannt oder ohne weiteres zugänglich ist.[71] Der Geheimnischarakter kann auch dann bestehen, wenn es sich um Daten handelt, die durch einen Sensor generiert werden. Zwar werden einzelne in den Daten enthaltene Informationen selbst wohl nicht immer geheim sein, etwa weil sie durch Dritte problemlos ermittelt werden könnten, wie die Straßenverhältnisse durch ein SmartCar. In diesem Fall wird aber jedenfalls die Datenaggregation, also die Zusammenstellung einer größeren Datenmenge, oftmals als geheim angesehen werden können.[72] 48

Das Kriterium des Geheimseins ist allerdings in einer anderen Hinsicht höchst problematisch. Das IoT basiert ua auf einer umfassenden Vernetzung von verschiedenen Systemen, die nicht nur unternehmensintern, sondern unternehmensübergreifend in sog. Wertschöpfungsnetzwerken stattfinden muss, um die Effizienzpotentiale der Digitalisierung auszuschöpfen (sog. horizontale Integration).[73] In der datengetriebenen Wirtschaft wird der Mehrwert statt in starren Wertschöpfungsketten in komplexen und dynamischen Netzwerken durch verschiedene Akteure erzielt.[74] Im Ausgangspunkt sollen die Informationen in der Industrie 4.0 dabei möglichst vielen Personen zur Verfügung stehen, denn diese können dann durch unterschiedliche Auswertungsverfahren unterschiedliche Ergebnisse erzielen. Diese umfangreiche Vernetzung setzt allerdings einen weitgehenden Zugang für Dritte voraus. Das kann dazu führen, dass die ausgetauschten Daten als allgemein bekannt angesehen werden müssen, wenn sie mit einer erheblichen Zahl von weiteren Unternehmen ausgetauscht werden.[75] Zwischen umfassender **Vernetzung** und dem **Geheimsein** besteht demnach einem **Zielkonflikt.**[76] 49

Dieser Zielkonflikt kann durch denjenigen, der den Zugang gewährt, allerdings in gewisser Hinsicht ausgeglichen werden. Im Ausgangspunkt ist hierbei festzuhalten, dass es stets von den Umständen des Einzelfalls abhängt, wann die Schwelle zur allg. Bekanntheit überschritten ist. Der **Mitwisserkreis muss jedenfalls begrenzt und kontrollierbar** sein. Es kommt also für den Inhaber stets darauf an, den **Zugang sorgfältig zuzuschneiden.**[77] Dem Inhaber der Daten stehen hierzu als Stellschrauben die folgenden Maßnahmen zur Verfügung:[78] 50

- vertragliche Verpflichtungen zur Reglementierung der Nutzung der Daten, va Verschwiegenheitsverpflichtungen,
- organisatorische Beschränkungen sowie
- technische Zugangsbeschränkungen.

---

[70] *Wiebe/Schur* GRUR Int. 2019, 746 (747); *Krüger/Wiencke/Koch* GRUR 2020, 578 (580). *Wischmeyer/Herzog* NJW 2020, 288 (292) fordern eine Strukturierungsleistung als Kriterium des Schutzes, weswegen Rohdaten generell vom Schutz ausgeschlossen wären. Diese Sichtweise ist in ihrer Pauschalität allerdings unzutreffend, zumal mit dem Kriterium der Strukturierungsleistung eine nicht in der Richtlinie und nicht im GeschGehG vorausgesetzte Leistung verlangt wird. Vielmehr sind solche qualitativen Anforderungen dem Geheimnisschutz fremd, vgl. Köhler/Bornkamm/Feddersen/*Alexander* GeschGehG § 2 Rn. 27.

[71] Vgl. Art. 2 Nr. 1 lit. a GeschGeh-RL sowie § 2 Nr. 1 lit. a GeschGehG.

[72] *Wiebe/Schur* GRUR Int. 2019, 746 (747); *Drexl* JIPITEC 8 (2017), 257 (Rn. 54).

[73] Zu den Begrifflichkeiten *Gölzer* Big Data S. 36 ff.

[74] *Drexl* JIPITEC 8 (2017), 257 (Rn. 32 ff.); *Zech* GRUR 2015, 1151 (1152).

[75] *Grützmacher* CR 2016, 485 (489); *Zech* GRUR 2015, 1151 (1156).

[76] *Wiebe/Schur* GRUR Int. 2019, 746 (747); *Müllmann* WRP 2018, 1177 (1179).

[77] Ausf. *Wiebe/Schur* GRUR Int. 2019, 746 (747, 749 ff.).

[78] Vgl. *Scheja* CR 2018, 485 (490), für eine Übersicht über mögliche technische und organisatorische Schutzmaßnahmen in Bezug auf den Schutz von Algorithmen; vgl. auch *Leister* GRUR-Prax 2019, 75 (76); *Alexander* WRP 2017, 1034 (1039); Köhler/Bornkamm/Feddersen/*Alexander* GeschGehG § 2 Rn. 53 ff.

51 In einem ersten Schritt ist es unerlässlich, die Nutzung und Weitergabe der Daten vertraglich zu reglementieren (dazu ausführlich → Rn. 69, 95 ff.).[79] Insbesondere Weitergabeverbote sowie Verschwiegenheitsverpflichtungen sind hier erste Schritte, um den Zugang für Dritte sorgfältig zuzuschneiden. Je extensiver die unternehmensübergreifende Vernetzung erfolgt und je mehr Personen über Zugang verfügen, desto mehr werden vertragliche Vereinbarungen allein jedoch an ihre Grenzen stoßen.[80] Die vorstehend genannten Maßnahmen sollten also nicht als Alternativen, sondern vielmehr als Maßnahmenbündel eingesetzt werden, denn erst eine Kombination und Koordination der verschiedenen Maßnahmen kann den Konflikt zwischen Zugang und Geheimsein ausbalancieren. Es bedarf dementsprechend eines umfassenden Schutzkonzepts.[81] Deshalb sind die vertraglichen Maßnahmen nicht nur durch organisatorische Beschränkungen des Zugangs abzusichern. Vielmehr wird va technischen Beschränkungen ein entscheidender Stellenwert beim Datenaustausch zukommen. Hierbei sind zum einen technische Zugangsbeschränkungen zu nennen. Diese müssen gewährleisten, dass nur bestimmte Stellen des Kooperationspartners Zugang haben, die auf diesen zur Auswertung angewiesen sind (sog. Need-to-know-Prinzip).[82] Außerdem müssen sie die technischen Schnittstellen sichern, an denen die Daten zumeist besonders gefährdet sind.[83] Zum anderen wird die Bedeutung von Verschlüsselungstechnologien (nochmals) erheblich zunehmen. Herkömmliche Verschlüsselungstechnologien sichern hierbei va eine sichere Kommunikation, also gegen den Zugriff durch Dritte in den Kommunikationsprozess. Durch ein sorgfältiges Key-Management – das sich praktisch hochkomplex gestaltet – können aber auch vertragliche und organisatorische Maßnahmen technisch gestützt werden, indem der zur Entschlüsselung erforderliche Key nur bei den jeweils zum Zugriff berechtigen Stellen des kooperierenden Unternehmens verfügbar ist, wodurch auch der Konflikt zwischen Zugang und Vernetzung in Teilen aufgelöst werden kann.[84] Auch gilt es, die Verschlüsselung in die Hardware zu integrieren.[85] Auf lange Sicht ist die Entwicklung von neuartigen Verschlüsselungstechnologien im Auge zu behalten, denn diese ermöglichen eine Verarbeitung von Daten, ohne diese zu entschlüsseln, und sind dadurch besonders geeignet, den oben genannten Zielkonflikt zwischen Zugang und Geheimsein auflösen.[86] In gewisser Hinsicht ist bei einem geeigneten Maßnahmenbündel auch bei einer extensiven horizontalen Integration von Daten über mehrere Unternehmen hinweg noch von geheimen Geschäftsinformationen zu sprechen.[87]

52 **(3) Kommerzieller Wert.** Viele Daten werden im Rahmen des IoT einen Wert haben.[88] Der Wortlaut des Art. 2 Nr. 1 lit. b GeschGeh-RL bzw. § 2 Nr. 1 lit. a GeschGehG ist insofern auch weit genug formuliert, um einen geringen oder gar potentiellen Wert, der infolge zukünftiger Auswertungsmöglichkeiten entsteht, zu erfassen.[89] Allerdings – und

[79] Gegen eine Berücksichtigung von vertraglichen Regelungen als angemessene Geheimhaltungsmaßnahmen vgl. *McGuire* WRP 2019, 679 (682); die wohl hM nimmt dies demgegenüber an, vgl. *Maaßen* GRUR 2019, 352 (358 ff.); *Otte-Gräbener/Kutscher-Puis* ZVertriebsR 2019, 288 (290); *Wiebe/Schur* GRUR Int. 2019, 746 (749 f.); *Dann/Markgraf* NJW 2019, 1774 (1776); *Arens* GWR 2019, 375 (376); *Voigt/Herrmann/Grabenschröer* BB 2019, 142 (145); *Hille* WRP 2019, 1408 (1412 f.); *Alexander* WRP 2017, 1034 (1039); *Heinzke* CCZ 2016, 179 (182); zu den vertraglichen Fragen vgl. *Schuster* CR 2020, 726.

[80] *Wiebe* GRUR Int. 2016, 877 (880); aA wohl *Krüger/Wiencke/Koch* GRUR 2020, 578 (581).

[81] Vgl. *Thiel* WRP 2019, 700 (702); *Wiebe/Schur* GRUR Int. 2019, 746 (749); Köhler/Bornkamm/Feddersen/*Alexander* GeschGehG § 2 Rn. 53.

[82] *Maaßen* GRUR 2019, 352 (356 f.); vgl. auch *Arens* GWR 2019, 375 (376); *Voigt/Herrmann/Grabenschröer* BB 2019, 142 (144 f.); *Schreiber-Ehle* CR 2019, 485 (490).

[83] *Hoppen* CR 2015, 802 (804); s. auch *Schreiber-Ehle* CR 2019, 485 (486).

[84] *Wiebe/Schur* GRUR Int. 2019, 746 (750 f.); *Hoppen* CR 2015, 802 (806).

[85] *Hoppen* CR 2015, 802 (806).

[86] *Wiebe/Schur* GRUR Int. 2019, 746 (750 f.).

[87] *Wiebe/Schur* GRUR Int. 2019, 746 (750 f.).

[88] *Sappa* GRUR Int. 2019, 135 (142); *Zech* GRUR 2015, 1151 (1156); ebenso *Krüger/Wiencke/Koch* GRUR 2020, 578 (581).

[89] *Alexander* WRP 2017, 1034 (1038).

diese Aussage des Art. 2 Nr. 1 lit. b GeschGeh-RL bzw. § 2 Nr. 2 lit. a GeschGehG ist leicht zu überlesen – müssen die Informationen über kommerziellen Wert verfügen, *weil* sie geheim sind. Im Rahmen von Datenanalyseverfahren entsteht der Wert von Daten aufgrund ihrer Kombinationsmöglichkeiten und den aus ihnen ableitbaren Ergebnissen, ohne dass es notwendigerweise auf das Geheimsein ankommt.[90] Eine zu enge Auslegung des Wortlauts könnte hier zu einem Ausschluss vieler Daten führen.[91] Allerdings sprechen systematische Erwägungen, va der Erwgr. 14 der GeschGeh-RL, für eine weite Auslegung. Es dürfte ausreichen, dass der Inhaber geltend macht, seine Daten seien ein Teil seiner strategischen Position und ein Schlüsselfaktor für die Wettbewerbsfähigkeit in der modernen Industrie, die beeinträchtigt wäre, wenn die Daten an Wettbewerber weitergegeben werden; es reicht also, wenn das Geheimsein *ein* wertsteigernder Faktor ist.[92] Insofern werden die in den Daten enthaltenen Informationen das Merkmal in der Regel erfüllen.

(4) Angemessene Geheimhaltungsmaßnahmen. Die denkbaren Geheimhaltungsmaß- 53
nahmen wurden bereits in → Rn. 50 aufgeführt. Es verbleibt aber die Frage, wie das Merkmal der Angemessenheit auszulegen ist. Während unter Geltung der §§ 17 ff. UWG ein subjektiver Geheimhaltungswille ausreichte (an den geringe Anforderungen gestellt wurden), verlangen Art. 2 Nr. 1 lit. c GeschGeh-RL bzw. § 2 Nr. 1 lit. b GeschGehG nunmehr angemessene Maßnahmen in objektiver Hinsicht, sodass die Anforderungen strenger ausfallen können als bislang.[93] Die Angemessenheit bestimmt sich dabei nach den Umständen des Einzelfalls, wobei insbesondere die Bedeutung und der wirtschaftliche Wert des Geheimnisses zu berücksichtigen sind, aber auch die konkrete Gefährdungslage und die Schwierigkeiten der Geheimhaltung.[94] Die Angemessenheit setzt weder einen absoluten Schutz voraus, noch genügen minimale Schutzvorkehrungen; der dazwischen liegende Graubereich ist unter Berücksichtigung der Umstände des Einzelfalls und der Verhältnismäßigkeit auszuloten.[95] Der Begriff ist jedenfalls flexibel zu verstehen ist, sodass er – va durch technischen Fortschritt bedingten – Wandlungen unterliegen kann.[96]

Darüber hinaus werden nach Art. 2 Nr. 1 lit. c GeschGeh-RL bzw. § 2 Nr. 1 lit. b 54
GeschGehG angemessene Geheimhaltungsmaßnahmen durch die Person verlangt, die die rechtmäßige Kontrolle ausübt, also letztlich durch ihren Inhaber. Auch wenn es auf den ersten Blick evident erscheint, dass der Inhaber die angemessenen Geheimhaltungsmaßnahmen initiieren muss, bedingt diese Voraussetzung bei genauerem Blick einige Fallstricke. Denn in vernetzten Umgebungen ist die Allokation des Geschäftsgeheimnisses zu einer bestimmten Person höchst problematisch.[97] Hier kann es zum einen vorkommen, dass den vernetzten Unternehmen nicht bewusst ist, wer überhaupt für den Schutz verantwortlich sein soll. Auch kann es vorkommen, dass ein Unternehmen ein Geschäftsgeheimnis zugänglich macht und ungewollt die Inhaberschaft verliert, weil der Empfänger fortan al-

---

[90] *Wiebe/Schur* GRUR Int. 2019, 746 (748); *Drexl* JIPITEC 8 (2017), 257 (Rn. 54).

[91] Vgl. auch OLG Stuttgart Urt. v. 30.10.1981 – 2 U 43/81, GRUR 1982, 315 (316) – Gerätewartung, zur alten Rechtslage: Hier hat das OLG Stuttgart die Häufigkeit von Störungen und die äußerlich erkennbare Art der Störung mangels Unternehmensbezugs nicht als Betriebsgeheimnis angesehen, sofern die Information nicht Gegenstand einer internen Analyse des Herstellerunternehmens ist.

[92] *Wiebe/Schur* GRUR Int. 2019, 746 (748); ebenfalls für eine weite Auslegung *Dann/Markgraf* NJW 2019, 1774 (1775); Köhler/Bornkamm/Feddersen/*Alexander* GeschGehG § 2 Rn. 47.

[93] *Ohly* GRUR 2019, 441 (443); *Dann/Markgraf* NJW 2019, 1774 (1775); für einen Vergleich mit dem US-amerikanischen Recht *Hille* WRP 2019, 1408.

[94] *Alexander* WRP 2017, 1034 (1039); *Maaßen* GRUR 2019, 352 (353); *Dann/Markgraf* NJW 2019, 1774 (1775); *Leister* GRUR Prax 2019, 75 (76); *Kalbfus* GRUR-Prax 2017, 391; *Redeker/Pres/Gittinger* WRP 2015, 681 (684); *Thiel* WRP 2019, 700 (701); rechtsvergleichend *Partsch/Rump* NJW 2020, 118 (120 ff.).

[95] Ausf. hierzu *Wiebe/Schur* GRUR Int. 2019, 746 (748); *Maaßen* GRUR 2019, 352 (353 f.); Köhler/Bornkamm/Feddersen/*Alexander* GeschGehG § 2 Rn. 65 f.

[96] *Ohly* GRUR 2019, 441 (443 f.); *Hoeren/Münker* WRP 2018, 150 (152); *Alexander* WRP 2017, 1034 (1039); *Hauck* NJW 2016, 2218 (2221).

[97] *Zech* GRUR 2015, 1151 (1156); *Wiebe* GRUR Int. 2016, 877 (880); *Peschel/Rockstroh* MMR 2014, 571 (574).

leine die Kontrolle ausübt. Um dem entgegen zu wirken und eine zweifelsfreie Allokation zu erreichen, ist ein zweistufiges Verfahren notwendig. Zunächst ist ein Vertrag erforderlich, der die entsprechenden Pflichten verteilt; hierbei kann auch geregelt werden, wer aus Sicht der Parteien Inhaber der Daten ist (→ Rn. 106). Letztlich entscheidet aber die tatsächliche Kontrolle darüber, ob ein Schutz nach dem GeschGehG besteht. Aus diesem Grund muss die Partei, die im Rahmen des Vertrages die Kontrolle für den Inhaber ausüben soll, anschließend auch die tatsächliche Kontrolle ergreifen und diese entsprechend den vertraglichen Weisungsrechten ausüben.

55 **(5) Berechtigtes Interesse an der Geheimhaltung.** Mit dem berechtigten Interesse an der Geheimhaltung (§ 2 Nr. 1 lit. c GeschGehG) enthält die deutsche Legaldefinition eine nicht in der RL vorgesehene Voraussetzung. Da die Richtlinie diesbezüglich eine Mindestharmonisierung vorsieht, ist die Aufnahme dieser Voraussetzung höchst problematisch und dürfte unionsrechtswidrig sein.[98] In der GeschGeh-RL ist die Berücksichtigung solcher Aspekte systematisch zudem über die Voraussetzung des wirtschaftlichen Wertes und der Schranken angelegt.[99] In der praktischen Handhabung bietet es sich demzufolge an, es entweder als rein klarstellendes Merkmal zu verstehen, das einen willkürlichen Schutz ausschließt,[100] oder die Prüfung in die Voraussetzungen des wirtschaftlichen Wertes zu verlagern; bei Vorliegen der Voraussetzungen des § 2 Nr. 1 lit. a und b GeschGehG könnte im Wege der richtlinienkonformen Auslegung das wirtschaftliche Interesse unwiderleglich vermutet werden, um einen Ausgleich über § 5 GeschGehG zu suchen.[101]

56 **bb) Rechte des Inhabers eines Geschäftsgeheimnisses.** Kommt ein Schutz der Daten nach § 2 Nr. 1 GeschGehG in Betracht, sind die möglichen Verletzungshandlungen in § 4 GeschGehG geregelt. Hierbei gilt es zu beachten, dass das GeschGehG sowohl rechtswidrige als auch erlaubte Handlungen benennt, vgl. §§ 3, 4 GeschGehG. Grds. zulässig sind insbesondere die unabhängige Entdeckung oder Schöpfung von Geschäftsgeheimnissen und das sog. Reverse Engineering. Rechtswidrig ist demgegenüber der Erwerb, wenn dieser durch unbefugten Zugang, unbefugte Aneignung oder unbefugtes Kopieren erfolgt. Der Erwerb ist ferner rechtswidrig, wenn er durch ein sonstiges Verhalten erfolgt, das mit einer seriösen Geschäftspraxis als nicht vereinbar gilt. Die Nutzung oder Offenlegung ist rechtswidrig, wenn sie durch eine Person erfolgt, die das Geschäftsgeheimnis auf rechtswidrige Weise erworben hat, oder gegen eine Vertraulichkeitsvereinbarung oder eine sonstige Verpflichtung, das Geschäftsgeheimnis nicht offenzulegen, verstößt. Wer das Geschäftsgeheimnis über eine andere Person erlangt hat, darf dieses nicht erlangen, offenlegen oder nutzen, wenn er zu diesem Zeitpunkt weiß oder wissen müsste, dass diese Person das Geschäftsgeheimnis rechtswidrig genutzt oder offengelegt hat.

57 **cc) Rechtsnatur.** Die dogmatische Einordnung dieser Rechte gestaltet sich schwierig, zumal die Rechtsnatur schon unter Geltung der §§ 17 ff. UWG höchst umstritten war.[102] Zwar ist der Geheimnisschutz in seiner Struktur nunmehr tatsächlich an ein Immaterialgü-

---

[98] Vgl. Art. 1 Abs. 1 GeschGeh-RL; vgl. hierzu auch *Ohly* GRUR 2019, 441 (444).

[99] *Ohly* GRUR 2019, 441 (444).

[100] *McGuire* WRP 2019, 679 (680).

[101] *Ohly* GRUR 2019, 441 (444); s. auch Köhler/Bornkamm/Feddersen/*Alexander* GeschGehG § 2 Rn. 74 ff.

[102] In die Richtung eines absoluten Rechts etwa BGH Urt. v. 25.1.1955 – I ZR 15/53, GRUR 1955, 388 – Dücko (wobei die Rechtsprechung iE keine klare Position erkennen lässt, vgl. demgegenüber etwa BGH Urt. v. 21.12.1962 – I ZR 47/61, GRUR 1963, 367 (369) – Industrieböden; Urt. v. 27.4.2006 – I ZR 126/03, GRUR 2006, 1044 (1046) – Kundendatenprogramm); *Denninger* GRUR 1984, 627 (633); *Paul* NJW 1963, 2249 (2251); für einen Schutz als Bestandteil des Rechts am eingerichteten und ausgeübten Gewerbebetrieb *Ann* GRUR 2007, 39 (43); *Enders* GRUR 2012, 25 (29); für eine rein faktischen Position ohne Rechtszuweisung plädierend *Troller* GRUR Int. 1958, 385 (389); *Pfaff* BB 1974, 565 (567); *Brammsen* DÖV 2007, 10 (11).

terrecht angenähert,[103] aber bereits von einem vollwertigen Immaterialgüterrecht zu sprechen,[104] dürfte zu weit gehen.[105] Nach Erwgr. 16 der GeschGeh-RL sollen keine Exklusivrechte an Geschäftsgeheimnissen begründet werden.[106] Dies zeigt sich zum einen daran, dass die Information nicht selbst geschützt ist und auch nicht zugewiesen wird. Vielmehr ist der Schutz von dem Geheimsein abhängig, weswegen iE der Zustand als Geheimnis geschützt wird. Aus diesem Grund sind auch Parallelerschließungen erlaubt, § 3 Abs. 1 Nr. 1 GeschGehG. Zum anderen wird nicht jede Benutzung erfasst, sondern ein handlungsorientierter Schutz etabliert, der nur bestimmte Angriffe auf das Geheimnis erfasst, was va die Anknüpfung an seriöse Geschäftspraktiken zeigt.[107] Dies wiederum ist Ausdruck einer nach wie vor vorhandenen wettbewerbsrechtlichen Prägung: es geht va um die Art und Weise, wie das Geheimnis erlangt wurde. In erster Linie wird der Erwerb eines Geschäftsgeheimnisses geregelt. Bei rechtmäßigem Erwerb ist auch die Nutzung rechtmäßig (es sei denn es wird gegen Vertraulichkeits- oder sonstige Vereinbarungen verstoßen). Letztendlich handelt es sich nach wie vor in erster Linie um einen **Zugangsschutz.**[108]

e) Strafrechtlicher und deliktischer Schutz

Bei dem Schutz von Daten sind auch die entsprechenden strafrechtlichen Normen zu beachten, va die §§ 202a, 303a StGB. Zwar enthält das Strafrecht mit dem § 202a Abs. 2 StGB nur eine Negativdefinition von Daten. Die ganz hM im Strafrecht geht aber von einem weiten Datenbegriff aus.[109] Daten werden definiert als durch Zeichen oder kontinuierliche Funktionen dargestellte Informationen, die sich als Gegenstand oder Mittel der Datenverarbeitung für eine Datenverarbeitungsanlage codieren lassen oder die das Ergebnis eines Datenverarbeitungsvorgangs sind.[110] Diese Definition enthält keine weiteren inhaltlichen Voraussetzungen, sodass er Daten – allein abgegrenzt auf der syntaktischen Ebene – breit erfasst.[111] 58

Der § 202a StGB schützt den Zugang zu Daten durch unbefugte Dritte, wenn die Daten gegen unberechtigten Zugang besonders gesichert sind. Eine besondere Zugangssicherung liegt vor, wenn Vorkehrungen vorhanden sind, die objektiv geeignet und subjektiv nach dem Willen des Berechtigten dazu bestimmt sind, den Zugriff auf die Daten auszuschließen oder wenigstens nicht unerheblich zu erschweren.[112] Als formell Verfügungsberechtigter wird derjenige angesehen, der die Erstabspeicherung vorgenommen oder diese veranlasst hat.[113] 59

Der § 303a StGB schützt demgegenüber die Unversehrtheit von Daten bei Datenverarbeitungsvorgängen gegen rechtswidriges Löschen, Unterdrücken, Unbrauchbarmachen und Verändern. Um den Tatbestand angemessen einzuschränken, muss es sich jedoch um fremde Daten handeln.[114] Zur Bestimmung der Fremdheit wird zT auf die Berechtigung 60

---

[103] *Ohly* GRUR 2019, 441 (444); *McGuire* GRUR 2016, 1000 (1008); *Alexander* WRP 2017, 1034 (1036); in diese Richtung wohl auch *Hoeren/Münker* WRP 2018, 150 (152).
[104] *Kiefer* WRP 2018, 910.
[105] Ebenso *Sappa* GRUR Int. 2019, 135 (137); *Spindler* DB 2018, 41 (42); *Spindler* ZGE/IPJ 9 (2017), 399 (400); *Hauck* NJW 2016, 2218 (2221); *Heinzke* CCZ 2016, 179 (180); *Kalbfus* GRUR 2016, 1009 (1012); *Ann* GRUR-Prax 2016, 465 (467); *Herrmann* CB 2016, 368; *Lejeune* CR 2016, 330.
[106] *Heinzke* CCZ 2016, 179 (180).
[107] *Zech* GRUR 2015, 1151 (1156); *Dorner* CR 2014, 617 (623).
[108] *Hauck* NJW 2016, 2218 (2221); *Heinzke* CCZ 2016, 179 (180); *Kalbfus* GRUR 2016, 1009 (1012); *Ann* GRUR-Prax 2016, 465 (467); *Lejeune* CR 2016, 330.
[109] Vgl. BT-Drs. 10/5058, 28 (34); MüKoStGB/*Graf* § 202a Rn. 12; Schönke/Schröder/*Eisele* StGB § 202a Rn. 3.
[110] Schönke/Schröder/*Eisele* StGB § 202a Rn. 3.
[111] *Zech* Information S. 389f.
[112] Schönke/Schröder/*Eisele* StGB § 202a Rn. 14.
[113] OLG Naumburg Urt. v. 27.8.2014 – 6 U 3/14, CR 2016, 83 Rn. 24; MüKoStGB/*Graf* § 202a Rn. 21; Schönke/Schröder/*Eisele* StGB § 202a Rn. 9.
[114] MüKoStGB/*Wieck-Noodt* § 303a Rn. 9.

am Datenträger verwiesen.[115] Dies verkennt allerdings, dass die Berechtigung an Daten und dessen Standort im Zuge der Digitalisierung zunehmend auseinanderfallen, insbesondere beim Cloud Computing.[116] Demnach ist wie bei § 202a StGB auf den Skripturakt abzustellen, sodass derjenige, der den technischen Prozess der technischen Herstellung veranlasst, der originär Berechtigte ist.[117]

61 Die strafrechtlichen Normen sind Schutzgesetze iSd § 823 Abs. 2 BGB, wodurch ihre Verletzung auch zivilrechtliche Rechtsfolgen auslöst.[118] Eine andere Frage ist die nach dem Schutz von Daten über § 823 Abs. 1 BGB, der im Gegensatz zum strafrechtlichen Schutz va dort relevant wird, wo fahrlässige Handlungen zu einem Schaden führen. Da Daten selbst nicht als sonstiges Recht benannt sind, kommt derzeit die Anwendung des § 823 Abs. 1 BGB nur in Betracht, wenn zugleich eine Verletzung des Datenträgers vorliegt. Ob dies der zunehmenden Trennung zwischen Daten und Datenträger (etwa im Fall des Cloud-Computings) und der steigenden Bedeutung der Daten aber auf Dauer gerecht wird, ist zweifelhaft. Hier kommt es durchaus in Betracht, zukünftig etwaige Schutzlücken durch die Entwicklung eines sonstigen Rechts am Datenbestand zu schließen.[119]

f) Zwischenergebnis; Handlungsempfehlung zum derzeitigen Rechtsrahmen

62 Derzeit existiert insgesamt kein Schutzsystem für Daten im Sinne eines Ausschließlichkeitsrechts, das Daten einer bestimmten Person durch positive Verwertungsbefugnisse und negative Abwehrrechte zuordnet. Zwar ist durchaus ein Schutz als Bestandteil einer Datenbank denkbar (→ Rn. 8 ff.). Allerdings werden nicht immer die strengen Voraussetzungen hinsichtlich der Wesentlichkeit der Investition erfüllt sein (→ Rn. 20 ff.). Zudem schützt das Datenbankherstellerrecht nicht die einzelnen Daten selbst (→ Rn. 42). Der Schutz von Daten ähnelt im Übrigen eher einem „Flickenteppich“,[120] wobei die relevanten Normen va den Zugang zu und die Integrität von Daten schützen. Der Inhaber kann das Fehlen eines absoluten Rechts letztendlich nur ausgleichen, indem er sich einer Trias bestehend aus technischen Schutzmaßnahmen, gesetzlichen Schutzrechten und vertraglichen Absprachen bedient.

63 Ein effektiver Schutz für Daten ist also zunächst auf der rein faktischen Ebene zu suchen.[121] Hierbei erweisen sich Zugangsbeschränkungen aber va auch Verschlüsselungstechnologien als zielführend. Durch diesen Schutz wird nicht nur der tatsächliche Zugriff auf die Daten erschwert, vielmehr knüpfen hieran sowohl der Geheimnisschutz (mit dem Merkmal der angemessenen Geheimhaltungsmaßnahmen → Rn. 53) als auch der strafrechtliche Schutz nach § 202a StGB (mit dem Merkmal der besonderen Zugangssicherung → Rn. 59) tatbestandlich an. Die durch die technischen Schutzmaßnahmen entstehende faktische Ausschließlichkeit wird im Ergebnis also rechtlich abgesichert, was ein Abwehrrecht begründet. Die Verwertung von Daten muss mangels positiven Verwertungsrechts letztendlich ebenfalls an der faktischen Ausschließlichkeit ansetzen, indem der Zugang zu den Daten zum Gegenstand des Vertrages gemacht wird, was wiederum die Nutzungsmöglichkeit eröffnet. Die positive Verwertung erfolgt demnach allein auf vertraglicher Grundlage, weswegen einer sorgfältigen vertraglichen Regelung des Zugangs und der Nutzung von Daten eine kaum zu überschätzende Bedeutung zukommt (dazu → Rn. 95 ff.).

---

[115] Schönke/Schröder/*Hecker* StGB § 303a Rn. 3; MüKoStGB/*Wieck-Noodt* § 303a Rn. 3.
[116] *Hoeren* MMR 2013, 486 (487).
[117] Vgl. bereits *Welp* iur 1988, 443 (447); *Hoeren* MMR 2019, 5 (6); *Hoeren* MMR 2013, 486 (487); *Zech* CR 2015, 137 (143); *Grützmacher* CR 2016, 485 (491).
[118] *Grützmacher* CR 2016, 485 (490); *Faustmann* VuR 2006, 260 (261); MüKoStGB/*Graf* § 202a Rn. 4a.
[119] *Meier/Wehlau* NJW 1998, 1585 (1588 f.); *Mantz* K&R 2007, 566 (567); *Faustmann* VuR 2006, 260 (262 f.); *Spindler* JZ 2016, 805 (814); *Hörl* ITRB 2014, 111; *Zech* Information S. 386, 399; BeckOGK BGB/*Spindler* § 823 Rn. 183 ff.
[120] *Grützmacher* CR 2016, 485.
[121] *Hoppen* CR 2015, 802.

2. Daten-Auswertungsverträge

Mangels eines Ausschließlichkeitsrechts an Daten erfolgt der Datenhandel derzeit va auf vertraglicher Grundlage. Auch Datenauswertungsverträge bilden sich allerdings erst aus, die Vertragsform steht ebenso wie der Datenhandel insgesamt am Anfang. Dementsprechend besteht kein einheitliches Vertragsrecht. Auch wenn mit der Digitale-Inhalte-Richtlinie[122] die Bereitstellung digitaler Inhalte jedenfalls hinsichtlich einiger Aspekte angeglichen wurden, gilt diese Richtlinie nur für das Verhältnis zwischen Unternehmer und Verbraucher (B2C). Für das Verhältnis zwischen Unternehmern, das hier im Mittelpunkt stehen soll, sind die Verträge stark durch die Umstände des Einzelfalls geprägt, so va die technischen Gegebenheiten. Deshalb stehen die folgenden Ausführungen stets unter dem Vorbehalt der Anforderungen des Einzelfalls, denen soweit wie möglich Rechnung zu tragen ist. Insofern ist auch eine wesentliche Vorfrage, ob personenbezogene Daten in den Daten enthalten sind bzw. ob solche erhoben werden, denn dann sind auch die Vorgaben des Datenschutzrechts durch die Parteien zu beachten; im Vertrag sollte dann insbesondere eine etwaige gemeinsame Verantwortlichkeit adressiert werden.[123] Die datenschutzrechtlichen Bestimmungen haben hierbei auch Auswirkungen auf den Vertrag (→ Rn. 93). 64

Der Begriff *Datenauswertungsvertrag* sollte angesichts des sich erst ausbildenden Datenhandels nicht als fest umrissener, verkehrstypischer und einheitlicher Vertragstyp aufgefasst werden. Auch ein Abstellen auf den Gegenstand des Vertrages kann fehlleiten. Daten fügen sich als unkörperliche Gegenstände schon deshalb nicht ohne weiteres in die Systematik des BGB ein, weil das BGB erkennbar auf körperliche Güter zugeschnitten ist.[124] Da sich die Vertragstypologie weitgehend durch das Pflichtenprogramm der Parteien bestimmt, ist es vielmehr zielführend, stets die Leistungspflichten der Parteien in den Mittelpunkt zu rücken. Dies ist nicht nur aus dogmatischer Sicht geboten, sondern auch aus praktischer Hinsicht zweckmäßig, weil dies den Schluss auf die Vertragsart vereinfacht, während die Betrachtung des Vertragsgegenstandes Daten die Einordnung eher belastet.[125] Ausgehend von diesen Leitlinien kann die folgende vertragstypologische Systematisierung vorgenommen werden. 65

a) Vertragstypologie: Abgrenzung nach dem Pflichtenprogramm

aa) Denkbare Auswertungsszenarien. Um die Leistungspflichten der Parteien zu bestimmen, ist zunächst ein Blick auf die denkbaren Auswertungsszenarien zu legen. Auf einer abstrakten Ebene kann man die Gemeinsamkeit der hier zu skizzierenden Verträge darin sehen, dass sie letztlich auf die Auswertung eines Datenbestandes (als Gegenstand) gerichtet sind. Diese abstrakte Betrachtung täuscht indes darüber hinweg, dass Datenauswertungsverträge im Einzelnen homogen ausfallen können, weil wie eingangs betont nicht auf den Gegenstand, sondern das Pflichtenprogramm abzustellen ist. Deshalb handelt es sich bei dem vermeintlichen Sammelbegriff des Datenauswertungsvertrags um keinen fest umrissenen Vertragstyp. Dies wird dadurch verstärkt, dass die Kooperationsformen in der modernen Industrie im Zuge des IoT sehr vielgestaltig ausfallen. 66

---

[122] Richtlinie 2019/770/EU des Europäischen Parlaments und des Rates vom 20. Mai 2019 über bestimmte vertragsrechtliche Aspekte der Bereitstellung digitaler Inhalte und digitaler Dienstleistungen, ABl. 2019 L 136, 1 ff.; vgl. *Spindler/Sein* MMR 2019, 415; *Spindler/Sein* MMR 2019, 488; *Bach* NJW 2019, 1705; *Staudenmayer* NJW 2019, 2497.

[123] *Kraul* GRUR-Prax 2019, 478 (479); *Schur* Lizenzierung von Daten § 8 D. I. 1. sowie II. 2.

[124] *Specht* Datenhandel Rn. 19.

[125] Dieser Gedanke ist angelehnt an *McGuire* GRUR 2009, 13 (19), die Kritik an der Einordnung des Softwarevertrages durch die hM übt, weil diese sich nicht am Pflichtenprogramm der Parteien orientiere, sondern auf den Vertragsgegenstand abstelle. Dies entspreche nicht der Dogmatik des Vertragsrechts, das hinsichtlich der Vertragstypologie nicht an dem Gegenstand des Vertrages, sondern an dem Pflichtenprogramm der Parteien anknüpft. Dieser zutreffenden Feststellung zufolge ist also Vorsicht geboten, allein aus dem Vertragsgegenstand Konsequenzen bezüglich der Vertragstypologie abzuleiten.

67 Zunächst können Daten*auswertungs*verträge den Gegenstand **tätigkeitsbezogener** Vertragsverhältnisse bilden (→ Rn. 71 ff.). Bspw. kann sich der Auswertende verpflichten, die Daten des Inhabers eines Datenbestands auszuwerten und diesem die Analyseergebnisse zur Verfügung zu stellen. Va Anbieter von Business Intelligence-Lösungen bieten die Analyse von unternehmensseitigen Datenbeständen an, um etwa die Logistik zu optimieren oder Prognosen über den Produktabsatz zu erstellen.[126] Hierbei muss sich die Verpflichtung des Auswertenden nicht zwangsläufig auf die Mitteilung bestimmter Analyseergebnisse beschränken, sondern es können auf dieser Grundlage auch weitergehende Dienstleistungen vereinbart werden. Ein Beispiel ist die Überwachung von Produktionsmaschinen, um durch die Datenanalyse Ausfälle vorherzusagen, bevor diese eintreten (sog. *predictive maintenance*, → Rn. 73).[127] In den Bereich der tätigkeitsbezogenen Vertragsverhältnisse ist auch die Konstellation einzuordnen, dass die Daten nicht durch den Auftraggeber bereitgestellt werden, sondern durch den Auswertenden selbst erhoben werden, um diese auszuwerten und für den Auftraggeber Ergebnisse zu erzielen oder Tätigkeiten auszuführen. Ein Beispiel ist der auf Durchführung von Webtracking gerichtete Vertrag.[128]

68 Gleichsam kann es bei einem *Daten*auswertungsvertrag auch hauptsächlich um den Gegenstand, also die **Überlassung der Daten,** gehen. Das ist etwa der Fall, wenn der Auswertende den Datenbestand für eigene Zwecke auswertet und die Analyseergebnisse für sich verwendet. Bspw. bieten Automobilhersteller den Zugang zu Daten, die durch Fahrzeuge generiert werden, zunehmend auf nachgelagerten Märkten für Dritte an, die die Daten dann zu eigenen Analysezwecken verwenden.[129] Zudem ist es im Bereich der Online-Werbung üblich, dass personenbezogene Daten weitergegeben werden mit dem Ziel, dass der Erwerber auf eigene Rechnung durch Trackingtechnologien nutzerorientierte Werbung schalten kann.[130] In diesen Konstellationen geht es um die Überlassung von Daten, ob nun dauerhaft (→ Rn. 87 ff.) oder zeitlich befristet (→ Rn. 95 ff.).

69 In Zusammenhang hiermit steht auch die Zusammenführung von Datenbeständen verschiedener Unternehmen. Im Rahmen der Industrie 4.0 werden solche Kooperationsformen stark zunehmen, wobei man auch von der horizontalen Integration von Daten spricht.[131] In diesem Rahmen wird die Datenauswertung vertraglich geregelt werden (müssen), indem festgelegt wird, welche Partei die Daten wie auswerten darf. Auch hierbei kommt va eine zeitlich befristete Überlassung der Daten in Betracht (→ Rn. 105).

70 **bb) Regelungsbedürftige Vertragsbestandteile eines Datenauswertungsvertrages.** Unabhängig von dem vertragstypologischen Schwerpunkt ist an dieser Stelle jedoch zu betonen, dass – selbst wenn die tätigkeitsbezogene Leistung im Vordergrund steht – stets Regelungen hinsichtlich der Verwendung der Daten getroffen werden sollten. Das hat va den Hintergrund, dass an Daten derzeit kein Ausschließlichkeitsrecht besteht (→ Rn. 1 ff.). Dadurch könnten die Daten (ebenso wie die Ergebnisse der Analyse) ungehindert weiterverwendet werden (wenn sie ohne Verstoß gegen eine Vorschrift erlangt wurden, die gegen unberechtigten Zugang schützt, → Rn. 45 ff.). Dadurch, dass die Nutzung der Daten rechtlich nicht zugewiesen ist, kann sie auch nicht durch den (faktischen) Inhaber der Daten unterbunden werden. Um die Nutzung während und va nach Vertragsende zu regle-

[126] Vgl. für dieses und weitere Beispiele Bitkom, Big Data im Praxiseinsatz, Szenarien, Beispiele, Effekte, S. 62 ff., www.bitkom.org/sites/default/files/pdf/noindex/Publikationen/2012/Leitfaden/Leitfaden-Big-Data-im-Praxiseinsatz-Szenarien-Beispiele-Effekte/BITKOM-LF-big-data-2012-online1.pdf (30.4.2019). Insgesamt sind Big-Data-Analysen aber keineswegs auf Business Intelligence-Lösungen beschränkt, vgl. *Omri* in Dorschel Praxishandbuch Big Data S. 104.

[127] S. hierzu allg. *Faber/Griga/Groß* DS 2018, 299.

[128] Vgl. die entsprechenden Vertragsmuster bei *Baumgartner* in Moos Datenschutz- und Datennutzungsverträge § 16 Rn. 1 ff.; *Hansen-Oest* in Moos Datenschutz- und Datennutzungsverträge § 17 Rn. 1 ff.

[129] Zu den damit zusammenhängenden Fragen ausf. *Metzger* GRUR 2019, 129.

[130] Vgl. *Feldmann/Höppner* in Moos Datenschutz- und Datennutzungsverträge § 14 Rn. 1 ff.

[131] *Gölzer* Big Data S. 105 ff.; *Drexl* JIPITEC 8 (2017), 257 (Rn. 32 ff.); *Zech* GRUR 2015, 1151 (1152); sowie *Roßnagel* NJW 2017, 10, zu den Fragen rund um dem Smart-Data-Austausch.

mentieren, bedarf es daher vertraglicher Absprachen. Es sollten demzufolge unbedingt möglichst detaillierte Regelungen zur Bereitstellung und den Nutzungsbefugnissen an dem Datenbestand getroffen werden. Nur so kann der Inhaber der Daten verhindern, dass er die Kontrolle über die Daten verliert.

Insgesamt sollte ein Datenauswertungsvertrag (auch wenn es sich um einen Vertrag mit tätigkeitsbezogenem Leistungsschwerpunkt handelt) bezüglich aller drei der nachfolgend genannten Ebenen Regelungen enthalten: 71
- Es ist genau festzulegen, welche Pflichten den Auswertenden hinsichtlich der Auswertung treffen, insbesondere ob er nur die Datenauswertung als Tätigkeit schuldet, er bestimmte Auswertungsergebnisse zu erzielen oder gar weitergehende Leistungen zu erbringen hat; gleichsam kann die Auswertung auch für eigene Zwecke und auf eigene Rechnung erfolgen, sodass den Auswertenden keinerlei Pflichten gegenüber dem Vertragspartner treffen.
- Va wenn der Datenbestand durch eine der Vertragsparteien zur Verfügung gestellt wird, ist zunächst zu regeln, wie der Datenbestand bereitgestellt wird und die darin enthaltenen Daten genutzt werden dürfen (→ Rn. 95 ff., 107).
- Schließlich ist ebenfalls bezüglich der Analyseergebnisse zu regeln, wer sie auf welche Weise nutzen und weitergeben darf.

b) Datenauswertung

aa) Pflicht zur Auswertung als tätigkeitsbezogene Leistungspflicht. Die Pflicht zur Auswertung eines Datenbestandes ist eine tätigkeitsbezogene Pflicht. Damit kommen als Vertragstypen va der **Dienst- und Werkvertrag** in Betracht. Die Abgrenzung richtet sich danach, ob die ordnungsgemäße Erbringung der Dienstleistung an sich oder darüber hinaus ein bestimmter Erfolg geschuldet ist, im ersten Fall handelt es sich um einen Dienst-, im zweiten um einen Werkvertrag.[132] Die Abgrenzung gestaltet sich im Einzelfall allerdings schwierig. Im Ergebnis muss stets im Wege der Auslegung ermittelt werden, ob ein Erfolg aus Sicht der Parteien im Vordergrund des Vertrags steht, wobei die Grenze zwischen Werk- und Dienstvertrag fließend ist.[133] Ein wichtiges Indiz ist die Risikoverteilung, insbesondere die Vergütungsgefahr.[134] In diesem Zusammenhang kann auch die wirtschaftliche Abhängigkeit, die Selbstständigkeit und die Unabhängigkeit ein Abgrenzungskriterium bilden.[135] Ein weiteres Indiz für den Werkvertrag ist, dass dem Besteller ein Anspruch auf Fertigstellung der Arbeiten zusteht.[136] Gleichsam sollten die Rechtsfolgen des Werk- oder des Dienstvertragsrechts zu Ergebnissen führen, die mit dem Vertragszweck und der Leistungsbeschreibung vereinbar sind.[137] Selbst wenn die Auslegung ergibt, dass der Erfolg erkennbar von zentraler Bedeutung ist, muss berücksichtigt werden, ob es der Verpflichtete in der Hand hat, diesen Erfolg herbeizuführen, oder ob Einflüsse maßgebend sind, die der Verpflichtete nicht beeinflussen kann.[138] 72

Um den tätigkeitsbezogenen Datenauswertungsvertrag vertragstypologisch einzuordnen, lässt sich ein Blick auf die Einordnung angrenzender Vertragsformen werfen. Hinsichtlich des **Smart-Data-Austausches** wird vertreten, dass der Abschluss eines Dienstvertrages 73

---

[132] BGH Urt. v. 16.7.2002 – X ZR 27/01, NJW 2002, 3323 (3324); BeckOK BGB/*Baumgärtner* § 611 Rn. 10; MüKoBGB/*Busche* § 631 Rn. 16; Staudinger/*Latzel* BGB § 611 Rn. 110; jurisPK-BGB/*Fandel/Kock* § 611 Rn. 8.
[133] MüKoBGB/*Busche* § 631 Rn. 19; BeckOK BGB/*Voit* § 631 Rn. 6.
[134] MüKoBGB/*Busche* § 631 Rn. 19.
[135] MüKoBGB/*Busche* § 631 Rn. 19; Staudinger/*Peters/Jacoby* BGB Vorb. § 631 Rn. 29.
[136] BeckOK BGB/*Voit* § 631 Rn. 7; va auf die zeitliche Komponente abstellend Staudinger/*Latzel* BGB § 611 Rn. 118.
[137] BeckOGK BGB/*Merkle* § 631 Rn. 166; kritisch Staudinger/*Latzel* BGB § 611 Rn. 121.
[138] BGH Urt. v. 16.7.2002 – X ZR 27/01, NJW 2002, 3323 (3324); BeckOK BGB/*Voit* § 631 Rn. 6; jurisPK-BGB/*Fandel/Kock* § 611 Rn. 9.

den Interessen der Parteien am besten gerecht werde.[139] Diese Ansicht ist maßgeblich auf das reine Zusammenführen von Daten ausgerichtet und zu pauschal, um die zahlreichen Erscheinungsformen (→ Rn. 66 ff.), die im Rahmen der datengetriebenen Kooperation von Unternehmen entstehen, angemessen zu erfassen. Im Ergebnis können diese vielgestaltigen Verhältnisse nur durch eine einzelfallorientierte Prüfung erfasst werden. Hierfür spricht auch die Einordnung von **Forschungs- und Entwicklungsverträgen,** die durch den BGH ebenfalls einzelfallabhängig betrachtet werden.[140] Je größer hierbei die mit der Tätigkeit erkennbar verbundenen Unwägbarkeiten sind, umso ferner kann ein Werkvertrag liegen.[141] Ein Werkvertrag kommt dessen ungeachtet in Betracht, wenn der Verpflichtete trotz dieser Ungewissheit für den Erfolg einstehen will.[142] Für das Vorliegen eines Werkvertrages kann hierbei sprechen, dass die Parteien die zu erledigende Aufgabe und deren Umfang konkret festlegen oder eine erfolgsabhängige Vergütung vereinbaren.[143] Dementsprechend ist auch ein **Auskunftsvertrag** dann Werkvertrag, wenn er sich auf die Erteilung einer bestimmten Information richtet und keine dauerhafte Auskunftsverpflichtung vorliegt.[144] **Beraterverträge** sind in der Regel Geschäftsbesorgungsverträge, sie können aber als Werkvertrag ausgestaltet werden, indem für die Erreichung des Vertragsziels ein bestimmter Erfolg festgelegt wird.[145] Die Einordnung von **Wartungsverträgen** ist umstritten.[146] Auch hier ist im Ergebnis eine dienst- und werkvertragliche Gestaltung denkbar: Stehen Kontroll- und Reparaturdienstleistungen im Vordergrund, liegt ein Werkvertrag nahe, geht es um die Serviceleistungen, wie bspw. die Überwachung durch einen Störungsdient, liegt die Annahme eines Dienstvertrages näher.[147] Wartungsverträge über technische Anlagen werden in der Regel als Werkverträge eingeordnet, weil hier die Erhaltung eines funktionsfähigen Zustands, genauer die Aufdeckung und Ausschaltung auffindbarer Störungsquellen, den geschuldeten Erfolg darstelle.[148]

74 Diese kursorische Übersicht verdeutlicht, dass die Grenze zwischen Werk- und Dienstvertrag fließend ist, sodass für viele Vertragstypen sowohl die Möglichkeit einer dienst- als auch werkvertraglichen Ausgestaltung besteht (→ Rn. 74). Der Datenauswertungsvertrag ist danach **einzelfallabhängig** anhand des jeweiligen Vertrages, va der Hauptleistungspflichten, vertragstypologisch einzuordnen.[149]

Wenn die Erstellung konkreter Analyseergebnisse und dessen Mitteilung geschuldet wird, spricht einiges für einen Werkvertrag, insbesondere wenn die Vergütung zusätzlich erfolgsorientiert ausgestaltet ist und damit das Risiko für das Erreichen des Erfolges bei dem Auswertenden liegt.[150] Va wenn der Inhaber eines Datenbestandes diesen einem Dienstleister bereitstellt und ihn mit der einmaligen Auswertung beauftragt, kommt der Abschluss eines Werkvertrages in Betracht. Allerdings kann ein Dienstvertrag vorliegen, wenn wiederkehrend Analyseergebnisse erzielt werden sollen, hierbei nur die Tätigkeit nach wissenschaftlichen und technischen Standards geschuldet ist und die Vergütung nach feststehenden Zeitabschnitten erfolgt. Durch die Pflicht, Analyseergebnisse abzuliefern, kann der Vertrag aber auch in diesem Fall werkvertragliche Elemente aufweisen. Bei der Datenauswertung ist auch zu berücksichtigen, inwieweit das Erzielen konkreter Ergebnisse

---

139 *Roßnagel* NJW 2017, 10 (12).
140 BGH Urt. v. 16.7.2002 – X ZR 27/01, NJW 2002, 3323 (3324).
141 BGH Urt. v. 16.7.2002 – X ZR 27/01, NJW 2002, 3323 (3324).
142 BeckOK BGB/*Voit* § 631 Rn. 29.
143 BeckOGK BGB/*Merkle* § 631 Rn. 328.
144 BeckOK BGB/*Voit* § 631 Rn. 19; BeckOGK BGB/*Merkle* § 631 Rn. 315.
145 BeckOK BGB/*Voit* § 631 Rn. 23.
146 MüKoBGB/*Busche* § 631 Rn. 172.
147 BeckOGK BGB/*Merkle* § 631 Rn. 376; MüKoBGB/*Busche* § 631 Rn. 174.
148 BeckOGK BGB/*Merkle* § 631 Rn. 376.2; Staudinger/*Peters/Jacoby* BGB Vorb. § 631 Rn. 41.
149 Vgl. auch *Baumgartner* in Moos Datenschutz- und Datennutzungsverträge § 16 Rn. 10; *Dorschel* in Dorschel Praxishandbuch Big Data S. 247.
150 Vgl. auch *Dorschel* in Dorschel Praxishandbuch Big Data S. 247.

mit Unwägbarkeiten verbunden ist, die die Risikoverteilung eines Werkvertrages unangemessen erscheinen lassen.

Auch wenn aufgrund der Analyseergebnisse weitergehende Dienstleistungen erfolgen sollen, wie etwa beim predictive maintenance (→ Rn. 67), muss es sich nicht zwangsläufig um einen Dienstvertrag handeln. Denn auch bei Wartungsverträgen dominieren in der Regel die werkvertraglichen Elemente, wenn das Auffinden und Beheben von Störungen im Mittelpunkt des Vertrags stehen.

bb) Dienst- und werkvertragliche Gestaltungsmöglichkeiten. Die vom Einzelfall abhängige Einordnung mag bei der Rechtsanwendung zunächst misslich erscheinen, im Rahmen der Vertragsgestaltung eröffnet sie aber weitgehende **Spielräume zur angemessenen Gestaltung** von Datenauswertungsverträgen, denn vielfach ist sowohl eine dienst- als auch eine werkvertragliche Gestaltung möglich.[151] Die Parteien können selbst bestimmen, ob sie den Datenauswertungsvertrag rein tätigkeits- oder erfolgsorientiert ausgestalten wollen.[152] Dies bestimmt sich maßgeblich durch die getroffene Bestimmung des Leistungsgegenstandes.[153] Die Vertragsparteien sollten daher stets bedenken, dass sie mit der Leistungsbeschreibung zugleich über die Anwendbarkeit des Dienst- und Werkvertragsrechts entscheiden. Die rechtlichen Folgen sind hierbei schon aufgrund der erheblichen Unterschiede hinsichtlich des Gewährleistungsrechts grundverschieden (→ Rn. 79 ff.).[154] Beachten die Parteien dies nicht, folgt durch eine unsachgemäße Leistungsbeschreibung uU die Anwendbarkeit eines Vertragsrechts, das durch die Parteien tatsächlich gar nicht gewollt war. Demnach eröffnet die Leistungsbeschreibung den Parteien Möglichkeiten, den Vertrag nach ihrer Interessenlage frei zu gestalten, bedeutet aber zugleich ein Risiko, wenn die Parteien die Interdependenz der Leistungsbeschreibung mit dem anwendbaren Vertragsrecht übersehen. 75

Die Parteien sollten die Leistungsbeschreibung stets unter Berücksichtigung der Tatsache treffen, dass hierdurch zugleich die Anwendbarkeit des Dienst- oder des Werkvertrages wesentlich beeinflusst wird. Ein maßgebliches Kriterium ist hierbei, inwieweit der Auswertende für einen bestimmten Erfolg einstehen soll. Bei dienstvertraglicher Ausrichtung schuldet der Auswertende demgegenüber nur ein den Regeln der Wissenschaft und Technik entsprechendes Vorgehen.[155] Hierbei sollten die Parteien berücksichtigen, inwieweit Unwägbarkeiten bestehen, die das Erreichen des Erfolges unabhängig von den Bemühungen des Auswertenden verhindern könnten. Abgesehen davon steht es den Vertragsparteien aber frei, trotz eines relativ hohen Risikos einen Werkvertrag zu schließen.[156] 76

In der Regel dürfte es den Parteien mit der Datenauswertung um einen bestimmten Erfolg gehen. Jedenfalls aus Sicht des Auftraggebers ist eine werkvertragliche Ausrichtung vorzugswürdig.[157] Dennoch ist auf Seiten des Auswertenden zu berücksichtigen, dass die Erlangung bestimmter Ergebnisse ggf. nicht möglich oder jedenfalls mit Unwägbarkeiten verbunden ist. Denn der Erfolg der Auswertung hängt neben dem eingesetzten Analyseverfahren auch maßgeblich von der Qualität der zu analysierenden Daten ab. Inwieweit das Analyseverfahren auch mit unstrukturierten Daten und mit einer geringen Datenquali- 77

[151] Vgl. Staudinger/*Peters/Jacoby* BGB Vorb. § 631 Rn. 30.
[152] Die im Einzelfall geschuldete Leistung unterliegt daher der Parteivereinbarung, vgl. BGH Urt. v. 16.7. 2002 – X ZR 27/01, NJW 2002, 3323 (3324); skeptisch bzgl. der Bedeutung der Abgrenzung Staudinger/*Peters/Jacoby* BGB Vorb. § 631 Rn. 39, da ausschließlich die konkrete Vertragsgestaltung Beachtung verdiene.
[153] MüKoBGB/*Busche* § 631 Rn. 17.
[154] Ausf. zu den Unterschieden MüKoBGB/*Busche* § 631 Rn. 11 ff.
[155] jurisPK-BGB/*Fandel/Kock* § 611 Rn. 28.
[156] BGH Urt. v. 16.7. 2002 – X ZR 27/01, NJW 2002, 3323 (3324).
[157] Hierzu Staudinger/*Peters/Jacoby* BGB Vorb. § 631 Rn. 30.

tät zurechtkommt, muss also bereits in dem Vertrag seinen Niederschlag finden. Außerdem ist zu berücksichtigen, dass Analyseverfahren, insbesondere Big Data-Analysen, zunehmend ergebnisoffen erfolgen, sodass die Vereinbarung sehr detaillierter Ziele uU unzweckmäßig ist. Ggf. kann der Erfolg dahingehend vereinbart werden, dass bereits die Analyse und die Ablieferung der Ergebnisse (unter bestimmten Vorgaben) den Erfolg bilden oder dass die Analyseergebnisse nur durch gewisse Zielvorgaben eingeschränkt werden. Auch wenn ein Dienstvertrag gewählt wird, sollten solche Ziele formuliert und Mitteilungspflichten klar geregelt werden.

78 **cc) Haupt- und Nebenpflichten.** Ist der Datenauswertungsvertrag als **Werkvertrag** ausgestaltet, trifft den Unternehmer die Pflicht, das Werk mit den vereinbarten Eigenschaften herzustellen[158] und abzuliefern.[159] Auch unkörperliche Werke können Gegenstand eines Werkvertrages sein, an die Stelle der Ablieferung tritt dann die Zugänglichmachung des Werkes.[160] Zu berücksichtigen ist ferner, dass den Unternehmer eine (ggf. stillschweigend vertraglich vereinbarte) Prüfungs- und Beratungspflicht trifft, die auch während der Herstellungsphase fortbesteht.[161] Den Unternehmer trifft deshalb uU die Pflicht, den Datenbestand daraufhin zu prüfen, ob die Auswertung technisch durchführbar ist. Auch während der Analyse auftretende Unwägbarkeiten muss der Unternehmer mitteilen. Grundsätzlich steht es dem Unternehmer frei, Hilfskräfte einzusetzen, um den werkvertraglich geschuldeten Erfolg zu erreichen.[162] Etwas anderes gilt nur, wenn die besondere Vertrauenswürdigkeit des Unternehmers eine Rolle spielt.[163] Diesbezüglich ist zu betonen, dass Daten derzeit als Geschäftsgeheimnisse geschützt sein können (→ Rn. 45 ff.). Umso mehr Personen Zugang zu den Daten haben, desto höher ist das Risiko, dass die in den Daten enthaltenen Informationen nicht mehr als geheim angesehen werden können, sodass sie ihren Schutz verlieren (→ Rn. 49). Aus diesem Grund kann eine Auslegung ergeben, dass keine Hilfskräfte eingesetzt werden dürfen, zumal es dem Besteller zumeist auf die Person des Unternehmers ankommt. Der Vertrag sollte im Ergebnis diesbezüglich eine Regelung enthalten, die insbesondere auch Vorgaben zur Geheimhaltung vorsieht. Den Besteller trifft die Pflicht zur Vergütung und zur Abnahme des Werkes.[164] Zur Mitwirkung ist er grundsätzlich nicht verpflichtet.[165] In dieser Hinsicht sollten die Parteien aber ggf. eine abweichende Regelung vereinbaren, denn sollen die Daten des Bestellers selbst ausgewertet werden, ist der Unternehmer auf den Zugang hierzu angewiesen. Die Parteien sollten genau regeln, wie der Zugang zu erfolgen hat und welche Verpflichtungen den Besteller diesbezüglich treffen. Neben dem Zugang empfiehlt es sich, die Nutzung und Weitergabe der Daten zu reglementieren, weil ansonsten mangels eines Ausschließlichkeitsrechts das Risiko besteht, dass der Inhaber die Kontrolle über die Nutzung der Daten verliert. Gleiches gilt für die Analyseergebnisse. Deshalb ist es den Parteien zu empfehlen, den Zugang, die Nutzung und die Weitergabe der Daten und der Analyseergebnisse ausführlich im Rahmen einer Datenlizenz zu regeln (→ Rn. 95 ff.).

79 Ist der Datenauswertungsvertrag hingegen als **Dienstvertrag** ausgestaltet, ist der Auswertende nur zur Tätigkeit an sich verpflichtet. Die Erbringung der Dienstleistung richtet sich nach der vertraglichen Vereinbarung. In diesem Zusammenhang sollten die Parteien detailliert regeln, wie die Mitteilung der Ergebnisse zu erfolgen hat. Die Dienstleistung ist im Zweifel höchstpersönlich und ohne Übertragung auf Dritte zu erbringen, vgl. § 613

[158] BeckOK BGB/*Voit* § 631 Rn. 60; MüKoBGB/*Busche* § 631 Rn. 60.
[159] BeckOK BGB/*Voit* § 631 Rn. 62; MüKoBGB/*Busche* § 631 Rn. 61 ff.
[160] MüKoBGB/*Busche* § 631 Rn. 63.
[161] Staudinger/*Peters/Jacoby* BGB § 631 Rn. 49 ff.; BeckOK BGB/*Voit* § 631 Rn. 65 f.; MüKoBGB/*Busche* § 631 Rn. 77.
[162] BeckOK BGB/*Voit* § 631 Rn. 61; MüKoBGB/*Busche* § 631 Rn. 73.
[163] MüKoBGB/*Busche* § 631 Rn. 73.
[164] Eine Übersicht für mögliche Vergütungsmodelle findet sich bei MüKoBGB/*Busche* § 631 Rn. 90 ff.
[165] Staudinger/*Peters/Jacoby* BGB Vorb. § 631 Rn. 62 ff.; BeckOK BGB/*Voit* § 631 Rn. 105.

S. 1 BGB.[166] Allerdings hindert der Grundsatz der Höchstpersönlichkeit den jeweiligen Dienstleister nicht daran, sich durch Hilfspersonen unterstützen zu lassen, wobei die Hilfsleistungen unter seiner Verantwortung erbracht werden müssen.[167] Die Nebenpflichten können sich aus § 241 Abs. 2 BGB ergeben und richten sich nach dem jeweiligen Vertragsverhältnis. Auch hier können sich Verschwiegenheitspflichten ergeben.[168] Um Streitigkeiten vorzubeugen, sollten solche Vertraulichkeitsvereinbarungen ausdrücklich geregelt werden. Auch hier ist uU der Zugang, die Nutzung und die Weitergabe der Daten und der Analyseergebnisse genau im Rahmen einer Datenlizenz zu regeln (→ Rn. 95ff.).

dd) Gewährleistungsrecht. Hinsichtlich des Mängelgewährleistungsrechts ist zwischen Nicht- und Schlechtleistung zu differenzieren. Zunächst kann eine **Nichtleistung** vorliegen, wenn der Auswertende seine Pflicht zur Analyse der Daten, zur Bereitstellung der Ergebnisse und zur Beratung des Auftraggebers nicht oder verspätet erbringt.[169] Hier kommen dann die Ansprüche aus §§ 280ff. BGB in Betracht, va der Schadensersatz statt der Leistung (§ 281 Abs. 1 BGB). Letzterer setzt allerdings voraus, dass der Gläubiger eine Frist zur Nichterfüllung setzt, die fruchtlos verstreicht. Unter dieser Voraussetzung kommt auch ein Rücktritt in Betracht, vgl. § 323 Abs. 1 BGB. Falls keine Frist gesetzt wurde, ist zu prüfen, ob es sich um eine absolute Fixschuld handelt, die bei Nichtleistung eine Unmöglichkeit nach sich zieht (vgl. § 283 BGB sowie § 326 Abs. 5 BGB). 80

Eine **Schlechtleistung** liegt demgegenüber vor, wenn der Auswertende die Daten fehlerhaft analysiert, Ausfallprognosen falsch erstellt oder fehlerhaft berät.[170] Auch diesbezüglich ist der jeweilige Vertrag maßgeblich, als dass ein Mangel durch eine negative Abweichung von der vertraglich vereinbarten Beschaffenheit begründet wird. 81

Liegt ein **werkvertraglich** ausgestalteter Datenauswertungsvertrag vor, sind in diesem Fall ab der Abnahme[171] die Mängelrechte aus § 634 BGB anwendbar. Zu beachten ist hierbei, dass die Nacherfüllung Vorrang vor den übrigen Rechten, insbesondere dem Rücktritt, beansprucht.[172] Gleichsam ist zu berücksichtigen, dass angesichts der Wertung des § 645 BGB eine Berücksichtigung solcher Mängel ausgeschlossen ist, die aus der Sphäre des Bestellers stammen.[173] Hat der Dateninhaber also mangelhafte Daten bereitgestellt, kann eine Haftung ausgeschlossen sein. Dies gilt jedoch nur unter zwei wesentlichen Einschränkungen. Es ist nämlich einerseits zu berücksichtigen, dass heutige Analyseverfahren auch oftmals mit einer geringen Datenqualität, wie bspw. mit semi- oder unstrukturierten Daten, zurechtkommen. Um Unsicherheiten zu vermeiden, empfiehlt sich eine Regelung zur Bereitstellung als auch zur Qualität der Daten (→ Rn. 90f.). Zu berücksichtigen ist andererseits, dass den Auswertenden Prüfungs- und Mitteilungspflichten treffen und er die Beweislast dafür trägt, dass er diesen Pflichten nachgekommen ist.[174] Dh er sollte den Datenbestand stets vor der eigentlichen Auswertung stichprobenartig sichten, um die Datenqualität im Voraus zu bewerten (→ Rn. 92). 82

Für das **Dienstvertragsrecht** richtet sich die vertragliche Haftung va nach den allgemeinen Vorschriften der §§ 280ff. BGB, da besondere Bestimmungen zur Gewährleistung fehlen.[175] Nach einer Ansicht kann dem zur Dienstleistung Verpflichteten in analoger Anwendung der §§ 633ff. BGB jedenfalls dann ein Nachbesserungsrecht zukommen, wenn die geschuldete Einzelleistung für sich betrachtet werkvertraglichen Charakter hat.[176] Dies 83

[166] *Roßnagel* NJW 2017, 10 (13); BeckOK BGB/*Baumgärtner* § 611 Rn. 35.
[167] *Roßnagel* NJW 2017, 10 (13).
[168] *Roßnagel* NJW 2017, 10 (13).
[169] *Roßnagel* NJW 2017, 10 (13f.).
[170] *Roßnagel* NJW 2017, 10 (14).
[171] AA MüKoBGB/*Busche* § 634 Rn. 3f.
[172] MüKoBGB/*Busche* § 634 Rn. 75.
[173] MüKoBGB/*Busche* § 634 Rn. 82.
[174] MüKoBGB/*Busche* § 634 Rn. 82.
[175] Staudinger/*Richardi*/*Fischinger* BGB Vorb. § 611 Rn. 1268.
[176] Vgl. BeckOK BGB/*Baumgärtner* § 611 Rn. 53 mwN; BeckOGK BGB/*Maties* § 611 Rn. 329.

gilt für einen als Dienstleistungsvertrag ausgestalteten Datenanalysevertrag dann, wenn werkvertragliche Ablieferungs- und Mitteilungspflichten bestehen (insofern die Leistung diesbezüglich präzise genug gefasst ist).[177] Die Rechtsprechung versagt zudem dann einen Anspruch auf die Vergütung, wenn die erbrachte Dienstleistung infolge einer vom Dienstverpflichteten zu vertretenden Schlechtleistung für den Dienstberechtigten ohne Interesse ist, was durch einen Schadensersatzanspruch aus § 280 Abs. 1 BGB begründet wird, der nach § 249 BGB auf Befreiung von der Vergütungspflicht gerichtet ist.[178]

84 Insgesamt dürften sowohl der Schaden als auch die Kausalität schwer zu beweisen sein.[179] Hier bieten sich weitergehende vertragliche Regelungen an, um diese Probleme zu antizipieren und vorausschauende Lösungen zu finden.

c) Grundzüge der Überlassung von Daten

85 Die Notwendigkeit, die Überlassung von Daten zu reglementieren, stellt sich im Rahmen von Datenauswertungsverträgen aus zwei Blickwinkeln. Zunächst wurde bereits im Rahmen der tätigkeitsbezogenen Datenauswertungsverträge betont, dass mangels eines Ausschließlichkeitsrechts die Nutzung der Daten nur durch eine vertragliche Vereinbarung reglementiert werden kann (→ Rn. 77 f.). Davon sollten die Parteien unbedingt Gebrauch machen. Hierzu bietet sich eine Regelung im Rahmen einer sog. Datenlizenz an (→ Rn. 95 ff.).

86 Darüber hinaus kann der Begriff des Datenauswertungsvertrags dahingehend verstanden werden, dass der Inhaber eines Datenbestandes diesen einer Person überlässt, damit Letzterer den Datenbestand im eigenen Interesse auswertet und die Ergebnisse ausschließlich für sich verwendet. In diesem Fall sollen keine tätigkeitsbezogenen Pflichten begründet werden, es geht vielmehr va um die Überlassung der Daten. Dann stehen den Parteien im Wesentlichen zwei Alternativen zur Vertragsgestaltung gegenüber, nämlich ein Datenkauf (→ Rn. 87 ff.) oder Gebrauchsüberlassungsvertrag (→ Rn. 95 ff.).

87 Zur Abgrenzung zwischen (Daten-)Kauf und Gebrauchsüberlassung wird oftmals darauf abgestellt, ob die Überlassung zeitlich befristet oder unbefristet erfolgt.[180] Dies ist im Ausgangspunkt zutreffend, doch im Einzelfall zu eindimensional. Denn in der Praxis kann die dauerhafte Überlassung von Daten inhaltlich derart beschränkt sein, dass nur bestimmte Nutzungsmöglichkeiten verbleiben. In diesem Fall kann man uU nicht mehr von einem Kaufvertrag sprechen.[181] Weitreichende Nutzungs- bzw. Weitergabebeschränkungen oder Löschungspflichten können deshalb uU der Annahme eines Kaufvertrages entgegenstehen.[182]

d) Datenkauf

88 **aa) Daten als sonstiger Gegenstand.** Der Kaufvertrag ist auf einen dauerhaften und endgültigen Austausch von Gütern zugeschnitten. Im Rahmen von körperlichen Gegenstanden begründet der Kaufvertrag die Verpflichtung zur Übergabe der Sache und zur Eigentumsübertragung, die auf dinglicher Ebene durch eine Verfügung erfüllt wird. Diese gesetzliche Konzeption lässt sich nicht ohne Weiteres auf Daten übertragen, denn bei ihnen fehlt es an einer dem Eigentum vergleichbaren Rechtsposition, die übertragen werden

---

[177] BeckOK BGB/*Baumgärtner* § 611 Rn. 54.
[178] Vgl. etwa OLG Köln Urt. v. 24.11.1993 – 27 U 44/93, MedR 1994, 198; dazu auch BeckOGK BGB/*Maties* § 611 Rn. 328; zu den dogmatischen Problemen in der Begründung vgl. BeckOK BGB/*Baumgärtner* § 611 Rn. 53.
[179] *Roßnagel* NJW 2017, 10 (13).
[180] Die Entwicklung ist va im Bereich von Standardsoftware infolge der UsedSoft-Rechtsprechung zu verzeichnen, vgl. hierzu *Schneider/Spindler* CR 2014, 213 (215 f.) mwN; allg. zur Abgrenzung nach dem zeitlichen Gesichtspunkt *Haberstumpf* NJOZ 2015, 793 (802); *Ebnet* Informationsvertrag S. 53.
[181] Ausf. *Schur* Lizenzierung von Daten § 7 D. I.; vgl. auch *Specht* Datenhandel Rn. 503 ff.
[182] *Schur* Lizenzierung von Daten § 7 D. I.; aA *Ebnet* Informationsvertrag S. 57.

könnte (→ Rn. 1ff.).[183] Aus diesem Grund handelt es sich auch um keinen Rechtskauf. Im Ergebnis ist ein Datenkauf ein Kauf sonstiger Gegenstände nach § 453 Abs. 1 Alt. 2 BGB.[184]

bb) Erfüllungshandlungen. Da es sich bei Daten um einen sonstigen Gegenstand iSv 89 § 453 Abs. 1 Alt. 2 BGB handelt, sind die Regelung über den Kaufvertrag entsprechend anwendbar. Hierbei stellen sich aber aufgrund der gesetzlichen Konzeption, die einen Vollzug des Kaufvertrages durch Verfügung auf dinglicher Ebene voraussetzt, Probleme hinsichtlich der beim Datenkauf erforderlichen Vollzugshandlung, da es an einem übertragbaren Recht fehlt. Im Ausgangspunkt tritt bei sonstigen Gegenständen die faktische Übergabe an die Stelle der Verfügung.[185] Mangels gesetzlicher Vorgaben ist allerdings unklar, wie diese faktische Übergabe im Einzelnen ausgestaltet sein muss. Sie muss jedenfalls der Übertragungsnorm des § 929 BGB nicht vollumfänglich entsprechen.[186] Dh das Übertragen von Daten kann auch dann eine Erfüllung darstellen, wenn die Daten nach wie vor beim Veräußerer vorhanden sind.[187] Dies ist letztendlich auf die charakteristischen Eigenschaften von Daten zurückzuführen, die sich anders als körperliche Gegenstände ohne weiteres vervielfältigen lassen.[188] Wenn auch auf die Parallele zur Besitzaufgabe verzichtet werden kann, muss der Erwerber aber jedenfalls eine Position erlangen, die es ihm erlaubt, die Daten dauerhaft zu verwenden.

Abgesehen von den vorstehenden Grundzügen richtet sich die Frage nach der konkret 90 vorzunehmenden Erfüllungshandlung letztlich nach dem jeweiligen Gegenstand und ist daher letztendlich eine Einzelfallfrage.[189] Aufgrund dieser rechtlichen Unsicherheit empfiehlt sich eine ausdrückliche Parteivereinbarung nicht nur hinsichtlich des Kaufgegenstandes, sondern auch hinsichtlich der vorzunehmenden Erfüllungshandlungen.

cc) Gewährleistungsrecht. Durch den Verweis des § 453 Abs. 1 Alt. 2 BGB findet das 91 kaufrechtliche Mängelgewährleistungsrecht entsprechende Anwendung. Ob ein Mangel vorliegt, richtet sich primär nach dem subjektiven Fehlerbegriff.[190] Vorrangig ist deshalb die vertraglich vereinbarte Beschaffenheit (§ 434 Abs. 1 S. 1 BGB) zu beachten. Den Parteien ist hier anzuraten, eine Regelung hinsichtlich der Datenqualität in den Vertrag aufzunehmen. Das gilt insbesondere vor dem Hintergrund, dass sich die Frage problematisch gestaltet, wie sich die übliche Beschaffenheit von Daten bestimmen lässt, wenn Vereinbarungen fehlen.[191] Hier setzt eine Diskussion zur Datenqualität an, die sich aber gerade erst ausbildet und deshalb noch keine anerkannten Kriterien zur Bestimmung der Datenqualität vorhält.[192] Demnach muss auch die Frage, was unter einer üblichen Beschaffenheit von Daten zu verstehen ist, derzeit als noch als offen bezeichnet werden. Zudem gelangt man auf diesem Weg zwangsläufig zu der Frage, ob die Haftungsprivilegierung für Druckwerke[193] auch auf Daten anwendbar ist, was bislang auch noch nicht tiefgehend aufgearbeitet ist.[194]

---

[183] *Specht* Datenhandel Rn. 422; s. auch *Haberstumpf* NJOZ 2015, 793 (797f.).
[184] Vgl. *Specht* Datenhandel Rn. 500; *Kirchner* InTeR 2018, 19 (21); s. auch (insbes. für ein Vertragsmuster) *Feldmann/Höppner* in Moos Datenschutz- und Datennutzungsverträge § 14 Rn. 1ff.
[185] *Specht* Datenhandel Rn. 500.
[186] *Haberstumpf* NJOZ 2015, 793 (802); *Ebnet* Informationsvertrag S. 54; *Specht* Datenhandel Rn. 386.
[187] *Specht* Datenhandel Rn. 502; *Ebnet* Informationsvertrag S. 54f.; *Haberstumpf* NJOZ 2015, 793 (802).
[188] *Ebnet* Informationsvertrag S. 53.
[189] *Specht* Datenhandel Rn. 423; BeckOK BGB/*Faust* § 453 Rn. 25.
[190] *Kirchner* InTeR 2018, 19 (21).
[191] Vgl. dazu *Kirchner* InTeR 2018, 19 (21).
[192] Vgl. zur Diskussion *Kirchner* InTeR 2018, 19 (21), *Hoeren* MMR 2016, 8; *Hoeren* ZD 2016, 459; s. bereits *Spindler* ZUM 1996, 533 (544); zu einer entsprechenden Vertragsklausel s. *Feldmann/Höppner* in Moos Datenschutz- und Datennutzungsverträge § 14 Rn. 24ff.
[193] Vgl. hierzu *Foerste* NJW 1991, 1433 mwN.
[194] Bislang wird einer Übertragung auf Daten zurückhaltend begegnet, vgl. *Kirchner* InTeR 2018, 19 (22); *Hoeren* MMR 2016, 8 (9).

92 Die Etablierung von gängigen Standards hinsichtlich der Datenqualität ist zweifelsohne eine wichtige Frage, die auch vertieft hinsichtlich der juristischen Dimension aufgearbeitet werden muss. Dennoch ist pauschalen Aussagen zur Datenqualität (jedenfalls noch) mit Vorsicht zu begegnen. Dies liegt daran, dass Big Data-Anwendungen keineswegs homogen ausfallen. Zwar charakterisiert Big Data, dass die Analyseverfahren zunehmend auch mit semi- oder unstrukturierten Daten zurechtkommen (Ausdruck hiervon ist das Merkmal *variety*).[195] Selbst inhaltlich unrichtige Daten sollen die Analyseverfahren erkennen.[196] Jedoch stellt sich die Frage, inwieweit diese Merkmale im Einzelfall tatsächlich erfüllt sind. Hier können durchaus Unterschiede bestehen, die sich aus dem Zweck der jeweiligen Datenanalyse ergeben, und diese Unterschiede könnte man durch eine einheitliche Anwendung von Datenqualitätsstandards negieren. Dies zeigt auch ein Blick auf die Technologien, die zur Datenhaltung und Datenspeicherung eingesetzt werden. Während früher weitgehend relationale Datenbanken zum Einsatz gekommen sind, die wiederum technisch weitgehend homogen ausfallen, kommen heute vermehrt sog. nicht-relationale Datenbanken zum Einsatz, auch NoSQL-Datenbanken genannt.[197] Diese fallen weitgehend heterogen aus und sind ihrem Zweck entsprechend hochspezialisiert ausgestaltet.[198] Vieles spricht unter Berücksichtigung dieser Hindernisse dafür, bei der Bestimmung der Datenqualität derzeit noch den Einzelfall im Blick zu behalten, auch wenn eine Vereinbarung der Parteien fehlt. Deshalb sollte die Norm des § 434 Abs. 1 S. 2 Nr. 1 BGB nicht aus den Augen verloren werden. Hiernach kann der vertraglich vorausgesetzte Zweck zur Bestimmung eines Mangels herangezogen werden, wodurch insbesondere den Umständen des Einzelfalls Rechnung getragen werden kann.

93 Abschließend sei noch darauf hingewiesen, dass sich die Datenqualität in vielfacher Hinsicht verstehen lässt. Erstens kann es um Fehler gehen, die ihre syntaktische Struktur betreffen, bspw. wenn Daten in einem nicht lesbaren Format übertragen worden sind.[199] Zweitens kann man darunter auch eine gewisse inhaltliche Qualität verstehen. Drittens kann hiermit auch die Verfügbarkeit der Daten gemeint sein. Schließlich kann die Datenqualität auch meinen, dass die Daten frei von Rechten Dritter sind. Die Mehrdeutigkeit des Begriffs ist bei der Parteivereinbarung unbedingt zu berücksichtigen und ihr ist durch klare Regelungen zu begegnen. Während hinsichtlich der syntaktischen Struktur zumeist ein erhebliches Interesse an der Festlegung einer bestimmten Qualität besteht, sollte bezüglich der inhaltlichen Qualität Vorsicht vor einer Festlegung geübt werden. Denn allein angesichts der schieren Größe der Datenbestände lässt sich der Inhalt schwer kontrollieren; zudem sind die heutigen Analyseverfahren zunehmend darauf ausgerichtet, mit unrichtigen oder unvollständigen Daten umzugehen.[200] Bestehen entgegenstehende Rechte Dritter, kann dies einen Rechtsmangel begründen.[201] Deshalb ist der Datenbestand im Vorfeld stets sorgfältig dahingehend zu prüfen, ob in ihm immaterialgüterrechtlich oder datenschutzrechtlich geschützte Informationen enthalten sind, die der Datenanalyse entgegenstehende Rechte Dritter begründen. Abschließend sei angemerkt, dass auch die kürzlich erlassene in Art. 7 und 8 ausführliche Vorschriften zur Mangelhaftigkeit enthält, allerdings ist die RL nur auf das Verhältnis zwischen Unternehmer und Verbraucher anwendbar, vgl.

---

[195] *De Wachter* CRi 2014, 1 (2); *Drexl* JIPITEC 8 (2017), 257 (Rn. 21 ff.).

[196] Dies kennzeichnet das Merkmal veracity, das zT als vierte Eigenschaft von Big Data genannt wird. Es bezieht sich auf die Richtigkeit, Vollständigkeit und Verlässlichkeit der Dateninhalte, denn es sind auch solche Daten einzubeziehen, deren objektiver Erkenntnisgewinn nicht allzu hoch ist und die ggf. subjektive Vorstellungen oder Fehler enthalten, was durch die Anwendungen berücksichtigt werden muss, vgl. *Dorschel* in Dorschel Praxishandbuch Big Data S. 8.

[197] Vgl. *Kaur/Rani* in 2013 IEEE International Conference on Big Data S. 1, *Pokorny* Int. Journal of Web Information Systems 9 (2013), 69 (74).

[198] *Pokorny* Int. Journal of Web Information Systems 9 (2013), 69 (80); *Gölzer* Big Data S. 52 ff., 217.

[199] Vgl. *Peschel/Rockstroh* MMR 2014, 571 (576).

[200] *Dorschel* in Dorschel Praxishandbuch Big Data S. 8; s. auch *Moos/Arning* in Moos Datenschutz- und Datennutzungsverträge § 15 Rn. 22, 65.

[201] Vgl. hierzu *Feldmann/Höppner* in Moos Datenschutz- und Datennutzungsverträge § 14 Rn. 24 ff.

Art. 3 Digitale-Inhalte-RL. Ob sie mittelbare Auswirkungen haben wird, etwa im Rahmen einer allgemeineren Umsetzung in das BGB, ist derzeit noch nicht absehbar.

dd) Rechtliche Grenzen, AGB-Recht. Hinsichtlich der rechtlichen Grenzen ist va das Datenschutzrecht zu beachten, soweit personenbezogene Daten betroffen sind. In diesem Zusammenhang stellt sich va die Frage, welche Auswirkungen es auf den Vertrag hat, wenn Daten verkauft werden, die ohne Rechtsgrundlage erhoben worden sind. Bislang hat der BGH lediglich entschieden, dass der Verstoß gegen datenschutzrechtliche Bestimmungen kein gesetzliches Abtretungsverbot begründet.[202] In die gegenläufige Richtung weist eine Entscheidung des OLG Frankfurt a. M., in der das Gericht einen Datenkauf gem. § 134 BGB als nichtig qualifizierte, weil die verkauften Daten ohne gesetzliche Grundlage erhoben wurden.[203] Aufgrund des durch beide Seiten verübten Verstoßes insbesondere gegen datenschutzrechtliche Vorschriften verweigerte das Gericht dem Käufer darüber hinaus eine Rückforderung des Kaufpreises durch Anwendung des § 817 S. 2 BGB.[204] Das Urteil ist aufgrund seiner weitreichenden Folgen auf Kritik[205] gestoßen und die Anwendung des § 134 BGB auf datenschutzrechtliche Verstöße wird oftmals mit dem Argument abgelehnt, das Datenschutzrecht selbst enthalte bereits ausreichende Sanktionsmöglichkeiten.[206] Wenn man dem Urteil und einer Literaturansicht folgt, nach denen datenschutzrechtliche Verstöße zur Nichtigkeit des Vertrages führen können,[207] so folgt aus dem Datenschutzrecht eine rechtliche Grenze von Datenkaufverträgen. Hierbei besteht die Gefahr für den Käufer, dass er den Kaufpreisanspruch nicht zurückfordern kann, wenn ihm der Verstoß anzulasten ist, er also Kenntnis von der rechtswidrigen Datenverarbeitung hat. Es ist aber noch darauf hinzuweisen, dass der Vertrag nach der Gegenansicht wirksam ist, aber der Verstoß gegen die datenschutzrechtlichen Bestimmungen selbstverständlich durch die Datenschutzbehörde geahndet werden kann. 94

Eine weitere Grenze bildet das AGB-Recht, insofern es sich um alle für eine Vielzahl von Verträgen vorformulierten Vertragsbedingungen handelt. Insoweit ergeben sich keine Besonderheiten. Zu betonen ist hierbei, dass bei Unwirksamkeit einzelner Klauseln der Vertrag im Übrigen wirksam bleibt, § 306 Abs. 1 BGB. Auch ist zu berücksichtigen, dass die Regelungen der §§ 308, 309 BGB auf Datenkäufe zwischen Unternehmern gem. § 310 Abs. 1 BGB keine direkte Anwendung finden, aber nach hM Indizwirkung für eine Benachteiligung nach § 307 Abs. 1 BGB entfalten.[208] 95

e) Zeitlich befristete Überlassung von oder Zugang zu Daten

Neben einem Datenkauf als dauerhafte Überlassung der Daten steht es dem Inhaber frei, diese nur zeitlich befristet zu überlassen. Aus Sicht des Inhabers des Datenbestands ist dies durchaus vorzugswürdig, denn bei Vereinbarung von Nutzungs- und Weitergabebeschränkungen kann dieser die Kontrolle über die Daten behalten. Im Gegensatz dazu führt die unbeschränkte und dauerhafte Überlassung von Daten dazu, dass mangels eines Ausschließlichkeitsrechts die Kontrolle über sie verloren geht, denn der Käufer kann die Daten dann frei nutzen und weitergeben. Auch wenn der Inhaber einen Vertragspartner mit der Auswertung seines Datenbestandes beauftragt, sind unbedingt vertragliche Regelungen zur Nutzung und Weitergabe der Daten in den Vertrag aufzunehmen. 96

Zu berücksichtigen ist, dass es sich bei der Datenlizenz um eine Vertragsform handelt, die sich gerade erst ausbildet. Bislang sind die dogmatischen Grundlagen aber auch die 97

---

[202] BGH Urt. v. 27.2.2007 – XI ZR 195/05, NJW 2007, 2106 Rn. 25ff.
[203] OLG Frankfurt a. M. Urt. v. 24.1.2018 – 13 U 165/16, NJW-RR 2018, 887 Rn. 34ff., 42.
[204] OLG Frankfurt a. M. Urt. v. 24.1.2018 – 13 U 165/16, NJW-RR 2018, 887 Rn. 46ff.
[205] *Klinger* jurisPR-ITR 9/2018 Anm. 2.
[206] Vgl. etwa *Beyer/Beyer* NZI 2016, 241; *Weisser* Recht und Steuern 2007, 180 (183).
[207] *Specht* Datenhandel Rn. 565, 571; differenzierend *Schur* Lizenzierung von Daten § 8 C. V.
[208] MüKoBGB/*Wurmnest* § 307 Rn. 79.

praktische Ausgestaltung noch kaum erschlossen.[209] Dennoch wird diese Vertragsform in Zukunft vermehrt an Bedeutung gewinnen. In diese Richtung weist auch ein Arbeitspapier der EU-Kommission, das erste Hinweise zu Datennutzungs- und Datenlizenzverträgen enthält.[210]

98 **aa) Die Lizenzierung von Daten und Datenbeständen als unechte Lizenz.** Die Datenlizenz lässt sich hierbei nicht einfach in das Lizenzvertragsrecht einpassen, was va daran liegt, dass es sich bei dem Lizenzvertragsrecht um keine geschlossene und dogmatisch-konsistente Materie handelt, geschweige denn ein einheitliches gesetzliches Konzept existiert. Vielmehr wurde das Lizenzvertragsrecht entscheidend durch Rechtspraxis, Rspr. und Lit. geprägt. Eine gesetzliche Ausformung erfolgte demgegenüber nur rudimentär und auch nur im Rahmen des jeweiligen Spezialgesetzes. Hinzu kommt, dass unterschiedliche Verständnisse von der Lizenz bestehen. Zum einen wird die Möglichkeit einer dinglichen Lizenz anerkannt,[211] zum anderen wird die Lizenz insgesamt als verdinglichte Obligation angesehen.[212] Ohne tiefer in diese Problematik einzusteigen zu können, zeichnet die Lizenz letztendlich ihr starker Bezug zum jeweiligen Schutzrecht aus.[213] Denn das Verständnis von der dinglichen Lizenz begründet dessen Entstehen dogmatisch mit einer konstitutiven bzw. gebundenen Rechtsübertragung.[214] Demnach muss die Nutzungsbefugnis ausschließlich zugewiesen sein, die im Wege einer Verfügung übertragen werden kann.[215] Die Gegenauffassung verlangt einen gesetzlich angeordneten Sukzessionsschutz als Merkmal einer Lizenz.[216] Ein solcher Sukzessionsschutz ist aber nur dann notwendig, wenn die Nutzung des Immaterialguts einer Person durch ein Ausschließlichkeitsrecht zugewiesen ist, dh die Nutzung durch ein Ausschließlichkeitsrecht unterbunden werden kann, denn ansonsten steht die Nutzung jedem frei. Bei Daten fehlt es gerade an einer Zuweisung der Nutzung von Daten (→ Rn. 1 ff.). Deshalb ist weder eine Verfügung über diese Nutzungsbefugnis möglich, noch besteht ein gesetzlich angeordneter Sukzessionsschutz (der aber auch gar nicht notwendig ist, da die Nutzung von Daten sowieso nicht durch den Lizenzgeber unterbunden werden kann). Aus diesen Gründen handelt es sich bei der Datenlizenz unabhängig vom dogmatischen Verständnis der Lizenz jedenfalls um keine mit patent- und markenrechtlichen Lizenzen bzw. mit urheberrechtlichen Nutzungsrechten vergleichbare Lizenzform, mithin um keine sog. **echte Lizenz.**

---

[209] Vgl. *Spindler* DB 2018, 41 (42); zu den dogmatischen Grundlagen s. *Schefzig* DSRITB 2015, 551; *Kraus* DSRITB 2015, 537; *v. Baum/Appt/Schenk* DB 2017, 1824 (1827); *Schur* GRUR 2020, 1142; *Schur* Lizenzierung von Daten; vgl. bereits *Hilty* in Weber/Hilty Daten und Datenbanken S. 81, 92 und 97; s. für ein Vertragsmuster mit einer vergleichbaren Lizenzregelung *Moos/Arning* in Moos Datenschutz- und Datennutzungsverträge § 15 Rn. 6.

[210] SWD(2018) 125 final, 2, 5 ff.

[211] Jedenfalls für die ausschließliche Lizenz ist dieses Verständnis vorherrschend, vgl. statt vieler BGH Urt. v. 23.3.1982 – KZR 5/81, NJW 1983, 1790 (1791) – Verankerungsurteil; Urt. v. 12.12.1991 – I ZR 165/89, GRUR 1992, 310 (311) – Taschenbuchlizenz; *Haedicke* ZGE/IPJ 3 (2011), 377 (385 f.); *Stöckel/Brandi-Dohrn* CR 2011, 553 (558 f.); *Kraßer* GRUR Int. 1973, 230 (235 ff.); *Pahlow* Lizenz und Lizenzvertrag S. 358; im Urheberrecht wird sowohl der ausschließlichen als auch der einfachen Lizenz eine dingliche Wirkung beigemessen, vgl. BGH Urt. v. 26.3.2009 – I ZR 153/06, GRUR 2009, 946 Rn. 20 – Reifen Progressiv; *Scholz* GRUR 2009, 1107 (1109); Wandtke/Bullinger/*Grunert* UrhG § 31 Rn. 31.

[212] Vgl. etwa *Sosnitza* FS Schricker, 2005, S. 183 (195); *McGuire* Lizenz S. 537 ff.; *Hilty* Lizenzvertragsrecht S. 147 f.

[213] *Schur* Lizenzierung von Daten § 5 C.; vgl. auch *Roth* Lizenzen S. 83.

[214] Diese Begrifflichkeiten gehen zurück auf *v. Thur,* Bürgerliches Gesetzbuch, Allgemeiner Teil, Band II, Goldbach 1914, S. 62 ff.; *Forkel,* Gebundene Rechtsübertragungen, Ein Beitrag zu den Verfügungsgeschäften über Patent-, Muster-, Urheber- und Persönlichkeitsrechte, Erster Band: Patent, Musterrechte, Urheberrecht, Berlin 1977, S. 44 ff., 60 ff., 132 ff. Diese Begriffe haben sich weitgehend durchgesetzt, vgl. etwa Wandtke/Bullinger/*Grunert* UrhG Vorb. §§ 31 ff. Rn. 21; Busse/Keukenschrijver/*Hacker* PatG § 15 Rn. 58; Schricker/Loewenheim/*Ohly* UrhG Vorb. §§ 31 ff. Rn. 24, § 31 Rn. 9.

[215] Vgl. ausf. *Roth* Lizenzen S. 83.

[216] *Hilty* Lizenzvertragsrecht S. 14; *McGuire* Lizenz S. 81 f.

Obwohl das Lizenzvertragsrecht hauptsächlich hinsichtlich sog. echter Lizenzen diskutiert 99
wird, heißt das nicht, dass eine Lizenz nur an Immaterialgütern möglich ist, die einen Schutz als Ausschließlichkeitsrecht erfahren haben. Vielmehr ist weitgehend anerkannt, dass eine Lizenz auch im Rahmen von sonstigen Immaterialgütern möglich ist.[217] Denn letztendlich ist das entscheidende Merkmal einer Lizenz, dass ein **positives Benutzungsrecht** an einem immateriellen Gegenstand begründet wird, und ein solches kann auf vertraglicher Grundlage infolge der Vertragsfreiheit auch an sonstigen Immaterialgütern geschaffen werden.[218] Dennoch bestehen erhebliche Unterschiede zwischen echten Lizenzen und Lizenzen an Immaterialgütern, denen kein Ausschließlichkeitsrecht zugrunde liegt, weswegen letztere auch oft als **unechte Lizenzen** bezeichnet werden.[219] Bei echten Lizenzen kann der Lizenznehmer den Lizenzgegenstand zwar benutzen, er darf dies aber aufgrund eines entgegenstehenden rechtlichen Monopols nur durch Abschluss eines Lizenzvertrages.[220] Demgegenüber betreffen unechte Lizenzen den Fall, dass der Lizenznehmer den Vertragsgegenstand zwar rechtlich gesehen benutzen dürfte, er dies aber aus rein tatsächlichen Gründen nicht kann.[221] Grundlage des Vertrages ist also zumeist keine rechtliche, sondern eine faktische Ausschließlichkeit.[222] Ein Beispiel hierfür ist die Know-how-Lizenz.[223] Know-how ist ebenfalls nicht im Sinne eines Ausschließlichkeitsrechts geschützt, sondern es besteht zumeist nur ein Zugangsschutz nach dem Geschäftsgeheimnisschutz. Der Lizenznehmer dürfte das Know-how zwar benutzen (wenn er es auf eine Weise erlangt hat, die nicht gegen den Zugangsschutz verstößt), er kann dies aber rein tatsächlich nicht, weil ihm das Know-how nicht bekannt ist und er es selbst nicht entwickeln kann bzw. will. Diese Ausgangslage ist bei Daten durchaus ähnlich, da die Nutzung von Daten an sich jedermann freisteht, aber ein Zugangsschutz besteht, entweder durch das Geschäftsgeheimnisschutz (→ Rn. 45) selbst oder jedenfalls durch § 202a StGB (→ Rn. 59).[224] Man kann die Datenlizenz daher entweder als Sonderfall der Know-how-Lizenz ansehen (insofern die Daten als Geschäftsgeheimnis geschützt werden), oder jedenfalls als verwandte Form. Dh die Datenlizenz lässt sich ebenfalls unter den Begriff der unechten Lizenz fassen.[225] Da mangels Ausschließlichkeitsrecht eine Verfügung ins Leere geht und das positive Benutzungsrecht nur vertraglich begründet werden kann, ist die Know-how-Lizenz und die Datenlizenz rein schuldrechtlicher Rechtsnatur.[226]

Es wird vertreten, die Datenlizenz begrenze in erster Linie die Freiheit, Daten zu ver- 100
werten, indem sie den Lizenznehmer verpflichtet, gewisse Verwertungshandlungen nicht

---

[217] *Hilty* Lizenzvertragsrecht S. 36; *McGuire* Lizenz S. 560f.; *Pahlow* Lizenz und Lizenzvertrag S. 293f.; *Seegel* CR 2013, 205; *Roth* Lizenzen S. 83, 171; aA *Peifer* Individualität ZivilR S. 315ff.; *Kraßer* GRUR 1977, 177 (183); *Kraßer/Schmid* GRUR Int. 1982, 324 (325).

[218] *McGuire* Lizenz S. 78; *Hilty* Lizenzvertragsrecht S. 36.

[219] Zu dem Begriff ausf. *Hilty* Lizenzvertragsrecht S. 14ff.; diese Ansicht aufgreifend *McGuire* Lizenz S. 83.

[220] *Hilty* Lizenzvertragsrecht S. 293.

[221] *Hilty* Lizenzvertragsrecht S. 10, 293.

[222] *Hilty* Lizenzvertragsrecht S. 10.

[223] Oftmals wird aber neutral auch von Know-how-Verträgen gesprochen und letztendlich ist die vertragstypologische Einordnung höchst umstritten, vgl. *Greco* Verwertung von Know-how S. 118f. (Kaufrecht); *Pfaff* BB 1974, 565 (568f.); Palandt/*Weidenkaff* BGB Einf. § 581 Rn. 8 (jeweils Pacht), *Gitter* Gebrauchsüberlassungsverträge S. 448; *Stumpf* Der Know-How-Vertrag S. 41f.; *Roth* Lizenzen S. 221 (jeweils Vertrag sui generis); die Möglichkeit einer Lizenzierung wird jedoch weitgehend anerkannt, vgl. BGH Urt. v. 15.3.1955 – I ZR 111/53, GRUR 1955, 424 – Möbelpaste; *Forkel* ZHR 153 (1989), 511 (525, insbes. Fn. 65); *Roth* Lizenzen S. 216; *Hilty* Lizenzvertragsrecht S. 82; *McGuire* Lizenz S. 75; *Pahlow* Lizenz und Lizenzvertrag S. 294; Henn/*Pahlow* PatVertR § 10 Rn. 8; Busse/Keukenschrijver/*Hacker* PatG § 15 Rn. 66; *Maaßen/Wuttke* in Ann/Loschelder/Grosch Praxishandbuch Know-how-Schutz Kap. 5 Rn. 41.

[224] Vgl. *Schur* Lizenzierung von Daten § 7 B. I. 4.

[225] *Schur* GRUR 2020, 1142 (1145); *Schur* Lizenzierung von Daten § 7 B. I.

[226] Ausf. für die Datenlizenz *Schur* Lizenzierung von Daten § 7 B. II.; für die Rechtsnatur der Know-how-Lizenz vgl. *Bullinger/Hermes* NZI 2012, 492 (494); *Fehrenbacher* JR 2001, 309 (311); *Habel* CR 1991, 257 (260); *Pfaff* BB 1974, 565 (566); *Pahlow* Lizenz und Lizenzvertrag S. 294f.; *Hilty* Lizenzvertrag S. 107; aA *Paul* NJW 1963, 2249 (2251); *Ohly* FS Schricker, 2005, S. 105 (114).

vorzunehmen.[227] Dies ist jedenfalls dann zutreffend, wenn die Daten ohne weiteres öffentlich verfügbar sind. In diesem Fall scheidet eine Lizenzierung aber wohl praktisch meistens aus, denn der potentielle Lizenznehmer könnte die Daten selbst erlangen. Auch rechtlich handelt es sich dann genau genommen nicht mehr um eine Lizenz, denn es wird in diesem Fall kein positives Benutzungsrecht begründet, das aber notwendiges Merkmal einer Lizenz ist. Es bedarf also zumindest einer faktischen Ausschließlichkeit, damit ein positives Benutzungsrechts begründet und damit von einer Lizenz gesprochen werden kann. Aus diesem Grund ist der Fall, dass Daten öffentlich verfügbar sind, nicht mehr von dem hier entwickelten Begriff umfasst. Zudem ist diese Konstellation uU kartellrechtlich bedenklich, denn wenn eine faktische Ausschließlichkeit vorliegt, fördert die Datenlizenz die Verbreitung, fehlt eine solche aber, bewirkt sie eine Beschneidung des ansonsten freien Wettbewerbs und hindert gleichsam die Verbreitung von Daten.[228]

101 **bb) Vertragstypologie: Pacht oder atypischer Vertrag?** Eine breite Literaturansicht qualifiziert die zeitlich befristete Überlassung von Daten als Pachtvertrag.[229] Richtig hieran ist, dass die Pacht die befristete Datenüberlassung gut hinsichtlich der Gebrauchsüberlassung als Hauptleistungspflicht erfasst. Diese Gebrauchsüberlassung richtet sich nach mietrechtlichen Grundsätzen. Hierbei ist insbesondere die Besitzverschaffung kein konstitutives Element, sondern entscheidend ist vielmehr, dass der Mietgebrauch möglich ist, was anhand des Vertragszwecks zu beurteilen ist.[230] In diesem Zusammenhang besteht va die Verpflichtung, den Zugang zu der Mietsache zu gewähren.[231] Aufgrund dieses weiten Verständnisses und der Loslösung von der auf körperliche Gegenstände bezogenen Kategorie des Besitzes kann auch der Zugang zu und die Nutzung von Daten treffend erfasst werden. Im Übrigen ist das Pachtrecht aber weitgehend ungeeignet, sinnvolle dispositive Regelungen hinsichtlich der zeitlich befristeten Datenüberlassung zu liefern. Das zeigt sich schon an der Verpflichtung des Verpächters, die Ziehung von Früchten zu gewähren. Da § 99 BGB auf körperliche Güter zugeschnitten ist, kann diese Pflicht kaum sinnvoll auf Daten übertragen werden, und das, obwohl diese typprägend für den Pachtvertrag ist.[232] Auch das Mängelgewährleistungsrecht erscheint nicht passend, denn va die verschuldensunabhängige Haftung aus §§ 581 Abs. 2 iVm 536a Var. 1 BGB gestaltet sich sehr weitreichend, weil mit dem Verschulden das zentrale Korrektiv zur angemessenen Risikoverteilung bei der technisch hochkomplexen Bereitstellung von Daten fehlt. Schließlich ist das gesamte Pachtrecht erkennbar auf körperliche Güter zugeschnitten, sodass der Mehrwert der Anwendung der pachtrechtlichen Vorschriften im Ergebnis äußerst gering ist. Es erscheint deshalb sinnvoll, von einem Vertrag sui generis auszugehen.[233]

102 Aus der Sicht der Praxis sind beide Ergebnisse letztlich unbefriedigend. Mit der Einordnung als Pachtvertrag ist ebenso wenig Rechtsklarheit gewonnen, wie mit der Einordnung als atypischer Vertrag. Die Einordnung als Pachtvertrag liefert kaum passende Normen, die Einordnung als atypischer Vertrag zeigt in erster Linie, was der Vertrag nicht ist. Deshalb kommt der Parteivereinbarung, va der Bestimmung der Hauptpflichten, letztlich der zentrale Stellenwert zu, sodass die Vertragspraxis hier auf ausführliche Regelungen angewiesen ist.[234] Auch dies ist aber letztlich ein Argument für den atypischen Vertrag, denn hier kann

---

[227] *Schefzig* DSRITB 2015, 551, 556 f.; ebenso *v. Baum/Appt/Schenk* DB 2017, 1824 (1827).
[228] Vgl. *Schur* Lizenzierung von Daten § 8 C. VI. 3.
[229] Vgl. etwa *Specht* Datenhandel Rn. 523; *Patzak/Beyerlein* MMR 2007, 687 (690); *Ebnet* Informationsvertrag S. 76 ff.
[230] BGH Urt. v. 15.11.2006 – XII ZR 120/04, NJW 2007, 2394 Rn. 19 – ASP.
[231] BeckOK BGB/*Zehelein* § 535 Rn. 330 f.
[232] Dh die Verpflichtung zur Fruchtziehung kann nicht ausgeschlossen werden, ohne dass der Vertrag seinen Charakter als Pachtvertrag verliert, vgl. MüKoBGB/*Harke* § 581 Rn. 3.
[233] *Schur* GRUR 2020, 1142 (1145); *Schur* Lizenzierung von Daten § 7 D. III.
[234] Ausf. zur Ausgestaltung von Datenlizenzen *Schur* Lizenzierung von Daten § 7 D.; s. auch *Kraul* GRUR-Prax 2019, 478 (479).

sich die Vertragspraxis frei entwickeln, ohne von Vornherein in ein unpassendes Korsett gezwängt zu werden.

cc) Primär- und Nebenleistungspflichten der Parteien. Da die Lizenz auf die Nutzung von Daten gerichtet ist, gehört zu den Primärpflichten des Lizenzgebers, ein positives Nutzungsrecht hieran zu gewähren. Er muss also die Nutzung der Daten nicht nur dulden, sondern vielmehr die Nutzung aktiv ermöglichen (dazu noch ausführlich → Rn. 105ff.). 103

Eng damit in Zusammenhang steht die Verpflichtung, den Zugang zu dem Datenbestand zu gewähren. Das hat den Hintergrund, dass es sich bei der Datenlizenz um eine unechte Lizenz handelt. Grundlage des Vertrages ist mithin keine rechtliche, sondern eine faktische Ausschließlichkeit. Der Lizenznehmer kann den Datenbestand maW nur nutzen, wenn er Zugang erhält; der Vertrag ist also letztendlich auf Überwindung der faktischen Ausschließlichkeit gerichtet. Zwar ist die Zugangsverschaffung grundsätzlich durch die Gebrauchsgewährungspflicht erfasst (→ Rn. 100), jedoch kann es sein, dass das Zugangselement den Vertrag derart prägt, dass es sich um eine selbstständige dienst- oder werkvertragliche Verpflichtung handelt.[235] Dies bestimmt sich durch Auslegung des atypischen Vertrages unter Anwendung der Kombinations- und Absorptionsmethode.[236] Hierbei empfehlen sich ausführliche Regelungen hinsichtlich der geschuldeten (Mitwirkungs-) Handlungen beider Parteien und dem Umfang der geschuldeten Verfügbarkeit der Daten. 104

Die Gegenleistung kann in einer Geldzahlung bestehen. Eine Datenlizenz kann aber auch eine Nebenabrede zu einem tätigkeitsbezogenen Datenauswertungsvertrag (→ Rn. 71ff.) darstellen, der die Verwendung der Daten regelt. Auch ist es denkbar, dass sich zwei Unternehmen gegenseitig Datenlizenzen im Sinne eines cross-licensing erteilen, um Datenbestände im Rahmen der horizontalen Integration zusammen zu führen, was bis hin zu gesellschaftsrechtlichen Vereinbarungen reichen kann. Die möglichen Gegenleistungen sind also zahlreich und richten sich je nach den Bedürfnissen des Einzelfalls. 105

dd) Inhalt einer Datenlizenz. Mit besonderer Sorgfalt müssen die Parteien der Spezifizierung des Gegenstandes des Vertrages begegnen. Im Rahmen echter Lizenzen ist der Gegenstand schon durch das Recht vorgegeben. Im Rahmen von unechten Lizenzen muss dies hingegen der Vertrag leisten. Es ist genau zu regeln, welche Daten bzw. Datenbestände die Lizenz erfasst. Va bei dynamischen Datenbeständen gestaltet sich eine exakte Beschreibung des Datenbestandes schwierig. Deshalb erscheint es zweckmäßig, den Gegenstand durch die technischen Rahmenbedingungen zu spezifizieren. Hierbei ist es bspw. möglich, dass der Lizenzgeber den Datenbestand auf einen bestimmten Server zur Verfügung stellt, den er technisch kontrolliert. Er kann dann den Zugang über Schnittstellen gewähren, was die exakte Festlegung des Datenbestandes wiederum erleichtert. 106

Weiterhin sollte aus Gründen der Rechtssicherheit festgelegt werden, wer aus Sicht der Vertragsparteien als Dateninhaber anzusehen ist und wem die Rechte an den Analyseergebnissen zustehen.[237] Oftmals findet sich in diesem Zusammenhang der Begriff *Dateneigentümer.* Dieser Begriff ist aber zu vermeiden, denn er suggeriert ein nicht existentes Dateneigentum. Dies könnte eine Partei veranlassen, die Unmöglichkeit des Vertrages oder einen Wegfall der Geschäftsgrundlage geltend zu machen, weil der Vertrag auf die Einräumung eines nicht existenten Dateneigentums gerichtet sei. Jedenfalls läuft eine solche Bezeichnung unter AGB-rechtlichen Gesichtspunkten Gefahr, gegen das Transparenzgebot zu verstoßen. 107

---

[235] Die Zusammenführung von Smart Data qualifiziert *Roßnagel* NJW 2017, 10 (13) als Dienstvertrag.

[236] Zu den genannten Methoden vgl. *Heuer-James/Chibanguza/Stücker* BB 2018, 2818 (2823); MüKoBGB/*Emmerich* § 311 Rn. 29f.

[237] *Kraus* DSRITB 2015, 537 (546).

108 Die Regelung des Nutzungsumfangs ist das Herzstück einer jeden Datenlizenz.[238] Sie formt nicht nur die wesentlichen Rechte und Pflichten der Parteien, sondern bildet im Grunde erst den Gegenstand des Vertrages in der Zusammenschau mit dem Schutzgegenstand aus. Es ist hierbei zu berücksichtigen, dass keine positiv definierten Verwertungsrechte an Daten existieren, die einer Person zugewiesen sind, sodass die Daten von Lizenzgeber und Lizenznehmer eigentlich frei verwendet werden dürfen.[239] In Ermangelung solcher Vorgaben sollten die Parteien möglichst genau eigenständige Verwertungshandlungen definieren.[240] Aus Sicht des Inhabers des Datenbestandes erscheint es sinnvoll, dem Lizenznehmer zunächst alle nicht ausdrücklich erlaubten Handlungen zu untersagen, um ihm dann bestimmte Befugnisse positiv einzuräumen zu können. Abschließend sei betont, dass eine entsprechende Regelung auch hinsichtlich der Analyseergebnisse getroffen werden sollte.

109 **ee) Rechtliche Grenzen, AGB-Recht.** Als rechtliche Grenze der Datenlizenz kommen va datenschutzrechtliche Vorgaben in Betracht. Unter Umständen kann ein entsprechender Verstoß die Nichtigkeit der Datenlizenz nach sich ziehen (→ Rn. 93). Auch das Kartellrecht bildet eine wichtige Grenze der Datenlizenz.[241] Die Datenlizenz beherrscht im Übrigen weitgehend das Prinzip der Vertragsfreiheit. Dass die Datenlizenz eine nur faktische Grundlage hat, ist unschädlich. Vielmehr ist nicht nur die Möglichkeit einer Know-how-Lizenz anerkannt (→ Rn. 98), die ebenfalls auf einer faktischen Ausschließlichkeit beruht. Darüber hinaus sind im Rahmen der sog. Leerübertragungen, also der Lizenzierung eines vermeintlichen Immaterialgüterrechts, das aber tatsächlich nicht besteht, anerkannt, dass eine faktische Grundlage für den Vertrag ausreicht.[242] Schließlich findet auch die Regelung des § 87e UrhG, die die Vertragsfreiheit bezüglich des Datenbankherstellerrechts sui generis begrenzt, keine Anwendung auf nicht durch das Datenbankherstellerrecht geschützte Datenbanken.[243]

110 Was das AGB-Recht anbelangt, ist zunächst zu beachten, dass die Leistungsbeschreibung der Parteien als Hauptleistungspflicht nicht überprüfbar ist, Gegenstand und Nutzungsumfang sind daher grundsätzlich nicht kontrollfähig.[244] Als relevant erweist sich aber das Transparenzgebot, nach dem AGB verständlich, klar und übersichtlich abgefasst sein müssen, vgl. va § 307 Abs. 1 S. 2 BGB.[245] Hiernach können unklar formulierte und unverständliche Bedingungen eine unangemessene Benachteiligung darstellen. Spiegelbildlich muss der Vertragspartner seine Rechte und Pflichten mit größtmöglicher Bestimmtheit aus dem Vertragstext erkennen können, weswegen ungenaue, ausfüllungsbedürftige oder dem Verwendungsgegner unvertraute Begriffe zu vermeiden sind (sog. Bestimmtheitsgebot).[246] Die Vorschrift ist auch für Leistungsbeschreibungen und Preisabreden anwendbar. Deshalb ist gerade bei dem Inhalt der Datenlizenz, der mangels gesetzlich vorgegebener oder verkehrstypischer Begriffe weitegehend eigenständige Begriffsbestimmungen notwendig macht, darauf zu achten, dass die Regelung trotz der unabdingbaren Komplexität über-

[238] Ebenso *Moos/Arning* in Moos Datenschutz- und Datennutzungsverträge § 15 Rn. 32; *v. Baum/Appt/Schenk* DB 2017, 1824 (1827).
[239] *Schefzig* DSRITB 2015, 551, 557.
[240] Vgl. hierzu SWD(2018) 125 final, 6 f.; sowie ausf. mit einer zutreffenden Differenzierung und möglichen Definitionsansätzen *Schefzig* DSRITB 2015, 551, 559 f.
[241] Vgl. dazu *Schur* Lizenzierung von Daten § 8 C. VI.; *Ensthaler* NJW 2016, 3473 (3478); *Telle* InTeR 2017, 3 (8).
[242] BGH Urt. v. 2.2.2012 – I ZR 162/09, GRUR 2012, 910 Rn. 12 ff. – Delcantos Hits; Urt. v. 12.4.1957 – I ZR 1/56, GRUR 1957, 595 (596) – Verwandlungstisch; Urt. v. 25.1.1983 – X ZR 47/82, GRUR 1983, 237 (238 f.) – Brückenlegepanzer.
[243] Vgl. dazu EuGH Urt. v. 15.1.2015 – C-30/14, MMR 2015, 189 Rn. 35 ff. – Ryanair; diese Entscheidung ist in Bezug auf Art. 15 der Datenbank-RL ergangen, sodass diese Entscheidung auch für § 87e UrhG gilt, da er diese europäische Vorgabe (wenn auch weitergehend) umsetzt, vgl. *Czychowski* GRUR 2015, 255.
[244] *Schur* GRUR 2020, 1142 (1146); allg. MüKoBGB/*Wurmnest* § 307 Rn. 12.
[245] MüKoBGB/*Wurmnest* § 307 Rn. 79.
[246] Palandt/*Grüneberg* BGB § 307 Rn. 26.

sichtlich und verständlich bleibt. Auch die EU-Kommission hebt die Transparenz als Grundsatz der Datennutzung hervor.[247]

ff) Gewährleistungsrecht. Bezüglich der möglichen Mängel gelten die Ausführungen zum Datenkauf hier entsprechend (→ Rn. 79 ff.). Zu beachten ist allerdings, dass bei Annahme eines atypischen Vertrages kein ausgeformtes Mängelgewährleistungsrecht existiert. Aus diesem Grund richtet sich die Haftung va nach den allg. Vorschriften der §§ 280 ff. BGB. Vor diesem Hintergrund ist erneut die Bedeutung der vertraglichen Vereinbarung der Hauptleistungspflichten hervorzuheben, denn diese sind der maßgebliche Anknüpfungspunkt für eine Haftung. Es empfiehlt sich, auch die Haftung durch den Vertrag näher auszugestalten. 111

Literatur zu II.:
Artikel-29-Datenschutzgruppe, Leitlinien für die Anwendung und Festsetzung von Geldbußen im Sinne der Verordnung (EU) 2016/679, WP 253, ec.europa.eu/newsroom/article29/item-detail.cfm?item_id=611237 (25.2.2021); *Artikel-29-Datenschutzgruppe,* Leitlinien für die Meldung der Verletzung des Schutzes personenbezogener Daten, WP 250 rev.01, ec.europa.eu/newsroom/article29/item-detail.cfm?item_id=612052 (25.2.2021); *Artikel-29-Datenschutzgruppe,* Leitlinien zu automatisierten Entscheidungen im Einzelfall einschließlich Profiling, WP 251 rev. 01, ec.europa.eu/newsroom/article29/item-detail.cfm?item_id=612053 (25.2.2021); *Artikel-29-Datenschutzgruppe,* Leitlinien zum Recht auf Datenübertragbarkeit, WP 242 rev.01, ec.europa.eu/news room/article29/item-detail.cfm?item_id=611233 (25.2.2021); *Artikel-29-Datenschutzgruppe,* Leitlinien zur Datenschutz-Folgenabschätzung (DSFA) und Beantwortung der Frage, ob eine Verarbeitung im Sinne der Verordnung 2016/679 „wahrscheinlich ein hohes Risiko mit sich bringt",WP 248 rev.01, ec.europa.eu/news room/article29/item-detail.cfm?item_id=611236 (25.2.2021); *Artikel-29-Datenschutzgruppe,* Stellungnahme 4/2007 zum Begriff „personenbezogene Daten", WP 136, ec.europa.eu/justice/article-29/documentation/opini on-recommendation/files/2007/wp136_de.pdf (25.2.2021); *Artikel-29-Datenschutzgruppe,* Stellungnahme 8/2010 zum anwendbaren Recht, WP 179, ec.europa.eu/newsroom/article29/item-detail.cfm?item_id=640614 (25.2.2021); *Artikel-29-Datenschutzgruppe,* Stellungnahme 5/2014 zu Anonymisierungstechniken, WP 216, https://ec.europa.eu/justice/article-29/documentation/opinion-recommendation/files/2014/wp216_en.pdf (25.2.2021); *Artikel-29-Datenschutzgruppe,* Stellungnahme 8/2014 zu den jüngsten Entwicklungen im Internet der Dinge, WP 223, ec.europa.eu/justice/article-29/documentation/opinion-recommendation/files/2014/wp223_de.pdf (25.2.2021); *Artikel-29-Datenschutzgruppe,* Stellungnahme 2/2017 zur Datenverarbeitung am Arbeitsplatz, WP 249, ec.europa.eu/newsroom/article29/item-detail.cfm?item_id=610169 (25.2.2021); *Auer-Reinsdorff/Conrad,* Handbuch IT- und Datenschutzrecht, 3. Aufl., München 2019; *Barcena/Wueest/Lau,* How safe is your quantified self?, Version 1.1, 2014, docs.broadcom.com/doc/how-safe-is-your-quantified-self-en (25.2.2021); *Bayerisches Landesamt für Datenschutzaufsicht (BayLDA),* Information für Verantwortliche zur Auskunftsverpflichtung, https://www.lda.bayern.de/media/themen/infoblatt_fuer_verantwortliche_zu_auskunft.pdf (25.2.2021); *Bayerisches Landesamt für Datenschutzaufsicht (BayLDA),* Orientierungshilfe zur Melde- und Benachrichtigungspflicht des Verantwortlichen, Stand 1.6.2019, www.datenschutz-bayern.de/datenschutzreform2 018/OH_Meldepflichten.pdf (25.2.2021); *Bergmann/Möhrle/Herb,* Datenschutzrecht, Bd. 1, Stand 55. Erg.-Lfg. August 2018, Stuttgart 2018; *Bräutigam,* IT-Outsourcing und Cloud-Computing. Eine Darstellung aus rechtlicher, technischer, wirtschaftlicher und vertraglicher Sicht, 4. Aufl., Berlin 2019; *Bräutigam/Klindt,* Industrie 4.0, das Internet der Dinge und das Recht, NJW 2015, 1137; *Brüggemann,* Das Recht auf Datenportabilität, K&R 2018, 1; *Datenschutzkonferenz,* Konzept der unabhängigen Datenschutzaufsichtsbehörden des Bundes und der Länder zur Bußgeldzumessung in Verfahren gegen Unternehmen, Stand 14.10.2019, www.daten schutzkonferenz-online.de/media/ah/20191016_bußgeldkonzept.pdf (25.2.2021); *Datenschutzkonferenz,* Kurzpapier Nr. 6, Auskunftsrecht der betroffenen Person, Stand 17.12.2018, www.datenschutzkonferenz-online.de/media/kp/dsk_kpnr_6.pdf (25.2.2021); *Datenschutzkonferenz,* Kurzpapier Nr. 18, „Risiken für die Rechte und Freiheiten natürlicher Personen", Stand 26.4.2018, www.datenschutzkonferenz-online.de/media/kp/dsk_kpnr_18.pdf (25.2.2021); *Datenschutzkonferenz,* Liste von Verarbeitungsvorgängen nach Art. 35 Abs. 4 für den nichtöffentlichen Bereich, Version 1.1, Stand 17.10.2018, www.bfdi.bund.de/SharedDocs/Downloads/DE/Datenschutz/Liste_VerarbeitungsvorgaengeDSK.html?nn=9937868 (25.2.2021); *Datenschutzkonferenz,* Zur Anwendbarkeit des TMG für nicht-öffentliche Stellen ab dem 25.5.2018, Positionsbestimmung der Konferenz der unabhängigen Datenschutzbehörden des Bundes und der Länder, Düsseldorf 26.4.2018; *Däubler/Wedde/Weichert/Sommer,* EU-DSGVO und BDSG, 2. Aufl., Frankfurt a. M. 2020; *Dausend,* Der Auskunftsanspruch in der Unternehmenspraxis, ZD 2019, 103; *Dickmann,* Nach dem Datenabfluss: Schadenersatz nach Art. 82 der Datenschutz-Grundverordnung und die Rechte des Betroffenen an seinen personenbezogenen Daten, r+s 2018, 345; *EDSA,* Guidelines 3/2018 zum räumlichen Anwendungsbereich der DS-GVO, Version 2.1, 21.11.2019; *EDSA,* Guidelines 3/2019 on processing of personal data through video devices, Version 2.0, 29.1.2020; *EDSA,* Guidelines 1/2020 on processing personal data in the context of connected vehicles and

[247] SWD(2018) 125 final, 3.

mobility related applications, Version 1.0, 28.1.1010; *Ehmann/Selmayr,* DS-GVO, 2. Aufl., München 2018; *Eßer/Kramer/Lewinski,* Auernhammer DSGVO/BDSG – Kommentar, 7.Aufl., München 2020; *EU-Kommission,* Empfehlung 2009/387/EG der Kommission vom 12. Mai 2009 zur Umsetzung der Grundsätze der Wahrung der Privatsphäre und des Datenschutzes in RFID-gestützten Anwendungen, ABl. 2009 L 122, 47; *EU-Kommission,* Empfehlung 2012/148/EU der Kommission vom 9. März 2012 zu Vorbereitungen für die Einführung intelligenter Messsysteme, ABl. 2012 L 73, 9; *Europäisches Parlament,* Vorschlag für eine Verordnung des Europäischen Parlaments und des Rates über die Achtung des Privatlebens und den Schutz personenbezogener Daten in der elektronischen Kommunikation und zur Aufhebung der Richtlinie 2002/58/EG (Verordnung über Privatsphäre und elektronische Kommunikation, COM(2017)0010–C8-0009/2017-2017/0003(COD), https://www.europarl.europa.eu/doceo/document/A-8-2017-0324_DE.html (25.2.2021); *Forgó/Helfrich/Schneider,* Betrieblicher Datenschutz, 3. Aufl., München 2019; *Fuhlrott,* Data Incident Management: Rechtlicher Umgang mit „Datenpannen", NZA 2019, 649; *Gierschmann/Schlender/Stentzel/Veil,* Datenschutz-Grundverordnung, Köln 2017; *Gola,* DS-GVO, 2. Aufl., München 2018; *Graf v. Westphalen/Thüsing,* Vertragsrecht und AGB-Klauselwerke, 44. Erg.-Lfg. November 2019, München; *Hamann/Wegmann,* Ein Jahr DS-GVO – einige Erkenntnisse und viele offene Fragen, BB 2019, 1347; *Härting,* Was ist eigentlich eine „Kopie"?, CR 2019, 219; *Härtling,* Datenschutz-Grundverordnung, Köln 2016; *Jandt/Steidle,* Datenschutz im Internet, Baden-Baden 2018; *Jülicher/Röttgen/v. Schönfeld,* Das Recht auf Datenübertragbarkeit, ZD 2016, 358; *Kinast/Kühnl,* Telematik und Bordelektronik – Erhebung und Nutzung von Daten zum Fahrverhalten, NJW 2014, 3057; *Klink-Straub/Straub,* Nächste Ausfahrt DS-GVO – Datenschutzrechtliche Herausforderungen beim automatisierten Fahren, NJW 2018, 3201; *Klink-Straub/Straub,* Vernetzte Fahrzeuge – portable Daten, ZD 2018, 459; *König,* Das Recht auf eine Datenkopie im Arbeitsverhältnis, CR 2019, 295; *Kranig/Sachs/Gierschmann,* Datenschutz-Compliance nach der DS-GVO. Handlungshilfe für Verantwortliche inklusive Prüffragen für Aufsichtsbehörden, 2. Aufl., Köln 2019; *Krügel,* Das personenbezogene Datum nach der DS-GVO, ZD 2017, 455; *Kühling/Buchner,* Datenschutz-Grundverordnung Bundesdatenschutzgesetz, 2.Aufl., München 2018; *Landesbeauftragte für den Datenschutz Niedersachsen,* Recht auf Auskunft – Art. 15 DS-GVO, lfd.niedersachsen.de/startseite/infothek/info_und_merkblatter/info-und-merkblatter-190851.html (25.2.2021); *Laue/Nink/Kremer,* Das neue Datenschutzrecht in der betrieblichen Praxis, 2. Aufl., Baden-Baden 2019; *Lüdemann,* Connected Cars, ZD 2015, 247; *Moos/Schefzig/Arning,* Die neue Datenschutz-Grundverordnung, Berlin 2018; y*Paal/Pauly,* Datenschutz-Grundverordnung. Bundesdatenschutzgesetz, 2.Aufl., München 2018; *Plath,* DSGVO/BDSG, 3. Aufl., Köln 2018; *Rat der Europäischen Union,* Regulation of the European Parliament and of the Council concerning the respect for private life and the protection of personal data in electronic communications and repealing Directive 2002/58/EC (Regulation on Privacy and Electronic Communications), 2017(0003(COD), https://data.consilium.europa.eu/doc/document/ST-6087-2021-INIT/en/pdf (25.2.2021); *Roßnagel,* Nationale Anpassung des Datenschutzrechts, DuD 2018, 471; *Schaffland/Holthaus,* Datenschutz-Grundverordnung (DS-GVO)/Bundesdatenschutzgesetz (BDSG), Stand Erg.-Lfg. 4/20, Berlin; *Schantz/Wolff,* Das neue Datenschutzrecht. Datenschutz-Grundverordnung und Bundesdatenschutzgesetz in der Praxis, München 2017; *Schwartmann/Jaspers/Thüsing/Kugelmann,* DS-GVO/BDSG: Datenschutz-Grundverordnung, Bundesdatenschutzgesetz, Heidelberg 2018; *Simitis/Hornung/Spiecker gen. Döhmann,* Datenschutzrecht. DSGVO mit BDSG, Baden-Baden 2019; *Specht-Riemenschneider,* Herstellerhaftung für nicht-datenschutzkonform nutzbare Produkte – Und er haftet doch!, MMR 2020, 73; *Spiecker gen. Döhmann,* Digitale Mobilität: Plattform Governance. IT-sicherheits- und datenschutzrechtliche Implikationen, GRUR 2019, 341; *Spindler/Schuster* (Hrsg.), Recht der elektronischen Medien, 4. Aufl., München 2019; *Strubel,* Anwendungsbereich des Rechts auf Datenübertragbarkeit, ZD 2017, 355; *Sydow,* Europäische Datenschutzgrundverordnung, 2. Aufl., Baden-Baden 2018; *Taeger,* Internet der Dinge: Digitalisierung von Wirtschaft und Gesellschaft, Oldenburg 2015; *Taeger/Gabel,* DSGVO-BDSG, 3. Aufl., Frankfurt a. M. 2019; *Uebele,* Datenschutzrecht vor Zivilgerichten, GRUR 2019, 694; *Weber,* Liability in the Internet of Things, EuCML 2017, 207; *Weichert,* Big Data und Datenschutz, ZD 2013, 251; *Weichert,* Der Personenbezug von Kfz-Daten, NZV 2017, 507; *Wolff/Brink,* BeckOK Datenschutzrecht, 34. Ed., Stand 1.11.2020, München.

II. Datenschutz

1. Anwendbares Datenschutzrecht im IoT

112 Die zunehmende Vernetzung von Gegenständen im IoT eröffnet weitreichende Möglichkeiten der Datenverarbeitung in allen Lebensbereichen. Smartphones, Smart Watches, Fitnessarmbänder und andere Wearables bringen bereits einen beachtlichen Grad ständiger Vernetzung unseres täglichen Lebens mit sich. Mit der rapide fortschreitenden Digitalisierung von Smart Homes, Smart Cars und nicht zuletzt Smart Cities wird es in der Zukunft kaum mehr Lebensbereiche geben, die nicht in das zunehmend allgegenwärtige „Internet der Dinge" eingebunden sein werden. Smart Health und Smart Energy sind nur zwei Beispiele dafür, dass auch versorgungskritische Bereiche zukünftig immer mehr von umfassender Datenverarbeitung geprägt sein werden. Mit der Einführung cyber-physischer Systeme

in der digitalisierten Industrie 4.0 hat das IoT auch den Arbeitsplatz der Smart Factory längst durchdrungen. Die durch diese Innovationen anfallenden Datenmengen sind zweifelsohne ökonomisch interessant. Gleichzeitig liegt auf der Hand, dass die immer allgegenwärtigere und zugleich weitestgehend unauffällige Erhebung von Daten in allen Lebensbereichen durch die in vernetzten Gegenständen verbauten Sensoren und Aktoren im Spannungsfeld zur datenschutzrechtlich geschützten informationellen Selbstbestimmung und Privatsphäre des Einzelnen stehen. Die gewaltigen Datenmengen der ubiquitären und alle Lebensbereiche durchdringenden Informationsverarbeitung (engl. *ubiquitous computing* oder *pervasive computing*) in einem mehr und mehr vernetzten Alltag werden bereits gegenwärtige *Big Data*-Szenarien in Zukunft geradezu marginal erscheinen lassen. Die omnipräsente Vernetzung unseres Alltags bringt die Konzepte des Datenschutzrechts an seine Grenzen.[248]

Die hieraus für die Praxis folgenden datenschutzrechtlichen Herausforderungen sollen 113 im Folgenden näher beleuchtet werden. Besonderes Augenmerk gilt dabei neben dem **Anwendungsbereich** (→ Rn. 112ff.) und den **Adressaten des Datenschutzrechts im IoT** (→ Rn. 189ff.) den für die Praxis besonders relevanten typischen Kernprozessen des Datenschutzmanagements im Unternehmen[249] – der **datenschutzkonformen Datenverarbeitung** (→ Rn. 210), der **Sicherstellung der Betroffenenrechte** (→ Rn. 286ff.) und der **Handhabung von Datenschutzverletzungen** (→ Rn. 335ff.) – sowie den **Folgen etwaiger Verstöße** (→ Rn. 348ff.).

a) IoT in der Systematik des europäischen und deutschen Datenschutzrechts

aa) DS-GVO. Die seit 2018 in allen Mitgliedstaaten der EU unmittelbar anwendbare eu- 114 ropäische Datenschutz-Grundverordnung (DS-GVO)[250] stellt die grundlegenden Rahmenbedingungen für die Verarbeitung personenbezogener Daten auf. Sie ersetzt die europäische Datenschutz-Richtlinie (DS-RL) von 1995 und die auf der DS-RL basierenden nationalen Umsetzungsrechtsakte.

Zwar enthält die DS-GVO keine speziellen Regelungen, die sich explizit auf IoT oder 115 damit zusammenhängende Themenkomplexe und Schlagworte beziehen, wie etwa Industrie 4.0, Big Data, Ubiquitous Computing oder künstliche Intelligenz.[251] Dennoch finden die weitgehend technikneutralen Regelungen der DS-GVO auch auf die Datenverarbeitung im Kontext der Vernetzung von Gegenständen im IoT Anwendung.

Die DS-GVO belässt den nationalen Gesetzgebern der EU-Mitgliedstaaten im Anwen- 116 dungsbereich der DS-GVO durch vereinzelte **Spezifizierungsklauseln** einen relativ engen Rahmen für spezifischere Regelungen in besonderen Bereichen. Dazu zählt beispielsweise der Datenschutz im journalistischen, wissenschaftlichen, künstlerischen oder literarischen Bereich (Art. 85 DS-GVO) sowie im Beschäftigungskontext (Art. 88 DS-GVO).

bb) ePrivacy-RL und zukünftige ePrivacy-VO. Neben der DS-GVO existiert auf eu- 117 ropäischer Ebene seit 2002 die Datenschutz-Richtlinie für elektronische Kommunikation, auch bezeichnet als ePrivacy-Richtlinie (ePrivacy-RL).[252] Als Richtlinie findet sie jedoch

---

[248] So *Bräutigam/Klindt* NJW 2015, 1137 (1140).

[249] Zu den typischen Kernprozessen des Datenschutzmanagements ausf. *Kranig/Sachs/Gierschmann* Datenschutz-Compliance nach der DS-GVO S. 51ff.

[250] Verordnung (EU) Nr. 2016/679 des Europäischen Parlaments und des Rates vom 27. April 2016 zum Schutz natürlicher Personen bei der Verarbeitung personenbezogener Daten, zum freien Datenverkehr und zur Aufhebung der Richtlinie 95/46/EG.

[251] Dazu kritisch Gola/*Schulz* DS-GVO Art. 6 Rn. 255; *Schneider* in Forgó/Helfrich/Schneider Betr. Datenschutz-HdB Kap. 1 Rn. 31; *Roßnagel* DuD 2018, 471f.

[252] Richtlinie 2002/58/EG des Europäischen Parlaments und des Rates vom 12. Juli 2002 über die Verarbeitung personenbezogener Daten und den Schutz der Privatsphäre in der elektronischen Kommunikation (Datenschutzrichtlinie für elektronische Kommunikation/ePrivacy-Richtlinie).

im Gegensatz zur DS-GVO keine unmittelbare Anwendung, sondern bedurfte einer Umsetzung im nationalen Recht der EU-Mitgliedstaaten.

118 Der EU-Gesetzgeber hat sich vorgenommen, die ePrivacy-RL zu überprüfen, um die Kohärenz mit der DS-GVO zu gewährleisten (Erwgr. 173 DS-GVO). Zur Vorbereitung dieser Überprüfung hat die EU-Kommission bereits 2016 eine öffentliche Konsultation durchgeführt und einen vorläufigen Bericht veröffentlicht. Schon 2017 hat die EU-Kommission einen Gesetzgebungsvorschlag für eine Verordnung über Privatsphäre und elektronische Kommunikation (ePrivacy-VO) vorgelegt. Die ePrivacy-VO soll die ePrivacy-RL ersetzen und aufheben. Nach dem ursprünglichen Vorschlag der EU-Kommission sollte die ePrivacy-VO gleichzeitig mit der DS-GVO zur Anwendung kommen. Nicht zuletzt wegen der erheblichen wirtschaftlichen Bedeutung der ePrivacy-VO für die Werbeindustrie dauert das Gesetzgebungsverfahren allerdings nach wie vor an. Die ePrivacy-RL und die sie (EU-rechtskonform) umsetzenden nationalen Regelungen bleiben solange komplementär zur DS-GVO anwendbar.[253]

119 Der Entwurf der ePrivacy-VO sieht einen gegenüber der ePrivacy-RL deutlich **erweiterten Anwendungsbereich** vor. Insbesondere erfasst der Entwurf sowohl elektronische Kommunikationsdienste als auch nicht-klassische Formen internetbasierter Kommunikationsdienste. Dazu zählen sog. Over-the-Top-Dienste („OTT"), etwa Messenger Dienste wie WhatsApp oder Skype und ggf. auch Kommunikation zwischen Maschinen („M2M").[254]

120 Ausweislich der Begründung im Entwurf soll die ePrivacy-VO die DS-GVO durch spezifischere Regelungen zum Datenschutz im Bereich der elektronischen Kommunikation bereichsspezifisch präzisieren und ergänzen. Im Einzelnen ist das Verhältnis der ePrivacy-VO zur DS-GVO allerdings noch nicht geklärt. Der Entwurf der ePrivacy-VO sieht keine Vollregelung des Datenschutzes in der elektronischen Kommunikation vor. Wesentliche datenschutzrechtliche Aspekte regelt der Entwurf der ePrivacy-VO nicht, bspw. die Rechte betroffener Personen (vgl. Art. 12 ff. DS-GVO), die Sicherheit der Datenverarbeitung (Art. 32 DS-GVO) oder den Umgang mit Datenschutzverletzungen (Art. 33, 34 DS-GVO). Insofern wird man den Entwurf der ePrivacy-VO eher als Ergänzung denn als Ersatz der DS-GVO verstehen müssen.[255] Das **Europäische Parlament** hat bereits 2017 eine eigene Verhandlungsposition zur ePrivacy-VO beschlossen.[256] Nach langjähriger Verhandlung hat sich im Februar 2021 zwischenzeitlich auch der **Europäische Rat** auf eine gemeinsame Position verständigt[257] und damit den Weg zu **Trilog-Verhandlungen** zwischen Kommission, Parlament und Rat geebnet. Nun bleibt abzuwarten, welches Ergebnis die Trilog-Verhandlungen hervorbringen.

121 **cc) Nationales deutsches Datenschutzrecht.** Der deutsche Gesetzgeber hat mit dem neuen Bundesdatenschutzgesetz 2018 (BDSG) zwar vergleichsweise umfassende nationale Datenschutzregelungen getroffen, deren Vereinbarkeit mit den Spezifizierungsklauseln der DS-GVO allerdings in weiten Teilen höchst umstritten ist. Besondere Regelungen für den Bereich IoT sucht man jedoch auch hier vergeblich.[258] Für IoT im Bereich Industrie 4.0 und sonstige Anwendungsfelder im Beschäftigungskontext sind insbesondere die nationalen Regelungen zum **Beschäftigtendatenschutz** zu beachten **(§ 26 BDSG).**

122 Die datenschutzrechtlichen Regelungen des deutschen **Telemediengesetzes (TMG),** deren EU-Rechtskonformität schon vor Inkrafttreten der DS-GVO in weiten Teilen um-

[253] Dazu ausf. Ehmann/Selmayr/*Klabunde/Selmayr* DS-GVO Art. 95 Rn. 22.

[254] Dazu ausf. *Munz* in v. Westphalen/Thüsing VertrR/AGB-Klauselwerke Teil „Klauselwerke", Datenschutzklauseln, Rn. 15 f.

[255] Jandt/Steidle/*Jandt/Karg* Datenschutz im Internet S. 114 ff.

[256] Europäisches Parlament, 2017/0003(COD).

[257] Council of the European Union, Confidentiality of electronic communications: Council agrees its position on ePrivacy rules, https://www.consilium.europa.eu/en/press/press-releases/2021/02/10/confidentiality-of-electronic-communications-council-agrees-its-position-on-eprivacy-rules/ (25. 2. 2021).

[258] Dazu auch *Roßnagel* DuD 2018, 471 f.

stritten war, sind nach Auffassung der deutschen Datenschutzbehörden neben der DS-GVO nicht mehr anwendbar.[259] Für Telemedien im Bereich des IoT finden also bis auf Weiteres die allgemeinen Regelungen der DS-GVO Anwendung.

Zumindest bis zu einer möglichen Ablösung durch eine zukünftige ePrivacy-VO (dazu → Rn. 176 ff.), bleiben aber die auf der ePrivacy-RL basierenden bereichsspezifischen Regelungen zum Datenschutz des deutschen **Telekommunikationsgesetzes (TKG)** anwendbar. Das konkrete Verhältnis der ePrivacy-RL und der sie umsetzenden nationalen Rechtsakte zur DS-GVO ist allerdings im Einzelnen nach wie vor unklar[260] und bedarf einer Klarstellung durch den (europäischen) Gesetzgeber (dazu ebenfalls → Rn. 176 ff.). Im Februar 2021 hat das Bundeskabinett den Entwurf für ein **Gesetz zur Regelung des Datenschutzes und des Schutzes der Privatsphäre in der Telekommunikation und bei Telemedien (TTDSG)** beschlossen. Mit dem TTDSG sollen die bisher im TKG enthaltenen Bestimmungen zum Schutz des Fernmeldegeheimnisses und des Datenschutzes sowie die im TMG enthaltenen Bestimmungen in einem neuen Stammgesetz zusammengeführt werden. Dabei sollen die geltenden Bestimmungen an die DS-GVO angepasst werden.[261] 123

Im IoT kommt es mehr und mehr zu einer Verschmelzung unterschiedlicher klassischer Infrastrukturen. Die Vernetzung von Gegenständen kann, je nach technischer Ausgestaltung, Berührungspunkte sowohl zum Bereich der **Telekommunikation** als auch zum Bereich der **Telemedien** aufweisen. Die hohe technischen Komplexität und die Vielgestaltigkeit der technischen Ausprägungen des IoT lässt eine pauschale Abgrenzung zwischen den einzelnen Bereichen nicht ohne Weiteres zu. Letztlich wird es hier jeweils auf die technische Gestaltung des jeweiligen Gegenstandes und dessen Vernetzung im Einzelfall ankommen. Telekommunikationsrechtliche Vorgaben können insbesondere bei der Implementierung von Mobilfunkmodulen eine Rolle spielen, die eine eigenständige Kommunikation der jeweiligen Gegenstände im IoT ermöglichen. 124

Daneben existieren in Deutschland eine Reihe weiterer **nationaler bereichsspezifischer gesetzlicher Datenschutzregelungen** auf Bundes- und Landesebene, die zum Teil durch die Gesetzgeber noch an die DS-GVO anzupassen sind. Für IoT im Gesundheitsbereich können insbesondere die bereichsspezifischen Regelungen in den Landeskrankenhausgesetzen eine Rolle spielen.[262] 125

Im Ergebnis haben die nationalen Datenschutzvorschriften vor dem Hintergrund der umfassenden Regelungen und engen Spezifizierungsklauseln der DS-GVO in der Praxis eine eher untergeordnete Bedeutung. Für das IoT sind die Regelungen meist nur punktuell relevant. Je nach Einsatzfeld und konkreter technischer Gestaltung im jeweiligen Anwendungsszenario können unterschiedliche nationale Spezialregelungen zwar durchaus eine Rolle spielen. Nicht selten stellt sich dabei in der Praxis die Frage, ob die jeweiligen Regelungen überhaupt mit den Vorgaben der DS-GVO vereinbar und damit anwendbar sind. Etwaige nationale Vorgaben bedürfen deshalb einer sorgfältigen Prüfung im jeweiligen Einzelfall. Die folgenden Ausführungen fokussieren sich daher auf die für alle IoT-Anwendungen relevanten Vorgaben des europäischen Datenschutzrechts. 126

---

[259] DSK, Positionsbestimmung zur Anwendbarkeit des TMG für nicht-öffentliche Stellen ab dem 25. 5. 2018 v. 26. 4. 2018.

[260] Dazu Spindler/Schuster/*Eckhardt* TKG § 91 Rn. 5 ff. mwN.

[261] Bundesregierung, Entwurf eines Gesetzes zur Regelung des Datenschutzes und des Schutzes der Privatsphäre in der Telekommunikation und bei Telemedien, https://www.bmwi.de/Redaktion/DE/Artikel/Service/Gesetzesvorhaben/gesetz-zur-regelung-des-datenschutzes-und-des-schutzes-privatsphaere.html, https://www.bmwi.de/Redaktion/DE/Downloads/Gesetz/gesetzentwurf-zur-regelung-des-datenschutzes-und-des-schutzes-der-privatssphaere-in-der-telekommunikation-und-bei-telemedien.pdf?__blob=publicationFile&v=6 (25. 2. 2021).

[262] Dazu ausf. *Brandt* in Bräutigam IT-Outsourcing und Cloud-Computing Teil 11 Rn. 61 ff.

b) Sachlicher Anwendungsbereich des europäischen Datenschutzrechts

127 **aa) Personenbezogene Daten im IoT.** Die DS-GVO findet Anwendung auf die Verarbeitung **„personenbezogener Daten"** (Art. 2 Abs. 1 DS-GVO). Keine Anwendung findet die DS-GVO demgegenüber für **„anonyme Informationen"** (vgl. Erwgr. 26 DS-GVO).

128 **„Personenbezogene Daten"** sind gem. Art. 4 Nr. 1 DS-GVO

„alle Informationen, die sich auf eine identifizierte oder identifizierbare natürliche Person (im Folgenden ‚betroffene Person') beziehen; als identifizierbar wird eine natürliche Person angesehen, die direkt oder indirekt, insbesondere mittels Zuordnung zu einer Kennung wie einem Namen, zu einer Kennnummer, zu Standortdaten, zu einer Online-Kennung oder zu einem oder mehreren besonderen Merkmalen, die Ausdruck der physischen, physiologischen, genetischen, psychischen, wirtschaftlichen, kulturellen oder sozialen Identität dieser natürlichen Person sind, identifiziert werden kann."

129 Nach Erwgr. 26 DS-GVO sind **„anonyme Informationen"**

„Informationen, die sich nicht auf eine identifizierte oder identifizierbare natürliche Person beziehen, oder personenbezogene Daten, die in einer Weise anonymisiert worden sind, dass die betroffene Person nicht oder nicht mehr identifiziert werden kann."

130 Elementare Bedeutung für die Anwendbarkeit der DS-GVO im IoT hat daher die Vorfrage, welche Informationen überhaupt als „personenbezogene Daten" zu qualifizieren sind.

131 **(1) Identifiziertheit und Identifizierbarkeit der Person – Abgrenzung zur anonymen Information.** Ausweislich der Definition der „personenbezogenen Daten" (Art. 4 Nr. 1 DS-GVO) müssen sich Informationen auf eine **„identifizierte oder identifizierbare"** Person beziehen, um als personenbezogene Daten zu gelten.

132 Unter welchen Umständen von einer *„Identifizierbarkeit"* im Sinne des Datenschutzrechts auszugehen ist, ist seit jeher höchst umstritten. Im Kern stehen sich dabei zwei konträre Auffassungen gegenüber: Während die Vertreter der Theorie des sog. **relativen Personenbezugs** die Identifizierbarkeit ausschließlich unter Berücksichtigung des Wissens des Verantwortlichen beurteilen wollen, lassen es die Vertreter der Theorie des sog. **absoluten Personenbezugs** ausreichen, wenn zwar nicht beim Verantwortlichen auf Grundlage der bei ihm vorhandenen Informationen das für die Herstellung des Personenbezugs vorhandene Wissen vorliegt, aber Dritte über dieses Zusatzwissen verfügen.

133 Die DS-GVO verfolgt einen **vermittelnden Weg.** Um festzustellen, ob eine natürliche Person identifizierbar ist, sollen gem. Erwgr. 26 DS-GVO alle Mittel berücksichtigt werden, die von dem Verantwortlichen oder einer anderen Person nach allgemeinem Ermessen wahrscheinlich genutzt werden, um die natürliche Person direkt oder indirekt zu identifizieren. Bei der Feststellung, ob Mittel nach allgemeinem Ermessen wahrscheinlich zur Identifizierung der natürlichen Person genutzt werden, sollen gem. Erwgr. 26 DS-GVO alle objektiven Faktoren herangezogen werden, wie die Kosten der Identifizierung und der dafür erforderliche Zeitaufwand, wobei die zum Zeitpunkt der Verarbeitung verfügbare Technologie und technologische Entwicklungen zu berücksichtigen sind.

134 Zum Begriff des personenbezogenen Datums aus Art. 2 lit. a DS-RL,[263] die im Kern der Definition in Art. 4 Nr. 1 DS-GVO gleicht, hatte der EuGH die Auffassung vertreten, dass eine **dynamische IP-Adresse** für den Anbieter einer Website ein personenbezogenes

[263] Art. 2 lit. a DS-RL definiert „personenbezogene Daten" als „alle Informationen *über* eine bestimmte oder bestimmbare natürliche Person". Art. 4 Nr. 1 DS-GVO definiert „personenbezogene Daten" als „alle Informationen, die sich auf eine identifizierte oder identifizierbare natürliche Person […] *beziehen*". Das Merkmal „über" in der DS-RL ist gleichbedeutend mit dem Merkmal „beziehen" in Art. 4 Nr. 1 DS-GVO und ändert an der Reichweite des Personenbezugs nichts, Kühling/Buchner/*Klar/Kühling* DS-GVO Art. 4 Nr. 1 Rn. 2 mwN.

Datum darstellt, wenn er über rechtliche Mittel verfügt, die es ihm erlauben, die betreffende Person anhand der Zusatzinformationen bestimmen zu lassen, über die der Internetzugangsanbieter dieser Person verfügt.[264]

Soweit die mittels vernetzter Alltagsgegenstände im Internet der Dinge erhobenen Daten nicht bereits konkret einer bestimmten Person unmittelbar zugeordnet sind und der Betroffene damit bereits *identifiziert* ist, dürften die gesammelten Informationen in vielen Fällen zumindest gewisse Rückschlüsse auf eine Person zulassen.[265] Auch wenn die mit vernetzten Gegenständen erhobenen Informationen letztlich nicht bei einer einzigen Stelle zusammenfließen sollten, dürfte bei Zugrundelegung des vergleichsweise weiten Begriffsverständnisses der DS-GVO unter Berücksichtigung der Rechtsprechung des EuGH dennoch in vielen Fällen zumindest von einer Identifizierbarkeit auszugehen sein, wenn der Verantwortliche rechtlich und tatsächlich in der Lage ist, sich die zur Identifizierung erforderlichen Informationen zu verschaffen. 135

(2) Bezug zu einer Person – Abgrenzung zum Sachdatum. Ausweislich der Definition der „personenbezogenen Daten" (Art. 4 Nr. 1 DS-GVO) müssen sich die Informationen außerdem auf eine natürliche Person **„beziehen"**. Dass sich die Information auf eine Person und nicht nur auf mehrere Personen oder eine Sache beziehen muss, ist eigenständiges Merkmal der Definition des personenbezogenen Datums, das losgelöst vom Kriterium der Identifizierbarkeit der Person (hierzu → Rn. 131 ff.) zu beurteilen ist.[266] 136

Keinen Bezug zu einer Person haben sog. Sachdaten. Sie beziehen sich nicht auf eine Person, sondern ausschließlich auf eine Sache.[267] Kein bloßes Sachdatum, sondern ein personenbezogenes Datum liegt allerdings vor, wenn in der Information über eine Sache aufgrund individualisierender Identifikationsmerkmale, des Detaillierungsgrads oder der Einzigartigkeit der Sache ein **Bezug zu einer Person angelegt** ist.[268] 137

Die DS-GVO definiert nicht, wann sich Informationen auf eine Person „beziehen". Der in der DS-GVO verwendete Begriff ist bislang auch höchstrichterlich nicht abschließend geklärt. Eine Definition von „Sachdaten" fehlt in der DS-GVO ebenfalls.[269] 138

Die Artikel-29-Datenschutzgruppe, die Vorgängerin des Europäischen Datenschutzausschusses (EDSA), hat zum Begriff des personenbezogenen Datums aus Art. 2 lit. a DS-RL,[270] konkret zu der Frage, wann es sich bei Informationen um Informationen „über" eine Person handelt, einen kontextbezogenen Ansatz für die Abgrenzung vom Sachdatum zum personenbezogenen Datum entwickelt.[271] Danach bezieht sich eine Information dann auf eine natürliche Person (und nicht nur auf eine Sache), wenn ein **Inhaltselement,** ein **Zweckelement** und/oder ein **Ergebniselement** vorhanden sind. Auch nach der Rechtsprechung des EuGH zu Art. 2 lit. a DS-RL handelt es sich bei Informationen um Informationen „über" eine bestimmte Person, „wenn die Information auf- 139

---

264 EuGH Urt. v. 19.10.2016 – C-582/14, ECLI:EU:C:2016:779 = ZD 2017, 24 mAnm *Kühling/Klar.*

265 So auch Artikel-29-Datenschutzgruppe, Stellungnahme 8/2014 zu den jüngsten Entwicklungen im Internet der Dinge, WP 223, S. 12.

266 Kühling/Buchner/*Klar/Kühling* DS-GVO Art. 4 Nr. 1 Rn. 11.

267 Kühling/Buchner/*Klar/Kühling* DS-GVO Art. 4 Nr. 1 Rn. 12.

268 Kühling/Buchner/*Klar/Kühling* DS-GVO Art. 4 Nr. 1 Rn. 13.

269 NK-DatenschutzR/*Karg* DS-GVO Art. 4 Nr. 1 Rn. 21.

270 Art. 2 lit. a DS-RL definiert „personenbezogene Daten" als „alle Informationen *über* eine bestimmte oder bestimmbare natürliche Person". Art. 4 Nr. 1 DS-GVO definiert „personenbezogene Daten" als „alle Informationen, die sich auf eine identifizierte oder identifizierbare natürliche Person […] *beziehen*". Das Merkmal „über" in der DS-RL ist gleichbedeutend mit dem Merkmal „beziehen" in Art. 4 Nr. 1 DS-GVO und ändert an der Reichweite des Personenbezugs nichts, Kühling/Buchner/*Klar/Kühling* DS-GVO Art. 4 Nr. 1 Rn. 2 mwN.

271 Artikel-29-Datenschutzgruppe, Stellungnahme 4/2007 zum Begriff „personenbezogene Daten", WP 136, S. 10 ff.

grund ihres Inhalts, ihres Zwecks oder ihrer Auswirkungen mit einer bestimmten Person verknüpft ist".[272]

140 Ein **Inhaltselement** soll nach Auffassung der Artikel-29-Datenschutzgruppe vorliegen, wenn unter Berücksichtigung aller Begleitumstände und unabhängig vom Zweck auf Seiten des Verantwortlichen oder eines Dritten oder von den Auswirkungen auf die betroffene Person Informationen über eine Person gegeben werden. Ein **Zweckelement** liegt vor, wenn es möglich ist, die Informationen zu dem Zweck der Beurteilung, Behandlung oder Beeinflussung einer Person zu verwenden. Auch ohne dass ein Inhalts- oder Zweckelement vorhanden ist, soll schließlich ein **Ergebniselement** immer dann vorliegen, wenn die Gefahr besteht, dass sich die Angabe unter Berücksichtigung aller Begleitumstände auf die Rechte und Interessen einer bestimmten Person auswirken kann.[273] Die Frage, ob sich Daten auf eine bestimmte Person beziehen, ist nach Auffassung der Artikel-29-Datenschutzgruppe anhand dieser drei Elemente für jedes spezifische Datenelement gesondert zu beantworten.[274]

141 Nach der Auffassung der Artikel-29-Datenschutzgruppe reicht für das Zweckelement und das Ergebniselement die Möglichkeit einer **persönlichkeitsrelevanten Verwendung** bzw. die Möglichkeit eines **persönlichkeitsrelevanten Ergebnisses** aus. Auf eine Verwendungsabsicht oder eine Ergebnisabsicht kommt es insoweit nicht an.[275] Zum Ergebniselement merkt die Artikel-29-Datenschutzgruppe außerdem an, dass es sich bei dem möglichen Ergebnis nicht unbedingt um nachhaltige Auswirkungen handeln muss. Es reiche aus, wenn die Person aufgrund der Verarbeitung anders als andere Personen behandelt werden könnte.[276]

142 Mit in der Literatur zum Teil vertretener Auffassung ließe sich demgegenüber bei Daten, bei denen eine personenbezogene Verarbeitung oder ein personenbezogenes Verarbeitungsergebnis zwar möglich, aber nicht beabsichtigt ist, ein Personenbezug mangels „personenbezogenen Verarbeitungszusammenhangs" verneinen.[277] Im Ergebnis sprechen aber gute Argumente gegen das Erfordernis eines solchen „personenbezogenen Verarbeitungszusammenhangs":

143 Gegen ein solches Erfordernis spricht schon der **Wortlaut** von Art. 4 Nr. 1 DS-GVO, der für den Personenbezug nicht auf eine auf diesen gerichtete Verarbeitungsabsicht des Verantwortlichen abstellt.

144 Gegen das Erfordernis eines solchen „personenbezogenen Verarbeitungszusammenhangs" spricht außerdem insbesondere der **Schutzzweck** von Art. 5 Abs. 1 lit. f DS-GVO und Art. 32 DS-GVO, die unter anderem auch den „Schutz vor unbefugter oder unrechtmäßiger Verarbeitung" verlangen. Würde man hierbei lediglich auf eine – etwaig nicht personenbezogene – subjektive Verwendungsabsicht des Verantwortlichen und nicht auf die abstrakte Möglichkeit einer personenbezogenen Verwendbarkeit abstellen, blieben damit Risiken etwaiger personenbezogener Verwendungsabsichten Dritter außer Betracht. Damit käme es zu einer eklatanten Schutzlücke.[278]

---

[272] EuGH Urt. v. 20.12.2017 – C-434/16, NJW 2018, 767 Rn. 34, 35 – Nowak/Data Protection Commissioner.

[273] Vgl. Kühling/Buchner/*Klar/Kühling* DS-GVO Art. 4 Nr. 1 Rn. 14.

[274] Artikel-29-Datenschutzgruppe, Stellungnahme 4/2007 zum Begriff „personenbezogene Daten", WP 136, S. 14.

[275] Artikel-29-Datenschutzgruppe, Stellungnahme 4/2007 zum Begriff „personenbezogene Daten", WP 136, S. 11, 13.

[276] Artikel-29-Datenschutzgruppe, Stellungnahme 4/2007 zum Begriff „personenbezogene Daten", WP 136, S. 13.

[277] *Krügel* ZD 2017, 455 (457), verlangt für die Einstufung als personenbezogenes Datum einen „personenbezogenen Verarbeitungszusammenhang", wobei es in den dort geschilderten Beispielen um Luftbilder ohne die Hinzuspeicherung von Informationen über dort abgebildete Häuser geht und *Krügel* hier einen Personenbezug ablehnt.

[278] Dahingehend wohl auch *Lüdemann* ZD 2015, 247 (250); *Kinast/Kühl* NJW 2014, 3057 (3058).

145 Auf Grundlage der von der Artikel-29-Datenschutzgruppe und dem EuGH zur Bestimmung des Personenbezugs herangezogenen „Drei-Elemente-Lehre" (dazu → Rn. 139ff.) dürfte für technische Daten im Bereich des IoT eine differenziertere Betrachtungsweise argumentativ gut vertretbar sein:

146 Es erscheint nicht per se ausgeschlossen, dass es im Bereich des IoT technische Daten geben kann, für die keines der von der Artikel-29-Datenschutzgruppe herangezogenen Elemente einschlägig ist, die also an sich keinerlei Informationen über eine Person geben (Inhaltselement), keinerlei Beurteilung, Behandlung oder Beeinflussung einer Person ermöglichen (Zweckelement) und keinerlei Gefahr bergen, dass sie sich unter Berücksichtigung aller Begleitumstände auf die Rechte und Interessen einer bestimmten Person auswirken könnten (Ergebniselement).

147 Ob das der Fall ist, ist unter **Berücksichtigung der jeweiligen Umstände des Einzelfalls** für das jeweilige Datum individuell zu prüfen. Dabei ist auch zu berücksichtigen, dass der Personenbezug im Hinblick auf unterschiedliche Personen unterschiedlich zu bewerten sein kann.

148 Auch bei einer differenzierteren Betrachtungsweise anhand der „Drei-Elemente-Lehre" ist allerdings zu berücksichtigen, dass es zumindest nach Auffassung der Artikel-29-Datenschutzgruppe beim Zweckelement und Ergebniselement lediglich abstrakt auf etwaige Verwendungsmöglichkeiten ankommt, nicht aber auf etwaige subjektive Verwendungsabsichten, und dass bereits das Vorliegen nur eines Elements für den Personenbezug ausreichend ist (dazu schon → Rn. 139ff.).

149 Vor diesem Hintergrund lassen sich, ausgehend von ihrem Verarbeitungszweck, bei differenzierter Betrachtung für technische Daten im Wesentlichen zwei Fallgruppen unterscheiden:

150 **Fallgruppe 1: Personenbezogene Verarbeitungszwecke – beabsichtigte Verarbeitung personenbezogener Daten.** Die erste Fallgruppe beschreibt *personenbezogene* Verarbeitungszwecke, also Zwecke, bei denen es gerade auf die Verarbeitung von technischen Daten in einer Form ankommt, die einem bestimmten, aus der Menge ausgesonderten Individuum zugeordnet ist.

151 Das gilt ungeachtet der Frage, ob die Daten einer betroffenen Person direkt aufgrund ihres Namens oder indirekt aufgrund anderer identifizierender Merkmale zugeordnet werden können, bspw. einer Kundennummer, einer individuellen Geräte- oder Gegenstandskennung (etwa einer eindeutigen Mobiltelefonkennung (IMEI) oder einer eindeutigen Fahrzeugidentifikationsnummer (FIN)).

152 Als Beispiel für diese Fallgruppe aus dem Bereich des vernetzen Fahrzeugs lässt sich eine Fahrverhaltensanalyse zum Zweck nutzerbezogener Produktverbesserung anhand technischer Daten über die Nutzung des Fahrzeugs heranziehen. Hier kommt es auf das (Fahr-) Verhalten eines Menschen als Fahrer des jeweiligen Fahrzeugs an. Die Daten „beziehen" sich also unzweifelhaft[279] auf eine natürliche Person, da sie Aussagen über den Fahrer enthalten (Inhaltselement) und der Beurteilung dieses Verhaltens dienen (Zweckelement). Die Personenbeziehbarkeit ist gerade beabsichtigt.[280]

Ein weiteres denkbares Beispiel für diese Fallgruppe aus dem Bereich des vernetzen Fahrzeugs ist die Aufzeichnung und Auswertung vom individuellen Fahrverhalten beinflussbarer technischer Zustandsdaten eines Fahrzeugs zum Zweck der Beurteilung des Verhaltens des Fahrers bei Unfällen oder im Fall von Gewährleistungs- oder Garantieansprüchen, um etwa konstruktionsbedingte Fahrzeugfehler von durch Fehlbedienung hervorgerufenen Fehlern zu unterscheiden.

---

[279] S. etwa *Weichert* NZV 2017, 507 (510), zum „unzweifelhaft[en]" Personenbezug von Daten über das Fahrverhalten.

[280] Auch bei einer engen Auslegung des Begriffs personenbezogener Daten ist dieser hier letztlich zu bejahen, da ein „personenbezogener Verarbeitungszusammenhang" besteht, worauf *Krügel* ZD 2017, 455 (457) abstellt.

153 Technische Daten, die dieser ersten Fallgruppe unterfallen, weisen eindeutig Personenbezug auf. Auch wenn die Daten zunächst für sich genommen möglicherweise keine Aussagen über eine natürliche Person enthalten (fehlendes **Inhaltselement**), können sie jedenfalls der Beurteilung von deren Verhalten dienen **(Zweckelement)** und sich ggf. auch auf Rechte und Interessen einer bestimmten Person auswirken **(Ergebniselement).**

154 **Fallgruppe 2: Sachbezogene Verarbeitungszwecke – Verarbeitung personenbeziehbarer Daten als bloße Begleiterscheinung.** Die zweite Fallgruppe beschreibt rein *sachbezogene* Verarbeitungszwecke, bei denen es im Ergebnis tatsächlich nur auf einen Gegenstand oder einen solchen betreffende Prozesse oder Ereignisse ankommt, nicht auf Eigenschaften oder Verhalten eines einzelnen Individuums.

155 Als Beispiel für diese Fallgruppe aus dem Bereich des vernetzen Fahrzeugs lässt sich ebenfalls eine Datenaufzeichnung und ggf. -auswertung technischer Zustandsdaten heranziehen, die allerdings nicht dem Zweck der (Fahr-)Verhaltensanalyse dient, sondern allein zur Produktbeobachtung und ggf. -verbesserung, ohne dass es dabei auf das eigentliche Verhalten oder Eigenschaften des Fahrers ankäme.

Weitere Beispiele dieser Fallgruppe aus dem Bereich des vernetzen Fahrzeugs sind im Produktions- oder Reparaturprozess für fahrzeugbezogene Dokumentationszwecke generierte statische Bau- oder Ersatzteilinformationen oder Aufzeichnungen über Produktions- oder Reparaturvorgänge, die weder vom individuellen Fahrverhalten noch sonst vom Betrieb des Kfz beeinflusst werden.

156 Bei technischen Daten, die dieser zweiten Fallgruppe unterfallen, ließe sich anhand der von der Artikel-29-Datenschutzgruppe und dem EuGH zur Bestimmung des Personenbezugs herangezogenen „Drei-Elemente-Lehre" (dazu → Rn. 136ff.) eine weitere Differenzierung vornehmen:

157 Technische Daten beschreiben für sich genommen, also ohne weitere Analysen, typischerweise nicht eine Person, so dass bei diesen Daten zumindest das **Inhaltselement** im Regelfall fehlen dürfte.

158 Daran ändert auch der Umstand nichts, dass die Daten mit einem Identifikator verknüpft werden, solange der Inhalt der Daten dadurch nicht verändert wird.

159 Das **Zweckelement** fehlt bei technischen Daten, wenn die Daten unter Berücksichtigung aller Begleitumstände nicht mit dem Zweck verwendet werden bzw. verwendet werden könnten, eine Person zu beurteilen, in einer bestimmten Weise zu behandeln oder ihre Stellung oder ihr Verhalten zu beeinflussen.

160 Denkbar erscheint das am Beispiel des vernetzen Fahrzeugs insbesondere für im Produktions- oder Reparaturprozess für fahrzeugbezogene Dokumentationszwecke generierten statischen Bau- oder Ersatzteilinformationen oder Aufzeichnungen über Produktions- oder Reparaturvorgänge, die weder vom individuellen Fahrverhalten noch sonst vom Betrieb des Kfz beeinflusst werden. Bei diesen Daten liegt zumindest auf den ersten Blick nicht nahe, dass sich die Informationen zur Beurteilung, Behandlung oder Beeinflussung einer Person verwenden ließen. Auch bei nicht vom individuellen Fahrverhalten beeinflussbaren technischen Zustandsdaten des Kfz liegt die Möglichkeit der Beurteilung, Behandlung oder Beeinflussung einer Person nicht unbedingt ohne Weiteres auf der Hand.

Bei technischen Zustandsdaten, die vom individuellen Verhalten beeinflusst werden können, besteht demgegenüber das Risiko, dass die jeweiligen Daten, wenn auch ggf. nur unberechtigt und nicht beabsichtigt, auch für die Beurteilung des Verhaltens herangezogen werden könnten, etwa im Fall von Gewährleistungs- oder Garantieansprüchen, um etwa konstruktionsbedingte Fehler von durch Fehlbedienung hervorgerufenen Fehlern zu unterscheiden. Sofern sich dieses Risiko nicht ausschließen lässt, die Daten also zur Beurteilung herangezogen werden könnten, dürfte das Zweckelement und damit auch der Personenbezug zu bejahen sein.

Das **Ergebniselement** fehlt bei technischen Daten, wenn sich ihre Verwendung unter Berücksichtigung aller jeweiligen Begleitumstände nicht auf die Rechte und Interessen einer bestimmten Person auswirken könnte. 161

Wie auch für das Zweckelement (dazu schon → Rn. 159 ff.) erscheint das am Beispiel des vernetzen Fahrzeugs insbesondere für im Produktions- oder Reparaturprozess für fahrzeugbezogene Dokumentationszwecke generierte statische Bau- oder Ersatzteilinformationen oder Aufzeichnungen über Produktions- oder Reparaturvorgänge denkbar, die weder vom individuellen Fahrverhalten noch sonst vom Betrieb des Kfz beeinflusst werden. Bei diesen Daten liegt zumindest auf den ersten Blick nicht auf der Hand, dass sich die Verwendung der Informationen auf die Rechte und Interessen einer bestimmten Person auswirken könnte. Gleiches gilt – wie beim Zweckelement (dazu schon → Rn. 159 ff.) – auch für nicht vom individuellen Fahrverhalten beeinflussbare technische Zustandsdaten. 162

Demgegenüber besteht für technische Zustandsdaten, die vom individuellen Verhalten beeinflusst werden können, wie auch beim Zweckelement (dazu schon → Rn. 159 ff.), das Risiko, dass die jeweiligen Daten, wenn auch ggf. nur unberechtigt und nicht beabsichtigt, auch in einer Weise verwendet werden könnten, die sich auf die Rechte und Interessen einer bestimmten Person auswirken könnte, etwa bei Unfällen oder im Fall von Gewährleistungs- oder Garantieansprüchen, um etwa konstruktionsbedingte Fehler von durch Fehlbedienung hervorgerufenen Fehlern zu unterscheiden (dazu schon → Rn. 159 ff.). Sofern sich dieses Risiko nicht ausschließen lässt, sich die Verwendung der Daten also auf die Rechte und Interessen einer bestimmten Person auswirken könnte, dürfte das Ergebniselement und damit auch der Personenbezug zu bejahen sein.

bb) Pseudonymisierung im IoT. Auch einer Pseudonymisierung unterzogene personenbezogene Daten, die nur durch ein Heranziehen zusätzlicher Informationen einer natürlichen Person zugeordnet werden könnten, gelten als Informationen über eine zumindest identifizierbare natürliche Person und sind damit weiterhin personenbezogene Daten. 163

Unter **„Pseudonymisierung"** versteht die DS-GVO eine 164

„Verarbeitung personenbezogener Daten in einer Weise, dass die personenbezogenen Daten ohne Hinzuziehung zusätzlicher Informationen nicht mehr einer spezifischen betroffenen Person zugeordnet werden können, sofern diese zusätzlichen Informationen gesondert aufbewahrt werden und technischen und organisatorischen Maßnahmen unterliegen, die gewährleisten, dass die personenbezogenen Daten nicht einer identifizierten oder identifizierbaren natürlichen Person zugewiesen werden."

Wichtiges Merkmal bei der Pseudonymisierung ist, dass Daten grundsätzlich nur unter Verwendung des Pseudonyms und nicht des Namens oder anderer Identifikationsmerkmale verarbeitet werden, die Pseudonyme aber im Ausnahmefall mit den gesondert aufbewahrten Daten zur **Identifizierung** des Trägers des Pseudonyms so zusammengeführt werden können, dass im Ergebnis doch ein direkter Personenbezug herstellbar ist. 165

Typische Praxisbeispiele für Pseudonyme sind etwa Benutzernamen, die keinen unmittelbaren Rückschluss auf den echten Namen der betroffenen Person zulassen (zB „Nutzer A", „Nutzer B", „Nutzer C"), oder Benutzernummern. 166

Weitere Beispiele sind etwa Mitarbeiternummern, Kundennummern, Lieferantennummern.

Die Pseudonymisierung führt *nicht* dazu, dass die datenschutzrechtlichen Anforderungen keine Anwendung finden, kann aber etwaige Risiken der Verarbeitung senken und die Einhaltung der Datenschutzpflichten unterstützen. 167

cc) Anonymisierung und anonyme Daten im IoT. Die datenschutzrechtlichen Anforderungen gelten demgegenüber nicht für anonyme Informationen (vgl. Erwgr. 26 DS-GVO). 168

169 Nach Erwgr. 26 DS-GVO sind **„anonyme Informationen"**

„Informationen, die sich nicht auf eine identifizierte oder identifizierbare natürliche Person beziehen, oder personenbezogene Daten, die in einer Weise anonymisiert worden sind, dass die betroffene Person nicht oder nicht mehr identifiziert werden kann."

170 Bei der Einordnung als anonyme Information ist allerdings höchste Vorsicht geboten. In Anbetracht des vergleichsweise weiten Begriffs des Personenbezugs und der im Zeitalter von **„Big Data"** potenziell zirkulierenden Fülle an Daten stellt sich die Frage, inwieweit überhaupt noch Daten ohne (zumindest mittelbaren) Personenbezug existieren.[281] Zudem ist naheliegend, dass viele Anbieter von vernetzten Gegenständen schon gar kein Interesse an einer solchen Anonymisierung haben, da ihnen dadurch eine Verwertung der wirtschaftlich wertvollen Daten verwehrt bliebe.[282] Im Ergebnis unterfällt eine Vielzahl von Daten dem Begriff der „personenbezogenen Daten", auch wenn der Personenbezug auf den ersten Blick nicht immer erkennbar ist und Daten zunächst „anonym" erscheinen. Häufig kommt es in der Praxis vor allem zur Verwechslung „anonymisierter" Daten, für die das Datenschutzrecht keine Anwendung findet, mit lediglich „pseudonymisierten" Daten, für die die datenschutzrechtlichen Anforderungen gelten und zu berücksichtigen sind (dazu → Rn. 163 ff.).

171 Ein wichtiger Faktor eines wirksamen Anonymisierungsverfahrens ist seine **Unumkehrbarkeit.** Das bedeutet, die Identifizierbarkeit einer betroffenen Person muss durch die Anonymisierung unwiderruflich unmöglich gemacht werden. Verschiedene Anonymisierungsverfahren und -techniken weisen dabei ein unterschiedliches Maß an Robustheit auf. Grob gesagt lassen sich zwei Arten von Anonymisierungsansätzen unterscheiden: Die erste basiert auf **„Randomisierung"**, die zweite auf **„Generalisierung".** Als Randomisierung bezeichnet man Techniken, die die Daten in einer Weise verfälschen, dass die direkte Verbindung zwischen Daten und betroffener Person entfernt wird. Bei der Generalisierung werden Merkmale betroffener Personen durch die Veränderung der entsprechenden Größenskala oder -ordnung generalisiert, dh durch einen weniger spezifischen Wert ersetzt.[283]

172 Ob ein Anonymisierungsverfahren im Einzelfall ausreichend ist, hängt maßgeblich von den individuellen Besonderheiten der jeweiligen Datensätze ab. Die Frage kann nicht pauschal beantwortet werden, sondern ist mitunter tatsächlich und rechtlich komplex und bedarf ggf. einer eingehenden Prüfung.

c) Räumlicher Anwendungsbereich des europäischen Datenschutzrechts

173 Die DS-GVO unterstellt jede Verarbeitung personenbezogener Daten, soweit diese im Rahmen der Tätigkeiten einer **Niederlassung in der EU** erfolgt, dem europäischen Datenschutzrecht (Art. 3 Abs. 1 DS-GVO). Verantwortliche oder Auftragsverarbeiter **ohne Niederlassung** in der EU unterfallen nach Art. 3 Abs. 2 DS-GVO dann dem europäischen Datenschutzrecht, wenn die Datenverarbeitung mit dem Angebot von Waren oder Dienstleistungen gegenüber Personen, die sich in der EU befinden, oder mit der Beobachtung von deren Verhalten in Zusammenhang steht. Das hiermit eingeführte „Marktortprinzip"[284] löst Art. 4 Abs. 1 lit. c DS-RL ab und soll an die vorgenannten zwei datenschutzrechtlich relevanten Situationen anknüpfen, in denen eine Verarbeitung eine „unmittelbare und wesentliche Auswirkung" in der Union hat.[285] Der Verantwortliche kann dem räumlichen Anwendungsbereich der DS-GVO schließlich dann unterfallen,

---

[281] *Weichert* ZD 2013, 251 (254, 258 f.).

[282] So etwa auch *Wilmer* DSRITB 2015, 6.

[283] Zu Anonymisierungstechniken im Einzelnen Artikel-29-Datenschutzgruppe, Stellungnahme 5/2014 zu Anonymisierungstechniken, WP 216.

[284] Kühling/Buchner/*Klar* DS-GVO Art. 3 Rn. 6.

[285] S. Ehmann/Selmayr/*Zerdick* DS-GVO Art. 3 Rn. 14.

wenn die Datenverarbeitung an einem Ort erfolgt, der aufgrund Völkerrechts dem Recht eines EU-Mitgliedstaats unterliegt (Art. 3 Abs. 3 DS-GVO).

Die in der Praxis bei Weitem größte Relevanz haben die Regelungen zum räumlichen Anwendungsbereich in Art. 3 Abs. 1 und Abs. 2 DS-GVO. Das Anknüpfen entweder an die **Niederlassung** des Adressaten oder den **Marktort** weitet den Anwendungsbereich des europäischen Datenschutzrechts stark aus. Datenverarbeitungen im Kontext des IoT, die auf aktiver Netzwerkkommunikation basieren, sind genau solche internetbasierten Marktaktivitäten, die Art. 3 DS-GVO dem Schutz des europäischen Datenschutzrechts unterstellen will. Dies hat eine enorme Tragweite, insbesondere für außereuropäische Anbieter.[286] Werden netzbasierte Dienste des IoT, die eine Vielzahl personenbezogener Daten zusammenführen und analysieren, von einem Anbieter – unabhängig davon, ob er über eine Niederlassung in der EU verfügt oder nicht – mit Ausrichtung auf den europäischen Konsumentenmarkt angeboten, erscheint die Anwendbarkeit der DS-GVO beinahe zwangsläufig.[287] In Grenzfällen kann gleichwohl eine tiefgehende Einzelfallprüfung erforderlich sein. Hierbei bieten die Stellungnahmen bzw. Guidelines der Artikel-29-Datenschutzgruppe und des EDSA[288] eine wertvolle Hilfestellung. 174

aa) Datenverarbeitung bei Bestehen einer Niederlassung in der EU. Bei Anwendung des Art. 3 Abs. 1 DS-GVO ist zunächst zu klären, ob eine Niederlassung in der Union vorliegt. Falls ja, ist zu klären, ob die Verarbeitung „im Rahmen" der Tätigkeiten einer solchen Niederlassung erfolgt. Es kann sich um eine Niederlassung des Verantwortlichen oder auch eine des Auftragsverarbeiters handeln. Die Datenverarbeitung selbst muss nicht in der Union stattfinden.[289] 175

Eine **„Niederlassung"** setzt nach Erwgr. 22 DS-GVO die effektive Ausübung einer Tätigkeit durch eine feste Einrichtung voraus. Es muss sich nicht um die „Hauptniederlassung" (vgl. Art. 4 Nr. 16 DS-GVO) handeln. Die Rechtsform der Einrichtung, gleich ob es sich um eine Zweigstelle oder eine Tochtergesellschaft mit eigener Rechtspersönlichkeit handelt, ist nicht ausschlaggebend.[290] Eine Anmeldung oder Eintragung des Unternehmens im Mitgliedstaat ist nicht erforderlich.[291] An die Merkmale der „effektiven Ausübung" und der „festen Einrichtung" sind keine hohen Anforderungen zu stellen.[292] Das Vorhandensein eines einzigen Vertreters und eines Bankkontos im Mitgliedstaat kann ausreichen.[293] Im jeweiligen Einzelfall sind der „Grad an Beständigkeit" der jeweiligen Einrichtung und die „effektive Ausübung der Tätigkeit" im Mitgliedstaat wertend zu betrachten, wobei insbesondere Unternehmen, die ihre Leistungen ausschließlich über das Internet anbieten, eingehender Prüfung zu unterziehen sind.[294] 176

Laut der älteren Stellungnahme der Artikel-29-Datenschutzgruppe zur räumlichen Anwendbarkeit der DS-RL ist ein **„Server oder Computer"** im Unionsgebiet (wohl) keine Niederlassung, da es sich „schlicht um ein technisches Hilfsmittel oder Instrument der In- 177

[286] Kühling/Buchner/*Klar* DS-GVO Art. 3 Rn. 8ff.

[287] Im Übrigen lässt sich europäisches Datenschutzrecht auch durch Rechtswahlklauseln nicht abbedingen, s. dazu Kühling/Buchner/*Klar* DS-GVO Art. 3 Rn. 105.

[288] S. Artikel-29-Datenschutzgruppe, Stellungnahme 8/2010 zum anwendbaren Recht, WP 179 sowie die Update-Fassung hierzu v. 16.12.2015, WP 179 Aktualisierung; die aktuellsten Leitlinien zum räumlichen Anwendungsbereich der DS-GVO stammen vom EDSA, Guidelines 3/2018, Version 2.1 v. 21.11.2019.

[289] Zur besonderen Relevanz dessen für Anbieter von Cloud-Infrastrukturen vgl. Ehmann/Selmayr/*Zerdick* DS-GVO Art. 3 Rn. 12.

[290] Erwgr. 22 S. 3 DS-GVO.

[291] S. schon die Rspr. des EuGH zur DS-RL, zB EuGH Urt. v. 1.10.2015 – C-230/14, ZD 2015, 580 mAnm *Karg* Rn. 29–31 – Weltimmo.

[292] Nach Rspr. und Praxishinweisen sind auch „geringfügige Tätigkeiten" erfasst, EDSA, Guidelines 3/2018 zum räumlichen Anwendungsbereich der DS-GVO, Version 2.1 v. 12.11.2019, S. 6f.; EuGH Urt. v. 1.10.2015 – C-230/14, ZD 2015, 580 mAnm *Karg* Rn. 31 – Weltimmo.

[293] EuGH Urt. v. 1.10.2015 – C-230/14, ZD 2015, 580 mAnm *Karg* Rn. 30, 33 – Weltimmo.

[294] EuGH Urt. v. 1.10.2015 – C-230/14, ZD 2015, 580 mAnm *Karg* Rn. 29 – Weltimmo.

formationsverarbeitung" handele.[295] Teils wird dieser Ansatz in der Literatur auch in Bezug auf die DS-GVO übernommen.[296] Man mag hier vielleicht an Fälle denken, in denen ein außereuropäischer Diensteanbieter nur einen einzelnen Server innerhalb der EU mietet und diesen Server durch einen Dritten warten und instand halten lässt. Indessen ist die Abgrenzung zwischen einem „nur" technischen Hilfsmittel und einer „beständigen" Einrichtung schwierig zu ziehen. Der technologische Fortschritt des Internet der Dinge verkompliziert diese Diskussion, wenn bspw. im Rahmen einer Big-Data-Infrastruktur oder eines Cloud-Dienstes mehrere Serverstandorte bzw. Rechenzentren ihre Rechenleistung kombinieren und „kreuz und quer durch die Welt" Datenflüsse stattfinden. In einem mehrpolaren Datengeflecht kann man schwerlich einem einzelnen der jeweiligen Serverstandorte eine über- oder untergeordnete Rolle zuschreiben. Systematisch war die Abgrenzung zwischen „Niederlassung" und (bloßer) „technischer Einrichtung" im Rahmen der Auslegung der DS-RL noch angezeigt, da hier Art. 4 Abs. 1 lit. a DS-RL (wie heute Art. 3 Abs. 1 DS-GVO) die Verarbeitung im Rahmen der Tätigkeit einer in einem Mitgliedstaat belegenen Niederlassung regelte, während Art. 4 Abs. 1 lit. c DS-RL an die Verwendung „automatisierter oder nicht automatisierter **Mittel**" anknüpfte, „[…] die im Hoheitsgebiet des betreffenden Mitgliedstaats **belegen** sind […]". Unter letztgenannte Mittel ließen sich bspw. die genannten Stand-alone-Server subsumieren, damit Art. 4 Abs. 1 lit. c DS-RL einen gegenüber Art. 4 Abs. 1 lit. a DS-RL eigenständigen Anwendungsbereich erhielt.

178 Unter Geltung des mit der DS-GVO gesetzlich eingeführten Marktortprinzips erscheint es sachgerechter, danach abzugrenzen, ob die technische Einrichtung dauerhaft einer auf den europäischen Markt ausgerichteten und für Personen in der EU potenziell risikoreichen Datenverarbeitung dient. Daher erscheint es nicht ausgeschlossen, dass ein „Server oder Computer" eine Niederlassung in diesem Sinne darstellen kann. Gleichwohl ist der Begriff der Niederlassung nicht unbegrenzt. Die bloße Möglichkeit, auf eine **Anbieter-Website** aus der Union zuzugreifen, begründet für sich genommen noch keine EU-Niederlassung dieses im Übrigen vollständig außereuropäisch agierenden Anbieters.[297]

179 **„Im Rahmen der Tätigkeit"** der Niederlassung erfolgt die Datenverarbeitung, wenn sie „untrennbar" mit der Niederlassung in der Union verbunden ist.[298] Da die DS-GVO umfassenden und effektiven Datenschutz bezweckt, ist auch dieses Kriterium nicht zu eng auszulegen. Der Betreiber einer auf den europäischen Markt ausgerichteten Website, der über eine Zweigstelle in der EU verfügt, unterfällt Art. 3 Abs. 1 DS-GVO, auch wenn er personenbezogene Daten ausschließlich außerhalb der EU verarbeitet.[299]

180 Der EDSA rät außereuropäischen Unternehmen, ihre Datenverarbeitungsprozesse zu untersuchen und – sofern personenbezogene Daten verarbeitet werden – potenzielle Verbindungen zwischen dieser Verarbeitung und einer etwaigen Präsenz in der EU zu identifizieren.[300] Das ist gerade außereuropäischen Akteuren zu raten, die im IoT aktiv sind. Dabei ist zu beachten, dass auch das Fehlen einer Niederlassung iSv Art. 3 Abs. 1 DS-GVO die Prüfung nicht beendet. Bei Ausrichtung auf den europäischen Markt können alternativ zu Art. 3 Abs. 1 DS-GVO die Tatbestände des Art. 3 Abs. 2 lit. a und/oder Art. 3 Abs. 2 lit. b DS-GVO (hierzu → Rn. 181 ff.) zu einer Anwendbarkeit der DS-GVO führen.

---

[295] Artikel-29-Datenschutzgruppe, Stellungnahme 8/2010 zum anwendbaren Recht, WP 179, S. 15.

[296] Vgl. Ehmann/Selmayr/*Zerdick* DS-GVO Art. 3 Rn. 9.

[297] EDSA, Guidelines 3/2018 zum räumlichen Anwendungsbereich der DS-GVO, Version 2.1 v. 21.11.2019, S. 7; EuGH Urt. v. 28.7.2016 – C-191/15, NJW 2016, 2727 Rn. 76 – Verein für Konsumenteninformation gegen Amazon EU Sàrl.

[298] EuGH Urt. v. 13.5.2014 – C-131/12, NJW 2014, 2257 Rn. 55 f. – Google Spain für das Bsp. eines außereuropäischen Suchmaschinenbetreibers.

[299] EDSA, Guidelines 3/2018 zum räumlichen Anwendungsbereich der DS-GVO, Version 2.1 v. 21.11.2019, S. 7.

[300] EDSA, Guidelines 3/2018 zum räumlichen Anwendungsbereich der DS-GVO, Version 2.1 v. 21.11.2019, S. 8.

bb) Datenverarbeitung bei Fehlen einer Niederlassung in der EU. Art. 3 Abs. 2 DS-GVO eröffnet den Anwendungsbereich des europäischen Datenschutzrechts in zwei weiteren Fällen der Verarbeitung personenbezogener Daten durch **nicht in der EU** niedergelassene Verantwortliche oder Auftragsverarbeiter. Die Norm knüpft in beiden normierten Fällen an die Verarbeitung personenbezogener Daten von Personen an, **„die sich in der Union befinden“.** Betroffene Personen können also auch Bürger aus Drittstaaten sein, solange sie sich in der EU befinden.[301] 181

(1) Zusammenhang mit Waren- oder Dienstleistungsangebot. Nach Art. 3 Abs. 2 lit. a DS-GVO findet die DS-GVO auch dann Anwendung, wenn die Verarbeitung im Zusammenhang damit steht, betroffenen Personen in der EU Waren oder Dienstleistungen anzubieten, unabhängig davon, ob die betroffenen Personen hierfür Zahlung zu leisten haben. Die Regelung knüpft an den in der Rechtsprechung des EuGH zur DS-RL hervorgehobenen Zweck an, betroffenen Personen in der EU umfassenden Schutz bei sie betreffenden Datenverarbeitungen zu gewähren[302] und ist entsprechend weit auszulegen. 182

Entscheidend ist, ob Waren oder Dienstleistungen[303] im Sinne der Vorschrift **„angeboten“** werden. Dabei kann auf die in Erwgr. 23 DS-GVO genannten Kriterien zurückgegriffen werden, die an die Rechtsprechung des EuGH zur Frage anknüpfen, wann kommerzielle Aktivitäten in Form von Online-Diensten auf Verbraucher in einem Mitgliedstaat „ausgerichtet“ sind.[304] Es ist zu untersuchen, ob Verantwortliche oder Auftragsverarbeiter **„offensichtlich beabsichtigen“,** betroffenen Personen in der EU Waren oder Dienstleistungen anzubieten (Erwgr. 23 S. 2 DS-GVO). Die bloße Zugänglichkeit einer Website für Personen innerhalb der EU bei ausschließlicher Verwendung einer nur im Drittstaat des Anbieters gebräuchlichen Sprache sprechen beispielsweise gegen eine Ausrichtung auf den europäischen Markt. Demgegenüber kann die Verwendung einer in einem EU-Mitgliedstaat gebräuchlichen Sprache oder Währung in Verbindung mit der Möglichkeit, Waren oder Dienstleistung in dieser Sprache oder Währung zu bestellen oder abzurufen, für eine Ausrichtung des Angebots auf Personen in der EU sprechen (Erwgr. 23 S. 3 DS-GVO). Weitere Indizien sind etwa die Verwendung der Top-level-Domain eines EU-Mitgliedstaats („.de“, „.eu“ etc), das Schalten von auf EU-Bürger gerichteter Werbung oder auch nur eine Kooperation mit einem Suchmaschinenbetreiber, der in der EU befindlichen Personen das Auffinden der Website des außereuropäischen Anbieters erleichtert.[305] 183

(2) Verhaltensbeobachtung einschließlich Profiling. Art. 3 Abs. 2 lit. b DS-GVO knüpft für eine Anwendbarkeit der DS-GVO an den Zusammenhang zwischen der Datenverarbeitung und der Beobachtung des Verhaltens betroffener Personen an, soweit deren Verhalten in der Union erfolgt. 184

Wann eine **Verhaltensbeobachtung** in diesem Sinne vorliegt, wird daran festgemacht, ob die Internetaktivitäten betroffener Personen nachvollzogen werden, einschließlich der möglichen Verwendung von Techniken zur Verarbeitung personenbezogener Daten, die Profile von natürlichen Personen herstellen, die insbesondere die Grundlage für sie betreffende Entscheidungen bilden oder anhand deren ihre persönlichen Vorlieben, Verhaltensweisen oder Gepflogenheiten analysiert oder vorausgesagt werden sollen (Erwgr. 24 S. 2 DS-GVO). Dies umfasst ein breites Spektrum an Beobachtungsaktivitäten, insbesondere 185

[301] EDSA, Guidelines 3/2018 zum räumlichen Anwendungsbereich der DS-GVO, Version 2.1 v. 21.11.2019, S. 14; vgl. auch Erwgr. 14 DS-GVO.

[302] Vgl. EuGH Urt. v. 13.5.2014 – C-131/12, NJW 2014, 2257 Rn. 52–54, 58 – Google Spain.

[303] Die Begriffe „Waren“ und „Dienstleistungen“ sind weit zu verstehen, Ehmann/Selmayr/*Zerdick* DS-GVO Art. 3 Rn. 18.

[304] EuGH Urt. v. 7.12.2010 – C-585/08, NJW 2011, 505 Rn. 47 ff. – Pammer und Alpenhof.

[305] EDSA, Guidelines 3/2018 zum räumlichen Anwendungsbereich der DS-GVO, Version 2.1 v. 21.11.2019, S. 17 f. mwBsp.

„Web Tracking" über Cookies. Auch ein für das Internet der Dinge typisches „Real-Life-Tracking", bei dem durch Alltagsverhalten des Nutzers erzeugte Daten über Standort, Gesundheit usw direkt für Beobachtungszwecke verarbeitet werden, ist als eine solche Verhaltensbeobachtung anzusehen.[306]

186 **cc) Bedeutung der Reichweite des räumlichen Anwendungsbereichs für das IoT.** Die für das Internet der Dinge typische digitale Profilbildung bis hin zu einer Verhaltens- und Bedarfsprädiktion durch Tracking-Technologien dürfte in der Regel jedenfalls Art. 3 Abs. 2 lit. b DS-GVO unterfallen, sodass die DS-GVO auch für außereuropäische Anbieter von IoT-Leistungen oft schon deshalb Anwendung findet. Gleichzeitig werden IoT-Angebote regelmäßig zumindest auch an sich in der EU befindende Personen gerichtet sein, sodass auch unter diesem Aspekt die DS-GVO auch für solche außereuropäischen Angebote gelten wird.

187 Unbeschadet aller, mitunter nachvollziehbarer, Kritik der Literatur und des außereuropäischen Auslandes an diesem weiten Anwendungsbereich,[307] setzt die DS-GVO weltweit einen Anreiz zur Implementierung effektiver Verarbeitungsstrukturen für besseren Datenschutz (zum Stichwort **„Datenschutz durch Technik"** → Rn. 265 ff.). Das kann zur besseren Akzeptanz der für den Endnutzer oft schwer verständlichen, datenverarbeitungsintensiven Technik bei der Vernetzung des Alltags beitragen.

188 Die außereuropäischen Akteuren auferlegte Pflicht zur Benennung eines **Vertreters** in der EU (Art. 27 DS-GVO) soll die weltweite Durchsetzbarkeit der DS-GVO auch gegenüber im außereuropäischen Ausland ansässigen Akteuren sicherstellen (zu möglichen Schwierigkeiten bei der globalen Durchsetzbarkeit der DS-GVO → Rn. 348 ff.)

2. Adressaten des Datenschutzrechts im IoT

a) (Gemeinsam) Verantwortliche

189 Adressat der datenschutzrechtlichen Regelungen, insbesondere der Grundsätze für die Verarbeitung personenbezogener Daten (dazu → Rn. 210 ff.) und der Rechte der betroffenen Personen (dazu → Rn. 286 ff.), ist primär der sog. **Verantwortliche.** Das ist derjenige, der (allein oder gemeinsam mit anderen) über die Zwecke und Mittel der Verarbeitung der personenbezogenen Daten entscheidet (Art. 4 Nr. 7 DS-GVO).

190 Sofern zwei oder mehrere datenschutzrechtlich Verantwortliche die Zwecke und Mittel für die Verarbeitung gemeinsam festlegen, sind sie **„Gemeinsam Verantwortliche".** In diesen Konstellationen ist ein **Vertrag zur Gemeinsamen Verantwortlichkeit** erforderlich, der die maßgeblichen Rollen und Verantwortlichkeiten der Parteien definiert, insbesondere gegenüber betroffenen Personen (vgl. Art. 26 DS-GVO).

b) Auftragsverarbeiter

191 Bestimmte datenschutzrechtliche Regelungen nehmen gezielt (auch) den sog. **Auftragsverarbeiter** in den Fokus. Auftragsverarbeiter ist derjenige, der personenbezogene Daten weisungsgebunden im Auftrag eines Verantwortlichen verarbeitet (Art. 4 Nr. 8 DS-GVO).

192 Für Fälle einer solchen Auftragsverarbeitung ist ein **Vertrag zur Auftragsverarbeitung** zwischen dem Verantwortlichen und dem Auftragsverarbeiter erforderlich, der unter anderem bestimmte vertragliche Pflichten des Auftragsverarbeiters regeln muss (vgl. Art. 28 Abs. 3 DS-GVO). Neben den vertraglich zu regelnden Pflichten treffen den Auftragsverarbeiter außerdem eine Reihe **gesetzlicher Datenschutzpflichten.**

---

[306] Vgl. Spindler/Schuster/*Spindler/Dalby* DS-GVO Art. 3 Rn. 12; s. auch EDSA, Guidelines 3/2018 zum räumlichen Anwendungsbereich der DS-GVO, Version 2.1 v. 21.11.2019, S. 20 mwBsp.

[307] S. dazu Kühling/Buchner/*Klar* DS-GVO Art. 3 Rn. 8, 13 f.

Die Einschaltung eines Auftragsverarbeiters bedarf (im Unterschied zu einer sonstigen Offenlegung von Daten gegenüber Dritten) keiner eigenständigen Rechtsgrundlage, die Verarbeitung durch den Auftragsverarbeiter ist insoweit privilegiert. Das Konzept der Auftragsverarbeitung findet allerdings nur dann Anwendung, wenn ein Auftragsverarbeiter Daten strikt **weisungsgebunden** für einen Verantwortlichen verarbeitet, also bildlich gesprochen wie ein „verlängerter Arm" des Verantwortlichen. Der Verantwortliche legt dabei den Zweck und die (zumindest wesentlichen) Mittel der Verarbeitung fest. Der Auftragsverarbeiter darf die vom Auftrag umfassten personenbezogenen Daten nicht für andere Zwecke verarbeiten, insbesondere nicht zu eigenen Zwecken. 193

c) Betroffene Personen

Schutzsubjekte des Datenschutzrechts sind die sog. **betroffenen Personen.** Das sind diejenigen, auf die sich Daten, die verarbeitet werden, beziehen (vgl. Art. 4 Nr. 1 DS-GVO). 194

Betroffene Personen haben eine Reihe spezifischer **Datenschutzrechte.** Dazu zählt neben den vom Verantwortlichen sicherzustellenden Betroffenenrechten, bspw. den Rechten auf Information, Auskunft und Datenübertragbarkeit (dazu im Einzelnen → Rn. 286 ff.) insbesondere auch das Recht auf Beschwerde bei einer Aufsichtsbehörde (Art. 77 DS-GVO). 195

d) Datenschutzrechtlich relevante Akteure im IoT

Die denkbaren Konstellationen für die Verarbeitung personenbezogener Daten im Kontext des IoT sind mannigfaltig. Ebenso vielfältig ist die potentielle Zahl beteiligter Akteure, die als mögliche Adressaten des Datenschutzrechts in Frage kommen: 196

aa) Hersteller von IoT-Gegenständen. Hersteller vernetzter Gegenstände können durch ihr Produktdesign, insbesondere die Implementierung von Sensoren, Aktoren und Gestaltung zugrundeliegender Betriebssysteme nicht nur beeinflussen, ob überhaupt Daten über Sensoren oder Eingaben erfasst werden, sondern auch wer Zugriff auf diese Sensoren nehmen kann und an wen Daten gesendet werden. 197

Soweit Hersteller vernetzter Gegenstände über die bloße Fertigung oder den Vertrieb der Gegenstände hinaus personenbezogene Daten für eigene Zwecke verarbeiten oder von Auftragsverarbeitern verarbeiten lassen, sind sie im datenschutzrechtlichen Sinne **Verantwortliche.** Kooperieren Hersteller bei der Verarbeitung personenbezogener Daten mit anderen Verantwortlichen, bspw. anderen Herstellern oder Anbietern von Applikationen für IoT-Gegenstände (dazu → Rn. 199 ff.), kann je nach Art und Intensität der Zusammenarbeit ein Fall der **gemeinsamen Verantwortlichkeit** vorliegen. Denkbar ist auch, dass Hersteller für andere Verantwortliche personenbezogene Daten im Auftrag verarbeiten, also als **Auftragsverarbeiter** agieren. 198

bb) Anbieter von Applikationen für IoT-Gegenstände. Zahlreiche vernetzte Gegenstände, nicht zuletzt die bereits heute weit verbreiteten Smartphones, Smart Watches oder Smart-TVs, besitzen mittlerweile Betriebssysteme, die es dem Nutzer erlauben, nicht nur die Software des Herstellers (dazu → Rn. 197 ff.) zu nutzen, sondern zusätzlich auch Software von Drittanbietern in Form von Apps zu installieren. Diese Apps haben über vom Hersteller geschaffene Schnittstellen häufig Zugriff auf die Sensorik des Geräts oder zumindest auf die hierüber erhobenen Daten, sodass auch die Anbieter dieser Apps hierdurch an personenbezogene Daten des Nutzers gelangen können. 199

Anders als die Hersteller solcher Produkte haben Anbieter von Apps zwar in der Regel keinen unmittelbaren Einfluss darauf, wie und welche Daten gesammelt werden können, weil sie schließlich nur auf die vorhandene Sensorik im Rahmen der vom Hersteller gegebenen Möglichkeiten zurückgreifen können. Ungeachtet dessen können auch Anbieter von Applikationen datenschutzrechtliche **Verantwortliche** sein, wenn sie mittels IoT er- 200 hobene Daten zu eigenen Zwecken verarbeiten. Je nach konkreter Ausgestaltung der Datenverarbeitung ist auch eine gemeinsame Verantwortung mit anderen verantwortlichen Akteuren, etwa Herstellern (dazu → Rn. 197 ff.) denkbar. Möglich ist auch, dass Anbieter von Applikationen als **Auftragsverarbeiter** für andere Verantwortliche personenbezogene Daten im Auftrag verarbeiten.

201 **cc) Betreiber von IT-Systemen für IoT-Anwendungen.** Typischerweise sind an IoT-Anwendungen neben Herstellern von Gegenständen und Anbietern von Applikationen im Hintergrund eine Reihe weitere Akteure beteiligt. Dazu gehören insbesondere Betreiber von IT-Systemen für IoT-Anwendungen, bspw. Anbieter in den Bereichen Software as a Service (SaaS), Infrastructure as a Service (IaaS), Platform as a Servcice (PaaS) oder Hosting. Verarbeiten diese Akteure für andere Verantwortliche personenbezogene Daten, so sind diese Akteure typischerweise **Auftragsverarbeiter.** Soweit Betreiber von IT-Systemen Daten (auch) zu eigenen Zwecken verarbeiten, sind sie **Verantwortliche.**

202 **dd) Betroffene Personen im IoT.** Als betroffene Personen im IoT kommen zunächst einmal die **Nutzer von IoT-Gegenständen und Anwender von IoT-Applikationen** in Betracht. Im Kontext von Industrie 4.0 sind das insbesondere **Beschäftigte** der Unternehmen, die IoT in ihrem Betrieb einsetzen. Im Verbraucherbereich gehören dazu vor allem die **Kunden** von Herstellern und Anbietern von IoT-Gegenständen und -Applikationen.

203 Darüber hinaus kommen im Kontext von IoT weitere Kategorien betroffener Personen in Betracht, die in der Praxis nicht selten unbeachtet bleiben. Dazu zählen vor allem **„passiv Betroffene"**, also Personen die – ohne aktive Nutzer vernetzter Gegenstände zu sein – von der Datenverarbeitung durch diese Gegenstände mit erfasst werden.

204 Ein typisches Beispiel solcher „passiv Betroffener" sind etwa Haushaltsangehörige, die von Audio- oder Videosensoren vernetzten Gegenständen im Smart Home miterfasst werden, bspw. von smarten Lautsprechern oder smarten Staubsaugern.

Ein weiteres typisches Beispiel sind Personen, die von Audio- und Videosensoren vernetzten Brillen („Smart Glasses") oder vernetzten Drohnen erfasst werden.

Weitere Beispiele sind etwa Mitfahrer, die von der Sensorik vernetzter Fahrzeuge miterfasst werden.

205 Weil passiv betroffene Personen für die datenschutzrechtlich Verantwortlichen in der Regel nicht direkt erreichbar sind, erweist sich die Umsetzung der datenschutzrechtlich erforderlichen Maßnahmen gegenüber solchen Personen regelmäßig als große Herausforderung. Als besonders herausfordernde Beispiele seien hier nur die **Bereitstellung von Informationen** (dazu noch unter dem Gesichtspunkt der Transparenz → Rn. 246 ff.) oder die Einholung etwaig erforderlicher **Einwilligungen** (dazu noch → Rn. 215 ff.) genannt. Schwierigkeiten ergeben sich insoweit typischerweise auch bei der der Gewährleistung von **Betroffenenrechten,** bspw. der Auskunft oder Datenportabilität (dazu noch → Rn. 286 ff.).

206 **ee) Weitere Akteure im IoT-Kontext.** Je nach Art der konkreten vernetzten Gegenstände kommt daneben eine Vielzahl weiterer Beteiligter als datenschutzrechtlich Verantwortliche in Betracht, von denen im Folgenden nur beispielhaft zwei in der heutigen Ausprägung des Internet der Dinge besonders relevante Fallgruppen näher beleuchtet werden sollen.

207 Hierbei ist zunächst an **Unternehmen** zu denken, die sich (ohne selbst Hersteller vernetzter Gegenstände oder Anbieter von Applikationen für IoT-Gegenstände zu sein) **vernetzter Gegenstände bedienen,** um bestimmte personenbezogene Informationen zu gewinnen.

Ein typisches Beispiel hierfür sind etwa Versicherungen, die über IoT-Gegenstände Daten ihrer Versicherten erheben, zB Kranken- oder Fahrzeugversicherungen. 208

Die Vernetzung alltäglicher Gegenstände kann ihren Nutzern je nach konkreter Ausgestaltung auch ermöglichen, erhobene Daten (meist bereits in aufbereiteter Form) mit anderen Personen zu teilen. Für gegenwärtige Anwendungsfälle des Internet der Dinge gilt dies nicht zuletzt für sog. ***Quantified Self*-Produkte,** die etwa Daten über persönliche, gesundheitliche, sportliche, mitunter aber auch gewohnheitsspezifische Umstände erfassen sollen. Eine zentrale Schlüsselrolle nehmen dabei, zumindest in der gegenwärtigen Ausprägung des Internet der Dinge, vor allem auch Webplattformen wie etwa soziale Netzwerke ein, die eine Veröffentlichung solcher Daten ermöglichen. Sofern Betreiber solcher Plattformen von Nutzern über diese Plattformen „geteilte" personenbezogene Daten zu weiteren Zwecken nutzen, etwa zur bedarfsgerechten Gestaltung von Werbung, sind sie auch insoweit typischerweise als Verantwortliche einzuordnen. 209

3. Datenschutzkonforme Datenverarbeitung im IoT

a) Einhaltung der Datenschutzgrundsätze im IoT

Für eine datenschutzkonforme Verarbeitung personenbezogener Daten sind folgende elementaren **Datenschutzgrundsätze** zu beachten (vgl. Art. 5 Abs. 1 DS-GVO): 210
- Rechtmäßigkeit, Verarbeitung nach Treu und Glauben, Transparenz (Art. 5 Abs. 1 lit. a DS-GVO)
- Zweckbindung (Art. 5 Abs. 1 lit. b DS-GVO)
- Datenminimierung (Art. 5 Abs. 1 lit. c DS-GVO)
- Richtigkeit (Art. 5 Abs. 1 lit. d DS-GVO)
- Speicherbegrenzung (Art. 5 Abs. 1 lit. e DS-GVO)
- Integrität und Vertraulichkeit (Art. 5 Abs. 1 lit. f DS-GVO)

Die vorstehend genannten datenschutzrechtlichen Grundsätze werden durch die gesetzlichen Vorgaben zum **Datenschutz durch Technikgestaltung** und die Verpflichtung zu **datenschutzfreundlichen Voreinstellungen** begleitet (Art. 25 DS-GVO). Das bedeutet vor allem, dass nicht erst bei der Verarbeitung, sondern schon zum Zeitpunkt der Gestaltung der Verarbeitungsvorgänge und -systeme geeignete technische und organisatorische Maßnahmen zu treffen sind, um die Datenschutzgrundsätze und die Rechte der betroffenen Personen zu schützen (dazu → Rn. 265 ff.). 211

Datenschutzrechtlich Verantwortliche müssen die datenschutzrechtlichen Anforderungen nicht nur einhalten, sondern auch in der Lage sein, die Einhaltung nachzuweisen (sog. **Rechenschaftspflicht,** Art. 5 Abs. 2, Art. 24 DS-GVO). 212

Eine wesentliche Ausprägung dieser Rechenschaftspflicht ist das Verzeichnis der Verarbeitungstätigkeiten (sog. **Verarbeitungsverzeichnis,** Art. 30 DS-GVO), in dem datenschutzrechtlich relevante Informationen zu den jeweiligen Verarbeitungstätigkeiten dokumentiert werden müssen. Die Pflicht ein solches Verzeichnis zu führen, trifft sowohl Verantwortliche (Art. 30 Abs. 1 DS-GVO) als auch Auftragsverarbeiter (Art. 30 Abs. 2 DS-GVO). 213

Für besonders risikoreiche Verarbeitungstätigkeiten ist außerdem vorab eine Abschätzung der Folgen der vorgesehenen Verarbeitungsvorgänge für den Schutz personenbezogener Daten durchzuführen (sog. **Datenschutz-Folgenabschätzung,** Art. 35 DS-GVO) (dazu → Rn. 269 ff.). Abhängig vom Ergebnis der Datenschutz-Folgenabschätzung kann auch eine **vorherige Konsultation** der Aufsichtsbehörde erforderlich sein (Art. 36 DS-GVO). 214

aa) Rechtmäßigkeit. Eine Verarbeitung personenbezogener Daten ist nach dem **Grundsatz der Rechtmäßigkeit** grundsätzlich nur zulässig, wenn die betroffene Person ihre 215

Einwilligung dazu erteilt hat oder die Bedingungen mindestens einer gesetzlichen Rechtsgrundlage erfüllt sind (Art. 5 Abs. 1 lit. a, Art. 6 DS-GVO).

216 **(1) Einwilligung.** Einwilligung im datenschutzrechtlichen Sinne bedeutet gem. Art. 4 Nr. 11 DS-GVO

„jede freiwillig für den bestimmten Fall, in informierter Weise und unmissverständlich abgegebene Willensbekundung in Form einer Erklärung oder einer sonstigen eindeutigen bestätigenden Handlung, mit der die betroffene Person zu verstehen gibt, dass sie mit der Verarbeitung der sie betreffenden personenbezogenen Daten einverstanden ist.“

217 **Informierte Einwilligung.** Eine Einwilligung ist als solche nur wirksam, wenn sie „in informierter Weise“ erfolgt. Eine informierte Einwilligung setzt voraus, dass die betroffene Person vor Abgabe der Einwilligung zumindest weiß, wer die Daten zu welchem Zweck verarbeitet (vgl. Erwgr. 42 DS-GVO).

218 Die zunehmende Vernetzung von Gegenständen im Internet der Dinge wird vielfach dazu führen, dass sich Nutzer der andauernden und allgegenwärtigen Datenerhebung gerade nicht bewusst sind. Das **Bewusstsein** über die Erhebung und Verwendung der Daten ist jedoch Grundvoraussetzung für eine wirksame Einwilligung. Das Instrument der Einwilligung kann also nur dann wirksam eingesetzt werden, wenn dem Nutzer die Datenerhebung hinreichend klar vor Augen geführt wird.

219 Gerade bei sehr komplexen und vielschichtigen Datenverarbeitungen, wie sie der Vernetzung von Gegenständen im Internet der Dinge geradezu immanent sind, wird es in der Praxis schwierig sein, dem Nutzer ein hinreichend differenziertes Bild über die konkrete Verwendung seiner Daten zu geben. Zum Teil wird sogar bezweifelt, ob angesichts des erforderlichen Umfangs einer solchen Einwilligung für die komplexen Datenverarbeitungsprozesse im Internet der Dinge überhaupt noch von einer informierten Einwilligung gesprochen werden kann.[308] Die Herausforderung besteht dabei zum einen darin, technisch komplexe Themen in ihrer Darstellung so zu vereinfachen, dass die Beschreibung für den durchschnittlichen Adressaten nicht schon aufgrund ihrer technischen Komplexität undurchschaubar ist. Demgegenüber muss diese Vereinfachung dem Betroffenen aber immer noch einen ausreichend klaren und differenzierten Überblick darüber verschaffen, was mit seinen Daten passiert. Nur so kann der Betroffene die Reichweite der Verwendung seiner Daten als maßgebliches Fundament für die Erteilung seiner Einwilligung hinreichend beurteilten und frei entscheiden.

220 **Freiwilligkeit und Widerruflichkeit der Einwilligung.** Die Einwilligung setzt außerdem voraus, dass sie freiwillig erteilt wird. Spiegelbildliche Kehrseite dieser Freiwilligkeit ist die jederzeitige Widerruflichkeit der Einwilligung (vgl. Art. 7 Abs. 3 DS-GVO). Eine Einwilligung kann also nur dann freiwillig abgegeben werden, wenn die betroffene Person im Falle einer Verweigerung der Einwilligung keine gravierenden Nachteile zu befürchten hat. Auf das Widerrufsrecht ist die betroffene Person vor Erteilung der Einwilligung hinzuweisen (Art. 7 Abs. 3 DS-GVO).

221 Für die wirtschaftliche Verwertung personenbezogener Daten im IoT ist die **Einwilligung in vielen Fällen keine solide Rechtsgrundlage.** Im Falle eines Widerrufs entfiele die Einwilligung als Rechtsgrundlage für die zukünftige Verarbeitung; die betroffenen Datensätze wären von der weiteren einwilligungsbasierten Verarbeitung auszunehmen.

222 Der Verantwortliche hat im Falle des Widerrufs technisch und organisatorisch sicherzustellen, dass eine weitere Erhebung und Verwendung der vom Widerruf betroffenen Daten durch die vernetzten Gegenstände nach dem Widerruf unterbleibt. In der Praxis ist hierfür ein effizientes und differenziertes **Einwilligungsmanagement** erforderlich.

223 In ihrem Arbeitspapier zum Internet der Dinge empfiehlt die Artikel-29-Datenschutzgruppe, die **Widerrufsmöglichkeiten hinsichtlich vernetzter Gegenstände** möglichst

[308] *Bräutigam/Klindt* NJW 2015, 1137 (1140) mwN.

granular zu gestalten. Dem Betroffenen sollte es danach möglich sein, den Widerruf wahlweise auf sämtliche von einem vernetzten Gegenstand erfassten Daten, auf eine spezielle Art von Daten oder aber auch nur auf spezifische Verarbeitungsprozesse zu erstrecken.[309] Darüber hinaus fordert die Artikel-29-Datenschutzgruppe für den Fall, dass der Nutzer eine auf bestimmte vernetzte Funktionalitäten bezogene Einwilligung widerrufen hat, dass zumindest eine Nutzung der Grundfunktionalitäten eines Gegenstandes dann ohne entsprechende Vernetzung weiter möglich sein muss.[310]

Soweit Daten von Beschäftigten betroffen sind, ist außerdem zu beachten, dass nach 224 Auffassung der Datenschutzbehörden im Beschäftigungskontext wegen des **strukturellen Ungleichgewichts zwischen Arbeitgeber und Arbeitnehmer** im Regelfall erhebliche Zweifel an der für die Einwilligung erforderlichen Freiwilligkeit bestehen.[311]

Einwilligung mehrerer betroffener Personen. Mit Blick auf die Einwilligung ist im 225 Internet der Dinge insbesondere zu berücksichtigen, dass viele vernetzte Gegenstände nicht nur von einer einzigen Person genutzt werden, sondern mitunter gemeinsam verwendet, weiterverkauft, vermietet oder verliehen werden. Etwaig erforderliche Einwilligungen sind indes von jedem Betroffenen und nicht etwa nur von dem primären aktiven Nutzer eines vernetzten Gegenstandes einzuholen. In der Praxis dürfte eine Schwierigkeit hierbei insbesondere darin liegen, dass der datenschutzrechtlich Verantwortliche, beispielsweise der Hersteller eines vernetzten Gegenstandes, oft nicht feststellen können wird, wer den betreffenden Gegenstand gerade nutzt oder von welchen konkreten Betroffenen mit dem Gegenstand gerade Daten erhoben werden (dazu auch → Rn. 202 ff.). Der Verantwortliche ist bei der Einholung erforderlicher Einwilligungen daher in erheblichem Umfang auf die Mitwirkung Dritter angewiesen, etwa des primären aktiven Nutzers eines vernetzten Gegenstandes. Für den Verantwortlichen dürfte es sich insoweit in der Praxis empfehlen, derartige Mitwirkungen in Form vertraglicher Regelungen ausdrücklich zu vereinbaren.

Eine weitere Herausforderung im Kontext des Internet der Dinge folgt aus dem Um- 226 stand, dass viele der vernetzten Alltagsgegenstände regelmäßig Daten verschiedener Betroffener (mit-)erheben, die nicht zwangsläufig in die Verarbeitung ihrer Daten eingewilligt haben oder überhaupt über den Umstand der Datenerhebung im Bilde sind (dazu auch → Rn. 202 ff.). Die zunehmende Vernetzung von Alltagsgegenständen hat gerade den Effekt, dass sich Nutzer der andauernden und allgegenwärtigen Datenerhebung nicht unbedingt bewusst sind. Insbesondere sog. *Wearables* wie Smart Watches oder Smart Glasses werden für den Betrachter auf den ersten Blick kaum von normalen Uhren oder Brillen zu unterscheiden sein. Stößt das Leitbild einer informierten Einwilligung schon beim primären Nutzer eines vernetzten Gegenstandes an seine Grenzen (dazu → Rn. 217 ff.), führt das in Bezug auf weitere involvierte Personen aber doch zwangsläufig zu dem Dilemma, dass eine Einwilligung, so sie denn in diesen Konstellationen überhaupt praktikabel erscheint, schon an der ausreichenden informierten Entscheidungsgrundlage dieser Personen scheitern würde.

(2) Gesetzliche Rechtsgrundlagen. Ob eine **gesetzliche Rechtsgrundlage** für die je- 227 weilige Verarbeitung anwendbar ist, hängt maßgeblich von den Details der konkreten Verarbeitungsvorgänge im Einzelfall ab, insbesondere von deren spezifischen Zwecken sowie von Art und dem Umfang der Verarbeitung.

[309] Artikel-29-Datenschutzgruppe, Stellungnahme 8/2014 zu den jüngsten Entwicklungen im Internet der Dinge, WP 223, S. 23 f.
[310] Artikel-29-Datenschutzgruppe, Stellungnahme 8/2014 zu den jüngsten Entwicklungen im Internet der Dinge, WP 223, S. 23 f.
[311] Artikel-29-Datenschutzgruppe, Stellungnahme 2/2017 zur Datenverarbeitung am Arbeitsplatz, WP 249, S. 4 f.

228 In der Praxis sind aufgrund der Vielzahl der verschiedenen Anwendungsszenarien unterschiedliche Rechtsgrundlagen denkbar. Die DS-GVO sieht folgende gesetzliche Rechtsgrundlagen vor:
- Art. 6 Abs. 1 lit. b DS-GVO, soweit die Verarbeitung für die **Erfüllung eines Vertrags,** dessen Vertragspartei die betroffene Person ist, oder zur **Durchführung vorvertraglicher Maßnahmen,** die auf Anfrage der betroffenen Person erfolgen, erforderlich ist
- Art. 6 Abs. 1 lit. c DS-GVO, soweit die Verarbeitung zur **Erfüllung einer rechtlichen Verpflichtung** erforderlich ist, der der Verantwortliche unterliegt
- Art. 6 Abs. 1 lit. d DS-GVO, soweit die Verarbeitung erforderlich ist, um **lebenswichtige Interessen der betroffenen Person oder einer anderen natürlichen Person zu schützen**
- Art. 6 Abs. 1 lit. e DS-GVO, soweit die Verarbeitung für die **Wahrnehmung einer Aufgabe erforderlich ist, die im öffentlichen Interesse liegt oder in Ausübung öffentlicher Gewalt erfolgt,** die dem Verantwortlichen übertragen wurde
- Art. 6 Abs. 1 lit. f DS-GVO, soweit die Verarbeitung zur **Wahrung der berechtigten Interessen** des Verantwortlichen oder eines Dritten erforderlich ist, **sofern nicht die Interessen oder Grundrechte und Grundfreiheiten der betroffenen Person, die den Schutz personenbezogener Daten erfordern, überwiegen**

229 In vielen Anwendungsfällen wird die Rechtsgrundlage für die wirtschaftliche Verwertung von personenbezogenen Daten im IoT im Ergebnis vom Ausgang einer **Interessenabwägung** abhängen (Art. 6 Abs. 1 lit. f DS-GVO), bei der die berechtigten Interessen des Verantwortlichen und etwaige entgegenstehende Interessen der betroffenen Personen mit Blick auf die jeweiligen Verarbeitungsvorgänge abzuwägen sind. Bei dieser Interessenabwägung sind insbesondere auch die mit der Verarbeitung für die betroffenen Personen verbundenen Risiken zu berücksichtigen. Eine pauschale Aussage zum Ausgang der Interessenabwägung lässt sich naturgemäß nicht treffen. Die Rechtmäßigkeit ist mitunter eine tatsächlich und rechtlich komplexe Frage und bedarf ggf. einer eingehenden Prüfung.

230 **(3) Besondere Anforderungen bei besonderen Kategorien personenbezogener Daten, Daten über strafrechtliche Verurteilungen und Straftaten und Daten Minderjähriger.** Obwohl das Datenschutzrecht personenbezogene Daten grundsätzlich unterschiedslos als schützenswert betrachtet, unterstellt der Gesetzgeber doch eine Reihe besonders sensibler personenbezogener Daten einem besonderen Schutz.

231 Art. 9 Abs. 1 DS-GVO belegt folgende sog. **besondere Kategorien personenbezogener Daten** mit einem grundsätzlichen Verarbeitungsverbot:
- rassische und ethnische Herkunft
- politische Meinungen
- religiöse oder weltanschauliche Überzeugungen
- Gewerkschaftszugehörigkeit
- genetische Daten
- biometrische Daten zur eindeutigen Identifizierung einer natürlichen Person
- Gesundheitsdaten
- Daten zum Sexualleben oder der sexuellen Orientierung

232 Art. 9 Abs. 2 DS-GVO formuliert nur einige wenige, vergleichsweise eng gefasste Ausnahmen von diesem grundsätzlichen Verarbeitungsverbot:
- Dazu zählt insbesondere die in Art. 9 Abs. 2 lit. a DS-GVO vorgesehene **ausdrückliche Einwilligung.**
- Im **Beschäftigungskontext** ist vor allem die in Art. 9 Abs. 2 lit. b DS-GVO formulierte Ausnahme relevant, soweit die Verarbeitung erforderlich ist, damit der Verantwortliche oder die betroffene Person die ihm bzw. ihr aus dem Arbeitsrecht und dem Recht der sozialen Sicherheit und des Sozialschutzes erwachsenden Rechte ausüben und seinen bzw. ihren diesbezüglichen Pflichten nachkommen kann, soweit dies nach geeigne-

tem EU-Recht, dem Recht der EU-Mitgliedstaaten oder einer Kollektivvereinbarung nach dem Recht der EU-Mitgliedstaaten zulässig ist.

– Für den **Gesundheitsbereich** besonders relevant ist die Art. 9 Abs. 2 lit. h DS-GVO formulierte Ausnahme, soweit die Verarbeitung für Zwecke der Gesundheitsvorsorge oder der Arbeitsmedizin, für die Beurteilung der Arbeitsfähigkeit des Beschäftigten, für die medizinische Diagnostik, die Versorgung oder Behandlung im Gesundheits- oder Sozialbereich oder für die Verwaltung von Systemen und Diensten im Gesundheits- oder Sozialbereich auf der Grundlage geeigneten EU-Rechts oder Rechts eines EU-Mitgliedstaats oder aufgrund eines Vertrags mit einem Angehörigen eines Gesundheitsberufs erforderlich ist.

Die **Erforderlichkeit zur Erfüllung eines Vertrages** (vgl. Art. 6 Abs. 1 lit. b DS-GVO) 233 oder die **Erforderlichkeit zur Wahrung berechtigter Interessen auf Grundlage einer Interessenabwägung** (Art. 6 Abs. 1 lit. f DS-GVO) reichen demgegenüber als Rechtsgrundlage nicht aus, um das grundsätzliche Verarbeitungsverbot für besondere Kategorien personenbezogener Daten zu überwinden.

Es bedarf wenig Phantasie, um sich auszumalen, dass die zunehmende Vernetzung unse- 234 res Alltags in Zukunft mehr und mehr auch solche besonders sensiblen Daten erfassen wird.[312] Schon jetzt ermöglichen etwa diverse Wearables, wie etwa Smart Watches und Fitnessarmbänder, sowie andere *Quantified Self*-Produkte die Messung diverser Daten, wie etwa zurückgelegte Schritte, Schlafverhalten oder Herzfrequenz, die in engem Zusammenhang mit unserer Gesundheit stehen.[313]

In der Praxis wird dies in vielen Anwendungsfällen vernetzter Gegenstände im Internet 235 der Dinge die **Einholung einer ausdrücklichen Einwilligung** des Betroffenen erfordern.[314]

Auch eine Verarbeitung von personenbezogenen **Daten über strafrechtliche Verur-** 236 **teilungen und Straftaten** ist nur in eng begrenzten Ausnahmefällen rechtmäßig (vgl. Art. 10 DS-GVO).

Für die Verarbeitung personenbezogener **Daten von Kindern** gelten besondere Anfor- 237 derungen, insbesondere an die Gestaltung von Einwilligung (vgl. Art. 8 DS-GVO) und Informationen (vgl. Art. 12 Abs. 1 DS-GVO) sowie bei Interessenabwägungen (vgl. Art. 6 Abs. 1 lit. f DS-GVO).

(4) Besondere Bedingungen für automatisierte Entscheidungen im Einzelfall ein- 238 **schließlich Profiling.** Besondere Bedingungen sind auch für sog. **automatisierte Entscheidungen** zu beachten. Darunter sind Entscheidungen zu verstehen, die ausschließlich auf einer automatisierten Verarbeitung beruhen und die rechtliche Wirkung für die betroffene Person entfalten oder sie in ähnlicher Weise erheblich beeinträchtigen (vgl. Erwgr. 71 DS-GVO).

Typische Praxisbeispiele solcher automatisierter Entscheidungen sind etwa die **automati-** 239 **sche Ablehnung eines Online-Kreditantrags** oder **Online-Einstellungsverfahren ohne jegliches menschliche Eingreifen** (vgl. Erwgr. 71 DS-GVO).

Betroffene Personen haben gem. Art. 22 Abs. 1 DS-GVO grundsätzlich das Recht, 240 nicht einer ausschließlich auf einer automatisierten Verarbeitung – einschließlich Profiling – beruhenden Entscheidung unterworfen zu werden, die ihnen gegenüber rechtliche Wirkung entfaltet oder sie in ähnlicher Weise erheblich beeinträchtigt.

Ausnahmsweise ist eine solche automatisierte Entscheidungsfindung nach Art. 22 Abs. 2 241 DS-GVO zulässig, wenn eine solche Entscheidung

[312] So auch Artikel-29-Datenschutzgruppe, Stellungnahme 8/2014 zu den jüngsten Entwicklungen im Internet der Dinge, WP 223, S. 20.

[313] Zur Einordnung der von Wearables erhobenen Daten als „Gesundheitsdaten" ausf. *Wilmer* DSRITB 2015, 1 (13f.); *Jandt/Hohmann* DSRITB 2015, 17 (22f.), *Ahrens/Schmidt-Murra* DSRITB 2015, 53 (54f.).

[314] So für Wearables etwa auch *Wilmer* DSRITB 2015, 1(14).

– für den **Abschluss oder die Erfüllung eines Vertrags** zwischen der betroffenen Person und dem Verantwortlichen erforderlich ist,
– aufgrund **geeigneter Rechtsvorschriften der EU oder der EU-Mitgliedstaaten,** denen der Verantwortliche unterliegt, zulässig ist, oder
– mit **ausdrücklicher Einwilligung der betroffenen Person** erfolgt.

242 **(5) Besondere Bedingungen für Übermittlung personenbezogener Daten in Drittländer.** Für die Übermittlung personenbezogener Daten in Länder außerhalb der EU oder des Europäischen Wirtschaftsraumes (EWR) (sog. **Drittländer**) sowie an sog. Internationale Organisationen sind besondere Bedingungen einzuhalten (Art. 44 ff. DS-GVO).

243 Diese besonderen Bedingungen sind grundsätzlich dann eingehalten, wenn die EU-Kommission die Angemessenheit des Datenschutzniveaus in dem betreffenden Drittland verbindlich festgestellt hat (sog. **Angemessenheitsbeschluss**) (Art. 45 DS-GVO). Derzeit betrifft das die Länder Andorra, Argentinien, Färöer, Guernsey, Israel, Isle of Man, Japan, Jersey, Kanada, Neuseeland, Schweiz und Uruguay.[315] Auch für die USA bestand bis zum 16. 7. 2020 ein Angemessenheitsbeschluss der EU-Kommission, der jedoch nur für solche Empfänger in den USA anwendbar war, die sich unter dem sog. „EU/US-Datenschutzschild" („EU/US Privacy Shield") zertifiziert hatten. Diesen Angemessenheitsbeschluss hat der EuGH allerdings am 16. 7. 2020 für ungültig erklärt.[316]

244 Sofern kein Angemessenheitsbeschluss anwendbar ist, kommt in der Praxis typischerweise der Abschluss von sog. **Standarddatenschutzklauseln** (früher **„EU-Standardvertragsklauseln"**) mit dem Empfänger in Betracht, um die besonderen Bedingungen für Übermittlungen in Drittländer einzuhalten (Art. 46 Abs. 2 lit. c DS-GVO). Möglich, wenngleich vergleichsweise aufwändig ist alternativ die Implementierung **verbindlicher interner Datenschutzvorschriften** (sog. **Binding Corporate Rules, BCR**) (Art. 46 Abs. 2 lit. b, Art. 47 DS-GVO).

245 Eine Übermittlung in Drittländer kann außerdem im Ausnahmefall ohne diese besonderen Maßnahmen zulässig sein (Art. 49 DS-GVO). Das betrifft bspw. folgende Fälle:
– die betroffene Person hat in die vorgeschlagene Datenübermittlung **ausdrücklich eingewilligt,** nachdem sie über die für sie bestehenden möglichen Risiken derartiger Datenübermittlungen unterrichtet wurde (Art. 49 Abs. 1 lit. a DS-GVO)
– die Übermittlung ist für die **Erfüllung eines Vertrags zwischen der betroffenen Person** mit dem Verantwortlichen oder zur **Durchführung von vorvertraglichen Maßnahmen auf Antrag der betroffenen Person** erforderlich (Art. 49 Abs. 1 lit. b DS-GVO)
– die Übermittlung ist zum **Abschluss oder zur Erfüllung eines im Interesse der betroffenen Person von dem Verantwortlichen mit einer anderen natürlichen oder juristischen Person geschlossenen Vertrags** erforderlich (Art. 49 Abs. 1 lit. c DS-GVO)
– die Übermittlung ist zur **Geltendmachung, Ausübung oder Verteidigung von Rechtsansprüchen** erforderlich (Art. 49 Abs. 1 lit. e DS-GVO)

246 **bb) Verarbeitung nach Treu und Glauben, Transparenz.** Personenbezogene Daten müssen nach **Treu und Glauben** und in einer für die betroffene Person **nachvollziehbaren Weise** verarbeitet werden (Art. 5 Abs. 1 lit. a DS-GVO).

247 Für den Betroffenen ist **Transparenz das Schlüsselprinzip** sämtlichen Datenumgangs und Grundvoraussetzung für dessen informationelle Selbstbestimmung, gerade auch im

[315] Eine aktuelle Liste der Angemessenheitsbeschlüsse der EU-Kommission ist abrufbar unter ec.europa.eu/info/law/law-topic/data-protection/data-transfers-outside-eu/adequacy-protection-personal-data-non-eu-countries_en (4. 8. 2020).
[316] EuGH Urt. v. 16. 7. 2020 – C 311/18, ECLI:EU:C:2020:559 = ZD 2020, 511 – Schrems II.

Bereich *„Big Data"*.[317] In einem Umfeld, in dem immer mehr vernetzte Gegenstände im Stande sind, immer mehr Daten zu erheben, stellt sich die Frage, wie diesem Transparenzgedanken im Internet der Dinge überhaupt noch Rechnung getragen werden kann. Diese Frage wird umso dringender, wenn man sich vergegenwärtigt, dass viele vernetzte alltägliche Gegenstände zumeist nicht einmal bei genauerer Betrachtung erkennen lassen, dass sie mit Sensoren ausgestattet sind, die eine permanente Datenerhebung ermöglichen.

Ausprägung des Transparenzgrundsatzes sind insbesondere die umfangreichen datenschutzrechtlichen **Informationspflichten** (vgl. Art. 13 und 14 DS-GVO). Das bedeutet insbesondere, dass betroffene Personen umfassend über die Verarbeitung ihrer personenbezogenen Daten und ihre Rechte in Bezug auf die Verarbeitung informiert werden müssen. 248

Für komplexe und vielschichtige Verarbeitungsvorgänge im IoT ist es in der Praxis oft schwierig, den betroffenen Personen ein hinreichend differenziertes und zugleich allgemein verständliches Bild über die konkrete Verwendung ihrer Daten zu geben. Dabei stellt sich in der Praxis aber auch die Frage, in welcher Form eine solche Information erfolgen soll. Die DS-GVO sieht für die Information des Betroffenen kein spezifisches Formerfordernis vor. Eine pauschale Betrachtung lässt sich hier nicht vornehmen. Die Erscheinungsformen und Ausprägungen von Gegenständen im IoT sind so vielfältig wie ihre Einsatzgebiete. Jedenfalls für solche Gegenstände, die ohnehin bereits über eine eigene grafische Benutzerschnittstelle verfügen, bspw. in Form eines Displays, könnte es sich anbieten, eine erforderliche Information unmittelbar im konkreten Verwendungszusammenhang in elektronischer Form auf dem Gerät darzustellen. Andererseits dürfte dies den Verantwortlichen in vielen Anwendungsfällen vor die besondere Herausforderung stellen, dass, wie etwa bei Smartphones oder Smart Watches, häufig nur eine sehr beschränkte Anzeigefläche genutzt werden kann. In vielen Anwendungsfällen im Internet der Dinge wird daher eine Darstellung der Informationen nicht unmittelbar auf dem vernetzten Gegenstand in Betracht kommen, so dass im Ergebnis entweder auf eine schriftliche Belehrung zurückzugreifen ist oder neue innovative Möglichkeiten der Belehrung in Betracht gezogen werden müssen. Die Artikel-29-Datenschutzgruppe weist in ihrem Arbeitspapier zum Internet der Dinge etwa auf die Möglichkeit hin, einen Link zu den erforderlichen Informationen in Form eines scanbaren Strich- oder QR-Codes auf den jeweiligen Geräten selbst abzudrucken.[318] 249

cc) Zweckbindung. Auch im Kontext der Verarbeitung personenbezogener Daten ist außerdem der elementare Grundsatz der **Zweckbindung** zu beachten (Art. 5 Abs. 1 lit. b DS-GVO). 250

Hiernach dürfen personenbezogene Daten nur für **festgelegte, eindeutige und legitime Zwecke** erhoben werden und dürfen nicht in einer mit diesen Zwecken nicht zu vereinbarenden Weise weiterverarbeitet werden. 251

Das bedeutet insbesondere, dass der Zweck der Verarbeitung schon bei Erhebung der personenbezogenen Daten klar und für die betroffenen Personen transparent definiert werden muss. Diese Zweckfestlegung ist dann der Maßstab für die Erhebung und weitere Verarbeitung und bestimmt insbesondere, welche Daten verarbeitet werden dürfen und wie lange sie gespeichert werden dürfen. Die Zweckbindung verbietet es, einmal erhobene Daten für beliebige andere Zwecke weiterzuverwenden. Sollen Daten für andere Zwecke verwendet werden, als für die Zwecke, zu denen sie erhoben wurden (sog. **Zweckänderung**), sind besondere zusätzliche Anforderungen einzuhalten (vgl. Art. 6 Abs. 4 DS-GVO). 252

Die Daten, die durch die Vernetzung von Gegenständen und die Auswertung von in vernetzten Gegenständen anfallenden Daten anfallen, sind ein beachtliches Wirtschaftsgut. Vor allem bei komplexen „Big Data"-Prozessen in der industriellen Wertschöpfungskette 253

[317] *Weichert* ZD 2013, 251 (258).

[318] Artikel-29-Datenschutzgruppe, Stellungnahme 8/2014 zu den jüngsten Entwicklungen im Internet der Dinge, WP 223, S. 21.

liegt es nahe, Daten regelmäßig aus ihrem ursprünglichen Zweckzusammenhang zu reißen, mit anderen Daten zusammenzuführen, zu restrukturieren, zu analysieren und diese Daten damit im Ergebnis einer neuen Nutzung zuzuführen. Die gewaltigen Datenmengen, die bei voranschreitender Vernetzung von Gegenständen zirkulieren, ermöglichen im Zusammenspiel mit immer ausgereifteren Analysemöglichkeiten häufig letztlich eine detaillierte Profilbildung bis hin zu einer Verhaltens- und Bedarfsprädiktion. Die Realisierung dieses wirtschaftlichen Potenzials wird allerdings durch den Zweckbindungsgrundsatz stark limitiert. Für die Praxis führt dieser Umstand vor allem zu der Herausforderung, dass sich die betroffenen Akteure schon im Voraus im Rahmen der Konzeption von Prozessen und Systemen einen umfassenden Überblick über potenzielle zukünftige Anwendungsfälle verschaffen sollten, um zukünftige Zwecke bereits bei Erhebung der Daten bestmöglich zu antizipieren.[319]

254 **dd) Datenminimierung, Richtigkeit und Speicherbegrenzung.** Personenbezogene Daten müssen nach dem Grundsatz der **Datenminimierung** außerdem dem Zweck angemessen und erheblich sowie auf das für die Zwecke der Verarbeitung notwendige Maß beschränkt sein (Art. 5 Abs. 1 lit. c DS-GVO).

255 Nach dem Grundsatz der **Richtigkeit** ist sicherzustellen, dass personenbezogene Daten sachlich richtig und erforderlichenfalls auf dem neuesten Stand sind (Art. 5 Abs. 1 lit. d DS-GVO).

256 Außerdem dürfen personenbezogene Daten nach dem Grundsatz der **Speicherbegrenzung** nur so lange gespeichert werden, wie es für die Zwecke, für die sie verarbeitet werden, erforderlich ist (Art. 5 Abs. 1 lit. e DS-GVO).

257 Im Ökosystem des Internet der Dinge wird die Datenverarbeitung zukünftig immer allgegenwärtiger und die Datenverarbeitungsprozesse und -strukturen zunehmend intransparenter. Eine möglichst datensparsame Verarbeitung hat daher im Internet der Dinge höchsten Stellenwert, um die informationelle Selbstbestimmung und die Privatsphäre des Einzelnen wirksam zu schützen.[320] Um auch bei komplexen Big Data-Szenarien einen adäquaten Schutz personenbezogener Daten zu gewährleisten, fordern Stimmen in der Literatur zudem verstärkt einen *„Datenschutz durch Technik“*.[321] Dem Umstand, dass eine enorme Anzahl vernetzter Gegenstände in Zukunft zumindest grundsätzlich technisch in der Lage sein wird, im Ergebnis nahezu jeden Lebensbereich zu erfassen und auszuwerten, wird man faktisch nur durch eine **Integration von Datenschutzmechanismen schon auf Ebene des Produktdesigns** effektiv begegnen können. Bereits bei der Konzeption vernetzter Alltagsgegenstände sollte das Augenmerk auf eine datensparsame Funktionsweise gelegt werden. Darüber hinaus sollte auf möglichst datensparsame Voreinstellungen im Auslieferungszustand vernetzter Gegenstände Acht gelegt werden (dazu noch → Rn. 265 ff.).

258 **ee) Integrität und Vertraulichkeit.** Eine besondere Herausforderung der Vernetzung alltäglicher Gegenstände liegt nicht zuletzt in der Implementierung hinreichender Datensicherheitsmaßnahmen.

259 Personenbezogene Daten müssen nach den Grundsätzen der Integrität und Vertraulichkeit in einer Weise verarbeitet werden, die eine **angemessene Sicherheit der personenbezogenen Daten** gewährleistet, einschließlich Schutz vor unbefugter oder unrechtmäßiger Verarbeitung und vor unbeabsichtigtem Verlust, unbeabsichtigter Zerstörung oder unbeabsichtigter Schädigung durch geeignete technische und organisatorische Maßnahmen (Art. 5 Abs. 1 lit. f DS-GVO).

---

[319] So etwa auch Artikel-29-Datenschutzgruppe, Stellungnahme 8/2014 zu den jüngsten Entwicklungen im Internet der Dinge, WP 223, S. 19.

[320] *Venzke-Caprarese* DSRITB 2015, 377 (387).

[321] So etwa *Bräutigam/Klindt* NJW 2015, 1137 (1140) mwN.

260 Das bedeutet insbesondere, dass unter Berücksichtigung des Stands der Technik, der Implementierungskosten und der Art, des Umfangs, der Umstände und der Zwecke der jeweiligen Verarbeitung sowie der unterschiedlichen Eintrittswahrscheinlichkeit und Schwere des Risikos für betroffene Personen **geeignete technische und organisatorische Maßnahmen** zu treffen sind, um ein dem jeweiligen Risiko angemessenes Schutzniveau zu gewährleisten (Art. 32 DS-GVO).

261 Die Bewertung der Angemessenheit der Schutzmaßnahmen hängt maßgeblich von den Umständen der jeweiligen Gestaltung vernetzter Gegenstände im Einzelfall ab und entzieht sich einer pauschalen Beurteilung. Indes zeigen Untersuchungen, dass etwa im Bereich bereits auf dem Markt befindlicher *Wearables* und anderer *Quantified Self*-Produkte zum Teil gravierende Sicherheitslücken bestehen.[322]

262 Im Kontext vernetzter Gegenstände ist mit Blick auf die erforderliche Datensicherheit vor allem zu berücksichtigen, dass bei der Vernetzung eine Vielzahl beteiligter technischer Komponenten als potenzielle Sicherheitsrisiken in Betracht kommen. Eine wichtige Rolle werden dabei vor allem auch Zertifizierungen und die Einhaltung international anerkannter Sicherheitsstandards spielen.[323] Besondere Schwierigkeiten bereitet mit Blick auf die in vielen Fällen nur sehr eingeschränkten Rechenkapazitäten vernetzter Maschinen die Gewährleistung der Datensicherheit in Bezug auf die jeweiligen Maschinen selbst. Insbesondere wenn eine Vernetzung durch drahtlose Kommunikationsschnittstellen hergestellt wird, ist eine **robuste Verschlüsselung** gegen unberechtigte Zugriffe auf den Datentransfer erforderlich.

263 Um der Verpflichtung zu hinreichender Datensicherheit nachzukommen, werden Verantwortliche in der Praxis vor allem regelmäßige Sicherheitsprüfungen ihrer gesamten vernetzten Infrastruktur und aller dabei beteiligter Komponenten durchführen müssen.[324] Schließlich wird der Vertrieb vernetzter Gegenstände im Kontext der Datensicherheit ein effektives **Patch-Management** erfordern, um etwaige bestehende, identifizierte Sicherheitslücken im Rahmen von Firmware-Updates zu schließen.[325] Spannend dürfte dabei die Frage werden, über welchen Zeitraum ein Hersteller vernetzter Gegenstände zu einer solchen Gewährleistung der Datensicherheit verpflichtet ist.[326] Zwar dürfte der Hersteller nach Ablauf der Gewährleistungsfrist zivilrechtlich zumindest gesetzlich nicht mehr verpflichtet sein, für Softwareupdates zu sorgen. Solange er als datenschutzrechtlich verantwortliche Stelle im Umgang mit dem jeweiligen vernetzten Gegenstand fungiert, dürfte der Hersteller dennoch unter datenschutzrechtlichen Gesichtspunkten verpflichtet sein, Sicherheitsupdates bereitzustellen.

264 Besondere Schwierigkeiten bereitet mit Blick auf die in vielen Fällen nur sehr eingeschränkten Rechenkapazitäten der vernetzten Alltagsgegenstände die Gewährleistung der Datensicherheit in Bezug auf die jeweiligen Gegenstände selbst. Insbesondere der Umstand, dass eine Vernetzung im Internet der Dinge regelmäßig durch drahtlose Kommunikationsschnittstellen hergestellt wird, macht eine hinreichende **Verschlüsselung** gegen unberechtigte Zugriffe auf den Datentransfer erforderlich. Während etwa auf Geräten, die mit hinreichender Rechenleistung ausgestattet sind, heutzutage mühelos Standardverschlüsselungstechnologien zum Einsatz kommen können, wird dies die Leistungsfähigkeit von alltäglichen Kleinstgeräten heute meist noch überfordern. Datenverschlüsselung kostet Rechenzeit und damit im Ergebnis auch Energie. Vor allem mobile batteriebetriebene

322 *Barcena/Wueest/Lau* How safe is your quantified self?.

323 Artikel-29-Datenschutzgruppe, Stellungnahme 8/2014 zu den jüngsten Entwicklungen im Internet der Dinge, WP 223, S. 21.

324 Artikel-29-Datenschutzgruppe, Stellungnahme 8/2014 zu den jüngsten Entwicklungen im Internet der Dinge, WP 223, S. 21.

325 *Schöttle* DSRITB 2015, 365 (374).

326 Hierzu auch *Schöttle* DSRITB 2015, 365 (374).

Geräte ohne konstante Stromversorgung werden daher, zumindest im heutigen Stand, vielfach nicht in der Lage sein, verschlüsselte Verbindungen herzustellen.[327]

b) Datenschutz durch Technikgestaltung und datenschutzfreundliche Voreinstellungen

265 Die vorstehend genannten datenschutzrechtlichen Grundsätze werden durch die gesetzlichen Vorgaben zum Datenschutz durch Technikgestaltung und die Verpflichtung zu datenschutzfreundlichen Voreinstellungen flankiert (Art. 25 DS-GVO):

266 Die Vorgabe des **Datenschutzes durch Technikgestaltung** verpflichtet den Verantwortlichen, sowohl zum Zeitpunkt der Festlegung der Mittel für die Verarbeitung als auch zum Zeitpunkt der eigentlichen Verarbeitung geeignete technische und organisatorische Maßnahmen zu treffen, die dafür ausgelegt sind, die Datenschutzgrundsätze (etwa die Datenminimierung) wirksam umzusetzen, den datenschutzrechtlichen Anforderungen zu genügen und die Rechte der betroffenen Personen zu schützen (Art. 25 Abs. 1 DS-GVO).

267 Die Verpflichtung zu **datenschutzfreundlichen Voreinstellungen** hält den Verantwortlichen außerdem dazu an, geeignete technische und organisatorische Maßnahmen zu treffen, die sicherstellen, dass durch geeignete Voreinstellungen dafür gesorgt ist, dass personenbezogene Daten grundsätzlich nur insoweit verarbeitet werden, als deren Verarbeitung für den jeweiligen bestimmten Verarbeitungszweck erforderlich ist. Diese Verpflichtung gilt für die Menge der erhobenen personenbezogenen Daten, den Umfang ihrer Verarbeitung, ihre Speicherfrist und ihre Zugänglichkeit. Solche Maßnahmen müssen durch die getroffenen Voreinstellungen insbesondere sicherstellen, dass personenbezogene Daten nicht ohne Eingreifen der Person einer unbestimmten Zahl von natürlichen Personen zugänglich gemacht werden (Art. 25 Abs. 2 DS-GVO).

268 Dem Umstand, dass im Ökosystem des Internet der Dinge eine Vielzahl vernetzter Gegenstände in Zukunft zumindest grundsätzlich technisch in der Lage sein wird, im Ergebnis nahezu jeden Lebensbereich zu erfassen und auszuwerten, wird man faktisch nur durch eine Integration von **Datenschutzmechanismen auf Ebene des Produktdesigns** effektiv begegnen können. Insbesondere für komplexe Big Data-Szenarien fordern auch Stimmen in der Literatur verstärkt *„Datenschutz durch Technik“*.[328] Dabei ist zu beachten, dass die gesetzlichen Anforderungen an Datenschutz durch Technikgestaltung und durch datenschutzfreundliche Voreinstellungen direkt nur den Verantwortlichen treffen. Hersteller von IoT-Gegenständen, die nicht selbst als Verantwortliche personenbezogene Daten verarbeiten, sind also zumindest nicht direkt gesetzlich hierzu verpflichtet. In der Praxis dürfte die Verpflichtung der Verantwortlichen aber zumindest mittelbare Auswirkungen auch auf die Hersteller vernetzter Gegenstände entfalten.

c) Datenschutz-Folgenabschätzung und vorherige Konsultation

269 Mit der DS-GVO wurden Verantwortliche verpflichtet, unter bestimmten Voraussetzungen eine **Datenschutz-Folgenabschätzung** durchzuführen (Art. 35 DS-GVO) und, je nach deren Ergebnis, vor Beginn der Datenverarbeitung gegebenenfalls die Aufsichtsbehörde zu konsultieren (Art. 36 DS-GVO). Die Datenschutz-Folgenabschätzung soll Risiken für die Rechte und Freiheiten natürlicher Personen schon **vor** Beginn der betroffenen Verarbeitungstätigkeiten identifizieren, die Wahrscheinlichkeit der Realisierung der identifizierten Risiken beurteilen und mögliche Gegenmaßnahmen bzw. Sicherheitsvorkehrungen aufzeigen.[329] Die Datenschutz-Folgenabschätzung löst die in Art. 20 DS-RL noch vorgesehene Meldepflicht und Vorabkontrolle ab. Die DS-GVO setzt damit auf eine vom

[327] *Schöttle* DSRITB 2015, 365 (375); Artikel-29-Datenschutzgruppe, Stellungnahme 8/2014 zu den jüngsten Entwicklungen im Internet der Dinge, WP 223, S. 21.
[328] So etwa *Bräutigam/Klindt* NJW 2015, 1137 (1140) mwN.
[329] Vgl. Erwgr. 90 DS-GVO.

Verantwortlichen durchzuführende Risikoabschätzung, mit Fokus auf Verarbeitungstätigkeiten, die aufgrund ihrer Art, ihres Umfangs, ihrer Umstände und ihrer Zwecke wahrscheinlich ein **hohes Risiko** für die Rechte und Freiheiten natürlicher Personen mit sich bringen (Erwgr. 89 S. 3 DS-GVO).

Die Relevanz der Datenschutz-Folgenabschätzung im Bereich des IoT ist hoch, da hier 270 typischerweise umfang- und risikoreiche Verarbeitungen unter Verwendung **neuer Technologien** (s. Erwgr. 89 S. 4, 91 DS-GVO) stattfinden. Seit jeher haben die Artikel-29-Datenschutzgruppe und später der EDSA die Fortentwicklung des Internet der Dinge auch und gerade im Hinblick auf die Notwendigkeit einer Datenschutz-Folgenabschätzung kritisch begleitet.[330] Auch die EU-Kommission sieht das Risikopotenzial intelligenter Netze und Vernetzungstechnologien für die Sicherheit personenbezogener Daten und hat schon vor einigen Jahren die Einführung unionsweiter Vorgaben zur Durchführung von Datenschutz-Folgenabschätzungen in diesen Bereichen gefordert, namentlich bei der Verwendung intelligenter Messsysteme („smart metering systems") sowie der Funkwellenidentifikation **(Radio Frequency Identification, RFID).**[331] Aus Sicht der Artikel-29-Datenschutzgruppe sind Anwendungen des Internet der Dinge ein typisches Beispiel für innovative neue Technologien, die sich erheblich auf den Alltag und das Privatleben privater Personen auswirken und daher eine Datenschutz-Folgenabschätzung erforderlich machen können.[332]

aa) Pflicht zur Durchführung einer Datenschutz-Folgenabschätzung. Zunächst 271 sollte jeder Verantwortliche klären, **ob** eine Datenschutz-Folgenabschätzung notwendig ist. Diese entfällt von vornherein nur in dem eng umgrenzten Ausnahmefall des Art. 35 Abs. 10 DS-GVO, wenn also eine entsprechende Risikobewertung schon im Rahmen der Schaffung einer spezifischen Rechtsgrundlage vorgenommen wurde,[333] oder wenn die betroffene Verarbeitungstätigkeit einer von einer Aufsichtsbehörde erlassenen „Negativ-Liste" unterfällt (Art. 35 Abs. 5 DS-GVO).[334]

Adressat der Pflicht zur Durchführung einer Datenschutz-Folgenabschätzung ist ledig- 272 lich der **Verantwortliche** (nicht der Auftragsverarbeiter). Der Verantwortliche hat sicherzustellen, dass ihm alle zur Durchführung der Datenschutz-Folgenabschätzung notwendigen Informationen vorliegen und, ggf. im Wege vertraglicher Vereinbarungen, dass ihm auch etwaige Auftragsverarbeiter hierfür relevante Informationen mitteilen.[335]

Voraussetzung der Pflicht zur Durchführung einer Datenschutz-Folgenabschätzung ist, 273 dass die jeweilige Datenverarbeitung aufgrund der Art, des Umfangs, der Umstände oder des Zwecks voraussichtlich ein **hohes Risiko**[336] für Rechte und Freiheiten natürlicher Personen birgt, Art. 35 Abs. 1 S. 1 DS-GVO. Die **Verwendung neuer Technologien** wird in Art. 35 Abs. 1 S. 1 DS-GVO als typischer Fall eines hohen Risikos genannt. Für mehrere, ähnlich risikoreiche Datenverarbeitungen kann eine kombinierte Datenschutz-Folgenabschätzung durchgeführt werden (Art. 35 Abs. 1 S. 2 DS-GVO). Art. 35 Abs. 3 DS-GVO konkretisiert die Vorgabe des Abs. 1 und statuiert die Notwendigkeit der

[330] Vgl. zuletzt EDSA, Guidelines 1/2020 on processing personal data in the context of connected vehicles and mobility related applications, Rn. 42 mit Verweis auf weitere, ältere Stellungnahmen der Artikel-29-Datenschutzgruppe.

[331] Zu intelligenten Messsystemen EU-Kommission, Empfehlung 2012/148/EU v. 9.3.2012, ABl. 2012 L 73, 9, Erwgr. 9, 14 sowie Ziff. I, 4., 8.; zur RFID-Technologie EU-Kommission, Empfehlung 2009/387/EG v. 12.5.2009, ABl. 2009 L 122, 47, Ziff. 5 lit. a.

[332] Artikel-29-Datenschutzgruppe, Leitlinien zur Datenschutz-Folgenabschätzung (DSFA), WP 248 rev.01 (bestätigt durch den EDSA, Endorsement 1/2018, Ziff. 6), S. 12, Kriterium Nr. 8, letzter Satz.

[333] Dazu weitergehend Kühling/Buchner/*Jandt* DS-GVO Art. 35 Rn. 22–27.

[334] Auch als „Nicht-nötig-Liste" oder „Whitelist" bezeichnet, s. zu diesem Listentyp BeckOK DatenschutzR/*Hansen* DS-GVO Art. 35 Rn. 35f.

[335] Den Auftragsverarbeiter trifft dabei gem. Art. 28 Abs. 3 lit. f DS-GVO eine Mitwirkungspflicht.

[336] Zum Begriff des Risikos s. Erwgr. 75 DS-GVO sowie DSK, Kurzpapier Nr. 18, Risiken für die Rechte und Freiheiten natürlicher Personen.

Durchführung einer Datenschutz-Folgenabschätzung für die folgenden, nicht abschließenden Fälle:

- systematische und umfassende Bewertung persönlicher Aspekte natürlicher Personen, die sich auf automatisierte Verarbeitung einschließlich Profiling gründet und die ihrerseits als Grundlage für Entscheidungen dient, die Rechtswirkung gegenüber natürlichen Personen entfalten oder diese in ähnlich erheblicher Weise beeinträchtigen (Art. 35 Abs. 3 lit. a DS-GVO)[337]
- umfangreiche Verarbeitung besonderer Kategorien von personenbezogenen Daten gem. Art. 9 Abs. 1 oder von personenbezogenen Daten über strafrechtliche Verurteilungen und Straftaten gem. Art. 10 (Art. 35 Abs. 3 lit. b DS-GVO)
- systematische umfangreiche Überwachung öffentlich zugänglicher Bereiche (Art. 35 Abs. 3 lit. c DS-GVO)[338]

274 Ein hohes Risiko für die Rechte und Freiheiten natürlicher Personen kann insbesondere dann eintreten, wenn die Verarbeitungsvorgänge den Betroffenen die Ausübung ihrer Rechte erschweren (Erwgr. 91 S. 1 DS-GVO), sie an der Ausübung eines Rechts oder der Nutzung einer Dienstleistung oder Durchführung eines Vertrags hindern oder wenn sie **systematisch in großem Umfang** erfolgen (Erwgr. 91 S. 3 DS-GVO). Daran anknüpfend ist die Aufsichtsbehörde verpflichtet, eine Liste solcher Verarbeitungsvorgänge zu erstellen, für die eine Datenschutz-Folgenabschätzung zwingend durchzuführen ist (sog. Muss-Liste, Art. 35 Abs. 4 DS-GVO).[339] Fakultativ[340] kann die Aufsichtsbehörde eine weitere Liste solcher Verarbeitungsvorgänge erstellen, bei denen eine Datenschutz-Folgeabschätzung gerade nicht erforderlich ist (sog. Negativliste, Art. 35 Abs. 5 DS-GVO). Zur erleichterten Prüfung der Frage, ob eine Datenschutz-Folgenabschätzung erforderlich ist, hat die Artikel-29-Datenschutzgruppe in einer vom EDSA bestätigten[341] Leitlinie einen Neun-Kriterien-Katalog entwickelt,[342] der von dem Verantwortlichen in jedem Fall zu berücksichtigen ist.[343] Dieser Kriterienkatalog ist allerdings nicht abschließend,[344] sodass auch dort nicht explizit aufgeführte Verarbeitungsvorgänge eine Pflicht zur Datenschutz-Folgenabschätzung auslösen können.

275 Die Fortentwicklung des Internet der Dinge führt zu immer unübersichtlicheren Verarbeitungsstrukturen und -prozessen, die dem Betroffenen die Ausübung seiner Rechte aufgrund fehlender Transparenz deutlich erschweren und für die eine Datenschutz-Folgenabschätzung oft erforderlich sein wird.[345] Dazu zählen namentlich Verarbeitungsvorgänge in den Bereichen Smart Car/Mobilität,[346] Smart Health, Big Data- und Trackingverfahren, Profiling[347] sowie das Verwenden intelligenter Sicherheits- und Überwachungstechnik.[348]

---

[337] Dies knüpft an automatisierte Datenverarbeitungsvorgänge iSv Art. 22 DS-GVO an, dazu → Rn. 238 ff.

[338] S. dazu EDSA, Guidelines 3/2019 on processing of personal data through video devices, Version 2.0 v. 29. 1. 2020, Rn. 136–138.

[339] In Deutschland ist dies die Liste von Verarbeitungsvorgängen nach Art. 35 Abs. 4 für den nichtöffentlichen Bereich; zu dieser Liste hat der EDSA mit der Stellungnahme 5/2018, angenommen am 25. 9. 2018, Stellung bezogen.

[340] Kühling/Buchner/*Jandt* DS-GVO Art. 35 Rn. 13.

[341] Alle vom EDSA bestätigten Dokumente der Artikel-29-Datenschutzgruppe sind aufgelistet bei EDSA, Endorsement 1/2018, edpb.europa.eu/sites/edpb/files/files/news/endorsement_of_wp29_documents_en_0.pdf (4. 8. 2020).

[342] S. Artikel-29-Datenschutzgruppe, (bestätigt durch den EDSA, Endorsement 1/2018, Ziff. 6), S. 10–12. Sind mindestens zwei Kriterien durch einen Verarbeitungsvorgang erfüllt, ist eine Datenschutz-Folgenabschätzung in den meisten Fällen obligatorisch (Artikel-29-Datenschutzgruppe, WP 248, S. 12).

[343] Die Artikel-29-Datenschutzgruppe spricht davon, dass die neun Kriterien bei der Schwellenwertanalyse berücksichtigt werden „müssen", Leitlinien zur Datenschutz-Folgenabschätzung (DSFA), WP 248 rev.01 (bestätigt durch den EDSA, Endorsement 1/2018, Ziff. 6), S. 10.

[344] Ebenso Gola/*Nolte/Werkmeister* DS-GVO Art. 35 Rn. 22.

[345] Vgl. Artikel-29-Datenschutzgruppe, Leitlinien zur Datenschutz-Folgenabschätzung (DSFA), WP 248 rev.01 (bestätigt durch den EDSA, Endorsement 1/2018, Ziff. 6), Kriterium Nr. 8, letzter Satz.

[346] S. EDSA, Guidelines 1/2020 on processing personal data in the context of connected vehicles and mobility related applications, Rn. 42, 79.

[347] S. Erwgr. 89 S. 2 DS-GVO.

Zu beachten ist schließlich, dass Verarbeitungstätigkeiten denkbar sind, die so stark in die Rechte und Freiheiten betroffener Personen eingreifen würden, dass auch eine Datenschutz-Folgenabschätzung und auf ihrer Grundlage vorgeschlagene Maßnahmen, einschließlich einer Konsultation der Aufsichtsbehörde, keine hinreichende Abhilfe bzw. Milderung schaffen können. Als Konsequenz darf die betroffene Verarbeitungstätigkeit so nicht durchgeführt werden. Als Beispiel für einen solchen Fall nennt die Artikel-29-Datenschutzgruppe Verarbeitungstätigkeiten mit **ausschließlich automatisierten Entscheidungen,** die sich auf zu den jeweiligen Personen erstellten Profilen stützen und die erhebliche Auswirkungen auf die betroffenen Personen haben und für die der Verantwortliche keine Einwilligung der Betroffenen einholt.[349] Da sich die Idee eines vernetzten Alltags im Internet der Dinge nur durch eine Vielzahl vollständig automatisierter Vorgänge verwirklichen lässt, bei denen eine große Menge an teilweise auch sensiblen Daten verarbeitet wird, wird in vielen Fällen neben einer Datenschutz-Folgenabschätzung eine wirksame **Einwilligung** der Betroffenen zwingend erforderlich sein. Dies wiederum bringt die schon in → Rn. 217 ff. aufgezeigte Schwierigkeit mit sich, wie bei komplexen und vielschichtigen Datenverarbeitungsvorgängen des Internet der Dinge eine den Vorgaben der DS-GVO entsprechende, informierte und freiwillige Einwilligung aller betroffenen Personen überhaupt eingeholt werden kann. Jenes Dilemma zu überwinden ist in der Praxis eine der größten datenschutzrechtlichen Herausforderungen des IoT. Ein Lösungsansatz könnte in dem vorgenannten Beispiel darin bestehen, die Eingriffs- und Kontrollmöglichkeiten der betroffenen Personen durch Anpassungen des Produkts zu erhöhen, sodass die Datenverarbeitung nicht mehr auf einer *vollständig* automatisierten Entscheidung beruht.[350] 276

bb) Durchführung der Datenschutz-Folgenabschätzung. Die DS-GVO enthält keine formellen Vorgaben dazu, **wie** eine Datenschutz-Folgenabschätzung durchzuführen ist. Sie macht in Art. 35 Abs. 7 lit. a–d DS-GVO aber Angaben über den **Mindestinhalt,** der sich im Ergebnis der Datenschutz-Folgenabschätzung wiederfinden muss und aus dem sich die wesentlichen Verfahrensschritte ableiten lassen.[351] Im Ergebnis muss die Datenschutz-Folgenabschätzung mindestens folgende Elemente enthalten: 277

- systematische Beschreibung der geplanten Verarbeitungsvorgänge und der Zwecke der Verarbeitung, ggf. einschließlich der von dem Verantwortlichen verfolgten berechtigten Interessen (Art. 35 Abs. 7 lit. a DS-GVO)
- Bewertung der Notwendigkeit und Verhältnismäßigkeit der Verarbeitungsvorgänge in Bezug auf den Zweck (Art. 35 Abs. 7 lit. b DS-GVO)
- Bewertung der Risiken für die Rechte und Freiheiten der betroffenen Personen gem. Art. 35 Abs. 1 DS-GVO (Art. 35 Abs. 7 lit. c DS-GVO)
- zur Bewältigung der Risiken geplante Abhilfemaßnahmen, einschließlich Garantien, Sicherheitsvorkehrungen und Verfahren, durch die der Schutz personenbezogener Daten sichergestellt und der Nachweis dafür erbracht wird, dass diese Verordnung eingehalten

---

348 Kühling/Buchner/*Klar* DS-GVO Art. 35 Rn. 8; s. auch die tabellarische Übersicht der Artikel-29-Datenschutzgruppe, Leitlinien zur Datenschutz-Folgenabschätzung (DSFA), WP 248 rev.01 (bestätigt durch den EDSA, Endorsement 1/2018, Ziff. 6), dort der zweite Eintrag der linken Tabellenspalte; DSK, Liste von Verarbeitungsvorgängen nach Art. 35 Abs. 4 für den nichtöffentlichen Bereich, Ziff. 4.

349 Die Artikel-29-Datenschutzgruppe rät in ihren Leitlinien zu automatisierten Entscheidungen im Einzelfall einschließlich Profiling, WP251 rev.01 (bestätigt durch den EDSA, Endorsement 1/2018, Ziff. 3), S. 33, dazu, von solchen Modellen gänzlich Abstand zu nehmen, wenn keine (wirksame) Einwilligung des Betroffenen vorliegt.

350 Artikel-29-Datenschutzgruppe, Leitlinien zu automatisierten Entscheidungen im Einzelfall einschließlich Profiling, WP251 rev.01 (bestätigt durch den EDSA, Endorsement 1/2018, Ziff. 3), S. 33.

351 Die Verfahrensschritte werden eingehend dargestellt bei BeckOK DatenschutzR/*Hansen* DS-GVO Art. 35 Rn. 40–56; die Artikel-29-Datenschutzgruppe hat die Verfahrensschritte iterativ dargestellt, siehe Leitlinien zur Datenschutz-Folgenabschätzung (DSFA), WP 248 rev.01 (bestätigt durch den EDSA, Endorsement 1/2018, Ziff. 6), S. 20.

wird, wobei den Rechten und berechtigten Interessen der betroffenen Personen und sonstiger Betroffener Rechnung getragen wird (Art. 35 Abs. 7 lit. d DS-GVO)

278 Unabhängig davon sollte jeder Verantwortliche im eigenen Interesse seine Datenverarbeitungsprozesse und -strukturen und auch jeden Schritt der Datenschutz-Folgeabschätzung genau dokumentieren, schon um seiner **Nachweispflicht** aus Art. 5 Abs. 2 DS-GVO zu genügen, aber auch um eine ggf. notwendige **Konsultation** mit der Aufsichtsbehörde (Art. 36 DS-GVO) zu erleichtern und im Falle von Untersuchungsmaßnahmen der Aufsichtsbehörde die Einhaltung der Vorgaben des Art. 35 DS-GVO nachweisen zu können.[352]

279 Die Datenschutz-Folgenabschätzung muss zum frühestmöglichen Zeitpunkt, idealerweise schon während der Konzeption der betroffenen Verarbeitungstätigkeiten durchgeführt werden und über den gesamten Lebenszyklus des Projekts hinweg aktuell gehalten werden; sie ist ein kontinuierlicher und dynamischer Prozess.[353] Dementsprechend ist der Verantwortliche zur kontinuierlichen Überprüfung seiner Datenverarbeitungsvorgänge angehalten, im Falle des Art. 35 Abs. 11 DS-GVO ist er hierzu sogar verpflichtet.[354] Im besonders datenverarbeitungsintensiven IoT sollten frühzeitig schon im Entwicklungsstadium die Grundsätze des **Datenschutzes durch Technikgestaltung** (Art. 25 DS-GVO, Erwgr. 78 DS-GVO) angewendet werden (dazu auch → Rn. 265 ff.) und unter Einbezug technischer und rechtlicher Expertise fortlaufend überprüft werden.

280 Die genaue Struktur und Methodik der Datenschutz-Folgenabschätzung gibt die DS-GVO nicht vor. Sie gibt hierfür nur den Rahmen vor, etwa die Pflicht **zur Konsultation des Datenschutzbeauftragten** (Art. 35 Abs. 2 DS-GVO) oder der betroffenen Personen bzw. ihrer Vertreter (Art. 35 Abs. 9 DS-GVO). Durch die nur rudimentären Vorgaben der DS-GVO verbleibt dem Verantwortlichen die Flexibilität, in eigener Verantwortung eine auf seine Branche angepasste und unter Berücksichtigung der spezifisch verwendeten Technologien adäquate Risikoabschätzung durchführen zu können und diese möglichst nahtlos in seine bestehenden Arbeitsabläufe zu integrieren.[355]

281 Gleichzeitig ist es wichtig, und angesichts der mitunter schwer im Vorhinein abzuschätzenden Anforderungen an im IoT zum Einsatz kommende neue Technologien auch notwendig, der Praxis Leitfäden an die Hand zu geben. Ergänzend zu den Positiv- und Negativlisten (Art. 35 Abs. 4 und Abs. 5 DS-GVO) sollten auch branchenspezifische Rahmenbedingungen für die **Durchführung** der Datenschutz-Folgenabschätzung festgelegt werden.[356] Die vom EDSA bestätigten Leitlinien der Artikel-29-Datenschutzgruppe zur Datenschutz-Folgenabschätzung[357] enthalten insbesondere auch für die Praxis relevante Hinweise zu verschiedenen Methoden und Standards zur Durchführung einer Datenschutz-Folgenabschätzung.

282 **cc) Konsultation der Aufsichtsbehörde.** Wenn aus einer Datenschutz-Folgenabschätzung hervorgeht, dass die Verarbeitung ein hohes Risiko für die Rechte und Freiheiten natürlicher Personen zur Folge hätte, muss der Verantwortliche vor Beginn der Verarbei-

---

[352] Zur Rechenschaftspflicht s. auch Artikel-29-Datenschutzgruppe, Leitlinien zur Datenschutz-Folgenabschätzung (DSFA), WP 248 rev.01 (bestätigt durch den EDSA, Endorsement 1/2018, Ziff. 6), S. 14.

[353] Artikel-29-Datenschutzgruppe, Leitlinien zur Datenschutz-Folgenabschätzung (DSFA), WP 248 rev.01 (bestätigt durch den EDSA, Endorsement 1/2018, Ziff. 6), S. 17; auch bereits laufende Datenverarbeitungsvorgänge können der DSFA-Pflicht unterfallen (Artikel-29-Datenschutzgruppe, WP 248, S. 14).

[354] Zur Überprüfungspflicht des Art. 35 Abs. 11 Kühling/Buchner/*Jandt* DS-GVO Art. 35 Rn. 59 f.

[355] Artikel-29-Datenschutzgruppe, Leitlinien zur Datenschutz-Folgenabschätzung (DSFA), WP 248 rev.01 (bestätigt durch den EDSA, Endorsement 1/2018, Ziff. 6), S. 21.

[356] Hierfür sprach sich auch die Artikel-29-Datenschutzgruppe aus, Leitlinien zur Datenschutz-Folgenabschätzung (DSFA), WP 248 rev.01 (bestätigt durch den EDSA, Endorsement 1/2018, Ziff. 6), S. 21. In ihren Anhängen enthalten diese Leitlinien Beispiele zu Methoden der Datenschutz-Folgenabschätzung (Anh. 1) und allgemeine Kriterien (Anh. 2), die der Verantwortliche wie eine to-do-list „abhaken" kann. Freilich wird eine ggf. notwendige, tiefgehende Einzelfallprüfung hierdurch nicht ersetzt.

[357] Artikel-29-Datenschutzgruppe, Leitlinien zur Datenschutz-Folgenabschätzung (DSFA), WP 248 rev.01 (bestätigt durch den EDSA, Endorsement 1/2018, Ziff. 6).

tung die Aufsichtsbehörde konsultieren, sofern er keine weiteren Maßnahmen zur Eindämmung des Risikos auf ein nicht mehr hohes Risiko trifft (Art. 36 Abs. 1 DS-GVO). Die Konsultationspflicht besteht auch dann, wenn dem Verantwortlichen in Bezug auf verfügbare Technologien und Implementierungskosten zwar vertretbare Mittel zur Verfügung stehen, diese das Risiko aber nicht hinreichend eindämmen können.[358] Bei Verarbeitung zur Erfüllung einer im öffentlichen Interesse liegenden Aufgabe, einschließlich der Verarbeitung zu Zwecken der sozialen Sicherheit und der öffentlichen Gesundheit, können Verantwortliche zudem durch nationales Recht der Mitgliedstaaten **verpflichtet** werden, die Aufsichtsbehörde zu konsultieren und deren vorherige Genehmigung einzuholen (Art. 36 Abs. 5 DS-GVO).

Nach Art. 36 Abs. 3 DS-GVO muss der Verantwortliche der Aufsichtsbehörde bei der Konsultation folgende **Informationen** zur Verfügung stellen: 283

- ggf. Angaben zu den jeweiligen **Zuständigkeiten** des Verantwortlichen, der gemeinsam Verantwortlichen und der an der Verarbeitung beteiligten Auftragsverarbeiter, insbesondere bei einer Verarbeitung innerhalb einer Gruppe von Unternehmen (Art. 36 Abs. 3 lit. a DS-GVO)
- **Zwecke und Mittel** der beabsichtigten Verarbeitung (Art. 36 Abs. 3 lit. b DS-GVO)
- zum Schutz der Rechte und Freiheiten der betroffenen Personen gem. der in der DS-GVO vorgesehene **Maßnahmen und Garantien** (Art. 36 Abs. 3 lit. c DS-GVO)
- ggf. die **Kontaktdaten** des Datenschutzbeauftragten (Art. 36 Abs. 3 lit. d DS-GVO)
- **Datenschutz-Folgenabschätzung** gem. Art. 35 DS-GVO (Art. 36 Abs. 3 lit. e DS-GVO) und
- alle sonstigen von der Aufsichtsbehörde angeforderten Informationen (Art. 36 Abs. 3 lit, f DS-GVO).

Gelangt die Aufsichtsbehörde zu der Auffassung, dass die geplante Verarbeitung nicht im Einklang mit der DS-GVO steht, muss sie dem Verantwortlichen und ggf. dem Auftragsverarbeiter **schriftliche Empfehlungen** unterbreiten. Zusätzlich kann sie jederzeit **investigative Befugnisse** ausüben (Art. 36 Abs. 2 S. 1 aE DS-GVO). Für das Unterbreiten der schriftlichen Empfehlungen ist der Aufsichtsbehörde nach Art. 36 Abs. 2 S. 1 DS-GVO eine Frist von acht Wochen nach Erhalt des Ersuchens gesetzt,[359] die sie unter Berücksichtigung der Komplexität der geplanten Verarbeitung um sechs Wochen verlängern kann(Art. 36 Abs. 2 S. 2 DS-GVO). Alle in Art. 36 Abs. 2 DS-GVO genannten Fristen können solange ausgesetzt werden, bis die Aufsichtsbehörde die für die Zwecke der Konsultation angeforderten Informationen erhalten hat (Art. 36 Abs. 2 S. 4 DS-GVO). 284

In der Praxis wird das Instrument der Konsultation eher selten genutzt, was angesichts der Übertragung der Initiative zur Betreibung dieses Verfahrens auf den Verantwortlichen nicht verwunderlich ist, da dieser eine behördliche Aussage, wonach aufgrund hoher Risiken die Verarbeitung nicht wie geplant beginnen darf, in der Regel wird vermeiden wollen.[360] Durch die Überantwortung der Konsultationsinitiative auf den Verantwortlichen erhält der Verantwortliche einen Vertrauensvorschuss. Beginnt er trotz erkanntem hohen Risiko mit der Verarbeitung, begibt er sich in erhebliche Rechtsunsicherheit, die ein Konsultationsverfahren in jedem Fall beseitigt. Er muss zudem mit Maßnahmen der Aufsichtsbehörde sowie der Verhängung eines Bußgelds (s. Art. 83 Abs. 4 lit. a DS-GVO) rechnen. 285

[358] Vgl. Erwgr. 94 DS-GVO.
[359] Die in Art. 36 Abs. 2 S. 1 DS-GVO ebenfalls erwähnte Ausübung investigativer Befugnisse ist nicht an diese Frist gebunden, dazu Gola/*Nolte/Werkmeister* DS-GVO Art. 36 Rn. 7 sowie Ehmann/Selmayr/*Baumgartner* DS-GVO Art. 36 Rn. 15.
[360] So auch BeckOK DatenschutzR/*Hansen* DS-GVO Art. 36 Rn. 13.

4. Sicherstellung der Betroffenenrechte im IoT

a) Betroffenenrechte

286 Die DS-GVO gewährt betroffenen Personen eine Reihe von besonderen Datenschutzrechten, sog. **Betroffenenrechte** (Kap. III DS-GVO).

287 Die Rechte richten sich gegen den Verantwortlichen. Auftragsverarbeiter haben lediglich die Pflicht, den Verantwortlichen bei der Beantwortung etwaiger Anträge betroffener Personen auf Wahrnehmung ihrer Rechte zu unterstützen (Art. 28 Abs. 3 lit. e DS-GVO).

288 Neben den allgemeinen Informationspflichten gem. Art. 13, 14 DS-GVO (dazu → Rn. 246 ff.) zählen zu den Betroffenenrechten folgende Rechte:

- Recht auf Auskunft (Art. 15 DS-GVO)
- Recht auf Berichtigung (Art. 16 DS-GVO)
- Recht auf Löschung („Recht auf Vergessenwerden“) (Art. 17 DS-GVO)
- Recht auf Einschränkung der Verarbeitung (Art. 18 DS-GVO)
- Recht auf Datenübertragbarkeit (Art. 20 DS-GVO)
- Recht auf Widerspruch (Art. 21 DS-GVO)
- Recht, nicht einer automatisierten Entscheidung unterworfen zu werden (Art. 22 DS-GVO)
- Recht auf Widerruf von Einwilligungen (Art. 7 Abs. 3 DS-GVO)

289 Art. 12 DS-GVO macht Vorgaben für eine transparente Information und Kommunikation sowie für die Modalitäten für die Ausübung der Rechte der betroffenen Person. Der Verantwortliche muss betroffenen Personen die Ausübung ihrer Rechte erleichtern (Art. 12 Abs. 2 S. 1 DS-GVO).

290 Der Verantwortliche darf sich grundsätzlich nur dann **weigern,** aufgrund des Antrags der betroffenen Person auf Wahrnehmung ihrer Rechte gem. den Art. 15–22 DS-GVO tätig zu werden, wenn er glaubhaft macht, dass er nicht in der Lage ist, die betroffene Person zu identifizieren (Art. 12 Abs. 2 S. 2 DS-GVO). Bei offenkundig unbegründeten oder – insbesondere im Fall von häufiger Wiederholung – exzessiven Anträgen einer betroffenen Person kann der Verantwortliche sich ausnahmsweise weigern, aufgrund eines Antrags tätig zu werden (Art. 12 Abs. 5 DS-GVO).

291 Der Verantwortliche muss Anträge betroffener Personen auf Wahrnehmung ihrer Rechte grundsätzlich **unverzüglich** bearbeiten, in jedem Fall aber innerhalb eines Monats nach Eingang des Antrags. Ausnahmsweise kommt eine Fristverlängerung um zwei Monate in Betracht, wenn dies unter Berücksichtigung der Komplexität und der Anzahl von Anträgen erforderlich ist (Art. 12 Abs. 3 DS-GVO).

292 Die vergleichsweise umfangreichen Betroffenenrechte und die hohen Anforderungen an den Umgang mit Anträgen betroffener Personen verlangen robuste interne Prozesse, die eine fristgerechte und korrekte Bearbeitung von Anträgen sicherstellen.

293 Für Daten im IoT gelten für Betroffenenrechte keine gesetzlichen Besonderheiten. Vor dem Hintergrund der im IoT potenziell zirkulierenden Fülle an Daten und der Vielzahl potenziell beteiligter Akteure und Systeme stellt sich im Kontext des IoT für Verantwortliche allerdings die Herausforderung, die für eine Gewährleistung der Betroffenenrechte erforderliche **Übersicht und Kontrolle** über die verarbeiteten Daten zu behalten. Insbesondere die Sicherstellung der Rechte auf Auskunft (Art. 15 DS-GVO) und Datenübertragbarkeit (Art. 20 DS-GVO) verlangt ein effizientes Datenmanagement und wirft im Kontext des IoT besondere Fragen auf. Diese beiden Rechte sollen deshalb im Folgenden näher betrachtet werden.

b) Recht auf Auskunft

294 Gem. Art. 15 Abs. 1 Hs. 1 DS-GVO haben betroffene Personen das Recht, von dem Verantwortlichen eine Bestätigung darüber zu verlangen, ob er sie betreffende personenbezogene Daten verarbeitet.

295 Ist dies der Fall, haben betroffene Personen gem. Art. 15 Abs. 1 Hs. 2 DS-GVO das Recht auf Auskunft über diese personenbezogenen Daten und auf eine Reihe von zusätzlichen Informationen zu diesen Daten. Zu diesen ergänzenden verarbeitungsbezogenen **„Metainformationen"** zählen gem. Art. 15 Abs. 1 Hs. 2 und Abs. 2 DS-GVO insbesondere:
- die Verarbeitungszwecke
- die Kategorien personenbezogener Daten, die verarbeitet werden
- die Empfänger oder Kategorien von Empfängern, gegenüber denen die personenbezogenen Daten offengelegt worden sind oder noch offengelegt werden
- falls möglich die geplante Dauer, für die die personenbezogenen Daten gespeichert werden, oder, falls dies nicht möglich ist, die Kriterien für die Festlegung dieser Dauer
- wenn die personenbezogenen Daten nicht bei der betroffenen Person erhoben werden, alle verfügbaren Informationen über die Herkunft der Daten
- das Bestehen einer automatisierten Entscheidungsfindung einschließlich Profiling gem. Art. 22 Abs. 1 und 4 und aussagekräftige Informationen über die involvierte Logik sowie die Tragweite und die angestrebten Auswirkungen einer derartigen Verarbeitung für die betroffene Person
- wenn die personenbezogenen Daten an ein Drittland oder an eine internationale Organisation übermittelt werden, die geeigneten Garantien gem. Art. 46 DS-GVO im Zusammenhang mit der Übermittlung

296 Gem. Art. 15 Abs. 3 DS-GVO muss der Verantwortliche eine Kopie der personenbezogenen Daten, die Gegenstand der Verarbeitung sind, zur Verfügung stellen. Gem. Art. 15 Abs. 4 DS-GVO darf das Recht auf Erhalt einer **Kopie** Rechte und Freiheiten anderer Personen allerdings nicht beeinträchtigen.

297 Vor dem Hintergrund der im IoT potenziell zirkulierenden Fülle an Daten stellt sich im IoT-Kontext in der Praxis insbesondere die Frage, in welchem Umfang Verantwortliche Auskunft erteilen müssen und welche Beschränkungen für das Auskunftsrecht Anwendung finden können.

298 **aa) Beschränkung nach Art. 15 Abs. 4 DS-GVO.** Das Recht auf Auskunft einschließlich des Rechts auf Kopie erstreckt sich vorbehaltlich einer Präzisierung des Auskunftsverlangens durch die betroffene Person nach Erwgr. 63 S. 7 DS-GVO und/oder etwaiger Beschränkungen nach Art. 15 Abs. 4 DS-GVO auf sämtliche personenbezogenen Daten, die der Verantwortliche verarbeitet.

299 Ob und inwieweit im Einzelfall eine Beschränkung der Kopie nach Art. 15 Abs. 4 DS-GVO geboten ist, bedarf einer Prüfung etwaig beeinträchtigter Rechte und Freiheiten anderer Personen unter Berücksichtigung der Umstände des jeweiligen Einzelfalls.[361]

300 Nach dem Wortlaut von Art. 15 Abs. 4 DS-GVO bezieht sich diese Einschränkung nur auf das Recht auf Kopie nach Art. 15 Abs. 3 DS-GVO. Nach wohl überwiegender Auffassung in der Literatur soll die Einschränkung jedoch – mit unterschiedlichen Begründungen – auch auf den **Auskunftsanspruch** nach Art. 15 Abs. 1 DS-GVO anwendbar sein.[362] Hierfür spricht insbesondere Erwgr. 63 S. 5 DS-GVO, der diese Einschränkung auch im Zusammenhang mit dem Auskunftsrecht im weiteren Sinne anführt. Auch die deutsche Datenschutzkonferenz, das Bayerische Landesamt für Datenschutzaufsicht sowie

[361] Dazu auch LAG Baden-Württemberg Urt. v. 20.12.2018 – 17 Sa 11/18, NZA-RR 2019, 242.
[362] So Paal/Pauly/*Paal* DS-GVO Art. 15 Rn. 41; Auernhammer/*Stollhoff* DS-GVO Art. 15 Rn. 38; NK-DatenschutzR/*Dix* DS-GVO Art. 15 Rn. 34; Sydow/*Specht* DS-GVO Art. 15 Rn. 22; Gierschmann/Schlender/Stentzel/Veil/*Veil* DS-GVO Art. 15 Rn. 215; aA Kühling/Buchner/*Bäcker* DS-GVO Art. 15 Rn. 33; Däubler/Wedde/Weichert/Sommer/*Däubler* DS-GVO Art. 15 Rn. 31, der allerdings in Ausnahmefällen von einem Verweigerungsrecht nach § 275 Abs. 2 BGB ausgeht (Rn. 34); *Schantz* in Schantz/Wolff Neues DatenschutzR Rn. 1200; Härtling/*Härtling* Datenschutz-Grundverordnung S. 167 Rn. 679; auch *Arning* in Moos/Schefzig/Arning DS-GVO-HdB S. 173 Rn. 124; *Laue/Nink/Kremer* Neues DatenschutzR § 4 Rn. 31.

die Landesbeauftragte für den Datenschutz Niedersachsen (LfD Niedersachsen) gehen – ohne nähere Begründung – davon aus, dass die Auskunftserteilung an die betroffene Person nach Art. 15 Abs. 4 DS-GVO sowie Erwgr. 63 S. 5 die Rechte des Verantwortlichen oder anderer Personen nicht beeinträchtigen dürfe, was bei Geschäftsgeheimnissen oder bei Daten mit Bezug auch auf andere Personen der Fall sein könne.[363]

301 In der Literatur werden neben Art. 15 Abs. 4 DS-GVO weitere mögliche Einschränkungen des Rechts auf Kopie diskutiert.[364] Ein Teil der Literatur lehnt weitere Ausnahmen über Art. 15 Abs. 4 DS-GVO hinaus allerdings mit Verweis auf den hohen Stellenwert des Auskunftsrechts in der DS-GVO kategorisch ab.[365] Diese in der Literatur diskutierten, in der DS-GVO nicht ausdrücklich normierten Einschränkungen sind höchst umstritten. Mangels klarer gesetzlicher Vorgaben, verbindlicher Stellungnahmen des Europäischen Datenschutzausschusses und höchstrichterlicher Rechtsprechung verbleibt damit insoweit eine erhebliche Rechtsunsicherheit.

302 **bb) Präzisierungsverlangen nach Ewgr. 63 DS-GVO.** Erwgr. 63 S. 7 DS-GVO sieht vor, dass der Verantwortliche verlangen können soll, dass die betroffene Person präzisiert, auf welche Information oder welche Verarbeitungsvorgänge sich ihr Auskunftsersuchen bezieht, bevor er ihr Auskunft erteilt, wenn der Verantwortliche eine große Menge von Informationen über die betroffene Person verarbeitet. Eine entsprechende ausdrückliche Regelung eines solchen Präzisierungsverlangens ist in den Artikeln der DS-GVO, insbesondere Art. 12 und Art. 15 DS-GVO, nicht vorgesehen.

303 Die deutsche Datenschutzkonferenz und die Landesbeauftragte für den Datenschutz Niedersachsen (LfD Niedersachsen) gehen davon aus, dass der Verantwortliche bei großen Mengen von gespeicherten Informationen von der betroffenen Person nach Erwgr. 63 S. 7 DS-GVO eine Präzisierung verlangen kann, auf welche Informationen oder Verarbeitungsvorgänge sich das Auskunftsersuchen konkret beziehen soll.[366] Dies könne unter anderem bei Banken oder Versicherungen der Fall sein.[367]

304 Die Rechtsprechung weist darauf hin, dass der Anspruchsteller gem. Erwgr. 63 S. 7 DS-GVO „berechtigt“ sei, sein Auskunftsverlangen nach Art. 15 DS-GVO zu präzisieren, sagt aber nichts zu einer etwaigen Präzisierungspflicht des Anspruchstellers.[368]

305 Auch nach der in der Literatur vertretenen – soweit ersichtlich, unbestrittenen – Auffassung kann der Verantwortliche von der betroffenen Person bei großen Mengen verarbeiteter Daten eine Präzisierung verlangen.[369] Allerdings ergibt sich aus Erwgr. 63 S. 7 DS-GVO nach wohl überwiegender Auffassung **keine Pflicht** zur Eingrenzung des Auskunftsverlangens für die betroffene Person.[370] Erfolge eine Präzisierung nicht, komme im Einzelfall eine angemessene Fristverlängerung nach Art. 12 Abs. 3 DS-GVO in Betracht.[371]

[363] DSK, Kurzpapier Nr. 6, Auskunftsrecht der betroffenen Person, Art. 15 DS-GVO, S. 3; BayLDA, Information für Verantwortliche zur Auskunftsverpflichtung, S. 2; Landesbeauftragte für den Datenschutz Niedersachsen, Recht auf Auskunft – Art. 15 DS-GVO, S. 4.

[364] Einen groben Überblick dazu bietet *Härting* CR 2019, 219.

[365] *Schantz* in Schantz/Wolff Neues DatenschutzR Rn. 1203.

[366] DSK, Kurzpapier Nr. 6, Auskunftsrecht der betroffenen Person, Art. 15 DS-GVO, S. 2; Landesbeauftragte für den Datenschutz Niedersachsen, Recht auf Auskunft – Art. 15 DS-GVO, S. 2.

[367] DSK, Kurzpapier Nr. 6, Auskunftsrecht der betroffenen Person, Art. 15 DS-GVO, S. 2.

[368] LAG Baden-Württemberg Urt. v. 20.12.2018 – 17 Sa 11/18, NZA-RR 2019, 242 Rn. 194, 202. Das LAG Baden-Württemberg bezeichnet Erwgr. 63 S. 7 DS-GVO in Rn. 194 missverständlicherweise als „Sollvorschrift“, stellt aber in Rn. 202 klar, dass der Auskunftsberechtigte nach Erwgr. 63 S. 7 DS-GVO zu einer Präzisierung „berechtigt“ ist.

[369] Dies in dem Sinne andeutend, dass der Verantwortliche rechtmäßiger Weise ein Präzisierungsverlangen äußern kann, ohne dass aber hieraus eine Rechtspflicht der betroffenen Person zur Präzisierung entsteht Auernhammer/*Stollhoff* DS-GVO Art. 15 Rn. 8; Ehmann/Selmayr/*Ehmann* DS-GVO Art. 15 Rn. 24; Gola/*Franck* DS-GVO Art. 15 Rn. 40.

[370] Däubler/Wedde/Weichert/Sommer/*Däubler* DS-GVO Art. 15 Rn. 34, wonach die einem (berechtigten) Präzisierungsverlangen des Verantwortlichen nicht nachkommende betroffene Person jedenfalls „nicht rechtswidrig“ handle; Sydow/*Specht* DS-GVO Art. 15 Rn. 6; *Laue/Nink/Kremer* Neues DatenschutzR § 4 Rn. 28; *König* CR 2019, 295 (298); aA *Arning* in Moos/Schefzig/Arning DS-GVO-HdB S. 177 Rn. 142.

306 Vor dem Hintergrund der gesetzgeberischen Erwägung in Erwgr. 63 S. 7 DS-GVO spricht vieles dafür, dem Verantwortlichen bei großen Datenmengen zu gestatten, die betroffene Person vor Auskunftserteilung um Präzisierung zu ersuchen. Mit der in der Literatur vertretenen Auffassung sprechen allerdings gute Argumente gegen eine Verpflichtung der betroffenen Person bzw. gegen einen Anspruch des Verantwortlichen auf Präzisierung. Dagegen spricht zum einen der Wortlaut von Erwgr. 63 S. 7 DS-GVO, der eine solche Verpflichtung der betroffenen Person nicht ausdrücklich vorsieht. Dagegen spricht außerdem, dass es sich bei Erwgr. 63 S. 7 DS-GVO lediglich um einen Erwägungsgrund handelt, der in den Artikeln der DS-GVO, insbesondere Art. 12 oder 15 DS-GVO, nicht ausdrücklich umgesetzt ist. Eine Verpflichtung zur Präzisierung würde im Ergebnis auch dem Sinn und Zweck des Auskunftsanspruchs von Art. 15 DS-GVO zuwiderlaufen, der betroffenen Person Kenntnis über alle sie betreffende Verarbeitungsvorgänge zu verschaffen.

307 **cc) Praktische Vorgehensweisen für Beschränkung nach Art. 15 Abs. 4 DS-GVO.** Die DS-GVO enthält keine spezifischen Vorgaben zu Vorgehensweisen für eine etwaige Beschränkung der Kopie bzw. der Auskunft nach Art. 15 Abs. 4 DS-GVO. Gem. Erwgr. 63 S. 6 DS-GVO darf eine etwaige Beschränkung der Auskunft nach Art. 15 Abs. 4 DS-GVO jedenfalls nicht dazu führen, dass der betroffenen Person jegliche Auskunft verweigert wird. Art. 12 Abs. 3 S. 1 DS-GVO verlangt, dass der Verantwortliche der betroffenen Person Informationen über die auf Antrag gem. Art. 15 DS-GVO ergriffenen Maßnahmen zur Verfügung stellt. Wird der Verantwortliche auf den Antrag der betroffenen Person hin nicht tätig, muss er die betroffene Person gem. Art. 12 Abs. 4 DS-GVO über die Gründe hierfür unterrichten.

308 Der EuGH hat in einem Urteil zum Auskunftsrecht aus Art. 12 lit. a der Datenschutz-Richtlinie (DS-RL) festgestellt, dass in einer etwaig herauszugebenden Kopie oder Originaldatei alle anderen Informationen als die vom Auskunftsanspruch erfassten personenbezogenen Daten unkenntlich gemacht werden können, damit die betroffene Person keinen Zugang zu anderen Informationen als den sie betreffenden personenbezogenen Daten erhält.[372]

309 Auch die deutsche Rechtsprechung geht nicht konkret auf die Vorgehensweisen für eine etwaige Beschränkung nach Art. 15 Abs. 4 DS-GVO ein.[373] Für eine Beschränkung auf Grundlage anderer Vorschriften (hier konkret § 34 Abs. 1 iVm § 29 Abs. 1 S. 2 BDSG) verlangt die deutsche Rechtsprechung eine **konkrete Einzelfallprüfung** durch den Verantwortlichen.[374] Eine Einschränkung bedürfe der Darlegung eines konkreten Sachverhalts, anhand dessen geprüft werden könne, ob durch die Auskunftserteilung tatsächlich die Rechte und Freiheiten anderer Personen beschränkt werden. Der Verantwortliche müsse benennen, auf welche personenbezogenen Daten sich die Einschränkungen beziehen sollen, also welche konkreten personenbezogenen Daten nicht herausgegeben werden können.[375]

---

[371] Auernhammer/*Stollhoff* DS-GVO Art. 15 Rn. 8; Sydow/*Specht* DS-GVO Art. 15 Rn. 6.

[372] EuGH Urt. v. 17.7.2014 – C-141/12 und C-372/12, NVwZ-RR 2014, 736 Rn. 58 – Y. S./Minister voor Immigratie, Integratie en Asiel und Minister voor Immigratie, Integratie en Asiel/M., S.; der EuGH stellte in der genannten Entscheidung außerdem fest, dass der betroffenen Person weder aus Art. 12 lit. a DS-RL noch aus Art. 8 Abs. 2 GRCh das Recht zusteht, eine Kopie des Dokuments oder der Originaldatei, in der die vom Auskunftsrecht erfassten Daten enthalten sind, zu erhalten. Dabei ist allerdings zu berücksichtigen, dass die DS-RL im Gegensatz zu Art. 15 Abs. 3 DS-GVO noch kein Recht auf Kopie vorsah.

[373] Das LAG Baden-Württemberg erwähnt in seiner Rspr. zwar die Beschränkung nach Art. 15 Abs. 4 DS-GVO, fokussiert sich in der Urteilsbegründung aber im Wesentlichen auf etwaige Beschränkungen nach § 34 Abs. 1 iVm § 29 Abs. 1 S. 2 BDSG. Zur Prüfung etwaiger Beeinträchtigungen von Rechten und Freiheiten anderer Personen nimmt das LAG nicht ausdrücklich Stellung (auch → Rn. 258 ff.).

[374] LAG Baden-Württemberg Urt. v. 20.12.2018 – 17 Sa 11/18, NZA-RR 2019, 242 Rn. 208, 209.

[375] LAG Baden-Württemberg Urt. v. 20.12.2018 – 17 Sa 11/18, NZA-RR 2019, 242 Rn. 209.

310 Nach in der Literatur vertretener – soweit ersichtlich, unbestrittener – Auffassung hat der Verantwortliche – soweit Rechte und Freiheiten Dritter iSd Art. 15 Abs. 4 DS-GVO beeinträchtigt sind – der betroffenen Person eine **Teilkopie** der personenbezogenen Daten zur Verfügung zu stellen, indem die betroffenen Informationen aus der Auskunft entfernt[376] bzw. unkenntlich gemacht werden, beispielsweise durch Schwärzung der Informationen.[377] Im Zweifelsfall bedürfe die Feststellung, ob eine Beeinträchtigung Dritter durch das geplante Vorgehen tatsächlich ausgeschlossen werden kann, einer Betrachtung jeder einzelnen Information.[378] Der Verantwortliche, der sich auf einen Beschränkungstatbestand beruft, müsse die Auskunftsverweigerung gem. Art. 12 Abs. 4 DS-GVO begründen.[379]

311 Wenngleich eine etwaige Beschränkung einer sorgfältigen Betrachtung der jeweiligen Umstände des Einzelfalls bedarf, lässt sich auf Grundlage der in der Rechtsprechung und Literatur skizzierten Anforderungen folgende **grundlegende Vorgehensweise** für eine etwaige Beschränkung zusammenfassen:

1. Ermittlung des Umfangs einer vollständigen Kopie gem. Art. 15 Abs. 3 DS-GVO.
2. Einzelfallprüfung, inwieweit eine vollständige Kopie tatsächlich Rechte und Freiheiten Dritter nach Art. 15 Abs. 4 DS-GVO beeinträchtigen würde, also welche Kopie welcher konkreten personenbezogenen Daten eines Antragstellers tatsächlich welche konkreten Rechte und Freiheiten anderer Personen beeinträchtigen würde.
3. Individuelle Beschränkung der Kopie durch Unkenntlichmachung ausschließlich der Daten, deren Kopie tatsächlich Rechte und Freiheiten anderer Personen beeinträchtigen würde, beispielsweise durch Schwärzung. Für das Unkenntlichmachen gilt: So viel wie nötig, so wenig wie möglich.
4. Zurverfügungstellung der beschränkten Teilkopie an die betroffene Person einschließlich einer Begründung der Beschränkung nach Art. 12 Abs. 4 DS-GVO.

312 Es mag in der Praxis möglich sein, den Aufwand für dem Grunde nach erforderliche Einzelfallprüfungen und individuelle Beschränkungen von Kopien durch die Bildung von Anwendungsfallgruppen und Standardvorgehensweisen für bestimmte, immer wiederkehrende Kategorien von Kopien zu reduzieren. Denkbar erscheint dies insbesondere für Kopien standardisierter Datenbankauszüge oder Formulare, bei denen für etwaige Beschränkungen typischerweise dieselben Erwägungen anzustellen sind und das Ergebnis der Prüfung und Beschränkung daher im Regelfall bei allen Kopien identisch ausfällt. Ob und inwieweit eine solche standardisierende Anwendungsfallgruppenbildung möglich ist, bedarf einer Prüfung der jeweils relevanten Kategorien von Kopien unter Berücksichtigung der Umstände des jeweiligen Einzelfalls.

c) Recht auf Datenübertragbarkeit

313 Gem. Art. 20 Abs. 1 S. 1 DS-GVO haben betroffene Personen das Recht, die sie betreffenden personenbezogenen Daten, die sie einem Verantwortlichen bereitgestellt haben, in einem **strukturierten, gängigen und maschinenlesbaren Format** zu erhalten.

314 Sofern die Verarbeitung auf einer Einwilligung (Art. 6 Abs. 1 lit. a, Art. 9 Abs. 2 lit. a DS-GVO) oder auf einem Vertrag (Art. 6 Abs. 1 lit. b DS-GVO) beruht und die Verarbeitung mithilfe automatisierter Verfahren erfolgt, haben betroffene Personen gem. Art. 20 Abs. 1 S. 2 DS-GVO zudem das Recht, diese Daten einem anderen Verantwortlichen zu

[376] BeckOK DatenschutzR/*Schmidt-Wudy* DS-GVO Art. 15 Rn. 98; NK-DatenschutzR/*Dix* DS-GVO Art. 15 Rn. 31.

[377] Kühling/Buchner/*Bäcker* DS-GVO Art. 15 Rn. 42; *Dausend* ZD 2019, 103 (105); NK-DatenschutzR/*Dix* DS-GVO Art. 15 Rn. 33; *Laue/Nink/Kremer* Neues DatenschutzR § 4 Rn. 32; *König* CR 2019, 295 (300).

[378] *Laue/Nink/Kremer* Neues DatenschutzR § 4 Rn. 32.

[379] Kühling/Buchner/*Bäcker* DS-GVO Art. 15 Rn. 38; *Laue/Nink/Kremer* Neues DatenschutzR § 4 Rn. 33 (allerdings auf Grundlage von Art. 12 Abs. 3 S. 1 DS-GVO); *Arning* in Moos/Schefzig/Arning DS-GVO-HdB S. 174 Rn. 127, S. 183 Rn. 166 (ebenfalls auf Grundlage von Art. 12 Abs. 3 S. 1 DS-GVO).

übermitteln, und zwar ohne Behinderung durch den Verantwortlichen, dem die personenbezogenen Daten bereitgestellt wurden.

Bei der Ausübung ihres Rechts auf Datenübertragbarkeit gem. Art. 20 Abs. 1 DS-GVO haben betroffene Personen außerdem das Recht, zu erwirken, dass die personenbezogenen Daten **direkt von einem Verantwortlichen einem anderen Verantwortlichen übermittelt** werden, soweit dies technisch machbar ist. 315

Im IoT-Kontext stellt sich insbesondere die Frage, auf welche personenbezogenen Daten dieses Recht auf Datenübertragbarkeit Anwendung findet. 316

aa) Von der betroffenen Person „bereitgestellte" Daten. Gem. Art. 20 Abs. 1 DS-GVO gilt das Recht auf Datenübertragbarkeit nur für personenbezogene Daten, die die betroffene Person selbst betreffen und die sie dem Verantwortlichen „bereitgestellt" hat. 317

Der Begriff des „Bereitstellens" durch die betroffene Person iSv Art. 20 DS-GVO ist in der DS-GVO nicht definiert. Erwgr. 68 S. 3 umschreibt den Begriff lediglich und stellt fest, dass das Recht auf Datenübertragbarkeit gelten sollte, wenn die betroffene Person die personenbezogenen Daten „zur Verfügung gestellt" hat. 318

Nach der vom Europäischen Datenschutzausschuss bestätigten Auffassung der Artikel-29-Datenschutzgruppe ist die Formulierung „von der betroffenen Person bereitgestellt" weit auszulegen.[380] 319

Danach soll die Formulierung zum einen **aktiv und wissentlich** von der betroffenen Person **bereitgestellte Daten** erfassen. 320

Zum anderen soll die Formulierung aber auch Daten umfassen, die aus der Beobachtung der Tätigkeiten eines Nutzers resultieren. Solche Daten bezeichnet die Artikel-29-Datenschutzgruppe als **„beobachtete Daten"**, die von der betroffenen Person durch die Nutzung eines Dienstes oder eines Geräts bereitgestellt werden.[381] Als Beispiele für solche „beobachteten Daten" nennt die Artikel-29-Datenschutzgruppe unter anderem Rohdaten aus intelligenten Messgeräten oder anderen miteinander vernetzten Geräten. 321

Nicht unter die Formulierung „bereitgestellte Daten" sollen nach Auffassung der Artikel-29-Datenschutzgruppe solche Daten fallen, die erst auf Grundlage solcher „bereitgestellten Daten" erzeugt oder abgeleitet werden. Solche abgeleiteten Daten bezeichnet die Artikel-29-Datenschutzgruppe als **„aus Rückschlüssen erzeugte und abgeleitete Daten"**.[382] 322

Die deutschen Datenschutzbehörden haben zum Begriff des „Bereitstellens" durch die betroffene Person iSv Art. 20 DS-GVO bislang nicht ausdrücklich Stellung genommen. In der Literatur wird die Frage, welche Daten als von der betroffenen Person „bereitgestellt" gelten, sehr unterschiedlich beantwortet.[383] 323

Einigkeit besteht in der Literatur – in Übereinstimmung mit der Artikel-29-Datenschutzgruppe – dahingehend, dass „bereitgestellte Daten" jedenfalls alle Daten umfassen, die die betroffene Person dem Verantwortlichen aktiv und wissentlich zur Verfügung stellt.[384] 324

Darüber hinaus wird auch in der Literatur die Auffassung vertreten, dass unter „von der betroffenen Person bereitgestellte Daten" nicht nur Daten fallen können, die die betroffe- 325

---

[380] Artikel-29-Datenschutzgruppe, Leitlinien zum Recht auf Datenübertragbarkeit, WP 242 rev.01 (bestätigt durch den EDSA, Endorsement 1/2018, Ziff. 5), S. 11f.

[381] Artikel-29-Datenschutzgruppe, Leitlinien zum Recht auf Datenübertragbarkeit, WP 242 rev.01 (bestätigt durch den EDSA, Endorsement 1/2018, Ziff. 5), S. 11f.

[382] Artikel-29-Datenschutzgruppe, Leitlinien zum Recht auf Datenübertragbarkeit, WP 242 rev.01 (bestätigt durch den EDSA, Endorsement 1/2018, Ziff. 5), S. 11f.

[383] So auch Paal/Pauly/*Paal* DS-GVO Art. 20 Rn. 17 mwN; BeckOK DatenschutzR/*v. Lewinski* DS-GVO Art. 20 Rn. 39 mwN; Taeger/Gabel/*Munz* DS-GVO Art. 20 Rn. 26.

[384] Ehmann/Selmayr/*Kamann/Braun* DS-GVO Art. 20 Rn. 13; Gola/*Piltz* DS-GVO Art. 20 Rn. 15; *Bergmann/Möhrle/Herb* DS-GVO Art. 20 Rn. 36; *Arning* in Moos/Schefzig/Arning DS-GVO-HdB S. 212 Rn. 283.

ne Person aktiv bereitgestellt hat, sondern auch Daten, die durch Messungen oder Aufzeichnung von Aktivitäten zur Verfügung gestellt werden.[385] Die Möglichkeit des Zugriffs des Verantwortlichen auf die personenbezogenen Daten der betroffenen Person sei grundsätzlich ausreichend.[386]

326 Für nicht aktiv von der betroffenen Person bereitgestellte Daten wird in der Literatur allerdings zum Teil einschränkend vertreten, dass die betroffene Person zumindest Kenntnis von der Datenerhebung haben und diese bewusst zulassen muss.[387] Im Ergebnis kommt es nach dieser Auffassung also darauf an, dass die Daten **wissentlich und willentlich** mit bewusstem Zutun der betroffenen Person zum Verantwortlichen gelangen.[388] Vor diesem Hintergrund sei bspw. bei Daten, die aus einem vernetzten Fahrzeug an den Hersteller übertragen werden, in vielen Fällen zweifelhaft, ob es sich bei diesen Daten tatsächlich um „von der betroffenen Person bereitgestellte Daten" handele.[389]

327 Demgegenüber halten andere Stimmen in der Literatur weder ein aktives Zutun im Sinne einer beabsichtigten Datenübermittlung noch ein Bewusstsein der betroffenen Person für ein „Bereitstellen" erforderlich. Vielmehr genüge die bloße **Möglichkeit der Kenntnisnahme** durch den Verantwortlichen.[390]

328 Die von der Artikel-29-Datenschutzgruppe vertretene weite Auslegung, wonach auch „beobachtete" Daten in den Anwendungsbereich des Rechts auf Datenübertragbarkeit fallen sollen, wird in der Literatur kontrovers diskutiert.[391] Ein Teil der Literatur befürwortet die weite Auslegung der Artikel-29-Datenschutzgruppe.[392] Für vernetzte Fahrzeuge wird insoweit ausdrücklich die Auffassung vertreten, dass sämtliche Fahrzeugdaten (technische Fahrzeugeigenschaften, nutzungsbezogene Informationen und Umfeldinformationen) unter den Begriff der „bereitgestellten Daten" fallen können.[393] Demgegenüber lehnen andere Stimmen in der Literatur die weite Auslegung der Artikel-29-Datenschutzgruppe zum Teil sogar ausdrücklich ab.[394] Eine vermittelnde Ansicht will das Merkmal des Bereitstellens in diesem Kontext im Sinne einer **„service-spezifischen"** Auslegung auf die Arten abgeleiteter Daten beschränken, die nötig wären, um einen vergleichbaren Service anbieten zu können.[395] Der Anknüpfungspunkt einer solchen Auslegung finde sich im inneren Regelungszusammenhang des Art. 20 Abs. 1 DS-GVO, der eine Betrachtung der Bereitstellung der Daten des Betroffenen im Kontext des jeweiligen Services impliziere.[396]

329 Wiederum im Einklang mit der Auffassung der Artikel-29-Datenschutzgruppe zählen zu den „von der betroffenen Person bereitgestellten Daten" nach, soweit ersichtlich, einhelliger Meinung in der Literatur im Übrigen nicht solche Daten, die lediglich das Ergebnis einer Verarbeitung im Sinne einer Auswertung seitens des Verantwortlichen sind, also –

---

[385] Kühling/Buchner/*Herbst* DS-GVO Art. 20 Rn. 11; Gola/*Piltz* DS-GVO Art. 20 Rn. 15.
[386] Auernhammer/*Schürmann* DS-GVO Art. 20 Rn. 25.
[387] Kühling/Buchner/*Herbst* DS-GVO Art. 20 Rn. 11; aA NK-DatenschutzR/*Dix* DS-GVO Art. 20 Rn. 8; Auernhammer/*Schürmann* DS-GVO Art. 20 Rn. 25.
[388] Ehmann/Selmayr/*Kamann/Braun* DS-GVO Art. 20 Rn. 13.
[389] Kühling/Buchner/*Herbst* DS-GVO Art. 20 Rn. 11; aA NK-DatenschutzR/*Dix* DS-GVO Art. 20 Rn. 8.
[390] *Jülicher/Röttgen/v. Schönfeld* ZD 2016, 358.
[391] Hierzu ausführlich *Strubel* ZD 2017, 355 (357); vgl. Gierschmann/Schlender/Stentzel/Veil/*Veil* DS-GVO Art. 20 Rn. 95.
[392] NK-DatenschutzR/*Dix* DS-GVO Art. 20 Rn. 8; *Klink-Straub/Straub* ZD 2018, 459 (461); Auernhammer/*Schürmann* DS-GVO Art. 20 Rn. 25.
[393] *Klink-Straub/Straub* ZD 2018, 459 (461); so wohl auch Däubler/Wedde/Weichert/Sommer/*Däubler* DS-GVO Art. 20 Rn. 7 f. zumindest für das Bsp. von vernetzten Fahrzeugen; so wohl auch – ohne nähere Begründung – Schaffland/Wiltfang/*Schaffland/Holthaus* DS-GVO Art. 20 Rn. 2, 4; Schwartmann/Jasper/Thüsing/Kugelmann/*Rudolph* DS-GVO Art. 20 Rn. 51 zumindest im Zusammenhang mit Daten aus Connected Cars.
[394] Gola/*Piltz* DS-GVO Art. 20 Rn. 15; kritisch auch *Brüggemann* K&R 2018, 1 (2); Gierschmann/Schlender/Stentzel/Veil/*Veil* DS-GVO Art. 20 Rn. 98 ff.; so wohl auch Plath/*Kamlah* DS-GVO Art. 20 Rn. 6, der für eine enge Auslegung des Begriffs „bereitgestellt" plädiert.
[395] *Strubel* ZD 2017, 355 (360); ähnlich auch *Brüggemann* K&R 2018, 1 (3).
[396] *Strubel* ZD 2017, 355 (360).

in der Terminologie der Artikel-29-Datenschutzgruppe – aus Rückschlüssen erzeugte Daten und abgeleitete Daten.[397]

Vor dem Hintergrund der kontroversen Auseinandersetzung und dem vielschichtigen Meinungsbild in der Literatur lässt sich bei einer eng am Wortlaut orientierten Auslegung mit guten Argumenten vertreten, dass „beobachtete" Daten, die nicht willentlich und wissentlich mit bewusstem Zutun der betroffenen Person zum Verantwortlichen gelangen, nicht in den Anwendungsbereich des Rechts auf Datenübertragbarkeit fallen. Dafür spricht insbesondere Erwgr. 68 S. 3, der ausdrücklich von „zur Verfügung gestellt hat" spricht. Diese Formulierung legt zumindest nach allgemeinem Sprachgebrauch die Erforderlichkeit eines aktiven und bewussten Zutuns der betroffenen Person nahe. Zudem könnte man argumentieren, eine systematische Betrachtung im Vergleich zu den übrigen Betroffenenrechten, insbesondere dem Recht auf Auskunft nach Art. 15 DS-GVO, spreche dafür, dass der Gesetzgeber den Umfang des Rechts auf Datenübertragbarkeit durch die Formulierung „bereitgestellte" Daten gerade beschränken wollte. Andererseits ließe sich dagegen mit Blick auf Sinn und Zweck der Regelung, nämlich der Ermöglichung bzw. Erleichterung eines Anbieterwechsels,[398] argumentieren, dass für einen Anbieterwechsel im Regelfall gerade nicht nur die aktiv bereitgestellten, sondern auch die beiläufig erhobenen Daten relevant sind. Vor diesem Hintergrund liegt es nahe, dass es dem Gesetzgeber nicht auf eine Beschränkung, sondern vielmehr auf eine Fokussierung auf die für einen Anbieterwechsel relevanten Daten ankam. 330

Soweit man beobachtete Daten dem Grunde nach vom Anwendungsbereich des Rechts auf Datenübertragbarkeit erfasst sehen möchte, sprächen gute Argumente dafür, das Merkmal des Bereitstellens in diesem Kontext im Sinne einer „service-spezifischen" Auslegung auf die Arten beobachteter Daten zu beschränken, die nötig wären, um einen vergleichbaren Service anbieten zu können.[399] Für eine solche „service-spezifische" Auslegung sprechen vor allem Sinn und Zweck der Vorschrift, „Lock-in-Effekte" zu vermeiden, also einen Anbieterwechsel zu ermöglichen. Würde man den Anwendungsbereich des Rechts auf Datenübertragbarkeit auf jegliche „beobachtete Daten" erstrecken, also auch auf solche Daten, die für den jeweiligen Service überhaupt nicht relevant wären, könnte das einen Anbieterwechsel möglicherweise sogar erschweren und damit Sinn und Zweck der Übertragbarkeit sogar zuwiderlaufen. 331

Mangels klarer gesetzlicher Vorgaben und höchstrichterlicher Rechtsprechung verbleibt in diesem Punkt allerdings erhebliche Rechtsunklarheit. Aufgrund der klaren Positionierung der Artikel-29-Datenschutzgruppe und des Europäischen Datenschutzausschusses besteht ein vergleichsweise hohes Risiko, dass eine mit der Frage befasste Behörde oder ein Gericht eine weite Auslegung des Begriffs der „Bereitstellung" vornehmen und „beobachtete Daten" darunter fassen würde. 332

bb) Verarbeitung mithilfe automatisierter Verfahren auf Grundlage einer Einwilligung oder eines Vertrags. Das Recht auf Datenübertragbarkeit findet gem. Art. 20 Abs. 1 DS-GVO nur insoweit Anwendung, als die Verarbeitung dieser Daten auf einer Einwilligung gem. Art. 6 Abs. 1 lit. a oder Art. 9 Abs. 2 lit. a DS-GVO oder auf einem 333

---

[397] Kühling/Buchner/*Herbst* DS-GVO Art. 20 Rn. 11; Gola/*Piltz* DS-GVO Art. 20 Rn. 15; Ehmann/Selmayr/*Kamann/Braun* DS-GVO Art. 20 Rn. 13; NK-DatenschutzR/*Dix* DS-GVO Art. 20 Rn. 8; *Bergmann/Möhrle/Herb* DS-GVO Art. 20 Rn. 40; Däubler/Wedde/Weichert/Sommer/*Däubler* DS-GVO Art. 20 Rn. 8; Gierschmann/Schlender/Stentzel/Veil/*Veil* DS-GVO Art. 20 Rn. 93; Plath/*Kamlah* DS-GVO Art. 20 Rn. 6; Schwartmann/Jasper/Thüsing/Kugelmann/*Rudolph* DS-GVO Art. 20 Rn. 53; Taeger/Gabel/*Munz* DS-GVO Art. 20 Rn. 26; *Arning* in Moos/Schefzig/Arning DS-GVO-HdB S. 212 Rn. 285.

[398] Kühling/Buchner/*Herbst* DS-GVO Art. 20 Rn. 1; Däubler/Wedde/Weichert/Sommer/*Däubler* DS-GVO Art. 20 Rn. 17, zum Anbieterwechsel; Gierschmann/Schlender/Stentzel/Veil/*Veil* DS-GVO Art. 20 Rn. 23, 108; Schwartmann/Jasper/Thüsing/Kugelmann/*Rudolph*DS-GVO Art. 20 Rn. 24 zum Anbieterwechsel; Taeger/Gabel/*Munz* DS-GVO Art. 20 Rn. 15.

[399] So *Strubel* ZD 2017, 355 (360); ähnlich auch *Brüggemann* K&R 2018, 1 (3).

Vertrag gem. Art. 6 Abs. 1 lit. b DS-GVO beruht und die Verarbeitung mithilfe automatisierter Verfahren erfolgt.

334 Folglich fallen „beobachtete Daten", die bei der Nutzung von IoT entstehen, jedenfalls dann nicht in den Anwendungsbereich des Rechts auf Datenübertragbarkeit, soweit die Verarbeitung dieser Daten (ausschließlich) auf anderen Rechtsgrundlagen als einer Einwilligung oder einem Vertrag erfolgt, bspw. auf der Grundlage einer gesetzlichen Verpflichtung (Art. 6 Abs. 1 lit. c DS-GVO) oder einer Interessenabwägung (Art. 6 Abs. 1 lit. f DS-GVO).

5. Handhabung von Datenschutzverletzungen im IoT

a) Behandlung von Datenschutzverletzungen in der DS-GVO

335 Zur Gewährleistung der Datensicherheit haben Verantwortliche ebenso wie Auftragsverarbeiter geeignete technische und organisatorische Maßnahmen zu treffen, insbesondere um personenbezogene Daten vor unbefugter oder unrechtmäßiger Verarbeitung, vor unbeabsichtigtem Verlust und vor unbeabsichtigter Schädigung zu schützen (Art. 5 Abs. 1 lit. f und Art. 32 „Integrität und Vertraulichkeit", dazu → Rn. 258 ff.). Mit diesen primär auf Prävention und die Verhinderung von Datenschutz-Verletzungen gerichteten Anforderungen korrespondieren weitere reaktive Pflichten für den Fall, dass Maßnahmen zur Verhinderung von Datenschutz-Verletzungen nicht gegriffen haben und es zu einer „Verletzung des Schutzes personenbezogener Daten" gekommen ist.

336 Eine „Verletzung des Schutzes personenbezogener Daten" definiert die DS-GVO nach Art. 4 Nr. 12 als

> „eine Verletzung der Sicherheit, die, ob unbeabsichtigt oder unrechtmäßig, zur Vernichtung, zum Verlust, zur Veränderung, oder zur unbefugten Offenlegung von beziehungsweise zum unbefugten Zugang zu personenbezogenen Daten führt, die übermittelt, gespeichert, oder auf sonstige Weise verarbeitet wurden".[400]

337 Damit knüpft der Verletzungstatbestand an die drei Grundsätze der Informationssicherheit – Vertraulichkeit, Integrität und Verfügbarkeit – an[401] und korrespondiert auch insoweit mit den präventiven Anforderungen des Art. 32 DS-GVO. Erwgr. 85 und 75 DS-GVO geben Beispiele für physische, materielle und immaterielle Schäden, denen betroffene Personen infolge einer Datenschutzverletzung ausgesetzt sein können (ua Verlust der Kontrolle über personenbezogene Daten, Einschränkung von Rechten, Diskriminierung, Identitätsdiebstahl oder -betrug, finanzielle Verluste, unbefugte Aufhebung der Pseudonymisierung, Rufschädigung und Verlust der Vertraulichkeit von dem Berufsgeheimnis unterliegenden Daten).

338 Anknüpfend an die präventiven Maßnahmen zum technischen und organisatorischen Datenschutz verlangt die DS-GVO aber auch, dass alle technischen Schutzmaßnahmen sowie organisatorischen Maßnahmen getroffen werden, um **sofort** feststellen zu können, ob – ungeachtet aller Vorsichtsmaßnahmen – dennoch eine Verletzung des Schutzes personenbezogener Daten eingetreten ist.[402] Mit anderen Worten muss das Datensicherheitskonzept des Verarbeiters diesen in die Lage versetzen, zügig auf eine Datenschutzverletzung reagieren zu können. Um eine Datenschutzverletzung zu erkennen, kann der Verantwortliche beispielsweise Programme zur Datenfluss- und Protokollanalyse verwenden, mit de-

---

[400] Diese Kriterien sind objektiv („[...], ob *unbeabsichtigt* oder unrechtmäßig"), die subjektive Einstellung des Verantwortlichen oder eines Dritten ist irrelevant; zum Verletzungstatbestand eingehend Kühling/Buchner/*Jandt* DS-GVO Art. 4 Nr. 12 Rn. 3–8b.

[401] Artikel-29-Datenschutzgruppe, Leitlinien für die Meldung der Verletzung des Schutzes personenbezogener Daten, WP 250 rev.01 (bestätigt durch den EDSA, Endorsement 1/2018, Ziff. 4), S. 8.

[402] Erwgr. 87 DS-GVO.

nen per Korrelation von Protokolldaten Ereignisse und Warnmeldungen festgelegt werden können.[403]

Versäumt der Verantwortliche die **Meldung bzw. Benachrichtigung** der Aufsichtsbehörde und/oder der betroffenen Personen (Art. 33, 34 DS-GVO, dazu sogleich → Rn. 340ff. und → Rn. 344ff.), kann die Aufsichtsbehörde Abhilfemaßnahmen ergreifen (Art. 58 Abs. 2 DS-GVO) und/oder Bußgelder verhängen (dazu noch → Rn. 348ff.). Auch nicht in der EU niedergelassene Verantwortliche trifft die Melde- und Benachrichtigungspflicht, wenn sie der DS-GVO unterfallen (Maßgabe des Art. 3 Abs. 2 und Abs. 3 DS-GVO; → Rn. 173ff.). Die Meldung sollte nach Empfehlung der Artikel-29-Datenschutzgruppe in diesem Fall an die in dem Mitgliedstaat zuständige Aufsichtsbehörde gerichtet werden, in dem der Vertreter des Verantwortlichen (Art. 27 DS-GVO) gemeldet ist.[404] 339

aa) Meldepflicht des Verantwortlichen gegenüber der Aufsichtsbehörde. Deutlich strenger als unter Geltung der DS-RL ordnet die DS-GVO in Art. 33 Abs. 1 die Pflicht des Verantwortlichen an, der Aufsichtsbehörde jede Datenschutzverletzung zu melden, es sei denn, die Datenschutzverletzung führt nicht zu einem Risiko für die Rechte und Freiheiten natürlicher Personen (also zum Eintritt einer der unter → Rn. 335ff. beschriebenen negativen Folgen). Wenngleich der eindeutige Wortlaut der DS-GVO eine Meldepflicht damit auch für solche Fälle statuiert, in denen die Datenschutzverletzung nur zu geringen Risiken führt, haben einige deutsche Datenschutzbehörden die Position eingenommen, dass Fälle mit nur geringen Risiken keine Meldepflicht nach sich ziehen und dass Meldepflichten erst ab einem mittleren Risiko bestehen. So unterscheidet bspw. der BayLfD zwischen einem „datenschutzrechtlich relevanten" und einem „datenschutzrechtlich nicht relevanten" bzw. „vernachlässigbar geringem" Risiko. Letzteres liege vor bei Prognose eines nur *geringfügigen* Nachteils und geringfügiger/überschaubarer Eintrittswahrscheinlichkeit oder eines *überschaubaren* Nachteils und nur geringfügiger Eintrittswahrscheinlichkeit.[405] 340

Zur Bewertung und Ermittlung des mit einer Datenschutzverletzung einhergehenden Risikos ist eine systematische Herangehensweise erforderlich, die insbesondere die Schwere des möglichen Schadens sowie den Grad der Eintrittswahrscheinlichkeit als entscheidende Parameter heranzieht.[406] 341

Die Meldepflicht trifft den Verantwortlichen, der die Meldung gem. Art. 33 Abs. 1 DS-GVO **unverzüglich, möglichst binnen 72 Stunden,** gegenüber der nach Art. 51 DS-GVO zuständigen Aufsichtsbehörde vorzunehmen hat. Zur Unterstützung des Verantwortlichen bei dessen Meldepflicht haben Auftragsverarbeiter dem Verantwortlichen etwaige in ihrer Sphäre auftretende Datenschutzverletzungen unverzüglich zu melden (Art. 33 Abs. 2 DS-GVO). Nach Art. 33 Abs. 3 DS-GVO muss die Meldung mindestens folgende Informationen enthalten: 342

---

[403] Artikel-29-Datenschutzgruppe, Leitlinien für die Meldung der Verletzung des Schutzes personenbezogener Daten, WP 250 rev.01 (bestätigt durch den EDSA, Endorsement 1/2018, Ziff. 4), S. 14.

[404] Artikel-29-Datenschutzgruppe, Leitlinien für die Meldung der Verletzung des Schutzes personenbezogener Daten, WP 250 rev.01 (bestätigt durch den EDSA, Endorsement 1/2018, Ziff. 4), S. 21.

[405] S. zB BayLDA, Orientierungshilfe zur Melde- und Benachrichtigungspflicht des Verantwortlichen, Stand 1.6.2019, www.datenschutz-bayern.de/datenschutzreform2018/OH_Meldepflichten.pdf (4.8.2020), Rn. 23, 59, sog. „Risiko der Stufe 1": Es bestehe schon keine Meldepflicht nach Art. 33 DS-GVO; das Online-Meldesystem des BayLDA (www.lda.bayern.de/de/datenpanne.html#Risiko, 4.8.2020) lässt für diesen Fall keine Meldung zu; für das Land Nordrhein-Westfalen s. die tabellarische Übersicht auf der Website des LDI-NRW, www.ldi.nrw.de/mainmenu_Aktuelles/Formulare-und-Meldungen/Inhalt2/Meldeformular-Verletzung-des-Schutzes-personenbezogener-Daten/Meldeformular-Verletzungen-des-Schutzes-personenbezogener-Daten.html (4.8.2020), wonach bei voraussichtlich „geringem Risiko" keine Meldepflicht bestehe.

[406] Als Hilfsmittel kann das von der deutschen Datenschutzkonferenz veröffentlichte Kurzpapier Nr. 18 „Risiko für die Rechte und Freiheiten natürlicher Personen" dienen.

- eine Beschreibung der Art der Verletzung des Schutzes personenbezogener Daten, soweit möglich mit der Angabe der Kategorien und der ungefähren Zahl der betroffenen Personen, der betroffenen Kategorien und der ungefähren Zahl der betroffenen personenbezogenen Datensätze (Art. 33 Abs. 3 lit. a DS-GVO)
- den Namen und die Kontaktdaten des Datenschutzbeauftragten oder einer sonstigen Anlaufstelle für weitere Informationen (Art. 33 Abs. 3 lit. b DS-GVO)
- eine Beschreibung der wahrscheinlichen Folgen der Verletzung des Schutzes personenbezogener Daten (Art. 33 Abs. 3 lit. c DS-GVO)
- eine Beschreibung der von dem Verantwortlichen ergriffenen oder vorgeschlagenen Maßnahmen zur Behebung der Verletzung des Schutzes personenbezogener Daten und gegebenenfalls Abmilderung ihrer möglichen nachteiligen Auswirkungen (Art. 33 Abs. 3 lit. d DS-GVO).

343 Die DS-GVO macht keine Angaben dazu, unter welchen konkreten Umständen davon ausgehen ist, dass dem Verantwortlichen eine Datenschutzverletzung **„bekannt"** ist. Die Artikel-29-Datenschutzgruppe definiert dies als den Zeitpunkt, zu dem der Verantwortliche eine „hinreichende Gewissheit" darüber hat, dass ein Sicherheitsvorfall aufgetreten ist, der zur Beeinträchtigung des Schutzes personenbezogener Daten geführt hat.[407] Der genaue Zeitpunkt hängt dabei von den konkreten Umständen der Datenschutzverletzung im jeweiligen Einzelfall ab. Für eine etwaige Überprüfung durch die Aufsichtsbehörde muss der Verantwortliche die Datenschutzverletzung einschließlich aller im Zusammenhang mit ihr stehenden Fakten, deren Auswirkungen und die ergriffenen **Abhilfemaßnahmen** dokumentieren, Art. 33 Abs. 5 DS-GVO. Das gilt auch für solche Fälle, in denen die Prüfung der Datenschutzverletzung ergeben hat, dass die Verletzung keine Risiken für die Rechte und Freiheiten natürlicher Personen birgt und dass deshalb eine Meldung bei der Behörde unterbleibt. Die danach erforderliche Dokumentation umfasst auch die Risikobewertung sowie die dabei getroffenen Erwägungen.

344 **bb) Pflicht zur Benachrichtigung betroffener Personen.** Hat die Datenschutzverletzung voraussichtlich ein **hohes Risiko** für die persönlichen Rechte und Freiheiten natürlicher Personen zur Folge, muss der Verantwortliche auch die betroffenen Personen unverzüglich benachrichtigen (Art. 34 Abs. 1 DS-GVO).[408] Diese Pflicht soll insbesondere mögliche aus der nun einmal eingetretenen Datenschutzverletzung resultierende Schäden von den betroffenen Personen abwenden und verhindern (vgl. Erwgr. 75 DS-GVO). Die Benachrichtigung der betroffenen Personen hat in **klarer und einfacher Sprache** die Art der Datenschutz-Verletzung zu beschreiben und fokussiert sich im Übrigen auf etwaige Maßnahmen, die der Betroffene selbst ergreifen kann, um mögliche aus der Datenschutzverletzung für ihn drohende Schäden abzuwenden.

Mit dem vorgenannten „hohen Risiko" gilt für die Benachrichtigung der betroffenen Personen eine höhere Schwelle als für die Meldung an die Aufsichtsbehörden, sodass eine Benachrichtigung der betroffenen Personen nicht bei jeder Datenschutzverletzung erforderlich ist.[409] Die DS-GVO gibt nicht verbindlich vor, was unter einem „hohen Risiko" zu verstehen ist. Die Ermittlung des Risikos hat auch hier im Wege einer systematischen Herangehensweise unter Berücksichtigung insbesondere der **Schwere des möglichen Schadens** sowie der **Eintrittswahrscheinlichkeit** zu erfolgen (wie bei der Meldepflicht gegenüber der Aufsichtsbehörde, dazu → Rn. 340 ff.).

---

[407] Artikel-29-Datenschutzgruppe, Leitlinien für die Meldung der Verletzung des Schutzes personenbezogener Daten, WP 250 rev.01 (bestätigt durch den EDSA, Endorsement 1/2018, Ziff. 4), S. 13.

[408] S. auch Erwgr. 86 DS-GVO.

[409] Artikel-29-Datenschutzgruppe, Leitlinien für die Meldung der Verletzung des Schutzes personenbezogener Daten, WP 250 rev.01 (bestätigt durch den EDSA, Endorsement 1/2018, Ziff. 4), S. 23. Anh. B dieser Leitlinien enthält eine nicht erschöpfende Liste mit Fallbeispielen, die eine Benachrichtigungspflicht auslösen.

b) Relevanz der Melde- und Benachrichtigungspflichten für das IoT

345 In der Praxis empfinden viele Unternehmen die in der DS-GVO vorgesehenen Melde- und Benachrichtigungspflichten der DS-GVO schon für wenig komplexe Verarbeitungstätigkeiten als herausfordernd. Diese Herausforderung erhöht sich im Internet der Dinge oft nochmals massiv und umso mehr, je komplexer die Verarbeitungstätigkeiten sind und je mehr Verarbeiter daran beteiligt sind. Dies sei verdeutlicht am Beispiel des Smart Car. Die Menge der in einem vernetzten Fahrzeug gespeicherten oder durch dieses erzeugten Daten sind enorm. Neben einer Vielzahl komplexer technischer Vorgänge umgibt das „Connected Car" auch eine Vielfalt an Akteuren mit unterschiedlichen Interessen, deren Tätigkeit im jeweiligen Einzelfall datenschutzrechtlich erfasst werden muss.[410] Beim automatisierten Fahren können etwa Daten zu technischen Fahrzeugeigenschaften anfallen, aber auch weitere Daten zu beispielsweise Anzahl der Mitfahrer, Streckenverlauf, Geschwindigkeit und Fahrtumfeld (zB Witterungsbedingungen, Verkehrsaufkommen, andere Verkehrsteilnehmer), welche über vom Hersteller definierte Benutzerschnittstellen etwa Anbietern im Kontext des IoT zur Verfügung gestellt werden können.[411] Diese oft mittels fahrzeugseitiger Sensorik ermittelten Daten könnten – als mögliches Anwendungsbeispiel – zunächst einem Anbieter eines Cloud-backends übermittelt werden. Dieser (ggf. außerhalb der EU ansässige) Cloudanbieter verarbeitet die Rohdaten zu Echtzeitinformationen für weitere Verkehrsteilnehmer und stellt diese verarbeiteten Daten (zB über freien Parkraum oder die Echtzeit-Verkehrslage) dem Endanwender über dessen Navigationsgerät oder eine App (welche von einem weiteren Anbieter vertrieben wird) zur Verfügung. Dies verbildlicht beispielhaft einen für das Ökosystem des IoT typischen Verarbeitungsprozess, bei dem verschiedene Anbieter aus über Plattformen und Netzwerkschnittstellen bereitgestellte Daten gezielt verschiedene Dienstleistungen und Mehrwerte anbieten und deren Dienste dabei zum Teil aufeinander aufbauen, zum Teil ineinander greifen, zum Teil aber auch unverbunden nebeneinander stehen.[412]

346 In solchen auch technisch nur noch schwer zu überblickenden Datengeflechten des vernetzten Alltags wird es oft schon schwierig sein, die Ursache eines Datenlecks oder sonstigen Vorfalls zu identifizieren. Gerade bei zahlreichen beteiligten Verarbeitern in mehrpolaren Systemen ist dann zu klären, wer mit Blick auf die infrage stehende Verletzung der Sicherheit und die davon betroffenen Verarbeitungstätigkeiten (gemeinsamer) Verantwortlicher oder nur Auftragsverarbeiter ist und wer infolgedessen gegenüber wem welche Pflichten hat.[413] Schon diese Abgrenzung dürfte in der Praxis bei mehreren Beteiligten nur dann gelingen, wenn diese Fragen bereits vor Beginn der Verarbeitung schon bei der Konzeption entsprechender Angebote geklärt sind (Privacy by Design, Art. 25 DS-GVO) und auch sauber dokumentiert sind, insbesondere in Verarbeitungsverzeichnissen (Art. 30 DS-GVO). Eine weitere Herausforderung ergibt sich im IoT-Sektor etwa dann, wenn die betroffene Person selbst (dh der Dienstenutzer) Datenschutzverletzungen, zB Hackerangriffe, durch unvorsichtiges Verhalten selbst ermöglicht. Nur eine Minimierung der Einflussmöglichkeiten des Nutzers auf die Datenverarbeitung beugt dem vor.[414] Auf der anderen Seite wird es bei vernetzten, auf automatisierter Verarbeitung basierenden Diensten oft erforderlich sein, dem Nutzer **mehr** Eingriffsmöglichkeiten zu gewähren, um datenschutzrechtlichen Vorgaben gerecht zu werden (dazu → Rn. 276). Datenverarbeiter

[410] Die wirtschaftlichen Interessen der beteiligten Akteure sowie einige Praxisbeispiele im Bereich Smart Car diskutieren *Weichert* NZV 2017, 507 sowie *Klink-Straub/Straub* NJW 2018, 3201.

[411] Hierzu etwa *Conrad* in Auer-Reinsdorff/Conrad IT-R-HdB § 34 Rn. 873 ff.; s. auch *Klink-Straub/Straub* NJW 2018, 3201 sowie *Weichert* NZV 2017, 507.

[412] *Spiecker gen. Döhmann* GRUR 2019, 341 (341 f.) beschreibt so treffend die sog. Plattformen.

[413] *Spiecker gen. Döhmann* GRUR 2019, 341 wirft die Frage auf, inwieweit solche Systeme das datenschutzrechtliche Schutzsystem ganz grundsätzlich dadurch in Frage stellen könnten, dass der Adressat rechtlicher Verpflichtungen nicht sicher ermittelbar ist und die Governance dadurch ihre Wirkung verliert.

[414] Dazu *Spiecker gen. Döhmann* GRUR 2019, 341 (344).

müssen hier mit größter Vorsicht und auf Basis eines auf die rechtlichen Vorgaben bereits vor Beginn der Datenverarbeitung abgestimmten technischen Konzepts agieren.

347 In der Praxis unerlässlich für einen rechtskonformen Umgang mit Datenschutzvorfällen sind auch detaillierte **interne Richtlinien** zum Umgang mit Datenschutzverletzungen.[415] Nur wenn die hier vorzunehmenden Schritte und Kriterien auch für die Bewertung der hierfür entscheidenden Risiken vorher klar und konkret beschrieben sind und die zuständigen Mitarbeiter in deren Anwendung auch geschult und trainiert sind, wird es im Ernstfall gelingen, innerhalb der gegebenen engen Fristen die gebotenen Maßnahmen zu treffen und so weiteren Schaden bestmöglich abzuwenden. Solche internen Richtlinien sind ebenso wie die Dokumentation einzelner Vorfälle auch zur Erfüllung der datenschutzrechtlichen Rechenschaftspflicht (Art. 5 Abs. 2 DS-GVO) erforderlich. Kann ein Unternehmen im Rahmen der Rechenschaftspflicht erforderliche Dokumentation nicht vorlegen, wertet die DS-GVO das bereits als schweren, mit einem entsprechend hohen Bußgeldrahmen belegten Verstoß (Art. 83 Abs. 5 lit. a DS-GVO).

6. Folgen bei Verstößen gegen Datenschutzrecht

a) Haftung für Verstöße gegen Datenschutzrecht nach der DS-GVO

348 Je nach Art und Schwere im Einzelfall können Verstöße gegen die Vorgaben der DS-GVO für den Verantwortlichen und/oder Auftragsverarbeiter weitreichende Konsequenzen haben. Namentlich das überaus kontrovers diskutierte Bußgeldsystem der DS-GVO kann sehr schnell zu Millionenbußgeldern führen.

349 Je datenverarbeitungsintensiver und gleichzeitig komplexer Dienste des Internet der Dinge sind, desto höher ist auch das Risiko etwaiger Verstöße gegen die DS-GVO. Solche Verstöße gilt es zu vermeiden durch eine intensive und frühzeitige Befassung mit den datenschutzrechtlichen Anforderungen, insbesondere durch ein belastbares Datenschutzmanagement sowie das ständige Begleiten und effektive Dokumentieren der Datenverarbeitungsvorgänge. Neben der Verhängung von **Bußgeldern,** können Verstöße gegen die DS-GVO **Untersuchungs- und Abhilfeanordnungen** der Aufsichtsbehörde (Art. 58 DS-GVO) sowie **Schadensersatzansprüche Dritter,** denen als „betroffener Person" auch Beschwerderechte nach Art. 77 DS-GVO zustehen, gem. Art. 82 DS-GVO zur Folge haben.

350 Auch das Haftungssystem der DS-GVO steht durch das Internet der Dinge vor Herausforderungen. Häufig ist es im Kontext vernetzter Dienste und Plattformen, auch aus aufsichtsbehördlicher Sicht, schwierig, die Ursache etwaiger Verstöße sowie den hierfür Verantwortlichen zu ermitteln (dazu bereits → Rn. 345 ff.). Schon das dürfte die behördliche Durchsetzung der DS-GVO im IoT-Kontext erheblich erschweren. Zudem enden die Handlungsmöglichkeiten der europäischen Datenschutzbehörden faktisch naturgemäß an den Grenzen der EU,[416] was die gegenüber Datenverarbeitern in Drittstaaten ohnehin bestehenden Bedenken mit Blick auf eine effektive Durchsetzbarkeit der DS-GVO[417] im Kontext des IoT zusätzlich erschwert. Auch für geschädigte Nutzer eines vernetzten Geräts oder einer IoT-Anwendung und sonstige geschädigte betroffene Personen wird die Ermittlung des Anspruchsgegners häufig schwierig sein.[418]

---

[415] Zum unternehmensinternen sog. Data Incident Management *Fuhlrott* NZA 2019, 649.

[416] Hierzu etwa Kühling/Buchner/*Klar* DS-GVO Art. 3 Rn. 26.

[417] BeckOK DatenschutzR/*Hanloser* DS-GVO Art. 3 Rn. 46 und Gola/*Piltz* DS-GVO Art. 3 Rn. 27 weisen auf die im Gesetzgebungsverfahren erkannten Gefahren einer faktischen Nichtbeachtung der DS-GVO durch Drittstaatsunternehmen hin; zum Sachstand des Behördenvollzugs unter Geltung der DS-GVO jüngst *Hamann/Wegmann* BB 2019, 1347 (1354).

[418] Dazu *Weber* EuCML 2017, 207 (208).

b) Anordnungen der Aufsichtsbehörde

Anknüpfend an ihre allgemeine Aufgabe, die Anwendung der DS-GVO zu überwachen und durchzusetzen (Art. 57 Abs. 1 lit. a DS-GVO), hat die Aufsichtsbehörde auch Untersuchungs- und Abhilfebefugnisse und ist befugt, entsprechende Anordnungen zu verhängen (Art. 58 Abs. 1, Abs. 2 DS-GVO). Sie ermittelt zunächst von Amts wegen und unabhängig den Sachverhalt. Dabei kann sie von Verantwortlichen, Auftragsverarbeitern sowie von deren Vertretern insbesondere die Bereitstellung aller für die Erfüllung ihrer Aufgaben notwendigen Informationen verlangen (Art. 58 Abs. 1 lit. a DS-GVO) sowie Datenschutzaudits vornehmen (Art. 58 Abs. 1 lit. b DS-GVO).[419] 351

Steht nach Ermittlung des Sachverhalts eine Verletzung von Vorschriften der DS-GVO fest, hat die Aufsichtsbehörde die in Art. 58 Abs. 2 lit. a–j aufgezählten **Abhilfebefugnisse.** Diese reichen von einer Verwarnung (Art. 58 Abs. 2 lit. b DS-GVO) bis hin zu einem endgültigen Verbot der Datenverarbeitung (Art. 58 Abs. 2 lit. f DS-GVO). Die Entscheidung für eine bestimmte Maßnahme trifft die Aufsichtsbehörde im Einzelfall unter Berücksichtigung des Verhältnismäßigkeitsgrundsatzes (Erwgr. 129 S. 5 DS-GVO). Nach Art. 58 Abs. 4 DS-GVO haben die Mitgliedstaaten eine geeignete und wirksame Überprüfung dieser Anordnungen durch Rechtsbehelfe zu ermöglichen. 352

c) Bußgeldverhängung nach der DS-GVO

Bußgelder sind aus Sicht des EU-Gesetzgebers ein effektives Mittel zur Durchsetzung der DS-GVO und ein starker „Anreiz" für Verantwortliche oder Auftragsverarbeiter zur Einhaltung der sie treffenden Pflichten. Bußgelder können neben oder an Stelle von Abhilfemaßnahmen verhängt werden (siehe Erwgr. 148 und Art. 58 Abs. 2 lit. i DS-GVO). Dabei sollen die Aufsichtsbehörden sicherstellen, dass die Verhängung des Bußgelds im Einzelfall wirksam, verhältnismäßig und abschreckend ist (Art. 83 Abs. 1 DS-GVO). Bei **geringfügigen Verstößen** ist, statt der Verhängung eines Bußgelds eine Verwarnung in Betracht zu ziehen (Erwgr. 148 S. 2 DS-GVO). Die in Art. 83 Abs. 2 lit. a–k DS-GVO genannten Kriterien, die bei der Einzelfallentscheidung zu berücksichtigen sind,[420] betreffen sowohl die Entscheidung über das „ob" als auch über die **Höhe** eines Bußgelds.[421] 353

Gem. **Art. 83 Abs. 4 DS-GVO** als weniger schwerwiegend eingestufte Verstöße gegen 354

- die Pflichten der Verantwortlichen und Auftragsverarbeiter gem. den Art. 8, 11, 25–39, 42 und 43 (Art. 83 Abs. 4 lit. a DS-GVO)
- die Pflichten der Zertifizierungsstelle gem. den Art. 42 und 43 (Art. 83 Abs. 4 lit. b DS-GVO)
- die Pflichten der Überwachungsstelle gem. Art. 41 Abs. 4 (Art. 83 Abs. 4 lit. c DS-GVO)

werden mit Geldbußen von bis zu 10 Mio. EUR oder im Fall eines **Unternehmens**[422] von bis zu 2 Prozent seines weltweit erzielten Jahresumsatzes des vorangegangenen Geschäftsjahrs geahndet. Bei den als schwerwiegender eingestuften Verstößen gegen die in **Art. 83 Abs. 5 DS-GVO** aufgezählten Vorschriften werden die eben genannten Maximalwerte auf 20 Mio. EUR bzw. 4 Prozent angehoben. Hierunter fallen Verstöße gegen

- die Grundsätze der Verarbeitung, einschließlich der Bedingungen für die Einwilligung, gem. den Art. 5, 6, 7 und 9 (Art. 83 Abs. 5 lit. a DS-GVO)

[419] Sämtliche investigativen Befugnisse sind in Art. 58 Abs. 1 lit. a–f DS-GVO aufgelistet.

[420] Namentlich die Art, Schwere und Dauer des Verstoßes, der Grad der Verantwortung des Verantwortlichen oder des Auftragsverarbeiters unter Berücksichtigung technischer und organisatorischer Maßnahmen nach Art. 25 und 32 DS-GVO, der Umfang der Zusammenarbeit mit der Aufsichtsbehörde oder ob eine Mitteilung des Verstoßes an die Aufsichtsbehörde erfolgte.

[421] Zur Anwendung der Bewertungskriterien hat die Artikel-29-Datenschutzgruppe, Leitlinien zur Anwendung und Festsetzung von Geldbußen im Sinne der Verordnung (EU) 2016/679, WP 253 (vom EDSA bestätigt, Endorsement 1/2018, Ziff. 16) erlassen.

[422] Einschlägig bei Art. 83 Abs. 4 und Abs. 5 DS-GVO ist der Unternehmensbegriff der Wettbewerbsvorschriften der Art. 101 und 102 AEUV (Erwgr. 150 S. 3 DS-GVO).

- die Rechte der betroffenen Personen gem. den Art. 12–22 (Art. 83 Abs. 5 lit. b DS-GVO)
- die Übermittlung personenbezogener Daten an einen Empfänger in einem Drittland oder an eine internationale Organisation gem. den Art. 44–49 (Art. 83 Abs. 5 lit. c DS-GVO)
- alle Pflichten gemäß den Rechtsvorschriften der Mitgliedstaaten, die im Rahmen des Kap. IX DS-GVO erlassen wurden (Art. 83 Abs. 5 lit. d DS-GVO)
- Nichtbefolgung einer Anweisung oder einer vorübergehenden oder endgültigen Beschränkung oder Aussetzung der Datenübermittlung durch die Aufsichtsbehörde gem. Art. 58 Abs. 2 oder Nichtgewährung des Zugangs unter Verstoß gegen Art. 58 Abs. 1 (Art. 83 Abs. 5 lit. e DS-GVO).

355 Die deutschen Datenschutzbehörden haben 2019 ein Konzept zur Bußgeldbemessung veröffentlicht.[423] Die Bußgeldbemessung soll nach diesem Konzept in einem **Fünf-Schritte-Modell** erfolgen. Ausgangspunkt für die Berechnung soll der Umsatz des Unternehmens sein, den die deutschen Behörden als geeignete, sachgerechte und faire Anknüpfung zur Sicherstellung der Wirksamkeit, Verhältnismäßigkeit und Abschreckung betrachten. Ob sich diese primär am Umsatz orientierte Bemessungsmethodik auf europäischer Ebene durchsetzt oder einer gerichtlichen Überprüfung durch den EuGH standhält, bleibt abzuwarten.

d) Haftung gegenüber Geschädigten und betroffenen Personen

356 Jede Person, der wegen eines Verstoßes gegen die DS-GVO ein materieller oder immaterieller Schaden entstanden ist, kann vom Verantwortlichen oder Auftragsverarbeiter Schadensersatz verlangen, Art. 82 Abs. 1 DS-GVO. Insbesondere der auf Art. 82 DS-GVO gestützte Anspruch auf **Ersatz immaterieller Schäden** gewinnt in jüngerer Zeit an praktischer Bedeutung.[424] Zur Exkulpation müssen Verantwortlicher oder Auftragsverarbeiter einen Entlastungsbeweis führen, Art. 82 Abs. 3 DS-GVO.[425]

357 Die Reichweite der nach Art. 82 DS-GVO zum Schadensersatz Berechtigten ist in der Literatur umstritten, da der Wortlaut nur von „Personen" spricht.[426] Eine ausdrückliche Beschränkung auf „betroffene Personen" (Art. 4 Nr. 1 DS-GVO) ist, anders als in vielen anderen Vorschriften der DS-GVO, nicht enthalten. Der Wortlaut umfasst somit, ebenso wie Erwgr. 146 S. 1 DS-GVO, auch **juristische Personen.** Nach soweit ersichtlich herrschender Auffassung in der Literatur sollen als Anspruchsberechtigte jedoch nur **natürliche Personen** in Betracht kommen.[427] Für eine entsprechende teleologische Reduktion des Art. 82 Abs. 1 DS-GVO spricht insbesondere, dass die DS-GVO nur auf den Schutz natürlicher Personen abzielt und ausgerichtet ist (Art. 1 Abs. 1 und 2 DS-GVO).

358 Weniger einheitlich beantwortet wird die Frage, ob, wieder im Wege einer Einschränkung des weiten Wortlauts der DS-GVO, nur **„betroffene Personen"** (Art. 4 Nr. 1 DS-GVO) Anspruchssteller sein können, oder auch nur **„mittelbar geschädigte" Dritte.**[428] Letztere sind Personen, die von einer rechtswidrigen Datenverarbeitung selbst gar

---

[423] DSK, Konzept der unabhängigen Datenschutzaufsichtsbehörden des Bundes und der Länder zur Bußgeldzumessung in Verfahren gegen Unternehmen, 14.10.2019.

[424] *Hamann/Wegmann* BB 2019, 1347 (1353) mit Bsp. aus der jüngeren Rspr.

[425] Der daraus resultierende Literaturstreit um die dogmatische Einordnung der Norm als Verschuldenshaftung mit vermutetem Verschulden oder Gefährdungshaftung mit Exkulpationsmöglichkeit ist für die Praxis nicht von großer Bedeutung, s. Kühling/Buchner/*Bergt* DS-GVO Art. 82 Rn. 12 mwN zum Streitstand.

[426] Zum Streitstand Kühling/Buchner/*Bergt* DS-GVO Art. 82 Rn. 13 f.

[427] Kühling/Buchner/*Bergt* DS-GVO Art. 82 Rn. 15; Gola/*Gola/Piltz* DS-GVO Art. 82 Rn. 10; NK-DatenschutzR/*Boehm* DS-GVO Art. 82 Rn. 8; BeckOK DatenschutzR/*Quaas* DS-GVO Art. 82 Rn. 37a; *Dickmann* r+s 2018, 345 (346).

[428] Für eine Beschränkung auf betroffene Personen plädieren Sydow/*Kreße* DS-GVO Art. 82 Rn. 9–11; Gola/*Gola/Piltz* DS-GVO Art. 82 Rn. 10; Paal/Pauly/*Frenzel* DS-GVO Art. 82 Rn. 7; gegen eine solche Beschränkung Kühling/Buchner/*Bergt* DS-GVO Art. 82 Rn. 13–15 (mit eingehender Begründung);

nicht betroffen sind. Mithin fallen Geschädigter und betroffene Person hier auseinander. In der Literatur werden mehrere Beispielsfälle für denkbare Schädigungen solcher dritter Personen aufgrund einer Datenschutzverletzung angeführt, etwa der Unterhaltsschaden eines Berechtigten, der dadurch entsteht, dass der Unterhaltsverpflichtete durch eine unzulässige Datenweitergabe seine Arbeit verliert,[429] oder die Verbreitung falscher Bonitätsinformationen über den Gesellschafter einer GbR, die einen Schaden für weitere Gesellschafter der GbR herbeiführt.[430]

Der Wortlaut des Erwgr. 146 S. 6 DS-GVO („betroffenen Personen") spricht dafür, dass der Gesetzgeber mit dem Schadensersatzanspruch allein **betroffene Personen** iSv Art. 4 Nr. 1 DS-GVO schützen wollte. Auch wäre es inkonsequent, mit dem Zweck des Art. 1 Abs. 1 DS-GVO zunächst juristische Personen aus dem Anwendungsbereich der Norm herauszunehmen, dann aber die Ausrichtung des Schutzes der DS-GVO auf betroffene Personen bei der Diskussion über die Anspruchsberechtigten zu ignorieren. Zudem betreffen auch die in der DS-GVO enthaltenen Pflichten der beiden potenziellen Anspruchsgegner (Verantwortliche und Auftragsverarbeiter) fast ausschließlich deren Verhältnis zu betroffenen Personen. Auch das spricht dafür, dass die in der DS-GVO vorgesehene privatrechtliche Haftung nicht auch die Schäden solcher Personen umfassen soll, zu denen die verarbeiteten Daten keinerlei Bezug aufweisen. Legt man allgemeine Wertungen des deutschen Deliktsrechts zugrunde, ist die Ausdehnung der Aktivlegimitation auf nur **mittelbar** Geschädigte ebenfalls problematisch. Als wertungsmäßiges Korrektiv einer sonst ausufernden Haftung erkennt das deutsche Recht solchen Personen, in deren Rechtsgüter nicht unmittelbar durch die schädigende Handlung eingegriffen wurde, nur ausnahmsweise einen Ersatz des ihnen entstandenen Vermögensschadens zu (§§ 844, 845 BGB).[431] 359

Auch dem Unionsrecht ist eine wertungsmäßige Korrektur einer sonst ausufernden, außervertraglichen Haftung nicht fremd.[432] Die Wertungen der DS-GVO zielen auf einen Schutz gerade der Personen ab, auf die sich die verarbeiteten Daten beziehen (Art. 4 Nr. 1 DS-GVO). Eine außervertragliche Haftung für Schäden von Personen, auf die sich die von der Verletzungshandlung erfassten Daten nicht beziehen, bedarf einer – den §§ 844, 845 BGB vergleichbaren – diesen Schadensersatz gewährenden **eindeutigen** Rechtsgrundlage. Diesen Anforderungen genügt Art. 82 DS-GVO schon aufgrund der bestehenden Unsicherheit über seine Auslegung nicht. Angesichts der ohnehin großen Reichweite möglicher Weise „betroffener Personen" ist diese Auslegung auch keine die Anspruchsdurchsetzung erheblich erschwerende Restriktion. Im Ergebnis spricht deshalb viel für eine Beschränkung der nach Art. 82 DS-GVO Anspruchsberechtigten auf „betroffene Personen". 360

Für den vernetzten Alltag im Internet der Dinge ist diese Diskussion von Bedeutung, da auf den mehrpolaren Ebenen der jeweiligen Datenverarbeitungen eine unüberschaubare Vielzahl potenziell Geschädigter denkbar ist. Würde man Art. 82 DS-GVO wortlautgetreu sehr weit auslegen und jede natürliche Person als potentiellen Anspruchsteller miteinschließen, dürften ausufernde Haftungsbegehren praktisch handhabbar werden. Hinzu kommt, dass bei komplexen Datenverarbeitungen wie solchen des IoT auch eine Abgrenzung „betroffener Personen" zu „Dritten" oft schwierig ist, etwa mit Blick auf **„passiv" Betroffene** beim Verwenden von Audio- und Videosensorik. 361

Verantwortliche und Auftragsverarbeiter im Nexus des IoT sollten bei ihrer Risikobeurteilung den Kreis der möglichen Anspruchsberechtigten nach Art. 82 DS-GVO höchstvorsorglich im Zweifel **weit** ziehen und präventiv alle erforderlichen Maßnahmen treffen, um 362

NK-DatenschutzR/*Boehm* DS-GVO Art. 82 Rn. 9; BeckOK DatenschutzR/*Quaas* DS-GVO Art. 82 Rn. 37; *Dickmann* r+s 2018, 345 (347).

[429] Kühling/Buchner/*Bergt* DS-GVO Art. 82 Rn. 15.

[430] NK-DatenschutzR/*Boehm* DS-GVO Art. 82 Rn. 9.

[431] Grundlegend BGH Urt. v. 19.6.1952 – III ZR 295/51, NJW 1952, 1249 Rn. 7.

[432] Paal/Pauly/*Frenzel* DS-GVO Art. 82 Rn. 11 mN aus der Rspr.

Datenschutzverstöße und daraus resultierende Risiken bestmöglich zu vermeiden. Ungeachtet der andauernden Diskussion wäre eine Klarstellung zum Kreis der nach Art. 82 DS-GVO anspruchsberechtigten Personen wünschenswert, sei es durch gesetzgeberische Nachbesserung oder Stellungnahme des EDSA.

e) Haftung nach nationalem Recht

363 Art. 84 Abs. 1 DS-GVO ist ein **Regelungsauftrag** an die Mitgliedstaaten zu Sanktionen für Verstöße, die nicht nach Art. 83 DS-GVO bußgeldbewehrt sind. Somit können die Mitgliedstaaten für weitere, nicht von der DS-GVO umfasste Tatbestände Bußgelder vorsehen.[433] Dieser Auftrag umfasst auch den Erlass **strafrechtlicher Sanktionen,** welche die DS-GVO mangels Rechtssetzungskompetenz der EU nicht selbst regelt.[434] Sie überantwortet dies gemäß dem Grundsatz der Subsidiarität den Gesetzgebern der jeweiligen Mitgliedstaaten (Art. 84 Abs. 1 DS-GVO, siehe auch Erwgr. 149 DS-GVO). Auch die von den Mitgliedstaaten geschaffenen Sanktionen müssen wirksam, verhältnismäßig und abschreckend sein (Art. 84 Abs. 1 S. 2 DS-GVO). Erwgr. 149 DS-GVO betont die Wichtigkeit des Grundsatzes **„ne bis in idem",** also dass niemand wegen derselben Tat mehrmals bestraft werden darf. Der deutsche Gesetzgeber trägt dem Regelungsauftrag in den §§ 41–43 BDSG Rechnung.

364 Daneben kennt das nationale deutsche Recht eine Bandbreite möglicher Haftungstatbestände, deren Verwirklichung an eine Verletzung der DS-GVO anknüpfen kann. So könnte etwa ein Produkt eines im Kontext des IoT häufig anzutreffenden Software as a service (SaaS)-Providers, das den Grundsätzen des „Datenschutz durch Technik" (Art. 25 DS-GVO, dazu → Rn. 265 ff.) widerspricht, als „mangelhaft" (zB nach §§ 434 Abs. 1 S. 2 Nr. 2, 633 Abs. 2 S. 2 Nr. 2 BGB) eingestuft werden[435] und damit vertragsrechtliche Gewährleistungsansprüche nach sich ziehen. Auf deliktsrechtlicher Ebene ist etwa das Verletzen datenschutzrechtlicher „Verkehrssicherheitspflichten" ein denkbarer Anknüpfungspunkt für eine sog. Produzentenhaftung.[436] Sehr praxisrelevant sind schließlich die in weiten Teilen noch umstrittenen Fragen nach der **wettbewerbsrechtlichen Sanktionsmöglichkeit** von Datenschutzverletzungen, insbesondere im Anwendungsbereich des UWG/UKlaG[437] oder im Bereich der Missbrauchsaufsicht nach §§ 19 Abs. 1, 32 GWB.[438]

365 Die Bandbreite möglicher Haftungsnormen macht das **hohe Haftungspotenzial** deutlich, das vernetzten Datenverarbeitungsvorgängen des Internet der Dinge innewohnt. Dieses Haftungspotenzial gilt es beginnend schon bei der Konzeption entsprechender Angebote und über deren gesamten „Data Lifecycle" hinweg durch intensive und detaillierte Befassung mit den datenschutzrechtlichen Anforderungen und deren Umsetzung zu minimieren.

---

[433] Gola/*Gola* DS-GVO Art. 84 Rn. 4.

[434] Gola/*Gola* DS-GVO Art. 84 Rn. 1.

[435] Sydow/*Mantz* DS-GVO Art. 25 Rn. 80.

[436] Dazu *Specht-Riemenschneider* MMR 2020, 73; zu weiteren deliktischen und negatorischen (auf Beseitigung oder Unterlassung gerichteten) Anspruchsgrundlagen *Kosmides* in Forgó/Helfrich/Schneider Betr. Datenschutz-HdB Teil XIII Kap. 3 Rn. 62–66, 71 f.

[437] S. zum Diskussionsstand und auch zu jüngeren deutschen und europäischen Gesetzgebungsinitiativen *Uebele* GRUR 2019, 694.

[438] Dazu die Entscheidung im bekannten Facebook-Verfahren des OLG Düsseldorf Beschl. v. 26.8.2019 – Kart 1/19 (V), MMR 2019, 742, welche nun vom BGH mit Beschl. v. 23.6.2020 – KVR 69/19, GRUR 2020, 1318 aufgehoben und der Antrag von Facebook auf Anordnung der aufschiebenden Wirkung abgelehnt wurde.

§ 7 Vertragsgestaltung

Übersicht

Literatur zu I.:

Auer-Reinsdorff/Conrad (Hrsg.), IT- und Datenschutzrecht, 3. Aufl., München 2019; *Bamberger/Roth/Hau/Poseck* (Hrsg.), Beck'scher Online-Kommentar, 56. Ed., München 2020; *Bernhard/Lewandowski/Mann* (Hrsg.), Service-Level-Management in der IT, 5. Aufl., Kissing 2004; *Bisges,* Urheberrechtliche Aspekte des Cloud Computing – Wirtschaftlicher Vorteil gegenüber herkömmlicher Softwareüberlassung?, MMR 2012, 574; *Boehm,* Herausforderungen von Cloud Computing-Verträgen: Vertragstypologische Einordnung, Haftung und Eigentum an Daten, ZeuP 2016, 358; *Borges/Meents* (Hrsg.), Cloud Computing, München 2016; *Bräutigam* (Hrsg.), IT-Outsourcing und Cloud-Computing, 4. Aufl., München 2019; *Brockmeyer,* Treuhänder für Mobilitätsdaten – Zukunftsmodelle für hoch- und vollautomatisierte Fahrzeuge, ZD 2018, 258; *Cording/Götzinger,* Der CLOUD Act aus europäischer Sicht, CR 2018, 636; *Dickmann,* Nach dem Datenabfluss: Schadensersatz nach Art. 82 der Datenschutz-Grundverordnung und die Rechte des Betroffenen an seinen personenbezogenen Daten, r+s 2018, 345; *Dreier/Schulze* (Hrsg.), Urheberrechtsgesetz, 6. Aufl., München 2018; *Ehmann/Selmayr* (Hrsg.), Datenschutz-Grundverordnung, 2. Aufl., München 2018; *Ferrari/Kieninger/Mankowski/Otte/Saenger/Schulze/Staudinger* (Hrsg.), Internationales Vertragsrecht, 3. Aufl., München 2018; *Forgó/Helfrich/Schneider* (Hrsg.), Rechtshandbuch Betrieblicher Datenschutz, 3. Aufl., München 2019; *Gausling,* Offenlegung von Daten auf Basis des CLOUD Act, MMR 2018, 578; *Geppert,* Überprüfung der Modelle zur Datenübermittlung in Drittländer, ZD 2018, 62; *Giedke,* Cloud-Computing: Eine wirtschaftliche Analyse mit besonderer Berücksichtigung des Urheberrechts, München 2013; *Gola* (Hrsg.), Datenschutz-Grundverordnung, 2. Aufl., München 2018; *Hacker,* Mehrstufige Informationsanbieterverhältnisse zwischen Datenschutz und Störerhaftung, MMR 2018, 779; *Hellwig/Koglin,* Service Level Agreements für Software as a Service-Dienste, DSRITB 2009, 175; *Hilber* (Hrsg.), Handbuch Cloud Computing, Köln 2014; *Hofmann,* Anforderungen aus der DS-GVO und NIS-RL an das Cloud Computing, ZD-Aktuell 2017, 05488; *Hornung* (Hrsg.), Rechtsfragen der Industrie 4.0, Baden-Baden 2018; *Jansen,* Microsofts „Search Warrant" Case – oder die Zukunft der europäischen Datensouveränität, ZD 2018, 149; *Kling-Straub/Straub,* Vernetzte Fahrzeuge – portable Daten. Das Recht auf Datenübertragbarkeit gem. Art. 20 DS-GVO, ZD 2018, 459; *Koreng/Lachenmann* (Hrsg.), Datenschutzrecht, 2. Aufl., München 2018; *Kratz,* Datenportabilität und „Walled Gardens", InTeR 2019, 26; *Kühling/Buchner* (Hrsg.), DS-GVO/BDSG, 2. Aufl., München 2018; *Leupold/Glossner* (Hrsg.), Münchener Anwaltshandbuch IT-Recht, 3. Aufl., München 2013; *v. Lewinski,* Privacy Shield – Notdeich nach Pearl Harbor für die transatlantischen Datentransfers, EuR 2016, 405; *Molnár-Gábor/Kaffenberger,* EU-US-Privacy-Shield – Bedeutung des Angemessenheitsbeschlusses der EU-Kommission, ZD 2018, 162; *Musielak/Voit* (Hrsg.), Zivilprozessordnung mit Gerichtsverfassungsgesetz, 16. Aufl., München 2019; *Nägele/Jacobs,* Rechtsfragen des Cloud Computing, ZUM 2010, 281; *Niemann/Paul,* Bewölkt oder wolkenlos –

rechtliche Herausforderungen des Cloud Computing, K&R 2009, 444; *Nordmeier,* Cloud Computing und Internationales Privatrecht – Anwendbares Recht bei der Schädigung von in Datenwolken gespeicherten Daten, MMR 2010, 151, *Paal/Pauly* (Hrsg.), DS-GVO BDSG, 2. Aufl., München 2018; *Plath* (Hrsg.), BDSG/DSGVO, 3. Aufl., Köln 2018; *Pohle/Ammann,* Über den Wolken – Chancen und Risiken des Cloud Computing, CR 2009, 273; *Rath/Spies,* CLOUD Act: Selbst für die Wolke gibt es Grenzen, CCZ 2018, 229; *Rath/Kuß/Maiworm,* Die neue Microsoft Cloud in Deutschland mit Datentreuhand als Schutzschild gegen NSA & Co.?, CR 2016, 98; *Rauscher/Krüger* (Hrsg.), Münchener Kommentar zur Zivilprozessordnung mit Gerichtsverfassungsgesetz und Nebengesetzen, 5. Aufl., München 2016; *Riehm,* Rechte an Daten – Die Perspektive des Haftungsrechts, VersR 2019, 714; *Roßnagel,* Kein „Verbotsprinzip" und kein „Verbot mit Erlaubnisvorbehalt" im Datenschutzrecht, NJW 2019, 1; *Roßnagel,* Datenschutz in der Forschung, ZD 2017, 158; *Saecker/Rixecker/Oetker/Limperg* (Hrsg.), Münchener Kommentar zum Bürgerlichen Gesetzbuch, 8. Aufl., München 2018; *Saenger* (Hrsg.), Zivilprozessordnung, 8. Aufl., Baden-Baden 2019; *Sassenberg/Faber* (Hrsg.), Rechtshandbuch Industrie 4.0 und Internet of Things. Praxisfragen und Perspektiven der digitalen Zukunft, München 2017; *Schallbruch,* Die EU-Richtlinie über Netz- und Informationssicherheit: Anforderungen an digitale Dienste, CR 2016, 663; *Schantz/Wolff* (Hrsg.), Das neue Datenschutzrecht, München 2017; *Schuster/Reichl,* Cloud Computing & SaaS, was sind die wirklich neuen Fragen?, CR 2010, 38; *Schwartz/Pfeifer,* Datentreuhändermodelle – Sicherheit vor Herausgabeverlangen US amerikanischer Behörden und Gerichte?, CR 2017, 165; *Simitis/Hornung/Spiecker (gen. Döhmann)* (Hrsg.), Datenschutzrecht, Baden-Baden 2019; *Söbbing,* Cloud und Grid-Computing: IT-Strategien der Zukunft rechtlich betrachtet, MMR 5/2008, XII; *Söbbing.* (Hrsg.), Handbuch IT-Outsourcing, 4. Aufl., Heidelberg 2015; *Spannowsky/Runkel/Goppel* (Hrsg.), Raumordnungsgesetz (ROG), 2. Aufl., München 2018; *Spies,* USA: Gesetzgeber billigt Datenzugriff außerhalb der USA (CLOUD Act), ZD-Aktuell 2018, 04291; *Spindler/Schuster* (Hrsg.), Recht der elektronischen Medien, 4. Aufl., München 2019; *Stiemerling/Schneider,* Vertragliche Regelungen zum Antwortzeitverhalten interaktiver Computersysteme, CR 2011, 345; *Swire/Daskal,* What the CLOUD Act Means for Privacy Pros, ZD-Aktuell 2018, 04301; *Sydow* (Hrsg.), Europäische Datenschutzgrundverordnung, 2. Aufl., Baden-Baden 2018; *Taeger/Pohle* (Hrsg.), Computerrechtshandbuch, 35. Erg.-Lfg., München 2020; *Thalhofer,* Recht an Daten in der Smart Factory, GRUR-Prax 2017, 225; *Thalhofer/Wilmer,* Praktische Herausforderungen bei der Abgrenzung von AGB und Individualvertrag bei IT-Projekten, CR 2014, 765; *Wagner,* Disruption der Verantwortlichkeit, ZD 2018, 307; *Weber,* Liability in the Internet of Things, EuCML 2017, 207; *Weichert,* Der Personenbezug von Kfz-Daten, NZV 2017, 507; *Weitnauer/Mueller-Stöfen* (Hrsg.), Beck'sches Formularbuch IT-Recht, 4. Aufl., München 2017; *v. Westphalen/Thüsing,* Vertragsrecht und AGB-Klauselwerke, 44. Erg.-Bd., München 2019; *Wicker,* Vertragstypologische Einordnung von Cloud Computing-Verträgen. Rechtliche Lösungen bei auftretenden Mängeln, MMR 2012, 783; *Wolff/Brink* (Hrsg.), Beck'scher Online-Kommentar Datenschutzrecht, 34. Ed., München 2020.

I. Verträge mit Cloud Providern*

1. Cloud Computing als Fundament des Internet of Things – Einleitung

a) Einführung

1 Cloud Computing ist eine der entscheidenden IT-Technologien für die fortschreitende Digitalisierung und bildet das Fundament für das **Internet der Dinge.** Obgleich es keine exakte Definition gibt, stellt das Cloud Computing abstrahierte IT-Infrastrukturen seinen Nutzern oder dessen Kunden zur Verfügung, wie bspw. Rechnerkapazität, Datenspeicher, Netzwerkkapazität oder gar fertige Software. Die einzelnen Bestandteile sind nach Bedarf abrufbar, dynamisch und flexibel anpassbar sowie der Nutzung entsprechend abrechenbar. Im Wesentlichen unterscheidet man drei verschiedene Erscheinungsformen beim Cloud Computing, namentlich *Software as a Service* (SaaS), *Platform as a Service* (PaaS) und *Infrastructure as a Service* (IaaS). Alle drei Erscheinungsformen ermöglichen es dem Cloud-Kunden, zeitnah Ressourcen im gewünschten Umfang über das Internet zu beziehen. Beim SaaS erhält der Cloud-Kunde vom Anbieter den Zugang zu Software, die er benutzen kann. Soweit der Cloud-Kunde nicht nur eine bestimmte Software nutzen kann, sondern auch Software-Entwicklungsplattformen und er die Möglichkeit hat, die Entwicklungen auf dem Rechner des Providers zu betreiben, handelt es sich um PaaS. Beim IaaS erhält der Cloud-Kunde Rechenleistung, Datenspeicher und teilweise auch Kommunikations-

---

* Der Verfasser dankt den wissenschaftlichen Mitarbeitern ref. jur. *Lisa Haller* und *Thomas Nix* für die tatkräftige Unterstützung bei der Erstellung des Manuskripts.

verbindungen.[1] In rechtlicher Hinsicht ist die Unterscheidung zwischen der *Private Cloud* und der *Public Cloud* essenziell. Während die Private-Cloud-Server eines Unternehmens standortübergreifend virtualisiert und externen Dritten den Zugriff darauf verwehrt, können bei der Public Cloud externe Dritte gegen eine Vergütung auf die vom Cloud-Provider angebotene IT-Infrastruktur zurückgreifen. Dabei sind vor allem Themen wie IT-Sicherheit und Datenschutz bei der Public Cloud brisant, wohingegen bei der Private Cloud das Unternehmen die Kontrolle über seine Daten behält.[2] Allerdings schmälert die Private Cloud die entscheidenden Vorteile des Cloud Computing, indem sie weniger flexibel, schlechter skalierbar und wesentlich teurer ist.[3] Die *Hybrid Cloud* ist eine Mischform aus einer Public Cloud und einer Private Cloud, indem sie diese kombiniert. In der Hybrid Cloud werden die Anwendungen über ein öffentliches Netzwerk ausgeführt, die anfallenden Daten bleiben aber lokal gespeichert und sind nicht in der Cloud des Anbieters der Public Cloud.[4]

b) Einsatz im Unternehmen

Durch den Einsatz von Cloud Computing kann der Cloud-Kunde die Kosten für die eigene lokale Infrastruktur senken und gleichzeitig professionelle und aktuelle, dem Stand der Technik entsprechende IT-Infrastruktur des Cloud-Providers beziehen. Der Cloud-Kunde kann die genutzten Kapazitäten kurzfristig und variabel an seinen Bedarf ausrichten, sodass er sich nicht auf eine fixe Bezugsgröße hinsichtlich Speicher- und Rechnerkapazität festlegen muss. Nach Angaben der Bitkom bezogen 2018 fast drei von vier deutschen Unternehmen (73 Prozent) Services aus der Cloud. Bei Großunternehmen waren es 2017 sogar schon 83 Prozent. Die Bedeutung dieser IT-Technologie ist in der Vergangenheit rasant angestiegen und der Trend wird sich auch weiter fortsetzen.[5] Die Unternehmen, die keine Services aus der Cloud beziehen, befürchten vor allem den unberechtigten Zugang auf sensible Unternehmensdaten (73 Prozent), Datenverluste in der Cloud (64 Prozent) sowie eine unsichere Rechtslage (51 Prozent).[6] Cloud Computing ist kein neues Phänomen, allerdings haben sich die Risiken und rechtlichen Herausforderungen, die es mit sich bringt, nicht grundsätzlich verändert. Gerade Fragen der Vertragsgestaltung, des anwendbaren Rechts, des Datenschutzes und der IT-Sicherheit stellen die Rechtspraxis vor erhebliche Herausforderungen.[7] 2

Das Cloud Computing spielt eine entscheidende Rolle für die Anwendungen des IoT. 3 Durch die Vernetzung verschiedener Gegenstände fallen Datenmassen an, die Unternehmen regelmäßig mit ihrer eigenen IT-Infrastruktur nicht bewältigen können und für diese somit nicht umfassend nutzbar sind. Das Cloud Computing ermöglicht die sichere, leistungsfähige und hochverfügbare Verarbeitung von IoT-Daten. Aufgrund der Virtualisierungstechnik ist das Cloud Computing eine funktionierende Lösung für „Big Data", denn Server und Speicherkapazität sind mit überschaubaren Kosten so gut wie unbegrenzt verfügbar. Mit herkömmlichen Mitteln können die Datenmassen von „Big Data" kaum effizient verwaltet werden, vor allem bei Datenmengen, die in Echtzeit ermittelt werden, beispielsweise aus Transaktionssystemen, wissenschaftlichen Versuchen, Simulationen oder Sensoren.[8]

---

[1] *Wicker* MMR 2018, 783.
[2] BeckFormB IT-R/*Missling* G.6 S. 479.
[3] *Niemann/Paul* K&R 2009, 444 (445).
[4] *Bisges* 2012, 574 (575).
[5] S. dazu Cloud Monitor 2019, Bitkom Research GmbH, www.bitkom.org/sites/default/files/2019-06/bitkom_kpmg_pk_charts_cloud_monitor_18_06_2019.pdf (25.2.2021).
[6] www.bitkom.org/Presse/Presseinformation/Cloud-Nutzung-auf-Rekordniveau-bei-Unternehmen (25.2.2021).
[7] *Niemann/Paul* K&R 2009, 444.
[8] *Söbbing* in Söbbing IT-Outsourcing-HdB Kap. 2 Rn. 402.

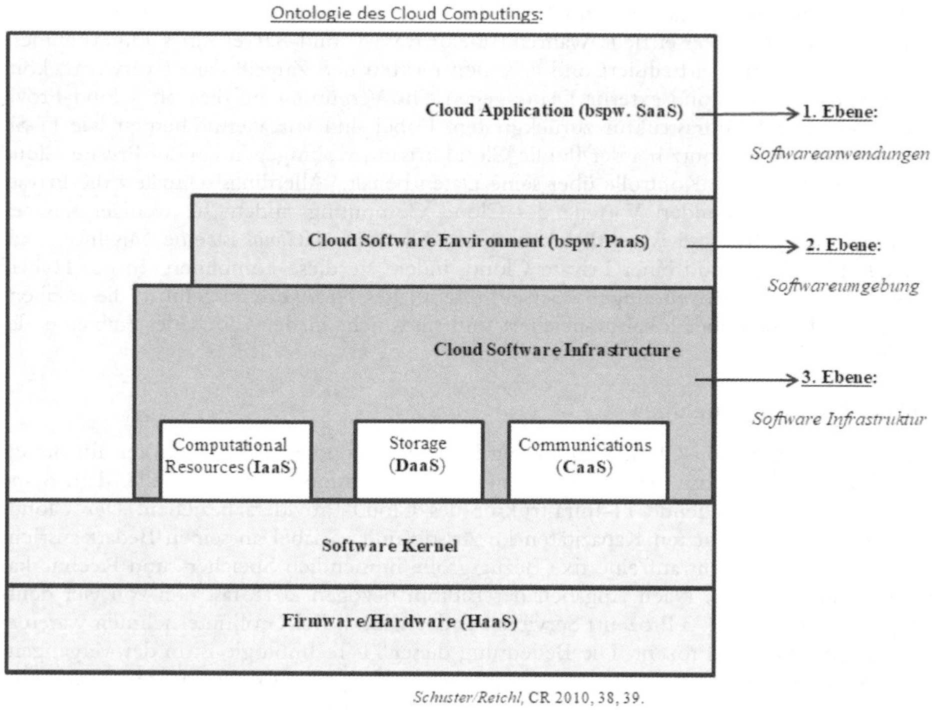

Abb. 1: Ontologie des Cloud Computing

2. Allgemeine Hinweise zur Gestaltung von Cloud-Computing-Verträgen

a) Kein einheitlicher Vertragstyp

4 Beim Cloud Computing werden Verträge zwischen dem Cloud-Provider und den Cloud-Nutzern sowie zwischen dem Cloud-Provider und seinen Subunternehmen geschlossen. Cloud Computing existiert in den verschiedensten Ausprägungen, sodass **kein einheitlicher Cloud Computing-Vertrag** existiert. Bei Cloud Computing-Verträgen handelt es sich vielmehr um **typengemischte Verträge,** die je nach Servicetyp unterschiedliche Schwerpunkte aufweisen können. Die Zuordnung zu den im BGB geregelten Vertragstypen gestaltet sich schwierig, denn Cloud Computing-Verträge sind meist aus mehreren, häufig unterschiedlichen Leistungsbestandteilen zusammengesetzt. Die Teilleistungen der Cloud Computing-Verträge werden grundsätzlich unabhängig voneinander und gesondert beurteilt. Falls dies nicht möglich ist und die Leistungen untrennbar miteinander verbunden sind, ist diejenige Leistung für die Vertragseinordnung entscheidend, die den Schwerpunkt bildet. Das ist bspw. relevant beim Rücktritt vom Vertrag.[9]

5 Im Gegensatz zum **klassischen IT-Outsourcing,** das sich in der Regel auf einen Anbieter mit überschaubar wenigen Serverstandorten richtet, ist beim Cloud Computing eine große und somit kaum überschaubare Zahl von Unterauftragnehmern und benutzten Serverstandorten möglich. Durch die erweiterte Kapazität wird dem Nutzer die Kontrollierbarkeit der Leistungen erschwert. Cloud-Services gleichen dem „klassischen" IT-Outsourcing grundsätzlich in vielen Aspekten. Eine wesentliche Besonderheit des Cloud Computing gegenüber dem klassischen IT-Outsourcing besteht darin, dass sich in der Cloud mehrere Nutzer **eine gemeinsame Infrastruktur** teilen und die IT-Leistungen

[9] *Hilber/Borges* Leitfaden – Vertragsgestaltung beim Cloud Computing S. 16.

dynamisch über **mehrere Standorte** abrufen können, im Inland ebenso wie im Ausland. Der Nutzer hat die Möglichkeit, die Cloud-Dienste auf **seine Bedürfnisse zuzuschneiden** und diese über Web-Oberflächen oder andere passende Schnittstellen zu administrieren, wofür nur wenig Interaktion mit dem Cloud-Provider erforderlich ist. Anders als beim klassischen IT-Outsourcing werden beim Cloud Computing die physikalischen Ressourcen nicht fest zugeordnet. Stattdessen sind die Daten aufgrund der Virtualisierung auf verschiedenen Systemen (in der Cloud) überall auf der Welt verteilt.[10]

b) Unterscheidung der Cloud-Modelle/Leistungen

Wie oben beschrieben lassen sich im Wesentlichen **drei verschiedene Cloud-Modelle** 6
unterscheiden, namentlich *Platform as a Service* (PaaS), *Software as a Service* (SaaS) und *Infrastructure as a Service* (IaaS). **PaaS** ist ein Cloud-Modell, das Softwareentwicklern geeignete Entwicklerplattformen zur Verfügung stellt. Bei **IaaS** wird dem Cloud-Nutzer Rechenleistung und Speicherplatz als Service bereitgestellt wohingegen dieser bei **SaaS** Software auf der Infrastruktur des Cloud-Anbieters nutzen kann. Dabei ist die Software nur in der Cloud installiert und nicht auf dem Rechner des Kunden. Neben den verschiedenen Service-Modellen gibt es **unterschiedliche Erscheinungsarten** des Cloud Computing. So spricht man von einer *Private Cloud,* wenn diese unternehmens- oder konzernintern benutzt wird, beispielsweise bei einem Intranet. Die *Public Cloud* richtet sich an einen offenen Benutzerkreis und kann von unterschiedlichen Personen und Unternehmen genutzt werden. Die *Hybrid Cloud* ist eine Kombination von der Private und der Public Cloud und versucht die Vorteile beider Modelle zu vereinen.[11]

Aufgrund der Vielfalt der verschiedenen Cloud-Leistungen ist es für den Cloud-Kun- 7
den wichtig, schon im Vertrag exakte Vereinbarungen über **Leistungsstandards** und **unabhängige Kontrollen** festzulegen. Aufgrund der Komplexität moderner Clouds ist der Nutzer immer mehr von „begleitenden Leistungen" des Providers abhängig. Kaum ein vernetztes System arbeitet ohne einen Support Service und rund um die Uhr verfügbare Hotlines. Inwieweit solche Dienste geschuldet sind ist im Vertrag zu vereinbaren. Eine **detaillierte** und **präzise Vertragsgestaltung** ist beim Cloud Computing unabdingbar. Diese ermöglicht nicht nur eine **angemessene Risikoverteilung** zwischen den Parteien, sondern trägt auch wesentlich zur **Streitprävention** bei.

c) Rahmenvertrag und Einzelverträge

Für Cloud Computing-Verträge gibt es keine spezielle Form. Abgesehen von datenschutz- 8
rechtlichen Ausnahmen, bspw. der Vereinbarung zur Auftragsverarbeitung nach Art. 28 Abs. 3 DS-GVO, ist der Vertragsschluss formfrei möglich. Bei komplexen Cloud-Projekten hat sich in der Praxis eine Kombination aus **Rahmenvertrag** und **Einzelverträgen** bewährt. Die Einzelverträge und, zwischen den Parteien vereinbarten, Service Level Agreements[12] (SLAs) haben Vorrang gegenüber den Regelungen des Rahmenvertrags. Diesem untergeordnet sind die AGB der Parteien (soweit nicht ausgeschlossen) und das dispositive Recht.[13] Der Rahmenvertrag regelt die allgemeinen rechtlichen Fragen der Zusammenarbeit zwischen den Parteien. Dagegen legen die Einzelverträge die Rechte und Pflichten bezüglich der einzelnen Cloud-Services fest.[14] Bei stärker standardisierten Cloud-Projekten dominiert die Abwicklung auf AGB-Basis, welche nur noch eingeschränkt verhandelt werden. Zu beachten ist, dass sich gerade im SaaS-Bereich in jüngerer Vergangenheit ver-

[10] *Söbbing* in Söbbing IT-Outsourcing-HdB Kap. 2 Rn. 398 ff.
[11] Ausf. zu den verschiedenen Cloud-Modellen *Giedke* Cloud Computing: Eine wirtschaftliche Analyse mit besonderer Berücksichtigung des Urheberrechts S. 28 ff.
[12] Service Level Agreement übersetzt bedeutet Dienstgütervereinbarung, s. www.dict.leo.org/englisch-deutsch/service%20level%20agreement (25.2.2021).
[13] *Meents* in Borges/Meents Cloud Computing § 4 Rn. 13, 17.
[14] *Meents* in Borges/Meents Cloud Computing § 4 Rn. 16, 30.

mehrt das Bedürfnis ergibt, die immer komplexeren und leistungsfähigeren SaaS-Produkte auf die Bedürfnisse des Cloud-Kunden anzupassen. Diese Anpassungen („Customizing" oder „Parametrisierung") regelt ein separater Implementierungsvertrag, welcher mit dem Cloud-Softwareanbieter, möglicherweise aber auch mit einem dritten IT-Dienstleister abgeschlossen werden kann.

Wegen der Internationalität des Cloud Computing ist allerdings immer zuerst die Frage nach **der geltenden Rechtsordnung** zu klären.

3. Anwendbares Recht

a) Internationales Privatrecht

9 Die Einordnung in das Internationale Privatrecht erfolgt nach den allgemeinen Regelungen der **Art. 3 ff. Rom I-VO.** Nach **Art. 3 Rom I-VO** können die Parteien das geltende Recht jederzeit frei wählen. Dieser Grundsatz gilt in den meisten Ländern, allerdings nicht in allen.[15] Es ist möglich, durch Allgemeine Geschäftsbedingungen oder mittels vertraglicher Vereinbarung das Recht eines Staates nach **Art. 3 Rom I-VO** frei festzulegen. Bei Cloud-Verträgen zwischen zwei Unternehmern wird das anwendbare Recht häufig vereinbart, um von Anfang an zweifelsfrei zu klären, welche gesetzlichen Regelungen zu berücksichtigen sind. Eine Rechtswahl ist auch möglich bei Cloud-Computing-Verträgen mit Verbrauchern. Bei Cloud-Computing-Verträgen mit Verbrauchern ist dabei die **Günstigkeitsabwägung** nach **Art. 6 Abs. 2 S. 2 Rom I-VO** zu berücksichtigen.

10 Die **Günstigkeitsabwägung** nach **Art. 6 Abs. 2 S. 2 Rom I-VO** bewirkt, dass das gewählte Recht mit demjenigen Recht zu vergleichen ist, das nach den Vorschriften über die objektive Anknüpfung bei fehlender Rechtswahl anzuwenden wäre. Unabdingbare Vorschriften zum Schutze des Verbrauchers, welche in der Rechtsordnung vorgesehen sind, die bei fehlender Rechtswahl anzuwenden wäre, dürfen nicht durch die Wahl einer anderen Rechtsordnung umgangen werden. Mit anderen Worten kann sich der Verbraucher darauf verlassen, dass die in seinem Land gültigen **Verbraucherschutzvorschriften** auch für Verträge mit internationalen Cloud-Providern **Gültigkeit** haben.

11 Wenn in den vertraglichen Vereinbarungen des Cloud Computing **keine ausdrückliche Rechtswahl** getroffen ist, bestimmt sich das anwendbare Recht nach **Art. 4 Rom I-VO.** Problematisch ist, dass für die objektive Anknüpfung nach **Art. 4 Abs. 1 Rom I-VO** der Cloud-Computing-Vertrag einem **genauen Vertragstyp** zugeordnet werden muss.[16] Die Definition der verschiedenen Vertragstypen muss dabei autonom oder mithilfe europarechtlicher Vorgaben erfolgen, nicht anhand der nationalen Vertragsdefinition.[17] Die Zuordnungsschwierigkeit wird dadurch relativiert, dass man zumindest auf europäischer Ebene und soweit es das auf Cloud-Computing-Verträge anwendbare Recht betrifft, auch bei unterschiedlichen Vertragszuordnungen stets das gleiche Recht Anwendung findet, sowohl bei Cloud-Computing-Verträgen zwischen zwei Unternehmern (B2B), als auch bei Verträgen zwischen einem Unternehmer und einem Verbraucher (B2C).

b) Bewertung des Cloud-Computing-Vertrags

12 Stuft man den Cloud-Computing-Vertrag im B2B-Bereich als Dienstleistung ein, so findet gem. **Art. 4 Abs. 1 lit. b Rom I-VO** das Recht des gewöhnlichen Aufenthaltsortes des Dienstleisters, also des Cloud-Providers, Anwendung. Eine Einordnung als Dienstleistung liegt nahe für die Servicetypen IaaS und PaaS, sofern der Cloud-Provider dem

---

[15] *Ferrari* in Ferrari IntVertragsR VO (EG) 593/2008 Art. 3 Rn. 1.
[16] *Boehm* ZEuP 2016, 358 (363).
[17] *Auer-Reinsdorff* in Auer-Reinsdorff/Conrad IT-R-HdB § 23 Rn. 23.

Nutzer Rechenleistung bereitstellt.[18] Das Gleiche gilt für Verträge, die nach deutschen Bestimmungen als Werkverträge einzuordnen sind – zB die Installation, Anpassung, Wartung oder Implementierung von Software. Solche Verträge gelten im Rahmen der Rom I-VO ebenfalls als Dienstverträge und fallen damit unter Art. 4 Abs. 1 lit. b Rom I-VO. Oft kann man den Cloud-Computing-Vertrag nicht nur einem, sondern keinem oder mehreren der in **Art. 4 Abs. 1 Rom I-VO** aufgeführten Vertragstypen zuordnen. Dann unterliegt der Vertrag gem. Art. 4 Abs. 2 Rom I-VO dem Recht des Staates, in dem die Partei, welche die für den Vertrag charakteristische Leistung zu erbringen hat, ihren gewöhnlichen Aufenthalt hat. Die charakteristische Leistung erbringt immer der **Cloud-Provider.** Sieht man bspw. das Cloud Computing – zumindest bei Überlassung von Software oder Speicherplatz – als Miete an, so ist das Recht des gewöhnlichen Aufenthaltsortes des Vermieters, also wiederum des Cloud-Providers, anwendbar nach **Art. 4 Abs. 2 Rom I-VO.** Verträge über Cloud-Computing-Leistungen richten sich folglich bei fehlender Rechtswahl im B2B-Bereich immer nach dem Recht des gewöhnlichen Aufenthaltsortes des Providers bzw. nach dem Recht des Ortes, an dem sich dessen Hauptverwaltung befindet. Bei Cloud-Computing-Verträgen, bei denen der Nutzer ein **Verbraucher**[19] und der Provider ein **Unternehmer**[20] ist, findet, wenn keine Rechtswahl stattgefunden hat, gem. **Art. 6 Abs. 1 Rom I-VO** das Recht des gewöhnlichen Aufenthaltsortes des Verbrauchers Anwendung.

4. Vertragstypologie

13 Wenn die Anwendbarkeit einer bestimmten Rechtsordnung feststeht, ist innerhalb dieser nationalen Rechtsordnung der Cloud-Computing-Vertrag zu einem bekannten und gesetzlich geregelten **Vertragstypen** zuzuordnen. Die **Festlegung des Vertragstyps** ist unerlässlich für die Auslegung und die Arbeit mit dem Vertrag sowie für eine Wirksamkeitskontrolle, bspw. der AGB. Dabei sind die **Leistungsbeschreibung und die Hauptleistungspflichten** maßgeblich für die Zuordnung zu einem bestimmten Vertragstyp. Die **wesentlichen Elemente** des Vertrages sind entscheidend dafür, ob dieser einem herkömmlichen gesetzlich geregelten Vertragstyp zugeordnet werden kann.[21] Von den gesetzlichen Vorschriften des entsprechenden Vertragstyps, dh dem **gesetzlichen Leitbild,** kann der Verwender von AGB im deutschen Recht dann nur noch begrenzt abweichen. So sind gem. § 307 Abs. 2 Nr. 1 BGB AGB unwirksam, wenn diese den Vertragspartner des Verwenders unangemessen benachteiligen. Eine unangemessene Benachteiligung liegt vor, wenn eine Klausel unvereinbar ist mit den wesentlichen Grundgedanken der gesetzlichen Regelung, von der abgewichen wird.

14 Die rechtliche Einordnung des gesamten Vertrages nach der prägenden Leistung ist wegen der **Verschiedenartigkeit der einzelnen Leistungen** regelmäßig nicht möglich. Daher muss für jeden Vertragsteil auf den **rechtlichen** bzw. den **wirtschaftlichen Schwerpunkt** abgestellt werden. Wegen der Vielfältigkeit des Cloud Computing gilt für die Zuordnung, dass man nicht von der Art der erbrachten Leistung direkt auf einen bestimmten Vertragstyp schließen kann. Es kommt für jeden einzelnen Vertrag auf dessen genaue Bestimmungen an, sodass nur im Einzelfall entschieden werden kann, ob ein Vertrag **werkvertragliche, dienstvertragliche** oder **mietvertragliche** Elemente enthält. Dennoch kann man die folgende Orientierungshilfe für die Zuordnung geben:

[18] *Strittmatter* in Auer-Reinsdorff/Conrad IT-R-HdB § 22 Rn. 36.
[19] Legaldefinition *Verbraucher* nach Art. 6 Abs. 1 Rom I VO: natürliche Person, die einen Vertrag zu einem Zweck, der nicht ihrer beruflichen oder gewerblichen Tätigkeit zugeordnet werden kann, abschließt.
[20] Legaldefinition *Unternehmer* nach Art. 6 Abs. 1 Rom I VO: Person, die in Ausübung ihrer beruflichen oder gewerblichen Tätigkeit handelt.
[21] *Kuss* in Sassenberg/Faber Industrie 4.0 und Internet-HdB Teil 3 C Rn. 11.

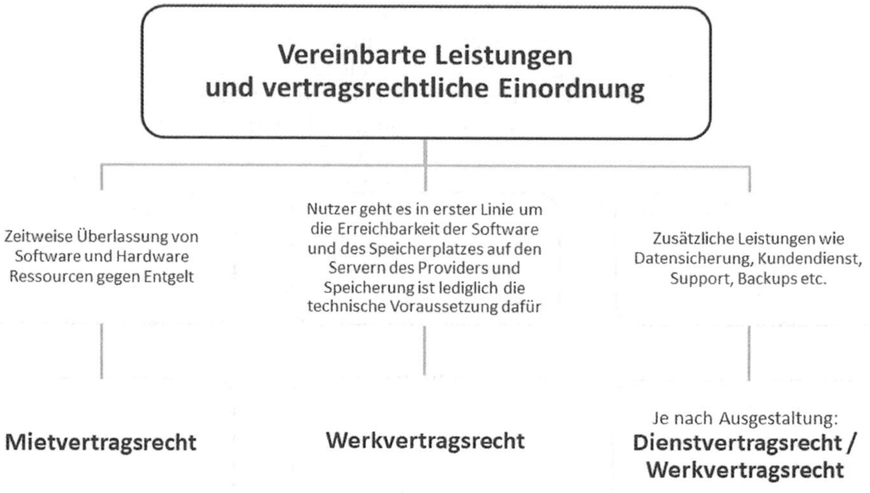

Abb. 2: Vereinbarte Leistungen und vertragstypologische Einordnung

- ***IaaS:*** Beim IaaS *(Infrastructure as a Service)* ist die Überlassung von Speicherkapazität in der Regel durch Mietvertragsrecht geregelt, während die Zurverfügungstellung von Rechenleistung einen Dienstvertrag darstellt.
- ***SaaS:*** Die Bereitstellung von Software im Rahmen des SaaS *(Software as a Service)* entspricht inhaltlich einem Mietvertrag über eine bewegliche Sache nach §§ 535ff. BGB oder aber – in der unentgeltlichen Variante – einem Leihvertrag, nach §§ 598ff. BGB.[22]
- ***PaaS:*** Die durch den zeitlich begrenzten Zugriff auf eine Infrastruktur zur Softwareentwicklung gekennzeichnete Ausprägung PaaS *(Platform as a Service)* steht in der Regel ebenfalls dem Mietvertrag nahe.

15 Weitere Leistungen, die oft noch neben die Hauptleistungen treten, können entweder den Charakter von Nebenverpflichtungen haben, so wie etwa die Pflicht des Vermieters, die vermietete Software durch Wartung und Pflege in dem vertragsgemäßen Zustand zu erhalten[23] oder eigene Leistungsverpflichtungen darstellen. **Softwarepflege** und **Supportleistungen** wie die Unterstützung bei der Nutzung der Cloud sind regelmäßig **dienstvertraglicher Natur,** dagegen sind die **Installation, Implementierung** oder **Anpassungsleistung** einer Applikationssoftware eher dem **Werkvertrag** zuzuordnen, da in der Regel nicht nur ein Tätigwerden geschuldet ist, sondern ein konkreter Erfolg.[24] Allerdings kann man auch hier keine allgemeingültige Aussage treffen, vielmehr ist eine Einzelfallentscheidung vorzunehmen anhand des Charakters der jeweiligen Vertragsinhalte.[25]

5. Vertragsaufbau

a) Überblick

16 Ein Cloud-Computing-Vertrag setzt sich aus **verschiedenen Einzelbestandteilen** zusammen. Charakteristisch für Cloud-Computing-Verträge sind dabei **standardisierte Vertragsbedingungen** mit der Ausnahme im Bereich der „customized private Cloud“, wo die Angebote genau auf den jeweiligen Großkunden abgestimmt sind. Die **technische**

[22] Der BGH sieht auch den ASP-Vertrag als Mietvertrag, s. BGH Urt. v. 15.11.2006 – XII ZR 120/04, MMR 2007, 243.
[23] *Pohle/Ammann* CR 2009, 273 (275).
[24] *Nägele/Jacobs* ZUM 2010, 281 (284).
[25] *Pohle/Ammann* CR 2009, 273 (275); *Strittmatter* in Auer-Reinsdorff/Conrad IT-R-HdB § 22 Rn. 29ff.

Standardisierung und **Skalierbarkeit** ermöglicht viele Cloud-Computing-Geschäftsmodelle überhaupt erst. Die logische Konsequenz davon ist, dass auch die grundlegenden Vertragsbedingungen standardisiert erfolgen.[26] Über den Vertragsgegenstand und die verschiedenen Leistungen wird dann nicht mehr einzeln verhandelt. Themen wie Benchmarking, Governance, die Liste möglicher Kündigungsgründe, Change Request oder Rechteeinräumung sind bei einem gewöhnlichen Cloud-Computing-Vertrag über den vereinfachten Einkauf von standardisierten Leistungen damit den „klassische[n] Diskussionsfelder[n] der Vertragsverhandlung“[27] entzogen. Fragen der Haftung und des Risikos müssen die Parteien nicht gezwungenermaßen standardisiert regeln. Vor allem bei komplexen Cloud-Projekten ist es denkbar, dass die Parteien diese Punkte differenziert aushandeln.

In der Regel sind die Vertragsbedingungen des Cloud Computing in den AGB enthalten. 17 Zu deren Einbeziehung gelten dabei die üblichen Grundsätze zur Einbeziehung von AGB im geschäftlichen Verkehr. Zusätzlich gilt **§ 312i Abs. 1 Nr. 4 BGB** beim Vertragsschluss im Internet, dh der Nutzer muss die Möglichkeit haben die AGB abzurufen und zu speichern. Der Cloud-Computing-Vertrag weicht oft vom „klassischen Aufbau“ eines IT-Vertrages ab. Klassischerweise besteht ein IT-Leistungsvertrag aus einem umfangreichen Hauptvertrag/Rahmenvertrag, kaufmännischen Anlagen (wie SLA, Vergütung, Benchmarking) und technischen Anlagen. Dieser Aufbau kommt bei komplexen Cloud-Projekten weiterhin vor. Bei dem Cloud-Computing-Vertrag liegt der **Großteil des Vertrages aber häufig im AGB-Recht.** Besondere Betonung liegt auf der **Leistungsbeschreibung** und der **Abgrenzung der Verantwortungsbereiche** voneinander.[28] Dabei weisen Cloud-Computing-Verträge häufig eine **„katalogartige Struktur“** auf.[29] Auf der ersten Ebene des Vertrages werden unter anderem die Pflichten der Parteien, der Zugang zu den Leistungen, und die Kosten geregelt. Weiterhin werden durch AGB unter anderem Vertragspartner, Vertragsgegenstand, Leistungen und Zahlungsbedingungen festgesetzt. Insgesamt bestehen Cloud-Computing-Verträge meist aus **AGB, verschiedenen Leistungsscheinen** und Service Level Agreements **(SLA).**[30] Für Cloud-Anbieter, die verschiedenartige Dienste zur Verfügung stellen bietet sich an, neben einem Rahmenvertrag/AGB auch einen **„allgemeinen Leistungsschein“** zum Vertragsbestandteil zu machen, der diejenigen Leistungsmerkmale beinhaltet, die für alle Dienste von Relevanz sind. Leistungsscheine für die einzelnen Dienste ergänzen diesen dann um die jeweiligen spezifischen Merkmale und Vereinbarungen. Im Folgenden ist auf die Besonderheiten einzugehen, die bei der Gestaltung von Cloud-Verträgen zu beachten sind.

b) Wesentliche Inhalte des Cloud-Rahmenvertrages bzw. der Cloud-AGB

aa) Essentialia Negotii. Ein Cloud-Vertrag muss mindestens die Bezeichnungen der Ver- 18 tragsparteien, die Festlegung des Vertragsgegenstandes sowie die Vereinbarung einer Vergütung enthalten. Wenn es an einem dieser grundlegenden Punkte („essentialia negotii“) fehlt, kann kein wirksamer Cloud-Vertrag zustande kommen. Zusätzlich können weitere Leistungspflichten vertraglich geregelt werden, wie etwa die Reaktionszeit bei Störungen, zusätzliche Backup-Services sowie Anwendungsunterstützung für die Software.

[26] *Strittmatter* in Auer-Reinsdorff/Conrad IT-R-HdB § 22 Rn. 10.
[27] *Strittmatter* in Auer-Reinsdorff/Conrad IT-R-HdB § 22 Rn. 15.
[28] *Strittmatter* in Auer-Reinsdorff/Conrad IT-R-HdB § 22 Rn. 12.
[29] *Strittmatter* in Auer-Reinsdorff/Conrad IT-R-HdB § 22 Rn. 12.
[30] Vgl. *Bräutigam* in Bräutigam IT-Outsourcing und Cloud Computing Teil 13 A. Rn. 2ff.; der Deutsche Anwaltsverein, Stellungnahme zur Mitteilung der Europäischen Kommission „Freisetzung des Cloud-Computing-Potenzials in Europa“, 02/2013, S. 8 schlägt dagegen ein Modell vor, bei dem ein gesamter Cloud-Computing-Vertrag – angelehnt an das Konzept der EU-Standardvertragsklauseln (aber nicht auf datenschutzrechtliche Themen beschränkt) – in verschiedenen Varianten als (optionales) Muster angeboten wird. Hierbei soll das von der Kommission angesprochene Ziel sicherer und fairer Vertragsbedingungen gefördert werden.

19 **bb) § 305 Abs. 1 S. 1 BGB.** Cloud-Anbieter stellen ihren Nutzern die Rahmenverträge standardisiert zur Verfügung und verwenden diese massenhaft. Damit fallen Rahmenverträge also (fast immer) unter die AGB-Definition des **§ 305 Abs. 1 S. 1 BGB.** Je standardisierter der Service ist, desto standardisierter sind auch die Vertragsbedingungen.[31] Wenn AGB vorliegen, gelten für deren Gestaltung – soweit deutsches Recht zur Anwendung kommt – die Einschränkungen der **§§ 305 ff. BGB.**

20 Allgemeine Geschäftsbedingungen sind gem. § 305 Abs. 1 S. 1 BGB für eine Vielzahl von Verträgen vorformulierte Vertragsbedingungen, die eine Vertragspartei der anderen Vertragspartei zum Zeitpunkt des Vertragsschlusses einseitig stellt und die die Parteien nicht individuell ausgehandelt haben. Die Vertragsbedingungen sind für eine Vielzahl von Verträgen vorformuliert, wenn der Verfasser diese zur mehrfachen Verwendung konzipiert hat, auch wenn er sie tatsächlich nur einmal verwendet. Im Internet liegen vorformulierte Vertragsbedingungen vor, wenn der „Besteller" (Cloud-Kunde) die Vertragsbedingungen inhaltlich nicht beeinflussen kann.[32] Die §§ 305 ff. BGB finden keine Anwendung, wenn die Vertragsparteien die Bedingungen individuell aushandeln. Das setzt voraus, dass der Vertragspartner des Verwenders die Klausel prüft, umfassend abwägt und auf diese in einer Weise Einfluss nehmen kann, die ihm ernsthaft ermöglicht den Kerngehalt der Bedingung abzuändern. Das ist im Internet bei dem Bezug von hochstandardisierten Leistungen vor allem im B2C-Bereich die Ausnahme.[33]

21 Auch im unternehmerischen Bereich sind die §§ 305 ff. BGB zwingendes Recht. Besonderheiten bei der Verwendung von AGB gegenüber Unternehmern ergeben sich bei der Einbeziehung der AGB in den Vertrag und bei der Wirksamkeitskontrolle. Nach § 310 Abs. 1 S. 1 BGB bleiben die Vorschriften der § 305 Abs. 2, 3 BGB, sowie § 308 Nr. 1, 2–8 BGB und § 309 BGB außer Betracht, wenn Cloud-Provider die AGB gegenüber Unternehmern, juristischen Personen des öffentlichen Rechts oder gegenüber öffentlich-rechtlichem Sondervermögen verwenden. Den Klausel-Verboten aus §§ 308, 309 BGB kommt im Rahmen der Wirksamkeitskontrolle allerdings eine Indiz-Wirkung zu. Wenn die Voraussetzungen eines solchen Klausel-Verbots erfüllt sind, kann sich die Unwirksamkeit im Einzelfall aus der Generalklausel des § 307 Abs. 1 BGB ergeben.[34] Hinsichtlich der Einbeziehung in das Vertragsverhältnis können die AGB, entgegen § 305 Abs. 2, 3 BGB, durch eine einfache rechtsgeschäftliche Einigung oder durch einen Handelsbrauch, wie etwa durch ein kaufmännisches Bestätigungsschreiben (§ 346 HGB), Vertragsbestandteil werden.[35] Ausreichend für die Einbeziehung der AGB ist jede stillschweigende Willensübereinstimmung.[36]

22 **cc) Rechtswahl und Gerichtsstandsvereinbarung.** Die Parteien sollten der Rechtswahl zentrale Bedeutung beimessen und das anwendbare Recht klar und ausdrücklich wählen. Cloud-Leistungen werden häufig über Staatsgrenzen hinweg bereitgestellt und weisen daher regelmäßig Verbindungen zu unterschiedlichen Rechtsordnungen auf. Eine ausdrückliche Rechtswahl ist somit unbedingt empfehlenswert.[37] Die Rechtswahl ist nur erforderlich **für grenzüberschreitende Cloud-Beziehungen.** Dh, wenn der Cloud-Nutzer und der Cloud-Anbieter ihren Sitz im Inland haben und somit ein reiner Inlandsachverhalt vorliegt, scheidet die Rechtswahl nach Art. 3 Rom I-VO aus. Nach Art. 1 Rom I-VO ist ein grenzüberschreitender Sachverhalt für die Anwendung der Rom I-VO zwingende Voraussetzung.

---

[31] *Niemann/Paul* K&R 2009, 444 (446).
[32] Spindler/Schuster/*Schuster* BGB § 305 Rn. 6 ff.
[33] Ausf. dazu *Thalhofer/Wilmer* CR 2014, 765 (769).
[34] MüKoBGB/*Basedow* § 310 Rn. 11.
[35] Spindler/Schuster/*Schuster* BGB § 305 Rn. 31.
[36] *Intveen/Hilber/Rabus* in Hilber Cloud Computing HdB Teil 2 Rn. 111.
[37] BITKOM, Checkliste mit Erläuterungen für Cloud-Computing-Verträge, 2014, www.bitkom.org/sites/default/files/file/import/BITKOM-Checkliste-Cloud-Computing-Vertraege.pdf (9. 1. 2019).

In der Regel werden beim Cloud Computing Ressourcen aus dem Ausland genutzt oder der Vertrag mit einem im Ausland ansässigen Cloud-Anbieter geschlossen. Um Unsicherheiten bezüglich des zuständigen Gerichts zu vermeiden, empfiehlt es sich eine **Gerichtsstandsvereinbarung** in den Vertrag aufzunehmen. Nach **§ 38 Abs. 1 ZPO** können Unternehmer einen Gerichtsstand formfrei vereinbaren **(„Prorogation")**, zB in den AGB. Wenn ein Verbraucher Cloud-Leistungen bezieht, können die Vertragsparteien eine wirksame Gerichtsstandvereinbarung nur schriftlich treffen, nachdem die Streitigkeit entstanden ist, § 38 Abs. 3 ZPO.[38] Im Anwendungsbereich der **„Brüssel Ia-Verordnung"**[39] sind alle Gerichtsstandsvereinbarungen nach **Art. 25 Abs. 1 EuGVVO** zu beurteilen. Diese Vorschrift hat aufgrund ihrer Spezialität **Anwendungsvorrang** vor §§ 38, 40 ZPO („lex specialis"), Art. 288 Abs. 2 AEUV. Wenn der Anwendungsbereich der Brüssel Ia-Verordnung eröffnet ist, bestimmen sich die Zulässigkeit, Form und Wirkungen der Gerichtsstandsvereinbarung ausschließlich nach Art. 25 EuGVVO.[40] Für die Anwendbarkeit dieser Vorschrift genügt, dass die Parteien die Zuständigkeit eines bestimmten Gerichts eines Mitgliedstaates oder der Gerichte eines Mitgliedstaates vereinbart haben. Dabei ist nicht erforderlich, dass eine Vertragspartei zum Zeitpunkt der Vereinbarung ihren (Wohn-) Sitz in einem Mitgliedstaat hat. Da sich Art. 25 EuGVVO auf die Vereinbarung über die internationale Zuständigkeit bezieht, werden reine Inlandssachverhalte von der Vorschrift nicht erfasst. Wird ein Gericht eines Drittstaates gewählt, richtet sich die Zulässigkeit der Gerichtsstandsvereinbarung nach dem nationalen Recht.[41] 23

Für eine wirksame Gerichtsstandsvereinbarung nach Art. 25 Abs. 1 EuGVVO ist die tatsächliche Willensübereinstimmung der Parteien erforderlich. Die Vereinbarung muss sich auf eine bestehende oder künftige Rechtsstreitigkeit beziehen (Bestimmtheitserfordernis). In Versicherungssachen (Art. 15 Nr. 1 EuGVVO), Verbrauchersachen (Art. 19 Nr. 1 EuGVVO) und Arbeitssachen (Art. 23 Nr. 1 EuGVVO) muss die Rechtsstreitigkeit zum Zeitpunkt des Abschlusses der Gerichtsstandsvereinbarung bereits entstanden sein, damit diese wirksam ist.[42] Die Gerichtsstandsvereinbarung darf nach Art. 25 Abs. 4 EuGVVO nicht ausgeschlossen sein und die Parteien müssen die Formerfordernisse des Art. 25 Abs. 1 S. 3 lit. a–c EuGVVO beachten. 24

dd) Nutzerkonto/Zugangsrechte. Der Nutzer benötigt regelmäßig ein Konto, um den Cloud-Service über das Internet nutzen zu können. Dann kann er mittels eines Nutzernamens und eines Passworts auf die ihm zugänglichen Cloud-Inhalte zugreifen. Der Rahmenvertrag sollte daher zumindest eine Bestimmung zur Existenz dieses Nutzerkontos enthalten. 25

Es ist auch möglich, die nähere Ausgestaltung des Nutzerkontos in den AGB festzulegen. Dies ist insbesondere sinnvoll, wenn ein Cloud-Anbieter verschiedenartige Services zur Verfügung stellt, die alle über ein einziges Nutzerkonto steuerbar sind. Eine derartige Bestimmung kann neben Sicherheitsanforderungen (wie zB der Länge oder Zeichenauswahl des Passworts oder andere Sicherheitsmaßnahmen) auch Regeln zur Deaktivierung des Nutzerkontos enthalten, beispielsweise bei Verstoß gegen andere Nutzungsvorschriften. Häufig wird festgelegt, dass nur namentlich bestimmte Nutzer in dem Unternehmen des Cloud-Kunden ein Konto nutzen dürfen (sog. *Named User*). Des Weiteren sind Regelungen zur Übertragbarkeit eines solchen Kontos (zB bei Kündigung des betreffenden Mitarbeiters) häufig im Rahmenvertrag bzw. den AGB enthalten. 26

[38] *Intveen/Hilber/Rabus* in Hilber Cloud Computing HdB Teil 2 Rn. 171.
[39] Verordnung (EU) Nr. 1215/2012 des Europäischen Parlaments und des Rates v. 12.12.2012 (ABl. 2012 L 351, 1) über die gerichtliche Zuständigkeit und die Anerkennung und Vollstreckung von Entscheidungen in Zivil- und Handelssachen.
[40] MüKoZPO/*Gottwald* Brüssel Ia-VO Art. 25 Rn. 77.
[41] Saenger/*Dörner* EuGVVO Art. 25 Rn. 5f.
[42] Musielak/Voit/*Stadler* EuGVVO Art. 25 nF Rn. 6.

27 **ee) Nutzungsrechte und geistiges Eigentum. (1) Urheberrecht.** Für die Vertragsgestaltung des Cloud Computing ergeben sich durch die Reichweite und den Begriff der **„Vervielfältigung"** urheberrechtliche Herausforderungen. Der Cloud-Kunde kann durch das Cloud Computing eine Vielzahl von urheberrechtlich geschützten Werken in digitalisierter Form in der Cloud **speichern, zugänglich machen** oder **bearbeiten.** Ohne hochgeladene Inhalte sind die Technik der **Virtualisierung und das Cloud Computing** lediglich eine „technologische Spielerei", denn das Cloud Computing ist gerade wegen seiner Inhalte und deren kommerziellen Verwertung wirtschaftlich interessant.[43] Auch der Cloud-Service selbst kann urheberrechtlich geschützt sein. So ist im Rahmenvertrag oder den AGB regelmäßig bestimmt, dass das geistige Eigentum an den einzelnen Bestandteilen des Cloud-Services beim Provider verbleibt und dass die Nutzungsrechte an sämtlichen Cloud-Angeboten unter Verweis auf die Nutzungsbestimmungen der jeweiligen Dienste beschränkt sind.

28 Das Hochladen von Inhalten auf die Cloud durch den Cloud-Kunden ist eine maßgebliche **Verwertungshandlung** iSd **§ 19a UrhG.**[44] Wenn der Cloud-Kunde fremde Inhalte mit der **Erlaubnis** des Rechteinhabers in die Cloud hochlädt, ist das urheberrechtlich zulässig. Darüber hinaus sind Privatkopien erlaubt, solange die Quelle nicht offensichtlich rechtswidrig ist und die Kopie nur im privaten Rahmen, im Familien- oder Freundeskreis, gezeigt wird. Der Cloud-Kunde ist nicht berechtigt fremde Inhalte, ohne die Erlaubnis des Rechteinhabers öffentlich zugänglich zu machen. Deswegen wird der Cloud-Anbieter in den Nutzungsbedingungen voraussetzen, dass fremde Inhalte nur mit der Einwilligung des Rechteinhabers in die Cloud geladen werden dürfen, um, im Falle einer etwaigen Urheberrechtsverletzung, nicht selbst haftbar zu sein. Daneben wird sich der Cloud-Anbieter vorbehalten, Cloud-Inhalte löschen zu können, die gegen das Urheberrecht verstoßen und den Account des Cloud-Kunden bei wiederholten Verstößen zu sperren.

29 Im Rahmenvertrag/den AGB ist zu regeln, ob und unter welchen Umständen der Kunde das geistige Eigentum an den in der Cloud befindlichen Inhalten wie bspw. Programme und Dokumente behält oder erwirbt und welche Nutzungsrechte dem Provider an den vom Kunden in die Cloud eingestellten Inhalten zustehen. Grundsätzlich behält der Cloud-Kunde die Nutzungs- und Verwertungsrechte an seinen eigenen Werken, wenn er diese in die Cloud lädt. Der Cloud-Anbieter hat alle erforderlichen Rechte, um den Cloud-Dienst zu betreiben. Er kann die Werke unter Umständen vervielfältigen, um sie mit Zustimmung des Rechteinhabers anderen Nutzern freizugeben. Wenn der Cloud-Kunde eine Videodatei in den Cloud-Dienst einstellt, stehen dem Cloud-Kunden in der Regel die geistigen Eigentumsrechte daran zu. Dem Cloud-Provider wird aber vertraglich das nicht ausschließliche Recht eingeräumt, die Datei in dem für die Erbringung des Cloud-Dienstes erforderlichem Umfang zu nutzen. Dazu kann bei Plattformen dem Cloud-Provider je nach deren Zweckverwendung das öffentliche Recht auf Zugänglichmachung gem. § 19a UrhG zugestanden werden, bei Speicherung auf verschiedenen Servern der Cloud auch das Recht zur Vervielfältigung des Inhalts gem. § 16 UrhG.

30 Vertraglich klärungsbedürftig ist weiterhin die Frage, in welchem Umfang der Cloud-Anbieter die Werke des Cloud-Kunden nutzen darf. Ist er zB berechtigt, die vom Cloud-Kunden hochgeladenen Bilder zu analysieren, um so ein Profil von diesem anlegen zu können, das ihm ermöglicht personalisierte Werbung zu schalten? Es ist festzulegen, ob der Cloud-Anbieter die Nutzungslizenz an den Werken behält, wenn der Cloud-Kunde diese bereits gelöscht oder seinen Account gekündigt hat. Auch ist es sinnvoll vertraglich zu klären, ob der Cloud-Anbieter die auf den Cloud-Dienst geladenen Werke verändern kann, diese bspw. retuschieren oder zensieren darf.

---

[43] *Lehmann* in Borges/Meents Cloud Computing § 14 Rn. 8 f.
[44] Dreier/Schulze/*Dreier* UrhG § 19a Rn. 6a.

(2) „Dateneigentum"/Eigentumsbegriff. In einer *Smarten Fabrik* fallen durch den Einsatz von vernetzten und teilweise autonom handelnden IoT-Maschinen **große Mengen an Daten** an. Daten sind das *zentrale Wirtschaftsgut* im Zeitalter der **Digitalisierung.**[45] So ist es etwa möglich **Sensordaten** für die Produktentwicklung oder die Analyse von Kundenwünschen auszuwerten. Eine der brisantesten Fragen im Zuge der Industrie 4.0 ist, wem maschinengenerierte Daten **zuzuordnen** sind und welche **Nutzungsrechte** den unterschiedlichen Beteiligten der Wertschöpfungskette zustehen.[46] Eine *Smart Factory* zeichnet sich durch die Verarbeitung von großen Datenmengen aus. Die Verfügungsbefugnis für personenbezogene Daten ordnet die DS-GVO der betroffenen Person (dem Datensubjekt) zu. Personenbezogene Daten sind Informationen, die sich auf eine **identifizierte** oder **identifizierbare natürliche Person** beziehen, Art. 4 Nr. 1 DS-GVO. In einem *Smart Car* fallen bspw. diverse Daten an, neben Motortemperatur, Geschwindigkeit, Fahrzeug-Betriebswerte auch nutzergenerierte Daten wie die gefahrene Wegstrecke im Navi oder auch die Nutzung von Entertainmentsystemen. Die Zuordnung von maschinengenerierten Daten und die Frage, wem diese Daten „gehören", wer sie nutzen und verwerten darf, stellt das geltende Recht vor Schwierigkeiten. Durch das Internet der Dinge, den Einsatz von Sensorik und Machine-to-Machine Communication (M2M) steigt die Menge von maschinengenerierten Daten und damit auch deren wirtschaftlicher Wert. Um eine Zuordnung von maschinengenerierten Daten vorzunehmen, könnten **Eigentumsrechte** mit **Abwehr- und Zuweisungsgehalt** eine umfassende Regelung darstellen. Zu unterscheiden ist dabei zwischen **Sacheigentum** und **geistigem Eigentum an Immaterialgütern.** 31

(3) Eigentumsbegriff im Zivilrecht. Die Konstruktion eines **„Dateneigentums" analog § 903 BGB** scheitert daran, dass Daten keine körperliche Form haben und somit auch nicht Gegenstand des Eigentumsrechts nach § 903 BGB sein können. Der Eigentumsbegriff des Zivilrechts setzt voraus, dass es sich um eine Sache, also einen körperlichen Gegenstand iSv § 90 BGB handeln muss. Diese eindeutige Regelung schließt im deutschen Recht so die unmittelbare als auch die analoge Anwendung von § 903 BGB auf Daten aus.[47] Bislang wurde stattdessen auf den entsprechenden Datenträger abgestellt und auf diese Weise die Zuordnung der Daten vorgenommen. Bei Cloud Computing fallen in der Regel die Dateninhaberschaft mit dem Eigentum und Besitz am Datenträger auseinander.[48] Sonst hätte der Eigentümer des Datenträgers sodann das Recht an allen darauf befindlichen Daten. Der Cloud-Kunde will durch das Hochladen von Daten in die Cloud allerdings in der Regel nicht dem Cloud-Anbieter die ausschließlichen Befugnisse an diesen einräumen. Daher kann bei der Zuordnung der Daten nicht pauschal auf den entsprechenden Datenträger abgestellt werden. Auch der Ansatz Daten als sonstiges Recht iSv **§ 823 Abs. 1 BGB** einzuordnen hat sich bislang nicht durchgesetzt. Denkbar ist zudem die Daten über **§ 823 Abs. 2 BGB iVm § 303a StGB** rechtlich zuzuordnen. Allerdings bietet § 303a StGB nur Schutz gegen das Verändern von Daten, nicht dagegen, gegen das unbefugte Lesen und Verwenden. Somit kann auch daraus kein ausschließliches Recht zum Schutz vor dem Zugriff Dritter resultieren. Mithin existiert heutzutage nach der hM für Daten **kein allgemeines Recht** mit **absoluter Wirkung.** Die Daten könnten unter das Leistungsschutzrecht des Datenbankherstellers fallen nach **§§ 87a, b UrhG.** §§ 87a, b UrhG schützen aber nur die Strukturen von Datenbanken und das mit ihrer Erstellung verbundene wirtschaftliche Investment. Es sind nicht die Daten als solche geschützt, sondern nur die Datenbank als Resultat des Strukturierungsvorgangs. Gerade bei Daten, die aus Big Data-Analysen resultieren, fehlt es oft an einer strukturierten Datensammlung.[49] 32

[45] → § 6 Rn. 1 ff.
[46] S. dazu auch *Thalhofer* GRUR-Prax 2017, 225.
[47] *Riehm* VersR 2019, 714 (717).
[48] Hornung/*Riehm* Dateneigentum – Schutz nach allgemeinen Zivilrecht S. 77.
[49] Hornung/*Riehm* Dateneigentum – Schutz nach allgemeinen Zivilrecht S. 79.

Daher kann das UrhG auch keine allgemeine Grundlage für ein Dateneigentum bilden. **§§ 17, 18 UWG aF enthielten** Abwehrrechte in Bezug auf Betriebs- und Geschäftsgeheimnisse. Durch die Einführung des **GeschGehG** im April 2019 sind die §§ 17 ff. UWG weggefallen. Das GeschGehG definiert das Geschäftsgeheimnis in **§ 2 Nr. 1 GeschGehG.** Erforderlich für die Annahme eines Geschäftsgeheimnisses ist dabei ua, dass die Informationen durch **Schutzmaßnahmen** gesichert sind. Mangels bereits getroffener Schutzmaßnahmen haben Daten in der Regel nicht die Qualität eines Geschäftsgeheimnisses. Zudem bestimmt das GeschGehG nicht explizit, wer der Schutzberechtigte ist, sodass das GeschGehG *keine* geeignete allgemeine Grundlage für die Zuweisung der Daten bilden kann.[50] Nach dem geltenden Recht existiert somit momentan **kein Dateneigentum.** Daher ist es für die Vertragsparteien empfehlenswert die Rechte an den Daten, gerade bei der Nutzung von Cloud Computing im IoT-Bereich, eindeutig vertraglich zuzuweisen.

33 **ff) Datenschutz. (1) Vorgaben der DS-GVO.** Die DS-GVO statuiert für die Verarbeitung von personenbezogenen Daten den Grundsatz eines Verbotes mit Erlaubnisvorbehalt.[51] Das bedeutet, dass die Verarbeitung von personenbezogenen Daten nur zulässig ist, wenn ein gesetzlicher Erlaubnistatbestand oder die wirksame Einwilligung der betroffenen Person vorliegt.[52] **Personenbezogene Daten** sind nach **Art. 4 Nr. 1 DS-GVO** alle Informationen, die sich auf eine identifizierte oder identifizierbare natürliche Person beziehen. Der Begriff der personenbezogenen Daten ist das **zentrale Tatbestandsmerkmal** für das Datenschutzrecht.[53] Sind personenbezogene Daten von der Verarbeitung betroffen, ist der **sachliche Schutzbereich der DS-GVO** eröffnet.[54] Es fallen ausschließlich Informationen über natürliche Personen in den Anwendungsbereich der DS-GVO, nicht dagegen Informationen über juristische Personen oder Personenmehrheiten. Reine Maschinen- oder Umweltdaten unterliegen solange nicht dem Datenschutzrecht, soweit sie keinen Rückschluss auf natürliche Personen oder ihr Verhalten zulassen.

34 Das Datenschutzrecht im Bereich des **Internet der Dinge** zeichnet sich dadurch aus, dass viele Akteure an der Datenverarbeitung beteiligt sind. Durch die Vernetzung der verschiedenen Systeme können zudem eine Vielzahl neuer Daten aggregiert werden.[55] Bei einem **Smart TV** bspw. sind Gerätehersteller, Hbb TV-Anbieter, Portalbetreiber, App-Store-Betreiber sowie App-Anbieter für die anfallenden personenbezogenen Daten ihrer Kunden verantwortlich. Diese setzen in der Regel externe Dienstleister ein, um diese Daten sinnvoll verarbeiten zu können, etwa im Rahmen einer Cloud-Infrastruktur.[56] Sobald Daten in der Cloud-Infrastruktur verarbeitet werden, muss für jede einzelne Verarbeitung geklärt sein, ob das Datenschutzrecht Anwendung findet und welche genauen Vorgaben daraus resultieren. Zu klären ist dabei insbesondere die Frage, ob die Verarbeitung personenbezogene Daten betrifft. Bei einer Verarbeitung personenbezogener Daten ist der sachliche Schutzbereich der DS-GVO eröffnet. Bei **IoT-Projekten** müssen die datenschutzrechtlichen Vorgaben den Konflikt lösen zwischen dem Selbstbestimmungsrecht der betroffenen Person (zB dem Kunden) und dem Interesse des Unternehmens, die anfallenden Datenmengen möglichst wirtschaftlich auswerten zu können.[57] Die Verarbeitung personenbezogener Daten ist gem. Art. 6 DS-GVO nur zulässig, wenn die betroffene Person eingewilligt hat oder ein gesetzlicher Erlaubnistatbestand vorliegt. Im IoT-Bereich sind als Erlaubnistatbestände besonders relevant die Verarbeitung für Zwecke der Vertragserfüllung

[50] *Riehm* VersR 2019, 714 (719).
[51] Kühling/Buchner/*Buchner/Petri* DS-GVO Art. 6 Rn. 1; Paal/Pauly/*Frenzel* DS-GVO Art. 6 Rn. 1; aA *Roßnagel* NJW 2019, 1 (1 ff.); BeckOK DatenschutzR/*Albers/Veit* DS-GVO Art. 6 Rn. 12.
[52] *Mantz/Spittka* in Sassenberg/Faber Industrie 4.0 und Internet-HdB E Teil 2 Rn. 9.
[53] NK-DatenschutzR/*Karg* DS-GVO Art. 4 Nr. 1 Rn. 1.
[54] Gola/*Gola* DS-GVO Art. 4 Rn. 4.
[55] *Mantz/Spittka* in Sassenberg/Faber Industrie 4.0 und Internet-HdB E Teil 2 Rn. 33.
[56] *Mantz/Spittka* in Sassenberg/Faber Industrie 4.0 und Internet-HdB E Teil 2 Rn. 35 f.
[57] *Mantz/Spittka* in Sassenberg/Faber Industrie 4.0 und Internet-HdB E Teil 2 Rn. 8.

Art. 6 Abs. 1 S. 1 lit. b DS-GVO sowie die Interessenabwägung nach Art. 6 Abs. 1 S. 1 lit. f DS-GVO.[58] Wenn kein Erlaubnistatbestand nach Art. 6 Abs. 1 S. 1 DS-GVO erfüllt ist, muss die betroffene Person in die Verarbeitung ihrer Daten eingewilligt haben.

(2) Bedeutung von vernetzten Geräten im Alltag. Die Nutzung und Bedeutung von **IoT-Geräten** sind in den letzten Jahren rasant gestiegen. Smarte Geräte finden vermehrt Einzug in das alltägliche Leben vieler Menschen, wodurch eine Menge personenbezogener Daten anfallen. Nicht selten werden dabei auch besonders sensible Daten aggregiert. Mit den Daten, die in einem *Smart House* oder *Smart Car,* durch einen *Fitnesstracker* oder *Wearable* anfallen, kann ein sehr akkurates Persönlichkeitsprofil des Nutzers erstellt werden. Vor diesem Hintergrund muss der Datenschutz die betroffene Person vor dem **illegalen Abfangen ihrer Daten** sowie vor **möglichen Persönlichkeitsrechtsverletzungen** schützen.[59] Bei vielen Geräten und Anwendungen des IoT muss sich der Nutzer beim Anbieter anmelden. Das IoT-Gerät oder die IoT-Anwendung sendet dann online die Benutzerdaten an den Anbieter oder den von ihm beauftragten Dienstleister. So verschaffen die vernetzten Geräte (wie etwa Autos, Fernseher, Küchengeräte) dem Anbieter personenbezogene Daten, die er für Marketing- und Werbezwecke auswerten oder Dritten entgeltlich zur Verfügung stellen könnte.[60] Die personenbezogenen Daten haben also einen wirtschaftlichen Wert. Die Bemessung und die konkrete Höhe des Wertes personenbezogener Daten ist in der Wertschöpfungskette aktuell nicht transparent, sodass viele Betroffene den Gegenwert ihrer Daten fehleinschätzen und einverstanden sind, ihre Daten preiszugeben für jeglichen Komfortgewinn und Konsum.[61] 35

(3) DS-GVO. Wenn ein unbekannter Täter eine Sicherheitslücke beim Anbieter ausnutzt und so auf personenbezogene Daten zugreifen kann und diese entwendet, blieb dies in der Vergangenheit meist ohne zivilrechtliche Sanktion. Denn um erfolgreich einen Schadensersatz geltend machen zu können, muss die betroffene Person den bei ihr eingetretenen Schaden nachweisen.[62] Art. 82 Abs. 1 DS-GVO gewährt insoweit einen Anspruch auf Ersatz der materiellen und immateriellen Schäden. Wenn bspw. ein unterlassenes Update des Servers eine unbefugte oder unrechtmäßige Verarbeitung personenbezogener Daten ermöglicht hat, verstößt der Datenabfluss gegen den Grundsatz der Vertraulichkeit nach Art. 5 Abs. 1 lit. f DS-GVO.[63] Die betroffene Person kann dann sowohl von dem Verantwortlichen (in der Regel der Cloud-Kunde) als auch vom Auftragsverarbeiter (Cloud-Provider) Schadensersatz verlangen. 36

Neu durch die DS-GVO eingeführt sind Anforderungen an den Datenschutz durch Technikgestaltung ***(Privacy by Design)*** und durch nutzerfreundliche Voreinstellungen ***(Privacy by Default).*** Konkret für IoT-Projekte ist für jedes System abzuwägen, welche Daten für den verfolgten Zweck nötig sind und dann auch nur die erforderlichen Daten zu erheben und zu speichern. Zudem sind die aggregierten Daten zu löschen, sobald sie nicht mehr gebraucht werden. Das Ziel der **Datenvermeidung** und der **Datensparsamkeit** lässt sich auch durch die unmittelbare Anonymisierung personenbezogener Daten erreichen.[64] Die Personen, die von der Datenverarbeitung betroffen sind, müssen bezüglich des Schutzes ihrer Daten darauf vertrauen dürfen, dass der verarbeitende Unternehmer die Daten hinreichend schützt, etwa vor einem unberechtigtem Zugriff Dritter oder vor ungewollten Datenabflüssen aus der Cloud.[65] Der Unternehmer muss die von ihm getroffe- 37

[58] *Mantz/Spittka* in Sassenberg/Faber Industrie 4.0 und Internet-HdB E Teil 2 Rn. 18.
[59] *Weber* EuCML 2017, 207.
[60] *Dickmann* r+s 2018, 345 (346).
[61] *Dickmann* r+s 2018, 345 (355).
[62] *Dickmann* r+s 2018, 345 (346).
[63] *Dickmann* r+s 2018, 345 (347).
[64] *Mantz/Spittka* in Sassenberg/Faber Industrie 4.0 und Internet-HdB E Teil 2 Rn. 89ff.
[65] *Dickmann* r+s 2018, 345 (355).

nen datenschutzrechtlichen Maßnahmen umfassend dokumentieren, denn ihn trifft als Verantwortlicher eine Nachweispflicht nach **Art. 5 Abs. 2 DS-GVO.** Essenziell für **IoT-Projekte** oder deren Planung ist, dass die Vertragsparteien schon von Beginn an **Datenschutzaspekte ganzheitlich** und **risikoadäquat** betrachten.[66]

38 Obwohl dem Cloud Computing eine herausragende Bedeutung für die moderne Datenverarbeitung zukommt, enthält die DS-GVO **keine expliziten Vorgaben** für diese Technologie.[67] Die wichtigsten datenschutzrechtlichen Regelungen für das Cloud Computing finden sich in **Art. 28 DS-GVO** zu den Voraussetzungen der Auftragsverarbeitung, sowie in **Art. 32 DS-GVO** für die Datensicherheit. Mangels expliziter Regelungen für das Cloud Computing ist erforderlich, dass die Vertragsparteien alle datenschutzrechtlichen Aspekte im Cloud-Vertrag umfassend regeln. So ist festzulegen, wer für die **Datenverarbeitung verantwortlich** ist und ein **Ansprechpartner** für datenschutzrechtliche Fragen benannt sein. Darüber hinaus müssen die Vertragsparteien die Anforderungen für die **Datenweitergabe** regeln, etwa für den Fall einer Auftragsverarbeitung, bei der Einschaltung eines Kooperationspartners oder Subunternehmers sowie bei der gesetzlichen Verpflichtung die Daten herauszugeben. Um die Vorgaben der DS-GVO erfüllen zu können, ist zu beachten wo sich das **Rechenzentrum des Cloud-Anbieters** befindet. Die Festlegung in welchem **Land** die Speicherung und die Verarbeitung der Daten erfolgt ist essentiell. Darüber hinaus ist vertraglich zu bestimmen, welche Daten der Cloud-Anbieter erfasst, für welche Zwecke er diese verwendet und für welchen Zeitraum er die Daten speichert. Es ist zu bestimmen, ob der Cloud-Anbieter das Nutzungsverhalten des Kunden auswerten darf, etwa für *Werbung, Tracking* oder *Betrugsprävention.* Das ermöglicht dem Anbieter ein **Nutzungsprofil** des Cloud-Kunden zu erstellen, sodass vertraglich klärungsbedürftig ist welche Anforderungen an ein solches Nutzungsprofil zu stellen sind (bspw. *anonymisiert* oder *pseudonymisiert,* sodass Rückschlüsse auf eine bestimmte Person nicht mehr mit vertretbarem Aufwand möglich sind). Die Parteien können vertraglich **Verwendungszwecke** für die Datenerhebung bestimmen und Techniken, die dafür anzuwenden sind (wie etwa *Cookies, Messpixel, JavaScript* oder *Redirect*). Bei einem US-amerikanischen Cloud-Anbieter ist auf **Transparenz** hinsichtlich der datenschutzrechtlichen Vorgaben zu achten. So haben die Vertragsparteien festzulegen, dass der US-amerikanische Cloud-Anbieter dem Kunden mitteilt, wenn eine US-amerikanische Herausgabeanordnung erfolgt ist. Zudem können die Parteien die Datenverarbeitung **örtlich beschränken,** sodass der Cloud-Anbieter den Cloud-Kunden benachrichtigen muss, wenn sich der **Ort der Datenverarbeitung** geändert hat. Bei einer wesentlichen Änderung des Ortes der Datenverarbeitung kann dem Kunden ein **Kündigungsrecht** eingeräumt werden.

39 **gg) Pflichten des Kunden.** Der Cloud-Kunde muss im Regelfall selbst für einen Internetzugang bis zum Übergabepunkt des Cloud-Anbieters sorgen, damit er dessen Leistung empfangen und nutzen kann. Im Rahmenvertrag können die Parteien auch andere Mitwirkungspflichten des Cloud-Kunden vereinbaren, wie etwa die Verwendung eines kompatiblen Betriebssystems oder die Meldung von Anwendungsfehlern. Darüber hinaus können die Parteien die Verantwortlichkeit des Cloud-Kunden für eigene Inhalte festlegen. Die Inanspruchnahme des Cloud-Providers wegen Cloud-Inhalten können die Parteien in den gesetzlichen Fällen, wie bspw. §§ 7 ff. TMG, § 1004 BGB, § 97 Abs. 1 UrhG nicht ausschließen. Die Vertragsbedingungen können allerdings Regressansprüche des Cloud-Providers gegen den Cloud-Kunden begründen. Wenn für die Nutzung der vertraglichen Cloud-Leistung weitere nicht zum vertraglichen Leistungsumfang gehörende Hard- und Software vorhanden sein müssen, sollten die Parteien die zusätzliche Hard- und Software im Vertrag bezeichnen.

[66] *Dickmann* r+s 2018, 345 (355).
[67] *Heidrich/Wegener* in Forgó/Helfrich/Schneider Betr. Datenschutz HdB Teil VII Kap. 4 Rn. 22.

Diese Pflichten des Kunden sollten aus Sicht des Cloud-Providers als **Voraussetzung der Leistungserbringung** bezeichnet werden und nicht als **Mitwirkungspflicht.** Der Cloud-Kunde ist nach den Grundsätzen des gesetzlichen Mietrechts nicht verpflichtet Nutzungsvoraussetzungen zu schaffen, daher könnte eine solche „Mitwirkungspflicht" in den AGB möglicherweise als unwirksam angesehen werden.[68] 40

hh) Preis und Zahlungsmodalitäten. Der Rahmenvertrag enthält Bestimmungen über **Preise** und **Zahlungsmodalitäten,** sofern der Cloud-Service nicht kostenlos zur Verfügung steht. Es kann dabei sinnvoll sein, die Kosteneinheiten und Preise für jeden einzelnen Cloud-Dienst separat festzulegen, weil sich die Servicetypen in ihrer Ausgestaltung stark unterscheiden können und die Vergütung je nach Service variiert.[69] Cloud-Verträge sind oft **Dauerschuldverhältnisse** ohne ein fest vorgeschriebenes Preismodell. Die Parteien haben vielmehr die Wahl zwischen **verschiedenen Vergütungsmodellen.** Sie können beispielsweise eine nutzungsabhängige Vergütung vereinbaren, ein sog. **„pay per use"**- oder **„On-Demand"**-Preismodell. Bei diesem Preismodell rechnet der Cloud-Anbieter ausschließlich nach der tatsächlichen Nutzung ab. Die Vergütung bei den Servicemodellen IaaS und PaaS erfolgt dann anhand des genutzten Speichervolumens, bei dem Servicemodell SaaS anhand der Nutzung der jeweiligen Software sowie ggf. in Kombination mit der Nutzung von Speicherplatz.[70] Es handelt sich um einen echten On-Demand-Dienst, wenn der Preis sich ausschließlich nach der tatsächlichen Nutzung bemisst. Oft vereinbaren die Parteien neben der variablen Komponente der tatsächlichen Nutzung auch eine Grundgebühr, die die Fixkosten des Cloud-Anbieters abdecken soll.[71] 41

Für den Dauerbetrieb einer Anwendung kann das *„pay per use"*-Preismodell langfristig teuer und unwirtschaftlich sein. Denn in der Regel fällt der Stundenpreis für die Nutzung geringer aus, wenn der Cloud-Anbieter eine bestimmte Kapazität garantiert bereithält und dafür eine Einmalzahlung oder ein monatliches Entgelt verlangt. Darüber hinaus können die Parteien verschiedene Preismodelle kombinieren und dadurch die größte Flexibilität erreichen – bspw. durch die Berechnung eines Grundpreises für die Bereitstellung eines Basisservices und die nutzungsabhängige Verrechnung zusätzlicher Module und Leistungen oder durch die Bindung des Preises an einen Kundenzufriedenheitsindex.[72] 42

Wenn **zusätzliche Vergütungen** für Beratungsleistungen und Schulungen anfallen können, ist dies vertraglich durch die Parteien festzulegen. Sinnvoll für den Cloud-Provider ist es in den Vertrag aufzunehmen, dass **Zusatzleistungen** nur nach schriftlicher Auftragserteilung zu erbringen sind.[73] 43

Der Preis gehört zu den **wesentlichen Eigenschaften** („essentialia negotii") **eines Vertrages.** Ohne eine entsprechende Vereinbarung kann kein wirksamer Vertrag zustande kommen.

In der Smarten Fabrik nutzen die Smarten Maschinen das Internet um sich miteinander zu verbinden und zu kommunizieren. Eine intelligente Maschine arbeitet häufig unter Nutzung eines Cloud-Dienstes. Abgerechnet wird in der Regel nur, was die Maschine tatsächlich an Kapazitäten verbraucht. Gerade in der *Smarten Fabrik* werden voraussichtlich Maschinen nicht mehr verkauft, sondern vielmehr deren Betriebsleistung. Dh Hersteller können Produktionsanlagen *„as a Service"* leasen und nur die tatsächliche Nutzung bezahlen *(„pay per use")*. Bei dem *„pay per use"*-Modell steht die **Vergütung** in Abhängigkeit zu 44

---

[68] So BITKOM, Checkliste mit Erläuterungen für Cloud-Computing-Verträge, 2014, S. 10.
[69] *Meents* in Borges/Meents Cloud Computing § 4 Rn. 177.
[70] BeckFormB IT-R/*Missling* G. 6 S. 483.
[71] *Intveen/Hilber/Rabus* in Hilber Cloud Computing-HdB Teil 2 V. Rn. 257.
[72] *Bernhard/Lewandowski/Mann* Praxishandbuch Service-Level-Management S. 292f.
[73] *Meents* in Borges/Meents Cloud Computing § 4 Rn. 176.

der **Nutzungsintensivität.** In der **Industrie 4.0** ist zu erwarten, dass sich ehemals eigentumsbasierte Geschäftsmodelle in nutzungs- und schließlich ergebnisbasierte Geschäftsmodelle umwandeln. Die **Smarte Fabrik** ermöglicht dabei eine stark individualisierte Produktion. Durch die intelligente Vernetzung von Maschinen und deren Selbstorganisation lassen sich Produktionsabläufe individuell und flexibel entwickeln. So können individuelle Produkte und Kleinserien in einem Kostenumfang produziert werden, der bislang nur durch Massenproduktion zu erreichen war. Durch die Benennung von Produktionszielen – etwa den genauen Eigenschaften einer Produktionsserie (Menge, Abmessungen und Funktionen), kann die Produktionsumgebung die optimalen Fertigungsschritte und Produktionsprozesse selbstständig finden. Cloud-Dienste stellen wesentliche Elemente der Möglichkeiten dar, welche die Smart Factory bietet, und fügen sich durch die gleichartigen Abrechnungsmodelle „pay per use" auch kommerziell bestens in diese ein.

45 **ii) Haftungsbeschränkung und Gewährleistung. (1) Gewährleistungsrechte.** Wenn die Leistung des Cloud-Anbieters mangelhaft ist, stehen dem Cloud-Kunden **gesetzliche Gewährleistungsrechte** zu. Diese richten sich nach dem jeweils **einschlägigen Vertragstyp,** falls die Parteien vertraglich keine anderweitigen Gewährleistungsregelungen festgelegt haben. Der Cloud Computing-Vertrag ist einem gesetzlichen Vertragstypen zuzuordnen, um das anwendbare Gewährleistungsrecht zu ermitteln. Je nach vertragstypologischer Einordnung kann dann die *werkvertragliche* oder *mietvertragliche* Gewährleistung oder Dienstvertragsregeln anwendbar sein.

46 Um Unklarheiten zu vermeiden und um nicht auf das gesetzliche Gewährleistungsrecht angewiesen zu sein, sollten die Parteien ein einheitliches Gewährleistungssystem im Vertrag vereinbaren. Oft werden die Gewährleistungsvorschriften des BGB den Interessen der Parteien eines Cloud Computing-Vertrages nicht gerecht und können zu nicht praktikablen Lösungen führen. Ein vertraglich festgelegtes einheitliches Gewährleistungssystem minimiert dieses Risiko.[74]

47 **(2) Rechtsfolgen der Verletzungen.** Für den Cloud-Kunden ist es sinnvoll **Schadenspauschalen** bei bestimmten Verletzungen, zB im Bereich der SLA, in den Vertrag aufzunehmen, denn der Nachweis eines konkret entstandenen Schadens ist ihm oft nur schwer möglich. Gleichzeitig oder alternativ können die Parteien vertraglich eine **automatische Minderung** festlegen, wobei geregelt werden muss, wie sich die Minderungshöhe zusammensetzt. Eine automatische Minderung hat für den Cloud-Kunden den Vorteil, dass er weder die Pflichtverletzung noch das Verschulden des Cloud-Anbieters nachweisen muss, wobei der Nachweis des Verschuldens erleichtert ist durch die Vermutungsregelung des § 280 Abs. 1 S. 2 BGB.

48 Wenn dem Cloud-Kunden ein Schadensersatzanspruch nach §§ 280 ff. BGB zusteht, ist der Cloud-Anbieter der Gefahr ausgesetzt für die Kosten der IT-Ersatzbeschaffung, etwaige Datenverluste und ggf. entgangenen Gewinn des Cloud-Kunden einzustehen. Nach dem Gesetz haftet der Cloud-Anbieter bei Schadensersatzansprüchen unbeschränkt, dh grundsätzlich auch für Folgeschäden. Er hat daher regelmäßig ein Interesse daran, seine Haftung so weit wie möglich zu beschränken.[75] Die Bereitstellung von Software und Hardware wird häufig dem Mietvertrag zuzuordnen sein, sodass die **mietvertraglichen Gewährleistungsrechte nach §§ 535 ff. BGB** Anwendung finden.

49 Nach § 536a Abs. 1 BGB haftet der Vermieter (Cloud-Anbieter) **verschuldensunabhängig** für **anfängliche Mängel. § 536a Abs. 1 BGB.** Dies stellt ein großes **Haftungsrisiko** für den Cloud-Anbieter dar, denn in der Regel zeigen sich die Mängel eines Cloud-Services erst nach seiner Inbetriebnahme.[76] Im B2B-Bereich ist der Ausschluss von

---

[74] *Meents* in Borges/Meents Cloud Computing § 4 Rn. 111.
[75] *Strittmatter* in Auer-Reinsdorff/Conrad IT-R-HdB § 22 Rn. 126.
[76] *Meents* in Borges/Meents Cloud Computing § 4 Rn. 114.

§ 536a Abs. 1 BGB möglich auch in AGB, denn das Haftungssystem des BGB basiert grds. auf Verschulden.[77]

(3) Verwendung von „As-Is-Klauseln", sonstige Beschränkungen. Cloud-Verträge beinhalten häufig eine **„As-Is-Klausel"**, in welcher der Cloud-Kunde als Mieter den Zustand der Sache als **„vertragsgemäß"** bestätigt. Mit einer solchen Klausel versucht der Cloud-Anbieter eine mögliche Haftung für einen Mangel der Software nach § 536 BGB auszuschließen. Ob das möglich ist, richtet sich im B2C-Verhältnis nach § 309 Nr. 12 BGB, im B2B-Verhältnis nach § 307 Abs. 1 BGB. § 536b BGB schließt die mietrechtlichen Gewährleistungsrechte des Cloud-Kunden für einen Mangel aus, wenn der Cloud-Kunde den vorhandenen Mangel bereits bei Vertragsschluss kannte. Diese Kenntnis muss der Cloud-Anbieter darlegen und beweisen. Die „As-Is-Klausel" bewirkt die **Änderung der Beweislast zu Lasten des Cloud-Kunden** und ist daher nach § 309 Nr. 12 BGB oder § 307 Abs. 1 BGB unzulässig.[78] Falls Softwaremängel vorliegen, die der Cloud-Kunde bereits bei Vertragsschluss kannte, kann er keine Schadenersatz- oder Minderungsrechte nach § 536b BGB geltend machen, außer er hat sich die Ausübung dieser Rechte explizit vorbehalten.[79] 50

Auch die **deliktische Haftung** versucht der Cloud-Provider normalerweise stark einzuschränken.[80] Vorstellbare Haftungsszenarien sind der **Verlust** oder die **Veränderung** von in der Cloud gespeicherten Daten durch ein Verhalten des Cloud-Anbieters oder seinen Mitarbeitern, durch technische Mängel sowie durch den Eingriff eines Dritten, bspw., weil der Cloud-Anbieter es unterlassen hat die nötigen Schutzmaßnahen zu ergreifen.[81] Bei einer solchen Schädigung stellt sich zunächst die Frage nach dem anwendbaren Recht.[82] Nach **Art. 14 Abs. 1 lit. b Rom II-VO** können Unternehmer untereinander eine Rechtswahl für **zukünftige deliktische Ansprüche** vor dem Eintritt des schädigenden Ereignisses treffen. Wenn der Cloud-Kunde ein Verbraucher ist, ist eine solche Rechtswahl unbeachtlich. Auch gegenüber Dritten ist eine so getroffene Rechtswahl nicht bindend, Art. 14 Abs. 1 S. 2 Rom II-VO. Im Cloud-Vertrag zwischen zwei Unternehmern ist es dagegen sinnvoll, eine Rechtswahlklausel für deliktische Ansprüche zu vereinbaren.[83] 51

(4) Lokalisierung des Erfolgsorts/Ausweichklausel. Wenn die Parteien sich auf keine vertragliche Rechtswahl für deliktische Ansprüche einigen (konnten), ist nach **Art. 4 Abs. 1 Rom II-VO** das Recht des Staates anwendbar, in dem der Schaden eingetreten ist. Abzustellen ist nach Art. 4 Abs. 1 Rom II-VO vorrangig auf den **Erfolgsort,** außer beide Parteien haben zum Zeitpunkt des Schadenseintritts ihren **gewöhnlichen Aufenthalt** in **demselben Staat,** dann ist das Recht dieses Staates anwendbar, **Art. 4 Abs. 2 Rom II-VO.** Die Ausweichregelung des Art. 4 Abs. 3 Rom II-VO ist erst anzuwenden, wenn positiv festgestellt ist, welche der beiden Grundanknüpfungspunkte einschlägig ist, denn nur dann ist es möglich zu ermitteln, ob eine offensichtlich engere Verbindung zu dem anderen Staat besteht.[84] Mangels eines gemeinsamen Aufenthaltsortes wird in der Regel nach Art. 4 Abs. 1 Rom II-VO primär auf den **Erfolgsort** abzustellen sein. Die Lokalisierung eines Erfolgsorts beim Cloud Computing ist schwierig, denn verschiedene Server im Rahmen einer gemeinsamen (Grid-)Infrastruktur bündeln und vernetzen weltweite 52

[77] *Roth-Neuschild* in Auer-Reinsdorff/Conrad IT-R-HdB § 13 Rn. 174 f.
[78] *Hoeren* in v. Westphalen/Thüsing VertrR/AGB-Klauselwerke IT-Verträge Rn. 164.
[79] *Intveen/Hilber/Rabus* in Hilber Cloud Computing-HdB Teil 2 IV. Rn. 219.
[80] Vgl. zu den einschlägigen Problemen des AGB-Rechts *Bräutigam* in Bräutigam IT-Outsourcing und Cloud Computing Teil 13 B. Rn. 200 ff.
[81] *Borges* in Borges/Meents Cloud Computing § 12 Rn. 3 f.
[82] Dazu ausf. *Nordmeier* MMR 2010, 151 (151 ff.).
[83] *Borges* in Borges/Meents Cloud Computing § 12 Rn. 15.
[84] MüKoBGB/*Junker* Rom II VO Art. 4 Rn. 8.

Computerressourcen, ohne dass der Ort der Speicherung der jeweiligen Teile erkennbar ist.[85] Oft ist es im Nachhinein nicht mehr möglich zu ermitteln, wo im Servernetz der Cloud sich die Daten zum Zeitpunkt der Deliktsbegehung befunden haben oder von wo aus der Rechner, über den die Schädigung stattfand, auf die Daten zugegriffen hat.[86] Zudem ist der Server beim Cloud Computing grundsätzlich technisch unerheblich und die Daten können auf wechselnden Servern gespeichert werden, was ein technischer und wirtschaftlicher Vorteil der Cloud-Technologie ist.[87] Wegen der Schwierigkeiten den Erfolgsort festzumachen, wird in der Literatur überwiegend auf die **Ausweichklausel des Art. 4 Abs. 3 Rom II-VO** zurückgegriffen.

53 Das steht im Widerspruch zu der Systematik von Art. 4 Rom II-VO, zumal für die Anwendung der Norm unerheblich ist, ob der Erfolgsort erkennbar ist.[88] Allerdings ist **Art. 4 Abs. 3 Rom II-VO** als Bezugspunkt **stabil** und **sachgerecht**[89] und wird der Eigenart des Cloud Computing gerecht. Nach der daher zutreffenden vorherrschenden Meinung in der Literatur ist nach Art. 4 Abs. 3 Rom II-VO das anwendbare Deliktsrecht an das Recht anzuknüpfen, das auch auf den Vertrag zwischen Cloud-Anbieter und Cloud-Kunden einschlägig wäre.[90]

54 **jj) Exit und Datenportabilität. (1) Ausgangslage.** Wenn der Cloud-Kunde wichtige Daten oder Unternehmensprozesse in die Cloud verlagert, wird er zunehmend abhängig von dem Cloud-Anbieter. Vor allem in dem Fall, dass der Cloud-Kunde seine vollständige IT-Infrastruktur zugunsten einer bestimmten Cloud-Anwendung aufgibt, „erkauft" er sich die Kostenersparnisse des Cloud Computing mit der gesteigerten Abhängigkeit.[91] Dem Cloud-Kunden können so bei einer spontanen Vertragsbeendigung, etwa durch eine fristlose Kündigung oder bei einer gescheiterten Verhandlung über eine Vertragsverlängerung, mitunter große Schäden entstehen. Daher ist ein **funktionierendes Exit-Management,** vor allem für den Cloud-Kunden, unerlässlich. Die Parteien sollten insbesondere vertraglich regeln, für welchen Zeitraum und auf welche Weise der Cloud-Kunde nach dem Vertragsende Zugang zu seinen Daten erhält, um diese Daten auf einen anderen Anbieter migrieren zu können. Insbesondere der Cloud-Kunde sollte sich nicht ausschließlich auf nachvertragliche Treuepflichten verlassen, sondern stattdessen auf klare vertragliche Regelungen zu Prozessen, Reichweite und Höchstdauer einer Migrationsunterstützung bestehen.[92] Denn die Migration der Daten kann nur störungsfrei ablaufen, wenn die Vertragsparteien zusammenarbeiten.

55 Die vertragliche Abbildung eines **Exit-Managements-Konzepts** erleichtert die Beherrschung der Folgen einer Vertragsbeendigung sowie den späteren Wechsel des Cloud-Anbieters. Die Vertragsparteien sollten deshalb die zu übermittelnden Daten, Protokolle und Formate, die Art und Weise der Bereitstellung der Daten sowie etwaige Kosten des Cloud-Anbieters im Vertrag definieren.[93] Es muss darauf geachtet werden, dass der Wechsel des Anbieters ohne technische Probleme möglich bleibt, denn anderenfalls läuft der Cloud-Kunde Gefahr wegen hoher Wechselkosten und erheblichen technischen Aufwand faktisch an den Cloud-Anbieter gebunden zu sein (Lock-in-Effekt).[94] Die Parteien sollten daher vertraglich vereinbaren, dass der Cloud-Kunde nach Vertragsbeendigung seine Da-

[85] BeckOK BGB/*Spickhoff* VO (EG) 864/2007 Art. 4 Rn. 35.
[86] MAH IT-R/*Stögmüller* Teil 4 Rn. 14 ff.
[87] *Borges* in Borges/Meents Cloud Computing § 12 Rn. 21.
[88] BeckOK BGB/*Spickhoff* VO (EG) 864/2007 Art. 4 Rn. 35.
[89] *Borges* in Borges/Meents Cloud Computing § 12 Rn. 21.
[90] *Nordmeier* MMR 2010, 151 (155); *Borges* in Borges/Meents Cloud Computing § 12 Rn. 21; Spindler/Schuster/*Weller/Nordmeier* Rom I Art. 4 Rn. 15; MAH IT-R/*Stögmüller* Teil 6 Rn. 365.
[91] BeckFormB IT-R/*Missling* G. 6 S. 483.
[92] *Büchner* in Borges/Meents Cloud Computing § 5 Rn. 70.
[93] *Glaus/Horras* in Hilber Cloud Computing-HdB Teil 8 B Rn. 68.
[94] BeckFormB IT-R/*Missling* G. 6 S. 483.

ten in einer leicht übertragbaren Form zurückerhält beziehungsweise der Cloud-Anbieter diese direkt an einen neuen Dienstleister überträgt.

Das Recht auf **Datenübertragbarkeit (Datenportabilität)** in **Art. 20 DS-GVO** ist eine der wirklichen Neuerungen der Datenschutzgrundverordnung.[95] Das Recht auf Datenübertragung ermöglicht es dem Betroffenen der Datenverarbeitung, die ihn betreffenden personenbezogenen Daten, die er einem Verantwortlichen bereitgestellt hat, in einem strukturierten, gängigen und maschinenlesbaren Format zu erhalten und diese dann selbst oder direkt durch den Verantwortlichen an einen anderen Verantwortlichen zu übermitteln.[96] 56

(2) Personenbezogene Daten. Dafür muss es sich um personenbezogene Daten handeln. Nach Art. 4 Nr. 1 DS-GVO sind personenbezogene Daten alle Informationen, die sich auf eine identifizierte oder identifizierbare Person beziehen. Der Betroffene muss die personenbezogenen Daten dem Verantwortlichen **bereitgestellt** haben. Was unter dem Begriff des „Bereitstellens" zu verstehen ist, ist noch nicht abschließend geklärt. Auf jeden Fall liegt ein Bereitstellen der personenbezogenen Daten vor, wenn die betroffene Person diese aktiv und wissentlich mitgeteilt hat.[97] Teilweise wird als ausreichend anerkannt, wenn die Daten aus der Beobachtung der Tätigkeit des Nutzers stammen.[98] *Die Stiftung Datenschutz* plädiert für eine dienstbezogene Einzelfallentscheidung und sieht Nutzungsdaten dann als „bereitgestellte Daten" an, wenn dies die Kontrollrechte der betroffenen Person verbessert.[99] Als dritte Voraussetzung muss die Verarbeitung entweder auf einer Einwilligung beruhen nach **Art. 6 Abs. 1 lit. a, b, 9 Abs. 2 lit. a DS-GVO** oder mithilfe automatisierter Verfahren erfolgen. Wenn diese Voraussetzungen kumulativ erfüllt sind, kann der Betroffene die **Herausgabe** oder die ungehinderte **Übermittlung** seiner Daten an einen Dritten (auch per Direktübermittlung) in einem **strukturierten, maschinenlesbaren und gängigen Format** verlangen. Der Anspruch auf Datenportabilität besteht **nicht grenzenlos,** sondern kann im Einzelfall begrenzt oder ausgeschlossen sein.[100] So besteht der Anspruch nur, soweit die Datenübermittlung **technisch machbar** ist, siehe Art. 20 Abs. 2 DS-GVO. Aus dem *Erwgr. 68* ergibt sich, dass der Verantwortliche nicht verpflichtet ist, technisch kompatible Datenverarbeitungssysteme zu übernehmen oder beizubehalten, vielmehr richtet sich die technische Machbarkeit der Übermittlung nach den technischen Möglichkeiten, die beim Verantwortlichen schon vorhanden sind.[101] Nach Art. 20 Abs. 4 DS-GVO dürfen durch die Datenübertragung die Rechte und Freiheiten anderer Personen nicht beeinträchtigt werden. Darunter fallen neben den Rechten und Freiheiten von natürlichen Personen auch diejenigen von juristischen Personen.[102] Art. 20 DS-GVO zielt primär darauf ab die **Kontrolle** des Betroffenen über die ihn betreffenden Daten zu stärken. Daneben sollen sog. **Lock-in-Effekte reduziert** werden, die bewirken, dass der Nutzer eines Dienstes an diesen gebunden ist, weil ein Wechsel wegen hoher Kosten unwirtschaftlich wäre.[103] 57

Ein wichtiger Anwendungsbereich für Art. 20 DS-GVO ist die Datenverarbeitung im **vernetzten Auto.** Ein vernetztes Auto kann sich über das Internet mit anderen Fahrzeugen und seiner Umwelt verbinden, sowie in alle Richtungen kommunizieren.[104] In einem 58

---

[95] BeckOK DatenschutzR/*v. Lewinski* DS-GVO Art. 20 Rn. 1.
[96] *Brockmeyer* ZD 2018, 258 (261).
[97] Gola/*Piltz* DS-GVO Art. 20 Rn. 15.
[98] NK-Datenschutz/*Dix* DS-GVO Art. 20 Rn. 8; aA Gola/*Piltz* DS-GVO Art. 20 Rn. 15.
[99] Stiftung Datenschutzrecht, Praktische Umsetzung des Rechts auf Datenübertragbarkeit, Januar 2018, S. 8, www.stiftungdatenschutz.org/fileadmin/Redaktion/Datenportabilitaet/stiftungdatenschutz_abschlussbericht_Hyperlinks_20180124_01_web.pdf (25. 2. 2021).
[100] BeckOK DatenschutzR/*v. Lewinski* DS-GVO Art. 20 Rn. 87.
[101] Kühling/Buchner/*Herbst* DS-GVO Art. 20 Rn. 27.
[102] NK-DatenschutzR/*Dix* DS-GVO Art. 20 Rn. 17.
[103] *Kratz* InTeR 2019, 26 (27).
[104] www.de.wikipedia.org/wiki/Vernetztes_Auto (25. 2. 2021).

vernetzten Fahrzeug fallen eine Vielzahl von Daten an, beispielsweise Positionsdaten, Informationen über den Zustand des Fahrzeugs oder die persönlichen Vorlieben des Fahrers, Angaben über dessen Fahrverhalten sowie seine geistige und körperliche Verfassung, und diverse andere Daten.[105] Wenn diese anfallenden Daten auf dem Fahrzeug gespeichert sind und der Hersteller eine Zugriffsmöglichkeit hat oder wenn die Daten auf einem Cloud-System des Herstellers gespeichert sind, hat der Betroffene einen Anspruch aus Art. 20 DS-GVO gegen den Hersteller.[106] Dh, dass er die Daten an sich oder an einen anderen Verantwortlichen herausverlangen kann. Interesse an den im Fahrzeug anfallenden Daten haben unter anderem Händler, Werkstätten, Mietwagenunternehmen oder Versicherungen.[107] Wenn die betroffene Person die Übermittlung seiner personenbezogenen Daten an einen anderen Verantwortlichen verlangt, dann wird dieser selbst zum Verantwortlichen, sodass er zukünftig auch Adressat von Art. 20 DS-GVO ist.

59 **(3) Recht auf Datenportabilität.** Gerade hinsichtlich des neugeschaffenen Rechts auf Datenportabilität ist ein funktionierendes Exit-Management für den Cloud-Kunden von größter Relevanz. Wenn der Cloud-Kunde Daten von seinen Kunden (oder Betroffenen) „bereitgestellt" bekommt, die er mithilfe einer Cloud-Infrastruktur verwaltet, ist er als Verantwortlicher Ansprüchen aus Art. 20 DS-GVO ausgesetzt. Dh, er muss seinen Kunden ihre bereitgestellten personenbezogenen Daten in einem strukturierten, gängigen und maschinenlesbaren Format zurückübertragen oder direkt an einen anderen Verantwortlichen übermitteln. Beispiel hierfür ist der Hersteller eines vernetzten Autos, welcher die Cloud-Infrastruktur eines externen IT-Providers nutzt. Der Anspruch aus Art. 20 DS-GVO besteht in diesem Fall nur gegenüber dem Cloud-Kunden, nicht dagegen gegenüber dem Cloud-Anbieter. Im Verhältnis zum Cloud-Anbieter sollte sich der Cloud-Kunde vertraglich durch ein funktionierendes Exit-Management absichern, damit er die entsprechenden Daten problemlos von diesem erhalten kann, um den Anspruch auf Datenportabilität aus Art. 20 DS-GVO gegenüber seinen Kunden leicht erfüllen zu können. Darüber hinaus bestehen für den Fall, dass der Hersteller eines vernetzten Autos die anfallenden Daten auf einem Cloud-System speichert, noch weitere datenschutzrechtliche Ansprüche der betroffenen Person gegen den Hersteller. So hat die betroffene Person einen umfassenden Auskunftsanspruch gegen den Hersteller aus **Art. 15 DS-GVO** und einen Anspruch auf Löschung der sie betreffenden personenbezogenen Daten aus **Art. 17 DS-GVO.** Um diesen Ansprüchen nachkommen zu können, sollte der Hersteller als Cloud-Kunde diese Pflichten an den Cloud-Anbieter „durchreichen" und vertraglich abbilden. Gelingt ihm das nicht drohen ihm für einen Verstoß gegen Art. 20, 15, 17 DS-GVO die Verhängung von einem hohen Bußgeld nach **Art. 83 Abs. 5 lit. b DS-GVO.**

c) Allgemeines zur Gestaltung von Cloud-Leistungsbeschreibungen

60 Die Leistungsbeschreibung ist ein wesentlicher Bestandteil des Cloud-Computing-Vertrages. Gerade bei umfangreichen und komplexen Cloud-Projekten sollten die Parteien auf eine differenzierte und genaue Leistungsbeschreibung in rechtlicher sowie technischer Hinsicht hinwirken. Dabei definiert die Leistungsbeschreibung sowohl die Leistungspflicht des Cloud-Anbieters als auch den Erfüllungsanspruch des Cloud-Kunden und konkretisiert die vertragsgemäße Leistung. Inhaltlich legen die Parteien in der Leistungsbeschreibung fest, welche konkrete Leistung geschuldet ist und wie der Cloud-Anbieter diese erbringen muss. Darüber hinaus können die Parteien ein Vertragsziel in die Leistungsbeschreibung aufnehmen.[108]

---

[105] Ausf. zu den anfallenden Daten *Weichert* NZV 2017, 507 (509).
[106] *Kling-Straub/Straub* ZD 2018, 459 (461).
[107] *Weichert* NZV 2017, 507 (507 f.).
[108] *Meents* in Borges/Meents Cloud Computing § 4 Rn. 121 ff.

aa) Eigenschaften und Funktionen der Plattform/Features. Die Parteien regeln die Rechte und Pflichten bezüglich der einzelnen Services in den Einzelverträgen, auch Leistungsscheine genannt.[109] Für die Ausgestaltung der Leistungsbeschreibung und -pflichten des Cloud-Vertrages bestehen keine besonderen gesetzlichen Anforderungen. Dennoch sollten die Vertragsparteien die Inhalte der gegenseitigen Leistungs- und Vergütungspflichten vertraglich definieren und möglichst vollständig und abschließend formulieren.[110] In der Leistungsbeschreibung können die Parteien dafür die Inhalte und Besonderheiten des jeweils vertragsgegenständlichen Cloud-Services festlegen, also die Flexibilität (Variabilität von Leistungsort, Leistungszeit, der Leistung selbst) und Skalierbarkeit der Leistung (zB Umfang der Anpassung der zur Verfügung gestellten Speicher- oder Bandbreitenkapazitäten an den aktuellen Bedarf).[111] 61

Der Cloud-Kunde hat bei einer lückenhaften Leistungsbeschreibung regelmäßig Schwierigkeiten, vertragliche Ansprüche wegen einer Schlechtleistung des Cloud-Anbieters erfolgreich geltend zu machen. Auch der Cloud-Anbieter profitiert von möglichst präzisen vertraglichen Vereinbarungen. Eine fehlende oder unzureichende vertragliche Vereinbarung kann dazu führen, dass die gesetzlichen Vorschriften anzuwenden sind, was zu einer unsicheren Rechtslage führt und für beide Parteien Einschränkungen mit sich bringen kann. Praktisches Beispiel hierfür ist etwa die Leistungspflicht nach „mittlerer Art und Güte" (§ 241 BGB). Typische Bestandteile der Einzelverträge sind Service Levels, wie Verfügbarkeitsquoten, Qualitätsanforderungen, gegebenenfalls Vertragsstrafen und Vertragsanpassungen. Darüber hinaus können spezielle Mitwirkungspflichten des Nutzers, vom Rahmenvertrag abweichende Change Request Verfahren und spezielle Eskalationsverfahren geregelt werden.[112] Die Parteien können die jeweiligen Einzelverträge durch ein „End-to-End Service Level Agreement" miteinander verbinden. Durch eine solche Vereinbarung verpflichtet sich der Cloud-Anbieter eine Gesamtleistung mit einheitlichen Leistungskriterien zu erbringen. Die einzelnen Leistungen werden dann nicht mehr getrennt beurteilt, sodass es nicht mehr auf die Verfügbarkeit einer einzelnen Leistung ankommt.[113] Für die Feststellung, ob der Cloud-Anbieter die IT-Services vertragsgemäß erbracht hat, wird stattdessen auf die Gesamtheit aller verknüpften Leistungen abgestellt.[114] 62

bb) Zugang. Die Qualität eines Cloud-Services ist ganz wesentlich abhängig von der Sicherheit der Internetverbindung, denn charakteristisch für Cloud Computing-Anwendungen ist, dass auf sie über ein Netzwerk zugegriffen wird. Üblicherweise erfolgt der Zugriff über das Internet. Die Parteien müssen daher vertraglich regeln, ob der Zugriff über eine offene Verbindung oder eine VPN-Verbindung (Fat Client SSL VPN, Thin Client SSL VPN oder Clientless SSL VPN) geschieht. 63

cc) Support. Bei Cloud-Services sind unterschiedliche Support-Dienstleistungen denkbar. 64 Festgeschrieben werden können sowohl Vor-Ort-Services als auch Support-Hotlines, Fernwartung oder Livesupport. Oft bieten die Cloud-Anbieter auf ihrer Internetseite dazu interaktive Hilfe, PDF-Anleitungen sowie Schulungen an. Dabei ist fast jeder Cloud-Service von Support-Dienstleistungen begleitet. Die Parteien müssen in der Leistungsbeschreibung festlegen, welche Support-Dienste geschuldet sind und wann diese verfügbar sein müssen, bspw. 24-Stunden-Service, Antwort innerhalb einer Stunde, Problembehandlung oder Problemlösung innerhalb einer bestimmten Frist etc. Darüber hinaus ist der

[109] *Meents* in Borges/Meents Cloud Computing § 4 Rn. 30.

[110] BITKOM 2014, Checkliste mit Erläuterungen für Cloud-Computing-Verträge, www.bitkom.org/sites/default/files/pdf/noindex/Publikationen/2014/Leitfaden/Vertragsgestaltung-Cloud-Computing/BITKOM-Checkliste-Cloud-Computing-Vertraege.pdf (25.2.2021).

[111] S. dazu auch *Thalhofer* in Bräutigam IT-Outsourcing und Cloud Computing Teil 14 G. Rn. 145.

[112] *Meents* in Borges/Meents Cloud Computing § 4 Rn. 30.

[113] *Bräutigam* in Bräutigam IT-Outsourcing und Cloud Computing Teil 13 Rn. 525.

[114] *Meents* in Borges/Meents Cloud Computing § 4 Rn. 31.

Umfang der Support-Dienste zu regeln, wie etwa der Inhalt einer Schulung oder einer Online-Hilfe-Seite.[115]

65 **dd) Datensicherheit. (1) Schutzziele.** Die Parteien müssen die Datensicherheit bereits aus datenschutzrechtlichen Gründen in dem von Art. 32 DS-GVO geforderten Umfang vertraglich regeln. Die **drei klassischen Schutzziele** der Datensicherheit sind die **Vertraulichkeit** (nur Befugte haben eine Zugriffmöglichkeit auf die Daten), die **Integrität** (Datenveränderungen können erkannt werden) und die **Verfügbarkeit** (Daten stehen in einem angemessenen Zeitraum zur Verfügung).[116] Der **sachliche Schutzbereich** der DS-GVO setzt voraus, dass personenbezogene Daten verarbeitet werden. Für das Cloud Computing bedeutet das, dass die DS-GVO nicht anwendbar ist, wenn kein Personenbezug zu den Daten hergestellt werden kann.[117]

66 Der Cloud-Anbieter hat die Pflicht, die Serverinhalte regelmäßig zu sichern. Dabei ist es sinnvoll in den Leistungsscheinen festzulegen, wie oft die Datensicherung geschuldet ist. Der Cloud-Anbieter ist angehalten, Vorkehrungen gegen Datenverluste und den unbefugten Zugriff durch Dritte zu treffen. Das ist auch in seinem Interesse. Aspekte der Datensicherheit sind ein elementarer Bestandteil vom Geschäftsmodell des Cloud-Anbieters,[118] denn durch ein möglichst hohes Datensicherheitsniveau kann sich sein Cloud-Service im Wettbewerb hervortun und profilieren.

67 **(2) Risiken für die Datensicherheit.** Die Risiken für die Datensicherheit sind Cloud-spezifisch und abhängig von dem jeweils gewählten Service-Modell. Die für das Cloud Computing erforderliche **Virtualisierung** bewirkt, dass mehrere Cloud-Nutzer gleichzeitig auf dieselben Ressourcen zugreifen können. In einer eigenen und von anderen Nutzern logisch getrennten Cloud-Umgebung können die Nutzer ungestört und bedarfsgerecht arbeiten. Die Virtualisierungstechnik in der Cloud **erhöht** die **Komplexität** der IT-Infrastruktur. Mit zunehmender Komplexität steigen auch die Gefahren und Bedrohungen für die Datensicherheit des Cloud-Services.[119] Bei der **Public Cloud** sind Fragen der Datensicherheit brisanter als bei der **Private Cloud,** denn in der Public Cloud teilt sich ein **offener Nutzerkreis** das Angebot. Die Cloud-Nutzer sind dabei meist nicht miteinander verbunden und die genutzten Ressourcen sind in der Regel nicht lokalisierbar.[120] Es ist daher essentiell, dass die Virtualisierungssoftware bei der Public Cloud sicherstellt, dass die Cloud-Kunden in der Lage sind ungestört und ohne die Einflussnahme Dritter zu arbeiten und, dass keine Informationen zu anderen Cloud-Nutzern durchdringen.[121] Ein „Ausbrechen“ von Informationen kann zu erheblichen Datenschutzverstößen führen. Bei der Private Cloud, wo der IT-Service **exklusiv für einen festgelegten Nutzerkreis** bestimmt ist,[122] sind die Gefahren der Datensicherheit erheblich geringer, denn im Falle, dass Informationen „ausbrechen“ geschieht dies innerhalb der eigenen Sphäre und nicht nach außen. Darüber hinaus kann man die Private Cloud nach individuellen Vorgaben und Gesichtspunkten ausgestalten, sodass die Möglichkeit besteht Maßnahmen zum Schutz der Daten genau auf die eigene Datenverarbeitung auszurichten. Die Restrisiken können so minimiert werden. Die Public Cloud ist diesbezüglich nicht so flexibel wie die Private Cloud, sodass bei ihr deutlich höhere Risiken für die Datensicherheit bestehen.[123]

---

[115] Vgl. hierzu auch *Bräutigam* in Bräutigam IT-Outsourcing und Cloud Computing Teil 13 D Rn. 460.
[116] *Heidrich/Wegener* in Forgó/Helfrich/Schneider Betr. Datenschutz-HdB Teil VII Kap. 4 Rn. 17.
[117] *Hofmann* ZD-Aktuell 2017, 05488.
[118] BeckFormB IT-R/*Missling* G.6 S. 480.
[119] *Cahsor/Sorge* in Borges/Meents Cloud Computing § 10 Rn. 34f.
[120] *Krcmar* in Borges/Meents Cloud Computing § 1 Rn. 44.
[121] *Cahsor/Sorge* in Borges/Meents Cloud Computing § 10 Rn. 35.
[122] *Krcmar* in Borges/Meents Cloud Computing § 1 Rn. 37.
[123] *Cahsor/Sorge* in Borges/Meents Cloud Computing § 10 Rn. 36f.

(3) Verantwortung des Cloud-Kunden. Der **Cloud-Kunde** ist nach **Art. 32 Abs. 1 DS-GVO** auch für die Sicherheit der Datenverarbeitung verantwortlich. Daher müssen der Cloud-Kunde und der Cloud-Anbieter wirksame Maßnahmen zur Datensicherung vertraglich abbilden. Die Maßnahmen müssen dabei ein dem Risiko der Verarbeitung angemessenes Schutzniveau bieten, unter Berücksichtigung der Risiken für die Rechte und Freiheiten der jeweils betroffenen Person.[124] Nach Art. 32 Abs. 1 lit. a DS-GVO ist die **Verschlüsselung** von personenbezogenen Daten eine geeignete technische und organisatorische Maßnahme, um ein dem Risiko angemessenes Schutzniveau zu erreichen. Die Verschlüsselung von personenbezogenen Daten ist einer der **zentralen Ansätze** zur Sicherung der Daten in der Cloud.[125] Art. 32 DS-GVO schreibt den Parteien keine bestimmte Maßnahme für die Verschlüsselung der Daten vor. Am Ende muss die Verschlüsselung aber bewirken, dass unbefugte Dritte keinen Zugang zu den personenbezogenen Daten haben.[126] Wenn die Daten in der Cloud verarbeitet werden, müssen sie nach dem aktuellen Stand der Technik in unverschlüsselter Form vorliegen. Eine Verschlüsselung unter Nutzung der *Fully Homomorphic Encryption* (FHE) kann eventuell in Zukunft eine Möglichkeit bieten die Daten in verschlüsselter Form zu bearbeiten. Allerdings ist bislang nicht absehbar, wann diese Verschlüsselungsmethode in der Praxis angewendet werden kann.[127] Alternative Ansätze sind bspw. das *Trusted Execution Environment* (TEE) und das darauf aufbauende *Confidential Computing.* Weiterhin ist *Sealed Cloud* ein Ansatz, dass auf unverschlüsselte Nutzerdaten während der Verarbeitung nicht zugegriffen werden kann.[128] 68

(4) Technische und organisatorische Sicherheitsmaßnahmen. Nach **Art. 16 Abs. 1 NIS-RL**[129] müssen Cloud-Anbieter, als Anbieter **digitaler Dienste,**[130] geeignete und verhältnismäßige technische und organisatorische Maßnahmen treffen, um Risiken für die Sicherheit der Netz- und Informationssysteme zu bewältigen. Im deutschen Recht ist die Vorschrift in § 8c Abs. 1 BSIG umgesetzt. Die Maßnahmen müssen dabei nach dem Stand der Technik ein Sicherheitsniveau der Netz- und Informationssysteme gewährleisten, das dem bestehenden Risiko entspricht. Anbieter digitaler Dienste müssen technisch-organisatorische Sicherheitsmaßnahmen ergreifen, Sicherheitsvorfälle melden und Maßnahmen zur Überwachung dulden.[131] Die **Schutzziele der NIS-RL** müssen gewährleistet sein, namentlich die Verfügbarkeit, Vertraulichkeit, Integrität und Authentizität der Systeme. Soweit es sich bei dem digitalen Dienst um eine **kritische Infrastruktur** handelt sind zusätzliche Vorschriften zu beachten. Kritische Infrastrukturen sind Organisationen und Einrichtungen, denen eine wichtige Bedeutung für das staatliche Gemeinwesen zukommt. Im Falle von Ausfällen oder Beeinträchtigungen sind erhebliche Versorgungsengpässe bis hin zu Störungen der öffentlichen Sicherheit oder andere dramatischen Folgen möglich.[132] 69

Gem. **§§ 8a, 8b BSIG** müssen die Betreiber von **kritischen Infrastrukturen** technische und organisatorische Maßnahmen treffen, um Störungen der Vertraulichkeit, Integrität, Authentizität und Verfügbarkeit zu vermeiden. In der **Kritis-Verordnung** des BSI sind die kritischen Infrastrukturen aufgelistet, darunter fallen Dienste im Bereich der Energie, des Verkehrs, des Bankwesens, der Finanzmarktinfrastruktur, des Gesundheitswesens, der Trinkwasserversorgung, sowie der digitalen Infrastruktur. Unternehmen *bestimmter regulierter Branchen,* wie Kreditinstitute, Finanzdienstleister, Zahlungsdienstleister und Versicherungen, treffen spezialgesetzliche Vorschriften an das IT-Risikomanagement insbeson- 70

---

[124] Ehmann/Selmayr/*Hladjk* DS-GVO Art. 32 Rn. 4.
[125] *Heidrich/Wegener* in Forgó/Helfrich/Schneider Betr. Datenschutz-HdB Teil VII Kap. 4 Rn. 70.
[126] Gola/*Piltz* DS-GVO Art. 32 Rn. 27f.
[127] *Heidrich/Wegener* in Forgó/Helfrich/Schneider Betr. Datenschutz-HdB Teil VII Kap. 4 A. III. 2. Rn. 73.
[128] *Heidrich/Wegener* in Forgó/Helfrich/Schneider Betr. Datenschutz-HdB Teil VII Kap. 4 Rn. 74.
[129] RL (EU) 2016/1148 „über Maßnahmen zur Gewährleistung einer hohen gemeinsamen Netz- und Informationssicherheit in der EU" (im Folgenden: NIS-RL).
[130] Definition der digitalen Dienste in Anh. III der NIS-RL.
[131] Ausf. *Schallbruch* CR 2016, 663 (667ff.).
[132] Spannowsky/Runkel/Goppel/*Spannowsky* ROG 2 Rn. 87.

dere im Bereich der **Informationssicherheit,** etwa im KWG, MaRisk, BAIT/VAG, MaGO/VAIT.

71 Vor diesem Hintergrund sollte der Cloud-Kunde im Hinblick auf die Datensicherheit abschätzen, ob eine Auslagerung von Daten oder Diensten in die Cloud **verantwortbar** ist und eine Auslagerung **wirtschaftlich** sein kann, unter Berücksichtigung der technischen und organisatorischen Maßnahmen, die er zu treffen hat. Wenn das der Fall ist, sollte der Cloud-Kunde, insbesondere wenn es sich um sensible Daten oder wesentliche Dienste handelt, eine Cloud-Lösung anstreben, die ihm trotz hoher **Standardisierung** Raum zur **Mitgestaltung** und **Einflussnahme** bietet. Bei der Wahl zwischen einer **Private Cloud** und einer Public Cloud ist die erhöhte **Datensicherheit** bei Nutzung einer Private Cloud zu berücksichtigen. Der Cloud-Anbieter sollte durch eine **vollständige und schlüssige Dokumentation** für maximale Transparenz sorgen. Seine betrieblichen Abläufe sind regelmäßig zu überprüfen, damit er diese in technischer und organisatorischer Hinsicht kontinuierlich verbessern kann. Die Daten müssen während des Transports über die Kommunikationsverbindungen sowie bei der Speicherung in der Cloud verschlüsselt sein. Der Cloud-Anbieter ist dazu angehalten, **marktübliche und bewährte Sicherheitsprodukte** zu benutzen. Die Parteien sollten vertraglich vereinbaren, dass der Cloud-Anbieter geschultes Personal beschäftigt, die Portierbarkeit der Daten sicherstellen kann und Prozesse zur Sperrung und Löschung von Daten definiert. Dazu sollten aktuelle Datensicherungen existieren, sowie **feste Abläufe** für den Eintritt eines sicherheitsrelevanten Vorfalles. Für den Cloud-Kunden sollte ein Handbuch bereitgestellt werden, damit er den Cloud-Dienst sicher einrichten und bedienen kann und somit nutzungsbedingten Fehlern vorgebeugt wird.[133] Die vorstehenden Punkte sind wesentliche Vertragsinhalte, auf deren Aufnahme insbesondere der Cloud-Kunde achten sollte.

d) Allgemeines zur Gestaltung von Service Level Agreements im Cloud-Bereich

72 Üblicherweise bilden die SLA einen gesonderten Teil des Cloud-Vertrages unter Bezugnahme auf die Leistungsbeschreibung. SLA bestimmen, welche Qualität geschuldet ist und welche Rechtsfolgen ein Verstoß auslöst.[134] Für die Grundstruktur eines SLA ist charakteristisch, dass zunächst die geschuldete Qualität oder ein Qualitätsstandard aufgeführt sind. Im Anschluss daran sind Regelungen zur Kontrolle dieser Vorgaben zu finden und Sanktionsregelungen sowie Bonus-Malus-Regelungen zu beschreiben.[135] Den SLA kommt somit eine Funktion zu, die dem gesetzlichen Gewährleistungsrecht ähnelt.[136] Die SLA können dabei unabhängig von dem zugrunde liegenden Vertragstyp vereinbart werden, bspw. auch in einem Dienstvertrag. Das kann dazu führen, dass sich der zugrundeliegende Vertragstyp durch die festgelegten SLA ändert und bspw. ein Dienstvertrag so in Teilen zu einem Werkvertrag wird, wenn der Cloud-Anbieter aufgrund des SLA einen bestimmten Erfolg schuldet.[137] Typischerweise einigen sich die Vertragsparteien in SLA auf Bestimmungen über die **Verfügbarkeit** des Services, **Reaktionszeiten** und Fehlerbehebungszeiten, sowie die **Fehlerbehebung** selbst und **Supportleistungen.**

73 **aa) Verfügbarkeiten.** Im IoT-Kontext besteht die erhöhte Abhängigkeit vom Funktionieren des Cloud-Services. Daher ist es essenziell, dass die Parteien detailliert vertraglich abbilden welche Verfügbarkeit geschuldet ist, wie Backups erfolgen und was im Fall eines Notfalls zu tun ist, etwa in Form eines Desaster-Recovery-Plans.

---

[133] *Cahsor/Sorge* in Borges/Meents Cloud Computing § 10 Rn. 68.
[134] *Hilber/Borges,* Leitfaden – Vertragsgestaltung beim Cloud Computing S. 18.
[135] *Meents* in Borges/Meents Cloud Computing § 4 Rn. 152.
[136] *Kuss* in Sassenberg/Faber Industrie 4.0 und Internet-HdB Teil 3 C Rn. 114.
[137] *Kuss* in Sassenberg/Faber Industrie 4.0 und Internet-HdB Teil 3 C Rn. 115.

Bei klassischen IT-Outsourcing Projekten regeln die Vertragsparteien die geschuldete Verfügbarkeit der Leistung in den SLA. Für Cloud-Verträge sind standardisierte Leistungen charakteristisch, sodass die vertraglichen Regelungen und auch die SLA regelmäßig als AGB einzuordnen sind und (soweit deutsches Recht anwendbar ist) der Inhaltskontrolle nach §§ 307 ff. BGB unterliegen.[138] Dagegen sind rein leistungsbeschreibende Elemente außerhalb der SLA nach § 307 Abs. 3 S. 1 BGB der strengen AGB-rechtlichen Inhaltskontrolle entzogen.[139] Bestimmungen über Art, Umfang und Güte der Hauptleistung unterliegen keiner AGB-Kontrolle, anders als Klauseln, die die Hauptleistung einschränken, verändern, ausgestalten oder modifizieren. Gegebenenfalls ist es daher für die Parteien vorzugswürdig, die Verfügbarkeit in der Leistungsbeschreibung zu regeln und nicht im SLA.[140] Die Einordnung, ob die Verfügbarkeitsquote eine „bloße" Leistungsbeschreibung ist und somit der AGB-rechtlichen Kontrolle nicht unterliegt, ist im Einzelfall schwierig. Eine Verfügbarkeitsklausel bestimmt den Umfang, innerhalb dessen der Cloud-Kunde den Cloud-Service in Anspruch nehmen können muss und ist daher grundsätzlich eine Leistungsbeschreibung. Anders zu beurteilen ist eine Klausel, die die vertraglich zugesagte Leistung durch eine Verfügbarkeitsquote beschränkt. In diesem Fall wird die Hauptleistungspflicht eingeschränkt, sodass die Klausel einer Inhaltskontrolle unterliegt.[141] Die Vertragsparteien sollten, um für ausreichende Rechtssicherheit zu sorgen und eine Inhaltskontrolle nach AGB-Recht zu vermeiden, **realisierbare Verfügbarkeitsquoten** vereinbaren und die festgelegte Verfügbarkeit nicht durch nachfolgende vertragliche Regelungen einschränken.[142] 74

Die für Cloud-Services typische „Verteilung" von Servern auf verschiedene Standorte zur Speicherung von Daten mit ständigen Spiegelungen und Backups ermöglicht es beim Cloud Computing häufig, eine **höhere Verfügbarkeit** zu vereinbaren als beim herkömmlichen IT-Outsourcing. Die Parteien müssen Servicebestandteile, Referenzzeitraum und Schnittstellen, auf die sich die Verfügbarkeit bezieht, festlegen.[143] Von elementarer Bedeutung ist eine Verfügbarkeitsklausel, wenn der Cloud-Service als Mietvertrag einzuordnen ist. Nach § 535 Abs. 1 S. 2 BGB hat der Cloud-Anbieter den Cloud-Service in einem zum vertragsgemäßen Gebrauch geeigneten Zustand dem Cloud-Kunden zu überlassen und ihn während der Mietzeit in diesem Zustand erhalten. Daraus wird teilweise gefolgert, dass mangels zeitlicher Begrenzung, der Cloud-Anbieter die jederzeitige Verfügbarkeit des Services schuldet.[144] Um diesbezüglich Unsicherheiten zu vermeiden, sollten die Vertragsparteien die Verfügbarkeitsquote eindeutig festlegen. Der Cloud-Anbieter wird eine Verfügbarkeitsquote unter 100 Prozent ansetzen oder je nach Vergütung unterschiedliche Verfügbarkeitsmodelle anbieten. Solange er diese vereinbarte Quote einhält, ist er keinen Ansprüchen des Cloud-Kunden ausgesetzt. Um die Verfügbarkeit zu definieren, sollten die Parteien einen Zeitraum benennen, auf den sich die Verfügbarkeit bezieht (typischerweise wird ein Bezugsraum von Wochen, Monaten oder Jahren angegeben). Daneben ist zu regeln, wie lange eine Unterbrechung pro Vorfall maximal dauern darf.[145] 75

bb) Antwortzeiten/Performance. Um festzulegen, wie viel Zeit vergehen darf, bis die Cloud-Leistung wieder störungsfrei funktioniert, können die Parteien für bestimmte Cloud-Leistungen vorab einen klar definierten Zeitraum festlegen, der einzuhalten ist *(Time to Repair)* oder vereinbaren, dass es ausreicht, wenn der Cloud-Anbieter die Störun- 76

[138] *Meents* in Borges/Meents Cloud Computing § 4 Rn. 131.
[139] BeckOK BGB/*Schmidt* § 307 Rn. 79 ff.
[140] *Meents* in Borges/Meents Cloud Computing § 4 Rn. 131; *Intveen/Hilber/Rabus* in Hilber Cloud Computing-HdB Teil 2 IV. Rn. 203.
[141] *Meents* in Borges/Meents Cloud Computing § 4 Rn. 261.
[142] *Stiemerling/Schneider* CR 2011, 345 (351); *Meents* in Borges/Meents Cloud Computing § 4 Rn. 261.
[143] S. auch *Thalhofer* in Bräutigam IT-Outsourcing und Cloud Computing Teil 14 G. Rn. 148.
[144] *Meents* in Borges/Meents Cloud Computing § 4 Rn. 132; *Intveen/Hilber/Rabus* in Hilber Cloud Computing-HdB Teil 2 IV. Rn. 204, 219.
[145] *Intveen/Hilber/Rabus* in Hilber Cloud Computing-HdB Teil 2 IV. Rn. 205.

gen über einen bestimmten Zeitraum innerhalb einer durchschnittlichen Störungszeit behebt *(Mean Time to Repair)*. Anstatt die Beseitigung einer Störung innerhalb eines bestimmten Zeitraums festzulegen, können die Parteien auch lediglich eine bestimmte Reaktionszeit benennen. Dabei obliegt es den Parteien auszugestalten, wie die Reaktion des Cloud-Anbieters erfolgen soll.[146]

77 Die **Performance,** oder auch **System-Antwortzeit,** bezeichnet die Geschwindigkeit des Systems vom Absenden eines Befehls bis zur Darstellung einer Antwort auf dem Bildschirm des Cloud-Nutzers, also die **Reaktionsgeschwindigkeit.** Gerade für den Cloud-Kunden ist es wichtig, Kriterien der Performance vertraglich festzulegen, denn für ihn ist es bei Vertragsschluss in der Regel nicht erkennbar, wie schnell bestimmte Rechenleistungen über die Cloud erbracht werden können. Die Parteien können unterschiedliche Services in der Cloud kombinieren. Daher ist es nicht möglich eine pauschale Antwortzeit zu vereinbaren. Vielmehr müssen die Parteien für jeden Service klären, welche Performancekriterien für die Software, einzusetzende Hardware oder sonstig notwendige IT-Infrastruktur zu erfüllen sind. Die Parteien sollten die Performancekriterien möglichst konkret festlegen. Ansonsten ist auf einen mittleren Ausführungsstandard abzustellen, der sich in der Praxis nur schwer ermitteln lässt.[147]

78 **cc) Fehlerbehebung und Support.** Um einen **störungsfreien Betrieb** zu gewährleisten ist eine regelmäßige **Wartung** und **Pflege** des Cloud-Systems erforderlich. Dazu sollten die Vertragsparteien vereinbaren, dass der Cloud-Anbieter verpflichtet ist, die Hard- und Software betriebsbereit zu halten und insbesondere Störungen und Fehler zu beseitigen.[148] So sollte vertraglich festgelegt werden, dass der Cloud-Anbieter regelmäßig Softwareaktualisierungen bereitstellt, wie zB *Updates, Patches* oder *Upgrades,* um die Software zu aktualisieren.[149] Weiterhin ist es sinnvoll, vertraglich zu bestimmen, dass der Cloud-Anbieter den Cloud-Kunden im Umgang mit der Hard- und Software **berät** und **unterstützt,** beispielsweise indem er eine **Hotline** oder einen **User Help Desk** anbietet.[150]

79 **dd) Service Level Credits.** Service Level Credits werden von den Parteien regelmäßig als Sanktionsmechanismus in den Vertrag aufgenommen, denn das gesetzliche Gewährleistungsrecht reicht beim Cloud Computing regelmäßig nicht aus.[151] Es ist wichtig, dass die Parteien vertraglich festlegen, welche Konsequenzen eintreten, falls der Cloud-Anbieter die SLA nicht einhält. Das erleichtert dem Cloud-Kunden seine Ansprüche gegen den Anbieter geltend zu machen, da er einen etwaig entstandenen Schaden nicht darlegen und beweisen muss. Auch vor dem Hintergrund, dass der Cloud-Kunde den Aufwand der eigenen Mitarbeiter nicht als Schaden geltend machen kann, ist es für ihn sinnvoll Service Level Credits zu vereinbaren.[152] Meist einigen sich die Parteien vertraglich auf monetäre Konsequenzen, wenn das festgelegte Qualitätsniveau unterschritten wird.[153] Typische Sanktionen sind dabei eine **pauschale Minderung, Vertragsstrafen,** oder die Vereinbarung eines festgesetzten **pauschalisierten Schadensersatzes.** Bei einer pauschalen **Minderung** müssen die Parteien eine bestimmte Geldsumme festlegen, um die die Vergütung gekürzt wird.[154] Dazu ist wichtig zu klären, ob die Minderung neben einem etwaigen Schadensersatzanspruch besteht oder auf einen solchen anzurechnen ist. Zudem sollte sich die Minderungsvereinbarung in das Haftungs- und Gewährleistungsregime des Vertrages

[146] *Intveen/Hilber/Rabus* in Hilber Cloud Computing-HdB Teil 2 IV. Rn. 206.
[147] *Meents* in Borges/Meents Cloud Computing § 4 Rn. 138 f.
[148] *Kuss* in Sassenberg/Faber/Industrie 4.0 und Internet-HdB Teil 3 C Rn. 66.
[149] *Conrad/Schneider* in Auer-Reinsdorff/Conrad IT-R-HdB § 14 Rn. 82 ff.
[150] *Wieczorek* in Kilian/Heussen CompterR-HdB Kap. 32.5 Rn. 26.
[151] *Meents* in Borges/Meents Cloud Computing § 4 Rn. 158.
[152] *Bräutigam* in Bräutigam IT-Outsourcing und Cloud Computing Teil 13 Rn. 562.
[153] *Wieczorek* in Kilian/Heussen ComputerR-HdB Kap. 32.5 Rn. 28.
[154] *Bräutigam* in Bräutigam IT-Outsourcing und Cloud Computing Teil 13 Rn. 566.

einfügen.[155] Bei **Vertragsstrafen** kommt es nicht drauf an, ob dem Cloud-Kunden tatsächlich ein Schaden entstanden ist, vielmehr ist die Strafe auch fällig, wenn diesem gar kein Schaden entstanden ist. Wichtig ist, dass die Parteien bestimmen, ob die Vertragsstrafe das Verschulden einer Partei voraussetzt *oder* auch verschuldensunabhängig entstehen kann.[156] Gerade die Vereinbarung einer verschuldensunabhängigen Vertragsstrafe ist eine häufige Sanktion für die Verletzung von Service Levels.[157] Alternativ können sich die Parteien auch auf die Festlegung eines **pauschalen Schadensersatzes** einigen, dann muss der Cloud-Kunde keinen konkreten Schaden nachweisen. Die Parteien müssen dafür eine Summe als pauschalen Schaden festlegen, die vom Cloud-Anbieter zu zahlen ist, wenn die übrigen Voraussetzungen eines Schadensersatzanspruches eingetreten sind.[158] Zudem können die Parteien im Vertrag auch ein Sonderkündigungsrecht vorsehen. Ein solches Recht zur außerordentlichen Kündigung sollte als die schärfste Sanktion „ultima ratio" im Sanktionensystem des Vertrages verankert sein.[159]

e) Besonderheiten bei IaaS

aa) Charakteristika der bereitgestellten Infrastruktur. IaaS ist die Bereitstellung von virtuellen Ressourcen wie Rechenleistung (vCPU), Arbeitsspeicher (vRam) und Speicherplatz (vDisk).[160] Die Parteien können vereinbaren, dass der Cloud-Anbieter die Ressourcen ausschließlich (dediziert) für den Cloud-Kunden bereitstellt. Dann ist die Rechenleistung garantiert und der Cloud-Anbieter läuft nicht Gefahr, dass die Ressourcen wegen Überbuchung nicht verfügbar sind. Der Normalfall dagegen ist, dass der Cloud-Kunde die Ressourcen *on demand* erhält. Dies ist wesentlich preiswerter. Die Abrechnung kann nach der Nutzung des Cloud-Kunden erfolgen, bspw. anhand der monatlich genutzten Anzahl der vCPUs, der genutzten Anzahl von CPU-Sekunden/Minuten, dem genutzten vRAM, dem belegtem Speicherplatz oder der genutzten Netzwerkbandbreite.[161] Wenn beim Cloud Computing die Infrastruktur, in der Regel als Entwicklungsumgebung, zur Verfügung gestellt wird, müssen die Parteien klären, um welche Art von Infrastruktur es sich handeln soll, sowie in welchem Umfang und wofür der Cloud-Kunde diese verwenden darf. Bei einer Entwicklungsumgebung ist zu definieren, welche Arten von Programmen der Cloud-Kunde in der Cloud erstellen darf. Zudem ist festzulegen, welche Nutzungsmöglichkeiten ihm an den erstellten Programmen innerhalb der Cloud zustehen. Wenn Schnittstellen zu anderen Anwendungen bestehen, muss auch für deren Benutzung festgelegt werden, welche Services miteinander kombinierbar sind. 80

Für die zukünftige Wettbewerbsfähigkeit von Unternehmen wird das **Internet der Dinge** zu einem entscheidenden Faktor. Unternehmen können die Service-Modelle IaaS und PaaS ideal als **unterstützende Backend-Umgebung** für IoT-Services und Geräte einsetzen. IaaS stellt Unternehmen und Entwicklern dabei kostengünstig und nahezu unendlich Ressourcen zur Verfügung, auf denen diese **IoT-Workloads** betreiben und die darüber generierten Daten speichern können.[162] IaaS gewährt Zugang zu hochskalierbaren IT-Ressourcen, die an steigende Anforderungen des Kunden anpassbar sind. Neben der erhöhten Agilität und Skalierbarkeit, können Unternehmen mit IaaS Kosten einsparen. Sie sind damit flexibler und können eher im Wettbewerb bestehen. Die hohe Verfügbarkeit von IaaS ist ein weiterer Vorteil. Cloud-Anbieter haben mehrere Standorte weltweit, sodass sie die Latenzzeiten für Kunden niedrig halten können. 81

155 *Kuss* in Sassenberg/Faber Industrie 4.0 und Internet-HdB Teil 3 C Rn. 121.
156 *Kuss* in Sassenberg/Faber Industrie 4.0 und Internet-HdB Teil 3 C Rn. 120.
157 *Söbbing* in Söbbing IT-Outsourcing-HdB Kap. 2 Rn. 630.
158 *Kuss* in Sassenberg/Faber Industrie 4.0 und Internet-HdB Teil 3 C Rn. 120.
159 *Meents* in Borges/Meents Cloud Computing § 4 Rn. 169.
160 *Schorer* in Hilber Cloud Computing-HdB Teil 1 C Rn. 22.
161 *Schorer* in Hilber Cloud Computing-HdB Teil 1 C Rn. 22.
162 *Büst* crisp research 2015, www.crisp-research.com/iot-backend-die-evolution-der-public-cloud-anbieter-im-internet-iot/ (25.2.2021).

82 **bb) Zusätzliche Software.** Wenn mit der Infrastrukturnutzung die Verwendung von Software einhergeht, ist zu bestimmen, um welche Software es sich handelt und welche Nutzungsrechte der Cloud-Kunde erhält. Die Software kann dabei vom Cloud-Anbieter selbst oder von einem Dritten zur Verfügung gestellt werden. Zudem ist es möglich, dass der Cloud-Nutzer die Software zur Arbeit in die Cloud einbringt. Für diesen Fall sollte der Cloud-Provider den Cloud-Nutzer verpflichten, nur rechtskonforme Inhalte innerhalb der Entwicklungsumgebung zu verwenden und sich für durch solche Software verursachte Funktionsstörungen von der Verantwortung freizeichnen, sowie parallel Freistellungen von etwaigen Ansprüchen Dritter bei IP-Verletzungen verlangen.

83 **cc) Sicherheitsaspekte.** Der **Datenschutz** und die **Datensicherheit** sind die größten sicherheitsrechtlichen Aspekte beim IaaS. Dabei ist der Datenschutz in der Cloud stark abhängig von der Sicherheit der genutzten Infrastruktur. Angriffe auf die virtuellen Maschinen sind möglich, wenn der zugehörige Hypervisor kompromittiert wird. Die Virtualisierungstechnik (wie die Virtualisierungssoftware oder der Hypervisor beim Betrieb von virtuellen Maschinen) liegt im Zuständigkeitsbereich des Cloud-Anbieters.[163] Daher muss er die entsprechenden Maßnahmen ergreifen, um die **Schutzziele** der Integrität, Sicherheit und Transparenz der Systeme gewährleisten zu können.[164] Der Cloud-Kunde ist dagegen verpflichtet, sich vor Abschluss des Vertrages davon zu überzeugen, dass der Cloud-Anbieter einen angemessenen Stand an Informationssicherheit gewährleisten kann.[165] Die Parteien sollten im Bereich der IT-Systeme Zugriffsbeschränkungen festlegen. Zudem ist die Bestimmung eines Patch-Management-Systems, einer sicheren Grundkonfiguration (wie etwa unter Einsatz von 2-Faktor-Authentifizierung) und von Sicherheitsrichtlinien essentiell. Die Parteien sollten zudem Näheres zu Integritätsprüfungen, einer revisionssicheren Protokollierung, der Datensicherheit, Firewalls und Virenschutz in den Vertrag aufnehmen.[166]

f) Besonderheiten bei PaaS

84 **aa) Plattformfunktionalitäten.** PaaS gewährt dem Cloud-Kunden eine **Umgebung zur Softwareentwicklung** und anschließender **Ausführung** dieser **Software.** Damit PaaS als Service angeboten werden kann, bedarf es ergänzender technischer Funktionen wie zB Datenbanken, Entwicklungswerkzeuge zur Softwareerstellung, zur Softwareerprobung, zur Fehlerbeseitigung etc.[167] Die Vertragsparteien müssen die Plattform im Vertrag näher beschreiben und ihre Eigenschaften und Funktionen definieren. Darüber hinaus müssen sie festlegen, ob der Speicher der Plattform begrenzte oder unbegrenzte Kapazitäten aufweisen und welche technische Funktionsweise dieser haben soll (bspw. Tabellenspeicher, Binary Large Object Speicher).

85 Für viele **IoT-Lösungen** ist das Cloud-Modell PaaS Dreh- und Angelpunkt. PaaS kann Unternehmen einen schnellen Zugang zu Softwareentwicklungstools, Frameworks und APIs verschaffen. Mit PaaS kann der Cloud-Nutzer Kontrollsysteme entwickeln mit denen er **IoT-Applikationen, IoT-Backend-Services** und **IoT-Web-Frontends** verwalten kann. Um eine vollständige **IoT-Value-Chain** abzubilden, kann der Cloud-Kunde diese mit Lösungen von Drittanbietern integrieren.[168] Der Umfang der Leistungen ist beim PaaS äußert unterschiedlich und variabel. Er kann lediglich Speicher und Rechenleistung umfassen, aber auch Tools, Apps, Entwicklungsumgebungen, Datenbanken oder Module für

[163] *Cahsor/Sorge* in Borges/Meents Cloud Computing § 10 Rn. 43.
[164] *Hartung/Storm* in Hilber Cloud Computing-HdB Teil 4 Rn. 147.
[165] *Hartung/Storm* in Hilber Cloud Computing-HdB Teil 4 Rn. 148.
[166] *Hartung/Storm* in Hilber Cloud Computing-HdB Teil 4 Rn. 148, s. auch *Thalhofer* in Bräutigam IT-Outsourcing und Cloud Computing Teil 14 G. Rn. 155.
[167] *Cahsor/Sorge* in Borges/Meents Cloud Computing § 10 Rn. 54.
[168] *Büst* crisp research 2015, www.crisp-research.com/iot-backend-die-evolution-der-public-cloud-anbieter-im-internet-iot/ (25.2.2021).

spezielle Anwendungsfelder bis hin zu kompletten IoT-Betriebssystemen.[169] Analysten haben prognostiziert, dass sich im Jahr 2020 voraussichtlich mehr als die Hälfte der neuen PaaS-Anwendungen um **das Internet der Dinge** drehen werden.[170]

bb) Zusätzliche Dienste. Wird Serverkapazität zur Ausführung und Entwicklung von Anwendungen zur Verfügung gestellt, ist deren Skalierbarkeit ebenso Eigenschaft der Plattform wie die technische Ausgestaltung („Instanzen", „Rollen"). Darüber hinaus können Datenbanksysteme oder Cachedienste weitere Bestandteile der Entwicklungsplattform sein. Der PaaS-Dienst kann auch Verbindungen zwischen Anwendungen und Netzwerkdiensten umfassen. Die Parteien müssen jeden einzelnen dieser Dienste genau beschreiben (Funktionalität, Kapazität, Benutzeroberfläche usw). 86

g) Besonderheiten bei SaaS

aa) Eigenschaften der bereitgestellten Software. Beim SaaS erhält der Cloud-Kunde den Zugang zu Software-Sammlungen und Programmen des Cloud-Anbieters, die auf der Infrastruktur des Anbieters gespeichert sind. Auf die entsprechenden Programme kann der Cloud-Kunde in der Regel über einen Internetbrowser zugreifen.[171] Die Vertragsparteien müssen beim SaaS die vertragsgegenständliche Software exakt beschreiben. Zu dieser Beschreibung gehören neben den enthaltenen Funktionen und der Gestaltung der Benutzeroberfläche auch die technischen Eigenschaften der Software. So müssen die Parteien festlegen, welche Speicherkapazität im Arbeitsspeicher des Zielrechners benötigt wird oder, ob die Kompatibilität mit anderweitiger Software sowie mit verschiedenen Betriebssystemen erforderlich ist etc. 87

Der Cloud-Anbieter wird sich in der Regel die Möglichkeit vorbehalten, die Software nach Belieben zu verändern und anzupassen. Änderungsklauseln durch AGB sind für den Cloud-Anbieter vorteilhaft, um **Planungsrisiken** abzumildern und sich eine möglichst große **Flexibilität** einzuräumen. Der Cloud-Kunde dagegen hat ein Interesse am **Erhalt der wesentlichen Funktionalitäten** ohne Verschlechterungen des Services. Änderungsklauseln, die die einseitige Änderung der AGB durch den Verwender vorsehen, sind nach der hM unwirksam, wenn sie diesen unzulässig bevorzugen. Vielmehr muss ein wirksamer Änderungsvorbehalt die **Zumutbarkeit für den Cloud-Kunden** gewährleisten. Das ist zB dann der Fall, wenn diesen durch die geänderten Vertragsbedingungen **keine wirtschaftlichen Nachteile** treffen. 88

Änderungsklauseln, die dem Cloud-Kunden ein **Kündigungsrecht** einräumen für den Fall, dass er mit den geänderten Vertragsbedingungen nicht einverstanden ist, haben eine größere Wahrscheinlichkeit der Wirksamkeit. Die Formulierung des Änderungsvorbehalts muss erkennen lassen in welchem Bereich und in welchem Umfang der Cloud-Kunde mit Änderungen zu rechnen hat. Aus **Transparenzgründen** hat sich aus der Änderungsklausel auch ihre Reichweite zu ergeben. Ein wirksamer Änderungsvorbehalt muss auf sachlichen Gründen beruhen. 89

Der Vertragspartner darf nicht unbillig benachteiligt werden und die Formulierung des Änderungsvorbehalt muss klar und deutlich sein. Es muss erkennbar sein, wann und unter welchen Voraussetzungen der Vertragspartner mit Änderungen zu rechnen hat – etwa bei **Gesetzes- oder Rechtsprechungsänderungen** oder bei **Änderungen der wirtschaftlichen Verhältnisse.** Dazu muss das Verfahren zur Einbeziehung geregelt werden. Zu beachten ist, dass AGB im B2C-Bereich in den Vertrag einbezogen werden müssen. Wenn eine solche Einbeziehung fingiert wird, ist **§ 308 Nr. 5 BGB** zu beachten. Danach muss der Vertragspartner über die geplanten Änderungen informiert werden, eine angemessene 90

[169] www.computerwoche.de/a/industrieunternehmen-setzen-auf-das-internet-of-things,3331433 (25.2.2021).
[170] www.heise.de/developer/meldung/Gartner-sieht-Internet-der-Dinge-als-Motor-fuer-PaaS-3130321.html (25.2.2021).
[171] BeckFormB IT-R/*Missling* G.6 S. 478.

Frist zum Widerspruch haben und auf die Folgen einer unterbliebenen Reaktion hingewiesen werden.

91 Regelmäßig wird der Cloud-Anbieter in den Nutzungsbedingungen nicht aufführen, welche Eigenschaften und Funktionen die Software aufweist, sondern dies nur auf der Informationsseite seiner Homepage erwähnen. Das führt zu unerwünschter Rechtsunsicherheit und im schlimmsten Fall zu gerichtlichen Auseinandersetzungen. Für einen wirksamen Vertrag müssen sich die Parteien zumindest auf die Art der Software, ihre wichtigsten Funktionen und die Modalitäten ihrer Verfügbarkeit einigen. Neben der Zurverfügungstellung von Software treten beim SaaS regelmäßig weitere Leistungen (Wartung, Support, Pflege etc) hinzu, die ebenfalls im Rahmen von Leistungsscheinen genau zu definieren sind.

92 Das Cloud-Modell SaaS bietet Unternehmen die Möglichkeit **vernetzte Produkte, Systeme und Maschinen** zu entwickeln, bereitzustellen und zentral zu verwalten. Die Komplexität beim Einstieg in das Internet der Dinge verringert sich durch entsprechende Software. Unternehmen können so schnell eine Grundlage für **intelligente vernetzte Produkte** schaffen, ohne über die ansonsten hierfür notwendige Expertise zu verfügen. SaaS kann auch die Basis sein, um eine Vielzahl von **IoT-Geräten** und Systemen miteinander zu verbinden, überwachen, zentral zu verwalten und steuern zu können.[172] Microsoft hat Ende 2017 die **generische IoT-SaaS-Lösung** *„IoT Central Microsoft"* auf den Markt gebracht. Durch diese sollen Unternehmen schneller an das Thema **IoT** herangeführt werden. „IoT Central Microsoft" ermöglicht es Unternehmen innerhalb weniger Stunden eine **vollständige IoT-Lösung** zu erstellen, ohne vertiefte Kenntnisse im Bereich der Cloud-Entwicklung zu haben. Durch die Software können dabei smarte Geräte aller Größen vernetzt werden.[173]

93 **bb) Verantwortungsabgrenzung.** Beim SaaS gibt es keine klassische „Übergabe" wie bei anderen Mietgegenständen. Daher ist abzugrenzen, wie weit der Leistungsumfang des Providers reicht und wo der Verantwortungsbereich des Cloud-Nutzers beginnt.[174] Wenn neben der Nutzung der Software bspw. auch die für den Zugriff benötigte Internetverbindung vom Provider bereitzustellen ist, fallen auch Störungen bei der Verbindung in seinen Verantwortungsbereich. In der Regel vereinbaren die Parteien beim SaaS, dass nur die Nutzung der Software und der dafür nötige Zugriff auf die Cloud Servicebestandteil sind, nicht aber die Internetverbindung.

94 **cc) Nutzungsrechte.** Der Cloud-Provider muss, als Rechteinhaber, dem Kunden die Nutzung einer urheberrechtlichen Software erst gestatten. Dies kann umfassend im Rahmenvertrag oder detaillierter in der Leistungsbeschreibung des jeweiligen Dienstes geschehen. Software genießt dann urheberrechtlichen Schutz, wenn sie ein individuelles Werk und das Ergebnis einer geistigen Schöpfung des Urhebers darstellt. Dafür ist ein Minimum an Individualität ausreichend, was in der Regel vorliegen wird.[175]

h) Besonderheiten bei der Private Cloud

95 Eine Private Cloud-Architektur ist eine **ideale IoT-Lösung,** denn diese kann die sichere, leistungsfähige und hochverfügbare Verarbeitung von IoT-Daten gewährleisten. Dazu erlaubt eine Private Cloud individuelle Anpassungen und durch eine hochleistungsfähige Netzinfrastruktur kommt es zu geringen Latenzzeiten bei der Übertragung von Daten.

[172] www.elektrotechnik.vogel.de/iot-saas-loesung-fuer-den-einfachen-einstieg-in-das-internet-der-dinge-a-701700/ (25.2.2021).
[173] www.azure.microsoft.com/de-de/services/iot-central/ (25.2.2021).
[174] *Helwig/Koglin* DSRITB 2009, 175 (182).
[175] BeckFormB IT-R/*Missling* G.6 S. 479f.

Gerade in der *Smart Factory* sind kurze Latenzzeiten wichtig, um Störungen im Produktionsablauf verhindern zu können.[176]

i) Anlage Datenschutz und Datensicherheit

aa) Anforderungen von Art. 28 DS-GVO (Auftragsverarbeitung). (1) Vorgaben der DS-GVO. Cloud-Computing-Verträge sind bei entsprechender Vertragsgestaltung häufig eine spezielle Ausprägung der Auftragsverarbeitung nach **Art. 28 DS-GVO.** Allerdings kann das Cloud Computing nicht pauschal als Auftragsverarbeitung eingeordnet werden. Dies ist vielmehr abhängig von der konkret angebotenen Dienstleistung.[177] Gem. **Art. 4 Nr. 8 DS-GVO** ist ein Auftragsverarbeiter jede natürliche oder juristische Person, Behörde, Einrichtung oder andere Stelle, die personenbezogene Daten **im Auftrag des Verantwortlichen** verarbeitet. Die Leistungen des Cloud-Anbieters fallen dann unter die Auftragsverarbeitung nach Art. 28 DS-GVO, wenn der Cloud-Anbieter nicht selbst über die Zwecke und Mittel der Datenverarbeitung entscheidet, sondern dem Cloud-Kunden lediglich **technische Hilfestellung** leistet. Regelmäßig trifft der Cloud-Anbieter keine eigenen Entscheidungen über die inhaltliche Verarbeitung der Daten, sondern der Cloud-Kunde, indem er festlegt, welche Daten, auf welche Art und Weise sowie zu welchem Zweck verarbeitet werden sollen.[178] Bei Verstößen gegen Art. 28 DS-GVO können den Auftragsverarbeiter auch Sanktionen treffen. 96

(2) Vertrag über die Auftragsverarbeitung. Wenn der Cloud-Computing-Vertrag zwischen den Parteien als Auftragsverarbeitung einzuordnen ist, müssen der Cloud-Kunde (als Verantwortlicher) und der Cloud-Anbieter (als Auftragsverarbeiter) einen **Vertrag über die Auftragsverarbeitung** schließen, **Art. 28 Abs. 3 DS-GVO.** Aufzunehmen in den Vertrag sind neben den näheren Umständen der Datenverarbeitung, auch die Rechte des Verantwortlichen (Cloud-Kunde) und die Pflichten des Auftragsverarbeiter (Cloud-Anbieter).[179] Die Parteien müssen den Vertrag nicht schriftlich schließen, ausreichend ist nach **Art. 28 Abs. 9 DS-GVO** die elektronische Form. Welche Anforderungen an die elektronische Form zu stellen sind, ist umstritten und noch nicht abschließend geklärt. Jedenfalls muss Art. 28 Abs. 9 DS-GVO **unionsrechtkonform** ausgelegt werden, sodass sich ein Rückgriff auf das nationale Recht (§ 126a BGB) verbietet. 97

Nach der überwiegenden Auffassung genügt für die Einhaltung der elektronischen Form eine E-Mail mit elektronischer Signatur.[180] Nach Art. 28 Abs. 6 DS-GVO können der Verantwortliche (Cloud-Kunde) und der Auftragsverarbeiter (Cloud-Anbieter) bei der Vertragsgestaltung auf Standardvertragsklauseln zurückgreifen und müssen diesen nicht individuell ausgestalten. Dabei können auch die Kommission und die Datenschutzaufsichtsbehörden gem. Art. 28 Abs. 7, 8 DS-GVO „Standardvertragsklauseln" erlassen, wovon diese bislang keinen Gebrauch gemacht haben. Gerade im IoT-Bereich könnten „Standardvertragsklauseln" zu mehr Sicherheit und Klarheit bei der Vertragsgestaltung beitragen und wären daher sinnvoll.[181] 98

Art. 28 DS-GVO legt vor allem das „Wie" der Auftragsverarbeitung fest, wohingegen das „Ob" nur indirekt geregelt ist.[182] Dabei ist gerade beim Cloud Computing essentiell, welche Anforderungen an die Auswahl des Auftragsverarbeiter (Cloud-Anbieter) zu stellen sind und wie dieser eine mögliche Unterauftragsverarbeitung auszugestalten hat. 99

---

176 www.it-daily.net/it-management/cloud-computing/14972-die-cloud-ebnet-den-weg-ins-internet-der-dinge (25.2.2021).
177 NK-DatenschutzR/*Petri* DS-GVO Art. 28 Rn. 18.
178 *Koglin* in Koreng/Lachenmann DatenschutzR Form-HdB G. VI.
179 Paal/Pauly/*Martini* DS-GVO Art. 28 Rn. 22f.
180 Paal/Pauly/*Martini* DS-GVO Art. 28 Rn. 75; Gola/*Klug* DS-GVO Art. 28 Rn. 12, ausf. Kühling/Buchner/*Hartung* DS-GVO Art. 28 Rn. 94ff.
181 *Mantz/Spittka* in Sassenberg/Faber Industrie 4.0 und Internet-HdB E Teil 2 Rn. 40.
182 HK-DS-GVO/*Ingold* DS-GVO Art. 28 Rn. 27.

100 **(3) Kontrollen durch den Verantwortlichen.** Primär stellt sich die Frage nach einer passenden Rechtsgrundlage für die Auftragsverarbeitung. Ob Art. 28 DS-GVO eine eigene Rechtsgrundlage für die Auftragsverarbeitung darstellt, erscheint zweifelhaft. Allerdings ist die Auftragsverarbeitung ein zulässiges Mittel der Datenverarbeitung, unter der Voraussetzung, dass der Verantwortliche die Vorgaben des Art. 28 DS-GVO einhält.[183] So muss der Cloud-Kunde als Verantwortlicher nach Art. 28 Abs. 1 DS-GVO einen Auftragsverarbeiter auswählen, der **geeignete technische und organisatorische Maßnahmen** gewährleisten kann, um die Anforderungen der DS-GVO einzuhalten und um die Rechte der betroffenen Personen zu schützen. Dies muss der Cloud-Kunde zudem regelmäßig überprüfen. Aufgrund der hohen Standardisierung und wegen der Internationalität des Cloud Computing sind Kontrollen beim Cloud-Provider nur schwer durchzuführen, insbesondere bei Public Cloud-Angeboten. Der Cloud-Kunde hat lediglich **limitierte Kontrollbefugnisse** und kann weder **administrativ** noch **operativ** auf die Infrastruktur des Cloud-Services zurückgreifen.[184] Daher sollte vertraglich vereinbart werden, dass der Cloud-Anbieter den Cloud-Kunden mithilfe von Zertifizierungen, Prüfberichten oder Referenzen über die technischen und organisatorischen Maßnahmen informiert, die er getroffen hat, um die Sicherheit der Datenverarbeitung zu gewährleisten.

101 Nach der DS-GVO ist die Auftragsverarbeitung außerhalb der EU/EWR möglich, wenn die Bedingungen der **Art. 44 ff. DS-GVO** eingehalten werden (zu den Voraussetzungen → § 6 Rn. 242 ff.). Es bedarf keiner gesetzlichen Rechtsgrundlage für die Auftragsverarbeitung in einem Drittland, wenn ein angemessenes Schutzniveau nach Art. 44 ff. DS-GVO sichergestellt ist.[185] Der Verantwortliche und der Auftragsverarbeiter müssen gem. Art. 28 Abs. 3 S. 1 lit. a DS-GVO vertraglich festlegen, ob der Auftragsverarbeiter die personenbezogenen Daten in einem Drittland verarbeiten darf.

102 Cloud-Anbieter bedienen sich oft **Subunternehmer** zur Erbringung ihrer Leistung. Der Einsatz von Subunternehmern ist nach **Art. 28 Abs. 2 DS-GVO** von der Genehmigung des Verantwortlichen abhängig, denn der Verantwortliche muss sicherstellen können, ob der Unterauftragnehmer die Datenverarbeitung ordnungsgemäß durchführt. Aus der Vorschrift ergibt sich, dass nur die grundsätzliche Berechtigung, Unterauftragsverhältnisse einzugehen, genehmigungspflichtig ist. Nicht geregelt ist dagegen, wer konkret als Unterauftragnehmer eingesetzt werden darf. Dennoch steht der Verantwortliche gegenüber den Betroffenen für die Einhaltung der datenschutzrechtlichen Bestimmungen weiterhin ein. Der Cloud-Anbieter wird daher seine Subunternehmer vertraglich verpflichten, die Bestimmungen des Vertrages zwischen Cloud-Kunde und Cloud-Anbieter einzuhalten. Das kann dadurch geschehen, dass auf den Hauptvertrag verwiesen wird und so die „Pflichten" deckungsgleich weitergereicht werden.[186]

103 **bb) Anforderungen von Art. 26 DS-GVO (Joint Controllership). (1) Begriff der gemeinsamen Verantwortlichkeit.** Die gemeinsame Verantwortlichkeit (Joint Controllership) zeichnet sich dadurch aus, dass mehrere gleichberechtigte Verantwortliche die Datenverarbeitungsprozesse kontrollieren. Dafür ist erforderlich, dass alle Beteiligten „Herr der Daten" sind, dh in der Lage sind, auf den Vorgang der Verarbeitung steuernd einzuwirken. Die Einwirkungsmöglichkeit muss sowohl das beabsichtigte Ergebnis der Datenverarbeitung umfassen als auch die Art und Weise der Verarbeitung.[187] Ein rein tatsächlicher Einfluss auf die Erhebung und Verarbeitung der personenbezogenen Daten reicht nicht, denn entscheidend für das Vorliegen einer Joint Controllership ist gerade das be-

---

[183] Ehmann/Selmayr/*Bertermann* DS-GVO Art. 28 Rn. 7.
[184] Plath/*Plath* DS-GVO § 28 Rn. 49.
[185] Ehmann/Selmayr/*Bertermann* DS-GVO Art. 28 Rn. 9.
[186] Plath/*Plath* DS-GVO § 28 Rn. 52 f.
[187] Paal/Pauly/*Martini* DS-GVO Art. 26 Rn. 19.

wusste und gewollte Zusammenwirken der Parteien.[188] Gleichzeitig müssen die Verantwortlichen aber nicht zwingend eine gleichrangige Verantwortung haben.[189]

Die gemeinsame Zweck- und Mittelbestimmung der Parteien grenzt die gemeinsame Verantwortlichkeit von der Auftragsverarbeitung nach Art. 28 DS-GVO ab. Denn bei der Auftragsverarbeitung entscheidet allein der Verantwortliche über die Zwecke und Mittel der Datenverarbeitung während der Auftragsverarbeiter streng weisungsgebunden agiert. Die gemeinsame Verantwortlichkeit eröffnet den Parteien die Möglichkeit kooperative und pluralistische Zusammenarbeitsmodelle zu implementieren, anders als bei dem hierarchischen Modell der Auftragsverarbeitung.[190] 104

Die gemeinsam Verantwortlichen müssen im Innenverhältnis vereinbaren, wie sie die Verantwortungsbereiche untereinander aufteilen, Art. 26 Abs. 1 DS-GVO. Im Außenverhältnis ist dagegen jeder Verantwortliche allen betroffenen Personen vollumfänglich verantwortlich, siehe Art. 26 Abs. 3 DS-GVO.[191] Da die Parteien vertragliche Kooperationen in der Regel nur für eine begrenzte Zeit schließen, sollten sie Regelungen für den Fall der Beendigung treffen. Dabei können die Parteien vereinbaren, dass ein Verantwortlicher die personenbezogenen Daten übernimmt oder, dass beide die Daten weiter für die Verfolgung ihrer Zwecke nutzen dürfen.[192] Eine Rechtfertigung nach Art. 6 DS-GVO benötigt allerdings jeder Verantwortliche. Art. 26 DS-GVO stellt insoweit keinen Privilegierungstatbestand dar. Cloud Computing ist in der Regel als Auftragsverarbeitung einzustufen, denn der Cloud-Kunde entscheidet regelmäßig über die Mittel und Zwecke der Datenverarbeitung, wohingegen der Cloud-Provider nur als „verlängerter Arm" des Cloud-Kunden handelt. Auch wenn der Cloud-Anbieter allein die konkret zur Datenverarbeitung eingesetzten technischen Mittel festlegt, liegt typischerweise keine gemeinsame Verantwortlichkeit vor. Denn die bloße Befugnis über die Mittel der Verarbeitung zu entscheiden, reicht regelmäßig nicht aus, um die Verantwortlichkeit eines Akteurs zu begründen.[193] 105

Wenn der Cloud-Anbieter ein Interesse daran hat, die Daten auch für eigene Zwecke zu verwenden und insoweit einen oder mehrere Verwendungszwecke im Voraus der Verarbeitung festlegt, sind Cloud-Anbieter und Cloud-Kunde gemeinsam verantwortlich. Allerdings müssen die Parteien die Mittel und Zweckbestimmung der Verarbeitung gegenseitig akzeptieren[194] und die datenschutzrechtliche Rechtmäßigkeit der jeweiligen Verarbeitungsvorgänge gegenüber den Betroffenen sicherstellen. 106

(2) Entwicklungen im Bereich IoT. Durch die fortschreitende Entwicklung im **IoT-Bereich** verarbeiten Privatpersonen personenbezogene Daten in immer größerem Umfang.[195] Zu denken ist besonders an den Fahrer eines *Smart Cars* oder den Eigentümer eines *Smart Homes.* Dabei stellt sich die Frage, ob ein Besucher einen Auskunftsanspruch gegenüber dem Besitzer eines *Smart Homes* hat, wenn ein *Smart Speaker* Sprachdaten speichert. Oder muss der Besitzer eines *Smart Homes* generell eine Einwilligung seiner Gäste einholen, wenn etwa sein *Smart TV* mit einer Gesichtserkennung ausgestattet ist?[196] 107

Der EuGH hat die **gemeinsame Verantwortlichkeit** des Betreibers einer Facebook-Fanpage bejaht. Zum einen ermöglicht der Betreiber durch das Informationsangebot der Fanpage Facebook Daten zu sammeln, indem diese Cookies auf die IT-Geräte der Besucher setzen. Dazu bestimmt der Betreiber der Fanpage die Kriterien der Auswertungsstatis- 108

[188] Kühling/Buchner/*Hartung* DS-GVO Art. 26 Rn. 12.
[189] DSK Kurzpapier Nr. 16 S. 2.
[190] BeckOK DatenschutzR/*Spoerr* DS-GVO Vor Art. 26 Rn. 1.
[191] *Hacker* MMR 2018, 779 (780).
[192] BeckOK DatenschutzR/*Spoerr* DS-GVO Art. 26 Rn. 26.
[193] *Wagner* ZD 2018, 307 (309).
[194] DSK Kurzpapier Nr. 16 S. 3.
[195] *Wagner* ZD 2018, 307 (308).
[196] *Wagner* ZD 2018, 307 (308).

tiken und wirkt so unmittelbar auf die Datenauswertung von Facebook ein. Schließlich kann er von Facebook (anonymisiert) Auskunft über die demografischen Daten seiner Zielgruppe erhalten.[197] Der Besitzer eines *Smart Homes* stellt die Daten seiner Gäste überhaupt erst zu Verfügung, sodass die Situation vergleichbar ist mit dem vom EuGH entschiedenen Fall. Nach Art. 2 Abs. 2 lit. c DS-GVO findet die DS-GVO allerdings keine Anwendung auf die Verarbeitung von personenbezogenen Daten durch natürliche Personen zur Ausübung ausschließlich persönlicher oder familiärer Tätigkeiten, sog. Haushaltsausnahme. Voraussetzung ist, dass die Datenverarbeitung **ausschließlich** zu persönlichen oder familiären Zwecken erfolgt, das heißt die gemischte Datenverarbeitung zu persönlichen und geschäftlichen Zwecken ist nicht privilegiert.[198]

109 Bei *Smart Home* und *Connected Cars* handelt es sich in der Regel um rein persönliche oder familiäre Tätigkeiten. Dennoch können die gesammelten Daten einem unbestimmten Personenkreis eröffnet sein. Die Einbindung eines Dienstanbieters könnte die Haushaltsausnahme scheitern lassen, denn dieser verfolgt (mittelbar) wirtschaftliche Interessen. Damit eine gemeinsame Verantwortung vorliegt, müssen der Diensteanbieter und der Privatnutzer gemeinsame Zwecke und Mittel der Verarbeitung festlegen. Wenn das der Fall ist liegt eine gemeinsame Verantwortlichkeit vor und die gemeinsam Verantwortlichen müssen bestimmen, wer von ihnen welche datenschutzrechtlichen Verpflichtungen erfüllt. Es ist somit denkbar, dass Privatpersonen Verantwortliche für die Verarbeitung von personenbezogenen Daten sein können. Bei besonders gravierenden Verstößen gegen das Datenschutzrecht wäre ihnen jedenfalls zumutbar (teilweise) die Systemnutzung zu beenden. Auch ist eine übermäßige Benachteiligung der Nutzer nicht zu erwarten, da nach Art. 26 Abs. 2 DS-GVO Nutzer nur solche Pflichten treffen, die sie tatsächlich erfüllen können.[199]

110 **cc) Datenübermittlung in Drittstaaten außerhalb der EU/EWR.** Bei der internationalen Übermittlung von personenbezogenen Daten muss sichergestellt werden, dass der Schutz der Daten erhalten bleibt.[200] Für die Rechtmäßigkeit der Datenübermittlung in einen Drittstaat ist daher nach **Art. 44 ff. DS-GVO** erforderlich, dass die Datenübermittlung auch in der EU/EWR zulässig wäre und zusätzlich **ausreichende Garantien** bestehen, dass im Drittstaat mit den personenbezogenen Daten so umgegangen wird, wie in der EU und den betroffenen Personen vergleichbare Rechte zukommen.[201] Für die Zulässigkeit der Übermittlung personenbezogener Daten an einen Empfänger in einem Drittland, ergibt sich daraus ein **zweistufiger Aufbau.**

111 Auf der ersten Stufe muss sichergestellt sein, dass die Übermittlung der Daten den allgemeinen materiell-rechtlichen Datenschutzanforderungen entspricht. Auf der zweiten Stufe müssen die besonderen Voraussetzungen für die Übermittlung von personenbezogenen Daten in Drittländern berücksichtigt werden.[202] Nach **Art. 45 DS-GVO** kann die Europäische Kommission das Datenschutzniveau eines anderen Staates als angemessen anerkennen. Das hat zur Folge, dass gem. Art. 45 Abs. 1 DS-GVO die Übermittlung der personenbezogenen Daten ohne eine besondere Genehmigung vorgenommen werden darf. So hat die EU-Kommission das Datenschutzniveau von unter anderem Argentinien, Kanada, Israel, der Schweiz, Uruguay und Neuseeland als angemessen anerkannt.[203]

112 Aus Sicht der EU sind die USA ein Land mit „inadäquatem Datenschutz".[204] Da allerdings viele Cloud-Provider ihren Sitz in den USA haben und amerikanische Unterneh-

[197] EuGH Urt. v. 5.6.2018 – C-210/16, MMR 2018, 591 mAnm *Moos/Rothkegel* – ULD Schleswig-Holstein/Wirtschaftsakademie Schleswig-Holstein; s. auch *Petri* EuZW 2018, 534 (540).
[198] *Schantz* in Schantz/Wolff Neues DatenschutzR C. III. 3. Rn. 314.
[199] *Wagner* ZD 2018, 307 (312).
[200] COM(2017) 7 final.
[201] *Roßnagel* ZD 2017, 158 (162).
[202] *Geppert* ZD 2018, 62.
[203] *Roßnagel* ZD 2017, 158 (162).
[204] *Spies* in Forgó/Helfrich/Schneider Betr. Datenschutz-HdB Teil VI B Kap. 2 Rn. 9.

men auch maßgeblich am Fortschreiten von IoT-Anwendungen beteiligt sind, muss die Datenübermittlung in die USA möglich sein. Zudem kommt dem Datenaustausch zwischen der EU und USA für die Wissenschaft und Wirtschaft eine enorme Bedeutung zu.[205] Eine Möglichkeit den Schutz der personenbezogenen Daten aus der EU/EWR zu gewährleisten besteht für US-amerikanische Unternehmen derzeit nur, wenn der Vertragsschluss nach den **Standardvertragsklauseln** der EU-Kommission erfolgt.[206]

(1) EU-Standarddatenschutzklauseln. Die Europäische Kommission kann nach **Art. 46 Abs. 2 lit. c iVm Art. 93 Abs. 2 DS-GVO Standarddatenschutzklauseln** erlassen, als **geeignete Garantien** für die **Datenübermittlung** in ein **Drittland.** Durch die Standarddatenschutzklauseln soll das Risiko von dem Verantwortlichen und dem Auftragsverarbeiter minimiert werden, nur unzureichende datenschutzrechtliche Regelungen zu treffen.[207] Standardvertragsklauseln sind daher in der Praxis eine einfache und sichere Möglichkeit personenbezogene Daten an eine Stelle in einem Drittland zu übermitteln, das kein angemessenes Datenschutzniveau aufweist.[208] 113

Die Klauseln kommen nach einem festgelegten Verfahren zustande, das bescheinigt, dass die Datenschutzklauseln eine ausreichende Garantie für den Schutz der personenbezogenen Daten aufweisen.[209] Die Standarddatenschutzklauseln sind einheitliche Regelungen, die die Parteien grundsätzlich unverändert übernehmen müssen und die nicht mehr zu ihrer Disposition stehen.[210] Wenn der Verantwortliche oder der Auftragsverarbeiter auf die Standarddatenschutzklauseln der Europäischen Kommission zurückgreifen, können sie zusätzliche Klauseln oder Garantien vereinbaren, solange diese den Standarddatenschutzklauseln nicht widersprechen und die Grundrechte oder Grundfreiheiten der betroffenen Person nicht verletzen.[211] 114

Nach aktueller Rechtslage sind die **Transparenzanforderungen** an die Standarddatenschutzklauseln sehr hoch, sodass diese lediglich eine begrenzte Zahl von Datenübermittlungen legalisieren können. Insbesondere beim Cloud Computing und im Rahmen von IoT-Anwendungen oder Big Data-Analysen fallen große Mengen an Daten an. Auf diese Technologien müssen die Klauseln erst noch angepasst werden.[212] 115

(2) EU-US Privacy Shield. Das **EU-US Privacy Shield** war als Nachfolgeregelung des **Safe-Harbor-Abkommens** am 1.8.2016 in Kraft getreten. Als einfachere Alternative zu den EU-Standardschutzklauseln bezweckte der EU-US Privacy Shield die Gewährung eines **angemessenen Datenschutzniveaus** bei Datenempfängern in den **USA.**[213] Das Privacy-Shield-Übereinkommen setzte dabei auf die **Selbstregulierung** amerikanischer Unternehmen, die sich freiwillig verpflichteten, die *Privacy Principles* einzuhalten. Diese *Principles* sollten im Vergleich zum Safe-Harbor-Abkommen die Rechte der betroffenen Personen stärker schützen.[214] Den betroffenen Personen wurde ein **Recht auf Information,** ggf. ein **Recht auf Widerspruch** gegen die Datenverarbeitung, sowie Rechte **auf Auskunft,** auf **Berichtigung** unrichtiger Daten und **auf Löschung.** Dazu konnte die betroffene Person Beschwerde- oder Abhilfeverfahren in Anspruch nehmen und hatte das Recht einen Antrag zur Anrufung einer sog. Ombudsperson einzureichen. 116

Diese **Datenschutzmechanismen reichten** dem **EuGH** aber **nicht** aus, um bei der Übermittlung von Daten in die USA ein angemessenes Datenschutzniveau iSv Art. 45 117

[205] *Molnár-Gábor/Kaffenberger* ZD 2018, 162 (166).
[206] *Seeger/Karuth* Newsdienst Compliance 2020, 330035.
[207] Kühling/Buchner/*Schröder* DS-GVO Art. 46 Rn. 25.
[208] NK-DatenschutzR/*Schantz* DS-GVO Art. 46 Rn. 30.
[209] Paal/Pauly/*Pauly* DS-GVO Art. 46 Rn. 19.
[210] Ehmann/Selmayr/*Zerdick* DS-GVO Art. 46 Rn. 10.
[211] Ehmann/Selmayr/*Zerdick* DS-GVO Art. 46 Rn. 10.
[212] *Geppert* ZD 2018, 62 (65).
[213] Paal/Pauly/*Pauly* DS-GVO Art. 45 Rn. 23.
[214] *v. Lewinski* EuR 2016, 405 (413); Paal/Pauly/*Pauly* DS-GVO Art. 45 Rn. 18.

Abs. 1 DS-GVO sicherzustellen, sodass er das **Privacy-Shield**-Abkommen in seinem Urteil vom 16.7.2020 insgesamt für **ungültig** erklärte.[215] Insbesondere waren nach Ansicht des EuGH die Rechtsschutzmöglichkeiten des Privacy Shields nicht ausreichend, um den Anforderungen des Art. 47 GRCh zu genügen.[216] Zum einen sei die vorgesehene Ombudsperson nicht hinreichend unabhängig von der amerikanischen Exekutive gewesen.[217] Zum anderen störte den EuGH, dass die unter anderem auf Section 702 FISA und Executive Order 12.333 gestützten Überwachungsprogramme der US-Behörden durch das Privacy Shield nicht auf das „zwingend erforderliche Maß beschränkt" wurden.[218]

118 Folglich ist seit dem Urteil des EuGH eine Datenübermittlung in die USA unzulässig, soweit sich diese ausschließlich auf das EU-US Privacy Shield stützt.[219] Die einzig verbleibende Möglichkeit, ein angemessenes Datenschutzniveau bei der Übermittlung von personenbezogenen Daten in die USA herzustellen, ist demnach derzeit die Verwendung von Standardvertragsklauseln.[220] Allerdings haben die US-Regierung und die EU-Kommission bereits am 10.8.2020 Gespräche über eine mögliche Nachfolgeregelung zum Privacy Shield begonnen.[221] Ziel der Gespräche ist zunächst, die Aussichten für ein Abkommen zu beurteilen, das die Anforderungen des Art. 45 Abs. 1 DS-GVO ein- und somit einer möglichen Überprüfung durch den EuGH standhält.[222] Demnach ist das letzte Wort in Sachen transatlantischer Datenübermittlung noch nicht gefallen.

119 **(3) CLOUD-Act und DS-GVO im Spannungsverhältnis.** Am **23.3.2018** ist der **CLOUD-Act** (kurz für: Clarifying Lawful Overseas Use of Data)[223] in den USA in Kraft getreten. Dieses Gesetz ermöglicht es US-amerikanischen Behörden Zugriff auf Daten von Internetunternehmen und IT-Dienstleistern zu nehmen, auch wenn diese ihre Daten außerhalb der USA gespeichert haben.[224] Der CLOUD-Act steht in einem Spannungsverhältnis zu der **DS-GVO.**[225] Denn nach **Art. 48 DS-GVO** muss für die Rechtfertigung der Übermittlung von personenbezogenen Daten an ein Drittland eine internationale Übereinkunft bestehen. Nicht abschließend geklärt ist, ob ein Durchsuchungsbefehl *(„warrant")* des FBI unter **Art. 48 DS-GVO** fällt. Dies ist eine (noch) offene Rechtsfrage. Allerdings kann insofern auf den **Erwgr. 115 zur DS-GVO** verwiesen werden, der verhindern soll, dass das Schutzniveau der DS-GVO durch Gesetze von Drittländern (wie dem CLOUD-Act) unterlaufen wird.[226]

120 In Europa ansässige Unternehmen verstoßen gegen **Art. 48 DS-GVO,** wenn sie in der EU gespeicherte (personenbezogene) Daten direkt an US-Behörden übermitteln. Bei einem Verstoß gegen die DS-GVO drohen dem Unternehmen Bußgelder in Höhe von bis zu 20 Mio. EUR oder bis zu 4 Prozent des gesamten weltweiten Vorjahresumsatzes **(Art. 83 Abs. 5 lit. d DS-GVO),** je nachdem welcher Betrag höher ist.[227] US-Unternehmen (oder ggf. auch europäische Unternehmen mit einer Verbindung zu den USA)[228] stehen damit vor einem **„unauflösbare[n] rechtliche[n] Dilemma",**[229] wenn diese in Europa gespeicherte Daten an US-Behörden herausgeben müssen. Im Falle, dass sie die Herausgabe verweigern, verletzen sie US-amerikanisches Recht (nämlich den CLOUD-

[215] EuGH Urt. v. 16.7.2020 – C-311/18, GRUR-RS 2020, 16082 Rn. 198ff. – Privacy Shield.
[216] EuGH Urt. v. 16.7.2020 – C-311/18, GRUR-RS 2020, 16082 Rn. 198. – Privacy Shield.
[217] EuGH Urt. v. 16.7.2020 – C-311/18, GRUR-RS 2020, 16082 Rn. 197. – Privacy Shield.
[218] EuGH Urt. v. 16.7.2020 – C-311/18, GRUR-RS 2020, 16082 Rn. 184. – Privacy Shield.
[219] *Seeger/Karuth* Newsdienst Compliance 2020, 330035.
[220] *Seeger/Karuth* Newsdienst Compliance 2020, 330035.
[221] Redaktion beck-aktuell becklink 2017141.
[222] Redaktion beck-aktuell becklink 2017141.
[223] Deutsch: Gesetz zur Klarstellung des rechtmäßigen Umgangs mit Daten im Ausland.
[224] S. dazu auch *Thalhofer* in Bräutigam IT-Outsourcing und Cloud Computing Teil 14 B. Rn. 104.
[225] So auch *Gausling* MMR 2018, 578 (581).
[226] *Rath/Spies* CCZ 2018, 229 (230); *Spies* ZD-Aktuell 2018, 04291.
[227] *Rath/Spies* CCZ 2018, 229 (230).
[228] Bspw. der Messenger – Service Telegram, *Cording/Götzinger* CR 2018, 636 (637).
[229] *Jansen* ZD 2018, 149 (150).

Act), im Falle, dass sie die Daten herausgeben, verstoßen sie gegen europäisches Recht, namentlich **Art. 48 DS-GVO.**[230] Sie stehen in dieser Situation **zwei konträren Rechtsbefehlen** gegenüber.[231]

Gegen die Verpflichtung zur Offenlegung der Daten aus dem CLOUD-Act **(18 U.S.C. §§ 2703, 2713)** kann der Computing-Dienst einen durch den CLOUD-Act geschaffenen **Widerspruch** nach **18 U.S.C. § 2703(h) (2)** einlegen. Diesen kann der betroffene Dienst innerhalb von zwei Wochen erheben und damit den Durchsuchungsbeschluss für unwirksam erklären lassen oder eine Änderung des Durchsuchungsbeschlusses erzielen *(„motion to quash or modify")*.[232] Eine Beschwerde gegen Herausgabe von (personenbezogenen) Daten hat dann Aussicht auf Erfolg, wenn das Unternehmen geltend machen kann, dass der Kunde oder Abonnent **keine „United States Person"** im Sinne des CLOUD-Acts ist und die Offenlegung der Daten die Gefahr begründet, dass das Unternehmen damit **Gesetze einer qualifizierten ausländischen Regierung verletzt.** 121

Im Beschwerdeverfahren wird eine Interessenabwägung *(Comity-Analyse)* vorgenommen, die die Wahrscheinlichkeit, den Umfang und die Art der Sanktionen, die ein Verstoß gegen die DS-GVO nach sich ziehen würde, berücksichtigt. Ein Verstoß gegen Art. 48 DS-GVO ist grundsätzlich ausreichend für ein inhaltlich begründetes Beschwerdeverfahren nach dem CLOUD-Act. Abzuwarten bleibt dagegen, wie die US-Gerichte Beschwerden nach dem CLOUD-Act behandeln werden.[233] Zu berücksichtigen ist auch, dass die „qualifizierte ausländische Regierung" nicht angehört wird. Daher kann nicht ausgeschlossen werden, dass die Interessen der US-Regierung in einer Abwägung mehr Beachtung finden werden.[234] Letztendlich bleibt abzuwarten, wie der Widerspruch nach dem CLOUD-Act in der Praxis umgesetzt wird. 122

Das rechtliche Dilemma, vor dem ein US-Unternehmen steht, wenn es Daten herausgeben muss, die ausschließlich in der EU gespeichert sind (und damit entweder gegen den CLOUD-Act oder die DS-GVO verstößt), kann auch dadurch gelöst werden, dass ein **Datentreuhänder** eingesetzt wird,[235] welcher den Zugriff auf die Daten kontrolliert, so dass der Cloud-Provider keine unautorisierten Zugriffsbefugnisse mehr besitzt.[236] Alternativ können die von dem CLOUD-Act betroffenen Unternehmen Unternehmensteile abspalten und somit bereits den Anwendungsbereich des CLOUD-Acts umgehen, um als Adressaten von Anordnungen nach dem CLOUD-Act nicht mehr in Betracht zu kommen.[237] 123

6. Multi-Vendor-Szenarien

Der Cloud-Kunde kann seine Leistungen von mehreren Cloud-Anbietern beziehen **(Multi-Vendor).** Dabei kann sich der Cloud-Kunde eines Generalunternehmers bedienen, der wiederum andere Cloud-Anbieter als Subunternehmer einsetzt. Alternativ kann sich der Cloud-Kunde unterschiedlicher Cloud-Anbieter bedienen und diese im Rahmen eines Vendor-Managements organisieren. Beim Einsatz eines Generalunternehmens muss der Cloud-Kunde beachten, dass er sich in vielen Bereichen nicht ganz von seinen Audit- und Überwachungspflichten befreien kann, gerade dann, wenn es sich beim Kunden um ein reguliertes Unternehmen (zB Banken- oder Versicherungsbranche) han- 124

---

230 *Gausling* MMR 2018, 578 (581); *Jansen* ZD 2018, 149 (150); *Rath/Spies* CCZ 2018, 229 (230).
231 *Rath/Spies* CCZ 2018, 229 (230).
232 *Cording/Götzinger* CR 2018, 636 (637).
233 *Gausling* geht davon aus, dass US-amerikanische Gerichte Beschwerden im Rahmen des CLOUD-Acts eher restriktiv behandeln werden, sodass deren Erfolgschancen bei einem Verstoß gegen die DS-GVO nicht zwingend erscheinen, *Gausling* MMR 2018, 578 (581); *Swire/Daskal* ZD-Aktuell 2018, 04301.
234 *Cording/Götzinger* CR 2018, 636 (640).
235 IdS auch *Rath/Spies* CCZ 2018, 229 (230); *Gausling* MMR 2018, 578 (582); *Jansen* ZD 2018, 149 (150).
236 Vgl. zu diesem sog. Data Trust Modell *Rath/Kuß/Maiworm* CR 2016, 98 (98ff.); *Schwartz/Peifer* CR 2017, 165 (165ff.).
237 *Gausling* MMR 2018, 578 (582); *Jansen* ZD 2018, 149 (150).

delt. Dagegen birgt die Multi-Vendor-Strategie einige technische und organisatorische Nachteile. So muss der Kunde bspw. darauf achten, dass die einzeln eingekauften IT-Services kompatibel sind und miteinander harmonisieren. Bei einer Schlechtleistung ist es schwerer für den Cloud-Kunden den Verantwortlichen auszumachen, da die unterschiedlichen Anbieter den Fehler in der Regel auf den jeweils anderen Anbieter schieben werden.[238]

125 Typisch für das Cloud Computing sind netzwerkartige Strukturen. Daten werden in einer Cloud oft an mehrere Provider übermittelt, wenn sich Teile bestimmter Cloud-Services in den Rechenzentren unterschiedlicher Cloud-Provider befinden.[239] Die Parteien müssen dann im Vertrag vor allem darauf achten, dass der Datenexport zwischen den verschiedenen Providern legalisiert ist. Da bislang von der EU-Kommission nur Standardklauseln für das Verhältnis Controller to Processor herausgegeben wurden kann es erforderlich sein, dass der Cloud-Kunde als Herr der Daten mit allen Cloud-Providern im Ausland, mithin den „Datenimporteuren" solche Standardvertragsklauseln abschließt, selbst wenn es sich um Subunternehmer des „Haupt"-Cloud-Providers handelt.

7. Probleme bei der Verbreitung von IoT

126 Der hohe ökonomische Aufwand und das Fehlen ganzheitlicher Lösungen verlangsamen die massenhafte Verbreitung des **IoT.** Für viele Unternehmen ist die Verwendung und das Management von **IoT-Geräten** für den täglichen Geschäftsbetrieb nach wie vor kostenintensiv und bei weitflächigen Einsätzen ineffizient. Unterschiedliche Varianten von Konnektivität, Protokollen und Sicherheit hindern Unternehmen daran, Daten über ein heterogenes Netz von verbundenen Dingen zu aggregieren.[240] Eine Lösung für dieses Problem bietet bspw. Hewlett Packard Enterprises (HPE) eine **Universal-IoT-Plattform** an. Diese soll eine branchen-, markt- und clientunabhängige **IoT-Lösung** für Unternehmen bieten, die skalierbar, modular und vielseitig ist. Die Universal-IoT-Plattform ist über alle IoT-Angebote von HPE einheitlich. Sie gewährt einen unabhängigen Support für intelligente Ökosysteme und kann sowohl *on-Premise* als auch in jeder Cloud-Umgebung bereitgestellt werden.[241]

Literatur zu II.:
Auer-Reinsdorff/Conrad (Hrsg.), Handbuch IT- und Datenschutzrecht, 3. Aufl., München 2019; *Bernhard/Mann/Lewandowski/Schrey* (Hrsg.), Praxishandbuch Service-Level-Management, Düsseldorf 2003; *Boemke/Ulrici,* BGB Allgemeiner Teil, 2. Aufl., Heidelberg 2014; *Borges,* Rechtliche Rahmenbedingungen für autonome Systeme, NJW 2018, 977; *Borges,* Verträge im elektronischen Geschäftsverkehr, München 2008; *Bräutigam/Rücker* (Hrsg.), E-Commerce, München 2017; *Bräutigam/Klindt,* Industrie 4.0, das Internet der Dinge und das Recht, NJW 2015, 1137; *Cordes,* Form und Zugang von Willenserklärungen im Internet im deutschen und US-amerikanischen Recht, in: Holznagel/Hoeren (Hrsg.), Schriften zum Informations-, Telekommunikations- und Medienrecht, Bd. 6, Münster 2001; *Cornelius,* Vertragsabschluss durch autonome elektronische Agenten, MMR 2002, 353; *Dauner-Lieb/Langen* (Hrsg.), BGB Schuldrecht, 3. Aufl., Baden-Baden 2016; *Europäisches Parlament,* Bericht v. 27.1.2017 mit Empfehlungen an die Kommission zu zivilrechtlichen Regelungen im Bereich Robotik (2015/2103(INL)), www.europarl.europa.eu/doceo/document/A-8-2017-0005_DE.html; *Fröschle/Schrey* (Hrsg.), Praktisches Service-Level-Management, Düsseldorf 2012; *Gitter/Roßnagel,* Rechtsfragen mobiler Agentensysteme im E-Commerce, K&R 2003, 64; *Groß,* AGB 4.0: Allgemeine Geschäftsbedingungen im Rahmen autonomer Vertragsschlüsse, InTeR 2018, 4; *Groß,* AGB 4.0: Allgemeine Geschäftsbedingungen im Rahmen autonomer Vertragsschlüsse, DSRITB 2017, 611; *Groß/Gressel,* Entpersonalisierte Arbeitsverhältnisse als rechtliche Herausforderung – Wenn Roboter zu Kollegen und Vorgesetzten werden, NZA 2016, 990; *Hau/Poseck* (Hrsg.), BeckOK BGB, 55. Ed., Stand: 1.8.2020, München 2020; *v. Heintschel-Heinegg* (Hrsg.), BeckOK StGB, 43. Ed., Stand: 1.8.2019, München 2019; *Heuer-James/Chibanguza/Stücker,* Industrie 4.0 – vertrags- und haftungsrechtliche Fragestellungen, BB 2018, 2818; *Hoeren/Sieber/Holznagel* (Hrsg.), Handbuch Multimedia-Recht – Rechtsfragen des elektronischen Geschäftsverkehrs, 54. Erg.-Lfg., München 2021; *Horner/Kaulartz,* Rechtliche Herausforderungen durch Industrie 4.0: Brauchen

[238] *Söbbing* MMR 5/2008, XII (XIII).
[239] *Barnitzke* in Forgó/Helfrich/Schneider Betr. DatenschutzR-HdB Teil VII Kap. 4 Rn. 122.
[240] www.netzpalaver.de/2016/12/01/hpe-ermoeglicht-internet-der-dinge-en-masse/ (25.2.2021).
[241] www.hpe.com/de/de/solutions/iot-platform.html (25.2.2021).

wir ein neues Haftungsrecht? Deliktische und vertragliche Haftung am Beispiel „Smart Factory", DSRITB 2015, 501; *Keßler,* Intelligente Roboter – Neue Technologien im Einsatz, MMR 2017, 589; *Krüger/Butter,* Elektronische Willenserklärungen im Bankgeschäftsverkehr – Risiken des Online-Banking – zugleich Besprechung des Urteils des Landgerichts Nürnberg-Fürth v. 19.5.1999, WM 2001, 221; *Kuhn,* Rechtshandlungen mittels EDV und Telekommunikation: Zurechenbarkeit und Haftung, München 1991; *Larenz/Canaris,* Lehrbuch des Schuldrechts, Bd. II, Halbbd. 2, Besonderer Teil, 13. Aufl., München 1994; *Leuschner,* Die Kontrollstrenge des AGB-Rechts, NJW 2016, 1222; *Lohmann,* Ein europäisches Roboterrecht – überfällig oder überflüssig?, ZRP 2017, 168; *Martinek/Semler/Flohr* (Hrsg.), Handbuch des Vertriebsrechts, 4. Aufl., München 2016; *Meyer, Susanne,* Gratisspiele im Internet und ihre minderjährigen Nutzer, NJW 2015, 3686; *Müller, Werner,* Plädoyer für eine weniger starre AGB-Kontrolle im unternehmerischen Geschäftsverkehr am Beispiel des Gewerberaummietrechts, NZM 2016, 185; *Nitschke,* Verträge unter Beteiligung von Softwareagenten – ein rechtlicher Rahmen, in: Europäische Hochschulschulschriften, Berlin 2011; *Palandt* (Hrsg.), BGB-Kommentar, 79. Aufl., München 2020; *Raue,* „Kostenpflichtig bestellen" – Ohne Kostenfalle? Die neuen Informations- und Formpflichten im Internethandel, MMR 2012, 438; *Roth/Schulze,* Verbraucherschutz im Electronic Commerce, RiW 1999, 924; *Säcker/Rixecker/Oetker/Limperg* (Hrsg.), Münchener Kommentar zum Bürgerlichen Gesetzbuch (Bd. 1, §§1–240 BGB, 8. Aufl., München 2018; Bd. 2, §§241–310 BGB, 8. Aufl., München 2019; Bd. 3, §§ 311–432, 8. Aufl., München 2019; Bd. 5, §§ 535–630 h BGB, 8. Aufl., München 2020); *Sassenberg/Faber* (Hrsg.), Rechtshandbuch Industrie 4.0 und Internet of Things, 2. Aufl., München 2020; *Schulz,* Verantwortlichkeit bei autonom agierenden Systemen – Fortentwicklung des Rechts und Gestaltung der Technik, Baden-Baden 2015; *Sester/Nitschke,* Software-Agent mit Lizenz zum ...? Vertragsschluss und Verbraucherschutz beim Einsatz von Softwareagenten, CR 2004, 548; *Sorge,* Softwareagenten – Vertragsschluss, Vertragsstrafe, Reugeld, in: Schriften des Zentrums für Angewandte Rechtswissenschaft, Karlsruhe 2006; *Sosnitza,* Das Internet der Dinge – Herausforderung oder gewohntes Terrain für das Zivilrecht?, CR 2016, 764; *Specht/Herold,* Roboter als Vertragspartner?, MMR 2018, 40; *Spindler/Schuster* (Hrsg.), Recht der elektronischen Medien, Kommentar, 4. Aufl., München 2019; *Teichmann/Laitenberger,,* Findet AGB-Recht auf Kaufverträge, die unter einem individuell verhandelten Rahmenliefervertrag abgeschlossen werden, Anwendung?, ZVertriebsR 2019, 214; *Weise/Krauß* (Hrsg.), Beck'sche Online-Formulare: Vertrag, 53. Ed., Stand: 1.6.2019, München 2020; *Wicker,* Vertragstypologische Einordnung von Cloud Computing-Verträgen – Rechtliche Lösungen bei auftretenden Mängeln, MMR 2012, 783.

II. Kundenverträge (B2B und B2C)

1. IoT-Plattformverträge

a) Typische Inhalte von IoT-Plattformverträgen

127 **Cyberphysische Systeme.** Die wesentliche Innovation des Internet of Things besteht darin, dass Maschinen untereinander und/oder mit einer Plattform **(„IoT-Plattform")** Daten austauschen, die von in diesen Maschinen **(„cyberphysische Systeme")** verbauten Sensoren erfasst wurden. Die von cyberphysischen Systemen über eine Internetverbindung an eine IoT-Plattform übermittelten Daten werden auf dieser IoT-Plattform gesammelt, in Datenbanken abgelegt und dort – entweder allein oder mit Daten, die von anderen, gleichartigen Systemen an die IoT-Plattform übermittelt wurden, und/oder mit Daten anderer Kategorien (und Quellen) kombiniert und so analysiert und weiterverarbeitet. Der IoT-Plattformnutzer erhält als Ergebnis dieser Weiterverarbeitungen in der Regel nach bestimmten Kriterien erstellte Analysen, Ergebnisse und/oder Berichte, aufgrund deren er dann entweder selbst weitere Entscheidungen treffen kann oder aufgrund derer womöglich auch das cyberphysische System selbst wiederum über das Ergreifen von Maßnahmen entscheidet und diese Entscheidungen in Aktionen umsetzt; zu diesen Aktionen wiederum kann auch der eigenständige Abschluss von Verträgen mit Dritten gehören (hierzu dann unter → Rn. 271 ff.).

128 Im B2C-Bereich sind derartige IoT-Plattformen bspw. im Bereich von Fitness- und Gesundheits-Apps bekannt, die Daten von Fitness-Trackern, Smart Watches oder anderen Wearables eines IoT-Plattformnutzers sammeln, aggregieren und bspw. zu Fitness- oder Gesundheitsprofilen auswerten und weiterverarbeiten und schließlich mit Verhaltensvorschlägen kombiniert an den IoT-Plattformnutzer zurückgeben. Ein vergleichbares Anwendungsbeispiel im B2C-Bereich sind Apps zu E-Bikes, die wiederum Daten des E-Bikes selbst und/oder seines Nutzers (wiederum über Wearables) sammeln und daraus Energie-

verbrauchsprofile, Hinweise zum nächstfälligen Akku-Austausch, Streckenprofile und wiederum Fitness- und Gesundheitshinweise generieren.

129 An der Schnittstelle zwischen B2C- und B2B-Anwendungen liegen Anwendungen zur Auswertung des Fahrverhaltens bei Flottenfahrzeugen oder Fahrzeug-zu-Fahrzeug-Kommunikationen, bei denen Informationen zum Straßenzustand, Stauwarnungen etc ausgetauscht werden können.

130 Das prominenteste Beispiel im B2B-Bereich sind sicherlich IoT-Plattformen, die der vorausschauenden Wartung und Instandhaltung von technischen Anlagen und Systemen (sog. predictive maintenance) dienen. Insbesondere bei derartigen Systemen wird die zu weiteren Rechtsfragen führende Auslösung von Ersatzteilbestellungen und/oder Wartungs-/Reparatureinsätzen relevant.

131 Typische Regelungsthemen für IoT-Plattformverträge sind
- das Anmelden und Registrieren des IoT-Plattformnutzers selbst und der ihm zuzurechnenden cyberphysischen Systemen, die über integrierte Sensoren Daten erfassen und an die IoT-Plattform übermitteln,
- die hierfür vom IoT-Plattformnutzer einzuhaltenden Authentifizierungsmechanismen,
- Konsequenzen der gewollten oder ungewollten Durchbrechung dieser Authentifizierungsmechanismen und der dazugehörigen Sicherheitsmaßnahmen,
- Service Level Agreements in Bezug auf den Betrieb und die Nutzung der IoT-Plattform,
- Sach- und Rechtsmängelgewährleistungsfragen,
- Laufzeit und Kündigung eines IoT-Plattformnutzungsvertrages,
- die Haftung des IoT-Plattformbetreibers sowie
- die Dynamik der Inhalte des Nutzungsverhältnisses.

132 **aa) Vertragstypologische Einordnung.** Ein IoT-Plattformnutzungsvertrag wird durch verschiedene Leistungselemente charakterisiert, wie einerseits die Nutzung der die IoT-Plattform bildenden Software und andererseits der Bezug von Analysen und Auswertungen oder sonstigen Verarbeitungsergebnissen, die für den IoT-Plattformnutzer einen irgend gearteten Mehrwert erbringen. Wie immer bei solchen gemischt-typischen Verträgen bestimmt sich das anwendbare Recht entweder nach dem Schwerpunkt des Vertragsinhalts[242] oder entsprechend der von der herrschenden Meinung vertretenen sog. Kombinationstheorie nach den Vorschriften des jeweils einschlägigen gesetzlichen Vertragstyps.[243]

133 Der Betreiber einer IoT-Plattform, auf der von cyberphysischen Systemen automatisch übermittelte Daten erhoben, gesammelt, aggregiert und weiterverarbeitet werden, bietet den IoT-Plattformnutzern zunächst die Möglichkeit an, eine die IoT-Plattform bildende Software zu nutzen, indem der IoT-Plattformnutzer cyberphysische Systeme einmelden und somit berechtigen kann, von diesen cyberphysischen Systemen erfasste Daten an die IoT-Plattform zu übermitteln, und aus den so übermittelten Daten Auswertungen der Daten zu erstellen und abzurufen. Mit diesen Aktivitäten nutzt der IoT-Plattformnutzer die auf der IoT-Plattform bereit gehaltene Software und die darin enthaltenen Funktionalitäten.

134 Dabei zeichnet sich das Angebot solcher IoT-Plattformen ja gerade dadurch aus, dass diese Software gerade nicht vom IoT-Plattformnutzer selbst („on premise") auf eigenen Systemen installiert, betrieben und so genutzt werden kann. Vielmehr greift der IoT-Plattformnutzer über das Internet und eine für die registrierten IoT-Plattformnutzer offene Schnittstelle auf diese Softwaresysteme zu. Vor allem aber nutzt der IoT-Plattformnutzer diese Softwaresysteme nur so lange, wie es seinem Bedarf an Verarbeitung und weiterer Auswertung der Daten entspricht, die von den von ihm angemeldeten cyberphysischen Systemen an die IoT-Plattform übermittelt wurden. Es handelt sich also um jeweils in sich

[242] Palandt/*Heinrichs* BGB Vorb. § 311 Rn. 24 ff.; BeckOF-V/*Rafsendjani* Form. 10.4.1 Anm. 4.
[243] Vgl. *Larenz/Canaris* SchuldR BT II/2 § 63 I, S. 44 ff. mwN.

abgeschlossene, zeitlich begrenzte Nutzungsvorgänge („on demand"), für die die IoT-Plattform bildende Software dem einzelnen IoT-Plattformnutzer somit immer nur zeitlich beschränkt auf die von ihm gesteuerten Nutzungsvorgänge überlassen wird. Aufgrund dieses die Nutzung einer IoT-Plattform prägenden Leistungselements ist der IoT-Plattformvertrag zumindest insoweit mit guten Gründen als Mietvertrag zu qualifizieren.

Dass neben dem einzelnen IoT-Plattformnutzer auch noch weitere IoT-Plattformnutzer nahezu zeitgleich die identische IoT-Plattform nutzen, steht der Annahme eines Mietverhältnisses nicht entgegen. Vielmehr ist es gerade ein Element des mietvertraglich von den Parteien zu definierenden Mietgegenstandes, dass der IoT-Plattformnutzer den Mietgegenstand niemals allein und ausschließlich nutzen kann, sondern immer nur gemeinsam und parallel mit vielen anderen IoT-Plattformnutzern. Hinzu kommt vielfach das Element der Mandantentrennung in der Form, dass Daten, die von anderen IoT-Plattformnutzern und deren registrierten cyberphysischen Systemen an die IoT-Plattform übermittelt wurden, zumindest nicht als Daten dieser anderen IoT-Plattformnutzer erkennbar sind, sondern allenfalls im Rahmen statistischer Vergleichsauswertungen herangezogen werden können. Dadurch wird doch wieder eine gewisse Abgeschlossenheit der Nutzungsbefugnis nur für den einzelnen IoT-Plattformnutzer erzeugt, die erst recht die Annahme eines mietrechtsähnlichen Rechtsverhältnisses unterstützt. Insoweit zumindest vergleichbare Application-Service-Providing-Modelle wurden vom BGH bereits als mietvertraglich geprägte Rechtsverhältnisse qualifiziert.[244] Gestützt hierauf wendet die herrschende Meinung auch auf Software-as-a-Service-Verträge das Mietrecht an.[245] Daher ist es nur konsequent, auch auf IoT-Plattformnutzungsverhältnisse im Grundsatz das Mobiliarmietrecht des BGB anzuwenden. 135

Die im Rahmen der Nutzung von IoT-Plattformen ferner vielfach angebotenen Leistungen der Aggregation, Auswertung und Weiterverarbeitung der Daten, die durch vom IoT-Plattformnutzer auf der IoT-Plattform angemeldeten cyberphysischen Systemen übermittelt wurden, ist eine separate Leistung des IoT-Plattformbetreibers, die dieser in der Regel mit Hilfe von Backend-Systemen erbringt, die ihre Ergebnisse wiederum über die IoT-Plattform den einzelnen IoT-Plattformnutzern zur Verfügung stellen. Dieses Leistungselement eines IoT-Plattformnutzungsvertrages ist inhaltlich wohl eher als Dienstleistung iSd §§ 611 ff. BGB zu qualifizieren. 136

bb) Registrierung cyberphysischer Systeme auf einer IoT-Plattform. Die jeweiligen cyberphysischen Systeme, mit deren Sensoren Daten erfasst und automatisiert an die IoT-Plattform übermittelt werden sollen, müssen natürlich auf der IoT-Plattform registriert werden, sodass die von diesem cyberphysischen System übermittelten Daten überhaupt als Daten eines berechtigten IoT-Plattformnutzers und dessen cyberphysischen Systemen erkannt und zur weiteren Speicherung, Aggregierung und Weiterverarbeitung zugelassen werden können. Dies erfordert vorab, dass natürlich auch der betreffende IoT-Plattformnutzer als Berechtigter auf der IoT-Plattform angemeldet und registriert ist, sodass ihm überhaupt Zugang zu der IoT-Plattform und den darauf angebotenen Diensten gewährt werden muss. 137

Für die Anmeldung und Registrierung berechtigter IoT-Plattformnutzer vergibt der Betreiber der IoT-Plattform typischerweise im Rahmen des von ihm eingesetzten Authentifizierungsverfahrens die Merkmale, die ein berechtigter IoT-Plattformnutzer bei seiner Anmeldung auf der IoT-Plattform verwenden und eingeben muss. Klassischerweise setzen IoT-Plattformbetreiber hierfür ein Verfahren der Zwei-Faktor-Authentifizierung („2FA") ein. Bei einem 2FA-Verfahren erbringt der IoT-Plattformnutzer den Nachweis seiner Identität mithilfe der Kombination zweier unterschiedlicher und insbesondere voneinander unabhängiger Komponenten, was typischerweise ein Benutzername und ein Passwort sind. 138

[244] BGH Urt. v. 15.11.2006 – XII ZR 120/04, NJW 2007, 2394.
[245] *Roth-Neuschild* in *Auer-Reinsdorff/Conrad* IT-R-HdB § 13 Rn. 42; *Wicker* MMR 2012, 783 (788).

Nur wenn der IoT-Plattformnutzer den richtigen Benutzernamen und das dazugehörige Passwort eingegeben hat und diese korrekt sind, wird der Zugriff gewährt, ansonsten der Zugriff verweigert.

139 Im IoT-Plattformvertrag wird daher im Zusammenhang mit dem genutzten Authentifizierungsverfahren typischerweise das Verfahren selbst und die dafür notwendigen Handlungen des IoT-Plattformnutzers festgelegt, um eine vertraglich tragfähige Grundlage auch für die Maßnahmen zu schaffen, die der IoT-Plattformbetreiber ergreifen können will, wenn bspw. die festgelegten Authentifizierungsfaktoren in unzutreffender Weise eingegeben wurden, Dritten bekanntgeworden sind – sei es, dass sie ausspioniert wurden, oder sei es, dass der IoT-Plattformnutzer sie vertragswidrig Dritten mitgeteilt oder in sonstiger Weise zur Nutzung überlassen hat – und der IoT-Plattformbetreiber entweder das Zugriffsrecht des betreffenden IoT-Plattformnutzers suspendieren oder den Nutzungsvertrag sogar endgültig kündigen möchte.

140 Zumeist wird für die erstmalige Registrierung vom IoT-Plattformbetreiber ein Initialpasswort vergeben, das der IoT-Plattformnutzer nur einmalig – nämlich bei seiner Registrierung auf der IoT-Plattform – verwenden und unmittelbar bei dieser initialen Registrierung ändern und durch ein persönliches, nur ihm bekanntes Passwort ersetzen muss. Dafür bietet es sich an, entweder in dem IoT-Plattformnutzungsvertrag selbst oder anderweitig an einer Stelle, auf die im IoT-Plattformnutzungsvertrag Bezug genommen wird, eine Passwortkonvention mit Anforderungen an die Gestaltung des Passworts zu hinterlegen, die der IoT-Plattformnutzer einhalten muss. In der Regel handelt es sich hierbei um Anforderungen an die Komplexität und Länge des Passworts. Das wesentliche komplexitätsfördernde Element eines Passworts bildet die Mindestlänge des Passworts, da ein automatisiertes Ermitteln von Passwörtern durch Unbefugte je aufwendiger und zeitintensiver ist, desto mehr Stellen es aufweist. Die Unterschiedlichkeit der zur Bildung eines Passworts zu verwendenden Zeichen und/oder Ziffern (Mischung von Groß- und Kleinbuchstaben, Ziffern und Sonderzeichen) ist demgegenüber eher sekundär, da diese nur die Anzahl der zur Auswahl stehenden Zeichen (geringfügig) erhöhen, die Anzahl der Zeichenkombinationen aber mit der Anzahl der Stellen exponentiell steigt.

141 Vielfach sollen IoT-Plattformen nicht nur dazu genutzt werden, dem IoT-Plattformnutzer Auswertungen der ihm zuzuordnenden Daten seiner cyberphysischen Systeme und gegebenenfalls daraus abgeleitete Weiterverarbeitungsergebnisse zur Verfügung zu stellen; vielmehr dienen solche IoT-Plattformen oftmals auch dazu, dem IoT-Plattformnutzer weitere optional buchbare Leistungen des IoT-Plattformbetreibers anzubieten oder in sonstiger Form Werbung zu treiben. Um in diesem Falle sowohl datenschutzrechtliche (Art. 6 Abs. 1 S. 1 lit. f DS-GVO) als auch wettbewerbsrechtliche (§ 7 Abs. 2 UWG) Zulässigkeitsanforderungen zu erfüllen, bedienen sich IoT-Plattformbetreiber häufig im Zusammenhang mit dem Registrierungsprozess auch noch eines Double-Opt-in-Verfahrens, um die bei der Registrierung hinterlegte E-Mail-Adresse des IoT-Plattformnutzer zu verifizieren und eine Einwilligung des IoT-Plattformnutzers zu ihm über die Plattform zu übermittelnde Werbebotschaften einzuholen:

142 Diese Praxis, die durch die Vorgehensweise des IoT-Plattformbetreibers beschreibende und so die Wirksamkeit der Registrierung eines IoT-Plattformnutzers definierende Klauseln unterlegt wird, geschieht vor folgendem Hintergrund: Lauterkeitsrechtlich sind bestimmte Werbeformen (zB die Werbung per Telefon, § 7 Abs. 2 Nr. 2 UWG) oder per elektronischer Post (E-Mail, SMS, Messenger-Nachricht, § 7 Abs. 2 Nr. 3 UWG) nur zulässig, wenn sie mit vorheriger Einwilligung des Werbungsadressaten erfolgt. Ein einfaches Opt-in liegt vor, wenn diese Einwilligung des potentiellen Werbeadressaten durch einmaliges Markieren einer Checkbox oder die einmalige Eingabe der E-Mail-Adresse oder Telefonnummer in einem entsprechend beschrifteten Feld oder Dokument erfolgt und dabei unmissverständlich darüber informiert wird, dass damit einer Kontaktaufnahme zu Werbezwecken zugestimmt wird (Prinzip der aufgeklärten Einwilligung, *informed consent*).

Gerade im Bereich des E-Mail-Marketings ist es in der Vergangenheit häufig passiert, dass bei einfachem Opt-in beliebige Kontaktdaten zur Anmeldung verwendet wurden und damit natürlich auch fehlerhafte Daten oder Daten Dritter. Bei dem inzwischen auch vom BGH[246] für notwendig gehaltenen „Double-Opt-in" muss der Eintrag in die Liste derjenigen IoT-Plattformnutzer, die mit einer werblichen Ansprache bspw. per E-Mail oder auch einer In-App-Nachricht einverstanden sind, in einem zweiten Schritt bestätigt werden. Meist wird hierzu eine E-Mail-Nachricht (sog. DOI-Mail oder Checkmail) mit der Bitte um Bestätigung an die vom IoT-Plattformnutzer im Zuge des Registrierungsvorgangs eingetragene E-Mail-Adresse gesendet. Zum Zwecke der Bestätigung enthalten solche Checkmails in der Regel einen Link, den der IoT-Plattformnutzer anklickt und damit seine E-Mail-Adresse und seine Einwilligung in die Zusendung von Werbung per elektronischer Post bestätigt. Eine Registrierung beim „Double-Opt-in" wird erst dann wirksam, wenn sie vom IoT-Plattformnutzer bestätigt wird. Dieses Verfahren hat sich mittlerweile im E-Mail-Marketing in Deutschland durchgesetzt und wird für die Adressgenerierung bei professionellen Versendern mehrheitlich verwendet. Der IoT-Plattformbetreiber, der dieses Verfahren anbietet, protokolliert diese Schritte, damit er später im Rahmen einer wettbewerbsrechtlichen Auseinandersetzung, aber auch zur Legitimation der mit solchen Werbeaussendungen verbundenen Verarbeitung personenbezogener Daten und des dabei zu beachtenden Rechenschaftsprinzips (Art. 5 Abs. 2 DS-GVO) beweisen kann, ob und wann die Einwilligung erteilt wurde. Mit diesem Verfahren wird vermieden, dass der IoT-Plattformnutzer die E-Mail-Adresse einer unbeteiligten dritten Person im Zuge der abgefragten Einwilligung einträgt und somit dieser Dritte ungefragt Werbung erhält. Ohne dieses Verfahren setzte sich der IoT-Plattformbetreiber dem Risiko unwirksamer Einwilligungen aus und machte sich damit nicht nur wettbewerbsrechtlich angreifbar; eine Verarbeitung personenbezogener Daten (nämlich der E-Mail-Adressdaten der IoT-Plattformnutzer), ohne dass der IoT-Plattformbetreiber das Vorliegen einer Einwilligung und damit die Rechtmäßigkeit dieser Verarbeitung personenbezogener Daten nachweisen könnte, wäre als solches schon ein Verstoß gegen das datenschutzrechtliche Rechenschaftsprinzip und damit als Ordnungswidrigkeit mit einem erheblichen[247] Bußgeld bewehrt (Art. 83 Abs. 5 lit. a DS-GVO). 143

cc) Rechtsbehelfe des IoT-Plattformbetreibers bei Störungen im Zusammenhang mit dem Authentifizierungsverfahren. Um die Werthaltigkeit seiner über die IoT-Plattform zu erbringenden Leistungen zu sichern und jegliche missbräuchliche oder erschlichene Nutzung von IoT-Plattformleistungen zu unterbinden, hat der IoT-Plattformbetreiber natürlich ein vitales Interesse daran, jegliche Form von nachgewiesenem Missbrauch durch (zeitlich befristeten oder endgültigen) Ausschluss des IoT-Plattformnutzers von der weiteren Nutzung der Plattform zu sanktionieren. Der zeitlich befristete Ausschluss („Suspendierung") lässt sich rechtlich noch am ehesten durch eine Zurückbehaltungsrecht des IoT-Plattformbetreibers gem. § 273 BGB legitimieren. Der endgültige Ausschluss des IoT-Plattformnutzers durch den IoT-Plattformbetreiber ist rechtlich als eine – zumeist außerordentliche – Kündigung des IoT-Plattformnutzungsvertrages zu bewerten. In beiden Fällen ist es im Interesse beider Parteien erforderlich, im IoT-Plattformnutzungsvertrag die Voraussetzungen für ein Recht des IoT-Plattformbetreibers, eine Suspendierung oder eine außerordentliche Kündigung auszusprechen, klar festzulegen. 144

(1) Suspendierungsrecht. Dann, wenn der IoT-Plattformbetreiber aufgrund von objektiv feststellbaren und nachweisbaren Umständen den Verdacht haben kann, dass Zu- 145

[246] BGH Urt. v. 10.2.2011 – I ZR 164/09, NJW 2011, 2657.
[247] Geldbußen von bis zu 20.000.000 EUR oder im Fall eines Unternehmens von bis zu 4 Prozent seines gesamten weltweit erzielten Jahresumsatzes des vorangegangenen Geschäftsjahrs, je nachdem, welcher der Beträge höher ist.

gangsdaten von legitimierten IoT-Plattformnutzern durch unbefugte Dritte missbraucht wurden, muss er zum eigenen Schutz wie auch zum Schutz des betroffenen IoT-Plattformnutzers und der von ihm eingemeldeten cyberphysischen Systeme die Möglichkeit haben, den weiteren Zugriff des betroffenen IoT-Plattformnutzers zumindest so lange zu suspendieren, bis der betreffende Verdacht aufgeklärt worden ist. Die als Ausübung eines Zurückbehaltungsrechts einzuordnende Suspendierung begründet sich regelmäßig aus dem Interesse des IoT-Plattformbetreibers daran, schon Verdachtsfälle auf eine missbräuchliche Nutzung oder eine Verletzung der Vertraulichkeit hinsichtlich der beiden Authentifizierungsfaktoren aufzuklären, wobei die hierfür notwendigen Informationen und Maßnahmen nur vom IoT-Plattformnutzer kommen und zur Verfügung gestellt werden können. Im IoT-Plattformnutzungsvertrag ist dem IoT-Plattformnutzer also zunächst die Verpflichtung aufzuerlegen, solche Authentifizierungsfaktoren geheim zu halten und jegliche Verdachtsfälle einer missbräuchlichen Kenntniserlangung und Nutzung dieser Authentifizierungsfaktoren dem IoT-Plattformbetreiber zu melden und ihm eine entsprechende Dokumentation dieser Missbrauchsfälle zur Verfügung zu stellen. Solange dieser Anspruch des IoT-Plattformbetreibers durch den IoT-Plattformnutzer nicht erfüllt ist, bildet er die Grundlage für die zumindest vorübergehende Suspendierung des IoT-Plattformnutzers von der Nutzung der IoT-Plattformleistungen, bis sich ein entsprechender Verdacht erhärtet oder geklärt hat.

146 **(2) Außerordentliche Kündigung des IoT-Plattformnutzungsvertrages.** In nahezu entsprechendem Sinne gilt es im IoT-Plattformnutzungsvertrag aber auch Regularien zu schaffen, die dem IoT-Plattformbetreiber das Recht geben, bei dann tatsächlich nachgewiesenem Missbrauch in Form der Überlassung der Authentifizierungsfaktordaten an einen unberechtigten Dritten den Vertrag mit dem betreffenden IoT-Plattformnutzer außerordentlich aus wichtigem Grund kündigen und die diesem IoT-Plattformnutzer zuzuordnenden cyberphysischen Systeme von der weiteren Übermittlung der von diesen erfassten Daten ausschließen zu können. Zwar stünde dem IoT-Plattformbetreiber hierfür auch das allgemeine gesetzliche Recht zur außerordentlichen Kündigung aus wichtigem Grund gem. § 314 BGB zur Seite. Da der IoT-Plattformbetreiber jedoch gerade im Falle der missbräuchlichen Offenbarung der Zugangsdaten an Dritte schnell handeln und den betroffenen IoT-Plattformnutzer von der weiteren Nutzung der Plattformdienste ausschließen können muss, stünde eine aufwendige Subsumtion solcher Fälle unter die Definition eines „wichtigen Grundes" iSv § 314 Abs. 1 S. 2 BGB und die Unwägbarkeiten, die durch die notwendige Berücksichtigung von Umständen des Einzelfalls eine solche Subsumtion erschweren und verlangsamen, dem bloßen Rückgriff auf die gesetzliche Regelung entgegen. Es ist daher empfehlenswert, im IoT-Plattformnutzungsvertrag Regelbeispiele zu definieren, wann ein wichtiger, den IoT-Plattformbetreiber zur außerordentlichen Kündigung aus wichtigem Grund berechtigender Grund vorliegt. Nur mit einer solchen klaren Regelbeispieldefinition wird der IoT-Plattformbetreiber in die Lage versetzt, auf Missbrauchsfälle schnell reagieren und ein solches Recht zur Ausschließung von IoT-Plattformnutzern, die sich nicht an die „Spielregeln" halten wollen, operational und schnell umsetzen zu können. Das klassische Regelbeispiel, das den IoT-Plattformbetreiber also zur außerordentlichen Kündigung des IoT-Plattformnutzungsvertrages aus wichtigem Grund berechtigt, ist somit der nachgewiesene Missbrauch in Form der Überlassung der Authentifizierungsfaktordaten an einen unberechtigten Dritten.

147 **dd) Service Level Agreements in IoT-Plattformnutzungsverträgen.** Ein wesentliches Element von IoT-Plattformverträgen sind die entweder darin integrierten oder als Anlage einem Hauptvertrag beigefügten Service Level Agreements. Mit Service Level Agreements sollen die Leistungsstandards, also die Qualität der Leistung, die insbesondere in der Zurverfügungstellung von Zugriffsmöglichkeiten auf die IoT-Plattform besteht, aber auch andere Nebenleistungen wie bspw. die Beantwortung von Nutzerfragen oder die Beseitigung

von Fehlern in der IoT-Plattformsoftware enthält, sowie jeweils die dazugehörigen Randbedingungen definiert werden.

148 Unabhängig davon, wie man einen Vertrag über die Nutzung einer IoT-Plattform vertragstypologisch einordnen wollte, eines ist allen gesetzlichen Bestimmungen zu den in Betracht kommenden Vertragstypen gemein: Bestimmungen zur Qualität des Leistungsgegenstandes sind im Gesetz in keinem Fall enthalten. Vielmehr weist der Gesetzgeber diese Aufgabe ausdrücklich den Parteien eines jeden Vertrages zu. Auch ein (im Wege einer Analogie erfolgender) Rückgriff auf die Vorschrift in § 243 Abs. 1 BGB, wonach bei Fehlen spezifischer Regelungen stets „Waren mittlerer Art und Güte" zu liefern sind, würde selbst bei dessen analoger Anwendung nicht weiterhelfen: Weder dem IoT-Plattformbetreiber noch dem IoT-Plattformnutzer wäre mit einem Verweis auf die in § 243 Abs. 1 BGB enthaltene Qualitätsbestimmung „mittlerer Art und Güte" gedient: Entweder gibt es für derartige Leistungen überhaupt keine mittleren Qualitätsstandards oder diese wären kaum zuverlässig festzustellen: Hinzu kommt, dass insbesondere für den IoT-Plattformnutzer Leistungen lediglich mittlerer Art und Güte nicht sachgerecht wären: Denn gerade dann, wenn für den IoT-Plattformnutzer weitere Geschäftsprozesse an die Ergebnisse der IoT-Plattform anknüpfen, benötigt er keine Leistungen irgendeiner dubiosen mittleren Art und Güte, sondern maßgeschneiderte, auf die Bedürfnisse und Gegebenheiten seiner Geschäftsprozesse zugeschnittene Leistungen.

149 Werden diese Qualitätsstandards nicht eingehalten, können dem IoT-Plattformnutzer durchaus Schäden entstehen, etwa weil die von seinen cyberphysischen Systemen erhobenen Sensordaten nicht auf die IoT-Plattform hochgeladen und dort analysiert, ausgewertet und entweder wieder vom IoT-Plattformnutzer verwendet oder an Dritte weitervertrieben werden können. Häufig ist allerdings die Bemessung und Bezifferung der durch eine Nichterfüllung der vereinbarten Qualitätsstandards entstehenden Schäden für den IoT-Plattformnutzer mit vielen tatsächlichen oder rechtlichen Hindernissen verbunden. Daher gehören aus Sicht des IoT-Plattformnutzers zu einem Service Level Agreement auch Sanktionsinstrumentarien für den Fall der Unterschreitung der definierten Leistungsstandards. Der IoT-Plattformbetreiber allerdings hat selbstverständlich kein gesteigertes Interesse daran, den IoT-Plattformnutzern die Durchsetzung von Schadensersatzansprüchen in irgendeiner Form zu erleichtern, sodass es im Falle der Nichteinhaltung vereinbarter Qualitätsstandards eher im Interesse des IoT-Plattformbetreibers liegen dürfte, solche Sanktionsinstrumentarien nicht zu vereinbaren und es bei der gesetzlichen Regelung der §§ 280 ff. BGB zu belassen.

150 Bei IoT-Plattformverträgen spielen insbesondere Regelungen zur Verfügbarkeit der IoT-Plattform und zu Reaktionen des IoT-Plattformbetreibers auf Fehlermeldungen der IoT-Plattformnutzer als Service Level Agreements eine wesentliche Rolle.

151 **(1) Regelungen zur Verfügbarkeit einer IoT-Plattform.** Gerade bei Verträgen über die Nutzung von technischen Anlagen oder das Hochladen auf und die Auswertung durch bzw. den Bezug von maschinell erzeugten oder erfassten Daten von einer IoT-Plattform kommt es auf die Verfügbarkeit der jeweiligen IoT-Plattform an. Steht die IoT-Plattform dem IoT-Plattformnutzer nicht für dessen Zugriff über das Internet zur Verfügung, ist die IoT-Plattform und damit auch deren Leistung gleichsam nicht vorhanden: Die wesentliche Leistungsverpflichtung im Rahmen eines IoT-Plattformnutzungsvertrages wäre also durch eine Nichterfüllung gekennzeichnet.

152 Mit dem Begriff der Verfügbarkeit ist bei jedem technischen System, also auch bei IoT-Plattformen, die Wahrscheinlichkeit oder das Maß gemeint, mit der bzw. in dem dieses System/die IoT-Plattform bestimmte Anforderungen zu einem bestimmten Zeitpunkt bzw. innerhalb eines vereinbarten Zeitrahmens erfüllt. Dabei wird die Verfügbarkeit in der Regel als Prozentsatz angegeben, mit dem das Verhältnis der tatsächlich erreichten Verfügbarkeit zu der theoretisch möglichen Verfügbarkeit ausgedrückt wird. Wenn bspw. bei einem 24 x 7-Betrieb an 365 Tagen im Jahr eine IoT-Plattform zu 99 Prozent verfügbar sein

soll, dann kann diese IoT-Plattform während eines Jahres (= 525.600 Minuten) während 5.256 Minuten (= 1 Prozent) ausfallen (= 87,6 Stunden) und nicht verfügbar sein, und der Betreiber der IoT-Plattform als Schuldner der mit diesem Service Level qualifizierten Leistung hätte seine Leistungspflicht dennoch voll erfüllt und der IoT-Plattformnutzer als Gläubiger dieser Leistung hätte wegen eines Ausfalls von nicht mehr als 87,6 Stunden innerhalb dieses Jahres keinen Anspruch auf eine bessere Leistung oder auf Ersatz der ihm während dessen aufgrund der Nichtverfügbarkeit des Systems entstandenen Schäden.[248]

153 **(2) Reaktionszeiten des IoT-Plattformbetreibers oder seiner Erfüllungsgehilfen.** Eine ähnliche Thematik stellt sich bei Service Level-Vereinbarungen für die Reaktionsschnelligkeit eines Wartungsdienstleisters bei Störungen von technischen Systemen oder eben des Betreibers einer IoT-Plattform auf Fehlermeldungen der IoT-Plattformnutzer, auch wenn gerade im IoT-Bereich dem IoT-Plattformbetreiber schon aufgrund der eigenen Überwachung der IoT-Plattformsysteme Ausfälle zeitlich früher bekannt werden als durch eine Störungsmeldung eines IoT-Plattformnutzers. Obwohl der Gläubiger eine Reaktion des IoT-Plattformbetreibers grundsätzlich sofort erwarten könnte (§ 271 Abs. 1 BGB), wird in der Regel vereinbart, dass der Wartungsdienstleister innerhalb bestimmter Zeitspannen zu reagieren und mit Störungsbeseitigungsmaßnahmen zu beginnen hat („Reaktionszeiten").[249]

154 Für eine vertraglich effektive Definition von Reaktionszeiten ist zunächst erforderlich, im Service Level Agreement zu beschreiben, in welcher Form und auf welchem Übermittlungswege Fehler- oder Problemmeldungen beim IoT-Plattformbetreiber abgegeben werden müssen, um den Lauf einer Reaktionszeit in Gang zu setzen. So ist bspw. zu definieren, welche Angaben im Rahmen einer Fehler- oder Problemmeldung mindestens zu machen sind, in welcher Form diese Meldung zu erstatten ist und ob sonstige Randbedingungen, unter denen die festgestellten Fehler auftreten, anzugeben sind.

155 Als notwendige Reaktion, die zur Einhaltung der vertraglich vereinbarten Reaktionszeit führt, sollte aus Sicht des IoT-Plattformnutzers geregelt sein, dass der IoT-Plattformbetreiber nicht nur lediglich ein Trouble Ticket erstellt. Vielmehr sollte er darüber hinaus nachweisbar mit Maßnahmen zur Ermittlung der Fehlerursache bzw. zur Behebung des gemeldeten Problems begonnen haben.

156 Neben diesen auf die konkrete Reaktion bezogenen vertraglichen Definitionen ist in einem Service Level Agreement über Reaktionszeiten natürlich auch noch zu regeln, während welcher Zeiten Reaktionen im vertraglich definierten Sinne zu zeigen sind, ob also Reaktionszeiten nur während bestimmter Betriebszeiten des IoT-Plattformbetreibers oder unabhängig davon einzuhalten sind. Der Unterschied kann immens sein, erst recht, wenn man die länderspezifischen oder regionalen Unterschiede bei Feiertagsregelungen berücksichtigt.

157 **(3) Regelungen zu Rechtsfolgen bei Verfehlungen vereinbarter Service Level.** Auf der Rechtsfolgenseite liegt es zumindest im Interesse des IoT-Plattformnutzers, vertragliche Rechtsfolgen für den Fall der Nichteinhaltung des vereinbarten Service Level Agreements festzulegen. Denn entweder sind die Mängelansprüche, die das Gesetz nach einer vertragstypologischen Einordnung des betreffenden Leistungselements bereithält (→ Rn. 132 ff.), nicht geeignet oder – wie bspw. beim Dienstvertrag – das Gesetz hält gar keine spezifischen Rechtsfolgeregelungen bereit. Bei einer vertragstypologischen Einordnung des Vertrages über die Nutzung einer IoT-Plattform als Mietvertrag hätte der IoT-Plattformnutzer zwar mietvertragliche Mängelbeseitigungsansprüche und nach deren Scheitern Mietmin-

---

[248] Zu Service Level Agreements über Verfügbarkeiten von IT-Systemen *Schrey* in Fröschle/Schrey Praktisches Service-Level-Management S. 220 ff.

[249] Zu Service Level Agreements über Reaktionszeiten bei IT-Systemen *Schrey* in Fröschle/Schrey Praktisches Service-Level-Management S. 225 ff.

derungsrechte. Allerdings sind diese gesetzlichen Rechtsbehelfe für den IoT-Plattformnutzer in der Regel wenig attraktiv, denn an einer Minderung der zu zahlenden Vergütung oder im Extremfalle an einer Rückabwicklung des gesamten IoT-Plattformnutzungsvertrages kann ihm nur im Ausnahmefall gelegen sein. Zudem ist die bloße Minderung der zu zahlenden Vergütung in der Regel wenig geeignet, einen dem IoT-Plattformnutzer entstandenen Schaden zu kompensieren. Die Nachbesserung eines zeitlich in der Vergangenheit liegenden Nutzungsvorgangs ist nicht möglich; der Fehler in der IoT-Plattformsoftware kann allenfalls mit Wirkung für die Zukunft korrigiert werden, so dass es in vergleichbaren Situationen nicht wieder zur selben mangelbehafteten Nutzung kommt.

Für den dienst- oder mietvertraglichen Schadensersatzanspruch gilt der allgemeine 158 Grundsatz des deutschen Schadensersatzrechts, dass lediglich ein konkreter, vom Geschädigten auch im Einzelfall darzulegender und nachzuweisender Schaden ersatzfähig ist. Der geschädigte IoT-Plattformnutzer müsste also im Einzelnen konkret darlegen und beweisen, dass und wie hoch ein Schaden ist, der ihm durch eine mangelnde Verfügbarkeit der IoT-Plattform oder die Nichteinhaltung einer vertraglich zugesagten Reaktionszeit des IoT-Plattformbetreibers entstanden ist. Das ist in vielen Fällen gar nicht oder nur mit unverhältnismäßigem Aufwand zu quantifizieren. Zwar besteht gem. § 287 ZPO die Möglichkeit für ein Gericht, den Schaden schätzen zu können. Allerdings muss der geschädigte IoT-Plattformnutzer auch in diesem Falle zumindest Schätzungsgrundlagen darlegen und unter Beweis stellen, die das Gericht bei der schätzweisen Bezifferung eines Schadensersatzanspruchs im Urteil heranziehen kann. Insoweit wird der IoT-Plattformnutzer also auf vergleichbare Schwierigkeiten wie bei der konkreten Bezifferung eines ihm entstandenen Schadens stoßen. Aus Sicht des IoT-Plattformnutzers empfiehlt es sich daher, als Rechtsfolge einer Nichteinhaltung des vereinbarten Service Levels eine vertragliche Sanktion, bspw. in Form einer Vertragsstrafe iSd §§ 339 ff. BGB, einer Schadenspauschale oder zumindest einer pauschalierten Minderungsquote („service credit") als Gutschrift auf die vom IoT-Plattformnutzer zu zahlende Vergütung zu vereinbaren.[250]

Verwendet der IoT-Plattformbetreiber – wie meist sowohl im B2B- als auch erst recht 159 im B2C-Geschäft – Standardverträge, also AGB iSd §§ 305 ff. BGB, zur Gestaltung der Nutzungsverhältnisse, stellen sich bei der Gestaltung der Klauseln hierfür die unter → Rn. 174 ff. behandelten AGB-rechtlichen Herausforderungen.

ee) Sach- und Rechtsmängelgewährleistung. (1) Fehlerklassen. Weist die IoT-Platt- 160 formsoftware schon zum Zeitpunkt der Einräumung einer Zugriffsmöglichkeit hierauf an den IoT-Plattformnutzer einen Mangel auf, bspw. weil eine nach der Funktionalitätsbeschreibung geschuldete Funktionalität der IoT-Plattformsoftware nicht vorhanden ist oder nicht beschreibungsgemäß funktioniert, oder entsteht während der Laufzeit des IoT-Plattformnutzungsverhältnisses ein solcher Mangel, wäre der IoT-Plattformnutzer gem. § 536 Abs. 1 S. 2 BGB zur Minderung der Nutzungsvergütung berechtigt. Wäre die Nutzung der IoT-Plattform mangelbedingt gar nicht möglich, wäre der IoT-Plattformnutzer sogar von der Verpflichtung zur Zahlung einer Nutzungsvergütung vollständig befreit (§ 536 Abs. 1 S. 1 BGB). Nur bei unerheblichen Minderungen der Nutzbarkeit scheidet ein solcher Minderungsanspruch aus (§ 536 Abs. 1 S. 3 BGB).

Vertraglich muss hier angesichts der eindeutigen gesetzlichen Rechtslage gar nicht viel 161 zusätzlich geregelt werden. Die Frage, ob eine Nutzung der IoT-Plattform mangelbedingt vollkommen unmöglich ist oder lediglich eine Gebrauchsminderung eingetreten ist, kann allerdings anhand von vertraglich zu vereinbarenden Fehlerklassen besser operationalisiert werden. Auch der unbestimmte Rechtsbegriff der nur „unerheblichen" Minderung der Nutzbarkeit einer IoT-Plattform könnte vertraglich im Rahmen der Definition solcher Fehlerklassen insbesondere durch Aufzählung von Regelbeispielen konkretisiert werden.

[250] Im Einzelnen zu den vertraglichen Sanktionsinstrumentarien für den Fall einer Nichteinhaltung von Service Level Agreements *Schrey* in Fröschle/Schrey Praktisches Service-Level-Management S. 233 ff.

162 **(2) Ausschluss spezifisch mietvertraglicher Schadensersatzansprüche.** Der verschuldensunabhängige Schadens- und Aufwendungsersatzanspruch des IoT-Plattformnutzers gem. § 536a Abs. 1 Var. 1 BGB wird in IoT-Plattformnutzungsverträgen typischerweise von vornherein ausgeschlossen. Ein solcher Ausschluss der Garantiehaftung gem. § 536a Abs. 1 Var. 1 BGB ist in individuell ausgehandelten IoT-Plattformnutzungsverträgen ohnehin, aber auch in Formularverträgen durchaus zulässig, da die Rechtsprechung dieser Regelung keine Leitbildfunktion iSv § 307 Abs. 2 Nr. 1 BGB zuweist, zumal im deutschen Zivilrecht und dessen grundsätzlich am Verschuldensprinzip anknüpfenden System der Haftung eine Garantiehaftung ohnehin systemfremd ist.[251]

163 Die allerdings auf ein Vertretenmüssen abstellende Haftung nach § 536 Abs. 1 Var. 2 und 3 BGB können in AGB in jedem Fall nicht gegenüber Verbrauchern, aber in der Regel wohl auch im unternehmerischen Verkehr nicht formularmäßig, also in AGB, wirksam abgedungen werden; hier geht es ja wiederum um eine auf dem Verschuldensprinzip basierende Haftung, die eben sehr wohl zum gesetzlichen Leitbild des Schadensersatzrechts im BGB iSv § 307 Abs. 2 Nr. 1 BGB gehört.

164 **(3) Rechtsmängelansprüche.** Dieses mietrechtliche Regime gilt grundsätzlich auch dann, wenn dem IoT-Plattformnutzer die Nutzung der IoT-Plattform dadurch unmöglich gemacht würde, dass Dritte ihm die Nutzung der IoT-Plattformsoftware mit der Behauptung streitig machen, dass ihnen gewerbliche Schutzrechte an dieser IoT-Plattformsoftware zustünden, infolgedessen sie mindestens Unterlassungs-, wenn nicht sogar Schadensersatzansprüche gegenüber dem IoT-Plattformnutzer geltend machen könnten. Der IoT-Plattformnutzer befindet sich dann in einer unangenehmen Situation: Einerseits wird er mit den Ansprüchen des Dritten konfrontiert, gegen die er sich andererseits aber deshalb nicht richtig verteidigen kann, weil die IoT-Plattformsoftware typischerweise vom IoT-Plattformbetreiber oder dessen Lieferanten entwickelt wurde. Nur diese verfügen daher über die notwendigen Kenntnisse aus der Genese der IoT-Plattformsoftware, um sich gegen solche Ansprüche Dritter sachgerecht verteidigen zu können. Eine mangelhafte Rechtsverteidigung wiederum setzte den IoT-Plattformnutzer im späteren Regressverfahren gegen den IoT-Plattformbetreiber dessen Einwand aus, sich falsch oder unzureichend verteidigt zu haben. Der IoT-Plattformbetreiber hat seinerseits ein Interesse daran, diese Verteidigung zu übernehmen und zu steuern, nicht zuletzt um seine rechtliche und wirtschaftliche Position als Betreiber der IoT-Plattform am Markt zu behaupten.

165 In Regelungen zur Rechtsmängelgewährleistung eines IoT-Plattformnutzungsvertrages übernimmt daher typischerweise der IoT-Plattformbetreiber die Verpflichtung, den IoT-Plattformnutzer gegen Ansprüche Dritter zu verteidigen, die wegen der Verletzung von diesen Dritten angeblich zustehenden Schutzrechten durch Nutzung der IoT-Plattform geltend gemacht werden, und im Zweifelsfall auch freizustellen. Im Gegensatz zu dieser Verteidigungs- und Freistellungszusage verpflichtet sich der IoT-Plattformnutzer, den IoT-Plattformbetreiber unverzüglich davon zu unterrichten, falls solche Ansprüche gegen ihn geltend gemacht werden und ihm alle notwendigen Unterlagen hierfür zur Verfügung zu stellen. Er verpflichtet sich ferner, dem IoT-Plattformbetreiber die Steuerung der gerichtlichen und außergerichtlichen Aktivitäten zur Abwehr solcher Ansprüche zu überlassen und mit dem Anspruchsteller schließlich keine Vergleiche über die geltend gemachten Ansprüche zu schließen bzw. solche Ansprüche schon gar nicht erst anzuerkennen. Solche Regelungen können auch in AGB grundsätzlich wirksam vereinbart werden.

166 **ff) Haftungsklauseln.** Falls es sich beim IoT-Plattformnutzungsvertrag ausnahmsweise einmal nicht um einen Standardvertrag des IoT-Plattformbetreibers handelt, sondern tatsächlich individuell mit dem IoT-Plattformnutzer ausgehandelt worden sein sollte, sind den vertraglichen Möglichkeiten, die Haftung des IoT-Plattformbetreibers oder gar beider

[251] MüKoBGB/*Häublein* § 536a Rn. 23 mwN.

Parteien eines solchen Vertrages *inter partes* zu begrenzen oder gar vollständig auszuschließen, gesetzlich nur wenig Grenzen gesetzt. Lediglich die Haftung für vorsätzliches Verhalten kann im Vorhinein vertraglich weder ausgeschlossen noch beschränkt werden; unabhängig von der Einordnung eines IoT-Plattformnutzungsvertrages ergibt sich diese gesetzlich gesetzte Grenze schon aus § 276 Abs. 3 BGB für jegliche Verträge – individuell ausgehandelte ebenso wie Standardverträge. Dessen ungeachtet sind in der geschäftlichen Praxis vertragliche Abreden, mit denen die Haftung einer Vertragspartei für grob fahrlässiges Verhalten ausgeschlossen oder wenigstens summenmäßig oder nach der Art der ersatzfähigen Schäden begrenzt wird, äußerst selten (zu den Grenzen von Haftungsausschluss- und/oder -begrenzungsklauseln in Standardverträgen → Rn. 216 ff.).

gg) Laufzeit und Kündigung. IoT-Plattformnutzungsverträge werden zumeist als zeitlich 167
befristete Verträge geschlossen. Typischerweise beginnt mit Abschluss eines IoT-Plattformnutzungsvertrages eine gewisse Grundlaufzeit von in der Regel nur zwölf Monaten, manchmal aber auch bis zu drei Jahren, zu laufen, innerhalb derer der IoT-Plattformnutzungsvertrag zumindest vom IoT-Plattformbetreiber nicht ordentlich gekündigt werden kann.

(1) Ordentliche Kündigungsrechte. Häufig knüpfen daran sog. Evergreen-Klauseln an, 168
wonach sich nämlich der IoT-Plattformnutzungsvertrag nach Ablauf der Grundlaufzeit automatisch um weitere Verlängerungsperioden von zumeist wiederum zwölf Monaten verlängert, wenn der Vertrag nicht vom IoT-Plattformbetreiber unter Einhaltung einer vertraglich zu bestimmenden Kündigungsfrist gekündigt wird.

Während also der IoT-Plattformbetreiber an bestimmte Laufzeiten gebunden ist, wäh- 169
rend derer für ihn ein ordentliches Kündigungsrecht ausgeschlossen ist, wird dem IoT-Plattformnutzer in IoT-Plattformnutzungsverträgen typischerweise ein jederzeitiges, auch kurzfristig ausübbares Kündigungsrecht eingeräumt, das der IoT-Plattformnutzer entweder für das Nutzungsverhältnis im Ganzen oder nur in Bezug auf einzelne, von ihm registrierte cyberphysische Systeme ausüben kann. Gerade weil IoT-Plattformnutzungsverhältnisse durch Vergütungsmodelle gekennzeichnet sind, die nutzungsabhängig sind, hat der IoT-Plattformbetreiber kein Interesse an der Aufrechterhaltung von IoT-Plattformnutzungsverträgen, von denen der IoT-Plattformnutzer aber keinen Gebrauch mehr macht. Um in solchen Fällen dann wenigstens den administrativen Aufwand für die weitere Pflege eigentlich „toter", nur noch als leere Hülle bestehender Nutzungsverhältnisse zu ersparen, wird dem IoT-Plattformnutzer eben häufig dieses jederzeitige und kurzfristig ausübbare Kündigungsrecht eingeräumt.

(2) Recht zur außerordentlichen Kündigung aus wichtigem Grund. Wie in jedem 170
Dauerschuldverhältnis kann das beiden Parteien zustehende außerordentliche Kündigungsrecht aus wichtigem Grund gem. § 314 BGB nicht abbedungen werden. Um ein Schweigen des IoT-Plattformnutzungsvertrages nicht als impliziten Ausschluss dieses Kündigungsrechts misszuinterpretieren, empfiehlt sich eine vertragliche Regelung, mit der beiden Parteien das Recht zur außerordentlichen Kündigung des IoT-Plattformnutzungsvertrages aus wichtigem Grund vorbehalten bleibt.

Zur Vermeidung der Unsicherheiten, wie der unbestimmte Rechtsbegriff des „wichti- 171
gen Grundes" iSv § 314 Abs. 1 S. 2 BGB auszulegen ist, empfiehlt es sich, im IoT-Plattformnutzungsvertrag Regelbeispiele für einen solchen wichtigen Grund zu definieren, der entweder beide oder nur eine der beiden Parteien des IoT-Plattformnutzungsverhältnisses zur außerordentlichen Kündigung aus wichtigem Grund berechtigen kann. Für den IoT-Plattformbetreiber kommen hier insbesondere Fälle in Betracht, in denen der IoT-Plattformnutzer unberechtigterweise Dritten die Inanspruchnahme der Plattformleistungen durch Weitergabe der Zugangsdaten ermöglicht hat (→ Rn. 144 ff.), oder in denen der IoT-Plattformnutzer – je nach den Funktionalitäten der jeweiligen IoT-Plattform – die

IoT-Plattform zur Verbreitung strafbarer oder andere IoT-Plattformnutzer schädigender Inhalte missbraucht.

172 **hh) Dynamik der Inhalte des Nutzungsverhältnisses.** Für den Betrieb von IoT-Plattformen typisch ist es, dass diese sich im Laufe der Zeit weiterentwickeln, dh der IoT-Plattformbetreiber seinen Kunden zusätzliche Funktionalitäten anbietet, Anpassungen der bestehenden Funktionalitäten bspw. zur Erfüllung von Änderungen rechtlicher Anforderungen vornimmt oder zusätzliche Servicemodelle anbietet. Daher ist es für einen IoT-Plattformbetreiber sinnvoll, diese für einen IoT-Plattformnutzungsvertrag typische Dynamik auch in der inhaltlichen Ausgestaltung seiner Bedingungen abzubilden, sprich dem IoT-Plattformbetreiber vertraglich das Recht einzuräumen, die Bedingungen des IoT-Plattformnutzungsvertrages einseitig ändern und/oder ergänzen zu dürfen.

173 Da IoT-Plattformnutzungsverhältnisse typischerweise Standardverträge sind, ist ein solches einseitiges Änderungsrecht mit AGB-rechtlichen Restriktionen versehen: Bezieht sich der Änderungsvorbehalt auf die vom IoT-Plattformbetreiber versprochene Leistung oder deren Leistungsmodalitäten, ist die Klausel im B2C-Geschäft an § 308 Nr. 4 BGB zu messen; bezieht sich der Änderungsvorbehalt des IoT-Plattformbetreibers auf die Bedingungen des IoT-Plattformnutzungsvertrages als solche, ist im B2C-Geschäft lediglich die AGB-rechtliche Generalklausel in § 307 BGB einschlägig.[252] Sowohl in der einen wie in der anderen Spielart einer solchen Änderungsklausel ist zumeist zum einen der Vorbehalt enthalten, dass die Änderung oder Abweichung unter Berücksichtigung der Interessen des IoT-Plattformbetreibers auch noch für den IoT-Plattformnutzer zumutbar sein muss und es wird dem IoT-Plattformnutzer zum anderen ein Kündigungsrecht für den Fall eingeräumt, dass er mit vom IoT-Plattformbetreiber vorgenommenen Änderungen von Vertragsbedingungen nicht einverstanden ist. Dieses Kündigungsrecht wird jedoch praktisch irrelevant, wenn dem IoT-Plattformnutzer ohnehin – wie unter → Rn. 168 ff. dargelegt – ein jederzeitiges und kurzfristiges Kündigungsrecht eingeräumt wird.

b) AGB-rechtliche Aspekte bei IoT-Plattformverträgen

174 Die Verwendung von AGB ist im B2B-Geschäftsverkehr sowohl auf der Ein- sowie auch auf der Verkaufsseite und im B2C-Geschäftsverkehr auf der Verkaufsseite die Regel. Diese Praxis ist gerade beim Einsatz autonomer Systeme unumgänglich, der in der Regel darauf zielt, eine Vielzahl von Verträgen weitestgehend autonom, jedoch zu (teilweise) vorher festgelegten Konditionen abzuschließen. Vor diesem Hintergrund haben Aspekte der AGB-Kontrolle für die Verträge eine besondere Bedeutung.

175 **aa) Anwendbarkeit des deutschen AGB-Rechts im internationalen Rechtsverkehr. (1) Einführung.** Werden mit einem cyberphysischen System Verträge abgeschlossen, muss der Vertragsschluss nicht auf Deutschland beschränkt sein, sondern wird, je nach Anwendungsfeld, häufig grenzüberschreitende Bezüge aufweisen.

176 Daher wird sich regelmäßig die Frage stellen, welchem Recht diese Verträge unterliegen und sodann, ob und inwieweit sie einer AGB-Kontrolle zu unterziehen sind.

177 Verträge im B2C-Bereich, die einer Rechtsordnung der EU unterfallen, werden regelmäßig auf deren Vereinbarkeit mit in der EU weitestgehend harmonisierten, in Deutschland in den §§ 305 ff. BGB normierten Klauselverboten zu überprüfen sein (AGB-Kontrolle), sodass insoweit der Frage des anwendbaren Rechts aus Sicht des Klauselverwenders keine entscheidende Bedeutung beikommen dürfte.

178 Anders verhält sich dies bei Verträgen zwischen Unternehmen. Unterliegen diese dem deutschen Recht, finden auf sie gem. § 310 Abs. 1 BGB auch zentrale Bestimmungen der AGB-Kontrolle Anwendung. Eine derartige Erstreckung der AGB-Kontrolle auch auf All-

[252] MüKoBGB/*Wurmnest* BGB § 308 Nr. 4 Rn. 6.

gemeine Geschäftsbedingungen im Rechtsverkehr zwischen Unternehmen ist in anderen EU-Mitgliedstaaten hingegen nicht bekannt. Diese Erstreckung der AGB-Kontrolle auf B2B-Verträge nach deutschem Recht kann für den Verwender ein entscheidendes Kriterium für die Wahl einer anderen als der deutschen Rechtsordnung sein.

(2) Anknüpfungspunkte. Rechtswahlklauseln in Rahmenverträgen. Grundsätzlich steht es den Parteien nach Art. 3 Abs. 1 S. 1 Rom I-VO frei, das auf ihren Vertrag anwendbare Recht zu wählen. Eine solche Rechtswahl ist auch durch eine Rechtswahlklausel in AGB möglich. Sie kann gem. Art. 3 Abs. 2 Rom I-VO sogar nachträglich erfolgen. 179

Von diesem Grundsatz sind in Art. 3 Abs. 3 und 4 Rom I-VO jedoch bedeutsame Ausnahmen vorgesehen, um eine Umgehung zwingender gesetzlicher Bestimmungen durch eine Rechtswahl in den dort genannten Fällen zu verhindern. Sind alle Elemente eines Sachverhalts zum Zeitpunkt der Rechtswahl in einem anderen als demjenigen Staat belegen, dessen Recht von den Parteien gewählt wurde, berührt gem. Art. 3 Abs. 3 Rom I-VO die Rechtswahl der Parteien nicht die Anwendung derjenigen Bestimmungen des Rechts dieses anderen Staates, von denen nicht durch Vereinbarung abgewichen werden kann. Sind also bspw. alle Elemente eines Sachverhalts im Zeitpunkt der Rechtswahl durch die Parteien in der Bundesrepublik Deutschland belegen, so berührt die Wahl französischen Rechts nicht die Anwendung der zwingenden gesetzlichen Bestimmungen des deutschen Rechts. 180

Sofern alle Elemente des Sachverhalts zum Zeitpunkt der Rechtswahl in einem oder mehreren Mitgliedstaaten belegen sind, berührt die Wahl des Rechts eines Drittlandes gem. Art. 3 Abs. 4 Rom I-VO ferner nicht die Anwendung der zwingenden Bestimmungen des Gemeinschaftsrechts – ggf. in der von dem Mitgliedstaat des angerufenen Gerichts umgesetzten Form. 181

Anwendbares Recht in Ermangelung von Rechtswahlklauseln. Haben die Parteien keine Rechtswahl getroffen, bestimmt sich das anwendbare Recht nach den Art. 4ff. Rom I-VO. 182

Dabei enthalten die Art. 5–8 Rom I-VO besondere Anknüpfungsregeln für bestimmte Vertragstypen (Beförderungsverträge, Verbraucherverträge, Versicherungsverträge und Individualarbeitsverträge). 183

Liegt ein Verbrauchervertrag vor, so ist gem. Art. 6 Abs. 1 Rom I-VO das Recht des Staates anwendbar, in dem der Verbraucher seinen gewöhnlichen Aufenthalt hat, sofern der Unternehmer seine Tätigkeit in diesem Staat ausübt oder in irgendeiner Weise auf diesen ausrichtet. Für ein Ausrichten ist dabei allerdings mehr erforderlich als nur das Bereitstellen einer Website, die auch aus dem Land des Verbrauchers abgerufen werden kann.[253] Vielmehr kann erst dann von einem Ausrichten ausgegangen werden, wenn weitere Anhaltspunkte dazu treten, wie bspw. die Angabe einer internationalen Vorwahl oder die Nutzung einer nationalen Domain des jeweiligen Staates.[254] 184

Ungeachtet dieses Grundsatzes können die Parteien des Verbrauchervertrages gem. Art. 6 Abs. 2 Rom I-VO auch das auf den Vertrag anwendbare Recht wählen. Für diesen Fall bestimmt Art. 6 Abs. 2 Rom I-VO zum Schutz des Verbrauchers jedoch, dass die Rechtswahl nicht dazu führen darf, dass dem Verbraucher der Schutz entzogen wird, der ihm durch die zwingenden gesetzlichen Bestimmungen des Rechts gewährt würde, das nach Art. 6 Abs. 1 Rom I-VO ohne die Rechtswahl anzuwenden wäre, also das Recht am gewöhnlichen Aufenthaltsort des Verbrauchers. Zu diesen zwingenden gesetzlichen Bestimmungen gehören im deutschen Recht die auf AGB anwendbaren Bestimmungen der §§ 305ff. BGB. 185

Liegt kein Verbrauchervertrag vor und ist auch sonst keine der besonderen Vorschriften der Art. 5–8 Rom I-VO anwendbar, richtet sich die Anknüpfung nach Art. 4 Rom I-VO, 186

[253] *Kitz* in Hoeren/Sieber/Holznagel MultimediaR-HdB Teil 13.1 Rn. 292.
[254] *Kitz* in Hoeren/Sieber/Holznagel MultimediaR-HdB Teil 13.1 Rn. 293.

dessen Abs. 1 eine Aufzählung von Vertragstypen und des hierauf jeweils anzuwendenden Rechts enthält.

187 Sofern auch Art. 4 Abs. 1 Rom I-VO nicht einschlägig sein sollte, richtet sich die Anknüpfung nach Art. 4 Abs. 2 Rom I-VO. Danach ist das Recht des Staates anwendbar, in dem der Vertragsteil seinen gewöhnlichen Aufenthalt hat, der die für den Vertrag charakteristische Leistung erbringt. Die charakteristische Leistung bestimmt sich dabei durch die zu erbringende Sach- oder Dienstleistung und nicht die Geldzahlung.[255]

188 Ergibt sich hingegen aus der Gesamtheit der Umstände, dass der Vertrag eine offensichtlich engere Verbindung zu einem anderen als dem nach Art. 3 Abs. 1 oder Abs. 2 Rom I-VO bestimmten Staat aufweist, so ist das Recht dieses anderen Staates anzuwenden.

189 Lässt sich der Vertrag schlussendlich weder nach Art. 4 Abs. 1 oder Abs. 2 Rom I-VO einordnen, so ist gem. Art. 4 Abs. 4 Rom I-VO das Recht des Staates anwendbar, zu dem er das engste Verhältnis aufweist.

190 **Nachteile des deutschen AGB-Rechts im Vergleich zur Behandlung von Standardverträgen nach ausländischen Rechtsordnungen.** Das deutsche AGB-Recht weist im Vergleich zu vielen ausländischen Rechtsordnungen im B2B-Bereich eine überdurchschnittliche Strenge auf.[256]

191 Dies resultiert insbesondere daraus, dass die §§ 308, 309 BGB im unternehmerischen Verkehr zwar nicht direkt anwendbar sind, gem. § 310 Abs. 1 S. 2 BGB aber Klauseln, die gegenüber Verbrauchern gem. §§ 308, 309 BGB unwirksam wären, auch gegenüber Unternehmern gem. § 307 BGB unwirksam sein können. Den Klauselverboten der §§ 308, 309 BGB kommt im unternehmerischen Verkehr somit zumindest eine Funktion als Aufgreifkriterium für eine eingehende Kontrolle zu.[257] Der BGH[258] lässt den Klauselverboten der §§ 308, 309 BGB im unternehmerischen Geschäftsverkehr insoweit sogar eine Indizwirkung für deren Unwirksamkeit zukommen.

192 Dies führt dazu, dass bspw. eine effektive Haftungsbeschränkung selbst im Rechtsverkehr zwischen Unternehmen nahezu unmöglich ist.[259]

193 **bb) Anwendbarkeit des AGB-Rechts auf die Bedingungen aus Rahmenverträgen.** Vereinzelte Literaturstimmen sind der Ansicht, dass die Bestimmungen des AGB-Rechts grundsätzlich auch auf die Bedingungen von Rahmenverträgen anzuwenden seien.[260] Nach dieser Ansicht wären die in → Rn. 397 ff. erläuterten Regelungen aus einem Rahmenvertrag daher auf deren Vereinbarkeit mit den Bestimmungen der §§ 305 ff. BGB und damit insbesondere § 307 BGB zu überprüfen.[261]

194 Letztlich werden im Rahmenvertrag einzelne Bedingungen festgelegt, die für jeden Einzelvertrag gelten sollen, der im Anwendungsbereich des Rahmenvertrages geschlossen wird. Diese Rahmenvertragsbestimmungen nähmen somit einen (erheblichen) Teil des Inhalts der Einzelverträge vorweg[262] und seien somit Bedingungen, die für eine Vielzahl zukünftiger Verträge vorformuliert seien.[263]

195 Damit erfüllten sie – so die Vertreter dieser Ansicht – die in § 305 Abs. 1 S. 1 BGB festgelegten Anforderungen an AGB, nach denen AGB alle für eine Vielzahl von Verträgen vorformulierten Vertragsbedingungen seien, die eine Vertragspartei der anderen Vertragspartei bei Abschluss eines Vertrags stellt. Aus Wertungsgesichtspunkten könne es kei-

---

[255] *Kitz* in Hoeren/Sieber/Holznagel MultimediaR-HdB Teil 13.1 Rn. 298.
[256] *Faber* in Sassenberg/Faber Industrie 4.0 und Internet-HdB S. 259.
[257] BeckOK BGB/*Becker* § 310 Rn. 2.
[258] BGH Urt. v. 19.9.2007 – VIII ZR 141/06, NJW 2007, 3774 (3775).
[259] *Müller* NZM 2016, 185 (188); *Leuschner* NJW 2016, 1222 (1223); *Groß* InTer 2018, 4 (6).
[260] So *Budde* in Martinek/Semler/Flohr VertriebsR-HdB § 39 Rn. 58.
[261] Zum gesamten Thema ausf. *Teichmann/Laitenberger* ZVertriebsR 2019, 214.
[262] *Budde* in Martinek/Semler/Flohr VertriebsR-HdB § 39 Rn. 58.
[263] *Budde* in Martinek/Semler/Flohr VertriebsR-HdB § 39 Rn. 58.

nen Unterschied ausmachen, ob im Vorfeld ein Vertrag abgeschlossen würde, der für alle in dessen Anwendungsbereich geschlossenen Einzelverträge gilt, oder ob in einem Einzelvertrag auf bestimmte AGB verwiesen werde.[264]

Dieser Ansicht ist jedoch entgegenzuhalten, dass Voraussetzung der Anwendbarkeit des AGB-Rechts nach § 305 Abs. 1 S. 1 BGB auch ist, dass die Vertragsbedingungen von einer Partei gestellt werden. Ein solches „Stellen" verlangt jedoch, dass der Verwender die Vertragsbedingung einseitig festgelegt und ihre verhandlungslose Einbeziehung der anderen Vertragspartei abverlangt hat.[265] Gem. § 305 Abs. 1 S. 3 BGB liegen dementsprechend auch keine AGB vor, soweit die Vertragsbedingungen zwischen den Vertragsparteien im Einzelnen ausgehandelt worden sind. Wird der Rahmenvertrag aber individuell ausgehandelt, werden auch die Vertragsbedingungen jedes Einzelvertrages gerade nicht von einer Seite allein festgelegt und deren Einbeziehung verlangt. Es fehlt bei individualvertraglich geschlossenen Rahmenverträgen mithin an dem notwendigen „Stellen" gem. § 305 Abs. 1 S. 1 BGB auch in Bezug auf die hierunter geschlossenen Einzelverträge.[266] 196

Wird in einem Rahmenvertrag vereinbart, dass auch die verbundenen Unternehmen eines der Vertragspartner zur Bestellung von Waren oder Dienstleistungen zu den in dem Rahmenvertrag vereinbarten Bedingungen berechtigt sein sollen, stellt sich die Frage, ob die Bestimmungen dieses Rahmenvertrages nicht für die verbundenen Unternehmen in Bezug auf die von ihnen geschlossenen Einzelverträge AGB sind und daher insoweit einer AGB-Kontrolle nach §§ 305 ff. BGB zu unterziehen wären. Fraglich ist dies insbesondere im Verhältnis zu nach Vertragsschluss hinzutretenden Konzernunternehmen, da bei denen offensichtlich ist, dass sie auf das Zustandekommen der Rahmenvertragsbedingungen keinerlei auch nur indirekten Einfluss haben konnten. 197

Allerdings vermag das Hinzutreten eines verbundenen Unternehmens den eigentlichen Charakter des Vertrags zwischen Muttergesellschaft und Verkäufer als Individualvertrag nicht zu beeinflussen. Der Vertrag wurde nach wie vor individuell zwischen Mutter und Verkäufer verhandelt. Zudem würde das später hinzutretende verbundene Unternehmen dann anders behandelt als die Tochtergesellschaften, die bei Vertragsschluss durch die Mutter bereits zum Konzern gehörten. Deren Ausgangslage unterscheidet sich aber nicht wesentlich von dem später hinzutretenden verbundenen Unternehmen, auch sie hatten selbst beim Vertragsschluss keinen Einfluss. 198

Auch im Verhältnis zu hinzutretenden verbundenen Unternehmen bleibt der bestehende Rahmenvertrag also ein Individualvertrag, auf den das AGB-Recht keine Anwendung findet. 199

cc) Rechtsfolgen der Anwendbarkeit des AGB-Rechts auf Verträge zwischen Unternehmern. Unterfallen die vertraglichen Bestimmungen eines von autonomen Systemen geschlossenen Vertrages nach den vorstehenden Ausführungen dem deutschen Recht und sind sie als AGB zu qualifizieren, sind diese auf deren Vereinbarkeit mit den Bestimmungen der §§ 305 ff. BGB zu prüfen, wobei die §§ 308, 309 BGB im unternehmerischen Verkehr zwar nicht direkt anwendbar sind, wertungsmäßig aber bei der nach § 307 BGB durchzuführenden Wirksamkeitskontrolle Berücksichtigung finden. Den Klauselverboten der §§ 308, 309 BGB kommt im unternehmerischen Verkehr zumindest eine Funktion als Aufgreifkriterium für eine eingehende Kontrolle nach § 307 BGB zu.[267] 200

Verwenden im B2B-Bereich beide potentiellen Vertragspartner jeweils AGB, kommt es nicht selten vor, dass beide Unternehmen in ihren Anfragen, Angeboten und/oder Aufträgen sowie Auftragsbestätigungen jeweils stets und zumeist ebenfalls formularmäßig auf ihre 201

[264] So *Budde* in Martinek/Semler/Flohr VertriebsR-HdB § 39 Rn. 58.
[265] BGH Urt. v. 29.1.1982 – V ZR 82/81, NJW 1982, 1035.
[266] NK-BGB/*Kollmann* § 305 Rn. 110; *Teichmann/Laitenberger* ZVertriebsR 2019, 214 (216).
[267] BeckOK BGB/*Becker* § 310 Rn. 2.

jeweils eigenen Allgemeinen Ein- bzw. Verkaufsbedingungen verweisen und fordern, dass nur diese Vertragsbestandteil werden und Anwendung finden.

202 Ist nach den oben angestellten Erwägungen auf die jeweilige Vertragsbeziehung deutsches Recht anwendbar, wird der dadurch entstehende Konflikt zwischen einander widersprechenden Klauseln aus den in Bezug genommenen Allgemeinen Ein- bzw. Verkaufsbedingungen durch den BGH so gelöst, dass zur Vermeidung einer hohen Zahl von wegen Dissens letztlich nicht wirksam zustande gekommenen Verträgen nur die inhaltsgleichen Klauseln aus beiden Bedingungswerken Vertragsbestandteil werden. Einander widersprechende Klauseln werden kein Vertragsbestandteil; insoweit gilt das anwendbare Gesetzesrecht. Dieses Verfahren wird als „knock-out rule" bezeichnet.[268]

203 Bei Anwendbarkeit US-amerikanischen Rechts werden regelmäßig nur die Regelungen Vertragsbestandteil, welche als Letztes verschickt wurden („last shot rule"). Der Auftraggeber ist in einem derartigen Fall somit oftmals bevorteilt, da er seine Bedingungswerke erfahrungsgemäß in Form des von ihm erteilten Auftrags als letztes verschickt.[269]

204 **dd) Attributzertifikate und ihre Behandlung im AGB-Umfeld. (1) Rechtliche Qualifizierung von Attributzertifikaten.** Werden Attributzertifikate im Rahmen eines Vertragsschlusses unter Verwendung von AGB mit den von autonomen Systemen abgesetzten Erklärungen übermittelt, stellt sich im Rahmen einer AGB-rechtlichen Kontrolle zunächst die Frage, wie Attributzertifikate rechtlich einzuordnen sind.

205 Vorstellbar wäre dabei eine Einordnung als Außenvollmacht, Leistungsbeschreibung oder als Angebot verbunden mit einem Widerruf, sofern bestimmte Vorgaben überschritten werden. Darüber hinaus ist zu klären, ob Attributzertifikate – da sie ja jeder von einem autonomen System abgesetzten Erklärung beigefügt werden – selbst als AGB-Klausel zu qualifizieren sind:

- Lehnt man mit der oben dargestellten Auffassung[270] die (analoge) Anwendung der Stellvertreterregeln auf autonome Systeme ab, scheidet eine Einordnung der Attributzertifikate als Außenvollmacht aus.
- Attributzertifikate könnten aber als Leistungsbeschreibung angesehen werden. Leistungsbeschreibungen legen den Umfang der von den Parteien vertraglich geschuldeten Leistungen fest. Eine Bestimmung ist dann der Leistungsbeschreibung zuzuordnen, wenn bei ihrem Fehlen ein wirksamer Vertragsschluss mangels Bestimmtheit oder Bestimmbarkeit nicht mehr anzunehmen ist; folglich sind insbesondere die Hauptleistungspflichten (essentialia negotii) der Leistungsbeschreibung zuzuordnen.[271] Wäre bspw. in einem Attributzertifikat vorgesehen, dass das autonome System nur Verträge bis zu einem Volumen von 100 EUR abschließen können soll, bezieht sich diese Bestimmung zwar auf die Hauptleistungspflichten der Parteien. Allerdings dient diese Grenze regelmäßig nicht der Beschreibung der Vertragspflicht einer Partei, sondern markiert die absolute Grenze, bis zu der sich die Vertragspartei beim Einsatz des autonomen Systems binden lassen will. Das Attributzertifikat beschreibt mithin den maximalen Betrag, bis zu dem ein autonomes System den Nutzer binden können soll, dh bis zu dem sich der Nutzer die Erklärung seines autonomen Systems zurechnen lassen will, nicht jedoch die vertraglich geschuldete Leistung selbst. Die Bestimmung des Kaufpreises und damit eines Teils der Leistungsbeschreibung findet erst durch den eigentlichen Vertragsschluss statt, den der Einsatz des Attributzertifikates – bei Überschreitung der darin festgelegten Grenzen – verhindern soll. Die Inhalte der Attributzertifikate stellen somit auch keine Leistungsbeschreibung dar.

---

268 *Faber* in Sassenberg/Faber Industrie 4.0 und Internet-HdB § 10 Rn. 69.
269 *Faber* in Sassenberg/Faber Industrie 4.0 und Internet-HdB § 10 Rn. 69.
270 → Rn. 175 ff.
271 MüKoBGB/*Wurmnest* § 307 Rn. 13.

– Es verbleibt mithin noch eine Einordnung des Attributzertifikats und seines Inhalts als bei Angebot (auf Abschluss eines Vertrages, abgesetzt vom autonomen System) oder dessen Annahme verbundener Widerruf der Erklärung, sofern die im Attributzertifikat festgesetzten Grenzen in der Erklärung, der das Attributzertifikat beigefügt war, überschritten wurde. Der Widerruf einer Willenserklärung führt gem. § 130 Abs. 1 S. 2 BGB dazu, dass diese Willenserklärung nicht wirksam wird. Dabei ist der Widerruf einer Willenserklärung gem. § 130 Abs. 1 S. 2 BGB nur dann möglich, wenn der Widerruf vor oder gleichzeitig mit der Willenserklärung zugeht – die Willenserklärung geht zwar wirksam zu, diese Wirksamkeit wird aber in der (selben) Sekunde des Zugangs des Widerrufs auch wieder zunichte gemacht. Wird das Attributzertifikat zusammen mit der Erklärung des autonomen Systems versandt, wird es daher regelmäßig zeitgleich mit der Erklärung zugehen. Fasst man eine in einem Attributzertifikat festgelegte Wert- oder Preisgrenze als Widerruf etwaiger diese Grenze überschreitender Erklärungen auf, wird dieser Widerruf zeitgleich mit der Erklärung zugehen, sodass das Attributzertifikat als Widerruf die Wirksamkeit der Erklärung gem. § 130 Abs. 1 S. 2 BGB verhindert.

(2) AGB-rechtliche Bewertung von Attributzertifikaten. Ausgehend von der 206
Rechtsqualität eines Attributzertifikats als mit dem Angebot (auf Abschluss eines Vertrages, abgesetzt vom autonomen System) verbundener zeitgleich erklärter Widerruf von Erklärungen, die die im Attributzertifikat festgesetzte Vorgabe überschreiten, stellt sich die Frage, ob das Attributzertifikat als AGB aufgefasst werden muss.[272]

Der Inhalt des Attributzertifikats ist offensichtlich für eine Vielzahl von Fällen (immer 207
dann, wenn das Attributzertifikat zum Einsatz kommt) vorformuliert und wird durch den Verwender (= Betreiber des autonomen Systems, das die Angebotserklärung absetzt) gestellt. Allerdings müsste der Inhalt des Attributzertifikats für eine Einordnung als AGB-Klausel auch eine Vertragsbedingung oder zumindest eine Vertragsabschlussklausel sein. Vertragsbedingungen sind alle Erklärungen, die den Inhalt eines Vertrages im Sinne der Bedingungen für die Leistungserbringung regeln sollen.[273] Vertragsabschlussklauseln dagegen sind Erklärungen über die Geltung eines Angebots.[274]

Versteht man den Inhalt des Attributzertifikats nun als Angebot mit zeitgleichem Wi- 208
derruf, ist das Attributzertifikat weder eine Vertragsbedingung noch eine Vertragsabschlussklausel: Der Widerruf soll den Inhalt des Vertrags nicht bestimmen, vielmehr soll er das Zustandekommen eines Vertrags verhindern, wenn bspw. eine bestimmte Wertgrenze überschritten wird. Der Widerruf bezieht sich aber auch nicht auf die Geltung eines Angebotes, da er gerade verhindern soll, dass das Angebot wirksam wird. Somit handelt es sich auch nicht um eine Vertragsabschlussklausel.

Der Inhalt des Attributzertifikats, betrachtet als Widerruf, ist damit nicht als Vertragsbe- 209
dingung einzuordnen, womit eine Qualifizierung als AGB-Klausel ausscheidet. Damit unterliegt der so verstandene Inhalt eines Attributzertifikats nicht der AGB-Kontrolle.

(3) Regelungsgegenstand eines Attributzertifikats. Regelungsgegenstand kann so- 210
wohl das „Ob" der Attributzertifikat-Nutzung sowie der Umfang und der Zweck sein. Attributzertifikate bestätigen, dass ihr Inhaber bestimmte Eigenschaften besitzt.[275] Sie können also genutzt werden, um Zugriffsrechte, Verfügungs- und Vertretungsrechte nachzuweisen[276] also letztlich ausweisen, in welchem Umfang das autonome System Erklärungen abgeben darf. Mit ihnen könnte also bspw. der vertraglich vereinbarte Einsatzbereich der autonomen Systeme abgebildet werden.

---

[272] Zum Einsatz von Attributzertifikaten im Zusammenhang mit zuvor abgeschlossenen Rahmenverträgen → Rn. 281 ff.

[273] MüKoBGB/*Wurmnest* § 307 Rn. 13.

[274] MüKoBGB/*Wurmnest* § 307 Rn. 218.

[275] *Faber* in Sassenberg/Faber Industrie 4.0 und Internet-HdB S. 252.

[276] *Faber* in Sassenberg/Faber Industrie 4.0 und Internet-HdB S. 252.

211 **ee) Auf Unternehmensseite maschinell geschlossene Verträge mit Verbrauchern. (1) Aushandeln von Vertragsklauseln durch Softwareagenten.** Je nach Gestaltung des automatisierten Vertragsanbahnungsprozesses könnte sogar die Situation auftreten, dass autonome Systeme die nötigen Vertragsklauseln „aushandeln", sodass sich die Frage stellt, ob es sich dann immer noch um AGB iSv § 305 Abs. 1 S. 1 BGB handelt oder schon um individuell ausgehandelte Klauseln iSv § 305 Abs. 1 S. 3 BGB, die dann sogar vor sämtlichen anderen AGB Anwendungsvorrang genössen (§ 305b BGB).

212 Um eine nicht mehr der AGB-Kontrolle unterliegende Individualabrede annehmen zu können, muss jedoch die betreffende angepasste Klausel von der Vertragspartei ernsthaft gewollt sein und der (im Verhältnis zum Klauselverwender) anderen Vertragspartei muss eine Einflussnahme auf die Gestaltung der betreffenden Klausel ermöglicht worden sein.[277] Die Ausformulierung der betreffenden Klausel muss „im rechtsgeschäftlichen Gestaltungswillen" der gegenüberstehenden Partei erfolgt sein.[278] Da beim Einsatz von Softwareagenten ein Aushandeln im Sinne des inhaltlich „Zur-Disposition-Stellens" durch den ursprünglichen Klauselverwender als Ausfluss des jeweiligen Parteiwillens beider Parteien eher nicht gegeben sein dürfte, dürften durch den Einsatz von Softwareagenten erstellte Geschäftsbedingungen letztlich immer noch keine Individualabreden iSv § 305b BGB sein, sodass auch solche Klauseln im Ergebnis immer noch der AGB-Kontrolle nach den §§ 305 ff. BGB unterliegen.[279]

213 **(2) Typische AGB-Klauseln und ihre Wirksamkeit im B2B- bzw. B2C-Einsatz. Beweislastumkehr- und Tatsachenbestätigungsklauseln.** Bei der Gestaltung von AGB-Klauseln ist zu beachten, dass eine Klausel, die zu einer Umkehr oder Umverteilung der Beweislast zum Nachteil des Vertragspartners des Klauselverwenders führt, gem. § 309 Nr. 12 lit. a BGB in jedem Fall im B2C-Geschäftsverkehr unwirksam und damit nichtig (§ 306 Abs. 1 BGB) ist. Dieses absolute Klauselverbot ohne Wertungsmöglichkeit geht von dem Gedanken aus, dass die Beweislastregeln des materiellen Gesetzes- oder Richterrechts nicht auf bloßen Zweckmäßigkeitsregeln beruhen, sondern Ausdruck von sachlogisch bedingten Gerechtigkeitsgeboten sind.[280] Nicht zuletzt aus diesem Grund ist das Verbot von Beweislastklauseln gem. §§ 307 Abs. 2 Nr. 1, 310 Abs. 1 BGB grundsätzlich auch im B2B-Bereich, also auf Verträge zwischen Unternehmen anzuwenden.[281]

214 Dem Vertragspartner des Klauselverwenders durch AGB-Klauseln untergeschobene Tatsachenbestätigungen sind im B2C-Bereich gegenüber Verbrauchern nicht nur dann gem. § 309 Nr. 12 lit. b BGB unzulässig, wenn sie zu einer echten Beweislastumkehr führen, sondern auch schon dann, wenn sie die Beweislast faktisch zum Nachteil des Vertragspartners verschieben; dann soll ihnen noch nicht einmal eine Indizwirkung zukommen. Sehr häufig sind in diesem Zusammenhang bspw. Klauseln anzutreffen, mit denen dem Vertragspartner die Erklärung untergeschoben werden soll, dass die Klauseln des B2C-Vertrags ausgehandelt oder dem Vertragspartner die Gelegenheit gegeben worden sei, Gegenvorschläge zu den gestellten Klauseln einzubringen, oder dass der Vertragspartner die Klauseln gelesen, verstanden oder gar ein (ausgedrucktes oder ausdruckbares) Exemplar erhalten habe. Für B2C-Verträge über insbesondere für Minderjährige relevante Leistungen sind zudem Klauseln verbreitet, mit denen der (minderjährige) Vertragspartner bestätigen soll, dass ein Einverständnis seiner Erziehungsberechtigten zum Vertragsschluss vorliege.[282] Aus ähnlichen Erwägungen wie bei Beweislastumkehrklauseln hat die zunächst nur für Verbraucherverträge in § 309 Nr. 12 lit. b BGB normierte Unwirksamkeit von Tatsachenbe-

---

277 BGH Urt. v. 20.3.2014 – VII ZR 248/13, NJW 2014, 1725 (1727).
278 MüKoBGB/*Basedow* § 305 Rn. 35.
279 *Groß* DSRITB 2017, 611 (621).
280 Palandt/*Grüneberg* BGB § 309 Rn. 106.
281 BGH Urt. v. 5.10.2005 – VIII ZR 16/05, NJW 2006, 47 (49); Beschl. v. 6.2.2014 – VII ZR 160/12, NJW-RR 2014, 456.
282 *Meyer* NJW 2015, 3686.

stätigungsklauseln auch im B2B-Bereich eine Indizwirkung für deren Unwirksamkeit (§ 310 Abs. 1 S. 2 BGB).[283]

Insbesondere bei autonomen Systemen können diese Klauselverbote im Zusammenhang mit dem Umstand relevant werden, dass alle Prozesse von Computersystemen durch die Speicherung sog. Log-Dateien protokolliert werden können. Die protokollierten Prozesse könnten also bestimmte Tatsachen bestätigen und somit auch den Einsatz von Softwareagenten dokumentieren.[284] Ob die Speicherung der „Log-Dateien" tatsächlich als Tatsachenbestätigung iSv § 309 Nr. 12 lit. b BGB gewertet werden kann, ist allerdings sehr fraglich, da sich hier die zu bestätigende Tatsache nicht aus der AGB-Klausel selbst ergibt, sondern den Protokolldaten lediglich eine bestätigende Wirkung beigemessen wird. 215

Haftungsbeschränkungs- oder -ausschlussklauseln. Die Möglichkeiten eines Klauselverwenders, in AGB seine Haftung auszuschließen oder zumindest zu begrenzen, sind im B2C-Verkehr mit Verbrauchern sehr stark eingeschränkt; eine wirtschaftlich sinnvolle, weil bspw. durch Versicherungen mit maximalen Deckungssummen abzudeckende Haftungsbegrenzung in AGB gegenüber Verbrauchern ist damit nahezu unmöglich: 216

- AGB-Klauseln, mit denen die Haftung des Klauselverwenders für Schäden aus der Verletzung des Lebens, des Körpers oder der Gesundheit, die auf einer fahrlässigen Pflichtverletzung des Verwenders oder einer vorsätzlichen oder fahrlässigen Pflichtverletzung eines gesetzlichen Vertreters oder Erfüllungsgehilfen des Verwenders beruhen, ausgeschlossen oder begrenzt werden soll, sind gem. § 309 Nr. 7 lit. a BGB ohne weitere Wertungsmöglichkeit unwirksam und nichtig.
- Ebenso sind in AGB, die im B2C-Verkehr mit Verbrauchern zur Anwendung kommen sollen, Klauseln unwirksam und nichtig, mit denen die Haftung des Klauselverwenders für sonstige Schäden ausgeschlossen oder begrenzt werden soll, die auf einer grob fahrlässigen Verletzung seiner Pflichten oder auf einer vorsätzlichen oder grob fahrlässigen Pflichtverletzung eines gesetzlichen Vertreters oder Erfüllungsgehilfen des Verwenders beruhen (§ 309 Nr. 7 lit. b BGB). Dass natürlich auch schon die Haftung für vorsätzliches Verhalten im Vorhinein durch eine AGB-Klausel weder ausgeschlossen noch beschränkt werden darf, ergibt sich schon aus § 276 Abs. 3 BGB für jegliche Verträge – individuell ausgehandelte ebenso wie Standardverträge; deshalb finden solche Klauseln in den spezifisch AGB-rechtlichen Vorschriften der §§ 307–309 BGB keine ausdrückliche Erwähnung mehr. Da die Regelungen in § 309 Nr. 7 BGB sowohl für Haftungsausschluss- wie auch für Haftungsbegrenzungsklauseln gelten, erfassen sie auch AGB-Klauseln, mit denen bspw. bestimmte Schadenskategorien wie indirekte Schäden, Datenverluste oder nicht vorhersehbare Schäden ausgeschlossen werden sollen.
- Aus § 307 Abs. 1 und 2 BGB hat die Rechtsprechung aber neben diesen gesetzlich normierten Klauselverboten in AGB auch die Unwirksamkeit von Haftungsfreizeichnungsklauseln entwickelt, mit denen die Haftung des Klauselverwenders für die (einfach) fahrlässige Verletzung sogenannter Kardinalpflichten ausgeschlossen oder über das Maß der für Verträge dieser Art typischen vorhersehbaren Schäden hinaus beschränkt werden soll.[285]

Im B2B-Bereich sind die Klauselverbote aus § 309 Nr. 7 BGB gem. § 310 Abs. 1 S. 2 BGB nach Meinung des BGH gleichermaßen anzuwenden.[286] Sogar die von der Rechtsprechung entwickelten und „nur" aus der AGB-rechtlichen Generalklausel in § 307 BGB abgeleiteten Grundsätze zum Ausschluss oder nur der Begrenzung der Haftung für eine (einfach) fahrlässige Verletzung von Kardinalpflichten über die Höhe der vertragstypischen vorhersehbaren Schäden hinaus werden von der Rechtsprechung inzwischen auch im B2B-Bereich angewendet. Dabei bestehen nur zwei, in der Vertragspraxis allerdings wenig 217

[283] Palandt/*Grüneberg* BGB § 309 Rn. 110.
[284] *Groß* DSRITB 2017, 611 (618).
[285] Palandt/*Grüneberg* BGB § 309 Rn. 48ff. m. zahlr. wN aus der Rspr.
[286] BGH Urt. v. 19.9.2007 – VIII ZR 141/06, NJW 2007, 3774; Urt. v. 19.6.2013 – VIII ZR 183/12, NJW 2014, 211.

bedeutsame Einschränkungen: Zum einen wird die Begrenzung der Haftung auch bei grob fahrlässiger Schadensverursachung auf den typischerweise bei Geschäften dieser Art entstehenden Schaden für zulässig angesehen.[287] Zum anderen sollen branchentypische Haftungsfreizeichnungen, die allseits gebilligt und anerkannt werden, im B2B-Bereich als wirksam angesehen werden.[288] Die letztgenannte Ausnahme dürfte gerade im Bereich von IoT-Verträgen nicht relevant werden, weil die Art dieser Verträge und ihres Zustandekommens noch so neu ist, dass sich noch gar keine Branchentypizitäten herausbilden konnten.

218 Damit ist selbst im geschäftlichen Verkehr zwischen Unternehmen eine Haftungsfreizeichnung oder zumindest eine betragsmäßige Begrenzung der Haftung des Klauselverwenders in AGB wirksam nicht möglich. Gerade im B2B-Bereich kommt es häufig vor, dass AGB-Klauseln, die erkennbar ursprünglich unter der Annahme der Geltung einer anderen Rechtsordnung gestaltet und nur nachträglich dem deutschen Recht unterworfen wurden, sehr häufig sehr weitreichende Haftungsausschlüsse enthalten, die auch vorsätzliche oder grob fahrlässig begangene Pflichtverletzungen und die Haftung des Klauselverwenders hierfür umfassen sollen. Durch die Unterwerfung solcher Klauselwerke unter deutsches Recht wird vielfach die Unwirksamkeit eines Großteils dieser Klauseln bewirkt. Gem. § 306 Abs. 2 BGB führt dies dann zur Anwendbarkeit des zu einer unbeschränkten Verschuldenshaftung des Klauselverwenders führenden Gesetzesrechts: Dieser Rechtswirkung sind sich die in der Regel nicht fachkundigen Verantwortlichen für diese Art der Verwendung derartiger Klauselwerke zumeist gar nicht bewusst.

219 **Service Level Agreements** sind auch AGB-rechtlich relevant, weil sie als Einschränkung von Mängelansprüchen des Vertragspartners des Klauselverwenders oder – da es sich zumeist um Dienstverträge iSd §§ 611 BGB handeln dürfte – als Klauseln zur Beschränkung oder gar zum Ausschluss einer bei uneingeschränkter Leistungspflicht bestehenden Haftung des Klauselverwenders ausgelegt werden könnten. Mit dieser Auslegung aber stießen solche Service-Level-Klauseln schnell an die Grenzen der unter → Rn. 216 ff. erläuterten AGB-Klauselkontrolle für Haftungsausschluss- oder -begrenzungsklauseln.

220 Tatsächlich aber geht es mit der herrschenden Meinung bei solchen Service-Level-Regelungen in AGB nicht um den Ausschluss oder die Begrenzung einer Haftung des Klauselverwenders. Wäre diese Auslegung zutreffend, dann unterstellte man, dass solche technischen Systeme in den oben beschriebenen Beispielen immer zu 100 Prozent verfügbar oder ein Wartungsdienstleister immer sofort für einen Wartungseinsatz an der Anlage präsent sein müsste. Eine solche Forderung wäre aber praktisch gar nicht umsetzbar, weshalb die Auslegung solcher Service-Level-Klauseln in AGB als die Rechtsfolgen einer Schlechtleistung begrenzende oder sie sogar ausschließende Klauseln nicht nur praxisfremd wäre, sondern letztlich sogar das Eingehen einer praktisch unmöglichen Leistungsverpflichtung implizierte, was aber zu einem gesetzlichen Ausschluss solcher Leistungspflichten führte (§ 275 Abs. 1 BGB). Sachlich wie rechtlich allein zutreffend kann daher nur die Auslegung solcher Service-Level-Klauseln in AGB als die Leistung beschreibende Klauseln sein, mit der Rechtsfolge des § 307 Abs. 3 BGB, dass solche Klauseln der AGB-Kontrolle von vornherein entzogen sind.[289]

221 **Schadenspauschalen in AGB.** Im B2C-Bereich gegenüber Verbrauchern sind Klauseln in AGB, mit denen sich der Klauselverwender einen pauschalierten Anspruch auf Schadensersatz oder Ersatz einer Wertminderung versprechen lässt, dann unwirksam, wenn die Pauschale den in den geregelten Fällen nach dem gewöhnlichen Lauf der Dinge zu erwartenden Schaden oder die gewöhnlich eintretende Wertminderung übersteigt (§ 309 Nr. 5 lit. a BGB) oder dem Vertragspartner des Klauselverwenders nicht ausdrücklich der Nachweis gestattet wird, ein Schaden oder eine Wertminderung sei überhaupt nicht ent-

---

[287] BGH Urt. v. 11.11.1992 – VIII ZR 238/91, NJW 1993, 335; Urt. v. 15.9.2005 – I ZR 58/03, NJW-RR 2006, 267 (269).

[288] Diverse Bsp. bei Palandt/*Grüneberg* BGB § 309 Rn. 57.

[289] Palandt/*Grüneberg* BGB § 307 Rn. 44 mit zahlreichen Bsp. aus der Rspr.; *Schrey* in Bernhard/Mann/Lewandowski/Schrey Praxishandbuch Service-Level-Management S. 281 ff.

standen oder wesentlich niedriger als die Pauschale (§ 309 Nr. 5 lit. b BGB). Auch hier dürfte zumindest die erst kurze Rechtspraxis mit Verträgen über IoT-Leistungen oder die spezifischen Risiken von durch autonome Systeme geschlossenen Verträgen die Beurteilung einschlägiger Klauseln erschweren, weil sich noch kein „gewöhnlicher Lauf der Dinge" und ein dementsprechend typischerweise entwickelnder Schaden herausgebildet hat.

Zumindest das Klauselverbot in § 309 Nr. 5 lit. a BGB ist aufgrund seiner Indizwirkung (§ 307 iVm § 310 Abs. 1 S. 2 BGB) auch im unternehmerischen B2B-Verkehr anzuwenden, sodass die Vereinbarung einer übermäßigen Schadenspauschale in AGB auch gegenüber einem unternehmerischen Vertragspartner unwirksam und nichtig ist.[290] Allerdings muss dem unternehmerischen Vertragspartner eines Klauselverwenders anders als dem Verbraucher nicht der Nachweis eines geringeren Schadens vorbehalten werden; es genügt, wenn der Gegenbeweis nicht ausdrücklich ausgeschlossen wird.[291] 222

Vertragsstrafen in AGB. Im B2C-Bereich gegenüber Verbrauchern sind Klauseln in AGB, durch die dem Klauselverwender für den Fall der Nichtabnahme oder verspäteten Abnahme der Leistung, des Zahlungsverzugs oder für den Fall, dass der andere Vertragsteil sich vom Vertrag löst, die Zahlung einer Vertragsstrafe durch den Vertragspartner des Klauselverwenders versprochen wird, unwirksam und nichtig (§ 309 Nr. 6 BGB). 223

Diese Regelung hat nach herrschender Auffassung keine Indizwirkung iSv § 310 Abs. 1 S. 2 BGB, sodass die Regelung nicht auf entsprechende Klauseln im B2B-Bereich gegenüber Unternehmern angewendet werden kann.[292] Allerdings findet auf im unternehmerischen Rechtsverkehr eingesetzte Vertragsstrafeklauseln in AGB die Generalklausel aus § 307 BGB Anwendung, wenn solche Klauseln den Vertragspartner des Klauselverwenders unangemessen benachteiligen. Das ist etwa der Fall, wenn als Vertragsstrafe ein fester Betrag versprochen werden soll, bei dem nicht nach Art, Gewicht und Dauer der Vertragsverletzung differenziert wird. So ist eine Vertragsstrafe für Service Level-Verfehlungen, die sich in ihrer Höhe nach dem Grad der Verfehlung oder ihrer Dauer differenziert, nicht nur eine Klauselgestaltung *lege artis,* sondern vor allem Ausdruck der AGB-rechtlichen Restriktionen, denen mit dieser Gestaltung Rechnung getragen werden soll. So können Vertragsstraferegime, die die Summe der zu zahlenden Vertragsstrafen nicht der Höhe nach auf einen Maximalbetrag begrenzen, wegen des Verbots übermäßiger Vertragsstrafen unwirksam sein.[293] Allenfalls die Bestimmung einer betragsmäßigen Grenze, von der ab ein solches Übermaßverbot eingreifen sollte, dürfte im Einzelfall kaum einer Typisierung zugänglich sein, weil die Frage des Übermaßes natürlich sehr stark von den Umständen des jeweiligen Einzelfalls und der darin begründeten Risikosphären abhängig ist. 224

(3) Anwendbarkeit der fernabsatzrechtlichen Regelungen der §§ 312 ff. BGB. Wird durch ein autonomes System ein Vertrag mit einem Verbraucher geschlossen, kann dies ferner die Geltung der fernabsatzrechtlichen Regelungen der §§ 312ff. BGB auslösen. Hiermit sind für den Unternehmer besondere Pflichten gegenüber dem Verbraucher verbunden. 225

Allgemeine Voraussetzung für die Anwendbarkeit der fernabsatzrechtlichen Regelungen der §§ 312ff. BGB ist zunächst das Vorliegen eines Verbrauchervertrags. 226

Gem. § 310 Abs. 3 BGB ist ein Verbrauchervertrag ein Vertrag zwischen einem Verbraucher (§ 13 BGB) und einem Unternehmer (§ 14 BGB). 227

---

[290] BGH Urt. v. 10.11.1976 – VIII ZR 115/75, BGHZ 67, 312; Urt. v. 27.11.1990 – X ZR 26/90, NJW 1991, 976.
[291] Palandt/*Grüneberg* BGB § 309 Rn. 32 mwN.
[292] Palandt/*Grüneberg* BGB § 309 Rn. 33.
[293] Palandt/*Grüneberg* BGB § 309 Rn. 38 mwN.

228 **Auf Fernabsatz ausgerichtete Vertriebsform:**

– Anforderungen:
Der mittels autonomem System herbeigeführte Vertragsschluss muss ferner im Rahmen eines für den Fernabsatz organisierten Vertriebs- und Dienstleistungssystems erfolgen, damit auch § 312c BGB Anwendung findet. Dabei ist darauf abzustellen, ob der Unternehmer sein Geschäft gegenüber dem Verbraucher so aufgestellt hat, dass es zumindest zu einem nicht unerheblichen Teil darauf ausgerichtet ist, Geschäfte im Wege des Fernabsatzes zu schließen.[294] Bei bloß gelegentlichem Einsatz von Fernkommunikationsmitteln ist nicht vom Vorliegen eines solchen Systems auszugehen.[295]

– Anwendbarkeit auf IoT-Verträge mit Verbrauchern:
Nutzt der Unternehmer ein autonomes System zum Vertragsschluss, ist regelmäßig vom Vorliegen eines entsprechenden auf den Fernabsatz ausgerichteten Vertriebssystems iSd § 312c BGB auszugehen,[296] sodass auch § 312c BGB auf Verträge mit Verbrauchern anwendbar ist.

229 **(4) Bereichsausnahmen.** Sind die Voraussetzungen der fernabsatzrechtlichen Regelungen erfüllt, sieht das Gesetz für bestimmte Bereiche gleichwohl Ausnahmen vor, bei deren Vorliegen von den fernabsatzrechtlichen Regelungen nur die Bestimmungen in § 312a Abs. 1, 3, 4, 6 BGB anzuwenden sind:

230 **Haushaltsgegenstände des täglichen Bedarfs.** § 312 Abs. 2 Nr. 8 BGB enthält eine Ausnahme für die Lieferung von Lebensmitteln und Bedarfsgegenständen.

231 Unabhängig davon, was genau unter Haushaltsgegenständen des täglichen Bedarfs verstanden werden kann, ist es grundsätzlich vorstellbar, dass durch autonome Systeme Verträge über die Lieferung von Lebensmitteln oder Haushaltsgegenstände des täglichen Bedarfs geschlossen werden.

232 Entscheidendes Merkmal ist bei der Ausnahme des § 312 Abs. 2 Nr. 8 BGB ferner, dass die Lieferung der bestellten Waren durch den für den Vertragsschluss ein autonomes System nutzenden Unternehmer im Rahmen häufiger und regelmäßiger Fahrten stattfindet. Dabei kommt es auf die objektive Ausgestaltung des Angebots an, ob also ein durchschnittlicher Verbraucher, der seinen Bedarf an bestimmten Gegenständen durch Lieferungen decken möchte, dies durch regelmäßige und häufige Bestellungen tun würde.[297]

233 Grundsätzlich erscheint es somit denkbar, dass der Vertragsschluss durch ein autonomes System auf Seiten des Unternehmers unter den Ausschlussgrund des § 312 Abs. 2 Nr. 8 BGB fallen kann.

234 Allerdings sollte diese Ausnahme von den umfassenden fernabsatzrechtlichen Regelungen nicht vorschnell allein aufgrund des Wortlauts der Regelung angewendet werden, sondern erst dann, wenn auch der vom Gesetzgeber damit verfolgte Zweck beim Einsatz autonomer Systeme auf Verkäuferseite genauso erreicht werden kann. Die Gesetzesbegründung verweist pauschal darauf, dass bei Verträgen über Hauslieferungen Informationen nicht nötig wären und ein Widerrufsrecht nicht zweckmäßig.[298] Warum diese spezifisch fernabsatzrechtlich motivierten Informationspflichten nicht notwendig seien, wird dabei nicht weiter erläutert. Als Grund könnte man dafür ansehen, dass der Kunde im Rahmen der Lieferung persönlich mit dem Unternehmer in Kontakt tritt und sich somit bei diesem, im Gegensatz zum „reinen" Fernabsatzgeschäft, über das Produkt informieren kann. Das Fehlen dieser persönlichen Informationsmöglichkeiten wird nämlich gerade als Grund für die umfassenden Informationspflichten bei Fernabsatzgeschäften genannt.[299]

---

[294] *Martinek* in Martinek/Semler/Flohr VertriebsR-HdB § 10 Rn. 24.
[295] *Martinek* in Martinek/Semler/Flohr VertriebsR-HdB § 10 Rn. 25.
[296] *Nitschke* Verträge unter Beteiligung von Softwareagenten S. 211.
[297] BeckOK BGB/*Martens* § 312 Rn. 40; MüKoBGB/*Wendehorst* § 312 Rn. 70.
[298] BT-Drs. 14/2658, 32.
[299] *Roth/Schulze* RiW 1999, 924 (925).

Auch beim Einsatz von autonomen Systemen beim Vertragsschluss kommt es bei der Lieferung zum persönlichen Kontakt zwischen Lieferant und Kunde. Da dies der entscheidende Grund für die Ausnahmeregelung ist, kann also die Art des Vertragsschlusses für die Anwendung des § 312 Abs. 2 Nr. 8 BGB nicht entscheidend sein.[300] 235

Sind also die übrigen Voraussetzungen des § 312 Abs. 2 Nr. 8 BGB erfüllt, sind die Vorschriften über Fernabsatzgeschäfte auch dann nur eingeschränkt anwendbar, wenn der Vertrag auf Unternehmerseite durch ein autonomes System geschlossen wird. 236

Warenautomaten. Gem. § 312 Abs. 2 Nr. 9 BGB sind auf Verträge, die unter Verwendung von Warenautomaten und automatisierten Geschäftsräumen geschlossen werden, ebenfalls nur die wenigen oben[301] aufgelisteten Bestimmungen aus § 312a BGB anzuwenden. 237

Grund für den Ausschluss ist hier der Umstand, dass es sich regelmäßig um von beiden Seiten sofort erfüllte Geschäfte handelt.[302] Auf Unternehmerseite übernimmt der Automat sowohl Vertragsschluss als auch Vertragsdurchführung anhand des vorher durch den Betreiber determinierten Musters.[303] 238

Wie in → Rn. 310 ff. dargestellt, unterscheidet sich der Vertragsschluss unter Nutzung eines autonomen Systems grundlegend von dem Vertragsschluss unter Verwendung eines Warenautomaten, was bereits eine Zurechnung der Erklärung des autonomen Systems nach den gleichen Kriterien, die für den Vertragsschluss unter Nutzung eines Warenautomaten entwickelt wurden, ausschließt. 239

Anders als beim Einsatz des Warenautomaten ist das „Verhalten“ des autonomen Systems gerade nicht durch den Nutzer vollständig vorhersehbar und determiniert. Zudem werden Vertragsschluss und Vertragsdurchführung beim Vertragsschluss unter Verwendung autonomer Systeme häufig zeitlich auseinander fallen mit der Folge, dass regelmäßig kein sofortiger Leistungsaustausch stattfindet.[304] 240

Somit fehlt es beim Vertragsschluss durch autonome Systeme gerade an den Merkmalen, die den Ausschluss der Automatenverträge vom Anwendungsbereich des Fernabsatzrechts begründen. Der Vertragsschluss durch autonome Systeme fällt damit regelmäßig nicht unter die Ausnahme des § 312 Abs. 2 Nr. 9 BGB. 241

ff) Informationspflichten bei Verbraucherverträgen. Sind die fernabsatzrechtlichen Regelungen in vollem Umfang anwendbar, ist dies für den Unternehmer mit einer Reihe von Informationspflichten verbunden. 242

Übernimmt nun auf Seiten des Verbrauchers ein autonomes System den Vertragsschluss, wird der Verbraucher selbst die fernabsatzrechtlich zu erteilenden Informationen vor Vertragsschluss regelmäßig nicht wahrnehmen (können oder gar wollen). 243

(1) Erteilung von Informationen durch das Unternehmen. Die entsprechenden Informationen müssen durch den Unternehmer erteilt werden. Dabei ergeben sich beim Einsatz autonomer Systeme keine Besonderheiten, da die vom autonomen System auf Verkäuferseite abgegebene Erklärung und somit auch die von diesem erteilten fernabsatzrechtlich geforderten Informationen als solche des Unternehmers gelten.[305] 244

(2) Begrenzte Darstellungsmöglichkeiten. Art. 246a § 3 EGBGB begrenzt den Umfang der direkt zu erteilenden Informationen in Fällen, in denen der Vertrag mittels eines Fernkommunikationsmittels geschlossen werden soll, das nur einen begrenzten Raum und 245

---

[300] So auch *Nitschke* Verträge unter Beteiligung von Softwareagenten S. 213.

[301] → Rn. 229.

[302] BeckOK BGB/*Martens* § 312 Rn. 41; *Nitschke* Verträge unter Beteiligung von Softwareagenten S. 212.

[303] *Nitschke* Verträge unter Beteiligung von Softwareagenten S. 212.

[304] *Nitschke* Verträge unter Beteiligung von Softwareagenten S. 212.

[305] Dies gilt unabhängig davon, welcher der oben erläuterten Auffassungen zur Zurechnung einer Erklärung durch ein autonomes System gefolgt wird.

begrenzte Zeit für die Informationserteilung bietet. Bezüglich der übrigen zu erteilenden Informationen kann der Verbraucher dann auf eine andere Informationsquelle verwiesen werden, wie zum Beispiel eine Internetseite.

246 Damit soll den technischen Beschränkungen begegnet werden, denen einige Fernkommunikationsmittel unterliegen, sodass eine Abschreckung des Verbrauchers durch eine seitenlange Darstellung vermieden wird.[306]

247 Bei der Bestimmung, ob die Informationen nur im begrenzten Umfang bereitzustellen sind, ist auf das konkret verwendete Fernkommunikationsmittel abzustellen.[307] Bietet der Unternehmer dem Verbraucher verschiedene Möglichkeiten an, ist es Aufgabe des Unternehmens, herauszufinden, welches konkrete Endgerät der Verbraucher zum Aufrufen seines Angebots verwendet.[308]

248 Auch beim Einsatz von autonomen Systemen auf Verkäuferseite ist es denkbar, dass der Verbraucher mit diesem System mittels eines Fernkommunikationsmittels „in Kontakt tritt". Der verwendende Unternehmer muss also Sorge dafür tragen, dass die Informationsvermittlung ggf. entsprechend Art. 246a § 3 EGBGB angepasst wird.

249 **(3) Vorvertragliche Informationspflichten. Vorvertragliche Informationspflichten bei autonomen Systemen auf Verbraucherseite.** Im Hinblick auf die vorvertraglichen Informationspflichten stellt sich grundsätzlich die Frage, ob der mit diesen Pflichten verfolgte Schutzzweck beim Vertragsschluss durch autonome Systeme auf Verbraucherseite überhaupt noch erreicht werden kann.

250 Die vom Unternehmer im Vorfeld des Vertragsschlusses zu erteilenden Informationen dienen dazu, den Verbraucher in die Lage zu versetzen, die verschiedenen Gesichtspunkte des Vertragsschlusses abzuwägen und eine überlegte Entscheidung zu treffen.[309] Sie gehen damit erkennbar von einem Vertragsschluss aus, bei dem der Verbraucher selbst persönlich involviert ist und die ihm bereit gestellten Informationen zur Kenntnis nehmen kann.

251 Übernimmt nun aber das autonome System den Vertragsschluss für den Verbraucher, wird dieser die zu erteilenden Informationen vor Vertragsschluss regelmäßig nicht zur Kenntnis nehmen können. Damit kann der verfolgte Zweck, den Verbraucher vor Vertragsschluss in eine informierte Lage zu versetzen, aber nicht erreicht werden, zumal die fernabsatzrechtlich erforderlichen Informationen erst kurz vor Vertragsschluss – typischerweise in Abhängigkeit von den bestellten Waren – an das autonome System übermittelt werden. Dazu kommt, dass der Verbraucher selbst in der Situation des Vertragsschlusses keine konkrete Abwägung der verschiedenen Gesichtspunkte mehr für sich vorgesehen hat, da ja für ihn das autonome System die Entscheidung über den Vertragsschluss übernimmt.

252 Diesem Umstand kann auch nicht durch Vorziehen des Informationszeitpunktes begegnet werden, indem der Unternehmer mit dem Verbraucher bspw. einen Rahmenvertrag abschließt und diesen bereits im Rahmen des Rahmenvertrages entsprechend informiert. Häufig müsste der Unternehmer dann aber bei Abschluss des Rahmenvertrages Informationen über sämtliche denkbaren Waren und/oder Dienstleistungen und die daraus resultierenden Vertragskonstellationen übermitteln, da bei Abschluss des Rahmenvertrags die Gegenstände der später durch autonome Systeme zu schließenden Einzelverträge noch nicht feststehen. Der Verbraucher wäre dadurch mit einer Flut von Informationen konfrontiert, die der Transparenz für den Verbraucher eher abträglich als zuträglich wäre. Zudem wäre der vom Gesetzgeber gewünschte „Kausalzusammenhang" zwischen vertragsspezifischer Information und Vertragsschluss nicht mehr gewahrt.

[306] BT-Drs. 17/12637, 75; BeckOK BGB/*Martens* EGBGB Art. 246a § 3 Rn. 2.
[307] BeckOK BGB/*Martens* EGBGB Art. 246a § 3 Rn. 4.
[308] BeckOK BGB/*Martens* EGBGB Art. 246a § 3 Rn. 4.
[309] MüKoBGB/*Wendehorst* § 312d Rn. 2.

De lege lata ist es somit nicht möglich, bei Einsatz autonomer Systeme auf Verbraucherseite die fernabsatzrechtlich vor Vertragsschluss zu erteilenden Informationen so wirksam zur Verfügung zu stellen, dass es zu einem wirksamen Vertragsschluss ohne die nachfolgend beschriebenen für den Verkäufer nachteiligen Rechtsfolgen kommt. 253

Rechtsfolgen mangelhafter vorvertraglicher Informationen. Hat der Unternehmer seine vorvertraglichen Informationspflichten nicht ordnungsgemäß erfüllt, enthalten die §§ 312d ff., 355 ff. BGB zunächst einige spezielle Rechtsfolgen: 254

So kann der Unternehmer Versandkosten vom Verbraucher gem. § 312e BGB nur dann verlangen, wenn er diesen zuvor darüber informiert hat. Gleiches gilt gem. § 357 Abs. 6 BGB für die Rücksendekosten. Fehlt die Belehrung über ein bestehendes Widerrufsrecht, beginnt gem. § 356 Abs. 3 BGB die Frist für die Ausübung des Widerrufsrechts nicht zu laufen und dem Verbraucher steht dieses für zwölf Monate und 14 Tage zu. Darüber hinaus steht dem Unternehmer gem. § 357 Abs. 7 BGB bei einer fehlerhaften Belehrung kein Anspruch auf Wert- oder Schadensersatz bei Beschädigung der Ware zu. Zudem muss sich der Unternehmer gem. § 312d Abs. 1 S. 2 BGB an den bei der Erfüllung der Informationspflicht gemachten Angaben zugunsten des Verbrauchers festhalten lassen. 255

Außerhalb der speziellen Regelungen der §§ 312d ff., 355 ff. BGB kann eine fehlerhafte Information zu Schadensersatzansprüchen gem. §§ 280 Abs. 1, 311 Abs. 2, 241 Abs. 2 BGB und Unterlassungsansprüchen gem. § 2 UKlaG oder § 8 UWG gegen den Unternehmer führen. 256

(4) Nachvertragliche Informationspflichten. Die nachvertraglichen Informationspflichten bei Fernabsatzgeschäften können unabhängig vom Einsatz autonomer Systeme auf Verkäufer- und/oder Verbraucherseite erfüllt werden, sodass insoweit keine Besonderheiten gegenüber Fernabsatzgeschäften ohne Beteiligung autonomer Systeme bestehen. 257

gg) Gestaltung des Ablaufs einer Bestellung („Klickstrecke"). (1) Bestätigung der Zahlungspflicht. Wird der Vertrag im Rahmen des elektronischen Geschäftsverkehrs geschlossen, muss der Bestellvorgang gem. § 312j Abs. 3 S. 1 BGB so gestaltet werden, dass der Verbraucher ausdrücklich bestätigt, sich zu einer Zahlung zu verpflichten. Die vom Verbraucher abgegebene Erklärung muss sich ausdrücklich auf die Zahlungspflichtigkeit beziehen.[310] 258

In § 312j Abs. 3 S. 2 BGB wird diesbezüglich die besondere Situation geregelt, dass Schaltflächen, also Bestätigungsbuttons, für die Bestellung benutzt werden. Hier erfüllt der Unternehmer seine Pflicht aus § 312j Abs. 3 S. 1 BGB nur dann, wenn er die Schaltfläche mit den Worten „zahlungspflichtig bestellen" oder einer ähnlichen, eindeutigen Beschriftung ausstattet. 259

Der Begriff der Schaltfläche ist dabei weit zu verstehen,[311] es sind alle grafischen Bedienelemente erfasst, die es dem Verbraucher erlauben, eine Aktion in Gang zu setzen oder dem System eine Rückmeldung zu geben.[312] 260

Wird eine andere als die vom Gesetz vorgeschlagene Formulierung gewählt, muss darauf geachtet werden, dass diese den Verbraucher ausdrücklich auf die Zahlungspflicht hinweist und eine Länge von drei Wörtern nicht übersteigt.[313] Als nicht ausreichend erachtet wurden bspw. die Formulierungen „Jetzt verbindlich anmelden!"[314] oder „Bestellung abschicken".[315] 261

Der Bestätigungsbutton muss die letzte Schaltfläche sein, die nach dem Willen des Unternehmers und nach den äußeren Umständen die kostenpflichtige Bestellung auslösen 262

---

310 BeckOK BGB/*Maume* § 312j Rn. 19.
311 MüKoBGB/*Wendehorst* § 312j Rn. 25.
312 BT-Drs. 17/7745, 12.
313 BeckOK BGB/*Maume* § 312j Rn. 21 f.
314 LG Berlin Urt. v. 17.7.2013 – 97 O 5/13, VuR 2013, 474.
315 OLG Hamm Urt. v. 6.11.2013 – I ZR 153/12, MMR 2014, 532 (534).

soll.[316] Da der Bestätigungsbutton mit der Unterschrift des Verbrauchers gleichgestellt werden kann, muss sich dieser unter dem maßgebenden Text bezüglich des Vertragsschlusses befinden.[317]

263 Allerdings bezieht sich die Verpflichtung nach § 312j Abs. 3 S. 1 BGB ihrem Sinn und Kontext nach auf Bestellwebseiten, dh auf Ausgestaltungen des elektronischen Geschäftsverkehrs, bei denen der Vertragsschluss nicht durch individuell formulierte E-Mails oder dergleichen erfolgt.[318] Wenn auf Unternehmer- und Verbraucherseite jedoch ein autonomes System agiert, ist die Bestellsituation letztlich nur noch ein elektronischer Datenaustausch zwischen beiden Systemen und gerade nicht mehr ein optisch über Bestellseiten vermittelter Vertragsabschluss mit menschlicher Interaktion, mit der der betroffene Vertragspartner seinen auf Vertragsabschluss gerichteten Willen durch eine schlüssige Handlung (Drücken/Anklicken des Bestellbuttons) zum Ausdruck bringt. Das gesetzgeberische Motiv für diese Regelung ist bei einem Vertragsabschluss zwischen zwei autonomen Systemen gar nicht mehr gegeben. Sind somit auf Unternehmens- wie auf Verbraucherseite nur autonome Systeme am Vertragsabschluss beteiligt, ist die für den elektronischen Rechtsverkehr besondere Verpflichtung aus § 312j Abs. 3 BGB nicht einschlägig und anwendbar.

264 Ist nur auf Unternehmensseite ein autonomes System beteiligt, kann der Verbraucher dieses autonome System regelmäßig nur optisch vermittelt über eine Webseite erreichen und mit diesem „kommunizieren". In diesem Falle also besteht kein Zweifel daran, dass im Rahmen der optischen Vermittlung der „Erklärungen" des auf Verkäuferseite eingesetzten autonomen Systems gegenüber dem Verbraucher die Verpflichtung nach § 312j Abs. 3 BGB einzuhalten ist.

265 **(2) Einbeziehung von AGB.** AGB werden gem. § 305 Abs. 2 BGB nur dann Vertragsbestandteil, wenn ausdrücklich auf sie hingewiesen wird und die zumutbare Möglichkeit der Kenntnisnahme besteht.

266 Für Online-Bestellungen bedeutet das, dass der Verbraucher den Hinweis selbst bei flüchtiger Betrachtungsweise und durchschnittlicher Aufmerksamkeit nicht übersehen darf.[319] Befinden sich die AGB nicht vollständig oberhalb des Bestätigungsbuttons, muss mit einem Link auf die vollständigen AGB hingewiesen werden.[320] Dieser Link muss so platziert sein, dass er im Bestellverlauf zwangsweise passiert wird.[321]

267 Auch hier gilt: Ist nur auf Verkäuferseite ein autonomes System eingesetzt worden, erfolgt dessen Kommunikation mit dem noch persönlich agierenden Verbraucher über eine Bestellwebseite, auf der die AGB-rechtlich wirksame Einbeziehung der AGB des Verkäufers ohne Weiteres möglich ist.

268 Sind auf Verkäufer- wie auch auf Verbraucherseite jeweils autonome Systeme eingesetzt, können zwar die zwischen beiden Systemen ausgetauschten Datensätze auch einen Link auf die AGB des Verkäufers enthalten; eine Möglichkeit der persönlichen Kenntnisnahme des Verbrauchers von diesen AGB ist damit jedoch nicht gewährleistet.

269 Wiederum empfiehlt sich für eine Konstellation, bei der sowohl auf Verkäufer- wie auch auf Verbraucherseite autonome Systeme eingesetzt werden sollen, der vorherige Abschluss eines Rahmenvertrages zwischen Verkäufer und Verbraucher, in dem die Parteien die AGB des Verkäufers, die für die von den beidseits beteiligten autonomen Systemen zu schließenden Einzelverträge gelten sollen, ausdrücklich vereinbart und diese so in die autonom geschlossenen Einzelverträge einbezogen werden. Eine Schlechterstellung des Verbrauchers ist damit nicht verbunden, da er bei einem vorherigen Rahmenvertragsabschluss ohne weiteres eine zumutbare Möglichkeit erhalten hat, von den AGB des Verkäufers

[316] *Raue* MMR 2012, 438 (442).
[317] LG Berlin Urt. v. 17.7.2013 – 97 O 5/13, VuR 2013, 474.
[318] MüKoBGB/*Wendehorst* BGB § 312j Rn. 4.
[319] BGH Urt. v. 14.6.2006 – I ZR 75/03, NJW 2006, 2976 (2977).
[320] *Föhlisch* in Hoeren/Sieber/Holznagel MultimediaR-HdB Teil 13.4 Rn. 115.
[321] BGH Urt. v. 14.6.2006 – I ZR 75/03, NJW 2006, 2976 (2977).

Kenntnis zu erlangen, sodass er sich ohne weiteres frei entscheiden konnte, mit der Geltung dieser AGB einverstanden zu sein oder nicht.

Eine zumutbare Möglichkeit der Kenntnisnahme existiert, wenn dem Verbraucher die AGB über einen Link zugänglich gemacht werden und ihm die Möglichkeit eröffnet wird, die AGB in Ruhe zu betrachten, zu speichern oder auszudrucken.[322] 270

2. Zurechnung der maschinell erzeugten Willenserklärung zu einer natürlichen Person

Das Internet der Dinge ist geprägt von einer Vernetzung der Maschinen, die im Geschäftsverkehr agieren und zunehmend autonom Vertragsschlüsse herbeiführen. So lösen bspw. vollautomatisierte Fertigungsstraßen Bestellungen über Komponenten oder Kühlschränke Bestellungen von Nahrungsmitteln aus und Kaffeemaschinen sorgen teilautonom dafür, dass der Vorrat an Kaffeekapseln aufgefüllt wird, bevor er zur Neige geht. 271

Vertragsschlüsse mit oder durch Maschinen sind dabei keine Neuerscheinung des Internets der Dinge. Sie werfen seit jeher rechtliche Fragen, insbesondere nach der Zurechnung maschinellen Handelns zu einem Menschen im Allgemeinen, bzw. maschineller Erklärungen im Besonderen, auf. 272

Während jedoch bei Automaten und traditionellen Bestellsystemen die Bedingungen maschinellen Handelns und dessen Ergebnis weitestgehend vorhersehbar waren und die „Erklärungen" dieser Systeme aufgrund des vorangegangen Verhaltens des Aufstellers oder Betreibers diesem zugerechnet wurden, führen die zunehmend auf sog. Künstlicher Intelligenz basierenden Entscheidungsmodelle der Maschinen des Internets der Dinge zu einer immer stärkeren vermeintlichen Autonomie maschinellen Handelns, vor allem aber zu einer immer stärker abnehmenden Vorhersehbarkeit der Ergebnisse. Dies zwingt dazu, die bisher vertretenen dogmatischen Ansätze zur Begründung einer Zurechnung maschineller Erklärungen zu einem Rechtssubjekt auf ihre Übertragbarkeit auf die von Maschinen des IoT erzeugten „Erklärungen" zu überprüfen und solche Ansätze ggf. eben auch neu zu denken. 273

Vereinzelt wird vor diesem Hintergrund bereits auch die Notwendigkeit gesehen, de lege ferenda eine weitere Kategorie von Rechtssubjekten neben den natürlichen und den juristischen Personen zu schaffen, nämlich einer elektronischen Person. Bevor jedoch dieser Position das Wort geredet werden kann, ist auf Basis des geltenden Rechts (de lege lata) zu prüfen, ob überhaupt ein solcher Neuregelungsbedarf besteht. 274

a) Voraussetzung der Zurechnung einer Willenserklärung zu einer natürlichen Person

Eine zurechenbare Willenserklärung ist Ausdruck eines Rechtsfolgenwillens, also eines Willens, der auf die Begründung, inhaltliche Änderung oder Beendigung eines privaten Rechtsverhältnisses abzielt.[323] Sie setzt sich üblicherweise zusammen aus einem subjektiven Tatbestand, bestehend aus Handlungswillen, Erklärungsbewusstsein und Erklärungswille sowie einem objektiven Tatbestand bestehend aus einer Äußerung, die den Rechtsfolgenwillen nach außen erkennen lässt. 275

aa) Willensbildung. Nach der gesetzgeberischen Konzeption muss jede Willenserklärung damit auf einen menschlichen Entschluss zurückzuführen sein, der Ergebnis einer zielgerichteten Willensbildung ist.[324] Grundsätzliche Voraussetzung einer Willenserklärung ist somit die nur einem Menschen zugebilligte Fähigkeit, überhaupt einen eigenen Willen zu 276

[322] *Föhlisch* in Hoeren/Sieber/Holznagel MultimediaR-HdB Teil 13.4 Rn. 116.
[323] BGH Urt. v. 17.10.2000 – X ZR 97/99, NJW 2001, 289 (290).
[324] *Heuer-James/Chibanguza/Stücker* BB 2018, 2818 (2820).

bilden.[325] Sieht man also zunächst einmal von den Überlegungen ab, de lege ferenda eine eigene elektronische Persönlichkeit zu schaffen, fehlt einer Maschine wie einem autonomen System schon einmal die Eigenschaft als Mensch und damit die Fähigkeit der menschlichen Willensbildung. Somit kann es bei allen dogmatischen Begründungsansätzen zunächst einmal nur darum gehen, die durch eine Maschine des IoT erzeugte „Erklärung" einer natürlichen – und ggf. wiederum über diese auch einer juristischen – Person zuzurechnen.

277 **bb) Handlungswille.** Der Handlungswille beschreibt zunächst den auf das äußere Verhalten gerichtete Willen. Fehlt es an diesem grundlegenden Willen, wie etwa im Falle einer Reflexbewegung, fehlt es bereits an einer zurechenbaren Willenserklärung, mag diese auch äußerlich wie die Äußerung eines Rechtsfolgewillens erscheinen.[326] Eine durch eine Maschine des Internets der Dinge erzeugte „Erklärung" muss also auch wiederum auf einen menschlichen Handlungswillen zurückzuführen sein.

278 **cc) Erklärungsbewusstsein.** Das Erklärungsbewusstsein beschreibt das Bewusstsein des Handelnden, dass sein Verhalten eine rechtliche Wirkung entfalten wird.[327] Dabei kommt es allerdings nicht auf die konkrete rechtliche Wirkung an, die der Handelnde herbeiführen will. Ausreichend ist es, dass dem Handelnden überhaupt bewusst ist, dass sein Verhalten irgendeine rechtliche Wirkung entfalten wird.[328]

279 Umstritten sind allerdings die Folgen eines fehlenden Erklärungsbewusstseins. Die wohl herrschende Meinung geht jedoch davon aus, dass auch bei fehlendem Erklärungsbewusstsein eine zurechenbare Willenserklärung vorliegt, sofern der Handelnde bei Anwendung der im Verkehr erforderlichen Sorgfalt hätte erkennen können, dass seiner Handlung vom Rechtsverkehr eine rechtliche Bedeutung beigemessen wird.[329] Insofern wird dem Interesse des Rechtsverkehrs der Vorrang vor dem Individualinteresse eingeräumt.[330] Fälle fehlenden Erklärungsbewusstseins löst diese Meinung mit dem Instrument der Irrtumsanfechtung gem. § 119 Abs. 1 BGB mit der Folge, dass der Anfechtende gem. § 122 BGB das Vertrauensinteresse ersetzen muss, sodass auch in diesen Anfechtungsfällen letztlich den Interessen des Erklärungsempfängers hinreichend Rechnung getragen wird.

280 **dd) Erklärungswille.** Unter dem Begriff Erklärungswille oder auch Geschäftswille versteht man den Willen des Handelnden, eine ganz bestimmte Rechtsfolge herbeiführen zu wollen.[331] Entspricht dieser Wille des Handelnden nicht dem tatsächlich Geäußerten, ist das für das Vorliegen einer wirksamen Willenserklärung unbeachtlich.[332] Allerdings hat der Handelnde unter den Voraussetzungen der § 119ff. BGB die Möglichkeit, sich von den Wirkungen seiner Willenserklärung wieder zu lösen.[333]

281 Unter diesen Gesichtspunkten sind nunmehr die bislang vertretenen dogmatischen Ansätze zur Zurechnung einer durch eine Maschine des Internets der Dinge erzeugten „Erklärung" zu einem Menschen – und wenn ja, zu welchem Menschen – abzuklopfen

[325] *Cornelius* MMR 2002, 353 (354).
[326] Palandt/*Ellenberger* BGB Einf. v. § 116 Rn. 16.
[327] *Boemke/Ulrici* BGB AT § 5 Rn. 5.
[328] *Boemke/Ulrici* BGB AT § 5 Rn. 6.
[329] *Boemke/Ulrici* BGB AT, § 5 Rn. 11; BGH Urt. v. 7.6.1984 – IX ZR 66/83, NJW 1984, 2279 (2280) mit zahlreichen wN.
[330] *Boemke/Ulrici* BGB AT § 5 Rn. 11.
[331] Palandt/*Ellenberger* BGB Einf. v. § 116 Rn. 1.
[332] *Boemke/Ulrici* BGB AT § 5 Rn. 14.
[333] *Boemke/Ulrici* BGB AT § 5 Rn. 14.

b) Rechtliche Konzepte des BGB

Nach der Konzeption des BGB ist es nämlich nicht immer erforderlich, dass eine Willenserklärung von der Person abgegeben wird, für und gegen die die Willenserklärung gelten soll. Vielmehr kennt es auch Möglichkeiten, in denen es einer anderen Person überlassen werden kann, die Erklärung abzugeben oder zu übermitteln. 282

aa) Analoge Anwendung des Stellvertreterrechts (§§ 164 ff. BGB). Zunächst besteht die Möglichkeit, sich durch eine andere Person vertreten zu lassen. 283

(1) Kriterien für den Stellvertreter gem. § 164 BGB. Voraussetzung für eine wirksame Stellvertretung ist die Abgabe einer eigenen Willenserklärung durch den Vertreter im fremden Namen (nämlich des Vertretenen), die von der dem Vertreter erteilten Vertretungsmacht gedeckt ist. Zunächst müsste der Nutzer eines autonomen Systems diesem also „Vertretungsmacht" einräumen. 284

Da der Sinn eines autonomen Systems aber gerade darin besteht, selbstständige Entscheidungen zu treffen, um damit seinen Nutzer zu entlasten, ist die Erteilung einer Vertretungsmacht für jede einzelne Entscheidung des autonomen Systems nicht praktikabel. Vielmehr müsste von einer pauschalen Erteilung von Vertretungsmacht durch Inbetriebnahme des Systems ausgegangen werden, da sich der Nutzer bereits zu diesem Zeitpunkt bewusst ist, dass das System am Rechtsverkehr an seiner Stelle teilnehmen kann und wird.[334] 285

(2) Eigenständige Willensbildung durch den Vertreter. Die darüber hinaus für die Stellvertretung gem. § 164 BGB erforderliche eigene Willenserklärung des Vertreters setzt voraus, dass dieser geschäftsfähig oder zumindest beschränkt geschäftsfähig ist.[335] 286

Genau diese Eigenschaft fehlt aber dem autonomen System, es ist nicht rechtsfähig und kann deshalb nicht wie ein Vertreter einen eigenen Willen bilden und dementsprechend auch keine eigenen Willenserklärungen abgeben.[336] 287

Teilweise wird zwar bereits darüber diskutiert, autonomen Systemen eine eigene Rechtspersönlichkeit zuzugestehen oder eine ePerson einzuführen,[337] solange dies aber noch nicht der Fall ist, scheidet eine direkte Anwendung des Stellvertreterrechts auf autonome Systeme aus. 288

(3) Analogiefähigkeit. Möglich wäre demnach nur eine analoge Anwendung des Stellvertreterrechts. Methodologisch ist Voraussetzung einer Analogie jedoch, dass eine vom Gesetzgeber nicht beabsichtigte – planwidrige – Gesetzeslücke besteht, die durch „entsprechende" Anwendung einer vorhandenen Gesetzesnorm geschlossen werden könnte, obwohl diese Norm den zu regelnden Fall nach ihrem Anwendungsbereich nicht mehr deckt. Voraussetzung für die methodische Zulässigkeit einer Analogie ist, dass unter teleologischen Gesichtspunkten die Interessenlage im ungeregelten Fall die gleiche ist wie die des von der Norm geregelten Falls. Ferner muss der Zweck der analog anzuwendenden Norm deren Anwendung auf den an sich ungeregelten Fall gebieten. 289

Zur Beantwortung der Frage nach der vergleichbaren Interessenlage sind insbesondere die Interessen des Vertretenen, des Vertreters und die des Geschäftsgegners zu betrachten: 290

- Der Vertretene hat bei der gewillkürten Vertretung primär ein Interesse daran, die vom Vertreter geschlossenen Rechtsgeschäfte für sich gelten zu lassen, sofern der Vertreter innerhalb des von ihm gesetzten Rahmen handelt.

---

334 *Specht/Herold* MMR 2018, 40 (43); *Dienst/Falke,* E-Commerce und das Internet der Dinge S. 1013.
335 MüKoBGB/*Schubert* § 164 Rn. 109.
336 *Heuer-James/Chibanguza/Stücker* BB 2018, 2818 (2822).
337 *Borges* NJW 2018, 977 (979).

- Das Interesse des Vertreters beschränkt sich grundsätzlich darauf, rechtsgeschäftlich zu handeln, ohne dabei einem Haftungsrisiko ausgesetzt zu sein. Dies ist auch grundsätzlich so lange der Fall, wie sich der Vertreter im Rahmen seiner Vertretungsmacht bewegt.
- Der Geschäftspartner des Vertretenen hat insbesondere ein Interesse daran, zu wissen, mit wem er einen Vertrag abschließt.

291 Vergleicht man diese Interessen mit denen bei der Nutzung eines autonomen Systems, werden deutliche Parallelen sichtbar:

- Auch hier hat der Vertretene ein Interesse daran, die Erklärungen des autonomen Systems für sich gelten zu lassen.
- Und auch das Interesse des Geschäftspartners, seinen Vertragspartner zu kennen, ist bei der Abgabe von Willenserklärungen durch autonome Systeme in gleicher Weise gegeben.

292 Die Prüfung, ob auch auf Seiten des Vertreters die Interessenlage identisch ist, entfällt hier notwendigerweise, denn eine Maschine kann letztlich mangels Rechtsfähigkeit keine eigenen, rechtlich zu wahrenden und damit zu berücksichtigenden Interessen haben. Eine vergleichbare Interessenlage besteht somit aber im Übrigen grundsätzlich.

293 Auch die darüber hinaus erforderliche planwidrige Regelungslücke kann noch angenommen werden,[338] womit die Voraussetzungen einer Analogie erfüllt wären.

294 **(4) Problem des falsus procurator (Vertreter ohne Vertretungsmacht).** Das Problem der analogen Anwendung des Stellvertreterrechts auf Vertragsschlüsse mittels autonomer Systeme zeigt sich jedoch in Situationen, in denen das autonome System den Rahmen der Vertretungsmacht verlässt, also ohne Vertretungsmacht handelt.

295 Das Stellvertreterrecht sieht hier gem. § 179 BGB eine Haftung des Vertreters selbst vor, sofern der Vertretene das Geschäft nicht im Nachhinein genehmigt.

296 Dies bedeutete im Fall der autonomen Systeme eine Haftung des Systems selbst. Neben der fehlenden Rechtsfähigkeit fehlt dem autonomen System aber vor allem hierfür eine eigene Haftungsmasse.

297 Um das Problem der fehlenden Haftungsmasse zu umgehen, wird deshalb teilweise im Rahmen der Überlegungen zur Schaffung einer ePerson eine Pflichtversicherung für das autonome System vorgeschlagen.[339] Dies führte aber nur zu einer Übernahme des Risikos durch einen Dritten und entspräche nicht dem eigentlichem System der Risikoverteilung im Rahmen der Stellvertretung.

298 Die analoge Anwendung anderer Vorschriften des Stellvertretungsrechts führt ebenso wenig zu befriedigenden Ergebnissen:

299 Wie der beschränkt Geschäftsfähige ist zwar auch das autonome System vermögenslos, womit eine analoge Anwendung der §§ 165, 179 Abs. 3 BGB in Betracht käme.[340] Dies führte dazu, dass keine Haftung des autonomen Systems bestünde. Dieses Auflösen des Haftungsproblems führte aber zu dem berechtigten Zweifel, ob diese Risikoverteilung im Hinblick auf den Nutzen des Systems angemessen erscheint.

300 Alternativ könnte dem Nutzer des Systems unter analoger Anwendung von § 177 BGB ein Genehmigungsrecht zugestanden werden.[341]

301 Verweigerte dieser die Genehmigung, entstünde aber erneut das Haftungsproblem des falsus procurator. Bei diesem Ansatz aber dem Nutzer die Haftung trotz fehlender Genehmigung zuzuordnen, erschiene insbesondere deswegen unbillig,[342] da sein Genehmigungsrecht im Ergebnis nutzlos wäre. Auch dieser Ansatz vermag das Haftungsproblem also nicht überzeugend zu lösen.

---

[338] *Heuer-James/Chibanguza/Stücker* BB 2018, 2818 (2822).
[339] *Heuer-James/Chibanguza/Stücker* BB 2018, 2818 (2822).
[340] *Specht/Herold* MMR 2018, 40 (43).
[341] *Keßler* MMR 2017, 589 (592).
[342] *Keßler* MMR 2017, 589 (592).

Somit führt keine der im BGB vorgesehenen Lösungen der Problematik eines Vertreters ohne Vertretungsmacht beim Einsatz autonomer Systeme zu einem befriedigenden Ergebnis, was entscheidend gegen eine analoge Anwendung des Stellvertreterrechts spricht. 302

bb) Analoge Anwendung der Botenstellung. Neben der Stellvertretung kennt das BGB die Möglichkeit, allein die Übermittlung der Willenserklärung einer anderen Person zu überlassen. 303

(1) Kriterien für die Botenstellung und die Zurechnung der vom Boten übermittelten Willenserklärung. Der Bote gibt im Gegensatz zum Stellvertreter keine eigene Willenserklärung ab, sondern übermittelt lediglich eine bereits bestehende Willenserklärung. Dementsprechend muss der Bote im Gegensatz zum Vertreter nicht geschäftsfähig sein; er handelt rein tatsächlich.[343] 304

Solange der Bote mit der nötigen Botenmacht handelt, wird der Geschäftsherr durch das Übermitteln der Willenserklärung gebunden. Der Geschäftsherr wirkt durch seine Willenserklärung auch unmittelbar am Zustandekommen des Rechtsgeschäfts mit, da dem Boten eine bloße Übermittlungsfunktion im Hinblick auf diese Willenserklärung zukommt.[344] 305

(2) Argumente für die Botenlösung. Für die Anwendung der Botenlösung auf Vertragsschlüsse mittels autonomer Systeme spricht die fehlende Rechtsfähigkeit des autonomen Systems. Diese steht einer Anwendung der Botenlösung nicht entgegen, da auch der Bote selbst nicht rechtsfähig sein muss. Auch die Risikoverteilung im Rahmen der Botenlösung allein zu Lasten des Erklärenden erscheint im Rahmen der Nutzung eines autonomen Systems angemessen.[345] 306

(3) Argumente gegen die Botenlösung. So passend der Vergleich im Rahmen der fehlenden Rechtsfähigkeit ist, so unpassend ist er im Rahmen der Tätigkeit des Boten. 307

Während der Bote nämlich eine fremde Willenserklärung nur übermittelt, was voraussetzt, dass der Auftraggeber des Boten diese Willenserklärung zuvor bereits gebildet hat, ist es gerade das autonome System, das den Inhalt der Willenserklärung bestimmt.[346] Vergleicht man die typische Botenlösung mit der Abgabe einer Erklärung durch ein autonomes System, so wird bei der typischen Botenlösung der Wille des Auftraggebers des Boten bereits vor oder bei der Beauftragung des Boten gebildet; der Bote übermittelt diese Erklärung nur noch. Wollte man diese Abfolge auf die Abgabe einer Erklärung durch ein autonomes System übertragen, käme als Zeitpunkt für die Bildung eines vom autonomen System zu übermittelnden Willens nur der Zeitpunkt der Inbetriebnahme dieses Systems durch den Nutzer in Betracht. Zu diesem Zeitpunkt jedoch kann der Nutzer noch in keinem Fall absehen, welche Erklärungen das System in Zukunft abgeben wird. 308

Dieser gravierende Unterschied spricht gegen die Behandlung des autonomen Systems als Boten. 309

cc) offerta ad incertas personas. Neben den normierten Möglichkeiten der Zurechnung einer „Willenserklärung" eines autonomen Systems zu dessen Betreiber kommt ferner in Betracht, auf die zur Aufstellung und zum Betrieb von Warenautomaten entwickelten Kriterien der offerta ad incertas personas zurückzugreifen und diese unmittelbar auf 310

343 MüKoBGB/*Schubert* § 164 Rn. 71.
344 MüKoBGB/*Schubert* § 164 Rn. 74.
345 *Heuer-James/Chibanguza/Stücker* BB 2018, 2818 (2822).
346 *Dienst/Falke* in Bräutigam/Rücker E-Commerce-HdB S. 1013; *Sosnitza* CR 2016, 764 (766); *Faber* in Sassenberg/Faber Industrie 4.0 und Internet-HdB S. 253; *Specht/Herold* MMR 2018, 40 (43); *Groß/Gressel* NZA 2016, 990 (991).

ein der Handlung des autonomen Systems vorausgegangenes Handeln des Betreibers als für den Vertragsschluss maßgebliches Moment abzustellen.

311 **(1) Kriterien der offerta ad incertas personas.** Nach den Kriterien der offerta ad incertas personas macht der Aufsteller eines Warenautomaten bereits mit dessen Aufstellung ein Angebot an jedermann auf Abschluss eines Kaufvertrages unter der Bedingung, dass die Ware noch vorhanden ist, der Mechanismus funktioniert und der Automat ordnungsgemäß bedient wird; dieses Angebot kann durch das Einwerfen einer Münze angenommen werden.[347]

312 In dem Automaten werden somit quasi fertige Willenserklärungen gespeichert, sodass keine weitere Erklärung des Automateninhabers bzw. des Automaten mehr notwendig ist und ein Vertrag allein durch die Annahme dieser bereits zuvor gespeicherten Willenserklärung durch einen Benutzer zustande kommt.

313 **(2) Argumente für die Anwendbarkeit bei maschinell erzeugten Willenserklärungen.** Für die Anwendung dieser Grundsätze spricht zunächst, dass es keiner Zurechnung einer eigenen Willenserklärung des autonomen Systems bedürfte, sondern unmittelbar auf den – jedenfalls grundsätzlich vorhandenen – vorherigen Willen des Aufstellers auf Abschluss eines Vertrages ankommt. Fragen nach der Möglichkeit zur Willensbildung durch das System würden sich dadurch bereits nicht stellen.

314 **(3) Argumente gegen die Anwendbarkeit bei maschinell erzeugten Willenserklärungen.** Gegen die Anwendung der Grundsätze der offerta ad incertas personas auf autonome Systeme spricht aber entscheidend, dass bei einem autonomen System gerade keine Willenserklärungen des Nutzers auf Vorrat gespeichert werden. Vielmehr ist es das autonome System selbst, das alle wesentlichen Bestandteile der Willenserklärung erst in der konkreten Situation bestimmt.[348] Der Nutzer will mithin durch die Inbetriebnahme des autonomen Systems gerade noch kein Angebot abgeben, sondern überlässt dies vielmehr dem System selbst, das unter Berücksichtigung einer Vielzahl von dem Nutzer gerade unbekannten Kriterien eine Entscheidung trifft.

315 Zudem führt die Annahme einer offerta ad incertas personas jedenfalls in den Fällen zu dogmatischen Schwierigkeiten, in denen beide Vertragspartner unter Verwendung autonomer Systeme interagieren. Streng genommen machten dann nämlich beide Systeme nur Angebote, sodass es niemals zu einer Annahme und damit zu einem Vertragsschluss käme.[349]

316 **dd) Blanketterklärung.** Auch bei den Grundsätzen der Blanketterklärung handelt es sich um eine ungeschriebene Möglichkeit, sich anderer Personen bei der Abgabe einer Willenserklärung zu bedienen.

317 **(1) Kriterien der Blanketterklärung.** Bei einer Blanketterklärung unterzeichnet der Erklärende ein Blankett, das dann von einem Dritten ausgefüllt bzw. vervollständigt wird. Die ergänzte Blanketterklärung gilt dann mit ihrem durch den Dritten bestimmten Inhalt für und gegen den Unterschreibenden und das auch dann, wenn der Dritte die Erklärung abredewidrig ausgefüllt hat.[350]

318 **(2) Argumente für die Anwendbarkeit bei maschinell erzeugten Willenserklärungen.** Auch das Ausfüllen einer Blanketterklärung setzt nicht voraus, dass der Ausfüllende

---

347 Palandt/*Ellenberger* BGB § 145 Rn. 7.
348 *Sester/Nitschke* CR 2004, 548 (550); *Cornelius* MMR 2002, 353 (354).
349 *Faber* in Sassenberg/Faber Industrie 4.0 und Internet-HdB S. 254.
350 MüKoBGB/*Armbrüster* § 119 Rn. 56.

rechtsfähig ist. Die fehlende Rechtsfähigkeit autonomer Systeme steht also einer Übertragung der Kriterien der Blanketterklärung auf autonome Systeme nicht entgegen.

Zudem ist die Situation mit der eines „menschlichen" Ausfüllers vergleichbar: Der Erklärende vertraut darauf, dass der Ausfüllende in seinem Interesse handelt. Lediglich der Träger dieses Vertrauens ist ein anderer: Bezog sich das Vertrauen bisher auf einen Menschen, ist nunmehr das autonome System der Vertrauensträger. 319

In beiden Fällen geht der Erklärende in diesem Bewusstsein die Gefahr ein, dass entgegen seines Willens gehandelt wird und er die Erklärung trotzdem gegen sich gelten lassen muss. 320

(3) Argumente gegen die Anwendbarkeit bei maschinell erzeugten Willenserklärungen. Der Anwendung der Grundsätze über die Blanketterklärung wird teilweise die zunehmende Automatisierung der autonomen Systeme und die damit einhergehende Unberechenbarkeit[351] entgegengehalten, die gegen eine Zurechnung sprechen soll.[352] Gerade diese Unberechenbarkeit besteht aber auch dann, wenn ein anderer Mensch die Blanketterklärung vervollständigt; auch bei diesem kann nie Sicherheit darüber bestehen, welchen Inhalt er der Erklärung geben wird. 321

Allerdings besteht bei einem menschlichen Ausfüller in der Regel die Möglichkeit, Ersatzansprüche gegen diesen geltend zu machen, sollte er sich abredewidrig verhalten.[353] Diese Möglichkeit besteht bei einem autonomen System mangels Haftungsmasse nicht.[354] 322

Dieser Umstand stellt sich zwar als ungünstig für den Nutzer dar. Andererseits ist er es, der das autonome System zu seinem Vorteil einsetzt. Deswegen erscheint es billig, ihm als Nutznießer auch das Risiko einer Fehlfunktion aufzubürden. Ansonsten käme nur der Vertragspartner als Haftungsadressat in Betracht, der im Zweifel nicht einmal Kenntnis davon hat, dass auf der Gegenseite ein autonomes System eingesetzt wird und der auch sonst regelmäßig keinerlei Einfluss auf dieses System hat. 323

ee) Computererklärung. (1) Kriterien der Zurechnung einer Computererklärung zu einer natürlichen Person. Unter einer Computererklärung versteht man die Erzeugung und Übermittlung einer Willenserklärung durch eine Software ohne einen aktuellen menschlichen Beitrag.[355] Zwar ist weder im Zeitpunkt der Erstellung noch im Zeitpunkt der Absendung der Willenserklärung ein Mensch konkret hieran beteiligt; aber der Betreiber eines solchen Systems hat aufgrund der vorherigen Programmierung nicht nur den Willen, dass eine Willenserklärung nach den in der jeweiligen Software in der Programmierung angelegten Vorgaben erstellt wird. Gerade weil Erklärungen mit Hilfe der vorherigen Programmierung automatisiert erzeugt werden, weiß der Betreiber eines solchen Systems im Vorhinein, welchen Inhalt die vom System erzeugten und abgegebenen Erklärungen in bestimmten Konstellationen haben werden. Aufgrund dieses Wissens ist das „Verhalten" des betroffenen Systems für dessen Betreiber stets vorhersehbar, was als Grundlage für die Zurechnung der so systemseitig erzeugten Erklärungen zu dessen Betreiber gesehen wird. Nur die dogmatischen Begründungen für diese Zurechnung sind in der Literatur uneinheitlich.[356] 324

Die für den objektiven Tatbestand der Willenserklärung erforderliche Handlung ist in der Inbetriebnahme der Software zu sehen und geht der tatsächlichen Entstehung der Willenserklärung somit voraus.[357] 325

---

351 *Bräutigam/Klindt* NJW 2015, 1137 (1138).
352 *Groß/Gressel* NZA 2016, 990 (992).
353 *Dienst/Falke* in Bräutigam/Rücker E-Commerce-HdB S. 1015.
354 *Dienst/Falke* in Bräutigam/Rücker E-Commerce-HdB S. 1015.
355 Spindler/Schuster/*Spindler* BGB Vorb. §§ 116ff. Rn. 6; *Cornelius* MMR 2002, 353 (354).
356 *Cornelius* MMR 2002, 353 (354) unter Ziff. III.3(c) mwN.
357 *Schulz* Verantwortlichkeit bei autonom agierenden Systemen S. 103; *Dienst/Falke* in Bräutigam/Rücker E-Commerce-HdB S. 1007.

326 Der im subjektiven Tatbestand erforderliche Handlungswille liegt ebenfalls im Zeitpunkt der Inbetriebnahme der Software vor. Allerdings ist es zum Zeitpunkt der Inbetriebnahme der Software für den Nutzer noch nicht möglich, einen konkreten Geschäftswillen oder ein konkretes Erklärungsbewusstsein zu entwickeln, da der konkrete Inhalt der Willenserklärung noch nicht feststeht.[358] Von der Rechtsprechung wird es aber als ausreichend erachtet, dass ein allgemeines Erklärungsbewusstsein sowie ein genereller Geschäftswille vorhanden sind, solange sie zum Zeitpunkt der Inbetriebnahme der Software hinreichend bestimmt sind.[359] Sogar ein fehlendes Erklärungsbewusstsein des Nutzers bei Inbetriebnahme der Software ist unschädlich für das Vorliegen einer Willenserklärung, sofern der Nutzer bei Beachtung der im Verkehr erforderlichen Sorgfalt hätte erkennen können, dass seine Äußerung nach den Grundsätzen von Treu und Glauben als Willenserklärung verstanden wird.[360]

327 **(2) Argumente für die Anwendbarkeit bei autonom maschinell erzeugten Willenserklärungen.** Die Computererklärung ist mit der durch ein System autonom erzeugten Willenserklärung insoweit vergleichbar als dass sich der Nutzer in beiden Fällen einer Software bedient, die zu einem späteren Zeitpunkt eine Erklärung abgibt, ohne, dass ein weiteres menschliches Tätigwerden notwendig ist.[361] Gerade diese Vergleichbarkeit spricht für die Übertragung der Grundsätze zur Computererklärung auf autonom erzeugte Willenserklärungen.[362]

328 **(3) Argumente gegen die Anwendbarkeit bei autonom maschinell erzeugten Willenserklärungen.** Trotz der grundsätzlich hohen Vergleichbarkeit der beiden Situationen besteht jedoch ein Unterschied in der Ausgestaltung der Willenserklärung, der gegen eine Anwendbarkeit der Grundsätze der Computererklärung sprechen könnte.

329 Entscheidend für die Anerkennung der Willenserklärung bei Computererklärungen ist, dass der Inhalt der Erklärung zum Zeitpunkt der Inbetriebnahme der Software hinreichend bestimmt ist.[363] Nur aufgrund dieser hinreichenden Bestimmung bzw. Bestimmbarkeit wird das Vorliegen der subjektiven Elemente einer Willenserklärung bejaht.

330 Anders als bei der Computererklärung führt ein autonom agierendes System aber beim Vorliegen bestimmter Voraussetzungen nicht bloß die durch den Nutzer festgelegten Handlungen aus, sondern kann aufgrund seiner zumeist auf „künstlicher Intelligenz" basierenden Lernfähigkeit anhand vorheriger Transaktionen und sonstiger Rahmenbedingungen Reaktionen erlernen, die ihm so nicht unmittelbar durch seine Programmierung zwingend vorgegeben sind.[364] Trotzdem orientiert sich auch das autonome System an bestimmten Parametern, die im System programmseitig angelegt sind und die den Kern des Entscheidungsprozesses festlegen.[365]

331 Dies wirft die Frage auf, wie lange noch von einer hinreichenden Bestimmbarkeit der von einem autonomen System erzeugten Erklärungen ausgegangen werden kann. War bspw. der mögliche Vertragspartner bei der ersten Entscheidung des BGH[366] zu Compu-

[358] BGH Urt. v. 7.11.2001 – VIII ZR 13/01, NJW 2002, 363 (364); *Schulz* Verantwortlichkeit bei autonom agierenden Systemen S. 103.

[359] BGH Urt. v. 7.11.2001 – VIII ZR 13/01, NJW 2002, 363 (364); *Schulz* Verantwortlichkeit bei autonom agierenden Systemen S. 103.

[360] BGH Urt. v. 7.11.2001 – VIII ZR 13/01, NJW 2002, 363 (365); OLG Hamm Urt. v. 28.4.2016 – 28 U 114/14, BeckRS 2016, 129818.

[361] *Schulz* Verantwortlichkeit bei autonom agierenden Systemen S. 104.

[362] *Faber* in Sassenberg/Faber Industrie 4.0 und Internet-HdB S. 253; Spindler/Schuster/*Spindler* BGB Vorb. §§ 116ff. Rn. 9.

[363] BGH Urt. v. 7.11.2001 – VIII ZR 13/01, NJW 2002, 363 (364); *Schulz* Verantwortlichkeit bei autonom agierenden Systemen S. 103.

[364] *Sester/Nitschke* CR 2004, 548 (550); *Faber* in Sassenberg/Faber Industrie 4.0 und Internet-HdB S. 254; *Cornelius* MMR 2002, 353 (354).

[365] Spindler/Schuster/*Spindler* BGB Vorb. §§ 116ff. Rn. 9.

[366] BGH Urt. v. 7.11.2001 – VIII ZR 13/01, NJW 2002, 363.

tererklärungen noch auf die Person beschränkt, die das höchste Angebot abgibt, ist bei später entschiedenen Online-Shop-Fällen[367] der Vertragspartner zum Zeitpunkt der menschlichen Handlung bereits nicht mehr bestimmbar, da durch ihn keinerlei im Vornherein festgelegte Bedingungen erfüllt werden müssen und somit theoretisch jeder Internetnutzer in Betracht kommt.

Bestimmbar bleibt in beiden Fallgestaltungen lediglich der Vertragsgegenstand. Trotz- 332 dem wird diese (Teil-)Bestimmbarkeit von der Rechtsprechung noch als ausreichend erachtet und eine Willenserklärung des Nutzers mithin angenommen.[368]

(4) Zwischenergebnis. Grundlegend wird bei der Computererklärung auf den generell 333 vorhandenen Willen und das allgemeine Erklärungsbewusstsein des Betreibers, sich Willenserklärungen zurechnen zu lassen, abgestellt.[369] Dies wird insbesondere damit begründet, dass die eingesetzten Programme sowie deren Aktivitäten letztlich immer auf den Willen des Betreibers zurückzuführen sind.[370]

Auch der Entscheidungsprozess des autonomen Systems ist im Kern aber durch die Pro- 334 grammierung festgelegt. Diese Programmierung macht sich der Betreiber durch die Aktivierung und Nutzung des autonomen Systems zu eigen. Somit unterscheidet sich die Nutzung des autonomen Systems von der Computererklärung nur durch die exponentiell höhere Anzahl der vom System ausgewählten Inhalte eines Vertrages (im Wesentlichen Vertragsgegenstand und Preis) und/oder der ggf. auch vom System ausgewählten Vertragspartner.

Damit wäre also nur die Anzahl der möglichen Vertragsschlüsse durch das System das 335 letztlich entscheidende Abgrenzungsmerkmal, wollte man eine der Rechtsprechung zur Computererklärung entsprechende Zurechnung von Willenserklärungen bei autonomen Systemen ablehnen.

Dies wiederum führte aber zu dem Folgeproblem, dass es letztlich eine mehr oder we- 336 niger willkürliche Festlegung wäre, bis zu welcher Anzahl an Möglichkeiten eine Zurechnung nach der Rechtsprechung zur Computererklärung noch möglich sein soll, bzw. ab welcher Variantenanzahl diese Zurechnung ausscheidet. Geeignete objektive Kriterien zur Bestimmung eines entsprechenden „Grenzwertes" existieren nicht, womit dessen Bestimmung also nur willkürlich möglich wäre. Über die Zurechnung einer durch eine Maschine des Internets der Dinge erzeugten „Erklärung" durch Anwendung der von der Rechtsprechung zur Computererklärung entwickelten Grundsätze allein anhand quantitativer Kriterien zu entscheiden, ist – gerade weil diese quantitativen Kriterien letztlich nur willkürlich festgesetzt, aber deren Anzahl und Reichweite nicht dogmatisch begründet werden kann – deshalb unsachgemäß und kann damit nicht überzeugen.

Es sollte also ausreichend sein, dass der Kern der Entscheidungsfindung vorbestimmt ist 337 und sich der Betreiber diesen durch die Aktivierung und Nutzung des autonomen Systems zu eigen macht. Wie bei der Computererklärung auch ist dem Betreiber hier generell bewusst, dass das autonome System Verträge gleich welcher Art abschließen wird. Damit sind die grundlegenden Aspekte der Zurechnung gemäß der Rechtsprechung zur Computererklärung aber gerade auch bei autonomen Systemen erfüllt.

Variiert man die Situation leicht, bestünden zudem keinerlei Zweifel an einer so be- 338 gründeten Zurechnung unter Anwendung der Grundsätze der Rechtsprechung zur Computererklärung. Würde der Betreiber des autonomen Systems diesem vorher die Vorgabe machen, nur ein bestimmtes Produkt zu kaufen, verblieben dem autonomen System nur

[367] Bspw. BGH Urt. v. 26.1.2005 – VIII ZR 79/04, NJW 2005, 976; OLG Frankfurt a. M. Urt. v. 20.11. 2002 – 9 U 94/02, MMR 2003, 405.

[368] BGH Urt. v. 7.11.2001 – VIII ZR 13/01, NJW 2002, 363 (364); OLG Frankfurt a. M. Urt. v. 20.11. 2002 – 9 U 94/02, MMR 2003, 405 (406).

[369] Spindler/Schuster/*Spindler* BGB Vorb. §§ 116ff. Rn. 6.

[370] Spindler/Schuster/*Spindler* BGB Vorb. §§ 116ff. Rn. 6; *Krüger/Bütter* WM 2001, 221 (224); *Kitz* in Hoeren/Sieber/Holznagel MultimediaR-HdB Teil 13.1 Rn. 51.

noch die Entscheidung hinsichtlich des Anbieters und des Preises. In dieser Fallgestaltung zweifelte trotz der Nutzung eines autonomen Systems wohl niemand an der Bestimmbarkeit und damit am Vorliegen des Erklärungsbewusstseins und des Geschäftswillens des Benutzers eines solchen Systems. Eine andere Behandlung desselben autonomen Systems ohne die entsprechenden Parameter wäre wieder nur möglich, wenn man auf die verwendeten Parameter bzw. die Anzahl der verbleibenden Möglichkeiten abstellt, was aber, wie bereits oben festgestellt, nicht willkürfrei möglich wäre.

339 Der generelle Wille und das allgemeine Erklärungsbewusstsein, sich Willenserklärungen zurechnen zu lassen, sind beim Betreiber eines autonomen Systems gleichermaßen vorhanden wie in den Fällen der Computererklärung. Der Grad der Konkretisierung bzw. die Anzahl der verbleibenden Möglichkeiten für das System sind keine ausreichenden Kriterien, die eine differenzierende Behandlung rechtfertigen könnten.

340 Zudem ist eine Zurechnung fremden Handelns bei einer durch die letztendlich vertraglich gebundene Person nur in Grundzügen vorher bestimmten Willenserklärung dem deutschen Recht letztlich nicht fremd, wie nämlich die zuvor aufgezeigten Kriterien der Zurechnung im Falle einer Blanketterklärung zeigen. Zwar wird – wie dargelegt – einer Übertragung der Grundsätze der Blanketterklärung die zunehmende Automatisierung und damit Unvorhersehbarkeit der Entscheidungsfindung eines autonomen Systems sowie die fehlende Haftungsmasse eines autonomen Systems entgegengehalten. Dem steht jedoch entgegen, dass sich der Betreiber eines solchen autonomen Systems gerade wegen der autonomen Entscheidungsfindung auf Grundlage der vom Betreiber nicht bereits zuvor definierten Entscheidungskriterien bedient, um so letztlich seinen wirtschaftlichen Handlungskreis zu erweitern. Deshalb ist es nur billig, ihm auch die Risiken dieser Erweiterung aufzuerlegen.

341 **ff) Überlegungen zur ePersönlichkeit.** Die Zurechnung der von autonomen Systemen abgegebenen Willenserklärungen zu einer natürlichen Person ist nach den erläuterten Grundsätzen zwar möglich, aufgrund fehlender Rechtsprechung und einer fehlenden gesetzgeberischen Entscheidung aber derzeit durchaus noch mit Unsicherheiten belastet.

342 Um die Fragen rund um autonome Systeme und die damit verbundenen Unsicherheiten für Wirtschaft und Private unionsweit einheitlich zu lösen, hat das Europäische Parlament in seiner Entschließung vom 16.2.2017 mit Empfehlungen an die Kommission zu zivilrechtlichen Regelungen im Bereich Robotik[371] die Einführung einer ePersönlichkeit für die „ausgeklügeltsten autonomen Systeme" gefordert.

343 Durch die ePersönlichkeit soll das autonome System selbst Verantwortlicher für verursachte Schäden und abgegebene Willenserklärungen sein. Das bereits bei der möglichen analogen Anwendung der Stellvertretungsregeln auftretende Problem der fehlenden Haftungsmasse soll nach der Vorstellung des europäischen Parlaments durch die Einführung einer Pflichtversicherung sowie eines Entschädigungsfonds für nicht versicherte Schäden gelöst werden.

344 Durch die Einführung einer ePersönlichkeit könnten die mit dem Einsatz autonomer Systeme verbundenen Unsicherheiten unionsweit einheitlich geregelt und damit ein verlässlicher Rahmen geschaffen werden, der die Entwicklung sowie den Einsatz autonomer Systeme attraktiver machen könnte.

345 Diese Einheitlichkeit der vorgeschlagenen Regelung ist aber zugleich auch ein Argument gegen diesen Vorschlag des Europäischen Parlaments: Denn dass für sämtliche autonome Systeme eine einheitliche Lösung vorgesehen ist, erschwert zugleich in Anbetracht der Vielzahl der Einsatzmöglichkeiten autonomer Systeme und damit der rechtlichen „Umgebungsbedingungen" das Finden hierauf jeweils zugeschnittener rechtlicher

---

[371] Europäisches Parlament, Bericht v. 27.1.2017, www.europarl.europa.eu/doceo/document/A-8-2017-0005_DE.html (6.8.2019).

Lösungen. Zudem werden in diesem Vorschlag uneinheitliche Begriffe ohne eine gesonderte Differenzierung verwendet.

346 Aber auch inhaltlich wird bereits Kritik gegen den Vorschlag vorgetragen. Ein Zusammenschluss von Sachverständigen aus Wissenschaft, Forschung, Wirtschaft und Politik wirft dem EU-Parlament in einem offenen Brief[372] vor, voreilige Schlüsse zu ziehen und die technischen Fähigkeiten autonomer Systeme (in Hinblick auf die Vielgestaltigkeit und Unvorhersehbarkeit der von einem solchen System erzeugten „Erklärungen") zu überschätzen. Zudem sei die Schaffung einer ePersönlichkeit damit verbunden, dass den autonomen Systemen damit letztlich Menschenrechte zugesprochen würden, was im Widerspruch zur GRCh und der EMRK stünde.

347 Darüber hinaus bewegt sich der Einsatz autonomer Systeme auch heute nicht in einem „rechtsfreien Raum", denn bereits heute schon gibt es rechtliche Vorgaben.[373] Selbst die Frage der Zurechnung von Willenserklärungen lässt sich mit bereits etablierten Konzepten lösen, sodass die Einführung einer ePersönlichkeit nicht zwingend ist, sondern im Gegenteil formale und finanzielle Hürden errichtet, die nicht immer in einem angemessenen Verhältnis zu den durch solche Systeme geschaffenen Risiken stehen und sich damit technologiefeindlich auswirken. Zwar ist Technologiefeindlichkeit als solche kein rechtlich relevanter Aspekt; sie bedeutet aber letztlich für die Entwickler und die potenziellen Betreiber solcher Systeme eine Einschränkung ihrer persönlichen Entfaltungs- und ihrer Berufsfreiheit: Beide beschränkenden Effekte bedürften wiederum einer Rechtfertigung in den für die Allgemeinheit durch den Betrieb solcher Systeme geschaffenen Risiken, die entweder nicht in allen Fällen und/oder nicht in der notwendigen Intensität bestehen oder zumeist auch mit milderen Mitteln gleich effektiv verhindert oder reduziert werden könnten.

3. Abgabe und Zugang einer maschinell erzeugten Willenserklärung und Vertragsschluss

348 Wird die maschinelle Erklärung dem Nutzer des Systems zugerechnet, stellt sich im Rechtsverkehr die Folgefrage nach dem Zeitpunkt des Wirksamwerdens dieser Willenserklärungen. Hierbei ist stets zwischen empfangsbedürftiger und nicht empfangsbedürftiger Willenserklärung zu unterscheiden, wobei es im Falle eines Vertragsschlusses mittels autonomer Systeme – vom Falle der Annahme ohne Erklärung gegenüber dem Antragenden gem. § 151 BGB abgesehen – auf empfangsbedürftige Willenserklärung und damit auf die Abgabe und den Zugang der Willenserklärung ankommt.

a) Abgabe einer Willenserklärung

349 Grundsätzlich gilt eine empfangsbedürftige Willenserklärung als abgegeben, wenn sie mit Wissen und Wollen des Erklärenden derart nach außen kundgetan wird, dass keine vernünftigen Zweifel mehr an der Endgültigkeit der Äußerung bestehen und wenn der Erklärende darüber hinaus den Willen hat, die Erklärung an den von ihr betroffenen Empfänger zu richten.[374]

350 Bei der Abgabe von Willenserklärungen mittels autonomer Systeme besteht jedoch die Besonderheit, dass der maßgebliche Handlungswille des Betreibers eines autonomen Systems bereits zum Zeitpunkt der Inbetriebnahme des Systems und damit meist lange vor der tatsächlichen Erzeugung und Übermittlung der vollständigen Erklärung liegt.[375] Zu

---

[372] www.robotics-openletter.eu/ (6. 8. 2019).
[373] S. dazu *Lohmann* ZRP 2017, 168 (170).
[374] BeckOK BGB/*Wendtland* § 130 Rn. 5f.
[375] *Cornelius* MMR 2002, 353 (355); *Sester/Nitschke* CR 2004, 548 (551); *Dienst/Falke* in Bräutigam/Rücker E-Commerce-HdB S. 1009.

diesem Zeitpunkt liegt jedoch noch keine Entäußerung seines Willens in Richtung des Empfängers vor.

351 Beim Einsatz autonomer Systeme erfolgt die Abgabe der Willenserklärung daher grundsätzlich zu dem Zeitpunkt, in dem die Erklärung die Kommunikationsschnittstelle des Systems nach außen passiert.[376] In diesem Moment sind die genannten Merkmale der Abgabe einer Willenserklärung erfüllt, wobei auch hier wieder nicht auf den konkreten Willen des Nutzers abgestellt werden kann, sondern vielmehr dessen genereller Wille zur Entäußerung von Erklärungen durch das System entscheidend ist.[377]

b) Zugang einer maschinell erzeugten Willenserklärung

352 Bei der Bestimmung des Zeitpunkts des Zugangs einer Willenserklärung ist zwischen Willenserklärungen unter Abwesenden und Anwesenden zu unterscheiden und im Falle von Willenserklärungen unter Anwesenden darüber hinaus zwischen verkörperten und unverkörperten Willenserklärungen.[378]

353 Unter Abwesenden geht eine Willenserklärung nach der Empfangstheorie dann zu, wenn sie so in den Machtbereich des Empfängers gelangt ist, dass eine Kenntnisnahme nur noch von ihm abhängt und mit der Kenntnisnahme unter normalen Umständen auch zu rechnen ist.[379] Der Machtbereich des Empfängers kann dabei unterschiedliche Formen annehmen, beispielshaft genannt seien nur der Briefkasten oder das E-Mail-Postfach.[380]

354 Auch der Zugang verkörperter Willenserklärungen unter Anwesenden richtet sich nach der Empfangstheorie, die Willenserklärung geht mit ihrer Aushändigung zu.[381]

355 Der Zugang unverkörperter Willenserklärungen unter Anwesenden richtet sich dagegen nach der sog. Vernehmungstheorie.[382] Die Willenserklärung geht danach zu, wenn der Empfänger sie vernommen hat, und zwar unabhängig davon, ob er sie überhaupt oder falsch verstanden hat.[383]

356 **aa) Zugang der maschinell erzeugten Willenserklärung bei einer natürlichen Person.** Um die Frage zu klären, wann eine durch ein autonomes System erzeugte Willenserklärung bei einer natürlichen Person zugeht, ist zunächst zu klären, ob diese als Willenserklärung zwischen Anwesenden oder Abwesenden zu qualifizieren ist. Hierfür ist nicht allein auf räumliche Kriterien abzustellen, sondern auch auf die Interaktivität der Kommunikation. Ist ein unmittelbarer Austausch von Informationen möglich und eine unmittelbare Nachfragemöglichkeit gegeben, ist demnach von einer Abgabe der Willenserklärung unter Anwesenden auszugehen.[384] Dementsprechend werden telefonisch geäußerte Willenserklärungen als Erklärungen unter Anwesenden qualifiziert, so dass die Willenserklärung zugegangen ist, wenn der Empfänger – hier also eine natürliche Person – die telefonisch übermittelte Willenserklärung vernommen hat.

357 Bei der Willenserklärung durch ein autonomes System findet im Gegensatz zu einer Übermittlung per Telefon jedoch eine „Verkörperung" der Willenserklärung in Form der systemseitig erzeugten und übermittelten Daten statt, sodass es sich um eine verkörperte Willenserklärung handelt.[385] Deren Zugang richtet sich dann wie bei der menschlich erzeugten, verkörperten Willenserklärung nach der Empfangstheorie.[386] Die Erklärung des

---

[376] *Schulz* Verantwortlichkeit bei autonom agierenden Systemen S. 117.
[377] *Cornelius* MMR 2002, 353 (355); *Sester/Nitschke* CR 2004, 548 (551).
[378] BeckOK BGB/*Wendtland* § 130 Rn. 9ff.
[379] BeckOK BGB/*Wendtland* § 130 Rn. 9.
[380] BeckOK BGB/*Wendtland* § 130 Rn. 12.
[381] BeckOK BGB/*Wendtland* § 130 Rn. 27; *Schulz* Verantwortlichkeit bei autonom agierenden Systemen S. 118.
[382] *Schulz* Verantwortlichkeit bei autonom agierenden Systemen S. 118.
[383] BeckOK BGB/*Wendtland* § 130 Rn. 28.
[384] *Gitter/Roßnagel* K&R 2003, 64 (66).
[385] *Schulz* Verantwortlichkeit bei autonom agierenden Systemen S. 119.
[386] *Schulz* Verantwortlichkeit bei autonom agierenden Systemen S. 119.

autonomen Systems geht bei einer natürlichen Person somit dann zu, wenn sie so in den Machtbereich des Empfängers gelangt ist, dass eine Kenntnisnahme nur noch von ihm abhängt und mit der Kenntnisnahme unter normalen Umständen zu rechnen ist.

bb) Kein rechtlicher Zugang der maschinell erzeugten Willenserklärung bei einer anderen Maschine. Als die größere Herausforderung erweist sich hingegen die Einordnung des Zugangs einer maschinell erzeugten Willenserklärung bei einem anderen autonomen System. 358

Zunächst ist dabei die Frage zu beantworten, ob das autonome System eine bloße Empfangsvorrichtung des Empfängers ist oder gar als dessen Empfangsvertreter angesehen werden könnte.[387] Für eine Einordnung als Empfangsvertreter spräche die Autonomie des Systems.[388] Wie aber bereits oben festgestellt, kommt eine Behandlung des autonomen Systems als (Empfangs-)Vertreter aufgrund dessen fehlender Rechtsfähigkeit und der damit verbundenen Probleme weder direkt noch analog in Betracht.[389] 359

Das auf Empfängerseite installierte autonome System ist somit als Empfangsvorrichtung seines Betreibers zu qualifizieren.[390] 360

Damit der Zugang der Willenserklärung vollendet ist, müsste die Kenntnis der Willenserklärung durch den Empfänger möglich und nach der Verkehrsanschauung auch zu erwarten sein. Fraglich ist bei autonomen Systemen dabei zunächst, auf wessen Möglichkeit der Kenntnisnahme abzustellen ist. Das autonome System wird ja gerade eingesetzt, um selbst Erklärungen entgegenzunehmen und darüber autonom zu entscheiden, um damit dessen Betreiber diese Aufgabe abzunehmen.[391] 361

Dieser Umstand könnte dafür sprechen, die Möglichkeit der Kenntnisnahme durch das auf Empfängerseite installierte autonome System für ausreichend zu halten.[392] Die Möglichkeit der Kenntnisnahme besteht für das autonome System dann, sobald die Willenserklärung des absendenden autonomen Systems die Kommunikationsschnittstelle des empfängerseitig installierten autonomen Systems passiert hat, sodass die Erklärung durch jenes System gespeichert und verarbeitet werden kann.[393] 362

Ist dies aber der Fall, hat auch der Betreiber des Empfängersystems grundsätzlich die Möglichkeit, die Willenserklärung des absendenden autonomen Systems wahrzunehmen. Somit kann ab diesem Zeitpunkt auch mit der Kenntnisnahme durch den Betreiber des Empfängersystems gerechnet werden. Ob eine Wahrnehmung durch den Betreiber des Empfängersystems auch tatsächlich stattfindet, kann dabei dahinstehen, da es auch für den Zugang einer „analog" verkörperten Willenserklärung nicht darauf ankommt, ob diese vom Empfänger tatsächlich zur Kenntnis genommen wird.[394] 363

Grundsätzlich besteht also mit der Möglichkeit der Kenntnisnahme durch das autonome System auch die Möglichkeit der Kenntnisnahme durch dessen Betreiber.[395] 364

Darüber hinaus stellt sich die Frage, wann im Falle der Entgegennahme einer Willenserklärung des absendenden autonomen Systems durch das empfängerseitig installierte autonome System nach der Verkehrsanschauung zu rechnen ist. Eine Verkehrsauffassung, die sich spezifisch auf durch autonome Systeme abgegebene und auch entgegengenommene Willenserklärungen bezieht, hat sich bislang noch gar nicht herausbilden können, sodass auch insoweit auf parallele und vergleichbare Konstellationen zurückgegriffen werden muss: So gelten bspw. E-Mails, die „zur Unzeit" eingehen, erst als am nächsten Tag bzw. 365

---

387 *Cornelius* MMR 2002, 353 (356).
388 *Cornelius* MMR 2002, 353 (356).
389 *Cornelius* MMR 2002, 353 (356).
390 *Schulz* Verantwortlichkeit bei autonom agierenden Systemen S. 119.
391 *Sester/Nitschke* CR 2004, 548 (551).
392 *Sester/Nitschke* CR 2004, 548 (551).
393 *Sester/Nitschke* CR 2004, 548 (551); *Schulz* Verantwortlichkeit bei autonom agierenden Systemen S. 120.
394 MüKoBGB/*Einsele* § 130 Rn. 19.
395 *Sester/Nitschke* CR 2004, 548 (551).

zum nächst möglichen Zeitpunkt einer regulären Möglichkeit zur Kenntnisnahme zugegangen.[396] Eine dem vergleichbare „Unzeit" gibt es aber für autonome Systeme auf Absender- und Empfängerseite grundsätzlich nicht. Käme es also auf die Möglichkeit der Kenntnisnahme durch das autonome System an, gälte die Erklärung des absendenden Systems damit bereits im Zeitpunkt des Eingangs bei dem empfangenden autonomen System als zugegangen unabhängig, an welchem Tag und/oder zu welchem Zeitpunkt dies erfolgt.

366 Bei einer ähnlichen Konstellation im Bereich der automatischen Bestellsysteme ist bereits anerkannt, dass es gerade nicht auf die Möglichkeit der Kenntnisnahme durch eine natürliche Person ankommt, sondern auf den Zeitpunkt der Verarbeitung einer Erklärung. Bei derartigen Systemen verarbeitet ein Computer eine auf einer Website abgegebene Erklärung automatisch weiter.[397] Die automatische Weiterverarbeitung wird dabei der Kenntnisnahme durch den Erklärungsempfänger gleichgestellt, indem die vom Computer gespeicherte Information dem Geschäftsherrn als sein Wissen zugerechnet wird.[398]

367 Diese Situation ist vergleichbar mit der Nutzung eines autonomen Systems. Auch das autonome System verarbeitet eingehende Erklärungen selbstständig weiter, wobei das autonome System im Vergleich zu den beschriebenen Bestellsystemen typischerweise sogar mehr Faktoren und im Falle eines entsprechenden Einsatzes „gelernte Verhaltensweisen" berücksichtigt. Ist also bereits im Falle eines automatischen Bestellsystems auf die „Möglichkeit der Kenntnisnahme" des Bestellsystems abzustellen, so muss dies erst recht für das noch autonomer agierende autonome System gelten.

368 **cc) Zugangsstörungen.** Je nach den Umständen des Einzelfalls, insbesondere aufgrund einer spezifischen beruflichen Stellung eines potenziellen Erklärungsempfängers oder im Zusammenhang mit einem zuvor abgeschlossenen Vertragsverhältnis, hat die Rechtsprechung diesem Empfänger auch eine Obliegenheit zugewiesen, durch geeignete Vorkehrungen sicherzustellen, dass ihn die Erklärungen auch erreichen; verletzt er diese Obliegenheit, muss der potentielle Erklärungsempfänger sich eine ihm tatsächlich nicht zugegangene rechtsgeschäftliche Erklärung dennoch als zugegangen zurechnen lassen.[399] Für den Betrieb von technischen Systemen zur Entgegennahme von Erklärungen wie zB Telefax-Anschlüssen oder E-Mail-Systemen, gilt bereits Entsprechendes: Auch hier muss deren Betreiber sicherstellen, dass diese Systeme so betrieben und betriebsbereit gehalten werden, dass an diese Systeme abgesandte Erklärungen auch tatsächlich technisch empfangen und zur menschlichen Kenntnisnahme bereit gestellt werden können (beim Faxgerät also zB hinreichend Papier eingelegt ist, oder beim E-Mail-Anschluss sichergestellt ist, dass eingehende E-Mails nicht automatisch im Spam-Ordner landen und dort systematisch nicht zur Kenntnis genommen werden.[400]

369 Überträgt man diese Grundsätze auf den Betrieb eines autonomen Systems, an das menschlich oder wiederum durch andere autonome Systeme gebildete Willenserklärungen übermittelt werden können, bedeutet dies, dass auch dessen Betreiber als Obliegenheit sicherzustellen hat, dass das von ihm betriebene System eingehende Erklärungen technisch empfangen und systemseitig weiter verarbeiten kann. Verletzt der Betreiber diese Obliegenheit in Bezug auf „sein" autonomes System, käme man auch hier dennoch zu der Zurechnung der übermittelten, jedoch nicht empfangenen Erklärung zu dem Betreiber des

[396] *Schulz* Verantwortlichkeit bei autonom agierenden Systemen S. 120.
[397] *Borges* Verträge im elektronischen Geschäftsverkehr S. 273; *Cordes* Form und Zugang von Willenserklärungen im deutschen und US-amerikanischen Recht S. 84; *Schulz*Verantwortlichkeit bei autonom agierenden Systemen S. 119.
[398] *Borges* Verträge im elektronischen Geschäftsverkehr S. 273.
[399] BGH Urt. v. 3.11.1976 – VIII ZR 140/75, BGHZ 67, 271 (278) = NJW 1977, 194; Urt. v. 26.11.1997 – VIII ZR 22/97, NJW 1998, 976.
[400] BGH Urt. v. 7.12.1994 – VIII ZR 153/93, NJW 1995, 665 (667); LG Bonn Urt. v. 10.1.2014 – 15 O 189/13, BeckRS 2014, 05275.

nicht ordnungsgemäß betriebenen autonomen Systems, an das die Erklärung gerichtet war. Dessen Betreiber müsste sich also rechtsgeschäftlich so behandeln lassen, als sei die an das von ihm betriebene System übermittelte, aber dort nicht eingegangene oder nicht weiter verarbeitete Erklärung dennoch eingegangen bzw. dennoch weiterverarbeitet worden.

4. Vernichtung einer maschinell erzeugten Willenserklärung durch Anfechtung und deren Rechtsfolgen

a) „Willensmängel" bei einer menschlichen Willenserklärung und ihre Parallelen bei der maschinell erzeugten Willenserklärung

Die im Rahmen der Irrtumsanfechtung gem. § 119 BGB relevanten Willensmängel können in drei Kategorien unterteilt werden, nämlich Inhalts-, Erklärungs- und Eigenschaftsirrtümer: 370

- Beim Inhaltsirrtum irrt der Erklärende über den Inhalt seiner Erklärung; ihm ist die Bedeutung seiner Äußerung nicht bewusst.
- Unterliegt der Erklärende einem Erklärungsirrtum, sagt er etwas anderes als eigentlich von ihm beabsichtigt.
- Beim Eigenschaftsirrtum stimmen der innere Wille des Erklärenden und das tatsächlich Geäußerte überein. Der Irrtum bezieht sich hier auf eine verkehrswesentliche Eigenschaft des den Gegenstand der Erklärung bildenden Geschäftsgegenstandes.

Entscheidend für die Entstehung eines Anfechtungsrechts ist es, zu welchem Zeitpunkt der Erklärende dem Irrtum unterliegt. Ist dies schon bei der Willensbildung der Fall, handelt es sich um einen in der Regel unbeachtlichen Motivirrtum.[401] Tritt der Irrtum aber erst bei der Willensentäußerung auf, entsteht ein Anfechtungsrecht für den Erklärenden.[402] 371

Die möglichen Situationen, in denen bei der Verwendung autonomer Systeme ein Anfechtungsrecht entstehen könnte, lassen sich ebenfalls in drei Gruppen einteilen: 372

- die versehentliche Verwendung des autonomen Systems,
- die willentliche Verwendung des autonomen Systems mit einem von dessen Betreiber unerwünschten Ergebnis sowie
- Eingabefehler.

aa) Anfechtung bei nur versehentlicher Verwendung eines autonomen Systems. 373 Wird ein autonomes System versehentlich aktiviert und versendet daraufhin Erklärungen, fehlt es dem Nutzer an einem Erklärungsbewusstsein. Diesem ist nämlich gar nicht bewusst, dass sein Verhalten rechtserhebliche Folgen herbeiführen könnte. Nach der herrschenden Meinung[403] besteht bei fehlendem Erklärungsbewusstsein ein Anfechtungsrecht, sodass sich auch der Nutzer des autonomen Systems in dieser Situation, ggf. unter Ersatz des Vertrauensschadens, von der Willenserklärung loslösen kann.[404]

bb) Verwendung des autonomen Systems mit einem von dessen Betreiber unerwünschten Ergebnis. 374 Anders liegt der Fall, wenn der Nutzer das autonome System willentlich aktiviert und nur der Inhalt einer von diesem System gebildeten und abgesetzten Erklärung ist von dessen Betreiber unerwünscht. Gerade dieses willentliche Aktivieren wird, wie oben erläutert, als ausreichend erachtet, um die Erklärungen des Systems dessen Betreiber als Willenserklärung zuzurechnen. Das erforderliche Erklärungsbewusstsein ist hier nämlich vorhanden. Durch die Aktivierung überlässt der Betreiber die konkrete Willensbildung sowie die Bildung und Entäußerung der Erklärung bewusst dem System. So-

---

401 *Dienst/Falke* in Bräutigam/Rücker E-Commerce-HdB 14. Teil Rn. 41 f.
402 *Dienst/Falke* in Bräutigam/Rücker E-Commerce-HdB 14. Teil Rn. 41 f.
403 BGH Urt. v. 7.6.1984 – IX ZR 66/83, NJW 1984, 2279; *Boemke/Ulrici* BGB AT § 5 Rn. 12.
404 *Schulz* Verantwortlichkeit bei autonom agierenden Systemen S. 123; *Gitter/Roßnagel* K&R 2003, 65 (67).

mit nimmt der Betreiber es aber gerade auch bewusst in Kauf, dass das System Erklärungen abgibt, die sich im Nachhinein als nicht in seinem Interesse stehend erweisen. Dort, wo in Fällen der Computererklärung ein Anfechtungsrecht noch wegen eines konkreten dahinterstehenden menschlichen Willens angenommen werden kann, bestehen beim autonomen System bedeutend mehr „Handlungsmöglichkeiten". Vermag diese deutlich höhere Anzahl an Möglichkeiten im Rahmen der Zurechnung zwar keine unterschiedliche Behandlung rechtfertigen, macht sie im Bereich der Anfechtung durchaus einen Unterschied. So ist es nämlich gerade der konkrete menschliche Wille hinter der Computererklärung, der das Anfechtungsrecht begründet. Der Nutzer des autonomen Systems hingegen hat in der Regel keinen solchen konkreten Willen bezüglich Inhalt, Erklärung und Eigenschaften des Geschäfts. Fehlt aber eine konkrete Vorstellung, kann der Nutzer zum Zeitpunkt der Willensentäußerung über diese Merkmale aber auch keinem Irrtum unterliegen.

375 Dies spricht gegen eine Anfechtungsmöglichkeit bei Erklärungen durch willentlich aktivierte autonome Systeme.

376 Auch der Gesichtspunkt der Risikoverteilung spricht gegen die Anerkennung eines Anfechtungsrechts gem. § 119 BGB für Erklärungen autonomer Systeme, die willentlich aktiviert wurden.[405] Der Erklärende könnte sich sonst quasi beliebig von seinen Erklärungen lösen und wäre im Gegenzug lediglich zum Ersatz des Vertrauensschadens verpflichtet.[406] Dies führte zudem zu erheblicher Rechtsunsicherheit im Umgang mit autonomen Systemen, die mit der weit gefassten Zurechnung von Willenserklärungen autonomer Systeme zu deren Betreiber aber gerade vermieden werden sollte. Außerdem ist es gerade der Erklärende, der sich bezüglich der Willenserklärung des autonomen Systems bedient und davon profitiert, es erscheint also billiger, ihn in diesem Zusammenhang auch das Risiko tragen zu lassen.

377 **cc) Eingabefehler.** Zuletzt lässt sich noch die Situation der Eingabefehler gesondert betrachten. Hier ist die oben beschriebene Differenzierung zwischen Irrtümern bei der Willensbildung und bei der Willenserklärung wieder von Bedeutung, wonach in der Regel nur solche Irrtümer zu einer Anfechtungsmöglichkeit führen, die im Rahmen der Willensäußerung auftreten.

378 Im Rahmen der Nutzung autonomer Systeme wird der Nutzer dem System, wenn überhaupt, nur Vorgaben machen, aufgrund derer das System die endgültige Erklärung erstellt. Unterläuft dem Nutzer bei dieser Eingabe ein Fehler, handelt es sich aber um regelmäßig unbeachtliche Irrtümer bei der Willensbildung.

379 Nur wenn dem Nutzer ein Eingabefehler unterläuft, der unmittelbar in die Erklärung eingeht, handelt es sich um einen beachtlichen Irrtum bei der Willenserklärung, der zu einer Anfechtungsmöglichkeit führt.[407]

b) Anfechtungen und ihre Rechtsfolgen

380 Gem. § 142 Abs. 1 BGB gilt eine wirksam angefochtene Willenserklärung als von Anfang an nichtig. Die Lage ist damit nach einer wirksamen Anfechtung so, als wäre die Willenserklärung niemals abgegeben worden. Damit scheiden sowohl Erfüllungsansprüche sowie Ansprüche auf Schadensersatz statt der Leistung aus.[408] Es kann nur das negative Interesse geltend gemacht werden.[409] Ein Anlass für eine hiervon abweichende Rechtsfolge der Anfechtung von durch autonome Systeme erzeugten Willenserklärungen besteht nicht.

---

[405] *Sorge* Softwareagenten S. 29.
[406] *Sorge* Softwareagenten S. 29.
[407] *Gitter/Roßnagel* K&R 2003, 65 (67); *Schulz* Verantwortlichkeit bei autonom agierenden Systemen S. 124.
[408] BeckOK BGB/*Wendtland* § 142 Rn. 6.
[409] MüKoBGB/*Busche* § 142 Rn. 15.

c) Anwendbarkeit der Anfechtung gem. § 123 BGB wegen arglistiger Täuschung?

aa) Voraussetzungen der Anfechtung wegen Täuschung bei einer menschlichen Willenserklärung. Voraussetzung für eine Anfechtung wegen arglistiger Täuschung gem. § 123 BGB ist, dass der Erklärende durch eine Täuschung zur Abgabe seiner Willenserklärung gebracht wurde. Unter einer Täuschung versteht man die Erregung oder Aufrechterhaltung eines Irrtums durch Vorspiegelung falscher oder Unterdrückung wahrer Tatsachen.[410] Die Täuschung kann dabei durch ein aktives Tun oder ein Unterlassen verwirklicht werden.[411] 381

Arglist iSd § 123 BGB ist gleichbedeutend mit Vorsatz, der Täuschende muss also wissen und wollen oder zumindest billigend in Kauf nehmen, dass der andere Teil durch die Täuschung zur Abgabe seiner Willenserklärung gebracht wird.[412] 382

Auf Seiten des Getäuschten muss die Täuschung gerade kausal für die Entstehung des Irrtums geworden sein und gerade dieser Irrtum muss kausal für die Abgabe der Willenserklärung geworden sein.[413] 383

bb) Parallele bei der maschinell erzeugten Willenserklärung. (1) Täuschung. Die Täuschung der Maschine beruht in der Regel auf Falschangaben eines Dritten, die dazu führen, dass die Maschine aufgrund der Verarbeitung von unzutreffenden Ausgangsdaten auch eine entsprechend mangelbehaftete Willenserklärung abgibt.[414] Die Falschangabe des Dritten wird regelmäßig aber nicht dazu führen, dass der Nutzer des autonomen Systems, dem die Erklärung als eigene Willenserklärung zugerechnet wird, einem Irrtum aufgrund der Täuschung unterliegt.[415] Dieser wird die Täuschung im Zweifel zunächst gar nicht bemerken. Er nutzt den Agenten ja gerade, um Willensbildung und -erklärung auf diesen auszulagern. Das für das Entstehen eines Anfechtungsrechts gem. § 123 Abs. 1 BGB entscheidende Geschehen findet in der Regel also ohne Kenntnis des Systembetreibers ausschließlich beim autonomen System statt – dieses wird sich aufgrund der Täuschung zwar nicht – wie bei einem Menschen „irren", wohl aber einen Verarbeitungsvorgang mit unzutreffenden Ausgangsdaten einleiten und aufgrund dessen eine entsprechend mangelbehaftete Willenserklärung erzeugen und abgeben. 384

Trotz dieses Unterschiedes zur arglistigen Täuschung im „normalen" Geschäftsverkehr ist aber keine andere Bewertung angezeigt. 385

Es darf keinen Unterschied ausmachen, bei wem genau die arglistige Täuschung den erforderlichen Irrtum auslöst. Lehnte man in Fällen eines mit unzutreffenden Angaben gefütterten autonomen Systems ein Anfechtungsrecht ab, führte dies dazu, dass für den Täuschenden keine nachteiligen Auswirkungen mit seiner Täuschung verbunden wären. Vielmehr hätte der Betreiber des autonomen Systems die Nachteile zu tragen. Auch wenn der Betreiber zwar grundsätzlich von der Nutzung des autonomen Systems profitiert, können ihm deswegen nicht pauschal alle Risiken zugeschrieben werden, erst recht nicht, wenn der andere Teil des Rechtsgeschäfts technisch durch Eingabe unzutreffender Ausgangsdaten sogar die Ursache für die mangelbehaftete Willenserklärung des Systems gesetzt hat. Vielmehr ist es in dieser Situation der Systembetreiber, der den Schutz verdient. Der Täuschende dagegen ist schutzunwürdig, er ist es, der sich nicht im Einklang mit der Rechtsordnung verhält. Dabei ist es letztlich irrelevant, ob er einen Menschen direkt oder eine Maschine täuscht.[416] Im Zweifel wird es für den Täuschenden auch überhaupt nicht erkennbar sein, ob er einen Menschen oder ein autonomes System täuscht. 386

Auch bei der Täuschung der Maschine entsteht also ein Anfechtungsrecht. 387

---

[410] BeckOK BGB/*Wendtland* § 123 Rn. 7.
[411] BeckOK BGB/*Wendtland* § 123 Rn. 7.
[412] BeckOK BGB/*Wendtland* § 123 Rn. 17.
[413] MüKoBGB/*Armbrüster* § 123 Rn. 21.
[414] *Nitschke* Verträge unter Beteiligung von Softwareagenten S. 90.
[415] *Nitschke* Verträge unter Beteiligung von Softwareagenten S. 90.
[416] *Kuhn* Rechtshandlungen mittels EDV und Telekommunikation S. 171.

388 **(2) Irrtumsfähigkeit einer Maschine.** Betrachtet man das Erfordernis des Irrtums näher, stellt sich die Frage, ob sich eine Maschine überhaupt „irren" kann, obwohl ihr (noch) keine Willensbildung möglich ist, die der menschlichen entspricht.

389 Betrachtet man die gesamte Rechtsordnung, findet man mit § 263a StGB eine Norm, die zumindest von etwas Entsprechendem ausgeht. Die von § 263a StGB geforderte Beeinflussung des Ergebnisses eines Datenverarbeitungsvorganges entspricht nämlich dem Erfordernis des Irrtums aus § 123 BGB bzw. des für den Straftatbestand des Betruges relevanten Irrtums.[417] Beschrieben wird damit der Umstand, dass das Ergebnis eines Datenverarbeitungsvorgangs ohne eine entsprechende Manipulationshandlung anders oder überhaupt nicht hätte ergehen können.

390 Die Rechtsordnung kennt somit also durchaus den „Irrtum" einer Maschine, ohne dies allerdings direkt so zu benennen. Somit sollte auch im Rahmen des § 123 BGB die Möglichkeit eines Irrtums der Maschine angenommen werden.

391 **(3) Kann die Maschine getäuscht werden?** Entsprechend dem Problem bei dem Irrtum lässt sich auch die Frage stellen, ob eine Maschine überhaupt getäuscht werden kann. Auch hier lässt sich wieder die Parallele zu § 263a StGB ziehen. Entsprechend der Täuschung im Rahmen des Betrugs gem. § 263 StGB wird hier auf die Manipulation eines Datenverarbeitungsvorgangs abgestellt.[418]

392 Auch im Rahmen des Anfechtungsrechts gem. § 123 BGB kann die Manipulationshandlung also als Täuschung angesehen werden.

393 **(4) Anfechtungsberechtigter.** Grundsätzlich ist nur derjenige anfechtungsberechtigt, von dem die durch die Täuschung hervorgerufene Erklärung herrührt.[419] Bei der Nutzung autonomer Systeme ist dies der Nutzende, da diesem die Willenserklärung des autonomen Systems zugerechnet wird.

394 Problematisch ist aber auch hier wieder, dass der Getäuschte – nämlich das autonome System – und derjenige, dem die Willenserklärung zugerechnet werden, auseinanderfallen. Regelmäßig geht man nämlich davon aus, dass der Getäuschte auch der Anfechtungsberechtigte ist.[420] Allerdings führt dieses „Auseinanderfallen" nicht zwingend dazu, dass nur dem Getäuschten, nicht aber demjenigen, dem die Erklärung zuzurechnen ist, die Anfechtungsberechtigung zusteht. So ist es anerkannt, dass bei der Erklärung durch einen Vertreter dieser nur ausnahmsweise zur Anfechtung befugt ist und dieses Recht grundsätzlich dem Vertretenen selbst zusteht.[421]

395 Selbst wenn man die Zurechnung der Willenserklärung des autonomen Systems nicht analog der Stellvertretungsregeln vornimmt, lässt sich doch der dahinterstehende Rechtsgedanke – nämlich die Anfechtungsberechtigung demjenigen zuzubilligen, den auch die anzufechtende Willenserklärung letztlich betrifft – übertragen.

396 Schutzwürdig ist grundsätzlich nämlich derjenige, der durch die Willenserklärung gebunden wird, dieser hat die Folgen der Täuschung zu tragen. Deswegen sollte auch in den Fällen eines getäuschten autonomen Systems dessen Betreiber der Anfechtungsberechtigte sein.

5. Vertragliche Regelungen beim Einsatz autonomer Systeme

397 Wie die Ausführungen zur Zurechnung, der Abgabe und dem Zugang sowie zur Vernichtung von Erklärungen autonomer Systeme gezeigt haben, ist der Einsatz von autonomen Systemen zum Zwecke des Vertragsschlusses derzeit weder gesetzlich ausdrücklich geregelt,

---

[417] BeckOK StGB/*Schmidt* § 263a Rn. 37.
[418] BeckOK StGB/*Schmidt* § 263a Rn. 10.
[419] BeckOK BGB/*Wendtland* § 143 Rn. 8.
[420] BeckOK BGB/*Wendtland* § 143 Rn. 8.
[421] BeckOK BGB/*Wendtland* § 143 Rn. 8.

noch durch (analoge) Anwendung der bestehenden Regelungen des BGB in allen Fällen mit rechtlich abgesicherten und damit auch vorhersehbaren Rechtsfolgen abzubilden. Auch wenn die sich dabei stellenden rechtlichen Herausforderungen – wie gezeigt – de lege lata mit einer entsprechenden Anwendung bestehender Rechtsinstitute und Grundsätze grundsätzlich lösen ließen, verblieben bis zu einer höchstrichterlichen Billigung dieser übertragenden Anwendung oder einer ausdrücklichen Regelung durch den Gesetzgeber rechtliche Restrisiken.

Gleichzeitig beschleunigt der Einsatz derartiger Systeme regelmäßig nicht nur den Vertragsschluss, sondern auch die Abwicklung ganzer Geschäftsvorfälle und ermöglicht darüber hinaus neue Geschäftsmodelle, die mehr und mehr auf das schnelle Interagieren von autonomen Systemen über das Internet und damit eine hohe Verfügbarkeit solcher Systeme angewiesen sein werden. 398

Um die daraus resultierenden rechtlichen und tatsächlichen Unklarheiten und Restrisiken zu minimieren, empfiehlt es sich, den Einsatz von autonomen Systemen einstweilen vertraglich zu regeln. Der Abschluss solcher Verträge über den (wechselseitigen) Einsatz autonomer Systeme und die Behandlung der von diesen Systemen autonom gebildeten und abgegebenen Erklärungen bedingt natürlich, dass bereits vor dem Einsatz solcher Systeme die Parteien der mit Hilfe autonomer Systeme zukünftig zu schließenden Verträge feststehen müssten. Eine vollkommen grenzenlose Autonomie der Systeme in der Auswahl der Vertragspartner ihrer Betreiber ist damit unvereinbar; vielmehr bliebe damit der Kreis der von einem autonomen System „ansprechbaren" Vertragspartner auf den Kreis derjenigen beschränkt, mit denen der jeweilige Systembetreiber solche Verträge zuvor abgeschlossen hat. 399

Derartige vertragliche Regelungen werden dabei wegen der Standardisierung der Geschäftsvorfälle typischerweise für mehrere Vertragsschlüsse erstellt, was in Form von Rahmenverträgen oder AGB erfolgen kann. Insbesondere im Verhältnis zu Verbrauchern (B2C), wo von massenhaften Kundenbeziehungen auszugehen ist, werden individuell ausgehandelte Rahmenverträge wegen der regelmäßig unterlegenen Verhandlungsmacht des Verbrauchers einerseits und dem damit verbundenen Aufwand andererseits die Ausnahme bleiben. Individuell ausgehandelte Rahmenverträge werden somit auf längere Dauer und größere Volumina angelegten Vertragsverhältnissen zwischen Unternehmen vorbehalten bleiben. 400

a) Typische Inhalte von Rahmenverträgen

aa) Anwendungsbereich für maschinell abzuschließende Einzelverträge. Bei der Definition des Anwendungsbereichs solcher Rahmenverträge ist zunächst der Einsatzbereich der autonomen Systeme zu bestimmen, innerhalb dessen sie eingesetzt werden und zum (Einzel-)Vertragsabschluss befugt sein sollen. 401

(1) Positive Umschreibung des Einsatzbereichs von Rahmenverträgen. Dabei kann der Einsatzbereich durch eine positive Umschreibung definiert werden. Hier besteht der Vorteil, dass die Parteien des Rahmenvertrages genau bestimmen können, in welchen Bereichen das/die autonome(n) System(e) (Einzel-)Verträge abschließen können sollen. Damit sind aber gleichzeitig Vor- und Nachteile verbunden: Sobald das auf Seiten eines Rahmenvertragspartners eingesetzte autonome System bspw. aufgrund einer selbstlernenden Funktionalität (Einzel-)Verträge in einem von der Positivumschreibung nicht mehr erfassten Bereich anbahnen und abschließen möchte, scheiterte der wirksame Abschluss solcher (Einzel-)Verträge immer schon daran, dass dafür dann die Bedingungen des Rahmenvertrages nicht mehr gälten und das davon betroffene einzelne Geschäft entweder gar nicht erst wirksam zustande käme oder die Parteien insofern wieder auf die Anwendung allein des Gesetzes mit allen oben erläuterten Unsicherheiten zurückgeworfen wären. Umgekehrt eröffnete diese Regelungstechnik dem Betreiber des autonomen Systems, das ein 402

Angebot auf Abschluss eines außerhalb des so umschriebenen Anwendungsbereichs des Rahmenvertrages liegenden Einzelvertrages abgesetzt hat, das Argument, dass diese Erklärung nicht mehr von seinem Handlungs- und Geschäftswillen umfasst und ihm damit nicht mehr als eigene Erklärung zurechenbar ist; der Empfänger ihm solcherart angetragener Angebote kann auch sofort erkennen, dass diese Angebote nicht zu einem wirksamen oder zumindest nur zu einem anfechtbaren Einzelvertrag führen können, was ihn vor Schäden bewahren kann. Darüber hinaus bewirkt die positive Umschreibung des Anwendungsbereiches eines solchen Rahmenvertrages, dass die Erweiterung dieses Einsatzbereiches jedes Mal eine Rahmenvertragsänderung erforderlich macht.

403 **(2) Negative Umschreibung des Einsatzbereichs von Rahmenverträgen.** Alternativ kann der Einsatzbereich natürlich auch durch eine negative Umschreibung abgegrenzt werden.

404 Dabei kann mit Wertgrenzen gearbeitet werden, innerhalb derer das autonome System inhaltlich frei ist.

405 Umgekehrt kann aber auch eine Variante gewählt werden, in der der Einsatzbereich inhaltlich abgegrenzt ist, das autonome System hinsichtlich des Wertes aber keinen Beschränkungen unterliegt.

406 Eine solche negative Abgrenzung des Anwendungsbereichs solcher Rahmenverträge erfordert, dass die Rahmenvertragsparteien von vornherein den theoretisch maximal möglichen Handlungsraum der (ggf. sogar beidseits) zum Einsatz kommenden autonomen Systeme kennen. Erst ein so abgegrenzter Handlungsraum ermöglicht es den Rahmenvertragsparteien zu bestimmen, welche Einzelgeschäfte sie zulassen wollen und welche nicht. Ohne Kenntnis des maximal möglichen Handlungsraums liefen sie Gefahr, den Negativkatalog der Einzelgeschäfte, für die der abzuschließende Rahmenvertrag nicht gelten soll, unvollständig auszugestalten und damit Einzelgeschäfte und deren Rechtsfolgen zustande kommen ließen, die sich im konkreten Einzelfall als womöglich unerwünscht erweisen. Die Zurechenbarkeit der auf solche Einzelgeschäfte ausgerichteten Erklärungen des eingesetzten autonomen Systems könnte dessen Betreiber dann auch nicht mehr bestreiten, da der Negativkatalog von ausgeschlossenen Geschäften ja umgekehrt bedeutet, dass alle nicht dem Negativkatalog unterfallenden Einzelgeschäfte wirksam zustande kommen sollen. Die negative Umschreibung des Anwendungsbereichs eines Rahmenvertrages vermeidet damit zwar die oben aufgezeigten Nachteile einer Positivumschreibung, kann dafür aber im Einzelfall andere Risiken in sich bergen.

407 Welche Regelungstechnik die Rahmenvertragsparteien also im Einzelfall wählen, hängt vom jeweiligen Einsatzfeld für autonome Systeme und die sich daraus ergebende Absehbarkeit des maximal möglichen Handlungsraums der eingesetzten Systeme ab.

408 **bb) Rechtsfolge der Überschreitung der definierten Einsatzbereiche.** Wird der Einsatzbereich der autonomen Systeme definiert, sollte der Rahmenvertrag auch eine Rechtsfolge vorsehen, sofern sich das System außerhalb des definierten Einsatzbereiches bewegt. In Betracht kommt hier eine einvernehmliche Regelung, dass von einem autonomen System auf den Abschluss solcher Einzelgeschäfte gerichtete Erklärungen

- entweder von vornherein als unbeachtlich behandelt werden,
- dass sie zu einem wirksamen Einzelvertrag mit besonderen Widerrufs- oder Anfechtungsrechten führen,
- oder dass sie schließlich zu einem schwebend unwirksamen Einzelvertrag mit Genehmigungsvorbehalt führen.

409 **cc) Attributzertifikate.** Ein Attributzertifikat ist ein digitales Zertifikat, das die von einer vertrauenswürdigen Stelle digital signierte Bindung zwischen bestimmten digitalen Informationen (Attributen) und einem weiteren digitalen Zertifikat widergibt. Das Attributzertifikat beinhaltet also einen Verweis auf ein anderes Zertifikat und ordnet diesem eine oder

mehrere Eigenschaften, die vertrauenswürdig ausgelesen werden und bei Verwendung in einem Umfeld mit rechtlicher Relevanz bspw. auch das Vertrauen einer Vertragspartei auf den Bestand von mit solchen Attributzertifikaten zum Ausdruck gebrachten Befugnissen/Vollmachten etc begründen können. Auf diese Weise können zu einem Zertifikat im Zusammenhang mit ganz unterschiedlichen Anwendungsfällen und in unterschiedlichen Umgebungen Eigenschaften vertrauenswürdig zugeordnet werden, ohne das Originalzertifikat ändern zu müssen. Attributzertifikate zeichnen typischerweise Eigenschaften aus, die entweder das Zertifikat selbst oder die Person näher charakterisieren:

- zum Kennzeichnen der Rolle(n), die das von einem Rahmenvertragspartner eingesetzte autonome System im Anwendungsbereich des Rahmenvertrages annehmen darf, oder
- zum Kennzeichnen einer Nutzungsbeschränkung des Zertifikats und damit der „Vollmacht" des eingesetzten und mit diesem Attributzertifikat versehenen autonomen Systems, zB „Transaktion bis maximal 100,00 EUR".

Attributzertifikate können also zur technischen Absicherung derjenigen Beschränkungen oder sonstigen Regeln eingesetzt werden, die in einem Rahmenvertrag vereinbart für die darunter von autonomen Systemen abgeschlossenen Einzelverträge gelten sollen.[422] 410

Will eine Rahmenvertragspartei neue Attributzertifikate einführen oder bestehende ablösen, empfiehlt es sich, dies mit einer vertraglichen Pflicht zu verbinden, die andere Vertragspartei hierauf ausdrücklich in einer vertraglich zu bestimmenden Form hinzuweisen, soweit der Wechsel nicht auf einer separaten Vereinbarung beruht. Gerade in Hinblick auf Manipulationen oder die Lernfähigkeit der autonomen Systeme und die damit verbundene Möglichkeit, dass autonome Systeme das Vorliegen von Attributzertifikaten vortäuschen können,[423] besteht durch die Hinweispflicht ein Mittel, um Attributzertifikate zusätzlich verifizieren zu können. 411

dd) Zugang von Willenserklärungen bei Maschinen und Bestätigungspflicht. Aufgrund der netzwerktechnischen Verbindung der Systeme über das Internet und der daraus folgenden kurzen Übermittlungsdauer intramaschineller Nachrichten trägt die zeitliche Dauer der Übermittlung selten wesentlich zur Unsicherheit über den ordnungsgemäßen Empfang maschineller Nachrichten bei. Vertragliche Regelungen zur Fingierung des Zugangs zum Zeitpunkt der Absendung einer Nachricht scheinen vor diesem Hintergrund regelmäßig wenig interessengerecht. 412

Entscheidender für die Klarheit über den Zugang einer Erklärung eines autonomen Systems ist vielmehr die Gewissheit über die ordnungsgemäße Übermittlung und den Inhalt, mit dem diese dem Empfänger zugegangen ist. Diese Gewissheit wird sich am einfachsten durch eine automatische Bestätigung des Zugangs der Nachricht und ihres Inhalts gegenüber dem Empfänger herstellen lassen. 413

Vor diesem Hintergrund bietet es sich an, in einem Rahmenvertrag Regelungen vorzusehen, nach denen der Zugang bestimmter Nachrichten vom Empfänger unmittelbar auf elektronischem Wege zu bestätigen ist und den Zugang der bestätigten Nachricht zum Zeitpunkt des Zugangs dieser Bestätigung zu fingieren und beim (wiederholten) Ausbleiben der Bestätigung Maßnahmen zur Überprüfung etwaiger technischer Störungen und deren Beseitigung durch die Parteien vorzusehen. Damit kann, muss aber in der Regel noch keine inhaltliche Annahme eines in der empfangenen Nachricht enthaltenen Vertragsangebots liegen. Sollte dies ausnahmsweise gewollt sein, empfiehlt sich hierzu eine rahmenvertragliche Regelung ebenso wie eine klarstellende Formulierung, falls mit dieser Zugangsbestätigung gerade noch keine Annahme eines Vertragsangebots verknüpft sein soll. 414

[422] Zu deren rechtlicher Einordnung und Bedeutung s. die Erläuterungen in → Rn. 204 ff.
[423] *Faber* in Sassenberg/Faber Industrie 4.0 und Internet-HdB S. 252.

415 **ee) Regelmäßige Überprüfung abgegebener oder empfangener autonomer Erklärungen.** Als organisatorische Maßnahme zur Reduzierung der Risiken eines Vertragsabschlusses durch autonome Systeme infolge einer Fehlfunktion oder außerhalb des vom Nutzer intendierten Rahmens kann vereinbart werden, dass die maschinell/autonom erstellten Erklärungen von der das System nutzenden Vertragspartei in regelmäßigen Abständen manuell (oder ggf. wiederum maschinell) zu überprüfen und etwaige Fehler unverzüglich der anderen Vertragspartei mitzuteilen sind.

416 Haben die Vertragsparteien im Rahmenvertrag bereits den Rahmen vertraglich festgelegt, innerhalb dessen der jeweilige Nutzer eines autonomen Systems sich dessen Erklärungen zurechnen lassen will, bedarf es einer nachträglichen manuellen Überprüfung der Einhaltung dieses Rahmens zwar nicht, da die jeweiligen Systeme auf Empfängerseite so konfiguriert werden können, dass sie Erklärungen des anderen Systems außerhalb dieses Rahmens unberücksichtigt lassen. Es wird jedoch nie auszuschließen sein, dass beide an dem Vertragsschluss beteiligten Systeme – sei es infolge einer Fehlfunktion oder einer Manipulation durch Dritte – den vorher vertraglich festgelegten Rahmen überschreiten und weitere (Produktions-, Kommissionierungs- oder Bestell-) Prozesse anstoßen, die zu erheblichen Kosten auf Seiten einer oder beider Vertragsparteien führen können.

417 **ff) Protokollierung.** Um ungewollte Entscheidungen des autonomen Systems, seien diese auf Fehlfunktionen oder Manipulationen zurückzuführen, nachträglich überhaupt erkennen zu können und dem Betreiber des Systems ein Vorgehen gegen die Wiederholung solcher unerwünschter Entscheidungen zu ermöglichen, hat der Betreiber zudem Vorkehrungen zur Beweissicherung zu treffen. Wie bei anderen informationstechnischen Systemen werden die Aktivitäten eines autonomen Systems und die dadurch ausgelösten Datenflüsse typischerweise in Logfiles protokolliert, die wiederum jedoch durch den Betreiber des Systems verändert werden können.

418 Technische Lösungen zur Verhinderung einseitiger Manipulationen mögen Protokollierungssysteme bieten, die – wie vielfach vorgeschlagen entsprechend einer Blackbox – die Aktionen des Systems für dessen Nutzer unzugänglich und fälschungssicher protokollieren. Denkbar erscheint aber stattdessen auch die Protokollierung durch Einsatz eines Protokollierungssystems unter der Herrschaft eines Dritten, der von den Parteien als „unabhängige Instanz" (ähnlich wie bei einer Source Code-Hinterlegung) bspw. im Wege eines dreiseitigen Vertrages beauftragt wird. Der Einsatz derartiger Systeme sollte rahmenvertraglich flankierend geregelt werden, indem insbesondere spezifiziert wird, welche Aktivitäten in welcher Form zu protokollieren sind und ggf. unter welchen Voraussetzungen die Parteien des maschinell geschlossenen Vertrages Zugriff auf die Protokolldaten haben sollen. Vertragliche Vereinbarungen der Parteien über den Beweiswert derartiger Protokolle bieten hingegen – jedenfalls vor deutschen staatlichen Gerichten – regelmäßig nicht den von den Parteien hiermit intendierten Schutz. Vereinbarungen, nach denen von einem Gericht oder einem der Vertragspartner eine bestimmte Tatsache als unwiderlegbar angesehen werden müssen (Geständnisvertrag) oder nach denen Tatsachen als bewiesen gelten sollen, falls eine andere bewiesen wird (Vermutungsvertrag), mögen zwar zulässig sein, binden die Gerichte hingegen nicht.[424]

419 Die Protokollierung der Aktivitäten des autonomen Systems dient beiden Vertragsparteien der maschinell geschlossenen Verträge eben der Erstellung der Datenbasis für die Zwecke der Fehler- bzw. Missbrauchsanalyse und deren Vermeidung und darüber hinaus regelmäßig der eigenen Dokumentation des Vertragsabschlusses.

420 Die bei Vertragsabschluss abgesandten oder empfangenen Angebote und Annahmen unterliegen als Handels- bzw. Geschäftsbriefe nach § 257 HGB und § 147 AO gesetzlichen Aufbewahrungspflichten und sind entsprechend wiederauffindbar zu archivieren. Der Dritte, der als „neutrale Instanz" damit für beide Vertragsparteien tätig wird, ist im Verhältnis

---

[424] *Baumbach/Lauterbach/Albers/Hartmann* ZPO Anh. zu § 286 Rn. 6.

zu beiden Parteien der maschinell geschlossenen Verträge Auftragsverarbeiter iSv Art. 28 DS-GVO, wenn und soweit die im Zusammenhang mit den maschinell geschlossenen Verträgen zu verarbeitenden Daten personenbezogene Daten iSv Art. 4 Nr. 1 DS-GVO sind. Die Rahmenvertragsparteien wären in solchen Fällen als gemeinsam Verantwortliche iSv Art. 26 DS-GVO zu qualifizieren.[425]

b) Sicherung der Verfügbarkeit autonomer Systeme und deren Fähigkeit zur Interaktion

aa) Weiterentwicklungen der in den autonomen Systemen eingesetzten Software. Vertraglich geregelt werden kann auch, ob und wenn ja in welchen Abständen die in den autonomen Systemen beider Rahmenvertragsparteien eingesetzte Software weiterentwickelt oder neue Releases installiert werden sollen. Eine Weiterentwicklung oder ein neueres Release kann unter anderem zur Behebung von Sicherheitsmängeln von großem Interesse sein. 421

bb) Informations- oder Abstimmungspflichten. Unabhängig davon, ob die eingesetzte Software weiterentwickelt oder ein neueres Release eingesetzt werden soll, sollte damit einhergehend eine Informations- oder Abstimmungspflicht durch den Vertrag statuiert werden. Das Fehlen solcher Pflichten kann im schlimmsten Fall dazu führen, dass die Software der Vertragspartner nicht mehr interoperabel ist und somit kein Vertragsschluss mehr möglich ist. 422

cc) Update- oder Upgrade-Pflichten. Da zumindest Informationspflichten allein die Interoperabilität der Systeme nicht gewährleisten, sollte darüber hinaus sogar über die vertragliche Statuierung von Update- oder Upgrade-Pflichten nachgedacht werden. Nur so kann sichergestellt werden, dass der Einsatz autonomer Systeme zwischen den Unternehmen möglich bleibt. 423

Werden solche Pflichten begründet, sollte ebenfalls geregelt werden, welche Folgen die Nichtbefolgung dieser Pflichten nach sich zieht. 424

c) IT-Sicherheitsregeln

aa) Regelungen zu den einzuhaltenden Standards. Da beim Einsatz autonomer Systeme zwischen Unternehmen vermehrt Daten ausgetauscht werden und in diesem Zusammenhang auch auf den Systemen des Vertragspartners gespeichert werden, steht ein angemessener Sicherheitsstandard im Interesse beider Parteien. Bei der Bestimmung der einzuhaltenden Standards kann dabei auf ISO- oder DIN-Standards zurückgegriffen werden. 425

bb) Intrusion Detection. Auch über den Einsatz eines Intrusion Detection-Systems auf den beiderseitigen autonomen Systemen sollte sich vertraglich geeinigt werden. Ein solches System bietet die Möglichkeit, Angriffsmöglichkeiten auf die eingesetzten autonomen Systeme zu erkennen und ggf. entsprechende Gegenmaßnahmen einzuleiten. Ein Einsatz empfiehlt sich insbesondere, um mögliche Manipulationen zu erkennen und entsprechend damit umzugehen. 426

cc) Rechtsfolgen der Verletzung rahmenvertraglich begründeter Pflichten zur Einhaltung von IT-Sicherheitsregeln. Um beide Vertragspartner zur Einhaltung der vereinbarten Sicherheitsregeln anzuhalten, sollte der Rahmenvertrag entsprechende Rechtsfolgen bei einer Nichteinhaltung enthalten. So kann die Nichteinhaltung von Sicherheitsstandards durch eine Vertragspartei Ansprüche auf Zahlung von Vertragsstrafen oder Rechte der an- 427

[425] BeBiKo/*Winkeljohann/Philipps* HGB § 257 Rn. 15.

deren Vertragspartei zur außerordentlichen Kündigung sowohl des Rahmenvertrages als auch der nach Aufdeckung des Sicherheitsversäumnisses autonom geschlossenen Einzelverträge nach sich ziehen. Da die Nichteinhaltung von Sicherheitsstandards nicht notwendigerweise den Bestand der danach autonom geschlossenen Einzelverträge in Frage stellt, sondern zunächst nur die Risiken nicht gewollter Vertragsabschlüsse erhöht, was zu erhöhtem Kontrollaufwand bei der anderen Vertragspartei führt, könnte man auch über die Regelung eines Preisaufschlages für die autonom bestellten Waren oder Dienstleistungen nachdenken.

d) Abrechnung der ausgetauschten Leistungen

428 Abhängig davon, in welchem Umfang Verträge durch autonome Systeme geschlossen werden, empfiehlt sich auch eine Regelung zur Abrechnung der ausgetauschten Leistungen. Diese kann sich schon darauf beziehen, ob nur ein Mensch oder auch das autonome System zur Rechnungserstellung befugt sein soll oder auch darauf, in welchen Zeitabständen eine Abrechnung erstellt werden soll.

e) Governance

429 Gerade zu Beginn des Einsatzes einer neuen Technik oder eines neuen Verfahrens ist im Geschäftsverkehr zwischen Unternehmern („B2B") vermehrt mit Problemen, Unstimmigkeiten oder Fragen zu rechnen, die im Dialog der Rahmenvertragsparteien einer Lösung zugeführt werden könnten. Um das Aufkommen von Unstimmigkeiten zwischen den Vertragsparteien zu verhindern und damit einen reibungslosen Ablauf sicherzustellen, ist ein regelmäßiger Austausch unerlässlich. Dieser kann bspw. durch die vertragliche Festlegung regelmäßiger Treffen der für den Betrieb der autonomen Systeme Verantwortlichen geschehen, um ggf. aufkommenden Schwierigkeiten von Beginn an gemeinsam zu begegnen und um Verbesserungs- und Weiterentwicklungsmöglichkeiten für das bestehende System zu entwickeln. Im Massenverkehr des B2B-Geschäfts ist allein aufgrund der Vielzahl der Vertragsbeziehungen hierfür natürlich kein Raum.

Literatur zu III.:

Auer-Reinsdorff/Conrad (Hrsg.), Handbuch IT- und Datenschutzrecht, 3. Aufl., München 2019; *Baumbach/Hopt,* Handelsgesetzbuch, 39. Aufl., München 2020; *Baumgartner/Ewald,* Apps und Recht, 2. Aufl., München 2016; *Boehm,* Herausforderungen von Cloud Computing-Verträgen: Vertragstypologische Einordnung, Haftung und Eigentum an Daten, ZEuP 2016, 358; *Bortz,* Auslegung und Gestaltung agiler Projektverträge, MMR 2018, 287; *Bräutigam/Rücker* (Hrsg.), Rechtshandbuch E-Commerce, München 2017; *Busch,* Mehr Fairness und Transparenz in der Plattformökonomie?, GRUR 2019, 788; Degmair, Apps – Die schwierige Suche nach dem Vertragspartner, K&R 2013, 213; *Casper/Terlau* (Hrsg.), Zahlungsdiensteaufsichtsgesetz (ZAG), 2. Aufl., München 2020; *Dieselhorst/Grages,* Der Onlineshop-Betreiber als Handelsvertreter? Anwendung der §§ 84ff. HGB auf Shopbetreiber im Internet, MMR 2011, 368; *Dreyer/Haskamp,* Die Vermittlungstätigkeit von Plattformen, ZVertriebsR 2017, 359; *Feldmann,* Mobile Apps: Zivilrecht – Telemedienrecht – Datenschutz, DSRITB 2011, 47; *Frank,* Bewegliche Vertragsgestaltung für agiles Programmieren, CR 2011, 138; *Fuchs/Meierhöfer/Morsbach/Pahlow,* Agile Programmierung – Neue Herausforderungen für das Softwarevertragsrecht? Unterschiede zu den „klassischen" Softwareentwicklungsprojekten, MMR 2012, 427; *Gsell/Krüger/Lorenz/Reymann* (Hrsg.), beck-online.de Grosskommentar BGB, München 2020; *Häublein/Hoffmann-Theinert* (Hrsg.), Beck'scher Online-Kommentar Handelsgesetzbuch, 27. Ed., München 2020; *Hauck/Blaut,* Die (quasi-)vertragliche Haftung von Plattformbetreibern, NJW 2018, 1425; *Hengstler,* Gestaltung der Leistungs- und Vertragsbeziehung bei Scrum-Projekten, ITRB 2012, 113; *Herz,* Die Entwicklung des europäischen Bankaufsichtsrechts in den Jahren 2016/2017, EuZW 2018, 5; *Hoeren/Pinelli,* Agile Programmierung, MMR 2018, 199; *Hoeren/Pinelli,* Miturheberschaft in der agilen Softwareentwicklung?, MMR 2019, 779; *Höppner/Schulz,* Die EU-Verordnung („PZB-Verordnung") für Fairness und Transparenz von Online-Vermittlungsdiensten 2019/1150, ZIP 2019, 2329; *Kannowski/Till,* Der In-App-Kauf als neuer Vertragstyp, NJOZ 2017, 522; *Klein/Datta,* Vertragsstrukturen beim Erwerb kostenloser Apps, CR 2016, 587; *Koch,* Agile Softwareentwicklung – Dokumentation, Qualitätssicherung und Kundenmitwirkung, ITRB 2010, 114; *Kremer,* Vertragsgestaltung bei Entwicklung und Vertrieb von Apps für mobile Endgeräte, CR 2011, 769; *Kühn/Ehlenz,* Agile Werkverträge mit Scrum, CR 2018, 139; *Küstner/Thume* (Hrsg.), Handbuch des gesamten Vertriebsrechts – Bd. 3: Besondere Vertriebsformen, 4. Aufl., Frankfurt a. M. 2014, Bd. 1: Das Recht des Handelsvertreters, 5. Aufl., Frankfurt a. M. 2016; *Lenz,* Rechtliche Stellung von App-Stores: Eine zivil- und wettbewerbsrechtliche Analyse, Wiesbaden 2018; *Leupold/Glossner* (Hrsg.), Münchner Anwaltshandbuch IT-Recht, 3. Aufl., München 2013; *Marly,* Praxishandbuch Softwarerecht, 7. Aufl., München 2018; *Martinek/Semler/Flohr* (Hrsg.), Handbuch des Vertriebsrechts, 4. Aufl., München 2016; *Mössner/Baumhoff/Greif* (Hrsg.), Steuerrecht international tätiger Unternehmen, 5. Aufl., Köln 2018; *Nägele/Apel* (Hrsg.), Beck'sche Online Formulare IT- und Datenrecht, 2. Ed., München 2020; *Niemann/Paul* (Hrsg.), Rechtsfragen des Cloud Computing, Berlin/Boston 2014; *Nolte/Hecht,* Plattformverträge, ITRB 2006, 188; *Oehlschlägel/Scholz* (Hrsg.), Rechtshandbuch Online Shop, 2. Aufl., Köln 2017; *Palandt* (Begr.), Bürgerliches Gesetzbuch, 79. Aufl., München 2020; *Raue,* Haftung für unsichere Software, NJW 2017, 1841; *Redeker,* IT-Recht, 6. Aufl., München 2017; *Rempe,* Smart Products in Haftung und Regress, InTeR 2016, 17; *Säcker/Rixecker/Oetker/Limperg* (Hrsg.), Münchener Kommentar zum BGB, Bd. 1 – Allgemeiner Teil, Bd. 3 – Schuldrecht Allgemeiner Teil II, 8. Aufl., München 2019; *Schinkels,* Maximal- statt Höchstgebot als Annahmeerklärung bei Internetauktionen, MMR 2018, 351; *Söbbing/Jakob,* Online Plattformen, InTeR 2016, 149; *Solmecke/Taeger/Feldmann* (Hrsg.), Mobile Apps, Berlin/Boston 2013; *Spindler/Schuster* (Hrsg.), Recht der elektronischen Medien, 4. Aufl., München 2019; *Spindler/Sein,* Die endgültige Richtlinie über Verträge über digitale Inhalte und Dienstleistungen – Anwendungsbereich und grundsätzliche Ansätze, MMR 2019, 415; *Spindler/Sein,* Die Richtlinie über Verträge über digitale Inhalte – Gewährleistung, Haftung und Änderungen, MMR 2019, 488; *Staudenmayer,* Die Richtlinien zu den digitalen Verträgen, ZEuP 2019, 663; *Taeger/Pohle* (Hrsg.), Kilian/Heussen, Computerrechtshandbuch, 35. Erg.-Lfg., München 2020; *Witte,* Agiles Programmieren und § 651 BGB, ITRB 2010, 44.

III. App-Plattform-Verträge

1. Terminologie und Übersicht der verschiedenen Akteure

Zentrale Instanz eines **IoT-Ökosystems** sind eine oder ggf. mehrere zentrale **Plattformen** zur Bereitstellung von Software für die jeweiligen „smarten" Endgeräte. Das folgende Kapitel widmet sich in diesem Zusammenhang im Schwerpunkt den **zwei zentralen Säulen** der Bereitstellung von Apps. Dies ist zum einen – vorgelagert – die eigentliche Entwicklung selbst **(App-Entwicklerverträge),** zum anderen die Nutzung der Plattform(en) durch den App-Anbieter zu **Bereitstellung und Vertrieb** der Softwareapplikationen **(Plattformnutzungsverträge).** 430

Ein **einheitliches Begriffsverständnis** zum Thema Plattform oder eine bestimmte Vertragsterminologie hat sich gegenwärtig noch nicht herausgebildet. Zur Übersicht über die wesentlich Beteiligten (Plattformbetreiber, Endkunde, App-Anbieter) wird auf → § 5 verwiesen. Vertragsbezeichnungen haben ihre jeweils im Kontext des Beitrages zu sehende Bedeutung; zum Thema Plattformnutzungsverträge und App-Vertrieb im Überblick → Rn. 468. 431

2. App-Entwicklerverträge

a) Einführung

App-Entwicklerverträge sind rein rechtlich betrachtet **Softwareentwicklungsverträge**, die sich in ihren Kernelementen nicht von typischen Verträgen zur Softwareentwicklung für beispielsweise klassische „On-Premise-Lösungen" unterscheiden. Besonderheiten ergeben sich aber auf **tatsächlicher Ebene** aus der intendierten Einbettung der Softwareanwendung in ein IoT-Ökosystem. 432

So ergibt sich durch die Besonderheiten des jeweiligen Ökosystems unter Umständen eine spezifische Zielgruppe mit ganz spezifischen Erwartungen an bereitgestellte Software, zB die Integration mit bestimmten Endgeräten bzw. das Vorhandensein spezifischer Schnittstellen zu anderer für die jeweiligen Endgeräte entwickelter Software. Forciert wird ein solches Erwartungsbild durch technische Rahmenbedingungen, die dem Ökosystem oder den entsprechenden Endgeräten zugrunde liegen, oder durch **technische (Qualitäts-)Vorgaben** der Plattformbetreiber an die Apps selbst (dazu noch → Rn. 578). Eine Einhaltung derselben ist von elementarer Bedeutung[426] (hierzu noch unter → Rn. 455), 433

[426] Vgl. auch *Ewald* in Kilian/Heussen ComputerR-HdB Kap. 32.7 Rn. 4.

stellt doch ein Vertrieb der App über die entsprechende Plattform (je nach „Ökosystem") oftmals den einzigen, jedenfalls aber den **reichweitenstärksten Distributionskanal** dar.[427]

434 Schließlich gilt es, im Falle des weltweiten Vertriebs der App, ganz allgemein die gesetzlichen Vorgaben in den unterschiedlichen Ländern einzuhalten.[428] Dabei werden künftig bei einem intendierten Vertrieb an den Verbraucher als Endkunden auch mittelbar die Vorschriften der „Richtlinie über bestimmte vertragsrechtliche Aspekte der Bereitstellung digitaler Inhalte und digitaler Dienstleistungen" (RL (EU) 2019/770; „DI-RL") Beachtung finden müssen (zur DI-RL → Rn. 596).

435 All diese faktischen Zwänge wirken naturgemäß auf die Erstellung eines Softwareprodukts zurück und sind vertraglich zu berücksichtigen (dazu → Rn. 539 ff.).

b) Vertragstypologische Einordnung

436 Vertragstypologisch lässt sich ein App-Entwicklungsvertrag als Software-Entwicklungsvertrag nicht abstrakt einem **zivilrechtlichen Vertragstypus** fest zuordnen;[429] maßgeblich ist vielmehr der konkrete Vertragsgegenstand bzw. im Speziellen die Natur der gegenseitigen, von den Parteien gewollten Leistungen.[430] Bezeichnung[431] und Aufbau des Vertrages spielen hingegen keine übergeordnete Rolle. Die Frage ist dabei keinesfalls rein akademischer Natur, sondern hat in Praxis erhebliche Bedeutung[432] (zu den möglichen Rechtsfolgen → Rn. 464 f.).

437 Soweit ein Erfolg, etwa in Form der Herstellung einer App, geschuldet wird, liegt regelmäßig ein **Werkvertrag** vor.[433] Dabei sind an die Definition des geschuldeten Erfolgs keinesfalls überhöhte Anforderungen hinsichtlich ihrer Detaillierung zu stellen.[434] Soweit der App-Entwickler die Bereitstellung von Ressourcen, vor allem von Entwicklern und Know-how schuldet, aber gerade kein vorab spezifiziertes Endprodukt, liegt grundsätzlich ein Dienstvertrag vor.[435] Diese Unterscheidung wirft vor allem bei Verwendung agiler Entwicklungsmethodik Fragen auf (dazu → Rn. 446 f.).

438 Im Zuge der DI-RL hat auch der (europäische) Gesetzgeber keinen neuen Vertragstypus für die Softwareentwicklung geschaffen.[436]

439 Während die oben bezeichnete Unterscheidung von Vertragstypen bei einem App-Anbieter ohne eigene Entwicklerressourcen und klaren Vorgaben (Spezifikationen) bezüglich des gewünschten Endprodukts in aller Regel noch gut gelingen kann, bestehen in der Praxis Schwierigkeiten bei Projekten mit diffuser Verantwortlichkeit (zB durch die Beteiligung auftraggebereigener Entwickler)[437] und ganz oder teilweise nur vagen Vorstellungen zu konkreten Eigenschaften der Software. Die Übergänge dabei sind fließend. Es empfiehlt sich daher in jedem Fall, im App-Entwicklungsvertrag (bei einem beabsichtigten Werkvertrag) die diesbezügliche Intention des App-Anbieters, die Erfolgsparameter und **werkvertragstypischen Elemente** wie die Abnahme unmissverständlich zu vereinbaren und **Verantwortlichkeiten für einzelne Entwicklungsschritte** klar dem Auftragneh-

---

[427] Vgl. auch zum bestehenden Kräfteungleichgewicht *Kremer* CR 2011, 769.

[428] Vgl. *Kremer* CR 2011, 769 (773) zu App-Compliance.

[429] Über die Frage der vertragstypologischen Einordnung besteht seit jeher Uneinigkeit, *Fuchs/Meierhöfer/Morsbach/Pahlow* MMR 2012, 427 (428) beschreiben sie als „eines der umstrittensten Probleme im IT-Recht"; diese Einschätzung ist im Kern noch aktuell.

[430] BeckOGK BGB/*Lutzenberger* § 631 Rn. 667.

[431] Die Bezeichnung mag allenfalls Indizwirkung haben, vgl. BeckOGK BGB/*Lutzenberger* § 631 Rn. 667.

[432] *Fuchs/Meierhöfer/Morsbach/Pahlow* MMR 2012, 427 (428).

[433] *Conrad/Schneider* in Auer-Reinsdorff/Conrad IT-R-HdB § 11 Rn. 10.

[434] *Conrad/Schneider* in Auer-Reinsdorff/Conrad IT-R-HdB § 11 Rn. 10 weisen darauf hin, dass auch die Vereinbarung „eine[r] an den Belangen des Kunden orientierte oder an diesen ausgerichtete Branchenlösung der XY-Branche" genügen würde.

[435] *Conrad/Schneider* in Auer-Reinsdorff/Conrad IT-R-HdB § 11 Rn. 12.

[436] BeckOGK BGB/*Lutzenberger* § 631 Rn. 669 ff.

[437] Vgl. *Zdanowiecki* in Bräutigam/Rücker E-Commerce-HdB 11. Teil B Rn. 7.

mer[438] zuzuordnen. Mitwirkungen des Auftraggebers[439] sollten stets als solche gekennzeichnet sein und nicht dergestalt weit in die Entwicklung eingreifen, dass die Letztverantwortung des Auftragnehmers in Zweifel gezogen werden kann.

c) Ergänzendes Customizing und Individualentwicklungen

Ein möglicher Ansatz der App-Entwicklung ist das sog. Customizing, also die Anpassung von bestehender standardisierter Software an die Bedürfnisse des Auftraggebers.[440] 440

Regelmäßig bedeutsamer im Bereich IoT dürfte aktuell noch die Individualentwicklung, also die Erstellung einer neuen Softwareapplikation für den Auftraggeber, sein. Aufbau und wesentliche Inhalte des Vertrages unterscheiden sich für beide Varianten nicht maßgeblich. Ob Customizing oder Individualentwicklung ist letztendlich vornehmlich eine Frage der Leistungsbeschreibung.[441] 441

d) Exkurs: Agile Entwicklungsmethodik und Auswirkungen auf den Vertragstypus

Maßgeblich für Entwicklungsprojekte der letzten Jahre ist die sog. agile Entwicklung.[442] 442
Im Sinne eines **Exkurses** wird daher im Folgenden dieser Ansatz erläutert.

aa) Die Methodik der agilen Entwicklung. Die agile Entwicklungsmethodik unterscheidet sich in mehreren Vorgehensweisen und Grundannahmen vom klassischen, **sequentiellen Wasserfallmodell**[443] und soll nachfolgend kurz dargestellt werden, wobei maßgeblich das Vorgehen nach **SCRUM** als Grundlage der folgenden Ausführungen dient.[444] 443

Das (klassische) Wasserfallmodell geht davon aus, dass der Auftraggeber zu Anfang des Projekts alle zu erfüllenden Anforderungen festlegt und während der laufenden Programmierung kaum Einfluss auf den Fortschritt nimmt.[445] Erst nachdem der vordefinierte Katalog durch den Auftragnehmer abgearbeitet wurde, wird die Software zur Prüfung an den Auftraggeber gegeben.[446] Dies geht – insbesondere für komplexere Softwareentwicklungsprojekte – mit zahlreichen Nachteilen einher.[447] 444

Agile Entwicklungsmethodik hingegen begreift den Fortschritt eines Projektes als in seinen Details unvorhersehbar und geht im Grundsatz von einer (engen) Zusammenarbeit von Auftragnehmer und Auftraggeber aus.[448] Die Weiterentwicklung erfolgt dabei nicht sequentiell, sondern vielmehr anhand eines iterativen Prozesses in Form einzelner kurzer Entwicklungszyklen, sog. Sprints, welche dem Auftraggeber eine fortwährende Präzisierung seiner Anforderungen ermöglichen.[449] Dabei steht insbesondere eine **frühe Entwicklung eines nutzbaren (Teil-)Produkts** im Vordergrund, Komfortfunktionalität ist zunächst zweitrangig.[450] In SCRUM sind daneben verschiedene Rollen („Product Owner", „Scrum Master", „Development Team" und „Stakeholder") sowie unterschiedliche 445

---

[438] Entsprechend der allgemeinen Logik eines Entwicklungsvertrages wird der App-Entwickler im Folgenden auch als Auftragnehmer bezeichnet.
[439] Entsprechend der allgemeinen Logik eines Entwicklungsvertrages wird der App-Anbieter im Folgenden auch als Auftraggeber bezeichnet.
[440] *Zdanowiecki* in Bräutigam/Rücker E-Commerce-HdB 11. Teil B Rn. 2.
[441] Vgl. zur weiteren begrifflichen Differenzierung auch *Zdanowiecki* in Bräutigam/Rücker E-Commerce-HdB 11. Teil B Rn. 2, dort Fn. 3.
[442] Vgl. auch das Manifest der agilen Entwicklung, www.agilemanifesto.org/iso/de/manifesto.html (23.2.2021).
[443] Vgl. hierzu instruktiv in *Sarre* in Auer-Reinsdorff/Conrad IT-R-HdB § 1 Rn. 26 ff.
[444] Dies liegt nicht zuletzt an der Popularität von SCRUM, vgl. hierzu *Kühn/Ehlenz* CR 2018, 139 mwN.
[445] *Zdanowiecki* in Bräutigam/Rücker E-Commerce-HdB 11. Teil B Rn. 6; *Sarre* in Auer-Reinsdorff/Conrad IT-R-HdB § 1 Rn. 30.
[446] *Sarre* in Auer-Reinsdorff/Conrad IT-R-HdB § 1 Rn. 30.
[447] Vgl. hierzu statt vieler *Sarre* in Auer-Reinsdorff/Conrad IT-R-HdB § 1 Rn. 31.
[448] *Hoeren/Pinelli* MMR 2018, 199.
[449] *Sarre* in Auer-Reinsdorff/Conrad IT-R-HdB § 1 Rn. 60.
[450] *Hoeren/Pinelli* MMR 2018, 199.

Artefakte („Product Backlog", „Sprint Backlog", „Inkrement") definiert, die letztlich den Rahmen für die Vorgehensweise bilden.[451]

446 **bb) Vertragstypologische Einordnung und praktische Gestaltungshinweise.** Die vorgenannten Besonderheiten nehmen auch in erheblichem Umfang Einfluss auf die **Einordnung eines agilen Softwareentwicklungsvertrages in die Vertragstypologie des BGB.** Die Frage der korrekten Zuordnung hat indes eine umfangreiche und von einer Vielzahl von Ansätzen geprägte Diskussion in der Literatur ausgelöst.[452]

447 So wird zum Teil vertreten, dass es sich grundsätzlich um einen **Dienstvertrag** handelt, wofür insbesondere die dem iterativen Prozess geschuldete fehlende anfängliche Definition des zu entwickelnden Werkes spricht: ein Endergebnis soll von vornherein gerade nicht feststehen.[453] Weiterhin sei der dynamische „Product Backlog" gerade nicht mit dem klassischen Pflichtenheft gleichzusetzen.[454] Dem treten diejenigen Stimmen entgegen, die den agilen Softwareentwicklungsvertrag als **Werkvertrag** klassifizieren.[455] Angeführt wird hierfür insbesondere, dass auch bei agiler Methodik „nicht ins Blaue hinein programmiert wird", sondern die bei Beginn des Projekts feststehenden Grundvorstellungen der Parteien herangezogen werden.[456] Diese seien in den „User Stories" in ihren Grundzügen auch definiert.[457] Diese Beschreibungen sollen dafür genügen, einen Erfolg im Sinne eines Werkvertrages als vereinbart anzusehen.[458] Aufgrund des ausgeprägten kollaborativen Charakters eines agilen Softwareentwicklungsprojekts lässt sich auch ein Gesellschaftsvertrag andenken,[459] ein solcher dürfte jedoch in der Praxis den Interessen der Parteien nicht entsprechen:[460] Eine gemeinsame Nutzung der Software als Vermögensgegenstand wird regelmäßig nicht beabsichtigt sein.[461]

448 Letztlich erscheint mit entsprechender Begründung und vor allem mit der konkreten Gestaltung des operativen Projekts und seiner vertraglichen Grundlagen sowohl die Annahme eines **Dienst- als auch eines Werkvertrags** dogmatisch gut vertretbar.[462] Auch die Entscheidung des *OLG Frankfurt a. M.* hat keine (endgültige) Klärung der Frage herbeigeführt,[463] wenngleich das *LG Wiesbaden* in der Vorinstanz die Anwendbarkeit des Werkvertragsrechts im Rahmen eines SCRUM-Entwicklungsprojektes bejaht hat.[464] Erschwert wird eine pauschale Einordnung zudem durch die in der Praxis unterschiedlich angewandte und interpretierte agile Methodik im konkreten Einzelfall;[465] auf diesen kommt es jedoch gerade für die vertragstypologische Einordnung an.[466]

449 Nach alledem ist letztlich lediglich klar, dass dem Aspekt der Vertragstypologie im Rahmen agiler Softwareprojekte bei der **Vertragsgestaltung** besondere Aufmerksamkeit zu

---

451 Vgl. hierzu *Sarre* in Auer-Reinsdorff/Conrad IT-R-HdB § 1 Rn. 60ff.

452 Vgl. den instruktiven Überblick zu den vertretenen Auffassungen bei *Kühn/Ehlenz* CR 2018, 139 (141ff.) sowie ausf. bei *Fuchs/Meierhöfer/Morsbach/Pahlow* MMR 2012, 427 (428ff.).

453 *Koch* ITRB 2010, 114 (119); *Henglster* ITRB 2012, 113 (114).

454 *Henglster* ITRB 2012, 113 (114).

455 LG Wiesbaden Urt. v. 30.11.2016 – 11 O 10/15, MMR 2017, 561 (561f.); *Fuchs/Meierhöfer/Morsbach/Pahlow* MMR 2012, 427 (429).

456 *Fuchs/Meierhöfer/Morsbach/Pahlow* MMR 2012, 427 (429).

457 *Fuchs/Meierhöfer/Morsbach/Pahlow* MMR 2012, 427 (429).

458 *Fuchs/Meierhöfer/Morsbach/Pahlow* MMR 2012, 427 (429) mwN zur Anforderung an eine werkvertragliche Erfolgsvereinbarung.

459 *Frank* CR 2011, 138 (138f.).

460 *Kühn/Ehlenz* CR 2018, 139 (143).

461 *Kühn/Ehlenz* CR 2018, 139 (143).

462 *Witte* ITRB 2010, 44 (46); *Kühn/Ehlenz* CR 2018, 139 (142).

463 Vielmehr wurde diese Frage offengelassen, vgl. OLG Frankfurt a. M. Urt. v. 17.8.2017 – 5 U 152/16, MMR 2018, 100 (100f.); zur Einordnung beider Entscheidungen vgl. auch *Bortz* MMR 2018, 287 (288).

464 LG Wiesbaden Urt. v. 30.11.2016 – 11 O 10/15, MMR 2017, 561 (561f.).

465 *Kühn/Ehlenz* CR 2018, 139 (142) die überdies auch auf Fehlinterpretationen des Agilen Manifests hinweisen.

466 *Bortz* MMR 2018, 287 (288).

widmen ist.[467] Hilfreich ist in diesem Zusammenhang, sich die Konsequenzen der jeweiligen Einordnung vor Augen zu führen: Während eine Typisierung als Werkvertrag aufgrund des geschuldeten Erfolgs und der damit einhergehenden Risikoverteilung aus Sicht des App-Anbieters vorzuziehen ist, wird der App-Entwickler regelmäßig eine dienstvertragliche Qualifizierung bevorzugen.[468] Die unterschiedlichen gesetzlichen Regelungen im Hinblick auf Verjährung, Gewährleistung und Kündigung können hingegen im Rahmen der Vertragsgestaltung durch die Formulierung projektspezifischer Regelungen – individualvertraglich oder in den Grenzen des AGB-rechtlich Zulässigen – modifiziert werden.[469] Auch eine Kombination von werk- und dienstvertraglichen Elementen wäre denkbar:[470] In einem dienstvertraglichen Rahmen[471] könnten die Teilleistungen im Zuge der Einzelsprints etwa werkvertraglich ausgestaltet werden.[472]

e) Wesentliche Vertragsinhalte

aa) Leistungsbeschreibung (auch vor dem Hintergrund agiler Entwicklung). Herzstück des Entwicklervertrages ist die **Leistungsbeschreibung.** Sie beschreibt den Leistungsgegenstand (das „Soll“) und bestimmt damit maßgeblich einen etwaig konkret geschuldeten Erfolg und folglich die Rechtsnatur des Vertrages. Entsprechend dieses „Solls“ bestimmt sie auch die Abnahmefähigkeit einer App.[473] 450

In der Praxis entzünden sich Streitigkeiten um **Abnahme** und die nach §§ 631 Abs. 1 Alt. 2, 641 Abs. 1 BGB nachgelagerte Vergütungspflicht an der Leistungsbeschreibung; Verzögerungen im Projektverlauf und Vertrauensverlust in den Vertragspartner sind die Folge.[474] Entwicklerseitig besteht ein gewisses Interesse (oft verbunden mit der Intention einer dienstvertraglichen Leistungserbringung), die Leistungsbeschreibung möglichst vage zu halten, um entwicklereigene Standards und Routinevorgehensweisen auch projektübergreifend zur Anwendung zu bringen. 451

Aus Sicht des Auftraggebers sollte die **Leistungsbeschreibung** daher möglichst konkret sein. Die Leistungsbeschreibung sollte dabei etwa die maßgeblichen funktionalen (Features, die der App-Nutzer später erhalten soll) sowie die nichtfunktionalen Anforderungen (Zeitverhalten etc) enthalten.[475] Dies kann bspw. die Art der App (nativ oder Web-App), das angedachte Betriebssystem eines Endgerätes, auf welchem die App genutzt werden soll, aber auch Systemanforderungen beinhalten.[476] Schließlich sollten – in Kenntnis und im wechselseitigen Verständnis davon, dass eine perfekt programmierte Software in der Praxis nahezu ausgeschlossen ist – Vereinbarungen zu späteren Updates getroffen werden.[477] 452

In der typischen Wasserfalllogik würde der Auftraggeber diese Anforderungen in einem Fachkonzept („Lastenheft“) niederlegen. Aufbauend darauf würde der Auftragnehmer die konkrete technische Umsetzung in **Form von Spezifikationen** beschreiben. Die vertraglich geschuldete Leistung wäre (bei entsprechend aus Sicht des Auftraggebers zu empfehlender werkvertraglicher Vertragsgestaltung) ein dem Lastenheft adäquat entsprechendes, vollständiges Pflichtenheft und im Folgenden dessen Umsetzung. 453

Im Rahmen agiler Entwicklung nach SCRUM würden demgegenüber fachseitige Anforderungen an die Software in einem **„Product Backlog“** in Form einzelner „User Sto- 454

[467] IdS auch *Kühn/Ehlenz* CR 2018, 139 (142).
[468] Vgl. *Bortz* MMR 2018, 287 (288).
[469] *Bortz* MMR 2018, 287 (288).
[470] Dem gegenüber krit. *Fuchs/Meierhöfer/Morsbach/Pahlow* MMR 2012, 427 (430).
[471] *Frank* CR 2011, 138 (141).
[472] *Hoeren/Pinelli* MMR 2018, 199 (199f.).
[473] S. *Zdanowiecki* in Bräutigam/Rücker E-Commerce-HdB 11. Teil B Rn. 14.
[474] *Zdanowiecki* in Bräutigam/Rücker E-Commerce-HdB 11. Teil B Rn. 9.
[475] Am Bsp. von Smartphone-Apps *Zdanowiecki* in Bräutigam/Rücker E-Commerce-HdB 11. Teil B Rn. 12.
[476] Am Bsp. von Smartphone-Apps *Ewald* in Kilian/Heussen ComputerR-HdB Kap. 32.7 Rn. 5ff.
[477] *Ewald* in Kilian/Heussen ComputerR-HdB Kap. 32.7 Rn. 9, der zudem darauf hinweist, dass auch die DI-RL eine solche Pflicht zu Updates enthält.

ries“[478] niedergelegt.[479] Im Laufe des agilen Projekt erfolgt eine stetige Re-Priorisierung einzelner „User Stories“ sowie eine Änderung des „Product Backlogs“ entsprechend des jeweiligen Projektfortschritts.[480] Insoweit wird klar, dass die agile Entwicklung einen **dynamischen Ansatz** verfolgt, aber umso mehr einen Auftraggeber voraussetzt, der in der Lage ist, seine Anforderungen zu ermitteln und klar und projektbegleitend zu spezifizieren.

455 **bb) Anforderungen der Plattform/Rückkopplung zum Entwicklungsvertrag.** Vertraglich für den App-Anbieter zwingende Vorgaben an Inhalt und Ausgestaltung von Apps, um zur App-Plattform zugelassen zu werden, sind ein mögliches Thema für jeden Plattformnutzungsvertrag.[481] Zum diesbezüglichen Prüfvorbehalt noch → Rn. 578.

456 Die adäquate Berücksichtigung dieser Anforderungen auf Entwicklungsebene begründet zwangsnotwendig eine **Aufnahme** in den **App-Entwicklungsvertrag.**[482] Dies ist letztlich elementar, um sicherzustellen, dass das geplante App-Entwicklungsprojekt auch in einer auf einer spezifischen App-Plattform distributionsfähigen Applikation mündet.[483]

457 Denkbar einfach wäre insoweit, jene Anforderungen, die den App-Anbieter bei späterem Vertrieb seiner Applikation treffen, schlicht im Sinne einer dynamischen Verweisung an den App-Entwickler durchzureichen.[484] Dies scheint jedoch sowohl vor dem Hintergrund einer AGB-rechtlichen Inhaltskontrolle als auch im Bereich der Individualverträge[485] schwierig; vielmehr bietet sich daher an, die konkreten, sich für die angedachte Distributionsplattform ergebenden Pflichten explizit **individualvertraglich** zu regeln und zugleich ein Verfahren im Falle sich zukünftig ändernder Rahmenbedingungen zu definieren.[486]

458 Schließlich bietet sich an, **Freistellungsverpflichtungen** im Falle von Urheberrechtsmängeln, die der Betreiber der App-Plattform dem App-Anbieter etwaig abverlangt, im Verhältnis App-Anbieter zu App-Entwickler idealerweise im Wege von Individualverhandlungen „weiterzureichen“.[487]

459 **cc) Rechteeinräumung und geistiges Eigentum.** Die geschuldete App ist als **Computerprogramm** regelmäßig nach den §§ 69a ff. UrhG schutzfähig.[488] Wesentlicher Aspekt eines jeden Entwicklervertrages ist demgemäß die Einräumung von (umfassenden) Rechten an der Software.

460 Das deutsche Urheberrecht sieht nun gerade nicht vor, dass juristische Personen Urheber sein können;[489] auch § 69b UrhG, welcher Verwertungsrechte bei **Schöpfungen** durch Arbeitnehmer dem Arbeitgeber zuspricht, ändert hieran nichts.[490] Seitens des App-Anbieters ist also vertraglich sicherzustellen, dass eine lückenlose Rechteübertragung von den Autoren an seinen Vertragspartner (den App-Entwickler als in aller Regel juristische Person) und im Folgenden an ihn (den App-Anbieter) stattfindet.[491]

---

[478] BeckOF IT- und DatenR/*Meßmer* 1.4 Rn. 11 definiert diese als „aus Nutzersicht beschriebene Anforderungen an die Verwendung der Software und ihre Funktionen“.
[479] Vgl. zu einer entsprechenden Klausel das Muster bei BeckOF IT- und DatenR/*Meßmer* 1.4.
[480] *Bortz* MMR 2018, 287 (289).
[481] Vgl. *Zdanowiecki* in Bräutigam/Rücker E-Commerce-HdB 11. Teil C Rn. 5; *Ewald* in Baumgartner/Ewald Apps S. 37 und 43.
[482] Vgl. hierzu für den Fall intendierter Distribution in einer Smartphone App-Plattform *Kremer* CR 2011, 769 (775).
[483] *Ewald* in Kilian/Heussen ComputerR-HdB Kap. 32.7 Rn. 4.
[484] *Kremer* CR 2011, 769 (775); *Ewald* in Kilian/Heussen ComputerR-HdB Kap. 32.7 Rn. 10.
[485] *Kremer* CR 2011, 769 (775) weist bei einem „dynamischen Durchreichen“ auf einen möglichen Konflikt mit § 242 BGB hin.
[486] *Kremer* CR 2011, 769 (775); *Ewald* in Kilian/Heussen ComputerR-HdB Kap. 32.7 Rn. 10.
[487] *Zdanowiecki* in Bräutigam/Rücker E-Commerce-HdB 11. Teil B Rn. 33.
[488] *Zdanowiecki* in Bräutigam/Rücker E-Commerce-HdB 11. Teil B Rn. 18.
[489] *Redeker* IT-Recht Rn. 17.
[490] *Redeker* IT-Recht Rn. 17.
[491] Vgl. hierzu auch in Solmecke/Taeger/Feldmann/*Solmecke*/*Lachenmann* Mobile Apps Kap. 3 Rn. 68.

Dabei ist besonderes Augenmerk auf den zeitlichen Ablauf der Rechteeinräumung zu legen, der nicht zuletzt vor dem Hintergrund der Interessenlage der Parteien im Einzelfall zu regeln ist.[492] Eine Rechteeinräumung erst nach vollständiger Zahlung dürfte dem wenig gerecht werden; es bietet sich zumeist eine stufenweise Übertragung von Rechten an.[493] Dieser **gestufte Übertragungsprozess** sollte aber, um nicht den Auftraggeber etwa im Streitfall bezogen auf die Vergütungshöhe der Gefahr auszusetzen, gänzlich ohne Nutzungsrecht dazustehen, auf die Übertagung ausschließlicher Nutzungsrechte beschränkt sein.[494] 461

Auch hinsichtlich der Rechtekette können **App-Entwicklungsprojekte,** die einer agilen Methodologie unterliegen und daher von einer besonders engen Kooperation der Vertragsparteien geprägt sind, Besonderheiten aufweisen.[495] Während zuvor das softwaretechnische Know-How überwiegend ausschließlich auf Seiten des Auftragnehmers vorhanden war, hat nunmehr nicht zuletzt auch der fachliche Austausch auf dem iterativen Weg zur fertigen Endlösung an Bedeutung gewonnen.[496] Dies führt zu Fragen rund um eine initiale mögliche Miturheberschaft des Auftraggebers, deren Klärung ihrerseits jedoch von einer Vielzahl von Faktoren abhängt.[497] Der elegantere und in der Praxis nicht zuletzt aus Gründen der Rechtssicherheit vorzugswürdige Weg ist daher, gerade bei der agilen Entwicklung eine spezifische Regelung zur Rechteeinräumung vorzusehen und eine **klare Rechtekette** zu vereinbaren.[498] 462

dd) Haftung. Die Regelungen zur Haftung sind für die Parteien von besonderer Relevanz und werden in den Vertragsverhandlungen entsprechend ausführlich thematisiert werden.[499] Im Fokus stehen dabei die üblichen Themen von Entwicklungsverträgen wie etwa **kommerziell verhandelte Haftungshöchstgrenzen.**[500] Üblich ist in der Praxis die Vereinbarung entsprechender Haftungshöchstgrenzen, wobei anzuraten ist, diese sowohl auf Schadensersatz als auch auf Aufwendungsersatz zu erstrecken.[501] Es ist dabei sowohl denkbar, einen bestimmten „Betrag X" festzulegen als auch die Haftung prozentual am Auftragswert festzuzurren.[502] 463

ee) Werkvertragliche Besonderheiten. Geht man von einer **werkvertraglichen Gestaltung** des Softwareentwicklungsprojektes aus, richtet sich das Mängelgewährleistungsrecht grundsätzlich nach den §§ 633ff. BGB. Freilich ist eine abweichende (individual-) vertragliche Regelung möglich, die in diesem Falle den Maßstab für Gewährleistungsrechte bietet. 464

Dabei ist vor dem Hintergrund von Anforderungen des Plattformbetreibers auch relevant, ob ein vom Plattformbetreiber festgestellter bzw. behaupteter Verstoß gegen Vertriebsanforderungen ohne Weiteres als **Mangel der Software** gesehen werden kann.[503] Die jeweilige Entscheidung über die Aufnahme der App zum Vertrieb ist oftmals von einem starken Kräfteungleichgewicht zwischen dem App-Anbieter und dem Betreiber der 465

[492] *Conrad/Schneider* in Auer-Reinsdorff/Conrad IT-R-HdB § 11 Rn. 59.
[493] *Conrad/Schneider* in Auer-Reinsdorff/Conrad IT-R-HdB § 11 Rn. 59 mwN.
[494] *Conrad/Schneider* in Auer-Reinsdorff/Conrad IT-R-HdB § 11 Rn. 59.
[495] Vgl. *Hoeren/Pinelli* MMR 2019, 779 (779ff.).
[496] *Hoeren/Pinelli* MMR 2019, 779.
[497] Vgl. etwa *Hoeren/Pinelli* MMR 2019, 779 (779ff.) mit dem Gedanken eines „klassischen" Miturheberrecht gem. §§ 69a ff. UrhG iVm § 8 UrhG und weiterführender Diskussion.
[498] Vgl. *Zdanowiecki* in Bräutigam/Rücker E-Commerce-HdB Teil 11 B Rn. 19ff.
[499] *Zdanowiecki* in Bräutigam/Rücker E-Commerce-HdB Teil 11 B Rn. 28.
[500] So schon mit weiteren Ausführungen *Zdanowiecki* in Bräutigam/Rücker E-Commerce-HdB Teil 11 B Rn. 28.
[501] *Zdanowiecki* in Bräutigam/Rücker E-Commerce-HdB 11. Teil B Rn. 28 und Rn. 30.
[502] Solmecke/Taeger/Feldmann/*Solmecke/Lachenmann* Kap. 3 Rn. 122f.
[503] Solmecke/Taeger/Feldmann/*Solmecke/Lachenmann* Kap. 3 Rn. 108.

Plattform geprägt.[504] Während der App-Entwickler daher eine negative Entscheidung nach „freiem Ermessen“ des Plattformbetreibers nicht zu vertreten haben wird, haftet er doch – schon aus der Logik eines Werkvertrages heraus – für die in der Leistungsbeschreibung **spezifisch niedergelegten Anforderungen.**[505] Umso wichtiger erscheint es aus Sicht des Auftraggebers, die Anforderungen des Plattformbetreibers im obigen Sinne spezifisch in den App-Entwicklungsvertrag aufzunehmen.[506]

Die **Abnahme des Werkes** iSv § 640 BGB bildet einen wichtigen Meilenstein im Verlauf des App-Entwicklungsprojektes.[507] Sie bedingt gem. § 641 Abs. 1 BGB die Fälligkeit der Zahlungspflicht des Auftraggebers und muss gem. § 640 Abs. 1 S. 1 BGB erfolgen, sofern das hergestellte Werk (die zu programmierende App) vertragsgemäß vorliegt. „Unwesentliche“ Mängel iSv § 640 Abs. 1 S. 2 BGB führen nicht dazu, dass der Auftraggeber von seiner Abnahmepflicht frei wird.

466 Sofern die App also aus Sicht des App-Entwicklers fertiggestellt ist, wird dieser diese dem App-Anbieter vorführen und ihm Gelegenheit zur Überprüfung der vorgenannten Kriterien (Vertragsgemäßheit, Mangelfreiheit) geben.[508] Dabei bietet es sich an, ein **detailliertes Abnahmeverfahren** zu regeln, in denen Kriterien ua zu Testzeitraum und Testprozedere festgelegt werden sollten.[509] Auch der Begriff des unwesentlichen Mangels sollte einer besonderen vertraglichen Definition, etwa anhand verschiedener Mängelklassen, zugeführt werden.[510]

3. Der Vertrag zwischen App-Anbieter und Plattformbetreiber

467 Zweite Säule der hier unter dem Begriff der App-Plattform-Verträge diskutierten Verträge im App-Ökosystem sind die **zwischen App-Anbieter und Plattformbetreiber** im Regelfall **zu schließenden Verträge** und die daraus resultierenden Leistungsbeziehungen.

a) Plattformnutzungsverträge und der Vertrieb von Apps

468 App-Anbieter und Plattformbetreiber schließen in aller Regel einen umfassenden **Plattformnutzungsvertrag.** Schwerpunkt des Vertrages sind dabei naturgemäß die Ausgestaltung der Bereitstellung von Apps und der Bezug durch den Endkunden, mithin also im Ergebnis der **Vertrieb von Softwareapplikationen** im Wege einer **zentralen Plattform** und die grundlegende Konzeption der Leistungsbeziehungen. Daneben kommen vor alle Regelungen zur Bereitstellung der **technischen** (Cloud-)**Infrastruktur** unter dem Stichwort „as a Service“[511] für den Betrieb von Apps in Betracht (dazu → § 4). Diesem Plattformnutzungsvertrag bzw. Plattformnutzungsverhältnis zwischen Plattformbetreiber und App-Anbieter mit Schwerpunkt auf den **Vertrieb und die Bereitstellung von Apps** widmet sich die folgende Darstellung.

469 Dabei kommt einer klaren vertraglichen Abstimmung im **Innenverhältnis** (App-Anbieter/Plattformbetreiber) und einer **korrespondierenden Ausgestaltung** der Plattform im **Außenverhältnis** zum Endkunden besondere Bedeutung zu. Bei IoT-Ökosystemen handelt es sich um aus ihrer Natur heraus mehrpolige (Rechts-)Verhältnisse. App-Nutzer, App-Anbieter und Plattformbetreiber agieren dabei idealerweise kontinuierlich miteinan-

---

[504] So schon *Zdanowiecki* in Bräutigam/Rücker E-Commerce-HdB Teil 11 B Rn. 32 am Beispiel des Apple App-Stores mwN.

[505] So schon *Zdanowiecki* in Bräutigam/Rücker E-Commerce-HdB Teil 11 B Rn. 32.

[506] *Zdanowiecki* in Bräutigam/Rücker E-Commerce-HdB 11. Teil B Rn. 32.

[507] Exemplarisch Solmecke/Taeger/Feldmann/*Solmecke/Lachenmann* Kap. 3 Rn. 76; allgemeiner Grundsatz jedes werkvertraglichen Entwicklungsprojektes.

[508] Solmecke/Taeger/Feldmann/*Solmecke/Lachenmann* Kap. 3 Rn. 77.

[509] *Zdanowiecki* in Bräutigam/Rücker E-Commerce-HdB 11. Teil B Rn. 14.

[510] *Conrad/Schneider* in Auer-Reinsdorff/Conrad IT-R-HdB § 11 Rn. 75 f. mit einem Überblick zu denkbaren Klassifizierungen; *Zdanowiecki* in Bräutigam/Rücker E-Commerce-HdB 11. Teil B Rn. 14.

[511] *Schmidt/Pruß* in Auer-Reinsdorff/Conrad IT-R-HdB § 3 Rn. 327.

der. Je mehr das System dabei im Sinne eines „plug and play" auch tatsächlich friktionslos funktioniert und (ggf. auch) automatisiert Software bezogen bzw. aktualisiert wird, desto mehr treten in der tatsächlichen, alltäglichen Nutzung Fragen der rechtlichen Leistungsbeziehungen in den Hintergrund. Es ist also entscheidend, dass die Art und Weise der Plattformnutzung durch den App-Anbieter und damit die **grundlegende Struktur der Leistungsbeziehungen initial** klar geregelt werden,[512] um im (idealerweise seltenen) Fall von Leistungsstörungen Regressansprüche auf rechtlich sicherer Grundlage abzuwickeln.

Aus Vorgenanntem folgt naturgemäß, dass der **Plattformnutzungsvertrag** des App- 470
Anbieters auch stets rechtlich klar von den **Endkundenverträgen** zu unterscheiden ist. Auch Endkunden schließen typischerweise einen Vertrag über die Nutzung der Plattform ab. Je nach Modell kommt allerdings ggf. ein direkter Vertrag über den Bezug der jeweiligen Softwareapplikation mit dem Plattformbetreiber hinzu (zu den Endkundenverträgen noch weitergehend → Rn. 594ff.).

b) Rechtsgrundlagen

Plattformnutzungsverträge sind in Ermangelung spezialgesetzlicher Regelungen als 471
solche (gewissermaßen branchenübergreifend) durch die ihrerseits noch im Entstehen begriffene vertragliche Praxis geprägt. Ergänzend stellen sich Einordnungsfragen des Handelsrechts (dazu noch bei den Ausführungen zu den unterschiedlichen Modellen).[513] Da sie in aller Regel vollständig auf Mustern des Plattformbetreibers basieren, sind aus der Perspektive des Plattformbetreibers zudem in Verträgen nach deutschem Recht die **§§ 305ff. BGB** anwendbar und **Fragen des AGB-Rechts,** insbesondere zu den Grenzen der Haftung (dazu → Rn. 575), zu beachten. Je nach Branche und Inhalt der Apps können naturgemäß beliebig weitere Gesetze und Regularien relevant werden, etwa aus dem Medizinrecht. Aus europäischem Recht sind zudem im Falle einer Vermittlungsleistung die Vorgaben der Verordnung zur Förderung von Fairness und Transparenz für gewerbliche Nutzer von Online-Vermittlungsdiensten (VO (EU) Nr. 2019/1150, **„P2B-Verordnung"**) zu beachten, soweit eine App-Plattform **auch** Verbraucher als Endkunden adressiert. Reine „Business-to-Business-Plattformen" sind vom Anwendungsbereich ausgenommen.[514] Sofern der Anwendungsbereich eröffnet ist, sind von Seiten des Plattformbetreibers insbesondere Transparenzanforderungen bezüglich der verwendeten Vertragsmuster und Informationspflichten zu erfüllen.[515] Zu alledem noch weiterführend → Rn. 583ff.

c) Fehlendes einheitliches Begriffsverständnis und Gestaltungsspielraum des Plattformbetreibers

Vor einer Darstellung **möglicher Modellvarianten** für das Verhältnis Plattformbetreiber/ 472
App-Anbieter/Endnutzer ist festzuhalten, dass ein einheitliches allgemeines Verständnis des Begriffs der „Plattform" im Sinne dieses Beitrages oder ein allgemeines Verständnis ihres Aufbaus im IoT-Umfeld nicht existieren.[516] Diese begriffliche Offenheit schlägt sich naturgemäß auch auf den Versuch der abstrakten Klassifikation und Beschreibung der Vertragsbeziehungen der etwaig beteiligten Akteure nieder.

Hinsichtlich der spezifischen Vertragsbeziehungen zwischen den Anbietern von Soft- 473
wareapplikationen und den Plattformbetreibern stehen entsprechend bisher – soweit ersichtlich – die Auseinandersetzung mit den bekannten großen Akteuren Apple („Apple"-

[512] Entsprechend ist die Einordnung von App-Stores, welche ohne eine klare vorgelagerte Strukturentscheidung für ein bestimmtes Modell nach deutschem Recht konzipiert wurden, bis heute Gegenstand von Diskussionen, vgl. mwN *Ewald* in Kilian/Heussen ComputerR-HdB Kap. 32.7 Rn. 46ff.

[513] Vgl. etwa *Söbbing/Jakob* InTeR 2016, 149 (154).

[514] *Busch* GRUR 2019, 788 (789f.).

[515] *Busch* GRUR 2019, 788 (789f.).

[516] BMWi, Grünbuch Digitale Plattformen, 2016, S. 8 und 26.

Ökosystem) und Google (va Ökosystem „Android") und ihren speziellen Vertragsvorgaben für den „App-Store" (Apple) bzw. „Play Store" (Google) im Fokus.[517] Es fehlt demgegenüber an einer übergreifenden oder gar abgeschlossenen Auseinandersetzung mit dem Vertrieb von Apps durch zentrale (IoT-)Plattformen. Auch klärende Rechtsprechung ist bisher – soweit ersichtlich – nicht vorhanden.[518] **Die gesamte Thematik ist somit noch im Aufbau begriffen.**

474 Diese begriffliche Offenheit sowie der wohl daraus folgende Fokus auf bestimmte prominente Anbieter ist nun allerdings kein Versäumnis der Literatur, sondern folgt schlicht aus der Tatsache, dass die diversen möglichen Erscheinungsformen von „Plattformen" zur Folge haben, dass sich die ihrer Nutzung zu Grunde liegenden Vertragsbeziehungen **je nach Geschäftsmodell** ganz erheblich unterscheiden können[519] und eine allgemeingültige vertragstypologische Einordnung von Plattformnutzungsverträgen damit ausschließen.[520] Auch der Versuch einer abschließenden Beschreibung möglicher Gestaltungsvarianten wäre zudem durch die **Dynamik des Gebiets** alsbald überholt.

475 Bei rein praktischer Betrachtung wird das Vertragsverhältnis zwischen Plattformbetreiber und Anbieter **im Innenverhältnis** schlicht durch die jeweiligen vom Plattformbetreiber in aller Regel vorgegebenen Vertragsbedingungen bestimmt, welche eine inhaltliche **spezifische Art von Vertriebsverträgen** darstellen. Übergreifend lassen sich abstrakt dabei nur einige typische „Regelinhalte" bzw. relevante Themenfelder identifizieren (dazu noch → Rn. 536 ff.). Auch ist allen gemeinsam, dass in aller Regel vorformulierte Bedingungen des Plattformbetreibers vorliegen dürften und damit im Grundsatz – gegenüber Endkunden und App-Anbietern gleichermaßen – die §§ 305 ff. BGB Anwendung finden.[521]

476 **Im Außenverhältnis** zum Endkunden ist vornehmlich entscheidend, wie der Plattformbetreiber aus Sicht eines **objektiven Empfängers** auftritt. Die eigene vertragliche Stellung lässt sich dabei nicht einseitig bestimmen, sondern hängt entschieden davon ab, wie ein redlicher Endkunde die mit der Gestaltung der Plattform verbundenen Erklärungen des Plattformbetreibers nach Treu und Glauben verstehen darf.[522] Jedenfalls bei ausschließlich von Unternehmen genutzten Plattformen (wie sie gerade im Bereich der „Industrie 4.0" den typischen Fall darstellen dürften) wird zudem den „Plattformnutzungsbedingungen" gegenüber dem Endkunden und dem darin statuierten Verständnis der Rolle der Plattform eine nicht unerhebliche Indizwirkung zukommen.[523] Nach Vorgenanntem kommt dem Plattformbetreiber damit im Wege der konkreten Ausgestaltung seiner Plattform ein erheblicher Spielraum in der Wahl eines Vertriebsmodelles zu.

477 Auf Grund der vorgenannten Offenheit bzw. Gestaltungsabhängigkeit kann damit im Folgenden lediglich der **Versuch einer Systematisierung** und abstrakten, also von konkreten Fallbeispielen losgelösten Darstellung unternommen werden. In diesem Sinne lassen sich – nach deutschem Recht – zumindest **drei typische Plattformmodelle** unterscheiden, mit Hilfe derer Software-Applikationen über Plattformen angeboten werden können.[524]

d) Der Vertrieb von Apps über die Plattform (wesentliche Grundlagen)

478 Wesentlicher **Inhalt von Plattformnutzungsverträgen** im hier verwandten Sinne ist der Vertrieb von Apps. Dabei muss zwischen dem Vertragsschluss über den im Grunde einmaligen **Bezug einer Softwareapplikation,** einem **Dauerschuldverhältnis über Leis-**

517 Exemplarisch etwa in *Ewald* in Kilian/Heussen ComputerR-HdB Kap. 32.7 Rn. 46 ff.
518 *Ewald* in Kilian/Heussen ComputerR-HdB Kap. 32.7 Rn. 92.
519 *Billing* in Bräutigam/Rücker E-Commerce-HdB 4. Teil B Rn. 9; im Ergebnis schon *Nolte/Hecht* ITRB 2006, 188 (189), woran sich nichts geändert hat.
520 *Billing* in Bräutigam/Rücker E-Commerce-HdB 4. Teil B Rn. 9.
521 Exemplarisch nur *Söbbing/Jakob* InTeR 2016, 149 (151).
522 So *Ewald* in Kilian/Heussen ComputerR-HdB Kap. 32.7 Rn. 46 ff. mwN.
523 MüKoBGB/*Busche* § 145 Rn. 17.
524 Vgl. hierzu bereits *Billing* in Bräutigam/Rücker E-Commerce-HdB 4. Teil B Rn. 8.

tungen, die im Folgenden über die Applikation erbracht werden und im Rahmen der App-Nutzung begründete **Folgeverträge** unterschieden werden.

Im Verhältnis von Plattformbetreiber und App-Anbieter ist die Bereitstellung von Apps als **entgeltliche oder unentgeltliche einmalige Leistung** Gegenstand von Plattformnutzungsverträgen. Dauerschuldverhältnisse über applikationsbasierte Leistungen wie bspw. Datenanalyse im Wege von „Software as a Service" können ebenfalls direkt über die Plattform angeboten werden und damit Regelungsgegenstand der Plattformnutzungsverträge sein. Die folgenden drei Modelle sind in diesem letztgenannten Fall allerdings nur dann gleichermaßen denkbar, wenn das Dauerschuldverhältnis über die Plattformoberfläche **selbst begründet und ggf. verwaltet wird,** sprich die Applikation als solche auf Zeit zur Verfügung gestellt wird. 479

Sofern ein sog. **In-App-Vertragsschluss**[525] vorliegt, also ein Vertragsschluss über eine Leistung direkt innerhalb der Oberfläche der Applikation eingegangen werden soll (zB durch Buchung wechselnder Serviceleistungen innerhalb einer Applikation), dürfte im Regelfall die Auslegung nach dem maßgeblichen objektivem Empfängerhorizont[526] zu einem Vertragsschluss zwischen Endkunde und App-Anbieter führen, ohne dass dem Plattformbetreiber eine besondere Rolle (ggf. als Vermittler) zukäme.[527] 480

Im Wege der App-Nutzung begründete Folgeverträge über **Leistungen außerhalb der App** (zB die Bestellung von Produktionsmaterial) sind nicht Gegenstand der im Folgenden dargestellten Modellvarianten und nicht Gegenstand des Beitrages. Vor dem Hintergrund voll- oder semiautomatisierter Bestellprozesse, wie im Verbraucher-Bereich prominent durch die sog. Dash-Buttons von Amazon vorexerziert, ist freilich auch hier eine faktische Beteiligung der Plattform denkbar.[528] 481

e) Das „Vermittler-Modell"

Beim sog. **Vermittler-Modell** stellt der Plattformbetreiber ausschließlich eine Vertriebsplattform für die entsprechenden Apps bereit. Er tritt dabei aber selbst nicht als Vertragspartner hinsichtlich konkreter Software-Applikationen auf. Seine Leistung ist die Bereitstellung einer „virtuellen Ladenfläche" bzw. eines „virtuellen Marktplatzes" nebst Hosting der entsprechenden App, um den Bezug durch den Endkunden zu ermöglichen (Infrastruktur), in aller Regel ergänzt um Mechanismen zur Zahlungsabwicklung, automatisierte Update- bzw. Upgrade-Möglichkeiten und automatisierte Empfehlungen für weitere oder alternative App-Angebote. Die Software selbst wird aus vertraglicher Perspektive unmittelbar selbst vom App-Anbieter bezogen. Es ist wesentlicher Gedanke des Vermittler-Modells, dass der jeweilige Vertrag zur Nutzung der Software-Applikation (zur dogmatischen Einordnung noch → Rn. 594) direkt (lediglich vermittelt über die Plattform) zwischen dem App-Anbieter und dem Endkunden geschlossen wird.[529] 482

aa) Vertragliche Konzeption im Vermittler-Modell. In der Regel schließen zunächst im Innenverhältnis der Plattformbetreiber und der App-Anbieter im Rahmen des Plattformnutzungsvertrages eine Vereinbarung über die Nutzung der Plattform als **Vertriebskanal** ab. Diese Art von Vertragsteil wird in der Praxis bspw. als „Vereinbarung für den Entwicklervertrieb" bezeichnet.[530] In aller Regel handelt es sich um Vereinbarungen im Sinne eines Auftrags oder entgeltlichen Geschäftsbesorgungsvertrages über den Vertrieb der 483

---

[525] Vgl. *Kannowski/Till* NJOZ 2017, 522 (522ff.) am Bsp. von mobilen Spielen; die Methodik ist allerdings auf beliebige Leistungen und Apps übertragbar.

[526] So *Ewald* in Kilian/Heussen ComputerR-HdB Kap. 32.7 Rn. 46ff. mwN.

[527] *Kremer* in Auer-Reinsdorff/Conrad IT-R-HdB § 28 Rn. 36f.; vgl. auch *Kannowski/Till* NJOZ 2017, 522 (523f.).

[528] Vgl. OLG München Urt. v. 10.1.2019 – 29 U 1091/18, MMR 2019, 532 (532ff.).

[529] Vgl. *Wiesemann* in Auer-Reinsdorff/Conrad IT-R-HdB § 24 Rn. 4.

[530] Im Rahmen des Vertriebes von Apps über den Google-Play-Store (Stand 11.3.2020).

betreffenden Apps.[531] Im Außenverhältnis zum Kunden hingegen tritt die Plattform sodann für den App-Anbieter auf.

484 Mit Blick auf das Zustandekommen des Vertrages zwischen App-Entwickler und Endkunde kommen innerhalb des Vermittler-Modells zwei Gestaltungsvarianten in Betracht:

- Einmal könnte der Plattformbetreiber als **rechtsgeschäftlicher Vertreter** des App-Anbieters auftreten („Vertreter-Modell“).[532]
- Andererseits könnte sich die Leistung der Plattform auch auf die **reine Vermittlung** des Abschlusses eines fremden Rechtsgeschäftes zwischen Dritten (App-Anbieter und Endkunde) beschränken („echtes Vermittler-Modell“).[533]

485 In jedem Fall ist aber stets klar zwischen dem Innenverhältnis von App-Anbieter und Plattformbetreiber über die Nutzung der Plattform sowie den Vertrieb der Software und dem Außenverhältnis von beiden Parteien zum Endkunden zu unterscheiden.

486 **Die Plattform als rechtsgeschäftlicher Vertreter:** Bezieht ein Endkunde Softwareanwendungen von der Plattform für sein IoT-Gerät, so schließt nach dem vorgenannten Vertretermodell im Außenverhältnis die Plattform den jeweiligen Vertrag über die Softwareanwendung direkt mit dem Endkunden **für den App-Anbieter** ab und handelt dabei **im fremden Namen** und kommerziell auf fremde Rechnung des App-Anbieters; vgl. § 164 Abs. 1 S. 1 BGB.[534] Um einen solchen direkten Vertragsschluss im Namen des App-Anbieters herbeizuführen und unmittelbar direkt eine Vertragsbeziehung zwischen App-Anbieter und Endkunde zu begründen, ist eine entsprechende Vertretungsmacht der Plattform notwendig.[535] Eine solche ergibt sich nicht ohne Weiteres und muss rechtsgeschäftlich iS einer Vollmacht gem. § 167 BGB vereinbart werden. Dies ist insoweit notwendiger Inhalt des Innenverhältnisses zwischen Plattformbetreiber und App-Anbieter. Ergänzend können die Regelungen zum Handelsvertreter zur Anwendung kommen (dazu noch → Rn. 490 ff.).

487 Unabhängig davon sind entsprechend der allgemeinen Regelungen zur Stellvertretung einige grundlegende Aspekte zu beachten:

- Die Vollmacht bedarf nach § 167 Abs. 2 BGB keiner besonderen Form und kann damit auch im Wege der Akzeptanz von AGB, wie in der Regel der Plattform-Nutzungsbedingungen, erteilt werden.[536]
- Die Plattform als solche muss nach außen eine **eigene Willenserklärung** abgeben. Entscheidend sind dabei das äußere Auftreten, mithin also die Ausgestaltung der Plattform.[537] Die Abgrenzung zwischen dem reinen Boten (bzw. Vermittler, dazu → Rn. 489) und dem Stellvertreter ist damit eine Frage des Einzelfalles.[538] Mit Blick auf das durch Onlinevergleichsportale oder die App-Plattformen von Google oder Apple geprägte Verständnis einer App-Plattform in der Literatur hat sich bezüglich der Maßstäbe oder äußeren Kriterien noch kein sicheres Regelverständnis herausgebildet.[539] Wenngleich die Rechtsprechung bei der reinen Darstellung von App-Angeboten, verbunden mit einer Abrufmöglichkeit zur Botenstellung tendieren dürfte,[540]

---

[531] Insgesamt str., vgl. *Wiesemann* in Auer-Reinsdorff/Conrad IT-R-HdB § 24 Rn. 27; *Söbbing/Jakob* InTeR 2016, 149 (154); vgl. auch *Billing* in Bräutigam/Rücker E-Commerce-HdB 4. Teil B Rn. 9.

[532] Vgl. *Klein/Datta* CR 2016, 587 (587 f.) mwN; vgl. auch *Ewald* in Baumgartner/Ewald Apps Kap. 2 Rn. 53 ff.

[533] Vgl. *Lenz* App-Stores S. 63 f.; *Söbbing/Jakob* InTeR 2016, 149 (154).

[534] Beispielhaft *Klein/Datta* CR 2016, 587 (587 f.) mwN.

[535] Palandt/*Ellenberger* BGB § 164 Rn. 13.

[536] Vgl. Palandt/*Ellenberger* BGB § 167 Rn. 2.

[537] Paland/*Ellenberger* BGB Einf. v. § 164 Rn. 11; *Ewald* in Baumgartner/Ewald Apps Kap. 2 Rn. 52.

[538] Vgl. Spindler/Schuster/*Spindler* BGB § 130 Rn. 14 (am Bsp. von Online-Auktions-Plattformen).

[539] Für die Relevanz der Stellvertretung *Ewald* in Baumgartner/Ewald Apps Kap. 2 Rn. 52 ff.; *Klein/Datta* CR 2016, 587; dagegen *Söbbing/Jakob* InTeR 2016, 149 (154); offen *Hauck/Blaut* NJW 2018, 1425 (1427); vgl. auch Spindler/Schuster/*Spindler* BGB § 130 Rn. 14 (am Bsp. von Online-Auktions-Plattformen).

[540] OLG Stuttgart Urt. v. 14.4.2015 – 12 U 153/14, MMR 2015, 577 Rn. 56.

kann sich dies gerade bei komplexerer Plattformgestaltung mit bspw. endnutzerabhängig personalisierten Angeboten und Darstellungen wieder ändern.[541]

- Die Vollmacht bzw. Regelungen im Innenverhältnis zwischen Plattformbetreiber und App-Anbieter können das Auftreten des Plattformbetreibers im fremden Namen des App-Anbieters **(Offenkundigkeitsgrundsatz)** nicht ersetzen; maßgeblich ist also, dass der Plattformbetreiber im Rahmen der objektiv erkennbaren Ausgestaltung[542] der Plattform das Handeln in fremdem Namen klar zum Ausdruck bringt.[543]
- Die Verletzung von Pflichten aus dem Innenverhältnis, bspw. indem sie den Endkunden durch App-übergreifende Rechteklauseln in AGB mehr Nutzungsrechte an der App einräumt als der Absprache im Innenverhältnis entspricht, berührt die Wirksamkeit der Vollmacht nicht, soweit der App-Anbieter die Vollmacht nicht widerruft.[544]
- Überschreitet die Plattform die Grenzen der Vollmacht, so gelten die allgemeinen Regelungen der §§ 177 ff. BGB.[545] Das Geschäft kann also vom App-Anbieter noch nachträglich genehmigt werden, § 177 Abs. 1 BGB. Eine solche nachträgliche Genehmigung wird in bestimmten Fällen gem. § 91a Abs. 1 oder 2 HGB vermutet, soweit die Plattform als Handelsvertreter (dazu noch → Rn. 490 ff.) anzusehen ist.[546] Im Übrigen würde die Plattform nach § 179 BGB haften.

Die praktische Relevanz dieses **Vertreter-Modells** wird in der Literatur in Frage gestellt.[547] Der Plattformbetreiber würde, eine klar nach außen kommunizierte eigene Willenserklärung vorausgesetzt, stets nur im eigenen Namen und gerade nicht für den App-Anbieter handeln.[548] Dieser Einwand zielt im Ergebnis auf die Wahrnehmung einer Plattform durch ihre Nutzer und damit den objektiven Empfängerhorizont ab (dazu schon → Rn. 476). Dieser ist entscheidend für die Einordnung einer Plattform unter ein bestimmtes Vertriebsmodell. Die objektive Wahrnehmung einer Plattform wird allerdings durch die Gestaltung und den konkreten *modus operandi* einer Plattform bedingt. Gerade im industriellen unternehmerischen Umfeld und mit Blick auf eine Vielzahl an Gestaltungsmöglichkeiten lässt sich das Vertreter-Modell damit **jedenfalls nicht pauschal ausschließen.** Es handelt sich schlicht um eine Möglichkeit der Ausgestaltunggestaltung einer entsprechenden Plattform. 488

Die Plattform als reiner Vermittler: Scheidet eine Vertreterrolle aus, weil die Plattform in ihrer konkreten Ausgestaltung aus Sicht eines objektiven Empfängers keine eigene Willenserklärung abgibt, kommt stets zumindest eine Stellung als **reiner Intermediär** in Betracht.[549] Umstritten ist dabei, ob es sich um ein rein tatsächliches Tätigwerden des Plattformbetreibers auf Basis des Innenverhältnisses mit dem App-Anbieter handelt, oder **ob zugleich eine Vermittlungstätigkeit als Handelsvertreter** vorliegt (dazu sogleich → Rn. 490 ff.).[550] Für den Endkunden macht diese Frage allerdings keinen Unterschied, er kontrahiert in jedem Fall mit dem App-Anbieter. Einzig die Anwendbarkeit der **§§ 84 ff. HGB** im Verhältnis Plattformbetreiber und App-Anbieter würde entfallen. 489

bb) Handelsrechtliche Fragestellungen. Nach beiden Varianten des Vermittler-Modells ist die Plattform zunächst ein Dritter, welcher Software in Form von Apps für einen anderen vertreibt. Es stellt sich dabei zwangsläufig die Frage, ob in die Plattform dabei grundle- 490

---

541 Vgl. *Schinkels* MMR 2018, 351 (352) (für automatisierte Höchstgebote bei Online-Auktionen).
542 Am Bsp. von Google und Apple *Ewald* in Baumgartner/Ewald Apps Kap. 2 Rn. 53 ff.
543 *Ewald* in Baumgartner/Ewald Apps Kap. 2 Rn. 53c.
544 Palandt/*Ellenberger* BGB § 164 Rn. 13.
545 Palandt/*Ellenberger* BGB § 164 Rn. 13.
546 Dazu allgemein *Flohr/Pohl* in Martinek/Semler/Flohr VertriebsR-HdB § 18 Rn. 41.
547 So wohl *Lenz* App-Stores S. 61 und S. 63.
548 So wohl *Lenz* App-Stores S. 61.
549 *Lenz* App-Stores S. 63 f.
550 *Lenz* App-Stores S. 63 f.; *Söbbing/Jakob* InTeR 2016, 149 (154).

gend als **Handelsvertreter oder Handelsmakler**[551] eingestuft werden kann.[552] **Die Antwort ist umstritten und in der Rechtsprechung nicht geklärt.**[553] Schon auf Grund der Offenheit des Plattformbegriffs und des Spielraums bei der Ausgestaltung ist eine abschließende Antwort auch kaum möglich.[554] Dies bedeutet freilich auch, dass in der Praxis bei der Gestaltung von Plattformen im Rahmen des „Vermittler-Modells" die §§ 84ff. HGB jedenfalls **nicht pauschal** außer Acht gelassen werden sollten.[555]

491 Nach § 84 Abs. 1 S. 1 HGB ist **Handelsvertreter** zunächst, „wer als selbständiger Gewerbetreibender **ständig** damit betraut ist, für einen anderen Unternehmer [...] Geschäfte zu vermitteln oder in dessen Namen abzuschließen." Nach § 93 Abs. 1 HGB ist **Handelsmakler,** „wer gewerbsmäßig für andere Personen, **ohne** von ihnen auf Grund eines Vertragsverhältnisses **ständig damit betraut zu sein,** die Vermittlung von Verträgen über Anschaffung oder Veräußerung von Waren oder Wertpapieren, über Versicherungen, Güterbeförderungen, Schiffsmiete oder sonstige Gegenstände des Handelsverkehrs übernimmt, [...]."

492 Gemeinsam haben beiden Spielarten des Vertriebs-Mittlers also, dass der Mittler selbständig agiert,[556] also entsprechend § 84 Abs. 1 S. 2 HGB im „wesentlichen frei [...] Tätigkeit gestalten und seine Arbeitszeit bestimmen kann." Sie unterscheiden sich aber ua bereits insofern, als dass der **Handelsvertreter ständig** für den App-Anbieter zum Vertrieb der Apps tätig wird, während der Handelsmakler nur von Fall zu Fall tätig wird.[557]

493 Als zentrale Instanzen eines IoT-Ökosystems agieren Plattformen in **aller Regel frei** von den Vorgaben eines einzelnen App-Anbieters und sind damit jedenfalls **selbstständig** im vorgenannten handelsrechtlichen Sinne. In der Regel wird die Plattform dabei **auch ständig** für den App-Anbieter tätig werden, da die App gerade dauerhaft über die Plattform angeboten und vertrieben werden soll, weswegen eine Handelsmaklereigenschaft schon deshalb ausscheiden dürfte.[558] Der Vertrieb von Apps lässt sich auch **unter den Begriff des „Geschäfts"** iSd § 84 HGB fassen. Auch wenn das Handelsvertreterrecht historisch auf den Vertrieb körperlicher Waren ausgelegt ist, ist der Begriff des „Geschäfts" (entwicklungs-)offen.[559] Da die bisher genannten Merkmale beim typischen Fall einer App-Plattform nicht in Abrede gestellt werden,[560] wäre – ausgehend von einem echten Vertretermodell – die Plattform unmittelbar Handelsvertreter iSd § 84 Abs. 1 S. 1 Alt. 2 HGB (Abschlussvertreter).

494 Plattformen werden in der bisherigen Praxis überwiegend im Rahmen der reinen Vermittlerstellung (keine Stellvertretung) (dazu → Rn. 488f.) diskutiert.[561] In diesem Rahmen ist Dreh- und Angelpunkt der handelsrechtlichen Debatte, ob lediglich faktisch-technisch eine Vermittlungsleistung vorliegt oder in typischen Ausgestaltungsvarianten auch eine Vermittlungsleistung **im handelsrechtlichen Sinne** gegeben sein kann.[562] Im Kern dreht sich die Debatte um das Leitbild des Handelsvertreters und das Element des zumindest

---

551 Vgl. *Dreyer/Haskamp* ZVertriebsR 2017, 359 (362).

552 Vgl. für den Softwarevertrieb allgemein etwa *Wiesemann* in Auer-Reinsdorff/Conrad IT-R-HdB § 24 Rn. 6; gegen eine solche Einstufung von Plattformen als Handelsvertreter im Ergebnis etwa *Söbbing/Jakob* InTeR 2016, 149 (154).

553 *Dreyer/Haskamp* ZVertriebsR 2017, 359 (360).

554 Vgl. *Dreyer/Haskamp* ZVertriebsR 2017, 359 (360ff.).

555 Vgl. *Dreyer/Haskamp* ZVertriebsR 2017, 359 (363).

556 Vgl. *Wiesemann* in Auer-Reinsdorff/Conrad IT-R-HdB § 24 Rn. 5.

557 *Wiesemann* in Auer-Reinsdorff/Conrad IT-R-HdB § 24 Rn. 6; vgl. auch Küstner/Thume/*Thume* Bd. 3 Teil II 2. Kap. Rn. 23.

558 Nach *Rehr* Plattformverträge S. 140f.; auch hier kann nach der konkreten Gestaltung der Plattform und der Verträge ein abweichendes Ergebnis erzielt werden, vgl. *Rehr* Plattformverträge S. 141 und die dort zitierte Literatur.

559 BeckOK HGB/*Lehmann* § 84 Rn. 46.

560 Vgl. etwa *Söbbing/Jakob* InTeR 2016, 149 (154); zum Thema der Doppeltätigkeit für Endkunde und App-Anbieter *Rehr* Plattformverträge S. 144, welches im typischen Fall unbeachtlich ist.

561 Exemplarisch *Söbbing/Jakob* InTeR 2016, 149 (154).

562 Dafür *Dreyer/Haskamp* ZVertriebsR 2017, 359 (361f.); dagegen *Söbbing/Jakob* InTeR 2016, 149 (154).

möglichen Einflusses eines Plattformbetreibers auf die Willensbildung des Endkunden für ein konkretes Geschäft.

Eine Vermittlungsvertreterstellung würde voraussetzen, dass die Vermittlungsleistung der Stellvertretung in ihrer Bedeutung zumindest nahe kommt.[563] Ein entsprechender **Einfluss auf die Willensbildung** wäre jedenfalls klassischen Online-Shops und Handelsplattformen (zB Amazon.de) nicht gegeben.[564] Auch im Übrigen seien wesentliche Elemente der §§ 84 ff. HGB bei Onlineplattformen (zB Provisions- und Ausgleichsansprüche) schlicht unpassend.[565] Dagegen spricht ein bisher großzügig gehandhabtes Verständnis von Vermittlungstätigkeiten („Mitursächliche Kausalbeziehung", „Vorbereiten und Ermöglichen des konkreten Geschäftsabschlusses")[566] und das berechtigte Argument, die unpassenden Rechtsfolgen der §§ 84 ff. HGB seien (weil ergebnisorientiert) kein valides Argument gegen die Einstufung als Handelsvertreter im Einzelfall.[567] Auch die kritische Sichtweise gesteht im Übrigen zu, dass bei zB konkreter Kaufberatung durch eine Plattform die Grenze zur Handelsvertretertätigkeit überschritten werden könne.[568] Jedenfalls bei Plattformen mit besonderer Interaktion mit dem Endkunden zB im Rahmen personalisierter Darstellung der App-Angebote sollten damit die §§ 84 ff. HGB[569] mitbedacht werden. Ein möglicher Ansatzpunkt wäre dabei wie folgt: 495

Sofern der Endkunde (lediglich unterstützt durch markttypische und endkundeneutrale Such- und Listen-Funktionen) die konkreten Apps selbst auswählt, agiert die Plattform nicht vergleichbar mit einem Vertreter und hat ihren Schwerpunkt in der Bereitstellung technischer Infrastruktur. Wenn im konkreten Fall die Plattform bspw. aber durch **Analyse von Systemdaten** des Endkunden einen bestimmten Softwarebedarf ermittelt oder anderweitig kuratierend und endkundenspezifisch Apps vorschlägt, liegt eine Vermittlungsvertreterstellung vor.[570] 496

Mit Blick auf das typische Verständnis von App-Plattformen ungewöhnlich und nach Sinn und Zweck nicht recht passend wäre die **Anwendung des § 89b HGB.**[571] Dieser Paragraph regelt einen möglichen Ausgleichsanspruch des Plattformbetreibers als Handelsvertreters gegen den App-Anbieter für den Fall, dass die Vertragsbeziehung zwischen diesen Parteien endet und der App-Anbieter aufgrund der Vermittlertätigkeit der Plattform einen Kundenstamm erlangt hat, den er nun alleine weiternutzen kann.[572] Nach dem Konzept der typischen Plattform im hier behandelten Sinne wäre die Billigkeit eines solchen Anspruchs (welche Anspruchsvoraussetzung ist) jedenfalls sehr fraglich, da § 89b HGB konzeptionell nicht für den Fall der Plattform entworfen wurde.[573] 497

cc) Grundlegende Leistungsbeziehung. Im Vermittler-Modell wird im Verhältnis zum Endkunden stets der **App-Anbieter Vertragspartner** hinsichtlich des Erwerbs und der Nutzung der Software-Applikation sein. Entsprechend richten sich sämtliche vertraglichen Ansprüche des Kunden, etwa auf Lieferung, aus Leistungsstörungen oder aufgrund von Gewährleistungsrechten gegen den App-Anbieter. Auch die besonderen Informationspflichten aus Art. 246 EGBGB und die Widerrufsregelungen der §§ 312 ff. BGB sind vom Anbieter einzuhalten.[574] Umgekehrt steht auch nur dem App-Anbieter ein vertraglicher 498

563 *Lenz* App-Stores S. 64 mwN.
564 *Söbbing/Jakob* InTeR 2016, 149 (154); *Dieselhorst/Grages* MMR 2011, 368 (369 ff.).
565 *Söbbing/Jakob* InTeR 2016, 149 (154); *Dieselhorst/Grages* MMR 2011, 368 (369 ff.).
566 *Dreyer/Haskamp* ZVertriebsR 2017, 359 (361).
567 *Dreyer/Haskamp* ZVertriebsR 2017, 359 dort Fn. 34.
568 *Dieselhorst/Grages* MMR 2011, 368 (371).
569 Allgemein dazu vgl. Küstner/Thume/*Schröder* Bd. 1 Kap. II Rn. 4.
570 So insgesamt *Lenz* App-Stores S. 64.
571 *Söbbing/Jakob* InTeR 2016, 149 (154) im Ergebnis daher ablehnend.
572 *Flohr/Pohl* in Martinek/Semler/Flohr VertriebsR-HdB § 18 Rn. 23.
573 *Rehr* Plattformverträge, S. 182 f.; vgl. zu den Anforderungen Baumbach/Hopt/*Hopt* HGB § 89b Rn. 23 ff.
574 *Feldmann* DSRITB 2011, 47 (57); vgl. *Kremer* in Auer-Reinsdorff/Conrad IT-R-HdB § 28 Rn. 16.

Zahlungsanspruch gegen den Kunden wegen der App-spezifischen Leistung zu.[575] Damit in dieser Konstellation also die Plattform finanziell am Abschluss der Verträge mit dem Endkunden unmittelbar partizipieren kann, muss im Innenverhältnis zwischen App-Anbieter und Plattformbetreiber ein Provisionsanspruch der Plattform vertraglich ausbedungen werden.

499 **dd) Mögliche Eigenhaftung des Plattformbetreibers.** Nach der Natur des Vermittler-Modells scheidet eine **unmittelbare vertragliche Haftung des Plattformbetreibers** wegen App-bezogenen Leistungsstörungen etwa aus Mietrecht („Software as a Service") oder Kaufrecht (dauerhafte Überlassung der App gegen Entgelt) aus.[576] Aus dieser Perspektive erscheint eine bewusst durch entsprechende Plattformgestaltung herbeigeführte Vermittlerrolle (unabhängig von ihrer handelsrechtlichen Einordung) als **empfehlenswert.**

500 Davon stets zu unterscheiden ist allerdings die etwaige Haftung für im **Vorfeld des App-Bezuges getätigte Leistungen** im Verhältnis Plattformbetreiber/Endnutzer. Im Rahmen des Nutzungsvertrages über die Plattform zwischen Endnutzer und Plattformbetreiber kann – auch ohne explizite Nennung – eine Pflicht zur Beratung anhand objektiver Kriterien entstehen.[577] Diese für Online-Vergleichsportale entwickelte Ansicht stellt auf die berechtigte und objektiv erkennbare Erwartung eines Nutzers ab, durch das Vergleichsportal ein Leistungsangebot Dritter anhand objektiv-sachlicher Kriterien ausgewählt zu bekommen.[578] Dies lässt sich ohne weiteres auf App-Plattformen übertragen, wenn diese ebenfalls eine entsprechende Erwartungshaltung begründen, bspw. durch das Versprechen, anhand umfassender Datenanalyse passgenaue Angebote aus einem umfassenden App-Portfolio anzubieten.

501 Daneben steht die – soweit ersichtlich nicht geklärte – Fragen der möglichen **Eigenhaftung auf Basis des § 311 Abs. 3 BGB**[579] sowie das in der Natur des Vermittlermodells angelegte Risiko, dass nach dem maßgeblichen objektiven Empfängerhorizont das gewählte Modell tatsächlich nicht wie geplant zur Anwendung kommt.

502 **Eigenhaftung nach § 311 Abs. 3 BGB (negatives Interesse):** Maßgebliche Kriterien einer Eigenhaftung aus § 311 Abs. 3 BGB sind ein besonderes wirtschaftliches Eigeninteresse des Plattformbetreibers oder die Inanspruchnahme einer besonderen Vertrauensstellung (Sachwalterhaftung).

503 Ein **besonderes wirtschaftliches Eigeninteresse** dergestalt, dass der Plattformbetreiber im Rahmen des App-Vertriebs gleichsam wirtschaftlich in eigener Sache auftritt, wird in aller Regel nicht anzunehmen sein.[580] Das reine Provisionsinteresse des Plattformbetreibers ist dabei dafür nicht ausreichend. Nach ständiger Rechtsprechung des BGH[581] reicht ein rein mittelbares wirtschaftliches Interesse, wie es der Provisionsanspruch bietet, alleine gerade noch nicht für eine Dritthaftung des Vertreters (hier des Plattformbetreibers) nach § 311 Abs. 3 BGB aus.[582] Ein sonstiges eigenes wirtschaftliches Interesse des Plattformbetreibers besteht weiter an einem softwareseitig umfangreich ausgestatteten Ökosystem. Soweit der Plattformbetreiber auch Hersteller von IoT-Geräten ist, besteht zudem ein evidentes Eigeninteresse an einem erfolgreichen Vertrieb von Applikationen, um Nutzungsumfang und Attraktivität der eigenen Endgeräte zu erhöhen. Auch diese beiden nur mit-

---

[575] Vgl. allgemein *Kremer* in Auer-Reinsdorff/Conrad IT-R-HdB § 28 Rn. 15.

[576] Vgl. etwa *Wiesemann* in Auer-Reinsdorff/Conrad IT-R-HdB § 24 Rn. 151 zum allgemeinen Softwarevertrieb.

[577] *Hauk/Blaut* NJW 2018, 1425 (1426).

[578] *Hauk/Blaut* NJW 2018, 1425 (1426).

[579] Hierzu am Bsp. von Vergleichsportalen *Hauk/Blaut* NJW 2018, 1425 (1425f.).

[580] AA für Vergleichsportale *Hauk/Blaut* NJW 2018, 1425 (1429f.); vgl. zum Thema auch *Rehr* Plattformverträge S. 171 und S. 222ff.

[581] Seit BGH Urt. v. 11.10.1988 – X ZR 57/87, NJW-RR 1989, 110 (111); zuletzt entschieden vom BGH Urt. v. 13.12.2005 – KZR 12/04, NJW-RR 2006, 993 Rn. 15f.

[582] *Flohr/Pohl* in Martinek/Semler/Flohr VertriebsR-HdB § 18 Rn. 37; MüKoBGB/*Emmerich* § 311 Rn. 190 mwN.

telbaren Faktoren machen den konkreten Einzelvertrag über den Bezug einer App allerdings nicht zu einem Rechtsgeschäft, für welches der Plattformbetreiber als wirtschaftlich betrachtet „eigentliche Vertragspartei" anzusehen wäre.[583] Soweit der Plattformbetreiber durch den Gewinn von Nutzerdaten, verbesserte Personalisierungsmöglichkeiten und/oder die erhöhte Attraktivität seiner Plattform für Werbung profitiert,[584] sind dies zwar ggf. gewichtige wirtschaftliche Faktoren, in Anbetracht der restriktiven Linie der Rechtsprechung ist dennoch nicht von einer Stellung als „Quasi-Partei" auszugehen.[585]

Auch eine **besondere Vertrauensstellung** dürfte in der Praxis an der restriktiven Linie 504 der Rechtsprechung scheitern. Diese fordert die Inanspruchnahme eines besonderen Vertrauens mit der Folge einer persönlichen Gewähr für das Zustandekommen und die Erfüllung des Vertrages.[586] Selbst bei in diese Richtung ausgestalteten Plattformen ist fraglich, ob sein solches Maß an Gewähr in Bezug auf die konkrete App möglich ist.

Dazu **folgendes Beispiel:** Agiert der Plattformbetreiber als zentrale Instanz zum Ver- 505 trieb von Apps gegenüber den Endkunden, nimmt er im Grunde bereits Vertrauen in Anspruch, wenn er eine Vorauswahl über die angebotenen Apps trifft und dem Kunden – und sei es nur zu Zwecken des Marketings – ein „qualitätsgeprüftes" App-Ökosystem präsentiert. Je mehr der Plattformbetreiber die Plattform also selbst in den Vordergrund stellt und eine einheitliche „Nutzererfahrung" in Aussicht stellt, Apps und Endgeräte also als eine „Systemumgebung" präsentiert (zur Idee des Ökosystem schon → § 5), desto mehr bringt er den eigenen Ruf und das im Markt aufgebaute Vertrauen in den Vertrieb der Apps ein.[587] Als Anwendungsfall wären smarte Industriegeräte eines marktführenden Herstellers zu nennen, der damit wirbt, nur selektierte Apps von „Dritt-Partnern" auf einer Plattform für seine Geräte zu bündeln. Selbst in diesem Beispiel dürfte die Vertrauensstellung der Plattform allerdings eher in der Art und Weise der Präsentation begründet liegen, aber keine „zusätzliche, von ihm ausgehende Gewähr für die Seriosität und die Erfüllung des [konkreten] Geschäftes bieten".[588] In der Sache käme man ggf. zu einer eigenen Beratungspflicht gegenüber dem Endkunden, nicht aber zur Haftung für das konkrete App-bezogene Rechtsgeschäft.[589]

Einer insoweit offeneren Ansicht[590] ist allerdings zuzugestehen, dass der entsprechende 506 Themenkomplex für App-Plattformen durch die **Rechtsprechung bisher nicht wesentlich behandelt** wurde und natürlich durch die vielfältigen Ausgestaltungsoptionen und Entwicklungsmöglichkeiten im Bereich von App-Plattformen, bspw. durch den Einsatz von KI, sicherlich in Zukunft die Möglichkeit besteht, dass im Einzelfall besondere Gewähr durch die Plattform übernommen wird. In jedem Fall sollte daher dieses Risiko bei der vertraglichen und auch faktischen Gestaltung des App-Vertriebs über eine Fremdplattform zumindest berücksichtigt werden.

Direkter Vertragsschluss aus Sicht eines objektiven Empfängers/Einbeziehung 507 von AGB: Ein weiteres Risiko beim Vermittlermodel besteht darin, dass eine wirksame Vertretung des App-Anbieters durch den Plattformbetreiber immer voraussetzt, dass der Wille, in fremdem Namen zu handeln, auch deutlich hervortritt, vgl. § 164 Abs. 1 S. 2 BGB[591] (dazu bereits → Rn. 487).

---

[583] Vgl. zum Maßstab MüKoBGB/*Emmerich* § 311 Rn. 190ff. mwN; vgl. auch *Rehr* Plattformverträge S. 171.
[584] So am Bsp. von Vergleichsplattformen *Hauk/Blaut* NJW 2018, 1425 (1428f.).
[585] Vgl. MüKoBGB/*Emmerich* § 311 Rn. 190ff. mwN; aA und deutlich großzügiger in der Auslegung: *Hauk/Blaut* NJW 2018, 1425 (1428f.).
[586] MüKoBGB/*Emmerich* § 311 Rn. 190ff. mwN.
[587] *Hauk/Blaut* NJW 2018, 1425 (1429).
[588] BGH Urt. v. 17.6.1991 – II ZR 171/90, DStR 1991, 1089 (1990).
[589] Vgl. auch *Flohr/Pohl* in Martinek/Semler/Flohr VertriebsR-HdB § 19 Rn. 60ff. für den Handelsvertreter.
[590] Etwa angelehnt an *Hauk/Blaut* NJW 2018, 1425 (1429); in diese Richtung wohl auch *Reher* Plattformverträge S. 223 f.
[591] MüKoBGB/*Schubert* § 164 Rn. 24; *Klein/Datta* CR 2016, 587 (588).

508 Gelingt dies nicht, wird nicht der App-Anbieter, sondern die Plattform Vertragspartner des Endkunden werden.[592] Als Folge würde die Plattform die unmittelbare Verantwortlichkeit für die App treffen.[593] Sie hätte für die Erfüllung der Informationspflichten des Art. 246 EGBGB und die Widerrufsregelungen der §§ 312ff. BGB einzustehen[594] und die Verantwortung im Rahmen von Gewährleistungs- und Leistungsstörungsansprüchen für die App und (je nach Ausgestaltung) für die über die App geschlossenen Dauerschuldverhältnisse zu tragen.[595]

509 Um dieses **Risiko zu minimieren,** genügt es nicht, das Auftreten der Plattform für den App-Anbieter allein im Innenverhältnis festzulegen.[596] Auch genügt es nicht, dem Endkunden allein in den Allgemeinen Nutzungsbedingungen der IoT-Plattform darzulegen, dass beim Vertrieb der Apps die Plattform lediglich Vermittler des jeweiligen App-Anbieters ist.[597] Denn durch derartige AGB wird – unabhängig davon, ob sie nun gem. § 307 Abs. 1 S. 2 BGB bzw. § 305c Abs. 1 BGB wirksam sind oder nicht – der Wille, als Stellvertreter zu handeln regelmäßig nicht (am Maßstab der Rechtsprechung) allein *„hinreichend erkennbar"* hervortreten.[598] Das Auftreten für einen Dritten muss sich vielmehr auch aus der Gestaltung der Plattform ergeben.[599] Unklar ist dabei etwa die konkrete Wirkung der vorhandenen und nach außen transparenten Nutzungsbedingungen auf die maßgebliche Auslegung (Stichwort „Nutzungsbedingungen als Indiz").[600]

510 Es ist also danach zu fragen, ob ein **objektiver Dritter** aus der Sicht des Kunden aufgrund der Gestaltung des App-Stores zum Ergebnis kommt, dass der App-Vertrag direkt mit dem App-Anbieter zustande kommen soll.[601]

511 In diesem Punkt ist das **Vermittlermodell** in der Praxis überaus fehleranfällig;[602] eine stringente Konzeption, welche das im Innenverhältnis intendierte Modell auch nach außen in Darstellung und Terminologie klar wiedergibt, ist damit dringend zu empfehlen.[603]

512 Sollten Zweifel auftreten, ob die Plattform für den App-Anbieter handelt oder ein Eigengeschäft führen will, ist ein Eigengeschäft der Plattform und damit keine Vermittlung für den App-Anbieter anzunehmen.[604] Bei fehlerhafter Gestaltung des App-Stores wird folglich der Endkunde – *„entgegen den Regelungen in den Verkaufs- und Nutzungsbedingungen"* – direkt mit der Plattform statt mit dem App-Anbieter einen Vertrag schließen.[605] Eine Berufung auf einen Dissens gem. § 155 BGB ist hier nicht möglich.[606] Ebenso kann der Plattformbetreiber den Vertrag mit dem Endkunden wegen eines Irrtums über seine

---

[592] MüKoBGB/*Schubert* § 164 Rn. 40; vgl. Palandt/*Ellenberger* BGB § 164 Rn. 5; vgl. *Feldmann* DSRITB 2011, 47 (48).
[593] Solmecke/Taeger/Feldmann/*Engelhardt* Kap. 3 Rn. 189; *Feldmann* DSRITB 2011, 47 (48); *Degmair* K&R 2013, 213 (216).
[594] *Feldmann* DSRITB 2011, 47 (48); *Degmair* K&R 2013, 213 (216); vgl. Oelschlägel/Scholz/*Klinger* Kap. 4 B Rn. 250.
[595] *Feldmann* DSRITB 2011, 47 (48); *Degmair* K&R 2013, 213 (216).
[596] *Degmair* K&R 2013, 213 (216); *Klein/Datta* CR 2016, 587 (587f.); anders *Feldmann* DSRITB 2011, 47 (47ff.).
[597] *Ewald* in Baumgartner/Ewald Apps Kap. 2 Rn. 44f. mwN.
[598] *Degmair* K&R 2013, 213 (216); vgl. BGH Urt. v. 27.10.2005 – III ZR 71/05, NJW-RR 2006, 109f. Rn. 16; von der Unwirksamkeit solcher AGB ausgehend *Kremer* CR 2011, 769 (774).
[599] *Degmair* K&R 2013, 213 (216); *Klein/Datta* CR 2016, 587 (588f.).
[600] Vgl. *Degmair* K&R 2013, 213 (216); *Feldmann* DSRITB 2011, 47 (50) und für Ebay BGH Urt. v. 8.6. 2011 – VIII ZR 305/10, MMR 2011, 653 (654).
[601] *Ewald* in Baumgartner/Ewald Apps Kap. 2 Rn. 52; vgl. Palandt/*Ellenberger* BGB Einf. v. § 164 Rn. 2; vgl. Palandt/*Ellenberger* BGB § 164 Rn. 1 u. 4.
[602] *Chrocziel* in Martinek/Semler/Flohr VertriebsR-HdB § 41 Rn. 18.
[603] *Kremer* CR 2011, 769 (774); *Klein/Datta* CR 2016, 587 (588).
[604] Vgl. Palandt/*Ellenberger* BGB § 164 Rn. 5.
[605] *Kremer* CR 2011, 769 (773); vgl. am Bsp. von Apple *Degmair* K&R 2013, 213 (215); anders *Feldmann* DSRITB 2011, 47 (50).
[606] *Kremer* CR 2011, 769 (773) mwN.

Stellung als Vertragspartner aufgrund von § 164 Abs. 2 BGB nicht nachträglich anfechten.[607]

f) „Reseller-Modell"

Das sog. **Reseller-Modell** bildet den diametralen Gegensatz zum Vermittler-Modell.[608] 513
Hier agiert der App-Anbieter letztendlich als Zulieferer der Plattform. Die Plattform selbst schließt Verträge mit dem Endkunden über die angebotene Softwareapplikation, stellt diese selbst bereit und handelt vollends in eigenem Namen und auf eigenes wirtschaftliches Risiko.

aa) Vertragliche Konzeption im sog. Reseller-Modell. Das „Reseller-Modell" ist we- 514
sentlich dadurch gekennzeichnet, dass der Plattformbetreiber die Softwareapplikation vom App-Anbieter erwirbt, um sie danach **im eigenen Namen** und **auf eigene Rechnung** an den Endkunden weiter zu vertreiben.[609] Hierin liegt der Unterschied zum Vermittler-Modell. Der „Reseller" wird gerade nicht im fremden Namen und auch nicht auf fremde Rechnung tätig.

Das „Reseller-Modell" wird in aller Regel dadurch verwirklicht, dass der App-Anbieter 515
der Plattform ein Vertriebsrecht einräumt.[610] Das Vertriebsrecht wiederum berechtigt die Plattform typischerweise, dem Endkunden im gleichen Maße Nutzungsrechte an der App einzuräumen, wie ihr zuvor durch den App-Anbieter eingeräumt wurden.[611]

bb) Handelsrechtliche Fragestellungen. Aus Sicht des klassischen, historisch auf den 516
Vertrieb körperlicher Gegenstände fokussierten Vertriebsrechts stellt der Eigen- oder Vertragshändler eine besondere Form des „Resellers" dar.[612] In diesem Rahmen lassen sich wiederrum **drei grundlegende Vertragsebenen** unterscheiden: Zum einen der Vertrag über den Erwerb eines Vertriebsrechts zwischen Hersteller und Vertragshändler; weiterhin der Rahmenvertriebsvertrag zwischen den beiden Parteien und schlussendlich der Veräußerungsvertrag zwischen Vertragshändler und Endkunde.[613] Inhalt und Aufbau insbesondere des Rahmenvertriebsvertrages sind dabei durch Rechtsprechung und Vertragspraxis geprägt und nicht gesetzlich vorgegeben.[614]

Die vorgenannte Konstellation passt einerseits auch auf die typische App-Plattform, als 517
hier der Plattformnutzungsvertrag zwischen App-Anbieter und Plattformbetreiber Vertriebsrechte und Vertriebsmodalitäten im Sinne eines Rahmenvertrages regelt. Auch geht das Rechtsverhältnis zwischen App-Anbieter und Plattform in dieser Konstellation über das bloße Käufer-Verkäufer-Verhältnis hinaus. Es entsteht – entsprechend des klassischen Vertriebsvertrages – ein Dauerschuldverhältnis mit dienst- und geschäftsbesorgungsvertraglichen Elemente iSd §§ 675, 611 ff. BGB.[615]

Andererseits ist der Vertragshändler im vertriebsrechtlichen Sinne aber eng in die Ver- 518
kaufsorganisation des Herstellers eingebunden,[616] was bei App-Plattformen typischerweise **nicht der Fall ist.** Im Gegenteil: bei markstarken Plattformen ist es wohl umgekehrt der App-Anbieter, welcher auf die Plattform als Vertriebsweg angewiesen und durch wenig verhandelbare Vertragsbestimmungen in die Plattform „eingegliedert" ist. Die Machtbalan-

---

[607] *Degmair* K&R 2013, 213 (216).
[608] Zur Verwendung des Begriffs „Reseller" s. *Wiesemann* in Auer-Reinsdorff/Conrad IT-R-HdB § 24 Rn. 8.
[609] *Wiesemann* in Auer-Reinsdorff/Conrad IT-R-HdB § 24 Rn. 8; *Manderla* in Martinek/Semler/Flohr VertriebsR-HdB § 25 Rn. 1 für den Vertragshändler.
[610] *Wiesemann* in Auer-Reinsdorff/Conrad IT-R-HdB § 24 Rn. 9.
[611] *Wiesemann* in Auer-Reinsdorff/Conrad IT-R-HdB § 24 Rn. 9.
[612] *Manderla* in Martinek/Semler/Flohr VertriebsR-HdB § 25 Rn. 1; zu den Begrifflichkeiten auch Mössner/Baumhoff/Greif/*Pinkernell* Grenzüberschreitender Electronic Commerce Rn. 3.90.
[613] Vgl. Küstner/Thume/*Thume* Bd. 3 Teil II Kap. II Rn. 8.
[614] *Manderla* in Martinek/Semler/Flohr VertriebsR-HdB § 25 Rn. 1.
[615] Vgl. *Wiesemann* in Auer-Reinsdorff/Conrad IT-R-HdB § 24 Rn. 27.
[616] Küstner/Thume/*Thume* Bd. 3 Teil II Kap. II Rn. 9.

ce ist daher typischerweise eine Andere. Auch insgesamt dürften daher wesentliche Aspekte klassischer Vertragshändlerverträge durch eigenständige plattformabhängige Vertragsbestimmungen ersetzt werden und Plattformnutzungsverträge im Reseller-Modell nur partiell mit klassischen Vertragshändlerverträgen vergleichbar sein.[617]

519 **cc) Grundlegende Leistungsbeziehungen.** Das „Reseller-Modell" basiert auf einer **Vertragskette** aus App-Anbieter (Zulieferer), Plattformbetreiber (Verkäufer) und Endkunde. Entsprechend dem Vorgenannten bestehen sämtliche Ansprüche des Endkunden (Leistungsansprüche, Ansprüche aus Leistungsstörung bzw. Gewährleistungsrecht) direkt gegenüber dem Plattformbetreiber.

520 Umgekehrt bestehen auch **Vergütungsansprüche** gegenüber dem Endkunden einzig beim Plattformbetreiber. Der Vergütungsanspruch des App-Anbieters ist Gegenstand des Vertrages zwischen Plattformbetreiber und App-Anbieter und unabhängig von der Vergütung durch den Endkunden. Der Plattformbetreiber allein trägt zunächst das Absatz- und Kreditrisiko.[618]

521 **dd) Eigenhaftung des Plattformbetreibers und Regelung im Innenverhältnis.** Freilich wirkt sich die rechtlich selbstständige Vertragsbeziehung zwischen Endkunde und Plattformbetreiber faktisch mittelbar auch im Innenverhältnis Plattformbetreiber/App-Anbieter aus. Typisch für ein großes App-Ökosystem ist eine einzelne (Vertriebs-)Plattform, welche durch **Vorgabe technischer Standards und Qualitätskriterien** die zentrale Schlüsselstellung einnimmt. Der Plattformbetreiber, der letztendlich den Weg in das Ökosystem kontrolliert, wird idealerweise im Eigeninteresse eine aufeinander eng abgestimmte Vertragsdokumentation schaffen, welche Rechte und Pflichten im Außenverhältnis unmittelbar an den App-Anbieter durchreicht. Dabei wird der Plattformbetreiber insbesondere im Falle von Leistungsstörungen beim App-Anbieter einfach Regress nehmen wollen, da er zumeist mangels Zugriff auf den Quellcode der App nicht in der Lage ist, Mängel der Software selbst zu beheben.[619] Bei Mängeln an der App, die in die Verantwortungssphäre des App-Anbieters fallen, ist der Rückgriff auf den App-Anbieter zwar schon nach allgemeinen Grundsätzen auf gesetzlicher Basis möglich,[620] allerdings wird der Plattformbetreiber schon zum effizienten Regress eigene Detailregelungen schaffen wollen.

g) „Kommissionsagentur-Modell"

522 Das dritte „typisierte" Konzept des Vertriebs von Softwareapplikationen über eine Plattform bietet das sog. **„Kommissionsagentur-Modell".**[621] Dieses Modell bildet in der Theorie gewissermaßen einen Mittelweg zwischen direkt leistungsverantwortlicher Reseller-Position und einer rein vermittelnden Tätigkeit.

523 **aa) Vertragliche Konzeption im „Kommissionsagentur-Modell".** Die Plattform agiert hier in eigenem Namen, also entsprechend einem „Reseller", aber wirtschaftlich auf **fremde Rechnung** und insoweit ähnlich einem Vermittler (bzw. Handelsvertreter). Konkret tritt der Plattformbetreiber im **Außenverhältnis** wie ein eigenständiger Vertragspartner auf, welcher direkt gegenüber dem Endkunden ein auf Leistung der jeweiligen App gerichtetes Vertragsverhältnis eingeht, dabei aber jedoch im **Innenverhältnis** vom App-Anbieter (ggf. im handelsrechtlichen Umfang – zur Einordnung sogleich) weisungsabhän-

[617] Vgl. in diese Richtung *Marly* SoftwareR-HdB Rn. 1160.
[618] Vgl. *Manderla* in Martinek/Semler/Flohr VertriebsR-HdB § 25 Rn. 5 für den klassischen Vertragshändler.
[619] Vgl. etwa *Rempe* InTeR 2016, 17 (20f.) für Smart Products; *Wiesemann* in Auer-Reinsdorff/Conrad IT-R-HdB § 24 Rn. 161.
[620] *Rempe* InTeR 2016, 17 (21) für Smart Products.
[621] *Wiesemann* in Auer-Reinsdorff/Conrad IT-R-HdB § 24 Rn. 7; Solmecke/Taeger/Feldmann/*Engelhardt* Kap. 3 Rn. 180; vgl. auch *Ewald* in Kilian/Heussen ComputerR-HdB Kap. 32.7 Rn. 25.

gig ist. Auf dieses Innenverhältnis finden (ähnlich wie beim Vermittler) dienst- bzw. geschäftsbesorgungsvertragliche Regelungen Anwendung.[622]

bb) Handelsrechtliche Fragestellungen und Einordung. Entsprechend der genannten Konzeption (und der hier gewählten Bezeichnung) drängt sich die handelsrechtliche Einordnung des App-Vertriebs als Kommissions- bzw. Kommissionsagenturgeschäft **auch iSd §§ 383 ff. HGB** auf. 524

Kommissionär ist entsprechend § 383 Abs. 1 HGB im Ergebnis, *„wer als selbständiger Gewerbetreibender damit betraut ist, im* ***eigenen Namen für Rechnung eines anderen*** *Unternehmers Geschäfte abzuschließen."*[623] Tut er dies beständig und zu Preisen und Konditionen, welche der Dritte vorgibt, handelt es sich um ein **Kommissionsagenturgeschäft.**[624] Soweit § 383 HGB den Anwendungsbereich der Kommissionsgeschäfte auf den Ein- bzw. Verkauf von Waren oder Wertpapieren beschränkt, ist dies für den Vertrieb von Apps nicht von Belang, da § 406 Abs. 1 S. 1 HGB auch ähnliche Geschäfte als sog. uneigentliche Kommission erfasst, sofern nur ein Handeln im eigenen Namen und auf fremde Rechnung vorliegt.[625] Da App-Plattformen in aller Regel beständig für den App-Anbieter tätig sind und die Preisgestaltung typischerweise dem App-Anbieter überlassen bleibt, liegt in der Regel ein **Kommissionsagenturverhältnis** vor.[626] 525

Der App-Anbieter übernimmt bei einem typischen „Kommissionsagentur-Modell" also letztendlich die Rolle des Kommittenten iSd § 383 HGB ein, während die Plattform die Rolle des Kommissionsagenten einnimmt.[627] Der eigentliche „Herr des Geschäftes" bleibt wirtschaftlich wie weisungsfaktisch der App-Anbieter, womit dem Plattformbetreiber die Rolle des sog. mittelbaren Stellvertreters zukommt.[628] 526

Abgrenzungsschwierigkeiten zum „Reseller-Modell" bzw. ein Wegfall der Kommissionsgeschäftseigenschaft können sich ergeben, weil ggf. nicht klar ist, ob auch **de facto** ein Handeln auf **fremde Rechnung** vorliegt.[629] Entscheidend dafür ist die wirtschaftliche Risikoverteilung.[630] Entsprechend sind im Einzelfall die Zahlungsmodalitäten im Innenverhältnis zwischen Plattformbetreiber und App-Anbieter entscheidend. Soweit keine pauschale Vergütung von App-Anbietern erfolgt, sondern ausschließlich auf Basis endkundenseitig gezahlter Entgelte abgerechnet wird und Infrastrukturkosten des Plattformbetreibers durch bspw. Registriergebühren der App-Anbieter (teilweise) kompensiert werden können, liegt das wirtschaftliche Risiko beim App-Anbieter, sodass von einem Kommissionsagenturverhältnis ausgegangen werden kann.[631] 527

Regeln des Handelsvertreterrechts können auch hier im Innenverhältnis – nicht aber im Außenverhältnis – zur Anwendung kommen.[632] So hat der Kommissionsagent einen Provisionsanspruch in entsprechender Anwendung der §§ 87 ff. HGB,[633] welcher typischerweise Gegenstand des Plattformnutzungsvertrages sein sollte. Auch die handelsrechtlich bedingte Weisungsabhängigkeit des Plattformbetreibers hinsichtlich des Vertriebs der Apps sollte idealerweise klar im Plattformnutzungsvertrag geregelt sein.[634] 528

---

622 Vgl. grundlegend zur Kommission bzw. Kommissionsagentur Baumbach/Hopt/*Hopt* HGB § 383 Rn. 6.
623 Küstner/Thume/*Thume* Bd. 3 Teil III Kap. I Rn. 1 mwN; *Wiesemann* in Auer-Reinsdorff/Conrad IT-R-HdB § 24 Rn. 25; Solmecke/Taeger/Feldmann/*Engelhardt* Kap. 3 Rn. 180; *Feldmann* DSRITB 2011, 47 (52).
624 *Wiesemann* in Auer-Reinsdorff/Conrad IT-R-HdB § 24 Rn. 7; Baumbach/Hopt/*Hopt* HGB § 383 Rn. 3.
625 Baumbach/Hopt/*Hopt* HGB § 406 Rn. 1.
626 *Lenz* App-Stores S. 62.
627 Vgl. Solmecke/Taeger/Feldmann/*Engelhardt* Kap. 3 Rn. 181.
628 *Feldmann* DSRITB 2011, 47 (53).
629 Vgl. *Lenz* App-Stores S. 62.
630 *Lenz* App-Stores S. 62.
631 *Lenz* App-Stores S. 62.
632 Baumbach/Hopt/*Hopt* HGB § 383 Rn. 3.
633 *Lenz* App-Stores S. 62.
634 Vgl. *Lenz* App-Stores S. 62.

529 **cc) Grundlegende Leistungsbeziehungen.** Mit Blick auf die konkreten zivilrechtlichen Verantwortlichkeiten der Beteiligten sind beim Kommissionsagentur-Modell allgemein drei Rechtsverhältnisse zu unterscheiden.[635]

- Erstens der Kommissionsagenturvertrag zwischen Kommissionsagent und Kommittent als sog. Kommissionsgeschäft.[636]
- Zweitens das Ausführungsgeschäfts des Kommissionsagenten mit dem Endkunden.[637]
- Drittens das Abwicklungsgeschäft zur Weitergabe des aus dem Ausführungsgeschäft erlangten Entgelts an den Kommittenten.[638]

530 Diese drei Rechtsverhältnisse lassen sich auch in der in aller Regel gegeben Doppelstruktur aus Endkunden-Verträgen des Plattformbetreibers (Außenverhältnis) und **Plattformnutzungsverträgen** im Innenverhältnis abbilden. Der Plattformnutzungsvertrag im Innenverhältnis bildet dabei den Kommissionsvertrag und regelt das Abwicklungsgeschäft. Der Vertrag mit dem Endkunden regelt das Ausführungsgeschäft.

531 Unabhängig von der Kenntnis des Endkunden über die tatschliche Rollenverteilung im Innenverhältnis[639] wird der App-Anbieter in das zwischen der Plattform und dem Kunden abgeschlossenen Geschäft rechtlich nicht eingebunden. Die Plattform hat selbständig für die Abwicklung des Vertrages Sorge zu tragen. Entsprechend richten sich sämtliche vertraglichen Ansprüche des Kunden auf Leistung, aufgrund Leistungsstörungen und insbesondere nach Gewährleistungsrecht gegen den Plattformbetreiber.[640]

532 Auch der Zahlungsanspruch gegenüber dem Endkunden steht vertraglich sowie gem. § 392 Abs. 1 HGB im Außenverhältnis dem **Kommissionsagenten,** hier also der Plattform, zu. Im Innenverhältnis zum App-Anbieter steht der Anspruch gem. § 392 Abs. 2 HGB dagegen unmittelbar dem App-Anbieter als Kommittenten zu.

533 **dd) Eigenhaftungsrisiken des Plattformbetreibers.** Der Plattformbetreiber trägt zunächst das volle Haftungsrisiko für Leistungsmängel. Gleichzeitig wird dieses Risiko typischerweise im **Innenverhältnis** im Wege eines Rückgriffs der Plattform gegenüber dem App-Anbieter verlagert, wobei eine weitgehende Risikoübernahme des App-Anbieters für Leistungsstörungen üblich ist.[641]

534 In diesem Zusammenhang ist zu beachten, dass eine Freizeichnung der Plattform von sämtlichen Gewährleistungsrechten im Außenverhältnis zum Kunden nach deutschem AGB-Recht gegen die Wertung des § 309 Nr. 8 lit. b aa BGB verstößt.[642] Es steht dem Plattformbetreiber also nicht frei, die wirtschaftlich mit dem Kommissions-Modell intendierte Risikoverteilung unmittelbar durch entsprechende Regelungen in Plattformnutzungs- und Endkundenverträgen durchzusetzen.[643]

535 Wie ausgeführt ist das Vertriebsmodell im Ergebnis eine Frage der freien Gestaltung des Plattformbetreibers (dazu → Rn. 476). Es besteht damit im Falle unklarer äußerer Darstellung und ggf. widersprüchlicher Klauseln der Endkundenverträge die **Gefahr eines Irrtums auf Seiten des Endkunden.** Sollte ein Kunde zur Annahme kommen, dass er den Vertrag über den Bezug der App direkt mit dem App-Anbieter abschließt, so läge ein Irrtum iSd § 119 Abs. 1 Alt. 1 BGB über die Identität des Vertragspartners vor.[644] Dies macht den Vertrag nicht initial unwirksam, eröffnet aber dem Kunden die Möglichkeit, den Vertrag innerhalb der Frist des § 121 BGB anzufechten.[645]

---

[635] Solmecke/Taeger/Feldmann/*Engelhardt* Kap. 3 Rn. 181; *Feldmann* DSRITB 2011, 47 (53).
[636] Solmecke/Taeger/Feldmann/*Engelhardt* Kap. 3 Rn. 181; *Feldmann* DSRITB 2011, 47 (53).
[637] *Feldmann* DSRITB 2011, 47 (53).
[638] *Feldmann* DSRITB 2011, 47 (53).
[639] *Feldmann* DSRITB 2011, 47 (55).
[640] *Ewald* in Kilian/Heussen ComputerR-HdB Kap. 32.7 Rn. 27; *Feldmann* DSRITB 2011, 47 (55).
[641] Vgl. BeckFormB BHW/*Reiling* Form. VII.7.; vgl. *Feldmann* DSRITB 2011, 47 (56f.).
[642] Vgl. *Feldmann* DSRITB 2011, 47 (56).
[643] Vgl. *Feldmann* DSRITB 2011, 47 (56f.).
[644] Vgl. *Feldmann* DSRITB 2011, 47 (56).
[645] *Feldmann* DSRITB 2011, 47 (56).

h) Ausgewählte Vertragsthemen (Schwerpunkt: Vermittlermodell)

aa) Modellwahl in der Praxis. Die Wahl zwischen einer direkten Reseller-Stellung oder einer im Ergebnis zumindest wirtschaftlich nicht für die Leistungserbringung verantwortlichen Kommissionsagentur bzw. einer gänzlich neben der Leistungserbringung stehenden Vermittlerrolle ist streng genommen stets eine **Frage des Einzelfalles,** wobei auch entscheidend ist, welchen strategischen Zweck die Plattform für den Plattformbetreiber erfüllt und inwieweit – beispielsweise bei hochspezialisierten Endgeräten – die Anbahnung eines direkten Kontaktes zwischen App-Anbieter und Endkunde für den Plattformanbieter strategisch sinnvoll erscheint. Unabhängig von dieser Entscheidung besteht bei allen Modellen im Innenverhältnis (Plattformbetreiber/App-Anbieter) in aller Regel mehr Regelungsbedarf als im Außenverhältnis (Plattformbetreiber/Endkunden oder App-Anbieter/Endkunde.[646] 536

Das Modell der Wahl ist dennoch im Regelfall das Vermittler-Modell.[647] Auch wenn in dieser Konstellation ein gewisses Risiko besteht, dass auf Grund ungeschickter Gestaltung aus objektiver Empfängersicht eine vertraglich nicht abgesicherte Reseller-Stellung begründet wird, überwiegen die bei **korrekter Gestaltung vorhandenen haftungs- und gewährleistungsrechtlichen Gründe.**[648] 537

Soweit ein Ökosystem auf eine möglichste breite Beteiligung von App-Anbietern abzielt, wird die Plattform ein großes Interesse daran haben, nicht direkter Vertragspartner des Kunden zu werden, um nicht für etwaige Leistungsstörungen einstehen zu müssen. Qualitative Vorgaben an Art und Güte der Anwendungen lassen sich auch vertraglich im Innenverhältnis abbilden und werden in aller Regel durch Vorgaben an Inhalt und Ausgestaltung der App realisiert. Im Übrigen wird zumeist der App-Anbieter fachseitig besser in der Lage sein, Störungen in der App zu beseitigen und **haftungsrechtliche Risiken** der App *ad hoc* einzuschätzen und im Rahmen der Entwicklung und Bepreisung zu berücksichtigen. Insgesamt bietet das Vermittlermodell also in aller Regel die günstigere Ausgangslage an. 538

bb) Vorfrage: Vertragstyp. Die Zuordnung des Plattformnutzungsvertrages zu einem einzelnen Vertragstyp des BGB ist regelmäßig nicht möglich (vgl. schon → Rn. 472 ff.).[649] Entscheidend ist der **konkrete Vertragsinhalt und die entsprechenden Schwerpunkte der einzelnen Leistungselemente,**[650] wobei, legt man ein typisiertes Verständnis der Plattform zugrunde, gewisse Inhalte zu erwarten sind; zu diesen wechselseitigen Hauptleistungspflichten sogleich. Regelmäßig unerheblich für das Vereinbarte ist, ob der Plattformnutzungsvertrag einheitlich als ein typengemischtes Vertragsdokument vorliegt oder einzelne (Teil-)Verträge unter einem Rahmenvertrag geschlossen werden oder ein einheitliches Vertragsdokument durch leistungsspezifische Anhänge ergänzt wird. Das letztere Vorgehen bietet aber Raum für eine transparentere Darstellung einschließlich schon auf Überschriftenebene nachvollziehbarer Strukturen. Da regelmäßig AGB des Plattformbetreibers vorliegen, ist dieser Aspekt nach § 307 Abs. 1 S. 2 BGB stets mit zu berücksichtigen. Die aus dem US-amerikanischen Raum präsentierten Vertragswerke erscheinen unter diesem Aspekt äußerst kritisch.[651] 539

cc) Wesentliche Pflichten des Plattformbetreibers und folgende Vertragsinhalte. Die Nutzung und Bereitstellung der Plattform im Sinne dieses Beitrags sind mehrdimensional. Es lassen sich verschiedene Leistungskomponenten unterscheiden: 540

---

[646] *Billing* in Bräutigam/Rücker E-Commerce-HdB 4. Teil B Rn. 9.
[647] Vgl. *Ewald* in Kilian/Heussen ComputerR-HdB Kap. 32.7 Rn. 11.
[648] *Ewald* in Kilian/Heussen ComputerR-HdB Kap. 32.7 Rn. 11.
[649] *Billing* in Bräutigam/Rücker E-Commerce-HdB 4. Teil B Rn. 9.
[650] *Nolte/Hecht* IRTB 2006, 188 (189).
[651] Vgl. *Marly* SoftwareR-HdB Rn. 1163 f. zu Apples „Developer Agreement" und „Developer Programm License Agreement".

- Die **rein technische Bereitstellung** der Plattform: Ähnlich sozialer Medien oder sonstiger geschäftlich genutzter Plattformen wird eine online verfügbare Umgebung zur Nutzung bereitgehalten, welche Endkunden und App-Anbietern den Zugriff ermöglicht.
- Hauptleistungspflicht des **Plattformbetreibers** (und damit zentraler Vertragsinhalt) ist weiterhin naturgemäß die Bereitstellung der Plattform **als Vertriebskanal** selbst.
- In diesem Zusammenhang ist soweit ersichtlich ungeklärt, inwieweit den Plattformbetreiber (stets) eine **Pflicht zur Vertriebsförderung** trifft und nach welchem Maßstab eine solche Pflicht zu messen wäre. Nach dem Modell von App-Plattformen kann die (automatisierte) Vertriebsförderung letztendlich nur in der Gestaltung der äußeren Darstellung und der Präsentation und Auswahl der Apps für den Endnutzer liegen. In der Sache kommt man folglich zur Frage, ob das Gestaltungsermessen des Plattformbetreibers völlig frei ist oder durch vertragliche Pflichten gegenüber einem jeden App-Anbieter eingeschränkt ist. Das nach US-Recht gestaltete Regelungsregime der marktdominierenden App-Plattformen ist zugunsten der Plattformbetreiber ausgestaltet und vermeidet in aller Regel schon grundsätzlich ausdrückliche oder konkludente Zusagen zu „Vertriebsförderung" jeglicher Art. Im deutschen Recht sieht allerdings das Handelsrecht (§ 86 Abs. 1 HGB) gerade eine solche Pflicht zur Vertriebsförderung vor, welche allerdings wiederum vertraglich eingeschränkt werden kann.[652] Auch unabhängig von der Anwendbarkeit der §§ 84 ff. HGB könnte zumindest aus der Natur des Plattformvertrages iVm § 241 Abs. 2 BGB eine grundsätzliche Pflicht abgeleitet werden, hinreichend „positiv" auf den Vertrieb einer jeden App hinzuwirken und die für den Download, das stetige Bereitstellen und die Anwendung der App notwendigen Funktionen aufrechtzuerhalten. Eine besondere Rolle nimmt unter diesem Gesichtspunkt des „positiven Hinwirkens" der Algorithmus ein, der von der jeweiligen Plattform verwendet wird, um App-Angebote zu sortieren, kuratieren und (ggf. personalisiert) dem Endnutzer anzubieten. Da es sich dabei in der Regel um das Herzstück einer App-Plattform handelt, kann schon unter dem Aspekt der Berufsfreiheit (Art. 12 Abs. 1 GG) des Plattformbetreibers und des notwendigen Schutzes von Geschäftsgeheimnissen auf vertraglicher Basis, sofern nicht im Einzelfall explizit vereinbart, kein direkter Einfluss des App-Anbieters auf die Ausgestaltung des Algorithmus begründbar sein.[653] Im Anwendungsbereich der P2B-Verordnung werden allerdings explizit Transparenz-Anforderungen für den Ranking-Algorithmus des App-Plattformbetreibers vorgegeben. Dabei sollen bei Vermittlungsdiensten (was auch App-Plattformen beinhaltet) die Hautparameter des Rankings und die Gründe für deren „relative Gewichtung" angegeben werden (Art. 5 P2B-VO).[654] Soweit der Plattformbetreiber selbst als App-Anbieter auftritt, gelten erweiterte Transparenzanforderungen nach Art. 7 P2B-VO. Über den Ankerpunkt vertraglicher Nebenpflichten könnte angedacht werden, sie in ihren Grundlagen (nicht in ihrer konkreten Ausgestaltung im Rahmen der P2B-VO) daher auch bei App-Plattformen, welche sich rein an Unternehmer richten, heranzuziehen.
- Neben diesen vertraglichen Aspekten einer „Vertriebsförderung" steht freilich bei marktmächtigen Plattformen das kartellrechtliche Diskriminierungsverbot nach Art. 102 AEUV. Es wird hierzu auf → § 14 verwiesen.
- Daneben ist ein häufiges Szenario für als SaaS-Lösung angebotene Apps, dass ein Hersteller von IoT-Produkten oder ein anderweitig strategisch prominent im Ökosystem platzierter Plattformbetreiber über die beiden Leistungskomponenten hinaus auch das **Hosting der Apps zum Vertrieb und/oder weitergehende Leistungen als Cloud-Provider zusammengefasst unter dem Aspekt des *„as a Service"*** erbringt.[655]

[652] Baumbach/Hopt/*Hopt* HGB § 86 Rn. 13.
[653] Im Anwendungsbereich der P2B-VO so jedenfalls klar, vgl. *Busch* GRUR 2019, 788 (793).
[654] Dazu *Busch* GRUR 2019, 788 (793).
[655] Die Regelung von Hosting-/Cloud-Leistungen im Rahmen des Plattformnutzungsvertrages ist besonders relevant für spezialisierte (kleinere) Plattformen. Bei großen Anbietern, beispielsweise Amazon, die allge-

– Schlussendlich ist der Plattformbetreiber in aller Regel auch sonst prominent in das Ökosystem involviert. Als Hersteller von Endgeräten oder Entwickler für das Ökosystem **essentieller Betriebssoftware** gibt er wesentliche Standards für Apps vor. Dementsprechend ist es empfehlenswert, auch die **Bereitstellung von „Software Development Kits" (SDKs)** und technischen Dokumentationen als ergänzendes Element mit in den Plattformnutzungsvertrag aufzunehmen.

Auf dieser Basis ergeben sich typische Inhalte eines Vertrages, deren genaue Ausgestaltung freilich vom Geschäftsmodell und den strategischen Überlegungen des Plattformbetreibers abhängen: 541

– **Deskriptive Beschreibung der Vermittlerstellung:** Ungeachtet der Wirkung im Außenverhältnis sollte ein jeder Plattformnutzungsvertrag das gewählte Grundmodell (hier die Vermittlerrolle) prägnant beschreiben. Es empfiehlt sich dabei, sowohl positiv den Leistungsinhalt als auch negativ, zu Klarstellungszwecken, nicht vom Vertrieb umfasste Leistungen aufzuführen.
– In engem Zusammenhang mit der Beschreibung der Vermittlerstellung stehen in aller Regel mögliche **Instruktionen des App-Anbieters** mit Blick auf die Präsentation der Apps. Da sich der Plattformnutzungsvertrag an eine Vielzahl von möglichen App-Anbietern richtet, müssen Fragen der **räumlichen Begrenzung** des Angebots (einzelne Apps nur in einzelnen Ländern oder Marktregionen) sowie die **Preisgestaltung** durch eine feste Vorauswahl **an Gestaltungsoptionen** geregelt werden, welche dem App-Anbieter zur Auswahl stehen.
– Soweit vorhanden und für den Plattformbetreiber *de facto* Bedingung zum Vertrieb, empfiehlt es sich auch, die Einhaltung technischer und oder rechtlicher Standards spezifisch zum Vertragsgegenstand zu machen.
– Schlussendlich bedingt das Angebot einer Plattform eine Reihe von aus dem allgemeinen „Software as a Service"- bzw. Cloud-Umfeld bekannten Leistungskomponenten und damit vertraglichen Notwendigkeiten, wie technische Leistungsbeschreibungen und Verfügbarkeitszusagen (Service Level Agreements) (vgl. dazu weiterführend → Rn. 1ff.).

dd) Gewährleistung(en) und Verfügbarkeit der Plattform als solche (technische Bereitstellung als Vertriebskanal). Unabhängig vom eigentlich Vertriebsmodell ist wesentliche Leistung des Plattformbetreibers die **Bereitstellung der Plattform im vertraglich geschuldeten Maße.** Aus diesem „Soll" der Leistung leiten sich sämtliche etwaigen Leistungsstörungsansprüche des Plattformnutzers ab. Aus einer AGB-rechtlichen Sicht relevant ist an dieser Stelle regelmäßig das anwendbare gesetzliche Leitbild. Zwar sollten alle leistungsbezogenen Fragen vertraglich geregelt werden, doch bestimmt das gesetzliche Leitbild das Maß des AGB-rechtlich Zulässigen (§ 307 Abs. 3 S. 1 BGB).[656] Da die „Vertriebsbemühungen" letztendlich in der technischen Bereitstellung der Plattform als Vertriebskanal münden, ist die primäre Frage hier, ob eine im Ergebnis **dienstvertraglich** geprägte Beziehung zum App-Anbieter vorliegt oder auch schon diese Leistungsebene im Sinne von „as a Service" **mietvertragliche Elemente** enthält, sprich: ob schon die Verfügbarkeit der Plattform Teil einer im Grunde gesetzlich geschuldeten Gebrauchsüberlassungs- und Erhaltungspflicht ist.[657] Speziell auf App-Plattformen passende Rechtsprechung gibt es soweit ersichtlich nicht. Allgemein ist die vertragliche Einordnung dieser Leistungskomponente umstritten.[658] Dass die Tätigkeiten des Handelsvertreters im Grunde als Dienstvertrag über eine Geschäftsbesorgung eingestuft werden,[659] was auch bei Nichtanwendbarkeit der §§ 84ff. HGB (reiner Vermittler, dazu → Rn. 489) inhaltlich richtig 542

mein Cloud- und Hosting-Leistungen anbieten, können Vertrieb und Hosting freilich auch gänzlich getrennt vertraglich abgehandelt werden.

[656] *Söbbing/Jakob* InTeR 2016, 149 (150).
[657] Vgl. zur Einordnung von Cloud-Verträgen etwa *Boehm* ZEuP 2016, 358 (365f.).
[658] Vgl. etwa *Söbbing/Jakob* InTerR 2016, 149 (150).
[659] Baumbach/Hopt/*Hopt* HGB § 86 Rn. 1.

bleibt, und dasselbe für die bloße Bereitstellung von technischer Infrastruktur gilt,[660] spricht dafür, für diese Leistungsebene „Verfügbarkeit und Bereitstellung als Vertriebskanal" keinen Rückgriff auf mietrechtliche Vorgaben zu nehmen. Nicht auszuschließen ist allerdings, dass im Einzelfall eine App-Plattform dem App-Anbieter eine im Ergebnis durch diesen zu bedienende Vertriebsinfrastruktur bereitstellt. In diesem Falle wäre einerseits keine vermittelnde oder gar handelsrechtlich relevante Tätigkeit der Plattform mehr vorhanden, gleichzeitig läge aber eine Leistung vor, die im Ergebnis im Schwerpunkt mietrechtlich zu behandelnder „Software as a Service" entspräche.[661]

543 Das vertraglich geschuldete Maß ergibt sich **primär aus der technischen Dokumentation** der Plattform in Form einer Leistungsbeschreibung. Aus Sicht eines Plattformbetreibers ist es daher ratsam, den technisch versprochenen Leistungsumfang und die Verfügbarkeit der Plattform als solche (technische Bereitstellung/Vertriebskanal) möglichst **flexibel und/oder unverbindlich** zu halten. Aus dem anglo-amerikanischen Raum bekannt ist in diesem Zusammenhang die Formulierung der Leistung „as is". Im Anwendungsbereich des **deutschen AGB-Rechts** wäre eine solche Formulierung allerdings höchst riskant.[662] Im Ergebnis stellt sich hier für den Plattformbetreiber das typische Problem von Cloud- bzw. „Software as a Service"-Anbietern.

544 **ee) Tatsächlicher Betrieb von Apps – Der Plattformbetreiber als Cloud-Dienstleister.** Umso mehr stellt sich die zuvor benannte Thematik, wenn der Plattformbetreiber über die Bereitstellung der Plattform als Vertriebskanal hinaus **Cloud-Leistungen für den App-Anbieter erbringt.** Typischer Anwendungsbereich dieser Fallkonstellation ist ein vom Hersteller der relevanten Endgeräte dominiertes branchenspezifisches Ökosystem (bspw. medizinische Diagnosegeräte), welcher den App-Anbieter einzig zur Entwicklung spezialisierter Lösungen einbinden möchte, im Übrigen aber (i) eine durch ihn kontrollierte Umgebung (ohne Einbindung dritter Cloud-Anbieter) anbieten möchte oder (ii) gerade hoch spezialisierte Anbieter ohne eigene Infrastruktur befähigen möchte, sich im Ökosystem zu engagieren.

545 Wenn ein Plattformbetreiber auch derartige Dienste anbieten möchte, ist erneut die klare Absprache der diesbezüglichen Verantwortung gegenüber dem Endkunden notwendig. In aller Regel wird der Plattformbetreiber keine Verantwortung für die **technische Verfügbarkeit der App** gegenüber dem Endkunden tragen (wollen). Entsprechend wird der Plattformbetreiber eine Stellung als Subunternehmer des App-Anbieters zur Bereitstellung der App vereinbaren und als klassischer Cloud-Anbieter auftreten (zu den entsprechenden Vertragsinhalten → Rn. 16ff.). Typisch ist die Übernahme der Verantwortung für die Verbindung und Datenkommunikation zwischen dem Server, auf dem die App gehostet wird, und dem WAN-Ausgang des Datenzentrums, in dem sich der Server befindet, nicht aber für die Verbindung oder Datenkommunikation außerhalb dieses Plattformbetreiber-internen Kommunikationsnetzes, insbesondere für die allgemeine Internetkommunikation. Ergänzend finden sich Klauseln, welche die Eigenverantwortung des App-Anbieters für den Inhalt seiner Applikation festhalten.

546 Ein Plattformbetreiber, welcher solche Leistungen nicht anbietet, wird typischerweise eine entsprechend **klarstellende Klausel** in sein Vertragswerk sowohl gegenüber dem App-Anbieter als auch gegenüber den Endkunden aufnehmen, um klar festzuhalten, dass die eigentliche Inanspruchnahme der Applikation außerhalb seines Leistungsbereiches liegt.

547 **ff) Zahlungen und Provision.** Wie angemerkt ist die konkrete Ausgestaltung des Vertragsverhältnisses eine Frage des Einzelfalles. Wirtschaftlich/operativ-strategisch betrachtet

---

660 *Söbbing/Jakob* InTeR 2016, 149 (150).
661 Vgl. zu Cloud und Mietvertrag *Boehm* ZEuP 2016, 358 (365f.).
662 Ein als Maßstab heranziehbares spezifisches Leitbild für App-Plattformen hat sich noch nicht herausgebildet.

kann auch der vollständige Verzicht auf eine Vergütung sinnvoll sein, um eine möglichst breite Beteiligung von Entwicklern zu gewährleisten und seitens des Plattformbetreibers etwa den Vertrieb von Endgeräten zu fördern.

Dennoch lassen sich, ausgehend von der bisherigen Marktpraxis, im Vermittlermodell 548 für die **Nutzung der Plattform** als Vertriebsweg zwei grundsätzliche Vergütungstypen unterscheiden. Einerseits eine in aller Regel nach Zeitintervallen (monatlich, quartalsweise etc) bemessene **Nutzungspauschale,** anderseits eine **Beteiligung am Umsatz** mit den konkreten Apps. Für Letztes sollte – neben der Höhe – idealerweise geregelt werden, ob diese nur für tatsächlich an den App-Entwickler geflossene Zahlungen des Endkunden greift, oder einzig auf den Vertragsschluss zwischen App-Entwickler und Endkunde und die so entstandene Entgeltpflicht abstellt und diese damit auch dann greift, wenn der Endkunde von etwaigen eingeräumten Widerrufsrechten oder Rücktrittsrechten Gebrauch macht. Soweit Zahlungen automatisiert abgerechnet werden, sollte weiter Vorsorge getroffen werden, dass keine mehrfache Abrechnung durch den Plattformbetreiber erfolgt (zB einmalig bei App-Kauf und erneut bei tatsächlicher Zahlung durch den Endkunden im Falle von Zahlungsverzögerungen).

In Zusammenhang mit der Vergütung ist seitens des Plattformbetreibers auch zu ent- 549 scheiden, ob die Abwicklung der Finanztransaktionen durch ihn selbst oder einen externen Dienstleister erbracht werden. Soweit alle **Zahlungsdienstelemente** auf einen bereits (von der BaFin oder einer anderen europäischen Aufsichtsbehörde) lizensierten, dh im Besitz einer Erlaubnis befindlichen Zahlungsdienstleister (Payment Service Provider, PSP) bzw. ein Kreditinstitut ausgelagert werden, bestehen keine entsprechende finanzaufsichtsrechtliche Pflichten durch den Plattformbetreiber. Dies ist bei der Etablierung von Plattformlösungen, sofern sie Zahlungsdienstelemente einschließen, **eine bewährte und gängige Praxislösung.**

Angebot von Zahlungsdiensten im Vermittlermodell: Soweit der Plattformbetrei- 550 ber allerdings direkt selbst die Abwicklung der Zahlungen im Verhältnis Endkunde/App-Anbieter (unter Einbehalt seines Anteils) unternehmen möchte, sind Regelungen des Zahlungsdiensteaufsichtsgesetzes (ZAG) zu beachten. Falls der Plattformbetreiber einen **Zahlungsdienst** iSv § 1 Abs. 1 S. 2 ZAG erbringt oder ein E-Geld-Geschäft iSv § 1 Abs. 2 S. 2 ZAG betreibt, bedarf er einer schriftlichen Erlaubnis der Bundesanstalt für Finanzdienstleistungsaufsicht (BaFin) (§ 10 bzw. § 11 ZAG).

Als **Zahlungsdienst** kommt bei der direkten Abwicklung durch den Plattformbetreiber 551 das sog. **Finanztransfergeschäft** (§ 1 Abs. 1 S. 2 Nr. 6 ZAG) in Betracht. Ein Finanztransfergeschäft ist ein jeder Dienst, bei dem „ohne Einrichtung eines Zahlungskontos auf den Namen des Zahlers oder des Zahlungsempfängers ein Geldbetrag des Zahlers nur zur Übermittlung eines entsprechenden Betrags an den Zahlungsempfänger […] entgegengenommen wird" (§ 1 Abs. 1 S. 2 Nr. 6 ZAG). Vorliegend wäre Zahler der Endkunde, Zahlungsempfänger der App-Entwickler und der Plattformbetreiber denkbarerweise Zahlungsdienstleister (iSv § 1 Abs. 1 S. 1 Nr. 1 ZAG). Die BaFin führt zu Zahlungsabwicklungen bei Plattformen explizit aus: „Ist der Dienstleister in die Zahlungsabwicklung zwischen dem Kunden und dem Händler eingebunden, ohne dass er selbst Zahlungskonten für die Zahlungsdienstnutzer führt – beispielsweise der Anbieter einer Online-Handelsplattform –, so handelt es sich um ein Finanztransfergeschäft."[663]

Umstritten war lange Zeit die Anwendung des Ausnahmetatbestandes des „Handels- 552 agentenprivilegs" auf welche sich gerade Online-Plattformen berufen haben. Das Gesetz nahm lange Zeit „Zahlungsvorgänge zwischen Zahler und Zahlungsempfänger über einen Handelsvertreter oder Zentralregulierer, der befugt ist, den Verkauf oder Kauf von Waren oder Dienstleistungen im Namen des Zahlers oder des Zahlungsempfängers auszuhandeln

[663] BaFin Journal Mitt. v. 1.4.2014, Bezahlverfahren im Internet: Aufsichtsrechtliche Vorschriften für Zahlungsdienste und das E-Geld-Geschäft, S. 7, 9 noch zur alten Fassung des ZAG; inhaltlich bestätigt durch BaFin Merkblatt ZAG v. 29.11.2017.

oder abzuschließen" ausdrücklich von der Erlaubnispflicht aus. (§ 1 Abs. 10 Nr. 2 ZAG **aF**).

553 Aus Sicht der BaFin unterfiel die klassische Online-Handelsplattform **auch nach alter Fassung des ZAG nicht dem Handelsvertreterprivileg.** Notwendig sei hierfür *„tatsächlich eine* ***Befugnis zum Aushandeln oder Abschließen*** *des jeweiligen Vertrages"*. Kennzeichnend dafür sei nach dem Gesetz „ein bestimmtes Maß an Entscheidungs- und Handlungsmacht." Die in aller Regel automatisierte Herbeiführung von Vertragsschlüssen sei dafür nicht ausreichend,[664] es läge im Ergebnis eine Botenstellung vor. Weiterhin dürfe der Handelsvertreter „nur für eine der Parteien tätig [...] werden, die am Geschäft beteiligt sind, also für den Käufer oder den Händler." Online-Handelsplattformen würden demgegenüber als automatisiert agierende Intermediäre für beide Parteien handeln.[665]

554 Mit Änderung des ZAG hat der Gesetzgeber dieser restriktiven Linie durch das Merkmal der Tätigkeit „nur im Namen des Zahlers oder nur im Namen des Zahlungsempfängers" als Voraussetzung für das Privileg ausdrücklich Rechnung getragen (§ 2 Abs. 1 Nr. 2 ZAG).[666]

555 Ob angesichts dieser Praxis der BaFin und des aktuellen Gesetzeswortlauts das Handelsagentenprivileg anwendbar ist, hängt also von **der konkreten Ausgestaltung der Plattform** ab. Auch wenn es sicherlich dem typischen Bild einer App-Plattform widerspricht, ist – zB in Zusammenhang mit einer stark personalisierten Auswahl des App-Angebots und einer entsprechenden Entscheidungsbefugnis der Plattform – nicht vollends ausgeschlossen, dass einer Plattform eine Befugnis zum Aushandeln und Abschließen der jeweiligen Verträge mit jeweils Entscheidungs- und Handlungsmacht zuzusprechen ist und diese konkret den Vertragsschluss nur für eine Partei (den App-Anbieter) bestimmt.[667] Im Einzelfall besteht die Möglichkeit, bei der BaFin ein Negativtestat zu beantragen und so für das eigene Angebot finanzaufsichtsrechtliche Verpflichtungen auszuschließen.

556 **Exkurs: Angebot von Zahlungsdiensten als Kommissionär.** Auch wenn der Plattformbetreiber nach Abtretung seines eigenen Zahlungsanspruchs gegen den Endkunden an den Partner (Kommittenten) die (durch Abtretung erworbenen) Forderungen des Partners gegenüber dem Kunden einzieht (Einzug von Drittforderungen), dürfte[668] der Tatbestand des Finanztransfergeschäfts (§ 1 Abs. 1 S. 2 Nr. 6 ZAG) erfüllt sein (dazu schon ausführlich die Ausführungen zum Vermittler-Modell → Rn. 550). Vorstehendes gilt umso mehr, als das Finanztransfergeschäft als Auffangtatbestand der Zahlungsdienste in der Verwaltungspraxis der BaFin weit ausgelegt wird.[669]

557 Das – in seiner Anwendung ohnehin umstrittene – Handelsagentenprivileg (§ 2 Abs. 1 Nr. 2 ZAG, vgl. die Ausführungen zum Vermittler-Modell) wird nicht eingreifen, da der Plattformbetreiber in dieser Konstellation gerade nicht Verträge für eine andere Partei aushandelt oder in deren Namen, also im Wege der **offenen** Stellvertretung, abschließt. Als Folge bedarf der Plattformbetreiber in dieser Konstellation einer Erlaubnis der BaFin zum Erbringen des Finanztransfergeschäfts (§ 10 Abs. 1 iVm § 1 Abs. 1 S. 2 Nr. 6 ZAG).

558 **Exkurs: Zahlungsdienste bei Reseller-Tätigkeit.** Hier stehen im Ergebnis zwei Zahlungsströme unabhängig nebeneinander. Da der Plattformbetreiber im eigenen Namen und auf eigene Rechnung agiert, sind die Vergütung durch den Endkunden und die Bezahlung des App-Anbieters unabhängig voneinander zu betrachten. Der Plattformbetreiber

[664] BaFin Journal Mitt. v. 1.4.2014, Bezahlverfahren im Internet: Aufsichtsrechtliche Vorschriften für Zahlungsdienste und das E-Geld-Geschäft, S. 7, 10 noch zur alten Fassung des ZAG; inhaltlich bestätigt durch BaFin Merkblatt ZAG v. 29.11.2017.

[665] BaFin Journal Mitt. v. 1.4.2014, Bezahlverfahren im Internet: Aufsichtsrechtliche Vorschriften für Zahlungsdienste und das E-Geld-Geschäft, S. 7, 10 noch zur alten Fassung des ZAG; inhaltlich bestätigt durch BaFin Merkblatt ZAG v. 29.11.2017.

[666] *Herz* EuZW 2018, 5 (8).

[667] Nach Casper/Terlau/*Casper* ZAG § 2 Rn. 25 wird die notwendige Verhandlungsmacht aber „oftmals" nicht vorliegen.

[668] Das Tätigwerden auf fremde Rechnung ist insgesamt str. vgl. Casper/Terlau/*Casper* ZAG § 1 Rn. 129.

[669] Vgl. zuletzt BaFin Merkblatt ZAG v. 29.11.2017.

nimmt also nicht Gelder des Endkunden (als Zahler) entgegen, um sie an den App-Anbieter (als Zahlungsempfänger) weiterzuleiten. Eine Erlaubnispflicht besteht nicht.

gg) Kündigung und Suspendierung. Regelmäßiger Inhalt eines Plattformvertrages sind Detailfragen der Kündigung und vor allem der **temporären Suspendierung** des App-Anbieters insgesamt oder des **Vertriebs einzelner Applikationen.** Die Suspendierung ist deswegen von Bedeutung, da der Plattformbetreiber in aller Regel ein Interesse daran hat, bei Verstößen des App-Anbieter gegen **Vorgaben zu Inhalt und Ausgestaltung der App** den Vertrieb der App über die Plattform **temporär auszusetzen,** ohne aber das Vertragsverhältnis zu beenden, um die grundsätzliche Bindung des App-Anbieters an die Plattform zu wahren und im Fall von Entgelten für die bloße Plattformnutzung Einnahmen zu sichern. Typisch für die anglo-amerikanischen Verträge großer App-Ökosysteme ist ein weites Ermessen des Plattformbetreibers hinsichtlich der Annahme eines Verstoßes gegen **Vorgaben zu Inhalt und Ausgestaltung der App** und der Anwendung der Suspendierungsregelungen.[670] So nimmt sich bspw. Apple das nach objektiven Maßstäben kaum nachprüfbare Ermessen heraus, zu entscheiden, ob eine Kündigung oder Suspendierung stattfindet oder nicht.[671] 559

Nach deutschem Rechtsverständnis kann und muss die Suspendierung bzw. Kündigung eines Accounts demgegenüber aus mehreren spezifischen Blickwinkeln betrachtet werden. Die Suspendierung oder Kündigung sind letztendlich das **Spiegelbild des Erstzugang zur Plattform.** In diesem Zusammenhang ergeben sich regelmäßig wettbewerbs- bzw. kartellrechtliche Fragen. Bei reichweitenstarken Plattformen bzw. Plattformen als exklusiver Intermediär zu einem bestimmten Endkundenmarkt ist zu prüfen, ob im Einzelfall ein Anspruch auf Zugang besteht, welcher naturgemäß auch auf Fragen der Kündigung oder Suspendierung durchschlagen kann, insbesondere dann, wenn der Plattformbetreiber selbst Apps anbietet und damit in Konkurrenz zu unabhängigen App-Anbietern tritt (zu wettbewerbs- bzw. kartellrechtlichen Fragen noch insgesamt → § 14).[672] 560

Im Falle einer Suspendierung bzw. Sperrung einzelner Inhalte auf **Grund möglicher Rechtsverletzungen Dritter** handelt es sich demgegenüber um eine Maßnahme des Plattformbetreibers zur Vermeidung eigener Haftung; dasselbe gilt im Falle behördlicher oder gerichtlicher Anordnungen. 561

Im Kern eine Frage des (zivilrechtlichen) Plattformnutzungsvertrages sind dagegen von vorgenannten Konstellationen unabhängige Rechte zur Kündigung oder Suspendierung des App-Anbieters oder des Vertriebs einzelner Apps **einzig auf Basis vertraglicher Bestimmungen, wie bspw. der Nichteinhaltung von Vorgaben an Inhalt und Ausgestaltung von Apps.** Problematisch ist hier für den Plattformbetreiber die Selbstbindung durch den Vertrag. Zunächst steht es dem Plattformbetreiber nach dem Grundsatz der Privatautonomie frei, App-Anbieter überhaupt aufzunehmen.[673] Entscheidet er sich aber für den Vertragsschluss, müssen sich in den AGB eingeräumte Kündigungs- oder Suspendierungsrechte im Regelfall an den Maßgaben des AGB-Rechts messen lassen. Im Fokus steht dabei das Transparenzgebot nach § 307 Abs. 1 S. 2 BGB, da es hier gerade nicht darauf ankommt, ob von einem gesetzlichen Leitbild abgewichen wird (§ 307 Abs. 3 S. 2 BGB). Entsprechend sind Suspendierungs- oder Kündigungsrechte des Plattformbetreibers so zu gestalten, dass ihre Voraussetzungen und die jeweils verbundenen Rechtsfolgen so genau beschrieben werden, dass auf Seiten des Plattformbetreibers kein unangemessener und für den Klauselgegner (App-Anbieter) nicht nachvollziehbarer Beurteilungsspielraum entsteht.[674] Die konkrete Grenze zur Intransparenz im Einzelfall ist gerade bei technisch 562

[670] *Kremer* in Auer-Reinsdorff/Conrad IT-R-HdB § 28 Rn. 13.
[671] Vgl. *Ewald* in Baumgartner/Ewald Apps Kap. 3 Rn. 108.
[672] Am Bsp. von Ebay-Accounts *Krüger/Peintinger* in Martinek/Semler/Flohr VertriebsR-HdB § 36 Rn. 136.
[673] Vgl. *Lenz* App-Store S. 268 (als Grundsatz selbst bei marktmächtigen Plattformen).
[674] Spindler/Schuster/*Schuster* BGB § 307 Rn. 70.

komplexen Sachverhalten nicht einfach zu bestimmen.[675] Gerade hier zeigt sich ein Dilemma der Rechtsprechung: Sofern der Plattformbetreiber nachvollziehbarerweise auf die Nichteinhaltung technischer Kriterien als Suspendierungs- oder Kündigungsgrund abstellt, diese aber – dem Branchenbereich geschuldet – eine gewisse Mindestkomplexität aufweisen, ist aktuell unklar, was dem Klauselgegner zugemutet werden kann.[676] In Bezug auf Klauseln eines sozialen Netzwerkes, welche eine Suspendierung auf Grund von Nutzerkommentaren vorsehen, die gegen vom sozialen Netzwerk vorgegebene „Äußerungsregeln" verstoßen, sich aber noch unter der Schwelle der Strafbarkeit bewegen, war die Rechtsprechung zuletzt großzügig und hatte die vorgegeben Klauseln, welche naturgemäß einen gewissen Beurteilungsspielraum bei der Plattform belassen, unter dem Gesichtspunkt eines „virtuellen Hausrechts" des Plattformbetreibers nicht beanstandet.[677] Weitreichende Kündigungsklauseln ohne Rücksicht auf eine nach § 314 Abs. 2 BGB gebotene Abhilfefrist sowie ein offenes, nicht objektivierbares Prüfermessen von Inhalten anhand eigener Richtlinien wurde dagegen gerichtlich beanstandet, allerdings ohne näher auf den offenen Begriff der „Richtlinien" einzugehen.[678]

563 Ungeachtet der Möglichkeit der Suspendierung auf Grund vertraglich vereinbarter Kriterien besteht auch seitens des Plattformbetreibers die Möglichkeit, ein Zurückbehaltungsrecht nach **§ 273 bzw. § 320 BGB** auszuüben und diesen Fall zu Klarstellungszwecken in den Plattformnutzungsvertrag aufzunehmen.

564 Soweit die Plattform als Handelsvertreter einzustufen ist, muss bei Regelungen zur Kündigung unbefristeter **Plattformnutzungsverträge** der **§ 89 HGB** mit bedacht werden, welche an der bisherigen Vertragsdauer orientierte gestaffelte Kündigungsfristen vorsieht, die *qua* Vereinbarung verlängert, aber nicht verkürzt werden dürfen.[679] Obgleich der § 89 HGB auf den Schutz des Handelsvertreters ausgelegt ist, können die Kündigungsfristen auch nicht zu Gunsten des Handelsvertreters verkürzt werden.[680]

565 Streng von der Suspendierung/Kündigung der Plattformnutzung als Vertriebskanal zu unterscheiden ist die etwaige Kündigung, Aussetzung oder Einschränkung von Leistungen, welche der **Plattformbetreiber als Cloud-Anbieter** erbringt. In diesem Fall trifft jegliche Einschränkung der Leistungen des Plattformbetreibers unmittelbar die Leistung des App-Anbieters gegenüber seinen Endkunden und kann damit unweigerlich Ansprüche des Endkunden aus Leistungsstörungen gegenüber dem App-Anbieter begründen. Es handelt sich dabei um ein typisches Problem in Leistungsketten. Aus Sicht des App-Anbieters muss daher die diesbezügliche Leistungsabrede einschließlich Suspendierungs-, Kündigungs- oder Einschränkungsmöglichkeiten günstiger ausgestaltet sein als der jeweilige Endkundenvertrag. Soweit der Plattformbetreiber (wie im Regelfall) seine Nutzungsbedingungen vorgibt, bleibt – neben der Verhandlung – nur die Möglichkeit, Endkundenbedingungen insoweit anzugleichen. Nicht unüblich ist dabei, dass der Plattformbetreiber selbst ein Muster an Endkunden-Klauseln zur Verfügung stellt, welche das eigene Leistungsversprechen gegenüber dem App-Anbieter abbilden.

566 **Details der Kündigungsfolgen wie Fristen, Datenlöschung etc** sind eine Frage des Einzelfalles und des mit der einzelnen Plattform verfolgten Modells. Soweit der Plattformbetreiber auch SDKs oder sonstiges **urheberrechtlich geschütztes Material zur Verfügung** stellt, sollte auch das Schicksal der diesbezüglichen Rechte geregelt werden. Soweit es sich um ein relativ geschlossenes Ökosystem handelt und die Entwicklung sowie Fehlerbehebung/Verbesserung von Apps von lizensiertem Entwicklungsmaterial des Plattformbetreibers abhängt, hat die entsprechende Rechteklausel entscheidende Bedeutung für den App-Anbieter, da er ggf. im Verhältnis zum Endkunden eigegangene Verpflichtungen

[675] Spindler/Schuster/*Schuster* BGB § 307 Rn. 66.
[676] Spindler/Schuster/*Schuster* BGB § 307 Rn. 68f.
[677] OLG Dresden Beschl. v. 8.8.2018 – 4 W 577/1, NJW 2018, 3111 (3111ff.).
[678] KG Urt. v. 21.3.2019 – 23 U 268/13, ZD 2020, 310.
[679] Baumbach/Hopt/*Hopt* HGB § 89 Rn. 28f.
[680] Baumbach/Hopt/*Hopt* HGB § 89 Rn. 28.

nicht mehr erfüllen kann. Diese Problematik sollte – analog zum zuvor beschriebenen Thema der Cloud-Leistungen – vom App-Anbieter in seinen Endkundenverträgen berücksichtigt werden.

Neben den genannten Themen stellen sich weiter allgemeine AGB-rechtliche Fragen. 567 Im Falle einer außerordentlichen Kündigung häufig im Bereich IT/Software/Plattformen anzutreffend sind Klauseln, welche im Falle der außerordentlichen Kündigung die entgangenen Einnahmen bis zum regulären Ende der Laufzeit in Form von Pauschalen fordern. Hier sind insbesondere die Vorgaben zum pauschalierten Schadensersatz nach §§ 309 Nr. 5, 307, 310 Abs. 1 BGB zu beachten.

hh) Rechte an geistigem Eigentum. Apps sind als **Computerprogramme nach § 69a** 568 **UrhG** schutzfähig. Dasselbe gilt für sämtliche vom Plattformbetreiber zum Betrieb der Plattform verwendete Software. Je nach wechselseitiger Nutzung von Softwarekomponenten der anderen Partei sind daher entsprechende Lizenzklauseln für das Verhältnis Plattformbetreiber und App-Anbieter aufzunehmen. Notwendiger Inhalt und Umfang der konkreten Lizenzklauseln sind spezifisch anhand der wechselseitigen Pflichten der Parteien bzw. ihrer konkreten Leistungsbeziehung zu bestimmen. Will man die wechselseitige Lizenzeinräumung auf ein notwendiges Minimum reduzieren, bietet es sich entsprechend an, spezifisch zwischen (i) der Bereitstellung der Plattform als Vertriebskanal (ii) der Bereitstellung technischer Infrastruktur durch den Plattformbetreiber zum Betrieb der App[681] und (iii) der Einräumung von Rechten an plattformspezifischen Softwarekomponenten für die Entwicklung der App zu unterscheiden.[682]

Der erstgenannte Punkt (Bereitstellung der Plattform als Vertriebskanal) setzt Rechte 569 des Plattformbetreibers voraus, alle für das Bereithalten und das Anbieten zum Bezug durch den Endkunden notwendigen **Nutzungshandlungen** vorzunehmen.[683] Soweit Vorgaben an Inhalt und Ausgestaltung der App durch den Plattformbetreiber nachprüfbar sein sollen, sollte auch dies – schon zur Vermeidung späterer Streitigkeiten – spezifisch in der Lizenzklausel aufgegriffen werden.[684]

Soweit der Plattformbetreiber technische Infrastruktur und übergreifende Leistungen 570 „as a Service" bereitstellt, ist zu prüfen, in welchem Rahmen der Plattformbetreiber die Apps zur Bereitstellung der technischen Funktionalitäten **selbst jeweils eigenständig nutzen muss.** Aus diesem „Muss" ergibt sich ein Minimum an einzuräumenden Rechten (in aller Regel zumindest das Recht zur Vervielfältigung);[685] zu diesem Thema wird weiterführend auf → § 7 I. verwiesen. Weiterhin muss im Gegenzug dem App-Anbieter ein Recht zur Nutzung derjenigen Softwarekomponenten eingeräumt werden, welche die „as a Service"-Komponente der Plattform bilden.[686]

Schließlich können plattformspezifische Apps auf „Software Development Kits" 571 **(SDKs)** des Plattformbetreibers oder sonstigen plattformspezifischen Softwarekomponenten basieren.[687] In diesem Falle ist schon für die Entwicklung der jeweiligen App eine Rechteinräumung durch den Plattformbetreiber notwendig.[688] Ein besonderes Augenmerk muss aus Sicht des App-Anbieters auf der **Dauer und den etwaigen Kündigungsmöglichkeiten** der jeweiligen **Lizenz** liegen. Aus Sicht des App-Anbieters muss vertraglich sichergestellt sein, dass jedenfalls bestehenden Ansprüchen der Endkunden etwa aus Gewährleistungsrecht abgeholfen werden kann.

---

[681] Dazu unter dem Stichwort *„Platform as a Service"* Niemann/Paul/*Schäfer* S. 113 f.
[682] Zu (i) und (ii) im Ansatz am Bsp. Google *Ewald* in Baumgartner/Ewald Apps Kap. 7 Rn. 433.
[683] Exemplarisch am Bsp. Google *Ewald* in Baumgartner/Ewald Apps Kap. 7 Rn. 433.
[684] Exemplarisch am Bsp. Google *Ewald* in Baumgartner/Ewald Apps Kap. 7 Rn. 433.
[685] Vgl. Niemann/Paul/*Schäfer* S. 114.
[686] Niemann/Paul/*Schäfer* S. 113.
[687] Am Bsp. Apples *Ewald* in Kilian/Heussen ComputerR-HdB Kap. 32.7 Rn. 18.
[688] Anders bspw. im Falle des „Android"-Ökosystems, welches die notwendigen Werkzeuge zur App-Entwicklung unter eine Open-Source-Lizenz stellt, s. *Ewald* in Kilian/Heussen ComputerR-HdB Kap. 32.7 Rn. 30.

572 **ii) Sicherheits- und Datenschutzrecht. IT-Sicherheit** ist eine übergreifende Anforderung an sämtliche IT-geprägte Leistungsbeziehungen. Insoweit ist schon auf Basis allgemeiner vertraglicher Nebenpflichten zu fordern, dass Plattformbetreiber und App-Anbieter nach Treu und Glauben zu erwartende Sicherheitsstandards einhalten, um den Vertragspartner in der Vertragsabwicklung nicht zu gefährden.

573 Unter dem Gesichtspunkt der Haftung für unsichere Software bzw. branchenspezifischen Notwendigkeiten (zB Medizintechnik) unterliegt der App-Anbieter in aller Regel weitergehenden Anforderungen, wie etwa **Beobachtungs- und Updatepflichten** bei Sicherheitslücken.[689] Dies ist zunächst keine Frage des Plattformnutzungsvertrages, allerdings wird der Plattformbetreiber ein Interesse daran haben, vom Endkunden erwartete Sicherheitsstandards in seinen Anforderungen an Inhalt und Ausgestaltung der App festzulegen. Soweit der Plattformbetreiber als Cloud-Anbieter auftritt, ist die IT-Sicherheit seiner Leistungen von erheblicher Bedeutung für den App-Anbieter und dessen Beziehung zu den Endkunden. Es ergeben sich hier erneut die allgemeinen mit Cloud-Leistungen verbundenen Themen wie Audit-Rechte und vertraglich zu vereinbarende Sicherheitsstandards (dazu → § 7 Rn. 1 ff.).

574 Datenschutzrechtliche Vorgaben ergeben sich an Plattformbetreiber sowie App-Anbieter aus den tatsächlichen Umständen der Datenverarbeitung und sind vertraglich damit im Grundsatz nicht regelbar.[690]

575 Der Plattformbetreiber agiert auf Basis seines Vertrages mit dem Endkunden in aller Regel als Verantwortlicher; dasselbe gilt für den App-Anbieter im Rahmen der initialen Vertragsabwicklung (Überlassung der App zur Nutzung). Je nach Ausgestaltung kann der App-Anbieter dem Endkunden gegenüber auch als Auftragsverarbeiter auftreten (zB im Rahmen von „Software as a Service“-Lösungen). Auch der Plattformbetreiber kann, wenn er dem App-Anbieter Cloud-Leistungen erbringt, ggf. als Auftragsverarbeiter tätig werden. Je nach Ausgestaltung der Plattform ist auch eine gemeinsame Verantwortlichkeit möglich (zB im Rahmen der Erfassung von Nutzungsdaten sowohl zur Verbesserung der Plattform als solcher als auch der einzelnen Apps).[691] Der hier vorstehend nur skizzierte Variantenreichtum und die mögliche datenschutzrechtliche Komplexität der Beziehungen sprechen dafür, das Thema Datenschutz nicht im Rahmen einer einzelnen, pauschalen Klausel des Plattformnutzungsvertrages abschließend zu behandeln, sondern hierfür ein gesondertes Vertragsdokument zu verwenden, welches den datenschutzrechtlich relevanten Verarbeitungstätigkeiten auch im gebotenen Detail Rechnung trägt. Insbesondere sollten datenschutzrechtliche Einwilligungen oder der Versuch vermieden werden, durch vertragliche „Vereinbarungen“ zur **datenschutzrechtlichen Verantwortungsabgrenzung** vermeintlich „Fakten zu schaffen“. Neben der Frage der AGB-rechtlichen Wirksamkeit besteht ein Risiko, dass die Klauseln für Widersprüche zu datenschutzrechtlichen Vertragsanhängen (zB Auftragsverarbeitungsverträgen) sorgen und damit insgesamt das Risiko von Datenschutzverstößen begründen. Üblich sind allerdings Datenschutzklauseln, welche die genannten gesonderten Vertragsdokumente explizit mit einbeziehen und im Falle einer Auftragsverarbeitung oder gemeinsamen Verantwortlichkeit abgestimmte Auftragsverarbeitungsverträge oder Vereinbarungen zur gemeinsamen Verantwortlichkeit zur Anwendung bringen.

576 **jj) Haftung und Freistellung.** Als allgemeines Thema analog zur bereits aufgezeigten Differenzierung der Hauptleistungspflichten des Plattformbetreibers (Bereitstellung der Plattform als Vertriebskanal, Cloud-Leistungen) würde es sich anbieten, auch im Rahmen von Haftungsklauseln zu differenzieren. Bei Ausfall von Cloud-Leistungen für den App-Anbieter auf Seiten des Plattformbetreibers ist regelmäßig die Leistungskette zum Endkun-

---

[689] Vgl. *Raue* NJW 2017, 1841 (1841 ff.).

[690] Kühling/Buchner/*Hartung* DS-GVO Art. 28 Rn. 27.

[691] Vgl. *Conrad/Licht/Strittmatter* in Auer-Reinsdorff/Conrad IT-R-HdB § 22 Rn. 222.

den betroffen, sodass hier Haftungsrisiken ungleich höher sind als im Rahmen der reinen Bereitstellung als Vertriebskanal, etwa im Falle von Betriebsausfallschäden des App-Anbieters. Allgemein im Bereich der IT-Verträge wie im Speziellen mit Blick auf Plattformen[692] finden sich für derartige Risiken – bedingt durch die oft aus dem anglo-amerikanischem Raum stammenden und nur unzureichend angepassten Vertragsvorlagen – **weitreichende Haftungsausschlüsse und Formulierungen, welche „indirekte Schäden", „Folgeschäden" oder pauschal „den entgangenen Gewinn" ausschließen.** Nicht weniger häufig finden sich Klauseln, welche Schäden insgesamt oder jedenfalls bei einfacher Fahrlässigkeit mit einer festen oder von der Vergütungshöhe für Plattformleistungen abhängigen Höchstgrenze deckeln.[693]

Derartige Klauseln scheitern allerdings im Rahmen von vorformulierten Vertragsbedin- 577
gungen (was der Regelfall sein dürfte) an den strengen **Vorgaben des AGB-Rechts.**[694] Im Ergebnis lässt sich auch im unternehmerischen Verkehr lediglich die Haftung für einfache Fahrlässigkeit bei Verletzung nicht-vertragswesentlicher Pflichten gänzlich ausschließen.[695] Hinfällig ist dementsprechend auch die soeben skizzierte Differenzierung zwischen Leistungstypen, da das deutsche AGB-Recht auch insoweit nicht unterscheidet. Sie kann allerdings aufgegriffen werden, soweit – etwa bei hochspezialisierten Plattformen mit begrenzter App-Anbieterzahl – Raum für echte Individualverhandlungen[696] besteht.

Zur **Freistellung der Gegenseite** von Rechtsprüchen Dritter wegen (behaupteter) 578
Urheberrechtsverletzungen haben sich in IT-Verträgen – ebenfalls dem anglo-amerikanischen Raum entlehnt – Freistellungsklauseln als „marktüblich" etabliert.[697] Freistellungsklauseln dürfen insbesondere nicht zu einer verschuldensunabhängigen Haftung des Klauselgegners führen.[698] Der Klauselverwender kann eine solche Garantie freilich abgeben. Diese aus der anglo-amerikanischen Vertragsgestaltung „importierten" Klauseln sind indessen nach deutschem Recht nicht erforderlich und – soweit nicht eine durch das US-Recht „geprägte" Kundenerwartung befriedigt werden soll – auch nicht immer zu empfehlen.[699]

**kk) Vorgaben an Inhalt und Ausgestaltung der Apps durch den Plattformbe- 579
treiber.** Nach dem Vorbild der beiden großen Plattformen Google Play Store und Apple App-Store sind vertraglich zwingende Vorgaben an Inhalt und Ausgestaltung von Apps durch den Plattformenbetreiber ein mögliches Thema für jeden Plattformnutzungsvertrag.[700]

Zunächst ergeben sich schon aus **technischen Notwendigkeiten,** etwa bei Endgerä- 580
ten mit spezifischer Betriebssystemumgebung und der Verwendung der dafür vom Plattformbetreiber vorgesehenen **SDKs,** faktische Anforderungen an eine jede App. Solche **faktischen Anforderungen** können sich weiterhin auch aus der Art der vom Plattformbetreiber vorgesehenen Interaktion verschiedener Apps untereinander und/oder mit den Endgeräten und den vom Plattformbetreiber vorgegebenen Schnittstellen ergeben.

Um nun spezifische **produktstrategische Vorstellungen** hinsichtlich Funktion, Inhalt 581
und Gestaltung von Apps[701] und ggf. Qualitätsanforderungen hinsichtlich der allgemeinen Programmqualität abzusichern, bietet es sich für den Plattformbetreiber an, **vertragliche**

[692] Vgl. *Ewald* in Baumgartner/Ewald Apps Kap. 2 Rn. 73.
[693] Zu alledem *Redeker* in Auer-Reinsdorff/Conrad IT-R-HdB § 16 Rn. 94.
[694] Allgemeine Meinung und höchstrichterliche Rspr.; exemplarisch zum Thema *Redeker* in Auer-Reinsdorff/Conrad IT-R-HdB § 16 Rn. 94 ff.
[695] *Redeker* in Auer-Reinsdorff/Conrad IT-R-HdB § 16 Rn. 97 ff.
[696] Zu den hohen Anforderungen an Individualverhandlungen *Redeker* in Auer-Reinsdorff/Conrad IT-R-HdB § 16 Rn. 38 ff.
[697] Zum Hintergrund vgl. etwa MAH IT-R/*v. d. Bussche/Schelinski* Teil 1 Rn. 256 ff.
[698] Vgl. MAH IT-R/*v. d. Bussche/Schelinski* Teil 1. Rn. 256.
[699] Vgl. MAH IT-R/*v. d. Bussche/Schelinski* Teil 1. Rn. 256 ff.
[700] Vgl. *Zdanowiecki* in Bräutigam/Rücker E-Commerce-HdB 11. Teil C Rn. 5; *Ewald* in Baumgartner/Ewald Apps Kap. 3 Rn. 108 ff. und 132 ff.
[701] Vgl. *Ewald* in Baumgartner/Ewald Apps Kap. 3 Rn. 108.

Prüfvorbehalte durch den Plattformbetreiber vorzusehen.[702] Gerade in sensiblen Brachen besteht ein handgreifliches Bedürfnis, einheitliche (Mindest-)Standards sicherzustellen, schon um zu verhindern, dass der eigene Ruf (zB im Falle eines Medizintechnikherstellers als Plattformbetreiber) durch Applikationen von Dritt-Anbietern in Mitleidenschaft gerät. Auch rein marktstrategische Überlegungen können eine Rolle spielen; so kann bei branchenübergreifend breit aufgestellten Plattformen, etwa den „digitalen Assistenten" wie Apples Siri oder Amazons Alexa, ein Interesse bestehen, dass Dritt-Anbieter bestimmte Branchen nicht durch Apps bedienen.

582 Art und Umfang der spezifisch zwingenden Vorgaben der Plattformbetreiber sind demnach eine **Frage des jeweiligen Einzelfalles** und des mit der Plattform verfolgten Geschäftsmodells. Während beispielsweise Apple traditionell umfangreichste Vorgaben macht,[703] ist das von Google verfolgte Modell in der Regel deutlich generischer und die Vorgaben allgemeiner;[704] im praktischen Ergebnis steht die Freigabe einer App zum Vertrieb über die Plattform weitestgehend im Ermessen der beiden Anbieter.[705] Da grundsätzlich für private Plattformanbieter nach allgemeinen zivilrechtlichen Grundsätzen kein Kontrahierungszwang besteht,[706] ist ein **Prüfungsvorbehalt,** welcher auf eine offene Prüfung im Ermessen des App-Anbieters einer jeden App hinausläuft, strategisch günstig.

583 Da etwaige Prüfvorbehalte letztendlich den Zugang zum Vertriebskanal „App-Plattform" regeln, stellen sich auch hier im Falle von marktmächtigen Plattformen kartellrechtliche Fragen;[707] dazu wird auf → § 14 verwiesen.

i) Anforderungen an den Plattformnutzungsvertrag im Rahmen der P2B-Verordnung

584 Die „Verordnung zur Förderung von Fairness und Transparenz für gewerbliche Nutzer von Online-Vermittlungsdiensten" (auch **„Plattform-to-Business"-Verordnung** oder P2B-VO), welche seit 31.7.2019 in Kraft ist, soll auf Vertragsebene ein „Level Playing Field" zwischen Plattformbetreiber und dort tätigen Händlern (hier App-Anbietern) herstellen.[708] „Plattform" im Sinne der Verordnung sind insbesondere auch sog. Online-Vermittlungsdienste unabhängig von Größe oder Branche bzw. Kundenkreis, worunter damit auch typische App-Plattformen fallen.[709] Voraussetzung ist aber, dass es sich beim Endkunden der digitalen Dienstleistungen (wie bspw. dem Bezug von Apps) um einen Verbraucher handelt[710] und sich die Plattform an gewerbliche Anbieter richtet, welche in der EU ansässig sind und für Endkunden in der EU anbieten.[711] Das Feld industrieller IoT und darauf spezialisierter App-Plattformen ist damit ausgenommen;[712] auch mit Blick auf den Bereich IoT ist die P2B-Verordnung allerdings technologieneutral, sodass etwa auch Sprachassistenten als Vermittlungsplattformen gelten können.[713]

585 Im Anwendungsbereich haben Plattformbetreiber nun **unionsrechtliche Vorgaben** an ihre AGB einzuhalten, was den Regelfall der Plattformnutzungsverträge betrifft. Im Ein-

---

[702] Am Bsp. Googles und Apples *Ewald* in Baumgartner/Ewald Apps Kap. 3 Rn. 108ff. und 132ff.
[703] *Ewald* in Baumgartner/Ewald Apps Kap. 3 Rn. 108ff.; im Ergebnis auch heute noch zutreffend.
[704] *Ewald* in Baumgartner/Ewald Apps Kap. 3 Rn. 132ff.; im Ergebnis auch heute noch zutreffend.
[705] Als faktischer Befund im Bereich „Smartphone-Apps" *Zdanowiecki* in Bräutigam/Rücker E-Commerce-HdB 11. Teil C Rn. 7; insgesamt aber wohl auch verallgemeinert als „Marktstandard" zutreffend.
[706] Vgl. etwa *Lenz* App-Stores S. 268 (als Ausgangspunkt der Betrachtung selbst bei marktmächtigen Anbietern).
[707] *Zdanowiecki* in Bräutigam/Rücker E-Commerce-HdB 11. Teil C Rn. 7; im Überblick etwa *Lenz* App-Stores S. 268ff.
[708] *Höppner/Schulz* ZIP 2019, 2329 (2330).
[709] *Höppner/Schulz* ZIP 2019, 2329 (2332).
[710] *Höppner/Schulz* ZIP 2019, 2329 (2332).
[711] *Busch* GRUR 2019, 788 (789).
[712] Kritisch dazu *Busch* GRUR 2019, 788 (789).
[713] *Busch* GRUR 2019, 788 (789).

zelnen[714] statuiert die P2B-VO dabei unter anderem auch durch Rechtswahl nicht abdingbare Transparenzvorgaben an AGB (vgl. Art. 3 Abs. 1 lit. a P2B-VO).

Suspendierungen oder Einschränkungen der Vermittlungsleistung müssen mitgeteilt und begründet werden; mögliche Gründe müssen – transparent – vorher festgelegt sein (vgl. Art. 4 Abs. 5 und Art. 3 Abs. 1 lit. c P2B-VO).[715] Soweit die Kündigung der Vermittlungsleistungen nicht auf wiederholten Verstößen gegen AGB beruht oder aus regulatorischen Gründen notwendig ist, muss diese ebenfalls mindestens 30 Tage vor Wirksamkeit mit Begründung übersandt werden.[716] 586

Soweit die Plattform die **Auflistung (Ranking)** der Angebote kontrolliert, was der Regelfall ist, müssen die bestimmenden Parameter und deren Gewichtung angegeben werden, sowie ergänzend die Möglichkeiten des App-Anbieters, das Ranking durch direkte oder indirekte Gegenleistungen zu beeinflussen (vgl. Art. 5 P2B-VO).[717] Wenn der Plattformbetreiber eigene Angebote bevorzugt, ist dies offenzulegen (vgl. Art. 7 P2B-VO). 587

Als direkte Rechtsfolge sieht Art. 3 Abs. 3 P2B-VO die **Nichtigkeit** bei Verstößen gegen Art. 3 Abs. 1 und 2 P2B-VO vor, was insbesondere bei Intransparenz der AGB oder einem Verstoß gegen die Pflicht, die AGB jederzeit während der Vertragsanbahnung und Vertragsbeziehung leicht zugänglich zu machen (Art. 3 Abs. 1 lit. b P2B-VO) greift.[718] 588

Im Übrigen obliegt der **Vollzug der Verordnung** den Mitgliedstaaten, welche damit Umsetzungsmaßnahmen wie Schadensersatzansprüche oder einseitige Gestaltungsrechte zu treffen haben.[719] 589

Für den Plattformbetreiber bedeutet die P2B-VO, dass Plattformnutzungsverträge insbesondere den **formalen Vorgaben der P2B-VO** gerecht werden müssen; die faktischen Einschränkungen der Gestaltungshoheit über das eigene Geschäftsmodell werden als gering angesehen, soweit der Plattformbetreiber faktisch über eine zwingende Schlüsselstellung für sein Ökosystem verfügt (etwa Apple mit dem App-Store). Die reinen Transparenz- bzw. Formpflichten würden die daraus resultierende Asymmetrie zwischen App-Anbieter und Plattformbetreiber unberührt lassen.[720] 590

Inwieweit nationale Rechtsprechung zu Transparenzvorgaben des § 307 Abs. 1 S. 2 BGB als Maßstab bei der Vertragsgestaltung herangezogen werden kann, ist aktuell unklar;[721] es wird allerdings vertreten, dass sich die Anforderungen in materieller Hinsicht im Wesentlichen entsprechen dürften.[722] 591

4. Der Vertrag zwischen Endkunde und Plattformbetreiber

Geht es um die **Bereitstellung der App-Plattform für den Endkunden** zum Bezug von Apps, ist zu differenzieren. Gerade im Bereich des industriellen „Internet of Things" tritt ein Plattformbetreiber oft auch als Lieferant smarter Endgeräte oder etwa von Sensorik auf und/oder nutzt seine Plattform auch zur Erbringung von Leistungen durch eigene Softwareanwendungen. In diesem Fall ist die App-Plattform (im engeren Sinne), also der Anwendungsbereich „Vertriebskanal für Apps", nur eine Seite der Plattform (im weiteren Sinne). Eine Behandlung dieser Plattformbetreiber/Endnutzer-Beziehung ist nicht Gegenstand der Ausführungen. 592

Weiterhin hängt das Vertragsverhältnis zwischen Endkunde und Plattformbetreiber entscheidend davon ab, ob der Plattformbetreiber als reiner Vermittler auftritt (dazu 593

[714] Darstellung im Folgenden nach *Höppner/Schulz* ZIP 2019, 2329 (2329 ff.); dort auch mwN und umfassender Darstellung wesentlicher Inhalte.
[715] *Busch* GRUR 2019, 788 (791); *Höppner/Schulz* ZIP 2019, 2329 (2333).
[716] *Höppner/Schulz* ZIP 2019, 2329 (2333).
[717] *Höppner/Schulz* ZIP 2019, 2329 (2334).
[718] *Höppner/Schulz* ZIP 2019, 2329 (2335).
[719] *Höppner/Schulz* ZIP 2019, 2329 (2336).
[720] So mit weiterer Kritik *Höppner/Schulz* ZIP 2019, 2329 (2338).
[721] *Höppner/Schulz* ZIP 2019, 2329 (2333).
[722] *Busch* GRUR 2019, 788 (789).

→ Rn. 482ff.) oder unmittelbar Vertragspartner des Endkunden hinsichtlich der Überlassung der App wird (dazu → Rn. 513ff. und → Rn. 522ff.). Im letzteren Fall ist er für die mit der Überlassung der App an den Endkunden verbundenen Leistung einschließlich aller etwaigen Gewährleistungsrechte selbst verantwortlich (dazu noch im Unterpunkt App-Überlassungsverträge → Rn. 594f.).

594 Der **reine Nutzungsvertrag** über die App-Plattform zwischen Endkunde und Plattformbetreiber (verstanden als Gegenstück zu den dargestellten Plattformnutzungsverträgen zwischen App-Anbieter und Plattformbetreiber) könnte demgegenüber, sofern der Plattformbetreiber auch hinreichend personalisiert endkundenspezifisch Apps vorschlägt, als Vertrag über Such-, Auswahl- und Vermittlungsleistungen durch den Plattformbetreiber aufgefasst werden. Bezogen auf eine solche Leistungskomponente wird zumeist ein atypischer Geschäftsbesorgungsvertrag angenommen.[723] Dieser Annahme liegen Online-Vermittlungsportale (etwa Versicherungsvergleichsportale) zu Grunde;[724] die grundsätzliche Funktionsweise in Form einer Listung von Drittangeboten und Auswahl für den Endkunden wäre aber zumindest vergleichbar. Die konkrete Einordnung wird auch hier eine Frage des Einzelfalles sein, da sie eben davon abhängt, wie die jeweilige Plattform konkret Apps für den Endkunden bereit hält.[725] Entsprechend wird ein Schwerpunkt der Vertragsgestaltung die Beschreibung der Leistungskomponente sein, um für den operativen Betrieb passende Rechtsfolgen zu erzielen.[726]

5. App-Überlassungsverträge

595 In dem anglo-amerikanischem Rechtsbereich entstammenden Verträgen werden Apps dem Endkunden oftmals – unspezifisch – im Wege eines „Lizenzvertrages" überlassen.[727] Nach deutschem Rechtsverständnis muss eine Zuordnung zum jeweils **passendsten Vertragstypus** erfolgen, ggf. unter Annahme eines **typengemischten Vertrages.** Nach den allgemeinen für Software entwickelten Grundsätzen ist die Überlassung von Software auf Dauer als **Kaufvertrag** iSd §§ 433ff. BGB, die Überlassung auf Zeit als **Mietvertrag** nach §§ 535ff. BGB einzuordnen.[728] Bei der Überlassung Cloud-basierter Dienste (entweder im Wege einer im Wesentlichen in der Cloud ablaufenden Applikation oder bei nativ auf den Endgeräten installierten Applikationen, welche aber ihre wesentliche Leistungen durch Rückgriff auf eine Cloud beziehen), welche unter dem „as a Service"-Begriff zusammengefasst werden, liegen je nach Schwerpunkt Dienst-[729] oder Mietverträge vor.[730]

596 Im Vermittlermodell regelmäßig relevant ist die **Einbeziehung eigener App-Anbieter-AGB** im Verhältnis zum Endkunden. In der Sache gelten hierfür die allgemeinen zivilrechtlichen Grundsätze zur Einbeziehung von AGB.[731] Auf einer faktisch-technischen Ebene für den App-Anbieter entscheidend ist dabei, dass die Gestaltung des Bezugs von Apps durch den Endkunden im Rahmen der Plattform eine derartige Einbeziehung auch ermöglicht.[732]

597 Bis 1.7.2021 ist der nationale Gesetzgeber zudem verpflichtet, die Vorgaben der Richtlinie über digitale Inhalte RL (EU) 2019/770 (**Digitale-Inhalte-RL, DI-RL**) in nationa-

---

[723] Vgl. *Schöttle* in Auer-Reinsdorff/Conrad IT-R-HdB § 25 Rn. 252.
[724] Vgl. *Schöttle* in Auer-Reinsdorff/Conrad IT-R-HdB § 25 Rn. 252 unter Verweis auf *Hauck/Blaut* NJW 2018, 1425 (1426).
[725] *Söbbing/Jakob* InTeR 2016, 149 (150).
[726] Vgl. *Billing* in Bräutigam/Rücker E-Commerce-HdB 4. Teil B Rn. 7.
[727] *Zdanowiecki* in Bräutigam/Rücker E-Commerce-HdB 11. Teil C Rn. 12.
[728] Statt vieler Zdanowiecki in Bräutigam/Rücker E-Commerce-HdB 11. Teil C Rn. 12.
[729] Dagegen und insbesondere zur Nichtanwendbarkeit der BGH-Rspr. zu Access-Providern *Boehm* ZEuP 2016, 358 (365).
[730] *Zdanowiecki* in Bräutigam/Rücker E-Commerce-HdB 11. Teil C Rn. 12; für den Mietvertrag *Boehm* ZEuP 2016, 358 (466) mwN.
[731] Vgl. allgemein *Redeker* in Auer-Reinsdorff/Conrad IT-R-HdB § 16 Rn. 3ff.
[732] Vgl. *Zdanowiecki* in Bräutigam/Rücker E-Commerce-HdB 11. Teil C Rn. 27.

les Recht umzusetzen (Art. 24 Abs. 1 S.1 DI-RL); anwendbar werden diese ab 1.1.2022 sein (Art. 24 Abs. 1 S. 2 DI-RL). Die DI-RL etabliert für Verträge über digitale Inhalte, wozu auch Softwareanwendungen zählen,[733] europaweite Vorgaben zur Gewährleistung bzw. Leistungsstörungen.[734] Anwendungsvoraussetzung ist aber die Überlassung digitaler Inhalte auch an Verbraucher,[735] womit reine B2B-Plattformen (und damit insbesondere auf industrielles IoT ausgerichtete Plattformen) nicht dem Anwendungsvorbehalt und der entsprechenden Umsetzungspflicht ins nationale Recht unterliegen.[736] Zudem steht es den Mitgliedstaaten frei, auf im nationalen Recht verankerte Vertragstypen zurückzugreifen; die DI-RL macht hierzu keine Vorgaben.[737]

In der DI-RL wird die Grenze zwischen **einmaliger Bereitstellung und digitaler Dienstleistungen „as a Service"** aufgehoben.[738] Im Kern gibt die DI-RL vor, das digitale Inhalte subjektiven, aber auch objektiven Anforderungen an die Vertragsmäßigkeit genügen müssen (Art. 7 und 8 DI-RL).[739] Zudem besteht eine Pflicht, überlassene digitale Inhalte mit Updates zu versorgen.[740] Die objektiven Kriterien nach Art. 8 DI-RL können zudem nur durch ausdrückliche und vom übrigen Vertrag getrennte Vereinbarungen abbedungen werden, was übliche AGB-Konstruktionen vor Herausforderungen stellt.[741] Für den Fall der Nichtkonformität besteht für den Kunden ein flexibles Regime aus Nachbesserungsanspruch, Minderung oder Vertragsbeendigung bzw. Kündigung.[742] Interessanterweise erkennt die DI-RL die Notwendigkeit zur Anpassung laufender „as a Service"-Verträge aber ausdrücklich an und stellt hierzu Kriterien auf (Art. 19 DI-RL);[743] eine entsprechende Reaktion der nationalen Rechtsprechung zu Änderungsklauseln in Standardvertragsklauseln auf die zu treffende nationale Umsetzung bleibt abzuwarten. 598

Relevant werden die vorgenannten Aspekte der DI-RL auch im **Verhältnis von App-Anbieter und Plattformbetreiber,**[744] soweit die Erfüllung etwa von Nachbesserungspflichten von lizensierten Komponenten des Plattformanbieters abhängt oder wenn, im Falle etwa einer Reseller-Stellung des Plattformbetreibers, dieser selbst als Vertragspartner verpflichtet ist. Im Innenverhältnis sollte dann – analog den aktuell anwendbaren Vorgaben zum Gewährleistungsrecht – spezifisch geregelt werden, dass entsprechende Rechte eingeräumt werden bzw. dass der (in aller Regel technisch besser befähigte) App-Anbieter umfassend für den Plattformbetreiber bei Nachbesserungen oder Updatepflichten tätig wird. 599

[733] *Spindler/Sein* MMR 2019, 415 (415).
[734] *Staudenmayer* ZEuP 2019, 663 (666).
[735] Zum Thema „dual use" Verbraucher/Unternehmer vgl. *Spindler/Sein* MMR 2019, 415 (416).
[736] *Spindler/Sein* MMR 2019, 415 (416).
[737] *Staudenmayer* ZEuP 2019, 663 (668).
[738] *Staudenmayer* ZEuP 2019, 663 (671).
[739] *Spindler/Sein* MMR 2019, 488 (488).
[740] *Spindler/Sein* MMR 2019, 488 (489).
[741] *Spindler/Sein* MMR 2019, 488 (489).
[742] *Spindler/Sein* MMR 2019, 488 (490).
[743] *Spindler/Sein* MMR 2019, 488 (493).
[744] Vgl. *Spindler/Sein* MMR 2019, 415 (417).

§ 8 Haftung

Übersicht

Literatur:

Alexander, Grundstrukturen des Schutzes von Geschäftsgeheimnissen durch das neue GeschGehG, WRP 2019, 673; *Bach,* Neue Richtlinie zum Verbrauchsgüterkauf und zu Verbraucherverträgen über digitale Inhalte, NJW 2019, 1705; *Bamberger/Roth/Hau/Poseck* (Hrsg.), BeckOK BGB, München, 49. Ed., Stand 1.2. 2019; *Bartsch/Roth,* Zivil- und strafrechtliche Möglichkeiten zur Durchsetzung der gerichtlichen Vorgaben, EnWZ 2018, 435; *Bergmann/Streitz,* Beweiserhebung in EDV-Sachen – Anforderungen an die Gestaltung von Beweisbeschlüssen, NJW 1992, 1726; *Borges,* Haftung für selbstfahrende Autos, CR 2016, 272; *Bräutigam/Klindt,* Industrie 4.0, das Internet der Dinge und das Recht, NJW 2015, 1137; *Burianski/Reindl,* Truth or Dare? The Conflict Between E-discovery in International Arbitration and German Data Protection Rules, SchiedsVZ 2010, 187; *Burmann/Heß/Hühnermann/Jahnke* (Hrsg.), Straßenverkehrsrecht, 25. Aufl., München 2018; *Dann/Markgraf,* Das neue Gesetz zum Schutz von Geschäftsgeheimnissen, NJW 2019, 1774; *Dölling,* Die Voraussetzungen der Beweiserhebung im Zivilprozess, NJW 2013, 3121; *Droste,* Produktbeobachtungspflichten Automobilhersteller bei Software in Zeiten vernetzten Fahrens, CCZ 2015, 105; *Druschel/Jauch,* Der Schutz von Know-how im deutschen Zivilprozess: Der Status quo und die zu erwartenden Änderungen,

BB 2018, 1218; *Dümeland,* Sachmangelhaftigkeit von Software bei nicht DSGVO-konformer Entwicklung, K&R 2019, 22; *Ehring,* Die deliktische Produzentenhaftung des Netzbetreibers wegen Versorgungsstörungen, EnWZ 2017, 262; *Freise,* Rechtsfragen des automatisierten Fahrens, VersR 2019, 65; *Gomille,* Herstellerhaftung für automatisierte Fahrzeuge, JZ 2016, 76; *Gramlich/Conen,* Streitbeilegung bei Auslandsinvestitionen – „Guter" Rechtsschutz für (private) Investoren, SchiedsVZ 2015, 225; *Grünvogel/Dörrenbächer,* Smartere Anforderungen an smarte Hausgeräte? – Der Maßstab für die Produktbeobachtungspflicht bei vernetzten Hausgeräten im Wandel, ZVertriebsR 2019, 87; *Gsell,* Der europäische Richtlinienvorschlag zu bestimmten vertragsrechtlichen Aspekten der Bereitstellung digitaler Inhalte, ZUM 2018, 75; *Hanisch,* Zivilrechtliche Haftungskonzepte für Robotik, in: Hilgendorf (Hrsg.), Robotik im Kontext von Recht und Moral, München 2014; *Heuer-James/Chibanguza/Stücker,* Industrie 4.0 – vertrags- und haftungsrechtliche Fragestellungen, BB 2018, 2818; *Heun/Assion,* Smart Services: IT- und datenschutzrechtliche Herausforderungen, BB 2018, 579; *Horner/Kaulartz,* Haftung 4.0 – Verschiebung des Sorgfaltsmaßstabes bei Herstellung und Nutzung autonomer Systeme, CR 2016, 7; *Imberg/Geissl,* Dokumentenmanagementrichtlinien und Aufbewahrungspflichten im Hinblick auf die rechtlichen Anforderungen des U.S. Zivilverfahrens, CCZ 2009, 190; *Jakobs/Huber,* Software als Medizinprodukt: Haftungs- und versicherungsrechtliche Aspekte, MPR 2019, 1; *Jandt,* Beweissicherheit im elektronischen Rechtsverkehr, NJW 2015, 1205; *Jänich/Schrader/Reck,* Rechtsprobleme des autonomen Fahrens, NZV 2015, 313; *Jauernig* (Hrsg.), Bürgerliches Gesetzbuch, 17. Aufl., München 2018; *Kalbfus,* Rechtsdurchsetzung bei Geheimnisverletzungen – Welchen prozessualen Schutz gewährt das Geschäftsgeheimnisgesetz dem Kläger?, WRP 2019, 692; *Katko/Knöpfle/Kirschner,* Archivierung und Löschung von Daten – Unterschätzte Pflichten in der Praxis und ihre Umsetzung, ZD 2014, 238; *Klindt,* Ein neuer Approach für EU-weite Cyber-Security?, EuZW 2019, 665; *Kopp,* Fallstricke der Tatsachenfeststellung im Zivilprozess, NJOZ 2017, 330; *Krause,* Digitalisierung der Arbeitswelt – Herausforderungen und Regelungsbedarf, NZA 2016, 1004; *Krieger/Schneider* (Hrsg.), Handbuch Managerhaftung, 3. Aufl., Köln 2017; *Kröger et al.* (Hrsg.), FormularBibliothek Zivilprozess, Schuldrecht, 3. Aufl., Baden-Baden 2016; *Lutz,* Autonome Fahrzeuge als rechtliche Herausforderung, NJW 2015, 119; *McGuire,* Know-how: Stiefkind, Störenfried oder Sorgenkind, GRUR 2015, 425; *Mitterer/Wiedemann/Zwissler,* BB-Gesetzgebung- und Rechtsprechungsreport zu Industrie 4.0 und Digitalisierung 2018, BB 2019, 3; *Mitterer/Wiedemann/Zwissler,* BB-Gesetzgebungs- und Rechtsprechungsreport zu Industrie 4.0 und Digitalisierung, BB 2017, 3; *Nägele/Jacobs,* Rechtsfragen des Cloud Computing, ZUM 2010, 281; *Ohly,* Das neue Geheimnisgesetz im Überblick, GRUR 2019, 441; *Ostendorf,* Geplanter neuer Rechtsrahmen für Online-Warenhandel und Bereitstellung digitaler Inhalte im Europäischen Binnenmarkt, ZRP 2016, 69; *Pant,* Rechtliches Risikomanagement im Vorfeld von (angedrohten) Zivilverfahren in den USA, CCZ 2014, 139; *Pieper,* Vertrags- und Haftungsrechtliche Fragen der Vernetzung autonomer Systeme, DSRITB 2016, 971; *Pieper,* Die Vernetzung autonomer Systeme im Kontext von Vertrag und Haftung, InTeR 2016, 188; *Piltz/Reusch,* Internet der Dinge, Datenschutzrechtliche Anforderungen bei der Produktbeobachtung, BB 2017, 841; *Raue,* Haftung für unsichere Software, NJW 2017, 1841; *Redeker/Pres/Gittinger,* Einheitlicher Geheimnisschutz in Europa (Teil 2), WRP 2015, 811; *Regenfus,* Deaktivierte Geräte – Rechte des Nutzers bei Einschränkung der Funktionsfähigkeit „smarter" Produkte durch den Hersteller, JZ 2018, 79; *Regenfus,* Elektronische Daten in Geräten aus zivilprozessualer Sicht, in Vieweg/Gerhäuser (Hrsg.), Digitale Daten in Geräte und Systemen, Köln 2010; *Rempe,* Smart Products in Haftung und Regress, InTer 2016, 17; *Riehm/Abold,* Mängelgewährleistungspflichten des Anbieters digitaler Inhalte, ZUM 2018, 82; *Riehm,* Dateneigentum – Schutz nach allgemeinem Zivilrecht, in Hornung (Hrsg.), Der Elektronische Rechtsverkehr, Rechtsfragen der Industrie 4.0, München 2018; *Riehm,* 25 Jahre Produkthaftungsrichtlinie – ein Lehrstück zur Vollharmonisierung, EuZW 2010, 567; *Ritter,* Das neue kalifornische Gesetz zur Sicherheit von vernetzten Geräten, MMR 2019, 3; *Rockstroh/Kunkel,* IT-Sicherheit in Produktionsumgebungen, MMR 2017, 77; *Rockstroh,* Die Verantwortlichkeit der Hersteller für Schwachstellen in Industriekomponenten, DSRITB 2016, 279; *Roßnagel,* Beweiswirkung elektronischer Vertrauensdienste, MMR 2016, 647; *Säcker/Rixecker/Oetker/Limperg* (Hrsg.), Münchener Kommentar zum Bürgerlichen Gesetzbuch, 8. Aufl., München 2019; *Saenger* (Hrsg.), Nomos Kommentar Zivilprozessordnung, 8. Aufl., München 2019; *Sassenberg/Faber* (Hrsg.), Rechtshandbuch Industrie 4.0 und Internet of Things. Praxisfragen und Perspektiven der digitalen Zukunft, München, 2017; *Schantz,* Die Datenschutz-Grundverordnung – Beginn einer neuen Zeitrechnung im Datenschutz, NJW 2016, 1841; *Schantz/Wolff,* Das neue Datenschutzrecht, München 2017; *Schmidt-Cotta,* Der Unfalldatenspeicher gehört auf die rechtspolitische Agenda, ZRP 2000, 518; *Schrader,* Haftung für fehlerhafte zugelieferte Dienste in Fahrzeugen, NZV 2018, 489; *Schrader/Engstler,* Anspruch auf Bereitstellung von Software-Updates, MMR 2018, 356; *Schrader,* Haftungsrechtlicher Begriff des Fahrzeugführers bei zunehmender Automatisierung von Kraftfahrzeugen, NJW 2015, 3537; *Schulze et al.* (Hrsg.), Nomos Kommentar Bürgerliches Gesetzbuch, 10. Aufl., Baden-Baden 2019; *Solmecke/Vondrlik,* Rechtliche Probleme bei Produkten mit serverbasierten Zusatzdiensten – Was passiert, „wenn der Kühlschrank keine Einkaufsliste mehr schreibt …"; *Sosnitza,* Das Internet der Dinge – Herausforderungen oder gewohntes Terrain für das Zivilrecht?, CR 2016, 765; *Spies,* Kalifornien: Neues IoT-Gesetz unterzeichnet, ZD-Aktuell 2018, 06313; *Spies,* Auswirkungen der elektronischen Beweiserhebung (eDiscovery) in den USA auf deutsche Unternehmen, MMR 2008, 275; *Spindler,* Verträge über digitale Inhalte – Haftung, Gewährleistung, Portabilität, MMR 2016, 219; *Spindler,* Verträge über digitale Inhalte – Anwendungsbereich und Ansätze, MMR 2016, 147; *Spindler,* IT-Sicherheit – Rechtliche Defizite und rechtspolitische Alternativen, MMR 2008, 7; *Staudinger* (Hrsg.), Kommentar zum Bürgerlichen Gesetzbuch, Neubearbeitung 2009; *Steinmann,* Die Geschäftsgeheimnis-Richtlinie – Vorwirkung und unmittelbare Anwendbarkeit, WRP 2019, 703; *Stöhr,* Stand von Wissenschaft und Technik, InTeR 2015, 35; *Sturm/Schulz,*

Brexit – Eine Chance für den Gerichtsstandort Deutschland?, ZRP 2019, 71; *Taeger/Pohle* (Hrsg.), Kilian/Heussen, Computerrechts-Handbuch, 35. Erg.-Lfg., München 2020; *Trittmann*, Die „Wahrheit" im internationalen Schiedsverfahren, IWRZ 2016, 255; *Vorwerk/Wolf*, BeckOK ZPO, München, 32. Ed., Stand 1.3. 2019; *Wagner*, Europäisches Beweisrecht – Prozessrechtsharmonisierung durch Schiedsgerichte, ZEuP 2001, 441; *Wandtke/Hauck*, Art. 17 DSM-Richtlinie – Ein neues Haftungssystem im Urheberrecht, ZUM 2019, 627; *Weidert/Uhlenhut/v. Lintig*, Kampf gegen Upload-Filter – Teil 1: Aktuelle Rechtslage der Betreiberhaftung, GRUR-Prax 2019, 269; *Weidert/Uhlenhut/v. Lintig*, Kampf gegen Upload-Filter – Teil 2: Die neue Urheberrechtsrichtlinie, GRUR-Prax 2019, 295; *Wende*, IoT, KI und Schadensersatz, LR 2018, 108; *Wendland*, Ein neues Vertragsrecht für den Online-Handel?, EuZW 2016, 126; *Wendt/Oberländer*, Produkt- und Produzentenhaftung bei selbstständig veränderlichen Systemen, InTeR 2016, 58; *v. Westphalen*, Konsequenzen der Richtlinie 2015/634 – ein zaghafter erster Schritt zum Verbraucherschutz im Zeitalter der Digitalisierung, EuZW 2017, 373; *v. Westphalen/Thüsing* (Hrsg.), Vertragsrecht und AGB-Klauselwerke, 42. Erg.-Lfg., München 2018; *Wiebauer*, Arbeitsrecht und Digitalisierung, NZA 2015, 1430; *Wybitul/Haß/Albrecht*, Abwehr von Schadensersatzansprüchen nach der Datenschutz-Grundverordnung, NJW 2018, 113; *Zahrnt*, Die Rechtsprechung zur Beweislast bei Fehlern in Standardsoftware, NJW 2002, 1531.

"The most profound technologies are those that disappear. They weave themselves into the fabric of everyday life until they are indistinguishable from it."

– Mark Weiser, in: "The Computer for the 21st century" (1991)

I. Grundlagen: Verantwortlichkeiten im IoT

1 Im Jahr 2020 waren ca. **30 Mrd.** vernetzte Geräte weltweit im Umlauf.[1] Dabei wird die Gesamtzahl der Geräte, die an das IoT angeschlossenen sind, in den nächsten Jahren nochmals erheblich steigen. Dies ist zurückzuführen auf den Netzausbau und das zunehmend bessere Verständnis für unterschiedliche Einsatzmöglichkeiten des IoT. Kennzeichnend für die Industrie 4.0/das Industrial Internet of Things (IIoT) sind miteinander vernetzte und kommunizierende Produktionsmittel und Produkte. Die Industrie 4.0 bietet eine Produktionsumgebung, in der die eingesetzten Maschinen mit dem Internet verbunden sind, fähig sind zu kommunizieren und daher autonom agieren können. Dadurch ist es (gerade auch mittelständischen Unternehmen) möglich, ihre internen Arbeitsabläufe zu rationalisieren und die Produktivität ihres Unternehmens unter Senkung des Verwaltungsaufwands und verringerten Kosten zu steigern. Für die Industrie bedeutet die Nutzung des IoT erhöhte Flexibilität und Effizienz sowie die Chance, neue innovative Geschäftsmodelle zu etablieren. Hohe Investitionskosten sowie der Mangel an fachkundigen, hinreichend qualifizierten Mitarbeitern behindern die schnelle Verbreitung von IoT-Technologien. Zudem äußern viele Unternehmen Sicherheitsbedenken und beklagen fehlende Standards.[2] Die Rechtsthemen *„Verantwortung"* und *„Zurechnung"* gehören so zu den größten Hemmnissen der Digitalisierung in Deutschland.[3] Durch die Vernetzung im IoT fallen unzählige Daten an. Die zunehmende Vernetzung durch das IoT erhöht die Abhängigkeit von einer funktionierenden IT. Dies begründet zum einen neue Risiken für die wirtschaftlichen Interessen der Akteure, insbesondere bei Systemausfällen, zum anderen aber auch neues Potential für die Verletzung von Gesundheit, Leib und Leben von Personen bei eigenständig agierenden mechanischen und elektrischen Geräten. Daneben kann es etwa zu Verstößen gegen das Datenschutzrecht (→ § 6 Rn. 112 ff.) sowie zu Störungen von Telekommunikationsdiensten kommen;[4] dies ist jedoch nicht Gegenstand dieses Beitrages. IoT-spezifische Gefahren können heute in ihrem Ausmaß noch nicht abschließend beurteilt werden. Fest steht, dass durch die Vernetzung verschiedener Gegenstände die IT zunehmend komplexer wird. Einzelne ehemals eigenständig funktionierende Prozesse sind durch die Vernetzung

[1] blog.wiwo.de/look-at-it/2019/09/09/internet-of-things-knapp-27-milliarden-vernetzte-geraete-oder-3-iot-gadgets-je-mensch (7.3.2021).

[2] *Pütter* Computerwoche 22.2.2018, www.computerwoche.de/a/die-groessten-huerden-fuer-internet-of-things-projekte,3572689 (7.3.2021).

[3] *Pieper* DSRITB 2016, 971 (972).

[4] *Wende* in Sassenberg/Faber Industrie 4.0 und Internet-HdB Teil 2 I. Rn. 2.

im IoT von anderen Geräten abhängig und angewiesen auf die funktionierende Kommunikation mit anderen Anwendungen. Smarte Produkte führen eigenständig Aufgaben aus, die früher von einer natürlichen Person gesteuert werden mussten, indem der IoT-Nutzer Aufgaben und Handlungen auf das entsprechende Gerät auslagert.[5] Wenn ein Fehler an dem Produkt oder seiner Software vorliegt und dadurch ein Schaden entsteht, ist in einem komplexen und zusammengehörenden IoT-System dieser Fehler nur schwer zu lokalisieren. Vor allem aber sind die Verantwortlichen für einen so entstehenden Schaden nur erschwert oder gar nicht festzustellen. Die Haftungsregeln des deutschen Rechts knüpfen in der Regel an ein menschliches Verhalten an. Gerade bei Maschinen, die mit künstlicher Intelligenz ausgestattet sind, ist es schwer zu ermitteln, wann eine autonom vorgenommene maschinelle Handlung dem Nutzer noch als ein von ihm menschlich gesteuertes Verhalten zugeordnet werden kann. Je weniger ein konkretes menschliches Verhalten für den eingetretenen Schaden ursächlich geworden ist, desto schwerer gelingt es eine haftungsrechtliche Lösung nach der Dogmatik des geltenden Rechts zu finden.

Auch Verbraucher nutzen zunehmend „smarte Geräte", die dazu dienen, ihren Alltag 2 zu vereinfachen. Zu erwähnen sind in diesem Kontext etwa *Wearables, Smart Cars, smarte Kühlschränke, Thermostate, Verschlüsselungsanlagen* etc. Die Nachfrage von Verbrauchern nach Smart-Home-Produkten ist in der Vergangenheit rasant gestiegen, sodass gerade die Verbreitung von IoT-Produkten in diesem Bereich spürbar gewachsen ist. In erster Linie geht es den Nutzern von Smart-Home-Produkten momentan darum, die „smarten" Technologien einzusetzen, um Energie sparen zu können sowie den Brandschutz und die allgemeine Sicherheit zu erhöhen. Daneben ist der Bedarf nach smarten Haushaltgeräten oder Spracherkennungssystemen hoch.[6] IoT-Geräte setzen sich aus einer **Vielzahl** von **Software-** und **Hardware-Komponenten** zusammen, daher lässt sich nach dem Eintritt eines Schadens im Nachhinein oft nicht mehr feststellen, ob der Schaden durch einen Fehler des eingesetzten Gerätes, mangelhafte Daten oder Schwächen bei der Übertragung über das Internet eingetreten ist.

Wenn das Produkt fehlerhaft ist, können dem Geschädigten (der nicht der Käufer ist 3 bzw. nach Ablauf der Gewährleistungsfrist) gegen den Hersteller auch ohne Vertragsbeziehung nach dem geltenden deutschen Recht *(de lege lata)* sowohl Ansprüche aus dem **Produkthaftungsgesetz** zustehen als auch deliktische Ansprüche nach den Grundsätzen der **Produzentenhaftung § 823 Abs. 1 BGB.** Im Folgenden werden die möglichen haftungsrechtlichen Ansprüche im Rahmen des IoT dargestellt unter Berücksichtigung der aktuellen rechtlichen Herausforderungen, die sich in diesem Zusammenhang stellen. Dabei lassen sich zwei verschiedene Haftungsszenarien unterscheiden. Zum einen der Fall, dass ein digitalisiertes System einen Schaden verursacht, zum anderen, dass ein Dritter (wegen fehlender Absicherung eines Gerätes gegen Fremdzugriff) in das System eingreifen kann und so ein Schaden entsteht. Besonders brisant sind dabei die Fragen, wie die Verantwortungsbereiche der Akteure eines IoT-Ökosystems voneinander abzugrenzen sind, wer die Haftung für IT-Sicherheitslücken trägt sowie wem die Beweislast bei Beweisproblemen überbürdet wird. Durch Hacking-Angriffe können etwa innerhalb kürzester Zeit ganze Industrieanlagen stillgelegt werden. Auf **EU-Ebene** ist **2019** der europäische **„Cyber-Security Act"** in Kraft getreten.[7] Dieser sieht die Einführung eines **freiwilligen dreistufigen Cyber-Zertifikates** vor für eine höhere digitale Produktsicherheit der Marktanbieter. Denkbar wäre es zudem, abstrakt **Cyber-Security-Ziele** zu definieren, die von den Herstellern zu erreichen sind, den Herstellern dabei aber frei zu überlassen,

[5] *Wende* LR 2018, 108 (109).

[6] *Braun* Computerwoche 16.5.2018, www.computerwoche.de/a/bereits-jeder-sechste-nutzt-smart-home-produkte,3544910 (7.3.2021).

[7] Verordnung (EU) 2019/881 des Europäischen Parlaments und des Rates vom 17. April 2019 über die ENISA (Agentur der Europäischen Union für Cybersicherheit) und über die Zertifizierung der Cybersicherheit von Informations- und Kommunikationstechnik und zur Aufhebung der Verordnung (EU) Nr. 526/2013 (Rechtsakt zur Cybersicherheit).

wie sie diese in ihren Produkten umsetzen wollen, um so maximal wirtschaftliche und innovative Produkte auf dem Markt bringen zu können, die dennoch den Cyber-Security-Zielen der EU entsprechen.[8]

1. Das IoT als „digitales Ökosystem" mit Verantwortlichkeiten der Systemteilnehmer

4 Das IoT kann als Technologie nicht einheitlich betrachtet werden. Vielmehr entsteht durch das Zusammenwirken unterschiedlicher vernetzter Geräte ein **„IoT-Ökosystem"**, in dem das Funktionieren der einzelnen smarten Geräte voneinander abhängt. In einem IoT-Ökosystem treffen **diverse Akteure** aufeinander, zB *Gerätehersteller, Softwareanbieter, Gerätenutzer, Netzwerkbetreiber, Cloud-Service-Betreiber* ua IoT-Ökosysteme sind nicht zuletzt wegen der Vielzahl der unterschiedlichen Akteure sowie der dadurch **aufeinandertreffenden Verantwortungsbereiche und Zuständigkeiten** hoch komplex:[9]

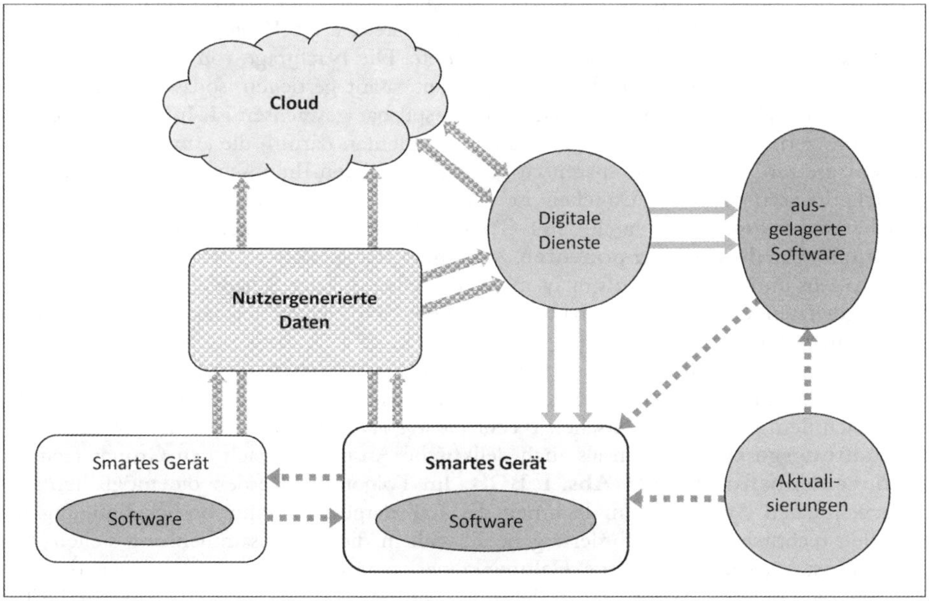

Abb. 1: IoT-Ökosystem

5 Die verschiedenen Akteure eines IoT-Ökosystems lassen sich anschaulich anhand einer „smarten Bewässerungsanlage" zeigen. Eine solche bewässert den Garten des Nutzers ganz ohne dessen Hilfe und orientiert sich dafür an den Wetterdaten eines Wetterdienstes.[10]

Der Kunde (K) kauft die **Smarte Bewässerungsanlage** bei dem Händler (H), mit dem er einen Kaufvertrag schließt. Um die Bewässerungsanlage nutzen zu können, muss K die Steuerungsapplikation des Herstellers (P) auf seinem Smartphone/Tablet installieren. Zu-

[8] Dafür *Klindt* EuZW 2019, 665 (666).

[9] Abb. in Anlehnung an *Wendehorst* Vertragliche und außervertragliche Haftung im Internet der Dinge, verbraucherrechtliche Problemstellungen, Vortrag BMJV Folie 3, www.bmjv.de/SharedDocs/Downloads/DE/PDF/20170704Haftung_IoT.pdf?__blob=publicationFile&v=4 (7.3.2021).

[10] *Wendehorst* beschreibt die Problematik der smarten Bewässerungsanlage bei der Digitalkonferenz des Bundesministeriums für Justiz 2017 und plädiert für die Einführung einer „gewährleistungsähnlichen Herstellerhaftung" für vernetzte Geräte, s. *Krempl* heise online 3.7.2017, www.heise.de/newsticker/meldung/Internet-der-Dinge-Forscher-fordern-verschaerftes-Haftungsrecht-fuer-vernetzte-Produkte-3761982.html (7.3.2021).

dem muss K sich ein persönliches Nutzerkonto bei P einrichten und das Bewässerungsgerät muss online auf eine Cloud-Plattform (C) mit Wetterdaten zugreifen können. Damit die Bewässerungsanlage funktionieren kann, müssen die *Hardwarebauteile*, die *Steuerungssoftware*, *Daten* und *Dienste* fehlerfrei zusammenwirken.[11] Wenn die Hardware fehlerfrei ist, allerdings durch eine Fehlfunktion der Software oder fehlerhafte Daten dem K oder einem Dritten ein Schaden entsteht, stellt sich die Frage, von wem K oder der Dritte Schadensersatz verlangen kann.

Dabei sind ua **folgende Schadensszenarien** denkbar: 6

1. Durch ein fehlerhaftes Update der Steuerungssoftware, das P auf das Gerät aufgespielt hat, läuft die Bewässerungsanlage ununterbrochen, sodass der Garten des Nachbarn überflutet wird.
2. Die Wetterdaten des Wetterdienstes C erweisen sich als unzutreffend, sodass der Garten des K vertrocknet.
3. Die digitalen Komponenten des Gerätes sind schlecht gesichert. Dadurch gelingt es einem Dritten, die Bewässerungsanlage zu hacken und so Zugriff auf die privaten E-Mails von K zu nehmen.

2. Verantwortlichkeiten als Vertragspartner

Wenn das *smarte Produkt* nicht fehlerfrei funktioniert oder dem Nutzer durch die Inbetriebnahme des *smarten Produkts* ein Schaden entsteht, kommen in erster Linie **vertragliche Ansprüche** gegen den Vertragspartner in Betracht. Diese können sowohl auf *Nacherfüllung* als auch auf *Schadensersatz* gerichtet sein. Daneben sind bei Verletzung absolut geschützter Rechtsgüter uU auch **deliktische Schadensersatzansprüche** aus Produzentenhaftung gem. § 823 Abs. 1 BGB sowie Ansprüche aus dem Produkthaftungsgesetz gegen den Vertragspartner denkbar, wenn diesen zugleich die Herstellerverantwortung trifft. 7

Sollte dem Nutzer durch den Gebrauch eines *smarten Produkts* ein Schaden entstehen, kann dieser von seinem Vertragspartner nach **§§ 280 ff. BGB** Schadensersatz verlangen. Voraussetzung dafür ist, dass zwischen den Parteien ein (vor-)vertragliches oder gesetzliches **Schuldverhältnis** besteht. Zudem muss eine von dem Anspruchsgegner zu **vertretene Pflichtverletzung** vorliegen und dem Anspruchssteller ein **Schaden** entstanden sein.[12] Wenn eine Pflichtverletzung des Anspruchsgegners vorliegt, wird nach **§ 280 Abs. 1 S. 2 BGB** widerlegbar vermutet, dass er diese auch zu vertreten hat. Unter den zusätzlichen Voraussetzungen des § 280 Abs. 2, 3 BGB stehen dem Anspruchssteller – je nachdem, um welche Störung es sich handelt – verschiedene Schadensersatzansprüche zu. Für die Verzögerung der Leistung kann der Anspruchssteller nach § 280 Abs. 2, 286 BGB einen Verzugsschaden ersetzt verlangen oder unter den Voraussetzungen der §§ 280 Abs. 1, 3; 283 BGB Schadensersatz statt der Leistung. Im letzteren Fall wandelt sich der ursprüngliche Erfüllungsanspruch in einen Schadensersatzanspruch. 8

Ansprüche aus der Produzentenhaftung nach § 823 Abs. 1 BGB oder aus dem ProdHaftG scheitern in der Regel daran, dass der Vertragspartner selbst nicht der Hersteller des *smarten Produkts* ist. 9

3. Verantwortlichkeiten als Hersteller eines IoT-fähigen Produkts bzw. von IoT-Software

In der Regel hat der Käufer keinen direkten Kontakt zu dem Hersteller des Produkts und mithin zu ihm auch **keine direkte Vertragsbeziehung.** Voraussetzung für eine vertragliche Beziehung zum Hersteller ist, dass dieser zB in der Produktbeschreibung *ausdrücklich* oder *konkludent* erklärt, er wolle sich gegenüber dem Kunden verpflichten, die Dienste 10

[11] *Schrader* NZV 2018, 489 (494).

[12] *Wende* in Sassenberg/Faber Industrie 4.0 und Internet-HdB Teil 2 I. Rn. 3.

bereitzustellen. Das ist in der Praxis eher eine Ausnahme.[13] Bezüglich der Haltbarkeit von verschiedenen Produktteilen kann der Hersteller bspw. gegenüber dem Kunden ein *Leistungsversprechen* in Form einer **Herstellergarantie** abgeben.[14] Die Entscheidung, dem Käufer eine Herstellergarantie zu gewähren, ist ihm aber frei überlassen.

11 Für Gefahren, die von dem Produkt ausgehen, können dem **Käufer Ansprüche** nach den Grundsätzen der **Produzentenhaftung** oder der **Produkthaftung** gegenüber dem Hersteller zustehen. Über diese Ansprüche kann der Hersteller nicht disponieren. Ansprüche aufgrund der Produzentenhaftung und der Produkthaftung sind lediglich auf Schadensersatz gerichtet und auf die Verletzung absolut geschützter Rechtsgüter beschränkt, so dass allein das Interesse an der Funktionsfähigkeit des Produkts hierüber nicht geschützt wird. Die Produzentenhaftung ist in § 823 Abs. 1 BGB angelegt und durch die in der Rechtsprechung entwickelten Grundsätze konkretisiert. Die Produkthaftung dagegen resultiert aus dem Produkthaftungsgesetz (ProdHaftG), in dem die EU-Produkthaftungsrichtlinie umgesetzt ist.

4. Verantwortlichkeit des Diensteanbieters

12 Der Diensteanbieter ist neben dem Vertragspartner des Geschädigten und dem Hersteller ein weiterer potenzieller Gegner von Schadensersatzansprüchen. Der Nutzer und der Diensteanbieter (im Beispiel der Anbieter der Wetterdienst-App) schließen in der Regel einen Vertrag über die Nutzung des Dienstes. Häufig schließt der Anbieter des Dienstes dabei die Gewährleistung für die von ihm erbrachten Dienste aus. Da die Nutzung des Dienstes **oftmals kostenlos** ist, ist ein vertraglich vereinbarter Gewährleistungsausschluss zulässig. Sowohl der Dienstvertrag als auch der Werkvertrag sind entgeltliche Vertragstypen – daher ist für einen unentgeltlichen Vertrag zwischen dem Nutzer und dem Diensteanbieter weder das dienstvertragliche noch das werkvertragliche Gewährleistungsrecht anwendbar. Auch können diese Verträge nicht als gesetzliches Leitbild für die Prüfung von allgemeinen Geschäftsbedingungen dienen.[15]

5. Verantwortlichkeiten als Betreiber/Nutzer von IoT-Produkten und -Systemen

13 Das klassische Produkthaftungsrecht sieht den Benutzer stets als Endnutzer des Produkts. Gerade im Bereich des Internets der Dinge jedoch bezieht der IoT-User oft einen bestimmten IoT-Service, um ihn in sein Produkt zu implementieren. In diesem Fall ist er nicht mehr nur Endnutzer des Produkts, sondern uU auch Hersteller iSd Produkthaftungsrechts.

II. Vertragliche Haftung im IoT

14 Die sog. vierte industrielle Revolution **(Industrie 4.0)** bietet eine Vielfalt neuer technischer Möglichkeiten auf allen Ebenen der Wertschöpfungskette bis hin zur Nutzung intelligenter Produkte durch den Endkunden. Damit einher gehen aber auch eine Vielzahl in Betracht kommender vertraglicher Grundlagen sowie die Aussichtslosigkeit, ein ausnahmslos anwendbares Rechtsregime zu finden.[16] Für die intelligente Produktion sowie auch für intelligente Produkte ist charakteristisch, dass ein physisches Objekt mit einem serverbasierten Dienst verknüpft wird, indem das physische Produkt ergänzt wird durch Informa-

[13] *Regenfus* JZ 2018, 79 (82).
[14] *Schrader* NZV 2018, 489 (490).
[15] *Schrader* NZV 2018, 489 (493).
[16] *Heuer-James/Chibanguza/Stücker* BB 2018, 2818 (2826).

tions- und Kommunikationstechnik.[17] Dadurch wird das Produkt fähig, Informationen aus seiner Umwelt aufzunehmen, zu bearbeiten sowie zu kommunizieren, und wird so zu einem *smarten Produkt.* In dem Zusammenhang können **kaufrechtliche** (§§ 433 ff. BGB), **dienst-** (§§ 611 ff. BGB) oder **werkvertragsrechtliche** (§§ 631 ff. BGB) Vorschriften Anwendung finden, sowie **mietrechtliche** Elemente, wenn etwa die Bereitstellung von Serverkapazität geschuldet wird.[18]

Der Erwerb sowie der Betrieb eines *smarten Produkts* stellen in der Regel keinen ein- 15
heitlichen, sondern einen **typengemischten Vertrag** dar. Ein typengemischter Vertrag setzt sich aus Elementen verschiedener Vertragstypen zusammen.[19] Dabei ist umstritten, welches vertragliche Rechtsregime bei einem solchen Vertrag Anwendung finden soll. Nach der *Absorptionsmethode* sollen die Vorschriften des im Vordergrund stehenden Vertrages anwendbar sein und andere eventuell in Betracht kommende Vorschriften verdrängen. Dagegen sind nach der *Kombinationsmethode* auf die einzelnen Vertragsbestandteile die für sie geltenden Normen anzuwenden.[20] Bei dem Erwerb eines *smarten Produkts* könnte man mit der *Kombinationsmethode* sowohl kaufrechtliche- als auch dienstvertragsrechtliche Vorschriften anwenden, je nachdem, ob es sich um den käuflichen Erwerb des physischen Objekts oder den dazugehörenden internetbasierten Dienst handelt, der das Produkt „smart" macht.[21] Die *Absorptionsmethode* stellt dagegen auf den Leistungsschwerpunkt ab, der den Gesamtvertrag prägt. Nur wenn sich dieser nicht ermitteln lässt, wird auf die betroffene Leistung abgestellt und diese einem Vertragstypus zugeordnet, dessen Vorschriften dann anzuwenden sind.[22] Um zu ermitteln, welche gesetzlichen Vorschriften Anwendung finden, führen weder die *Kombinationsmethode* noch die *Absorptionsmethode* immer zu interessensgerechten Ergebnissen; sie sind vielmehr oft nicht geeignet, komplexe Fragen ausreichend zu lösen.[23] Die anwendbaren Vorschriften müssen daher einzelfallabhängig ermittelt werden anhand des **Sinns und Zwecks** des einzelnen Vertrages sowie des **Willens der Vertragsparteien.**[24]

Bei *smarten Produkten* ist der Kauf des Produkts zu unterscheiden von Dienstleistungen 16
für den Datenaustausch sowie der Miete für die damit verbundenen Serverleistungen.[25] Diese Verträge können sowohl *voneinander unabhängig* und rechtlich selbstständig sein als auch einen *einheitlichen Vertrag* bilden.[26] Abzustellen ist in diesem Zusammenhang auf das **Verständnis des objektiven Empfängerhorizonts** und den **Willen der Vertragsparteien,** §§ 133, 157 BGB. *Smarten Produkten* ist immanent, dass das physische Gerät eng mit internetbasierten Diensten verbunden ist. Daher wird in der Regel davon auszugehen sein, dass es dem Willen des Käufers entspricht, dass die verschiedenen Verträge miteinander verbunden sind und ein einheitlicher Vertrag vorliegt. Für den Verkäufer ist das auch erkennbar.

Bei dem Kauf eines *smarten Produkts* (im Beispielsfall der *smarten Bewässerungsanlage*) 17
schuldet der Käufer die **Zahlung** des Kaufpreises nach § 433 Abs. 2 BGB und der Verkäufer (nur) die **Übergabe** und **Übereignung** der mangelfreien Kaufsache (im Beispielsfall etwa die Leitungen der *Bewässerungsanlage*), § 433 Abs. 1 BGB. Die *smarte Bewässerungsanlage* ist in ihrer Funktionsfähigkeit allerdings abhängig von internetbasierten Zusatzdiensten, etwa dem Zugriff auf Wetterdaten, der Speicherung von Daten (wie etwa Feuchtigkeit des Bodens, der Beschaffenheit, Größe der Fläche, die zu bewässern ist) sowie der entspre-

[17] *Heun/Assion* BB 2018, 579 (579); zum Begriff „serverbasierter Zusatzdienst" s. auch *Solmecke/Vondrlik* MMR 2013, 755.
[18] *Heuer-James/Chibanguza/Stücker* BB 2018, 2818 (2823).
[19] BeckOK BGB/*Gehrlein* § 311 Rn. 21.
[20] MüKoBGB/*Emmerich* § 311 Rn. 28.
[21] *Heuer-James/Chibanguza/Stücker* BB 2018, 2818 (2823).
[22] *Heuer-James/Chibanguza/Stücker* BB 2018, 2818 (2823).
[23] MüKoBGB/*Emmerich* § 311 Rn. 28.
[24] BGH Urt. v. 13.9.2007 – I ZR 207/04, BGHZ 173, 344 Rn. 19; BeckOK BGB/*Gehrlein* § 311 Rn. 21.
[25] *Heuer-James/Chibanguza/Stücker* BB 2018, 2818 (2824).
[26] *Heuer-James/Chibanguza/Stücker* BB 2018, 2818 (2824).

chenden Speicherkapazität. Der Verkäufer will in der Regel nicht für die Erbringung dieser Serverleistungen einstehen müssen.[27] Gerade bei smarten Geräten, die ohne einen internetbasierten Zusatzdienst nicht funktionieren und mithin auf diesen angewiesen sind, wird sich aus den Gesamtumständen ergeben, dass auch der Betrieb des Serverdienstes Vertragsbestandteil sein soll, sodass ein **einheitlicher Vertrag** vorliegt. Das bedeutet, dass neben der kaufrechtlichen Pflicht auf Übergabe und Übereignung der Kaufsache gem. § 433 Abs. 1 BGB auch der kombinierte Internetservice Bestandteil des vertraglichen Pflichtenprogramms ist. Dann ist ein Sachmangel begründet, wenn das Objekt diese „produktprägende Funktionalität" nicht aufweist.[28] Das ist vor allem anzunehmen bei *smarten Produkten,* die ohne den Internetdienst nicht sinnvoll laufen und deren einziger Zweck darin besteht, Dienste auszuführen[29] – etwa *Fitness-Tracker, Smart-Watches* oder *Wearables,* die, um die nötigen Daten auswerten zu können, an ein Smartphone oder Tablet gekoppelt werden müssen.[30]

18 Bei einer *smarten Bewässerungsanlage* können bei einem Serverausfall die über Funk gesteuerten Ventile nicht mehr über das Smartphone oder Tablet erreicht werden, denn die Kommunikation läuft in der Regel vom Smartphone über einen Cloud-Dienst oder den Server des Herstellers. Der Cloud-Dienst oder Server des Herstellers ist dabei mit einem lokalen Router verbunden. Dieser verbindet die Geräte drahtlos miteinander, eine direkte Kommunikation zwischen der App und dem Gerät ohne die Cloud oder Server des Herstellers ist nicht möglich.[31] Bei einem Absturz des Servers oder einer **Störung des Cloud-Services** ist das Gerät nicht mehr über die App steuerbar, sodass die Anlage nicht mehr funktionsfähig ist. In der Regel ist die *smarte Bewässerungsanlage* nicht ohne die App bedienbar, daher ist auch in diesem Zusammenhang von einem einheitlichen Vertrag auszugehen.

1. Arten von IoT-Nutzungsverträgen

19 IoT-Anwendungen setzten sich häufig aus **unterschiedlichen Leistungsbestandteilen** zusammen, die nur selten einem einzigen Vertragstyp zugeordnet werden können. Dann müssen die verschiedenen Leistungen hinsichtlich der Vertragszuordnung einzeln beurteilt werden. Jeder Vertragstyp enthält eigene Verantwortungen und Pflichten für die Vertragsparteien sowie unterschiedliche Rechtsfolgen bei Verstößen.

20 Die Beschaffung des physischen Objekts ist in der Regel ein *Kaufvertrag* nach **§ 433 BGB.** In der Rechtsprechung wird Standardsoftware als eine bewegliche Sache iSv § 90 BGB angesehen.[32] Daher kann der Bezug von Standardsoftware dem Kaufrecht unterfallen, soweit die Software dem Kunden dauerhaft überlassen wird. Wenn die Überlassung nur auf Zeit erfolgt, ist der Vertrag als *Mietvertrag* einzuordnen **§ 535 BGB** oder bei unentgeltlicher Gebrauchsüberlassung als *Leihe* **§ 598 BGB** zu qualifizieren. Installationen und Schulungen durch den Lieferanten führen nicht automatisch zu der Annahme eines Werkvertrages.[33] Sollte der Auftragnehmer die Software für die individuellen Bedürfnisse des Auftraggebers und für dessen spezielle Verwendung erstellen (Individualsoftware), ist von einem *Werkvertrag* gemäß **§ 631 BGB** auszugehen.[34] Denn der geschuldete Erfolg ist dann die Erstellung einer Software, die speziell auf die Bedürfnisse des Auftraggebers abgestimmt ist bspw. zur Abwicklung seiner Lager- und Bestellvorgänge. Wenn ein Standardprogramm

[27] *Heuer-James/Chibanguza/Stücker* BB 2018, 2818 (2825).
[28] *Bräutigam/Klindt* NJW 2015, 1137 (1138).
[29] *Bräutigam/Klindt* NJW 2015, 1137 (1138).
[30] *Heuer-James/Chibanguza/Stücker* BB 2018, 2818 (2825f.).
[31] S. zB *Greis* golem.de 15.8.2017, www.golem.de/news/gardena-smart-garden-serverabsturz-macht-den-garten-dumm-1708%5e-%5e129495.html (7.3.2021).
[32] Im Wesentlichen zu erwähnen BGH Urt. v. 6.10.1989 – V ZR 127/88, NVwZ 1990, 192; Urt. v. 4.11. 1987 – VIII ZR 314/86, BGHZ 102, 135; Urt. v. 15.11.2006 – XII ZR 120/04, NJW 2007, 2394.
[33] FormBib-Z SchuldR/*Kummermehr/Wegner* Teil 5 Rn. 602.
[34] FormBib-Z SchuldR/*Kummermehr/Wegner* Teil 5 Rn. 578.

nach den Vorstellungen des Kunden angepasst, eingerichtet oder umgearbeitet wird, ist der Vertrag als *Werklieferungsvertrag* einzuordnen.[35] Nach **§ 651 BGB** ist dann nicht Werkvertragsrecht anwendbar, sondern Kaufrecht. Schulungen, Planungen und Beratungsleistungen ohne Ergebnisverantwortung sind als *Dienstvertrag* zu qualifizieren **§ 611 BGB.**

Als potenzielle Haftungsgegner eines IoT-Ökosystems kommen die Vertragsparteien, der Anwender oder Hersteller des autonomen Systems, der Zwischenhändler (OEM), der Softwarezulieferer sowie der Datenzulieferer in Betracht. Dabei können sich mögliche Anspruchsgrundlagen aus dem Vertrag zwischen den Parteien ergeben, wie etwa aus §§ 280ff. BGB, dem speziellen Gewährleistungsrecht, etwa §§ 434, 633 Abs. 2 BGB, Nebenpflichtverletzungen, § 241 Abs. 2 BGB, oder aus einem Verstoß gegen vorvertragliche Aufklärungspflichten, § 311 Abs. 2 BGB. Zudem sind deliktische Ansprüche denkbar, § 823 BGB, sowie Ansprüche aus dem Produkthaftungsgesetz etc. 21

a) Kaufrechtlich determinierte Vertragstypen

Der Erwerb eines *smarten Produkts* ist in der Regel ein Kaufvertrag. Durch den Kaufvertrag verpflichtet sich der Verkäufer nach § 433 Abs. 1 BGB dem Käufer die **Sache frei von Sach- und Rechtsmängeln** zu verschaffen. Im Gegenzug dazu hat er einen Anspruch auf Zahlung des Kaufpreises nach § 433 Abs. 2 BGB. Der Kaufvertrag ist ein **synallagmatischer** Vertrag, der auf die *dauerhafte Überlassung* des Kaufgegenstandes gerichtet ist. Davon zu unterscheiden ist der Mietvertrag, durch den sich der Vermieter verpflichtet, dem Mieter die Mietsache nur *auf gewisse Zeit* zu überlassen, § 535 BGB. Im Gegensatz zum Mietrecht beschränkt sich die Gewährleistung des Kaufrechts auf den Zeitpunkt des **Gefahrübergangs,** der in der Regel mit der Übergabe des Kaufgegenstandes stattfindet. In diesem Zeitpunkt muss die Kaufsache frei von Sach- bzw. Rechtsmängeln sein **(§§ 434, 435, 446f. BGB).** Durch den Mietvertrag verpflichtet sich der Vermieter dagegen nach § 535 Abs. 1 S. 2 BGB die Mietsache dem Mieter in einem zum vertragsgemäßen Gebrauch geeigneten Zustand zu überlassen und sie *während der gesamten Mietzeit* in diesem Zustand zu erhalten. 22

Viele *smarte Produkte* sind abhängig von serverbasierten Funktionen. Dabei stellt grundsätzlich nicht der Verkäufer die Internetservices zur Verfügung, sondern der Hersteller. Dieser bewirbt das Produkt mit allen seinen Funktionen und Leistungen in der Öffentlichkeit.[36] Daher ist für den Kunden erkennbar (§§ 133, 157 BGB), dass der Hersteller in der Regel für das Funktionieren der Internetservices verantwortlich ist. Der Käufer des *smarten Produkts* kann jedoch davon ausgehen, dass der Verkäufer (mit dem er in der Regel die einzige vertragliche Beziehung hat) dafür einstehen will, dass der Serverdienst für eine bestimmte Zeit angeboten wird und funktioniert.[37] Der Verkäufer schuldet dem Kunden grundsätzlich nicht die Erbringung des serverbasierten Dienstes, muss allerdings gegenüber dem Käufer die Folgen tragen, wenn der Hersteller den serverbasierten Dienst einstellt.[38] Diese Zusage des Verkäufers kann rechtlich als eine **Garantie** eingeordnet werden. Der Käufer kann dann zwar nicht vom Verkäufer verlangen, ihm die Dienste bereitzustellen, aber wenn die Dienste nicht verfügbar sind, stehen ihm Schadensersatzansprüche wegen Unbrauchbarkeit des Gerätes zu.[39] 23

Die *smarte Bewässerungsanlage* im Beispiel funktioniert nur mithilfe von **serverbasierten Diensten.** Diese Dienste ermöglichen die Kommunikation des smarten Geräts mit dem Smartphone oder Tablet. Da die Bewässerungsanlage ohne den zusätzlichen Internetservice nicht sinnvoll funktioniert, ist davon auszugehen, dass ein **einheitlicher Vertrag** vorliegt, also der Internetservice als Funktion geschuldet ist. Allerdings ist die *smarte Bewässe-* 24

---

[35] FormBib-Z SchuldR/*Kummermehr/Wegner* Teil 5 Rn. 580.
[36] *Regenfus* JZ 2018, 79 (81).
[37] *Solmecke/Vondrlik* MMR 2013, 755 (756).
[38] *Regenfus* JZ 2018, 79 (81).
[39] *Regenfus* JZ 2018, 79 (81).

rungsanlage nur dann mangelhaft nach § 434 Abs. 1 BGB, wenn der Internetservice bereits im Zeitpunkt des Gefahrübergangs nicht funktioniert hat. Danach ist nur noch ein Schadensersatzanspruch unter den Voraussetzungen der §§ 280 ff. BGB möglich.

25 Weiterhin stellt sich die Frage, ob der Käufer gegen den Verkäufer einen Anspruch auf Updates der Software hat. Unter Updates versteht man dabei eine aktualisierte und verbesserte Version einer Software.[40] Gerade aus dem kaufrechtlichen Gewährleistungsrecht lässt sich ein solcher Anspruch nicht herleiten, da allein der Zeitpunkt des Gefahrübergangs maßgeblich ist.[41] Man könnte an einen Anspruch aus einer **leistungssichernden Nebenpflicht gem. § 241 Abs. 2 BGB** denken, sodass der Käufer den Kaufgegenstand wenigstens während der gewöhnlichen Nutzungsdauer verwenden kann. Der Umfang und Inhalt von der leistungssichernden Nebenpflicht hängt dabei von dem jeweiligen Schuldverhältnis, der Verkehrssitte und den Anforderungen des redlichen Geschäftsverkehrs ab.[42] In der Regel ist der Verkäufer des *smarten Produkts* nicht auch der Hersteller des Produkts, sodass ein nebenvertraglicher Anspruch aus § 241 Abs. 2 BGB ausscheidet.[43] Möglich wäre, dass die Vertragsparteien nach den **Grundsätzen der ergänzenden Vertragsauslegung §§ 133, 157 BGB** konkludent vereinbaren, dass für den üblichen Nutzungszeitraum Updates nachzuliefern sind.[44] Gerade bei einem smarten Produkt, dessen Wert sich durch den internetbasierten Dienst maßgeblich bildet, erscheint dies plausibel. Die Erfüllung einer solchen Pflicht scheitert aber regelmäßig daran, dass der Verkäufer nicht der Hersteller des Gerätes ist und nur dem Hersteller möglich ist, Software-Updates durchzuführen. Auch ist es dem Verkäufer nicht zuzumuten, die Software des Herstellers weiterzuentwickeln.[45]

26 Wenn ein **Mangel bei Gefahrübergang** vorliegt, stehen dem Käufer die in **§ 437 Nr. 1–3 BGB** zusammengefassten Rechte zu – *Nacherfüllung, Rücktritt, Minderung, Schadensersatz* und *Aufwendungsersatz*. Er kann vom Verkäufer die Bereitstellung der serverbasierten Funktionen grundsätzlich nicht fordern, allerdings ggf. bei einem Ausfall Schadensersatz von diesem verlangen. In der Regel hat der Käufer gegen den Verkäufer **nach Gefahrübergang** (in der Regel Übergabe der Kaufsache) keinen Anspruch auf Updates, weder aus einer leistungssichernden Nebenpflicht noch aus der ergänzenden Vertragsauslegung.[46]

b) Werkvertragsrechtlich determinierte Vertragstypen

27 Der Werkvertrag nach § 631 BGB ist ein **gegenseitiger, entgeltlicher Vertrag,** durch den sich der *Unternehmer* verpflichtet, das versprochene Werk herzustellen, § 631 Abs. 1 Hs. 1 BGB, und den *Besteller* die Pflicht trifft, bei Abnahme der Werkleistung die vereinbarte Vergütung zu entrichten, § 631 Abs. 1 Hs. 2 BGB. Dabei ist der Unternehmer zur Vorleistung verpflichtet, § 641 Abs. 1 BGB. Die möglichen Gegenstände der Werkleistung sind in § 631 Abs. 2 BGB genannt. Beim Werkvertrag geht es nicht lediglich um den Austausch von Leistungen, sondern der Unternehmer verpflichtet sich durch seine Arbeit/Dienstleistung, einen *bestimmten Erfolg* herbeizuführen.[47] Wie beim Dienstvertrag ist der Vertragsgegenstand eine entgeltliche Tätigkeit. Dabei ist beim Dienstvertrag allerdings nur die Erbringung der Dienstleistung als solche, nicht dagegen ein bestimmter Erfolg geschuldet.

28 Nach § 633 Abs. 1 BGB muss der Unternehmer das Werk **frei von Sach- und Rechtsmängeln** herstellen. Sollte das Werk mangelhaft sein, stehen dem Besteller die in **§ 634 Nr. 1–4 BGB** genannten Rechte zu – *Nacherfüllung, Selbstbeseitigung des Mangels,*

[40] *Schrader/Engstler* MMR 2018, 356.
[41] *Schrader/Engstler* MMR 2018, 356 (357).
[42] MüKoBGB/*Bachmann* § 241 Rn. 55.
[43] *Schrader/Engstler* MMR 2018, 356 (357).
[44] *Regenfus* JZ 2018, 79 (81 f.).
[45] *Schrader/Engstler* MMR 2018, 356 (358).
[46] So auch *Schrader/Engstler* MMR 2018, 356 (358).
[47] MüKoBGB/*Busche* § 631 Rn. 1.

Rücktritt, Minderung, Schadensersatz und *Aufwendungsersatz*. Die Besonderheit bei der Nacherfüllung im Werkrecht ist, dass der Unternehmer entscheiden kann, ob er den Mangel selbst beseitigen will oder stattdessen ein neues Werk herstellt, § 635 Abs. 1 BGB. Ansonsten unterscheidet sich die werkrechtliche Gewährleistung nur marginal vom kaufrechtlichen Gewährleistungsrecht. Eine werkvertragliche Besonderheit ist, dass der Besteller nach erfolgloser Fristsetzung Aufwendungsersatz für die selbst durchgeführte Beseitigung des Mangels verlangen kann. Eine vom Käufer selbst durchgeführte „Reparatur" ist im Kaufrecht nur bei Verschulden des Verkäufers über den Schadensersatz statt der Leistung kostenmäßig zu erstatten.

Der Besteller ist nach **§ 640 Abs. 1 S. 1 BGB** verpflichtet, das vertragsgemäß hergestellte Werk abzunehmen, wenn die Abnahme nicht nach der Beschaffenheit des Werkes ausgeschlossen ist. Die Abnahme ist die körperliche Entgegennahme des Werkes und die Billigung als im Wesentlichen vertragsgemäß.[48] Sie bewirkt eine Verbesserung der Rechtsposition des Unternehmers.[49] Nach der Abnahme trägt nicht mehr er die Beweislast für das Bestehen eines Mangels, sondern der Besteller. Dieser trägt nach der Abnahme auch die Gefahr für den zufälligen Untergang des Werkes nach §§ 644 f. BGB. Die Abnahme löst den Beginn der Verjährungsfristen aus, § 634a Abs. 2 BGB, und bewirkt, dass der ursprüngliche Erfüllungsanspruch erlischt.[50] 29

Im IoT-Kontext sind vor allem die *Installation, Implementierung* oder auch *Anpassungsleistungen* der Applikationssoftware in der Regel **werkvertraglich** ausgestaltet. Auch die *individuelle Erstellung* von Software unterfällt dem Werkvertrag, während der Bezug von Standardsoftware („Software von der Stange") einen Kaufvertrag darstellt. 30

c) Dienstvertragsrechtlich determinierte Vertragstypen

Der Dienstvertrag nach **§ 611 BGB** ist ein **gegenseitiger Vertrag**, der auf die Erbringung einer **Dienstleistung** gegen Zahlung der vereinbarten **Vergütung** gerichtet ist. Gem. § 611 Abs. 2 BGB können Gegenstand eines Dienstvertrages Dienstleistungen aller Art sein. Der Dienstvertrag ist anders als der Werkvertrag nur auf die **Tätigkeit als solche** gerichtet, nicht dagegen auf die Herbeiführung eines bestimmten Erfolges.[51] Das Risiko, dass ein bestimmtes Ergebnis nicht eintritt, trägt daher der Dienstherr.[52] Der Dienstherr hat zwar ein Weisungsrecht, trägt aber auch die **Projekt- und Erfolgsverantwortung.**[53] Sollte das IT-Projekt scheitern, hat der Auftragnehmer in der Regel seine Vergütung schon erhalten, sodass ihm nur ein geringer Schaden entsteht. Eine unvollständige oder mangelhafte Leistung ist dagegen für den Auftraggeber regelmäßig kaum verwertbar. 31

Im Zusammenhang mit *smarten Produkten* ist in der Regel die *Bereitstellung von Servern,* die *Wartung* und *Entwicklung der Software* sowie die *Verarbeitung der Daten* **dienstvertraglich** ausgestaltet.[54] Dem steht auch die Vereinbarung einer pauschalen Vergütung nicht entgegen, denn die Vergütung bei einem Dienstvertrag muss *keine* wiederkehrende Leistung sein.[55] Der Auftragnehmer verpflichtet sich nur, seine qualifizierte Arbeit zu erbringen, er schuldet nicht die Erreichung eines vorab definierten Erfolges. Infolgedessen gibt es auch *kein* dienstvertragsrechtliches Gewährleistungsrecht und mangels planwidriger Regelungslücke können die Vorschriften des Werkvertragsrechts auch nicht analog auf den Dienstvertrag angewendet werden.[56] Im **IoT-Kontext** ist die Bereitstellung von bestimmten Re- 32

[48] HK-BGB/*Scheuch* § 640 Rn. 57; BGH Urt. v. 29.6.1993 – X ZR 60/92, NJW-RR 1993, 1461.
[49] BeckOK BGB/*Voit* § 640 Rn. 2.
[50] MüKoBGB/*Busche* § 640 Rn. 51.
[51] BGH Urt. v. 16.7.2002 – X ZR 27/01, BGHZ 151, 330 (332).
[52] Jauernig/*Mansel* BGB § 611 Rn. 1.
[53] *Müglich* in Kilian/Heussen ComputerR-HdB Kap. 191 Rn. 99.
[54] *Solmecke/Vondrlik* MMR 2013, 755 (756).
[55] BGH Urt. v. 5.11.2009 – III ZR 6/09, NJW 2010, 1456.
[56] MüKoBGB/*Müller-Glöge* § 611 Rn. 23.

chenleistungen, die Pflege von Software sowie die Unterstützung bei Nutzung von Cloud-Computing in der Regel dienstrechtlich ausgestaltet.[57]

d) Mietrechtlich determinierte Vertragstypen

33 Ein Mietvertrag nach § 535 BGB wird geschlossen, wenn die Vertragsparteien vereinbaren, dass der **Gebrauch einer Sache** *zeitweise* gewährt wird gegen **die Zahlung eines Entgelts.**[58] Den Vermieter trifft dabei die Pflicht nach § 535 Abs. 1 BGB, dem Mieter die Mietsache während der Mietzeit in einem zum vertragsgemäßen Gebrauch geeigneten Zustand zu überlassen und sie während der Mietzeit in diesem Zustand zu erhalten. Der Mieter ist nach § 535 Abs. 2 BGB verpflichtet, die vereinbarte Miete zu entrichten. Bei einem Mangel der Mietsache ergeben sich die mietrechtlichen Gewährleistungsansprüche aus **§§ 536ff., 543 BGB.** So kann der Mieter, wenn die Mietsache mangelhaft nach § 536 Abs. 1 S. 1 BGB ist, vom Vermieter die *Beseitigung des Mangels* aus § 535 Abs. 1 S. 2 BGB verlangen. Das ist ein *Erfüllungsanspruch,* denn der Vermieter ist nicht nur verpflichtet, dem Mieter die Mietsache in einem zum vertragsgemäßen Gebrauch geeigneten Zustand zu überlassen, sondern muss diesen während der gesamten Mietzeit erhalten. Zudem *mindert* sich die Miete bei einem Mangel automatisch *(ipso iure),* § 536 Abs. 1 S. 2 BGB, und der Mieter kann die zu viel bezahlte Miete nach § 812 Abs. 1 S. 1 Alt. 1 BGB *herausverlangen,* solange er nicht wusste, dass er zur Zahlung der Miete nicht verpflichtet war, § 814 BGB. Darüber hinaus kann dem Mieter ein *außerordentliches Kündigungsrecht* nach § 543 Abs. 3 BGB zustehen. Er kann unter den Voraussetzungen von § 536a Abs. 1 BGB *Schadensersatz* verlangen sowie den Mangel *selbst beseitigen* und Ersatz seiner Aufwendungen vom Vermieter fordern nach § 536 Abs. 2 BGB. Die **Zurverfügungstellung** von **Speicherkapazität** stellt einen Mietvertrag dar, auch wenn die Speicherung in der Cloud erfolgt.[59]

2. Mängelhaftung

a) Mangelbegriff im Lichte der unterschiedlichen Vertragstypen

34 Wenn der Kaufgegenstand (etwa wie im Beispielsfall die *smarte Bewässerungsanlage*) **mangelhaft** ist, kommt als **vertraglicher Anspruchsgegner** primär der **Verkäufer** in Betracht. Den Verkäufer treffen gegenüber dem Käufer neben Hauptleistungspflichten auch Nebenleistungspflichten. Eine kaufrechtliche Hauptleistungspflicht ist in § 433 Abs. 1 S. 2 BGB statuiert. Danach muss der Verkäufer dem Käufer die Sache frei von Sach- und Rechtsmängeln verschaffen. Die kaufrechtliche Gewährleistung bezieht sich auf den Zeitpunkt des *Gefahrübergangs,* dh in der Regel der Zeitpunkt, in dem die Kaufsache übergeben wird. Dann muss das Produkt mangelfrei sein.[60]

35 Ein Mangel liegt vor, wenn die Ist-Beschaffenheit negativ von der Soll-Beschaffenheit abweicht.[61] Mangelfrei ist die Sache dann, wenn sie die *vereinbarte Beschaffenheit* aufweist **§ 434 Abs. 1 S. 1 BGB.** Vereinbaren die Vertragsparteien keine besondere Beschaffenheit, ist die Sache frei von Mängeln, wenn sie sich für die *vertraglich vorausgesetzte Verwendung* eignet, **§ 434 Abs. 1 S. 2 Nr. 1 BGB.** Sollten die Parteien keine vertragliche Verwendung vereinbaren, so muss sich die Sache für die *gewöhnliche Verwendung* eignen **§ 434 Abs. 1 S. 2 Nr. 2 BGB.** Die Definition des Mangels ist im Werkvertragsrecht dieselbe wie im Kaufrecht, § 633 Abs. 2 BGB. Auch der Mangelbegriff des Mietrechts § 536 BGB entspricht den Mängelbegriffen des Kauf- und Werkvertragsrechts. Nur im Dienstvertrag gibt es kein besonderes Gewährleistungsrecht und mithin auch keinen Mangelbegriff.

[57] *Nägele/Jacobs* ZUM 2010, 281 (284).
[58] MüKoBGB/*Häublein* § 535 Rn. 1.
[59] *Nägele/Jacobs* ZUM 2010, 281 (284).
[60] Zum Gefahrübergang im Kaufrecht MüKoBGB/*Westermann* § 434 Rn. 50.
[61] Jauernig/*Berger* BGB § 434 Rn. 8.

36 Haben die Parteien im **Beispielsfall** vereinbart, dass für die Nutzung der *smarten Bewässerungsanlage* eine **Wetterdienst-App** erforderlich ist, dann ist das Produkt ohne Mangel, wenn bei **Übergabe** der Kaufsache der Wetterdienst auf dem Gerät mithilfe des Dienstes eines Dritten funktioniert. Für den Fall, dass der Dritte diesen Dienst kurz nach dem Gefahrübergang einstellt, stehen dem Käufer dann keine Gewährleistungsansprüche gegen den Verkäufer zu, außer die Parteien haben sich darauf geeinigt, dass die Leistung des Dritten für eine gewisse Zeit bestehen muss.[62]

37 Entsteht dem Eigentümer eines *smarten Produkts* durch die Benutzung ein Schaden an seinen Rechtsgütern, wird er versuchen, **im Rahmen der Mängelgewährleistung** beim Verkäufer **Schadensersatz** zu verlangen.[63] Wenn der Schaden an einem anderen Rechtsgut als dem *smarten Produkt* entsteht, steht dem Käufer ein Anspruch aus §§ 437 Nr. 3, 280 Abs. 1 BGB gegen den Verkäufer zu. Das Produkt ist zumindest **mangelhaft** nach **§ 434 Abs. 1 S. 2 Nr. 2 BGB,** wenn es bspw. durch eine technische Fehlfunktion einen Schaden verursacht, denn dann ist die Sache nicht für die gewöhnliche Verwendung geeignet und weist nicht die Beschaffenheit auf, die für vergleichbare Sachen üblich ist. Der technische Fehler selbst kann zwar noch durch die **Nacherfüllung des Käufers** behoben werden, der an einem anderen Rechtsgut entstandene Schaden dagegen nicht mehr (Mangelfolgeschaden).[64]

38 Fraglich ist, ob das smarte Produkt mangelhaft ist, wenn es Sicherheitslücken aufweist, durch die ein Hacker auf das Produkt zugreifen kann, und so ein Cyber-Angriff bspw. ermöglicht wird oder der Dritte unbefugt Daten erspähen kann. In der Regel hört die Verantwortlichkeit des Herstellers dort auf, wo ein Dritter vorsätzlich und missbräuchlich in das System eingreift und dadurch einen Schaden verursacht.[65] Allerdings darf der Nutzer eines smarten Gerätes davon ausgehen, dass das Gerät gegen unberechtigte Eingriffe von außen im üblichen Maß abgesichert ist und das Produkt keine Sicherheitslücken aufweist, die sich nach dem Stand der Technik vermeiden lassen. Ein smartes Produkt eignet sich dann für die gewöhnliche Verwendung und weist die Beschaffenheit auf, die bei Sachen der gleichen Art üblich ist und der Käufer nach Art der Sache erwarten kann, dh wenn es dem **Stand der Technik** entspricht. Software ist mangelhaft, wenn sie nach dem Stand der Technik **vermeidbare Sicherheitslücken** aufweist, die einen Angriff durch Viren, Trojaner oder andere Software ermöglichen sowie das Ausspähen von Daten durch Dritte.[66] Eine solche Sicherheitslücke macht die Software des *smarten Produkts* mangelhaft. Allerdings gilt dies nur für Sicherheitslücken, die bereits bei Gefahrübergang vorgelegen haben, nicht dagegen für solche, die nur durch eine weiterentwickelte Angriffstechnik ausnutzbar sind.[67] Die Software muss nicht die maximale Sicherheit bieten, um mangelfrei zu sein. Letztendlich muss sie aber gewährleisten, dass keine Schwachstellen bestehen, die Hacker einfach ausnutzen können. Dabei gilt: Je größer Bedeutung des gefährdeten Guts und je größer die Gefahr für dieses sind, desto höher sind auch die Anforderungen an die Sicherheit der Software.[68] Für die Ausübung der Gewährleistungsrechte aus **§§ 437, 634 BGB** muss der Mangel aber bereits bei **Gefahrübergang** vorgelegen haben. Das ist dann nicht der Fall, wenn eine Sicherheitslücke zu diesem Zeitpunkt nach dem Stand der Technik nicht vorhanden war. Um einen Schadensersatzanspruch erfolgreich geltend machen zu können, muss der Verkäufer den Mangel zu vertreten haben. Der Verkäufer hat aber in der Regel Sicherheitslücken des Systems weder fahrlässig noch vorsätzlich verursacht, **§ 276 Abs. 1 BGB,** und daher *nicht* zu vertreten. Zum Hersteller hat der Kunde regelmä-

[62] Anhand des Bsp. eines smarten Autos *Schrader* NZV 2018, 489 (490).
[63] *Rempe* InTeR 2016, 17 (18).
[64] *Rempe* InTeR 2016, 17 (18).
[65] *Wende* in Sassenberg/Faber Industrie 4.0 und Internet-HdB Teil 2 IV. Rn. 42.
[66] *Redeker* in Redeker IT-R Rn. 328.
[67] *Raue* NJW 2017, 1841 (1843).
[68] So auch *Nebel* F.A.Z. Verlagsspezial IT-Sicherheit 21.9.2018, http://www.faz.net/asv/it-sicherheit/haftung-bei-it-sicherheitsverstoessen-15799391.html (7.3.2021).

ßig keine vertragliche Beziehung. Der Hersteller ist auch nicht der Erfüllungsgehilfe des Verkäufers, sodass ein etwaiges Verschulden des Herstellers dem Verkäufer nicht nach § 278 S. 1 BGB zugerechnet werden kann.[69] Im Normalfall hat der Nutzer daher keinen Anspruch auf Schadensersatz gegen den Verkäufer wegen einer etwaigen Sicherheitslücke.

39 Auch ist fraglich, ob das *smarte Gerät* mangelhaft ist, wenn es eine unzulässige Datenverarbeitung ermöglicht und mithin gegen die datenschutzrechtlichen Grundsätze aus **Art. 5 DS-GVO** verstößt – namentlich *Rechtmäßigkeit, Verarbeitung nach dem Grundsatz von Treu und Glauben, Transparenz, Datenminimierung, Richtigkeit, Integrität* und *Vertraulichkeit.* Nach **Art. 25 Abs. 1 DS-GVO** (Safety by Design) müssen die Verantwortlichen der Datenverarbeitung **geeignete technische und organisatorische Maßnahmen** treffen, um die Datenschutzgrundsätze aus Art. 5 Abs. 1 DS-GVO wirksam umzusetzen. Normiert wird damit der Gedanke, dass die Technik dem Recht folgen muss,[70] indem der Datenschutz bereits als Bestandteil in der Technik integriert ist.[71] Allerdings ist Adressat der Vorschrift nur der **für die Datenverarbeitung Verantwortliche** nicht dagegen der Hersteller. Der Hersteller soll lediglich datenschutzrechtliche Vorgaben bei der Produktentwicklung berücksichtigen, so der Erwgr. 78 der DS-GVO. Dies wird zum Teil stark kritisiert und als „bestenfalls naiv" bezeichnet.[72] Festzuhalten ist, dass nur der Verantwortliche der Datenverarbeitung für Verstöße gegen die DS-GVO haftet, nicht dagegen der Hersteller. Ein Verstoß gegen datenschutzrechtliche Pflichten allein begründet daher in der Regel keinen Mangel, es sei denn die Parteien haben die datenschutzrechtskonforme Programmierung der Software des *smarten Gerätes* explizit als wesentliches Qualitätsmerkmal vereinbart.[73] Allerdings entspricht eine Software, die gegen datenschutzrechtliche Vorschriften verstößt, wohl nicht dem Stand der Technik und ist aus diesem Grund mangelhaft.[74]

40 Ein Rechtsmangel liegt vor, wenn ein Dritter bezüglich des Werkes oder des Kaufgegenstandes andere als die vertraglich übernommenen Rechte geltend machen kann.[75] Der Rechtsmangelbegriff im Kaufrecht in § 435 BGB ist identisch mit dem des Werkvertragsrechtes in § 633 Abs. 3 BGB.[76] Im werkvertraglichen Gewährleistungsrecht sind Rechtsmängel insbesondere denkbar bei Verletzungen von Immaterialgüterrechten Dritter – wie etwa Urheberrechte, Patente oder andere gewerbliche Schutzrechte.[77] Die Unterscheidung von Sach- und Rechtsmängeln ist im Einzelfall unbeachtlich, denn beide werden rechtlich gleichbehandelt.[78]

b) Mängelrechte

41 Die Mängelrechte des Kaufrechts sind in **§ 437 Nr. 1–3 BGB** normiert. Voraussetzung ist immer, dass die Sache im Zeitpunkt des Gefahrübergangs **mangelhaft** war. Sodann hat der Käufer vorrangig die Möglichkeit, vom Verkäufer *Nacherfüllung* nach § 439 BGB zu verlangen. Darüber hinaus kann er vom *Vertrag zurücktreten* sowie den *Kaufpreis mindern, Schadensersatz* oder *Aufwendungsersatz* vom Verkäufer verlangen.

42 Wenn der Besteller ein mangelhaftes Werk erhält, stehen im die in **§ 634 Nr. 1–4 BGB** genannten Gewährleistungsrechte zu. So kann er *Nacherfüllung* verlangen, den Mangel *selbst beseitigen* und Ersatz für die erforderlichen *Aufwendungen* verlangen, vom Vertrag

[69] BGH Urt. v. 21.6.1967 – VIII ZR 26/65, BGHZ 48, 121; Urt. v. 2.4.2014 – VIII ZR 46/13, NJW 2014, 2183.
[70] *Schantz* NJW 2016, 1841 (1846).
[71] *Wolff* in Schantz/Wolff Neues DatenschutzR Rn. 835.
[72] Statt vieler *Dümeland* K&R 2019, 22 (24).
[73] *Dümeland* K&R 2019, 22 (23).
[74] *Dümeland* K&R 2019, 22 (23).
[75] BeckOK BGB/*Voit* § 633 Rn. 19.
[76] MüKoBGB/*Busche* § 633 Rn. 38.
[77] MüKoBGB/*Busche* § 633 Rn. 33.
[78] Jauernig/*Mansel* BGB § 633 Rn. 10.

zurücktreten, die Vergütung *mindern* oder *Schadensersatz* sowie *Aufwendungsersatz* vom Unternehmer verlangen.

Im Mietrecht stehen dem Mieter gegen den Vermieter Gewährleistungsansprüche aus **§§ 536ff. BGB** zu. Vor allem zu nennen ist, dass sich die Miete automatisch *mindert,* der Mieter *Schadensersatz* und *Aufwendungsersatz* vom Vermieter verlangen kann. 43

3. Vertragliche Sekundärrechte

a) Schadensersatz – Haftung dem Grunde nach

Die zentrale Anspruchsgrundlage für Schadensersatzansprüche bei **vertraglichen** oder **gesetzlichen Schuldverhältnissen** ist **§ 280 Abs. 1 BGB.** Für den Fall, dass der Schuldner eine Pflicht aus dem Schuldverhältnis verletzt und er dies zu vertreten hat, muss er den beim Gläubiger entstandenen Schaden ersetzen. In **§ 280 Abs. 1 S. 1 BGB** findet sich die Pflichtverletzung als zentraler Begriff des Leistungsstörungsrechts.[79] Die Pflichtverletzung umfasst alle Umstände, Ereignisse oder Handlungen, für die der Gläubiger nach § 280 BGB Schadensersatz verlangen kann, soweit der Schuldner die Pflichtverletzung zu vertreten hat.[80] Mögliche Pflichtverletzungen sind neben der **Verzögerung der Leistung** (§ 280 Abs. 2 BGB), die **endgültige Nichterbringung** einer möglichen Leistung (§§ 280 Abs. 2, 283 BGB) sowie **Sach- oder Rechtsmängel.** Als mögliche Pflichtverletzungen kommen nicht nur Verstöße gegen Leistungspflichten iSv **§ 241 Abs. 1 BGB** in Betracht, sondern auch Schutzpflichtsverletzungen nach **§ 241 Abs. 2 BGB.** Bei dem Merkmal der Pflichtverletzung ist entscheidend, dass *objektiv* ein Fehlverhalten des Schuldners vorliegt. Das subjektive Verschulden oder Vertretenmüssen ist ein davon gesondert zu prüfendes Merkmal. 44

Das Verschuldensprinzip ist in **§ 280 Abs. 1 S. 2 BGB** als **Grundregel** der **zivilrechtlichen Haftung** verankert.[81] Um einen Schadensersatzanspruch aus § 280 BGB erfolgreich geltend machen zu können, muss dem Gläubiger zudem ein Schaden, dh ein **vermögensrechtlicher Nachteil,** entstanden sein. 45

aa) Haftung für vermutetes Verschulden. Nach **§ 280 Abs. 1 S. 2 BGB** muss der Schuldner beweisen, dass er die Pflichtverletzung nicht zu vertreten hat. Das bedeutet, dass sein Verschulden vermutet wird. Zu vertreten hat der Schuldner nach **§ 276 Abs. 1 BGB** Vorsatz und Fahrlässigkeit. Ein Kaufmann hat zudem gem. § 347 HGB für die Sorgfalt eines ordentlichen Kaufmanns einzustehen. Wenn der Schuldner die Pflichtverletzung also mit Wissen und Wollen *(Vorsatz)* oder unter Missachtung der im Verkehr erforderlichen Sorgfalt (§ 276 Abs. 2 BGB) verursacht hat, muss er die Pflichtverletzung vertreten. 46

Der Gläubiger muss beweisen, dass eine (vertragliche) **Sonderverbindung** zwischen ihm und dem Schuldner besteht, und, dass der Schuldner eine Pflicht aus dem Schuldverhältnis verletzt hat.[82] Für den Fall, dass der Schuldner dem Gläubiger vertraglich eine **Garantie** eingeräumt hat oder die Parteien sich auf eine **Risikoübernahme** des Schuldners geeignet haben, kommt es auf den Verschuldensvorwurf nicht an. Dann ist für das Vertretenmüssen nur entscheidend, ob das Leistungsdefizit von der übernommenen Garantie oder der Risikoübernahme erfasst ist.[83] Wenn der Gläubiger geltend macht, dass es auf das Verschulden des Schuldners nicht ankommt, trägt er die Beweislast dafür, dass der Schuldner ihm eine entsprechende Garantie oder Risikoübernahme eingeräumt hat.[84] 47

---

[79] BeckOK BGB/*Lorenz* § 280 Rn. 1.
[80] MüKoBGB/*Ernst* § 280 Rn. 10.
[81] BeckOK BGB/*Lorenz* § 280 Rn. 1.
[82] MüKoBGB/*Ernst* § 280 Rn. 33.
[83] MüKoBGB/*Ernst* § 280 Rn. 25.
[84] MüKoBGB/*Ernst* § 280 Rn. 33.

48 **bb) Haftungsklauseln.** Der Vertragspartner kann nicht alle bestehenden Haftungsrisiken bei Vertragsschluss vorhersehen, die sich durch das smarte Gerät und dessen Inbetriebnahme ergeben. Angesichts der Gewährleistungs- und Haftungsrisiken ist es in seinem Interesse, etwaige Haftungsrisiken vertraglich auszuschließen oder wenigstens zu minimieren. Aus dem Umkehrschluss zu § 276 Abs. 3 BGB ergibt sich, dass vertragliche Haftungsmilderungen als Individualvereinbarungen grundsätzlich zulässig sind. Allein die Haftung für Vorsatz können die Parteien nach § 276 Abs. 3 BGB nicht wirksam ausschließen.[85] Die Grenze eines Haftungsausschlusses durch Individualvereinbarung setzt allein § 138 BGB. Haftungsausschlüsse können sich grundsätzlich auf bestimmte *Schuldgrade,* bestimmte *Arten von Schäden* oder bestimmte *Höchstbeträge* beziehen.[86] **Haftungsbeschränkungen** durch AGB sind im deutschen Recht nur eingeschränkt möglich. Zwar ist das Klauselverbot § 309 Nr. 7 BGB im B2B-Bereich unanwendbar, allerdings hat die Rechtsprechung über den § 307 Abs. 1, 2 BGB vergleichbar strenge Anforderungen entwickelt. So ist ein **Haftungsausschluss** grundsätzlich nur für **leichte Fahrlässigkeit** möglich, § 307 Abs. 2 BGB iVm § 276 Abs. 3 BGB (§ 309 Nr. 7 lit. b BGB). Für den Fall der Verletzung von *Körper, Leben* und *Gesundheit* ist ein Haftungsausschluss für leichte Fahrlässigkeit dagegen unzulässig.

49 Nach Ansicht der Rechtsprechung kann die leichte Fahrlässigkeit auch nicht für die Verletzung von sog. Kardinalpflichten ausgeschlossen werden. **Kardinalpflichten** sind alle wesentlichen Vertragspflichten, deren Erfüllung die ordnungsgemäße Durchführung des Vertrages überhaupt erst ermöglichen und auf die Einhaltung der Vertragspartner regelmäßig vertraut und auch vertrauen darf.[87]

50 Haftungsbeschränkungen sind nach der Rechtsprechung des BGH möglich, wenn diese sich auf **nicht vorhersehbare Schäden** beziehen oder der Eintritt eines solchen Schadens **fernliegend** ist.[88] Zudem ist die Beschränkung auf eine bestimmte Höchstsumme möglich, wenn der Schadenseintritt nicht typischerweise vorhersehbar ist.[89]

51 **Haftungsbeschränkungen** sind nicht möglich:[90]

- bei einer mangelhaften Sache, wenn der Verkäufer den Mangel **arglistig verschwiegen** hat, oder bei der **Übernahme einer Beschaffenheitsgarantie** durch den Verkäufer nach § 444 BGB;
- bei der Haftung für Schäden aus der **Verletzung von *Leben, Körper* und *Gesundheit*** durch eine fahrlässige Pflichtverletzung § 309 Nr. 7 lit. a BGB;
- bei der Haftung für **grobes Verschulden** § 309 Nr. 7 lit. b BGB;
- für Ansprüche aus dem **Produkthaftungsgesetz** § 14 ProdHaftG.

52 Bei **Software** oder **softwareunterstützten Produkten** ist es kaum möglich, die Haftung für **einfache Fahrlässigkeit** auszuschließen. So wird die **Mangelfreiheit von Software** regelmäßig als eine **wesentliche Vertragspflicht** angesehen. Umso wichtiger ist es in diesem Kontext für den Provider, möglichst genau zu beschreiben, was zu dem geschuldeten Leistungsumfang gehört (sog. **negative Beschaffenheitsvereinbarung**). So ist es dem Provider in gewissen Grenzen möglich, über die Leistungsbeschreibung zu steuern, wann die Software als mangelhaft anzusehen ist. Allerdings nur, wenn die negative Leistungsbeschreibung nicht in Wirklichkeit zu einem „versteckten" Gewährleistungsausschluss führt.

53 Wenn der Diensteanbieter dem Kunden eine App kostenlos zur Verfügung stellt, ist ein AGB-rechtlicher Haftungsausschluss grundsätzlich möglich. Denn sowohl der Werkvertrag als auch der Dienstvertrag sind entgeltliche Vertragstypen, sodass in diesem Fall weder das

---

[85] BeckOK BGB/*Lorenz* § 276 Rn. 46.
[86] BeckOK BGB/*Lorenz* § 276 Rn. 44.
[87] S. die Nachweise aus der BGH-Rspr. bei MüKoBGB/*Wurmnest* § 309 Abs. 7 Rn. 26.
[88] *Hoeren* in v. Westphalen/Thüsing VertrR/AGB-Klauselwerke Teil Klauselwerke IT-Verträge Rn. 116; BGH Urt. v. 11.11.1992 – VIII ZR 238/91, NJW 1993, 335.
[89] *Hoeren* in v. Westphalen/Thüsing VertrR/AGB-Klauselwerke Teil Klauselwerke IT-Verträge Rn. 116.
[90] *Hoeren* in v. Westphalen/Thüsing VertrR/AGB-Klauselwerke Teil Klauselwerke IT-Verträge Rn. 113.

dienstvertragliche noch das werkvertragliche Gewährleistungsrecht anwendbar sind. Auch dienen die beiden Vertragstypen in diesem Fall nicht als gesetzliches Leitbild, → Rn. 12.

cc) Schadensersatz statt der Leistung und Schadensersatz neben der Leistung. 54
Nach § 280 Abs. 3 BGB kann der Gläubiger unter den Voraussetzungen der §§ 281–283 BGB *Schadensersatz statt der Leistung* verlangen. Schadensersatz statt der Leistung bezieht sich auf den Schaden, der sich aus dem **endgültigen Ausbleiben** der Leistung ergibt.[91] Dem Gläubiger ist sodann der Schaden zu ersetzen, der sich aus dem Wegfall der Leistungsverpflichtung ergibt.[92] So tritt der **Schadensersatzanspruch** an die Stelle des **Primäranspruches.** Mithin kann der Gläubiger durch den Schadensersatz statt der Leistung die Schäden ersetzen, die auf das endgültige Ausbleiben der Leistung zurückzuführen sind. Das ist erst dann der Fall, wenn der Schuldner die Leistung nicht **mehr erbringen kann** oder **nicht mehr erbringen darf.**

Der Anspruch auf *Schadensersatz neben der Leistung* aus § 280 Abs. 1 BGB tritt neben den 55
primären Anspruch, dh die ursprünglich geschuldete Leistung bleibt weiterhin bestehen. Ersatzfähig sind danach die Schäden, die bereits **vor dem endgültigen Ausbleiben** der Leistung eingetreten sind und auch durch die Erbringung der Leistung **nicht mehr entfielen.** Schadensersatz neben der Leistung kommt im **IoT-Kontext** eine **besondere Bedeutung** zu. So kann es etwa zu **Produktionsausfällen** oder auch **Gesundheitsschäden** kommen, wenn bspw. ein Gerät in einer smarten Produktionsumgebung mangelhaft ist.

b) Haftungsausfüllung – insbesondere Haftung für reine Vermögensschäden

Der vertragliche Schadensersatzanspruch aus § 280 BGB ist im IoT-Zusammenhang von 56
essentieller Bedeutung, denn dieser erfasst das **Äquivalenzinteresse** und ist anders als deliktische Anspruchsgrundlagen nicht nur auf den Ersatz des Integritätsinteresses beschränkt. Daher sind auch **reine Vermögensschäden ersatzfähig.** Der Gläubiger ist nach **§ 249 Abs. 1 BGB** so zu stellen als wäre das schädigende Ereignis nicht eingetreten, Grundsatz der **Naturalrestitution.** Im Zusammenhang mit dem IoT erleidet der Geschädigte wesentlich häufiger als echte Sach- und Körperschäden oft „bloße" Vermögensschäden, etwa durch den Ausfall/die Nicht-Nutzbarkeit von vernetzten Systemen. Diese Schäden sind durch eine Fehlfunktion des Produkts endgültig eingetreten sind und entfallen durch die mangelfreie Erbringung der Leistung nicht mehr. Anders als für die im Rahmen der Produzentenhaftung und der Produkthaftung zu ersetzenden Schäden bedarf es hierfür aber nicht einer Eigentumsbeeinträchtigung in Form einer echten Sachbeschädigung an einer anderen Sache als dem Produkt selbst oder gar einer Körperverletzung. Aufgrund dieser Beschränkung der deliktischen Ansprüche im deutschen Recht sind die vertraglichen Ansprüche im IoT-Kontext extrem relevant.

4. Entwurf der Richtlinie über bestimmte vertragliche Aspekte der Bereitstellung digitaler Inhalte – voraussichtliche Auswirkungen auf die geltende Rechtslage

Im Rahmen der digitalen Agenda hat das EU-Parlament am 15. 4. 2019 sowohl die voll- 57
harmonisierende Richtlinie (EU) 2019/770 für ein neues Vertragsrecht für **digitale Inhalte** (Digitale-Inhalte-RL) beschlossen[93] als auch die Richtlinie (EU) 2019/771 zum Warenkauf (Warenkauf-RL). Die Digitale-Inhalte-RL zielt auf den **Wachstum des digitalen Binnenmarktes** ab insbesondere im Bereich des **grenzüberschreitenden Online-Vertriebs** von Waren und digitalen Inhalten. Europa soll so eine Vorreiterrolle einnehmen in

[91] BeckOK/*Lorenz* § 280 Rn. 43.
[92] BeckOK/*Lorenz* § 281 Rn. 36.
[93] COM(2019) 06 final, 9.

der zukünftigen Digitalwirtschaft.[94] Die Richtlinien sind von den Mitgliedstaaten innerhalb von zweieinhalb Jahren in das nationale Recht umzusetzen. Bislang gibt es kaum spezialgesetzliche Regelungen für den Erwerb digitaler Inhalte,[95] sodass momentan Verbraucherrechte beim Erwerb nicht vertragsgemäßer digitaler Inhalte weder auf europäischer Ebene noch in den meisten Mitgliedstaaten ausdrücklich gesetzlich geregelt sind.[96] Die Digitale-Inhalte-RL soll diese Lücke schließen.

58 Der persönliche Schutzbereich der Digitale-Inhalte-RL ist auf **B2C-Geschäfte** beschränkt. Sachlich erstreckt sich der Schutzbereich auf Verträge über die entgeltliche Bereitstellung oder Verpflichtung zur Bereitstellung von **digitalen Inhalten** oder **digitalen Dienstleistungen.** Dabei fällt unter die Entgeltlichkeit neben der Bezahlung von Geld als Gegenleistung auch die **Bezahlung mit personenbezogenen Daten,** sofern diese nicht ausschließlich für die Bereitstellung der geschuldeten Leistung verarbeitet werden. Aufgrund der weiten Definition von digitalen Inhalten und digitalen Dienstleistungen ist der sachliche Schutzbereich der Richtlinie weit gefasst.[97] Nicht unter die Digitale-Inhalte-RL fallen sog. **integrierte digitale Inhalte.** Diese sind als wesentlicher Bestandteil in der Ware integriert, wodurch bei ihrem Fehlen die Ware unbrauchbar wird. So sind etwa *smarte Geräte* (wie *Smart-TVs* oder *Smartphones*) aus dem Schutzbereich der Digitale-Inhalte-RL ausgenommen. Die Digitale-Inhalte-RL regelt im Wesentlichen Fragen zu der **Fälligkeit, Präzisierung** und **Vertragsmäßigkeit** der geschuldeten Leistung, **Abhilfen** bei Vertragswidrigkeit, sowie **Mängelgewährleistung** einschließlich der **Rechtsmängelhaftung.**[98]

59 Waren mit „integrierten digitalen Inhalten" unterfallen der **Warenkauf-RL.** Nach **Art. 2 Nr. 5 lit. b Warenkauf-RL** sind Waren mit digitalen Elementen alle körperlichen Gegenstände, die **digitale Inhalte** oder **digitale Dienstleistungen** enthalten oder so mit ihnen verbunden sind, dass sie ihre Funktionen nicht ohne die digitalen Elemente erfüllen können. Die Richtlinie sieht ua die **Verlängerung der Beweislastumkehr** auf ein Jahr vor. Soweit innerhalb dieser Zeit ein Mangel auftritt, wird widerlegbar vermutet, dass der Mangel bereits bei Gefahrübergang vorlag. Die Ausnahme davon sind Waren mit integrierten digitalen Elementen. Für digitale Inhalte und digitale Dienstleistungen, die fortlaufend geliefert werden, gilt davon abweichend die Beweislastumkehr über den gesamten Vertragszeitraum. Zudem regelt die Warenkauf-RL einen **Anspruch auf Updates** des Käufers bei Waren mit integrierten digitalen Elementen. Der Käufer hat ein Recht darauf, vom Verkäufer über notwendige Updates informiert zu werden und diese zu erhalten. So liegt ein Sachmangel vor, wenn der Verkäufer (Sicherheits-)Updates nicht rechtzeitig zur Verfügung stellt. Darüber hinaus sieht die Warenkauf-RL eine **Verlängerung der Gewährleistung** auf zwei Jahre vor. Bei Waren mit integrierten digitalen Inhalten oder Dienstleistungen besteht die Besonderheit, dass der Verkäufer während der gesamten Vertragslaufzeit für Mängel des digitalen Elements haftet.

a) Bereitstellung digitaler Inhalte

60 Nach **Art. 2 Nr. 1 Digitale-Inhalte-RL** sind **digitale Inhalte** *Daten,* die in digitaler Form hergestellt und bereitgestellt werden wie bspw. Video- und Audioinhalte, Anwendungen, digitale Spiele und sonstige Software. Darüber hinaus fallen unter digitale Inhalte *Dienstleistungen,* die die Erstellung, Verarbeitung oder Speicherung von Daten in digitaler Form ermöglichen, wenn der Verbraucher diese Daten bereitstellt (etwa Cloud Computing) oder auch *Dienstleistungen,* die die gemeinsame Nutzung der von anderen Nutzern dieser Dienstleistung in digitaler Form bereitgestellten Daten und sonstige Interaktion mit

[94] *Gsell* ZUM 2018, 75.
[95] *Ostendorf* ZRP 2016, 69 (71).
[96] *Wendland* EuZW 2016, 126.
[97] *Gsell* ZUM 2018, 75 (76).
[98] *Gsell* ZUM 2018, 75 (77).

diesen Daten ermöglichen (etwa soziale Netzwerke). Die Richtlinie will sämtliche Dienste, die im Zusammenhang mit digitalen Diensten stehen erfassen, unabhängig davon, ob es sich um **Datenbanken, Cloud Computing-Dienste** oder **soziale Netzwerke** handelt. Dank des **weiten Schutzbereiches** der Digitale-Inhalte-RL muss der Gesetzgeber daher nicht auf jede neue Technologie oder Geschäftsmodell reagieren. Nach Erwgr. 17 der Digitale-Inhalte-RL sind digitale Inhalte im Bereich des Internets der Dinge zwar äußerst relevant. Dennoch ist die Digitale-Inhalte-RL auf die besonderen Haftungsfragen in diesem Bereich *nicht* anwendbar, vgl. Erwgr. 17. Vielmehr ist auf die Fragen der Haftung im Zusammenhang mit dem Internet der Dinge außerhalb der Digitale-Inhalte-RL einzugehen.

Nach **Art. 5 Nr. 1 Digitale-Inhalte-RL** stellt der Anbieter dem Verbraucher oder einem vom Verbraucher bestimmten Dritten, der eine *physische* oder *virtuelle Plattform* betreibt, für die **Erfüllung des Vertrages digitale Inhalte** bereit. Der Anbieter muss die Inhalte dem Verbraucher oder dem von ihm bestimmten Dritten gleich nach dem Vertragsschluss bereitstellen, sofern die Parteien nichts anderes vereinbart haben, Art. 5 Nr. 2 Digitale-Inhalte-RL. 61

b) Vertragsmäßigkeit der digitalen Inhalte

Die Vertragsmäßigkeit der digitalen Inhalte ist in Art. 6 Digitale-Inhalte-RL definiert. Dabei greift Art. 6 Nr. 1 lit. a Digitale-Inhalte-RL auf die vertraglich vereinbarten Inhalte und die vorvertraglichen Informationspflichten zurück, wobei aber bestimmte Mindestelemente im Vertrag verlangt werden, wie etwa *Funktionsumfang, Interoperabilität, Qualität, Zugänglichkeit, Kontinuität* und *Sicherheit.* Nach Art. 6 Nr. 1 lit. b Digitale-Inhalte-RL sind digitale Inhalte vertragsgemäß, wenn sie sich für einen bestimmten vom Verbraucher angestrebten Zweck eignen, den der Verbraucher dem Anbieter bei Vertragsschluss gegenüber kenntlich gemacht und dem dieser zugestimmt hat. Zudem umfasst der gewährleistungsrechtlich relevante Soll-Zustand Zubehör und Anleitungen sowie die Bereitstellung von Kundendienst und Aktualisierungen.[99] Art. 6 Nr. 1 Digitale-Inhalte-RL entspricht einem gemischt subjektiven und objektiven Fehlerbegriff. Dabei ist der objektive Mangelbegriff *nicht* subsidiär gegenüber dem subjektiven. Der objektive Mangelbegriff stellt so immer zusätzliche Anforderungen an die Sollbeschaffenheit, anstatt nur etwaige Lücken der vertraglichen Beschaffenheitsvereinbarung zu schließen.[100] 62

Sollten die Vertragsparteien keine expliziten Vereinbarungen getroffen haben, dann ist nach **Art. 6 Nr. 2 Digitale-Inhalte-RL** auf die Verkehrsüblichkeit und die gewöhnliche Nutzung der digitalen Inhalte abzustellen. Vertragsgemäß sind die digitalen Inhalte dann, wenn diese für die Zwecke geeignet sind, für die digitale Inhalte der gleichen Art gewöhnlich genutzt werden. Bei Vertragsschluss müssen die digitalen Inhalte der **neuesten** verfügbaren Version entsprechen. Wenn der Anbieter dem Verbraucher die digitalen Inhalte nur **auf Zeit** überlässt, muss er nach Art. 6 Nr. 3 Digitale-Inhalte-RL diese während der gesamten Vertragslaufzeit in einem vertragsgemäßen Zustand erhalten, dh auch entsprechende **Updates** zur Verfügung stellen. Um die digitalen Inhalte vertragsgemäß nutzen zu können muss der Anbieter darüber hinaus gewährleisten, dass diese **frei von Rechten Dritter** sind, Art. 6 Nr. 5 Digitale-Inhalte-RL iVm Art. 8 Digitale-Inhalte-RL. 63

c) Integration der digitalen Inhalte

Art. 7 Digitale-Inhalte-RL regelt unter welchen Voraussetzungen die **fehlgeschlagene Integration** des digitalen Inhalts in die digitale Umgebung des Verbrauchers einen Mangel darstellt. Die fehlerhafte Integration steht dann einem Mangel gleich, wenn der Anbieter diese vorgenommen oder dieser eine mangelhafte Anleitung bereitgestellt hat, durch 64

[99] *Riehm/Abold* ZUM 2018, 82 (84).
[100] *Riehm/Abold* ZUM 2018, 82 (85).

die eine Abweichung vom vertragsgemäßen Zustand verursacht wurde.[101] **„Integration"** ist in **Art. 2 Nr. 3 Digitale-Inhalte-RL** definiert als die **Verbindung verschiedener Komponenten** einer **digitalen Umgebung** in einer Weise, dass diese als **koordiniertes Ganzes** entsprechend ihrer **Zweckbestimmung** agieren. Eine „digitale Umgebung" ist nach Art. 2 Nr. 8 Digitale-Inhalte-RL *Hardware, digitale Inhalte* und *Netzverbindungen* aller Art, soweit sie der Kontrolle des Nutzers unterliegen. Die Besonderheit bei Art. 7 Digitale-Inhalte-RL ist die **Abhängigkeit** des **digitalen Inhaltes** von der **Systemumgebung.** So ist die **unsachgemäße Integration** in die digitale Umgebung des Verbrauchers als vertragswidrig einzustufen, auch wenn die digitalen Inhalte selbst fehlerfrei sind.[102] Die Verantwortlichkeit des Anbieters ist in dem Fall darauf gerichtet, dass er die digitalen Inhalte implementiert oder dem Verbraucher eine mangelhafte Anleitung bereitgestellt hat.[103]

d) Beweislast

65 Der Beweislast kommt eine große Bedeutung zu, denn der Käufer wird in der Regel erschwert oder gar nicht beweisen können, dass der Mangel bereits bei Gefahrübergang vorlag. Im deutschen Recht ist die Beweislastumkehr in **§ 477 BGB** umgesetzt und ist auf sechs Monate beschränkt. Nach **Art. 9 Digitale-Inhalte-RL** muss die Beweislastumkehr ein Jahr betragen sofern der Schutzbereich der Digitale-Inhalte-RL eröffnet ist.[104] Die Beweislastumkehr kann unter den Voraussetzungen von Art. 9 Nr. 2 Digitale-Inhalte-RL ausgeschlossen sein, was wiederum der Anbieter nachweisen muss. Der Anbieter muss dafür nachweisen, dass die digitale Umgebung des Verbrauchers bezüglich der Interoperabilität und anderen technischen Anforderungen der digitalen Inhalte nicht kompatibel ist und er den Verbraucher vor Vertragsschluss von diesen Anforderungen in Kenntnis gesetzt hat.

e) Haftung des Anbieters

66 In Art. 10 Digitale-Inhalte-RL ist die „Haftung" des Anbieters geregelt. Die Norm ist eher ausgestaltet wie eine **Verantwortlichkeitsregelung** iSd **Gewährleistungsrechts.**[105] Nach Art. 10 Digitale-Inhalte-RL ist der Anbieter für die Nichterfüllung des Vertrages *(nicht erfolgte Bereitstellung der digitalen Inhalte)* sowie für jeden Mangel zum Zeitpunkt der Bereitstellung oder während der Vertragslaufzeit verantwortlich *(jede Vertragswidrigkeit)*. Abgesehen davon, dass keine Einordung in die Vertragstypologie erfolgt, ergeben sich aus Art. 10 Digitale-Inhalte-RL keine Besonderheiten für das deutsche Recht.[106] Dem Grundsatz nach sind die dem Verbraucher zustehenden Rechtsbehelfe in Art. 10 Digitale-Inhalte-RL aufgeführt.[107] Danach haftet der Anbieter, wenn er die vertraglich geschuldeten digitalen Inhalte dem Verbraucher nicht bereitstellt, etwa bei Verzug oder Unmöglichkeit. Zudem haftet er, wenn die digitalen Inhalte im Zeitpunkt ihrer Bereitstellung vertragswidrig sind oder die Vertragswidrigkeit während der Laufzeit des Dauerschuldverhältnisses eintritt.

f) Abhilfen bei Vertragswidrigkeit

67 Nach **Art. 11 Digitale-Inhalte-RL** hat der Verbraucher das Recht, den Vertrag **sofort zu beenden,** wenn der Anbieter seine Hauptpflichten *nicht* erfüllt, dh die geschuldeten digitalen Inhalte nicht bereitstellt. Für weniger schwerwiegende Pflichtverletzungen stehen dem Verbraucher die Rechtsbehelfe aus **Art. 12 Digitale-Inhalte-RL** zu. So kann er

[101] *Riehm/Abold* ZUM 2018, 82 (88).
[102] *Spindler* MMR 2016, 219.
[103] *Spindler* MMR 2016, 219.
[104] *Bach* NJW 2019, 1705 (1708).
[105] *Spindler* MMR 2016, 219 (220).
[106] *Spindler* MMR 2016, 219 (220).
[107] *v. Westphalen* EuZW 2017, 373 (378).

Nacherfüllung verlangen oder nach Ablauf einer gesetzten Frist den Preis *mindern*. Alternativ kann er nach erfolgloser Fristsetzung vom Vertrag *zurücktreten* oder den Vertrag *kündigen*. Dies ist allerdings nur möglich, wenn die Vertragswidrigkeit den Funktionsumfang, die Interoperabilität und andere wesentliche Leistungsmerkmale beeinträchtigt.[108]

g) Recht auf Schadensersatz

Der Verbraucher hat nach Art. 14 Digitale-Inhalte-RL ein Recht auf **Schadensersatz,** 68
wenn der Anbieter die digitalen Inhalte entweder **gar nicht** oder in **vertragswidriger Weise** bereitgestellt hat. Von dem Anspruch erfasst ist jede wirtschaftliche Schädigung der digitalen Umgebung des Verbrauchers. Es handelt sich um einen **Gefährdungshaftungstatbestand,** welcher losgelöst ist vom Verschuldensprinzip.[109] Der Anspruch auf Schadensersatz besteht unabhängig von der Hierarchie der anderen Abhilfemöglichkeiten des Verbrauchers.[110] Nach Art. 14 Abs. 1 Digitale-Inhalte-RL haftet der Anbieter gegenüber dem Verbraucher für **alle wirtschaftlichen Schädigungen der digitalen Umgebung,** die durch Nichterfüllung der Vertrages oder die nicht erfolgte Bereitstellung der digitalen Inhalte verursacht wurden. Der Schadensersatz soll den Verbraucher dabei so weit wie möglich in die Lage versetzen, in der er sich befunden hätte, wenn die digitalen Inhalte ordnungs- und vertragsgemäß bereitgestellt worden wären. Der Anbieter muss mithin die Schäden der digitalen Umgebung des Verbrauchers im Wege der **Naturalrestitution** ersetzen. Um Schutzlücken für den Verbraucher zu vermeiden, entfaltet Art. 14 Abs. 1 Digitale-Inhalte-RL *keine* Sperrwirkung gegenüber nationalen Vorschriften, sodass auch Schäden im Rahmen der **Produzentenhaftung** nicht ausgeschlossen sind.[111] Problematisch für den geschädigten Verbraucher ist, dass er trotz der **Beweislastumkehr** für das Verschulden des Anbieters die **Kausalität zwischen dem Mangel und dem Schaden nachweisen** muss. In der Praxis stellt das den Verbraucher regelmäßig vor Schwierigkeiten.[112] Die Ausfüllung der Einzelheiten des Schadensersatzanspruches aus Art. 14 Digitale-Inhalte-RL obliegt den Mitgliedstaaten (Art. 14 Abs. 2 Digitale-Inhalte-RL). Allerdings genügt nach Erwgr. 44 nicht, dass sich der Anspruch auf Naturalrestitution auf Preisnachlässe für zukünftige Leistungen beschränkt.[113]

III. Produkt- und Produzentenhaftung

1. Grundlagen und Entwicklungen

Das deutsche Haftungsrecht geht vom **Grundsatz der Verschuldenshaftung** aus, dh 69
Voraussetzung für die deliktische Haftung ist grundsätzlich ein **menschliches Verschulden.** Das Verschulden umfasst dabei neben vorsätzlichem Handeln auch fahrlässiges Handeln, **§ 276 Abs. 1 BGB.** Die ausnahmslose Anknüpfung an ein menschliches Verschulden kann in einigen Konstellationen, in denen der Nutzer die Vorteile aus der Sache zieht, ohne die Haftung als Kehrseite in Kauf nehmen zu müssen, zu unbilligen und gerade im Bereich von Personenschäden uU nur schwer nachvollziehbaren rechtlichen Ergebnissen führen. Bestimmte Gefahrenquellen können zu einem Schaden führen, ohne dass ein menschliches Verschulden im konkreten Fall den Schaden kausal verursacht hat. Daher finden sich im deutschen Recht neben der klassischen Haftung für Verschulden auch gesetzliche Tatbestände der **Überwachungs- und Gefährdungshaftung.** Die Gefährdungshaftung umfasst Schäden, die aus einer **grundsätzlich erlaubten Gefahr** resultie-

---

[108] *Spindler* MMR 2016, 219 (221).
[109] *v. Westphalen* EuZW 2017, 373 (379).
[110] *Wendland* EuZW 2016, 126 (129).
[111] *Spindler* MMR 2016, 219 (222f.).
[112] *Spindler* MMR 2016, 219 (223).
[113] Vgl. auch *Wendland* EuZW 2016, 126 (129).

ren. Gesellschaftlich sind bestimmte Verhaltensweisen trotz der ihnen innenwohnenden Gefährlichkeit erlaubt, weil sie nützlich sind, bspw. Autofahren, das In-Verkehr-Bringen von Produkten oder das Halten von Haustieren. Der Gefährdungshaftung ist die Wertung immanent, dass derjenige, der den Nutzen aus einem bestimmten Verhalten zieht, auch die dadurch verursachten Schäden ersetzen muss.

70 Reine Überwachungspflichten treffen bspw. denjenigen, der die **Aufsicht über ein Tier** vertraglich übernimmt, § 834 Abs. 1 BGB. Auch derjenige, der sich eines **Verrichtungsgehilfen** bedient muss nach § 831 S. 1 BGB bei der Auswahl und Leitung die im Verkehr erforderliche Sorgfalt beachten. Dies gilt nach § 836 ff. BGB entsprechend für die **Haftung des Grundstücksbesitzers.** Der **Tierhalter** trägt das Risiko für die Gefahren, die von seinem Tier ausgehen. Allerdings differenziert § 833 BGB danach, ob die Gefahrenquelle von einem Tier ausgeht, das kommerziell eingesetzt ist (Nutztier) oder einem Tier, das nur aus Liebhaberei gehalten wird (Luxustier).[114] Hintergrund ist die Wertung des Gesetzgebers Anfang des 20. Jahrhunderts die Haftung für die volkswirtschaftlich sinnvolle Haltung von Nutztiere dem Halter *nur* bei einer Verletzung seiner Aufsichtspflichten aufzubürden. Die Landwirte sollte kein unverhältnismäßig großes Haftungsrisiko treffen. Mit der Industrialisierung veränderte sich diese Risikoabwägung. Der **Verwender moderner Maschinen** musste sodann das vollständige Haftungsrisiko für die von ihm eingesetzten Maschinen tragen, durch die er schließlich einen höheren Nutzen erzielte. Das Haftpflichtgesetz legt bspw. **Bahnbetriebsunternehmen** (§ 1 HaftPflG) oder den **Inhabern von Energieanlagen** (§ 2 HaftPflG), eine umfassende Gefährdungshaftung auf. Daneben bestehen auch Gefährdungshaftungstatbestände für **Kraftfahrzeugführer,** den **Flugzeugverkehr** sowie die **Betreiber von Atomenergieanlagen.**

71 Im IoT-Kontext kommt der **Produkt- und Produzentenhaftung** dort eine besondere Bedeutung zu, wo keine vertraglichen Beziehungen mit besonderen Haftungsregelungen bestehen. Wie oben beschrieben sind die Gefahren, die von IoT-Technologien ausgehen, im Einzelfall noch nicht abschließend einzuschätzen. Bei autonomen und automatisierten Vorgängen oder auch bei der Kommunikation von verschiedenen vernetzten Geräten in einer *smarten Fabrik* ist es uU nicht möglich den konkreten Fehler zu lokalisieren und den entstandenen Schaden auf ein menschliches Verhalten zurückzuführen. Dennoch ist die Entwicklung zu modernen IoT-Technologien wirtschaftlich und gesellschaftlich mit vielen Vorteilen verbunden und der technische Fortschritt sehr wünschenswert. Die Risiken, die von neuen IoT-Technologien ausgehen stellen daher *kein* verbotenes Risiko dar. Um die Entstehung von Haftungslücken zu vermeiden, kommt der **verschuldensunabhängigen Haftung** insoweit eine wichtige Stellung zu im bestehenden Haftungssystem. Zutreffend ist auch im IoT-Kontext die Wertung, dass derjenige der die (wirtschaftlichen) Vorteile von IoT-Anwendungen zieht, auch für möglich entstehende Schäden aufkommen muss. Im Folgenden werden die Grundsätze von **Produkthaftung** und der **Produzentenhaftung** erörtert vor dem Hintergrund der Besonderheiten, die sich durch **das Internet der Dinge** ergeben. Im deutschen Recht stehen dem Geschädigten *zwei* Anspruchsgrundlagen zur Verfügung, um Sach- und Personenschäden geltend zu machen, die durch ein **fehlerhaftes Produkt** verursacht wurden. Ein möglicher Anspruch auf Schadensersatz kann auf § 823 Abs. 1 BGB gestützt werden **(deliktsrechtliche Produzentenhaftung)** oder auf § 1 ProdHaftG **(Produkthaftung).**

a) Herleitung der Produkthaftung

72 **Massenproduktion** und die **Digitalisierung** ermöglichen es Herstellern, ihre Ressourcen effektiv einzusetzen und dadurch ihre Produktivität zu steigern. Vor dem Hintergrund der Vorteile, die ein Hersteller aus einer modernen (smarten) Produktionsumgebung ziehen kann und den seinen Produkten innewohnenden potenziellen Gefahren, erscheint es

[114] MüKoBGB/*Wagner* § 833 Rn. 47 ff.

unbillig, dass sich der Hersteller vermeintlich einfach der vertraglichen/deliktischen Haftung entziehen kann, nämlich dann, wenn er den Schaden nachweislich nicht zu vertreten hat. Die Folge davon wäre, dass ein mitunter sogar stark geschädigter Nutzer das Schadensrisiko allein träge. Die verschuldensunabhängige Haftung ist daher ein wichtiges Instrument im Zeitalter der fortschreitenden **Technisierung** und **Digitalisierung.** Über sie gelingt es, durch die Allokation der in Kauf genommenen Risiken auf den Nutznießer eine sachgerechte Lösung für die haftungsrechtlichen Herausforderungen zu liefern, die sich im Kontext der modernen technischen Produktion stellen.

Die Produkthaftung des **ProdHaftG** ist die **verschuldensunabhängige Haftung** des 73 Herstellers für Schäden, die aus dem Gebrauch oder Verbrauch eines **fehlerhaften Produkts** resultieren.[115] Das Gesetz über die Haftung für fehlerhafte Produkte (ProdHaftG) ist am 1.1.1990 in Kraft getreten und setzt die **europäische Produkthaftungsrichtlinie** um. Die Produkthaftungsrichtlinie verfolgt zwei Ziele. Zum einen soll sie **Wettbewerbsverzerrungen im Binnenmarkt** durch unterschiedliche Haftungsregelungen vermeiden und den grenzüberschreitenden Handel erleichtern. Zudem dient die Produkthaftungsrichtlinie dem **Schutz von Verbrauchern** durch ein einheitliches für sie günstiges Haftungsregime bei Schadensfällen infolge von fehlerhaften Produkten.[116]

b) Herausforderungen und Fragestellungen durch das IoT

Im IoT-Bereich können aus der Kombination mobiler Endgeräte mit Software-Entwick- 74 lungen **neue Produktrisiken** resultieren. Denkbar ist bspw., dass der Nutzer eines vernetzten Gerätes aufgrund von Datenerfassung oder Auswertung von Daten Entscheidungen trifft oder sich auf die von dem Produkt vorgegebenen Handlungsempfehlungen verlässt, die dann wiederum zu einem Schadensfall führen.[117] Durch Softwarefehler kann es zu ganz **neuen Produktfehlern** kommen. Dies ist besonders relevant vor dem Hintergrund, dass es in der Regel *keine* fehlerfreie Software gibt.[118] Oft werden primär Beta-Versionen der Software veröffentlicht, dh eine Programmversion, die in ihren Grundfunktionen schon nutzbar, allerdings noch nicht vollständig auf Fehler getestet ist. Gerade wenn sich Menschen auf *smarte Geräte* oder sogar *vernetzte Umgebungen* verlassen, können Beta-Versionen von Software kritisch sein. Denn durch die gesteigerte Abhängigkeit von der IoT-Technologie sollten in diesem Bereich extensive Testphasen und Qualitätsstandards eine wichtige Voraussetzung sein.[119] Technik und Algorithmen sind nicht unfehlbar. Zum einen bieten sie nicht immer die richtige Grundlage für eine Entscheidung oder können im Einzelfall auch von dem Nutzer fehlinterpretiert werden. Dazu ist es denkbar, dass ein *smartes Gerät* ausfällt oder funktionsunfähig wird, etwa durch einen Netzausfall. Ein besonders brisanter Punkt ist auch die **IT-Sicherheit** und die Haftung des Herstellers für das Einwirken eines Dritten **(Cyberangriffe).** Es stellt sich in dem Zusammenhang aktuell die Frage, ob ein *smartes Produkt* fehlerhaft ist, wenn es Sicherheitslücken aufweist, die nach dem aktuellen Stand von Wissenschaft und Technik hätten vermieden werden können. Die **Sicherheit in der Informationstechnik** bedeutet die Einhaltung bestimmter Sicherheitsstandards, die die *Verfügbarkeit, Unversehrtheit* oder *Vertraulichkeit* von Informationen betreffen, durch die Vornahme von gewissen Sicherheitsvorkehrungen, siehe **§ 2 Abs. 2 BSIG.** Für die **Resilienz** (Widerstandsfähigkeit) sind vor allem die **Verfügbarkeit** und **Unversehrtheit** der Systeme von Bedeutung.[120] Die **Cyber-Risiken** reichen von der Ausspähung von Nutzerdaten bis hin zur Produkterpressung, dh dem In-Aussicht-Stellen von Sabotagen an dem Produkt, für den Fall, dass auf eine bestimmte Forderung nicht

[115] *Littbarski* in Kilian/Heussen ComputerR-HdB Kap. 180 Rn. 98.
[116] *Riehm* EuZW 2010, 567.
[117] *Wende* in Sassenberg/Faber Industrie 4.0 und Internet-HdB Teil 2 IV. Rn. 37.
[118] Statt vieler *Raue* NJW 2017, 1841.
[119] *Wende* in Sassenberg/Faber Industrie 4.0 und Internet-HdB Teil 2 IV. Rn. 38.
[120] *Bräutigam/Klindt* NJW 2015, 1137 (1141).

eingegangen wird. Nach den Grundsätzen des Produkthaftungsrechts besteht die Verantwortung des Herstellers nur bis zu den Grenzen des Produkts.[121] Eine Haftung nach dem **ProdHaftG** kommt nur dann in Betracht, wenn der Fehler seinen Ursprung im Produktionsbereich des Herstellers hat.[122] Nach der hM gibt es für die Produkthaftung aus dem ProdHaftG **keine** Produktbeobachtungspflicht, sodass die Haftung grundsätzlich in dem Zeitpunkt endet, in dem das Produkt in den Verkehr gebracht worden ist.[123]

75 Geräte werden schon seit einigen Jahren mit Steuerungssoftware versehen, ohne dass sich daraus unlösbare Haftungsprobleme für das geltende Recht ergeben haben. Durch die Anbindung *smarter Geräte* an das Internet entstehen allerdings neue Risiken, etwa in Form von **Cyberattacken.** Gleichzeitig hat der Hersteller neue Möglichkeiten, seine Sorgfaltspflichten zu erfüllen. Er kann sich bspw. mittels Datenerhebung über Fehlfunktionen des *smarten Gerätes* informieren, die er durch Analysetools gewinnt, Software-Updates bereitstellen oder eine ferngesteuerte Produktstilllegung vornehmen.[124] Rechtsdogmatisch ist zu diskutieren, inwieweit die **Absicherung vor Cyber-Schädigungen** durch Dritte dem Hersteller obliegt und ob durch Eingriffe eines Dritten **produkthaftungsrechtliche Schädigungen** hervorgerufen werden können. Die Frage ist, in welchen Verantwortungsbereich die IT-Sicherheit und Produktsicherheit fallen und, ob diese einem **gemeinsamen Schutzkonzept** folgen müssen.[125] Dabei ist essenziell die Grenze zu ziehen zwischen Hersteller- und Benutzerverantwortung – bspw. inwieweit der Nutzer verpflichtet ist, regelmäßig Updates durchzuführen, oder unter welchen Voraussetzungen evtl. den Hersteller die Pflicht trifft, automatisch Sicherheits-Updates zu installieren.

76 **aa) Herstellerbegriff.** In § 4 ProdHaftG ist festgelegt, dass der Hersteller eines Produkts für Schäden, die dieses verursacht, haftungsrechtlich verantwortlich ist. Dabei findet sich in der Norm weder eine genaue Definition für den „Hersteller“ noch für „Herstellen“. § 4 ProdHaftG bestimmt, wer als Hersteller zum Ersatz des durch das Produkt verursachten Schadens verantwortlich ist. Dabei geht das Gesetz von einem **weiten Herstellerbegriff** aus.[126] Insgesamt differenziert § 4 ProdHaftG zwischen *vier* verschiedenen Arten von Herstellern. Darunter fallen nach § 4 S. 1 ProdHaftG der **End-, Teil-,** und **Hersteller des Grundstoffes,** der den eigentlichen Produktionsprozess kontrolliert. Daneben ist der **Quasihersteller** nach § 4 S. 2 ProdHaftG verantwortlich sowie (nachrangig) **Importeure** und **Lieferanten,** die nur beim Vertrieb des Produkts eingeschaltet sind.[127]

77 Nach dem **klassischen Sprachgebrauch** versteht man unter dem Begriff Hersteller wohl denjenigen, der durch die **Verarbeitung von Werkstoffen** ein neues Produkt herstellt. Der Einsatz innovativer Produktionstechnologien wird den Herstellerbegriff zunehmend von diesem klassischen Verständnis lösen. Denn den modernen Produktionstechnologien ist immanent, dass sich der menschliche Einfluss auf den Produktionsprozess stark reduziert. Für eine etwaige Haftung nach dem ProdHaftG wird somit die Frage zentral sein, ob sich ein Unternehmer, der als „Hersteller“ auftritt und ein Erzeugnis als „sein Produkt“ auf den Markt bringt, derart mit der Ware identifiziert, dass ihm die für den Warenhersteller geltenden Gefahrabwendungspflichten auferlegt werden können. Dann wäre er zum Schutz der Produktgeschädigten haftungsrechtlich nicht mehr lediglich wie ein Vertriebshändler zu behandeln.[128]

---

121 *Wende* in Sassenberg/Faber Industrie 4.0 und Internet-HdB Teil 2 IV. Rn. 44.
122 BeckOK BGB/*Förster* ProdHaftG § 1 Rn. 42.
123 *Sosnitza* CR 2016, 765 (770).
124 *Grünvogel/Dörrenbächer* ZVertriebsR 2019, 87.
125 Für ein gemeinsames Schutzkonzept sind *Bräutigam/Klindt* NJW 2015, 1137 (1140).
126 BeckOK BGB/*Förster* ProdHaftG § 1 Rn. 2.
127 MüKoBGB/*Wagner* ProdHaftG § 4 Rn. 1.
128 S. insoweit schon BGH Urt. v. 11.12.1979 – VI ZR 141/78, NJW 1980, 1219 – Klapprad.

bb) Produktfehler als sachgerechtes Konzept für die digitalisierte Wirtschaft? Von **Computerprogrammen** als moderne und inzwischen überall verbreitete Wirtschaftsgüter geht ein nicht unerhebliches **Gefahrenpotenzial** aus. Die allgemeinen Grundsätze der Produkthaftung sind uneingeschränkt auf den Computerbereich übertragbar.[129] **Software** ist dabei als **Produkt** iSv **§ 2 S. 1 ProdHaftG** anzusehen.[130] Es gelten für Software die „normalen" Fehlerkategorien – nämlich *Konstruktions-, Fabrikations-* und *Instruktionsfehler.* Gerade den **Konstruktionsfehlern** kommt bei komplexen Fertigungsprozessen und IoT-Produkten eine besondere haftungsrechtliche Bedeutung zu.[131] 78

Konstruktionsfehler bei einer Software sind bspw. Fehler, die bei der Erstellung des Programms, dessen Programmierung oder Kompilierung entstanden sind.[132] Ein Konstruktionsfehler liegt immer dann vor, wenn die Software ihrer Konzeption nach hinter dem gebotenen Sicherheitsstandard zurückbleibt.[133] Dabei ist zu berücksichtigen, dass **moderne Steuerungssysteme** immer auch eine hohe Komplexität aufweisen und die absolute Fehlerfreiheit unerreichbar ist.[134] Der Begriff des **Konstruktionsfehlers** knüpft nicht primär an dem physischen Produkt an, sondern ist bereits zentral für die hinter dem Produkt stehenden steuernden digitalen Vorgänge. Den Programmierern der Software wird abverlangt, bereits im technischen Design die inhärente Sicherheit für alle Folgeprozesse abzubilden, die am aktuellen Stand von Wissenschaft und Technik orientiert die bestmögliche Sicherheit bietet.[135] Der Hersteller muss bereits bei der Konzeption und Planung des *smarten Produkts* diejenigen Maßnahmen treffen, die zur Vermeidung einer Gefahr objektiv erforderlich und ihm nach objektiven Maßstäben zuzumuten sind.[136] Wenn die Schwachstelle, die den Fehler verursacht hat, nach dem damaligen Stand von Wissenschaft und Technik nicht erkennbar war, handelt es sich um einen **Entwicklungsfehler**, wofür die Haftung des Herstellers ausgeschlossen ist. Entscheidend ist wiederum, ob der Hersteller die Schwachstelle des Produkts kennen musste, in dem Zeitpunkt, in welchem er dieses in den Verkehr gebracht hat. Auch **Fabrikationsfehler** kommen bei Software in Betracht, etwa in Form von Kopierfehlern oder Übertragungsfehlern etc. Also immer dann, wenn die ordnungsgemäß konstruierte Software später nicht fehlerfrei produziert wird. Auch im Fabrikationsprozess muss der Hersteller sicherstellen, dass sein Produkt den konstruktiven Vorgaben entspricht.[137] Wenn im Fertigungsprozess selbstständig verändernde Systeme involviert sind, kommt Verkehrssicherungspflichten in der Produktionsphase eine große Bedeutung zu. Um Fabrikationsfehler zu vermeiden, hat der Hersteller bei der Produktion diejenigen Maßnahmen zu treffen, die zur Vermeidung der Gefahr objektiv erforderlich und dem Hersteller zumutbar sind. Fabrikationsfehler betreffen in der Regel nicht die ganze Serie, sondern nur einzelne Produkte. Wenn der Fabrikationsfehler trotz zumutbaren Vorkehrungen nicht verhindert werden kann, liegt ein sogenannter „Ausreißer" vor. Virusinfektionen, die trotz Sichervorkehrungen und Kontrollen nicht zu verhindern sind, werden als „Ausreißer" iSd Fehlerkategorie qualifiziert.[138] Für diese haftet der Hersteller – außerhalb des ProdHaftG – nicht. **Instruktionsfehler** verlieren bei eigenständig agierender Software an Bedeutung. Es sei denn, es ist dem Nutzer möglich, die Software jederzeit zu deaktivieren, zu übersteuern oder zu aktivieren. Mit zunehmender Komplexität der Produkte und weiterschreitender Digitalisierung verschiebt sich der Schwerpunkt von den Sorgfaltspflichten für die physische Konstruktion und Fabrikation hin zu einer umfassenden **Produktbeobachtungspflicht** als nachgelagerte Verkehrssicherungspflicht. 79

[129] *Littbarski* in Kilian/Heussen ComputerR-HdB Kap. 180 Rn. 24.
[130] MüKoBGB/*Wagner* ProdHaftG § 2 Rn. 19.
[131] *Mitterer/Wiedemann/Zwissler* BB 2017, 3 (11).
[132] *Gomille* JZ 2016, 76 (77); *Borges* CR 2016, 272 (275).
[133] *Rockstroh* DSRITB 2016, 279 (289).
[134] *Rockstroh/Kunkel* MMR 2017, 77 (80).
[135] *Bräutigam/Klindt* NJW 2015, 1137 (1141).
[136] *Rockstroh* DSRITB 2016, 279 (289).
[137] *Rockstroh* DSRITB 2016, 279 (290).
[138] *Rockstroh/Kunkel* MMR 2017, 77 (80).

80 Ein Produkt ist nach **§ 3 Abs. 1 ProdHaftG** – und ebenso im Rahmen von **§ 823 Abs. 1 BGB** – fehlerhaft, wenn es nicht die Sicherheit bietet, die unter Berücksichtigung aller Umstände berechtigterweise erwartet werden kann. Die zunehmende **Automatisierung** und immer weitergehende **Aufspaltung des Produktionsprozesses** bewirkt eine **Vorverlagerung der Konstruktionspflicht.** Diese besteht im **IoT-Bereich** weniger für das rein physische Produkt als vielmehr für die hinter dem Produkt stehenden steuernden Prozesse, welche nach dem **aktuellen Stand von Wissenschaft und Technik** die bestmögliche Sicherheit bieten.

81 **cc) Maßstäbe – der aktuelle Stand von Wissenschaft und Technik.** Nach **§ 1 Abs. 2 Nr. 5 ProdHaftG** ist die Haftung des Herstellers ausgeschlossen, wenn der Produktfehler **unvermeidbar** war. Das ist dann der Fall, wenn der Fehler bei Einhaltung des aktuellen **Stands von Wissenschaft und Technik** für den Hersteller nicht erkennbar war. Die Beweislast dafür trägt der Hersteller selbst. Technische Normen bilden einen **Mindeststandard.** Die Einhaltung von technischen Normen genügt dann nicht, wenn die **technische Entwicklung** bereits darüber hinausgegangen ist.[139] Unter den Maßstab des aktuellen Stands von Wissenschaft und Technik fallen alle Erkenntnisse, die es nach dem letzten gesicherten Forschungsstand ermöglichen, **Produktgefahren rechtzeitig wahrzunehmen** und **zu vermeiden.** Der Stand von Wissenschaft und Technik umfasst die **Summe an Wissen und Technik,** die **allgemein anerkannt** ist sowie **zur Verfügung**[140] steht und kann über branchenübliche Sicherheitsvorkehrungen hinausgehen.[141] Der aktuelle Stand von Wissenschaft und Technik ist ein sehr unpräziser und abstrakter Maßstab, der dem Umstand Rechnung trägt, dass der Gesetzgeber nicht auf jede Entwicklung in einer angemessenen Schnelligkeit reagieren kann. Der rasante Fortschritt im digitalen Bereich erschwert es zunehmend, stets mit dem aktuellen Stand von Wissenschaft und Technik Schritt halten zu können. Nach der Rechtsprechung des BGH muss der Betreiber keine Sicherheitskonzepte umsetzen, die nur theoretisch existieren oder sich erst in der Erprobung befinden.[142] Der BGH fordert daher *nicht,* dass das Produkt jederzeit die technisch denkbar höchste Sicherheit bietet. Vielmehr verlangt der BGH die Umsetzung von überlegenen Sicherheitskonzepten erst dann, wenn nach dem Wissen der einschlägigen Fachkreise praktisch einsatzfähige Lösungen zur Verfügung stehen.[143] Für diese Beurteilung spielt die Branchenüblichkeit nicht die ausschlaggebende Rolle, denn der in der Branche praktizierte Stand der Sicherheit kann hinter dem technisch Möglichen und damit dem rechtlich Gebotenen zurückbleiben. Gerade im Bereich der Software ist der aktuelle Stand von Wissenschaft und Technik nur schwer zu fassen, denn die Softwarelandschaft ist geprägt von ihrer schnellen und kontinuierlichen Fortentwicklung. Obgleich im Softwarebereich überdurchschnittlich oft neue Updates verfügbar sind, führt dies nicht zu einer stetigen Nachbesserungs- und Nachlieferungspflicht des Softwareherstellers. Allerdings trifft den Betreiber durchaus die Pflicht, die Sicherheitsvorkehrungen an die neuen Erkenntnisse anzupassen. Dabei ist er wiederum abhängig vom Hersteller.

82 Für den Maßstab des aktuellen Stands von Sicherheit und Technik sind **öffentlichrechtliche Sicherheitsanforderungen** relevant, soweit solche vorhanden sind, **technische Normen** sowie **Standardisierungen** als **Mindestanforderungen.** Es ist zu erwarten, dass mithilfe von Standardisierungen der Maßstab des aktuellen Stands von Wissenschaft und Technik konkretisiert wird und somit greifbarer wird.

---

[139] *Jänich/Schrader/Reck* NZV 2015, 313 (317).
[140] *Wendt/Oberländer* InTeR 2016, 58 (59).
[141] *Stöhr* InTeR 2015, 35 (35).
[142] BGH Urt. v. 16.6.2009 – VI ZR 107/08, NJW 2009, 2952 (2954 Rn. 21) – Airbag-Fall.
[143] BGH Urt. v. 16.6.2009 – VI ZR 107/08, NJW 2009, 2952 (2954 Rn. 21) – Airbag-Fall.

c) Von der Verursachungshaftung zur Risikoallokation

Die größte Herausforderung für das Haftungsrecht ist die **haftungsrechtliche Risikoverteilung** und die **Zurechnung.** Insbesondere ist die Frage brisant, wen welche **Gefahrabwendungspflichten** treffen und wem die **verbleibenden Restrisiken** zugewiesen sind. Mit **zunehmender digitaler Vernetzung** lassen sich in der Produktions- und Lieferkette die einzelnen Bearbeitungsschritte oft nicht mehr eindeutig voneinander abgrenzen. Bspw. kann der Endnutzer bereits heutzutage durch die **Technik des 3D-Drucks** Produktionsschritte selbst vornehmen. Die Technologie des 3D-Drucks verdeutlicht, dass neben die **Produktverantwortung** auch eine übergeordnete **Steuerungsverantwortlichkeit** desjenigen tritt, der für die Implementierung der Steuerungslogik verantwortlich ist. 83

Risikoallokation bedeutet, dass die von dem Produkt ausgehenden Risiken auf **mehrere Akteure** verteilt sind. Im Idealfall sind die Risiken so verteilt, dass das jeweilige Risiko durch den Akteur übernommen wird, der es am besten und effektivsten kontrollieren kann. Eine sinnvolle Abgrenzung der **Verantwortungsbereiche** muss auf einer **Risiko-Nutzen-Abwägung** basieren und nicht allein danach erfolgen, wem die Schadensprävention und Schadensabwehr möglich war. Ein Produkt kann mit Restrisiken auf den Markt gebracht werden, wenn der zu erwartende Nutzen die Risiken überwiegt.[144] In diesem Fall trägt der Benutzer oder ggf. auch ein Dritter (als „innocent bystander") das Risiko eines möglichen Schadenseintritts – weshalb gerade die verschuldensunabhängige Haftung über das ProdHaftG eingeführt wurde. 84

Eine **ökonomische Analyse** kann nicht nur die Frage klären, wann ein potenzieller Schädiger haften muss, sondern auch sinnvoll klären, wer unter mehreren Verursachern die Kosten zu tragen hat.[145] Die **risikobelastete Partei** wird sinnvolle Maßnahmen treffen, um das Risiko zu mindern, weil es ihr unmittelbar zugutekommt. Wirtschaftlich sinnvoll ist somit, dass die Partei Maßnahmen zur **Risikoverminderung** oder **Risikovermeidung** treffen muss, der dies es am einfachsten und effektivsten möglich ist *(„cheapest cost avoider")*. Abzustellen ist dabei auf die Beherrschbarkeit des Risikos. Im IoT-Kontext hat dies zur Folge, dass es uU wirtschaftlich sinnvoller und effektiver ist, nicht den Hersteller, sondern den Betreiber in die Verantwortung zu ziehen. Nämlich dann, wenn der Betreiber der „cheapest cost avoider" ist, dh er das Risiko am besten beherrschen und verringern kann. 85

2. Deliktsrechtliche Produzentenhaftung – Flexibilität und Grenzen richterlicher Rechtsfortbildung

Die durch die Rechtsprechung entwickelten Grundsätze der Produzentenhaftung sind eine spezielle Ausformung und Weiterentwicklung der allgemeinen Verkehrssicherungspflicht.[146] Im Kontext der modernen Industrieproduktion ist dem Hersteller, der durch den massenweisen Vertrieb von Produkten Gefahrenquellen schafft, auferlegt, im Rahmen des technisch Möglichen und des wirtschaftlich Zumutbaren Sorge dafür zu tragen, dass der Kunde, der Benutzer oder ein sonstiger Dritter nicht in einem von § 823 Abs. 1 BGB geschützten Rechtsgut beeinträchtigt wird durch die von einem fehlerhaften Produkt ausgehende Gefahrenquelle.[147] Im Gegensatz zur Produkthaftung stellt die Produzentenhaftung nicht allein auf die Fehlerhaftigkeit des Produkts ab, sondern darauf, ob der Hersteller eine Verkehrspflicht durch das Inverkehrbringen des Produkts verletzt hat.[148] Voraussetzung für die Anwendung der deliktischen Produzentenhaftung ist die Verletzung eines der in § 823 Abs. 1 BGB ge- 86

[144] BGH Urt. v. 16.6.2009 – VI ZR 107/08, NJW 2009, 2952 (2954 Rn. 22f.) – Airbag-Fall.
[145] *Spindler* MMR 2008, 7 (8).
[146] *Schrader* NZV 2018, 489 (492).
[147] BeckOK BGB/*Förster* § 823 Rn. 673.
[148] *Jakobs/Huber* MPR 2019, 1 (3).

nannten Rechtsgüter. Die Norm schützt die Rechtsgüter *Eigentum, Körper, Leben, Gesundheit* und *Freiheit.* Als sonstige Rechte sind von § 823 Abs. 1 BGB ua der *Besitz,* der *eingerichtete und ausgeübte Gewerbebetrieb* und das *allgemeine Persönlichkeitsrecht* geschützt. Die Rechtsgutsverletzung muss rechtswidrig sein. Das ist dann der Fall, wenn der Hersteller bei der Herstellung oder dem Inverkehrbringen des fehlerhaften Produkts die gebotene Sorgfalt unterschreitet und so gegen eine Verkehrssicherungspflicht verstößt. Praktisch unerfüllbar sind Verkehrssicherungspflichten, die alle möglichen Gefahren für eines der in § 823 Abs. 1 BGB geschützten Rechtsgüter ausschließen. Der Hersteller muss allerdings geeignete Maßnahmen treffen, um eine Gefahr im konkreten Fall zu vermeiden.[149] Neben der berechtigten Sicherheitserwartung des Kunden hängen Art und Umfang der Herstellerpflichten von dem Sicherheitsniveau ab, das nach dem aktuellen Stand von Wissenschaft und Technik konstruktiv möglich und geeignet ist zur Verhinderung von Schäden. Die deliktsrechtliche Haftung setzt ein menschliches Verhalten voraus. Bei autonomen Systemen ist für die Verschuldenshaftung entscheidend, ob das letzte menschliche Verhalten ursächlich für das Fehlverhalten des Systems war.[150] Dabei gewinnt die Frage, welche Sicherheitsanforderungen einzuhalten sind, zunehmend an Bedeutung.[151] Mit der fortschreitenden Automatisierung verschieben sich die Sorgfaltspflichten zukünftig von konkreten Handlungen hin zu Überwachungsmaßnahmen.[152]

87 Die Besonderheit der deliktischen Produzentenhaftung ist, dass das **Verschulden** des Herstellers in der Regel **vermutet** wird. Nach der Rechtsprechung des BGH ist es für den Geschädigten nur schwer möglich zu beweisen, ob sich der Hersteller bei der Produktion pflichtgemäß verhalten hat. Denn dieser hat keinen Einblick in die **innerbetrieblichen Vorgänge** des Unternehmers.[153] Wenn es dem Geschädigten gelingt, zu beweisen, dass das Produkt beim Inverkehrbringen fehlerhaft war und der Fehler aus der Sphäre des Herstellers stammt, wird vermutet, dass der Hersteller diesen Fehler zu vertreten hat. Der Hersteller muss dann beweisen, dass ihn bezüglich des fehlerhaften Produkts kein Verschulden trifft.[154] Dazu steht ihm der dezentralisierte Entlastungsbeweis *nicht* zu, dh er kann sich nicht entlasten dadurch, dass er bei der Auswahl, Überwachung und Anleitung seiner Angestellten hinreichend sorgfältig vorgegangen ist.[155]

88 Die deliktische Produzentenhaftung kann auch aus **§ 823 Abs. 2 BGB iVm § 3 Abs. 1, 2 ProdSG** resultieren.[156] Nach § 3 Abs. 1, 2 ProdSG darf ein Produkt nur dann auf dem Markt bereitgestellt werden, wenn es bei **bestimmungsgemäßer oder vorhersehbarer Verwendung** die Sicherheit und die Gesundheit von Personen nicht gefährdet. Das Gesetz dient damit zumindest auch dem **individuellen Schutz des Geschädigten** und ist somit ein taugliches Schutzgesetz im Rahmen des **§ 823 Abs. 2 BGB.** Die geschützten Rechtsgüter umfassen die *Sicherheit und Gesundheit* von Personen, dh Körperschäden. Dagegen erfasst die Norm keine Sachschäden.[157]

a) Adressat der Produzentenhaftung

89 In erster Linie ist der **Hersteller** eines Produkts **Adressat** der **Verkehrssicherungspflichten.** Nach der Rechtsprechung ist derjenige Hersteller des Produkts, der das Produkt **selbst herstellt** oder **herstellen lässt.** Der Hersteller hat so die Möglichkeit konkret auf das Design und die Fertigung des Produkts Einfluss zu nehmen und die Produktion

---

[149] *Rockstroh* DSRITB 2016, 279 (287).
[150] *Pieper* InTeR 2016, 188 (193).
[151] *Horner/Kaulartz* CR 2016, 7 (8).
[152] *Pieper* InTeR 2016, 188 (194).
[153] BeckOK BGB/*Förster* § 823 Rn. 777; BGH Urt. v. 26.11.1968 – VI ZR 212/66, BGHZ 51, 91 = NJW 1969, 269 – Hühnerpest-Fall.
[154] BeckOK BGB/*Förster* § 823 Rn. 777.
[155] HK-BGB/*Staudinger* § 823 Rn. 183.
[156] MüKoBGB/*Wagner* § 823 Rn. 870.
[157] BeckOK BGB/*Förster* § 823 Rn. 676.

kontrollieren zu können. In der **Industrie 4.0** ist es zunehmend komplexer, den Produkthersteller zu ermitteln. Zu berücksichtigen ist nämlich, dass es bei Software gesteuerten Geräten in der Regel **mehrere Verantwortliche** in der **Produktionskette** gibt. So ist bspw. der Hersteller eines Gerätes oft nicht identisch mit dem Softwarehersteller. In diesem Fall ist jeder der Beteiligten in gewissem Maße auch für **Kombinationsrisiken** verantwortlich, die an der **Schnittstelle** des eigenen zu dem fremden Produkt auftreten können.

b) Pflichtenkreise

Anknüpfungspunkt für die deliktsrechtliche Produzentenhaftung ist in der Regel eine 90 schuldhafte Verletzung von **Verkehrssicherungspflichten.** Die **Verletzung von Verkehrssicherungspflichten** kann nicht nur eine Gefahrenquelle für den Benutzer des Produkts begründen, sondern insbesondere auch für Dritte. Der Ausgangspunkt für die Produkthaftung ist stets die Verletzung einer Pflicht zur Gefahrsteuerung und Gefahrabwendung durch den Hersteller. Diese beinhaltet die Pflicht des Herstellers, *keine fehlerhafte* und *unzureichend sichere* Ware in den Verkehr zu bringen. Um dies zu verhindern, sind dem Hersteller verschiedene **Sicherungspflichten** auferlegt, für die sich allgemein anerkannte Fallgruppen herausgebildet haben. Unterschieden wird zwischen **Konstruktions-, Fabrikations-** und **Instruktionspflichten** einerseits sowie **Produktbeobachtungspflichten** andererseits. Terminologisch unterscheidet sich die Produkthaftung von der Produzentenhaftung insofern, dass das Produkthaftungsrecht vornehmlich von **gegenstandsbezogenen Fehlern** spricht, während sich die Produzentenhaftung um **verhaltensbezogene Pflichten** dreht.[158] Neben der *Konstruktionspflicht*, der *Fabrikationspflicht* und der *Instruktionspflicht* ist insbesondere die *Produktbeobachtungspflicht* bedeutend für die **Industrie 4.0.** Die **Konstruktions-, Fabrikations- und Instruktionspflicht** sind strikt **produktbezogen.** Diese Pflichten sind vom Hersteller in der Phase von der Entwicklung bis hin zum Inverkehrbringen des Produkts zu beachten, um die größtmögliche Verwendungssicherheit des Produkts zu gewährleisten. Dagegen ist die **Produktbeobachtungspflicht** erst nach dem Inverkehrbringen des Produkts zu beachten. Die Produktbeobachtungspflicht ist die kontinuierliche Beobachtung der im Verkehr befindlichen Produkte auf eventuelle neue oder von Anfang an bestehende **Sicherheitsrisiken.** Daraus resultieren va Anforderungen an die innerbetriebliche Organisation, wie die Aufnahme und systematische Auswertung von Kundenbeschwerden, die Informationsbeschaffung über die Bewährung des Produkts bei seiner Benutzung und dabei aufgetretene Sicherheitsrisiken sowie die Verfolgung des wissenschaftlichen Fortschritts.

Insbesondere die **Konstruktionspflicht** und die **Produktbeobachtungspflicht** spie- 91 len im Rahmen der **digitalisierten Wirtschaft** eine zentrale Rolle für die Haftungsrisiken bei softwaregesteuerten Systemen. Gerade wegen der (anerkannten) erhöhten Fehleranfälligkeit von Software und aufgrund der schnellen technischen Weiterentwicklung im **IT-Bereich** kommt der **Produktbeobachtung** sowie der **Gefahrabwendungspflicht** im „digitalen Umfeld" eine besondere Bedeutung zu. Daher plädiert die Literatur im Bereich der Software für eine intensivierte Produktbeobachtung.[159] Daneben tritt die **Gefahrabwendungspflicht** in Form der **Warnung** oder **regelmäßiger Sicherheitsupdates.** Dabei hängt der genaue Umfang der **Produktbeobachtungspflicht** des **Softwareherstellers** maßgeblich von der objektiv ermittelten **Sicherheitserwartung** des durchschnittlichen Benutzers ab sowie der Abgrenzung der **Verantwortungsbereiche** von Hersteller, Vertreiber und Anwender.

Die Verletzung einer **Verkehrssicherungspflicht** ist der **haftungsbegründende Um-** 92 **stand** für die Produzentenhaftung. Eine Verkehrssicherungspflicht ist verletzt, wenn das Produkt eine **unerwartete Gefahr** für den Nutzer oder einen Dritten darstellt. Das Pro-

[158] BeckOK BGB/*Förster* § 823 Rn. 699.
[159] Statt vieler *Heuer-James/Chibanguza/Stücker* BB 2018, 2818 (2831).

dukt ist fehlerhaft, wenn es nicht die Sicherheit aufweist, die berechtigterweise von ihm zu erwarten ist. Die Verkehrssicherungspflichten bezwecken den Schutz vor fehlerhaften Produkten. Der Hersteller haftet dabei grundsätzlich nur für Schäden, die *sein* fehlerhaftes Produkt verursacht hat. Allerdings hat die **Rechtsprechung** die **Produzentenhaftung** (unter engen Voraussetzungen) **ausgedehnt** auf Schäden, die durch das Zusammenwirken von zwei Produkten verursacht wurden (sog. Kombinationsrisiken).[160] Die daraus resultierende *Produktbeobachtungspflichten* und *Gefahrabwendungspflichten* sind allerdings beschränkt auf die **Kombinationsgefahren**, dh die Gefahren, die sich gerade aus der Kombination mit dem eigenen Produkt ergeben.[161] So können sich aus der Kombination uU neue Gefahren für die Produktbenutzung ergeben, die dem Benutzer des Endgerätes möglicherweise nicht leicht erkennbar sind. Etwaige Verkehrssicherungspflichten für Kombinationsrisiken sind dogmatisch nicht immer leicht begründbar, sondern müssen immer die jeweiligen Umstände des Einzelfalls betrachten.

93 **aa) Konstruktionspflicht.** Die Konstruktionspflicht setzt schon in der **Entwicklungsphase** ein. Bereits in diesem Stadium muss der Hersteller **Verkehrssicherungspflichten** beachten, um das **Risiko für Entwicklungsfehler** zu mindern. Ein Konstruktionsfehler liegt immer dann vor, wenn das Produkt konzeptionell hinter dem gebotenen Sicherheitsstandard zurückbleibt und die **ganze Produktserie** damit ungeeignet ist für die **gefahrlose Nutzung.**[162] Voraussetzung für die Konstruktionspflicht ist, dass der Hersteller im Zeitpunkt der Produktentwicklung und Herstellung die Möglichkeit hat, einen anderen Bauplan zu wählen mit **sicherheitstechnisch überlegenem Alternativdesign.**[163] Das hergestellte Produkt muss so konstruiert sein, dass es für den **vorgesehenen Verwendungszweck** sowie für einen möglichen **naheliegenden Fehlgebrauch** geeignet ist.[164] Es muss dabei einen **Mindestmaß an Sicherheit** aufweisen, worauf auch aus **Kostengründe** nicht verzichtet werden darf.[165] Wenn ein Fehler in der Konstruktion des Produkts vorliegt, dann ist das Produkt bereits in Folge seiner **fehlerhaften technischen Planung** für eine **gefahrlose Nutzung** ungeeignet. Um für ausreichende **Produktsicherheit** sorgen zu können, muss der Hersteller im Rahmen der Konzeption und Planung des Produkts diejenigen Maßnahmen treffen, die zur **Gefahrvermeidung objektiv erforderlich** und **zumutbar** sind. Der Hersteller muss jedoch nicht jede denkmögliche Sicherheitsmaßnahme implementieren, denn eine optimale Qualität ist nicht geschuldet. Die Anforderungen an die Konstruktion bemessen sich vielmehr nach dem **neuesten Stand von Wissenschaft und Technik.** Um dem Hersteller eine Konstruktionspflichtverletzung vorwerfen zu können, muss eine **objektiv erforderliche** und **objektiv zumutbare Alternativlösung** verfügbar sein, die der Vorgehensweise des Herstellers **sicherheitstechnisch** überlegen ist. Die Erforderlichkeit einer Alternativlösung bemisst sich nach der **berechtigten Sicherheitserwartung** des durchschnittlichen Produktbenutzers. Das Produkt ist mithin fehlerhaft, wenn es den Sicherheitsanforderungen der **Verkehrsanschauung** nicht genügt und somit das **Integritätsinteresse** derjenigen gefährdet, die mit dem Produkt in Kontakt geraten.[166]

94 Im Zusammenhang mit **autonomen Systemen** beruhen **Konstruktionsfehler** oft auf unrichtigen **Theorien (Axiomen),** falschen oder widersprüchlichen **Prozessdaten** oder auch unvollständigem sowie fehlerhaftem **Bedienerwissen.**[167] Da alle diese Fehlerquellen

[160] BGH Urt. v. 9.12.1986 – VI ZR 65/86, BGHZ 99, 167 (172ff.) = NJW 1987, 1009 – Motorrad-Lenkerverkleidung; *Grünvogel/Dörrenbächer* ZVertriebsR 2019, 87 (91).
[161] MüKoBGB/*Wagner* § 823 Rn. 827.
[162] BGH Urt. v. 3.10.1984 – IVa ZR 170/82, BeckRS 1984, 30374638; MüKoBGB/*Wagner* § 823 Rn. 818.
[163] BeckOK BGB/*Förster* § 823 Rn. 703.
[164] BeckOK BGB/*Förster* § 823 Rn. 701.
[165] Staudinger/*Oechsler* ProdHaftG § 3 Rn. 86.
[166] BeckOK BGB/*Förster* § 823 Rn. 703f.
[167] *Wendt/Oberländer* InTeR 2016, 58 (61).

auf ein menschlichen Verhalten zurückgeführt werden können, unterscheidet sich die Konstruktionspflicht bei autonomen Systemen nicht grundlegend von der bei konventionellen Produkten.[168]

bb) Fabrikationspflicht. Ein Fabrikationsfehler entsteht erst während des **Produktionsprozesses.**[169] Der Hersteller muss dafür Sorge tragen, dass es bei der Herstellung seiner Produkte nicht zu **sicherheitsrelevanten Mängeln** kommt.[170] Das ähnelt einer **Organisationspflicht**, dh der Hersteller muss auf eine möglichst fehlerfreie Produktion achten, einen reibungslosen Fertigungsprozess sowie effektive Qualitätskontrollen. Bei einem Fabrikationsfehler weist das Produkt infolge eines Mangels im **Herstellungsprozess** nicht das **Sicherheitsniveau** auf, das bei **ordnungsgemäßer Umsetzung** der fehlerfreien Konstruktion erreicht worden wäre.[171] 95

Ein Fabrikationsfehler haftet in der Regel nur einem einzelnen Produkt bzw. einem Produktionslos an und nicht der gesamten Serie.[172] Wenn der Hersteller alle **zumutbaren Maßnahmen** trifft, aber das von ihm hergestellte Produkt trotzdem nicht den **Sicherheitsanforderungen** genügt, spricht man von einem sog. **Ausreißer.** Ein solcher „Ausreißer" begründet mangels vorwerfbaren Verhaltens des Herstellers *keine* haftungsrechtliche Pflichtverletzung.[173] 96

Dem Hersteller obliegt es in der **Produktionsphase,** Fehler durch **menschliches** sowie **technisches Unvermögen** zu vermeiden.[174] Bei **autonomen Systemen** sind bei der **Fabrikation** insbesondere Fehler bezüglich der **Anpassungsleistung** denkbar. Regelmäßig beeinflussen **Algorithmen** oder **mechatronische Funktionsmodelle** die Anpassungsleistung. Im Falle, dass ein Hersteller einen ordnungsgemäß entwickelten Algorithmus fehlerbehaftet in das *smarte Gerät* ua einarbeitet, liegt ein **Fabrikationsfehler** vor. Die Bedeutung der **Verkehrssicherungspflichten** in der Fabrikationsphase steigt, wenn autonome Systeme in den Fertigungsprozess eines Produkts einbezogen werden.[175] Bspw. ist denkbar, dass eine autonom produzierende Fertigungsstraße bei einem Zulieferer **fehlerhafte Bauteile** ordert oder dass der RFID-Chip an einem Produkt **falsche Daten** aus der Cloud erhält und sodann **Fehlsteuerungen** im Fertigungsprozess verursacht.[176] 97

cc) Instruktionspflicht. Die Benutzung eines Produkts ist immer auch mit **Restrisiken** verbunden. Diese Restrisiken werden akzeptiert, um die **technische Innovation** nicht unnötig zu hemmen.[177] Daher fordert die Rechtsprechung nicht, dass der Hersteller ausschließlich Produkte ohne Risiko auf den Markt bringt. Allerdings muss er bei einem bestehenden Restrisiko dafür sorgen, dass der Nutzer über die Verwendung und die damit einhergehenden Gefahren des Produkts **hinreichend belehrt** ist. Ein **Instruktionsfehler** liegt daher immer dann vor, wenn der Hersteller nur **unzureichend** vor gefährlichen Wareneigenschaften warnt. Denkbare Instruktionsfehler sind dabei va unzulängliche **Anleitungen** für die *Bedienung, Reparatur der Ware* oder *Wartung.*[178] Der Vorwurf an den Produzenten ist dann, dass er auf eine **mögliche Gefahr** überhaupt nicht hingewiesen hat, nur auf unvollständige Weise oder ohne den gebotenen Nachdruck. Die Schadensneigung eines Produkts ist immer auch von der **Art und Weise** des **Gebrauchs** abhängig. Dem Nutzer ist ein sachgerechter Umgang mit dem Produkt nur möglich, wenn er informiert 98

---

[168] *Wendt/Oberländer* InTeR 2016, 58 (61).
[169] BeckOK BGB/*Förster* § 823 Rn. 707.
[170] BeckOK BGB/*Förster* § 823 Rn. 707.
[171] *Ehring* EnWZ 2017, 262 (266).
[172] MüKoBGB/*Wagner* § 823 Rn. 822.
[173] Statt vieler BeckOK BGB/*Förster* § 823 Rn. 709.
[174] *Wendt/Oberländer* InTeR 2016, 58 (61).
[175] *Wendt/Oberländer* InTeR 2016, 58 (61 f.).
[176] *Wendt/Oberländer* InTeR 2016, 58 (62).
[177] *Wendt/Oberländer* InTeR 2016, 58 (62).
[178] *Littbarski* in Kilian/Heussen ComputerR-HdB Kap. 180 Rn. 75.

ist über dessen sicherheitsrelevante Eigenschaften.[179] Die Instruktionspflicht des Herstellers ist ein selbstverständlicher Bestandteil seiner **Produktverantwortung** und endet nicht beim eigenen Produkt. Vielmehr erstreckt sie sich auch auf dessen **Kombination mit anderen Gegenständen.**[180]

99 Bei **autonomen Systemen** kommt der **Instruktionspflicht** des Herstellers eine wichtige Bedeutung zu. Gerade bei diesen Systemen können die **Reaktionsweisen** nicht immer eindeutig vorhergesehen werden, sodass sich bei autonomen Systemen ein **neues Gefahrenpotenzial** ergibt. Der Hersteller muss daher **umfassend darüber aufklären,** inwiefern sich die Eigenschaften des Produkts selbstständig verändern können und wie der Verwender das Produkt zu überwachen hat.[181]

100 **dd) Produktbeobachtungspflicht.** Die Pflicht des Herstellers endet nicht mit dem Inverkehrbringen des Produkts. Vielmehr hat der Hersteller mit dem **Inverkehrbringen des Produkts** eine **fortdauernde Gefahrenquelle** geschaffen, sodass ihn die Pflicht trifft, seine Produkte **ständig zu überwachen,** um auf später auftretende **Risiken** reagieren zu können. Sollten sich nach dem Inverkehrbringen des Produkts Gefahren zeigen, resultieren daraus weitergehende Pflichten des Herstellers. Bspw. treffen diesen dann **erweiterte Instruktions- und Warnpflichten** sowie die Pflicht, die weitere **Produktion** umzustellen.[182] Unter Umständen ist es auch möglich, dass der Hersteller das Produkt **zurückrufen** muss. Eine solche Pflicht besteht (ausnahmsweise) dann, wenn durch das Produkt **hochrangige Rechtsgüter,** wie insbesondere *Leib* und *Leben,* gefährdet sind.[183] In welchem Maße der Hersteller zur Produktbeobachtung verpflichtet ist, ist einerseits abhängig von dem Umfang und dem Ausmaß des **drohenden Schadens,** andererseits von der **Möglichkeit** sowie der **wirtschaftlichen Zumutbarkeit** von **Beobachtungsmaßnahmen.**[184] Zu unterscheiden ist zwischen der **aktiven** sowie der **passiven Produktbeobachtungspflicht.** Die **passive Produktbeobachtungspflicht** beschränkt sich auf die *Entgegennahme, Sammlung* und *Auswertung* von Kundenbeschwerden zu Schadensfällen und Sicherheitsdefiziten. Bei der **aktiven Produktbeobachtungspflicht** muss der Hersteller Informationen über mögliche Schadensrisiken selbst beschaffen.[185]

101 Der **Produktbeobachtungspflicht** kommt im Rahmen der **Digitalisierung** eine besondere Bedeutung zu. Die Vernetzung von Produkten und Produktionsverfahren in der *smarten Fabrik* stellt das Haftungsrecht vor **neue Herausforderungen.** Der Hersteller kann durch die **zunehmende Digitalisierung** leicht auf seine Produkte **weltweit** zugreifen. Allerdings können auch **Dritte** auf das Produkt Einfluss nehmen. Denkbar ist einerseits die Möglichkeit Dritter, Softwarekomponenten unterschiedlicher Anbieter zu kombinieren, aber auch das Einwirken von Hackern auf das Produkt in krimineller Absicht **(Cyberangriffe).**[186] In dem Zusammenhang ist es dem Hersteller allerdings nicht zumutbar, alle externen Risiken vorauszusehen, zu überwachen und zu beherrschen. Die Verantwortung für das Produkt nimmt aber in dem Umfang zu, in dem es sich um bedeutende Rechtsgüter dreht, wie bspw. bei **Gefahren** für **Leib und Leben** etwa bei dem Einsatz von *smarten Geräten* im medizinischen Bereich.[187] Den Hersteller trifft im Rahmen der Produktbeobachtung die Pflicht, Daten dauerhaft zu verarbeiten und zu analysieren. Durch die **zunehmende Vernetzung** im **Internet der Dinge** kann er dieser Pflicht fast unbeschränkt nachkommen. So führen der **technische Fortschritt,** die **zunehmende**

---

[179] MüKoBGB/*Wagner* § 823 Rn. 826.
[180] MüKoBGB/*Wagner* § 823 Rn. 827.
[181] *Wendt/Oberländer* InTeR 2016, 58 (62).
[182] *Wendt/Oberländer* InTeR 2016, 58 (62).
[183] BeckOK BGB/*Förster* § 823 Rn. 741 ff.
[184] MüKoBGB/*Wagner* § 823 Rn. 838.
[185] MüKoBGB/*Wagner* § 823 Rn. 838 f.
[186] *Harbarth* in Krieger/Schneider Managerhaftung-HdB 3. Teil § 28 Rn. 28.19a.
[187] *Harbarth* in Krieger/Schneider Managerhaftung-HdB 3. Teil § 28 Rn. 28.19a.

Vernetzung einzelner Geräte und die **Kommunikation** in der **Industrie 4.0** dazu, dass es dem Unternehmer möglich ist, eine **Vielzahl von Datenquellen** auszuwerten. Dazu ist er in der Regel auch verpflichtet.[188] Bei smarten Geräten hat der Hersteller zudem die Möglichkeit, eine **ferngesteuerte Produktstilllegung** vorzunehmen, wenn das Gerät nicht der erforderlichen Sicherheit entspricht. So ist es dem Hersteller in der Regel möglich, intelligente Haushaltsgeräte aus der Ferne mit Steuerbefehlen **vollständig** oder **teilweise** zu **deaktivieren.** Denkbar ist auch die **dauerhafte** oder eine **vorübergehende Stilllegung** von fehlerhaften Produkten. Gerade die dauerhafte Produktstilllegung stellt dabei eine Vorstufe zum **Produktrückruf** dar, der nach der Rechtsprechung des BGH nur unter sehr strengen Voraussetzungen durchzuführen ist.[189] Die Produktstilllegung ist zwar einfach für den Hersteller durchzuführen, allerdings stellt ein solches Vorgehen in der Regel einen schweren Eingriff in die Rechte des Verwenders dar und ist durch dessen Eigentumsrecht begrenzt.[190]

IoT-Geräte lassen sich in der Regel nicht nur mit Produkten derselben Baureihe koppeln, sondern vielmehr auch mit der Software und Hardware anderer Hersteller. Die **Verantwortung des Herstellers** endet dabei nicht bei seinem Produkt. Vielmehr kann er bspw. auch verantwortlich sein für Gefahren, die durch **Apps, Soft- oder Hardware** von **Drittanbietern** ausgehen.[191] Insoweit beschränkt sich seine Pflicht zur Produktbeobachtung allerdings nur auf die **Kombinationsgefahren.** Dh die Gefahren, die sich aus der Kombination mit dem eigenen Produkt ergeben. Für den Hersteller ist problematisch, dass das Spektrum an **kombinierbaren Produkten** regelmäßig *nicht* leicht zu überschauen ist und zudem die *smarten Produkte* große **Sicherheitsrisiken** für den Nutzer darstellen können. Der Hersteller eröffnet mit seinen *smarten Produkten* erst die **Koppelungsmöglichkeit** zu anderen Produkten. Dennoch ist es ihm nicht zuzumuten, hinsichtlich aller Hard- und Softwareprodukte eine umfassende Überprüfungspflicht zu tragen.[192] Die Überprüfungspflicht ist daher auf die gängigste Hard- und Software zu beschränken. Der Hersteller kann die Funktionen des *smarten Gerätes* zudem mit den Erfahrungswerten überwachen, die er durch **Analysesoftware** generiert. Auf diese Weise kann es ihm auch gelingen, auf Risiken angemessen zu reagieren, die von den Produkten Dritter ausgehen.[193] 102

c) Verschuldensprinzip

Der Verschuldensmaßstab ist in **§ 276 Abs. 2 BGB** definiert. Danach muss der Hersteller entweder *vorsätzlich* oder *fahrlässig* gegen eine produkthaftungsrechtliche Sorgfaltspflicht verstoßen haben.[194] Die Besonderheit bei der Produzentenhaftung ist dabei die von der Rechtsprechung entwickelte **Beweislastumkehr** zugunsten des Geschädigten.[195] Der Geschädigte muss so die Fehlerhaftigkeit des Produkts beweisen und, dass der Fehler kausal für die eingetretene Rechtsgutsverletzung war. Der Hersteller dagegen muss sich hinsichtlich der Sorgfaltspflichtverletzung entlasten.[196] 103

d) Haftungsumfang – insbesondere keine Haftung für reine Vermögensschäden

Die **deliktsrechtlichen Schadensersatzansprüche** des BGB sehen als Rechtsfolge den Ersatz des Schadens vor, der beim Geschädigten entstanden ist. Nach **§ 249 Abs. 1 BGB** muss der Schädiger den Geschädigten so stellen als wäre das schädigende Ereignis nicht 104

[188] *Piltz/Reusch* BB 2017, 841.
[189] Zu den Voraussetzungen für einen Produktrückruf BGH Urt. v. 16.12.2008 – VI ZR 170/07, NJW 2009, 1080 – Pflegebetten-Entscheidung.
[190] *Grünvogel/Dörrenbächer* ZVertriebsR 2019, 87 (90).
[191] *Grünvogel/Dörrenbächer* ZVertriebsR 2019, 87 (91).
[192] *Droste* CCZ 2015, 105 (110).
[193] *Grünvogel/Dörrenbächer* ZVertriebsR 2019, 87 (91).
[194] BeckOK BGB/*Förster* § 823 Rn. 751.
[195] BGH Urt. v. 26.11.1986 – VI ZR 212/66, BGHZ 51, 91 (102ff.) – Hühnerpestfall.
[196] MüKoBGB/*Wagner* § 823 Rn. 858.

eingetreten, sog. **Grundsatz der Naturalrestitution.** Der Schaden wird dabei mithilfe der **Differenzhypothese** ermittelt. Nach dieser ist die Differenz zu bilden zwischen dem Vermögensstand ohne des schädigenden Ereignisses *(hypothetischer Zustand)* und dem tatsächlich gegebenen Vermögensstand *(realer Zustand).*[197] Ein Schadensersatzanspruch aus der **Produzentenhaftung** setzt voraus, dass dem Geschädigten ein Schaden an einem **absolut geschützten Rechtsgut** entstanden ist, etwa *Leben, Gesundheit oder Eigentum.* **Reine Vermögensschäden** sind *nicht* ersatzfähig im Rahmen der **Produzentenhaftung** aus **§ 823 Abs. 1 BGB.**[198] Gerade in einer **IoT-Umgebung** ist es indessen wahrscheinlich, dass **IT-Sicherheitsvorfälle** oder **mangelhafte Geräte** Unternehmensprozesse lahmgelegen, Dokumente oder Daten verloren gehen sowie Fließbänder und Produktionen stillstehen, ohne dass dem ein deliktsrechtlicher Schadensvorgang zugrunde liegt. In der Regel handelt es sich bei solchen Schäden daher nur um **Vermögensschäden,** die nicht durch die **Produzentenhaftung** ersetzbar sind. Vor dem Hintergrund, dass das Deliktsrecht nur das Integritätsinteresse schützt, kommt den vertraglichen Ansprüchen daher eine große Bedeutung zu und ist eine **vertragliche Absicherung** – ggf. durch entsprechende **Betriebsausfallversicherungen** – dringend anzuraten.

105 Zudem muss der Schaden an einem anderen als dem fehlerhaften Produkt entstanden sein. Schäden am Produkt selbst unterfallen lediglich der **Mangelgewährleistung** und sind nur vertraglichen Ansprüchen unterworfen. Denn in diesem Fall ist ausschließlich das **Nutzungs- und Äquivalenzinteresse** des Verwenders betroffen, welches umfassend geschützt ist durch das spezielle Gewährleistungsrecht. Die Produkthaftung kommt somit erst dann in Betracht, wenn über das Produkt hinaus **Eigentums- oder andere Rechte** des Verwenders verletzt sind.[199]

106 Umstritten ist, ob der **Verlust von Daten** eine von § 823 Abs. 1 BGB ersatzfähige Sachbeschädigung darstellt.[200] Dann könnte etwa eine Virusinfektion Ansprüche aus der Produzentenhaftung auslösen. Nach ganz hM kann *kein* Eigentum an Daten erworben werden nach § 903 BGB, denn Eigentum setzt eine Sache, dh einen **körperlichen Gegenstand,** voraus, **§ 90 BGB.** Diese eindeutige Regelung des BGB schließt daher die unmittelbare und die analoge Anwendung von § 903 BGB auf Daten aus.[201] Die deliktische Haftung aus **§ 823 Abs. 1 BGB** kann daher *nicht* auf eine **Eigentumsverletzung** bei **Datenverlusten** oder die **Beeinträchtigung von Daten** gestützt werden. Denkbar ist, dass sich eine deliktische Haftung für die *Veränderung, Löschung* oder *Ausbeutung von Daten* aus der Verletzung des **allgemeinen Persönlichkeitsrechts** ergibt. Das allgemeine Persönlichkeitsrecht ist angelegt in **Art. 2 Abs. 1 GG iVm Art. 1 Abs. 1 GG** und gewährleistet die Achtung der **Privatsphäre** einer Person gegenüber Staat und Dritten.[202] Unter den Schutz des allgemeinen Persönlichkeitsrechts fallen allerdings nur **personenbezogene Daten** und keine technischen Daten. Unerheblich ist zudem der materielle Marktwert der Daten, sodass es allein auf den **Persönlichkeitsbezug** der Informationen ankommt.[203] Das **allgemeine Persönlichkeitsrecht** als sonstiges Recht iSv **§ 823 Abs. 1 BGB** schützt dessen Inhaber *nicht* vor allen in Betracht kommenden Einwirkungen, sondern ua nur gegen die **unbefugte Veröffentlichung** der Daten oder **Fehlinformationen.**[204]

107 Möglich ist zudem die **deliktische Haftung** aus **§ 823 Abs. 2 BGB** iVm der **DS-GVO.**[205] Die Normen aus der DS-GVO sind **Schutzgesetze** iSv § 823 Abs. 2 BGB. Nach Art. 1 Abs. 1 DS-GVO dient die Datenschutzgrundverordnung ausdrücklich dem

[197] MüKoBGB/*Oetker* § 249 Rn. 18.
[198] HK-BGB/*Staudinger* § 823 Rn. 1.
[199] *Redeker* in Redeker IT-R Rn. 828.
[200] *Redeker* in Redeker IT-R Rn. 828; *Rockstroh/Kunkel* MMR 2017, 77 (79).
[201] So etwa Hornung/*Riehm* S. 76.
[202] BeckOK BGB/*Förster* § 823 Rn. 176.
[203] Hornung/*Riehm* S. 78.
[204] Hornung/*Riehm* S. 79.
[205] *Bartsch/Roth* EnWZ 2018, 435 (443).

Schutz natürlicher Personen bei der Verarbeitung ihrer personenbezogenen Daten.[206] Ein Schadensersatzanspruch wegen eines Verstoßes gegen die DS-GVO ist möglich, wenn es sich um **personenbezogene Daten** handelt. Das sind alle Informationen, die sich auf eine *identifizierte* oder *identifizierbare* natürliche Person beziehen, **Art. 4 Nr. 1 DS-GVO.** Die Verletzung technischer Daten unterfällt dagegen nicht dem Anspruch aus § 823 Abs. 2 BGB iVm einem Verstoß gegen die DS-GVO.

3. Produkthaftung nach dem Produkthaftungsgesetz

a) Adressat der Produkthaftung

108 Der Adressat eines etwaigen Schadensersatzanspruches aus dem ProdHaftG ist grundsätzlich der **Hersteller des Produkts.** Wenn durch den Fehler eines Produkts jemand *getötet,* sein Körper oder seine Gesundheit *verletzt* oder eine *Sache beschädigt* wird, muss der Hersteller des Produkts nach **§ 1 Abs. 1 S. 1 ProdHaftG** dem Geschädigten den daraus entstehenden Schaden ersetzen. Der Hersteller eines Produkts ist in § 4 Abs. 1 ProdHaftG definiert als derjenige, der „das Endprodukt, einen Grundstoff oder ein Teilprodukt hergestellt hat. Als Hersteller gilt auch jeder, der sich durch das Anbringen seines Namens, seiner Marke oder eines anderen unterscheidungskräftigen Kennzeichens als Herstellers ausgibt." Im Interesse des Verbraucherschutzes herrscht ein sehr **formeller Herstellerbegriff.** So kommt es im Außenverhältnis nicht darauf an, ob und in welchem Umfang der Hersteller tatsächlich Einfluss auf das Design oder den Herstellungsprozess hatte.

b) Produktbegriff

109 Nach **§ 2 ProdHaftG** erstreckt sich der Produktbegriff auf **alle beweglichen Sachen,** auch wenn sie einen Teil einer anderen beweglichen oder unbeweglichen Sache bilden sowie **Elektrizität.** Fraglich ist, ob **Software** ein Produkt iSv § 2 ProdHaftG darstellt. Dies ist jedenfalls dann zu bejahen, wenn die Software auf einem eigenständigen Datenträger verkörpert ist. Problematisch ist dagegen der Fall, dass die Software aus dem Internet heruntergeladen wird oder der Nutzer auf diese nur über das Internet zugreifen kann, während die Software in der Cloud verbleibt. Diese Fälle aus dem Anwendungsbereich der **Produkthaftung** herauszunehmen, wäre eine unterschiedliche Behandlung, die *willkürlich* und sachlich *nicht zu rechtfertigen* wäre.[207] **IoT-Geräte** können bereits mit eingebauter Software erworben werden. Wenn die im Gerät eingebaute Software fehlerhaft ist und einen Schaden verursacht, ist das Produkthaftungsrecht anwendbar nach **§ 2 ProdHaftG.** An diesem Ergebnis sollte sich nichts ändern, wenn der Nutzer die Software erst nach dem Erwerb in das Gerät einbaut – etwa in Form eines Updates.[208] Software, die **zur Steuerung von Geräten** eingesetzt wird, ist wie eine **bewegliche Sache** zu behandeln und damit in den Anwendungsbereich des **§ 2 ProdHaftG** einzubeziehen. Dies muss unabhängig davon gelten, ob der Nutzer die Software bereits mit dem Gerät erworben hat oder erst nachträglich aufgespielt hat.[209]

c) Produktfehler

110 Der Anspruch aus **§ 1 ProdHaftG** setzt anders als ein Anspruch aus der **deliktsrechtlichen Produzentenhaftung** *keine* schuldhafte Verletzung einer **Verkehrssicherungspflicht** voraus. Vielmehr genügt das Inverkehrbringen eines fehlerhaften Produkts. Nach **§ 3 Abs. 1 ProdHaftG** ist ein Produkt fehlerhaft, wenn es nicht die **Sicherheit** bietet, die unter Berücksichtigung aller Umstände, insbesondere seiner *Darbietung,* des *Gebrauch*

---

206 *Wybitul/Haß/Albrecht* NJW 2018, 113.
207 MüKoBGB/*Wagner* ProdHaftG § 2 Rn. 17.
208 MüKoBGB/*Wagner* ProdHaftG § 2 Rn. 19.
209 MüKoBGB/*Wagner* ProdHaftG § 2 Rn. 19.

oder des *Zeitpunktes,* in dem es in den Verkehr gebracht wurde, berechtigterweise erwartet werden kann. Gerichte bestimmen die berechtigte **Sicherheitserwartung** jeweils aufgrund einer **detaillierten Einzelfallbetrachtung.** Dabei stützt sich die Rechtsprechung auf die im Rahmen der deliktsrechtlichen Produzentenhaftung entwickelten Fehlerkategorien (Konstruktionsfehler, Fabrikationsfehler, Instruktionsfehler).

d) Haftungsumfang

111 § 1 ProdHaftG erfasst nur Schäden, die unter die Verletzung einer der in der Vorschrift genannten Rechtsgüter fallen – nach **§ 1 Abs. 1 S. 1 ProdHaftG** sind das *Leben, Körper, Gesundheit* und das *Eigentum.* Ersatzfähig nach dem ProdHaftG sind dagegen keine reinen Vermögensschäden. In der **digitalisierten Wirtschaft** sind Schäden denkbar, die zu reinen Nutzungs- oder Produktionsausfällen führen. Diese Schäden werden nach dem geltenden Recht aber weder vom Produkthaftungsgesetz noch von der deliktischen Produzentenhaftung erfasst. Zu berücksichtigen bei der Haftung nach dem ProdHaftG ist des Weiteren, dass nur Schäden an anderen als der fehlerhaften Sache selbst zu berücksichtigen sind, wenn die beschädigte Sache gewöhnlich für den privaten Gebrauch bestimmt war und tatsächlich auch hauptsächlich verwendet wurde. Zudem besteht nach § 11 ProdHaftG ein Selbstbehalt iHv 500 EUR. Bei Personenschäden gilt eine **Haftungshöchstgrenze** iHv 85 Mio. EUR für alle durch ein Produkt oder gleiche Produkte mit demselben Fehler verursachten Schäden.

e) Evaluierung der Produkthaftungsrichtlinie

112 Die Produkthaftungsrichtlinie ist aus dem Jahr **1985.** Seitdem haben sich die Wirtschaft und auch die Technologie wesentlich weiterentwickelt. Die EU-Kommission hat diesem Umstand Rechnung getragen und in ihrem **Bericht** vom 7.5.2018[210] erörtert, ob und inwieweit die Produkthaftungsrichtlinie den heutigen Anforderungen im Hinblick auf **Digitalisierung,** dem **Internet der Dinge, künstlicher Intelligenz** und **Cybersicherheit** genügen kann.[211] Gegenstand der Überprüfung waren die Fragen, ob die Produkthaftungsrichtlinie noch ihre **ursprünglichen Ziele wirksam** und **effizient** erreichen kann, ob sie mit den **einschlägigen EU-Vorschriften übereinstimmt,** vor dem Hintergrund technischer Entwicklungen noch **relevant** ist und einen **Mehrwert** darstellen kann für Unternehmen und Geschädigte. Die Frage, die sich aufdrängt, ist zudem, wie die Richtlinie den Herausforderungen im Zusammenhang mit der **zunehmenden Automatisierung von Geräten** sowie der **Cybersicherheit** gerecht werden kann, ohne dabei Hersteller davon abzuhalten, **innovative Produkte** in den Verkehr zu bringen. Die EU-Kommission kommt zu dem Ergebnis, dass die Produkthaftungsrichtlinie trotz der zunehmenden Komplexität der Produkte noch ein geeignetes Instrument für den **Verbraucherschutz** ist.[212] Allerdings bemängelt sie, dass die Wirksamkeit der Produkthaftungsrichtlinie beeinträchtigt ist durch die starren Konzepte des *Herstellers, Produkts, Fehler* und *Schaden* sowie der *Beweislast.*[213] 1985 konnten diese Begriffe noch eindeutig definiert werden. Durch den zunehmenden technischen Fortschritt lassen sich heutzutage diese Begriffe immer weniger scharf umreißen. Zudem hat der Hersteller des Produkts immer weniger Kontrolle über Veränderungen, Anpassungen sowie Überholungen des Produkts. Die **zunehmende Autonomie** sowie **neue Geschäftsmodelle** lassen sich erschwert unter die

---

[210] Bericht der Kommission an das Europäische Parlament, den Rat und den Europäischen Wirtschafts- und Sozialausschuss über die Anwendung der Richtlinie des Rates zur Angleichung der Rechts- und Verwaltungsvorschriften der Mitgliedstaaten über die Haftung von fehlerhaften Produkten (85/374/EWG) v. 7. Mai 2018 COM(2018) 246 final, ec.europa.eu/transparency/regdoc/rep/1/2018/DE/COM-2018-246-F1-DE-MAIN-PART-1.PDF (7.3.2021).

[211] *Mitterer/Wiedemann/Zwissler* BB 2019, 3 (7).

[212] Bericht der Kommission v. 7.5.2018, COM(2018) 246 final, 2.

[213] Bericht der Kommission v. 7.5.2018, COM(2018) 246 final, 10.

Produkthaftungsrichtlinie fassen. Etwaige Anpassungen der Richtlinie müssen allerdings gewährleisten, dass der Hersteller weiterhin für die Produkte verantwortlich ist, die er in den Verkehr bringt. Auch muss dem Geschädigten weiterhin der Nachweis gelingen können, dass der bei ihm entstandene Schaden durch das fehlerhafte Produkt des Herstellers verursacht wurde.[214] Es muss ein klarer **Sicherheitsrahmen** vorgegeben sein, der für Hersteller und Verbraucher erkennen lässt, welche **Sicherheitserwartungen** sie an das Produkt stellen können. Konkret plant die Kommission, die Konzepte des Produkts, des Fehlers, des Schadens, des Herstellers sowie der Beweislast **klarer zu fassen.**[215] Am Grundsatz der **verschuldensunabhängigen Haftung** soll sich dagegen nichts ändern.[216]

4. Resilienz vor Angriffen von außen als Frage der Produktsicherheit

Mehrere ältere Sicherheitskameramodelle weisen teilweise sogar erheblichen Sicherheits- 113
schwachstellen auf,[217] sodass unbefugte Externe auf die Sicherheitskameras zugreifen können, wenn die Kameras mit dem Internet verbunden sind. Kriminellen Hackern ist es so möglich, auf die Livestreams der Kamera zuzugreifen, wodurch es ihnen möglich ist, Passanten oder Nutzer zu beobachten. Sie können auch Schadcodes auf die Kameras übertragen und diese so zu einem Bot-Netz zusammenzuschließen, um einen DDoS-Angriff[218] auf Server oder Dienste auszuüben. Die Sicherheitsschwachstellen der Kameras sind nicht durch ein Software-Update zu beheben, denn an der Herstellung der Kamera war ein Zulieferer beteiligt, der die erforderlichen Software-Komponenten nicht mehr zur Verfügung stellen kann.[219] Neuere Modelle des gleichen Anbieters verfügen nun über eine eigene Update-Infrastruktur, sodass etwaige Sicherheitslücken auch aus der Ferne behebbar sind.

Von unsicheren Geräten im Internet der Dinge gehen hohe Risiken aus. Nicht nur für 114
den Nutzer des Gerätes, sondern gerade auch für Webseiten, Dienstleistungen oder kritische Internetinfrastrukturen etwa durch **DDoS-Attacken.**[220] Bislang fehlt den Herstellern oft der ökonomische Anreiz, sichere vernetze Geräte herzustellen, denn die Konsumenten legen in der Regel einen höheren Wert auf Features und Leistungsfähigkeit des Gerätes als auf dessen IT-Sicherheit.[221] Vor dem Hintergrund, dass die Anzahl der vernetzten Geräte exponentiell steigen wird, vergrößern sich die Gefahren, die von unsicheren IoT-Geräten ausgehen. Daher stellt sich im haftungsrechtlichen Kontext die Frage, ob der Hersteller des smarten Gerätes nach dem geltenden Recht verpflichtet ist, Software-Updates für die vernetzten Geräte bereitzuhalten, um somit Sicherheitslücken beheben zu können. Darüber hinaus ist fraglich, ob ein vernetztes Gerät fehlerhaft iSd ProdHaftG ist, wenn es Sicherheitslücken aufweist, und ob Schadensersatzansprüche gegen den Hersteller des Produkts aus § 823 Abs. 1 BGB bestehen, wenn das unsichere vernetzte Gerät eine Rechtsgutsverletzung verursacht.

Die Beantwortung dieser Frage sollte weniger der Rechtsprechung überlassen als viel- 115
mehr vom Gesetzgeber aufgegriffen werden. In dieser Hinsicht lohnt auch der rechtsver-

---

[214] Bericht der Kommission v. 7.5.2018, COM(2018) 246 final, 10.

[215] Bericht der Kommission v. 7.5.2018, COM(2018) 246 final, 2.

[216] Bericht der Kommission v. 7.5.2018, COM(2018) 246 final, 11.

[217] Vgl. Spiegel Online 9.5.2019, www.spiegel.de/netzwelt/gadgets/abus-kameras-hersteller-bietet-wegen-sicherheitsluecken-austausch-an-a-1266524.html (7.3.2021).

[218] DDoS (= Distributed Denial of Service) bedeutet die gezielte Herbeiführung der Nichtverfügbarkeit eines Dienstes oder Servers. Die Angreifer infizieren dafür Geräte mit Schadsoftware, erstellen ein Bot-Netz, um eine von ihnen gewählte Infrastruktur mit zahllosen Anfragen anzugreifen, vgl. myrasecurity.com/de/was-ist-ein-ddos-angriff (7.3.2021).

[219] Vgl. Meldung des Chaos Computer Club v. 7.5.2019, www.ccc.de/de/updates/2019/update-nicht-verfugbar-hersteller-nicht-zu-erreichen (7.3.2021).

[220] Vgl. SZ 7.12.2017, www.sueddeutsche.de/digital/internet-of-things-das-internet-wird-gerade-mit-unsicheren-geraeten-verseucht-1.3782496 (7.3.2021).

[221] *Kleinhans* Zeit Online 5.11.2016, www.zeit.de/digital/internet/2016-11/it-sicherheit-politik-internet-der-dinge-botnetze (7.3.2021).

gleichende Blick in andere Länder, deren gesetzliche Regelungen erahnen lassen, worauf sich auch Hersteller in der EU werden einstellen müssen.

116 So hat der US-Bundesstaat Kalifornien am 28. 9. 2018 explizite Regelungen zur Sicherheit von vernetzten Geräten beschlossen. Am 1. 1. 2020 ist das Gesetz zur **Sicherheit von vernetzten Geräten** in Kalifornien in Kraft getreten.[222] Durch das Gesetz werden die Hersteller von *vernetzten Geräten*[223] verpflichtet, Sicherheitsvorkehrungen in ihre Produkte zu integrieren. Das Gesetz bezweckt den Schutz der Informationssicherheit.[224] Die Anforderung das vernetzte Gerät mit angemessenen Sicherheitsmaßnahmen auszustatten, soll sowohl dem *Schutz des Gerätes* dienen als auch dem *Schutz der darin enthaltenen Daten.*[225] Die Hersteller sollen nach der neu eingefügten Section 1798.91.04 lit. a Civil Code die Geräte mit **angemessenen** und **zumutbaren Sicherheitsfunktionen** sowie **Sicherheitseigenschaften** ausstatten, die hinsichtlich der Art und Funktionen der Geräte sowie der Daten, die diese sammeln, enthalten oder übertragen, *Schutz vor unbefugten Zugriffen, Datenveränderungen* oder *Offenlegungen von Daten* bieten. Das Gesetz fügt Anforderungen an **Authentifizierungsmechanismen** von Geräten in Section 1798.91.04 lit. b Civil Code ein. Ein im Gerät bereits vorprogrammiertes Passwort muss für jedes Gerät anders sein. Alternativ kann der Hersteller vorsehen, dass der Gerätenutzer bei der Einrichtung des vernetzten Gerätes ein eigenes Authentifizierungsmittel (zB ein neues Passwort) festlegen muss. Eine Sicherheitsmaßnahme nach Section 1798.91.05 lit. d Civil Code ist jede Eigenschaft des Gerätes, die der Sicherheit des Gerätes dient.[226] Das Gesetz richtet sich an alle Hersteller, die ihre internetfähigen IoT-Geräte in Kalifornien verkaufen oder zum Verkauf anbieten. Durch das Gesetz wird *kein* privates Klagerecht geschaffen; stattdessen hat die kalifornische Staatsanwaltschaft die ausschließliche Befugnis das Gesetz durchzusetzen.[227] Der reine Kauf und das „Branding“ (Aufdruck der eigenen Marke) des vernetzten Produkts macht die Person nicht zum Hersteller.[228] Das ist zwar konsequent, da die Person das vernetzte Gerät nicht selbst hergestellt hat und damit auch nicht in der Lage war, es mit ausreichenden („reasonable“) Sicherheitsfunktionen auszustatten. Dies begegnet allerdings dem praktischen Problem, dass gerade die größtenteils in China produzierten „White-Label-Produkte“[229] schwerwiegende Sicherheitslücken aufweisen. In dem Fall ist nur der chinesische Hersteller verpflichtet, die gesetzlichen Maßnahmen umzusetzen. Das wird in der Regel an der Durchsetzung scheitern, die gegenüber dem chinesischen Hersteller in China so gut wie unmöglich ist.[230] Weiterhin scheidet die Verpflichtung des Herstellers dann aus, wenn der Nutzer eigenhändig Änderungen an dem Gerät vornimmt, etwa weitere Software aufspielt. Der Hersteller ist *nicht* verpflichtet, zu verhindern, dass der Nutzer das Gerät und seine Software verändert. Vielmehr muss er nur dafür sorgen, dass das Gerät den Sicherheitsanforderungen entspricht, wenn er es auf den Markt bringt.[231]

---

[222] Senate Bill No. 327, leginfo.legislature.ca.gov/faces/billTextClient.xhtml?bill_id=201720180SB327 (7. 3. 2021).

[223] Vernetzte Geräte werden gesetzlich definiert als „any device, or other physical object that is capable of connecting to the Internet, directly or indirectly, and that is assigned an Internet Protocol address or Bluetooth address“, Section 1798.51.05 lit. b Civil Code.

[224] *Ritter* MMR 2019, 3.

[225] *Spies* ZD-Aktuell 2018, 06313.

[226] „Security feature“ means a feature of a device designed to provide security for that device.

[227] *Spies* ZD-Aktuell 2018, 06313.

[228] S. Section 1798.91.05 lit. c Civil Code: „Manufacturer means the person who manufactures, or contracts with another person to manufacture on the person's behalf, connected devices that are sold or offered for sale in California. For the purpose of this subdivision, a contract with another person to manufacture on the person's behalf *does not include a contract only to purchase a connected device, or only to purchase and brand a connected device.* “

[229] White-Label-Produkte sind Produkte, die nicht unter der Marke des Herstellers, sondern als scheinbares Produkt eines anderen Herstellers/Händlers verkauft werden.

[230] *Ritter* MMR 2019, 3.

[231] *Ritter* MMR 2019, 3 (4).

IV. Betreiber-/Benutzerhaftung

Autonomen Systemen ist immanent, dass sie sich in gewisser Weise **verselbstständigen.** Durch maschinelles Lernen kann es zu Veränderungen im Regelbestand und der Regelauswahl kommen, so dass auch der Entwickler das Verhalten des Systems *nicht* mehr vollständig vorhersagen kann.[232] Daher stellt sich auch die Frage, inwieweit neben dem Hersteller auch der Betreiber bzw. Benutzer eines autonomen/vernetzen Systems in die Haftung zu nehmen ist. 117

1. Haftpflichtgesetz – intelligente Fabrik

Das Haftpflichtgesetz (HaftPflG) regelt die Haftung für Schäden im Zusammenhang mit gefährlichen Unternehmen. Die Haftung im HaftPflG ist größtenteils als Gefährdungshaftung ausgestaltet, in der Regel ist daher das schuldhafte Verhalten einer Person *keine* Voraussetzung. Die vom HaftPflG geschützten Rechtsgüter umfassen nur Leben, Leib und Eigentum. Zudem ist die Haftung höhenmäßig begrenzt. 118

Die **Adressaten** des HaftPflG sind **abschließend** in **§§ 1–3 HaftPflG** aufgeführt. So richtet sich das Gesetz an **Bahnbetriebsunternehmen,** die Schienen oder Schwebebahnen betreiben, Betreiber von Anlagen, mit denen **Elektrizität, Gase, Dämpfe oder Flüssigkeiten in Stromleitungs- oder Rohrleitungsanlagen** transportiert werden sowie **sonstige Unternehmen** (Bergwerke, Fabriken, Gruben, oder Steinbrüche). Die Haftung ist immer dann ausgeschlossen, wenn der Schaden durch **höhere Gewalt** verursacht wurde. Zudem ist ein etwaiges Mitverschulden des Geschädigten anzurechnen gem. § 4 HaftPflG iVm § 254 BGB. Andere zivilrechtliche Haftungsbestände sind neben den Bestimmungen des HaftPflG weiterhin anwendbar, § 12 HaftPflG. 119

Nach § 3 HaftPflG haftet der Betreiber einer Fabrik für den Schaden, wenn ein Bevollmächtigter oder Repräsentant, eine zur Leitung oder Beaufsichtigung bestellte Person oder ein Arbeiter durch ein **Verschulden** in **Ausführung des Dienstverhältnisses** den **Tod** oder eine **Körperverletzung** eines Menschen herbeigeführt hat. Die Haftung aus § 3 HaftPflG greift für den Betreiber der Fabrik verschuldensunabhängig ein, knüpft gleichzeitig aber an das **schuldhafte Verhalten eines Menschen** an. Mithin ergibt sich aus dem HaftPflG *keine* verschuldensunabhängige Haftung für den Betreiber von autonomen Produktionsanlagen. 120

2. Kfz-Halterhaftung

Für das **autonome Fahren** kommen neben deliktischen Ansprüchen oder Ansprüchen der Produkt- und Produzentenhaftung gegen den Hersteller auch **Schadensersatzansprüche** aus dem **StVG** in Betracht. Der deliktischen Haftung kommt neben den Ansprüchen aus dem StVG aber in der Regel keine eigenständige Bedeutung mehr zu.[233] 121

Die Fahrzeughalterhaftung aus **§ 7 Abs. 1 StVG** ist **unabhängig vom Verschulden** des Halters oder des Fahrers. Der Halter haftet nach § 7 Abs. 1 StVG verschuldensunabhängig, soweit ein Schaden (*Tötung* oder *Verletzung eines Menschen* sowie die *Beschädigung* einer Sache) **beim Betrieb** des Kfz eintritt. Nach **§ 7 Abs. 2 StVG** ist der Anspruch ausgeschlossen, wenn der Unfall durch **höhere Gewalt** verursacht wurde. Höhere Gewalt ist nach den **Kriterien der Rechtsprechung** ein *betriebsfremdes, von außen einwirkendes* und *außergewöhnliches* Ereignis, das *nicht abwendbar* ist.[234] Bei der Fehlfunktion eines Fahrsteuerungssystems handelt es sich allerdings um *kein* betriebsfremdes von außen durch elemen- 122

[232] *Sosnitza* CR 2016, 765 (768).
[233] *Sosnitza* CR 2016, 765 (768).
[234] Burmann/Heß/Hühnermann/Jahnke/*Burmann* StVG § 7 Rn. 19.

tare Naturkräfte oder Handlungen Dritter herbeigeführtes Ereignis.[235] Daher wird in der Regel die Haftung *nicht* nach § 7 Abs. 2 StVG ausgeschlossen sein.

123 Nach **§ 18 StVG** sowie **§ 823 Abs. 1 BGB** haftet der **Fahrer** eines (autonomen) Kfz für Schäden an den in **§ 7 Abs. 1 StVG** genannten Rechtsgütern. In beiden Fällen handelt es sich um eine **Verschuldenshaftung,** die eine **Pflichtverletzung** des Fahrers voraussetzt. Allerdings sieht **§ 18 Abs. 1 S. 2 StVG** eine Beweislastregelung zulasten des Fahrers vor. Dieser muss beweisen, dass er die Pflichtverletzung nicht verursacht hat. Wer das Auto tatsächlich führt, ist bei einem autonomen Fahrzeug nicht immer leicht festzulegen. Es können **drei verschiedene Stufen** des autonomen Fahrens unterschieden werden.[236] Beim *teilautomatisierten Fahren* muss der Fahrer das System **dauerhaft überwachen** und **jederzeit** in der Lage sein **einzugreifen,** während er beim *hochautomatisierten Fahren* vom System eine Zeitreserve bekommt, bis er eingreifen muss. Beim *vollautomatisierten Fahren* ist das System jederzeit in der Lage, einen risikominimalen Zustand herzustellen.[237] Selbst der „Fahrer" eines *vollautomatisierten Fahrzeuges* ist aber letztendlich stets derjenige, der über die Inbetriebnahme des Systems entscheidet und jederzeit das Steuer wieder übernehmen kann und können muss. Somit bleibt er **unabhängig vom Automatisierungsgrad** des Kfz der Fahrzeugführer.[238] Teilweise wird diskutiert, ob der Hersteller des Fahrzeuges als zweiter Fahrzeugführer iSv **§ 18 StVG** anzusehen ist. Denn der Hersteller hat einen erheblichen Einfluss auf die wesentlichen Steuerungsfunktionen des Fahrzeuges.[239] Allerdings hat der Hersteller nach der Übergabe des Fahrzeuges an den Halter keine Kontrolle mehr über das Fahrzeug und kann in den Ablauf einer einzelnen individuellen Fahrt nicht mehr eingreifen. Daher ist es nicht überzeugend den Hersteller als zusätzlichen Fahrzeugführer anzusehen.[240] Der Anspruch aus § 18 Abs. 1 S. 1 StVG ist keine reine Gefährdungshaftung, vielmehr handelt es sich um eine **Verschuldenshaftung** mit **Beweislastumkehr.** Nach § 18 Abs. 1 S. 2 StVG kann der Fahrer des Kfz geltend machen, dass er den Schaden nicht schuldhaft verursacht hat, und sich damit exkulpieren.

124 Der Gesetzgeber hat auf die Entwicklungen des automatisierten Fahrens reagiert und eine Änderung des StVG am 16.6.2017 veranlasst. Durch die achte Novellierung des StVG sind hoch- und vollautomatisierte Fahrfunktionen zulässig nach § 1a Abs. 1 StVG, wenn diese Funktionen gewisse Voraussetzungen erfüllen und bestimmungsgemäß verwendet werden. Voraussetzung ist ua, dass für die automatisierten Systeme ihre Grenzen erkennbar sind, sodass diese den Fahrzeugführer ggf. auffordern können, die Fahrzeugsteuerung wieder aufzunehmen. Durch das Änderungsgesetz hat der Gesetzgeber einige Rechtsfragen hinsichtlich des automatisierten Fahrens klären können.[241] Inhaltliche Änderungen sind im Wesentlichen die Zulässigkeit von hoch- oder vollautomatisierten Kfz, die Rechte und Pflichten des Fahrzeugführers sowie eine Verdoppelung der Haftungshöchstbeträge bei automatisiertem Fahren, die Verarbeitung von Daten im Kfz und Übermittlung gespeicherter Daten auch an Dritte zur Beweissicherung.[242]

125 Ein hoch- oder vollautomatisiertes Kfz muss nach § 1a Abs. 1 StVG **sechs technische Anforderungen** erfüllen:[243]

- Übernahme aller Fahraufgaben nach Aktivierung der Fahrzeugsteuerung (bspw. Beschleunigen, Bremsen, Lenken);
- Einhaltung der Verkehrsvorschriften;

---

235 *Sosnitza* CR 2016, 765 (768).
236 *Jänich/Schrader/Reck* NZV 2015, 313 (314).
237 *Sosnitza* CR 2016, 765 (768).
238 *Sosnitza* CR 2016, 765 (769).
239 *Schrader* NJW 2015, 3537 (3541).
240 *Borges* CR 2016, 272 (277); *Sosnitza* CR 2016, 765 (769).
241 *Freise* VersR 2019, 65 (65).
242 *Freise* VersR 2019, 65 (66).
243 *Freise* VersR 2019, 65 (66f.).

- Möglichkeit der jederzeitigen manuellen Übersteuerbarkeit oder Deaktivierung durch den Fahrzeugführer;
- Erkennen, dass eigenhändige Fahrzeugsteuerung durch den Fahrzeugführer erforderlich ist, sowie die Fähigkeit, dem Fahrzeugführer optisch, akustisch, taktil oder sonst wahrnehmbar anzuzeigen, dass eigenhändige Fahrzeugsteuerung erforderlich ist;
- Fähigkeit, darauf hinzuweisen, dass der Fahrzeugführer das Fahrzeug nicht gemäß der Systembeschreibung einsetzt (zB Einsatz im innerstädtischen Verkehr, wenn nur die Verwendung auf der Autobahn vorgesehen ist).

3. Arbeitsschutz

Im Zuge der **Digitalisierung** verändert sich die **Arbeitswelt** stetig. Eine **intelligente** 126 **Fabrik** vernetzt *Menschen, Maschinen* und *Produkte,* welche im Rahmen des **Produktionsprozesses** miteinander kommunizieren. Der technische Fortschritt ist dabei in der Lage, ein **gesundes Arbeiten zu fördern,** indem die Mitarbeiter etwa schwere oder gefährliche Tätigkeiten maschinell ausführen lassen können. Durch die zunehmende Digitalisierung entstehen aber auch neue Risiken für die Beschäftigten.[244] Diese sind etwa **permanent** erreichbar. Zudem **beschleunigen** und **verdichten** sich die **Arbeitsprozesse** und es besteht in einer *smarten Fabrik* die Möglichkeit, riesige **Datenmengen** zu erfassen und auszuwerten, was die **dauerhafte Überwachung** der Leistung und des Verhaltens von Arbeitnehmern zulässt. Diesen neuen Gefahren muss das Arbeitsrecht wirksam entgegentreten. So sind die Anforderungen des Arbeitsschutzes an die Digitalisierung anzupassen.

Die betriebliche Interessensvertretung muss dafür sorgen, dass die Arbeitnehmer hinrei- 127 chend geschützt sind vor Eingriffen in ihr **allgemeines Persönlichkeitsrecht** durch nicht abgestimmte Leistungs- und Verhaltensüberwachungen. Die Gefährdungsbeurteilung von digitalen Arbeitsmitteln muss auf den Zeitpunkt ihrer Entwicklung vorverlagert werden. Infolge der **Industrie 4.0** werden **Arbeitsplätze, Arbeitsabläufe** und **Abteilungen** teilweise radikal verändert. Daraus resultieren Risiken für die Gesundheit der Arbeitnehmer und Gefahren für deren Persönlichkeitsrechtsschutz, denen wirksam begegnet werden muss.[245] Technische Schutzmaßnahmen werden voraussichtlich außerhalb der Industrie an Bedeutung verlieren. Stattdessen wird sich die **funktionierende Arbeitsorganisation** in der digitalen Arbeitswelt zu einer arbeitsschutzrechtlichen Kernpflicht des Arbeitgebers entwickeln.[246] Da der Arbeitgeber nicht mehr sämtliche Arbeitsbereiche unter seiner Kontrolle hat, ist er verstärkt auf die Mitwirkung seiner Beschäftigten angewiesen. Dennoch ist er verpflichtet, alles Zumutbare zu unternehmen, um für einen hinreichenden Arbeitsschutz zu sorgen.[247]

4. Deliktische Haftung des Betreibers/Benutzers

Den Betreiber oder Benutzer von (teil-)autonomen Produkten treffen Verkehrssicherungs- 128 pflichten. Wenn dieser gegen eine ihm auferlegte Verkehrssicherungspflicht schuldhaft verstößt, ist er zum Ersatz des daraus resultierenden Schadens nach **§ 823 Abs. 1 BGB** verpflichtet. Sicherungspflichten sind **deliktische Sorgfaltspflichten** zur Kontrolle und Steuerung von Gefahren, die der eigenen Verantwortungssphäre entspringen. Nach Ansicht der Rechtsprechung muss derjenige, der in seinem **Verantwortungsbereich** eine **Gefahrenlage** schafft oder andauern lässt, die ihm zumutbaren Maßnahmen und Vorkeh-

---

[244] S. auch Thesen des Deutschen Gewerkschaftsbundes für den 71. Deutschen Juristentag, Abteilung Arbeits- und Sozialrecht: „Digitalisierung der Arbeitswelt – Herausforderungen und Regelungsbedarf" v. 15.6. 2016, www.dgb.de/downloadcenter/++co++32e876c8-279e-11e8-a504-52540088cada (7.3.2021).

[245] *Krause* NZA 2016, 1004 (1006).

[246] *Wiebauer* NZA 2016, 1430 (1436).

[247] *Wiebauer* NZA 2016, 1430 (1436).

rungen treffen, um mögliche Schädigungen anderer zu verhindern.[248] Die Rechtsprechung hat bereits für eine Fülle verschiedener Lebenssachverhalte konkrete Verkehrssicherungspflichten entwickelt. Einige dieser Ansätze sind auf den Bereich der Industrie 4.0 übertragbar und es ist davon auszugehen, dass sie entsprechend weiterentwickelt werden.

V. Plattformprivileg für Cloud-Computing-Plattformen?

129 Im Urheberrecht gibt es ein „Plattformprivileg" für fremde Inhalte. Vor diesem Hintergrund fragt es sich, inwieweit auch dem Betreiber einer Cloud-Computing-Plattform, über die IoT-Dienste Dritter Anbieter zur Verfügung gestellt werden, unter ein solches Privileg fallen kann.

1. Was steckt hinter dem sog. Plattformprivileg?

130 Die Verantwortlichkeit von Plattformen für fremde Inhalte richtet sich nach **§§ 8–10 TMG.** Grundsätzlich haftet der Plattformbetreiber *nicht* für fremde Inhalte, solange er **keine Kenntnis** von Umständen hat, die die Rechtswidrigkeit der Inhalte nahelegen. Die Inhalte sind fremd für den Plattformbetreiber, wenn dieser keine aktive Rolle einnimmt, sondern sich *neutral* oder *passiv* verhält. Wenn der Plattformbetreiber keine aktive Rolle einnimmt, dann fällt er unter die Haftungsprivilegierung des TMG. Bei Datenhandelsplattformen spielen Plattformbetreiber eine aktive Rolle, wenn sie die Angebote zuvor **kontrollieren,** bspw. hinsichtlich der Qualität der Daten.[249] Im Kontext mit Plattformen stellen sich einige spezifische Haftungsfragen, insbesondere hinsichtlich Rechtsverletzungen durch nutzergenerierte Inhalte, zB **Markenrechtsverletzungen, Wettbewerbsverstöße** oder die Haftung für **urheberrechtsverletzende Inhalte.**[250]

131 Eine unmittelbare Haftung der Plattformbetreiber setzt voraus, dass es sich bei den rechtswidrigen Inhalten um **eigene Inhalte** der Plattformbetreiber handelt. Für eigene Inhalte haftet der Betreiber der Plattform nach den **allgemeinen Gesetzen, § 7 Abs. 1 TMG.** Sofern es sich um fremde Inhalte handelt, sind die **Haftungsprivilegien** von **§§ 7 Abs. 2, 8 ff. TMG** zu berücksichtigen. Von den Haftungsprivilegien profitiert der Plattformbetreiber dann nicht mehr, wenn er sich die fremden Inhalte **zu eigen macht.** Nach der Rechtsprechung des BGH ist das der Fall, wenn der Betreiber des Internetportals die eingestellten Inhalte vor ihrer Freischaltung auf Vollständigkeit und Richtigkeit überprüft.[251] Plattformbetreiber sind nicht dazu verpflichtet, anlasslos die von ihnen gespeicherten Informationen zu überwachen oder nach Umständen zu forschen, die auf die Rechtswidrigkeit der Inhalte hindeuten.[252] Sie sind erst dann dazu verpflichtet, sobald sie konkrete Kenntnis von der Rechtswidrigkeit bekommen.

132 Art. 17 DSM-RL[253] regelt die **Betreiberhaftung** und führt einen Paradigmenwechsel im Haftungssystem des Urheberrechts herbei:[254] **Art. 17 Abs. 3 DSM-RL** schafft die privilegierte Haftung für bestimmte Online-Angebote ab, sodass Diensteanbieter für etwaige **Urheberrechtsverletzungen** ihrer Nutzer haften. Diensteanbieter sind nach **Art. 2 Nr. 6 DSM-RL Plattformen,** deren Hauptzweck darin besteht, eine große Menge an von Nutzern hochgeladenen **urheberrechtlich geschützten Werken** oder **sonstige Schutzgegenstände** zu speichern und der Öffentlichkeit zugänglich zu machen. Ausgenommen

---

[248] MüKoBGB/*Wagner* § 823 Rn. 380.
[249] *Weidert/Uhlenhut/v. Lintig* GRUR-Prax 2019, 269 (270).
[250] *Weidert/Uhlenhut/v. Lintig* GRUR-Prax 2019, 269 (269).
[251] BGH Urt. v. 12.11.2009 – I ZR 166/07, MMR 2010, 556 mAnm *Engels* – Marions Kochbuch.
[252] *Weidert/Uhlenhut/v. Lintig* GRUR-Prax 2019, 295 (296).
[253] Richtlinie (EU) 2019/790 des Europäischen Parlaments und des Rates vom 17. April 2019 über das Urheberrecht und die verwandten Schutzrechte im digitalen Binnenmarkt und zur Änderung der RL 96/9/EG und 2001/29/EG.
[254] *Wandtke/Hauck* ZUM 2019, 627.

vom Schutzbereich der Richtlinie sind ua unentgeltliche **Online-Enzyklopädien** sowie **Online-Marktplätze.** Nach Art. 17 Abs. 3 DSM-RL ist das Verschaffen des Zugangs zu von Nutzern hochgeladenen urheberrechtlich geschützten Werken eine **öffentliche Wiedergabe** oder **Zugänglichmachung.** Der Diensteanbieter muss daher die Erlaubnis der Rechteinhaber einholen, etwa durch Abschluss einer **Lizenzvereinbarung.** Sobald er keine Erlaubnis zur Veröffentlichung eingeholt hat, ist seine Haftung nach **Art. 17 Abs. 4 DSM-RL** nur ausgeschlossen, wenn der Plattformbetreiber alle Anstrengungen unternommen hat, um die Erlaubnis vom Rechteinhaber einzuholen und nach Maßgabe der branchenüblichen Standards für die berufliche Sorgfalt alle Maßnahmen unternimmt, um sicherzustellen, dass bestimmte Werke und sonstige Schutzgegenstände nicht verfügbar sind. Zudem ist seine Haftung ausgeschlossen, wenn er nach Erhalt eines hinreichend begründeten Hinweises von den Rechteinhabern unverzüglich handelt, um den Zugang zu den entsprechenden Werken oder sonstigen Schutzgegenständen zu sperren.

2. Voraussetzungen für ein Plattformprivileg für Cloud-Computing-Plattformen

Von der 2019 erlassenen Urheberrechtsrichtlinie sind nach **Art. 2 Nr. 6 DSM-RL** ua 133
zwischen Unternehmen erbrachte Cloud-Dienste sowie Cloud-Dienste, die ihren Nutzern das Hochladen von Inhalten für den Eigengebrauch ermöglichen, ausgenommen. Das bedeutet, dass bei diesen Cloud Computing-Plattformen weiterhin die Haftungsprivilegien von Art. 10 TMG sowie Art. 14 E-Commerce-RL anwendbar sind. Auf alle anderen Diensteanbieter nach Art. 2 Nr. 6 DSM-RL findet die Haftungsprivilegierung aus § 10 TMG keine Anwendung, vgl. Art. 17 Abs. 3 DSM-RL. Das sind Anbieter eines Dienstes der Informationsgesellschaft, deren Hauptzweck darin besteht, große Mengen an von Nutzern hochgeladenen urheberrechtlich geschützten Werken zu speichern und der Öffentlichkeit Zugang dazu zu verschaffen. Diese Diensteanbieter müssen die Inhalte zudem organisieren und mit Gewinnerzielungsabsicht bewerben.

Rechtliche Risiken von Plattformen sind insbesondere die **Haftungsrisiken** bei der 134
Verletzung von **Urheber- oder Kennzeichenrechten.** Für die Haftung nach dem TMG ist dabei entscheidend, ob Drittanbieter-Apps bzw. Kundendaten **eigene** oder **fremde Inhalte** für den Plattformanbieter darstellen. Für eigene Inhalte haftet der Plattformbetreiber vollumfänglich. Das ist der Fall, soweit der Plattformanbieter keine bloße Vermittlerrolle einnimmt und er die Möglichkeit hat, die Apps von Drittanbieter und Kundendaten proaktiv zu prüfen. Für fremde Inhalte haftet der Plattformanbieter nach dem TMG erst, wenn er von dem entsprechenden Inhalt Kenntnis erlangt hat. Dann muss er die Inhalte unverzüglich sperren oder löschen und durch entsprechende Prüfungen zukünftig dafür sorgen gleichartige Rechtsverletzungen zu verhindern.

Um der **Haftung** nach dem TMG **vorzubeugen,** sollte der Plattformbetreiber: 135
- darauf hinweisen, dass er Drittanbieter-Apps und Kundendaten nicht kontrolliert;
- keine inhaltlichen oder thematischen Vorgaben für die hochgeladenen Drittanbieter-Apps oder Kundendaten stellen;
- ausdrücklich auf der Produktseite der Drittanbieter-Apps klarstellen, dass es sich um Inhalte Dritter handelt; zudem sollten die Drittanbieter-Apps keine Kennzeichen mit Logo vom Plattformbetreiber enthalten;
- sich lediglich **nicht exklusive Nutzungsrechte** einräumen lassen, ohne das Recht zur Weitergabe; zudem sollte er den hochladenden Dritten jederzeit ermöglichen die von ihnen hochgeladenen Apps und Kundendaten wieder zu entfernen;
- die Drittanbieter Drittanbieter-Apps über die Plattform ausdrücklich im **eigenen Namen** und auf **eigene Rechnung** vertreiben lassen.

VI. Haftungsdurchsetzung – prozessuale Fragen

1. Beweislast und beweisrechtliche Probleme

136 Digitale Vorgänge sind der Wahrnehmung der beweisbelasteten Partei zumeist entzogen. Dh die beweisbelastete Person kann sich oft primär nur auf **Indizien** und **Vermutungen** stützen, darüber hinaus befindet sie sich aber in Beweisnot. Im Produkthaftungsrecht wird diesem Problem mit einer **Beweislastumkehr** begegnet, sodass der Anspruchssteller nur das **Vorliegen des Mangels** darlegen muss. Auch im vertraglichen Bereich kommt dem Anspruchssteller eine Verschuldensvermutung zugute, gem. **§ 280 Abs. 1 S. 2 BGB.** Dies allein kann aber nicht alle beweisrechtlichen Probleme hinreichend lösen. Vielmehr muss der Anspruchsteller die Möglichkeit haben, beweisrelevante Daten verwertbar zu machen. Gerade im IoT-Kontext befinden sich die beweisrelevanten Daten in der Regel in der Sphäre des Anspruchsgegners. Zudem ist es dem Anspruchssteller oft nicht möglich, die Daten ohne eine entsprechende **Auswertungssoftware** sinnvoll zu verwerten. Der **Beibringungsgrundsatz** prägt das deutsche Zivilrechtprozessrecht. Dieser Grundsatz besagt, dass das Gericht nur auf die von den Parteien angebotenen Beweismittel zurückgreifen darf und anhand dieser urteilen muss.[255]

137 Bei Vorgängen in der **Sphäre des Anspruchsgegners** können sich **Erleichterungen** für die beweisbelastete Partei vor allem durch den **Anscheinsbeweis** und die **sekundäre Darlegungslast** ergeben. Dies kann den Betreiber bei softwaregesteuerten Vorgängen etwa dazu anhalten, notwendige Beweismittel (bspw. *Anlernprotokolle* oder *Fehlerspeicher*) vorzuhalten und zu sichern.[256] Im Falle der unterbliebenen Speicherung kann der Anspruchssteller ansonsten seiner Darlegungslast nicht ordnungsgemäß nachkommen. Weiterhin kann sich bei einer herstellerseitig unterbliebenen Speicherung sogar die Frage stellen, ob der Hersteller den Beweis vereitelt. Es besteht zwar *keine* generelle Dokumentationspflicht, um einen späteren Beweis zu ermöglichen. Allerdings kann die Herstellung sowie die Sicherung von Nachweisen dann zu einer Obliegenheit werden, wenn wahrscheinlich ist, dass es zwischen den Parteien zu einem Rechtsstreit kommen wird.[257] Nach den Grundsätzen der Beweisvereitelung und nach Treu und Glauben ist es treuwidrig, wenn der Beweisgegner prozessuale Vorteile daraus zieht, dass er die Beweiserbringung des Anspruchsstellers unmöglich macht und sich anschließend auf dessen Beweislast beruft.[258] Wenn bspw. die „Black Box" eines Automaten wegen eines Defektes keine telemetrische Speicherung der Daten vornimmt, wird man von einer **Beweisvereitelung** ausgehen können. In dem Fall handelt es sich zwar nicht um die Vernichtung von beweiserheblichen Daten. Es wäre aber treuwidrig, wenn sich der Hersteller in einem solchen Fall auf die Beweisfälligkeit der anderen Prozesspartei berufen könnte. Denn der Fehler stammt immerhin aus seiner eigenen Sphäre.[259]

138 Problematischer zu beurteilen ist die Beweislage, wenn keine der beiden Parteien Einfluss auf die Daten nehmen und den zur automatisierten Entscheidung führenden Prozess auch nicht nachträglich auswerten kann. Dies ist grundsätzlich bei **Big-Data-Analysen** der Fall. Eine Lösung für dieses Problem lässt sich nur im Zusammenhang mit der Zuordnung der Beweislast finden – wie etwa durch die Umkehr der Beweislast bei der Produkthaftung. Ähnliche Probleme können sich stellen, wenn die Frage beweiserheblich ist, ob auf das Produktverhalten durch **Datenkommunikation von außen** Einfluss genommen wurde, falls sich keine „Einbruchspuren" zeigen. Auch hier können ggf. die Datenspeicherung und Auswertung eine entscheidende Rolle spielen.

---

[255] BeckOK ZPO/*Bacher* § 284 Rn. 34.
[256] Hilgendorf/*Hanisch,* Robotik im Kontext von Recht und Moral S. 109, 119.
[257] Vieweg/Gerhäuser/*Regenfus* Digitale Daten in Geräten und Systemen S. 243 (251, 264).
[258] Vieweg/Gerhäuser/*Regenfus,* Digitale Daten in Geräten und Systemen S. 243 (251); *Zahrnt* NJW 2002, 1531 (1533) mit Bsp. aus der Praxis zu Software-Fehlern; *Dölling* NJW 2013, 3121 (3125).
[259] Vieweg/Gerhäuser/*Regenfus,* Digitale Daten in Geräten und Systemen S. 243 (265).

2. Substantiierung des Vortrags

Oftmals wird der Anspruchssteller selbst nicht wissen, welche Erkenntnisse sich aus den gespeicherten Daten gewinnen lassen, sodass er nicht mit abschließender Gewissheit vortragen kann, was durch die Auswertung bewiesen wird. Zivilprozessual gesehen genügt die Vermutung, dass ein Beweismittel bestimmte Erkenntnisse bringen kann. Vermutet die Prozesspartei daher, dass der Speicherinhalt Daten aufweist, die einen bestimmten, vorgetragenen Schadenshergang bestätigen, liegt darin weder ein *Ausforschungsbeweis* noch eine *Behauptung ins Blaue* hinein.[260] Handelt es sich um Gegenstände, die der Wahrnehmung der darlegungspflichtigen Partei unzugänglich sind, wie zB **Geschäftsgeheimnisse des Softwareherstellers,** so verkürzt sich zudem die Vortragspflicht der beweisführenden Partei auf ein Mindestmaß gem. **§ 138 Abs. 4 ZPO.** Es genügt dann darzulegen, inwieweit und weshalb die Partei zu erheblichen Tatsachen keine Erklärung abgeben kann. Entsprechend verstärkt sich die Darlegungslast der Gegenpartei. Danach kann es im Einzelfall Sache des Softwarelieferanten sein, die Fehlerfreiheit des gelieferten Programms darzulegen und zu beweisen.[261] 139

Das Gericht kann die Substantiierungslast unter Berücksichtigung des **Standes der Technik** und der **Wahrnehmungssphäre beider Parteien** flexibel verteilen. Mindestmaß der Darlegung bleibt allerdings die **phänomenologische Darstellung** der Mangelerscheinungen. Bloß tatsächliche Darlegungsschwierigkeiten begründen keine Umkehr der Beweislast, sondern machen ggf. die Hinzuziehung eines Privatgutachters erforderlich, um den Mindestanforderungen zu genügen.[262] 140

a) Mindestanforderungen an schlüssigen Vortrag

Der Vortrag der beweisbelasteten Partei ist dann **hinreichend schlüssig und substantiiert,** wenn das Gericht auf Grund der Darstellung beurteilen kann, ob die gesetzlichen Voraussetzungen der an die Behauptung geknüpften Rechtsfolge erfüllt sind.[263] Die Rechtsprechung leitet die **Darlegungslast** aus **§ 138 Abs. 1 ZPO** ab.[264] Die „Erklärungspflicht" ist eine Obliegenheit der beweisbelasteten Person, die zu der **Geständnisfiktion aus § 138 Abs. 3 ZPO** führt, soweit die Prozesspartei dieser nicht ausreichend nachkommt. Wenn die beweisbelastete Partei eine Erklärung abgibt, dann wandelt sich die Obliegenheit in eine partielle Rechtspflicht, dass die Einlassung der Wahrheit entsprechen muss, § 138 Abs. 1 ZPO.[265] 141

b) Sekundäre Darlegungslast

Die **sekundäre Darlegungslast** trifft den Bestreitenden, wenn die eigentlich beweisbelastete Partei keine näheren Kenntnisse der maßgeblichen Tatsachen hat, er selbst hingegen alle wesentlichen Tatsachen kennt und ihm auch nähere Angaben zuzumuten sind.[266] Wenn das der Fall ist, genügt ein einfaches Bestreiten des Prozessgegners nicht mehr. Vielmehr muss dieser dann im Rahmen des Zumutbaren die behaupteten Tatsachen substantiiert bestreiten unter Darlegung von Umständen, die für das Gegenteil sprechen.[267] Der **Beibringungsgrundsatz** darf dabei nicht völlig ausgehöhlt werden. Nach diesem obliegt es primär dem Beweisbelasteten, die für ihn günstigen Umstände in der erforderlichen 142

[260] Vieweg/Gerhäuser/*Regenfus,* Digitale Daten in Geräten und Systemen S. 243 (254).
[261] *Bergmann/Streitz* NJW 1992, 1726 (1728); s. auch HK-ZPO/*Saenger* § 286 Rn. 67.
[262] Vgl. auch *Zahrnt* NJW 2002, 1531.
[263] BeckOK ZPO/*Bacher* § 253 Rn. 22; BGH Beschl. v. 9.2.2009 – II ZR 77/08, NJW 2009, 2137 Rn. 4.
[264] BGH Urt. v. 1.12.1993 – VIII ZR 243/92, NJW-RR 1994, 377 (378).
[265] BeckOK ZPO/*v. Selle* § 138 Rn. 2.1.
[266] BGH Urt. v. 17.1.2008 – III ZR 239/06, NJW 2008, 982 (984).
[267] *Kopp* NJOZ 2017, 330 (330).

Tiefe darzubringen, während den Prozessgegner nicht die Pflicht trifft, der anderen Partei Material für das Obsiegen des Prozesses zu verschaffen.[268]

3. Prozessuale Auskunftsrechte

143 Mit guten Gründen lehnt man in Deutschland eine „**Discovery**" nach amerikanischem und englischem Vorbild ab und kommt auch entsprechenden Rechtshilfeersuchen nicht nach (Vorbehalt nach **Art. 23 HaagBewÜbk**).[269] Zu begrüßen ist die Öffnung, die das zweite ZPO-Reformgesetz mit der Neufassung der **§§ 142, 144 ZPO** mit sich gebracht hat. Dies weist in die richtige Richtung, um auch den oben genannten Beweisschwierigkeiten für beim Gegner gespeicherte oder nur von diesem auswertbaren Daten zu begegnen. So erscheint die Ausweitung der Vorlagepflichten für *Urkunden* (§ 142 Abs. 1, 2 ZPO) und *Augenscheinsobjekte* (§§ 371 Abs. 2, 144 Abs. 1, 2 ZPO) auf gespeicherte Daten zum Zwecke ihrer Auswertung oder die Anordnung einer entsprechenden Auswertung – ggf. im Wege der Analogie – unbedingt erforderlich.

144 In dem umgekehrten Fall, dh wenn sich der Hersteller bei Inanspruchnahme wegen eines behaupteten Fehlers entlasten möchte und dazu vom Kläger den Datenspeicher benötigt, kann die Problematik über eine **analoge Anwendung** des **Besichtigungsanspruchs** aus **§ 809 BGB** gelöst werden.[270]

145 Unabhängig von zivilprozessualen Auskunftspflichten in Deutschland ist ein Unternehmen gut beraten, sich über die **elektronische Archivierung von Dokumenten** – aber auch deren **Löschung** – Gedanken zu machen. Das ist erforderlich, um einerseits der Konfrontation mit einem **Common-Law-Verfahren,** speziell mit US-amerikanischen Klagen und einer damit einhergehenden „E-Discovery", gewachsen zu sein,[271] und andererseits auch, um auf eine eventuell erforderliche eigene Verteidigung anhand von Entwicklungsunterlagen und Ähnlichem gewappnet zu sein. Besondere Anforderungen im digitalen Bereich stellt das Gebot des „litigation hold" nach den Common-Law-Verfahrensordnungen dar. Dieses verlangt schon bei drohenden Streitigkeiten den **sofortigen Stopp** jeglicher Dokumentvernichtung im Unternehmen und ggf. auch verbundenen Unternehmen. Das macht IT-seitig eine nicht immer triviale Änderung von ggf. vorhandenen automatischen Löschroutinen erforderlich[272] und kann bei einem Verstoß zu erheblichen prozessrechtlichen Nachteilen führen, angefangen von einer **Beweislastumkehr** bis zu einem **möglichen Prozessverlust.**[273]

4. Beweiswert von Datenpaketen

146 Die seit dem 1.7.2016 geltende **eIDAS-VO** (EU) Nr. 910/2014 bringt neue europäisch harmonisierte **Beweisvorschriften** für die **elektronische Identifizierung** und **Vertrauensdienste** für elektronische Transaktionen im Binnenmarkt in Form von *qualifizierten Siegeln, qualifizierten Zeitstempeln* sowie *qualifizierten elektronischen Einschreiben.*[274] Die eIDAS-VO soll der Verlagerung von ehemals schriftlichen Vorgängen in den digitalen Raum Rechnung tragen, betrifft aber immer noch nur aus sich heraus verständliche elektronische Dokumente. Für **reine Datenpakete** helfen diese Beweisregelungen daher nicht weiter, denn ohne Information über die Bedeutung der Zahlenwerte sind die im Speicher festge-

---

[268] *Dölling* NJW 2013, 3121 (3126).

[269] Vgl. Vieweg/Gerhäuser/*Regenfus,* Digitale Daten in Geräten und Systemen S. 243 (252), der sich gegen eine allgemeine prozessuale Aufklärungspflicht ausspricht.

[270] Vieweg/Gerhäuser/*Regenfus,* Digitale Daten in Geräten und Systemen S. 243 (263).

[271] Vgl. eingehender hierzu *Imberg/Geissl* CCZ 2009, 190; *Katko/Knöpfle/Kirschner* ZD 2014, 238; *Trittmann* IWRZ 2016, 255 (256 f.).

[272] *Imberg/Geissl* CCZ 2009, 190 (193).

[273] Eingehender hierzu *Pant* CCZ 2014, 139.

[274] S. dazu auch *Jandt* NJW 2015, 1205; *Roßnagel* MMR 2016, 647 (649 ff.).

haltenen Daten praktisch wertlos. Für die Auswertung von Daten, aus denen Erkenntnisse über zurückliegende Betriebsvorgänge gezogen werden sollen, sind mehrere Einzelvorgänge erforderlich: So ist die **Auslesung des Speicherinhalts** erforderlich und die **Umwandlung** der abstrakten Daten **in konkrete Informationen.** Zudem ist ein sinnvoller Zusammenhang zwischen den Informationen zur Rekonstruktion des Betriebsvorgangs herzustellen.[275] Die wesentlichen Schwierigkeiten stellen sich hier bei den ersten beiden Schritten, während die Herstellung des Sinnzusammenhanges eine „klassische" Sachverständigenaufgabe ist.

Für die Auswertung der Daten ist die **genaue Kenntnis** der **Software** und der **Betriebsweise** des technischen Systems erforderlich. In vielen Fällen werden allerdings Auswertungsprogramme zur Verfügung stehen, die die gespeicherten Informationen „übersetzen". In diesem Zusammenhang erscheint es geboten, als neues Strengbeweismittel den „Datenbeweis" einzuführen neben der erfolgten Erstreckung des Urkundenbeweises auf **elektronische Dokumente** in **§ 371a ZPO.** Nach dem „Datenbeweis" wäre unter bestimmten Auswertungsvoraussetzungen der volle Beweis des durch die Datenauswertung belegten Vorgangs anzunehmen bzw. zumindest der belegten Informationen, soweit diese noch einer weiteren (sachverständigen) Bewertung zugeführt werden müssen. Dann böte sich auch die Einführung von den §§ 427, 444 ZPO entsprechende **Regelungen** für die Folge der **Nichtvorlage** oder **Löschung von Daten** über die Grundsätze der **Beweisvereitelung** hinaus an. 147

5. Auswertung der Daten durch das Gericht und Mitwirkungspflichten des Herstellers

Die größte Schwierigkeit bei der Verwertung von Daten kann bereits die Verfügbarkeit von **geeigneten Auslesevorrichtungen** oder **Auswertungsprogrammen** darstellen. Gelingt es der Prozesspartei, beim Systemhersteller die Daten in geeigneter und ausgewerteter Form zu beschaffen, kann sie diese als urkundlich belegten substantiierten Parteivortrag in den Prozess einführen.[276] Eine zivilprozessuale Pflicht des Gegners, in seinem Besitz befindliche Lesegeräte zur Verfügung zu stellen, gibt es jedoch nicht – die Daten selbst sind bereits vorhanden und das Gerät soll nicht eigens in Augenschein genommen werden, sondern ausschließlich das Ergebnis der Auswertung.[277] Nach der derzeitigen Rechtslage kann den Prozessparteien die Pflicht, aktiv Daten unter Verwendung nicht allgemein zugänglicher Verfahren aufzubereiten, nur im Rahmen der Einschaltung eines Sachverständigengutachtens auferlegt werden – wozu der Sachverständige dann aber selbst auch über die technischen Mittel verfügen muss, zu deren Bereitstellung der Beklagte auch in diesem Fall nicht verpflichtet wäre. Denn eine aus dem Prozessrechtsverhältnis entspringende Mitwirkungspflicht gibt es nicht, sodass sich ein Anspruch auf Mitwirkung nur aus der materiell-rechtlichen Beziehung zwischen den Parteien ergeben kann.[278] De lege ferenda ist eine maßvolle Ausweitung der Pflicht des Gegners, an der Aufklärung mitzuwirken, erforderlich, wie für autonome Fahrzeuge geschehen (dazu auch → Rn. 121 ff.).[279] 148

6. Geheimnisschutz und Zeugnisverweigerungsrechte

Versucht der Prozessgegner, die Aussagekraft von Daten zu erschüttern, kann es erforderlich werden, Details über die Funktionsweise der Maschinensysteme offen zu legen. Dies könnte das **Zeugnisverweigerungsrecht** gem. **§ 384 Nr. 3 ZPO** berühren. Besteht im Einzelfall ein Geschäftsgeheimnis, so stellt ein etwaiger Ausschluss der Öffentlichkeit und 149

[275] Vieweg/Gerhäuser/*Regenfus,* Digitale Daten in Geräten und Systemen S. 243 (254).
[276] Vieweg/Gerhäuser/*Regenfus,* Digitale Daten in Geräten und Systemen S. 243 (259).
[277] Vieweg/Gerhäuser/*Regenfus,* Digitale Daten in Geräten und Systemen S. 243 (256).
[278] Vieweg/Gerhäuser/*Regenfus,* Digitale Daten in Geräten und Systemen S. 243 (261).
[279] *Schmidt-Cotta* ZRP 2000, 518 (519); *Lutz* NJW 2015, 119 (120).

das Schweigegebot nach **§§ 172 Nr. 2, 174 Abs. 3 GVG** indes noch keinen hinreichenden Grund dar, das Zeugnisverweigerungsrecht des Gegners aufzuheben.[280] Beide Vorschriften betreffen nämlich nur die mündliche Verhandlung, nicht aber den Zugang zu Dokumenten.[281] Ein **„In-Camera-Verfahren"**, wie es sich in **Teilbereichen des Wettbewerbs- und Immaterialgüterrechts** etabliert hat[282] und wie es **§ 99 Abs. 2 VwGO** und **§ 138 TKG** vorsehen, könnte hier Abhilfe schaffen.

150 Die **europäische Geheimnisschutz-RL** hat in ihrer ursprünglichen Fassung auch ein **In-Camera-Verfahren** vorgesehen, bei welchem nur gegenüber dem entscheidenden Gericht eine bestimmte Information offengelegt wird. Allerdings folgt aus dem verfassungsrechtlichen Anspruch auf rechtliches Gehör, **Art. 103 GG,** sowie **Art. 47 Abs. 2 GRCh** und dem **Rechtsstaatsprinzip** auch das Recht der Parteien, Kenntnis von allen **entscheidungserheblichen Tatsachen** des Prozesses zu erhalten.[283] Aus diesem Grund wurde das ursprünglich geplante **In-Camera-Verfahren** wegen **verfassungsrechtlicher Bedenken** mehrerer Mitgliedstaaten nicht eingeführt;[284] vielmehr muss immer neben dem Prozessvertreter mindestens eine natürliche Person auf jeder Seite im Prozess anwesend sein. **Art. 9 der finalen Fassung der Geheimnisschutz-RL** sieht umfangreiche Regelungen vor, wie mit vertraulichen Geschäftsgeheimnissen in gerichtlichen Verfahren umzugehen ist[285] und ist im deutschen Recht umgesetzt in **§§ 16–20 GeschGehG.** Die Vorschriften des neuen GeschGehG ersetzen die bisherigen Normen zu den Betriebs- und Geschäftsgeheimnissen aus **§§ 17–19 UWG aF.**[286] Bislang sah der Zivilprozess für den Kläger *keine* hinreichende Möglichkeit vor, das Geschäftsgeheimnis vor der Kenntnisnahme des Beklagten zu schützen. Wenn Geschäftsgeheimnisse Gegenstand eines Gerichtsverfahrens sind, werden diese durch die **Grundsätze der ZPO** einer akuten Gefährdung ausgesetzt. Im schlimmsten Fall steht der Kläger vor der Wahl entweder den Prozess oder sein Geheimnis zu verlieren.[287] Wegen des **mangelnden prozessrechtlichen Schutzes** musste der Kläger in der Vergangenheit stets das Risiko eingehen, durch den Prozess mitunter seine materiell-rechtliche Schutzposition zu verlieren.[288] Die erste Hürde für den Kläger ist bereits die Einreichung eines **bestimmten Klageantrages,** § 253 Abs. 2 Nr. 2 ZPO, und die Klage ausreichend zu begründen, ohne das streitbefangene Geschäftsgeheimnis unnötig zu gefährden.[289] Um seine Ansprüche zu substantiieren, wird der Kläger regelmäßig nicht vermeiden können, sein Geschäftsgeheimnis im Prozess offenzulegen.[290] Gem. **§ 16 Abs. 1 GeschGehG** kann das Gericht nunmehr in **Geschäftsgeheimnisstreitigkeitssachen** auf Antrag einer Partei Informationen als geheimhaltungsbedürftig einstufen. Erforderlich dafür ist nach **§ 20 Abs. 3 GeschGehG,** dass eine Partei **glaubhaft macht,** dass es sich bei der streitgegenständlichen Information um ein Geschäftsgeheimnis handelt. Wenn das Gericht eine Information als geheimhaltungsbedürftig einstuft, müssen die Beteiligten der Streitsache (etwa die Parteien, ihre Prozessvertreter, Zeugen, Sachverständige ua) die als geheimhaltungsbedürftig eingestufte Information vertraulich behandeln und dürfen diese grundsätzlich nicht außerhalb des gerichtlichen Verfahrens nutzen oder offenlegen, **§ 16 Abs. 2 GeschGehG.** Bei Zuwiderhandlungen droht ein Ordnungsgeld iHv bis zu 100.000 EUR, § 17 S. 1 GeschGehG oder Ordnungshaft bis zu sechs Monaten. Das Gericht hat die Möglichkeit, nach § 19 Abs. 1 GeschGehG, in Geheimnisstreitigkeiten die

[280] Vieweg/Gerhäuser/*Regenfus,* Digitale Daten in Geräten und Systemen S. 243 (260).
[281] Vgl. *Redeker/Pres/Gittinger* WRP 2015, 811 (814); *Druschel/Jauch* BB 2018, 1218 (1219).
[282] Vieweg/Gerhäuser/*Regenfus,* Digitale Daten in Geräten und Systemen S. 243 (261).
[283] *Kalbfus* WRP 2019, 692 (693).
[284] *Steinmann* WRP 2019, 703 (705); *Ohly* GRUR 2019, 441 (450); *Dann/Markgraf* NJW 2019, 1774 (1778); *Druschel/Jauch* BB 2018, 1218 (1220).
[285] *Schlingloff* WRP 2018, 666 (669).
[286] *Alexander* WRP 2019, 673; *Ohly* GRUR 2019, 441.
[287] *Ohly* GRUR 2019, 441 (449).
[288] *Kalbfus* WRP 2019, 692.
[289] *Druschel/Jauch* BB 2018, 1218 (1219).
[290] *Ohly* GRUR 2019, 441 (450); *McGuire* GRUR 2015, 425 (430).

Anzahl der damit befassten Personen zu beschränken, soweit das Geheimhaltungsinteresse schwerer wiegt als das Recht auf rechtliches Gehör der ausgeschlossenen Partei. Zudem kann die Öffentlichkeit von der mündlichen Verhandlung ausgeschlossen werden, § 19 Abs. 2 GeschGehG.

Durch die zunehmende Digitalisierung gewinnt der Schutz von Geschäftsgeheimnissen immer mehr an Bedeutung, denn die Entwendung digitalisierten Know-hows gelingt in der Regel ohne physische Spuren zu hinterlassen.[291] Das GeschGehG und die Geheimnisschutz-RL sind ein **erster Schritt** um **Geschäftsgeheimnisse** auch **prozessual** zu schützen, was wiederum den materiell-rechtlichen Schutz erhöht. Vielfach wird kritisiert, dass die Schutzmechanismen nicht weitreichend genug sind.[292] So erhöhen sie zwar den **Schutz des Geheimnisinhabers** und die **Rechtssicherheit** insgesamt. Dadurch, dass die Gegenseite aber nicht komplett aus Teilen des Verfahrens ausgeschlossen werden kann, drohen dem Geheimnisinhaber immer noch erhebliche wirtschaftliche Risiken.[293] 151

7. Probleme mit nationalen Prozessregelungen angesichts internationaler Vernetzung

Aus internationaler Sicht erscheint es wahrscheinlich, dass der Grundsatz, dass keine Partei dem Gegner für seinen Prozesserfolg das Material verschaffen muss, über das er nicht auch schon von sich aus verfügt,[294] über die im nationalen Prozessrecht bereits sinnvollen Öffnungen hinaus noch weiter aufgeweicht werden wird.[295] Dies gilt insbesondere im Rahmen der internationalen Schiedsgerichtsbarkeit, die weitgehend „Discovery" oder „Requests for Documents" zulässt.[296] Angesichts der Einflüsse, die das amerikanische Verfahrensrecht bereits jetzt auf deutsche Unternehmen ausübt,[297] wenn mit ihnen verbundene Gesellschaften in den USA verklagt werden, wird eine Internationalisierung des Prozessrechts sich schon rein faktisch ergeben. Die Anerkennung einer prozessualen Aufklärungspflicht der Parteien liegt zudem im „internationalen Trend".[298] Die Ungewissheiten verschiedener nationaler Prozessordnungen werden vertraglich verbundene Parteien indes am besten durch eine **Schiedsvereinbarung** in den Griff bekommen können, durch die sie die Verfahrensregelungen selbst bestimmen können. Die Probleme der Industrie 4.0 erscheinen insoweit als guter Nährboden für eine Stärkung der internationalen Schiedsgerichtsbarkeit. 152

VII. Rechtspolitischer Ausblick

Durch die zunehmende **M2M-Kommunikation** stellt sich die Frage, wer für mögliche Fehler und Ausfälle haftet, insbesondere dann, wenn kein absolut geschütztes Recht betroffen und ein deliktischer Schutz nicht gegeben ist. Dabei ist die Haftung für fehlerhafte Daten und Datenerzeugung zu unterscheiden von der Haftung für Fehler in der Datenübermittlung. Die Herausforderung im Zusammenhang mit **vernetzten und komplexen Wertschöpfungsketten** ist, dass ihre konkreten Auswirkungen kaum noch vorhersehbar sind. So wird die Darlegung und der Beweis von **Haftungstatbeständen** immer schwieriger für den Geschädigten und die **potentiellen Haftungsrisiken** sind kaum abzuschätzen. Vor diesem Hintergrund kommen **vertraglichen Vereinbarungen** zwischen den 153

[291] *Druschel/Jauch* BB 2018, 1218.
[292] So etwa *Schlinghoff* WRP 2018, 666 (670f.).
[293] *Druschel/Jauch* BB 2018, 1218 (1223).
[294] Vgl. BGH Urt. 11.6.1990 – II ZR 159/89, NJW 1990, 3151.
[295] Vgl. *Wagner* ZEuP 2001, 441 (469); *Sturm/Schulz* ZRP 2019, 71 (74).
[296] Insbes. die IBA-Regeln für die Beweisaufnahme in internationalen Schiedsgerichtsverfahren; weitere Bsp. bei *Burianski/Reindl* SchiedsVZ 2010, 187; *Gramlich/Conen* SchiedsVZ 2015, 225 (234).
[297] Eingehend dazu *Spies/Schröder* MMR 2008, 275.
[298] *Wagner* ZEuP 2001, 441 (469).

Vertragsparteien eine elementare Bedeutung zu. Soweit im geltenden Rechtsrahmen noch keine hinreichenden Regelungen für die Darlegung und Beweisbarkeit von haftungsrelevanten Handlungen vorgesehen sind, sollten die Vertragsparteien diese Fragen vorher detailliert vertraglich regeln.

154 Beim **Einsatz autonomer Systeme** kommen auf den Betreiber **gesteigerte Sorgfaltsanforderungen** zu. So muss dieser sicherstellen, dass etwaige Fehlfunktionen der Systeme frühzeitig erkennbar sind und so rechtzeitig behoben werden können, bevor diese sich schädigend auswirken. Die Sorgfaltsanforderungen des Betreibers knüpfen dabei nicht mehr in erster Linie an die konkrete Handlung des Betreibers an, sondern vielmehr an dessen **Überwachung.** Problematisch ist der Fall, dass ein autonomes System eine Aktion vornimmt, die zum Zeitpunkt der Herstellung und Inbetriebnahme nicht vorhersehbar war. Das autonome System verursacht so einen Schaden, obwohl der Hersteller selbst die im Verkehr erforderliche Sorgfalt beachtet hat und ihm insofern kein Vorwurf gemacht werden kann. Nach den Produkthaftungsgesetz scheidet ein Anspruch gegen den Hersteller nach **§ 1 Abs. 2 Nr. 5 ProdHaftG aus,** wenn es sich um einen **unvermeidbaren Entwicklungsfehler** für den Hersteller handelt. In der Regel ist bei stark autonomen Systemen aufgrund der hohen Komplexität der Algorithmen davon auszugehen, dass ein unvermeidbarer Entwicklungsfehler vorliegt.[299] Die Haftung des Herstellers ist sodann nach § 1 Abs. 2 Nr. 5 ProdHaftG ausgeschlossen. Soweit keine andere Gefährdungshaftung eingreift, wie etwa aus dem StVG, liegt in dem Fall eine **Haftungslücke** vor. Um diese Haftungslücke zu schließen werden verschieden Lösungen vorgeschlagen:[300]

– Schaffung eines neuen Gefährdungshaftungstatbestandes zu Lasten des Betreibers
  So ist denkbar eine Betreiberhaftung einzuführen iSe **Gefährdungshaftung** für bestimmte automatisch betriebene Geräte nach dem Vorbild der **StVG-Halterhaftung** oder der **Tierhalterhaftung.** Der Geschädigte müsste dann nicht mehr die Ursache des Fehlers des autonomen Systems ermitteln, sondern könnte gleich den Verantwortlichen des Fehlers in Anspruch nehmen. Der Betreiber dagegen kann den Hersteller in Regress nehmen. Dem Geschädigten wäre es so leichter möglich, seinen Schaden ersetzt zu verlangen. Allerdings erhöht ein neuer Gefährdungshaftungstatbestand das wirtschaftliche Risiko des Betreibers, persönlich zu haften. Möglicherweise ist es daher nicht mehr attraktiv oder wegen der erhöhten Haftungsgefahr nicht mehr wirtschaftlich, autonome Geräte einzusetzen. Das hindert den Ausbau der Industrie 4.0.

– Verschärfte Haftung des Herstellers
  Zudem ist es denkbar, die Produkthaftung des Herstellers für **autonome Systeme** zu **verschärfen** – ggf. auch abhängig vom Grad der Autonomie des Gerätes. So könnte die Haftungslücke durch eine nationale Regelung auf Grundlage von Art. 15 Abs. 1 lit. b Produkthaftungs-RL geschlossen werden, indem auch **Entwicklungsrisiken** der **verschuldensunabhängigen Produkthaftung** zu unterwerfen sind. Wenn den Hersteller unrealistisch hohe Anforderungen an die Sicherheit seiner Produkte treffen und sein Haftungsrisiko sich immens erhöht, kann sich dies allerdings auch innovationshemmend auswirken.

– Entwicklung eines neuen Haftungsregimes
  Weiterhin ist es denkbar, ein ganz **neues Haftungsregime für autonome Systeme** zu schaffen. So könnten der *Hersteller* oder *sämtliche Akteure,* die an der Entwicklung und Herstellung des autonomen Systems beteiligt sind, jedenfalls im Außenverhältnis zu einer gesamtschuldnerischen Haftung, ggf. auch zusammen mit den Betreibern verpflich-

[299] Arbeitsgruppe „Digitaler Neustart" der Konferenz der Justizministerinnen und Justizminister der Länder, Bericht v. 15.5.2017, S. 113, www.justiz.nrw.de/JM/schwerpunkte/digitaler_neustart/zt_bericht_arbeitsgruppe/bericht_ag_dig_neustart.pdf (7.3.2021).

[300] Arbeitsgruppe „Digitaler Neustart" der Konferenz der Justizministerinnen und Justizminister der Länder, Bericht v. 15.5.2017, S. 117.

tet werden. Dies ist vor allem überzeugend vor dem Hintergrund, dass im Rahmen von **digital vernetzten Produktions- und Lieferketten** die einzelnen Bearbeitungsschritte häufig nicht mehr voneinander abzugrenzen sind und so in der Regel Schwierigkeiten bestehen, den Verantwortlichen zu ermitteln.

– Europäische Lösung
  Zuletzt ist diskutabel, eine europäische Lösung zu finden, gerade auch weil IoT-spezifische Haftungsfragen sich nicht auf eine nationale Ebene begrenzen.

§ 9 Vertrieb

Übersicht

Literatur:

Baumbach/Hopt, Handelsgesetzbuch, 39. Aufl., München 2020; *Bartsch,* Gesonderter Vertrieb von OEM-Produkten ist urheberrechtlich nicht durchsetzbar, K&R 2000, 612; *Baus,* Verwendungsbeschränkungen in Softwareüberlassungsverträgen, Köln 2004; *Bechtold/Bosch/Brinker,* EU-Kartellrecht, 3. Aufl., München 2014; *Bernhard,* Die Geoblocking-Verordnung in der Praxis, NJW 2019, 472; *Billing,* Garantieübernahmen durch Gesellschafter des Franchisenehmers in der AGB-Kontrolle, WM 2007, 245; *Billing/Lettl,* Franchising und § 20 GWB, WRP 2012, 773 (Teil 1); *Billing/Lettl,* Franchising und § 20 GWB (Teil 2), WRP 2012, 906; *Billing/Metzlaff,* E-Commerce in Franchise- und anderen Vertriebssystemen – zulässiger Vertriebskanal oder vertragswidrige Konkurrenz durch den Franchisegeber?, BB 2015, 1347; *Borges/Meents* (Hrsg.), Cloud Computing, München 2016; *Bräutigam/Rücker* (Hrsg.), E-Commerce, München 2017; *Bräutigam/Wiesemann,* Der BGH und der Erschöpfungsgrundsatz bei Software, CR 2010, 215; *Canaris,* Handelsrecht, 24. Aufl., München 2006; *Czaja,* Neue Rechtsprechung zum Vertriebsrecht, IHR 2018, 1; *Dietrich,* Von Used Soft II und dessen Folgen, NJ 2014, 194; *Dreyer/Haskamp,* Die Vermittlungstätigkeit von Plattformen, ZVertriebsR 2017, 359; *Drossart,* Überblick über neuere Entwicklungen der Rechtsprechung des Vertriebsrechts, ZVertriebsR 2018, 71; *Ebenroth/Boujong/Joost/Strohn* (Hrsg.), Handelsgesetzbuch, Bd. 1, 4. Aufl., München 2020; *Emde,* BB-Rechtsprechungsreport zum Vertriebsrecht 2018 – Teil I, BB 2019, 2882; *Emde,* BB-Rechtsprechungsreport zum Vertriebsrecht 2018 – Teil II, BB 2019, 2946; *Emde,* Brexit und Vertrieb, ZVertriebsR 2018, 77; *Emde,* Parallelvertrieb zwischen Unternehmer und Vertriebsmittler, VersR 2012, 536; *Emde,* Qualitativ-selektive Vertriebssysteme und Internetvertrieb – mehr als ein Jahr nach „Coty", ZVertriebsR 2019, 69; *Emde* (Hrsg.), Vertriebsrecht, 3. Aufl., Berlin 2014; *Emde,* Vertriebsverträge – Wirksame und unwirksame AGB-Klauseln, MDR 2007, 994; *Flohr/Wauschkuhn* (Hrsg.), Kommentar Vertriebsrecht, 2. Aufl., München 2018; *Giesler* (Hrsg.), Praxis des Vertriebsrechts, 3. Aufl., Bonn 2018; *Goyder,* EU Distribution Law, 5. Ed., Oxford 2011; *Hauck/Blaut,* Die (quasi-)vertragliche Haftung von Plattformbetreibern, NJW 2018, 1425; *Hauschka/Moosmayer/Lösler* (Hrsg.), Corporate Compliance, 3. Aufl., München 2016; *Hartmann,* Weiterverkauf und „Verleih" online vertriebener Inhalte, GRUR-Int. 2012, 980; *Heidenhain/Reus,* Möglichkeiten der vertraglichen Bindung von Unterlizenzen an den Bestand der Hauptlizenz, CR 2013, 273; *Hoffmann/Bombe,* Die Rechtsfolgen von Verstößen gegen die Geoblocking-VO, EuZW 2020, 131; *Hoffmann/Leible/Sosnitza* (Hrsg.), Vertrag und Haftung im E-Commerce, Stuttgart 2006; *Hopt,* Das Vertragsverhältnis zwischen Verlag und Pressegrossisten – Ein Beispiel für einen Kommissionsagentenvertrag, in: Häuser/Hammen et al. (Hrsg.), Festschrift für Walther Hadding, Berlin 2004; *Klawitter,* Fortgeltung der Unterlizenz nach Wegfall der Hauptlizenz, GRUR-Prax 2012, 425; *Kloth,* Der digitale Zweitmarkt: Aktuelle Entwicklungen zum Weiterverkauf gebrauchter E-Books, Hörbücher und Musikdateien, GRUR-Prax 2013, 239; *Köhler/Bornkamm/Feddersen,* UWG, 38. Aufl., München 2020; *Kubach,* Der Gebrauchtsoftware-Markt vier Jahre nach Usedsoft I, DSRITB 2016, 341; *Kubach/Hunzinger,* Wer hat das Recht an der Rechtekette?, CR 2016, 14; *Kubach/Hunzinger,* Wer hat das Recht an der Rechtekette und welche Rechte hat der Käufer von Gebrauchtsoftware?, CR 2016, 213; *Kummermehr/Peter,* Zum Weiterverkauf selbstgebrannter Computer-CDs, ZUM 2017, 54; *Küstner/Thume* (Hrsg.), Handbuch des gesamten Vertriebsrechts, Bd. 1: Handelsvertreter, 5. Aufl., Frankfurt a. M. 2016, Bd. 2: Der Ausgleichsanspruch des Handelsvertreters, 9. Aufl., Frankfurt a. M. 2014, Bd. 3: Besondere Vertriebsformen, 4. Aufl., Frankfurt a. M. 2014; *Lejeune,* Softwarevertrieb über Distributoren, ITRB 2014, 234; *Liebscher/Flohr/Petsche* (Hrsg.), Handbuch der EU-Gruppenfreistellungsverordnungen, 2. Aufl., München 2012; *Leupold/Glossner* (Hrsg.), Münchener Anwaltshandbuch IT-Recht, 3. Aufl., München 2013; *Loewenheim/Meessen/Riesenkampff/Kersting/Meyer-Lindemann* (Hrsg.), Kartellrecht, 4. Aufl., München 2020; *Magnus,* Grenzüberschreitende Vertriebsverträge, IHR 2018, 49; *Mann,* Die vertriebsrechtliche Aufhebungs- und Vergleichsvereinbarung, ZVertriebsR 2017, 25; *Mann,* Vertriebsrecht in Handel und Industrie, München 2017; *Marly,* Praxishandbuch Softwarerecht, 7. Aufl., München 2018; *Marly,* Der Handel mit Gebrauchtsoftware, CR 2014, 145; *Martinek,* Compliance im Vertriebsrecht, ZVertriebsR 2019, 139; *Martinek,* GroKo, Digitales Deutschland und Vertriebsrecht, ZVertriebsR 2018, 137; *Martinek,* Vertriebsrecht als Rechtsgebiet und Aufgabe – Zur Programmatik der neuen ZVertriebsR, ZVertriebsR 2012, 2; *Martinek,* Vertriebsrecht und Innovation – Vertriebsvertragsrecht als Infrastruktur und Instrument für technische und administrative Innovationen, ZVertriebsR 2018, 139; *Martinek,* Vertriebsrecht und vertikale Integration in der BGH-Rechtsprechung, in: Canaris (Hrsg.), 50 Jahre Bundesgerichtshof, Festgabe aus der Wissenschaft, Bd. II, München 2000; *Martinek,* Vom Handelsvertreterrecht zum Recht der Vertriebssysteme, ZHR 161 (1997), 67; *Martinek/Semler/Flohr* (Hrsg.), Formularsammlung des Vertriebsrechts, München 2013; *Martinek/Semler/Flohr* (Hrsg.), Handbuch des Vertriebsrechts, 4. Aufl., München 2016; *Mestmäcker/Schweitzer,* Europäisches Wettbewerbsrecht des Vertriebsrechts, 3. Aufl., München 2014; *Metzlaff,* Category Management und Kartellrecht, ZVertriebsR 2012, 138; *Metzlaff/Schaper,* Der Online-Vertrieb von Markenartikeln über Drittplattformen nach dem Coty-Urteil des EuGH, ZVertriebsR 2018, 1; *Meyer-van Raay,* Der Fortbestand von Unterlizenzen bei Erlöschen der Hauptlizenz, NJW 2012, 3691; *Möhring/Nicolini* (Hrsg.), Urheberrecht, 4. Aufl., München 2018; *Müller/Schmitt,* Verlängerungsklauseln in der AGB-Kontrolle, NJW 2017, 1991; *Niebling,* Vertriebsrecht als AGB-Recht, ZVertriebsR 2012, 79; *Oetker* (Hrsg.), Handelsgesetzbuch, 6. Aufl., München 2019; *Ohly/Sosnitza,* Gesetz gegen den unlauteren Wettbewerb: UWG, 7. Aufl., München 2016; *Petsche/Lager/Kutsche,* Ansprüche nach HVertrG im Strukturvertrieb (Multi-Level-Marketing), ZVertriebsR 2012, 268; *Petzold,* Hotelmanagementverträge mit internationalen Hotelketten, RIW 2016, 577; *Pfeiffer,* Entwicklungen und aktuelle Fragestellungen des AGB-Rechts, NJW 2017, 913; *Prütting/Rüßmann,* Verfahrensrecht am Ausgang des 20. Jahrhunderts, Festschrift für Gerhard Lüke zum 70. Geburtstag, München 1997; *Redeker,* Das Konzept der digitalen Erschöpfung – Urheberrecht für die digitale Welt, CR 2014, 73; *Redeker,* IT-Recht, 7. Aufl., München 2020; *Reif/v. Hauch,* Brexit – Auswirkungen auf Handel und Vertrieb, ZVertriebsR 2017, 35; *Rohrßen,* Internetvertrieb in der EU 2018 ff. – Online-Vertriebsvorgaben von Asics über BMW bis Coty, ZVertriebsR 2017, 274; *Rohrßen,* Vertriebsvorgaben im E-Commerce 2018: Praxisüberblick und Folgen des „Coty"-Urteils des EuGH, GRUR-Prax 2018, 39; *Rohrßen,* Internetvertrieb nach Coty – Von Markenware, Beauty und Luxus: Plattformverbote, Preisvergleichsmaschinen und Geoblocking, ZVertriebsR 2018, 277; *Rothermel,* Internationales Kauf-, Liefer- und Vertriebsrecht, Frankfurt a. M. 2016; *Rothermel/Dahmen,* Unwirksame Klauseln in Vertriebsverträgen – Versuch einer Katalogisierung und Übersicht, IHR 2017, 45; *Säcker/Rixecker/Oetker/Limperg* (Hrsg.), Münchener Kommentar zum BGB, Bd. 12: Internationales Privatrecht II, Internationales Wirtschaftsrecht, Einführungsgesetz zum Bürgerlichen Gesetzbuche (Art. 50–253), 7. Aufl., München 2018; *Schmidt/Ebke* (Hrsg.), Münchener Kommentar zum HGB, Bd. 1, 4. Aufl., München 2016, Bd. 5, 4. Aufl., München 2018; *Schmidt,* Vom Handelsvertreterrecht zum modernen Vertriebsrecht – Handelsrecht, Vertriebspraxis und Kartellrecht, JuS 2008, 665; *Schneider* (Hrsg.), Handbuch EDV-Recht, 5 Aufl., Köln 2017; *Schuhmacher,* Wirksamkeit von typischen Klauseln in Softwareüberlassungsverträgen, CR 2000, 641; *Schultze/Pautke/Wagener,* Vertikal-GVO, 4. Aufl., Frankfurt a. M. 2018; *Schultze/Wauschkuhn/Spenner/Dau/Kübler,* Der Vertragshändlervertrag, 5. Aufl., Frankfurt a. M. 2015; *Seegel,* Die Insolvenzfestigkeit von Lizenzen und Lizenzverträgen, CR 2013, 205; *Semler,* Echte und unechte Handelsvertreter – Abgrenzungsfragen und kartellrechtliche Bedeutung, ZVertriebsR 2012, 156; *Stauber,* Neues zum „echten" Handelsvertreter, NZKart 2015, 423; *Ströbl/Heinrich,* Die neue De-minimis-Bekanntmachung der EU-Kommission vom 25. 6. 2014 – wie weit reicht der Safe Harbour?, BB 2014, 2506; *Ströbl/Wentzel,* Der Ausgleichsanspruch beim Vertrieb von Dauerschuldverhältnissen, BB 2017, 390; *Thume,* Kein Ausgleichsanspruch beim Vertrieb von Dauerverträgen? – eine Erwiderung, BB 2017, 906; *Thume,* Paralleler Online-Vertrieb des Herstellers im Spannungsfeld seiner Dispositionsfreiheit und Treuepflicht, BB 2018, 770; *Ulmer,* Der Vertragshändler, München 1969; *Ulmer/Brandner/Hensen* (Hrsg.), AGB-Recht, 12. Aufl., Köln 2016; *Ulmer/Habersack,* Zur Beurteilung des Handelsvertreter- und Kommissionsagenturvertriebs nach Art. 85 Abs. 1 EGV, ZHR 159 (1995), 109; *v. Hülsen,* Ausgewählte Praktische Probleme des selektiven Vertriebs aus kartellrechtlicher Sicht, ZVertriebsR 2012, 299; *Valdini,* Der Schutz der schwächeren Vertragspartei im internationalen Vertriebsrecht (2013); *Valdini/Cornelius,* Vertriebsverbot für Luxuswaren über Internetplattformen Dritter in selektiven Vertriebssystemen ist grundsätzlich zulässig, GWR 2018, 35; *Walz* (Hrsg.), Beck'sches Formularbuch Zivil, Wirtschafts- und Unternehmensrecht Deutsch-Englisch, 4. Aufl., München 2018; *Wauschkuhn,* Der Ausgleichsanspruch des Vertragshändlers, ZVertriebsR 2016, 79; *Wauschkuhn,* Lohnt sich der Ausspruch einer außerordentlichen Kündigung durch den (Vertriebs-)Unternehmer bei unklarer Rechtslage?, ZVertriebsR 2018, 275; *Wijckmans/Tuytschaever,* Vertical Agreements in EU Competition Law, 3. Ed. Oxford 2018; *Witte,* Online-Vertrieb von Software, ITRB 2005, 86; *Witzel,* Vertragsbeziehungen bei der Beschaffung von Open Source Software – Direkter Lizenzvertrag mit dem Rechteinhaber trotz Beschaffung über einen Distributor?, ITRB 2016, 235.

I. Einführung

1. Vertikale Vorwärtsintegration und Herstellerabhängigkeit

1 Beim Aufbau von Vertriebssystemen hat die Industrie in den letzten Dekaden versucht, sich autonome Marketingführerschaft zu sichern. Die Marketingaktivitäten der Institutio-

nen des Handels sollten möglichst bis zum Endabnehmer unmittelbar gesteuert und kontrolliert werden können (Hersteller-Marketing). Viele der „klassischen" Handelsfunktionen liegen heute beim Hersteller selbst; die Vertriebsmittler sind möglichst weitgehend durch Verträge in seine Absatzorganisation integriert. Die **vertikale Absatzkooperation** (in aller Regel durch ein eindeutiges Machtgefälle zwischen Herstellern und Absatzmittlern gekennzeichnet) sollte der Industrie historisch betrachtet annähernd den gleichen Einfluss auf den Absatzweg sichern wie beim direkten Absatz durch sie selbst.[1]

2 Dies hat zu Verwischungen der Marktstufen geführt. Sind Handelsvertreter, Kommissionsagenten und Handelsmakler als klassische Absatzorgane schon kraft ihrer Funktion weisungsgebunden und zur Interessenwahrung verpflichtet, werden inzwischen auch die früher selbständig absatzmittelnden Händler von den Herstellern zur Interessenwahrung und Geschäftsbesorgung verpflichtet und als „gekorene Interessenwahrer" in den Aufbau vertraglicher Vertriebssysteme einbezogen. Es prägen sich immer enger mit dem Hersteller verbundene, das heißt von ihm „gebundene" Vertragshändler, Fachhändler, Eigenhändler, Alleinvertreter oder eben Franchisenehmer aus. Diese **vertikale Vorwärtsintegration** durch Vertriebsverträge hat zu Verzahnungen und Verwischungen im Absatzgefüge geführt.[2] Der in das Vertriebssystem integrierte Absatzmittler ist heute (wenn auch nicht rechtlich so doch funktional) in der Regel bloßer Absatzhelfer: nur nach außen hin hat er die Stellung eines selbständigen Absatzorgans, im Innenverhältnis ist er nach Art eines Handelsvertreters gebunden.

3 Der Entwicklung einer vertikalen Vorwärtsintegration steht umgekehrt auch in vielen Bereichen eine besondere Macht des Handels gegenüber. Während sich die meisten Vertriebsvertragssysteme als industrieseitig gesteuert erklären lassen (man denke an ganz unterschiedliche Bereiche wie Mineralölwirtschaft oder Versicherungsbranche als klassische Handelsvertretersysteme, der Automobilvertrieb als in der Regel klassisches Vertragshändlersystem oder die vielfach als Franchisesystem organsierte Systemgastronomie), lässt sich dennoch auch eine **gegenläufige Tendenz** feststellen. Bestimmte Plattformen des Handels (allen voran die bedeutenden Anbieter von Marktplätzen) agieren zwar vordergründig als „bloße" Absatzmittler der Hersteller (was durch entsprechende vertragliche Gestaltung – insbesondere die Kommissionagenturmodelle – zu verdecken versucht wird). Sie sind aber wirtschaftlich oft in der Position, ihrerseits dem Hersteller Bindungen (zB Sortimentszusammensetzung, Periodizität von Kampagnen) etc aufzuerlegen, dh die vertikale Vorwärtsintegration des Vertriebs bis zu einem gewissen Grade zu nivellieren.

4 Insbesondere in straffen Franchisesystemen ist der Handel von seiner eigentlichen Funktion des Ausgleichs zwischen Industrie und Verbraucherschaft teilweise zu einem „Vasall der Systemzentrale" degradiert worden (nicht umsonst wird in diesem Bereich immer wieder um die Frage der unternehmerischen Selbständigkeit besonders gestritten). Umgekehrt kann insbesondere bei bestimmten Marktplätzen inzwischen von einer **Informationsasymmetrie** zu Lasten manchen Herstellers gesprochen werden, weil dieser sich (nicht etwa die absatzwirtschaftlichen, sondern vielmehr sogar die produktbezogenen) Kenntnisse ohne die Hilfe des Absatzmittlers nicht mehr verschaffen kann.

5 Der Vertrieb von Endgeräten unterscheidet sich nun vordergründig nicht danach, ob ein simples, analoges Endgerät oder aber ein „smartes" Endgerät einen Kunden finden soll. Die Funktion des Absatzmittlers ist identisch. Ein **„smartes" Endgerät** eröffnet allerdings viel akzentuiertere **Gestaltungsmöglichkeiten in der Vertriebskette.** Die Frage, welcher Akteur (Hersteller oder Absatzmittler) graduell größeren Einfluss nehmen kann, lässt sich nicht schematisch beantworten.

[1] *Martinek* in Martinek/Semler/Flohr VertriebsR-HdB § 2 Rn. 74.
[2] *Martinek* in Martinek/Semler/Flohr VertriebsR-HdB § 2 Rn. 74; illustratives Bsp. für diese „Verwischungen" und die Schwierigkeiten der Abgrenzung stellt die Diskussion um den kartellrechtlich „echten" oder „unechten" Handelsvertreter dar, dazu → Rn. 61.

Entscheidend ist das Bewusstsein, dass eine zentrale Instanz eines IoT-Ökosystems (eine oder ggf. mehrere zentrale Plattformen zur Bereitstellung von Software für die jeweiligen „smarten" Endgeräte) die vertikale Vorwärtsintegration des Vertriebs noch bedeutend verstärken, dh die Unselbständigkeit des Vertriebsmittlers erhöhen kann. 6

- Ein Fahrzeug, dessen funktionelle Daten dem Hersteller kontinuierlich unmittelbar vom Endkunden überlassen werden, schwächt die Stellung des dieses Fahrzeug vertreibenden Händlers. Denn ihm steht dieses Wissen um den konkreten Kunden und dessen Fahrzeug und die sich daraus ggf. ergebenden wirtschaftlichen Optionen zumindest zunächst ohne Willen des Herstellers nicht zur Verfügung.
- Werden durch ein Produkt automatisiert Bestellungen für Verbrauchsmaterialien generiert, entgeht dem Vertriebsmittler je nach Gestaltung des Vertrages entweder Folgegeschäft oder er verliert zumindest die Chance erneuter, aktiver Kundenbindung.

Umgekehrt kann ein eigenes IoT-Ökosystem eines Vertriebsmittlers dazu führen, eine Abhängigkeit des Herstellers zu schaffen. 7

- Setzt ein Vertriebsmittler ein selbstlernendes Warenwirtschaftssystem ein, das bestimmte Bestell- (oder gar Produktions-)Prozesse selbsttätig beim Hersteller just in time initiiert, gibt der Hersteller dadurch entscheidende Gestaltungsmöglichkeiten (im Hinblick auf die Planung von Menge und Verfügbarkeit seiner Produkte im Markt preis).
- Die Festlegung auf eine bestimmte Softwarebasis kann ggf. hohe Markzutrittsschranken für Hersteller schaffen. So könnte bspw. die Festlegung eines marktstarken Händlers auf (nur) ein oder zwei von ihm in der Wartung unterstützte Basissysteme für Heimautomatisierung für einen Hersteller von Rollladenautomatisierung faktisch dazu führen, dass dieser seine Software anpassen oder auf diesen marktstarken Händler als Vertriebskanal verzichten muss.

2. Herausforderungen im Vertriebskartellrecht

Der **Weg eines Produkts** von seiner Herstellung bis zum Endkunden verläuft nach wie vor in den ganz überwiegenden Fällen über verschiedene Wirtschaftsstufen „nach unten". Er verläuft **vertikal.** Die wettbewerbsbeschränkenden Maßnahmen der Vertriebsförderung im Rahmen des Sales Prozesses[3] im B2B-Bereich zwischen Unternehmern, genauer die wettbewerbsrechtlichen Beziehungen des Unternehmers zu seinen Vertriebsmittlern, Händlern und sonstigen am Vertrieb beteiligten Dritten, ist Gegenstand des Vertriebskartellrechts. Die Regelungen des Vertriebskartellrechts sind aber (wie das Kartellrecht insgesamt) mit einer Hybridisierung der Produkte und mit einer stärkeren Integration von Kunden und Geschäftspartnern in Wertschöpfungsprozesse konfrontiert, die die klassische sachliche Marktabgrenzung nach dem Bedarfsmarktkonzept (das sich an der Austauschbarkeit spezifischer Produkte oder Dienstleistungen orientiert) teilweise in Frage stellen.[4] 8

Pointiert stellt sich die Frage, ob automatisierte Prozesse im virtuellen Raum wirklich einer lokalen oder regionalen Nachfrage räumlich sinnvoll zugeordnet werden können. Oder ob der sachliche Markt weniger durch die Kombination von Hardware und hierauf bezogener Software als vielmehr durch die softwarebasierten Ergebnisse zu definieren ist. Schließlich stellt sich die Frage, wie mit sog. **„zweiseitigen Märkten"** umzugehen ist. Diese Fragen stellen kein theoretisches Durchdeklinieren dar, sondern haben unmittelbar Einfluss auf die Gestaltung der konkreten Vertriebsverträge. 9

---

[3] ZB einer unternehmensinternen Richtlinie für Vertriebsstandards s. *Reiling* in Hauschka Compliance-FormB § 15 Rn. 2.

[4] Beispiele sind Märkte ohne monetäre Gegenleistung, bei denen mit der Bestimmung der Kreuzpreiselastizität nicht sinnvoll gearbeitet werden kann oder die räumliche Abgrenzung des relevanten Marktes bei wesentlichen Prozessen im virtuellen Raum.

- Wenn die A-GmbH Kunststoffbecher herstellt und diese an Kunden vertreibt, die B-KG hingegen eine STL-Datei anbietet, die Kunden einen Ausdruck von Kunststoffbechern in Standard-Druckern ermöglicht, dann stellt sich die Frage, ob die Kunststoffbecher der A-GmbH und die Datei der B-KG einem einheitlichen sachlichen Markt zuzurechnen sind.[5]
- Sofern beide dem gleichen (dann größeren) sachlichen Markt zuzuordnen wären, wären bestimmte Wettbewerbsbeschränkungen ggf. infolge der niedrigeren Marktanteile erlaubt, die bei unterschiedlichen Märkten vielleicht deswegen nicht freistellungsfähig wären, weil die gesetzlichen Marktanteilsschwellen überschritten wären.

10 Die nachfolgende Darstellung beschreibt das **Verhältnis zwischen Hersteller von IoT-Devices** (Hardware und App) **und** seinen **Absatzmittlern** einschließlich des Vertriebskartellrechts. Die für die Funktionsfähigkeit ggf. weiteren notwendigen Rechtsbeziehungen zur Bereitstellung der App, insbesondere die Nutzung von Plattform(en) als Voraussetzung der Bereitstellung und damit des Vertriebs der App, werden weiter oben beschrieben.[6]

II. Vertriebsmittler von IoT-Produkten

1. Vorbemerkung

a) Softwarevertrieb

11 Geht man von einem aus Hard- und Software bestehenden IoT-Device aus, so stellt sich zunächst die Frage, ob die beiden Bestandteile im Vertrieb einheitlich behandelt werden können. Softwarevertrieb *kann* sich vom Vertrieb der Hardware unterscheiden. Das muss aber nicht der Fall sein. Soft- oder Hardware kann auf Produkten anderer Hersteller aufsetzen (Systemintegration). Typisch ist bspw., dass Funktionen auf Datenbanken zB von Oracle, Microsoft oder SAP rekurrieren. Wird Hard- und Software im „Paket" vertrieben, wird von „Bundling" gesprochen.[7] Hinzu kann eine Vielzahl weiterer Akteure treten (zB Anbieter von **Dienstleistungen** für Softwarepflege, Customizing, Integration, Wartung von Hardware). Aus Perspektive der Software-Hersteller wurden hier diverse Vertragstypen herausgearbeitet.[8] Hinzu kommt der Bereich des **Cloud Computings,** hinsichtlich dessen sich die Überzeugung durchgesetzt hat, dass es sich um eine Dienstleitung sui generis handelt; die technische Ausgestaltung des Cloud Computing als eine Dienstleistung, die auf Virtualisierungstechnik beruht und deren Dienste als „multi-tenant"-Plattform betrieben werden[9] (sodass der Anbieter dem Kunden keine eigene Hard- und Softwarelösung (im Sinne einer „Single-Tenant"-Architektur) bereitstellen muss), rechtfertigen dies.

12 Je nach Gestaltung des Produkts und der Rechtsnatur der Verträge (insbesondere, ob hierbei eine Überlassung oder nur ein dauerhaftes Gebrauchsrecht im Vordergrund steht und in welchem Maß „Sublieferanten" und dritte Dienstleister zu beteiligen sind) lassen sich unterschiedliche Vertriebsstrukturen unterscheiden. Im Grundsatz kann der Endkunde aber Hardware wie Software **durch Vermittlung** (eines Handelsvertreters) vom Hersteller direkt **oder** aber **von** einem hierfür **autorisierten Händler** beziehen. Die konkrete Aus-

---

[5] Unterstellt, dass die Transportkosten für die Produkte von A (fertige Becher) die Kosten für das Rohmaterial (zusätzlich zu den Kosten für die Datei von B) in etwa aufwiegen, ist dieses Bsp. durchaus realitätsnah.

[6] → § 7 Rn. 430 ff.

[7] Die Software wird dann oft als „OEM-Version" bezeichnet.

[8] VAR (= Value Added Reseller-)Vertrag (Angebot einer Komplettlösung durch den Vertriebspartner); SHAP-(= Software House Assistance Program-)Vertrag (separate Vereinbarung zwischen Softwarehersteller und Vertriebspartner hinsichtlich der Produkte für den Endkunden), vgl. *Bachhofer* CR 1988, 809; *Bachhofer* CR 1989, 89; *Büchner* in Borges/Meents Cloud Computing § 5 Rn. 106.

[9] *Boehm* ZEuP 2016, 358 (359); MAH IT-R/*Leupold* Teil 4 Rn. 120.

gestaltung des Produkts mag allerdings den einen oder den anderen Weg besonders nahelegen.[10] Ferner kann ein bestimmtes Vertriebsziel die eine oder die andere Lösung sogar zwingend machen.

- Wenn der Hersteller die Kontrolle über die Endkundenpreise im Zielmarkt selbst behalten will, so wird er eher die Lösung eines Handelsvertreter- oder Kommissionsagentursystems wählen.
- Will der Hersteller direkte Mängelansprüche des Kunden gegen ihn vermeiden, so wird er eher einen Vertragshändler wählen (auch wenn der neue § 445a BGB diesen Vorteil inzwischen sehr schmälert).

Rein praktisch wird der Hersteller dem Vertriebsmittler entweder IoT-Device (Hardware und App) insgesamt überlassen, die dieser dann weitergibt, oder aber dem Vertriebsmittler neben der Hardware eine Masterkopie überlassen, von der dieser Kopien für seine Kunden erstellen kann. Die Konsequenzen sind rechtlich unterschiedlich. Bezieht der Vertriebsmittler nur einzelne Kopien, findet für die Überlassungsverträge Kaufrecht Anwendung. Hierbei gehen auch Nutzungsrechte nach Vertrag oder § 69d UrhG über. Wenn der Vertriebsmittler selbst Kopien fertigt, überwiegen hinsichtlich dieses Leistungsbestandteils oft lizenzvertragliche Elemente. Wichtig ist, dass jedenfalls die Rechte übertragen werden, die zur Erfüllung des Vertriebsvertrags erforderlich sind (§ 31 Abs. 5 UrhG).[11] Üblicherweise ist auch zu regeln, wer die Pflege der Software übernimmt (Hersteller oder Händler; ggf. first level support-Händler, second level support-Hersteller) und ob (und unter welchen Rahmenbedingungen) der Händler die Software selbst zum Download öffentlich bereitstellen darf.[12] 13

In der Praxis ist oft nicht leicht zu erkennen, ob es sich bei der gewählten Vertragsgestaltung rechtlich um ein Handelsvertreter- oder Vertragshändlermodell handelt. Problematisch sind in diesem Fall regelmäßig die Klauseln, die beide Typen kombinieren wollen. Dabei spielt insbesondere die Frage der Preis- und Konditionsbindungen eine Rolle. Das alles sind aber grundsätzlich keine Besonderheiten von Software. Auch für die Hardware ist zB im Vertriebsvertrag zu regeln, ob Hersteller oder Händler für die Wartung zuständig sein soll. Auch bei „normalen Industriegütern" finden sich in Vertriebsverträgen kartellrechtlich fragwürdige Preis- und Konditionsbindungen. Im Grundsatz folgen Hard- und Software eines IoT-Device hinsichtlich des Vertriebs also nicht identischen, aber ähnlichen Regelungen. 14

b) Eingrenzung der Darstellung

Im Folgenden wird daher auf die Grundtypen Handelsvertreter und Vertragshändler eingegangen. Sieht man von den Besonderheiten des Gebrauchtsoftwarehandels ab, auf den im Weiteren nicht eingegangen wird, sind die beiden in der Praxis am häufigsten anzutreffenden Organisationsformen aber der Vertrieb über Handelsvertreter sowie der Vertrieb über Vertragshändler. Die „hybride" Vertriebsform des Kommissionsagenten wird sodann schematisch dargestellt. 15

2. Der Handelsvertreter

a) Vertragstypus

Der gesetzlich typisierte Handelsvertretervertrag ist ein Dienstvertrag über eine Geschäftsbesorgung (§§ 611 ff., 675 Abs. 1 BGB). Er ist nicht Arbeitsvertrag, sondern **Vertrag über** 16

[10] Wenn bspw. Software gemeinsam mit von einem Drittunternehmen bezogener Hardware verkauft wird, dann liegt es nahe, eher die Vertragshändlerstruktur zu wählen, da hinsichtlich der Hardware mit dem Endkunden eine direkte Vertragsbeziehung eher unerwünscht sein dürfte.

[11] S. dazu *Redeker* IT-R Rn. 867.

[12] *Redeker* IT-R Rn. 867.

selbständige Dienste. Anwendbar sind deshalb HGB, Dienstvertrags- und Auftragsrecht des BGB. Grundsätzlich bedarf die Tätigkeit eines Handelsvertreters keiner Erlaubnis oder Eintragung in (speziellen) Registern.[13] Der Handelsvertreter an sich ist definiert in § 84 Abs. 1 S. 1 HGB: „Handelsvertreter ist, wer als selbständiger Gewerbetreibender ständig damit betraut ist, für einen anderen Unternehmer (Unternehmer) Geschäfte zu vermitteln oder in dessen Namen abzuschließen". Das Merkmal der **Selbständigkeit** ist in § 84 Abs. 1 S. 2 HGB näher bestimmt, wobei § 84 Abs. 2 HGB klarstellt, dass derjenige als Angestellter gilt, der zwar wie ein Handelsvertreter tätig aber deshalb unselbständig ist, weil er gerade nicht im Wesentlichen frei seine Tätigkeit gestalten und seine Arbeitszeit bestimmen kann. Die Abgrenzung von anderen Vertragsmittlern wie Vertragshändlern, Kommissionären und Handelsmaklern sowie die Abgrenzung vom abhängigen Beschäftigten richtet sich unabhängig von der gewählten Vertragsbezeichnung stets nach der Erfüllung dieser Merkmale nach der vertraglichen Gestaltung und tatsächlichen Handhabung.[14] Die **Handelsvertreter-Richtlinie**[15] hat das Recht der Handelsvertreter harmonisiert.[16] Sie hat erhebliche praktische Bedeutung. Ihr bindender Inhalt ist autonom auszulegen. Die verbindliche Auslegung obliegt dem EuGH, Art. 267 AEUV.[17] Das deutsche Recht muss – auch wo der Gesetzestext bei der Umsetzung unverändert geblieben ist – gemeinschaftsrechtskonform ausgelegt werden.

17 **aa) Grundsatz des zwingenden Rechts.** Das Handelsvertreterrecht enthält viele **zwingende Bestimmungen,** von denen nicht zum Nachteil des Handelsvertreters abgewichen werden darf (vorteilhaftere Gestaltungen und Ausfüllen unbestimmter Rechtsbegriffe sind zulässig):

- Anspruch auf Aufnahme des Vertragsinhaltes in Vertragsurkunde (§ 85 S. 1 HGB)
- Allgemeine Interessenwahrungspflicht (§ 86 Abs. 1 Hs. 2 HGB)
- Nachrichten- und Informationspflichten des Handelsvertreters (§ 86 Abs. 2 HGB)
- Zurverfügungstellung von Unterlagen durch den Unternehmer (§ 86a Abs. 1 HGB)
- Nachrichten- und Informationspflichten des Unternehmers (§ 86a Abs. 2 HGB)
- Anspruch auf Delkredereprovision bei Übernahme des Delkredere (§ 86b Abs. 1 HGB)
- Vorschussanspruch (§ 87a Abs. 1 S. 2 HGB)
- Entfallen der Provision bei endgültiger Nichtleistung des Dritten (§ 87a Abs. 2 HGB)
- Nichtausführung des Geschäftes (§ 87a Abs. 3 HGB)
- Fälligkeit und Zahlung der Provision (§ 87a Abs. 4 HGB)
- Provisionsabrechnung (§ 87c Abs. 1–4 HGB)
- Gesetzliche Zurückbehaltungsrechte des Handelsvertreters (§ 88a Abs. 1 HGB)
- Recht zur außerordentlichen Kündigung (§ 89a Abs. 1 HGB)

---

[13] Ausnahme stellt die Versicherungs- und Kapital-/Anlagevermittlung dar, zB Eintragungspflicht nach § 34d Abs. 10 S. 1 iVm § 11a Abs. 1 GewO und ggf. Erlaubnisvorbehalt nach § 34d Abs. 1 iVm Abs. 7 GewO für Versicherungsvermittler; Erlaubnisvorbehalt nach § 34c Abs. 1 S. 1 Nr. 1, 2 GewO für die Anlagen-/Finanzvermittlung; Eintragungspflicht nach § 34f Abs. 5 GewO iVm § 11a Abs. 1 GewO für die Finanzanlagenvermittlung; ferner gilt § 87 Abs. 2 WpHG für Handelsvertreter, die Anlagen vermitteln.

[14] BGH Urt. v. 22.6.1972 – VII ZR 36/71, BGHZ 59, 91 = NJW 1972, 1662; Baumbach/Hopt/*Hopt* HGB § 84 Rn. 5; vgl. auch BAG Urt. v. 15.12.1999 – 5 AZR 770/98, NZA 2000, 481; zur Beweislast BAG Urt. v. 15.12.1999 – 5 AZR 169/99, NZA 2000, 1162.

[15] Richtlinie 86/653/EWG des Rates vom 18.12.1986 zur Koordinierung der Rechtsvorschriften der Mitgliedstaaten betreffend die selbständigen Handelsvertreter, ABl. 1986 L 382, 17.

[16] Zum Begriff des selbständigen Handelsvertreters s. auch EuGH Urt. v. 4.6.2020 – C-828/18, ZVertriebsR 2018, 252 mAnm *Kutscher-Puis* – Trendsetteuse.

[17] Vgl. EuGH Urt. v. 21.11.2018 – C-452/17, ECLI:EU:C:2018:935 = ZVertriebsR 2019, 20 – Zako; Urt. v. 7.4.2016 – C-315/14, ZVertriebsR 2016, 172 – Marchon Germany; Urt. v. 3.12.2015 – C-338/14, ZVertriebsR 2016, 15 – Quenon; Urt. v. 17.10.2013 – C-184/12, ZVertriebsR 2014, 55 – Unamar; Urt. v. 26.3.2009 – C-348/07, EuZW 2009, 304 - Semen und Urt. v. 23.3.2006 – C-465/04, EuZW 2006, 341 – Honyvem Informazioni Commerciali.

- Ausgleichsanspruch (§ 89b Abs. 1–3 HGB)
- Wettbewerbsabrede (§ 90a Abs. 1–4 HGB)

bb) Kartellrechtliche Schranken. Das Kartellverbot (Art. 101 AEUV, § 1 GWB) gilt nur bei Verhaltensweisen zwischen selbständigen Unternehmen. Handelsvertreter sind Hilfsorgane des Prinzipals. Der Handelsvertreter wird kartellrechtlich als **in die Absatzorganisation** des Geschäftsherrn **eingegliedert** angesehen. Er bildet mit dem Geschäftsherrn insoweit eine **wirtschaftliche Einheit, die sich auf dem Markt der Vertragsprodukte einheitlich verhält.** Derartige Vereinbarungen sind daher grundsätzlich keine Vereinbarungen „zwischen Unternehmen" im Sinne des Kartellrechts. Das Kartellverbot ist nicht anwendbar **(„Handelsvertreterprivileg").** Dass „das Kartellrecht auf Handelsvertreterverträge nicht anwendbar" sein soll, ist in dieser **Verkürzung falsch.** Sofern der **Produktmarkt** betroffen ist (zB Preis- und Konditionenbindungen, Gebiets- und Kundenbeschränkungen) ist das Kartellverbot an sich aufgrund des Handelsvertreterprivilegs unanwendbar. Denn hier wirkt sich die wirtschaftliche Einheit zwischen Prinzipal und seinem Hilfsorgan aus. Auf dem **Vermittlermarkt** (zB Wettbewerbsverbote) **gilt das Kartellverbot** uneingeschränkt. 18

- Ein Wettbewerbsverbot hindert den Vertreter, als Vertreter oder Händler für andere Unternehmen tätig zu werden (Beschränkung des Handelsvertreters). Bei kumulativer Marktabschottung greift hier das Kartellverbot.
- Die Vorgabe, die Produkte des Unternehmers nur auf Basis der vorgegebenen Klauselwerke und zu den vom Unternehmen vorgegebenen Preisen abzusetzen, ist hingegen vom Handelsvertreterprivileg erfasst.

Die Anwendung des Kartellverbots des Art. 101 AEUV bzw. § 1 GWB auf Handelsvertreter ist im Detail immer noch nicht vollständig geklärt. Der Handelsvertreter, der das Provisions- und ggf. Delkredererisiko trägt und somit nur eine Hilfsfunktion erfüllt, wird als **„echter" Handelsvertreter** nicht vom Kartellverbot erfasst.[18] Dagegen sollen **„unechte Handelsvertreterverträge"** dem Kartellverbot unterfallen, wobei sich die von Kommission und Rspr. angewandten Kriterien unterscheiden.[19] Die Kommission will entgegen der Rspr. wohl auf das Kriterium der „Eingliederung" verzichten und einzig auf die Übernahme wirtschaftlicher Risiken abstellen; nach zutreffender Auffassung dürfte die Verteilung des unternehmerischen Risikos ein – und zwar das wichtigste – Kriterium der Eingliederung sein, die zur Unanwendbarkeit von Art. 101 AEUV führt.[20] Trägt der Handelsvertreter in gewissem Umfang eigene wirtschaftliche Risiken, so ist er ggf. wie ein unabhängiger Vertragshändler zu behandeln. Auch wenn man dem rigorosen Ansatz der Kommission in den Vertikal-LL nicht folgt, wonach bereits ein in Rn. 16 der Vertikal-LL enthaltenes Negativkriterium ein „unechtes" Handelsvertreterverhältnis begründen soll, auf das Art. 101 Abs. 1 AEUV anwendbar ist, bieten die Vertikal-LL dennoch eine Orientierungshilfe. Bei Verpflichtungen zur Unterhaltung von Warenlagern, zu Investitionen in Verkaufsförderung sowie marktspezifischen Investitionen in Ausrüstungen ist Vorsicht geboten.

b) Inhalt und Durchführung

aa) Vorvertragliche Pflichten. Bereits im Vorfeld entstehen die üblichen Pflichten aus einem **vorvertraglichen Vertrauensverhältnis** zwischen den Parteien (beiderseitige Auf- 19

[18] EuGH Urt. v. 1.10.1987 – C-311/85, Slg. 1987, 3801 Rn. 20 = BeckRS 2004, 70731 – Flämische Reisebüros.

[19] Vgl. einerseits bereits *Bechtold* EWS 2001, 49 (53) sowie EU-Kommission, Leitlinien für vertikale Beschränkungen, ABl. 2010 C 130, 1 (Rn. 12ff.) („Vertikal-LL"), und andererseits EuG Urt. v. 15.9.2005 – T-325/01, EuZW 2005, 766 (Ls.) Rn. 81ff. – DaimlerChrysler AG/Kommission.

[20] Vgl. *Mestmäcker/Schweitzer* EuWettbR § 9 Rn. 63.

klärungspflichten, Informations- und Rücksichtspflichten des Unternehmers; § 311 Abs. 2 iVm § 241 Abs. 2 BGB bzw. § 242 BGB). Die Aufklärung hat über nicht ohne weiteres erkennbare Risiken der Vertretung (Rechte Dritter an der App, Funktionsfähigkeit der Plattform(en) als Voraussetzung) zu erfolgen.[21] Ebenso obliegen dem Handelsvertreter Aufklärungspflichten (wirtschaftliche Verhältnisse, seine Qualifikation, sonstige für den Vertragsschluss relevante Umstände).

20 **bb) Gebietszuweisung.** Im Vertrag sollte eine zweifelsfreie **Festlegung des Vertragsgebietes** erfolgen. Eine nachträgliche Änderung durch den Unternehmer ist nur einvernehmlich möglich. **Teilkündigungsrechte** sind im Handelsvertreterrecht generell unzulässig; ein in AGB vorgesehenes Teilkündigungsrecht kommt im Ergebnis einem unwirksamen einseitigen Leistungsänderungsrecht gleich,[22] da es nicht den Anforderungen an die Ausgestaltung einseitiger Eingriffsbefugnisse des Verwenders in vertragliche Rechtspositionen seiner Vertragspartner entspricht.[23] Bei einem **Änderungsvorbehalt** hingegen besteht zusätzlich das Recht, die gekündigte Regelung durch einseitige Erklärung zu ersetzen. Hier sind die Schranken noch enger zu ziehen: der Vorbehalt, vertragliche Regelungen einseitig zu ändern oder aufzuheben, führt in der Regel zu einer unangemessenen Benachteiligung iSd § 307 Abs. 1 BGB. Vorformulierte einseitige Eingriffsbefugnisse können nur dann wirksam auferlegt werden, wenn sie schwerwiegende Gründe für die Änderung nennen und die Interessen des Handelsvertreters erkennbar in angemessener Form berücksichtigen, insbesondere einen angemessenen Ausgleich einräumen.[24] Sie müssen überdies eine ausreichende Ankündigungsfrist für die Änderung enthalten.[25]

21 Nach §§ 84, 87 Abs. 1 HGB handelt es sich beim Handelsvertreter grundsätzlich um einen selbständigen Gewerbetreibenden, der *nicht* exklusiv in einem Vertragsgebiet tätig ist und sich nicht auf **Alleinvertretungsrechte** oder Bezirksschutz berufen kann. Anders beim **Bezirksvertreter**, vgl. § 87 Abs. 2 HGB: Diesem ist ein räumlicher Bezirk zugewiesen und er erhält eine Provision für Geschäftsabschlüsse, die in diesem Bezirk bzw. mit seinem Kundenkreis getätigt werden, wobei sein Mitwirken nicht erforderlich ist. Der Umfang der Provisionspflicht ist, ebenso wie der Umfang des Bezirksschutzes, nicht zwingend ausgestaltet und kann daher vereinbart werden.[26] Alleinvertretung heißt, dass der Handelsvertreter allein in seinem Bezirk tätig werden darf und Vertriebsaktivitäten des Unternehmers dort untersagt sind. So verstößt zB ein Direktabschluss des Unternehmers gegen diese Vertragspflicht mit allen Konsequenzen, dh Schadensersatz oder fristlose Kündigung. Bei (reinem) Bezirks- oder Kundenkreisschutz entsteht hieraus nur eine Bezirksprovision.

22 **cc) Pflichten des Handelsvertreters.** Der Handelsvertreter ist in die Vertriebsorganisation des Unternehmers eingebunden. Er hat im Interesse des Unternehmens zu agieren. Dies bedeutet:

- **Bemühens- und Absatzförderungspflicht** des Handelsvertreters (§ 86 Abs. 1 Hs. 1 HGB). Hauptpflicht des Auftragsverhältnisses ist die Bemühenspflicht um Vermittlung (oder den Abschluss) von Geschäften. Hierzu sind der Markt zu beobachten, Marktlücken zu suchen und für den Unternehmer nutzbar zu machen[27] und neue Kunden zu werben sowie alte Kunden zu „pflegen"; nicht erfasst sind Marktanalysen und allgemei-

[21] Vgl. Baumbach/Hopt/*Hopt* HGB § 86a Rn. 2.
[22] BGH Urt. v. 6.10.1999 – VIII ZR 125/98, BGHZ 142, 358 = NJW 2000, 515 (516) zum Vertragshändlerrecht.
[23] Zum Vertragshändlerrecht BGH Urt. v. 13.7.2004 – KZR 10/03, GRUR 2005, 62 (67) – Citroën.
[24] BGH Urt. v. 6.10.1999 – VIII ZR 125/98, BGHZ 142, 358 = NJW 2000, 515 (516) zum Vertragshändlerrecht.
[25] BGH Urt. v. 21.12.1983 – VIII ZR 195/82, NJW 1984, 1182 (1183) zum Vertragshändlerrecht.
[26] BGH Urt. v. 9.6.1978 – I ZR 136/76, BB 1978, 1136.
[27] OLG Frankfurt a. M. Urt. v. 17.2.1970 – 5 U 50/69, BB 1970, 228.

ne Markt-, Produkt- oder Kundenpflege über die konkreten Vermittlungs- und Abschlussbemühungen hinaus. Werbung, die nicht unmittelbar auf bestimmte einzelne Geschäftsabschlüsse zielt, ist grundsätzlich Aufgabe des Unternehmers selbst.[28]

- **Weisungen, Verwahrung, Herausgabe.** Als Interessenwahrer des Unternehmers (§ 665 BGB) hat der Handelsvertreter produkt- und tätigkeitsbezogene Weisungen des Unternehmers grundsätzlich zu befolgen.[29] Hierzu zählen Weisungen zur Person des Geschäftsgegners ebenso wie zu den Bedingungen der Geschäfte oder zur Gestaltung der Tätigkeit des Vertreters. Die Weisung darf jedoch die Selbstständigkeit des Handelsvertreters nicht im Kern antasten.[30] Nicht sachgerechte Weisungen, bspw. zur täglichen Berichterstattung, sind daher nicht bindend. Ihm überlassene Sachen muss der Handelsvertreter pfleglich behandeln und sorgfältig verwahren.[31] Nach § 667 BGB besteht Herausgabepflicht auch für von dritter Seite erlangte Sachen,[32] wenn er sie für seine Tätigkeit nicht mehr benötigt.
- **Allgemeine Interessenwahrungspflicht** (§ 86 Abs. 1 Hs. 2 HGB). Als wesensbestimmendes Merkmal des Vertrags[33] muss der Handelsvertreter alles tun, was im Interesse des Unternehmers erforderlich ist, und alles unterlassen, was den Unternehmer schädigen kann.[34] Dies umfasst Informations- und Mitteilungspflicht über die Bonität, Kreditwürdigkeit oder Vertrauenswürdigkeit der Kunden.[35] Daneben ergeben sich weitere, teils geschriebene, meist ungeschriebene Pflichten des Handelsvertreters, wie die Benachrichtigungspflicht oder die Verschwiegenheitspflicht und das Gebot der Wahrung bzw. Verbot der Verwertung von Geschäfts- und Betriebsgeheimnissen.[36]
- Ein **Wettbewerbsverbot** folgt unmittelbar aus § 86 Abs. 1 Hs. 2 HGB.
- **Benachrichtigungs- und Informationspflichten** (§ 86 Abs. 2 HGB). Über die Vermittlung (Abschlussbereitschaft des anderen Teils) oder den Abschluss von Geschäften ist unverzüglich zu unterrichten. Auf Verlangen ist über Bemühungen und Aussichten auf Abschlüsse Auskunft zu geben. Nach der Ausführung des Auftrags ist Rechenschaft abzulegen (§ 666 BGB). Daneben sind alle sonstigen für den Unternehmer bedeutsamen Einzelheiten aus der Tätigkeit mitzuteilen.[37]
- **Sorgfalt** (§ 86 Abs. 3 HGB). Die Pflichten sind mit der Sorgfalt eines ordentlichen Kaufmanns wahrzunehmen. Die konkrete Sorgfaltspflicht kann nach den Umständen variieren.
- Der Handelsvertreter ist zur **persönlichen Dienstleistung** verpflichtet. Bei größerem Geschäftsumfang darf er ggf. auch ohne Zustimmung des Unternehmens Untervertreter einsetzen.

Diese „Kardinalpflichten" des Handelsvertreters sollten trotz weitgehender gesetzlicher Fixierung vertraglich ausdrücklich als Hauptpflichten ausgestaltet werden.

Grundsätzlich haftet der Handelsvertreter nicht für die Erfüllung der Verbindlichkeiten 23
des Kunden. Bei Verpflichtung, für die Erfüllung der Verbindlichkeiten einzustehen, hat er einen Anspruch auf **Delkredereprovision**, § 86b HGB. Hierbei wird in der Regel eine einfache, nicht selbstschuldnerische Bürgschaft iSv § 766 S. 1 BGB begründet, die zu ihrer Wirksamkeit – als lex specialis zu § 350 HGB – zwingend der Schriftform bedarf, § 86b Abs. 1 S. 3 HGB, § 126 BGB. Das Schriftformerfordernis gilt dabei nur für die Übernahmeerklärung des Handelsvertreters, die Annahmeerklärung des Unternehmers ist hingegen

---

[28] Baumbach/Hopt/*Hopt* HGB § 86 Rn. 13.
[29] Baumbach/Hopt/*Hopt* HGB § 86 Rn. 15.
[30] BGH Urt. v. 13.1.1966 – VII ZR 9/64, BB 1966, 265; Baumbach/Hopt/*Hopt* HGB § 86 Rn. 16.
[31] BGH Urt. v. 7.4.1993 – VIII ZR 133/92, WM 1993, 1596.
[32] Eingezogene Beträge BGH Urt. v. 10.12.2002 – X ZR 193/99, NJW 2003, 743.
[33] Vgl. Baumbach/Hopt/*Hopt* HGB § 86 Rn. 20.
[34] BGH Urt. v. 18.6.1964 – VII ZR 254/62, BGHZ 42, 61 = NJW 1964, 1621 (1622).
[35] Baumbach/Hopt/*Hopt* HGB § 86 Rn. 21.
[36] Baumbach/Hopt/*Hopt* HGB § 86 Rn. 22.
[37] Vgl. Baumbach/Hopt/*Hopt* HGB § 86 Rn. 40f.

nicht an eine Form gebunden.[38] Ein Verstoß gegen diese Formvorschrift führt zur Unwirksamkeit gem. § 125 BGB. Ausnahmen kommen bei unbeschränkter Vollmacht zum Abschluss und zur Ausführung der Geschäfte in Betracht (§ 86b Abs. 3 S. 2 HGB) oder wenn Unternehmer oder Kunde eine Niederlassung im Ausland haben (§ 86b Abs. 3 S. 1 HGB).

- Die Vereinbarung einer Delkredereprovision ist aber im Hinblick auf die kartellrechtliche Privilegierung in der Regel schädlich.[39]
- Sofern (wie häufig) die Delkredereprovision mit Inkassotätigkeiten verknüpft wird, sind die Vorschriften des ZAG und das darin verankerte Handelsvertreterprivileg zu beachten.[40] Seit einer wettbewerbsrechtlichen Entscheidung des LG Köln im Jahr 2011[41] geht die herrschende Meinung jedoch davon aus, dass Handelsvertreter iSd ZAG nur sein kann, wer einen echten Spielraum hinsichtlich der Aushandlung oder des Abschlusses des Geschäfts hat

24 Bereits die Interessenwahrungspflicht des § 86 Abs. 1 Hs. 1 HGB verpflichtet den Handelsvertreter grundsätzlich, auch ohne entsprechende vertragliche Vereinbarung, **während der Vertragslaufzeit** jeden **Wettbewerb zu unterlassen,** der sich zum Schaden des Unternehmers auswirken kann.[42] Das Wettbewerbsverbot betrifft dabei den Wettbewerb mit dem Unternehmer, nicht auch mit seinen Kunden.[43] Trotz der gesetzlichen Interessenwahrungspflicht verbietet es das Gesetz dem Handelsvertreter nicht schlechthin für mehrere Unternehmer tätig zu werden. Im Falle eines Verstoßes ist der Unternehmer zur fristlosen Kündigung (§ 89a Abs. 1 HGB), die ggf. sogar keiner Abmahnung bedarf,[44] oder bei Verschulden des Handelsvertreters zur Geltendmachung von Schadensersatz (§ 89a Abs. 2 HGB) berechtigt. Bei schuldhaftem Verhalten verliert der Handelsvertreter zudem gem. § 89b Abs. 2 Nr. 2 HGB seinen Ausgleichsanspruch. Mit Vertragsbeendigung endet auch die vertragliche Interessenwahrungspflicht und damit das Verbot einer Konkurrenztätigkeit.

25 Aus der Interessenwahrungspflicht des § 86 Abs. 1 Hs. 2 HGB folgt die Verpflichtung des Handelsvertreters, **Geschäfts- und Betriebsgeheimnisse,** die ihm bei seiner Tätigkeit bekannt werden, geheim zu halten, mithin alle Tatsachen, die nur einem begrenzten Personenkreis zugänglich sind und erkennbar und berechtigt nur vertraulich behandelt werden sollen.

26 Diese Geheimhaltungspflicht umfasst ein Verwertungsverbot für kundenspezifische Daten während und nach der Vertragslaufzeit.[45] In § 90 HGB wird das Verwertungsverbot für den nachvertraglichen Zeitraum konkretisiert. Abzuwägen ist zwischen dem Geheimhaltungsinteresse des Unternehmers und dem Interesse des Handelsvertreters an der Fortsetzung seiner Tätigkeit.[46] Unzulässig ist etwa die Verwertung einer Kundenliste durch den Handelsvertreter bei Ausübung einer anderweitigen Geschäftstätigkeit[47] oder gar das unbefugte Speichern von Daten und Betriebsgeheimnissen.[48]

27 **dd) Vergütung des Handelsvertreters.** § 87 HGB ist unter Beachtung der §§ 138, 305 ff. BGB dispositiv. Die sog. **Provisionsanwartschaft** setzt einen Vertragsschluss zwi-

[38] Ebenroth/Boujong/Joost/Strohn/*Löwisch* HGB § 86b Rn. 13.
[39] EU-Kommission Vertikal-LL Rn. 16 lit. d.
[40] Casper/Terlau/*Casper* ZAG § 2 Rn. 12.
[41] LG Köln Urt. v. 29.9.2011 – 81 O 91/11, MMR 2011, 815.
[42] BAG Urt. v. 15.12.1999 – 5 AZR 770/98, NZA 2000, 481.
[43] Baumbach/Hopt/*Hopt* HGB § 86 Rn. 26.
[44] BGH Urt. v. 26.5.1999 – VIII ZR 123/98, NJW-RR 1999, 1481.
[45] *Thume* IHR 2006, 191 (194).
[46] Vgl. *Ohly/Sosnitza* UWG § 17 Rn. 41.
[47] BGH Urt. v. 19.12.2002 – I ZR 119/00, GRUR 2003, 453 (454).
[48] OLG München Beschl. v. 8.2.2018 – 23 U 1932/17, ZVertriebsR 2018, 103 Rn. 29.

schen Unternehmer und Kunden[49] aufgrund Vermittlungstätigkeit des Handelsvertreters voraus.[50] Hierfür erforderliche Form und Intensität der Vermittlungstätigkeit sind einzelfallabhängig.[51] **Mitursächlichkeit soll genügen,** wenn das Zustandekommen des Geschäfts gefördert und dadurch mitbewirkt wurde.[52] Nach der Rspr. ist das bereist dann gegeben, wenn der Handelsvertreter zunächst erfolglos verhandelte, der Vertrag später aber über einen anderen für den Unternehmer tätigen Handelsvertreter geschlossen wurde[53] oder bei Selbstabschluss durch den Unternehmer nach vorausgegangenen Vermittlungsbemühungen des Handelsvertreters.[54] Völlig nebensächliche Mitwirkungen reichen nicht aus.[55] Der Handelsvertreter ist für die Mitursächlichkeit[56] darlegungs- und beweispflichtig.[57].

Die von § 87 Abs. 1 HGB umfasste **Überhangprovision** – also die Provision für vor Beendigung des Handelsvertretervertrages abgeschlossene Geschäfte, die erst nach Beendigung des Handelsvertretervertrages vom Unternehmer ausgeführt worden sind – kann individualvertraglich ausgeschlossen werden.[58] Ob ein solcher Ausschluss mittels vom Unternehmer gestellter AGB einer Inhaltskontrolle standhält, ist nach wie vor zweifelhaft.[59] In jedem Fall bildet die Grenze eines zulässigen Ausschlusses die gem. § 87a Abs. 5 HGB unabdingbare Vorschrift des § 87a Abs. 3 S. 1 HGB. Entscheidend ist der in § 87a Abs. 3 S. 1 HGB enthaltende Sphärengedanke: zu ermitteln ist, ob die die Nichtausführung bedingenden Umstände dem Unternehmer zuzurechnen sind oder ob die Nichtausführung außerhalb der zu verantwortenden Sphäre des Unternehmers liegt.[60] 28

Vom Begriff der Überhangprovision zu unterscheiden sind **Provisionsansprüche aus Geschäften** gem. § 87 Abs. 3 HGB („unechte" Überhangprovision),[61] die erst nach Vertragsablauf abgeschlossen werden. Auch diese Norm ist dispositiv.[62] Erfolgt der Ausschluss mittels AGB des Unternehmers, sind wiederum die Grenzen der §§ 305 ff. BGB zu beachten.[63] 29

§ 87b Abs. 1 HGB gibt dem Handelsvertreter einen Anspruch auf den **„üblichen" Provisionssatz.** Zu empfehlen ist eine Konkretisierung dieses unbestimmten Rechtsbegriffes nach Höhe und Berechnungsgrundlage. § 87b Abs. 1 HGB ist insoweit abdingbar.[64] Auch die Vereinbarung der **Bemessungsgrundlage** der Provision ist den Parteien überlassen. Aus unternehmerischer Sicht kann die Bemessungsgrundlage dadurch gering gehalten werden, dass Nachlässe, sonstige Rabatte oder Nebenkosten sowie Fracht-, Verpackungs- oder Versicherungskosten von dieser abgezogen werden. Derartige Provisionsminderungen müssen im Vorfeld in den Vertrag aufgenommen werden. Nachträgliche Rabatte sind dem unternehmerischen Bereich zuzurechnen. Ein nachträglicher Abzug 30

---

[49] Ebenroth/Boujong/Joost/Strohn/*Löwisch* HGB § 87 Rn. 3; Eigengeschäfte sind dagegen Geschäfte, die der Handelsvertreter selbst mit dem Unternehmer abschließt. Lässt der Unternehmer Eigengeschäfte zu, so sind diese grundsätzlich nicht zu Provision zu vergüten (*Thume* in Küstner/Thume VertriebsR-HdB I Kap. V Rn. 143).
[50] Vgl. Ebenroth/Boujong/Joost/Strohn/*Löwisch* HGB § 87 Rn. 5, 11.
[51] Vgl. Baumbach/Hopt/*Hopt* HGB § 87 Rn. 11 ff. mwN.
[52] BGH Urt. v. 5.4.2006 – VIII ZR 384/04, BB 2006, 1300 (1301).
[53] BAG Urt. v. 4.11.1968 – 3 AZR 276/67, DB 1969, 266.
[54] BAG Urt. v. 22.1.1971 – 3 AZR 42/70, BB 1971, 492.
[55] Baumbach/Hopt/*Hopt* HGB § 87 Rn. 15.
[56] Zur Bezirksprovision → Rn. 20.
[57] Ebenroth/Boujong/Joost/Strohn/*Löwisch* HGB § 87 Rn. 89.
[58] Schon BGH Urt. v. 11.7.1960 – VII ZR 225/59, BGHZ 33, 92 (94) = NJW 1960, 1996; Urt. v. 10.12. 1997 – VIII ZR 107/97, NJW-RR 1998, 629; Urt. v. 21.10.2009 – VIII ZR 286/07, NJW 2010, 298 Rn. 21, 15.
[59] BGH Urt. v. 10.12.1997 – VIII ZR 107/97, NJW-RR 1998, 629; Urt. v. 21.10.2009 – VIII ZR 286/07, NJW 2010, 298 (299).
[60] Vgl. BGH Urt. v. 21.10.2009 – VIII ZR 286/07, NJW 2010, 298 Rn. 25.
[61] Vgl. Ebenroth/Boujong/Joost/Strohn/*Löwisch* HGB § 87 Rn. 50.
[62] Baumbach/Hopt/*Hopt* HGB § 87 Rn. 48.
[63] Vgl. BGH Urt. v. 21.10.2009 – VIII ZR 286/07, NJW 2010, 298 Rn. 20, 21.
[64] Ebenroth/Boujong/Joost/Strohn/*Löwisch* HGB § 87b Rn. 40, 42.

würde den Handelsvertreter benachteiligen.[65] Sofern Nettopreise ausgewiesen sind, sollte zwecks Vermeidung von Unklarheiten und eines etwaigen Verstoßes gegen das Transparenzgebot (§ 307 Abs. 1 S. 2 BGB) insbesondere der zeitliche Bezugspunkt der hinzukommenden Umsatzsteuer nicht unbestimmt sein.[66]

31 **Ausschluss sonstiger Vergütungsformen.** Eine Vergütung über den Provisionsanspruch hinaus wird in der Regel ausdrücklich ausgeschlossen. Dies gilt insbesondere für Ersatz der im regelmäßigen Geschäftsbetrieb entstandenen handelsüblichen (§ 87d HGB) und außerhalb des regelmäßigen Geschäftsbetriebs entstandenen (§ 670 BGB) Aufwendungen.[67]

32 Nach § 87a Abs. 1 S. 1 HGB entsteht der Provisionsanspruch unbedingt erst mit der Ausführung des vermittelten Geschäftes durch den Unternehmer. Das Ausführungsrisiko trägt also auch der Handelsvertreter. Der Provisionsanspruch entsteht zunächst aufschiebend bedingt als Anwartschaft und wird erst bei vollständiger Zahlung des Kunden an den Unternehmer zum unbedingten Anspruch.[68] Beruht eine Nichtausführung des Geschäftes auf Umständen, die der Unternehmer nicht zu vertreten hat, entfällt der Provisionsanspruch. Zur Beurteilung dieser Umstände kann im Einzelfall das Parteirisiko zu berücksichtigen sein.[69] Insbesondere bei vertraglicher Anknüpfung der Provisionszahlungspflicht an die Ausführung des Geschäftes durch den Kunden, ist die Bestimmung des § 87a Abs. 1 S. 2 HGB zu beachten. Die dort geregelte **Vorschusspflicht** soll finanzielle Aufwendungen des Handelsvertreters in der Anbahnungs- und Vermittlungsphase des Geschäftes kompensieren.[70] Gem. § 87a Abs. 4 HGB wird der Provisionsanspruch am letzten Tag des Monats **fällig,** in dem über den Anspruch abzurechnen ist. Diese Vorschrift ist nicht disponibel (§ 87a Abs. 5 HGB). Die Abrechnung hat nach § 87c Abs. 1 HGB monatlich zu erfolgen, kann aber vertraglich auf drei Monate verlängert werden (§ 87c Abs. 1 S. 1 Hs. 2 HGB). Eine Anerkennung der Provisionsabrechnungen, mangels Widerspruch innerhalb einer bestimmten Frist, ist wegen Verstoßes gegen § 87c HGB unwirksam.[71] Eine Prüfungspflicht kann aber vorgesehen werden. Ein nachträglicher Verzicht ist möglich (§ 87a Abs. 5 HGB). Dasselbe gilt dann, wenn der Provisionsanspruch nach den §§ 87, 87a Abs. 1 S. 1 HGB entstanden ist, weil der Unternehmer das Geschäft bereits ausgeführt hat.[72]

33 **ee) Pflichten des Unternehmers.** Der Unternehmer hat besondere Treue- und Fürsorgepflichten gegenüber dem Handelsvertreter. Er darf den Interessen des Handelsvertreters ohne begründeten Anlass nicht zuwider handeln.[73] Der Unternehmer hat daher sämtliche Maßnahmen zu unterlassen, die die Gewinnaussichten des Handelsvertreters beeinträchtigen. Der Absatzförderungspflicht des Handelsvertreters steht die Pflicht des Unternehmers gegenüber, den Handelsvertreter entsprechend den vertraglich festgesetzten Kriterien zu vergüten. Der Unternehmer hat dem Handelsvertreter die zur Ausübung seiner Tätigkeit erforderlichen Unterlagen, wie Muster, Zeichnungen, Preislisten, Werbedrucksachen, Geschäftsbedingungen, zur Verfügung zu stellen (§ 86a HGB). Hierzu kann aber auch Software zählen, wie zB ein Stationscomputersystem einer Tankstelle.[74] Der BGH sieht diese Überlassungspflicht auf Unterlagen beschränkt, ohne die eine erfolgreiche Vermittlung *unmöglich* ist (insbesondere Preislisten), nicht aber für Werbegeschenke und andere für die

[65] Vgl. auch Ebenroth/Boujong/Joost/Strohn/*Löwisch* HGB § 87b Rn. 24.
[66] Wie „derzeit", vgl. LG Heidelberg Urt. v. 12.8.2016 – 3 O 149/16, RdTW 2017, 275.
[67] Baumbach/Hopt/*Hopt* HGB § 87d Rn. 2.
[68] Vgl. Baumbach/Hopt/*Hopt* HGB § 87 Rn. 7.
[69] OLG Frankfurt a. M. Urt. v. 19.2.1991 – 14 U 125/89, NJW-RR 1991, 674 für Waffengeschäfte.
[70] Vgl. zum Vorschuss und anderen Vorauszahlungen Ebenroth/Boujong/Joost/Strohn/*Löwisch* HGB § 87a Rn. 46ff.
[71] BGH Urt. v. 20.9.2006 – VIII ZR 100/05, BB 2006, 2492.
[72] BGH Urt. v. 9.7.2003 – VIII ZR 60/02, NJW-RR 2003, 1615.
[73] BGH Urt. v. 26.11.1984 – VIII ZR 214/83, NJW 1985, 623 (625).
[74] LG Hamburg Urt. v. 4.4.2017 – 326 O 314/15, ZVertriebsR 2018, 110.

Tätigkeit des Handelsvertreters bloß nützliche oder seiner (Büro-)Ausstattung zuzuordnende Artikel.[75] Die Auffassung dürfte zu eng sein.[76]

c) Beendigung des Handelsvertretervertrages

Der Handelsvertretervertrag kann befristet oder unbefristet geschlossen werden. Er endet mit Ablauf der Vertragszeit, einvernehmlicher Aufhebung, Eintritt einer auflösenden Bedingung, im Zweifel mit dem Tod des Handelsvertreters.[77] Die Fortsetzung von beiden Parteien über den festen Auslauftermin hinaus führt ohne erneute Einigung zur unbefristeten Verlängerung. Dies gilt nicht bei einseitiger Fortführung, der der andere Teil unverzüglich widerspricht.[78] 34

aa) Ordentliche Kündigung. Bei unbestimmter Vertragslaufzeit sieht § 89 Abs. 1 HGB nach der jeweiligen Vertragsdauer gestaffelte Kündigungsfristen vor. Eine Verlängerung dieser Fristen ist – im Gegensatz zur Fristverkürzung – möglich, soweit die Frist des Unternehmers nicht kürzer als die des Handelsvertreters ist, § 89 Abs. 2 S. 1 Hs. 2 HGB. Teilkündigungen, die bestimmte Teile des dem Handelsvertreter zugewiesenen Gebiets oder bestimmte Kundenkreise aus dem Vertrag herauslösen wollen, sind im Zweifel unwirksam. 35

bb) Außerordentliche Kündigung. Nach § 89a Abs. 1 HGB, als Sondervorschrift zu § 314 BGB, kann der Handelsvertretervertrag von jedem Vertragspartner bei Vorliegen eines „wichtigen Grundes" außerordentlich gekündigt werden, was zur sofortigen Vertragsbeendigung führt. Ein wichtiger Grund liegt vor, wenn dem Kündigenden unter Berücksichtigung aller Umstände des Einzelfalles und unter Abwägung der beiderseitigen Interessen die Fortsetzung nicht zumutbar ist.[79] Dies ist nach der Rspr. insbesondere bei Verstößen gegen das Konkurrenzverbot,[80] Auftragsmanipulationen oder Fälschung von Kundenunterschriften,[81] grober Missachtung von Weisungen oder grober Vernachlässigung des zugewiesenen potentiellen Abnehmerkreises trotz Abmahnung anzunehmen. Nach § 89a Abs. 1 S. 2 HGB ist eine Beschränkung oder ein Ausschluss des außerordentlichen Kündigungsrechtes unwirksam. § 89a Abs. 1 HGB ist wie § 314 BGB in seinem Kern zwingendes Recht und kann durch AGB nicht eingeschränkt werden,[82] dh der Tatbestand des wichtigen Grundes ist an sich nicht dispositiv. Allerdings kann festgehalten werden, welche Umstände nach gemeinsamer Überzeugung der Parteien den Tatbestand eines wichtigen Grundes erfüllen, da dann keine zusätzlichen Umstände geltend gemacht werden müssen, die ein Festhalten am Vertrag unzumutbar machen.[83] Soweit keine Individualvereinbarung getroffen wird, unterliegen die Regelungen der Klauselkontrolle nach § 307 BGB. Der „vereinbarte" wichtige Grund muss die Interessen der Parteien zumindest denkbar betreffen können, um nicht „unangemessen" im Sinne der genannten Vorschrift zu sein. Eine außerordentliche Kündigung ist unwirksam, wenn eine erforderliche **Abmahnung** unterbleibt. Erforderlich heißt, dass unter Einbeziehung aller Umstände des Einzelfalles eine Einwirkungsmöglichkeit auf den Vertragspartner besteht, sodass in Zukunft mit einem vertragsgerechten Verhalten und demzufolge mit der Wiederherstellung des Vertrauens zu rechnen ist.[84] Ist hingegen mit einer Wiederherstellung des Vertrauens 36

[75] BGH Urt. v. 4.5.2011 – VIII ZR 11/10, NJW 2011, 2423.
[76] Ebenso *Emde* BB 2012, 3029 (3033).
[77] *Semler* in Martinek/Semler/Flohr VertriebsR-HdB § 20 Rn. 1.
[78] BGH Urt. v. 19.1.2005 – VIII ZR 139/04, WM 2005, 1041.
[79] BGH Urt. v. 16.2.2000 – VIII ZR 134/99, NJW 2000, 1866.
[80] BGH Urt. v. 25.11.1998 – VIII ZR 221/97, NJW 1999, 946.
[81] OLG München Urt. v. 1.7.2003 – 23 U 1637/0, VersR 2004, 470.
[82] *Emde* Vertriebsrecht § 89a Rn. 56f.; BGH Versäumnisurt. v. 8.2.2012 – XII ZR 42/10, NJW 2012, 1431 Rn. 27.
[83] BGH Urt. v. 7.7.1988 – I ZR 78/87, NJW-RR 1988, 1381.
[84] BGH Urt. v. 21.11.1980 – I ZR 118/78, DB 1981, 987.

nicht zu rechnen, ist sie entbehrlich, vgl. auch §§ 314 Abs. 2 S. 2 iVm 323 Abs. 2 BGB. Die Abmahnung muss ausdrücklich als solche bezeichnet werden und muss die Androhung der außerordentlichen Kündigung im Wiederholungsfall enthalten.[85] Besteht bei unwirksamer fristloser Kündigung das Interesse am Vertrag festzuhalten, ist bis zur rechtswirksamen Beendigung des Vertrags jeder Wettbewerb zu unterlassen.[86] Im Einzelfall abzuwägen ist, ob es ausnahmsweise unzulässig ist nach einer unwirksamen fristlosen Kündigung dem Handelsvertreter wegen der nunmehrigen Konkurrenztätigkeit fristlos zu kündigen.[87] Nach zwei Monaten ist die Kündigung in der Regel verfristet.[88] Sofern eine Abmahnung erforderlich ist, läuft die Frist mit Ablauf der in der Abmahnung gesetzten Frist zur Reaktion.[89]

37 **cc) Ausgleichsanspruch.** Bei Vertragsbeendigung steht dem Handelsvertreter gem. § 89b HGB ein **unabdingbarer** (§ 89b Abs. 4 S. 1 HGB) und **nicht beschränkbarer Ausgleichsanspruch** zu.[90] Bei Tätigkeit außerhalb des EWR kann der Ausgleichsanspruch ausgeschlossen werden, § 92c Abs. 1 HGB. Die Gründe der Vertragsbeendigung sind grundsätzlich unbeachtlich. Eine ordentliche Kündigung[91] wirkt insoweit grundsätzlich ebenso wenig anspruchsausschließend wie Tod,[92] Nichtigkeit des Vertrages,[93] eine ex nunc wirkende Anfechtung[94] oder die Insolvenz[95] – allerdings dürfte der Handelsvertreter hier als Insolvenzgläubiger nach § 38 InsO nur geringe Chancen auf Befriedigung haben.[96]

- Voraussetzung ist zunächst, dass der Unternehmer aus den geschaffenen Geschäftsverbindungen auch nach Vertragsende erhebliche Vorteile hat (§ 89b Abs. 1 S. 1 Nr. 1 HGB). Hierfür sind neben geworbenen Neukunden auch Altkunden zu berücksichtigen, mit denen eine bestehende Geschäftsbeziehung wesentlich erweitert wurde. Im Vertrag sollten daher die bestehenden Kunden in einer Anlage zum Vertrag festgehalten werden. Bei intensivierten Altkunden ist eine Steigerung der Geschäftsbeziehung (dh eine Umsatzsteigerung) um wenigstens 100 Prozent erforderlich.[97] Erheblichkeit eines Vorteils bedeutet zukünftigen (Umsatz und) Gewinn in nicht nur zu vernachlässigender Größenordnung. Bei Vorteilen unter 15.000 EUR ist die Erheblichkeit bei einem größeren Unternehmen in Frage zu stellen.[98]
- Außerdem muss der Ausgleich nach § 89b Abs. 1 S. 1 Nr. 2 HGB unter Berücksichtigung aller Umstände der Billigkeit entsprechen. Hierbei können neben einem grob schuldhaften Verhalten des Handelsvertreters im Einzelfall auch Umstände berücksichtigt werden, die nicht vertragsbezogen sind.[99] Ein grob schuldhaftes Verhalten des Handelsvertreters ist insbesondere dann anzunehmen, wenn es eine – unterbliebene – außerordentliche Kündigung gerechtfertigt hätte.[100] Mit Wegfall des § 89b Abs. 1 S. 1 Nr. 2 HGB aF und der Einführung des § 89b Abs. 1 S. 1 Nr. 2 HGB mit Wirkung vom 5.8.

---

[85] Vgl. *Thume* in Küstner/Thume VertriebsR-HdB I Kap. VIII Rn. 172ff.
[86] BGH Urt. v. 12.3.2003 – VIII ZR 197/02, NJW 2003, 2677.
[87] BGH Urt. v. 12.3.2003 – VIII ZR 197/02, NJW 2003, 2677.
[88] BGH Urt. v. 29.6.2011 – VIII ZR 212/08, NJW 2011, 3361.
[89] *Döpfer* EWiR 2011, 781 (782).
[90] BGH Urt. v. 21.5.2003 – VIII ZR 57/02, NJW 2003, 3350.
[91] BGH Urt. v. 29.4.1993 – I ZR 150/91, BB 1993, 1312. Dies gilt auch für eine Kündigung während der Probezeit; EuGH Urt. v. 19.4.2018 – C-645/16, ZVertriebsR 2018, 169 mAnm *Kutscher-Puis* – CMR.
[92] BGH Urt. v. 13.5.1957 – II ZR 318/56, BGHZ 24, 214 = NJW 1957, 1029.
[93] BGH Urt. v. 11.12.1996 – VIII ZR 22/96, ZIP 1997, 238.
[94] BGH Urt. v. 3.5.1995 – VIII ZR 95/94, WM 1995, 1235.
[95] BGH Urt. v. 6.10.2010 – VIII ZR 209/07, NJW 2011, 848.
[96] Vgl. *Thume* in Küstner/Thume VertriebsR-HdB II Kap. VI Rn. 74.
[97] BGH Urt. v. 28.4.1999 – VIII ZR 354/97, BGHZ 141, 248 = NJW 1999, 2668 (2670); Ebenroth/Boujong/Joost/Strohn/*Löwisch* HGB § 89b Rn. 114; vgl. *Thume* in Küstner/Thume VertriebsR-HdB II Kap. VI Rn. 40 mwN; *Emde* Vertriebsrecht § 89b Rn. 104.
[98] Vgl. dazu OLG Köln Beschl. v. 25.3.2010 – 19 U 169/09, BeckRS 2011, 29129.
[99] So BGH Urt. v. 15.2.1965 – VII ZR 194/63, NJW 1965, 1134 (1136); vgl. auch *Semler* in Martinek/Semler/Flohr VertriebsR-HdB § 22 Rn. 72.
[100] *Thume* IHR 2006, 191 (201) mwN.

2009 als Folge der „Semen“-Rechtsprechung des EuGH ist die Höhe der Provision auch (und nur noch) als Teil der Billigkeitsprüfung in die Wertung mit einzubeziehen; der Ausgleichsanspruch des Handelsvertreters ist nicht mehr von vornherein durch die Höhe seiner Provisionsverluste begrenzt.[101] Neuere BGH-Rechtsprechung bejaht weiterhin die Anwendbarkeit der herkömmlichen Berechnungsmethoden, solange der auf Ausgleich klagende Handelsvertreter nicht darlegen (und ggf. beweisen) kann, dass die Unternehmervorteile größer sind als seine Provisionsverluste.[102] Auch nach der Novellierung des § 89b kann es daher bei der Vermutung bleiben, dass die **Provisionen des Basisjahres multipliziert mit der Zahl der Jahre des Prognosezeitraums, abgezinst und durch die Höchstgrenze beschnitten, die Unternehmervorteile widerspiegeln** – mithin bei der Vermutung, dass der Mittler zukünftig so verdient hätte wie im Basisjahr; mit Vertragsende spart der Unternehmer diese Vergütung, was seinen Mindestvorteil wiedergibt.[103] Zu prognostizieren ist, welche Provisionen der Handelsvertreter nach Vertragsende voraussichtlich aus ausgleichsrelevanten Geschäften bei unterstellter Fortgeltung des Vertrages innerhalb eines bestimmten Zeitraumes hätte generieren können. Basis für diesen Prognosezeitraum sind in der Regel die Provisionen, die der Handelsvertreter im letzten Vertragsjahr erzielt hat. War der Verlauf in diesem Jahr jedoch atypisch, kann auch ein längerer Zeitraum zu berücksichtigen sein.[104] Entsprechend Art. 17 Abs. 2 der Handelsvertreter-Richtlinie sind die Provisionsverluste demnach kein selbstständiger Prüfungspunkt im Rahmen des § 89b HGB mehr, sondern nur als Regelbeispiel ein Unterfall des Billigkeitskriteriums.[105] Daneben ist ein wichtiges Kriterium der Billigkeitsprüfung in der Regel die **„Sogwirkung der Marke“.** Ein für die Billigkeit maßgeblicher Umstand ist nämlich nach der Rspr. darin zu sehen, dass die Verkaufsbemühungen eines Handelsvertreters in nicht unerheblichem Maße durch die von der Marke des Produkts ausgehende „Sogwirkung“ gefördert werden. Daher gehört die Abwägung der Ursächlichkeit von werbender Tätigkeit des Handelsvertreters, die Höhe der entgangenen Provision und die „Sogwirkung“ der Marke im Rahmen der Billigkeitsprüfung nach § 89b Abs. 1 S. 1 Nr. 3 HGB zum Kernbereich des tatrichterlichen Schätzungsermessens, das auch ausgeübt werden muss.[106] Ein Ausgleich trotz Unternehmervorteile entspricht grundsätzlich nicht der Billigkeit, wenn der Handelsvertreter durch die Beendigung des Vertragsverhältnisses keine Provisionsansprüche verliert.[107] Die Instanz-Rechtsprechung ist insoweit aber eher zurückhaltend.

– Der Ausgleichsanspruch ist auf eine Jahresprovision bzw. Jahresvergütung beschränkt. Berechnungsgrundlage ist der Durchschnitt der letzten fünf Jahre der Tätigkeit des Handelsvertreters.

Gem. § 89b Abs. 4 S. 2 HGB ist der Ausgleichsanspruch innerhalb eines Jahres nach 38
Beendigung des Vertragsverhältnisses formlos geltend zu machen.[108] Der Ausgleichsanspruch besteht dann nicht, wenn der Handelsvertreter gekündigt hat, es sei denn, dass ein Verhalten des Unternehmers hierzu begründeten Anlass gegeben hat. Kündigt der Unternehmer und liegt für die Kündigung ein wichtiger Grund wegen schuldhaften Verhaltens des Handelsvertreters vor, besteht nach § 89b Abs. 3 Nr. 2 HGB ebenso kein Anspruch

---

[101] EuGH Urt. v. 26.3.2009 – C-348/07, EuZW 2009, 304 = BB 2009, 1607 mAnm *Eckhoff* – Semen.

[102] Vgl. dazu nur BGH Urt. v. 13.1.2010 – VIII ZR 25/08, NJW-RR 2010, 1263; Urt. v. 6.10.2010 – VIII ZR 209/07, NJW 2011, 848; Urt. v. 19.1.2011 – VIII ZR 149/09, BeckRS 2011, 03878; zum Risiko des Unternehmers ggf. im Rahmen einer Stufenklage auf Auskunft in Bezug auf die Unternehmervorteile in Anspruch genommen zu werden vgl. *Thume* IHR 2011, 7.

[103] *Emde* BB 2012, 3087; zur unter Berücksichtigung der Rspr. entwickelten bisherigen „Formel“ für die Berechnung des Ausgleichsanspruchs vgl. auch *Martinek* FS Lüke, 1997, S. 476.

[104] BGH Urt. v. 28.4.1999 – VIII ZR 354/97, NJW 1999, 2668.

[105] *Steinhauer* EuZW 2009, 887.

[106] BGH Urt. v. 7.5.2003 – VIII ZR 263/02, NJW-RR 2003, 1340 (1342).

[107] So zutreffend *Christoph* NJW 2010, 647 (648); *Emde* EWiR 2009, 239 (240); *Steinhauer* EuZW 2009, 887 (888).

[108] *Thume* IHR 2006, 191 (202).

auf Ausgleich. Der Begriff des wichtigen Grundes ist hierbei mit dem in § 89a Abs. 1 HGB identisch.[109] Schließlich entfällt der Ausgleichsanspruch, wenn aufgrund einer Vereinbarung zwischen dem Unternehmer und dem Handelsvertreter ein Dritter anstelle des Handelsvertreters in das Vertragsverhältnis eintritt, § 89b Abs. 3 Nr. 3 HGB, wobei dies nicht vor Vertragsende möglich ist.

39 Ein **vertraglicher Ausschluss des Ausgleichsanspruchs** bei einem außerhalb des EWR tätigen Handelsvertreter ist unabhängig vom Recht des Tätigkeitsortes ohne Einschränkungen zulässig.[110] Dies gilt selbst dann, wenn nach dem Sachrecht des Drittstaates (bspw. der Türkei, Art. 122 türkisches HGB) ein Ausgleichsanspruch gegeben wäre. Dogmatisch wird dies auf den eindeutigen Wortlaut des § 92c Abs. 1 HGB gestützt, der allerdings die Anwendung deutschen Rechts voraussetzt.[111] Ein derartiger Ausschluss ist auch in AGB wirksam. Im internationalen Rechtsverkehr soll § 92c HGB den Unternehmer von den Bestimmungen des deutschen Rechts befreien und ihm so die einheitliche Gestaltung eines multinationalen Vertriebssystems ermöglichen.[112]

40 **dd) Nachvertragliches Wettbewerbsverbot.** Ein **nachvertragliches Wettbewerbsverbot** (Beschränkung des Handelsvertreters in seiner gewerblichen Tätigkeit) kann nach den – zwingenden – Bestimmungen des § 90a (Abs. 4) HGB zusätzlich vereinbart werden.[113] Gem. § 90a Abs. 1 S. 1 HGB ist hierfür zum einen Schriftform und Aushändigung einer vom Unternehmer unterzeichneten Urkunde an den Handelsvertreter erforderlich. Zum anderen ist es wegen § 90a Abs. 4 HGB auch nur dann wirksam, wenn es sowohl **zeitlich** wie auch **gegenständlich und räumlich beschränkt** wird. Das nachvertragliche Wettbewerbsverbot gilt daher **längstens für zwei Jahre** ab Vertragsbeendigung und ist auf den dem Handelsvertreter räumlich zugewiesenen Bezirk oder Kundenkreis und den sachlichen Bereich beschränkt, in dem er sich um die Vermittlung oder den Abschluss von Geschäften zu bemühen hatte, § 90a Abs. 1 S. 2 HGB. Sieht ein nachvertragliches Wettbewerbsverbot eine Überschreitung der in § 90a Abs. 1 S. 2 HGB genannten zeitlichen, örtlichen und/oder gegenständlichen Grenzen vor, so ist es – jedenfalls bei individualvertraglicher Vereinbarung – nicht insgesamt unwirksam, sondern nur im Umfang der Überschreitung.[114] Nach hA in der Literatur wird für den zeitlichen Aspekt des nachvertraglichen Wettbewerbsverbots angenommen, dass **Verstöße gegen die Höchstdauer** entgegen § 90a Abs. 4 HGB nicht zur Unwirksamkeit der Wettbewerbsklausel führen, sondern dass die gesetzlich vorgesehene Höchstdauer in die Klausel hineingelesen wird.[115] Während der Wettbewerbsbeschränkung ist eine angemessene **Karenzentschädigung** zu zahlen, § 90a Abs. 1 S. 3 HGB. Dies gilt auch ohne individualvertragliche Vereinbarung; § 90a Abs. 4 HGB. Sieht ein solcher Vertrag keine Karenzentschädigung vor, so führt dies nicht wie bei § 110 GewO iVm § 74 Abs. 2 HGB zur Nichtigkeit der vereinbarten Wettbewerbsklausel; vielmehr ergibt sich der Entschädigungsanspruch **unmittelbar aus dem Gesetz.**[116] Die Höhe der „angemessenen Entschädigung" folgt aus den Umständen des Einzelfalls, wobei von der **Bruttoprovision** auszugehen ist, die der Handelsvertreter in den letzten zwei Jahren vom Unternehmer

[109] BGH Urt. v. 16.2.2000 – VIII ZR 134/99, NJW 2000, 1866.
[110] OLG München Urt. v. 11.1.2002 – 23 U 4416/01, NJW-RR 2003, 471.
[111] *Bälz* NJW 2003, 1559 (1560).
[112] *Bälz* NJW 2003, 1559 (1563).
[113] *Semler* in Martinek/Semler/Flohr VertriebsR-HdB § 23 Rn. 19.
[114] BGH Urt. v. 25.10.2012 – VII ZR 56/11, BGHZ 195, 207 = ZVertriebsR 2013, 47 Rn. 19, 31.
[115] Bei AGB umstritten; dafür Ebenroth/Boujong/Joost/Strohn/*Löwisch* HGB § 90a Rn. 27; differenzierend *Emde* Vertriebsrecht § 90a Rn. 29, 49; vom BGH bislang nicht entschieden, vgl. BGH Urt. v. 25.10.2012 – VII ZR 56/11, BGHZ 195, 207 = ZVertriebsR 2013, 47 Rn. 19, 31.
[116] *Semler* in Martinek/Semler/Flohr VertriebsR-HdB § 23 Rn. 23; zur Unwirksamkeit eines formularmäßig vereinbarten nachträglichen Wettbewerbsverbots ohne gleichzeitige Vereinbarung der gesetzlich vorgeschriebenen Karenzentschädigung wegen Verstoßes gegen das Transparenzgebot s. BGH Urt. v. 3.12.2015 – VII ZR 100/15, ZVertriebsR 2016, 26.

erhalten hat.[117] Unerheblich für den Entschädigungsanspruch ist, ob der Handelsvertreter ohne den Wettbewerbsverzicht im konkreten Fall willens und in der Lage gewesen wäre, eine Wettbewerbstätigkeit zu entfalten. Bis zum Vertragsende kann der Unternehmer auf die Wettbewerbsabrede schriftlich verzichten. Gem. § 90a Abs. 2 HGB wird er dann mit Ablauf von sechs Monaten nach Abgabe der Verzichtserklärung von der Karenzentschädigungspflicht frei. Kündigt ein Vertragspartner aus wichtigem Grund wegen einem schuldhaften Verhalten des anderen Teils, so kann er sich durch schriftliche Erklärung binnen eines Monats nach der Kündigung von der Wettbewerbsabrede lossagen, § 90a Abs. 3 HGB. Ebenso ist aber auch ein Rücktritt von dem nachvertraglichen Wettbewerbsverbot nach den Bestimmungen über das gesetzliche Rücktrittsrecht der §§ 323 ff. BGB denkbar.[118] Nach Vertragsende können Wettbewerbsabreden ohne Karenzentschädigung uneingeschränkt vereinbart werden, weil der Schutzzweck des § 90a HGB sie nicht mehr erfasst.[119]

Kein Wettbewerbsverbot, aber einen zusätzlichen Schutz des Unternehmers, stellt eine Gestaltung dar, wonach die dem Unternehmen bei Vertragsende zu übergebende **Kundenkartei ein Betriebsgeheimnis** des Prinzipals mit der Rechtsfolge des § 90 HGB darstellt. Vorgesehen werden kann, dass geführte Kundenlisten – gleich in welcher Form (Papier, elektronisch gespeichert, auf Backup-Speichermedien und Datenträgern etc) – zum Stichtag entweder herauszugeben oder zu vernichten bzw. zu sperren/löschen sind. 41

3. Der Vertragshändler

a) Vertragstypus

Der Typus des Vertragshändlervertrags ist gesetzlich nicht geregelt. Die rechtliche Stellung des Vertragshändlers wird daher durch die Vertragsurkunde konkretisiert. Im Unterschied zum Handelsvertreter, der Geschäfte im Auftrag und auf Rechnung des Unternehmers vermittelt, ist ein Vertragshändler ständig damit betraut, für den Unternehmer Geschäfte in eigenem Namen und auf eigene Rechnung abzuschließen, so dass eine vertragliche Beziehung zum Kunden besteht.[120] 42

Üblicherweise wird der Vertragshändler in einem bestimmten, fest umrissenen Gebiet (exklusiv oder nicht exklusiv) tätig. Oft behält sich der Hersteller bestimmte Kunden zur eigenen Betreuung vor. In der Regel soll der Vertragshändler diese ausschließlich vom Prinzipal beziehen. In der Regel soll er Konkurrenzzeugnisse grundsätzlich nicht vertreiben dürfen. Als Vergütung wird üblicherweise ein Rabatt auf die empfohlenen Endkundenpreise des Unternehmens gewährt. 43

Trotz der Ähnlichkeit der Interessenlagen von Handelsvertretern und Vertragshändlern können die Rechtsgedanken des Handelsvertreterrechts nicht generell übertragen werden. Eine Analogie ist im Einzelfall festzustellen.[121] Sie liegt nach gefestigter Rspr. vor, wenn nicht bloß eine Verkäufer-Käufer-Beziehung gegeben ist, sondern durch Eingliederung in die Absatzorganisation in erheblichem Umfang dem Handelsvertreter vergleichbare Aufgaben zu erfüllen sind.[122] Analogiefähig in diesem Sinne sind die §§ 86 Abs. 1, 89 Abs. 1, 89a, 89b, 90a HGB. Darüber hinaus wird in der Lit. auch eine analoge Anwendbarkeit der §§ 85, 86a Abs. 2, 87d, 90 HGB diskutiert.[123] Nicht analogiefähig sind die übrigen han- 44

[117] BGH Urt. v. 19.12.1974 – VII ZR 2/74, BGHZ 63, 353 = NJW 1975, 388.
[118] BAG Urt. v. 31.1.2018 – 10 AZR 392/17, NZA 2018, 578.
[119] *Thume* IHR 2006, 191 (206).
[120] BGH Urt. v. 14.3.1991 – I ZR 201/89, NJW-RR 1991, 1053.
[121] BGH Urt. v. 11.12.1958 – II ZR 73/57, BGHZ 29, 83 = NJW 1959, 144.
[122] BGH Urt. v. 5.4.1962 – VII ZR 202/60, NJW 1962, 1107; Urt. v. 17.4.1996 – VIII ZR 5/95, BB 1996, 1458.
[123] Vgl. zum Ganzen Baumbach/Hopt/*Hopt* HGB § 84 Rn. 11 ff. mwN.

delsvertreterrechtlichen Regelungen, insbes. die Provisionsbestimmungen der §§ 87 ff. HGB.[124]

b) Allgemeine kartellrechtliche Schranken

45 Vereinbarungen über den Kauf oder Verkauf von Waren oder Dienstleistungen zwischen nicht miteinander im Wettbewerb stehenden, auf unterschiedlicher Marktstufe tätigen Unternehmen **(vertikale Vereinbarungen),** die den Handel zwischen EU-Mitgliedstaaten zu beeinträchtigen geeignet sind und eine Beschränkung des Wettbewerbs innerhalb des Binnenmarktes bezwecken oder bewirken, fallen in den Anwendungsbereich des Art. 101 Abs. 1 AEUV. Sind die Vereinbarungen nicht geeignet, den Handel zwischen den EU-Mitgliedstaaten zu beeinträchtigen, so gilt § 1 GWB. Derartige Abreden können jedoch von der Vertikal-GVO[125] – direkt oder über den Verweis in § 2 Abs. 2 GWB – freigestellt sein. Dies gilt aber nur dann, wenn der Anteil des Lieferanten und des Abnehmers an dem relevanten Produktmarkt 30 Prozent nicht übersteigt (Art. 3 Abs. 1 Vertikal-GVO); es sich um keine Kernbeschränkungen iSd Art. 4 Vertikal-GVO (insbesondere Preisbindungen sowie Gebiets- und Kundenkreisbeschränkungen) handelt und bei Beschränkungen, die nicht als Kernbeschränkung zu werten sind, die sonstigen Anforderungen der Vertikal-GVO beachtet werden. Ausnahmen gelten ferner für selektive Vertriebssysteme sowie für Einschränkungen des aktiven Verkaufs beim Alleinvertrieb. Wichtigste Auslegungshilfe bilden hier die Vertikal-LL.[126]

46 **Gebiets- und Kundenkreisbeschränkungen** und **Alleinvertriebsklauseln** beschränken den markeninternen Wettbewerb empfindlich. Die Vertikal-GVO geht davon aus, dass Beschränkungen des sog. **passiven Verkaufs** generell unzulässig sind.[127] Der aktive Verkauf kann eingeschränkt werden. Die Einschränkung muss sich aber auf Gebiete oder Kundengruppen beziehen, die der Verkäufer sich selbst vorbehalten oder ausschließlich einem anderen Händler zugewiesen hat, Art. 4 lit. b Vertikal-GVO. Unter aktivem Verkauf ist die aktive Ansprache individueller Kunden in einem Gebiet oder individueller Mitglieder einer Kundengruppe, dh alle speziell auf diese Kunden abgestimmte Akquisitionsmaßnahmen, zu verstehen. Dabei kann es sich um Marketingaktivitäten aller Art handeln, wie zB Direktversand, persönliche Besuche, Werbung in Medien oder andere Verkaufsförderungsmaßnahmen, welche sich im Speziellen an eine bestimmte Kundengruppe oder an in einem bestimmten Gebiet ansässige Kunden richten.[128] Unter passivem Verkauf ist die Erfüllung unaufgeforderter Bestellungen individueller Kunden zu verstehen, dh das Liefern von Waren an bzw. das Erbringen von Dienstleistungen für solche Kunden („Komm-Kunden"). Verpflichtet sich der Verkäufer, seine Produkte zum Zwecke des Weiterverkaufs in einem bestimmten Gebiet nur an einen Händler zu verkaufen, liegt eine Alleinvertriebsvereinbarung vor. Sofern die Marktanteilsschwelle nicht überschritten wird, ist sie nach der Vertikal-GVO grundsätzlich vom Kartellverbot ausgenommen.

47 Die Kommission ist der Auffassung, dass Vereinbarungen zwischen (Nicht-)Wettbewerbern, die den Handel zwischen Mitgliedstaaten beeinträchtigen, den Wettbewerb iSd Art. 101 Abs. 1 AEUV nicht spürbar beschränken, wenn der von jedem der beteiligten

---

[124] BGH Urt. v. 9.2.1984 – I ZR 226/81, NJW 1984, 2411.

[125] Verordnung (EU) Nr. 330/2010 der Kommission v. 20.4.2010 über die Anwendung von Art. 101 Abs. 3 des Vertrages über die Arbeitsweise der Europäischen Union auf Gruppen von vertikalen Vereinbarungen und aufeinander abgestimmten Verhaltensweisen, ABl. 2010 L 102, 1.

[126] Vgl. einerseits bereits *Bechtold* EWS 2001, 49 (53) sowie EU-Kommission, Leitlinien für vertikale Beschränkungen, ABl. 2010 C 130, 1 (Rn. 12 ff.) („Vertikal-LL"), und andererseits EuG Urt. v. 15.9.2005 – T-325/01, EuZW 2005, 766 (Ls.) Rn. 81 ff. – DaimlerChrysler AG/Kommission.

[127] S. hierzu aber auch VO (EU) 2018/302 des Europäischen Parlaments und des Rates v. 28.2.2018 über Maßnahmen gegen ungerechtfertigtes Geoblocking und andere Formen der Diskriminierung aufgrund der Staatsangehörigkeit, des Wohnsitzes oder des Ortes der Niederlassung des Kunden innerhalb des Binnenmarkts und zur Änderung der VO (EG) 2006/2004 und (EU) 2017/2394 sowie der RL 2009/22/EG, ABl. 2018 L 60 I, 1; *Hoffmann/Bombe* EuZW 2020, 131; *Pour Rafsendjani* ZVertriebsR 2018, 210.

[128] *Petsche/Lager* in Liebscher/Flohr/Petsche Gruppenfreistellungs-VO-HdB § 7 Rn. 106.

Unternehmen gehaltene Marktanteil auf keinem der von der Vereinbarung betroffenen relevanten Märkte 15 Prozent überschreitet.[129] Dies gilt aber – unabhängig von der Spürbarkeit – nicht für *bezweckte* Kernbeschränkungen, also insbesondere Preisbindungen oder Gebiets- und Kundenkreisbeschränkungen. Hier sind die Regelungen der Vertikal-GVO stets zu beachten.

Art. 2 Abs. 4 Vertikal-GVO stellt klar, dass die Gruppenfreistellungsverordnung nicht für vertikale Vereinbarungen zwischen Wettbewerbern gilt. Dies erfasst auch den potenziellen Wettbewerb. Fälle des **dualen Vertriebs** sind allerdings ausgenommen. Eine Freistellung soll dann möglich sein, wenn der Hersteller die Produkte sowohl über Händler als auch durch das eigene Unternehmen vertreibt bzw. ein Eigenvertrieb gem. Art. 1 lit. a Vertikal-GVO möglich und wahrscheinlich ist. Hier liegt zwar ein (zumindest potenzielles) Wettbewerbsverhältnis auf der Vertriebsstufe vor, der Charakter einer Vertikalvereinbarung wird dadurch aber nicht in Frage gestellt; die Anwendung der Vertikal-GVO auf derartige Vereinbarungen ist deshalb gerechtfertigt.[130] 48

c) Inhalt und Durchführung

aa) Vorvertragliche Pflichten. Wie beim Handelsvertretervertrag besteht ein vorvertragliches Vertrauensverhältnis, das beiderseitige Aufklärungspflichten begründet.[131] Wie beim Handelsvertreter gelten hier § 311 Abs. 2 iVm § 241 Abs. 2 BGB bzw. § 242 BGB sinngemäß. Besondere Bedeutung hat die Aufklärung des Unternehmers über seine Marktposition und die Produktpalette. Trotz Aufklärungspflicht hat aber der Vertragshändler das wirtschaftliche Risiko seiner Absatztätigkeit zu tragen.[132] 49

bb) Pflichten des Vertragshändlers. Der Vertragshändler hat Interessen des Unternehmers nach Intensität der vertriebsorganisatorischen Eingliederung wahrzunehmen. Diese **Interessenwahrnehmungspflicht** umfasst ua folgende Einzelpflichten:[133] 50

- Allgemeine Treuepflicht, nach der mit der Sorgfalt eines ordentlichen Kaufmanns und nur in eigenem Namen zu handeln und aufzutreten und die Rechtsform nicht ohne Zustimmung umzuwandeln ist.
- **Absatzförderungspflicht.**
- Werbepflicht, die zu betragsmäßiger Beteiligung an überregionalen Werbekampagnen des Unternehmers sowie zur Durchführung eigener Werbemaßnahmen verpflichtet.
- Schulungs- und Fortbildungspflichten, deren Kosten im Verhältnis zu den Umsatzerwartungen stehen müssen. Mit Blick auf § 307 BGB empfiehlt sich eine paritätische Kostentragung.
- Berichtspflichten und Duldung unternehmerischer Kontrollen. Aufgrund der hohen Eingriffsintensität sind an die AGB-rechtliche Rechtfertigung allerdings hohe Anforderungen zu stellen.
- Geschäfts- und Betriebsgeheimnisse, also alle Tatsachen, die nur einem begrenzten Personenkreis zugänglich sind und erkennbar und berechtigt nur vertraulich behandelt werden sollen,[134] sind geheim zu halten. Dies ist Kernpflicht. Ein Verstoß, wie zB ein unbefugtes Speichern von Daten und Betriebsgeheimnissen, stellt in der Regel einen schweren Vertrauensbruch dar, der zur außerordentlichen Kündigung aus wichtigem

[129] EU-Kommission, Mitteilung der Kommission – Bekanntmachung über Vereinbarungen von geringer Bedeutung, die iSd Art. 101 Abs. 1 des Vertrages über die Arbeitsweise der Europäischen Union den Wettbewerb nicht spürbar beschränken, ABl. 2014 C 291, 1.

[130] Vgl. Loewenheim/Meessen/Riesenkampff/Kersting/Meyer-Lindemann/*Baron* 7. Teil B, Vertikal-GVO Art. 2 Rn. 134.

[131] *Manderla* in Martinek/Semler/Flohr VertriebsR-HdB § 25 Rn. 61.

[132] *Manderla* in Martinek/Semler/Flohr VertriebsR-HdB § 25 Rn. 62 mwN.

[133] Giesler/*Vogels* Praxis des Vertriebsrechts § 3 Rn. 168 ff.

[134] Vgl. OLG Karlsruhe Urt. v. 26.5.1993 – 6 U 213/92, GRUR 1994, 134 (135).

Grund berechtigt.[135] Aus Beweisgründen ist eine ausdrückliche Geheimhaltungsvereinbarung im Vertrag zu empfehlen.
– Sofern vereinbart sind Kundendienst- und Serviceleistungen zu erbringen.
Sämtliche „Kardinalpflichten" des Vertragshändlers sollten vertraglich ausdrücklich als Hauptpflichten ausgestaltet werden. Dies hat Bedeutung für die vertraglichen Haftungserleichterungen.

51 Sofern bei einem Vertragshändlervertrag bei Einräumung der Vertriebsrechte eine genaue Bezeichnung der Produkte unterblieben ist (oder dies wie häufig nur sehr generisch beschrieben ist), kann im Bereich des Softwarevertriebs ggf. § 69d Abs. 1 UrhG helfen. Dem zur Verwendung Berechtigten ist die bestimmungsgemäße Benutzung eines Computerprogramms im Wege einer gesetzlichen Lizenz erlaubt.[136]

52 Sofern der Prinzipal neben dem Vertragshändler **weitere Dienstleister** einschaltet[137] und der Vertragshändler dem Kunden diese Leistungen neben den eigentlichen Produkten (mit-)vermitteln muss, so handelt er im Hinblick auf diese Verträge als Handelsvertreter. Beide Tätigkeiten sind (insbesondere auch ausgleichsrechtlich) gesondert zu bewerten.

53 Für während der **Vertragslaufzeit** geltende **Wettbewerbsverbote** sind insbesondere die kartellrechtlichen Grenzen zu beachten. Als Wettbewerbsverbote im kartellrechtlichen Sinn der Vertikal-GVO sind alle unmittelbaren oder mittelbaren Verpflichtungen anzusehen, die den Händler veranlassen, keine Waren, die mit den Vertragswaren in Wettbewerb stehen, herzustellen, zu beziehen, zu verkaufen oder weiterzuverkaufen sowie Verpflichtungen des Händlers, mehr als 80 Prozent seiner gesamten Einkäufe von Vertragswaren vom Verkäufer oder einem von diesem bezeichneten Unternehmen zu beziehen (Art. 1 lit. d Vertikal-GVO). Nach Art. 5 Abs. 1 S. 1 lit. a Vertikal-GVO gilt die Freistellung für eine Dauer von nicht mehr als fünf Jahren.

54 **Mindestabnahmeverpflichtungen** sind nach der Rspr.[138] AGB-rechtliche und kartellrechtliche Grenzen gesetzt. Die Frage, inwieweit kartellrechtliche Wertungen, insbesondere die Vertikal-GVO im Rahmen von § 307 BGB zu berücksichtigen sind, hat der BGH bisher ausdrücklich offengelassen.[139] Klauseln, die die Freistellungsvoraussetzungen der Vertikal-GVO erfüllen, sind daher nicht automatisch angemessen iSv § 307 BGB. Die Festlegung eines Mindestabsatzes und die Verpflichtung eine Mindestmenge abzunehmen, stellen per se keine unangemessene Benachteiligung iSd § 307 BGB dar, da sie die Gegenleistung des Händlers für das Vertriebsrecht darstellen.[140] Die Grenze bildet die Möglichkeit, die Ziele auch zu erreichen. Kartellrechtliche Bedenken ergeben sich bei selektiven Systemen, da Mindestmengen eine Beschränkung von Querlieferungen zwischen den Händlern darstellen, die bis zum Erreichen der festgelegten Mindestabnahmemenge gehindert sind, Ware statt vom Hersteller von anderen Vertragshändlern zu beziehen.[141] Dies stellt gem. Art. 4 lit. d Vertikal-GVO eine Kernbeschränkung dar, für die die Freistellung nach Art. 2 Vertikal-GVO nicht gilt. Ein vertraglich normiertes einseitiges Bestimmungsrecht in Bezug auf eine Mindestabsatzmenge ist AGB-rechtlich auf jeden Fall unangemessen.[142] Um § 307 BGB standzuhalten, muss ein vertragliches außerordentliches Kündigungsrecht bei Nichterreichen der Mindestabnahmemenge eine Ausnahmeregelung enthalten, soweit der Händler das Nichterreichen nicht zu vertreten hat.[143]

---

[135] *Küstner/Thume* in Küstner/Thume VertriebsR-HdB III II 7. C. II. 2. Rn. 39.
[136] *Sahin/Haines* CR 2005, 241 (245).
[137] ZB von Pflege- oder Implementierungs- und Customizingleistungen, vgl. → Rn. 11.
[138] BGH Urt. v. 13.7.2004 – KZR 10/03, GRUR 2005, 62 (65 f.) – Citroën.
[139] BGH Urt. v. 12.1.1994 – VIII ZR 165/92, BGHZ 124, 351 (353) = NJW 1994, 1060 – Daihatsu; Urt. v. 13.7.2004 – KZR 10/03, GRUR 2005, 62 (67) – Citroën.
[140] BGH Urt. v. 13.7.2004 – KZR 10/03, GRUR 2005, 62 (65) – Citroën.
[141] BGH Urt. v. 13.7.2004 – KZR 10/03, GRUR 2005, 62 ff. – Citroën.
[142] BGH Urt. v. 6.10.1999 – VIII ZR 125/98, BGHZ 142, 358 (368).
[143] BGH Urt. v. 13.7.2004 – KZR 10/03, GRUR 2005, 62 (67) – Citroën.

cc) Ausführungsgeschäfte. Der Vertragshändlervertrag ist Grundlage für die längere Zusammenarbeit zwischen den Parteien.[144] Ergänzend muss der Inhalt der Ausführungsgeschäfte vereinbart werden. Infolge der Marktstärke des Unternehmers werden in der Regel – wie hier – dessen **allgemeine Verkaufsbedingungen** zugrunde gelegt, die eine dynamische Verweisung vorsehen können.[145] Ausführungsgeschäfte unterliegen dann der jeweils aktuellen Fassung. Wegen § 307 Abs. 1 S. 2 BGB sollten die Allgemeinen Verkaufsbedingungen – wie hier vorgesehen – als Anlage beigefügt und ein transparentes Änderungsverfahren vorgesehen werden. Der Vertragshändler hat als Verkäufer für Mängel nach den gesetzlichen Vorschriften und etwaigen Garantieversprechen einzustehen. Erfolgt das Garantieversprechen durch den Unternehmer, ist im Vertragshändlervertrag die Pflicht des Vertragshändlers festzusetzen, Garantiearbeiten durchzuführen.[146] Zusätzliche Kundendienstleistungen können vereinbart werden. Die Parteien eines Vertragshändlervertrages unterliegen dabei nach § 242 BGB gegenseitigen Rücksichtnahmepflichten. Daraus resultiert die Pflicht des Unternehmers, den Vertragshändler tatsächlich zu beliefern. Der Unternehmer darf Bestellungen daher nicht willkürlich und ohne vertretbare Gründe ablehnen. Dies gilt insbesondere dann, wenn dem Händler ein Konkurrenzverbot und eine Mindestabnahmeverpflichtung auferlegt worden sind.[147] 55

dd) Vergütung des Vertragshändlers. Der Vertragshändler erhält keine Vergütung in Form von Provisionen oder sonstigen direkten Zahlungen. Die Parteien sind allerdings frei, die Vergütung anders zu gestalten. Üblich ist es auch, bei Vereinbarung von Serviceleistungen, dies gesondert zu vergüten (pauschal oder auf Stundensatzbasis) und für bestimmte Aufwendungen einen Ersatzanspruch des Vertragshändlers vorzusehen. 56

Insgesamt erhält der Vertragshändler eine sich aus mehreren Bestandteilen zusammensetzende indirekte Gegenleistung. Wichtigste Vergütungskomponente ist die Handelsspanne im weiteren Sinne, die sich aus der Differenz zwischen Aufwendungen zum Erwerb der Waren und dem Erlös aus deren Weiterverkauf ergibt. Ist eine Handelsspanne im engeren Sinne vereinbart, sollte der Unternehmer neben den Einkaufspreisen für den Vertragshändler auch unverbindliche Preisempfehlungen für den Weiterverkauf festsetzen, an die der Vertragshändler allerdings nicht gebunden sein darf (Art. 4 lit. a Vertikal-GVO). Ob eine **Differenzierung zwischen „werbender"** (und damit ausgleichsrechtlich berücksichtigungsfähiger) **oder „verwaltender"** (ausgleichsrechtlich nicht berücksichtigungsfähiger) **Tätigkeiten** überhaupt abstrakt-generell in AGB bestimmt werden kann, ist aufgrund der Rspr. nicht klar.[148] Eine prozentuale Aufteilung ohne Beschreibung der konkreten, gegenständlich umschriebenen Tätigkeiten ist AGB-rechtlich unwirksam, da § 89b Abs. 4 S. 1 HGB Abreden verbietet, durch die der Ausgleichsanspruch eingeschränkt wird. Unzulässig ist auch eine Aufteilung, die keine rechtliche Beurteilung mehr zulässt, ob die einzelnen Tätigkeiten und die auf sie entfallenden Vergütungsanteile bei der Berechnung des Ausgleichsanspruchs zu berücksichtigen sind, sondern diese Beurteilung ohne Rücksicht auf den tatsächlichen Charakter der übernommenen Tätigkeiten selbst vorwegnimmt und der Sache nach im Voraus festlegt, dass zB die Hälfte der gezahlten Vergütung aus der Berechnung des Ausgleichsanspruchs ausgeklammert wird.[149] Im Ergebnis kann der werbende und verwaltende Provisionsanteil nicht abstrakt mittels AGB, sondern allenfalls konkret-individuell bestimmt werden.[150] Neben der Vergütung kommen dem Vertragshändler 57

[144] Vgl. *Manderla* in Martinek/Semler/Flohr VertriebsR-HdB § 25 Rn. 18.
[145] Vgl. BGH Urt. v. 6.12.1990 – I ZR 138/89, WM 1991, 459 (460).
[146] BGH Urt. v. 26.11.1984 – VIII ZR 214/83, BB 1985, 218 (221).
[147] BGH Urt. v. 13.1.1972 – VII ZR 81/70, BB 1972, 193; OLG Frankfurt a. M. Urt. v. 9.2.2016 – 11 U 136/14 (Kart), BeckRS 2016, 12703.
[148] BGH Urt. v. 25.9.2002 – VIII ZR 253/99, NJW 2003, 290; Urt. v. 10.7.2002 – VIII ZR 58/00, NJW-RR 2002, 1548.
[149] So BGH Urt. v. 10.7.2002 – VIII ZR 58/00, NJW-RR 2002, 1548 (1552).
[150] *v. Westphalen* NJW 2003, 1981 (1988).

Vorteile aus der Verwendung der Markenzeichen des Unternehmers sowie aus seiner Vorzugsstellung aufgrund der alleinigen Belieferung im Falle eines selektiven Vertriebssystems oder einer wirksamen Gebiets- oder Kundenkreisbeschränkung zugute.[151] Direktgeschäfte des Unternehmers bei Alleinvertriebsrecht führen zu gesonderten Vergütungsansprüchen.

58 Üblicherweise wird ein prozentualer Nachlass auf die empfohlenen Endkundenpreise des Unternehmers vorgesehen **(Vertragshändlerrabatt).** Möglich ist auch ein Leistungsrabatt, der an die Quantität oder Intensität der Erfüllung besonderer vertraglicher Verpflichtungen gebunden ist. Preise, Rabatte, Gebühren oder Nachlässe können durch den Unternehmer angepasst werden, wobei wegen § 307 BGB hierfür eine Ankündigungsfrist zu vereinbaren ist.[152]

59 **ee) Pflichten des Unternehmers.** Spiegelbildlich sind die Pflichten des Unternehmers gegenüber dem Vertragshändler umso eher mit denen eines Prinzipals eines Handelsvertreters vergleichbar, je intensiver die Eingliederung des Vertragshändlers in die Vertriebsorganisation ist. Auch hier korreliert die Absatzförderungspflicht mit der Vergütungspflicht, die in der Regel aus dem zu gewährenden Händlerrabatt besteht. Wird gegen Gebietsschutzvereinbarungen in Form von Direktgeschäften verstoßen, sind diese zu unterlassen bzw. berechtigen zur fristlosen Kündigung.[153] Direktbelieferungsvorbehalte zugunsten von Großabnehmern sind wirksam, soweit Absatzbeeinträchtigungen ausgeglichen werden.[154]

d) Beendigung des Vertragshändlervertrages

60 Ein Vertragshändlervertrag kann befristet oder unbefristet geschlossen werden. Er endet mit Ablauf der Vertragszeit, einvernehmlicher Aufhebung oder Eintritt einer auflösenden Bedingung. Eine Aufhebungsvereinbarung darf jedoch den unabdingbaren Ausgleichsanspruch gem. § 89b HGB nicht beeinträchtigen.[155] Bei Insolvenz des Unternehmers gilt § 116 InsO. Insolvenz des Vertragshändlers kann als wichtiger Grund zur außerordentlichen Kündigung vertraglich vereinbart werden, was keine unangemessene Benachteiligung iSd § 307 BGB darstellt.[156] Bei vertraglich bestimmter Vertragslaufzeit ist die Möglichkeit einer ordentlichen Kündigung in der Regel ausgeschlossen.[157] Bei faktischer Fortführung nach Ablauf der Laufzeit ist eine erneute formelle Einigung nicht erforderlich.[158] Eine Verlängerung auf unbestimmte Zeit liegt vor, wenn der Vertragshändler weiter für den nicht widersprechenden Unternehmer tätig ist. Nach Art. 5 Abs. 1 S. 1 lit. a Vertikal-GVO gilt die Freistellung nicht für Wettbewerbsverbote, die für eine unbestimmte Dauer oder für eine Dauer von mehr als fünf Jahren vereinbart werden, wohl aber für solche, deren Verlängerung über die Dauer von fünf Jahren hinaus der Zustimmung beider Parteien bedarf. Stillschweigende Verlängerungen über den Zeitraum von fünf Jahren hinaus gelten als für unbestimmte Dauer vereinbart.

61 **aa) Ordentliche Kündigung.** Auf unbestimmte Zeit geschlossene Vertragshändlerverträge können jederzeit durch eine ordentliche Kündigung beendet werden. Mangels gesetzlicher Kodifizierung fehlen entsprechende Kündigungsvorschriften, weshalb bei Analogien zum Handelsvertreterrecht Besonderheiten des Vertragshändlerverhältnisses zu berücksichtigen sind. Die ordentliche Kündigung bedarf keines sachlich gerechtfertigten Grundes. Aufgrund des hohen Investitionsaufwands des Vertragshändlers beeinträchtigt eine zu kurz bemessene ordentliche Kündigungsfrist die Amortisierung. Eine analoge Anwendung der

[151] Vgl. Giesler/*Vogels* Praxis des Vertriebsrechts § 3 Rn. 115.
[152] *Manderla* in Martinek/Semler/Flohr VertriebsR-HdB § 25 Rn. 48 mwN.
[153] BGH Urt. v. 10.2.1993 – VIII ZR 48/92, NJW-RR 1993, 682.
[154] BGH Urt. v. 20.7.2005 – VIII ZR 121/04, NJW 2006, 46.
[155] BGH Urt. v. 2.7.1987 – I ZR 188/85, ZIP 1987, 1383 (1385).
[156] OLG München Urt. v. 24.11.2004 – 7 U 1518/04, BB 2005, 406.
[157] *Ulmer* Der Vertragshändler S. 472f.
[158] BGH Urt. v. 19.1.2005 – VIII ZR 139/04, NJW-RR 2005, 762.

Fristenregelungen des Handelsvertreterrechts ist möglich, sofern eine vergleichbare Eingliederung in die Vertriebsstruktur des Unternehmers vorliegt.[159] Bei fehlender Vergleichbarkeit und keiner vertraglichen Einigung erfolgt eine ergänzende Vertragsauslegung.[160]

bb) Außerordentliche Kündigung. Das Recht zur **außerordentlichen Kündigung** ist – neben dem analog anwendbaren § 89a HGB – in § 314 BGB allgemein gesetzlich geregelt. § 314 BGB ist in seinem Kern zwingendes Recht und kann durch AGB nicht eingeschränkt werden. Exemplarisch ist ein Verstoß gegen das in § 86 HGB analog geltende Wettbewerbsverbot oder die Weitergabe von Geschäftsgeheimnissen, Manipulationen bei den Abrechnungen oder ein durch den Vertragshändler verschuldeter Umsatzrückgang.[161] Nach zwei Monaten ist die Kündigung in der Regel verfristet;[162] dass eine Vertragshändlertätigkeit im Vergleich zum Handelsvertreter komplexer geregelt ist, ändert daran nichts.[163] Sofern eine Abmahnung erforderlich ist, läuft die Frist mit Ablauf der in der Abmahnung gesetzten Frist zur Reaktion.[164] 62

cc) Ausgleichsanspruch. Einem Vertragshändler steht nach gefestigter Rspr. analog § 89b HGB ein Ausgleichsanspruch zu, wenn dieser ähnlich einem Handelsvertreter in die Absatzorganisation des Unternehmers eingegliedert ist.[165] Eine **Eingliederung in die Absatzorganisation** liegt dann vor, wenn (i) das Vertragshändlerverhältnis über eine bloße Käufer-Verkäufer-Beziehung hinausgeht und (ii) der Vertragshändler **zur Überlassung des Kundenstamms** an den Unternehmer **vertraglich verpflichtet** ist.[166] Dies kann mittelbar aus einer anderen vertraglichen Pflicht, aus der Gesamtschau des Vertrages oder stillschweigend aufgrund der ständigen Übung folgen.[167] 63

Berechnungsgrundlage für den Ausgleichsanspruch bilden die Vermögensverluste des Vertragshändlers mangels zukünftiger Vertragsabschlüsse und Nachbestellungen mit geworbenen Kunden. Den entscheidenden Berechnungsfaktor bilden die Rabatte, die der Provisionszahlung beim Handelsvertreter entsprechen. Es sind jedoch diejenigen Bestandteile des Rabatts herauszurechnen, die der Vertragshändler für Leistungen erhält, die vom Handelsvertreter üblicherweise nicht zu erbringen sind.[168] Zur Berechnung der Vergleichsbasis zwischen Rabatt und Provision werden verschiedene Berechnungsmethoden verwandt:[169] 64

- **Zweistufige Methode:** Im „ersten Rückführungsschritt" wird der eingeräumte Rabatt durch Ausklammerung der händlertypischen Bestandteile auf das Niveau eines Handelsvertreters zurückgeführt, um sodann in einem „zweiten Rückführungsschritt" die der Provision des Handelsvertreters für vermittlungsfremde, „verwaltende" Tätigkeiten entsprechenden Vergütungsanteile auszusondern.[170]

---

[159] BGH Urt. v. 21.2.1995 – KZR 33/93, BB 1995, 1657.
[160] BGH Urt. v. 1.2.1984 – VIII ZR 106/83, BGHZ 90, 69 (75) = NJW 1984, 1177.
[161] Vgl. *van der Moolen* in Martinek/Semler/Flohr VertriebsR-HdB § 26 Rn. 43.
[162] BGH Urt. v. 29.6.2011 – VIII ZR 212/08, NJW 2011, 3361.
[163] OLG Köln Urt. v. 12.11.2010 – 19 U 126/10, BeckRS 2011, 04158.
[164] *Döpfer* EWiR 2011, 781 (782).
[165] BGH Urt. v. 9.10.2002 – VIII ZR 95/01, DB 2003, 825; Urt. v. 6.10.1999 – VIII ZR 125/98, BB 2000, 60; Urt. v. 26.2.1997 – VIII ZR 272/95, BB 1997, 852.
[166] BGH Urt. v. 21.7.2016 – I ZR 229/15, ZVertriebsR 2017, 99 Rn. 29, Urt. v. 5.2.2015 – VII ZR 109/13, BGHZ 204, 166 = ZVertriebsR 2015, 102f. Rn. 14 und Urt. v. 5.2.2015 – VII ZR 315/13, ZVertriebsR 2015, 122ff. Rn. 11 jeweils mwN; mittelbare Kenntnis ausreichend, BGH Urt. v. 14.4.1983 – I ZR 20/81, NJW 1983, 2877 (2879); vgl. auch OLG München Urt. v. 5.12.2019 – 23 U 2136/18, ZVertriebsR 2020, 72.
[167] BGH Urt. v. 5.2.2015 – VII ZR 109/13, BGHZ 204, 166 = ZVertriebsR 2015, 102f. Rn. 14; Urt. v. 12.1.2000 – VIII ZR 19/99, VersR 2000, 487; Urt. v. 6.10.1999 – VIII ZR 125/98, BB 2000, 60.
[168] Im Einzelnen, vgl. BGH Urt. v. 5.6.1996 – VIII ZR 7/95, NJW 1996, 2302; OLG München Urt. v. 5.12.2019 – 23 U 2136/18, ZVertriebsR 2020, 72 Rn. 102.
[169] Vgl. BGH Urt. v. 22.3.2006 – VIII ZR 173/04, NJW-RR 2006, 1328 (1330).
[170] *Küstner/v. Manteuffel* BB 1988, 1972 (1976ff.); *Westphal* MDR 1996, 129 (130f.).

– **Vergleichbare Vermittlungsprovisionen** anderer, auf Handelsvertreter-Basis arbeitender Vertriebsmittler können herangezogen werden, die um diejenigen Anteile zu kürzen sind, mit denen vermittlungsfremde Tätigkeiten abgegolten werden.[171]
– Eine weitere Methode legt den gewährten Bruttorabatt ohne Abzug für den vom Vertragshändler dem Käufer gewährten Nachlass **(Händler-Bruttospanne)** mit der Begründung zugrunde, dass ein Rabatt des Vertragshändlers an Kunden zwar seinen Gewinn mindere, nicht aber den Vorteil, den der Unternehmer aus dem Kundenstamm ziehen kann.[172]
– Die **„Rohertragsmethode"** geht vom individuellen Rohertrag des Vertragshändlers aus.[173] Zur Ermittlung des – dem der Handelsvertreterprovision entsprechenden – Anteils aus den Verkaufserlösen, sind hierbei ebenfalls die Rabattbestandteile herauszurechnen, die der Händler als Gegenleistung für händlertypische und damit handelsvertreteruntypische Tätigkeiten und Risiken erhält.

65 Bei der Prognose, in welchem Umfang Nachbestellungen zu erwarten sind, ist immer auf den „Stammkundenumsatz" abzustellen.[174] Der Mehrfachkundenumsatz des letzten – nicht atypischen – Vertragsjahrs ist mit dem Prognosezeitraum zu multiplizieren. Dieser wird in der Regel mit fünf Jahren bemessen.[175] Weder Gesetz noch Rspr. des BGH stehen einer entsprechend längeren Zeitspanne als Bemessungszeitraum entgegen.[176] Auch ein kürzerer Bemessungszeitraum ist möglich,[177] da auf die übliche Nutzungszeit abzustellen ist, nach deren Ablauf der Kunde spätestens einen weiteren Kauf getätigt haben muss, um als Stamm- oder Mehrfachkunde gelten zu können.[178]

66 **§ 89b HGB ist zwingend** auf Vertragshändler anzuwenden, wenn die Analogievoraussetzungen erfüllt sind.[179] Möglich ist es allenfalls, **bei der Gestaltung dafür Sorge zu tragen, dass der Tatbestand den Analogievoraussetzungen nicht genügt.** Da eine zumindest mittelbare Einbindung des Vertragshändlers in die unternehmerische Vertriebsstruktur faktisch fast immer gegeben sein wird, ist die zweite Voraussetzung (Kundendatenüberlassung) bedeutsamer für die Vertragsgestaltung. Diese **Kundendatenüberlassung auszuschließen** ist zumindest individualvertraglich möglich und scheitert auch nicht an § 307 BGB. Denn nicht § 89b HGB als solcher oder seine Rechtsfolge, sondern eine für seine analoge Anwendung erforderliche Voraussetzung wird ausgeschlossen.[180] So steht dem Vertragshändler ein Ausgleichsanspruch analog § 89b HGB nicht zu, wenn der Hersteller nach den vertraglichen Vereinbarungen verpflichtet ist, die ihm vom Vertragshändler überlassenen Kundendaten bei Beendigung des Vertrags zu sperren, ihre Nutzung einzustellen und auf Verlangen des Vertragshändlers zu löschen, weil er dann bei Beendigung des Vertrags die ihm während der Vertragslaufzeit überlassenen Kundendaten nicht ohne weiteres für sich nutzbar machen kann.[181] Anders ist zu entscheiden, wenn eine Klausel zwar einen Überlassungsausschluss der Kundendaten vorsieht, diese dem Unternehmen aber nicht aufgrund einer Rechtspflicht, sondern auf anderem – auch mittelbarem – Wege bekannt werden.[182]

---

[171] BGH Urt. v. 2.7.1987 – I ZR 188/85, NJW-RR 1988, 42.
[172] OLG Köln Urt. v. 14.6.1996 – 19 U 4/96, OLGR 1996, 177 (179).
[173] BGH Urt. v. 5.6.1996 – VIII ZR 7/95, NJW 1996, 2302 (2303).
[174] Vgl. OLG Frankfurt a. M. Urt. v. 23.5.2006 – 5 U 94/05, OLGR 2006, 1039 1. Ls.
[175] BGH Urt. v. 26.2.1997 – VIII ZR 272/95, BGHZ 135, 14 (19) = NJW 1997, 1503 mwN.
[176] BGH Urt. v. 22.3.2006 – VIII ZR 173/04, NJW-RR 2006, 1328.
[177] Vgl. *van der Moolen* in Martinek/Semler/Flohr VertriebsR-HdB § 27 Rn. 83.
[178] Vgl. *van der Moolen* in Martinek/Semler/Flohr VertriebsR-HdB § 27 Rn. 81.
[179] BGH Urt. v. 11.12.1958 – II ZR 73/57, BGHZ 29, 83 (87ff.); Urt. v. 16.2.1961 – VII ZR 239/59, BGHZ 34, 282 (286); Urt. v. 11.2.1977 – I ZR 185/75, BGHZ 68, 340 (343); Urt. v. 12.1.2000 – VIII ZR 19/99, WM 2000, 877; Urt. v. 28.6.2006 – VIII ZR 350/04, BB 2006, 1648.
[180] Vgl. Giesler/*Vogels* Praxis des Vertriebsrechts § 3 Rn. 500.
[181] BGH Urt. v. 5.2.2015 – VII ZR 315/13, ZVertriebsR 2015, 122ff. Rn. 18ff.
[182] Vgl. BGH Urt. v. 6.10.1999 – VIII ZR 125/98, BB 2000, 60.

– Im Hinblick auf die mit einem IoT-Device vertriebene Software sollte durch den Hersteller also sichergestellt werden, dass ihm die Daten des Endkunden nicht etwa direkt oder indirekt über den Vertragshändler überlassen werden, sondern bspw. erst durch Registrierung des Endkunden selbst in der Cloud.

Kündigt der Unternehmer den Vertragshändlervertrag, weil der Vertragshändler die Eröffnung des Insolvenzverfahrens über sein Vermögen beantragt hat, ist die nach der Eröffnung erklärte Aufrechnung mit Insolvenzforderungen gegen den Ausgleichsanspruch bei Vorliegen der Anfechtungsvoraussetzungen insolvenzrechtlich unwirksam.[183]

dd) Nachvertragliches Wettbewerbsverbot. Nach Art. 5 Abs. 3 Vertikal-GVO liegt die **Grenze** eines **nachvertraglichen** Wettbewerbsverbotes zeitlich **bei einem Jahr** und (i) darf sich nur auf im Wettbewerb stehende Waren oder Dienstleistungen beziehen, (ii) muss sich auf Räumlichkeiten und Grundstücke beschränken, von denen aus der Vertragshändler seine Geschäfte betrieben hat, sowie (iii) muss unerlässlich für den Know-how-Schutz sein. Auf die kartellrechtliche Spürbarkeitsschwelle kommt es nicht an, da es sich immer um eine bezweckte Wettbewerbsbeschränkung handelt. Da die Freistellungsvoraussetzungen fast nie erfüllt sind, kommen nachvertragliche Wettbewerbsverbote im räumlichen Anwendungsbereich der Vertikal-GVO so gut wie nie in Betracht. Für die Dauer der Beschränkung ist eine angemessene Entschädigung zu zahlen. 67

e) Rechtswahl

Mangels Rechtswahl ist das Recht des Staates maßgeblich, in dem der Vertragshändler seinen gewöhnlichen Aufenthalt hat, Art. 4 Abs. 1 lit. f Rom I-VO.[184] Grundsätzlich unterliegen auch die einzelnen Ausführungsgeschäfte dem Recht, das auf den Vertragshändlervertrag selbst anzuwenden ist.[185] Betrachtet man die Kaufgeschäfte hingegen isoliert, so gilt das Recht am Sitz des Unternehmers, Art. 4 Abs. 1 lit. a Rom I-VO, sofern bewegliche Sachen betroffen sind. Die **Wahl deutschen Rechts** kann in vielen Fällen **unter ausgleichsrechtlichen Gesichtspunkten ungünstig** für den Prinzipal sein. 68

Nach neuester Rechtsprechung des BGH führt **deutsches Recht** als Vertragsstatut eines Vertragshändlervertrages auch dann zur zwingenden Anwendung des § 89b HGB analog, wenn der Vertragshändler nach dem Vertrag in einem anderen EU- oder EWR-Staat tätig ist.[186]

Günstiger kann daher die Wahl eines Rechts sein, das keinen Ausgleichsanspruch für Vertragshändler vorsieht.[187] Sind Vertragshändler und Unternehmer im selben Staat ansässig und befindet sich dort auch der zu bearbeitende Markt, so kann von den zwingenden Vorschriften dieses Staates nicht abgewichen werden. Dies sind nicht nur international zwingende Normen.[188] Bei **Bezug zum Ausland** unterliegt die Rechtswahl lediglich der Beschränkung, dass mit der Wahl des Sachrechts auch dessen zwingende Normen umfasst sind. Hier stellt sich die Frage, ob ein **Ausgleichsanspruch (§ 89b HGB) isoliert oder durch Wahl eines Drittrechts ausgeschlossen werden kann.** Ist der Vertragshändler nicht innerhalb des Gebiets des EWR tätig, kann nach § 92c HGB schon für den Handelsvertreter und damit erst recht für den Vertragshändler von § 89b Abs. 4 S. 1 HGB abgewichen werden. Der Ausgleichsanspruch kann in diesem Fall auch bei Anwendung 69

---

183 BGH Urt. v. 7.5.2013 – IX ZR 191/12, WM 2013, 1132.

184 Verordnung (EG) Nr. 593/2008 des Europäischen Parlaments und des Rates v. 17.6.2008 über das auf vertragliche Schuldverhältnisse anzuwendende Recht (Rom I), ABl. 2008 L 177, 6.

185 Vgl. MüKoBGB/*Martiny* Rom I-VO Art. 4 Rn. 152.

186 BGH Urt. v. 25.2.2016 – VII ZR 102/15, NJW 2016, 1885.

187 Vgl. hierzu die Darstellungen bei *Lakkis et al.* in Martinek/Semler/Flohr VertriebsR-HdB §§ 57–75.

188 Zu Grenzen der Rechtswahl s. Schultze/Wauschkuhn/Spenner/Dau/Kübler/*Dau* Der Vertragshändlervertrag Rn. 1040ff.

deutschen Rechts wirksam (isoliert) ausgeschlossen werden und zwar selbst dann, wenn das Heimatrecht des Absatzmittlers auch einen gesetzlich zwingenden Ausgleichsanspruch kennt.[189] Die Bestimmungen über den Ausgleichsanspruch *des Vertragshändlers* sind nach zutreffender Auffassung keine international zwingenden Eingriffsnormen iSd Art. 9 Rom I-VO.[190]

4. Der Kommissionsagent

70 Eine kartellrechtlich zulässige Möglichkeit, sich als Unternehmer die Preishoheit vorzubehalten besteht im Rahmen eines sog. Kommissionsagentur-Verhältnisses. Dieses Modell bietet sich bei Software in spezifischer Weise; denn es ermöglicht dem Vertriebsmittler ein zwar eigenständiges Auftreten gegenüber dem Endkunden, stellt aber aufgrund der Bindungen im Innenverhältnis ein hohes Maß an Einfluss des Herstellers sicher.[191] Bei einem Kommissionsgeschäft wird der betreffende Vertriebsmittler gegenüber den Kunden **im eigenen Namen *nach außen* bei Geschäftsabschluss** tätig. Im **Handelsvertreterprivileg** handelt er hingegen als **Vertreter** (verdeckte Stellvertretung; **„agency with undisclosed principal"**). Das Gesetz geht davon aus, dass die Kommissionsgeschäfte im Wesentlichen auf einmalige Vorgänge beschränkt sind. Wird der Vertriebsmittler hingegen mit derartigen Geschäftsabschlüssen dauerhaft betraut, so spricht man von einem **„Kommissionagenten"**.[192] Die Differenzierung entspricht der Differenzierung zwischen einem (einmalig betrauten) Makler und einem (dauerhaft betrauten) Handelsvertreter. Preisvorgaben sind im Hinblick auf den Verkauf von Kommissionsware durch einen Kommissionsagenten grundsätzlich zulässig.[193]

71 Die Gestaltung[194] setzt aber voraus, dass es sich bei dem Kommissionsagenten um einen *„echten Kommissionsagenten"* handelt.[195] Dabei sind **die gleichen Maßstäbe wie bei offen auftretenden Handelsvertretern anzulegen.** Bei echten Handelsvertretern fallen Wettbewerbsbeschränkungen wie zB eine Preisbindung nicht unter das Kartellverbot. Unzulässig sind dagegen Preisvorgaben gegenüber einem Absatzmittler, der im Gegensatz zum Kommissionsagenten/Handelsvertreter auf eigene Rechnung handelt; das würde gegen das Kartellrecht verstoßen.[196]

72 Der echte Kommissionsagent steht sozusagen „zwischen" dem Handelsvertreter und dem Vertragshändler, was im Folgenden noch einmal verdeutlicht werden soll.

---

[189] OLG München Urt. v. 11.1.2002 – 23 U 4416/01, RIW 2002, 319.

[190] Näher *Kocher* RIW 2003, 512 (518).

[191] Es ist zumindest denkbar (wenn auch kartellrechtlich in der Praxis sehr schwer darstellbar), Software im Wege des Kommissionsagenturmodells und die dazugehörige Hardware im Rahmen eines echten Vertragshändlerverhältnisses vom selben Vertriebsmittler vertreiben zu lassen.

[192] S. dazu BGH Urt. v. 21.7.2016 – I ZR 229/15, NJW 2017, 475; OLG München Urt. v. 20.12.2017 – 7 U 260/17, ZVertriebsR 2018, 27.

[193] BGH Urt. v. 20.3.2003 – I ZR 225/00, NJW 2003, 3049.

[194] Ein Muster eine Kommissionsagenturvertrages findet sich bei BeckFormB BHW/*Reiling* Form. VII. 7.

[195] Vgl. die kartellrechtlichen Schranken unter → Rn. 17 zum Handelsvertreter.

[196] BGH Urt. v. 2.2.1999 – KZR 11/97, BGHZ 140, 342 = NJW 1999, 2671 – Sixt.

<table>
<tr><th></th><th>Handelsvertreter</th><th>Kommissionsagent</th><th>Vertragshändler</th></tr>
<tr><td rowspan="5">Zivilrecht</td><td>Handelt in fremden Namen und auf fremde Rechnung des Prinzipals (§ 164 BGB). Falls er Abschlussvollmacht erhält, schließt er Verträge im Namen und auf Rechnung des Prinzipals</td><td>Im Unterschied zur Handelsvertretung handelt der Kommissionsagent in eigenem Namen, aber auf fremde Rechnung.</td><td>Wiederverkäufer. Er handelt in eigenem Namen und auf eigene Rechnung.</td></tr>
<tr><td>Kein eigenes Vertragsverhältnis mit dem Abnehmer, dh die betreffenden Lieferverträge werden vom Prinzipal geschlossen.</td><td>Die Kaufverträge werden vom Vertriebsmittler geschlossen. Der Vertriebsmittler trägt im Außenverhältnis auch die Gewährleistungsverpflichtung gegenüber dem Kunden.</td><td>Die Kaufverträge werden vom Vertriebsmittler geschlossen. Der Vertriebsmittler trägt die volle Gewährleistungsverpflichtung gegenüber dem Kunden.</td></tr>
<tr><td>Der Handelsvertreter erhält kein Eigentum an den Produkten.</td><td>Der Vertriebsmittler erhält kein Eigentum an den Produkten. Dieses wird vielmehr an den betreffenden Kunden direkt übereignet (aufgrund einer Verfügungsermächtigung).</td><td>Der Vertragshändler erhält Eigentum an den Produkten. Er kauft die Waren und verkauft sie weiter.</td></tr>
<tr><td>Als Vergütung erhält der Handelsvertreter eine erfolgsbezogene Vergütung in Form einer Provision (idR prozentualer Anteil an Verkaufspreis – vertraglich gestaltbar).</td><td>Der Vertriebsmittler erhält wie ein Handelsvertreter eine erfolgsbezogene Vergütung. Die Vergütung wird im Regelfall vom Kommissionsagenten eingezogen. Er behält einen gewissen Anteil (Provisionsanteil) für sich und leitet dann den Rest an den Auftraggeber (sog. Kommittent weiter).</td><td>Verdienst durch die Handelsmarge (Verkaufspreis minus Einkaufspreis).</td></tr>
<tr><td colspan="2">Bei Vertragsende besteht ein Ausgleichsanspruch nach § 89b HGB (wenn dessen Voraussetzungen erfüllt sind – maximal eine Jahresprovision, basierend auf dem Durchschnitt der Provisionen aus den letzten fünf Jahren).</td><td>Der Vertragshändler steht nur unter bestimmten strengen Voraussetzungen analog § 89b HGB ein Ausgleichsanspruch zu.</td></tr>
</table>

	Handelsvertreter	Kommissionsagent	Vertragshändler
Kartellrecht	Sofern dem Handelsvertreter/Kommissionagent vom Prinzipal durch den Vertrag/durch Weisungen keine Investitionsrisiken auferlegt werden (zB Lagerhaltung, Pflicht zur Investition in marktspezifische Räumlichkeiten, Pflicht zur finanziellen Beteiligung an Werbemaßnahmen), gilt das Handelsvertreterprivileg. Es können dann frei den Produktmarkt betreffende Beschränkungen und Bindungen vereinbart werden. Werden jedoch die aus den Vertikal-LL zu entnehmenden Risiken[197] per Vertrag oder Weisung dem Vertriebsmittler aufgebürdet, dann wird er wie ein Vertragshändler behandelt. Beschränkungen und Bindungen können dann nicht oder nur eingeschränkt wie gegenüber einem Vertragshändler vereinbart werden.		Kartellrechtliche Schranken sind zu beachten (Art. 101 AEUV bzw. § 1 GWB iVm der Vertikal-GVO). Insbesondere sind Gebiets- und/oder Kundenkreisbeschränkungen nur unter bestimmten Voraussetzungen zulässig. Preisbindungen sind grundsätzlich unzulässig.
Steuerrecht (USt.)	Bei der Vermittlungsleistung handelt es sich um eine sonstige Leistung. Diese kann gem. § 4 Nr. 5 UStG steuerfrei sein, wenn der vermittelte Umsatz selbst steuerfrei ist. Vermittelt der Vertriebsmittler an private Endkunden oder Unternehmer in Deutschland, dann ist die Leistung in Deutschland grundsätzlich umsatzsteuerpflichtig.	Beim Kommissionsgeschäft liegen aus umsatzsteuerlicher Sicht zwei selbstständige Lieferungen vor und keine sonstige Leistung: 1. Eine Lieferung des Kommittenten an den Kommissionsagent. Abrechnung in der Regel über Gutschrift mit USt-Ausweis. 2. Lieferung vom Kommissionsagent (Kommissionär) an Endkunden, Abrechnung in der Regel über Rechnung mit USt-Ausweis.	Es liegen aus umsatzsteuerlicher Sicht zwei Lieferungen vor. 1. Lieferung an Vertriebsmittler. 2. Lieferung Vertriebsmittler an Endkunden.

73 In kartellrechtlicher Hinsicht ist also dafür Sorge zu tragen, dass der Vertriebsvertrag nicht sozusagen zum Vertragshändlervertrag „hinüberdriftet" – mit der Folge, dass die kartellrechtlichen Verbote, insbesondere das Verbot der Preisbindung der zweiten Hand zu beachten wären. In kartellrechtlicher Hinsicht problematisch werden Preisvorgaben gegenüber einem „Kommissionsagenten" dann, wenn der Partner die wesentlichen (spürbaren) finanziellen Risiken des Absatzes der vertriebenen Kommissionsware trägt.[198]

- **Geschäftsbetrieb:** Ein *unechter* Vertreter trägt die Kosten für seine betriebsnotwendigen Räumlichkeiten und richtet diese auf eigene Kosten ein.
- **Eigentum der Waren:** Ein *unechter* Vertreter erwirbt an den Waren Eigentum und vertreibt diese auf eigene Rechnung.
- **Transportkosten:** Ein *unechter* Vertreter wird an den Transportkosten in nicht unerheblichem Maße beteiligt, die mit der Lieferung/Erbringung bzw. Erwerb der Vertragswaren/-dienstleistungen verbunden sind.
- **Absatzförderungsmaßnahmen:** Ein *unechter* Vertreter wird gezwungen, in Absatzförderungsmaßnahmen (wie zB an Werbeaufwendungen) in nicht unerheblichem Maße zu investieren.

---

[197] EU-Kommission Vertikal-LL Rn. 16f.
[198] Vgl. dazu EuGH Urt. v. 11.9.2008 – C-279/06, EuZW 2008, 668 – Cepsa II.

- **Lagerrisiko:** Ein *unechter* Vertreter lagert auf eigene Kosten oder eigenes Risiko Vertragswaren, was die Kosten für die Finanzierung der Lagerbestände und den Verlust von Lagerbeständen einschließt. Allerdings kann auch ein echter Vertreter bei Verschulden haftbar gemacht werden, wenn er es zB versäumt, zumutbare Sicherheitsmaßnahmen zu treffen.
- **Geschäftsspezifische Investitionen:** Ein *unechter* Vertreter ist gezwungen, in geschäftsspezifische Ausrüstungen, Räumlichkeiten, Mitarbeiterschulungen oder Software (zB auch die eigenen Präsenz auf einer vertriebsnotwendigen Plattform) zu investieren.
- **Nichterfüllungsrisiko:** Ein *unechter* Vertreter übernimmt ggf. das Risiko dafür, dass Kunden ihre Vertragspflicht erfüllen (mit Ausnahme des Verlustes der Provision des Vertreters). Anderes gilt nur bei Verschulden des Vertreters.

Das EuG hat in seinem DaimlerChrylser-Urteil festgestellt, dass die **Risiken,** die dem Handelsvertreter auferlegt werden, auch **spürbar** sein müssen.[199] Entsprechend führt nicht jedes dem Vermittler auferlegte Risiko automatisch zur Anwendbarkeit des Kartellverbotes.

III. Vertriebskartellrecht

Der Weg eines Produkts von seiner Herstellung bis zum Endkunden verläuft über verschiedene Wirtschaftsstufen „nach unten". Er verläuft vertikal. Die wettbewerbsbeschränkenden Maßnahmen der Vertriebsförderung im Rahmen des Sales Prozesses[200] im B2B-Bereich, also zwischen Unternehmern, genauer die wettbewerbsrechtlichen Beziehungen des Unternehmers zu seinen Vertriebsmittlern, Händlern und sonstigen am Vertrieb beteiligten Dritten ist Gegenstand des Vertriebskartellrechts. 74

1. Kartellverbot

Ausgangspunkt ist das Kartellverbot, das sich auf europäischer Ebene aus Art. 101 AEUV und auf nationaler Ebene aus § 1 GWB ergibt. Nach Art. 101 Abs. 1 AEUV sind alle Vereinbarungen zwischen Unternehmen, Beschlüsse von Unternehmensvereinigungen und aufeinander abgestimmte Verhaltensweisen, welche den Handel zwischen Mitgliedstaaten zu beeinträchtigen geeignet sind und eine Verhinderung, Einschränkung oder Verfälschung des Wettbewerbs innerhalb des Binnenmarkts bezwecken oder bewirken, verboten. § 1 GWB normiert in Anlehnung an Art. 101 Abs. 1 AEUV mit Ausnahme der Zwischenstaatlichkeitsklausel ein inhaltsgleiches Verbot. 75

2. Spürbarkeit des Wettbewerbsverstoßes

Nach stRspr. des EuGH wird jedoch eine Vereinbarung vom Kartellverbot des Art. 101 Abs. 1 AEUV dann nicht erfasst, wenn sie den Markt nur geringfügig beeinträchtigt, sie also eine **spürbare** Einschränkung des Wettbewerbs innerhalb des Gemeinsamen Marktes bezweckt oder bewirkt und geeignet ist, den Handel zwischen den Mitgliedstaaten zu beeinträchtigen.[201] 76

Dabei stellt eine Vereinbarung, die geeignet ist, den Handel zwischen Mitgliedstaaten zu beeinträchtigen und einen **wettbewerbswidrigen Zweck** hat, ihrer Natur nach und unabhängig von ihren konkreten Auswirkungen stets eine spürbare Beschränkung des Wett- 77

---

[199] EuG Urt. v. 15.9.2005 – T-325/01, EuZW 2005, 766 (Ls.) – DaimlerChrysler AG/Kommission.

[200] ZB einer unternehmensinternen Richtlinie für Vertriebsstandards s. *Reiling* in Hauschka Compliance-FormB § 15 Rn. 2.

[201] Vgl. EuGH Urt. v. 13.12.2012 – C-226/11, EU:C:2012:795 Rn. 16, 17 mwN – Expedia.

bewerbs dar.[202] Dies bedeutet, dass für die Feststellung einer wettbewerbsbeschränkenden Abrede zunächst der eigentliche Zweck der Vereinbarung in Betracht zu ziehen ist, wobei die wirtschaftlichen Begleitumstände ihrer Durchführung zu berücksichtigen sind. Wenn feststeht, dass eine Vereinbarung einen wettbewerbswidrigen Zweck verfolgt, brauchen ihre Auswirkungen auf den Wettbewerb nicht geprüft zu werden.[203] Der Unterschied zwischen „bezweckten" und „bewirkten" Wettbewerbsverstößen bzw. -beschränkungen liegt nach dem EuGH darin begründet, dass bestimmte Formen der Kollusion zwischen Unternehmen – also ein über das „Bewirken" hinausgehendes „Bezwecken" – schon ihrer Natur nach als schädlich für das gute Funktionieren des normalen Wettbewerbs angesehen werden können.[204]

78 Auch hat sich der EuGH bereits ansatzweise mit der Definition der rechtlichen Kriterien auseinandergesetzt, die relevant sind, um das Vorliegen einer „bezweckten" Wettbewerbsbeschränkung iSv Art. 101 Abs. 1 AEUV zu beurteilen. So liegt zum einen das wesentliche rechtliche Kriterium bei der Ermittlung, ob eine Koordinierung zwischen Unternehmen eine solche „bezweckte" Wettbewerbsbeschränkung enthält, in der Feststellung, dass eine solche Koordinierung in sich selbst eine hinreichende Beeinträchtigung des Wettbewerbs erkennen lässt.[205] So dürfte der Begriff der bezweckten Wettbewerbsbeschränkung tendenziell eng auszulegen sein.[206]

3. Ausnahmen vom Kartellverbot

79 Um aber die Regelungen des Art. 101 Abs. 1 AEUV/§ 1 GWB in der Praxis handhabbar zu machen, haben die Kartellbehörden verschiedene Bekanntmachungen veröffentlicht. Insbesondere die EU-Kommission hat in abstrakter Form ausgeführt, wann der Anwendungsbereich des Kartellverbots mangels Spürbarkeit nicht eröffnet ist.

a) De-minimis-Bekanntmachung

80 Als erstes zu nennen ist die Bekanntmachung der Kommission über Vereinbarungen von geringer Bedeutung, die iSd Art. 101 Abs. 1 AEUV den Wettbewerb nicht spürbar beschränken (De-minimis-Bekanntmachung),[207] mithin auch als „Bagatellbekanntmachung" bezeichnet.[208]

81 Die De-minimis-Bekanntmachung regelt anhand von Marktanteilsschwellen, wann nach Ansicht der Kommission eine Vereinbarung zwischen Unternehmen **keine spürbare Wettbewerbsbeschränkung** iSd Art. 101 AEUV darstellt (sog. SAFE-Harbour-Bereich);[209] sie regelt dagegen nicht, was unter einer spürbaren Auswirkung auf den Handel zwischen den Mitgliedstaaten zu verstehen ist.[210]

Danach sind wettbewerbsbeschränkende Vereinbarungen iSd Art. 101 Abs. 1 AEUV in der Regel **nicht spürbar,** wenn

---

[202] EuGH Urt. v. 13.12.2012 – C-226/11, EU:C:2012:795 Rn. 37 – Expedia; vgl. auch OLG Düsseldorf Urt. v. 26.1.2017 – V-4 Kart 6/15, NZKart 2018, 270 zum lediglich identifizierenden Informationsaustausch überschlägigen Charakters.

[203] EuGH Urt. v. 13.12.2012 – C-226/11, EU:C:2012:795 Rn. 35 mwN – Expedia; Urt. v. 13.10.2011 – C-439/09, EU:C:2011:649 Rn. 34 - Pierre Fabre Dermo-Cosmétique; Urt. v. 30.6.1966 – C-565/65, EU:C:1966:38 – L.T.M.

[204] EuGH Urt. v. 14.3.2013 – C-32/11, EU:C:2013:160 Rn. 35 - Allianz Hungária Biztosító Zrt.; Urt. v. 13.12.2012 – C-226/11, EU:C:2012:795 Rn. 36 – Expedia.

[205] EuGH Urt. v. 11.9.2014 – C-67/13 P, EU:C:2014:2204 Rn. 57 – CB/Kommission.

[206] EuGH Urt. v. 11.9.2014 – C-67/13 P, EU:C:2014:2204 Rn. 58 – CB/Kommission; s. hierzu auch *Heinrich/Ströbl* BB 2014, 2506 (2508).

[207] ABl. 2014 C 291, 1.

[208] Vgl. *Heinrich/Ströbl* BB 2014, 2506.

[209] ABl. 2014 C 291, 1 Rn. 3.

[210] ABl. 2014 C 291, 1 Rn. 4; s. dazu Leitlinien der Kommission über den Begriff der Beeinträchtigung des zwischenstaatlichen Handels in den Artikeln 81 und 82 des Vertrags, ABl. 2004 C 101, 81.

- bei einer Vereinbarung zwischen Wettbewerbern (= horizontale Vereinbarung) der gemeinsame Marktanteil maximal 10 Prozent beträgt;
- bei einer Vereinbarung zwischen Nichtwettbewerbern (= vertikaler Vereinbarung) der von jedem der beteiligten Unternehmen gehaltene Marktanteil maximal 15 Prozent beträgt;
- bei nebeneinander bestehenden (also kumulativen) horizontalen oder vertikalen Vereinbarungen (sog. Netzen von Vereinbarungen) der gemeinsame bzw. von jedem der beteiligten Unternehmen gehaltene Marktanteil maximal 5 Prozent beträgt.[211]

Der Marktanteil wird dadurch errechnet, indem der relevante Markt abgegrenzt wird 82 und zwar sowohl der sachlich als auch der räumlich relevante Markt.[212] Bei der Marktabgrenzung gibt die Definition des Marktes in der Bekanntmachung der Kommission über die Definition des relevanten Marktes im Sinne des Wettbewerbsrechts der Gemeinschaft eine wichtige (wenn auch oft nicht ausreichende) Hilfestellung.[213] Allerdings muss eine Vereinbarung zwischen Unternehmen, deren Marktanteile über den vorgenannten Schwellen liegen, nicht zwingend eine spürbare Wettbewerbsbeschränkung darstellen; auch solche Vereinbarungen können lediglich eine geringfügige Auswirkung auf den Wettbewerb haben und unterliegen dementsprechend nicht dem Kartellverbot.[214]

Der SAFE-Harbour-Bereich bietet jedoch keinen Schutz, wenn die wettbewerbsbe- 83 schränkende Vereinbarung – trotz Unterschreiten der Marktanteilsschwellen – sog. **Kernbeschränkungen** enthält. Kernbeschränkungen sind Beschränkungen, die (als solche) in aktuellen oder in künftigen Gruppenfreistellungsverordnungen aufgeführt sind, die die Kommission generell als bezweckte Beschränkungen betrachtet.[215] Für Vertriebsvereinbarungen zwischen Nichtwettbewerbern kommt insbesondere Art. 4 Vertikal-GVO zum Tragen,[216] der wesentliche im Vertrieb anzutreffenden Kernbeschränkungen nennt.[217]

Bedeutsam an der neuen, erst 2014 veröffentlichten De-minimis-Bekanntmachung ist 84 gegenüber der vorhergehenden Fassung von 2001,[218] dass hierin die neue Rechtsprechung des EuGH zur bezweckten Wettbewerbsbeschränkung berücksichtigt ist. Eine Vereinbarung, die geeignet ist, den Handel zwischen Mitgliedstaaten zu beeinträchtigen, und die Verhinderung, Einschränkung oder Verfälschung des Wettbewerbs im Binnenmarkt **bezweckt,** soll ihrer Natur nach und unabhängig von konkreten Auswirkungen stets eine spürbare Beschränkung des Wettbewerbs darstellen.[219] Die De-minimis-Bekanntmachung ist für die Gerichte und Wettbewerbsbehörden der Mitgliedssaaten für die Auslegung des Art. 101 AEUV nur als Leitfaden gedacht, für diese aber nicht verbindlich.[220]

---

[211] ABl. 2014 C 291, 2 Rn. 8 ff.; vgl. weiterführend auch die Bekanntmachung BKartA Nr. 18/2007 Nr. 11, wenn weniger als 30 Prozent kumulative Bindung gegeben ist.

[212] ABl. 2014 C 291, 3 Rn. 12.

[213] ABl. 1997 C 372, 5.

[214] ABl. 2014 C 291, 1 Rn. 3; EuGH Urt. v. 21. 1. 1999 – C-215/96 und C-216/96, EU:C:1999:12 Rn. 35 – Bagnasco.

[215] ABl. 2014 C 291, 3 Rn. 13.

[216] ABl. 2010 L 102, 1 (5).

[217] Diese werden weiter in EU-Kommission Vertikal-LL Rn. 47 ff. konkretisiert; vgl. auch *Heinrich/Ströbl* BB 2014, 2506 (2507).

[218] Bekanntmachung der Kommission über Vereinbarungen von geringer Bedeutung, die den Wettbewerb gem. Art. 81 Abs. 1 des Vertrags zur Gründung der Europäischen Gemeinschaft nicht spürbar beschränken (de minimis) v. 22. 12. 2001, ABl. 2001 C 368, 13.

[219] De-minimis-Bekanntmachung, ABl. 2014 C 291, 1 Rn. 2; EuGH Urt. v. 13. 12. 2012 – C-226/11, EU:C:2012:795 Rn. 37 – Expedia.

[220] ABl. 2014 C 291, 2 Rn. 5; s. EuGH Urt. v. 13. 12. 2012 – C-226/11, EU:C:2012:795 Rn. 31 – Expedia, zur Vorgängerfassung der De-minimis-Bekanntmachung.

b) Zwischenstaatlichkeitsbekanntmachung; KMU

85 Die Zwischenstaatlichkeitsbekanntmachung[221] regelt gegenüber der De-minimis-Bekanntmachung speziell die Frage, wann eine Vereinbarung iSv Art. 101 Abs. 1 AEUV normalerweise nicht geeignet ist, den **Handel zwischen den Mitgliedschaften** spürbar zu beeinträchtigen und nennt in Bezug auf das Kriterium der Annahme einer mangelnden Spürbarkeit Schwellenwerte für Marktanteile und Jahresumsätze.[222] Diese Frage wird von der De-minimis-Bekanntmachung ausdrücklich nicht geregelt.[223] Dagegen äußert sich die Zwischenstaatlichkeitsbekanntmachung umgekehrt nicht zu der Frage, was eine spürbare Wettbewerbsbeschränkung iSv Art. 101 Abs. 1 AEUV darstellt.[224]

- Danach wird der Handel zwischen den Mitgliedschaften in der Regel **nicht spürbar** beeinträchtigt, wenn der gemeinsame Marktanteil der Parteien auf keinem von der Vereinbarung betroffenen relevanten Markt innerhalb der Gemeinschaft 5 Prozent und der gesamte Jahresumsatz der beteiligten Unternehmen (bei horizontalen Vereinbarungen) bzw. der Jahresumsatz des Lieferanten (bei vertikalen Vereinbarungen) innerhalb der EU mit den von der Vereinbarung erfassten Waren nicht den Betrag von 40 Mio. EUR überschreitet.[225] Bei vertikalen Vereinbarungen, die von einem Lieferanten kumulativ nebeneinander mit verschiedenen Vertriebshändlern geschlossen wurden (sog. Netze von Vereinbarungen), sind die Umsätze, die im gesamten Netz getätigt werden, zu berücksichtigen.[226]

Die Zwischenstaatlichkeitsbekanntmachung bietet – ebenso wie die De-minimis-Bekanntmachung – lediglich eine für die Gerichte und Behörden der Mitgliedstaaten nicht verbindliche Orientierungshilfe.[227]

86 Weiterhin geht die Kommission davon aus, dass Vereinbarungen zwischen kleinen und mittleren Unternehmen (KMU) im Sinne der Empfehlung der Kommission vom 6. 5. 2003 betreffend die Definition der Kleinstunternehmen sowie der kleinen und mittleren Unternehmen[228] bzw. einer etwaigen künftigen Empfehlung, die die vorgenannte Empfehlung ersetzt, ebenfalls in der Regel nicht geeignet sind, den **Handel zwischen Mitgliedstaaten** zu beeinträchtigen.[229] Den Grund dafür gibt die Zwischenstaatlichkeitsbekanntmachung und ist darin zu sehen, dass solche KMU in der Regel lokal oder regional ausgerichtet sind.[230] Als Unternehmen gilt dabei nach jede Einheit unabhängig von ihrer Rechtsform, die eine wirtschaftliche Tätigkeit ausübt, also unter anderem auch Handwerks- oder Einpersonenbetriebe.[231]

c) Sonstige Ausnahmen

87 Als sonstige Ausnahmen vom Kartellverbot des Art. 101 Abs. 1 AEUV sind echte Handelsvertreterverträge,[232] der qualitativ selektive Vertrieb sowie bestimme Regelungen in Franchiseverträgen zu nennen.

- Entscheidend für die Frage der Privilegierung von „echten" Handelsvertreterverträgen ist der Umfang des finanziellen oder geschäftlichen Risikos des Absatzes an Dritte, das

[221] ABl. 2014 C 291, 1 Rn. 4; s. dazu Leitlinien der Kommission über den Begriff der Beeinträchtigung des zwischenstaatlichen Handels in den Artikeln 81 und 82 des Vertrags, ABl. 2004 C 101, 81.
[222] ABl. 2004 C 101, 81 Rn. 3, 44–55 (insbes. Rn. 52).
[223] S. ABl. 2014 C 291, 1 Rn. 4.
[224] ABl. 2004 C 101, 81 Rn. 4.
[225] ABl. 2004 C 101, 86 Rn. 52.
[226] ABl. 2004 C 101, 86 Rn. 56.
[227] ABl. 2004 C 101, 81 Rn. 3.
[228] ABl. 2003 L 124, 36.
[229] ABl. 2014 C 291, 1 Rn. 4/Fn. 5.
[230] ABl. 2004 C 101, 86 Rn. 50.
[231] ABl. 2003 L 124, 39.
[232] Dazu bereits → Rn. 61.

der Handelsvertreter bezüglich der ihm vom Auftraggeber übertragenen Tätigkeiten trägt.[233]

- Qualitativ selektive Vertriebssysteme fallen bereits nicht in den Anwendungsbereich des Art. 101 Abs. 1 AEUV, sofern folgende Voraussetzungen erfüllt sind:
  (1) die Beschaffenheit des fraglichen Produkts muss einen selektiven Vertrieb bedingen, dh, ein solches Vertriebssystem muss ein rechtmäßiges Erfordernis zur Wahrung der Qualität und zur Gewährleistung des richtigen Gebrauchs des betreffenden Produkts sein;
  (2) die Händler müssen aufgrund objektiver Kriterien qualitativer Art ausgewählt werden, die für alle potenziellen Wiederverkäufer einheitlich festzulegen und unterschiedslos anzuwenden sind; und
  (3) die aufgestellten Kriterien gehen nicht über das zur Erreichung des Ziels erforderliche Maß hinaus.[234]
- Die Vereinbarkeit von Franchiseverträgen mit Art. 101 Abs. 1 AEUV hängt von den einzelnen Bestimmungen dieser Verträge und von dem wirtschaftlichen Zusammenhang ab, in dem diese stehen. Danach sind Bestimmungen in Franchiseverträgen keine Wettbewerbsbeschränkungen iSv Art. 101 Abs. 1 AEUV, die **unerlässlich** sind
  (1) damit das vermittelte Know-how und die vom Franchisegeber gewährte Unterstützung nicht den Konkurrenten zugutekommen; und
  (2) zur Wahrung der Identität und des Ansehens der durch die Geschäftsbezeichnung symbolisierten Vertriebsorganisation.
- Dagegen sind Wettbewerbsbeschränkungen iSv Art. 101 Abs. 1 AEUV solche Bestimmungen zur Aufteilung der Märkte zwischen Franchisegeber und Franchisenehmern oder unter den Franchisenehmern.[235]

4. Freistellung

Unterfällt ein Tatbestand grundsätzlich dem Kartellverbot, so kann er gleichwohl abstrakt von diesem ausgenommen, „freigestellt" sein. Die praktisch wichtigsten Freistellungsvoraussetzungen sind in der Vertikal-GVO geregelt. Nach der Systematik der Vertikal-GVO[236] werden gem. Art. 2 Vertikal-GVO grundsätzlich alle vertikalen Vereinbarungen, die vertikale Wettbewerbsbeschränkungen enthalten, vom Kartellverbot des Art. 101 Abs. 1 AEUV freigestellt.[237] Voraussetzung hierfür ist, dass der Marktanteil des Anbieters (dh des Verkäufers) und des Abnehmers (dh des Weiterverkäufers) auf dem relevanten Markt jeweils nicht mehr als 30 Prozent beträgt (Art. 3 Vertikal-GVO). Die Freistellung gilt allerdings nicht, wenn die Vereinbarung eine Kernbeschränkung nach Art. 4 Vertikal-GVO enthält (nachfolgend → Rn. 89). 88

[233] EuGH Urt. v. 14.12.2006. – C-217/05, EU:C:2006:784 - Confederación Espanola de Empresarios de Estaciones de Servicio („CEPSA I"); Urt. v. 11.9.2008 – C-279/06, EU:C:2008:485 - CEPSA („CEPSA II"); s. auch EU-Kommission Vertikal-LL Rn. 12ff.

[234] EuGH Urt. v. 9.6.1977 – C-26/76, EU:C:1977:167 Rn. 20, 21 – Metro/Kommission („Metro I"); Urt. v. 11.12.1980 – C-31/80, EU:C:1980:289 Rn. 15, 16 - L'Oréal/De Nieuwe AMCK; Urt. v. 25.10.1983 – C-107/82, EU:C:1983:293 Rn. 35 - AEG/Kommission; s. auch EU-Kommission Vertikal-LL, Rn. 174ff.

[235] EuGH Urt. v. 28.1.1986 – C-161/84, EU:C:1986:41 - Pronuptia; s. auch EU-Kommission Vertikal-LL Rn. 189ff.

[236] Einen zusammenfassenden Überblick über die in der Vertikal-GVO geregelten vertikalen Wettbewerbsbeschränkungen bietet *Schultze/Pautke/Wagener* Vertikal-GVO Anh. 2 – Liste.

[237] Die TT-GVO ist nur auf Verträge über die „Produktion" von Vertragsprodukten anwendbar. Im Zusammenhang mit Software sieht die Kommission dies als gegeben an, wenn dem Vertragspartner das Recht eingeräumt wird, urheberrechtlich geschützte Software durch Integration in ein Gerät zu vervielfältigen, mit dem die Software interagiert. Dagegen fällt der Fall, dass der Vertriebspartner eine Stammkopie zur eigenen Vervielfältigung erhält nicht (mehr) unter die TT-GVO, sondern (analog) unter die Vertikal-GVO. Auch der Vertrieb von Software durch Download aus dem Internet ist nicht von der TT-GVO erfasst. S. *Bechtold/Bosch/Brinker* TT-GVO Art. 1 Rn. 10.

a) Kernbeschränkungen

89 Wettbewerbsbeschränkende Vereinbarungen dürfen jedenfalls **keine** sog. **Kernbeschränkungen** (sog. „schwarze Klauseln") enthalten. Im Bereich Sales sind für Liefer- und Vertriebsvereinbarungen zwischen Nichtwettbewerbern – also bei vertikalen Vereinbarungen – insbesondere Kernbeschränkungen des Art. 4 Vertikal-GVO zu beachten,[238] die in den Vertikal-LL weiter konkretisiert werden.[239] Liegt eine Kernbeschränkung vor, so entfällt die Vorprüfung dahingehend, ob die wettbewerbsbeschränkenden Vereinbarungen überhaupt spürbar sind bzw. die in den entsprechenden Bekanntmachungen der Kommission vorgegebenen Schwellenwerte überschritten sind.[240] Ist eine solche „schwarze Klausel" in der vertikalen Vereinbarung enthalten, so bewirkt dies ferner, dass die Freistellung gem. Art. 4 Vertikal-GVO für alle in der Vereinbarung enthaltenen Wettbewerbsbeschränkungen insgesamt entfällt,[241] mithin jede vertikale Vereinbarung, die eine solche Beschränkung enthält, als Ganzes vom Geltungsbereich der Vertikal-GVO ausgeschlossen ist.[242] Demgegenüber führen sog. „graue Klauseln" oder „rote Klauseln" gem. Art. 5 Vertikal-GVO lediglich zu einer isolierten Unwirksamkeit, dh die Freistellung entfällt nur für die jeweilige in der Vereinbarung enthaltene betroffene Wettbewerbsbeschränkung.[243] Im Einzelnen enthält die Vertikal-GVO Verbote folgender unzulässiger Kernbeschränkungen:

90 **aa) Preisbindungen.** Preisbindungen können in verschiedenen Formen auftreten. Die in Art. 4 lit. a Vertikal-GVO beschriebene Kernbeschränkung betrifft die Preisbindung der zweiten Hand oder vertikale Preisbindung. Dies sind Vereinbarungen oder abgestimmte Verhaltensweisen, die unmittelbar oder mittelbar die Festsetzung von **Fest- oder Mindestweiterverkaufspreisen** oder des Fest- oder Mindestpreisniveaus bezwecken, die die Abnehmer beim Weiterverkauf einzuhalten haben.[244] Der Verkäufer darf also seinen Abnehmern nicht verbindlich vorgeben, zu welchen Fixpreisen diese die abgenommenen Waren (oder Dienstleistungen) an die Verbraucher weiterverkaufen sollen. Ebenso darf der Verkäufer keine Mindestpreise festlegen, die die Abnehmer beim Weiterverkauf der Waren nicht unterschreiten dürfen. Dies gilt auch, wenn diese wettbewerbsbeschränkenden Preisbindungen indirekt durchgesetzt werden, etwa durch Anreize bei Einhaltung eines vorgegebenen Preisniveaus (zB Nachlässe, Erstattung von Werbeaufwendungen) oder Ausübung von Druck bei Nichteinhaltung eines bestimmten Preisniveaus (zB Warnung, Drohung, Strafe, Verzögerung oder Aussetzung von Lieferungen, Vertragskündigung).[245] Die Motivation des Verkäufers an der Festsetzung von Fest- oder Mindestpreisen wird häufig sein, seine Ware bzw. Marke vor einem Billigimage und einer „Verramschung" zu bewahren. Diese Maßnahmen mögen zwar dem Schutz seiner Marke dienen, nicht aber dem Schutz der Verbraucher und/oder des Wettbewerbs und sind daher unzulässig.

91 Nachfolgend sind Beispiele von weiteren unmittelbaren und mittelbaren Preisbindungen aufgeführt, die für die tägliche Praxis von Bedeutung sind:

- **Rabattvorgaben:** Der Verkäufer darf keine Preisbestandteile verbindlich vorgeben, zB mit seinen Abnehmern vereinbaren, dass ein Aushandeln von Rabatten mit Endverbrauchern strikt vermieden werden muss oder dass Nachlässe höchstens bis zu einem vorgegebenen Preisniveau gewährt werden dürfen.[246]

---

[238] Verordnung (EU) Nr. 330/2010 der Kommission v. 20.4.2010 über die Anwendung von Art. 101 Abs. 3 des Vertrags über die Arbeitsweise der Europäischen Union auf Gruppen von vertikalen Vereinbarungen und abgestimmten Verhaltensweisen, ABl. 2010 L 102, 1.
[239] EU-Kommission Vertikal-LL Rn. 47 ff.
[240] S. hierzu auch *Schultze/Pautke/Wagener* Vertikal-GVO Rn. 592.
[241] Vgl. *Bechtold/Bosch/Brinker* VO 330/2010 Einf. Rn. 13 und Art. 2 Rn. 2.
[242] EU-Kommission Vertikal-LL, Rn. 47.
[243] Vgl. *Bechtold/Bosch/Brinker* VO 330/2010 Einf. Rn. 13 und Art. 2 Rn. 2.
[244] EU-Kommission Vertikal-LL Rn. 48.
[245] EU-Kommission Vertikal-LL Rn. 48.
[246] EU-Kommission Vertikal-LL Rn. 48.

- **Werbung:** Eine – wohl – unzulässige Preisbindung dürfte es sein, wenn der Verkäufer, der ein duales Vertriebssystem betreibt, also seine Waren oder Dienstleistungen zum einen durch Absatzmittler, zum anderen (in eigenen Filialen) selbst vertreibt (klassisches Beispiel: Franchising) und in einer Preiswerbung die neue Ware für „nur 49,00 EUR" anbietet. Denn die Werbung mit Preisangaben wird hier nicht als ausdrückliche Empfehlung gekennzeichnet oder durch deutliche Kennzeichnungen auf die eigenen Filialen oder auf die teilnehmenden Läden beschränkt.[247]
- **Zeitpunkt für Preiserhöhungen:** Verbindliche Vorgaben für den Zeitpunkt einer Preisänderung ist ein unzulässiger Eingriff in die Preisgestaltungsfreiheit eines Abnehmers. Vereinbarungen des Verkäufers mit seinen Abnehmern, dass die Jahrespreise der Ware nicht vor zB Februar erhöht werden dürfen, sind unzulässig.
- **Höchstpreisbindung:** Grundsätzlich zulässig sind dagegen Höchstpreisbindungen, also wenn der Verkäufer maximale Preise festlegt, die der Abnehmer beim Weiterverkauf der Ware nicht überschreiten darf. Denn eine solche Konstellation, in der ein bestimmtes Preisniveau nicht überschritten, wohl aber unterschritten werden darf, dient letztendlich dem Schutz der Verbraucher und ist daher wettbewerbsrechtlich nicht in den Maßen schädlich wie sonstige Preisfestsetzungen.[248] Allerdings darf der Höchstpreis nicht so niedrig festgesetzt werden, dass er aufgrund der geringen Marge praktisch nicht unterschritten werden kann, also dem Abnehmer keine angemessene Gewinnspanne verbleibt.[249] Eine Preiskonkurrenz muss noch hinreichend gewährleistet werden.
- **Preisempfehlung:** Zulässig sind Preisempfehlungen an den weiterverkaufenden Abnehmer oder dessen Verpflichtung nicht über einen bestimmten Preis hinauszugehen, wenn die Marktanteile einer jeden Vertragspartei jeweils nicht mehr als 30 Prozent betragen. Weiterhin müssen diese Preisempfehlungen „unverbindlich" sein, dh sie dürfen sich nicht infolge der Ausübung von Druck (zB LKW mit der Lieferung der Ware „könnte vielleicht eine Panne haben") oder der Gewährung von Anreizen (zB in Aussichtstellen bestimmter Rabatte) durch eine der beteiligten Parteien als Mindest- oder Festpreis auswirken.[250] Dementsprechend stellt jede Kontaktaufnahme, die über die reine Übermittlung bzw. Kommunikation der unverbindlichen Preisempfehlung hinausgeht, deren Unverbindlichkeit in Frage und ist als Druckausübung zu werten.[251]
- **Meistbegünstigungsklauseln:** Zu unterscheiden ist hier zwischen „echten" oder „rechtlichen" Meistbegünstigungsklauseln und „unechten" oder „wirtschaftlichen" Meistbegünstigungsklauseln. Bei **„echten"** Meistbegünstigungsklauseln wird dem Vertragspartner versprochen, Dritten keine günstigeren Konditionen zu gewähren. Sie schränken die wettbewerblichen Handlungsfreiheit ein, da sie faktisch wie eine Festlegung eines Mindestpreises (und zwar auch gegenüber Dritten!) wirken und sind daher unzulässig (Beispiel: „Der Lieferant verpflichtet sich, anderen Abnehmern keine günstigeren Preise als die vertragsgegenständlichen zu gewähren."). Bei **„unechten"** Meistbegünstigungsklauseln wird dem Vertragspartner versprochen, die einem Dritten zugestandene Konditionen (auch) dem Vertragspartner zu gewähren. Sie haben somit zwar eine „wirtschaftliche" Bindung, beschränken aber nicht die wettbewerbliche Handlungsfreiheit unmittelbar und

---

[247] Vgl. BGH Urt. v. 2.2.1999 – KZR 11/97, BGHZ 140, 342 = NJW 1999, 2671 – Sixt. Eine Lockerung dieses Verbots kann eventuell nunmehr aber mit EU-Kommission Vertikal-LL Rn. 225 begründet werden, wonach Preisbindungen in folgenden Fällen zulässig sein können: (1) in der Einführungsphase des Produkts, (2) zur Intensivierung der Verkaufsbemühungen und (3) um die allgemeine Nachfrage nach dem Produkt zu steigern. Zu bedenken ist hier, dass die ausdrücklich Beschränkung auf die eigenen Filialen oder auf die teilnehmenden Läden zwar vertriebskartellrechtlich zulässig sein mag, jedoch nach einer Einzelauffassung in der Rspr. (OLG Düsseldorf Urt. v. 5.8.2014 – I-20 U 140/11, nv) einen Verstoß gegen die Impressumspflicht nach § 5a Abs. 3 Nr. 2 UWG darstellen kann (vgl. auch OLG München Urt. v. 15.5.2014 – 6 U 3500/13, MMR 2014, 818).

[248] *Schultze/Pautke/Wagener* Vertikal-GVO Rn. 541.

[249] Vgl. OLG München Urt. v. 22.1.2004 – U (K) 3329/03, BeckRS 2004, 04533 Rn. 94.

[250] EU-Kommission Vertikal-LL Rn. 226.

[251] BKartA Beschl. v. 25.9.2009 – B 3–123/08, MPR 2010, 168.

sind daher unbedenklich (Beispiel: „Der Lieferant wird die jeweils günstigsten Preise bieten, die er von anderen Abnehmern der Vertragsprodukte verlangt.").

92 **bb) Gebiets- und Kundenbeschränkungen.** Die zweite Kernbeschränkung betrifft das Verbot, den Verkauf von Vertragswaren oder -dienstleistungen in ein bestimmtes Gebiet oder an eine bestimmte Kundengruppe zu beschränken.[252] Art. 4 lit. b Vertikal-GVO betrifft nur die Beschränkung des Verkaufs durch den Abnehmer oder seine Kunden.[253] Allerdings werden von diesem Verbot Ausnahmen zugelassen, sodass folgende Beschränkungen (Verbote) gegenüber dem Abnehmer zulässig sind:

- Art. 4 lit. b Vertikal-GVO: Beschränkung des Verkaufs durch den Abnehmer auf den Ort seiner Niederlassung, also Beschränkung seiner Vertriebsstellen und Lager auf eine bestimmte Anschrift, einen bestimmten Ort bzw. ein bestimmtes Gebiet – nicht nur im selektiven Vertrieb.[254]
- Art. 4 lit. b i Vertikal-GVO: Verbot des aktiven Vertriebs durch den Abnehmer in Gebiete, die der Anbieter sich selbst vorbehalten oder ausschließlich einem anderen Abnehmer zugewiesen hat – aber: Verkauf durch die Kunden des Abnehmers selbst darf dabei nicht beschränkt werden.
- Art. 4 lit. b ii Vertikal-GVO: Verbot des Direktverkaufs von Großhändlern an Endverbraucher. Hintergrund ist, dass der Anbieter die Möglichkeit haben muss, die Großhandels- und Einzelhandelsstufe getrennt zu halten.[255]
- Art. 4 lit. b iii Vertikal-GVO: Verbot des Verkaufs an nicht zugelassene Händler durch Mitglieder eines selektiven Vertriebssystems.
- Art. 4 lit. b iv Vertikal-GVO: Verbot des Verkaufs von zur Weiterverarbeitung dienenden Teilen an Mitwettbewerber.

93 Besondere Bedeutung hat die verbotene **Verhinderung des „passiven" Verkaufs:** Der Schutz des Alleinvertriebs – also des aktiven Verkaufs, Art. 4 lit. b i Vertikal-GVO – in zugewiesenen Gebieten oder an zugewiesene Kundengruppen darf den passiven Verkauf in diesen Gebieten oder an diese Kunden nicht verhindern. Unter einem „aktiven" Verkauf ist das aktive Ansprechen von Kunden in den Gebieten anderer Abnehmer durch Kommunikationsmittel oder -formen sowie durch Werbung zu verstehen. „Passiver" Verkauf bedeutet die Erledigung unaufgeforderter Bestellungen einzelner Kunden oder allgemeine Werbe- oder Verkaufsförderungsmaßnahmen in den Medien, die auch Kundengruppen in Gebieten erreichen, die einem anderen Abnehmer zugewiesen sind.[256] In der Praxis wird häufig versucht, die Zulässigkeit des passiven Verkaufs mittels Sanktionen bzw. Druckmittel gegen den Abnehmer zu umgehen. Hier sind Konstellationen denkbar wie die Nichtgewährung von Prämien/Nachlässen für exportierte Waren, die Ausgleichsverpflichtung bei Exporten, die Lieferverweigerung/Verringerung der Liefermenge, die Nichtbeachtung des Grundsatzes der europaweiten Garantie bei Herstellergarantien, das Unterlassen der Weiterleitung von Kundenanfragen sowie die Androhung einer Vertragskündigung. Sofern in einem bestimmten Vertragsgebiet durch einen Abnehmer ein neues Produkt getestet wird, kann diesem Abnehmer für die Testphase jeglicher aktive Vertrieb außerhalb des Testgebietes untersagt werden.[257]

94 Nach hA kann einem Vertragshändler, der auch stationär tätig ist, der Internethandel grundsätzlich nicht untersagt werden.[258] Insoweit können ihm jedoch Beschränkungen hinsichtlich der Gestaltung der Homepage und der Art und Weise des Internethandels auf-

[252] S. auch näher EU-Kommission Vertikal-LL Rn. 50–55.
[253] EU-Kommission Vertikal-LL Rn. 50.
[254] EU-Kommission Vertikal-LL Rn. 50; s. auch *Schultze/Pautke/Wagener* Vertikal-GVO Rn. 591.
[255] EU-Kommission Vertikal-LL Rn. 55.
[256] EU-Kommission Vertikal-LL Rn. 51.
[257] EU-Kommission Vertikal-LL Rn. 62.
[258] EU-Kommission Vertikal-LL Rn. 51 ff.; EuGH Urt. v. 13.10.2011 – C-439/09, EU:C:2011:649 Rn. 32- Pierre Fabre Dermo-Cosmétique.

erlegt werden.[259] Möglich ist aber das Unterbinden reinen Onlinehandels.[260] Des Weiteren kann verlangt werden, dass der Vertragshändler das Vertragsprodukt mindestens in einem nach Wert oder Menge bestimmten absoluten Umfang offline verkauft.[261] Dem Vertragshändler kann jedenfalls in einem selektiven Vertriebssystem der Online-Vertrieb über Plattformen von nicht autorisierten Drittunternehmen[262] ggf. vertraglich untersagt werden.[263]. Außerdem soll eine zeitlich begrenzte Einschränkung des Internetvertriebs für bis zu zwei Jahre erlaubt sein, wenn dies für die Etablierung einer neuen Marke oder einer bestehenden Marke auf einem neuen Markt erforderlich ist.[264]

Beschränkung des aktiven oder passiven Verkaufs an Endverbraucher durch auf der Ein- 95
zelhandelsstufe tätige Mitglieder eines selektiven Vertriebssystems sog. Standortklauseln, bleiben allerdings erlaubt, Art. 4 lit. c Vertikal-GVO.

cc) Verbot von Querlieferungen. Beschränkung von Querlieferungen zwischen Händ- 96
lern innerhalb eines selektiven Vertriebssystems sind nach Art. 4 lit. d Vertikal-GVO generell untersagt.

b) Rechtsfolge

Verstöße gegen die in Art. 4 Vertikal-GVO beschriebenen Kernbeschränkungen haben zur 97
Folge, dass jede vertikale Vereinbarung, die eine solche Beschränkung enthält, als Ganzes vom Geltungsbereich der Vertikal-GVO ausgeschlossen ist.[265] Weitere Folge ist ferner, dass alle – ansonsten für sich gesehen wettbewerbsbeschränkenden, aber freistellungsfähigen Klauseln – mangels Freistellungswirkung nichtig sind. Das Schicksal der Vereinbarung im Übrigen (zB des Vertragshändlervertrages) bestimmt sich sodann nach den allgemeinen Regeln, dh insbesondere nach § 139 BGB, soweit es sich um einen Individualvertrag handelt. Den Kartellbehörden steht im Übrigen das auch bei sonstigen Kartellverstößen vorhandene Sanktionssystem zur Verfügung; es können insbesondere Bußgelder verhängt werden.

c) Einzelfreistellung nach Art. 101 Abs. 3 AEUV

Eine wettbewerbsbeschränkende Vereinbarung, die nicht bereits generell nach der Verti- 98
kal-GVO freigestellt ist, kann jedoch im Einzelfall nach Art. 101 Abs. 3 AEUV freigestellt sein. Die Freistellung bedarf auch keiner vorherigen Entscheidung der Kommission.[266] Art. 101 Abs. 3 AEUV wirkt also direkt, dh liegen dessen Voraussetzungen vor, ist die Vereinbarung vom Kartellverbot des Art. 101 Abs. 1 AEUV freigestellt.[267] Dabei obliegt die Beweislast – und damit die Verantwortung bzw. das Risiko – dafür, dass die Voraussetzungen des Art. 101 Abs. 3 AEUV vorliegen, bei dem Unternehmen, das sich auf diese Einzelfreistellungsbestimmung beruft.[268]

---

[259] Vgl. *Spieker* GRUR 2009, 81; *Seeliger/Klauß* GWR 2010, 233.
[260] „Brick Store Klausel", vgl. EU-Kommission Vertikel-LL Rn. 52 lit. c.
[261] EU-Kommission Vertikal-LL Rn. 52 lit. c.
[262] Wie „amazon marketplace" oder „eBay" aber auch anderen Marktplätze.
[263] EuGH Urt. v. 6.12.1017 – C-230/16, EU:C:2017:94 - Coty Germany; OLG Frankfurt a. M. Urt. v. 12.7.2018 – 11 U 96/14, BeckRS 2018, 19157; s. auch EU-Kommission Vertikel-LL Rn. 54; OLG Hamburg Urt. v. 22.3.2018 – 3 U 250/16, BeckRS 2018, 6155; *Rahlmeyer* ZVertriebsR 2015, 144 und die detaillierte Zusammenfassung bei *Emde* ZVertriebsR 2019, 69.
[264] EU-Kommission Vertikal-LL Rn. 61.
[265] EU-Kommission Vertikal-LL Rn. 47.
[266] Art. 1 Abs. 2 VO (EG) Nr. 1/2003 des Rates v. 16.12.2003 zur Durchführung der in den Art. 81 und 82 niedergelegten Wettbewerbsregeln, ABl. 2003 L 1, 1.
[267] Vgl. *Bechtold/Bosch/Brinker* AEUV Art. 101 Rn. 148.
[268] Art. 2 VO (EG) Nr. 1/2003 des Rates v. 16.12.2003 zur Durchführung der in den Art. 81 und 82 niedergelegten Wettbewerbsregeln, ABl. 2003 L 1, 1.

§ 10 IT-Sicherheit*

Übersicht

Literatur:

Bedner/Ackermann, Schutzziele der IT-Sicherheit, DuD 2010, 323; *Börding/Jülicher/Röttgen/v. Schönfeld,* Neue Herausforderungen der Digitalisierung für das deutsche Zivilrecht, CR 2017, 134; *Bräutigam* (Hrsg.), IT-Outsourcing und Cloud-Computing, 4. Aufl., Berlin 2019; *Bräutigam/Klindt* (Hrsg.), Digitalisierte Wirtschaft/Industrie 4.0, BDI-Studie 2015; *Bräutigam/Klindt* (Hrsg.), Industrie 4.0, das Internet der Dinge und das Recht, NJW 2015, 1137; *Brisch/Rexin,* Sicherheit durch Technik: Cyber-Threat-Platformen in Deutschland, CR 2019, 606; *Bundesamt für Bevölkerungsschutz und Katastrophenhilfe (BBK)* (Hrsg.), Neue Strategie zum Schutz der Bevölkerung in Deutschland – Bd. 4, 2. Aufl., Bonn 2010, www.bbk.bund.de/SharedDocs/Downloads/BBK/DE/Publikationen/Wissenschaftsforum/WF_Bd_4_Neue_Strategie_BevSch.pdf?__blob=publicationFile (17.5.2020); *Bundesamt für Sicherheit in der Informationstechnik (BSI)* (Hrsg.), BSI-Standard 200-1 Managementsysteme für Informationssicherheit (ISMS), Stand: August 2015; *Bundesamt für Sicherheit in der Informationstechnik (BSI)* (Hrsg.), Die Lage der IT-Sicherheit in Deutschland 2018, September 2018, www.bsi.bund.de/SharedDocs/Downloads/DE/BSI/Publikationen/Lageberichte/Lagebericht2018.pdf?__blob=publicationFile&v=6 (17.5.2020); *Bundesamt für Sicherheit in der Informationstechnik (BSI),* Internationale Anerkennung von IT-Sicherheitszertifikaten, www.bsi.bund.de/DE/Themen/ZertifizierungundAnerkennung/Produktzertifizierung/ZertifizierungnachCC/InternatAnerkennung/interanerkennung.html (17.5.2020); *Bundesamt für Sicherheit in der Informationstechnik (BSI),* Internet der Dinge, www.bsi-fuer-buerger.de/BSIFB/DE/DigitaleGesellschaft/IoT/IoT_node.html (17.5.2020); *Bundesamt für Sicherheit in der Informationstechnik (BSI),* IT-Grundschutz Glossar, www.bsi.bund.de/DE/Themen/ITGrundschutz/ITGrundschutzKompendium/vorkapitel/Glossar_.html (17.5.2020); *Bundesamt für Sicherheit in der Informationstechnik (BSI)* (Hrsg.), IT-Grundschutz-Kompendium, Bonn 2020, www.bsi.bund.de/SharedDocs/Downloads/DE/BSI/Grundschutz/Kompendium/IT_Grundschutz_Kompendium_Edition2020.html;jsessionid=98E083144DE15 A6BDC049B55CBCEC575.2_cid360 (17.5.2020); *Bundesamt für Sicherheit in der Informationstechnik (BSI)* (Hrsg.), SYS. 4.4 Allgemeines IoT-Gerät, www.bsi.bund.de/DE/Themen/ITGrundschutz/ITGrundschutzKompendium/bausteine/SYS/SYS_4_4_Allgemeines_IoT-Ger%C3%A4t.html?nn=10137184%23doc10095896bodyText11 (17.5.2020); *Czernik,* Unterschied zw. IT-Sicherheit, Datensicherheit, Datenschutz & Informationssicherheit, 13.5.2020, www.dr-datenschutz.de/unterschiede-zwischen-datenschutz-datensicherheit-informationssicherheit-oder-it-sicherheit/ (17.5.2020); *Der Spiegel,* 450 Computer der Bahn von „WannaCry"-Virus betroffen, 16.5.2017, www.spiegel.de/netzwelt/web/wannacry-450-bahn-computer-von-cyber-attacke-betroffen-a-1147921.html (17.5.2020); *Djeffal,* Das Internet der Dinge und die öffentliche Verwaltung – Auf dem Weg zum automatisierten Smart Government?, DVBl 2017, 808; *Dreißigacker/v. Skarczinski/Wollinger,* Kriminologisches Forschungsinstitut Niedersachsen e.V., Forschungsbericht Nr. 152, Cyberangriffe gegen Unternehmen in Deutschland, 2020, S. 101, www.pwc.de/de/cyber-security/cyberangriffe-gegen-unternehmen-in-deutschland.pdf (17.5.2020); *European Union Agency For Network And Information Security (ENISA)* (Hrsg.), Baseline Security Recommendations for IoT in the context of Critical Information Infrastructures, 20.11.2017, www.

* Der Dank der Autoren gilt *Sarah Rachut* für ihre wertvolle Mitarbeit.

enisa.europa.eu/publications/baseline-security-recommendations-for-iot (17.5.2020); *European Union Agency For Network And Information Security (ENISA)* (Hrsg.), Good Practices for Security of Internet of Things in the context Smart Manufacturing, 19.11.2018, www.enisa.europa.eu/publications/good-practices-for-security-of-iot (17.5.2020); *European Union Agency For Network And Information Security (ENISA)* (Hrsg.), Industry 4.0 – Cybersecurity Challenges and Recommendations, 20.5.2019, www.enisa.europa.eu/publications/industry-4-0-cybersecurity-challenges-and-recommendations (17.5.2020); *Federrath/Pfitzmann,* Gliederung und Systematisierung von Schutzzielen in IT-Systemen, DuD 2000, 704; *Focus Online,* Apple bietet bis zu eine Million Dollar für Sicherheitslücken, 9.8.2019, www.focus.de/digital/computer/apple/unternehmen-apple-bietet-bis-zu-eine-million-dollar-fuer-sicherheitsluecken_id_11012888.html (17.5.2020); *Frisse/Glaßl/Baranowski/Duwald,* Unternehmenssicherheit bei Banken – IT-Sicherheit, Know-how Schutz, Datenschicherheit und Datenschutz, BKR 2018, 177; *Geppert/Schütz* (Hrsg.), Beck'scher TKG Kommentar, 4. Aufl., München 2013; *Gless,* Von der Verantwortung einer E-Person, GA 2017, 324; *Gola* (Hrsg.), DSGVO, 2. Aufl., München 2018; *Grochla/Weber/Albers/Werhahn,* Ein betriebliches Informationsschutzsystem, Notwendigkeit und Ansatzpunkt für eine Neuorientierung, Angewandte Informatik 1983, 189; *Grünwald/Nüßing,* Machine To Machine (M2M)-Kommunikation – Regulatorische Fragen bei der Kommunikation im Internet der Dinge, MMR 2015, 378; *Gusy,* Katastrophenschutzrecht – Zur Situation eines Rechtsgebiets im Wandel, DÖV 2011, 85; *Hauschka/Moosmayer/Lösler* (Hrsg.), Corporate Compliance, 3, Aufl., München 2016; *Häuser,* Roboter & KI vor dem Gesetz, CMS Blog 5.4.2017, www.cmshs-bloggt.de/tmc/kuenstliche-intelligenz-roboter-gesetzgebung/ (17.5.2020); *Heckmann,* Digitale Bildung, vbw-Studie 2019, www.vbw-bayern.de/Redaktion/Frei-zugaengliche-Medien/Abteilungen-GS/Bildung/2019/Downloads/Bi-0161-001_Digitale-Bildung.-Lösungsvorschläge-zum-Datenschutz-im-Schulverhältnis.pdf (15.9.2020); *Heckmann,* Authentifizierung zwischen Datenschutz und Technikmisstrauen, DuD 2009, 656; *Heckmann,* Rechtliche Grenzen (quasi-) verbindlicher Technologievorgaben, CR 2006, 1; *Heckmann,* Rechtspflichten zur Gewährleistung von IT-Sicherheit im Unternehmen, MMR 2006, 280; *Heckmann,* Staatliche Schutz- und Förderpflichten zur Gewährleistung von IT-Sicherheit, in: Rüßmann (Hrsg.), FS Käfer, Saarbrücken 2009; *Heckmann/Marnau/Menz/Paschke/Riehm,* IT-Sicherheitsregulierung, BSI-Studie 2020; *Hellmann,* IT-Sicherheit, München 2018; *Holznagel/Schumacher,* Auswirkungen des Grundrechts auf Vertraulichkeit und Integrität informationstechnischer Systeme auf RFID-Chips, MMR 2009, 3; *Infineon/NXP/STMicroelectronics/ENISA,* Common Position On Cybersecurity, 2016, www.enisa.europa.eu/publications/enisa-position-papers-and-opinions/infineon-nxp-st-enisa-position-on-cybersecurity/ (17.5.2020); *Intveen,* Versicherung und Versicherbarkeit von IT-Risiken, ITRB 2004, 230; *Jäger,* Die verfassungsrechtliche Pflicht zur transnationalen Zusammenarbeit im Bereich der Inneren Sicherheit, Stuttgart 2008; *Kipker/Scholz,* Das IT-Sicherheitsgesetz 2.0, MMR 2019, 431; *Kipker/Scholz,* EU-Parlament verabschiedet EU Cybersecurity Act, MMR-Aktuell 2019, 414986; *Klein-Hennig/Schmidt,* Zurück auf Los – Die IT-Sicherheit zurück in der Steinzeit, DuD 2017, 605; *Knorre/Müller-Peters/Wagner,* Die Big-Data-Debatte, Wiesbaden 2019; *Kremp,* Stuxnet sollte Irans Uran-Anreicherung stören, Der Spiegel 16.11.2010, www.spiegel.de/netzwelt/gadgets/spektakulaere-virus-analyse-stuxnet-sollte-irans-uran-anreicherung-stoeren-a-729329.html (17.5.2020); *Kühling/Buchner* (Hrsg.), DS-GVO BDSG, 2. Aufl., München 2018; *Mitterer/Wiedemann/Zwissler,* BB-Gesetzgebungs- und Rechtsprechungsreport zu Industrie 4.0 und Digitalisierung, BB 2017, 3; *Pohlmann,* Cyber-Sicherheit, Berlin 2019; *Popp,* Informationstechnologie und Strafrecht, JuS 2011, 385; *Raue,* Haftung für unsichere Software, NJW 2017, 1841; *Ritter,* Die IT-Sicherheit in der Digitalisierung, K&R 2019, Heft 7–8 Beil. 1, 26; *Roßnagel/Hornung* (Hrsg.), Grundrechtsschutz im Smart Car. Kommunikation, Sicherheit und Datenschutz im vernetzten Fahrzeug, Berlin 2019; *Sassenberg/Faber* (Hrsg.), Rechtshandbuch Industrie 4.0 und Internet of Things, 2. Aufl., München 2020; *Säcker/Rixecker/Oetker/Limpberg* (Hrsg.), Münchner Kommentar zum Bürgerlichen Gesetzbuch, Bd. 1, 8. Aufl., München 2019; *Scheurer,* IT-Sicherheit trotz Smart Crime?, AnwZert ITR 2017 Heft 6, Anm. 2; *Schmidl,* Aspekte des Rechts der IT-Sicherheit, NJW 2010, 476; *Simitis* (Hrsg.), Bundesdatenschutzgesetz, 7. Aufl., Baden-Baden 2011; *Spindler,* IT-Sicherheit – Rechtliche Defizite und rechtspolitische Alternativen, MMR 2008, 7; *Vistola,* So funktionieren DDoS-Angriffe (Denial of Service), PC Welt 4.1.2019, www.pcwelt.de/ratgeber/DoS-DDoS-Denial-of-Service-Kein-Anschluss-unter-dieser-URL-6187623.html (17.5.2020); *Vogelgesang,* Datensicherheit und IT-Sicherheit in der Justiz, jM 2018, 2; *Voigt,* IT-Sicherheitsrecht, München 2018.

I. Begriff, Funktionen und Ziele der Gewährleistung von IT-Sicherheit

1. IT-Sicherheit als Rechtsbegriff

1 Die Gewährleistung von IT-Sicherheit ist in erster Linie eine technische Herausforderung, für die es aber eine Vielzahl rechtlicher Detailregelungen gibt, die den regulatorischen Rahmen für das IT-Sicherheitsrecht bilden.[1] Gleichwohl gibt es noch keinen anerkannten Rechtsbegriff der IT-Sicherheit. Regelungen zur IT-Sicherheit finden sich aktuell vor allem in Bereichen, in denen mit einem hohen oder erhöhten Sicherheitsrisiko Rechtsgüter bei einzelnen IT-Produkten oder IT-Systemen zu rechnen ist, so zB im Bereich der Medi-

[1] *Spindler* MMR 2008, 7 (9); *Schmidl* NJW 2010, 476 (477f.); *Bräutigam/Klindt* NJW 2015, 1137 (1141).

zinprodukte[2] oder für die Sicherheit der Informationstechnik des Bundes[3]. Ferner soll über eine entsprechende Regulierung das Steuergeheimnis[4] sowie das Anwaltsgeheimnis[5] auch technisch abgesichert werden. Zudem ist zu erwarten, dass die ePrivacy-VO künftig weitere Vorgaben im Bereich der IT-Sicherheit für den Bereich IoT schafft.

2 Trotz der diversen Regulierungsinhalte ist eine Näherung an den „Kern der IT-Sicherheit" möglich, sodass sich als zentrale Elemente der IT-Sicherheit die Gewährleistung von **Verfügbarkeit, Vertraulichkeit, Integrität und Authentizität** von Daten benennen lassen.

a) Definition des § 2 BSIG

3 Eine erste Definition findet sich in § 2 Abs. 2 BSIG (Gesetz über das Bundesamt für Sicherheit in der Informationstechnik), welche so jedoch nur für den Regelungsbereich des BSIG selbst gilt:

„**Sicherheit in der Informationstechnik** im Sinne dieses Gesetzes bedeutet die Einhaltung bestimmter Sicherheitsstandards, die die Verfügbarkeit, Unversehrtheit oder Vertraulichkeit von Informationen betreffen, durch Sicherheitsvorkehrungen
1. in informationstechnischen Systemen, Komponenten oder Prozessen oder
2. bei der Anwendung von informationstechnischen Systemen, Komponenten oder Prozessen."

b) Normative Näherungen

4 Eine weitere normative Näherung kann durch die Betrachtung des **IT-Grundschutzes**[6] erfolgen. Dieser bündelt nach einem ganzheitlichen Ansatz in einzelnen Bausteinen standardisierte Sicherheitsanforderungen an typische Geschäftsprozesse. Während ein solches Kompendium eine genaue Definition schuldig bleibt, lassen sich über die verschiedenen Branchen hinweg aufgrund der Empfehlungen und Best-Practices die Kernpunkte (Verfügbarkeit, Vertraulichkeit, Integrität, Authentizität) herausarbeiten.

5 Allerdings führt die immer weiter fortschreitende Vernetzung der digitalen Komponenten und des immerzu wachsenden IoT-Ökosystems auch zu faktischen Regelungen. Durch das teilweise Fehlen von Regularien oder etwaigen (Mindest-)Vorgaben zum IT-Schutz[7] herrscht derzeit ein – in Gesamtheit – uneinheitliches Bild, das von einer **„digitalen freien Marktwirtschaft"** geprägt ist und so auch weiterentwickelt wird. Sicherheitsstandards werden daher in internationalen Multistakeholder-Prozessen erarbeitet oder auch von Unternehmen am Markt einseitig vorgegeben. Je nach Produkt und Zielgruppe kann in diesem Zusammenhang IT-Sicherheit auch ein wertbildender Faktor eines Produktes sein.

2. Funktionen von IT-Sicherheit im rechtlichen Kontext

6 Der stetige Fortschritt und die zahlreichen neuen (digitalen) Möglichkeiten stellen das bestehende Rechtssystem vor Herausforderungen. Dies wirkt sich auf **alle Rechtsbereiche** aus. So stellen sich rechtlich umfassend bearbeitete Fragen in neuem Gewand: Ist ein Vertrag zustande gekommen? Wenn ja, unter welchen Bedingungen? Wer haftet im Schadensfall? Wie kann ich meine Rechtsposition möglichst absichern und stärken? Finden sich im Alltag, welcher bisher vor allem durch menschliches Denken, Entscheiden und Handeln geprägt war, nun zunehmend technische und vernetzte Komponenten wieder, wirkt sich

---

[2] § 4 MPG enthält ua ein Verbot für Software, die zu diagnostischen oder therapeutischen Zwecken eingesetzt wird, wenn diese nicht bestimmte Anforderungen erfüllt.
[3] So führt § 8 Abs. 1 BSIG bspw. zu gewährleistende Mindeststandards auf.
[4] § 146a Abs. 1 S. 5 AO enthält Regelungen für elektronische Aufzeichnungssysteme.
[5] § 31a Abs. 1 und 2 BRAO regeln das besondere elektronische Anwaltspostfach, und enthalten ua Vorgaben zur Zwei-Faktor-Authentisierung.
[6] S. BSI, IT-Grundschutz-Kompendium, 2020.
[7] Infineon/NXP/STMicroelectronics/ENISA, Common Position On Cybersecurity, S. 1.

dies auf die obigen Fragen aus. Gleichzeitig können diese indes rechtlich nur dann umfassend und korrekt bewertet werden, wenn die Ausgangsbasis vollständig und integer, also „IT-sicher" ist. Nur wenn die zugrundeliegenden Daten den Grundsätzen der Verfügbarkeit, Vertraulichkeit, Integrität und Authentizität entsprechen, kann das Recht seine Funktion erfüllen.

Die Herausforderung besteht somit darin, das **bisher uneinheitlich strukturierte** 7
IT-Sicherheitsrecht auf komplexe, mehrere Rechtsbereiche berührende Sachverhalte anzuwenden. Dabei sind Unternehmen sowie Verbraucher, Entwickler und Nutzer gefragt und gefordert. Es zeigt sich dabei, dass sich Fragen der IT-Sicherheit unterdessen auch von großen Unternehmen nicht „nebenher" bewältigen lassen, sondern enorme Aufmerksamkeit fordern. So ergibt sich nach einer Studie durch das Kriminologische Forschungsinstitut Niedersachsen e.V., dass etwa zwei Fünftel deutscher Unternehmen bereits von Cyberangriffen betroffen waren.[8] Aber nicht nur diese von außen nach innen stattfindenden Vorgänge sind Teil des Regelungsregimes „IT-Sicherheit"; auch die interne Verarbeitung von Daten, die digitale Kommunikation oder etwa statistische Erhebungen sind hierbei betroffen. Durch solche neuen digitalen Möglichkeiten entsteht eine Vielzahl an Daten, sodass sich nicht zuletzt die Frage nach deren rechtskonformer Handhabung stellt.[9]

Letztlich wird deutlich, wie groß die Bedeutung von IT-Sicherheit im rechtlichen Kon- 8
text ist. Trotz des bestehenden und künftig wachsenden **regulatorischen Handlungsbedarfs** stellt sich im Folgenden die Frage, wie IT-Sicherheit in Bezug auf das Internet of Things umzusetzen ist.

3. IT-Sicherheitsziele im Kontext des Internet of Things

Fraglich ist daher, wie sich IT-Sicherheit im Kontext von IoT verwirklichen lässt und wel- 9
che Besonderheiten sich diesbezüglich ergeben. Herausfordernd ist dabei, dass auch IoT selbst in mannigfaltiger Erscheinung auftritt: Während sich darunter sowohl eher kleinere Anwendungen wie die zeitgenaue Paketverfolgung über das Internet oder mittelgroße Vernetzungen im Rahmen von Smart Home wiederfinden, so lässt sich IoT bis in nahezu unendliche Komplexität ausbauen. Als eine der größten und komplexesten IoT-Ausprägungen seien bspw. Smart City-Konzepte genannt. Hierbei ergibt sich bezüglich der **Grundpfeiler** (auch **„Grundwerte"** genannt[10]) der IT-Sicherheit – Verfügbarkeit, Vertraulichkeit, Integrität und Authentizität – Folgendes:

a) Verfügbarkeit von Daten und Systemen

Verfügbarkeit meint in diesem Kontext die zeitgerechte und ortsunabhängige Zugänglich- 10
keit von Daten, Verfahren bzw. Funktionen des entsprechenden IT-Systems.[11] Dabei kann zwischen der **Verfügbarkeit des Basissystems** und der **Verfügbarkeit der Diensterbringung** selbst unterschieden werden. Während im ersteren Fall das System, über das konkrete Dienste ablaufen bzw. angeboten werden, verfügbar sein muss, zielt der letztere Fall auf die Verfügbarkeit des konkreten Dienstes ab. So kann zwar das Basissystem verfügbar sein, der letztlich angestrebte Dienst aufgrund diverser Faktoren jedoch nicht.[12]

Bezogen auf die obigen Beispiele für IoT bedeutet dies konkret:

---

[8] *Dreißigacker/v. Skarczinski/Wollinger,* Kriminologisches Forschungsinstitut Niedersachsen e.V., Forschungsbericht Nr. 152, Cyberangriffe gegen Unternehmen in Deutschland, 2020, S. 101.

[9] Nicht zuletzt der weltweite Ausbruch von COVID-19 im Jahr 2020 zeigt, dass diese fortschreitende digitale Vernetzung nicht nur am Arbeitsplatz und auch nicht nur im Privaten stattfindet, sondern sich zudem zahlreiche Überschneidungen ergeben.

[10] BSI IT-Grundschutz-Kompendium Glossar.

[11] *Vogelgesang* jM 2018, 2 (4); *Czernik* Unterschied zw. IT-Sicherheit, Datensicherheit, Datenschutz & Informationssicherheit.

[12] *Federrath/Pfitzmann* DuD 2000, 704.

11 Im Fall der **Paketverfolgung** führt ein Ausfall des Basissystems dazu, dass keinerlei Informationen mehr abgerufen, weitergeleitet oder eingegeben werden können. Erreicht das Paket die nächste Zwischenstation und möchte seinen neuen Standort übermitteln, gelingt dies nicht. Auch ein Weitertransport ist uU nicht möglich, wenn die nächsten Schritte (zB in welches Verteilungszentrum/Zustellfahrzeug soll das Paket geladen werden) nicht abrufbar sind. Bei der Nichtverfügbarkeit nur einzelner Dienste läuft das Basissystem, jedoch werden dem Paket zB falsche Informationen zugeteilt. So wird der Standort des Paketes zwar korrekt ermittelt, kann diesem jedoch nicht zugeordnet werden. Soll der Standort daher vom Empfänger abgerufen werden, ist dieses konkrete Datum nicht verfügbar.

12 Für das **Smart Home** zeigt sich ein ähnliches Bild. Die Verfügbarkeit des Basissystems bedeutet in diesem Zusammenhang, dass das zwischen den einzelnen Smart Home-Devices bestehende System grundsätzlich zur Verfügung steht, Daten der einzelnen Devices also hochgeladen und abgerufen werden können. Die konkreten Dienste sind wiederrum verfügbar, wenn die jeweiligen Daten auch jeweils korrekt zugeordnet und verknüpft werden, sodass der Dienst des Smart Homes (bspw. Schließung der Rollläden bei einem gewissen Lichteinfall vor sieben Uhr und nach 22 Uhr) aufgrund der eingespeisten Informationen (Lichteinfall ja oder nein, ermittelt durch diverse Sensoren; aktuelle Uhrzeit) vollständig funktioniert (Rollläden werden geschlossen oder eben nicht).

13 Beim Konzept **Smart City** gilt dies deckungsgleich: Zum einen muss das Basissystem selbst arbeiten und zugänglich sein, bspw. die zugehörige, mit dem System korrekt verbundene Website, abrufbar sein, zum anderen müssen die verschiedenen angebotenen Leistungen funktionieren. So müssen etwa bei einer über das System abgehaltenen Wahl (Smart Governance) die entsprechenden Informationen korrekt wiedergeben werden, sodass der Bürger auch korrekt abstimmen und das Ergebnis exakt ermittelt werden kann. Verfügbarkeit kann daher nach *Federrath/Pfitzmann* als duales Gegenstück zur Vertraulichkeit gesehen werden.[13] Denn verschlüsselte Inhalte sind für einen Angreifer eben nicht verfügbar.

b) Vertraulichkeit von Daten und IT-Systemen

14 Nach der Definition des BSI ist *„Vertraulichkeit […] der Schutz vor unbefugter Preisgabe von Informationen"*[14] und demnach gewährleistet, wenn nur dazu berechtigte Personen Kenntnis von schutzwürdigen Daten erlangen.[15] Wie gezeigt ist die **Vertraulichkeit** dabei als **duales Gegenstück** zur **Verfügbarkeit** zu verstehen.[16] Dabei umfasst diese nicht nur die inhaltlichen Informationen selbst, sondern auch den Schutz des Sendens, Empfangens und der Kommunikation an sich.[17] Insoweit ist zwischen dem Schutz des Informationsverhaltens[18] und der Informationsinhalte[19] selbst zu unterscheiden. Im Rahmen von IoT-Systemen kann zudem angedacht werden, das Merkmal der Vertraulichkeit nicht nur auf Personen, sondern auch auf IoT-Komponenten selbst auszudehnen, sodass der Vertraulichkeit nur dann Genüge getan ist, wenn auch nur die berechtigten „Things" Zugriff auf die jeweiligen Informationen haben, um so letztlich Sicherheitsrisiken zu minimieren (hierzu unter → Rn. 46 ff.).

15 Die Vertraulichkeit im Bereich von IoT ist dabei durch technische und organisatorische Maßnahmen zu gewährleisten **(„Data Protection by Design").**[20] In diesem Zusammenhang zeigt sich eine weitere Besonderheit der digitalen Kommunikation im Bereich des

[13] *Federrath/Pfitzmann* DuD 2000, 704.
[14] BSI IT-Grundschutz-Kompendium Glossar.
[15] *Vogelgesang* jM 2018, 2 (3).
[16] *Federrath/Pfitzmann* DuD 2000, 704.
[17] *Federrath/Pfitzmann* DuD 2000, 704.
[18] *Grochla/Weber/Albers/Werhahn* Angewandte Informatik 1983, 189.
[19] *Grochla/Weber/Albers/Werhahn* Angewandte Informatik 1983, 189 (192).
[20] *Müller-Peters/Wagner* Die Big-Data-Debatte S. 31.

IoT. Denn die getroffenen technischen Maßnahmen müssen stets evaluiert und überprüft werden. Die heute weltbeste Verschlüsselung könnte morgen schon obsolet und veraltet sein. Nicht zuletzt bieten deshalb die größten IT-Unternehmen Millionenhonorare für das Hacken ihrer eigenen Software.[21]

Für die obigen Beispiele bedeutet Vertraulichkeit somit, dass die entsprechenden Daten der **Paketverfolgung** nur dem berechtigten Nutzer zugehen. Die Informationen des **Smart Homes** sind ebenfalls nur dem jeweils berechtigten Personenkreis zugänglich. Dies kann je nach konkreter Ausgestaltung durchaus zu unterschiedlichen Handhabungen führen. Sind die Person des Eigentümers und Bewohners eines Smart Homes identisch, wäre diese bezüglich aller dort enthaltenen Informationen berechtigt. Anders sieht dies hingegen aus, wenn diese Eigenschaften auseinanderfallen, oder bei mehreren Mitbewohnern in Form einer Wohngemeinschaft. Die aus dem jeweiligen eigenen Zimmer stammenden Informationen könnten hierbei zB nur dem jeweiligen Mitbewohner als Berechtigtem zustehen. Andere Informationen, wie der Umstand, ob die Haus- bzw. Wohnungstür verschlossen ist, stehen wiederum allen Mitbewohnern als Berechtigten zu. Im Bereich der komplexen **Smart City**-Konzepte zeigen sich besondere Herausforderungen. So werden hier auch besonders sensible Daten erhoben (bspw. im Rahmen des E- bzw. Smart Government). Gleichzeitig stellt sich die Frage, wer genau in diesem Zusammenhang als berechtigte Person anzusehen ist, sodass es fein ausdifferenzierter organisatorischer Strukturen und deren technischer Umsetzung bedarf. 16

c) Integrität von Daten und IT-Systemen

Unter **Integrität** ist einerseits die Richtigkeit, Vollständigkeit und Unversehrtheit der im System befindlichen Daten zu verstehen, gleichzeitig umfasst Integrität ebenfalls die korrekte Funktionsweise des jeweiligen IT-Systems. Weder das System selbst noch die darin enthaltenen Informationen dürfen daher kompromittiert werden.[22] 17

Für die obigen Beispiele bedeutet dies, dass der jeweilige Standort des **Pakets** korrekt im System wiedergegeben werden muss, die Sensoren des **Smart Homes** alle Werte vollständig und der Realität entsprechend abbilden (Temperatur, Lichteinfall, Luftfeuchte, Fenster geschlossen oder offen, etc) und diese auch im Netzwerk genauso abgerufen werden können. Im Bereich der **Smart Citys** führt die Komplexität auch für die Integrität zu besonderen Herausforderungen. Einerseits werden hierbei aufgrund der Größe des Systems eine Vielzahl von unterschiedlichsten Daten an verschiedenen Stellen erhoben, welche nicht zwangsläufig alle miteinander vernetzt sind. Anderseits bietet eine Smart City aufgrund ihrer Größe und der Menge an eingesetzten Things, also Dingen, die Teil der vernetzten Struktur sind, zudem eine enorme Angriffsfläche. 18

d) IT-Sicherheit und Rechtssicherheit (Authentizität und Rechtskonformität)

Wie gezeigt bedingt IT-Sicherheit auch Rechtssicherheit, wobei dies zunächst durch die Gewährleistung von Authentizität gelingt. Authentizität, auch Echtheit, meint, dass der im System agierende Nutzer oder die eingebundene Komponente echt ist, also der bezeichneten Entität[23] entspricht, und Daten wie Informationen den jeweils ausgewiesenen originären Ursprung haben.[24] Gleichzeitig muss das jeweilige System auch rechtskonform, dh im Einklang mit den geltenden rechtlichen Normen stehen. Werden diese Voraussetzungen erfüllt, so kann **Rechtssicherheit** auf die nicht wenigen (rechtlichen) Fragen im Zu- 19

---

[21] Bspw. Apple, Focus Online 9. 8. 2019, www.focus.de/digital/computer/apple/unternehmen-apple-bietet-bis-zu-eine-million-dollar-fuer-sicherheitsluecken_id_11012888.html (23. 2. 2021).

[22] BSI IT Grundschutz Kompendium Glossar; *Holznagel/Schumacher* MMR 2009, 3.

[23] Im informationstechnischen Sinne, Informationsobjekt; eindeutig identifizierbare Größe (zB Person oder Objekt), über die Informationen gespeichert werden, www.duden.de/rechtschreibung/Entitaet (17. 5. 2020).

[24] *Bedner/Ackermann* DuD 2010, 323 (325).

sammenhang mit vernetzten Technologien erreicht werden – vielleicht sogar in einem größeren Umfang, als dies ohne die entsprechende Vernetzung der Fall wäre.

20 Die Notwendigkeit von Rechtssicherheit wird dabei gerade an dem komplexesten Beispiel der **Smart City** deutlich: Werden hier Elemente des Smart Governance eingesetzt und hiermit den Bürgern eine erweiterte Beteiligung bei politischen Entscheidungsprozessen ermöglicht, so müssen die elementaren Wahlrechtsgrundätze beachtet werden. Zeigt sich hier ein Datenleck, das etwa das konkrete Abstimmungsergebnis mit dem entsprechenden User verknüpft, ist dies nicht nur rechtswidrig, sondern führt zwangsläufig zu einem massiven Vertrauensverlust hinsichtlich des Systems. Genau dieses Vertrauen auch in die Rechtssicherheit des Systems muss durch Transparenz und Überprüfbarkeit gewährleistet werden.

II. Gefährdungspotenzial von und durch IoT-Systeme(n)

21 Die Vernetzung von Dingen im IoT führt neben allgegenwärtigen Vorteilen und Potenzialen zwangsläufig gleichzeitig zu Gefährdungen. Dabei lässt sich grundsätzlich zwischen der Gefährdung der IoT-Systeme selbst (**von** IoT-Systemen) und weitergehenden Risiken (**durch** IoT-Systeme) unterscheiden. In letzterem Fall ist die IoT-Komponente daher nicht Hauptziel des Angriffs, sondern nur Mittel für den eigentlichen Angriff,[25] sodass jeder Gefahr durch IoT-Systeme eine Gefährdung von IoT-Systemen vorausgeht.

1. Gefährdungen von IoT-Systemen

22 Die unterschiedlichen **Gefährdungsszenarien** und -vektoren lassen sich anhand der obigen Kategorisierung den jeweiligen IT-Sicherheitsgrundpfeilern zuordnen.

a) Bedrohungsszenarien in Bezug auf IT-Produkte und IT-Prozesse

23 In Bezug auf die **Verfügbarkeit** ergeben sich Bedrohungsszenarien aufgrund von Störungen des Basissystems oder der einzelnen IoT-Komponenten. Diese können dabei sowohl von außen kommen (bspw. DDoS-Angriff), als auch innerhalb des Systems auftreten (bspw. technische Störungen aufgrund der Verschmutzung von Sensoren), sowie global oder lokal, zB in Form von Strom- oder Netzwerkstörungen auftreten.

24 Gefahren für die **Vertraulichkeit** ergeben sich vor allem durch Schwachstellen aufgrund menschlichen Verhaltens. Bequemlichkeit und Unüberlegtheit sind hier zwei gewichtige Faktoren. Gleichzeitig führen Schwachstellen in der Vertraulichkeit zu einer Vielzahl weiterer Gefährdungen für bedeutende Rechtsgüter (dazu ausführlich unter → Rn. 46 ff.). Dies ermöglicht insbesondere das Ausspähen von Daten sowie in einem weiteren Schritt die Manipulation von Daten und somit Schädigung der Integrität des Systems.

25 Somit fußen Gefahren im Zusammenhang mit der **Integrität** darauf, dass entweder die im IoT enthaltenen Daten oder das System selbst kompromittiert wurden. Solchen Gefahrenlagen geht daher meist ein anderer Angriff auf das System voraus.

26 Die **Authentizität** wird vor allem dadurch beeinträchtig, dass durch vorhergehende Beeinflussung von Vertraulichkeit und/oder Integrität anderen Nutzern des IoT die unbeeinträchtigte Funktionsfähigkeit und Korrektheit der Daten selbst und ihrer Zuordnung vorgespielt wird. Eine Kompromittierung wird in diesem Zusammenhang durch den User nur schwer erkannt.[26]

[25] BSI Lagebericht IT-Sicherheit 2018 S. 21.
[26] BSI Lagebericht IT-Sicherheit 2018 S. 21.

b) Spezifische Angriffsvektoren für vernetzte Technologien

Als spezifische **Angriffsvektoren** im Bereich des IoT lassen sich daher identifizieren: 27

aa) Verfügbarkeit. (1) (Distributed) Denial of Service. Als eine der größten Angriffsstrategien zeigt sich die **DDoS (Distributed Denial of Service)-Attacke** auf entsprechende Host- bzw. Serverstrukturen auf IT-Systeme.[27] Durch eine gezielte Überlastung der Infrastruktur oder einzelner im Netzwerk befindlicher Komponenten versucht der Aggressor diese etwa durch Anfragen mehrerer Clients, oftmals unter Einsatz von Bot-Netzwerken, (oder auch mittels eines einzelnen Clients, dann DoS- (Denial of Service) Attacke) zu überlasten,[28] um somit die Zugriffsmöglichkeit auf diese bspw. durch erhöhten Datenverkehr zu blockieren. Eine Störung der Verfügbarkeit ist hierbei die Folge. Entsprechende Bot-Netzwerke werden durch das Korrumpieren fremder Nutzerkomponenten geschaffen, sodass die Anfragen nicht etwa von einer einzigen Stelle ausgehen, sondern durch die Dezentralisierung des Angreifers auch eine Zurückverfolgung erschweren oder gar unmöglich machen. 28

Bezogen auf die genannten Sachverhalte bedeutet dies: Denkbar wäre eine DDoS-Attacke auf die Server des **Paketdienstleisters** durch – mittels Rootkit verdeckter Malware – infizierte Smartphones und Rechner, die orchestriert Abfragen bei diesem zum Verbleib des Paketes starten. Hierbei ist es unerheblich, ob es sich um Abfragen zu tatsächlich im Versand befindlichen Paketen handelt oder fiktive Verfolgungscodes – nach dem Schema des Dienstleisters – verwendet werden; in beiden Fällen startet der Dienst die Abfrage und gibt diese an das System weiter – der Server wird folglich belastet. Schließlich folgt auf die Belastung, bei entsprechend erfolgreicher DDoS-Attacke, die Überlastung. Durch Verbindung der Einzelkomponenten, etwa des Abfragesystems selbst und der Verfolgung der Pakete auf einem Server, hätte dies zur Folge, dass nicht nur die Abfrage, sondern auch die Verfolgung selbst nicht mehr verfügbar ist. Betrachtet man nun die in diesem System eingebundenen Geräte der Zusteller, die diese zur Dokumentation der Zustellung nutzen oder die diesen die nächste Zustellung vorgeben ist festzustellen, dass auch diese von dem Systemausfall betroffen wären (bei einem rein serverseitig gesteuerten System). 29

Eine Attacke auf ein **Smart Home**-System hätte entsprechend gleiche Konsequenzen zur Folge. So wäre die Schaltung von Lichtern nicht mehr möglich; auch eine Steuerung einer etwaig eingebundenen Heizung wäre unmöglich. Solche (bei kurzzeitiger Störung) verschmerzbaren Einschränkungen stehen jedoch auch gravierendere Folgen gegenüber. Ein Ausfall der in das Smart Home eingebundenen Sicherheitssysteme könnte zur Folge haben, dass ohne Grund ein Notservice verständigt, oder gerade bei Notwendigkeit nicht verständigt wird. 30

Übertragen auf komplexere Systeme, wie etwa das der **Smart Citys,** könnte ein DDoS-Angriff zur Folge haben, dass das öffentliche Leben lahmgelegt würde. Im Fall von Abstimmungen im Rahmen des Smart Governance könnten sich zudem Beeinflussungen bis hin zur Blockade der politischen Arbeit ergeben. Hierbei könnte ein Aggressor bspw. Server von einzelnen Wahlbereichen überlasten, um dort die Abstimmung unmöglich zu machen. Bei unerkanntem Vorgehen könnte somit die Wahl beeinflusst werden. 31

(2) Schadsoftware. Eine weitere Methode, die zuletzt 2017 eine hohe Medienpräsenz erhielt, ist das Blockieren im Verbund befindlicher Rechner durch **Ransomware,** hier namentlich durch WannaCry. Durch die Verschlüsselung der auf dem jeweiligen Rechner befindlichen Daten wurde die Verfügbarkeit komplett unterbunden. Weltweit waren nicht nur Privathaushalte, sondern auch große Unternehmen wie etwa die Deutsche Bahn hier- 32

---

[27] de.statista.com/statistik/daten/studie/760303/umfrage/angriffsformen-von-cyberkriminalitaet-gegen-deutsche-unternehmen/ (23.2.2021).

[28] *Vistola* PC Welt 4.1.2019.

von betroffen.[29] Die mittels Ransomware durchgeführten Attacken zeichnen sich vor allem durch eine Lösegeldforderung aus (dies ist aber auch bei DDoS-Angriffen möglich). Teils geschieht das auch unter dem Vorwand eines Fehlverhaltens seitens des Betroffenen. So wurde bei der Ransomware PRISM[30] dem Betroffenen dargelegt, dass sich auf dem Rechner unerlaubtes Material (hier Kinderpornografie) befinden würde und dieser erst durch eine Strafzahlung wieder freigegeben werden würde. So scheuten Betroffene teilweise – aus Angst sich selbst strafbar verhalten zu haben – den Gang zur Polizei. Erst nach Zahlung eines Geldbetrages sollen die verschlüsselten Daten wieder entschlüsselt und die Verfügbarkeit somit hergestellt werden. Das hierbei geforderte Lösegeld ist zudem immer mittels nicht oder nur schwer zurückverfolgbarer Zahlungsmethoden, wie etwa via Bitcoin (WannaCry) oder MoneyPak (PRISM) zu begleichen. Die Folgen stellen sich hier spiegelbildlich zu den genannten der DDoS-Attacken dar.

33 **(3) Systemausfall anderer Art.** IT-Sicherheit bedeutet jedoch nicht nur das System vor externen Eingriffen mit Schädigungsabsicht zu sichern, sondern auch vor allgemeinen Fehlern. So kann eine Störung der Verfügbarkeit auch auf alltäglichen Situationen, wie einem Stromausfall oder einem menschlichen Fehlverhalten beruhen. Ebenso können wartungsabhängige Funktionsstörungen auftreten; so könnte ein nicht geupdatetes System aufgrund fehlender Kompatibilität mit neu eingebundenen **Smart Home**-Geräten abstürzen, die App des **Paketverfolgungsdienstes** nicht mit der neusten OS-Version des Smartphones kommunizieren können oder das im Rahmen der **Smart City** angebotene Webportal nicht mit dem vom Nutzer präferierten Browser abrufbar sein. Auch einfache Reinigungsarbeiten können zu einem Ausfall des Basissystems führen. Eine über längere Zeit Staub ausgesetzte Kühlung für ein Serversystem, auf dem das Basissystem läuft, könnte durch mangelnden Luftstrom überhitzen und somit ausfallen, sodass das Basissystem selbst nicht mehr zur Verfügung stünde.

34 **bb) Vertraulichkeit. (1) DDoS.** Während DDoS-Angriffe wie gezeigt vorwiegend auf die Verfügbarkeit abzielen, beeinträchtigen sie sogleich die Vertraulichkeit. Durch Trojaner oÄ infizierte und korrumpierte Komponenten des Netzwerkes können bspw. mittels Rootkit von anderen Rechnern und Nutzern nicht als geschädigt oder schadhaft wahrgenommen werden (Problem der Authentizität), sodass weiterhin der Zugang zu Informationen gewährt wird und diese auch von nicht berechtigten Personen abgerufen werden könnten.

35 **(2) Schadsoftware.** Ebenso wie beim DDoS-Angriff können auch die durch Schadsoftware erlangten Daten weiter eingesetzt werden und so ebenfalls die Vertraulichkeit beeinträchtigen. Gleichzeitig kann ein durch Schadsoftware erfolgter Angriff auf die Vertraulichkeit auch durch Eingabe von Informationen (Problem der Integrität) zu einem Verlust der Verfügbarkeit, zB dem Abschalten einer Anlage,[31] führen.

36 **(3) Sicherheitslücke.** Weiterhin stellt sich als großes Problem das Vorliegen von basissystem- oder komponentenseitigen **Sicherheitslücken** dar, welche einen klassischen Hackerangriff ermöglichen. So können etwa die Übertragungswege aufgrund fehlender Ende-zu-Ende-Verschlüsselung oder Sicherung der Datenverbindung angreifbar sein. Zudem kann eine Störung der Vertraulichkeit auch auf menschliches Versagen zurückzuführen sein, zB durch die Verwendung eines nur unzureichenden Passwortes[32] oder aufgrund

[29] Der Spiegel 16.5.2017, www.spiegel.de/netzwelt/web/wannacry-450-bahn-computer-von-cyber-attacke-betroffen-a-1147921.html (23.2.2021).

[30] Name angelehnt an das von *Edward Snowden* aufgedeckte und von der NSA verwendete Programm zur Überwachung und Auswertung elektronischer Medien.

[31] *Kremp* Der Spiegel 16.11.2010.

[32] *Klein-Hennig/Schmidt* DuD 2017, 605 (606).

des Umstandes, dass das Bewusstsein für die Angreifbarkeit von IoT-Komponenten nicht ausgeprägt ist und somit ua Sicherheitsupdates nicht (rechtzeitig) installiert werden.[33]

(4) Social Engineering (Phishing, USB-Drop etc). Daten können jedoch auch durch gezielte Manipulation und Beeinflussung einer Person, unter der Ausnutzung der Komponente und Schwachstelle Mensch, erlangt werden, wenn dieser durch eine solche Strategie entsprechende Informationen herausgibt oder einen der zuvor genannten Angriffe erst ermöglicht, sog. **Social Engineering.** Der bekannteste Fall des Social Engineering ist dabei wohl Phishing. Hierbei wird eine Person mittels E-Mails oder einer Vorschaltwebseite dazu gebracht die eigenen Zugangsdaten preiszugeben. Die Möglichkeiten vernetzte Systeme mittels eines Social Engineering-Angriffs zu attackieren, sind jedoch nahezu unbegrenzt. So besteht zum einen die Möglichkeit durch das Vorspielen der eigenen Berechtigung gegenüber einem Menschen, der dies aufgrund sozialer Umgangsformen, Biases uä nicht vergleichbar mit einer technischen Barriere überprüft, Zugang zu einem IoT-System zu erhalten. Zum anderen kann das (vorhersehbare) menschliche Verhalten auch dazu genutzt werden Malware in das System einzuspeisen, ohne selbst Zugang dazu erhalten zu müssen. Ein häufiges Beispiel dafür ist das zufällige Platzieren einer infizierten Hardware an einem frequentierten Ort (sog. USB-Drop). Ziel ist es hierbei, dass hilfsbereite Personen die vermeintlich verlorene Hardware mit dem gewünschten System verbinden, um so den vermeintlichen Eigentümer ausfindig zu machen, dabei tatsächlich jedoch unbeabsichtigt Malware installieren. 37

(5) Datendiebstahl durch Innentäter. Zudem ist es möglich, dass eine **berechtigte Person** Daten und Informationen aus einem privaten Netzwerk oder auch am Arbeitsplatz entwendet und somit in den nichtberechtigten Bereich führt bzw. einem nicht berechtigten Personenkreis zugänglich macht. 38

cc) Integrität. Eine Beeinträchtigung der **Integrität** ist in den meisten Fällen auf eine Verletzung des Grundsatzes der Vertraulichkeit zurückzuführen. Ein Nichtberechtigter erlangt somit Zugriff auf ihm nicht zustehende Informationen und führt weitere Manipulationen durch, welche somit die Integrität des IoT-Systems beeinflussen. Ferner gibt es die Fälle, in denen eine eigentlich berechtigte Person unkorrekte Daten an das System übermittelt. Hierbei ist zu überlegen, ob die berechtigte Person durch diese Handlung, zu der sie nicht berechtigt ist, bereits zum unberechtigten Akteur wird. 39

dd) Authentizität. Hauptangriffspunkt im Rahmen der Authentizität sind die **Nutzer** selbst. Erlangt ein Angreifer, etwa durch Social Engineering oder Phishing, die Zugangsdaten von einem Nutzer, kann er dem System oder einem anderen Nutzer diese Identität vorspielen und entsprechend agieren. 40

2. Gefährdungen durch IoT-Systeme

Die möglichen Gefahren enden jedoch nicht bei Störungen des IoT-Systems selbst. Vielmehr ergeben sich daraus weitergehende Gefahrenlagen für andere Rechtsgüter. Stellt die jeweils angegriffene IoT-Komponente zudem nicht das Hauptziel des **Angriffs** dar, so lässt sich ein Angriff häufig schwer erkennen, da dieser durchgeführt werden kann, ohne dass sich die Funktionsfähigkeit des IoT ändert. Anhaltspunkte für einen solchen Angriff können insbesondere ein erhöhter Strom- oder Datenverbrauch sein. Daher sollten diese Parameter überwacht werden. 41

[33] *Ritter* K&R 2019 Heft 7–8 Beil. 1, 26.

a) Verfügbarkeit

42 Kommt es zu **Beeinträchtigungen der Verfügbarkeit** hat dies zunächst nur zur Folge, dass ein Basissystem bzw. die konkrete Dienstleistung momentan nicht verfügbar sind. Dies mag auf den ersten Blick eher harmlos erscheinen. Ganz konkret auf die Beispiele bezogen können sich dennoch weitere, viel konkretere Gefahren ergeben:

43 Während dies bei **Paketdienstleistern** zunächst nur dazu führt, dass die eigene Sendung nicht verfolgt werden kann, ist mit einem Ausfall des Basissystems unter Umständen der gesamte Arbeitsprozess betroffen. Ein Zusteller kann seine Arbeit nicht erfüllen, wenn er die Zustellorte nicht kennt, dringend benötigte Waren können nicht gefunden oder umgeleitet werden.

44 In einem **Smart Home** mag der zeitweise Ausfall der Lichtsteuerung, besonders tagsüber, ebenfalls zunächst nicht sonderlich gravierend anmuten. Weiter besteht durch eine fehlende Verfügbarkeit auch die Möglichkeit, dass Personen das Smart Home nicht mehr betreten oder verlassen können, wenn auch das Türschloss darüber reguliert wird. Malt man dieses Szenario weiter aus, könnte eine Person als eigentliches Schädigungsobjekt Gefangener in der eigenen Wohnung ohne Strom, Licht und Kontakt zur Außenwelt werden.

45 Die Nichtverfügbarkeit wesentlicher Elemente der **Smart City** könnte letztlich bis zu einem Stillstand des öffentlichen Lebens reichen. Fällt bspw. der vernetzte öffentliche Personennahverkehr aus, wird der Bewegungsradius der Bürger deutlich eingeschränkt.

b) Vertraulichkeit

46 Die Korruption der Vertraulichkeit eines Systems führt ebenfalls zu weiteren Gefahrenlagen. Die wesentliche Gefährdung ergibt sich in diesem Zusammenhang dadurch, dass Unberechtigte Zugang zu einer Vielzahl von ihnen eigentlich nicht zugänglichen Informationen erhalten und sich daraus Gewohnheiten, das Verhalten oder der Aufenthaltsort einer Person ermitteln lassen oder mit einer hohen Wahrscheinlichkeit vorhersagen lässt, was wiederrum das Begehen von Straftaten ermöglicht oder vereinfacht. Zudem besteht die Möglichkeit, die eigene Identität durch die Nutzung einer anderen, durch das IoT ausspionierten zu ersetzen und somit zu verschleiern.

47 So besteht für die **Paketverfolgung** teilweise bereits jetzt die Möglichkeit, sich das Zustellfenster ohne weitergehende Authentifizierung anzeigen zu lassen, bzw. das Paket zu verfolgen. Der deutsche Paketdienstleister DHL lässt hierbei die Eingabe von Postleitzahl des Empfängers und Sendungsverfolgungsnummer ausreichen. Andere Dienstleister gehen hier einen anderen Weg. UPS etwa setzt auf ein Authentifizierungsverfahren per Postbrief. So sind allgemeine Informationen bereits durch bloße Eingabe der Sendungsverfolgungsnummer möglich, weitergehende Details, wie etwa der Empfängername sind erst nach erfolgter Freischaltung des UPS My Choice-Accounts möglich. Denkbar wäre somit, dass Unbefugte Pakete aufgrund zeitgenauer Verfolgung abfangen könnten. Ebenso können Bewegungsprofile von Lieferanten erstellt werden. Hierzu gibt es bereits diverse Ansätze, die dadurch ein möglichst kleines Zustellfenster ermitteln wollen. Der Dienst *parcello* verwendet für die Prognose die gesammelten Zustellzeiten der sich in der Nachbarschaft befindlichen parcello-Nutzer und wertet diese mittels KI aus.[34] Dadurch besteht eine synergetische Verknüpfung: je mehr dieser Dienst genutzt wird, desto genauer wird das System. Dieser Dienst zeigt zudem die minutengenaue Zustellzeit mit Pin in der digitalen Karte an. Entsprechend könnten sich dadurch auch Rückschlüsse auf Aufenthaltszeiten der jeweiligen Anwohner ziehen lassen.

48 Noch anschaulicher lässt sich dies am Beispiel des **Smart Homes** aufzeigen. Denn verfügt ein Dritter über die Informationen des Smart Homes, bspw. wann das Licht das erste Mal angeschaltet wird, zu welchen Tageszeiten der Stromverbrauch am niedrigsten ist und

[34] Vgl. www.parcello.org/ (23.2.2021).

wann die Haustür geöffnet und geschlossen wird, sinkt das Entdeckungsrisiko bei einem Einbruch deutlich. Ebenso erscheint es möglich, dass die gewonnenen Daten (welche Lebensmittel befinden sich im Kühlschrank, über welche Themen wurde gesprochen, welche Personen waren zu Besuch) dazu genutzt werden, um personalisierte Werbung zu platzieren oder das Verhalten der Nutzer unbemerkt zu steuern.

Die Folgen für **Smart City**-Konzepte sind ähnlich gravierend. Für das Beispiel der 49 Smart Governance bedeutet dies etwa, dass das Wahlverhalten einzelner Bürger offengelegt und diese in der Folge Angriffen ausgesetzt seien könnten, oder unberechtigte Personen die weitere Abstimmung durch die Verfügbarkeit von Zwischenergebnissen beeinflussen könnten.

Die **potentiellen Gefährdungen** wachsen dabei mit der Größe des Systems und der 50 Verfügbarkeit von Informationen durch die jeweils einzelnen verbundenen Elemente an.[35] So kann es technisch zwar einfacher umsetzbar sein, ein zusammenhängendes Netz für das Smart Home zu verwenden, dies hat jedoch zur Folge, dass bei Korruption eines Gerätes Informationen des gesamten Systems verfügbar gemacht werden.

c) Integrität

Beeinträchtigungen der Integrität erschüttern nicht nur das Vertrauen der User in das Sys- 51 tem an sich, sondern bergen ebenfalls weiteres Gefährdungspotential. Erlangt ein Hacker die Zugangsdaten eines Dritten für ein **Paketverfolgungssystem,** so kann er die Umleitung des Paketes in die Wege leiten und sich so den Zugriff auf die Waren ermöglichen.

Spiegelbildlich zeigt sich dies auch bei **Smart Homes.** Kapert ein Angreifer ein solches 52 System, kann er durch die Manipulation der jeweiligen Daten wie der Berechtigte Lichter schalten, die Heizung steuern, aber auch die Tür öffnen oder den Alarm deaktivieren. Neben der faktischen Erleichterung von Straftaten kommt es hier auch zu einer erheblichen Verunsicherung und Beeinträchtigung des Wohlbefindens der Bewohner des Smart Homes. Ebenso könnte aber auch der Bewohner eines Smart Homes durch Manipulation des Smart Meters eine andere Partei des Smart Home-Systems (bspw. den jeweiligen Stromanbieter) mit falschen Daten versorgen, um so selbst einen Vorteil zu erlangen.

Entsprechendes zeigt sich auch bei **Smart City**-Konzepten. Bei erfolgreichem Login 53 kann der Angreifer hier wie der eigentlich berechtigte User handeln, Abstimmungen vornehmen, Anträge stellen, eben die angebotenen Dienste nutzen.

Zudem kann der Angreifer in diesen Szenarien die hinterlegten Daten löschen oder den 54 Zugang des berechtigten Nutzers durch Änderung der Zugangsdaten unterbinden. Hier zeigt sich in der Gesamtschau besonders deutlich, dass eine **Störung der Integrität** ebenfalls gravierende Auswirkungen auf die Vertraulichkeit, Verfügbarkeit und Authentizität haben kann.

d) Authentizität

Weiterer Angriffspunkt sind die eingebundenen technischen Komponenten. So kann ein 55 durch **Hacking** korrumpierter Rechner, dessen Integrität durch ein Rootkit vorgespiegelt wird, weiterhin mit anderen Geräten und dem Nutzer kommunizieren, Authentizität vorspielen und dadurch bspw. einen DDoS-Angriff erst ermöglichen.

[35] So auch *Mantz/Spittka* in Sassenberg/Faber Industrie 4.0 und Internet-HdB § 6 Rn. 4.

III. IT-Sicherheitsregulierung

1. De lege lata

56 Ein orchestriertes oder gar umfassendes Rechtsregime im Bereich IT-Sicherheit des IoT existiert bisher nicht.[36] Jedoch finden sich eine Vielzahl von einzelnen, voneinander **unabhängigen Regulierungen** auf internationaler, europäischer und nationaler Ebene. Damit einher geht die Unsicherheit, welche Regelungen es im Einzelfall zu befolgen und welche (Mindest-)Anforderungen es einzuhalten gilt.

a) EU-Regulierung

57 Auf **EU-Ebene** finden sich punktuell durch direkt geltende Verordnungen (Art. 288 Abs. 2 AEUV) sowie umsetzungsbedürftige Richtlinien (Art. 288 Abs. 3 AEUV) normierte Mindeststandards. Während sich mit Art. 16 AEUV ein Anknüpfungspunkt für die Datenverarbeitung durch Organe der Union bzw. Mitgliedstaaten in diesem Zusammenhang ergibt, werden für Unternehmen im Bereich des IoT vor allem folgende Normen relevant:

58 **aa) EU-Datenschutz-Grundverordnung.** Mit der Datenschutz-Grundverordnung **(DS-GVO)**[37] hat die EU ein zentrales Regelungsregime im Bereich des Datenschutzes geschaffen.[38] Die darin enthaltenen Regelungen sind auch für IoT-Systeme relevant, da diese Anwendung finden, sobald und soweit es um die Verarbeitung personenbezogener Daten geht. Der Gedanke, dass es sich im IoT jedoch hauptsächlich um „Maschinendaten" und somit nicht personenbezogene Daten iSd DS-GVO handelt, geht indes zu kurz. Denn als personenbezogene Daten gelten all solche, welche sich auf eine identifizierte oder identifizierbare Person beziehen (Art. 4 Nr. 1 DS-GVO). Gerade die letztere Variante führt dazu, dass zahlreiche Daten, die durch IoT-Komponenten erhoben (und somit verarbeitet) werden, für den Verarbeiter eine Identifizierungsmöglichkeit darstellen und somit ebenfalls als personenbezogene Daten zu qualifizieren sind.[39] Dies gilt bspw. auch für das Datum einer dynamischen IP-Adresse.[40]

59 Besonders hervorzuheben ist für den Bereich des IoT Abschnitt 2 der DS-GVO, welcher sich der **Sicherheit** personenbezogener Daten widmet. Neben Benachrichtigungspflichten in Art. 33 und 34 DS-GVO, ist Art. 32 DS-GVO („Sicherheit der Verarbeitung") die zentrale Norm.

Art. 32 Sicherheit der Verarbeitung

(1) Unter Berücksichtigung des Stands der Technik, der Implementierungskosten und der Art, des Umfangs, der Umstände und der Zwecke der Verarbeitung sowie der unterschiedlichen Eintrittswahrscheinlichkeit und Schwere des Risikos für die Rechte und Freiheiten natürlicher Personen treffen der Verantwortliche und der Auftragsverarbeiter geeignete technische und organisatorische Maßnahmen, um ein dem Risiko angemessenes Schutzniveau zu gewährleisten; diese Maßnahmen schließen gegebenenfalls unter anderem Folgendes ein:

a) die Pseudonymisierung und Verschlüsselung personenbezogener Daten;

b) die Fähigkeit, die Vertraulichkeit, Integrität, Verfügbarkeit und Belastbarkeit der Systeme und Dienste im Zusammenhang mit der Verarbeitung auf Dauer sicherzustellen;

---

[36] ENISA, Baseline Security Recommendations for IoT, 2017, S. 53.

[37] Verordnung (EU) 2016/679 des Europäischen Parlaments und des Rates v. 27.4.2016 zum Schutz natürlicher Personen bei der Verarbeitung personenbezogener Daten, zum freien Datenverkehr und zur Aufhebung der Richtlinie 95/46/EG.

[38] Vgl. ausf. zum Datenschutz im Zusammenhang mit IoT→ § 6 II.

[39] Ausf. zu dem Kriterium der Identifizierbarkeit Gola/*Gola* DS-GVO Art. 4 Rn. 16ff.

[40] Vgl. EuGH Urt. v. 19.10.206 – C-582/14, NJW 2016, 3579 (diese Entscheidung erging noch zur Geltung der DS-RL (RL 95/46/EG), gilt jedoch ebenso für die Auslegung der personenbezogenen Daten nach der DS-GVO); BGH Urt. v. 16.5.2017 – VI ZR 135/13, ZD 2017, 424.

c) die Fähigkeit, die Verfügbarkeit der personenbezogenen Daten und den Zugang zu ihnen bei einem physischen oder technischen Zwischenfall rasch wiederherzustellen;
d) ein Verfahren zur regelmäßigen Überprüfung, Bewertung und Evaluierung der Wirksamkeit der technischen und organisatorischen Maßnahmen zur Gewährleistung der Sicherheit der Verarbeitung.

[…]

Art. 32 Abs. 1 DS-GVO nennt dabei enumerativ, aber nicht zwingend und abschließend verschiedenste Maßnahmen zur Gewährleistung der IT-Sicherheit. Art. 32 Abs. 1 lit. a DS-GVO benennt ua die Möglichkeit zur **Pseudonymisierung und Verschlüsselung** personenbezogener Daten. Verschlüsselung ist hierbei ein Verfahren, bei dem die tatsächlich bzw. technisch lesbare Information unter Zuhilfenahme eines Kryptosystems codiert wird, sodass die daraus entstandene Zeichenfolge nicht als Klartext- bzw. Information ohne Zuhilfenahme eines Schlüssels zur Encodierung gelesen werden kann.[41] Die Pseudonymisierung besagt hingegen, dass die personenbezogenen Daten dergestalt verarbeitet werden, dass sie ohne das Hinzuziehen weitergehender Information nicht dem originären Ursprung und damit auch nicht einer spezifischen Person zugeordnet werden können, Art. 4 Nr. 5 DS-GVO. 60

Weitergehend findet sich in Art. 32 Abs. 1 lit. b DS-GVO die Vorgabe zur **Sicherstellung** der genannten Kernelemente der IT-Sicherheit (Vertraulichkeit, Verfügbarkeit, Integrität). Art. 32 Abs. 1 lit. c, d DS-GVO verlangt Möglichkeiten, um die Vorgabe einer raschen Wiederherstellung bei einem Ausfall zu gewährleisten und ein Aufsichts- bzw. Evaluierungsverfahren vorzuhalten. Zudem finden sich in Art. 32 Abs. 2 DS-GVO Vorgaben zur Beurteilung des jeweils angemessenen Schutzniveaus. Dabei sind vor allem die Risiken mit einzubeziehen, die im Zusammenhang mit der Datenverarbeitung entstehen. 61

Art. 32 Abs. 3 DS-GVO stellt ferner klar, dass die Erfüllung von genehmigten Verhaltensregelungen (nach Art. 40 DS-GVO) oder **Zertifizierungsverfahren** (Art. 42 DS-GVO) als Faktor für die Einhaltung der IT-Sicherheit nach Abs. 1 herangezogen werden kann. Mithin sind nach den jeweiligen Vorschriften genehmigte Verfahren dazu geeignet, die jeweiligen Anforderungen an zu gewährleistende IT-Sicherheitsstandards zu konkretisieren. Künftig ist ferner davon auszugehen, dass die ePrivacy-VO weitergehende Regelungen für den Bereich der IT-Sicherheit beinhalten wird. 62

bb) Netz- und Informationssicherheits-Richtlinie. Die im August 2016 in Kraft getretene Netz- und Informationssicherheits-Richtlinie **(NIS-RL),**[42] führt zu mehr Cybersicherheit innerhalb der EU. Bis Mai 2018 hatten die Mitgliedstaaten Zeit die Richtlinie umzusetzen, Art. 25 NIS-RL. Der deutsche Gesetzgeber verkündete das Umsetzungsgesetz bereits im Juni 2017. Ausschlaggebend für die rasche Umsetzung war das bereits seit Juli 2015 bestehende nationale IT-Sicherheitsgesetz.[43] Die Richtlinie wurde hierbei vor allem durch Modifizierung des BSIG umgesetzt. 63

Durch die NIS-RL sollten auf nationaler Ebene Maßnahmen etabliert werden, die einen hohen Grad eines gemeinsamen **Sicherheitsniveaus** gewährleisten können.[44] Naturgemäß richtet sich die NIS-RL an die Mitgliedstaaten und nicht an Private oder Unternehmen direkt, vgl. Art. 288 Abs. 3 AEUV. Dabei ist die Richtlinie mindestharmonisierend, sodass es den jeweiligen Mitgliedstaaten freisteht, auch strengere, oder weiter Regelungen bei der Umsetzung in nationales Recht zu wählen, vgl. Art. 3 NIS-RL. 64

Zentrale Aspekte der NIS-RL sind die Errichtung nationaler Strategien, zentraler Anlaufstellen und Notfallteams (CSIRTs) für die Sicherheit von Netz- und Informationssyste- 65

[41] Simitis/*Ernestus* BDSG § 9 Rn. 166.
[42] Netz- und Informationssicherheit in der Union-Richtlinie, RL (EU) 2016/1148.
[43] www.bsi.bund.de/DE/DasBSI/Auftrag/Gesetze-und-Verordnungen/NIS-Richtlinie/nis_richtlinie_node.html (23.2.2021).
[44] *Brisch/Rexin* CR 2019, 606 (609).

men, Art. 7 ff. NIS-RL, deren Zusammenarbeit auf nationaler Ebene, Art. 10 NIS-RL, sowie die Zusammenarbeit auf Unions- und internationaler Ebene, Art. 11 ff. NIS-RL. Die Kap. IV und V der NIS-RL geben indes das Mindestmaß an zu normierenden Regulierungen vor. Insbesondere wird hier die Normierung von **Meldepflichten** von Betreibern wesentlicher Dienste, Art. 14 ff. NIS-RL, und digitaler Dienste, Art. 16 ff. NIS-RL, verlangt. In diesem Zusammenhang kommt IoT eine besondere Bedeutung zu, da sich durch das schnell wachsende Internet of Things ein entsprechend großes und vernetztes System ergibt, welches ein differenziertes Cybersecurity-Konzept erforderlich macht.[45]

66 **cc) Cybersecurity-Act.** Gegenstand der **Cybersecurity-Verordnung** (Cybersecurity-Act/CS-A),[46] die im März 2019 vom EU-Parlament verabschiedet wurde, sind die Errichtung eines dualen europäischen Systems zur Zertifizierung der Cybersicherheit und die Umstrukturierung der ENISA (Agentur der Europäischen Union für Cybersicherheit).[47] Die dortigen Regelungen gelten gem. Art. 288 Abs. 2 AEUV unmittelbar und sollen vor Cyberbedrohungen schützen. Dies bezeichnet „einen möglichen Umstand, ein mögliches Ereignis oder eine mögliche Handlung, der/das/die Netz- und Informationssysteme, die Nutzer dieser Systeme und andere Personen schädigen, stören oder anderweitig beeinträchtigen könnte“, Art. 2 Nr. 8 CS-A.

67 Der europäische Normgeber orientiert sich hier an den bereits **bekannten Konzepten** Security by Default, Security by Design und Privacy by Design, vgl. Erwgr. 12, 13, 41 CS-A. Konzeptionsintegrierte Sicherheit und Privatsphärenschutz sowie die sicherste Möglichkeit der Standard- bzw. Voreinstellung werden somit ausdrücklich Teil des IT-Sicherheitsregimes.[48] Regelungsgegenstand sind Netz- und Informationssysteme iSv Art. 4 Nr. 1 NIS-RL:

„[…]

1. „Netz- und Informationssystem“
   a) ein elektronisches Kommunikationsnetz im Sinne des Artikels 2 Buchstabe a der Richtlinie 2002/21/EG,
   b) eine Vorrichtung oder eine Gruppe miteinander **verbundener oder zusammenhängender Vorrichtungen,** die einzeln oder zu mehreren auf der Grundlage eines Programms die automatische **Verarbeitung digitaler Daten durchführen,** oder
   c) **digitale Daten,** die von den — in den Buchstaben a und b genannten — Elementen zum Zwecke ihres Betriebs, ihrer Nutzung, ihres Schutzes und ihrer Pflege gespeichert, verarbeitet, abgerufen oder übertragen werden;

[…]“

68 Auch Elemente bzw. Komponenten des IoT fallen somit in den Anwendungsbereich der Verordnung. Für die europäischen Schemata für die Cybersicherheitszertifizierung, welche eine staatenübergreifende Zertifizierung von Cybersicherheit gewährleisten sollen, hält die ENISA auf ihrer Website eine Übersicht und weiterführende Informationen bereit: www.enisa.europa.eu/topics/standards/certification.

b) Nationale Regulierung

69 Zentrale Regelungen zur IT-Sicherheit finden sich auf **nationaler Ebene** vor allem in folgenden Gesetzen wieder:

---

[45] COM(2017) 477 final, 3, Erwgr. 2.

[46] Verordnung (EU) 2019/881 des Europäischen Parlaments und des Rates v. 17.4.2019 über die ENISA (Agentur der Europäischen Union für Cybersicherheit) und über die Zertifizierung der Cybersicherheit von Informations- und Kommunikationstechnik und zur Aufhebung der Verordnung (EU) Nr. 526/2013 (Rechtsakt zur Cybersicherheit).

[47] *Kipker/Scholz* MMR-Aktuell 2019, 414986.

[48] Vgl. *Kipker/Scholz* MMR-Aktuell 2019, 414986.

aa) IT-Sicherheitsgesetz. Das IT-Sicherheitsgesetz hat als **Artikelgesetz** verschiedene IT-Sicherheitsvorgaben in diverse, bereits bestehende Gesetze eingefügt. Hierbei ging es vor allem um die Kodifizierung der Regelungen für Anbieter digitaler Dienste. Die Umsetzung hat dabei hauptsächlich durch die Anpassung des bereits bestehenden BSIG sowie der Modifizierung des TKG und des TMG stattgefunden. Adressaten der durch das IT-Sicherheitsgesetz normierten Änderungen sind neben Betreibern kritischer Infrastrukturen Betreiber von Webangeboten, Telekommunikationsunternehmen sowie das BSI. Somit ist dieses Gesetz auch im Bereich IoT von Relevanz. 70

Insbesondere nimmt das IT-Sicherheitsgesetz folgende Änderungen und Erweiterungen des BSIG vor: **Betreiber kritischer Infrastrukturen** werden verpflichtet, deren informationstechnische Strukturen nach dem Stand der Technik angemessen abzusichern und regelmäßig zu überprüfen, § 8a Abs. 1, 3 BSIG. Zulässig ist eine überschießende oder branchenspezifische Ausgestaltung im Rahmen des § 8a Abs. 2 BSIG. Spezialregelungen gehen hierbei jedoch vor. Erhebliche Störungen sind unterdessen an das BSI oder eine übergeordnete Ansprechstelle zu melden, § 8b Abs. 4, 5 BSIG. 71

Das **BSI** erhält erweiterte Befugnisse zur Untersuchung der Sicherheit und im Bereich der Sicherheit der Verwaltung auf Bundesebene, vgl. §§ 1, 3 ff. BSIG, mitunter auch die Pflicht zur Entwicklung von Mindeststandards, § 8 Abs. 1 BSIG. Insbesondere trifft das BSI die Pflicht zur Sammlung und Bewertung der für die Abwehr von Gefahren hinsichtlich kritischer Infrastrukturen relevanten Informationen und muss diese bei Notwendigkeit an die Betreiber senden, § 3 Abs. 1 Nr. 2 BSIG. Weiter ist in einem jährlichen Lagebericht über aktuelle Gefahren im Bereich der IT-Sicherheit zu informieren, §§ 13 Abs. 2, 7 Abs. 1 S. 3, 4 BSIG. 72

bb) Telemediengesetz. Das **TMG** wurde ebenfalls durch das IT-Sicherheitsgesetz modifiziert. Hauptpunkt war hierbei die Neueinfügung von § 13 Abs. 7 TMG, welcher den Pflichtenkreis von Diensteanbietern erweitert. 73

„(7) [1]Diensteanbieter haben, soweit dies technisch möglich und wirtschaftlich zumutbar ist, im Rahmen ihrer jeweiligen Verantwortlichkeit für geschäftsmäßig angebotene Telemedien durch technische und organisatorische Vorkehrungen sicherzustellen, dass

1. kein unerlaubter Zugriff auf die für ihre Telemedienangebote genutzten technischen Einrichtungen möglich ist und
2. diese
   a) gegen Verletzungen des Schutzes personenbezogener Daten und
   b) gegen Störungen, auch soweit sie durch äußere Angriffe bedingt sind,

gesichert sind.

[2]Vorkehrungen nach Satz 1 müssen den Stand der Technik berücksichtigen. [3]Eine Maßnahme nach Satz 1 ist insbesondere die Anwendung eines als sicher anerkannten Verschlüsselungsverfahrens.“

Diensteanbieter iSd TMG ist dabei gem. § 2 S. 1 Nr. 1 TMG „jede natürliche oder juristische Person, die eigene oder fremde Telemedien zur Nutzung bereithält oder den Zugang zur Nutzung vermittelt; bei audiovisuellen Mediendiensten auf Abruf ist Diensteanbieter jede natürliche oder juristische Person, die die Auswahl und Gestaltung der angebotenen Inhalte wirksam kontrolliert“. 74

cc) TKG. Zudem können die IT-sicherheitsrechtlichen Regelungen des **TKG** relevant werden. Dies ist dann der Fall, wenn IoT(-Komponenten) in den Anwendungsbereich dieses Gesetzes fallen würden. Entscheidend ist daher hier vor allem die Frage, ob die Kommunikation zwischen den IoT-Komponenten (M2M-Kommunikation) als Telekommunikation iSv § 3 Nr. 22 TKG zu qualifizieren ist. Da der Wortlaut der Norm keine zusätzliche „menschliche Komponente“ verlangt, sondern vielmehr lediglich den techni- 75 schen Vorgang mittels Telekommunikationsanlagen (§ 3 Nr. 23 TKG) genügen lässt, fallen auch die durch M2M-Kommunikation übertragenen Signale in den Anwendungsbereich des TKG. Denn bereits 1977 erkannte das BVerfG, dass Telekommunikation (damals Nachrichtenübertragung via Fernmeldeanlagen) auch die digitale Übertragung von Maschine zu Maschine erfasst.[49]

76 Daran anknüpfend ergibt sich die Frage, ob M2M-Dienste bzw. IoT-Systeme als **Telekommunikationsdienste** iSd TKG zu verstehen sind,[50] welche sich aufgrund der Vielzahl und unterschiedlichen Gestaltungen von IoT-Systemen nur im Einzelfall beurteilen lässt.[51] Denn für Diensteanbieter ergeben sich hieraus ua Verpflichtungen bei IT-Angriffen auf Kundenanschlüsse oder erheblichen IT-Sicherheitsvorkommnissen, vgl. §§ 109 Abs. 5, 109a Abs. 4 TKG. Ebenso sind IT-Sicherheitsmaßnahmen vorzunehmen; einerseits zum Schutz personenbezogener Daten, andererseits zum Schutz vor unerlaubten Eingriffen, § 109 Abs. 1 TKG.

77 **dd) Strafgesetzbuch.** Das StGB schafft mit Verbotsnormen Regulierungen zur Ahndung von Cyberangriffen, vgl. §§ 202a ff., 303a f. StGB. Namentlich **strafbewehrt** sind damit das Ausspähen und Abfangen von Daten, die Vorbereitung hierzu, die Datenhehlerei, sowie Vornahmen von Datenveränderung und Computersabotage. Die Normen sind dabei in Ausformung der europäischen Convention on Cybercrime eingefügt worden.[52]

c) Vorgaben im Bereich der IT-Sicherheit durch Richterrecht

78 Den Herausforderungen im Bereich des IT-Sicherheit wird gerade im Zivilrecht durch richterliche Rechtsfortbildung begegnet. Das **Richterrecht** als Quelle des Rechts ist indes nicht unproblematisch. Denn einerseits binden (auch höhergerichtliche) Entscheidungen andere Gerichte nicht (wichtige Ausnahme: Entscheidungen des BVerfG, § 31 Abs. 1 BVerfGG). Anderseits ziehen sich gerichtliche Entscheidungen bis zu ihrer Rechtskraft unter Umständen über mehrere Instanzen und damit mehrere Jahre; noch länger dauert es, bis sich überregional eine entsprechende Entscheidungspraxis etabliert hat, sodass legitimerweise von entwickelten und geltenden abstrakten Rechtssätzen gesprochen werden kann. Eine schnellere Anpassung des geltenden Rechts durch die gerichtliche Praxis ist daher eine Illusion. *Wilmer* wirft zudem in diesem Zusammenhang die Frage auf, ob die technische Kompetenz der allgemeinen Richterschaft hoch genug ist, um die technische Komplexität korrekt beurteilen zu können.[53]

79 Dennoch sind durch die Rechtsprechung entwickelte Grundsätze auch für das IT-Sicherheitsrecht relevant. So lassen sich die Grundsätze zu der Erwartungshaltung an Produkte bzw. die Produktsicherheit durchaus auf IT-Produkte übertragen: Dabei findet die Beurteilung, ob ein Fehler iSv § 3 Abs. 1 ProdHaftG vorliegt, nach denselben Maßstäben wie bei den Verkehrssicherungspflichten von Herstellern im Rahmen der deliktischen Haftung nach § 823 Abs. 1 BGB statt. Die maßgeblichen **Sicherheitserwartungen** richten sich demnach nicht nach den subjektiven Vorstellungen der jeweiligen Benutzer, sondern vielmehr nach der herrschenden Verkehrsauffassung für den jeweiligen Bereich.[54] Ebenso kann die bisherige Rechtsprechung des BGH bezüglich Sicherheitsanforderungen übertragen werden. Demnach wird von einem Hersteller nicht erwartet, dass dieser absolute Sicherheit zu gewährleisten und jeder erdenklichen, abstrakten Gefahr im Vorhinein zu begegnen hat.[55] Stattdessen hat er diejenigen Maßnahmen zu treffen, die nach den Ge-

[49] BVerfG Beschl. v. 12.10.1977 – 1 BvR 216, 217/75, NJW 1978, 313 (314).
[50] Hierzu ausf. *Grünwald/Nüßing* MMR 2015, 378 (379 f.).
[51] *Sassenberg/Kiparski* in Sassenberg/Faber Industrie 4.0 und Internet-HdB § 5 Rn. 2.
[52] *Popp* JuS 2011, 385 (387 f.).
[53] *Wilmer* in Bräutigam/Klindt Digitalisierte Wirtschaft/Industrie 4.0 S. 117.
[54] BGH Urt. v. 16.6.2009 – VI ZR 107/08, NJW 2009, 2952 (2953); Urt. v. 5.2.2013 – VI ZR 1/12, NJW 2013, 1302 (1303).
[55] Ua BGH Urt. v. 5.2.2013 – VI ZR 1/12, NJW 2013, 1302 (1303).

gebenheiten des konkreten Einzelfalls „zur Vermeidung einer Gefahr objektiv erforderlich und nach objektiven Maßstäben zumutbar sind".[56] Dabei gilt wie auch sonst: Je größer die Gefahr ist, desto höher sind die Anforderungen, die an Art und Umfang einer Sicherungsmaßnahme zu stellen sind.

Von besonderem Interesse für vernetzte Systeme der Industrie 4.0 ist in diesem Zusammenhang auch die im Bereich der Produkthaftung vorgenommene Unterscheidung zwischen Fabrikations-, Konstruktions- und Instruktionsfehlern. Bleibt ein (IT-)Produkt demnach bereits schon bei der Konzeption hinter den geforderten Sicherheitsstandards zurück, so liegt ein sog. **Konstruktionsfehler** vor.[57] Bei der Frage, ob ein haftungsrechtlicher Konstruktionsfehler vorliegt, ist die Rechtsprechung dabei tendenziell großzügig,[58] was sich somit zu Ungunsten der jeweiligen Hersteller auswirkt. 80

Bei zu erwartenden Änderungen des nach der **Verkehrsanschauung** erforderlichen Standards im Hinblick auf die IT-Sicherheit nach Inverkehrbringens des Produktes greift die Produkthaftpflicht zwar nicht mehr, sodass sich der Maßstab jeweils nach dem Zeitpunkt des Inverkehrbringens richtet, doch kann sich eine deliktische Haftung auch danach noch aus der Pflicht zur Produktbeobachtung ergeben. 81

d) Internationale Vorgaben im Bereich der IT-Sicherheit

Auch auf **internationaler Ebene** gibt es Ansätze internationaler Zusammenarbeit. 82

aa) Common Criteria for Information Technology Security Evaluation. Bei den **Common Criteria (CC)** handelt es sich um einen internationalen IT-Sicherheitsstandard (ISO/IEC 15408) zur Überprüfung und Bewertung der jeweiligen IT-Sicherheit von IT-Produkten. Der aktuelle Standard CC Version 3.1 wurde als Common Criteria Anerkennungsabkommen im September 2006 von den beteiligten Staaten verabschiedet und in Deutschland durch das BSI im Bundesanzeiger offiziell bekannt gegeben. Nach einer Evaluierung durch eine akkreditierte Prüfstelle folgt die Zertifizierung anhand sog. Protection Profiles[59] durch die jeweilige nationale Zertifizierungsstelle (in Deutschland: das BSI). Dadurch wird als international anerkannter Standard auf abstrakter Ebene eine konkrete Sicherheitslage für eine bestimmte Produktklasse dargelegt.[60] 83

bb) Convention on Cybercrime. Ein weiteres Regelwerk ist die **Budapester Convention on Cybercrime** (Cybercrime-Konvention/Budapester-Konvention/CoC),[61] die zum Ziel hat, der vermehrt grenzunabhängigen Cyberkriminalität entgegen zu treten. Dieser völkerrechtliche Vertrag ist zwar europäischen Ursprunges, jedoch nicht den Mitgliedstaaten vorbehalten; so können diesem auf Zuruf auch Nicht-EU-Staaten beitreten, Art. 37 CoC. 84

e) IT-sicherheitsrechtliche Standards

Neben Gesetzen prägen technische Normen die IT-Sicherheit. Diese definieren den in Gesetzen vorgegebenen „Stand der Technik" näher. Einer der bekanntesten international anerkannten Standards für die Einrichtung eines IT-Sicherheitsmanagements ist der **ISO/IEC 20000** (auch „ISO 20000"). **ISO/IEC 27001** (auch „ISO 27001") präzisiert die An- 85

[56] BGH Urt. v. 5.2.2013 – VI ZR 1/12, NJW 2013, 1302 Rn. 13.
[57] *Mitterer/Wiedemann/Zwissler* BB 2017, 3 (11).
[58] Vgl. ua BGH Urt. v. 9.6.2015 – VI ZR 327/12, NJW 2015, 2507, hierbei wurde ein Konstruktionsfehler und damit die Fehlerhaftigkeit eines Produktes angenommen, wobei das Produkt nur zu einer bestimmten Produktgruppe oder -serie gehörte, ohne dass der in Frage stehende Fehler auch konkret aufgetreten ist oder festgestellt wurde.
[59] Bspw. „Electronic Identity Card (ID_Card PP)" als Standard BSI-CC-PP-0061, welcher vom BSI im elektronischen Bundesanzeiger (Fundstelle: eBAnz AT114 2010 B1) am 20.10.2010 veröffentlicht wurde.
[60] *Bräutigam* in Bräutigam IT-Outsourcing und Cloud-Computing Teil 5 D. Rn. 148.
[61] www.coe.int/en/web/conventions/full-list/-/conventions/rms/090000168008157a (23.2.2021).

forderungen an geeignete Sicherheitsmechanismen und etabliert Mindeststandards zum Schutz. Der internationale Standard **ISO 27002** beinhaltet Kontrollmechanismen für die Informationssicherheit im Zusammenhang mit der Datenverarbeitung und -speicherung. Weitere ISO-Standards, die im Bereich IoT von Relevanz sind, sind ISO/IEC 30141, ISO/TC 184, ISO/TC 299, ISO 26262, ISO/IEC WD 27030, ISO/IEC 299341-30-1.

86 Zu den Standards[62] gehört ebenfalls der **DIN SPEC 3103** zu Blockchain und Distributed Ledger Technologien (DLT) in Anwendungsszenarien für Industrie 4.0. Der Einsatzbereich für diesen Standard betrifft vor allem Smart Contracts. Hierfür werden ua mögliche Anbindungen von Sensoren an die DLT-Protokolle beschrieben, um im IoT-Umfeld, insbesondere in der Industrie 4.0, Transaktionen unter Berücksichtigung rechtlicher Rahmenbedingungen sensor- und maschinengesteuert automatisiert ausführen zu können. Der **DIN SPEC 27099** beschreibt eine IT-Architektur und einen Prozessrahmen für die Implementierung und das Management von hochsensiblen Daten im Bereich Daten- und Informationssicherheit. **DIN SPEC 16593–2** (in Planung) soll Mechanismen für die (dynamische) Bekanntmachung und das Auffinden von industriellen IoT-Komponenten definieren. Hierdurch sollen sich Kommunikationspartner – unabhängig von einer konkreten Umsetzungstechnologie der IoT-Komponente – in einem Industrie 4.0 System finden. **DIN SPEC 27072** soll Smart Home-Anwendungen sicherer machen.

87 Arbeitsgruppen handeln in Multistakeholder-Prozessen die gegenseitige Anerkennung von **IT-Sicherheitszertifikaten** aus, die dann von den entsprechenden Staaten unterzeichnet werden. Hierdurch wird ein Nebeneinander an vielen verschiedenen Standardisierungen unterbunden. Das BSI hat in diesem Zusammenhang zur Anerkennung von IT-Sicherheitszertifikaten das SOGIS-MRA und zur weltweiten Anerkennung das CCRA-Abkommen unterzeichnet.[63] Entsprechende Standardisierungen finden jedoch keine Anwendung, wenn ihnen Gesetze entgegenstehen, da diese Vorrang genießen.

2. De lege ferenda

88 Bisher ist ungeklärt, ob die bestehenden Normen insbesondere in Haftungsfragen auch zu vertretbaren und vor allem gerechten Lösungen führen werden. In diesem Zusammenhang wird besonders die Frage der Haftung für ein „Fehlverhalten" von IoT-Systemen diskutiert. Während die Argumente dabei hauptsächlich im Hinblick auf autonome Fahrzeuge geführt werden, ist diese Diskussion für alle anderen IoT-Systeme ebenso relevant, da auch hier sich die Frage einer Zurechnung des fehlerhaften „Verhaltens" des Systems stellt. Dies gilt insbesondere, wenn das Device aufgrund der bisher eingespeisten Daten dieses „Verhalten" „erlernt" hat. Teilweise wird in diesem Zusammenhang sogar die Schaffung einer **ePersönlichkeit** nach dem Vorbild der juristischen Personen befürwortet, sodass diese als Anspruchsgegner mit einer eigenen Haftungsmasse zur Verfügung stehen soll.[64] Andere Stimmen setzen sich für Pflichtversicherungen im Zusammenhang mit IoT ein. Letztlich muss zunächst eine Weichenstellung erfolgen, bevor über konkrete Gesetzesvorhaben nachgedacht werden kann.[65]

a) IT-Sicherheitsgesetz 2.0

89 Konkreter hingegen ist der im März 2019 vorgestellte Referentenentwurf zum **IT-Sicherheitsgesetz 2.0 (IT-SiG 2.0).**[66] Dabei wird in den Erläuterungen des Referentenentwurfs mehrfach auf die Bedeutung von IoT im Zusammenhang mit IT-Sicherheit eingegangen,

---

[62] Zur Entstehung entsprechender Standards vgl. www.din.de/de/forschung-und-innovation/din-spec/wie-eine-din-spec-entsteht-63574 (23.2.2021).
[63] S. hierzu BSI Internationale Anerkennung von IT-Sicherheitszertifikaten.
[64] *Gless* GA 2017, 324; *Börding/Jülicher/Röttgen/v. Schönfeld* CR 2017, 134 (139); *Häuser* CMS Blog 5.4.2017.
[65] So auch *Bräutigam/Klindt* NJW 2015, 1137, (1137 f.).
[66] Ausführlich hierzu *Kipker/Scholz* MMR 2019, 431.

sodass folgerichtig im Vergleich zum ersten IT-Sicherheitsgesetz ein ganzheitlicher Ansatz entstanden ist, welcher Maßnahmen zum Schutz der Bürger sowie der öffentlichen Informationstechnik beinhaltet und in diesem Zusammenhang auch den Aufgabenbereich des BSI weiter ausbaut.

Zudem soll die IT-Sicherheit von Produkten künftig durch das BSI zum Schutze der 90
Verbraucher durch **„IT-Sicherheitskennzeichen"** kenntlich gemacht werden, § 9a BSIG-E. Außerdem soll durch die Änderung des § 109 TKG die Verwendung sog. aktiver Honeypots ermöglicht werden. Diese sind laut dem Referentenentwurf insbesondere notwendig, um IoT-Komponenten identifizieren zu können, durch die eine IT-Sicherheitsgefährdung ausgeht, sie also zB Teil eines Bot-Netzes sind. Das BSI wird dadurch ermächtigt seine passive Rolle zu verlassen und vielmehr aktiv auch durch Portscans nach unsicheren Geräten suchen zu können, vgl. §§ 7a ff. BSIG-E. In den §§ 5a ff. BSIG-E werden dem BSI weitere Befugnisse eingeräumt. So soll es durch Übermittlung von Bestandsdaten durch den jeweiligen Telekommunikationsanbieter nach Aufdecken eines solchen Sicherheitsproblems die jeweiligen Nutzer informieren können. Für den Fall, dass IoT-Geräte hingegen kritische Infrastrukturen angreifen, soll das BSI befugt sein den Datenverkehr von und zu diesem Gerät blockieren zu lassen. Weitergehend sollen diese schädigenden Geräte auch aktiv durch das Aufspielen von Sicherheitsupdates (Softwarepatches) verändert werden.

Des Weiteren richten sich die zentralen Vorgaben zwar weiterhin an die Betreiber kriti- 91
scher Infrastrukturen, hierbei ist jedoch der Bereich der **Abfallwirtschaft** als neuer Sektor klassifiziert worden. § 2 Abs. 13 BSIG IT-E normiert wohl künftig, dass IT-Produkte, die dem Betrieb von kritischen Infrastrukturen dienen, Kernkomponenten sind. An die Eigenschaft als Kernkomponenten sind weiterführende Anforderungen geknüpft. So dürfen solche nur von besonders vertrauenswürdigen Herstellern bezogen werden (§ 8a Abs. 5 BSIG-E), zudem sind diesen Herstellern weitere **Pflichten nach § 8h BSIG-E auferlegt, welche ua Meldepflichten bei Störungen der IT-Sicherheit beinhalten.**

Schließlich finden sich **auch Änderungen im Bereich des Strafrechts.** Nach dem 92
Referentenentwurf soll mit § 202e StGB-E eine neue Strafnorm geschaffen werden. Die „unbefugte Nutzung informationstechnischer Systeme" stellt damit den **„digitalen Hausfriedensbruch"** unter Strafe. Für besonders schwere Fälle einer Straftat gegen die Vertraulichkeit oder Integrität informationstechnischer Systeme, § 202f StGB-E, ist indes das Mindeststrafmaß Freiheitsstrafe von sechs Monate.

b) Digitale-Inhalte-Richtlinie

Als Pendant zur Warenverkehrsrichtlinie hat der europäische Normgeber im Mai 2019 die 93
Richtlinie über bestimmte vertragsrechtliche Aspekte der Bereitstellung digitaler Inhalte und digitaler Dienstleistungen (Digitale-Inhalte-RL)[67] verabschiedet. Diese muss zwar ebenfalls erst noch durch die Mitgliedstaaten bis zum 1.7.2021 umgesetzt werden (Anwendung der Vorschriften ab dem 1.1.2022), enthält aber bereits interessante Ansatzpunkte auch für den Bereich der IT-Sicherheit. Denn nach Erwgr. 47 der Digitale-Inhalte-RL soll von der vertraglichen Pflicht eines Unternehmers auch die Bereitstellung von Aktualisierungen, einschließlich Sicherheitsaktualisierungen, umfasst sein. Der Zeitraum, für den **Aktualisierungen** bereitgestellt werden sollen, ist dabei nicht definiert, dies soll sich vielmehr entweder nach der Verkehrsanschauung richten oder dem Gewährleistungszeitraum entsprechen und dazu dienen, dass der Verbraucher den digitalen Dienst im vertragsgemäßen Zustand benutzen kann. Des Weiteren normiert Art. 8 Abs. 1 lit. b Digitale-Inhalte-RL, dass die digitalen Dienstleistungen auch dem Leistungsmerkmal Sicherheit entsprechen müssen und legt dem Unternehmer in Art. 8 Abs. 2 Digitale-Inhalte-RL eine Informationspflicht bezüglich der Sicherheitsaktualisierungen auf.

[67] Richtlinie (EU) 2019/770 des Europäischen Parlaments und des Rates v. 20.5.2019 über bestimmte vertragsrechtliche Aspekte der Bereitstellung digitaler Inhalte und digitaler Dienstleistungen.

IV. Maßnahmen zur IT-Sicherheitsgewährleistung im Internet of Things

94 Maßnahmen zur Gewährung von IT-Sicherheit ergeben sich sowohl aus staatlichen Verpflichtungen, entstehen inzwischen aber immer mehr auch aus **Initiativen der Wirtschaft.**

1. Staatliche Maßnahmen

a) Gesetzliche Vorgaben zum IT-Sicherheitsniveau

95 Gesetzliche Vorgaben in Bezug auf das IT-Sicherheitsniveau finden sich vor allem dort, wo der Staat selbst, bzw. die Verwaltung, sich Hard- und Softwarelösungen bedient (so zB auch bei der Einrichtung einer Smart City). So ergibt sich bereits aus Art. 91c Abs. 2 GG, dass ein einheitlicher IT-Sicherheitsstandard angedacht ist. Die Norm untermauert, dass diese Sicherheitsanforderungen auch durch Gesetze als erforderlich und notwendig gehalten werden.[68] Konkrete Sicherheitspflichten für die Verwaltung selbst finden sich bisher erst in den **E-Government-Gesetzen** von Berlin und Bayern.

§ 23 E-Government-Gesetz Berlin

(1) Alle Behörden der Berliner Verwaltung sind verpflichtet, ein **Informations-Sicherheits-Management-System (ISMS)** gemäß den Standards des Bundesamtes für die Sicherheit in der Informationstechnik (BSI) auf Grundlage des BSI-Gesetzes vom 14. 8. 2009 (BGBl. I S. 2821), das zuletzt durch Artikel 3 des Gesetzes vom 21. 12. 2015 (BGBl. I S. 2408) geändert worden ist, aufzubauen und weiterzuentwickeln.

(2) [1]Der zentrale IKT-Dienstleister betreibt zur Unterstützung und Beratung der Behörden der Berliner Verwaltung bei sicherheitsrelevanten Vorfällen in IKT-Systemen ein **Computersicherheits-Ereignis- und Reaktionsteam** (Berlin-CERT). [2]Die an das Berliner Landesnetzwerk angeschlossenen Behörden und Einrichtungen haben dem Berlin-CERT sicherheitsrelevante Vorfälle unverzüglich zu melden. [3]Das Berlin-CERT sammelt und bewertet die zur Abwehr von Gefahren für die Sicherheit der Informationstechnik erforderlichen Daten, insbesondere zu Sicherheitslücken, Schadprogrammen, erfolgten oder versuchten Angriffen auf die Sicherheit in der Informationstechnik und der dabei angewandten Vorgehensweise und spricht Warnungen und Handlungsempfehlungen aus. [4]Personenbezogene Daten dürfen für die in diesem Absatz genannten Zwecke erhoben, gespeichert, verarbeitet und genutzt werden, soweit und solange dies im Einzelfall für die Aufklärung eines Vorfalls erforderlich ist.

Art. 8 Bayerisches E-Government-Gesetz

(1) [1]Die Behörden unterhalten die zur Erfüllung ihrer Aufgaben **erforderlichen elektronischen Verwaltungsinfrastrukturen.** [2]Sie **gewährleisten deren Sicherheit** und fördern deren gegenseitige technische Abstimmung und Barrierefreiheit. [3]Die Behörden können bei Entwicklung, Einrichtung und Betrieb von elektronischen Verwaltungsinfrastrukturen zusammenwirken und sich diese wechselseitig zur öffentlichen Aufgabenerfüllung überlassen.

(2) Der Freistaat Bayern kann elektronische Verwaltungsinfrastrukturen zur behördenübergreifenden Nutzung bereitstellen (Basisdienste). [...]

96 Des Weiteren kann sich auch aus den unter → Rn. 57 ff. und → Rn. 69 ff. genannten Normen (zB Art. 32 DS-GVO, § 13 Abs. 7 TMG und § 109 TKG) die allgemeine Notwendigkeit für technische und organisatorische **Schutzmaßnahmen,** mithin ein grundlegendes IT-Sicherheitsniveau, ergeben.[69]

97 Für Hersteller von IoT-Komponenten relevant sind vor allem die von der Rechtsprechung im Rahmen der Haftungsfrage des § 823 Abs. 1 BGB entwickelten Verkehrssiche-

[68] *Djeffal* DVBl 2017, 808 (812).
[69] *Djeffal* DVBl 2017, 808 (812).

rungspflichten. Hierunter ist auch die sog. **Konstruktionspflicht** zu zählen, welche von einem Hersteller verlangt, dass dieser im technischen Design bereits die am Stand von Wissenschaft und Technik orientierte Sicherheit anzulegen und abzubilden hat. Die Pflicht ist dann erfüllt, wenn die dem Produkt inhärente Sicherheit nicht mehr von einem Alternativ-Design (welches ebenfalls seriell einsatzbereit sein muss) übertrumpft werden kann.[70] In diesem Zusammenhang hat der BGH zudem klargestellt, dass die Branchenüblichkeit allein nicht zur Erfüllung dieser Pflicht genügt, da der branchenübliche Standard durchaus hinter dem technisch Möglichen zurückbleiben kann.[71]

Entscheidend für die Etablierung eines IT-Sicherheitsniveaus ist das Verfolgen eines 98 ganzheitlichen Ansatzes. Einen solchen stellt ein **Informationssicherheits-Managementsystem (ISMS)** dar, wie dieses bspw. in § 11 Abs. 1a EnWG vorgesehen ist. Hierzu verweist die Bundesnetzagentur auf den BSI-Standard 200-1.[72] Demnach legt ein solches Management fest, „mit welchen Instrumenten und Methoden die Leitungsebene die auf Informationssicherheit ausgerichteten Aufgaben und Aktivitäten nachvollziehbar lenkt (plant, einsetzt, durchführt, überwacht und verbessert)."[73] Hierzu zählen als grundlegende Komponenten: Managementprinzipien, Ressourcen, Mitarbeiter, Leitlinie zur Informationssicherheit, in der die Sicherheitsziele und die Strategie zu ihrer Umsetzung dokumentiert sind, Sicherheitskonzept sowie Sicherheitsorganisation.

b) Gesetzliche Vorgaben zum IT-Sicherheitsprocedere (Berichts- und Meldepflichten)

Da bisher IT-sicherheitsrechtliche Vorgaben vor allem in den Bereichen zu finden sind, in 99 denen es zu Gefährdungen bedeutender Rechtsgüter kommen kann, finden sich auch in diesen Sektoren aktuell Regelungen für **Berichts- und Meldepflichten,** mithin Vorgaben zum IT-Sicherheitsprocedere.

So haben Betreiber kritischer Infrastrukturen **(KRITIS-Betreiber)** gem. § 8b Abs. 4 100 BSIG dem BSI erhebliche Störungen der IT-Systeme zu melden, sowie zum Zwecke dieser Kommunikation gem. § 8b Abs. 3 BSIG eine jederzeit erreichbare Kontaktstelle einzurichten. Allerdings führt diese Norm selbst nicht genauer aus, was als erhebliche Störung im Sinne der Aufzählung des § 8b Abs. 4 BSIG gilt. Störung ist in diesem Zusammenhang daher technisch zu verstehen: Eine solche besteht also immer dann, wenn die eingesetzte Technik die ihr zugedachte Funktion oder Aufgabe nicht mehr oder nicht mehr richtig erfüllen kann.[74] Dass es zugleich auch zu einer physikalischen Beeinträchtigung kommt, ist nicht notwendig.[75] Als erheblich kann eine Störung jedenfalls dann angesehen werden, wenn diese nicht bereits automatisiert oder mittels wenig Aufwand und der nach § 8a BSIG benannten Sicherheitsmaßnahmen abgewendet bzw. beseitigt werden kann.[76] Bei der Meldung selbst muss beachtet werden, dass diese ohne schuldhaftes Zögern erfolgen muss, wobei davon auszugehen ist, dass bei erheblicheren Störungen eine schnellere Meldung erwartet werden kann, als bei nicht so erheblichen.[77]

Problematisch erscheint, dass § 8b Abs. 4 Nr. 2 BSIG auch bestimmte **erhebliche Stö-** 101 **rungen** erfasst, „die zu einem Ausfall oder zu einer erheblichen Beeinträchtigung der Funktionsfähigkeit der von ihnen betriebenen Kritischen Infrastrukturen **führen können**". Mithin besteht eine gewisse Ungewissheit, da von dem jeweiligen KRITIS-Betreiber eine Prognose erwartet wird.

---

[70] *Bräutigam/Klindt* NJW 2015, 1137 (1141).
[71] BGH Urt. v. 16.6.2009 – VI ZR 107/08, NJW 2009, 2952.
[72] BSI, BSI-Standard 200-1 Managementsysteme für Informationssicherheit (ISMS), Stand: August 2015.
[73] BSI, BSI-Standard 200-1 Managementsysteme für Informationssicherheit (ISMS), Stand: August 2015, S. 15.
[74] *Voigt* IT-Sicherheitsrecht Rn. 372.
[75] *Voigt* IT-Sicherheitsrecht Rn. 372.
[76] *Voigt* IT-Sicherheitsrecht Rn. 373.
[77] *Voigt* IT-Sicherheitsrecht Rn. 375.

c) Gebote, Verbote und Sanktionen

102 Zu den staatlichen Geboten, Verboten und Sanktionen zählen vor allem, die bereits zuvor genannten Normen. Interessant für IoT ist in diesem Zusammenhang insbesondere, wer der Verpflichtung der jeweiligen Norm unterliegt. So richten sich die in § 109 TKG normierten Regelungen an den **Diensteanbieter** und somit zumindest an den Connectivity Service Provider und den Integrated Service Provider.[78]

103 Ein weiterer oft diskutierter Punkt ist die Frage, ob sich für den Anbieter von Software eine gesetzlich normierte Pflicht zur kostenlosen Bereitstellung von **Software-Updates** ergibt. Argumentiert wird in diesem Zusammenhang, dass auch bei einer analogen Ware ein Kunde unter bestimmten Voraussetzungen Reparaturen der Ware kostenlos erhält. Eine solche Verpflichtung ist jedoch weder im Produkthaftungsgesetz noch sonst ausdrücklich normiert, vielmehr ergeben sich auch im Bereich von Software und sonstigen IT-Produkten dieselben rechtlichen Rahmenbedingungen wie bei sonstigen Verkaufsgütern. *Raue* spricht sich daher für einen solchen gesetzgeberischen Vorstoß aus und möchte die Softwareanbieter in die Pflicht nehmen, da diese am nächsten an dem (technischen) Problem säßen und am effektivsten etwaige Sicherheitsprobleme aufdecken und beheben könnten.[79]

104 Bei Verstößen gegen viele Normen im Zusammenhang mit IT-Sicherheit drohen **Sanktionen.** Konsequenzen ergeben sich ua bei Nichtbeachtung der – auch im IoT relevanten – datenschutzrechtlichen Vorgaben. Ein Verstoß gegen die in Art. 32 DS-GVO normierte Pflicht kann einerseits zu Schadensersatzansprüchen von Verantwortlichem und Auftragsverarbeitern nach Art. 82 DS-GVO führen. Dies setzt jedoch voraus, dass bei dem Betroffenen ein materieller oder immaterieller Schaden auch tatsächlich entstanden ist. Anderseits sieht die DS-GVO auch selbst die Möglichkeit von Bußgeldern vor. Bei einem Verstoß gegen Art. 32 DS-GVO folgt dies aus Art. 83 Abs. 4 lit. a DS-GVO. Bei der Bemessung des Bußgeldes, das bis zu 10 Mio. EUR oder bis zu 2 Prozent des gesamten weltweit erzielten Jahresumsatzes eines Unternehmens betragen kann, ist zu berücksichtigen ob und welche organisatorischen und technischen Vorkehrungen getroffen wurden und daher wie schwer das jeweilige Verschulden wiegt.[80]

105 Ebenso wird ein Zuwiderhandeln gegen die in § 109 TKG normierten Pflichten sanktioniert. So konstatiert § 149 TKG, dass diverse Verstöße gegen § 109 TKG **Ordnungswidrigkeiten** darstellen und ebenfalls mit einem Bußgeld belangt werden.[81]

106 Des Weiteren kommen auch zivilrechtliche **Schadensersatzansprüche** Dritter in Betracht, die durch mangelnde IT-Sicherheit einen Schaden erlitten haben.

107 Auch wenn es sich bei dem Verkäufer oder Betreiber der IoT-Komponenten um eine juristische Person handelt, kann es zu Sanktionierungen der im Unternehmen verantwortlichen Personen, zB des Vorstandes oder Aufsichtsrates einer Aktiengesellschaft kommen. So kann ein offensichtlich völlig unzureichender Schutz der IT-Sicherheit und der daraus folgenden Offenbarung von Interna zu einer Verletzung der **Geheimhaltungspflicht** aus § 404 AktG führen.[82]

108 Letztlich kann durch mangelnde IT-Sicherheitsmaßnahmen auch der Tatbestand des § 130 OWiG (ggf. iVm § 30 OWiG) erfüllt sein. Demnach handelt ordnungswidrig, „[w]er als Inhaber eines Betriebes oder Unternehmens vorsätzlich oder fahrlässig die **Aufsichtsmaßnahmen** unterlä[ss]t, die erforderlich sind, um in dem Betrieb oder Unternehmen Zuwiderhandlungen gegen Pflichten zu verhindern, die den Inhaber treffen […]“ (§ 130 Abs. 1 S. 1 OWiG). Die erforderlichen Aufsichtsmaßnahmen umfassen gem. § 130 Abs. 1 S. 2 OWiG auch die Bestellung, sorgfältige Auswahl und Überwachung von Auf-

---

[78] *Sassenberg/Kiparski* in Sassenberg/Faber Industrie 4.0 und Internet-HdB § 5 Rn. 185.
[79] *Raue* NJW 2017, 1841 (1843).
[80] Kühling/Buchner/*Jandt* DS-GVO Art. 32 Rn. 40a.
[81] Beck TKG/*Eckhardt* § 109 Rn. 96.
[82] *Schmidl* in Hauschka/Moosmayer/Lösler Corporate Compliance § 28 Rn. 136.

sichtspersonen. Hierunter ist ferner die rechtswidrige Kenntniserlangung von personenbezogenen Daten durch Unberechtigte zu fassen.[83]

d) Genehmigungen und Erlaubnisvorbehalte

Genehmigungen und **Erlaubnisvorbehalten** finden sich bisher im IT-Sicherheitsrecht nur vereinzelt. Für IoT können diese dennoch relevant werden, so zB im Bereich der Medizinprodukte. Denn hier ergibt sich aus dem Medizinproduktegesetz (MPG) ua die Vorgabe, dass Software iSv § 6 Abs. 1 MPG nur dann in den Verkehr gebracht und verwendet werden darf, wenn diese über ein entsprechendes CE-Kennzeichen verfügt. Dieses wiederum setzt gem. § 6 Abs. 2 MPG auch voraus, dass die Anforderungen des § 7 MPG erfüllt sind und ein vorgeschriebenes Konformitätsbewertungsverfahren durchgeführt wurde. 109

Vorgaben in Bezug auf die **elektronische Gesundheitskarte** ergeben sich zudem aus § 291a SGB V. Nach Abs. 1a müssen Komponenten und Dienste der Telematikinfrastruktur von der Gesellschaft für Telematik zugelassen werden. Prüfkriterien sind hierbei die Funktionsfähigkeit und Interoperabilität. Zudem wird der Nachweis der Sicherheit durch Sicherheitszertifizierungen nach den Vorgaben des BSI erbracht. Des Weiteren bedürfen Anbieter, die als Dienst die Übermittlung medizinischer Dokumente über die Telematikinfrastruktur anbieten, gem. § 219b Abs. 1b SGB V der gesonderten Zulassung durch die Gesellschaft für Telematik. 110

e) Kontrollen

Verstöße gegen die obigen Pflichten können sowohl zivilrechtliche als auch strafrechtliche und öffentlich-rechtliche Konsequenzen nach sich ziehen, sodass ein Unternehmen entsprechende **Compliance-Kontrollen** einrichten sollte, um diese negativen Folgen zu vermeiden.[84] 111

Eine zentrale Rolle im Bereich der Kontrolle und Überwachung übernimmt das BSI. So ermächtigt zB § 8a Abs. 4 BSIG dieses zur **Überprüfung** von Betreibern kritischer Infrastrukturen hinsichtlich der Einhaltung der Anforderungen gem. § 8a Abs. 1 BSIG: 112

„(4) […] [2]Der Betreiber Kritischer Infrastrukturen hat dem Bundesamt und den in dessen Auftrag handelnden Personen zum Zweck der Überprüfung das Betreten der Geschäfts- und Betriebsräume während der üblichen Betriebszeiten zu gestatten und auf Verlangen die in Betracht kommenden Aufzeichnungen, Schriftstücke und sonstigen Unterlagen in geeigneter Weise vorzulegen, Auskunft zu erteilen und die erforderliche Unterstützung zu gewähren. […]"

Für die Überwachung der Einhaltung des TKG sowie der jeweils anzuwendenden technischen Richtlinien ist die **Bundesnetzagentur** zuständig. Diese kann hierfür Anordnungen und Maßnahmen zu Lasten der Betreiber treffen, vgl. § 115 TKG. 113

2. Maßnahmen der Wirtschaft

Unabhängig von bzw. neben den staatlichen Maßnahmen gibt es auch **Bestrebungen der Wirtschaft**, IT-Sicherheit im IoT zu gewährleisten. Dabei haben sich neben dem Erlass eigener interner IT-Richtlinien und des Benennens eines Verantwortlichen als IT-Sicherheitsbeauftragten[85] sowie einer Meldepflicht für IT-sicherheitsrelevante Vorfälle[86] vor allem folgende Maßnahmen etabliert: 114

[83] *Schmidl* in Hauschka/Moosmayer/Lösler Corporate Compliance § 28 Rn. 139.
[84] *Mantz/Spittka* in Sassenberg/Faber Industrie 4.0 und Internet-HdB § 6 Rn. 110.
[85] *Schmidl* in Hauschka/Moosmayer/Lösler Corporate Compliance § 28 Rn. 216, 217.
[86] *Schmidl* in Hauschka/Moosmayer/Lösler Corporate Compliance § 28 Rn. 247.

a) Produktgestaltungsentscheidungen (Security by Design)

115 Entscheidender Ansatzpunkt ist das Mitbedenken von IT-Sicherheit bereits im Entwicklungsprozess, sodass die entsprechenden Sicherheitsfeatures schon im Produkt angelegt sind und nicht erst nachträglich „aufgespielt" oder durch Modifikation des eigentlich fertigen Produktes erreicht werden. Dieses **„Security by Design"** genannte Konzept, welches inzwischen auch Eingang in Normen gefunden hat (so zB Art. 25 DS-GVO), zielt vor allem darauf ab, dass IT-Sicherheit nicht mehr als Bremse oder Verlangsamung verstanden wird, sondern vielmehr auch als Chance und (Markt-)Vorteil sowie, dass das allgemeine (IT-) Sicherheitsniveau gehoben wird.

116 Damit Security by Design allerdings umfassend umgesetzt wird, bedarf es eines Umdenkens und dem damit verbundenen Bewusstsein für den Sinn dahinter. Hier greift wiederum die Zusammenarbeit der auf europäischer Ebene verorteten ENISA, dem BSI und der Wirtschaft, welche gemeinsam ua **Good Practices** erarbeitet und veröffentlicht haben.[87] Für das IoT sind hierbei insbesondere die Veröffentlichungen zu Security by Design im Bereich des IoT relevant. Dabei werden folgende Aspekte als zentrale Elemente benannt, welche von Anfang an und weiter kontinuierlich beachtet werden sollten:[88] Vorgaben für das Risiko- und Bedrohungsmanagement (Risk and Threat Management),[89] Endpoint Lifecycle-Betrachtung,[90] Aufbau der Sicherheitsarchitektur,[91] Handhabung von Sicherheitsvorfällen,[92] Umgang mit Schwachstellen[93] sowie mit Dritten bzw. Außenstehenden,[94] M2M-Sicherheit,[95] Zugangskontrollen,[96] und die Verwendung von Netzwerken, Protokollen und Verschlüsselungen,[97] sowie Überwachungsmaßnahmen (Monitoring and Auditing).[98]

117 Hand in Hand mit Security by Design geht **Security by Default.** So sollen bereits werksseitig die bestmöglichen Sicherheitseinstellungen vorgenommen sein,[99] bspw. durch eine standardmäßige Zwei-Faktor-Authentifizierung. So würde die größte Sicherheitslücke, der Endverbraucher,[100] zu sichererem Verhalten bestimmt und ermutigt.

b) Selbstregulierung durch branchenspezifische Standardisierung, Zertifizierung, Gütesiegel etc

118 Es gibt vermehrt Bestrebungen, IT-Sicherheit durch ua Standardisierung und Zertifizierungen umzusetzen, um so zumindest in einem gewissen Rahmen für **Vereinheitlichung und Mindeststandards** zu sorgen, sodass letztlich auch der Nutzer einigermaßen bewerten kann, ob die von ihm verwendeten IT-Produkte eher sicher oder eher unsicher sind. Eine allgemeine Zertifizierungspflicht besteht hingegen nicht.

119 Denkbare Basis- und Standardanforderungen zeigt das BSI mit dem Baustein **SYS. 4.4**[101] auf. Die Kriterien sind ua eine Updatefunktionalität, ein herstellerseitiges Updateangebot,

---

[87] Vgl. ENISA Industry 4.0 Cybersecurity: Challenges and Recommendations S. 2.
[88] ENISA, Good practices for Security of Internet of Things in the context of Smart Manufacturing, 2018, S. 37.
[89] ENISA, Good practices for Security of Internet of Things in the context of Smart Manufacturing, 2018, S. 38.
[90] ENISA, Good practices for Security of Internet of Things in the context of Smart Manufacturing, 2018, S. 39.
[91] ENISA, Good practices for Security of Internet of Things in the context of Smart Manufacturing, 2018, S. 39.
[92] ENISA, Good practices for Security of Internet of Things in the context of Smart Manufacturing, 2018, S. 39.
[93] ENISA, Good practices for Security of Internet of Things in the context of Smart Manufacturing, 2018, S. 39.
[94] ENISA, Good practices for Security of Internet of Things in the context of Smart Manufacturing, 2018, S. 40.
[95] ENISA, Good practices for Security of Internet of Things in the context of Smart Manufacturing, 2018, S. 41.
[96] ENISA, Good practices for Security of Internet of Things in the context of Smart Manufacturing, 2018, S. 42.
[97] ENISA, Good practices for Security of Internet of Things in the context of Smart Manufacturing, 2018, S. 42 f.
[98] ENISA, Good practices for Security of Internet of Things in the context of Smart Manufacturing, 2018, S. 43.
[99] *Heckmann/Riehm/Marnau et al.* BSI-Studie IT-Sicherheitsregulierung S. 28.
[100] *Frisse/Glaßl/Baranowski/Duwald* BKR 2018, 177 (179).
[101] www.bsi.bund.de/SharedDocs/Downloads/DE/BSI/Grundschutz/Kompendium_Einzel_PDFs_2021/07_SYS_IT_Systeme/SYS_4_4_Allgemeines_IoT_Geraet_Edition_2021.pdf;jsessionid=18735A197F6AA512228BC2116C7D8F3D.internet461?__blob=publicationFile&v=2 (23.2.2021).

eine geräteseitige Authentisierungsmöglichkeit sowie keine Vergabe von Standardzugangsdaten als Muss-Vorgaben, gefolgt von Soll-Anforderungen, vgl. SYS. 4.4.A.

Für die Zukunft werden die nach § 9a BSIG-E vorgesehenen freiwilligen **IT-Sicherheitskennzeichen** relevant und könnten zumindest deutschlandweit für einen einheitlichen Zertifizierungs- bzw. Kennzeichnungsrahmen sorgen, welcher neben dem Verbraucherschutz[102] auch als kaufentscheidender Faktor dienen soll.[103] Konkret ist dabei vorgesehen, dass die durch Rechtsverordnung zu konkretisierenden Kennzeichen zweigeteilt sein sollen. Zum einen sollen die sog. Herstellererklärungen die Sicherheitseigenschaften benennen, und zum anderen sollen diese durch eine „BSI-Sicherheitsinformation", welche Aufschluss über IT-Sicherheitslücke gibt, ergänzt werden. Das Kennzeichen selbst soll gem. § 9a Abs. 4 BSIG-E körperlich mit dem jeweiligen Produkt oder dessen Umverpackung verbunden werden und kann darüber hinaus auch auf elektronischem Wege veröffentlicht werden. 120

Bisher zeigt sich als großer Nachteil dieser Modelle allerdings, dass sie sich jeweils nur auf eine spezifische Hard- oder Softwarekonfiguration beziehen; jede Modifikation – bspw. durch ein Upgrade oder Sicherheitspatch – kann somit einen **erneuten Zertifizierungsprozess** nach sich ziehen.[104] Dieser Prozess ist wiederum mit bürokratischen Hürden, sowie einem nicht unerheblichen Zeit- und Geldaufwand verbunden. Das eigentliche Ziel der Zertifizierungen, möglichst viele und sichere, da zertifizierte Produkte hervorzubringen, wird dadurch konterkariert. Im Zweifel könnten sich Anbieter eine gewisse Zeit davor scheuen, neuere und sichere Produkte einzuführen, sodass der Prozess letztlich zulasten der Nutzer ginge. 121

Allerdings darf nicht verkannt werden, dass ein Zertifizierungsverfahren, welches einem geordneten Evaluierungs- und Anpassungsprozess unterliegt, durch Einbeziehung von **Experten** durchaus geeigneter sein könnte, um auf die stetigen technischen Neuerungen im Bereich des IoT zu reagieren, als dies mit klassischen Parlamentsgesetzen der Fall ist. Aufgrund dieses Umstandes wird auch eine generelle Zulassung von IT-Produkten auf Basis von erfolgreicher Zertifizierung befürwortet.[105] 122

c) Kautelarjuristische Praxis

Der **Verkauf** von IoT-Komponenten unterliegt, wie der Verkauf anderer Waren, den allgemeinen Regelungen des BGB. Relevant sind hierbei insbesondere die Normen über den Kaufvertrag, §§ 433 ff. BGB sowie das Recht der AGB, §§ 305 ff. BGB. Insoweit ist eine solche Komponente sach- und rechtsmangelfrei zu übergeben, §§ 433 Abs. 1 S. 2, 434, 435 BGB. ISd § 434 BGB ist die Sache frei von Sachmängeln, soweit sie bei Gefahrübergang die vereinbarte Beschaffenheit aufweist, § 434 Abs. 1 S. 1 BGB. Fehlt eine solche Vereinbarung, ist die Sache dann sachmangelfrei, wenn sich diese für die vertragliche Verwendung (§ 434 Abs. 1 S. 2 Nr. 1 BGB), bzw. für die gewöhnliche Verwendung eignet und im Übrigen die Beschaffenheit aufweist, die bei vergleichbaren Sachen üblich ist und der Käufer zudem erwarten kann (§ 434 Abs. 1 S. 2 Nr. 2 BGB). Letzteres umfasst unter gewissen Voraussetzungen auch Eigenschaften, die nach öffentlichen Äußerungen des Verkäufers, Herstellers oder jeweiligen Gehilfen zu erwarten waren, § 434 Abs. 1 S. 3 BGB. Insoweit stellt sich die Frage, wie sich etwaige Sicherheitslücken auf die Mangelfreiheit auswirken. Eine bereits bei Gefahrenübergang bestehende Sicherheitslücke ist so regelmäßig als Mangel iSd § 434 Abs. 1 S. 2 Nr. 2 BGB anzusehen, wobei ein zunächst mangel- 123

[102] *Kipker/Scholz* MMR 2019, 431 (435).
[103] BMI Entwurf eines Zweiten Gesetzes zur Erhöhung der Sicherheit informationstechnischer Systeme S. 46, intrapol.org/wp-content/uploads/2019/04/IT-Sicherheitsgesetz-2.0-_-IT-SiG-2.0.pdf (17.5.2020).
[104] *Hellmann* IT-Sicherheit S. 16.
[105] Vgl. *Pohlmann* Cyber-Sicherheit S. 16.

freies Gerät, das in Folge technischen Fortschritts mangelhaft wird, nicht als mit einem Mangel behaftet – im Zeitpunkt des Gefahrübergangs – anzusehen ist.[106]

124 Bei Vorliegen eines Mangels stehen dem Käufer grundsätzlich jedoch die **Mängelrechte** des § 437 BGB zu. Normgemäß kann dieser sodann unter gegebenen Voraussetzungen Nacherfüllung, Minderung, Rücktritt oder Schadensersatz verlangen. Kautelarjuristisch stellt sich daher für Anbieter von IoT-Komponenten die Frage, wie und ob sie die obigen Grundsätze modifizieren können. Grundsätzlich ist zu unterscheiden, ob der Käufer hier als Unternehmer oder Verbraucher auftritt. Von Interesse ist dies vornehmlich bei der Ausgestaltung der AGB. So mag etwa der Ausschluss der Mängelhaftung mittels AGB im B2B-Verkehr bzw. bei Geschäftsgebaren mit Unternehmern in Grenzen (Indizwirkung des § 309 Nr. 7, 8 lit. b BGB, § 310 Abs. 1 BGB)[107] möglich sein. Als Sicherungsinstrument steht hier auch die Rügeobliegenheit des § 377 HGB im Raum.

125 Ein **Ausschluss der Mangelhaftung,** und somit die Haftung hinsichtlich sicherheitsrelevanter Umstände, die wie gezeigt eine solche auslösen können, ist indes sowohl weder unter Beachtung der lex specialis des Verbrauchgüterkaufes, §§ 474 ff. BGB, namentlich des § 476 Abs. 1 BGB, noch in Hinblick auf die allgemeinen Vorschriften des AGB-Rechts, §§ 305 ff. BGB, explizit §§ 307 Abs. 3, 309 Nr. 7, 8 BGB, möglich. Daraus ergibt sich eine faktische Pflicht zur Implementierung von IT-Sicherheitsstandards. Insoweit stellt sich jedoch erneut die Frage, wann eine (noch) ausreichende Sicherheit gewährleistet ist und wann (schon) ein Mangel vorliegt.

V. Eckpunkte eines IT-Unsicherheitsfolgenrechts

1. IT-Unsicherheit als Normalzustand

126 Wenn in der Gesetzgebung, der Rechtsprechung oder der Vertragspraxis von IT-Sicherheit und insbesondere von IT-Sicherheitsgewährleistung die Rede ist, so ist dies nur die halbe Wahrheit. Streng genommen lässt sich IT-Sicherheit nicht gewährleisten, ist Informationstechnologie nicht „sicher“. Es liegt geradezu in der Natur von Informationstechnologien, dass sie fehlerbehaftet und schadensträchtig und damit eben nicht „sicher“ sind.[108] Dies hat mehrere Ursachen: Zum einen besteht schon jede einzelne Software aus unzähligen Zeilen Programmcode, bei denen sich immer wieder Fehler, Ungenauigkeiten oder Lücken einschleichen können (was in der Regel im Rahmen eines Softwareupdates behoben wird). Zum anderen dürfen Technologien nicht isoliert, gleichsam „auf dem Reißbrett“ betrachtet werden, sondern stehen in einem sozialen Kontext, insbesondere dem konkreten Verhalten der Anwender. Menschliche Schwächen müssen also ebenso berücksichtigt werden. Anwendungsfehler können eine ähnlich schädliche Wirkung haben wie Programmierfehler. So ist es längst anerkannt, dass das Nutzungsverhalten Eingang in die IT-Gestaltung findet, wenn etwa Benutzeroberflächen im Sinne eines „Plug and Play“-Ansatzes so gestaltet werden, dass eine fehlerhafte Bedienung weitgehend ausgeschlossen wird. Haftungsrechtlich stellt sich insoweit die Frage der Anteile eines Mitverschuldens, wenn eine erwartbare Fehlbedienung nicht unterbunden wird, obwohl dies zumutbar gewesen wäre. Hier geht es nicht nur um die Frage ausreichender Informationen im Sinne von Nutzungshinweisen oder Warnungen, sondern auch um technische Vorkehrungen und das Produktdesign. Von **latenter IT-Unsicherheit** lässt sich deshalb sprechen, weil die geschilderten technischen und menschlichen Schwächen zwar minimiert, aber nicht gänzlich ausgeschlossen werden können. Die so zu konstatierende tatsächliche IT-Unsicherheit wird im Internet der Dinge noch einmal verstärkt: Durch die Verbindung mehrerer IT-Kompo-

[106] *Heckmann/Riehm/Marnau et al.* BSI-Studie IT-Sicherheitsregulierung S. 96.

[107] Ausf. hierzu MüKoBGB/*Basedow* § 310 Rn. 11 f.

[108] Vgl. *Heckmann* DuD 2009, 656 ff. mit der Schlussfolgerung: „Der Gesetzgeber sollte sich stärker um die Rechtsfolgen unvermeidbarer IT-Unsicherheit bemühen“.

nenten (Hardware, Software, Netzwerkstrukturen) und das Zusammenspiel mehrerer Akteure (IT-Hersteller, IT-Dienstleister, Anwender) potenzieren sich die Fehlerquellen. So kann es bereits bei vermeintlicher „Mangelfreiheit" einzelner Komponenten so sein, dass ihr Zusammenspiel Fehlfunktionen auslösen kann. Zwar gehört die Herstellung von Kompatibilität und Interoperabilität zum Portfolio jedes Herstellers von IT-Komponenten.[109] Gerade bei einer Vielzahl unterschiedlicher Einsatzszenarien kann allerdings nicht immer eine vollständige Wirkungsanalyse im Vorfeld vorgenommen werden und in etwaige Benutzungshinweise aufgenommen werden. Dies gilt erst recht vor dem Hintergrund, dass IT-Komponenten, deren Interoperabilität im Zeitpunkt des Inverkehrbringens hergestellt wurde, im Zuge von Softwareupdates neue Wirkungen entfalten können. Soweit diese Komponenten in der Hand eines Herstellers (gewissermaßen in einem „Ökosystem") liegen, mag man noch Rücksicht auf Veränderungen im Zusammenspiel nehmen können. Herstellerübergreifend ist dies jedoch kaum mehr möglich. Hier helfen zwar vielfach gemeinsam entwickelte IT-Standards.[110] Diese umfassen aber keineswegs jede denkbare Konstellation von Einsatzszenarien im Internet der Dinge.

Es bleibt also zu konstatieren, dass de facto IT-Unsicherheit der Normalzustand ist, auf 127
dem eine (Teil-)Rechtsordnung redlicherweise aufbauen muss. IT-Sicherheit mag anzustreben sein, wird aber nicht in jenem Maße erreicht, die ein überwiegendes Vertrauen in die Funktionsfähigkeit und Unschädlichkeit des Systems rechtfertigen würde. Es besteht deshalb Anlass, die rechtsdogmatischen Konturen für ein **IT-Unsicherheitsfolgenrecht** zu entwickeln.

2. Staatliche Schutzpflichten zur IT-Sicherheitsgewährleistung

Genauso wie man in komplexen IT-Umgebungen von latenter IT-Unsicherheit sprechen 128
kann, ist der Begriff der **IT-Sicherheitsgewährleistung** einschränkend im Sinne eines Optimierungsgebots mit verteilten Haftungsfolgen zu verstehen. Das gilt sowohl für private Akteure auf Seiten der Hersteller, Dienstleister und Nutzer von IT als auch für den Staat. Zwar spricht das Bundesverfassungsgericht seit seinem Urteil vom 27.2.2008 („Online-Durchsuchung")[111] von dem Grundrecht auf Gewährleistung der Vertraulichkeit und Integrität informationstechnischer Systeme.[112] So richtig es dabei ist, aus diesem Grundrecht (als Abwehrrecht des Bürgers gegen den Staat, etwa gegenüber unverhältnismäßigen Eingriffen einer Online-Durchsuchung) auch eine Schutzpflicht des Staates herzuleiten,[113] so fraglich wäre es, die „Gewährleistung" wörtlich zu nehmen und daraus staatliche Schadens- oder Risikovermeidungspflichten oder gar eine Garantenstellung zu begründen. Der Staat kann genauso wenig wie die genannten privaten Akteure „die" IT-Sicherheit „gewährleisten". Für ihn gilt wie für alle anderen Verantwortlichen aber ein Optimierungsgebot. Dem kommt er ua nach durch das Setzen der regulatorischen Rahmenbedingungen – etwa mit dem Gesetz zur Erhöhung der Sicherheit informationstechnischer Systeme (IT-Sicherheitsgesetz),– institutionelle Hilfe durch das Bundesamt für Sicherheit in der Informationstechnik (BSI) sowie Maßnahmen zur Befähigung der Akteure, insbesondere der schutzbedürftigen Verbraucher, zum Selbstschutz, etwa durch Vermittlung von Digitalkompetenz,[114] nach.

Vor diesem Hintergrund hat der Staat zunächst (nur) die Pflicht zu Entwicklung, Aus- 129
bau und Weiterentwicklung einer **IT-Sicherheitsstrategie.** Dies bedeutet ua, „die nationalen Strukturen so auszugestalten, dass die staatlichen Handlungsträger – unbeschadet der

[109] *Heckmann* CR 2006, 1 (2).
[110] *Heckmann* CR 2006, 1 (2ff.).
[111] BVerfG Urt. v. 27.2.2008 – 1 BvR 370/07, 1 BvR 595/07, BVerfGE 120, 274.
[112] Hierzu ausf. *Heckmann* FS Käfer, 2009, S. 129.
[113] *Heckmann* FS Käfer, 2009, S. 129 (136ff.).
[114] Zur Digitalkompetenz als Kulturtechnik und curriculare Verpflichtung in staatlichen Schulen *Heckmann*, Digitale Bildung, vbw-Studie 2019, S. 10 und passim.

nur begrenzten Möglichkeiten zur Determination des Entschließungs- und Auswahlermessens – durch entsprechende (verfahrensrechtliche und organisatorische) Vorkehrungen in der Lage sind bzw. in die Lage versetzt werden", den Herausforderungen der IT-Sicherheitsgewährleistung effektiv zu begegnen.[115] Eine solche IT-Sicherheitsstrategie ist nur nachhaltig, wenn sie in die sicherheitsrelevanten Organisationsstrukturen und Handlungsfelder implementiert wird. Die Vorgaben der IT-Sicherheitsstrategie müssen „mit Leben gefüllt" werden.[116]

130 Darüber hinaus muss der Staat in den Bereichen, in denen er den Ausbau und die Entwicklung der Informationstechnologie tatsächlich an sich zieht, mithin die Aufgabe der IT-Gestaltung rechtlich oder tatsächlich in einer bestimmten Weise determiniert, auch die Verantwortung für die grundrechtskonforme Ausgestaltung der Informationstechnologie übernehmen. Ihn trifft insoweit eine **IT-Infrastrukturverantwortung.**[117]

131 Im Kontext eines IT-Unsicherheitsfolgenrechts hat die Wahrnehmung der so beschriebenen **staatlichen Schutzpflicht** insofern Auswirkungen, als eine Verletzung des Untermaßverbots Fragen des Staatshaftungsrechts (auch → Rn. 138 ff.) aufwirft.[118]

3. „IoT"-Sicherheit als Aufgabe des BSI

132 Das BSI hat eine **Vielzahl von Aufgaben,** die insbesondere auch im Kontext „Internet der Dinge" bzw. vernetzte IT-Systeme relevant sind. So hat das BSI gem. § 3 Abs. 1 BSIG die Aufgaben:

- Entwicklung von Kriterien, Verfahren und Werkzeugen für die Prüfung und Bewertung der Sicherheit von informationstechnischen Systemen oder Komponenten und für die Prüfung und Bewertung der Konformität im Bereich der IT-Sicherheit (Nr. 4)
- Prüfung und Bewertung der Sicherheit von informationstechnischen Systemen oder Komponenten und Erteilung von Sicherheitszertifikaten (Nr. 5)
- Beratung und Warnung der Stellen des Bundes, der Länder sowie der Hersteller, Vertreiber und Anwender in Fragen der Sicherheit in der Informationstechnik unter Berücksichtigung der möglichen Folgen fehlender oder unzureichender Sicherheitsvorkehrungen (Nr. 14).

Unter die dort angesprochenen IT-Produkte und informationstechnischen Systeme fallen zweifellos auch Komponenten vernetzter Systeme. Deshalb widmet sich etwa das Kompendium BSI-Grundschutz auch dezidiert dem „Internet of Things", etwa in „SYS. 4.4 Allgemeines IoT-Gerät".[119] Auch im Service-Bereich „BSI für Bürger" findet der Verbraucher Informationen zum Internet der Dinge, etwa im Hinblick auf Smart Home-Produkte.[120]

133 Eine besondere Aufgabe kommt dem BSI bei der **Gefahrenabwehr** im Hinblick auf Kritische Infrastrukturen zu. Das gilt etwa für

- den Aufbau geeigneter Kommunikationsstrukturen zur Krisenfrüherkennung, Krisenreaktion und Krisenbewältigung sowie Koordinierung der Zusammenarbeit zum Schutz der Sicherheit in der Informationstechnik Kritischer Infrastrukturen im Verbund mit der Privatwirtschaft (Nr. 15) und
- die Aufgaben nach den §§ 8a–8c BSIG als zentrale Stelle für die Sicherheit in der Informationstechnik Kritischer Infrastrukturen und digitaler Dienste (Nr. 17).

---

[115] So *Heckmann* FS Käfer, 2209, S. 129 (144 f.), in Anlehnung an *Jäger,* Die verfassungsrechtliche Pflicht zur transnationalen Zusammenarbeit im Bereich der Inneren Sicherheit, 2008, S. 125 ff.

[116] *Heckmann* FS Käfer, 2009, S. 129 (146).

[117] *Heckmann* FS Käfer, 2009, S. 129 (147).

[118] Näher *Heckmann* FS Käfer, 2009, S. 129 (149 ff.).

[119] www.bsi.bund.de/SharedDocs/Downloads/DE/BSI/Grundschutz/Kompendium_Einzel_PDFs_2021/07_SYS_IT_Systeme/SYS_4_4_Allgemeines_IoT_Geraet_Edition_2021.pdf;jsessionid=18735A197F6AA512228BC2116C7D8F3D.internet461?__blob=publicationFile&v=2 (23. 2. 2021).

[120] www.bsi-fuer-buerger.de/BSIFB/DE/DigitaleGesellschaft/IoT/IoT_node.html (17. 5. 2020).

Zu diesen Kritischen Infrastrukturen können künftig Systeme und Subsysteme im Bereich des autonomen Fahrens zählen, deren Komponenten, etwa Sensoren an den Fahrzeugen oder in den Fahrbahnen, Bestandteil von IoT-Systemen sein können.[121]

Schon dieser kurze Überblick zeigt, dass dem BSI **eine zentrale Rolle** bei der Gewährleistung der IoT-Sicherheit durch Standardisierung, Zertifizierung, Koordinierung und Qualitätskontrolle zukommt. Auch der Entwurf eines Zweiten Gesetzes zur Erhöhung der Sicherheit informationstechnischer Systeme (IT-Sicherheitsgesetz 2.0 – IT-SiG 2.0)[122] nimmt sich dieses Themas verstärkt an.[123] Das gilt zunächst in Bezug auf die Gefahr durch Cyber-Angriffe: 134

„Die zunehmende Verbreitung von Internet of Things (IoT)-Geräten verschärft die Situation zusätzlich. Diese Geräte werden teilweise nicht unter Sicherheitsaspekten entwickelt und lassen sich hierdurch zu großen Bot-Netzen zusammenschalten. Dieser Gefahr gilt es zu begegnen."

Darüber hinaus sollen Beratung, Information und Warnung von Verbraucherinnen und Verbrauchern in Fragen der IT-Sicherheit substantieller Bestandteil der **Verbraucherschutzaufgabe** des BSI werden. Dies gilt ausweislich der Gesetzesbegründung besonders auch für IoT-Produkte wie Sprachassistenzsysteme oder andere Geräte zur Smart Home-Steuerung. 135

Viele Betreiber von vernetzten IT-Systemen seien sich der Gefahren nicht bewusst, die von offenen Ports und anderen bekannten Schwachstellen ihrer IT-Systeme ausgehen, was gerade auch für IoT-Geräte gelte. So soll das BSI durch § 7b Abs. 1 BSIG-E die Befugnis bekommen, offene Ports und andere bekannte Schwachstellen durch gezielte automatisierte Such-Routinen (Portscans) schnell zu detektieren, und diese an Betroffene aus Staat und Wirtschaft weiterzugeben. Vor dem Hintergrund der technischen Entwicklung sei die Information der Betroffenen zu potentiellen Schwachstellen ein zentraler Baustein heutiger IT-Sicherheit. 136

Schließlich komme der Analyse von Schadsoftware mittels **Honeypots** durch die Verbreitung von IoT-Geräten eine zunehmende Bedeutung zu, insbesondere, weil IoT-Geräte ihre eigentliche Funktion beibehalten und dennoch von Schadsoftware infiziert sein können. Für die Nutzenden gestalte es sich somit häufig schwierig, infizierte IoT-Geräte zu erkennen. Durch die aktive Analyse des Bundesamtes mittels Honeypots, wofür § 7b Abs. 4 BSIG-E die Befugnis gibt, könne das erforderliche Wissen generiert und den Nutzenden zur Abwehr der Gefahren von ihren informationstechnischen Systemen zur Verfügung gestellt werden, sodass die Systeme in einen ordnungsgemäßen Zustand versetzt werden könnten. 137

4. IT-Unsicherheit und Haftungsrecht

Weil IT-Sicherheit, auch und gerade im IoT-Bereich, kaum garantiert werden kann, spielt das Haftungsrecht eine entscheidende Rolle bei den **IT-Unsicherheitsfolgen.** Wer haftet für die Folgen fehlender oder defizitärer IT-Sicherheit? Die offenen Haftungsfragen reichen vom Begriff des Sachmangels bei IT-Produkten über Fragen der Beweisbarkeit und der Beweislast bis hin zum Grad eines Mitverschuldens.[124] Im Raum steht die Forderung nach Einführung einer Gefährdungshaftung genauso wie die Reform der Produkt- bzw. Produzentenhaftung. 138

---

[121] Näher Roßnagel/Hornung/*Wagner* Grundrechtsschutz im Smart Car S. 201 ff.

[122] Mit Stand vom 7.5.2020 netzpolitik.org/2020/seehofer-will-bsi-zur-hackerbehoerde-ausbauen/#2020-05-07_BMI_Referentenentwurf_IT-Sicherheitsgesetz-2 (17.5.2020).

[123] S. 1 des aktuellen Entwurfs, www.bmi.bund.de/SharedDocs/gesetzgebungsverfahren/DE/Downloads/kabinettsfassung/it-sicherheitsgesetz.pdf?__blob=publicationFile&v=2 (23.2.2021).

[124] Hierzu ausführlich *Heckmann/Marnau/Menz et al.* BSI-Studie IT-Sicherheitsregulierung S. 413 ff.

139 So wenig es eine konsistente Dogmatik im IT-Sicherheitsrecht gibt,[125] so unklar ist die Haftungslage in komplexen IT-Umgebungen, wie sie gerade im Kontext von IoT-Systemen bestehen. Damit gesellt sich **Rechtsunsicherheit** zu IT-Unsicherheit. Dabei wäre es gerade dort, wo das Zusammenwirken unterschiedlicher Akteure und Komponenten eine diffuse Sachlage mit unklarer Verantwortung hervorbringt, wichtig, die Softwareentwicklung, flankierende IT-Dienste und die IT-Nutzung selbst durch klare Haftungsregeln zu steuern. Dies dient sowohl einem angemessenen Verbraucherschutz als auch der Innovationsförderung. Zu Haftungsfragen bei IoT vgl. ausführlich → § 8.

5. Versicherbarkeit von IT-Risiken

140 Ob Risiken, die durch einen IT-Einsatz entstehen, überhaupt bzw. adäquat versicherbar sind, war schon immer umstritten.[126] Dies verstärkt sich im Bereich des IoT, weil die Komplexität solcher vernetzter IT-Strukturen die Risikoberechnung erschwert und sich deshalb **Versicherungsmodelle** nur bedingt entwickeln lassen. Dennoch wäre es gerade wegen der latenten IT-Unsicherheit wichtig, bestimmte Schäden auf eine Versichertengemeinschaft abwälzen zu können. Zumindest dort, wo IoT-Produkte über einen privaten Nutzen hinaus auch eine gesellschaftliche Dimension haben (wie etwa im Bereich der Smart Cities), sollte eine „Vergemeinschaftung" der impliziten IT-Sicherheitsrisiken erwogen werden. Lässt man nämlich sowohl die Haftungslage im Unklaren als auch eine Versicherbarkeit außer Betracht, könnte dies innovativen Lösungen im IoT-Bereich abträglich sein.

6. Katastrophenschutzrecht

141 Je komplexer ein Schadensszenario ist, umso mehr muss man über das Gefahrenabwehrrecht, das Haftungs- und Versicherungsrecht hinausdenken. Bei Naturkatastrophen, Krieg, Terroranschlägen – oder neuerdings einer Pandemie – sind Verfahren und Instrumente des Bevölkerungsschutzes bereits etabliert.[127] Wenig Erfahrung hat man bislang hingegen mit Risiken, die sich aus vulnerablen, verteilten IT-Systemen mit einer hohen Vernetzung, einer starken Automatisierung und einem hohen Schadenspotential ergeben. Dort kann es aufgrund von **Cyberangriffen,** aber auch bei immanenten Fehlfunktionen und einer Kettenreaktion zu Schadenslagen kommen, die mit denen bei Naturkatastrophen vergleichbar sind. Es ist deshalb empfehlenswert, dies bei der seit langem diskutierten Reform des Katastrophenschutzrechts hin zu einem allgemeinen Bevölkerungsschutzrecht zu berücksichtigen.[128]

---

[125] Vgl. zu den Grundsätzen eines IT-Sicherheitsrechts *Heckmann* MMR 2006, 280 ff.
[126] Hierzu bereits *Intveen* ITRB 2004, 230 ff.; vgl. auch *Scheurer* AnwZert ITR 6/2017 Anm. 2.
[127] Vgl. *Gusy* DÖV 2011, 85 ff.
[128] Vgl. BBK, Neue Strategie zum Schutz der Bevölkerung in Deutschland, 2010, die fortzuschreiben wäre.

§ 11 Künstliche Intelligenz*

Übersicht

Literatur:

Ahlberg/Götting, Beck'scher Online-Kommentar Urheberrecht, 27. Ed., München 2020; *Arlen/Kraakman,* Controlling corporate misconduct: an analysis of corporate liability regimes, NYU Law Review Vol. 72 (4) 1997, 687; *Asimov,* Runararound, New York City 1943; *Bachmann,* Gutachten E zum 70. Deutschen Juristentag. Reform der Organhaftung? Materielles Haftungsrecht und seine Durchsetzung in privaten und öffentlichen Unternehmen, München 2014; *Bachmann,* Private Ordnung, Tübingen 2006; *Bamberger/Roth/Hau/Poseck,* Beck'scher Onlinekommentar zum Bürgerliches Gesetzbuch, Bd. 3, 4. Aufl., München 2019; *Benkard,* Patentgesetz, 11. Aufl., München 2015; *v. Bodungen/Hoffmann,* Autonomes Fahren – Haftungsverschiebung entlang der Supply Chain? (2. Teil), NZV 2016, 503; *Bräutigam/Klindt,* Industrie 4.0, das Internet der Dinge und das Recht, NJW 2015, 1137; *Brehm,* Zur automatisierten Willenserklärung in Jayme et al. (Hrsg.), Festschrift für Hubert Niederländer zum siebzigsten Geburtstag am 10. 2. 1991, Heidelberg 1991; *Brenner/Zarnekow/Wittig,* Intelligente Softwareagenten: Grundlagen und Anwendungen, Berlin/Heidelberg 2014; *Bundesamt für Sicherheit in der Informationstechnik,* Gemeinsame Kriterien für die Prüfung und Bewertung der Sicherheit von Informationstechnik, 2006; *Bundesamt für Wirtschaft und Energie (BMWi),* Künstliche Intelligenz und Recht im Kontext von Industrie 4.0, 2019; *Calliess/Ruffert,* EUV/AEUV, 5. Aufl., München 2016; *Canaris,* Grundrechte und Privatrecht, Berlin 1999; *Canaris,* Verstöße gegen das verfassungsrechtliche Übermaßverbot im Recht der Geschäftsfähigkeit und im Schadensersatzrecht, JZ 1987, 993; *Canaris,* Grundrechte und Privatrecht, AcP 184 (1984), 201; *Clemens,* Die elektronische Willenserklärung – Chancen und Gefahren, NJW 1985, 1998; *Cornelius,* Vertragsabschluss durch autonome elektronische Agenten, MMR 2002, 353; *Dauner-Lieb/Langen,* BGB-Schuldrecht Bd. 2, 3. Aufl., Baden-Baden 2016; *Dee,* Examining Copyright Protection of AI-Generated Art, Delphi 1/2018, 31; *Denga,* Deliktische Haftung für künstliche Intelligenz, CR 2018, 69; *Denga,* Gemengelage privaten Datenrechts, NJW 2018, 1371; *Denga,* Zurechnung im Unternehmensrecht, ZIP 2020, 945; *Denga/Pohle/Hölzel,* Technikregulierung durch doppelte Delegation, RW 4/2020, 420; *Deutsch/Ahrens,* Deliktsrecht, 6. Aufl., München 2014; *Dienst/Falke,* 14. Teil: E-Commerce und das Internet der Dinge in: Bräutigam/Rücker (Hrsg.), E-Commerce, München 2017; *Dobbs/Hayden/Bublick,* Hornbook on Torts, 2. Aufl., St. Paul 2016; *Doshi-Velez/Kim,* Towards A Rigorous Science of Interpretable Machine Learning, arxiv.org/pdf/1702.08608.pdf (1. 3. 2021); *Dreier/Schulze,* Urheberrechtsgesetz, 6. Aufl., München 2018; *Dreier,* Creation and Investment – Artistic and Legal Implications of Computer-generated Works in: Leser/Isomura (Hrsg.), Festschrift für Zentaro Kitagawa zum 60. Geburtstag, Berlin 1992; *Drexl,* Neue Regeln für die Europäische Datenwirtschaft?, NZKart 2017, 339; *Easterbrook,* Cyberspace and the Law of the Horse, University of Chicago Legal Forum 1996, 207; *Ebers/Heinze/Krügel/Steinrötter* (Hrsg.), Künstliche Intelligenz und Robotik, München 2020; *Eidenmüller,* Effizienz als Rechtsprinzip, 4. Aufl., Tübingen 2015; *Eifert/Hoffmann-Riem,* Innovation und Recht I: Geistiges Eigentum und Innovation, Berlin 2008; *Engert,* Digitale Plattformen, AcP 218 (2018), 304; *Ensthaler,* Haftungsrechtliche Bedeutung von Qualitätssicherungsvereinbarungen, NJW 1994, 817; *Europäische Kommission,* Commission Staff Working Document SWD(2018) 137 final; *Europäische Kommission,* Bericht über die Anwendung der RL 85/374/EWG,

* Der Verfasser dankt *Henning Böttcher* und *Dr. Philipp Hacker, LL.M.,* von der Humboldt-Universität zu Berlin sowie *Dr. Holger Kastler* und *Dr. Michael Kummermehr* von der Sozietät Hyazinth LLP für ihre konstruktiven Anmerkungen und Kritik.

COM(2018) 246 final; *Europäische Kommission,* Künstliche Intelligenz für Europa, COM(2018) 237 final; *Europäische Kommission,* Auf dem Weg zur automatisierten Mobilität: eine EU-Strategie für die Mobilität der Zukunft, COM(2018) 283 final; *Europäische Kommission,* Aufbau einer Europäischen Datenwirtschaft, COM(2017) 9 final; *Europäische Kommission,* GEAR 2030, High Level Group on the Competitiveness and Sustainable Growth of the Automotive Industry in the European Union, Final Report 2017; *Europäische Kommission,* Weißbuch zur Künstlichen Intelligenz, COM(2020) 65 final; *Europäische Kommission,* Bericht über die Auswirkungen künstlicher Intelligenz, des Internets der Dinge und der Robotik in Hinblick auf Sicherheit und Haftung, COM(2020) 64 final; *Europäisches Parlament,* P8_TA(2017)0051 Zivilrechtliche Regelungen im Bereich Robotik, 16.2.2017; *Europäisches Parlament,* European Civil Law Rules in Robotics, PE 571.379, 2016; *European Copyright Society,* General Opinion on the EU Copyright Reform Package, 24.1. 2017, nexa.polito.it/nexacenterfiles/ecs-opinion-on-eu-copyright-reform-def.pdf (1.3.2021); *Faust,* Gutachten A zum 71. Deutschen Juristentag, Digitale Wirtschaft – Analoges Recht: Braucht das BGB ein Update?, München 2016; *Feldle,* Delicate Decisions: Legally Compliant Emergency Algorithms for Autonomous Cars, in: Hilgendorf/Seidel (Hrsg.), Robotics, Autonomics, and the Law, Baden-Baden 2017; *Fleischer,* Vertrauen von Geschäftsleitern und Aufsichtsratsmitgliedern auf Informationen Dritter, ZIP 2009, 1379; *Fleischer,* Zum Grundsatz der Gesamtverantwortung im Aktienrecht, NZG 2003, 449; *Fraunhofer-Allianz Big Data,* Zukunftsmarkt Künstliche Intelligenz, Potenziale und Anwendungen, 2017, www.iais.fraunhofer.de/content/dam/bigdata/de/documents/Publikationen/KI-Potenzialanalyse_2017.pdf (1.3.2021); *Fraunhofer-Gesellschaft,* Maschinelles Lernen, Eine Analyse zu Kompetenzen, Forschung und Anwendung, 2018, www.bigdata.fraunhofer.de/content/dam/bigdata/de/documents/Publikationen/Fraunhofer_Studie_ML_201809.pdf (1.3.2021); *Fritzsche/Malzer,* Ausgewählte zivilrechtliche Probleme elektronisch signierter Willenserklärungen, DNotZ 1995, 3; *Fromm/Nordemann,* Urheberrecht, 11. Aufl., Stuttgart 2014; *Fromm,* Der Apparat als geistiger Schöpfer, GRUR 1964, 304; *Fuchs/Baumgärtner,* Ansprüche aus Produzentenhaftung und Produkthaftung, JuS 2011, 1057; *Gehlen,* Die Seele im technischen Zeitalter. Sozialpsychologische Probleme der industriellen Gesellschaft, Hamburg 1957; *Geistfeld,* A Roadmap for Autonomous Vehicles: State Tort Liability, Automobile Insurance, and Federal Safety Regulation, 105 Calif. L. Rev. 2017, 1611; *Ginsburg,* People Not Machines: Authorship and What It Means in the Berne Convention, IIC 2018, 131; *Gitter/Roßnagel,* Rechtsfragen mobiler Agentensysteme im E-Commerce, K&R 2003, 64; *Goldsmith/Wu,* Who Controls the Internet, Oxford 2006; *Gomille,* Herstellerhaftung für automatisierte Fahrzeuge, JZ 2016, 76; *Götz,* Big Data und der Schutz von Datenbanken Überblick und Grenzen, ZD 2014, 563; *Government Offices of Sweden,* Renewed Commitment to Vision Zero, www.government.se/4a800b/contentassets/b38a99b2571e4116b81d6a5eb2aea71e/trafiksakerhet_160927_webny.pdf (6.2.2019); *Granovetter,* Economic Action and Social Structure: The Problem of Embeddedness, American Journal of Sociology 91 (3) 1985, 481; *Grapentin,* Vertragsschluss und vertragliches Verschulden beim Einsatz von Künstlicher Intelligenz und Softwareagenten, Baden-Baden 2018; *Grünberger,* Verträge über digitale Güter, AcP 218 (2018), 213; *Grünberger/Leible,* Die Kollision von Urheberrecht und Nutzerverhalten, Tübingen 2014; *Grünberger/Podszun,* Ein more technological approach für das Immaterialgüterrecht? ZGE 2014, 269; *Grundmann,* Der Schadensersatzanspruch aus Vertrag, AcP 204 (2004), 569; *Grundmann/Hacker,* The Digital Technology as a Challenge to European Contract Law – From the Existing to the Future Architecture, ERCL Vol. 13 (3) 2017, 255; *Grundmann/Micklitz/Renner,* New Private Law Theory. A Pluralist Approach, Cambridge 2021; *Grundmann/Möslein,* Vertragsrecht als Infrastruktur für Innovation, ZfPW 2015, 435; *Grünwald/Nüßing,* Machine To Machine (M2M)-Kommunikation. Regulatorische Fragen bei der Kommunikation im Internet der Dinge, MMR 2015, 378; *Hacker,* Teaching fairness to artificial intelligence: Existing and novel strategies against algorithmic discrimination under EU law, CMLR Vol. 55 (4) 2018, 1143; *Hacker,* Verhaltens- und Wissenszurechnung beim Einsatz von Künstlicher Intelligenz, RW 3/2018, 243; *Hacker,* Verhaltensökonomik und Normativität, Tübingen 2017; *Hacker,* Immaterialgüterrechtlicher Schutz von KI-Trainingsdaten, GRUR 2020, 1025; *Hacker,* Europäische und nationale Regulierung von Künstlicher Intelligenz, NJW 2020, 2142; *Harari,* Homo Deus, München 2016; *Hellgardt,* Regulierung und Privatrecht, Tübingen 2016; *Herberger,* „Künstliche Intelligenz" und Recht, NJW 2018, 2825; *Herresthal,* Anmerkung zu einer Entscheidung des BGH, Urt. v. 11.5.2011 – Zur Haftung des Inhabers eines Legitimationskennzeichens für Vertragsschlüsse unter Verwendung des Kennzeichens durch einen Dritten, JZ 2011, 1171; *Hetmank/Lauber-Rönsberg,* Künstliche Intelligenz – Herausforderungen für das Immaterialgüterrecht, GRUR 2018, 574; *Heun,* Die elektronische Willenserklärung, CR 1994, 595; *High-Level Expert Group on Artificial Intelligence,* Ethics Guidelines for Trustworthy AI, 2019, ec.europa.eu/digital-single-market/en/news/ethics-guidelines-trustworthy-ai (1.3.2021); *Hilgendorf,* Automatisiertes Fahren und Recht – ein Überblick, JA 2018, 801; *Hoffmann,* Tagungsbericht: 2. Fachkonferenz „Automatisiertes und autonomes Fahren", NZV 2019, 177; *Huber,* Ungleiche Aufklärungsmöglichkeiten der Parteien, MDR 1981, 95; *Ingerl/Rohnke,* Markengesetz, 3. Aufl., München 2010; *Jauernig,* Bürgerliches Gesetzbuch, 17. Aufl., München 2018; *Jordan/Mitchell,* Machine learning: Trends, perspectives, and prospects, Science Vol. 349 2015, 255; *Klees,* Der Hersteller als Erfüllungsgehilfe des Verkäufers, MDR 2010, 305; *Klingbeil,* Schuldnerhaftung für Roboterversagen, JZ 2019, 718; *Klügl,* Multiagentensysteme, in: Görz/Schneeberger (Hrsg.), Handbuch der Künstlichen Intelligenz, 5. Aufl., München 2013; *Köhler,* Die Problematik automatisierter Rechtsvorgänge, insbesondere von Willenserklärungen, AcP 182 (1982), 126; *Köhler/Fetzer,* Recht des Internet, 8. Aufl., München 2016; *König/Beck,* Die immaterialgüterrechtliche Schutzfähigkeit von „Affen-Selfies", ZUM 2016, 34; *Kötz/Wagner,* Deliktsrecht, 13. Aufl., München 2016; *Kraßer/Ann,* Patentrecht, 7. Aufl., München 2016; *Kreifels/Weide,* Qualitätssicherungsvereinbarungen, in: Foerste/v. Westphalen (Hrsg.), Produkthaftungshandbuch, 3. Aufl., München 2012; *Kuhn,* Rechtshandlungen mittels EDV und Telekommunikation, München 1991; *Ladeur,*

Der Wandel der Rechtssemantik in der postmodernen Gesellschaft. Von der Subsumtion zur Abwägung und zu einer Semantik der Netzwerke, Rechtstheorie Bd. 45 Heft 4 2014, 467; *Lapuschkin et al.*, Unmasking Clever Hans predictors and assessing what machines really learn, Nat Commun 10, 1096 (2019); *Larenz/Canaris,* Methodenlehre der Rechtswissenschaft, 3. Aufl., Berlin/Heidelberg 1995; *Larenz/Canaris,* Lehrbuch des Schuldrechts, Bd. II, Halbbd. 2, Besonderer Teil, 13. Aufl., München 1994; *Larenz,* Methodenlehre der Rechtswissenschaft, 6. Auf., Berlin/Heidelberg 1991; *Lauber-Rönsberg,* Autonome „Schöpfung" – Urheberschaft und Schutzfähigkeit, GRUR 2019, 244; *LeCun/Bengio/Hinton,* Deep learning, Nature Vol. 521 2015, 436; *Leistner/Grisse,* Sperrverfügungen gegen Access-Provider im Rahmen der Störerhaftung (Teil 1), GRUR 2015, 19; *dies.,* Sperrverfügungen gegen Access-Provider im Rahmen der Störerhaftung (Teil 2), GRUR 2015, 105; *Lessig,* Code and other laws of cyberspace, New York 1999; *Linardatos,* Handeln unter fremdem Namen und Rechtsscheinhaftung bei Nutzung eines fremden eBay-Accounts, Jura 2012, 53; *Löbbe/Fischbach,* Die Business Judgment Rule bei Kollegialentscheidungen des Vorstands, AG 2014, 717; *Löber/Roßnagel,* Das Netzwerkdurchsetzungsgesetz in der Umsetzung, MMR 2019, 71; *Loewenheim,* Handbuch des Urheberrechts, 2. Aufl., München 2010; *Luhmann,* Das Recht der Gesellschaft, Frankfurt a. M. 1993; *Maini/Sabri,* Machine Learning for Humans, 2017; *Mann,* Die Decentralized Autonomous Organization – ein neuer Gesellschaftstyp? NZG 2017, 1014; *Marchant/Lindor,* The Coming Collision Between Autonomous Vehicles and the Liability System, Santa Clara Law Review Vol. 52 (4) 2012, 1321; *McGinnis/Pearce,* The Great Disruption: How Machine Intelligence Will Transform the Role of Lawyers in the Delivery of Legal Services, Fordham Law Review Vol. 82 2014, 3041; *Medicus/Lorenz,* Schuldrecht II Besonderer Teil, 18. Aufl., München 2018; *Medicus/Petersen,* Bürgerliches Recht, 26. Aufl., München 2017; *Mehrings,* Vertragsabschluß im Internet – Eine neue Herausforderung für das „alte" BGB, MMR 1998, 30; *Metzger,* Rechtsgeschäfte über das Droit moral im deutschen und französischen Urheberrecht, München 2002; *Mittelstadt et al.,* The ethics of algorithms; Mapping the debate, Big Data & Society Vol. 3 (2) 2016, 1; *Möslein,* Smart Contracts im Zivil- und Handelsrecht, ZHR 183 (2019), 254; *Müller-Hengstenberg/Kirn,* Rechtliche Konsequenzen der „Verselbstständigung" technischer Systeme, MMR 2014, 307; *Nägerl/Neuburger/Steinbach,* Künstliche Intelligenz: Paradigmenwechsel im Patentsystem, GRUR 2019, 336; *Nicklisch,* Funktion und Bedeutung technischer Standards in der Rechtsordnung, BB 1983, 261; *Nolte,* Hate-Speech, Fake-News, das „Netzwerkdurchsetzungsgesetz" und Vielfaltsicherung durch Suchmaschinen, ZUM 2017, 552; *Ohly,* Der weite Täterbegriff des EuGH in den Urteilen „GS Media", „Filmspieler" und „The Pirate Bay": Abenddämmerung für die Störerhaftung? ZUM 2017, 793; *Ott/Schäfer,* Die Präventivwirkung zivil- und strafrechtlicher Sanktionen, Tübingen 1999; *Palandt* (Begr.), Bürgerliches Gesetzbuch, 79. Aufl., München 2020; *Paulus/Matzke,* Smart Contracts und das BGB – Viel Lärm um nichts?, ZfPW 2018, 431; *Peifer,* Roboter als Schöpfer – Wird das Urheberrecht im Zeitalter der künstlichen Intelligenz noch gebraucht?, in: v. Lewinski/Wittmann (Hrsg.), Urheberrecht! Festschrift für Michel M. Walter zum 80. Geburtstag, Wien 2018; *ders.,* Individualität im Zivilrecht, Tübingen 2001; *Peiser,* The Rise of the Robot Reporter, The New York Times 5.2.2019, www.nytimes.com/2019/02/05/business/media/artificial-intelligence-journalism-robots.html (1.3.2021); *Posner,* Economic Analysis of Law, New York 1973; *Quinlan,* Machine Learning 1:81–106, 1986, hunch.net/~coms-4771/quinlan.pdf (1.3.2021); *Rea,* Why One Collector Bought a Work of Art Made by Artificial Intelligence, 3.4.2018, news.artnet.com/art-world/art-made-by-artificial-intelligence-1258745 (1.3.2021); *Rebhahn,* Zur Methodenlehre des Unionsrechts – insbesondere im Privatrecht, ZfPW 2016, 281; *Redeker,* IT-Recht, 6. Aufl., München 2017; *Rehbinder/Peukert,* Urheberrecht, 17. Aufl., München 2015; *Reichwald/Pfisterer,* Autonomie und Intelligenz im Internet der Dinge, CR 2016, 208; *Reinfurt et al.,* Internet of Things Patterns for Device Bootstrapping and Registration, Proceedings of the 11th Advanced Summer School on Service Oriented Computing, 2017, www.iaas.uni-stuttgart.de/publications/INPROC-2017-59-Internet-of-Things-Patterns-for-Device-Bootstrapping-and-Registration.pdf (1.3.2021); *Ribeiro/Singh/Guestrin,* „Why Should I Trust You?": Explaining the Predictions of Any Classifier, Proceedings of the 22nd ACM SIGKDD International Conference on Knowledge Discovery and Data Mining 2016; *Ricketson,* The 1992 Horace S. Manges Lecture – People or Machines: The Bern Convention and the Changing Concept of Authorship, Colum.-VLA J. L. & Arts Vol. 16 (1) 1991, 1; *Riesenhuber,* Privatautonomie – Rechtsprinzip oder „mystifizierendes Leuchtfeuer", ZfPW 2018, 352; *Rockstroh/Kunkel,* IT-Sicherheit in Produktionsumgebungen, MMR 2017, 77; *Röthel,* Lex mercatoria, lex sportiva, lex technica – Private Rechtsetzung jenseits des Nationalstaates? JZ 2007, 755; *Royal Society,* Machine learning: the power and promise of computers that learn by example, Report, April 2017, royalsociety.org/-/media/policy/projects/machine-learning/publications/machine-learning-report.pdf (1.3.2021); *Russell/Norvig,* Artificial Intelligence, A Modern Approach, 3. Aufl., Boston 2016; *Rüthers,* Rechtstheorie, 3. Aufl., München 2007; *Säcker/Rixecker/Oetker/Limperg* (Hrsg.), Münchener Kommentar zum Bürgerlichen Gesetzbuch, Bd. 1 (§§ 1–240), 8. Aufl., München 2018, Bd. 2 (§§ 241–310), 8. Aufl., München 2019, Bd. 3 (§§ 311–432), 8. Aufl., München 2019, Bd. 4 (§§ 433–534), 8. Aufl., München 2019, Bd. 6 (§§ 705–853 BGB, ProdHaftG), 7. Aufl., München 2017, Bd. 11 (IPR I), 7. Aufl., München 2018; *Saenger,* Zivilprozessordnung, 7. Aufl., Baden-Baden 2017; *Schack,* Urheber- und Urhebervertragsrecht, 8. Aufl., Tübingen 2017; *Schäfer/Ott,* Lehrbuch der ökonomischen Analyse des Zivilrechts, 5. Aufl., Heidelberg 2012; *Schäfer/Ott,* Lehrbuch der ökonomischen Analyse des Zivilrechts, 5. Aufl., Heidelberg 2013; *Scherer,* Regulating Artificial Intelligence Systems: Risks, Challenges, Competencies, and Strategies, Harvard Journal of Law & Technology Vol. 29 (2) 2016, 354; *Schinkels,* Anmerkung zu BGH-Urteil vom 11.5.2011: Rechtsscheinszurechnung des Handelns unter fremder eBay-Nutzerkennung (Account-Missbrauch), LMK 2011, 320461; *Schirmer,* Von Mäusen, Menschen und Maschinen – Autonome Systeme in der Architektur der Rechtsfähigkeit, JZ 2019, 711; *Schirmer,* Rechtsfähige Roboter? JZ 2016, 660; *Schrey/Thalhofer,* Rechtliche Aspekte der

Blockchain, NJW 2017, 1431; *Schricker/Loewenheim,* Urheberrecht, 5. Aufl., München 2017; *Schulze,* Bürgerliches Gesetzbuch, 10. Aufl., Baden-Baden 2019; *Sester/Nitschke,* Software-Agent mit Lizenz zum ...?, CR 2004, 548; *Shalev-Shwartz/Ben-David,* Understanding Machine Learning. From Theory to Algorithms, Cambridge 2014; *Simon,* Models of Man: Social and Rational, New Jersey 1964; *Specht,* Zum Verhältnis von (Urheber-)Recht und Technik, GRUR 2019, 253; *Specht,* Ausgestaltung der Verantwortlichkeit von Plattformbetreibern zwischen Vollharmonisierung und nationalem Recht, ZUM 2017, 114; *Specht/Herold,* Roboter als Vertragspartner? MMR 2018, 40; *Spiecker gen. Döhmann,* Zur Zukunft systemischer Digitalisierung – Erste Gedanken zur Haftungs- und Verantwortungszuschreibung bei informationstechnischen Systemen, CR 2016, 698; *Spindler,* Der Regierungsentwurf zum Netzwerkdurchsetzungsgesetz – europarechtswidrig? ZUM 2017, 473; *Spindler,* Verantwortlichkeit von IT-Herstellern, Nutzern und Intermediären, Göttingen 2007; *Spindler/Schmitz,* Telemediengesetz, 2. Aufl., München 2018; *Spindler/Schuster,* Recht der elektronischen Medien, 4. Aufl., München 2019; *Spinello/Bottis,* A Defense of Intellectual Property Rights, Cheltenham 2009; *v. Staudinger,* Kommentar zum Bürgerlichen Gesetzbuch: mit Einführungsgesetz und Nebengesetzen, Buch 2: Recht der Schuldverhältnisse, §§ 255–304 (Leistungsstörungsrecht 1), Neubearbeitung Berlin 2014; *Staudinger,* Staudinger BGB, Buch 2: Recht der Schuldverhältnisse, §§ 305–310; UKlaG (Recht der allgemeinen Geschäftsbedingungen I), Neubearbeitung Berlin 2013; *Stender-Vorwachs/Steege,* Wem gehören unsere Daten? NJOZ 2018, 1361; *Surden,* Machine Learning and Law, Washington Law Review Vol. 89 (1) 2014, 87; *Szabo,* Formalizing and Securing Relationships on Public Networks, First Monday, Vol. 2 (9), 1.9.1997; *Taeger,* Die Entwicklung des IT-Rechts im Jahr 2016, NJW 2016, 3764; *Teubner,* Digitale Rechtssubjekte? AcP 218 (2018), 155; *Viebcke,* Durch Datenverarbeitungsanlagen abgegebene Willenserklärungen und ihre Anfechtung, Marburg 1972; *Wachenfeld/Winner,* Lernen autonome Fahrzeuge?, in: Maurer/Gerdes/Lenz/Winner (Hrsg.), Autonomes Fahren: Technische, rechtliche und gesellschaftliche Aspekte, Berlin/Heidelberg 2015; *Wachenfeld/Winner,* Der Sicherheitsnachweis für autonome Fahrzeuge, in: Hilgendorf/Hötitzsch/Lutz (Hrsg.), Rechtliche Aspekte automatisierter Fahrzeuge, Baden-Baden 2015; *Wachter/Mittelstadt,* A Right to Reasonable Inferences: Re-Thinking Data Protection Law in the Age of Big Data and AI, Columbia Business Law Review Vol. (2) 2019, 494; *Wachter/Russel,* Counterfactual Explanations Without Opening the Black Box: Automated Decisions and the GDPR, Harvard Journal of Law & Technology Vol. 31 (2) 2018, 841; *Wachter/Mittelstadt/Floridi,* Why a Right to Explanation of Automated Decision-Making Does Not Exist in the General Data Protection Regulation, International Data Privacy Law Vol. 7 (2) 2017, 76; *Wagner,* Produkthaftung für autonome Systeme, AcP 217 (2017), 707; *Wandtke/Bullinger,* Praxiskommentar Urheberrecht, 5. Aufl., München 2019; *Wielsch,* Funktion und Verantwortung. Zur Haftung im Netzwerk, RW 1/2019, 84; *Williamson, Oliver E.,* Markets and Hierarchies, New York/London 1975; *WIPO,* Worldwide Symposium on the Intellectual Property Aspects of Artificial Intelligence, 25–27.3.1991, www.wipo.int/edocs/pubdocs/en/wipo_pub_698.pdf (1.3.2021); *Wolf/Neuner,* Allgemeiner Teil des Bürgerlichen Rechts, 11. Aufl., München 2016; *Yanisky-Ravid,* Generating Rembrandt: Artificial Intelligence, Copyright, and Accountability in the 3 A Era – The Human-Like Authors are Already Here – A New Model, Mich. St. L. Rev. 2017, 659; *Yanisky-Ravid,* Zivilrechtliche Haftung für den Einsatz von Robotern – Zuweisung von Automatisierungs- und Autonomierisiken, in: Gless/Seelmann (Hrsg.), Intelligente Agenten und das Recht, Baden-Baden 2016; *Zech,* Künstliche Intelligenz und Haftungsfragen, ZfPW 2019, 198.

I. Grundlagen und Grundsätze der KI

1 „Künstliche Intelligenz" (KI), ist ein schillernder Begriff, der inzwischen weite Teile des Wirtschaftslebens erfasst.[1] Im Folgenden sollen Grundlagen und Grundsätze seiner rechtlichen Behandlung dargelegt werden (→ Rn. 1 ff.). Unter den zahlreichen zivilrechtlichen Fragestellungen sind hier die besonderen Probleme beim Vertragsschluss (→ Rn. 26 ff.), der Haftung (→ Rn. 53 ff.) sowie der Zuordnung Geistigen Eigentums (→ Rn. 96 ff.) zu behandeln.

2 Für die rechtliche Einordnung von KI ist ein grundlegendes technisches Verständnis förderlich (→ Rn. 3 ff.).[2] Die zivilrechtliche Behandlung richtet sich im Wesentlichen nach den allgemeinen Grundsätzen, wobei sich allerdings besondere Zurechnungsfragen stellen (→ Rn. 16 ff.).

[1] Zu vielseitigen Anwendungsbeispielen von KI/Robotik in nahezu jedem Lebensbereich, vgl. Europäisches Parlament P8_TA(2017)0051 Rn. 24 ff.

[2] S. umfassend *Russell/Norvig* Artificial Intelligence S. 34 ff., 971 ff.; *Shalev-Shwartz/Ben-David* Understanding Machine Learning S. 3 f.; s. auch die ISO-Norm 8373:2012, sowie Europäische Kommission, Commission Staff Working Document SWD(2018) 137 final, 22 ff.

1. Technische Grundlagen der KI

a) Algorithmen

aa) Grundsätzliche Kausalität der Programmierer. KI ist ein Element der Ausgestaltung von Algorithmen der Informatik.[3] Sie wird wie jede andere algorithmische Funktion durch Programmierung in Code geschaffen. Dabei wird nach dem Kausalitätsprinzip menschlich definierter Signal-Input in menschlich definierten, ggf. physischen,[4] Signal-Output umgesetzt. Algorithmen verhalten sich *automatisch*. Kennzeichnend für KI ist die Ausstattung eines Algorithmus mit einem eigenen Auswahl- und Entscheidungsermessen durch ihre Programmierer – er kann deshalb *autonom* handeln. Bei voller Autonomie können In- und Output seiner Funktion sowie Zwischenschritte zum Output selbst gewählt werden. **Außerhalb voller Autonomie, die bis heute nicht erreicht ist, verhält sich der Umgang des Programms mit In- und Output innerhalb einer menschlich bestimmten Rahmenprogrammierung.** Diese kann auch ethische Prinzipien wie die asimov'schen Robotergesetze enthalten.[5] Es sind verschiedene technische Grade der Autonomie möglich, die wesentlich von der Vernetzung der KI abhängen. 3

bb) Autonomie und Qualität durch Vernetzung. Maßgeblich für Autonomie ist neben der Rahmenprogrammierung vor allem eine hinreichende situative Rezeption von Eingangsdaten. Hier ist ein wesentlicher Schnittpunkt in den technischen Anwendungen von KI und IoT, da analoge Eingangsdaten über Sensoren in digitale Daten überführt werden.[6] **Nur eine hinreichend vernetzte KI kann autonom funktionieren** und zuverlässig mit großer Komplexität umgehen. **Beispiel** einer KI-Funktion sei hier die computergestützte Gesichtserkennung. 4

Funktionell werden im KI-Programm die Eingangsdaten mit gespeicherten Kenndaten abgeglichen. Anhand der Kenndaten entscheidet die KI über den zu signalisierenden Output. Je begrenzter der Umfang der Kenndaten ist, desto entfernter ist die Verarbeitung der Eingangsdaten von der Realität der analogen Eingangsdaten. Bei einem großen Delta zwischen den Eingangsdaten und Kenndaten folgt ein Qualitätsdefizit im Output. Die **Gewinnung von Kenndaten** ist daher eine **Kernfrage guter KI-Programme.** Hier hängt die Funktionalität von KI von der „Vernetzung", also Datenverknüpfung, des Systems mit einem möglichst großen Ausschnitt des einsatzspezifischen Lebensbereichs ab. Im **Beispiel** der computergestützten Gesichtserkennung bedeutet dies, dass eine Reihe von Fotos mit menschlichen Gesichtern als Kenndaten dienen. Je mehr solcher Fotos in der Kenndatenbank liegen, desto besser ist damit die Funktionalität des Systems. 5

b) Neuronale Netze

aa) Funktionsweise. Die Konzepte der Eingangsdaten und Kenndaten führen zu den Grundlagen neuronaler Netze. In diesen können Kenndaten in mehreren Ordnungen hintereinander angelegt werden, wobei die Eingangsdaten kategorial auf verschiedenen Abstraktionsebenen behandelt werden. So kann eine komplexe Eingangsdatenmenge in un- 6

---

[3] Vgl. bei *Russel/Norvig* Artificial Intelligence S. 34 ff.; *Scherer* Harvard Journal of Law & Technology 29 (2) 2016, 354 (359 ff.); Europäisches Parlament, European Civil Law Rules in Robotics, PE 571.379, S. 8 ff.; populärwissenschaftlich zum Konzept des Algorithmus *Harari* Homo Deus S. 96 ff.; zu einer Begriffsklärung aus juristischer Sicht *Herberger* NJW 2018, 2825.

[4] Dazu schon aus rechtlicher Sicht *Reichwald/Pfisterer* CR 2016, 208.

[5] Die Robotergesetze entstammen *Isaac Asimovs* Kurzgeschichte Runaround, 1943, ergänzt und modifiziert durch The Robots of Dawn, 1983 und Robots and Empire, 1985, in denen schützende Verhaltensregeln für Roboter gegenüber Menschen festgeschrieben werden; zu den Ansätzen der EU einen Ethik-Code für KI zu entwerfen, High-Level Expert Group on Artificial Intelligence, Ethics Guidelines for Trustworthy AI, 2019; zu einem „ethics by design" Konzept vgl. *Mittelstadt et al.* Big Data & Society 3 (2) 2016, 1; *Hacker* CMLR 55 (4) 2018, 1143; wegen der sprachlichen Unschärfe normativer Konzepte kritisch *Denga* CR 2018, 69 (77); auch → Rn. 22.

[6] → § 1 und → § 2.

terschiedlich gewichtete Einzelelemente aufgelöst werden, die zueinander in einem bestimmten bzw. variablen Verhältnis stehen. In einer Übertragungsfunktion am Ausgang der Kenndatenanordnungen wird aus den Einzelgewichten ein Gesamtgewicht gebildet und an verschiedenen Schwellenwerten gemessen, sodass jeweils ein Signal aktiviert wird oder nicht. Dieses kann wiederum Eingangsgröße in eine weitere Funktion sein, sodass durch Aneinanderreihung Entscheidungsbäume entstehen.[7]

7 Gewichtungen

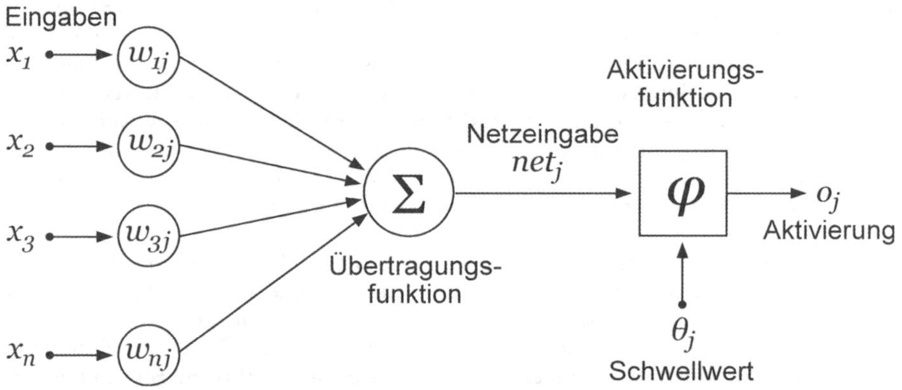

Abb. 1: Schematische Darstellung der Gewichtung von Kenndaten in einem „künstlichen Neuron";[8] die Hintereinanderschaltung solcher künstlichen Neuronen ergibt ein neuronales Netzwerk.

8 Im **Beispiel** der computergestützten Gesichtserkennung bedeutet dies, dass die Kenndaten durch das neuronale Netz implizit in die Kategorien Farbe, Helligkeit und geometrische Formen unterteilt werden können. Eine Übereinstimmung zwischen Eingangs- und Kenndaten im Bereich Farbe kann durch das neuronale Netz doppelt so hoch gewichtet werden wie eine Übereinstimmung im Bereich Helligkeit. Das Gesamtgewicht wird am definierten Schwellenwert gemessen und gibt bei dessen Überschreiten die Meldung eines Gesichts frei.

9 **bb) Statistische, nicht materielle, Ergebnisrichtigkeit im Machine Learning.** Die Reihenfolge der Kenndaten und ihre Gewichtungen können nach einem Versuch/Fehlschlag-Prinzip[9] optimiert werden. Dies geschieht durch Training an einer Vielzahl von Datensätzen mittels hoher Rechenleistungen und stochastischer Ansätze wie der linearen Regression oder Gaußscher Mischverteilung („Machine Learning"). Das Training kann selbst im Systembetrieb durch Feedback-Loops fortgesetzt werden. Die daraus folgenden Anordnungen der Kenndaten und ihre Gewichtungen können dabei sehr weit verästelt und querbezüglich sein. Dies erschwert, wenn nicht gar verunmöglicht, eine Nachvollziehbarkeit für die Programmierer erheblich. Insbesondere bestehen mehrere Methoden des Machine Learning: *supervised, unsupervised* und *reinforcement* Learning. Allen gemein ist, dass aus konkreten Beispielen abstrakte Modelle errechnet werden.[10]

---

[7] Zu neuronalen Netzen, vgl. die knappe Einführung bei Fraunhofer-Gesellschaft, Maschinelles Lernen, Eine Analyse zu Kompetenzen, Forschung und Anwendung, 2018, S. 11; BMWi, Künstliche Intelligenz und Recht im Kontext von Industrie 4.0, 2019, S. 15; umfassend dann *Maini/Sabri* Machine Learning for Humans S. 68 ff.; *Russell/Norvig* Artificial Intelligence S. 727 ff.

[8] Copyright-Hinweis unter dem Creative Commons-Regime: CC BY-SA 3.0.

[9] Genauer, in einer darwinistischen Evolutionsperspektive: Variation/Selektion/Stabilisierung.

[10] Vgl. dazu Fraunhofer-Gesellschaft, Maschinelles Lernen, Eine Analyse zu Kompetenzen, Forschung und Anwendung, 2018, S. 8 ff.; zu den einzelnen Methoden s. *Maini/Sabri* Machine Learning for Humans

Der Programmierer wird durch die selbstständige, statistische Anordnung der Kenndaten entlastet und teilweise substituiert. Das KI-Programm kann erfolgreichere Lösungswege, also solche mit höherer Ergebnissicherheit, privilegieren. Dabei sind **allein statistische Ergebnisse relevant,** welche **nicht zwingend tatsächliche Zusammenhänge** bedeuten. Korrelationen simulieren bei guten Trefferquoten echte Kausalitäten – und eröffnen so tatsächliche Fehlerquellen.[11] 10

Im **Beispiel** kann also das Machine Learning selbstständig der Kenndatenkategorie der geometrischen Formen das höchste Gewicht einräumen, weil hier das Auftreten von zwei Ovalen und zwei Kreisen am häufigsten mit einem im Training bestätigten Treffer korrelieren. Außer Acht bleibt aber, ob das System eigene Kriterien entwickelt, wie die Farbe des Hintergrundes der Formen. Hier können Eigenarten des Kenndatenmaterials zu Fehlern führen.[12] 11

c) Zusammenspiel von KI mit IoT

aa) Vergrößerung der Datengrundlage durch IoT. Anhand des Vorstehenden wird die Bedeutung einer adäquaten Datenmenge für die Funktionalität der KI deutlich. Sowohl die Eingangsdaten müssen hinreichend umfassend sein als auch die Daten zur Ordnung von Kenndaten, also das Trainingsmaterial beim *Supervised* und *Reinforcement Learning.* IoT-Anwendungen ermöglichen die Generierung der einrichtungs- und betriebserforderlichen Daten, die einer KI dann über Netzwerke, insbesondere das Internet, zur Verfügung stehen können.[13] 12

bb) Verbesserung der Datenanalyse durch KI. Wie dargelegt, dienen KI-Funktionen primär der selbstständigen, effizienten Anordnung von Daten zur Erzielung richtiger Ergebnisse. Durch **Machine Learning werden statistisch (für die Trainingsdaten) zutreffende Zusammenhänge von Daten etabliert.** Eine sehr grundlegende Beispielsfunktion hierfür ist etwa der ID3-Algorithmus zur Berechnung von Entscheidungsbäumen. Diese Funktion unterscheidet aus verschiedenen Unterkriterien diejenigen, die die meisten Unterinformationen tragen und so den Knoten, oder besser: die Wurzel des Entscheidungsbaumes bilden können.[14] So kann aus einer unstrukturierten, großen Datenmenge eine sinnvolle Datenanordnung gewonnen werden. Das umfassende Data-Mining durch IoT-Geräte bekommt erst durch Verarbeitbarkeit in KI-Programmen einen wirtschaftlichen Sinn.[15] 13

cc) Steuerung von vernetzten Anwendungen durch KI. KI kann Daten aus IoT-Sensoren nicht nur abnehmen, sondern IoT-Systeme steuern, wenn diese über eine Plattform verbunden sind. Dabei hat KI die Rolle eines Betriebsprogramms. Insbesondere im Bereich der industriellen Analyse sollen mit KI/IoT-Systemen Verbesserungen der Produktion und des Produktlebenszyklus erreicht werden.[16] 14

S. 16ff., 55ff., 68ff.; Royal Society, Machine learning: the power and promise of computers that learn by example, Report April 2017, S. 15, 24ff.

[11] Vgl. dazu *Jordan/Mitchell* Science 349 2015, 255; *LeCun et al.* Nature 521 2015, 436; *Lapuschkin et al.,* Nature Communications 10, 1096 (2019).

[12] Ein Huskyfoto mit Schneehintergrund kann als Wolfsfoto eingeordnet werden, wenn das Trainingsmaterial für die Erkennung von Wölfen immer Schneehintergrund hat, vgl. mit weiteren Bsp. *Ribeiro et al* in Proceedings of the 22nd ACM SIGKDD International Conference on Knowledge Discovery and Data Mining 2016 S. 1135.

[13] S. *Brenner/Zarnekow/Wittig* Intelligente Softwareagenten S. 32f.; *Klügl* in Görz/Schneeberger Handbuch der Künstlichen Intelligenz S. 540; BMWi, Künstliche Intelligenz und Recht im Kontext von Industrie 4.0, 2019, S. 22.

[14] Zur ID3-Funktion s. grundlegend, *Quinlan* Machine Learning 1:81–106.

[15] Vgl. dazu Europäische Kommission COM(2017) 9 final, Punkt 3; s. auch *Drexl* NZKart 2017, 339.

[16] Fraunhofer-Allianz, Big Data, Zukunftsmarkt Künstliche Intelligenz, Potenziale und Anwendungen, 2017, S. 28ff.; *Reinfurt et al.* in Proceedings of the 11th Advanced Summer School on Service Oriented Computing, 2017, S. 1–10.

d) Zusammenfassung und ökonomische Bewertung

15 Eine KI besteht aus einem hoch entwickelten algorithmischen Modell, das sein Umfeld über Eingangsdaten wahrnehmen kann und komplexe Entscheidungen zur Maximierung der ihm inhärenten Ziele treffen kann. Maschinelles Lernen erweitert die Anwendungsfälle von KI-Programmen durch Bildung abstrakter Modelle aus Beispielsdaten, die auch neue Situationen bewältigen können. Der Entscheidungsweg ist – je nach verwendeter Methode – mit fortschreitender Entwicklung des Systems schwerer nachvollziehbar. KI entscheidet in jedem Fall nur auf Grund statistischer, nicht objektiver, Richtigkeit. Je besser die Datengrundlage und die Rechengeschwindigkeit, desto komplexere Aufgaben können automatisiert gelöst werden. Der Mensch wird durch KI also entlastet, ersetzt – und teilweise übertroffen.[17]

2. Rechtliche Leitmotive zur KI

16 Im Folgenden sollen thesenartig die sich bisher im regulatorischen und wissenschaftlichen Diskurs herausgebildeten Leitideen zum Recht der KI dargelegt werden.

a) Kein Sonderrecht

17 **aa) „Law of the Horse" als Ausnahmeerscheinung.** Grundsätzlich ist die strukturelle Sonderbehandlung technologischer Neuerung im Recht die Ausnahme. Ob der Gesetzgeber angesichts gesellschaftlicher Veränderung überhaupt tätig wird, ist nicht selbstverständlich, denn die **Grundregeln des Rechtssystems** sind **adaptiv, „technik-neutral" konzipiert.** Für die ebenfalls disruptive Technologie des Internets hat diesen Grundgedanken *Easterbrook* allgemein übertragbar verkürzt: „Develop a sound law [of intellectual property], then *apply* it to computer networks".[18] Das Gebot der Zurückhaltung dürfte jedenfalls allgemein für das Privatrecht gelten, wo spezifische Regulierungsfragen, insbesondere solche staatlicher Schutzpflichten, bislang allenfalls nur vermittelt von Belang waren.[19]

18 Wie der Gesetzgeber tätig wird, ist weiterhin Frage komplexer Abwägungen, die auf einen gesellschaftspolitischen Ausgleich von Interessen ausgerichtet sind.[20] Selbst wenn für Künstliche Intelligenz durchgreifende Maßnahmen erwogen werden, ist damit nicht gesagt, dass diese schnell in Kraft treten. Es bleibt bis zum Tätigwerden des Gesetzgebers bei den allgemeinen Normen, die im richterlichen Ermessen auf neue Sachverhalte anzupassen sind.[21] „Jedes Gesetz steht als ein historisches Faktum im Wirkungszusammenhang seiner Zeit"[22] – soweit also nichts Neues bei der Behandlung der KI.

19 **bb) Anwendung allgemeiner Dogmatik.** So erlebt das Rechtssystem gesellschaftliche Veränderung vermittelt seiner strukturellen (institutionellen) Rückkoppelungsmechanismen, die in den Grundsätzen nationaler und europäischer Rechtsdogmatik verkörpert

---

[17] Zum Verhältnis von Mensch und Technologie visionär, *Gehlen,* Die Seele im technischen Zeitalter. Sozialpsychologische Probleme der industriellen Gesellschaft, 1957, der sie für den „Mensch als Mängelwesen" als Mittel der Organverstärkung, Organentlastung und Organausschaltung sieht.

[18] *Easterbrook,* U. Chi. Legal F. 1996, 207 (208); weitergehend zum Verhältnis von Innovation und Recht, *Grundmann/Möslein* ZfPW 2015, 435; zum möglichen Einfluss der Digitalisierung auf das Zivilrecht s. insbes. *Faust,* Digitale Wirtschaft – Analoges Recht: Braucht das BGB ein Update? Gutachten A zum 71. DJT, 2016.

[19] Zum Argument breiter Regulierung durch Privatrecht s. aber *Hellgardt* Regulierung und Privatrecht S. 726 ff.

[20] Am Bsp. des Diskurses zum Dateneigentum im Lichte der Interessenjurisprudenz *Denga* NJW 2018, 1371.

[21] Zum insoweit herrschenden Ansatz einer Wertungsjurisprudenz *Larenz* Methodenlehre der Rechtswissenschaft S. 120; zur (sehr beschränkten) Zulässigkeit richterlicher Gesetzeskorrekturen, vgl. *Rüthers* Rechtstheorie Rn. 949–981 und zur Interessen- und Wertungsjurisprudenz Rn. 524–544.

[22] *Larenz/Canaris* Methodenlehre der Rechtswissenschaft S. 171.

sind.[23] Die Rolle der Richter, Wissenschaftler und Rechtsanwender ist dabei eminent. Ihnen obliegt es, bestehende Regeln auf neue, das System irritierende, Sachverhalte kohärent anzuwenden – und dabei mehr oder weniger stark die Einbettung der Dogmatik in soziale, insbesondere technologische, Zusammenhänge und Erwartungen zu berücksichtigen.[24] Zugänge für eine umweltsensible, oder nach *Grünberger:* responsive,[25] Jurisprudenz sind in jedem Fall die Generalklauseln und unbestimmte Rechtsbegriffe.[26] Bei aller Offenheit für eine interdisziplinäre Rechtsmethodik, die neben ökonomischen Erwägungen[27] auch technologische und soziologische Erkenntnisse berücksichtigen will, muss allerdings das **Kohärenzgebot der Dogmatik** so verstanden sein, dass das Anliegen sicherer Rechtsfindung nicht einer reinen Begründungslehre weicht.[28]

b) Normativität von Code

Zukünftige Regulierung von KI steht nicht im luftleeren Raum, sondern kann sich insbe- 20
sondere auf die Erfahrungen der Internetregulierung stützen.

aa) „Code is Law" – kann Recht in Kodierung überführt werden? *Lessig* warf mit 21
seinem grundstürzenden Konzept von „Code is Law" die Frage nach dem Umgang mit der Architektur des Internets – der Kodierung – als Quelle der Verhaltensregulierung auf.[29] Die Schlüsse aus der verfassungsrechtlichen Diskussion um das Internet sind auf die Behandlung von KI-Funktionalitäten übertragbar, da in beiden Phänomenen Kodierung tragend ist. Eine Regulierung der Architektur des Internets wurde lange Zeit angezweifelt, da staatliche Eingriffe in die private Trägerschaft des Internets und seiner Dienste deren freiheitliches Grundkonzept in Frage stellen würden. Der Gedanke, dass die optimale Funktionalität der technischen Anwendung nur staatsfrei erreicht wird, dürfte auch für KI gelten. Inzwischen hat sich aber die **Intermediärsregulierung,** also die Pflichtenbindung von Internetdiensteanbietern, als tragfähiges Alternativkonzept gegen rechtsfreie Räume im Internet bewährt.[30]

---

[23] Zur systemischen Betrachtung des Rechtssystems und seiner Verbindungen zur Gesellschaft, insbesondere der problematischen „Reflexivität des normativen Erwartens", *Luhmann* Das Recht der Gesellschaft S. 144 f. und zur strukturellen Rückkoppelung, S. 440 ff.; zum „legal lag" staatlicher Ordnung s. freilich *Röthel* JZ 2007, 755.

[24] Wobei immer ein schmaler Grat zur Erosion der gesellschaftlichen Grundlagen des Rechtssystems beschritten ist, *Luhmann* Das Recht der Gesellschaft S. 148; zur Akzeptanzanforderung des Rechts s. auch *Bachmann* Private Ordnung S. 160 ff.

[25] *Grünberger* AcP 218 (2018), 213 (213 ff.); spezifisch für das Urheberrecht Grünberger/Leible/*Grünberger* Die Kollision von Urheberrecht und Nutzerverhalten S. 1 ff.; zum Konzept des „more technological approach" s. *Grünberger/Podszun* ZGE 2014, 269 (270) und *Specht* GRUR 2019, 253.

[26] Sie dienten schon bei der Rezeption der Grundrechte, als weiterer „Fremdkörper" der Dogmatik, im Zivilrecht als Aktuatoren, grundlegend *Canaris* AcP 184 (1984), 201 und *Canaris* Grundrechte und Privatrecht.

[27] Zur ökonomischen Analyse des Rechts als einer der herrschenden Methoden im deutschen Rechtskreis, vgl. nur die inzwischen in 4. Aufl. 2015 erschienene Habilitationsschrift von *Eidenmüller* Effizienz als Rechtsprinzip; grundlegend für das US-Recht *Posner* Economic Analysis of Law und *Williamson* Markets and Hierarchies.

[28] So etwa *Rebhahn* ZfPW 2016, 281 (289); krit. zur „doppelten Delegation" *Denga/Pohle/Hölzel* RW 4/2020, 420; die Diskussion um den adäquaten Umgang der Rechtsdogmatik mit dem Phänomen der Digitalisierung ist noch nicht abgeschlossen; umfassender Überblick bei *Grundmann/Micklitz/Renner* New Private Law Theory, 2021.

[29] *Lessig* Code and other laws of cyberspace.

[30] Dazu *Goldsmith/Wu* Who Controls the Internet S. 68 ff.; als praktischer Anwendungsfall einer differenzierten Intermediärshaftung sei insbesondere die E-Commerce-Richtlinie genannt, dazu *Specht* ZUM 2017, 114; *Ohly* ZUM 2017, 793; zur Dogmatik der Störerhaftung von Internetdiensteanbietern allgemein *Leistner/Grisse* GRUR 2015, 19 (105); *Wielsch* RW 1/2019, 84 (89 ff.); *Wagner* GRUR 2020, 329; zuletzt zum NetzDG etwa *Löber/Roßnagel* MMR 2019, 71; zuvor schon *Spindler* ZUM 2017, 473 und *Nolte* ZUM 2017, 552.

22 **bb) Probleme der Regulierung technischer Prozesse.** Der Erfolg der Intermediärsregulierung im Technikrecht rührt nicht nur von den freiheitlichen Funktionsprämissen der Technologien, sondern von der Schwierigkeit, normative Konzepte in die Architektur der Technologie – also in Kodierung – zu überführen. Selbst ein komplexes binäres System stößt bei der Abbildung normativer Konzepte wie *Fairness, Gleichheit* und *Gerechtigkeit* an Grenzen. Ein gesetzgeberisch durchsetzbares „Ethics by Design" dürfte wegen der umfassenden Interpretierbarkeit ethischer Konzepte schwer umsetzbar sein.[31] Allerdings entbindet dies die Programmierer und Verwender nicht von ihrer Sorgfaltspflicht gegenüber dem Rechtsverkehr. Die KI-Expertengruppe der Europäischen Kommission hat hierzu eine (nicht abschließende) Prüfliste für Entwickler und Verwender von KI entwickelt, die Verhaltensanforderungen im Sinne von Optimierungsgeboten festsetzt. Diese dürfte einen Minimalstandard darstellen, aber bei Einhaltung nicht von Haftung entbinden.[32]

c) Probleme der Nachvollziehbarkeit

23 Die automatische Datenverarbeitung beim Einsatz von Machine Learning führt zu Erkenntnisschwierigkeiten hinsichtlich der Entscheidungsmechanismen. Gerade in komplexeren Entscheidungsmodellen, die sich zudem fortlaufend verändern, kann es menschlichen Programmierern schwerfallen, die Entscheidungen nachzuvollziehen.[33] Dies kollidiert mit den datenschutzrechtlichen Beteiligungsrechten, insbesondere unter Art. 13–15, 22 DS-GVO, die ein Recht auf Ex-post-Erklärung automatisierter Entscheidungen auf Grund personenbezogener Daten gerade nicht zu enthalten scheinen.[34] Zudem ist die Nachvollziehbarkeit von Entscheidungsfehlern sowie deren Prävention wesentlicher Umstand für die Versicherbarkeit von Risiken. Lösungsansätze – hier ist die Debatte allerdings noch in vollem Gange – sind eine umfassende Dokumentationspflicht der Rechenprozesse oder Veranschaulichungen der KI-Entscheidungen.[35]

d) Zurechenbarkeitsrisiken

24 **aa) Kausalitätsketten und Zuordnung.** Wesentliches Problem beim Einsatz von KI ist die Zurechnung des Erfolgs zu einem Rechtssubjekt.[36] Dies in negativer, nämlich haftungsrechtlicher als auch in einer positiven, nämlich vertrags- und eigentumsrechtlichen Perspektive – die beide unten detaillierter beleuchtet werden sollen. Der Kontrollverlust menschlicher Akteure ist dabei keineswegs nur Zukunftsszenario, selbst wenn vollautonome Agenten mit universellem Einsatzspektrum noch nicht anzutreffen sind.[37] Die fehlende unmittelbare Nachvollziehbarkeit von Entscheidungen – abstrakt wegen der eingeübten Entscheidungsmodelle und konkret wegen der breiten Rezeption von Daten und deren Klassifizierung – erschüttern schon heute in beträchtlichem Umfang die Zuordnung der KI-Erfolge zu den beteiligten Entwicklern und Verwendern. Zumal diese ohnehin oft in

[31] *Asimov* Kurzgeschichte Runaround, 1943, ergänzt und modifiziert durch The Robots of Dawn, 1983 und Robots and Empire, 1985, in denen schützende Verhaltensregeln für Roboter gegenüber Menschen festgeschrieben werden; zu den Ansätzen der EU einen Ethik-Code für KI zu entwerfen, High-Level Expert Group on Artificial Intelligence, Ethics Guidelines for Trustworthy AI, 2019; zu einem „ethics by design" Konzept vgl. *Mittelstadt et al.* Big Data & Society 3 (2) 2016, 1; *Hacker* CMLR 55 (4) 2018, 1143; wegen der sprachlichen Unschärfe normativer Konzepte krit. *Denga* CR 2018, 69 (77); auch → Rn. 22.

[32] High-Level Expert Group on Artificial Intelligence, Ethics Guidelines for Trustworthy AI, 2019, S. 32ff.

[33] Zu den Problemen der Verständlichkeit von Machine Learning Algorithmen, *Wachter et al.* Harvard Journal of Law & Technology 31 (2) 2018, 841 (849ff.).

[34] So mit umfassender Begründung *Wachter et al.* International Data Privacy Law 7 (2) 2017, 76; zu einem neuen Recht auf „angemessene Schlussfolgerungen aus Datenverarbeitung" („a right to reasonable inferences"), vgl. *Wachter/Mittelstadt* Columbia Business Law Review 2019 (2), 494.

[35] S. auch hierzu *Wachter et al.* Harvard Journal of Law & Technology 31 (2) 2018, 841; zum „interpretable machine learning" und einem fallspezifischen Ansatz, vgl. *Doshi-Velez/Kim* Towards A Rigorous Science of Interpretable Machine Learning.

[36] Zur Zurechnung umfassend *Denga* ZIP 2020, 945.

[37] So etwa auch *Teubner* AcP 218 (2018), 155.

komplexen kooperativen Strukturen arbeiten, in denen auch unternehmensübergreifend mehrere Entwickler an einem Algorithmus arbeiten, Datensets aus unterschiedlichen Quellen verwenden und die KI als Dienstleistung oder Modul eines übergeordneten Produkts anbieten.[38]

bb) Rechtspersönlichkeit für KI? Rechtspolitisch fraglich ist, ob wegen der technisch und konstruktiv bedingten Diffusion von Beiträgen die Schaffung eines eigenen Rechtssubjekts erforderlich ist. *Teubner* vertritt dies insbesondere mit dem Hinweis auf ansonsten entstehende Haftungslücken und auch das Europäische Parlament ist diesem Konzept nicht abgeneigt.[39] Auf absehbare Zeit ist hier aber keine gesetzgeberische Lösung zu erwarten, zuvörderst müsste auch ein missbräuchlicher Einsatz einer „ePerson" zur Haftungsabschirmung ausgeschlossen werden. 25

II. Vertragsschluss – insbesondere automatisierte Verträge

Zunehmend werden KI-Funktionen dazu eingesetzt wirtschaftliche Transaktionen einzuleiten und auszuführen (→ Rn. 27 ff.). Ihr Tätigwerden fällt dabei in den Anwendungsbereich des Vertragsrechts, wobei sich besondere Rechtsprobleme hinsichtlich der rechtlichen Bindung, Erklärungslücken und ungewünschten Transaktionsergebnissen stellen (→ Rn. 30 ff.). 26

1. Transaktionen im IoT unter Mitwirkung von KI

a) Anwendungsbeispiele für automatisierte Transaktionen

Anwendungsbeispiele automatisierter Transaktionen finden sich bereits im Alltag – genannt seien automatische Assistenzsysteme wie „Alexa" und „Siri", mittels derer Warenbestellungen aufgegeben und abgewickelt werden können. Andere Geräte können selbstständig einen Bedarfsstatus feststellen und dann mit dem Lager eines Lieferanten oder über eine Plattform im Bieterverfahren eine Bestellung kommunizieren.[40] Noch komplexere Systeme sind im Bereich der automatisierten Vermögensverwaltung als „Robo Advisor" im Einsatz, wobei ein Algorithmus – mit mehr oder weniger Vorgaben des Anlegers – Vermögensverwaltungsleistungen übernehmen kann.[41] Zentral ist der Gedanke des automatischen Vollzugs eines definierten Programms von Tatbeständen und (Rechts-)Folgen in sog. **Smart Contracts.**[42] 27

b) Grundlagen automatisierten Vertragsvollzugs und Ergänzung um KI

Transaktionen zwischen Geräten können durch besondere Sicherungslösungen gestützt werden, wobei insbesondere die Blockchain zu nennen ist, aber auch einfachere Architekturen vorzufinden sind.[43] Kern der technischen Lösungen ist die Schaffung eines hinreichenden Vertrauenstatbestands für die Richtigkeit der Transaktion, insbesondere ihrer Aus- 28

---

[38] Die IT-typischen komplexen Organisationsstrukturen der Zusammenarbeit sollen in diesem Beitrag indes ausgeblendet bleiben und sind einer größeren Forschungsanstrengung vorbehalten.

[39] *Teubner* AcP 218 (2018), 155; differenzierend nach den Konzepten „Person" und „Rechtsfähigkeit" *Schirmer* JZ 2016, 660; *Schirmer.* JZ 2019, 711; kritischer: Stellungnahme des Europäischen Parlaments, PE 571.379, European Civil Law Rules in Robotics, S. 14 ff.; *Spiecker gen. Döhmann* CR 2016, 698 (702); BMWi, Künstliche Intelligenz und Recht im Kontext von Industrie 4.0, 2019, S. 7; *Riehm* RDi 2020, 42.

[40] Beispiele der M2M-Kommunikation sind: vernetzte Haushaltsgegenstände, Autos oder Industrieanlagen; dazu *Grünwald/Nüßing* MMR 2015, 378.

[41] Dazu umfassend und mwN *Denga* in Ebers/Heinze/Krügel/Steinrötter KI § 15.

[42] Dazu grundlegend *Szabo* First Monday 2 (9) 1997; s. auch die umfassende Aufberabeitung von *Möslein* ZHR 183 (2019), 254; *Paulus/Matzke* ZfPW 2018, 431.

[43] Insbes. „accounting controls", also allgemeine Buchführungsmaßnahmen, *Szabo* First Monday 2 (9) 1997; zur Blockchain s. *Schrey/Thalhofer* NJW 2017, 1431.

löser und ihrer Gegenstände. **Erst bei hinreichender Richtigkeitsgewähr können sich rationale Parteien auf den automatischen Vollzug von Transaktionen einlassen.** Sensorisch können dann analoge Daten erfasst werden und digital mit den Kenndaten der Funktion abgeglichen werden. Der Output der Funktion verhält sich im von den Parteien vordefinierten Rahmen und kann positiv (Leistung), neutral (keine Aktion) oder negativ (Sanktionen) ausfallen.

29 Die algorithmische Wenn-Dann-Logik kann mit KI durch autonome Elemente ergänzt werden – dies insbesondere schon bei der Definition der Transaktion. KI kann Tatbestände sowie Aktionen selbst festlegen und so sogar ohne nutzergenerierte Voreinstellungen Transaktionen durchführen.[44] KI-gestützte Transaktionsfunktionen können durch ihre Fähigkeit, schnell und umfassend auf neue Situationen zu reagieren, erhebliche Effizienzsteigerungen bewirken, eröffnen aber das unter → Rn. 24 beschriebene Zurechenbarkeitsrisiko.

2. Besondere Rechtsprobleme

30 Der Einsatz von KI erfordert einen gewissen Begründungsaufwand in den Grundkategorien des Vertragsrechts – von der rechtlichen Bindungswirkung über Fragen der Auslegung und Aufhebung bis hin zur Haftung.[45]

a) Rechtliche Bindung

31 **aa) Willenserklärung des Verwenders (teil-)autonomer Systeme.** Der Einsatz teilautonomer Systeme zu Transaktionszwecken kann als Abgabe rechtsverbindlicher Willenserklärungen gewertet werden. Die Gestaltungshoheit des Rechtsträgers über seine vertraglichen Bindungen kann dabei durch eine differenzierte Bewertung in Abhängigkeit von der spezifischen Einsatzbestimmung von KI-Agenten gesichert werden.[46]

32 Für das Vorliegen von Willenserklärungen ist zunächst der objektive Tatbestand maßgeblich, der durch die allgemeine Rechtsscheinlehre eingeschränkt wird.[47] Sofern sich ein Verhalten für einen Erklärungsempfänger als Ausdruck eines bestimmten Rechtsfolgewillens darstellt und der Erklärungsempfänger berechtigterweise darauf vertrauen konnte, bindet es den Erklärenden auch dann als Willenserklärung, wenn er bei Abgabe kein Erklärungsbewusstsein hatte, aber „bei Anwendung der im Verkehr erforderlichen Sorgfalt hätte erkennen und vermeiden können, dass die in seinem Verhalten liegende Äußerung nach Treu und Glauben und der Verkehrssitte als Willenserklärung aufgefasst werden durfte".[48] **Abweichungen zwischen subjektivem Willen und dem objektiv geäußerten** stellen die Wirksamkeit der Willenserklärung nicht in Frage, sondern können **sie lediglich anfechtbar** machen.[49] Anerkannt ist auch die Bindungswirkung bei Einsatz von Maschinen, wenn sich die Erklärung auf einen Rechtsträger zurückführen lässt.[50]

---

[44] So auch *Specht/Herold* MMR 2018, 40.

[45] Zur Wirkung der Digitalisierung auf das Europäische Vertragsrecht allgemein, s. *Grundmann/Hacker* ERCL 13 (3) 2017, 255; s. auch *McGinnis/Pearce* Fordham Law Review 82 2014, 3041 (3050–3052); *Surden* Washington Law Review 89 (1) 2014, 110.

[46] Zur freien Vertragsgestaltung s. etwa *Canaris* JZ 1987, 993 (995 ff.); zum Stand der Diskussion um die Privatautonomie, s. *Riesenhuber* ZfPW 2018, 352.

[47] Zum Rechtsschein im allgemeinen Zivilrecht (ohne Handels- und Gesellschaftsrecht) vgl. MüKoBGB/*Schubert* § 167 Rn. 7, 97, 115 ff.

[48] BGH Urt. v. 29.11.1994 – XI ZR 175/93, NJW 1995, 953; Urt. v. 2.11.1989 – IX ZR 197/88, NJW 1990, 454 (456); Urt. v. 7.6.1984 – IX ZR 66/83, NJW 1984, 2279 (2280) mkritAnm *Canaris;* mwN Palandt/*Ellenberger* BGB Einf. v. § 116 Rn. 17.

[49] Palandt/*Ellenberger* BGB Einf. v. § 116 Rn. 19.

[50] Vgl. BGH Urt. v. 7.11.2001 – VIII ZR 13/01, MMR 2002, 95 mAnm *Spindler;* OLG Hamm Urt. v. 12.1.2004 – 13 U 165/03, MMR 2004, 761; OLG Frankfurt a. M. Urt. v. 20.11.2002 – 9 U 94/02, MMR 2003, 405 (406); BT-Drs. 14/4987, 11; *Taeger* NJW 2016, 3764; *Cornelius* MMR 2002, 353 (355); *Mehrings* MMR 1998, 30 (31); *Heun* CR 1994, 595 (595 f.); *Fritzsche/Malzer* DNotZ 1995, 3 (7); dazu

Maschinelle Erklärungen, die auf Voreinstellungen beruhen sind unter dem Begriff der **„Computererklärung"** als vollwertige Willenserklärung anerkannt.[51] Maßgeblich im hiesigen Zusammenhang ist das Kriterium der „Anwendung verkehrserforderlicher Sorgfalt", deren Vernachlässigung zu einer Rechtsscheinhaftung führt.[52]

Wer KI-Agenten bewusst in einem Lebensbereich mit Transaktionsrelevanz einsetzt und 33
sie funktional dafür konzipiert sind, Transaktionen einzuleiten, muss grundsätzlich damit rechnen, dass sie auch tatsächlich Rechtsbindungen begründen.[53] KI-gestützte Programme werden dann bewusst als Werkzeuge bei der Abgabe *eigener* Willenserklärungen eingesetzt. Bei einem geringen Autonomieumfang wählen sie selbstständig aus einer Sammlung vorgefertigter Willenserklärungen.[54] Je höher der Autonomiegrad, desto unvorhersehbarer werden Tatbestände und Erklärungen des Agenten. Allerdings manifestiert sich bereits **durch den Einsatz des KI-Agenten der generelle Wille,** Transaktionen mittels des KI-Agenten zumindest in einem bestimmten Lebensbereich einzugehen und abzuwickeln.

Sofern die Bestimmung des Lebensbereichs bei „Anwendung verkehrserforderlicher 34
Sorgfalt" nicht hinreichend begrenzt erscheint, der Verwender den KI-Agenten aber dennoch einsetzt, kann ein Vertrauensschutz des Rechtsverkehrs über den nur unzureichend abgegrenzten Lebensbereich hinaus entstehen. Die „verkehrserforderliche Sorgfalt", die der Erklärende bei seinem Verhalten aufwenden muss, um den Rechtsschein von Willenserklärungen zu kontrollieren, richtet sich bei KI-Agenten nach den Hersteller- oder Anbieterangaben sowie den eigenen Beobachtungen der Performanz des KI-Agenten. Wer einen universellen *Personal Assistant*-Agenten erwirbt oder sonst nutzt, muss damit rechnen, dass neben Lebensmittelbestellungen auch Bankgeschäfte getätigt werden. Der Einsatz eines *Urlaubsplaner*-Agenten hingegen, kann nur zu Erklärungen zur Buchung von Hotel, Mietwagen und Museumsbesuch führen, nicht aber zur Lieferung von Lebensmitteln, es sei denn, der Verwender erkennt die Ausbruchneigung des KI-Agenten.[55]

bb) Abgabe und Zugang. Die Abgabe einer empfangsbedürftigen Willenserklärung er- 35
folgt durch bewusste Entäußerung in den Rechtsverkehr.[56] Die Abgabe kann auch an unbestimmte Empfänger erfolgen, wie schon die Auslobung in § 657 BGB zeigt, und sich auch auf noch konkretisierungsbedürftige Erklärungen beziehen, wie aus den Grundsätzen zur Blankettvollmacht folgt, bei der keine Zweifel an der Zurechenbarkeit zum Vertretenen als abgegebene Willenserklärung bestehen.[57]

Mit bewusstem Ingangsetzen des Systems sind daher **alle** in ihm **möglichen Erklä-** 36
rungen abgegeben. Denn der Erklärende verzichtet bewusst auf das Privileg, Erklärungsinhalt, -zeitpunkt, -form sowie den Empfänger selbst zu konkretisieren, sondern will diese

auch *Kuhn* Rechtshandlungen mittels EDV und Telekommunikation S. 69 ff.; *Köhler/Fetzer* Recht des Internet Rn. 169 f.; *Viebcke* Durch Datenverarbeitungsanlagen abgegebene Willenserklärungen und ihre Anfechtung S. 45; OLG München Beschl. v. 15.11.2002 – 19 W 2631/02, MMR 2003, 274 (275); aA *Clemens* NJW 1985, 1998 (2001 ff.).

[51] *Dienst/Falke* in Bräutigam/Rücker E-Commerce-HdB 14. Teil Rn. 15; zu sog. Blanketterklärungen, die weiter gehen sollen, vgl. Spindler/Schuster/*Spindler* BGB Vorb. §§ 116 ff. Rn. 6–13; allgemein auch *Köhler* AcP 182 (1982), 126; *Clemens* NJW 1985, 1988; *Brehm* FS Niederländer, 1991, S. 233.

[52] Zur Frage, inwieweit Fahrlässigkeit positiven Vertrauensschutz herbeiführen kann, vgl. (zur Anscheinsvollmacht) mwN MüKoBGB/*Schubert* § 167 Rn. 95 ff.; Palandt/*Ellenberger* BGB § 172 Rn. 11.

[53] Zur Nutzung von Legitimationskennzeichen, wie Nutzerkonten auf Plattformen, vgl. *Herresthal* JZ 2011, 1171 (1173); *Schinkels* LMK 2011, 320461; *Linardatos* Jura 2012, 53 (53 f.).

[54] OLG Frankfurt a. M. Urt. v. 20.11.2002 – 9 U 94/02, MMR 2003, 405; LG Köln Urt. v. 16.4.2003 – 9 S 289/02, MMR 2003, 481; *Gitter/Roßnagel* K&R 2003, 64 (66); *Sester/Nitschke* CR 2004, 548 (550).

[55] Ein so weites Verständnis der „Computererklärung" nicht grundsätzlich ablehnend, aber eine Analogie der Stellvertretung bevorzugend, *Specht/Herold* MMR 2018, 40 (42); aA, mit Billigkeitserwägungen, *Grapentin* Vertragsschluss und vertragliches Verschulden beim Einsatz von Künstlicher Intelligenz und Softwareagenten S. 89 ff.

[56] Palandt/*Ellenberger* BGB § 130 Rn. 4; MüKoBGB/*Einsele* § 130 Rn. 13.

[57] Palandt/*Ellenberger* BGB § 172 Rn. 5; MüKoBGB/*Einsele* § 172 Rn. 4.

Tätigkeit an die KI delegieren. Mit Ingangsetzen werden – von der Figur der Blankettvollmacht übertragen – eine Vielzahl unterfertigter Erklärungen zur Abgabe bereitgelegt.

37 Ein Zugang der Erklärung erfolgt durch Empfang digitaler oder analoger Signale im Herrschaftsbereich des Erklärungsempfängers. Für ihn kommt es einzig darauf an, den Geschäftswillen und das Rechtssubjekt zu erkennen.

38 Da der gesamte Prozess von Abgabe bis Zugang, sowie die Willenserklärung selbst, vollständig dem Rechtsträger zuzurechnen ist, müssen KI-Agenten deshalb nicht als Boten oder Stellvertreter eingeordnet oder analog diesen behandelt werden.[58]

39 **cc) Wirksamkeitshindernisse.** Für die Wirksamkeit der Willenserklärung gelten die allgemeinen Vorschriften der §§ 104ff. BGB. Insbesondere kann das Schriftformerfordernis des § 126 BGB nicht durch elektronische Signale erfüllt werden.[59] Über die Sittenwidrigkeitsklausel können extreme Transaktionsergebnisse, insbesondere wucherische, ausgeschlossen werden.[60] § 134 BGB flankiert den Schutz des KI-Nutzers auf Linie der Gesetzeswidrigkeit.[61]

b) Erklärungslücken

40 Bei KI-generierten Erklärungen können sich Lücken hinsichtlich wesentlicher sowie nebensächlicher Aspekte der Vertragsbeziehung ergeben.

41 **aa) Auslegung.** Das Problem unvollständiger Verträge kann über Auslegung in den meisten Fällen überwunden werden. Trotz des Verbots der Buchstabenauslegung aus § 133 BGB hat sie beim Wortlaut der Erklärung zu beginnen. Maßgeblich ist der allgemeine Sprachgebrauch.[62] Die Begleitumstände sind nur insoweit zu berücksichtigen, als sie erkennbar sind.[63] Nur wenn aus den Umständen erkennbar ist, dass ein KI-Agent eingesetzt wurde, muss der Erklärungsempfänger dies berücksichtigen. Das Gebot beidseitig interessengerechter Auslegung kann zur ergänzenden Auslegung führen.[64] Vorrangig bleibt aber stets das dispositive Recht, insbesondere die Zuordnung eines Rechtsgeschäfts zu einem Vertragstypus sowie das allgemeine Schuldrecht.[65]

42 **bb) Einbeziehung von AGB.** Für die Einbeziehung von AGB gelten die verbraucherschützenden Regelungen über Fernabsatzgeschäfte, §§ 312d, 312i f. BGB iVm Art. 246a, 246c EGBGB.[66] Beim Einsatz von KI-Agenten nimmt der Nutzer selbst nicht Kenntnis von AGB, wenn er die Transaktion nicht durch persönliche Bestätigung der Kenntnisnahme freigibt.

43 Etwa für die Frage des Beginns des Widerrufsrechts nach §§ 312 g, 356 Abs. 3 BGB ist deshalb relevant, ob ihm die analytischen Möglichkeiten des KI-Agenten und das mit diesen erworbene Wissen zugerechnet werden kann.[67] Eine **(analoge) Anwendung von**

[58] Stellt man auf das Recht der Stellvertretung ab, so muss bedacht werden, dass dieses eine Rechtspersönlichkeit des Vertreters voraussetzt, vgl. §§ 165, 179 BGB; s. zu dem Ganzen *Cornelius* MMR 2002, 353 (354); *Gitter/Roßnagel* K&R 2003, 64 (66); *Sester/Nitschke* CR 2004, 548 (550); *Bräutigam/Klindt* NJW 2015, 1137 (1138).

[59] Dies folgt schon aus §§ 126 Abs. 3 und 126a BGB, vgl. MüKoBGB/*Einsele* § 126 Rn. 6.

[60] Einer vertieften Diskussion bedarf die Frage, wie sich der Einsatz von KI-Agenten auf das von § 138 BGB vorausgesetzte strukturelle Missverhältnis zwischen den Parteien auswirkt.

[61] Die Darlegungs- und Beweislast für den Sittenwidrigkeitstatbestand wird allerdings beim Nutzer des KI-Agenten liegen; vgl. dazu MüKoBGB/*Armbrüster* § 138 Rn. 168.

[62] Palandt/*Ellenberger* BGB § 133 Rn. 1, 14; MüKoBGB/*Busche* § 133 Rn. 58.

[63] Palandt/*Ellenberger* BGB § 133 Rn. 15; MüKoBGB/*Busche* § 133 Rn. 58.

[64] Palandt/*Ellenberger* BGB § 133 Rn. 18; MüKoBGB/*Busche* § 133 Rn. 64.

[65] Palandt/*Ellenberger* BGB § 157 Rn. 4; speziell zum Verhältnis von Smart Contracts zum dispositiven Recht, *Möslein* ZHR 183 (2019), 254 (276ff.); umfassend zur Auslegung von Rechtsgeschäften, *Wolf/Neuner* Allgemeiner Teil des Bürgerlichen Rechts § 35.

[66] Dazu *Sester/Nitschke* CR 2004, 548.

[67] Zur Frage der Wissenszurechnung vgl. *Hacker* RW 3/2018, 243 (267ff.).

§ 166 BGB muss übergeordnete rechtspolitische Belange berücksichtigen. Hier konfligieren effektiver Verbraucherschutz und der Grundsatz der Eigenverantwortlichkeit, speziell beim Einsatz von Risikotechnologien. In der Vergangenheit wurden Unternehmern immer weitergehende Informationspflichten auferlegt, die natürliche Rezeptionsfähigkeit der Verbraucher für Vertragsinformationen liegt aber gerade nicht im Herrschaftsbereich der Unternehmer und kann ihnen auch unter Effizienzgesichtspunkten nur schwer überantwortet werden.[68] Im rein unternehmerischen Rechtsverkehr wird das Prinzip der Eigenverantwortlichkeit von Technologieeinsatz maßgeblich sein, also unter diesem normativem Gesichtspunkt eine Zurechnung erfolgen müssen.

c) Ungewünschte Transaktionsergebnisse

Die Wirksamkeit des Vertrages unterstellt, insbesondere unter dem Aspekt der §§ 134, 138 BGB, ist fraglich, wie ungewünschte Transaktionsergebnisse zu behandeln sind. 44

aa) Anfechtbarkeit. Nach §§ 119, 142 Abs. 1 BGB können irrtümlich abgegebene Willenserklärungen angefochten und beseitigt werden. Ein Irrtum kommt als Erklärungs- oder Inhaltsirrtum in Betracht. 45

Der Inhaltsirrtum wird als Irrtum über die rechtliche Bedeutung einer mit Rechtsbindungswillen abgegebenen Erklärung verstanden. Dabei ist eine konkretisierte Vorstellung über den Geschäftsinhalt notwendige Voraussetzung für eine subjektive Meinung zur rechtlichen Bedeutung. Ein **Inhaltsirrtum** ist daher **ausgeschlossen,** wenn der Nutzer an der Konkretisierung des Geschäfts **nicht konzeptionell beteiligt** ist und der **KI-Agent in seinem vorgegebenen Geschäftsrahmen** handelt. Ausbrüche des KI-Agenten aus dem Geschäftsrahmen lassen nach der hier vertretenen Auffassung aber bereits die Willenserklärung als solche entfallen.[69] 46

Beim Erklärungsirrtum irrt der Erklärende über die rechtliche Bedeutung seines Verhaltens an sich und es liegt eine Störung im Erklärungsvorgang vor. Eingabefehler des Nutzers sollen auf durch Software abgegebene Erklärungen als Erklärungsirrtümer fortwirken; „Fehler“ innerhalb der Software werden hingegen als nicht anfechtungsrelevant gesehen, schon weil die Kategorie „Irrtum“ nicht zu den mathematisch zwingenden Prozessen der Informatik passen.[70] Ein **Erklärungsirrtum** ist **ausgeschlossen,** wenn der Nutzer den **KI-Agenten** gezielt **zum Abschluss von Transaktionen einsetzt.** Denn dann kann er keinen Zweifel über die Rechtserheblichkeit des Verhaltens des KI-Agenten haben. Ein Eingabefehler liegt dann nicht vor; die „Fehler“ innerhalb des Programms sind von vornherein nicht als Erklärungsfehler zu verstehen. 47

bb) Widerruf. § 312 g BGB eröffnet Verbrauchern im elektronischen Rechtsverkehr als Fernabsatz ein Widerrufsrecht, welches das Vertragsverhältnis in ein Rückgewährschuldverhältnis nach § 357 BGB verwandelt.[71] Werden wesentliche Informationen nicht kommuniziert, beginnt die Frist des Widerrufsrechts nicht zu laufen und das Widerrufsrecht erlischt erst zwölf Monate nach Eintritt eines Liefereereignisses oder nach Vertragsschluss, § 356 Abs. 3 BGB.[72] Zumindest bei Lieferverträgen sind Verbraucher durch dieses, abgesehen von der Zweiwochenfrist, voraussetzungslose Regime, gut geschützt, sodass durch das hier vertretene großzügige Verständnis von Willenserklärungen bei Einsatz von KI-Agen- 48

[68] Zum „cheapest cost avoider“ *Schäfer/Ott* Lehrbuch der ökonomischen Analyse des Zivilrechts S. 254 f.; allgemein zur „bounded rationality“ *Simon* Models of Man; mit einem Überblick zum Informationsmodell *Hacker* Verhaltensökonomik und Normativität S. 116 ff.

[69] Sieht man die Abgabe der Willenserklärung nicht als Umstand an, den der Erklärende selbst bewirkt, so ließe sich eine Analogie zum Botenfehler in § 120 BGB erwägen.

[70] Palandt/*Ellenberger* BGB § 119 Rn. 10; *Müller-Hengstenberg/Kirn* MMR 2014, 307 (311).

[71] Dazu MüKoBGB/*Fritsche* § 357 Rn. 11 ff.

[72] Dazu bereits → Rn. 42 ff.

ten keine umfassenden Rechtsschutzlücken entstehen.[73] Dem KI-Verwender ist das Lästigkeitspotential, den Widerruf formell richtig ausüben zu müssen, nach dem Veranlasserprinzip auch zumutbar.

49 **cc) Pflichtverletzungen des Verwenders von KI-Agenten beim Vertragsschluss?** Der potenziell vielfache Abschluss von Verträgen durch KI-Agenten bürdet nicht nur dem Verwender der KI eine Last auf, sondern auch denjenigen, die sich nach einem aus ihrer Sicht tadellosen Vertragsschluss tatsächlich einem nicht leistungsfähigen oder -willigem Vertragspartner gegenübersehen, der jedenfalls in Lieferverträgen auch ein Widerrechtsruf ausüben kann. Der Durchsetzungs- und Rückabwicklungsaufwand aus diesen ungewünschten Transaktionen ist der Gemeinwohlfahrt verloren – und hat ein erhebliches Lästigkeitspotential für Unternehmen.

50 Der Einsatz von KI-Agenten könnte daher durch technische Vorrichtungen besonders zu sichern sein und der unterlassene Einsatz solcher eine Nebenpflichtverletzung darstellen. Indes wäre es schon problematisch, überhaupt eine Pflichtenbindung aus § 241 Abs. 2 BGB anzunehmen. Denn auch der niedrigschwelligste Tatbestand „ähnlicher geschäftlicher Kontakte" aus § 311 Abs. 2 Nr. 3 BGB, der eine Bindung nach § 241 Abs. 2 BGB überhaupt auszulösen vermag, setzt Sonderverbindungen voraus.[74] Im Internet sind indes keine Sonderbeziehungen zwischen allen seinen Milliarden von Teilnehmern anzunehmen, da ansonsten die Begrenzungsfunktion von § 311 Abs. 2 BGB nicht zum Tragen käme. Hier ist eher der Anwendungsbereich der Verkehrssicherungspflichten gefragt – und damit das Deliktsrecht adressiert (dazu unter → Rn. 53 ff.). Nahe liegt jedenfalls eine Störereigenschaft notorischer KI-Verwender, § 100h BGB.[75]

51 **dd) Pflichtverletzungen des Empfängers KI-gestützter Willenserklärungen.** Die Frage nach Sorgfaltspflichtverletzungen stellt sich spiegelbildlich auch für die Empfänger KI-gestützter Willenserklärungen. In der Annahme einer Erklärung, die erkennbar auf einen „ausgebrochenen" KI-Agenten zurückgeht, könnte eine Pflichtverletzung liegen, §§ 241 Abs. 2, 311 Abs. 2 Nr. 3 BGB. Nach hier vertretener Auffassung besteht bei Erkennbarkeit des Ausbruchs aus dem Geschäftsbereich aber schon kein Rechtsschein einer Willenserklärung.

d) Zusammenfassung

52 Die konsequente Anwendung der Rechtsscheingrundsätze auf das Vorliegen einer Willenserklärung, mit einem angemessenen Sorgfaltsmaßstab für den Verwender von KI-Agenten, bietet einen hinreichenden Schutz für die am elektronischen Rechtsverkehr Beteiligten. In jedem Fall sind technische Begrenzungsmittel für den Geschäftsbereich des KI-Agenten ratsam. Denkbar ist eine zwingende Freigabeschranke für KI-vermittelte Transaktionen durch Interface, Transaktions-Höchstgrenzen oder Stimmerkennung.[76] Je mehr rechtsgeschäftliche Entscheidungen durch KI-Agenten vermittelt werden, desto mehr rückt deren Störanfälligkeit die Verantwortung der Anbieter und Hersteller in den Fokus – deren Haftung im folgenden → Rn. 53 ff. umfassend Gegenstand ist.

---

[73] Zum Schutz bei sonstigen, nicht-lieferbezogenen Verträgen, ist freilich der Fristbeginn mit Vertragsschluss kritisch.

[74] Palandt/*Grüneberg* BGB § 311 Rn. 24; MüKoBGB/*Emmerich* § 311 Rn. 48.

[75] Dazu die Grundlagen bei MüKoBGB/*Raff* § 1004 Rn. 1–16.

[76] Auf diese Möglichkeiten weisen auch *Specht/Herold* hin MMR 2018, 40 (42); für ein Ampelsystem, das die Abschlussberechtigung symbolisiert, *Grundmann/Hacker* ERCL 13:3 2017, 255 (282 ff.).

III. Haftung für autonom handelnde Gegenstände

1. Haftungsrelevanz der KI im IoT

IoT verhilft KI-Anwendungen zu einem weitreichenden physischen Wirkungsbereich, der im Falle von Systemfehlern oder unvorhergesehenen Folgen Schäden in großem Umfang verursachen kann, etwa in Smart Factories oder beim autonomen Fahren. Die Haftungsfrage bei KI-induzierten Schäden ist daher virulent und kann eine prohibitive Wirkung auf den Technologieeinsatz entfalten. Im Folgenden sind kritische Aspekte der Vertrags- (→ Rn. 54 ff.) und Deliktshaftung (→ Rn. 71 ff.) von KI-Anbietern und Herstellern darzulegen.[77] 53

2. Vertragliche Haftung der Anbieter von KI

Die vertragliche Haftung ist für die Kompensation von Vermögensschäden zentral und soll wegen deren Bedeutung hier zuerst behandelt werden. 54

a) Anspruchsgegner und Vertragstyp in Abhängigkeit vom Geschäftsmodell

Die vertragliche Haftung hängt vom jeweiligen Geschäftsmodell ab, in dem KI vermarktet oder eingesetzt wird. Kunden von KI-Anbietern stehen zu diesen in einem Vertragsverhältnis, welches die Grundpflicht des Integritätsschutzes aus § 241 Abs. 2 BGB beinhaltet.[78] Zu Gunsten etwa von Lieferanten des mit dem Anbieter unmittelbar kontrahierenden Kunden kann zumindest das Institut eines Vertrages mit Schutzwirkung für Dritte greifen.[79] 55

Als besondere Kundengruppe haben Käufer von KI-Programmen ein Vertragsverhältnis mit dem Verkäufer *oder* dem KI-Anbieter.[80] Auf Grund der Komplexität von KI-Programmen ist eine **Diversifizierung und Verflechtung von Leistungsbestandteilen** zu beobachten.[81] Es wird im Einzelfall darauf abzustellen sein, ob der Käufer eines autonomen Systems separate Verträge mit einem Hardware-Produzenten und einem KI-Anbieter abschließt, oder ein Gesamtpaket erwirbt. In letzterem Fall ist das maßgebliche Typenregime im BGB nach dem Schwerpunkt des Vertragsverhältnisses zu ermitteln – ob die Vorschriften des Kauf-, Werk- oder Dienstvertragsrechts Anwendung finden, ist in einer wertenden Gesamtbetrachtung zu bestimmen.[82] Der Erwerb der Hardware dürfte einen Dienstleistungscharakter der ständig vernetzten und mit Daten versorgten Steuerungskomponente überwiegen, und damit dem Kaufrecht unterfallen, wobei hinsichtlich der spezifischen Eigenarten der Steuerungskomponente das Dienstvertragsrecht aufleben kann.[83] 56

---

[77] Die Haftung des Anwenders entspricht dem Folgenden; explizit aber *Eichelberger* in Ebers/Heinze/Krügel/Steinrötter KI § 5 Rn. 50–65.

[78] Vgl. MüKoBGB/*Bachmann* § 241 Rn. 47 ff.

[79] Vgl. MüKoBGB/*Gottwald* § 328 Rn. 166 ff.

[80] Ein Vertrag mit dem Hersteller des Kfz liegt hingegen nicht vor, sondern allein mit dem Vertragshändler, sofern nicht eine seltene Ausnahme des Direktvertriebs vorliegt.

[81] Vgl. Europäische Kommission COM(2018) 237 final, 9 ff.

[82] Vgl. dazu *Larenz/Canaris* Schuldrecht II/2 § 63 II S. 46; Jauernig/*Stadler* BGB § 311 Rn. 30 ff.; die Modifikationen des deutschen Schuldrechts durch die neue Warenkauf- und Digitale-Inhalte-RL waren hier bei Redaktionschluss nicht absehbar, RL (EU) 2019/770 und 2019/771.

[83] Zu den Problemen des Regresses gegen KI-Programmierer wegen Nutzung von Open Source Software, s. BMWi, Künstliche Intelligenz und Recht im Kontext von Industrie 4.0, 2019, S. 17; s. jetzt auch Erwgr. 21 und Art. 3 Abs. 4 und 6 der Richtlinie (EU) 2019/770, sowie die Richtlinie (EU) 2019/771.

b) Pflichtverletzung

57 Eine Pflichtverletzung liegt nicht schon bereits in der Verletzung eines Rechtsguts der Kunden. Es muss spezifisch gegen eine Pflicht aus der Sonderbeziehung verstoßen werden, bei deren Befolgung die Verletzung der Kunden ausgeblieben wäre.[84]

58 **aa) Pflichtenmaßstab.** Die Pflichten sind konkret für jeden Vertrag zu ermitteln und ergeben sich unmittelbar aus dem ausdrücklich oder konkludent Vereinbarten. Fehlt es aber, wie häufig, an einer Vereinbarung zu Art und Umfang der Sorgfalt des KI-Anbieters, fällt der Pflichtenkreis der Vertragsbeziehung auf das von den Vertragsparteien schlechthin zu Beachtende zurück, wobei insbesondere der Integritätsschutz nach § 241 Abs. 2 und die Vertragstreue nach § 242 BGB maßgeblich sind. Beide Normen sind höchstgradig normativ und von der Rechtsprechung überformt.

59 Bei Dienstleistungsverträgen, etwa bei *AI as a Service,* folgt der Maßstab des Integritätsschutzes und der für diesen aufzubringenden Sorgfaltspflichten aus diesen allgemeinen Rechtsquellen.

60 Bei Verträgen, die schwerpunktmäßig als Kaufverträge zu identifizieren sind, dürfte der Sorgfaltsmaßstab aus dem Sach- und Werkmangelbegriff folgen.[85] Nach § 434 Abs. 1 Nr. 2 BGB liegt ein Sachmangel vor, wenn die Sache *„sich für die gewöhnliche Verwendung eignet und eine Beschaffenheit aufweist, die bei Sachen der gleichen Art üblich ist und die der Käufer nach der Art der Sache erwarten kann."* Relevant ist also der **Erwartungshorizont der Käufer** eines autonomen Systems – in der Praxis wird auch hier eine Ersatzwertung der Gerichte erfolgen.[86] Daran dürfte sich auch nach Umsetzung der neuen Warenkauf-RL nichts ändern.[87]

61 Die Konkretisierung des erlaubten Risikos ist eine normative Frage und Kern der gesamten – vertraglichen wie deliktischen – Haftungsproblematik bei autonomen Systemen.[88] Der absolute Sicherheitsaspekt dürfte unter § 434 und § 241 Abs. 2 BGB genauso gleichlaufen wie unter der weiter unten zu besprechenden Produkthaftung, vgl. etwa § 3 Abs. 1 ProdHaftG.[89] Das erlaubte Risiko ist als konvergenter Maßstab in verschiedenen Tatbestandsmerkmalen verschlüsselt, vom Sachmangel über die Rücksichtspflicht hin zur Sorgfaltspflicht und dem Produktfehlerbegriff.[90] Hier sei auf die Ausführungen zur geschuldeten Konstruktionssorgfalt im Rahmen der Produkthaftung verwiesen, worauf der Diskurs sich bislang fokussiert hat (→ Rn. 80 ff.). Die deliktischen Instruktions- und Folgepflichten sind konsequenterweise für die Sorgfaltspflichten nach § 241 Abs. 2 BGB maßgeblich (→ Rn. 91 und 92).

62 **bb) Verletzung.** Hat die KI als Dienstleistung oder Kaufsache, oder Teil solcher, nicht die erwartete Eigenschaft, so liegt eine Pflichtverletzung schon durch Erbringung dieser Leistung vor.[91]

---

[84] Vgl. MüKoBGB/*Ernst* § 280 Rn. 14.

[85] Die Mangelfreiheit hat eine integritätsschützende Dimension, vgl. etwa *Medicus/Lorenz* SchR II Rn. 182.

[86] So auch *Zech* in Gless/Seelmann Intelligente Agenten S. 172, 181.

[87] Dazu *Lommatzsch/Albrecht/Prüfer* GRUR 2020, 331.

[88] *Zech* in Gless/Seelmann Intelligente Agenten S. 180; s. auch *Zech* ZfPW 2019, 198.

[89] Vgl. BGH Urt. v. 16. 6. 2009 – VI ZR 107/08, NJW 2009, 2952 (2953) – Airbags.

[90] Zur Konvergenz von Delikts- und Vertragsrecht, sowie zur Verlagerung der Sorgfaltspflichten in den Produktfehlerbegriff, *Kötz/Wagner* Deliktsrecht Rn. 606, 614; vgl. zum System vertraglicher Schadensersatzansprüche *Grundmann* AcP 204 (2004), 569; zum Schlüsselbegriff der Pflichtverletzung Staudinger/*Schwarze* BGB § 280 Rn. C 3 f.; zur durch die Schuldrechtsreform von 2001 angestoßenen Diskussion um den eigenständigen Gehalt des Begriffs der Pflichtverletzung, vgl. MüKoBGB/*Ernst* § 280 Rn. 11; zur Anspruchskonkurrenz von Delikts- und Vertragsrecht vgl. schon das RG Urt. v. 13. 10. 1916 – Rep. III 145/16, RGZ 88, 434 f.

[91] S. aber *Hacker* RW 3/2018, 243 (248 ff.), der auf eine Zurechnung des Verhaltens von KI-Agenten analog über § 278 BGB abstellt; zur Problematik der Haftung für Roboter als Ersatz für Erfüllungsgehilfen, s. *Klingbeil* JZ 2019, 718.

Fehler in Gebrauchsanleitungen und -hinweisen sind ein Sonderproblem. Der Hersteller ist nach umstrittener, aber bislang herrschender Meinung, nicht Erfüllungsgehilfe des Verkäufers, sodass sich der Verkäufer die Pflichtverletzung des Herstellers nicht analog § 278 BGB zurechnen lassen muss.[92] Bei Instruktionsfehlern ist aber die Sonderstellung von spezialisierten Fachhändlern zu beachten, die ihren Marktwert durch überlegenes Wissen begründen.[93] 63

c) Vertretenmüssen

Anspruchsvoraussetzung ist Vorsatz oder Fahrlässigkeit, § 276 BGB. Das Vertretenmüssen wird nach § 280 Abs. 1 S. 2 BGB vermutet. Der Vertragspartner der geschädigten Kunden muss den Entlastungsbeweis erbringen, dass er die Pflichtverletzung weder vorsätzlich noch fahrlässig herbeigeführt hat.[94] Die Widerlegung des Vertretenmüssens muss durch den Nachweis erfolgen, die allgemein erwarteten KI-Qualitäten erfüllt zu haben. Wegen der technischen Komplexität dürfte eine weitgehende Offenlegung entscheidungsrelevanter Algorithmen erforderlich sein. 64

d) Kausaler Schaden

Die zu vertretende Pflichtverletzung muss kausal für den Schaden sein, wobei die einfache Ursächlichkeit nicht hinreicht, sondern eine normative Zurechnung erfolgt.[95] 65

Bei vollständig autonomen Systemen dürfte eine Unterbrechung des Zurechnungszusammenhangs nach der Fallgruppe des **„Dazwischentretens Dritter"** vorliegen. Solange aber der Autonomiegrad beschränkt ist, es sich bei KI-Agenten vielmehr „nur" um eine Kombination besonders guter Programme und Computer handelt, also weiterhin um die menschliche Umsetzung von Regeln in Code, bleibt die Zurechnung des Schadens zur Pflichtverletzung des Herstellers oder KI-Anbieters aber erhalten.[96] Die genaue Abgrenzung der Zurechnung wird einzelfallspezifisch zu klären sein und die Rechtspraxis wird sich an das Vorhandensein eigenen Entschlusses bei KI-Agenten langsam herantasten müssen. Das Bestehen von Graubereichen schließt aber eine Zuordnung zu eindeutigen Kategorien in den meisten Fällen nicht aus. 66

e) Haftungsausschluss

Vertragliche Regelungen zum Haftungsausschluss sind bei standardisierter Verwendung am AGB-Recht zu messen, wobei im unternehmerischen Rechtsverkehr nach § 310 Abs. 1 BGB die Rolle der Generalklausel des § 307 BGB gesteigert ist.[97] Die Beschränkung der Haftung für Personenschäden, Vorsatz (schon wegen § 276 Abs. 3 BGB) und grobe Fahrlässigkeit ist daher ausgeschlossen. 67

Die Abwälzung von Haftungsrisiken über die Ausgestaltung der Schuldnerstellung selbst könnte indes eine Regelungslücke der §§ 307 ff. BGB sein. In begrenztem Umfang kann die Schuldnereigenschaft etwa eines untergeordneten Subunternehmens im Konzern eine überraschende und damit unwirksame Klausel nach § 305c BGB darstellen oder gegen das Transparenzgebot aus § 307 Abs. 1 BGB verstoßen.[98] 68

Hinsichtlich einzelner Teilleistungen, etwa der Datenzulieferung und Infrastrukturleistungen, ist eine weitere Aufspaltung und Abwälzung der Schuldnerpflichten denkbar. Da- 69

[92] S. dazu umfassend MüKoBGB/*Grundmann* § 278 Rn. 31; *Klees* MDR 2010, 305.
[93] Vgl. BGH Urt. v. 5.4.1967 – VIII ZR 32/65, NJW 1967, 1805; *Medicus/Petersen* Bürgerliches Recht Rn. 806.
[94] Dazu umfassend MüKoBGB/*Ernst* § 280 Rn. 34–44; Staudinger/*Schwarze* BGB § 280 Rn. 4.
[95] Vgl. MüKoBGB/*Wagner* ProdHaftG § 1 Rn. 19; NK-BGB/*Katzenmaier* ProdHaftG § 1 Rn. 15; umfassend *Denga* ZIP 2020, 945.
[96] MwN und zu einer für vollautonome Systeme adäquaten analogen Anwendung von § 831 BGB, *Denga* CR 2018, 69 (72 ff.).
[97] Dazu MüKoBGB/*Basedow* § 310 Rn. 4; Staudinger/*Schlosser* BGB § 310 Rn. 12.
[98] Vgl. am Bsp. von Plattformen *Engert* AcP 218 (2018), 304 (312 ff.).

bei könnten vertragliche Kardinalspflichten erodiert werden. Die *Beschreibung* der Hauptleistungspflichten unterliegt zwar nach § 307 Abs. 3 BGB nicht der AGB-Kontrolle. Klauseln, die das Hauptleistungsversprechen abweichend vom Gesetz oder der nach Treu und Glauben und nach der Verkehrssitte geschuldeten Leistung verändern, ausgestalten oder modifizieren, gehören dagegen nicht zu den Leistungsbeschreibungen und unterliegen selbst der Inhaltskontrolle.[99] **Klauseln, die wesentliche Rechte oder Pflichten,** die sich aus der Natur des Vertrags ergeben derart **einschränken,** dass die Erreichung des Vertragszwecks gefährdet ist, sind daher **nach § 307 Abs. 2 BGB unwirksam.**

f) Einwendungen

70 Über § 242 BGB könnte „Höhere Gewalt" als allgemeiner Rechtsgrundsatz eingewandt werden – insoweit ist auf die im Rahmen der Produkthaftung zu besprechende Problematik der Entwicklungsrisiken zu verweisen (→ Rn. 87). Hinsichtlich einer Verjährungseinrede ist bei mit der Sachbeschaffenheit zusammenhängenden Nebenpflichtverletzungen die kurze Verjährungsfrist von § 438 Abs. 1 Nr. 3 BGB anwendbar.[100]

3. Deliktshaftung von Hersteller und Zulieferer

71 Die Produkthaftung für KI-Systeme wird derzeit kontrovers diskutiert; insbesondere hat die Europäische Kommission angekündigt, den Produkt- sowie Fehlerbegriff auf KI-spezifische Risiken anpassen zu wollen.[101]

a) System der Produkthaftung

72 Gefährliche Güter werden vom zweispurigen System der Verschuldens- und Gefährdungshaftung erfasst.[102] Der Anknüpfungspunkt der beiden Regime ist trotz unterschiedlicher Schutzgüter und der unterschiedlichen Behandlung von Ausreißern und Exkulpationsgründen identisch – nämlich die **Sorgfaltspflichtverletzung.** Wenn ein Produzent bei Inverkehrbringen des Produkts eine Sorgfaltspflicht verletzt, so liegen gleichzeitig Verschulden und Produktfehler vor.[103] Das vermutete Produzentenverschulden entspricht auf Ebene der Beweislast der Gefährdungshaftung des ProdHaftG.[104] Wie schon oben dargelegt, soll die Sorgfaltspflicht hier als einheitlicher Begriff der deliktischen – und auch vertraglichen – Produkthaftung behandelt werden.[105] Sie ist der zentrale Ansatzpunkt der Verhaltensregulierung für Hersteller und Zulieferer neuer Technologien – und daher von enormer Bedeutung für die Schaffung von Marktvertrauen in autonome Steuerungen.[106]

73 Besonders beim Einsatz von KI sind nachgelagerte Produktüberwachungspflichten relevant; diese beruhen allein auf § 823 Abs. 1 BGB und werden hier als zweiter Schwerpunkt behandelt.

---

[99] Vgl. MüKoBGB/*Wurmnest* § 307 Rn. 13.

[100] Vgl. etwa MüKoBGB/*Westermann* § 437 Rn. 60.

[101] Vgl. dazu Europäische Kommission COM(2018) 246 final; SWD(2018) 137 final; spezifisch zum autonomen Fahren: Europäische Kommission, GEAR 2030, High Level Group on the Competitiveness and Sustainable Growth of the Automotive Industryin the European Union, Final Report 2017; vgl. auch Europäische Kommission COM(2018) 283 final, 13.

[102] S. etwa die schulmäßige Darstellung von *Fuchs/Baumgärtner* JuS 2011, 1057.

[103] Vgl. schon → Rn. 58 ff.

[104] Vgl. *Wagner* AcP 217 (2017), 707 (712 f.); ob die Verschuldensvermutung des BGH für Ansprüche aus § 823 Abs. 1 im Kontext der Produzentenhaftung als einfache Vermutung wirklich zu einem vollständigen Gleichlauf mit den Exkulpationsmöglichkeiten des Produzenten aus § 1 Abs. 2 ProdHaftG führt, kann an dieser Stelle nicht geklärt werden.

[105] Nach *Wagner* AcP 217 (2017), 707 (711 ff.).

[106] Vgl. dazu *Zech* in Gless/Seelmann Intelligente Agenten S. 197; zur Verhaltensregulierung durch das Deliktsrecht *Arlen/Kraakmann* NYU Law Review 72 (1) 1997, 687; *Schäfer/Ott* Lehrbuch der ökonomischen Analyse des Zivilrechts Kap. 4 3. S. 113 ff.

b) Tatsächliche Haftungsanknüpfungspunkte

Anknüpfungspunkte sind unter dem ProdHaftG ein in den Verkehr gebrachtes Produkt und unter § 823 Abs. 1 BGB eine rechtsgutsverletzende Handlung.[107] 74

Der Produktbegriff von § 2 ProdHaftG scheint im Hinblick auf KI-Agenten lückenhaft. Unproblematisch erfasst er zwar IoT-Hardware.[108] Nach §§ 2, 4 Abs. 1 ProdHaftG sind auch Zulieferteile erfasst; inwieweit Dienstleistungen und Software im Zusammenhang mit IoT-Hardware ebenfalls unter den Produktbegriff fallen, ist offen. IoT-Systeme sind Kombinationen von Hard- und Software sowie von Informationslieferungen. ***Embedded Systems*** sollen insgesamt unter den Produktbegriff fallen und damit die Produkthaftung auslösen.[109] Die Europäische Kommission betrachtet allerdings jedenfalls die Zulieferung von Daten zum Betrieb des Kombinationsproduktes als separate Dienstleistung, die nicht unter die Produkthaftung fällt.[110] Auch eine Volatilität von Produkten kann eine Einordnung erschweren – ist ein Gegenstand ständiger Veränderung unterworfen, wie eben KI-Agenten beim Deep Learning, schwindet der Anknüpfungspunkt der Verantwortlichkeit des Herstellers für „sein" Produkt. Ob eine Volatilität durch die Entwicklungsrisiken in § 1 Abs. 2 Nr. 5 ProdHaftG aufgefangen wird (dazu → Rn. 87), ist ungeklärt. 75

Diese möglichen **Einschränkungen des Anwendungsbereichs des ProdHaftG** werden indes **über den Anwendungsbereich von § 823 BGB kompensiert;** hier wird ohne Weiteres die Erbringung jeder Dienstleistung und jedes Inverkehrbringen eines Produkts als Verletzungshandlung qualifiziert.[111] 76

c) Regulierungsadressaten

Das ProdHaftG wendet sich an **Hersteller** von KI-Produkten. Nach der weiten Definition von § 4 Abs. 1 ProdHaftG,[112] ist das jeder, der *„das Endprodukt, einen Grundstoff oder ein Teilprodukt hergestellt hat. Als Hersteller gilt auch jeder, der sich durch das Anbringen seines Namens, seiner Marke oder eines anderen unterscheidungskräftigen Kennzeichens als Hersteller ausgibt."* Damit sind alle Arten der Vermarktung von KI-gestützten Produkten an Endkunden erfasst.[113] Aber auch **Zulieferer** haften für ihren Beitrag am Gesamtprodukt und es kann eine kumulierte Haftung mehrerer am Produkt Beteiligter – insbesondere unter dem Gesichtspunkt des Auswahlverschuldens – nach § 840 Abs. 1 BGB vorliegen.[114] Die Delegierbarkeit von Produktsicherungspflichten und deren Reichweite in Qualitätssicherungsvereinbarungen muss stets kritisch im Blick behalten werden, wobei die Komplexität von Softwareerzeugnissen nur eine verringerte Prüfdichte des Assemblers zulässt.[115] 77

Aus der Exkulpationsmöglichkeit in § 1 Abs. 3 ProdHaftG folgt allerdings, dass der Zulieferer nicht die Konstruktionsverantwortung, also nicht die Gefahr dafür trägt, dass sein Beitrag in das Gesamtprodukt passt. Weiter ist er nicht verantwortlich, wenn er das Teil nach Instruktion des Endherstellers fertigt.[116] 78

Hier dürfte analog zur Bestimmung der Sacheigenschaft unter dem ProdHaftG zu fragen sein, ob auch Dienstleister unter den Zulieferer- und damit Herstellerbegriff fallen – und auch hier greift **§ 823 BGB als Auffangregelung für jedes Handeln,** das für eine Rechtsgutsverletzung ursächlich ist.[117] 79

---

[107] Vgl. etwa Jauernig/*Teichmann* BGB § 823 Rn. 20.
[108] BGH Urt. v. 18.1.1983 – VI ZR 310/79, NJW 1983, 810 – Gaszug.
[109] *Wagner* AcP 217 (2017), 707 (714); *Redeker* IT-R Rn. 830.
[110] Vgl. Europäische Kommission SWD(2018) 137 final, 10.
[111] Vgl. zum Handlungsbegriff *Deutsch/Ahrens* Deliktsrecht Rn. 34 ff.
[112] *Wagner* AcP 217 (2017), 707 (719 ff.).
[113] Zum Quasi-Hersteller vgl. MüKoBGB/*Wagner* ProdHaftG § 4 Rn. 26 f.
[114] *Wagner* AcP 217 (2017), 707 (720); MüKoBGB/*Wagner* § 823 Rn. 786 ff., ProdHaftG § 4 Rn. 9, 22 ff.
[115] Vgl. etwa *Ensthaler* NJW 1994, 817 (818); *Kreifels/Weide* in Foerste/v. Westphalen ProdHaft-HdB § 60 Rn. 11 ff.; *v. Bodungen/Hoffmann* NZV 2016, 503 (507 f.).
[116] Vgl. dazu *Wagner* AcP 217 (2017), 707 (721).
[117] Schulze/*Staudinger* BGB § 823 Rn. 45 ff.

d) Konstruktionssorgfalt

80 Neben Kausalitätsfragen hat sich die geschuldete **Konstruktionssorgfalt** zum **neuralgischen Punkt der Haftungsdebatte um Künstliche Intelligenz** entwickelt. Sie **verschlüsselt** für das Vertrags- sowie Deliktsrecht **das bei dem Einsatz der Technologie erlaubte Risiko.** Ihr Umfang ist noch unklar, es kristallisiert sich aber heraus, dass sich KI-Agenten am Verhalten von Menschen messen lassen sollen, verkürzt: „Anthropozentrischer Sorgfaltsmaßstab".

81 **aa) Schadensfall als Sorgfaltspflichtverletzung?** Ein **Schadensfall** durch Einsatz des KI-Produkts **indiziert nicht** bereits **per se** eine **Überschreitung des erlaubten Risikos.**[118] Auch vor dem Hintergrund der durch KI zu realisierenden „Vision-Zero" für Personenschäden beim autonomen Fahren[119] erscheint eine solche Sicht zu radikal. Denn auch im Zeitalter der Digitalisierung gilt, dass die Teilnehmer am Rechtsverkehr gegeneinander keine absolute Sicherheit schulden.[120] Zumal zu beachten ist, dass KI nicht strikt nach dem Kausalitätsprinzip funktioniert und ihre Zulassung gerade das Paradox der Planung des Unplanbaren bedeutet.[121] Dies gilt im Kern für jedes erlaubte Risiko.

82 **bb) Anthropozentrischer oder systemischer Sorgfaltsmaßstab?** Schon früh im Diskurs wurde eine **anthropozentrische Perspektive** vertreten. Das KI-Produkt solle sich in einer konkreten Anwendungssituation mindestens **genauso sicher verhalten wie ein sorgfältiger, menschlicher Verkehrsteilnehmer.** Dies gebiete vor allem der Vertrauensgrundsatz, wonach jeder Verkehrsteilnehmer sich in der Regel auf das verkehrsgerechte Verhalten der übrigen Verkehrsteilnehmer verlassen darf.[122] Dies erscheint stimmig, da ansonsten die Reziprozität der Sorgfaltsanforderungen im Rechtsverkehr untergraben wäre.[123] Der Reziprozitätsgedanke ist aber für ein Wirtschafts- und Sozialleben erforderlich, da jede Transaktion in ein soziales Netz eingebunden ist, welches auf einer Vielzahl impliziter, aber eben menschlich determinierter, Prämissen beruht.[124]

83 Von dieser anthropozentrischen Sicht löst sich eine **systemische Perspektive,** die das **Gesamtverhalten aller Produkte eines Anbieters** betrachten will.[125] Da autonome Systeme, insbesondere etwa Automobile, nicht mehr als isolierte Produkte zu verstehen seien, sondern in ihren Lernprozessen vernetzt sind, solle auf die Unfallquoten der gesamten Produktpalette des Herstellers oder Anbieters abzustellen sein.[126] Dies entspräche auch dem Umstand, dass der Hersteller des Steuerungsalgorithmus die konkrete Anwendungssituation nicht kennt, sondern vielmehr die allgemeinen Regeln für die gesamte Produktpalette festlegt. Für die Zulassung autonomer Systeme soll allein ausschlaggebend sein, dass die Unfallquote gegenüber Menschen um die Hälfte reduziert wird, da ab diesem Stand der

---

[118] So etwa *Zech* in Gless/Seelmann Intelligente Agenten S. 163, 192; eingehend auch *Zech* ZfPW 2019, 198.

[119] Vgl. dazu etwa den Verkehrssicherheitsplan des „Pionierlandes" Schweden, Renewed Committment to Vision Zero, www.government.se/4a800b/contentassets/b38a99b2571e4116b81d6a5eb2aea71e/trafiksakerhet_160927_webny.pdf (6.7.2019).

[120] BGH Urt. v. 17.3.2009 – VI ZR 176/08, NJW 2009, 1669 Rn. 8; Urt. v. 2.10.2012 – VI ZR 311/11, BGHZ 195, 30 Rn. 7.

[121] Vgl. *Denga* CR 2018, 68 (72); so auch *Zech* in Gless/Seelmann Intelligente Agenten S. 163, 167.

[122] Vgl. BGH Urt. v. 7.11.2006 – VI ZR 206/05, NJW-RR 2007, 310; Urt. v. 26.1.1999 – VI ZR 376–97, NJW 1999, 1779; BeckOK BGB/*Spindler* § 823 Rn. 244, § 831 Rn. 27 ff.; zum Straßenverkehrsrecht *Gomille* JZ 2016, 76 (77); *v. Bodungen/Hoffmann* NZV 2016, 503 (504 f.); zum Gesellschaftsrecht Fleischer NZG 2003, 449 (455); *Fleischer* ZIP 2009, 1397; *Löbbe/Fischbach* AG 2014, 717 (719 f.); zur Kodifizierung des Vertrauensprinzips *Bachmann* Gutachten E zum DJT 2014 S. 42 ff.

[123] Vgl. dazu etwa Schäfer/Ott/*Schäfer/Ott* Die Präventivwirkung zivil- und strafrechtlicher Sanktionen S. 131, 140 f.; mwN MüKoBGB/*Wagner* § 823 Rn. 426 ff.; *Hacker* RW 3/2018, 243 (261 ff.).

[124] Dazu etwa *Granovetter* American Journal of Sociology 91 (3) 1985, 481; zu den normativen Erwartungen der Gesellschaft *Luhmann* Das Recht der Gesellschaft S. 144 f.

[125] S. *Geistfeld* Cal. L. Rev. 105 2017, 1611 (1644 ff.).

[126] Vgl. dazu *Wagner* AcP 217 (2017), 707 (733 ff.); *Geistfeld* Cal. L. Rev. 105 2017, 1611 (1651 ff.).

Technologie ein Zuwarten mit der Einführung der Technologie genauso viele Unfälle vermeide wie die Einführung der Technologie.[127] Damit verlagerten sich die Konstruktionspflichten auf reine Informationspflichten über die Unfallquoten und Versicherungsprämien des Einsatzes der autonomen Steuerung.[128]

Dieser Vorschlag vermag allerdings schon wegen des genannten Reziprozitätsgrundsatzes nicht verfangen. Auch sollen Produktfehler nicht aus der Perspektive der Industrie gemessen werden, sondern aus der der Konsumenten – so stellt Art. 6 Abs. 1 lit. b ProdHaft-RL auf den Gebrauch ab, *„mit dem billigerweise gerechnet werden kann."* Damit sind immer der Einzelfall und die Erwartungen der Nutzer relevant. Schließlich konnten Hersteller elektrische Haushaltsgeräte auch nicht mit Kohleherden vergleichen und behaupten, dass insgesamt ein Massenprodukt sicherer sei als ein handgefertigtes. 84

cc) Kosten-Nutzen-Abwägung. Die anthropozentrischen Sorgfaltsanforderungen für die Ausgestaltung von KI-Agenten stellen keine uferlosen Anforderungen. Es erfolgt eine am Verhältnismäßigkeitsgrundsatz orientierte Kosten-Nutzen-Abwägung.[129] Dies gilt sowohl für die Informationsbeschaffung über mögliche Risiken als auch für Risikoabwehrmaßnahmen. Daraus folgt eine gewisse Unschärfe der Verhaltenspflichten, wobei aber auch eine weitergehende ökonomische Quantifizierung der Abwägung problematisch ist. Der sog. *risk-utility-test* fragt nach den Kosten einer sicheren Alternativkonstruktion und setzt diese zum Sicherheitsgewinn ins Verhältnis.[130] Dieser Ansatz ist indes keinesfalls weniger wertungslastig als eine rein normative Güterabwägung.[131] Insbesondere die Bewertung von Sicherheit und Kosten alternativer Algorithmen für KI-Agenten wäre für den Rechtsanwender eine große Herausforderung. 85

dd) Technische Standards und Zertifizierungen. Neben den Erwartungen des Rechtsverkehrs bestimmen auch technische Standards die Sorgfaltspflichten von Produktherstellern.[132] Technische Standards können privater oder öffentlicher Herkunft sein. Für private Normen, wie etwa die ISO-Norm 26262 für sicherheitsrelevante elektronische Systeme in Kfz, oder die Normen der Europäischen Normungsorganisationen (CEN oder ETSI) wird inzwischen nicht mehr angezweifelt, dass sie eine verhaltenssteuernde Funktion haben und die Sorgfaltsanforderungen im Rechtsverkehr konkretisieren.[133] Dabei setzen sie nur **Mindestpflichten** fest, sodass der Hersteller bei deren Beachtung nicht in einem *safe harbour* ist.[134] Auch Zertifikate führen – anders als im öffentlichen Recht – nicht zu einer absoluten Enthaftung und können sogar durch Steigerung der Verkehrserwartung eine Haftungsverschärfung bewirken.[135] Zu beachten ist weiter, dass im besonders dynamischen IT-Bereich jede Standardisierung, selbst die über die *Common-Criteria-Standards* für IT-Produkte,[136] nur eine flüchtige Momentaufnahme ist und deshalb die Hersteller dazu 86

[127] *Wagner* AcP 217 (2017), 707 (733 ff.).
[128] Wagner AcP 217 (2017), 707 (739).
[129] Vgl. MüKoBGB/*Wagner* § 823 Rn. 316, 337 ff.; *Zech* in Gless/Seelmann Intelligente Agenten S. 163, 181; *Denga* CR 2018, 73 f.
[130] Vgl. *Dobbs/Hayden/Bublick* Hornbook on Torts § 33.6, § 33.8, S. 808 ff., 812 ff.; *Wagner* AcP 217 (2017), 707 (732 ff.).
[131] Vgl. zur rechtstheoretischen Problematik der Abwägung etwa *Ladeur,* Rechtstheorie Bd. 45 (2014) Heft 4, 467–486; pointiert zur Kritik an der Ökonomischen Analyse des Rechts, *Luhmann* Das Recht der Gesellschaft S. 22 ff.
[132] Vgl. etwa *Spindler* Verantwortlichkeit von IT-Herstellern, Nutzern und Intermediären S. 65 f.
[133] Vgl. etwa *Rockstroh/Kunkel* MMR 2017, 77 (81 f.); *Hoffmann* NZV 2019, 177 (180).
[134] *Spindler* Verantwortlichkeit von IT-Herstellern, Nutzern und Intermediären S. 66 ff.; *Wagner* AcP 217 (2017), 707 (730).
[135] Zu dem Ganzen ausf. *Spindler* Verantwortlichkeit von IT-Herstellern, Nutzern und Intermediären S. 71 ff.
[136] Vgl. dazu die Übersicht des BSI, http://www.bsi.bund.de/DE/Themen/Unternehmen-und-Organisationen/Standards-und-Zertifizierung/Zertifizierung-und-Anerkennung/Zertifizierung-von-Produkten/Zertifizierung-von-produkten_node.html (1.3.2021).

verpflichtet bleiben, die adäquaten Maßnahmen selbstständig zu prüfen.[137] Die Prüfliste der KI-Expertengruppe der Europäische Kommission spielt dabei eine eminente Rolle.[138] Verpflichtend dürften in jedem Fall ein Sicherheitsmodus gegen plötzliche Programmabstürze und ein optimierter Schutz gegen externe Angriffe durch Hacker sein.[139] Der Gesetzgeber neigt dazu, die **Konkretisierung von Verhaltenspflichten dem Markt zu überlassen,** wie etwa Art. 17 Abs. 4 lit. b DSM-RL zeigt, der für die Frage der Sorgfaltspflicht von Inhalteplattformen auf „branchenübliche Standards" verweist. Daraus folgen nicht nur legitimatorische Fragen, sondern auch solche zur interdisziplinären Kohärenz. Denn es wird nicht nur an Private delegiert, sondern auch in die Disziplin der IT. Aus dieser doppelten Delegation sollte ein weiter Ermessensspielraum für die Rechtsunterworfenen folgen, im Sinne einer ***Technology Judgement Rule.***[140]

87 **ee) Entwicklungsrisiken.** Eng bezogen auf technische Standards sind Entwicklungsfehler. Sind Entwicklungsfehler zum Zeitpunkt der Verkehrsöffnung nach dem „Stand von Wissenschaft und Technik"[141] nicht vorhersehbar, sind sie nicht Gegenstand von Verkehrspflichten unter § 823 Abs. 1 BGB. Die **Grenze der Möglichkeit und Zumutbarkeit** von **Sicherungspflichten** verläuft an der **Erkennbarkeit von Gefahren,** sodass gegen völlig unvorhersehbare Gefahren keine Maßnahme ergriffen werden muss, es handelt sich bei deren Realisierung dann vielmehr um ein allgemeines Lebensrisiko von Zufällen, vor dem gegebenenfalls speziell gewarnt werden muss.[142] Der Hersteller trägt für die Unvorhersehbarkeit eine umfangreiche Beweislast, wobei er insbesondere die gesamte Organisation seines Qualitätssicherungssystems darlegen muss.[143]

88 Dies gilt auch unter § 1 Abs. 2 Nr. 5 ProdHaftG. Entwicklungsfehler liegen unter dem ProdHaftG aber nur dann vor, wenn die *„potenzielle Gefährlichkeit des Produkts bei seiner Inverkehrgabe nach dem damaligen Stand von Wissenschaft und Technik nicht erkannt werden konnte, weil die Erkenntnismöglichkeiten (noch) nicht weit genug fortgeschritten waren."* Dabei bezieht sich die potenzielle Gefährlichkeit des Produkts *„nicht auf den im Einzelfall konkret zutage getretenen Fehler, sondern auf das diesem zu Grunde liegende allgemeine, mit der gewählten Konzeption verbundene Fehlerrisiko."*[144] Hier scheint der Maßstab des ProdHaftG strenger zu sein als der der Verkehrspflichten unter § 823 Abs. 1 BGB.

89 Fraglich ist, ob deshalb die Exkulpationsmöglichkeit nach § 1 Abs. 2 Nr. 5 ProdHaftG versagt werden soll. Diese Frage weist auf ein **grundsätzliches Paradox echter KI** hin: sie soll **abstrakt vorhersehbar konkret Unvorhersehbares vollbringen.**[145] Ein Freifahrtschein am Maßstab rein betriebsinterner Erkenntnisse kann sicherlich nicht angenommen werden, da sonst „organisierte Unverantwortlichkeit" droht. Der Stand der Wissenschaft und Technik bemisst sich vielmehr am objektiv zugänglichen Weltwissen.[146] Andererseits droht Innovationshemmung durch übermäßige Haftung, denn kein Hersteller wird KI-Produkte vermarkten, die unkalkulierbare Haftungsrisiken aus unkalkulierbaren Kausalketten begründen.[147]

---

[137] Vgl. dazu *Spindler* Verantwortlichkeit von IT-Herstellern, Nutzern und Intermediären S. 66, 68 ff.; s. auch BMWi, Künstliche Intelligenz und Recht im Kontext von Industrie 4.0, 2019, S. 18.

[138] High-Level Expert Group on Artificial Intelligence, Ethics Guidelines for Trustworthy AI, 2019, S. 32 ff.

[139] Vgl. Europäische Kommission, COM(2018) 283 final, unter 5; *Geistfeld* Cal. L. Rev 105 2017, 1611 (1634 ff.); Hilgendorf/Seidel/*Feldle* Robotics, Autonomics, and the Law S. 195 ff.

[140] Umfassend *Denga/Pohle/Hölzel* RW 2020, 420 (444 ff.).

[141] Vgl. zu den Abstufungen der Sicherheitsanforderungen im Technikrecht, BVerfG Beschl. v. 8.8.1978 – 2 BvL 8/77, NJW 1979, 359 (362) – Kalkar; *Nicklisch* BB 1983, 261 (264).

[142] Vgl. BGH Urt. v. 16.6.2009 – VI ZR 107/08, NJW 2009, 2952 – Airbags; MüKoBGB/*Wagner* § 823 Rn. 816; mwN, *Denga* CR 2018, 69 (73 f.).

[143] BGH Beschl. v. 26.1.2010 – VI ZR 179/09, BeckRS 2010, 5571 – Magnetschalter.

[144] MwN BGH Urt. v. 5.2.2013 – VI ZR 1/12, NJW 2013, 1302 Rn. 9.

[145] Europäische Kommission SWD(2018) 137 final, 10 f.

[146] Vgl. etwa BGH Urt. v. 15.1.2013 – X ZR 81/11, GRUR 2013, 367 Rn. 20 – Coriolisdurchflussmesser; zum Sonderproblem der Wissenszurechnung beim Einsatz von KI s. *Hacker* RW 3/2018, 243 (267 ff.).

[147] Vgl. nur für die USA *Marchant/Lindor* Santa Clara Law Review 52 2012, 1321 (1334).

Wegen der Spezifika von KI sollte statt des abstrakten Weltwissens die vereinheitlichte und transparente Erprobung von autonomen Systemen als Maßstab für nicht mehr zu verantwortende Entwicklungsfehler dienen.[148] Branchenweite hinreichend konkrete Maßstäbe für die Überprüfung von Robotern und ein Verständnis der absolut erforderlichen Steuerungsmechanismen können als Grenze dessen dienen, was verantwortet werden muss. Fehler, die trotz der Einhaltung dieser gesetzten Maßstäbe eintreten, müssen schlicht als nicht erkennbar und unvertretbar gelten.[149] Unausgereifte Produkte werden nicht von der Haftungsfreistellung profitieren; erforderlich ist damit ein binnenmarktweiter Diskurs von Testverfahren und eine dauerhaft besondere Aufmerksamkeit der Anbieter für Fragen der Steuerungssicherheit. 90

e) Geschuldete Instruktionssorgfalt

Instruktionspflichten der Hersteller dürften, **quasi** als **Kompensation** für die **schwere Greifbarkeit der Konstruktionsmaßstäbe,** in den Fokus rücken. Vorgeschlagen wird etwa die Information über die Haftungsrisiken in Form von Versicherungsprämien.[150] Jedenfalls muss der Anwender und Nutzer ein realistisches Bild von der Leistungsfähigkeit der autonomen Systeme erhalten, so dass er nicht in blindem Vertrauen in der eigenen Vorsicht nachlässt.[151] Eine Enthaftung durch unverständliche Information dürfte nicht eintreten.[152] 91

f) Folgepflichten

Nach ökonomischer Ratio ist der Hersteller wegen seiner originären Produktkenntnis zum geringsten Preis am besten dazu geeignet, **Entwicklungen des Produkts** im **tatsächlichen Marktverhalten** zu beobachten.[153] In Anbetracht der zunehmenden Datenauslese im IoT sollte dies umso mehr gelten.[154] Selbes folgt normativ aus dem Gedanken der Gefahrverursachung. Daher folgt unter § 823 Abs. 1 BGB eine Produktbeobachtungspflicht, die auch eine **Warnpflicht** bei Erkenntnissen über eine Schadensgeneigtheit enthält. Eine Rückrufpflicht kann bei schweren Gefahren anzunehmen sein – unter dem Grundsatz der Wahlfreiheit des Störers zur Störungsbeseitigung dürfte aber auch die günstigere Variante von Software-Updates gangbar sein.[155] Diese Folgepflichten treffen den Hersteller auch für Zubehör, wie insbesondere Apps. Je höher die Anforderungen an die Integration in das eigene System, desto intensiver ist die Überwachungspflicht.[156] 92

4. Beweislast

Unter dem ProdHaftG und bei dem Anspruch aus § 823 Abs. 1 BGB,[157] wie auch im vertraglichen Haftungsanspruch aus § 280 Abs. 1 BGB, muss der Anspruchsteller den Nachweis über pflichtwidriges Verhalten des Herstellers oder Vertragspartners nicht erbringen. Allerdings muss er das objektive Vorliegen der Sorgfaltspflichtverletzung durch Fehler in der autonomen Steuerung belegen. Dies dürfte dem Verletzten in der Regel mangels Einblicken in die Organisationsabläufe und der Geheimhaltung der Codes unmöglich sein. 93

---

[148] Vgl. zum autonomen Fahren Maurer/Gerdes/Lenz/Winner/*Wachenfeld/Winner* Autonomes Fahren S. 474 ff.
[149] AA *Wagner* AcP 217 (2017), 707 (750).
[150] Vgl. *Wagner* AcP 217 (2017), 707 (748).
[151] Vgl. dazu *Wagner* AcP 217 (2017), 707 (739).
[152] Im Anwendungsfall des autonomen Fahrens, insbes. zur Bedeutung der Instruktion für die Fahrerhaftung nach § 1a StVG, vgl. *Hilgendorf* JA 2018, 801.
[153] Vgl. zum „cheapest cost avoider" *Schäfer/Ott* Lehrbuch der ökonomischen Analyse des Zivilrechts S. 254 f.
[154] Vgl. dazu *Gomille* JZ 2016, 76 (81).
[155] Vgl. dazu *Wagner* AcP 217 (2017), 707 (751 f.); MüKoBGB/*Wagner* § 823 Rn. 848.
[156] So auch *Wagner* AcP 217 (2017), 707 (753).
[157] Vgl. dazu *Wagner* AcP 217 (2017), 707 (712 f.).

94 Nach allgemeinen zivilprozessualen Grundsätzen wird die **Substantiierungslast nach Treu und Glauben** modifiziert, wenn die darlegungsbelastete Partei außerhalb des von ihr darzulegenden Geschehensablaufs steht und keine nähere Kenntnis der maßgeblichen Tatsachen besitzt, während der Gegner diese hat und ihm nähere Angaben zumutbar sind.[158] Eine Übertragung dieser Grundsätze auf den Einsatz komplexer Steuerungsmechanismen scheint naheliegend. Spezifische Reichweite und Rahmen algorithmischer Offenlegung sind aber noch stark umstritten.[159]

5. Zusammenfassung

95 Die Haftung für Schäden aus dem Einsatz von KI-gestützten Produkten hängt von der Einhaltung allgemeiner Produkterwartungen ab, wobei ein anthropozentrischer Ansatz maßgeblich ist. Für – aus menschlicher Perspektive – gänzlich unerwartete Abläufe braucht kein Teilnehmer am Rechtsverkehr zu haften. Hinsichtlich technischer Unwägbarkeiten und inhärenter Systemrisiken ist durch die Einhaltung von Standards keine absolute Entlastung zu erwarten. Entwicklungsrisiken können eine Pflichtverletzung nur ausschließen, wenn sie abstrakt-generell zum Zeitpunkt der Leistung tatsächlich nicht vorhersehbar waren. Relevant bleiben aber jedenfalls Instruktions- und Folgepflichten der KI-Anbieter. Genau zu beobachten bleibt die aktuelle Regulierungsinitiative der EU-Kommission. Nach ersten Vorschlägen 2018 hat die EU-Kommission 2020 ihre Agenda erneuert, ohne freilich konkrete Regelungsvorschläge zu unterbreiten. Zentral scheinen allerdings Offenlegungspflichten über Algorithmen und ihre Trainingsdaten, die Einbeziehung von bislang nicht erfassten Akteuren in Lieferketten sowie die Pflicht zu laufenden Risikoeinschätzungen.[160] Auch der Produktbegriff selbst sowie der des Inverkehrbringens sollen überarbeitet werden.[161]

IV. Entstehung von Rechten geistigen Eigentums bei Einsatz von KI

1. Anwendungsfälle von Computerschöpfungen

96 Die Schaffung von Werken durch Computer hat in den letzten Jahren weiter an Bedeutung gewonnen. Diese Entwicklung macht auch vor der Kunstwelt nicht halt. So wurde etwa im Februar 2018 ein mittels KI erzeugtes Gemälde für einen hohen Preis in einer großen Auktion verkauft.[162] „The Next Rembrandt" ist ein weiteres Beispiel für KI-gestützte Kunst, das seit 2016 von der niederländischen Bank ING gefördert wird.[163] Googles DeepMind bietet das KI-Tool „magenta" an, um „Kunst und Musik mit maschinellem Lernen zu schaffen".[164] Für die Schaffung von Werken mit wirtschaftlicher und kultureller Bedeutung stehen längst leistungsfähige Werkzeuge zur Verfügung, angefangen bei der Auto-Complete-Funktion von Google, über das Übersetzungsprogramm DeepL bis hin zur Generierung journalistischer Kurzmeldungen[165] – und ganzer Texte.[166]

---

[158] Vgl. etwa BGH Urt. v. 3.3.2011 – I ZR 50/10, MDR 2011, 792; Urt. v. 18.5.1999 – X ZR 158/97, NJW 1999, 2887 f.; *Huber* MDR 1981, 95 ff.; Saenger/*Saenger* ZPO § 286 Rn. 92.

[159] Dazu die Nachweise → Rn. 32.

[160] EU-Kommission, Weißbuch zur Künstlichen Intelligenz, COM(2020) 65 final, insbes. S. 18, 22.

[161] EU-Kommission, Bericht über die Auswirkungen künstlicher Intelligenz, des Internets der Dinge und der Robotik in Hinblick auf Sicherheit und Haftung, COM(2020) 64 final, insbes. S. 17, 19; zu den Reformvektoren *Hacker* NJW 2020, 2142.

[162] *Rea* Why One Collector Bought a Work of Art Made by Artificial Intelligence.

[163] www.nextrembrandt.com/ (14.7.2019).

[164] Vgl. unter magenta.tensorflow.org/ (14.7.2019); vgl. *Dee* Delphi 1/2018, 31.

[165] *Peiser* The New York Times 5.2.2019; s.a. *Denga* RDi 2021, 150.

[166] S. etwa talktotransformer.com/ (1.8.2019).

Mit zunehmender Entwicklung von Geschäftsmodellen für autonom-generierte Werke stellen sich Fragen des rechtlichen Schutzes.[167] Philosophische Fragen betreffen die Bedeutung von Begriffen wie „Idee", „Kreativität" oder „Schöpfung" selbst – und sind auch für die juristische Qualifikation für den Schutz als Geistiges Eigentum relevant. Die Schaffung von ästhetisch hochwertigem Output, aber auch technischer Konzepte durch KI ist eine relativ junge Entwicklung. Die rechtliche Bewertung zum Schutz von KI-Ergebnissen steht dabei noch am Anfang.[168] Hier sind zunächst einige wesentliche Prinzipien des Geistigen Eigentums darzulegen (→ Rn. 98 ff.), welche die Grundlage für die rechtliche Behandlung des Schutzes von KI und deren Erzeugnissen legt (→ Rn. 108 ff.). 97

2. KI-relevante Grundprinzipien geistigen Eigentums

Zunächst ist der allgemeine Rahmen der KI-gestützten Erzeugung von Werken abzustecken. 98

a) Territorialität

Für KI-gestützte Schöpfungen in Deutschland gilt deutsches Recht. Deutschland ist Mitglied der Berner Übereinkunft, der „Magna Charta"[169] des internationalen Urheberrechts, und auch Mitglied der Europäischen Union, die einen Großteil des IP-Rechts für ihre Mitgliedstaaten harmonisiert hat.[170] Der **Schutz von Werken** ist allerdings eine **rein territoriale** Angelegenheit; international gibt es keine gegenseitige Anerkennung der Schutzfähigkeit von Werken zwischen Ländern, und Lizenzen können auf nationale Gebiete beschränkt werden.[171] Für Registerrechte, wie das Patent- und Markenrecht, gilt der Territorialitätsgrundsatz ebenfalls.[172] Für den Schutz von KI-Erzeugnissen ist also ein dezidiert territorialer Ansatz erforderlich. 99

Dabei ist zu beachten, dass das Recht des geistigen Eigentums in Europa tendenziell mehr und mehr Gegenstand politischer Auseinandersetzungen wird und ein Schauplatz für Verteilungskämpfe im Zuge disruptiver Veränderungen in der Industrie, wie zB der KI, darstellt.[173] Geschäftsmodellrelevante Entwicklungen im rechtspolitischen Diskurs sind daher ständig genau zu verfolgen.[174] 100

---

[167] Schon 1991 tagte die WIPO zu dem Thema, s. WIPO, Worldwide Symposium on the Intellectual Property Aspects of Artificial Intelligence, 25–27.3.1991; dazu *Ricketson* Colum.-VLA J. L. & Arts 16 (1) 1991, 1; s. auch *Dee* Delphi 1/2018, 31.

[168] Für Deutschland, *Hetmank/Lauber-Rönsberg* GRUR 2018, 574; *Lauber-Rönsberg* GRUR 2019, 244; s. auch die Übersicht von *Heinze/Wendorf* in Ebers/Heinze/Krügel/Steinrötter KI § 9; für die USA *Yanisky-Ravid* Mich. St. L. Rev. 2017, 659; s. aber WIPO, Worldwide Symposium on the Intellectual Property Aspects of Artificial Intelligence, 25–27.3.1991; dazu *Ricketson* Colum.-VLA J. L. & Arts 16 (1) 1991, 1; s. auch *Dee* Delphi 1/2018, 31.

[169] Vgl. *Spinello/Bottis* A Defense of Intellectual Property Rights S. 50.

[170] Vgl. für den Harmonisierungsstatus des Urheberrechts in Europa European Copyright Society, General Opinion on the EU Copyright Reform Package, 24.1.2017.

[171] Callies/Ruffert/*Wichard* AEUV Art. 118 Rn. 4; das Territorialitätsprinzip wirkt nicht kollisionsrechtlich, sondern sachrechtlich. Es regelt in Sachverhalten mit Auslandsbezug nicht unmittelbar die Frage nach dem anwendbaren Recht. Eine solche Kollisionsnorm begründet dagegen vielmehr das Schutzlandprinzip, welches jedoch zumeist mit dem sachrechtlichen Territorialitätsprinzip begründet wird, so Dreier/Schulze/*Dreier* UrhG Vorb. §§ 120 Rn. 28; Wandtke/Bullinger/*v. Welser* UrhR Vorb. §§ 120 ff. Rn. 5; vgl. Art. 5 Abs. 2 RBÜ; krit. dagegen MüKoBGB/*Drexl* Rom II-VO Art. 8, wonach der Territorialitätsgrundsatz die Schutzlandanknüpfung nicht begründen kann.

[172] Ingerl/Rohnke/*Ingerl/Rohnke* MarkenG Einl. Rn. 15.

[173] Vgl. zur repräsentativen „value gap"-Diskussion, www.ifpi.org/value_gap.php (7.1.2021); zum Leistungsschutzrecht für Presseverleger vgl. www.ivir.nl/academics-against-press-publishers-right/ (1.8.2019).

[174] S. bspw. zuletzt den Entwurf für den Digital Services Act COM/2020/825 final.

b) Anthropozentrismus des geistigen Eigentums

101 Die Schutzfähigkeit von KI-Erzeugnissen ist eng mit dem auf den Menschen als Schöpfer fokussierten, anthropozentrischen Ansatz des deutschen Urheber- und Patentrechts verknüpft.

102 **aa) Urheberrecht. (1) Schöpfung als Schutzgrund des Urheberrechts.** Der überkommene Zweck des Urheberrechts ist es, kreative Leistungen zu belohnen und anzuregen, indem dem Rechteinhaber ausschließliche Rechte gewährt werden. Gleichzeitig unternimmt es einen Interessenausgleich: Der Schutz der Arbeit soll mit dem öffentlichen Interesse am Zugang zur Arbeit in Einklang gebracht werden.[175] Zentral ist dabei die Differenzierung zwischen Urheberrecht und verwandten Schutzrechten. Während das Urheberrecht das Werk und seinen Urheber schützt, schützen verwandte Schutzrechte einen Produktionsprozess und/oder Investitionen, die zur Herstellung eines Werkes getätigt wurden. Individualität ist Voraussetzung für das Urheberrecht, für die verwandten Schutzrechte hingegen nur Nebenbedingung.[176] Die **Anforderungen an Kreativität sollten jedoch nicht zu hoch** sein. „Ein Funke" genügt; so sind selbst einfache Arbeiten mit einem Minimum an Individualität geschützt, wobei eine bestimmte „Schöpfungshöhe" erreicht sein muss.[177]

103 Das Urheberrecht entsteht automatisch mit der Entstehung des Werkes. In § 2 Abs. 2 UrhG heißt es: „Werke im Sinne dieses Gesetzes sind nur persönliche geistige Schöpfungen." Die eigene intellektuelle Schöpfung eines „Autors" wird in der Regel als etwas verstanden, das – subjektiv aus Autorensicht – noch nicht existiert hat.[178] Nicht nur das fertige Werk wird geschützt, sondern auch seine Vor- und Zwischenstufen, sofern es sich dabei bereits um persönliche geistige Schöpfungen handelt. Erforderlich ist, dass ein Gestaltungsspielraum bewusst genutzt wird.[179] Unter Umständen können auch Anpassungen bereits bestehender Werke unter den Schutz des Urheberrechtsgesetzes (§ 3 UrhG) fallen.

104 Der Einsatz von KI unterfällt unter dem Schöpfungsgesichtspunkt prinzipiell dem Urheberrecht – denn autonome Leistungen können neuartig sein und durch die Veränderung Bestehenden, Neues hervorbringen.

105 **(2) Persönlichkeitsbezug des Urheberrechts.** Ein urheberrechtlicher Schutz vollständig autonomer KI-Schöpfungen scheitert allerdings am engen Persönlichkeitsbezug des Urheberrechts. Denn bekanntlich ist die Besonderheit des kontinentaleuropäischen *Droit d'Auteur*-Urheberrechts, dass es sowohl die Persönlichkeit des Autors als auch seine wirtschaftlichen Interessen schützt (§ 11 UrhG) – es gliedert sich daher in die Persönlichkeits- und Nutzungsrechte. Da nur Menschen Persönlichkeit haben und das Urheberrecht an die Persönlichkeit anknüpft, ist Grundvoraussetzung für den urheberrechtlichen Schutz eines Werkes, dass es von einem Menschen geschaffen wurde. Maschinell oder tierisch[180] hergestellte Werke sind nicht durch das deutsche Urheberrecht geschützt, wenn nur der Mensch

[175] *Loewenheim* UrhR-HdB 1. Kap. § 1 Rn. 4; vgl. die Beiträge in Eifert/Hoffmann-Riem Innovation und Recht I: Geistiges Eigentum und Innovation, 2008 – namentlich von *Hoffmann-Riem* S. 15; *Engel* Geistiges Eigentum als Anreiz zur Innovation S. 43; *Huebner* Gemeinschaftliche Innovation und Patentpools S. 183; *Metzger* Innovation in der Open Source Community S. 187 und *Ohly* Urheberrecht zwischen Innovationsstimulierung und -verhinderung S. 279.

[176] Vgl. Dreier/Schulze/*Dreier* UrhG Vorb. §§ 70 ff. Rn. 1.

[177] BGH Urt. v. 19.3.2008 – I ZR 166/05, NJW 2008, 3784 mwN.

[178] Dazu und zur Möglichkeit von Doppelschöpfungen, Dreier/Schulze/*Schulze* UrhG § 2 Rn. 16 ff.

[179] So etwa BGH Urt. v. 13.11.2013 – I ZR 143/12, GRUR 2014, 175 Rn. 41– Geburtstagszug; *Peifer* Individualität im Zivilrecht S. 82 f.; *Metzger* Rechtsgeschäfte über das Droit moral im deutschen und französischen Urheberrecht S. 125 f.; zu alternativen, nicht herrschenden Qualifizierungsansätzen, *Lauber-Rönsberg* GRUR 2019, 244 (245 f.); Ideen und Konzepte werden nicht als solche geschützt, sondern nur deren dauerhafte Verkörperung.

[180] S. dazu den „Makaken-Selfie-Fall", U.S. Court of Appeals for the Ninth Circuit, 23.4.2018 No. 16-15.469 – Naruto v. Slater; dazu *König/Beck* ZUM 2016, 34.

Persönlichkeit in eine Schöpfung einbringen kann.[181] Gesetzessystematisch schlägt sich diese Einschränkung etwa in der Anknüpfung an das Todesdatum des Autors für die Schutzdauer des Urheberrechts nieder.[182] Ob dieser Anthropozentrismus angesichts der fortgeschrittenen Qualität KI-generierter Schöpfungen noch angemessen ist, steht auf einem anderen Blatt und dürfte den rechtspolitischen Diskurs noch länger beschäftigen.[183]

(3) Einsatz von Werkzeugen durch Urheber. Der Einsatz von Werkzeugen, wie auf Machine Learning gestützten Algorithmen, schließt eine menschliche Schöpfung nicht grundsätzlich aus, wenn der Mensch die Kontrolle über das Werkzeug behält.[184] Bei nur teilautonomen Funktionen kann der Mensch durchaus die **Kontrolle über den Schöpfungsvorgang** wahren. Dies ist die wohl kritischste Voraussetzung für den urheberrechtlichen Schutz von durch KI-erzeugten Werken und stets in einer Einzelfallentscheidung festzustellen.[185] Bei automatisierten und teil-autonomen Funktionen, bei denen ein Mensch die entscheidungsrelevanten Kenndaten festlegt und auch den Output bestimmt, steht der menschliche Anteil im Vordergrund. Anders liegt es bei vollautonomen Systemen. Hier verschiebt sich der urheberrechtliche Fokus auf den Schutz der KI selbst (als Software oder Datenbank – dazu → Rn. 109 ff.);[186] ein Schutz des KI-Outputs ist dann allerdings unter einem Leistungsschutzrecht denkbar. 106

bb) Patentrecht. Im Patentrecht wird ebenfalls einhellig davon ausgegangen, dass die Schöpfung technischer Erfindungen nur durch Menschen möglich ist.[187] Die Anreizzwecke des Patentschutzes können schließlich nur bei Menschen wirken.[188] Erfinder ist deshalb auch nicht der Eigentümer oder Benutzer eines Computers, sondern derjenige, der durch Programmgestaltung und die Auswertung computergestützter Ergebnisse die technische Lösung erreicht und erkennt. Je mehr er den Prozess zur technischen Lösung aus der Hand gibt, desto weniger ist seine Leistung anerkennenswert – auch im Patentrecht gilt eine wertende Betrachtung des Werkzeugeinsatzes.[189] 107

3. Schutz für KI-Funktionen und KI-Schöpfungen

a) Schutz von KI-Schöpfungen unter Leistungsschutzrechten

Nach dem soeben Gesagten scheidet ein genuiner urheberrechtlicher Schutz von KI-geschaffenen Werken bei autonomen Systemen aus, da sie nicht die Schöpfung eines Menschen darstellen. Während das Urheberrecht das Werk und seinen Autor schützt, schützen verwandte Schutzrechte allein die Erstellung einer **Leistung** oder die dafür **erforderliche Investition.** Menschliche Kreativität ist bei verwandten Schutzrechten von untergeordneter Bedeutung. Verwandte Rechte schützen teilweise auch ausschließlich wirtschaftliche und technische Investitionen. Dazu gehören die Rechte der Hersteller von Tonträgern 108

---

[181] Schricker/Loewenheim/*Loewenheim* UrhG § 2 Rn. 38 ff.; Dreier/Schulze/*Schulze* UrhG § 2 Rn. 8 ff.; Fromm/Nordemann/*Nordemann* UrhG § 2 Rn. 21; Wandtke/Bullinger/*Bullinger* UrhG § 2 Rn. 15 ff.; *Peifer* FS Walter, 2018, S. 222 (226 f.); *Rehbinder/Peukert* UrhR Rn. 211; *Schack* UrhR/UrhebervertragsR Rn. 184; ebenso für die RBÜ *Ginsburg* IIC 2018, 131; s. auch *Lauber-Rönsberg* GRUR 2019, 244 (245), die von einem „anthropozentrischen" Urheberrechtskonzept spricht.

[182] *Peifer* FS Walter, 2018, S. 222 (225).

[183] S. dazu schon früh *Fromm* GRUR 1964, 304; mwN, *Lauber-Rönsberg* GRUR 2019, 244 (249 ff.).

[184] Vgl. Wandtke/Bullinger/*Bullinger* UrhG § 2 Rn. 16 ff.; *Hetmank/Lauber-Rönsberg* GRUR 2018, 574 (577); im Vereinigten Königreich können die Werke jedoch nach § 9 Abs. 3 und § 178 des Copyright, Designs and Patents Act 1988 geschützt sein.

[185] So schon *Dreier* FS Kitagawa, 1992, S. 869 (881).

[186] S. auch BMWi, Künstliche Intelligenz und Recht im Kontext von Industrie 4.0, 2019, S. 22.

[187] *Ann* in Kraßer/Ann PatR § 19 Rn. 7.

[188] Zu diesen vgl. BGH Urt. v. 11.7.1995 – X ZR 99/92, GRUR 1996, 109 (114) – Klinische Versuche; BMWi, Künstliche Intelligenz und Recht im Kontext von Industrie 4.0, 2019, S. 23.

[189] Benkard/*Melullis* PatG § 6 Rn. 31 f.

und Filmen (§§ 85, 94 UrhG). Hier ist ein Schutz KI-geschaffener Werke zu Gunsten der Unternehmer gegeben, sofern das Ergebnis des KI-gestützten Schöpfungsprozesses werkspezifisch als Film oder auf Tonträger festgehalten werden kann. Weiterhin ist wohl auch der Schutz als Lichtbild nach § 72 UrhG möglich, da „Lichtbildner" auch sein kann, wer einen komplexen Aufnahmeprozess nur auslöst.[190] Der über das Leistungsschutzrecht vermittelte Schutz ist nicht wesentlich schwächer als der urheberrechtliche – sicherlich können keine Persönlichkeitsrechtsverletzungen geltend gemacht werden, in wirtschaftlicher Hinsicht ist aber abgesehen von der verkürzten Schutzdauer (50 Jahre ab Erscheinen), kein wesentlicher Nachteil ersichtlich.

b) Schutz der KI als Software

109 Urheberrechtlich geschützt sind Computerprogramme, wenn sie einzelne Werke in dem Sinne darstellen, dass sie das Ergebnis des eigenen geistigen Schaffens des Autors sind, §§ 2 Abs. 1 Nr. 1 und 69a Abs. 3 UrhG. Es werden alle Arten von Ausdruck des Programms geschützt, § 69a Abs. 2 UrhG. Dazu gehören alle Code-Formen (Objektcode, Quellcode, Maschinencode).[191] Das Ergebnis des Programms und seine Funktionalität sind allerdings nicht geschützt. Daher kann der KI-Algorithmus soweit geschützt sein, als seine Funktionalität vom Menschen dokumentiert und geschaffen ist. Die autonome Datenbewertung und Modellierung sowie die Ergebnisse des autonomen Programms hingegen sind nicht vom Schutz erfasst, selbst wenn sie menschlich verursacht sind. Es fehlt an der erforderlichen Kontrolle als Werkzeug.[192]

c) Schutz unter dem Datenbankrecht

110 **aa) Schutz von Datenbanken.** Dem Datenbankrecht, das sowohl als Urheberrecht als auch als verwandtes (sui generis) Recht ausgestaltet ist, wird generell eine immer größere wirtschaftliche Bedeutung beigemessen. Es schützt die schöpferische Leistung sowie die wesentliche Investition für die Erstellung einer Datenbank (§§ 87a–87e UrhG). Dieser doppelte Schutz soll Anreize für die Einrichtung von Systemen zur Speicherung und Verarbeitung vorhandener Informationen als wichtiges Gut in der Informationsgesellschaft schaffen.[193]

111 Eine Datenbank ist eine Sammlung einzelner Elemente in systematischem oder methodischem Zusammenhang. Sie müssen individuell und unabhängig, dh einzeln elektronisch oder auf andere Weise zugänglich sein (§ 4 Abs. 2 UrhG). Jedes Element muss dafür einen eigenen Informationsgehalt haben.[194]

112 Es ist zu beachten, dass unter den §§ 87a–e UrhG **nur die Datenbank selbst und als Ganzes geschützt** ist, **nicht aber ihr Inhalt.** Geschützt ist die Entnahme oder Weiterverwendung eines wesentlichen Teils des Datenbankinhalts. Die einzelnen Inhalte der Datenbank sind durch andere Schutzrechte wie Urheberrechte und verwandte Schutzrechte geschützt, die vor der Zusammenstellung in der Datenbank zu klären sind.[195] Daten müssen gespeichert werden, um Teil der Datenbank zu werden. Die Speicherung ist eine Form der Vervielfältigung (§ 16 UrhG).[196]

---

[190] So wohl auch *Lauber-Rönsberg* GRUR 2019, 244 (248); vorsichtiger BMWi, Künstliche Intelligenz und Recht im Kontext von Industrie 4.0, 2019, S. 25; ob hier tatsächlich eine Abweichung zum verallgemeinerungsfähigen Werkzeuggedanken gegeben ist, ist ungeklärt.

[191] BeckOK UrhR/*Kaboth/Spies* UrhG § 69a Rn. 5.

[192] Dazu schon → Rn. 106.

[193] Vgl. Erwgr. 7, 8, 12 Datenbanken-RL.

[194] S. dazu Erwgr. 17 Datenbanken-RL; EuGH Urt. v. 29.10.2015 – C-490/14, MMR 2016, 51 – Freistaat Bayern gegen Verlag Esterbauer.

[195] *Stender-Vorwachs/Steege* NJOZ 2018, 1361; *Götz* ZD 2014, 563.

[196] Wandtke/Bullinger/*Heerma* UrhG § 16 Rn. 16.

bb) Schutz der KI-Basis als Datenbank. Wie oben (→ Rn. 12ff.) dargelegt, besteht eine KI zu einem wesentlichen Teil aus einer Datensammlung, mit der sie trainiert und auf Grund derer sie abstrakte Modelle zur Entscheidungsfindung entwickelt und konkret einsetzt. Diese Datenmengen haben bis zu einer natürlichen Abstraktionsschwelle einen eigenen Informationsgehalt. Sie sind durch die Modelle der Entscheidungsfindung strukturiert. 113

Schutz unter dem **Datenbankurheberrecht** erlangt daher, wer die Modelle konzipiert. Dies dürfte wegen der automatischen Strukturierung nur zu einem gewissen Teil der Programmierer sein; bis zum Punkt des Kontrollverlusts läuft aber das Datenbankurheberrecht parallel mit dem Softwarerecht, da die Strukturierung von Daten einer Programmfunktionalität gleich kommt. 114

Für den Schutz unter dem **Sui-generis-Recht** können die Kosten für die Datengenerierung nicht als datenbankspezifische Investition berücksichtigt werden; abgestellt werden kann allerdings auf die Kosten der Anlage einer Struktur und eines Zusammenhangs zwischen den einzelnen Informationen.[197] Die Kosten von KI-Programmen, die einen Datenfundus als Grundlage ihrer analytischen Arbeit haben, erfüllen diese Voraussetzung. Als Investor ist daher zu betrachten, wer das KI-Programm finanziert und effektiv das organisatorische und wirtschaftliche Risiko hierfür trägt.[198] 115

cc) Schutz der KI-Erzeugnisse als Datenbank. Ob darüber hinaus auch die Ergebnisse der KI-Programme als Teile der Datenbank geschützt werden, ist zweifelhaft.[199] Jedenfalls erstreckt sich der Schutz nur auf die Gesamtheit der Erzeugnisse, sofern sie in einer Struktur abgelegt und systematisiert sind. Nach der Freigabe aus der Struktur, etwa durch Kommerzialisierung, greift der Datenbankschutz nicht mehr. 116

d) Patentschutz

Das Patent schützt Erfindungen in allen Bereichen der Technik, wenn sie neu sind, auf einer erfinderischen Tätigkeit beruhen und gewerblich anwendbar sind (§ 1 Abs. 1 PatG). Kernbegriff ist die „technische Lösung". Sowohl der Schutz der KI selbst als auch ihrer Erzeugnisse durch das Patentrecht ist problematisch. 117

aa) Schutz der KI selbst. Nach § 1 Abs. 3 PatG gelten bestimmte Produkte nicht als Erfindungen. Nr. 3 schließt Computerprogramme für Datenverarbeitungssysteme vom Schutz aus. Der Patentschutz gilt daher nicht für Computerprogramme als solche (vgl. § 1 Abs. 4 PatG und Art. 52 Abs. 2 EPÜ). Nach der Rechtsprechung sind Lösungen aus dem Bereich der reinen Informatik nicht als technische Erfindungen patentierbar.[200] Das Patentrecht schützt KI jedoch, wenn eine ausreichende technische Neuerung und ein technischer Bezug vorhanden sind.[201] Auf diesen Nachweis kommt es entscheidend an, es muss also ein Einsatz im technischen Umfeld nachgewiesen werden.[202] 118

---

[197] EuGH Urt. v. 9.11.2004 – C-203/02, GRUR 2005, 244 Rn. 31, 42 – BHB-Pferdewetten; Urt. v. 9.11.2004 – C-338/02, GRUR 2005, 252 Rn. 24 – Fixtures-Fußballspielpläne I; Urt. v. 9.11.2004 – C-444/02, GRUR 2005, 254 Rn. 40 – Fixtures-Fußballspielpläne II; Urt. v. 9.11.2004 – C-46/02, GRUR-Int 2005, 244 Rn. 31ff. – Fixtures Marketing; s. auch Wandtke/Bullinger/*Hermes* UrhG § 87a Rn. 33ff.

[198] Schricker/Loewenheim/*Vogel* UrhG § 87a Rn. 69; näher auch *Hacker* GRUR 2020, 1025.

[199] Dazu *Hetmank/Lauber-Rönsberg* GRUR 2018, 574 (589).

[200] BGH Beschl. v. 17.10.2001 – X ZB 16/00, GRUR 2002, 143 (145); BPatG Beschl. v. 10.1.2012 – 17 W (pat) 74/07, BeckRS 2012, 6199; *Hetmank/Lauber-Rönsberg* GRUR 2018, 574 (575).

[201] Dazu *Nägerl/Neuburger/Steinbach* GRUR 2019, 336 (339f.); tatsächlich gab es 2018 die in der EPA-Datenbank für Patentanmeldungen über 7.000 Patentanmeldungen und Patente die „künstliche Intelligenz" als Schutzgegenstand beanspruchen. Es bleibt abzuwarten, ob die Anmeldungen am Ende des Prüfungsverfahrens zum Patent erteilt werden.

[202] S. dazu die Richtlinien für die Prüfung im EPA v. November 2018, Teil G – Kapitel II-6, 3.3.1; ausf. zu den Kriterien der Neuheit und Technizität bei der Patentierung von KI, *Nägerl/Neuburger/Steinbach* GRUR 2019, 336 (338f.).

119 Weiterhin muss die zugrundeliegende technische Erfindung in der schriftlichen Patentanmeldung, die zum Zeitpunkt der Anmeldung beim Patentamt einzureichen ist, vollständig offengelegt werden. Lässt die Anmeldung einer KI-Funktion zu viele Lücken offen, weil sie autonome, für den Erfinder nicht nachvollziehbare Elemente beinhaltet, ist ein Patentschutz nicht möglich.[203]

120 **bb) Schutz der KI-Schöpfungen.** Auch im Zusammenhang mit dem derivativen Schutz in § 9 S. 2 Nr. 3 PatG für Erzeugnisse, die unmittelbar in einem patentierten Verfahren gewonnen wurden, stellen sich Probleme. Zwar können auch Datenfolgen als solche **Früchte** geschützt sein, wenn „sie sachlich-technische Eigenschaften aufweisen, die ihr durch das Verfahren aufgeprägt worden sind und sie daher ihrer Art nach tauglicher Gegenstand eines Sachpatents sein können."[204] Geschützt ist aber stets nur das konkrete Erzeugnis aus dem patentierten Verfahren, nicht hingegen die abstrakten Erkenntnisse.[205] Eine vollständige Offenlegung ist hinsichtlich der Folgeerfindungen erforderlich, die aus dem patentierten Prozess hervorgehen.[206] Dies dürfte bei autonomen Schöpfungen ausgeschlossen sein.

e) Zusammenfassung und Ausblick

121 Es bleibt damit für den Schutz von KI-Funktionen festzuhalten: sie können als Software geschützt sein, sofern ihre Funktion noch ausdrückbar ist. Ihre systematische Datengrundlage genießt in ihrer Gesamtheit Schutz als Datenbank. Die Patentierbarkeit ist nur insoweit möglich, als die Funktionalität technischen Bezug hat und offenlegbar ist, was bei autonomiebedingten Lücken im funktionalen Verständnis nicht der Fall ist.

122 Hinsichtlich der KI-Erzeugnisse gilt: sie sind urheberrechtlich nur geschützt, soweit der Schöpfungsprozess noch in menschlicher Hand liegt. Andernfalls können die Leistungsschutzrechte greifen. Ein derivativer Patentschutz dürfte ausgeschlossen sein.

123 Auch im Recht des Geistigen Eigentums zieht sich die Zurechnungsfrage wie ein roter Faden bei der Behandlung von KI-Agenten durch. Dabei sind separate, auch wirtschaftspolitisch determinierte Bedingungen für jede Jurisdiktion zu beachten. Für die Praxis ist auf absehbare Zeit die Frage der Zuweisung an eine Person oder autonome Organisation (DAO)[207] irrelevant – vielmehr können Geheimnisschutzmaßnahmen für KI-Erzeugnisse praktischen Schutz vermitteln. Eine Anreizhemmung steht aber wegen des bestehenden Schutzes der Erzeugnisse nicht zu befürchten.

---

[203] So auch *Nägerl/Neuburger/Steinbach* GRUR 2019, 336 (339f.).

[204] BGH Urt. v. 27.9.2016 – X ZR 124/15, GRUR 2017, 261 Rn. 21 – Rezeptortyrosinkinase II; Urt. v. 21.8.2012 – X ZR 33/10, GRUR 2012, 1230 Rn. 20 – MPEG-2-Videosignalcodierung.

[205] BGH Urt. v. 27.9.2016 – X ZR 124/15, GRUR 2017, 261 Rn. 21 – Rezeptortyrosinkinase II; vgl. zu dem Ganzen *Hetmank/Lauber-Rönsberg* GRUR 2018, 574 (577); BMWi, Künstliche Intelligenz und Recht im Kontext von Industrie 4.0, 2019, S. 23.

[206] Vgl. *Hetmank/Lauber-Rönsberg* GRUR 2018, 574 (577).

[207] Zu dieser etwa *Mann* NZG 2017, 1014.

§ 12 Blockchain-Lösungen

Übersicht

Literatur:

Antonopoulos, Mastering Bitcoin: Unlocking Digital Cryptocurrencies, Sebastopol 2015; *Anwar et al.,* Digitalization in Container Terminal Logistics – A Literature Review, 2019, www.researchgate.net/publication/334225527_Digitalization_in_Container_Port_Logistics_A_Literature_Review (31.7.2020); *Arapinis et al.,* A Formal Treatment of Hardware Wallets, Cryptology ePrint Archive, Report 2019/03, eprint.iacr.org/2019/034/ (31.7.2020); *Bacon,* Meditationes sacrae, 11. Artikel „De Haeresibus", in Essayes. Religious Meditations. Plaies of perswasion and disswasion, 1597; *Bartoletti/Pompianu,* An analysis of Bitcoin OP RETURN metadata, 1.3.2017, arxiv.org/abs/1702.1024 (31.7.2020); *Belotti et al.,* Game Theoretical Analysis of Atomic Cross-Chain Swaps, 29.4.2020, hal.archives-ouvertes.fr/hal-02414356 (31.7.2020); *Blocher,* Fehlerhafte Smart Contracts, in Braegelmann/Kaulartz (Hrsg.), Rechtshandbuch Smart Contracts, München 2019; *Blocher,* Stellungnahme zur öffentlichen Anhörung des Ausschusses Digitale Agenda zum Thema „Blockchain" am 28.11.2018, Ausschuss-Drs. 19(23)025; *Blocher,* The next big thing: Blockchain – Bitcoin – Smart Contracts, AnwBl. 2016, 612; *Bogner et al.,* A Decentralised Sharing App running a Smart Contract on the Ethereum Blockchain; www.researchgate.net/publication/310396688_A_Decentralised_Sharing_App_running_a_Smart_Contract_on_the_Ethereum_Block%1fchain (31.7.2020); *Bond/Gasser* (Hrsg.), Distributed Artificial Intelligence (1988); *Bradshaw,* Software Agents, Burlington 1997; *Buterin,* DAOs, DACs, DAs and More: An Incomplete Terminology Guide, 6.5.2014, blog.ethereum.org/2014/05/06/daos-dacs-das-and-more-an-incomplete-terminology-guide/ (31.7.2020); *Buterin,* Ethereum White Paper, 2013, ethereum.org/en/whitepaper/ (31.7.2020); *Buterin,* What Proof of Stake Is And Why It Matters, Bitcoin Magazine 26.8.2013, bitcoinmagazine.com/articles/what-proof-of-stake-is-and-why-it-matters (31.7.2020); *Cai et al.,* Decentralized Applications: The Blockchain-Empowered Software System, IEEE Access Vol. 6/2018, 53019, doi.org/10.1109/ACCESS.2018.2870644 (31.7.2020); *Chen et al.,* A Survey on Ethereum Systems Security: Vulnerabilities, Attacks, and Defenses, ACM Computing Surveys 06/2020, Article No. 67, doi.org/10.1145/3391195 (31.7.2020); *Curran,* What is

Proof of Authority Consensus? Staking Your Identity on The Blockchain, Blockonomi 5.7.2018, blockonomi.com/proof-of-authority/ (31.7.2020); *Danzi et al.*, Delay and Communication Tradeoffs for Blockchain Systems with Lightweight IoT Clients, IEEE Internet of Things Journal Vol. 6 Nr. 2/2019, 2354, doi.org/10.1109/JIOT.2019.2906615 (31.7.2020); *de Camargo Silva et al.*, IoT and Blockchain for Smart Locks, 2019 IEEE 10th Annual Information Technology, Electronics and Mobile Communication Conference (IEMCON), 17.-19.10.2019, doi.org/10.1109/IEMCON.2019.8936140 (31.7.2020); *Deeks,* The Judicial Demand for Explainable Artificial Intelligence, Virginia Public Law and Legal Theory Research Paper No. 2019-51, Last revised: 2.2.2020, www.jstor.org/stable/26810851 (31.7.2020); *dena,* Multi-Stakeholder-Studie „Blockchain in der integrierten Energiewende", 2019, www.dena.de/fileadmin/user_upload/dena-Studie_Block%1fchain_Integrierte_Energiewende_DE4.pdf (31.7.2020); *Doku et al.*, LightChain: On the Lightweight Blockchain for the Internet-of-Things, 2019 IEEE International Conference on Smart Computing (SMARTCOMP), doi.org/10.1109/SMARTCOMP.2019.00085 (31.7.2020); *Dorri et al.*, LSB: A Lightweight Scalable Blockchain for IoT security and anonymity, Journal of Parallel and Distributed Computing Vol. 134 12/2019, 180, doi.org/10.1016/j.jpdc.2019.08.005 (31.7.2020); *Egberts,* The Oracle Problem – An Analysis of how Blockchain Oracles Undermine the Advantages of Decentralized Ledger Systems, 12.12.2017, dx.doi.org/10.2139/ssrn.3382343 (31.7.2020); *Eigner/Detzner/Schmidt/Tharma,* Definition des Digital Twin im Produktlebenszyklus, ZWF 2019, 345, doi.org/10.3139/104.112107 (31.7.2020); *Essaid et al.*, Network Usage of Bitcoin Full Node, 2018 International Conference on Information and Communication Technology Convergence (ICTC), doi.org/10.1109/ICTC.2018.8539723 (31.7.2020); *Evans,* What is a Node in a Blockchain Network?, nodes.com/#spv-nodes/ (31.7.2020); *Ferber,* Les systèmes multi-agents: Vers une intelligence collective, Paris 1995; *Freiberg,* Instant & Feeless – Flash Channels, blog.iota.org/instant-feeless-flash-channels-88572d9a4385 (31.7.2020); *Frøystad/Holm,* Blockchain: powering the internet of value, 2016; *Gail,* What is Raiden? The Lighting Network of Ethereum, CoinCentral 3.7.2020, coincentral.com/what-is-raiden-the-lighting-network-of-ethereum/ (31.7.2020); *Giesecke,* Der Buchdruck in der frühen Neuzeit, 4. Aufl., Berlin 2006; *Gilber/Lynch,* Perspectives on the CAP Theorem, Computer 45 No. 2/2012, 30; *Gonfalonieri,* Why Building an AI Decentralized Autonomous Organization, 30.6.2020, towardsdatascience.com/why-building-an-ai-decentralized-autonomous-organization-ai-dao-85d018700e1a (31.7.2020); *Gustafson,* Moore's Law, in Padua (Hrsg.), Encyclopedia of Parallel Computing, doi.org/10.1007/978-0-387-09766-4_81 (31.7.2020); *Harford,* How the world's first accountants counted on cuneiform, BBC World Service, 50 Things that Made the Modern Economy, 12.6.2017, www.bbc.com/news/business-39870485 (31.7.2020); *Held,* PoW is Efficient, 14.9.2018, medium.com/@danhedl/pow-is-efficient-aa3d442754d3 (31.7.2020); *Hewitt,/Bishop/Steiger,* A Universal Modular Actor Formalism for Artificial Intelligence, IJCAI 1973, 235; *Hohensee,* AirBnB – Vom Zimmervermittler zum Städteführer, WirtschaftsWoche 23.12.2017, www.wiwo.de/unternehmen/dienstleister/airbnb-vom-zimmervermittler-zum-staedtefuehrer/14949408.html (31.7.2020); *IBM,* Pressemitteilung vom 5.3.2017, Maersk and IBM Unveil First Industry-Wide Cross-Border Supply Chain Solution on Blockchain, www-03.ibm.com/press/us/en/pressrelease/51712.wss (31.7.2020); *Kotsoglou,* Subsumtionsautomat 2.0 – Über die (Un-)Möglichkeit einer Algorithmisierung der Rechtserzeugung, JZ 2014, 451; *Li et al.*, Energy consumption of cryptocurrency mining: A study of electricity consumption in mining cryptocurrencies, Energy Vol. 168 1.2.2019, 160; *Liu et al.*, LightChain: A Lightweight Blockchain System for Industrial Internet of Things, IEEE Transactions on Industrial Informatics, Vol. 15 No. 6, 3571, doi.org/10.1109/TII.2019.2904049 (31.7.2020); *Luhmann,* Vertrauen, Stuttgart 2001; *Mazières,* The Stellar Consensus Protocol: A Federated Model for Internet-level Consensus, 2014, www.stellar.org/papers/stellar-consensus-protocol (31.7.2020); *Mehar et al.*, Understanding a Revolutionary and Flawed Grand Experiment in Blockchain: The DAO Attack, Journal of Cases on Information Technology 21(1), 19; *N.N.,* Airbnb macht Milliarden-Umsatz im Quartal, Der Tagesspiegel 19.9.2019, www.tagesspiegel.de/wirtschaft/kurzzeitmiete-in-100-000-staedten-airbnb-macht-milliarden-umsatz-im-quartal/25031830.html (31.7.2020); *N.N.,* Der erste Blockchain-Container wurde nach Rotterdam verschifft, Verkehr 1.7.2019, www.verkehr.co.at/singleview/article/der-erste-blockchain-container-wurde-nach-rotterdam-verschifft (31.7.2020); *Nabilou,* Bitcoin Governance as a Decentralized Financial Market Infrastructure, 16.3.2020, dx.doi.org/10.2139/ssrn.3555042 (31.7.2020); *Nakamoto,* Bitcoin: A Peer-to-Peer Electronic Cash System, Bitcoin Foundation 31.10.2008, bitcoin.org/bitcoin.pdf (31.7.2020); *Natoli/Gramoli,* The Balance Attack or Why Forkable Blockchainsc are Ill-Suited for Consortium, IEEE Xplore 31.8.2017, ieeexplore.ieee.org/document/8023156 (31.7.2020); *Neudecker/Hartenstein,* An Empirical Analysis of Blockchain Forks in Bitcoin, in Goldberg (Hrsg.), Financial Cryptography and Data Security – 23rd International Conference, FC 2019, Revised Selected Papers; *Poon/Dryja,* The Bitcoin Lightning Network: Scalable Off-Chain Instant Payments, Draft Version 0.5.9.2, 14.1.2016, lightning.network/lightning-network-paper.pdf (31.7.2020); *Popov,* IOTA: Feeless and Free, IEEE Blockchain Technical Briefs 1/2019, blockchain.ieee.org/technicalbriefs/january-2019/iota-feeless-and-free (31.7.2020); *Popov,* The Tangle, Version 1.4.3, 30.4.2018, www.descryptions.com/Iota.pdf (31.7.2020); *Preneel,* Cryptographic Hash Functions: Theory and Practice, in Gong/Gupta (Hrsg.), Progress in Cryptology – INDOCRYPT 2010, Lecture Notes in Computer Science, Vol. 6498, doi.org/10.1007/978-3-642-17401-8_9 (31.7.2020); *Quantoz,* QUASAR – bringing economy into the Internet of Things – technical whitepaper, 2017, quantoz.com/wp-content/uploads/2020/06/QUASAR-whitepaper.pdf (31.7.2020); *Rath,* Substituting Trust by Technology: A Comparative Study, ICAE Working Paper Series No. 107 2020, hdl.handle.net/10419/216850 (31.7.2020); *Reyna et al.*, On blockchain and its integration with IoT. Challenges and opportunities, Future Generation Computer Systems 88 (2018), 173, doi.org/10.1016/j.future.2018.05.046 (31.7.2020); *Rosic,* Paper Wallet Guide: How to Protect Your Cryptocurrency, blockgeeks.com/guides/paper-wallet-guide/ (31.7.2020); *Roth/Schär/Schöpfer,* The Tokenization of Assets: Using Blockchains for Equity Crowdfunding, 27.8.2019, dx.doi.org/10.2139/ssrn.3443382 (31.7.2020); *Sandemann,* Papier: Eine spannende Kulturgeschichte, 2. Aufl., Berlin/Heidelberg 1992; *Schär,* Blockchain Forks: A Formal Classification Framework and Persistency Analysis, Singapore Economic Review 13.8.2020, https://doi.org/10.1142/S0217590820470025 (31.7.2020); *Shahid et al.*, Sensor-Chain: A Lightweight Scalable Blockchain Framework for Internet of Things, 2019 International Conference on Internet of Things (iThings), doi.org/10.1109/iThings/GreenCom/CPSCom/SmartData.2019.00195 (31.7.2020); *Singh et al.*, A game theoretic analysis of resource mining in blockchain, Cluster Computing 23 (2020), 2035, doi.org/10.1007/s10586-020-03046-w (31.7.2020); *Smartgrids Austria,* Fact Sheet zur Blockchain Technologie im Energiesektor, 2018, www.smartgrids.at/files/smartgrids/Dateien/Dokumente/Dokumente/Fact%20Sheet/Block%1fchain.pdf (31.7.2020); *Soatok,* Kerlissions – Trivial Collisions in Iota's Hash Function (Kerl), 15.7.2020, soatok.blog/2020/07/15/kerlissions-trivial-collisions-in-iotas-hash-function-kerl/ (31.7.2020); *Sultan/Ruhi/Lakhani,* Conceptualizing Blockchains: Characteristics & Applications, 11th IADIS International Conference Information Systems 2018, 53; *Szabo,* The God Protocols – Trustworthy computations with untrusted parties, ITAudit Vol. 2 15.11.1999, nakamotoinstitute.org/the-god-protocols/ (31.7.2020); *Takahashi,* Blockchain Technology for Letters of Credit and Escrow Arrangements, The Banking Law Journal Vol. 135 2/2018, 89; *Tran,* Enabling a decentralized organization through smart contracts and tokens on the Ethereum blockchain, 2018, urn.fi/URN:NBN:fi:amk-2018060512513 (31.7.2020); *Vigneri/Welz,* On the Fairness of Distributed Ledger Technologies for the Internet of Things, IEEE International Conference on Blockchain and Cryptocurrency (ICBC) 2020, files.iota.org/papers/On_the_Fairness_of_Distributed_Ledger_Technologies_for_the_Internet_of_Things.pdf (31.7.2020); *Wang,* A Blockchain System with Lightweight Full Node Based on Dew Computing, Internet of Things 3.4.2020, doi.org/10.1016/j.iot.2020.100184 (31.7.2020); *Werner/Pritz/Perez,* Step on the Gas? A Better Approach for Recommending the Ethereum Gas Price, 7.3.2020, arxiv.org/pdf/2003.3479 (31.7.2020); *Wood,* Ethereum: A Secure Decentralised Generalised Transaction Ledger („Ethereum Yellow Paper"), Petersburg Version 4ea7b96, 8.6.2020, ethereum.github.io/yellowpaper/paper.pdf (31.7.2020).

I. Ein künftiges IoT-Szenario (Durchlässigkeit von Unternehmensgrenzen auf der Grundlage digitaler Zwillinge)

1 Wir schreiben das Jahr 2026. Das **Produktionsplanungssystem** eines mittelständischen Automobilzulieferers erkennt durch einen Testlauf im digitalen Zwilling[1] der Produktionsanlage, dass die Aufnahme der Fertigung des Batteriemanagementsystems für das neueste Elektroauto-Modell eines wichtigen Kunden verschoben werden muss. Die von einem Vorlieferanten übermittelten Daten des für die Temperaturkontrolle benötigten Sensors lassen nämlich in der Simulation eine kürzere als die vertraglich vereinbarte durchschnittliche Lebensdauer dieses Bauteils erwarten. Sensoren mit den benötigten und vertraglich zugesicherten Spezifikationen kann der Vorlieferant erst in einer Woche bereitstellen, weshalb die von ihm für diesen Fall pro Tag der Verzögerung versprochene Pönalezahlung in der Höhe von 750 Ether automatisch an den Automobilzulieferer ausbezahlt und von diesem an den Autohersteller weitergereicht wird.

2 Um die durch diesen Vorfall vorübergehend eintretende Unterauslastung der Produktionsanlage zu minimieren, beteiligt sich das ERP-System des Automobilzulieferers an laufenden **Vergabeverfahren für Aufträge** über Fahrzeugelektronik-Kleinserien bis hinab zur Einzelfertigung. Die Produktionsdaten für die möglichen Aufträge werden wiederum digital übermittelt und im digitalen Zwilling im Hinblick auf Ausführbarkeit und voraussichtlichen Ressourcenverbrauch geprüft, woraus sich die Angebotspreise ableiten lassen. Wäre der Zulieferer für einzelne Fertigungsschritte ggf. auf die Unterstützung durch Subunternehmer angewiesen, erwirbt sein ERP-System auf ähnliche Weise kurzfristige Optionen zur Reservierung der möglicherweise benötigten externen Kapazitäten, um vollständige Angebote legen zu können. Die Zuschläge erteilen die ERP-Systeme der Nachfrageseite für die Kleinserien ebenfalls vollautomatisch, wofür sie den jeweiligen Bestbieter auf der Grundlage zuvor digital veröffentlichter Kriterienkataloge ermitteln. Die Einhaltung der ohne menschliches Zutun geschlossenen Verträge garantieren wiederum Smart Contracts. Die nicht benötigten Optionen werden automatisch weiterveräußert oder gegen eine entsprechende Rückzahlung storniert.

[1] *Eigner/Detzner/Schmidt/Tharma* ZWF 2019, 345 ff.

3 Noch wenige Jahre davor wäre dieses Szenario völlig unrealistisch gewesen. Das Angebot kurzfristig verfügbarer Produktionskapazitäten ließ sich ebenso wie eine Kooperation mehrerer Zulieferer zur Durchführung eines ihre jeweilige Fertigungskapazität übersteigenden Auftrags oder das Verrechnungsmodell „pay per use“ allenfalls zwischen in ständiger Geschäftsbeziehung stehenden Unternehmern realisieren. Eine Ausweitung des auf vollautomatisierten Abläufen beruhenden Aktionsradius über diesen Kreis einander ausreichend vertrauender Akteure hinaus setzt nämlich die ausfallsichere, manipulationsresistente und für die Beteiligten **transparente Dokumentation** einer breiten Palette von Daten voraus, die von den Produktions- bis zu den Transaktionsdaten reicht.

4 Inzwischen stellt jedoch die DLT/Blockchain-Technologie die technologische Basis dafür bereit, dermaßen komplexe Geschäftsprozesse **über Unternehmensgrenzen hinweg** zwischen einander mehr oder weniger unbekannten Akteuren abwickeln zu können und dies vor allem, ohne dafür auf die Dienste vertrauenswürdiger Dritter angewiesen zu sein. Dies gilt ebenso für die Automatisierung des Supply Chain Managements und für die effiziente Abwicklung von Mikrotransaktionen. Das per se auf dezentrale Geräte und Anwendungen setzende Internet der Dinge und die DLT scheinen daher wie für einander geschaffen zu sein.

5 Dieser Beitrag will die technischen und organisatorischen Zusammenhänge soweit erläutern, dass auf seiner Grundlage beurteilt werden kann, auf welche Weise und in welchem Umfang DLT/Blockchain dazu beitragen kann, das **Potenzial von IoT** zu entfalten.

II. Blockchain als „Rückgrat“ für das Internet der Dinge

1. Von der Tontafel zur Blockchain[2]

6 Kulturhistorische Meilensteine wurden fast immer durch Fortschritte im Bereich der **Kommunikation** gesetzt. So erweiterte die Entwicklung der Sprache die Möglichkeit des Voneinander-Lernens, ließ die Menschen ihre Umgebung strukturieren, gemeinsame Pläne fassen und schließlich die arbeitsteilige Wirtschaft etablieren.

7 Eine wesentliche Triebfeder für Letztere war das Geben und Nehmen von Krediten, das wiederum die Möglichkeit permanenter „Erinnerungen“ voraussetzte. In ähnlicher Weise waren die Tempelverwaltung und das Staatswesen auf Steuereinnahmen und daher ebenfalls auf getreue Aufzeichnungen landwirtschaftlicher Erträge und abgeführter Abgaben angewiesen. Für diese Zwecke wurde von den Sumerern die **Schrift** geschaffen, und nicht etwa in erster Linie, um damit religiöse Erzählungen, Gedichte und Liedtexte, naturwissenschaftliche Erkenntnisse oder gar philosophische Einsichten für die Nachwelt festzuhalten.[3]

8 Freilich konnte das in die Buchführung gesetzte Vertrauen zu dieser Zeit allein auf der **Vertrauenswürdigkeit** des Buchhalters beruhen. Dieser hatte es schließlich in der Hand, die Aufzeichnungen von vornherein korrekt oder betrügerisch vorzunehmen, sie sorgfältig aufzubewahren, der Manipulation anheimzugeben oder gar selbst zu verfälschen. Der Schreiber genoss daher hohe Reputation und verdiente gut. Er hatte somit viel zu verlieren, was seine Aufrichtigkeit – ganz im Sinne der modernen Prinzipal-Agenten-Theorie – unterstützt haben mag. (Auch das in die zur Unterstützung der arbeitsteiligen Wirtschaft schon bald etablierten Banken gesetzte Vertrauen beruhte zunächst auf der Reputation der Bankiers, später allerdings vor allem auf strenger Regulierung samt entsprechender Aufsicht.) Außerdem wurden die für die Keilschrift zunächst verwendeten Tontafeln durch das

[2] Teile der Abschnitte II. (→Rn. 6 ff.) und IV. (→ Rn. 111 ff.) erscheinen in geringfügig modifizierter Form auch in *Blocher* in Remmertz/Kast, Escrow – Rechtshandbuch für die betriebliche Praxis, iE.

[3] *Harford,* BBC World Service, 50 Things that Made the Modern Economy, 12.6.2017.

nach dem Schreibvorgang erfolgende Brennen fälschungssicher und feuerfest.[4] Sie konnten aber zerbrechen, weshalb wichtige Texte wie etwa Gesetze in Stein gemeißelt werden mussten. Auf organischen Materialien wie Holz, Elfenbein, Papyrus oder – in späteren Epochen – Papier Geschriebenes wurde dagegen oft ein Raub der Flammen.

Um Texte von herausragender Bedeutung, wie die Heilige Schrift, zu sichern, aber 9
auch, um für ihre Verbreitung zu sorgen, wurden davon in mühevoller Arbeit immer und immer wieder **Kopien** angefertigt und an unterschiedlichen Orten verwahrt. Wegen des dafür zu betreibenden Aufwands waren derartige Kopien aber so wertvoll, dass sie sich nur geistliche und später auch weltliche Fürsten leisten konnten. Der breiten Bevölkerung war der Zugang hierzu auch während des Mittelalters noch verwehrt, ein Zustand, den *Francis Bacon*[5] treffend mit „Wissen ist Macht" beschrieb.

Einen weiteren kommunikativen Meilenstein bildete daher die durch bewegliche Let- 10
tern und Druckerpresse bewirkte Revolution der **Buchproduktion,** die das Time Life Magazine 1997 zur bedeutsamsten Erfindung des zweiten Jahrtausends kürte. Damit wurden Bücher erschwinglicher. Dies und vor allem die Bibelübersetzung Luthers, mit der er zugleich die neuhochdeutsche Sprache prägte, führten zu einer sprunghaften Dissemination und Demokratisierung des Wissens, aber auch zur vorher ungekannten Veröffentlichung sowie Diskussion von Meinungen. Damit wurde der Weg zur Renaissance, zum Humanismus und zur Aufklärung geebnet.[6]

Die elektronischen Medien brachten schließlich die potenzielle **Ubiquität von Infor-** 11
mation mit sich und ermöglichten erstmals einem Großteil der Menschheit sowohl den Zugriff auf beträchtliche Teile des Wissensschatzes als auch die aktive Beteiligung am globalen Informationsfluss. Ob sie als weiterer Meilenstein der Kulturgeschichte zu werten sind, kann von uns zeitgenössischen Beobachtern nicht abschließend eingeschätzt werden, sondern bleibt dem Urteil künftiger Historikergenerationen vorbehalten.

Man wird aber sagen können, dass die **digitale Transformation** insgesamt einen ähn- 12
lich tiefgreifenden Wandel bewirkt, wie ihn bereits die bisherigen kommunikativen Wendepunkte auslösten. Freilich ist nicht zu übersehen, dass vor allem das Internet – bei all seinen Meriten, insbesondere der drastischen Reduktion von Informationssuchkosten – nicht nur Segnungen mit sich brachte.

So fällt es Medienkonsumenten zunehmend schwer, gesicherte Information von „Fake 13
News" zu unterscheiden, und **Netzwerkeffekte** führten zu einer zentralistischen Struktur des E-Commerce und zu einer Marktkonzentration, die einen enormen Anteil an der Marktmacht in der Hand einiger weniger globaler Player bündelte. Als „vertrauenswürdige Dritte" naschen sie nicht nur finanziell an allen Transaktionen mit, sondern gefährden als „Datenkraken" und Betreiber zentralistisch organisierter Rechenzentren, die als „Honeypots" für potenzielle Angreifer fungieren, die informationelle Selbstbestimmung von Milliarden Kunden.[7]

Um diese Missstände und Risiken in den Griff zu bekommen, soll ergänzend zu dem – 14
von der einschlägigen Community sog. – „Internet I", das wegen des Transports digitaler Informationen und deren leichten Kopierbarkeit auch als „Internet der Information" und „Internet der Kopien" apostrophiert wird, nun das „Internet II" als **„Internet der Werte"**[8] und „Internet der Originale" treten.

Damit wird nichts Geringeres versprochen, als die Schwächen des bisherigen weltum- 15
spannenden digitalen Kommunikationsnetzes zu überwinden, was dieses wohl endgültig als weiteren kulturhistorischen Meilenstein erscheinen ließe: Erstmals in der Menschheitsgeschichte soll es so möglich sein, ohne dafür auf eine dahinterstehende staatliche Macht oder andere Vertrauensintermediäre angewiesen zu sein, **Verzeichnisse** zu etablieren, in

[4] *Sandemann,* Papier: Eine spannende Kulturgeschichte, S. 9 ff.
[5] *Bacon* in Essayes. Religious Meditations. Plaies of perswasion and disswasion.
[6] *Giesecke* Der Buchdruck in der frühen Neuzeit, passim.
[7] *Blocher* AnwBl. 2016, 612 (614).
[8] *Frøystad/Holm,* Blockchain: powering the internet of value, passim.

welche jedermann hineinschauen kann, in die sogar jeder hineinschreiben darf und in denen sich nachträglich nichts mehr ändern, fälschen oder löschen lässt. Die schon von den Sumerern ersehnten unzerstörbaren, für jedermann und zu jeder Zeit einsehbaren „Tontafeln" sollten auf der Grundlage der DLT/Blockchain-Technologie endlich realisierbar werden!

2. Das Internet der Dinge beflügelnde Eigenschaften von Blockchains

16 Als Oberbegriff umfasst „Distributed-Ledger-Technologien" (DLT) alle Arten replizierter, geografisch verteilter, dezentralisierter Verzeichnisse, deren Konsistenz durch einen Konsensmechanismus bewirkt wird. Darauf beruht die Unveränderbarkeit, Zensurresistenz, Resilienz, Transparenz und die ohne gegenseitiges Vertrauen der beteiligten Akteure und vor allem auch ohne dieses Vertrauen substituierende Intermediäre auskommende Funktionalität solcher Verzeichnisse.[9] Damit lässt sich – wie das berühmte, im Jahr 2008 unter dem Pseudonym *Satoshi Nakamoto* publizierte Whitepaper[10] in beeindruckender Weise zeigt – ua das zuvor der digitalen Welt inhärente Problem des **„double spending"** (das ist die Mehrfachverwendung ein und derselben digitalen Münze durch schlichtes, auf digitalem Weg mit gegen null gehenden Grenzkosten mögliches Kopieren) lösen, ohne dafür auf Banken oder einen sonstigen „Buchhalter" angewiesen zu sein.

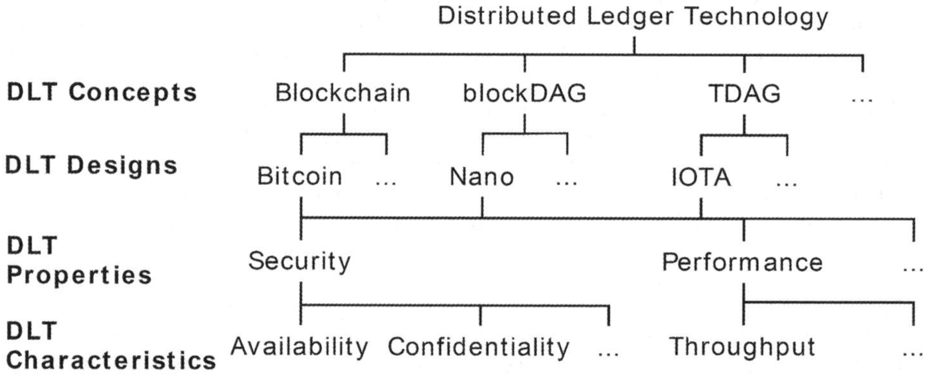

Abb. 1: Darstellung aus *Kannengießer/Lins/Dehling/Sunyaev,* What Does Not Fit Can be Made to Fit! – Trade-Offs in Distributed Ledger Technology Designs, Proceedings of the 52nd Hawaii International Conference on System Sciences (2019).

17 Blockchains sind wichtige **Erscheinungsformen der DLT,** bei denen Transaktionen in kryptographisch verketteten Blöcken gespeichert werden. „Bitcoin" wiederum ist ein in mehrfacher Bedeutung verwendeter Begriff, der sich auf die Community, das Netzwerk, das Protokoll, die „Währung" oder eine Einheit derselben beziehen kann. Auf einem Peer-to-Peer-Netzwerk (kurz meist „P2P-Netzwerk") werden Transaktionen über Satoshi (das ist ein Hundertmillionstel der Einheit Bitcoin) in Form einer auf dem Proof-of-Work-Konsensmechanismus beruhenden Blockchain gespeichert.

18 Das so bewirkte global funktionierende digitale Bezahlsystem, das weder auf Staaten noch auf Zentralbanken oder gar auf Geschäftsbanken angewiesen ist, repräsentiert aber nur einen – wenn auch spektakulären – „Proof of Concept" der Blockchain-Technologie, die für vielfältigste Anwendungen einsetzbar ist. Ihre Vorzüge kommen vor allem dann zur Geltung, wenn **heterogene Akteure,** die einander nicht kennen oder sich nicht ganz „grün" sind, zusammenwirken möchten, wobei keiner von ihnen die Führung überneh-

---

[9] *Sultan/Ruhi/Lakhani,* 11th IADIS International Conference Information Systems 2018, S. 53.
[10] *Nakamoto* Bitcoin Foundation 31.10.2008.

men und etwa Transaktionen in einer proprietären Datenbank verzeichnen soll oder will. Dies gilt umso mehr, wenn Maschinen, die von unterschiedlichen Akteuren betrieben werden, direkt miteinander kommunizieren oder Transaktionen durchführen.

Sind von Geräten über ihre Umgebung erhobene Daten für ihre eigenen Aktionen 19 kausal oder von ihnen übertragene Daten für (Re-)Aktionen anderer Geräte relevant, ist die verlässliche und im Falle des Falles zuverlässig verfügbare Dokumentation dieser Daten nicht nur für etwaige **Haftungsfragen** entscheidend, sondern auch für die kontinuierliche Optimierung von Abläufen mit dem Ziel der Vermeidung von Fehlern.

Marktförmige Transaktionen, die direkt zwischen Maschinen ablaufen, sollten über- 20 prüfbar sein, ohne dass der eine Maschinenbetreiber dafür auf die Kooperation des jeweils anderen angewiesen ist. Vor allem bei Transaktionen über im Einzelnen relativ geringe Werte sprechen schon Effizienzüberlegungen für Lösungen, die kostentreibende Intermediäre verzichtbar machen. Alle Arten von M2M-Transaktionen aber profitieren von wechselseitiger Transparenz, gerechtem „Teilen" von Daten, Vermeidung von „single points of failure", Datensicherheit, Verfügbarkeit und Manipulationsresistenz, letztlich also von der mittels DLT/Blockchain erzielbaren Dezentralisierung und dem „trustless trust"-Paradigma, dessen Realisierung sie verspricht.

3. Technische Grundlagen und Funktionsweise am Beispiel der Bitcoin-Blockchain

a) P2P-Netzwerk

Die erstaunlichen Eigenschaften öffentlicher, genehmigungsfreier Blockchains beruhen im 21 Wesentlichen auf der **dezentralen Datenhaltung.** Diese besteht nicht etwa in einem verteilten Dankbanksystem, das eine Datenbank physisch auf mehrere DBMS aufteilt, um insbesondere die Effizienz zu steigern. Vielmehr wird die gesamte Datenbank, die im Fall von Bitcoin alle Transaktionen seit dem sog. genesis block vom 3.1.2009 enthält und Mitte 2020 ungefähr 290 GB umfasste,[11] in einem als Overlay auf dem Internet realisierten P2P-Netzwerk auf Tausenden von Rechnern redundant gespeichert und laufend synchronisiert.

Seit dem Jahr 2018 sind mit relativ geringen Schwankungen stets etwa 10.000 sog. „full 22 nodes" (Bitcoin Core) aktiv, die sich – wenn auch alles andere als gleichmäßig – über alle Kontinente verteilen und **ohne** Koordination durch eine **zentrale Instanz** unmittelbar miteinander kommunizieren.[12] Sie laufen auf unterschiedlicher Hardware unter diversen Betriebssystemen, was einen erfolgreichen Angriff äußerst unwahrscheinlich erscheinen lässt, zumal der Ausfall einzelner Knoten für die Stabilität des übrigen Systems unerheblich ist.

Nur wenn es einem Aggressor gelingen sollte, weltweit die Stromversorgung zu unter- 23 binden oder das Internet auf andere Weise auszuschalten, würde auch die Bitcoin-Blockchain vorübergehend funktionsunfähig. Sobald danach wieder einige Hundert Knoten die Arbeit aufnehmen und sich mit dem Netzwerk verbinden könnten, wäre die **Blockchain** wieder **verfügbar** und nach wie vor gegen inhaltliche Manipulationen gefeit.

b) Transaktionen und Blöcke

Die Bitcoin-Blockchain enthält nichts anderes als **öffentlich einsehbare Aufzeichnun- 24 gen** sämtlicher Bitcoin-Transaktionen, genaugenommen über Vielfache von einem Satoshi, das ist das nach dem Entwickler des Systems benannte Einhundertmillionstel eines Bitcoins. Dabei wird die Struktur der Aufzeichnungen in der Datenbank durch zwei Graphen bestimmt:

---

[11] www.statista.com/statistics/647523/worldwide-bitcoin-blockchain-size/ (31.7.2020).
[12] bitnodes.io/dashboard/?days=730/ (31.7.2020).

25 Der eine Graph verbindet jeweils den Input („woher?“) – wobei sich der Betrag auch aus mehreren Inputs zusammensetzen kann – einer **Transaktion** mit einem Output („wohin?“). Nur wer über den zur Bitcoin-Adresse (das ist der 160-Bit-Hash-Wert des öffentlichen Schlüssels eines ECDAS-Schlüsselpaars) des Inputs passenden privaten Schlüssel verfügt, ist in der Lage, eine gültige Transaktion zu erzeugen. Diese besteht nämlich aus dem Betrag, der Bitcoin-Adresse des Empfängers sowie dem mit dem privaten Schlüssel des seinerzeitigen Empfängers signierten Hash-Wert der Input-Transaktion gemeinsam mit der nunmehrigen Empfängeradresse.

26 Die an das Netzwerk übermittelte Transaktion kann von jedem Knoten anhand des öffentlichen Schlüssels des seinerzeitigen Empfängers **verifiziert** werden. Damit ist sichergestellt, dass vom System lediglich Transaktionen akzeptiert werden, welche diesem Graphen folgen, der von der Entstehung des jeweiligen Bitcoin-Assets durch eine den damals bei der Blockbildung erfolgreichen Miner belohnenden Coinbase-Transaktion über alle zwischenzeitlichen Transaktionen bis hin zur aktuellsten reicht.

27 Es wird also nicht etwa ein in irgendeiner Weise real existierendes Bitcoin-Asset, sondern die **tatsächliche Möglichkeit,** darüber auf der Bitcoin-Blockchain weiter zu verfügen, vom jeweiligen Empfänger einer Transaktion auf den nächsten Empfänger weitergegeben. Definitionsgemäß ist dieser der einzige Teilnehmer, der mit seinem privaten Schlüssel eine dieses Asset betreffende korrekte Transaktion an das Netz übermitteln kann.

28 Nach der erfolgreichen **Überprüfung** durch die empfangenden Knoten, ob der Output von der Summe der Inputs gedeckt ist, diese noch nicht mit früheren Transaktionen „ausgegeben“ wurden und sämtliche Signaturen gültig sind, werden sie von diesen im sog. Mempool gespeichert, wo sie darauf warten, in einen der nächsten Blöcke aufgenommen und damit „bestätigt“ zu werden.

29 Der zweite Graph ist jener, welchem die Blockchain ihren Namen verdankt. Dabei geht es darum, die einzelnen Transaktionen dadurch unfälschbar zu machen, dass sie in regelmäßigen Abständen in Blöcken zusammengefasst und die Blöcke durch Hash-Werte kryptographisch miteinander verbunden werden, sodass sie eine **„Kette von Blöcken“** bilden.

30 Jeder dieser maximal 1 MB großen Blöcke bietet Platz für ca. 2.500 Transaktionen. Er wird durch einen 80 Bytes umfassenden „Header“ identifiziert, der Metadaten des Blocks enthält. Das **„Merkle root“** repräsentiert darin die Transaktionen. Es ist jener 32-Byte-Hash-Wert, der dadurch entsteht, dass die Transaktionen des Blocks jeweils paarweise gehashed und die dabei entstehenden Hash-Werte wiederum paarweise gehashed werden. Er bildet gewissermaßen die Wurzel eines Baumes („root of Merkle tree“), dessen Blätter die Transaktionen sind. Wird nur ein einziges Bit in einer einzigen Transaktion des Blocks geändert, fällt dies den verifizierenden Knoten dadurch auf, dass „Merkle root“ nicht mehr stimmt.

31 Ein Zeitstempel legt nicht – wie zu erwarten wäre – die Position des Blocks in der chronologisch geordneten Blockchain fest, sondern dient vielmehr dazu, die durchschnittlich für das Erstellen von Blöcken benötigte Zeit zu ermitteln und darauf beruhend die den Mining-Prozess steuernde **„difficulty“** festzulegen.

32 Die stabile **Verkettung der Blöcke** wird dagegen dadurch gebildet, dass jeder Header auch den 256-Bit-Hash-Wert des Headers des unmittelbar vorangehenden Blocks enthält, wodurch dieser Graph bis zum sog. genesis block zurückreicht, der am 3. 1. 2009 gebildet wurde. Schließlich trägt der den Block bildende Miner noch ein 4 Bytes umfassendes sog. Nonce in den Header ein, um damit dem System gegenüber den „Proof of Work“ zu erbringen.[13]

[13] Für detaillierte Erläuterungen s. *Antonopoulos* Mastering Bitcoin: Unlocking Digital Cryptocurrencies.

c) Hash-Werte

33 Auf beiden Graphen spielen Hash-Werte eine wichtige Rolle. Sie werden als Output einer Hash-Funktion – im Fall von Bitcoin ist dies derzeit SHA-256 – aus Input-Daten beliebigen Umfangs ermittelt und weisen stets die gleiche Anzahl von Bits auf. Dadurch bilden sie gewissermaßen einen digitalen **Fingerabdruck der Input-Daten.** Damit dieser unverwechselbar ist, muss die Hash-Funktion kollisionsfrei sein. Da die Input-Daten – von einer schlichten Zahl über ein abendfüllendes Video bis hin zu einer voluminösen Datenbank – jeden Umfang aufweisen können, trifft dies freilich nicht im mathematischen Sinn zu. Damit soll bloß ausgedrückt werden, dass es mit der verfügbaren Rechenkapazität oder jedenfalls mit vertretbarem Rechenaufwand nicht gelingen kann, zu einem Paar aus Input-Daten und daraus abgeleitetem Hash-Wert andere Input-Daten zu finden, für welche die Hash-Funktion denselben Hash-Wert ermittelt.[14]

34 Ebenso ist es nicht möglich, aus einem bekannten Hash-Wert auf die nicht bekannten Input-Daten zu schließen oder auch nur zwei verschiedene Input-Daten zu finden, die denselben Hash-Wert erzeugen. Die Hash-Funktion fungiert dabei wie ein **Pseudozufallszahlengenerator,** dessen Startwert durch die Input-Daten gebildet wird. Dieselben Input-Daten führen also immer zu demselben Hash-Wert. Wird in den Input-Daten dagegen auch nur ein einziges Bit geändert, verändert sich die Bitfolge des Hash-Werts in nicht vorhersehbarer Weise. Es kann also ebenso gut sein, dass sich fast alle Bits ändern oder auch nur einige wenige.

35 Ein überschaubar großer Hash-Wert repräsentiert daher zum einen auch sehr umfangreiche Input-Daten. Zum anderen ist es durch die unveränderliche Speicherung eines Hash-Werts auf der Blockchain möglich, die Input-Daten zunächst nicht preiszugeben und später doch zu **beweisen,** dass diese Daten zum Zeitpunkt der Speicherung des Hash-Werts bereits vorlagen sowie seither unverändert blieben, weil aus ihnen nunmehr derselbe Hash-Wert gebildet wird.

d) Konsensmechanismen

36 Das CAP-Theorem besagt, dass in einem verteilten System gleichzeitig nur zwei der drei Eigenschaften „consistency" (Konsistenz), „availability" (Verfügbarkeit) und „partition tolerance" (Ausfalltoleranz) gewährleistet sein können. Da Ausfalltoleranz in einem modernen Netzwerk vorausgesetzt wird, findet der Trade-off zwischen Konsistenz und Verfügbarkeit statt. So könnte weitestgehende Konsistenz der auf den Knoten des P2P-Netzwerks gespeicherten Daten dadurch hergestellt werden, dass in regelmäßigen Intervallen Synchronisationsläufe stattfänden, während derer keine Datenabfragen möglich wären. Da dies für eine Datenbank, die pausenlos anfallende Transaktionen aufzeichnen soll, keine vernünftige Option ist, musste für Blockchains ein Weg für den Umgang mit **eingeschränkter Konsistenz** gefunden werden.[15]

37 Dabei geht es um die Festlegung von Bedingungen, unter denen in die Blockchain geschriebene **Daten** als **valide** anzusehen, wie also im dezentralisierten P2P-Netzwerk Entscheidungen zu treffen sind, die letztlich von allen Teilnehmern mitgetragen werden. Vor allem muss festgelegt werden, wer mit verbindlicher Wirkung für alle einen neuen Block an die Blockchain anfügen darf.

38 **aa) Proof of Authority.** In einem überschaubar großen Konsortium bekannter Institutionen, die einen Ruf zu verlieren haben, lässt sich die Befugnis, anstehende Transaktionen zu validieren und in einen Block einzubinden sowie diesen an die Blockchain anzufügen, einfach reihum weitergeben. Dieser als „Proof of Authority" (PoA) bezeichnete Konsensmechanismus beruht darauf, dass die beteiligten Institutionen zur Erhaltung ihrer **Reputa-**

[14] Umfassend dargestellt bei *Preneel* in Gong/Gupta Lecture Notes in Computer Science Vol. 6498.
[15] *Gilber/Lynch* Computer 45 No. 2/2012, 30.

tion einerseits nicht selbst manipulieren und andererseits die für die Mitwirkung an der Blockchain eingesetzten IT-Ressourcen so gut wie möglich gegen Angriffe von außen absichern werden.[16]

39 **bb) Proof of Stake.** Bei Blockchains mit einander unbekannten Teilnehmern kann die Befugnis, den nächsten Block zu bilden, zB aufgrund einer gewichteten Zufallsauswahl vergeben werden, wobei die Gewichtung von jenem Betrag abhängt, mit dem der jeweilige Teilnehmer in die Blockchain investiert hat und damit involviert ist. Je mehr „Token" er hält, desto häufiger kommt ihm bei diesem „Proof of Stake"-Konsensmechanismus (PoS) das Privileg der Blockbildung zu. Dem liegt die Idee zugrunde, dass jemand, der **viel zu verlieren** hat, wenn die Blockchain durch die Akzeptanz fehlerhafter Transaktionen an Reputation und letztlich auch an Wert einbüßt, kein die Blockchain gefährdendes Verhalten an den Tag legen wird. Sie kann dadurch unterstützt werden, dass der validierende Teilnehmer vor der Blockbildung einen Teil seiner Token als Pfand einsetzen muss, das er im Fall fehlerhafter Blockbildung verliert.[17]

40 **cc) Proof of Work.** Für öffentliche, genehmigungsfreie Blockchains, bei denen sich die Teilnehmer nicht kennen, sodass es zwischen ihnen auch keinerlei soziales Vertrauen und keine Reputation stiftenden Erfahrungswerte gibt, bedarf es dagegen eines robusteren Konsensmechanismus. Die Bitcoin-Blockchain setzt daher mit „Proof of Work" (PoW) nach wie vor auf ein Protokoll, das **opportunistisches Verhalten** der Akteure auf spieltheoretischer Grundlage minimiert.[18]

41 Jene als „Miners" bezeichneten Knoten, die sich an der Bildung neuer Blöcke beteiligen, beweisen ihr Interesse am Fortbestand der Blockchain dadurch, dass sie erhebliche Ressourcen aufwenden, deren Einsatz von jedem Netzwerkteilnehmer mit geringem Aufwand überprüft werden kann. Dazu beteiligen sich die Miners an einer Art Lotterie, bei welcher derzeit ungefähr alle zehn Minuten 6,25 BTC (das waren Ende Juli 2020 etwa 61.000 EUR) ausgespielt werden, wobei die Chance, den nächsten Block bilden und diesen Betrag einstreifen zu dürfen, proportional mit dem Anteil der eingesetzten Rechenleistung im Verhältnis zur gesamten in diesem Augenblick in der Bitcoin-Blockchain wirkenden **Hashrate** wächst.

42 Die für den PoW zu lösende Aufgabe besteht darin, ein **Nonce** zu finden, das, wenn es gemeinsam mit den übrigen Metadaten des zu bildenden Blocks gehashed wird, zu einem Hash-Wert führt, bei dem mindestens die ersten n binären Stellen 0 sind. Ein solches Nonce lässt sich nur mittels Durchprobierens finden, wobei die durchschnittliche Anzahl der dafür erforderlichen Versuche exponentiell mit der Anzahl n der geforderten führenden Nullstellen des Hash-Wertes steigt.

43 Diese Anzahl wird vom Bitcoin-Protokoll automatisch an die jeweils verfügbare Hashrate angepasst. Nach jeweils 2016 Blockbildungen und damit ungefähr alle zwei Wochen wird geprüft, ob die durchschnittliche Zeit für die Blockbildung seit der letzten Korrektur der sog. „difficulty" mehr oder weniger als zehn Minuten betrug. War die Hashrate inzwischen gestiegen und die durchschnittliche Zeit für das Finden einer passenden Nonce kürzer als zehn Minuten, werden die „difficulty" und damit der **Rechenaufwand** für das Durchprobieren erhöht.

44 Man kann sich diesen Mechanismus als kryptographischen Fliehkraftregler vorstellen. Schon von *James Watt,* dessen Erfindung der Dampfmaschine zur industriellen Revolution führte, wurde die Arbeitsgeschwindigkeit der Maschine durch eine sich selbst regulierende Vorrichtung konstant gehalten, bei der sich zwei gusseiserne Gewichte abhängig von der Drehzahl hoben oder senkten und dadurch ein Dampfventil öffneten oder schlossen. In

[16] *Curran* Blockonomi 5.7.2018.
[17] *Buterin* Bitcoin Magazine 26.8.2013.
[18] *Singh* Cluster Computing 23 (2020), 2035.

vergleichbarer Weise bewirkt die Anpassung der „difficulty" an die aktuelle Hashrate, dass die für die Blockbildung **benötigte Zeit** stets um den Idealwert von zehn Minuten oszilliert.

e) Mining

In Anlehnung an das Goldschürfen wird die ressourcenaufwändige Tätigkeit der Bildung eines neuen Blocks bei PoW-Blockchains als „Mining" bezeichnet. Der Miner schreibt dazu die im Mempool gespeicherten und auf Bestätigung wartenden Transaktionen in den zu bildenden Block. Im Fall des Vorliegens einer Engpasssituation (nicht alle Transaktionen haben in dem pro Block zur Verfügung stehenden Speicher von 1 MB Platz) nimmt er daraus eine Auswahl vor, bei der er sich von der Höhe der den Transaktionen freiwillig beigefügten „Fees" leiten lässt, um damit für den Fall, dass er zum Zug kommen sollte, den sich aus Block Reward und Fees zusammensetzenden Gesamtertrag zu optimieren. Den Block Reward schreibt es sich dabei gewissermaßen selbst gut, indem er als erste Transaktion eine solche in den Block aufnimmt, die ihm „aus dünner Luft" 6,25 BTC als **Belohnung** zuordnet. 45

Nun, da fast alles fertig ist, wartet auf den Miner noch die mit Abstand aufwändigste Aufgabe. Er muss durch rasend schnelles Durchprobieren ein **Nonce** finden, das gemeinsam mit den Metadaten aus dem Header des zu bildenden Blocks als Input der Hash-Funktion in einem Hash-Wert resultiert, der mindestens die geforderte Anzahl führender Nullen aufweist. 46

In den Anfängen der Bitcoin-Blockchain war die „difficulty" so gering, dass diese Aufgabe mit einem PC gelöst werden konnte. Später wurden dafür leistungsfähige Grafikkarten eingesetzt, und heutzutage werden in spezieller Mining-Hardware ausschließlich **ASICs** (application-specific integrated circuits) verwendet, die nichts anderes können, als Hash-Werte zu bilden, dies aber in geradezu unglaublicher Geschwindigkeit. 47

In der ersten Hälfte des Jahres 2020 betrug die **Hashrate** durchschnittlich 120 EH/s (Exahashes pro Sekunde).[19] Alle Miner zusammen konnten also jede Sekunde $1{,}2 \times 10^{20}$ Nonces ausprobieren und die damit erzeugten Hashwerte im Hinblick auf die erforderliche Anzahl führender Nullen prüfen. Da man sich unter dieser Zahl kaum etwas vorstellen kann, mag ein Vergleich der Veranschaulichung dienen: Das Alter des Universums wird auf 13,8 Mrd. Jahre geschätzt, was $4{,}351968 \times 10^{17}$ Sekunden entspricht. Seit dem Urknall, also dem Anbeginn der Zeit, hätten demnach pro Sekunde 276 Hashes berechnet werden müssen, damit bis heute so viele davon ausprobiert worden wären, wie die Miners der Bitcoin-Blockchain pro Sekunde schaffen. 48

f) Energieverbrauch

Um diese wahrlich beeindruckende Rechenleistung mit dem derzeit stärksten **Super-Computer** der Welt *IBM Summit,* einem Ungetüm mit 4.608 OpenPower9 Rechnern mit jeweils 22 Prozessorkernen sowie 27.648 GPU-Rechenbeschleunigern vom Typ *Nvidia Tesla-V100,* erbringen zu können, müsste man diesen 144 Tage lang laufen lassen oder – um dieselbe Leistung pro Sekunde zu erreichen – ca. 12 Mio. Stück davon gleichzeitig einsetzen. 49

Freilich werden hierbei Äpfel mit Birnen verglichen. *IBM Summit* ist ein Universalrechner, der für Rechenoperationen aller Art eingesetzt werden kann und zB während der Corona-Krise zwei Tage lang nach für Impfstoffe verwendbaren Kombinationen von Arzneimitteln suchte. Für effizientes Mining wird dagegen **Spezial-Hardware** wie der *Bitmain Antminer S19 Pro* verwendet, der mit seinen 110 TH/s für ca. 2.100 EUR ungefähr das Elffache an Hashing-Power leistet wie der Millionen USD teure Super-Computer. 50

---

[19] Vgl. hierzu die stets aktuelle Darstellung des Verlaufs der gesamten Hashrate unter https://www.blockchain.com/de/charts/hash-rate (31.7.2020).

Um die derzeitige Hashrate alleine mit diesem Hardware-Typ zu erreichen, müsste man demnach ca. 1,1 Mio. davon einsetzen.

51 Der Stromverbrauch eines dieser Geräte wird vom Hersteller mit 3.250 Watt angegeben. Mit diesen Angaben lässt sich der gesamte derzeit für die Bitcoin-Blockchain eingesetzte Strom wie folgt schätzen: 1,1 Mio. Geräte × 3.250 Watt = 3.575 MWh. Auf das Jahr umgelegt macht das ca. 31,32 TWh. Wenn man für den Umstand, dass nicht alle Miners stets die allerneueste Hardware einsetzen und für die Kühlung der Mining-Farmen, in denen jeweils mehrere Tausend Geräte betrieben werden, je 25 Prozent aufschlägt, kommt man zu einer realistischen **Schätzung des Strombedarfs** für das Mining auf der Bitcoin-Blockchain in der Höhe von knapp 50 TWh, was ziemlich genau einem Zehntel des jährlichen Strombedarfs Deutschlands entspricht.[20]

52 Der Verweis auf den hohen Energieverbrauch wird nicht zuletzt von Menschen, darunter auch von Politikern, als **Killerargument** missbraucht, um damit eine innovative Technologie abzutun, mit der sie sich nicht so intensiv beschäftigt haben, dass sie diese hinsichtlich anderer Zusammenhänge verstehen könnten.

53 Der hohe Energieverbrauch von Proof of Work ist nämlich „konstruktionsbedingt" erforderlich, weil auf diese Weise **Abstimmungsmacht** im Konsensmechanismus teuer und dadurch beschränkt ist und damit zugleich die Zeitstempel verlässlich sind. Theoretisch kann die „schwierige Aufgabe" des Findens eines passenden „Nonces" durch eine andere ersetzt werden, wenn diese ebenfalls den Nachweis des Einsatzes von Ressourcen erfordert, der notwendigerweise Zeit braucht und unmittelbar mit der jeweiligen Blockchain verbunden ist. Vielleicht wäre hier an „Proof of Storage" zu denken, bei dem es darum geht, dass der Miner dadurch die Vorhaltung enormer Speicherkapazitäten beweist, dass es ihm in kürzester Zeit gelingt, den Inhalt einer vom System zufällig vorgegebenen Speicherzelle zu nennen. Da auch die Herstellung und der Betrieb von Speichern Energie kosten, wäre damit aber nicht sehr viel zu gewinnen.

54 Letztlich ist der Energieverbrauch von Proof of Work auch damit erklärbar, dass der Konsensmechanismus in einem bestimmten, engen Teilbereich das **Rechtssystem** mit dem dahinterstehenden Staat und seinen Rechtsdurchsetzungsorganen ersetzt. Auch dieses System ermöglicht Transaktionen, obwohl es einen gewissen (niedrigen, im Bereich von fünf bis zehn anzusiedelnden) Prozentsatz von nicht kooperierenden Menschen gibt. Überspitzt könnte man formulieren, dass wir uns diesen teuren Apparat dafür leisten, um trotzdem in effizienter Weise verbindliche Vereinbarungen mit uns nicht völlig vertrauten Menschen eingehen zu können.

55 Beim Proof-of-Work-Konsensmechanismus beruht dies auf dem für die Bildung der Blöcke erforderlichen Aufwand. Dieser steckt gewissermaßen in Gestalt der dafür aufgewendeten Energie in der Blockchain. Mindestens der damit verbundene Aufwand wäre neuerlich zu investieren, um die Blockchain zu verfälschen, was dieses Unterfangen so gut wie unmöglich und die Blockchain so wertvoll macht. Es handelt sich dabei also um eine Art **digitaler Schlösser,** welche die gespeicherten Transaktionen und damit die dadurch repräsentierten Assets sichern. Wer den dafür zu betreibenden Aufwand beklagt, müsste auch den für konventionelle Schlösser, Tresore, Alarmanlagen, Überwachungskameras, bauliche Sicherheitseinrichtungen und Wachpersonal eingesetzten Mitteln nachweinen.[21]

g) Forks

56 **aa) Temporäre Forks.** Wegen der auf einem Peer-to-Peer-Netzwerk beruhenden verteilten Datenhaltung und der dadurch erforderlichen Herstellung eines hinlänglichen Maßes an Konsistenz durch einen Konsensmechanismus kommt es auf öffentlichen, erlaubnis-

---

[20] Weiterführend *Li et al.* Energy Vol. 168 1.2.2019, 160.

[21] Ähnlich *Held* PoW is Efficient 14.9.2018.

freien Blockchains regelmäßig zu temporären Forks.[22] So bewirken vor allem **Netzwerklatenzen,** dass nicht jederzeit Übereinstimmung darüber herrscht, welcher Miner den jüngsten Block als erster gefunden hat. Einige Knoten arbeiten dann etwa mit der um den von Miner A gefundenen Block ergänzten Blockchain weiter, während andere Knoten Miner B als Sieger im jüngsten Wettlauf um die Blockbildung wähnen und die um den von ihm gebildeten Block verlängerte Blockchain als die allein gültige akzeptieren.

Vorübergehend existiert daher eine Gabelung (Forking) der Blockchain. Auf längere Sicht kommt es jedoch unweigerlich dazu, dass sich die eine oder andere Zinke der Gabel durchsetzt, weil einer ihrer nächsten Blöcke so deutlich **früher gefunden** wird als der Block auf der entsprechenden Blockhöhe der alternativen Blockchain, dass wieder alle Knoten mit dieser und sohin mit ein und derselben Blockchain weiterarbeiten. Die seit dem Auftreten des Forkings auf der später wegfallenden Zinke nur vermeintlich in einen gültigen Block eingebundenen Transaktionen wandern wieder in den Mempool zurück und warten dort erneut darauf, permanent in einen Block eingebunden und damit endgültig Bestandteil der Blockchain zu werden. 57

bb) Permanente Forks. Während temporäre Forks ein normales, mit dem CAP-Theorem erklärbares und immer wieder auftretendes Phänomen in verteilten Datenbanken ohne zentrale „Wahrheitsquelle" sind, resultieren permanente Forks aus einer **Änderung des Blockchain-Protokolls,** also letztlich der von den Netzwerkknoten verwendeten Software. 58

Dabei bewirkt eine sog. **Soft Fork** einen sanfteren Übergang, da auch Knoten, die das Software-Upgrade (noch) nicht mitgemacht haben, nach wie vor Transaktionen validieren können. Dadurch arbeiten sie weiterhin mit der gesamten Blockchain, einschließlich der nach den neuen Regeln hinzugefügten Blöcke. Eine Soft Fork ist daher abwärtskompatibel.[23] 59

Von einer **Hard Fork** spricht man dagegen, wenn die Protokoll-Änderung von jedem weiterhin mitwirkenden Knoten die Installation der neuen Software-Release verlangt. Knoten, die mit der bisherigen Software-Version weiterarbeiten, können nicht mehr mit den anderen Knoten zusammenwirken, um Transaktionen zu validieren oder Blöcke zu bilden. Dadurch kommt es zu einer Aufspaltung der Blockchain, die aufrechtbleibt, solange es Miners gibt, welche die „alte" Version unterstützen. Beide Zweige bzw. Zinken teilen dann zwar eine gemeinsame Transaktions-Historie, fügen aber ab sofort unterschiedliche neue Blöcke an und arbeiten mit verschiedenen Protokollen, sodass de facto zwei Blockchains entstehen. Nutzer, denen auf der „alten" Blockchain Assets zugeordnet waren, können über diese sowohl dort als auch auf der „neuen" Blockchain verfügen. Dass sie sich dadurch gewissermaßen verdoppelt haben, sollte aber von den Märkten reflektiert werden und sich in entsprechenden Kursentwicklungen niederschlagen. 60

Bei geplanten Hard Forks handelt es sich um Fortentwicklungen der Funktionalität, die bereits in der ursprünglichen Konzeption des Blockchain-Protokolls einer künftigen Release vorbehalten wurden. Da es in einem solchen Fall keine Anreize gibt, die alte Software weiterhin zu nutzen, werden sämtliche Knoten, Miners und Entwickler ab dem Wechsel nur mehr das geänderte Protokoll verwenden, sodass die „alte" Blockchain bedeutungslos wird, ja verschwindet. Demnach führen nur umstrittene Protokoll-Änderungen dazu, dass ein Teil der Akteure dem neuen, in ihren Augen besseren Zweig folgt, während der andere Teil am bisherigen Protokoll festhält, sodass nunmehr **zwei verschiedene Blockchains** und damit auch strikt voneinander zu unterscheidenden Protokoll-Token (etwa BTC und BCH) existieren. 61

---

[22] *Neudecker/Hartenstein* in Goldberg Financial Cryptography and Data Security – 23rd International Conference, FC 2019, Revised Selected Papers, S. 84–92.

[23] *Schär* Singapore Economic Review , 13.8.2020, http://doi.org/10.1142/S0217590820470025 (31.7.2020).

62 Eine der neuen „Spieregeln“, die eine Hard Fork der jeweiligen Blockchain vorgibt, kann auch darin bestehen, mit einer anderen Blockchain weiterzuarbeiten, als mit der nach den bisherigen Regeln akzeptierten. Das eröffnet ua auch die Möglichkeit, zu einer **früheren Version der Blockchain** zurückzukehren, also später angefügte Blöcke samt den darin eingebundenen Transaktionen „ungeschehen“ zu machen, um gewissermaßen „das Rad der Zeit zurückzudrehen“.

63 Unter diesem Aspekt ist die Vorstellung, **öffentliche Blockchains** seien **unveränderbar** (immutable), zu relativieren: Die dem Bitcoin-Whitepaper zugrundeliegende Regel, wonach die Mehrheitsentscheidung durch die jeweils längste Blockchain repräsentiert wird, in welche ja auch die meisten Proof-of-Work-Ressourcen investiert wurden, gilt nur, solange das Protokoll unangetastet bleibt.

64 Ein bei der Blockbildung erfolgreicher Miner wird keine gefälschten Daten in die Blockchain schreiben, weil die von ihm um den neuen Block ergänzte Blockchain und damit auch die Coinbase-Transaction, die dem Miner den Block-Reward und die Fees zuweist, sonst von der Mehrheit der Knoten nicht akzeptiert wird und wirkungslos bleibt. Daher ist es zwar einem Angreifer, der nicht mehr als 50 Prozent der insgesamt auf diese Blockchain konzentrierten Hashrate aufbringt, tatsächlich unmöglich, in der Blockchain verankerte Transaktionen zu verändern oder zu löschen und damit insbesondere bereits von ihm ausgegebene Assets nochmals auszugeben (Vermeidung des **„double spending“**).

65 Ob eine Protokoll-Änderung vorgenommen wird, hängt dagegen von der nicht im Protokoll selbst grundgelegten **Governance** der Blockchain ab. Hierbei geht es um nicht formalisierte, soziologische Prozesse, bei denen ökonomische Interessen und die Überzeugungskraft der off-chain vorgebrachten Argumente den Ausschlag geben.[24] Auch hierüber stimmen letztlich die Miners ab, sodass sich ebenfalls eine durch mehr als 50 Prozent der Hashrate bestimmte Mehrheit durchsetzt. Diese wird aber, wie zumindest zu hoffen steht, anders als ein 51-Prozent-Angreifer nicht den von kurzfristigen Interessen geleiteten, der Blockchain insgesamt schadenden Coup anstreben, sondern deren längerfristigen Erfolg.

h) Nodes und Wallets

66 Einen **vollen Knoten** („full node“) zu betreiben,[25] der die gesamte Bitcoin-Blockchain gespeichert hat und diese durch Synchronisation mit dem P2P-Netzwerk laufend auf dem neuesten Stand hält, ist unter Sicherheitsaspekten die erste Wahl. So hat man die volle Kontrolle über eigene Transaktionen und kann im Fall einer Hard Fork selbständig entscheiden, auf welche Zinke man künftig setzen möchte. Dies setzt aber voraus, dass man auf einem möglichst ständig in Betrieb befindlichen Rechner den Bitcoin Core Client laufen lässt sowie zum einen darauf einige Hundert GB Speicherplatz für die Bitcoin-Blockchain reserviert und zum anderen einen nicht zu vernachlässigenden Teil der Rechenkapazität der verwendeten Hardware dem – möglichst ununterbrochenen – Betrieb des vollen Knotens widmet. Daher kommt diese Option am ehesten für jemanden in Betracht, der häufig eigene Bitcoin-Transaktionen abwickelt oder – egal, ob aus idealistischen Gründen oder wegen monetärer Interessen am Fortbestand der Blockchain – Transaktionen und Blöcke selbst validieren und damit zur Sicherheit, Stabilität und Leistungsfähigkeit des Systems beitragen möchte.

67 Wer – wie die meisten Nutzer der Bitcoin-Blockchain – den Aufwand geringer halten will, kann auf einen **„light node“** (auch „lightweight node“ oder „light wallet“, kurz oft nur „Wallet“ genannt) setzen, der nicht die gesamte Bitcoin-Blockchain, sondern lediglich die vergleichsweise kurzen Header der Blöcke der längsten Blockchain von vollen Knoten herunterlädt und mit der als „SPV“ („simplyfied payment verification“) bekannten Me-

[24] *Nabilou,* Bitcoin Governance as a Decentralized Financial Market Infrastructure, 16.3.2020.
[25] Bitcoin.org, Running A Full Node, bitcoin.org/en/full-node/ (31.7.2020).

thode dennoch und immerhin die Einbindung einer Transaktion in einen Block verifizieren kann.[26]

68 Solche Wallets gibt es für diverse Hardware-Plattformen, insbesondere für PCs und Smartphones. Ihre Verwendung trägt freilich nichts zur Sicherheit des Systems bei und setzt ein gewisses **Vertrauen des Nutzers** sowohl in die Integrität des App-Herstellers als auch in jene der Betreiber voller Knoten voraus, von denen sein Wallet die Block-Header bezieht und über die es auch die Transaktionen des Nutzers an das P2P-Netzwerk meldet. Außerdem validiert man nicht, stimmt also nicht selbst über die als gültig zu akzeptierende Blockchain ab, sondern akzeptiert, was einem von den insgesamt über mehr als die Hälfte der Hashing-Power verfügenden Miners vorgesetzt wird.

69 Auf einem Wallet werden – anders als die etwas **unpassende Metapher** und auch so manche Publikation suggeriert – aber keine Bitcoins oder Satoshis gespeichert, die ja nur als Transaktionen auf der Blockchain selbst existieren. Immerhin speichert und verwaltet es aber die privaten Schlüssel des Nutzers, mit denen sich dieser als derjenige „ausweist", der über jene Assets verfügen kann, die in einer vorangehenden Transaktion an die korrespondierende Bitcoin-Adresse „gesandt" wurden.

70 Vor allem **mobile Wallets** sind für häufige Bezahlvorgänge praktisch. Wegen der begrenzten Sicherheit sollten darauf aber keine Schlüssel gespeichert werden, die den Zugriff auf mehr Assets gewähren, als man in realen Euros in seiner Geldbörse bei sich tragen würde.

71 Noch deutlich „zentralistischer" und damit eigentlich nicht so recht zur Bitcoin-Idee passend ist es, die privaten Schlüssel aus Bequemlichkeit auf einem **Online-Wallet,** insbesondere bei einer Börse für Kryptowährungen („exchange"), zu speichern. Dass es hier zu Verlusten von Assets durch erfolgreiche Hacker-Angriffe oder gar durch einen Vertrauensbruch seitens der Betreiber der Börse kommen kann, liegt auf der Hand.

72 Als eine der sichersten Methoden zur Speicherung der privaten Schlüssel gelten dagegen **Hardware-Wallets.**[27] Dabei handelt es sich um kleine Geräte mit Prozessor, Speicher und (zumindest LCD-)Anzeige, welche Schlüsselpaare selbst generieren und die privaten Schlüsselkomponenten offline verwahren können. Für das Abfragen der Blockchain und das Melden eigener Transaktionen des Nutzers sind sie auf die per Kabel oder Bluetooth herzustellende Verbindung zu einem größeren Gerät (PC, Laptop, Tablett oder Smartphone) angewiesen. Das Signieren der Transaktionen können sie aber selbst bewerkstelligen, wodurch die privaten Schlüssel niemals die speziell gesicherte Hardware verlassen müssen, was sie zuverlässig vor unbefugtem Zugriff schützt. Sollte ein Hardware-Wallet abhandenkommen, sind die Schlüssel immerhin noch durch eine PIN davor gefeit, und der ursprüngliche Besitzer kann sie mit der (selbstverständlich entsprechend gut zu verwahrenden) „recovery seed" auf einer kompatiblen Hardware wiederherstellen.

73 Ein weiterer durchaus nicht uninteressanter Ort für die Verwahrung eines privaten Schlüssels ist ein sog. **Paper-Wallet,**[28] das aus einem Blatt Papier besteht, auf das unter Einhaltung entsprechender Sicherheitsvorkehrungen (Schutz vor Ausspähen, etwa durch Kameras; beim Anfertigen keine Online-Verbindung des PCs und des Druckers) QR-Codes des privaten Schlüssels und der dazugehörigen Bitcoin-Adresse gedruckt werden. Geschickt gefaltet, mit entsprechend platzierten Mustern vor „Durchsicht" geschützt und überdies laminiert, kann es mit der außen sichtbaren Bitcoin-Adresse wie ein Sparschwein fungieren und digital „gefüttert" werden. Hat man die Laminierung einmal geöffnet und das Paper-Wallet entfaltet, um den QR-Code mit dem privaten Schlüssel sichtbar zu machen, sollte dagegen sicherheitshalber über den gesamten mit der Bitcoin-Adresse verknüpften Betrag auf einmal verfügt werden. Nicht zuletzt kann ein Paper-Wallet dazu die-

---

[26] *Evans* What is a Node in a Blockchain Network?
[27] Vertiefend *Arapinis et al.* Cryptology ePrint Archive Report 2019/03.
[28] *Rosic* Paper Wallet Guide: How to Protect Your Cryptocurrency.

nen, Bitcoin-Vermögen, etwa in Gestalt eines Schlüssels zu einem Banksafe, in dem das Dokument verwahrt ist, den Nachkommen zu vermachen.

74 Während also – abgesehen davon, dass sich auch darin keine „digitalen Münzen" befinden – auf mobile „light nodes" am ehesten die Metapher „Wallet" passt, folgen Hardware-Wallets und Paper-Wallets mehr dem Prinzip **„be your own bank"** und Online-Wallets jenem der Leichtgläubigkeit.

i) Token- und Multisig-Transaktionen

75 Hauptsächlich zugunsten der Stabilität des Systems wurde das der Bitcoin-Blockchain zugrundeliegende **Protokoll bewusst einfach** gehalten. Allerdings kann es durchaus mehr, als vielen Nutzern bewusst ist. So lassen sich damit nicht nur unbedingte Transaktionen über eine bestimmte Anzahl von Satoshis abwickeln.

76 Zum einen ermöglicht es eine schlichte Script-Sprache, mit dem Befehl OP_RETURN in Gestalt einer Transaktion ohne den „Transfer" von Satoshis („unspendable output") und damit ohne unverhältnismäßige Belastung des Systems bis zu 40 Bytes (sog. payload) dauerhaft in die Bitcoin-Datenbank zu schreiben.[29] Diese von geeigneten Wallets interpretierbaren Daten können gewissermaßen einen zweiten, auf der Bitcoin-Datenbank beruhenden „Layer" bilden, mit dem sich ua materielle Güter von Diamanten über Fahrzeuge bis hin zu Grundstücken, aber auch immaterialgüterrechtliche Befugnisse wie Software-Lizenzen oder auch Nutzungsrechte wie die Miete einer Wohnung oder der Eintritt zu einer Veranstaltung in der Form sog. **Token** repräsentieren lassen.[30]

77 Zum anderen können seit einer im Jahr 2011 vorgenommenen Protokoll-Änderung auf der Bitcoin-Blockchain Transaktionen so durchgeführt werden, dass ihr Output nicht mit einem einzigen privaten Schlüssel, sondern nur mit mehreren davon weitertransferiert werden kann. Dazu ist aus *n* einfachen Bitcoin-Adressen eine sog. **Multisig-Adresse** zu bilden, sodass die zu *m* aus diesen *n* Adressen gehörenden privaten Schlüssel für einen weiteren erfolgreichen Transfer erforderlich sind.

78 Damit lassen sich nicht nur Risiken, die aus der Kompromitierung eines einzelnen Schlüssels resultieren können, verringern oder Gesamtvertretungen im Sinne des Vier- oder Mehraugenprinzips, sondern auch **Treuhand- und Schlichtungskonstruktionen** abbilden. Eine „2-of-3"-Multisig-Transaktion etwa kann die Vertragserfüllung unterstützen: Der Erwerber transferiert den vereinbarten Kaufpreis an eine Bitcoin-Adresse, die wiederum auf der Basis dreier anderer Adressen gebildet wird, wovon die erste ihm, die zweite dem Veräußerer und die dritte einem unabhängigen Streitschlichter zugeordnet ist. Wird die Ware ordnungsgemäß geliefert (oder ein Werk wie vereinbart hergestellt), signieren die beiden Vertragsparteien eine weitere Transaktion, um damit den Betrag der alleinigen Verfügungsbefugnis des Veräußerers zu unterstellen.[31] Tritt dagegen eine Leistungsstörung auf, kann der Vertrag dadurch einhellig aufgehoben und rückabgewickelt werden, dass beide eine Rücküberweisung an den Erwerber signieren. Gibt es aber Streit, entscheidet der Schlichter mit seiner Signatur, wer den Betrag in seine alleinige Verfügungsmacht bringen kann.[32]

4. Arten von Blockchains und Einsatzbereiche

a) Öffentliche und private Blockchains

79 **Öffentliche Blockchains** ermöglichen es erstmals in der Menschheitsgeschichte, Verzeichnisse zur Verfügung zu stellen, in die jeder Einblick nehmen und in die auch jeder

---

[29] Vertiefend *Bartoletti/Pompianu,* An analysis of Bitcoin OP RETURN metadata, 1.3.2017.

[30] Weiterführend *Roth/Schär/Schöpfer,* The Tokenization of Assets: Using Blockchains for Equity Crowdfunding, 27.8.2019.

[31] *Takahashi* The Banking Law Journal Vol. 135 2/2018, 89 (98).

[32] *Blocher* AnwBl. 2016, 612 (617).

schreiben darf, in denen aber nachträglich nichts geändert, gefälscht oder gelöscht werden kann.

Sog. **private Blockchains** gewähren dagegen nur bestimmten Berechtigten die Befugnis, darin zu schreiben und/oder zu lesen. Ihre Proponenten sprechen oft undifferenziert von „der Blockchain", die sie verwenden würden, ohne darzulegen, unter welchen Bedingungen sich die mit öffentlichen Blockchains untrennbar verbundenen Eigenschaften auf ihre „private Blockchain" vererben. Je nach der Anzahl ihrer Knoten und der Art des eingesetzten Konsensmechanismus ist eine „private Blockchain" auf einer Skala zwischen den Endpunkten „öffentliche Blockchain" und „private IT" anzusiedeln. Je weniger sie einer öffentlichen Blockchain ähnelt, desto wichtiger werden soziales Vertrauen der beteiligten Akteure und klassische IT-Sicherheit. 80

Der Extremfall einer „privaten Blockchain" mit bloß einem Knoten verwendet zwar möglicherweise dieselbe (Open-Source-)Software wie öffentliche Blockchains, weist aber im Vergleich zu herkömmlicher IT keinerlei erhöhte Zuverlässigkeit der darin verzeichneten Daten auf, da diese jederzeit durch den Betreiber des Knotens verändert werden können. Besteht eine sog. **konsortiale Blockchain** bspw. aus neun Knoten, genügt es, fünf davon zu „hacken" oder auf sonstige Weise unter Kontrolle zu bekommen, um die Daten nach Belieben zu verfälschen.[33] 81

Die **Entscheidung** für eine der beiden Arten von Blockchains (in dieser Hinsicht können „private" und „konsortiale" Blockchains als eine einzige Art betrachtet werden) hängt davon ab, welche Herausforderungen durch den Einsatz der Blockchain zu bewältigen sind. 82

Soll **jedermann Schreibberechtigung** haben und zugleich auf einen „vertrauenswürdigen Dritten" (Intermediär, der rund um die Uhr zur Verfügung steht und für eine ordnungsgemäße Verbuchung der Transaktionen sorgt) verzichtet werden, lässt sich dies nur mit einer öffentlichen Blockchain bewerkstelligen. 83

Sind alle Personen, die eine Schreibberechtigung benötigen, zwar namentlich bekannt, aber hinsichtlich ihrer Vertrauenswürdigkeit und Zuverlässigkeit nicht hinreichend zu beurteilen, lässt sich die daraus resultierende Problematik (zB innerhalb eines Unternehmens oder einer Behörde) mit einer „privaten Blockchain" in den Griff bekommen und damit (insbes. wegen der Verwendung von Hash-Werten und kryptographischen Schlüsseln) zugleich das gewünschte oder erforderliche höhere Maß an **Vertraulichkeit** der darauf gespeicherten Daten erreichen. 84

[33] *Blocher,* Stellungnahme zur öffentlichen Anhörung des Ausschusses Digitale Agenda zum Thema „Blockchain" am 28.11.2018, Ausschuss-Drs. 19(23)025, 3f.

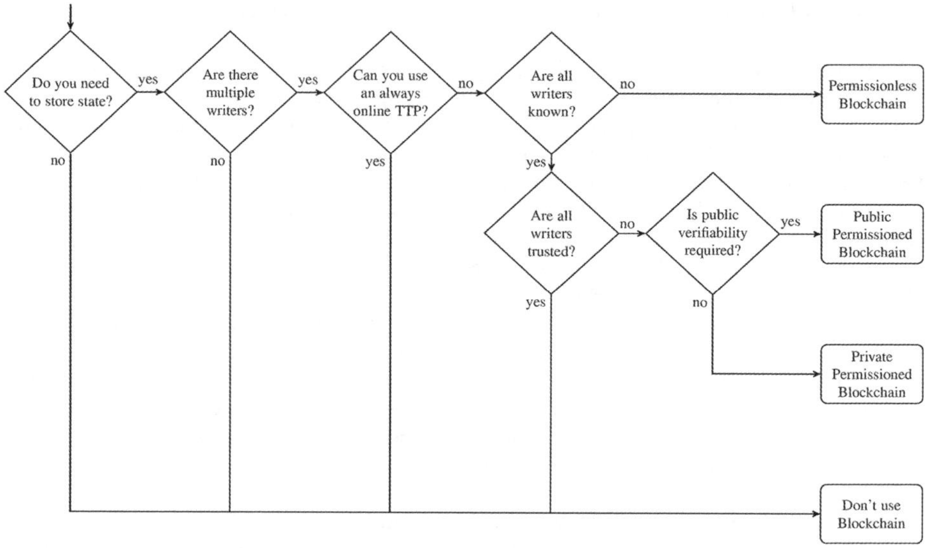

Abb. 2: Nach *Wüst/Gervais,* Do you need a Blockchain?, IACR Cryptology ePrint Archive 2017, 375.

85 Da zwischen den Eigenschaften unterschiedlicher Ausprägungen von Blockchains Zielkonflikte bestehen, wird mit der Entscheidung für eine bestimmte Blockchain-Art zugleich eine **Prioritätensetzung** hinsichtlich dieser Eigenschaften vorgenommen. So ist eine „private Blockchain" kostengünstiger, skalierbarer, performanter und vertraulicher als eine öffentliche Blockchain, deren Fälschungssicherheit, Verfügbarkeit, Resilienz und Transparenz damit aber unerreichbar bleiben.

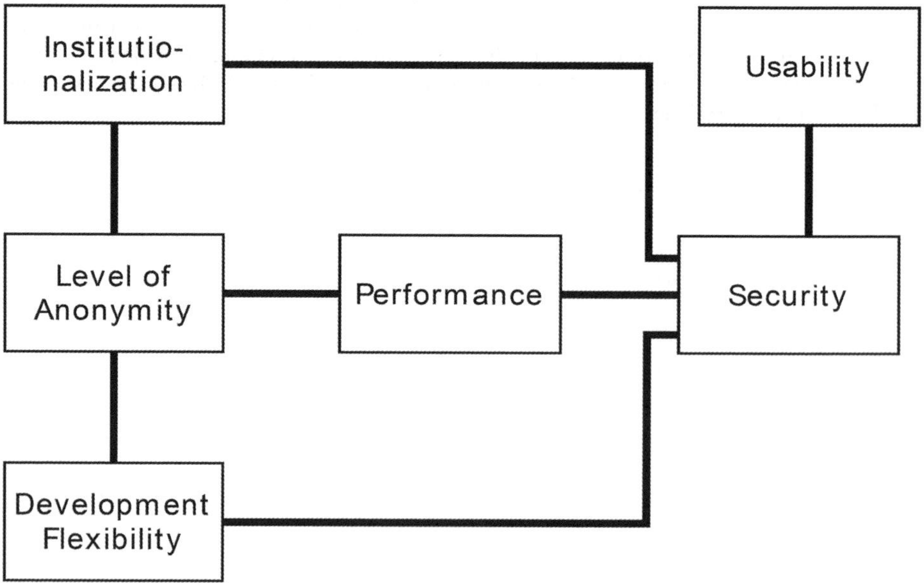

Abb. 3: Schematische Darstellung der Zielkonflikte zwischen Blockchain-Eigenschaften aus *Kannengießer/Lins/Dehling/Sunyaev* (Abb. 1 → Rn. 16).

b) Offene und zugangskontrollierte Blockchains

Innerhalb der **Gruppe der öffentlichen Blockchains** kann zwischen offenen und zugangskontrollierten unterschieden werden. 86

Öffentliche aber **zugangskontrollierte Blockchains** erlauben nicht jedermann, sich mit einem Knoten zu beteiligen, sondern vergeben die Zugangsberechtigung durch eine zentrale Autorität (Administrator) oder im Wege eines Abstimmungsverfahrens unter den bisherigen Knotenbetreibern, weisen daher weniger Knoten sowie gesteigerte Vertraulichkeit auf und sind zum einen wegen der geringeren oder fehlenden Transaktionsgebühren und zum anderen wegen des weniger ressourcenintensiven Konsensmechanismus (insbesondere PoS oder PoA) je Transaktion kostengünstiger als öffentliche und zugleich offene Blockchains wie Bitcoin und Ethereum.[34] 87

Allerdings zeigen nur Letztere in uneingeschränkter Weise die Blockchains häufig zu pauschal zugeschriebenen **Eigenschaften** Unveränderbarkeit, „trustless trust", Resilienz etc. Der mit der geringeren Anzahl von Knoten einer öffentlichen aber zugangskontrollierten Blockchain erzielbare höhere Durchsatz wird um einen hohen Preis erkauft: Die relative Übersichtlichkeit des Netzwerkgraphen steigert die Vorhersehbarkeit von Kommunikationspfaden, was die gezielte Störung der Kommunikation ermöglicht und damit auch erfolgreiche Angriffe auf die Ausgewogenheit der Blockchain („balance attack") mit dem Ziel, Forks zu provozieren, um das Verzeichnis in betrügerischer Absicht „umzuschreiben", nämlich nur in dem nicht mehr weiterverfolgten Zweig der Blockchain eingebundene Transaktionen im Nachhinein „ungeschehen" zu machen und damit „double spending" zu bewirken.[35] 88

5. Bedarf an Vertrauen trotz „trustless trust"

Bei Lichte betrachtet ist das Oxymoron **„trustless trust"** die plakative Umschreibung des Umstands, dass es für das jeweilige Protokoll-Token betreffende Transaktionen auf öffentlichen Blockchains, die auf dem PoW-Konsensmechanismus beruhen, keines Vertrauens zwischen den Akteuren bedarf. Die Transaktionspartner müssen sich weder Gedanken über die Redlichkeit des jeweils anderen machen noch über die Zuverlässigkeit der Betreiber der das Netzwerk formenden vollen Knoten samt den von diesen eingesetzten IT-Systemen noch und schon gar nicht über die Rechtschaffenheit der überwiegend aus Eigennutz um die Bildung neuer Blöcke wetteifernden Miners. 89

Freilich wird hier das Vertrauen in Personen durch Vertrauen in Technik substituiert,[36] somit in **Systemvertrauen** in ein generalisiertes Kommunikationsmedium im Sinne *Luhmanns,*[37] dessen Risikoneigung im System selbst unter Kontrolle gehalten werden muss. Dafür, dass dieses Vertrauen gerechtfertigt ist, spricht zuvorderst die (im Fall von Bitcoin) aus mehr als einem Jahrzehnt annähernd problemlosen Betriebs geschöpfte Evidenz. Vor allem bei Ausprägungen jüngeren Datums mag schon das Systemvertrauen der Unterstützung durch zertifizierende Vertrauensintermediäre bedürfen. 90

Sobald von den am Beginn des vorigen Absatzes angeführten Prämissen abgewichen wird, gilt „trustless trust" ohnehin nicht mehr, da dann – ja nach dem Ausmaß des Abweichens – wieder mehr und mehr **Vertrauen in Personen** sowie in die Sicherheit der von diesen betriebenen IT-Systeme erforderlich ist. So müssen sich die Nutzer konsortialer Blockchains mit PoA-Konsensmechanismus auf die Reputation der verifizierenden Knoten verlassen. Und der Extremfall einer privaten Blockchain, die auf dem IT-System eines einzigen Providers betrieben wird, unterscheidet sich vom klassischen Rechenzentrumsbe- 91

[34] *Blocher,* Stellungnahme zur öffentlichen Anhörung des Ausschusses Digitale Agenda zum Thema „Blockchain" am 28.11.2018, Ausschuss-Drs. 19(23)025, 11f.

[35] *Natoli/Gramoli* IEEE Xplore 31.8.2017.

[36] *Rath* ICAE Working Paper Series No. 107 2020.

[37] *Luhmann* Vertrauen S. 60ff.

trieb gerade einmal durch die (möglicherweise) eingesetzte Open-Source-Software sowie die Verwendung von Hash-Werten und kryptographischen Schlüsseln, weshalb die Frage gestattet sei, ob dafür die Bezeichnung als „Blockchain" nicht irreführend iSd § 2 UWG ist.

92 Wie bereits gezeigt wurde, sind vor allem dann wieder die Dienste von **Vertrauensintermediären** gefragt, wenn es darum geht, Smart Contracts als „Oracle" mit Daten über qualitative Eigenschaften oder mit einer auf der Grundlage eines menschlichen Judizes gefällten Entscheidung zu versorgen. Außerdem kann die Repräsentation außerhalb derselben entstandener Assets auf einer Blockchain nur auf der Grundlage einer vertrauenswürdigen erstmaligen Zuordnung des jeweiligen Assets zu dem dieses repräsentierenden Token erfolgen.

6. Das Internet der Dinge hemmende Eigenschaften von Blockchains

93 Wo viel Licht ist, ist auch viel Schatten. Bei allen Vorzügen, welche die Anwendung von DLT/Blockchain im Vergleich zum klassischen, zentralisierten Client-Server-Modell gerade für IoT mit sich bringt, dürfen die damit verbundenen **Nachteile** nicht übersehen werden.

94 In dem der DLT zugrundeliegende P2P-Modell leitet das Netzwerk seine Stabilität von einer ausreichenden Anzahl von „full nodes" ab, welche über jene **Ressourcen** verfügen, die für die Verschlüsselung, die Kommunikation und die Validierung der Daten ebenso wie für deren Speicherung erforderlich sind. Für einen modernen PC, der über Koax- oder Glasfaserkabel mit dem Internet verbunden ist, mögen die Speicherung und die laufende Synchronisierung des Ledgers, die bspw. bei der Bitcoin-Blockchain Mitte 2020 ca. 2 GB Arbeitsspeicher, 300 GB Plattenspeicher und ein ungefähr ebenso großes Upload-Volumen pro Monat voraussetzten,[38] kein Problem sein. Auch ein „selbstfahrender Computer",[39] als den man ein autonom fahrendes Fahrzeug treffend bezeichnen kann, wird damit nicht überfordert werden.

95 Ganz anders stellt sich die Situation dagegen für die unzähligen kleinen IoT-Geräte dar, die etwa im Smart Home eine Steckdose schalten, als Wearables Gesundheitsdaten aufzeichnen, zur Optimierung der Lebensmittellogistik die Kühltemperatur in Containern überwachen oder im Kanalsystem einer Smart City Gasmengen messen. Sie werden in der Regel von **leistungsschwachen Microcontrollern** gesteuert, die nur über wenig RAM- und Flash-Speicher verfügen und sich zur Minimierung des Energieverbrauchs zumeist im Sleep Mode befinden. Daher können sie allenfalls – normalerweise über ein Hub – als „light nodes" via SPV (→ Rn. 66 ff.) auf die Blockchain zugreifen, wodurch sich das Problem stellt, wie diese zuverlässig gegen Angriffe abgesichert werden soll.

96 Generell bringen beständig **wachsende Blockchains,** die beginnend mit dem jeweiligen „genesis block" jede getätigte Transaktion dauerhaft speichern, für IoT-Anwendungen ein beträchtliches Problem der Skalierbarkeit mit sich. Selbst wenn das *Moore'sche* Gesetz, nach welchem bekanntlich die Komplexität von Schaltkreisen exponentiell wächst, sowie davon abgeleitete vergleichbare Beobachtungen für Speicherplatz (*Kryder's* law), Glasfaserkapazität (*Buttler's* law), Bandbreite für Heimanwendungen (*Nielsen's* law) und Anzahl verfügbarer Funkkanäle (*Cooper's* law) weiterhin gelten sollten,[40] verheißt dies zumindest für die sinnvolle Nutzungsdauer der bereits installierten IoT-Komponenten nichts Gutes.

97 Eine weitere Beschränkung der Skalierbarkeit kann aus der **Blockgröße** der zugrundeliegenden Blockchain resultieren. So entsprechen die maximal etwa 2.500 Transaktionen, die der Bitcoin-Blockchain alle zehn Minuten hinzugefügt werden können, gerade einmal

[38] Für eine detaillierte Untersuchung s. *Essaid et al* in 2018 International Conference on Information and Communication Technology Convergence (ICTC).
[39] electrek.co/2019/04/22/tesla-full-self-driving-computer-details/ (31.7.2020).
[40] *Gustafson* in Padua Encyclopedia of Parallel Computing.

vier Transaktionen pro Sekunde. Eine derartige Blockchain kann daher zumindest nicht direkt für Tausende, Millionen oder noch mehr Transaktionen pro Sekunde genutzt werden, die aber im IoT-Bereich zu erwarten sind.

Schließlich mag sich die von offenen öffentlichen Blockchains gewährleistete **Transparenz** – jedenfalls für manche IoT-Anwendungen – mehr als Fluch denn als Segen erweisen. Einerseits kann diese Eigenschaft zweifellos die Grundlage für Vertrauen bilden, andererseits ist sie bei der Speicherung personenbezogener oder – wegen der Pseudonymität der Transaktionen – zumindest personenbeziehbarer Daten eine datenschutzrechtliche Herausforderung. Selbst wenn keinerlei Personenbezug herstellbar sein sollte, wird es nicht wenigen Unternehmern widerstreben, IoT-Transaktionen in ein für jedermann einsehbares Verzeichnis zu schreiben.[41] 98

III. Für das Internet der Dinge optimierte Ausprägungen der Distributed Ledger Technology

1. Leichtgewichtige Blockchains

Als Reaktion auf das offensichtliche Missverhältnis zwischen den relativen hohen Anforderungen, die klassische Blockchains an die Ressourcen von Netzwerkknoten stellen, und die meist recht bescheidene Ausstattung typischer IoT-Geräte wurden verschiedene „leichtgewichtige" Blockchains vorgestellt. Diese schlagen zB Konsensmechanismen vor, die sich auch für **leistungsschwache Knoten** eignen, welche schon aus Energiespargründen nur ab und an online sind, vereinfachen die für Transaktionen nutzbare Datenstruktur und/oder sehen eine Begrenzung oder regelmäßige Aggregation der auf der Blockchain oder dem jeweiligen Knoten zu speichernden Daten vor, ohne dadurch die für die Stabilität der Blockchain essentielle Verkettung der Blöcke und deren Validierbarkeit über Gebühr zu beeinträchtigen.[42] Im Gegenteil: Dadurch, dass möglichst viele Knoten uneingeschränkt an der Blockchain mitwirken können, wird die andernfalls im recht speziellen DLT-Anwendungsfeld IoT zu befürchtende Zentralisierung zugunsten vergleichsweise weniger leistungsfähiger Knoten hintangehalten. 99

Freilich sind diese IoT-Optimierungen von Blockchains nicht umsonst zu haben. So gehen zB reduzierte Kommunikationskosten mit verzögerter Informationsweitergabe einher,[43] weshalb ein für die jeweilige Anwendung passender **Kompromiss** zu finden ist. 100

2. Gerichtete azyklische Graphen (IOTA)

Einen noch deutlich radikaleren Ansatz zur Verbesserung der Skalierbarkeit sowie zur Reduktion des Ressourceneinsatzes und der Latenz bilden auf „gerichteten azyklischen Graphen" (directed acyclic graphs, DAG) beruhende Protokolle, welche an die Stelle verketteter Blöcke ebenfalls miteinander verbundener Transaktionen lediglich ein **Geflecht von Transaktionen** setzen und damit genaugenommen auf die Blockchain verzichten. 101

Der bekannteste Vertreter dieser Protokoll-Familie ist IOTA. Die 2015 ins Leben gerufene und seit 2018 von der IOTA-Stiftung mit Sitz in Berlin in den Bereichen Forschung, Ausbildung und Standardisierung vorangetriebene gleichnamige Kryptowährung setzt anstelle einer Blockchain auf das als **„Tangle"** bezeichnete DAG. Transaktionen bilden die Knoten des Graphen. Für jede Transaktion, die ein Netzwerkteilnehmer in das Tangle einfügen möchte, muss er zwei frühere Transaktionen hinsichtlich deren Konfliktfreiheit 102

[41] Vertiefend *Reyna et al.* Future Generation Computer Systems 88 (2018), 173.
[42] Etwa *Shahid et al.* in 2019 International Conference on Internet of Things (iThings); *Dorri et al.* Journal of Parallel and Distributed Computing Vol. 134 12/2019, 180; *Doku et al.* in 2019 IEEE International Conference on Smart Computing (SMARTCOMP); *Liu et al.* IEEE Transactions on Industrial Informatics Vol. 15 No. 6, 3571; *Wang* Internet of Things 3.4.2020.
[43] *Danzi et al.* IEEE Internet of Things Journal Vol. 6 No. 2/2019, 2354.

approbieren und dadurch dem Graphen zwei Kanten hinzuzufügen.[44] So werden die Transaktionen mit dem Wachstum des Tangles theoretisch immer rascher bestätigt, was in dieser Hinsicht unbegrenzte Skalierbarkeit erwarten lässt.

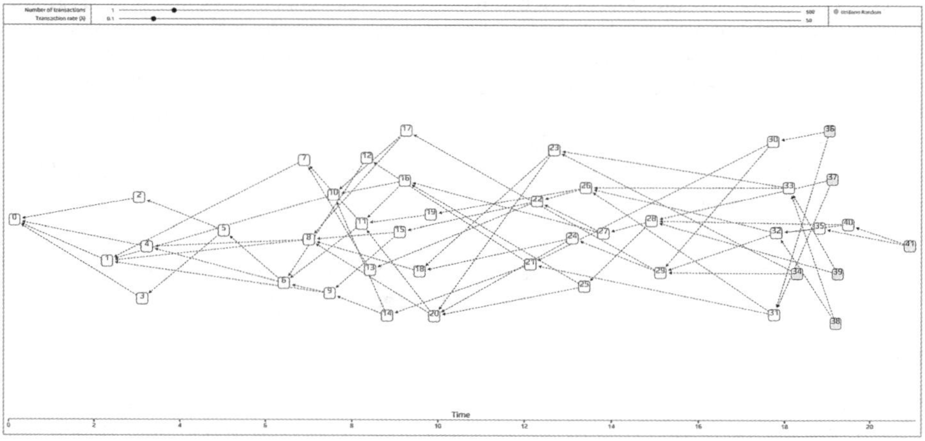

Abb. 4: Visualisierung des IOTA-Tangles, in dem jede neue Transaktion (Quadrate) zwei früher eingefügte approbiert (Pfeile); erstellt mit public-rdsdavdrpd.now.sh/ (31.7.2020).

103 Auf diese Weise kommt IOTA ohne Miners aus, wodurch Transaktionen für das Netzwerk im Prinzip kostenlos sind, was IOTA auch für Micropayments geeignet macht. Dies und der Umstand, dass bei schlechter oder unterbrochener Verbindung zum Internet einzelne Knoten vorübergehend ein Offline-Tangle bilden können, um dieses bei wieder verfügbarer Netzwerkverbindung dem Haupt-Tangle hinzuzufügen, lässt IOTA **für IoT besonders interessant** erscheinen. Hinzu kommt die im Hinblick auf Datenschutz und Vertraulichkeit geschäftlicher Transaktionen attraktive Möglichkeit, mit MAM („masked authenticated messaging") auf dem öffentlich einsehbaren Tangle verschlüsselte Daten zu hinterlegen.

104 Um Netzwerk-Spam zu vermeiden und DDoS-Attacken zu erschweren, wird aber inzwischen auch von IOTA ein **PoW-Ansatz** verfolgt, wonach allerdings der die Transaktion einstellende Knoten eine – im Vergleich zu der den Bitcoin-Miners gestellten recht einfache – Aufgabe zu lösen hat, die in der wiederholten Ableitung von Hashwerten aus den Daten der einzufügenden Transaktion besteht.[45]

105 Die dafür aufzuwendende Arbeit muss aber nicht vom jeweiligen Knoten („local PoW") geleistet werden, sondern kann auf Anforderung auch von einem anderen, leistungsfähigeren Knoten („remote PoW") übernommen oder gegen Entgelt an einen externen Dienstleister („outsourced PoW") oder an einen PoW-Proxy-Server delegiert werden. Daher verursachen letztlich auch IOTA-Transaktionen **Kosten,** die allerdings in der Regel deutlich niedriger liegen als bei anderen offenen öffentlichen Blockchains.

106 Dass den Transaktionen proportional zu der eingesetzten Arbeit ein Gewicht zugeordnet wird, lässt die für das IOTA-Marketing strapazierte Aussage, wonach keine **Transaktionsgebühren** anfallen, sophistisch erscheinen. Das Prinzip von PoW ist ja der untrennbar mit Kosten verbundene Arbeitseinsatz. Im Wettbewerb um rasche Bestätigung bei hoher Last (etwa aufgrund vieler Transaktionen bei hoher Netzwerklatenz) kann ein IOTA-Teilnehmer die eigenen Transaktionen durch entsprechenden Energieeinsatz sogar „wichtiger" machen.

---

[44] *Popov,* The Tangle, Version 1.4.3, 30.4.2018.

[45] *Vigneri/Welz* in IEEE International Conference on Blockchain and Cryptocurrency (ICBC) 2020.

Von den ursprünglichen, vielleicht etwas „sozialromantischen" Vorstellungen, das Tangle in kollaborativer Weise zu betreiben,[46] rückte man jedenfalls deutlich ab. Die Idee, wonach sich jeder einbringt, weil er auch selbst auf Unterstützung hoffen darf, ist ja nicht neu. Allerdings zeigt sich – wenig überraschend – auch in diesem Kontext, dass reziproker Altruismus nur in einem engen Kreis (Familie, Sippschaft, Web-2.0-Community) sich grundsätzlich vertrauender und ähnliche Ziele verfolgender Individuen funktioniert, während die effiziente Allokation knapper Ressourcen zwischen egoistischen Akteuren **marktförmige Tauschmechanismen** erfordert. 107

Zu den massivsten **Vorbehalten,** die gegen IOTA vorgebracht werden, zählt jener, der die unklare Absicherung gegen „double spending"-Attacken betrifft, zumal sich auf dem IOTA-Netzwerk Knoten von höchst unterschiedlicher Hashing-Power die für PoW zu leistende Arbeit teilen. Das offensichtliche Risiko, dass ein Angreifer, der über mehr als 33 Prozent der gesamten IOTA-Hashing-Power verfügt, das Tangle beliebig umschreiben kann, sollte ein zentraler „Koordinator", der im IOTA-Whitepaper nicht einmal erwähnt wird, vorübergehend begrenzen, bis das Tangle durch entsprechende Teilnehmer- und Transaktionszahlen ausreichend stabil wäre. Der Übergang zu einem tatsächlich dezentralen System ohne diesen „single point of failure" ist aber bis heute nicht erfolgt. Er wird nun mit der als „Znet" bezeichneten Fork angestrebt, die bislang aber lediglich als Testumgebung für das Ersetzen des „Koordinators" durch einen sicheren verteilten Validierungsmechanismus fungiert. 108

Eine **Achillesferse** von IOTA bildet auch die wegen der Verwendung eines ternären statt des binären Systems, also von „Trits" statt Bits, sehr spezielle Hash-Funktion. Nach wiederholten erfolgreichen Angriffen wurde Curl-P-27 im Jahr 2017 durch einen als „Kerl" bezeichneten Algorithmus ersetzt, der Trits in Bits umwandelt, sie mit der *Keccak*-Hash-Funktion hasht und das Ergebnis wieder in Trits ausgibt. Am 15.7.2020 wurde ein darauf beruhender Fehler von Kerl publiziert, der es ermöglicht, ohne Rechenaufwand Kollisionen zu finden, also andere als die ursprünglich zu hashenden Daten, welche zu demselben Hashwert führen.[47] 109

Der unbestreitbare Verdienst von IOTA besteht darin, Wege zur Überwindung der IoT hemmenden Eigenschaften von Blockchains aufgezeigt zu haben. Andererseits sind auch **Schwächen** unübersehbar, die von unausgegorenen Konzepten über marktschreierische Ankündigungen bis hin zum zweifelhaften Umgang mit Warnungen vor Sicherheitslücken reichen. 110

IV. Smart Contracts

1. Grundlegende Ideen

Bereits im letzten Viertel des vorigen Jahrhunderts wurde zu Aktoren-Modellen,[48] Multi-Agenten-Systemen,[49] Software-Agenten[50] sowie verteilter Künstlicher Intelligenz[51] geforscht und publiziert. Dabei ging es ua um die Kommunikation „Mensch zu Maschine", aber auch bereits um eine solche von „Maschine zu Maschine". Auf diese Weise sollte es etwa möglich werden, **ohne unmittelbares menschliches Zutun** Verträge schließen zu lassen. Problematisch erwiesen sich dabei nicht zuletzt die wegen der vielfältigen Angriffsmöglichkeiten unsichere Kommunikation und wohl auch der Umstand, dass zumindest für Systeme mit offenem Zugang immer eine Plattform und damit ein Intermediär benötigt wurde. 111

[46] So etwa *Popov* IEEE Blockchain Technical Briefs 1/2019.
[47] *Soatok,* Kerlissions – Trivial Collisions in Iota's Hash Function (Kerl), 15.7.2020.
[48] *Hewitt/Bishop/Steiger* IJCAI 1973, 235 ff.
[49] *Ferber* Les systèmes multi-agents.
[50] *Bradshaw* Software Agents.
[51] *Bond/Gasser* Distributed Artificial Intelligence.

112 Zur Lösung der unbefriedigenden Situation, in der wir uns häufig genötigt sehen, fehlbaren Menschen und den von ihnen betriebenen Systemen als „trusted third party" wie einer Gottheit zu vertrauen, also mehr an sie zu glauben, denn sich wissensbasiert für die Nutzung ihrer Dienste zu entscheiden, schlug der Jurist, Informatiker und Kryptograf *Nick Szabo* bereits 1999 das von ihm so bezeichnete **„Gottesprotokoll"** vor.[52]

113 Es sollte jedermann ermöglichen, einer denkbar vertrauenswürdigen Instanz Input zu übermitteln, den diese „Gottheit" unter Wahrung vollständiger Diskretion auswerten und die Ergebnisse mitteilen würde. Damit wäre sichergestellt, dass niemand über den Input der jeweils anderen Partei mehr erführe, als sich aus dem Output der Transaktion und dem eigenen Input schließen ließe. Unter Berufung auf Arbeiten von Spezialisten für Netzwerk-Sicherheit wurde damit gezeigt, wie solche „smart contract negotiations" zwischen zwei oder mehreren Personen theoretisch durch den Einsatz **„virtueller Maschinen"** möglich seien.[53]

2. Ethereum

a) Einigung über Zustände statt bloß über Werte

114 2013 erkannte *Vitalik Buterin* im zarten Alter von 19 Jahren, dass sich das von *Nick Szabo* vorgeschlagene „Gottesprotokoll" auf Basis der Bitcoin-Blockchain realisieren ließe. Er schlug allerdings bereits vor, über die im Bitcoin-Protokoll vorgesehen Möglichkeiten (Transaktionen über Einheiten oder eigentlich Untereinheiten von Bitcoin sowie über – auf einer Anwendungsschicht nutzbare – Token, die Assets der realen Welt repräsentieren) hinauszugehen und **digitale Assets** direkt durch beliebigen Code kontrollieren zu lassen.[54]

115 Als Nachteile des Bitcoin-Protokolls empfand *Vitalik Buterin* insbesondere die mangelnde **Turing-Vollständigkeit,** also jene Einschränkungen der Bitcoin-Script-Sprache, die darin bestehen, dass ihr insbesondere Programmschleifen aber auch andere Konstrukte zur universellen Programmierbarkeit fehlen. Außerdem vermisste er im Bitcoin-Protokoll eine praktikable Möglichkeit, Auszahlungen zB von der künftigen Kursentwicklung des USD, also von einem zum Zeitpunkt der Vereinbarung noch ungewissen künftigen Datum, abhängig zu machen.

116 Neben der fehlenden „Sicht" von Bitcoin-Scripts auf die Metadaten des jeweiligen Blocks (Nonce, Zeitstempel, Hash des vorangehenden Blocks), die als eine Art Zufallsgenerator für Online-Glücksspiel genutzt werden könnte, störte ihn am Bitcoin-Protokoll vor allem, dass der Output einer Transaktion lediglich den Status „ausgegeben" („spent") oder „verfügbar" („unspent") haben kann. Mangels dazwischen liegender Zustandsübergänge sah er Bitcoin lediglich für die **Übertragung von Werten** und die Einigung darauf geeignet, nicht dagegen für komplexe, auf differenzierte Zustände abstellende Vereinbarungen wie etwa dezentralisierte Organisationen („DOs").

117 Folgerichtig schlug *Vitalik Buterin* ein von ihm als „Ethereum" bezeichnetes alternatives Protokoll vor, das **dezentrale Applikationen** („DAs") auf der Grundlage in einer (annähernd) Turing-vollständigen Programmiersprache zu entwickelnder sog. Smart Contracts ermöglichen sollte, mit denen sich beliebige Regeln für Inhaberschaft, Transaktionsformen und Zustandsübergänge festlegen ließen.

118 Die Ideen des jungen Mannes waren so bestechend, dass 2014 in einer damals rekordverdächtigen **Crowdfunding-Kampagne** 18 Mio. USD zugunsten der in Zug in der Schweiz gegründeten *Ethereum Foundation* aufgebracht und Etherum als alternative, für Smart Contracts besonders geeignete Blockchain etabliert werden konnten.

---

[52] *Szabo* ITAudit Vol. 2 15.11.1999.
[53] *Blocher* AnwBl. 2016, 612 (614).
[54] *Buterin* Ethereum White Paper 2013.

b) Smart Contract

In einem Tweet vom 12.10.2018 räumte *Vitalik Buterin* ein, dass er die Verwendung des **Begriffs „Smart Contract"** bedauere und stattdessen lieber einen langweiligeren Terminus wie „persistent scripts" hätte wählen sollen.[55] Heerscharen von Juristen hatten sich nämlich darauf gestürzt, um sich an der Frage abzuarbeiten, ob und in welcher Hinsicht es sich dabei um Verträge handelt und warum diese gar „schlau" sein sollten. 119

Die vielleicht etwas **unglückliche Namensgebung** rührt daher, dass jeder Code auf Ethereum als „Contract" bezeichnet wird. „Smart" ist er dann, wenn er Assets kontrollieren kann. Eine angemessene Definition könnte daher wie folgt lauten: 120

„Als Smart Contract wird Programmcode bezeichnet, der als beständiges Skript auf einer Blockchain läuft und dort digitale Assets oder Repräsentationen körperlicher Gegenstände auf der Grundlage von anderen (auch externen) Daten, die zum Zeitpunkt der Programmierung des Codes noch nicht feststanden, zwischen zwei oder mehreren Parteien in Form von Transaktionen neu zuordnet."

Das ist für sich genommen weder „smart" noch ein „contract", also kein Vertrag im juristischen Sinn. Der ebenso unbeeinflussbare wie unaufhaltsame Ablauf des Codes könnte aber im Hinblick auf formelhaft beschreibbare Teile von Vereinbarungen wegen der dadurch entbehrlichen staatlichen **Vollstreckung** zu einem wahren „game changer" im Bereich von zwei oder mehrseitigen Transaktionen werden.[56] 121

Wie Transaktionsdaten auf der Bitcoin-Blockchain sind Zustandsdaten (sozusagen die Schaltzustände des dadurch repräsentierten „Welt-Computers") auf einer Smart Contracts ermöglichenden Blockchain, wie insbesondere Ethereum, unveränderbar und die einmal gestarteten Smart Contracts **unaufhaltsam.** So kann auch ein „irrtümlich" in Gang gesetzter Smart Contract nur dann gestoppt oder korrigiert werden, wenn dies durch den vorsorglichen Einbau von Sicherungsmechanismen explizit so vorgesehen wurde. 122

c) Virtuelle Maschine

Wie von *Nick Szabo* theoretisch beschrieben, werden bei Ethereum Smart Contracts auf einer virtuellen Maschine, im konkreten Fall der EVM („Ethereum Virtual Machine"), ausgeführt. Die **Virtualisierung** dient dazu, den Bytecode der Smart Contracts von der konkreten Hardware-Architektur unabhängig zu machen. So ist es möglich, die EVM in abgestimmter und völlig gleicher Weise mit sämtlichen Smart Contracts auf allen das Ethereum-P2P-Netzwerk bildenden Knoten laufen zu lassen und sie dabei von anderen darauf laufenden Prozessen sowie lokalen Speicher- und Netzwerkressourcen zu isolieren.[57] 123

Die bisweilen als **„Weltcomputer"** bezeichnete EVM ist daher die denkbar ineffizienteste Art und Weise, IT zu betreiben. Unübertroffen effektiv ist sie dagegen im Hinblick auf das Ziel, die Smart Contracts unbeirrbar und unabänderlich ablaufen zu lassen. Die auf der Blockchain erzielte und durch sie abgesicherte Übereinstimmung über den Zustand der EVM macht diese in einem Höchstmaß fehlertolerant und ausfallsicher sowie die auf ihr gespeicherten Daten unveränderlich und damit zugleich absolut zensurresistent. Für Ethereum-Anwender wirkt es tatsächlich so, als hätten sie einen unzerstörbaren, nicht hackbaren und fehlerfrei arbeitenden Computer für die Ausführung von Smart Contracts zur Verfügung.[58] 124

Die (annähernd) Turing-vollständige Programmierumgebung, welche Ethereum für Smart Contracts bietet, hat freilich ihren Preis. So muss verhindert werden, dass fehlerhafter Code, der etwa in einer Endlosschleife resultiert oder dem eine Routine zur korrekten 125

[55] *Buterin,* twitter.com/vitalikbuterin/status/1051160932699770882/ (31.7.2020).
[56] *Blocher* AnwBl. 2016, 612 (618).
[57] Grundlegend *Wood,* Ethereum: A Secure Decentralised Generalised Transaction Ledger („Ethereum Yellow Paper"), Petersburg Version 4ea7b96, 8.6.2020.
[58] Weiterführend *Chen et al.* ACM Computing Surveys 06/2020, Article No. 67.

Behandlung eines anderen Laufzeitfehlers fehlt, sämtliche Ressourcen beansprucht und damit den gesamten „Weltcomputer" zum Absturz bringt. Deshalb wird jede Ausführung eines Befehls durch die EVM bepreist. Dies geschieht durch das als **„Gas"** bezeichnete Konzept, wonach jeder auf der EVM auszuführenden Transaktion ein „Gaslimit" zuzuordnen ist. Verbraucht der Smart Contract in Summe mehr „Treibstoff" als ihm mitgegeben wurde, wird beim Erreichen des Limits der Programmlauf abgebrochen und der ursprüngliche Status des Smart Contracts wiederhergestellt, „als wäre nichts gewesen".

126 Um überdies Engpasssituationen, bei denen das Netzwerk durch die zur Abarbeitung anstehenden Smart Contracts ausgelastet ist, einer marktförmigen Lösung zuzuführen, wurde vorgesehen, dass der Absender einer Transaktion dieser einen **„Gaspreis"** mitzugeben, also zu bekunden hat, welchen Preis er pro Gaseinheit zu bezahlen bereit ist. Dies ist der eigentliche Zweck des Protokoll-Tokens „Ether". Mit zunehmender Nachfrage nach Rechenkapazität auf der EVM steigt zugleich der pro Gaseinheit zu bezahlende Preis in Ether. Wie auf der Bitcoin-Blockchain werden auch hier Transaktionen desto eher bestätigt, je höher der den Miners dafür winkende Ertrag ausfällt.[59]

d) Dezentralisierte Anwendungen und Organisationen

127 Ethereum bietet eine „maßgeschneiderte" Laufzeitumgebung für dezentralisierte Anwendungen („decentralized applications", kurz: „DApps"). Damit lassen sich prinzipiell Dienstleistungen realisieren, wie sie derzeit von Online-Plattformen betrieben werden, mit dem entscheidenden Unterschied, dass dafür kein datenhungriger und kostenintensiver **Intermediär** benötigt wird. So gibt es bereits die Vermittlung von Ferienwohnungen wie bei Airbnb bloß ohne Zentrale, Taxifahrten ohne Uber ebenso wie soziale Netzwerke ohne Facebook, aber auch dezentral organisierte Vorhersagemärkte, Wettplattformen und P2P-Marktplätze.[60]

128 Die **dezentralisierte Organisation** („dezentralized organisation", kurz: „DO") geht einen deutlichen Schritt weiter. Den Ausgangspunkt bilden Überlegungen wie die folgende: Ein Unternehmen besteht aus Mitarbeitenden und Assets sowie Regeln darüber, welche Mitarbeitenden zu welchen Zwecken welche Teile der Assets einsetzen dürfen. Klassischerweise werden solche Regeln mit den Mitteln des Gesellschaftsrechts, bei einer GmbH oder AG also in einer Satzung, festgeschrieben. Darin (und in den die jeweilige Rechtsform regelnden Gesetzen) finden sich auch Bestimmungen über die Vertretung der Gesellschaft, sohin ihre Interaktion mit der Außenwelt. Solche Regeln lassen sich auch technisch mit einem Smart Contract oder einem System mehrerer Smart Contracts festlegen, mit deren Hilfe Dritte mit der DO interagieren und marktförmige Transaktionen abwickeln können.[61]

129 So ist es etwa möglich, mit einer DO von einer Vielzahl von Investoren finanzielle Mittel einzusammeln und diesen dafür Token zu gewähren, mit denen sie ein ihrem finanziellen Engagement entsprechendes **Stimmrecht** für Abstimmungen erhalten, bei denen es darum geht, in welche Projekte investiert werden soll.

130 So verhielt es sich ua bei **„The DAO"**, das von menschlichem „Input" abhängig und damit genaugenommen ein DO war. Es zeigte bemerkenswerte Ansätze für ein modernes Crowdfunding-Instrument bis hin zu ausgefeilten Mechanismen für den Minderheitsschutz. Leider wurde es wegen eines fatalen Programmierfehlers zum Lehrstück für die Problematik fehlerhafter Smart Contracts sowie auch dafür, dass sich die Unveränderlichkeit von Blockchains nur auf Angriffe von außen, nicht aber auf die Governance und auf ein mehrheitlich getragenes „Zurückdrehen der Zeit" mittels einer Hard Fork bezieht,

---

[59] Weiterführend *Werner/Pritz/Perez,* Step on the Gas? A Better Approach for Recommending the Ethereum Gas Price, 7.3.2020.

[60] Weiterführend *Cai et al.* IEEE Access Vol. 6/2018, 53019.

[61] Weiterführend *Tran,* Enabling a decentralized organization through smart contracts and tokens on the Ethereum blockchain, 2018.

wodurch im konkreten Fall 60 Mio. USD, die ein Angreifer abgezweigt hatte, zurückgeholt wurden.[62]

Am weitesten könnte schließlich das visionäre Konzept der dezentralisierten autonomen Organisation („dezentralized autonomous organisation", kurz: „DAO") führen, das von *Vitalik Buterin* gar als „Heiliger Gral" bezeichnet wird.[63] Dabei geht es um eine Entität, die – wie der Name sagt – autonom auf dem Internet existiert und – insbesondere KI-gestützt – **Entscheidungen ohne menschliches Zutun** trifft.[64] Als rein digitale Erscheinungsform kann die DAO als solche freilich nur durch Kommunikation mit der Außenwelt in Berührung treten. Soll sie auf diese auch physikalisch einwirken, benötigt sie hierzu von ihr steuerbare Aktoren und – um zumindest hinreichend genaues Feedback über deren Aktionen zu erhalten – überdies entsprechende Sensoren. 131

Auch auf **menschliche Dienstleistungen** mag die DAO zurückgreifen, wohl aber nur so lange, wie diese einen Beitrag zur effizienten Erreichung der Ziele der DAO zu leisten vermögen, der über den mit den verfügbaren Aktoren erreichbaren Effekt hinausgeht. Für ihre Entscheidungen benötigte Informationen bezieht die DAO durch Kommunikation, im Wesentlichen wohl über Suchmaschinenabfragen aus dem Internet. 132

3. Hyperledger, Corda und Co.

Eine der hervorstechenden Eigenschaften öffentlicher Blockchains wie Bitcoin und Ethereum ist die **Transparenz,** also die Sichtbarkeit sämtlicher Transaktionen für jedermann. Manche sehen hierein eine Unvereinbarkeit mit geschäftlichen Anwendungen, da diese angemessener Diskretion bedürften. Dabei wird gerne übersehen, dass sich die Transparenz bloß auf die Tatsache der Durchführung einer Transaktion bezieht, während die Daten auf der Blockchain („on-chain") verschlüsselt gespeichert und damit inhatlich nur denjenigen zugänglich gemacht werden können, die über die dafür benötigten Schlüssel verfügen. Außerdem besteht die Möglichkeit, die (sensitiven) Daten „off-chain", etwa in einem sog. Data Lake, zu speichern und mit den Blockchain-Transaktionen lediglich den Zugriff darauf in nachvollziehbarer und nicht manipulierbarer Weise zu steuern. 133

Es leuchtet aber ein, dass selbst die Transparenz der Tatsache, dass Transaktionen stattgefunden haben, für bestimmte **kommerzielle Anwendungen** unangemessen erscheint. Außerdem kann dafür die relativ geringe Anzahl der pro Zeiteinheit auf einer öffentlichen Blockchain möglichen Transaktionen, also ihre „Skalierbarkeit", zum Problem werden. 134

Mit dem Ziel, Unternehmen ein in dieser Hinsicht optimiertes Angebot zu unterbreiten, wurden ab etwa dem Jahr 2015 verschiedene Projekte aufgesetzt, die registrierten Nutzern **branchenübergreifende Anwendungen** auf konsortial betriebenen und zugangskontrollierten Blockchains ermöglichen sollten. Eine der bekanntesten Blockchain-Familien dieses Typs ist das Ergebnis des von der Linux-Foundation ins Leben gerufenen Open-Source-Projekts *„Hyperledger"*,[65] an dem ua *Digital Asset, IBM, Intel, Fujitsu* und *SAP* beteiligt waren. Praktische Bedeutung hat vor allem das Framework *„Hyperledger Fabric"* erlangt, bei dem Smart Contracts, die hier „Chaincode" genannt werden, Assets verwalten. 135

Auch die Plattform *„Corda"* verfolgt einen ähnlichen Ansatz, ist dabei aber auf **Finanz- und Handelstransaktionen** spezialisiert, weshalb sie etwa nicht auf Blöcken beruht, sondern Transaktionen unmittelbar bestätigt. Sie wurde 2016 vom bereits 2014 ins Leben gerufenen und ursprünglich fast auschließlich aus namhaften Finanzinstituten bestehenden R3-Konsortium geschaffen, dem inzwischen aber mehr als 300 Unternehmen aus unterschiedlichsten Branchen angehören. 136

[62] *Mehar et al.* Journal of Cases on Information Technology 21(1), 19 (20).
[63] *Buterin,* DAOs, DACs, DAs and More: An Incomplete Terminology Guide, 6.5.2014.
[64] *Gonfalonieri,* Why Building an AI Decentralized Autonomous Organization, 30.6.2020.
[65] Hyperledger, An Introduction to Hyperledger 08/2018, www.hyperledger.org/wp-content/uploads/2018/08/HL_Whitepaper_IntroductiontoHyperledger.pdf (31.7.2020).

137 An dieser Stelle ist schließlich auch das Angebot von **„Blockchain as a Service“** (BaaS) zu erwähnen. Es basiert auf „Software as a Service“ (SaaS) und bietet Kunden die Möglichkeit, Blockchain-basierte Anwendungen „in der Cloud“ zu erstellen, zu hosten und zu betreiben. Zu den Big Players in diesem Segment zählen *Microsoft* mit *Azure Blockchain Service, IBM Blockchain as a Service, SAP Cloud Platform Blockchain, Oracle Autonomous Blockchain Cloud Service* und *Amazon AWS Blockchain Templates.* Freilich muss dem Anwender solcher Dienste bewusst sein, dass er sich damit letztlich auf einen Provider verlässt, was für das rasche Entwickeln und Testen von Blockchain-Lösungen sowie im Hinblick auf die fast beliebige Skalierbarkeit zweckmäßig sein mag. Vor einem längerfristigen Engagement sollte man aber doch im Auge behalten, dass die Zentralisierung des Dienstes im krassen Widerspruch zu der von DLT/Blockchain erhofften Dezentralisierung steht.

4. Abbildung von Treuhandschaft durch Atomic Swaps und Smart Contracts

138 Wie bereits (→ Rn. 75 ff.) dargestellt, erlaubt es die rudimentäre Script-Sprache der Bitcoin-Blockchain, durch **Multisig-Transaktionen** Dritte als Schiedsleute einzubeziehen und auf diese Weise einfache Treuhandschaften abzubilden. Diese beziehen sich freilich nur auf die weitere Verfügung über einen der Multisig-Adresse zugeordneten (gleichsam auf sie „transferierten“) Bitcoin-Betrag, also weder auf andere digitale Güter noch auf in der Bitcoin-Blockchain grundsätzlich ebenfalls repräsentierbare körperliche Gegenstände. Ein weiterer Nachteil von Multisig-Transaktionen ist darin zu sehen, dass sie vom „trustless trust“-Paradigma der Bitcoin-Blockchain abweichend auf dem soziologischen Vertrauen in eine oder mehrere Personen beruhen, deren Mitsignatur letztlich den Ausschlag dafür gibt, welcher der Transaktionspartner künftig über das treuhänderisch „hinterlegte“ Asset verfügen kann.

139 Doch schon der Einsatz relativ schlichter Protokollerweiterungen erlaubt es, die geschilderten Restriktionen zu überwinden. So können mittels sog. **Atomic Swaps** (auch „atomic cross-chain token transfers“ genannt) Protokoll-Token verschiedener Blockchains (etwa Bitcoin und Litecoin oder zwei verschiedene Altcoins) ohne Inanspruchnahme von Mittelsmännern und dennoch in sicherer Weise getauscht werden.

140 Dazu transferiert zB der Litecoin-Veräußerer den zu veräußernden Litecoin-Betrag auf eine Litecoin-Adresse des Bitcoin-Veräußerers und macht mittels der sog. **Hashlock-Funktion** dessen spätere Auszahlung davon abhängig, dass ein von ihm generierter zufälliger Ausgangswert („preimage“) angegeben wird, und mit der „Timelock-Funktion“ legt er überdies fest, dass dies vor einem bestimmten künftigen Zeitpunkt Y geschehen muss. Der „Seasam öffne dich“ für den Zugiff auf dieses mit dem Hash des Ausgangswerts gesicherte Asset besteht also im Ausgangswert, zusätzlich bedarf es dazu des privaten Litecoin-Schlüssels des Bitcoin-Veräußerers.

141 Den Hash des Ausgangswerts gibt der Litecoin-Veräußerer dem Bitcoin-Veräußerer bekannt. Dieser „hinterlegt“ mit der „Hashlock-Funktion“ unter Verwendung des empfangenen Hashes den versprochenen Bitcoin-Betrag auf einer Bitcoin-Adresse des Litecoin-Veräußerers und bestimmt dafür außerdem mit der „Timelock-Funktion“ einen spätesten Zeitpunkt X, der vor dem Zeitpunkt Y liegt. Der Litcoin-Veräußerer kann nun den für ihn bestimmten Bitcoin-Betrag dadurch abrufen, dass er – zusätzlich zu seinem privaten Bitcoin-Schlüssel – den ursprünglich von ihm generierten Ausgangswert verwendet, wodurch er diesen zugleich dem Bitcoin-Veräußerer, für den die Transaktion ja transparent ist, bekanntgibt, der hiermit seinerseits den ihm zustehenden Litecoin-Betrag beanspruchen kann. Damit ist der völlig dezentral, **„von Wallet zu Wallet“** abgewickelte Swap abgeschlossen, ohne dass einer der Beteiligten ein Vorleistungsrisiko eingehen hätte müssen. Wäre einer der Tauschpartner säumig geworden, hätten nämlich beide – getreu dem

Motto „alles oder nichts" – die Verfügungsmöglichkeit über ihr ursprüngliches Asset behalten.[66]

Weit über derartige Swap-Geschäfte hinaus lassen sich beliebig komplexe **Escrow-Bedingungen** mit Smart Contracts auf einer (wegen das Gas-Konzepts nur annähernd) Turing-vollständigen Blockchain wie Ethereum realisieren. So beschreibt *Vitalik Buterin* im Etherum White Paper[67] eine Regelung, wonach vier von fünf Beteiligten über den gesamten im Smart Contract „hinterlegten" Betrag verfügen können, drei von diesen fünf über 10 Prozent des Betrags pro Tag und schließlich zwei der fünf über 0,5 Prozent täglich. 142

An dieser Stelle ist hervorzuheben, dass sozusagen der Smart Contract die **Rolle des Treuhänders** übernimmt, da nur er allein – und weder sein Programmierer noch irgendjemand sonst – über die an seine Adresse übertragenen Assetes weiterverfügen kann und dies unbeirrbar sowie unaufhaltsam entsprechend den in seinem Programmcode enthaltenen Regeln und den an ihn übermittelten Daten tut. So ist es etwa möglich, die Auszahlung eines bestimmten Betrags für den kalendermäßig bestimmten Tag vorzusehen, an dem der Lieblingsneffe das 18. Lebensjahr vollendet oder, falls sich dies vorher ereignen sollte, an dem der Hinterleger stirbt, genauer: an dem die Tatsache seines Ablebens aus dem elektronischen Personenstandsregister hervorgeht. 143

Ein gängiges Beispiel für den Einsatz eines Smart Contracts ist auch die **Wetterwette:** Die beiden Beteiligten wetten mit einem Einsatz von je 1 ETH auf die Höchsttemperatur des nächsten Tages auf der Zugspitze, wobei einer darauf setzt, dass diese höchstens 10 Grad Celsius betragen wird, während der andere dagegenhält. Jeder der beiden zahlt hierfür seinen Einsatz auf die Adresse eines auf der Ethereum-Blockchain laufenden Smart Contracts ein, der 1,9 ETH an den Sieger und 0,1 ETH als „Gebühr" (einschließlich der für die Transaktionen anfallenden „gas costs") an den „Wettanbieter" auszahlt. 144

Fast ebenso bekannt ist inzwischen die Idee, eine Fluggesellschaft könne ihren Passagieren anbieten, jenen Betrag, der ihnen im Fall einer Verspätung gem. **Fluggastrechte-VO** zusteht, garantiert und vollautomatisch durch einen Smart Contract anweisen lassen. 145

5. Bedeutung und Problematik von „Oracles"

Schon die einfachen Beispiele aus dem vorigen Abschnitt zeigen, dass der Output eines Smart Contracts in Form der Neuzuordnung von Assets zwischen zwei oder mehreren Beteiligten von **Daten aus der realen Welt** abhängt. Wie aber erfährt ein Smart Contract, welche Höchsttemperatur an einem bestimmten Tag auf der Zugspitze herrschte oder ob ein Flug verspätet war? Dazu könnte er eine Online-Abfrage der Datenbank des Deutschen Wetterdienstes durchführen bzw. den OAG Flight Tracker konsultieren. Dies ist freilich keine geeignete Methode. Wenn eine der Adressen zumindest vorübergehen nicht erreichbar wäre, würde sich der Smart Contract nämlich „aufhängen" und seinen gesamten Gas-Vorrat nutzlos verbrauchen. 146

Daher holen sich Smart Contracts nicht durch „Pull" Daten von der „Außenwelt", sondern werden vielmehr durch „Push"-Nachrichten getriggert. Wenn der abgefragte Dienst die benötigten Daten nicht selbst an den Smart Contract sendet, muss dies ein weiterer Intermediär tun, der zB ein IT-System betreibt, das die für den Smart Contract relevanten Daten von der Quelle abfragt und im Wege einer Transaktion oder durch den Aufruf einer „callback function" an den Smart Contract übermittelt. Ein solcher Agent, der einem Smart Contract Daten aus der realen Welt als Input zur Verfügung stellt, wird als **„Oracle"** bezeichnet. 147

Es leuchtet unmittelbar ein, dass die Zuverlässigkeit des Ergebnisses eines Smart Contracts von jener des Oracles abhängt. Obwohl der Smart Contract selbst in der „trustless 148

[66] Vgl. *Belotti et al.,* Game Theoretical Analysis of Atomic Cross-Chain Swaps, 29.4.2020.
[67] *Buterin* Ethereum White Paper 2013.

trust"-Sphäre läuft, müssen die Parteien, die sich seinen Ergebnissen unterwerfen, den datenliefernden Intermediären Vertrauen entgegenbringen und sich auf die zur Ermittlung und Übertragung eingesetzten IT-Systeme verlassen. Auf dem Weg von der Datenquelle zum Speicher des Smart Contracts kann nämlich vieles passieren: So können Daten irrtümlich sowie aufgrund der Manipulation eines Sensors fehlerhaft erhoben oder durch kollusives Verhalten des Intermediärs, durch eine technische Störung oder einen Hacker-Angriff verfälscht übermittelt werden. In mehr oder weniger ausgeprägtem Maße kommen hier also wieder soziales Vertrauen und klassische IT-Sicherheit ins Spiel, sodass in einer solchen Konstellation ein **„rechtsfreier Raum"**, über den vielleicht bei ausschließlich auf der Blockchain stattfindenden Transaktionen nachgedacht werden kann, von vornherein illusorisch ist.[68]

6. Problematik der Entscheidung auf der Grundlage qualitativer Eigenschaften oder lückenhafter Vereinbarungen

149 Wenn es dagegen noch mehr „menschelt", weil es der Beurteilung qualitativer Eigenschaften oder komplexer Interessenabwägungen bedarf, oder wenn klar ist, dass die Parteien ex ante nicht alle Risiken berücksichtigen können, mag ein Smart Contract zwar immer noch eine wesentliche Effizienzsteigerung bewirken, weil seine Ergebnisse rasch vorliegen und in der Mehrzahl der Fälle von allen Beteiligten akzeptiert werden. Im Fall eines Streits muss es aber die Möglichkeit geben, diesen unter **Berücksichtigung des gesamten Kontextes** auszutragen.

150 Wie soll ein Smart Contract etwa ermitteln, ob eine Dienstleistung lege artis erbracht wurde? Auf welche Weise sollen Umstände, die von den Parteien bei der Festlegung des Smart Contracts nicht vollständig überblickt wurden, in die Entscheidung einbezogen werden? Wer sich – insbesondere kurzfristig – Lösungen dieser Problemlagen durch den Einsatz von KI erwartet, verkennt die **Grenzen der Algorithmisierbarkeit des Rechts.**[69]

151 Von seiner diskursiven Aushandlung am Beginn des Rechtssetzungsprozesses über die parlamentarische Behandlung des Entwurfs bis zu seiner Anwendung ist ein Gesetz stets Gegenstand **kommunikativer Akte,** bei denen es nicht um Wahrheit im naturwissenschaftlichen Sinn, sondern um die wegen der für sie sprechenden Argumente bessere Lösung für das Zusammenleben der Menschen geht.

152 Die aus der **Erfahrung eines menschlichen Rechtsanwenders,** aus einem geschulten Judiz und aus einer umfassenden Interessenabwägung geschöpfte Entscheidung mag durch KI simuliert werden können. Doch selbst dann und gerade, wenn Abertausende Urteile als Trainingsdaten gedient haben sollten, wird damit die bisherige Sicht der Dinge konserviert und die Dynamik der Rechtsentwicklung abgeschnitten.

153 Hinzu kommt das **Blackbox-Problem,** also die Schwierigkeit oder Unmöglichkeit die Gründe für die vom KI-System getroffene Entscheidung in für Menschen nachvollziehbarer Weise darzulegen. Dies wiederum gewährt den Schöpfern des Systems etwa bei der Gestaltung des künstlichen neuronalen Netzes und bei der Auswahl der Trainingsdaten in einer mit dem demokratischen und dem rechtsstaatlichen Prinzip kaum vereinbaren Weise Einfluss auf die künftigen Entscheidungen.[70]

154 Auf absehbare Zeit werden daher Smart Contracts, deren Ergebnisse von qualitativen Eigenschaften oder von der (insbes. ergänzenden) Auslegung einer Vereinbarung abhängen, auf entsprechenden **Input durch beurteilende und auslegende Menschen** angewiesen sein. Damit nicht eine der Parteien der redlichen Beurteilung durch die andere

[68] Weiterführend *Egberts,* The Oracle Problem – An Analysis of how Blockchain Oracles Undermine the Advantages of Decentralized Ledger Systems, 12.12.2017.
[69] *Kotsoglou* JZ 2014, 451 (passim).
[70] *Deeks* Virginia Public Law and Legal Theory Research Paper No. 2019–51.

ausgeliefert ist, bietet sich in solchen Fällen die Einbeziehung unabhängiger Dritter an, die für den jeweiligen Smart Contract als Oracle fungieren, unter dem ökonomischen Aspekt aber als Treuhänder agieren oder als Schiedsleute im Rahmen außergerichtlicher Streitbeilegung dienen.

7. Umgang mit fehlerhaften Smart Contracts

Entgegen ihrer etwas irreführenden Bezeichnung sind Smart Contracts per se weder „smart" noch ohne weiteres als Verträge im rechtlichen Sinne aufzufassen. Vom Standpunkt des deutschen **Zivilrechts** aus betrachtet, wird ein Smart Contract in der Regel Gegenstand einer außerhalb desselben getroffenen vertraglichen Vereinbarung (iSv „Verpflichtungsgeschäft") sein und allenfalls das Verfügungsgeschäft oder zumindest Teilaspekte desselben beinhalten. 155

Dass ein einmal gestarteter Smart Contract grundsätzlich unaufhaltsam ist, schließt selbstverständlich nicht aus, eine gegen den Willen einer der beiden Parteien vorgenommene Verfügung (durch eine gegenläufige Transaktion auf der Blockchain oder außerhalb derselben) **rückabzuwickeln.** Falls eine Ersatzvornahme nicht möglich ist, mag für die Durchsetzung eines derartigen Anspruchs die Festsetzung von Zwangsmitteln gem. § 888 ZPO erforderlich sein. Ein Problem kann allenfalls dadurch entstehen, dass sich die vom Smart Contract Beteiligten auf „trustless trust" verlassen und daher über keine ladungsfähige Anschrift ihres Gegenübers verfügen. 156

Hervorzuheben ist, dass Transaktionen innerhalb einer Blockchain keine *Rechte* verändern, sondern **tatsächliche *Zustände.*** So ist diejenige, die über den zu einer öffentlichen Ethereum-Adresse gehörenden privaten Schlüssel verfügt, aus kryptographischen und damit aus technischen, nicht dagegen aus rechtlichen Gründen die Einzige auf dieser Welt, die weitere gültige Transaktionen über die dorthin transferierten Werte vornehmen kann. Damit ist eine Transaktion auf der Blockchain über Einheiten einer Kryptowährung eher mit der Übertragung des Besitzes (tatsächliche Herrschaft) als mit einer solchen des Eigentums (Rechtsposition) zu vergleichen, wobei freilich beide Vergleiche wegen der fehlenden Sachqualität von Kryptowährungen nicht ganz passen. 157

Anders verhält es sich, wenn der die Transaktion auf der Blockchain steuernde Smart Contract in einer Weise aufgesetzt wurde, dass er die Intervention eines Dritten oder mehrerer Dritter zulässt. So kann ein „irrtümlich" in Gang gesetzter Smart Contract dann gestoppt oder korrigiert werden, wenn dies durch in den Code integrierte **Sicherungsmechanismen** (zB die Verwendung des von der Programmiersprache „Solidity" angebotenen Konzepts „Delegatecall", welches das dynamische Nachladen von ausführbarem Code zur Laufzeit ermöglicht, durch Third-key-Lösungen, bei denen ein vertrauenswürdiger Dritter „die Reißleine ziehen" kann, oder durch Zurverfügungstellung entsprechend interpretierbarer Daten durch ein Oracle) explizit so festgelegt wurde. Dadurch ließen sich Blockchains mit einer Korrekturmöglichkeit etablieren, was allerdings zugleich bedeutet, zumindest auf einen Teil der Vorteile der Blockchain-Technologie zu verzichten. Unveränderbarkeit haben, aber im Fall eines Problems doch Änderungen vornehmen zu wollen, entspricht dem Unterfangen, sich den Pelz waschen zu lassen, ohne dabei nass zu werden.[71] 158

8. Durchsetzung ohne staatliche Zwangsgewalt

Das große Potenzial von öffentlichen Blockchains im Allgemeinen und von Smart Contracts im Besonderen ist darin zu sehen, dass damit neben die Rechtsordnung und das darauf beruhende Vertragsrecht ein weiterer Mechanismus tritt, der **marktförmige Transaktionen** und damit letztlich arbeitsteilige Arrangements auch außerhalb der eige- 159

[71] *Blocher* in Braegelmann/Kaulartz Smart Contracts-HdB Rn. 48 ff.

nen Familie oder Sippschaft und des nur dort wirkenden reziproken Altruismus ermöglicht, ohne dass damit prohibitive Informationssuchkosten, insbesondere hinsichtlich der Zuverlässigkeit des künftigen Transaktionspartners, verbunden sind. Dies kann schon bei Distanzgeschäften zwischen einander unbekannten Akteuren wohlfahrtsoptimierend wirken, gewinnt aber dann, wenn sich die Akteure von Software-Agenten vertreten lassen, und erst recht im Fall von M2M-Kommunikation wie bei IoT weiter an Bedeutung.

160 Eine Stärke des per se globalen Phänomens könnte auch in der Überwindung des die Globalisierung bremsenden **„conflict of laws"** liegen. So ließen sich damit schwierige und letztlich unbefriedigende kollisionsrechtliche Diskussionen, insbesondere im Fall der Beteiligung von Parteien aus Nicht-EU-Mitgliedstaaten, vermeiden. Zumindest in einem niedrigschwelligen Bereich, in dem die staatliche Rechtsdurchsetzung – zumal wegen des durch die kollisionsrechtliche Problematik weiter erhöhten Aufwands – ohnehin kaum in Betracht kommt, könnten Smart Contracts zu wirksamen ADR-Instrumenten werden.

161 Während es in klassischen vertraglichen Arrangements zunächst von den Parteien abhängt, ob sie den Vertrag erfüllen, sodass sie ggf. erst durch **staatlichen Zwang** zur Vertragseinhaltung veranlasst werden müssen, setzt der – grundsätzlich – unveränderbare und unaufhaltsame Smart Contract mit technischen Mitteln neue Fakten, sodass es in dieser Hinsicht keines weiteren Zwangs bedarf.

162 Die spannende Frage ist also nicht, ob Smart Contracts Verträge sind, sondern in welchem **Verhältnis** sie zum Vertragsrecht und generell **zur Rechtsordnung** stehen. Soll die Einigung darauf, die Ergebnisse eines Smart Contracts zu akzeptieren, wie eine Schiedsvereinbarung zur Unzuständigkeit der staatlichen Gerichtsbarkeit führen, solange es nicht um das Bestehen oder die Durchführbarkeit der Vereinbarung selbst geht? Soll demnach eine negative Rechtswahl anerkannt werden, und unter welchen Umständen oder bis zu welchem Streitwert ist dies angemessen? Gelten dieselben Kriterien auch für das B2C-Verhältnis, oder sollen dafür nur bestimmte, evtl. vorab zertifizierte Smart Contracts verwendet werden dürfen?

163 Um das Beispiel „Flugverspätung" nochmals aufzugreifen: Zum einen zeigt es, dass Smart Contracts nicht nur die Durchsetzung vertraglicher, sondern auch gesetzlicher Ansprüche ermöglichen, ohne dass die Parteien dafür auf die staatliche Zwangsgewalt angewiesen wären. Zum anderen wird dadurch deutlich, wie eng die Grenzen für **„vollautomatische" Privatvollstreckung** gesteckt sind: Gem. Art. 5 Abs. 3 Fluggastrechte-VO entfällt der Anspruch auf Ausgleichszahlung, wenn das Luftfahrtunternehmen nachweisen kann, dass die Annullierung auf außergewöhnliche Umstände zurückgeht, die sich auch dann nicht hätten vermeiden lassen, wenn alle zumutbaren Maßnahmen ergriffen worden wären. Die Entscheidung darüber ist von Menschen zu treffen und dem ggf. die Ausgleichszahlung bewirkenden Smart Contract durch ein Oracle mitzuteilen. Immerhin könnten solche Entscheidungen außergerichtlich (etwa in Abstimmung zwischen Vertretern eines Verbandes der Luftverkehrswirtschaft und solchen einer Verbraucherschutzorganisation) getroffen werden und – vor allem – Wirkung für und gegen alle, die sich auf den konkreten Smart Contract eingelassen haben, entfalten.

164 Generell empfiehlt es sich, bei der Beurteilung des Einsatzes von DLT/Blockchain und Smart Contracts nicht den Vergleich mit einem idealisierten Status quo (etwa ausgezeichnet begründetes Urteil eines mit hervorragenden Richterinnen und Richtern besetzten Senats) anzustellen, sondern danach zu fragen, ob er gegenüber dem tatsächlichen bisherigen Zustand einen **Effizienzzuwachs** verspricht. So mangelt es in der EU etwa keineswegs an verbraucherschützenden Regelungen, sondern an deren Durchsetzung, insbesondere in jenem Bereich, in dem sich mit Blick auf den geringen Streitwert die Beschreitung des Rechtswegs nicht lohnt. Hier könnten Smart Contracts zwar ebenfalls nicht für jeden Einzelfall die gerechte Lösung herbeiführen, aber in Summe dazu beitragen, das Durchsetzungsdefizit deutlich zu mildern.

9. Autonome M2M-Transaktionen (Austausch von Daten, Geld und anderen Assets zwischen Dingen)

Die Möglichkeit, mit Smart Contracts sich selbst durchsetzende Vereinbarungen zu treffen, ist für autonome M2M-Transaktionen und damit für den zukunftsträchtigsten IoT-Bereich ein wahrer Game Changer. Unter den geschilderten Rahmenbedingungen können damit auch **unternehmensübergreifende Prozesse** vollautomatisch und deshalb effizient ablaufen. Sollte es dennoch Anlass für menschliche Intervention geben, führt diese wiederum viel ressourcenschonender, als es auf dem Rechtsweg möglich wäre, zu einer für alle Beteiligten akzeptablen Entscheidung und zu einer Fortsetzung der autonomen Abwicklung des Geschäftsprozesses durch Maschinen. Dabei lässt sich durch die Smart Contracts nicht nur die Compliance, also die Einhaltung rechtlicher Vorgaben, sicherstellen, sondern auch die Berücksichtigung unternehmenspolitischer oder gar ethischer Ziele. 165

Angesichts der zu erwartenden großen Zahl an M2M-Transaktionen verdienen zwei Aspekte besondere Beachtung: Die Anzahl der pro Zeiteinheit durchführbaren Transaktionen und die **Bindung von Assets** durch Smart Contracts. Für beide Problemfelder gibt es vielversprechende Lösungsansätze: 166

a) „Streaming Money"

Eine gewaltige Infrastruktur wie die Bitcoin-Blockchain, deren erstaunliche Eigentschaften mit ebenfalls gewaltigem Ressourcenverzehr erreicht werden, ist als solche für Micropayments einerseits wegen des vergleichsweise geringen Durchsatzes von höchstens sieben Transaktionen pro Sekunde ungeeignet und andererseits – was die von ihr gewährleistete Sicherheit anbelangt – um Größenordnungen überdimensioniert. Auch das von der Supermarktkassiererin oder der Betreiberin eines Tante-Emma-Ladens entgegengenommene Bargeld wird nicht sofort, sondern erst am Ende der Öffnungszeit oder allenfalls ein paarmal während des Tages zur Bank gebracht, da dies einen guten Kompromiss zwischen der angestrebten Sicherheit und den aufzuwendenden Kosten bildet. In ähnlicher Weise kann eine Vielzahl von **Transaktionen mit geringem Volumen** als stetiger digitaler Zahlungsstrom gesehen und nur ab und an „die Tageslosung", also der durch Einnahmen und Ausgaben erzielte Saldo, auf der so als „Vertrauensanker" dienenden Blockchain gesichert werden. 167

Auf diese Idee lässt sich das 2015 entwickelte **Lightning-Netzwerk**[72] zurückführen. Dabei erfolgen die als „commitment transactions" bezeichneten Zahlungen als Verfügungen über zunächst durch beide Partner oder auch nur einen der beiden dotierte sog. „funding transactions" in der Form von durch Hashlocks und Timelocks gesicherte „2-of-2"-Multisig-Transaktionen „off-chain" über ein Netzwerk von Micropayment-Kanälen. Die beiden Transaktionspartner müssen einander nicht vertrauen, da jeder der beiden im Fall unkooperativen Verhaltens des anderen mit einer sog. „settlement transaction" den Saldo der wechselseitigen Zahlungsströme in der Blockchain speichern kann, wobei jeweils der jüngste derartige Eintrag als verbindlich gilt. 168

Juristen ist das nicht fremd: Auch die Durchführung der allermeisten klassischen Verträge erfordert keinen Richter, sondern belastet das Justizsystem erst, wenn dabei ein Problem auftaucht. Weil es eine sichere, wenn auch zeitintensive Möglichkeit gibt, vertragliche Ansprüche mit staatlicher Zwangsgewalt gegen den nicht kooperierenden Vertragspartner durchzusetzen, werden die allermeisten Geschäfte im wahrsten Sinne des Wortes „klaglos" abgewickelt. In vergleichbarer Weise ermöglicht das Lightning-Protokoll die annähernd verzögerungslose Bestätigung neuer Transaktionen bei gleichzeitiger **„Trustless-trust"-Sicherheit** der Bitcoin-Blockchain. 169

---

[72] *Poon/Dryja,* The Bitcoin Lightning Network: Scalable Off-Chain Instant Payments, Draft Version 0.5.9.2, 14.1.2016.

170 Durch die Verknüpfung solcher von jeweils zwei Parteien (und im Fall von IoT insbesondere zwischen zwei Maschinen) eröffneter Kanäle ist es möglich, einen **Zahlungsweg** zwischen beliebigen am Ligthning-Netzwerk Beteiligten zu etablieren, ähnlich wie IP-Pakete durch Routing ihren Weg durch das Internet zum richtigen Empfänger finden. Im Gegensatz zu Girokreis-übergreifenden Banküberweisungen wird dafür keine zentrale Clearingstelle und damit kein Intermediär benötigt.

171 Ganz ähnlich funktionieren die auf IOTA als „flash channels“[73] und auf Ethereum als „Raiden“[74] bezeichneten Off-Chain-Zahlungskanäle zur Verbesserung der Skalierbarkeit.

b) Verbindung mit dem „realen" Finanzsystem

172 Damit ein Smart Contract Assets zwischen zwei oder mehreren Beteiligten je nach den empfangenen Daten neu zuordnen kann, müssen ihm diese Assets zunächst zur Verfügung gestellt, also auf den Contract-Account „gesandt“ werden. Bis es tatsächlich zu Auszahlungen oder anderen neuen Zuordnungen von Assets kommt, sind diese in unproduktiver Weise gebunden. So hätte die Fluggesellschaft, die ihren Passagieren die Smart-Contract-gestützte Erfüllung ihrer Ansprüche nach der Fluggastrechte-VO anbieten möchte, vorab den Contract-Account mit nicht unerheblichen Beträgen zu dotieren und damit ihre **Liquidität** zu **belasten.**

173 Außerdem können Zahlungen an und von Smart Contracts nur in Kryptowährung erfolgen. Die Verbindung solcher „vituellen“ Zahlungsströme mit dem Cash-Management eines Unternehmens erfordert laufende Käufe und Verkäufe bei Exchanges, also den **Umtausch** von der gesetzlichen Währung („fiat money“) in die Kryptowährung und umgekehrt.

174 Mit dem Ziel, Zahlungsströme zwischen IoT-Geräten in das „reale“ Finanzsystem zu integrieren, entwickelte das Unternehmen Quantoz die auf dem Stellar-Protokoll[75] beruhende, zugangskontrollierte konsortiale Blockchain **„QUAZAR“.**[76] Um die unproduktive Kapitalbindung zu vermeiden, wird dabei der Ansatz verfolgt, gänzlich auf die Verwendung von Kryptowährungen zu verzichten. Dazu transferiert nicht der Schuldner den geschuldeten Geldbetrag auf eine Blockchain-Adresse des Gläubigers, sondern der in diesem Fall vorausleistende Gläubiger übermittelt dem Schuldner auf der Blockchain eine digitale Rechnung („debt statement“). Solche von einem Schuldner empfangene Rechnungen werden von einem als „Gateway“ bezeichneten Dienstleister (der im Fall autonom Geschäfte abschließender Fahrzeuge zB der Automobilhersteller sein kann) am Ende der definierten Abrechnungsperiode summiert, vom Bankkonto des Schuldners eingezogen und durch SEPA-Überweisung an den Gläubiger ausbezahlt.

175 Dieses Beispiel macht deutlich, dass für bestimmte Geschäftsanwendungen **unerwünschte Blockchain-Eigenschaften** durch entsprechende Arrangements vermieden werden können. Freilich geht dies zulasten der einen oder anderen erwünschten Eigenschaft, sodass sowohl der Entwurf als auch die Auswahl hybrider Instrumente eine Optimierungsaufgabe zu lösen haben, um den jeweils passenden Kompromiss zu finden.

V. Ausgewählte Anwendungsbeispiele

1. Dezentrale Energieversorgung

176 Im Zuge der Energiewende, also des Übergangs von der nichtnachhaltigen Nutzung fossiler Energieträger sowie der Kernenergie zu einer nachhaltigen Energieversorgung mit erneuerbaren Energien, wird **Dezentralität auf der Erzeugerseite** zum dominanten

[73] *Freiberg* Instant & Feeless – Flash Channels.
[74] *Gail,* What is Raiden? The Lighting Network of Ethereum, 3.7.2020.
[75] *Mazières,* The Stellar Consensus Protocol: A Federated Model for Internet-level Consensus, 2014.
[76] *Quantoz,* QUASAR – bringing economy into the Internet of Things – technical whitepaper, 2017.

Strukturmerkmal der Stromwirtschaft. Diese Transformation des Energiesystems setzt nicht zuletzt auf „Prosumer", die Strom sowohl aus dem Netz nachfragen als auch selbst – insbesondere unter Nutzung von PV-Anlagen – anbieten. Die rasch wachsende Anzahl von Akteuren, die einander nur in begrenztem Maße vertrauen, macht die sichere, transparente, nicht manipulierbare und gerechte Erhebung sowie Speicherung der dabei anfallenden Daten zur unabdingbaren Voraussetzung für die Akzeptanz der Energiewende und damit zum mehr als nur naheliegenden Anwendungsfeld von DLT/Blockchain.[77] Zu jenen Bereichen, die von dezentraler Datenhaltung profitieren oder sich in sinnvoller Weise überhaupt nur auf deren Grundlage etablieren könnten, zählen ua die folgenden:[78]

– Smart-Contract-gesteuertes Transaktions- und Energieliefersystem
– P2P-Energiehandel, zB im Rahmen von Mieterstrommodellen oder virtueller Energieaustausch im Rahmen einer Community
– Clearing-Prozesse im Energiehandel
– Ablesung und Abrechnung in den Bereichen Strom-, Gas- und Wärmelieferung
– Abrechnungssysteme für Prepaid Smart Meters
– Verrechnungssysteme mittels interner digitaler Verrechnungseinheiten (Token)
– Asset-Management, zB Register über Eigentumsverhältnisse an Anlagen und Anlagenzustand
– Herkunftsnachweise und Zertifizierungen für Ökostrom oder Biogas sowie CO_2-Zertifikate
– dynamische Netzentgelte auf Basis der Netzauslastung
– Echtzeit-Ermittlung der verfügbaren Flexibilität im Stromnetz auf der Basis hinterlegter prognostizierter Lastgänge der Erzeugungsanlagen und der tatsächlich gemessenen Lasten
– energiewirtschaftlicher Datenaustausch und Bereitstellung von Echtzeit-Informationen im Netzbetrieb

So geht es etwa bei der Zertifizierung von Herkunftsnachweisen um die Lösung des Problems, dass für Strom- und Gasabnehmer die Herkunft der von ihnen bezogenen Energie bislang nicht zuverlässig nachvollziehbar ist, da der Nachweis lediglich über „unscharfe" Zertifikat im Nachhinein erfolgt. Die Smart Contract-gestützte, M2M erfolgende Erfassung erzeugter und verbrauchter Mengen wird es dagegen ermöglichen, den Verbrauchern **Herkunfts-Token** zu übermitteln und ihnen damit Gewissheit zu verschaffen.[79] 177

Auch für marktförmige **Lösungen von Engpasssituationen** bieten sich Blockchain-Anwendungen an. So könnte ein Elektroauto anhand des Fahrziels, des aktuellen Ladezustands der Akkus, der Verkehrssituation und der Wetterverhältnisse ermitteln, in welchen Regionen Ladevorgänge erforderlich sein werden, um im direkten Austausch mit den Software-Agenten der Betreiber von Ladepunkten kostenpflichtige Reservierungen zu erwerben. Die einzige Interaktion mit dem menschlichen Fahrer oder – im Fall autonomen Fahrens – dem Passagier des Autos könnte hierbei darin bestehen, dass dieser vor die Entscheidung gestellt wird, ob er sich während der Aufladung der Akkus zB lieber auf der A4-Raststätte Aachener Land Nord erholen oder das Fahrzeug im Parkhaus am Aachener Dom aufladen lassen und denselben in der Zwischenzeit besichtigen möchte. Dagegen würden aufgrund solcher Entscheidungen oder sich ändernder Verkehrsverhältnisse nicht mehr benötigte Reservierungs-Token M2M zum Bestpreis an solche Fahrzeuge veräußert, die kurzfristig entsprechenden Bedarf angemeldet haben. 178

Sobald kurzzeitige Ladevorgänge während roter Ampelphasen über in die Fahrbahn eingelassene Induktionsspuren technisch möglich sein werden, ließe sich dieses Modell leicht dahingehend ausweiten, dass das Fahrzeug schon bei Fahrtbeginn den **Erwerb von Optionen** für derartige Ladevorgänge in der Blockchain ausschreibt, um sie von den Anbie- 179

[77] dena, Multi-Stakeholder-Studie „Blockchain in der integrierten Energiewende", 2019, S. 10f.
[78] Smartgrids Austria, Fact Sheet zur Blockchain Technologie im Energiesektor, 2018.
[79] dena, Multi-Stakeholder-Studie „Blockchain in der integrierten Energiewende", 2019, Teil A S. 51.

tern, welche die besten Gebote einreichen, zu kaufen und sich nicht durch Kaufvorgänge erst knapp vor Erschöpfung der Akkukapazität zur Bezahlung von Höchstpreisen genötigt zu sehen.

2. Container-Logistik

180 Als Knotenpunkte für den globalen Güterumschlag sind die Container-Terminals Objekt vielfältiger Bemühungen, die Effizienz durch umfassende Digitalisierung zu steigern; aber auch die Container selbst sollen „smart" werden. So optimieren etwa die Seehäfen Rotterdam und Hamburg, die Nummern 1 und 3 im europäischen Container-Umschlag, den Informationsfluss, den Verkehrsfluss und den Ladungsfluss durch den Austausch von **Echtzeit-Informationen** unter Einsatz von IoT-Sensoren und -Aktoren.[80] Im Juli 2019 fand der erste Container papierlos, verzögerungsfrei finanziert und vor allem auch mit vollständiger Fracht seinen Weg von Korea nach Hamburg.[81]

181 Die Interoperabilität zwischen physischen Entitäten und Blockchain-Plattformen eröffnet dem internationalen Handel die Möglichkeit, sensible und vertrauliche kommerzielle Informationen unter den Teilnehmern der Lieferkette in einem – zB auf Hyperledger basierenden – **elektronischen Transportbuch** sicher zu teilen sowie die Eigentumsübertragung ohne den ebenso zeitaufwändigen wie fehleranfälligen „Papierkram" vorzunehmen und zu belegen.[82]

182 Als „smartester Container der Welt" wird **„Container 42"** bezeichnet, dessen Sensoren in einem auf zwei Jahre angelegten Pilotprojekt ständig Vibrationen, Neigung, Position, Lärm, Luftverschmutzung, Feuchtigkeit und Temperatur aufzeichnen, um Aufschluss über die Umgebungsbedingungen zu geben, unter denen die Digitalisierung des maritimen Frachtverkehrs voranzutreiben ist. Er ist mit einem Wallet ausgestattet, das es ihm ermöglicht, einerseits Beförderungen und andere Dienstleistungen selbst zu bezahlen, andererseits aber auch Zahlungen entgegenzunehmen.[83] Die neuen Geschäftsmodelle, die sich damit künftig realisieren lassen werden, sind wohl erst in ihren Konturen erkennbar.

3. Smart Locks

183 Bis zum Ausbruch der COVID-19-Pandemie erfreuten sich Internetmarktplätze für private Unterkünfte ständig steigender Beliebtheit. So erzielte Airbnb als Vermittler von Kurzzeitmieten in mehr als 100.000 Orten weltweit im zweiten Quartal 2019 einen Umsatz von über einer Milliarde USD.[84] Dieser resultierte im Wesentlichen aus drei Prozent Gebühren, die der Gastgeber pro Buchung an AirbnbB zu bezahlen hat, und sechs bis zwölf vom Gast zu tragenden Prozenten.[85] Als typische Intermediäre blicken derartige Dienstleister besorgt auf DLT/Blockchain, und tatsächlich gibt es schon einige einschlägige Projekte mit dem Ziel, den „Platzhirschen" die Butter vom Brot zu nehmen. So zeigte ein Team der ETH Zürich bereits im Jahr 2016, wie sich mittels auf Etherum laufender Smart Contracts beliebige Objekte **ohne** Zuhilfenahme eines **Intermediärs,** ohne Preisgabe personenbezogener Daten und ohne vorherige Registrierung mieten bzw. **vermieten** lassen.[86]

184 Bei Lichte betrachtet haben aber sowohl zentrale als auch dezentrale Sharing-Economy-Lösungen ein gemeinsames Problem, das vor allem daher rührt, dass die beiden Parteien des Überlassungsvertrags einander nicht kennen und daher auch nicht vertrauen: Wie

[80] *Anwar et al.*, Digitalization in Container Terminal Logistics – A Literature Review, 2019, 9.
[81] *N.N.*, Der erste Blockchain-Container wurde nach Rotterdam verschifft, Verkehr 1.7.2019.
[82] *IBM* Pressemitteilung v. 5.3.2017, Maersk and IBM Unveil First Industry-Wide Cross-Border Supply Chain Solution on Blockchain.
[83] weare42.io/partners/quantoz/ (31.7.2020).
[84] *N.N.*, Airbnb macht Milliarden-Umsatz im Quartal, Der Tagesspiegel 19.9.2019.
[85] *Hohensee* WirtschaftsWoche 23.12.2017.
[86] *Bogner et al.* A Decentralised Sharing App running a Smart Contract on the Ethereum Blockchain.

kann auf sichere, vertrauliche und dennoch komfortable Weise gewährleistet werden, dass etwa der Mieter den überlassenen Gegenstand nur in der vorab vereinbarten Zeit nutzt und zugleich der Vermieter in dieser Zeit keinen Zugriff darauf hat? So soll einerseits verhindert werden, dass der Gast eine Kopie des überlassenen Schlüssels anfertigt, andererseits aber auch der Vermieter vor Ablauf des Mietvertrags keinen **Zugang** zu der vermieteten Wohnung haben. Schlösser, die statt mit einem Schlüssel durch die Eingabe eines PIN-Codes, per RFID, NFC oder Bluetooth zu öffnen sind, gehen nur einen – wenn auch wichtigen – Schritt in die richtige Richtung. Problematisch bleiben dabei das Schlüsselmanagement, an dessen Stelle bei Durchführung über das Internet Sicherheitsbedenken treten, und schließlich die Position des Vermieters als „Herr der Schlüssel".

Mit **Smart-Contract-gesteuerten Schlössern** ist es dagegen möglich, den Zugang zu Räumen dezentral auf eine Weise zu steuern, dass sich die Vertragsparteien nicht für den Schlüsseltausch treffen müssen, dennoch für jeden Gast eine individuelle Einstellung des Schlosses erfolgt und der Gastgeber, dessen Mitarbeiter oder auch ein Handwerker nur dann Zugang erhalten, wenn dies der Gast vorab genehmigt. Beim online erfolgenden Abschluss des Mietvertrags erhält der Gast auf Ethereum einen Token, der ihn während der Laufzeit des Vertrags als Zutrittsberechtigten ausweist.[87] Das Schloss wird von einem wenig leistungsfähigen und daher energiesparenden Mikrocontroller gesteuert, der sich für die Überprüfung der Zutrittsberechtigung eines „light nodes" bedient. 185

Diese vergleichsweise simple Blockchain-Anwendung wird hier deshalb hervorgehoben, weil sie verallgemeinerungsfähig und damit weit über den geschilderten Fall hinaus für die meisten Erscheinungsformen der **Sharing-Economy** nutzbar ist. So könnte sie etwa auch dazu beitragen, den Zugang zu gemieteten Fahrzeugen oder Sportgeräten, zum Workspace oder sogar jenen zu von Airbnb vermittelten Wohnungen effektiv und zugleich effizient zu kontrollieren. 186

VI. Fazit und Ausblick

IoT, KI und Blockchain mögen schon jeweils für sich genommen als **Schlüsseltechnologie** für die digitale Transformation gesehen werden – in Kombination sind sie das zweifellos. 187

So kommt IoT erst dann richtig zur Geltung, wenn damit mühelos **Unternehmensgrenzen** überwunden werden können. Diese waren im Industriezeitalter für die Reduktion von Marktbenutzungskosten (insbes. Informations- und Vertragskosten) und damit als Reaktion auf das Marktversagen unerlässlich, tendieren nun aber zusehends dazu, für effizientes, projektmäßiges Bündeln von Ressourcen hinderlich zu sein. 188

Der sich unaufhaltsam digital transformierenden Wirtschaft stehen durch DLT/Blockchain dafür neue, leistungsfähige **Koordinationsmechanismen** zur Verfügung, die **ohne Intermediäre** auskommen. Auf ihrer Grundlage können Akteure, die sich nicht kennen oder einander nicht „grün" sind, sich also kein soziales Vertrauen schenken, risikolos kooperieren. Dies wird umso bedeutsamer, je weniger menschliche Eingriffe für Vereinbarungen und deren Ausführung erforderlich sind. 189

KI ermöglicht insbesondere durch beachtliche Fortschritte in der Erkennung von Mustern in großen Datenmengen automatisierte Entscheidungen. Diese können ganz kurzfristig (Wahl von Fahrspur und Fahrgeschwindigkeit oder Auslösung einer Vollbremsung beim autonomen Fahren) oder strategisch (Erkennen effizienter Kombinationsmöglichkeiten von Produktionsfaktoren und Entwicklung innovativer Geschäftsmodelle) von Bedeutung sein. Menschen werden sich darauf aber nur einlassen wollen, wenn die unüberschaubar vielen autonom agierenden Maschinen, welche verschiedensten Betreibern (oder 190

[87] *de Camargo Silva et al.* in 2019 IEEE 10th Annual Information Technology, Electronics and Mobile Communication Conference (IEMCON), 17.–19.10.2019.

gar „sich selbst") gehören, die zwischen ihnen ablaufenden Kommunikationsvorgänge und die zur jeweiligen Aktion führenden Entscheidungsgrundlagen lückenlos, nachvollziehbar und in nicht manipulierbarer Weise dokumentieren, was nicht mit proprietären IT-Systemen, sondern nur auf der Basis dezentraler Verzeichnisse gelingen kann.

191 Entscheidungsträger (aus Fleisch und Blut) in Unternehmen sind daher gut beraten, belastbare Kenntnisse auf dem Gebiet der genannten Technologien aufzubauen, durch **Pilotprojekte** einschlägige praktische Erfahrung im eigenen Haus zu generieren und diese in die mittel- bis langfristige strategische Planung einfließen zu lassen. Weiteres Zuwarten könnte bald als gravierender Managementfehler zu werten sein.

192 Das eingangs geschilderte Szenario vollautomatisierter, Unternehmensgrenzen überschreitender Kooperationen lässt sich schon heute verwirklichen. Die dafür erforderlichen Technologien stehen bereit. Erst in Ansätzen vorhanden sind dagegen praktikable Instrumente für die im Hinblick auf den jeweiligen Use case optimale Auswahl aus öffentlichen, konsortialen oder privaten Blockchains bzw. sonstigen Ausprägungen der DLT, aus Konsensmechanismen und Hash-Funktionen sowie aus hybriden Lösungen, die zB Gateways einsetzen oder sich für bestimmte Funktionen in der Transaktionskette doch wieder einzelner Intermediäre bedienen. Überdies wirkt aus der Perspektive so mancher Entscheidungsträger der unklare oder noch fehlende **rechtliche Rahmen** für dermaßen innovative Unterfangen hemmend.

193 Sobald die genannten Hemmnisse einmal überwunden sein werden, dürfte selbst das heute noch überaus futuristisch anmutende **Szenario** nicht mehr unerreichbar erscheinen, wonach eine DAO einen Teil des von Investoren zur Verfügung gestellten Kapitals – nota bene ohne weiteres menschliches Zutun – dafür verwendet, autonom fahrende Pkws zu kaufen, um damit Dienstleistungen im Bereich des Personentransports anzubieten. Sie sendet die Pkws regelmäßig zur Hauptuntersuchung beim TÜV, lässt rechtzeitig vor dem ersten Schneefall Winterreifen aufziehen sowie im Frühjahr gegen Sommerreifen tauschen und bezahlt auch Energierechnungen, Parkgebühren, Reparaturen etc. Irgendwann wird sie erkennen, dass die seinerzeit beschaffte Pkw-Type nicht mehr den Anforderungen der Fahrgäste entspricht und sich daher nicht mehr wirtschaftlich für den Personentransport betreiben lässt. Da dies noch eine Weile profitabel zu sein verspricht, bietet die DAO nun mit dem ältesten Teil der Fahrzeugflotte Botendienste und kleinere Gütertransporte an. Wenn diese schließlich ebenfalls nicht mehr kostendeckend durchführbar sind, treten die Pkws ihre jeweils letzte Fahrt zu dem meistbietenden Autoverwerter an. Den dabei erzielten Erlös führt die DAO inzwischen durch KI-gestützte Marktbeobachtung als erfolgversprechend identifizierten Geschäftsmodellen, vielleicht dem Betrieb von Flugtaxis für eilige Digital-Politiker oder aber auch der Vermietung von dezentralem Speicherplatz, zu.

§ 13 Patentrecht

Übersicht

Literatur:

Böhler, Einstweilige Verfügungen in Patentsachen, GRUR 2011, 965; *Buntscheck,* Die Durchsetzung standardessentieller Patente als Missbrauch einer marktbeherrschenden Stellung, NZKart 2015, 521; *Eck,* Europäisches Einheitspatent und Einheitspatentgericht – Grund zum Feiern?, GRUR Int. 2014, 114; *Friedl/Ann,* Entgeltberechnung für FRAND-Lizenzen an standardessenziellen Patenten, GRUR 2014, 984; *Fuchs,* Kartellrechtliche Schranken für patentrechtliche Unterlassungsklagen bei FRAND-Lizenzerklärungen für standardessentielle Patente, NZKart 2015, 429; *Haberl/Schallmoser,* Aktueller Stand zum EPGÜ: Weitere Hürden wurden genommen – Bei positiver Entwicklung voraussichtlicher Start Anfang/Mitte 2019, GRUR-Prax 2018, 341; *Haedicke,* Lehren aus der Huawei v. Unwired Planet-Entscheidung für das deutsche Patentrecht, GRUR Int. 2017, 661; *Haedicke,* Rechtsfindung, Rechtsfortbildung und Rechtskontrolle im Einheitlichen Patentsystem, GRUR Int. 2013, 609; *Hilty/Slowinski,* Standardessentielle Patente – Perspektiven außerhalb des Kartellrechts, GRUR Int. 2015, 781; *Hoffmann,* Die Rolle der Patentrecherche in der patentstrategischen Planung für das Unternehmen, BB 1994, 1800; *Hofmann,* Unterlassungsanspruch und Verhältnismäßigkeit – Beseitigung, Löschung und Rückruf, NJW 2018, 1290; *Jakobs,* Standardessentielle Patente und FRAND-Selbstverpflichtungen – Konkretisierung der kartellrechtlichen Maßgaben durch jüngste Kommissionsentscheidungen und die neuen Technologietransfer-Leitlinien, NZKart 2014, 394; *Kellenter/Verhauwen,* Systematik und Anwendung des kartellrechtlichen Zwangslizenzeinwands nach „Huawei/ZTE" und „Orange-Book", GRUR 2018, 761; *Körber,* Orange-Book-Standard Revisited, WRP 2015, 1167; *Kühnen,* Handbuch der Patentverletzung, 12. Aufl., Köln 2020; *Kühnen/Claessen,* Die Durchsetzung von Patenten in der EU – Standortbestimmung vor Einführung des europäischen Patentgerichts, GRUR 2013, 592; *Kurtz/Straub,* Die Bestimmung des FRAND-Lizenzsatzes für SEP, GRUR 2018, 136; *Luginbühl,* Das europäische Patent mit einheitlicher Wirkung (Einheitspatent), GRUR Int. 2013, 305; *Meier-Beck,* Bifurkation und Trennung, GRUR 2015, 929; *Münster-Horstkotte,* Das Trennungsprinzip im deutschen Patentsystem – Probleme und Lösungsmöglichkeiten, MittDPA 2012, 1; *Osterrieht,* Patent-Trolls in Europa – braucht das Patentrecht neue Grenzen?, GRUR 2009, 540; *Palzer,* Patentrechtsdurchsetzung als Machtmissbrauch – der Zwangslizenzeinwand aus unionsrechtlicher Sicht, EuZW 2015, 702; *Picht,* Unwired Planet v. Huawei: A Seminal SEP/FRAND Decision from the UK, GRUR Int. 2017, 569; *Rogge,* Zur Aussetzung in Patentverletzungsprozessen, GRUR Int. 1996, 386; *Walz,* Patentverletzungsklagen im Lichte des Kartellrechts, GRUR Int. 2013, 718; *Wuttke/Gunz,* Wie weit reicht die Privilegierung des Klägers durch das Trennungsprinzip?, MittDPA 2012, 477.

I. Patentlandschaft im Bereich Internet der Dinge

1 Wie in → § 1 dargestellt, ist das Internet of Things angesichts der Vielfalt seiner Anwendungsbereiche und der Flut an technischen Komponenten nur schwer zu definieren. Bis 2025 werden ca. 26–30 Mrd. Smart Objects zuhause und am Arbeitsplatz existieren.[1] Diese technischen Komponenten mit integrierter IuK agieren automatisiert oder autonom in ihrer Umgebung, indem sie diese sensorisch erfassen und die gewonnen Daten verarbeiten. Tragend ist ihre Fähigkeit mit ihrer technischen Umgebung vernetzt zu kommunizieren, um menschliches Eingreifen überflüssig zu machen. Beispielhaft sei eine Kaffeemaschine, die mit dem Wecker des Smartphones kommuniziert, um den Espresso beim Erwachen aufzubrühen und bei Bedarf die richtige Sorte Kaffee zum niedrigsten Preis online einzukaufen. Auch ohne Definition wird so deutlich: **Technik ist konstitutiv für das IoT.** Es überrascht in einem weiteren Schritt auch nicht, dass die Technologien und Innovationen häufig patentiert sind. Wer daher am IoT-Markt teilnehmen will, der muss sich ein Bild der Patentlandschaft machen. Was sind die relevanten Patente? Wer sind die Akteure? Welche Risiken drohen? Welche Strategien gibt es? Ohne eine Antwort auf diese Fragen droht ein gravierendes Problem im IoT.

1. Überblick: Standardessenzielle Patente (SEPs) und nicht SEPs

2 Begrifflich sind zunächst **Patente** und **SEPs** zu unterscheiden. Ein **Patent** ist ein Schutzrecht für eine technische Lehre, das seinen Inhaber insbesondere dazu berechtigt andere von der Nutzung der Erfindung auszuschließen. Es beinhaltet ua die Beschreibung der Erfindung, die das technische Problem sowie dessen technische Lösung darstellt. Der Schutzumfang richtet sich nach den Patentansprüchen, die die technischen Merkmale der Erfindung genauestens beschreiben. **SEPs** sind nun eine **Teilmenge der Patente** und sind daher nach Inhalt und Schutzumfang identisch. Sie unterscheiden sich nur in der Bedeutung für einen **technischen Standard.** Ein **Standard** legt **optionale und obligatorische** Mindestfunktionalitäten fest, die eine Technologie erfüllen muss, um marktgängig zu sein. Dadurch bewirken Standards im IoT die zwingende **Interoperabilität** der Smart Objects. Andernfalls würden zahllose Insellösungen verschiedener Marktteilnehmer existieren, womit eine Interoperabilität denklogisch ausgeschlossen wäre. Ein **SEP** ist nun dadurch gekennzeichnet, dass seine Patentansprüche ein technisches Merkmal schützen, das **zugleich** eine **obligatorische Mindestfunktionalität** iSd Standards ist. Der Standard kann also nicht verwendet werden, ohne zugleich in den Schutzbereich des SEPs einzugreifen.

2. Technische Standards und SEPs im Bereich Datenübertragung und Datenverarbeitung

3 Die **technischen Standards** haben für das IoT eine **überragende Bedeutung,** da sie die Vernetzung der Systeme erst ermöglichen, indem sie die grundlegenden Funktionalitäten der Datenübertragung und -verarbeitung festlegen. Laut der EU-Kommission könnten ohne sie 40 Prozent der potentiellen Vorteile der IoT-Systeme nicht genutzt werden; bei einem wirtschaftlichen Potential von jährlich bis zu neun Billionen EUR ein verheerendes Ergebnis.[2] Zusätzlich verringern Standards Forschungs- und Entwicklungskosten für Unternehmer sowie Endpreise für Verbraucher. Für das Gebiet der SEPs muss daher der Ablauf der Standardisierung näher beleuchtet werden. Denn Standardisierung und SEPs füh-

---

[1] www.documents.epo.org/projects/babylon/eponet.nsf/0/17FDB5538E87B4B9C12581EF0045762F/$File/fourth_industrial_revolution_2017__key_findings_en.pdf (25.4.2019).

[2] www.ec.europa.eu/transparency/regdoc/rep/1/2017/DE/COM-2017-712-F1-DE-MAIN-PART-1.PDF (25.4.2019).

ren zu anderen Akteuren, Risiken und Chancen innerhalb der Patentlandschaft. Insbesondere ist auch das Zusammenspiel von Standards und SEPs zu untersuchen (→ Rn. 43 ff.). Denn nahtlose Interoperabilität und patentgeschützte Ausschließlichkeit der Technologie stehen sich diametral gegenüber.

a) Funktionsweise und Regelungswerke der Standardisierungsorganisationen (SSOs)

Standardisierung erfolgt weltweit durch **unterschiedliche SSOs.** Diese lassen sich nach ihrer territorialen Reichweite und/oder ihrem Technologiebereich unterscheiden. Im IuK-Bereich ist auf globaler Ebene bspw. die ITU – eine Sonderorganisation der UN – tätig. Auf Initiative ihrer Mitglieder erarbeiten Arbeitsgruppen der ITU-Standards anhand eines transparenten und teilhabebasierten Procedere, an dessen Ende eine rechtlich **nicht bindende Empfehlung** für einen Standard steht. Parallel betreibt etwa das europäische Institut für Telekommunikationsnormen (ETSI) den Prozess vergleichbar für Europa. Derzeit setzt sich das ETSI aus über 850 Unternehmen und Organisationen aus mehr als 60 Ländern zusammen und veröffentlicht zwischen 2.000–2.500 Standards jährlich. Daneben bestehen viele weitere SSOs wie bspw. die ISO, das IEEE und das DIN. 4

Die SSOs verfahren nach **jeweils eigenen Regelungswerken,** die insbesondere den Standardisierungsprozess und den Umgang mit Patenten behandeln. Die vereinbarten Standards erzeugen grundsätzlich keine rechtliche Bindungswirkung. Aufgrund der konsens- und teilhabebasierten Verfahren erzeugen sie aber eine flächendeckende technische Harmonisierung, auch ohne eine rechtliche Bindung. 5

b) Üblicher Umgang mit Patenten im Rahmen der Standardisierung

Die positive Wirkung des Standards ist nur gesichert, wenn die betreffenden **Technologien** für die Marktteilnehmer auch **zugänglich** sind. Daher muss frühestmöglich feststehen, ob SEPs vorhanden sind und ob der Patentinhaber zur Lizenzvergabe bereit ist. Andernfalls kann das **SEP** den gesamten Standard **blockieren,** indem die Ausschlussrechte des SEPs auf den Standard durchschlagen. Die Richtlinien vieler SSOs enthalten daher Vorschriften, die ihre Mitglieder dazu auffordern, eigene oder fremde SEPs zu offenbaren, um diesem Effekt zu vorzubeugen. Zugleich muss aber auch ein Anreiz dafür geschaffen werden, dass SEPs für einen Standard zugänglich gemacht werden. Denn Standardisierung kann nicht einseitig zu Lasten von Schutzrechtsinhabern erfolgen. Die folgende Darstellung orientiert sich an den Richtlinien des ETSI.[3] Man muss sich aber bewusst sein, dass andere SSOs auch andere – teils weniger transparente – Verfahren haben. 6

aa) Offenlegungspflicht. Um die **Blockadewirkung** eines SEPs zu vermeiden, halten die SSOs ihre Mitglieder, insbesondere jene die Standardisierungsvorschläge einreichen, dazu an, gemäß Treu und Glauben eigene oder fremde **SEPs zu offenbaren.** Sollte so in der Vorbereitung eines Standards ein SEP bekannt werden, kann frühzeitig ermittelt werden, ob der Inhaber lizenzbereit ist oder ob ungeschützte technische Alternativen bestehen. Praktisch verfügen die SSOs aber nur selten über die Ressourcen, um zu überprüfen, ob die offenbarten Patente tatsächlich auch SEPs sind. Da ein wirtschaftlicher Anreiz besteht, Patente als essenziell zu deklarieren, kann es dazu kommen, dass für einen Standard viel mehr Patente als essenziell deklariert werden, als tatsächlich essentiell sind (sog. **over-declaration**). In Extremfällen offenbaren Marktteilnehmer sogar gesamte Patentportfolien als essenziell (sog. **umbrella-declaration**). Nachteilig für die Rechtssicherheit ist auch die Situation, dass ein SEP erst nach Veröffentlichung eines Standards bekannt wird, etwa durch **„under-declaration“**. Ist der Inhaber nicht lizenzwillig, besteht nur die Möglichkeit den Standard nach Möglichkeit abzuändern. Das ETSI sieht zudem vor die EU-Kom- 7

[3] www.etsi.org/images/files/IPR/etsi-ipr-policy.pdf (25. 4. 2019).

mission einzuschalten, um politischen Druck auf den SEP-Inhaber zu erzeugen. Trotz der eingeschränkten Möglichkeiten der SSOs, einen Patentinhaber zur Lizenzierung zu bewegen, sollte ein SEP nicht planvoll verschwiegen werden. Denn daraus kann ein erheblicher Reputationsschaden folgen.

8 **bb) FRAND-Erklärung.** Wenn ein SEP bekannt wird, wird von dessen Inhaber unverzüglich die Abgabe einer **unwiderruflichen FRAND[4]-Erklärung** verlangt, ohne die das Verfahren regelmäßig nicht fortgesetzt wird.[5] Diese verpflichtet den SEP-Inhaber dazu Lizenzen zu fairen, angemessenen und nicht diskriminierenden Bedingungen zu erteilen. Allerdings schweigen die SSOs dazu, welche Lizenzbedingungen im Einzelfall FRAND sind oder was im Falle einer Lizenzverweigerung trotz FRAND-Erklärung geschieht, was zu erheblichen Rechtsunsicherheiten führt.[6] Der Anreiz eine FRAND-Erklärung abzugeben liegt aber auf der Hand: Die Aussicht, Lizenzgebühren über einen flächendeckenden Industriestandard zu erwirtschaften, ist wegen des wirtschaftlichen Potentials sehr lukrativ.

c) Überblick über die Patentlandschaft

9 Im IoT ist ein **Bewusstsein für Standards und Patente** zu entwickeln, um die noch zu erörternden Risiken frühzeitig erkennen und vermeiden zu können. Das Bewusstsein soll beispielhaft anhand der kennzeichnenden Datenübertragung und Datenverarbeitung geschärft werden. Standards und SEPs sind bei diesen technisch hochkomplexen Vorgängen sowohl im Rahmen der Hardware als auch im Rahmen der Software relevant. Die Darstellung der Technologien hat dabei nicht den Anspruch der Vollständigkeit, da dies jeglichen Rahmen sprengen würde.

10 **aa) Datenübertragung.** Der **Datenübertragungsvorgang** ist so alltäglich geworden, dass man sich keine Gedanken mehr darüber macht, welche Software, Hardware und Infrastruktur nötig ist und welche technischen Probleme gelöst werden müssen, um etwa ein Video über das Smartphone zu streamen. Endgeräte, Router, Funkmasten, Basisstationen und Server müssen dabei in allen Bereichen nahtlos zusammenarbeiten und jeweils unzählige technische Probleme lösen.

11 Im Bereich der Software werden verschiedenste **Protokolle** für die Datenübertragung verwendet. Sie **regeln detailliert die Kommunikation** zwischen zwei oder mehreren Funktionseinheiten. Sie unterscheiden sich erheblich in ihrem Zweck und ihrer Komplexität. Eine Vereinheitlichung ist hier unerlässlich, da Vernetzung ohne dieselben Protokolle unmöglich wäre. Bspw. könnte mit einem Safari-Browser nicht auf den Google-Server zugegriffen werden. Daher wurde das **OSI-Referenzmodell** standardisiert, um ein universelles Modell zur Kommunikation zwischen zwei Rechnern zu definieren. Es systematisiert die Datenübertragung abstrakt, indem es die Protokolle in sieben logisch strukturierte Schichten anordnet, wobei jede Schicht und jedes Protokoll nur für einen klar bestimmten Teil der gesamten Kommunikation zuständig ist. So muss insbesondere die Verbindung aufgebaut und gesichert, die gesuchte Information identifiziert und übertragen und abschließend die Verbindung wieder abgebaut werden. Dabei wurden auf jeder der sieben Schichten die technischen **Mindestfunktionalitäten** der Protokolle **standardisiert,** um die Interoperabilität heterogener Systeme zu erreichen. Daraus resultierten etwa die Protokolle HTTP, TCP, UDP oder IP und unzählige mehr. Entsprechend ihres eng definierten Zwecks sprechen Protokolle jeweils spezielle technische Probleme an, um Geschwindigkeit und Qualität der Datenübertragung zu verbessern. Es überrascht bei näherer Betrachtung daher auch nicht, dass Protokolle als Lösungen technischer Probleme patentiert sind, weshalb im Rahmen des OSI-Referenzmodells mit vielen SEPs operiert wird.

---

[4] Akronym für „fair, reasonable and non discriminatory".
[5] Zur Rechtsnatur *Hilty/Slowinski* GRUR Int. 2015, 781 (787 f.).
[6] Auch *Fuchs* NZKart 2015, 429 (430).

Beispielhaft ist die sog. **Bitübertragungsschicht,** die mechanische und elektronische Information betrifft, um die Daten letztlich zu übertragen. Dort lassen sich bspw. **lokale Netzwerke** und **Funktechnik** unterscheiden. Erstere beinhalten Standards wie WLAN, ZigBee, Z-Wave und Enocean, die oft für vermaschte Smart Home Komponenten verwendet werden. Im Bereich der Funktechnik sind die gängigen Technologien GMS, UMTS, LTE und 5G allesamt standardisiert. Da diese jeweils eine Vielzahl technischer Probleme ansprechen, kann ein Standard aus einer **Flut an Patenten** bestehen. Für den LTE-Standard wurden etwa 4700 Patente als essenziell angemeldet.[7] 12

Auch erfordern diese Technologien oft eine entsprechende **Hardware.** Bspw. werden im Rahmen der Funkübertragung elektromagnetische Wellen über Antennen gesendet und empfangen (genauer zur Funktionsweise und zur Netzstruktur → § 3), wobei erneut verschiedenste technische Probleme wie Interferenzen oder Datenstau angesprochen werden. Im Rahmen der Datenübertragung ist also nicht nur die Software Gegenstand der Standardisierung und Patentierung, sondern auch die Hardware. Nach allem sind **Standards nie unbesehen in eigene Produkte zu implementieren.** 13

bb) Datenverarbeitung. Die beispielhafte Übertragung der Daten auf das Smartphone ist aber nicht ausreichend, um das Video auch anzusehen; diese müssen noch verarbeitet werden. Im Rahmen der **Datenverarbeitung** werden viele **Formate** standardisiert. Formate beschreiben Regeln und Strukturen von Datensätzen und deren Interpretation im Rahmen der Datenverarbeitung. Begrifflich sind **Container und Codecs** zu unterscheiden, die jeweils quelloffen oder proprietär, dh durch Patente geschützt, sein können. 14

Container transportieren unterschiedliche Datensätze in einer Art und Weise, dass sie ein sinnvolles Ganzes ergeben. Eine Filmdatei beinhaltet bspw. eine Audio- und eine Videospur sowie die Metadaten. Das Containerformat strukturiert die Daten so, dass letztlich ein Film wiedergegeben werden kann. Der relevanteste proprietäre Containerformatstandard ist MP4. Quelloffene Alternative ist der seit 2012 existierende Standard MPEG-Dash. 15

Die transportierten Metadaten enthalten insbesondere Informationen über **Codecs.** Codecs definieren die Art und Weise der Datenverarbeitung, indem sie regeln, wie Daten im Rahmen von Programmen interpretiert und für die Datenübertragung komprimiert werden. Codecs sind zudem regelmäßig auf spezielle Eingangssignale (Audio-, Video- oder Bilddaten) zugeschnitten und existieren heute in nahezu unüberschaubarer Menge. Die **Datenkompression** verringert die immensen Datenmengen bei gleichem Informationsgehalt, womit die heutigen Übertragungsraten überhaupt erst ermöglicht werden. Die Kompression kann dabei verlustbehaftet oder verlustfrei erfolgen, was jeweils anwendungsrelevante Vor- und Nachteile hat. 16

Verlustbehaftete Kompression nutzt die begrenzte menschliche Wahrnehmung und verwirft nicht wahrnehmbare Informationen ohne spürbaren Qualitätsverlust (sog. Irrelevanzkompression). Im Rahmen von **Bildcodecs** ist der weitverbreitetste JPEG-Standard bereits über 25 Jahre alt und daher patentrechtlich weniger relevant. Als neuerer Standard erlangt der ua von Apple verwendete HEIF/HEIC-Standard an Bedeutung. Quelloffene Alternative ist etwa PNG. Im Rahmen von **Audiocodecs** ist neben dem, inzwischen patentfreien, MP3-Standard der proprietäre AAC-Standard zu nennen. Die relevantesten Standards für **Videocodecs** sind H.264 (MPEG-4) und H.265 (HEVC). Sie konkurrieren bspw. mit den quelloffenen Codecs VP8 und VP9. 17

Die weniger effiziente **verlustfreie Kompression** strukturiert Datenredundanzen neu, indem häufig vorkommende Datenfolgen durch kurze Codes ersetzt werden (sog. Redundanzkompression). So kann bspw. die Information ABCDABCDABCD auch als (ABCD)*3 ohne Informationsverlust dargestellt werden. Verlustfreie Kompression ist aber nicht auf Textdaten beschränkt, sondern auch auf Audio- und Videosignale anwendbar. Relativ zur verlustbehafteten Kompression verwirft sie aber keine Daten, was anwendungs- 18

[7] Generalanwalt beim EuGH Schlussantrag v. 20. 11. 2014 – C-170/13, BeckRS 2014, 82403 Rn. 81.

bezogene Vorteile haben kann. Verlustfrei operiert etwa der Audiocodec MPEG-4 ALS-Standard.

19 Nach allem beeinflussen Formate über die Kompression insbesondere auch Qualität und Geschwindigkeit der Datenübertragung. Wenn man sich nun vor Augen führt, dass bis 2022 schätzungsweise 4,8 Mrd. Internetnutzer existieren, die jährlich unvorstellbare 4,8 Zettabyte Daten – das ist eine Zahl mit 21 Nullen – übertragen, verwundert es nicht, dass fortlaufend neue, effizientere Formate entwickelt, patentiert und standardisiert werden, die in der Patentlandschaft beachtet werden müssen.[8]

3. Nicht standardessenzielle Patente

20 Zusätzlich ist der komplette Bereich der **nicht SEPs** zu beachten. Der durch Standards vermittelte Abstraktionsgrad für Anwendungen ist schließlich immens. Daher existieren auf dem IoT-Markt unzählige patentierte Anwendungen und Komponenten, **die standardkompatibel aber eben nicht standardessenziell sind,** indem insbesondere optionale Funktionalitäten der Standards patentiert sind. Das gilt insbesondere für den Bereich der Protokolle und Formate, wo eine detaillierte Darstellung der nicht standardessenziellen Patente **uferlos** wäre. Hinzu kommen die unzähligen **patentierten Anwendungslösungen** der Marktteilnehmer; gemeint sind Patente für technische Lehren, die keine obligatorischen oder optionalen Funktionalitäten eines Standards betreffen. Ein Marktteilnehmer muss also zusätzlich geräte- und netzwerkbezogene Patente und Patentanmeldungen seiner Konkurrenten berücksichtigen, um ein vollständiges Bild der sich stetig wandelnden Patentlandschaft zu erhalten.

4. Patentinhaber

21 Neben Standards und Patenten sind auch die verschiedenen Patentinhaber zu betrachten, da diese die Patentlandschaft auf unterschiedliche Weise beeinflussen.

a) Technologieentwickler

22 Die **Technologieentwickler des IoT** formen die Patentlandschaft am meisten. Gemessen an der Zahl der Patentanmeldungen vor dem Europäischen Patentamt wächst der IoT-Bereich auch am rasantesten. Von 2015–2017 wuchs die Zahl der IoT-Anmeldungen um 54 Prozent – andere Technologiebereiche nur um 7,65 Prozent. Der Markt wird zudem von einigen Schwergewichten dominiert. Nur 20 Unternehmen waren zwischen 2011–2016 für 42 Prozent aller IoT-Anmeldungen verantwortlich; darunter Samsung, LG, Sony, Nokia, Huawei, Qualcomm, Blackberry, Philips und auch Siemens. Die Konzentration auf wenige Unternehmen ist insbesondere in China und Südkorea bemerkenswert; dort wächst der IoT-Markt zudem auch schneller als in den bislang führenden Regionen Europa, USA und Japan.[9]

b) „Failed Giants"

23 Der Begriff kennzeichnet **ehemals führende Unternehmen,** die sich am Markt nicht halten konnten. Bekanntes Beispiel ist die Handysparte von Nokia, die 2013 (zunächst) an Microsoft verkauft wurde. Microsoft erhoffte sich insbes. durch den Patenterwerb am Smartphonemarkt zu etablieren, was aber nicht erwartungsgemäß gelang. Nokia ist exemplarisch dafür, wie ein schwächelnder Technologieriese die Patentlandschaft neu formen kann, aber auch welche Chancen und Risiken ein Erwerb mit sich bringt; schließlich

---

[8] www.com-magazin.de/news/internet/ip-datenverkehr-steigt-4-8-zettabyte-jahr-1653745.html (21.5.2019).

[9] www.documents.epo.org/projects/babylon/eponet.nsf/0/17FDB5538E87B4B9C12581EF0045762F/$File/fourth_industrial_revolution_2017__key_findings_en.pdf (25.4.2019).

zahlte Microsoft 5,4 Mrd. EUR. Ein weiteres Beispiel aus der jüngeren Vergangenheit ist der Kauf von Motorola Mobility durch Google für 12,5 Mrd. USD.

c) Non-practicing Entities (NPEs)

Die letzte Gruppe der Patentinhaber bilden die **NPEs.** Das sind Unternehmen, die nicht forschen oder produzieren, sondern vielmehr, ausgestattet mit teilweise erheblichen finanziellen Mitteln, Patente aufkaufen, um durch deren Verwertung Renditen zu erwirtschaften.[10] Lizenzverhandlungen mit NPEs haben die Besonderheit, dass NPEs anders als andere Marktteilnehmer gewöhnlich kein Interesse an Kreuzlizenzen haben, was sich normalerweise preisregulierend auswirkt.[11] Neben vielen gescheiterten Patentdurchsetzungskampagnen von NPEs sind in der Öffentlichkeit auch sehr lukrative Lizenzeinnahmen durch NPEs bekannt.[12] Bekannte NPEs in der IuK-Branche sind etwa SISVEL, MPEG-LA, Uniloc oder Monument Patent Holdings.[13] 24

II. Patentrisiken des Herstellers und Betreibers von IoT-Komponenten und Anwendungen

Die mit einem Patent verbundenen Rechte führen für Dritte zu Risiken, für die ein Bewusstsein zu entwickeln ist, um im IoT erfolgreich wirtschaften zu können. 25

1. Überblick

Die Patentrisiken gliedern sich grob in **drei Komplexe:** Der Unterlassungsanspruch als erheblichstes Risiko; als zweites der Schadensersatzanspruch infolge einer Patentverletzung und zuletzt die Risiken im Zusammenhang mit SEPs; dort drohen zwar dieselben Ansprüche, aber die Besonderheiten und aktuellen Unklarheiten dieser Fallgestaltung führen zur Behandlung als eigener Komplex. Die **Risiken** werden im **deutschen Rechtssystem** durch eine Trennung von Verletzungs- und Nichtigkeitsverfahren (sog. **Trennungsprinzip**) noch **verschärft,** da es faktisch den Patentinhaber bevorteilt, weshalb gerade hierzulande ein Bewusstsein für die Patentrisiken vorhanden sein sollte. 26

Gemeinsamer Nenner aller Risiken ist, dass der Schutzbereich eines Patents verletzt wurde. Für die schwierige Feststellung einer **Patentverletzung** muss als erstes der Schutzbereich ermittelt werden, indem der Wortlaut der Patentansprüche ausgelegt wird. Allerdings ist der Wortlaut nicht die Grenze der Auslegung. Vielmehr ist deren Inhalt unter Heranziehung der Zeichnungen und Beschreibungen zu ermitteln. Eine weitere Herausforderung ist, dass Patenschriften ihre eigenen Lexika darstellen.[14] Dh, dass die Bedeutung des Wortlauts weiter relativiert werden kann, indem die Patentschrift Wörter abweichend vom allgemeinen Sprachgebrauch verwendet.[15] 27

Der Schutzbereich ist nur dann **unmittelbar oder mittelbar verletzt,** wenn alle geschützten Merkmale des Patents kumulativ verwirklicht werden. Eine **Kenntnis des Patents** ist für den Verletzungstatbestand dagegen weitestgehend **unerheblich.** MaW drohen die Risiken unabhängig von der eigenen Kenntnis oder fahrlässigen Unkenntnis der 28

[10] *Osterrieth* GRUR 2009, 540.
[11] *Osterrieth* GRUR 2009, 540 (542).
[12] www.spiegel.de/wirtschaft/unternehmen/telekom-zahlt-hunderte-millionen-euro-an-patent-troll-ipcom-a-909323.html (10.4.2019).
[13] www.rpxcorp.com/wp-content/uploads/sites/2/2017/05/the-most-active-patent-trolls-of-2016.pdf (10.4.2019).
[14] BGH Urt. v. 2.3.1999 – X ZR 85/96, GRUR 1999, 909.
[15] BGH Urt. v. 10.5.2011 – X ZR 16/09, GRUR 2011, 701 (706) mAnm *Kühnen:* „Wenn der Patentanspruch eine ‚eckige' Ausgestaltung des geschützten Gegenstands verlangt und das Klagepatent in seiner Beschreibung eine kreisrunde Form als ‚eckig' definiert oder bezeichnet, haben runde Formen als ‚eckig' im Sinne der Erfindung zu gelten, auch wenn nach landläufigem Verständnis die Behauptung, ein Kreis sei eckig, Unsinn ist.".

Patentverletzung. Die **Bandbreite** der erfassten **Verletzungshandlungen** ist zudem **sehr groß.** Das patentierte Erzeugnis oder Verfahren darf ua weder angeboten, in Verkehr gebracht oder gewerblich gebraucht werden. Die **mittelbare Verletzung** erfasst zusätzlich bereits **Vorfeldhandlungen.** Daher kann es bereits riskant sein Mittel anzubieten oder zu liefern, die für die Benutzung einer Erfindung geeignet und bestimmt sind, was insbesondre auf dem Zubehörmarkt relevant ist. Beispielhaft ist etwa das Anbieten von Kaffeekapseln als Frage der mittelbaren Patentverletzung gegenüber Nespresso.[16]

29 Die Bandbreite der Verletzungshandlungen wird durch die **Rechtsfigur der äquivalenten Verletzung** nochmals erheblich vergrößert. So hat der Patentinhaber dieselben Ansprüche, wenn alle Merkmale des Patents durch gleichwertige Austauschmittel verwirklicht werden. Ausgangspunkt ist die Wertung, dass der Schutzbereich nicht deshalb begrenzt werden soll, weil es unmöglich ist alle denkbaren und künftigen Anwendungen im Patentanspruch zu formulieren. Daher ist auch der Gebrauch von Sinn und Zweck der Erfindung durch gleichwertige Austauschmittel untersagt. Die Zugehörigkeit einer vom Wortlaut des Patentanspruches abweichenden Handlung zu dessen Schutzbereich erfordert **drei kumulative Voraussetzungen:**[17] Erstens muss das technische Problem mit objektiv gleichwirkenden Mitteln gelöst werden; zweitens müssen die Mittel vom Fachmann mithilfe seiner Fachkenntnisse aufgefunden werden können; drittens müssen sich die angestellten Überlegungen für den Fachmann bei normativer Betrachtung aus dem Sinngehalt des Patentanspruches als gleichwertige Lösung ergeben.

30 Der knappe Überblick zeigt bereits: Ein Patent ist aufgrund der **Kombination** aus einer **großen Bandbreite** an **Verletzungshandlungen** und dem weitgehenden **Verzicht auf subjektive Erfordernisse** schnell verletzt. Angesichts der mitunter erheblichen Patentrisiken muss daher achtsam in der Patentlandschaft agiert werden.

2. Einzelheiten zum Unterlassungsanspruch

31 Der **Unterlassungsanspruch** ist das **schärfste Schwert** des deutschen Patentrechts und auch der Grund, warum das deutsche Patentdurchsetzungssystem eines der populärsten weltweit ist. Die gerichtliche Durchsetzung des Unterlassungsanspruchs kann gerade im IoT zu teilweise existentiellen finanziellen Belastungen des Beklagten führen. Wichtigste Folge des Unterlassungsgebots ist der unmittelbare Verlust von **Marktanteilen;** häufig ist dieser Verlust sogar dauerhaft irreversibel. Zudem geht mit der Verpflichtung, eine Produktion oder ein Verfahren einzustellen, die **Amortisationsmöglichkeit** für die – uU fremdfinanzierten – Forschungs- und Entwicklungskosten **verloren.** Hinzu treten Kosten, die durch die Umstellung auf rechtstreues Verhalten verursacht werden, sei es durch Entwicklung einer Umgehungslösung oder den Erwerb einer Lizenz (sog. switching costs).[18] Der Unterlassungsanspruch wird flankiert durch eine Pflicht zum **Rückruf** patentverletzender Produkte aus den Vertriebswegen. Ein solcher Produktrückruf kann sich sehr negativ auf die **Reputation im Markt** auswirken.

a) Erstbegehungs- und Wiederholungsgefahr

32 Neben einer Verletzungshandlung setzt der **verschuldensunabhängige** Unterlassungsanspruch nur noch eine **Erstbegehungs- oder Wiederholungsgefahr** voraus, was sein Risiko weiter erhöht. Die Erstbegehungsgefahr liegt bereits vor, wenn sich ein Dritter berühmt zur beanstandeten Handlung befugt zu sein.[19] Für die **Wiederholungsgefahr** streitet sogar eine **tatsächliche Vermutung,** wenn es bereits in der Vergangenheit zu

[16] OLG Düsseldorf Urt. v. 21.2.2013 – I-2 U 72/12, GRUR-RR 2013, 185.
[17] BGH Urt. v. 12.3.2002 – X ZR 168/00, GRUR 2002, 515 (517).
[18] *Hofmann* NJW 2018, 1290.
[19] *Kühnen* Patentverletzung-HdB Teil D Rn. 331.

Verletzungshandlungen kam.[20] In diesem Fall liegt es dann am Nutzer die Wiederholungsgefahr zu widerlegen. Die Hürden des Unterlassungsanspruches sind also umgekehrt proportional zu den Risiken.

b) Beschränkung über Verhältnismäßigkeitsvorbehalt?

Insbesondere bei NPEs wird diskutiert, ob man den Unterlassungsanspruch im Einzelfall über **Verhältnismäßigkeitsgesichtspunkte** beschränken kann. Denn deren Geschäftsmodell ist nicht auf die Durchsetzung von Unterlassungsansprüchen ausgerichtet und mangels eigenständiger Forschungs- und Entwicklungstätigkeit werden dadurch Innovationen gehemmt, was nicht dem Zweck des Patentrechts entspricht.[21] Deswegen kann der Anspruch in den USA einzelfallabhängig versagt werden.[22] Nach **deutschem Recht** ist dies derzeit[23] **nicht möglich.** Patente beinhalten keine Benutzungspflicht, weshalb es auch nicht gerechtfertigt ist die Eigentumsgarantie insoweit zu beschränken.[24] Auch stellt das Gesetz den Anspruch nicht unter Verhältnismäßigkeitsvorbehalt, andere Ansprüche – wie den Vernichtungsanspruch – aber schon. Daher kann die Erwägung, mangels planwidriger Regelungslücke, auch nicht als Analogie angeführt werden.[25] 33

3. Einzelheiten zum Vernichtungsanspruch

Der Unterlassungsanspruch wird flankiert durch den **Anspruch auf Vernichtung** der (Verfahrens-)Erzeugnisse bzw. der vorwiegend verwendeten Produktionsmittel zur Anwendung des verletzten Verfahrens. Damit wird neben einem Sanktionscharakter auch eine spezial- wie generalpräventive Wirkung erzeugt.[26] Der Vernichtungsanspruch ist aber bei **Unverhältnismäßigkeit ausgeschlossen,** wofür der Verletzer die Darlegungs- und Beweislast trägt. Dies kann der Fall sein, wenn im Einzelfall mildere Beseitigungsalternativen existieren. Bspw. genügt bei verletzter Software die Deinstallation; eine Vernichtung des PCs wäre unverhältnismäßig.[27] 34

4. Einzelheiten zum Auskunfts- und Schadensersatzanspruch

Die finanziellen **Risiken des Schadensersatzanspruches** sind im deutschen Rechtssystem relativ zum angloamerikanischen Recht **überschaubar.** Das folgt aus den Berechnungsmethoden zur Höhe des Anspruches, denen ein **Strafcharakter fremd ist.** Das deutsche Schadensersatzrecht folgt dagegen grundsätzlich dem Bereicherungsverbot. Dh, der Anspruchsinhaber soll nicht besser gestellt werden, als er ohne das schädigende Ereignis stehen würde. Flankiert durch einen Auskunftsanspruch wird eine effektive Rechtsdurchsetzung ermöglicht. 35

a) Inhalt und Zweck der Auskunft

Der Verletzer muss **unverzüglich Auskunft** geben über Herkunft und Vertriebswege der betreffenden Erzeugnisse oder Dienstleistungen. Der Auskunftsumfang bestimmt sich abschließend nach § 140b Abs. 3 PatG und umfasst insbesondere Namen und Anschriften der Hersteller, Lieferanten, gewerblichen Abnehmer und Verkaufsstellen sowie Mengenan- 36

---

[20] BGH Urt. v. 6.2.2014 – I ZR 86/12, GRUR 2014, 163 Rn. 25.
[21] *Osterrieth* GRUR 2009, 540 (542).
[22] U.S. Supreme Court Urt. v. 15.5.2006, GRUR Int. 2006, 782 – eBay v. MercExchange.
[23] S. aber RegE eines Zweiten Gesetzes zur Vereinfachung und Modernisierung des Patentrechts v. 28.10.2020, § 139 Abs. 1 nF.
[24] *Kühnen* Patentverletzung-HdB Teil D Rn. 355.
[25] LG Düsseldorf Urt. v. 9.3.2017 – 4a O 137/15, BeckRS 2017, 104657.
[26] *Kühnen* Patentverletzung-HdB Teil D Rn. 653.
[27] *Kühnen* Patentverletzung-HdB Teil D Rn. 647.

gaben zu den betreffenden Erzeugnissen und Dienstleistungen, einschließlich der dafür gezahlten Preise.

37 Der Auskunftsanspruch bezweckt einerseits einen **effektiveren Patentschutz,** da dem Schutzrechtsinhaber durch die Information die Rechtsdurchsetzung gegenüber anderen Verletzern erleichtert wird. Andererseits bereitet der Auskunftsanspruch auch einen etwaigen Schadensersatzanspruch vor, da die Angaben für die Forderungshöhe relevant sind.

b) Verschulden

38 Der Verschuldensmaßstab ist **niedrig.** Denn jeder Gewerbetreibende muss und kann sich in allgemein zugänglichen Quellen – etwa durch die Patentrolle – über entgegenstehende Patente vergewissern.[28] Die Rechtswidrigkeit der Nutzung **indiziert** daher bereits den Verschuldensvorwurf, weshalb auch der **Irrtum über die Rechtsbeständigkeit** eines Patents in der Regel unerheblich ist;[29] insbesondere entlastet auch die Beratung durch einen Patentanwalt nicht vom Fahrlässigkeitsvorwurf.[30] Um die Haftungsrisiken aber maßvoll zu beschränken, kann der **Verschuldensmaßstab im Einzelfall variieren.**[31] Maßgeblich ist dabei das konkrete Gewerbe, aus dem unterschiedliche Sorgfaltspflichten resultieren können. So kann von einem reinen Handelsunternehmer wohl eher erwartet werden die Schutzrechtslage zu prüfen als von einem Spediteur.[32]

c) Schadensberechnung

39 Es gibt **drei verschiedene Berechnungsarten,** die für verschiedene Verletzungshandlungen auch kombiniert werden können und bis zur rechtskräftigen Titulierung oder Erfüllung auch frei wähl- und änderbar sind.[33]

40 Der Schaden kann nach den **allgemeinen Grundsätzen des BGB** berechnet werden, die Vermögenseinbußen ebenso erfassen wie einen entgangenen Gewinn. Die Darlegung des Schadens kann, ungeachtet der Erleichterungen in § 252 S. 2 BGB, § 287 ZPO, schwierig sein. Insbesondere kann es erforderlich sein die Gewinnkalkulation offenzulegen, womit Unternehmensinterna gegenüber der Konkurrenz preisgegeben werden.[34]

41 Alternativ kann auch der kausal **erzielte Gewinn des Verletzers** verlangt werden. Dazu ist der erzielte Umsatz des Verletzers um die kausalen Kosten der Patentverletzung zu bereinigen. Der so ermittelte Gewinn ist nur insoweit auszuzahlen, als er auf der Verletzung **beruht.** Dieser Kausalanteil ist einzelfallabhängig durch das Gericht zu schätzen. Kausale Kosten und der Kausalanteil des Gewinns bieten in der Praxis hohes Streitpotential, weshalb die Berechnungsmethode mit hohem Aufwand verbunden sein kann.

42 Bei der **Lizenzanalogie** wird ermittelt, „was bei vertraglicher Einräumung ein vernünftiger Lizenzgeber gefordert und ein vernünftiger Lizenznehmer gewährt hätte, wenn beide die im Zeitpunkt der späteren gerichtlichen Entscheidung gegebene Sachlage gekannt hätten."[35] Insoweit sind tatsächlich abgeschlossene Lizenzverträge ein wichtiger Anhaltspunkt bei der Ermittlung des Lizenzbetrages.[36] Sollten keine Lizenzverträge existieren, ist aufgrund der Umstände des Einzelfalles eine angemessene Lizenzgebühr zu ermitteln.

---

[28] *Kühnen* Patentverletzung-HdB Teil D Rn. 426.
[29] BGH Urt. v. 30.11.1976 – X ZR 81/72, GRUR 1977, 250 (252).
[30] BGH Urt. v. 26.1.1993 – X ZR 79/90, GRUR 1993, 460 (464).
[31] BGH Urt. v. 30.11.1976 – X ZR 81/72, GRUR 1977, 250 (252).
[32] *Kühnen* Patentverletzung-HdB Teil D Rn. 428 f.
[33] BGH Urt. v. 17.6.1992 – I ZR 107/90, GRUR 1993, 55 (57).
[34] *Kühnen* Patentverletzung-HdB Teil I Rn. 229.
[35] BGH Urt. v. 22.3.1990 – ZR 59/88, GRUR 1990, 1008 (1009).
[36] *Kühnen* Patentverletzung-HdB Teil I Rn. 92.

5. Einzelheiten zu SEPs und FRAND-Lizenzen

Wenn Patente in Industriestandards enthalten sind, führt das zu einer komplexen Herausforderung: Die **diametralen Interessen** der Beteiligten sowie die **gegensätzliche Wirkung von Standards und Patenten** sind in Einklang zu bringen. Während Patente eine ausschließliche Nutzung ermöglichen, damit der Erfinder seine Forschungs- und Entwicklungskosten amortisieren kann, sind Standards darauf ausgelegt eine möglichst breite Interoperabilität zu erreichen, um Kosten für Unternehmer wie Verbraucher zu minimieren.[37] Die **Ausschließlichkeitswirkung von Patenten verstärkt sich im Rahmen von Industriestandards** zudem erheblich, da die innovationsfördernde Wirkung im Rahmen von Industriestandards ausgeschaltet wird. Denn eine alternative Technologie existiert bei Industriestandards oft nicht bzw. wird mangels wirtschaftlicher Rentabilität nicht weiterverfolgt.[38] Wettbewerber sind daher auch auf die Nutzung des SEPs zwingend angewiesen, um einen Marktzugang zu erhalten oder sich dort zu etablieren. Folglich kann der SEP-Inhaber mit dem Unterlassungsanspruch seine Wettbewerber potenziell schädigen, indem er sie vom Markt ausschließen oder aber zur Zahlung überhöhter Lizenzgebühren zwingen kann.[39] 43

a) Kartellrechtliche Implikationen des patentrechtlichen Unterlassungsanspruchs nach „Huawei/ZTE" und deren Auswirkungen auf Verletzungsverfahren

Hinzu kommen zwei **kartellrechtliche Dimensionen.** Erstens sind die vereinbarten Standards der SSOs gem. Art. 101 Abs. 2 AEUV der Sache nach **nichtige Kartellabreden.** Rechtlich zulässig sind sie nur über die **FRAND-Erklärung,** die den Zugang zu der Technologie gewährleistet; die Wertungen der Vorschrift sind daher für den Interessenskonflikt zu berücksichtigen.[40] Die konstitutive Natur der FRAND-Erklärung führe dazu, dass sie das Ausschlussrecht des SEPs **unwiderruflich und dauerhaft** – quasi „dinglich" – beschränke, indem sich der Inhaber zur Lizenzvergabe verpflichtet (→ Rn. 89).[41] Allerdings begründet die FRAND-Erklärung für Marktteilnehmer keinen Anspruch auf eine Lizenz, da sie nur für die Zulässigkeit der Kartellabrede konstitutiv ist.[42] 44

Zweitens ist nach Art. 102 AEUV das **missbräuchliche Ausnutzen** einer marktbeherrschenden Stellung durch ein Unternehmen mit dem Binnenmarkt unvereinbar und daher verboten. Im Gegensatz zu Art. 101 AEUV führt die Vorschrift zu **Verhaltenspflichten** der SEP-Inhaber gegenüber Marktteilnehmern.[43] Die Verhaltenspflichten wurden in der Rspr. insbesondere für SEPs diskutiert, für die der Verletzungskläger selbst oder dessen Rechtsvorgänger eine **FRAND-Erklärung** abgab. Gerichtlich ungeklärt ist bislang, ob sich das Kartellrecht auch auf die Durchsetzung von SEPs auswirkt, für die **keine FRAND-Erklärung** vorliegt. Im Folgenden ist daher die Frage, unter welchen Umständen die Geltendmachung eines Unterlassungs- oder Schadensersatzanspruches aus einem SEP missbräuchlich ist, für das eine FRAND-Erklärung existiert. 45

Ebendiese Frage legte das LG Düsseldorf dem EuGH vor.[44] Gegenständlich war der Mobilfunkstandard LTE. Der SEP-Inhaber Huawei verklagte ZTE nach gescheiterten Lizenzverhandlungen auf Unterlassung und Schadensersatz, obwohl **er selbst** eine FRAND-Erklärung abgegeben hatte. Der EuGH urteilte, dass einem SEP-Inhaber grundsätzlich nicht die Möglichkeit genommen werden kann, von seinem Ausschließlichkeitsrecht Ge- 46

---

[37] Vertieft *Hilty/Slowinski* GRUR Int. 2015, 781.
[38] *Hilty/Slowinski* GRUR Int. 2015, 781 (782).
[39] *Fuchs* NZKart 2015, 429 (430).
[40] *Kühnen* Patentverletzung-HdB Teil E Rn. 313 f.; *Kurtz/Straub* GRUR 2018, 136.
[41] OLG Düsseldorf Urt. v. 22.3.2019 – 2 U 31/16, BeckRS 2019, 6087.
[42] *Kühnen* Patentverletzung-HdB Teil E Rn. 313.
[43] *Kühnen* Patentverletzung-HdB Teil E Rn. 316.
[44] LG Düsseldorf Beschl. v. 21.3.2013 – 4 b O 104/12, GRUR-RR 2013, 196.

brauch zu machen.[45] Allerdings würdigt er die besonderen Umstände des Einzelfalles und gelangt zu dem Ergebnis, dass ein gerechter Interessenausgleich gewisse Anforderungen erfüllen muss, bevor der Unterlassungsanspruch geltend gemacht werden kann:

47 – Der SEP-Inhaber hat auf die Verletzung hinzuweisen und muss dabei das SEP bezeichnen und die Verletzungshandlung angeben.[46]
– Der Nutzer hat darauf mit einer Lizenzierungsbitte zu reagieren und muss dadurch seine Lizenzbereitschaft anzeigen.[47]
– Der SEP-Inhaber muss ein schriftliches Lizenzangebot zu FRAND-Bedingungen unterbreiten und dabei insbesondere Art und Weise der Lizenzgebührberechnung angeben.[48]
– Der Nutzer hat auf das Angebot sorgfältig und in angemessener Zeit zu reagieren. Lehnt er es ab, kann der Missbrauchseinwand nur erhoben werden, wenn er seinerseits innerhalb einer kurzen Frist ein schriftliches Angebot zu FRAND-Bedingungen vorlegt.[49]
– Zusätzlich muss der Nutzer ab dem Zeitpunkt, in dem sein Gegenangebot abgelehnt wurde, Sicherheit in angemessener Höhe leisten, wenn er das SEP weiterhin ohne entsprechenden Lizenzvertrag benutzt.[50]

48 Das Urteil des EuGH zog eine Reihe nationaler Entscheidungen nach sich, die Detailfragen zum Procedere (→ Rn. 49 ff.) und den Inhalt von FRAND (→ Rn. 76 ff.) betreffen. Angesichts vieler Unklarheiten ist die weitere Entwicklung mit Spannung zu erwarten; insbesondere für die Frage, ob die Aussagen auch auf SEPs übertragen werden können, für die keine FRAND-Erklärung existiert, etwa indem der SEP-Inhaber nicht an der Standardisierung beteiligt war.

49 **aa) Prüfungsreihenfolge.** Zunächst waren sich die Instanzgerichte uneinig, ob die **Obliegenheiten** des EuGH **unabhängig** voneinander geprüft werden können oder ob sie **konsekutiv** aufeinander aufbauen. Die Frage hat entscheidende Relevanz für den Ausgang des Prozesses. So entschieden das LG Düsseldorf und das LG Mannheim, dass für Art. 102 AEUV die „FRANDheit" des Angebots dahinstehen kann, wenn der Patentnutzer jedenfalls nicht mit einem Gegenangebot reagiert und auch keine entsprechende Sicherheit leistet.[51] Die unabhängige Prüfung verlagerte das Prozessrisiko so erheblich zulasten des Nutzers. Der BGH hat diese – sehr kontroverse und fragwürdige – Rechtsansicht mittlerweile bestätigt.[52] Da der BGH diese Frage nicht dem EuGH vorgelegt hat, obwohl diese Rechtsansicht mit dem Ansatz des EuGH schwerlich vereinbar ist, hat die Beklagte HAIER aus den zitierten Entscheidungen Verfassungsbeschwerde eingelegt. Zudem hat das LG Düsseldorf diesen gesamten Fragenkomplex dem EuGH in einer neuen Vorlagefrage zur Entscheidung vorgelegt.[53]

50 **bb) Verletzungshinweis.** Der geforderte **Verletzungshinweis** wurde konkretisiert, der berücksichtigt, dass der Nutzer oftmals von seiner Verletzungshandlung nichts weiß, da in einem Standard mehrere tausend Patente enthalten sein können.[54]

[45] EuGH Urt. v. 16.7.2015 – C-170/13, GRUR 2015, 764 Rn. 46.
[46] EuGH Urt. v. 16.7.2015 – C-170/13, GRUR 2015, 764 Rn. 61.
[47] EuGH Urt. v. 16.7.2015 – C-170/13, GRUR 2015, 764 Rn. 63.
[48] EuGH Urt. v. 16.7.2015 – C-170/13, GRUR 2015, 764 Rn. 63.
[49] EuGH Urt. v. 16.7.2015 – C-170/13, GRUR 2015, 764 Rn. 65, 66.
[50] EuGH Urt. v. 16.7.2015 – C-170/13, GRUR 2015, 764 Rn. 67.
[51] LG Düsseldorf Urt. v. 3.11.2015 – 4a O 144/14, GRUR-RS 2015, 19564 Rn. 91 ff.; LG Mannheim Urt. v. 4.3.2016 – 7 O 96/14, GRUR-RS 2016, 06527 Rn. 55; Urt. v. 27.11.2015 – 2 O 106/14, BeckRS 2015, 20077 Rn. 151 ff.
[52] BGH Urt. v. 5.5.2020 – KZR 36/17, GRUR 2020, 961; Urt. v. 24.11.2020 – KZR 35/17, NZKart 2021, 178; aA OLG Düsseldorf Beschl. v. 13.1.2016 – 15 U 65/15, BeckRS 2016, 1679 Rn. 18.
[53] LG Düsseldorf Beschl. v. 26.11.2020 – 4c O 17/19.
[54] EuGH Urt. v. 16.7.2015 – C-170/13, GRUR 2015, 764 Rn. 62.

In zeitlicher Hinsicht ist spätester Zeitpunkt für den Verletzungshinweis die Zahlung des Gerichtskostenvorschusses.[55] Vor dem kartellrechtlichen Hintergrund sollen sich die Beteiligten ohne den Druck eines drohenden Unterlassungstitels auf eine Lizenz zu FRAND-Bedingungen einigen. Dies sei nur bis zur Zahlung des Kostenvorschusses möglich, da anschließend mit der Klagezustellung zu rechnen ist, die zu der unerwünschten Drucksituation führt. 51

Hinreichend ist es, den Verletzungshinweis an die jeweilige **Konzernmutter zu adressieren.**[56] Dahinter stehen praktische Erwägungen: Nicht nur werden Lizenzverhandlungen oftmals von zentraler Stelle aus koordiniert, sondern die Konzerne haben regelmäßig auch ein Interesse daran, eine konzernweite Lösung auszuhandeln. Auch kann mit einer Weiterleitung des Verletzungshinweises gerechnet werden. Eine einzig zulässige Adressierung an die jeweilige Tochtergesellschaft wäre „bloße Förmelei".[57] 52

Inhaltlich müsse der Nutzer so hinreichend informiert werden, dass er in der Lage ist, die behauptete Verletzung selbständig überprüfen zu können.[58] Notwendig ist daher die Angabe des jeweiligen Standards sowie des verletzten SEPs unter Angabe der Patentnummer und der Verletzungshandlung.[59] Dabei sei die beanspruchte technische Funktionalität genauer zu bezeichnen, da ein Standard aus mehreren tausend Patenten bestehen kann.[60] Jedenfalls ausreichend – aber nicht notwendig – ist die Verwendung sog. Claim-Charts.[61] Schließlich erfordere die Verletzungsanzeige keine detaillierten technischen und/oder rechtlichen Erläuterungen.[62] 53

cc) Lizenzierungsbitte. Auf den Verletzungshinweis des SEP-Inhabers hat der Nutzer mit einer **Lizenzierungsbitte** zu reagieren. Er muss seinen Willen zum Ausdruck bringen, einen Lizenzvertrag zu FRAND-Bedingungen abschließen zu wollen.[63] 54

Inhaltlich stellt die Lizenzierungsbitte eigentlich keine hohen Anforderungen. Es genügt eine pauschale, formlose Erklärung des Lizenzwillens des Nutzers; insbesondere muss die Lizenzierungsbitte **keine inhaltlichen Ausführungen** enthalten.[64] Diese können sogar schädlich sein, wenn sich daraus der Schluss ergibt, dass der Nutzer nur zu ganz bestimmten Lizenzbedingungen verhandlungsbereit ist, die aber nicht FRAND sind und auf die sich der SEP-Inhaber folglich nicht einlassen muss.[65] Allerdings vertritt der BGH die Auffassung, dass die Lizenzierungsbitte sich auch in dem tatsächlichen Verhalten des Nutzers widerspiegeln muss. Die Bitte und das tatsächliche Verhalten werden in einer Art Gesamtbetrachtung auf Glaubwürdigkeit hin überprüft. Entspricht das tatsächliche Verhalten 55

---

[55] LG Düsseldorf Urt. v. 31.3.2016 – 4a O 73/14, BeckRS 2016, 131580 Rn. 137.

[56] BGH Urt. v. 5.5.2020 – KZR 36/17, GRUR 2020, 961 Rn. 86, 87, 89; OLG Düsseldorf Urt. v. 30.3.2017 – I-15 U 66/15, GRUR 2017, 1219 Rn. 143; LG Mannheim Urt. v. 10.11.2017 – 7 O 28/16, GRUR-RR 2018, 273 (278); LG Düsseldorf Urt. v. 3.11.2015 – 4 a O 144/14, NZKart 2015, 545 (547).

[57] OLG Düsseldorf Urt. v. 30.3.2017 – I-15 U 66/15, GRUR 2017, 1219 Rn. 145.

[58] BGH Urt. v. 5.5.2020 – KZR 36/17, GRUR 2020, 961 Rn. 85; LG Mannheim Urt. v. 4.3.2016 – 7 O 96/14, GRUR-RS 2016, 06527 Rn. 52; LG Düsseldorf Urt. v. 13.7.2017 – 4a O 16/16, BeckRS 2017, 129534 Rn. 168.

[59] BGH Urt. v. 5.5.2020 – KZR 36/17, GRUR 2020, 961 Rn. 85, 87; LG Mannheim Urt. v. 4.3.2016 – 7 O 96/14, GRUR-RS 2016, 06527 Rn. 52; LG Düsseldorf Urt. v. 31.3.2016 – 4a O 126/14, BeckRS 2016, 8040.

[60] LG Mannheim Urt. v. 4.3.2016 – 7 O 96/14, GRUR-RS 2016, 06527 Rn. 52.

[61] BGH Urt. v. 5.5.2020 – KZR 36/17, GRUR 2020, 961 Rn. 85; OLG Düsseldorf Urt. v. 30.3.2017 – I-15 U 66/15, GRUR 2017, 1219 Rn. 143.

[62] BGH Urt. v. 5.5.2020 – KZR 36/17, GRUR 2020, 961 Rn. 85; LG Düsseldorf Urt. v. 13.7.2017 – 4a O 16/16, BeckRS 2017, 129534 Rn. 168.

[63] EuGH Urt. v. 16.7.2015 – C-170/13, GRUR 2015, 764 Rn. 63; BGH Urt. v. 5.5.2020 – KZR 36/17, GRUR 2020, 961 Rn. 83; LG München I, Hinweise zur Handhabung des kartellrechtlichen Zwangslizenzeinwandes nach Huawei v. ZTE innerhalb des Münchener Verfahrens, Stand Februar 2020, S. 1.

[64] OLG Düsseldorf Urt. v. 30.3.2017 – I-15 U 66/15, GRUR 2017, 1219 Rn. 152.

[65] LG Düsseldorf Urt. v. 9.11.2018 – 4a O 17/17, BeckRS 2018, 35570 Rn. 231.

nicht der formal geäußerten Bitte, wird diese nicht beachtet.[66] Eine bedingte Lizenzbereitschaftserklärung ist in jedem Fall unzureichend.[67]

56 **In zeitlicher Hinsicht** verbietet sich für die Lizenzierungsbitte eine pauschale Höchstfrist. Vielmehr bestimmt sich die angemessene Frist anhand der Einzelfallumstände, insbesondere wie umfassend der Verletzungshinweis war, wobei ein ausführlicher Hinweis zu einer kürzeren Frist führen soll; eine Reaktionszeit von über fünf Monaten sei aber deutlich zu lang.[68] In einem Urteil des LG Mannheim wurde eine Reaktionszeit von drei Monaten als zu lang bewertet.[69] Der BGH urteilte, dass jedenfalls eine Erklärung mehr als ein Jahr nach dem ersten Verletzungshinweis zu spät komme.[70] Ein Verletzer, der mehrere Monate auf den Verletzungshinweis schweigt, gebe damit regelmäßig zu erkennen, dass ihm an einer Lizenznahme nicht gelegen sei.[71]

57 **dd) FRAND-Angebot des SEP-Inhabers. Kernfrage** ist die Bestimmung der **„FRANDheit"** des Lizenzangebotes. Nach Ansicht des EuGH obliegt es dem SEP-Inhaber ein „konkretes schriftliches Lizenzangebot zu FRAND-Bedingungen zu unterbreiten und insbesondere die Lizenzgebühr sowie die Art und Weise ihrer Berechnung anzugeben."[72] Schließlich habe der SEP-Inhaber gegenüber der SSO eine FRAND-Erklärung abgegeben und sei überdies auch regelmäßig besser in der Lage die „FRANDheit" eines Lizenzvertrages abzuschätzen als der Nutzer.[73]

58 In **formaler Hinsicht** verlangt der EuGH zunächst ein **schriftliches Angebot.** Dabei ist schriftlich nicht iSd § 126 Abs. 1 BGB zu verstehen. Denn die Obliegenheit wurde auch durch ein nicht unterschriebenes Lizenzangebot erfüllt.[74] Es genügt also eine schriftliche Niederschrift. Das Vertragsangebot muss annahmefähig sein und die wesentlichen Vertragsbedingungen enthalten.[75] Es muss als „geschlossenes Vertragswerk" vorgelegt werden und Angaben zu sämtlichen Punkten enthalten, „die üblicherweise Regelungsgegenstand eines Lizenzvertrages sind."[76]

59 Zudem muss die **„Art und Weise der Berechnung"** der Lizenzgebühr angegeben werden. Dafür „muss der SEP-Inhaber dem Verletzer **konkret und für diesen nachvollziehbar** erläutern, warum die vorgesehenen Lizenzgebühren FRAND sind"; die schlichte Angabe der Höhe der Lizenzgebühr und ihrer Berechnung ist nicht ausreichend.[77] Der Inhalt der Angaben entspricht der Darlegungslast des Klägers im Verletzungsprozess.[78] Der **Inhalt von FRAND** wird ausführlich ab → Rn. 76 erörtert.

60 **ee) FRAND-Gegenangebot des Lizenzsuchers.** Der Nutzer hat auf das Angebot sorgfältig, entsprechend den betreffenden geschäftlichen Gepflogenheiten, zu reagieren und insbesondere keine Verzögerungstaktik anzuwenden. Sollte er das FRAND-Angebot ab-

---

[66] BGH Urt. v. 5.5.2020 – KZR 36/17, GRUR 2020, 961 Rn. 95; Urt. v. 24.11.2020 – KZR 35/17, NZKart 2021, 178.
[67] BGH Urt. v. 5.5.2020 – KZR 36/17, GRUR 2020, 961 Rn. 96; Urt. v. 6.5.2009 – KZR 39/06, GRUR 2009, 694 Rn. 32.
[68] LG Düsseldorf Urt. v. 31.3.2016 – 4a O 73/14, BeckRS 2016, 131580 Rn. 157.
[69] LG Mannheim Urt. v. 27.11.2015 – 2 O 106/14, GRUR-RS 2015, 20077 Rn. 146.
[70] BGH Urt. v. 5.5.2020 – KZR 36/17, GRUR 2020, 961 Rn. 92.
[71] BGH Urt. v. 5.5.2020 – KZR 36/17, GRUR 2020, 961 Rn. 92.
[72] EuGH Urt. v. 16.7.2015 – C-170/13, GRUR 2015, 764 Rn. 63; LG München I, Hinweise zur Handhabung des kartellrechtlichen Zwangslizenzeinwandes nach Huawei v. ZTE innerhalb des Münchener Verfahrens, Stand Februar 2020, S. 1, 2.
[73] EuGH Urt. v. 16.7.2015 – C-170/13, GRUR 2015, 764 Rn. 64.
[74] LG Mannheim Urt. v. 4.3.2016 – 7 O 96/14, GRUR-RS 2016, 06527 Rn. 98.
[75] LG Mannheim Urt. v. 4.3.2016 – 7 O 24/14, BeckRS 2016, 131646 Rn. 72.
[76] OLG Düsseldorf Beschl. v. 17.11.2016 – I-15 U 66/15, BeckRS 2016, 21067 Rn. 13.
[77] LG Düsseldorf Urt. v. 11.7.2018 – 4c O 81/17, BeckRS 2018, 25105 Rn. 146; LG Mannheim Urt. v. 17.11.2016 – 7 O 19/16, BeckRS 2016, 108197 Rn. 58.
[78] LG Düsseldorf Urt. v. 11.7.2018 – 4c O 81/17, BeckRS 2018, 25105 Rn. 147.

lehnen, muss er binnen kurzer Frist ein konkretes schriftliches Gegenangebot zu FRAND-Bedingungen machen.[79]

In **zeitlicher Hinsicht** orientiert sich die Frist wohl am Einzelfall. So wurden vier Wochen als zu kurz angesehen, als dem Lizenzsucher mit dem Angebot drei unterschiedliche Drittlizenzverträge übersandt wurden, die auf ihre „FRANDheit" hin untersucht werden mussten.[80] 61

Inhaltlich muss das Gegenangebot **seinerseits FRAND sein,** weshalb die **Ausführungen ab → Rn. 76 auch hier gelten.** Ein unbeziffertes Gegenangebot ist jedenfalls ebenso wenig ein „konkretes" Gegenangebot, wie eine enthaltene Leistungsbestimmung durch einen Dritten.[81] Die Rspr. berücksichtigt zudem auch die **„geschäftlichen Gepflogenheiten"** bei der Überprüfung des Gegenangebotes. In diesem Sinne ist ein auf Deutschland beschränktes Gegenangebot als Reaktion auf eine weltweite Portfoliolizenz unangemessen, wenn der Lizenzsucher international tätig ist.[82] Das Begehren nach einer Portfoliolizenz als Reaktion auf ein FRAND-gemäßes Poollizenzangebot ist ebenfalls nicht angemessen, soweit keine ausreichenden Gründe dafür dargetan werden.[83] Eine länderspezifische Lizenzgebühr ist ebenfalls nicht FRAND, wenn kein hinreichender Bezug zu den tatsächlichen Marktverhältnissen besteht.[84] Sehr vereinfacht ausgedrückt zeigt sich, dass von üblichen Vereinbarungen nur aus gewichtigen Gründen abgewichen werden darf. 62

ff) Sicherheitsleistung. Benutzt der Lizenzsucher das SEP weiter, bevor ein Lizenzvertrag abgeschlossen und nachdem sein Gegenangebot abgelehnt wurde, so hat er ab diesem Zeitpunkt eine angemessene Sicherheitsleistung zB durch Bankgarantie oder Hinterlegung zu erbringen.[85] 63

Zeitlich ist „ab dem Zeitpunkt" eng zu verstehen. Eine Sicherheitsleistung nach über einem Monat seit Ablehnung des Gegenangebotes ist zu spät.[86] Anknüpfungspunkt ist daher wohl die Kenntnis des Lizenzsuchenden von der Ablehnung.[87] 64

Inhaltlich muss über die Sicherheitsleistung so abgerechnet werden, dass ua die Zahl der Benutzungshandlungen nachvollziehbar ist.[88] Die **Sicherheitsleistung** muss sich **der Höhe nach** mindestens an dem **Gegenangebot** eines lizenzwilligen Patentverletzers orientieren.[89] Orientiert sich die Sicherheitsleistung an einem nicht FRAND-gemäßen Gegenangebot, so ist sie nicht angemessen iSd EuGH-Rspr. und damit unerheblich.[90] Ebenso unerheblich für die Obliegenheit dürften weitere Gegenangebote durch den Lizenzsucher sein.[91] Dafür spricht neben der unveränderten Interessenlage auch, dass der EuGH dafür keinerlei Anhaltspunkte liefert. 65

---

[79] EuGH Urt. v. 16.7.2015 – C-170/13, GRUR 2015, 764 Rn. 65, 66; LG München I, Hinweise zur Handhabung des kartellrechtlichen Zwangslizenzeinwandes nach Huawei v. ZTE innerhalb des Münchener Verfahrens, Stand Februar 2020, S. 1.

[80] LG Mannheim Urt. v. 28.9.2018 – 7 O 165/16, BeckRS 2018, 31743 Rn. 67; *Kühnen* Patentverletzung-HdB Teil E Rn. 349.

[81] LG Mannheim Urt. v. 27.11.2015 – 2 O 106/14, BeckRS 2015, 20077 Rn. 164.

[82] LG Düsseldorf Urt. v. 31.3.2016 – 4a O 126/14, BeckRS 2016, 8040; LG Mannheim Urt. v. 4.3.2016 – 7 O 96/14, GRUR-RS 2016, 06527 Rn. 110.

[83] LG Düsseldorf Urt. v. 9.11.2018 – 4a O 17/17, BeckRS 2018, 35570 Rn. 369, 370.

[84] LG Düsseldorf Urt. v. 9.11.2018 – 4a O 17/17, BeckRS 2018, 35570 Rn. 378f.

[85] EuGH Urt. v. 16.7.2015 – C-170/13, GRUR 2015, 764 Rn. 67; LG München I, Hinweise zur Handhabung des kartellrechtlichen Zwangslizenzeinwandes nach Huawei v. ZTE innerhalb des Münchener Verfahrens, Stand Februar 2020, S. 1.

[86] LG Düsseldorf Urt. v. 3.11.2015 – 4a O 144/14, BeckRS 2015, 19564 Rn. 104.

[87] LG Mannheim Urt. v. 27.11.2015 – 2 O 106/14, BeckRS 2015, 20077 Rn. 167.

[88] LG Mannheim Urt. v. 27.11.2015 – 2 O 106/14, BeckRS 2015, 20077 Rn. 167.

[89] LG Mannheim Urt. v. 27.11.2015 – 2 O 106/14, BeckRS 2015, 20077 Rn. 167.

[90] LG Düsseldorf Urt. v. 9.11.2018 – 4a O 17/17, BeckRS 2018, 35570 Rn. 384.

[91] LG Düsseldorf Urt. v. 3.11.2015 – 4a O 144/14, BeckRS 2015, 19564 Rn. 103.

66 **gg) Nachholmöglichkeit im Verletzungsprozess.** Keine Einigkeit besteht bislang in der Frage, bis zu welchem Zeitpunkt die Obliegenheiten zu erfüllen sind. Insbesondere umstritten ist die Frage, ob der SEP-Inhaber im laufenden Prozess noch ein **Angebot** abgeben kann[92] oder ob dies auch **vor Klageerhebung** zu erfolgen hat.[93] Letztgenannter Ansicht ist zuzustimmen. Sowohl Wortlaut als auch Telos des EuGH-Urteils streiten dafür. Dieses Verständnis des EuGH-Urteils teilen auch die beiden Patentstreitkammern des LG München I.[94]

67 Der EuGH formuliert in seinem Tenor, dass **vor Klageerhebung zum einen** ein Verletzungshinweis zu erfolgen hat **und zum anderen** [...] ein Angebot abgegeben werden muss.[95] Sprachlich wird dadurch klar ausgedrückt, dass der Zeitpunkt der Klageerhebung für beide Obliegenheiten relevant ist. Für die Gegenansicht müsste der Tenor formulieren, dass **zum einen vor Klageerhebung** ein Verletzungshinweis zu erfolgen hat **und zum anderen** [...] ein Angebot abgegeben werden muss. Bezeichnenderweise hatte das Urteil zunächst letzteren Wortlaut und wurde erst durch einen **Berichtigungsbeschluss** in den ersteren Wortlaut überführt.[96]

68 Auch der „Leitgedanke der Entscheidung des Gerichtshofs, Verhandlungen **unbelastet von einem anhängigen Verfahren** führen zu können“[97] spricht für die hiesige Ansicht. Denn unbelastete Verhandlungen können nur außerhalb eines Prozesses auf **Augenhöhe** geführt werden. Dies sei nach Rechtshängigkeit allenfalls möglich, wenn die Parteien übereinstimmend das **Ruhen des Verfahrens** beantragen.[98] Sofern das OLG Düsseldorf dieses Argument ablehnt, indem es meint, der Lizenzsucher könne im Prozess dem Unterlassungsbegehren die Grundlage entziehen, geht das an der eigentlichen Frage vorbei.[99] Prozessuale Reaktionsmöglichkeiten des Beklagten sind für die Existenz einer vorprozessualen Obliegenheit des Klägers unerheblich.

69 Ferner kann dem Argument nicht gefolgt werden, wonach die Auslegung zu „kaum tragbaren“ Urteilen für den Beklagten führen kann, der erstmalig im Prozess seine Obliegenheiten erfüllt.[100] Denn schließlich sind die Obliegenheiten konsekutiv zu prüfen, weshalb es nur zwei Möglichkeiten geben kann. Entweder hat der Beklagte sämtliche Obliegenheiten erfüllt und die – uU verfrühte – Klage wird als derzeit unbegründet abgewiesen oder er kam den Obliegenheiten nicht nach und die Klage hat Erfolg. Wegen des **austarierten Prozedere** des EuGH und der **konsekutiven Prüfungsstruktur** ist keine Alternative nach hiesiger Auffassung untragbar. Insbesondere da der EuGH auch betont, dass dem SEP-Inhaber der Unterlassungsanspruch nicht grundsätzlich versagt werden kann.

70 Zuletzt fügt sich auch nur die hier vertretene Auffassung nahtlos in das **Vergleichsmarktkonzept** (→ Rn. 81) ein. Schließlich begründen **Lizenzverträge,** die nicht unter dem Druck eines Unterlassungstitels zustande kamen, eine **Vermutung** für die Angemessenheit des Angebotes. Wie soll nun die Vermutung mit dem Nachweis erschüttert werden, dass ein prozessualer Druck vorlag, wenn der Lizenzvertrag scheinbar in einem Unterlassungsprozess ausgehandelt werden kann?

71 Im Ergebnis hat das FRAND-Angebot vorprozessual zu erfolgen. Gleichwohl ist diese Ansicht insbesondere in Düsseldorf nicht herrschend. Daher ist es **ratsam** auch im Prozess entsprechend den Obliegenheiten auf ein Angebot zu reagieren, um sich nicht einem richterlichen Vorwurf auszusetzen.

---

[92] OLG Düsseldorf Beschl. v. 9.5.2016 – I-15 U 35/16, GRUR-RS 2016, 9322 Rn. 18f.; LG Düsseldorf Urt. v. 11.7.2018 – 4c O 81/17, BeckRS 2018, 25105 Rn. 128.

[93] LG Mannheim Urt. v. 1.7.2016 – 7 O 209/15, GRUR-RS 2016, 18389 Rn. 69.

[94] LG München I, Hinweise zur Handhabung des kartellrechtlichen Zwangslizenzeinwandes nach Huawei v. ZTE innerhalb des Münchener Verfahrens, Stand Februar 2020, S. 1.

[95] EuGH Urt. v. 16.7.2015 – C-170/13, GRUR 2015, 764 Rn. 71.

[96] EuGH Beschl. v. 15.12.2015 – C-170/13, NZKart 2015, 483.

[97] LG Mannheim Urt. v. 1.7.2016 – 7 O 209/15, GRUR-RS 2016, 18389 Rn. 69.

[98] LG Mannheim Urt. v. 10.11.2017 – 7 O 28/16, BeckRS, 2017, 146786 Rn. 86.

[99] OLG Düsseldorf Beschl. v. 9.5.2016 – I-15 U 35/16, GRUR-RS 2016, 9322 Rn. 24.

[100] OLG Düsseldorf Beschl. v. 9.5.2016 – I-15 U 35/16, GRUR-RS 2016, 9322 Rn. 23.

hh) Zur Relevanz des BGH-Urteils „Orange-Book-Standard" nach „Huawei/ZTE". Vor dem EuGH nahm der BGH in seiner Entscheidung **„Orange-Book-Standard"** Stellung zum Verhältnis von patentrechtlichem Unterlassungsanspruch und Kartellrecht, deren Relevanz nunmehr umstritten ist. Allerdings handelte es sich nicht um ein SEP aus einem Standard einer SSO, sondern um einen sog. **De-facto-Standard,** dh die Technologie setzte sich ohne Vereinbarung am Markt durch. Daher existierte auch keine FRAND-Erklärung des SEP-Inhabers; einzig ein veröffentlichter Musterlizenzvertrag. 72

Der BGH urteilte, dass die Unterlassungsklage dann missbräuchlich ist, wenn der Patentinhaber ein FRAND-gemäßes **Angebot des Nutzers** ablehnt und letzterer eine entsprechende Sicherheit für die Benutzung hinterlegt, während er das Patent ohne Lizenz benutzt. Indem der BGH die maßgebliche **Initiative dem Lizenzsucher** zuwies, wurde das Urteil vielfach als zu patentinhaberfreundlich kritisiert.[101] Nunmehr ist umstritten, ob die unterschiedlichen Sachverhaltskonstellationen die diametralen Obliegenheiten rechtfertigen. Dem ist nicht so, weshalb zu hoffen bleibt, dass der BGH seine Rspr. bei nächster Gelegenheit anpasst. 73

Die Gegenansicht argumentiert, dass ein De-facto-Standard eine umgekehrte Obliegenheitsverteilung rechtfertigt.[102] Wo sich eine Technologie einzig aufgrund ihrer Überlegenheit durchsetze, sei es gerechtfertigt dem Nutzer das Risiko einer unberechtigten Nutzung aufzuerlegen.[103] „Huawei/ZTE" sei ein Sonderfall, der nur gerechtfertigt sei, da keine Lizenzverträge veröffentlicht waren, womit eine „Informationsasymmetrie" bestand, aufgrund derer der SEP-Inhaber tätig werden musste.[104] 74

Dem ist nicht so. Die Gegenmeinung verkennt, dass die Beweggründe von „Huawei/ZTE" sinnvollerweise auch für DE-facto-Standards gelten. Der EuGH berücksichtigt die besonderen Umstände des Falles: Zum einen den – auch für marktbeherrschende Unternehmen bestehenden – Unterlassungsanspruch und zum anderen das Interesse des Nutzers an einer Lizenz, da eine Umgehungslösung bei Standards nicht existiert. **Derselbe Interessenskonflikt** besteht bei De-facto-Standards: Gleichfalls ist fraglich, wann Marktmacht gegenüber einem Nutzer missbraucht wird, der auf die patentierte Lehre angewiesen ist. Die vorgerichtlichen Obliegenheiten dienen dazu, einen Ausgleich zwischen dem Verwertungsinteresse des marktbeherrschenden Patentinhabers und dem Schutz des freien Wettbewerbs im Binnenmarkt zu finden. Diesem Ziel wird unabhängig davon gedient, ob es sich um einen De-facto-Standard handelt oder nicht. Dagegen ist es bedenklich, den kartellrechtlichen Missbrauchsvorwurf maßgeblich vom Verhalten des Missbrauchten abhängig zu machen.[105] Auch das Argument der „Informationsasymmetrie" verfängt nicht. Denn der SEP-Inhaber ist stets besser in der Lage, die „FRANDheit" eines Lizenzvertrages zu beurteilen, weshalb der Ansatz des EuGH „praxisnäher und sinnvoller" ist.[106] Unterschiede in der Erlangung der Marktmacht rechtfertigen also keine andere Lösung, da der identische Interessenskonflikt besteht.[107] 75

ii) Inhaltliche Anforderungen an „FRAND". Die Ausführungen zum Procedere des EuGH trafen noch keine Aussage darüber, welche Lizenzbedingungen **inhaltlich FRAND** sind. Der EuGH überließ die nähere Bestimmung von FRAND der nationalen Rspr. Unter Beachtung vieler deutscher und weniger britischer Entscheidungen gibt es auf europäischer Ebene noch keinen ausgereiften Konsens. Aber zumindest wird FRAND nach **denselben Grundgedanken** ermittelt. Angesichts vieler ungeklärter Fragen und nationaler Unterschiede ist die weitere Entwicklung aufmerksam zu verfolgen. 76

---

[101] MwN *Buntscheck* NZKart 2015, 521.
[102] *Kellenter/Verhauwen* GRUR 2018, 761 (763).
[103] *Buntscheck* NZKart 2015, 521 (524); *Palzer* EuZW 2015, 702 (705).
[104] *Kellenter/Verhauwen* GRUR 2018, 761 (771).
[105] *Walz* GRUR Int. 2013, 718 (726).
[106] *Körber* WRP 2015, 1167 (1171).
[107] *Fuchs* NZKart 2015, 429 (435); *Jakobs* NZKart 2014, 394 (397).

77 **(1) Gemeinsamkeiten der Rechtsprechung: Insbesondere Trennung zwischen „FR" und „ND".** Einigkeit besteht darin, dass **keine abstrakte Aussage** getroffen werden kann, was **FRAND** ist und was nicht; denn FRAND ändert sich uU je nach Technologie und im Laufe der Zeit. Daher existiert nicht *der eine* Lizenzvertrag zu FRAND-Bedingungen. Vielmehr gibt es „unterschiedliche Lizenzbedingungen und insbes. einen **Bereich von Lizenzgebühren**", die FRAND sein können.[108] Letztere seien auch einer Schätzung nach § 287 Abs. 2 ZPO zugänglich.[109] Dadurch, dass **FRAND ein Bereich** und kein bestimmter Vertrag oder gar Wert ist, werde berücksichtigt, dass dem SEP-Inhaber „bei Bestimmung der FRAND-Bedingungen ein großzügiger Entscheidungsspielraum zustehe."[110]

78 Einigkeit besteht auch darin, dass für FRAND zwischen **„fair and reasonable"** einerseits und **„non discriminatory"** andererseits unterschieden werden kann.[111] Dabei betrifft „FR" die **absolute Höhe** der Lizenzgebühren,[112] die nicht **ausbeuterisch** sein dürfen, weshalb kein Marktmissbrauch vorliegt, „wenn der Patentinhaber Vertragsbedingungen anbietet, die so auch ohne seine marktbeherrschende Stellung zustande gekommen wären."[113] „ND" dagegen betrifft die **relative Höhe** der Gebühren im Sinne eines **Diskriminierungsverbotes.** Diese Unterscheidung gilt auch für die übrigen Inhalte des Lizenzvertrages.[114] Die beiden Bereiche „FR" und „ND" werden bislang auch übereinstimmend mittels zweier Methoden geprüft: Dem **Vergleichsmarktkonzept** und dem **„top-down-approach".**[115]

79 Übereinstimmend wird „ND" stets gründlich und unabhängig von „FR" insbes. anhand des **Vergleichsmarktkonzepts** geprüft. Es bildet die Basis für die Ermittlung von FRAND. Danach haben bereits abgeschlossene vergleichbare Lizenzverträge entscheidende Bedeutung für die Frage einer Ungleichbehandlung. Allerdings ist ungeklärt, wie das Vergleichsmarktkonzept praktisch anzuwenden ist; insbes. wie ein vergleichbarer Lizenzvertrag ermittelt wird (→ Rn. 81) und wie eine Diskriminierung zu behandeln ist (→ Rn. 84).

80 Der **„top-down-approach"** dient als zusätzliches Hilfsmittel zur Kontrolle der absoluten Höhe der Lizenzgebühr als „FR". Ausgangspunkt ist die Ermittlung der **Gesamtlizenzbelastung,** die ein Angebot nicht überschreiten darf, um „FR" zu sein. Die **Gesamtlizenzbelastung** ist die Summe aller Lizenzzahlungen für sämtliche in einem Produkt enthaltenen Schutzrechte und bildet de facto eine Höchstgrenze für die Amortisationsmöglichkeit des SEP-Inhabers.[116] Allerdings ist es bislang unklar, wie die Gesamtlizenzbelastung objektiv ermittelt werden kann (→ Rn. 90).

81 **(2) Ungeklärte Handhabung von „ND": Vergleichsmarktprinzip und Diskriminierung.** Auch wenn man sich grundsätzlich einig ist, FRAND auf Basis des **Vergleichsmarktkonzepts** zu ermitteln, ist bislang unklar, wie das **Konzept konkret anzuwenden ist.** Für die deutsche Rspr. sind vergleichbare Lizenzverträge ein bedeutendes Indiz für die FRANDheit des Angebotes, sofern sie nicht unter dem Druck eines Unterlassungstitels geschlossen wurden; je mehr abgeschlossene Lizenzverträge vorgelegt werden können, des-

---

108 BGH Urt. v. 5.5.2020 – KZR 36/17, GRUR 2020, 961 Rn. 81; OLG Düsseldorf Beschl. v. 17.11.2016 – I-15 U 66/15, BeckRS 2016, 21067 Rn. 14.

109 OLG Düsseldorf Beschl. v. 17.11.2016 – I-15 U 66/15, BeckRS 2016, 21067 Rn. 14.

110 OLG Karlsruhe Beschl. v. 8.9.2016 – 6 U 58/16, GRUR-Prax 2016, 560.

111 Ebenso *Friedl/Ann* GRUR 2014, 948 (949).

112 Auch *Kurtz/Straub* GRUR 2018, 136, allerdings sei damit keine Aussage über die Angemessenheit getroffen.

113 LG Düsseldorf Urt. v. 11.7.2018 – 4c O 81/17, BeckRS 2018, 25105 Rn. 142; Urt. v. 13.7.2017 – 4a O 16/16, BeckRS 2017, 129534 Rn. 219.

114 LG Düsseldorf Urt. v. 11.7.2018 – 4c O 81/17, BeckRS 2018, 25105 Rn. 141; Urt. v. 13.7.2017 – 4a O 16/16, BeckRS 2017, 129534 Rn. 218.

115 *Haedicke* GRUR Int. 2017, 661 (667).

116 *Kurtz/Straub* GRUR 2018, 136 (141).

to stärker spreche sogar eine **Vermutung** für die FRANDheit des Angebotes.[117] Nach neueren Entscheidungen ist der Vortrag zu abgeschlossenen Verträgen sogar **„erforderlich".**[118] Über die so nachgewiesene Marktakzeptanz könne die „FRANDheit" am sichersten und einfachsten belegt werden; insbesondere ist das Vergleichsmarktkonzept daher vorrangig gegenüber mathematischen Herleitungen oder der Darlegung einzelner Faktoren.[119] Regelmäßig werden durch die so nachgewiesene Marktakzeptanz keine weiteren Ausführungen zur Angemessenheit mehr erforderlich sein.[120] Insbesondere deutsche Gerichte weisen daher Verletzungsklagen bei einer Verletzung von „ND" ab, ohne „FR" zu betrachten.

Aufgrund ihrer hohen Bedeutung kann sich der SEP-Inhaber grundsätzlich auch nicht 82 gegen eine **Offenbarung seiner Lizenzverträge** verteidigen.[121] Begründet wird dies über die Verpflichtung aus der FRAND-Erklärung sowie einer Gleichbehandlungspflicht des SEP-Inhabers; der interessierte Dritte könne ansonsten seine Rechte im Verletzungsprozess nicht wirksam durchsetzen.[122] Das LG München I weist insoweit darauf hin, dass der SEP-Inhaber – soweit der Verletzer eine angemessene Geheimhaltungsvereinbarung abschließt – im Rahmen dessen, was ihm aufgrund bereits eingegangener Geheimhaltungsvereinbarungen formal möglich ist, dazu verpflichtet ist weitere, geheimhaltungsbedürftige Details zu bereits abgeschlossenen Verträgen mitzuteilen.[123]

Es ist also **für den Verletzungsprozess entscheidend,** dass der SEP-Inhaber entspre- 83 chend dem Vergleichsmarktprinzip gelebte Lizenzverträge vorlegen kann. Anschaulich hierzu der Fall, dass dem Angebot für **weltweit gleiche Stücklizenzen** nicht entgegengehalten werden konnte, dass nationale Preisunterschiede berücksichtigt werden müssen, wenn die Vorlage von 2000 Lizenzverträgen entscheidend die Marktakzeptanz belegte.[124]

Indessen machen die deutschen Gerichte **keine Aussage zur Methodik** des Ver- 84 gleichsmarktkonzepts. Insbesondere wird konsequent nicht darüber geurteilt, welches Modell anzuwenden ist, um vergleichbare Lizenzen und Märkte zu definieren. So wurden bereits, neben allgemeinen Lizenzierungspraktiken, Lizenzverträge zu gleicher oder auch ähnlicher Technologie berücksichtigt.[125]

Unklar ist auch die Situation, dass **keine oder nicht genügend Lizenzverträge** abge- 85 schlossen wurden. Dann bestimmen sich die Anforderungen an den Vortrag des SEP-Inhabers nach dem jeweiligen Einzelfall. In Betracht komme näherer Vortrag zu bekannten, vergleichbaren Lizenzverträgen – etwa auf demselben technischen Gebiet – oder zu dem Portfolio und seinen Auswirkungen auf die Gebührenhöhe;[126] **letztlich gehe es darum die Angemessenheit der Gebührenfestlegung und -höhe darzulegen.**[127]

---

[117] LG Düsseldorf Urt. v. 31.3.2016 – 4a O 126/14, BeckRS 2016, 8040; auch LG Mannheim Urt. v. 4.3. 2016 – 7 O 96/14, GRUR-RS 2016, 06527 Rn. 102: Orientierung an „bestehenden und auch gelebten Lizenzprogrammen".

[118] OLG Düsseldorf Beschl. v. 17.11.2016 – I-15 U 66/15, BeckRS 2016, 21067 Rn. 22; LG Düsseldorf Urt. v. 13.7.2017 – 4a O 16/16, BeckRS 2017, 129534 Rn. 224; LG München I, Hinweise zur Handhabung des kartellrechtlichen Zwangslizenzeinwandes nach Huawei v. ZTE innerhalb des Münchener Verfahrens, Stand Februar 2020, S. 1, 2.

[119] LG Düsseldorf Urt. v. 11.7.2018 – 4c O 81/17, BeckRS 2018, 25105 Rn. 148, 149; Urt. v. 13.7.2017 – 4a O 16/16, BeckRS 2017, 129534 Rn. 225, 226.

[120] LG Düsseldorf Urt. v. 8.1.2019 – 4c O 12/17, BeckRS 2019, 3125 Rn. 196.

[121] OLG Düsseldorf Beschl. v. 17.11.2016 – I-15 U 66/15, BeckRS 2016, 21067 Rn. 25.

[122] OLG Düsseldorf Beschl. v. 25.4.2018 – I-2 W 8/18, BeckRS 2018, 703 Rn. 19 mAnm *Weber/Augenstein* GRUR-Prax 2018, 270.

[123] LG München I, Hinweise zur Handhabung des kartellrechtlichen Zwangslizenzeinwandes nach Huawei v. ZTE innerhalb des Münchener Verfahrens, Stand Februar 2020, S. 2.

[124] LG Düsseldorf Urt. v. 9.11.2018 – 4a O 17/17, BeckRS 2018, 35570 Rn. 267.

[125] MwN *Haedicke* GRUR Int. 2017, 661 (665).

[126] LG Mannheim Urt. v. 10.11.2017 – 7 O 28/16, GRUR-RR 2018, 273 Rn. 84.

[127] LG Düsseldorf Urt. v. 13.7.2017 – 4a O 16/16, BeckRS 2017, 129534 Rn. 231.

86 Der English Court of Appeal wählt dagegen für das Vergleichsmarktkonzept einen aufwendigen **mathematischen** Ansatz.[128] Zunächst ist ein vergleichbarer Lizenzvertrag zu ermitteln. Dann wird der Wert des streitigen Portfolios (R) ins Verhältnis zur Lizenzgebühr des Vergleichsvertrags (E) gesetzt. Der Wert R ist dabei das Verhältnis der streitigen SEPs zu den SEPs im Vergleichsvertrag. Die zulässige Lizenzgebühr ist dann gleich E mal R. Diese Methode mag zwar objektiv erscheinen, verfügt aber dennoch über Nachteile. Zum einen ist die Berechnung sehr aufwendig, da ggf. die Vergleichsverträge durch sog. **unpacking** um die Effekte von Pauschzahlungen und Kreuzlizenzierungen zu bereinigen sind. Zum anderen wird die Objektivität der Methode dadurch relativiert, dass am Anfang mit der Auswahl eines Vergleichsvertrages eine Wertungsentscheidung steht.

87 Unklar ist bislang auch, **was eine relevante Diskriminierung ist.** Der English Court of Appeal vertritt dazu eine **lockere Ansicht.** Der SEP-Inhaber werde durch das Diskriminierungsverbot nur daran gehindert höhere Lizenzgebühren zu verlangen, als in der Bezugsgröße vereinbart sind. Er kann aber auch geringe Gebühren anbieten, ohne in künftigen Verhandlungen an diesen Wert gebunden zu sein (sog. **non hard-edged discrimination**). Ob diese Ansicht iSd Art. 101, 102 AEUV zulässig ist, ist fraglich.

88 Dagegen vertritt die deutsche Rspr. eine strengere Ansicht zum Diskriminierungsverbot. Es normiere für den SEP-Inhaber eine **Gleichbehandlungspflicht** gegenüber allen vergleichbaren Marktteilnehmern (sog. **hard-edged discrimination**). Dabei sei zwar **nicht jedes Verhalten kartellrechtlich relevant;** das Ausnutzen der marktbeherrschenden Stellung müsse „mehr als nur unerheblich sein, um einen mit einem Unwerturteil verbundenen Missbrauch zu bejahen."[129] Inhaltlich verpflichtet es aber dazu, vergleichbaren Marktteilnehmern „dieselben Preise und Geschäftsbedingungen" einzuräumen.[130] Der Vortrag hat „in diesem Zusammenhang vollständig zu erfolgen, und darf nicht auf einige namhafte Unternehmen der Branche reduziert werden."[131] **Indes enthält die Gleichbehandlungspflicht kein Meistbegünstigungsgebot.** Dh, der SEP-Inhaber ist nicht verpflichtet allen Marktteilnehmern dieselben Preise/Bedingungen anzubieten.[132] Vielmehr kann auf unterschiedliche Marktsituationen differenziert reagiert werden.[133] Insofern ist eine Ungleichbehandlung von Marktteilnehmern zulässig, wenn sie sachlich gerechtfertigt ist; demgegenüber ist eine willkürliche Ungleichbehandlung von vergleichbaren Marktteilnehmern untersagt.[134] **Es ist daher achtsam zwischen der Diskriminierung und ihrer Rechtfertigung zu trennen.**

89 Ob eine Ungleichbehandlung **sachlich gerechtfertigt** ist, kann nicht allgemeingültig bestimmt werden. Vielmehr bestimmt sie sich anhand einer Gesamtwürdigung aller Umstände und Interessen des Einzelfalles unter Berücksichtigung des Zwecks von Art. 102 AEUV einen wirksamen, unverfälschten Wettbewerb zu gewährleisten.[135] Maßgeblich ist neben Art und Ausmaß der unterschiedlichen Behandlung, ob die relativ „nachteilige Behandlung eines Unternehmens gegenüber anderen als wettbewerbskonformer Interessensausgleich erscheint oder auf Willkür oder Überlegungen und Absichten beruht, die wirtschaftlichem oder unternehmerischem Handeln fremd sind."[136] Beispielhaft lassen sich die Aussagen an folgenden Fällen veranschaulichen:

---

[128] English Court of Appeal Urt. v. 23.10.2018 – EWCA Civ 2344, GRUR Int. 2019, 357; *Haedicke* GRUR Int. 2017, 661 (666).

[129] BGH Urt. v. 12.4.2016 – KZR 30/14, NZKart 2016, 374 (376).

[130] OLG Düsseldorf Urt. v. 30.3.2017 – I-15 U 66/15, GRUR 2017, 1219 Rn. 173; LG Düsseldorf Urt. v. 9.11.2018 – 4a O 17/17, BeckRS 2018, 35570 Rn. 256.

[131] LG Düsseldorf Urt. v. 9.11.2018 – 4a O 17/17, BeckRS 2018, 35570 Rn. 257.

[132] BGH Urt. v. 5.5.2020 – KZR 36/17, GRUR 2020, 961 Rn. 81; OLG Düsseldorf Beschl. v. 29.6.2017 – I-15 U 41/17, BeckRS 2017, 120339 Rn. 32.

[133] OLG Düsseldorf Urt. v. 30.3.2017 – I-15 U 66/15, GRUR 2017, 1219 Rn. 173.

[134] OLG Düsseldorf Beschl. v. 29.6.2017 – I-15 U 41/17, BeckRS 2017, 120339 Rn. 32.

[135] OLG Düsseldorf Urt. v. 30.3.2017 – I-15 U 66/15, GRUR 2017, 1219 Rn. 175.

[136] BGH Urt. v. 12.4.2016 – KZR 30/14, NZKart 2016, 374 (376).

Selektive Rechtsdurchsetzung des SEP-Inhabers ist eine relevante Ungleichbehandlung, wenn eine Rechtsverfolgung nach den Einzelfallumständen zumutbar ist. Allerdings kann sie insbes. in der Anfangsphase der Standardetablierung sachlich gerechtfertigt sein. Dort besteht aus Ressourcengründen ein gewichtiges Interesse, zunächst größere Verletzer gerichtlich zu verfolgen.[137] Der SEP-Inhaber muss aber seine Absicht darlegen, künftig auch gegen weitere Verletzer vorzugehen.[138] 90

Führt ein **Rabatt** zu einem relativen Preisgefälle von 500–1.000 Prozent, liegt darin eine erhebliche Ungleichbehandlung. Dabei gilt, dass **je größer die Ungleichbehandlung ist, desto gewichtiger muss der Grund für die sachliche Rechtfertigung** sein. In Betracht komme grundsätzlich ein **„early bird"-Rabatt** für einen frühen Vertragsschluss. Die Auswahl eines **Referenzkunden** kann bei Standards nur ein geringes Preisgefälle rechtfertigen; schließlich ist der Inhaber des Patents in einer privilegierten Position. Das Preisgefälle kann auch nicht mit Verweis auf vereinbarte Pauschzahlungen und eine damit einhergehende günstige Risikoverteilung gerechtfertigt werden, da Pauschzahlungen auch bei anderen Marktteilnehmern in Betracht kommen.[139] 91

Insbesondere für den Fall, dass nicht der Verletzungskläger, **sondern der Rechtsvorgänger die FRAND-Erklärung abgab,** enthält das jüngste Urteil des OLG Düsseldorf neue – noch nicht rechtskräftige – Aussagen zur Diskriminierung, die in deutlichem Gegensatz zum englischen Ansatz stehen.[140] Die für Art. 101 AEUV bedeutende FRAND-Erklärung schränke die Durchsetzbarkeit des Patents **unwiderruflich und dauerhaft** ein und wirkt daher quasi „dinglich" auch gegenüber Erwerbern des SEPs. Wenn die allerersten Lizenzbedingungen „fair and reasonable" waren, seien sie damit **die Bezugsgröße für alle weiteren Lizenzierungen** durch den SEP-Inhaber und deren Rechtsnachfolger, die nicht mehr Rechte erwerben können, als dem Veräußerer zustanden. Das **allererste Lizenzierungskonzept** begrenze so den maßgeblichen Verhandlungsspielraum für alle nachfolgenden Verh. nach oben und unten auf nicht wettbewerbsrelevante Ungleichbehandlungen. Das gelte ohne Ausnahme auch dann, wenn die **höchstmögliche Gebühr erheblich unterschritten** wurde. Denn „das rein subjektive Verhandlungsversagen [...] kann nicht als Sachgrund dafür angeführt werden, dass spätere Lizenzsucher sich im Wettbewerb mit finanziell schlechteren Benutzungsbedingungen abfinden müssen."[141] Neue **Verhandlungsspielräume** entstünden nur, wenn es dem SEP-Inhaber gelingt, **sämtliche Lizenzverträge – auch die eines SEP-Veräußerers – wirksam abzuändern oder zu kündigen.** Sollte das Lizenzniveau auf die Art angehoben werden, sei allerdings Vortrag dazu erforderlich, warum die neuen Gebühren „fair and reasonable" sind. Generell müsse der SEP-Inhaber im Prozess zu **sämtlichen Lizenzerteilungen** – auch von Vorinhabern – vortragen, um die Diskriminierungsfreiheit des Angebotes darzulegen. 92

Insbesondere die auffällig strengen Aussagen zur Darlegungslast des SEP-Inhabers deuten darauf hin, dass das OLG Düsseldorf das Diskriminierungsverbot aus Art. 102 AEUV nunmehr sogar als **„super hard-edged discrimination"** verstehen will. Denn für die Frage des Missbrauchs von Marktmacht postuliert das Gericht einen **abstrakten Verhaltenskodex,** der subjektive Verhaltensweisen und Handlungsmöglichkeiten des SEP-Inhabers gänzlich außer Acht lässt. Die Forderung zur bedingungslosen Vorlage von Lizenzverträgen der Rechtsvorgänger stellt eine prozessuale Pflicht für den SEP-Inhaber auf, die zweifelhaft erscheint. Schließlich dürfe, angesichts des **hohen Schutzes des geistigen Eigentums,** dem SEP-Inhaber grundsätzlich nicht die Möglichkeit genommen werden, „gerichtliche Schritte zu unternehmen, durch die gewährleistet wird, dass seine ausschließ- 93

[137] LG Düsseldorf Urt. v. 9.11.2018 – 4a O 17/17, BeckRS 2018, 35570 Rn. 266; Urt. v. 11.7.2018 – 4c O 81/17, BeckRS 2018, 25105 Rn. 160.
[138] LG Düsseldorf Urt. v. 8.1.2019 – 4c O 12/17, BeckRS 2019, 3125 Rn. 277.
[139] OLG Düsseldorf Urt. v. 30.3.2017 – I-15 U 66/15, BeckRS 2017, 124408 Rn. 203; LG Mannheim Urt. v. 10.11.2017 – 7 O 28/16, GRUR-RR 2018, 273 Rn. 91.
[140] OLG Düsseldorf Urt. v. 22.3.2019 – 2 U 31/16, BeckRS 2019, 6087.
[141] OLG Düsseldorf Urt. v. 22.3.2019 – 2 U 31/16, BeckRS 2019, 6087.

lichen Rechte tatsächlich beachtet werden."[142] Hinzu kommt, dass für das objektive Rechtsinstitut des „Missbrauchs" **keine Rechtfertigungstatbestände** vorgesehen sind. Daher muss man sich bereits im objektiven Tatbestand die Frage stellen, ob die regelmäßige faktische Unmöglichkeit der Vorlage von Altlizenzen bei teleologischer Auslegung überhaupt ein missbräuchliches Verhalten darstellen soll. Diesseits wird dafür gestritten, subjektive Handlungsmöglichkeiten des SEP-Inhabers zu berücksichtigen, indem FRAND nur anhand seiner Lizenzverträge untersucht wird, um das geistige Eigentum in diesen Fällen nicht regelmäßig zu entwerten. Dafür streitet, dass sich der Inhalt des Missbrauchsbegriffs nicht mit einer einfachen, „aber gleichwohl allen denkbaren Fallsituationen Rechnung tragenden Formel"[143] erklären lässt. Ebendies versucht aber das OLG Düsseldorf für den Bereich der SEPs, indem es zugunsten einer abstrakten Darlegungslast konkrete Umstände außer Acht lässt. Es bleibt daher abzuwarten, wie die Revision über diese „super hard-edged discrimination" entscheidet.

94 **(3) Ungeklärte Handhabung von „FR": „top-down-approach".** Der **„top-down-approach"** ist mit erheblichen praktischen Schwierigkeiten verbunden, die seinen Nutzen als FRAND-Kontrolle einschränken. Der Ansatz ermittelt ausgehend von der Gesamtlizenzbelastung den **Anteilswert** des streitigen SEPs am gesamten standardessenziellen Patentportfolio.[144] Dabei ist aber bereits ungeklärt, wie die Werte unterschiedliche Standards und Patentportfolien relativ zueinander ins Verhältnis gesetzt werden, wenn Gegenstände mehrere Standards implementieren. Auch ist fraglich, ob ein technischer Wert der einzelnen Patente zu berücksichtigen ist oder ob jedes Patent gleichwertig ist. Problematisch ist auch, wie das Problem der „over-declaration" methodisch zu behandeln ist, um keine nicht SEPs zu berücksichtigen. Insbesondere wurde kritisiert, dass man dabei auf die Aussagen unglaubwürdiger Patentinhaber angewiesen sei, die Eigeninteressen verfolgten.[145] Aufgrund dieser Schwierigkeiten ist der „top-down-approach" nur ein zusätzliches Kontrollmittel, insbesondere für „FR".

95 **(4) Ungeklärter gerichtlicher Prüfungsumfang.** Fraglich ist zuletzt, in welchem Umfang die Gerichte FRAND zu überprüfen haben. Insbesondere erstinstanzliche deutsche Gerichte prüften die Lizenzgebühr nicht anhand der FRAND-Kriterien, indem sie den eigenen **Prüfungsumfang beschränkten.** Es sei nicht Aufgabe nach objektiven Gesichtspunkten zu prüfen, ob das Angebot FRAND ist oder nicht. Eine solche Belastung des Verletzungsprozesses sei nicht das Anliegen des EuGH gewesen, weshalb eine summarische Evidenzkontrolle des Angebotes ausreichend sei.[146] Diesem Ansatz sind die Berufungsgerichte **entgegengetreten.** Gerichtlich **muss positiv festgestellt werden, ob das Angebot FRAND ist.**[147] Das gelte ungeachtet dessen, dass die FRAND-Kriterien ungeklärt sind und deren Bestimmung im Einzelfall schwierig sein kann.[148] Schließlich müsse der Verletzer wegen der konsekutiven Prüfung auch nur auf ein FRAND-gemäßes Angebot reagieren, was andernfalls untergraben würde. Ebenso urteilte auch der English Court of Appeal.[149] Dabei wird erneut betont, dass es „unterschiedliche Lizenzbedingungen und insbesondere einen **Bereich von Lizenzgebühren**" gibt, die FRAND sein können.[150]

---

142 EuGH Urt. v. 16.7.2015 – C-170/13, GRUR 2015, 764 Rn. 58.
143 *Schröter/Bartl* in von der Groeben/Schwarze/Hatje Europäisches Unionsrecht, 7. Aufl. 2015, AEUV Art. 102 Rn. 170.
144 *Picht* GRUR Int. 2017, 569 (572).
145 English Court of Appeal Urt. v. 23.10.2018 – EWCA Civ 2344, GRUR Int. 2019, 357.
146 LG Mannheim Urt. v. 4.3.2016 – 7 O 96/14, GRUR-RS 2016, 06527 Rn. 53; Urt. v. 29.1.2016 – 7 O 66/15, BeckRS 2016, 4228.
147 OLG Düsseldorf Beschl. v. 17.11.2016 – I-15 U 66/15, BeckRS 2016, 21067 Rn. 14.
148 OLG Karlsruhe Beschl. v. 8.9.2016 – 6 U 58/16, BeckRS 2016, 17467 Rn. 36; Beschl. v. 31.5.2016 – 6 U 55/16, NZKart 2016, 334 (337).
149 English Court of Appeal Urt. v. 23.10.2018 – EWCA Civ 2344, GRUR Int. 2019, 357.
150 OLG Düsseldorf Beschl. v. 17.11.2016 – I-15 U 66/15, BeckRS 2016, 21067 Rn. 14.

(5) Darlegungs- und Beweislast. Die **Darlegungs- und Beweislast** dafür, dass das Angebot nicht FRAND ist, liegt zunächst beim Nutzer, da es Bestandteil seines Missbrauchseinwandes ist. Den SEP-Inhaber trifft aber eine sekundäre Darlegungs- und Beweislast.[151] Der SEP-Inhaber müsse, nach jüngster Aussage des OLG Düsseldorf, **sämtliche Lizenzerteilungen** – auch von Vorinhabern – offenbaren, um dieser gerecht zu werden.[152] Es bleibt abzuwarten, ob diese Wertung in der zugelassenen Revision besteht. 96

b) Beschränkung des patentrechtlichen Schadensersatzanspruchs durch das Kartellrecht

Im Gegensatz zu den Auswirkungen von Art. 102 AEUV auf den Unterlassungsanspruch im Zusammenhang mit SEP ist die Rechtslage in Bezug auf den **Schadensersatzanspruch** erheblich leichter. Die gerichtliche Geltendmachung eines Schadensersatzanspruchs durch ein marktbeherrschendes Unternehmen ist **nicht missbräuchlich** iSd Art. 102 AEUV.[153] Denn im Gegensatz zu einem Unterlassungsanspruch ist ein Schadensersatzanspruch nicht dazu geeignet, einem Marktteilnehmer bzw. dessen Produkten den Marktzugang oder die dortige Etablierung zu vereiteln, weshalb auch keine Einschränkung geboten ist.[154] 97

6. Verschärfung der Risiken durch die Trennung zwischen Verletzungs- und Nichtigkeitsverfahren

Die dargestellten Patentrisiken werden durch das **Trennungsprinzip** in Deutschland noch **zusätzlich verschärft.** Das deutsche „Patentverfahrensrecht" ist durch eine Zweiteilung gekennzeichnet. Auf der einen Seite steht das **Rechtsbeständigkeitsverfahren** und auf der anderen Seite das **Verletzungsverfahren.**[155] Praxisrelevante Folge ist, dass im Verletzungsverfahren der Einwand nicht erhoben werden kann, das Patent sei nicht rechtsbeständig, da insoweit ausschließliche Gerichtsstände kollidieren, womit eine Feststellungswiderklage unzulässig ist. Durch eine unterschiedliche Verfahrensdauer wird der Patentinhaber regelmäßig bevorteilt, wodurch die Vorteile der Trennung relativiert werden. 98

a) Grundstruktur und Vorteile des Trennungsprinzips

Das Trennungsprinzip folgt aus den Zuständigkeitsregelungen des PatG. Die **Rechtsbeständigkeit** eines Patents beurteilt das BPatG in einem verwaltungsgerichtlich ausgestalteten Verfahren. Demgegenüber entscheiden über **Verletzungsverfahren** ausschließlich die Zivilkammern der Landgerichte, vor denen nach den Regeln der ZPO verhandelt wird. 99

Mit dieser Aufteilung reagiert das deutsche Patentrecht auf unterschiedliche Verfahrensanforderungen. Die deutschen Verletzungsverfahren sind europaweit führend und bieten einen schnellen, kostengünstigen und effizienten Patentschutz. Demgegenüber führt die besondere Besetzung der Senate des Bundespatentgerichts mit rechtskundigen und technischen Mitgliedern zu qualitativ hochwertigen Urteilen.[156] Der Erfolg des deutschen Trennungsprinzips lässt sich auch in Zahlen verdeutlichen. Deutschland ist europaweit das fallstärkste Land in Patentverletzungsverfahren: 2011 fanden rund 62 Prozent aller europaweiten Verletzungsprozesse in Deutschland statt.[157] 100

---

[151] BGH Urt. v. 5.5.2020 – KZR 36/17, GRUR 2020, 961 Rn. 76; OLG Düsseldorf Beschl. v. 17.11.2016 – I-15 U 66/15, BeckRS 2016, 21067 Rn. 25; LG Düsseldorf Urt. v. 9.11.2018 – 4a O 17/17, BeckRS 2018, 35570 Rn. 257; LG München I, Hinweise zur Handhabung des kartellrechtlichen Zwangslizenzeinwandes nach Huawei v. ZTE innerhalb des Münchener Verfahrens, Stand Februar 2020, S. 4.

[152] OLG Düsseldorf Urt. v. 22.3.2019 – 2 U 31/16, BeckRS 2019, 6087.

[153] EuGH Urt. v. 16.7.2015 – C-170/13, GRUR 2015, 764 Rn. 76.

[154] EuGH Urt. v. 16.7.2015 – C-170/13, GRUR 2015, 764 Rn. 74.

[155] *Wuttke/Gunz* MittDPA 2012, 477 (478).

[156] *Meier-Beck* GRUR 2015, 929 (930).

[157] *Kühnen/Claessen* GRUR 2013, 592 (593).

b) Strukturelle Nachteile des Trennungsprinzips

101 Die europaweite Resonanz kann aber nicht darüber hinwegtäuschen, dass dem Trennungsprinzip ebenfalls strukturelle Nachteile innewohnen, die im Ergebnis zu einem Vorteil für den Patentinhaber führen können.

102 **aa) Nachteile für die Rechtssicherheit.** Aus den unterschiedlich langen Verfahrensdauern kann eine **Beeinträchtigung der Rechtssicherheit** folgen. Denn im Verletzungsprozess kann binnen einen Jahres ein vollstreckbarer Unterlassungstitel erstritten werden.[158] Demgegenüber dauert das Nichtigkeitsverfahren mit bis zu zwei Jahren etwa doppelt so lang.[159] Dadurch, dass im Verletzungsprozess die Rechtsbeständigkeit des Schutzrechts nicht überprüft wird, ist auch **eine einheitliche Auslegung nicht garantiert.** Im Extremfall kann dies zur erstinstanzlichen Aufhebung eines Patents führen, dessen Verletzung durch ein anderes Gericht festgestellt wurde.[160] Dem benachteiligten Beklagten bleibt dann uU nur die Möglichkeit seinen Schaden über § 717 Abs. 2 ZPO ersetzt zu verlangen. Ein Gleichlauf der Patentauslegung wird erst durch die Zusammenführung der Verfahren vor dem BGH bewirkt. Ob nach mehrjähriger Rechtshängigkeit für eine unter Umständen benachteiligte Partei noch Abhilfe geschaffen werden kann, mag aber bezweifelt werden.[161] Schließlich können die Kosten für das Abwarten auf die patentgerichtliche Entscheidung so hoch sein, dass oftmals eine unliebsame Vergleichslösung akzeptiert wird.[162]

103 **bb) Privilegierung des Verletzungsklägers.** Der Patentinhaber kann uU aus der **zeitlichen Diskrepanz** der Verfahren einen Vorteil ziehen. Denn er kann für etwa ein Jahr bereits aus einem Unterlassungstitel **vollstrecken.** Der unterlegenen Partei bleiben nur die Möglichkeiten eine – mitunter teure – technische Umgehungslösung zu suchen, eine Vergleichslösung zu akzeptieren oder sich aus dem Markt zurückzuziehen.[163] Es bestünde zwar auch die Möglichkeit eines **Vollstreckungsschutzantrages** nach § 712 ZPO, aber dessen Voraussetzung eines „nicht zu ersetzenden Nachteils" ist sehr hoch. Bei SEPs verschärft sich diese Konstellation noch weiter, da keine Umgehungslösungen existieren. Das Problem wird sich auch auf absehbare Zeit nicht verringern, da die Schere der Verfahrensdauern eher größer denn kleiner wird.[164]

c) Durchbrechungen des Trennungsprinzips

104 Das Zivilprozessrecht ermöglicht auch **Ausnahmen vom Trennungsprinzip.** In diesen Fällen ist das Verletzungsgericht zwar nicht von der Tatbestandwirkung des Patents entbunden. Aber es muss sich selbst eine Meinung über den Rechtbestand des Streitpatents bilden.[165] Allerdings schaffen die Ausnahmen nur teilweise Abhilfe.

105 **aa) Aussetzung des Verfahrens.** Nach § 148 ZPO „kann" das Verletzungsgericht das Verfahren bis zur Erledigung des Nichtigkeitsverfahrens **aussetzen,** womit auf den klägerischen Zeitvorteil reagiert würde. Die Ermessensentscheidung folgt maßgeblich einer **Prognose über die Erfolgsaussichten** des parallelen Nichtigkeitsverfahrens, weshalb eine Aussetzung dann erfolgt, wenn die Erfolgsaussichten der Nichtigkeitsklage durch den Beklagten glaubhaft gemacht wurden.[166] Wie erfolgsversprechend die Nichtigkeitsklage

[158] *Wuttke/Gunz* MittDPA 2012, 477 (478).
[159] *Wuttke/Gunz* MittDPA 2012, 477 (478).
[160] *Münster-Horskotte* MittDPA 2012, 1 (2).
[161] *Münster-Horskotte* MittDPA 2012, 1 (2).
[162] *Meier-Beck* GRUR 2015, 929 (932).
[163] *Wuttke/Gunz* MittDPA 2012, 477 (478).
[164] Vertieft *Meier-Beck* GRUR 2015, 929 (932).
[165] *Rogge* GRUR Int. 1996, 386.
[166] MwN *Rogge* GRUR Int. 1996, 386.

sein muss, lässt sich nicht abstrakt bestimmen. So formuliert der BGH, dass der Erfolg so wahrscheinlich sein muss, dass die Aussetzung angemessen erscheint.[167] Dabei ist stets zu bedenken, dass eine falsche Ermessenausübung des Gerichts erhebliche Folgen hat. Entweder wird das Verfahren zu Unrecht ausgesetzt, womit das Schutzrecht des Klägers quasi entwertet wird oder das Verfahren wird fälschlicherweise nicht ausgesetzt, wodurch dem geschädigten Beklagten einzig der Schadensersatzanspruch aus § 717 Abs. 2 ZPO verbleibt.[168] Die Verletzungsgerichte machen angesichts des erteilten Patents von der Aussetzung nur sparsam Gebrauch, auch um Missbrauch durch die Beklagten vorzubeugen.[169] Die Aussetzung bietet daher eher eine theoretische Lösungsmöglichkeit als eine praktische.[170]

bb) Einstweiliger Rechtsschutz. Im **einstweiligen Rechtsschutz** muss das Verlet- 106
zungsgericht ebenfalls eine Prognose zum Rechtsbestand des Streitpatents treffen. Denn im Verfügungsverfahren hat der Antragsgegner **keine Möglichkeit eine Aussetzung** nach § 148 ZPO **herbeizuführen.** Um den Antragsgegner dennoch nicht schutzlos zu stellen, wird der Rechtsbestand des Streitpatents im Rahmen des Verfügungsgrundes untersucht.[171]

Die Anforderungen an die Prognoseentscheidung haben sich in den letzten Jahren 107
verändert.[172] Zuvor wurde noch ein Gleichlauf mit der Aussetzung im Hauptverfahren angenommen: Prüfungsmaßstab war, „ob das angerufene Gericht, hätte es über den Patentverletzungsvorwurf als erstinstanzliches Gericht im Klageverfahren zu entscheiden, den Patentverletzungsrechtsstreit aussetzen würde."[173] Die Anforderungen wurden allerdings strenger. Eine überwiegende Wahrscheinlichkeit muss demnach nicht mehr dargelegt werden. Aber die Nichtigkeit muss „aufgrund einer in sich schlüssigen, vertretbaren und letztlich nicht von der Hand zu weisenden Argumentation des Antragsgegners möglich sein, um einem Verfügungsantrag den Erfolg versagen zu können."[174] Durch die geänderte Rspr. wird die Bevorteilung des Patentinhabers eingeschränkt, da die Hürden für den Antragsgegner niedriger sind.[175]

7. Ausblick: Das Einheitliche Patentgericht

Der Binnenmarkt der EU leidet – immer noch – darunter, dass **kein einheitliches Pa- 108
tentsystem** existiert, sondern ein duales System aus nationalen und europäischen Patenten. Deren Schutz ist aber jeweils auf unterschiedliche nationale Rechtsordnungen beschränkt. Verletzungen müssen daher uU parallel eingeklagt werden, was insbesondere zu einer zeit- und kostenintensiven Rechtsdurchsetzung führt. Diese Schwäche des Binnenmarktes soll durch das **europäische Patent mit einheitlicher Wirkung (Einheitspatent)** und das Einheitliche Patentgericht beseitigt werden.[176] Das Einheitspatent hat die einheitliche Wirkung in allen Mitgliedstaaten. Daneben soll das Einheitliche Patentgericht künftig für **alle** Verletzungs- und Rechtsbeständigkeitsklagen im Zusammenhang mit (allen) europäischen Patenten ausschließlich zuständig sein.

---

[167] BGH Urt. v. 22.11.1957 – I ZR 152/56, GRUR 1958, 179 (180).
[168] *Münster-Horskotte* MittDPA 2012, 1 (3).
[169] *Meier-Beck* GRUR 2015, 929 (931).
[170] *Wuttke/Gunz* MittDPA 2012, 477 (483).
[171] *Wuttke/Gunz* MittDPA 2012, 477 (484).
[172] Ausf. *Böhler* GRUR 2011, 965 (967).
[173] OLG Düsseldorf Urt. v. 1.3.2007 – 2 U 98/06, BeckRS 2007, 5698.
[174] OLG Düsseldorf Urt. v. 29.4.2010 – 2 U 126/09, BeckRS 2010, 15862.
[175] *Wuttke/Gunz* MittDPA 2012, 477 (484).
[176] Zur geschichtlichen Entwicklung *Luginbühl* GRUR Int. 2013, 305.

a) Gesetzliche Grundlage und Struktur des Einheitlichen Patentgerichts

109 **Die gesetzliche Grundlage**[177] des Einheitspatents bilden zwei Verordnungen (EPat-VO und EPatÜbers-VO) sowie ein Staatsvertrag, das EPGÜ. Maßgeblich für das Verständnis des Einheitspatentsystems ist das Zusammenwirken der EPat-VO, des EPGÜ und des EPÜ. Ausgangspunkt ist Art. 142 EPÜ, wonach Vertragsstaaten in einem „besonderen Übereinkommen" das Einheitspatent regeln können. Ein solches Übereinkommen ist die EPat-VO. Diese enthält allerdings keine materiellen Bestimmungen. Vielmehr richten sich diese nach nationalem Recht, Art. 5 Abs. 3 EPat-VO. Diese nationalen Bestimmungen sind diejenigen des EPGÜ, das als Staatsvertrag nach Art. 84 Abs. 2 EPGÜ in nationales Recht zu überführen ist und materielles Patentrecht enthält. „Es handelt sich daher um eine aus unionsrechtlicher Sicht wohl einmalige Konstruktion, nach der ein EU-Titel nur entstehen kann, wenn ein Recht, gestützt auf ein internationales Übereinkommen, außerhalb des direkten Einflussbereichs der EU erteilt worden ist."[178] Diese umständliche Konstruktion wurde gewählt, um die nunmehr nationalen materiellen Patentvorschriften der Rspr. des EuGH zu entziehen, da dessen Entscheidungsqualität in Fragen des gewerblichen Rechtschutzes als unzureichend angesehen wurde.[179]

110 **Strukturell** besteht das Gericht aus einem Gericht erster Instanz und einem Berufungsgericht. Das Gericht erster Instanz setzt sich aus einer Zentralkammer sowie Lokal- und Regionalkammern zusammen. Die Zentralkammer sitzt in Paris mit Abteilungen in London und München. Die Lokal- und Regionalkammern werden auf Antrag eines Mitgliedstaates zum Teil in Abhängigkeit von den Fallzahlen errichtet. Die Spruchkörper des Gerichts erster Instanz setzen sich grundsätzlich aus drei Richtern zusammen. Als einzige Rechtsmittelinstanz wird das Berufungsgericht in Luxemburg errichtet.

b) Verfahren vor dem Einheitlichen Patentgericht

111 Das Verfahren ist dreigliedrig aufgebaut, mit einem schriftlichen Verfahren, einem Zwischenverfahren und einem mündlichen Verfahren. Geprägt ist es durch **straffe Fristenregelungen,** die das ehrgeizige Ziel verfolgen die **mündliche Verhandlung** im Regelfall **binnen einen Jahres** durchzuführen. Das Ziel ist umso ehrgeiziger, als das Verletzungs- und Nichtigkeitsverfahren nicht getrennt werden (müssen).[180] Das Gericht kann nämlich entscheiden, ob es Verletzungs- und Nichtigkeitswiderklage zusammen verhandelt oder ob es die Verfahren einzeln oder zusammen an die Zentralkammer verweist.

112 Klageerwiderung sowie eine etwaige Nichtigkeitswiderklage müssen innerhalb von drei Monaten nach Klagezustellung erfolgen. Hierauf hat innerhalb von zwei Monaten eine Replik und wiederum darauf innerhalb eines Monats eine Duplik zu folgen. Während des schriftlichen Verfahrens kann ein technischer Richter beigezogen werden. Im Zwischenverfahren kann der Berichterstatter einen Termin anberaumen und/oder die Parteien zur weiteren Erläuterung einzelner Streitpunkte auffordern, um die mündliche Verhandlung vorzubereiten. Die mündliche Verhandlung dient maßgeblich der Beweisaufnahme und soll grundsätzlich mit Rücksicht auf den Umfang des Verfahrens innerhalb eines Tages durchgeführt werden.

c) Übergangsphase und Herausforderungen

113 Das System kann grundsätzlich in Kraft treten, sobald Deutschland das EPGÜ (erneut) ratifiziert hat. Unklar ist jedoch, ob der Austritt des Vereinigten Königreichs aus der EU die Funktionalität des Systems behindert oder sogar beseitigt. Diese Frage wird voraussichtlich Gegenstand langwieriger Diskussionen sein. Die Einführung des neuen Einheits-

---

177 Ausf. *Eck* GRUR Int. 2014, 114.
178 *Luginbühl* GRUR Int. 2013, 305 (307).
179 *Eck* GRUR Int. 2104, 114 (116); *Haedicke* GRUR Int. 2013, 609 (610).
180 Vertieft *Meier-Beck* GRUR 2015, 929 (934).

patentsystems wird daher zunächst zu gravierenden Rechtsunsicherheiten führen. Sollte das System tatsächlich in Kraft treten, wird für die ersten sieben Jahre die Möglichkeit bestehen, Verletzungs- und Nichtigkeitsklagen weiterhin vor nationalen Gerichten oder Behörden zu verhandeln. In dieser Zeit wird sich die Praktikabilität des Einheitspatentsystems zeigen, angesichts der vielfältigen Herausforderungen, so insbesondere:

- Die Auslegung und Rechtsfindung im einheitlichen Patentsystem angesichts der vielfältigen Rechtsquellen.[181]
- Verfahrensdauer und Qualität der Entscheidungen angesichts der multinational besetzten Spruchkörper.[182]
- Die Unsicherheiten bezüglich der Anwendbarkeit von nationalen Regelungen im Zusammenhang mit Lizenzen und Vorbenutzungsrechten über Art. 7 EPat-VO bzw. Art. 28 EPGÜ.[183]

Daher ist gem. Art. 87 EPGÜ eine Revision des Übereinkommens vorgesehen.

III. Strategische Reaktionsmöglichkeiten auf die Patentrisiken

Angesicht der erheblichen Patentrisiken ist es sträflich im IoT patentstrategische Überlegungen zu vernachlässigen. **„Try and error"** ist daher **keine nachhaltige Strategie** für diesen Sektor. Es existieren dagegen verschiedenste strategische Möglichkeiten, um auf die Patentrisiken zu reagieren. Die strategische Ausrichtung – offensiv wie defensiv – erfordert spezielles „Know-how", das regelmäßig nur über eine patentrechtliche Beratung erlangt werden kann. 114

1. FTO-Analyse als Voraussetzung sämtlicher Strategien

Die Wahl einer patentrechtlichen Strategie ist nur sinnvoll möglich, wenn man die einzelfallabhängigen Risiken kennt. Daher muss die jeweils relevante Patentlandschaft ermittelt werden. Nur die Kenntnis um Schutzbereich, Schutzdauer und Rechtsbeständigkeit von Drittrechten versetzen in die Lage, bestehende Risiken für eine Marktteilnahme – aber auch deren Chancen – bewerten zu können. Diese Kenntnis kann mit einer **FTO-Analyse** („freedom to operate") erworben werden. Deren Kernelement ist es, die Schutzrechte Dritter in einem zuvor definierten Technologiemarkt zu identifizieren und zu bewerten, ob diese Schutzrechte durch das eigene Vorhaben verletzt werden oder nicht. Die FTO-Analyse zeigt aber nicht nur potenzielle Risiken auf, sondern auch das Potential des eigenen Unternehmens, indem sich zeigt, ob der relevante Bereich mit Patenten durchzogen oder noch unberührt ist (sog. patent landscaping). 115

Neben der strategischen Ausrichtung des eigenen Unternehmens hat die FTO-Analyse **großen Nutzen** für weitere Bereiche unternehmerischen Handelns. In der **Produktentwicklung** kann die FTO-Analyse Aufschluss über relevante Patentanmeldungen und Markttrends geben und so das weitere Vorgehen beeinflussen. Andernfalls kann die Entscheidung schwierig sein, ob mit Forschung und Entwicklung fortzufahren, eine Umgehungslösung zu suchen, eine Lizenz zu erwerben oder sogar das Projekt einzustellen ist. Im Rahmen der **Lizenzpolitik** ist zu bewerten, ob das begehrte Nutzungsrecht für die Unternehmenszwecke ausreicht, ob das Patent überhaupt rechtsbeständig ist, ob ein Anspruch auf eine Lizenz besteht oder ob eine Lizenz im Einzelfall sogar entbehrlich ist. Bei **Joint Ventures** kann eine FTO-Analyse helfen Ressourcen bei Forschungs- und Entwicklungskooperationen einzusparen. Dabei müssen die gegenwärtigen IP-Strukturen des Partners ebenso überprüft werden, wie die künftige Marktausrichtung. Sind zusätzliche Drittlizenzen erforderlich und was gilt es mit dem Partner vertraglich zu vereinbaren? Bei 116

---

[181] *Haedicke* GRUR Int. 2013, 609 (612f.).
[182] *Eck* GRUR Int. 2014, 114 (118); *Meier-Beck* GRUR 2015, 929 (935f.).
[183] *Haedicke* GRUR Int. 2013, 609 (611).

der Finanzierung über **Venture-Capital-**Geschäfte kann eine durchgeführte FTO-Analyse die Attraktivität für Investoren erhöhen, da das Risiko der Unternehmung absehbarer wird. Die Analyse kann sich sogar auf die **Personalpolitik** auswirken, indem sie ein Bewusstsein für das „Know-how" von Bewerbern, Wettbewerbsverbote, Verschwiegenheitsverpflichtungen oder Industriespionage schafft.

117 Angesichts der gigantischen Zahl zu prüfender Patente – allein die Datenbank des EPA zählt über 110 Mio. aus über 100 Ländern – ist eine FTO-Analyse nicht zum Nulltarif erhältlich.[184] **Kostenerwägungen** müssen daher eine Rolle spielen, da angesichts der vielen Schutzrechte eine absolute Rechtssicherheit durch die FTO-Analyse ohnehin nicht erreicht werden kann. Auch ist nicht gesichert, dass die gesichteten Patente in einem Verletzungsprozess identisch ausgelegt werden. Kosten und Nutzen der FTO-Analyse sind daher durch eine **vernünftige Beschränkung** der Analyse in einen einzelfallabhängigen Ausgleich zu bringen. So kann je nach Bedarf die territoriale Reichweite der Analyse ebenso eingeschränkt werden wie Breite und Tiefe der zu sichtenden Patentansprüche.

118 Die FTO-Analyse selbst ist also keine Reaktion auf Risiken in der Patentlandschaft. Sie macht es erst möglich die relativen Erfolgsaussichten einer Strategie im Rahmen einer sorgfältigen Abwägung der Chancen, Risiken und Kosten maßgeschneidert zu bewerten. Qualität – und damit Nutzen – der FTO-Analyse hängt entscheidend von der engen Zusammenarbeit zwischen Marktteilnehmer und Beratung ab, die bestenfalls in Kollaboration von Rechts- und Patentanwalt erfolgt.

2. Offensive Strategien

119 Die FTO-Analyse kann kritische Patente identifizieren, die in ihrem **Rechtsbestand angreifbar** sind. Mit Einspruchs- und Nichtigkeitsverfahren existieren Instrumente, um relevante Patente widerrufen bzw. für nichtig erklären zu lassen. Dabei ist es zwingend geboten, die Erfolgsaussichten der Rechtsbehelfe sowie deren Folgen abzuwägen. So kann bestenfalls das Schutzrecht beseitigt werden, womit der Weg für die eigene Unternehmung frei wird. Im „worst case" kann das Patent aber auch bestätigt werden. Dann sind nicht nur die Verfahrenskosten zu tragen, sondern der Patentinhaber kann dadurch für eine eigene Patentverletzung sensibilisiert werden und seinerseits klagen.

120 Sinnvoll kann es auch sein **Eigeninitiative** zu ergreifen, indem selbst ein Patent angemeldet wird. Dabei müssen ebenfalls strategische Überlegungen abgewogen werden: Ist es sinnvoll einen Rechercheantrag zu stellen? In welchen Ländern soll eine Anmeldung erfolgen? Soll eine Lizenzbereitschaft erklärt werden?

121 „Freedom to operate" kann auch alternativ gewährleistet werden. Strategisch sinnvoll, aber riskant, kann es sein die Innovation geheim zu halten, wobei die Bedeutung der Personalpolitik erheblich steigt. Auch kann eine Innovation in einer Fachzeitschrift neuheitsschädlich veröffentlicht werden, um eine Patentanmeldung durch Dritte zu verhindern (sog. Sperrveröffentlichung).

3. Defensive Strategien

122 Neben offensiven sind auch defensive Strategien denkbar. Aus den Patentunterlagen kann sich die aussichtsreiche Entwicklung einer **Umgehungslösung** ergeben. Auch hier ist eine sorgfältige rechtliche wie technische Prüfung erforderlich. Zwar kann am Ende der Entwicklung eine patentfähige Erfindung stehen. Aber es ist sicherzustellen, dass die konkrete Umgehungslösung insbesondere keine äquivalente Verletzung des recherchierten Patents darstellt. Zudem sollte für die Umgehungslösung eine eigene FTO-Analyse durchgeführt werden, um keine Aufwendungen zu frustrieren. Hinzu kommen wirtschaftliche Erwägungen, wie etwa Dauer und Kosten der Entwicklung.

[184] www.worldwide.espacenet.com/ (29.4.2019).

Aufgrund der Kosten der Umgehungslösung kann sich alternativ ein **Lizenzerwerb** anbieten. Dabei sind verschiedene Faktoren zu berücksichtigen: Ist die begehrte Lizenz ausreichend oder existiert ein entsprechender Patentpool? Wurden bereits Lizenzen vergeben oder besteht sogar eine kartellrechtliche Verpflichtung zur Lizenzvergabe? Welche Marktausrichtung hat der Patentinhaber und kommt eine Kreuzlizenzierung in Betracht? Wie lange besteht das Patent noch oder ist eine Benutzung sogar ohne Lizenz erlaubt? Zudem ist die erforderliche Kontaktaufnahme mit dem Patentinhaber professionell vorzubereiten, um nicht auf eine eigene Patentverletzung aufmerksam zu machen und „schlafende Hunde zu wecken". Der Erfolg der Lizenzverhandlung hängt sodann entscheidend von einer gründlichen Kenntnis der Quantität und Qualität des eigenen und fremden Patentportfolios sowie der Marktausrichtung und der Motivation der Gegenseite ab.[185] 123

Im Einzelfall ist auch ein gezieltes **M&A-Geschäft** denkbar, um das relevante Patent zu erwerben. Dabei müssen aber verschiedenste Aspekte abgewogen werden: Wurden etwa Lizenzen erteilt und ist man nach dem Erwerb an diese gebunden? Ist man als neuer Inhaber kartellrechtlich zur Lizenzvergabe verpflichtet? Zudem darf der Blick nicht nur auf das begehrte Patent beschränkt werden. Ist das „target" bspw. selbst Lizenznehmer und sind diese Lizenzen nach dem Erwerb weiterhin gültig? In welchem Markt befindet sich das „target" und welche Patentrisiken drohen dort? 124

4. Flankierende Maßnahmen

Insbesondere im agilen IoT sollten angesichts der Patentrisiken flankierende Maßnahmen zur **finanziellen Absicherung** des eigenen Unternehmens ergriffen werden. Denkbar ist insoweit die Bildung entsprechender Rückstellungen, um entstehende Kosten abzufedern. Auch sind die Risiken versicherbar, weshalb der Abschluss einer IP-Versicherung ratsam ist, die sowohl Haftpflicht als auch Rechtschutz umfasst. Schließlich können die Gerichtsverfahren angesichts der regelmäßig hohen Streitwerte auch sechsstellige Kosten verursachen. 125

IV. Zusammenfassung

Notwendige Voraussetzung des IoT ist die nahtlose Kommunikation der Smart Objects. Um die Interoperabilität zu gewährleisten, werden die Technologien der Datenübertragung und Datenverarbeitung fortlaufend standardisiert. SSOs legen so die technischen Mindestfunktionalitäten für bestimmte Technologiebereiche fest. Da die Technologien sehr häufig Gegenstand von Patenten sind, muss im IoT achtsam agiert werden, um keine Patentverletzung zu begehen und sich so Unterlassungs- und Schadensersatzansprüchen auszusetzen, die erhebliche Folgen für ein Unternehmen nach sich ziehen können. Insbesondere im Bereich der SEPs verkompliziert sich die Rechtslage aufgrund kartellrechtlicher Implikationen erheblich. Der EuGH entwickelte ein ausgewogenes Prozedere wechselseitiger Obliegenheiten, um den Zugang zu marktrelevanten Technologien zu FRAND-Bedingungen zu gewährleisten. Wenngleich die Rechtslage zum Prozedere zunehmend klarer wird, ist die Kernfrage nach dem Inhalt von FRAND noch nicht abschließend beantwortet. Es zeichnet sich ab, dass FRAND maßgeblich über den Vergleich mit bestehenden Lizenzverträgen im Rahmen einer gründlichen Diskriminierungsprüfung ermittelt werden wird, sobald ein tragfähiger Konsens zur Bestimmung vergleichbarer Lizenzverträge gefunden wurde. Die bestehenden tatsächlichen und rechtlichen Risiken innerhalb der Patentlandschaft werden in Deutschland durch das Trennungsprinzip noch relevanter. Dabei ist noch nicht abzusehen, ob das Einheitliche Patentgericht Abhilfe schaffen wird. Da- 126

[185] *Hoffmann* BB 1994, 1800 (1802).

her ist im IoT eine patentrechtliche Strategie für unternehmerischen Erfolg unabdingbar. Grundlage aller Strategien ist dabei die FTO-Analyse als Basis sämtlicher strategischer Überlegungen im Internet of Things.

§ 14 Kartellrecht

Übersicht

Literatur:

Anzini/Pierrat, Data Pools as Information Exchange between Competitors: An Antitrust Perspective, CepInput 5/2020, Freiburg 2020; *Autorité de la Concurrence/BKartA,* Algorithms and Competition, 11/2019, Bonn 2019; *Autorité de la Concurrence/BKartA,* Competition Law and Data, 10.5.2016, Bonn 2016; *Bechtold/Bosch* (Hrsg.), GWB – Gesetz gegen Wettbewerbsbeschränkungen, 9. Aufl., München 2018; *Bechtold/Bosch/Brinker* (Hrsg.), EU-Kartellrecht, 3. Aufl., München 2014; *BKartA,* Arbeitspapier Marktmacht von Plattformen und Netzwerken, 9.6.2016, Bonn 2016; *BKartA,* Big Data und Wettbewerb, 6.10.2017, Bonn 2017; *BKartA,* Quo vadis Vertikal-GVO – Zeit für eine Anpassung an die Digitalökonomie?, 10.10.2019, Bonn 2019; *BKartA/BWB,* Leitfaden Transaktionswert-Schwellen für die Anmeldepflicht von Zusammenschlussvorhaben, 9.7.2018, Bonn 2018; *BMWi,* Bericht der Wettbewerbskommission 4.0. Ein neuer Wettbewerbsrahmen für die Digitalwirtschaft, 9.9.2019, Berlin 2019; *Botnari,* EU competition Law and Data Pooling, Tilburg 2020; *Brauneck,* Google: Missbrauch marktbeherrschender Stellung durch Suchmaschinenbetrieb?, GRUR Int. 2018, 103; *Busch,* Mehr Fairness und Transparenz in der Plattformökonomie? Die neue P2B-Verordnung im Überblick, GRUR 2019, 788; *Calliess/Ruffert* (Hrsg.), EUV/AEUV, 5. Aufl., München 2016; *CMA,* Pricing algorithms – Economic working paper on the use of algorithms to facilitate collusion and personalised pricing, 8.10.2018, London 2018; *Crémer/Montjoye/Schweitzer,* Competition Policy for the digital era, Brüssel 2019; *Dewenter/Rösch/Terschüren,* Abgrenzung zweiseitiger Märkte am Beispiel von Internetsuchmaschinen, NZKart 2014, 387; *Fischer,* Zur Aufwertung des Behinderungsmissbrauchs in der digitalen Ökonomie, NZKart 2020, 61; *Grabitz/Hilf/Nettesheim* (Hrsg.), Das Recht der Europäischen Union, 66. Erg.-Lfg., München 2019; *Gröss/Mersch,* Fokussiert, proaktiv und digital? – Die Fusionskontrolle des Referentenentwurfs zwischen Anspruch und Wirklichkeit, NZKart 2020, 119; *Heinrich/Eckel,* Distanzierung von kartellrechtswidrigen Absprachen – Aussteigen, aber wie?, NZKart 2017, 106; *Hoeren/Sieber/Holznagel* (Hrsg.), Handbuch Multimedia-Recht, 54. Erg.-Lfg., München 2021; *Hoffer/Lehr,* Onlineplattformen und Big Data auf dem Prüfstand – Gemeinsame Betrachtung der Fälle Amazon, Google und Facebook, NZKart 2019, 10; *Höppner,* Plattform-Regulierung light – Zum Konzept der Unternehmen mit überragender marktübergreifender Bedeutung in der 10. GWB-Novelle, WuW 2020, 72; *Höppner/Schulz,* Die EU-Verordnung („P2B-Verordnung") für Fairness und Transparenz von Online-Vermittlungsdiensten 2019/1150, ZIP 2019, 2329; *Immenga/Mestmäcker* (Hrsg.), Wettbewerbsrecht, Bd. 1: EU. Kommentar zum Europäischen Kartellrecht, 6. Aufl., München 2019; *Immenga/Mestmäcker* (Hrsg.), Wettbewerbsrecht, Bd. 2: GWB. Kommentar zum Deutschen Kartellrecht, 6. Aufl., München 2020; *Klasse/Wiethaus,* Digitalisierungsvorschriften in der 9. GWB-Novelle, WuW 2017, 356; *Körber,* „Digitalisierung" der Missbrauchsaufsicht durch die 10. GWB-Novelle, MMR 2020, 229; *Körber,* „Ist Wissen Marktmacht?" Überlegungen zum Verhältnis von Datenschutz, „Datenmacht" und Kartellrecht – Teil 1, NZKart 2016, 303; *Körber,* Die 10. GWB-Novelle als „GWB-Digitalisierungs-Regulierungs-Gesetz", NZKart 2019, 633; *Künstner,* Preissetzung durch Algorithmen als Herausforderung des Kartellrechts, GRUR 2019, 36; *Langen/Bunte* (Hrsg.), Kartellrecht, 13. Aufl., Neuwied 2018; *Loewenheim/Meessen/Riesenkampff/Kersting/Meyer-Lindemann* (Hrsg.), Kartellrecht, 4. Aufl. München 2020; *Louven,* Datenmacht und Zugang zu Daten, NZKart 2018, 217; *Lundquist,* Competition and Data Pools, EuCML 2018, 146; *Mäger,* Die 10. GWB-Novelle: Eine Plattform gegen Big Tech?, NZKart 2020, 101; *Nuys,* „Big Data" – Die Bedeutung von Daten im Kartellrecht, WuW 2016, 512; *Paal,* Missbrauchstatbestand und Algorithmic Pricing, GRUR 2019, 43; *Plattform Industrie 4.0,* Ergebnispapier – Der Wandel des Kartellrechts im Kontext von Industrie 4.0, Juli 2018, Berlin 2018; *Plattform Industrie 4.0,* Industrie 4.0 – Kartellrechtliche Betrachtungen, April 2018, Berlin 2018; *Podszun/Bongartz,* B2B-Marktplätze und IoT-Plattformen in der kartellbehördlichen Praxis, BB 2020, 2882; *Podszun/Schwalbe,* Digitale Plattformen und GWB-Novelle: Überzeugende Regeln für die Internetökonomie?, NZKart 2017, 98; *Polley/Kaup,* Paradigmenwechsel in der deutschen Missbrauchsaufsicht – Der Referentenentwurf zur 10. GWB-Novelle, NZKart 2020, 113; *Ricolfi,* IoT and the Ages of Antitrust, Nexa Center for Internet & Society, www.nexa.polito.it/nexacenterfiles/4.%20ricolfi.pdf (1.3.2021); *Säcker/Bien/Meier-Beck/Montag* (Hrsg.), Münchener Kommentar zum Wettbewerbsrecht, 3. Aufl., München 2020; *Säcker/Rixecker/Oetker/Limperg* (Hrsg.), Münchener Kommentar zum Bürgerlichen Gesetzbuch, 8. Aufl., München 2018; *Schultze/Pautke/Wagner* (Hrsg.), Vertikal-GVO, 4. Aufl., Frankfurt a. M. 2018; *Schweitzer,* Datenzugang in der Datenökonomie: Eckpfeiler einer neuen Informationsordnung, GRUR 2019, 569; *Schweitzer,* Standardisierung als Mittel zur Förderung und Beschränkung des Handels und des Wettbewerbs, EuZW 2012, 765; *Schweitzer/Haucap/Kerber/Welker,* Modernisierung der Missbrauchsaufsicht für marktmächtige Unternehmen, Baden-Baden 2018; *Streinz* (Hrsg.), EUV/AEUV, 3. Aufl., München 2018; *Tamke,* Marktmacht in digitalen Märkten nach der 9. GWB-Novelle, NZKart 2017, 503; *Thalhofer,* Recht an Daten in der Smart Factory, GRUR-Prax 2017, 225; *Tillmann/Vogt,* Personalisierte Preise im Big-Data-Zeitalter, VuR 2018, 447; *Wiedemann,* Handbuch des Kartellrechts, 4. Aufl., München 2020; *Wiemer,* Informationsaustausch im Vertikalverhältnis, WuW 2009, 750; *Wirtz/Schultz,* Innovationswettbewerb in der Fusionskontrolle – Bayer/Monsanto und Dow/DuPont, NZKart 2019, 20.

I. Einführung

1. Digitale Märkte – neue Herausforderungen für das Kartellrecht

1 Die Zielsetzung des Kartellrechts ist der Schutz des unverfälschten Wettbewerbs. Insofern wird das Kartellrecht auch als das „Grundgesetz der Marktwirtschaft" bezeichnet.[1] In Zeiten der Digitalisierung und der Industrie 4.0, in denen sich Marktstrukturen teilweise signifikant von den herkömmlichen analogen Marktstrukturen unterscheiden können, stellen sich **neue Herausforderungen** für das Kartellrecht: Daraus resultieren eine Fülle neuer Fragestellungen für Unternehmen wie Wettbewerbsbehörden. Eine äußerst intensiv geführte Debatte widmet sich der Frage, ob das Kartellrecht in seiner derzeitigen Form den Besonderheiten digitaler Märkte ausreichend Rechnung trägt und seiner Funktion als „Grundgesetz der Marktwirtschaft" noch gerecht wird. Soweit diese Frage verneint wird, stellen sich Folgefragen: Muss das **kartellrechtliche Instrumentarium** modifiziert und erweitert werden? Oder ist in Teilbereichen sogar eine **sektorspezifische Regulierung** zum Schutz des Wettbewerbs erforderlich?

2 Der Ausgang dieser Debatte ist bislang offen: Er wird letztendlich davon abhängen, inwiefern es den Wettbewerbsbehörden mit den Mitteln des (klassischen) Kartellrechts kurz- bis mittelfristig gelingt, **digitale Märkte** für den Wettbewerb und neue Geschäftsmodelle **offen zu halten** und ein **„level-playing-field"** zu gewährleisten. Dabei zeichnen sich bislang zwei Entwicklungen ab: Einerseits wird das Kartellrecht in einzelnen Bereichen weiterentwickelt, ohne grundsätzliche Änderungen vorzusehen. Andererseits werden aber auch ganz konkret regulatorische Interventionen in digitale Märkte in Betracht gezogen werden. Ein Beispiel für die erstgenannte Entwicklung bietet der deutsche Gesetzgeber. Schon bei der 9. GWB-Novelle aus dem Jahre 2018 hatte er versucht, das Kartellrecht punktuell besser an die Anforderungen aus und auf digitalen Märkten anzupassen. Mittlerweile ist zudem bereits die 10. GWB-Novelle unter dem Namen „Gesetz zur Änderung des Gesetzes gegen Wettbewerbsbeschränkungen für ein fokussiertes, proaktives und digi-

[1] Langen/Bunte/*Bunte* GWB Einl. Rn. 9.

tales Wettbewerbsrecht 4.0 und anderer wettbewerbsrechtlicher Bestimmungen **(GWB-Digitalisierungsgesetz)**" am 19. 1. 2021 in Kraft getreten.[2] Diese Novelle befasst sich erneut maßgeblich mit den Herausforderungen der Digitalisierung. Ein konkretes Beispiel für den regulatorischen Ansatz stellt demgegenüber die **Plattformregulierung** dar, die durch die EU-Kommission und das EU-Parlament auf europäischer Ebene vorangetrieben wird.[3]

Zuletzt wurden weltweit in zahlreichen Jurisdiktionen[4] – so auch in Deutschland[5] und 3
in der EU[6] – Studien und Positionspapiere von Regierungen und Wettbewerbsbehörden in Auftrag gegeben, die sich sämtlich vertieft mit diesen Fragen auseinandersetzen und Handlungsempfehlungen sowie Reformvorschläge erarbeiten. Das Kartellrecht ist im Hinblick auf den Umgang mit digitalen Märkten und Geschäftsmodellen derzeit also noch mitten in einem Findungsprozess. Es ist zu erwarten, dass sich sowohl das Kartellrecht und die kartellrechtliche Anwendungspraxis als auch die regulatorische Landschaft mit Blick auf Digitales in den kommenden Jahren noch erheblich weiterentwickeln werden.

2. Kartellrecht und das Internet of Things

Von Wearables über intelligente Verkehrsmittel bis hin zu Smart Homes, Arbeitsplätzen 4
und Fabriken dringt das IoT zunehmend in den Alltag ein. Es verändert dabei insbesondere auch die Geschäftsmodelle in nahezu allen Sektoren in Deutschland[7] und der EU. Dies führt zu einer grundlegenden Veränderung der Marktstrukturen, auf die sich auch deutsche und europäische Wettbewerbsbehörden einstellen müssen. Im Hinblick auf die Entwicklung und die Vermarktung von IoT-Anwendungen lassen sich für Unternehmen aus kartellrechtlicher Sicht insbesondere zwei Schwerpunktbereiche unterscheiden. Der erste große Bereich betrifft insbesondere die Themenfelder **Informationsaustausch** und **Kooperationen mit Wettbewerbern.** Zahlreiche IoT-Anwendungen sind auf die Interoperabilität mit den Anwendungen anderer Anbieter oder jedenfalls auf eine Interoperabilität mit der erforderlichen Infrastruktur angewiesen. Um dies zu gewährleisten, wird es häufig unumgänglich sein, dass Unternehmen kooperieren, um Kompatibilität sicherzustellen oder um sich auf gemeinsame Standards zu einigen.[8] Weiterhin kann es zur Entwicklung

[2] Gesetz zur Änderung des Gesetzes gegen Wettbewerbsbeschränkungen für ein fokussiertes, proaktives und digitales Wettbewerbsrecht 4.0 und anderer wettbewerbsrechtlicher Bestimmungen (GWB-Digitalisierungsgesetz) v. 18. 1. 2021 (BGBl. 2021 I S. 2).

[3] ZB die P2B-Verordnung (VO (EU) 2019/1150); EU-KOM, Vorschlag für eine Verordnung des Europäischen Parlaments und des Rates über bestreitbare und faire Märkte im digitalen Sektor (Gesetz über digitale Märkte) COM(2020) 842 final, www.eur-lex.europa.eu/legal-content/de/TXT/?qid=1608116887159&uri=COM%3A2020%3A842%3AFIN und EU-KOM, Vorschlag für eine Verordnung des Europäischen Parlaments und des Rates über einen Binnenmarkt für digitale Dienste (Gesetz über digitale Dienste) und zur Änderung der Richtlinie 2000/31/EG, COM(2020) 825 final, www.eur-lex.europa.eu/legal-content/de/TXT/?qid=1608117147218&uri=COM%3A2020%3A825%3AFIN (1. 3. 2021).

[4] So zB in Brasilien (CADE, BRICS in the Digital Economy: Competition Policy in Practice, www.cade.gov.br/acesso-a-informacao/publicacoes-institucionais/brics_report.pdf (1. 3. 2021)); Großbritannien (Furman report, Unlocking digital competition, 2019, assets.publishing.service.gov.uk/government/uploads/system/uploads/attachment_data/file/785547/unlocking_digital_competition_furman_review_web.pdf (13. 10. 2020)); Japan (JFTC, Report regarding trade practices on digital platforms, 2019, www.jftc.go.jp/en/pressreleases/yearly-2019/October/191031.html (1. 3. 2021)).

[5] ZB zu den v. BKartA veröffentlichten Positionspapieren: BKartA, Big Data und Wettbewerb, 2017; Autorité de la Concurrence/BKartA, Algorithms and Competition, 2020; Autorité de la Concurrence/BKartA, Competition Law and Data, 2016; zu Studien: BMWi, Bericht der Wettbewerbskommission 4.0, 2019; *Schweitzer/Haucap/Kerber/Welker,* Modernisierung der Missbrauchsaufsicht für marktmächtige Unternehmen.

[6] *Crémer/Montjoye/Schweitzer* Competition Policy.

[7] statista.com schätzt den Umsatz im IoT-Bereich in Deutschland für das Jahr 2020 auf 50,1 Mrd. EUR. Das ist ein deutliches Wachstum gegenüber den 3,8 Mrd. EUR im Jahr 2010, www.statista.com/statistics/669026/prediction-of-revenue-from-internet-of-things-in-germany/ (1. 3. 2021).

[8] Vgl. Plattform Industrie 4.0, Ergebnispapier Der Wandel des Kartellrechts im Kontext von Industrie 4.0, 2018, S. 4.

und zur Verbesserung der Produkte und insbesondere zur Verbesserung von Algorithmen vorteilhaft oder sogar notwendig sein, die zur Verfügung stehende Datenbasis zu erweitern und zB in der Form von **Datenpools** mehreren Unternehmen zugänglich zu machen.[9] Sowohl im Rahmen entsprechender Kooperationen als auch im Zuge von M2M-Kommunikation kommt es zwangsläufig zu einem bestimmten Informationsfluss zwischen den beteiligten Unternehmen. Soweit es sich dabei um wettbewerbssensible Informationen handelt und diese zwischen Wettbewerbern ausgetauscht werden, sind dabei die kartellrechtlichen Grenzen des Informationsaustausches einzuhalten. Dabei muss berücksichtigt werden, dass sich die Grenzen der Marktabgrenzung durch neue, digitale Geschäftsmodelle (zB durch die Entwicklung eines Unternehmens vom Komponentenhersteller zum IoT-Systemanbieter) wandeln werden und damit auch die Frage, welche Unternehmen eigentlich als Wettbewerber anzusehen sind.[10] Diese Fragestellungen, die insbesondere das Kartellverbot (also Vereinbarungen und abgestimmte Verhaltensweisen zwischen Unternehmen) betreffen, werden in diesem Kapitel nachfolgend unter → Rn. 21 ff. näher beleuchtet.

5 Der zweite große Bereich, in dem das Kartellrecht für die Entwicklung und die Vermarktung von IoT-Anwendungen von besonderer Bedeutung ist, betrifft den **Marktzugang** sowie die **Beibehaltung eines gewissen „level-playing-fields"** zwischen den Wettbewerbern. Wenn eine Plattform, eine Systeminfrastruktur oder eine bestimmte Technologie marktbeherrschend ist oder jedenfalls so bedeutsam für den erfolgreichen Markteintritt wird, dass ohne einen entsprechenden Zugang erhebliche Wettbewerbsnachteile zu erwarten sind, können sich daraus kartellrechtliche Zugangsansprüche für Dritte und besondere Verhaltensanforderungen für den Inhaber ergeben. IoT-Anwendungen generieren und erfassen in der Regel eine große Menge an (personenbezogenen sowie maschinenerzeugten) Daten. Dies kann zur Akkumulation von erheblichen Datenmengen führen. Auch hier stellt sich die Frage, ob und unter welchen Bedingungen der privilegierte Zugang zu Daten kartellrechtlich bedenklich ist oder zumindest zu Zugangsansprüchen für Dritte führen kann. Hierbei stellt sich auch die Frage, ob es im digitalen Umfeld für die Feststellung von Marktmacht immer noch maßgeblich auf die Bestimmung von Marktanteilen ankommen kann oder ob auch andere, neue Kriterien für diese Bewertung herangezogen werden müssen. Diese Fragestellungen, die insbesondere einseitige Maßnahmen von marktstarken oder marktbeherrschenden Unternehmen betreffen, werden in diesem Kapitel nachfolgend unter → Rn. 76 ff. näher beleuchtet.

6 Die EU-Kommission hat mit Beschluss vom 16.7.2020 eine **Sektoruntersuchung zum Internet of Things** im Hinblick auf verbraucherbezogene Produkte und Dienstleistungen eingeleitet.[11] Die von der Kommission in dem Beschluss hervorgehobenen wettbewerblichen Bedenken beziehen sich im Wesentlichen ebenfalls auf die oben aufgeführten Schwerpunkte:

„Obwohl sich die Entwicklung von Produkten und Dienstleistungen im Zusammenhang mit dem Internet der Dinge für Verbraucher in der Union noch in einem relativ frühen Stadium befindet, gibt es Anzeichen für Praktiken von Unternehmen, die zu einer strukturellen Verzerrung des Wettbewerbs in diesem Wirtschaftszweig führen können. Insbesondere gibt es Hinweise auf mögliche Marktzutrittsschranken und Innovationshindernisse in Form von vertraglichen und faktischen Beschränkungen von Datenzugang und Dateninteroperabilität, neuen digitalen Ökosystemen und Torwächtern („Gatekeepers"), bestimmten Praktiken in Bezug auf die Nutzung proprietärer Standards, sowie bestimmten Formen der Bevorzugung eigener Unternehmensteile, die Wettbewer-

[9] Vgl. *Crémer/Montjoye/Schweitzer* Competition Policy S. 92.

[10] Plattform Industrie 4.0, Ergebnispapier Industrie 4.0 – Kartellrechtliche Betrachtungen, 2018, S. 5; *Batchelor/Murray* Wolters Kluwer Competition Law Blog 12.5.2016, competitionlawblog.kluwercompetitionlaw.com/2016/05/12/internet-of-things-antitrust-concerns-in-the-pipeline/(1.3.2021).

[11] EU-KOM Beschl. v. 16.7.2020 – HT.5752, C(2020) 4754 final.

bern den Marktzugang erschweren und so den Wettbewerb in diesem Wirtschaftszweig einschränken und/oder verfälschen könnten."[12]

Die EU-Kommission plant im Frühjahr 2021 einen vorläufigen Bericht zu der Sektoruntersuchung zu veröffentlichen[13] sowie den Abschlussbericht im Sommer 2022 fertigzustellen.

II. Marktdefinition und Marktmacht – Besonderheiten bei digitalen Märkten – erste Überlegungen

Der **Definition des relevanten Marktes** und der Feststellung von Marktmacht kommt im deutschen und europäischen Kartellrecht eine zentrale Bedeutung zu. Dies gilt sowohl für den Bereich des Kartellverbots (insbesondere im Hinblick auf die **Anwendbarkeit der Gruppenfreistellungsverordnungen** sowie der **„safe-harbour"-Regelungen** in den Horizontalleitlinien)[14] als auch für die Anwendbarkeit der Regelungen der Missbrauchskontrolle und bei der Bewertung von Zusammenschlussvorhaben in der Fusionskontrolle. 7

1. Herkömmliche Betrachtung

Der relevante Markt umfasst in sachlicher Hinsicht den Gegenstand (konkretes Produkt oder Dienstleistung) und in räumlicher Hinsicht das Gebiet, in dem Wettbewerb stattfindet und das traditionell nach dem sog. **Bedarfsmarktkonzept** abgegrenzt wird. Demgemäß sind dem sachlich relevanten Markt alle Produkte oder Dienstleistungen zuzurechnen, die aus der Sicht der Nachfrager nach Eigenschaft, Verwendungszweck und Preislage zur Deckung eines bestimmten Bedarfs substituierbar sind.[15] In den räumlich relevanten Markt sind alle Marktakteure in einem Gebiet einzubeziehen, in dem die Wettbewerbsbedingungen hinreichend homogen sind und das sich von benachbarten Gebieten durch spürbar unterschiedliche Wettbewerbsbedingungen unterscheidet.[16] Bei der Abgrenzung des sachlich relevanten Marktes gehen europäische und deutsche Wettbewerbsbehörden bislang davon aus, dass der Preis den wesentlichen Wettbewerbsparameter eines Produktes oder einer Dienstleistung darstellt. Durch die Anwendung des sog. **SSNIP-Tests** („small, significant non-transitory increase in price" – geringe aber signifikante und nicht nur vorübergehende Preiserhöhung) sollen die Marktakteure, die den betreffenden Unternehmen Wettbewerbsdisziplin auferlegen, und das Ausmaß dieses Wettbewerbsdrucks ermittelt werden. Führt eine geringe Preiserhöhung (von 5–10 Prozent) des Produktes dazu, dass die Nachfrager auf ein anderes Produkt ausweichen, so deutet dies auf eine Substituierbarkeit der Produkte und damit auf deren Zugehörigkeit zum gleichen sachlichen Markt hin.[17] Auf der Basis des relevanten Marktes können in der Regel die entsprechenden **Marktanteile** der Unternehmen ermittelt werden, die wiederum eine ganz zentrale Rolle bei der Beurteilung von Marktmacht spielen. Höhere Marktanteile bedeuten in der Regel höhere Umsätze, geringeren Aufwand den Absatz zu steigern und können eine starke Marktzutrittsschranke für andere Wettbewerber bilden. **Andere Faktoren,** wie die Anzahl der Wettbewerber auf dem relevanten Markt, potenzieller Wettbewerb, Marktzutrittsschranken oder gegenläufige Nachfragemacht, werden von den Wettbewerbsbehörden bei der Beurteilung der Marktmacht in komplexeren Fällen zwar auch bislang bereits berücksichtigt. 8

[12] EU-KOM Beschl. v. 16.7.2020 – HT.5752, C(2020) 4754 final S. 2.
[13] Zum Zeitpunkt der letzten Überarbeitung noch nicht veröffentlicht.
[14] So zB für Einkaufskooperationen EU-KOM Horizontalleitlinien Rn. 208.
[15] BGH Beschl. v. 5.10.2004 – KVR 14/03, GRUR 2004, 1045 Rn. 23 – Staubsaugerbeutel; EU-KOM Bekanntmachung Marktabgrenzung Rn. 7.
[16] EU-KOM Bekanntmachung Marktabgrenzung Rn. 8.
[17] Immenga/Mestmäcker/*Fuchs* GWB § 18 Rn. 51.

Dennoch stellt der Marktanteil nach wie vor den wesentlichen Indikator für das Bestehen von Marktmacht dar.[18]

2. Aktualisierungen der Marktdefinition erforderlich?

9 Da die Wettbewerbsbehörden in der EU wie auch in Deutschland immer häufiger damit konfrontiert sind, sich mit digitalen Märkten auseinanderzusetzen, bei denen sich die Marktstrukturen signifikant von den analogen Märkten unterscheiden können, müssen alternative Ansätze zur Definition des relevanten Marktes sowie zum Nachweis von Marktmacht herangezogen werden oder bestehende Ansätze weiterentwickelt werden. Nachfolgend werden einige Aspekte aufgezeigt.

a) Verhältnis zwischen Online- und Offline-Tätigkeit

10 Es kann grundsätzlich keine pauschale Aussage getroffen werden, wie Konstellationen zu beurteilen sind, in denen digital angebotene Produkte und Dienstleistungen neben traditionelle analoge Produkte und Dienstleistungen treten und (zumindest teilweise) die gleiche Funktion für die Nachfrager erfüllen. Bspw. betrachtete das BKartA in dem Zusammenschluss Thalia/Mayersche Buchhandlung Bücher und eBooks als getrennte Produktmärkte,[19] während das BKartA bei dem Zusammenschlussvorhaben DocMorris/Aporot zu dem Schluss kam, dass Versandapotheken direkte Konkurrenten der stationären Apotheken sind.[20] Bei der Beurteilung des Zusammenschlusses Karstadt/Kaufhof, hat das BKartA zwar ermittelt, dass im Hinblick auf bestimmte Warengruppen (zB Sport/Outdoor; Spiele und Spielwaren etc) der höchste Wettbewerbsdruck auf stationäre Händler von Online-Marktplätzen ausgehe, hat aber die Frage, ob die Vertriebskanäle Onlinehandel und stationärer Handel einem Markt zuzurechnen sind, letztlich offen gelassen.[21]

b) Plattformmärkte/mehrseitige Märkte

11 Auch im IoT-Kontext spielen Plattformen/**mehrseitige Märkte** eine große Rolle.[22] Bei der Befassung mit mehrseitigen Märkten stellt sich insbesondere die Frage, ob diese als ein einheitlicher Markt oder zwei (oder mehr) getrennte Märkte (in Bezug auf die jeweiligen Marktseiten und Aktivitäten) definiert werden sollten, ob zwei (oder mehr) Kundengruppen einbezogen werden sollten und wie die Netzwerkeffekte zwischen den verschiedenen Seiten einer Plattform berücksichtigt werden können. Weiterhin wird diskutiert, ob klassische Methoden wie der SSNIP-Test auch für mehrseitige Märkte geeignet sind (insbesondere für Märkte ohne monetäre Gegenleistung) oder ob diese nicht mehr oder nur in abgewandelter Weise Anwendung finden können (dazu ausführlicher → Rn. 32 ff.).

c) Berücksichtigung von Innovation

12 Die hohe Geschwindigkeit, mit der sich digitale Unternehmen, Geschäftsmodelle, Produkte und Dienstleistungen entwickeln und die Schwierigkeiten, die Zukunft von digitalen **Innovationen** vorherzusagen, kann ebenfalls zu besonderen Herausforderungen bei der Marktdefinition führen. In jüngeren Entscheidungen im Bereich der Fusionskontrolle hat die EU-Kommission unabhängig von einer konkreten Marktabgrenzung die Auswirkung von Zusammenschlüssen auf den Innovationswettbewerb in verschiedenen sog. **Innovationsräumen** sowie insgesamt auf den jeweils betroffenen industrieweiten Innovati-

---

[18] Loewenheim/Meessen/Riesenkampff/Kersting/Meyer-Lindemann/*Kühnen* GWB § 18 Rn. 79.
[19] BKartA Fallbericht v. 2.4.2020 – B6-33/19, S. 2 – Thalia/Mayersche Buchhandlung.
[20] BKartA Fallbericht v. 28.9.2019 – B3-89/19, S. 1 – Versandapotheken.
[21] BKartA Fallbericht v. 14.9.2018 – B2-106/18, S. 3 – Karstadt/Kaufhof.
[22] *Ricolfi* IoT and the Ages of Antitrust S. 11.

onswettbewerb untersucht.[23] Die konkrete Abgrenzung solcher Innovationsräume ist allerdings unklar.[24] Sie umfassen aber wohl auch Forschungslinien und frühe Pipeline-Produkte, auch wenn diese noch nicht eindeutig einem spezifischen Produkt-, Dienstleistungs- oder Technologiemarkt zugeordnet werden können. Ebenso bereitet es Abgrenzungsschwierigkeiten, welche Unternehmen als potenzielle Innovatoren in der Bewertung von Innovationsräumen berücksichtigt werden sollten. In Betracht kommt das, soweit diese über die notwendigen Ressourcen und Fähigkeiten verfügen, um in bestimmten Bereichen der Forschung und Entwicklung erfolgreich zu sein. Es ist denkbar, dass die EU-Kommission und das BKartA das Konzept der Innovationsräume zukünftig gerade auch im Hinblick auf digitale Märkte anwenden könnten. Jedenfalls zeigt die Entwicklung, dass die Wettbewerbsbehörden einer stärkeren Berücksichtigung dynamischer Wettbewerbskomponenten jenseits der klassischen Marktdefinition offen gegenüberstehen.

d) Daten

Daten werden zu einem immer wichtigeren Wettbewerbsparameter in der digitalen Wirt- 13
schaft. Gerade auch Anbieter von Suchmaschinen, sozialen Netzwerken und E-Commerce-Plattformen verfolgen ein Geschäftsmodell, das maßgeblich auf die Beschaffung und Kommerzialisierung von Daten setzt. Auch IoT-Anwendungen und Lösungen sind regelmäßig vom Zugang zu und der Verarbeitung von großen Datenmengen abhängig. Die **Kontrolle über große Datenmengen** kann daher eine **Marktzutrittsschranke** für andere Anbieter bilden. Bis zum Zeitpunkt der Abfassung dieses Kapitels haben allerdings weder die EU-Kommission noch das BKartA einen Markt für Daten oder für eine ihrer bestimmten Nutzungen definiert. Dies ist jedoch vor allem darauf zurückzuführen, dass die Unternehmen in den bislang überprüften Fällen Daten in der Regel nur als Input für ihre Produkte und Dienstleistungen verwenden und sie nicht an Dritte verkaufen oder mit ihnen handeln. So erklärte die Kommission bspw. bei dem Zusammenschluss von Facebook und WhatsApp ausdrücklich, dass sie keine mögliche Marktdefinition im Hinblick auf die Bereitstellung von Daten untersucht habe, da keine der beteiligten Parteien auf einem solchen potenziellen Markt tätig sei. Die EU-Kommission kam zu dem Schluss, dass WhatsApp keine relevanten Daten sammelt und Facebook die Informationen über seine Nutzer nur für die Bereitstellung gezielter Werbedienste verwendet (dh Facebook verkauft keine Nutzerdaten an Dritte).[25] Ob der Zugang zu Daten einem Unternehmen Marktmacht vermittelt, hängt maßgeblich davon ab, ob andere Unternehmen über ähnliche Daten verfügen oder ob diese in der Lage sind, die erforderlichen Daten selbst zu sammeln (dazu ausführlicher → Rn. 91 ff.).

e) Fazit

Die aktuell in Brüssel geführte Diskussion zu einer möglichen **Überarbeitung** der aus 14
1997 stammenden europäischen **Bekanntmachung über die Definition des relevanten Marktes** mag in Zukunft im Hinblick auf einige der angeführten Themen eine wei-

[23] EU-KOM Beschl. v. 27.3.2017 – M.7932, C(2017) 1946 final – Dow/DuPont; Beschl. v. 21.3.2018 – M.8084, C(2018) 1709 final Rn. 80 ff. – Bayer/Monsanto; so äußerte die EU-KOM bspw. bei dem Zusammenschluss Dow/DuPont Bedenken hinsichtlich der sich überschneidenden Forschungslinien bezüglich Pestiziden, dh insbes. hinsichtlich einer Verringerung der allgemeinen Innovationsanreize nach dem Zusammenschluss. Im Ergebnis stellte die EU-KOM fest, dass es wahrscheinlich sei, dass der Zusammenschluss den Wettbewerb nicht nur aufgrund des geringeren Wettbewerbs bei den bereits bestehenden Produkten, sondern auch aufgrund seiner nachteiligen Auswirkungen auf künftige Innovationsbemühungen eingeschränkt hätte. Die EU-KOM hat das konkrete Zusammenschlussvorhaben nur unter Auflagen freigegeben.

[24] S. dazu *Wirtz/Schultz* NZKart 2019, 20 (23).

[25] EU-KOM Entsch. v. 3.10.2014 – M.7217, C(2014) 7239 final Rn. 70 ff. – Facebook/WhatsApp.

tere Klärung bringen.[26] Derzeit bestehen im Bereich der Marktdefinition bei digitalen Geschäftsmodellen jedenfalls noch erhebliche Unsicherheiten.

III. Das Kartellverbot (Art. 101 AEUV, § 1 GWB)

15 Das Kartellverbot ist im Unionsrecht in Art. 101 AEUV geregelt und richtet sich insbesondere gegen zwei- oder mehrseitige Absprachen zwischen Unternehmen zu Lasten des Wettbewerbs als dem wichtigsten Funktionsprinzips einer freiheitlichen marktwirtschaftlichen Ordnung.[27] Die deutsche Regelung findet sich in § 1 GWB, die im Wesentlichen mit Art. 101 AEUV deckungsgleich ist.[28] Art. 101 AEUV ist immer dann (allein oder neben § 1 GWB) anzuwenden, wenn die relevante Verhaltensweise eine Auswirkung auf den zwischenstaatlichen Handel hat.

1. Wesentlicher Inhalt des Kartellverbots

16 Nach dem Kartellverbot sind alle Vereinbarungen zwischen Unternehmen, Beschlüsse von Unternehmensvereinigungen und aufeinander abgestimmte Verhaltensweisen, die eine Verhinderung, Einschränkung oder Verfälschung des Wettbewerbs bezwecken oder bewirken, verboten. Dabei kommt es nicht auf die Form der Absprachen an.[29] Das Verbot gilt gleichermaßen für schriftliche und mündliche Vereinbarungen sowie für sog. Gentlemen's Agreements und stillschweigende Übereinkünfte.[30] Das Kartellverbot erfasst in der Form der **abgestimmten Verhaltensweise** auch Kontakte zwischen Unternehmen, die noch unterhalb der Schwelle zu einer konkreten Vereinbarung oder eines Beschlusses über das künftige Marktverhalten liegen. Unter einer abgestimmten Verhaltensweise versteht man dabei die Koordinierung zwischen Unternehmen, bei der bewusst eine praktische Zusammenarbeit an die Stelle des mit Risiken verbundenen Wettbewerbs treten lässt.[31] Das Kartellverbot steht insofern jeder **unmittelbaren oder mittelbaren Fühlungnahme** entgegen, die bezweckt oder bewirkt das Marktverhalten eines gegenwärtigen oder potenziellen Wettbewerbers zu beeinflussen oder einen Wettbewerber über das Marktverhalten ins Bild zu setzen, das man selbst an den Tag zu legen in Erwägung zieht.[32] Den häufigsten Fall einer solch abgestimmten Verhaltensweise stellt der Informationsaustausch zwischen Wettbewerbern dar,[33] der unter → Rn. 21 ff. näher beleuchtet wird.

17 Von großer Bedeutung ist die Unterscheidung zwischen **bezweckten und bewirkten Wettbewerbsbeschränkungen.** Nur bei bewirkten Wettbewerbsbeschränkungen müssen konkrete negative Effekte der Verhaltensweise auf den Wettbewerb nachgewiesen werden. Bezweckte Wettbewerbsbeschränkungen verstoßen unabhängig von ihren tatsächlichen Auswirkungen auf den Wettbewerb gegen das Kartellverbot.[34] Ob das Zusammenwirken zwischen zwei oder mehreren Unternehmen eine Wettbewerbsbeschränkung **„bezweckt“,** bestimmt sich danach, ob die Verhaltensweise objektiv geeignet ist, eine Beein-

---

[26] Die EU-KOM hat im Jahr 2020 die Interessenträger zur Bekanntmachung über die Marktdefinition konsultiert. Die Ergebnisse dieser öffentlichen Konsultation wurden am 22. 12. 2020 veröffentlicht: www.ec.europa.eu/competition/consultations/2020_market_definition_notice/index_en.html (1. 3. 2021).

[27] MüKoWettbR/*Säcker,* 2. Aufl. 2015, GWB § 1 Rn. 1.

[28] Abweichungen bestehen im Hinblick auf begrenzte Bereichsausnahmen, die nur im deutschen Recht verankert sind, zB für bestimmte Mittelstandskartelle (§ 3 GWB) oder für bestimmte Formen der Zusammenarbeit zwischen Verlagen (§ 30 Abs. 2a GWB).

[29] Immenga/Mestmäcker/*Zimmer* GWB § 1 Rn. 31.

[30] Immenga/Mestmäcker/*Zimmer* GWB § 1 Rn. 31.

[31] *Bechtold/Bosch/Brinker* AEUV Art. 101 Rn. 54.

[32] EuGH Urt. v. 16. 12. 1975 – 40/73, NJW 1976, 470 Rn. 173 – Sukier Unie.

[33] Immenga/Mestmäcker/*Zimmer* GWB § 1 Rn. 35.

[34] Vgl. EuGH Urt. v. 26. 11. 2015 – C-345/14, EuZW 2016, 180 Rn. 17 mAnm *Bernhard* – SIA „Maxima Latvija“/Konkurences padome; Urt. v. 11. 9. 2014 – C-67/13 P, EuZW 2014, 901 Rn. 49 mAnm *Köckritz* – Groupement des cartes bancaires/Kommission.

trächtigung des Wettbewerbs herbeizuführen.[35] Maßgeblich ist für den EuGH, ob eine solche Verhaltensweise in sich selbst eine hinreichende Beeinträchtigung des Wettbewerbs erkennen lässt und die Annahme rechtfertigt, dass eine Prüfung ihrer Auswirkungen auf den Wettbewerb nicht erforderlich ist.[36] Um dies zu ermitteln, müssen bei der Bewertung der Vereinbarung zwei Stufen betrachtet werden: (1.) Fällt die betreffende Vereinbarung in eine Kategorie von Vereinbarungen, deren schädlicher Charakter angesichts gesicherter Erfahrungen allgemein anerkannt und leicht nachweisbar ist und (2.) steht der konkrete rechtliche und wirtschaftliche Zusammenhang, in dem die Vereinbarung angewendet wurde, der Einordnung als bezweckte Beschränkung entgegen.[37] Beispiele für Vereinbarungen, bei denen die Einordnung als bezweckte Wettbewerbsbeschränkung besonders naheliegt (wenn auch nicht zwingend ist), sind insbesondere die **„klassischen" Hardcore-Kartellabsprachen,** die in den Regelbeispielen des Art. 101 AEUV aufgeführt sind, wie zB Absprachen von Preisen und/oder Konditionen für Produkte, Absprachen zur Reduzierung von Verkaufsmengen und zu Lieferbeschränkungen sowie die Festsetzung von Produktions- oder Verkaufsquoten, Absprachen zur Beschränkung von Investitionen oder technischen Entwicklungen oder die Aufteilung von Märkten, sowohl geografisch als auch nach Kundengruppen.

2. Gruppenfreistellungen und Einzelfreistellung

Führt das Zusammenwirken zwischen zwei oder mehreren Unternehmen zu einer bezweckten oder bewirkten Beschränkung des Wettbewerbs, muss im nächsten Schritt geprüft werden, ob das Verhalten entweder einer **Gruppenfreistellungsverordnung** unterfällt und deswegen vom Kartellverbot freigestellt ist oder ob für das konkrete Verhalten eine **Einzelfreistellung** gem. Art. 101 Abs. 3 AEUV bzw. § 2 Abs. 1 GWB in Betracht kommt. Gem. Art. 101 Abs. 3 AEUV können die Vorgaben des Art. 101 AEUV auf „Gruppen von Vereinbarungen", „Gruppen von Beschlüssen" sowie „Gruppen von abgestimmten Verhaltensweisen" für nicht anwendbar erklärt werden. Dies ermöglicht die Einschränkung von Art. 101 AEUV für solche Konstellationen, bei denen in der Regel zu vermuten ist, dass neben der Wettbewerbsbeschränkung positive Effekte erzielt werden, die ihre wettbewerblichen Nachteile aufwiegen.[38] Die Kommission hat auf dieser Basis Gruppenfreistellungen (in der Form von Verordnungen) für entsprechende Konstellationen erlassen.[39] Die Gruppenfreistellungen kommen in ihrer Wirkung einer Legalausnahme vom Kartellverbot gleich.[40] Aufgrund der dynamischen Verweisung in § 2 Abs. 2 GWB finden die von der EU-Kommission erlassenen Gruppenfreistellungsverordnungen auch im deutschen Kartellrecht in der jeweils aktuellen Fassung Anwendung. 18

Soweit das Zusammenwirken zwischen zwei oder mehreren Unternehmen eine Beschränkung des Wettbewerbs bezweckt oder bewirkt und auch nicht durch eine Gruppenfreistellungsverordnung gedeckt ist, muss weiter geprüft werden, ob eine Einzelfreistellung gem. Art. 101 Abs. 3 AEUV bzw. § 2 Abs. 1 GWB in Betracht kommt. Dafür müssen 19

[35] Grabitz/Hilf/Nettesheim/*Stockenhuber* AEUV Art. 101 Rn. 142.

[36] EuGH Urt. v. 26.11.2015 – C-345/14, EuZW 2016, 180 Rn. 20 mAnm *Bernhard* – SIA „Maxima Latvija"/Konkurences padome.

[37] Ausf. dazu GA *Bobak* Schlussanträge v. 5.9.2019 – C-228/18, BeckRS 2019, 20100 Rn. 40 ff. – Budapest Bank; EuGH Urt. v. 2.4.2020 – C-228/18, EuZW 2020, 440 Rn. 40 ff. – Budapest Bank.

[38] Loewenheim/Meesen/Riesenkampff/Kersting/Meyer-Lindemann/*Kersting/Meyer-Lindemann,* Kartellrecht, 3. Aufl. 2016, Gruppenfreistellungsverordnungen, Rn. 2.

[39] Die EU-KOM hat insbes. Gruppenfreistellungsverordnungen für vertikale Vereinbarungen (VO (EU) Nr. 330/2010), für Vereinbarungen über Forschung und Entwicklung (VO (EU) Nr. 1217/2010), Technologietransfer-Vereinbarungen (VO (EU) Nr. 316/2014), für Spezialisierungsvereinbarungen (VO (EU) Nr. 1218/2010) sowie für vertikale Vereinbarungen und abgestimmte Verhaltensweisen im Kraftfahrzeugsektor (VO (EU) Nr. 461/2010) erlassen.

[40] Loewenheim/Meesen/Riesenkampff/Kersting/Meyer-Lindemann/*Meyer-Lindemann,* Kartellrecht, 3. Aufl. 2016, Gruppenfreistellungsverordnungen, Rn. 2.

sämtliche der in Art. 101 Abs. 3 AEUV genannten Voraussetzungen kumulativ vorliegen. Dabei handelt es sich um zwei positive sowie um zwei negative Voraussetzungen. Eine Vereinbarung, ein Beschluss oder eine abgestimmte Verhaltensweise kann vom Kartellverbot freigestellt sein, wenn diese (1.) zu einer **Effizienzsteigerung** im Hinblick auf die Warenerzeugung oder Warenverteilung oder zur Förderung des technischen oder wirtschaftlichen Fortschritts führt und (2.) die **Verbraucher** angemessen an dem entstehenden **Gewinn beteiligt** werden (zB durch günstigere Preise, Innovation oder neue Produkte) wobei (3.) die Wettbewerbsbeschränkung für die Verwirklichung dieser Ziele **unerlässlich** sein muss und (4.) keine **Ausschaltung wesentlichen Wettbewerbs** zur Folge haben darf.

20 Die Beweislast für das Vorliegen der Voraussetzungen des Art. 101 Abs. 3 AEUV liegt gem. Art. 2 VO (EG) Nr. 1/2003 bei den beteiligten Unternehmen. Die Durchführung einer Selbsteinschätzung zu den Voraussetzungen von Art. 101 Abs. 3 AEUV kann aufgrund der Komplexität und der unbestimmten Rechtsbegriffe gerade auf neuen Märkten – so insbesondere aktuell auf digitalen Märkten, bei IoT-Anwendungen und bei Plattformen – zu einer nicht unerheblichen Rechtsunsicherheit für die beteiligten Unternehmen führen.[41] Die EU-Kommission hat als Orientierungshilfe insofern bereits im Jahr 2004 die Leitlinien zur Anwendung von (damals noch) Art. 81 Abs. 3 EG-Vertrag[42] sowie im Jahr 2011 die Leitlinien zur Anwendbarkeit von Art. 101 AEUV auf Vereinbarungen über horizontale Zusammenarbeit **(„Horizontalleitlinien“)** veröffentlicht.[43]

3. Besonderheiten bei der Anwendung des Kartellverbots im IoT-Kontext

a) Informationsaustausch

21 Das Kartellverbot soll sicherstellen, dass miteinander in Wettbewerb stehende Unternehmen ihr Marktverhalten selbstständig und unabhängig voneinander festlegen. Bereits der Austausch bestimmter Arten von **wettbewerbssensiblen Informationen** zwischen Wettbewerbern kann die Unsicherheit über das zukünftige Marktverhalten des jeweils anderen reduzieren und dadurch zu einer Angleichung des jeweiligen Geschäftsverhaltens und damit zu einer abgestimmten Verhaltensweise führen.

22 Im Kontext von IoT-Anwendungen wird der Konflikt zwischen den pro-kompetitiven Wirkungen des Informationsaustausches und der gemeinsamen Datennutzung einerseits und den Beschränkungen des Wettbewerbs andererseits besonders deutlich. So ist anerkannt, dass datenbasierte Geschäftsmodelle ein hohes wirtschaftliches Potenzial haben, das es Unternehmen ermöglicht, neue Produkte und Dienstleistungen zu entwickeln oder zu verbessern.[44] Die Sammlung und gemeinsame Nutzung von Daten kann insofern zu **Effizienzsteigerungen** und **wettbewerbsfördernden Wirkungen** führen.[45] Allerdings kann der Austausch, die Analyse und das Sammeln von Daten auch als kartellrechtlich kritisch zu bewerten sein, wenn dies zu einer **höheren Markttransparenz** führt und insbesondere ein **kollusives Zusammenwirken** von Wettbewerbern erleichtert.[46]

23 **aa) Grundlagen des Informationsaustausches.** Der unzulässige Austausch wettbewerbssensibler Informationen steht in den letzten Jahren zunehmend im Fokus von Wettbewerbsbehörden. Dabei ist zwar anerkannt, dass der Austausch von Informationen neben wettbewerbsbeschränkenden auch pro-kompetitive Effekte haben kann. So können insbesondere Informationsasymmetrien behoben werden, was zu Effizienzsteigerungen auf den

[41] *Lübbig* in Wiedemann KartellR-HdB, 3. Aufl. 2016, § 8 Rn. 70.
[42] EU-KOM Leitlinien zur Anwendung von Art. 81 Abs. 3 EG-Vertrag (2004/C 101/08).
[43] EU-KOM Leitlinien zur Anwendbarkeit von Art. 101 des Vertrags über die Arbeitsweise der Europäischen Union auf Vereinbarungen über horizontale Zusammenarbeit (2011/C 11/01).
[44] BKartA, Big Data und Wettbewerb, 2017, S. 1.
[45] BKartA, Big Data und Wettbewerb, 2017, S. 6.
[46] BKartA, Big Data und Wettbewerb, 2017, S. 6.

Märkten führen kann.[47] Die gemeinsame Nutzung von Informationen kann Unternehmen auch dabei helfen, durch Lagerreduzierung Kosten zu sparen, verderbliche Waren schneller an den Verbraucher zu liefern oder auf Nachfrageschwankungen besser zu reagieren. Der Informationsaustausch kann auch dem Verbraucher unmittelbar zugutekommen, indem sich die Suchkosten verringern oder die Auswahl sich vergrößert.[48]

Jedoch bewerten sowohl Wettbewerbsbehörden als auch die Rechtsprechung die Zuläs- 24
sigkeit des Informationsaustausches in der Praxis in der Regel eher restriktiv, sodass Vorsicht jedenfalls dann geboten ist, wenn wettbewerbssensible Informationen mit Unternehmen ausgetauscht werden sollen, die in einem Wettbewerbsverhältnis zueinander stehen. Als wettbewerbssensible Informationen sind dabei im Grundsatz alle Informationen zu verstehen, deren Kenntnis die strategische Unsicherheit über das zukünftige Marktverhalten verringert.[49]. Ein Informationsaustausch, der Wettbewerbsbeschränkungen auf dem Markt zum Ziel hat, wird als eine **bezweckte Wettbewerbsbeschränkung** angesehen.[50] Besonders kritisch wird dabei ein Austausch unternehmensspezifischer Informationen über geplantes künftiges Preis- oder Mengenverhalten bewertet, der bislang im Regelfall fast ausnahmslos als bezweckte Wettbewerbsbeschränkung angesehen wird.[51]

Im Übrigen stellen Wettbewerbsbehörden bei der kartellrechtlichen Bewertung eines 25
Informationsaustauschs insbesondere auf den rechtlichen und wirtschaftlichen Zusammenhang ab, in dem dieser stattfindet. Insofern muss für die Prüfung **wettbewerbsbeschränkender Auswirkungen** eines Informationsaustausches die hypothetische Wettbewerbssituation betrachtet werden, die ohne den fraglichen Informationsaustausch bestanden hätte. Ein Informationsaustausch hat insbesondere dann wettbewerbsbeschränkende Auswirkungen, wenn es wahrscheinlich ist, dass er spürbare negative Auswirkungen auf mindestens einen zentralen Wettbewerbsparameter hat – namentlich auf Parameter wie den Preis, die Produktionsmenge, die Produktqualität, die Produktvielfalt oder auch auf Innovationen.[52] Entscheidend für die kartellrechtliche Bewertung des Informationsaustausches sind insofern die **Eigenschaften** der ausgetauschten Informationen, der **Kontext,** in dem der konkrete Informationsaustausch stattfindet sowie die damit verbundene **Zielsetzung.** Relevante Faktoren sind insbesondere die strategische Bedeutung der Informationen, das Alter der ausgetauschten Informationen, die Marktabdeckung der an dem Informationsaustausch beteiligten Unternehmen, die Häufigkeit des Informationsaustausches sowie die Struktur des von dem Informationsaustausch betroffenen Marktes, insbesondere im Hinblick auf Markttransparenz, die Marktkonzentration sowie die Homogenität der Produkte.[53] Je weiter die strategische Unsicherheit auf dem Markt durch den Austausch reduziert wird und je mehr die Marktstrukturen eine Angleichung des Marktverhaltens befördern, desto kritischer wird ein Informationsaustausch bewertet. Bereits die einmalige Weitergabe oder die einmalige unwidersprochene Entgegennahme von wettbewerblich sensiblen Informationen an oder von einem Wettbewerber kann gegen das Kartellrecht verstoßen.[54] Dabei wird von der Rechtsprechung vermutet, dass wettbewerbssensible Informationen, von denen

---

[47] EU-KOM Horizontalleitlinien Rn. 57.

[48] EU-KOM Horizontalleitlinien Rn. 57.

[49] EU-KOM Horizontalleitlinien Rn. 86; Bsp. sind spezifische Informationen über Verkaufspreise, Margen, Mengen, Kosten (wie zB Warenkosten, Personalkosten, Sachkosten und alle sonstigen Kosten), Lagerbestände und Kapazitäten auf dem Markt. Ebenfalls davon eingeschlossen sind spezifische Informationen über Kunden, aktuelle oder zukünftige Investitionen, Produktentwicklungspläne oder Informationen über geplante technologische Innovationen.

[50] EU-KOM Horizontalleitlinien Rn. 72; nach der EuGH-Entscheidung BIDS, kann es für die Annahme einer bezweckten Wettbewerbsbeschränkung ausreichend sein, wenn diese nicht ausschließlich auf eine Beschränkung des Wettbewerbs abzielt, sondern auch andere, zulässige Zwecke verfolgt (EuGH Urt. v. 20.11. 2008 – C-209/07, BeckRS 2008, 71211 Rn. 21 – BIDS).

[51] EU-KOM Horizontalleitlinien Rn. 74.

[52] EU-KOM Horizontalleitlinien Rn. 75.

[53] EU-KOM Horizontalleitlinien Rn. 75 ff.

[54] EuGH Urt. v. 4.6.2009 – C-8/08, JuS 2009, 1156 mAnm *Emmerich* – T-Mobile Netherlands.

ein Unternehmen Kenntnis erlangt, tatsächlich auch Einfluss auf das eigene Marktverhalten haben.[55]

26 **bb) Besondere Problemstellungen bei IoT-Anwendungen.** Ein wesentliches Merkmal von IoT-Anwendungen ist die Verarbeitung von großen Mengen an Daten durch vernetzte und teilweise autonom handelnde Systeme. Diese Systeme können oft die im Betrieb generierten Daten fortlaufend nutzen, um bspw. Verbesserungspotenziale zu erkennen und zu realisieren. Dabei kann die Auswertung der Daten die Anwendungen in die Lage versetzen, bestimmte Handlungen selbstbestimmt auszuführen, zB im Rahmen einer sog. Smart Factory das Auslösen von Bestellungen bei sich abzeichnendem Rohstoffbedarf einer Fabrik.[56]

27 Werden bei der Entwicklung oder der Nutzung entsprechender Anwendungen die Daten mit den Daten anderer Unternehmen zusammengeführt, kann dies dementsprechend zu erheblichen **Effizienzsteigerungen** führen.[57] Es überrascht daher nicht, dass die Verfügbarkeit von Daten ganz allgemein politisch sowohl auf europäischer als auch auf nationaler Ebene gefördert wird. Auch das BKartA steht den effizienzsteigernden Kooperationen mit dem Ziel verbesserter und kostengünstiger Produkte und Produktionsabläufe im Hinblick auf das IoT und IoT-Anwendungen grundsätzlich positiv gegenüber.[58] Um das Potenzial von IoT-Anwendungen möglichst ausschöpfen zu können, ergibt sich dementsprechend ein verstärktes Bedürfnis, Möglichkeiten für den Austausch und das Zusammenführen von Daten zu schaffen. Allerdings müssen dabei die Grenzen des kartellrechtlich zulässigen Informationsaustausches beachtet werden, soweit die an dem Austausch beteiligten Unternehmen zueinander in einem Wettbewerbsverhältnis stehen.[59]

28 **(1) Wettbewerbssensible Informationen im IoT-Kontext.** Grundsätzlich greift im IoT-Kontext keine abweichende Definition für wettbewerbssensible Informationen. Es kommt auch hier darauf an, ob die ausgetauschten Informationen dazu geeignet sind, die **strategische Unsicherheit** auf dem Markt zu reduzieren. Allerdings ergeben sich einige Besonderheiten, die bislang weder Niederschlag in der Fallpraxis der Wettbewerbsbehörden noch in den einschlägigen Leitlinien gefunden haben.

29 Die Bedeutung und der Wert von Daten liegen in der Regel nicht in der einzelnen konkreten Information, sondern erschließen sich zumeist erst in der Kombination und im Kontext mit weiteren Daten und Datenquellen. Insofern kann sich der Informationsgehalt von Daten für verschiedene Unternehmen ganz unterschiedlich darstellen.[60] So stellt sich die Frage, ob die **Einordnung eines Datums als wettbewerbssensible Information** variieren kann, und zwar in Abhängigkeit davon, welche Möglichkeiten der individuelle Nutzer hat, die Daten mit anderen Datenquellen zu kombinieren und konkrete Rückschlüsse daraus zu ziehen. Da für die Bewertung der kartellrechtlichen Zulässigkeit eines Informationsaustausches insbesondere auch dessen Eignung berücksichtigt werden muss, das Marktverhalten zwischen Wettbewerben abzustimmen oder anzugleichen, liegt es in der Tat nahe, dass auch die jeweiligen **Nutzungsmöglichkeiten** in Betracht gezogen werden.[61]

30 Auf der anderen Seite zeichnen sich digitale Märkte dadurch aus, dass fortlaufend eine große Menge an neuen Daten generiert werden, sodass Daten in der Regel schneller an

[55] EuGH Urt. v. 4.6.2009 – C-8/08, JuS 2009, 1156 Rn. 55 mAnm *Emmerich* – T-Mobile Netherlands.

[56] *Thalhofer* GRUR-Prax 2017, 225.

[57] *Crémer/Montjoye/Schweitzer* Competition Policy S. 94; *Vestager* in einer Rede v. 29.9.2016 „Big Data and Competition", ec.europa.eu/commission/commissioners/2014–2019/vestager/announcements/big-data-and-competition_en (1.3.2021).

[58] BKartA Fallbericht v. 27.2.2018 – B5-1/18–001, Aufbau einer elektronischen Handelsplattform für Stahlprodukte (XOM Metals GmbH), S. 1.

[59] *Schweitzer* GRUR 2019, 569 (572).

[60] *Schweitzer* GRUR 2019, 569 (576).

[61] *Schweitzer* GRUR 2019, 569 (576).

wirtschaftlicher Relevanz einbüßen können und damit ggf. ihre Eigenschaft als wettbewerbssensible Informationen relativ zeitnah wieder verlieren können.[62]

(2) Bestehen eines (potenziellen) Wettbewerbsverhältnis. Eine weitere Schwierigkeit bei der Beurteilung der kartellrechtlichen Risiken eines Informationsaustausches im IoT-Kontext kann sich beim Identifizieren eines **tatsächlichen oder potenziellen Wettbewerbsverhältnisses** zu anderen an einem Datenaustausch beteiligten Unternehmen ergeben. Unter → Rn. 9 ff. wurde dargelegt, inwiefern die Definition des relevanten Marktes im digitalen Umfeld einem Wandel unterzogen ist, durch den bei manchen Unternehmen auch das bisherige Verständnis der Wettbewerbsverhältnisse zu anderen Unternehmen Weiterentwicklungen unterliegt. Beispiele dafür sind die großen Technologiekonzerne, die in immer weitere Märkte vordringen, wie zB Google, das auch selbstfahrende Autos entwickelt, aber auch Hardwarehersteller (zB für Sensoren), die sich durch die Erweiterung ihres Angebotes um entsprechende Steuerungs-Software zum Systemanbieter entwickeln und dadurch in neue Märkte vordringen und dabei auch neue Wettbewerbsverhältnisse begründen. 31

Besondere Abgrenzungsschwierigkeiten können sich bei der Beurteilung des Vorliegens eines **potenziellen Wettbewerbsverhältnisses** ergeben,[63] das in den Horizontalleitlinien der EU-Kommission einem **tatsächlichen Wettbewerbsverhältnis gleichgestellt** wird.[64] Demnach gilt ein Unternehmen als potenzieller Wettbewerber eines anderen Unternehmens, „wenn wahrscheinlich ist, dass es ohne die Vereinbarung im Falle eines geringen, aber anhaltenden Anstiegs der relativen Preise innerhalb kurzer Zeit die zusätzlichen Investitionen tätigen oder sonstigen Umstellungskosten auf sich nehmen würde, die erforderlich wären, um in den relevanten Markt einzutreten, auf dem das andere Unternehmen tätig ist".[65] Was dabei unter einem „kurzen Zeitraum" zu verstehen ist, hängt von den Umständen des Einzelfalles ab, kann aber einen Zeitraum bis zu drei Jahren umfassen.[66] 32

Auch der EuGH neigt bislang zu einer eher **weiten Auslegung des Begriffs des potenziellen Wettbewerbs.**[67] Im Kontext digitaler Märkte, die sich durch eine hohe Wettbewerbsdynamik und Innovationsgeschwindigkeit auszeichnen, wird man regelmäßig von einem deutlich kürzeren Zeitraum ausgehen müssen.[68] Trotzdem kann sich angesichts der häufig relativ niedrigen Marktzutrittsschranken für digitale Märkte eine rechtssichere Prognose als schwierig erweisen. 33

cc) Datenpools. Gerade im IoT-Kontext führt die gemeinsame Nutzung von Daten häufig zu Produktverbesserungen und hohen Effizienzsteigerungen. Daher kann der Anreiz für Unternehmen hoch sein, ihre Daten in einem sog. **Datenpool** zusammenzuführen. Es gibt keine allgemeingültige Definition, was unter dem Begriff des Datenpools zu verstehen ist, sodass dieser ganz unterschiedliche Konstellationen erfassen kann.[69] Letztendlich kann 34

---

[62] *Lundquist* EuCML 2018, 146 (151).
[63] Plattform Industrie 4.0, Ergebnispapier Industrie 4.0 – Kartellrechtliche Betrachtungen, 2018, S. 31 ff.
[64] EU-KOM Horizontalleitlinien Rn. 10.
[65] EU-KOM Horizontalleitlinien Rn. 10.
[66] EU-KOM Horizontalleitlinien Rn. 10 sowie Fn. 3.
[67] ZB EuGH Urt. v. 30.1.2020 – C-307/18, NZKart 2020, 13 Rn. 43 – Generics UK, in dem der EuGH die folgende Herangehensweise für die Bestimmung potenziellen Wettbewerbs verwendet: „Um festzustellen, ob der Hersteller des Originalpräparats, der Inhaber eines Verfahrenspatents für einen gemeinfreien Wirkstoff ist, und ein Generikahersteller, der sich auf den Eintritt in den Markt für Arzneimittel mit diesem Wirkstoff vorbereitet, die eine Vereinbarung wie die im Ausgangsverfahren in Rede stehenden geschlossen haben, potenzielle Wettbewerber sind, ist somit erstens zu prüfen, ob der betreffende Generikahersteller zum Zeitpunkt des Abschlusses der Vereinbarung ausreichende Vorbereitungsmaßnahmen getroffen hatte, um innerhalb einer Frist, die geeignet ist, Wettbewerbsdruck auf den Hersteller des Originalpräparats auszuüben, in den betreffenden Markt eintreten zu können".
[68] S. auch Plattform Industrie 4.0, Ergebnispapier Industrie 4.0 – Kartellrechtliche Betrachtungen, 2018, S. 31 ff., worin eine entsprechende Klarstellung durch die EU-KOM angeregt wird.
[69] *Lundquist* EuCML 2018, 146 (149).

jede Zusammenführung von Daten durch ein oder mehrere Unternehmen als Datenpool aufgefasst werden. Bei der Bewertung von Datenpools, an denen mehrere Unternehmen beteiligt sind, stellen sich dementsprechend die oben genannten Herausforderungen des Informationsaustausches in digitalen Märkten, wobei es bislang kaum Orientierungshilfen durch die Wettbewerbsbehörden oder die Rechtsprechung gibt.[70]

35 Im Hinblick auf das Bündeln und Zusammenführen von Kundendaten musste sich der EuGH in der Entscheidung Asnef-Equifax mit der Frage auseinandersetzen, ob eine Zusammenführung von Informationen über die Zahlungsfähigkeit von Kunden zwischen Kreditinstituten eine Wettbewerbsbeschränkung iSd Art. 101 AEUV darstellen kann.[71] Der EuGH kam zu dem Ergebnis, dass das System zum Austausch von Informationen grundsätzlich nicht geeignet ist, eine Beschränkung des Wettbewerbs zu bewirken, sofern (1.) die betroffenen Märkte **nicht hochgradig konzentriert** seien, (2.) **keine Identifikation** der Gläubiger ermöglichen und (3.) die Zugangs- und Nutzungsbedingungen für die Finanzinstitute **diskriminierungsfrei angewendet** würden.[72] Letztendlich kommt es bei der Bewertung von Datenaustauschsystemen jeweils auf eine Einzelfallbetrachtung insbesondere anhand des Zwecks des Datenaustausches, der Zugangsvoraussetzungen sowie der Natur der ausgetauschten Informationen an.[73]

36 Bei Anwendung der allgemeinen Grundsätze zum Informationsaustausch ist auf der einen Seite des Spektrums festzuhalten, dass eine Zusammenführung von individualisierenden und aktuellen, insbesondere aber von künftigen Preisinformationen in der Regel kaum oder nur mit hohem Aufwand gerechtfertigt werden kann. Auf der anderen Seite des Spektrums geht es um Fälle der Zusammenführung von Daten, aus denen keine oder nur geringe Rückschlüsse auf das zukünftige Wettbewerbsverhalten der beteiligten Unternehmen gezogen werden können, sodass deren Austausch in der Regel bereits keine spürbare Wettbewerbsbeschränkung darstellt.[74] Trotz einiger Gemeinsamkeiten können die Regelungen über **Technologiepools**[75] nicht einfach für die Bewertung von Datenpools übertragen werden. Das liegt im Wesentlichen daran, dass diese Regelungen auf den Exklusivitätscharakter technischer Schutzrechte zugeschnitten sind. Der Fall von Datenpools mit ihrem häufig nicht-rivalisierenden und nicht-exklusiven Charakter ist regelmäßig anders gelagert. Zudem werden in Technologiepools häufig technische Schutzrechte für eine spezifische Anwendung (zB Industriestandard) zusammengeführt, während die Verwendungsmöglichkeiten von Daten wesentlich offener sind.[76] Bisweilen wird noch vorgeschlagen, bei der Bewertung von Datenpools auf die kartellrechtlichen Wertungen zu **Standardisierungsvereinbarungen** zurückzugreifen. Das gilt insbesondere für solche Datenpools, die sich auf technische Informationen beziehen. Diese Regelungen könnten jedenfalls im Hinblick auf eine transparente Ausgestaltung der Pools sowie im Hinblick auf einen **nicht-diskriminierenden fairen Datenzugang** für alle interessierten Unternehmen Modellcharakter haben. Das könnte helfen, den Wettbewerb sowohl auf der Ebene

[70] BMWi, Bericht der Wettbewerbskommission 4.0, 2019, S. 57.

[71] EuGH Urt. v. 23.11.2006 – C-238/05, JuS 2007, 877 mAnm *Emmerich* – Asnef-Equifax.

[72] EuGH Urt. v. 23.11.2006 – C-238/05, JuS 2007, 877 Rn. 61 mAnm *Emmerich* – Asnef-Equifax; *Podszun/Bongartz* BB 2020, 2882 (2890) behaupten, dass der diskriminierungsfreie Zugang aus wettbewerblicher Sicht nicht zwangsläufig das Richtige sei. Würde sich eine Versicherungsplattform bspw. gezielt als Gegenmacht zur Absicherung für den Fall eines Markteintritts von Amazon gründen, wäre es weder iSd Gründer noch des Wettbewerbs, Amazon Zutritt zu dieser Plattform zu verschaffen. Ähnliche Konstellationen wären bei Plattformen denkbar, die die Aktivitäten von kleineren und mittleren Unternehmen bündeln wollen.

[73] EuGH Urt. v. 23.11.2006 – C-238/05, JuS 2007, 877 Rn. 54 mAnm *Emmerich* – Asnef-Equifax; *Botnari* EU competition Law and Data Pooling S. 19.

[74] *Lundquist* EuCML 2018, 146 (151).

[75] EU-KOM Leitlinien zu Technologietransfer-Vereinbarungen Rn. 244 ff.; für einen Vergleich zwischen Datenpools und Technologiepools, bei dem ein größerer Schwerpunkt auf die Ähnlichkeit gelegt wird, s. *Botnari* EU competition Law and Data Pooling S. 34 ff.

[76] *Lundquist* EuCML 2018, 146 (152).

der Daten als auch auf den nachgelagerten Märkten offen zu halten.[77] Derzeit untersucht die Kommission in dem Verfahren Insurance-Ireland die kartellrechtliche Zulässigkeit eines Datenpools[78] insbesondere unter dem Gesichtspunkt, ob die Bedingungen, zu denen manche Unternehmen Zugang zu dem Datenpool erhalten haben, möglicherweise diskriminierend waren und diese Unternehmen dadurch im Wettbewerb benachteiligt wurden.[79] Auch die Kommission scheint daher ein großes Augenmerk auf die Ausgestaltung der Zugangsbedingungen zu Datenpools zu legen.

Eine abstrakte Bewertung der kartellrechtlichen Zulässigkeit von Datenpools wird auf- 37
grund der oben dargestellten unterschiedlichen Relevanz von Daten für unterschiedliche Unternehmen allenfalls bei solchen Daten in Frage kommen, denen eindeutig kein oder nur in geringem Umfang ein wettbewerbssensibler Charakter zukommt. Dennoch wird aufgrund der durch Datenpools realisierbaren Effizienzgewinne sowie der häufig grundsätzlich prokompetitiven Zielrichtung von Datenpools[80] diese in vielen Fällen entweder bereits nicht als Wettbewerbsbeschränkung zu qualifizieren sein oder zumindest in einer Form aufgesetzt werden können, die eine Einzelfreistellung vom Kartellverbot ermöglicht. Auch die Kommission führt in der Pressemitteilung zu dem Insurance-Ireland-Verfahren aus, dass sie nicht in Frage stellt, dass Vereinbarungen über das Poolen von Daten zu einem effektiven Wettbewerb beitragen können.[81]

Da es letztendlich auf eine **Einzelfallbetrachtung** ankommt, sollte jedes Unternehmen 38
vor der Etablierung oder vor der Beteiligung an einem Datenpool genau prüfen, welche Daten betroffen sind, welche Unternehmen an einem solchen Pool beteiligt sind, wie der Zugang zu dem Datenpool ausgestaltet ist und welche Mechanismen und vertraglichen Beschränkungen vorgesehen sind, um einen überschießenden Informationsaustausch zu vermeiden. Teilweise wird befürchtet, dass die mit der Einzelfallbetrachtung verbundene Rechtsunsicherheit zu einem Investitionshindernis führen könnte, wenn Unternehmen aufgrund von kartellrechtlichen Prognoserisiken von effizienzsteigernden Kooperationen absehen.[82] Insofern hat die Wettbewerbskommission 4.0 angeregt, zumindest für neuartige Formen der Kooperation in der Digitalwirtschaft auf europäischer Ebene ein freiwilliges Anmeldeverfahren mit Anspruch auf eine Entscheidung in kurzer Frist einzuführen.[83] Dieser Vorschlag wurde inzwischen in Deutschland in der 10. GWB-Novelle aufgegriffen. Aktuell haben Unternehmen einen Anspruch darauf, dass das BKartA innerhalb einer Frist von sechs Monaten darüber entscheidet, ob es im Hinblick auf eine geplante Kooperation einen Anlass zum Tätigwerden sieht (§ 32c Abs. 4 GWB). Ein solcher Anspruch setzt voraus, dass ein erhebliches rechtliches und wirtschaftliches Interesse an einer solchen Entscheidung besteht. Damit wurde eine begrüßenswerte, begrenzte Ausnahme zum Prinzip der kartellrechtlichen **Selbsteinschätzung** geschaffen, die für Unternehmen zu erhöhter Rechtssicherheit führen kann.

dd) Austausch von Informationen im Kontext von IoT-Anwendungen sowie von 39
Plattformen. Auch der Austausch von **Daten im Vertikalverhältnis** (zB Liefer-, Beratungs- oder Dienstleistungsverhältnissen), vermittelt über einen sonstigen Dritten, könnte kartellrechtlich problematisch sein, soweit es sich bei den übermittelten Daten um wettbe-

---

[77] *Lundquist* EuCML 2018, 146 (152 f.).

[78] Es wurde eine Datenbank etabliert (Insurance Link), deren erklärter Zweck es ist, die Aufdeckung potenziell betrügerischer Verhaltensweisen von Anspruchstellern zu erleichtern und die Richtigkeit der Informationen zu gewährleisten, die von potenziellen Kunden an Versicherungsgesellschaften weitergegeben werden.

[79] EU-KOM Pressemitteilung v. 14.5.2019, Kommission leitet Untersuchung zum Datenpoolsystem von Insurance Ireland ein, www.ec.europa.eu/commission/presscorner/detail/de/IP_19_2509 (1.3.2021).

[80] Vgl. *Anzini/Pierrat* Data Pools as Information Exchange between Competitors S. 3.

[81] EU-KOM Pressemitteilung v. 14.5.2019, Kommission leitet Untersuchung zum Datenpoolsystem von Insurance Ireland ein, www.ec.europa.eu/commission/presscorner/detail/de/IP_19_2509 (1.3.2021).

[82] BMWi, Bericht der Wettbewerbskommission 4.0, 2019, S. 61.

[83] BMWi, Bericht der Wettbewerbskommission 4.0, 2019, S. 63.

werbssensible Informationen handelt und neben dem vertikalen Verhältnis auch noch eine horizontale Wettbewerbsbeziehung zwischen den beteiligten Unternehmen besteht. Gerade durch die Veränderung der klassischen Wettbewerbsverhältnisse durch die Digitalisierung werden zukünftig immer öfter Unternehmen in unterschiedlichen Wettbewerbsbeziehungen zueinander treten. Dies kann zB der Fall sein, wenn sich ein Hersteller von bestimmten Komponenten zu einem Systemanbieter entwickelt. Bei Plattformen sind sog. **Hybrid-Konstellationen,** in denen der Betreiber der Plattform mit den über die Plattform tätigen Händlern in einem Wettbewerbsverhältnis steht, häufig anzutreffen.

Beispiel:

Ein Unternehmen entwickelt eine IoT-Anwendung, die durch die Analyse von Sensordaten ermöglicht, die Produktivität der eigenen Produktionsanlagen für bestimmte Bauteile deutlich zu optimieren. Die Anwendung war in der Entwicklung mit ganz erheblichen Kosten verbunden, sodass das Unternehmen nunmehr in Erwägung zieht – als eigenen digitalen Geschäftsbereich – diese zukünftig auch zur datenanalytischen Beratung von Dritten, also insbesondere von anderen Betreibern vergleichbarer Produktionsanlagen, einzusetzen.

Die Kunden übermitteln dafür im Rahmen der Beratung fortlaufend Tausende von Sensordaten über ihre Produktionsanlagen in Echtzeit an das Unternehmen. Dieses kann auf Basis der übermittelten Daten dann konkrete Optimierungspotenziale erkennen und Vorschläge machen, wie Prozesse verbessert und Steuerungsparameter bei der Bedienung der Produktionsanlagen optimiert werden können.

Je mehr Unternehmen die Dienstleistung des Unternehmens in Anspruch nehmen und je größer die Datenbasis wird, desto besser können Optimierungspotenziale erkannt und ausgeschöpft werden. Das Unternehmen kann durch die Beratungsleistung allerdings einen erheblichen Einblick in die Funktionsweise der Produktionsanlagen seiner Wettbewerber erhalten und könnte dieses Wissen auch dafür nutzen, sein eigenes Marktverhalten entsprechend anzupassen. Zudem besteht die Gefahr, dass durch die Angleichung der Produktionsbedingungen zwischen den Nutzern der Anwendung der Wettbewerb auf dem nachgelagerten Markt gedämpft werden könnte.

In dem Beispiel wird das Unternehmen nicht nur auf dem Markt für die Produktion der Bauteile, sondern auch als Dienstleister auf einem vorgelagerten Markt für datenanalytische Beratung tätig. Damit tritt neben das horizontale Wettbewerbsverhältnis zu den potenziellen Nachfragern der Beratungsleistung nunmehr auch ein Vertikalverhältnis. Das Kartellrecht steht einem entsprechenden Geschäftsmodell, das zu erheblichen Effizienzsteigerungen führen kann, nicht grundsätzlich entgegen. Es muss aber im Einzelfall anhand der konkreten Wettbewerbs- und Marktverhältnisse geprüft werden, welche Informationen tatsächlich zu welchem Zweck ausgetauscht werden und welche Auswirkungen auf dem Markt zu erwarten sind. Dabei sollte insbesondere berücksichtigt werden, welche organisatorischen Maßnahmen das Unternehmen getroffen hat, um den Informationsfluss zu steuern und zu begrenzen.

40 Eine vergleichbare Konstellation tritt in der Regel auch bei **Plattformbetreibern** auf, die mit den Unternehmen, die Leistungen oder Produkte über die Plattform anbieten, in einem Wettbewerbsverhältnis stehen. Auch hier wird der Betreiber der Plattform regelmäßig Zugang zu Daten über die konkrete Nutzung der Plattform erhalten, die als wettbewerbssensibel angesehen werden könnten. Für den Plattformbetreiber könnten sich aus der Nutzung dieser Daten entweder Anreize für eine Angleichung des eigenen Marktverhaltens oder konkrete Wettbewerbsvorteile gegenüber den anderen Anbietern auf der Plattform ergeben. So hat bspw. die Kommission nach längeren Vorermittlungen im Juli 2019 offiziell ein Verfahren gegen Amazon eingeleitet, um den konkreten Informationsfluss zwischen Amazon und den auf Amazon Marketplace tätigen unabhängigen Händlern so-

wie dessen Auswirkungen auf den Wettbewerb genauer zu untersuchen.[84] Im November 2020 hat die Kommission die Mitteilung der Beschwerdepunkte an Amazon übermittelt (die sich ausweislich der Pressemitteilung allerdings auf einen Verstoß gegen das kartellrechtliche Missbrauchsverbot fokussieren) und eine zweite Untersuchung der E-Commerce-Geschäftspraxis des Unternehmens eingeleitet.[85]

Auch das BKartA hat sich in einem vergleichbaren Kontext mehrmals zu Wort gemeldet.[86] In einem Fallbericht über den Aufbau einer elektronischen Handelsplattform für Stahlprodukte, über die neben dem Betreiber der Plattform, einem Stahlhersteller, auch weitere Stahlhersteller und Stahlhändler als Anbieter auftreten sollten, hat das BKartA die **Bedeutung entsprechender Compliance-Maßnahmen** hervorgehoben. Die Gefahr eines unzulässigen Informationsaustausches konnte nach Ansicht des BKartA in dem konkreten Fall dadurch minimiert werden, dass die Plattform **organisatorisch, strukturell und personell** von den übrigen Geschäftsbereichen des Betreibers getrennt wurde.[87] Dieser Ansatz wurde vom BKartA in der Folge auch im Hinblick auf die Errichtung einer digitalen **Handelsplattform für Agrarprodukte** (Unamera) bestätigt, an der mehrere Wettbewerber beteiligt waren. In der entsprechenden Pressemitteilung führte der Präsident des BKartA aus, worauf bei derartigen Kooperationen von Seiten des BKartA besonders geachtet werde: 41

„Es darf über solche Netzwerke nicht zu Preisabsprachen kommen, sie dürfen nicht diskriminierend wirken, und es darf kein Übermaß an Transparenz geschaffen werden. Besonderes Augenmerk liegt daher regelmäßig auf Art und Umfang des Informationsaustausches, der Gestaltung von „Chinese Walls“ zwischen den Beteiligten, der Veröffentlichung von Marktstatistiken sowie der Offenlegung der Identität der Handelspartner.“[88]

Im Hinblick auf erforderliche Compliance-Maßnahmen heißt es in der Pressemitteilung, dass zur Vermeidung eines kartellrechtswidrigen Informationsflusses die bestehende personelle, organisatorische, technische und informatorische Trennung der Handelsplattform von den Gesellschaftern gewahrt bleiben muss und – soweit erforderlich – eine Beschränkung der nach dem GmbH-Gesetz zustehenden Auskunfts- und Einsichtsrechte erfolgen sollte.[89]

Dieser Ansatz wurde vom BKartA im Jahr 2020 in einem weiteren Fallbericht bekräftigt.[90] In dem entsprechenden Fallbericht wurde eine **B2B-Internet-Plattform zum Vertrieb von Mineralölprodukten** behandelt, auf der im Bereich Mineralöl tätige Unternehmen sowohl als Anbieter als auch als Nachfrager auftreten konnten, teilweise sogar in beiden Rollen. Das BKartA erhob in diesem Fall keine Einwände gegen eine doppelte Registrierung als Anbieter und Nachfrager,[91] sah aber die Gefahr für eine gesteigerte Markttransparenz, die Absprachen erleichtern könnte. Der Plattformbetreiber OLF hat die 42

---

[84] EU-KOM Pressemitteilung v. 17.7.2019, EU-Wettbewerbshüter untersuchen Verhaltensweisen von Amazon, www.ec.europa.eu/germany/news/20190717-amazon_de (1.3.2021).

[85] EU-KOM Pressemitteilung v. 10.11.2020, Kommission richtet Mitteilung der Beschwerdepunkte an Amazon wegen Nutzung nichtöffentlicher Daten unabhängiger Verkäufer und leitet zweite Untersuchung der E-Commerce-Geschäftspraxis des Unternehmens ein, www.ec.europa.eu/commission/presscorner/detail/de/ip_20_2077 (1.3.2021).

[86] Im Folgenden wird die aktuelle Fallpraxis des BKartA erläutert. Für eine Betrachtung der älteren Fallpraxis in den 2000er Jahren s. *Podszun/Bongartz* BB 2020, 2882.

[87] BKartA Fallbericht v. 27.2.2018 – B5-1/18-001, Aufbau einer elektronischen Handelsplattform für Stahlprodukte (XOM Metals GmbH), S. 3.

[88] BKartA Pressemitteilung v. 5.2.2020, Keine Einwände gegen Start einer digitalen Agrarplattform, www.bundeskartellamt.de/SharedDocs/Meldung/DE/Pressemitteilungen/2020/05_02_2020_Unamera.html (1.3.2021).

[89] BKartA Pressemitteilung v. 5.2.2020, Keine Einwände gegen Start einer digitalen Agrarplattform, www.bundeskartellamt.de/SharedDocs/Meldung/DE/Pressemitteilungen/2020/05_02_2020_Unamera.html (1.3.2021).

[90] BKartA Fallbericht v. 9.9.2020 – B8-94/19, Aufbau einer elektronischen Handelsplattform für Mineralölprodukte durch OLF Deutschland GmbH, S. 2.

[91] Der Verzicht des BKartA auf eine strenge Trennung zwischen Anbietern und Abnehmern wurde als eine kleine Lockerung der strengen Fallpraxis gesehen; s. *Podszun/Bongartz* BB 2020, 2882 (2889).

Bedenken des BKartA ausgeräumt, indem er die durch die Plattform geschaffene Transparenz eingeschränkt hat. Hierfür hat OLF den gleichen Lösungsansatz wie in den Fällen XOM Metals und Unamera realisiert. Danach müssen sich die Anbieter und Nachfrager bei der Plattform registrieren und ein Nutzerkonto einrichten. Erst im Anschluss können sie die Angebotsdaten (Preise, Mengen, örtliche Verfügbarkeit) auf der Plattform anonym einsehen. Diese Daten werden im letzten Schritt vor Vertragsabschluss nur den Vertragspartnern offengelegt.[92] Zudem hat OLF Maßnahmen ergriffen, die das Unterlaufen der erwünschten Wirkung der Anonymisierung durch die automatisierte Informationssammlung (durch Programme bzw. Bots) verhindern sollen.[93] Obwohl die Lösungsansätze in den verschiedene Verfahren weitgehend übereinstimmen, betont das BKartA noch immer, dass es letztendlich auf eine **Einzelfallbetrachtung** ankomme und die jeweilige Entscheidung keine Präzedenzwirkung habe.[94]

43 Ein weiteres Beispiel für den Versuch, kartellrechtliche Vorbehalte im Hinblick auf den Informationsfluss bereits bei der Konzeption datenbasierter Geschäftsmodelle zu berücksichtigen, kann in der Ausgestaltung des Zugangs Dritter zu fahrzeuggenerierten Daten im Rahmen des kürzlich etablierten **„Extended Vehicle“**-Standards gesehen werden. Da Dritte im Rahmen dieses Standards keinen direkten Zugriff auf die im Fahrzeug generierten Daten haben, sondern diese über das Backend des jeweiligen Automobilherstellers beziehen, wurden bereits in der Konzeptionsphase Bedenken geäußert, dass den Automobilherstellern durch eine Analyse des Nutzungsverhaltens der Datennutzer ein Wettbewerbsvorteil entstehen könnte.[95] Um einem solchen Wettbewerbsvorteil möglichst entgegenzuwirken, wurde bei der Umsetzung des Konzeptes die Option geschaffen, dass Datenabfragen von Dritten über neutrale Server erfolgen können. Die Betreiber der neutralen Server sollen dabei von der Automobilindustrie unabhängig sein und eine Nutzung der Daten ermöglichen, ohne dass Wettbewerber davon Kenntnis erlangen.[96]

44 Auch außerhalb digitaler Geschäftsmodelle stellt sich im Rahmen des **dualen Vertriebs** (indem der Hersteller sowohl an Händler als auch direkt an Verbraucher liefert) derzeit grundsätzlich die Frage, inwieweit ein Austausch von wettbewerbssensiblen Informationen zulässig ist. Da es dazu bislang weder klare Richtlinien seitens der Wettbewerbsbehörden noch eine etablierte Fallpraxis gibt, aus der sich konkrete Rückschlüsse für Abgrenzungsfragen ziehen lassen, verbleibt regelmäßig eine gewisse Rechtsunsicherheit für den Hersteller.[97] Insofern hat sich in der Praxis als Vorsichtsmaßnahme herausgebildet, (1.) den Informationsfluss auf solche wettbewerbssensiblen Informationen zu begrenzen, die für die Durchführung der Geschäftsbeziehung und die Erzeugung von Effizienzvorteilen tatsächlich erforderlich sind und (2.) den Zugang zu den wettbewerbssensiblen Informationen

[92] BKartA Pressemitteilung v. 5.2.2020, Keine Einwände gegen Start einer digitalen Agrarplattform, www.bundeskartellamt.de/SharedDocs/Meldung/DE/Pressemitteilungen/2020/05_02_2020_Unamera.html (1.3.2021); BKartA Fallbericht v. 9.9.2020 – B8-94/19, Aufbau einer elektronischen Handelsplattform für Mineralölprodukte durch OLF Deutschland GmbH, S. 2.

[93] BKartA Fallbericht v. 9.9.2020 – B8-94/19, Aufbau einer elektronischen Handelsplattform für Mineralölprodukte durch OLF Deutschland GmbH, S. 2.

[94] BKartA Fallbericht v. 9.9.2020 – B8-94/19, Aufbau einer elektronischen Handelsplattform für Mineralölprodukte durch OLF Deutschland GmbH, S. 2; BKartA Fallbericht v. 27.2.2018 – B5-1/18-001, Aufbau einer elektronischen Handelsplattform für Stahlprodukte (XOM Metals GmbH), S. 3.

[95] Clepa, Position Paper on Access to In-Vehicle Data and Resources, www.clepa.eu/mediaroom/clepa-position-paper-on-access-to-in-vehicle-data-and-resources/ (1.3.2021).

[96] Vgl. VDA, Datensicherheit für vernetzte Mobilität, www.vda.de/de/themen/innovation-und-technik/datensicherheit/funktion.html (1.3.2021).

[97] Das Thema des Informationsaustausches im dualen Vertrieb – und die insofern bestehende Rechtsunsicherheit – ist dementsprechend auch Gegenstand des Konsultationsprozesses im Rahmen der Aktualisierung der Vertikal-GVO im Jahr 2022, vgl. zB Stellungnahme Nr. 12/2019 der Bundesrechtsanwaltskammer, S. 23, für eine Zusammenfassung der Rückmeldungen, EU-KOM SWD(2020) 172 final, 156 ff.; auch das BKartA hat sich zur Anpassung der Vertikal-GVO geäußert und sich grundsätzlich kritisch gegenüber einer Freistellung des Informationsaustausches im dualen Vertrieb positioniert, s. BKartA Quo vadis Vertikal-GVO S. 9 ff.

auch innerhalb der Organisation des Anbieters (zB durch Chinese Walls) zu beschränken.[98] Entsprechende Vorsichtsmaßnahmen sollten auch bei der Entwicklung digitaler Geschäftsmodelle berücksichtigt werden. Auch Plattformbetreiber sollten dementsprechend bereits bei der Konzeption einer Plattform im Blick behalten, inwiefern es beim Betrieb der Plattform zu einem Austausch von wettbewerbssensiblen Informationen zwischen Wettbewerbern kommen kann und welche Gegenmaßnahmen zu einer Vermeidung eines unzulässigen Informationsaustausches getroffen werden können/müssen.

ee) Reichweite der kartellrechtlichen Verantwortlichkeit. Auch wenn ein Unterneh- 45
men selbst nicht unmittelbar an einem Austausch von wettbewerbssensiblen Informationen beteiligt ist, ist eine kartellrechtliche Verantwortlichkeit nicht ausgeschlossen. Hier sind insbesondere zwei Konstellationen denkbar: So kann auch ein Unternehmen, das selbst nicht auf dem von der Zuwiderhandlung betroffenen Markt tätig ist, als Teilnehmer **(„cartel facilitator")** kartellrechtlich zur Verantwortung gezogen werden, soweit das Unternehmen durch sein Verhalten zur Erreichung der durch die Zuwiderhandlung verfolgten Ziele beitragen wollte. Ferner ist erforderlich, dass es von der relevanten Verhaltensweise wusste oder diese vernünftigerweise vorhersehen konnte und bereit war, die daraus erwachsende Gefahr auf sich zu nehmen.[99] Hier stellt sich die Frage, inwiefern dies auch einen Plattformbetreiber oder einen Systembetreiber betreffen könnte, soweit die von ihm bereitgestellte Plattform oder das System mit seinem Wissen für einen kartellrechtswidrigen Austausch von Informationen oder Absprachen genutzt wird. Insofern sollte bereits bei der **Konzeption einer Plattform** oder eines **Systemumfeldes** darauf geachtet werden, geeignete **Compliance-Maßnahmen** zu implementieren, auch wenn kein unmittelbares Wettbewerbsverhältnis zu den Nutzern der Plattform besteht.[100]

Die zweite Konstellation betrifft die Frage, inwiefern einem Unternehmen ein eigener 46
Verstoß gegen das Kartellrecht vorgeworfen werden kann, wenn ein anderes Unternehmen im Rahmen einer gemeinsamen Plattform oder Systeminfrastruktur unaufgefordert wettbewerbssensible Informationen zur Verfügung stellt.

Beispiel: 47

Mehrere Unternehmen, die teilweise in einem Wettbewerbsverhältnis zueinanderstehen, beteiligen sich an einem Datenpool. Mit dem Datenpool sollen bestimmte Daten in einem genau festgelegten Aggregationsgrad zusammengeführt werden. Eines der Unternehmen hält sich nicht an die Beschränkungen und stellt wettbewerblich sensible Informationen in nicht aggregierter Form zur Verfügung.

Wie bereits ausgeführt wurde, kann nach der Rechtsprechung des EuGH bereits die 48
einmalige Entgegennahme von wettbewerbssensiblen Informationen ausreichend sein, um den Tatbestand der abgestimmten Verhaltensweise zu erfüllen.[101] Nach dieser Rechtsprechung kann das die Informationen empfangende Unternehmen einer kartellrechtlichen Verantwortlichkeit nur dann entgehen, wenn es dem Austausch deutlich widersprochen hat (sog. **Widerspruchslösung**).[102] Dass diese Grundsätze auch auf digitale Sachverhalte angewendet werden können, zeigt die Entscheidung Eturas des EuGH.[103] Eturas ist Anbieter und Systemadministrator von Buchungssoftware für Reisebüros, die es den angeschlos-

---

[98] S. *Schultze/Pautke/Wagner* Vertikal-GVO Rn. 593; *Wiemer* WuW 2009, 750 (756); das BKartA hat sich allerdings noch nicht verbindlich dazu geäußert, ob es Chinese Walls grundsätzlich als eine taugliche Maßnahme zur Vermeidung eines unzulässigen Informationsaustausches im Rahmen des dualen Vertriebs akzeptiert.

[99] EuGH Urt. v. 22.10.2015 – C-194/14 P, GRUR Int. 2016, 73 Rn. 30 – AC-Treuhand.

[100] Plattform Industrie 4.0, Ergebnispapier Industrie 4.0 – Kartellrechtliche Betrachtungen, 2018, S. 38 ff.

[101] Dazu → Rn. 25.

[102] Immenga/Mestmäcker/*Zimmer* AEUV Art. 101 Rn. 92; ausf. zu den Möglichkeiten, sich von einer kartellrechtswidrigen Verhaltensweise zu distanzieren *Heinrich/Eckel* NZKart 2017, 106.

[103] Immenga/Mestmäcker/*Zimmer* AEUV Art. 101 Rn. 93.

senen Reisebüros ermöglichen soll, Reisen auf ihren Websites zu vertreiben. In dem konkreten Fall hat Eturas an seine Kunden unter dem Betreff „Abstimmung" eine Nachricht gesendet, in der die Etablierung einer Rabattobergrenze in dem Buchungssystem angekündigt wurde.[104] Nach dem EuGH kann jedenfalls bei einer weiteren Nutzung der Buchungssoftware vermutet werden, dass sich die betroffenen Unternehmen an einer aufeinander abgestimmten Verhaltensweise beteiligt haben. Das gilt nach Ansicht des EuGH ab dem Zeitpunkt, zu dem sie von der vom Systemadministrator versandten Mitteilung Kenntnis erlangten. Das gelte zumindest für den Fall, dass sie es unterlassen haben, sich öffentlich von der Verhaltensweise zu **distanzieren.** Alternativ hätten sie die Verhaltensweise auch noch bei den Behörden anzeigen oder andere Beweise zur Widerlegung dieser Vermutung vorgelegen können.[105] Demgegenüber greift aufgrund der **Unschuldsvermutung** keine vergleichbare Vermutung allein aufgrund der bloßen Möglichkeit der Kenntnisnahme oder allein aufgrund der Einführung der abdingbaren technischen Beschränkung der Rabatthöhe in dem Buchungssystem durch den Systemadministrator.[106] Allerdings ist es nach dem EuGH mit der Unschuldsvermutung zu vereinbaren, wenn das Versenden der Mitteilung durch den Systemadministrator im Hinblick auf andere objektive und übereinstimmende Indizien die Vermutung begründen kann, dass die im Ausgangsverfahren in Rede stehenden Reisebüros ab dem Zeitpunkt der Versendung dieser Mitteilung deren Inhalt kannten, sofern diesen Reisebüros die Möglichkeit bleibt, diese Vermutung zu widerlegen.[107] Zudem stellte der EuGH klar, dass bei einer Koordinierung über computergestützte Systeme für eine **öffentliche Distanzierung** ausreichend sein kann, wenn diese zwar nicht gegenüber sämtlichen beteiligten Wettbewerbern, aber doch klar und ausdrücklich gegenüber dem Systemadministrator erfolgt.[108] Das ist insbesondere dann wichtig, wenn einem beteiligten Unternehmen die anderen Teilnehmer an dem System nicht bekannt sind.

49 Ein Unternehmen, das im IoT-Kontext bspw. an einer Plattform oder an einem Datenpool partizipiert, bei denen eine Wettbewerberbeteiligung nicht ausgeschlossen werden kann, muss daher Vorkehrungen treffen. Diejenigen Mitarbeiter, die für den Empfang und die Auswertung von Mitteilungen und Informationen aus den entsprechenden Systemen verantwortlich sind, sollten kartellrechtlich geschult werden. Sie müssen kartellrechtlich bedenkliche Verhaltensweisen erkennen können, um die Möglichkeit einer Distanzierung für das Unternehmen zu wahren.

b) Sonstige Kooperationen zwischen Wettbewerbern

50 Neben der Zusammenführung von Informationen und Daten können auch andere **Kooperationsformen** für die Entwicklung und Vermarktung von IoT-Anwendungen relevant sein. Deswegen soll im Folgenden insbesondere auf das im IoT-Kontext besonders bedeutsame Thema der **Standardisierungsvereinbarungen** sowie übersichtsartig kurz auf **FuE, Technologietransfer** sowie **Spezialisierungsvereinbarungen** hingewiesen werden. Deren kartellrechtliche Rahmenbedingungen ergeben sich aus den Horizontalleitlinien sowie aus den einschlägigen Gruppenfreistellungsverordnungen der EU-Kommission. Da sowohl die FuE-GVO als auch die Spezialisierungs-GVO am 31.12.2022 aus-

---

[104] Die Nachricht lautete wie folgt: „Im Anschluss an eine Auswertung der von den Reisebüros geäußerten Erklärungen, Vorschläge und Wünsche hinsichtlich der Gewährung eines Rabattsatzes für Online-Reisebuchungen werden wir Online-Preisnachlässe in Höhe von 0% bis 3% ermöglichen, die individuell gewählt werden können. Diese ‚Obergrenze' des Rabattsatzes wird dazu beitragen, die Gewinnspanne zu erhalten und die Wettbewerbsbedingungen zu normalisieren. Achtung! Für Reisebüros, die einen Rabatt von mehr als 3% angeboten haben, wird [dieser] ab 14 Uhr automatisch auf 3% reduziert. Wenn Sie Informationen über die Rabattsätze verbreitet haben, legen wir Ihnen nahe, sie in der Folge zu ändern".

[105] EuGH Urt. v. 21.1.2016 – C-74/14, NZKart 2016, 133 Rn. 50 – Eturas.

[106] EuGH Urt. v. 21.1.2016 – C-74/14, NZKart 2016, 133 Rn. 39 und 45 – Eturas.

[107] EuGH Urt. v. 21.1.2016 – C-74/14, NZKart 2016, 133 Rn. 38ff. – Eturas.

[108] EuGH Urt. v. 21.1.2016 – C-74/14, NZKart 2016, 133 Rn. 48 – Eturas.

laufen werden, hat die Kommission bereits 2019 mit dem Evaluierungsprozess für eine Novellierung der Verordnungen begonnen.[109] In diesem Zuge sollen auch die Horizontalleitlinien überarbeitet werden. Es ist davon auszugehen, dass bei der Überarbeitung insbesondere eine Anpassung der Regelungen an die Herausforderungen der digitalen Ökonomie erfolgen soll.[110]

51 **aa) Standardsetzung/Normierung.** Der kartellrechtliche Rahmen für die Bewertung von Standardisierungs- und Normsetzungsverfahren ist in den Horizontalleitlinien der Kommission abgebildet.[111] Das BKartA hat sich demgegenüber bislang noch nicht vertieft mit dieser Thematik auseinandergesetzt. Nach den Horizontalleitlinien ist grundsätzlich anerkannt, dass die Vereinbarung von Normen oder Standards positive Auswirkungen auf den Wettbewerb haben kann. Dazu wird regelmäßig darauf verwiesen, dass Normen und Standards häufig dazu führen, die wirtschaftliche Durchdringung des Binnenmarktes zu fördern und zur Entwicklung besserer Produkte und Lieferbedingungen beizutragen.[112]

52 Die EU-Kommission sieht bei Vereinbarungen über Normen potenziell vier unterschiedliche Märkte als betroffen an: (1.) die Produkt- oder Dienstleistungsmärkte, auf die sich die Norm bezieht; (2.) den Technologiemarkt, soweit in der Norm eine Technologiewahl getroffen wird; (3.) den Markt für die Festsetzung von Normen, soweit mehrere Normenorganisationen bestehen; und (4.) den Markt für die Prüfung und Zertifizierung.

53 Ist bei dem Normungsverfahren sichergestellt, dass allen interessierten Kreisen die **Mitwirkung offen steht** und es im Übrigen **transparent** ausgestaltet ist, liegt nach der Ansicht der EU-Kommission bei Normierungsvereinbarungen bereits keine Wettbewerbsbeschränkung iSd Art. 101 Abs. 1 AEUV vor. Das setzt allerdings voraus, dass die Normierungsvereinbarung **keine Verpflichtung zur Einhaltung** der Norm enthält und Dritten der Zugang zu der Norm zu **fairen, zumutbaren und diskriminierungsfreien Bedingungen** ermöglicht wird.[113] Dies sollte bei den formellen Normungsorganisationen, wie zB dem Deutschen Institut für Normung e.V. (DIN), dem European Telecommunications Standards Institute (ETSI), dem Comité Européen de Normalisation (CEN) oder der International Organization for Standardization (ISO), die in ihren Satzungen offene und transparente Verfahrensregeln implementiert haben, in der Regel gewährleistet sein.[114]

54 Zur Gewährleistung eines ausreichenden Zugangs zu der Norm sollte im Normungsverfahren durch eine geeignete IP-Policy bereits im Vorfeld sichergestellt sein, dass Unternehmen, deren Schutzrechte Bestandteil der Norm werden sollen, eine unwiderrufliche schriftliche Verpflichtung abgeben, Dritten zu fairen, zumutbaren und diskriminierungsfreien Bedingungen Lizenzen für diese Rechte zu erteilen **(„FRAND-Selbstverpflichtung“).**[115]

55 Die Nichteinhaltung der vorstehend beschriebenen Kriterien führt nicht automatisch dazu, dass in dem Normierungsverfahren eine Wettbewerbsbeschränkung gesehen werden müsste.[116] Es muss dann aber von den an dem **Normierungsverfahren** beteiligten Unternehmen im Rahmen einer Selbsteinschätzung geprüft werden, ob mit dem Normierungsverfahren eine Wettbewerbsbeschränkung (auf einem der oben genannten Märkte) einhergeht. Soweit dies der Fall ist, müssen die Voraussetzungen für eine Einzelfallfreistellung gem. Art. 101 Abs. 3 AEUV gegeben sein. Eine **bezweckte Wettbewerbsbeschränkung**

---

[109] Aktueller Stand abrufbar unter www.ec.europa.eu/info/law/better-regulation/initiatives/ares-2019-4715393_en (1.3.2021).

[110] In ersten Rückmeldungen zu dem Konsultationsverfahren wurden insbesondere die Themen Informationsaustausch, Standardisierung und die Berücksichtigung von Nachhaltigkeitserwägungen als klarstellungsbedürftig genannt.

[111] EU-KOM Horizontalleitlinien Rn. 257 ff.

[112] EU-KOM Horizontalleitlinien Rn. 263.

[113] EU-KOM Horizontalleitlinien Rn. 280.

[114] So *Schweitzer* EuZW 2012, 765 (769).

[115] EU-KOM Horizontalleitlinien Rn. 285.

[116] EU-KOM Horizontalleitlinien Rn. 308 ff.

sieht die Kommission insbesondere in den Fällen, in denen das Normierungsverfahren lediglich zur Verdeckung oder als Teil eines umfassenderen kartellrechtswidrigen Verhaltens genutzt wird, durch die der Wettbewerb ausgeschlossen werden soll. Als Beispiel dafür nennt die EU-Kommission Vereinbarungen, die darauf abzielen, konkurrierende oder neue Technologien oder Produkte auszuschließen sowie die Offenlegung von Lizenzbedingungen im Normungsverfahren, die letztendlich nur der Preisabsprache dienen sollen.[117] Eine **bewirkte Wettbewerbsbeschränkung** ist umso wahrscheinlicher, je größer die Marktmacht der an der Normenvereinbarung beteiligten Unternehmen ist.[118] Kritisch kann insofern sein, wenn die Einhaltung der Norm verpflichtend ist und nicht wirklich freiwillig durch die Unternehmen erfolgt, zB wenn Druck auf Unternehmen ausgeübt wird, keine Produkte auf den Markt zu bringen, die nicht der Norm entsprechen.[119]

56 Im Hinblick auf die Prüfung der Voraussetzungen einer Einzelfreistellung iSd Art. 101 Abs. 3 AEUV ist zu beachten, dass die Kommission eine Verpflichtung zur Nutzung einer bestimmten Norm, die Verpflichtung mehr IP-Rechte zu erwerben, als technisch notwendig wären, sowie die Verpflichtung, IP-Rechte zu überhöhten Preisen zu beziehen, nicht zur Erzielung von Effizienzgewinnen für notwendig erachtet. Für solche Beschränkungen wird eine Einzelfreistellung daher in der Regel ausscheiden.[120]

57 **bb) Weitere Kooperationsformen – FuE, Spezialisierung und Technologietransfer.** Eine detaillierte Darstellung des Anwendungsbereichs und der Regelungen der übrigen Kooperationsformen, die sich aus den jeweiligen Gruppenfreistellungsverordnungen sowie aus den Vorgaben der Horizontalleitlinien der EU-Kommission ergeben, würde den Rahmen dieses Beitrages deutlich sprengen. Insofern beschränken sich die nachfolgenden Ausführungen auf eine kurze Darstellung des Verhältnisses der unterschiedlichen Gruppenfreistellungsverordnungen zueinander und der regelmäßig erforderlichen Prüfungsschritte. Häufig kann bereits die Abgrenzung bzw. die Zuordnung einer geplanten Kooperation zu den einzelnen Gruppenfreistellungsverordnungen problematisch sein, dies gilt insbesondere, wenn bei der Entwicklung neuer Geschäftsmodelle mehrere Aspekte unterschiedlicher Gruppenfreistellungsverordnungen betroffen sind.

- Die **Spezialisierungs-GVO** stellt bestimmte Formen der horizontalen Zusammenarbeit zwischen Unternehmen zur Spezialisierung sowie zur gemeinsamen Produktion vom Kartellverbot frei. Erfasst werden solche Vereinbarungen, mit denen eine Partei zugunsten einer anderen ganz oder teilweise auf die Herstellung bestimmter Waren oder die Vorbereitung bestimmter Dienstleistungen verzichtet („einseitige Spezialisierung"), Vereinbarungen, mit denen jede Partei zugunsten einer anderen ganz oder teilweise auf die Herstellung bestimmter Waren oder die Vorbereitung bestimmter Dienstleistungen verzichtet („gegenseitige Spezialisierung") sowie Vereinbarungen, mit denen sich die Parteien verpflichten, bestimmte Waren nur gemeinsam herzustellen oder bestimmte Dienstleistungen nur gemeinsam vorzubereiten („gemeinsame Produktion").[121]
- Die **FuE-GVO** stellt bestimmte horizontale Vereinbarungen über eine gemeinsame Forschung und Entwicklung vom Kartellverbot frei. Kooperationen zur gemeinsamen Forschung und Entwicklung können dabei ganz unterschiedliche Ausprägungen haben und von der Auftragsforschung über die gemeinsame Verbesserung bestehender Techno-

[117] EU-KOM Horizontalleitlinien Rn. 273/274; EU-KOM Entsch. v. 21.10.1998 – 1999/60/EG, ABl. 1999 L 24, 1 Rn. 147 – Fernwärmetechnik-Kartell.
[118] Grabitz/Hilf/Nettesheim/*Schroeder*, 67. Erg.-Lfg. Juni 2019, AEUV Art. 101 Rn. 638.
[119] Loewenheim/Meessen/Riesenkampff/Kersting/Meyer-Lindemann/*J.B. Nordemann/Nyberg* AEUV Art. 101 Abs. 3 Rn. 116.
[120] EU-KOM Horizontalleitlinien Rn. 317.
[121] Erwgr. 7 Spezialisierungs-GVO, vgl. für die Definitionen der jeweiligen Art. 1 Abs. 1b–d Spezialisierungs-GVO.

logien bis zur vollständigen Zusammenarbeit bei Forschung, Entwicklung und Vermarktung von neuen Produkten reichen.[122]

– Die **TT-GVO** stellt bestimmte horizontale oder vertikale Vereinbarungen über die Vergabe von Technologierechten in Form von Lizenzen vom Kartellverbot frei.

Das Verhältnis zwischen der TT-GVO und der Spezialisierungs-GVO bzw. der FuE- 58
GVO ist in Art. 9 TT-GVO sowie in den von der Kommission veröffentlichten Technologie-Leitlinien definiert: Wenn Vereinbarungen über gemeinsame FuE den Technologietransfer durch Lizenzvergabe zwischen den Parteien beinhalten, unterliegt diese Lizenzvergabe der FuE-GVO und nicht der TT-GVO.[123] Die TT-GVO findet ebenfalls keine Anwendung auf die Vergabe von Lizenzen im Zusammenhang mit Spezialisierungsvereinbarungen, die unter die Spezialisierungs-GVO fallen.[124] Technologietransfers in solchen Vereinbarungen können als Nebenabrede zu der jeweiligen Hauptvereinbarung betrachtet werden und fallen unter die potenzielle Freistellung nach der jeweiligen Gruppenfreistellungsverordnung.[125] Die TT-GVO ist somit gegenüber der Spezialisierungs- und der FuE-GVO **subsidiär** anwendbar. Die Spezialisierungs-GVO und die FuE-GVO können hingegen dann parallel angewendet werden, wenn eine Zusammenarbeit sowohl ein FuE- als auch ein Spezialisierungselement aufweist, welche sich klar voneinander abgrenzen lassen.[126] Sind die gemeinsamen FuE- und Spezialisierungselemente hingegen miteinander verflochten, sollte der **„Schwerpunkt"** der Zusammenarbeit für die Anwendbarkeit der Gruppenfreistellungsverordnung entscheidend sein.[127] Dies liegt an den unterschiedlichen Rechtsfolgen, die in den beiden Verordnungen vorgesehen sind, wobei die FuE-GVO das Verhalten bis zu einem höheren Marktanteil (bei Wettbewerbern 25 statt 20 Prozent), aber nur für eine begrenzte Dauer (FuE-Dauer und bis zu sieben Jahre danach) freistellt.

Ist auf diese Art und Weise die Zuordnung eines Vorhabens zu einer oder mehreren 59
Gruppenfreistellungsverordnungen ermittelt worden, erfolgt die Prüfung der konkreten Kooperation in der Regel dem folgenden Schema: Zunächst müssen die **Anwendungsvoraussetzungen** der jeweiligen Gruppenfreistellungsverordnung erfüllt sein, die in der Regel an bestimmte **Marktanteilsschwellen** geknüpft sind, aber auch die Ausgestaltung der Kooperation und deren Reichweite an und für sich betreffen können (zB ist es für die Anwendbarkeit der FuE-GVO erforderlich, dass allen Parteien Zugang zu den Endergebnissen der gemeinsamen Forschung und Entwicklung eingeräumt wird.).[128] Ist eine Gruppenfreistellungsverordnung von ihrem Anwendungsbereich eröffnet, muss sichergestellt werden, dass keine der in den jeweiligen Gruppenfreistellungsverordnungen aufgeführten **Kernbeschränkungen** oder **nicht freigestellte Beschränkungen** (graue Klauseln) in die Kooperationsvereinbarung aufgenommen werden. Bei Kernbeschränkungen wird davon ausgegangen, dass diese eine so offensichtlich wettbewerbsbeschränkende Wirkung haben, dass sie mutmaßlich gegen das Kartellrecht verstoßen. Daher entfällt die Freistellungswirkung für die gesamte Vereinbarung und nicht nur für die betroffene Klausel. Die nicht freigestellten Beschränkungen fallen zwar selbst nicht unter die Freistellung der jeweiligen Gruppenfreistellungsverordnung, lassen die Freistellung der Vereinbarung im Übrigen aber unberührt.

Grundsätzlich ergeben sich insofern für die Anwendung der Gruppenfreistellungsver- 60
ordnungen keine unmittelbaren Besonderheiten im IoT-Kontext. Wie bereits dargestellt wurde, kann aber gerade im Hinblick auf digitale Märkte sowohl die Definition des rele-

[122] EU-KOM Horizontalleitlinien Rn. 111.
[123] EU-KOM Leitlinien zur Anwendung von Artikel 101 des Vertrags über die Arbeitsweise der Europäischen Union auf Technologietransfer-Vereinbarungen (2014/C 89/03) („TT-Leitlinien") Rn. 74.
[124] EU-KOM TT-Leitlinien Rn. 70.
[125] ZB Art. 2 Abs. 2 Spezialisierungs-GVO.
[126] MüKoWettbR/*Israel,* 2. Aufl. 2015, Spezialisierungs-GVO Einl. Rn. 16ff.
[127] Immenga/Mestmäcker/*Fuchs* Forschungs- und Entwicklungs-GVO Rn. 29; Loewenheim/Meessen/Riesenkampff/Kersting/Meyer-Lindemann/*Heckenberger/Herzog* Spezialisierungs-GVO Rn. 8.
[128] Art. 2 Abs. 2 und 3 FuE-GVO.

vanten Marktes zur Bestimmung der Anwendbarkeitsvoraussetzungen als auch die Einordnung des Kooperationspartners als Wettbewerber oder potenzieller Wettbewerber ganz besondere Herausforderungen bereithalten. Dies gilt insbesondere für FuE-Vereinbarungen, die darauf abzielen, ein bestehendes Produkt abzulösen oder eine völlig neue Nachfrage zu schaffen.[129] Ist keine Gruppenfreistellungsverordnung einschlägig oder liegen die Anwendungsvoraussetzungen der einschlägigen Gruppenfreistellungsverordnungen nicht vor, bedeutet dies nicht automatisch, dass die geplante Kooperation nicht mit dem Kartellrecht zu vereinbaren wäre. Vielmehr muss in einem solchen Fall geprüft werden, ob die Voraussetzungen für eine Einzelfreistellung vorliegen.[130]

c) Einsatz von Algorithmen

61 Es gibt zum Themenkreis Algorithmen und Kartellrecht bislang nur wenige Entscheidungen. Gleichwohl handelt es sich dabei um eine der meistdiskutierten Fragestellungen der letzten Jahre. Grob lassen sich in der Diskussion **drei Fallkonstellationen** unterscheiden.[131] Fälle, in denen Algorithmen nur als **Instrument zur Umsetzung einer Absprache** zwischen Unternehmen dienen, bilden eine aus kartellrechtlicher Sicht ohne Weiteres zu erfassende erste Fallkonstellation.[132] Eine solche Konstellation lag zB einer Entscheidung der britischen Wettbewerbsbehörde (CMA) zugrunde, in der sich die an der Absprache beteiligten Unternehmen bei dem Vertrieb von Postern über Amazon Marketplace zunächst per E-Mail auf eine Angleichung der Preise geeinigt hatten. Um den Aufwand einer manuellen Anpassung der jeweiligen Preise zu vermeiden, setzten die beteiligten Unternehmen Pricing-Software ein, um die Preise gegenseitig zu beobachten und dynamisch an die jeweiligen Änderungen anzupassen.[133]

62 Eine zweite Fallkonstellation bilden Fälle, in denen ein unabhängiger Dritter entweder einen **gleichen oder gleichartigen (Preis-)Algorithmus für mehrere im Wettbewerb stehende Unternehmen** entwickelt oder sogar die Preissetzung für diese Unternehmen auf der Basis eines Algorithmus übernimmt. Dies könnte bspw. bei IT-Dienstleistern oder bei Plattformen der Fall sein.[134] In dieser Fallkonstellation kann wiederum danach unterschieden werden, ob eine Koordinierung auf der Basis der **Funktionsweise/Methodologie** des Algorithmus erfolgt oder auf der Ebene des **Inputs/Daten** für den Algorithmus.[135] Wenn Wettbewerber Algorithmen einsetzen, die im Hinblick auf die Funktionsweise/Methodologie gleichartig oder aufeinander abgestimmt sind und bedeutende strategische Entscheidungen wie die Preissetzung oder die Festlegung von Preisparametern betreffen, kann das kartellrechtlich äußerst problematisch sein.[136] Bei der Verwendung einheitlicher Algorithmen, die der Preisbildung deutlich vorgelagert sind (zB Algorithmen zur Bewertung von Risiken in der Versicherungsbranche), kommt es darauf an, inwiefern dadurch eine relevante Verhaltenskoordinierung erzeugt wird. Einigen sich Unternehmen direkt auf die Verwendung eines einheitlichen Algorithmus eines

[129] EU-KOM Horizontalleitlinien Rn. 119; im Hinblick auf Innovationsmärkte unterscheidet die EU-KOM zwischen solchen Innovationsmärkten, bei denen der Innovationsprozess so strukturiert ist, dass bereits in der Anfangsphase konkurrierende FuE-Pole ausgemacht werden können, wie dies bspw. in der Pharmaindustrie der Fall sei. In diesem Fall könne geprüft werden, ob nach Abschluss der Vereinbarung eine ausreichende Anzahl von FuE-Polen verbleibt. Können keine derartigen FuE-Pole ausgemacht werden, beschränkt die EU-KOM ihre Prüfung in der Regel bislang auf die bestehenden Produkt- und Technologiemärkte.

[130] Zu diesen Voraussetzungen → Rn. 19.

[131] Vgl. ausführlich zu den Fallkonstellationen BKartA/Autorité de la Concurrence Algorithms and Competition.

[132] Monopolkommission XXII. Hauptgutachten S. 68 ff.; *Künstner* GRUR 2019, 36 (39).

[133] CMA Entsch. v. 12.8.2016 – Case 50223 – Online sales of posters and frames.

[134] Monopolkommission XXII. Hauptgutachten S. 73, als Bsp. für eine Plattform, an die die Preissetzung der Nutzer de-facto ausgelagert wird, wird häufig Uber genannt.

[135] Vgl. BKartA/Autorité de la Concurrence, Algorithms and Competition, 2020, S. 33, in dem terminologisch zwischen „code-level“ und „data-level“ unterschieden wird.

[136] BKartA/Autorité de la Concurrence, Algorithms and Competition, 2020, S. 38.

Drittanbieters, liegt eher eine mit der ersten Fallkonstellation vergleichbare Situation vor, der nach den etablierten Kriterien zur Behandlung von Absprachen bewertet werden kann. Lediglich der Zeitpunkt der Absprache verlagert sich weiter nach vorne.[137] Gibt es hingegen keine direkte Koordinierung der Wettbewerber untereinander, wird es für die kartellrechtliche Bewertung darauf ankommen, ob ein Unternehmen ein wettbewerbswidriges Verhalten der Wettbewerber oder eines Dritten vernünftigerweise vorhersehen konnte und trotzdem bereit war, die daraus erwachsende Gefahr auf sich zu nehmen.[138] Als Beispiel hierfür kann die bereits unter → Rn. 48 im Detail geschilderte Eturas-Entscheidung des EuGH gesehen werden, bei der durch einen Systemadministrator einer Buchungssoftware für Reisebüros eine einheitliche Obergrenze für Rabatte bei den Nutzern dieser Buchungssoftware gesetzt wurde. In dem Falle hatte der Systemadministrator im Vorfeld auf die Umstellung hingewiesen.[139] Bei der Verwendung von Algorithmen, bei denen eine Koordinierung im Hinblick auf die genutzten Daten erfolgt, zB wenn ein Dienstleister auf die Daten mehrerer Wettbewerber zugreifen kann, können für die kartellrechtliche Bewertung die allgemeinen Grundsätze zur Beurteilung eines **Informationsaustausches** herangezogen werden.[140] Verwenden Unternehmen allerdings den gleichen oder gleichartige Algorithmen eines Drittanbieters wie ihre Wettbewerber, ohne dass dem eine direkte oder indirekte Koordinierung zugrunde liegt, dürfte es sich im Regelfall um ein **zulässiges Parallelverhalten** handeln, das keine Anknüpfungspunkte für eine kartellrechtliche Haftung bietet.[141] Wird ein Dritter, wie zB ein IT-Dienstleister damit beauftragt, einen Preisalgorithmus zu entwickeln, kann es sich daher anbieten, ausdrücklich vertraglich zu regeln, dass der entsprechende oder vergleichbare Algorithmus nicht an Wettbewerber vertrieben werden darf.

Eine dritte, bislang noch eher theoretische Fallkonstellation betrifft die **Abstimmung von zwei oder mehreren selbstlernenden Algorithmen** untereinander, ohne dass dieser Abstimmung eine Koordinierung der Unternehmen zugrunde liegen würde, die diese Algorithmen einsetzen. Derzeit ist noch unklar, wie realistisch ein solches Szenario tatsächlich ist. Kartellrechtlich stellen sich in dieser dritten Fallkonstellation insbesondere zwei Herausforderungen: einerseits die Abgrenzung einer solchen Konstellation von einem zulässigen wettbewerblichen Parallelverhalten und andererseits die Frage nach der Zurechenbarkeit einer durch einen Algorithmus autonom herbeigeführten Verhaltenskoordination.[142] 63

Auch in **vertikalen Beziehungen** finden Algorithmen Anwendung und können kartellrechtliche Implikationen haben. So können Algorithmen bspw. zur Preisbeobachtung eingesetzt werden und es einem Hersteller erleichtern, die Einhaltung von Mindestpreisen zu überwachen oder Abweichungen in der Preisgestaltung zügig zu sanktionieren.[143] Die Kommission hat in den kürzlich ergangenen Entscheidungen zur Preisbindung im Bereich von Consumer-Electronic-Produkten hervorgehoben, dass Softwareprogramme zur Preisüberwachung und Preisanpassung die Effektivität von Preisbindungssystemen vervielfachen können.[144] Es ist durchaus denkbar, dass sich der Einsatz von solchen Algorithmen in der Zukunft auch in der Bußgeldberechnung im Einzelfall niederschlägt. 64

---

[137] Monopolkommission XXII. Hauptgutachten S. 69 ff.
[138] EuGH Urt. v. 21.7.2016 – C-542/14, GRUR Int. 2017, 82 Rn. 33 – VM Remonts.
[139] EuGH Urt. v. 21.1.2016 – C-74/14, NZKart 2016, 133 – Eturas.
[140] BKartA/Autorité de la Concurrence, Algorithms and Competition, 2020, S. 38.
[141] BKartA/Autorité de la Concurrence, Algorithms and Competition, 2020, S. 41.
[142] BKartA/Autorité de la Concurrence, Algorithms and Competition, 2020, S. 42 ff.
[143] BKartA/Autorité de la Concurrence, Algorithms and Competition, 2020, S. 30.
[144] EU-KOM Beschl. v. 24.7.2018 – AT.40469 Rn. 95 – Denon & Marantz; Beschl. v. 24.7.2018 – AT.40181, C(2018) 4797 final Rn. 64 – Philipps; Beschl. v. 24.7.2018 – AT.40182, C(2018) 4790 final Rn. 155 – Pioneer.

65 Fest steht jedenfalls, dass der Einsatz von Algorithmen derzeit im Fokus der Kartellbehörden steht. Sowohl das BKartA[145] als auch die EU-Kommission[146] haben deutlich gemacht, dass sich Unternehmen nicht hinter den von ihnen eingesetzten Algorithmen verstecken können. Es ist deshalb von besonderer Bedeutung, bei der Entwicklung (wie auch bei der Beauftragung zur Entwicklung) von Algorithmen und Algorithmus-getriebenen Geschäftsmodellen bereits frühzeitig auch an **Kartellrechts-Compliance** zu denken. Dies bedeutet konkret, dass auch Rechtsabteilungen sich damit vertraut machen sollten, welche Algorithmen von ihrem Unternehmen eingesetzt werden und wie diese funktionieren und ob ein Risiko zur Verhaltenskoordinierung geschaffen wird.

d) Vertikale Wettbewerbsbeschränkungen im Vertrieb

66 Die Einordnung vertikaler Wettbewerbsbeschränkungen, wie zB die Einordnung von Meistbegünstigungsklauseln oder Plattformverboten, werden in → § 9 näher beleuchtet.

IV. Das Missbrauchsverbot (Art. 102 AEUV, §§ 19 ff. GWB)

67 Das **Missbrauchsverbot** stellt die zweite zentrale Säule des Kartellrechts dar, um einen unverfälschten Wettbewerb zu gewährleisten.[147] Anders als das Kartellverbot findet das Missbrauchsverbot nur gegenüber marktbeherrschenden Unternehmen (in Deutschland teilweise auch gegenüber marktstarken Unternehmen und seit der 10. GWB-Novelle gegenüber Unternehmen mit überragender marktübergreifender Bedeutung für den Wettbewerb) Anwendung. Während es Unternehmen nicht verboten ist, eine marktbeherrschende Stellung zu erlangen oder anzustreben, wenden sich Art. 102 AEUV bzw. §§ 19 ff. GWB allein gegen den Missbrauch einer marktbeherrschenden Stellung.[148] Anders als das Kartellverbot erfasst das Missbrauchsverbot **einseitige Maßnahmen** eines marktbeherrschenden Unternehmens. Sowohl die Aktivitäten der Kommission als auch des BKartA lassen schon heute erahnen, dass das Missbrauchsverbot im IoT-Bereich von großer und zunehmender Bedeutung sein wird.

1. Marktbeherrschende Stellung

68 Der EuGH definiert eine **marktbeherrschende Stellung** als die wirtschaftliche Stellung eines Unternehmens, die dieses in die Lage versetzt, die Aufrechterhaltung wirksamen Wettbewerbs auf dem relevanten Markt zu verhindern. Davon ist auszugehen, wenn ein Unternehmen die Möglichkeit hat, sich gegenüber seinen Wettbewerbern, seinen Abnehmern und den Verbrauchern in einem nennenswerten Umfang unabhängig zu verhalten.[149] Im GWB wird die marktbeherrschende Stellung in § 18 Abs. 1 GWB folgender-

[145] BKartA Fallbericht v. 25. 9. 2018 – B9-175/17, S. 4; so auch Aussagen des Präsidenten des BKartA *Andreas Mundt* gegenüber der SZ am 28. 12. 2017: „Solche Algorithmen werden ja nicht im Himmel vom lieben Gott geschrieben". Unternehmen könnten „sich nicht hinter Algorithmen verstecken", www.sueddeutsche.de/wirtschaft/nach-air-berlin-pleite-bundeskartellamt-ruegt-lufthansa-1.3806188 (15. 4. 2021).

[146] So hat Wettbewerbskommissarin *Margrethe Vestager* bereits im März 2017 in einer Rede auf der Internationalen Kartellkonferenz folgendes betont: „[N]o one should imagine they can get away with price-fixing by allowing software to make agreements for them. (…) we need to make it very clear that companies can't escape responsibility for collusion by hiding behind a computer program. (…) What businesses can – and must – do is to ensure antitrust compliance by design. That means pricing algorithms need to be built in a way that doesn't allow them to collude.", www.wayback.archive-it.org/12090/20191129221651/; https://ec.europa.eu/commission/commissioners/2014-2019/vestager/announcements/bundeskartellamt-18th-conference-competition-berlin-16-march-2017_en (1. 3. 2021).

[147] Streinz/*Eilmansberger/Kruis* AEUV Art. 102 Rn. 1.

[148] Streinz/*Eilmansberger/Kruis* AEUV Art. 102 Rn. 1.

[149] EuGH Urt. v. 14. 2. 1978 – 27/76, NJW 1978, 2439 Rn. 63 und 66 – United Brands.

maßen legaldefiniert.[150] Wesentliche Anhaltspunkte, die bei der Bewertung der Marktstellung eines Unternehmens berücksichtigt werden müssen, sind insbesondere sein **Marktanteil,** aber auch seine **Finanzkraft,** sein **Zugang zu den Beschaffungs- oder Absatzmärkten, Verflechtungen** mit anderen Unternehmen, rechtliche oder tatsächliche **Schranken für den Marktzutritt** anderer Unternehmen, die tatsächliche oder potenzielle Wettbewerbssituation, die Fähigkeit, sein Angebot oder seine Nachfrage auf andere Leistungen umzustellen, sowie die Möglichkeit der jeweiligen Marktgegenseite, auf andere Unternehmen auszuweichen (vgl. § 18 Abs. 3 GWB). Diese Kriterien wurden im Zuge der 9. GWB-Novelle mit Blick auf die besonderen Anforderungen digitaler Märkte (und insbesondere von Plattformmärkten) in zweifacher Hinsicht angepasst. So wurde erstmals ausdrücklich festgehalten, dass der Annahme eines eigenen Marktes nicht entgegensteht, dass eine **Leistung unentgeltlich** erbracht wird (§ 18 Abs. 2a GWB). Zudem wurden **weitere Beurteilungskriterien** normiert, die insbesondere bei mehrseitigen Märkten und Netzwerken bei der Beurteilung der Marktstellung eines Unternehmens berücksichtigt werden sollen (§ 18 Abs. 3a GWB). Diese Kriterien wurden im Rahmen der 10. GWB-Novelle noch einmal erweitert, um bspw. auch die **Intermediationsmacht** von Plattformen und Netzwerken ausdrücklich zu berücksichtigen.[151]

Auf europäischer Ebene wird von einer marktbeherrschenden Stellung ausgegangen, 69
wenn ein Unternehmen einen Marktanteil von mindestens 50 Prozent erreicht.[152] Im deutschen Kartellrecht greift eine widerlegliche Vermutung bereits ab einem Marktanteil von 40 Prozent (vgl. § 18 Abs. 4 GWB) für Einzelunternehmen. Zudem gibt es noch weitere Vermutungsregeln für eine gemeinsame Marktbeherrschung durch mehrere Unternehmen (vgl. § 18 Abs. 6 GWB).

2. Missbrauch der marktbeherrschenden Stellung

Beim Missbrauchsverbot können im Wesentlichen zwei Schutzrichtungen unterschieden 70
werden. Zum einen soll die Marktgegenseite von marktbeherrschenden Unternehmen vor besonders nachteiligen Preisen und Geschäftsbedingungen geschützt werden (Fallgruppen des sog. **Ausbeutungsmissbrauchs**).[153] Zum anderen soll der durch die marktbeherrschende Stellung bereits geschwächte horizontale Restwettbewerb geschützt werden (Fallgruppen des sog. **Behinderungsmissbrauchs**).[154] Darüber hinaus gilt für marktbeherrschende Unternehmen auch ein Diskriminierungsverbot gegenüber gleichartigen Abnehmern. Aufgrund des Missbrauchsverbots unterliegt dementsprechend das Marktverhalten von marktbeherrschenden Unternehmen strengeren Regelungen als das Verhalten von sonstigen Marktteilnehmern. Nach der Rechtsprechung des EuGH trägt das marktbeherrschende Unternehmen eine „besondere Verantwortung" dafür, dass es durch sein Verhalten einen wirksamen und unverfälschten Wettbewerb auf dem Markt nicht beeinträchtigt.[155]

[150] Ein Unternehmen ist marktbeherrschend, soweit es als Anbieter oder Nachfrager einer bestimmten Art von Waren oder gewerblichen Leistungen auf dem sachlich und räumlich relevanten Markt (1.) ohne Wettbewerber ist, (2.) keinem wesentlichen Wettbewerb ausgesetzt ist oder (3.) eine im Verhältnis zu seinen Wettbewerbern überragende Marktstellung hat.

[151] Dazu ausf. → Rn. 85 ff.

[152] EuG Urt. v. 7.10.1999 – T-228/97, BeckRS 1999, 55379 Rn. 70 – Irish Sugar/Kommission; zudem wird ein Marktanteil zwischen 40 und 50 Prozent als deutlicher Hinweis auf eine marktbeherrschende Stellung angesehen, die allerdings durch weitere Faktoren untermauert werden muss, vgl. Streinz/*Eilmansberger/Kruis* AEUV Art. 102 Rn. 22; aA Immenga/Mestmäcker/*Fuchs/Möschel,* 5. Aufl. 2012, AEUV Art. 102 Rn. 87 ff., die die Schwelle für die Vermutung einer marktbeherrschenden Stellung erst bei einem Marktanteil von 75 Prozent verorten, sodass auch bei einem Marktanteil über 50 Prozent noch auf weitere Faktoren für die Begründung einer marktbeherrschenden Stellung ankommen würde.

[153] Immenga/Mestmäcker/*Fuchs/Möschel,* 5. Aufl. 2012, AEUV Art. 102 Rn. 4.

[154] Immenga/Mestmäcker/*Fuchs/Möschel,* 5. Aufl. 2012, AEUV Art. 102 Rn. 5.

[155] EuGH Urt. v. 9.11.1983 – 322/81, BeckRS 2004, 70794 Rn. 57 – Michelin.

a) Ausbeutungsmissbrauch

71 Der Ausbeutungsmissbrauch findet sich im Unionsrecht in dem Regelbeispiel des Art. 102 Abs. 2 lit. a AEUV. Danach stellt die unmittelbare oder mittelbare Erzwingung von unangemessenen Einkaufs- oder Verkaufspreisen oder sonstigen Geschäftsbedingungen eine missbräuchliche Verhaltensweise dar. Laut EuGH können Preise oder Geschäftsbedingungen als unangemessen angesehen werden, wenn ein marktbeherrschendes Unternehmen die sich aus seiner Stellung ergebenden Möglichkeiten nutzt, um geschäftliche Vorteile zu erhalten, die er bei einem normalen und hinreichenden Wettbewerb nicht erhalten würde.[156] Ob dies der Fall ist, kann bspw. anhand einer **Vergleichsmarktanalyse** (also durch einen Vergleich mit einem Markt auf dem hinreichender Wettbewerb besteht) geklärt werden.[157] Eine weitere Methode ist das **Konzept der Gewinnbegrenzung**,[158] demgemäß ein Missbrauch auch dann angenommen werden kann, wenn ein außergewöhnlich hohes Missverhältnis zwischen den tatsächlich entstandenen Kosten und dem geforderten Preisniveau besteht.[159] Im GWB hat die Fallgruppe des Ausbeutungsmissbrauchs mit vergleichbaren Kriterien insbesondere in den Regelbeispielen des § 19 Abs. 2 Nr. 2, 3 und 5 GWB Niederschlag gefunden. Ein Verfahren, das vor allem im Bereich des Ausbeutungsmissbrauchs angesiedelt war und das zuletzt sehr große Aufmerksamkeit auf sich gezogen hat, ist das Verfahren des BKartA gegen Facebook, in dem das BKartA Facebook die Zusammenführung von Nutzerdaten aus verschiedenen Quellen untersagt hat[160] und auf das in diesem Kapitel noch ausführlicher eingegangen wird (→ Rn. 97).

b) Behinderungsmissbrauch

72 Von größerer Bedeutung in der Behördenpraxis und der Rechtsprechung als der Ausbeutungsmissbrauch war bislang der Behinderungsmissbrauch.[161] Die Fallgruppe des **Behinderungsmissbrauchs** betrifft insbesondere Verhaltensweisen, die sich gegen den Restwettbewerb auf dem beherrschten Markt oder gegen den Wettbewerb auf benachbarten Märkten richten.[162] Insofern besteht die Schwierigkeit, das zulässige Wettbewerbsverhalten, das auch einem marktbeherrschenden Unternehmen offen stehen muss, von einem missbräuchlichen Verhalten zu Lasten des Restwettbewerbs abzugrenzen. Nach der Rechtsprechung des EuGH kommt es dafür auf eine Interessensabwägung an. Dabei ist zu berücksichtigen, ob sich das marktbeherrschende Unternehmen den Mitteln des normalen Produkt- oder Dienstleistungswettbewerbs auf der Grundlage der Leistungen der Wirtschaftsteilnehmer bedient oder zu Mitteln greift, die nicht dem fairen **Leistungswettbewerb** entsprechen.[163]

73 Vergleichbare Gesichtspunkte werden von der Rechtsprechung auch bei der Bewertung eines Behinderungsmissbrauches auf der Basis von § 19 GWB herangezogen. Nach dem BGH kommt es bei der Frage, ob ein Verhalten als missbräuchlich zu qualifizieren ist, auf eine umfassende **Abwägung der Interessen** der Beteiligten an. Diese soll unter Berücksichtigung der Zielsetzung des GWB erfolgen, einen freien und unverfälschten Wettbewerb

---

156 EuGH Urt. v. 14.2.1978 – 27/76, NJW 1978, 2439 Rn. 248 – United Brands.

157 *Bechtold/Bosch/Brinker* AEUV Art. 102 Rn. 35.

158 Ausf. dazu Loewenheim/Meessen/Riesenkampff/Kersting/Meyer-Lindemann/*Huttenlauch/Lübbig,* 3. Aufl. 2016, AEUV Art. 102 Rn. 184 ff.

159 EuGH Urt. v. 14.9.2017 – C-177/16, GRUR Int. 2017, 1100 Rn. 36 – Lettische Verwertungsgesellschaft für Urheberrechte.

160 BKartA Beschl. v. 6.2.2019 – B6-22/16, GRUR-Prax 2019, 266 – Facebook (noch nicht rechtskräftig).

161 Immenga/Mestmäcker/*Fuchs/Möschel,* 5. Aufl. 2012, AEUV Art. 102 Rn. 173.

162 Immenga/Mestmäcker/*Fuchs/Möschel,* 5. Aufl. 2012, AEUV Art. 102 Rn. 199.

163 EuGH Urt. v. 16.7.2015 – C-170/13, GRUR 2015, 764 Rn. 45 – Huawei/ZTE; Urt. v. 13.2.1979 – 85/76, NJW 1979, 2460 Rn. 91 mAnm *Meier* – Hoffmann-La Roche/Kommission; Grabitz/Hilf/*Nettesheim/Jung* AEUV Art. 102 Rn. 214.

zu gewährleisten.[164] Dabei wird auch berücksichtigt, ob sich das marktbeherrschende Unternehmen Mittel bedient, die nicht dem Leistungswettbewerb entsprechen.[165] Beispiele für missbräuchliches Verhalten, die der Fallgruppe des Behinderungsmissbrauchs unterfallen, sind ua der Einsatz von Kampf- und Verdrängungspreisen, ausschließliche Bezugsbindungen von wichtigen Lieferanten und Exklusivitätsbindungen im Vertrieb sowie Rabattgestaltungen oder Kopplungsangebote, die eine Sogwirkung entfachen und deswegen zu einer Marktverschließung führen können.

c) Diskriminierungsverbot

Weiterhin greift für Unternehmen mit einer marktbeherrschenden Stellung auch das sog. 74 **Diskriminierungsverbot,** demgemäß ein marktbeherrschendes Unternehmen ohne sachliche Rechtfertigung gleichartige Abnehmer grundsätzlich nicht unterschiedlich behandeln darf.[166] Insofern ist verboten, unter gleichen Voraussetzungen gleichartigen Unternehmen oder Kunden unterschiedliche Verkaufsbedingungen zu gewähren, jedenfalls soweit sich die Ungleichbehandlung auf die Wettbewerbsposition des Abnehmers auswirken kann.[167] Dagegen sind Ungleichbehandlungen möglich, die auf sachlichen Gründen basieren.

3. Marktstarke Unternehmen (§ 20 GWB)

Das deutsche Recht enthält über die Vorgaben des Unionsrechts hinaus auch Verhal- 75 tensvorgaben für Unternehmen, die zwar nicht die Schwelle der Marktbeherrschung überschreiten, aber über sog. relative Marktmacht verfügen. Gem. § 20 Abs. 1 GWB gilt dementsprechend das Behinderungs- und Diskriminierungsverbot auch für nicht marktbeherrschende Unternehmen, soweit von ihnen kleine oder mittlere Unternehmen als Anbieter oder Nachfrager einer bestimmten Art von Waren oder gewerblichen Leistungen in der Weise abhängig sind, dass eine ausreichende und zumutbare Möglichkeiten, auf andere Unternehmen auszuweichen, nicht besteht. Diese Unternehmen werden auch als **marktstarke Unternehmen** bezeichnet. Im Rahmen der 10. GWB-Novelle wurde der Anwendungsbereich des § 20 GWB erweitert und die Beschränkung auf kleine und mittlere Unternehmen gestrichen. Auch wenn diese Änderung nicht auf die digitale Wirtschaft beschränkt ist, soll von ihr gerade diesbezüglich ein besonders großer Nutzen für den Wettbewerb zu erwarten sein. Dies gelte bspw. für die Erfassung von Behinderungsstrategien digitaler Plattformen mit „Gatekeeper“-Position, da auch große Unternehmen von solchen Plattformen abhängig sein können.[168]

4. Besonderheiten bei der Anwendung des Missbrauchsverbots im IoT-Kontext

a) Plattformen

Im Zentrum der aktuellen Diskussion um eine Modernisierung des Kartellrechts steht ins- 76 besondere der Umgang mit Plattformen. Gerade in diesem Bereich stellt sich die Frage, ob das derzeitige kartellrechtliche Instrumentarium ausreichend ist, um den besonderen Herausforderungen von Plattformmärkten gerecht zu werden. Deswegen bezieht sich eine Reihe von legislativen Maßnahmen und Überlegungen auf europäischer sowie auf nationaler Ebene spezifisch auf den Umgang mit Plattformen.

---

[164] BGH Urt. v. 27.9.1962 – KZR 6/61, GRUR 1963, 86 = BGHZ 38, 90ff. – Treuhandbüro; Urt. v. 19.3.1996 – KZR 1/95, WuW/E BGH 3058ff. – Pay-TV Durchleitung.
[165] *Bechtold/Bosch* GWB § 19 Rn. 7.
[166] Art. 102 Abs. 2 lit. b AEUV, § 19 Abs. 2 Nr. 1 Alt. 1 GWB.
[167] EuGH Urt. v. 19.4.2018 – C-525/16, GRUR Int. 2018, 850 – Portugiesische Urheberrechtsverwertungsgesellschaft.
[168] BMWi Regierungsentwurf der 10. GWB-Novelle S. 91.

77 **aa) Begriff der Plattform im Kartellrecht.** Aus kartellrechtlicher Sicht gibt es keine einheitliche Definition, was unter dem Begriff „Plattform" zu verstehen ist. Mit dem Begriff werden in der kartellrechtlichen Diskussion unterschiedliche Konstellationen erfasst. Teilweise werden unter den Begriff der Plattform nur solche Dienste subsumiert, die als Intermediäre die direkte Interaktion zwischen zwei oder mehreren Nutzerseiten ermöglichen, zwischen denen indirekte Netzwerkeffekte bestehen. Damit wird insbesondere die **Zwei- oder Mehrseitigkeit** von Plattformmärkten als zentrales Merkmal in den Vordergrund gerückt.[169] Innerhalb dieser Definition kann wiederum zwischen **Vermittlungsplattformen** (sog. **Matching-Plattformen**) und **Aufmerksamkeitsplattformen** (insbesondere werbefinanzierte Internetdienste wie zB Suchmaschinen) unterschieden werden. Bei Vermittlungsplattformen wird teilweise weiter zwischen Plattformen mit Transaktionen und Plattformen ohne Transaktionen (zB Online-Partnervermittlung) unterschieden.[170] Teilweise wird der Begriff der Plattform aber auch weiter gefasst. Dann werden unabhängig von einer „Mehrseitigkeit" auch Dienste berücksichtigt, die lediglich Interaktionen zwischen Nutzern derselben Nutzergruppe ermöglichen, zwischen denen dabei **direkte Netzwerkeffekte** entstehen.[171] Die Vertreter der engeren Plattformdefinition erfassen diese Dienste nicht als Plattformen, sondern als „Netzwerke".[172] Ein klassisches Beispiel für solche Märkte wären soziale Netzwerke, jedenfalls soweit diese nicht werbefinanziert sind.[173] Eine trennscharfe Unterscheidung zwischen Plattformen und Netzwerken ist dabei – wie der Facebook-Fall des BKartA zeigt – nicht immer möglich. In der Praxis finden sich häufig Geschäftsmodelle, die Plattform- und Netzwerkelemente miteinander verbinden.[174] Unabhängig von der Abgrenzung des Begriffs der Plattform liegt die wesentliche gemeinsame Charakteristik von Plattformmärkten (oder Netzwerken) im Vorhandensein von direkten und/oder indirekten Netzwerkeffekten, dh Effekten, die zwischen verschiedenen Nutzern oder Nutzergruppen einer Plattform auftreten.[175]

78 **bb) Bestimmung des relevanten Marktes bei mehrseitigen Märkten.** Die Bestimmung des relevanten Marktes und von Marktanteilen stellt sich bei Plattformmärkten als eine besondere Herausforderung dar.[176] Dabei stellt sich insbesondere die Frage, ob bei Plattformen die jeweiligen Nutzer und damit die jeweiligen Marktseiten **einzeln** betrachtet werden sollen oder ob eine **einheitliche** Betrachtung der gesamten Plattform unter Berücksichtigung der Wechselbeziehungen zwischen den Nutzergruppen vorzugswürdig wäre.[177] Im ersten Fall gäbe es mehrere sachlich relevante Märkte, auf denen die Plattform aktiv ist. Im zweiten Fall müsste nur ein relevanter Markt betrachtet werden.

79 Teilweise wird vertreten, dass aufgrund der wechselseitigen **positiven Netzwerkeffekte** eine einheitliche Betrachtung geboten sein kann, um die wirtschaftlichen Zusammenhänge und die tatsächliche Marktposition der Plattform erfassen zu können.[178] Demgegenüber wird gegen eine **Gesamtbetrachtung** angeführt, dass nur eine **marktseitenspezifische Betrachtung** dem Ziel gerecht wird, den Wettbewerb tatsächlich auf allen Marktseiten zu schützen. Andernfalls könnten bei der Bewertung einer Plattform auf der Basis einer

---

[169] So BKartA Arbeitspapier Marktmacht von Plattformen und Netzwerken S. 20; ebenso in § 18 Abs. 3a GWB.

[170] S. dazu BKartA Arbeitspapier S. 20 ff.; BKartA Beschl. v. 4.12.2017 – B6-132/14-2, BeckRS 2017, 143035 – CTS/Eventim Rn. 86; BMWi Bericht der Kommission Wettbewerbsrecht 4.0 S. 17 f.

[171] *Crémer/Montjoye/Schweitzer* Competition policy S. 22 f.; BMWi Bericht der Kommission Wettbewerbsrecht 4.0 S. 17 f.; vgl. BKartA Arbeitspapier Marktmacht S. 109.

[172] Vgl. § 18 Abs. 3a GWB, der ebenso von mehrseitigen Märkten und Netzwerken spricht.

[173] BMWi Bericht der Kommission Wettbewerbsrecht 4.0 S. 18; ebenso Anbieter wie Spotify oder Netflix, soweit ein Angebot ohne Werbung gewählt wird, vgl. BKartA Arbeitspapier Marktmacht S. 28.

[174] BKartA Beschl. v. 6.2.2019 – B6-22/16, GRUR-Prax 2019, 266 Rn. 215 – Facebook.

[175] BT-Drs. 18/10207, 50.

[176] S. dazu *Hoffer/Lehr* NZKart 2019, 10 (13 ff.).

[177] BKartA Arbeitspapier Marktmacht S. 28; Immenga/Mestmäcker/*Fuchs* GWB § 18 Rn. 73.

[178] *Dewenter/Rösch/Terschüren* NZKart 2014, 387 (390); *Klasse/Wiethaus* WuW 2017, 356 (360).

marktübergreifenden Gesamtbilanz negative Effekte auf einer Marktseite durch positive Effekte auf einer anderen Marktseite aufgewogen werden.[179] Zudem führe eine Gesamtbetrachtung mehrerer Marktseiten an die **Grenzen des Bedarfsmarktkonzepts,** das maßgeblich auf die Austauschbarkeit des Angebotes aus der Sicht der Marktgegenseite abstellt. Letzteres setze schlicht eine getrennte Betrachtung voraus, jedenfalls wenn die jeweiligen Nutzergruppen einen unterschiedlichen Bedarf über die Plattform abdecken.[180]

Eine weitere Ansicht hält es für vorzugswürdig, sich aufgrund der Schwächen sowohl 80
der Gesamtbetrachtung als auch der marktseitenspezifischen Betrachtung insgesamt **von der Definition des sachlich relevanten Marktes zu lösen.** Statt auf die konkrete Definition eines relevanten Marktes sei das Augenmerk auf den Nachweis einer Schadenstheorie **(„Theory of Harm")** zu legen.[181] Die Möglichkeit, sich unabhängig von anderen Unternehmen auf dem Markt in einer wettbewerbsbeschränkenden Weise zu verhalten, könnte dann als Indikation für die marktbeherrschende Stellung angesehen werden.[182] Allerdings wird diesem Ansatz zu Recht entgegengehalten, dass damit die Unsicherheiten der Marktabgrenzung in einen anderen Bereich der Prüfung übertagen werden würde. Im Prinzip müsste dann nachgewiesen werden, inwiefern sich der vom Wettbewerb nicht kontrollierte Verhaltensspielraum gerade in dem wettbewerbsschädlichen Verhalten ausgewirkt hat.[183]

Das **BKartA** geht in seinem Arbeitspapier „Marktmacht von Plattformen und Netz- 81
werken" davon aus, dass eine **einheitliche Marktabgrenzung** insbesondere bei **Vermittlungsplattformen** in Betracht kommt. Das sei möglich, da die Nutzergruppen einen im Wesentlichen **einheitlichen Bedarf** nach einer Vermittlung zur anderen Nutzergruppe hätten und sich daher die Sicht der Nutzergruppen hinsichtlich der funktionalen Substituierbarkeit nicht wesentlich unterscheide.[184] In diesen Fällen könne das Bedarfsmarktkonzept auch bei einer einheitlichen Betrachtung der Plattform angewendet werden. Die Plattform könne als Anbieter einer Vermittlungsleistung und die unterschiedlichen Nutzergruppen könnten als Nachfrager der Vermittlungsleistung mit einem einheitlichen Bedarf angesehen werden.[185] Bestünden demgegenüber für die jeweiligen Nutzergruppen unterschiedliche Substitutionsmöglichkeiten, müssten die Marktseiten getrennt betrachtet werden, da ansonsten ggf. wesentliche Wettbewerber in der Bewertung außer Betracht bleiben würden.[186] Bei **Aufmerksamkeitsplattformen** sieht das BKartA eine einheitliche Betrachtung der Plattform nicht als geboten an, da in diesen Fällen in der Regel nicht für sämtliche Nachfragegruppen die Vermittlungsleistung im Vordergrund stehe.[187] Dementsprechend wurden in der Entscheidungspraxis des BKartA bei mehrseitigen Märkten teilweise **eigenständige Teilmärkte** für die jeweiligen Marktseiten abgegrenzt.[188] Bei **Transaktionsplattformen,** bei denen die Vermittlungsleistung im Vordergrund steht, wie bei Immobilienplattformen,[189] bei Online-Vergleichsplattformen[190] sowie bei Online-

---

[179] *Schweitzer/Haucap/Kerber/Welker* Modernisierung der Missbrauchsaufsicht für marktmächtige Unternehmen S. 95f.

[180] BKartA Arbeitspapier Marktmacht S. 29.

[181] S. dazu *Schweitzer/Haucap/Kerber/Welker* Modernisierung der Missbrauchsaufsicht für marktmächtige Unternehmen S. 35ff.; *Beckmann/Müller* in Hoeren/Sieber/Holznagel MultimediaR-HdB Teil 10 Rn. 45.

[182] *Podszun/Schwalbe* NZKart 2017, 98 (103).

[183] *Schweitzer/Haucap/Kerber/Welker* Modernisierung der Missbrauchsaufsicht für marktmächtige Unternehmen S. 39.

[184] BKartA Arbeitspapier Marktmacht S. 28.

[185] BKartA Arbeitspapier Marktmacht S. 32.

[186] BKartA Arbeitspapier Marktmacht S. 32.

[187] BKartA Arbeitspapier Marktmacht S. 32.

[188] BKartA Beschl. v. 4.12.2017 – B6-132/14-2, BeckRS 2017, 143035 Rn. 109 – CTS/Eventim; OLG Düsseldorf Beschl. v. 5.12.2018 – VI-Kart 3/18 (V), NZKart 2019, 53 – Ticketvertrieb; *Hoffer/Lehr* NZKart, 2019, 10 (14); weitere Bsp. auch aus der europäischen Entscheidungspraxis bei *Schweitzer/Haucap/Kerber/Welker* Modernisierung der Missbrauchsaufsicht für marktmächtige Unternehmen Fn. 254.

[189] BKartA Fallbericht v. 25.6.2015 – B6-39/15, S. 3 – Online-Immobilienplattformen.

Dating-Plattformen,[191] wurden hingegen einheitliche Märkte angenommen oder zumindest in Betracht gezogen. Diese Grundsätze hat das BKartA auch im Rahmen der Facebook-Entscheidung herangezogen, in der es einen **gesonderten Markt für soziale Netzwerke** aus Sicht der Nutzer abgegrenzt hat.[192] Die Annahme eines einheitlichen Marktes hat das BKartA insbesondere deswegen abgelehnt, weil Facebook gegenüber der Nutzergruppen der Werbetreibenden, der Inhalteanbieter und den Entwicklern jeweils einen anderen Bedarf als bei der Nutzergruppe der privaten Nutzer bedient.[193]

82 Die EU-Kommission hat in der Entscheidung Microsoft/Yahoo den Zusammenschluss nur im Hinblick auf den Markt für Online-Werbung bewertet. Obwohl sie nicht dazu Stellung nahm, ob Online-Suchen als ein eigener relevanter Markt anzusehen sind, berücksichtigte die Kommission bei der wettbewerbsrechtlichen Würdigung die Wechselwirkung zwischen dem Nutzer und dem Werbemarkt.[194] In der Entscheidung Facebook/WhatsApp identifizierte die EU-Kommission getrennte relevante Märkte für die Leistungen, die den Nutzern einerseits und den Werbetreibenden andererseits angeboten werden. Auf der Nutzerseite definierte die Kommission einen relevanten Markt für Verbraucherkommunikationsdienste sowie für soziale Netzwerkdienste. Auf der Seite der Werbetreibenden untersuchte die Kommission, ob der Online-Werbemarkt weiter in spezifische Segmente für suchgebundene und nicht suchgebundene Werbung sowie für Werbung auf Mobiltelefonen und PCs unterteilt werden sollte.[195] In ihrer Google-Shopping-Entscheidung hat die Kommission jeweils einen relevanten Markt für allgemeine Suchmaschinen sowie für Preisvergleichsdienste definiert.[196] Auch die Kommission hat dabei in Anwendung des Bedarfsmarktkonzeptes insbesondere die nachfrage- und angebotsseitige Austauschbarkeit der Dienste durch sonstige Angebote wie zB soziale Netzwerke untersucht.[197]

83 Die Anwendung etablierter wettbewerbsökonomischer Methoden, wie insbesondere der **SSNIP-Test**, der für eine Bewertung der Wettbewerbsverhältnisse an Reaktionen der Nachfrager auf eine Änderung des Preisniveaus abhebt, stoßen bei **mehrseitigen Märkten** allerdings auf Schwierigkeiten.[198] Dies liegt insbesondere an den Wechselwirkungen zwischen den unterschiedlichen Marktseiten bei mehrseitigen Märkten, da sich aufgrund von indirekten Netzwerkeffekten Veränderungen auf einer Marktseite regelmäßig auch auf andere Marktseiten auswirken.[199] Dies gilt umso mehr, wenn von der Plattform von einer Nutzergruppe bzw. von einer Marktseite kein monetäres Entgelt gefordert wird.[200]

84 Geklärt ist demgegenüber mittlerweile, dass es der Annahme eines Marktes nicht entgegensteht, wenn **Leistungen unentgeltlich** erbracht werden.[201] Dieser Grundsatz, der in der Entscheidungspraxis der Kommission und der europäischen Gerichte bereits seit Län-

---

[190] BKartA Fallbericht v. 13.7.2020 – B6-29/20, S. 2 – Online-Dating-Plattformen; ebenso bereits BKartA Fallbericht v. 31.3.2016 – B6-57/15, S. 2 – Parship/Elitepartner.

[191] BKartA Fallbericht vom 5.8.2015 – B8-67/15, S. 2 – P7S1/Verivox.

[192] BKartA Beschl. v. 6.2.2019 – B6-22/16, GRUR-Prax 2019, 266 Rn. 230 – Facebook; bestätigt durch BGH Beschl. v. 23.6.2020 – KVR 69/19, GRUR 2020, 1318 Rn. 41 ff. – Facebook.

[193] BKartA Beschl. v. 6.2.2019 – B6-22/16, GRUR-Prax 2019, 266 Rn. 232 – Facebook.

[194] EU-KOM Entsch. v. 18.2.2010 – COMP/M.5727, C(2010) 1077 Rn. 30 ff. – Microsoft/Yahoo.

[195] EU-KOM Entsch. v. 3.10.2014 – COMP/M.7217, C(2014) 7239 final Rn. 13 ff. – Facebook/WhatsApp.

[196] EU-KOM Entsch. v. 27.6.2017 – AT.39740, C(2017) 4444 Rn. 145 ff. – Google-Shopping.

[197] EU-KOM Entsch. v. 27.6.2017 – AT.39740, C(2017) 4444 Rn. 145 ff. – Google-Shopping.

[198] Immenga/Mestmäcker/*Fuchs* GWB § 18 Rn. 73c; *Beckmann/Müller* in Hoeren/Sieber/HolznagelMultimediaR-HdB Teil 10 Rn. 44.

[199] *Schweitzer/Haucap/Kerber/Welker* Modernisierung der Missbrauchsaufsicht für marktmächtige Unternehmen S. 31.

[200] *Schweitzer/Haucap/Kerber/Welker* Modernisierung der Missbrauchsaufsicht für marktmächtige Unternehmen S. 31 f.; die auch diskutierte Alternativen zum SSNIP Test wie den SSNDQ- („small but significant decrease in quality"-) Test kritisch bewerten, da die Schwierigkeit einer objektiven Bewertung oder Quantifizierung einer Qualitätsabsenkung einer praktikablen Operationalisierung des Tests entgegenstehen.

[201] BKartA Beschl. v. 6.2.2019 – B6-22/16, GRUR-Prax 2019, 266 Rn. 240 – Facebook.

gerem anerkannt war,[202] wurde mit der 9. GWB-Novelle in § 18 Abs. 2a GWB auch für das deutsche Kartellrecht klargestellt.[203] Die unentgeltliche Leistung muss allerdings einen Bezug zu einer wirtschaftlichen Leistung aufweisen.[204] In der Facebook-Entscheidung hat das BKartA festgehalten, dass es für die Behandlung von mehrseitigen Märkten jedenfalls dann ökonomisch und kartellrechtlich sinnvoll sei, eine Nutzerseite, von der die Plattform keine monetäre Gegenleistung verlangt, als Markt anzusehen, soweit sie mit einer zahlungspflichtigen Nutzerseite verknüpft ist. Maßgeblich hierfür sei die Erwägung, dass auch zwischen den Tätigkeiten der Plattform auf der Werbeseite und der „Aufmerksamkeitsseite" ein enger Zusammenhang besteht und ein einheitlicher Erwerbszweck der Tätigkeit anzunehmen ist.[205] Schwierigkeiten können sich allerdings bei der Ermittlung der Marktanteile ergeben, da einige der üblichen Indikatoren, insbesondere der mit dem Produkt erzielte Umsatz, nicht zur Verfügung stehen. Vorgeschlagen wird stattdessen, andere Faktoren heranzuziehen, wie zB Nutzerzahlen, Zugriffzahlen, die Menge der übermittelten Daten oder die Zeit, die auf einer Plattform verbracht wird.[206] Dazu gibt es allerdings keinen weitreichenden Konsens. Teilweise wird dagegen vorgebracht, dass die genannten Indikatoren gerade in disruptiven und dynamischen Plattformmärkten nur eine äußerst geringe Aussagekraft zur Marktposition eines Unternehmens hätten.[207] Jedenfalls bei hohen Marktzutrittsschranken (zB aufgrund von starken Netzwerkeffekten) sollten die genannten Faktoren aber durchaus geeignet sein, um die Marktposition der Plattform zu bewerten.

cc) Faktoren zur Bestimmung von Marktmacht bei mehrseitigen Märkten. Die Be- 85
sonderheiten der Plattformökonomie müssen auch im Übrigen bei der Beurteilung der Wettbewerbsverhältnisse und der Feststellung von Marktmacht beachtet werden. Da Marktanteile zur Bestimmung von Marktmacht bei mehrseitigen Märkten nicht immer sinnvoll angewendet werden können, wurden mit der 9. GWB-Novelle in § 18 Abs. 3a Nr. 1–5 GWB Merkmale zur Bestimmung von Marktmacht bei mehrseitigen Märkten sowie bei Netzwerken eingeführt. Dabei handelt es sich um eine nicht abschließende Auflistung („insbesondere"). Die in § 18 Abs. 3a Nr. 1–5 GWB aufgenommenen Kriterien finden sich im Wesentlichen bereits in der bisherigen Anwendungspraxis der deutschen und europäischen Kartellbehörden.

(1) Netzwerkeffekte (§ 18 Abs. 3a Nr. 1 GWB). Netzwerkeffekte bezeichnen die 86
Wechselbeziehungen, die zwischen unterschiedlichen Nutzern eines Angebotes auftreten. Bei Netzwerkeffekten kann zwischen positiven und negativen sowie zwischen direkten und indirekten Netzwerkeffekten unterschieden werden. Netzwerkeffekte werden als **positiv** bezeichnet, wenn bei ansonsten gleichbleibenden Bedingungen durch eine steigende Anzahl von Teilnehmern der Nutzen für die jeweiligen Teilnehmer steigt. Netzwerkbeziehungen werden demgegenüber als **negativ** bezeichnet, wenn der Nutzen für die einzelnen Teilnehmer bei steigender Teilnehmerzahl sinkt.[208] Unter **direkten Netzwerkeffek-**

[202] EU-KOM Entsch. v. 27.6.2017 – AT.39740, C(2017) 4444 Rn. 158; Entsch. v. 3.10.2014 – M.7217, C(2014) 7239 final Rn. 31 – Facebook/WhatsApp; Entsch. v. 7.10.2011 – COMP/M.6281, C(2011) 7279 Rn. 75 – Microsoft/Skype; EuG Entsch. v. 17.9.2007 – T-201/04 Rn. 1088, – Microsoft.

[203] Diesbezüglich noch ablehnend OLG Düsseldorf Beschl. v. 9.1.2015 – VI-Kart 1/14 (V), NZKart 2015, 148 – HRS.

[204] *Bechtold/Bosch* GWB § 18 Rn. 24; MüKoWettbR/*Wolf* GWB § 18 Rn. 14.

[205] BKartA Beschl. v. 6.2.2019 – B6-22/16, GRUR-Prax 2019, 266 Rn. 241 – Facebook.

[206] In der Facebook-Entscheidung hat das BKartA auf die täglich aktiven Nutzer (daily active user, DAU), die monatlich aktiven Nutzer (monthly active user, MAU) sowie auf die registrierten Nutzer abgestellt, BKartA Beschl. v. 6.2.2019 – B6-22/16, GRUR-Prax 2019, 266 Rn. 390 – Facebook; dieses Vorgehen wurde bestätigt in BGH Beschl. v. 23.6.2020 – KVR 69/19, GRUR 2020, 1318 Rn. 38ff. – Facebook; in der Google-Shopping-Entscheidung hat die EU-KOM auf die Zugriffszahlen abgestellt, EU-KOM Entsch. v. 27.6.2017 – AT.39740, C(2017) 4444 Rn. 273ff. – Google-Shopping; s. auch *Podszun/Schwalbe* NZKart 2017, 98 (102).

[207] *Podszun/Schwalbe* NZKart 2017, 98 (102).

[208] BT-Drs. 18/10207, 49.

ten wird die Wechselwirkung zwischen dem Nutzen und der Anzahl der Teilnehmer eines Angebotes verstanden. Direkte Netzwerkeffekte machen sich dabei umso stärker bemerkbar, je größer die Nachfrage nach dem Angebot ist.[209] So werden bspw. soziale Netzwerke umso attraktiver für die Nutzer, je mehr Teilnehmer sich an dem sozialen Netzwerk beteiligen.[210] Als **indirekte Netzwerkeffekte** werden demgegenüber die Wechselwirkungen verstanden, die dadurch entstehen, dass unterschiedliche Nutzergruppen ein Angebot nutzen. In der Regel profitiert eine oder jede Nutzergruppe davon, dass die jeweils andere Nutzergruppe die Plattform nutzt.[211] So steigt die Anziehungskraft eines Ökosystems für die Nutzer, wenn dafür viele Anwendungen zur Verfügung stehen, während zugleich die Anziehungskraft des Systems auch für Entwickler steigt, wenn dieses von vielen potenziellen Kunden genutzt wird.[212]

87 Allerdings können sich Netzwerkeffekte bei zunehmender Größe immer weiter selbst verstärken und dadurch **Sogeffekte** auslösen, die letztendlich sogar zu Monopolisierungstendenzen führen können **(„winner-takes-it-all“).**[213] Netzwerkeffekte sind wettbewerblich aber weder per se als negativ noch positiv zu bewerten, und allein aus dem Bestehen von Netzwerkeffekten kann nicht auf eine besondere Marktstellung der Plattform geschlossen werden.[214] Netzwerkeffekte können durchaus wettbewerbsfördernde Effekte haben, da auch neue Marktteilnehmer schnell wachsen und von den Selbstverstärkungsprozessen profitieren können.[215] Stark ausgeprägte Netzwerkeffekte können aber auch zu einem hohen Bindungseffekt **(„Lock-in-Effekt“)** führen, der einen Wechsel für die Nutzer erschwert oder sogar verhindert und damit hohe Marktzutrittsschranken für Wettbewerber bilden.[216] Netzwerkeffekte können dementsprechend dazu beitragen, dass Märkte mit mehreren Anbietern zu einem monopolistischen bzw. hochkonzentrierten Markt kippen (sog. **Tipping**). Wann ein Tipping zu befürchten ist, ist schwer vorherzusagen und insbesondere dann zu befürchten, wenn Plattformen bereits einen erheblichen Vorsprung vor den Wettbewerbern haben.[217]

88 **(2) Parallele Nutzung von Diensten und Wechselkosten (§ 18 Abs. 3a Nr. 2 GWB).** Als ein weiterer Faktor bei der Beurteilung von Marktmacht bei Plattformen soll berücksichtigt werden, ob es den Nutzern möglich ist, auf vergleichbare Dienste entweder ganz oder zusätzlich (sog. **Multi-Homing**) auszuweichen. Das ist abgesehen von der Verfügbarkeit solcher Dienste insbesondere von den Kosten abhängig, die für den Nutzer mit dem Wechsel der Plattform verbunden sind. Die Möglichkeit zum Ausweichen auf oder zur gleichzeitigen Nutzung paralleler Dienste vermindert grundsätzlich die Abhängigkeit der Nutzer von der einzelnen Plattform. Für die Relevanz solcher alternativen Dienste kommt es maßgeblich auf deren Vergleichbarkeit an.[218]

89 Einer parallelen Nutzung verschiedener Dienste kann entgegenstehen, wenn ein Wechsel der Plattform für die Nutzer mit signifikanten oder sogar prohibitiv hohen **Wechselkosten** verbunden ist.[219] Zu den Wechselkosten gehören neben dem finanziellen Aufwand auch alle anderen Aspekte, die einen Verbleib auf der bisherigen Plattform attraktiver erscheinen lassen, zB Hindernisse oder ein hoher Aufwand bei der Portabilität von Nutzerdaten oder Kontakten.[220] Diesbezüglich wird es interessant sein, inwiefern sich der

---

[209] BT-Drs. 18/10207, 49.
[210] BT-Drs. 18/10207, 49.
[211] BT-Drs. 18/10207, 50.
[212] BT-Drs. 18/10207, 50.
[213] MüKoWettbR/*Wolf* GWB § 18 Rn. 53.
[214] MüKoWettbR/*Wolf* GWB § 18 Rn. 53; *Tamke* NZKart 2017, 503.
[215] *Tamke* NZKart 2017, 503 (505).
[216] BKartA Fallbericht v. 6.2.2019 – B6-22/16, S. 7 – Facebook.
[217] *Tamke* NZKart 2017, 503 (505).
[218] OLG Düsseldorf Beschl. v. 5.12.2018 – VI-Kart 3/18 (V), NZKart 2019, 53 Rn. 77 – Ticketvertrieb.
[219] OLG Düsseldorf Beschl. v. 5.12.2018 – VI-Kart 3/18 (V), NZKart 2019, 53 Rn. 77 – Ticketvertrieb.
[220] MüKoWettbR/*Wolf* GWB § 18 Rn. 55.

Anspruch auf **Datenübertragbarkeit** gem. Art. 20 DS-GVO auf die Wechselkosten auswirken wird.[221] Je geringer die mit einem Wechsel verbundenen Wechselkosten für den Nutzer sind, desto intensiver wird der Wettbewerb zwischen den Plattformen.[222] Sind die Wechselkosten gering und gibt es die Möglichkeit der Nutzer zum Multi-Homing, kann dies die Selbstverstärkungseffekte von Netzwerkeffekten reduzieren.[223]

(3) Größenvorteile (§ 18 Abs. 3a Nr. 3 GWB). Größenvorteile **(„economies of scale")** beziehen sich auf die Kostensituation der Plattform. Häufig werden bei digitalen Angeboten wie Plattformen durch zusätzliche Nutzer kaum höhere Kosten für den Anbieter entstehen,[224] da regelmäßig die (Fix-)Kosten für die Entwicklung eines digitalen Dienstes oder einer Plattform hoch sein werden, während die Kosten für den Betrieb und die Inanspruchnahme der Plattform durch weitere Nutzer vergleichsweise gering sind.[225] Demgegenüber können Größenvorteile die Selbstverstärkungstendenzen der indirekten Netzwerkeffekte verstärken und sind deshalb bei der Bewertung von Netzwerkeffekten in die Gesamtbetrachtung einzubeziehen. 90

(4) Zugang zu Daten (§ 18 Abs. 3a Nr. 4 GWB). Ein weiterer Parameter für die Beurteilung der Marktposition einer Plattform ist der **Zugang zu wettbewerbsrelevanten Daten.**[226] Bei digitalen Angeboten kann der Zugang zu wettbewerbsrelevanten Daten ganz maßgeblich für die Attraktivität und die Qualität des Angebots sein. Dies gilt zB für werbefinanzierte Angebote, bei denen ein besserer Zugang zu Nutzerdaten auch zu einer besseren Möglichkeit für zielgerichtete Werbung führt, die das Angebot wiederum für Werbekunden attraktiver macht. Zugang zu Daten führt noch nicht für sich genommen zu einer besonderen Marktmacht, muss aber in die Gesamtbetrachtung einbezogen werden.[227] 91

Bei der Bewertung, ob der Zugang zu Daten tatsächlich zu Marktmacht führen kann, muss die Art sowie die Verfügbarkeit der infrage stehenden Daten im konkreten Fall untersucht werden. Eher unproblematisch ist es dabei aufgrund der **Nicht-Rivalität von Daten,** wenn es sich um nicht-exklusive Daten handelt, die unabhängig voneinander von mehreren Unternehmen erhoben werden können[228] (zB Bewegungsdaten, die von Nutzern häufig mehreren Unternehmen zur Verfügung gestellt werden). In dem Fusionskontrollverfahren Facebook/WhatsApp ist die Kommission in ihrer Analyse bspw. davon ausgegangen, dass selbst wenn WhatsApp-Daten für gezielte Werbung bei Facebook eingesetzt werden sollten, es weiterhin eine große Menge an Nutzerdaten gibt, die nicht dem ausschließlichen Zugriff von Facebook unterliegen.[229] Demgegenüber kann aber insbesondere ein **exklusiver Zugang** zu wettbewerbsrelevanten Daten (wie zB bei durch IP-Rechte geschützte Daten) eine Marktzutrittsschranke für Wettbewerber darstellen, die bestehende Netzwerkeffekte weiter verstärkt.[230] Aber auch wenn etablierte Unternehmen deutlich größere Mengen an Daten generieren und verarbeiten können als kleinere oder neue Wettbewerber, können diese einen **„Datenvorsprung"** erreichen, der von den 92

[221] Zum Recht auf Datenübertragbarkeit → § 6 Rn. 112ff.
[222] OLG Düsseldorf Beschl. v. 5.12.2018 – VI-Kart 3/18 (V), NZKart 2019, 53 Rn. 77 – Ticketvertrieb.
[223] BT-Drs. 18/10207, 50.
[224] BT-Drs. 18/10207, 50.
[225] Loewenheim/Meessen/Riesenkampff/Kersting/Meyer-Lindemann/*Kühnen* GWB § 18 Rn. 109.
[226] Da die Bedeutung von Daten allerdings nicht nur auf mehrseitige Märkte und Netzwerke beschränkt ist, wurde nach der 10. GWB-Novelle der Zugang zu wettbewerbsrelevanten Daten auch in die generelle Aufzählung der für die Bestimmung von Marktmacht relevanten Kriterien in § 18 Abs. 3 GWB aufgenommen (Nr. 3).
[227] BT-Drs. 18/10207, 51.
[228] BKartA, Big Data und Wettbewerb, 2017, S. 7.
[229] EU-KOM Entsch. v. 3.10.2014 – M.7217, C(2014) 7239 final Rn. 189 – Facebook/WhatsApp.
[230] BT-Drs. 18/10207, 51; BKartA, Big Data und Wettbewerb, 2017, S. 7.

Wettbewerbern nicht mehr ohne Weiteres eingeholt werden kann.[231] Das BKartA hat in der Facebook-Entscheidung dementsprechend ausgeführt, dass der Zugang zu wettbewerbsrelevanten Daten ein bedeutsamer Aspekt bei der Prüfung von Marktmacht bei sozialen Netzwerken sei. Das wurde damit begründet, dass es sich dabei um ein stark datengetriebenes Produkt handele, dessen Eigenschaften und Finanzierbarkeit in besonderem Maße mit den verfügbaren personenbezogenen Nutzerdaten zusammenhängen.[232]

93 **(5) Innovationsgetriebener Wettbewerbsdruck (§ 18 Abs. 3a Nr. 5 GWB).** Digitale Geschäftsmodelle sind von einer großen Dynamik und einer Vielzahl von Innovationen geprägt. In diesem Umfeld ist es möglich, dass durch **disruptive Veränderungen** auch starke und etablierte Marktpositionen von Unternehmen in kurzer Zeit angegriffen werden können.[233] Auch dieser Aspekt digitaler Märkte soll in die Gesamtbetrachtung zur Bewertung der Marktposition eines Unternehmens einbezogen werden. Das BKartA hat insofern betont, dass diese Eigenschaft digitaler Märkte nicht pauschal als Argument gegen das Bestehen von Marktmacht eingewendet werden kann, sondern für eine entscheidende Relativierung einer im Übrigen starken Marktposition in jedem Einzelfall **konkrete Anhaltspunkte** für einen dynamischen oder disruptiven Prozess erforderlich sind.[234] Im Fall von Online-Dating-Plattformen hat das BKartA solche konkreten Anhaltspunkte in den zum Zeitpunkt der Entscheidung aufkommenden Dating-Apps gesehen.[235]

94 **(6) Intermediationsmacht (§ 18 Abs. 3b GWB).** Im Zuge der 10. GWB-Novelle wurde mit dem Konzept der „Intermediationsmacht“ ein weiteres Kriterium zur Bewertung der Marktposition von Plattformen aufgenommen. Gem. § 18 Abs. 3b GWB soll bei der Bewertung der Marktstellung eines Unternehmens, das als Vermittler auf mehrseitigen Märkten tätig ist, auch die Bedeutung der von ihm erbrachten Vermittlungsdienstleistungen für den **Zugang zu Beschaffungs- und Absatzmärkten** berücksichtigt werden. Damit soll dem Umstand Rechnung getragen werden, dass Plattformen eine **Gatekeeper-Funktion** einnehmen können und der Zugang sowie das Ranking auf einer Plattform von entscheidender Bedeutung für den Marktzugang sein können.[236] Dies kann insbesondere hybride Plattformen betreffen, die sowohl als Eigenhändler tätig sind als auch den Marktzugang für andere Händler über die Plattform vermitteln wie bspw. Amazon.[237] Auch bei dem Kriterium der Intermediationsmacht handelt es sich lediglich um eine Klarstellung der im Rahmen der Gesamtbetrachtung des § 18 Abs. 3 GWB einzubeziehenden Kriterien.

95 **dd) Relevante Fallgruppen des Missbrauchsverbots.** Im Zusammenhang mit Plattformen haben sich in letzter Zeit in die folgenden Fallgruppen ergeben, die auch im Hinblick auf die Ausgestaltung von Ökosystemen im IoT-Kontext von großer Bedeutung sein können.

---

[231] BKartA, Big Data und Wettbewerb, 2017, S. 7.

[232] BKartA Beschl. v. 6.2.2019 – B6-22/16, GRUR-Prax 2019, 266 Rn. 482 – Facebook.

[233] BT-Drs. 18/10207, 51.

[234] BKartA Beschl. v. 6.2.2019 – B6-22/16, GRUR-Prax 2019, 266 Rn. 503 – Facebook; Beschl. v. 22.10.2015 – B6-57/15, BeckRS 2016, 1137 Rn. 176 ff. – Parship/Elitepartner; die Auffassung des BGH wurde bestätigt durch BGH Beschl. v. 23.6.2020 – KVR 69/19, GRUR 2020, 1318 Rn. 49 ff. – Facebook.

[235] BKartA Beschl. v. 22.10.2015 – B6-57/15, BeckRS 2016, 1137 Rn. 176 ff. – Parship/Elitepartner.

[236] BMWi Referentenentwurf zur 10. GWB-Novelle S. 71 f.; BMWi Bericht der Kommission Wettbewerbsrecht 4.0 S. 32; *Schweitzer/Haucap/Kerber/Welker* Modernisierung der Missbrauchsaufsicht für marktmächtige Unternehmen S. 47.

[237] In dem Amazon-Verfahren ist das BKartA zu dem Ergebnis gekommen, dass Amazon wegen der hohen Kundenzahl für Online-Händler eine große Bedeutung als „Gatekeeper“ für den Zugang zu den Kunden hat, BKartA Fallbericht v. 17.7.2019 – B2-88/18, S. 11 – Amazon.

96 **(1) Konditionenmissbrauch.** Diese Unterkategorie des Ausbeutungsmissbrauchs spielte zuletzt insbesondere in den Verfahren des BKartA gegen **Amazon und Facebook** eine zentrale Rolle. In dem Amazon-Verfahren hat das BKartA ein Missbrauchsverfahren wegen des Verdachts auf **missbräuchliche Geschäftsbedingungen** und Verhaltensweisen auf dem deutschen Marktplatz amazon.de eingeleitet.[238] Das BKartA hat das Verhalten von Amazon insbesondere dahingehend untersucht, ob in den beanstandeten Geschäftsbedingungen ein Konditionenmissbrauch gegenüber den gewerblichen Nutzern des Marktplatzes gesehen werden konnte. Das BKartA stützt den Konditionenmissbrauch dabei auf die Generalklausel des § 19 Abs. 1 GWB und nicht auf § 19 Abs. 2 Nr. 2 GWB. Unter Verweis auf die Rechtsprechung des BGH[239] kann nach Ansicht des BKartA ein Konditionenmissbrauch auch unabhängig von den Voraussetzungen des § 19 Abs. 2 Nr. 2 GWB (Maßstab des **„als ob Wettbewerbs"**) vorliegen. Dies setzt voraus, dass anhand von qualitativen Erwägungen festgestellt werden kann, dass das marktbeherrschende Unternehmen unangemessene Geschäftsbedingungen verwendet. Ob dies der Fall ist, prüft das BKartA auf der Basis einer **Interessenabwägung** unter Einbeziehung der Wertungen des GWB sowie ggf. auch außerkartellrechtlicher Normen, im vorliegenden Fall der Wertungen aus dem AGB-Recht. Ein Verstoß gegen eine außerkartellrechtliche Norm trage jedenfalls dann ein für **Missbrauchsverbot relevantes Unwerturteil** in sich, wenn der Verstoß zugleich kartellrechtlichen Belangen zuwiderlaufe.[240] Das BKartA stellt in dem Fallbericht klar, dass nicht jede nachteilige oder belastende Klausel den Missbrauchstatbestand erfülle, sondern dass es für die kartellrechtliche Bewertung maßgeblich sei, ob die Händler bei einer Gesamtbetrachtung durch die Verwendung der jeweiligen Geschäftsbedingung gerade in ihrer wettbewerblichen Betätigung auf dem Marktplatz erheblich gefährdet werden oder ihnen diese unmöglich gemacht wird.[241] Das Verfahren wurde vom BKartA eingestellt, nachdem sich Amazon dazu bereit erklärt hatte, die Geschäftsbedingungen gegenüber den Händlern anzupassen. Einige der Aspekte, mit denen sich das BKartA in dem Amazon-Verfahren auseinandergesetzt hat, wie zB die Transparenz von Allgemeinen Geschäftsbedingungen oder Regelungen im Hinblick auf die Kündigung und Sperrung von Nutzerkonten, werden nunmehr auch in der sog. P2B-Verordnung adressiert.[242]

97 Auch im **Facebook-Verfahren** stand für das BKartA der Aspekt des Konditionenmissbrauchs im Vordergrund. Nach Auffassung des BKartA stellen die Datenverarbeitungskonditionen von Facebook, die eine Sammlung von nutzer- und gerätebezogenen Daten aus Quellen außerhalb von Facebook und ihre Zusammenführung mit Facebook-Daten erlauben, eine missbräuchliche Ausnutzung der marktbeherrschenden Stellung in der Form des Konditionenmissbrauchs dar. Das BKartA argumentierte, dass die Generalklausel des § 19 GWB auch zur Sicherung des Grundrechtschutzes herangezogen werden kann, wenn ei-

[238] BKartA Fallbericht v. 17.7.2019 – B2-88/18, S. 2 – Amazon, zu den beanstandeten Verhaltensweisen gehörten die intransparente Ausgestaltung der Geschäftsbedingungen, überraschende und teilw. nicht oder nur formelhaft begründete Kündigungen und Sperrungen, die fehlenden Möglichkeiten für Händler, eine vertragskonforme Leistung von Amazon durchzusetzen sowie streitige Sachverhalte aufzuklären, die Schlechterstellung von Händlern im Zusammenhang mit Kundenbewertungen, die Verpflichtung der Händler zur umfassenden Übertragung von Nutzungsrechten an Produktmaterial (insbesondere Bildern), die Verpflichtung der Händler zur Kostenübernahme bei offensichtlich unberechtigten Kundenretouren und verschiedene weitere Regelungen und Verhaltensweisen des Marktplatzes.

[239] BGH Urt. v. 6.11.2013 – KZR 61/11, BeckRS 2013, 20508 – VBL-Gegenwert I sowie Beschl. v. 7.6.2016 – KZR 6/15, NJW 2016, 2266 – Pechstein.

[240] BKartA Fallbericht v. 17.7.2019 – B2-88/18, S. 8 – Amazon.

[241] BKartA Fallbericht v. 17.7.2019 – B2-88/18, S. 9 – Amazon; soweit Geschäftsbedingungen so gestaltet waren, dass diese von Amazon als Marktplatzbetreiber möglicherweise genutzt werden konnten, um die Stellung von Amazon in Eigenvertrieb auf den jeweiligen Verkaufsmärkten gegenüber den Händlern zu verbessern (zB im Hinblick auf Kündigungen und Sperrungen) oder eine Sogwirkung zu Gunsten des Amazon-Marketplace und zu Lasten anderer Vertriebskanäle zu erzeugen (zB Paritätsanforderungen), wurden die Verhaltensweisen vom BKartA auch unter dem Gesichtspunkt des Behinderungsmissbrauchs untersucht.

[242] Dazu → Rn. 116.

ner der Vertragspartner ein so starkes Übergewicht habe, dass er vertragliche Regelungen faktisch einseitig setzen kann, sodass für den Vertragspartner keine eigenständige Entscheidung mehr verbleibt, sondern Fremdbestimmung eintritt.[243] Diese Wertung lasse sich bei hinreichendem Marktmachtbezug auf alle Wertungen der Rechtsordnung übertragen, soweit sie die Angemessenheit von Konditionen in einer ungleichgewichtigen Verhandlungssituation betreffen. Dies gelte insbesondere für grundrechtliche Wertungen, die das informationelle Selbstbestimmungsrecht bzw. das Grundrecht auf Datenschutz schützen.[244] Das BKartA stützt die Unangemessenheit der Datenverarbeitungskonditionen dann auch auf Wertungen aus der DS-GVO. Nach Ansicht des BKartA muss zwischen den unangemessenen Bedingungen und dem Bestehen von Marktmacht keine strikte (Verhaltens-)Kausalität dargelegt werden. Insbesondere sei es nicht erforderlich nachzuweisen, dass die unangemessenen Bedingungen gerade und allein wegen der Marktmacht so ausgestaltet werden konnten.[245] Vielmehr genüge eine „normative Kausalität" zwischen der Marktbeherrschung und dem Verhalten. Dabei sei es nach Ansicht des BKartA ausreichend, wenn sich das Verhalten auf Grund der Marktbeherrschung im Ergebnis als wettbewerbsschädlich erweise.[246]

98 Dieser Rechtsauffassung des BKartA ist das OLG Düsseldorf im Rahmen des Verfahrens im einstweiligen Rechtsschutz gegen die Entscheidung des BKartA deutlich entgegengetreten. Laut OLG Düsseldorf setzt das Unwerturteil des Missbrauchs einer marktbeherrschenden Stellung ein wettbewerbsschädliches Verhalten voraus. Dies gelte auch im Anwendungsbereich der Generalklausel des § 19 Abs. 1 GWB und deshalb auch für den Fall eines Ausbeutungsmissbrauchs zum Nachteil des Verbrauchers.[247] Die Wettbewerbsschädlichkeit des Verhaltens habe das BKartA aber nicht nachgewiesen. Die Verwendung von nach Wertungen der Rechtsordnung unzulässigen Vertragskonditionen indiziere als solche noch keine Gefährdung der Schutzgüter des GWB (insbesondere Freiheit des Leistungswettbewerbs und Offenheit der Marktzugänge).[248] Anders als das BKartA sah das OLG Düsseldorf die Nutzer nicht in einer Zwangslage, die ein selbstbestimmtes Handeln ausschließen würde. Zudem sei für die Annahme eines Ausbeutungsmissbrauchs eine Verhaltenskausalität erforderlich, sodass es darauf ankomme, ob erst die Marktmacht dem marktbeherrschenden Unternehmen ermöglicht habe, die unangemessenen Geschäftsbedingungen gegen seinen Vertragspartner durchzusetzen.[249]

99 Der BGH hat schließlich auf die Rechtsbeschwerde des BKartA die Entscheidung des OLG Düsseldorf aufgehoben und im einstweiligen Verfahren festgestellt, dass keine ernsthaften Zweifel daran bestünden, dass Facebook seine marktbeherrschende Stellung mit den vom BKartA untersagten Nutzungsbedingungen missbräuchlich ausnutzt.[250] Dies liege aber nicht an dem vom BKartA in der Entscheidung in den Mittelpunkt gerückten Verstoß gegen die DS-GVO, sondern insbesondere an der **Einschränkung der Wahlmöglichkeiten der Facebook-Nutzer** im Hinblick auf die Intensität des Datenzugriffs durch Facebook.[251] In der fehlenden Wahlmöglichkeit liege nicht nur eine Beschränkung ihrer

[243] BKartA Beschl. v. 6.2.2019 – B6-22/16, GRUR-Prax 2019, 266 Rn. 527 – Facebook.
[244] BKartA Beschl. v. 6.2.2019 – B6-22/16, GRUR-Prax 2019, 266 Rn. 529 – Facebook.
[245] BKartA Beschl. v. 6.2.2019 – B6-22/16, GRUR-Prax 2019, 266 Rn. 873 – Facebook.
[246] BKartA Beschl. v. 6.2.2019 – B6-22/16, GRUR-Prax 2019, 266 Rn. 873 – Facebook.
[247] OLG Düsseldorf Beschl. v. 26.8.2019 – VI Kart 1/19, MMR 2019, 742.
[248] OLG Düsseldorf Beschl. v. 26.8.2019 – VI Kart 1/19, MMR 2019, 742.
[249] OLG Düsseldorf Beschl. v. 26.8.2019 – VI Kart 1/19, MMR 2019, 742.
[250] BGH Beschl. v. 23.6.2020 – KVR 69/19, GRUR 2020, 1318 Rn. 53 – Facebook.
[251] Laut BGH sind die Nutzungsbedingungen missbräuchlich, die den privaten Facebook-Nutzern keine Wahlmöglichkeit lassen, (1.) ob sie das Netzwerk mit einer intensiveren Personalisierung des Nutzungserlebnisses verwenden wollen, die mit einem potenziell unbeschränkten Zugriff auf Charakteristika auch ihrer „Off-Facebook"-Internetnutzung durch Facebook verbunden ist, oder (2.) ob sie sich nur mit einer Personalisierung einverstanden erklären wollen, die auf den Daten beruht, die sie auf facebook.com selbst preisgeben, vgl. BGH Beschl. v. 23.6.2020 – KVR 69/19, GRUR 2020, 1318 Rn. 58 – Facebook, damit knüpft der BGH an Überlegungen an, die im Hinblick auf das Kopplungsverbot bekannt sind (vgl. auch Rn. 64 und 73).

persönlichen Autonomie, sondern vor dem Hintergrund der hohen Wechselhürden, die für die Nutzer des Netzwerks bestehen **(„Lock-in-Effekte“)**, vielmehr auch eine kartellrechtlich relevante Ausbeutung der Nutzer, weil der Wettbewerb wegen der marktbeherrschenden Stellung von Facebook seine Kontrollfunktion nicht mehr wirksam ausüben könne.[252] Es ist derzeit noch unklar, welche Auswirkungen der Beschluss des BGH auf die Herangehensweise des BKartA im Hinblick auf die Auslegung des Konditionenmissbrauchstatbestands haben wird.[253]

Im Rahmen des Hauptsachverfahrens hat das OLG Düsseldorf nunmehr ein Vorabent- 100
scheidungsverfahren vor dem EuGH eingeleitet. Die entscheidungserhebliche Frage, ob Facebook seine marktbeherrschende Stellung gerade deshalb missbräuchlich ausnutzte, weil es Nutzerdaten unter Verstoß gegen die DS-GVO erhebe, könne nach Ansicht des OLG Düsseldorf nicht ohne Anrufung des EuGH entschieden werden.[254]

(2) Transfer von Marktmacht. Der Missbrauch von Marktmacht muss sich nicht auf 101
dem Markt realisieren, auf dem die marktbeherrschende Stellung besteht. Das Missbrauchsverbot kann vielmehr auch dann Anwendung finden, wenn sich die missbräuchliche Verhaltensweise auf einen anderen Markt auswirkt, solange ein gewisser Zusammenhang (insbesondere **benachbarte oder nachgelagerte Märkte**) zwischen dem Markt, auf dem die marktbeherrschende Stellung besteht, und dem beeinträchtigten Markt vorhanden ist.[255] Im Hinblick auf Plattformen geht es dabei im Wesentlichen um zwei Fragestellungen: Zum einen geht es um die Frage, ob eine hybride Plattform ihre Rolle als „Gatekeeper“ dazu nutzt, um Wettbewerber auf dem benachbarten oder nachgelagerten Markt zu behindern oder zu verdrängen (so zB in der Form der **Selbstbegünstigung**). Zum anderen geht es um die Frage, ob durch eine Koppelung oder Verbindung von eigenen Angeboten oder Diensten mit dem marktbeherrschenden Angebot versucht wird, die Marktmacht von dem beherrschten Markt auf den anderen Markt zu übertragen.

Selbstbegünstigung. Eine der meistdiskutierten Konstellationen der **Übertragung** 102
von Marktmacht im Zusammenhang mit Plattformen ist die Frage, unter welchen Umständen es Plattformen gestattet sein sollte, eigene Angebote gegenüber den Angeboten Dritter zu bevorzugen. Diese Konstellation war auch Gegenstand der **Google-Shopping-Entscheidung** der EU-Kommission, in der die Kommission zu dem Ergebnis gekommen ist, dass Google durch die Bevorzugung eigener Dienste im Rahmen der Darstellung auf der Ergebnisseite einer Suche bzw. Produktsuche den Leistungswettbewerb unterdrückt habe und damit seine marktbeherrschende Stellung auf dem Suchmaschinenmarkt missbraucht habe.[256] Die Entscheidung lässt sich nicht ohne Weiteres in das bisherige System der Missbrauchskonstellationen einordnen, da Art. 102 AEUV **kein generelles Verbot der Selbstbegünstigung** für marktbeherrschende Unternehmen normiert.[257] Im Ausgangspunkt steht es jedem – auch marktbeherrschenden – Unternehmen frei, in erster Linie die eigene Marktposition im Blick zu haben und auch die Effizienzvorteile einer vertikalen Integration zu nutzen.[258] Zudem gilt der Grundsatz, dass kein Unternehmen dazu

[252] BGH Beschl. v. 23.6.2020 – KVR 69/19, GRUR 2020, 1318 Rn. 123 – Facebook.

[253] Mit der 10. GWB-Novelle wurde in der Generalklausel des § 19 Abs. 1 GWB die Formulierung „Die missbräuchliche Ausnutzung“ durch „Der Missbrauch“ ersetzt. Dies soll „klarstellen“, dass aus der bisherigen Formulierung („Ausnutzung“) keine qualifizierten Anforderungen im Sinne einer strikten Kausalität abgeleitet werden können. Ob es sich angesichts der oben dargestellten unterschiedlichen Auffassung tatsächlich um eine „Klarstellung“ handelt, kann allerdings bezweifelt werden, s. *Körber* NZKart 2019, 633 (634), der darin einen Paradigmenwechsel in der Missbrauchsaufsicht bzgl. der Anforderungen an den Ausbeutungsmissbrauch sieht.

[254] Vgl. Pressemitteilung des OLG Düsseldorf v. 24.3.2021 (Nr. 9/2021).

[255] Loewenheim/Meessen/Riesenkampff/Kersting/Meyer-Lindemann/*Huttenlauch* AEUV Art. 102 Rn. 8.

[256] EU-KOM Entsch. v. 27.6.2017 – AT.39740, C(2017) 4444 – Google Shopping.

[257] *Crémer/Montjoye/Schweitzer* Competition Policy S. 66.

[258] *Schweitzer/Haucap/Kerber/Welker* Modernisierung der Missbrauchsaufsicht für marktmächtige Unternehmen S. 99.

verpflichtet ist, fremden Wettbewerb zu fördern.[259] Auf der anderen Seite war bereits bislang anerkannt, dass der Inhaber einer sog. **essential facility** dazu verpflichtet sein kann, unter bestimmten Voraussetzungen auch Wettbewerbern Zugang zu dieser Infrastruktureinrichtung zu gewähren.[260] In der Entscheidung La Poste hat die EU-Kommission bspw. gegenüber dem französischen staatlichen Postmonopolisten, der ebenfalls mit Tochtergesellschaften auf Postvorbereitungsmärkten tätig war, festgehalten, dass dieser im Hinblick auf die Postvorbereitungsmärkte in einem Interessenkonflikt stehe, da das Unternehmen durch die Anhäufung von Tätigkeitsfeldern dazu verleitet würde, direkt oder indirekt seine eigenen Tochtergesellschaften zu begünstigen und dadurch seine beherrschende Stellung zu missbrauchen.[261] Anknüpfend an die etablierte Fallgruppe der „essential facilities doctrine" wurde in der Literatur argumentiert, auch den Aspekt der Selbstbegünstigung als einen Unterfall der „essential facilities doctrine" zu fassen.[262] Allerdings ist der Anspruch auf Zugangsgewährung zu einer essential facility nicht gleichbedeutend mit einem Verbot der Selbstbegünstigung eigener Angebote.[263]

103 Tatsächlich wendet die Kommission in der Google-Shopping-Entscheidung auch nicht die Voraussetzungen der „essential facilities doctrine" an, sondern bezieht sich bei der rechtlichen Einordnung auf den allgemeinen Grundsatz, dass ein Missbrauch einer marktbeherrschenden Stellung immer dann vorliegen kann, wenn der Marktbeherrscher in seinem Marktverhalten Maßnahmen ergreift, die nicht dem Leistungswettbewerb **(„competition on the merits")** entsprechen.[264] Um dies festzustellen, sei es notwendig, alle Umstände des Einzelfalls zu berücksichtigen und insbesondere zu prüfen, ob durch die Verhaltensweise Wettbewerbern der Zugang zum Markt erschwert wird oder sich eine Verdrängungswirkung einstellt.[265] Dem marktbeherrschenden Unternehmen stehe es frei darzulegen, dass die entsprechende Verhaltensweise entweder objektiv erforderlich ist oder durch Vorteile und Effizienzsteigerungen ausgeglichen wird, die auch den Verbrauchern zugutekommen. Dementsprechend kann der Google-Shopping-Entscheidung sicherlich kein abstraktes, verallgemeinerbares Verbot der Selbstbegünstigung durch marktbeherrschende Plattformen entnommen werden.[266] Dennoch könnte von der Entscheidung wohl erst einmal eine nicht unerhebliche Präzedenzwirkung ausgehen.[267] Die zugrunde liegende Konstellation einer Verhaltensweise, die nicht vom Wettbewerb kontrolliert wird, nicht dem Leistungswettbewerb entspricht und Verdrängungswirkungen entfaltet, erscheint relativ weit gefächert.[268] Gerade wegen der Unschärfe der rechtlichen Einordnung und der zugrunde liegenden Schadenstheorie wurde die Entscheidung der Kommission in Teilen der Literatur kritisiert.[269] Derzeit wird die Entscheidung der Kommission vor dem EuG angefochten.[270] Interessant wird in diesem Zusammenhang ua sein, welche Beweisanforderungen das EuG für den Nachweis der Missbräuchlichkeit der Verhaltensweise an die Kommission stellt. Im Übrigen kann es aber durchaus sein, dass die Rechtsfindung durch die Rechtsprechung der europäischen Gerichte im Hinblick auf den Bereich der Selbstbe-

[259] *Körber* NZKart 2016, 303 (308).
[260] *Crémer/Montjoye/Schweitzer* Competition Policy S. 66.
[261] EU-KOM Entsch. v. 23.10.2001, ABl. 2002 L 120, 19 Rn. 70.
[262] Für eine Übersicht s. *Hoffer/Lehr* NZKart 2019, 10 (16 ff.).
[263] *Schweitzer/Haucap/Kerber/Welker* Modernisierung der Missbrauchsaufsicht für marktmächtige Unternehmen S. 101.
[264] EU-KOM Entsch. v. 27.6.2017 – AT.39740, C(2017) 4444 Rn. 333 – Google Shopping; *Schweitzer/Haucap/Kerber/Welker* Modernisierung der Missbrauchsaufsicht für marktmächtige Unternehmen S. 101.
[265] EU-KOM Entsch. v. 27.6.2017 – AT.39740, C(2017) 4444 Rn. 336 – Google Shopping.
[266] *Schweitzer/Haucap/Kerber/Welker* Modernisierung der Missbrauchsaufsicht für marktmächtige Unternehmen S. 102.
[267] *Hoffer/Lehr* NZKart 2019, 10 (12).
[268] *Schweitzer/Haucap/Kerber/Welker* Modernisierung der Missbrauchsaufsicht für marktmächtige Unternehmen S. 102.
[269] *Brauneck* GRUR Int. 2018, 103 (105); *Hoffer/Lehr* NZKart 2019, 10 (18).
[270] Das Verfahren wird unter dem Aktenzeichen T-612/17 geführt. Die Klagegründe sind im ABl. 2017/C 369/51 zusammengefasst.

günstigung durch gesetzgeberische Reform- und Regulierungsbemühungen auf nationaler sowie auf europäischer Ebene überholt wird.

Koppelungsstrategien. Das Koppelungsverbot untersagt marktbeherrschenden Unternehmen, den Abschluss von Verträgen von der Bedingung abhängig zu machen, dass zusätzliche Leistungen abgenommen werden, die weder sachlich noch nach Handelsbrauch in Beziehung zum Vertragsgegenstand stehen.[271] Die Koppelung kann ausdrücklich dadurch erfolgen, dass die Produkte überhaupt nicht getrennt angeboten werden (sog. **bundling**). Sie kann aber auch auf vertraglichen Bindungen, technischen Ausgestaltungen von Produkten oder auf dem Setzen von wirtschaftlichen Anreizen (zB Rabatten) beruhen.[272] Im Bereich der digitalen Angebote wurde in der Vergangenheit insbesondere der Fall relevant, dass eigene Anwendungen in einem marktbeherrschenden Ökosystem vorinstalliert wurden, sodass aufgrund der Wechselträgheit der Nutzer (sog. **default bias**) ein Nachteil für die Wettbewerber entsteht,[273] die über keine vergleichbar privilegierten Zugangsmöglichkeiten zu den Nutzern verfügen. Diese Fallgruppe kann auch im Hinblick auf IoT-Ökosysteme relevant werden. 104

Die EU-Kommission sowie in der Folge auch das EuG haben sich damit in der **Microsoft-Entscheidung** beschäftigt. Dabei ging es ua um die Koppelung des Verkaufs des Windows-Betriebssystems mit dem (unentgeltlichen) Windows Media Player. Ein **unzulässiges Kopplungsgeschäft** liegt danach vor, wenn folgende Kriterien erfüllt sind: (1.) Es handelt sich bei dem Kopplungsprodukt und dem daran gekoppelten Produkt um zwei abgrenzbare Produkte, (2.) das koppelnde Unternehmen verfügt auf dem Markt für das Kopplungsprodukt über eine beherrschende Stellung, (3.) das koppelnde Unternehmen gibt den Verbrauchern nicht die Möglichkeit, das Kopplungsprodukt auch ohne das daran gekoppelte Produkt zu beziehen, (4.) durch die fragliche Verhaltensweise wird der Wettbewerb eingeschränkt (Verdrängungswirkung) und (5.) es gibt keine objektive Rechtfertigung für die Verhaltensweise.[274] 105

Ein weiterer aufsehenerregender Koppelungsfall aus der jüngeren Vergangenheit war die **Google-Android-Entscheidung** der EU-Kommission.[275] Die Kommission kommt in ihrer Entscheidung zu dem Ergebnis, dass Google unter anderem dadurch gegen das kartellrechtliche Kopplungsverbot verstoßen hat, dass Google als Bedingung für eine Lizenzierung des App-Stores von Google von allen Herstellern gefordert hat, die App Google-Suche sowie die Google-Browser-App (Chrome) auf ihren Mobilgeräten vorzuinstallieren.[276] Dadurch konnte Google nach der Auffassung der Kommission erreichen, dass die Google-Suche sowie Chrome auf nahezu allen im EWR verkauften Android-Geräten vorinstalliert sind.[277] Da die Google-Suche als Default-Setting bei Chrome verwendet wird, wird dadurch nach Einschätzung der Kommission die Position von Google auf dem Suchmaschinen-Markt zusätzlich weiter abgesichert.[278] Nach Einschätzung der Kommission können Vorinstallationen bei den Nutzern zu einem sog. Status-quo-Denken führen, was eine Wechselwahrscheinlichkeit deutlich reduziere.[279] Die Koppelung war zudem nach der Auffassung der Kommission Teil einer Gesamtstrategie zur unbilligen Behinderung der 106

[271] Art. 102 Abs. 2 lit. d AEUV.
[272] Immenga/Mestmäcker/*Fuchs* AEUV Art. 102 Rn. 284.
[273] Loewenheim/Meessen/Riesenkampff/Kersting/Meyer-Lindemann/*Huttenlauch* AEUV Art. 102 Rn. 196.
[274] EuG Urt. v. 17.9.2007 – T-201/04, BeckRS 2007, 70806 Rn. 842 ff. – Microsoft/Kommission; s. auch Loewenheim/Meessen/Riesenkampff/Kersting/Meyer-Lindemann/*Huttenlauch* AEUV Art. 101 Rn. 196; ebenso EU-KOM Beschl. v. 16.12.2009 – COMP/39.530 Rn. 33 ff. – Microsoft (Kopplung), bei dem es um die Koppelung des Windows-Betriebssystems mit dem vorinstallierten Internet Explorer ging.
[275] EU-KOM Entsch. v. 18.7.2018 – AT.40099, C(2018) 4761 – Google Android.
[276] Für eine Zusammenfassung s. EU-KOM Pressemitteilung v. 18.7.2018, Kommission verhängt Geldbuße von 4.34 Milliarden Euro gegen Google wegen illegaler Praktiken bei Android-Mobilgeräten zur Stärkung der beherrschenden Stellung der Google-Suchmaschine, www.ec.europa.eu/commission/presscorner/detail/de/IP_18_4581 (1.3.2021).
[277] EU-KOM Entsch. v. 18.7.2018 – AT.40099, C(2018) 4761 Rn. 783 ff. – Google Android.
[278] EU-KOM Entsch. v. 18.7.2018 – AT.40099, C(2018) 4761 Rn. 972 ff. – Google Android.
[279] EU-KOM Entsch. v. 18.7.2018 – AT.40099, C(2018) 4761 Rn. 781 ff. – Google Android.

Wettbewerber, die auch weitere missbräuchliche Verhaltensweisen umfasste, insbesondere auch Zahlungen an Hersteller und Mobilfunknetzbetreiber, wenn diese ausschließlich die App Google-Suche auf ihren Geräten vorinstallierten.[280] Diese Entscheidung ist derzeit ebenfalls noch vor dem EuG anhängig.[281]

107 **(3) Verwendung von Daten der Plattformnutzer.** Eine weitere Fallgruppe, die im Hinblick auf hybride Plattformen diskutiert wird, ist der Zugriff eines Plattformbetreibers auf die Daten der gewerblichen Nutzer der Plattform.[282] Die Verarbeitung der Daten allein zum Zwecke der Bereitstellung der Vermittlungsleistung der Plattform ist im Hinblick auf das Missbrauchsverbot sicherlich unproblematisch. Eine Verwendung der Daten gewerblicher Nutzer der Plattform zur Anpassung und Verbesserung des eigenen Angebotes könnte hingegen neben der damit ggf. verbunden Problematik des Austausches wettbewerblich sensibler Informationen[283] auch als eine unbillige Behinderung der Wettbewerber gesehen werden, die über keinen vergleichbaren Zugang zu entsprechenden Daten verfügen. Dies kommt jedenfalls dann in Betracht, wenn die gewerblichen Nutzer auf die Vermittlung der marktbeherrschenden Plattform für den Marktzugang angewiesen sind und dementsprechend keine sinnvolle Alternative haben, als der Datenverwertung durch die Plattform zuzustimmen.[284]

108 Eine solche Konstellation ist Gegenstand der **Ermittlungen der Kommission gegen Amazon,** in denen die Kommission zwei Verhaltensweisen von Amazon im Hinblick auf den Amazon Marketplace untersucht. Die Kommission will dabei die Standardvereinbarungen zwischen Amazon und den Händlern analysieren, die es Amazon als Einzelhändler ermöglichen, Daten von Drittanbietern auszuwerten und zu nutzen. Dabei geht es insbesondere darum, ob und wie die Nutzung der Daten durch Amazon den Wettbewerb beeinträchtigen könnte.[285] Zudem wird die Rolle der von Amazon genutzten Daten auf die Auswahl der in der sog. Buy Box angezeigten Händler untersucht. Ferner geht es darum, wie sich die Nutzung wettbewerbssensibler Informationen über die Händler durch Amazon ggf. auf diese Auswahl auswirken könnte. Die Aufnahme in die Buy Box ist für die Händler von großer Bedeutung, da die meisten Transaktionen über diese abgewickelt werden.[286] Das Verhalten von Amazon wird dabei von der Kommission sowohl unter dem Gesichtspunkt des Kartellverbots (Art. 101 AEUV) als auch unter dem Gesichtspunkt des Missbrauchsverbots (Art. 102 AEUV) untersucht. Im November 2020 erfolgte die Mitteilung der Beschwerdepunkte an Amazon und die Eröffnung einer zweiten Untersuchung der E-Commerce-Geschäftspraxis des Unternehmens.[287] Soweit aus der Pressemitteilung ersichtlich, liegt der Fokus der Kommission in beiden Verfahren auf Art. 102 AEUV. Im zweiten Verfahren möchte die Kommission prüfen, ob Amazon eigene Angebote und Angebote von Verkäufern, die die Logistik- und Versanddienste von Amazon nutzen, bevor-

[280] Für eine Zusammenfassung s. EU-KOM Pressemitteilung v. 18.7.2018, Kommission verhängt Geldbuße von 4.34 Milliarden Euro gegen Google wegen illegaler Praktiken bei Android-Mobilgeräten zur Stärkung der beherrschenden Stellung der Google-Suchmaschine, www.ec.europa.eu/commission/presscorner/detail/de/IP_18_4581 (1.3.2021).

[281] Das Verfahren wird unter dem Aktenzeichen T-604/18 geführt. Die Klagegründe sind im ABl. 2018 C 445, 26 zusammengefasst.

[282] S. auch *Schweitzer/Haucap/Kerber/Welker* Modernisierung der Missbrauchsaufsicht für marktmächtige Unternehmen S. 113.

[283] Dazu bereits → Rn. 40.

[284] *Hoffer/Lehr* NZKart 2019, 10 (18).

[285] EU-KOM Pressemitteilung v. 17.7.2019, EU-Wettbewerbshüter untersuchen Verhaltensweisen von Amazon, www.ec.europa.eu/germany/news/20190717-amazon_de (1.3.2021).

[286] EU-KOM Pressemitteilung v. 17.7.2019, EU-Wettbewerbshüter untersuchen Verhaltensweisen von Amazon, www.ec.europa.eu/germany/news/20190717-amazon_de (1.3.2021).

[287] EU-KOM Pressemitteilung v. 10.11.2020, Kommission richtet Mitteilung der Beschwerdepunkte an Amazon wegen Nutzung nichtöffentlicher Daten unabhängiger Verkäufer und leitet zweite Untersuchung der E-Commerce-Geschäftspraxis des Unternehmens ein, www.ec.europa.eu/commission/presscorner/detail/de/ip_20_2077 (1.3.2021).

zugt behandelt. Die Kommission wird dort insbesondere prüfen, ob die Kriterien, nach denen Amazon die „Buy-Box" vergibt und es Verkäufern ermöglicht, Prime-Kunden zu beliefern, zu einer Vorzugsbehandlung der Angebote von Amazon oder der Angebote von Verkäufern, die die Logistik- und Versanddienste von Amazon nutzen, führen.[288]

(4) Ausblick. Das Kartellrecht ist gerade im Hinblick auf den Umgang mit der Plattformökonomie – wie schon eingangs geäußert – derzeit noch in einem **Findungsprozess.** Allerdings brachte die 10. GWB-Novelle einige Änderungen, die unmittelbar auf den Umgang mit Plattformen abzielen. 109

Unternehmen mit überragender marktübergreifender Bedeutung. Eine der zentralen, aber auch eine der umstrittensten Neuerungen der 10. GWB-Novelle ist die Einfügung einer neuen Bestimmung (§ 19a GWB), die sich mit dem missbräuchlichen Verhalten von Unternehmen mit „überragender marktübergreifender Bedeutung für den Wettbewerb" auseinandersetzt. Damit soll für das BKartA die Möglichkeit geschaffen werden, große Digitalkonzerne effektiv zu kontrollieren. Im Fokus stehen Unternehmen, die nicht nur über eine **marktbeherrschende Stellung** auf einem **Plattform- oder Netzwerkmarkt** verfügen, sondern zudem über **Ressourcen** und eine **strategische Positionierung,** die es ihnen ermöglichen, erheblichen Einfluss auf die Geschäftstätigkeit Dritter zu nehmen bzw. die eigene Geschäftstätigkeit in immer neue Märkte und Sektoren auszuweiten.[289] § 19a GWB sieht dafür ein **mehrstufiges Verfahren** vor. Auf der ersten Stufe kann das BKartA durch Verfügung feststellen, dass einem Unternehmen, das in erheblichem Umfang auf mehrseitigen Märkten und in Netzwerken iSd § 18 Abs. 3a GWB tätig ist, eine überragende marktübergreifende Bedeutung für den Wettbewerb zukommt. Allerdings ist diese Verfügung auf fünf Jahre nach Eintritt der Bestandskraft zu befristen (§ 19a Abs. 1 S. 3 GWB). § 19a Abs. 1 GWB enthält eine nicht abschließende Liste von Kriterien für die Feststellung einer **überragenden marktübergreifenden Bedeutung,** die nicht kumulativ vorliegen müssen. Wie auch bei der Marktbeherrschung setzt auch die Feststellung einer überragenden marktübergreifenden Bedeutung für den Wettbewerb eine Gesamtwürdigung aller im Einzelfall relevanten Umstände voraus. So ist auch das Vorliegen einer marktbeherrschenden Stellung interessanterweise nur eines der genannten Kriterien, aber keine Bedingung für die Feststellung einer überragenden marktübergreifenden Bedeutung. Nach der Begründung des Referentenentwurfes ist lediglich davon auszugehen, dass eine solche Verfügung nur für wenige Unternehmen getroffen wird und dass der Adressatenkreis der Vorschrift eng begrenzt bleibt.[290] 110

Hat das BKartA gegenüber einem Unternehmen per Verfügung eine überragende marktübergreifende Bedeutung für den Wettbewerb festgestellt, soll es auf der zweiten Stufe die in § 19a Abs. 2 GWB abschließend aufgeführten Verhaltensweisen gegenüber diesem Unternehmen untersagen können. Dieser Katalog enthält ua Verhaltensweisen wie die Selbstbegünstigung durch die Ausgestaltung des Rankings oder die Vorinstallierung, Bündelung verschiedener Dienste oder die Verweigerung oder Erschwerung von Interoperabilität und Datenportabilität.[291] Solche Verhaltensweisen sind nur dann erlaubt, wenn 111

[288] EU-KOM Pressemitteilung v. 10.11.2020, Kommission richtet Mitteilung der Beschwerdepunkte an Amazon wegen Nutzung nichtöffentlicher Daten unabhängiger Verkäufer und leitet zweite Untersuchung der E-Commerce-Geschäftspraxis des Unternehmens ein, #www.ec.europa.eu/commission/presscorner/detail/de/ip_20_2077 (1.3.2021).

[289] BMWi Referentenentwurf zur 10. GWB-Novelle S. 75.

[290] BMWi Referentenentwurf zur 10. GWB-Novelle S. 76.

[291] Im Einzelnen listet § 19a Abs. 2 GWB die folgenden Verhaltensweisen auf: (1.) Beim Vermitteln des Zugangs zu Beschaffungs- und Absatzmärkten die eigenen Angebote gegenüber denen von Wettbewerbern bevorzugt zu behandeln, insbesondere a) die eigenen Angebote bei der Darstellung zu bevorzugen; b) ausschließlich eigene Angebote auf Geräten vorzuinstallieren oder in anderer Weise in Angebote des Unternehmens zu integrieren; (2.) Maßnahmen zu ergreifen, die andere Unternehmen in ihrer Geschäftstätigkeit auf Beschaffungs- oder Absatzmärkten behindern, wenn die Tätigkeit des Unternehmens für den Zugang zu diesen Märkten Bedeutung hat, insbesondere a) Maßnahmen zu ergreifen, die zu einer aus-

eine sachliche Rechtfertigung vorliegt. Dies ist im Wege einer Interessenabwägung unter der Berücksichtigung der Zielsetzung des GWB zu ermitteln. Die **Darlegungs- und Beweislast** für das Vorliegen einer sachlichen Rechtfertigung liegt bei dem betroffenen Unternehmen, da die möglichen Gründe für eine sachliche Rechtfertigung regelmäßig in der Sphäre der betroffenen Unternehmen liegen.[292] § 19a GWB sieht allein eine Durchsetzung im Verwaltungsverfahren vor, auch keine Einleitung eines Bußgeldverfahrens noch die Möglichkeit des Private Enforcements. Jedoch ist das BKartA gem. § 19a Abs. 2 S. 4 GWB im Falle einer Zuwiderhandlung befugt: (1.) nach § 32 Abs. 2 GWB alle erforderlichen Abhilfemaßnahmen verhaltensorientierter oder struktureller Art vorzuschreiben; (2.) nach § 32 Abs. 3 GWB die Zuwiderhandlung festzustellen nachdem diese beendet ist, soweit ein berechtigtes Interesse besteht; (3.) nach § 32a GWB einstweilige Maßnahmen anzuordnen[293] und (4.) nach § 32b GWB Verpflichtungszusagen durch Verfügungen für bindend zu erklären. Der BGH wird als Beschwerdegericht im ersten und letzten Rechtszug über sämtliche Streitigkeiten gegen Verfügungen des BKartA entscheiden, die nach § 19a GWB getroffen werden oder sich auf Sachverhalte iSd § 19a GWB beziehen (§ 73 Abs. 5 GWB). Diese Vorschrift soll die Verfahren gegen Unternehmen mit überragender marktübergreifender Bedeutung beschleunigen.

112 § 19a GWB wurde in der Literatur teilweise begrüßt, teilweise aber auch vehement abgelehnt. Auf der einen Seite wurde kritisiert, dass die Vorschrift nicht weit genug gehe, da sie durch das **mehrstufige Verfahren vom Verbotsprinzip der Missbrauchsaufsicht** abweiche und damit deutlich an Schlagkraft verliere.[294] Andere sehen in der Vorschrift die **Gefahr eines Over-Enforcements** durch eine nationale Sondervorschrift, die insbesondere in internationalen Sachverhalten für Rechtsunsicherheit sorgen könnte und damit Innovationen und technischen Fortschritt hemme.[295] Zudem wird kritisiert, dass die Tatbestandsmerkmale teilweise recht weit gefasst sind und deren Ausfüllung im Wesentlichen dem BKartA überlassen bleibt. Dies könne zu einer erheblichen Rechtsunsicherheit füh-

schließlichen Vorinstallation oder Integration von Angeboten des Unternehmens führen; b) andere Unternehmen daran zu hindern oder es ihnen zu erschweren, ihre eigenen Angebote zu bewerben oder Abnehmer auch über andere als die von dem Unternehmen bereitgestellten oder vermittelten Zugänge zu erreichen; (3.) Wettbewerber auf einem Markt, auf dem das Unternehmen seine Stellung, auch ohne marktbeherrschend zu sein, schnell ausbauen kann, unmittelbar oder mittelbar zu behindern, insbesondere a) die Nutzung eines Angebots des Unternehmens mit einer dafür nicht erforderlichen automatischen Nutzung eines weiteren Angebots des Unternehmens zu verbinden, ohne dem Nutzer des Angebots ausreichende Wahlmöglichkeiten hinsichtlich des Umstands und der Art und Weise der Nutzung des anderen Angebots einzuräumen; b) die Nutzung eines Angebots des Unternehmens von der Nutzung eines anderen Angebots des Unternehmens abhängig zu machen; (4.) durch die Verarbeitung wettbewerbsrelevanter Daten, die das Unternehmen gesammelt hat, Marktzutrittsschranken zu errichten oder spürbar zu erhöhen, oder andere Unternehmen in sonstiger Weise zu behindern, oder Geschäftsbedingungen zu fordern, die eine solche Verarbeitung zulassen, insbesondere a) die Nutzung von Diensten davon abhängig zu machen, dass Nutzer der Verarbeitung von Daten aus anderen Diensten des Unternehmens oder eines Drittanbieters zustimmen, ohne den Nutzern eine ausreichende Wahlmöglichkeit hinsichtlich des Umstands, des Zwecks und der Art und Weise der Verarbeitung einzuräumen; b) von anderen Unternehmen erhaltene wettbewerbsrelevante Daten zu anderen als für die Erbringung der eigenen Dienste gegenüber diesen Unternehmen erforderlichen Zwecken zu verarbeiten, ohne diesen Unternehmen eine ausreichende Wahlmöglichkeit hinsichtlich des Umstands, des Zwecks und der Art und Weise der Verarbeitung einzuräumen; (5.) die Interoperabilität von Produkten oder Leistungen oder die Portabilität von Daten zu verweigern oder zu erschweren und damit den Wettbewerb zu behindern; (6.) andere Unternehmen unzureichend über den Umfang, die Qualität oder den Erfolg der erbrachten oder beauftragten Leistung zu informieren oder ihnen in anderer Weise eine Beurteilung des Wertes dieser Leistung zu erschweren; (7.) für die Behandlung von Angeboten eines anderen Unternehmens Vorteile zu fordern, die in keinem angemessenen Verhältnis zum Grund der Forderung stehen, insbesondere a) für deren Darstellung die Übertragung von Daten oder Rechten zu fordern, die dafür nicht zwingend erforderlich sind; b) die Qualität der Darstellung dieser Angebote von der Übertragung von Daten oder Rechten abhängig zu machen, die hierzu in keinem angemessenen Verhältnis stehen.

[292] BMWi Referentenentwurf zur 10. GWB-Novelle S. 77.

[293] Allerdings soll diese Frist ein Jahr nicht überschreiten (§ 32a Abs. 2 S. 3 GWB).

[294] *Höppner* WuW 2020, 72 (79).

[295] *Polley/Kaup* NZKart 2020, 113.

ren.[296] Solchen Sorgen soll nun wohl mit dem § 19a Abs. 4 GWB begegnet werden, der vorsieht, dass das BMWi nach Ablauf von vier Jahren nach Inkrafttreten der Regelungen in den Abs. 1 und 2 über die Erfahrungen mit der Vorschrift berichtet.

Das erste Verfahren, in dem sich das BKartA auf § 19a GWB stützt, ist ein **Verfahren gegen Facebook,** in welchem die Verknüpfung von **Oculus Virtual-Reality-Produkten** mit dem sozialen Netzwerk und der Facebook-Plattform überprüft wird.[297] Laut dem Präsidenten des BKartA *Andreas Mundt* komme für Facebook mit Blick auf seine starke Marktpräsenz mit dem gleichnamigen sozialen Netzwerk sowie mit WhatsApp und Instagram eine Einordnung als Unternehmen mit überragender marktübergreifender Bedeutung in Betracht.[298] Falls das BKartA gegenüber Facebook per Verfügung eine überragende marktübergreifende Bedeutung für den Wettbewerb feststellt, könnte es Facebook dieses Verhalten nach § 19a Abs. 2 S. 1 Nr. 3 lit. b GWB untersagen. Danach kann es eine Behinderung der Wettbewerber darstellen, wenn die Nutzung eines Angebots des Unternehmens von der Nutzung eines anderen Angebots dieses Unternehmens abhängig gemacht wird. Ferner könnte das BKartA im Falle einer Zuwiderhandlung gegen die Untersagungsentscheidung nach § 19a Abs. 2 S. 4 GWB Abhilfemaßnahmen verhaltensorientierter oder struktureller Art vorschreiben oder einstweilige Maßnahmen anordnen. 113

Tipping. Eine weitere Änderung im Rahmen der 10. GWB-Novelle betrifft den Aspekt des „Tippings", also des „Kippens" eines von mehreren Anbietern geprägten Marktes zu einem hochkonzentrierten Markt. Da selbst das Erreichen einer marktbeherrschenden Stellung mit Mitteln des Leistungswettbewerbs für sich genommen kartellrechtlich nicht zu beanstanden ist, gilt dies selbstverständlich auch, wenn ein Tipping schlicht auf unternehmerischen Erfolg beruht. Sollte das Tipping allerdings durch Verhaltensweisen gezielt herbeigeführt oder befördert werden, die nicht dem **Leistungswettbewerb** entsprechen, bestand nach den bisherigen Regelungen der Missbrauchsaufsicht keine Möglichkeit für die Wettbewerbsbehörden einzugreifen, bevor eine marktbeherrschende Stellung oder eine Abhängigkeit erreicht war. Da ein Tipping in der Regel nicht mehr rückgängig gemacht werden kann, sollte mit dem § 20 Abs. 3a GWB eine Möglichkeit für das BKartA geschaffen werden, bereits frühzeitig einzugreifen.[299] Gem. § 20 Abs. 3a GWB liegt eine unbillige Behinderung auch dann vor, wenn ein Unternehmen mit überlegener Marktmacht auf einem Plattform- oder Netzwerkmarkt (§ 18 Abs. 3a GWB) die eigenständige Erzielung von Netzwerkeffekten durch Wettbewerber behindert und hierdurch die ernstliche Gefahr begründet, dass der Leistungswettbewerb in nicht unerheblichem Maße eingeschränkt wird. Somit handelt es sich bei § 20 Abs. 3a GWB um einen Gefährdungstatbestand, der bereits bei überlegener Marktmacht, also auch schon unterhalb der Schwelle der Marktbeherrschung greift. Nach der Begründung des Referentenentwurfes ist der Tatbestand bewusst offen formuliert, um auch unbekannte Formen der Behinderung zu erfassen. Jedenfalls sollen aber das Verbot oder die **Behinderung des Multi-Homings** sowie die **Erschwerung von Plattformwechseln** zu den problematischen Verhaltensweisen zählen.[300] Die Regelung schützt nur die Möglichkeit, eigene Netzwerkeffekte aufzubauen, gibt aber **keinen Anspruch auf** die Herstellung von **Interoperabilität.**[301] 114

---

[296] *Mäger* NZKart 2020, 101 (102).

[297] BKartA Pressemitteilung v. 10.12.2020, „Bundeskartellamt überprüft die Verknüpfung von Oculus mit dem Facebook-Netzwerk", www.bundeskartellamt.de/SharedDocs/Meldung/DE/Pressemitteilungen/2020/09_12_2020_Facebook_Oculus.html;jsessionid=00CDEECE477D3196806001A7D7D05016.1_cid390?nn=3591568 (5.3.2021).

[298] BKartA Pressemitteilung v. 28.1.2021, „Bundeskartellamt prüft im Facebook/Oculus-Verfahren auch den neuen § 19a GWB", www.bundeskartellamt.de/SharedDocs/Meldung/DE/Pressemitteilungen/2021/28_01_2021_Facebook_Oculus.html (1.3.2021).

[299] BMWi Referentenentwurf zur 10. GWB-Novelle S. 85.

[300] BMWi Referentenentwurf zur 10. GWB-Novelle S. 86.

[301] BMWi Referentenentwurf zur 10. GWB-Novelle S. 86; allerdings kann die Verweigerung der Herstellung von Interoperabilität unter § 19 Abs. 2 Nr. 4 GWB fallen.

115 **ee) Regulatorischer Ansatz.** Während in Deutschland mit der 10. GWB-Novelle versucht wird, durch punktuelle Anpassungen des Kartellrechtrechts auf die Herausforderungen der Plattformökonomie zu reagieren, wird auf **europäischer Ebene** eher auf einen **regulatorischen Ansatz** gesetzt.

116 **(1) Die P2B-Verordnung.** Ein erster Schritt im Hinblick auf die Regulierungsbemühungen ist dabei die nach langen Diskussionen erlassene Verordnung (EU) 2019/1150 für Fairness und Transparenz von Online-Vermittlungsdiensten (sog. „P2B-Verordnung"). Ziel der PZB-Verordnung, die sich weitgehend auf **formale Vorgaben** und **Transparenzpflichten** beschränkt, ist es, die unfairen Geschäftspraktiken von Online-Vermittlungsdiensten angreifbar zu machen.[302] Die Regelungen der P2B-Verordnung sind seit dem 12.7.2020 für alle Unternehmen im Anwendungsbereich der Verordnung verbindlich, und zwar völlig **unabhängig von der Marktposition** des Unternehmens. In der Folge soll nur ein kurzer Überblick über die wesentlichen Bestimmungen der P2B-Verordnung gegeben werden.

117 **Anwendungsbereich.** In sachlicher Hinsicht richtet sich die P2B-Verordnung an **Online-Vermittlungsdienste,** die es gewerblichen Nutzern durch Vermittlungsleistungen ermöglichen, Verbrauchern Waren oder Dienstleistungen anzubieten. Die P2B-Verordnung richtet sich auch – wenn auch in geringerem Umfang – an **Online-Suchmaschinen.** Da es nicht erforderlich ist, dass auch der Vertragsschluss auf der Plattform selbst stattfindet, findet die PZB-Verordnung auch auf **soziale Netzwerke** und **Preisvergleichsportale** Anwendung, die auf Webshops von gewerblichen Nutzern verlinken.[303] Reine B2B-Plattformen oder auch Peer-to-Peer-Plattformen scheiden demgegenüber aus dem Anwendungsbereich der Verordnung aus.[304] Zudem findet die Verordnung auch keine Anwendung auf Online-Zahlungsdienste, Online-Werbeinstrumente oder Online-Werbebörsen, die nicht bereitgestellt werden, um die Anbahnung direkter Transaktionen zu vermitteln und bei denen kein Vertragsverhältnis mit Verbrauchern besteht.[305] In räumlicher Hinsicht findet die P2B-Verordnung auf alle Online-Vermittlungsdienste und Online-Suchmaschinen Anwendung, unabhängig von deren Niederlassungsort oder Sitz. Dies gilt soweit die gewerblichen Nutzer der Dienste ihre Niederlassung oder ihren Wohnsitz in der EU haben und über diese Online-Vermittlungsdienste oder Online-Suchmaschinen Verbrauchern Waren oder Dienstleistungen in der Europäischen Union anbieten.[306]

118 **Vorgaben für AGB.** In den Art. 3 und 4 enthält die P2B-Verordnung eine Reihe von Vorgaben für die Ausgestaltung Allgemeiner Geschäftsbedingungen für Online-Vermittlungsdienste.[307] Dies betrifft insbesondere die Verständlichkeit und Verfügbarkeit der Allgemeinen Geschäftsbedingungen.[308] Durch das Erfordernis, dass Allgemeine Geschäftsbedingungen klar und verständlich formuliert sein müssen, wird eine Transparenzkontrolle, wie sie aus dem deutschen Recht bei § 307 Abs. 1 S. 2 BGB bekannt ist, einheitlich auf Uni-

---

302 *Höppner/Schulz* ZIP 2019, 2329.
303 *Busch* GRUR 2019, 788 (789).
304 Erwägungsgründe VO (EU) 2019/1150, Rn. 11.
305 Art. 1 Abs. 3 VO (EU) 2019/1150.
306 Art. 1 Abs. 2 VO (EU) 2019/1150.
307 AGB werden in Art. 2 Nr. 10 VO (EU) 2019/1150 folgendermaßen definiert: „alle Bedingungen oder Bestimmungen, die unabhängig von ihrer Bezeichnung oder Form das Vertragsverhältnis zwischen dem Anbieter von Online-Vermittlungsdiensten und ihren gewerblichen Nutzern regeln und einseitig vom Anbieter der Online-Vermittlungsdienste festgelegt werden, wobei diese einseitige Festlegung auf der Grundlage einer Gesamtbewertung festgestellt wird, im Rahmen derer die relative Größe der betroffenen Parteien, die Tatsache, dass Verhandlungen stattgefunden haben, oder die Tatsache, dass einzelne Bestimmungen in diesen Bedingungen möglicherweise Gegenstand von Verhandlungen waren und gemeinsam von dem jeweiligen Anbieter und dem jeweiligen gewerblichen Nutzer festgelegt wurden, für sich genommen nicht entscheidend ist".
308 Art. 3 Abs. 1 lit. a und b P2B-VO.

onsebene etabliert, sodass diese nicht mehr per Rechtswahl ausgeschlossen werden kann.[309] Weiterhin muss in den Allgemeinen Geschäftsbedingungen über die Gründe informiert werden, die den Plattformbetreiber zu einer Einschränkung oder Suspendierung der Vermittlungsdienste berechtigen.[310] Zudem müssen Informationen über zusätzliche Vertriebskanäle oder etwaige Partnerprogramme in den Allgemeinen Geschäftsbedingungen enthalten sein, über die der Plattformbetreiber die vom gewerblichen Nutzer angebotenen Waren und Dienstleistungen vermarktet sowie allgemeine Informationen zu den Auswirkungen der Allgemeinen Geschäftsbedingungen auf die Inhaberschaft und die Kontrolle von Rechten des geistigen Eigentums gewerblicher Nutzer.[311] Schließlich enthält die Verordnung auch noch Vorgaben für die nachträgliche Änderung von AGB[312] und schreibt eine verhältnismäßige Vorlauffrist von mindestens 15 Tagen (mit diversen Ausnahmeregelungen) vor. AGB oder darin enthaltene Einzelbestimmungen sowie Änderungen der Allgemeinen Geschäftsbedingungen, die den vorgenannten Anforderungen nicht genügen, sind nichtig.[313]

Zwar wurde letztendlich darauf verzichtet, eine ausführliche **„schwarze Liste"** unzu- 119
lässiger Klauseln und Geschäftspraktiken in die P2B-Verordnung aufzunehmen, doch findet sich eine stark abgespeckte Version einer solchen Liste in Art. 8 der P2B-Verordnung.[314] Schließlich ist ein Anbieter von Online-Vermittlungsdiensten, der dem Verbraucher Zusatz- oder Nebenleistungen anbietet, die die vermittelte Hauptware oder Dienstleistung ergänzen, dazu verpflichtet, in seine Allgemeinen Geschäftsbedingungen eine Beschreibung der Art der angebotenen Nebenwaren und -dienstleistungen sowie eine Erläuterung aufzunehmen, ob und unter welchen Bedingungen auch der gewerbliche Nutzer berechtigt ist, eigene Nebenwaren und -dienstleistungen über die Online-Vermittlungsdienste anzubieten.[315]

Einschränkung, Aussetzung und Beendigung der Dienstleistung. Ein Anbieter 120
von Online-Vermittlungsdiensten, der die Bereitstellung seiner Dienstleistung für einen gewerblichen Nutzer in Bezug auf einzelne von diesem gewerblichen Nutzer angebotene Waren oder Dienstleistungen einschränken oder aussetzen möchte, muss dem betroffenen gewerblichen Nutzer vor oder gleichzeitig mit dem Wirksamwerden der Maßnahme eine Begründung der Entscheidung auf einem dauerhaften Datenträger zukommen lassen.[316] Beschließt ein Anbieter von Online-Vermittlungsdiensten die Bereitstellung seiner Vermittlungsdienste für einen gewerblichen Nutzer vollständig zu beenden, muss er dem betroffenen gewerblichen Nutzer mindestens 30 Tage vor dem Wirksamwerden der Beendigung eine Begründung dieser Entscheidung auf einem dauerhaften Datenträger zukommen lassen.[317] Die jeweilige Begründung muss dabei die konkreten Tatsachen beinhalten, die den Plattformbetreiber zu seiner Entscheidung bewogen haben[318] sowie die für diese Entscheidung tragenden Gründe. Dies gilt jedenfalls, soweit keiner der Ausnahmetatbestände greift.[319]

Transparenzpflichten. Die weiteren Bestimmungen der Verordnung beinhalten keine 121
materiellen Vorgaben, sondern konkrete Transparenzverpflichtungen, die sowohl für On-

[309] *Höppner/Schulz* ZIP 2019, 2329 (2333).
[310] Art. 3 Abs. 1 lit. c P2B-VO.
[311] Art. 3 Abs. 1 lit. d und e P2B-VO.
[312] Art. 3 Abs. 2 P2B-VO.
[313] Art. 3 Abs. 3 P2B-VO.
[314] *Busch* GRUR 2019, 788 (791). Um sicherzustellen, dass die Geschäftsbedingungen nach Treu und Glauben sowie auf der Grundlage des redlichen Geschäftsverkehrs gestaltet werden, werden bestimmte Verhaltenspflichten in Art. 8 P2B-VO festgeschrieben. Diese betreffen das Verbot der rückwirkenden Änderung von AGB sowie Informationspflichten im Hinblick auf Kündigungsmöglichkeiten und die Nutzung von Daten des gewerblichen Nutzers nach Beendigung des Vertrags.
[315] Art. 6 P2B-VO.
[316] Art. 4 Abs. 1 P2B-VO.
[317] Art. 4 Abs. 2 P2B-VO.
[318] Art. 4 Abs. 2 P2B-VO.
[319] Art. 4 Abs. 4 P2B-VO.

line-Vermittlungsdienste als auch für Online-Suchmaschinen gelten. Dies betrifft die Bereiche der **Rankings** sowie der **Selbstbegünstigung.** Die wesentlichen Parameter sowie deren Gewichtung für die Erstellung von **Rankings,**[320] inklusive der Verpflichtung darauf hinzuweisen, wenn das Ranking durch die Erbringung eines Entgeltes beeinflusst werden kann. Die Anbieter von Online-Vermittlungsdiensten und die Anbieter von Online-Suchmaschinen sind allerdings nicht verpflichtet, Algorithmen oder Informationen offenzulegen, die mit „hinreichender Sicherheit" zu einer Manipulation der Suchergebnissen genutzt werden könnten. Im Hinblick auf eine **Selbstbegünstigung** müssen die wichtigsten wirtschaftlichen, geschäftlichen oder rechtlichen Erwägungen, die einer differenzierten Behandlung der eigenen Angebote oder kontrollierter Unternehmen mit den Angeboten von Dritten zugrunde liegen, erläutert werden.[321] Weiterhin müssen Online-Vermittlungsdienste im Zusammenhang mit dem **Zugang zu Daten** erläutern, inwiefern der gewerbliche Nutzer Zugang zu personenbezogenen oder sonstigen Daten hat, die im Rahmen der Vermittlungsleistung generiert werden, inwiefern der Anbieter des Online-Vermittlungsdienstes Zugang zu solchen Informationen hat und ob diese Dritten zur Verfügung gestellt werden.[322] Schließlich finden sich in der P2B-Verordnung auch noch Transparenzpflichten für Online-Vermittlungsdienste im Hinblick auf die Verwendung von **MFN-** bzw. **Bestpreisklauseln.**[323]

122 **Sonstige Vorgaben.** Um eine zügige außergerichtliche Beilegung von Auseinandersetzungen zwischen gewerblichen Nutzern und den Anbietern von Online-Vermittlungsdiensten zu ermöglichen, müssen Anbieter von Online-Vermittlungsdiensten ein **Beschwerdemanagementsystem** etablieren, das für gewerbliche Nutzer leicht zugänglich und kostenfrei ausgestaltet ist und eine Bearbeitung innerhalb eines angemessenen Zeitrahmens gewährleistet.[324] Zudem müssen in den AGB zwei oder mehr Mediatoren angegeben werden, mit denen der Anbieter von Online-Vermittlungsdiensten bereit ist, zusammenzuarbeiten, um mit gewerblichen Nutzern eine außergerichtliche Beilegung etwaiger Streitigkeiten, die nicht im Rahmen des Beschwerdemanagementsystems geklärt werden konnten, zu erreichen. Die vorgenannten Verpflichtungen finden allerdings keine Anwendung auf kleine Unternehmen mit weniger als 50 Mitarbeitern und deren Jahresumsatz 10 Mio. EUR nicht übersteigt.

123 **Rechtsfolgen und Durchsetzung.** Eine unmittelbare Rechtsfolge (zivilrechtliche Nichtigkeit der entsprechenden Bedingungen) für den Verstoß gegen die Regelungen aus der P2B-Verordnung ist nur für einen **Verstoß gegen die Vorgaben zu Allgemeinen Geschäftsbedingungen** in Art. 3 Abs. 1 und 2 der P2B-Verordnung geregelt. Abgesehen von der obligatorischen Etablierung eines Verbandsklagerechts[325] wird es im Übrigen den einzelnen Mitgliedstaaten überlassen, eine angemessene und wirksame Durchsetzung der Vorgaben der Verordnung sicherzustellen. Eine Verpflichtung, einen Verstoß gegen die Verordnung mit Bußgeldern oder anderen Sanktionen zu ahnden, besteht aber nicht.[326]

124 **(2) Weitere regulatorische Ansätze.** Bereits bei Erlass der P2B-Verordnung war klar, dass dies nur einen ersten Schritt für die Regulierung digitaler Märkte und insbesondere der Plattformökonomie auf der europäischen Ebene darstellen würde. So sieht bereits Art. 18 der P2B-Verordnung vor, dass die EU-Kommission alle drei Jahre eine Evaluierung der Verordnung vornehmen wird. Dementsprechend wird von der Kommission derzeit erwogen, in einem nächsten Schritt den europäischen Rechtsrahmen mit Blick auf die wirtschaftliche Macht von großen Online-Plattformen weiter anzupassen. Vor diesem

320 Art. 5 P2B-VO.
321 Art. 7 P2B-VO.
322 Art. 9 P2B-VO.
323 Art. 9 P2B-VO.
324 Art. 11 P2B-VO.
325 Art. 14 P2B-VO.
326 *Höppner/Schulz* ZIP 2019, 2329 (2336).

Hintergrund hat die Kommission in einem Inception Impact Assessment für eine **weitergehende Ex-ante-Regulierung** von Plattformen drei Optionen vorgestellt, die sicherstellen sollen, dass die von großen Online-Plattformen kontrollierten Plattform-Ökosysteme fair und offen bleiben, insbesondere in Situationen, in denen diese Plattformen als Gatekeeper für benachbarte oder nachgelagerte Märkte fungieren.[327] Abgesehen von der gerade beschriebenen Initiative für eine weitergehende Ex-ante-Regulierung von Plattformen erwog die Kommission in einem separaten Inception Impact Assessment neben den derzeit bestehenden Instrumenten des Wettbewerbsrechts ein **neues strukturelles Wettbewerbstool** als Teil ihres Ansatzes zur Durchsetzung der Wettbewerbsregeln insbesondere im Hinblick auf digitale Märkte einzuführen. Der Konsultationsprozess zu beiden Initiativen wurde am 8.9.2020 abgeschlossen.[328] Mittlerweile hat die Kommission am 15.12. 2020 zwei Verordnungsentwürfe veröffentlicht: den **Digital Markets Act zur Regulierung digitaler Märkte („DMA-E")**[329] und den **Digital Services Act zur Regulierung digitaler Dienste („DSA-E")**[330]. Diese Initiativen sind nicht direkt auf IoT-Anwendungen gerichtet, sie können aber darauf mittelbar Auswirkungen haben. Die Wettbewerbskommissarin *Margrethe Vestager* schätzt, dass es bis zum Inkrafttreten dieser Verordnungsentwürfe noch mindestens zwei Jahre dauern wird.[331] Auch wenn diese Entwürfe während des Gesetzgebungsverfahrens umfassend geändert werden können, scheint es hilfreich, die wesentlichen Elemente im Folgenden kurz zusammenzufassen.

Verordnungsentwurf für ein Gesetz über digitale Märkte (Digital Markets Act Proposal, DMA-E). Die Kommission betont, dass sich der DMA-E mit **wirtschaftlichen Ungleichgewichten** und **unlauteren Geschäftspraktiken** von **Gatekeepern** befasst und mit deren negativen Folgen, wie bspw. einer Schwächung der Wettbewerbsfähigkeit auf Plattformmärkten. Die Kommission unterstreicht, dass der DMA-E ein anderes Interesse als die Art. 101 und 102 AEUV schützen will und deren Anwendung unberührt bleibt. Während die Art. 101 und 102 AEUV den Schutz des unverfälschten Wettbewerbs zum Ziel haben, soll der DMA einen **fairen digitalen Markt** gewährleisten, unabhängig von den tatsächlichen, wahrscheinlichen oder vermuteten Auswirkungen des Verhaltens von Gatekeepern. Vor diesem Hintergrund kombiniert die Kommission im DMA-E eine 125

---

327 EU-KOM, Inception Impact Assessment, Digital Services Act package: Ex ante regulatory instrument for large online platforms with significant network effects acting as gate-keepers in the European Union's internal market, www.ec.europa.eu/info/law/better-regulation/have-your-say/initiatives/12418-Digital-Services-Act-package-ex-ante-regulatory-instrument-of-very-large-online-platforms-acting-as-gatekeepers (30.8.2020); dort werden die folgenden Optionen aufgeführt: (1.) Überprüfung des in der P2B-VO festgelegten horizontalen Rahmens im Hinblick auf die Ergänzung weiterer Vorgaben insbesondere in den Bereichen, in denen derzeit nur Transparenzpflichten bestehen (zB in den Bereichen Selbstbegünstigung und Datenzugang). Überprüfung des in der P2B-VO festgelegten horizontalen Rahmens im Hinblick auf die Ergänzung weiterer Vorgaben insbesondere in den Bereichen, in denen derzeit nur Transparenzpflichten bestehen (zB in den Bereichen Selbstbegünstigung und Datenzugang); (2.) Schaffung eines horizontalen Rahmens, der eine eigene Regulierungsbehörde auf EU-Ebene ermächtigt, Informationen von großen Online-Plattformen zu sammeln, die als Gatekeeper fungieren. Damit sollen Erkenntnisse über Geschäftspraktiken und deren Auswirkungen auf Nutzer und Verbraucher gewonnen werden; (3.) Verabschiedung eines neuen und flexiblen ex-ante-Rechtsrahmens für große Online-Plattformen, die als Gatekeeper fungieren, der bestimmte unlautere Handelspraktiken („schwarzen Liste") verbietet und die Ermächtigung enthält von Fall zu Fall maßgeschneiderte Abhilfemaßnahmen zu beschließen, soweit dies notwendig und gerechtfertigt ist.

328 EU-KOM, Inception Impact Assessment, New Competition Tool, www.ec.europa.eu/info/law/better-regulation/have-your-say/initiatives/12416-New-competition-tool (1.3.2021).

329 EU-KOM, Vorschlag für eine Verordnung des Europäischen Parlaments und des Rates über bestreitbare und faire Märkte im digitalen Sektor (Gesetz über digitale Märkte), COM(2020) 842 final, www.eur-lex.europa.eu/legal-content/de/TXT/?qid=1608116887159&uri=COM%3A2020%3A842%3AFIN (1.3.2021).

330 EU-KOM, Vorschlag für eine Verordnung des Europäischen Parlaments und des Rates über einen Binnenmarkt für digitale Dienste (Gesetz über digitale Dienste) und zur Änderung der Richtlinie 2000/31/EG, COM(2020) 825 final, www.eur-lex.europa.eu/legal-content/de/TXT/?qid=1608117147218&uri=COM%3A2020%3A825%3AFIN (1.3.2021).

331 EU-KOM Pressekonferenz v. 15.12.2020, EVP Vestager and Commissioner Thierry on the Digital Services Act and the Digital Markets Act, www.youtube.com/watch?v=57Zl-JgjQk8 (1.3.2021).

Ex-ante-Plattformregulierung mit einem **Marktuntersuchungstool.** Im Folgenden werden die Vorschriften des DMA-E näher erläutert.

126 Der DMA-E zielt auf die im digitalen Sektor tätigen Plattformen ab, die **Kernplattformdienste** (sog. core platform services) anbieten und von der Kommission als **Gatekeeper** eingestuft werden. Die Kernplattformdienste sind: „Online-Vermittlungsdienste, Online-Suchmaschinen, Online-Dienste zur sozialen Vernetzung, Video-Sharing-Plattformdienste, telefonnummernunabhängige Kommunikationsdienste, Betriebssysteme, Cloud Computing-Dienste und Werbevermittlungs-Dienste".[332] Ein Anbieter von Kernplattformdiensten wird als Gatekeeper eingestuft, wenn er (1.) einen **erheblichen Einfluss auf den Binnenmarkt** hat, (2.) einen **Kernplattformdienst betreibt,** der eine wichtige Vermittlerrolle zwischen geschäftlichen und privaten Nutzern hat, und (3.) über eine **gefestigte und dauerhafte Marktstellung** verfügt, oder in naher Zukunft eine solche Marktstellung einnehmen wird.[333] Es wird davon ausgegangen, dass diese **drei qualitativen Kriterien** erfüllt sind, wenn bestimmte **quantitative Schwellenwerte** überschritten werden. Erstens wird ein erheblicher Einfluss auf den Binnenmarkt vermutet, wenn die Plattform, in den letzten drei Geschäftsjahren einen jährlichen EWR-Umsatz von 6,5 Mrd. EUR oder eine durchschnittliche Marktkapitalisierung von mindestens 65 Mrd. EUR erzielt hat und der Kernplattformdienst in mindestens drei EU-Mitgliedstaaten angeboten wird. Zweitens wird eine wichtige Vermittlerrolle vermutet, wenn die Plattform im letzten Geschäftsjahr in der EU 45 Mio. aktive Endnutzer monatlich und 10.000 aktive Geschäftsbenutzer jährlich hat. Schließlich wird eine gefestigte und dauerhafte Marktstellung angenommen, wenn die Schwellenwerte für den Umsatz und die Nutzerzahl in den letzten drei Geschäftsjahren jeweils erreicht wurden.[334]

127 Die Anbieter von Kernplattformdiensten sollen die EU-Kommission innerhalb von drei Monaten nach Erreichen der quantitativen Schwellenwerte benachrichtigen. Innerhalb von sechs Monaten nach der Einstufung als Gatekeeper muss der Gatekeeper den im DMA-E festgelegten Verbots- und Regelungskatalog berücksichtigen, hierbei insbesondere die Art. 5 und 6 DMA-E. Zu diesem Katalog gehören **„Don'ts"** wie die Kombination personenbezogener Daten aus verschiedener Quellen, die Verwendung weiter Preisparitätsklauseln, die Nutzung von Daten von gewerblichen Nutzern im Wettbewerb mit diesen gewerblichen Nutzern, die Verpflichtung zur Nutzung weiterer Kernplattformdienste des Gatekeepers (sog. bundling), die Bevorzugung eigener Dienste im Ranking (Selbstbegünstigung), und **„Do's"** wie faire und nichtdiskriminierende Geschäftsbedingungen bei der Nutzung von App Stores, Datenportabilität und Löschoption für vorinstallierte Softwareanwendungen. Eine weitere Pflicht ist in Art. 12 DMA-E geregelt. Danach müssen Gatekeeper bei der EU-Kommission jede beabsichtigte Konzentration iSd FKVO anmelden, an der ein anderer Anbieter von Kernplattformdiensten oder anderen digitalen Diensten beteiligt ist.

128 Das Marktuntersuchungstool, das im Sommer 2020 als **New Competition Tool** vorgestellt wurde, wird auf **ein ergänzendes Instrument** zu der vorstehend beschriebenen Ex-ante-Regulierung reduziert. Der DMA-E sieht drei Arten von Marktuntersuchungen vor: (1.) zur Identifizierung von Gatekeepern und zur Identifizierung ihrer neuen Kernplattformdienste, (2.) zur systematischen Nichteinhaltung und (3.) zu neuen Diensten und neuen Praktiken sowie zur Prüfung der Notwendigkeit einer Aktualisierung des DMA. Die maximale Dauer dieser Untersuchungen variiert zwischen (1.) zwölf Monaten, (2.) zwölf Monaten mit einer maximalen Verlängerung von sechs Monaten und (3.) 24 Monaten.[335] Die Kommission wird die Befugnis haben, Marktuntersuchungen einzuleiten. Allerdings können mindestens drei Mitgliedstaaten die Kommission auffordern, eine Marktuntersuchung zur Identifizierung von Gatekeepern einzuleiten.[336]

---

[332] Art. 2 DMA-E.
[333] Art. 3 Abs. 1 DMA-E.
[334] Art. 3 Abs. 2 DMA-E.
[335] Art. 14 ff. DMA-E.
[336] Art. 33 DMA-E.

Ein wichtiger Aspekt ist, dass die **Durchsetzung des DMA** nicht den mitgliedsstaatlichen Behörden, sondern der **Kommission** obliegen soll. Diese muss ein Verfahren einleiten, um Entscheidungen über die Auferlegung von Gatekeeper-Pflichten, die Feststellung der Nichteinhaltung von Gatekeeper-Pflichten oder die Verhängung von Bußgeldern zu treffen.[337] Während des Verfahrens soll die Kommission – wie auch in Kartellverfahren – **diverse Ermittlungs- und Entscheidungsbefugnisse** haben. Geplant sind ua Auskunftsverlangen und Nachprüfungen in den Geschäftsräumen von Unternehmen. Angedacht sind auch der **Erlass einstweiliger Maßnahmen,** die Annahme von **Verpflichtungszusagen,** die Überwachung der wirksamen Umsetzung und Einhaltung des DMA, Verabschiedung von **Nichteinhaltungsentscheidungen** sowie die **Verhängung von Bußgeldern.**[338] Im Gegenzug hat der Gatekeeper das Recht, gehört zu werden und auf die Akten zuzugreifen.[339] Außerdem soll der EuGH für die Überprüfung von Bußgeldentscheidungen der EU-Kommission als erste und letzte Instanz zuständig sein.[340]. 129

Verordnungsentwurf für ein Gesetz über digitale Dienste (Digital Services Act, DSA-E). Während sich der DMA-E mit kartellrechtlichen Problemstellungen wie wirtschaftlichen Ungleichgewichten im digitalen Märkten, wettbewerbswidrigen Verhalten von Gatekeepern und mangelndem Wettbewerb auf digitalen Märkten befasst, **konzentriert sich der DSA-E auf Transparenz** und **Verbraucherschutz** und sieht **Pflichten für alle digitalen Dienste** vor, die Verbrauchern Waren, Dienstleistungen oder Inhalte vermitteln. Zu diesem Zweck befasst sich der DSA-E mit Themen wie Haftung von Online-Vermittlern für Inhalte Dritter, Sicherheit von Online-Nutzern oder asymmetrische Sorgfaltspflichten für verschiedene Anbieter von Diensten der Informationsgesellschaft.[341] Ferner sieht er neue Verfahren für die schnellere Entfernung illegaler Inhalte vor und zielt auf den umfassenden Schutz von Grundrechten von Internetnutzern.[342] Die Verpflichtungen im DSA-E unterscheiden nach der Größe und den Auswirkungen der digitalen Dienste und gelten – im Gegensatz zum DMA-E – **nicht nur für Gatekeeper-Plattformen.** Neben allgemeinen Vorschriften, die gegenüber jedem Vermittlungsdienst gelten sollen, der über ein Infrastrukturnetz verfügt, enthält der Entwurf gesonderte Vorschriften für (1.) Hosting-Dienste wie Cloud- und Webhosting-Dienste, (2.) Online-Plattformen, die Verkäufer und Verbraucher zusammenbringen, wie Online-Marktplätze, App-Stores, Social-Media-Plattformen und letztendlich (3.) sehr große Online-Plattformen, die mehr als 45 Mio. Nutzer im EWR haben. Sehr große Online-Plattformen werden auch im DSA-E als systemrelevant angesehen und unterliegen besonderen Pflichten. Sie müssen ua Risikominderungsmaßnahmen ergreifen, um den Missbrauch ihrer Systeme zu verhindern,[343] weitreichende Transparenzmaßnahmen bezüglich Online-Werbung und Algorithmen ergreifen[344] sowie einen Compliance-Beauftragten ernennen, der für die Überwachung der Einhaltung der DSA verantwortlich ist.[345] 130

b) Geschäftsverweigerung und Anspruch zur Herstellung von Interoperabilität

Grundsätzlich gilt, dass auch marktbeherrschende Unternehmen nicht dazu verpflichtet sind, fremden Wettbewerb zu fördern. Allerdings dürfen marktbeherrschende Unternehmen Wettbewerber nicht aus dem Markt drängen.[346] In Fällen der Geschäftsverweigerung 131

[337] Art. 18 DMA-E.
[338] Art. 19 ff. DMA-E.
[339] Art. 30 DMA-E.
[340] Art. 35 DMA-E.
[341] Begründung von DMA-E, S. 3.
[342] Art. 25 ff. DSA-E.
[343] Art. 33 DSA-E.
[344] Art. 30 sowie Art. 54 Abs. 3 und Art. 57 Abs. 1 DSA-E.
[345] Art. 32 DSA-E.
[346] EU-KOM Mitteilung v. 24.2.2009, Erläuterungen zu den Prioritäten der Kommission bei der Anwendung von Art. 82 EGV auf Fälle von Behinderungsmissbrauch durch marktbeherrschende Unternehmen, ABl. 2009 C 45, 7 Rn. 19 ff.

kann zunächst danach unterschieden werden, ob das marktbeherrschende Unternehmen für die von der Geschäftsverweigerung betroffene Leistung **bereits einen Markt eröffnet** und mit Dritten Verträge über die infrage stehende Leistung abgeschlossen hat. In diesem Fall kann sich ein **Kontrahierungszwang** für das marktbeherrschende Unternehmen bereits aus dem kartellrechtlichen **Diskriminierungsverbot** ergeben.[347] Hat das marktbeherrschende Unternehmen **keinen Markt für die fragliche Leistung eröffnet,** ist der Zugang aber für den Markteintritt eines Wettbewerbers zwingend erforderlich, kommt ein **Zugangsanspruch** auf der Basis des Behinderungsmissbrauches, insbesondere der sog. **essential facilities doctrine,** in Betracht.

132 **Essential facilities doctrine:** In Fällen, in denen ein Unternehmen auf den Zugang zu bestimmten unverzichtbaren und nicht-duplizierbaren Ressourcen, wie zB Infrastruktureinrichtungen, für den Marktzutritt angewiesen ist, kann die Verweigerung des Zugangs zu diesen Ressourcen durch ein marktbeherrschendes Unternehmen eine missbräuchliche Verhaltensweise darstellen. Das marktbeherrschende Unternehmen kann in diesen Konstellationen zur Belieferung, zur Zugangsgewährung oder zur Lizensierung verpflichtet sein. Ein solcher Anspruch stellt aber einen erheblichen Eingriff in die wettbewerbliche Handlungsfreiheit des marktbeherrschenden Unternehmens dar, sodass hohe Anforderungen an einen solchen Anspruch gestellt werden.[348] Auf europäischer Ebene wurde die essential facilities doctrine in der Praxis der Kommission sowie der europäischen Gerichte entwickelt, wobei aufgrund der Fallpraxis schwer zu fassen ist, welche konkreten Voraussetzungen für die essential facilities doctrine tatsächlich vorliegen müssen.[349]

133 Eine der Leitentscheidungen im Hinblick auf die Anwendung der essential facilities doctrine ist die **Entscheidung Bronner des EuGH,** in dem der EuGH einen Zugangsanspruch zu einem Zustellungssystem für Tageszeitungen auf der Basis der essential facilities doctrine nur dann für gerechtfertigt angesehen hätte, wenn die Zugangsverweigerung geeignet gewesen wäre, „**jeglichen Wettbewerb** auf dem Tageszeitungsmarkt durch denjenigen, der die Dienstleistung begehrt, **auszuschalten,** und **nicht objektiv zu rechtfertigen** wäre, und zum anderen **die Dienstleistung selbst** für die Ausübung der Tätigkeit des Wettbewerbers in dem Sinne **unentbehrlich** wäre, dass kein tatsächlicher oder potenzieller Ersatz für das Hauszustellungssystem bestünde."[350] Die Bedingungen für die Annahme der „Unentbehrlichkeit" sind dabei hoch anzusetzen. Insbesondere reicht nach dem EuGH die Behauptung nicht aus, dass die Schaffung eines eigenen vergleichbaren Systems unrentabel sei. Es kommt nicht darauf an, ob das konkrete Unternehmen, das den Zugang begehrt, dazu in der Lage wäre, die Einrichtung zu ersetzen, sondern darauf, ob ein effizienter Wettbewerber in der Lage wäre, ein entsprechendes System zu betreiben.[351]

134 Soweit der Zugang zu Leistungen betroffen ist, die durch IP-Rechte (zB Urheberrechte etc) geschützt sind (Lizenz), ist es nach der Rechtsprechung des EuGH in den **Entscheidungen Magill**[352] und **IMS Health**[353] zudem erforderlich, dass durch die Zugangsverweigerung die Einführung eines **neuen Produkts** verhindert wird.[354] In der IMS Health-

[347] Immenga/Mestmäcker/*Fuchs/Möschel,* 5. Aufl. 2012, AEUV Art. 102 Rn. 321.

[348] Loewenheim/Meessen/Riesenkampff/Kersting/Meyer-Lindemann/*Huttenlauch* AEUV Art. 102 Rn. 271.

[349] *Beckmann/Müller* in Hoeren/Sieber/Holznagel MultimediaR-HdB Teil 10 Rn. 227; Loewenheim/Meessen/Riesenkampff/Kersting/Meyer-Lindemann/*Huttenlauch* AEUV Art. 102 Rn. 271.

[350] EuGH Urt. v. 26.11.1998 – C-7/97, MMR 1999, 348 Rn. 41 – Bronner.

[351] MüKoWettbR/*Eilmansberger/Bien* AEUV Art. 102 Rn. 472; in der jüngeren Entscheidungspraxis der EU-KOM und des EuG scheint das Kriterium der Unentbehrlichkeit allerdings etwas weniger streng auszulegen, siehe dazu EuG Urt. v. 17.9.2007 – T-201/04, BeckRS 2007, 70806 Rn. 147 ff. – Clearstream; Loewenheim/Meessen/Riesenkampff/Kersting/Meyer-Lindemann/*Huttenlauch* AEUV Art. 102 Rn. 282.

[352] EuGH Urt. v. 6.4.1995 – C-241/91 P und C 242/91 P, GRUR Int. 1995, 490 – Magill.

[353] EuGH Urt. v. 29.4.2004 – C-418/01, MMR 2004, 456 mAnm *Hoeren* – IMS Health.

[354] Dies wurde damit begründet, dass in dem Spannungsfeld zwischen dem berechtigten Interesse am Schutz des geistigen Eigentums, das dem Inhaber gerade ein Ausschließlichkeitsrecht einräumt, auf der einen Seite und dem Interesse am Schutz des freien Wettbewerbs auf der anderen Seite, ein Vorrang der Interessen am freien Wettbewerb nur dann gerechtfertigt ist, wenn die Verweigerung der Lizenz die Entwicklung des Marktes zum Nachteil der Verbraucher verhindert.

Entscheidung hat der EuGH für den Anspruch auf Erteilung einer Zwangslizenz die folgenden Voraussetzungen festgehalten: (1.) Das Unternehmen, das um die Lizenz ersucht hat, beabsichtigt, neue Erzeugnisse oder Dienstleistungen anzubieten, die der Inhaber des Rechts des geistigen Eigentums nicht anbietet und für die eine potenzielle Nachfrage besteht; (2.) die Weigerung ist nicht aus sachlichen Gründen gerechtfertigt; und (3.) die Weigerung ist geeignet, dass jeglicher Wettbewerb auf einem abgeleiteten Markt ausgeschlossen wird.[355] Für die Annahme eines abgeleiteten Marktes ist es entscheidend, dass zwei unterschiedliche Produktionsstufen unterschieden werden können, die dadurch miteinander verbunden sind, dass das vorgelagerte Erzeugnis ein für die Lieferung des nachgelagerten Erzeugnisses unerlässliches Element ist.[356]

Die Bedeutung der Voraussetzung, dass durch die Verweigerung des Zugangs ein neues 135 Produkt verhindert wird, ist durch das Urteil des EuG im Fall von Microsoft allerdings wieder eingeschränkt worden. In dem Microsoft-Verfahren ging es neben Aspekten des Koppelungsverbotes auch um die Weigerung von Microsoft, **Interoperabilitätsinformationen** zum Zwecke der Entwicklung und Vermarktung von Betriebssystemen für Arbeitsgruppenserver offenzulegen. Die Informationsverweigerung durch Microsoft drohte nach der Auffassung der Kommission den Wettbewerb auf dem Markt für Arbeitsgruppenserver-Betriebssysteme auszuschalten, da die vorenthaltenen Angaben für die Tätigkeit der Wettbewerber auf diesem Markt unerlässlich seien, was zu einer Einschränkung der technischen Entwicklung und zu einer Verringerung der Auswahl zum Schaden der Verbraucher führen könne.[357] Die Kommission sowie in der Folge auch das EuG sahen die Voraussetzungen für einen Zugangsanspruch zu den Interoperabilitätsinformationen als gegeben an. Das EuG führte dabei in seiner Entscheidung aus, dass das Auftreten eines neuen Produkts nicht der einzige Parameter sein könne, um zu bewerten, ob die Zugangsverweigerung den Verbrauchern iSv Art. 102 Abs. 2 lit. b AEUV schaden kann. Vielmehr könne nach dem Wortlaut dieser Vorschrift ein solcher Schaden auch dann eintreten, wenn durch die Zugangsverweigerung die technische Entwicklung eingeschränkt wird.[358] Dementsprechend kann gegenüber einem marktbeherrschenden Systembetreiber ein Anspruch auf die Herstellung von Interoperabilität bestehen, wenn durch die Zugangsverweigerung die Entwicklung von Produkten mit innovativen Merkmalen verhindert wird (zB im Hinblick auf Parameter wie Sicherheit, Zuverlässigkeit, Benutzerfreundlichkeit und Verarbeitungsgeschwindigkeit).[359]

Im **deutschen Recht** ist die essential facilities doctrine in **§ 19 Abs. 2 Nr. 4 GWB** 136 gesetzlich verankert. Demnach konnte es den Missbrauch einer marktbeherrschenden Stellung darstellen, wenn sich ein Unternehmen weigerte, einem anderen Unternehmen gegen angemessenes Entgelt Zugang zu den eigenen Netzen oder anderen Infrastruktureinrichtungen zu gewähren. Das war jedenfalls dann der Fall, wenn es dem anderen Unternehmen aus rechtlichen oder tatsächlichen Gründen ohne die Mitbenutzung nicht möglich war, auf dem vor- oder nachgelagerten Markt als Wettbewerber des marktbeherrschenden Unternehmens tätig zu werden, soweit das marktbeherrschende Unternehmen nicht nachweist, dass die Mitbenutzung aus betriebsbedingten oder sonstigen Gründen nicht möglich oder nicht zumutbar war. Anders als die essential facilities doctrine auf der Basis des Art. 102 AEUV griff § 19 Abs. 2 Nr. 4 GWB bis zur 10. GWB-Novelle allerdings nicht für Schutzrechte des geistigen Eigentums, war also vom Anwendungsbereich

[355] EuGH Urt. v. 29.4.2004 – C-418/01, MMR 2004, 456 Rn. 52 mAnm *Hoeren* – IMS Health.
[356] EuGH Urt. v. 29.4.2004 – C-418/01, MMR 2004, 456 Rn. 45 mAnm *Hoeren* – IMS Health.
[357] EU-KOM Entsch. v. 24.5.2004 – COMP/C-3/37.792, C(2004) 900 final Rn. 18 – Microsoft, Summary Decision.
[358] EuG Urt. v. 17.9.2007 – T-201/04, BeckRS 2007, 70806 Rn. 647 – Microsoft; s. dazu auch Loewenheim/Meessen/Riesenkampff/Kersting/Meyer-Lindemann/*Huttenlauch* AEUV Art. 102 Rn. 265 ff.
[359] EuG Urt. v. 17.9.2007 – T-201/04, BeckRS 2007, 70806 Rn. 653 – Microsoft.

grundsätzlich enger gefasst.[360] Demnach musste in diesen Fällen auf die Generalklausel des § 19 Abs. 2 Nr. 1 GWB zurückgegriffen werden.[361] Mit der 10. GWB-Novelle wurde § 19 Abs. 2 Nr. 4 GWB in Angleichung an die Rechtsentwicklung auf europäischer Ebene offenerer formuliert, sodass jetzt auch eine Verweigerung der Lizensierung von Immaterialgüterrechten sowie die Verweigerung des Zugangs zu Daten erfasst wird.

c) Zugang zu standardessenziellen Patenten

137 Eine weitere Fallgruppe, die sich dem Bereich der Geschäftsverweigerung herausgebildet hat, betrifft den Zugang zu standardessenziellen Patenten sowie zu solchen Technologien, die sich zu einem „Quasi-Standard“ entwickelt haben. In diesem Bereich hat sich insbesondere im Nachgang zu der ***Huawei*-Entscheidung**[362] des EuGH eine ausdifferenzierte Rechtsprechung auf europäischer sowie auf nationaler Ebene herausgebildet, die an anderer Stelle (→ § 13) ausführlich dargestellt wird.

d) Zugang zu Daten

138 Der Zugang zu Daten stellt eine wesentliche Ressource für digitale Geschäftsmodelle dar. Das gilt insbesondere auch im IoT-Kontext. Der exklusive oder überlegene Zugang zu Daten kann einen entscheidenden Wettbewerbsvorteil darstellen, da sich eine **fehlende Zugangsmöglichkeit zu Daten als erhebliche Marktzugangsschranke** für Wettbewerber erweisen kann.[363] Dementsprechend stellt sich die Frage, unter welchen Bedingungen ein Zugangsanspruch zu wettbewerbsrelevanten Daten aus den kartellrechtlichen Vorgaben ergeben kann.

139 Keine Besonderheiten wirft die Konstellation auf, in der ein marktbeherrschender Inhaber von Daten bereits einen Markt für den **Zugang zu diesen Daten eröffnet** hat und entsprechende Verträge über den Zugang zu Daten mit Dritten geschlossen hat. In diesen Fällen kann jedenfalls für mit den Dritten gleichartige Unternehmen und vorbehaltlich einer sachlichen Rechtfertigung ein Zugangsanspruch auf der Basis des **kartellrechtlichen Diskriminierungsverbotes** greifen.[364] Allerdings müsste dazu der Inhaber der Daten gerade auch auf dem entsprechenden „Datenmarkt“ marktbeherrschend sein.

140 **aa) Voraussetzungen der essential facilities doctrine.** Ist demgegenüber der **Markt für den Zugang zu den Daten** durch ein marktbeherrschendes Unternehmen **noch nicht eröffnet,** wird die Frage nach dem Zugang zu den Daten insbesondere nach den Voraussetzungen der **essential facilities doctrine** diskutiert. Nach der Erweiterung des § 19 Abs. 2 Nr. 4 GWB durch die 10. GWB-Novelle ist auch ausdrücklich nach deutschem Recht die essential facilities doctrine auf einen Zugangsanspruch für Daten anwendbar.

141 Auf der Basis der im EU-Recht zu Art. 102 AEUV zur essential facilities doctrine entwickelten Grundsätze käme ein Zugangsanspruch in Betracht**, wenn die fraglichen Datenbestände** (1.) **nicht anderweitig verfügbar** und (2.) **für den Zugang zu einem angrenzenden Markt unerlässlich** sind, sodass die Zugangsverweigerung geeignet ist, den Wettbewerb auf dem angrenzenden Markt auszuschließen und (3.) **keine sachliche**

---

[360] BT-Drs. 13/9720, 79; Loewenheim/Meessen/Riesenkampff/Kersting/Meyer-Lindemann/*Loewenheim* GWB § 19 Rn. 87; *Schweitzer/Haucap/Kerber/Welker* Modernisierung der Missbrauchsaufsicht für marktmächtige Unternehmen S. 132.

[361] BGH Urt. v. 13.7.2004 – KZR 40/02, GRUR 2004, 966 – Standardspundfass; Loewenheim/Meessen/Riesenkampff/Kersting/Meyer-Lindemann/*Loewenheim* GWB § 19 Rn. 87; *Schweitzer/Haucap/Kerber/Welker* Modernisierung der Missbrauchsaufsicht für marktmächtige Unternehmen S. 132.

[362] EuGH Urt. v. 16.7.2015 – C-170/13, GRUR 2015, 764 – Huawei.

[363] Dazu ausf. → Rn. 91.

[364] Autorité de la Concurrence/BKartA, Competition Law and Data, 2016, S. 18f., mit einem Bsp. aus der Praxis der Autorité de la Concurrence.

Rechtfertigung für die Zugangsverweigerung vorliegt.[365] Diese Voraussetzungen würden nur dann vorliegen, wenn das den Zugang begehrende Unternehmen nachweisen kann, dass die fraglichen Daten im Besitz des marktbeherrschenden Unternehmens tatsächlich nicht substituierbar sind und es keine Möglichkeit gibt, ohne den Datenzugang auf einem angrenzenden Markt tätig zu sein, der Anspruchsteller also nicht auf alternative Datenquellen ausweichen kann.[366] Dies wird in vielen Fällen nur schwierig nachzuweisen sein, insbesondere wenn es sich um Daten handelt, die grundsätzlich nicht exklusiv einem Unternehmen zur Verfügung stehen. Ein Beispiel dafür sind **Standortdaten,** die sich auf unterschiedliche Art und Weise beschaffen lassen und von der betroffenen Person mehreren Unternehmen gleichzeitig zur Verfügung gestellt werden können.[367]

Ob darüber hinaus auch die in der Rechtsprechung des EuGH für den **Zugang zu** 142 **Immaterialgüterrechten** entwickelte Voraussetzung, dass durch die Zugangsverweigerung die Einführung eines neuen Produktes verhindert wird, auf die Fälle des Zugangs zu Daten zu übertragen ist, ist bislang noch nicht geklärt.[368] Gegen eine Übertragung dieses Erfordernisses spricht, dass es bislang **kein spezifisches Schutzrecht oder Eigentumsrecht für Daten** gibt, sodass auch kein vergleichbares Spannungsfeld zwischen dem durch ein Schutzrecht vermittelten Ausschließlichkeitsrecht und der Freiheit des Wettbewerbes besteht, mit dem die Voraussetzung in der Rechtsprechung des EuGH begründet wird.[369] Für eine Übertragbarkeit wird angeführt, dass eine restriktive Handhabung der essential facilities doctrine insbesondere den Innovationswettbewerb befördern möchte und dieses Kriterium auch für den Zugang zu Daten einschlägig ist.[370] Die erstgenannte Argumentation erscheint vorzugswürdig, allerdings hat sich die Bedeutung der Voraussetzung des „neuen Produktes" seit der Microsoft-Entscheidung des EuG, in der die Entwicklung von Produkten mit „innovativen Merkmalen" als ausreichend erachtet wurde, ohnehin etwas reduziert.[371]

bb) Relevante Fallkonstellationen. (1) Zugang zu Nutzungsdaten einer bestimm- 143 **ten Person oder Maschine.** Da die Anzahl der vernetzten Produkte und Dienstleistungen stark zunimmt, ist gerade **im IoT-Kontext** zu erwarten, dass für die Entwicklung von individualisierten und auf das **Nutzungsprofil zugeschnittenen Angeboten,** der Zugriff auf Maschinendaten oder Dienste-Nutzungsdaten erforderlich ist, um überhaupt die Möglichkeit zu haben, komplementäre oder konkurrierende Produkte oder Dienstleistungen anbieten zu können.[372] Ebenfalls könnte der Zugang zu **aggregierten Nutzungsdaten** einer Vielzahl von Nutzern oder Maschinen erforderlich sein, etwa um zu besseren, belastbareren Vorhersagen von Störungen einer Maschine oder von Nutzerbedürfnissen zu gelangen.[373]

---

[365] *Schweitzer/Haucap/Kerber/Welker* Modernisierung der Missbrauchsaufsicht für marktmächtige Unternehmen S. 132.

[366] Autorité de la Concurrence/BKartA, Competition Law and Data, 2016, S. 18; *Schweitzer/Haucap/Kerber/Welker* Modernisierung der Missbrauchsaufsicht für marktmächtige Unternehmen S. 133.

[367] *Schweitzer/Haucap/Kerber/Welker* Modernisierung der Missbrauchsaufsicht für marktmächtige Unternehmen S. 133; für *Louven* NZKart 2018, 217 (220) kann es in solchen Fällen bereits an einer marktbeherrschenden Stellung fehlen.

[368] *Schweitzer/Haucap/Kerber/Welker* Modernisierung der Missbrauchsaufsicht für marktmächtige Unternehmen S. 136.

[369] *Schweitzer* GRUR 2019, 569 (578).

[370] *Körber* NZKart 2016, 303 (Fn. 44); auch die Autorité de la Concurrence und das BKartA weisen darauf hin, dass ein vereinfachter Zugang zu Daten dazu führen könnte, dass geringere Anreize bestehen, eigene Datenquellen zu entwickeln, Autorité de la Concurrence/BKartA, Competition Law and Data, 2016, S. 18.

[371] EuG Urt. v. 17.9.2007 – T-201/04, BeckRS 2007, 70806 – Microsoft; zu der Entscheidung bereits ausf. → Rn. 105; ebenso *Schweitzer* GRUR 2019, 569 (578).

[372] Fallkonstellationen gebildet nach *Schweitzer* GRUR 2019, 569 (577 ff.) und *Schweitzer/Haucap/Kerber/Welker* Modernisierung der Missbrauchsaufsicht für marktmächtige Unternehmen S. 133.

[373] Bsp. aus BMWi Referentenentwurf zur 10. GWB-Novelle S. 75.

144 Wenn sich in diesen Fällen der marktbeherrschende Hersteller eines Hauptproduktes die exklusive Nutzung der bei Verwendung des Produktes oder Nutzung des Dienstes generierten Daten vorbehält, könnte er durch die Ablehnung des Zugangs seine Marktmacht auch auf komplementäre Märkte übertragen.[374] Ein Anspruch auf der Basis von § 19 Abs. 2 Nr. 4 GWB bzw. der essential facilities doctrine hängt aber in diesen Konstellationen maßgeblich davon ab, ob die fraglichen Daten für den Anspruchsteller objektiv notwendig sind, um auf einem vor- oder nachgelagerten Markt tätig zu sein und die Weigerung des Zugangs zu Daten den wirksamen Wettbewerb auf diesem Markt auszuschalten droht und die Weigerung nicht sachlich gerechtfertigt ist. Bei Maschinendaten im IoT-Kontext erscheint das durchaus denkbar, soweit der Gerätehersteller die einzige Datenquelle für den Anspruchsteller darstellt.[375] Teilweise wird demgegenüber vertreten, dass ein Zugangsanspruch jedenfalls im Hinblick auf personenbezogene Daten grundsätzlich nicht in Betracht komme, da es insofern an der erforderlichen Exklusivität fehle.[376] Auch wenn diese Ablehnung zu pauschal erscheint, ist bezüglich personenbezogener Daten jedenfalls Art. 20 DS-GVO zu beachten, der ein Recht auf Datenportabilität normiert und damit eine alternative Möglichkeit darstellen könnte, Zugang zu den Daten zu erlangen.[377] Wenn aber die Transaktionskosten für die Datenportabilität zu hoch sind oder bspw. Zugang zu „real-time"- oder „near-time"-Daten erforderlich ist, kann auch der Anspruch aus Art. 20 DS-GVO keine ausreichende Alternative darstellen.[378] Die Möglichkeit auf alternative Datenquellen auszuweichen, muss daher im Einzelfall konkret geprüft werden.

145 Das marktbeherrschende Unternehmen kann gegen einen Zugangsanspruch objektive Umstände vortragen, warum die Gewährung des Datenzugangs entweder nicht möglich oder nicht zumutbar ist. Eine sachliche Rechtfertigung im Hinblick auf personenbezogene Daten können dabei insbesondere auch **datenschutzrechtliche Bedenken** sein, da eine Übermittlung personenbezogener Daten an Dritte in der Regel die Einwilligung des Datensubjekts voraussetzt.[379] Interessant ist, ob der Dateninhaber dazu verpflichtet werden könnte, entweder bei der Einholung einer Einwilligungserklärung mitzuwirken oder einen Prozess zu etablieren, der eine Einwilligung für die Datenübertragung ermöglicht. Nach der Praxis der EU-Kommission kann der Inhaber einer essential facility dazu verpflichtet sein, die Kapazität der Einrichtung zu erweitern, zumindest dann, wenn eine klare Perspektive besteht, dass sich die Investition für die Kapazitätserweiterung in der Zukunft amortisiert (oder von dem Dritten, der den Zugang beansprucht, finanziert wird).[380] Insofern ist es durchaus denkbar, dass der Dateninhaber auch dazu verpflichtet werden könnte, bei der Ermöglichung einer datenschutzkonformen Datenübermittlung mitzuwirken. An die Rechtfertigung, ein Zugang sei aus rechtlichen Gründen unmöglich, werden jedenfalls hohe Anforderungen gestellt.[381] Eine Grenze muss der Zugangsanspruch aber jedenfalls dann finden, wenn es durch die Datenübermittlung zu einem Austausch wettbewerbssensibler Informationen kommen würde oder wenn Geschäftsgeheimnisse des Inhabers der Daten betroffen sind.[382]

---

[374] *Schweitzer* GRUR 2019, 569 (577).

[375] Vgl. *Körber* MMR 2020, 229 (292).

[376] *Louven* NZKart 2018, 217 (221).

[377] *Schweitzer/Haucap/Kerber/Welker* Modernisierung der Missbrauchsaufsicht für marktmächtige Unternehmen S. 149.

[378] *Schweitzer/Haucap/Kerber/Welker* Modernisierung der Missbrauchsaufsicht für marktmächtige Unternehmen S. 149; *Schweitzer* GRUR 2019, 569 (577).

[379] *Beckmann/Müller* in Hoeren/Sieber/Holznagel MultimediaR-HdB Teil 10 Rn. 239; *Louven* NZKart 2018, 217 (221).

[380] EU-KOM Entsch. v. 29.9.2010 – COMP/39.315 Rn. 45 – ENI; Entsch. v. 14.1.1998 – IV/34.801 – FAG.

[381] BGH Beschl. v. 11.12.2012 – KVR 7/12, NJW 2013, 1095 Rn. 36 – Fährhafen Puttgarden.

[382] *Schweitzer/Haucap/Kerber/Welker* Modernisierung der Missbrauchsaufsicht für marktmächtige Unternehmen S. 138.

146 Einen Beispielsfall, der der Kategorie des Zugangs zu Daten, die exklusiv bei einem Unternehmen anfallen, zugeordnet werden kann, bildet ein vom BKartA gegenüber der **Deutsche Bahn AG** eingeleitetes Verfahren. In diesem Verfahren wird eine **mögliche Behinderung von Mobilitätsplattformen** untersucht. Laut der Pressemitteilung des BKartA seien Mobilitätsplattformen auf die Informationen der Deutsche Bahn AG (Fahrplandaten) angewiesen, sodass in dem Verfahren ua geklärt werden soll, inwieweit Mobilitätsplattformen Zugang zu „real-time"-Abfahrts- und Verspätungsdaten erhalten müssen, um neue Mobilitätskonzepte wie durchgängige, intermodale Reiseketten anbieten zu können.[383]

147 Schließlich kommen auch Konstellationen in Betracht, in denen auf dem **Markt für das Hauptprodukt** intensiver Wettbewerb besteht, aber – sobald sich der Kunde für ein Produkt entschieden hat – auf dem **nachgelagerten Markt** (zB für Wartungs- und Reparaturleistungen) eine starke Marktposition bestehen kann. Die Marktposition des Herstellers des Hauptproduktes kann dabei durch einen exklusiven Datenzugang weiter gestärkt werden, wenn durch die Auswertung dieser Daten wesentliche Verbesserungen bewirkt werden können, die die Wechselkosten für die Nutzer des Hauptproduktes auf dem nachgelagerten Markt deutlich erhöhen können und zu einem **„lock-in"-Effekt** beitragen können.[384] Hierbei wird sich häufig die Frage stellen, ob der von dem Hauptprodukt abgeleitete **Sekundärmarkt** tatsächlich als ein eigener relevanter Markt angesehen werden kann. Gegen einen isoliert zu betrachtenden Sekundärmarkt kann bspw. sprechen, wenn der Primärmarkt und der Sekundärmarkt zu einem **einheitlichen Systemmarkt** gehören, wenn also Verbraucher auf eine Verschlechterung der Konditionen auf dem Sekundärmarkt mit einem Wechsel des Hauptproduktes reagieren können.[385] Je höher die Investition für das Hauptprodukt ist, desto weniger wahrscheinlich ist das Vorliegen eines Systemmarktes.[386]

148 In den Konstellationen, in denen die Wechselkosten für die Kunden des Hauptproduktes hoch sind und Dritte keinen vergleichbaren Zugang zum Sekundärmarkt habe (zB mangels Interoperabilität) kann jedenfalls im deutschen Kartellrecht, abgesehen von einer marktbeherrschenden Stellung des Herstellers des Hauptproduktes, auch auf dem Sekundärmarkt eine **unternehmensbedingte Abhängigkeit** iSd § 20 GWB in Betracht kommen.[387] Nach dem neuen § 20 Abs. 1a GWB kann sich eine unternehmensbedingte Abhängigkeit auch daraus ergeben, dass ein Unternehmen für die eigene Tätigkeit auf den Zugang zu Daten angewiesen ist, die von einem anderen Unternehmen kontrolliert werden. Zudem kann die Verweigerung des Zugangs zu solchen Daten gegen angemessenes Entgelt eine unbillige Behinderung iVm § 19 Abs. 2 Nr. 1 GWB darstellen. Der Tatbestand des § 20 Abs. 1a GWB ist laut der Begründung des Referentenentwurfes bewusst offen formuliert, hat aber insbesondere die **Fallkonstellation** im Blick, dass im Rahmen von **Aftermarket- und IoT-Konstellationen** von unterschiedlichen Unternehmen gemeinsame Wertschöpfungsbeiträge geleistet werden. Die in diesem Kontext entstehenden Daten sollen in der Folge auch gemeinsam und unter Berücksichtigung der jeweiligen Wertschöpfungsbeiträge genutzt werden können.[388] Führe in diesen Konstellationen nicht

---

[383] BKartA Pressemitteilung v. 28.11.2019, Bundeskartellamt untersucht in einem Verfahren gegen die Deutsche Bahn AG mögliche Behinderungen von Mobilitätsplattformen, www.bundeskartellamt.de/SharedDocs/Meldung/DE/Pressemitteilungen/2019/28_11_2019_DB_Mobilitaet.html (1.3.2021).

[384] *Schweitzer* GRUR 2019, 569 (578); *Schweitzer/Haucap/Kerber/Welker* Modernisierung der Missbrauchsaufsicht für marktmächtige Unternehmen S. 142.

[385] *Schweitzer/Haucap/Kerber/Welker* Modernisierung der Missbrauchsaufsicht für marktmächtige Unternehmen S. 142.

[386] EuG Urt. v. 15.12.2010 – T-427/08, GRUR Int. 2011, 527 Rn. 106 – CEAHR.

[387] *Schweitzer/Haucap/Kerber/Welker* Modernisierung der Missbrauchsaufsicht für marktmächtige Unternehmen S. 144 ff.; das kann selbst dann der Fall sein, wenn durch einen Dritten ohne vorherige vertragliche Vereinbarung eine autonom geschaffene Bezugskonzentration erfolgt, vgl. BGH Urt. v. 6.10.2015 – KZR 87/13, NZKart 2015, 535 – Porsche-Tuning.

[388] BMWi Referentenentwurf zur 10. GWB-Novelle S. 83.

bereits die Vertragsgestaltung zwischen den Unternehmen zu einem fairen Datenzugangsrecht für alle Beteiligten und behalte sich ein marktmächtiges Unternehmen die Nutzung der bei ihm anfallenden Daten exklusiv vor, könne ein Anspruch auf Datenzugang auf der Basis von § 20 Abs. 1a GWB erforderlich sein. In der bisherigen Beurteilung von Belieferungsansprüchen spielte es in der Regel eine wesentliche Rolle, ob das Zugangsverlangen einen bereits üblicherweise zugänglichen Geschäftsverkehr betraf. Es wurde betont, dass das mit Blick auf Daten nicht immer der Fall sein würde.[389] Nach § 20 Abs. 1a S. 3 GWB findet die Vorschrift aber auch dann Anwendung, wenn der Geschäftsverkehr für diese Daten bislang noch nicht eröffnet ist. Es bleibt allerdings abzuwarten, wie die Vorschrift in der Praxis ausgelegt werden wird. In der Begründung heißt es jedenfalls einschränkend, dass in Konstellationen Zurückhaltung geboten sei, in denen unabhängig von einem vom Anspruchsteller geleisteten Wertschöpfungsbeitrag und ohne bestehendes Vertragsverhältnis Zugang zu wettbewerbsrelevanten Daten begehrt wird.[390] Wann ein Datenzugangsrecht im Einzelfall besteht, muss im Rahmen einer Interessensabwägung entschieden werden. Dabei sind auch die Investitionen bei der Datenerzeugung sowie die Kosten und der Aufwand für die Bereitstellung der Daten einzubeziehen.[391] Der § 20 Abs. 1a GWB wurde in der Literatur insbesondere deswegen kritisiert, da der Tatbestand relativ weit gefasst ist[392] und dass in der Begründung angeführte Szenario eher ein Problem gestörter Vertragsparität zum Gegenstand hat als ein Wettbewerbsproblem.[393]

149 **(2) Zugang zu großen Datenmengen, ohne unmittelbare Verwendung für ein Konkurrenz- oder Komplementärprodukt.** Eine andere Konstellation, die ebenfalls im **IoT-Kontext** von großer Bedeutung sein kann, ist der **Zugang zu einer großen Menge an Daten,** zB um Algorithmen zu trainieren und zu verbessern, ohne dass der Zugriff auf die konkreten Daten für den Marktzugang auf einem angrenzenden Markt erforderlich wäre.[394] Zwar ist es auf der einen Seite denkbar, dass der Zugang zu großen Mengen an Daten sowie ein **„Datenvorsprung"** eines Unternehmens zu dem Bestehen einer marktbeherrschenden Stellung beitragen können. Dennoch ist zweifelhaft, ob selbst bei diesen Unternehmen eine marktbeherrschende Stellung gerade im Hinblick auf den oder die relevanten Datenmärkte bestehen wird.[395] Insbesondere werden aber die bereits dargestellten Voraussetzungen der essential facilities doctrine regelmäßig nicht vorliegen, da in dieser Konstellation wohl nur sehr schwierig nachgewiesen werden kann, dass die Daten, zu denen Zugang begehrt wird, objektiv notwendig sind.

e) Dynamic Algorithmic Pricing

150 Die Möglichkeit des Zugriffs und der Verarbeitung größerer Datenmengen ermöglichen es Unternehmen in der Preisgestaltung, insbesondere durch den Einsatz von Algorithmen, immer schneller auf die wirtschaftlichen Rahmenbedingungen zu reagieren. Dabei können diese immer detaillierter auf die Bedürfnisse und das Nutzerprofil einzelner Kunden eingehen. Insofern stellt sich die Frage, ob jedenfalls marktbeherrschende Unternehmen **kartellrechtliche Schranken** im Hinblick auf den **Einsatz dynamischer und individualisierter Preise** zu beachten haben. Grundsätzlich muss eine dynamische Preisbildung für die Kunden per se weder vorteilhaft noch nachteilig sein.[396] Dementsprechend ist eine dy-

[389] *Schweitzer/Haucap/Kerber/Welker* Modernisierung der Missbrauchsaufsicht für marktmächtige Unternehmen S. 156.
[390] BMWi Referentenentwurf zur 10. GWB-Novelle S. 83.
[391] BMWi Referentenentwurf zur 10. GWB-Novelle S. 84.
[392] ZB *Mäger* NZKart 2020, 101 (102).
[393] *Körber* MMR 2020, 229 (292).
[394] Fallkonstellationen gebildet nach *Schweitzer* GRUR 2019, 569 (579 ff.).
[395] *Nuys* WuW 2016, 512 (515 ff.).
[396] Vgl. CMA Pricing algorithms – Economic working paper on the use of algorithms to facilitate collusion and personalised pricing S. 36 ff. (8.10.2018).

namische Preisbildung für sich genommen auch nicht kartellrechtlich bedenklich, vielmehr kommt es bei der kartellrechtlichen Würdigung des Einsatzes durch marktbeherrschende Unternehmen auf die allgemeinen Voraussetzungen des **Ausbeutungsmissbrauches** an.[397] So hat das BKartA in einem **Fall** geprüft, ob **gegen Lufthansa** aufgrund der Preissetzung ein Missbrauchsverfahren eingeleitet werden sollte. Hintergrund war, dass Lufthansa nach der Insolvenz von Air Berlin die Preise für einige Verbindungen im Vergleich zum Vorjahr um durchschnittlich 25–30 Prozent erhöht hatte. Das Unternehmen brachte dagegen vor, dass es den Preisalgorithmus zur Berechnung der Ticketpreise nicht angepasst habe. Das BKartA wies diese Argumente zurück und stellte klar, dass es keine Rolle spiele, ob die Preiserhöhungen auf einen Preisalgorithmus oder auf menschliche Intervention zurückzuführen waren, kam aber aus anderen Gründen im Ergebnis zu der Entscheidung, kein Missbrauchsverfahren einzuleiten.[398]

Demgegenüber wird die Verwendung **„individualisierter Preise" durch marktmächtige Unternehmen** teilweise kritisch bewertet. Die Verwendung individualisierter Preise auf der Basis der prognostizierten Zahlungsbereitschaft könnte dazu führen, dass das Unternehmen jeweils genau den maximalen Preis fordert, den der Kunde zu zahlen bereit ist.[399] Dies könnte einerseits dazu führen, dass auch weniger finanzstarke Nachfrager profitieren, da ihnen tendenziell ein günstigeres Angebot unterbreitet wird, andererseits könnte sich aber auch eine Praxis etablieren, bei der Unternehmen personalisierte Vergünstigungen nur bei finanzstarken Kunden anbieten und so zu einer Benachteiligung der finanzschwächeren Kunden führen.[400] Für eine Bewertung, welche Wirkungen individualisierte Preise auf den Markt entfalten und ob diese wettbewerblich positiv oder negativ zu bewerten sind, fehlt es allerdings noch an gesicherten Erkenntnissen.[401] Grundsätzlich gilt auch im Hinblick auf individualisierte Preise, dass auch marktbeherrschenden Unternehmen eine gewisse **Preisdifferenzierung** nicht untersagt ist und auch aus dem kartellrechtlichen Diskriminierungsverbot **kein Meistbegünstigungsgebot** folgt.[402] Zudem ist weithin anerkannt, dass eine offene Preisdifferenzierung anhand von bestimmten objektiven Merkmalen nicht für sich genommen kartellrechtswidrig ist, auch wenn diese von marktbeherrschenden Unternehmen vorgenommen werden (zB Mitglieder-, Schüler- oder Seniorenrabatte).[403] Eine offene Preisdifferenzierung anhand objektiver Kriterien ist dementsprechend kartellrechtlich weniger bedenklich als eine verborgene Preisdifferenzierung durch ein marktbeherrschendes Unternehmen, wenn dadurch Informationsasymmetrien zu Lasten des Kunden ausgenutzt werden.[404] Gibt es für ein Produkt oder Dienstleistungen allerdings keine alternativen Anbieter, kann auch allein der Umstand, dass die Preisdifferenzierung den Nachfragern offengelegt wird, nicht ausreichen, um ein kartellrechtswidriges Verhalten gesichert auszuschließen.[405] 151

V. Folgen von Kartellrechtsverstößen

Das Kartellrecht wird von den Wettbewerbsbehörden durchgesetzt, auf europäischer Ebene von der **EU-Kommission** und in Deutschland vom **Bundeskartellamt.** Den Wettbewerbsbehörden steht dabei ein breites Instrumentarium zur Aufklärung und zur Verfolgung von Kartellrechtsverstößen zur Verfügung. Diese sind im Unionsrecht in der VO 152

[397] *Paal* GRUR 2019, 43 (48).
[398] BKartA Fallbericht v. 25.9.2018 – B9-175/17, S. 4.
[399] *Tillmann/Vogt* VuR 2018, 447 (454).
[400] *Paal* GRUR 2019, 43 (49).
[401] Immenga/Mestmäcker/*Fuchs* GWB § 19 Rn. 64a.
[402] BKartA, Big Data und Wettbewerb, 2017, S. 11.
[403] *Körber* NZKart 2016, 303 (306); *Paal* GRUR 2019, 43 (49); BKartA, Big Data und Wettbewerb, 2017, S. 11.
[404] BKartA, Big Data und Wettbewerb, 2017, S. 11.
[405] *Paal* GRUR 2019, 43 (49).

(EG) Nr. 1/2003 geregelt und im GWB insbesondere in den §§ 32ff. GWB. Zu den Handlungsmöglichkeiten der Wettbewerbsbehörden zählen bspw. Abstellungsverfügungen und Verpflichtungszusagen.

1. Bußgelder

153 Kartellverstöße können sowohl auf europäischer Ebene als auch nationaler Ebene mit empfindlichen Bußgeldern sanktioniert werden. Die **Obergrenze der Bußgeldbemessung** liegt dabei sowohl im Unionsrecht (Art. 23 Abs. 2 VO (EG) Nr. 1/2003) als auch im GWB (§ 81c Abs. 2 GWB) bei **10 Prozent des weltweiten Gruppenumsatzes.** Zukünftig wird aufgrund der ECN Plus-RL (RL (EU) 2019/1) diese Obergrenze einheitlich in allen Mitgliedstaaten der EU gelten.[406]

2. Zivilrechtliche Folgen

154 Vereinbarungen, die gegen das **Kartellverbot** verstoßen, sind **unwirksam** (Art. 101 Abs. 2 AEUV, § 1 GWB iVm § 134 BGB). Dies gilt auch im Hinblick auf Maßnahmen, die gegen das **Missbrauchsverbot** verstoßen.[407] Rechtsgeschäfte, die gegen das **fusionskontrollrechtliche Vollzugsverbot** verstoßen, sind grundsätzlich unwirksam (§ 41 Abs. 1 S. 2 GWB).[408] Weiterhin können Unternehmen, die gegen das Kartellrecht verstoßen, vor den ordentlichen Gerichten auf **Unterlassung, Beseitigung** oder **Schadensersatz** in Anspruch genommen werden. Gerade im Nachgang zu rechtskräftigen Entscheidungen von Wettbewerbsbehörden ist es absolut üblich, dass zivilrechtliche Schadensersatzklagen erhaben werden (sog. **Follow-on-Klagen**).

VI. Anwendbarkeit

155 Der Anwendungsbereich sowohl des europäischen[409] als auch des deutschen[410] Kartellrechts bestimmt sich nach dem sog. **Auswirkungsprinzip.** Das bedeutet, dass das europäische bzw. das deutsche Kartellrecht Anwendung finden, wenn sich Wettbewerbsbeschränkungen im jeweiligen Geltungsbereich der Vorschriften auswirken. Das gilt auch für den Fall, dass die Wettbewerbsbeschränkungen außerhalb des Geltungsbereiches veranlasst worden sind. Dementsprechend kann auch auf eine wettbewerbsbeschränkende Vereinbarung, zB zwischen einem japanischen und einem brasilianischen Unternehmen, die in den USA geschlossen wurde, europäisches oder deutsches Kartellrecht Anwendung finden. Voraussetzung dafür ist lediglich, dass sich die **Vereinbarung auch im EU-Binnenmarkt oder in Deutschland auswirkt.**

---

[406] Vgl. Art. 15 der RL (EU) 2019/1: „Die Mitgliedstaaten stellen sicher, dass der Höchstbetrag der Geldbuße, den nationale Wettbewerbsbehörden gegen jedes Unternehmen oder jede Unternehmensvereinigung verhängen können, das/die sich an einer Zuwiderhandlung gegen Art. 101 oder 102 AEUV beteiligt hat, mindestens 10 Prozent des weltweiten Gesamtumsatzes des Unternehmens oder der Unternehmensvereinigung in dem der Entscheidung gemäß Art. 13 Abs. 1 vorausgegangenen Geschäftsjahr beträgt".

[407] MüKoBGB/*Armbrüster* § 134 Rn. 66.

[408] Dies gilt allerdings nicht für Verträge über Grundstücksgeschäfte, sobald sie durch Eintragung in das Grundbuch rechtswirksam geworden sind, für Verträge über die Umwandlung, Eingliederung oder Gründung eines Unternehmens und für Unternehmensverträge iSv § 291 und § 292 AktG, sobald diese durch Eintragung in das zuständige Register rechtswirksam geworden sind sowie auch für alle anderen Rechtsgeschäfte, wenn der nicht angemeldete Zusammenschluss nach Vollzug angezeigt und das Entflechtungsverfahren eingestellt wurde, weil die Untersagungsvoraussetzungen nicht vorlagen (§ 41 Abs. 1 S. 3 GWB).

[409] Dies entspricht jedenfalls der Praxis der EU-KOM; der EuGH hat sich demgegenüber noch nicht ganz eindeutig zu der Frage des Auswirkungsprinzips positioniert; dazu Calliess/Ruffert/*Weiß* AEUV Art. 101 Rn. 9.

[410] Im deutschen Recht ist das Auswirkungsprinzip unmittelbar in § 185 Abs. 2 GWB normiert.

VII. Fusionskontrolle

156 Die dritte Säule des Kartellrechts bildet die Überprüfung von Erwerbs- und Zusammenschlussvorhaben in der Fusionskontrolle. Anders als das Kartellverbot und das Missbrauchsverbot handelt es sich bei der Fusionskontrolle um die **präventive Kontrolle struktureller Marktveränderungen.**[411] Die Fusionskontrolle ist im Unionsrecht in der FKVO (VO (EG) Nr. 139/2004) und im deutschen Recht in den §§ 35 ff. GWB geregelt. Nach dem in Art. 7 FKVO bzw. § 41 GWB geregelten Vollzugsverbot dürfen anmeldepflichtige Zusammenschlussvorhaben erst dann durchgeführt werden, nachdem diese angemeldet und von der zuständigen Wettbewerbsbehörde freigegeben wurden. Es handelt sich insofern um ein **präventives Verbot mit Erlaubnisvorbehalt.**[412] In der Fusionskontrolle muss zwischen der **formellen Fusionskontrolle** (Frage nach dem Bestehen von Anmeldepflichten) und der **materiellen Fusionskontrolle** (Bewertung des Zusammenschlussvorhabens soweit Anmeldepflichten bestehen) unterschieden werden.

1. Formelle Fusionskontrolle

157 Fusionskontrollrechtliche Anmeldepflichten können immer dann relevant werden, wenn die Transaktion einerseits einen Zusammenschlusstatbestand erfüllt und zudem von den Zusammenschlussbeteiligten bestimmte Aufgreifschwellen (vor allem bestimmte Umsatzschwellenwerte) erreicht werden.

a) Die Zusammenschlusstatbestände

158 Im **Unionsrecht** finden sich die Zusammenschlusstatbestände in Art. 3 FKVO. Danach gelten ausschließlich solche Vorgänge als Zusammenschluss, die bei den beteiligten Unternehmen eine dauerhafte Veränderung der Kontrollverhältnisse bewirken.[413] Art. 3 FKVO unterscheidet zwischen zwei Kategorien von Zusammenschlüssen, einerseits die **Fusion** durch zuvor unabhängige Unternehmen und andererseits den **Kontrollerwerb.** Von diesen beiden Optionen ist der Kontrollerwerb der in der Praxis bedeutendere Zusammenschlusstatbestand. In Art. 3 Abs. 2 FKVO wird Kontrolle als die Möglichkeit definiert, einen **bestimmenden Einfluss** auf die Tätigkeit eines anderen Unternehmens auszuüben. Kontrolle kann dabei durch Rechte, Verträge oder andere Mittel begründet werden, die einzeln oder zusammen unter Berücksichtigung aller tatsächlichen oder rechtlichen Umstände die Möglichkeit gewähren, einen bestimmenden Einfluss auf ein Unternehmen auszuüben. Ein Zusammenschluss iSd FKVO kann also auf rechtlicher oder faktischer Grundlage basieren, durch den Erwerb alleiniger oder gemeinsamer Kontrolle erfolgen und die Gesamtheit oder Teile eines oder mehrerer Unternehmen betreffen.[414]

159 Im **deutschen Recht** sind die Zusammenschlusstatbestände in § 37 GWB geregelt, die teilweise deutlich über die in Art. 3 FKVO geregelten Zusammenschlusstatbestände hinausgehen.[415] Anders als Art. 3 FKVO kann nach § 37 GWB **auch ohne Veränderung der Kontrollsituation** bei dem Zielunternehmen ein Zusammenschlusstatbestand vorliegen. Dies betrifft bspw. § 37 Abs. 1 Nr. 3 GWB, demgemäß bereits der bloße Erwerb von 25 Prozent der Anteile bzw. von 50 Prozent der Anteile des Kapitals oder der Stimmrechte eines anderen Unternehmens ausreichend ist, um einen Zusammenschlusstatbestand zu erfüllen (sog. **Anteilserwerb**). Zudem kann gem. § 37 Abs. 1 Nr. 4 GWB auch unterhalb der Schwelle des Kontrollerwerbs ein Zusammenschlusstatbestand vorliegen, wenn ein (ge-

---

[411] Immenga/Mestmäcker/*Körber*, 5. Aufl. 2012, FKVO Art. 2 Rn. 200.
[412] Immenga/Mestmäcker/*Thomas*, 5. Aufl. 2012, GWB Vorb. § 35 Rn. 2.
[413] EU-KOM Konsolidierte Mitteilung zu Zuständigkeitsfragen (2009/C 43/09) Rn. 7.
[414] EU-KOM Konsolidierte Mitteilung zu Zuständigkeitsfragen (2009/C 43/09) Rn. 16.
[415] Immenga/Mestmäcker/*Thomas* GWB § 37 Rn. 3.

sellschaftsrechtlich vermittelter)[416] **wettbewerblich erheblicher Einfluss** auf ein anderes Unternehmen erlangt wird.[417] Der wichtigste Anwendungsfall dieses Tatbestandes betrifft Minderheitsbeteiligungen unter 25 Prozent.[418] Grundsätzlich ist der Tatbestand des wettbewerblich erheblichen Einflusses gegenüber den anderen Zusammenschlusstatbeständen subsidiär.[419]

b) Umsatzschwellenwerte

160 Liegt ein Zusammenschlusstatbestand vor, muss in der Folge geprüft werden, ob die sog. Aufgreifschwellenwerte erreicht werden. Diese werden sowohl im Unionsrecht (Art. 1 FKVO), als auch im deutschen Recht (§ 35 GWB) anhand von bestimmten **Umsatzschwellen** bestimmt (in anderen Jurisdiktionen kann es insofern auch auf andere Faktoren, wie zB das Erreichen von bestimmten Marktanteilsschwellen ankommen). Die Beurteilung, welche Umsätze konkret für die Umsatzberechnung herangezogen werden müssen, kann im Einzelfall sehr komplex sein und bestimmt sich im Unionsrecht nach Art. 5 FKVO und im deutschen Recht nach § 38 GWB. Dabei ist regelmäßig insbesondere auch der Umsatz von **verbundenen Unternehmen** zu berücksichtigen.[420] Soweit der Anwendungsbereich der europäischen Fusionskontrolle eröffnet ist, geht diese der Fusionskontrolle in den einzelnen Mitgliedsstaaten vor.[421]

161 Die umsatzbezogenen Schwellenwerte wurden in Deutschland im Jahr 2017 um einen **transaktionswertbezogenen Schwellenwert** ergänzt (§ 35 Abs. 1a GWB). Das soll zukünftig auch das Aufgreifen von Zusammenschlüssen ermöglichen, bei denen der tatsächliche Wert und die Bedeutung eines Unternehmens nur unzureichend durch die Umsätze abgebildet werden.[422] Dieser Schwellenwert wurde insbesondere mit Blick auf den **Aufkauf von Start-ups im Technologiebereich** eingeführt.[423] Grundsätzlich müssen die an dem Zusammenschluss beteiligten Unternehmen für eine Erreichung der umsatzbezogenen Schwellenwerte im letzten abgeschlossenen Geschäftsjahr insgesamt einen weltweiten Umsatz von mehr als **500 Mio. EUR** erzielt haben. Zudem müssen mindestens zwei der Unternehmen auch einen Inlandsumsatz erzielt haben, davon eines mehr als **50 Mio. EUR** und ein anderes mehr als **17,5 Mio. EUR.** Diese Inlandsumsatzschwelle wurden damit im Zuge der 10. GWB-Novelle von 5 Mio. auf 17,5 Mio. EUR sowie von 25 Mio. auf 50 Mio. EUR ganz erheblich angehoben.[424] Durch den transaktionswertbezogenen Aufgreiftatbestand entfällt das Erfordernis der zweiten Inlandsumsatzschwelle. Das bedeutet, dass auch Zusammenschlüsse von der deutschen Fusionskontrolle erfasst werden, bei denen die Zielgesellschaft zwar keinen oder nur geringfügigen Umsatz in Deutschland erzielt, der Wert der Gegenleistung für den Zusammenschluss aber mehr als **400 Mio. EUR**[425] beträgt und das zu erwerbende Unternehmen in erheblichem Umfang im Inland tätig ist.[426] Ob ein Unternehmen **in erheblichem Umfang im Inland tätig** ist, kann im digitalen Bereich anhand branchenüblicher Indikatoren

---

[416] MüKoWettbR/*Bach* GWB § 37 Rn. 108; *Bechtold/Bosch* GWB § 37 Rn. 40.
[417] Das Tatbestandsmerkmal des wettbewerblich erheblichen Einflusses soll nach der Gesetzesbegründung zur 5. GWB-Novelle immer dann erfüllt sein, wenn „aufgrund des zwischen den Unternehmen bestehenden gesamten Beziehungsgeflechts zu erwarten ist, dass der Wettbewerb zwischen den beteiligten Unternehmen so wesentlich eingeschränkt wird, dass die Unternehmen nicht mehr unabhängig am Markt auftreten“ (BT-Drs. 11/4610, 20).
[418] *Bechtold/Bosch* GWB § 37 Rn. 41.
[419] MüKoWettbR/*Bach* GWB § 37 Rn. 103.
[420] Vgl. Art. 5 Abs. 4 FKVO; § 36 Abs. 2 GWB.
[421] Vgl. für das deutsche Kartellrecht § 35 Abs. 3 GWB.
[422] BT-Drs. 18/10207, 70ff.
[423] BT-Drs. 18/10207, 70.
[424] § 35 Abs. 1 GWB; nach dem Regierungsentwurf zur 10. GWB-Novelle sollten die beiden Inlandsumsatzschwelle allerdings von 5 Mio. auf 10 Mio. EUR soweit von 25 Mio. auf 30 Mio. EUR angehoben werden.
[425] Für die Bestimmung des Gegenwertes s. BKartA/BWB Leitfaden Transaktionswert-Schwellen für die Anmeldepflicht von Zusammenschlussvorhaben S. 4ff.
[426] § 35 Abs. 1a GWB.

wie der Nutzerzahlen („**Monthly Active User**" oder der „Daily Active User") oder der Zugriffshäufigkeit einer Website **(„unique visitor")** bewertet werden.[427] Hintergrund der Regelung ist die Erfahrung, dass Unternehmen, die selbst ein erfolgreiches internet- und datenbasiertes Geschäftsmodell haben, versuchen, potenzielle Wettbewerber mit hohem Innovationspotenzial aufzukaufen. Die Erfahrung zeigt weiter, dass in solchen Szenarien für Unternehmen, die bisher nur sehr geringe oder keine Umsätze erzielen, aber innovative und erfolgversprechende Geschäftsideen oder Schutzrechte haben, teilweise hohe Kaufpreise gezahlt werden.[428] In diesem Zusammenhang wird in der Regierungsbegründung zur 9. GWB-Novelle auf den **Erwerb von WhatsApp durch Facebook** verwiesen, der letztendlich von der Kommission geprüft wurde.[429] Obwohl Facebook einen Kaufpreis von ca. 19 Mrd. USD für WhatsApp bezahlte, war der Zusammenschluss wegen der geringen Umsätze von WhatsApp zunächst weder nach der europäischen noch nach der deutschen Fusionskontrolle anmeldepflichtig. Die Kommission konnte den Fall letztendlich nur prüfen, weil er in drei Mitgliedstaaten anmeldepflichtig war und Facebook die Verweisung des Verfahrens an die Kommission beantragt hatte.[430]

Schließlich wurde mit der 10. GWB-Novelle ein **neues Aufgreifinstrument** für das 162
BKartA geschaffen (§ 39a GWB). Diese Regelung soll es dem BKartA ermöglichen, Unternehmen durch eine Verfügung aufzufordern, für einen Zeitraum von drei Jahren Zusammenschlüsse in bestimmten Wirtschaftszweigen anzumelden, soweit das BKartA auf dem **betroffenen Wirtschaftszweige zuvor eine Sektoruntersuchung** durchgeführt hat.[431] Das neue Aufgreifinstrument soll dem BKartA ein Eingreifen ermöglichen, bevor in bestimmten Märkten eine marktbeherrschende Stellung großer Unternehmen entsteht.[432] Das neue Aufgreifinstrument wird in der Literatur teilweise als Fremdkörper in der Systematik der Fusionskontrolle abgelehnt.[433]

2. Materielle Fusionskontrolle

Ergibt die Prüfung im Rahmen der formellen Fusionskontrolle, dass die Zuständigkeit einer 163
Wettbewerbsbehörde eröffnet ist, prüft diese im Rahmen der materiellen Fusionskontrolle, ob der anmeldepflichtige Zusammenschluss freigegeben werden kann oder untersagt werden muss. Gem. Art. 2 Abs. 3 FKVO bzw. § 36 Abs. 1 GWB[434] ist ein Zusammenschluss zu untersagen, wenn durch diesen wirksamer Wettbewerb erheblich behindert wird, insbesondere wenn zu erwarten ist, dass durch den Zusammenschluss eine marktbeherrschende Stellung begründet oder verstärkt wird. Auch wenn der Fall der Begründung oder Verstärkung in der Praxis immer noch das wesentliche Regelbeispiel für eine erhebliche Behinderung des Wettbewerbs darstellt, erfasst der sog. **SIEC-Tests („serious impedement of effective competition")** darüber hinaus auch wettbewerbsschädigende Auswirkungen eines Zusammenschlusses, die sich aus nicht koordinierten Verhalten von Unternehmen ergeben, die auf dem relevanten Markt zwar keine beherrschende Stellung haben, aber zwischen de-

---

[427] BKartA/BWB Leitfaden Transaktionswert-Schwellen für die Anmeldepflicht von Zusammenschlussvorhaben S. 22f.
[428] BT-Drs. 18/10207, 71.
[429] EU-KOM Entsch. v. 3.10.2014 – M.7217, C(2014) 7239 final – Facebook/WhatsApp.
[430] BT-Drs. 18/10207, 71.
[431] Eine solche Verfügung soll voraussetzen, dass der Adressat im letzten Geschäftsjahr weltweit Umsatzerlöse von mehr als 500 Mio. EUR erzielt hat, objektiv nachvollziehbare Anhaltspunkte dafür bestehen, dass durch künftige Zusammenschlüsse der wirksame Wettbewerb im Inland erheblich behindert werden könnte und der Adressat in den betroffenen Wirtschaftszweigen über einen Anteil von mindestens 15 Prozent am Angebot oder an der Nachfrage von Waren oder Dienstleistungen in Deutschland verfügt. Die Anmeldepflicht soll dann auch solche Zusammenschlüsse umfassen, bei denen die zu erwerbenden Unternehmen lediglich 2 Mio. EUR Umsatz haben und mehr als zwei Drittel ihrer Umsätze im Inland erwirtschaftet haben.
[432] Regierungsentwurf zur 10. GWB-Novelle S. 111.
[433] *Gröss/Mersch* NZKart 2020, 119 (122).
[434] Das deutsche Recht wurde mit der 8. GWB-Novelle im Jahr 2013 an das Unionsrecht angeglichen. Der SIEC-Test ersetzte insofern auch in Deutschland den engeren Marktbeherrschungstest.

nen dennoch eine besondere wettbewerbliche Nähe besteht.[435] Unter welchen Umständen der SIEC-Test erfüllt ist, hat die Kommission in ihren Leitlinien zur Bewertung horizontaler Zusammenschlüsse (zwischen Unternehmen, die auf derselben Marktstufe tätig sind) sowie in den Leitlinien zur Bewertung vertikaler Zusammenschlüsse (zwischen Unternehmen, die auf unterschiedlichen Marktstufen tätig sind) weiter ausgeführt.

164 Es ist zu erwarten, dass im **Hinblick auf IoT-Märkte** insbesondere die Marktdefinition sowie die Frage nach der **Berücksichtigung von Innovation und Innovationspotenzialen** in der Fusionskontrolle eine große Rolle spielen werden. Die Herausforderungen bezüglich der **Marktdefinition** insbesondere bei mehrseitigen Märkten, die von Netzwerkeffekten geprägt sind, werden ausführlich unter → Rn. 9 ff. behandelt. Weiterhin ist zu erwarten, dass Kartellbehörden auch ein verstärktes Augenmerk auf den **Zugang zu digitalen Ökosystemen** sowie auf den Zugang zu Daten und deren Kommerzialisierung richten werden, insbesondere um marktverschließenden Tendenzen oder einer Übertragung von Marktmacht durch bereits marktbeherrschende Unternehmen auf weitere Märkte entgegenzuwirken.[436] Ein aktuelles Beispiel dafür kann in dem Fusionskontrollverfahren zum **Erwerb von Fitbit durch Google** gesehen werden. In diesem Verfahren hat die Kommission eine eingehende Untersuchung eingeleitet, um bestimmte Auswirkungen des Zusammenschlussvorhabens näher zu beleuchten: (1.) Ob Google durch eine Zusammenführung der Datenbanken den Datenvorteil bei der Personalisierung von Werbeanzeigen, die es über seine Suchmaschine platziert und auf anderen Internetseiten anzeigt, weiter ausbauen kann; (2.) welche Auswirkungen in der in Europa noch jungen Branche der digitalen Gesundheitsdienste entstehen, wenn Fitbit und Google ihre Datenbanken und ihre Kompetenzen zusammenlegen; und (3.) ob Google die Fähigkeit und den Anreiz hätte, die Interoperabilität tragbarer Geräte seiner Konkurrenten mit dem Google-Betriebssystem Android für Smartphones zu beeinträchtigen, sobald es Eigentümer von Fitbit ist.[437] Letztendlich wurde der Zusammenschluss genehmigt. Die Freigabe erfolgte allerdings unter der Bedingung, dass Google seine **Verpflichtungszusagen** vollständig umsetzt. Zu den Verpflichtungszusagen zählt ua, dass Google die Gesundheits- und Wellnessdaten nicht für Werbung verwenden wird, dass Google die relevanten Nutzerdaten von Fitbit auf technischem Wege von den anderen Google-Daten – die für Werbezwecke verwendet werden – getrennt halten wird und dass den Nutzern im EWR die Wahl gegeben wird, ob sie die Nutzung der in ihrem Google- bzw. Fitbit-Account gespeicherten Daten durch andere Google-Dienste erlauben wollen oder nicht.[438] Das Zusammenschlussvorhaben wird teilweise kritisch gesehen, weil befürchtet wird, dass durch den Zusammenschluss die Mög-

---

[435] Erwgr. 25 FKVO; dies betrifft insbesondere Zusammenschlüsse in oligopolistischen Märkten, die zur Beseitigung wichtiger Wettbewerbszwänge, die von den fusionierenden Unternehmen vorher gegeneinander ausgeübt wurden, sowie zu einer Verringerung des Wettbewerbsdruck auf die verbleibenden Wettbewerber führen, vgl. EU-KOM Leitlinien zur Bewertung horizontaler Zusammenschlüsse Rn. 25; wegweisend für die Anwendung und die Voraussetzungen des SIEC-Tests zuletzt EuG Urt. v. 28.5.2020 – T-399/16, MMR 2020, 681 mAnm *Schmidt* – CK Telecoms UK Investment.

[436] Die Wettbewerbskommissarin Margrethe Vestager hat im Zusammenhang mit dem Zusammenschlussvorhaben Google/Fitbit folgendes ausgeführt: „Es wird davon ausgegangen, dass die europäischen Verbraucherinnen und Verbraucher tragbare Geräte in den kommenden Jahren immer intensiver nutzen werden. Dies wird mit einem exponenziellen Anstieg der durch diese Geräte generierten Daten einhergehen. Diese bieten tiefe Einblicke in Leben und Gesundheit ihrer Nutzer. Wir wollen durch unsere Untersuchung sicherstellen, dass die Kontrolle, die Google infolge der Übernahme über Daten, die über tragbare Geräte erhoben werden, erhält, nicht zu einer Verfälschung des Wettbewerbs führt.“, EU-KOM Pressemitteilung v. 4.8.2020, Kommission leitet eingehende Untersuchung der geplanten Übernahme von Fitbit durch Google ein, www.ec.europa.eu/commission/presscorner/detail/de/ip_20_1446 (1.3.2021).

[437] EU-KOM Pressemitteilung v. 4.8.2020, Kommission leitet eingehende Untersuchung der geplanten Übernahme von Fitbit durch Google ein, www.ec.europa.eu/commission/presscorner/detail/de/ip_20_1446 (1.3.2021).

[438] EU-KOM Pressemitteilung v. 17.12.2020, Kommission genehmigt Übernahme von Fitbit durch Google unter Auflagen, www.ec.europa.eu/commission/presscorner/detail/de/IP_20_2484 (1.3.2021). Die Entscheidung war zum Zeitpunkt des Verfassens dieses Beitrages noch nicht veröffentlicht. Das Verfahren war bei der EU-KOM unter dem Aktenzeichen M.9660 geführt.

lichkeiten von Google, Gesundheitsdaten zu sammeln und zu nutzen, weiter gestärkt wird, während die Möglichkeiten von Wettbewerbern, dies ebenfalls zu tun, untergraben werden, um die Marktmacht von Google auf den Gesundheits- und Versicherungsmärkten zu übertragen.[439] Es bleibt abzuwarten, wie effektiv Google diese Verpflichtungszusagen umsetzen wird. Der Zusammenhang zwischen dem Zugang zu Daten und des Bestehens von Marktmacht in digitalen Märkten wird unter → Rn. 91 ausführlicher behandelt.

[439] Ausführlich zu diesen Bedenken „Google/Fitbit will monetise health data and harm consumers", www.voxeu.org/article/googlefitbit-will-monetise-health-data-and-harm-consumers (1. 3. 2021).

§ 15 Besondere Regulierungsfragen

Übersicht

Literatur zu I.:

Artikel-29-Datenschutzgruppe, Stellungnahme 8/2014 zu den jüngsten Entwicklungen im Internet der Dinge, WP 223, ec.europa.eu/justice/article-29/documentation/opinion-recommendation/files/2014/wp223_de.pdf (1.3.2021); *Beale/Berris,* Hacking the Internet of Things: Vulnerabilities, Dangers, and Legal Responses, 16 Duke Law & Technology Review 2018, 161; *BEREC,* A first assessment based on stakeholder inputs – Report on the impact of 5G on regulation and the role of regulation in enabling the 5G ecosystem, BoR (19) 245; *BEREC,* Enabling the Internet of Things (Report), BoR (16) 39; *BEREC,* Guidelines for the notification template pursuant to article 12, paragraph 4 of Directive 2018/1972 of the European Parliament and of the Council, BoR (19) 259; *BEREC,* Guidelines on common criteria for the assessment of the ability to manage numbering resources by undertakings other than providers of electronic communications networks or services and of the risk of exhaustion of numbering resources if numbers are assigned to such undertakings, BoR (20) 50; *BEREC,* Guidelines on the Implementation by National Regulators of European Net Neutrality Rules, BoR (16) 127; *BEREC,* Guidelines on the Implementation of the Open Internet Regulation, BoR (20) 112; *BEREC,* Internet of Things indicators, BoR (19) 25; *Bitz,* Datenschutzwüste IoT, DuD 2017, 636; *Corrales/Fenwick/Forgó* (Hrsg.), New Technology, Big Data and the Law, Singapur 2017; *Corrales/Fenwick/Forgó* (Hrsg.), Robotics, AI and the Future of Law, Singapur 2018; *Department for Digital, Culture, Media & Sport,* Government response to the Regulatory proposals for consumer Internet of Things (IoT) security consultation, www.gov.uk/government/consultations/consultation-on-regulatory-proposals-on-consumer-iot-security/outcome/government-response-to-the-regulatory-proposals-for-consumer-internet-of-things-iot-security-consultation (1.3.2021); *Dickinson/Skinner,* Product Liability in the Internet of Things, Product Liability and Mass Torts Blog 2.4.2019, www.productliabilityandmasstorts.com/2019/04/product-liability-in-the-internet-of-things/ (1.3.2021); *Eagan,* California's IoT cybersecurity bill: What it gets right and wrong, Helpnetsecurity 9.1.2020, www.helpnetsecurity.com/2020/01/09/californias-iot-cybersecurity-bill/ (1.3.2021); *ENISA,* Security Supervision under the EECC, Januar 2020, www.enisa.europa.eu/publications/supporting-the-implementation-of-the-european-electronic-commmunications-code-eecc (1.3.2021); *Europäischer Datenschutzausschuss (EDSA),* Stellungnahme 5/2019 zum Zusammenspiel zwischen der e-Datenschutz-Richtlinie und der DS-GVO, insbesondere in Bezug auf die Zuständigkeiten, Aufgaben und Befugnisse von Datenschutzbehörden, 12.3.2019, edpb.europa.eu/sites/edpb/files/files/file1/201905_edpb_opinion_eprivacydir_ gdpr_interplay_en_de.pdf (1.3.2021); *Europäische Kommission,* Advancing the Internet of Things in Europe, SWD(2016) 110 final; *Europäische Kommission,* Bericht über die Umsetzung der Bestimmungen zum freien Internetzugang der Verordnung (EU) 2015/2021, COM(2019) 203 final; *Europäische Kommission,* Bericht über die Überprüfung des Roamingmarktes, COM(2019) 616 final; *Europäische Kommission,* Digitalisierung der europäischen Industrie – Die Chancen des digitalen Binnenmarkts in vollem Umfang nutzen, COM(2016) 160 final; *Europäische Kommission,* Eine europäische Datenstrategie, COM(2020) 66 final; *Europäische Kommission,* Schwerpunkte der IKT-Normung für den digitalen Binnenmarkt, COM(2016) 176 final; *Feiel,* Rechtliche Aspekte der Vergabe von Mobilfunkfrequenzen, MR 2019, 143; *Feiel/Truppe,* Der Beitrag der Rechtsordnung zur Netzneutralität, ZIR 2014, 177; *Firouzi/Chakrabarty/Nassif* (Hrsg.), Intelligent Internet of Things, Cham (CH) 2020; *GSMA,* Smart 5G networks: enabled by network slicing and tailored to customers' needs, www.gsma.com/futurenetworks/wp-content/uploads/2020/01/1.1_An-Introduction-to-Network-Slicing_Booklet-1.pdf (1.3.2021); *Häßler,* IoT: Das Internet der Gefahren, heise online 4.6.2020, www.heise.de/hintergrund/IoT-Gefahren-Das-Internet-der-Undinge-4719260.html (1.3.2021); *Hilgendorf/Feldle,* Digitization and the Law, Baden-Baden 2018; *Hoeren,* Internetrecht, Stand: Oktober 2019, http://www.itm.nrw/wp-content/uploads/skript-internetrecht-Juli-2020.pdf (1.3.2021); *International Telecommunication Union (ITU),* IMT Vision – Framework and overall objectives oft the future development of IMT 2020 an beyond, Genf 2015, www.itu.int/dms_pubrec/itu-r/rec/m/R-REC-M.2083-0-201509-I!!PDF-E.pdf (1.3.2021); *Jahnel/Mader/Staudegger* (Hrsg.), IT-Recht, 4. Aufl., Wien 2020; *Kelber,* Darum brauchen wir die E-Privacy-Verordnung, K&R 4/2019, I; *Krempl,* Netzneutralität: EU-Kommission sieht noch keine Probleme bei Zero Rating, heise online 2.5.2019, www.heise.de/newsticker/meldung/Netzneutralitaet-EU-Kommission-sieht-noch-keine-Probleme-bei-Zero-Rating-4412071.html (1.3.2021); *Luber/Donner,* Was ist Network Slicing?, IP-Insider 15.5.2019, www.ip-insider.de/was-ist-network-slicing-a-828834/ (1.3.2021); *Mattern,* Die technische Basis für M2M und das Internet der Dinge, www.vs.inf.ethz.ch/publ/papers/mattern-m2m_iot-2013.pdf (1.3.2021); *O'Donnell,* Mandatory IoT Security in the Offing with U.K. Proposal, Threatpost 27.1.2020, threatpost.com/mandatory-iot-security-uk-proposal/152217/ (1.3.2021); *Rauer,* Und ewig grüßt ... die E-Privacy-Verordnung, K&R 11/2019, I; *Riesz/Schilchegger* (Hrsg.), Telekommunikationsgesetz – Kommentar, Wien 2016; *Schebach,* T-Mobile Austria meldet eine Million M2M-SIM-Karten im Einsatz, elektro.at 12.7.2017, elektro.at/2017/07/12/t-mobile-austria-meldet-eine-million-m2m-sim-karten-im-einsatz/ (1.3.2021); *Scheurle/Mayen* (Hrsg.), Telekommunikationsgesetz – Kommentar, 3. Aufl., München 2018; *Schweighofer/Kummer/Saarenpää* (Hrsg.), Internet of Things, Tagungsband des 22. Internationalen Rechtsinformatik Symposions IRIS 2019, Bern 2019; *Solanki/García Díaz/Davim,* Handbook of IoT and Big Data, Boca Raton 2019; *Stepanek,* „Jeder BMW fährt mit österreichischer SIM-Karte", Futurezone 2.3.2018, futurezone.at/b2b/jeder-bmw-in-europa-faehrt-mit-oesterreichischer-sim-karte/249.434.430 (1.3.2021); *Stratil* (Hrsg.), Telekommunikationsgesetz 2003, 4. Aufl., Wien 2013; *Ziegler* (Hrsg.), Internet of Things and Data Protection, Cham (CH) 2019; *Ziegler,* Internet of Things Cybersecurity Paradigm Shift, Threat Matrix and Practical Taxonomy, in *Ziegler* (Hrsg.), Internet of Things Security and Data Protection, Berlin/Heidelberg 2019.

I. Telekommunikationsrecht

1. IoT aus rechtlicher Sicht

Das „Internet of Things" ist aus **rechtlicher Sicht** wohl ähnlich **nebulös** wie „die Cloud". Hier wie dort verbinden sich Umgangssprache, Marketing-Schlagwörter und Technik-Sprech zu einer Gemengelage, die es zunächst schwierig macht, das rechtlich Relevante herauszuschälen und entsprechend darzustellen. 1

Die Schwierigkeiten beginnen schon bei der Frage, was das **Phänomen IoT im Kern** ausmacht:[1] Ist IoT bloß ein modernerer Ausdruck für eine bereits bekannte Technologie, die in der Lage ist, verschiedene Geräte („Dinge") über das Internet-Protokoll miteinander zu verbinden, oder ist es vielmehr eine Applikation, die anhand übermittelter großer Datenmengen bestimmte Folgeprozesse auslöst, oder ist es eine nicht immer eindeutig abgegrenzte Mischung aus beidem oder ist es überhaupt etwas ganz anderes? Die mannigfaltigen Erscheinungsformen von IoT werden auf diese Frage sogar unterschiedliche Antworten zulassen, die in weiterer Folge wiederum unterschiedliche rechtliche Schlussfolgerungen erfordern. 2

Dies alles ist aus juristischer Sicht zwar unbefriedigend, aber in der Rechtsentwicklung wahrlich kein Novum: Gerade die Entwicklung des Internets in den vergangenen 20 bis 25 Jahren hat gezeigt, dass neue technologische Entwicklungen anfänglich keine oder zu- 3

[1] Dazu die verschiedenen Definitionen in → § 3.

mindest keine ausreichende Berücksichtigung im Recht finden.[2] Solange es aber keine besonderen Normen für bestimmte Erscheinungsformen des Tatsächlichen gibt, sind die Rechtsanwender gezwungen, sich **an jenen generellen Normen zu orientieren, die bereits existieren.** Dabei stellt sich zwangsläufig die Frage, inwieweit sich rechtliche Wertungen und Vorschriften, die teilweise schon lange vor der Entwicklung des Internets konzipiert wurden, in die digitale Welt überführen lassen.[3]

4 Dies gilt – neben anderen disruptiven Technologien, wie etwa Künstliche Intelligenz (KI, engl. AI), Big Data, Kryptographie etc – naturgemäß auch für das „Internet of Things", das ja schon seiner Bezeichnung nach eng mit dem „bisherigen" Internet und dessen Entwicklung verknüpft ist. Solange es **keine Spezialvorschriften für IoT** gibt, wird man sich bei der rechtlichen Einordnung von IoT bzw. einzelnen Aspekten von IoT vom vorhandenen Rechtsbestand leiten lassen müssen.[4] Dabei wird man – angesichts der Ubiquität und des exponentiellen Anstiegs von IoT-fähigen Geräten – relativ bald einschätzen können, wo Regelungsdefizite entstehen oder schon entstanden sind. Im Zusammenhang mit IoT werden derzeit insbesondere in den Bereichen des **Datenschutzrechts** und des **Netzsicherheitsrechts** zum Teil **große Regelungslücken** empfunden.[5] Vor diesem Hintergrund ist es verständlich, dass die Herausbildung von spezifischem IoT-Recht dort beginnen wird.

2. Kein europäisches IoT-Gesetzbuch

5 Einzelne Rechtsordnungen haben bereits bestimmte (Teil-)Aspekte in Zusammenhang mit IoT einem eigenen Regelungsregime unterworfen bzw. sind jedenfalls in einen Gesetzgebungsprozess eingetreten. So ist etwa im **US-Bundesstaat Kalifornien** seit 1.1.2020 **gesetzlich angeordnet,** dass Hersteller eines **„connected device"** dieses **mit bestimmten Sicherheitsmerkmalen ausstatten** müssen, die im Hinblick auf die intendierte Funktion des Gerätes angemessen sind.[6] Dieses Gesetz führt den Kurztitel **„Internet of Things Cybersecurity Improvement Act of 2019"** und definiert IoT folgendermaßen:

„‚Connected device' means any device, or other physical object that is capable of connecting to the Internet, directly or indirectly, and that is assigned an Internet Protocol address or Bluetooth address."[7]

6 Im **Vereinigten Königreich** hat das Ministerium für Digitales, Kultur, Medien & Sport Ende Januar 2020 das Ergebnis einer Konsultation betreffend **„Regulatory proposals for consumer Internet of Things (IoT) security"** veröffentlicht.[8] Grundlage für diese Konsultation war auch der gemeinsam mit Industrie und Regierung erarbeitete und im Oktober 2018 veröffentlichte „Code of Practice for consumer IoT security", der mithilfe von 13 Leitlinien Hilfestellung für die Auslegung einschlägiger Rechtsvorschriften

---

[2] S. etwa *Pagallo/Corrales/Fenwick/Forgó* in Corrales/Fenwick/Forgó Robotics, AI and the Future of Law, S. 1, 7.

[3] *Hoeren* Internetrecht S. 2f.

[4] Zu den Einflüssen disruptiver Technologien auf Rechtsentwicklung und Rechtsauslegung *Corrales/Fenwick/Forgó* New Technology, Big Data and the Law; *Corrales/Fenwick/Forgó* Robotics, AI and the Future of Law; *Hilgendorf* in Hilgendorf/Feldle, Digitization and the Law, S. 9, 10ff.

[5] *Bitz* DuD 2017, 636; *Hänßler* heise online 4.6.2020; *Hoeren* Internetrecht S. 4; *v. Lucke* in Schweighofer/Kummer/Saarenpää Internet of Things S. 19, 25; *Rauer* K&R 11/2019, I; zur Cybersicherheit bzw. Netzsicherheit *Beale/Berris* 16 Duke Law & Technology Review 2018, 161; *Ziegler* in Ziegler Internet of Things and Data Protection S. 1ff.

[6] Senate Bill Nr. 327 (2017–2018) = Assembly Bill Nr. 1906 (2017–2018), leginfo.legislature.ca.gov/faces/billCompareClient.xhtml?bill_id=201720180SB327&showamends=false (1.3.2021); hierzu *Dickinson/Skinner* Product Liability and Mass Torts Blog 2.4.2019; *Eagan* Helpnetsecurity 9.1.2020.

[7] Part 4 of Division 3 of the Civil Code, Title 1.81.26, Section 1798.91.05 (b).

[8] www.gov.uk/government/consultations/consultation-on-regulatory-proposals-on-consumer-iot-security/outcome/government-response-to-the-regulatory-proposals-for-consumer-internet-of-things-iot-security-consultation#the-consultation (15.6.2020).

geben sollte.[9] Aus den Schlussfolgerungen der Regierung des Vereinigten Königreiches zum Konsultationsergebnis ist abzuleiten, dass erwogen wird, im Laufe des Jahres 2020 einen Gesetzesvorschlag zu veröffentlichen, der das Sicherheitsniveau bei IoT-Geräten heben soll und bei den Herstellern von IoT-Produkten ansetzt.[10] Dabei wird – ausgehend von einem europäischen Standard des European Telecommunications Standards Institute (ETSI)[11] – danach getrachtet, die drei wichtigsten aus den 13 Leitlinien des „Code of Practice for consumer IoT security" verpflichtend vorzuschreiben. Dabei handelt es sich um jene Sicherheitsmaßnahmen, die Folgendes festlegen:

„1. IoT device passwords must be unique and not resettable to any universal factory setting.
2. Manufacturers of IoT products provide a public point of contact as part of a vulnerability disclosure policy.
3. Manufacturers of IoT products explicitly state the minimum length of time for which the device will receive security updates."[12]

Die EU und ihre Mitgliedstaaten verfügen über **kein IoT-Gesetzbuch** oder ähnlich lautende Kodifikationen. Ein solches ist auch nicht in Sicht. 7

Das bedeutet aber nicht, dass sich die EU einer punktuellen Verrechtlichung von IoT verschließen würde. So hat etwa die EU-Kommission in ihren Mitteilungen „Digitalisierung der europäischen Industrie – Die Chancen des digitalen Binnenmarkts in vollem Umfang nutzen"[13] sowie „Schwerpunkte der IKT-Normung für den digitalen Binnenmarkt"[14], beide vom April 2016, in Aussicht gestellt, dass sie die „rechtlichen Rahmenbedingungen für autonome Systeme und IoT-Anwendungen [prüfen werde], insbesondere Sicherheits- und Haftungsregelungen sowie die rechtlichen Voraussetzungen, um Praxistests in großem Maßstab zu ermöglichen".[15] Außerdem gehört nach Auffassung der EU-Kommission IoT – neben 5G-Kommunikation, Cloud Computing, Datentechnologien (auch für Big Data) und Cybersicherheit – zu jenen fünf Schwerpunktbereichen, die die grundlegenden technologischen Bausteine des digitalen Binnenmarkts ausmachen, weshalb eine stärkere Führungsrolle Europas bei der Normung in diesen Bereichen die Wettbewerbsfähigkeit steigern und dazu beitragen dürfte, dass europäische Innovationen einen besseren Zugang zum Weltmarkt erhalten.[16] 8

All das legt nahe, dass bestimmte Aspekte von **IoT** auch **innerhalb der EU einer spezifischen Regelung** unterworfen werden, um den digitalen Binnenmarkt zu stärken und damit auch in der Digitalökonomie international wettbewerbsfähig zu sein bzw. zu bleiben. Derartige Rechtsetzungsvorhaben zeichneten sich bereits anlässlich der oben genannten Mitteilungen im Jahr 2016 ab und würden – laut EU-Kommission – insbesondere den Bereich **Adressierung/Nummerierung,**[17] den Bereich **Standardisierung**[18] (auch auf 9

[9] www.gov.uk/government/publications/code-of-practice-for-consumer-iot-security/code-of-practice-for-consumer-iot-security (15.6.2020).

[10] „The consultation feedback and work that will be undertaken in the coming months will contribute to the Government publishing a final stage regulatory impact assessment later in 2020." (www.gov.uk/government/consultations/consultation-on-regulatory-proposals-on-consumer-iot-security/outcome/government-response-to-the-regulatory-proposals-for-consumer-internet-of-things-iot-security-consultation#the-consultation (15.6.2020)); Einzelheiten bei *O'Donnell* Threatpost 27.1.2020.

[11] ETSI, TS 103 645 V2.1.2 (2020-06) CYPER – Cyber Security for Consumer Internet of Things, etsi.org/deliver/etsi_ts/103600_103699/103645/02.01.02_60/ts_103645v020102p.pdf (1.3.2021).

[12] www.gov.uk/government/consultations/consultation-on-regulatory-proposals-on-consumer-iot-security/outcome/government-response-to-the-regulatory-proposals-for-consumer-internet-of-things-iot-security-consultation#the-consultation (6.6.2020). Derzeit bleibt also abzuwarten, ob und mit welchem Inhalt ein Vorschlag für einen Gesetzgebungsakt vorgelegt wird.

[13] COM(2016) 160 final.

[14] COM(2016) 176 final.

[15] COM(2016) 160 final, 17.

[16] COM(2016) 176 final, 5.

[17] SWD(2016) 110 final, 15.

[18] SWD(2016) 110 final, 16f.

internationaler Ebene[19]), das Eigentumsrecht an Daten **(„Dataownership")**[20] sowie das **Haftungsrecht** beim automatisierten Einsatz von M2M[21] betreffen. Dabei kann auch der Ansatz vertreten werden, zunächst anhand von Anwendungsfällen in der Praxis („use cases") zu evaluieren, in wie weit die dort auftretenden Phänomene nicht ohnehin ausreichend durch das bestehende Regelungsregime abgedeckt sind. Ein allfälliges „Nachschärfen" sektorspezifischer Regelungen für konkrete, aus dem IoT-Bereich stammende Problemlagen würde dann zwar zu einem späteren Zeitpunkt, wohl aber zielgerichteter erfolgen können.[22]

3. IoT im Telekommunikationsrecht

a) Die zu behandelnden Themen

10 Aus dem Blickwinkel der Rechtssystematik stellt sich IoT samt seinen zahlreichen Facetten als **Querschnittsmaterie** dar. Mangels IoT-Gesetzbuch (→ Rn. 7) haben die Rechtsanwendender daher die gesamte Rechtsordnung auf die Anwendbarkeit von bestimmtem Vorschriften für IoT zu prüfen. Aufgrund des nicht immer klar abgegrenzten und wohl auch nicht immer klar abgrenzbaren Phänomens IoT (→ Rn. 1 f.) ist daher auch besonderes Augenmerk darauf zu legen, welches konkrete Element von IoT nun gemeint und entsprechend beschrieben wird; dies erfordert eine differenzierende Betrachtungsweise von IoT.

11 Aus dem bisher Gesagten erfordern aus Sicht des Telekommunikationsrechts folgende Aspekte von IoT nähere Betrachtung; die weitere Gliederung in diesem Kapitel folgt diesem Verlauf:

- M2M als elektronischer Kommunikationsdienst (→ Rn. 17 ff.)
- Betreiben von IoT-Übertragungsdiensten: Allgemeingenehmigung (→ Rn. 34 ff.)
- Konnektivität für IoT-Anwendungen (→ Rn. 53 ff.)
- Aspekte der Nummerierung bei IoT-Anwendungen (→ Rn. 76 ff.)
- Sicherheit von Netzen und Diensten (→ Rn. 85 ff.)
- spezifischer Datenschutz (→ Rn. 94 ff.)
- Roaming und IoT (→ Rn. 108 ff.)
- Netzneutralität und IoT (→ Rn. 113 ff.)
- IoT-bezogene Aspekte im spezifischen Verbraucherschutz (→ Rn. 124 ff.)

b) Einschlägiges Unionsrecht

12 Wer sich einen Überblick verschaffen will, inwieweit das „Internet of Things" Berührungspunkte zum Telekommunikationsrecht aufweist, wird zunächst auf europäischer Ebene beginnen müssen: Seit den 1980er-Jahren werden zunächst die Liberalisierung des (damals staatlichen) Telekommunikationssektors, später die Verwirklichung des Binnenmarktes und jüngst die Bedeutung des Ausbaus hochleistungsfähiger Infrastruktur („Konnektivität") für die mit rasanter Geschwindigkeit voranschreitende Digitalisierung jeweils in den Mittelpunkt der europäischen Gesetzgebung für elektronische Kommunikation gestellt.

13 Dabei liegt eine Befassung mit dem einschlägigen **Europäischen Kodex für elektronische Kommunikation** (mangels amtlicher Abkürzung oftmals „EKEK", „Kodex", „Code" oder nach der englischen Abkürzung „EECC" benannt) besonders nahe:[23] Mit

[19] SWD(2016) 110 final, 19.
[20] SWD(2016) 110 final, 20 f.; hierzu *Storr/Storr* in Corrales/Fenwick/Forgó New Technology, Big Data and the Law, S. 65 ff.
[21] SWD(2016) 110 final, 22 f.
[22] In diesem Sinn auch SWD(2016) 110 final, 23.
[23] Richtlinie (EU) 2018/1972 des Europäischen Parlaments und des Rates vom 11. Dezember 2018 über den europäischen Kodex für die elektronische Kommunikation (Neufassung), ABl. 2018 L 321, 36, in der Fassung der Berichtigung, ABl. 2018 L 334, 164.

dem EECC – er stellt eine RL iSd Art. 288 AEUV dar – wird ein harmonisierter Rahmen für die Regulierung elektronischer Kommunikationsnetze und -dienste, zugehöriger Einrichtungen und zugehöriger Dienste sowie für bestimmte Aspekte der Endeinrichtungen errichtet.[24]

Primäres Ziel des EECC ist der Ausbau des **Binnenmarkts für elektronische Kom- 14
munikationsnetze und -dienste.** Dabei soll der Binnenmarkt – so die Annahme des EECC – den Ausbau und die Nutzung von **Netzen mit sehr hoher Kapazität** bewirken, einen **nachhaltigen Wettbewerb** und die **Interoperabilität der elektronischen Kommunikationsdienste** sowie die **Zugänglichkeit** und die **Sicherheit von Netzen und Diensten** gewährleisten. Auch die **Interessen der Endnutzer** sollen gefördert werden. Weitere Ziele des EECC sind die Gewährleistung der Bereitstellung unionsweiter hochwertiger, erschwinglicher, öffentlich zugänglicher Dienste durch wirksamen Wettbewerb und Angebotsvielfalt sowie die Regelung jener Fälle, in denen die Bedürfnisse von Endnutzern durch den Markt nicht ausreichend befriedigt werden können. Des Weiteren werden Endnutzerrechte festgelegt.[25]

Der EECC wurde im Dezember 2018 von Rat und EP angenommen und ist – mit hier 15
nicht zu interessierenden Ausnahmen – so rechtzeitig in nationales Recht umzusetzen, dass die Mitgliedstaaten die neuen Vorschriften ab 21.12.2020 anwenden.[26] Zu diesem Zeitpunkt löst der EECC den seit dem Jahr 2002 in Kraft befindlichen und 2009 novellierten sog. „neuen Rechtsrahmen" der EU ab.[27] Letzterer besteht (bis 21.12.2020) aus Rahmen-RL,[28] Genehmigungs-RL,[29] Zugangs-RL[30] und Universaldienst-RL.[31] Die **RL über Datenschutz in der elektronischen Kommunikation**[32] zählt zwar ebenfalls zum Regulierungspaket 2002, wird aber nicht durch den EECC abgelöst. An ihre Stelle soll eine Verordnung über die Achtung des Privatlebens und den Schutz personenbezogener Daten in der elektronischen Kommunikation und zur Aufhebung der Richtlinie 2002/58/EG (Verordnung über Privatsphäre und elektronische Kommunikation; „ePrivacy-VO") treten.[33] Die Verhandlungen darüber sind aber in Brüssel (genauer gesagt: im Rat) stecken geblieben; mit der Erlassung dieser Verordnung sollte nicht vor Ende 2021 gerechnet werden.[34]

---

[24] Art. 1 Abs. 1 EECC.

[25] Art. 1 Abs. 2 EECC.

[26] Art. 124 EECC.

[27] Die Bezeichnung „neuer Rechtsrahmen" wurde als Abgrenzung zu den bis zum Jahr 2002 bestanden habenden, zahlreichen, über einen Zeitraum von ca. 20 Jahren hinweg beschlossenen Einzel-Richtlinien für die Liberalisierung des Telekom-Sektors eingeführt.

[28] Richtlinie 2002/21/EG des Europäischen Parlaments und des Rates vom 7. März 2002 über einen gemeinsamen Rechtsrahmen für elektronische Kommunikationsnetze und -dienste (Rahmenrichtlinie), ABl. 2002 L 108, 33, idF RL 2009/140/EG, ABl. 2009 L 337, 37.

[29] Richtlinie 2002/20/EG des Europäischen Parlaments und des Rates vom 7. März 2002 über die Genehmigung elektronischer Kommunikationsnetze und -dienste (Genehmigungsrichtlinie), ABl. 2002 L 108, 21, idF RL 2009/140/EG, ABl. 2009 L 337, 37.

[30] Richtlinie 2002/19/EG des Europäischen Parlaments und des Rates vom 7. März 2002 über den Zugang zu elektronischen Kommunikationsnetzen und zugehörigen Einrichtungen sowie deren Zusammenschaltung (Zugangsrichtlinie), ABl. 2002 L 108, 7, idF RL 2009/140/EG, ABl. 2009 L 337, 37.

[31] Richtlinie 2002/22/EG des Europäischen Parlaments und des Rates vom 7. März 2002 über den Universaldienst und Nutzerrechte bei elektronischen Kommunikationsnetzen und -diensten (Universaldienstrichtlinie), ABl. 2002 L 108, 51, idF RL 2009/136/EG, ABl. 2009 L 337, 11 sowie VO (EU) 2015/2120, ABl. 2015 L 310, 1.

[32] Richtlinie 2002/58/EG des Europäischen Parlaments und des Rates vom 12. Juli 2002 über die Verarbeitung personenbezogener Daten und den Schutz der Privatsphäre in der elektronischen Kommunikation (Datenschutzrichtlinie für elektronische Kommunikation), ABl. 2002 L 201, 37, idF RL 2009/136/EG, ABl. 2009 L 337, 11.

[33] COM(2017) 10 final.

[34] Zum Stand der Diskussion s. etwa *Kelber* K&R 4/2019, I; *Rauer* K&R 11/2019, I.

c) Nationales Recht

16 Da ein Großteil des derzeitigen europäischen Rechtsrahmens, bestehend aus den vier genannten RL, jedenfalls formal mit Ende des Jahres 2020 ausläuft, erscheint es zweckmäßig, die folgenden Betrachtungen beim EECC beginnen zu lassen; schließlich haben sich die nationalen Telekommunikationsvorschriften in der EU danach zu richten. Nach Darstellung des einschlägigen Unionsrechts wird eine Einschätzung vorgenommen, ob und in wie weit der bisherige nationale Rechtsrahmen aus materieller Sicht vor dem Hintergrund des EECC Bestand haben könnte. Dabei ist eine Orientierung am TKG[35] (bzw. auch am österreichischen TKG [öTKG][36]) und dem nachgeordneten Recht geboten.

4. M2M als elektronischer Kommunikationsdienst

17 Die Antwort auf die Frage, welche Rechtsvorschriften im Rahmen des Rechts der elektronischen Kommunikation für IoT einschlägig sind, hängt zunächst entscheidend davon ab, ob Elemente im Gefüge des IoT als **„Kommunikationsdienste"** iSd EECC anzusehen sind. Sobald ein Kommunikationsdienst vorliegt, knüpfen an diesen ex lege besondere Vorschriften an, die für andere Dienste nicht gelten. Prominente Beispiele hierfür sind besondere Sicherheitsvorschriften für Dienste (→ Rn. 83 ff.), Datenschutzbestimmungen (→ Rn. 92 ff.) oder Verbraucherschutzbestimmungen (→ Rn. 123 ff.).

a) Signalübertragung

18 Für Übertragungsdienste innerhalb von IoT-Anwendungen – also die klassische Übertragung von elektronischen Signalen – gibt Art. 2 Nr. 4 lit. c EECC eine klare Antwort: Demnach sind „elektronische Kommunikationsdienste" gewöhnlich gegen Entgelt über elektronische Kommunikationsnetze erbrachte Dienste, die – mit der Ausnahme von Diensten, die Inhalte über elektronische Kommunikationsnetze und -dienste anbieten oder eine redaktionelle Kontrolle über sie ausüben – folgende Dienste umfassen:

„c) Dienste, die ganz oder überwiegend in der Übertragung von Signalen bestehen, wie Übertragungsdienste, die für die Maschine-Maschine-Kommunikation und für den Rundfunk genutzt werden";

Somit ist M2M expressis verbis einer konkreten Regelung unterworfen.

19 Mit der Definition des Art. 2 Nr. 4 lit. c betritt der EECC diesbezüglich freilich kein Neuland.[37] Schon bisher galt, dass die (technische) **Signalübertragung** als ein konstituierendes Kriterium für die Qualifikation als elektronischer Kommunikationsdienst zu werten ist.[38] Auch Erwägungsgrund (Erwgr) 15 EECC stellt klar, dass die „Signalübertragung" ein wichtiger Parameter für die Bestimmung der unter diese RL fallenden Dienste bleibt. Unter dem Blickwinkel von IoT ist es jedoch hilfreich, mit der beispielhaften Erwähnung von „Maschine-Maschine-Kommunikation" einen konkreteren Anhaltspunkt dafür zu haben, einen **Übertragungsdienst bei IoT-Anwendungen grundsätzlich als elektronischen Kommunikationsdienst** iSd EECC zu begreifen.

20 Fraglich könnte allenfalls sein, ob IoT-Anwendungen, die neben einer bloßen M2M-Kommunikation auch einen Kommunikationskanal zu einer oder mehreren Personen eröffnen, auch als **„interpersonelle Kommunikationsdienste"** iSd Art. 2 Nr. 4 lit. b EECC anzusehen sind. Dies wäre etwa dann der Fall, wenn über einen Sensor erfasste Daten nicht nur an ein anderes Gerät übermittelt würden, sondern auch eine physische

---

[35] Telekommunikationsgesetz v. 22.6.2004, BGBl. 2004 I S. 1190, das zuletzt durch Art. 1 des Gesetzes v. 6.2.2020, BGBl. 2020 I S. 146, geändert worden ist.

[36] Bundesgesetz, mit dem ein Telekommunikationsgesetz erlassen wird (Telekommunikationsgesetz 2003 – TKG 2003), BGBl. I Nr. 70/2003 idF BGBl. I Nr. 57/2021.

[37] Anderes gilt jedoch für Art. 2 Nr. 4 lit. b sowie Nr. 5, 6 u. 7 EECC mit der Einführung „interpersoneller Kommunikationsdienste".

[38] Vgl. Art. 2 lit. c Rahmen-RL; § 3 Nr. 24 TKG, § 3 Z 9 öTKG.

Person hierüber eine Nachricht oder ein Messprotokoll erhielte.[39] Der EECC scheint der Annahme, es handle sich hier um einen interpersonellen Kommunikationsdienst, jedoch entgegenzustehen: „Die interaktive Kommunikation schließt ein, dass der Dienst dem Empfänger der Informationen die Möglichkeit zur Antwort gibt. Dienste, die diesen Anforderungen nicht entsprechen, darunter der lineare Rundfunk, Videoabrufdienste, Websites, soziale Netzwerke, Blogs und der Informationsaustausch zwischen Maschinen, sollten nicht als interpersonelle Kommunikationsdienste betrachtet werden. Ein Dienst sollte ausnahmsweise nicht als interpersoneller Kommunikationsdienst betrachtet werden, sofern es sich bei der interpersonellen und interaktiven Kommunikationseinrichtung lediglich um eine unbedeutende und mit einem anderen Dienst verbundene reine Nebenfunktion handelt, die aus objektiven technischen Gründen nicht ohne den Hauptdienst genutzt werden kann, und sofern seine Integration nicht dazu dient, die Anwendbarkeit der Vorschriften für elektronische Kommunikationsdienste zu umgehen."[40]

Eine ähnliche Sichtweise nimmt auch die BNetzA ein: Ihr zu Folge steht eine **begrenzte menschliche Beteiligung** als Teil eines Dienstes einer Einordnung als M2M-Kommunikation jedenfalls dann nicht entgegen, wenn eine Aktivierung/Bedienung/Steuerung/Überwachung einer M2M-Anwendung bzw. eines M2M-Gerätes über technische Einrichtungen wie zB Computer, Smartphones, Tablets etc durch einen Menschen erfolgt; dies sowohl im privaten Bereich (zB im Bereich Smart Home) als auch im industriellen Bereich.[41] BEREC hat sich dieser Einschätzung ebenfalls angeschlossen.[42] 21

b) Entgeltlichkeit

Nur (in der Regel) **entgeltlich erbrachte Kommunikationsdienstleistungen** unterliegen dem Regime des Telekommunikationsrechts. Somit kann Telekommunikationsrecht (auch) als **Sonder-Gewerberecht** bezeichnet werden.[43] Zwar verlangt die Definition des Telekommunikationsdienstes nach § 3 Nr. 24 TKG nur eine Erbringung „in der Regel gegen Entgelt" und eben nicht schon ein „gewerbliches Angebot",[44] doch ergibt sich aus § 6 Abs. 1 TKG, dass eine Meldepflicht für die Diensteerbringung erst bei Gewerblichkeit eintritt.[45] 22

Das Vorliegen von Entgeltlichkeit wird dort rasch zu bejahen sein, wo für IoT-Dienstleistungen im Rahmen eines Vertragsverhältnisses ein Entgelt zu bezahlen ist. Nun werden IoT-Dienste häufig Teil eines komplexeren Vertragswerkes sein, in dem die **Entgelthöhe** für die technische, in der Signalübertragung bestehende Leistung **nicht gesondert ausgewiesen** ist oder sonst konkret berechnet wurde. Ungeachtet dessen wird aber auch eine solche vertragsrechtliche Konstruktion keinen unüberwindbaren Zweifel an der Beurteilung der grundsätzlichen Entgeltlichkeit der Dienstleistung darstellen. 23

Die Entgeltlichkeit des Leistungsaustausches geht auch nicht in jenen Fällen verloren, in denen der Nutznießende von IoT-Leistungen dem IoT-Anbieter kein Entgelt schuldet, zB weil der Dienst gegenüber dem Nutzenden kostenlos erbracht wird. Für die Annahme von Entgeltlichkeit genügt es, dass der Leistungsaustausch entweder anders oder durch andere abgegolten wird (zB durch **Werbefinanzierung**).[46] 24

---

[39] S. etwa IoT-Füllstandssensoren, www.iml.fraunhofer.de/de/abteilungen/b1/automation_eingebettete_systeme/Produkte/nb-iot-fuellstandsensor.html (1.3.2021).
[40] Erwgr. 17 EECC.
[41] BNetzA, Nummernplan Rufnummern für Mobile Dienste (konsolidierte, ab dem 21.5.2020 geltende Fassung), Verfügung 11/2011, ABl. 4/2011 v. 23.2.2011, zuletzt geändert durch Verfügung 55/2020, ABl. 9/2020 v. 20.5.2020, Pkt. 7.1 Nr. 2.
[42] BEREC BoR (19) 25, S. 16f.
[43] Dies gilt jedenfalls für Österreich, § 2 Abs. 3 öTKG; Riesz/*Schilchegger* TKG § 2 Rn. 5f.
[44] Scheurle/Mayen/*Lünenbürger/Stamm* TKG § 3 Rn. 63.
[45] IÜ bleibt eine Anzeigepflicht nach § 14 GewO unberührt, s. Scheurle/*Mayen* TKG § 6 Rn. 11.
[46] EuGH Urt. v. 26.4.1988 – C-352/85, NJW 1989, 2189 Rn. 16 – Bond van Adverteerders.

25 Einordnungsschwierigkeiten hinsichtlich des Vorliegens von Entgeltlichkeit könnten allenfalls dort vorliegen, wo nicht an einen monetären Leistungsaustausch gedacht wird. So wäre zB vorstellbar, dass IoT-Dienste nicht gegen Entgelt, sondern gegen das **„Bezahlen“ mit persönlichen (personenbezogenen) Daten** erbracht werden. Diese Fallkonstellation wird im EECC insofern berücksichtigt, als in der digitalen Wirtschaft Nutzerdaten für die Marktbeteiligten zunehmend einen Geldwert darstellen.

„Das Konzept eines Entgelts sollte daher Fälle umfassen, in denen der Anbieter eines Dienstes personenbezogene Daten im Sinne der Verordnung (EU) 2016/679 oder sonstige Daten anfordert und der Endnutzer diese Daten dem Anbieter wissentlich auf direkte oder indirekte Weise zur Verfügung stellt.“[47]

26 Das Prinzip der Entgeltlichkeit sollte gem. Erwgr. 16 EECC auch Fälle einbeziehen, in denen der Endnutzer **Zugang zu Informationen** – einschließlich **personenbezogener Daten** wie zB die IP-Adresse oder sonstige automatisch generierte Informationen wie durch Cookies gesammelte und übermittelte Informationen – gewährt, ohne dass er diese aktiv bereitstellt.

27 Zusammenfassend kann demnach gesagt werden, dass das Entgeltkonzept des EECC auch solche Fälle umfasst, in denen der Endnutzer als Bedingung für den Zugang zu IoT-Diensten Werbung ausgesetzt ist, oder in denen der IoT-Diensteanbieter die von ihm gem. DS-GVO erhobenen personenbezogenen Daten monetisiert.

28 Des Weiteren ist noch der Frage nachzugehen, inwieweit sog. **„Wiederverkäufer“** dem EECC unterliegen. Sie lässt sich – lege non distinguente – dahingehend beantworten, dass für den **Wieder- bzw. Weiterverkauf von elektronischen Kommunikationsdienstleistungen keine anderen Regelungen** vorgesehen sind als für den herkömmlichen Verkauf dieser Dienstleistungen. Der Wiederverkauf ist vom Begriff des Kommunikationsdienstes demnach mitumfasst, zumal bei Wiederverkäufern in der Regel (auch) Gewinnerzielungsabsicht oder jedenfalls (auch) ein „in der Regel gegen Entgelt“ erbrachter Dienst vorliegen wird.[48] So kann etwa der Ankauf von handelsüblichen SIM-Karten eines Mobilfunkunternehmens durch einen Pkw-Hersteller, der die SIM-Karten für IoT-Anwendungen in Pkw einbaut, dazu führen, dass der Pkw-Hersteller durch den Verkauf seiner Pkw zu einem Wiederverkäufer von SIM-Karten und somit zu einem Anbieter elektronischer Kommunikationsdienste wird; stets abhängig davon, wie die Verträge zwischen Mobilfunkunternehmen, Pkw-Hersteller und Pkw-Käufer konkret ausgestaltet und die gesamten Umstände sonst zu bewerten sind. Hinzu kommt, dass physische SIM-Karten insbesondere bei IoT-Diensten zusehends durch eSIM-„Karten“ abgelöst werden, sodass nicht von vorneherein offensichtlich ist, wem die rechtliche Kontrolle über die Funktion des Subscriber Identity Moduls zukommt.

29 Eine Besonderheit für die Rechtsstellung der Wiederverkäufer kann immerhin im österreichischen TKG (öTKG) ausgemacht werden: Stellt der angebotene elektronische Kommunikationsdienst nur eine **Nebendienstleistung** dar (zB in Hotels, Businessparks, Kaffeehäusern, in denen zB auch WLAN-Zugang angeboten wird), fällt dieser Dienst **nicht unter den Begriff des Kommunikationsdienstes.** Diese Dienstleistung wäre zwar grundsätzlich als Wiederverkauf eines Kommunikationsdienstes anzusehen, stellt aber nur einen kleinen Teil eines inhaltlich anderen und vom Hauptzweck eines Kommunikationsdienstes verschiedenen Vertrages (zB Beherbergungsvertrag, Bereitstellung von Büroräumlichkeiten im Rahmen eines Mietvertrages) dar, der nicht darin besteht, ganz oder überwiegend Signale über Kommunikationsnetze zu übertragen.[49] Ob diese Regelung vor dem Hintergrund des EECC Bestand hat, bleibt abzuwarten.

---

[47] Erwgr. 16 EECC.

[48] *Brandl/Feiel* in Jahnel/Mader/Staudegger IT-Recht Rn. 14/37.

[49] Dies ergibt sich nicht aus dem Gesetzeswortlaut des öTKG, sondern aus den Gesetzesmaterialien (ErlRV 128 BlgNR XXII. GP zu § 3 Z 9). Näher hierzu Riesz/Schilchegger/*Lust* TKG § 3 Rn. 117 ff.

c) Kein „Inhaltsdienst"

Als negatives Abgrenzungskriterium für elektronische Kommunikationsdienste gelten gem. Art. 2 Nr. 4 EECC Dienste, „die **Inhalte** über elektronische Kommunikationsnetze und -dienste anbieten oder eine redaktionelle Kontrolle über sie ausüben". Derlei Dienste sind **keine elektronischen Kommunikationsdienste.** Dies ist dem Umstand geschuldet, dass sich der EECC auf die Regulierung elektronischer Kommunikationsdienste (und -netze) beschränkt und die Regulierung von Inhalten anderen Rechtsvorschriften überlässt.[50] 30

Diese schon aus Art. 2 lit. c Rahmen-RL bekannte Einschränkung bedeutet, dass der mittels Mobilfunk oder Festnetz übertragene **Inhalt nicht als elektronischer Kommunikationsdienst** iSd EECC gilt. Für IoT-Dienste bedeutet dies, dass zwar (entgeltliche) M2M-Übertragungsdienste zu Kommunikationsdiensten zählen, der Inhalt der Übertragung (zB diejenigen Daten, die von einem Kraftfahrzeug an eine Werkstätte für „predictive maintenance" übermittelt werden) jedoch nicht darunterfällt. 31

d) Öffentlicher und nichtöffentlicher elektronischer Kommunikationsdienst

Die folgende Abb. 1 verdeutlicht den Zusammenhang zwischen IoT, M2M und elektronischem Kommunikationsdienst. Dabei wird zweierlei ersichtlich: erstens, dass IoT im Verhältnis zu M2M das breitere Konzept darstellt;[51] zweitens, dass insbesondere im IoT-Anwendungsbereich von lokalen (Heim-)Netzwerken oder unternehmensinternen Firmennetzwerken eine Verbindung zum „öffentlichen" Internet nicht zwingend stattfinden muss, weshalb bei solchen IoT-Anwendungen – mangels Entgeltlichkeit des Dienstes – auch kein elektronischer Kommunikationsdienst iSd Art. 2 Nr. 4 EECC vorliegt. 32

Das darf freilich nicht mit der Frage verwechselt werden, ob ein elektronischer Kommunikationsdienst nur dann vorliegt, wenn er auch öffentlich angeboten wird. Hierzu ist festzuhalten, dass die Definition des elektronischen Kommunikationsdienstes gem. Art. 2 Nr. 4 EECC nicht danach unterscheidet, ob der Dienst **öffentlich** oder nichtöffentlich angeboten wird. Daraus folgt, dass auch **Dienste,** die nichtöffentlich angeboten werden, zu elektronischen Kommunikationsdiensten zählen können, sofern sie gegen Entgelt angeboten werden. Damit ist allerdings nicht ausgeschlossen, dass der EECC bestimmte Rechte nur jenen Diensteanbietern einräumt, die ihre Dienste der Allgemeinheit zur Verfügung stellen (zB Art. 15 Abs. 2 EECC, → Rn. 43), oder bestimmte Verpflichtungen nur jenen auferlegt werden, die öffentliche Kommunikationsdienste anbieten (zB Art. 17, 40, 102 EECC). 33

---

50 Erwgr. 7 EECC.

51 BEREC BoR (19) 25, S. 16. Früher wurde dies undifferenzierter gesehen: Zur zulässigen Gleichsetzung vom M2M mit IoT s. etwa *Mattern,* Die technische Basis für M2M und das Internet der Dinge, S. 1. Er sieht zwischen M2M und IoT „keinen großen Unterschied" und führt die unterschiedliche Bezeichnung auf die unterschiedlichen technischen Wurzeln zurück. Auch das BEREC ging im Jahr 2016 in seinem Report „Enabling the Internet of Things", BoR (16) 39, S. 4 noch von der synonymen Bedeutung von IoT und M2M aus.

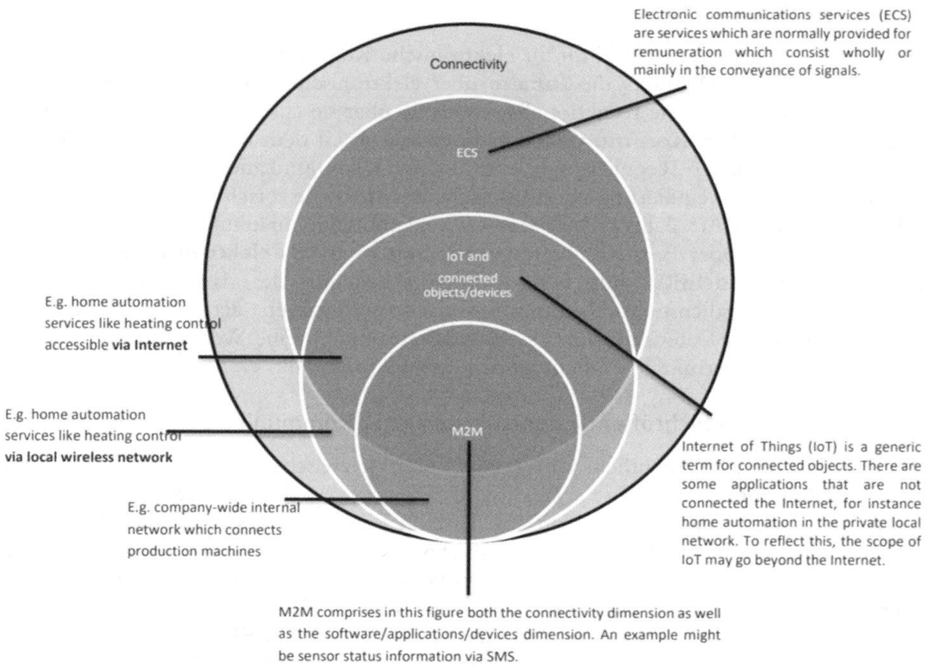

Abb. 1: Das Konzept von IoT im Verhältnis zu M2M und elektronischem Kommunikationsdienst. Quelle: BEREC BoR (19) 25, S. 16.

5. Betreiben von IoT-Übertragungsdiensten: Allgemeingenehmigung

34 Dem EECC (und seinen Vorgängerbestimmungen) liegt die Überlegung zugrunde, dass der Markteintritt in den Telekommunikations-Sektor möglichst einfach sein sollte. Auf diese Weise wird rascher ein wettbewerbliches Umfeld geschaffen als in einem bürokratischen, von Eintrittshürden gekennzeichneten Milieu. Im Einzelnen gilt Folgendes:

a) Anmeldepflicht

35 Grundsätzlich ist jedermann berechtigt, Kommunikationsnetze und -dienste, darunter auch M2M-Übertragungsdienste, unter Einhaltung der gesetzlichen Bestimmungen anzubieten.[52] Da Art. 12 EECC allenfalls eine Meldepflicht, jedoch (außerhalb von knappen Ressourcen wie Frequenzen oder Nummern) **keine individuelle Genehmigungs- oder Konzessionspflicht** vorsieht, sind die rechtlichen Eintrittshürden in den TK-Markt gering. Man spricht auch von einer **„Allgemeingenehmigung"** für das Anbieten bzw. Erbringen von elektronischen Kommunikationsdiensten. Dem EECC liegt dabei die Systematik zu Grunde, dass ein Mitgliedstaat (höchstens) vorschreiben kann, dass die beabsichtigte Erbringung von elektronischen Kommunikationsdiensten bei der nationalen Regulierungsbehörde anzuzeigen ist. An diese Diensteerbringung sind in weiterer Folge allgemeine Verpflichtungen geknüpft, die durch nationale Gesetzgebung auf Grund von Art. 13 Abs. 1 (samt Anhang I) EECC allerdings nicht ausgeweitet werden dürfen.

36 Im Einzelnen gilt Folgendes: Die **Meldung (Mitteilung) an die nationale Regulierungsbehörde** (in Deutschland: Bundesnetzagentur – BNetzA) über die Aufnahme eines elektronischen Kommunikationsdienstes darf nicht mehr umfassen als die Erklärung einer natürlichen oder juristischen Person, dass sie die Absicht hat, mit der Bereitstellung elek-

[52] § 6 TKG; § 14 öTKG.

tronischer Kommunikationsnetze oder -dienste zu beginnen. Dazu zählen die **Mindestangaben,** die notwendig sind, damit ein Verzeichnis von Anbietern elektronischer Kommunikationsnetze und -dienste geführt werden kann. Diese Angaben beschränken sich auf: den Namen des Anbieters; seinen Rechtsstatus (Rechtsform) und eine allfällige Registernummer; die geografische Anschrift seiner Hauptniederlassung in der EU und seiner etwaigen Zweigniederlassung in einem Mitgliedstaat; falls einschlägig, die Adresse der Website des Anbieters, die mit der Bereitstellung elektronischer Kommunikationsnetze oder -dienste in Zusammenhang steht; einen Ansprechpartner und Kontaktangaben; eine Kurzbeschreibung der Netze oder Dienste, die bereitgestellt werden sollen; die betroffenen Mitgliedstaaten; den voraussichtlichen Termin für die Aufnahme der Tätigkeit.

Damit bewegt sich der EECC im Großen und Ganzen im Rahmen dessen, was der 37 bisherigen Verwaltungspraxis der BNetzA gem. § 6 TKG und der österreichischen Regulierungsbehörde RTR[53] gem. § 15 öTKG entspricht.

Gem. Art. 14 EECC müssen die zuständigen Behörden auf Antrag innerhalb einer Wo- 38 che eine **standardisierte Erklärung** ausstellen, mit der ggf. bestätigt wird, dass das **Unternehmen eine Meldung vorgenommen hat.**[54] Diese Erklärungen geben an, unter welchen Umständen Unternehmen, die im Rahmen einer Allgemeingenehmigung elektronische Kommunikationsnetze oder -dienste bereitstellen, berechtigt sind, das Recht zur Installation von Einrichtungen, auf Verhandlungen über eine Zusammenschaltung und auf Erhalt eines Zugangs oder einer Zusammenschaltung zu beantragen, um ihnen die Ausübung dieser Rechte zB auf anderen staatlichen Ebenen oder gegenüber anderen Unternehmen zu erleichtern. Diese Erklärungen können auch automatisch ausgestellt werden.[55]

Der von der EU-Kommission im Rahmen der Verhandlungen zum EECC angepeilten 39 **„unionsweiten Allgemeingenehmigung"** hat der Rat eine **Absage** erteilt; zu groß war die Besorgnis der Mitgliedstaaten, man werde der Diensteerbringer ohne nationales Registrierungsverfahren nicht ausreichend habhaft. Somit ist in jedem Land der EU, in dem ein Diensteerbringer einen elektronischen Kommunikationsdienst anzubieten beabsichtigt, die jeweils erforderliche nationale Meldung abzugeben. Dies bedeutet einen erhöhten Verwaltungsaufwand für Diensteerbringer.

Immerhin sieht Art. 12 Abs. 4 UAbs. 3 EECC vor, dass eine unionsweite Annäherung 40 bei den Meldepflichten bewirkt werden soll. Zu diesem Zweck hat das Gremium der europäischen Regulierungsbehörden für elektronische Kommunikation (GEREK;[56] oft auch nach der englischen Abkürzung „BEREC" benannt) **Leitlinien für das Meldemuster** zu veröffentlichen und eine **Unionsdatenbank** für die an die zuständigen nationalen Behörden übermittelten Meldungen zu betreiben. Dieses Meldemuster wurde Mitte Dezember 2019 veröffentlicht und wird von den nationalen Regulierungsbehörden als Grundlage für die nationalen Meldungen verwendet werden.[57]

b) Rechte und Pflichten aus einer Allgemeingenehmigung

Unternehmen, die einer Allgemeingenehmigung im oben genannten Sinn unterliegen, 41 haben bestimmte, durch Art. 15 EECC eingeräumte **Mindestrechte** sowie **Pflichten,** die in Art. 13 EECC „Bedingungen bei Allgemeingenehmigungen" genannt werden. Dieses

[53] Rundfunk und Telekom Regulierungs-GmbH. Sie ist durch § 16 des Bundesgesetzes über die Einrichtung einer Kommunikationsbehörde Austria („KommAustria") (KommAustria-Gesetz – KOG), BGBl. I Nr. 32/2001, eingerichtet (aktuelle Fassung BGBl. I Nr. 10/2021).

[54] Vgl. Art. 9 Genehmigungs-RL, § 6 Abs. 3 TKG, s. dazu Scheurle/*Mayen* TKG § 6 Rn. 8; § 15 Abs. 3 öTKG, dazu Riesz/Schilchegger/*Wimmer* TKG § 15 Rn. 15f.; Stratil/*Steinmaurer/Polster* TKG §§ 15, 49.

[55] Vgl. § 15 Abs. 5 öTKG.

[56] Verordnung (EU) Nr. 2018/1971 des Europäischen Parlaments und des Rates vom 11. Dezember 2018 zur Einrichtung des Gremiums europäischer Regulierungsstellen für elektronische Kommunikation (GEREK) und der Agentur zur Unterstützung des GEREK (GEREK-Büro), zur Änderung der Verordnung (EU) Nr. 2015/2120 und zur Aufhebung der Verordnung (EG) Nr. 1211/2009, ABl. 2018 L 321, 1.

[57] BEREC BoR (19) 259.

Regime ist den Art. 4 und 6 Genehmigungs-RL ähnlich und bringt daher im Vergleich zur geltenden Rechtslage kaum Neues.

42 Zu den **Mindestrechten** nach Art. 15 EECC zählen: das Recht, elektronische Kommunikationsnetze und -dienste bereitzustellen; das Recht, Anträge auf Einräumung von Wegerechten (iSd Art. 43 EECC, → Rn. 55ff.) und Zuteilung von Nummern (iSd Art. 94 EECC, → Rn. 76) zu stellen; sowie das Recht, Funkfrequenzen zu nutzen (→ Rn. 66ff.).

43 Sofern elektronische Netze oder Dienste der Öffentlichkeit angeboten werden, beinhaltet die Allgemeingenehmigung auch das Recht, mit anderen Anbietern öffentlicher elektronischer Kommunikationsnetze oder -dienste über eine **Zusammenschaltung** zu verhandeln und ggf. Zugang oder Zusammenschaltung zu erhalten. Zu den mit einer Allgemeingenehmigung verknüpften Rechten gehört auch die Möglichkeit, für die Erfüllung bestimmter Elemente der Universaldienstverpflichtung im nationalen Hoheitsgebiet (oder in bestimmten Teilen desselben) benannt zu werden (Art. 86f. EECC).

44 Die einem Anbieter elektronischer Kommunikationsdienste erwachsenden **Pflichten** sind über den EECC und andere Rechtsvorschriften „verteilt", jedoch in Art. 13 iVm Anh. I EECC in Form einer **Maximalliste** relativ übersichtlich zusammengefasst. Zu diesen Verpflichtungen zählen ua: ggf. das Entrichten von Verwaltungsgebühren (Art. 16 EECC); die Einhaltung des die elektronische Kommunikation betreffenden Schutzes personenbezogener Daten und der Privatsphäre entsprechend RL 2002/58/EG; das Erteilen von bestimmten Informationen im Zusammenhang mit der Allgemeingenehmigung und für sonstige, in Art. 21 EECC genannte Zwecke; die Ermöglichung der rechtmäßigen Überwachung des Telekommunikationsverkehrs entsprechend der DS-GVO und der RL 2002/58/EG; das Dulden von Vorschriften betreffend die Nutzung des Dienstes bei Katastrophen oder einem nationalen Notstand zur Sicherstellung der Kommunikation zwischen Hilfsdiensten und Behörden; Maßnahmen, die die Vereinbarkeit mit Normen oder Spezifikationen gewährleisten (Art. 39 EECC); sowie Transparenzverpflichtungen.

c) Beschränkung und Entzug von Rechten

45 Das Recht, im Rahmen einer Allgemeingenehmigung elektronische Kommunikationsdienste anbieten zu dürfen, kann unter bestimmten Gründen **abgeändert** oder gar **entzogen** werden. Dabei ist zu unterscheiden, ob die Beschränkung (der Entzug) von Rechten als Sanktion für das Nichteinhalten von Rechtsvorschriften ausgesprochen wurde (Art. 30 EECC), oder ob andere Gründe hierfür ausschlaggebend sind (Art. 19 EECC).

46 In einem in Art. 30 EECC im Einzelnen genau festgelegten Verfahren können **Individualrechte entzogen** werden. Der Entzug dieses Rechts stellt sich freilich als **ultima ratio** dar, bewirkt er doch im Ergebnis einen intensiven Eingriff in die grundrechtlich abgesicherte Unternehmensfreiheit.

47 Es gilt: Die Mitgliedstaaten haben dafür zu sorgen, dass ihre jeweils zuständigen Behörden die Einhaltung der Bedingungen der Allgemeingenehmigung oder der Nutzungsrechte für Funkfrequenzen und Nummerierungsressourcen überwachen. Die Behörden sind zu diesem Zweck auch befugt, von Unternehmen zu verlangen, alle **für eine Überprüfung erforderlichen Informationen** zu liefern.[58] Stellt die Behörde fest, dass ein Unternehmen eine oder mehrere Bedingungen der Allgemeingenehmigung oder der Nutzungsrechte für Funkfrequenzen und Nummerierungsressourcen nicht erfüllt, teilt sie dies dem Unternehmen mit und gibt ihm Gelegenheit, **innerhalb einer angemessenen Frist** Stellung zu nehmen. Weiteres muss die zuständige Behörde befugt sein, die Beendigung des wahrgenommenen Verstoßes unverzüglich oder innerhalb einer angemessenen Frist zu verlangen. Die Behörde kann darüber hinaus angemessene und verhältnismäßige Maßnahmen ergreifen, damit die Einhaltung der einschlägigen Bestimmungen sichergestellt wird.

[58] Art. 30 Abs. 1 EECC.

Art. 30 Abs. 3 EECC trägt den Mitgliedstaaten auch auf, die Vollziehungsbehörden zu ermächtigen, ggf. abschreckende Geldstrafen verhängen zu können. Außerdem müssen die Behörden gemäß Art. 30 Abs. 5 EECC in der Lage sein, ein Unternehmen im Falle eines **schweren Verstoßes** oder **wiederholter Verstöße** gegen gesetzliche Vorschriften – sofern die oben genannten Maßnahmen zur Sicherstellung der Erfüllung der Anforderungen erfolglos geblieben sind – daran zu hindern, weiterhin elektronische Kommunikationsnetze oder -dienste bereitzustellen. 48

Darüber hinaus muss die zuständige Behörde ermächtigt sein, **einstweilige Verfügungen** erlassen zu können, wenn sie Beweise dafür hat, dass eine **unmittelbare und ernste Gefährdung der öffentlichen Ordnung, Sicherheit oder Gesundheit** gegeben ist oder bei anderen Anbietern oder Nutzern elektronischer Kommunikationsnetze oder -dienste oder anderen Nutzern von Funkfrequenzen möglicherweise zu ernsten wirtschaftlichen oder betrieblichen Problemen führt. Zuvor ist dem betreffenden Unternehmen Gelegenheit zu geben, seinen Standpunkt darzulegen und eine Lösung vorzuschlagen. Ggf. kann die zuständige Behörde die einstweiligen Maßnahmen bestätigen; diese können höchstens bis zu drei Monate gelten, können aber für den Fall, dass Vollstreckungsverfahren noch nicht abgeschlossen sind, um einen weiteren Zeitraum von bis zu drei Monaten verlängert werden. 49

Insgesamt erinnert Art. 30 EECC frappant an Art. 10 Genehmigungs-RL, sodass am derzeitigen § 126 TKG bzw. § 91 öTKG – jedenfalls aus Sicht des Unionsrechts – materiell kein großer Änderungsbedarf ausgemacht werden kann.[59] 50

Soweit eine Änderung oder Beschränkung bzw. der Entzug von Individualrechten nicht auf der Grundlage von Sanktionen basiert, sondern **zwingenden Erfordernissen des Frequenznutzungsregimes** geschuldet ist, muss dieses Vorhaben – neben der grundrechtlichen Zulässigkeit eines solchen Eingriffes – jedenfalls vorher **öffentlich konsultiert** werden.[60] Auch dies ist keine Novität aus dem EECC, sondern im Wesentlichen die Entsprechung von Art. 14 Abs. 2 Genehmigungs-RL. 51

d) Bewertung

Das Prinzip der Allgemeingenehmigung ist seit dem EU-Telekom-Paket 2002 fixer und etablierter Bestandteil des Telekommunikationsrechts. Das Faktum, dass der EECC in diesem Zusammenhang kaum Änderungen mit sich bringt, ist darauf zurückzuführen, dass das bestehende Regime insbesondere von den Mitgliedstaaten als solide empfunden wird. Aus dem Blickwinkel des Binnenmarktgedankens hätte eine (einzige) EU-Allgemeingenehmigung gerade für Diensteanbieter, die in mehreren Mitgliedstaaten ihre Angebote unterbreiten, zwar eine Erleichterung gebracht (→ Rn. 39); dennoch erscheint der Schluss zulässig, dass sich IoT-Anbieter in puncto **Markteintritt** in einem ansonsten **wenig bürokratischen Umfeld** befinden. 52

6. Konnektivität für IoT-Anwendungen

a) Konnektivität als Regulierungsziel

Konnektivität – also die Verbindung von IoT-Gerät(en) zu IoT-Gerät(en) (oder in die Cloud) – ist die technisch unabdingbare Voraussetzung für das Funktionieren von IoT: dort, wo keine Konnektivität gegeben ist, ist auch rein begrifflich kein Internet der Dinge oder M2M vorstellbar. Dabei ist **unerheblich, mit welcher Technologie** die Dinge des IoT miteinander verbunden sind, sodass als „Trägermedium" für die zu übermittelnde In- 53

---

[59] Im Einzelnen s. hierzu Scheurle/*Mayen/Koch* TKG § 126 Rn. 4ff.; Riesz/Schilchegger/*Kassai/Raschauer* TKG § 91 Rn. 3ff.

[60] Art. 19 Abs. 4 EECC.

formation zB Kupfer-, Glasfaser- oder Koaxialkabel genauso in Betracht kommen wie diverse Funktechnologien oder Satellitenverbindungen.[61]

54 Der EECC erklärt in Art. 3 Abs. 2 lit. a (mit Erwgr. 23) die „Förderung der Konnektivität" zu einem seiner zentralen Ziele. Zur Operationalisierung dieses Zieles sieht der EECC verschiedene Maßnahmen vor, darunter Erleichterungen beim Netzausbau, indem für den Netzausbau fremde Infrastruktur (Grundstücke, Objekte) auch zwangsweise in Anspruch genommen werden kann. Was diese Leitungs-, Wege- oder Mitbenutzungsrechte für IoT-Anwendungen im Festnetzbereich sind (→ Rn. 55ff.), stellen Nutzungsrechte für Funkfrequenzen bei mobilen IoT-Anwendungen dar (→ Rn. 66ff.): Diese wie jene gewährleisten Konnektivität.[62]

b) Zugang zu fremdem Grund und Mitbenutzung

55 **aa) Allgemeines.** Den **Leitungen,** ihrer **Verlegung, Wartung** und **Nutzung** kommt besonderer Stellenwert zu. Dies gilt jedoch nicht nur für elektronische Kommunikationsdienste, die über das **Festnetz** erbracht werden, sondern auch für **Mobilfunkdienste:** Schließlich muss der Sprach- und Datenverkehr, der über Funkfrequenzen an die nächstgelegene Basisstation gelangt, von dort in aller Regel leitungsgebunden abgeführt, vermittelt und entweder ins Festnetz oder an eine andere Mobilfunk-Basisstation transferiert werden.

56 Die **Errichtung von Kommunikationsnetzen** ist dort **besonders kostspielig,** wo Grabungs- und Verlegungsarbeiten geleistet werden müssen. Dies zeigt sich vor allem jetzt, da die Telekommunikationsunternehmen europaweit dazu übergehen (müssen), das an seine Leistungsfähigkeit gelangte Kupfer(kabel)netz durch Glasfasernetze auszutauschen. Volkswirtschaftlich ist es nicht immer sinnvoll, mehrfach parallele Infrastrukturen zu verlegen.

57 Außerdem gilt, dass Telekommunikationsinfrastrukturen dort, wo sie sichtbar sind, nicht immer erwünscht sind. Gerade bei der Errichtung neuer Basisstationen und der dazugehörigen Antennen bzw. Antennentragemasten („Handymasten") zeigt sich, dass **Anrainerproteste** wegen **vermuteter Strahlenbelastung** das Nutzen idealer Antennen-Standorte oft verhindern. Letztendlich kann auch aus Gründen des **Ortsbild- oder Naturschutzes** eine Infrastrukturerrichtung an einer bestimmten Stelle unstatthaft sein.

58 Vor diesem Hintergrund ist es verständlich, über die Nutzung von fremdem Grund und Boden sowie über die Mitbenutzung bestehender Infrastrukturen nachzudenken. Dabei ist aber besonderes juristisches Fingerspitzengefühl gefragt, denn schließlich ist jede Anordnung, einen Dritten fremde Grundstücke oder Objekte – sei es entgeltlich oder unentgeltlich – nutzen zu lassen, ein mehr oder weniger intensiver Eigentumseingriff, der nicht ohne Weiteres geduldet werden muss. Der 3. Abschnitt des 5. Teils des TKG („Wegerechte und Mitnutzung") bzw. der 2. Abschnitt des öTKG („Infrastrukturnutzung") versuchen, diesem Spannungsfeld zwischen ökonomischer Vernunft, öffentlichem Interesse und Freiheit des Eigentums Rechnung zu tragen.

59 **bb) Unionsrechtliche Vorgaben.** Angesichts der **Bedeutung des Zugangs zu (fremdem) Grund und Boden** für die Errichtung von elektronischen Kommunikationsnetzen mag es überraschen, dass der EECC im Wesentlichen **mit nur zwei Artikeln** auskommt, um das Grundsätzliche zu regeln (Art. 43, 44 EECC). Ergänzt werden diese beiden Bestimmungen mit einer eher programmatischen in Bezug auf die Entgelte für die Nutzung von öffentlichem oder privatem Grundbesitz (Art. 42 Abs. 1 EECC).

60 Art. 43 EECC **(„Wegerechte")** verlangt, dass die zuständigen nationalen Behörden bei der Prüfung eines Antrags auf Erteilung von Rechten für die Installation von Einrichtun-

[61] Zur Technologieneutralität s. Art. 3 Abs. 4 UAbs. 1 lit. c EECC.

[62] Außerhalb von Infrastruktur- und Frequenzrechten wird das Ziel der Konnektivität im EECC hauptsächlich durch den erzwingbaren Zugang zu Netzen und Diensten gefördert.

gen auf, über oder unter öffentlichem oder privatem Grundbesitz an ein Unternehmen, das für die Bereitstellung öffentlicher elektronischer Kommunikationsnetze zugelassen ist, „auf der **Grundlage einfacher, effizienter, transparenter und öffentlich zugänglicher Verfahren,** die nichtdiskriminierend und unverzüglich angewendet werden" entscheiden. Hinzu kommt, dass – außer im Fall einer Enteignung – innerhalb von sechs Monaten nach Antragstellung zu entscheiden ist. Überdies sind allfällige Auflagen bzw. Bedingungen anlässlich der Einräumung von Wegerechten nach den Grundsätzen der Transparenz und der Nichtdiskriminierung auszurichten.

Damit stellt der EECC **bestimmte Anforderungen an das nationale Verfahrensrecht,** ohne aber selbst Ausmaß oder Umfang von Wegerechten festzulegen. Er berührt auch nicht die nationalen Rechtsvorschriften über die Enteignung, die Nutzung von Grundbesitz, die Ausübung der Eigentumsrechte, den Gebrauch von öffentlichem Grund oder den Neutralitätsgrundsatz in Bezug auf die Eigentumsordnung in den Mitgliedstaaten.[63] 61

Hervorhebenswert erscheint noch, dass aus Sicht des Unionsrechts **auch Bereitstellern von nichtöffentlichen elektronischen Kommunikationsnetzen** Wegerechte gewährt werden dürfen.[64] Im letzteren Fall dürfen sich die Bedingungen für die Einräumung von Wegerechten jedoch von jenen Bedingungen unterscheiden, die Bereitstellern öffentlicher Netze auferlegt werden. 62

Art. 44 EECC **(„Kollokation und gemeinsame Nutzung")** ist vom Gedanken geleitet, die Befugnisse der Mitgliedstaaten gegenüber den Inhabern von Wegerechten zu stärken, um die Einführung oder Inbetriebnahme eines neuen Netzes fair, effizient und auf ökologisch verantwortliche Weise – unabhängig von einer etwaigen Marktmacht eines Unternehmens – sicherzustellen.[65] Dem liegt die Überlegung zugrunde, dass die Verbesserung der **gemeinsamen Nutzung von Einrichtungen** die **umweltbezogenen Gesamtkosten des Aufbaus der Infrastruktur für die elektronische Kommunikation senken** und der Verwirklichung näher genannter Zielsetzungen dienen könne. Demzufolge besagt Art. 44 Abs. 1 UAbs. 1 EECC, dass gegenüber einem Betreiber, der nach nationalem Recht Einrichtungen auf, über oder unter öffentlichen oder privaten Grundstücken installiert oder ein Verfahren zur Enteignung oder Nutzung von Grundstücken in Anspruch genommen hat, aus Gründen des Umweltschutzes, der öffentlichen Gesundheit und Sicherheit oder der Städteplanung und Raumordnung die gemeinsame Unterbringung („Kollokation") der installierten Netzbestandteile und zugehörigen Einrichtungen vorgeschrieben werden kann. Die Kollokation oder gemeinsame Nutzung der installierten Netzbestandteile und Einrichtungen sowie die gemeinsame Nutzung von Grundstücken darf allerdings erst nach einer **öffentlichen Konsultation** (von angemessener Dauer) vorgeschrieben werden, bei der alle interessierten Kreise Gelegenheit zur Meinungsäußerung erhalten müssen (Art. 44 Abs. 1 UAbs. 2 EECC). Auch in diesem Fall gilt, dass die gemäß dieser Bestimmung getroffenen Maßnahmen objektiv, transparent, nichtdiskriminierend und verhältnismäßig sein müssen. 63

cc) Bewertung. Bei einem Vergleich von Art. 43, 44 EECC mit dem derzeit noch bestehenden Regime fällt auf, dass sich die Änderungen in überschaubaren Grenzen halten: Art. 43 EECC erfährt inhaltlich gegenüber Art. 11 Rahmen-RL keine Änderung und die beiden Absätze des Art. 44 EECC sind im Ergebnis eine Übernahme von Art. 12 Abs. 1, 2 und 5 Rahmen-RL. Art. 42 EECC hat sein Pendant in Art. 13 Genehmigungs-RL. Somit kann die Auffassung vertreten werden, dass der **EECC keine Neuausrichtung der nationalen Wege- und Mitbenutzungsrechte verlangt.** 64

---

[63] Erwgr. 103 EECC.
[64] So schon Art. 11 Rahmen-RL; hierzu Riesz/Schilchegger/*Bauer-Dorner/Mikula* TKG Vor § 5 Rn. 5.
[65] Erwgr. 105 EECC.

65 Aus Sicht von IoT bedeutet dieser Befund, dass im Rahmen der M2M-Signalübertragung zwar kein speziell auf M2M ausgerichtetes, dafür aber ein **stabiles und grundsätzlich technologieneutrales europäisches Regelwerk** für Wegerechte und Kollokation vorgefunden wird. Es wurde 2002 im Rahmen des EU-Telekom-Pakets neu kodifiziert (→ Rn. 15), im Jahr 2009 novelliert und durch die sogenannte „Kostenbeschränkungsrichtlinie"[66] deutlich zugunsten von Betreibern von Hochgeschwindigkeitsnetzen erweitert. Zugleich gilt aber auch, dass die unionsrechtlichen Vorschriften den Mitgliedstaaten nicht nur bei der Ausgestaltung der konkreten Verfahrensvorschriften, sondern auch hinsichtlich des Umfanges der Wege- und Mitbenutzungsrechte doch breiten Umsetzungsspielraum einräumen. Dies wird – insbesondere bei einem funktionierenden und effektiven behördlichen Verwaltungsapparat – nicht als Mangel zu beanstanden sein, mag aber aus Sicht eines europäischen Binnenmarktes als zu kurz gegriffen beurteilt werden.

c) Frequenznutzungsrechte für IoT-Anwendungen

66 **aa) 5G als Schub für IoT-Anwendungen.** Die Internationale Fernmeldeunion hat im Jahr 2015 ihre Vision für die künftige Entwicklung eines internationalen Mobilfunkstandards für das Jahr 2020 und darüber hinaus unter anderem mit folgender technologischer Schlussfolgerung dargestellt:[67]

„Technologies to enhance massive machine type communications

Future IMT systems are expected to connect a large number of M2M devices with a range of performance and operational requirements, with further improvement of low-cost and low-complexity device types as well as extension of coverage."[68]

67 Mittlerweile ist der **Mobilfunkstandard 5G technisch weiter ausspezifiziert,** sodass sich kommende Entwicklungen schon konkreter abzeichnen.[69] Daraus lassen sich wiederum Rückschlüsse auf absehbare regulatorische Fragestellungen ziehen.[70] Ein rechtssicheres Frequenzvergaberegime für 5G-Frequenzen zählt dabei auf jeden Fall zu den wichtigsten regulatorischen Aspekten, wird damit doch die Wettbewerbslandschaft des Sektors für elektronische Kommunikation über einen langen, rund 20 Jahre dauernden Zeitraum entscheidend geprägt.

68 **bb) Unionsrechtliche Vorgaben für die Erteilung individueller Frequenznutzungsrechte.** Das Frequenzrecht zeichnet sich zunächst dadurch aus, dass einzelne seiner Aspekte in internationalen Verträgen geregelt sind. Die meisten Staaten der Welt – darunter Deutschland und Österreich – sind Mitglieder der **Internationalen Fernmeldeunion** (International Telecommunication Union, **ITU**). Art. 4 der ITU-Satzung schreibt vor, dass das Vertragswerk der ITU aus deren **Satzung** („Constitution"), dem **Vertrag** („Convention") sowie den **Vollzugsanordnungen** („Administrative Regulations") besteht.[71] Letztere umfassen unter anderem die „Radio Regulations" (Vollzugsordnung für den Funk-

[66] Richtlinie 2014/61/EU des Europäischen Parlaments und des Rates vom 15. Mai 2014 über Maßnahmen zur Reduzierung der Kosten des Ausbaus von Hochgeschwindigkeitsnetzen für die elektronische Kommunikation, ABl. 2014 L 155, 1.

[67] ITU, Rec. ITU-R M.2083-0 (09/2015), IMT Vision – Framework and overall objectives of the future development of IMT for 2020 and beyond.

[68] ITU, Rec. ITU-R M.2083-0 (09/2015), Pkt. 2.3.4, S. 7.

[69] Einzelheiten in → § 3.

[70] Jüngst etwa BEREC BoR (19) 245.

[71] (Deutsches) „Gesetz zu der Konstitution und der Konvention der Internationalen Fernmeldeunion vom 22. 12. 1992 sowie zu den Änderungen der Konstitution und der Konvention der Internationalen Fernmeldeunion vom 14. 10. 1994 vom 20. 8. 1996 (BGBl. 1996 II S. 1306), das durch Artikel 9 des Gesetzes vom 4. 11. 2016 (BGBl. I S. 2473) geändert worden ist"; öBGBl. III Nr. 17/1998 idF öBGBl. III Nr. 244/2013.

dienst, „VO-Funk").[72] Die VO-Funk, die die Satzung und den Vertrag ergänzen kann, ist für die Mitgliedstaaten bindend (Art. 4, 54 ITU-Satzung).

Der EECC widmet sich insbesondere im Teil II („Netze"), Kap. III **(„Zugang zu Funkfrequenzen")** zunächst der Verwaltung von Funkfrequenzen (Art. 45 ff.) und ab Art. 48 der individuellen Zuteilung von Frequenznutzungsrechten. Art. 45 Abs. 1 UAbs. 2 EECC trägt den oben beschriebenen **völkerrechtlichen Besonderheiten** insofern Rechnung, als er anordnet, dass die einschlägigen **internationalen Übereinkünfte,** einschließlich der ITU-Vollzugsordnung für den Funkdienst und sonstiger im Rahmen der ITU geschlossenen Übereinkünfte zur Regulierung der Funkfrequenzen einzuhalten sind. 69

Für die Erteilung **individueller Funkfrequenznutzungsrechte** ist Art. 48 EECC einschlägige Norm. Sie legt ganz grundsätzlich fest, dass „die individuellen Rechte zur Nutzung von Funkfrequenzen nach **offenen, objektiven, transparenten, nichtdiskriminierenden und verhältnismäßigen Verfahren**" zu gewähren sind. Diese Bestimmung entspricht dem derzeitigen Rechtsbestand des Art. 5 Abs. 2 UAbs. 2 S. 1 Genehmigungs-RL. Damit ist implizit auch die stets interessierende Frage, ob Frequenznutzungsrechte in einem **vergleichenden Auswahlverfahren („beauty contest")** oder im Rahmen einer **Auktion** zuzuteilen sind, dahingehend zu beantworten, dass diese Entscheidung jeder **Mitgliedstaat** im Rahmen der Umsetzung des EECC treffen kann, solange das individuelle Zuteilungsverfahren insgesamt den oben genannten Grundsätzen der Offenheit, Objektivität, Transparenz, Nichtdiskriminierung und Verhältnismäßigkeit entspricht.[73] 70

Hinsichtlich der **Geltungsdauer** der individuell zugeteilten Frequenznutzungsrechte – eine in den Verhandlungen über den EECC im Rat (und mit der EU-Kommission) heftig diskutierte Frage – legt Art. 49 Abs. 2 UAbs. 2 EECC eine **Mindestzuteilungszeit von 15 Jahren** fest. Gleichzeitig muss aber „der Regelungsrahmen hinsichtlich der Bedingungen für Investitionen in Infrastrukturen für die Nutzung solcher Funkfrequenzen während eines Zeitraums von mindestens 20 Jahren für die Rechteinhaber vorhersehbar" sein. Daher sehen die UAbs. 3–10 des Art. 49 Abs. 2 EECC ein **relativ komplexes Verfahren** vor, um die **ursprünglich verfügte Nutzungsdauer allenfalls auch verlängern** zu können. 71

Die **Übertragung** oder **Vermietung** individueller Frequenznutzungsrechte muss grundsätzlich **zulässig** sein. Allerdings können Mitgliedstaaten dies für den Fall **untersagen,** dass jemand seine individuellen Funkfrequenznutzungsrechte **kostenlos erhalten** hat oder ihm diese für die Rundfunkübertragung eingeräumt wurden (Art. 51 Abs. 1 EECC). Voraussetzung für die Übertragung oder Vermietung von Frequenznutzungsrechten ist, dass die ursprünglich **an diese Nutzungsrechte geknüpften Bedingungen fortgelten.** Außerdem sind Wettbewerbsverzerrungen zu vermeiden. Einzelheiten hierzu kann die EK in einem Durchführungsrechtsakt erlassen. 72

In verfahrensrechtlicher Sicht fällt Art. 35 EECC auf, der ein sog. **„Peer-Review-Verfahren"** einführt.[74] Dabei handelt es sich um ein Verfahren zur **Harmonisierung der Funkfrequenzzuteilung in Europa.** Hierbei informiert die nationale Regulierungsbehörde die Gruppe für Frequenzpolitik („Radio Spectrum Policy Group", **RSPG**), falls die Vergabe von knappen Frequenzen durch ein Auswahlverfahren (zB Versteigerung) beabsichtigt ist. Beim Peer-Review-Forum erläutert die nationale Regulierungsbehörde (oder andere zuständige Behörde) unter anderem, wie mit dem intendierten Auswahlverfahren die Entwicklung des Binnenmarkts, die grenzüberschreitende Erbringung von Diensten und der Wettbewerb gefördert und größtmögliche Vorteile für Verbraucher erzielt werden; weiters, wie eine wirksame und effiziente Nutzung von Funkfrequenzen gewährleistet wird und ein stabiles und vorhersehbares Investitionsumfeld für vorhandene und mögliche 73

[72] Scheurle/Mayen/*Goebbels* TKG § 8 Rn. 6.
[73] *Feiel* MR 2019, 143 (148).
[74] Hierzu und im Folgenden *Feiel* MR 2019, 148.

künftige Funkfrequenznutzer beim Ausbau von Netzen zur Bereitstellung von auf Funkfrequenzen gestützten elektronischen Kommunikationsdiensten gewährleistet wird.

74 **cc) Bewertung.** Bei Durchsicht des Frequenzregimes nach Art. 45 ff. EECC fällt zunächst auf, dass die Bestimmungen **umfangreicher als die bisherigen** aus Rahmen-RL und Genehmigungs-RL sind. Das liegt allerdings nicht daran, dass sich neue oder zusätzliche Rechtsinstitute herausgebildet hätten, die einen Paradigmenwechsel herbeiführen würden, sondern ist eher im Umstand gelegen, dass die **bereits bekannten Bestimmungen nunmehr ausführlicher formuliert** worden sind. Das kann als Beitrag zur **Rechtssicherheit** und **europäischen Rechtsvereinheitlichung** verstanden werden. So ist zB der mit „Wettbewerb" umschriebene Art. 52 EECC für Mitgliedstaaten, deren nationale Regulierungsbehörden bei der Zuteilung oder der Übertragung von Frequenzen wettbewerbliche Aspekte bisher mangels ausdrücklicher Normierung weniger beachtet haben, sicherlich hilfreich.

75 Auch wenn der letztendlich als Rechtsakt im EECC beschlossene Text im Frequenzregime **klar hinter dem Kommissionsvorschlag** im Sinne einer breiteren Vergemeinschaftung des Frequenzrechts zurückgeblieben ist, so ist dennoch zumindest eine weitere Harmonisierung der Zuteilungsvorschriften gelungen. Das ist für einen Binnenmarkt ein richtiger und wichtiger Schritt und kann **paneuropäische Dienste** unterstützen. Auch ist es der EU-Kommission gelungen, mit Art. 54 EECC eine zeitliche Koordinierung der Zuteilung bestimmter 5G-Frequenzbänder (3,4–3,8 GHz sowie mindestens 1 GHz des Frequenzbandes 24,25–27,5 GHz) im EECC unterzubringen. Von all diesen Maßnahmen **profitieren schließlich auch IoT-Anwendungen** in ihren vielfachen Erscheinungsformen, denn je rascher und umfassender das Ziel einer **flächendeckenden Breitbandversorgung** für mobile Dienste erreicht wird, desto mehr IoT-Geräte können untereinander ortsunabhängig kommunizieren.

7. Aspekte der Nummerierung bei IoT-Anwendungen

a) Zur Bedeutung der Nummern bei IoT-Anwendungen

76 Jedes **IoT-fähige Gerät** muss im elektronischen Kommunikationsnetz (fest und mobil) technisch „ansprechbar", also **identifizierbar** sein, um die Übertragungssignale an das richtige Gerät leiten zu können. Andernfalls kann das Gerät am Kommunikationsprozess nicht teilnehmen. Der englische Ausdruck **„identifiers"** fasst dabei **Adressierungselemente** (IP-Adressen) und **Nummerierungsressourcen als Oberbegriff** zusammen.

77 BEREC hat in seinem Bericht „Enabling the Internet of Things" im Jahr 2016 darauf hingewiesen, dass insbesondere folgende Themen im Zusammenhang mit Nummerierung (als identifizierendes Adresselement) für IoT-Geräte besonders zu beachten wären: Die zu verwendenden **Nummerntypen;** das **Recht auf Antragstellung** für Nummern, insbesondere für Mobile Network Codes **(MNC)** für Mobilfunknetze; der Umgang mit **Nummernknappheit;** die **exterritoriale Verwendung von Nummern.**[75] Diese Aspekte sind immer noch **Kernfragen für IoT,** aber **durch den EECC großteils bereits einer Lösung zugeführt.**

b) Unionsrechtliche Vorgaben

78 Unter dem Titel „Nummerierungsressourcen" sind in den Art. 93–97 EECC **vier tragende Prinzipien** rechtlich verankert, die für IoT besonders bedeutsam sind. Dabei fassen die Erwgr. den Rechtsstand schon gut zusammen:

---

[75] BEREC BoR (16) 39, S. 14 (Pkt. 2.2.1).

„Der Zugang zu Nummerierungsressourcen nach transparenten, objektiven und nichtdiskriminierenden Kriterien ist eine wesentliche Voraussetzung für den Wettbewerb im Bereich der elektronischen Kommunikation. Angesichts der wachsenden Bedeutung von Nummern für verschiedene Dienste des Internets der Dinge sollten die Mitgliedstaaten die Möglichkeit haben, anderen Unternehmen als Anbietern elektronischer Kommunikationsnetze oder -dienste Nutzungsrechte für Nummerierungsressourcen zu erteilen. Alle Bestandteile der nationalen Nummerierungspläne einschließlich der zur Netzadressierung verwendeten Point-Codes (zur Kennzeichnung von Knoten im Wählnetz) sollten von den nationalen Regulierungsbehörden oder anderen zuständigen Behörden verwaltet werden. Sofern zur Unterstützung der Entwicklung europaweiter Dienste oder grenzüberschreitender Dienste, insbesondere neuer auf die Maschine-Maschine-Kommunikation gestützter Dienste wie vernetzte Fahrzeuge, eine Harmonisierung der Nummerierungsressourcen in der Union erforderlich ist und die Nachfrage mit den vorhandenen eingerichteten Nummerierungsressourcen nicht gedeckt werden konnte, kann die Kommission mit der Unterstützung des GEREK Umsetzungsmaßnahmen ergreifen.“[76]

Im Einzelnen gilt Folgendes:

Nummerierungsressourcen sind effizient zu nutzen. Dieser Grundgedanke fußt auf dem technischen Wissen, dass Nummern nicht beliebig verlängert werden können und daher eine knappe Ressource sind. Rechtlich ist dieses Prinzip zwar nicht neu, dafür aber mehrfach verankert, insbesondere in den Art. 93 Abs. 4, 94 Abs. 1, und 94 Abs. 5 **EECC.**[77] 79

Die nationalen Regulierungsbehörden (oder anderen zuständigen Behörden) können – nach Maßgabe mitgliedstaatlicher Vorschriften – **auch anderen Unternehmen als den Anbietern elektronischer Kommunikationsnetze oder -dienste** zur Bereitstellung bestimmter Dienste Nutzungsrechte für **Nummerierungsressourcen** aus den nationalen Nummerierungsplänen gewähren (sofern angemessene Nummerierungsressourcen zur Verfügung gestellt werden, um die aktuelle und absehbare künftige Nachfrage zu befriedigen). Sollte nachweislich das Risiko einer Erschöpfung der Nummerierungsressourcen bestehen, kann dieses Recht auch ausgesetzt werden (Art. 93 Abs. 2 EECC). Um zu einer einheitlichen Anwendung dieser Bestimmung beizutragen, hat das BEREC bis 21.6.2020 Leitlinien zu den gemeinsamen Kriterien für die Bewertung der Fähigkeit zur Verwaltung der Nummerierungsressourcen sowie des Risikos ihrer Erschöpfung zu erlassen. Diese in Art. 93 Abs. 2 UAbs. 2 genannten BEREC-Leitlinien wurden Anfang März 2020 veröffentlicht und geben den nationalen Regulierungsbehörden Kriterien in die Hand, wie sie zB Nummernknappheit beurteilen können.[78] 80

Die Mitgliedstaaten haben, soweit technisch machbar, die **Over-the-Air-Bereitstellung von SIM-Karten-Profilen zu fördern,** um den Endnutzern, insbesondere Anbietern und Endnutzern von M2M-Kommunikationsdiensten, den Wechsel ihres Anbieters elektronischer Kommunikationsnetze und -dienste zu erleichtern (Art. 93 Abs. 6 EECC). 81

Gem. Art. 93 Abs. 4 UAbs. 1 EECC stellen die Mitgliedstaaten sicher, dass die nationalen Regulierungsbehörden (oder andere zuständige Behörden) einen Bereich **geografisch nicht gebundener Nummern** zur Verfügung stellen, die zur Bereitstellung anderer elektronischer Kommunikationsdienste als interpersoneller Kommunikationsdienste in der gesamten EU genutzt werden können. Dies bedeutet im Ergebnis die Möglichkeit, **SIM-Karten** (für nicht-interpersonelle Dienste) **europaweit technisch nutzen zu können** und **rechtlich zu dürfen.** Damit wird insbesondere für M2M-Anwendungen eine **rechtliche Lücke geschlossen,** die sich dort ergeben hat, wo eine sog. exterritoriale Nutzung einer Rufnummer vorliegt. Bei exterritorialer Nutzung handelt es sich um eine dauerhafte Nutzung von ausländischen Rufnummern im Inland; sowie auch umgekehrt von inländischen Nummern im Ausland. Die dauerhafte Nutzung kann sich dabei durch eine dauerhafte Einrichtung der ausländischen Rufnummern in einem inländischen Telekommunika- 82

[76] Erwgr. 250 EECC.
[77] Für die nationalen Rechtsordnungen s. §§ 66 ff. TKG, §§ 61 ff. öTKG.
[78] BEREC BoR (20) 50.

tionsnetz oder durch internationales Roaming („permanent Roaming") ergeben.[79] Als Beispiel sei hier ein deutscher Automobil-Konzern genannt, der alle Fahrzeuge mit österreichischen SIM-Karten ausstattet.[80]

83 Derzeit ist eine **exterritoriale Nutzung von Rufnummern** in manchen Ländern **untersagt,** in manchen Ländern **explizit erlaubt** und offenbar in den meisten Ländern **gar nicht geregelt.**[81] Dass dies für die Beteiligten unbefriedigend ist, liegt auf der Hand.[82] In Deutschland gilt zwar der Grundsatz der Unzulässigkeit der exterritorialen Nutzung von Nummern, jedoch **mit expliziter Ausnahme zu Gunsten von M2M-Kommunikation,** sofern derjenige, dem die betreffenden ausländischen Rufnummern von der zuständigen ausländischen Regulierungsbehörde zugeteilt wurden, die exterritoriale Nutzung vor deren Beginn der BNetzA **angezeigt** hat.[83] Auch umgekehrt gilt, dass – abweichend vom Grundsatz der Unzulässigkeit der exterritorialen Nutzung deutscher Nummern – die exterritoriale Nutzung von abgeleitet zugeteilten Rufnummern für mobile Dienste mit der Länderkennung (Country Code, CC) „49" für die M2M-Kommunikation zulässig ist, sofern der originäre Zuteilungsnehmer, der Rufnummern für mobile Dienste im Rahmen von Telekommunikationsdiensten zur exterritorialen Nutzung zur Verfügung stellt, dies vor Beginn der BNetzA angezeigt hat (mit Ausnahmen).[84] Die österreichische Regulierungsbehörde RTR pflegt eine ähnliche Verwaltungspraxis.

c) Bewertung

84 Einzelne IoT-relevante Aspekte behandelt das derzeit geltende rechtliche System für Nummerierungsressourcen bereits implizit mit. So ist eine effiziente Nummernnutzung durch die Genehmigungs-RL vorgegeben und national etwa in § 66 Abs. 4 TKG oder § 62 öTKG festgeschrieben. Auch bestehen in der Praxis keine Schwierigkeiten, Mobile Network Codes oder IMSI zu erhalten.[85] Dies soll freilich die Verdienste des EECC nicht schmälern. Er beantwortet unter seinem Titel „Nummerierungsressourcen" jene Fragen an der Schnittstelle zwischen Nummerierung und IoT, die sich im Vorfeld konkret gestellt haben. Das ernsthafte Bemühen des Gesetzgebers um eine zukunftstaugliche Lösung erscheint gelungen und ist anzuerkennen.

8. Sicherheit von Netzen und Diensten

a) Rechtsgrundlagen

85 Wenn undifferenziert von **„IoT-Sicherheit"** die Rede ist, muss zunächst unterschieden werden, welche Aspekte von IoT gemeint sind und welchen Rechtsvorschriften sie unter-

---

[79] Eine Nutzung von ausländischen Rufnummern während Reisen (temporäres Roaming) gilt nicht als exterritoriale Nutzung von ausländischen Rufnummern.

[80] *Stepanek* Futurezone 2.3.2017; *Schebach* elektro.at 12.7.2017.

[81] S. die Empfehlung des Electronic Communications Committees der CEPT, EEC Recommendation (16)02 – Extra-Territorial Use of E.164 Numbers – High level principles of assignment and use, www.ecodocdb.dk/download/efaa4652-e1c7/REC1602.PDF (15.6.2020): „As extra-territorial use of E.164 numbers is not clearly addressed in national or international numbering policy there is a possibility that uncertainty regarding applicable assignment criteria and conditions of use has the potential to generate risks for the different stakeholders involved.".

[82] Zu den „Beteiligten" (= die Wertschöpfungskette von IoT) instruktiv BEREC BoR (16) 39, S. 9f.

[83] BNetzA Verfügung Nr. 80/2017, ABl. 16/2017 v. 23.8.2017, Pkt. 3, bundesnetzagentur.de/SharedDocs/Downloads/DE/Sachgebiete/Telekommunikation/Unternehmen_Institutionen/Nummerierung/Rufnummern/M2M/Vfg_80_2017_Exterritoriale_Nutzung_von_ausl_Rufnummern.pdf?_blob=publicationFile&V=1 (1.3.2021).

[84] BNetzA Verfügung Nr. 78/2017, ABl. 16/2017 v. 23.8.2017, Pkt. 7.2.

[85] S. etwa §§ 13ff. der Verordnung der Rundfunk und Telekom Regulierungs-GmbH, mit der ein Teilplan für Kommunikationsparameter festgelegt wird (spezielle Kommunikationsparameter-Verordnung 2012 – SKP-V 2012), öBGBl. II Nr. 225/2012 oder auch www.bundesnetzagentur.de/DE/Sachgebiete/Telekommunikation/Unternehmen_Institutionen/Nummerierung/TechnischeNummern/IMSI/IMSI.html?nn=268392 (16.6.2020).

liegen: Soweit dabei Anwendungen (Dienste) mitumfasst sind, die **personenbezogene Daten** verarbeiten, regeln (auch) die Art. 24, 25 und 32 **DS-GVO** die (technische) Sicherheit der Verarbeitung. Ebenso zu beachten ist, dass die RL zur Gewährleistung eines hohen gemeinsamen Sicherheitsniveaus von **Netz- und Informationssystemen (NIS-RL)** Anbieter digitaler Dienste in die Pflicht nimmt.[86] So ist etwa in Art. 16 NIS-RL vorgesehen, dass Anbieter von „Cloud-Computing-Diensten" bestimmte Sicherheitsanforderungen zu erfüllen haben.[87] Die **Sicherheit von elektronischen Kommunikationsnetzen und -diensten** ist hingegen in Art. 40, 41 **EECC** geregelt.

b) Unionsrechtliche Vorgaben

Der EECC liefert – anders als bisher – in Art. 2 Nr. 21 zunächst eine **Legaldefinition:** **„Sicherheit von Netzen und Diensten"** bedeutet die **Fähigkeit** elektronischer Kommunikationsnetze und -dienste, auf einem bestimmten Vertrauensniveau alle **Angriffe abzuwehren,** die die Verfügbarkeit, Authentizität, Integrität oder Vertraulichkeit dieser Netze und Dienste, der gespeicherten, übermittelten oder verarbeiteten Daten oder der damit zusammenhängenden Dienste, die über diese elektronischen Kommunikationsnetze oder -dienste angeboten werden bzw. zugänglich sind, beeinträchtigen. 86

Als Grundsatz gilt, dass Anbieter öffentlicher elektronischer Kommunikationsnetze oder öffentlich zugänglicher elektronischer Kommunikationsdienste **„angemessene und verhältnismäßige technische und organisatorische Maßnahmen** zur angemessenen Beherrschung der Risiken" für die Sicherheit von Netzen und Diensten zu ergreifen haben. Diese Maßnahmen müssen unter **Berücksichtigung des Standes der Technik** ein Sicherheitsniveau gewährleisten, **das angesichts des bestehenden Risikos angemessen ist.** Insbesondere sind Maßnahmen, einschließlich gegebenenfalls **Verschlüsselung,** zu ergreifen, um Auswirkungen von Sicherheitsvorfällen auf Nutzer und auf andere Netze und Dienste zu vermeiden und so gering wie möglich zu halten. 87

Dieser Grundsatz wird durch eine **Meldepflicht bei Sicherheitsvorfällen** ergänzt:[88] Anbieter öffentlicher elektronischer Kommunikationsnetze und -dienste müssen der zuständigen Behörde einen Sicherheitsvorfall, der **„beträchtliche Auswirkungen"** auf den Betrieb der Netze oder die Bereitstellung der Dienste hatte, unverzüglich mitteilen. Dabei werden insbesondere folgende Parameter berücksichtigt: die **Zahl der von dem Sicherheitsvorfall betroffenen Nutzer;** die **Dauer** des Sicherheitsvorfalls; die **geografische Ausdehnung** des von dem Sicherheitsvorfall betroffenen Gebiets; das **Ausmaß der Beeinträchtigung** des Netzes oder Dienstes; das **Ausmaß der Auswirkungen** auf wirtschaftliche und gesellschaftliche Tätigkeiten. 88

Zu erwähnen ist hierbei auch, dass die zuständige Behörde selbst die **Öffentlichkeit informieren** oder die Anbieter zu dieser Information verpflichten kann, wenn die Bekanntgabe des Sicherheitsvorfalls nach Auffassung der Behörde **im öffentlichen Interesse** liegt. Im Falle einer besonderen und erheblichen Gefahr eines Sicherheitsvorfalls in öffentlichen elektronischen Kommunikationsnetzen oder -diensten sind die Anbieter solcher Netze oder Dienste weiters verpflichtet, die von dieser Gefahr potenziell betroffenen Nutzer über alle möglichen Schutz- oder Abhilfemaßnahmen, die von den Nutzern ergriffen werden können, zu informieren. Die Anbieter informieren die Nutzer gegebenenfalls auch über die Gefahr selbst. 89

---

[86] Richtlinie (EU) 2016/1148 des Europäischen Parlaments und des Rates vom 6. Juli 2016 über Maßnahmen zur Gewährleistung eines hohen gemeinsamen Sicherheitsniveaus von Netz- und Informationssystemen in der Union, ABl. 2016 L 194, 1.

[87] Art. 4 Nr. 19 NIS-RL definiert „Cloud-Computing-Dienst" als einen digitalen Dienst, der den Zugang zu einem skalierbaren und elastischen Pool gemeinsam nutzbarer Rechenressourcen ermöglicht. Vgl. § 8c BSIG, § 21 öNISG. Zum „Zusammenwachsen" von IoT und Cloud Computing *Firouzi/Farahani* in Firouzi/Chakrabarty/Nassif Intelligent Internet of Things S. 173.

[88] Art. 40 Abs. 2 EECC.

90 Die EU-Kommission kann **Durchführungsrechtsakte** erlassen, in denen die oben genannten technischen und organisatorischen Maßnahmen sowie die Umstände, die Form und die Verfahren in Bezug auf die Meldepflichten näher spezifiziert werden.[89] Die Durchführungsrechtsakte werden so weit wie möglich auf europäische und internationale Normen gestützt und hindern die Mitgliedstaaten nicht daran, zusätzliche Anforderungen festzulegen.

91 Hinsichtlich der Durchsetzung der in Art. 40 EECC statuierten Pflichten müssen die zuständigen Behörden befugt sein, Anbietern öffentlicher elektronischer Kommunikationsnetze oder -dienste **verbindliche Anweisungen** zu erteilen. Dies gilt auch für jene Maßnahmen, die erforderlich sind, um einen Sicherheitsvorfall zu beheben oder zu verhindern.[90]

92 Zu erwähnen ist noch, dass im Zusammenhang mit Netz- und Dienstsicherheit die **Agentur der EU für Cybersicherheit („ENISA")** eine besondere Rolle einnimmt, da sie auf Grund ihrer Expertise die Mitgliedstaaten und Regulierungsbehörden umfassend berät.[91] Sie hat kürzlich einen Bericht über Sicherheitsangelegenheiten im EECC veröffentlicht, in dem sie mitteilt:

„ENISA will work with the national authorities to develop a harmonized reporting approach by defining the parameters for measuring the impact of an incident and the thresholds for the reporting. This work will be based on the current technical guidelines but it will go further to cover not only outages, but also all kind of security incidents and the various aspects of their impact (economical, societal etc). The aim is to agree on thresholds that will take into consideration the size, the population and the specific characteristics of every country."[92]

c) Bewertung

93 Zusammenfassend ist festzuhalten, dass sich durch Art. 40, 41 EECC die schon mit Art. 13a, 13b Rahmen-RL geschaffene **Rechtslage kaum ändert.** Hingewiesen sei aber darauf, dass § 109 **TKG** (anders als § 16a öTKG) schon jetzt Regelungen vorsieht, die **über die Mindestanforderungen der Rahmen-RL hinausgehen.** Dies wird insbesondere durch das Erfordernis der Benennung eines **Sicherheitsbeauftragten** gem. § 109 Abs. 4 TKG und durch den auf § 109 TKG gestützten „**Katalog von Sicherheitsanforderungen** für das Betreiben von Telekommunikations- und Datenverarbeitungssystemen sowie für die Verarbeitung personenbezogener Daten" der BNetzA deutlich.[93]

9. Spezifischer Datenschutz

a) Unionsrechtliche Grundlagen

94 Datenschutzrechtliche Belange im Zusammenhang mit IoT-Plattformen oder IoT-Anwendungen sind schon an anderer Stelle dieses Buches abgehandelt. Es genügt daher, hier auf die datenschutzrechtlichen Besonderheiten für Kommunikationsdienste einzugehen, soweit der „Transportweg" (die Konnektivität) zwischen IoT-Endgeräten oder einem IoT-Endgerät und der Cloud betroffen ist. Einschlägig hierfür ist vor allem die **RL 2002/58/EG über die Verarbeitung personenbezogener Daten und den Schutz der Privatsphä-**

---

[89] Art. 40 Abs. 5 EECC.

[90] Einzelheiten hierzu s. Art. 41 EECC.

[91] Verordnung (EU) 2019/881 des Europäischen Parlaments und des Rates vom 17. April 2019 über die ENISA (Agentur der Europäischen Union für Cybersicherheit) und über die Zertifizierung der Cybersicherheit von Informations- und Kommunikationstechnik und zur Aufhebung der Verordnung (EU) Nr. 526/2013 (Rechtsakt zur Cybersicherheit), ABl. 2019 L 151, 15.

[92] ENISA, Security Supervision under the EECC, Januar 2020, Pkt. 2 S. 20.

[93] Version 2.0 v. 29.4.2020, www.bundesnetzagentur.de/SharedDocs/Downloads/DE/Sachgebiete/Telekommunikation/Unternehmen_Institutionen/Anbieterpflichten/OeffentlicheSicherheit/KatalogSicherheitsanforderungen/KatalogSicherheitsanforderungen2.pdf?__blob=publicationFile&v=2 (1.3.2021).

re in der elektronischen Kommunikation (Datenschutzrichtlinie für elektronische Kommunikation; ePrivacy-RL). Dabei darf schon an dieser Stelle vorweggenommen werden, dass die ePrivacy-RL **keine Sonderbestimmungen für M2M** zum Inhalt hat. Für sonstige IoT-Anwendungen bleibt – die Verarbeitung personenbezogener Daten vorausgesetzt – die **DS-GVO zentrale Rechtsquelle.**[94]

Gem. Art. 1 Abs. 1 sieht die ePrivacy-RL die Harmonisierung jener Vorschriften der Mitgliedstaaten vor, die erforderlich sind, um einen gleichwertigen Schutz der Grundrechte und Grundfreiheiten, insbesondere des Rechts auf Privatsphäre und Vertraulichkeit, in Bezug auf die Verarbeitung personenbezogener Daten im Bereich der elektronischen Kommunikation sowie den freien Verkehr dieser Daten und von elektronischen Kommunikationsgeräten und -diensten in der Gemeinschaft zu gewährleisten. Die Bestimmungen der genannten RL stellen eine Detaillierung und Ergänzung der DS-GVO dar.[95] Darüber hinaus regelt die ePrivacy-RL den Schutz der berechtigten Interessen von Teilnehmern, bei denen es sich um juristische Personen handelt.[96] Damit geht die RL über den Anwendungsbereich der DS-GVO hinaus, die gemäß der Begriffsbestimmung des Art. 4 Nr. 1 DS-GVO lediglich personenbezogene Daten von natürlichen Personen umfasst. 95

Für elektronische Kommunikationsdienste ist Art. 5 Abs. 1 ePrivacy-RL wichtiges Kernstück: Die Mitgliedstaaten haben die Vertraulichkeit der mit öffentlichen Kommunikationsnetzen und öffentlich zugänglichen Kommunikationsdiensten übertragenen Nachrichten und der damit verbundenen Verkehrsdaten durch innerstaatliche Vorschriften sicherzustellen **(„Vertraulichkeit der Kommunikation“).** Insbesondere untersagen sie das **Mithören, Abhören** und **Speichern** sowie **andere Arten des Abfangens** oder Überwachens von Nachrichten und der **damit verbundenen Verkehrsdaten** durch andere Personen als die Nutzer, wenn **keine Einwilligung** der betroffenen Nutzer vorliegt. Diese Bestimmung steht – unbeschadet des Grundsatzes der Vertraulichkeit – der für die Weiterleitung einer Nachricht erforderlichen technischen Speicherung nicht entgegen. Aus Sicht des nationalen Gesetzgebers ist diese Bestimmung freilich nicht neu, sondern eine **besondere Ausprägung des Fernmeldegeheimnisses,** das durch Art. 10 Abs. 1 GG und § 88 TKG (bzw. § 93 öTKG) abgesichert ist. 96

Für IoT-Anwendungen ist auch noch Art. 5 Abs. 3 ePrivacy-RL relevant: Die **Speicherung von Informationen** oder der **Zugriff** auf Informationen, die bereits **im Endgerät eines Teilnehmers** oder Nutzers gespeichert sind, ist nur gestattet, wenn der betreffende Teilnehmer oder Nutzer auf der Grundlage von **klaren und umfassenden Informationen** seine **Einwilligung** gegeben hat. Dies steht einer technischen Speicherung oder dem Zugang nicht entgegen, wenn der alleinige Zweck die Durchführung der Übertragung einer Nachricht über ein elektronisches Kommunikationsnetz ist oder wenn dies unbedingt erforderlich ist, damit der Anbieter eines Dienstes der Informationsgesellschaft, der vom Teilnehmer oder Nutzer ausdrücklich gewünscht wurde, diesen Dienst zur Verfügung stellen kann. 97

---

[94] Zu datenschutzrechtlichen Bestimmungen im Zusammenhang mit IoT s. die Stellungnahme der Artikel-29-Datenschutzgruppe, Stellungnahme 8/2014 zu den jüngsten Entwicklungen im Internet der Dinge, WP 223.

[95] Art. 1 Abs. 1 ePrivacy-RL iVm Art. 94 Abs. 2 S. 1 DS-GVO. Zum Verhältnis DS-GVO und RL 2002/58/EG s. Art. 95 DS-GVO: „Diese Verordnung erlegt natürlichen oder juristischen Personen in Bezug auf die Verarbeitung in Verbindung mit der Bereitstellung öffentlich zugänglicher elektronischer Kommunikationsdienste in öffentlichen Kommunikationsnetzen in der Union keine zusätzlichen Pflichten auf, soweit sie besonderen in der Richtlinie 2002/58/EG festgelegten Pflichten unterliegen, die dasselbe Ziel verfolgen.“ S. auch EDSA, Stellungnahme 5/2019 zum Zusammenspiel zwischen der e-Datenschutz-Richtlinie und der DS-GVO, insbesondere in Bezug auf die Zuständigkeiten, Aufgaben und Befugnisse von Datenschutzbehörden, 12.3.2019.

[96] „Teilnehmer“ ist gem. Art. 2 lit. k Rahmen-RL jede natürliche oder juristische Person, die mit einem Anbieter öffentlich zugänglicher elektronischer Kommunikationsdienste einen Vertrag über die Bereitstellung derartiger Dienste geschlossen hat.

98 Relevant sind weiters Bestimmungen über Verkehrsdaten (Art. 6 ePrivacy-RL) und Standortdaten („andere Standortdaten als Verkehrsdaten“, Art. 9 ePrivacy-RL). Dabei sind unter **Verkehrsdaten** solche Daten zu verstehen, die zum Zweck der **Weiterleitung einer Nachricht** an ein elektronisches Kommunikationsnetz oder zum Zwecke der Fakturierung dieses Vorgangs verarbeitet werden.[97] **Standortdaten** sind jene Daten, die in einem elektronischen Kommunikationsnetz oder von einem elektronischen Kommunikationsdienst verarbeitet werden und die den **geografischen Standort des Endgeräts eines Nutzers** eines öffentlich zugänglichen elektronischen Kommunikationsdienstes angeben.[98]

b) Verkehrsdaten in der nationalen Umsetzung

99 Die nationale Umsetzung für die Bestimmungen über Verkehrsdaten ist durch § 96 TKG erfolgt. Klarzustellen ist, dass auch **Verkehrsdaten** als **personenbezogene Daten** dem besonderen Schutz von Art. 10 GG bzw. § 88 TKG unterliegen. Verkehrsdaten beziehen sich jeweils auf einen konkreten Kommunikationsvorgang.[99]

100 Gem. § 96 Abs. 1 Nr. 1–5 TKG ist der **Diensteanbieter berechtigt,** folgende **Verkehrsdaten zu erheben:** die **Nummer** oder Kennung der beteiligten Anschlüsse oder der Endeinrichtung, personenbezogene **Berechtigungskennungen,** bei Verwendung von Kundenkarten auch die **Kartennummer,** bei mobilen Anschlüssen auch die **Standortdaten;** den **Beginn und das Ende der jeweiligen Verbindung** nach Datum und Uhrzeit und, soweit die Entgelte davon abhängen, die übermittelten Datenmengen; den vom Nutzer in Anspruch genommenen Telekommunikationsdienst; die **Endpunkte von festgeschalteten Verbindungen,** ihren Beginn und ihr Ende nach Datum und Uhrzeit und, soweit die Entgelte davon abhängen, die übermittelten Datenmengen; sonstige zum Aufbau und zur Aufrechterhaltung der Telekommunikation sowie zur Entgeltabrechnung notwendige Verkehrsdaten.

101 Diese Verkehrsdaten dürfen aber **nur verwendet** werden, soweit dies **für die in gesetzlichen Vorschriften begründeten Zwecke** oder zum **Aufbau weiterer Verbindungen** erforderlich ist. Außerdem sind Verkehrsdaten vom Diensteanbieter **nach Beendigung der Verbindung unverzüglich zu löschen,** wobei die hL eine **Anonymisierung** der Daten anstatt der Löschung offenbar für **ausreichend** erachtet.[100] Eine darüber hinausgehende Erhebung oder Verwendung der Verkehrsdaten ist jedenfalls unzulässig (§ 96 Abs. 2 TKG).

102 In engen Grenzen ist der Diensteanbieter aber auch berechtigt, **teilnehmerbezogene Verkehrsdaten,** die vom Anbieter eines öffentlich zugänglichen Telekommunikationsdienstes verwendet werden, **zum Zweck der Vermarktung** von Telekommunikationsdiensten, zur bedarfsgerechten Gestaltung von Telekommunikationsdiensten oder zur Bereitstellung von Diensten mit Zusatznutzen im dazu erforderlichen Maß und im dazu erforderlichen Zeitraum zu verwenden: der Betroffene muss in diese Verwendung eingewilligt haben. Dabei sind die Daten der Angerufenen unverzüglich zu anonymisieren. Eine zielnummernbezogene Verwendung der Verkehrsdaten durch den Diensteanbieter zu den genannten Zwecken ist nur mit Einwilligung der Angerufenen zulässig. Hierbei sind die Daten der Anrufenden unverzüglich zu anonymisieren.[101] Des Weiteren ist bei der Einholung der Einwilligung dem Teilnehmer mitzuteilen, welche Datenarten für die oben genannten Zwecke verarbeitet werden sollen und wie lange sie gespeichert werden sollen. Außerdem ist der Teilnehmer darauf hinzuweisen, dass er die Einwilligung jederzeit widerrufen kann.[102]

---

[97] Art. 2 lit. b ePrivacy-RL. Vgl. § 3 Nr. 30 TKG, § 92 Abs. 3 Z 4 öTKG.
[98] Art. 2 lit. c ePrivacy-RL. Vgl. § 3 Nr. 19 TKG, § 92 Abs. 3 Z 6 öTKG.
[99] Scheurle/Mayen/*Büttgen* TKG § 96 Rn. 3.
[100] Scheurle/Mayen/*Büttgen* TKG § 96 Rn. 11 f. mwN.
[101] § 96 Abs. 3 TKG.
[102] § 96 Abs. 4 TKG.

c) Standortdaten in der nationalen Umsetzung

Soweit IoT-Plattformen auf **Standortdaten** angewiesen sind (zB Flottenmanagement), wird § 98 TKG dann einschlägig sein, wenn es auf den „Standort eines Endgeräts eines Endnutzers" iSd § 3 Nr. 19 TKG ankommt. Es handelt sich hierbei um einen **„Dienst mit Zusatznutzen"**, also einen Dienst, der die Bearbeitung von Standortdaten in einem Maß erfordert, das über das **für die Ermittlung einer Nachricht** oder die **Fakturierung hinausgeht.**[103] Dabei kann sich aber (je nach Fallkonstellation) zunächst die Frage stellen, ob zB eine in einem Kraftfahrzeug eingebaute SIM-Karte für M2M-Dienste – ohne Möglichkeit für den Endnutzer, von sich aus eine Kommunikation initiieren zu können – als „Endgerät eines Endnutzers" einzuordnen ist. Immerhin könnte die Auffassung vertreten werden, dass ja genau genommen nicht die Standortdaten des Endnutzers selbst, sondern nur die seines Fahrzeuges verarbeitet werden. Eine solche Sichtweise ist aber abzulehnen, denn auch bei einem herkömmlichen Mobiltelefon (mit eingelegter SIM-Karte) wäre es abwegig, anzunehmen, dass gar nicht die Standortdaten des Endnutzers, sondern „nur" die seines Mobiltelefones verarbeitet werden – wie wohl zuzugeben ist, dass ein Mobiltelefon auf Grund seiner Portabilität und Ubiquität ein anderes „Naheverhältnis" zu seinem Inhaber als ein Kraftfahrzeug erzeugen wird. 103

§ 98 Abs. 1 TKG zufolge dürfen Standortdaten, die in Bezug auf die Nutzer von öffentlichen Telekommunikationsnetzen oder öffentlich zugänglichen Telekommunikationsdiensten verwendet werden, nur im zur Bereitstellung von Diensten mit Zusatznutzen **erforderlichen Umfang** und innerhalb des dafür **erforderlichen Zeitraums** verarbeitet werden, wenn sie **anonymisiert** wurden oder wenn der Teilnehmer dem Anbieter des Dienstes mit Zusatznutzen seine **Einwilligung erteilt** hat **(„Eigenortung").**[104] Gem. § 98 Abs. 1 S. 2 TKG hat in diesen Fällen der Anbieter des Dienstes mit Zusatznutzen bei jeder Feststellung des Standortes des Mobilfunkendgerätes den Nutzer durch eine Textmitteilung an das Endgerät, dessen Standortdaten ermittelt wurden, zu informieren; es sei denn, dass der Standort nur auf dem Endgerät angezeigt wird, dessen Standortdaten ermittelt wurden. 104

Werden die Standortdaten für einen Dienst mit Zusatznutzen verarbeitet, der die Übermittlung von Standortdaten eines Mobilfunkendgerätes an einen anderen Teilnehmer oder Dritte, die nicht Anbieter des Dienstes mit Zusatznutzen sind, zum Gegenstand hat **(„Fremdortung"**[105]), muss der Teilnehmer seine **Einwilligung ausdrücklich, gesondert** und **schriftlich** gegenüber dem Anbieter des Dienstes mit Zusatznutzen erteilen. In diesem Fall gilt die Verpflichtung nach § 98 Abs. 1 S. 2 TKG entsprechend für den Anbieter des Dienstes mit Zusatznutzen. Der Anbieter des Dienstes mit Zusatznutzen darf die erforderlichen Bestandsdaten zur Erfüllung seiner Verpflichtung aus S. 2 nutzen. Eine Einwilligung kann **jederzeit widerrufen** werden. 105

Selbst wenn die Teilnehmer ihre Einwilligung zur Verarbeitung von Standortdaten gegeben haben, müssen sie auch weiterhin die Möglichkeit haben, die Verarbeitung solcher Daten für jede Verbindung zum Netz oder für jede Übertragung einer Nachricht auf einfache Weise und unentgeltlich zeitweise zu untersagen.[106] Die relativ **strengen Voraussetzungen,** unter denen Standortdaten genutzt werden dürfen, sind darin begründet, dass Standortdaten zu **Bewegungsprofilen** zusammengeführt werden können, die Rückschlüsse auf soziale Beziehungen oder Gewohnheiten zulassen. Standortdaten haben daher hohe datenschutzrechtliche Relevanz. 106

---

[103] Art. 2 lit. g ePrivacy-RL.
[104] Scheurle/Mayen/*Löwnau/Müller* TKG § 98 Rn. 9, 12f.
[105] Scheurle/Mayen/*Löwnau/Müller* TKG § 98 Rn. 9, 14ff.
[106] § 98 Abs. 2 TKG.

d) Bewertung

107 IoT-Anwendungen kommt insbesondere in Zusammenschau mit „Big Data“ zweifelsohne großes ökonomisches und kreatives Potenzial zu.[107] Das Datenschutzrecht scheint aber mit dieser Entwicklung nicht mitgehalten zu haben (→ Rn. 4). Dieser Befund wird bei Betrachtung der ePrivacy-RL zumindest insofern nicht widerlegt, als dort mit fast 20 Jahre alten Vorschriften nicht jene Probleme adressiert werden, die sich gerade aus dem massenhaften Generieren von Daten mit Hilfe IoT-fähiger Geräte ergeben. Dazu gehört auch die Frage, wem die auf diese Art erzeugten Daten eigentlich gehören (→ Rn. 134).

10. Roaming und IoT

a) Roaming in öffentlichen Mobilfunknetzen in der EU

108 **Roaming** ist – vertragsrechtlich betrachtet – für den Endkunden eine bequeme Angelegenheit: Mit nur **einem einzigen Vertrag** (zwischen dem Endkunden und dessen Mobilfunk-Diensteanbieter) wird dem Endkunden de facto ermöglicht, **sämtliche Mobilfunknetze** in allen für Mobilfunk erschlossenen Gegenden im Ausland zu nutzen, **ohne in jedem Land selbst einen oder mehrere Verträge schließen zu müssen** (Roamingabkommen zwischen den einzelnen Netz- und Dienstebetreibern vorausgesetzt). Das alles hat(te) seinen Preis – nämlich einen zu hohen; jedenfalls nach Ansicht der Europäischen Kommission. Nach jahrelangem politischem Bemühen der Kommission, Roamingpreise in der EU zu reduzieren, sind nunmehr seit 15.6.2017 Endkunden-Roamingaufschläge für Anrufe, SMS oder Datendienste in der EU abgeschafft. Rechtlicher Sitz dieser Regelung ist Art. 6a der **Roaming-VO.**[108] Indem für die Abwicklung von Roamingdiensten im Vergleich mit dem inländischen Endkundenpreis weder zusätzliche Entgelte noch allgemeine Entgelte für die Nutzung von Endgeräten oder von Dienstleistungen im Ausland berechnet werden dürfen, spricht man (plakativ) auch von „roam like at home“.

b) Unionsrechtliche Vorgaben

109 Ein so großer Schritt wie die **Abschaffung von Roamingentgelten** bedarf gewisser Begleitmaßnahmen, um einerseits **Missbrauch zu unterbinden** und andererseits die **Tragfähigkeit des inländischen Entgeltmodells** eines Roaminganbieters zu gewährleisten.[109] Daher erlaubt Art. 6b Roaming-VO den Roaminganbietern, dass sie ihren Endkunden **Regeln für eine „angemessene Nutzung“ vorschreiben** dürfen **(„Fair Use Policy“).** Diese „Fair Use Policy“ wird ihrerseits in einer Durchführungs-VO zur Roaming-VO konkretisiert.[110] Nun scheinen die Art. 3 und 4 der Durchführungs-VO nahe zu legen, dass das Prinzip von **„roam like at home“** nur jenen „auf deren vorübergehenden Reisen“ zu Gute kommen bräuchte, die ihren gewöhnlichen Aufenthalt im Mitgliedstaat des Roaminganbieters oder stabile Bindungen an diesen Mitgliedstaat haben und dadurch eine häufige und erhebliche Anwesenheit in dessen Hoheitsgebiet mit sich bringen. Dies würde im Ergebnis dazu führen, dass M2M-Anwendungen, die permanentes Roaming erfordern (→ Rn. 82), nicht in den Genuss von Inlandsentgelten kommen könnten.

---

[107] S. etwa die Beispiele bei *Solanki/García Díaz/Davim* Handbook of IoT and Big Data.

[108] Verordnung (EU) Nr. 531/2012 des Europäischen Parlaments und des Rates vom 13. Juni 2012 über das Roaming in öffentlichen Mobilfunknetzen in der Union, ABl. 2012 L 172, 10, geändert durch VO (EU) Nr. 2015/2120, ABl. 2015 L 310, 1 sowie VO (EU) Nr. 2017/920, ABl. 2017 L 147, 1.

[109] Art. 6b–6d Roaming-VO.

[110] Durchführungsverordnung (EU) Nr. 2016/2286 der Kommission vom 15. Dezember 2016 zur Festlegung detaillierter Vorschriften über die Anwendung der Regelung der angemessenen Nutzung und über die Methode zur Prüfung der Tragfähigkeit der Abschaffung der Endkundenroamingaufschläge sowie über den von Roaminganbietern für diese Prüfung zu stellenden Antrag, ABl. 2016 L 344, 46, idF VO (EU) Nr. 2019/296, ABl. 2019 L 50, 4.

Nun ist zwar richtig, dass die Roaming-VO darauf ausgelegt ist, Endnutzern Vorteile zu bringen, die ihre mobilen Geräte bei **regelmäßigen Reisen in andere EU/EWR-Länder** nutzen. Allerdings ist festzuhalten, dass **M2M-Anwendungen** als Telekommunikationsdienst (→ Rn. 18) von der Roaming-VO **nicht ausgenommen** sind. Darauf weist auch die EU-Kommission ausdrücklich hin.[111] Im Übrigen gelten die Verpflichtungen in Bezug auf den Vorleistungszugang gemäß Art. 3 Roaming-VO auch in jenen Fällen, in denen der Zugang für die Zwecke der M2M-Kommunikation beantragt wird. **Dauerroaming** als solches wird durch die Roaming-VO **nicht verboten** und kann von zwei Roamingpartnern im Roamingvorleistungsvertrag vereinbart werden.[112] 110

Soweit es die Roaming-VO betrifft, ist noch darauf hinzuweisen, dass die mit Art. 15 Roaming-VO eingeführten **weitreichenden Transparenz- und Schutzvorkehrungen** für Endkunden-Datenroamingdienste für Geräte, bei denen eine **mobile Datenübertragung von M2M** erfolgt, **nicht zur Anwendung** gelangen müssen. Das ergibt sich ausdrücklich aus Art. 15 Abs. 4 Roaming-VO. Offenbar anwendbar bleibt aber Art. 15 Abs. 2a der Roaming-VO, wonach der Roaminganbieter bei vollständigem Ausschöpfen des angemessenen Nutzungsvolumens für regulierte Datenroamingdienste oder bei Erreichen einer vertraglich vereinbarten Nutzungsschwelle eine Mitteilung zu versenden hat. Dabei ist der Aufschlag anzugeben, der für jede zusätzliche Nutzung regulierter Datenroamingdienste durch den Roamingkunden berechnet wird. 111

c) Bewertung

Da die **Roaming-VO auch auf M2M-Übertragungsdienste anwendbar** ist, können IoT-Anwendungen von ihr entsprechend profitieren. Hilfreich ist, dass die EU-Kommission angekündigt hat, wo erforderlich die Einführung einschlägiger Klarstellungen bezüglich der Bedingungen für den Vorleistungszugang für Dauerroaming für Zwecke der M2M-Konnektivität bzw. das Internet der Dinge in die Roaming-VO zu erwägen.[113] Indem mit dem EECC nun auch die exterritoriale Nutzung von Nummern ermöglicht wird (→ Rn. 80ff.), ist in Zusammenschau mit der Roaming-VO eine bessere Grundlage als bisher für die Entwicklung paneuropäischer Dienste geschaffen. 112

11. Netzneutralität und IoT

a) Das Wesen der Netzneutralität

Nach langem Hin und Her ist es der EU im Jahr 2015 schließlich gelungen, sich mit einer VO über Maßnahmen zum **Zugang zum offenen Internet** auf eine Regelung der Netzneutralität zu verständigen.[114] Zweck dieser VO – sie wird im Folgenden aufgrund ihrer Entstehungsgeschichte mit TSM-VO **(„Telecom Single Market-VO")** abgekürzt – ist (unter anderem) die Schaffung gemeinsamer **Regeln zur Wahrung der gleichberechtigten und nichtdiskriminierenden Behandlung des Datenverkehrs** bei der Bereitstellung von Internetzugangsdiensten und damit verbundener Rechte der Endnutzer.[115] „Mit der Verordnung sollen die Endnutzer geschützt und es soll gleichzeitig gewährleistet werden, dass das ‚Ökosystem' des Internets weiterhin als Innovationsmotor funktionieren kann."[116] 113

---

[111] EU-KOM, Bericht über die Überprüfung des Roamingmarktes, COM(2019) 616 final, 17.
[112] EU-KOM COM(2019) 616 final, 17.
[113] EU-KOM COM(2019) 616 final, 17f.
[114] Zur Vor- und Entstehungsgeschichte s. *Feiel/Truppe* ZIR 2014, 177.
[115] Verordnung (EU) Nr. 2015/2120 des Europäischen Parlaments und des Rates vom 25. November 2015 über Maßnahmen zum Zugang zum offenen Internet und zur Änderung der Richtlinie 2002/22/EG über den Universaldienst und Nutzerrechte bei elektronischen Kommunikationsnetzen und -diensten sowie der Verordnung (EU) Nr. 531/2012 über das Roaming in öffentlichen Mobilfunknetzen in der Union, ABl. 2015 L 310, 1.
[116] Erwgr. 1 TSM-VO.

114 Art. 3 Abs. 1 UAbs. 1 TSM-VO ist eigentlicher **Kern der Netzneutralität:** „Endnutzer haben das **Recht,** über ihren Internetzugangsdienst, unabhängig vom Standort des Endnutzers oder des Anbieters und unabhängig von Standort, Ursprung oder Bestimmungsort der **Informationen, Inhalte, Anwendungen oder Dienste, Informationen und Inhalte abzurufen und zu verbreiten,** Anwendungen und Dienste zu nutzen und bereitzustellen und **Endgeräte ihrer Wahl zu nutzen.**" Diesem Recht der Endnutzer stehen korrespondierende Pflichten der Internetzugangsdiensteanbieter in Art. 3 Abs. 3 UAbs. 1 TSM-VO gegenüber. Diese müssen den gesamten **Verkehr bei der Erbringung von Internetzugangsdiensten gleichbehandeln, ohne Diskriminierung, Beschränkung** oder **Störung,** sowie unabhängig von Sender und Empfänger, den abgerufenen oder verbreiteten Inhalten, den genutzten oder bereitgestellten Anwendungen oder Diensten oder den verwendeten Endgeräten.

115 **Kommerzielle Vereinbarungen** zwischen Anbietern von Internetzugangsdiensten und Endnutzern über die **gewerblichen und technischen Bedingungen** und die Merkmale von Internetzugangsdiensten wie Preis, Datenvolumina oder Geschwindigkeit sowie die Geschäftspraxis der Anbieter von Internetzugangsdiensten bleiben zwar **zulässig,** dürfen die Ausübung der oben genannten **Rechte der Endnutzer aber nicht einschränken** (Art. 3 Abs. 2 TSM-VO).

116 Ausnahmsweise dürfen Anbieter von Internetzugangsdiensten aber doch vom Grundsatz der Gleichbehandlung abgehen und sog. **„angemessene Verkehrsmanagementmaßnahmen"** iSd Art. 3 Abs. 3 UAbs. 2 TSM-VO anwenden. Das bedeutet, dass diese Maßnahmen transparent, nichtdiskriminierend und verhältnismäßig sein müssen. Außerdem dürfen sie nicht auf kommerziellen Erwägungen, sondern müssen auf objektiv unterschiedlichen technischen Anforderungen an die Dienstqualität bestimmter Datenverkehrskategorien beruhen. Mit diesen Maßnahmen darf keinesfalls der konkrete Inhalt überwacht werden, und sie dürfen nicht länger als erforderlich aufrechterhalten werden. Darüber hinaus gehende Verkehrsmanagementmaßnahmen – wie etwa das Blockieren, Verlangsamen, Verändern, Einschränken, Stören, Verschlechtern oder Diskriminieren von bestimmten Inhalten, Anwendungen oder Diensten – sind nur in den engen Grenzen des Art. 3 Abs. 3 UAbs. 3 TSM-VO zulässig. Letztgenannter Bestimmung zufolge wären solche **Verkehrsmanagementmaßnahmen nur zulässig,** wenn ein qualifizierter **Rechtsakt dies gebietet,** wenn die **Netzintegrität** oder **Netzsicherheit** ansonsten **nicht mehr gewahrt** ist oder wenn eine **drohende Netzüberlastung** zu verhindern ist.

117 Anlässlich der Frage der (Un-)Zulässigkeit von Verkehrsmanagementmaßnahmen ist seit einiger Zeit die 5G-Technologie **„Network-Slicing"** unter Beobachtung geraten. Diese Technologie ist auch für IoT-Anwendungen wesentlich, stehe aber in einem gewissen Spannungsverhältnis zur Netzneutralität.[117] Ausgangspunkt für Network-Slicing ist die Tatsache, dass Anwendungen, Geräte oder Benutzer hinsichtlich der Übertragungsraten, Latenzzeiten, Reichweiten, Verfügbarkeiten oder maximaler Gerätedichte sehr unterschiedliche Anforderungen haben.[118] So verlangen zB Multimediaanwendungen andere Netzwerkanforderungen als IoT-Endgeräte. Allerdings kann ein gemeinsames Netzwerk für alle möglichen Anwendungsfälle nicht sämtliche Anforderungen gleichermaßen gut abdecken: Netzwerke, die eine große Gerätedichte zulassen, müssen im Gegenzug die maximalen Bandbreiten und Datenraten pro Endgerät begrenzen. Network-Slicing schafft hier insofern Abhilfe, als es auf einer gemeinsamen physischen Netzwerkinfrastruktur virtuelle Netzwerkpartitionen mit den jeweils gewünschten Eigenschaften bereitstellt. Dabei stellen die verschiedenen Slices des Netzwerkes spezifische Funktionen und Leistungsmerkmale für unterschiedliche Anwendungsfälle bereit. Beispielsweise lassen sich Slices schaffen, die besonders hohe Übertragungsraten oder minimale Latenzzeiten ermöglichen. Das geschieht rein softwarebasiert ohne jegliche Veränderung der Hardware. Zusammen-

[117] *Krempl* heise online 2.5.2019.
[118] Hierzu und im Folgenden *Luber/Donner* IP-Insider 15.5.2019.

gefasst ermöglicht Network-Slicing die Etablierung von untereinander autonom und getrennten virtuellen Netzen für spezifische Kundengruppen, Services oder Marktsegmente (zB IoT) auf Basis einer geteilten physischen Netzinfrastruktur.[119]

Die EU-Kommission hat sich im Rahmen ihres Berichts über die Umsetzung der TSM-VO mit Network Slicing auseinander gesetzt.[120] Dabei ist sie zur Auffassung gelangt, dass **zum gegenwärtigen Zeitpunkt** der Kommission **kein konkretes Beispiel** bekannt sei, wo Art. 3 Abs. 3 TSM-VO mit seinem Verbot von Verkehrsmanagementmaßnahmen die **Anwendung der Slicing-Technologie behindern würde.** Die Kommission werde diese Frage im Zuge der Marktentwicklung von 5G genau weiterverfolgen.[121] 118

b) M2M-Übertragungsdienst als Internetzugangsdienst

Vor dem Hintergrund der TSM-VO stellt sich auch die Frage, inwieweit **M2M-Übertragungsdienste** dem Gebot zur Wahrung der **Netzneutralität** unterliegen. Die nach Art. 3 Abs. 3 TSM-VO ausschließlich zur Wahrung der Netzneutralität verpflichteten Internetzugangsdiensteanbieter sind dabei als „öffentlich zugänglicher elektronischer Kommunikationsdienst, der unabhängig von der verwendeten Netztechnologie und den verwendeten Endgeräten Zugang zum Internet und somit Verbindungen zu praktisch allen Abschlusspunkten des Internets bietet" definiert.[122] Die Definition des Internetzugangsdiensteanbieters schließt demnach prima vista nicht aus, dass **auch IoT-relevante Dienste** in den **Anwendungsbereich des Art. 3 TSM-VO** fallen. Immerhin scheint **Erwgr. 4 TSM-VO** einzuschränken, „dass aus nicht von den Internetzugangsanbietern zu vertretenden Gründen **bestimmte Abschlusspunkte des Internets nicht immer zugänglich sind.** Daher sollte gelten, dass ein Anbieter seiner Verpflichtung im Zusammenhang mit der Bereitstellung eines Internetzugangsdienstes im Sinne dieser Verordnung nachgekommen ist, wenn der betreffende Dienst **eine Anbindung an nahezu alle Abschlusspunkte des Internets** bereitstellt". 119

Für die weitere Auseinandersetzung mit der Frage der Einbeziehung von M2M-Übertragungsdiensten in die TSM-VO sind auch die **BEREC-Leitlinien zur Umsetzung der europäischen Netzneutralitätsregeln** durch die nationalen Regulierungsbehörden heranzuziehen. Dabei handelt es sich um eine Form von **soft law,** das gem. Art. 5 Abs. 3 TSM-VO einen Beitrag zur einheitlichen Anwendung der TSM-VO leisten soll.[123] Rn. 18 der jüngst revidierten Leitlinien lautet (auszugsweise): „Services where the number of reachable end points is limited by the nature of the terminal equipment used with such services (e. g. services designed for communication with individual devices, such as **e-book readers** as well as **machine-to-machine devices** like smart meters etc.) are considered to be **outside the scope of the Regulation** unless they are used to circumvent this Regulation. They could use an IAS (but not provide an IAS nor constitute a substitute to an IAS), use a private network or constitute a specialised service. If these services are using an IAS or constitute a specialised service the connectivity service will be subject to the relevant rules applicable to IAS and specialised services in the Regulation."[124] Vor diesem Hintergrund ist davon auszugehen, dass **M2M-Dienste** im Allgemeinen **nicht** unter die **Begriffsdefinition des Internetzugangsdiensteanbieters iSd TSM-VO** fallen. 120

---

[119] www.5g-anbieter.info/technik/slicing-virtualisierung.html (15. 6. 2020). S. insbesondere die zahlreichen Publikationen der GSMA, www.gsma.com/futurenetworks/ip_services/understanding-5g/network-slicing/ (15. 6. 2020).

[120] EU-KOM, Bericht über die Umsetzung der Bestimmungen zum freien Internetzugang der Verordnung (EU) Nr. 2015/2021, COM(2019) 203 final, 7 f.

[121] EU-KOM COM(2019) 203 final, 8.

[122] Art. 2 Nr. 2 TSM-VO.

[123] BEREC BoR (20) 112.

[124] Zu dieser Auffassung sind auch schon die früheren Leitlinien gelangt: BEREC BoR (16) 127 Rn. 18.

c) Spezialdienste

121 Art. 3 Abs. 5 TSM-VO sieht vor, dass es Anbietern öffentlicher elektronischer Kommunikation (einschließlich der Internetzugangsanbieter und der Anbieter von Inhalten, Anwendungen und Diensten) freisteht, **andere Dienste,** die keine Internetzugangsdienste sind, anzubieten, die **für bestimmte Inhalte, Anwendungen oder Dienste** oder eine Kombination derselben **optimiert** sind **(„Spezialdienste").** Spezialdienste sind jedoch nur unter **zwei Voraussetzungen** zulässig: erstens muss die **Optimierung erforderlich** sein, um den Anforderungen der Inhalte, Anwendungen oder Dienste an ein bestimmtes Qualitätsniveau zu genügen; zweitens muss die **Netzkapazität ausreichen,** um Spezialdienste zusätzlich zu den bereitgestellten Internetzugangsdiensten zu erbringen. Außerdem dürfen Spezialdienste nicht als Ersatz für Internetzugangsdienste nutzbar sein (oder angeboten werden) und sie dürfen weiters nicht zu Nachteilen bei der Verfügbarkeit oder der allgemeinen Qualität der Internetzugangsdienste für Endnutzer führen.

122 Typische Beispiele für Spezialdienste, die Endnutzern angeboten werden, sind **VoLTE** (Voice over LTE), linearer Rundfunk **(IPTV)** mit speziellen Anforderungen an die Dienstqualität oder Gesundheitsdienste in Echtzeit (zB **Telechirurgie**). Vor dem Hintergrund des Gesagten können aber **auch M2M-Übertragungsdienste** – bei objektivem Vorliegen der genannten Voraussetzungen – als Spezialdienste eingestuft werden. Dies wird durch **Erwgr. 16 TSM-VO** ausdrücklich bestätigt und in den einschlägigen BEREC-Leitlinien bekräftigt.[125]

d) Bewertung

123 Die TSM-VO berücksichtigt die technischen Möglichkeiten von M2M/IoT ausreichend. Freilich wird weiterhin zu beobachten sein, ob und in welchem Ausmaß die Anwendung neuerer Technologien, wie zB weitere Mobilfunkstandards, in einem Spannungsfeld zum offenen Internet stehen. Allenfalls könnte der europäische Gesetzgeber gefordert sein, eine solche Spannung aufzulösen.

12. IoT-bezogene Aspekte im spezifischen Verbraucherschutz

a) Allgemeines

124 Im Telekommunikationsrecht begegnet man häufig **Sonderzivilrecht.** Titel III des Teils III des EECC (Art. 98 ff.) fasst dieses unter **„Endnutzerrechte"** zusammen. Besondere Bedeutung erhalten die dortigen Bestimmungen auch deshalb, weil über Art. 101 EECC eine **Vollharmonisierung der Rechtsvorschriften** erreicht wird: Die Mitgliedstaaten dürfen keine nationalen Umsetzungsvorschriften erlassen, die von den Art. 102–115 EECC abweichen; dies gilt auch für strengere oder weniger strenge Bestimmungen zur Gewährleistung eines anderen Verbraucherschutzniveaus.[126]

b) Ausnahme bei Informationspflichten für Verträge

125 Art. 102 Abs. 1 iVm Anh. VIII EECC statuiert **weitreichende Anforderungen** an Form und Inhalt von **Informationen, die Verbrauchern vor Vertragsabschluss durch den Diensteanbieter zu erteilen sind.** Hervorzuheben ist, dass diese Informationen zu einem integralen Bestandteil des Vertrags werden und nur geändert werden dürfen, wenn sich die Vertragsparteien ausdrücklich darauf einigen.

126 Für IoT-Anwendungen gilt jedoch Besonderes: **Art. 102 EECC nimmt Übermittlungsdienste der Maschine-Maschine-Kommunikation von seinem Anwendungs-**

---

[125] BEREC BoR (20) 112 Rn. 113.

[126] Gem. Art. 101 Abs. 2 EECC besteht unter gewissen Voraussetzungen ein einjähriges Übergangsregime bis 21.12.2021.

bereich aus. Dabei stellt sich jedoch für den Rechtsanwender in der Praxis die Frage, wie man einen solchen M2M-Übermittlungsdienst vertragsrechtlich überhaupt erkennt. Schließlich sind IoT-Anwendungen auch mit herkömmlichen Diensten (Telekommunikationsdienstverträgen) realisierbar, sodass **im Zweifel** wohl vom **Bestehen der umfänglichen Informationsverpflichtung** nach Art. 102 EECC auszugehen sein wird. Immerhin sind von Mobilfunkanbietern Vertragstypen bzw. Tarife bekannt, die etwa als „M2M Data Smart“, „M2M Data 1 GB“ etc bezeichnet werden.[127] Diese Tarife beinhalten in der Regel keine Sprach- oder SMS-Dienste und sind preislich (derzeit) zwischen 1 und 3 EUR monatlich (ohne USt) erhältlich. Bei solchen Verträgen wird man guten Gewissens von einem M2M-Übermittlungsdienst ausgehen können, der die Informationspflichten nach Art. 102 EECC nicht auslöst.[128]

c) Sonderregeln für Vertragslaufzeit und Vertragskündigung

Als allgemeinen Grundsatz formuliert Art. 105 Abs. 1 UAbs. 1 Hs. 1 EECC, dass die **Bedingungen und Verfahren für die Vertragskündigung nicht davon abschrecken** dürfen, einen **Anbieterwechsel** vorzunehmen. Darüber hinaus statuiert Art. 105 EECC, dass Verträge zwischen Verbrauchern und Anbietern öffentlich zugänglicher elektronischer Kommunikationsdienste **keine Mindestvertragslaufzeit** enthalten dürfen, die **24 Monate überschreitet.**[129] Von der zuletzt genannten Bestimmung sind **M2M-Übertragungsdienste jedoch explizit ausgenommen,** sodass für M2M-Dienste auch längere Mindestvertragslaufzeiten vereinbart werden dürfen. 127

Eine weitere Ausnahme für M2M-Übertragungsdienste besteht bei den Sondervorschriften des Art. 105 Abs. 3 EECC betreffend die automatische Verlängerung von Verträgen. **M2M-Übertragungsdienste** sind von Folgendem **befreit:** Falls eine automatische Verlängerung eines Vertrages zulässig ist, ist der Endnutzer berechtigt, den Vertrag nach dieser **automatischen Verlängerung** jederzeit unter Einhaltung einer – von den Mitgliedstaaten festgelegten – **Kündigungsfrist von höchstens einem Monat kostenlos zu kündigen** (abgesehen von den Entgelten für die Nutzung des Dienstes während der Kündigungsfrist). Vor einer solchen automatischen Vertragsverlängerung müssen Anbieter die Endnutzer deutlich, zeitnah und auf einem dauerhaften Datenträger über das Ende des Vertragsverhältnisses sowie über die Möglichkeiten der Vertragskündigung informieren. Ferner haben die Anbieter gleichzeitig die Endnutzer hinsichtlich des besten Tarifs in Bezug auf ihre Dienste zu beraten. Die Anbieter müssen den Endnutzern diese Informationen über den besten Tarif mindestens einmal pro Jahr erteilen. 128

d) Einseitige Vertragsänderung durch Anbieter

In Art. 105 Abs. 4 EECC wird dem Diensteanbeiter ein **einseitiges Änderungsrecht bereits geschlossener Verträge** eingeräumt.[130] Dem Endnutzer steht es dafür frei, diesen Vertrag aus diesem Anlass zu kündigen **(Sonderkündigungsrecht),** sofern der Endkunde durch die angepeilte Vertragsänderung nicht ausschließlich begünstigt wird. 129

Im Einzelnen gilt Folgendes: Bei Bekanntgabe von Vertragsänderungen, die der Anbieter anstrebt, haben **Endnutzer das Recht,** ihren **Vertrag ohne zusätzliche Kosten zu kündigen; es sei denn,** die vorgeschlagenen Änderungen sind **ausschließlich zum Vorteil des Endnutzers,** sind **rein administrativer Art** und haben **keine negativen Auswirkungen auf den Endnutzer** oder sind unmittelbar durch Unionsrecht oder na- 130

[127] www.magenta.at/business/iot-produkte-tarife/ (1.3.2021).

[128] Als Bsp. für Allgemeine Geschäftsbedingungen für M2M/IOT – Telekommunikationsdienste s. etwa www.rtr.at/files/staging/tk-agb/36179_G%20230_2017.pdf (1.3.2021).

[129] Die Mitgliedstaaten können Bestimmungen beschließen oder beibehalten, die kürzere maximale Mindestvertragslaufzeiten vorsehen; Art. 105 Abs. 1 UAbs. 1 S. 2 EECC.

[130] Vgl. § 25 Abs. 3 öTKG, der bei den Verhandlungen über die Formulierung von Art. 105 Abs. 4 EECC Vorbild war.

tionales Recht vorgeschrieben. Dabei haben die Anbieter den Endnutzern mindestens einen Monat im Voraus Änderungen der Vertragsbedingungen mitzuteilen und gleichzeitig auf das Recht aufmerksam zu machen, den Vertrag ohne zusätzliche Kosten kündigen zu können, wenn sie den neuen Bedingungen nicht zustimmen. Das Kündigungsrecht kann innerhalb eines Monats nach der Mitteilung ausgeübt werden (wobei die Mitgliedstaaten diese Frist um bis zu drei Monate verlängern können). Die Mitgliedstaaten sorgen dafür, dass die Mitteilung in klarer und verständlicher Weise auf einem dauerhaften Datenträger erfolgt.

131 Wichtig zu erwähnen ist, dass das Recht auf Sonderkündigung wegen einseitiger Vertragsänderung grundsätzlich dem (auch unternehmerisch tätigen) „Endnutzer" (iSd Art. 2 Nr. 14 EECC) und nicht bloß dem „Verbraucher" (iSd Art. 2 Z 15 EECC) zukommt. In diesem Zusammenhang stiftet jedoch Art. 105 Abs. 7 EECC – vor allem für M2M-Übertragungsdienste – gehörige Verwirrung, indem er statuiert: „Soweit zur Bereitstellung von Diensten der Maschine-Maschine-Kommunikation genutzte Übertragungsdienste betroffen sind, kommen die [...] genannten Rechte nur Endnutzern zugute, bei denen es sich um Verbraucher, Kleinstunternehmen, kleine Unternehmen oder Organisationen ohne Gewinnerzielungsabsicht handelt." Damit erscheinen Anbieter von M2M-Übertragungsdiensten offenbar insofern privilegiert, als ihnen gegenüber nicht jeder Endnutzer sein Sonderkündigungsrecht in Anspruch nehmen kann, sondern nur solche Endnutzer, bei denen es sich um Verbraucher, Kleinstunternehmen, kleine Unternehmen oder Organisationen ohne Gewinnerzielungsabsicht handelt. Dies hätte aber zur Konsequenz, dass Art. 105 Abs. 7 EECC (mit Erwgr. 276) ein einseitiges Änderungsrecht für Anbieter von M2M-Übertragungsdiensten einräumen würde, ohne dass die andere Vertragsseite – sofern sie (größerer) Unternehmer ist – den Vertrag kündigen könnte. Ein derartiges Ergebnis – ein einseitiges Abgehen vom Grundsatz des pacta sunt servanda – geriete aber rasch in erheblichen Widerspruch zu den grundrechtlich abgesicherten Positionen der Verhältnismäßigkeit und der Eigentumsfreiheit. Um diesen Wertungswiderspruch zu vermeiden, wird Art. 105 Abs. 4 iVm Abs. 7 EECC wohl so zu lesen sein, dass das in Abs. 4 gewährte Recht nicht als grundsätzliches Recht der Endkunden (auf Sonderkündigung), sondern als **ausnahmsweises Recht der Diensteanbieter auf einseitige Vertragsänderung** zu verstehen ist. Dieses Recht auf einseitige Vertragsänderung wird durch Art. 105 Abs. 7 EECC für Anbieter von **M2M-Übertragungsdiensten** jedoch dahin **eingeschränkt,** dass es nur gegenüber Endkunden, die **Verbraucher, Kleinstunternehmen, kleine Unternehmen oder Organisationen ohne Gewinnerzielungsabsicht** sind, ausgeübt werden darf. Gegenüber (größeren) Unternehmen steht Anbietern von M2M-Übertragungsdiensten hingegen kein einseitiges Änderungsrecht von Verträgen zu.

e) Bewertung

132 Aus Sicht der Endnutzer unterscheiden sich IoT- bzw. M2M-Übertragungsdienste doch von herkömmlichen Sprachtelefonie- oder Internetzugangsverträgen. Das spezifische Verbraucherrecht des EECC scheint die Charakteristika von IoT entsprechend zu berücksichtigen.

13. Zusammenfassung und Ausblick

133 Die vorstehenden Überlegungen lassen die Schlussfolgerung zu, dass der europäische Telekom-Rechtsrahmen die Ausbreitung von IoT-Anwendungen unterstützt und fördert. Dort, wo in der Praxis Lücken empfunden werden, sind sie benannt. Ob und wie rasch es gelingt, sie zu schließen, hängt auf europäischer Ebene zunächst an der EU-Kommission, die einen entsprechenden Legislativvorschlag zu erstellen hat.

134 Dabei darf hoffnungsfroh stimmen, dass die EU-Kommission im Februar 2020 angekündigt hat, **IoT im Rahmen ihrer „Europäischen Datenstrategie" rechtlich be-**

rücksichtigen zu wollen.[131] In ihrer Strategie geht sie davon aus, dass die EU zu einem Vorbild für eine Gesellschaft werden könne, die dank Daten in der Lage sei, in der Wirtschaft und im öffentlichen Sektor bessere Entscheidungen zu treffen.[132] Im Zusammenhang mit IoT beabsichtigt die Kommission, die Weitergabe und Nutzung privater Daten durch andere Unternehmen, insbesondere bei gemeinsam hervorgebrachten Daten wie IoT-Daten, zu ermöglichen (Business-to-Business, gemeinsame B2B-Datennutzung).[133] Dies soll in einem Kommissionsvorschlag für einen eigenen **„Rechtsakt über Daten" Ende 2021** aufgenommen werden.[134]

Ein weiteres Problemfeld sieht die EU-Kommission bei **Verbraucherrechten:** die In- 135
dividualrechte der Verbraucher seien zu stärken, denn bei der **Nutzung von IoT-Geräten** und digitalen Diensten würden **immer größere Datenmengen erzeugt,** sodass die Gefahr bestehen könne, dass die Verbraucher „es mit Diskriminierungen, unlauteren Praktiken und Abhängigkeiten von bestimmen Anbietern („Lock-in"-Effekten) zu tun bekommen".[135] Ob diese Stärkung der Verbraucherrechte auch im Rahmen des Daten-Rechtsaktes erfolgen soll, lässt die EU-Kommission allerdings offen.[136]

Natürlich sind auch die Mitgliedstaaten gefordert, in ihrer nationalen Gesetzgebung die 136
ihr durch Verfassungs- und Unionsrecht vorgegebenen **Spielräume** so zu **nutzen,** dass ein ausgewogener rechtlicher Rahmen geschaffen wird, der hilft, die enormen gesellschaftlichen und technologischen Umwälzungen der digitalen Transformation zu meistern.

Literatur zu II.:

BAFA, Merkblatt v. Juni 2016, Technologietransfer und Non-Proliferation – Leitfaden für Industrie und Wissenschaft, www.bafa.de/SharedDocs/Downloads/DE/Aussenwirtschaft/afk_merkblatt_technologietransfer.pdf (11.12.2019); *v. Bernstorff,* Compliance und Exportkontrolle im elektronischen Geschäftsverkehr, AW-Prax 2014, 256; *Bieneck,* Handbuch des Außenwirtschaftsrechts mit Kriegswaffenkontrollrecht, 2. Aufl., Köln 2005; *Botta/de Donate/Persico/Pescapé,* Integration of Cloud Computing and Internet of Things: A survey, Future Generation Computer Systems 2016, 684; *Calliess/Ruffert* (Hrsg.), EUV/AEUV, Das Verfassungsrecht der Europäischen Union mit Grundrechtecharta, 5. Aufl., München 2016; *Dorsch* (Hrsg.), Zollrecht, Recht des grenzüberschreitenden Warenverkehrs, 186. Erg.-Lfg., Bonn 2019; *Ehlers/Wolffgang* (Hrsg.), Recht der Exportkontrolle – Bestandsaufnahme und Perspektiven, Frankfurt a. M. 2014; *Giedke,* Cloud Computing: Eine wirtschaftliche Analyse mit besonderer Berücksichtigung des Urheberrechts, München 2013; *Graf/Jäger/Wittig* (Hrsg.), Wirtschafts- und Steuerstrafrecht, 2. Aufl., München 2017; *Haellmigk,* (Cloud-)Datentransfer und Exportkontrolle – Neue Compliance-Herausforderungen für Unternehmen, CCZ 2016, 28; *Haellmigk,* Der „human-security"-Ansatz der neuen Dual-Use-Verordnung: Neue Prüfpflichten für die Unternehmen, AW-Prax 2017, 51; *Haellmigk,* Die Catch-all-Kontrollen für nichtgelistete Güter in der EU, AW-Prax 2017, 79; *Hänsch,* Die Novellierung der EG-Dual-use-Verordnung, Zoll-Profi 2017, 2; *Hauschka/Moosmayer/Löffler* (Hrsg.), Corporate Compliance, 3. Aufl., München 2015; *Hocke/Sachs/Pelz* (Hrsg.), Außenwirtschaftsrecht, 2. Aufl., Heidelberg 2020; *Hoeren/Sieber/Holznagel* (Hrsg.), Handbuch Multimedia-Recht, Rechtsfragen des elektronisches Geschäftsverkehrs, 54. Erg.-Lfg., München 2021; *Höft/Kreuzer,* Die Dual-Use-Reform 2017 – Rechtssicherheit geht vor, RIW 2017/3, 1; *Hohmann,* Technologietransfer in der Exportkontrolle, AW-Prax 2014, 298; *Hohmann,* Neue Fälle zum US-Daten- und Technologietransfer, AW-Prax 2016, 319; *Hohmann,* Neue Fälle zum US-Daten- und Technologietransfer, AW-Prax 2017, 14; *Hohmann/John* (Hrsg.), Kommentar zum Ausfuhrrecht, München 2002; *Joecks/Miebach* (Hrsg.), Münchener Kommentar zum StGB, 3. Aufl., München 2019; *Krenzler/Herrmann/Niestedt* (Hrsg.), EU-Außenwirtschafts- und Zollrecht, 13. Erg.-Lfg., München 2019; *Nawrotzki,* Technologietransfer und die Freiheit der Forschung bei Publikationen, AW-Prax 2019, 70; *Philip,* Außenhandelsrecht: Exportkontrollen von „dual use"-Gütern, EuZW 2018, 139; *Stöbener de Mora/Dube,* Außenwirschaftsrecht: Kommissionsvorschlag zur Reform der Dual-Use-Verordnung, EuZW 2016, 765; *Unmuß* (Hrsg.), Corporate Compliance Checklisten, Rechtliche Risiken im Unternehmen erkennen und vermeiden, 3. Aufl., München 2017; *Vischer/Witte,* Aktueller Stand zur Novellierung der EG-Dual-use-Verordnung, AW-Prax 2017, 37; *Voss/Eßer,* Intra-Company Technologietransfer, AW-Prax 2017, 43; *Wabnitz/Janovsky* (Hrsg.), Handbuch des Wirtschafts- und Steuerstrafrechts,

[131] COM(2020) 66 final.
[132] COM(2020) 66 final, 1.
[133] COM(2020) 66 final, 8f.
[134] COM(2020) 66 final, 15f., 31.
[135] COM(2020) 66 final, 13.
[136] Laut EU-KOM müssten Nutzern die Werkzeuge und Mittel an die Hand gegeben werden, damit sie selbst detailliert darüber entscheiden können, was mit ihren Daten geschieht. Solche Werkzeuge bräuchten ein „unterstützendes Umfeld", COM(2020) 66 final, 12.

4. Aufl., München 2014; *Walter*, Technologietransfer und Exportkontrolle, Zoll-Profi 2018, 7; *Weith/Wegner/Ehrlich* (Hrsg.), Grundzüge der Exportkontrolle, Köln 2006; *Wolffgang/Simonsen/Rogmann/Pietsch* (Hrsg.), AWR-Kommentar, Kommentar für das gesamte Außenwirtschaftsrecht, 61. Erg.-Lfg., Köln 2019.

II. Handelsbeschränkungen/Exportkontrolle

1. Bedeutung der Exportkontrolle für IoT

137 Die Bedeutung von Handelsbeschränkungen für IoT ist oft erst auf den zweiten Blick erkennbar. Historisch gesehen knüpfen Handelsbeschränkungen – im weiteren Sinne außenwirtschaftsrechtliche Beschränkungen – an den Handel mit physischen Gütern an. Spiegelbildlich ist die Exportkontrolle in den Unternehmen aus diesem Grund häufig auch an die Zoll- oder Versandabteilungen angegliedert und es wird prioritär überprüft, ob Ausfuhren in Drittländer mit außenwirtschaftsrechtlichen Vorgaben vereinbar sind.

138 Dieser Ansatz greift jedoch aus mehreren Gründen viel zu kurz: Güterbezogene Regelungen nehmen erstens regelmäßig auch bestimmte **Software** und **Technologie** mit in den Blick, sodass bereits aus diesem Grund jeder Vorgang einer Datenübertragung Gegenstand von außenwirtschaftsrechtlichen bzw. handelsrechtlichen Beschränkungen sein kann. Diese Beschränkungen gelten häufig, allerdings nicht immer, auch für IoT-Anwendungen.

139 Zweitens befasst sich das Außenwirtschaftsrecht inhaltlich auch mit Dienstleistungen und Kapitalverkehr sowie mit Geschäftsbeziehungen zu bestimmten Ländern oder Personen und Unternehmen. Diese Beschränkungen sind auch bei IoT-Anwendungen stets zu beachten. Darüber hinaus sind IoT-Anwendungen in der Praxis nicht für eine beschränkte Anwendung in einzelnen Nationalstaaten konzipiert. Dies wäre wirtschaftlich unsinnig, ist doch die interaktive Steuerung einer Vielzahl von Geräten mit hohen Aufwandskosten verbunden, die sich erst amortisieren, wenn sie möglichst breit benutzt werden können.

140 Sollen drittens sogar **aggregierte Daten** zur Analyse genutzt werden („Big Data"), ist eine Begrenzung auf bestimmte Länder per se unerwünscht. Dieser Umstand bringt es mit sich, dass IoT-Anwendungen besonders häufig international konzipiert sind und daher häufig länderübergreifend eingesetzt werden. Genau die länderübergreifenden Beziehungen unterliegen jedoch in den betroffenen Staaten außenwirtschaftsrechtlichen Beschränkungen. In einem solchen Falle sind zumeist handelsbeschränkende bzw. exportkontrollrechtliche Regeln gleich mehrerer Staaten anwendbar. Es würde den Rahmen dieses Handbuches sprengen, neben dem deutschen Recht und dem Unionsrecht das nationale Recht mehrerer Staaten darzustellen. Zumindest im exportkontrollrechtlichen Bereich besteht hier international eine gewisse Übereinstimmung, da diese Regeln häufig auf internationale Vereinbarungen zurückgehen (vgl. dazu auch → Rn. 146 ff.). Es gibt aber auch Staaten, wie zB die USA, die über ein besonders differenziertes und weitreichendes Exportkontrollrecht verfügen, mit dem sich Anbieter von IoT-Anwendungen regelmäßig vertieft auseinandersetzen müssen (vgl. dazu auch → Rn. 216 ff.).

141 Außenwirtschaftsrechtliche Beschränkungen haben eine Vielzahl von **Anknüpfungspunkten.** Erstens knüpft das Exportkontrollrecht zumeist listenbasiert an bestimmte Güter an. Zu diesen Gütern gehört auch Software und Technologie, also letztlich Daten. Zweitens knüpfen sie im Falle von Embargos und Sanktionen an bestimmte Länder an, mit denen der Handel besonderen Beschränkungen unterliegt. Drittens nehmen sowohl sog. Terrorlisten als auch länderspezifische Embargos auch bestimmte Einzelpersonen oder Unternehmen in den Blick, die wiederum individuell in sog. Schwarzen Listen aufgeführt sind. Viertens bestehen auch verwendungsbezogene Regelungen, zB für den Handel mit nicht gelisteten Gütern oder bezüglich der Erbringung von Dienstleistungen. Dies betrifft bestimmte Endverwendungen wie bspw. den Einsatz zur Herstellung besonders geächteter Waffen oder Trägerraketen für diese Waffen oder den Nuklearbereich.

142 Praxistipp: Außenwirtschaftsrechtliche Beschränkungen lassen sich im Unternehmen über die vier Anknüpfungspunkte am besten effektiv umsetzten: 1. güterbezogene Rege-

lungen (auch in Bezug auf Software, Technologie, und Daten), 2. länderbezogene Regelungen, 3. personenbezogenen Regelungen, 4. verwendungbezogene Regelungen.

Aufgrund der besonderen Bedeutung für IoT-Anwendung widmet sich der Abschnitt zu Handelsbeschränkungen bzw. Exportkontrollen den erstgenannten Beschränkungen, nämlich den exportkontrollrechtlichen Beschränkungen mit Bezug auf bestimmte gelistete Güter einschließlich Software und Technologie. 143

2. Vorgaben des deutschen und europäischen Exportkontrollrechts an IoT-Anwendungen

Nach einer kurzen Skizzierung der Rechtsgrundlagen (dazu → Rn. 145 ff.) wird dargestellt, welche Ausrüstung, Software, Technologie, oder Daten Beschränkungen unterliegen können (dazu → Rn. 156 ff.), und welche Transfervorgänge überhaupt von den Vorschriften erfasst sein können (dazu → Rn. 191 ff.). Hieran schließt sich die Frage an, welche Person bzw. welches Unternehmen bzgl. eines Transfervorgangs als „Ausführer" angesehen werden würde (dazu → Rn. 212 ff.) und auf welche Arten ein genehmigungspflichtiger Transfervorgang ggf. genehmigt werden könnte (dazu → Rn. 215 ff.). 144

a) Rechtsgrundlagen

Grundlage für das Exportkontrollrecht ist meist eine Einigung auf internationaler Ebene zwischen den westlichen Staaten (dazu → Rn. 146 ff.). Umgesetzt wird es – je nach Regelungsinhalt – auf Ebene der EU oder ihrer Mitgliedstaaten (dazu → Rn. 153 ff.). 145

aa) Internationale Vereinbarungen. Viele exportkontrollrechtliche Vorgaben beruhen auf internationalen Vereinbarungen zur Kontrolle bestimmter Waffen und des Nuklearbereichs. Diese internationalen Exportkontrollregime sind, mit Ausnahme des Chemiewaffenübereinkommens, völkerrechtlich nicht verbindlich, sondern werden lediglich als „Gentlemen's Agreements" von den jeweiligen Mitgliedstaaten geschlossen und in nationales Recht umgesetzt.[137] Auf Ebene der EU wird eine Vielzahl dieser Regelungen direkt in EU-Recht umgesetzt. Hiervon ausgenommen sind allerdings die Exportkontrollen für Rüstungsgüter, die nach wie vor auf nationaler Ebene geregelt sind.[138] 146

Zu den relevanten internationalen Exportkontrollregimen gehört erstens das **Wassenaar-Arrangement.** Dieses Übereinkommen ist am 1.11.1996 in Kraft getreten und befasst sich mit der Exportkontrolle konventioneller Rüstungsgüter und Güter im doppelten Verwendungsbereich (Dual-Use-Güter).[139] Ihm gehören nahezu alle EU-Staaten (außer Zypern) an und daneben Argentinien, Australien, Indien, Japan, Kanada, Kroatien, Mexiko, Neuseeland, Norwegen, Russland, die Schweiz, Südafrika, Südkorea, Türkei, Ukraine und die USA.[140] 147

Zweitens gehört hierzu die sog. **Australische Gruppe,** die sich mit der Exportkontrolle bestimmter Chemikalien und biologischer Agentien befasst sowie mit Dual-Use-Gütern, die zur Herstellung biologischer und chemischer Waffen missbraucht werden können.[141] Dieses Übereinkommen ist seit dem seitens Australien dazu vorgebrachten Vorschlag aus dem Jahre 1985 in Kraft und umfasst derzeit alle EU-Staaten sowie Argenti- 148

---

[137] Krenzler/Herrmann/Niestedt/*Karpenstein/Kottmann* Dual-Use-VO Vor Art. 1 Rn. 16 ff.

[138] Die grundsätzliche Regelungskompetenz liegt auch hier allerdings bei der Europäischen Union nach Art. 207 AEUV, um einer möglichen Konturlosigkeit der mitgliedstaatlichen Begründung, es würden außen- oder sicherheitspolitische Zwecke iSv Art. 346 AEUV verfolgt werden, vorzubeugen, vgl. EuGH Urt. v. 17.10.1995 – C-83/94, BeckRS 2004, 77830 Rn. 9 f. – Leifer; Urt. v. 17.10.1995 – C-70/94, NVwZ 1996, 365 Rn. 7 ff. – Werner; Calliess/Ruffert/*Wegener* AEUV Art. 346 Rn. 9 f.

[139] Hierzu weiterführend Krenzler/Herrmann/Niestedt/*Karpenstein/Kottmann* Dual-Use-VO Vor Art. 1 Rn. 20; *Kuner* in Hoeren/Sieber/Holznagel MultimediaR-HdB Teil 17 Rn. 17 ff.

[140] www.wassenaar.org/about-us/ (11.12.2019).

[141] Hierzu weiterführend Krenzler/Herrmann/Niestedt/*Karpenstein/Kottmann* Dual-Use-VO Vor Art. 1 Rn. 19.

nien, Australien, Japan, Kanada, Korea, Mexiko, Neuseeland, Norwegen, die Schweiz, Türkei, Ukraine und die USA sowie die EU-Kommission.[142]

149 Drittens wurde das sog. **Missile Technology Control Regime** im Jahr 1987 gegründet, um die Verbreitung nuklearwaffenfähiger Raketentechnologie zu verhindern.[143] Diesem Kontrollregime gehören derzeit 35 Mitgliedsstaaten an. Hierzu gehören: Argentinien, Australien, Belgien, Brasilien, Bulgarien, Dänemark, Deutschland, Finnland, Frankreich, Griechenland, Großbritannien, Indien, Irland, Island, Italien, Japan, Kanada, Korea, Luxemburg, Neuseeland, Niederlande, Norwegen, Österreich, Polen, Portugal, Russland, Schweden, die Schweiz, Spanien, Südafrika, die Tschechische Republik, Türkei, Ungarn, Ukraine und die USA.[144]

150 Viertens wurden Exportkontrollen im Nuklearbereich im Rahmen der sog. **Nuclear Suppliers Group** vereinbart, die sich insbesondere mit der Weitergabe von Spaltmaterial und Ausrüstungen, die speziell für die Verarbeitung, Verwendung oder Herstellung von Spaltmaterial vorgesehen oder hergerichtet sind, befasst.[145] Der Nuclear Suppliers Group sind inzwischen 48 Staaten beigetreten.[146]

151 Im Bereich der Chemiewaffen wurde fünftens das **Chemiewaffenübereinkommen** als internationaler Vertrag vereinbart und ist nach Ratifikation von 65 Unterzeichnerstaaten im April 1997 in Kraft getreten. Mittlerweile haben 192 Staaten das Übereinkommen ratifiziert. Dieses Übereinkommen statuiert das Verbot der Produktion von Chemiewaffen und kontrolliert daher auch die Produktion und Verwendung von Vorprodukten.[147]

152 All diese Regime bzw. Übereinkommen enthalten Regelungen zur Kontrolle bestimmter Güter einschließlich Software und Technologie, die auch im Bereich IoT relevant sind.

153 **bb) Unionsrechtliche und nationale Rechtsgrundlagen.** Auf Ebene der EU wurden diese Vorgaben maßgeblich in die Verordnung (EG) Nr. 428/2009 des Rates vom 5. 5. 2009 über eine Gemeinschaftsregelung für die Kontrolle der Ausfuhr von Gütern und Technologie mit doppeltem Verwendungszweck **(„Dual-Use-Verordnung")** in für die EU verbindliches Recht umgesetzt. Diese Verordnung regelt insbesondere den Transfer von in ihren Anhängen gelisteten Gütern einschließlich bestimmter Software und Technologie innerhalb der EU und in Drittstaaten. Inhaltlich bezieht sie sich – wie ihr Name besagt – auf Güter, die doppelt, also insbesondere militärisch und zivil verwendet werden können. Diese über zehn Jahre alte Verordnung bedurfte dringend einer Modernisierung. Entsprechende Vorhaben zu einer Reform waren jedoch sehr umstritten. Mittlerweile haben sich Rat, Kommission und Parlament im Trilogverfahren auf eine Reform geeinigt, die wohl als kleinster gemeinsamen Nenner bezeichnet werden muss.[148] Sie wird voraussichtlich Mitte 2021 in Kraft treten.

154 Auf nationaler Ebene ist die Exportkontrolle im **Außenwirtschaftsgesetz** (AWG)[149] und in der **Außenwirtschaftsverordnung** (AWV)[150] niedergelegt. Diese Vorschriften enthalten im Wesentlichen Genehmigungserfordernisse für die Ausfuhr und Verbringung gelisteter national gelisteter Güter einschließlich Software und Technologie in andere EU-Länder und Drittstaaten. Die der AWV beigefügte Güterliste enthält im Wesentlichen Rüstungsgüter (Anh. I Teil I A), aber auch wenige national gelistete Dual-Use Güter (Anh. I Teil I B). Die AWV enthält daneben Genehmigungserfordernisse für Dienstleistungen wie technische Unterstützung sowie Handels- und Vermittlungsgeschäfte. Daneben ist

---

142 australiagroup.net/en/participants.html (11. 12. 2019).
143 Hierzu weiterführend Krenzler/Herrmann/Niestedt/*Karpenstein/Kottmann* Dual-Use-VO Vor Art. 1 Rn. 19.
144 mtcr.info/partners/ (11. 12. 2019).
145 Hierzu weiterführend Krenzler/Herrmann/Niestedt/*Karpenstein/Kottmann* Dual-Use-VO Vor Art. 1 Rn. 18.
146 www.nuclearsuppliersgroup.org/de/ueber-die-nsg/mitglieder (11. 12. 2019).
147 Hierzu weiterführend *Harder* in Wabnitz/Janovsky WirtschaftsStrafR-HdB Kap. 23 Rn. 69 ff.
148 Zum Text der Einigung s. https://data.consilium.europa.eu/doc/document/ST-12798-2020-INIT/en/pdf (25. 2. 2021).
149 V. 6. 6. 2013, BGBl. I S. 2178, zuletzt geändert durch Art. 4 G. v. 20. 7. 2017, BGBl. I S. 1482.
150 V. 2. 8. 2013, BGBl. I S. 2865, zuletzt geändert durch Art. 7 V. v. 27. 2. 2019, BAnz. AT 6. 3. 2019 V1.

wie auch in der Dual-Use-Verordnung die Ausfuhr bestimmter nichtgelisteter Güter (einschließlich Software und Technologie) zu bestimmten Endverwendungszwecken geregelt.

Ergänzend sei erwähnt, dass das Chemiewaffenübereinkommen über das Ausführungsgesetz zum Chemiewaffenübereinkommen (CWÜAG)[151] sowie der entsprechenden Ausführungsverordnung zum Chemiewaffenübereinkommen (CWÜV)[152] Eingang in die nationale Rechtsordnung findet.[153] 155

b) Erfasste Ausrüstung, Software oder Technologie

Wie eingangs dargestellt unterliegen bestimmte Ausrüstung, Technologie oder Software (übergreifend auch als „Güter" bezeichnet) besonderen Handelsbeschränkungen. Das ist dann der Fall, wenn sie in besonderen Listen aufgeführt sind (dazu → Rn. 157 ff.). Diese Listen enthalten regelmäßig nicht nur physische Güter, sondern auch Software (dazu → Rn. 165 ff.) und Technologie (dazu → Rn. 178 ff.), für die jeweils besondere Regelungen gelten. Damit können auch Daten vom Exportkontrollrecht erfasst sein. 156

3. Relevante Listen

Es gibt eine Vielzahl von Listen, die Güter, Software und Technologie aufführen, deren Ausfuhr bzw. Transfer exportkontrollrechtlich beschränkt ist.[154] Hierzu gehört beispielsweise die **Ausfuhrliste,** enthalten in Anh. I, Teil 1, Abschnitt A AWV, die als Rüstungsgüter erfasste Software oder Technologie enthält. 157

Von zentraler Bedeutung ist darüber hinaus die **Dual-Use-Liste,** die Anh. I der Dual-Use-VO beigefügt ist und die Güter, Software und Technologie auflistet, die sowohl für zivile als auch für militärische Zwecke eingesetzt werden können und die als sensibel angesehen werden. Die Dual-Use-Liste enthält in insgesamt zehn Kategorien, von kerntechnischen Materialen über allgemeine Elektronik, Rechner, Telekommunikation, Informationssicherheit, Sensoren und Laser bis hin zu Luftfahrt, Raumfahrt und Antriebe jeweils die Gattungen Systeme, Ausrüstung und Bestandteile (A), Prüf-, Test- und Herstellungseinrichtungen (B), Software (D) und Technologie (E). 158

Um Beispiele zu nennen, die für IoT-Anwendungen von Relevanz sein können: 159

- Pos. 4A003 der Dual-Use-Liste erfasst Digitalrechner und elektronische Baugruppen mit besonders bestimmten Leistungsmerkmalen, wie zB einer angepassten Spitzenleistung von mehr als 29 gewichteten Terra Flops;
- Pos. 5D002c der Dual-Use-Liste erfasst Software, die die Eigenschaft von Systemen besitzt oder deren Funktion ausführt oder simuliert, die besonders konstruiert oder geändert sind für die Verwendung von Kryptotechnik für die Vertraulichkeit von Daten mit einer symmetrischen Schlüssellänge > 56 bit oder gleichwertig, sofern diese kryptografische Funktionalität verwendbar ist, freigeschaltet worden ist oder mittels kryptografischer Freischaltung oder sicheren Mechanismus freigeschaltet werden kann und Informationssicherheit eine Hauptfunktion ist.
- Pos. 3E001 der Dual-Use-Liste erfasst Technologie zur Herstellung von gem. Pos. 3A225 gelisteten Frequenzumwandlern mit näher bestimmten Leistungsmerkmalen. Solche Frequenzumrichter werden von der Industrie vielfältig verwendet.

Die ersten beiden Beispiele zeigen, dass die für IoT-Anwendungen **benötigte Ausrüstung** sowohl im Soft- als auch im Hardwarebereich von der Dual-Use-Liste erfasst sein kann und daher bei ihrer Ausfuhr aus der Europäischen Union ggf. einer Genehmigung bedarf. Daneben sei erwähnt, dass Anh. IV der Dual-Use-Verordnung eine kleine Teilmenge der in Anh. I aufgeführten Güter, Software und Technologie enthält, die als beson- 160

---

[151] V. 2.8.1994, BGBl. I S. 1954, zuletzt geändert durch Art. 6 Abs. 1 G. v. 13.4.2017, BGBl. I S. 872.

[152] V. 20.11.1996, BGBl. I S. 1794 zuletzt geändert durch Art. 1 V. v. 5.7.2011, BGBl. I S. 1349.

[153] Vgl. hierzu auch *Harder* in Wabnitz/Janovsky WirtschaftsStrafR-HdB Kap. 23 Rn. 70 ff.

[154] www.bafa.de/DE/Aussenwirtschaft/Ausfuhrkontrolle/Gueterlisten/gueterlisten_node.html (11.12.2019).

ders sensibel angesehen werden und deren Transfer nicht nur in Drittländer, sondern auch grenzüberschreitend innerhalb der Europäischen Union beschränkt wird. Das dritte Beispiel zeigt, dass insbesondere Industrieunternehmen häufig über gelistetes **Produktionsknowhow** verfügen, das, sollte es im Rahmen von IoT-Anwendungen zB im Rahmen von Smart Factories im Bereich Maschinenbau über IT-Infrastruktur verfügbar gemacht werden, ebenfalls Genehmigungspflichten auslösen kann.

161 Ferner enthält das Chemiewaffenübereinkommen eine Liste von Chemikalien, die ebenfalls nur eingeschränkt gehandelt werden dürfen.

162 Schließlich sei erwähnt, dass verschiedene länderbezogene Embargos auch Güterlisten enthalten, die ihrerseits nicht nur Güter, sondern auch Software und Technologie aufführen wie bspw. das Iran-Embargo, niedergelegt in Verordnung (EU) Nr. 267/2012.[155] Daneben enthält das Venezuela-Embargo[156] in seinem Anh. II noch Genehmigungspflichten für den Transfer von Software und Technologie für die Überwachung oder das Abhören des Internets oder des Telefonverkehrs.[157] Häufig enthalten die Güterlisten der Embargoverordnungen aber auch keine Software und Technologie, wie bspw. Anh. II der Russlandverordnung (EU) Nr. 833/2014,[158] der lediglich physische Güter enthält, die in bestimmten Explorations- und Förderprojekten in Russland eingesetzt werden können. Bei entsprechendem Länderbezug muss daher sichergestellt sein, dass keine unerlaubten Transfers stattfinden.

163 Zwar sind – gemessen an den absolut weltweit verfügbaren Gütern oder Daten – die wenigsten exportkontrollrechtlich als Ausrüstung, Software oder Technologie beschränkt. Von den Güterlisten am bedeutsamsten ist allerdings die **Dual-Use-Liste,** die insbesondere im IT-Sektor benötigte leistungsstarke Ausrüstung oder Software und auch in der Industrie eingesetzte Ausrüstung und deren Technologie erfasst. Insgesamt gilt, dass Hoch- oder Spitzentechnologie besonders häufig erfasst sind, auch wenn die Listen der technischen Entwicklung hinterherhinken. Die USA begannen im Jahr 2018 die Exportkontrolle auch auf sog. emerging technologies auszudehnen, wie zB Big Data, Künstliche Intelligenz, additive Fertigung uvm. Eine erste Umsetzung wird demnächst erwartet. Die EU könnte diesem Beispiel folgen.

164 Aufgrund der besonderen Relevanz für IoT-Anwendungen schildern wir im Folgenden anhand der Dual-Use-Liste, unter welchen Voraussetzungen Software und Technologie derzeit von den Beschränkungen der Exportkontrolle erfasst sind. Die Ausfuhrliste und ggf. auch Listen nach Embargoverordnungen verwenden in der Regel identische oder vergleichbare Konzepte.

4. Erfasste Software

165 Wie bereits oben geschildert erfassen die einzelnen Kategorien der Dual-Use-Liste in der **Gattung D** auch **Software.** Die Leistungsmerkmale, die die Software erfüllen muss, werden in der jeweiligen Position näher bestimmt. Darüber hinaus bestimmt aber insbesondere die Definition des Begriffes Software in den Begriffsbestimmungen, welche Anforderungen Software generell erfüllen muss (dazu → Rn. 166). Der Dual-Use-Liste vorangestellt ist des Weiteren eine allgemeine Softwareanmerkung, die insbesondere bestimmt, welche Software von sämtlichen Listenpositionen ausgenommen ist (dazu → Rn. 167 ff.). Auf die praktisch besonders relevante – und von der Dual-Use-Liste grundsätzlich erfasste Verschlüsselungssoftware gehen wir gesondert ein (dazu → Rn. 171 ff.).

---

[155] So finden sich Beschränkungen für Technologie und Software in den Anhängen I, II, III sowie VI der VO (EU) Nr. 267/2012.

[156] VO (EU) Nr. 2017/2063 v. 13.11.2017, ABl. 2017 L 295, 21.

[157] Zu einer systematischen Darstellung der länderbezogenen Embargos BAFA-Merkblatt v. 21.1.2019, Übersicht über die länderbezogenen Embargos, www.bafa.de/SharedDocs/Downloads/DE/Aussenwirtschaft/afk_embargo_uebersicht_laenderbezogene_embargos.html (11.12.2019).

[158] V. 31.7.2014, ABl. 2014 L 229, 21.

a) Softwaredefinition

166 Zunächst ist der Begriff Software in den **Begriffsbestimmungen** definiert, und zwar als „Sammlung eines oder mehrerer Programme oder Mikroprogramme, die auf einem beliebigen greifbaren (Ausdrucks-)Medium fixiert sind". Programm wiederum wird definiert als „eine Folge von Befehlen zur Ausführung eines Prozesses in einer Form oder umsetzbar in eine Form, die von einem elektronischen Rechner ausführbar ist". Mikroprogramm wird sodann in einer Anmerkung definiert als „eine in einem speziellen Speicherbereich dauerhaft gespeicherte Folge von elementaren Befehlen, deren Ausführung durch das Einbringen des Referenzbefehls in ein Befehlsregister eingeleitet wird". Der Source Code oder deutsch: „Quellcode" ist in den Güterlisten regelmäßig nicht als Software, sondern als Technologie aufgeführt.

b) Allgemeine Softwareanmerkung (ASA)

167 Die Allgemeine Softwareanmerkung (ASA) enthält Regeln dazu, wann Software von der jeweiligen Liste nicht umfasst ist. Die Ausnahmen gelten für drei Fälle, nämlich für frei erhältliche Software (dazu → Rn. 168), für allgemein zugängliche Software (dazu → Rn. 169) oder für sogenannte Minimum-Software als Objektcode (dazu → Rn. 170).

168 **aa) Frei erhältliche Software.** Frei erhältliche Software ist nach der sog. **Mass-Market-Ausnahme** von der Listung ausgenommen, wenn sie auf eine bestimmte Art und Weise verkauft wird und der Benutzer sie ohne umfangreiche Unterstützung durch den Anbieter selbst installieren kann. Die Ausnahme ist anwendbar auf folgende Geschäftspraktiken: Barverkauf, Versand, Verkauf, Verkauf über elektronische Medien oder Telefonverkauf. Die Ausnahme statuiert ferner, dass die Software im Einzelhandel und ohne Einschränkungen mithilfe dieser Geschäftspraktiken verkauft wird. In einer Anmerkung zu dieser Ausnahme wird Software, die von Kategorie 5, Teil 2 der Dual-Use-Liste im Kapitel Informationssicherheit aufgeführt wird, ausdrücklich ausgenommen. Diese Kategorie enthält jedoch ihrerseits wiederum eine weiteren Einschränkungen unterliegende Mass-Market-Ausnahme.[159]

169 **bb) Allgemein zugängliche Software.** Allgemein zugänglich bezieht sich nach den Begriffsbestimmungen auf Software, die ohne Beschränkung ihrer weiteren Verbreitung erhältlich ist, wobei Copyright-Beschränkungen die allgemeine Zugänglichkeit nicht aufheben. In der englischen Sprache wird hierfür der Begriff **„in the public domain"** verwendet. In diesem Zusammenhang sei ausdrücklich angemerkt, dass die Kontrollen nicht dadurch umgangen werden dürfen, dass eine Software allgemein zugänglich gemacht wird, denn in dem ersten Zugänglichmachen liegt ebenfalls ein Transfer, der selbst von der Ausnahme noch nicht erfasst ist.

170 **cc) Minimum-Software als Objektcode.** Schließlich ist von der Listung ausgenommen solche Software, die als Objektcode das unbedingt notwendige Minimum für Aufbau, Betrieb, Wartung oder Reparatur derjenigen Güter darstellt, für die eine Ausfuhrgenehmigung erteilt wurde. Auch von dieser Ausnahme sind ausdrücklich rückausgenommen Software der Kategorie 5, Teil 2 der Dual-Use-Liste (Informationssicherheit). Objektcode wiederum ist definiert als „maschinenlauffähige Form einer geeigneten Beschreibung eines oder mehrerer Prozesse Quellcode oder Quell-Programmiersprache, die durch ein Programmiersystem übersetzt wurde".

---

[159] VO (EG) Nr. 428/2009 des Rates v. 5.5.2009, ABl. L 134, 167, Anm. 2.

c) Sonderfall: Verschlüsselungssoftware

171 Verschlüsselungssoftware ist für IoT-Anwendungen zentral: Fast unabhängig vom Einsatzgebiet ist die Sicherung der Daten ein zentrales Anliegen. Kryptologische Software ist in der bereits erwähnten Kategorie 5, Teil 2 der Dual-Use-Liste (Informationssicherheit) geregelt. Sie gliedert sich auf in kryptografische Programme, die dem Unverständlichmachen einer Nachricht für Unbefugte dienen und deren kryptoanalytisches Gegenstück, das solch verschlüsselte Nachrichten gerade dechiffrieren soll.[160] Dabei sind die Grundsätze zur Erfassung von Software in Abschnitt 5D2 dargelegt.

172 Es geht hierbei um Software, (i) die zur Entwicklung, Herstellung oder Verwendung gewisser Güter der Informationssicherheit besonders entwickelt oder geändert wurde (Position 5D002a der Dual-Use-Liste), (ii) die die Umwandlung oder Aktivierung einer Listungszugehörigkeit durch „kryptografische Freischaltung" auslöst (Position 5D002b der Dual-Use-Liste) und schließlich (iii) um Software, die die Eigenschaften gewisser gelisteter Güter der Informationssicherheit besitzt oder deren Funktionen ausführt oder simuliert (Position 5D002c der Dual-Use-Liste).

173 Bereits die Anm. zu Kategorie 5 Teil 2 Dual-Use-Liste enthalten eine Reihe von Ausnahmen von der Erfassung, die im Folgenden kurz dargestellt werden.

174 Anm. 2 nimmt Güter von der Erfassung aus, wenn sie „von ihrem Benutzer für den **persönlichen Gebrauch** mitgeführt werden".

175 Die Kryptotechnik-Anm. 3, enthält in lit. a zunächst ihre eigene **Mass-Market-Ausnahme.** Diese gilt speziell nur für in den Nummern 5 A002, 5D002a1, 5D002b, 5D002c1 geregelte Systeme, Ausrüstung, Bestandteile und Software. Danach sind solche Güter ausgenommen, die kumulativ folgende Kriterien erfüllen: Erstens sind sie frei erhältlich und werden im Einzelhandel uneingeschränkt mittels Bar-, Versand-, Telefonverkauf oder Verkauf über elektronische Medien vertrieben. Zweitens kann ihre kryptografische Funktionalität nicht durch einfache Mittel vom Benutzer geändert werden. Drittens müssen sie derartig konzipiert sein, dass ihre Installation durch den Benutzer ohne umfangreiche Unterstützung ausgeführt werden kann. Darüber hinaus existiert eine Kryptotechnik-Anm. zur Anmerkung, die nochmals zwei Vorbedingungen aufstellt: Das Gut muss von potenziellem Interesse für ein breites Spektrum an Unternehmen sowie Einzelpersonen sein und der Preis und die Informationen zur Hauptfunktion des Guts müssen bereits vor ihrem Erwerb verfügbar sein, ohne dass es dazu einer Anfrage, worunter keine einfache Preisauskunft zu verstehen ist, an Lieferant oder Verkäufer bedarf.

176 Lit. b der Kryptotechnik-Anm. erweitert den Anwendungsbereich der Mass-Market-Ausnahme auch auf die für die genannten Güter entwickelten Hardwarekomponenten oder „ausführbare Software". Hierbei handelt es sich um eine Fortentwicklung der ehemaligen **Anm. 4,** die mit der Delegierten Verordnung (EU) Nr. 2017/2268 vom 26. 9. 2017 wegfiel. Eine Änderung bereits bestehender Inhalte wurde dabei jedoch nicht beabsichtigt. Dieser Ausnahme können Hardwarekomponenten und „ausführbare Software" dann selbst unterfallen, sofern Informationssicherheit weder Hauptfunktion noch Teil der Menge der Hauptfunktionen darstellt, sie keine kryptografische Funktion verändern oder hinzufügen, die Funktionsmerkmale feststehend sind und nicht durch eine Kundenvorgabe entwickelt oder geändert wurden. Beispielhaft führt das U.S. Bureau of Industry and Security zur inhaltsgleichen Anm. 4 der Kategorie 5, Teil 2 der amerikanischen Commerce Control List (CCL) dazu Musik- und Filmanwendungen, Programme zur Automatisierung von Unternehmensprozessen (BPA) und zum Management von Unternehmensprozessen (BPM) sowie Sicherungssoftware von Lizenzschlüsseln auf.[161]

---

[160] Zur Terminologie anschaulich *Kuner* in Hoeren/Sieber/Holznagel MultimediaR-HdB Teil 17 Rn. 2 ff.

[161] Zu einer ausführlichen Beispielsübersicht anhand von Konsumenten- sowie Unternehmensanwendungen, Anwendungen im wissenschaftlichen Bereich und sicherer Lieferung und Installation von geistigem Eigentum vgl. Nr. 15 der Darstellung des U.S. Bureau of Industry and Security, www.bis.doc.gov/index.php/all-articles/15-policy-guidance/encryption/560-encryption-faqs (11. 12. 2019). Die Interpretation sei-

Für beide Ausnahmeregelungen der Kryptotechnik-Anm. (lit. a und b) sind zur Feststellung der beschriebenen Voraussetzungen detaillierte technische Beschreibungen der Güter, ihrer Komponenten oder „ausführbaren Software" vorzuhalten und auf Verlangen der zuständigen Behörde dann auch vorzulegen. 177

5. Erfasste Technologie

Auch Technologie ist als Gattung in allen Kategorien in der Dual-Use-Liste enthalten. Die Dual-Use-Liste enthält über die Begriffsbestimmung eine Legaldefinition (dazu → Rn. 179 ff.) und über die Allgemeine Technologiedefinition wichtige Ausnahmen von der Erfassung (dazu → Rn. 183 ff.). Schließlich geben wir Beispiele für erfasste Technologie (dazu → Rn. 189 f.). 178

a) Technologiedefinition

Gemäß den Begriffsbestimmungen handelt es sich bei Technologie um „spezifisches technisches Wissen, das für die Entwicklung, Herstellung oder Verwendung eines Produkts nötig ist. Das technische Wissen wird in der Form von technischen Unterlagen oder technischer Unterstützung verkörpert." Auch die Begriffe der Entwicklung, Herstellung und Veränderung sind in den Begriffsbestimmungen legal definiert. Teilweise verlangt die Dual-Use-Liste in diesem Zusammenhang auch, dass die Technologie für die Entwicklung, Herstellung oder Verwendung eines Produkts **unverzichtbar** ist. Unverzichtbar, englisch: required, bezieht sich gemäß den Begriffsbestimmungen ausschließlich auf den Teil der Technologie, der besonders dafür verantwortlich ist, dass die erfassten Leistungsmerkmale, Charakteristiken oder Funktionen erreicht oder überschritten werden. Diese unverzichtbare Technologie kann auch für verschiedenartige Produkte einsetzbar sein. 179

Nach dem Bundesamt für Wirtschaft und Ausfuhrkontrolle (BAFA) ist „zunächst diejenige Technologie als besonders verantwortlich im o. g. Sinne anzusehen, die alle wesentlichen Elemente enthält, die für ihre Aufnahme in die Güterliste bestimmend war."[162] Ob die Technologieunterlage alle wesentlichen Elemente erhält, beurteile sich danach, ob sie Informationen enthalte, die zur Erfüllung der technischen Parameter der jeweils einschlägigen Listenposition führe. 180

Aber selbst wenn die Technologieunterlage nicht alle wesentlichen Elemente im genannten Sinne enthält, könne die Technologie auch dann von der Güterliste erfasst sein, „wenn sie in Bezug auf das erfasste Gut oder das erfasste Bestandteil zwar nicht als im wesentlichen Sinne vollständig anzusehen ist, aber spezifische Schlüsseltechnologie für wesentlichen Funktionen erfasster Güter oder Bestandteile beinhaltet".[163] 181

b) Allgemeine Technologieanmerkungen (ATA)

Die Allgemeine Technologieanmerkung enthält im Wesentlichen Ausnahmen für Minimumtechnologie (dazu → Rn. 183), allgemein zugängliche Informationen (dazu → Rn. 184 ff.), wissenschaftliche Grundlagenforschung (dazu → Rn. 187) und für Patentanmeldungen erforderliche Informationen (dazu → Rn. 188). 182

aa) Minimum-Technologie. Ausgenommen von den jeweiligen Listungen ist die sog. „Minimum-Technologie". Dabei handelt es sich um solche, die für Aufbau, Betrieb, Wartung oder Reparatur nicht erfasster oder bereits von einer erteilten Ausfuhrgenehmigung umfassten Güter das unbedingt notwendige Minimum darstellt – wie beispielweise not- 183

---

tens der amerikanischen Behörden entfaltet für Deutschland zwar keinerlei Verbindlichkeit, kann aber als Auslegungsindiz auf Ebene des Wassenaar-Arrangements dienen.

[162] BAFA Merkblatt v. Juni 2016 S. 11.

[163] BAFA Merkblatt v. Juni 2016 S. 11.

wendige Handbücher. Zu beachten ist die in der dazugehörigen Anmerkung formulierte Rückausnahme, laut derer die in den Nummern 1E002e, 1E002f, 8E002a sowie 8E002b aufgeführten „Reparatur-Technologien" nicht freigestellt sind.

184 **bb) Allgemein zugängliche Technologie.** Unter allgemein zugänglich ist solche Technologie zu verstehen, die ohne Beschränkung ihrer weiteren Verbreitung erhältlich ist. Dies ist regelmäßig dann anzunehmen, wenn die Informationen bereits in allgemein zugänglichen Medien wie dem Internet oder in Schriften veröffentlicht sind. Am Kriterium der allgemeinen Zugänglichkeit vermögen auch etwaig bestehende Copyright-Beschränkungen nichts zu ändern.

185 Entscheidend ist der Moment der Weitergabe. Dh, dass bei Wissen, dessen Publikation beabsichtigt, aber noch nicht erfolgt ist, der vorherig erfolgte Transfer mithin einer Ausfuhrgenehmigung bedarf und eine später erfolgende Veröffentlichung keine Rückwirkung entfaltet.

186 Besondere Vorsicht ist überdies bei der Entscheidung zur Veröffentlichung sensitiver Inhalte geboten. Das Merkmal der allgemeinen Zugänglichkeit ist eines, das die publikationsverantwortlichen Person in die Rolle versetzt, selbst darüber zu entscheiden, ob die in Rede stehende Ausnahme greifen soll, indem sie sich gegen jedwede Verbreitungsbeschränkung entscheidet. In diesem durch die Regelungslogik der Dual-Use-Verordnung übertragenen Mandat liegt demnach gleichzeitig der Appell an einen verantwortungsbewussten Umgang mit dieser Ausnahmeregelung.

187 **cc) Wissenschaftliche Grundlagenforschung.** Des Weiteren gilt die Ausfuhrkontrolle nicht für im Rahmen **wissenschaftlicher Grundlagenforschung** gemeinsamer Technologie. Diese „basic scientific research" beschreibt theoretische oder experimentelle Arbeiten, welche hauptsächlich zur Erlangung von neuen Erkenntnissen über grundlegende Prinzipen von Phänomenen oder Tatsachen dienen, die nicht in erster Linie auf ein spezifisches praktisches Ziel oder einen spezifischen praktischen Zweck gerichtet sind.[164]

188 **dd) Patentanmeldungen.** Schließlich ist auch solche Technologie von den Ausfuhrbeschränkungen ausgenommen, die im Rahmen einer **Patentanmeldung** notwendig ist.

c) Beispiele

189 Um einige Beispiele zu nennen: Komplette technische Dokumentationen oder Fertigungsunterlagen und Teile davon sowie im Rahmen von Änderungsdiensten laufende Aktualisierungsmitteilungen sind nach dem BAFA regelmäßig unter den Technologie-Begriff zu fassen.[165] Diese Daten können selbstverständlich auch in rein elektronischer Form vorliegen, um unter den Technologiebegriff zu fallen. Bei Software stellt idR der Quellcode das erforderliche Wissen zur Herstellung und Entwicklung dar.

190 Im Gegensatz dazu sind folgende Daten über Ausrüstungsgegenstände regelmäßig nicht erfasst: rein deskriptive technische Leistungsdaten sowie -kennzahlen; mechanische und elektrische Anschluss-, Verbrauchsdaten; Fotos ohne Detailinformationen zu technischen Parametern; ebenso äußere Abmaße; Lastenhefte; Aufriss- sowie Explosionszeichnungen ohne Detailbemaßung; Beschriftungszeichnungen; Liefervorschriften; schematische Schnittbilder ohne Material- und Detailangaben; allgemeine Verfahrens- und Prozessbeschreibungen bei Anlagen; allgemein verfügbare Normen und auch Standards; Fachzeitschriftspublikationen; Stücklisten, sofern das Herstellen eines Zeichnungsbezugs unmöglich ist; Prozessdiagramme sowie Blockschaltbilder und Prinzipskizzen ohne Detailangaben; Kataloge und Prospekte (auch Auszüge daraus), die in ihrer jeweiligen Form für eine unbestimmte Anzahl an Emp-

[164] Zu einer restriktiven Auslegung vgl. Rechtsbank Nord-Holland Urt. v. 20.9.2013 – AWB 13/792, ECLI:NL:RBNHO:2013:8527.

[165] BAFA Merkblatt v. Juni 2016 S. 13.

fängern bestimmt sind oder sein können und dabei ohne individuelle Inhaltsveränderung zur Verfügung gestellt werden können.[166]

6. Erfasste Transfervorgänge

Neben der in einem ersten Schritt zu ermittelnden Listung etwaiger Technologie oder Software setzen die exportkontrollrechtlichen Beschränkungen darüber hinaus ein Bewegungsmoment voraus. Bei IoT-Anwendungen, die häufig grenzüberschreitend aufgesetzt werden, liegt ein solches Bewegungsmoment in der Regel vor. Dies liegt an der sehr weiten Definition der Ausfuhr, die nicht nur grenzüberschreitende Transfers, sondern auch das Einräumen von Zugängen aus dem Ausland erfasst (dazu → Rn. 192 ff.). Insbesondere Cloud Computing erfüllt häufig die hierfür bestehenden Voraussetzungen (dazu → Rn. 206 ff.). 191

a) Ausfuhrdefinition und -beispiele

Die Dual-Use-VO definiert in Art. 2 Nr. 2 drei Fälle der **Ausfuhr:** Die ersten beiden Fälle stellen die Ausfuhr bzw. Wiederausfuhr gemäß der zollrechtlichen Vorschriften dar. Mitunter fällt zB die gegenständliche Ausfuhr von IoT-Ausrüstung, wie zB Hochleistungsrechnern, darunter. Die dritte Fallgestaltung betrifft „die **Übertragung** von Software oder Technologie mittels elektronischer Medien wie Telefax, Telefon, elektronischer Post oder sonstiger elektronischer Träger nach einem Bestimmungsziel außerhalb der Europäischen Gemeinschaft; dies beinhaltet auch das **Bereitstellen** solcher Software oder Technologie in elektronischer Form für juristische oder natürliche Personen oder Personenvereinigungen außerhalb der Gemeinschaft. Als Ausfuhr gilt auch die mündliche Weitergabe von Technologie, wenn die Technologie am Telefon beschrieben wird.“ 192

Mit Blick auf die wesensgemäßen Besonderheiten von Technologie und Software sind also zwei Formen des Transfers erfasst: Die Daten können auf einem Speichermedium fixiert und somit gleich einer beweglichen Sache, wie der oa Ausrüstung, grenzüberschreitend (wieder-)ausgeführt werden (dazu → Rn. 194 ff.) oder unkörperlich mittels elektronischer Medien übertragen werden (dazu → Rn. 197 ff.). 193

Die Übertragung gelisteter Technologie oder Software erfüllt dann den Ausfuhrbegriff, wenn die Daten sich auf einem Medium verkörpert finden und daher wie eine bewegliche Sache grenzüberschreitend weitergegeben oder auch mitgenommen werden. Dabei kommen als Träger bspw. Memory-Sticks, CDs, Laptops, jedoch ebenso Papier für Kopien oder Druckschriften in Betracht. 194

Als Orientierungshilfe für eine Ausfuhr von auf einem Speichermedium fixierter Technologie oder Software lassen sich folgende Beispiele nennen: Zur Erfüllung einer mit einem Geschäftspartner aus einem Drittland geschlossenen Lizenzvereinbarung wird die entsprechende Technologie für die Herstellung des Produkts übertragen. Die ausgedruckte Bauanleitung wird dabei per Post an den Kunden versandt.[167] 195

Gleiches gilt für Serververlagerungen aus EU-Ländern in Länder außerhalb der EU. Denn hierbei wird die auf diesem befindliche Technologie ins Ausland mittransferiert.[168] 196

b) Übertragung mittels elektronischer Medien

Unter die Fallgestaltung der Übertragung von Software oder Technologie mittels elektronischer Medien fällt zunächst insbesondere die Übertragung **per E-Mail,** zumindest wenn der Absender weiß, dass sich der Empfänger der E-Mail in einem Drittland außerhalb der Union befindet. Zur Bestimmung, ob eine Ausfuhr beim Versenden der E-Mail vorliegt, 197

[166] BAFA Merkblatt v. Juni 2016 S. 14.
[167] BAFA Merkblatt v. Juni 2016 S. 15.
[168] BAFA Merkblatt v. Juni 2016 S. 13.

kommt es auf die Kenntnis des Absenders über den tatsächlichen Aufenthaltsort des E-Mail-Empfängers an. Der konkreten Ausgestaltung der E-Mail-Adresse kommt somit gemäß dem BAFA dann Bedeutung zu, wenn diese einen Empfänger im Ausland nahelegt.[169]

198 Die Variante des Bereitstellens liegt vor, wenn die unbeschränkte Möglichkeit eingeräumt wird, dass von außerhalb der Europäischen Union auf Technologie oder Software zugegriffen werden kann. Zur Bestimmung des Bereitstellens kommt es auf die technische **Möglichkeit eines Zugriffs** an und die darauf zweckgerichtete Schaffung, mit der ein späterer Zugriff nicht mehr zu kontrollieren oder zu verhindern ist. Ein konkreter Download der Software oder Technologie ist also gerade nicht erforderlich. Die bloße Schaffung einer solchen Zugriffsmöglichkeit genügt regelmäßig.

199 In Fällen, in denen Software oder Technologie nur an bestimmte Empfänger übertragen werden sollen, ist es notwendig, die Zugriffsmöglichkeiten dementsprechend einzuschränken. Die Art der erforderlichen Sicherungsmaßnahmen bestimmt sich dabei nach den Umständen des Einzelfalles. Sie sollten jedoch belastbar und im Nachhinein überprüfbar sein wie technische Vorkehrungen oder sonstige Sicherheitsmaßnahmen. Es muss im Ergebnis garantiert sein, dass ausschließlich der gewünschte Empfänger auf die Technologie zugreift, sonst droht die Gefahr für eine dennoch erfolgte ungenehmigte Ausfuhr in Form des Bereitstellens in Anspruch genommen zu werden.[170]

200 Hinsichtlich der **Ausfuhr in Form eines Bereitstellens** nennt das BAFA zur Veranschaulichung **folgende Fälle:**

201 Eine dem Unternehmen verbundene Konzerngesellschaft mit Sitz im Ausland erhält Zugriff auf das eigene Firmenintranet und gleichzeitig auf die dortige Technologie. In der Praxis ist dies ein häufiger Fall – denn häufig wird Produktionstechnologie in konzernweit verfügbaren Datenbanken abgelegt oder auf von überall zugänglichen Entwicklungsplattformen gearbeitet.

202 Häufig wird es Mitarbeitern ermöglicht, während Dienstreisen auch in Drittstaaten zB per VPN auf das Intranet und die darin enthaltene Technologie und Software zuzugreifen.

203 Im Rahmen der Verlagerung der IT-Verwaltung ins Ausland haben bisweilen in Drittstaaten ansässige Administratoren unbeschränkte Zugriffsmöglichkeit auf das Konzernnetzwerk.

204 Im Rahmen von IoT-Anwendungen fallen Fallgestaltungen hierunter, wenn zB Geschäftspartnern der Zugriff auf Daten ermöglicht wird, die auf Servern innerhalb der EU liegen.

205 Als Gegenbeispiel führt das BAFA schließlich die Fallgestaltung an, in der die Auslagerung von Dienstleistungen der IT-Administration ohne ein zielgerichtetes Bezwecken der Zugriffsmöglichkeit auf Software oder Technologie erfolgt und damit der Zugriff beschränkt wird. Bei der Beurteilung der dazu erforderlichen Sicherungsmaßnahmen spiele auch der Anteil der gelisteten Technologie/Software am gesamten Firmennetz eine Rolle.[171]

7. Sonderfall: Cloud Computing

206 Vor dem Hintergrund einer zunehmenden Praxisrelevanz von Cloud-IoT-Anwendungen[172] soll den exportkontrollrechtlichen Fallgestaltungen des Cloud Computings besondere Rechnung getragen werden. Das BAFA unterscheidet drei Konstellationen an Dienstleistungen: **Infrastructure as a Service** (dazu → Rn. 207 f.), **Software as a Service** (dazu → Rn. 209 f.) und letztlich **Platform as a Service** (dazu → Rn. 211).

[169] Vgl. BAFA Merkblatt v. Juni 2016 S. 15.
[170] BAFA Merkblatt v. Juni 2016 S. 16.
[171] BAFA Merkblatt v. Juni 2016 S. 15.
[172] Vgl. *Botta/de Donato/Persico/Pescapé* FGCS 2016, 684 ff.

a) Infrastructure as a Service (IaaS)

Im Rahmen von **IaaS** werden als Dienste angebotene IT-Ressourcen von einem Cloud-Nutzer erworben und darauf findet der Aufbau eigener Services zum internen oder externen Gebrauch statt. Auf diese Weise kann, bspw. durch das Anmieten von Arbeits- oder Datenspeicher, Technologie in eine Cloud in Deutschland oder einem Drittland ausgelagert werden. Von Deutschland oder einem Drittland aus kann vice versa auf die Technologie in der Cloud zugegriffen werden. 207

Insbesondere was das IoT-relevante Einräumen etwaiger Zugriffsmöglichkeiten betrifft, liegt hierin eine Ausfuhr in Form des Bereitstellens nach Art. 2 Nr. 2 lit. iii Dual-Use-VO, denn der Zugriff von außerhalb der Union wird hier ermöglicht und auch bezweckt. Dabei kann ein späterer Zugriff nicht effizient kontrolliert oder gar verhindert werden, da die Technologie im Moment der Zugänglichmachung auf dem Server aus den Händen gegeben wird. Wie bereits erwähnt ist die reine Zugriffsmöglichkeit einem Download gleichgestellt, da ein stetig gewährter Zugriff bei fortlaufender Nutzungsmöglichkeit der Technologie ebenso eine ständige Verfügbarkeit bedeutet. 208

b) Software as a Service (SaaS)

Im Hinblick auf das Erreichen eines gewissen Ergebnisses wie Finanzbuchhaltung oder Textverarbeitungen bietet **SaaS** Nutzern oder Anwendern Software auf einem Server in Deutschland oder einem Drittland zur Nutzung an. Dabei ist die Software lediglich auf der Cloud und nicht auf dem Rechner des Nutzers installiert – sie wird somit in die Cloud ausgelagert bzw. erstmalig von dort bezogen und ausschließlich virtuell benutzt. 209

Nach Art. 2 Nr. 2 lit. iii Fall 1 Dual-Use-VO stellt bereits das Hochladen gelisteter Software auf einen Drittlandserver eine Ausfuhr dar, und zwar eine elektronische Übermittlung. Was die Einräumung von Zugriffsmöglichkeiten demgegenüber betrifft, so kommt ein Bereitstellen iSd Art. Nr. 2 lit. iii Fall 2 Dual-Use-VO in Betracht. Mit Blick auf die für den Empfänger dadurch begründete jederzeitige Nutzungsmöglichkeit ist die Einräumung der Nutzungsmöglichkeit faktisch der Einräumung des unmittelbaren Besitzes gleichzustellen. Darin liegt die Besonderheit des Bereitstellens als Ausfuhrvariante, die gerade keinen Download der in Rede stehenden Software erforderlich macht. Zu verneinen ist ein Bereitstellen jedoch in solchen Konstellationen, in denen die gelistete Software nur kryptografisch den Übertragungsweg zwischen SaaS-Applikation sowie Nutzer verschlüsselt und darüber hinaus keine weitere Nutzung zulässt. Da die Nutzung der Verschlüsselungstechnologie nur für einen einzigen Zweck, den der Übertragung der Resultate der Software, gestattet ist, ist keine Vergleichbarkeit mit der Einräumung unmittelbaren Besitzes gegeben.[173] 210

c) Platform as a Service (PaaS)

PaaS bezeichnet Dienste, im Rahmen derer der Zugang zu einer Plattform oder Infrastruktur einem Nutzer oder Anwender zur Entwicklung eigener Systeme zur Verfügung gestellt wird. Hinsichtlich des Einräumens von Zugriffsrechten gilt das oben dargestellte: Das Hochladen von Software oder Daten in Drittländer kann eine Ausfuhr von Software oder Technologie darstellen. Ebenso kann das Einräumen von Zugriffsrechten aus dem Ausland eine Ausfuhr in Form des Bereitstellens nach Art. 2 Nr. 2 lit. iii Dual-Use-VO darstellen. Unterschiedlich zu bewerten ist – je nach Verantwortlichkeit – jedoch evtl. die Person des Ausführers (dazu → Rn. 212 ff.). 211

[173] *Pietsch* in Ehlers/Wolffgang Exportkontrolle S. 527, 534 f.; BAFA Merkblatt v. Juni 2016 S. 19.

8. Ausführer

212 In persönlicher Hinsicht ist zudem relevant, wer als Ausführer des in Rede stehenden Exportvorgangs zu werten ist, denn diese Person ist auch verpflichtet, ggf. **erforderliche Genehmigungen** einzuholen.

213 Der Begriff des Ausführers ist in Art. 2 Nr. 3 Dual-Use-VO wie folgt definiert: „Jede natürliche oder juristische Person oder Personenvereinigung, i) für die eine Ausfuhranmeldung abgegeben wird, dh die Person, die zum Zeitpunkt der Entgegennahme der Anmeldung Vertragspartner des Empfängers im Drittland ist und über die Versendung der Güter aus dem Zollgebiet der Gemeinschaft bestimmt. Wurde kein Ausfuhrvertrag geschlossen oder handelt der Vertragspartner nicht für sich selbst, so gilt als Ausführer, wer die Versendung der Güter aus dem Zollgebiet der Gemeinschaft tatsächlich bestimmt; ii) die entscheidet, Software oder Technologie mittels elektronischer Medien wie Telefax, Telefon, elektronischer Post oder sonstiger elektronischer Träger nach einem Bestimmungsziel außerhalb der Gemeinschaft zu übertragen oder für ein solches Bestimmungsziel bereitzustellen. Stehen nach dem Ausfuhrvertrag die Verfügungsrechte über die Güter mit doppeltem Verwendungszweck einer außerhalb der Gemeinschaft niedergelassenen Person zu, so gilt als Ausführer die in der Gemeinschaft niedergelassene Vertragspartei."

214 Im Falle der Zurverfügungstellung von Serverkapazitäten bzw. Cloud-Kapazitäten ist Ziff. (ii) relevant. Hier ist Ausführer diejenige Person, die entscheidet, Software oder Technologie ins Ausland zu übertragen oder für ein solches Bestimmungsziel bereitzustellen. Hierbei kommt es nach Auffassung des BAFA auf die Einräumung von Zugriffsrechten an. Derjenige, bei dem sich der Server physisch befindet, könne nicht zwingend Verantwortung für den Ausfuhrvorgang übernehmen, wenn er die Einräumung von Zugriffsrechten tatsächlich nicht beeinflussen kann. Sofern diese Entscheidung beim Kunden liege, wäre dieser beispielsweise als Ausführer anzusehen. Verbringt allerdings die Person, bei der sich ein Server physisch befindet, diesen Server ins Ausland, ohne dass der Kunde hiervon informiert wird, kann sie Ausführer sein.[174] Mithin ist also eine klare Trennung von Verantwortlichkeiten essenziell, die in der Praxis vertraglich genau festgezurrt werden sollte.

9. Genehmigungen

215 Wer Ausführer einer gelisteten Technologie ist, bedarf einer Genehmigung. Für eine Vielzahl von Exporten stehen **Allgemeine Genehmigungen** zur Verfügung. Diese genehmigen die Ausfuhr von bestimmten Gütern oder auch Technologien in näher bestimmte Länder. Die Allgemeinen Genehmigungen enthalten eine Vielzahl von Bedingungen, auf deren Einhaltung strengstens geachtet werden muss. Die meisten Allgemeinen Genehmigungen verlangen darüber hinaus eine Registrierung und halbjährliche Meldungen an das BAFA. Daneben werden Genehmigungen auch als Einzelgenehmigungen erteilt. Für mehrere gleichförmige Ausfuhren kann darüber hinaus auch eine **Sammelausfuhrgenehmigung** beantragt werden, die im Falle der Ausfuhr von Technologie als **Technologieausfuhrgenehmigung** („TAG") bezeichnet wird. Ein häufigeres Anwendungsbeispiel für eine solche TAG ist die Einräumung von Zugriffsrechten auf gelistete Technologie für eigene Mitarbeiter, die sich im Ausland befinden oder bei einer Tochtergesellschaft angestellt sind. Voraussetzung für die Erteilung einer solchen Genehmigung ist, dass das Bestehen eines internen Compliance-Systems für die Exportkontrolle nachgewiesen werden kann.

---

[174] BAFA Merkblatt v. Juni 2016 S. 18.

10. Exkurs: Das US-Reexportkontrollrecht

Neben dem europäischen Exportkontrollrecht, was bei Ausfuhren und Transfervorgängen auch der Europäischen Union und ggf. auch innerhalb der Europäischen Union zur Anwendung kommen, ist von besonderer Relevanz das US-Reexportkontrollrecht. Hintergrund ist der Umstand, dass die USA ihre Technologien, Software und Güter auch dann weiter kontrollieren, wenn sie die USA verlassen haben. Eine umfassende Darstellung des US-Exportkontrollrechts würde den Rahmen dieses Kapitels sprengen.[175] Gleichwohl werden wir kurz auf den Anwendungsbereich (dazu → Rn. 217 f.) und die Konsequenzen (dazu → Rn. 219 ff.) eingehen. 216

a) Anwendungsbereich des US-Reexportskontrollrechts

Von besonderer Relevanz ist der jurisdiktionelle Anwendungsbereich des US-Reexportkontrollrechts. Hierunter fallen nämlich nicht nur alle Güter, die sich in den USA befinden, sondern auch alle **Güter mit US-Ursprung,** unabhängig davon, wo sie sich physisch befinden. Daneben fallen hierunter auch Güter, die zwar nicht in den USA hergestellt wurden, die aber einen bestimmten Anteil an **kontrollierten US-Vormaterialien** beinhalten. Ferner fallen hierunter auch bestimmte nicht in den USA hergestellte Güter, die mit kontrollierter US-Software gebündelt (bundled) sind. Die USA erstrecken ihre Jurisdiktion ferner auf Technologie, die vermischt ist mit **kontrollierter US-Technologie.** Schließlich werden auch noch direkte Produkte kontrolliert, die auf der Basis von US-Technologie oder Software hergestellt wurden. Schließlich sei der Vollständigkeit halber noch erwähnt, dass die USA auch solche Güter kontrollieren, die hergestellt wurden von einer Anlage oder einem wesentlichen Bestandteil einer Anlage, die wiederum das direkte Produkt von bestimmter US-Technologie oder Software ist. 217

Wann also ein Produkt, eine Technologie oder eine Software sog. US-Software oder US-Technologie darstellt, ist mitunter schwer zu ermitteln. Allerdings geben die Hersteller dieser Produkte zumeist einen Hinweis. Ist der Hersteller eines Produktes oder einer Software ein Unternehmen mit Hauptsitz in den USA, so ist gut möglich, dass die von ihm vertriebenen Produkte oder Software dem Anwendungsbereich des US-Reexportkontrollrecht unterfallen. 218

b) Konsequenzen

Unterfällt ein Produkt auf diese Art und Weise dem US-Recht, so können Beschränkungen in Form von Genehmigungspflichten auch bei einem **Reexport** eines Gutes oder Software aus Deutschland in ein weiteres Land resultieren. Diesbezüglich ist zu beachten, dass die USA auch Reexporte in andere Länder der EU als Reexport ansehen. 219

Außerdem kennen die USA anders als die EU das Konzept des Deemed Exports oder Reexports. Wird eine Technologie einem Ausländer, also bspw. einem Franzosen in Deutschland, zugänglich gemacht, so liegt bereits in diesem Vorgang ein Reexport.[176] Aus diesem Grund müssen sich europäische Unternehmen mit den Beschränkungen vertraut machen, die hinsichtlich des Reexportes von US-Güter, Software oder Technologie bestehen. Dazu gehören erstens etwa Genehmigungsvorbehalte. 220

Zweitens kennt das US-Reexportkontrollrecht zehn allgemeine Verbote, die auf Güter, Software oder Technologie mit US-Ursprung anwendbar sind. Hierzu gehört ein Beispiel die General Prohibition Five. Danach ist bspw. auch verboten, dass solchen Empfängern US-Güter zur Verfügung gestellt werden, die auf der sog. **Entity List** aufgeführt sind.[177] Auf diese Liste wurde im Jahr 2019 zB das Unternehmen Huawei aufgenommen. Hierzu 221

---

[175] Hierzu ausführlich *Georgi/Alberda* in Hocke/Sachs/Pelz, AußenwirtschaftsR US Exportkontroll- und Sanktionsrecht Rn. 71 ff.

[176] *Georgi/Alberda* in Hocke/Sachs/Pelz, AußenwirtschaftsR US Exportkontroll- und Sanktionsrecht Rn. 83 ff.

[177] *Georgi/Alberda* in Hocke/Sachs/Pelz, AußenwirtschaftsR US Exportkontroll- und Sanktionsrecht Rn. 97 ff.

gehört zB aber auch General Prohibition Six, die es verbietet, Reexporte in Länder vorzunehmen, die einem **Totalembargo** der USA unterliegen.[178]

11. Ausblick: Umgang mit exportkontrollrechtlichen Vorgaben in der Praxis

222 Wie oben gezeigt lassen sowohl der Begriff der Ausfuhr als auch der Begriff des Ausführers Gestaltungen zu. Insbesondere für den Fall der Zurverfügungstellung von Server- und Cloud-Kapazitäten kann dafür gesorgt werden, dass die jeweiligen Kunden verantwortlich sind, Dritten Zugriffsmöglichkeiten einzuräumen. In diesem Fall – bei ausschließlicher Verantwortung der Kunden – liegt keine Zurverfügungstellung durch den Bereitsteller ebenjener Kapazitäten vor. Es empfiehlt sich in der Praxis, die entsprechenden Verantwortlichkeiten klar vertraglich abzugrenzen und dies in der Praxis auch genauestens umzusetzen.

223 Des Weiteren empfehlen wir, ein exportkontrollrechtliches **internes Compliance-Programm** („ICP") einzurichten, das sicherstellt, dass bei etwaig exportkontrollrechtlich relevanten Vorgängen, auch die damit einhergehenden Genehmigungen eingeholt werden. Warum ist die Einhaltung der außenwirtschaftsrechtlichen Vorgaben, auch Trade Compliance genannt, besonders wichtig? In den meisten Staaten sind Verstöße strafrechtlich und ordnungswidrigkeitenrechtlich sanktioniert, in Deutschland gem. §§ 17ff. AWG sowie §§ 80ff. AWV.[179] Ferner achten auch Geschäftspartner zunehmend darauf, dass diejenigen Unternehmen, mit denen sie zusammenarbeiten, ein solches ICP eingerichtet haben, leben und vor allem nachweisen können. Dies gilt insbesondere, aber nicht nur für Investoren und Finanzgeber.

---

[178] *Georgi/Alberda* in Hocke/Sachs/Pelz, AußenwirtschaftsR US Exportkontroll- und Sanktionsrecht Rn. 100ff.
[179] Zur Systematik MüKoStGB/*Wagner* AWG Vor § 17 Rn. 12ff.

4. Teil. Sektorspezifische Anwendungsbereiche

§ 16 Automobilwirtschaft

Übersicht

Literatur:

ADAC, Diese Daten sammelt ein modernes Auto, www.adac.de/rund-ums-fahrzeug/ausstattung-technik-zubehoer/assistenzsysteme/daten-modernes-auto/ (10.12.2019); *Albrecht,* „Fährt der Fahrer oder das System?" – Anmerkungen aus rechtlicher Sicht, SVR 2005, 373; *Bewensdorf,* Zur Vereinbarkeit von nicht-übersteuerbaren Fahrerassistenzsystemen mit dem Wiener Übereinkommen über den Straßenverkehr v. 8.11.1968, NZV, 2003, 266; *Bodungen/Hoffmann,* Autonomes Fahren – Haftungsverschiebung entlang der Supply Chain? (2. Teil), NZV 2016, 503; *Borges,* Haftung für selbstfahrende Autos, CR 2016, 272; *Borges,* Rechtliche Rahmenbedingungen für autonome Systeme, NJW 2018, 977; *Department of Infrastructure, Transport, Cities and Regional Development,* Automated Vehicles in Australia, www.infrastructure.gov.au/transport/automatedvehicles/index.aspx (10.12.2019); *Europäisches Parlament,* Automated Vehicles in the EU, www.europarl.europa.eu/RegData/etudes/BRIE/2016/573902/EPRS_BRI(2016)573902_EN.pdf (10.12.2019); *Fraade-Blanar/Laura/Nidhi Kalra,* Autonomous Vehicles and Federal Safety Standards: An Exemption to the Rule?, Santa Monica, Calif.: RAND Corporation, PE-258-RC, 2017, www.rand.org/pubs/perspectives/PE258.html (4.11.2019); *Hau/Poseck* (Hrsg.), BeckOK BGB, 56. Ed., Stand: 1.11.2020; *Jänich/Schrader/Reck,* Rechtsprobleme des autonomen Fahrens, NZV 2015, 313; *Joecks/Miebach* (Hrsg.), Münchener Kommentar zum StGB, 3. Aufl., München 2017; *Koch,* Verteilung des Haftpflichtversicherungs-/Regressrisikos bei Kfz-Unfällen während der Fahrzeugführung im Autopilot-Modus gem. § 1a Abs. 2 StVG, VersR 2018, 901; *König,* Die gesetzlichen Neuregelungen zum automatisierten Fahren, NZV 2017, 123; *Lüdemann,* Connected Cars – Das vernetzte Auto nimmt Fahrt auf, der Datenschutz bleibt zurück, ZD 2015, 247; *Lutz/Tang/Lienkamp,* Die rechtliche Situation von teleoperierten und autonomen Fahrzeugen, NZV 2013, 57; *NHTSA,* Automated Driving Systems: A Vision for Safety, www.nhtsa.gov/sites/nhtsa.dot.gov/files/documents/13069a-ads2.0_090617_v9a_tag.pdf (10.12.2019); *prognos,* Einführung von Automatisierungsfunktionen in der Pkw-Flotte, August 2018, www.adac.de/-/media/pdf/motorwelt/prognos_automatisierungsfunktionen.pdf?la=de-de&hash=D0B9F266EADAEAE34CF0C459F919F1EAD29A8B70 (23.8.2018); *Road Safety Authority,* FAQs on Autonomous or Driverless Cars, www.rsa.ie/Documents/VS_Information_Notes/Alternative_Cars_Fuels/FAQs%20on%20Autonomous%20Cars.pdf (10.12.2019); *SAE International,* Levels of Driving Automation for ON-Road-Vehicles – Standard J3016, www.sae.org/standards/content/j3016_201806/ (7.12.2019); *Schrader,* Haftungsrechtlicher Begriff des Fahrzeugführers bei zunehmender Automatisierung von Kraftfahrzeugen, NJW 2015, 3537; *Statistisches Bundesamt,* Unfallentwicklung auf deutschen Straßen 2017, S. 11, www.destatis.de/DE/Presse/Pressekonferenzen/2018/Verkehrsunfaelle-2017/pressebroschuere-unfallentwicklung.pdf?__blob=publicationFile (4.11.2019); *Steinert,* Automatisiertes Fahren (Strafrechtliche Fragen), SVR 2019, 5; *Stender-Vorwachs/Steege,* Das Aus für Autonomes Fahren? Rechtliche und technische Möglichkeiten von Verkehrskontrollen bei autonomen Fahrzeugen, NZV 2017, 553; *UN ECE,* Diskussion der Working Party on Road Traffic Safety, Sixty-eighth session, Genf, 24–26. März 2014, ECE/TRANS/WP.1/2014/1, www.unece.org/fileadmin/DAM/trans/doc/2014/wp1/ECE-TRANS-WP1-2014-1e.pdf (10.12.2019); *UN ECE,* Report of the sixty-eighth session of the Working Party on Road Traffic Safety, Sixty-eighth session Geneva, 24–26 March 2014, ECE/TRANS/WP.1/145, www.unece.org/fileadmin/DAM/trans/doc/2014/wp1/ECE-TRANS-WP1-0145e.pdf (10.12.2019); *VDA,* Automatisiertes Fahren, www.vda.de/de/themen/innovation-und-technik/automa

tisiertes-fahren/automatisiertes-fahren.html (10.12.2019); *VDI,* Braucht Autonomes Fahren die Datenautobahn 5G?, www.vdi.de/news/detail/braucht-autonomes-fahren-die-datenautobahn-5g (7.12.2019); *Verbraucherzentrale Bundesverband,* Rechtssicher Fahren mit automatisierten Fahrzeugen, Stellungnahme v. 4.1.2017, S. 8, www.vzbv.de/sites/default/files/downloads/2017/03/21/2016-12-30_stn_zum_gesetzentwurf_aend_stvg_neu.pdf (10.12.2019); *Zhang,* China is way behind the US in driverless vehicles. It's determined to catch up, Los Angeles Times v. 16.5.2019; www.latimes.com/business/la-fi-hy-china-autonomous-vehicles-20190516-story.html (4.11.2019).

I. Überblick

1 Die wahrscheinlich einschneidendste Veränderung in der Automobilindustrie der nächsten Jahre wird die fortschreitende **Automatisierung der Fahrzeuge** und die dafür notwendige Umstellung der Fertigung darstellen. Bereits heute ist feststellbar, wie sich Fahrzeuge vom hergekommenen Transportmittel zu intelligenten Systemen mit umfangreichen Funktionen entwickeln, die auf gänzlich neue Art mit den Fahrern in Kontakt treten und ein vollkommen neues Kundenerlebnis bieten.

2 Noch ist das vollständig autonom agierende Fahrzeug nicht am Markt verfügbar. Aber der Weg dorthin ist unaufhaltsam beschritten. Fahrzeuge mit heutigen Serienstand verfügen über eine **Vielzahl von Assistenzsystemen,** die den Fahrer teilweise sehr umfassend unterstützen, den Fahrer aber dennoch nicht von seiner Rolle als Fahrer entbinden. Moderne Fahrerassistenzsysteme halten automatisch Abstand zum Vordermann, können auf Autobahnen selbstständig die Spur halten und unterstützen den Fahrer beim Parken. Autonome Fahrzeuge werden den Fahrer nicht nur unterstützen, sondern den Fahrer vollständig von seiner bisherigen Rolle entbinden. Damit geht ein **zentraler Anknüpfungspunkt des Straßenverkehrsrechts** – nämlich die **Haftung des Fahrzeugführers** (§ 18 StVG) – verloren. Auf diese Entwicklung hat der Gesetzgeber mit der kürzlichen Änderung des StVG bereits in ersten Schritten reagiert. Diesbezüglich wird aber festzustellen sein, dass wie auch derzeit die technischen Entwicklungen noch nicht abgeschlossen sind, auch der Rechtsrahmen weiterer Anpassung bedürfen wird. Relevant werden hier nicht nur Haftungsfragen werden, sondern auch Fragen der rechtlichen Hoheit über die seitens des Fahrzeugs gespeicherten und kommunizierten Daten.

3 Ähnlich wie auch das Fahrzeug an sich großen technischen Änderungen unterworfen ist und weiterhin sein wird, verhält es sich bei der **Produktion der Fahrzeuge.** Auch hier ist eine stetig voranschreitende Automatisierung jenseits der bereits seit Jahrzehnten zur Anwendung kommenden anspruchsvollen Robotik zu beobachten. Der stattfindende Wandel von der **Automatisierung technischer Fertigungsschritte** zu der **Einbeziehung intelligenter Systeme** in die Entscheidungsfindung führt auch im Bereich der Produktion und des Einkaufs zu einer Vielzahl neuer Rechtsfragen, die das Miteinander von Mensch und Maschine betreffen.

II. Autonomes Fahren/Connected Cars

4 Wie bereits eingangs ausgeführt, sind zum heutigen Zeitpunkt **noch keine autonomen Fahrzeuge in Serienreife am Markt verfügbar.** In Erprobung befinden sich Prototypen, die jedoch derzeit weder serienreif noch nach aktueller Rechtslage zulassungsfähig sind. Selbst optimistische Prognosen rechnen mit einer breiten Anwendung (teil-)autonomer Fahrzeuge **erst in ein bis zwei Jahrzehnten.**[1]

[1] prognos, Einführung von Automatisierungsfunktionen in der Pkw-Flotte, August 2018, www.adac.de/-/media/pdf/motorwelt/prognos_automatisierungsfunktionen.pdf?la=de-de&hash=D0B9F266EADAEAE34CF0C459F919F1EAD29A8B70 (23.8.2018); VDA, www.vda.de/de/themen/innovation-und-technik/automatisiertes-fahren/automatisiertes-fahren.html (23.8.2019).

Bei **automatisierten Fahr- und Parkfunktionen** wird typischerweise von einer fünfstufigen Entwicklung ausgegangen.[2] Während bei Stufe 0 das Fahrzeug nur vom Fahrer gesteuert wird, verfügt das assistierte Fahrzeug bei Stufe 1 bereits über Adaptive Cruise Control, Parklenk- und Spurhalteassistenten. Bei Stufe 2 wird von teilautomatisierten Fahrzeugen gesprochen, die zB über Schlüsselparkfunktionen, Stau- und Parkmanöverassistenten verfügen. Stufe 3 bilden hochautomatisierte Fahrzeuge, die automatisiert auf der Autobahn und im Stau werden fahren können. Verschiedene Hersteller beabsichtigen, Fahrzeuge der Stufe 3 im Jahr 2021 anzubieten. Stufe 4 bilden vollautomatisierte Fahrzeuge, die zusätzlich das Fahren in der Stadt sowie fahrerloses Parken beherrschen. Erst bei Stufe 5 ist von autonomen Fahrzeugen die Rede. Da autonome Fahrzeuge selbstständig am Straßenverkehr teilnehmen, werden bei diesen Fahrzeugen weder Lenkrad noch Pedale erforderlich sein.[3] Tabellarisch wird dies wie folgt dargestellt: 5

6

SAE Level	Bezeichnung	Beschreibung	Quer- und Längsführung	Umgebungsbeobachtung	Rückfallebene	Systemfähigkeit (Fahrumgebungen)
Menschlicher Fahrer überwacht die Fahrtumgebung						
0	keine Automation	Der Fahrer fährt eigenständig, auch wenn unterstützende Systeme (zB ABS oder ESP) vorhanden sind.	Fahrer	Fahrer	Fahrer	keine
1	Fahrassistenz	Fahrerassistenzsysteme helfen bei der Fahrzeugbedienung bei Längs- oder Querführung (ua ACC).	Fahrer und System	Fahrer	Fahrer	in manchen Fahrmodi
2	teilweise Automatisierung	Ein oder mehrere Fahrerassistenzsysteme helfen bei der Fahrzeugbedienung bei Längs- und gleichzeitiger Querführung.	System	Fahrer	Fahrer	in manchen Fahrmodi
Automatisiertes Fahrsystem überwacht die Fahrtumgebung						
3	bedingte Automatisierung	Automatisiertes Fahren mit der Erwartung, dass der Fahrer auf Anforderung zum Eingreifen reagieren muss.	System	System	Fahrer	in manchen Fahrmodi
4	hohe Automatisierung	Automatisierte Führung des Fahrzeugs ohne die Erwartung, dass der Fahrer auf Anforderung zum Eingreifen reagiert [2]. Ohne menschliche Reaktion steuert das Fahrzeug weiterhin automatisiert.	System	System	System	in manchen Fahrmodi
5	Vollautomatisierung	Vollständig automatisiertes Fahren, bei dem die dynamische Fahraufgabe unter jeder Fahrbahn- und Umgebungsbedingung, welche auch von einem menschlichen Fahrer beherrscht wird, durchgeführt wird.	System	System	System	alle Fahrmodi

[2] SAE International, Levels of Driving Automation for ON-Road-Vehicles – Standard J3016, www.sae.org/standards/content/j3016_201806/ (7.12.2019).

[3] VDA, Automatisiertes Fahren, www.vda.de/de/themen/innovation-und-technik/automatisiertes-fahren/automatisiertes-fahren.html (10.12.2019).

1. Änderung des StVG – Rahmenbedingungen der Zulassung autonomer Fahrzeuge

7 Mit Gesetz vom 16. 6. 2017[4] wurde das StVG geändert, um die **Zulassung und Nutzung von Fahrzeugen mit hoch- oder vollautomatisierten Fahrfunktionen im Straßenverkehr zu ermöglichen,** sodass der Fahrzeugführer in bestimmten Situationen die Fahrzeugsteuerung an ein technisches System übergeben kann.[5] Ziel ist es, Rechtssicherheit hinsichtlich des Einsatzes automatisierter Fahrfunktionen im Straßenverkehr zu schaffen.[6] Dem voraus ging eine Änderung des Wiener Übereinkommens über den Straßenverkehr von 1968, die für Deutschland am 23. 3. 2016 in Kraft getreten ist. Nach **bisheriger Rechtslage** war stets vorausgesetzt, dass **jedes Fahrzeug einen menschlichen Fahrzeugführer** haben muss. Die Gesetzesänderung wurde seitens des Bundesverkehrsministers als die Schaffung des modernsten Straßenverkehrsrechts der Welt angekündigt, mit der rechtlichen Gleichstellung von Fahrer und Computer.[7] Wie nachstehend erläutert, ist diese Beschreibung etwas optimistisch. Es verbleiben selbst nach der Modernisierung des StVG noch eine Vielzahl von Rechtsfragen, die zukünftig zu klären sein werden.

a) Änderungen des Wiener Übereinkommens über den Straßenverkehr

8 Das **Wiener Übereinkommen über den Straßenverkehr (StVÜ)**[8] dient der internationalen Standardisierung der Verkehrsregeln. Das StVÜ wurde mit dem Wunsch vereinbart, den internationalen Straßenverkehr zu erleichtern und die Sicherheit auf den Straßen durch die Annahme einheitlicher Verkehrsregeln zu erhöhen.[9] Bezüglich der vormaligen Rechtslage war teilweise umstritten, ob und in welchem Umfang Fahrerassistenzsysteme wie zB ABS, ESP und Abstandsregeltempomat im Lichte des Übereinkommens zulässig waren.[10] In der Tat war in Art. 8 Abs. 1 StVÜ angeordnet, dass jedes Fahrzeug und miteinander verbundene Fahrzeuge, wenn sie in Bewegung sind, einen Fahrzeugführer haben müssen. Art. 8 Abs. 5 StVÜ sah vor, dass jeder Fahrzeugführer ununterbrochen sein Fahrzeug beherrschen bzw. seine Tiere führen können muss. An dieser Regelung zeigt sich, welche technischen Standards herrschten, als das Übereinkommen verhandelt wurde. Weiter war in Art. 13 Abs. 1 StVÜ angeordnet, dass jeder Fahrzeugführer unter allen Umständen sein Fahrzeug beherrschen muss, um den Sorgfaltspflichten genügen zu können und um ständig in der Lage zu sein, alle ihm obliegenden Fahrbewegungen auszuführen. Um Systeme, die beeinflussen, wie ein Fahrzeug gefahren werden kann, und weitere technische Entwicklungen zu berücksichtigen, schlugen die Regierungen von Belgien, Deutschland, Frankreich, Italien und Österreich Änderungen vor.[11] Auf der Grundlage dieser Vorschläge wurden Änderungen von Art. 8 und 39 StVÜ beschlossen,[12] wonach auch **Fahrerassistenzsysteme** als im Einklang mit Art. 8 Abs. 5 und Art. 13 Abs. 1 StVÜ gelten, sofern sie den Vorschriften bezüglich Bauweise, Montage und Benutzung nach Maßgabe der internationalen Rechtsvorschriften für Kraftfahrzeuge, Ausrüstungsgegenstände und Teile, die in Kraftfahrzeuge eingebaut und/oder dafür verwendet werden können,

---

[4] BGBl. 2017 I S. 1648.

[5] Entwurf eines Gesetzes zur Änderung des Straßenverkehrsgesetzes, BR-Drs. 69/17.

[6] Entwurf eines Gesetzes zur Änderung des Straßenverkehrsgesetzes, BR-Drs. 69/17, 7.

[7] BMVI, Pressemitteilung 065/2017, www.bmvi.de/SharedDocs/DE/Pressemitteilungen/2017/065-dobrindt-gesetz-automatisiertes-fahren.html (30. 8. 2019).

[8] BGBl. 1977 II S. 809.

[9] BGBl. 1977 II S. 811.

[10] *Bewensdorf* NZV 2003, 266.

[11] UN ECE, Diskussion der Working Party on Road Traffic Safety, Sixty-eighth session, Genf, 24–26. 3. 2014, ECE/TRANS/WP.1/2014/1, www.unece.org/fileadmin/DAM/trans/doc/2014/wp1/ECE-TRANS-WP1-2014-1e.pdf (10. 12. 2019).

[12] UN ECE, Report of the sixty-eighth session of the Working Party on Road Traffic Safety, Sixty-eighth session Geneva, 24–26 March 2014, ECE/TRANS/WP.1/145, www.unece.org/fileadmin/DAM/trans/doc/2014/wp1/ECE-TRANS-WP1-145e.pdf (10. 12. 2019).

entsprechen. Fahrzeugsysteme, welche nicht diesen Vorschriften entsprechen, gelten als konform, wenn diese durch den Fahrzeugführer übersteuert oder deaktiviert werden können. Darüber hinaus wurde in Art. 39 StVÜ aufgenommen, dass Fahrzeugsysteme iSd Art. 8 Abs. 5 mit Anhang 5 StVÜ als konform gelten. Damit ist nun eindeutig klargestellt, dass Fahrzeugsysteme, die mit den internationalen Rechtsvorschriften für Kraftfahrzeuge in Einklang stehen, zulässig sind, auch wenn diese dazu führen, dass der Fahrzeugführer nicht mehr unter allen Umständen sein Fahrzeug beherrscht. Es ist jedoch an der zentralen Figur des Fahrzeugführers festgehalten worden, sodass das Wiener Übereinkommen in seiner heutigen Fassung zwar Fahrerassistenzsysteme, nicht aber autonome Fahrzeuge ermöglicht.

b) Zulassungsvoraussetzungen autonomer Fahrzeuge

Auf der Grundlage des durch die Änderung des StVÜ geschaffenen internationalen Rechtsrahmens erfolgte die Änderung des StVG.[13] In § 1a Abs. 1 StVG nF ist vorgesehen, **dass der Betrieb eines Kraftfahrzeugs mittels hoch- und vollautomatisierter Fahrfunktionen** zulässig ist, wenn die Funktion bestimmungsgemäß verwendet wird. Weder der Begriff der hoch- und vollautomatisierter Fahrfunktionen noch der Begriff der bestimmungsgemäßen Verwendung werden dabei definiert. 9

Die Gesetzesbegründung referenziert hinsichtlich des **Begriffs der hoch- und vollautomatisierten Fahrfunktionen** die durch den Runden Tisch „Automatisiertes Fahren“ beschlossenen technischen Entwicklungsstufen 3 (hochautomatisiert) und 4 (vollautomatisiert),[14] welche dem Schaubild (→ Rn. 6) entsprechen. Davon ausgenommen soll das autonome Fahren sein, bei dem es keinen Fahrer, sondern nur noch Passagiere gibt.[15] 10

Ausweislich der Gesetzesbegründung ist die bestimmungsgemäße Verwendung der hoch- oder vollautomatisierten Fahrfunktion dabei abhängig vom **vorgesehenen Einsatz und vom Grad der Automatisierung.** So dürfe zB ein Kraftfahrzeug mit automatisierter Fahrfunktion nicht auf Landstraßen betrieben werden, wenn das System nur für den Einsatz auf Autobahnen vorgesehen ist. Die **Systembeschreibung des Fahrzeugs** müsse über die Art der Ausstattung mit automatisierter Fahrfunktion und über den Grad der Automatisierung **unmissverständlich Auskunft** geben, um den Fahrer über die bestimmungsgemäße Verwendung zu informieren.[16] Zu Recht wird daher darauf hingewiesen, dass die Hersteller künftig die Sorgfaltspflichten des Fahrers mitbestimmen werden.[17] 11

Der Begriff der **Kraftfahrzeuge mit hoch- oder vollautomatisierter Fahrfunktion** ist in § 1a Abs. 2 StVG definiert. Danach müssen die Fahrzeuge über eine technische Ausrüstung verfügen, die die Fahrzeugsteuerung übernehmen kann (Nr. 1). Während der automatisierten Fahrzeugführung muss das System in der Lage sein, den Verkehrsvorschriften zu entsprechen (Nr. 2). Die Ausrüstung muss die Erforderlichkeit der Fahrzeugführung durch den Fahrzeugführer erkennen können (Nr. 4) und den Fahrzeugführer, falls erforderlich, zur Übernahme der Kontrolle auffordern (Nr. 5). Auch muss die Ausrüstung auf eine der Systembeschreibung zuwiderlaufende Verwendung hinweisen (Nr. 6). Darüber hinaus muss das System dem Fahrzeugführer jederzeit die Übernahme der Kontrolle erlauben (Nr. 3). Nach einem früheren Entwurf sollte die Einhaltung der straßenverkehrsrechtlichen Vorschriften zu den Pflichten des Fahrzeugführers gehören.[18] Daran hatten allerdings insbesondere Verbraucherschützer Kritik geäußert.[19] 12

---

[13] Gesetz v. 16.6.2017, BGBl. 2017 I S. 1648.
[14] Entwurf eines Gesetzes zur Änderung des Straßenverkehrsgesetzes, BR-Drs. 69/17, 6.
[15] Entwurf eines Gesetzes zur Änderung des Straßenverkehrsgesetzes, BR-Drs. 69/17, 6.
[16] Entwurf eines Gesetzes zur Änderung des Straßenverkehrsgesetzes, BR-Drs. 69/17, 13.
[17] *König* NZV 2017, 123.
[18] § 1b Nr. 4 RefE StVG v. 20.12.2016.
[19] Verbraucherzentrale Bundesverband, Rechtssicher Fahren mit automatisierten Fahrzeugen, Stellungnahme v. 4.1.2017, S. 8, www.vzbv.de/sites/default/files/downloads/2017/03/21/2016-12-30_stn_zum_gesetzentwurf_aend_stvg_neu.pdf (10.12.2019).

c) Anforderungen an den Fahrer eines Fahrzeugs mit automatisierten Fahrfunktionen

13 Ausdrücklich geregelt ist in § 1a Abs. 4 StVG, dass **Fahrzeugführer** auch derjenige ist, der eine hoch- oder vollautomatisierte Fahrfunktion aktiviert und zur Fahrzeugsteuerung verwendet, auch wenn er im Rahmen der bestimmungsgemäßen Verwendung dieser Funktion das Fahrzeug nicht eigenhändig steuert. Diese Vorschrift dient der Klarstellung, dass bei hoch- und vollautomatisierten Fahrfunktionen – im Gegensatz zum autonomen Fahren – auf einen Fahrzeugführer nicht ganz verzichtet werden kann. Jedoch gibt es Fahrphasen, in denen das System das Fahrzeug steuert.[20] Die Behandlung der sich aus dem Einsatz autonomer Fahrzeuge ergebenden Rechtsfragen sind daher in der heutigen Fassung des StVG bewusst nicht geregelt worden und auf einen späteren Zeitpunkt vertagt worden, wobei jedoch in § 1c StVG vorgesehen ist, dass das BMVI die Anwendung der durch das Änderungsgesetz eingeführten neuen Regelungen nach Ablauf des Jahres 2019 auf wissenschaftlicher Grundlage zu evaluieren hat.

14 Gem. § 1b Abs. 2 StVG ist der Fahrzeugführer verpflichtet, bei der Nutzung hoch- oder vollautomatisierter Fahrfunktionen die Fahrzeugsteuerung **unverzüglich wieder zu übernehmen,** wenn das hoch- oder vollautomatisierte Fahrzeug ihn dazu auffordert (Nr. 1) oder wenn er erkennt oder aufgrund offensichtlicher Umstände erkennen muss, dass die Voraussetzungen für eine bestimmungsgemäße Verwendung der hoch- oder vollautomatisierten Fahrfunktionen nicht mehr vorliegen (Nr. 2). Das bedeutet, dass der Fahrzeugführer die Fahrzeugsteuerung übernehmen muss, sobald ihm dies nach den Umständen des konkreten Einzelfalls möglich und zumutbar ist.[21] An dieser Stelle zeigt sich eine deutliche Divergenz zu der eingangs zitierten Pressemitteilung des BMVI.[22] Obwohl darin ausgeführt wird, dass automatisierte Fahrzeugsysteme das Fahren komplett übernehmen dürfen und es ermöglichen sollen, dass der Fahrer während der hochautomatisierten Fahrt die Hände vom Lenker nehmen darf, um etwa im Internet zu surfen oder E-Mails zu checken,[23] so scheint diese Formulierung angesichts der Regelung des § 1b Abs. 2 StVG doch etwas zu euphorisch. Der Fahrzeugführer muss auch während der automatisierten Fahrt zumindest so aufmerksam bleiben, um schnell die Kontrolle über das Fahrzeug wieder zu übernehmen. Darüber hinaus muss er allgemein das Geschehen im Blick haben, um von sich aus erkennen zu können, wenn das automatisierte System an seine Grenzen stößt. Somit mag zwar ein schneller Blick auf E-Mails im Einzelfall möglich sein, aber kaum die vertiefte Lektüre eines inhaltlich anspruchsvollen Dokuments. **Eine Gleichstellung von Mensch und Computer wird eben nicht erreicht, da der Mensch weiterhin den Computer beaufsichtigen muss.**

d) Haftung des Fahrzeugführers

15 Es erfolgte keine Änderung des § 18 StVG. Damit gilt unverändert, dass **der Fahrzeugführer für die von ihm schuldhaft verursachten Schäden** haftet. Fraglich ist, unter welchen Umständen sich der Fahrzeugführer auf ein fehlendes Verschulden berufen kann. Rechtsprechung ist hierzu, so weit ersichtlich, noch nicht ergangen. Es wird jedoch prognostiziert, dass die Fahrerhaftung in Zukunft weiter an Bedeutung verlieren wird, da für ein Verschulden des Fahrzeugführers weniger Raum bleibt, wenn dieser das Fahrzeug immer seltener steuert.[24] Interessengerecht erscheint es, ein Verschulden des Fahrzeugführers

---

[20] Entwurf eines Gesetzes zur Änderung des Straßenverkehrsgesetzes, BR-Drs. 69/17, 20.

[21] *König* NZV 2017, 123.

[22] BMVI, Pressemitteilung 065/2017, www.bmvi.de/SharedDocs/DE/Pressemitteilungen/2017/065-dobrindt-gesetz-automatisiertes-fahren.html (30.8.2019).

[23] BMVI, Pressemitteilung 065/2017, www.bmvi.de/SharedDocs/DE/Pressemitteilungen/2017/065-dobrindt-gesetz-automatisiertes-fahren.html (30.8.2019).

[24] *König* NZV 2017, 123 (126); *Borges* CR 2016, 272 (273); *Schrader* NJW 2015, 3537 (3541); *Jänich/Schrader/Reck* NZV 2015, 313 (316); *Albrecht* SVR 2005, 373 (374).

jedenfalls dann zu verneinen, wenn dieser die automatisierten Systeme bestimmungsgemäß einsetzt und keine für einen Laien ersichtlichen Anhaltspunkte bestanden, dass das System ihn zur Kontrollübernahme auffordern wird und der Fahrzeugführer dann unter Berücksichtigung der ihm in dieser Situation erlaubten Ablenkung die Kontrolle wieder übernimmt.

e) Haftung des Fahrzeughalters

16 Auch für den **Fahrzeughalter** ist mit der Änderung des StVG keine grundsätzliche Änderung einhergegangen. Hier bleibt es beim bisherigen System der verschuldensunabhängigen Gefährdungshaftung. Allerdings wurden die **Haftungsgrenzen** nach § 12 StVG bei Verursachen des Schadens aufgrund der Verwendung einer hoch- oder vollautomatisierten Fahrfunktion **verdoppelt.** Begründet wird dies damit, dass den Fahrzeugführer im Falle eines unvermeidbaren Unfalls aufgrund technischen Versagens kein Verschulden treffe und dieser somit weder gem. § 823 BGB noch gem. § 18 StVG für den Ersatz des Schadens eintrete. Daher verbliebe es bei einer gefährdungshaftungsrechtlichen Pflicht zum Schadensersatz durch den Halter des Kraftfahrzeugs gem. § 7 StVG. Die Erhöhung des Haftungshöchstbetrags erscheine in diesen Fällen angezeigt, weil die der Höhe nach unbeschränkte verschuldensabhängige Haftung des Fahrers entfalle.[25] Die Logik der Bundesregierung ist aber nicht recht nachzuvollziehen, da auch heute schon (etwa bei technischem Versagen) regelmäßig Fälle vorkommen, in denen eine Haftung des Fahrers mangels Verschuldens nicht in Betracht kommt und in denen die Halterhaftung gem. § 12 StVG der Höhe nach begrenzt ist. Worin die Bundesregierung insoweit die Besonderheit von Unfällen mit automatisierten Fahrzeugen sieht, wird nicht klar.[26]

f) Haftung des Herstellers

17 Weder wurden die produkthaftungsrechtlichen Vorschriften geändert noch wurde eine sonstige besondere gesetzliche Regelung zur Haftung des Herstellers aufgenommen. Die Bundesregierung geht davon aus, dass die Inanspruchnahme des Halters im Wege der Gefährdungshaftung dazu führen wird, dass die **Haftpflichtversicherung des Halters und die Versicherung des Herstellers klären,** wer im Ergebnis **die Kosten** des Unfalls **zu tragen hat.**[27] Diese Systematik erscheint in Hinblick darauf, dass bereits vor der Verfügbarkeit von automatisierten Systemen Unfallschäden auf technischen Defekten beruhen konnten, die in den Bereich des Herstellers fallen, und das Haftungssystem sich in diesen Situationen bewährt hat, sinnvoll. Es wird zu sehen sein, ob die zunehmende Nutzung von automatisierten System zu einer erhöhten Inanspruchnahme der Hersteller führen wird oder ob der mit einer solchen zunehmenden Nutzung erhoffte Effekt einer Erhöhung der Verkehrssicherheit eintreten wird und Inanspruchnahmen der Hersteller tatsächlich sinken werden. Noch sind keine Entscheidungen bezüglich der Haftung des Herstellers für durch automatisierte Systeme verursachte Schäden bekannt. Dass solche Entscheidungen rar sind, ist aber angesichts des Umstands, dass die überwiegende Zahl von Unfällen auf menschliches Versagen zurückzuführen ist, nicht überraschend.[28]

g) Vorgaben zur Datenspeicherung

18 Gem. § 63a StVG zeichnen Kraftfahrzeuge mit hoch- oder vollautomatisierter Fahrfunktion die durch ein Satellitennavigationssystem ermittelten Positions- und Zeitangaben auf, wenn ein Wechsel der Fahrzeugsteuerung zwischen Fahrzeugführer und dem hoch- oder vollautomatisierten System erfolgt. Eine derartige **Speicherung** erfolgt auch, wenn der

[25] Entwurf eines Gesetzes zur Änderung des Straßenverkehrsgesetzes, BR-Drs. 69/17, 23.
[26] *König* NZV 2017, 123.
[27] Entwurf eines Gesetzes zur Änderung des Straßenverkehrsgesetzes, BR-Drs. 69/17,30.
[28] *Koch* VersR 2018, 901 (902).

Fahrzeugführer durch das System aufgefordert wird, die Fahrzeugsteuerung zu übernehmen oder eine technische Störung des Systems auftritt. Mit dieser Vorschrift soll sichergestellt werden, dass der Fahrzeugführer **sich nicht pauschal auf ein Versagen des automatisierten Systems berufen kann.** Gleichzeitig soll die Regelung es dem Fahrzeugführer ermöglichen, einen gegen ihn erhobenen Schuldvorwurf zu entkräften, sollte zB ein Unfall ausschließlich auf ein Systemversagen zurückzuführen sein.[29]

19 Die Brisanz des § 63a StVG liegt weniger in der Speicherung dieser Daten, mithilfe derer festgestellt werden soll, ob im Rahmen eines Unfalls ein Fahrzeug automatisiert oder manuell geführt wurde. Diese Feststellung muss möglich sein, da ansonsten dem Fahrer auch die Exkulpation kaum gelingen dürfte. Nach § 63a Abs. 2 StVG dürfen die gem. Abs. 1 **gespeicherten Daten** den nach Landesrecht für die **Ahndung von Verkehrsverstößen zuständigen Behörden** auf deren **Verlangen übermittelt werden.** Diese dürfen die übermittelten Daten speichern und nutzen, wobei der Umfang der Datenübermittlung auf das Maß zu beschränken ist, das für den Zweck der Feststellung des Abs. 1 im Zusammenhang mit dem durch diese Behörden geführten Verfahren der eingeleiteten Kontrolle notwendig ist. Zwar wäre es nach der Gesetzesbegründung nicht statthaft, zur Klärung der Verantwortung im Zusammenhang mit der eingeleiteten Kontrolle durch die für die Überwachung des Straßenverkehrs zuständigen Behörden, alle gespeicherten Daten oder bspw. bei allgemeinen verdachtsfreien Verkehrskontrollen die gem. § 63a Abs. 1 StVG (neu) aufgezeichneten Daten überhaupt zu übermitteln.[30] Damit wird es Verkehrsbehörden ermöglicht, anlässlich einer Kontrolle festzustellen, ob der Fahrzeugführer das Fahrzeug zum Vorwurfszeitpunkt manuell oder mittels automatisierter Systeme geführt hat. Weitergehende Rückschlüsse dürfen gem. des einschränkenden Wortlauts des § 63a Abs. 2 S. 3 StVG durch die Verkehrsbehörden nicht gezogen werden. **Unbeschadet** von der vorgenannten Beschränkung des § 63a Abs. 2 S. 3 StVG sind jedoch die **Möglichkeiten der Strafverfolgungsbehörden,** die **im Fahrzeug gespeicherten Daten** mittels **Durchsuchungsbeschluss** gem. §§ 102 ff. StPO **sicherzustellen und auszuwerten,** hiervon **unberührt.**[31] Da gem. § 63a Abs. 4 StVG die Daten erst frühestens nach sechs Monaten gelöscht werden dürfen, dürfte sich über diese Daten – ähnlich wie über Verbindungsdaten von Mobiltelefonen – ein sehr detailliertes Bewegungsprofil des Fahrzeugs rekonstruieren lassen. Zur Freiheitlichkeit des Gemeinwesens gehört es, dass sich die Bürgerinnen und Bürger grundsätzlich fortbewegen können, ohne dabei beliebig staatlich registriert zu werden oderhinsichtlich ihrer Rechtschaffenheit Rechenschaft ablegen zu müssen und dem Gefühl eines ständigen Überwachtwerdens ausgesetzt zu sein.[32] Eine mögliche negative Konsequenz des technischen Fortschritts in der Fahrzeugautomatisierung ist, dass der Einzelne sich einer Beobachtbarkeit privatrechtlicher Dritter aussetzt, welche nach dem vorgenannten Grundsatz für öffentliche Stellen grundrechtlich bedenklich wäre.

20 Die Vorgabe des § 63a StVG zur **Datenspeicherung** erscheint besonders relevant vor dem Hintergrund der Daten, welche unabhängig von dieser Norm in manchen Fahrzeugen sehr detailliert gespeichert und teilweise an den Hersteller oder Dritte übermittelt werden.[33] Zu den Möglichkeiten, aus diesen gespeicherten Daten Rückschlüsse zu ziehen,

[29] Entwurf eines Gesetzes zur Änderung des Straßenverkehrsgesetzes, BR-Drs. 69/17, 23.

[30] Entwurf eines Gesetzes zur Änderung des Straßenverkehrsgesetzes, BR-Drs. 69/17, 23.

[31] *Steinert* SVR 2019, 5.

[32] BVerfG Urt. v. 12.3.2003 – 1 BvR 330/96 u. 1 BvR 348/99, BVerfGE 107, 299 (328) = NJW 2003, 1797; Beschl. v. 4.4.2006 – 1 BvR 518/02, BVerfGE 115, 320 (354f.) = NJW 2006, 1939; Urt. v. 11.3. 2008 – 1 BvR 2074/05, 1 BvR 1254/07, BVerfGE 120, 378 (402) = NJW 2008, 1505; Beschl. v. 17.2. 2009 – 1 BvR 2492/08, BVerfGE 122, 342 (370f.) = NJW 2009, 1481; Urt. v. 2.3.2010 – 1 Bvr 256/08, 1 BvR 263/08, 1 BvR 586/08, BVerfGE 125, 260 (335) = NJW 2010, 833.

[33] Bei einer Auswertung des ADAC wurde festgestellt, dass manche Fahrzeuge GPS und Statusdaten alle zwei Minuten an den Hersteller übertragen; vgl. hierzu mit weiteren Ausführungen zu individuellen Fahrzeugmodellen ADAC, Diese Daten sammelt ein modernes Auto, www.adac.de/rund-ums-fahrzeug/ausstattung-technik-zubehoer/assistenzsysteme/daten-modernes-auto/ (30.8.2019).

ist das Urteil des LG Köln vom 23. 5. 2016[34] sehr lesenswert, denn dort war es dem Gericht anhand der Logdaten eines Mietfahrzeugs möglich, eine folgenschwere Unfallfahrt durch die Kölner Innenstadt lückenlos nachzuvollziehen.

Etwas überraschend ist, dass § 63a Abs. 4 StVG im Falle eines Unfalls anordnet, die Daten gem. § 63a Abs. 1 StVG nach drei Jahren zu löschen. Dem Wortlaut nach würde dies auch gelten, wenn der Datenurheber die Löschung der Daten nicht wünscht. 21

h) Verordnungsermächtigungen

Darüber hinaus sind die **Verordnungsermächtigungen** des StVG in Bereichen, die für die zukünftige Entwicklung des automatisierten und autonomen Fahrens wesentlich sein dürften, ergänzt worden. § 6 Abs. 1 Nr. 14a StVG enthält eine Rechtsverordnungsermächtigung hinsichtlich der Errichtung von fahrerlosen Parksystemen im niedrigen Geschwindigkeitsbereich auf Parkflächen, die durch bauliche oder sonstige Einrichtungen vom übrigen öffentlichen Straßenraum getrennt sind. Da die Entwicklung von **fahrerlosen Parksystemen** ein wichtiger Meilenstein auf dem Weg zum autonomen Fahren darstellt,[35] wurde so eine Fortentwicklungsmöglichkeit des Rechtsrahmens geschaffen, um mit weiterem technischem Fortschritt mitzuhalten. Die zweite weitreichende Verordnungsermächtigung in § 6 Abs. 4a StVG betrifft die Vorschriften zur Zulassung von Personen zum Straßenverkehr, die Zulassung von Fahrzeugen zum Straßenverkehr sowie die Vorschriften zur Verkehrsordnung, welche geändert werden dürfen, um den besonderen Anforderungen der Teilnahme von Kraftfahrzeugen mit hoch- oder vollautomatisierter Fahrfunktion im Straßenverkehr Rechnung zu tragen. Diese sehr weitreichende **Ermächtigung** ermöglicht **Änderungen** der **FeV,** der **FZV** sowie der **StVO,** um seitens des rechtlichen Rahmens mit den kommenden technischen Entwicklungen Schritt halten zu können. 22

i) Bewertung

Mit der Änderung des StVG hat der Gesetzgeber den **rechtlichen Rahmen** für den in den kommenden Jahren **zu erwartenden technischen Fortschritt** geschaffen. Es wird eine Möglichkeit geschaffen, automatisierte Fahrfunktionen in Serie in Fahrzeuge zu integrieren, die unter bestimmten Umständen und in bestimmten Fahrsituationen die Rolle des Fahrers nahezu vollständig übernehmen können. Gleichzeitig wurde die Haftungssystematik des StVG, die sich im Grundsatz über Jahrzehnte bewährt hat, beibehalten. Es wird noch zu klären sein, ob sich die Erwartungen des Gesetzgebers hinsichtlich der Praktikabilität der **Abwicklung von Schadensfällen zwischen Versicherer und Hersteller** erfüllen werden. Durch die Pflicht zur Datenspeicherung gem. § 63a StVG wird ein Mechanismus geschaffen, um die Aufklärung von Fehlfunktionen zu ermöglichen. Gleichzeitig hat der Gesetzgeber Bewusstsein dafür gezeigt, dass technischer Fortschritt nicht vorhersehbar ist, und über die Pflicht zur Evaluierung sowie den Verordnungsermächtigungen Öffnungen zur Berücksichtigung des technischen Fortschritts geschaffen. Die angekündigte Gleichstellung von Mensch und Computer wurde mit dieser Gesetzesänderung nicht erreicht. Diesbezüglich ist aber eher die sehr vollmundige Ankündigung des Vorhabens als das Vorhaben selbst zu kritisieren. Insgesamt gelingt mit der Gesetzesänderung die **Schaffung von Rechtssicherheit** für weitere Entwicklungen im Rahmen des automatisierten Fahrens, wobei eine Vielzahl von Einzelfragen noch in der Zukunft zu klären sein werden. 23

---

[34] LG Köln Urt. v. 23. 5. 2016 – 113 KLs 34/15, BeckRS 2016, 17291.

[35] Diverse Hersteller benennen fahrerloses Parken als den nächsten zu erwartenden Entwicklungsschritt auf dem Weg zum autonomen Fahren.

2. Zukünftige Rechtsfragen des autonomen Fahrens

24 Auch wenn heute das **autonome Fahren** – abgesehen von wenigen sich in der Erprobung und Weiterentwicklung befindlichen Prototypen – **noch keine Realität** ist, entwickelt sich das automatisierte Fahren Schritt für Schritt in diese Richtung. Im Rahmen der Änderung des StVG wurde das autonome Fahren seitens des Gesetzgebers bewusst nicht geregelt und stattdessen der Weg gewählt, das Gesetz nach einem gewissen Zeitablauf zu überprüfen und über Verordnungsermächtigungen flexibel zu gestalten. Vor diesem Hintergrund soll an dieser Stelle auf **mögliche Rechtsfragen des autonomen Fahrens eingegangen** werden, welche im Rahmen der Fortentwicklung der Rechtsprechung und der Gesetzgebung relevant werden könnten.

25 Das EU-Parlament hat in seiner Entschließung vom 16.2.2017 mit Empfehlungen an die Kommission zu zivilrechtlichen Regelungen im Bereich Robotik die Auffassung vertreten, dass sich der Übergang zu autonomen Fahrzeugen in den Bereichen der **zivilrechtlichen Verantwortlichkeit** (Haftung und Versicherung), der **Verkehrssicherheit,** der **Umwelt** (zB Energieeffizienz, Nutzung erneuerbarer Technologien und Energiequellen), des **Datenschutzes,** des **Rechts an Daten** und der **Datensicherheit,** der **Telekommunikationsinfrastruktur** (zB hohe Dichte effizienter und verlässlicher Kommunikation) und des **Arbeitsrechts** (zB Schaffung und Verlust von Arbeitsplätzen, Schulungen für Lkw-Fahrer im Hinblick auf automatisierte Fahrzeuge) auswirken wird.[36] Gleichzeitig hat das EU-Parlament die Frage aufgeworfen, ob bezüglich intelligenter Systeme **neue Haftungskonzepte** wie Versicherungspflicht und Haftungsfonds für Roboter etabliert werden sollten oder ob sogar Maschinen einen rechtlichen Status als elektronische Person erhalten sollten.[37] Dies wäre offensichtlich ein bedeutender Schritt in der Entwicklung des Rechts.[38]

a) Haftungsfragen

26 Bezüglich der Haftung für autonome Fahrzeuge wird in der Literatur teilw. die Ergänzung des bisherigen von der Halterhaftung nach § 7 StVG geprägten Haftungssystems durch eine **Kausalhaftung des Herstellers** autonomer Fahrzeuge vorgeschlagen, um einen Anreiz zu schaffen, möglichst sichere autonome Fahrzeuge zu produzieren.[39] Andere Stimmen sehen die Notwendigkeit der Änderung der gesetzlichen Rahmenbedingungen nicht.[40] Das Europäische Parlament geht in seiner Entschließung vom 16.2.2017 von der Notwendigkeit einer **Gefährdungshaftung** für autonome Systeme aus.[41]

27 **aa) Derzeitiger Haftungsrahmen.** Zur Einordnung dieser Diskussion ist es wichtig, sich zunächst in grundsätzlichen Zügen das bestehende Produzenten- und Produkthaftungsrecht zu vergegenwärtigen. Ansprüche nach dem ProdHaftG fußen auf einem schadensverursachenden **Produktfehler** iSv § 3 ProdHaftG, der zum Zeitpunkt des Inverkehrbringens vorgelegen haben muss (§ 1 Abs. 2 Nr. 2 ProdHaftG). Ansprüche wegen deliktischer **Produzentenhaftung** setzen dagegen voraus, dass der Hersteller die Verkehrssicherungspflicht verletzt hat, die von seinem Produkt ausgehenden Gefahren im Rahmen des technisch Möglichen und wirtschaftlich Zumutbaren gering zu halten.

---

[36] Entschließung des Europäischen Parlaments vom 16. Februar 2017 mit Empfehlungen an die Kommission zu zivilrechtlichen Regelungen im Bereich Robotik (2015/2103(INL)); P8_TA(2017)0051, S. 12.
[37] Entschließung des Europäischen Parlaments vom 16. Februar 2017 mit Empfehlungen an die Kommission zu zivilrechtlichen Regelungen im Bereich Robotik (2015/2103(INL)); P8_TA(2017)0051, S. 19.
[38] *Borges* NJW 2018, 977.
[39] *Borges* CR 2016, 277.
[40] *Bodungen/Hoffmann* NZV 2016, 503.
[41] Entschließung des Europäischen Parlaments vom 16. Februar 2017 mit Empfehlungen an die Kommission zu zivilrechtlichen Regelungen im Bereich Robotik (2015/2103(INL)); P8_TA(2017)0051, S. 17.

Auch wenn in vielen Fallkonstellationen Produkt- und Produzentenhaftung weitgehend nebeneinander bestehen, gibt es jedoch ebenfalls signifikante Unterschiede. Die Produzentenhaftung setzt grundsätzlich ein Verschulden voraus, auch wenn der Geschädigte seiner diesbezüglichen **Beweislast** genügt, wenn er darlegt, dass das Produkt im **Zeitpunkt des Inverkehrbringens einen Fehler hatte und dieser zudem aus der Sphäre des Herstellers stammt.**[42] Es obliegt dann dem Hersteller, sich nunmehr zu entlasten und nachzuweisen, dass ihn kein Verschulden trifft. Schon lange wird die Beweislastumkehr auch auf **Konstruktionsfehler** ausgedehnt und erfasst neben dem Verschulden ebenso die objektive Pflichtwidrigkeit („äußere Sorgfalt"), sobald der Geschädigte nachgewiesen hat, dass seine Rechtsgutverletzung durch einen Produktfehler ausgelöst worden ist. Beruft sich der Hersteller zu seiner Verteidigung auf einen für ihn **unerkennbaren Entwicklungsfehler,** so trägt er auch hierfür die **Beweislast.**[43] Die Produkthaftung setzt demgegenüber **kein Verschulden** voraus. 28

Bedeutende Unterschiede ergeben sich hinsichtlich der **geschützten Rechtsgüter.** Während das **Eigentum** ein geschütztes Rechtsgut des § 823 Abs. 1 BGB darstellt, umfasst die Produkthaftung **Schäden an anderen Sachen** nur, wenn diese andere Sache ihrer Art nach gewöhnlich für den privaten Ge- oder Verbrauch bestimmt und hierzu von dem Geschädigten hauptsächlich verwendet worden ist (§ 1 Abs. 1 ProdHaftG). 29

Während die **Produzentenhaftung keiner Beschränkung hinsichtlich der Höhe** unterliegt, ist die **Produkthaftung** durch ein Produkt oder gleiche Produkte mit demselben Fehler auf 85 Mio. EUR **beschränkt.** Auch ergeben sich Unterschiede bei der Verjährung. Für die **Verjährung** ist zwar beiderseits eine regelmäßige Frist von drei Jahren vorgesehen (§ 195 bzw. § 12 Abs. 1 ProdHaftG), diese kann bei Anwendung des ProdHaftG gleichwohl früher ablaufen, weil sie Tag genau von dem Zeitpunkt an berechnet wird, in dem der Ersatzberechtigte von dem Schaden, dem Fehler und von der Person des Ersatzpflichtigen Kenntnis erlangt hat oder hätte erlangen müssen. Die Frist des BGB setzt dagegen erst am Ende des betreffenden Jahres ein und verlangt zumindest grobe Fahrlässigkeit (§ 199 Abs. 1). Weiter sind die kenntnisunabhängigen Höchstfristen für das Deliktsrecht länger als nach dem ProdHaftG (§ 199 Abs. 2 und 3 bzw. § 13 Abs. 1 ProdHaftG). Schließlich wird die Verjährungshemmung aufgrund von Verhandlungen allein nach dem BGB um eine Dreimonatsfrist verlängert (§ 203 S. 2 BGB bzw. § 12 Abs. 2 ProdHaftG).[44] 30

bb) Vorzüge des bisherigen Haftungssystems. Manche Stimmen sehen keine zwingende Notwendigkeit zur Änderung des rechtlichen Rahmens hinsichtlich Haftungsfragen. Dieser Ansicht ist zuzugeben, dass das derzeitige Haftungssystem durchaus eine **große Flexibilität** hinsichtlich des **technischen Wandels** in vielen **Produktbereichen** bewiesen hat. Angesichts der steigenden – und von einem durchschnittlichen Verbraucher kaum zu beherrschenden – Komplexität von modernen Fahrzeugen können Instruktionspflichten noch stärker in den Vordergrund rücken. Daneben kann die Verantwortung der Hersteller für bereits im Verkehr befindliche Fahrzeuge durch eine Intensivierung der Produktbeobachtungspflichten gestärkt werden, um zB auf die Notwendigkeit der Zurverfügungstellung von Updates und Patches zu reagieren.[45] 31

cc) Vorzüge der Kausalhaftung. Andere Stimmen argumentieren für die Einführung einer **Kausalhaftung** der Hersteller von autonomen Fahrzeugen. Dabei wird unter Kausalhaftung ein Haftungsmodell verstanden, das eine Haftung aufgrund der Verursachung eines Schadens und einer Verantwortlichkeit von Risikosphären voraussetzt, die Verletzung einer Handlungspflicht oder einen Fehler aber nicht. Daher solle neben der Kausalhaftung 32

[42] BGH Urt. v. 26.11.1968 – VI ZR 212/66, NJW 1969, 269.
[43] BeckOK BGB/*Förster* § 823 Rn. 778.
[44] BeckOK BGB/*Förster* § 823 Rn. 681 f.
[45] *Droste* NZV 2016, 503.

des Halters nach § 7 StVG für den manuellen Betrieb eine entsprechende Haftungsnorm des Herstellers für den autonomen Betrieb eingeführt werden. Argumentiert wird, dass der Hersteller besser in der Lage sei, Schadensrisiken zu begrenzen, und zwar zu einem weitergehenden Grad als der Halter, der über die Teilnahme eines einzelnen Fahrzeugs am Straßenverkehr entscheide, nicht aber über das Verhalten bzw. die Steuerung dieses Fahrzeugs im autonomen Betrieb. Auch setze eine Kausalhaftung einen Anreiz, den **gesamtwirtschaftlich optimalen Aufwand** zu einer sicheren Konstruktion und Herstellung von Fahrzeugen zu betreiben. Dabei wird angenommen, dass die wirtschaftliche Beherrschbarkeit dieser Haftung **versicherbar** sein wird. Schließlich wird argumentiert, dass die Kausalhaftung des Herstellers **dem Geschädigten dient,** da sowohl Schaden als auch Schädiger in dieser Konstellation leicht darzulegen seien.[46]

33 **dd) Entschließung des Europäischen Parlaments.** Das Europäische Parlament hat in seiner Entschließung vom 16. 2. 2017 mit Empfehlungen an die Kommission zu zivilrechtlichen Regelungen im Bereich der Robotik gefordert, dass zukünftig geprüft werden soll, ob der Ansatz der **unbeschränkten verschuldensunabhängigen Haftung** oder der **Risikomanagementansatz,** bei der die Person, die imstande ist, unter bestimmten Umständen die Risiken zu minimieren und die negativen Auswirkungen zu bewältigen, haftet, angewendet werden sollte. Das EU-Parlament fordert die Einrichtung eines **obligatorischen Versicherungsprogramms,** das sich auf die Verpflichtung des Herstellers stützen könnte, Versicherungen für die von ihm hergestellten autonomen Roboter abzuschließen. Das Versicherungssystem sollte um **einen Fonds ergänzt** werden, damit dafür gesorgt ist, dass auch Schäden wiedergutgemacht werden können, für die kein Versicherungsschutz besteht.

34 **ee) Stellungnahme.** Das bisherige System der Produkt- und Produzentenhaftung hat zwar in der Vergangenheit vielfach flexibel auf Änderungen des technischen Entwicklungsstands reagieren können. Jedoch befand sich bislang noch kein Rechtsanwender in der Situation, die Entscheidungen eines autonom agierenden Systems nach diesen Maßstäben messen zu müssen. Es steht zu befürchten, dass die bisherigen rechtlichen Rahmenbedingungen **keinen adäquaten Rechtsrahmen für die Haftung für autonome Systeme** bieten werden können und daher neue und ergänzende Lösungsansätze erforderlich sein werden.

35 Im Rahmen der Produkthaftung erscheint sowohl der **Ausschluss der Haftung für Sachschäden bei mangelnder Beteiligung eines Verbrauchers** (§ 1 Abs. 1 ProdHaftG) als auch der **Haftungshöchstbetrag von 85 Mio. EUR** (§ 10 ProdHaftG) nicht interessengerecht. Der Haftungsrahmen für autonome Fahrzeuge muss auch eine Lösung für **Sachschäden von Unternehmern** (zB im Falle des Zusammenstoßes von zwei gewerblich genutzten Auslieferungsfahrzeugen) bereithalten. Auch erscheint die Haftungssumme von 85 Mio. EUR, welche ja zwischen mehreren Schadensfällen aufzuteilen ist, soweit diese durch gleiche Produkte mit demselben Fehler verursacht worden sind, zu gering. Man stelle sich vor, dass eine ganze Serie von Fahrzeugen eines Volumenfabrikats mit dem gleichen Fehler behaftet ist. Selbst wenn man beispielhaft eine Eintrittswahrscheinlichkeit eines Schadens von nur einem Prozent annimmt, könnte dies bei einer Serie von (angenommenen) 2 Mio. Fahrzeugen zu 20.000 Schadensfällen führen. Dann verblieben vom Höchstbetrag lediglich 4.250 EUR je Schadensfall. Es wird zuzugeben sein, dass die Serienfertigung typischerweise einer sehr hohen Qualitätskontrolle unterliegt und auch während einer laufenden Serie durch die Hersteller ständig Änderungen an der Produktion vorgenommen werden, um erkannte Schwachstellen zu verbessern. Es wäre also nicht zu erwarten, dass ein Hersteller einen einmal erkannten gefährlichen Fehler in der weiteren Serienfertigung bestehen ließe. Allerdings zeigt das Rechenbeispiel auch, dass bei ent-

[46] *Borges* CR 2016, 272 (279).

sprechenden Fertigungszahlen und einer höheren Schadenseintrittswahrscheinlichkeit ein Haftungshöchstbetrag von 85 Mio. EUR **schnell aufgebraucht** sein kann.

Die im Rahmen der derzeitigen **Produzentenhaftung** bestehende Anpassung der Rechtsprechung zu Verkehrssicherungs-, Instruktions- und Produktbeobachtungspflichten bietet sicherlich **Möglichkeiten, flexibel** auf die technischen Entwicklungen der nächsten Jahre zu reagieren. Gerade diese Möglichkeit birgt jedoch auch Risiken. Fortentwicklungen der Rechtsprechung – und gerade die Produzentenhaftung ist in wesentlichen Teilen durch die Rechtsprechung in Einzelentscheidungen geprägt und entwickelt worden – können jedoch stets nur im Rahmen von Einzelfallentscheidungen erfolgen. Angesichts der aktuellen Verfahrensdauern wäre mit ersten obergerichtlichen Entscheidungen in mehr als zwei Jahren nach Erhebung der ersten Klagen zu rechnen.[47] Da Entwicklung und Produktion von autonomen Fahrzeugen erhebliche Investitionen erfordern, erscheint es **investitionshemmend,** die Verantwortung zur Definierung des rechtlichen Rahmens der Rechtsprechung zu überlassen, die notwendigerweise **erst nach geraumer Zeit auf neue Entwicklungen** reagieren kann. Auch dürfte es für Nutzer von autonomen Fahrzeugen abschreckend sein, wenn der Haftungsrahmen bei der Produkteinführung in wesentlichen Punkten ungeklärt wäre. Da es erklärtes Ziel der Bundesregierung ist, das autonome Fahren zu fördern,[48] sollte der Gesetzgeber auch einen **vorhersehbaren Haftungsrahmen** für alle Beteiligten schaffen. 36

Es erscheint daher insgesamt vorzugswürdig, neben der Kausalhaftung des Halters nach § 7 StVG für den manuellen Betrieb eine Kausalhaftung des Herstellers durch eine entsprechende **Haftungsnorm für den autonomen Betrieb** einzuführen. Entsprechend der Forderung des Europäischen Patents sollte eine **Versicherungspflicht** für Hersteller geregelt werden, damit Geschädigten auch im Falle des Ausfalls eines Herstellers ein Haftungsschuldner verbleibt. **Haftungshöchstsummen** sollten bezüglich **einzelner Haftungsfälle, nicht jedoch in Hinblick auf Serienschäden** geregelt werden, um eine Verwässerung der Haftungssummen durch hohe Stückzahlen zu verhindern. 37

Derzeit sind rund 91 Prozent aller Verkehrsunfälle auf menschliches Versagen zurückzuführen.[49] Sofern die Technik des autonomen Fahrens den Erwartungen an eine höhere Sicherheit im Grunde gerecht wird, dürfte ein solches Risiko versicherbar sein, auch wenn die potenzielle Summe aller Haftungsbeträge sehr hoch ausfallen dürfte. 38

b) Probleme aufgrund der Fahrerfokussierung des derzeitigen Rechts

Es werden sich aber auch zu vermeintlich banaleren Themen rechtliche Fragestellungen ergeben, die einer Lösung bedürfen. Grund hierfür ist, dass nach der derzeitigen Rechtslage **jedem Fahrer** eine Reihe von **wichtigen Verhaltenspflichten** auferlegt werden, welche bei einem Fahrzeug ohne Fahrer ihres Anwendungsbereichs beraubt wären. 39

Nach § 31b StVZO muss der Führer eines Fahrzeugs auf Verlangen bestimmte Dinge wie **Erste-Hilfe-Material, Warnweste und Warndreiecke** vorzeigen. Bei einem Fahrzeug ohne Fahrer wird diese Vorschrift ins Leere laufen, wobei jedoch auch zukünftig davon auszugehen sein wird, dass jedes Fahrzeug für den Fall eines Unfalls oder Defekts die in § 31b StVZO aufgeführten Gegenstände mitzuführen haben wird. Ein möglicher An- 40

---

[47] Die durchschnittlichen Zeiten der Verfahrensdauer variieren stark. Nach der Statistik der Justiz von Nordrhein-Westfalen dauerte 2018 ein erstinstanzliches Zivilverfahren circa 10,3 Monate. Die zweite Instanz dauerte im Schnitt 6,7 Monate; vgl. Justizportal Nordrhein-Westfalen, www.justiz.nrw.de/Gerichte_Behoerden/zahlen_fakten/statistiken/justizgeschaeftsstatistik/landgerichte/verfahrensdauer/index.php (4. 11. 2019). Ein durchschnittlicher Zivilprozess dauert vom Eingang der Klage beim LG bis zum Berufungsurteil des OLG im Durchschnitt 32 Monate, vgl. *Greger,* Stellungnahme zum Entwurf eines Gesetzes zur Änderung der Gesetzes, betreffend die Einführung der Zivilprozessordnung (BT-Drs. 19/1686), www.bundestag.de/resource/blob/554494/c352b8830ab4c3abe77e3c3d2b32aa94/greger-data.pdf (4. 11. 2019).

[48] Entwurf eines Gesetzes zur Änderung des Straßenverkehrsgesetzes, BR-Drs. 69/17.

[49] Statistisches Bundesamt, Unfallentwicklung auf deutschen Straßen 2017, S. 11, www.destatis.de/DE/Presse/Pressekonferenzen/2018/Verkehrsunfaelle-2017/pressebroschuere-unfallentwicklung.pdf?__blob=publicationFile (4. 11. 2019).

satzpunkt wäre es, den jeweiligen Passagier zu verpflichten, diese Gegenstände vorzuzeigen. Nicht immer wird dies jedoch ein gangbarer Weg sein. So könnte es einem Kind, das in einem autonomen Fahrzeug zur Schule gebracht wird, nicht möglich sein, diese Pflicht zu erfüllen. Ebenso kann dies einem kranken oder betrunkenem Passagier nicht möglich sein. Schließlich besteht auch die Möglichkeit, dass ein gesunder, nüchterner erwachsener Passagier schlicht nicht weiß, wo sich diese Gegenstände in einem bestimmten Fahrzeugtyp befinden. Hier könnte eine Lösung sein, den Halter zu verpflichten, diese Gegenstände stets im Fahrzeug bereitzustellen, und die Fahrzeughersteller dazu anzuhalten, einen einheitlichen bzw. einheitlich gekennzeichneten Ablageort für diese Gegenstände vorzusehen, sodass im Rahmen einer Kontrolle überprüft werden kann, ob diese Gegenstände im Fahrzeug vorhanden sind.

41 Auch wird eine Lösung für die **Beleuchtung** von liegengebliebenen Fahrzeugen gefunden werden müssen. Hierzu schreibt § 15 StVO vor, dass sofort das Warnblinklicht einzuschalten ist. Danach ist in etwa **100 m Entfernung ein Warndreieck** aufzustellen. Während es problemlos möglich erscheint, dass ein autonomes Fahrzeug eigenständig das Warnblinklicht aktiviert, ist es fraglich, wie ein defektes oder verunfalltes autonomes Fahrzeug ein Warndreieck in 100 m Entfernung aufstellen soll. Es wurde vorgeschlagen, dass in einem solchen Fall die Fahrzeuge über ein Funksignal den nahenden Verkehr warnen sollen, wobei auch diese Lösung als erheblicher technischer Aufwand angesehen wurde.[50] Es stellt sich jedoch bei einer solchen Lösung das zusätzliche Problem, dass für einen erheblichen Zeitraum autonome und nicht-autonome Fahrzeuge nebeneinander am Verkehr teilnehmen werden. Selbst wenn also das defekte autonome Fahrzeug ein Funkwarnsignal senden würde, würde dieses Signal ggf. nicht von einem nahendem Oldtimer-Fahrzeug empfangen werden. Ggf. könnte in Erwägung gezogen werden, nicht-autonome Fahrzeuge verpflichtend mit Empfängern für solche Funkwarnsignale nachzurüsten. Dies hätte jedoch die schwer zu vermittelnde Folge, dass die Kosten einer technischen Neuerung von Personen zu tragen wären, die diese technische Neuerung nicht nutzen.

42 Des Weiteren wird sich bezüglich der **Verkehrskontrolle** gem. § 36 Abs. 5 StVO Änderungsbedarf ergeben. Diese Vorschrift ermächtigt Polizeibeamte, Verkehrsteilnehmer zur Verkehrskontrolle sowie zur Kontrolle der Verkehrstüchtigkeit und zu Verkehrserhebungen anzuhalten. Es müsste also eine technische Möglichkeit geschaffen werden, mit der die **Polizei dem autonomen Fahrzeug signalisiert anzuhalten,** wobei diese technische Möglichkeit für sämtliche autonomen Fahrzeuge verpflichtend vorgeschrieben wird. Dieses System muss jedoch so beschaffen sein, dass es Unberechtigten nicht ermöglicht, das Fahrzeug zum Anhalten zu bewegen.[51]

43 Auch hinsichtlich des Straftatbestands des **unerlaubten Entfernens vom Unfallort** werden Änderungen notwendig werden. Nach § 142 StGB wird bestraft, wer sich als Unfallbeteiligter nach einem Unfall im Straßenverkehr vom Unfallort entfernt, bevor er zugunsten der anderen Unfallbeteiligten und der Geschädigten die Feststellung seiner Person, seines Fahrzeugs und der Art seiner Beteiligung durch seine Anwesenheit und durch die Angabe, dass er an dem Unfall beteiligt ist, ermöglicht hat oder eine nach den Umständen angemessene Zeit gewartet hat, ohne dass jemand bereit war, die Feststellungen zu treffen. Unfallbeteiligter ist jeder, der am Unfallort anwesend ist und bei dem – anhand einer Ex-ante-Betrachtung – die nicht ganz unbegründete, aus dem äußeren Anschein des Unfalls zu folgernde Möglichkeit besteht, dass sein Verhalten den Unfall mitverursacht hat.[52] Bei einem Passagier eines autonomen Fahrzeugs dürfte dies nie der Fall sein, sodass diese Strafvorschrift ins Leere laufen würde. Das Fahrzeug an sich ist kein Adressat des Strafrechts. Selbst wenn man den an sich abwegigen Gedanken einer E-Person als Strafrechtsadressat

[50] *Lutz/Tang/Lienkamp* NZV 2013, 57.
[51] *Stender-Vorwachs/Steege* NZV 2017, 553.
[52] MüKoStGB/*Zopfs* § 142 Rn. 36.

weiterverfolgen wollen würde, würde sich die Frage stellen, wie man ein Fahrzeug überhaupt bestrafen kann.

c) Lösungsansätze im Regierungsentwurf des Gesetzes zum Autonomen Fahren

Am 9.3.2021 beschloss die Bundesregierung den Entwurf des **Gesetzes zum Autonomen Fahren.**[53] Dieses Gesetz soll die Zulassung und den Betrieb von autonomen Fahrzeugen der Stufe 4, noch nicht jedoch die Zulassung und den Betrieb von vollautonomen Fahrzeugen der Stufe 5, regeln und ermöglichen. Dazu werden das Straßenverkehrsgesetz (StVG) und das Pflichtversicherungsgesetz (PflVG) um Sondervorschriften zu autonomen Fahrzeugen ergänzt. Der Gesetzentwurf beinhaltet zunächst Definitionen der für die neuen Regelungen relevanten Begriffe des Kraftfahrzeugs mit autonomer Fahrfunktion, des festgelegten Betriebsbereichs, der technischen Aufsicht sowie des risikominimalen Zustands und regelt dann die den jeweiligen Beteiligten obliegenden Pflichten. 44

Der Entwurf sieht vor, dass ein **Kraftfahrzeug mit autonomen Fahrfunktionen** einerseits eine Fahraufgabe ohne eine fahrzeugführende Person selbstständig in einem festgelegten Betriebsbereich erfüllen können und andererseits über eine hierfür erforderliche und abstrakt beschriebene Ausstattung verfügen muss. Das Kraftfahrzeug mit autonomen Fahrfunktionen muss die Verkehrsvorschriften selbständig einhalten. Auch sieht der Entwurf einen Lösungsvorschlag für das vieldiskutierte moralische Dilemma der unvermeidlichen Schädigung verschiedener Rechtsgüter in der Gestalt vor, dass das System auf Unfallvermeidung ausgelegt sein muss, im Falle eines unvermeidlichen Unfalls der Schutz menschlichen Lebens die höchste Priorität genießt und im Falle einer unvermeidbaren alternativen Gefährdung von Menschenleben keine weitere Gewichtung anhand persönlicher Merkmale erfolgen darf.[54] Daneben muss das Kraftfahrzeug mit autonomen Fahrfunktionen seine Systemgrenzen erkennen können und sich selbst in einen risikominimalen Zustand versetzen können sowie die Freigabe von Fahrmanövern, welche die StVO **verletzen könnten** (zB Umfahrung von Hindernissen auf der Gegenfahrbahn) durch die technische Aufsicht einholen. Die autonomen Funktionen müssen jederzeit deaktivierbar sein, und müssen sich selbst deaktivieren, wenn keine sichere Verbindung zur technischen Aufsicht besteht oder unerlaubt Zugriff **genommen wird.** 45

Der Begriff festgelegter Betriebsbereich meint den örtlich und räumlich bestimmten öffentlichen Straßenraum, in dem ein Kraftfahrzeug mit autonomer Fahrfunktion im Rahmen seiner technischen Ausstattung und Zulassung betrieben werden darf. Beispiele hierfür wären die selbständige Fahrt auf der Autobahn sowie das selbstständige Einparken des Fahrzeugs in einem Parkhaus. Wie konkret ein festgelegter Betriebsbereich im Einzelfall aussieht, wird durch die Vorschrift nicht bestimmt. Es wird lediglich vorgegeben, dass Betriebsbereiche im öffentlichen Straßenraum festgelegt werden können. Die Intention ist, grundsätzlich eine Vielzahl von Betriebsbereichen zu ermöglichen.[55] 46

Technische Aufsicht eines Kraftfahrzeugs mit autonomer Fahrfunktion ist diejenige natürliche Person, die dieses Kraftfahrzeug während des Betriebs deaktivieren und für dieses Kraftfahrzeug gemäß Fahrmanöver freigeben kann.[56] Die Technische Aufsicht muss sich nicht im Fahrzeug befinden und grundsätzlich soll es nicht ausgeschlossen sein, dass die Technische Aufsicht für den Betrieb mehrerer Kraftfahrzeuge mit autonomer Fahrfunktion zuständig ist solange jedoch die Wahrnehmung der entsprechenden Pflichten im Einzelfall sichergestellt ist.[57] Grundsätzlich hat der Halter die Funktion der Technischen Aufsicht zu übernehmen,[58] kann damit aber eine andere natürliche Person betrauen.[59] Die Technische 47

[53] Entwurf eines Gesetzes zur Änderung des Straßenverkehrsgesetzes und des Pflichtversicherungsgesetzes – Gesetz zum autonomen Fahren, BT-Drs. 19/27439.
[54] § 1e Abs. 2 Nr. 2 StVG-E.
[55] Gesetzesbegründung BT-Drs. 19/27439, 20.
[56] § 1d Abs. 3 StVG-E.
[57] Gesetzesbegründung BT-Drs. 19/27439, 20.
[58] § 1f StVG-E.

Aufsicht muss mit den Insassen des Fahrzeugs Kontakt aufnehmen, wenn das Fahrzeug in den risikominimalen Zustand versetzt wird.[60] Durch Änderung des PflVG wird eine **Versicherungspflicht** für die Technische Aufsicht eingeführt.[61] Da Fahrzeuge mit autonomen Fahrfunktionen immer nur in den festgelegten Betriebsbereichen sich autonom bewegen dürfen, wird sich in aller Regel ein Fahrer im Fahrzeug befinden, der das Fahrzeug in den festgelegten Betriebsbereich gefahren hat (also zB bis zum Parkhaus oder bis zur Autobahn gefahren ist). Dieser Fahrer wird dann wohl auch in der Regel die Funktion der Technischen Aufsicht wahrnehmen, muss dann allerdings bereit sein, auf die Hinweise des Systems zu reagieren und Fahrmanöver freizugeben. Diese weite Definition ist jedoch zu begrüßen, da sie weitere Lösungen, zB die Wahrnehmung der Technischen Aufsicht durch den ausgestiegenen Fahrer über eine Smartphone-App beim Parkvorgang, ermöglicht.

48 Der Begriff des **risikominimalen Zustand** ist definiert als ein Zustand, in den sich das Kraftfahrzeug mit autonomer Fahrfunktion auf eigene Veranlassung oder auf Veranlassung der Technischen Aufsicht selbstständig versetzt, um unter angemessener Beachtung der Verkehrssituation die größtmögliche Verkehrssicherheit für andere Verkehrsteilnehmende und Dritte zu gewährleisten.[62]

49 Der Gesetzesentwurf legt dem **Halter** weitere Pflichten auf. So ist dieser zur Erhaltung der Verkehrssicherheit und Umweltverträglichkeit verpflichtet. Der Halter hat insbesondere für die regelmäßige Wartung der für die autonome Fahrfunktion erforderlichen Systeme sicherzustellen.[63] Der Halter hat auch für die Speicherung verschiedener Betriebsdaten des Fahrzeugs mit autonomen Fahrfunktionen in konkret benannten Situationen wie Eingriffen durch die Technische Aufsicht oder Unfällen zu sorgen, zB Positionsdaten, Geschwindigkeit, Witterungsverhältnisse, Spannungsversorgung und von extern an das Kraftfahrzeug gesendete Befehle und Informationen.[64] Faktisch dürfte dies bedeuten, dass der Hersteller Fahrzeug so zu entwickeln haben wird, dass diese Datenspeicherung möglich ist und der Halter wird die vorgesehene Datenerfassung nicht deaktivieren oder einschränken dürfen.

50 Für den **Hersteller** sind eine Reihe von Pflichten im Rahmen der Entwicklung, der Beantragung der Betriebserlaubnis sowie der Instruktion und Schulung der am Betrieb des Fahrzeugs beteiligten Personen vorgesehen.[65]

51 Der Entwurf sieht auch vor, dass Fahrzeuge, welche mit **deaktivierten autonomen Systemen** in den Verkehr gebracht werden, nachträglich eine Genehmigung zur Aktivierung dieser Systeme erteilt werden kann. Vor dem Hintergrund des vom Gesetzgeber erkannten fehlenden bzw. unzureichenden internationalen Rechtsrahmen, insbesondere europäischer Typengenehmigungsvorschriften,[66] für Fahrzeuge mit autonomen Fahrfunktionen ist diese Regelung sehr sinnvoll, um Herstellern die Inverkehrbringung von auch außerhalb Deutschlands zulassungsfähigen Fahrzeugen zu ermöglichen, welche dann bei Schaffung des entsprechenden Rechtsrahmens in ihren Funktionen erweitert werden können.

52 Schließlich sieht der Entwurf eine Reihe von **Verordnungsermächtigungen** vor, um den im StVG vorgegebenen Rahmen weiter zu konkretisieren und auszugestalten.[67] Insgesamt ist der Gesetzesentwurf positiv zu bewerten, da frühzeitig ein nationaler Rahmen geschaffen wird, um Herstellern eine gewisse Planungssicherheit bei der Entwicklung zu geben. Da jedoch kein Hersteller Fahrzeuge ausschließlich für den deutschen Markt

[59] Gesetzesbegründung BT-Drs. 19/27439, 25.
[60] § 1e Abs. 2 Nr. 4 StVG-E.
[61] § 1 PflVG-E.
[62] § 1d Abs. 4 StVg-E.
[63] § 1f Abs. 1 StVG-E.
[64] § 1g Abs. 1 StVG-E.
[65] § 1f Abs. 3 StVG-E.
[66] Gesetzesbegründung BT-Drs. 19/27439, 16.
[67] § 1j StVG-E.

entwickelt, ist es umso wichtiger, dass in Kürze entsprechende Regelungen auf europäischer Ebene erfolgen.

3. Datenerfassung und -übertragung durch Fahrzeuge (Connected Cars)

Moderne Fahrzeuge **erfassen und übertragen eine Vielzahl von Daten.** Eine Untersuchung des ADAC hat ergeben, dass zB folgende Daten erfasst und aus dem untersuchten Fahrzeug ausgelesen werden können:[68] 53

- Etwa alle zwei Minuten werden die GPS-Position des Fahrzeugs sowie Statusdaten an das Hersteller-Backend übertragen (zB Kilometerstand, Verbrauch, Tankfüllung, Reifendruck und Füllstände von Kühlmittel, Wischwasser oder Bremsflüssigkeit).
- Die Zahl der elektromotorischen Gurtstraffungen wird gespeichert, etwa aufgrund von starkem Bremsen.
- Fehlerspeicher-Einträge werden teilweise mit Informationen über zu hohe Motordrehzahlen oder -temperatur abgelegt.
- Gefahrene Kilometer auf Autobahnen, Landstraßen und in der Stadt („highway conditions" „road conditions" und „urban-conditions") werden getrennt gespeichert.
- Die letzten 100 Lade- und Entladezyklen der Starterbatterie werden mit Uhrzeit und Datum sowie Kilometerstand gespeichert.
- Erreichte Maximaldrehzahl des Motors mit jeweiligem Kilometerstand
- Anzahl der Fahrtstrecken zwischen null und fünf, fünf und 20, 20 und 100 sowie über 100 Kilometer
- Dauer, wie lange der Fahrer in verschiedenen Modi des Automatikgetriebes (Dauer/ Manuell/Sport) unterwegs war
- Betriebsstunden der Fahrzeugbeleuchtung, getrennt nach einzelnen Lichtquellen
- Zahl der Verstellvorgänge des elektrischen Fahrersitzes
- Anzahl der eingelegten Medien im CD-/DVD-Laufwerk

Während manche Daten auf den ersten Blick belanglos erscheinen, lassen viele davon, gerade in Kombination mit weiteren erfassten Daten, erstaunlich **detaillierte Rückschlüsse** auf die Fahrer zu. Anhand der der Fahrersitz-Veränderungen lässt sich ableiten, wie viele unterschiedliche Fahrer ein Fahrzeug nutzen. Aus den Lade- und Entladezyklen der Starterbatterie lassen sich die Standzeiten des Fahrzeugs ableiten. Die Betriebsstunden der Fahrzeugbeleuchtung lassen Rückschlüsse auf die Tageszeit der üblichen Nutzung des Fahrzeugs zu. Aus der Zahl der elektronischen Gurtstraffungen lässt sich folgern, wie oft ein Fahrer stark gebremst hat. Dies lässt Rückschlüsse über das Fahrverhalten des Fahrers zu. Mit der Streckenlänge lässt sich das Fahrerprofil bestimmen. Kombiniert mit den GPS-Positionsdaten, ist die Erstellung eines Bewegungsprofils des Fahrzeugs möglich. Auch an dieser Stelle sei auf das sehr eindrucksvolle Urteil des LG Köln vom 23.5.2016[69] hingewiesen, in dem es dem Gericht möglich war, anhand der Logdaten eines Mietfahrzeugs eine folgenschwere Unfallfahrt durch die Kölner Innenstadt lückenlos nachzuvollziehen. Anhand der oben genannten Daten wäre es möglich, Fahrten in ähnlicher Weise jederzeit nachzuvollziehen. 54

Auch wenn eine Vielzahl Smartphones ähnliche Daten erfassen (können) wie die oben genannten, führt die Verknüpfung der technischen Daten eines konkreten Fahrzeugs und dessen jeweiligen Zustands zu **besonderen Rückschlussmöglichkeiten.** Denkbar wäre es, nachzuvollziehen, ob ein **Defekt** des Fahrzeugs auf **normalen Verschleiß** oder auf eine **unsachgemäße Nutzung** zurückzuführen ist, ob das Fahrzeug zu einem Unfallzeitpunkt vorschriftsmäßig gefahren wurde oder ob bei einem der nächsten Servicetermine der Händler den Fahrer auf sein Fahrverhalten zugeschnittene Fahrzeugmodelle anspre- 55

[68] ADAC, Diese Daten sammelt ein modernes Auto, www.adac.de/rund-ums-fahrzeug/ausstattung-technik-zubehoer/assistenzsysteme/daten-modernes-auto/ (10.12.2019).
[69] LG Köln Urt. v. 23.5.2016 – 113 KLs 34/15, BeckRS 2016, 17291.

chen sollte. Auch bieten diese Daten die potenzielle Grundlage für **Telematik-Versicherungsmodelle,** bei denen sich die Prämie nach dem Risiko der Fahrweise berechnet. Ähnlich wie bei Smartphones bieten sich für Hersteller und Fahrer Chancen, Risiken und neue Geschäftsfelder, die in Einklang mit den datenschutzrechtlichen Vorschriften zu gestalten sein werden (→ § 6 Rn. 112ff.).

a) Automatisches Notrufsystem eCall

56 Connected Cars sind nicht nur ein Zukunftsthema. Bereits heute verfügen Fahrzeuge über eine umfangreiche Konnektivität und können eine Vielzahl von Daten mit ihrer Umgebung austauschen. In **Teilbereichen** ist dies sogar eine **gesetzliche Pflichtvorgabe.** Im Rahmen der eCall-VO[70] wurde vorgesehen, dass ab dem 31.3.2018 EG-Typengenehmigungen durch die nationalen Typengenehmigungsbehörden erteilt werden dürfen, wenn diese ein auf dem 112-Notruf basierendes bordeigenes **eCall-System** iSd VO aufweisen.[71]

57 **aa) Grundsätzliche Vorgaben bezüglich des eCall-Systems.** Unter einem eCall-System wird ein **Notrufsystem** verstanden, das im Falle eines schweren Unfalls automatisch oder in anderen Fällen manuell über das öffentliche Mobilfunknetz einen Mindestdatensatz an die eCall-Notrufabfragestelle übermittelt und eine auf die Nummer 112 gestützte Tonverbindung zwischen den Fahrzeuginsassen und einer eCall-Notrufabfragestelle hergestellt wird. Daneben regelt die eCall-VO, dass Hersteller neben dem eCall-System ein TPS-eCall-System verbauen dürfen, wenn dies gleichwertige Leistungen bietet. Dabei muss dem Fahrzeughalter vorbehalten bleiben, welches System aktiviert sein soll, wobei immer nur ein System aktiv sein darf. Das eCall-System muss Galileo- und EGNOS-kompatibel sein und kann auch mit weiteren Systemen wie GPS kompatibel sein. Das System muss zudem die Fahrzeuginsassen warnen können, wenn aufgrund eines kritischen Systemfehlers ein eCall nicht ausgelöst werden konnte.[72]

58 **bb) Datenschutzrechtliche Bestimmungen der eCall-VO.** Es liegt nahe, dass ein System, das zur ordnungsgemäßen Funktion ständig Position und Zustand des Fahrzeugs erkennen und speichern muss, erhebliche Möglichkeiten der Verletzung der Nutzerprivatsphäre bietet. Der Gesetzgeber hat daher auch **Schutzvorschriften** in die eCall-VO aufgenommen. Grundsätzlich gilt, dass die nach der eCall-VO durch das auf dem 112-Notruf basierende **eCall-System** verarbeiteten personenbezogenen Daten **nur für die in der Verordnung genannten Notfallsituationen** verwendet werden dürfen.[73] Die Hersteller müssen sicherstellen, dass im internen Speicher des eCall-Systems die Daten automatisch und kontinuierlich gelöscht werden. Lediglich die drei letzten Positionen des Fahrzeugs dürfen gespeichert werden, soweit es für die Bestimmung der momentanen Position und der Fahrtrichtung zum Zeitpunkt des Vorfalls unerlässlich ist.[74] Bevor der eCall ausgelöst wird, dürfen **diese Daten** außerhalb des auf dem 112-Notruf basierenden bordeigenen eCall-Systems für **keine Einrichtung** zugänglich sein.[75] Für das auf dem 112-Notruf basierenden eCall-System besteht daher ein sehr hohes Schutzniveau.

59 Anders ist die Rechtslage bezüglich der **TPS-eCall-Dienste.** Bezüglich dieser Dienste ist vorgesehen, dass die Hersteller sicherzustellen haben, dass das auf dem 112-Notruf basierende bordeigene eCall-System und zusätzliche Systeme, die einen TPS-eCall-Dienst oder einen Dienst mit Zusatznutzen bereitstellen, so konzipiert sind, dass kein Austausch

---

[70] Verordnung (EU) 2015/758 des Europäischen Parlaments und des Rates vom 29. April 2015 über Anforderungen für die Typengenehmigung zur Einführung des auf dem 112-Notruf basierenden bordeigenen eCall-Systems in Fahrzeugen und zur Änderung der Richtlinie 2007/46/EG.

[71] Art. 7 eCall-VO.

[72] Art. 5 Abs. 6 eCall-VO.

[73] Art. 6 Abs. 2 eCall-VO.

[74] Art. 6 Abs. 5 eCall-VO.

[75] Art. 6 Abs. 6 eCall-VO.

personenbezogener Daten zwischen den Systemen möglich ist. Es darf keine nachteiligen Auswirkungen auf die Nutzung des auf dem 112-Notruf basierenden bordeigenen 112-eCall-Systems haben, wenn der Nutzer die Einwilligung zur Nutzung der TPS-eCall-Dienste verweigert. Im Übrigen gelten hinsichtlich der TPS-eCall-Dienste die allgemeinen datenschutzrechtlichen Bestimmungen. Dem Nutzer bleibt damit die Wahl zwischen der ausschließlichen Nutzung des auf dem 112-Notruf basierenden bordeigenen eCall-Systems oder der Einwilligung zur Nutzung des vom Hersteller installierten TPS-eCall-Dienstes zu dessen Bedingungen.

Diese Regelungen sind dafür kritisiert worden, dass unter **dem Deckmantel der Lebensrettung** der **eCall zum Türöffner für weiterreichende Datennutzung** wird.[76] 60
Dies erscheint durchaus möglich. Allerdings wird der jeweilige Nutzer für sich zu entscheiden haben, ob und in welchem Umfang er in die Nutzung seiner Daten einwilligt, um die herstellerseitig angebotenen Zusatzfunktionen nutzen zu können. Der Nutzer kann ohne Weitergabe seiner Daten in den Genuss der zusätzlichen Sicherheit des eCall-Systems kommen. Hinsichtlich weiterer Dienste wird er jeweils abzuwägen haben, ob die Weitergabe seiner Daten im vertraglich vereinbarten Umfang ihm die Nutzung dieser Dienste wert ist. Außerordentlich wichtig wird die ausreichende Aufklärung über den Umfang der Erhebung und Nutzung der Daten sein, auf deren Basis der Nutzer in der Lage ist, diesbezüglich eine bewusste Entscheidung zu treffen.

b) Automatisierte Kommunikation zwischen Fahrzeugen

Vollständig autonome Fahrzeuge können es in Zukunft erforderlich werden lassen, dass 61
Fahrzeuge mit anderen Fahrzeugen oder mit Anlagen zur Verkehrssteuerung und -regelung **automatisiert kommunizieren.** Während teilweise unterstellt wird, dass autonomes Fahren nur möglich sein wird, wenn sämtliche Daten in einer Cloud verarbeitet werden,[77] werden Fahrzeuge derzeit tatsächlich als von der Außenwelt unabhängige Systeme konzipiert, da ansonsten die Sicherheit des Fahrzeugs nicht mehr gewährleistet wäre, wenn aus irgendeinem Grund die Datenverbindung unterbrochen würde.[78] **Drahtlose Hochgeschwindigkeitsdatennetze** werden daher für autonomes Fahren als **nützlich, aber nicht als notwendig** angesehen.[79]

Dabei können sich je nach tatsächlicher Ausgestaltung eine Vielzahl rechtlicher Frage- 62
stellungen ergeben. So erscheint es denkbar, dass Fahrzeuge ihre eigene Position an Fahrzeuge in der Umgebung mitteilen, damit diese einen sicheren Abstand halten oder auf einen unvorhergesehenen Verkehrsstillstand frühzeitig reagieren können. So könnte ein Fahrzeug statt der Aufstellung eines Warndreiecks künftig seine Positionsdaten mit einem entsprechenden Warnsignal senden. Hinsichtlich eines solchen Systems mit zunächst eindeutigem Nutzen für alle Verkehrsteilnehmer sind verschiedene Realisationsmöglichkeiten denkbar. Das System könnte eine auf eine konkrete Person zurückführbare Identifikationsnummer übertragen und mit dieser allen umliegenden Systemen die Position mitteilen, welche diese Daten von der identifizierten Person unkontrolliert weiterverarbeiten könnten. Dass ein solches System in Hinblick auf die Privatsphäre der Nutzer hochproblematisch wäre, dürfte auf der Hand liegen. Es wäre aber auch denkbar, dass das Fahrzeug im Falle eines Nothalts automatisiert im Wesentlichen die gleichen Informationen übermittelt, wie dies derzeit mit einem Warndreieck bereits der Fall ist. Wenn der Inhalt des automatisierten Signals lediglich wäre, dass sich ein stationäres Fahrzeug an einem bestimmten Ort befindet und die empfangenden Systeme darauf ausgerichtet sind, diese Information

---

[76] *Lüdemann* ZD 2015, 247.
[77] *Lüdemann* ZD 2015, 247.
[78] VDI, Braucht Autonomes Fahren die Datenautobahn 5G?, www.vdi.de/news/detail/braucht-autonomes-fahren-die-datenautobahn-5g (7.12.2019).
[79] VDI, Braucht Autonomes Fahren die Datenautobahn 5G?, www.vdi.de/news/detail/braucht-autonomes-fahren-die-datenautobahn-5g (7.12.2019).

nicht länger zu speichern, als es zur sicheren Umfahrung des stationären Fahrzeugs erforderlich ist, erscheint die Auswirkung auf die Privatsphäre der Fahrzeuginsassen bzw. des -eigentümers weitaus geringer.

63 Ein ähnliches Spektrum von technischen Lösungen ist auch hinsichtlich der **Verkehrssteuerung und -regelung** denkbar. So könnte die geltende Geschwindigkeitsbegrenzung statt (oder neben) der visuellen Beschilderung durch ein Funksignal an alle am Verkehr teilnehmenden Fahrzeuge übermittelt werden. Anhand der Zahl der Empfänger könnte die Verkehrsleitstelle die Verkehrsdichte ermitteln und die Geschwindigkeitsbeschränkung entsprechend anpassen. Dabei wäre es denkbar, dass die Daten aller Fahrzeuge erfasst werden und so für die Verkehrsbehörde transparent würde, welches Fahrzeug sich wann in einem bestimmten Gebiet aufgehalten hat. Denkbar wäre aber auch, dass lediglich automatisiert an alle Verkehrsteilnehmer übertragen wird, dass die Geschwindigkeitsbeschränkung in einem bestimmten Streckenabschnitt auf einen bestimmten Wert angepasst wurde. Das BVerfG hat für die bereits heute mögliche (und praktizierte) automatisierte Kennzeichenerfassung strenge Vorgaben gesetzt, wonach Kennzeichenkontrollen an einen gewichtigen Anlass gebunden sein müssen und wonach sie als Mittel der Schleierfahndung einer besonderen Rechtfertigung bedürfen.[80] Diese Grundsätze sind von der optischen Erfassung von Fahrzeugkennzeichen durch automatisierte Kameras auf andere Formen der automatisierten Erfassung der Verkehrsteilnehmer übertragbar. Diese Vorgaben werden also auch von den Behörden zu beachten sein, wenn neben der bereits heute möglichen Erfassung von Fahrzeugdaten weitere technische Möglichkeiten hinzukommen.

64 Die **konkrete technische Ausgestaltung** der **automatisierten Kommunikation** zwischen Fahrzeugen wird also **ausschlaggebend** dafür sein, ob und in welchem Umfang eine solche Kommunikation rechtlich problematisch sein kann. Während durchaus besorgniserregende Entwicklungen denkbar sein können, erscheinen auch Lösungen möglich, die keinen Anlass zur Sorge bieten.

III. Produktion und Regress

65 In Hinblick auf die gesetzgeberische Entscheidung, das bisherige Haftungssystem des StVG derzeit im Grundsatz unverändert zu lassen, steht zu erwarten, dass vermehrt Verkehrsunfallprozesse unter Beteiligung der Hersteller stattfinden werden und die Hersteller bemüht sein werden, von Zulieferern verursachte Schäden an diese weiterzugeben.

1. Prozessuale Ausgangslage

66 Der Unfallgeschädigte wird weiterhin den Halter bzw. dessen Versicherer in Anspruch nehmen, ob der Unfall nun auf einen Fahrfehler oder einen technischen Defekt des Fahrzeugs zurückzuführen ist. In der Gesetzesbegründung wurde die Erwartung geäußert, dass der **Versicherer des Halters den Schaden mit dem Hersteller bzw. dessen Versicherer regulieren wird.** Dabei ist zu erwarten, dass die Datenspeicherung nach § 63a StVG erheblich zur Sachverhaltsaufklärung beitragen wird. Wenn es nun aus Sicht des Versicherers des Halters möglich erscheint, dass ein technischer Defekt des Fahrzeugs den Unfall verursacht hat, ist zu erwarten, dass dieser **dem Hersteller den Streit verkündet.** Durch die Streitverkündung erreicht der Versicherer einerseits die Hemmung der Verjährung (§ 204 Abs. 1 Nr. 6 BGB), andererseits wird durch die Streitverkündung eine Bindungswirkung auch im Verhältnis zum Streitverkündeten erreicht, der sich (jedenfalls im Grundsatz) dann nicht mehr darauf berufen kann, der Rechtsstreit sei unrichtig entschieden worden oder der Rechtsstreit sei nicht richtig geführt worden (§§ 74 Abs. 1, 68

[80] BVerfG Beschl. v. 18.12.2018 – 1 BvR 142/15, NJW 2019, 827.

ZPO). Der Hersteller kann sich dann entscheiden, dem Streit auf Seiten des Klägers oder des Beklagten beizutreten oder sich nicht zum Streit zu erklären.

Erscheint es aufgrund des Prozessvortrags möglich, dass der **Unfall** auf einen **technischen Defekt** zurückzuführen ist, mag es für den **Hersteller** sinnvoll sein, auf **Seiten des Beklagten** dem Streit **beizutreten,** um diesen bei der Verteidigung zu unterstützen. Scheint dagegen der **Unfall** durch einen **Fahrfehler** verursacht worden zu sein, mag es für den **Hersteller** sinnvoll sein, der **Seite des Klägers** beizutreten, um diesen bei der Darlegung des Fahrfehlers zu unterstützen. Grundlage dieser Entscheidung wird sein, mit welchem Tatsachenvortrag der Hersteller sich in Widerspruch setzen möchte. Dem Streitverkündeten ist es, wie einem Nebenintervenienten, nicht gestattet, Angriffs- und Verteidigungsmittel vorzubringen, mit denen er sich mit Handlungen und Erklärungen der Hauptpartei in Widerspruch setzt (§§ 74 Abs. 1, 67 ZPO). Wenn insgesamt unklar ist, wie der Fall gelagert ist, mag es sinnvoll sein, das Verfahren zunächst zu beobachten, ohne sich zu erklären. Der Beitritt kann auch zu jedem beliebigen späteren Zeitpunkt erfolgen, wenn der Sachverhalt eindeutiger geworden ist. 67

Der Hersteller wird jedoch aus den gleichen Erwägungen wie der Versicherer eine weitere **Streitverkündung** gegenüber **seinen Lieferanten** in Betracht ziehen. Auch der Hersteller muss zunächst befürchten, dass seine Regressansprüche gegen den Zulieferer im Laufe des Rechtsstreits verjähren könnten oder der Zulieferer sich darauf beruft, dass das Ausgangsverfahren unrichtig entschieden oder geführt wurde. 68

Es wird sich zeigen, ob die zunehmende Zahl von Fahrzeugen mit automatisierten Funktionen zu einer nennenswerten Erhöhung der Zivilverfahren unter Beteiligung der Hersteller führen wird oder ob durch eine allgemeine Erhöhung der Verkehrssicherheit die Zahl der Zivilverfahren eher abnehmen wird. Auch wird sich zeigen, ob die bisher in der Automobilindustrie praktizierten Haftungsgrundsätze ausreichend sein werden, um Auseinandersetzungen über Einzelfälle, welche heute eher im Ausnahmefall anzutreffen sind, zu verhindern. Die **derzeitige Rechtslage** setzt jedenfalls einen **Anreiz auf Seiten der Versicherer,** die **Hersteller stärker in Rechtsstreitigkeiten** zu involvieren. 69

2. Klassische Aufgabenteilung zwischen Hersteller und Zulieferer

Typischerweise werden zwischen einem Hersteller und einem Zulieferer Rahmenverträge über die Belieferung des Herstellers mit einem Bauteil oder einer Baugruppe für die Serienproduktion eines bestimmten Fahrzeugs geschlossen. Beliefert ein Zulieferer einen Hersteller mit mehreren Bauteilen oder Baugruppen, so wird meist hinsichtlich jedes dieser Bauteile oder Baugruppen ein separater Vertrag geschlossen, sodass typischerweise eine Vielzahl von Rahmenlieferverträgen parallel zwischen Hersteller und Zulieferer abgeschlossen sind. Eine Fahrzeugserie wird durchschnittlich circa sieben Jahre produziert. Nach Ende der Serienproduktion wird eine Ersatzteilversorgung durch die Hersteller mindestens für 15 Jahre sichergestellt. Ein **Serienbelieferungsauftrag** kann daher einem Zulieferer den **Verkauf von Bauteilen oder Baugruppen für mehr als 20 Jahre** ermöglichen. 70

Die **Rahmenlieferverträge zwischen Hersteller und Zulieferern** werden meistens zu den **allgemeinen Bedingungen der Hersteller** geschlossen. Aufgrund des hohen wirtschaftlichen Werts einer Serienbeauftragung und der damit verbundenen Nachfragemacht der Hersteller sind häufig nur sehr große Zulieferer oder Zulieferer von sehr seltenen und wichtigen Komponenten in der Lage, in den Verhandlungen wesentlich abweichende Bedingungen durchzusetzen. 71

In der Regel sehen die entsprechend der Herstellerinteressen gestalteten Rahmenlieferverträge keinerlei Haftungsbeschränkungen der Zulieferer vor, da ja auch die Hersteller ihre Haftung gegenüber den Endverbrauchern nur unwesentlich einschränken können. Auch wenn erhebliche Unterschiede zwischen den Bedingungen der einzelnen Hersteller bestehen, sind **Hersteller** grundsätzlich bestrebt, eine **Schadensabwicklung losgelöst** 72

vom Einzelfall durchführen zu können. Manchmal wird hierfür eine prozentuale Entwicklungsverantwortung zwischen Hersteller und Lieferant vereinbart, entsprechend der Beiträge von Hersteller und Lieferant an der Entwicklung. Der Lieferant haftet dann für den der Quote entsprechenden Anteil der Schäden, ganz gleich, ob der Lieferant oder der Hersteller den konkret **schadensauslösenden Entwicklungsfehler** zu verantworten hat. Oft wird auch die **Befundung nur von Stichproben** defekter Teile und der Rückschluss von der **Ausfallhäufigkeit** in einem **Referenzmarkt** auf die **Ausfallhäufigkeit weltweit** vereinbart. Oft werden **Schadenspauschalen** statt einer konkreten Schadensberechnung vereinbart. Faktisch erfolgen konkrete Schadensberechnungen meist nur für große Rückrufe und Serienschäden.

73 Aufgrund der eingangs geschilderten Art der Zusammenarbeit haben sowohl Hersteller als auch Zulieferer grundsätzlich ein **hohes Interesse** daran, den **Streit über Regressforderungen nicht eskalieren** zu lassen. Der Lieferant wird oft nur für eine begrenzte Zahl an Herstellern tätig sein und dementsprechend einen hohen Anteil seines eigenen Ergebnisses mit einem Hersteller erzielen. Der Zulieferer hat regelmäßig kein Interesse daran, dass ein Streit über die Gewährleistung hinsichtlich eines Teils die Geschäftsbeziehung bezüglich der weiteren gelieferten Teile beschädigt. Ein Zulieferer wird es meist nur bei außergewöhnlich hohen Schäden in Erwägung ziehen, die Geschäftsbeziehung zum Hersteller zu gefährden. Der Hersteller ist für seine Produktion auf die rechtzeitige Belieferung mit qualitativ hochwertigen Teilen angewiesen und wird daher nur selten in Erwägung ziehen, eine abrupte Beendigung der Lieferbeziehung zu riskieren. Faktisch wird daher der weit überwiegende Teil aller Auseinandersetzungen zwischen Herstellern und Zulieferern außergerichtlich beigelegt.

74 Schwieriger ist oft die Position des **Zulieferers gegenüber seinem Unterzulieferer.** Regelmäßig hat ein Zulieferer nicht die gleiche Verhandlungsposition gegenüber seinem Unterzulieferer wie der Hersteller gegenüber dem Zulieferer. Auch kann die Vereinbarung von Schadenspauschalen und Beweiserleichterungen zwischen Hersteller und Zulieferer zu Beweisschwierigkeiten im Verhältnis zwischen Zulieferer und Unterzulieferer führen.

3. Neue Kooperationsformen in der Automobilindustrie

75 Die fortschreitende Automatisierung führt zum Markteintritt neuer Unternehmen, die im Hinblick hierauf spezialisierte Lösungen anbieten. Mag noch vor wenigen Jahrzehnten kaum ein Autofahrer mit der im Fahrzeug verbauten Software interagiert haben, ist nun die Möglichkeit, einfach und unkompliziert mit dem Fahrzeug zu kommunizieren, zu einem wesentlichen Verkaufsargument geworden. **Automatisierte Fahrfunktionen** erfordern Software und Bauteile von Anbietern, die bislang kaum die Automobilindustrie beliefert haben. Dementsprechend unterschiedlich ist oft die Erwartungshaltung der an Automatisierungsprojekten teilnehmenden Unternehmen. Die seit Jahrzehnten faktisch gelebten Usancen der Automobilzulieferindustrie werden zumindest teilweise auf den Prüfstand gestellt. Während ein Hersteller ein starkes Interesse daran hat, als Alleinstellungsmerkmal eine neue Technik frühzeitig einzuführen, wird der Zulieferer ggf. weniger geneigt sein, die volle Verantwortung für eine noch nicht langjährig in Serie erprobte Technik für die gewöhnliche Lebensdauer eines Fahrzeugs zu übernehmen. Teils kann man diesen Konstellationen durch Anpassung der Konditionen unter Beibehaltung des bisherigen Systems gerecht werden, zB durch **Anpassung der Entwicklungsverantwortung** oder durch Vereinbarung von **individuellen Anerkennungsverfahren zugunsten der Lieferanten.** Teils ist aber auch eine **Haftungsverschärfung** zu beobachten, nämlich dann, wenn es sich um ein Prestigeprojekt eines Herstellers handelt, welches nicht scheitern kann, ohne den Ruf des Herstellers als Innovationsführer zu beschädigen.

76 Auch können Lieferanten von Zukunftstechnologien nicht mehr im gleichen Maße wie traditionelle Lieferanten auf die **Dauer des Serienzyklus** vertrauen. Während es einen hohen Ingenieursaufwand erfordert, um in einer laufenden Serie das Getriebe auszutau-

schen, kann es mit weitaus weniger Aufwand verbunden sein, den Lieferanten eines Softwaremoduls auszutauschen, wenn auch das neue Softwaremodul mit der unveränderten Hardware kompatibel ist. Mit fortschreitender Verbreitung von Elektrofahrzeugen sinkt auch die Zahl der zum Erhalt eines Fahrzeugs notwendigen Ersatzteile, sodass sich hierdurch der für viele Zulieferer profitable Ersatzteilmarkt verkleinern dürfte.

4. Änderungen aufgrund fortschreitender Digitalisierung

Da derzeit keine Fahrzeuge mit vollautomatisierten Fahrfunktionen und keine autonomen Fahrzeuge in Serie hergestellt werden, lässt sich eine dramatische Änderung der Beziehungen zwischen Herstellern und Zulieferern noch nicht beobachten. Angesichts der derzeitig verbreiteten Praxis erscheint es wahrscheinlich, dass die Hersteller auch künftig versuchen werden, die **kostenintensive Einzelregulierung von Schadensfällen** soweit wie möglich zu **vermeiden.** 77

Denkbare Lösungswege wären einerseits Vereinbarungen mit Versicherern zur **standardisierten Abwicklung von Routinefällen.** So könnten kleinere Schadensfälle mit unklarem Sachverhalt nach zu vereinbarenden Schlüsseln zwischen Hersteller und Versicherer reguliert werden, ähnlich wie dies derzeit zwischen Herstellern und Zulieferern vereinbart ist. 78

Zur Wahrung des Regresses zwischen Hersteller und Zulieferer dürfte der Hersteller ein größeres Interesse entwickeln, den Zulieferer an den Kosten eines Vergleichs mit einem Kunden bzw. dessen Versicherers zu beteiligen. Es steht zu erwarten, dass die **einzelfallbezogene Streitverkündung entlang der Zulieferkette** im Rahmen eines Rechtsstreits über einen Verkehrsunfall weder wirtschaftlich effizient noch aus Gründen des Erhalts der Beziehungen mit den jeweiligen Lieferanten gewünscht ist. Allerdings ist auch die Regressierung von Schäden, hinsichtlich derer im Einzelfall der Vollbeweis nicht wirtschaftlich möglich sein mag, eine besondere Herausforderung in der Vertragsgestaltung. Gerade Beweiserleichterungen und Schadenspauschalen begegnen oft Bedenken unter dem Recht der AGB. Es ist zu hoffen, dass die Rechtsprechung diesbezüglich ihrer Verantwortung in der Durchsetzung von auf die industrielle Produktion zugeschnittenen Regelungen gerecht werden wird. 79

IV. Internationale Bezüge

1. USA

Auf Bundesebene wurde am 6. 9. 2017 der **SELF-DRIVE Act** durch das *House of Representatives* (Unterhaus) verabschiedet.[81] Dieser Gesetzentwurf sieht eine Zuständigkeit des Bundes hinsichtlich der Entwicklung und Herstellung von hochautomatisierten Fahrzeugen vor.[82] Registrierung, Versicherung, Anforderungen an Führerscheine, Sicherheits- und Emissionsprüfungen und ähnliche Themen bleiben den Bundesstaaten vorbehalten.[83] Innerhalb von zwei Jahren ab Inkrafttreten können bis zu 50.000 Fahrzeuge von den **geltenden Sicherheitsbestimmungen** befreit werden, solange diese Fahrzeuge wenigstens **gleichwertige Sicherheitsstandards** erfüllen. Die Federal-Motor-Vehicle-Safety-Standards (FMVSS) unterstellen in vielen Bereichen, dass ein Fahrzeug einen Fahrer hat. Ein autonomes Fahrzeug kann daher die FMVSS in der derzeitigen Fassung nicht erfüllen.[84] 80

[81] H.R. 3388 – 115th Congress; Safely Ensuring Lives Future Deployment and Research in Vehicle Evolution Act.
[82] Sec. 2 SELF DRIVE Act.
[83] Sec. 3 SELF DRIVE Act.
[84] *Fraade-Blanar/Laura and Nidhi Kalra,* Autonomous Vehicles and Federal Safety Standards: An Exemption to the Rule?, Santa Monica, Calif.: RAND Corporation, PE-258-RC, 2017. www.rand.org/pubs/perspectives/PE258.html (4. 11. 2019).

Nach zwei Jahren können unter den gleichen Voraussetzungen 100.000 solcher Fahrzeuge von den geltenden Sicherheitsstandards ausgenommen werden.[85] 24 Monate nach Inkrafttreten hat der *Secretary of Transportation* eine Sicherheitsvorschrift für hochautomatisierte Fahrzeuge zu entwickeln. Diese Vorschrift ist danach alle fünf Jahre zu überarbeiten.[86]

81 Der *Senate* (Oberhaus) stimmte dem SELF-DRIVE Act jedoch nicht zu. Am 28. 9. 2017 wurde der konkurrierende **AV START Act** in den *Senate* eingeführt.[87] Auch dieser Gesetzesentwurf definiert die Kompetenzen des Bundes und der Bundesstaaten und sieht eine Weiterentwicklung der Sicherheitsstandards vor. Der Gesetzentwurf wurde jedoch nicht angenommen, sodass derzeit keine gesetzliche Regelung hinsichtlich autonomer Fahrzeuge auf Bundesebene besteht.

82 Die Bundesbehörde für Straßen- und Fahrzeugsicherheit *National Highway Traffic Safety Administration* hat 2017 die technischen Anforderungen an hochautomatisierte Fahrzeuge spezifiziert und Vorschläge unterbreitet, wie Erprobungsphasen durchgeführt werden können.[88]

83 Zum heutigen Zeitpunkt haben 29 Bundestaaten Gesetze zur Regelung von autonomen Fahrzeugen verabschiedet. Weitere sechs Bundesstaaten haben diesbezüglich *Executive Orders* erlassen,[89] wobei der Regelungsschwerpunkt in der Ermöglichung von Erprobungsphasen liegt.

2. Großbritannien

84 Großbritannien hat am 19. 7. 2018 den **Automated and Electric Vehicles Act 2018** erlassen. Dieses Gesetz regelt einerseits Haftungsfragen bezüglich automatisierter und autonomer Fahrzeuge,[90] andererseits die Errichtung und Nutzung von Ladepunkten für elektrische Fahrzeuge.[91]

85 Im Gegensatz zu der in Deutschland im StVG umgesetzten Regelungslösung unterscheidet der Automated and Electric Vehicles Act 2018 nicht zwischen automatisierten und autonomen Fahrzeugen. Da Großbritannien das Wiener Übereinkommen über den Straßenverkehr v. 1968 nicht ratifiziert hat,[92] mag der in Art. 8 des Übereinkommens vorgesehenen zentralen Pflicht, dass jedes Fahrzeug einen Fahrer haben muss, eine geringere Bedeutung zukommen. Der Automated and Electric Vehicles Act 2018 sieht vor, dass der *Secretary of State* eine Liste von Fahrzeugen zu erstellen und zu unterhalten hat, die nach Meinung des *Secretary of State* in der Lage sind, unter zumindest manchen Umständen oder in gewissen Situationen sicher zu fahren und in derartigen Fällen rechtmäßig in Großbritannien benutzt werden dürfen.[93] Diese Liste ist zu veröffentlichen.[94] Die Kriterien für die Aufnahme in die noch zu erstellende Liste sind im Gesetz noch nicht festgelegt. Diese Kriterien sind zukünftig durch den *Secretary of State* in Rechtsverordnungen *(Statutory Instruments)* festzulegen.[95]

---

[85] Sec. 6 SELF DRIVE Act.

[86] Sec. 4 SELF DRIVE Act.

[87] S. 1885 – 115th Congres; American Vision for Safer Transportation through Advancement of Revolutionary Technologies Act.

[88] NHTSA, Automated Driving Systems: A Vision for Safety; www.nhtsa.gov/sites/nhtsa.dot.gov/files/documents/13069a-ads2.0_090617_v9a_tag.pdf (10. 12. 2019).

[89] National Conference of State Legislatures, www.ncsl.org/research/transportation/autonomous-vehicles-self-driving-vehicles-enacted-legislation.aspx (4. 11. 2019).

[90] Part I Automated and Electric Vehicles Act 2018.

[91] Part II Automated and Electric Vehicles Act 2018.

[92] Europäisches Parlament, Automated Vehicles in the EU, www.europarl.europa.eu/RegData/etudes/BRIE/2016/573902/EPRS_BRI(2016)573902_EN.pdf (10. 12. 2019).

[93] Sec. 1 (1) Automated and Electric Vehicles Act 2018.

[94] Sec. 1 (3) Automated and Electric Vehicles Act 2018.

[95] Sec. 18 Automated and Electric Vehicles Act 2018.

Der Automated and Electric Vehicles Act 2018 führt einen **Direktanspruch des Geschädigten gegen den Haftpflichtversicherer des Eigentümers** ein,[96] regelt aber auch, dass bei fehlendem Versicherungsschutz der Eigentümer des Fahrzeugs dem Geschädigten haftet.[97] Die Haftung ist gem. den Vorschriften über die Pflichtversicherung gedeckelt[98] und schränkt die Haftung weiterer Personen nicht ein.[99] Ein etwaiges Mitverschulden des Geschädigten ist zu berücksichtigen[100] und die Haftung der Versicherung ist ausgeschlossen, wenn der Fahrer das Fahrzeug im autonomen Betrieb in dafür nicht vorgesehenen Situationen verwendet hat.[101] Die Haftung des Versicherers entfällt auch dann, wenn der Versicherungsnehmer unautorisiert die Steuerungssoftware des Fahrzeugs verändert hat oder notwendige Updates nicht aufgespielt hat.[102] In der Gesetzesbegründung wird hierzu ausgeführt, dass klargestellt werden sollte, dass Haftungsfragen in Verbindung mit autonomen Fahrzeugen im Rahmen des bestehenden Versicherungssystems und nicht im Rahmen der Produkthaftung geklärt werden sollten.[103] Auch seien bewusst nicht alle Einzelheiten geregelt worden, um auf zukünftige Entwicklungen reagieren zu können.[104] 86

Die Haftung des Herstellers ist nicht geregelt worden. Jedoch sieht das Gesetz vor, dass dem Versicherer der Regress gegen den Unfallverursacher offenbleibt.[105] Ähnlich wie in § 1c StVG sieht auch das britische Gesetz eine Überprüfung der Regelung vor. Diesbezüglich hat der *Secretary of State* zwei Jahre nach erstmaliger Veröffentlichung der Liste der autonomen bzw. automatisierten Fahrzeuge einen Bericht über die Auswirkungen und die Effektivität des Gesetzes zu erstellen.[106] Auch diese Regelung zielt auf eine flexible Überprüfung des Gesetzes ab.[107] 87

3. Weitere Länder

Nicht in allen Ländern sind Gesetze bezüglich autonomer Fahrzeuge verabschiedet worden. **Irland** nimmt zB eine bewusst abwartende Haltung ein, um auf technische Entwicklungen und Regelungsvorschläge auf EU-Ebene reagieren zu können.[108] **Australien** erarbeitet derzeit einen rechtlichen Rahmen für automatisierte und autonome Fahrzeuge.[109] Auch Kanada prüft momentan die rechtlichen Rahmenbedingungen.[110] In **China** finden zurzeit nur in 14 Städten Pilotprojekte statt, wobei es das erklärte Ziel der chinesischen Regierung ist, dass im Jahr 2030 zehn Prozent aller Neufahrzeuge vollautonome Funktionen aufweisen.[111] 88

[96] Sec. 2 (1) Automated and Electric Vehicles Act 2018.
[97] Sec. 2 (2) Automated and Electric Vehicles Act 2018.
[98] Sec. 2 (4) Automated and Electric Vehicles Act 2018.
[99] Sec. 2 (7) Automated and Electric Vehicles Act 2018.
[100] Sec. 3 (1) Automated and Electric Vehicles Act 2018.
[101] Sec. 3 (2) Automated and Electric Vehicles Act 2018.
[102] Sec. 4 (1) und (4) Automated and Electric Vehicles Act 2018.
[103] House of Commons Briefing Paper CBP 8118, Automated and Electric Vehicles Act 2018, S. 3.
[104] House of Commons Briefing Paper CBP 8118, Automated and Electric Vehicles Act 2018, S. 11.
[105] Sec. 5 Automated and Electric Vehicles Act 2018.
[106] Sec. 7 Automated and Electric Vehicles Act 2018.
[107] House of Commons Briefing Paper CBP 8118, Automated and Electric Vehicles Act 2018, S. 11.
[108] Road Safety Authority, FAQs on Autonomous or Driverless Cars, www.rsa.ie/Documents/VS_Information_Notes/Alternative_Cars_Fuels/FAQs%20on%20Autonomous%20Cars.pdf (10.12.2019).
[109] Department of Infrastructure, Transport, Cities and Regional Development, Automated Verhicles in Australia, www.infrastructure.gov.au/transport/automatedvehicles/index.aspx (10.12.2019).
[110] Transport Canada, Automated and connected vehicles: FAQs, www.tc.gc.ca/en/services/road/innovative-technologies/automated-connected-vehicles/faqs.html (4.11.2019).
[111] *Zhang,* China is way behind the US in driverless vehicles. It's determined to catch up. Los Angeles Times v. 16.5.2019; www.latimes.com/business/la-fi-hy-china-autonomous-vehicles-20190516-story.html (4.11.2019).

§ 17 Banken und Finanzinstitute

Übersicht

Literatur:

Auffenberg, E-Geld auf Blockchain-Basis, BKR 2019, 341; *Grünwald/Nüßing,* Machine to Machine (M2M)-Kommunikation – Regulatorische Fragen bei der Kommunikation im Internet der Dinge, MMR 2015, 378; *Hüther/Danzmann,* Der Einfluss des Internet und der Industrie 4.0 auf Kreditfinanzierungen, Teil 1: Atmende Finanzierungsverträge und Agency 4.0, BB 2017, 834; *Hüther/Danzmann,* Der Einfluss des Internet of Things und der Industrie 4.0 auf Kreditfinanzierungen, Teil 2: Kreditsicherungsrecht und IoT-Banking, BB 2017, 2693; *Keding,* Die aufsichtsrechtliche Behandlung von Machine-to-Machine-Zahlungen unter Rückgriff auf Peer-to-Peer-Netzwerke, WM 2018, 64; *Möslein/Omlor* (Hrsg.), FinTech-Handbuch. Digitalisierung – Recht – Finanzen, München 2019; *Omlor,* Kryptowährungen im Geldrecht, ZHR 2019, 294; *Sassenberg/Faber* (Hrsg.), Rechtshandbuch Industrie 4.0 und Internet of Things – Praxisfragen und Perspektiven der digitalen Zukunft, 2. Aufl., München 2020; *Spies,* USA: Machine-to-Machine (M2M)-Kommunikation, MMR-Aktuell 2011, 317500; *Weisser/Färber,* Rechtliche Rahmenbedingungen bei Connected Car – Überblick über die Rechtsprobleme der automobilen Zukunft, MMR 2015, 506.

I. Überblick

1 Digitale Datenverarbeitung und elektronische Kommunikation werden von der Kreditwirtschaft schon seit Langem eingesetzt, um Buchungen zu automatisieren, den Zahlungsverkehr abzuwickeln und Online-Banking anzubieten.[1] Neben rein digitalen Banken, bei denen alle wesentlichen Prozesse digital und online abgewickelt werden, standen zuletzt vor allem Blockchain-basierte Prototypen und Anwendungen im Zentrum des Interesses. Für Banken und Finanzinstitute wird es aber nicht genügen, Zahlungen abzuwickeln und bestehende Prozesse zu digitalisieren. Vielmehr wird es zur Wahrung ihrer herkömmlichen, zentralen Rolle im Wirtschaftskreislauf entscheidend darauf ankommen, ob es Banken und Finanzinstituten gelingt, sich im Mittelpunkt der sich um sie bildenden vernetzten **Systeme** überzeugend zu positionieren, um auf **Daten** dieser Systeme zuzugreifen, diese zu aggregieren und sie zur Entwicklung eigener Geschäftsmodelle zu nutzen.

2 Durch die flächendeckende Anwendung von IoT im Wirtschaftsleben wird die Zukunftsfähigkeit des klassischen Bankgeschäfts zunehmend infrage gestellt, denn mit fortschreitender Implementierung von IoT-Anwendungen verändern sich nicht nur die Geschäftsmodelle von Unternehmen, sondern auch deren Erwartungshaltung an Bank- und Finanzdienstleistungen. Die Verbreitung von IoT-Anwendungen versetzt Unternehmen in die Lage, ihre Geschäfte effizienter zu steuern und Leistungen von Vertragspartnern zielgerichteter und dosierter in Anspruch zu nehmen, indem sie kontinuierlich Daten mit sehr granularen Informationen erheben, die einem den Rückschluss auf den tatsächlichen Be-

[1] Vgl. den Beitrag von *Borchers,* Vor 30 Jahren: Online-Banking startet in Deutschland, heise online 12.11.2010, www.heise.de/newsticker/meldung/Vor-30-Jahren-Online-Banking-startet-in-Deutschland-1135331.html (11.3.2021).

darf für Bank- und Finanzdienstleistungen ermöglichen. Für Banken und Finanzinstitute bedeutet dies, dass auch ihre Produkte und Dienstleistungen auf den konkreten Bedarf ihrer **Kunden** zugeschnitten sein müssen. Konkreter Bedarf bedeutet in diesem Zusammenhang, dass Kunden nur bereit sein werden, für eine Leistung zu bezahlen, wenn und soweit sie diese tatsächlich in Anspruch nehmen. Dementsprechend werden Banken und Finanzinstitute ggf. in Betracht ziehen, ihre Angebote so flexibel zu gestalten, dass die Kunden zielgerichtet Leistungen entsprechend ihrer Nachfrage abrufen können.

Während der Ausdruck „Fintechs" im Bank- und Finanzsektor schon seit längerer Zeit 3
in aller Munde ist, steht die Verbreitung des Kürzels „IoT" insoweit noch am Anfang. Dabei ist begrifflich sehr wohl zu unterscheiden: Während der Ausdruck **„Fintechs"** (als Abkürzung für „Finanztechnologie") zumeist für **Unternehmen** steht, die mithilfe von Finanztechnologie die Digitalisierung von Elementen der Wertschöpfungskette im Bank- und Finanzsektor zum Ziel haben,[2] bezeichnet **„IoT",**[3] wie auch der Name schon sagt, die Tatsache der digitalen **Vernetzung** von Gegenständen („Things") zur automatischen Übermittlung von Informationen mithilfe des Internets. Ist von „Vernetzung von Gegenständen" die Rede, so sind damit im Wesentlichen Prozesse gemeint, bei denen **Sensoren** oder ähnliche Bauteile Maschinen, Haushaltsgegenstände, Autos oder Industrieanlagen in die Lage versetzen, untereinander selbstständig oder auch im Wege der Interaktion mit einem menschlichen Benutzer erzeugte Daten auszutauschen oder Nachrichten zu versenden.[4] Dabei betreffen die übermittelten **Daten** vor allem die Identität sowie den Zustand und die Umgebung, in denen sich die jeweiligen Gegenstände befinden.[5]

Gemessen an diesen Maßstäben fallen Aktivitäten und Funktionen wie „Online Ban- 4
king", „Robo Advice", „Mobile Payment", „Social Trading", „Kryptowährungen" und dergleichen zuvörderst in den Bereich von Fintechs, ohne zugleich auch IoT-Anwendungen darzustellen. Demgegenüber konzentriert sich der vorliegende Beitrag thematisch auf (echte) **IoT-Anwendungen im Bank- und Finanzsektor.**

Für die Finanzdienstleistungsbranche bietet das IoT eine Reihe von Vorteilen, nämlich 5
ua (a) die Erhebung von **Echtzeitdaten** in Bezug auf **Kunden,** was Rückschlüsse auf deren wirtschaftliche Situation bereits vor einer buchhalterischen oder sonstigen Erfassung der Vorgänge gestattet,[6] (b) die Erhebung von **Echtzeitdaten** über den Zustand und Ort von **Sachen,** die Gegenstand von Finanztransaktionen und Finanzdienstleistungen sind,[7] (c) die **Machine-to-machine („M2M")-Kommunikation,** die einen automatisierten Ablauf von Finanztransaktionen und Finanzdienstleistungen ermöglicht,[8] sowie (d) die automatisierte **Identifikation** von Personen mithilfe von sog. **Wearables** oder sogar von Implantaten.[9]

Für die Entwicklung von IoT-basierten Geschäftsmodellen im Bank- und Finanzsektor 6
ist vor allem die Verarbeitung und Auswertung der kontinuierlich anfallenden großen **Datenströme** von herausragender Bedeutung. Vor diesem Hintergrund erkennen Banken zunehmend die Notwendigkeit, ihre bisherigen Geschäftsmodelle zu verändern, zu erweitern und anzupassen und sich in Richtung einer **„Bank of Things"**[10] zu transformieren.

[2] Vertiefend zum Begriff *Möslein/Omlor* in Möslein/Omlor FinTech-HdB § 1 Rn. 1f., die einem institutionellen Begriffsverständnis (FinTechs als Unternehmen) ein zivilrechtlich-leistungsbezogenes Begriffsverständnis (FinTech-Dienstleistungen) entgegensetzen.
[3] → § 1 Rn. 5ff.
[4] Vgl. *Grünwald/Nüßing* MMR 2015, 378 (379).
[5] Fintech 2.0: Neue Chancen für Finanzdienstleister, 2015, S. 6, www.oliverwyman.de/content/dam/oliver-wyman/europe/germany/de/insights/publications/2015/aug/Fintech2-0_Neue%20Chancen%20f%C3%BCr%20Finanzdienstleister.pdf (11.3.2021).
[6] *Weber* in Sassenberg/Faber Industrie 4.0 und Internet-HdB § 20 Rn. 159ff.
[7] *Weber* in Sassenberg/Faber Industrie 4.0 und Internet-HdB § 20 Rn. 159ff.
[8] *Weber* in Sassenberg/Faber Industrie 4.0 und Internet-HdB § 20 Rn. 159ff.
[9] *Weber* in Sassenberg/Faber Industrie 4.0 und Internet-HdB § 20 Rn. 159ff.
[10] Vgl. den Beitrag von *Ziegler,* Bank of things – wie das Internet der Dinge die Banken verändert, 27.5.2015, www.blog.volksbank-buehl.de/2015/05/27/bank-of-things-wie-das-internet-der-dinge-die-banken-veraendert/ (9.6.2020).

Das Schlagwort der Bank of Things beschreibt dabei kein fest umrissenes, neuartiges Unternehmen oder Geschäftsmodell, sondern fungiert als Sammelbegriff für die Weiterentwicklung des bisherigen Bankgeschäfts im Zeitalter des IoT.

7 Im Folgenden werden in Form von **Use Cases** zunächst einige Beispiele dafür angeführt, wie „maßgeschneiderte" digitale Geschäftsmodelle im Bank- und Finanzsektor der Zukunft unter Zuhilfenahme des IoT aussehen könnten (→ Rn. 8 ff.). Sodann werden die hierfür maßgeblichen rechtlichen Rahmenbedingungen dargestellt (→ Rn. 35 ff.), um abschließend kurz einige internationale Bezüge aufzuzeigen (→ Rn. 88 ff.).

II. Anwendungen des IoT im Bank- und Finanzsektor (Use Cases)

1. Optimierung des klassischen Kreditgeschäftes von Banken und Finanzinstituten durch IoT

a) Schnellere und „maßgeschneiderte" Kreditvergabe

8 Durch IoT werden Banken in die Lage versetzt, ihre Kunden **schneller** und **passgenauer** mit **Krediten** zu versorgen, da sie durch die flächendeckende Vernetzung von Gegenständen immer mehr aussagekräftige Daten über das Konsum- und Finanzverhalten ihrer Kunden gewinnen und ihre Dienstleistungen zielgerichteter auf deren Bedürfnisse ausrichten können. So könnte es einer Bank in naher Zukunft zB möglich sein, den Finanzierungsbedarf eines ihrer Kunden abzusehen, noch ehe dieser Kunde einen entsprechenden Kreditantrag bei der Bank eingereicht hat (→ Rn. 67).

9 Ein Beispiel für eine solche potenzielle Anwendung stammt aus dem Bereich der vernetzten Fahrzeuge („**Connected Cars**"[11]). Es ist realistisch, dass in Zukunft ein mit IoT ausgestattetes Kfz einen Reparaturbedarf selbstständig erkennt und den Fahrzeughalter oder Fahrer davon – etwa mittels einer Push-Benachrichtigung auf dessen Smartphone – in Kenntnis setzt. Gleichzeitig mit der Benachrichtigung des Fahrzeughalters oder Fahrers könnte das Kfz seinen eigenen Status auch der (im System hinterlegten) Bank des Fahrzeughalters oder Fahrers mitteilen, woraufhin diese ihm zeitgleich mit der Reparaturanzeige entsprechende Finanzierungsmöglichkeiten – etwa in Form einer Kreditaufnahme bei der Bank – vorschlagen könnte (→ Rn. 67).[12]

10 Eine schnellere und „maßgeschneiderte" Kreditvergabe mit Hilfe von IoT erscheint auch denkbar, indem Standortmitteilungen etwa von Smartphones oder sog. **Wearables** ausgewertet werden. Erhält eine Bank zB davon Kenntnis, dass sich einer ihrer Kunden längere Zeit vor einem bestimmten Einkaufsgeschäft aufhält, könnte sie diesem Kunden, noch während er sich dort befindet, entsprechende Finanzierungsmöglichkeiten für die in diesem Geschäft angebotenen Produkte unterbreiten.[13] Auf diese Weise könnten Banken sich bemühen, potenzielle Finanzierungsbedarfe von Kunden zu bedienen, die ihnen sonst unbekannt geblieben wären. Dass Finanzierungsbedarfe von Kunden häufig unerfüllt bleiben, dürfte va auch darauf zurückzuführen sein, dass Kunden den Aufwand, der mit einer Kreditaufnahme verbunden ist, insbesondere dann scheuen, wenn es lediglich um die Befriedigung alltäglicher Konsumwünsche geht. Im Ergebnis könnten IoT-Anwendungen also dazu beitragen, bisher ungenutztes Geschäftspotenzial für Banken zu heben (→ Rn. 67).

---

[11] Vgl. zum Begriff und zu den rechtlichen Rahmenbedingungen von Connected Cars *Weisser/Färber* MMR 2015, 506 (506 f.).

[12] Vgl. den Beitrag von *Ziegler,* Bank of things – wie das Internet der Dinge die Banken verändert, 27.5.2015, http://www.blog.volksbank-buehl.de/2015/05/27/bank-of-things-wie-das-internet-der-dinge-die-banken-veraendert/ (29.6.2020).

[13] Vgl. *Mistry,* What the Internet of Things brings to banking, 21.8.2019, S. 7 www.temenos.com/wp-content/uploads/2019/08/What-Internet-of-Things-brings-banking-whitepaper-21-Aug-2019.pdf (11.3.2021).

b) Optimierung der Kreditvergabe im Rahmen von Lagerbestandskrediten (sog. Borrowing Base-Finanzierungen)

Eine Möglichkeit, das IoT für ein klassisches Produkt der Kreditwirtschaft nutzbar zu machen, bietet sich bei **Finanzierungsverträgen** in Bezug auf das **Umlaufvermögen** (sog. **Lagerbestandskredite** bzw. **Borrowing-Base-Finanzierungen**) an.[14] Diese Form der Finanzierung wird regelmäßig von mittelständischen Darlehensnehmern nachgefragt, die über kein *Investment Grade Rating* verfügen. Deshalb werden solche Finanzierungen von Banken typischerweise nur gegen die Bestellung von Kreditsicherheiten gewährt. 11

Bei Borrowing-Base-Finanzierungen bestellt der Kreditnehmer dem Kreditgeber – typischerweise einer Bank – eine Sicherheit an seinem jeweiligen Umlaufvermögen, also am jeweiligen Bestand von Betriebs-, Hilfs- und Rohstoffen sowie rohstoffnahen Halbfertig- und Fertigprodukten und Forderungen aus Lieferungen und Leistungen. Die Höhe des Kredits wird unter Berücksichtigung von Sicherheitsabschlägen durch den Wert des Umlaufvermögens so bestimmt, dass das Kreditvolumen bei steigendem Umlaufvermögen bis zu einer fest vereinbarten Obergrenze ebenfalls ansteigt bzw. bei sinkendem Umlaufvermögen entsprechend sinkt. In vereinbarten Zeitabständen – in der Regel einmal im Monat – ist der Kreditnehmer verpflichtet, dem Kreditgeber Daten über den aktuellen Forderungs- und Warenbestand zur Verfügung zu stellen (sog. **Reporting**). Diese Informationen umfassen neben den jeweiligen Werten der einzelnen Gegenstände des Umlaufvermögens auch zusätzliche Daten wie zB Umschlagzeiten von Lagerware und auch Angaben zum Fälligkeitsprofil von Forderungen. Denn regelmäßig verlangt der Kreditgeber, dass bestimmte Vermögensgegenstände nach Ablauf eines bestimmten Zeitraums (zB bei Überschreiten einer gewissen Lagerdauer) oder bei Eintritt eines bestimmten Ereignisses (zB bei Überfälligkeit von Forderungen) nicht mehr in die Berechnung einfließen. Das Kreditinstitut erstellt auf dieser Grundlage und unter Berücksichtigung vereinbarter Abschläge in festen Zeitabständen einen sog. Borrowing-Base-Report, der die jeweils aktuelle Obergrenze des Kreditrahmens festlegt.[15] 12

Der Einsatz von IoT kann das Reporting insbesondere im Hinblick auf das **Umlaufvermögen** vereinfachen und beschleunigen. Idealerweise werden der Warenbestand und dessen Veränderungen laufend gemessen und überwacht, wobei Sensoren an der Ware oder im Lager Ein- und Ausgänge erfassen. Lässt sich aus diesen Daten der Standort ermitteln, kann ohne Aufwand festgestellt werden, ob eine Ware sich im Sicherungsgebiet einer Raumsicherungsübereignung befindet und damit im Rahmen der Borrowing Base berücksichtigt werden kann. Umgekehrt kann Ware, die in einem Fremdlager untergebracht ist, nur mit einem Abschlag für die Borrowing Base berücksichtigt werden, um die Forderungen des Lagerhalters, der über sein Lagerhalterpfandrecht (§ 475 HGB) dinglich gesichert ist, angemessen zu berücksichtigen. Denkbar ist auch die Nutzung von Daten aus der Logistik, die neben dem Zeitpunkt des Warenein- und ausgangs auch Informationen zum Zustand der Ware (wie zB der Haltbarkeit von Lebensmitteln) geben können. Erlauben die Sensoren eine Zuordnung jeder einzelnen Ware, kann dies durch Verknüpfung mit Buchhaltungsdaten auch dafür genutzt werden, für die betreffenden Gegenstände den Wert zu ermitteln und Angaben über etwaige mit einer Borrowing-Base-Finanzierung im Widerspruch stehende Rechtsverhältnisse (Eigentumsvorbehalt, Sicherungsübereignung) zu speichern. 13

Aber auch im Hinblick auf den zu meldenden **Forderungsbestand** bietet das IoT-Möglichkeiten. Die Daten zum Forderungsbestand sind zwar typischerweise in den Buchhaltungssystemen elektronisch erfasst und stehen damit „auf Knopfdruck" zur Verfügung. IoT-Sensorik kann aber den Umschlag von Ware in Forderung beschleunigen, indem Sensordaten an den Waren zB dafür genutzt werden, bei Versand einer Ware automatisch eine Rechnung zu erzeugen. 14

---

[14] Vgl. dazu auch *Hüther/Danzmann* BB 2017, 834 (836).
[15] *Hüther/Danzmann* BB 2017, 834 (836).

15 Für Kreditnehmer ist es vorteilhaft, dass die Möglichkeiten des IoT den Aufwand für das **Reporting** erheblich reduzieren und dadurch helfen, die Kosten für diese Form der Finanzierung zu senken. Für Kreditgeber hat ein IoT-gestütztes Reporting den Vorteil, dass sie ihre **Kreditrisiken** besser einschätzen können, weil die Bestandsermittlung und -bewertung im Vergleich zur analogen Berichterstattung genauer und aktueller wird. Gleichzeitig ermöglicht ihnen das IoT, über viele verschiedene Kreditengagements ihren eigenen Kapitalbedarf effizienter zu allokieren[16] (→ Rn. 57 ff.).

c) Flexible Ausgestaltung der Kreditraten durch sog. Pay-per-Use-Kreditmodelle

16 Zu den IoT-Anwendungen im Kreditgeschäft zählen außerdem Kreditmodelle, in denen die Höhe der Tilgungsraten an die tatsächliche Nutzung **(Nutzungsintensität)** der finanzierten Assets und nicht an die Laufzeit des Darlehensvertrages gekoppelt wird (sog. **Pay-per-Use**-Kredite). Solche Geschäftsmodelle werden durch IoT-Anwendungen möglich, bei denen durch Sensoren oder Chips, die in das finanzierte Asset eingebaut sind, dessen tatsächliche Nutzungsdauer oder -intensität effektiv gemessen werden kann (→ Rn. 36 f. und 67).

17 Indem Banken ihren Kunden solche IoT-basierten Finanzierungsmodelle anbieten, könnten sie diesen **wirtschaftliche Vorteile** und unter Umständen **Wettbewerbsvorteile** gegenüber Mitbewerbern verschaffen. Denn nutzungsabhängige Finanzierungsmodelle könnten dazu beitragen, Liquiditätsengpässe der Kunden zu vermeiden, indem man die Höhe der Tilgungsraten tendenziell an die Ertragslage der Unternehmen anpasst. In Zeiten zurückgehender Auftragslage und Auslastung, in denen Unternehmen typischerweise geringere Einnahmen erzielen, würden im Rahmen des nutzungsabhängigen Darlehensmodells auch niedrigere Tilgungsraten anfallen. Umgekehrt würden in Zeiten, in denen Spitzenauslastung herrscht, höhere Tilgungsraten berechnet werden. Letzteres dürfte für die betroffenen Unternehmen jedoch keinen entscheidenden Nachteil darstellen, da die Unternehmen in Phasen erhöhter Produktion oder Geschäftstätigkeit typischerweise auch höhere Einnahmen erzielen. Gerade für **saisonabhängige Branchen** wie den Bausektor oder die Metallbranche könnten sich derartige Finanzierungsmodelle daher besonders anbieten.[17]

18 Die besondere Bedeutung von Pay-per-Use-Kreditmodellen liegt darin, dass sie eine der wenigen IoT-basierten Geschäftsmodelle der sog. **Industrie 4.0** sind, die schon jetzt praktiziert werden.[18] Bereits im Jahr 2018 wurde der Prototyp eines derartigen Pay-per-Use-Kreditmodells in der Zusammenarbeit eines großen deutschen Kreditinstituts mit einem mittelständischen inländischen Werkzeugmaschinenhersteller aufgesetzt und erfolgreich erprobt.[19] Bei dem in Rede stehenden Pay-per-Use-Kreditmodell handelte es sich im Kern um einen **Investitionskredit,** der sich in seiner Rückführung an der tatsächlichen Maschinennutzung orientierte.[20]

d) Bessere Überwachung von Verhaltenspflichten und Kündigungsgründen

19 IoT-Anwendungen können ferner im Fall von Pflichtverletzungen des Kreditnehmers dazu beitragen, den Banken als Kreditgebern die Durchsetzung ihrer Rechte zu erleichtern, indem sie für einige Verhaltenspflichten der Kreditnehmer eine **laufende** und nicht lediglich stichtagsbezogene **Überwachung** ermöglichen. Als Beispiele für relevante Pflichten, deren

---

[16] *Hüther/Danzmann* BB 2017, 834 (836).

[17] Commerzbank AG, Pressemitteilung: „Commerzbank bietet als erste deutsche Bank neue datenbasierte Kredite für Firmenkunden an", 5. 6. 2018, www.commerzbank.de/de/hauptnavigation/presse/pressemitteilungen/archiv1/2018/quartal_18_02/presse_archiv_detail_18_02_75466.html (11. 3. 2021).

[18] Commerzbank AG, Pressemitteilung, 5. 6. 2018.

[19] Commerzbank AG, Pressemitteilung, 5. 6. 2018.

[20] Commerzbank AG, Pressemitteilung, 5. 6. 2018.

Einhaltung durch das IoT effektiv überwacht werden kann, seien etwa der **Nachweis der Mittelverwendung** bei zweckgebundenen Krediten oder die **Einhaltung** von **Verfügungsverboten** durch den Kreditnehmer genannt.[21]

Der große praktische Vorteil dieser IoT-Anwendung besteht für Kreditgeber darin, dass sie auf diese Weise schneller Kenntnis von etwaigen Pflichtverletzungen der Kreditnehmer erlangen und wertvolle Zeit für die Rechtsdurchsetzung gewinnen können. Eine **zeitnahe Rechtsverfolgung** ist für Kreditgeber regelmäßig von großer Bedeutung, da sich die Liquiditäts- und Solvenzsituation des Kreditnehmers in der Krise schnell weiter verschlechtern kann und deshalb das Ausfallrisiko steigt.[22] Erlangt ein Kreditgeber jedoch frühzeitig Kenntnis, kann er rechtzeitig Maßnahmen wie einen automatischen **Zahlungsstopp,** eine automatische Verringerung der verfügbaren und bisher noch nicht gezogenen **Kreditlinien** oder den **Widerruf von erteilten Verfügungsbefugnissen** erklären. Zudem können derartige IoT-Anwendungen dazu beitragen, die Prozessdauer und den administrativen Aufwand für Kreditgeber zu reduzieren.[23] 20

e) IoT im Kreditsicherungsrecht

Schließlich sind IoT-Anwendungen dafür prädestiniert, im Kreditsicherungsmanagement von Kreditgebern eingesetzt zu werden, da sie die Bestellung (→ Rn. 41–55), Verwaltung (→ Rn. 56–61) und Verwertung (→ Rn. 62f.) von **Kreditsicherheiten** substanziell verbessern können. 21

2. Machine-to-machine-Payments

a) Anwendungsfälle

Da für die kommenden Jahre ein rasanter Anstieg der Zahl vernetzter Geräte zu erwarten ist,[24] zeichnet sich bereits heute ab, dass **Machine-to-machine-Payments („M2M-Payments")** in der Zukunft eine herausragende Rolle spielen werden. 22

M2M-Payments stellen einen Unter- bzw. Sonderfall einer **M2M-Kommunikation** dar.[25] Unter einer M2M-Kommunikation versteht man allgemein den Einsatz der Fähigkeit einer entsprechend ausgestatteten technischen Einrichtung („Maschine"), mit einer anderen technischen Einrichtung Daten auszutauschen, ohne dass die Teilnahme eines Menschen an diesem Prozess erforderlich ist.[26] Unter M2M-Payments als Unterfall einer M2M-Kommunikation sind dementsprechend Bezahlvorgänge zu verstehen, die ohne direkte Mitwirkung von Menschen von einer Maschine ausgelöst und von einer anderen Maschine empfangen werden. Bereits heute zeichnen sich konkrete Anwendungsfelder für M2M-Payments ab. Als Beispiele seien der sog. smarte Tankvorgang, die Bezahlung einer Lkw-Maut über M2M-Payments und der „autonom bestellende Kühlschrank" betrachtet. 23

Ein „**smarter Tankvorgang**" ist ein Tankvorgang, der bis hin zur Bezahlung autonom und ohne menschliche Interaktion durchgeführt wird.[27] Mediale Aufmerksamkeit erlangte jüngst die Entwicklung eines derartigen Systems in einer Zusammenarbeit der Commerzbank mit Daimler Trucks.[28] Die M2M-Bezahlung der **Lkw-Maut**[29] könnte dergestalt ab- 24

---

[21] *Hüther/Danzmann* BB 2017, 834 (837 ff.).
[22] *Hüther/Danzmann* BB 2017, 834 (840).
[23] *Hüther/Danzmann* BB 2017, 834 (840).
[24] *Keding* WM 2018, 64.
[25] Vgl. eingehend zu M2M-Payments *Keding* WM 2018, 64 ff.
[26] Vgl. *Spies* MMR-Aktuell 2011, 317500, der jedoch schon diese Fähigkeit selbst als M2M-Kommunikation versteht.
[27] *Keding* WM 2018, 64.
[28] Commerzbank AG, Pressemitteilung: „Commerzbank testet erstmals Blockchain-basierte Maschine-zu-Maschine-Zahlung", 8.8.2019, www.commerzbank.de/de/hauptnavigation/presse/pressemitteilungen/archiv1/2019/quartal_19_03/presse_archiv_detail_19_03_82762.html (11.3.2021).

laufen, dass der Lkw über einen eingebauten Chip den Bezahlvorgang autonom mit einer IoT-basierten Messeinrichtung des jeweiligen Mautbetreibers initiiert. Im Bereich Smart Homes könnten IoT-Anwendungen in Form des **„autonom bestellenden Kühlschranks“** Anwendung finden,[30] wenn der Kühlschrank technisch so ausgestattet wird, dass er den aktuellen Bestand an Lebensmitteln erfassen kann. Würde dabei festgestellt, dass bestimmte, regelmäßig konsumierte Lebensmittel nicht mehr vorhanden sind, könnte der Kühlschrank autonom durch eingebaute Chips etc die fehlenden Produkte bestellen und auch den Bezahlvorgang selbstständig veranlassen (zur rechtlichen Behandlung von M2M-Payments → Rn. 76–84).

b) Technische Ausgestaltung

25 In technischer Hinsicht können M2M-Payments auf unterschiedliche Art und Weise durchgeführt werden. Dabei dürften insbesondere die sog. Near Field Communication-Technologie („NFC-Technologie“) und die Distributed-Ledger-Technologie („DLT“) eine Rolle spielen.

26 Bei der **NFC-Technologie** würden die Gegenstände, die vernetzt werden sollen, zB mit NFC-fähigen kontogebundenen Geld- bzw. Chipkarten ausgestattet, auf denen eGeld gespeichert werden kann. Damit werden die Gegenstände zu „smarten Geräten“.[31] Die Bezahlung bei einem Tankvorgang auf Basis der NFC-Technologie würde dann so ablaufen, dass ein NFC-fähiger Chip in einem Kfz den Transfer von eGeld auf einen NFC-fähigen Chip in der Ladestation oder Zapfsäule veranlasst. Insgesamt würde die Bezahlung nach denselben Grundsätzen erfolgen, die bereits heute für eine Zahlung mittels Geldkarte im Supermarkt gelten (→ Rn. 76–80).[32]

27 Im Rahmen von M2M-Payments, die auf dem **DLT-Modell** basieren, lassen sich ua einerseits Blockchain-basierte Zahlungen und andererseits Zahlungen unterscheiden, die über das DAG-Modell („gerichtete azyklische Graphen“) durchgeführt werden.

28 M2M-Payments auf **Blockchain-Basis** können zunächst über Blockchain-basierte **Kryptowährungen** wie Bitcoins etc durchgeführt werden. Daneben gibt es **eGeld-Bezahlmethoden** auf Blockchain-Basis.[33] Ein besonders plastisches Beispiel für Letzteres ist das Pilotprojekt von Commerzbank und Daimler Trucks, bei dem ein vollautomatisierter Bezahlvorgang mit einer Blockchain-basierten eGeld-Bezahlmethode ausgeführt wurde. Diese Bezahlmethode basiert auf einer Blockchain-Plattformtechnologie (genannt „Corda“) für Transaktionen, wobei Buchgeld in digitaler, verschlüsselter Form als eEuros in einer sog. **Truck Wallet** des Lkw-Systems hinterlegt wird. Nach durchgeführter Zahlung durch die Truck Wallet geht das Geld, eindeutig gekennzeichnet durch die Truck-ID, an den Zahlungsempfänger über (zur rechtlichen Behandlung → Rn. 81–83).[34]

29 Neben Blockchain-basierten M2M-Payments stehen M2M-Payments, die auf dem **DAG-Modell** basieren. Hier ist insbesondere die Kryptowährung **IOTA** zu nennen, die gerade darauf ausgerichtet ist, Zahlungen im Rahmen des IoT zu ermöglichen.[35] Gegenüber Blockchain-basierten Zahlmethoden stellt IOTA eine höhere Transaktionsgeschwindigkeit und eine Senkung der Transaktionsgebühren in Aussicht. In technischer Hinsicht unterscheidet sich IOTA von der Blockchain-basierten Kryptowährung Bitcoin ua da-

---

[29] Vgl. zum Vorhaben der Bezahlung der Lkw-Maut über M2M-Payment-Systeme Daimler AG, Pressemitteilung: „Pilotprojekt: Daimler Trucks bringt Lkw das Bezahlen bei“, 8.8.2019, www.media.daimler.com/marsMediaSite/de/instance/ko.xhtml?oid=44097488 (11.3.2021).

[30] *Keding* WM 2018, 64.

[31] Vgl. *Keding* WM 2018, 64.

[32] Vgl. zum Ablauf des Bezahlvorgangs die Darstellung bei *Keding* WM 2018, 64 (64f.).

[33] Nach *Omlor* stellen Blockchain-basierte Bezahlmethoden im Regelfall *kein* eGeld dar, es sei denn, dass es einen zentralen Emittenten gibt (vgl. *Omlor* ZHR 2019, 294 (309 Fn. 89 mwN)). Eine umfassende Darstellung zur Möglichkeit Blockchain-basierten eGeldes findet sich bei *Auffenberg* BKR 2019, 341 ff.

[34] Vgl. Daimler AG v. 8.8.2019.

[35] Vgl. die Internetpräsenz von IOTA unter http://www.iota.org/get-started/what-is-iota (11.3.2021).

durch, dass die Transaktionen nicht durch sog. Miner, sondern durch Teilnehmer des IOTA-Netzwerks bestätigt werden (zur rechtlichen Behandlung → Rn. 84).[36]

3. Weitere Anwendungsfälle für IoT im Bank- und Finanzsektor

a) Erweiterung des Beratungsangebots in Finanzangelegenheiten

IoT kann es Banken ermöglichen, ihr Beratungsangebot in Bezug auf die Finanzangelegenheiten ihrer Kunden erheblich auszuweiten. Potenzielle Dienstleistungen in diesem Bereich gehen dahin, den Kunden einen **besseren Überblick** über ihre finanziellen Verhältnisse zu verschaffen und es ihnen zu ermöglichen, ihre Ausgaben besser zu **verwalten** oder zu begrenzen (→ Rn. 70f.). 30

Im Bereich der sog. **Smart Cars** könnten Banken eine persönliche Finanzverwaltung für Fahrzeuge anbieten, indem sie Konten für bestimmte Fahrzeuge bereitstellen, damit die Fahrzeuginhaber ein vollständiges Bild der Betriebskosten erhalten.[37] Dies setzt freilich voraus, dass Banken Zugang zu sämtlichen finanzrelevanten Informationen des jeweiligen Fahrzeugs haben, wofür IoT-Anwendungen prädestiniert sind. Auch für das sog. **Smart Home** könnten Banken eigene Konten anbieten, die den Hauseigentümern bzw. -bewohnern eine detaillierte Analyse und Kontrolle der Ausgaben ermöglichen, die mit der Verwaltung und Unterhaltung des Hauses im Zusammenhang stehen.[38] Die erforderlichen Informationen könnten Banken etwa dadurch erlangen, dass Chips in Haushaltsgegenstände implementiert werden, wodurch sämtliche, den Finanzbedarf des Haushalts betreffende Daten erhoben, gebündelt und in einem einheitlichen Konto zusammengeführt werden könnten. Daneben könnten Banken ihren Kunden dabei helfen, ihre Ausgaben besser zu verwalten und zu begrenzen, indem sie etwa als sog. **Infomediäre** die Kunden dabei unterstützen, den günstigsten Anbieter auszuwählen oder den Verbrauch (etwa der Heizung) zu drosseln, wenn ein vorher festgelegtes Budget überschritten wird (→ Rn. 70f.).[39] 31

b) Etablierung von Pay-per-Use-Leasingmodellen

Durch die zunehmende Ausstattung von Industrieanlagen und -gütern mit IoT-fähigen Sensoren oder Chips werden auch **Pay-per-Use-Leasingmodelle** praxistauglich und marktfähig. Bereits heute gehen erste Anbieter mit derartigen Angeboten an den Markt,[40] und auch künftig ist mit einem verstärkten Angebot in dieser Hinsicht zu rechnen. Wie im Pay-per-Use-Kreditmodell (→ Rn. 16–18) können sich auch im Rahmen des Pay-per-Use-Leasings durch die nutzungsabhängige Ausgestaltung der Leasingraten beträchtliche Liquiditätsvorteile für die Kreditnehmer in Phasen niedriger Auslastung ergeben (→ Rn. 36f. und 68). 32

c) IoT im Cash Management

Beim **Cash Management** geht es für Unternehmen in einem Konzern darum, die jederzeitige Liquidität für den Geschäftsbetrieb sicherzustellen und Einnahmen und Ausgaben so in Deckung zu bringen, dass die Kosten für den Einsatz von Fremdmitteln (zB für die Aufnahme von Krediten) so gering wie möglich bleiben.[41] Banken unterstützen Unter- 33

---

[36] Vgl. zu den Einzelheiten den Beitrag von *Keding* WM 2018, 64 (71).

[37] *Mistry,* What the Internet of Things brings to banking, S. 8, www.temenos.com/wp-content/uploads/2019/08/What-Internet-of-Things-brings-banking-whitepaper-21-Aug-2019.pdf (11.3.2021).

[38] *Mistry* What the Internet of Things brings to banking S. 11.

[39] *Mistry* What the Internet of Things brings to banking S. 11.

[40] Vgl. www.kreditwesen.de/flf/ergaenzende-informationen/flf-meldungen/commerz-real-bringt-erstmals-rein-digitales-pay-use-leasing-id51424.html (11.3.2021).

[41] Unternehmensintern wird dies durch einen Cash-Pooling-Vertrag dokumentiert, s. das Muster eines Vertrags über ein konzernweites Cash-Pooling bei Meyer-Landrut/*Hingst/Kiefner,* Formular-Kommentar GmbH-Recht, S. 1030ff.

nehmen bei dieser Aufgabe, indem sie Lösungen für das Cash Management anbieten. Ein Beispiel hierfür sind **virtuelle Konten,** die ein Unternehmen jeder Tochtergesellschaft im Konzern zuweisen kann. Die virtuellen Konten sind mit einem tatsächlichen Bankkonto verknüpft. Dies ermöglicht es, eingehende Zahlungen auf dem zentralen Bankkonto für einzelne Gesellschaften des Konzerns zu verbuchen und die Anzahl der zu verwaltenden echten Bankkonten signifikant zu reduzieren. Dadurch erreicht man, dass die liquiden Mittel eines Konzerns zentral verbucht werden (aber gleichzeitig auch pro Konzerngesellschaft separiert werden können) und die Inanspruchnahme von Kreditlinien bei Dritten durch einzelne Gesellschaften des Konzerns vermieden wird.

34 Überträgt man dieses Prinzip auf das IoT, können virtuellen Konten auch Maschinen oder sonstigen vernetzten Geräten zugewiesen werden. So kann eine vernetzte Maschine Zahlungen für Verbrauchsmaterial auslösen oder die Nutzung der Maschine durch Dritte abrechnen.[42] Das gestattet es einem Unternehmen, die Wertschöpfungskette von der automatisierten Beschaffung von Rohstoffen über die Produktion von (auftragsgemäß individualisierten) Fertigprodukten durch eine vernetzte Maschine bis hin zum Cash Management zu digitalisieren.[43]

III. Besondere rechtliche Rahmenbedingungen für IoT im Bank- und Finanzsektor

1. IoT und Finanzierungen

35 Ob und in welchem Umfang die Parteien eines Kreditvertrages von den Möglichkeiten des IoT Gebrauch machen, unterliegt der **Vertragsfreiheit** und damit (zunächst) der gegenseitigen Vereinbarung. Die Vertragsfreiheit wird allerdings, wie an anderer Stelle dargestellt, durch aufsichtsrechtliche Regelungen, das Datenschutzrecht,[44] Vorgaben zur IT-Sicherheit[45] und das Kartellrecht[46] beschränkt.

a) Ausgestaltung von Pay-per-Use-Finanzierungsmodellen

36 Pay-per-Use-Finanzierungen können sowohl als Kredit- (→ Rn. 16–18) als auch als Leasingmodelle (→ Rn. 32) ausgestaltet werden. Im Rahmen des Pay-per-Use-Kreditmodells kann ein Darlehen in der Form eines sog. **Investitionskredites** vergeben werden. Unter Investitionskrediten sind Kredite zu verstehen, deren Vertragszweck die Finanzierung der Herstellung und Beschaffung von Anlagevermögen sowie der Beschaffung von Vorräten ist.[47]

37 Was die Festlegung der Höhe der einzelnen Tilgungsraten anbelangt, steht diese in beiden Finanzierungsmodellen nach dem Grundsatz der Vertragsfreiheit weitgehend zur Disposition der Vertragsparteien. Eine der wenigen Grenzen, die es zu beachten gilt, bildet das Verbot von Wucher- und wucherähnlichen Geschäften (§ 138 Abs. 1 BGB).

b) IoT-Anwendungen im Kreditsicherungsrecht

38 **aa) Zur Funktion von Kreditsicherheiten. Kreditsicherheiten** sind Vermögensrechte, die ein Darlehensnehmer oder ein Drittsicherungsgeber einem Darlehensgeber als Sicher-

[42] Beispiele → Rn. 22ff.

[43] Vgl. den Artikel von *Bystricky/de Jong,* Blockchain und Internet-of-Things (IoT) trifft auf Cash Management – die Anwendung der UniCredit & Quantozunter, 5.4.2018, www.it-finanzmagazin.de/blockchain-iot-cash-management-anwendung-unicredit-quantoz-68760/ (11.3.2021).

[44] → § 6 Rn. 189ff.

[45] → § 10 Rn. 457ff.

[46] → § 14 Rn. 590ff.

[47] Vgl. zum Gegenstand und zu den vertraglichen Grundlagen des Investitionskredites *Kropf* in Kümpel/Mülbert/Früh/Seyfried Bank-/KapMarktR Rn. 6.51–6.59.

heit für die Erfüllung der Ansprüche des Darlehensgebers aus einem Darlehensvertrag einräumt. Auch wenn es keine gesetzliche Pflicht gibt, Sicherheiten zu verlangen, ist das Bestellen von Kreditsicherheiten oft eine Voraussetzung dafür, dass ein Kreditverhältnis zustande kommt. Das liegt daran, dass der Darlehensgeber durch die Auszahlung des Kredits in Vorleistung tritt und erst über die Laufzeit des Dauerschuldverhältnisses seine Ansprüche auf Zahlung von Zinsen erwirbt. In diesem Zeitraum können sich Zahlungswilligkeit und Zahlungsfähigkeit des Darlehensnehmers ändern. Kreditsicherheiten bieten dem Darlehensgeber für diesen Fall eine zusätzliche Gewähr dafür, dass seine Ansprüche auf Zahlung der Zinsen und Tilgung des Darlehens erfüllt werden. Für den Darlehensnehmer und Sicherungsgeber führt das Bestellen von Kreditsicherheiten allerdings zu einem zusätzlichen (Kosten-)Aufwand, der die Kreditkosten erhöht. Neben der rechtswirksamen Bestellung von Kreditsicherheiten ist für beide Parteien auch von Interesse, dass sich die bestellten Sicherheiten einfach und kostengünstig verwalten lassen. Schließlich hat der Sicherungsnehmer ein großes Interesse daran, im Sicherungsfall die ihm gestellten Sicherheiten rechtssicher und kostenschonend verwerten zu können.

Wie dargestellt[48] halten produzierende Unternehmen mit ihren **Warenlagern** große 39 Vermögenswerte vor. Die betriebswirtschaftliche Effizienz verlangt, diese neben dem Anlagevermögen, das allein oft nicht als Sicherheit ausreicht, für Finanzierungen zu nutzen. Inwieweit das möglich ist, hängt davon ab, ob das Kreditsicherungsrecht des BGB eine für Darlehensgeber hinreichend sichere, insolvenzfeste Art der Besicherung ermöglicht.

Im Kreditsicherungsrecht wird zwischen zwei Arten von Sicherheiten, den Real- und 40 den Personalsicherheiten, unterschieden.[49] Das IoT wirkt sich vor allem auf gegenständliche Sicherheiten aus,[50] sodass sich die folgende Darstellung auf **Realsicherheiten** beschränkt. Dabei stehen **Bestellung, Verwaltung** und **Verwertung** der Kreditsicherheiten im Mittelpunkt.

bb) Bestellung von Kreditsicherheiten. (1) Rechtliche Vorgaben. Für Realsicherhei- 41 ten gilt der Grundsatz des numerus clausus des Sachenrechts.[51] Sie können wegen der allseitigen Wirkung dinglicher Rechte nur insofern bestellt werden, als sie im Gesetz vorgesehen sind.[52] Aus dem sachenrechtlichen **Spezialitätsprinzip** folgt, dass sich dingliche Rechte immer nur auf einzelne Gegenstände beziehen.[53] Als Konsequenz muss bei Realsicherheiten der Vermögensgegenstand, auf den sie sich beziehen, hinreichend bestimmt sein **(Bestimmtheitsgrundsatz).**[54] Das führt dazu, dass die rechtswirksame Bestellung von Sicherheiten an Warenlagern oder Sachgesamtheiten gewissen Grenzen unterliegt.

Die Rechtsprechung verlangt, dass die Gegenstände, die einer Sicherungsübereignung 42 unterliegen, von den Parteien so genau bezeichnet werden, dass ein Dritter sie ohne Hinzunahme weiterer Umstände erkennen kann.[55] Die **bloße Bestimmbarkeit** ist dafür grundsätzlich nicht ausreichend. Die erforderliche Bestimmtheit ist daher nicht gegeben, wenn erst außerhalb des Vertrages liegende Umstände herangezogen werden müssen.[56] Bei Sachgesamtheiten wie dem Bestand in einem Warenlager muss klar sein, auf welche konkreten Gegenstände aus der Sachgesamtheit sich der Übereignungswille bezieht.[57]

Das führt bei der in der Praxis weitverbreiteten Sicherungsübereignung zu besonderen 43 Schwierigkeiten, insbesondere bei der **Übereignung von Warenlagern** mit sich schnell

---

[48] → Rn. 12.
[49] *Ganter* in Schimansky/Bunte/Lwowski BankR-HdB § 90 Rn. 20ff.; Langenbucher/Bliesener/Spindler/*Lehmann* 24. Kap. Rn. 18.
[50] Vgl. die Darstellung bei *Hüther/Danzmann* BB 2017, 2693 (2694ff.).
[51] Langenbucher/Bliesener/Spindler/*Lehmann* 24. Kap. Rn. 56.
[52] MüKoBGB/*Oechsler* § 929 Rn. 7; *Baur/Stürner* SachenR § 1 II 2 a).
[53] Langenbucher/Bliesener/Spindler/*Lehmann* 24. Kap. Rn. 58.
[54] MüKoBGB/*Oechsler* § 929 Rn. 6; *Ganter* in Schimansky/Bunte/Lwowski BankR-HdB § 96 Rn. 44ff.
[55] BGH Urt. v. 31.1.1979 – VIII ZR 93/78, NJW 1979, 976 (977).
[56] BGH Urt. v. 12.2.1992 – XXI ZR 7/91, NJW 1992, 1156 (1161).
[57] Jauernig/*Berger* BGB § 930 Rn. 46; MüKoBGB/*Oechsler* Anh. §§ 929–936 Rn. 7.

umschlagenden Beständen. Dabei werden die sich jeweils in einem Lager befindlichen Waren sowie zukünftig eintreffende Waren mittels eines antizipierten Besitzkonstituts als Sicherheit übereignet.[58] Um dem **Bestimmtheitsgrundsatz** zu genügen, wird für die Sicherungsübereignung entweder auf bestimmte Flächen (Raumsicherungsübereignung)[59] oder auf die Markierung der zu übereignenden Waren zurückgegriffen (Markierungssicherungsübereignung).[60] Bei einer **Raumsicherungsübereignung** wird die Bestimmtheit durch Bezug zu dem vereinbarten Raum hergestellt. Alle Gegenstände des Sicherungsgebers, die in den Raum eingebracht werden, werden von der Abrede erfasst und somit Teil der Übereignung.[61] Befinden sich in dem Raum auch Gegenstände, die von der Sicherungsübereignung nicht mitumfasst sein sollen, müssen diese aus dem Bestand herausgefiltert und ggf. markiert werden, und zwar in der Art und Weise, dass wiederum für Außenstehende erkennbar ist, dass diese Gegenstände nicht von der Sicherungsübereignung erfasst werden. Bei der **Markierungssicherungsübereignung** werden die zu übertragenden Gegenstände durch Anbringung einer Markierung in hinreichend bestimmter Weise erfasst, sodass sie von den nicht zu übertragenden Gegenständen genau unterschieden werden können.[62]

Praxistipp:

In der Praxis wird eine Raumsicherungsübereignung üblicherweise durch regelmäßig zu übermittelnde Bestandslisten flankiert. Durch die Bestandslisten erhält der Sicherungsnehmer zu Kontrollzwecken einen aktualisierten Überblick über den Umfang des Sicherungsgutes. Die Bestandslisten dienen regelmäßig allerdings nur der Information und haben keine festsetzende oder feststellende Wirkung. Demnach ist ein Gegenstand, der von der Raumsicherungsübereignung erfasst wird, aber nicht in der Bestandsliste aufgeführt worden ist, dennoch im Sicherungseigentum des Sicherungsnehmers. Für den Fall, dass die Bestandsliste konstitutive Wirkung für die Sicherungsübereignung haben soll, muss diese zum Bestandteil des Sicherungsvertrages gemacht werden. Darauf sollte bereits bei Abschluss des Sicherungsvertrages geachtet werden.

44 Schließlich ist für eine rechtswirksame Sicherungsübereignung erforderlich, dass der **Berechtigte** die Sicherheiten bestellt. Berechtigter ist grundsätzlich der Eigentümer oder der verfügungsberechtigte Nichteigentümer. Praktisch relevant in diesem Zusammenhang ist vor allem der Eigentumsvorbehalt von Lieferanten bei in das Warenlager eingelieferter Ware.

45 **(2) Risiken und Nachteile derzeitiger Vorgehensweisen.** Bei der herkömmlichen Sicherungsübereignung bereitet zunächst die Einhaltung des Bestimmtheitsgrundsatzes Schwierigkeiten. Um diesem Erfordernis zu genügen, hat sich in der Praxis die Ausgestaltung der Sicherungsübereignung als **Markierungs-** oder als **Raumsicherungsübereignung** etabliert. Allerdings sind beide Formen der Sicherungsübereignung in der praktischen Handhabung mit nicht unerheblichen Nachteilen verbunden:

46 So ist etwa die **Markierungssicherungsübereignung** typischerweise mit zusätzlichem Aufwand verbunden. Dies gilt insbesondere bei großen Lagerbeständen, wo der Sicherungsgeber die Gegenstände zunächst markieren und später die Markierungen wieder ent-

---

[58] BuB/*Cartano* Rn. 4/371.

[59] *Wittig* in Lwowski/Fischer, Das Recht der Kreditsicherung, § 11 Anh. 2 Rn. 1; BGH Urt. v. 13.6.1956 – IV ZR 24/56, NJW 1956, 1315; OLG Köln Urt. v. 18.9.1984 – 9 U 21/84, WM 1985, 119.

[60] MüKoBGB/*Oechsler* Anh. §§ 929–936 Rn. 6; *Ganter* in Schimansky/Bunte/Lwowski BankR-HdB § 95 Rn. 41; *Gehrlein* MDR 2008, 1069 (1071).

[61] BGH Urt. v. 13.6.1956 – IV ZR 24/56, NJW 1956, 1315; OLG Köln Urt. v. 18.9.1984 – 9 U 21/84, WM 1985, 119.

[62] *Federlin* in Kümpel/Mülbert/Früh/Seyfried Bank-/KapMarktR Rn. 8.477; *Ganter* in Schimansky/Bunte/Lwowski BankR-HdB § 95 Rn. 41.

fernen muss. Auch eine **Raumsicherungsübereignung** ist dann wenig praktikabel, wenn (wie zB bei einem Einzelhändler mit mehreren Filialen) der Warenbestand über viele Räume verteilt ist. Kann aber eine Sicherungsübereignung mangels Bestimmtheit der dinglichen Erklärung nicht (bzw. nicht für alle Lagerbestände) rechtssicher erfolgen, kann das für den Kreditnehmer dazu führen, dass er keinen Kredit erhält oder dieser wegen Risikoaufschlägen höhere Kosten mit sich bringt.

Das Problem verschärft sich, wenn der Vertrieb (wie zB bei Modehandelsketten) nicht 47 nur über eigene Geschäfte, sondern im Wege des **Kommissionsgeschäfts** auch über Dritte (zB Warenhäuser) erfolgt. In diesen Fällen ist die Bestimmung eines (dauerhaften) Lagerortes der Ware für Zwecke einer Raumsicherungsübereignung oft nicht möglich. Ein anderes Beispiel sind Lager, die von spezialisierten Logistikdienstleistern geführt werden. Hier ist teilweise gar nicht vorgesehen, die Waren der verschiedenen Kunden des Dienstleisters getrennt voneinander zu lagern; vielmehr ergibt sich die Zuordnung zu einem Eigentümer nur aus dem IT-System (sog. **chaotische Lagerung**).

Auf der anderen Seite besteht das **Risiko der Übersicherung.** Diese liegt vor, wenn 48 der Wert der Sicherheit den Wert des gesicherten Anspruchs deutlich übersteigt.[63] Besonders kritisch aus Sicht des Sicherungsnehmers ist die **anfängliche Übersicherung,** denn diese führt nach § 138 BGB zur **Nichtigkeit** des Sicherungsvertrages.[64] Eine anfängliche Übersicherung ist gegeben, wenn bereits bei Vertragsschluss ein auffälliges Missverhältnis zwischen dem realisierbaren Wert der Sicherheiten und der gesicherten Forderung besteht.[65] Der BGH sieht hierfür den nach den ungewissen Marktverhältnissen realisierbaren Wert im Falle einer Insolvenz des Schuldners als entscheidend an und spricht sich damit gegen eine starre Wertgrenze aus.[66] Dieser maßgebliche Wert lasse sich nur anhand der Besonderheiten des Einzelfalls in tatrichterlicher Verantwortung ermitteln.[67] Eine ursprüngliche Übersicherung sieht der BGH als gegeben an, wenn die Höhe der bestellten Sicherheiten nicht mit den guten Sitten vereinbar ist.[68] Einer anderen Ansicht nach soll eine feste Grenze gelten. Sie multipliziert die Deckungsgrenze von 150 Prozent des maßgeblichen Schätzwertes mit dem Faktor 2[69] und kommt so auf 300 Prozent des Schätzwertes.

Eine **nachträgliche Übersicherung** ist aus Sicht des Sicherungsnehmers weniger kri- 49 tisch, da dem Sicherungsgeber nur ein Anspruch auf Freigabe der überzähligen Sicherheiten zusteht. Einer ausdrücklichen Regelung im Sicherungsvertrag bedarf es dafür nicht.[70] Die Wirksamkeit des Sicherungsvertrags bleibt davon unberührt.[71] Eine nachträgliche Übersicherung ist dann gegeben, wenn nach einem ursprünglichen Gleichgewicht zwischen dem gesicherten Risiko während der weiteren Kreditvertragslaufzeit das Verhältnis von Sicherheit zu gesichertem Risiko nicht mehr gewahrt wird. Dem Großen Senat des BGH zufolge gilt eine Deckungsgrenze, die in Bezug auf den im Insolvenzfall realisierbaren Wert der Sicherungsgegenstände 110 Prozent der gesicherten Forderungen beträgt. Die Grenze für das Entstehen eines **Freigabeanspruchs** liegt bei 150 Prozent des Schätzwertes.[72] Die nachträgliche Übersicherung bringt aber Nachteile für den Kreditgeber mit

[63] *Ganter* in Schimansky/Bunte/Lwowski BankR-HdB § 90 Rn. 349; BGH Urt. v. 12.3.1998 – IX ZR 74/95, NJW 1998, 2047.
[64] BGH Urt. v. 30.10.1990 – IX ZR 9/90, NJW 1991, 353 (354); MüKoBGB/*Armbrüster* § 138 Rn. 101; BuB/*Wenzel*/*Gratias* Rn. 4/173b.
[65] BuB/*Wenzel*/*Gratias* Rn. 4/173b; *Brünink* in Lwowski/Fischer, Das Recht der Kreditsicherung, § 3 Rn. 63.
[66] BGH Urt. v. 12.3.1998 – IX ZR 74–95, NJW 1998, 2047; *Tetzlaff* ZIP 2003, 1826 (1830).
[67] BGH Urt. v. 12.3.1998 – IX ZR 74–95, NJW 1998, 2047.
[68] BGH Urt. v. 12.3.1998 – IX ZR 74–95, NJW 1998, 2047; MüKoBGB/*Armbrüster* § 138 Rn. 100f.
[69] *Nobbe* FS Schimansky, 1999, S. 433 (450–453).
[70] *Ganter* in Schimansky/Bunte/Lwowski BankR-HdB § 90 Rn. 358; BGH Urt. v. 28.4.1994 – IX ZR 248/93, NJW 1994, 1796 (1797).
[71] BGH Beschl. v. 27.11.1997 – GSZ 1 u. 2/97, NJW 1998, 671.
[72] BGH Beschl. v. 27.11.1997 – GSZ 1 u. 2/97, NJW 1998, 671.

sich, der die Sicherungsmasse effizienter als Sicherheit für andere Kreditgeber nutzen könnte.

50 Ein weiteres Problem, das im Rahmen der Bestellung von Kreditsicherheiten auftreten kann, liegt darin, dass der Sicherungsgeber für eine rechtswirksame Sicherungsübereignung entweder **Eigentümer** der in Rede stehenden Gegenstände oder zumindest über diese **verfügungsbefugt** sein muss (vgl. § 185 Abs. 1 BGB). Ist dies zB wegen eines Eigentumsvorbehaltes des Lieferanten der Ware nicht der Fall, kommt lediglich die Möglichkeit eines gutgläubigen Erwerbs in Betracht, der jedoch in den meisten Fällen daran scheitern dürfte, dass der Sicherungsnehmer keinen unmittelbaren Besitz an der Sache erlangt (vgl. § 933 BGB). Für den Sicherungsnehmer kommt es damit entscheidend darauf an, dass der Sicherungsgeber als Berechtigter über die zu übertragenden Gegenstände verfügt (§ 185 BGB). Ob dies der Fall ist, wird der Sicherungsnehmer jedoch in vielen Fällen mangels entsprechender Informationsmöglichkeiten oder wegen zu großen Aufwandes der Informationsbeschaffung nicht in Erfahrung bringen können. Daraus resultiert für den Sicherungsnehmer ein **Ausfallrisiko.**

51 Ein weiteres Risiko, insbesondere in einem integrierten Binnenmarkt wie der EU, sind Unterschiede zwischen **verschiedenen Rechtsordnungen.** Dingliche Rechte an einer Sache unterliegen nach Art. 43 Abs. 1 EGBGB grundsätzlich dem Recht des Staates, in dem sich die Sache befindet *(lex rei sitae)*.[73] Die Beurteilung eines Sicherungsrechtes an einem im Ausland belegenen Sicherungsgut richtet sich damit regelmäßig nach ausländischem Recht, und zwar unabhängig von dem Statut des Sicherungsvertrages.[74] Dies birgt das Risiko, dass die Sicherungsübereignung einer im Umlauf befindlichen Sache (zB eines Fahrzeugs aus einer Mietwagenflotte) fehlschlägt, weil sich die Sache zum Zeitpunkt der Annahme der Erklärung auf Übereignung im Ausland befindet.

52 Außerdem kann eine bereits sicherungsübereignete Sache zu einem späteren Zeitpunkt ins **Ausland** gebracht werden. Der Grundsatz der *lex rei sitae* umfasst aus Sicht des deutschen Rechts zwar auch, dass das erworbene Recht beim Verbringen über die Grenze weitergilt.[75] Nach Art. 43 Abs. 2 EGBGB können die Rechte an einem Gegenstand, der in einen anderen Staat gelangt, aber nicht im Widerspruch zu dessen Rechtsordnung ausgeübt werden. Die dinglichen Rechte an einem Gegenstand, der über die Grenze gelangt, müssen vielmehr von der Rechtsordnung des Ankunftsstaates anerkannt sein. Dies geschieht durch eine Umsetzung in ein funktionsäquivalentes dingliches Recht der lokalen Rechtsordnung, wobei eine gewisse Kompatibilität gegeben sein muss.[76] Die flexiblen Sicherungsformen, die im deutschen Recht über die gesetzlich vorgesehenen Sicherheiten entwickelt wurden (zB Sicherungsübereignung ohne Besitzübertragung),[77] sind jedoch eine Besonderheit. Besitzlose Sicherungsrechte ohne Publizitätsakt sind (selbst) im EU-Ausland und in anderen Staaten eher die Ausnahme. Wird eine in Deutschland sicherungsübereignete Sache ins Ausland verbracht, geht diese bei Grenzübergang unter, wenn die ausländische Rechtsordnung ein dem Sicherungseigentum äquivalentes Recht nicht kennt.[78]

53 **(3) Möglichkeiten durch Nutzung des IoT.** IoT-Anwendungen können etliche Risiken und Nachteile der herkömmlichen Sicherungsübereignung vermeiden helfen. So könnten IoT-Anwendungen die Einhaltung des **Bestimmtheitsgrundsatzes** erleichtern, wenn sie eine **eindeutige Zuordnung** und **Individualisierung** der Sicherungsgegen-

---

[73] *Welter* in Schimansky/Bunte/Lwowski BankR-HdB § 99 Rn. 20; BuB/*Wenzel/Gratias* Rn. 4/299k; Staudinger/*Mansel* EGBGB Art. 43 Rn. 122; MüKoBGB/*Wendehorst* EGBGB Art. 43 Rn. 3.

[74] BuB/*Wenzel/Gratias* Rn. 4/299m.

[75] *Welter* in Schimansky/Bunte/Lwowski BankR-HdB § 99 Rn. 22.

[76] *Welter* in Schimansky/Bunte/Lwowski BankR-HdB § 99 Rn. 22; BGH Urt. v. 20.3.1963 – VIII ZR 130/61, NJW 1963, 1200; Urt. v. 11.3.1991 – II ZR 88/90, NJW 1991, 1415.

[77] MüKoBGB/*Wendehorst* EGBGB Art. 43 Rn. 84. ff.

[78] *Welter* in Schimansky/Bunte/Lwowski BankR-HdB § 99 Rn. 23; BuB/*Wenzel/Gratias* Rn. 4/299m; OGH Wien Urt. v. 14.12.1983 – 3 Ob 126, 127/83, BeckRS 1983, 150.

stände ermöglichen. Dies wird etwa erreicht, wenn Gegenstände, die von der Sicherungsübereignung erfasst sein sollen, mit Einbringung in das Lager mit einem **Sensor** bestückt werden, der – in der einfachsten Form – den Lagerort der Ware erfasst und übermittelt. Ein solcher mit dem Internet verbundener Sensor ermöglicht eine genaue räumliche und auch gegenständliche Zuordnung des Gegenstandes. Dadurch kann jede entsprechend erfasste Ware identifiziert und bei Sensoren mit entsprechender Ausstattung zB durch Anzeige eines Farbcodes oder Schriftzuges auch markiert werden. Das ermöglicht es, Waren auch in gemeinsam genutzten Warenlagern zur Sicherheit zu übereignen. Dabei spart man Zeit und Kosten, weil kein Personal erforderlich ist, das den Bestand des Lagers manuell erfassen muss, da dies vollautomatisch durch die Auswertung der von den Sensoren erfassten Daten erfolgt. Dadurch ist eine Erfassung der Bestände in deutlich kürzeren Zeitabständen als bei herkömmlichen Erfassungsmethoden möglich. Außerdem lässt sich über die räumliche **Ortung** jederzeit erkennen, ob sich die Sicherungsgegenstände an den vorgesehenen Orten befinden (zB im Sicherungsgebiet oder im Inland). Die Verknüpfung zur Lagerbuchhaltung ermöglicht außerdem die rasche Wertermittlung der Warenbestände oder die Prüfung auf noch bestehende Eigentumsvorbehaltsrechte.

Praxistipp:

Sollten die oben beschriebenen IoT-Anwendungen mit hoher Qualität und Sicherheit auf den Markt kommen und ihr Einsatz auch unter wirtschaftlichen Gesichtspunkten vernünftig und/oder geboten sein, dürfte es sich für Kreditgeber anbieten, mit den Kreditnehmern **vertraglich** zu **vereinbaren**, dass die sicherungsübereigneten Gegenstände – sofern dies technisch möglich und wirtschaftlich vertretbar sein sollte – standardmäßig mit einer entsprechenden IoT-fähigen Sensorik ausgestattet werden und dass die Kreditgeber in Echtzeit **vollen Zugriff** auf die dadurch generierten **Daten** erhalten. Um potenziellen Rechtsstreitigkeiten bereits im Ansatz vorzubeugen, empfiehlt sich eine möglichst detaillierte Regelung sowohl was die Verpflichtung der Kreditnehmer zur Verwendung IoT-fähiger Sensorik anbelangt als auch hinsichtlich des Umfangs und der Reichweite des Zugriffsrechts der Kreditgeber auf die IoT-generierten Daten.

IoT versetzt hier sowohl den Sicherungsnehmer als auch den Sicherungsgeber in die 54
Lage, den Bestand der Sicherheiten „auf Knopfdruck" zu ermitteln. So kann der Wert des Warenbestandes bei Lagerbestandskrediten, der für die Kredithöhe maßgeblich ist (→ Rn. 12), deutlich einfacher als herkömmlich ermittelt und eine **Übersicherung** des Kreditgebers **vermieden** werden.

Durch IoT-Anwendungen könnte es auch den Sicherungsnehmern erleichtert werden, 55
die Berechtigung potenzieller Sicherungsgeber an den zu übereignenden Gegenständen zu kontrollieren. Dies könnte etwa über eine IoT-gestützte **digitale Kennzeichnung** der Sicherungsgüter als Kreditsicherheiten in einem als Blockchain ausgestalteten **digitalen Register** geschehen.[79]

cc) Verwaltung von Kreditsicherheiten. (1) Begriffsbestimmung und rechtliche 56
Vorgaben. Bei der Verwaltung der Sicherheiten geht es darum, sich einen kontinuierlichen **Überblick** über Bestand, Umfang und Zustand der sicherungsübereigneten Sachen zu verschaffen. Zu entsprechenden Angaben ist der Sicherungsgeber durch den Sicherungsvertrag regelmäßig verpflichtet. Außerdem kommt es darauf an, die Rechtsposition des Sicherungsnehmers insbesondere gegen faktische **Gefährdungen** bzw. **Beeinträchtigungen** zu schützen. Diese können sich zB dadurch ergeben, dass die sicherungsübereigneten Gegenstände aus dem Sicherungsgebiet oder sogar ins **Ausland** verbracht werden,

[79] Vgl. eingehend zu dieser Möglichkeit *Hüther/Danzmann* BB 2017, 2693 (2694).

was zum Verlust des Sicherungsrechts führen kann oder eine Verwertung der Sicherheiten bei Eintritt des Sicherungsfalls ggf. erheblich erschwert.[80]

57 **(2) Risiken und Nachteile der derzeitigen Vorgehensweise.** Die Verwaltung der Kreditsicherheiten führt ebenfalls zu **Aufwand** und Kosten. Das ist in erster Linie der Aufwand für das laufende Reporting. Der Sicherungsgeber hat unter den Sicherheitenverträgen die Pflicht, dem Sicherungsnehmer regelmäßig Auskunft über den Lagerbestand zu erteilen und Einsicht in die schriftlichen Unterlagen zu gewähren oder aber Bestandslisten vorzulegen.[81] Je nach Größe und Anzahl der Lager des Sicherungsgebers ist es für ihn mit einem erheblichen zeitlichen und finanziellen Aufwand verbunden, seinen Informationspflichten aus dem Sicherungsvertrag gegenüber dem Sicherungsnehmer regelmäßig nachzukommen. Denn auch Verträge über die Raumsicherungsübereignung sehen typischerweise vor, dass der Sicherungsgeber dem Sicherungsnehmer quartalsweise Listen zur Verfügung stellt, die alle Gegenstände im Sicherungsgebiet einzeln verzeichnen. Neben dem laufenden Reporting können zB Änderungen bei Lagerflächen oder der Wechsel eines Logistikdienstleisters zu Anpassungsbedarf der Sicherheitendokumentation führen.

58 Für den Sicherungsnehmer dagegen führt die Sicherungsübereignung trotz des von einem redlichen Sicherungsgeber betriebenen Aufwands für ein Reporting zu einer wenig transparenten Sicherheit. Denn die je nach Branche schnelle Änderung des Lagerbestandes zwischen zwei Terminen für das Reporting führt nur zu einer Momentaufnahme. Darlehensgeber nehmen deshalb auch **Prüfungen** des Warenlagers vor Ort vor, was aber umständlich ist und Kosten verursacht. Außerdem ist für den Sicherungsnehmer wichtig, dass der Sicherungsgeber die vertraglichen Verpflichtungen in Bezug auf das Sicherungsgut beachtet. Dabei handelt es sich vor allem um positive bzw. negative Verhaltenspflichten wie zB das Verbot, die Sicherungsgüter ins Ausland zu verbringen. Die Kontrolle solcher vertraglichen Verpflichtungen wird dem Sicherungsnehmer durch die Möglichkeiten des IoT erleichtert.

59 **(3) Möglichkeiten durch Nutzung des IoT.** Auch im Rahmen der Verwaltung von Kreditsicherheiten bieten IoT-Anwendungen zahlreiche Vorteile. Dies betrifft zunächst das Anliegen der Sicherungsnehmer, sich einen **fortlaufenden Überblick** über Umfang und Zustand sämtlicher bestellter Kreditsicherheiten zu verschaffen. Denn durch die Erfassung der Gegenstände (und die Ermittlung ihres Wertes durch Anbindung an die Buchhaltung des Sicherungsgebers) mittels Sensoren lässt sich der **Lagerbestand „in Echtzeit"** ermitteln, sodass Ungenauigkeiten bzw. Ungewissheiten bezüglich des Lagerbestandes vermieden werden. Dies ist im Vergleich zur manuellen Erfassung des Bestandes durch Mitarbeiter des Sicherungsgebers sowohl kostengünstiger als auch verlässlicher.

60 IoT-Anwendungen können vor allem den Schutz gegen **faktische** Beeinträchtigungen der Rechtsposition des Sicherungsnehmers verbessern. So lässt sich zB daran denken, dass ein Kreditgeber als Sicherungsnehmer mit einem Kreditnehmer als Sicherungsgeber vereinbart, dass der Sicherungsgegenstand nicht ins **Ausland** verbracht werden darf. Um sich gegen eine vertragswidrige Verbringung etwa eines sicherungsübereigneten Kfz zu schützen, könnte dieses mit IoT-fähiger Sensorik ausgestattet werden, die den Kreditgeber von einem etwaigen Grenzübertritt unterrichtet.

61 Es liegt auf der Hand, dass auch IoT-Anwendungen nicht manipulationssicher sind. Dank der gegenüber heute verbesserten Kontrollmöglichkeiten des IoT bleibt für Manipulationen jedoch weniger Raum.

[80] *Hüther/Danzmann* BB 2017, 2693 (2695).
[81] *Ganter* in Schimansky/Bunte/Lwowski BankR-HdB § 95 Rn. 102.

dd) Verwertung von Kreditsicherheiten. Bei der Verwertung von Kreditsicherheiten kommt es für den Sicherungsgeber darauf an, möglichst zeitnah und kostengünstig Zugriff auf die Sicherheiten zu erlangen, um seine Ansprüche effizient befriedigen zu können. 62

Auch in diesem Fall ist die **Wertermittlung** mithilfe von IoT-Sensoren hilfreich, weil so eine zeitaufwendige Inventur und Bewertung des Warenbestandes vermieden werden kann. Erlauben die Sensoren die Ausgabe einer Nachricht (zB auf einem Display), gestattet dies dem Sicherungsgeber außerdem, sein Verwertungsrecht in Bezug auf die einzelnen Gegenstände für Dritte erkennbar zu machen. Das sichert ihn gegen die **Zwangsvollstreckung anderer Gläubiger** in den betreffenden Gegenstand ab (§ 71 Abs. 2 S. 1 GVGA).[82] Es erlaubt ihm zudem, die dem Sicherungsgeber typischerweise erteilte Verfügungsbefugnis über die Sicherungsgegenstände in auch Dritten erkennbarer Weise zu widerrufen. 63

2. IoT und Aufsichtsrecht

a) Ansatz der BaFin

Die **BaFin** achtet strikt darauf, bei Anwendung der gesetzlichen Vorgaben des Kreditwesengesetzes (KWG) und des Zahlungsdiensteaufsichtsgesetzes (ZAG) nicht einzelne Marktteilnehmer zu bevorzugen. Dem Grundsatz **aufsichtsrechtlicher Gleichbehandlung** würde es zB widersprechen, wenn die BaFin die gesetzlichen Vorgaben von KWG und ZAG für „innovative" Unternehmen oder sog. Start-ups weniger konsequent anwenden würde als für etablierte Marktteilnehmer wie langjährig am Markt tätige Großbanken. Das mag von jungen, aufstrebenden Unternehmen beklagt werden, entspricht aber völlig der Aufgabe der BaFin, durchweg die Stabilität des Finanzsystems zu sichern. 64

Dies gesagt, hat sich die BaFin in den letzten Jahren für neuartige Geschäftsmodelle insoweit geöffnet, als sie etwa ein **Referat für innovative Finanzprodukte** geschaffen und im Internet verfügbare Angaben sozusagen kundenfreundlich umgestaltet hat, indem sie Informationen nicht mehr nur zu bestimmten Tatbeständen von KWG und ZAG gibt, sondern zu Typen von Geschäftsmodellen,[83] was den Nutzen für die Marktteilnehmer deutlich erhöht haben dürfte. Was speziell die Regulierung und Beaufsichtigung von IoT-Anwendungen betrifft, steht freilich auch die BaFin noch am Anfang. 65

b) Aufsichtsrechtliche Zulässigkeit nach dem KWG

Im Rahmen der aufsichtsrechtlichen Zulässigkeit nach dem **KWG** ist vor allem relevant, dass das **gewerbsmäßige Betreiben** von **Bankgeschäften** oder **Finanzdienstleistungen** nach § 32 Abs. 1 S. 1 KWG nur mit schriftlicher Erlaubnis der Aufsichtsbehörde zulässig ist. Für die neuen, IoT-basierten Geschäftsmodelle kommen dabei insbesondere die Tatbestände des Kreditgeschäfts (§ 1 Abs. 1 S. 2 Nr. 2 KWG) und des Finanzierungsleasings (§ 1 Abs. 1a S. 2 Nr. 10 KWG) in Betracht. 66

> **Praxistipp:**
>
> Die Erlaubnispflicht nach § 32 KWG setzt voraus, dass die Bankgeschäfte und/oder Finanzdienstleistungen **im Inland** betrieben bzw. erbracht werden. Nach der Rechtsauffassung der BaFin werden Bankgeschäfte nicht erst dann im Inland betrieben, wenn der Erbringer der Dienstleistung seinen Sitz oder gewöhnlichen Aufenthalt im Inland hat, sondern auch dann, wenn der Erbringer der Dienstleistung seinen Sitz oder gewöhnlichen Aufenthalt im Ausland hat und sich im Inland **zielgerichtet an den Markt wendet,** um gegenüber Unternehmen und/oder Personen, die ihren Sitz oder gewöhnli-

[82] Vgl. *Hüther/Danzmann* BB 2017, 2693 (2696).

[83] Vgl. zB BaFin, Hinweise zum sog. „Crowdlending", zuletzt geändert am 4.1.2018, www.bafin.de/DE/Aufsicht/FinTech/Crowdfunding/Crowdlending/crowdlending_node.html (11.3.2021).

chen Aufenthalt im Inland haben, wiederholt und geschäftsmäßig Bankgeschäfte oder Finanzdienstleistungen anzubieten.[84]

Daher sollten ausländische Unternehmen, die einer Erlaubnispflicht entgehen wollen, sicherstellen, dass sie sich nicht in einer Weise an den deutschen Markt wenden, die nach der Rechtsauffassung der BaFin bereits eine Erlaubnispflicht auslöst. Bei entsprechenden Fragestellungen sollte unbedingt das „Merkblatt zur Erlaubnispflicht von grenzüberschreitend betriebenen Geschäften" der BaFin vom 1.4.2005, geändert am 11.3.2019, herangezogen werden. Zur aufsichtsrechtlichen Behandlung grenzüberschreitender Sachverhalte → Rn. 90f.

67 Für diejenigen IoT-basierten Geschäftsmodelle, die eine Erleichterung der Kreditvergabe an Bankkunden zum Gegenstand haben, ist regelmäßig der Tatbestand des **Kreditgeschäfts** (§ 1 Abs. 1 S. 2 Nr. 2 KWG) erfüllt. Nach dieser Vorschrift stellen die Gewährung von Gelddarlehen und Akzeptkrediten Bankgeschäfte iSd KWG dar. Unter Gelddarlehen sind Verträge iSd § 488 BGB zu verstehen, aufgrund derer der Darlehensgeber zur Hingabe von Geld verpflichtet ist, der Darlehensnehmer zur Rückzahlung von Geld. Der Geschäftsgegenstand ist damit auf Geld beschränkt. Dagegen zählen Darlehen über andere Gegenstände (zB Wertpapiere) nicht zu den Bankgeschäften.[85] Unter Zugrundelegung dieser Maßstäbe werden Banken, deren Geschäftsmodelle auf eine schnellere und „maßgeschneiderte" Kreditvergabe zielen (→ Rn. 8–10), Kreditgeschäfte nach § 1 Abs. 1 S. 2 Nr. 2 KWG betreiben, da die mit den Kunden angestrebten Darlehensverträge regelmäßig Geld zum Gegenstand haben werden.

68 Daneben kommt für Geschäftsmodelle, die eine Optimierung des Leasinggeschäfts der Banken bezwecken (→ Rn. 32), der Tatbestand des **Finanzierungsleasings** (§ 1 Abs. 1a S. 2 Nr. 10 KWG) in Betracht. Das Finanzierungsleasing umfasst sowohl den Abschluss von Finanzierungsleasingverträgen als Leasinggeber als auch die Verwaltung von Objektgesellschaften iSv § 2 Abs. 6 S. 1 Nr. 17 KWG. Hier kommt vor allem der Abschluss von Finanzierungsleasingverträgen iSv § 1 Abs. 1a S. 2 Nr. 10 Alt. 1 KWG in Betracht. Dabei ist zu beachten, dass nur das Finanzierungsleasing erlaubnispflichtig, das sog. **Operating-Leasing** hingegen erlaubnisfrei ist. Im Gegensatz zum Operating-Leasing liegt ein Finanzierungsleasing vor, wenn es durch den Gebrauch des Wirtschaftsgutes durch den Leasingnehmer zu einem überwiegenden Verbrauch desselben während der Leasingdauer kommt.[86] In dieser Konstellation können die von dem Leasinggeber zu tragenden Kosten vom Leasingnehmer entweder im Rahmen eines sog. Vollamortisationsvertrages übernommen werden, dh die Leasingraten decken sämtliche Kosten einschließlich der Finanzierungskosten, oder im Rahmen eines sog. Teilamortisations-Leasings, bei dem eine Kostendeckung durch eine Kombination von Ratenzahlung und Restkostenübernahme bzw. Erwerb des Leasinggutes bei Beendigung des Leasingvertrages durch den Leasingnehmer erfolgt.[87] Im Rahmen dieses Tatbestandes ist jedoch stets zu bedenken, dass sog. Leasing-Objektgesellschaften nach § 2 Abs. 6 S. 1 Nr. 17 KWG nicht unter § 1 Abs. 1a S. 2 Nr. 10 KWG fallen.

Praxistipp:

In der Praxis haben sich die **Merkblätter der BaFin** zu den einzelnen Tatbestandsmerkmalen des KWG als wertvolle Auslegungshilfe erwiesen. Bei Auslegungsfragen sollten die Merkblätter daher unbedingt herangezogen werden.

[84] BaFin, Merkblatt zur Erlaubnispflicht von grenzüberschreitend betriebenen Geschäften 1.4.2005, geändert am 11.3.2019.
[85] Boos/Fischer/Schulte-Mattler/*Schäfer* KWG § 1 Rn. 55.
[86] Boos/Fischer/Schulte-Mattler/*Schäfer* KWG § 1 Rn. 188.
[87] Boos/Fischer/Schulte-Mattler/*Schäfer* KWG § 1 Rn. 188.

c) Aufsichtsrechtliche Zulässigkeit nach dem ZAG

69 Für einige weitere der oben skizzierten IoT-basierten Geschäftsmodelle kommen zudem denkbarerweise Erlaubnis- und Registrierungspflichten nach dem **ZAG** in Betracht. Dies betrifft die Erlaubnispflichten für das Erbringen von Zahlungsdiensten (§ 10 Abs. 1 S. 1 ZAG) und das Betreiben des eGeld-Geschäfts (§ 11 Abs. 1 S. 1 ZAG) ebenso wie die Registrierungspflicht für den Sonderfall des Erbringens eines Kontoinformationsdienstes (§ 34 Abs. 1 S. 1 ZAG).

> **Praxistipp:**
>
> Auch im Bereich des Zahlungsdiensteaufsichtsrechts hat die BaFin ein Merkblatt veröffentlicht, das regelmäßig aktualisiert wird. Mittlerweile enthält das **BaFin-Merkblatt zum ZAG** auch Ausführungen zu den Tatbeständen des Kontoinformationsdienstes und des Zahlungsauslösedienstes, die im Zuge der Umsetzung der Zweiten Zahlungsdiensterichtlinie (Payment Services Directive II, „PSD 2") in das ZAG eingefügt wurden.

70 **aa) Registrierungspflicht nach ZAG.** Wenn ein Unternehmen ein IoT-basiertes Geschäftsmodell umsetzt, das darauf abzielt, den Kunden einen besseren Überblick über deren finanzielle Verhältnisse zu ermöglichen (→ Rn. 30f.), kann es grundsätzlich einen Zahlungsdienst in Form eines **Kontoinformationsdienstes** (§ 1 Abs. 1 S. 2 Nr. 8 ZAG) erbringen, der im Zuge der Umsetzung der PSD 2 in das ZAG aufgenommen wurde. Kontoinformationsdienste sind Online-Dienste zur Mitteilung konsolidierter Informationen über ein Zahlungskonto oder mehrere Zahlungskonten des Zahlungsdienstnutzers bei einem oder mehreren anderen Zahlungsdienstleistern (§ 1 Abs. 34 ZAG).

71 Dies dürfte insbesondere für IoT-basierte Geschäftsmodelle im Bereich des **Smart Home** (→ Rn. 31) der Fall sein. Je nach Ausgestaltung mag der Eigentümer oder Bewohner des Smart Home einen Überblick über sämtliche mit der Verwaltung und Unterhaltung des Hauses zusammenhängende Zahlungskonten erhalten. Nach derartigen Dienstleistungen dürfte insbesondere dann eine große Nachfrage bestehen, wenn immer mehr Haushalten bzw. verknüpften Haushaltsgeräten eigene Zahlungskonten zur Abrechnung von Zahlungen zugewiesen werden, mit denen diese autonome Zahlungsvorgänge auslösen könnten. Denn in diesem Fall dürfte es für die Eigentümer oder Bewohner des Smart Home zunehmend schwieriger werden, einen Überblick über sämtliche mit der Nutzung und Verwaltung des Haushalts zusammenhängenden finanziellen Verhältnisse zu behalten. Diese Marktlücke könnten die Anbieter von Kontoinformationsdiensten ggf. schließen.

72 Erbringen Zahlungsdienstleister ausschließlich Kontoinformationsdienste, bedürfen sie lediglich der schriftlichen **Registrierung** durch die BaFin (vgl. § 34 Abs. 1 S. 1 ZAG). Eine Erlaubnis nach dem ZAG ist in diesen Fällen hingegen nicht erforderlich. Im Rahmen des Registrierungsverfahrens ist in formeller Hinsicht darauf zu achten, dass die Kontoinformationsdienstleister die Registrierung im Zahlungsinstituts-Register der BaFin beantragen müssen. Dabei haben sie ua umfangreiche Informationen zum geplanten Geschäftsmodell wie zum vorgesehenen Sicherheitskonzept und einen Krisenmanagementplan vorzulegen sowie Nachweise zur Zuverlässigkeit und Eignung der verantwortlichen Personen beizubringen (siehe im Einzelnen § 34 ZAG).

73 **bb) Erlaubnispflichten nach ZAG.** Erlaubnispflichten nach dem ZAG können sich aus § 10 Abs. 1 S. 1 ZAG (Erlaubnis für das Erbringen von Zahlungsdiensten) und § 11 Abs. 1 S. 1 ZAG (Erlaubnis für das Betreiben von eGeld-Geschäften) ergeben.

74 Wer gewerbsmäßig oder in einem Umfang, der einen in kaufmännischer Weise eingerichteten Geschäftsbetrieb erfordert, einen **Zahlungsdienst** erbringen will, bedarf grundsätzlich einer Erlaubnis der BaFin (§ 10 Abs. 1 S. 1 ZAG). Dies gilt indes nicht für Zahlungsdienstleister iSv § 1 Abs. 1 S. 1 Nr. 2–5 ZAG, worunter ua eGeld-Institute (Nr. 2)

und CRR-Kreditinstitute (Nr. 3) fallen, da ihre jeweilige Erlaubnis das Erbringen von Zahlungsdiensten mitumfasst. Von der Erlaubnispflicht erfasst sind damit nur **Zahlungsinstitute** (§ 1 Abs. 1 S. 1 Nr. 1 ZAG). Diese sind abzugrenzen von bloßen sog. **technischen Infrastrukturdienstleistern** (§ 2 Abs. 1 Nr. 9 ZAG), dh Dienstleistern, die zwar zur Erbringung der Zahlungsdienste beitragen, jedoch zu keiner Zeit in den Besitz von zu übertragenden Geldern gelangen; technische Infrastrukturdienstleistungen sind etwa die Verarbeitung und Speicherung von Daten und die Bereitstellung von Informationstechnologie und Kommunikationsnetzen.[88] Wer schließlich im Inland das **eGeld-Geschäft** betreiben will, ohne eGeld-Emittent iSv § 1 Abs. 2 S. 1 Nr. 2–4 ZAG zu sein, bedarf – als **eGeld-Institut** – gleichfalls grundsätzlich einer Erlaubnis der BaFin.

75 Ob **M2M-Payments** (→ Rn. 22–29) unter Zugrundelegung dieser Maßstäbe eine Erlaubnispflicht nach dem ZAG auslösen, kann nicht pauschal beantwortet werden, sondern hängt maßgeblich von der jeweiligen **Ausgestaltung** der M2M-Payment-Bezahlmethode (→ Rn. 25–29) ab.

76 **(1) M2M-Payments unter Verwendung NFC-fähiger kontogebundener Geldkarten.** Für **M2M-Payments,** die unter Verwendung **NFC-fähiger kontogebundener Geldkarten** durchgeführt werden (→ Rn. 26), gilt aufsichtsrechtlich Folgendes:

Weder der **Eigentümer** der **Maschine,** welche die **Zahlung veranlasst,** noch der **Eigentümer** der **Maschine,** an welche die **Zahlung geleistet** wird, erbringen einen Zahlungsdienst. Denn erlaubnispflichtig nach § 10 Abs. 1 S. 1 ZAG sind nicht der Zahler oder der Zahlungsempfänger, sondern nur das Zahlungsinstitut (§ 1 Abs. 1 S. 1 Nr. 1 ZAG). Weder der Eigentümer der „zahlenden" Maschine noch der Eigentümer der die Zahlung empfangenden Maschine bedürfen daher einer Erlaubnis, da die jeweiligen Eigentümer der Maschinen selbst als „Zahler" bzw. „Zahlungsempfänger" anzusehen sind. Zugleich kommen auch die Maschinen nicht als „Zahler" oder „Zahlungsempfänger" in Betracht, da sie keine Rechtssubjekte sind und ihr Handeln daher den hinter ihnen stehenden (natürlichen oder juristischen) **Personen** zugerechnet wird.[89]

77 Der Eigentümer der „zahlenden" Maschine ist daher selbst **Zahler,** verstanden als natürliche oder juristische Person, die Inhaber eines Zahlungskontos ist und die Ausführung eines Zahlungsauftrags von diesem Zahlungskonto gestattet oder, falls kein Zahlungskonto vorhanden ist, eine solche Person, die den Zahlungsauftrag erteilt (§ 1 Abs. 15 ZAG). Für die Eigenschaft als „Zahler" kommt es dabei maßgeblich darauf an, ob eine natürliche oder juristische Person die **Entscheidung** über die Ausführung des Zahlungsauftrages trifft.[90] Führt eine Maschine autonom einen Zahlungsvorgang durch, wird die Zahlung dem Eigentümer der Maschine zugerechnet, solange diese die Vorgaben des Eigentümers lediglich umsetzt.[91] Dies dürfte bei M2M-Payments regelmäßig der Fall sein.

78 Der Eigentümer der Maschine, an die die Zahlung geleistet wird, ist **Zahlungsempfänger,** verstanden als natürliche oder juristische Person, die den Geldbetrag, der Gegenstand eines Zahlungsvorgangs ist, erhalten soll (§ 1 Abs. 16 ZAG), wenn die Maschine in seinem wirtschaftlichen Eigentum steht.[92]

79 Obwohl die Eigentümer der beteiligten Maschinen also keinen Erlaubnispflichten unterliegen, können im Zusammenhang mit M2M-Payments mittels NFC-fähiger kontogebundener Geldkarten dennoch **Erlaubnistatbestände** nach dem ZAG erfüllt sein. So dürfte das Institut, das die Geldkarte ausgibt, regelmäßig einer **Erlaubnis** als **eGeld-Institut** (§ 11 Abs. 1 S. 1 ZAG) bedürfen, weil es das eGeld-Geschäft betreibt, ohne eGeld-Emittent (iSv § 1 Abs. 2 S. 1 Nr. 2–4 ZAG) zu sein. **eGeld-Geschäft** ist die Ausgabe von

[88] Vgl. dazu und zu weiteren technischen Infrastrukturdienstleistungen BaFin, Hinweise zum Zahlungsdiensteaufsichtsgesetz (ZAG), 22. 12. 2011, geändert am 29. 11. 2017, Ziff. 3i).
[89] *Keding* WM 2018, 64 (65 f.).
[90] *Keding* WM 2018, 64 (66).
[91] *Keding* WM 2018, 64 (66).
[92] *Keding* WM 2018, 64 (66).

eGeld, worunter ein elektronisch, darunter auch magnetisch, gespeicherter monetärer Wert in Form einer Forderung an den Emittenten zu verstehen ist, der gegen Zahlung eines Geldbetrags ausgestellt wird, um damit Zahlungsvorgänge iSd § 675f Abs. 4 S. 1 BGB durchzuführen, und der auch von anderen natürlichen oder juristischen Personen als dem Emittenten angenommen wird (§ 1 Abs. 2 S. 2 ZAG).

Dementsprechend würde ein Unternehmen, das die Geldkarten ausgibt, das eGeld-Geschäft (§ 1 Abs. 2 S. 2 ZAG) betreiben.[93] Denn die auf der Geldkarte verkörperten elektronischen Werteinheiten erfüllen sämtliche Merkmale der Definition von eGeld[94] und sind daher allein als eGeld zu qualifizieren.[95] Daran vermag auch der Umstand nichts zu ändern, dass Geldkarten zugleich auch die Bedingungen für das Vorliegen einer **Zahlungskarte** (§ 1 Abs. 1 S. 2 Nr. 2b ZAG) erfüllen können. Denn bei der Geldkarte steht eindeutig die Funktion im Vordergrund, dass das Guthaben elektronisch gespeichert und sein Wert entsprechend auf dem Kartenchip repräsentiert ist.[96] 80

(2) M2M-Payments über Blockchain-basierte Kryptowährungen wie etwa Bitcoins. Werden **M2M-Payments** über **Blockchain-basierte Kryptowährungen** wie etwa Bitcoins durchgeführt (→ Rn. 28), gilt aufsichtsrechtlich Folgendes: 81

Die **Anbieter des Bitcoin-Netzwerkes**[97] unterliegen **keiner Erlaubnispflicht** nach § 10 Abs. 1 S. 1 ZAG, da sie keinen der Zahlungsdienste (§ 1 Abs. 1 S. 2 ZAG) erbringen. Insbesondere scheiden Zahlungsdienste in Form von **Zahlungsgeschäften** (§ 1 Abs. 1 S. 2 Nr. 3 ZAG) aus, da im Blockchain-Netzwerk keine Zahlungskonten iSv § 1 Abs. 17 ZAG geführt werden, wie sie aber die Ausführung von Zahlungsvorgängen erfordert.[98] Denn Zahlungskonten sind auf den Namen eines oder mehrerer Zahlungsdienstnutzer lautende Konten, die für die Ausführung von Zahlungsvorgängen genutzt werden (§ 1 Abs. 17 ZAG). Bitcoin-basierte Transaktionen hingegen stellen keine Zahlungsvorgänge dar. Zwar ist der Zahlungsvorgang im ZAG nicht definiert. Jedoch bestimmt die PSD 2 einen Zahlungsvorgang als – vom Zahler oder Zahlungsempfänger ausgelöste(n) – Bereitstellung, Transfer oder Abhebung eines Gelbetrages, unabhängig von etwaigen zugrunde liegenden Verpflichtungen im Verhältnis zwischen Zahler und Zahlungsempfänger (Art. 4 Nr. 5 PSD 2), wobei der Terminus „Geldbetrag" Banknoten, Münzen, Giralgeld und eGeld umfasst (Art. 4 Nr. 25 PSD 2). Die im Rahmen von Bitcoin-basierten Transaktionen übertragenen Datenpakete (sog. **Token**) hingegen sind, wie auch im Schrifttum größtenteils anerkannt,[99] kein eGeld iSv § 1 Abs. 2 S. 2 ZAG. 82

In Bezug auf Bitcoin-basierte Transaktionen scheidet im Hinblick auf die Anbieter des Blockchain-Netzwerkes auch die Annahme eines erlaubnispflichtigen **Finanztransfergeschäfts** (§ 1 Abs. 1 S. 2 Nr. 6 ZAG) aus. Finanztransfergeschäfte sind Dienste, bei denen ohne Einrichtung eines Zahlungskontos auf den Namen eines Zahlers oder eines Zahlungsempfängers ein Geldbetrag des Zahlers nur zur Übermittlung eines entsprechenden Betrags entgegengenommen wird oder bei denen der Geldbetrag im Namen des Zahlungsempfängers entgegengenommen und diesem verfügbar gemacht wird. Bei Bitcoin-basierten Transaktionen nehmen die Netzwerkbetreiber jedoch keinen Geldbetrag entgegen, um diesen weiterzuleiten, sodass kein Finanztransfergeschäft vorliegt.[100] 83

---

[93] Vgl. allgemein zur Ausgabe von kartengestütztem eGeld *Hingst/Lösing,* Zahlungsdiensteaufsichtsrecht, 2015, § 7 Rn. 21.

[94] Vgl. im Ergebnis auch *Keding* WM 2018, 64 (65).

[95] Vgl. noch zum alten Recht Casper/Terlau/*Casper* ZAG § 1 Rn. 41–52.

[96] Vgl. *Hingst/Lösing,* Zahlungsdiensteaufsichtsrecht, 2015, § 17 Rn. 87 und § 7 Rn. 7.

[97] Zur Einordnung von Bitcoins durch die BaFin s. BaFin, Aufsichtliche Bewertung und Risiken für Nutzen, 19.12.2013.

[98] Vgl. *Keding* WM 2018, 64 (68f.).

[99] Vgl. nur *Hingst/Lösing,* Zahlungsdiensteaufsichtsrecht, 2015, § 18 Rn. 78 mN (Fn. 168).

[100] Vgl. eingehend zu dieser Thematik die Darstellung bei *Keding* WM 2018, 64 (69).

84 **(3) M2M-Payments unter Verwendung des DAG-Modells.** Im Verhältnis zu Bitcoin-Token ergeben sich hinsichtlich der aufsichtsrechtlichen Beurteilung von **IOTA-Token** (→ Rn. 29) keine Besonderheiten. Auch diese sind **nicht** als **eGeld** zu qualifizieren, da sie nicht gegen Zahlung eines Geldbetrages ausgegeben werden. Statt gegen gesetzliche Zahlungsmittel werden IOTA-Token vielmehr gegen Bitcoins ausgegeben. Eine Erlaubnispflicht der Beteiligten nach dem ZAG besteht daher nicht.[101]

d) Exkurs: Optimierung der Bankenaufsicht durch IoT

85 IoT-Anwendungen können nicht nur die Entstehung neuer Geschäftsmodelle im Banken- und Finanzsektor begünstigen, sondern sich auch auf die **Bankenaufsicht** selbst auswirken. Sie könnten insbesondere dazu beitragen, die **makroprudenzielle Aufsicht** zu verbessern.

86 Unter der makroprudenziellen Aufsicht ist jene Aufsicht zu verstehen, deren Maßnahmen sich nicht auf einzelne Finanzinstitute, sondern auf die Gesamtheit oder bedeutende Teile des Finanzsystems beziehen. In dieser Hinsicht sollen makroprudenzielle Maßnahmen dazu beitragen, dass alle Marktteilnehmer einen umsichtigen Umgang mit Risiken pflegen, die systemisch werden, dh die gesamte Finanzwelt betreffen können.[102] Konkret sollen makroprudenzielle Maßnahmen verhindern, dass einzelne Risiken und Schwachstellen im Finanzsystem sich auf das gesamte oder weite Teile des Finanzsystems auswirken, wie dies durch die Entstehung von Vermögenspreisblasen, eine übermäßige Risikoübernahme durch Banken oder eine übermäßige Verschuldung von Unternehmen und privaten Haushalten geschehen kann.[103] Instrumente im Rahmen der makroprudenziellen Aufsicht sind etwa die Verpflichtung von Finanzinstituten zur Bildung von **Kapitalpuffern** oder die Beschränkung der **Darlehenshöhe** bei bestimmten Krediten.

87 Der verstärkte Einsatz von IoT-Anwendungen – insbesondere im Industriesektor – könnte nun die makroprudenzielle Aufsicht verbessern, indem sich die Aufsichtsbehörden die Daten der vernetzten (Industrie-)Anlagen zunutze machen. Diese Informationen könnten die Aufsichtsbehörden von Banken als Kreditgeber der Industrieunternehmen erlangen, wenn Banken entsprechende Informationspflichten auferlegt würden. Um diesen Informationspflichten zu genügen, müssten Banken ihre Firmen- und Industriekunden vertraglich zur Übermittlung derartiger Informationen verpflichten.[104] Ergeben sich daraufhin bestimmte Risiken für die Finanzstabilität, könnten die Aufsichtsbehörden den Banken auferlegen, bestimmte Kreditengagements zu reduzieren oder zu beenden. Dies wiederum wird möglich, wenn Banken mit ihren Kunden vorsorglich ein entsprechend weit gefasstes **Sonderkündigungsrecht** in Form einer sog. **Illegality Clause**[105] vereinbaren.[106] Noch einen Schritt weiter gedacht, könnte sich der Gesetzgeber durch die zunehmende Verbreitung von IoT-Anwendungen im Wirtschaftsleben dazu veranlasst sehen, aufsichtsrechtliche Anforderungen an Zustandsmitteilungen von IoT-Geräten anzupassen.[107]

IV. Internationale Bezüge

1. Harmonisierung des Kreditsicherungsrechts und Außenhandelsfinanzierung

88 Ein seit Langem erkanntes,[108] bislang aber vom EU-Gesetzgeber nicht aufgegriffenes Desiderat ist die **Harmonisierung** des Rechts der Mobiliarsicherheiten in der EU. Die Vielzahl verschiedener nationaler Sicherungsrechte mit jeweils unterschiedlich ausgestalteten

---

101 So auch *Keding* WM 2018, 64 (71).
102 www.ecb.europa.eu/explainers/tell-me-more/html/macroprudentialpolicies.de.html (11.3.2021).
103 www.ecb.europa.eu/explainers/tell-me-more/html/macroprudentialpolicies.de.html (11.3.2021).
104 S. insgesamt *Hüther/Danzmann* BB 2017, 834 (837).
105 Zur Illegality Clause *Welter* in Schimansky/Bunte/Lwowski BankR-HdB § 118 Rn. 89–93.
106 Gedanke bei *Hüther/Danzmann* BB 2017, 2693 (2695).
107 *Hüther/Danzmann* BB 2017, 2693 (2695).
108 Vgl. *Kieninger* WM 2005, 2305 und ZEuP 2016, 201 (jeweils mwN); *Fornasier* ZEuP 2009, 424.

Gläubigerrechten führt nach Darstellung der Befürworter einer Harmonisierung wegen der Gefahr eines vollständigen Verlustes von Sicherheiten bei einem Grenzübertritt zu einem Hemmnis für den Binnenmarkt.[109] Kritiker einer Harmonisierung bezweifeln, ob ein praktisches Bedürfnis nach einheitlichen europäischen Sicherungsrechten besteht, weil im grenzüberschreitenden Wirtschaftsverkehr Dokumentenakkreditive die Sicherungsfunktion übernähmen, während die Bestellung von Sicherheiten an körperlichen Gegenständen keine wichtige Rolle spiele.[110]

Eine Lösung durch den EU-Gesetzgeber ist derzeit nicht absehbar. In Zeiten weltweiter 89
Lieferketten steigt aber der Bedarf an sicheren Finanzierungslösungen und ihrer schnellen, idealerweise automatisierten Abwicklung entlang der Lieferkette zunehmend an. Auch hier können die Möglichkeiten des IoT zu einer effizienteren Zusammenarbeit der verschiedenen Beteiligten beitragen. Das gilt auch deshalb, weil im Unterschied zu dem oben[111] dargestellten Beispiel an der **Außenhandelsfinanzierung** mehr als zwei Parteien beteiligt sind. Kombiniert man die Möglichkeiten des IoT mit innovativen Zahlungsverkehrs- und Finanzierungslösungen auf Basis zB der Distributed-Ledger-Technologie und sog. Smart Contracts, kann das für eine erhebliche Effizienzsteigerung sorgen.[112] Bezogen auf den Anwendungsfall Außenhandelsfinanzierung bedeutet dies konkret, dass die Interaktion zwischen Importeur, Exporteur und den jeweils eingeschalteten Banken, die an der Absicherung über Akkreditive mitwirken, digitalisiert und damit beschleunigt werden kann.[113] Mit digitalen Frachtpapieren und der Möglichkeit, mithilfe des IoT den Standort der Ware zu verfolgen, können zB bei Versand bzw. Erreichen des Zielhafens über Smart Contracts automatisch die für die Abwicklung der Akkreditive erforderlichen Erklärungen ausgetauscht werden. Auch angesichts der Vielzahl beteiligter Zollbehörden bleibt abzuwarten, ob und wann eine solche technische Lösung umgesetzt werden kann.

2. EU-Pass für erlaubnispflichtige IoT-Anwendungen

Sofern eine IoT-Anwendung, die ein im europäischen Ausland ansässiges Unternehmen in 90
Deutschland realisieren möchte, in Deutschland nach dem KWG oder dem ZAG erlaubnispflichtig sein sollte (→ Rn. 66–84), das Unternehmen aber – etwa um die Etablierung einer eigenen operativ tätigen Gesellschaft in Deutschland zu vermeiden – keine Erlaubnis der BaFin beantragen möchte, kann es ggf. das System des sog. **Europäischen Passes** nutzen.

Das System des Europäischen Passes[114] ist ein wesentliches Charakteristikum des europä- 91
ischen Finanzaufsichtsrechts, das zunächst im Rahmen der Bankenaufsicht entwickelt wurde und mittlerweile auch auf Zahlungsdienstleister und eGeld-Institute Anwendung findet. Der Europäische Pass ist Ausdruck der **Dienstleistungs- und Niederlassungsfreiheit** in Europa und besagt, dass die einmal erteilte Zulassung eines Kreditinstituts oder Finanzdienstleistungsinstituts (§ 53b KWG) bzw. eines Zahlungsdienstleisters oder eGeld-Instituts (§ 26 ZAG) in allen Vertragsstaaten des EWR gültig ist („Prinzip der gegenseitigen Anerkennung"). Damit gestattet es der Europäische Pass den betreffenden Instituten, ohne Einholung einer weiteren Erlaubnis außerhalb des eigenen Sitzlandes ihre Dienstleistungen zu erbringen (Dienstleistungsfreiheit) bzw. Zweigniederlassungen zu errichten (Niederlassungsfreiheit). Dies gilt auch für Unternehmen, die erlaubnispflichtige IoT-Anwendungen auf den Markt bringen.

---

[109] Vgl. die Nachweise bei *Kieninger* ZEuP 2016, 201 (202).

[110] Vgl. die Darstellung der Diskussion auf der Tagung zum Europäischen Kreditsicherungsrecht vom 12.12. 2008 bei *Fornasier* ZEuP 2009, 424 (426).

[111] → Rn. 53.

[112] Vgl. den Beitrag „Sicher handeln mit Waren, made in Germany"" auf dem Blog der Commerzbank AG, www.blog.commerzbank.de/einblicke/19q3/trade-finance.html (29.6.2020).

[113] Vgl. Santander InnoVentures/Oliver Wyman/Anthemis Group, „FinTech 2.0 – Neue Chancen für Finanzdienstleister", 15.6.2015, www.oliverwyman.de/content/dam/oliver-wyman/europe/germany/de/insights/publications/2015/aug/Fintech2-0_Neue%20Chancen%20f%C3%BCr%20Finanzdienstleister.pdf (11.3.2021).

[114] Das Folgende nach *Hingst/Lösing,* Zahlungsdiensteaufsichtsrecht, 2015, § 23 Rn. 6.

§ 18 Energie

Übersicht

Literatur:

Baumgart, Smart Meters – intelligent-effizientes Energiemanagement oder unzulässiger Eingriff in die Privatsphäre? Eine Beurteilung der Vereinbarkeit der Einführung von intelligenten Stromzählern mit der EU-Grundrechtecharta, RdE 2016, 454; *Benz,* Energieeffizienz durch intelligente Stromzähler – Rechtliche Rahmenbedingungen, ZUR 2008, 457; *BMWi* (Hrsg.), Smart Energy made in Germany – Erkenntnisse zu Aufbau und zur Nutzung intelligenter Energiesysteme im Rahmen der Energiewende, Berlin 2014; *Booz,* Die Digitalisierung der Energiewirtschaft unter besonderer Berücksichtigung des Verhältnisses zwischen Netz- und Marktebene, N&R 2017, 130; *Bretthauer,* Smart Meter im Spannungsfeld zwischen Europäischer Datenschutzgrundverordnung und Messstellenbetriebsgesetz, EnWZ 2017, 56; *Franck,* Smart Grids und Datenschutz, Münster 2015; *Franke/Gorenstein,* Auf dem Weg zu einer digitalen Energiewirtschaft, S. 5 ff., in Gundel/Lange (Hrsg.), Herausforderungen und Probleme der Digitalisierung der Energiewirtschaft – Tagungsband der Achten Bayreuther Energierechtstage 2017; *Güneysu/Vetter/Wieser,* Intelligenter Rechtsrahmen für intelligente Netze/Smart Grids, DVBl. 2011, 870; *Hofmann/Hödl,* Energiewende und intelligente Netze – die Konzeption des Europäischen Energierechts, InTeR 2014, 13; *Kahlbrandt,* Virtuelle Kraftwerke im Energiewirtschaftsrecht – Teil 2, ZNER 2017, 345; *Keppeler,* Personenbezug und Transparenz im Smart Meter-Datenschutz zwischen europäischem und nationalem Recht, EnWZ 2016, 99; *Körber* FS Schwintowski, Baden-Baden 2017, S. 642; *Lüdemann/Ortmann/Pokrant,* Datenschutz beim Smart Metering – Das geplante Messstellenbetriebsgesetz (MsbG) auf dem Prüfstand, RDV 2016, 125; *Marschollek/Wirwas* in Sassenberg/Faber (Hrsg.), Rechtshandbuch Industrie 4.0 und Internet of Things, Teil 4 E. „Smart Factory", München 2017; *Raben,* Neues von der Digitalisierung der Energiewende?, N&R 2018, 194; *Rendez/Schmidt,* Die smarte Energiewelt – Wer ist der richtige Betreiber der Stromverteilungsnetze?, IR 2013, 253; *Roßnagel/Jandt,* Datenschutzkonformes Energieinformationsgesetz, DuD 2010, 373; *Rudkowski,* Versicherungsrechtliche Probleme des vernetzten Zuhauses („Smart Home"), VersR 2017; *Schäfer-Stradowsky/Boldt,* Energierechtliche Anmerkungen zum Smart-Meter-Rollout, EnWZ 2015, 349; *Scholtka/Martin,* Blockchain – Ein neues Modell für den Strommarkt der Zukunft?, RdE 2017, 113; *Schwintowski,* Messstellenbetrieb und Datenkommunikation in intelligenten Energienetzen – Grundfragen, EWeRK 2018, 81; *Sörries,* Wirtschaftlichkeitsanalyse einer Kommunikationstechnologie für „Smart Grids", N&R 2013, 122; *Wengeler,* Intelligente Messsysteme und Zähler vor dem Pflicht-Roll-Out, EnWZ 2014, 500; *Wilkes,* Smart Metering und die Öffnung des Messwesens, WuM 2010, 615; *Windoffer/Groß,* Rechtliche Herausforderungen des „Smart Grid", VerwA 2012, 491.

I. Überblick

1 Die Struktur der leitungsgebundenen Energiewirtschaft (Strom und Gas) hat sich in den letzten zwanzig Jahren massiv verändert. Treiber dieser Veränderungen waren bzw. sind **drei Megatrends:**[1]

- erstens erzwungene Strukturänderungen durch die **Liberalisierung und Regulierung** der Energiewirtschaft (dieser Prozess begann Ende der 1990er-Jahre und kann faktisch als abgeschlossen betrachtet werden)
- zweitens die Entscheidung zur langfristigen **Dekarbonisierung** der Energiewirtschaft (dieser Prozess begann mit der Förderung von Strom aus erneuerbaren Energiequellen seit dem Jahr 1998, verstärkte sich seit dem Jahr 2011 im Kontext der sog. Energiewende und soll sein Ziel im Strombereich bis zum Jahr 2050 zu 80 Prozent erreichen, insgesamt aber wohl mindestens bis zum Jahr 2080 dauern)

[1] Vgl. auch *Körber* FS Schwintowski, 2017, 642.

– drittens die sämtliche Bereiche erfassende **Digitalisierung** (dieser Prozess begann mit der Verbreitung des Internets seit den frühen 1990er-Jahren und verstärkt sich zunehmend durch technologische Sprünge bei der Übertragung, Speicherung und Verarbeitung von Informationen)

Die Megatrends Dekarbonisierung und Digitalisierung werden die Energiewirtschaft noch viele Jahrzehnte beschäftigen. Voraussichtlich wird die Digitalisierung dabei einen wichtigen Beitrag zur Erreichung des Fernziels einer dekarbonisierten Energiewirtschaft leisten, etwa durch IoT-Anwendungen. 2

Wie IoT-Anwendungen zur Fortentwicklung der Energiewirtschaft beitragen können und welche Hemmnisse sich dabei aus dem geltenden sektorspezifischen Regelungen etwa zum **Verbraucherschutz, Datenschutz** und der **Marktregulierung** ergeben, soll nachfolgend anhand verschiedener Use Cases zu den Leitthemen „**Smart Home**" und „**Smart Metering**" illustriert werden. Dem vorangestellt sind Hintergrundinformationen zu den Wertschöpfungsstufen, den Akteuren und dem Rechtsrahmen der Energiewirtschaft. Insgesamt fokussiert sich der Beitrag auf die Stromwirtschaft, da diese in besonderem Maße und als erster Teilsektor von der Digitalisierung der Energiewirtschaft geprägt wird. 3

II. Branchenbeschreibung: Energiewirtschaft

Klassischerweise unterscheidet man die **energiewirtschaftliche Wertschöpfungskette** entlang folgender Stufen und involvierter Akteure: 4

Wertschöpfungsstufe	Akteure
Erzeugung/Produktion	Betreiber von Stromerzeugungseinheiten, Betreiber von Gasförderanlagen, Importeure von Strom und Gas
Handel	Energiehändler, Energiebörsen, Erzeuger, Importeure
Transport (überregionaler Netzbetrieb und Systemverantwortung)	Transportnetzbetreiber (Übertragungs- und Fernleitungsnetzbetreiber)
Verteilung (regionaler und lokaler Netzbetrieb)	Verteilernetzbetreiber
Messwesen	Messstellenbetreiber
Vertrieb	Lieferanten, Contractoren
Endverbrauch und Energiedienstleistungen	Letztverbraucher, Energiedienstleister

Bis heute sind die Strom- und die Gaswirtschaft von einer **Top-Down-Struktur** geprägt, dh es werden auf hohen Netzebenen Strom und Gas eingespeist und die Energie dann über nachgelagerte Netze in der Breite bis zu den Letztverbrauchern verteilt.[2] Im Stromsektor ist seit einigen Jahren in einer Vielzahl von Netzgebieten ein gegenläufiger Trend erkennbar: Es speisen zunehmend dezentral verteilte Stromerzeugungsanlagen (PV-Anlagen, Windparks, BHKWs) Strom in nachgelagerte Netze ein, sodass es mitunter zu einer Umkehrung der Flussrichtung in vorgelagerte Netze kommt. Weitere dezentrale Einspeiser sind jede Art von Speicher (etwa PV-Batteriespeicher, Batterien von Elektromobilen) im Betriebsmodus Ausspeicherung. Diese schleichende faktische **Abkehr vom Top-Down-Ansatz** führt auch zu einer Veränderung der Wertschöpfungsstufen, wenn etwa Haushalte Strom aus dem Netz verbrauchen (Letztverbraucher) und zu anderen Zei- 5

[2] *Rendez/Schmidt,* IR 2013, 253f.

ten überschüssigen selbst erzeugten Strom ins Netz einspeisen (Erzeuger). Diese Doppelrolle wird in der Energiewirtschaft mit dem Schlagwort „**Prosumer**" (Producer/Consumer) beschrieben. Mit hoher Wahrscheinlichkeit werden Endkunden künftig – vermittelt über digitale Technologien, wie etwa das IoT oder Blockchains – auch auf der Ebene des Energiehandels sowie des Regelenergiemarktes, die bislang überwiegend durch Transportnetzbetreiber koordiniert und gewährleistet werden, als Akteure in Erscheinung treten. Sie könnten einen maßgeblichen Beitrag als „**Flexibilitätsdienstleister**" leisten und zwar sowohl als Verbraucher als auch als Erzeuger von Strom. Angesichts der Komplexität der Prozesse für eine Teilnahme am Energiegroßhandel oder am Regelenergiemarkt wäre ein solches Flexibilitätsangebot derzeit nicht wirtschaftlich, weil relativ gesehen mit zu hohen Transaktionskosten belastet. Hier können digitale Technologien zum Enabler werden, weil sie Transaktionskosten massiv senken und so neue **Flexibilitätspotenziale** für die Energiewirtschaft zu erschließen helfen können. Zudem wird der Zuwachs an Marktakteuren, insbesondere durch Prosumer, mittel- und langfristig nur gemanagt werden können, wenn deren Aktivität in digitalisierter Form dokumentiert wird und notwendigenfalls ferngesteuert werden kann.[3]

6 Bei der Betrachtung energiewirtschaftlicher Use Cases sind stets folgende vier Ebenen zu unterscheiden:

- Die **physikalische Dimension:** Diese wird durch das elektro- bzw. gastechnisch sowie digitaltechnisch Mögliche bestimmt. Für Einspeisungen in Energieversorgungsnetze sowie Entnahmen aus Energieversorgungsnetze gilt, dass die Nämlichkeit des eingespeisten Stroms oder Gases mit der entnommenen Energie nicht gewährleistet ist. Elektrizität und Gas verteilen sich im Rahmen der physikalischen Grenzen weitgehend von selbst.
- Die **bilanzielle Dimension:** Strom- und Gasmengen im Netz müssen bestimmten Akteuren zugerechnet werden (sog. Bilanzierung). Dies dient zum einen der Steuerung des Systems, also der Systemsicherheit, und zum anderen für Abrechnungsprozesse.
- Die **rechtliche Dimension:** Die Regulierung der Energiewirtschaft schützt zum einen den Wettbewerb und beschränkt ihn zugleich durch die Festlegung der geltenden „Spielregeln" für die verschiedenen Akteure.
- Die **wirtschaftliche Dimension:** Auch in der Energiewirtschaft müssen sich Geschäftsmodelle betriebswirtschaftlich rechnen, wobei insbesondere vom Markt (etwa Plattformgebühren) und Staat (etwa sektorspezifische Abgaben) induzierte Transaktionskosten zu berücksichtigen sind.

III. Ausgewählte Use Cases im Energiebereich

1. Smart Home

7 Anders als die Begriffe **„Smart Metering"** und **„Smart Grid"**, die einen spezifischen energiewirtschaftlichen Gehalt haben, fehlt dem Begriff **„Smart Home"** dieser Fokus.[4] Stattdessen steht der Begriff in erster Linie für zusätzlichen Komfort für den Nutzer, den Smart-Home-Kunden, vergleichbar mit der Elektrifizierung der Haushaltgeräte Mitte des letzten Jahrhunderts, die für einen modernen Haushalt stand. Betrachtet man das Smart Home mit der energiewirtschaftlichen Brille, rückt nicht der einzelne Stromverbrauch einzelner Smart-Home-Anwendungen, sondern die Energiebilanz des jeweiligen Objekts in den Vordergrund. Das Smart Home iwS eines **„Intelligenten Gebäudes"** kann nicht nur Strom verbrauchen, sondern auch erzeugen ggf. sogar speichern. Während dies einzeln bereits mit heutigen Techniken möglich ist, ermöglicht eine intelligente Steuerung dieser

---

[3] Vgl. *Güneysu/Vetter/Wieser,* DVBl 2011, 870.

[4] Vgl. etwa *Franck* Smart Grids S. 31 f. zu Anwendungsbeispielen; ähnlich bei „Smart Factory", vgl. dazu etwa *Marschollek/Wirwas* in Sassenberg/Faber Industrie 4.0 und Internet-HdB Teil 4 E. „Smart Factory".

Funktionen, die einerseits – und vermutlich vorrangig – die Komfortanforderungen des Smart-Home-Kunden und andererseits netz- und marktbezogene Signale in ein optimales Gleichgewicht bringt, dass das Smart Home **Flexibilitätsoptionen für die Energiewirtschaft** liefert. Über die **Kommerzialisierung dieser Flexibilitäten** erwirtschaftet das Smart Home für den Smart-Home-Kunden – bei praktisch gleichbleibendem Nutzungskomfort – einen wirtschaftlichen Mehrwert. Nachfolgend soll je ein Use Case eine netzbezogene und eine marktbezogene Kommerzialisierung darstellen.

a) Use Case „Prosumer als Flexibilitätsanbieter für den Markt"

aa) Beschreibung des Use Case. Gegenstand des Use Case „Prosumer als Flexibilitätsanbieter für den Markt" ist die **marktbezogene Kommerzialisierung** von Stromerzeugungskapazität eines Prosumers. Ausgangspunkt dieses Use Case ist die Betrachtung potenzieller **Optionen der Optimierung von Verkaufs- und Verbrauchspreisen für Strom** im Smart Home: 8

- **Strombezug aus dem Netz:** Der Strombezug aus dem Netz lässt sich preislich optimieren, wenn der Verbrauch von Strom aus dem Netz in Hochpreisphasen reduziert werden kann (zB durch Einspeicherung von Strom in Niedrigpreisphasen).
- **Einspeisung in das Netz:** Die Einspeisung von Strom in das Netz lässt sich preislich optimieren, wenn die Einspeisung in Hochpreisphasen erhöht wird (zB durch Einspeicherung von Strom in Niedrigpreisphasen).

Eine Reaktion des Smart Home auf die Marktpreislage setzt Flexibilisierungsoptionen im Smart Home voraus. Als **Flexibilisierungsoptionen** kommen dabei bspw. eine dargebotsabhängige dezentrale **Erzeugungsanlage** (zB PV-Anlage) in Kombination mit einem **Batteriespeicher,** eine steuerbare dezentrale Erzeugungsanlage (zB BHKW) in Kombination mit einem **Wärmespeicher** oder eine **Steuerung von Stromverbrauchern,** deren Bezug unterbrechbar ist (etwa Wärmepumpen, Nachtspeicherheizungen oder Kühltruhen), in Betracht. Die Nutzung der genannten Flexibilisierungsoptionen setzt voraus, dass die dezentralen Erzeugungsanlagen oder die Stromverbraucher mit zeitlich verschiebbarer Stromentnahme steuerbar sind und die Kosten des Einsatzes bzw. der Unterbrechung des Bezugs dieser Anlagen sowie der jeweilige Marktpreis vollautomatisch abgeglichen werden können, damit eine Reaktion des Smart Home nur erfolgt, wenn dies für den Smart-Home-Kunden wirtschaftlich lohnend ist: 9

- Bei einem hohen Marktpreis dürfte im Regelfall nur eine möglichst weitgehende **Senkung des Strombezugs** aus dem Netz durch eine Erhöhung der Eigenverbrauchsquote wirtschaftlich sein. Eine zusätzliche Ausnutzung der Hochpreisphase für zusätzliche Einspeisungen würde erhebliche Erzeugungsüberkapazitäten und damit verbundenen Mehraufwand bei den Investitionen voraussetzen.
- Bei niedrigem Marktpreis – unterhalb der Eigenerzeugungskosten – ist im Regelfall eine **Abregelung steuerbarer Stromerzeugungsanlagen** wirtschaftlich. Eine **Speicherung dargebotsabhängiger Stromproduktion** kommt nur bei extrem niedrigen Preisen in Betracht und dürfte daher nur gelegentlich für sich genommen wirtschaftlich sein. Ist jedoch ein Stromspeicher ohnehin vorhanden, etwa zur Steigerung der Eigenstromquote bei hohen Marktpreisen, ist eine Einspeicherung von Strom bei niedrigen Marktpreisen eine sinnvolle Ergänzung des Business Case.

Exemplarisch soll dies hier am Beispiel einer Zwischenspeicherung von eigenem PV-Strom zur Ausspeicherung in Hochpreisphasen betrachtet werden. 10

bb) Sektorspezifischer Rechtsrahmen. Für die Abwicklung der Inanspruchnahme von Flexibilitäten im **Use Case „Zwischenspeicherung von eigenem PV-Strom"** müssen verschiedene Marktteilnehmer in **verschiedenen Marktrollen** miteinander agieren, wobei jeweils unterschiedliche regulatorische Maßgaben zu beachten sind: 11

- Der Smart-Home-Kunde ist in zweifacher Hinsicht in der **Marktrolle „Letztverbraucher“** aktiv. Einmal bezogen auf den Bezug von Fremdstrom und einmal bezogen auf den Verbrauch von aus dem Batteriespeicher ausgespeichertem selbst erzeugten Strom. Es gelten insofern die für Letztverbraucher anwendbaren Vorschriften.
- Der Smart-Home-Kunde ist zudem in der **Marktrolle „Erzeuger“** aktiv: Die Ausspeicherung von Strom stellt regulatorisch grundsätzlich eine Erzeugung dar, so dass die diesbezüglichen Vorschriften greifen.
- Der Stromlieferant des Smart-Home-Kunden ist in der **Marktrolle „Lieferant“** aktiv. Der Umfang seiner Lieferung an den Smart-Home-Kunden reduziert sich im Umfang der Ausspeicherung von Strom aus dem Batteriespeicher.
- Der Bilanzkreisverantwortliche, dessen Bilanzkreis die Entnahmestelle des Smart-Home-Kunden zugeordnet ist, ist in der **Marktrolle „Bilanzkreisverantwortlicher“** aktiv. Die Entnahme aus dem Bilanzkreis reduziert sich im Umfang der Ausspeicherung von Strom aus dem Batteriespeicher.
- Der Übertragungsnetzbetreiber, in dessen Regelzone, die Entnahmestelle des Smart-Home-Kunden belegen ist, ist in der **Marktrolle „Bilanzkreiskoordinator“** aktiv. Er ist für den Ausgleich des Bilanzkreises, dem der Smart-Home-Kunde zugeordnet ist, im Viertelstundentakt verantwortlich.
- Der Messstellenbetreiber, der die Messstelle für die Entnahmestelle des Smart-Home-Kunden betreibt, ist in der **Marktrolle „Messstellenbetreiber“** aktiv. Er muss die ermittelten Messwerte an die anderen beteiligten Akteure übermitteln.

12 Für diese Aktivitäten der genannten Marktrollen gelten ua folgende **regulatorischen Anforderungen:**

- **Letztverbraucher und Lieferant:** Im Verhältnis zwischen Smart-Home-Kunden und Lieferanten ändert die jährliche Abnahmemenge sich nicht relevant, es erfolgt jedoch eine zeitliche Verlagerung des Kundenverbrauchs. In Hochpreisphasen sinkt der Verbrauch, der dann aus dem Batteriespeicher gedeckt wird, während der Verbrauch in Niedrigpreisphasen steigt, in denen der Eigenverbrauch eingespeichert und der aktuelle Verbrauch aus dem Netz bezogen wird. Damit das Smart Home des Prosumers die Preissignale des Marktes für die Erzeugungs- und Verbrauchssteuerung nutzen kann, ist ohnehin ein Liefervertrag erforderlich, der eine **Beschaffung zum jeweiligen Marktpreis** (zuzüglich eines Abwicklungsentgelts für den Lieferanten) erlaubt. Das Angebot solcher **variablen Tarife** durch einen Lieferanten ist nicht nur zulässig, sondern gem. § 40 Abs. 5 EnWG sogar verpflichtend, wenn dies technisch machbar und wirtschaftlich zumutbar ist.
- Soweit der **Prosumer als Letztverbraucher** von Eigenstrom agiert, unterliegt er potenziell verschiedenen Melde- und Zahlungspflichten, insbesondere bezogen auf die EEG-Umlage gem. §§ 61 ff. des Erneuerbare-Energien-Gesetzes (EEG 2021) sowie die Stromsteuer nach Maßgabe des Stromsteuergesetzes.
  - Die Pflicht zur **Zahlung der EEG-Umlage** gilt im Grundsatz gem. § 61a Nr. 4 EEG 2021 für bis zu 10 MWh selbst verbrauchten Eigenstroms pro Kalenderjahr nicht, wenn der Eigenstrom in einer PV-Anlage mit einer Leistung von maximal 10 kW erzeugt wird. Die Pflicht zur **Registrierung der Erzeugungsanlage** beim zuständigen Netzbetreiber im Rahmen einer Meldung von Basisangaben gem. § 74a Abs. 1 S. 1 EEG 2021 besteht für PV-Anlagen mit einer Leistung ab 7 kW dennoch. Jedoch gelten beide Regelungen vorliegend nicht direkt, da der Prosumer nicht (unmittelbar) Strom, der in seiner PV-Anlage produziert worden ist, verbraucht, sondern Strom aus dem Batteriespeicher. Diese Lücke füllt § 61l EEG 2021, der bestimmt, dass Speicherverluste nicht mit der EEG-Umlage belastet sind und der Strom aus dem Batteriespeicher bei Verbrauch in dem Maße mit der EEG-Umlage belastet ist, in dem die EEG-Umlage bei der Einspeicherung des Stromes entstanden ist.
  - Die Pflicht zur **Zahlung der Stromsteuer** entsteht im Grundsatz gem. § 5 Abs. 1 S. 2 StromStG auch beim Stromverbrauch von Eigenerzeugern. Für den vorliegenden

Use Case könnte jedoch eine Stromsteuerbefreiung gem. § 9 Abs. 1 Nr. 3 lit. a StromStG greifen, da der Strom aus einer Anlage iSd EEG 2017 stammt, die eine Nennleistung von weniger als 2 MW aufweist. Voraussetzung hierfür wäre jedoch, dass die zeitlich vorgelagerte Einspeicherung von Strom in den Batteriespeicher nicht bereits als Entnahme zählt, sondern insofern die Fiktion des § 5 Abs. 4 StromStG auf Antrag genutzt werden kann. Ob dies auch für Batteriespeicher zur Optimierung des Eigenverbrauchs gilt, ist bislang nicht geklärt und angesichts des Wortlauts der Vorschrift nicht eindeutig.

– Der **Bilanzkreisverantwortliche** hätte ggf. Mehrkosten, abhängig davon, wie der Prosumer bilanziert wird. Nach derzeitigen Rechtsrahmen wird der Verbrauch von Netzstrom durch den Prosumer im Grundsatz nach einem sog. **Standard-Lastprofil** bilanziert, das vom Netzbetreiber vorgegeben wird (§ 12 Abs. 1 der Stromnetzzugangsverordnung – StromNZV). Dh bei der Bilanzierung würde die Subsituierung von Netzstrom durch zwischengespeicherten Eigenstrom nicht berücksichtigt, weil das Standard-Lastprofil dies nicht vorsieht. Aus demselben Grund würde ebenso wenig der umgekehrte Fall einer Einspeicherung von Eigenstrom und ein daraus resultierender Mehrbezug aus dem Netz bilanziell berücksichtigt. Um einen lastvariablen Tarif zu ermöglichen, müsste der Prosumer über ein intelligentes Messsystem verfügen. In diesem Fall würde eine Bilanzierung gem. § 12 Abs. 4 StromNZV über eine **Zählerstandsgangmessung** erfolgen. Dem Bilanzkreisverantwortlichen wäre dann bekannt, wann eine Substitution von Netzstrom durch zwischengespeicherten Eigenstrom erfolgte. Er könnte hierauf potenziell reagieren, um Ausgleichsenergiekosten im Verhältnis zum Übertragungsnetzbetreiber zu vermeiden.

Dem Grunde nach ließen sich diese regulatorischen Anforderungen bereits heute erfüllen. Jedoch steht der hohe Transaktionsaufwand solchen Geschäftsmodelle derzeit regelmäßig im Wege. Sinnvoll wäre daher eine **Anpassung des Regulierungsrahmens** dahingehend, den messtechnischen und administrativen **Transaktionsaufwand** für den Prosumer wesentlich zu reduzieren. Dies könnte beispielweise durch eine pauschale Ausnahme von der EEG-Umlage und der Stromsteuer, etwa durch Zahlung einer überschaubaren „Steuerflatrate", erreicht werden. 13

cc) Bereichsspezifischer Datenschutz. Sofern die für den vorliegenden Use Case erforderliche Kommunikation, etwa für den Abgleich von Marktpreisen oder Steuerungssignalen für den Einsatz des Batteriespeichers über ein **Smart-Meter-Gateway** (SMG), erfolgt, das den Bestimmungen des **Messstellenbetriebsgesetzes** (MsbG) unterliegt, greifen neben den Bestimmungen der DS-GVO und des BDSG (→ § 6 Rn. 112ff.) die speziellen Datenschutzvorschriften der §§ 49 MsbG ein.[5] Sie regeln die Erhebung, Verarbeitung und Nutzung von Daten aus Messeinrichtungen bzw. -systemen. 14

Zum Umgang mit solchen Daten berechtigt sind zentrale Akteure der Energiewirtschaft, allen voran der **Messstellenbetreiber** (§ 49 Abs. 2 Nr. 1 MsbG), der gem. § 3 Abs. 2 MsbG für die Einbau, Betrieb und Wartung der Messstellen verantwortlich ist. **Weitere berechtigte Stellen** sind ua anderem der (Anschluss-)Netzbetreiber, der Übertragungsnetzbetreiber, in dessen Regelzone die Messstelle liegt, in seiner Rolle als Bilanzkoordinator, der Bilanzkreisverantwortliche, dessen Bilanzkreis die Entnahmestelle zugeordnet ist, und der Energielieferant, der die Entnahmestelle beliefert. Berechtigt kann aber auch jeder Dritte sein, der über eine **Einwilligung des Anschlussnutzers** verfügt, die datenschutzrechtlichen Anforderungen genügt (§ 49 Abs. 2 Nr. 7 MsbG). Dh ein Anbieter von Steuerungslösungen, der den Einsatz der Erzeugungsanlagen und des Batteriespeichers des Prosumers anhand des Marktpreises optimiert, könnte sich vom Prosumer zum Zwecke der Vertragserfüllung das Recht zur Auslesung der verfügbaren Flexibilitäten von teilnehmenden Einheiten (Stromerzeugungs- oder Stromverbrauchsanlagen) einräumen lassen. 15

[5] Zur Vereinbarkeit dieser Regelungen mit der DS-GVO vgl. *Bretthauer* EnWZ 2017, 56.

Im Sinne von IoT-Anwendungen würde die dezentrale Erzeugungsanlage, der Batteriespeicher und eine Schnittstelle zur Ermittlung des Marktpreises (ggf. das Smart-Meter-Gateway) direkt interagieren.

b) Use Case „Flexibilitätsanbieter fürs Netz"

16 **aa) Beschreibung des Use Case.** Gegenstand des Use Case „Flexibilitätsanbieter fürs Netz" ist die **netzbezogene Kommerzialisierung** von Stromerzeugungskapazität und/oder Stromverbrauchskapazität eines Smart-Home-Kunden. Ausgangspunkt dieses Use Case ist die Identifikation potenziell nutzbarer **Flexibilitäten** aus Sicht des Netzbetriebs:

- **Verbrauch durch elektrische Verbrauchsgeräte:** Geeignet sind etwa größere Haushaltsgeräte wie Herd, Kühlgeräte oder Wäschetrockner, elektrisch betriebene Heizungen, zB Nachtspeicherheizungen oder Fußbodenheizungen, Wärmepumpen, Ladestationen für Elektromobile, Hausbatteriespeicher (Einspeicherung), Wärmespeicher mit Power-to-Heat-Technologie, Klimaanlagen oder elektrische Rollläden.
- **Erzeugung in Stromerzeugungseinheiten:** Geeignet sind etwa PV-Anlagen, KWK-Anlagen, Hausbatteriespeicher (Ausspeicherung), Elektromobilbatterien (Ausspeicherung) oder ORC-Anlagen, die Strom aus Abwärme erzeugten.

17 Während ein Letztverbraucher typischerweise für den Verbrauch von Strom etwas zahlen muss und er für die Einspeisung von Strom etwas erhält, kann sich dies in einem energiewirtschaftlichen Flexibilitätenmarkt auch umkehren. Sehr abstrakt können folgende Situationen unterschieden werden:

- Überangebot von Leistung im Netz:
  - Die Entnahme von Strom aus dem Netz (Verbrauch/Speicherung von Netzstrom) wird preislich belohnt, da sie netzdienlich ist. Die Flexibilitätsoptionen liegen in der **Erhöhung des Verbrauchs** – auch wenn dies für den Wohnkomfort an sich nicht nötig ist – oder der Einspeicherung.
  - Die Einspeisung von Strom in das Netz wird preislich bestraft, da sie nicht netzdienlich ist. Die Flexibilitätsoption liegt in der **Verringerung der dezentralen Stromerzeugung.**
- Unterangebot von Leistung im Netz:
  - Die Entnahme von Strom aus dem Netz (Verbrauch von Netzstrom) wird preislich bestraft, da sie nicht netzdienlich ist. Die Flexibilitätsoption liegt in der **Verringerung des Verbrauchs** – zulasten des Wohnkomforts oder durch zeitliche Verschiebung bzw. Streckung von Verbräuchen (zB Nutzung von gespeichertem Strom).
  - Die Einspeisung von Strom in das Netz wird preislich belohnt, da sie netzdienlich ist. Die Flexibilitätsoption liegt in der **Erhöhung der dezentralen Stromerzeugung.**

18 Die Anpassung der Erzeugung bzw. Einspeisung erfolgt durch die **Abregelung von Stromerzeugungsanlagen** (negative Regelenergie) oder den **Abruf freier Kapazität** (positive Regelenergie). Bei der Anpassung des Verbrauchs unterscheidet man hingegen zwischen **zu- und abschaltbaren Lasten.** Eine Zuschaltung freier Last **(negative Regelenergie)** entspricht der Abregelung einer Stromerzeugungsanlage und eine Abschaltung einer gebundenen Last **(positive Regelenergie)** einer Erhöhung der Stromerzeugung. Ein Smart Home kann grundsätzlich negative und positive Regelenergie entweder durch Anpassung des Verbrauchs, Anpassung der Erzeugung oder einer Kombination der Anpassung von Verbrauch und Erzeugung bereitstellen. Es ist jedoch nicht realistisch, dass viele Smart-Home-Kunden eine Einschränkung der Wohnqualität oder des sonstigen primären Zwecks eines Gebäudes zugunsten einer im Kern nur wirtschaftlichen Optimierung des Smart Home akzeptieren werden. Bei lebensnaher Betrachtung dürfen sich die **realistischer Weise nutzbaren Flexibilitäten eines Smart Home** auf folgende reduzieren:

- **Angebot negativer Regelenergie durch zusätzlichen Verbrauch,** wobei die entsprechende Verbrauchskapazität in erster Linie nur auf unterbrechbarer Basis, also soweit die Kapazität nicht bereits für Wohnkomfort genutzt wird, angeboten werden kann.

Ggf. Angebot auf unterbrechbarer Basis des freien Kapazitätsbereichs, der auf Grundlage empirischer Verbrauchsdaten mit hohem Wahrscheinlichkeitsfaktor dauerhaft nicht für den Wohnkomfort genutzt werden wird (zB Wärmespeicher mit Power-to-Heat-Technologie).

- **Angebot positiver Regelenergie durch Verringerung des Verbrauchs,** wobei hierfür nur Kapazität zur Verfügung steht, die üblicherweise ausgelastet ist und entweder unterbrochen (zB Wärmepumpe) oder zeitlich gestreckt werden kann (zB temporäre Reduzierung der Kühlleistung von Gefriertruhen).
- **Angebot negativer Regelenergie durch Verringerung der Stromerzeugung** (Abregelung) bei gleichbleibendem Verbrauch, wobei hierfür sowohl steuerbare als auch nicht steuerbare Kapazität zur Verfügung steht (zB BHKW oder PV-Anlage).
- **Angebot positiver Regelenergie durch Erhöhung der Stromerzeugung** (Abruf) bei gleichbleibendem Verbrauch, wobei hierfür nur Kapazität zur Verfügung steht, die steuerbar einsetzbar ist (zB Stromerzeugung aus einem BHKW mit Wärmespeicher, nicht hingehen aus einer PV-Anlage).

Am einfachsten ist dabei das Angebot negativer Regelenergie durch Verringerung der 19 Stromerzeugung **(Abregelung).** Die Abregelung ist bei Installation entsprechender Steuerungseinrichtungen einfach durch ein entsprechendes Signal möglich, und die Deckung des Stromverbrauchs zum **Erhalt des Wohnkomforts** wird nahtlos aus dem Netz gedeckt (mit entsprechender Entlastung des Netzes durch Abnahme eines Teils des Überangebots). Das Angebot positiver Regelenergie durch Erhöhung der Stromerzeugung **(Abruf von Kapazität)** erfordert entweder die **Installation von Überkapazitäten** (was mit erhöhten Investitionskosten einhergeht) oder kann nur bei mangelnder Auslastung der Stromerzeugungseinheit (etwa wärmegeführtes BHKW im Sommer) sowie potenziell auf unterbrechbarer Basis angeboten werden.

Am komplexesten sind Angebote negativer und positiver Regelenergie durch **Anpas- 20 sung des Verbrauchs,** da insofern **Konflikte mit dem Wohnkomfort** zu vermeiden sind und eine kleinteilige Betrachtung einzelner Verbraucher erforderlich wird. Ausnahmen bilden hier am ehesten größere Verbraucher, die regelmäßig keine durchgehende Leistungsaufnahme zur Erfüllung ihres jeweiligen Zwecks erfordern (etwa Wärmepumpen, Nachtspeicherheizungen, Kühlgeräte, Ladestationen, Batterien, Wärmespeicher). Exemplarisch soll dies hier am Beispiel der Zuschaltung von Kühlgeräten betrachtet werden.

bb) Sektorspezifischer Rechtsrahmen. Für die Abwicklung der Inanspruchnahme von 21 Flexibilitäten im **Use Case „Zuschaltung von Kühlgeräten"** müssen verschiedene Marktteilnehmer in verschiedenen Marktrollen miteinander agieren, wobei jeweils unterschiedliche regulatorische Maßgaben zu beachten sind:

- Der Smart-Home-Kunde ist nur in der **Marktrolle „Letztverbraucher"** aktiv. Denn die Zuschaltung von Kühlgeräten in dem Sinne, dass diese temporär mehr Strom aufgrund des Abrufs entnehmen als ihren Referenzverbrauch, erhöht die ohnehin bestehende Entnahme aus dem Netz in der Rolle „Letztverbraucher". Es gelten insofern die für Letztverbraucher anwendbaren Vorschriften.
- Der Verteilernetzbetreiber, an dessen Netz der Smart-Home-Kunde angeschlossen ist, ist in der **Marktrolle „Verteilernetzbetreiber"** aktiv. Er ist für sein Netzgebiet für die Aktivierung zuschaltbarer Lasten zuständig, etwa auf Anforderung des Übertragungsnetzbetreibers.
- Der Stromlieferant des Smart-Home-Kunden ist in der **Marktrolle „Lieferant"** aktiv. Der Umfang seiner Lieferung an den Smart-Home-Kunden erhöht sich im Umfang der zugeschalteten Last.
- Der Bilanzkreisverantwortliche, dessen Bilanzkreis die Entnahmestelle des Smart-Home-Kunden zugeordnet ist, ist in der **Marktrolle „Bilanzkreisverantwortlicher"** aktiv. Abhängig von der Art der Bilanzierung des Smart-Home-Kunden führt die Mehrentnahme des Kunden zu einer Reduktion in seiner Energiebilanz.

- Der Übertragungsnetzbetreiber, in dessen Regelzone, die Entnahmestelle des Smart-Home-Kunden belegen ist, ist in der **Marktrolle „Bilanzkreiskoordinator"** aktiv. Er ist für den Ausgleich des Bilanzkreises, dem der Smart-Home-Kunde zugeordnet ist, im Viertelstundentakt verantwortlich.
- Der Messstellenbetreiber, der die Messstelle für die Entnahmestelle des Smart-Home-Kunden betreibt, ist in der **Marktrolle „Messstellenbetreiber"** aktiv. Er muss die ermittelten Messwerte an die anderen beteiligten Akteure übermitteln.

22 Für diese Aktivitäten der genannten Marktrollen gelten ua folgende **regulatorischen Anforderungen:**

- **Letztverbraucher und Lieferant:** Die Erhöhung der Abnahmemenge des Smart-Home-Kunden bewirkt im Lieferverhältnis mit dem Lieferanten zunächst **Mehrkosten** für den Smart-Home-Kunden. Der Lieferant wird die zusätzliche Strommenge einschließlich der darauf entfallenden Nebenkosten, insbesondere der EEG-Umlage, der Stromsteuer und der Netzentgelte, gegenüber dem Smart-Home-Kunden abrechnen. Da der Smart-Home-Kunde regelmäßig ein Niederspannungskunde ohne Leistungsmessung sein und daher typischerweise einen Grundpreis (in EUR pro Jahr) und einen Arbeitspreis (in EUR/kWh) zahlen wird, erhöht sich lediglich der zu zahlende Arbeitspreis. Wirtschaftlich gesehen ergibt die Zuschaltung der Kühlgeräte für den Smart-Home-Kunden somit nur Sinn, wenn er diese Mehrkosten an anderer Stelle kompensiert erhält und zudem ein gewisser **Gewinn** bei ihm verbleibt.
- Der **Stromlieferant,** der oftmals selbst **Bilanzkreisverantwortlicher** ist oder einen solchen für die bilanzielle Abwicklung der Strombelieferung des Smart-Home-Kunden einsetzt, hat ggf. durch die Zuschaltung der Kühlgeräte Mehrkosten. Denn nach derzeitigem Rechtsrahmen muss er für die Bilanzierung des Verbrauchs des Smart-Home-Kunden ein sog. **Standard-Lastprofil** verwenden, das vom Netzbetreiber vorgegeben wird (§ 12 Abs. 1 StromNZV). Dh bei der Bilanzierung würde die (bekannte) Zuschaltung der Kühlgeräte nicht berücksichtigt. Jedoch muss der Stromlieferant nach Ablesung des (erhöhten) Verbrauchs des Smart-Home-Kunden die Abweichung gegenüber dem Verbrauch nach Standard-Lastprofil im Rahmen der sog. **Mehr- und Mindermengenabrechnung** mit dem Netzbetreiber wirtschaftlich nach Durchschnittsmarktpreis ausgleichen (§ 13 Abs. 3 StromNZV). Entspricht dieser – wie üblich – nicht dem mit dem Smart-Home-Kunden vereinbarten Preis, ergeben sich wirtschaftliche Risiken für den Lieferanten, die – je nach vertraglicher Vereinbarung – entweder auf den Kunden abgewälzt oder durch Anwendung eines kalkulatorischen Preisaufschlags abdeckt werden.
- Da gegenwärtig **Regelenergie** nicht auf der Ebene der Verteilernetze ausgeschrieben wird, sondern auf der Ebene der Übertragungsnetze, müsste der Smart-Home-Kunde seine Flexibilität auf diesem Markt anbieten. Auch wenn man die Teilnahme an einem **Kapazitätspool** unterstellt, der eine Vielzahl kleinerer zuschaltbarer Lasten aggregiert, um die Mindestkapazitätsvorgaben für die Teilnahme am Regelenergiemarkt zu erfüllen, derzeit 5 MW bei sog. Minutenreserve,[6] stünden die Transaktionskosten für die **Präqualifikation** der Kühlgeräte als teilnahmeberechtigte Verbrauchsanlagen einschließlich der erforderlichen Steuerungstechnik in keinem vernünftigen Verhältnis zum Vermarktungspotenzial der Flexibilitätskapazität der Kühlgeräte. Insbesondere würden die genannten Mehrkosten für den Smart-Home-Kunden nicht erwirtschaftet.

23 Eine Umsetzung dieses Use Case würde somit folgende **Modifikationen am Rechtsrahmen** erforderlich machen:

- Der Smart-Home-Kunde müsste mit einem **intelligenten Messsystem** ausgestattet sein. Dies ist derzeit nur bei Kunden mit einem – deutlich über dem Durchschnitt liegenden – Jahresverbrauch von mehr als 6.000 kWh verpflichtend vorgesehen (§ 29 Abs. 1 Nr. 1 MsbG).

[6] Vgl. BNetzA Beschl. v. 13.6.2017 – BK6-15-159, www.bundesnetzagentur.de (15.2.2021).

- Einfacher Prozess zur **Teilnahme an einem Regelenergiemarkt** im jeweiligen Verteilernetz oder Netzbereich, etwa in der Form, dass teilnehmende Verbrauchsgeräte bzw. ein gesamter Smart-Home-Haushalt durch eine preiswerte und leicht zu installierende Steuerungseinheit regelbar gemacht werden und zB über eine App beim Verteilernetzbetreiber angemeldet werden können. Technisch könnte die **Steuerung der präqualifizierten Stromverbraucher** über das Smart-Meter-Gateway eines intelligenten Messsystems des Smart Homes erfolgen, über das der Verteilernetzbetreiber die Zuschaltung von Lasten abrufen kann.
- Da das Energiewirtschaftsgesetz auf eine kosteneffiziente Netzbewirtschaftung zielt (§ 22 EnWG) müsste die Einsatzreihenfolge präqualifizierter Verbrauchsgeräte in Smart Home auch bei einem regionalen oder örtlichen Regelenergiemarkt nach einer **Preiskurve (Ausschreibung)** erfolgen. Das Smart Home müsste somit ermitteln, ab welchem Regelenergiepreis eine Zuschaltung sich für den Smart-Home-Kunden wirtschaftlich lohnt, und dürfte die zuschaltbare Last nicht unter diesem Preis zulassen.

Für die **Regulierung von Schäden** im Smart Home, die durch die Zu- oder Abschal- 24
tung von Lasten, etwa infolge einer Überschreitung zulässiger Abrufzeiten oder aufgrund von Defekten an Geräten, dürften sich versicherungsrechtliche Lösungen anbieten, da bereits aus wirtschaftlichen Gründen eine Abwicklung nach allgemeinem Schadensrecht nicht darstellbar sein dürfte.[7]

cc) Bereichsspezifischer Datenschutz. Sofern die Steuerung von Stromerzeugungsein- 25
heiten oder Verbrauchgeräten über ein **Smart-Meter-Gateway** (SMG) erfolgt, das den Bestimmungen des **Messstellenbetriebsgesetzes** (MsbG) unterliegt, greifen neben den Bestimmungen der DS-GVO und des BDSG die speziellen Datenschutzvorschriften der §§ 49 ff. MsbG. Die **Abfrage der Ist-Einspeisung bzw. Ist-Entnahme** ist im vorliegenden Use Case stets Voraussetzung für einen Steuerungsbefehl, da dieser ausgehend vom Ist-Zustand die Anpassung von Einspeisung oder Entnahme zu einem Soll-Zustand anordnet. Bei der Ist-Einspeisung bzw. Ist-Entnahme handelt es sich um personenbezogene Daten, da über die Identifikationsnummer der Messlokation des Smart-Home-Kunden Rückschlüsse auf das Verhalten konkreter natürlicher Personen gezogen werden können.[8]

2. Smart Metering

Die Bedeutung von sog. „Smart Meters", die im deutschen Recht als **„intelligente** 26
Messsysteme" bezeichnet werden, lässt sich am besten in Abgrenzung zum bisherigen Status quo bei der Messung von Energie erkennen. Als intelligent gilt ein Messsystem gem. § 2 Nr. 7 MsbG, wenn es den Stromverbrauch in Relation zur Nutzungszeit widerspiegelt und über ein Smart-Meter-Gateway in ein Kommunikationsnetz eingebunden ist. Ein Smart Meter ist somit ein fernauslesbarer Zähler, der den Verbrauch pro bestimmter Zeiteinheit aufzeichnet. Während im **Großkundenbereich** schon seit Langem Zähler mit registrierender Leistungsmessung **(RLM-Zähler)** eingesetzt werden, die ähnliche Funktionalitäten haben, sind in Privathaushalten und in Handel und Gewerbe überwiegend einfache **Arbeitszähler** im Einsatz, deren Messwerte größtenteils nur direkt am Zähler abgelesen werden können. Diese Zähler werden üblicherweise nur einmal im Jahr vom Kunden oder vom Messstellenbetreiber abgelesen. Der jährliche Zählerstand gibt dabei keinen Aufschluss darüber, in welcher Viertelstunde der Kunde wie viel Strom verbraucht hat. Für eine intelligente Steuerung und Bepreisung des Stromverbrauchs von Haushaltskunden sind konventionelle Arbeitszähler mithin ungeeignet. Für eine **Digitalisierung der Energiewirtschaft,** die etwa eine bessere Abstimmung von Erzeugung und Verbrauch und da-

[7] Vgl. zu versicherungsrechtlichen Lösungen für Smart Homes *Rudkowski* VersR 2017, 1 ff.

[8] *Lüdemann/Ortmann/Pokrant* RDV 2016, 125 (127); *Bretthauer* EnWZ 2017, 56 (57 f.); mit Differenzierungen *Keppeler* EnWZ 2016, 99 (100 ff.).

mit erhebliche Energieeinsparungen verspricht,[9] sind Millionen Haushaltskunden, deren Verbrauch zu einem gegebenen Zeitpunkt eine Blackbox ist, ein Hemmschuh. Nur eine digitale Erfassung dieser Verbräuche und eine potenzielle jederzeitige Zugriffsmöglichkeit erlauben eine Beschleunigung der Digitalisierung der Energiewirtschaft.[10] Für viele energiebezogene IoT-Anwendungen werden Daten aus intelligenten Messsystemen, die mit ihren Smart-Meter-Gateways die Schnittstelle zwischen Haushalten und dem Versorgungsnetz bilden, eine maßgebliche Ressource darstellen. So ermöglichen es IoT-Technologien, etwa Erzeugungsanlagen und Endkunden in einen digital in **Fast-Echtzeit** gemanagten Datenfluss einzubinden.[11]

a) Use Case „Tageszeitabhängige Tarife für Haushaltskunden"

27 **aa) Beschreibung des Use Case.** Gegenstand des Use Case „tageszeitabhängige Tarife für Haushaltskunden" sind Tarife für die Belieferung zB mit Strom, die einen Anreiz zu Energieeinsparung oder Steuerung des eigenen Energieverbrauchs setzen sollen. In der deutschen Stromwirtschaft ist der **Spitzenlastzeitraum** von 8 Uhr bis 20 Uhr definiert. Üblicherweise ist die Stromentnahme in diesem Zeitraum höher als in der **Nebenzeit** (20 Uhr bis 8 Uhr). Ausgangspunkt dieses Use Case ist die Identifikation potenziell nutzbarer **Preisvorteile** aus Sicht des Letztverbrauchers und des Lieferanten:

- Für den **Letztverbraucher** hat die Wahl eines bestimmten Liefertarifs vor allem monetäre Folgen.[12] Seine Stromversorgung ist unabhängig vom Tarif stets technisch-physikalisch sichergestellt. Tageszeitabhängige Tarife honorieren eine **Verschiebung des Stromverbrauchs** in bestimmte Zeiten, in der Regel in die Nebenzeit außerhalb der Spitzenlast. In diesen Nebenzeiten kann der Letztverbraucher einen Sowieso-Verbrauch, etwa für eine Nachtspeicherheizung, für eine Wärmepumpe oder Kühlgeräte, ganz oder teilweise verlagern. Der Tarif verhindert aber keine Entnahme in der Hauptzeit, sondern setzt lediglich einen wirtschaftlichen Anreiz für eine Verlagerung des Verbrauchs in die Nebenzeit.
- Ein **Lieferant** wird einen tageszeitabhängigen Tarif, der dem Letztverbraucher bei der Stromabnahme in bestimmten Zeiträumen einen Preisvorteil im Vergleich zum sonst fälligen Lieferpreis bietet, selbst nur anbieten, wenn auch er von der **Lastverlagerung seines Kunden** wirtschaftlich profitieren kann. Dies könnte etwa der Fall sein, wenn der Lieferant wegen der Lastverschiebung des Letztverbrauchers eigene Erzeugungsanlagen in der Nebenzeit besser auslasten[13] oder seinerseits für diese Zeiträume günstiger Strom am Markt beschaffen kann.

Exemplarisch soll dies hier am Beispiel der Auslastung von Erzeugungsanlagen in Nebenzeiten betrachtet werden.

28 **bb) Sektorspezifischer Rechtsrahmen.** Für die Abwicklung variabler Tarife im **Use Case „Auslastung von Erzeugungsanlagen in Nebenzeiten"** müssen verschiedene Marktteilnehmer in verschiedenen Marktrollen miteinander agieren, wobei jeweils unterschiedliche regulatorische Maßgaben zu beachten sind:

- Der Lieferkunde ist nur in der **Marktrolle „Letztverbraucher"** aktiv. Er bringt seine Potenziale für eine Verlagerung seines Stromverbrauchs, etwa durch einen **temporären Verzicht auf Stromverbrauch** sowie spätere Nachholung des Stromverbrauchs, ein.
- Der Stromlieferant des Kunden ist in der **Marktrolle „Lieferant"** sowie der **Marktrolle „Erzeuger"** aktiv. Er versucht, durch eine bessere Auslastung seiner Erzeugungs-

[9] *Benz* ZUR 2008, 457(462f.); *Raben* N&R 2018, 194 (194).
[10] Vgl. auch *Roßnagel/Jandt* DuD 2010, 373 (373).
[11] *Booz* N&R 2017, 130 (131).
[12] Vgl. auch *Schäfer-Stradowsky/Boldt* EnWZ 2015, 349 (353); *Wengeler* EnWZ 2014, 500 (505); BMWi Smart Energy made in Germany S. 4.
[13] Vgl. *Windoffer/Groß* VerwArch 2012, 491 (493).

anlagen in Nebenzeiten seine **spezifischen Erzeugungskosten** zu senken sowie seine Investition in die Anlage schneller zu amortisieren.

- Der Bilanzkreisverantwortliche, dessen Bilanzkreis die Entnahmestelle des Kunden zugeordnet ist, ist in der **Marktrolle „Bilanzkreisverantwortlicher"** aktiv. Dem untypischen Minder- und späteren Mehrverbrauch oder Mehr- und späteren Minderverbrauch des Smart-Home-Kunden steht bilanziell eine entsprechend angepasste Erzeugung gegenüber, sodass der Use Case keine besonderen Auswirkungen für den Bilanzkreisverantwortlichen hat.
- Der Verteilernetzbetreiber, an dessen Netz der Kunde angeschlossen ist, und der Verteilernetzbetreiber, an dessen Netz die Erzeugungsanlage des Lieferanten angeschlossen ist, sind in der **Marktrolle „Verteilernetzbetreiber"** aktiv. Der Übertragungsnetzbetreiber, in dessen Regelzone die Entnahmestelle des Kunden belegen ist, ist in der Marktrolle „Bilanzkreiskoordinator" aktiv. Für die Netzbetreiber kann der Use Case insofern relevant werden, als die Mehreinspeisung der Lieferanten oder die Mehrentnahme des Kunden möglicherweise zu einem Zeitpunkt erfolgt, der aus Sicht des Netzes ungünstig ist. Zur Erhaltung der **Netzstabilität** sehen die §§ 13, 14 EnWG jedoch allgemeine Regelungen vor, die erforderliche Eingriffsmaßnahmen der Netzbetreiber legitimieren.

Für diese Aktivitäten der genannten Marktrollen gelten ua folgende **regulatorischen** 29 **Anforderungen:**

- **Lieferant und Lieferkunden** vereinbaren vertraglich die maßgeblichen Zeitfenster des tageszeitabhängigen Tarifs. Sofern technisch machbar und wirtschaftlich zumutbar, ist der Lieferant sogar gesetzlich gem. § 40 Abs. 5 EnWG verpflichtet, dem Kunden einen tageszeitabhängigen oder lastvariablen Tarif anzubieten. Der Lieferkunde muss über einen **geeigneten Zähler** verfügen, der den Verbrauch des Kunden tageszeitabhängig erfasst, da eine Abrechnung des Tarifs anderenfalls nicht möglich wäre.[14]
- Für den Lieferanten als **Erzeuger** gelten keine besonderen regulatorischen Anforderungen.
- Bei der **Bilanzierung** der Entnahme durch den Kunden sowie der Einspeisung durch den Erzeuger (Lieferant) ergeben sich keine besonderen Anforderungen oder Risiken. Regelmäßig – jedenfalls bei einem **IoT-gesteuertem Ausgleich** zwischen Verbrauch und Erzeugung und Vorhandensein entsprechender Messdaten – wird für die Belieferung keine oder wenig Ausgleichsenergie erforderlich sein.
- Für die Betreiber der involvierten Verteilernetze ist die Entnahme bzw. Einspeisung von Strom in den Nebenzeiten in der Regel unproblematisch, da sie sich regelmäßig außerhalb des Hochlastzeitfensters bewegen werden, also in Zeiten nicht vollständiger Auslastung des Netzes erfolgen. Insofern besteht für den Letztverbraucher im Einzelfall sogar die Möglichkeit über die **Gewährung eines Unterbrechungsrechts** für den Netzbetreiber gem. § 14a EnWG zusätzlich von reduzierten Netzentgelten zu profitieren. In Ausnahmefällen könnte die Netzbetreiber eingreifen, wenn die Lastverlagerung (kumuliert mit der Verlagerung von Lasten anderer Kunden und Erzeuger) im Einzelfall tatsächlich die Netzstabilität zu gefährden droht.

Die Umsetzung tageszeitabhängiger Tarife ließe sich grundsätzlich bereits im geltenden 30 Rechtsrahmen abbilden. Im Regelfall reichen die **Preisunterschiede zwischen Spitzenlastzeit und Nebenzeit** jedoch nicht aus, um ein im Vergleich zu einem nicht variablen Tarif höheren **Transaktionsaufwand** des Lieferanten bei gleichzeitig für den Kunden attraktivem Tarifangebot auszugleichen.[15] Erst durch IoT-Anwendungen wird es möglich werden, dass etwa eine Erzeugungsanlage des Lieferanten Strom konkret dann erzeugt, wenn der Kunde im relevanten Tageszeitfenster Strom verbraucht. Eine solche automatische Steuerung würde jedoch erfordern, dass dem Lieferanten (bzw. seiner Erzeugungsan-

[14] *Lüdemann/Ortmann/Pokrant* RDV 2016, 125 (127); *Sörries* N&R 2013, 122; *Wilkes* WuM 2010, 615 (617 f.); *Kahlbrandt* ZNER 2017, 345 (348).
[15] Vgl. hierzu etwa das genannte Bsp. bei *Wilkes* WuM 2010, 615 (616).

lage) die Entnahmemesswerte des Letztverbrauchers praktisch in **Echtzeit** vorliegen. Dies sieht das Messstellenbetriebssystem bislang jedoch nicht vor, da gem. § 60 Abs. 3 Nr. 4 MsbG die Messwerte an den Lieferanten nur täglich für den Vortrag übermittelt werden müssen. Eine darüber hinausgehende Datenübermittlung könnte zwar über § 65 Nr. 1 MsbG erreicht werden, setzt aber das Angebot eines entsprechenden Service des zuständigen (in der Regel vom Kunden gewählten) Messstellenbetreibers voraus. Dies könnte zB dadurch sichergestellt werden, dass der Lieferant selbst in Personalunion oder ein Kooperationspartner Messstellenbetreiber der Entnahmestelle des Letztverbrauchers und der Einspeisestelle seiner Erzeugungsanlage wird.

31 Eine Umsetzung dieses Use Case würde somit folgende **Modifikationen am Rechtsrahmen** erforderlich machen:

– Variable Tarife werden sich nur durchsetzen, wenn zwischen den zu differenzierenden Preisphasen **wesentliche Preisunterschiede** bestehen, denn um für den Smart-Home-Kunden und den Lieferanten attraktiv zu sein, müssen die mit einem solchen Tarif verbundenen Investitionen in die Mess- und Steuerungstechnik trotz des üblicherweise eher geringen Potenzials für Verbrauchsverlagerungen in Haushalten einschließlich Kapitalverzinsung refinanziert werden. Ob solche Preisunterschiede bestehen, ist im Ausgangspunkt marktabhängig. Bestehen am Markt keine solche Preisunterschiede bzw. sind sie nicht ausgeprägt genug, besteht zu diesem Zeitpunkt kein Bedarf für variable Tarife.
– Sofern im gesamtgesellschaftlichen Interesse einer digitalen und dekarbonisierten Energiewirtschaft Anreize zur Entwicklung und Erprobung von variablen Verbrauchsstrukturen gesetzt werden sollen, müsste der Rechtsrahmen zumindest übergangsweise **regulatorische Anreize** für solche Tarife schaffen. Denkbar wäre etwa eine Entlastung der Entnahme im Rahmen von variablen netzdienlichen Tarifen bei den Netzentgelten oder eine Reduzierung sonstiger Stromnebenkostenbestandteile.
– Unabhängig von wirtschaftlichen Aspekten müssten die Anforderungen an Messstellenbetreiber zur Übermittlung von **Fast-Echtzeitmesswerten** im Messstellenbetriebsgesetz näher ausgestaltet werden, da solche Messdaten die informatorische Basis für IoT-Anwendungen zur Steuerung lastvariabler oder zeitabhängiger Tarife bilden.

32 **cc) Bereichsspezifischer Datenschutz.** Ein tageszeitabhängiger Tarif erfordert für den Lieferanten den Zugang zu den Messwerten des Letztverbrauchers gestaffelt nach Zeiteinheiten. Sofern der Letztverbraucher über eine moderne Messeinrichtung oder ein intelligentes Messsystem verfügt, liegen diese Messwerte vor. Die Nutzung der **Messwerte für die Tarifabrechnung** ist bereits gem. § 69 Abs. 1 Nr. 1 MsbG zulässig. Die Nutzung der **Messwerte für die Anlagensteuerung** des Lieferanten wäre jedenfalls mit **Einwilligung des Letztverbrauchers** gem. § 70 Nr. 1 MsbG zulässig.

b) Use Case „Peer-to-Peer-Lieferungen"

33 **aa) Beschreibung des Use Case.** Gegenstand des Use Case „Peer-to-Peer-Lieferungen" ist die Lieferung von dezentral erzeugtem Strom (zB durch einen Prosumer) an eine Vielzahl von Smart-Home-Kunden über eine **Peer-to-Peer-Technologie** (zB Blockchain, → § 12) ohne Involvierung zentraler Vertragsparteien (wie zB Strombörse, Energiehändler, Stromlieferanten).[16] Bei diesem Use Case soll zunächst ausgehend von der derzeitigen Abwicklung von Lieferungen ermittelt werden, welche Akteure eine Peer-to-Peer-Technologie entbehrlich machen könnten und was die Peer-to-Peer-Technologie leisten können muss, um wirtschaftlich attraktiv und konsumentenfreundlich zu sein:

– Für den **Smart-Home-Kunden** als potenziellem Abnehmer von Peer-to-Peer-Lieferungen ist va der **Preis der Lieferung** und ggf. die **Qualität des Stroms** als regionaler

[16] Vgl. *Franke/Gorenstein,* Auf dem Weg zu einer digitalen Energiewirtschaft, S. 5 ff.

oder grüner Strom relevant. Ferner wird der Smart-Home-Kunde erwarten, dass sein **gesamter Bedarf** über das Peer-to-Peer-Netzwerk abgedeckt wird. Der Kunde wird nicht in eine Lage kommen wollen, eine etwaige Deckungslücke in der Lieferung über einen externen Lieferanten schließen zu müssen.

– Für den **Prosumer,** der vorliegend als Erzeuger und Lieferant agiert, ist ebenfalls der Preis bestimmend sowie ggf. die Möglichkeit, in Zeiten fehlenden Eigenstroms selbst auch über das Peer-to-Peer-Netzwerk mit Strom versorgt zu werden. Ferner wird der Prosumer nur liefern wollen, wenn er gerade Strom übrig hat. Er wird jedenfalls nicht individuell, sondern allenfalls mit allen Prosumern des Netzwerks gemeinsam gewillt sein, den **Gesamtbedarf** eines Smart-Home-Kundens jederzeit abzudecken.

Um den Use Case einfach zu halten, liefert der Smart-Home-Kunde selbst keinen 34 Strom, sondern verbraucht nur Strom. Exemplarisch soll dies hier am Beispiel einer Peer-to-Peer-Lieferung an einen Smart-Home-Kunden durch einen Prosumer betrachtet werden.

bb) Sektorspezifischer Rechtsrahmen. Für die Abwicklung einer Netzwerkversorgung 35 im **Use Case „Peer-to-Peer-Lieferung an einen Smart-Home-Kunden durch einen Prosumer"** müssen verschiedene Marktteilnehmer in verschiedenen Marktrollen miteinander agieren, wobei jeweils unterschiedliche regulatorische Maßgaben zu beachten sind:

– Der Lieferkunde **(Smart-Home-Kunde)** ist nur in der Marktrolle „Letztverbraucher" aktiv. Er benötigt lediglich einen **Netzanschluss** sowie eine **Messeinrichtung.**
– Der Stromlieferant des Kunden **(Prosumer)** ist in der Marktrolle „Lieferant" sowie der Marktrolle „Erzeuger" aktiv. Ihn treffen somit sämtliche **regulatorischen Anforderungen für Stromlieferanten.**
– Der Bilanzkreisverantwortliche, dessen Bilanzkreis die Entnahmestelle des Kunden und die Einspeisestelle des Prosumers zugeordnet ist, ist in der Marktrolle „Bilanzkreisverantwortlicher" aktiv. Für den Bilanzkreisverantwortlichen hat der Use Case keine besonderen Auswirkungen.

Für diese Aktivitäten der genannten Marktrollen gelten ua folgende **regulatorischen** 36 **Anforderungen:**

– Der **Prosumer** müsste, um als Lieferant im Peer-to-Peer-Netzwerk auftreten zu dürfen, verschiedene **energierechtliche Registrierungen** vornehmen (zB Anzeige der Belieferung von Haushaltskunden gem. § 5 S. 1 EnWG, Erlaubnisschein als Versorger gem. § 4 Abs. 1 S. 1 StromStG, Registrierung im Marktstammdatenregister gem. § 3 Abs. 1 S. 1 Nr. 8 MaStRV) sowie Meldungen von Lieferungen an Letztverbraucher zur **Abrechnung der EEG-Umlage** gem. § 74 EEG 2021. Ferner muss der Prosumer gewisse **verbraucherschützende Mindestanforderungen** an die Gestaltung von Rechnungen gem. § 40 EnWG und die Vertragsgestaltung gem. § 41 EnWG erfüllen sowie dem Kunden eine Stromkennzeichnung gem. § 42 EnWG (Aufschlüsselung des gelieferten Strommixes) zur Verfügung stellen.
– Als Lieferant müsste der **Prosumer** sich beim Anschlussnetzbetreiber des zu beliefernden Smart-Home-Kunden über einen regulatorisch ausgestalteten Geschäftsprozess (GPKE) in dieser Marktrolle anmelden.[17] Eine Auswechselung des nach **GPKE** für die Entnahmestelle des Smart-Home-Kunden gemeldeten Lieferanten dauert mehrere Werktage. Ferner setzt diese **Marktkommunikation** bestimmte technische Standards voraus. Solange die Entnahmestelle des Smart-Home-Kunden einem Lieferanten nach GPKE zugeordnet ist, muss der Lieferant auch für eine Zuordnung der Entnahmestelle zu seinem Bilanzkreis (oder zum Bilanzkreis eines beauftragten Bilanzkreisverantwortli-

---

[17] Vgl. Geschäftsprozesse Lieferantenwechsel Elektrizität (GPKE), BNetzA Beschl. v. 20.12.2016 – BK6-16-200, Anlage 1, www.bundesnetzagentur.de (15.2.2021).

chen) sorgen. Eine Lieferung über das öffentliche Stromnetz ohne Bilanzierung der Einspeise- und der Entnahmestelle ist nicht möglich (vgl. § 4 Abs. 3 StromNZV).

- Als **Bilanzkreisverantwortlicher** muss der Prosumer (oder ein dritter für ihn im Auftrag handelnder Bilanzkreisverantwortlicher) die bilanzielle Entnahme des Smart-Home-Kunden aus dem Bilanzkreis durch die **Beschaffung einer äquivalenten Menge** in den Bilanzkreis für jede einzelne Viertelstunde sicherstellen (vgl. § 4 Abs. 2 S. 2 StromNZV). Im Bilanzkreis werden Entnahmen des Smart-Home-Kunden nur im **Viertelstundentakt** erfasst (Viertelstundenwerte).
- Der **Messstellenbetreiber** hat ua die Aufgabe, **Messwerte täglich für den Vortag** dem Energielieferanten und dem Bilanzkreiskoordinator zu übermitteln (vgl. § 60 Abs. 3 MsbG) – eine Pflicht zur Übermittlung in Fast-Echtzeit besteht nicht.
- Die Netzbetreiber sind für die Aufrechterhaltung des infrastrukturellen Netzbetriebs und damit über die Aufrechterhaltung der Möglichkeit zur Entnahme von Strom aus dem Verteilernetz verantwortlich. Sie rechnen ihr Entgelt für die Netznutzung, die Netzentgelte, gegenüber den nach GPKE gemeldeten Lieferanten auf Basis der Messwerte an der Entnahmestelle ab. Für sie ergeben sich im Vergleich zu einer sonstigen Lieferung, zB durch ein klassisches Energieversorgungsunternehmen, keine Besonderheiten.

37 Eine Umsetzung dieses Use Case würde somit folgende **Modifikationen am Rechtsrahmen** erforderlich machen:

- Der **Wechsel eines Lieferanten** des Smart-Home-Kunden aus dem Peer-to-Peer-Netzwerk müsste viel schneller möglich sein als heute, zB nahtlos minütlich,[18] oder eine **Anmeldung des Peer-to-Peer-Netzwerkes** (anstatt eines einzelnen Prosumers) **als Lieferant nach GPKE** müsste zulässig sein.[19] Letzteres würde aber einen gesellschaftsrechtlichen Zusammenschluss der (liefernden) Mitglieder des Peer-to-Peer-Netzwerkes erforderlich machen, da Lieferant nur eine natürliche oder juristische Person sein kann, die etwa für die Zahlung von Netzentgelten und anderen staatlich induzierten Preisbestandteilen einsteht,[20] was für die Mitglieder bzw. Gesellschafter des Netzwerks unattraktiv erscheint. Ein sehr **schneller Lieferantenwechsel** nach den GPKE-Regelungen dürfte hingegen – unabhängig von regulatorischen Aspekten – zumindest derzeit technisch schwierig umzusetzen sein.
- Für Teilnehmer an einem Peer-to-Peer-Netzwerk müssten **Ausnahmen von den Verpflichtungen** gem. §§ 40–42 EnWG gemacht werden, die sich am Leitbild einer klassischen Belieferung von Letztverbrauchern durch ein Energieversorgungsunternehmen orientieren, insbesondere auch deshalb, da diese Vorgaben bei einem ständigen Wechsel von Lieferbeziehungen faktisch nicht umsetzbar sind bzw. für den Kunden keinen Mehrwert darstellen.
- Auch eine sehr **schnelle Änderung der bilanziellen Zuordnung** der Entnahmestelle des Smart-Home-Kunden wäre denkbar. Im derzeitigen Rechtsrahmen wäre jedoch – von Verfahrensfristen einmal abgesehen – der Wechsel innerhalb einer Viertelstunde nicht möglich. Der **Takt der Bilanzierung** müsste somit entsprechend erhöht werden (zB minütliche Bilanzierung). Dies würde jedoch eine Vollautomatisierung der Beschaffung von Strom sowie von Fahrplananmeldungen durch die Bilanzkreisverantwortlichen (Buchungen im Bilanzierungssystem) erforderlich machen.
- Unterstellt man eine volle Automatisierung beim Prosumer und Smart-Home-Kunden, könnten diese jeweils selbst die **Rolle des Messstellenbetreibers** übernehmen. Sie würden dann über das Smart-Meter-Gateway auch unmittelbaren Zugriff auf die (eigenen) Messwerte erhalten und diese auch in Zeiteinheiten unterhalb einer Viertelstunde auslesen können.

---

[18] *Scholtka/Martin* RdE 2017, 113 (117).
[19] Vgl. auch *Schwintowski* EWeRK 2018, 81 (83).
[20] Vgl. *Raben* N&R 2018, 194 (199).

Als **Zwischenlösung** käme in Betracht, weiter einem Energieversorgungsunternehmen die Rolle des Lieferanten nach GPKE als auch als Bilanzkreisverantwortlichen zu überlassen, das mit dem Peer-to-Peer-Netzwerk kooperiert oder es sogar hostet. Im Innenverhältnis könnten die Transaktionen im Peer-to-Peer-Netzwerk dann unter Verwendung von IoT-Technolohgien ausgeführt und – sei es über Zahlungen oder Stromgutschriften – abgerechnet werden. Das **Energieversorgungsunternehmen** würde als **Bindeglied zwischen dem regulierten Markt und den Binnenbeziehungen im Netzwerk** fungieren. Das Energieversorgungsunternehmen würde für das Netzwerk die Marktrolle „Lieferant", „Bilanzkreisverantwortlicher" und ggf. „Messstellenbetreiber", der mit Einwilligung der Netzwerkmitglieder deren Messwerte für die netzwerkinternen Prozesse zur Dokumentation und Abrechnung von Lieferungen zur Verfügung stellt, übernehmen und die damit verbundene Marktkommunikation mit anderen Marktakteuren erledigen. Zugleich wäre es gegenüber den anderen Akteuren des regulierten Marktes auch der **zivilrechtliche Vertragspartner** und müsste in diesem Außenverhältnis etwa für die Zahlung von Netzentgelten an die involvierten Verteilernetzbetreiber oder von Ausgleichsenergie an die beteiligten Übertragungsnetzbetreiber einstehen. Das Energieversorgungsunternehmen hätte im **Innenverhältnis zu den Mitglieder des Netzwerkes** folgende Aufgaben: Erstens müsste es bei mangelndem Angebot von Strom von Mitgliedern im Netzwerk Strom aus dem regulierten Markt beschaffen, um die Angebotslücke zu schließen, ggf. auch in Kombination mit einer Drosselung des Verbrauchs der einzelnen Mitglieder des Netzwerkes. Zweitens müsste das Energieversorgungsunternehmen überschüssigen Strom, der von Mitgliedern im Netzwerk erzeugt wird, aber von keinem Mitglied des Netzwerkes verbraucht wird, in den regulierten Markt verkaufen oder aber die Erzeugung im Netzwerk entsprechend drosseln können. Drittens müsste es die im regulierten Markt entstehenden Kosten (abzüglich der Einnahmen aus Handelsgeschäften) zuzüglich einer Abwicklungsgebühr auf die Mitglieder des Netzwerkes wälzen, wobei verschiedene Parameter als denkbare Wälzungsgröße in Betracht gezogen werden könnten (pro bezogener kWh, pro bezogener oder gelieferter kWh oder pro Tag der Teilnahme am Netzwerk in einem Jahr). Möglich, aber nicht zwingend, wäre, dass das Energieversorgungsunternehmen für das Peer-to-Peer-Netzwerk die Dokumentation der Transaktionen einschließlich der Abrechnung bzw. der Gutschrift von Geld, Token oder Strommengen übernimmt und ggf. Inkassodienstleistungen erbringt. Wenn dies der Fall wäre, bliebe vom Charakter eines Peer-to-Peer-Netzwerkes jedoch nicht mehr viel übrig, da ein solches Modell faktisch einer klassischen Belieferung der Mitglieder des Netzwerkes entspräche, deren Einspeisungen und Entnahmen im Bilanzkreis des Energieversorgungsunternehmen saldiert werden. 38

cc) Bereichsspezifischer Datenschutz. Eine wechselnde Lieferung und ein wechselnder Bezug von Strom in einem Peer-to-Peer-Netzwerk setzt für die Zwecke der Dokumentation und Abrechnung von Lieferungen eine Erhebung und Übermittlung von **Messwerten in Echtzeit oder Fast-Echtzeit** voraus.[21] Nur so können Einspeisungen von Mitgliedern des Netzwerkes als auch Entnahmen von anderen Mitgliedern des Netzwerkes erfasst werden. Eine netzwerkinterne Abrechnung stellt keinen gesetzlich vorgegebenen Grund für eine Datenerhebung, -übermittlung oder -nutzung gem. MsbG dar. Jedoch kann dies mit **Einwilligung des Smart-Home-Kunden** als „weitere" Datenerhebung, Datenübermittlung oder Datennutzung gem. §§ 59 Nr. 2, 65 Nr. 1 und 70 Nr. 1 MsbG erfolgen. 39

Die Datenübermittlung an das Energieversorgungsunternehmen in dem genannten Zwischenlösungsmodell könnte allein auf gesetzlicher Grundlage gem. § 50 Abs. 2 Nr. 3, § 60 Abs. 3 Nr. 4 und § 69 MsbG erfolgen. 40

[21] Dies können Smart Meters potenziell leisten, vgl. *Roßnagel/Jandt* DuD 2010, 373 (374); *Lüdemann/Ortmann/Pokrant* RDV 2016, 125 (128); *Baumgart* RdE 2016, 454 (455).

IV. Internationale Bezüge

41 Auf europäischer Ebene wurde ein erster **Impuls zur Einführung von intelligenten Messsystemen** durch die Energieeffizienz-Richtlinie aus dem Jahr 2006 gesetzt.[22] Die **Energieeffizienz-Richtlinie 2006** benannte als ein Beispiel für geeignete Energieeffizienzmaßnahmen in Anhang III lit. r die Stichworte „Verbrauchserfassung, intelligente Verbrauchsmesssysteme, wie zB Einzelmessgeräte mit Fernablesung bzw. -steuerung, und informative Abrechnung". Die aktuelle Energieeffizienz-Richtlinie bestimmt nun nähere Anforderungen an intelligente Messsysteme.[23]

42 Eine erste konkrete Verpflichtung zur Prüfung der **flächendeckenden Einführung von Smart Metern** enthielt die Elektrizitätsbinnenmarkt-Richtlinie des Dritten Pakets zum Energiebinnenmarkt aus dem Jahr 2009.[24] Die **Elektrizitätsbinnenmarkt-Richtlinie 2009** verpflichtete die Mitgliedstaaten gem. Art. 3 Abs. 7 in Verbindung mit Anhang III zur Umsetzung eines Katalogs von Maßnahmen zum Schutz von Haushaltskunden. Hierunter fiel auch der praktisch flächendeckende Einsatz von intelligenten Messsystemen. Diese Verpflichtung stand jedoch unter dem Vorbehalt einer wirtschaftlichen Bewertung **(Kosten-Nutzen-Analyse).** Konkretisiert wurde diese Verpflichtung durch eine Empfehlung der Europäischen Kommission im Jahr 2012.[25] Diese unionsrechtlichen Vorgaben wurden in Deutschland zunächst in Teilen durch eine Novelle des EnWG im Jahr 2011 und schließlich umfassend mit Erlass des MsbG im Jahr 2016 in nationales Recht umgesetzt.

43 **Neue Impulse** in Richtung Smart Metering und Smart Grids gehen vom aktuellen Legislativpaket der Europäischen Kommission im Bereich der Energieversorgung aus **(„Clean energy for all Europeans package").** Die neue **Elektrizitätsbinnenmarkt-Verordnung** aus dem Jahr 2019 sieht etwa vor, dass die Regulierungsbehörden bei der Netzentgeltgenehmigung zeitlich abgestufte Netzentgelttarife sowie Anreize zum Ausbau intelligenter Netze vorsehen dürfen und die Verbände der europäischen Übertragungsnetzbetreiber und Verteilernetzbetreiber die Einführung intelligenter Netze fördern müssen.[26] Die neue **Elektrizitätsbinnenmarkt-Richtlinie** aus dem Jahr 2019 sieht einen **Anspruch** von Kunden mit intelligenten Messsystemen **auf das Angebot dynamischer Stromtarife** durch größere Stromlieferanten vor, die Preisschwankungen an Spotmärkten wiederspiegeln, und definiert konkrete Funktionsanforderungen an Smart Meters, etwa die kostenlose Übermittlung von Fast-Echtzeitdaten an Endkunden und deren Dienstleister.[27] Die neue **Erneuerbare-Energien-Richtlinie** aus dem Jahr 2018 sieht erstmals ausdrückliche Regelungen für „**Peer-to-Peer-Geschäftsvereinbarungen**" über die Lieferung und den Bezug von Überschussstrom aus erneuerbaren Energien vor, die eine

---

[22] Richtlinie 2006/32/EG des Europäischen Parlaments und des Rates vom 5. April 2006 über Endenergieeffizienz und Energiedienstleistungen und zur Aufhebung der Richtlinie 93/76/EWG des Rates, ABl. 2006 L 114, 64; vgl. zum EU-rechtlichen Hintergrund *Baumgart* RdE 2016, 455 ff.; *Hofmann/Hödl* InTeR 2014, 13 (15 ff.).

[23] Vgl. Art. 9 Abs. 2 Richtlinie 2012/27/EU des Europäischen Parlaments und des Rates vom 25. Oktober 2012 zur Energieeffizienz, zur Änderung der Richtlinien 2009/125/EG und 2010/30/EU und zur Aufhebung der Richtlinien 2004/8/EG und 2006/32/EG, ABl. 2012 L 315, 1.

[24] Richtlinie 2009/72/EG des Europäischen Parlaments und des Rates vom 13. Juli 2009 über gemeinsame Vorschriften für den Elektrizitätsbinnenmarkt und zur Aufhebung der Richtlinie 2003/54/EG, ABl. 2009 L 211, 55.

[25] Empfehlung der Kommission vom 9. März 2012 zu Vorbereitungen für die Einführung intelligenter Messsysteme (2012/148/EU).

[26] Art. 18 Abs. 7 und 8, Art. 30 Abs. 1 lit. h und Art. 55 Abs. 1 lit. d der Verordnung (EU) 2019/943 des Europäischen Parlaments und des Rates vom 5. Juni 2019 über den Elektrizitätsbinnenmarkt, ABl. 2019 L 158, 54.

[27] Art. 11 Abs. 1, Art. 19 ff. der Richtlinie (EU) 2019/944 des Europäischen Parlaments und des Rates vom 5. Juni 2019 mit gemeinsamen Vorschriften für den Elektrizitätsbinnenmarkt und zur Änderung der Richtlinie 2012/27/EU, ABl. 2019 L 158, 125.

Diskriminierung solcher Geschäftsmodelle verbieten.[28] Diese neuen Vorgaben der Europäischen Union werden wiederum den Anstoß zur Anpassung des deutschen Rechtsrahmens im Bereich Smart Grid und Smart Metering geben.

[28] Art. 21 Abs. 2 lit. a der Richtlinie 2018/2001 des Europäischen Parlaments und des Rates vom 11. Dezember 2018 zur Förderung der Nutzung von Energie aus erneuerbaren Quellen, ABl. 2018 L 328, 82.

§ 19 Gesundheitswirtschaft

Übersicht

Rn.

Literatur:

Becker/Kingreen (Hrsg.), SGB V, Gesetzliche Krankenversicherung, 7. Aufl., München 2020; *Ehmann/Selmayr* (Hrsg.), Datenschutz-Grundverordnung, Kommentar, 2. Aufl., München 2018; *Kügel/Müller/Hofmann* (Hrsg.), Arzneimittelgesetz, 2. Aufl., München 2016; *Paal/Pauly* (Hrsg.), Datenschutz-Grundverordnung Bundesdatenschutzgesetz, 2. Aufl., München 2018; *Rehmann/Wagner,* Medizinproduktegesetz Verordnung (EU) 2017/745 über Medizinprodukte, 3. Aufl., München 2018; *Simitis/Hornung/Spiecker (gen. Döhmann)* (Hrsg.), Datenschutzrecht, Baden-Baden 2019.

I. Die praktische Bedeutung des Internets der Dinge in der Gesundheitswirtschaft im Überblick

1 Die Vernetzung von Geräten über das Internet der Dinge in der Gesundheitswirtschaft soll die **Qualität, Effizienz und Effektivität medizinischer sowie pflegerischer Dienstleistungen** für Menschen steigern. Die Initiativen, die sich hiermit beschäftigen, speisen ihre Energie unter anderem aus diesen Rahmenbedingungen:

– die Digitalisierung hat eine sich immer schneller entwickelnde Infrastruktur entstehen lassen; sie schafft und verbessert die Voraussetzungen für das Internet der Dinge;
– die Kosten im Gesundheitswesen sind seit Jahrzehnten gestiegen und steigen weiter, es gibt daher ein starkes Interesse an Effizienzsteigerung und Kostensenkung;
– die Menschen beanspruchen und die Gesundheitssysteme versprechen die jeweils verfügbare, beste Gesundheitsversorgung nach dem Stand der Wissenschaft und Technik;
– Patienten, Ärzte und andere Dienstleiter in der Gesundheitswirtschaft sowie Patienten empfinden Schritt für Schritt neue Technologien wie das Internet der Dinge als selbstverständlichen Bestandteil des Lebens.

2 Die praktische Bedeutung des Internets der Dinge lässt sich zum besseren Verständnis unterteilen in die Bedeutung für die stationäre und ambulante Gesundheitsversorgung, die

Prävention, die Verbesserung der Lebensqualität, die nichtmedizinischen Prozesse sowie die Auswirkungen auf Versicherungstarife.

1. Verbesserung der stationären und ambulanten Gesundheitsversorgung

Es gibt eine Bandbreite an Technologien und Entwicklungen, die darauf abzielen, die ambulante sowie stationäre Versorgung von Patienten zu verbessern. Dies ist zum einen das Feld der **Diagnostik.** Hier geht es darum, durch die Technologie sichere und genauere Diagnosen über eine Erkrankung zu erstellen und daraus optimale Behandlungen abzuleiten. Beispiele hierfür sind etwa Langzeit-EKG-Untersuchungen oder die Sammlung von Erkenntnissen aus dem Schlafverhalten von Personen. 3

Andere Technologien zielen darauf ab, Daten beim Patienten direkt zu erheben und zu nutzen, die Auskunft geben über den **Gesundheitszustand** des Patienten oder den **Behandlungserfolg.** Hierzu gehört auch der Bereich der Patienten-Compliance mit Behandlungsplänen und Rezepten. In diese Gruppe fallen vernetzte Smart Devices wie Messinstrumente, Wearables, tragbare EKG-Geräte, elektronische Armbänder, intelligente Verbände (Verbände mit Sensoren zur Überwachung der Wundheilung), intelligente Arzneimittel (Arzneimittel mit vernetzten Sensoren zur Überwachung der Einnahme und Dosierung), vernetzte Medikamenten-Dispenser sowie vernetzte Kontaktlinsen, die es ermöglichen, über die Tränenflüssigkeit Blutzuckerwerte zu messen für die Behandlung von Diabetes. Daten werden dabei mittels Sensoren über Internet der Dinge-Plattformen bereitgestellt und geben etwa Auskunft über die Wundheilung, die Wirkung eines Arzneimittels, den Blutdruck oder den Pulsschlag von Patienten. 4

Mit vernetzten Geräten und damit gesammelten Daten lassen sich die stationäre, klinische Versorgung von Patienten auch auf andere Weise optimieren. Dies gilt etwa für Daten der Patienten, die über vernetze Geräte während eines Transportes in das Krankenhaus erhoben und ermittelt werden können. Solche Daten sind geeignet, den Zustand des Patienten zu überwachen und zu bewerten. Sie können helfen, über die nächsten Maßnahmen der Behandlung frühzeitig zu entscheiden und diese vorzubereiten. Sie können das Fachpersonal der Klinik in die Lage versetzen, mit dem Arzt oder Pflegepersonal, die den Transport begleiten, zu kommunizieren. 5

Das Internet der Dinge kann daneben die **Patientensicherheit** optimieren. So können etwa Armbänder oder Barcodes dazu dienen, ein Arzneimittel, Verschreibungen oder ein Medizinprodukt dem richtigen Patienten zuzuordnen und Verwechslungen auszuschließen. 6

Eine weitere Gruppe von Technologien werden mit dem Ziel entwickelt, neue Wege der Diagnostik und Behandlung von Patienten zu ermöglichen, als sie die klassische Behandlung mit physischer Präsenz des Arztes und Patienten in einer Arztpraxis oder einem Krankenhaus bislang ermöglicht haben. Es handelt sich um das Gebiet der **Telemedizin.** Zur Telemedizin gehört das Telemonitoring bzw. Telecoaching. Von Telemonitoring oder Telecoaching wird gesprochen bei der Diagnose, Untersuchung, Nachsorge von Behandlungen sowie Überwachung von Patienten mithilfe von mobilen Endgeräten. Das Internet der Dinge ermöglicht es Ärzten, mehrere Arztpraxen zu betreiben und Patienten dort zu behandeln, ohne in allen Praxen physisch präsent zu sein. Smart Devices sind über Internet der Dinge-Plattformen vernetzt und machen Gesundheitsdaten der Patienten digital verfügbar. Ärzte haben so den Zugriff auf diese für die Behandlung notwendigen Information jederzeit und überall. Gleichzeitig nutzt der Arzt hochwertige Videotelefonie-Technik, etwa, um mit dem Patienten zu sprechen, Diagnosen zu stellen, den Behandlungserfolg zu überwachen. Die ärztliche Diagnose und Behandlung kann unter Umständen durch nicht-ärztliches Hilfspersonal vor Ort unterstützt werden. Solche Modelle werden bereits in Kanada umgesetzt. Daran zeigt sich auch ein Hauptnutzen eines solchen Weges: Diese Technologien ermöglichen die Behandlung von Patienten in abgelegenen Gegenden ohne Infrastruktur vor Ort. Dies kann auch ein Weg sein, einem Mangel an Ärzten oder 7

Pflegepersonal zu begegnen. In den Vereinigten Staaten von Amerika werden ähnliche Modelle genutzt, um ärztliche Spezialisten in Krankenhäusern zu Rate zu ziehen, die keinen solchen Spezialisten vor Ort haben.

8 In Deutschland ist eine nennenswerte Initiative der **Telemedizin CCS-Telehealth Ostsachsen (THOS).** Die IT-Kommunikationsplattform wurde entwickelt, um dem Fachkräftemangel im Gesundheitswesen entgegenzuwirken. Die ersten Anwendungen der Plattform waren die Betreuung von Patienten mit Herzschwäche zu Hause, die ambulante Nachsorge für Schlaganfallpatienten sowie der Austausch von Gewebescans unter Fachärzten. Inzwischen wurde bspw. mit der teleneurologischen Behandlung von Parkinson-Patienten begonnen. Interessant ist auch der Modellversuch **„DocDirect"** der Kassenärztlichen Vereinigung Baden-Württemberg. Er schließt rund vierzig niedergelassene Hausärzte und Kinderärzte ein und sichert auch die automatische Abrechnung der telemedizinischen Behandlung über die Krankenkassen ab.

9 Viele Initiativen zielen schließlich darauf ab, eine stationäre Behandlung von Patienten in Krankenhäusern oder Reha-Kliniken zu vermeiden, denn die Behandlung im Krankenhaus macht mehr als ein Drittel der Kosten im Gesundheitswesen aus. Wenn es gelingt, Patienten stattdessen ganz oder teilweise zu Hause zu versorgen, können Kosten gespart werden. Eine solche häusliche Versorgung unter Nutzung des Internets der Dinge wird unter dem Begriff **Ambient Assisted Living** AAL zusammengefasst. Technologien, die hierbei zum Einsatz kommen oder kommen sollen, reichen von Bewegungs- oder Feuchtigkeitssensoren in Betten, vernetzten Briefkästen für das Aufzeichnen von Bewegung und Aktivität über Sturzsensoren sowie Überwachungskameras, die verändertes Verhalten oder Gesundheitsprobleme erkennen und melden.

2. Prävention durch das Internet der Dinge

10 Neben der Gesundheitsversorgung kann das Internet der Dinge auch zur **Prävention** von Erkrankungen oder Wiedererkrankungen beitragen. Das Ziel dabei ist, gesundheitliche Probleme, mögliche Anzeichen für Erkrankungen sowie Risikofaktoren frühzeitig zu erkennen und Erkrankungen oder Verschlimmerungen zu vermeiden. Die Prävention ist dabei nicht immer eindeutig von der Verbesserung der Lebensqualität und der Erhaltung und Steigerung von Fitness zu unterscheiden. Die Prävention ist ein geeignetes Feld für tragbare Geräte, Wearables, mit denen Daten gesammelt werden, die etwa Auskunft über Schritte und sonstige Fitnessaktivitäten geben. Es geht aber auch um tragbare Instrumente, die den Blutpuls, den Blutdruck und den Blutzucker messen sowie um vernetzte Körperwagen zur Kontrolle des Körpergewichts. Im Grunde folgt der Einzug des Internets der Dinge in der Prävention dem Trend, dem Patienten größere Verantwortung zu übertragen für die eigene Gesundheit sowie die Behandlung.

3. Verbesserung der Lebensqualität durch das Internet der Dinge

11 Maßnahmen zur **Verbesserung der Lebensqualität** lassen sich nicht immer klar trennen von der Prävention oder sogar der Behandlung von Erkrankungen. Die Ernährung, körperliche Betätigung und Sport, Körpergewicht, Blutpulsmessungen und Daten, die hierüber Auskunft geben, können gleichermaßen Erkenntnisse für die Prävention von Erkrankungen liefern. Sie können sogar unmittelbar die Behandlung von Erkrankungen betreffen, wenn man etwa an Diabetes-Patienten denkt oder an Patienten, die behandelt werden wegen Bluthochdrucks und dessen Folgen, wegen eines Herzinfarkts oder Schlaganfalls. Der Markt, der sich im weiteren Sinne um die Verbesserung der Lebensqualität (Wellness) dreht, ist gerade wegen dieser Überschneidung mit der Gesundheitsversorgung ungeheuer dynamisch.

12 Der **Fitness-Tracker** von Fitbit zum Aufzeichnen und Verfolgen von Trainingseinheiten, die kompatibel sind mit Smartphones und Tablets sowie mit Applikationen wie bspw.

Amazon Alexa oder Weight Watchers ist ein bekanntes Beispiel für das Internet der Dinge im Segment der Verbesserung der Lebensqualität.

Die **Apple Watch** ist eine sog. Smart Watch. Sie verfügt über Sensoren zur Messung 13 der Herzfrequenz sowie einen Lage- und Beschleunigungssensor. Diese Daten können für Fitness-Applikationen genutzt werden. Apple Watch-Besitzer können diese Daten einander zusenden. Die Apple Watch ist mit iPhones kompatibel und es gibt bereits Applikationen von Drittanbietern über den App Store, die die Apple Watch unterstützen. Diese Produkte sind längst auf dem Weg zu Statussymbolen und werden zum Alltag vieler Menschen. Apple weitet die Möglichkeiten des Internets der Dinge zielgerichtet weiter aus durch die Initiative **Apple Health,** die eine weitere Vernetzung durch Internet der Dinge-Plattformen vorantreibt. **Microsoft Health** ist ein weiteres Beispiel hierfür.

4. Optimierung von nicht-medizinischen Prozessen im Gesundheitswesen

Mit der digitalen Vernetzung von Geräten über das Internet lassen sich auch Prozesse im 14 Gesundheitswesen optimieren, die nicht unmittelbar die Gesundheitsversorgung der Patienten betreffen. Diese Prozesse wirken sich jedoch mittelbar auf die Gesundheitsversorgung aus und sind zudem ein signifikanter Kostenfaktor im Gesundheitswesen. Die Rede ist von Prozessen bezüglich der Lagerung und des Transports etwa von medizinischen Geräten, Arzneimitteln, Verbandmitteln, die vor allem dazu dienen, die erforderliche Menge an Gütern zur richtigen Zeit, am richtigen Ort und in der erforderlichen Qualität vorzuhalten und bereitzustellen. Die Vernetzung betrifft die gesamte Kette der Logistik, angefangen beim Hersteller, über den Vertreiber und Transporteur, bis hin zu den Kliniken und Arztpraxen sowie den Entsorgungsunternehmen. Es geht dabei im Kern um die digitale Erfassung und Steuerung von Warenströmen sowie die Identifikation von Gütern im Sinne einer optimierten Logistik.

Ein praktisches Beispiel hierfür ist die **Unique Device Identification** (UDI) in Kran- 15 kenhäusern, die dazu dient mittels IoT-Technologie, Produkte und Verpackungen digital zu erfassen, Lagermengen und Puffer festzulegen. Es spielt eine wichtige Rolle für die Gesundheitsversorgung und die Kosten im Gesundheitssystem, wenn Menge, Verfügbarkeit und Qualität von Arzneimitteln, Medizinprodukten etc immer verlässlich dem medizinischen Bedarf entsprechen.

Ähnlich positive, mittelbare Effekte für die Gesundheitsversorgung sowie die Patienten- 16 sicherheit lassen sich womöglich erzielen, wenn die **Wartung von Medizinprodukten** durch das Internet der Dinge optimiert werden kann. Es geht darum, durch vernetzte Medizinprodukte die Lebensdauer von Geräten zu überwachen, Wartungen optimal zu planen, unnötige Wartungen zu vermeiden und Kosten zu sparen.

Krankenhäuser setzen Internet der Dinge-Technologie zudem ein, um Wartezeiten für 17 Behandlungen zu vermeiden und die Bettenbelegung zu optimieren. Hierfür hat sich der Fachausdruck des **Indoor Positioning Analytics** (IPA) entwickelt. Damit werden Abläufe und Engpässe bildlich dargestellt. Dies ermöglicht Entscheidungen und Maßnahmen zur Optimierung der Prozesse. Unterstützt wird der Einsatz des Internets der Dinge hier durch **RFID-Tags** an Betten und Rollstühlen. Hiermit können Ärzte und Pflegepersonal jederzeit feststellen, wo sich das Bett oder der Rollstuhl mit dem Patienten befindet.

Das Internet der Dinge lässt es ebenfalls zu, Objekte digital zu überwachen, die bei 18 Operationen eingesetzt werden. So kann sichergestellt werden, dass alle Objekte aus einem Patienten entfernt wurden.

5. Neue Krankenversicherungstarife durch das Internet der Dinge?

Das Internet der Dinge könnte sich schließlich auf die **Krankenversicherungstarife** aus- 19 wirken. Patienten, die bereit sind, ihre Daten über das Internet der Dinge den Versicherungsunternehmen zur Verfügung zu stellen, könnten bei entsprechender Datenlage mit günstigen Tarifen für Gesundheitsbewusste rechnen. Nahezu alle oben beschriebenen Technologien zur Optimierung der ambulanten und stationären Gesundheitsversorgung, der Prävention sowie der Lebensqualität, schaffen quasi automatisch die Voraussetzungen für eine solche Nutzung der Daten und Erkenntnisse in der Versicherungswirtschaft.

20 Die praktische Bedeutung für die Gesundheitswirtschaft liegt auf der Hand. Es könnte eine starke Dynamik entstehen. Diese Dynamik könnte vor allem durch den Markt der Verbesserung der Lebensqualität genährt werden. Die Vermischung von Fitness-Trackern, Apple Watches usw mit medizinischer Versorgung und der leichtere Zugang zu und Umgang mit Daten aus dem Umfeld der Lebensqualität könnten sich durch fortschreitende Transparenz solcher Gesundheitsdaten und die Erwartung der Gesellschaft gegen die Versicherten wenden.

II. Beispiele für Anwendungen des Internets der Dinge in der Gesundheitswirtschaft

1. Telemedizinische Methoden in der Diagnostik, Gesundheitsversorgung und Rehabilitation

21 Ein interessantes Beispiel für das Internet der Dinge in der Gesundheitswirtschaft sind telemedizinische Methoden. Unter **Telemedizin** versteht man medizinische Versorgungskonzepte in der Diagnostik von Erkrankungen, der stationären und ambulanten Gesundheitsversorgung sowie der Rehabilitation, die eine Gemeinsamkeit aufweisen. Diese Gemeinsamkeit ist, dass diese Leistungen bei der Telemedizin aus der Entfernung und/oder sogar zeitlich versetzt erbracht werden. Die Telemedizin umfasst auch die Beratung von Ärzten bei der Diagnostik, Gesundheitsversorgung und Rehabilitation. Die Krankenhäuser, Ärzte und Rehabilitationskliniken sowie Patienten, um deren Gesundheit es geht, brauchen für telemedizinische Methoden eine digitale Infrastruktur, damit die Daten aus der Entfernung und unter Umständen zeitlich versetzt verfügbar gemacht werden können. Diese Infrastruktur besteht aus Kommunikationstechnologie und Informationstechnologie, die eine Übermittlung von Sprache, Bildern, Untersuchungsergebnissen und anderen behandlungsrelevanten Daten ermöglichen.

22 In der medizinischen Versorgung von Patienten in Deutschland spielen telemedizinische Methoden eine immer stärkere Rolle. Sie betreffen eine Vielzahl medizinischer Fachgebiete und praktisch alle Versorgungsebenen von der ambulanten und stationären Versorgung, über die integrierte Versorgung und die Rehabilitation. Hier sind nur einige Beispiele von vielen:

- Schlaganfallpatienten können in **Tele Stroke-Units** behandelt werden, falls keine stationäre Stroke-Unit erreichbar ist. Es gibt **Akut-Schlaganfall-Telematik Plattformen (ASTER),** die dazu dienen, Schlaganfälle durch den Rettungsdienst besser und schneller zu erkennen, eine geeignete Klinik auszuwählen und diese Klinik rechtzeitig einzubinden in die Behandlung.
- Das Unternehmen MediOne GmbH hat einen **Messenger in der Gesundheitswirtschaft** entwickelt für die zeitgemäße, sichere Vernetzung zwischen den Teilnehmern der medizinischen Versorgung (Patienten, Krankenhäuser, Ärzte etc). Der Messenger ist einsetzbar auf allen Versorgungsebenen und in allen Fachgebieten. Er ermöglicht es, alle Gesundheitsdaten und versorgungsrelevanten Dokumente (Ärztebriefe, Patientenakten etc) mit einer Ende-zu-Ende-Verschlüsselung über Smartphones und Desktop-PCs verfügbar zu machen.
- Hinter dem Begriff AUTARK verbirgt sich eine Initiative der **ambulanten Rehabilitation** nach kardio-chirurgischen Eingriffen. Es geht um eine integrierte Versorgung in der ambulanten Rehabilitation dieser Patienten, die körperliches Training, ärztliche

Nachuntersuchung und telemedizinische Betreuung kombiniert. Hierbei kommt auch Kardiophon- und Holterphon-Technologie zum Einsatz.

- Das Projekt **AMI-Alzheimer Monitoring** will Demenzkranke, Alzheimerkranke und deren Angehörige unterstützen bei der Bewältigung des Alltags. Für diesen Versorgungsbereich hat sich der bereits erwähnte Begriff **Ambient Assisted Living** (AAL) etabliert. Es geht bei diesem konkreten Beispiel im Kern um die Ortung und das Bewegungsprofil der Patienten. Dabei kommen GPS-fähige Endgeräte, Rechner mit Ortungsfunktion sowie Smartphones zum Einsatz.
- Ein letztes Beispiel ist die **Telematikinfrastruktur** der Telekom Healthcare Solutions. Diese Infrastruktur schafft die Voraussetzungen für eine Vielzahl telemedizinischer Methoden. Das Unternehmen hat aufbauend auf dieser Infrastruktur die Telehealth-Datendrehscheibe entwickelt und mit Partnern Initiativen umgesetzt etwa aus den Bereichen der **Telepathologie** (mit einem Scanner erfasste Gewebeschnitte werden für zweite Befunde oder eine Beratung durch Spezialisten genutzt), der **Teleneurologie** (sektorenübergreifende Betreuung von Patienten mit Parkinson, MS, Demenz und Epilepsie) sowie der **Telestroke** (Versorgung von Schlaganfallpatienten in häuslicher Umgebung).

2. Die Eroberung des Gesundheitsmarktes durch Technologie-Konzerne wie Apple und Alphabet

Die Dynamik des Internets der Dinge in der Gesundheitsversorgung könnte kaum besser 23 beschrieben werden als durch die Aktivitäten der großen US-Amerikanischen Technologieunternehmen, allen voran Microsoft, Apple, Amazon und Alphabet mit der Tochter Google. Sie haben die Absicht, den Gesundheitsmarkt weltweit zu erobern und investieren ungeheure Summen und Aufwand. Kennzeichnend ist dabei, dass die Unternehmen den eigentlichen Gesundheitsmarkt im Sinne von Gesundheitsversorgung durch Ärzte und Krankenhäuser integrieren mit der Verbesserung der Lebensqualität, dem Wellness-Sektor. Damit könnte es ihnen gelingen, die Gesundheitsversorgung insgesamt stärker in den Alltag der Menschen zu integrieren. Dabei kommen ihnen Markmacht, Attraktivität der Marke, Wirtschaftskraft sowie Zugriff auf Technologie, die für das Internet der Dinge in der Gesundheitswirtschaft Grundlage sind, entgegen. Sie sind teils Marktführer bei dem Bereitstellen von IT-Plattformen, die eine vernetzte Nutzung von Gesundheitsdaten überhaupt erst ermöglichen sowie auf dem Feld der **Big Data Analytics.** Das Gleiche gilt für Applikationen, Smartphones, tragbare Geräte mit Sensoren wie die **Apple Watch** oder andere **Wearables.** Sie haben schließlich (potenziell) Zugriff auf eine ungeheure Menge an (Gesundheits-)Daten der Kunden und Nutzer von Geräten. Weitgehendes Neuland sind für die Unternehmen der Medizinproduktemarkt, Arzneimittelmarkt, die ambulante und stationäre Gesundheitsversorgung sowie Rehabilitation von Kranken einschließlich notwendiger Forschung und Entwicklung.

Die Bandbreite an Initiativen und Lösungen vernetzter, digitaler Gesundheitsversor- 24 gung, auf die sich die Unternehmen konzentrieren, soll anhand einiger Beispiele verdeutlicht werden:

- Die Forschungssparte von Alphabet, **Verily Life Science,** entwickelt datengestützte Ansätze zur Prävention und Behandlung von Krankheiten. Das Unternehmen hat im Jahre 2018 zB eine Technologie präsentiert, mit der sich das Risiko eines Herzinfarkts allein mit dem Scan der Netzhaut im Auge erkennen lässt. Hierbei kommt auch künstliche Intelligenz zum Einsatz. Gemeinsam mit namhaften Universitäten in den Vereinigten Staaten von Amerika arbeitet Verily in der Initiative **„Project Baseline"** daran, zu definieren, was gute Gesundheit ausmacht. Die Daten Tausender Teilnehmer werden dann die Basis sein, wirksame Prävention zu entwickeln, mit der Gesundheitskosten gespart werden können.
- Apple setzt zunächst und nicht überraschend auf den Einsatz von Applikationen wie **EPIC, Haiku** und **MyChartBedsite** auf Geräten mit dem Betriebssystem iOS, iPho-

nes und iPads sowie auf die **Apple Watch.** In Krankenhäusern etwa kann damit eine vollständige Vernetzung zwischen Ärzten, Pflegepersonal, Verwaltung und Patienten erzielt werden. Apple arbeitet hierbei unter anderem zusammen mit **Ochsner Health System,** einem gemeinnützigen akademisch-medizinischen Zentrum in den Vereinigten Staaten. Während der gesamten Behandlung können Ärzteteams jederzeit auf die Gesundheitsdaten des Patienten zugreifen. Das Pflegepersonal wird außerdem unterstützt, die Sicherheit bei der Einnahme von Arzneimitteln zu überwachen. Der gesamte Behandlungsprozess einschließlich Zeitplanung, Auslastung etc wird über die Technologie gesteuert. Patienten wird es ermöglicht, mit dem Klinikpersonal während des Krankenhausaufenthaltes zu kommunizieren.

25 Die angestrebte Vernetzung über **iPhone, iPad, Smart Watch** und entsprechende iOS-fähige Applikationen setzt sich fort außerhalb des Krankenhauses. Mit Hilfe von Applikationen wie **Health App** oder **HealthKit**-fähigen Applikationen sollen Patienten zwischen Arztbesuchen in die Lage versetzt werden, in ständigem Kontakt mit den Ärzten zu bleiben. Apple hat gemeinsam mit dem UVA Children's Hospital eine Möglichkeit entwickelt, Neugeborene, die eigentlich in der Klinik behandelt würden, zu Hause zu pflegen und dabei digital vernetzt per Video-Telefonie etc die Unterstützung des Klinikpersonals zu erhalten. Im Mittelpunkt der Anstrengungen steht eine vollständige und jederzeit aktuelle elektronische Gesundheitsakte eines jeden Patienten, die über die Vernetzung im Internet der Dinge genutzt werden kann. Im Bereich der Forschung hat **Apple ResearchKit** entwickelt, mit dem medizinische Forscher Applikationen entwickeln können mit dem Ziel, einen nahtlosen Ablauf von Studien zu gewährleisten, Einwilligungen von Patienten einzuholen und medizinische Daten zu sammeln.

III. Besondere rechtliche Rahmenbedingungen des Internets der Dinge in der Gesundheitswirtschaft

1. Bedeutung des Arzneimittelrechts und Medizinprodukterechts

26 Unternehmen, die das Internet der Dinge in der Gesundheitswirtschaft nutzen, sollten zwei Gesetze verstehen, die den Kern des Produktrechts in der Gesundheitswirtschaft ausmachen. Es geht um das Gesetz über den Verkehr mit Arzneimitteln (Arzneimittelgesetz – AMG) sowie das Gesetz über Medizinprodukte (Medizinproduktegesetz – MPG). In der nahen Zukunft werden die Verordnungen der Europäischen Union (EU) 2017/745 über Medizinprodukte **(Medizinprodukte-VO)** sowie (EU) 2017/746 über In-vitro-Diagnostika **(In-vitro-Diagnostika-VO)** eine gewichtige Rolle spielen. Die **Medizinprodukte-VO** wird in den wesentlichen Teilen am 26.5.2021 und die **In-vitro-Diagnostika-VO** am 26.5.2022 in Kraft treten. Hierbei steht nur im Mittelpunkt, ob spezielle und innovative Modelle oder Gesundheitsleistungen aus dem Internet der Dinge durch diese Gesetze reguliert werden und wie sich die Regulierung auswirkt auf die unternehmerische Tätigkeit. Es geht nicht darum, den Gebrauch von Arzneimitteln oder Medizinprodukten im klassischen Sinne zu betrachten, der lediglich unter neuen technischen Rahmenbedingungen erfolgt, sich aber im Kern nicht unterscheidet. An dieser Stelle können die zentralen Fragen nur umrissen und eine Richtung aufgezeigt werden, wie die Unternehmen sich den Antworten auf die Fragen nähern können.

27 Die zentrale Frage ist, ob Gesundheitsleistungen aus dem Internet der Dinge Arzneimittel oder Medizinprodukt sind und wonach sich entscheidet, ob sie in die eine oder andere Kategorie einzuordnen sind. Regulatorisch kann die Abgrenzung zwischen Arzneimitteln und Medizinprodukten kompliziert sein, wie ein kurzer Blick auf die Definitionen und die Normen zur Abgrenzung beider Produktgruppen im AMG und MPG zeigt. Arzneimittel sind nach § 2 Abs. 1 Nr. 1 AMG zum einen Stoffe oder Zubereitungen aus Stoffen, die zur Anwendung im oder am menschlichen oder tierischen Körper bestimmt sind und

als Mittel mit Eigenschaften zur Heilung oder Linderung oder zur Verhütung menschlicher oder tierischer Krankheiten oder krankhafter Beschwerden bestimmt sind. Außerdem sind nach § 2 Abs. 1 Nr. 2 AMG Stoffe oder Zubereitung aus Stoffen Arzneimittel, die im oder am menschlichen oder tierischen Körper angewendet werden oder einem Menschen oder Tier verabreicht werden können. Das muss mit der Absicht erfolgen, entweder a) die physiologischen Funktionen wiederherzustellen, zu korrigieren oder zu beeinflussen durch eine pharmakologische, immunologische oder metabolische Wirkung oder b) eine medizinische Diagnose zu erstellen. Als Arzneimittel gelten nach § 2 Abs. 2 Nr. 1 AMG auch Gegenstände, auf die ein Arzneimittel iSv § 2 Abs. 1 AMG aufgebracht ist oder die ein solches Arzneimittel enthalten. Und § 2 Abs. 3 Nr. 7 AMG stellt klar, dass Medizinprodukte und deren Zubehör iSd MPG keine Arzneimittel sind, es sei denn es handelt sich um Arzneimittel zu Erstellung medizinischer Diagnosen. Medizinprodukte sind nach § 3 Nr. 1 MPG einzelne oder miteinander verbundene Instrumente, Apparate, Vorrichtungen, Software, Stoffe und Zubereitungen aus Stoffen oder andere Gegenstände, die der Hersteller zur Anwendung für Menschen vorgesehen hat. Die Funktionen der Instrumente usw müssen dazu dienen, Krankheiten, Verletzungen und Behinderungen zu erkennen, verhüten, behandeln, überwachen, lindern oder kompensieren. Alternativ können sie auch dazu dienen, den anatomischen Aufbau oder einen physiologischen Vorgang zu untersuchen, zu ersetzen oder zu verändern. Schließlich ist auch die Empfängnisregelung ein Zweck, zu dem Medizinprodukte bestimmt sein können. Hinzu kommt als entscheidendes Kriterium, dass die **bestimmungsgemäße Hauptwirkung am oder im menschlichen Körper** weder durch pharmakologisch oder immunologisch wirkende Mittel noch durch Metabolismus erreicht wird. Die Wirkungsweise des Medizinprodukts kann aber durch solche Mittel unterstützt werden. § 2 Abs. 3 MPG regelt schließlich, dass auch Medizinprodukte unter das Gesetz fallen, die dazu dienen, ein Arzneimittel zu verabreichen. Und die Norm klärt auch, welche Regelungen gelten, wenn Medizinprodukt und Arzneimittel als einheitliches, miteinander verbundenes Produkt in den Markt kommen.

Was bedeutet das für Unternehmen, die das Internet der Dinge in der Gesundheitswirt- 28
schaft nutzen? Die Regelungen oben zeigen, dass die Abgrenzung zwischen Arzneimitteln und Medizinprodukten weitaus schwieriger sein kann als angenommen, wenn man sich dieser Frage unbefangen nähert. Es gibt zahlreiche Abgrenzungsfragen und Rechtsprechung zum Thema.[1] Beide Definitionen umfassen bspw. Stoffe oder Zubereitungen aus Stoffen. Nicht selten gibt es Substanzen, die auch eine pharmakologische, immunologische oder metabolische Wirkung neben anderen Wirkungen haben. Leichter dürfte es in aller Regel fallen, ein Produkt einzustufen, soweit es um die Behandlung von Patienten und nicht um die Diagnostik geht. Die pharmakologische, immunologische oder metabolische Wirkung eines Produkts, die in aller Regel nur Arzneimittel aufweisen, wird dabei häufig den Ausschlag geben. Schwierig kann eine Abgrenzung auch werden, wenn die Anwendung oder Verabreichung dazu dient, eine medizinische Diagnose zu stellen. Dann steht eine pharmakologische, immunologische oder metabolische Wirkung als Abgrenzungskriterium nicht zur Verfügung. Und die medizinische Diagnostik ist das klassische Feld von Medizinprodukten (§ 2 Abs. 5 Nr. 1 und § 3 Nr. 1 MPG), kann aber auch auf Arzneimittel zutreffen, wie § 2 Abs. 1 Nr. 2b AMG zeigt. Hilfestellung geben neben der Rechtsprechung[2] vor allem zwei Normen. § 2 Abs. 5 Nr. 1 MPG stellt die Regel auf, dass die Entscheidung darüber, ob ein Produkt ein Arzneimittel oder ein Medizinprodukt ist, insbesondere unter Berücksichtigung der **hauptsächlichen Wirkungsweise** des Produkts erfolgt.[3] Eine Ausnahme hiervon gilt nur für Arzneimittel zur medizinischen Diagnose gem. § 2 Abs. 1 Nr. 2b AMG. Und schließlich bestimmt § 2 Abs. 3a AMG, dass im Zwei-

[1] Kügel/Müller/Hofmann/*Müller* AMG § 2 Rn. 220–222; *Rehmann/Wagner* MPG § 3 Rn. 2–4.
[2] *Rehmann/Wagner* MPG § 3 Rn. 2 mNw aus und Erläuterungen zu der Rspr.
[3] *RehmannWagner* MPG § 2 Rn. 8.

fel ein Arzneimittel vorliegt, wenn Erzeugnisse sowohl die Kriterien eines Arzneimittels erfüllen, aber auch ein Medizinprodukt sein können.[4]

29 Die Unternehmen müssen sich frühzeitig und intensiv damit beschäftigen, welche Konsequenzen das Geschäftsmodell hat mit Blick auf Arzneimittelrecht und Medizinproduktrecht und welche Möglichkeiten es gibt, sich in dem einen oder dem anderen Regulierungsregime zu bewegen. Es ist vor allem auch deshalb unerlässlich, zu klären, ob ein Produkt, Apparat, Instrument ein Arzneimittel oder Medizinprodukt ist, weil die Konsequenzen für die Entwicklung, Herstellung und Vermarktung erheblich sein können. Für die Herstellung eines Arzneimittels braucht es eine spezielle **Herstellungserlaubnis,** §§ 13–18 AMG. Arzneimittel müssen durch spezielle Arzneimittelzulassungsbehörden zugelassen werden in einem anspruchsvollen Verfahren. Hierzu braucht es vor allem Evidenz bezüglich der Sicherheit und therapeutischen Wirksamkeit der Arzneimittel, die durch stark regulierte klinische Prüfungen erbracht werden müssen. Die Einzelheiten ergeben sich aus §§ 21–37 sowie §§ 40–42b AMG. Die **Zulassung** erfolgt entweder einzeln in jedem Mitgliedstaat der EU oder va bei innovativen Arzneimitteln einheitlich für die Europäische Union auf der Grundlage der Verordnung (EG) Nr. 726/2004 des Europäischen Parlaments und des Rates vom 31.3.2004 durch die Europäische Arzneimittel-Agentur. Die Vermarktung ist unter Umständen den Apotheken vorbehalten, §§ 43–46 AMG. Und schließlich müssen die Unternehmen ein Pharmakovigilanz-System aufbauen und unterhalten mit entsprechenden Meldepflichten. Die Einzelheiten stehen in §§ 62–63j AMG. Die gesamte unternehmerische Tätigkeit unterliegt damit einer starken Regulierung und Überwachung, wenn Unternehmen Arzneimittel in den Verkehr bringen. Es braucht interne Prozesse, Personal, spezielles Wissen und Erfahrung, um mit diesen Anforderungen umzugehen. Bei Medizinprodukten hat sich der Gesetzgeber demgegenüber vom Modell der staatlichen Überwachung und Genehmigung deutlich weiter entfernt als bei Arzneimitteln. Stattdessen hat er die Verantwortung für das Inverkehrbringen und die Inbetriebnahme stärker in die Hände der Hersteller gegeben. Er braucht dafür im Kern eine **CE-Kennzeichnung** auf dem Medizinprodukt, die der Hersteller je nach **Risiko-Klassifizierung** selbst vornimmt oder durch eine benannte Stelle mit technischer Expertise vornehmen lässt, §§ 5–14 MPG. Es gibt auch im MPG Überwachungspflichten und staatliche Kontrollen. Sie sind allgemein aber weniger stark als bei Arzneimitteln, §§ 25–31 MPG.

2. Internet der Dinge in der Gesundheitswirtschaft und gesetzliche Krankenversicherung

30 In Ländern wie Deutschland hängt der unternehmerische Erfolg von Initiativen, die auf das Internet der Dinge in der Gesundheitswirtschaft bauen, zunächst davon ab, ob Leistungen zur Erhaltung oder Wiederherstellung der Gesundheit bzw. zur Besserung des Gesundheitszustands (§ 1 S. 1 SGB V) durch die Krankenkassen auf der Grundlage des SGB V erstattet werden. Denn etwa 90 Prozent der Bevölkerung in Deutschland sind gesetzlich krankenversichert. Der Rest ist entweder privat versichert oder zahlt Leistungen aus eigener Tasche. Die zweite zentrale Frage ist, ob das Berufsrecht Ärzte beschränkt, Gesundheitsleistungen unter Nutzung des Internets der Dinge zu erbringen.

31 Das Modell der gesetzlichen Krankenversicherung beruht darauf, dass die Versicherten in aller Regel an der Erstattung einer Gesundheitsleistung, die von Ärzten, Zahnärzten, Psychotherapeuten, Krankenhäusern, Rehabilitationseinrichtungen und anderen sog. Leistungserbringern wie Physiotherapeuten, orthopädischen Schuhmachern und so weiter erbracht werden, nicht direkt beteiligt sind. Die Versicherten bezahlen die Beiträge und erhalten die Leistungen, wie sich aus dem sog. **Naturalleistungsprinzip** in § 2 Abs. 1 und

[4] Kügel/Müller/Hofmann/*Müller* AMG § 2 Rn. 232–233.

2 SGB V sowie aus §§ 222–225 SGB V ergibt.[5] Die Leistungserbringer bekommen die Erstattung direkt von den Krankenkassen. Ausnahmen hiervon sind va Leistungsbeschränkungen oder Zuzahlungen, wie sie bei Arzneimitteln und zahnärztlichen Leistungen besonders bekannt sind, wo ein Teil von den Versicherten selbst bezahlt werden muss.[6] Es kommt also für Unternehmungen in der Gesundheitswirtschaft, die das Internet der Dinge nutzen, darauf an, welche Leistungen vom sog. **Leistungskatalog der gesetzlichen Krankenversicherung** umfasst sind. Die Antwort hat maßgeblichen Einfluss auf das Geschäftsmodell.

Aktuell gibt es keine Beschränkungen unmittelbar aus dem Recht der gesetzlichen Krankenversicherung, die Unternehmen daran hindern, das Internet der Dinge in der Gesundheitswirtschaft nach dem Vorbild der Beispiele oben einzusetzen. Es ist allerdings so, dass die Krankenkassen als Träger der gesetzlichen Krankenversicherung solche Unternehmungen bislang nicht speziell vergüten oder finanzielle Anreize dafür setzen dürfen. Ein wichtiger Schritt in diese Richtung ist das Gesetz für eine bessere Versorgung durch Digitalisierung und Innovation **(Digitale Versorgung-Gesetz – DVG)** vom 9.12.2019 sein. Danach können sich Patienten vom Arzt **Gesundheits-Apps** verschreiben lassen. Telemedizinische Angebote wie **Videosprechstunden** sollen erleichtert werden. Und Patienten sollen ihre Daten in einer **elektronischen Patientenakte** (ePA) speichern können. Krankenkassen müssen diese anbieten. Ärzte müssen sie nutzen. Eine entsprechende Vergütung dafür ist vorgesehen. Apotheken und Krankenhäuser müssen sich ebenfalls anschließen an die **Telematik-Infrastruktur,** um eine flächendeckende Nutzung zu gewährleisten. Physiotherapeuten und andere Gesundheitsdienstleister werden sich ebenfalls anschließen können. Und die Krankenkassen erhalten die Möglichkeit, digitale Innovation zu fördern und dafür ein Teil ihrer Finanzmittel einzusetzen. Es scheint also, als seien wichtige Weichen noch im Jahre 2019 gestellt worden, das Internet der Dinge in der Gesundheitswirtschaft in Deutschland zu stärken. Im April 2018 hat die Kassenärztliche Vereinigung Baden-Württemberg das Modellprojekt **„DocDirekt"** gestartet, an dem etwa vierzig niedergelassene Hausärzte und Kinderärzte teilnehmen. Es stellt eine automatisierte Vergütung der Behandlung durch die Krankenkassen sicher. 32

Für eine Nutzung des Internets der Dinge vor allem in der ambulanten Behandlung sind allerdings auch berufsrechtliche Anpassungen nötig geworden. Ärzten in Deutschland war es bis 2018 verboten, Patienten aus der Ferne, also auch über das Telefon, zu behandeln. Im Mai 2018 hat der Deutsche Ärztetag eine Lockerung des sog. **Fernbehandlungsverbotes** beschlossen. In die Musterberufsordnung der Ärzte (MBO-Ä) wurde mit § 7 Abs. 4 eine Regelung aufgenommen, die eine Beratung oder Behandlung über Kommunikationsmedien erlaubt. Um rechtlich zu wirken, muss diese Regelung allerdings noch von den Landesärztekammern in die jeweilige **Berufsordnung der Ärzte** aufgenommen werden. In Bayern, Baden-Württemberg, Berlin, Bremen, Hamburg, Rheinland-Pfalz, Hessen, Nordrhein, Westfalen-Lippe, Sachsen, Sachsen-Anhalt, Thüringen, dem Saarland und Schleswig-Holstein ist das bereits passiert. In Mecklenburg-Vorpommern stehen die Regelungen noch aus. Brandenburg hat sich dagegen ausgesprochen. Seitdem ist es Ärzten erlaubt, Patienten ausschließlich etwa per Videochat und Telefon zu behandeln. Das gilt selbst dann, wenn der Arzt den Patienten nie zuvor persönlich gesehen hat. 33

3. Datenschutzrecht auf der Grundlage der DS-GVO

Im Internet der Dinge in der Gesundheitswirtschaft sind personenbezogene Daten der Kern der unternehmerischen Aktivität. Die Behandlung von Patienten beim Arzt oder im Krankenhaus, die Prävention von Erkrankungen eines Patienten, die Verbesserung von Lebensqualität einzelner Menschen ist mit der IT-Infrastruktur, einer Cloud, Applikationen 34

---

[5] Becker/Kingreen/*Scholz* SGB V § 2 Rn. 13f.
[6] Becker/Kingreen/*Axer* SGB V § 31 Rn. 49–53.

und Geräten sowie deren Vernetzung allein nicht möglich. Die Technologien sind nur die Voraussetzung für die digitale und vernetzte Nutzung der Gesundheitsdaten oder sonstiger Daten von Patienten oder potenziellen Patienten. Möglicherweise werden auch die Daten Angehöriger benötigt. Auch die Daten von Ärzten, Pflegepersonal, Kliniken und anderen Einrichtungen des Gesundheitswesens sowie von Arzneimittelherstellern und Herstellern von Medizinprodukten und sonstigen medizinischen Geräten sind unter Umständen unerlässlich. Das gleiche kann gelten für Informationen über die Behandlungsprozesse, Organisation eines Krankenhauses oder einer Arztpraxis.

a) Wirtschaftliche und unternehmerische Auswirkung der DS-GVO

35 Soweit das Datenschutzrecht den Umgang mit solchen Daten regelt, müssen die Unternehmen, Kliniken, Ärzte sich mit den gesetzlichen Anforderungen auseinandersetzen und hierfür Lösungen finden, um erfolgreich zu sein. In der Europäischen Union gilt seit dem 25.5.2018 unmittelbar in allen Mitgliedstaaten die DS-GVO, wie sich Art. 99 Abs. 2 DS-GVO entnehmen lässt. Die Mitgliedstaaten haben in aller Regel im gleichen Zuge oder leicht verspätet die nationalen Datenschutzgesetze überarbeitet und dabei die Öffnungsklauseln der DS-GVO für Ergänzungen und Konkretisierungen genutzt. In Deutschland ist entsprechend am 25.5.2018 das novellierte BDSG in Kraft getreten. Wegen der unmittelbaren Geltung der DS-GVO in der Europäischen Union, ist es sachgerecht, dieses Gesetz als Maßstab zu nehmen für die Regulierung der Datennutzung im Internet der Dinge in der Gesundheitswirtschaft.

36 Verstöße gegen die DS-GVO können den unternehmerischen Erfolg dauerhaft oder vorübergehend verhindern, jedenfalls aber nachhaltig beeinträchtigen. Die **Datenschutzaufsichtsbehörden** haben die Mittel und Befugnis, die Verarbeitung personenbezogener Daten im Rahmen von Internet der Dinge-Initiativen im Gesundheitsmarkt ganz oder vorübergehend zu verhindern oder einzuschränken. Sie können weitere Untersuchungen in den betroffenen Unternehmen vornehmen mit womöglich weitergehenden, drastischen Folgen. Art. 57 sowie Art. 58 DS-GVO beschreiben die Aufgaben und Befugnisse der Aufsichtsbehörden zur Durchsetzung einer Einhaltung des Gesetzes im Detail. Art. 58 Abs. 1 DS-GVO verdeutlicht, dass die Aufsichtsbehörde die Unternehmen anweisen kann, alle Informationen zur Verfügung zu stellen, die sie benötigt, um ihre Aufgaben zu erfüllen. Die Behörde kann zudem Zugang zu personenbezogenen Daten und Informationen verlangen. Art. 58 Abs. 2 DS-GVO zeigt, dass die Aufsichtsbehörde die Verarbeitung personenbezogener Daten vorübergehend oder endgültig verbieten kann. Sie kann zudem Korrekturen von den Unternehmen verlangen oder einfordern, dass die betroffenen Personen, deren Daten verarbeitet werden, informiert werden.[7]

37 Art. 83 DS-GVO ermöglicht den Aufsichtsbehörden zudem, **Bußgelder** zu verhängen gegen Unternehmen bis zu einer maximalen Höhe von 20 Millionen EUR oder 4 Prozent des Gesamtjahresumsatzes bei Verstößen gegen die Pflichten der Verordnung.[8] Bußgelder in einer solchen Höhe können den unternehmerischen Erfolg nachhaltig beeinträchtigen. Art. 82 Abs. 1 DS-GVO räumt schließlich jeder Person, die einen materiellen oder immateriellen Schaden erleidet durch einen Verstoß gegen die Verordnung, einen Anspruch auf **Schadensersatz** ein gegen die verantwortlichen Unternehmen.[9] Auch dies kann bei IoT-Technologie in der Gesundheitswirtschaft, die auf die Nutzung durch eine Vielzahl von Patienten, Ärzten, Krankenhäuser etc ausgelegt sind, den unternehmerischen Erfolg beeinträchtigen oder verhindern.

38 Unternehmen, die an einer Entwicklung beteiligt sind, die das Internet der Dinge in der Gesundheitswirtschaft etablieren soll, müssen angesichts dessen den Datenschutz von Anfang als strategische Komponente und Erfolgsfaktor begreifen. Die DS-GVO verlangt

---

[7] Ehmann/Selmayr/*Selmayr* DS-GVO Art. 58 Rn. 11–28.
[8] Ehmann/Selmayr/*Nemitz* DS-GVO Art. 83 Rn. 13–29.
[9] Ehmann/Selmayr/*Nemitz* DS-GVO Art. 82 Rn. 8–13.

entsprechend in Art. 25 von verantwortlichen Unternehmen **Datenschutz durch Technikgestaltung** und durch **datenschutzfreundliche Voreinstellungen.**[10] Diese Anforderungen erstrecken sich auf die gesamte Wertschöpfungskette von der Forschung und Entwicklung, über die Produktion und die Markteinführung eines Produktes oder einer Technologie. Wenn Unternehmen dies beherzigen, muss das Datenschutzrecht kein Innovationshemmnis sein. Es kann im Gegenteil – richtig angewandt – einen **Wettbewerbsvorteil** bringen.

b) Gegenstand der DS-GVO

Die erste wichtige Frage ist, welche Daten und welche Nutzung von Daten aus dem Internet der Dinge in der Gesundheitswirtschaft unter die DS-GVO fallen. Das ist die Frage nach dem **sachlichen Anwendungsbereich** der Verordnung. Dabei wird deutlich, dass es wichtig ist, die Daten und Informationen, die genutzt werden, sehr genau auseinanderzuhalten. Die Verordnung greift regulierend nur ein, soweit **personenbezogene Daten** lebender Personen verarbeitet werden, wie Art. 1 Abs. 1 sowie Art. 2 Abs. 1 und Art. 4 Nr. 1 DS-GVO erklären. 39

Informationen, die keinen Bezug zu einem Menschen haben, sondern nur **juristische Personen, Gesellschaften, Unternehmen, Verbände sowie Institutionen oder Tiere** betreffen, fallen damit aus dem Anwendungsbereich des Datenschutzrechts heraus.[11] Das gilt also im Internet der Dinge in der Gesundheitswirtschaft für alle Informationen, die nur das Krankenhaus, den Softwareentwickler oder den Hersteller eines Medizinproduktes oder eines Smartphones betreffen. Das wären etwa Name, Größe, Standort, Geschäftszahlen und Geschäftsangaben, technische Informationen etc. Die Nutzung personenbezogener Daten durch Menschen zur Ausübung ausschließlich familiärer und persönlicher Tätigkeiten sind ebenfalls außen vor, wie sich Art. 2 Abs. 2 lit. c DS-GVO entnehmen lässt. Diese Konstellation kann für das Internet der Dinge in der Gesundheitswirtschaft vernachlässigt werden. Es geht um eine Verarbeitung der Daten über diesen **rein familiären und persönlichen Bereich** etwa von Angehörigen Kranker hinaus. 40

Der Begriff **personenbezogener Daten** ist sehr weit. Art. 4 Nr. 1 DS-GVO spricht von allen Informationen, die sich auf **identifizierte und identifizierbare natürliche Personen** beziehen. Als identifizierbar gilt eine Person, die direkt oder indirekt identifiziert werden kann. Das kann durch Zuordnung zu einem Namen, zu einer Kennung oder Kennnummer, zu Standortdaten oder Online-Kennungen erfolgen oder durch Zuordnung zu einem oder mehreren besonderen Merkmalen, die Ausdruck der physischen, kulturellen, psychischen, physiologischen, genetischen, wirtschaftlichen oder sozialen Identität einer Person sind.[12] Die Möglichkeit, Personen indirekt über solche Merkmale zu identifizieren, erklärt die Reichweite der Verordnung. Sozialversicherungsnummern, IP-Adressen, E-Mail-Adressen, Codierungen usw fallen daher in den Anwendungsbereich. **Pseudonymisierte Gesundheitsdaten** iSv Art. 4 Nr. 5 DS-GVO, die nur mit weiteren Informationen, die ein Dritter besitzt, einer bestimmten Person zuzuordnen sind, sind daher personenbezogene Daten. Jemand besitzt den Schlüssel zum Patienten, die zusätzlichen Informationen, die nötig sind, ein Datum einem konkreten Patienten zuzuordnen. Nur **anonymisierte Daten** befreien von der DS-GVO. Anonym sind Daten jedoch nur, wenn weder eine direkte noch eine indirekte Zuordnung der Daten zu konkreten Personen möglich ist.[13] Die Anforderungen hierfür sind streng. Für die Geschäftsmodelle des Internets der Dinge in der Gesundheitswirtschaft wird es regelmäßig nötig sein, dass die Gesundheitsdaten, genetische, biometrische und andere Daten, die gebraucht werden, Kran- 41

---

[10] NK-DatenschutzR/*Hansen* DS-GVO Art. 25 Rn. 14–22.
[11] NK-DatenschutzR/*Hornung/Spieker* DS-GVO Art. 1 Rn. 39; NK-DatenschutzR/*Karg* DS-GVO Art. 4 Nr. 1 Rn. 43–45.
[12] NK-DatenschutzR/*Karg* DS-GVO Art. 4 Nr. 1 Rn. 57–72.
[13] NK-DatenschutzR/*Karg* DS-GVO Art. 4 Nr. 1 Rn. 19–21.

ken, Patienten, Nutzern von Applikationen, Ärzten und Pflegekräften zugeordnet werden können. Nur so kann der Erfolg einer verbesserten Krankheitsversorgung, Prävention etc für konkrete Patienten erzielt werden. Die betroffenen Unternehmen sollten dennoch immer eine Prüfung vornehmen, welche der Ziele der Datenverarbeitung auch mit anonymisierten Daten erreicht werden können. Damit wären die Unternehmen nämlich vom Datenschutzrecht befreit.

42 Die zweite zentrale Frage ist die nach der Nutzung personenbezogener Daten, die an das Gesetz gebunden ist. Die DS-GVO spricht in Art. 1 Abs. 1 und Art. 2 Abs. 1 von der **Verarbeitung personenbezogener Daten.** Die Verarbeitung ist ein sehr weiter Begriff. Er umfasst im Grunde jeden Gebrauch und jede Nutzung von Daten, die man sich vorstellen kann.[14] Die Verordnung definiert in Art. 4 Nr. 2 die Verarbeitung nämlich umfassend und offen als jeden mit oder ohne automatisierte Hilfe ausgeführten Vorgang oder jede solche Vorgangsreihe im Zusammenhang mit personenbezogenen Daten wie das **Erheben,** das **Erfassen,** die **Organisation,** das **Ordnen,** die **Speicherung,** die **Anpassung** und **Veränderung,** das **Auslesen,** das **Abfragen,** die **Verwendung,** die **Offenlegung** durch **Übermittlung, Verbreitung** oder eine **andere Form der Bereitstellung,** den **Abgleich** oder die **Verknüpfung,** die **Einschränkung,** das **Löschen** oder die **Vernichtung.** Für das Internet der Dinge in der Gesundheitswirtschaft hat dies zur Konsequenz, dass jede Nutzung und jeder Gebrauch personenbezogener Daten im Rahmen einer vernetzten Zusammenarbeit zwischen Kliniken, Ärzten, Pflegepersonal, Patienten und Angehörigen unter das Datenschutzrecht fallen. Das gilt für die Gesundheitsdaten, biometrischen und genetischen Daten, aber auch für alle anderen Daten wie Namen, Adressen, Berufsbezeichnungen, E-Mail-Adressen.

c) Räumlicher Anwendungsbereich der DS-GVO

43 Der sachliche Anwendungsbereich der DS-GVO ist damit geklärt. Sie gilt für jede gewerbliche und berufliche Verarbeitung personenbezogener Daten Lebender. Für das Internet der Dinge in der Gesundheitswirtschaft ist es außerdem wichtig zu verstehen, wie weit sich die Datenschutz-Grundverordnung räumlich erstreckt. Ist sie als Gesetz der EU nur auf Unternehmen anwendbar, die in der EU ihren Sitz haben oder können sich nur Personen auf das Gesetz berufen, die Bürger eines der Mitgliedstaaten der EU sind? Die Antwort auf diese Frage ist vor allem für Unternehmen außerhalb der EU bedeutsam, etwa die Technologie-Konzerne Google, Microsoft, Apple, Oracle, aber auch für Forschungseinrichtungen in den USA oder China. Wo die DS-GVO reguliert, kann aber auch eine wichtige Rolle spielen für international tätige Unternehmen mit Sitz in der EU, wenn es darum geht, in welchen Ländern, welche Aktivitäten des Unternehmens konzentriert werden. Die DS-GVO kann also für strategische Unternehmensentscheidungen von Bedeutung sein.

44 Art. 3 Abs. 1 DS-GVO etabliert als Prinzip Nr. 1, dass die Verordnung die Verarbeitung personenbezogener Daten von Verantwortlichen oder Auftragsverarbeitern reguliert, soweit die Verarbeitung im Rahmen einer Tätigkeit der **Niederlassung in der EU** erfolgt, unabhängig davon, ob die Verarbeitung in der Europäischen Union stattfindet. Damit wird das sog. **Niederlassungsprinzip** etabliert. Jeder, der aus der EU heraus agiert, ist an die gleichen Regeln gebunden. Es kommt dabei auf die Niederlassung des Verantwortlichen oder Auftragsverarbeiters an, der die Verarbeitung der Daten im Auftrag vornimmt. Eine Definition der Niederlassung bietet die DS-GVO nicht. Es ist die Rede von der effektiven und tatsächlichen Ausübung einer Tätigkeit durch eine feste Einrichtung. Das können auch Zweigniederlassungen sein. Der Sitz der Gesellschaft, juristischen Person, des Verantwortlichen oder Auftragsverarbeiters sind regelmäßig ein entscheidendes Indiz für die Niederlassung.[15] Wo die Datenverarbeitung tatsächlich stattfindet – innerhalb oder außerhalb

[14] NK-DatenschutzR/*Roßnagel* DS-GVO Art. 4 Nr. 2 Rn. 14.
[15] NK-DatenschutzR/*Hornung* DS-GVO Art. 3 Rn. 18–25.

der EU -, ist unerheblich.[16] Ebenso unerheblich ist, ob es sich um personenbezogene Daten von Bürgern der EU oder von Personen außerhalb der EU handelt.[17] Die Staatsbürgerschaft der betroffenen Personen, um deren Daten es geht, spielt keine Rolle. In der Praxis wird dies häufig missverstanden.

Das hat folgende und wichtige praktische Konsequenz: Verantwortlicher ist nach Art. 4 Nr. 7 DS-GVO die natürliche oder juristische Person oder Einrichtung, die allein oder gemeinsam mit anderen über die **Zwecke und Mittel der Datenverarbeitung** entscheidet. Wenn also eine Gesellschaft mit Niederlassung in Deutschland die maßgeblichen Entscheidungen trifft, zu welchen Zwecken Gesundheitsdaten im Rahmen einer Initiative im Internet der Dinge genutzt werden und welche Infrastruktur, Technologie etc eingesetzt wird, ist die DS-GVO voll anwendbar. Das gilt selbst dann, wenn sich Technologie, Infrastruktur und Personal für diese Initiative ausschließlich außerhalb der EU befinden – etwa in den USA, Singapur oder Indien – und das Personal nur dort tätig ist. Und die DS-GVO wäre bei diesem Beispiel selbst dann vollständig anwendbar, wenn nur Gesundheitsdaten von Patienten aus den USA oder Indien verarbeitet würden und kein Bürger der EU betroffen wäre. 45

Gleiches würde für die juristische Person eines Auftragsverarbeiters mit Niederlassung in Deutschland gelten, die von dort aus die unternehmerischen Entscheidungen trifft, die Datenverarbeitung im Auftrag aber ausschließlich etwa in Brasilien, Kanada oder Taiwan vornehmen lässt. 46

Wenn mehrere Unternehmen **gemeinsam entscheiden** über die **Zwecke und Mittel der Verarbeitung** genügt es, wenn ein Verantwortlicher seine Niederlassung in der EU hat. Über dieses Unternehmen findet die DS-GVO sowie die Kontrolle der Aufsichtsbehörde Einzug in die gesamte Initiative des Internets der Dinge in der Gesundheitswirtschaft. Setzen also etwa Unternehmen aus Deutschland, Italien oder Frankreich gemeinsam mit Unternehmen aus Japan oder den USA eine der oben beschriebenen Initiativen auf und entscheiden sie gemeinsam, welche Gesundheitsdaten zu welchen Zwecken (Prävention von Schlaganfällen, Verbesserung von Krankenhausprozessen) und mit welcher Technologie (Applikationen, Cloud-Services etc) genutzt werden, müssen sie davon ausgehen, dass die DS-GVO die gesamte Geschäftstätigkeit reguliert. 47

Nur wenn die Unternehmen einer solchen gemeinsamen Initiative in der Lage sind, klar abzugrenzen, welches Unternehmen über welche Zwecke und Mittel der Datenverarbeitung entscheidet, ist es möglich, den Verantwortungsbereich der Unternehmen mit Sitz außerhalb der EU von der DS-GVO freizuhalten. In der Praxis dürfte das nur schwer gelingen. Es ist regelmäßig der Sinn einer gemeinsamen Initiative des Internets der Dinge in der Gesundheitswirtschaft, die unternehmerische Kompetenz zu vereinen, was eine solche klare Abgrenzung verhindern, jedenfalls aber erschweren wird. 48

Die zweite und in der Praxis ebenfalls sehr wichtige Frage ist, ob und unter welchen Voraussetzungen die DS-GVO Unternehmen reguliert, die aus Ländern außerhalb der EU agieren. Art. 3 Abs. 2 DS-GVO beantwortet diese Frage. Der Gesetzgeber hatte dabei insbesondere Technologieunternehmen aus den USA wie Facebook, Google, Microsoft und Amazon im Blick, die teilweise Geschäfte innerhalb der EU betreiben, ohne den Unternehmenssitz in der EU zu haben bzw. Entscheidungen durch Gesellschaften außerhalb der EU treffen lassen. Wenn die Entscheidungen über den Zweck und die Mittel der Datenverarbeitung von der Muttergesellschaft mit Sitz etwa in den USA getroffen werden, wären die Unternehmen nach dem Prinzip aus Art. 3 Abs. 1 Nr. 1 DS-GVO teilweise nicht gebunden an das Gesetz. Jedenfalls könnten wichtige Lücken in der Regulierung entstehen. Denn nach dieser Vorschrift sind nur Verantwortliche mit Niederlassungen in der EU gebunden, die die Verarbeitung der Daten technisch vornimmt oder maßgeblich steuert.[18] 49

---

[16] NK-DatenschutzR/*Hornung* DS-GVO Art. 3 Rn. 26–27.
[17] NK-DatenschutzR/*Hornung* DS-GVO Art. 3 Rn. 20.
[18] NK-DatenschutzR/*Hornung* DS-GVO Art. 3 Rn. 26.

50 Diese Lücke soll Art. 3 Abs. 2 DS-GVO durch das sog. **Marktprinzip** schließen.[19] Danach müssen sich solche Nicht-EU-Unternehmen an das Gesetz halten, wenn sie als Verantwortliche oder Auftragsverarbeiter Daten verarbeiten von Personen, die sich in der EU aufhalten. Zusätzlich muss diese Datenverarbeitung allerdings im Zusammenhang stehen mit dem **Angebot von Waren oder Dienstleistungen** an diese Personen, auch wenn für die Waren oder Dienstleistungen keine Zahlung zu leisten ist. Alternativ muss diese Datenverarbeitung im Zusammenhang stehen mit der **Beobachtung des Verhaltens der Personen,** soweit das Verhalten in der EU stattfindet. Art. 27 DS-GVO verlangt in diesen Fällen zur Durchsetzung des Gesetzes, dass ein Vertreter in der EU benannt wird.

51 Für IoT-Initiativen in der Gesundheitswirtschaft, die vollständig von Unternehmen außerhalb der EU verantwortet werden, kann das eigene Geschäftsmodell also Auswirkungen haben. Wenn die Unternehmen es auch auf den Markt der EU abgesehen haben, müssen sie klären, ob sie Waren oder Dienstleistungen anbieten an Personen in der EU und ob sie das Verhalten von Personen in der EU beobachten wollen, um daraus Rückschlüsse für das eigene Geschäft zu ziehen. Bei den Beispielen oben aus der Praxis zur Verbesserung der Prävention und Krankenversorgung etc handelt es sich regelmäßig um Dienstleistungen. Für diese Datenverarbeitung mit Bezug zur EU wäre die DS-GVO maßgeblich. Andere Tätigkeiten als Waren und Dienstleistungen anbieten oder Verhalten beobachten lösen die Regulierung nicht aus.

d) Rechtmäßigkeit der Verarbeitung von Gesundheitsdaten, biometrischen und genetischen Daten

52 Das Grundkonzept der DS-GVO folgt dem Grundkonzept des Datenschutzrechts zuvor. Art. 6 Abs. 1 und Art. 9 Abs. 2 DS-GVO erklären dieses Konzept. Niemand hat danach das Recht, die personenbezogenen Daten einer anderen Person zu nutzen, es sei denn, das Gesetz erlaubt die Verarbeitung im Einzelfall. Es handelt sich um einen klassischen Fall des Verwaltungsrechts, ein sog. **Verbot mit Erlaubnisvorbehalt.**[20]

53 Beim Internet der Dinge im Gesundheitsmarkt werden in erste Linie besondere Kategorien personenbezogener Daten gebraucht. Hierunter fallen gem. Art. 9 Abs. 1 und Art. 4 Nr. 13, 14 und 15 DS-GVO **Gesundheitsdaten sowie genetische und biometrische Daten** zur eindeutigen Identifizierung einer Person. Diese Daten sind stärker geschützt als andere personenbezogene Daten. Nur unter den Bedingungen von Art. 9 Abs. 2 DS-GVO ist eine Nutzung erlaubt. Aus dem Katalog der Gründe in Art. 9 Abs. 2 lit. a–j DS-GVO werden die Unternehmen für das Internet der Dinge im Gesundheitsmarkt regelmäßig nicht um die **ausdrückliche Einwilligung** der Patienten und Kunden nach Art. 9 Abs. 2 lit. a DS-GVO herumkommen. Von den anderen Rechtfertigungsgründen könnten eine Rolle spielen eine Verarbeitung, die erforderlich ist, damit der Verantwortliche **gesetzliche Rechte ausüben oder Pflichten erfüllen** kann aus dem Arbeitsrecht oder dem Recht der sozialen Sicherheit gem. Art. 9 Abs. 2 lit. b DS-GVO. Denkbar ist außerdem die Verarbeitung gem. Art. 9 Abs. 2 lit. h DS-GVO für **Zwecke der Gesundheitsversorgung oder der Arbeitsmedizin,** für die **Beurteilung der Arbeitsfähigkeit der Beschäftigten,** die **Versorgung oder Behandlung im Gesundheits- und Sozialbereich** auf der Grundlage des Rechts der Europäischen Union oder eines Gesetzes der Mitgliedstaaten bzw. eines Vertrages mit einem Arzt oder Krankenhaus. Schließlich kann das sog. **Forschungsprivileg** eine Datenverarbeitung für wissenschaftliche oder historische Forschungszwecke oder statistische Zwecke rechtfertigen, das Art. 9 Abs. 2 lit. j iVm Art. 89 Abs. 1 DS-GVO sowie § 27 BDSG für Deutschland etabliert haben. Dies schließt die wissenschaftliche **Forschung in der Privatwirtschaft zu unternehmerischen Zwecken** ein.[21] Für Initiativen des Internets der Dinge in der Gesundheitswirt-

[19] NK-DatenschutzR/*Hornung* DS-GVO Art. 3 Rn. 39, 48–61.
[20] Ehmann/Selmayr/*Heberlein* DS-GVO Art. 6 Rn. 1.
[21] NK-DatenschutzR/*Caspar* DS-GVO Art. 89 Rn. 12–18.

schaft ist es von strategischer Bedeutung, frühzeitig zu verstehen, welche Möglichkeiten die Rechtfertigungsgründe der DS-GVO bieten und welche Voraussetzungen dafür geschaffen werden müssen.

Für alle anderen Daten, die nicht zu den besonders schützenswerten Kategorien Gesundheitsdaten, biometrische und genetische Daten etc gehören, können die Unternehmen auf den geschäftsfreundlicheren Katalog von Art. 6 Abs. 1 lit. a–f DS-GVO zurückgreifen. Die Rede ist von Daten wie Namen, E-Mail-Adressen, Berufsbezeichnungen, Kontonummern usw. Hier kommen vor allem eine Verarbeitung zur Wahrung **berechtigter Interessen** der Unternehmen gem. Art. 6 Abs. 1 lit. f DS-GVO in Betracht sowie die Verarbeitung, die nötig ist zur **Erfüllung eines Vertrags** mit Patienten und Nutzern von Gesundheits-Apps sowie vorvertragliche Maßnahmen auf Anfrage von Patienten, Nutzern etc nach Art. 6 Abs. 1 lit. b DS-GVO. 54

e) Verantwortung für die Verarbeitung der Gesundheitsdaten, biometrischen und genetischen Daten

Im Zentrum der DS-GVO steht der **Verantwortliche.** Er muss gem. Art. 5 Abs. 2 DS-GVO sicherstellen, dass die **Grundsätze für die Verarbeitung** personenbezogener Daten aus Art. 5 Abs. 1 DS-GVO eingehalten werden und muss dies auch nachweisen. Diese Grundsätze sind **Rechtmäßigkeit, Verarbeitung nach Treu und Glauben, Transparenz, Zweckbindung, Datenminimierung, Richtigkeit, Speicherbegrenzung, Integrität und Vertraulichkeit.** Ihn trifft also eine **Rechenschaftspflicht.** Er muss gem. Art. 24 Abs. 1 DS-GVO technische und organisatorische Maßnahmen umsetzen, die sicherstellen und den Nachweis erbringen können, dass die Daten im Einklang mit der DS-GVO verarbeitet werden. Der Verantwortliche muss zudem die **Informationspflichten, Auskunftsrechte, Löschrechte** usw aus den Art. 13–20 DS-GVO erfüllen. Er muss daneben Verletzungen des Schutzes personenbezogener Daten so bearbeiten, wie es Art. 33 und 34 DS-GVO verlangen. Er muss ein **Verzeichnis von Verarbeitungstätigkeiten** führen, welches den Anforderungen von Art. 30 DS-GVO genügt sowie **Datenschutz-Folgeabschätzungen** durchführen im Einklang mit Art. 35 DS-GVO. Der Verantwortliche muss schließlich Art. 28 und Art. 29 DS-GVO einhalten, wenn er **Auftragsverarbeiter** einschaltet. Das sind Unternehmen, die Daten in seinem Namen und Auftrag verarbeiten. Im Kern geht es um einen Vertrag mit Inhalten, die die Verordnung detailliert vorgibt und die sicherstellen sollen, dass Dritte die Daten ebenso sicher verarbeiten, wie der Verantwortliche. Und schließlich trifft auch die **zivilrechtliche Haftung** auf Schadensersatz wegen eines Verstoßes gegen die Verordnung gem. Art. 82 Abs. 1 DS-GVO den Verantwortlichen. 55

Wegen dieser zentralen Rolle des Verantwortlichen beziehen sich die **Befugnisse der Aufsichtsbehörden,** Vorfälle zu untersuchen, zu verwarnen, Anweisungen zu erteilen, Geldbußen zu verhängen auf den Verantwortlichen. Art. 58 und Art. 83 DS-GVO enthalten hierzu die Einzelheiten. Unternehmen, die das Internet der Dinge in der Gesundheitswirtschaft nutzen wollen, müssen sich daher Klarheit verschaffen, wann sie Verantwortlicher sind und was diese Verantwortung bedeutet. Die Initiativen, die oben beschrieben sind, umfassen regelmäßig mehrere Beteiligte von Technologieunternehmen über Softwareentwickler und Kliniken sowie Arztpraxen bis hin zu Institutionen des Gesundheitswesens. Für die beteiligten Unternehmen ist daher die womöglich wichtigste Frage, wie die Verantwortung aus der DS-GVO zwischen diesen Beteiligten verteilt ist. Wen treffen welche Risiken, wer muss welche Investitionen vornehmen und Maßnahmen ergreifen und wie kann die Initiative des Internets der Dinge beeinträchtigt werden durch eine Durchsetzung des Gesetzes durch die Aufsichtsbehörden? 56

aa) Folgen einer getrennten oder gemeinsamen Verantwortung für die Datenverarbeitung. Die zentrale Frage bei Unternehmungen aus dem Internet der Dinge in der 57

Gesundheitswirtschaft, an denen mehrere Unternehmen, Einrichtungen beteiligt sind, ist, ob man die Verantwortung, die die DS-GVO auferlegt, zwischen den Beteiligten klar abgrenzen kann. Dies hätte zur Konsequenz, dass jeder Beteiligte die oben genannten Pflichten aus der DS-GVO eigenständig, in eigener Kontrolle, mit unternehmerischer Freiheit gegenüber den Geschäftspartnern, erledigen müsste und könnte. Die Haftung auf Schadensersatz gem. Art. 82 Abs. 1 DS-GVO träfe nur den jeweils Verantwortlichen. Die Aufsichtsbehörde würde sich zur Durchsetzung des Gesetzes nur an den jeweiligen Verantwortlichen halten. Denn alle Pflichten und Befugnisse der Aufsichtsbehörden richten sich an den „Verantwortlichen". Das ist nach Art. 4 Nr. 7. DS-GVO die natürliche oder juristische Person, Behörde, Einrichtung oder andere Stelle, die in diesem Fall allein (oder gemeinsam mit anderen) über die Zwecke und Mittel der Datenverarbeitung entscheidet.[22]

58 Eine völlig andere Situation der Verantwortung und Haftung liegt hingegen vor, wenn die beteiligten Unternehmen, Einrichtungen und Personen einer Initiative des Internets der Dinge in der Gesundheitswirtschaft gemeinsam die Zwecke der und Mittel einer Datenverarbeitung festlegen. Hierfür hat die DS-GVO in Art. 26 die Konstellation der **gemeinsam Verantwortlichen** etabliert. Bei den Beispielen aus der Praxis, die oben beschrieben werden, ist es regelmäßig unumgänglich, dass Ärzte, Kliniken, Dienstleister, Technologieunternehmen, Krankenkassen etc eng zusammenarbeiten und gemeinsam die Rahmenbedingungen, Ziele und Infrastruktur für die Verarbeitung der Gesundheitsdaten festlegen, um die Prävention oder Gesundheitsversorgung zu verbessern. Soweit dies der Fall ist, sind die Beteiligten regelmäßig **gemeinsam Verantwortliche** und müssen die speziellen Anforderungen von Art. 26 DS-GVO erfüllen und die Rechtsfolgen der gemeinsamen Verantwortung bewerten. Art. 26 DS-GVO verlangt eine Vereinbarung zwischen den Verantwortlichen. Darin muss in transparenter Form geregelt werden, wer welche Verpflichtung aus der Verordnung erfüllt, insbesondere was die Informationspflichten aus Art. 13 und 14 DS-GVO angeht.[23] Das wesentliche dieser Vereinbarung muss den betroffenen Personen, deren Daten verarbeitet werden, zur Verfügung gestellt werden, Art. 26 Abs. 2 S. 2 DS-GVO.

59 Die Konsequenz einer gemeinsamen Verantwortlichkeit ist, dass jede betroffene Person ungeachtet einer solchen Vereinbarung unter Berufung auf Art. 26 Abs. 3 DS-GVO ihre Rechte gegenüber jedem einzelnen der Verantwortlichen geltend machen kann. Die Verantwortung oder Haftung einzelner Unternehmen oder Einrichtungen kann daher nach außen gegenüber Dritten nicht beschränkt werden. Jeder haftet gegenüber Dritten voll und unmittelbar.[24] Gem. Art. 82 Abs. 4 DS-GVO haftet jeder **gemeinsam Verantwortliche** für den gesamten Schaden, damit ein wirksamer Schadensersatz für den Betroffenen sichergestellt ist.[25] Im Innenverhältnis zu den Partnern einer Unternehmung im Internet der Dinge besteht ein Anspruch auf Rückforderung, der in Art. 82 Abs. 5 DS-GVO geregelt ist. Unternehmerisch macht es daher einen großen Unterschied, ob die Unternehmen, Einrichtungen einer Unternehmung die Verantwortung für die Verarbeitung der nötigen Daten klar abgrenzen und dokumentieren können oder ob sie gemeinsam verantwortlich sind.

60 **bb) Die Verantwortung für Auftragsverarbeiter.** In der Praxis wird es regelmäßig so sein, dass ein Teil der beteiligten Unternehmen oder Einrichtungen die Zwecke der und die Mittel zur Verarbeitung nicht selbst festlegt, sondern **im Auftrag und im Namen der Verantwortlichen** Daten verarbeitet. Die natürliche oder juristische Person, Einrichtung oder andere Stelle, die Daten im Auftrag eines oder mehrerer Verantwortlichen verarbeitet, wird in der DS-GVO Auftragsverarbeiter genannt. Die Einzelheiten stehen in

[22] NK-DatenschutzR/*Petri* DS-GVO Art. 4 Nr. 7 Rn. 20–22.
[23] NK-DatenschutzR/*Petri* DS-GVO Art. 26 Rn. 16–22.
[24] NK-DatenschutzR/*Petri* DS-GVO Art. 26 Rn. 28–29.
[25] NK-DatenschutzR/*Boehm* DS-GVO Art. 82 Rn. 33–34.

Art. 4 Nr. 8 und Art. 28 DS-GVO. Es kommt also darauf an, wer über die Zwecke und Mittel der Datenverarbeitung entscheidet und wer lediglich den Auftrag ausführt, der Zwecke und Mittel vorgibt. Wer **Auftragsverarbeiter** einsetzt, muss die detaillierten Vorgaben in Art. 28 und Art. 29 DS-GVO erfüllen zur Auswahl, zu dem Inhalt von schriftlichen Verträgen mit solchen Dienstleistern usw. Dies geschieht mit dem Ziel, die Personen, deren Daten verarbeitet werden, auch dann adäquat zu schützen, wenn die Verantwortlichen die Datenverarbeitung outsourcen und sich dadurch das Risiko für die Betroffenen potenziell erhöht.[26] Daher müssen **Auftragsverarbeiter** gem. Art. 33 Abs. 2 DS-GVO auch den Verantwortlichen unverzüglich Verletzungen des Schutzes personenbezogener Daten mitteilen, damit diese schnell und wirksam Maßnahmen zum Schutz der Betroffenen einleiten können.

f) Grundprinzipien für die Verarbeitung personenbezogener Daten wie Rechtmäßigkeit, Transparenz, Zweckbindung und Datenminimierung

Art. 5 Abs. 1 DS-GVO beschreibt die sechs **Grundsätze für die Verarbeitung** personen- 61 bezogener Daten. Wie diese Grundsätze genau umzusetzen sind, ergibt sich aus den anderen Regeln der Norm. So wird etwa das **Transparenzgebot** aus Art. 5 Abs. 1 lit. a DS-GVO durch die **Informationspflichten** und **Auskunftsrechte** in Art. 12–15 DS-GVO näher erläutert. Der Verantwortliche muss gem. Art. 5 Abs. 2 DS-GVO die Einhaltung der Grundsätze sicherstellen und nachweisen können. Die Verordnung spricht an dieser Stelle von der **Rechenschaftspflicht des Verantwortlichen.** Verantwortlicher ist, wie bereits ausgeführt wurde, das Unternehmen, das allein oder gemeinsam mit anderen über die Zwecke und Mittel der Verarbeitung von Daten entscheidet. Art. 4 Nr. 7 DS-GVO ist hierfür die Grundlage. Unternehmen, die das Internet der Dinge in der Gesundheitswirtschaft nutzen wollen und die Rechenschaftspflicht trifft, sollten ein besonderes Augenmerk richten auf einige der Grundsätze, die das stärkste Reibungsverhältnis mit unternehmerischer Freiheit aufweisen:

Das ist zunächst die **Rechtmäßigkeit der Verarbeitung** aus Art. 5 Abs. 1 lit. a 62 DS-GVO. Das System des Gesetzes ist, dass personenbezogene Daten nur verarbeitet werden dürfen, wenn mindestens einer der Rechtfertigungsgründe aus Art. 6 Abs. 1 oder Art. 9 Abs. 2 DS-GVO greift. Soweit Gesundheitsdaten oder biometrische oder genetische Daten zur eindeutigen Identifizierung von Personen genutzt werden sollen, ist Art. 9 Abs. 2 DS-GVO einschlägig. Dort steht nach wie vor die **ausdrückliche Einwilligung** in die Datenverarbeitung im Vordergrund (Art. 9 Abs. 2 lit. a DS-GVO). Es gibt aber weitere Rechtfertigungen, deren Anwendungsbereich noch nicht vollständig ausgelotet ist. Zu nennen sind etwa ein **erhebliches öffentliches Interesse** an der Verarbeitung[27] (Art. 9 Abs. 2 lit. g DS-GVO iVm § 22 Abs. 1 Nr. 2 lit. a–d BDSG), die **Verarbeitung für die Zwecke der Gesundheitsversorgung oder medizinischen Diagnostik und Versorgung im Gesundheits- oder Sozialbereich**[28] (Art. 9 Abs. 2 lit. h DS-GVO) sowie die **Verarbeitung für wissenschaftliche oder historische Forschungszwecke** auf der Grundlage von Unionsrecht oder dem Recht eines Mitgliedstaates[29] (Art. 9 Abs. 2 lit. j DS-GVO). Die Herausforderung wird darin bestehen, eine Rechtfertigung für die unterschiedlichen Zwecke einer Verarbeitung zu finden und die Möglichkeiten der Rechtfertigungsgründe voll auszuschöpfen. Für andere Daten als Gesundheitsdaten, biometrische oder genetische Daten, enthält Art. 6 DS-GVO weitsichtige und wirtschaftsfreundliche Gründe, vor allem das **berechtigte Interesse** gem. Art. 6 Abs. 1 lit. f DS-GVO.

Die zweite Herausforderung neben der Rechtfertigung dürfte bei der zu erwartenden 63 Dynamik im Internet der Dinge die **Transparenz** sein. Sie verlangt nach Art. 5 Abs. 1

[26] NK-DatenschutzR/*Petri* DS-GVO Art. 28 Rn. 3.
[27] Ehmann/Selmayr/*Schiff* DS-GVO Art. 9 Rn. 51–58.
[28] Ehmann/Selmayr/*Schiff* DS-GVO Art. 9 Rn. 59–61.
[29] Ehmann/Selmayr/*Schiff* DS-GVO Art. 9 Rn. 63.

lit. a DS-GVO, dass für die Betroffenen nachvollziehbar ist, welche Daten, wie und wo, für welche Zweck und durch wen verarbeitet werden, wer Zugang zu den Daten erhält und so weiter.[30] Die Art. 12–15 und auch Art. 16–22 sowie Art. 34 DS-GVO enthalten hierzu wie gesagt sehr weitreichende und überaus detaillierte Anforderungen, die in der Praxis erhebliche Schwierigkeiten bereiten können. Die Pflichten sind dynamisch. Ändern sich etwa die Zwecke, müssen die Betroffenen gem. Art. 13 Abs. 3 und Art. 14 Abs. 3 DS-GVO vor der Änderung informiert werden. Unternehmungen in der Gesundheitswirtschaft, die das Internet der Dinge nutzen, müssen sich mit diesen Anforderungen auseinandersetzten und kluge sowie kreative Lösungen entwickeln. Sie dürfen im Umfeld der Gesundheitswirtschaft mit einer hohen Aufmerksamkeit durch die Betroffenen, die Öffentlichkeit und die Aufsichtsbehörden rechnen. Denn es geht um sensible Daten von Patienten und Kunden.

64 Und schließlich könnten **Zweckbindung** und **Datenminimierung** eine Herausforderung darstellen. Zweckbindung meint gem. Art. 5 Abs. 1 lit. b DS-GVO, dass die Daten für festgelegte, eindeutige und legitime Zwecke erhoben werden und nicht in einer Weise weiterverarbeitet werden, die mit diesen Zwecken nicht zu vereinbaren sind. Unter Datenminimierung versteht Art. 5 Abs. 1 lit. c DS-GVO, dass personenbezogene Daten dem Zweck angemessen und erheblich sowie auf das für die Zwecke der Verarbeitung notwendige Maß beschränkt sein müssen. Vereinfacht ausgedrückt, eine Vorratsspeicherung von Daten für weitere unternehmerische Ideen und Entwicklungen, die noch nicht klar umrissen werden können und nicht Teil der aktuellen unternehmerischen Tätigkeit sind, ist mindestens erheblich erschwert. Das könnte bei Unternehmungen in der Gesundheitswirtschaft, die das Internet der Dinge nutzt, kollidieren mit der Dynamik, Veränderungsbereitschaft und flexiblen Arbeitsweise beteiligter Unternehmen. Hinzu kommt, dass Datenspeicherung längst kein nennenswerter Kostenfaktor mehr ist. Im Zeitalter von **Big Data Analytics** geht es darum, Daten auch vorsorglich zu behalten, zu sammeln und zu nutzen mit sich womöglich verändernder Richtung. Das ist nicht in vollem Umfang der Ansatz der DS-GVO. Auch mit **Zweckbindung** und **Datenminimierung** müssen sich die Unternehmen also auseinandersetzen, vorausschauend und kreativ agieren und den Datenschutz zu einem Bestandteil der unternehmerischen Tätigkeit machen.

g) Übermittlung von Gesundheitsdaten, biometrischen und genetischen Daten aus der EU in Drittländer

65 Die DS-GVO gewährleistet, dass eine Datenverarbeitung in der Verantwortung von Unternehmen mit Sitz in der EU den gleichen Standards genügt. Daher sind Datenübermittlungen von einem Mitgliedstaat der EU in einen anderen Mitgliedstaat als solche ohne weiteres zulässig. Sie beeinträchtigen aus Sicht des Gesetzgebers nicht den Schutz der Personen, deren Daten betroffen sind. Anders ist es mit **Datenübermittlungen an sog. Drittländer** und **Weiterübermittlungen** aus solchen Drittländern, die nicht Mitgliedstaaten der EU sind. Hierfür sehen die Art. 44–50 DS-GVO eine Reihe von Möglichkeiten vor, die eine **Datenübermittlung an Drittländer** rechtfertigen. Ohne eine solche Rechtfertigung muss die Übermittlung unterbleiben, wie Art. 83 Abs. 5 lit. c DS-GVO klarstellt.

66 Unternehmungen des Internets der Dinge in der Gesundheitswirtschaft, die vorsehen, dass Verantwortliche in der EU Daten in Drittländer wie etwa die USA, China, Indien oder Singapur übermitteln, müssen sich damit auseinandersetzen, unter welchen Bedingungen solche Datenübermittlungen gerechtfertigt sind. In den Grundzügen gibt es folgende Möglichkeiten für eine Übermittlung. Die Daten dürfen in ein Land übermittelt werden, das die Europäische Kommission gem. Art. 45 DS-GVO als **sicheren Drittstaat** anerkannt hat, weil der Staat ein angemessenes Schutzniveau bietet. Dies betrifft ua die

[30] Ehmann/Selmayr/*Heberlein* DS-GVO Art. 5 Rn. 11–12.

Schweiz, Israel, Neuseeland, Japan, Kanada (beschränkt auf Datenverarbeitung im Rahmen kommerzieller Tätigkeiten) sowie Uruguay und Argentinien.[31] Die EU-Kommission arbeitet bereits an Entscheidungen, auch Großbritannien (in der Folge des Brexit) und Süd-Korea als **sichere Drittstaaten** anzuerkennen. Bis Juli 2020 konnten sich Unternehmen für die Übermittlung personenbezogener Daten aus der EU in die USA auf den **EU-US-Datenschutzschild** berufen, soweit die Unternehmen in der USA unter dem Datenschutzschild zertifiziert waren. Seit dem **Schrems II-Urteil des EuGH** vom 16.7.2020 ist dieser Mechanismus, für den Art. 46 Abs. 2 lit. a DS-GVO die Grundlage war, jedoch unwirksam. Das Gericht gewährte auch keine Übergangsfrist. Unternehmen haben seitdem praktisch für Transfers in **nichtsichere Drittstaaten** nur noch die **Standarddatenschutzklauseln** der EU-Kommission gem. Art. 46 Abs. 2 lit. c DS-GVO zur Verfügung. Diese Klauseln gelten für alle Länder außerhalb des Europäischen Wirtschaftsraums, die in der EU nicht als **sichere Drittstaaten** anerkannt sind. Hierzu zählen neben den USA etwa Indien, China, Russland sowie Singapur. Allerdings hat der EuGH alle Unternehmen verpflichtet, im Einzelfall nachzuweisen, dass das Schutzniveau im Drittstaat in der Praxis dem Schutzniveau in der EU entspricht. Hierbei geht es va um Behörden des Verfassungsschutzes sowie Polizeibehörden und deren Zugriff auf personenbezogene Daten. Wenn ein Unternehmen adäquaten Schutz der Daten im Land durch die **Standarddatenschutzklauseln** allein nicht gewährleisten kann, muss es **ergänzende Maßnahmen** ergreifen. Solche ergänzenden Maßnahmen können technischer, organisatorischer oder vertraglicher Natur sein. Am häufigsten wird die Verschlüsselung von Daten genannt. Gelingt es nicht, durch solche **ergänzenden Maßnahmen** einen adäquaten Schutz der Daten zu erreichen, muss der Transfer unterbleiben oder gestoppt werden. Die möglichen Auswirkungen auf das Internet der Dinge sind evident.

Gehört das Land nicht zu den sicheren Drittstaaten, sehen Art. 46–49 DS-GVO weitere Möglichkeiten vor für eine Datenübermittlung. Die in der Praxis aktuell wichtigsten sind **verbindliche interne Datenschutzvorschriften** (Binding Corporate Rules) gem. Art. 46 Abs. 2 lit. c und Art. 47 DS-GVO sowie die soeben erläuterten, in Art. 46 Abs. 2 lit. c DS-GVO erwähnten **Standarddatenschutzklauseln,** die von der EU-Kommission erlassen wurden.[32] Will man die Datenübermittlung auf Standarddatenschutzklauseln stützen, sind Verträge erforderlich mit allen Unternehmen, Einrichtungen etc in Drittländern, an die Daten übermittelt werden müssen, um die Unternehmung umzusetzen. Im Kern enthalten die Standarddatenschutzklauseln technische und organisatorische Maßnahmen, die Datenempfänger im Drittland etablieren müssen, um einen angemessenen Datenschutz vor Ort sicherzustellen. Auch für Weiterübermittlungen aus einem Drittstaat in einen weiteren Drittstaat müssen Standardvertragsklauseln abgeschlossen werden. Die EU-Kommission hat Ende 2020 eine neue Fassung der **Standarddatenschutzklauseln** in die öffentliche Konsultation eingebracht. Voraussichtlich im Sommer 2021 ist mit einer Entscheidung und Veröffentlichung zu rechnen. 67

Im Ergebnis sind daher Initiativen der Gesundheitswirtschaft, die das Internet der Dinge nutzen wollen und die innerhalb der Europäischen Union verbleiben oder nur sichere Drittstaaten wie Japan oder die Schweiz und Israel einbeziehen, aus Sicht des Datenschutzes einfacher zu handhaben. Gehören Datenübermittlungen in Drittstaaten zum Geschäftsmodell, so gibt es hierfür Lösungen in der DS-GVO. Die Komplexität erhöht sich hierdurch allerdings deutlich und Aufmerksamkeit und Kontrolle der Aufsichtsbehörden werden steigen. Nicht zu vergessen sind die lokalen Datenschutzbestimmungen im Land der Datenempfänger. 68

[31] Ehmann/Selmayr/*Zerdick* DS-GVO Art. 45 Rn. 25–32.
[32] Ehmann/Selmayr/*Zerdick* DS-GVO Art. 46 Rn. 10–12.

4. Mögliche Auswirkungen der zukünftigen Verordnung über Privatsphäre und elektronische Kommunikation (ePrivacy-VO)

69 Die Verordnung über Privatsphäre und elektronische Kommunikation ist eine Verordnung der EU. Sie befindet sich noch im europäischen Gesetzgebungsverfahren. Das Verfahren wurde durch den Entwurf der Kommission vom 10.1.2017 eingeleitet. Art. 27 Abs. 1 des Entwurfs zeigt, dass sie die Richtlinie über Privatsphäre und elektronische Kommunikation **(ePrivacy-RL)** ersetzen wird, die in Deutschland vor allem im Telemediengesetz und Telekommunikationsgesetz umgesetzt wurde (Richtlinie 2002/58/EG). Die **ePrivacy-VO** soll die DS-GVO ergänzen für das Gebiet der **elektronischen Kommunikation.** Sie bezieht jedoch anders als die DS-GVO auch nicht personenbezogene Daten ein, also Informationen über Unternehmen und Einrichtungen bzw. technische Informationen. Ursprünglich sollte sie mit der DS-GVO am 25.5.2018 in Kraft treten, wie man Art. 29 Abs. 2 des Entwurfs der Kommission entnehmen kann. Das gelang nicht. Durch die intensiven Diskussionen zwischen den Mitgliedstaaten über den Europäischen Rat und die Ratspräsidentschaften und darüber hinaus, dem Europäischen Parlament und der Kommission auf der Grundlage eigener Entwürfe der Verordnung sowie die Wahlen zum Europäischen Parlament im Mai 2019 hat sich das Verfahren weiter verzögert. Die Unterschiede der diskutierten Entwürfe sind signifikant. Auch die Versuche, während der kroatischen und deutschen Ratspräsidentschaft im Jahre 2020 durch neue Entwürfe einen Kompromiss zu finden, waren nicht von Erfolg gekrönt.

70 Es ist daher aktuell nicht ausreichend vorhersehbar, wann und mit welchem Inhalt die ePrivacy-VO in Kraft treten wird. Es wird darüber hinaus eine Übergangsfrist von zwei Jahren diskutiert, bis die Verordnung in den Mitgliedstaaten wirkt. Wegen der enormen Bedeutung für das Internet der Dinge, soll dennoch ein kurzer Blick geworfen werden auf mögliche Auswirkungen der ePrivacy-VO auf Geschäftsmodelle des Internets der Dinge in der Gesundheitswirtschaft, auch wenn vieles im Moment unklar ist. Klar ist, dass die ePrivacy-VO, wie die DS-GVO, in allen Mitgliedstaaten der EU unmittelbar gelten wird. Der Gesetzgeber will mit dieser Verordnung bereichsspezifisches Datenschutzrecht schaffen und damit ein hohes Schutzniveau für personenbezogene und andere Daten bei der elektronischen Kommunikation erreichen, wie Art. 1 des Entwurfs der Kommission zeigt.

71 Was ist dieses bereichsspezifische Datenschutzrecht im Kern und wie könnte es in das Internet der Dinge in der Gesundheitswirtschaft eingreifen? Die **ePrivacy-RL** gilt nur für klassische Telekommunikationsdienste wie Telefon, E-Mail, SMS oder MMS. Die ePrivacy-VO geht deutlich weiter und bezieht moderne elektronische Kommunikationsdienste ein wie **Internetzugänge, Internettelefonie einschließlich Bildtelefonie, Instant-Messaging-Dienste, webgestützte E-Mail-Dienste, Personal-Messaging und Soziale Medien.** Art. 2 und 4 des Entwurfs der Kommission geben hierzu näher Auskunft. Solche Dienste werden etwa durch Skype, WhatsApp, iMessage oder Viber angeboten. Diese Dienste werden als **Over-the-Top-Kommunikationsdienste (OTT)** bezeichnet.

72 Die Verordnung richtet sich an Unternehmen, die solche Dienste elektronischer Kommunikation Endnutzern in der EU anbieten, Art. 2 und 3 des Entwurfs. Wie Art. 2 Abs. 1 des Entwurfs der Kommission verdeutlicht, soll sie die Verarbeitung **elektronischer Kommunikationsdaten** regulieren, die anfallen, wenn elektronische Kommunikationsdienste genutzt werden. Außerdem bezieht sie sich auf die Informationen, die sich auf der sog. **Endeinrichtung beim Endnutzer** befinden. Die Verordnung könnte ein einheitliches Schutzniveau für elektronische Kommunikationsdaten, und zwar **Kommunikationsinhalte** und **Kommunikationsmetadaten** verlangen. Metadaten der Kommunikation liefern Erkenntnisse etwa über den Standort, das Datum, die Zeit, Dauer und Art der Kommunikation sowie erlauben die Verfolgung und Identifizierung des Ausgangs- und Zielpunktes einer Kommunikation. Einheitliches Schutzniveau bedeutet zunächst, dass Inhalte und Metadaten gleichermaßen vertraulich zu behandeln sind und unter das Fernmeldegeheimnis fallen. Es bedeutet auch, dass die Verordnung nur spezielle Ausnahmen zu

dieser Vertraulichkeit vorsieht und dass die Daten nur erfasst und verarbeitet werden dürfen, soweit es funktionell notwendig ist. Für die Nutzung zu anderen Zwecke könnte die ePrivacy-VO entweder eine **Einwilligung der Betroffenen** oder eine **Anonymisierung der Daten** verlangen, sodass die Informationen keiner konkreten Person mehr zugeordnet werden können. Die Einzelheiten finden sich in Art. 5–11 des Entwurfs, den die Kommission 2017 eingebracht hat.

Die Verordnung könnte außerdem, wie Art. 10 des Entwurfs der Kommission zeigt, 73
Anbieter von Software erstmals zu Datenschutz durch Technikgestaltung und durch datenschutzfreundliche Voreinstellungen verpflichten (Privacy by Design). Software, die eine elektronische Kommunikation ermöglicht, müsste dann die Möglichkeit bieten, zu verhindern, dass Dritte Daten auf den Endgeräten der Endnutzer speichern oder dass sie Daten, die sich auf den Endgeräten befinden, verarbeiten. Außerdem könnte es erforderlich werden, die Endnutzer vor der Installation über die Möglichkeiten einer datenschutzfreundlichen Installation zu informieren und ihre Einwilligung einzuholen, bevor die Installation fortgesetzt wird.

Daneben könnte das sog. **Tracking** deutlich stärker reguliert werden. Tracking bedeu- 74
tet, Daten über das Verhalten des Nutzers zu sammeln und auszuwerten. Wenn es um das Verhalten im Internet geht, wird von **Online-Tracking** gesprochen. Die ePrivacy-VO könnte nach Art. 5 und 6 des Entwurfs der Kommission dazu führen, dass das Online-Tracking nur noch erlaubt ist, wenn der Betroffene einwilligt oder wenn die Daten anonymisiert sind, also keiner konkreten Person mehr zugeordnet werden können. Direktwerbung über elektronische Kommunikationsdienste könnte grundsätzlich von der Einwilligung der Endnutzer abhängen (Art. 16 Abs. 1 des Entwurfs der Kommission).

Schließlich könnte es sein, dass der Bußgeldrahmen der ePrivacy-VO an den Rahmen 75
von Art. 83 DS-GVO angepasst wird. Die Höhe der Bußgelder könnte also drastisch erhöht werden. Art. 23 des Entwurfs der Kommission wäre hierfür die Grundlage.

Ein Blick auf die Beispiele einer Nutzung des Internets der Dinge in der Gesundheits- 76
wirtschaft oben zeigt deutlich, dass die beteiligten Unternehmen bereits heute auf **Over-the-Top-Kommunikationsdienste** wie **Bildtelefonie** angewiesen sind. Jedenfalls werden moderne Kommunikationsdienste ein unverzichtbarer Baustein dieser Initiativen sein. Denn es geht häufig um die Verbesserung der Kommunikation zwischen Patient, Arzt, Krankenhaus etc und diese Verbesserung soll vor allem durch moderne Technik erreicht werden. Anbieter von Software sind ebenfalls unverzichtbar, um die technische Infrastruktur bereitzustellen und weiterzuentwickeln. Außerdem werden viele Geschäftsmodelle darauf beruhen oder jedenfalls maßgeblich davon abhängen, dass die Nutzerdaten erfasst und ausgewertet werden können, um Angebote weiterzuentwickeln oder den Wert der Unternehmung zu steigern. Wenn die Nutzung von Kommunikationsdaten wie oben beschrieben eingeschränkt wird, wenn deutlich häufiger als bislang Einwilligungen von Betroffenen eingeholt werden müssen, wenn Anbieter von Software Datenschutz in die Entwicklung der Produkte einbeziehen müssen **(Privacy by Design)** und Direktwerbung streng reguliert wird, so wird klar, dass die ePrivacy-VO signifikante Auswirkungen auf das Internet der Dinge in der Gesundheitswirtschaft haben kann. Der unternehmerische Freiraum wird dadurch begrenzt. Der Aufwand wird erhöht und das Risiko, Vorschriften nicht vollständig einzuhalten sowie hohe Bußgelder auferlegt zu bekommen, steigt. Durch die elektronische Kommunikation wird zudem der Öffentlichkeit stärker Einblick gewährt in die unternehmerische Tätigkeit als bei traditionellen Geschäftsmodellen.

Anderseits wird man bereits nach Art. 9 Abs. 1 DS-GVO für die Verarbeitung von Ge- 77
sundheitsdaten, biometrischen und genetischen Daten regelmäßig nicht ohne Einwilligung der Patienten auskommen. Um diese Kategorie von Daten wird es aber regelmäßig gehen. Und **Datenschutz durch Technikgestaltung** und durch **datenschutzfreundliche Voreinstellungen** sowie **adäquate Standards für die Sicherheit der Verarbeitung** verlangen Art. 25 und Art. 32 DS-GVO schon jetzt. Für andere Daten der Beteiligten, die nicht zu den

besonderen Kategorien wie Gesundheitsdaten gem. Art. 9 DS-GVO gehören und für die eine Einwilligung nach Art. 6 DS-GVO nicht erforderlich ist, könnte die ePrivacy-VO allerdings eine deutliche Verschärfung der unternehmerischen Rahmenbedingungen bedeuten.

5. Gesetze über die Sicherheit in der Informationstechnik

78 Besondere Aufmerksamkeit im Internet der Dinge in der Gesundheitswirtschaft genießt die Sicherheit der Daten. Hierbei steht die IT-Infrastruktur im Mittelpunkt, die genutzt wird zur Verarbeitung der Daten. Sie dient der Sicherheit der Gesundheitsdaten und sonstigen Daten, die gebraucht werden, um die Unternehmung durchzuführen. Datenschutzrechtlich verlangt Art. 32 Abs. 1 DS-GVO **geeignete technische und organisatorische Maßnahmen,** um ein **dem Risiko angemessenes Schutzniveau** bei der Verarbeitung personenbezogener Daten zu gewährleisten. Die Informationstechnologie ist ein wichtiger Teil dieser technischen und organisatorischen Maßnahmen, jedoch nicht der einzige.[33] Im Internet der Dinge steht sie noch stärker als allgemein im Vordergrund. Denn es geht dabei ja im Kern um die Nutzung neuer digitaler Technologien. Neben dem Datenschutzrecht reguliert auch die **IT-Sicherheitsgesetzgebung** in Deutschland das Internet der Dinge. Sie bezieht sich auf **Informationen** und geht damit über personenbezogene Daten hinaus.

79 Die Gesetzgebung ist im Wesentlichen niedergelegt im Gesetz über das Bundesamt für die Sicherheit in der Informationstechnik **(BSI-Gesetz – BSIG)** sowie in der Verordnung zur Bestimmung kritischer Infrastrukturen (**BSI-Kritisverordnung** – BSI-KritisV). Es gibt weitere Bestrebungen, die Sicherheit in der Informationstechnik zu stärken. Das Bundesministerium des Innern, für Bau und Heimat hatte hierzu am 27.3.2019 den Entwurf eines Zweiten Gesetzes zur Erhöhung der Sicherheit informationstechnischer Systeme **(IT-Sicherheitsgesetz 2.0 – IT-SiG 2.0)** eingebracht. Nach intensiven Diskussionen legte das Ministerium im Mai 2020 sodann einen neuen Entwurf vor. Die Bundesregierung hat letztlich am 25.1.2021 das Gesetzgebungsverfahren eingeleitet. Der Entwurf sieht etwa vor, dem Bundesamt für die Sicherheit in der Informationstechnik weitere Befugnisse zu übertragen.

80 Wie reguliert nun das IT-Sicherheitsrecht das Internet der Dinge in der Gesundheitswirtschaft und worauf müssen Unternehmen achten? Unter **Informationstechnik** fallen nach der weiten Definition in § 2 Abs. 1 BSIG alle technischen Mittel zur Verarbeitung und Übertragung von Informationen. Unter **Sicherheit in der Informationstechnik** versteht § 2 Abs. 1 S. 2 BSIG auf der Grundlage eines ebenso weiten Verständnisses die Einhaltung bestimmter **Sicherheitsstandards** betreffend die Verfügbarkeit, Unversehrtheit und Vertraulichkeit von Informationen. Diese Sicherheitsstandards werden durch Sicherheitsvorkehrungen in oder bei der Anwendung von informationstechnischen Systemen, Komponenten oder Prozessen erreicht. § 8a Abs. 1 BSIG verlangt von **Betreibern sog. kritischer Infrastrukturen**, angemessene technische und organisatorische Vorkehrungen zu treffen. Diese Vorkehrungen sollen **Störungen der Verfügbarkeit, Integrität, Authentizität und Vertraulichkeit** solcher informationstechnischen Systeme, Komponenten oder Prozesse vermeiden, die für die Funktionsfähigkeit der betriebenen kritischen Infrastrukturen maßgeblich sind. Diese Anforderungen müssen Unternehmen gem. § 8a Abs. 2 BSIG mindestens alle zwei Jahre nachweisen. Das kann etwa durch **Sicherheitsaudits, Zertifizierungen** oder **Prüfungen** erfolgen. Gem. § 2 Abs. 10 BSIG gehören zu den kritischen Infrastrukturen auch Einrichtungen, Anlagen oder Teile davon, die dem **Sektor Gesundheit** (ebenso Wasser und Ernährung) angehören und von hoher Bedeutung für das Funktionieren des Gemeinwesens sind, weil durch ihren Ausfall oder eine Beeinträchtigung erhebliche Versorgungsengpässe oder Gefährdungen für die öffentliche Sicherheit eintreten würden.

---

[33] NK-DatenschutzR/*Hansen* DS-GVO Art. 32 Rn. 11 und 19.

Welche Dienstleistungen im Sektor Gesundheit nun als kritisch eingestuft werden, bestimmt § 6 BSI-KritisV. Es handelt sich um die **stationäre medizinische Versorgung,** die **Versorgung mit unmittelbar lebenserhaltenden Medizinprodukten,** die Verbrauchsgüter sind, die **Versorgung mit verschreibungspflichtigen Arzneimitteln und Blut- und Plasmakonzentraten** zur Anwendung im und am menschlichen Körper sowie die **Laboratoriumsdiagnostik.** Die BSI-KritisV enthält zusätzlich in Anhang 5 Teil 3 Spalte B und D Schwellenwerte und Kategorien, die heranzuziehen sind, um festzustellen, welche Anlagen und Anlageteile im Einzelfall konkret zur kritischen Infrastruktur im Sektor Gesundheit zählen. 81

§ 8c Abs. 1, 2 und 3 BSIG stellen darüber hinaus besondere Anforderungen an **Anbieter digitaler Dienste.** Digitale Dienste sind gem. § 2 Abs. 11 BSIG **Online-Marktplätze, Online-Suchmaschinen und Cloud-Computing-Dienste.** Solche Anbieter müssen geeignete und verhältnismäßige technische und organisatorische Maßnahmen etablieren, um Risiken für die Sicherheit der genutzten Netz- und Informationssysteme zu bewältigen und Maßnahmen treffen, um den Auswirkungen von Sicherheitsvorfällen vorzubeugen und deren Folgen gering zu halten. Hierzu gehört vor allem die sofortige Meldung erheblicher **Sicherheitsvorfälle** an das Bundesamt für die Sicherheit in der Informationstechnik. 82

Das Bundesamt für die Sicherheit in der Informationstechnik hat sowohl bei **kritischen Infrastrukturen** als auch bei Anbietern digitaler Dienste weitreichende und mächtige Befugnisse, zu untersuchen, ob die oben genannten Pflichten eingehalten werden und sie durchzusetzen (§§ 5, 5a, 7, 7a, 8a Abs. 3, 4 und 5 sowie § 8c Abs. 3 und 4 BSIG). Im Ergebnis müssen Unternehmen, die das Internet der Dinge in der Gesundheitswirtschaft einsetzen, frühzeitig prüfen, ob sie **kritische Infrastruktur** betreiben oder digitale Dienste anbieten. In beiden Fällen braucht es geeignete technische und organisatorische Maßnahmen, um den oben beschriebenen Anforderungen des IT-Sicherheitsrechts zu genügen. Die Maßnahmen sind mit höherem Aufwand und höheren Kosten verbunden. Es braucht spezielles Wissen und Erfahrung, die Maßnahmen zu etablieren und kontinuierlich zu überprüfen und bei Bedarf anzupassen. Die Risiken für die Unternehmen durch behördliche Aufsicht und weitreichende Befugnisse sowie die öffentliche Aufmerksamkeit können sich signifikant erhöhen. 83

6. Besonderheiten des Vertragsrechts und Haftungsrechts im Internet der Dinge in der Gesundheitswirtschaft

Die Nutzung des Internets der Dinge in der Gesundheitswirtschaft ist stark reguliert. Datenschutzrecht, Arzneimittelrecht, Medizinprodukterecht, Recht der gesetzlichen Krankenversicherung und IT-Sicherheitsrecht enthalten jeweils zahlreiche Anforderungen, die sich auf die unternehmerische Tätigkeit signifikant auswirken. Die Regulierung wirkt sich auch auf das Vertragsrecht und das Haftungsrecht aus. Das beginnt mit der Vertragsfreiheit, also der Freiheit ob, in welcher Form und mit welchem Inhalt Verträge zwischen den Beteiligten geschlossen werden können. 84

Die DS-GVO macht für einige Konstellationen genaue Vorgaben, welche Verträge in welcher Form abgeschlossen werden müssen und mit welchem Inhalt. Unternehmen, die andere beauftragen wollen, personenbezogene Daten (etwa Gesundheitsdaten, biometrische und genetische Daten) in ihrem Auftrag und Namen zu verarbeiten, benötigen nach Art. 28 DS-GVO einen schriftlichen **Vertrag über die Auftragsverarbeitung.** Art. 28 DS-GVO macht detaillierte Vorgaben über die zwingenden Inhalte eines solchen Vertrages. Unternehmen, die personenbezogene Daten in Länder übermitteln wollen, die nicht zu den sicheren Drittstaaten zählen, müssen gem. Art. 46 Abs. 2 lit. c DS-GVO **Verträge mit Standarddatenschutzklauseln** abschließen, wenn keine andere Lösung wie die Anerkennung des Empfängerstaates als sicheres Drittland zur Verfügung steht. Diese Vertragspflicht gilt auch für Weiterübermittlungen aus einem Drittstaat in einen weiteren Dritt- 85 staat. Wenn zwei oder mehr Unternehmen schließlich gemeinsam festlegen, zu welchen Zwecken und mit welchen Mitteln (bspw. Infrastruktur) sie personenbezogene Daten verarbeiten, verlangt Art. 26 DS-GVO von ihnen eine Vereinbarung, deren Inhalte im Gesetz zum Teil vorgegeben ist.

86 Auch die Haftung für Rechtsverstöße oder das Inverkehrbringen von Produkten wird teilweise speziell geregelt. Art. 26 Abs. 3 DS-GVO ordnet etwa eine **gesamtschuldnerische Haftung** aller gemeinsam Verantwortlichen an.[34] Betroffene Personen, deren Daten verarbeitet wurden, haben ein Wahlrecht. Sie können ihre Rechte gegenüber jedem einzelnen der Verantwortlichen geltend machen. Art. 82 DS-GVO enthält eine spezielle Regelung über die Haftung und Rechte auf Schadensersatz, wenn Verantwortliche oder Auftragsverarbeiter gegen die DS-GVO verstoßen. Die Norm regelt auch die Haftungsanteile bei mehreren Beteiligten sowie das Innenverhältnis der Gesamtschuldner.

87 § 84 und § 93 AMG etablieren die **Gefährdungshaftung** für das Inverkehrbringen von Arzneimitteln und regeln, dass mehrere Verantwortliche als Gesamtschuldner haften. Für Medizinprodukte haftet der Hersteller nach § 1 ProdHaftG im Rahmen einer Gefährdungshaftung. § 5 ProdHaftG etabliert ebenfalls eine gesamtschuldnerische Haftung mehrerer Hersteller.

88 Neben dieser zivilrechtlichen Haftung sehen die DS-GVO, das AMG sowie das MPG und das BSIG eine umfangreiche **verwaltungsrechtliche und strafrechtliche Verantwortung** der verantwortlichen Unternehmen vor (zB Art. 83 DS-GVO, § 84 BDSG, §§ 95–97 AMG, § 14 BSIG). Diese Verantwortung kann durch Verträge nicht beseitigt werden. Die Unternehmen können nur versuchen, diese Risiken zwischen den Vertragspartnern wirtschaftlich zu gestalten oder zu verlagern.

89 Für die Unternehmen, die das Internet der Dinge in der Gesundheitswirtschaft nutzen, bedeutet dies, dass die Vertragsfreiheit stark regulatorisch eingeschränkt ist. Die Unternehmen können versuchen, die eigene Haftung durch einen Vertrag im Verhältnis zu den Vertragspartnern wirtschaftlich günstiger zu gestalten. Sie können jedoch die Haftung nach diesen Gesetzen nicht unmittelbar verkleinern, übertragen oder verteilen. Sie bleiben den Behörden und Betroffenen gegenüber direkt und unmittelbar verantwortlich. Vor allem wenn viele Unternehmen beteiligt sind an einer Unternehmung, ist es wichtig, die Verantwortung etwa für die Verarbeitung personenbezogener Daten klar voneinander abzugrenzen, soweit es Gestaltungsspielraum gibt.

IV. Internationale Bezüge des Internets der Dinge in der Gesundheitswirtschaft

90 Unternehmen, die auf das Internet der Dinge in der Gesundheitswirtschaft setzen, müssen eine Grundsatzfrage beantworten. Beschränkt sich die Unternehmung auf ein Land bzw. eine Region mit einigermaßen harmonisierter Regulierung, etwa Deutschland oder die EU, oder ist es eine **internationale Unternehmung,** die sich über die EU hinweg erstreckt etwa auf Länder in Asien, den USA oder Südamerika. Hierfür kann schon die Entscheidung genügen, einen Cloud-Service-Provider bzw. Forschungseinrichtungen, IT-Technologie-Unternehmen oder Patienten einzubeziehen, deren Daten genutzt werden sollen. Die Unternehmen werden bereits in der EU regulatorische Vielfalt und Komplexität vorfinden. Vielfalt und Komplexität erhöhen sich aber noch einmal signifikant, wenn die Initiative in den Hoheitsbereich von Ländern außerhalb der EU fällt. Das gilt natürlich auch für international tätige Unternehmen außerhalb des Internets der Dinge in der Gesundheitswirtschaft.

91 In der Gesundheitswirtschaft macht aber den Unterschied, dass es um Patienten sowie deren Angehörige, insbesondere deren sensible Daten geht, sowie um Institutionen der

[34] Ehmann/Selmayr/*Berterman* DS-GVO Art. 26 Rn. 16.

Gesundheitswirtschaft wie gesetzliche **Sozialversicherungssysteme** und deren Träger wie Krankenkassen, Krankenhäuser, Apotheken und Arztpraxen sowie Angehörige der Heilberufe, also vor allem Ärzte und Pflegepersonal. Diese Bereiche sind in nahezu allen wirtschaftlich bedeutsamen Ländern weltweit stark reguliert. Und es bestehen Haftungsregime, die erhebliche Unterschiede aufweisen. Es soll hier nur kurz umrissen werden, welche Herausforderungen sich Unternehmen auf dem Gebiet der Regulierung und Haftung stellen, wenn sie international bzw. weltweit tätig werden.

Das beginnt mit der **Marktfähigkeit** von Arzneimitteln und Medizinprodukten. Nahe- 92
zu alle bedeutsamen Märkte weltweit haben eigene Regime für die Zulassung von Arzneimitteln und eigene Behörden für die Zulassung und Überwachung. Das gilt auch für die Marktreife von Medizinprodukten. Dies schließt die Frage ein, ob ein Produkt als Arzneimittel oder als Medizinprodukt eingestuft wird mit erheblichen Folgen für den Aufwand bis zur Marktreife (wissenschaftliche Studien etc) sowie für interne Prozesse und Kapazitäten während der Vermarktung. Ein Beispiel hierfür ist die **Arzneimittelsicherheit** und **Sicherheit von Medizinprodukten.** Es geht weiter mit **berufsrechtlichen Regelungen** für Ärzte, Apotheker und Pflegepersonal. Sie können die Zusammenarbeit beschränken oder erschweren, etwa wenn es um die Unabhängigkeit geht oder um Transparenz über die Zusammenarbeit mit Ärzten und den entsprechenden Vergütungen. Ein Beispiel hierfür ist der **Sunshine Act** in den Vereinigten Staaten von Amerika. Rechtsgebiete wie das **Telekommunikationsrecht** und **Telemedienrecht** sowie das **Wettbewerbsrecht** und **Kartellrecht** regulieren mit unterschiedlicher Strenge in den Märkten weltweit die elektronische Kommunikation etwa in Form von Werbung über Telefon sowie über das Internet. **Exportkontrollgesetze** unterschiedlicher Märkte wie der EU sowie den USA können ebenfalls eine Rolle spielen für die Ausfuhr, Einfuhr und Nutzung von Technologie. Die meisten dieser Gesetze und Regulierungsbereiche haben jeweils unterschiedliche Haftungsregime, zivilrechtlich, strafrechtlich und verwaltungsrechtlich, die sich wiederum je nach Land, Region und deren Kultur und Tradition stark unterscheiden können.

Die **Gesundheitssysteme** und **Sozialversicherungssysteme** der Länder und Regio- 93
nen unterscheiden sich teils signifikant darin, wie Unternehmen in der Gesundheitswirtschaft ihre Leistungen vermarkten und vergütet bekommen. Das schließt Leistungen unter Nutzung des Internets der Dinge ein. Teilweise zahlen die Patienten oder sonstigen Empfänger der Dienstleistungen die Leistung aus eigener Tasche. Ein Teil dieser Personen wird privat versichert sein und sich die Ausgaben erstatten lassen, was die privaten Versicherer mittelbar ins Blickfeld der Unternehmen rückt. In anderen Ländern sind die Leistungsempfänger nur mittelbar beteiligt, die Vergütung erfolgt direkt über die Institutionen des staatlichen Gesundheitssystems. Und es gibt Mischformen, wo teils die Systeme und teils die Betroffenen selbst für die Vergütung zahlen. In Ländern wie Deutschland, wo etwa 90 Prozent der Bevölkerung gesetzlich krankenversichert sind, hängt der unternehmerische Erfolg damit weit stärker vom Sozialversicherungssystem ab als in Ländern, wo jeder weitgehend oder ausschließlich die Leistungen privat erstattet. Die Folgen dieser regulatorischen Unterschiede für die unternehmerische Freiheit und Ausrichtung sind evident.

Daneben kann auch das weltweite **Datenschutzrecht** massive Auswirkungen auf die 94
Unternehmung haben. Die oben beschriebenen Beispiele beruhen nahezu alle auf der Nutzung personenbezogener Gesundheitsdaten, biometrischer und genetischer sowie sonstiger Daten von Patienten, Kunden, Ärzten usw. Unternehmungen müssen daher die lokalen Datenschutzgesetze in allen Ländern einhalten, in denen sie unternehmerisch tätig sind. Das gilt für die EU sowie die lokalen Datenschutzgesetze der Mitgliedstaaten. Das gilt aber auch für eine Vielzahl anderer Länder weltweit, die inzwischen stark regulierende Datenschutzgesetze haben oder kurz davor sind, solche Gesetze einzuführen. Nicht wenige dieser Datenschutzgesetze folgen dem Ansatz der EU mit der DS-GVO. Das gilt etwa für Argentinien, Brasilien (das neue Gesetz wird 2020 in Kraft treten), Mexiko, Kanada, Japan, Süd-Korea, China, Australien, Indien, Türkei, die Philippinen, Singapur und Malaysia. In den USA von Amerika gibt es seit dem Jahre 2020 den California Consumer Privacy Act.

Diskussionen über Datenschutzgesetze sind in vielen anderen Bundesstaaten und auf Bundesebene im Gange. Teilweise werden sie erlassen. Die DS-GVO dient dabei häufig als Orientierung. Die Verarbeitung personenbezogener Daten in diesen Ländern ist also in unterschiedlicher Ausprägung reguliert. Dabei geht es regelmäßig um Datensicherheit, die Bedingungen einer Datenverarbeitung (Einwilligung), den Umgang mit Datenverstößen sowie Transparenz gegenüber den Personen, um deren Daten es geht, um nur einige Felder zu nennen.

95 Auch **Datenübermittlungen** von einem Land in andere Länder oder von Regionen in Länder außerhalb werden inzwischen nicht nur in der EU durch die DS-GVO reguliert. Datenschutzgesetze etwa in Japan, Indien, Süd-Korea, Singapur, Malaysia, China, den Philippinen, Australiens und der Türkei beschränken die freie Übermittlung von Gesundheitsdaten aus diesen Ländern in andere Länder. Das Modell beruht vereinfacht auf einer ähnlichen Überlegung, wie in der EU (Art. 44–50 DS-GVO). Datenübermittlungen ins Ausland werden als Erhöhung des Risikos für die betroffenen Personen angesehen. Deshalb dürfen Daten in solche Länder nur übermittelt werden, wenn die Länder entweder als sog. sichere Drittstaaten mit einem angemessenen Schutzniveau anerkannt sind und/oder wenn Verträge geschlossen werden, die einen angemessenen Schutz garantieren im Empfängerland.

96 Unternehmen, die ihre Aktivitäten in der Gesundheitswirtschaft auf das Internet der Dinge stützen, sollten sich damit auseinandersetzen, was die beschriebenen regulatorischen Unterschiede in den Ländern weltweit für die eigene Unternehmung bedeuten und welche Schlüsse sie daraus ziehen. Diese Auseinandersetzung sollte schon in der Planung beginnen und die Unternehmen dauerhaft begleiten.

§ 20 IoT im Handel

Übersicht

Literatur:

Apple Developer, iBeacon, developer.apple.com/ibeacon (15.9.2020); *Beiersmann,* Android gibt in Europa Marktanteile an iOS ab, ZDNet 24.10.2019, www.zdnet.de/88371771/android-gibt-in-europa-marktanteile-an-ios-ab/ (14.9.2020); *Becker/Baranowski,* Invisible Payments unter zahlungs- und datenschutzrechtlichen Gesichtspunkten, BB 2020, 1672; *Brandenburter/Leuthner,* Local Commerce- Verbindung von eCommerce mit stationärem Handel, ZD 2014, 617; *Braun,* Bereits jeder Sechste nutzt Smart-Home-Produkte, Computerwoche 16.5.2018, www.computerwoche.de/a/bereits-jeder-sechste-nutzt-smart-home-produkte,3544910 (15.9.2020); *Bräutigam/Klindt,* Industrie 4.0, das Internet der Dinge und das Recht, NJW 2015, 1137; *Bräutigam/Rücker* (Hrsg.), E-Commerce, München 2017; *Cornelius,* Vertragsabschluss durch autonome elektronische Agenten, MMR 2002, 353; *Datenschutzkonferenz,* Kurzpapier Nr. 3, Verarbeitung personenbezogener Arten für Werbung, 29.7.2017, www.datenschutzzentrum.de/Art./1161-Kurzpapier-Nr.-3-Verarbeitung-personenbezogener-Daten-fuer-Werbung.html (14.9.2020); *Deinhardt,* Ein Roboter als Einkaufsassistent, Computer & Automation 11.11.2016, www.computer-automation.de/feldebene/robotik/care-o-bot-paul-hilft-sturn-kunden.135751.html (14.9.2020); *Dreier/Schulze,* UrhG, 6. Aufl., München, 2018; *Duden,* Verbraucherschutz und Vertragsschluss im Internet der Dinge, ZRP 2020, 102; *Emmerich,* Anmerkungen zu BGH, JuS 1984, 971; *Fezer/Büscher/Obergfell,* Lauterkeitsrecht: UWG, 3. Aufl., München 2016; *Fries,* Smart Contracts: Brauchen schlaue Verträge noch Anwälte, AnwBl. 2018, 86; *Fritzsche/Malzer,* Ausgewählte zivilrechtliche Probleme elektronisch signierter Willenserklärungen, DNotZ 1995, 3; *Gless/Seelmann,* Intelligente Agenten und das Recht, Baden Baden 2016; *Gulden,* Amazon Go- Rechtslage in Deutschland?, ggr-law.com/e-commerce/faq/amazon-go-rechtslage-deutschland/ (14.9.2020); *Handelsblatt,* Erster Amazon- Supermarkt ohne Kasse öffnet in Seattle, 22.1.2018, app.handelsblatt.com/unternehmen/handel-dienstleister/amazon-go-erster-amazon-supermarkt-ohne-kassen-oeffnet-in-seattle/20871836.html?ticket=ST-3282858-jd0hOGGvXAkNRJJhVwPb-ap6 (14.9.2019); *Heins,* Roboter unterstützen Verkaufspersonal, IT-Matchmaker 6.2.2018, www.it-matchmaker.com/news/roboter-unterstuetzen-verkaufspersonal/ (14.9.2020); *Heuer-James/Chibanguz/Stücker,* Industrie 4.0 – vertrags- und haftungsrechtliche Fragen, BB 2018, 2818; *Heun,* Die elektronische Willenserklärung, CR 1994, 595; *Heckelmann,* Zulässigkeit von Smart Contracts, NJW 2018, 504; *Hergenröder,* Die Vereinbarkeit sogenannter „Dash Buttons" mit den zivilrechtlichen Regelungen zum E-Commerce, VuR 2017, 174; *Heydn,* Internet of Things: Probleme und Vertragsgestaltung – Softwareverträge im digitalen Zeitalter, MMR 2020, 503; *Hoeren,* Anmerkungen zu BGH, MMR 2018, 740; *Hoffmann,* Anmerkungen zu OLG München, MMR 2003, 274; *HP Online Store,* Funktionsweise Instant Ink, store.hp.com/GermanyStore/Merch/Offer.aspx?p=instantink (14.9.2020); *Kaltschmidt,* Amazon Echo: Nachrichtensprecher löst Massenbestellung aus, heise online 8.1.2017, www.heise.de/newsticker/meldung/Amazon-Echo-Nachrichtensprecher-loest-Massenbestellung-aus-3591039.html (14.9.2020); *Kersten,* Menschen und Maschinen – rechtliche Konturen instrumenteller, symbiotischer und autonomer Konstellationen, JZ 2015, 1; *Kianiçka,* Die Agentenerklärung, Zürich 2012; *Kipker/Birreck/Niewöhner/Schnorr,* Rechtliche und technische Rahmenbedingungen der „Smart Contracts"- eine zivilrechtliche Betrachtung, MMR 2020, 509; *Köhler/Fetzer,* Recht des Internet, 8. Aufl., Heidelberg 2016; *Kuhn,* Rechtshandlungen mittels EDV und Telekommunikation, München 1991; *Lohmann,* Ein europäisches Roboterrecht – überfällig oder überflüssig, ZRP 2017, 168; *Markwald,* Tagesschau vom 10.1.2017, www.tagesschau.de/schlusslicht/alexa-puppenhaus-101.html (14.9.2020); *Mayinger,* Die künstliche Person, München 2017; *Mehrings,* Vertragsabschluss im Internet, MMR 1998, 30; *Milligan/Kahn,* Amazon Go Faces Unlikely Challenge From Checkout-Free Startup, Bloomberg 5.4.2019, www.bloomberg.com/news/articles/2019-04-05/amazon-go-faces-unlikely-challenge-from-checkout-free-startup (14.9.2020); *Offerista Group,* Modehandel: Kundenfrequenz in den Geschäften sinkt rasant – stationäre Händler müssen online sichtbar sein, www.barcoo.com/blog/barcoo-beacons-gestartet-neues-kommunikations instrument-fur-den-lokalen-einzelhandel (15.9.2020); *Ohly/Sosnitza,* Gesetz gegen den unlauteren Wettbewerb, 7. Aufl., München 2016; *Omlor,* Digitaler Zahlungsverkehr, JuS 2019, 289; *Omlor,* Geld und Währung als Digitalisate, JZ 2017, 754; *Paal/Pauly/Frenzel,* DS-GVO BDSG, 2. Aufl., München, 2018; *Palandt* (Begr.), BGB, 79. Aufl., München 2020; *Paulus/Matzke,* Smart Contracts und das BGB – Viel Lärm um nichts?, ZfPW 2018, 431; *Pieper,* Vertrags- und haftungsrechtliche Fragen der Vernetzung autonomer Systeme, DSRITB 2016, 971; *Riehm,* Von Drohnen, Google-Cars und Software-Agenten – rechtliche Herausforderungen autonomer Systeme, ITRB 2014, 113; *Sassenberg/Faber* (Hrsg.), Rechtshandbuch Industrie 4.0 und Internet of Things, 2. Aufl., München, 2020; *Schirmbacher,* Anmerkungen zu BGH, BB 2008, 2426; *Schirmer,* Rechtsfähige Roboter, JZ 2016, 660; *Schippel,* Die Pflicht zur Bereitstellung von Software, Updates und Upgrades nach der Richtlinie über digitale Inhalte und Dienstleistungen, K&R 2020, 117; *Schürmann/Günther,* Werbung über mobile Push-Dienste als unzumutbare Belästigung? Wettbewerbsrechtliche Einordnung von Push-Nachrichten, MMR 2015, 419; *Sester/Nitschke,* Vertragsschluss und Verbraucherschutz beim Einsatz von Softwareagenten, CR 2004, 548; *Sorge,* Softwareagenten – Vertragsschluss, Vertragsstrafe, Reuegeld, Schriften des Zentrums für angewandte Rechtswissenschaft Bd. 2, Karlsruhe 2006; *Specht/Herold,* Roboter als Vertragspartner?, MMR 2018, 40; *Spindler,* Anmerkungen zu BGH, MMR 2002, 95; *Spindler/Schuster* (Hrsg.), Recht der elektronischen Medien, 4. Aufl., München 2019; *Taeger,* Die Entwicklung des IT-Rechts im Jahr 2016, NJW 2016, 3764; *Wäßle,* Anmerkungen zu BGH, K&R 2010, 116; *Wiebauer,* Arbeitsschutz und Digitalisierung, NZA 2016, 1430; *Wiebe,* Die elektronische Willenserklärung, München 2002; *Wettig,* Vertragsabschluss mittels elektronischer Agenten, 27. Aufl., Berlin 2010; *Wettig/Zehendner,* A legal analysis of human and electronic agents, Artificial Intelligence and Law 12/2004, 111.

I. Überblick

1 Das Internet der Dinge verbindet auch im Handel reale und virtuelle Welten. Die Handelspartner – sei es Verbraucher oder Unternehmen – sind gegenständlich vernetzt und können ihre Systeme miteinander kommunizieren lassen (Machine-to-Machine, M2M). Eine Vielzahl an IoT-Funktionen sind heute bereits Teil des Handelsalltags und werden in Zukunft eine noch bedeutendere Rolle spielen, nicht nur im Bereich des Warenwirtschaftssystems, der Abwicklung von Verkaufsvorgängen, sondern auch bei der Handelsfinanzierung und der Logistik.

2 IoT bietet dabei auch neue Chancen für den stationären Handel, der mit dem online betriebenen E-Commerce zu kämpfen hat. Neue Devices wie hochentwickelte Kameras, Sensoren, RFID tags, immer leistungsfähigere Smartphones sowie neue Kommunikationstechniken (Bluetooth, 5G, LTE) erlauben neue Shopkonzepte wie zB das „verkäuferlose Geschäft" (zB Amazon Go oder Sensei).

3 Wesentlicher Erfolgsfaktor ist der Einsatz von Künstlicher Intelligenz, die mit Hilfe von Algorithmen immense Mengen von Daten auswerten und bei der Entscheidungsfindung behilflich sein kann. Hieraus resultieren erhebliche Effizienzsteigerungen mit beachtlichen Kostensenkungspotentialen.

1. Begriff des Handels

4 „**Handel**" bedeutet in Zusammenhang dieses Beitrages der Teilbereich der Wirtschaft, der sich in Abgrenzung zur Produktion oder Fabrikation mit entgeltlichem Austausch von materiellen Wirtschaftsgütern (Waren), aber auch Dienstleistungen zwischen Unterneh-

men (B2B), oder auch zwischen Unternehmen und Verbrauchern (B2C) beschäftigt.[1] Erfasst werden sowohl Vorgänge auf der Großhandelsstufe als auch auf der Einzelhandelsstufe, wobei Händler in der Regel auch die Lagerhaltung organisieren müssen (sei es durch eigene Lager oder externe outgesourcte Lagerleistungen).

2. Einsatz von Smart Devices im Handelssektor

Eine IoT-Anwendung setzt denknotwendigerweise immer den Einsatz eines IoT-Gegenstandes **(„Smart Device"),** also eines zumindest internetfähigen Gerätes voraus. Diese IoT-Gegenstände können **unterschiedliche Funktionen** im Bereich des Handels erfüllen. Einerseits dienen sie der Kontrolle zB von Warenbeständen oder Temperaturzuständen (Smart Shelves), der Messung und Datensammlung über Kundenverhalten (People Counting) mittels Kameras und Sensoren (Smart Meter), andererseits können sie auch direkt in den Vertragsabschluss- oder Zahlprozess involviert sein. Bekannt sind die internetfähigen Geräte, die über **cloudbasierte Sprachsteuerung** gesteuert werden (zB *Alexa* von Amazon). 5

Ein weiteres Beispiel ist *„Instant Ink"*, einem von der Firma HP ins Leben gerufenen Tinten-Lieferservice für bestimmte Druckermodelle, bei dem **automatisch ohne menschliche Interaktion** und durch Voreinstellungen im Drucker organisiert neue Druckerpatronen bestellt werden, bevor die alte Druckerpatrone leergedruckt ist.[2] 6

Zu den IoT-Geräten gehört auch der sog. **Dash-Button**, ein kleines internetfähiges Gerät, das auf der Vorderseite aus einem Knopf und einer mit einem Markenlogo bedruckten Fläche besteht. Durch ein Drücken des Knopfes wird an den Hersteller ein Angebot auf Erwerb des Artikels versendet, der wiederum eine Versandbestätigung an den Kunden schickt, welche die Annahme des Kaufvertrags darstellt (zu den verbraucherrechtlichen Problemen → Rn. 54 ff.). 7

Davon zu unterscheiden sind **autonom agierenden Systeme,** die gleichfalls ohne menschliche Interaktion, ggf. über „Smart Contracts" und ohne jegliche Voreinstellung eigene Entscheidungen für den Inhaber treffen. Es wird dabei kein Algorithmus vorgegeben, dem das Gerät folgen soll, sondern das gewünschte Ergebnis (die eigene Entscheidung) ergibt sich unter Einsatz Künstlicher Intelligenz aus der Datenanalyse einer ausreichenden Menge an Transaktionsarten. Das System entwickelt dadurch einen eigenen nicht abschließbar nachzuvollziehenden Algorithmus, der ihn zum gewünschten Ergebnis führt.[3] Einsatzfähig sind derartige Geräte im Beschaffungsprozess, bei der IoT-Geräte nicht nur die fehlende Ware bestellen, sondern vielleicht auch aufgrund eigener Entscheidung ein neues Warensortiment für die Nachbestellung bestimmt. 8

3. Verkauf und Erwerb von IoT-Geräten

IoT-Geräte können selbst auch als **Handelsware** dienen. Bekannt sind im B2C-Bereich bspw. der Verkauf von Fitnesstrackern oder Smartwatches, die Daten des Nutzers sammeln und in Gesundheits- oder Fitnessprofilen auswerten und dem Nutzer Informationen oder Verhaltensvorschläge („jetzt atmen") erteilen, oder E-Bikes, die sowohl Daten des Bikes selbst als auch Daten des Nutzers sammeln und auswerten, um daraus sowohl dem Nutzer Informationen zum Fitness- oder Gesundheitszustand zu geben, aber auch über „Predicti- 9

[1] In Abgrenzung zum Vertrieb über Absatzmittler, auch wenn es hier Überschneidungen gerade im Bereich der Reseller (Vertragshändler, Eigenhändler, Franchising) geben mag (vgl. hierzu → § 9).

[2] store.hp.com/GermanyStore/Merch/Offer.aspx?p=instantink (14.9.2020); *Specht/Herold* MMR 2018, 40.

[3] *Bräutigam/Klindt* NJW 2015, 1137 f.; *Schirmer* JZ 2016, 660 (663 f.); *Pieper* DSRITB 2016, 971 (977 ff.); *Kersten* JZ 2015, 1 (7); *Wettig* Vertragsabschluss mittels elektronischer Agenten S. 147 ff.; *Sorge* Softwareagenten S. 117 ff.; *Wettig/Zehendner* Artificial Intelligence and Law 12/2004, 111 (119 ff.); *Sester/Nitschke* CR 2014, 548 ff.; *Cornelius* MMR 2002, 353 ff.; *Specht/Herold* MMR 2018, 40.

ve Maintence" bspw. Hinweise zum nächstfälligen Akkuaustausch geben können.[4] Verbraucher nutzen zunehmend Smart Devices. Die Nachfrage nach Smart-Home-Produkten ist spürbar gewachsen. Daneben ist der Bedarf nach smarten Haushaltgeräten oder Spracherkennungssystemen hoch.[5]

4. Einsatz von KI im Handel[6]

10 KI ist quasi der „Turbolader" für den Einsatz von IoT im Handel. Mit Künstlicher Intelligenz sind die smarten Geräte in der Lage, anhand von gespeichertem Wissen, eigene Schlüsse zu ziehen, Situationen zu erkennen, und bspw. Stimmungen von Kunden auszumachen oder Kaufvoraussagen zu treffen.

11 Im Handel ist die Künstliche Intelligenz von immenser Bedeutung, gerade wenn es um Entscheidungen bei sich häufig wiederholenden Prozessen wie Nachbestellungen oder Preisgestaltung geht. Michael Feindt, Physiker und Professor am Karlsruher Institut für Technologie (KIT), rechnet vor: „Bei 40.000 Artikeln in 1.000 Filialen pro Tag kommt man auf 40 Millionen Entscheidungen. Diese kann künstliche Intelligenz viel schneller, gezielter und im Gegensatz zum Menschen frei von Emotionen treffen."[7] KI wird auch direkt am **Point of Sale** eingesetzt; dort erfassen Scanner und Kameras die Kunden bereits am Eingang des Geschäftes. Geschlecht, Alter, Aussehen können identifiziert werden. Eine geschulte KI erfasst auch Stimmungen und Wege des Kunden, verarbeitet diese – und – kann darauf reagieren. Künstliche Intelligenz kann sich das Gesicht des Kunden merken sowie seine Vorlieben, seine Reaktionen auf bestimmte Waren oder seine Konfektionsgröße. Eine (künstlich) intelligente Verarbeitung von Informationen aus bisherigen Käufen oder Besuchen im Shop verhelfen Vorhersagen und Empfehlungen zu geben. Anhand KI-basierter Erkennungssoftware und der entsprechenden Analyse können die Unternehmen dann wichtige Schlüsse für ein Laden-Konzept, das Waren- und Dienstleistungsprogramm oder den Kundenservice ziehen. Der Warenbestand und das Warensortiment können an die Kundenbedürfnisse und Marktsituation angepasst werden und dabei helfen, Lagerfläche optimal zu nutzen und damit weniger Kapital zu binden. Sensoren im Lebensmittelhandel entlasten die Mitarbeiter von manuellen Kontrollen, die zur Sicherstellung der Kühlkette erforderlich sind.

5. Einsatz von IoT in der Logistik und der Supply Chain

12 Eine äußerst relevante für IoT im Handel ist die Schnittstelle zur **Digitalisierung der Supply Chain und Logistik.** Die Warenverfolgung mit Hilfe von RFID und Strichcodes legte schon in den 1980er-Jahren die Grundlage für das Internet der Dinge in der Logistik. Seitdem finden verschiedene Variationen von Bluetooth-, NFC- oder RFID-Tags Anwendung entlang der Lieferkette, jedoch erweitern IoT-Sensoren das bisherige Tracking um die Erfassung des Warenzustands und äußerer Einwirkungen. Kunden sind es mittlerweile gewohnt, den Versandweg ihrer bestellten Pakete online verfolgen zu können. Die Supply Chain lässt sich mittlerweile von Anfang bis Ende digital abbilden.

13 Die **Steuerung der gesamten Lieferkette** erfolgt über Logistikprogramme unter Zuhilfenahme Künstlicher Intelligenz. Dadurch kann frühzeitig und angemessen auf Störungen reagiert werden. Lagerbestände werden reguliert und Engpässe oder Überbestände können so ausgeschlossen werden. Für Kunden werden schnellere und damit auch günstigere Versandwege ausgemacht. Auch auf Stornos kann dank der KI im Handel schneller reagiert werden. Raschere **Eingriffe in die Supply Chain** sparen wiederum Zeit und

---

[4] Näher hierzu → § 7 Rn. 127 ff.
[5] *Braun* Computerwoche 16.5.2018.
[6] Ausführlich hierzu → § 11.
[7] *Heins* IT-Matchmaker 6.2.2018.

Geld. Auf Basis der erhobenen Daten erhält bspw. ein Fahrzeugführer – ergänzt um Verkehrsinformationen, Wetterdaten oder Treibstoffpreise – Empfehlungen zu Fahrweise und -route. Sensoren können Informationen über den Zustand und die Position von Gütern oder Lademitteln senden und die Informationslücke, die sich bislang ab dem Zeitpunkt der Verladung ergibt, schließen.

Sollte das vorhergesagte **Wachstum des Internets der Dinge** eintreten und sich die Anzahl der untereinander verbundenen Smart Devices über die nächsten Jahre vervielfachen, ist gleichzeitig zu erwarten, dass die Kosten zur Nutzung drastisch sinken werden. Container, einzelne Transportbehälter sowie Verkehrsträger und -infrastruktur ließen sich bei einer vollen Marktdurchdringung von IoT-Technologie über ein Netzwerk verfolgen und steuern. Eine Hürde ist allerdings noch die fehlende technische Standardisierung von Schnittstellen und Plattformen. 14

Rechtsvorhaben der EU unterstützt die Digitalisierung im Logistikbereich. Geplant ist eine EU-weite rechtliche Vereinheitlichung der Digitalisierung der in der Logistik vorkommenden Transportdokumente.[8] Es soll damit ein einheitlicher Rechtsrahmen auf Unionsebene geschaffen werden, der die zuständigen Behörden der Mitgliedstaaten zukünftig verpflichtet, rechtsverbindlich vorgeschriebene Frachtbeförderungsinformationen in elektronischer Form zu akzeptieren. 15

6. IoT-Chance für den stationären Handel

Bei aller Digitalisierung: Der Mensch bleibt haptisches Wesen. Kunden wünschen sich nach wie vor die Nähe und das unmittelbare Einkaufserlebnis, das ihnen in den Geschäften und Konsumtempeln vor Ort geboten wird. Auch die Möglichkeit, Waren sofort mitnehmen zu können, ist ein Vorteil des stationären Handels. Waren sind im stationären Handel mit allen Sinnen erfahrbar. Durch den Einsatz von IoT und KI werden zusätzlich wichtige Vorteile für den stationären Handel geschaffen, um mit dem erstarkten Online-Handel zu konkurrieren. 16

Kunden können mit Infos auf ihr Smartphone über Aktionen und neue Produkte informiert werden. Im Idealfall kann der Kunde dann selbst entscheiden, ob er online oder sofort im stationären Laden kaufen will. Für eine erhöhte Kundenbindung sorgt auch die Kombination aus Online- und Point of Sale-Shopping. 17

Mit intelligenten Messsystemen (Smart Meter) können Temperaturen, Durchgangsfrequenzen, Luftqualität, Wasser-, Gas- oder sonstiger Energieverbrauch permanent gemessen werden. Einzelhändler können damit ihr Energiemanagement optimieren und Energiekosten reduzieren und dadurch erhebliche Kostennachteile gegenüber dem Online-Handel reduzieren. 18

Denkbar sind dabei **Geschäftskonzepte,** die mit einem Minimum an Personal auskommen („Verkäuferlose" Geschäfte, wie zB Amazon Go). Kennzeichen ist hier die Möglichkeit des komfortablen bargeldlosen Einkaufens.[9] Käufer können die Waren direkt in ihre Einkaufstaschen legen und am Ende den Shop einfach verlassen. Ähnlich funktioniert auch das portugiesische Startup Sensei.[10] 19

Auch der Einsatz von Robotern als Einkaufsassistenten ist im stationären Handel denkbar. Bereits 2015 stellte das Fraunhofer IPA den Serviceroboter Care-O-bot 4 als Prototyp vor. Die Handelskette Saturn setzte diesen Roboter mit dem Namen „Paul" bereits Ende Oktober 2016 ein im Saturn-Markt Ingolstadt. Dieser Roboter begrüßte Kunden und führt sie zu den gewünschten Produkten.[11] Ein weiteres Einsatzgebiet von Robotern ist die Intralogistik (logistische Material- und Warenflüsse innerhalb des Betriebsgeländes). 20

[8] Verordnung (EU) 2020/1056 des Europäischen Parlaments und des Rates vom 15.7.2020 über elektronische Frachtbeförderungsinformationen, ABl. 2020 L 249, 33.

[9] Handelsblatt 22.1.2018.

[10] *Milligan/Kahn* Bloomberg 5.4.2019.

[11] *Deinhardt* Computer & Automation 11.11.2016.

7. Vorteile von IoT im Handelssektor

21 Im Ergebnis reduziert der Einsatz von IoT und KI Bestandsfehler im Warensortiment. Das **Supply Chain Management** und die **Handelsfinanzierung** können vereinfacht werden. Präsentations- und Lagerflächen können effizienter genutzt werden. IoT im Handel spart letztendlich Zeit und Arbeitskosten. Automatisierte Kauf- und Zahlungsabwicklungen („invisible payments") erhöhen den Kaufkomfort. **Personalisiertes Merchandising** mit personalisierten Angeboten und Rabatten sowie automatisierte Treueprogramme basieren auf IoT-fähigen Geräten, die entsprechende Daten über Kunden sammeln. Dank IoT im Handel ist der Händler mit dem Kunden oder anderen Geschäftspartnern „connected", auch wenn er ihm nicht direkt gegenübersteht.

22 Außerdem sorgt der smarte Charakter von Regalen, Etiketten und Produkten für einen Service, der dem Kunden ein ganz neues Einkaufserlebnis bietet. Lösungen in der Lagerverwaltung, die zu einer organisatorischen Vereinfachung führen, verschaffen den Mitarbeitern zusätzlich wertvolle Zeit für das Wesentliche. Statt administrative Aufgaben im Auge behalten zu müssen, können sie sich stärker auf ihre Kunden konzentrieren.

23 Über IoT kann auch ein dauerhafter Betrieb 24/7/365 gewährleistet werden. Das gesamte Filial- und Shop-Management und die zugrunde liegenden Geschäftsprozesse, der Einsatz von Werbung und Merchandising sowie die Mitarbeiterpräsenz erreichen dadurch einen höheren Effizienzgrad. Der Handel kann sich zielgerichtet auf Verhalten und Ansprüche einer immer heterogener werdenden Kundengruppen einstellen und flexibel und proaktiv agieren. Neue Potentiale für neuartige Kombinationen von Waren Dienstleistungen und innovative Serviceangebote können generiert werden, das Potential hierzu ist bei weitem noch nicht ausgeschöpft.

8. Hindernisse und Herausforderungen

24 Die Adaption von IoT-Techniken im Handel wird unterschiedlich verlaufen. Die notwendigen Investitionen in neue Systeme und IT werden sich viele kleine Unternehmen nicht leisten können. Die mit dem Einsatz von IoT notwendigen Anfangsinvestitionen und der damit verbundene Wartungsaufwand wird gerne auch als **„dritte Miete"** bezeichnet.

25 Ein weiteres Problem liegt immer noch in der oft fehlenden Konnektivität. Andererseits entstehen auch neue Kommunikationstechnologien, wie zB Narrowband, ein drahtloses Netzwerk, das wenig Strom braucht, und eine mögliche Lösung für den Einsatz vieler smarter Devices ist.

26 Hinzukommen die mit dem Einsatz verbundenen rechtlichen Probleme zB des Datenschutzes (auch Arbeitnehmerdatenschutz), des Wettbewerbsrechts und des Vertragsrechts. Mit dem Einsatz von IoT-Geräten sind diverse Verträge zu schließen, ausgehend vom Erwerb des IoT-Gegenstandes und Softwarelizenzen bis hin zu Werkverträgen über den Einbau des IoT-Gegenstandes, der Wartung des IoT-Gegenstandes, den Abschluss von Nutzungsverträgen mit App-Providern und Plattform-Anbietern. Hinzukommen können auch Datennutzungsverträge.[12]

II. Rechtliche Aspekte beim Erwerb und Verkauf von IoT-Geräten

27 In rechtlicher Hinsicht ist zu beachten, dass der „Verkauf" von IoT-Geräten in der Regel ein komplexer Vorgang sein kann, bei dem **verschiedene Parteien** involviert sind und tatsächlich **mehr als nur ein Vertrag** geschlossen wird.[13]

---

[12] *Heydn* MMR 2020, 503.
[13] *Heydn* MMR 2020, 503.

1. Parteien

Folgende Parteien sind bei einem Erwerb eines IoT-Gegenstands involviert:[14] 28
- der Hersteller des IoT-Gegenstands
- der Hersteller (Anbieter) der Smartphone-App (dieser kann, muss aber nicht zwingend mit dem Hersteller des IoT-Gegenstands identisch sein)
- der Provider des IoT-Dienstes (auch dieser kann, muss aber nicht zwingend mit dem Hersteller des IoT-Gegenstands identisch sein)
- der Händler, der den IoT-Gegenstand verkauft, oder das Handwerksunternehmen, das das IoT-System einbaut
- der App-Store, der die Smartphone-App bereitstellt
- und der Anwender (Unternehmen oder Verbraucher)

2. Verträge

Der **Erwerbsvorgang** ist gleichermaßen komplex, da er tatsächlich und rechtlich eine 29 **Kombination** aus Verkauf einer physischen Ware und der dauerhaften oder zeitlich begrenzten Einräumung von Nutzungsrechten an einer Software (Plattform-Software, ggf. unter Nutzung einer App) darstellt. Bei **Verhandlungen** über die Anschaffung von IoT-Geräten ist daher darauf zu achten, unter welches Regime etwaige Sach- oder Rechtsmängel für Hardware und Software fallen. In vielen Fällen, in denen die Nutzungsrechte an der Plattformsoftware gerade nur auf eine beschränkte Zeit eingeräumt werden und die Hardware aber dauerhaft veräußert wird, können unterschiedliche rechtliche Regime für Mängel an der Hardware und Software anwendbar sein.

Hinsichtlich der **Haftung** von Hersteller und Verkäufer von Smart Devices sei an dieser 30 Stelle auf die Ausführungen von *Burrer* (→ § 8) verwiesen. Wenn das Smart Device nicht fehlerfrei funktioniert oder dem Nutzer durch die Inbetriebnahme ein Schaden entsteht, kommen in erster Linie **vertragliche Ansprüche** gegen den Vertragspartner in Betracht. Diese können sowohl auf *Nacherfüllung* als auch auf *Schadensersatz* gerichtet sein. Daneben sind bei Verletzung absolut geschützter Rechtsgüter uU auch **deliktische Schadensersatzansprüche** aus Produzentenhaftung gem. § 823 Abs. 1 BGB sowie Ansprüche aus dem Produkthaftungsgesetz gegen den Vertragspartner denkbar, wenn diesen zugleich die Herstellerverantwortung trifft. Die Abgrenzung, was am IoT-Produkt ist Service und was ist Produkt, wird irgendwie stärker diskutiert, weil je nachdem eben unterschiedliche Haftungsregime greifen – verschuldensunabhängig für Produkthaftung und verschuldensabhängig für Dienstleistungen.

a) Erwerb der Hardware

Bezüglich der Hardware liegt entweder ein **Kaufvertrag** gem. § 433 BGB vor, wenn es 31 sich um serienmäßig hergestellte Ware handelt, oder aber auch ein **Werklieferungsvertrag** gem. § 651 BGB, wenn der IoT-Gegenstand noch aus Materialien des Herstellers geschaffen werden muss.[15] Werden daneben nur geringfügige Zusatzleistungen wie zB die Installation des Systems oder das Aufspielen von Software vereinbart, ändert das am Vertragstyp des Kaufvertrags oder Werklieferungsvertrags nichts.[16] Denkbar sind natürlich auch **weitere Formen,** wie zB die Vermietung der Hardware in einem operating oder financial Leasing-Modell.

In Abgrenzung zum Kaufvertrag stellt der BGH bei einem Werkvertrag darauf ab, ob 32 die Anpassungsleistungen ein gewisses Gewicht haben.[17] Ein **Werkvertrag** liegt nur dann

[14] *Heydn* MMR 2020, 503.
[15] *Heydn* MMR 2020, 503.
[16] *Kuss* in Sassenberg/Faber Industrie 4.0 und Internet-HdB Teil 3 Rn. 32.
[17] BGH Urt. v. 5.6.2014 – VII ZR 276/13, NJW-RR 2014, 1204 (1205).

vor, wenn eine aufwendige Konfiguration der Software erforderlich ist in Kombination mit der Einrichtung von Benutzerkonten einschließlich PINs und Passwörtern, und der Einrichtung von bestimmten Szenarien; der Einrichtung einer Smartphone-App und eine intensive Einweisung der Anwender in die Bedienung des IoT-fähigen Systems.[18]

b) Verträge hinsichtlich Softwarenutzung (Plattformverträge und Apps)

33 Die **Einräumung von Nutzungsrechten** erfolgt auf der Basis von Softwareverträgen, entweder als dauerhafte Überlassung[19] oder gleichfalls zeitlich begrenzte Überlassung. **IoT-Plattform-Verträge** sind in aller Regel als **Mietverträge** ausgestaltet.[20] Hinzukommen können aber auch **Elemente eines Dienstvertrages,** wenn Datenservices angeboten werden.[21]

34 Regelmäßig muss der Nutzer eines IoT-Gegenstands auch eine **App** herunterladen. Dazu muss der Anwender ein Benutzerkonto bei dem betreffenden App-Store-Betreiber (Google oder Apple) eröffnen.[22] Hierbei muss der Anwender die Nutzungsbedingungen des App-Store-Betreibers akzeptieren, wodurch ein Vertrag zwischen dem Anwender und dem App-Store-Betreiber zustande kommt. Der **BGH** hat die Frage der rechtlichen Einordnung von diversen Arten von Benutzerkonten bislang offen gelassen.[23] Relevant ist vor allem die Frage, ob die Nutzung der Dienste entgeltlich oder unentgeltlich erfolgt. In der Literatur wird überwiegend die Auffassung vertreten, dass eine **„entgeltliche"** Überlassung vorliegt, auch wenn keine monetäre Berechnung für die Nutzung der Dienste erfolgt.[24] Denn der Anwender muss bei der Einrichtung des Kontos personenbezogene Daten (mindestens eine E-Mail-Adresse) angeben, nach dem Prinzip **„Dienst gegen Daten"**. Der Nutzer „bezahlt" mit seinen Daten, die im Weiteren zB für eine künftig personalisierte Werbung genutzt werden können.

35 Strittig ist, ob der **Benutzerkonto-Vertrag** zwischen dem Anwender und dem App-Store-Betreiber entweder als Mietvertrag oder Dienstvertrag qualifiziert werden kann. Dies hängt wiederum von der Ausgestaltung der Nutzungsbedingungen ab. Überwiegend wird hier aber eine mietrechtliche Einordnung vorgenommen.[25]

36 Zu überprüfen ist dabei, wer hinsichtlich des **Erwerbs der App** der **unmittelbare Vertragspartner** ist. *Zdanowiecki* gelangt bei dieser Analyse zu dem Ergebnis, dass beim Apple-App-Store Apple als Vertragspartner des Kunden anzusehen sei, beim Google-Play-Store hingegen Google lediglich als Vermittler auftritt, und der App-Anbieter unmittelbarer Vertragspartner des Kunden ist.[26] Die Bereitstellung der App für IoT-Systeme stellt keine Schenkung oder Leihe dar, sondern je nachdem, ob der Hersteller ein zeitlich unbefristetes oder ein zeitlich begrenztes Nutzungsrecht an der App einräumt, entweder einen Kaufvertrag oder einen Mietvertrag.[27]

37 Die Abhängigkeit der Smart Devices von einer funktionsfähigen Software führt zu der Frage einer **„Update-Pflicht"** des Verkäufers. Teile der (älteren) Rechtsprechung nimmt eine derartige aus § 242 BGB resultierende Pflicht an, solange die betreffende Software auf

---

18 *Heydn* MMR 2020, 503.
19 Software ist ein „sonstiger Gegenstand" iSd § 453 Abs. 1 BGB; so auch *Heydn* MMR 2020, 503.
20 Näher hierzu → § 7 Rn. 127ff.
21 *Heuer-James/Chibanguza/Stücker* BB 2018, 2818 (2825).
22 *Beiersmann* ZDNet 24.10.2019: Die Betriebssysteme Android (Google) und iOS (Apple) hatten Stand 24.10.2019 einen Marktanteil von 99,8 Prozent.
23 BGH Urt. v. 12.7.2018 – III ZR 183/17, MMR 2018, 740 Rn. 19 mAnm *Hoeren* – Social Media Benutzerkonto; Urt. v. 11.2.2010 – I ZR 178/08, MMR 2010, 771 Rn. 24 – Benutzerkonto für ein Onlinespiel.
24 *Heydn* MMR 2020, 503.
25 *Heydn* MMR 2020, 503.
26 Näher zu den App-Verträgen → § 7 Rn. 482ff.; zu der vertriebsrechtlichen Einordnung eines AppStore-Betreibers → § 9.
27 *Heydn* MMR 2020, 503.

dem Markt angeboten wird.[28] Im Bereich des Verbraucherrechts hat der europäische Gesetzgeber auf die zunehmende Digitalisierung reagiert, indem er zwei neue **EU-Verbraucherschutzrichtlinien** erlassen hat, die bis zum 1.7.2021 umzusetzen sind. Die entsprechenden Vorschriften sind dann ab dem 1.1.2022 anzuwenden. Es handelt sich dabei um die Richtlinie (EU) 2019/770 (digitaler Inhalt und Digitale Dienstleistung), die auch für Software und Apps gilt.[29] Die Richtlinie (EU) 2019/771 (Warenkauf), welche die Richtlinie 1999/44/EG ersetzt, gilt auch für Waren mit embedded Software und somit für IoT-Geräte, da diese ohne die Software nicht ihre Funktion entfalten können. Beide Richtlinien sehen eine Update-Pflicht des Verkäufers vor, die dieser allerdings erfüllt, wenn der Kunde mit dem Hersteller einen entsprechenden Wartungs- oder Update-Vertrag abschließt.[30]

III. Rechtliche Aspekte beim Einsatz von IoT-Geräten im Handel

1. Automatisierter Vertragsschluss/Computer-Erklärung

Paradebeispiel für automatisierte Vertragsschlüsse[31] ist *„Instant Ink"*, dem von HP angebotenen Tinten-Lieferservice für bestimmte Druckermodelle, bei dem **automatisch ohne menschliche Interaktion** und durch Voreinstellungen im Drucker organisiert neue Druckerpatronen bestellt werden, bevor die alte Druckerpatrone leergedruckt ist. Gleiches gilt für einen IoT-fähigen Kühlschrank, der feststellt, dass zB keine Butter mehr vorrätig ist und nach entsprechender Voreinstellung einen Bestellvorgang ausführt. Auch das automatische Bieten bis zu einem vorangestellten Preis bei Online-Auktionen (zB eBay) oder auch die Abwicklung von Verträgen über Blockchain (Smart Contracts) fallen unter den Vorgang automatisierter Vertragsschlüsse.[32] 38

Automatisierte Systeme handeln vorhersehbar nach einer bestimmten **festgelegten Vorgabe.**[33] Rechtlich betrachtet handelt es sich hierbei um **Computererklärungen**, dh Erklärungen, die die Software nach Voreinstellung ihres Anwenders erzeugt. Dies sind Bestellungen vorher bestimmter Produkte bei einem bestimmten Erzeuger oder Verkäufer.[34] Das ist rechtlich wirksam. Ausreichend ist, dass sich die Erklärung **auf einen Erzeuger der Erklärung** zurückverfolgen lässt.[35] 39

2. Vertragsschluss aufgrund autonom agierender Systeme

Autonom agierende Systeme[36] unterscheiden sich von vorstehenden automatisierten Computererklärungen dadurch, dass dem IoT-Gerät ein größerer Handlungsspielraum eingeräumt wird. Hier fehlt gleichfalls die menschliche Interaktion für den Vertragsschluss. 40

[28] LG Köln Urt. v. 16.10.1997 – 83 O 26–97, NJW-RR 1999, 1285 (1286); OLG Koblenz Urt. v. 27.5.1993 – 5 U 1938/92, NJW 1993, 3144 (3145).
[29] Erwgr. 19 der RL (EU) 2019/770; *Schippel* K&R 2020, 117.
[30] *Heydn* MMR 2020, 503.
[31] Ausführlich → § 7 Rn. 127 ff.
[32] *Dienst/Falke* in Bräutigam/Rücker E-Commerce-HdB 14. Teil, Rn. 14; *Specht/Herold* MMR 2018, 40.
[33] *Zech* in *Gless/Seelmann* Intelligente Agenten S. 163 ff.; *Riehm* ITRB 2014, 113; *Specht/Herold* MMR 2018, 40.
[34] *Dienst/Falke* in Bräutigam/Rücker E-Commerce-HdB 14. Teil Rn. 15.
[35] BGH Urt. v. 7.11.2001 – VIII ZR 13/01, MMR 2002, 95 mAnm *Spindler;* OLG Hamm Urt. v. 12.1.2004 – 13 U 165/03, MMR 2004, 761; OLG Frankfurt a. M. Urt. v. 20.11.2002 – 9 U 94/02, MMR 2003, 405 (406); AG Westerburg Urt. v. 14.3.2003 – 21 C 26/03, MMR 2003, 609; OLG München Beschl. v. 15.11.2002 – 19 W 2631/02, MMR 2003, 274 (275) mAnm *Hoffmann; Taeger* NJW 2016, 3764; *Cornelius* MMR 2002, 353 (355); *Mehrings* MMR 1998, 30 (31); *Heun* CR 1994, 595 ff.; *Fritzsche/Malzer* DNotZ 1995, 3 (7); instruktiv auch *Kuhn* Rechtshandlungen mittels EDV und Telekommunikation S. 69 ff.; *Wiebe* Die elektronische Willenserklärung S. 140 ff., 204 ff. und 214 ff.; *Köhler/Fetzer* Recht des Internet Rn. 169 f.
[36] Ausführlich → § 7 Rn. 127 ff.

Möglich sind automatisierte Vertragsschlüsse über „Smart Contracts", die auch autonom, ohne jegliche Voreinstellung eigene Entscheidung für den Inhaber geschlossen werden können. Einsatzfähig sind derartige Geräte vor allem im Beschaffungsprozess des Handels, bei der IoT-Geräte nicht nur die fehlende Ware bestellen, sondern vielleicht auch aufgrund eigener Entscheidung ein neues Warensortiment für die Nachbestellung bestimmen. Das IoT-Gerät (die Software) bestellt Produkt lediglich nach einer Vielzahl abstrakter Vorgaben. Möglich ist bspw. eine Auswahl aus einer Reihe gleicher Produkte bei unterschiedlichen Herstellern.

41 Nach einer Auffassung in der **Literatur** wird die **entsprechende Anwendung der Grundsätze der Computererklärung** (Rückschlussmöglichkeit auf einen Anwender oder Hersteller) auf derart automatisiert agierende autonome Agenten vertreten.[37] Das folgende Beispiel verdeutlich aber folgendes Problem mit der Rückschlussmöglichkeit auf einen Anwender:

Von Alexa ausgeführte Bestellung[38]

Ein Nachrichtensprecher sprach über ein kleines Mädchen, das mit Alexa kommunizierte und dabei versehentlich ein Puppenhaus für 170 USD und kiloweise dänische Butterkekse bestellte. Seine Beschreibung dieser Fehlbestellung wiederum führte in den Haushalten, die Alexa verwendeten und die Nachrichtensendung verfolgten, dazu, dass auch ihre Alexa versuchte, das Puppenhaus zu bestellen.

42 Das vorstehende Beispiel verdeutlicht, dass die BGH-Rechtsprechung zur Computererklärung nicht ohne Weiteres übertragbar ist, da der **Eigentümer** des autonom agierenden Sprachassistenten **keine eigene Willenserklärung** abgegeben hat, sondern die Bestellung aufgrund einer **autonom getroffenen Entscheidung des Sprachassistenten** abgegeben wurde und sich die Erklärung gerade nicht auf eine diesbezügliche Willensentschließung des Eigentümers zurückführen lässt.[39] Dem **Nachrichtensprecher** fehlt bereits das Erklärungsbewusstsein. Zudem kann ihm nicht unterstellt werden, dass er bei Anwendung der im Verkehr erforderlichen Sorgfalt hätte erkennen und vermeiden können, dass seine Äußerung nach Treu und Glauben und der Verkehrssitte als Willenserklärung aufgefasst werden durfte.[40] Es wäre auch unangemessen, dem Verkäufer das Risiko der Fehlbestellung des Käufers aufzuerlegen, denn dieser kann nicht erkennen, dass es sich um eine Fehlbestellung handelt.

43 In der Literatur werden zur Lösung des Problems neben der Anwendung der vom BGH entwickelten Grundsätze zur Computererklärung daher noch **weitere Lösungsansätze** diskutiert.[41] Diese reichen von der analogen Anwendung des **Minderjährigenrechts,**[42] des **Botenrechts,** bis hin zur analogen Anwendung des **Stellvertreterrechts** und der Anwendung der Grundsätze der **Blanketterklärung.**

44 Jede der vorstehend erwähnten Lösungsansätze – auch die der Computererklärung – hat ihre Schwächen: Die Schwäche der **Botenlösung** liegt darin, dass bereits keine vom Eigentümer des digitalen Sprachassistenten geäußerte Willenserklärung vorliegt, die als Bote lediglich weitergegeben wird.[43] Ein autonom agierendes System ist kein Bote, weil es schon gar keine Willenserklärung des Inhabers des IoT-Geräts übermittelt, sondern eine

---

[37] Spindler/Schuster/*Spindler* BGB Vorb. §§ 116ff. Rn. 9.

[38] *Specht/Herold* MMR 2018, 40 mit Hinweis auf *Markwald* Tagesschau v. 10.1.2017 sowie *Kaltschmidt* heise online 8.1.2017.

[39] *Kianička* Die Agentenerklärung S. 44; *Wiebe* Die elektronische Willenserklärung S. 137; *Specht/Herold* MMR 2018, 40.

[40] Ähnlich der Trierer Weinversteigerungs-Fall Palandt/*Ellenberger* BGB Einf. § 116 Rn. 17; BGH Urt. v. 7.6. 1984 – IX ZR 66/83, JuS 1984, 971 mAnm *Emmerich.*

[41] Ausführlich hierzu → § 7 II.

[42] *Specht/Herold* MMR 2018, 40.

[43] So auch → § 7 Rn. 127ff.

eigene Erklärung generiert.[44] Die **Schwäche der Stellvertreterlösung** liegt darin, dass in Fällen, in denen das autonome System den Rahmen einer eingeräumten Vertretungsmacht verlässt, also ohne Vertretungsmacht handelt (falsus procurator) und der Nutzer den Vertrag nicht nach § 177 BGB genehmigt, die in § 179 BGB vorgesehene **Haftung des Vertreters ohne Vertretungsmacht** leerläuft, weil das autonome System als solches vermögenslos ist.

Am überzeugendsten erscheint es daher, neben den Grundsätzen der Computererklärung zusätzlich die Grundsätze der sog. **Blanketterklärung** anzuwenden. Bei einer Blanketterklärung unterzeichnet der Erklärende ein Blankett, das dann von einem Dritten ausgefüllt bzw. vervollständigt wird. Die ergänzte Blanketterklärung gilt dann mit ihrem durch den Dritten bestimmten Inhalt für und gegen den Unterschreibenden und das auch dann, wenn der Dritte die Erklärung abredewidrig ausgefüllt hat.[45] **Gegen die Anwendung der Blankett-Grundsätze** wird teilweise die zunehmende Automatisierung der autonomen Systeme und die damit einhergehende **Unberechenbarkeit** entgegengehalten. Diese besteht andererseits auch dann, wenn ein Mensch die Blanketterklärung vervollständigt. Zudem tritt auch bei der Anwendung der Blankett-Grundsätze ein Problem auf, das dem der falsus procurator-Haftung ähnelt. Denn gegen denjenigen, der das Blankett abredewidrig ausfüllt, besteht ein Ersatzanspruch.[46] Dieser Anspruch läuft bei einem autonomen System mangels Haftungsmasse jedoch ins Leere. Dies allein spricht jedoch nicht dagegen, die fehlerhaft vom autonomen System erzeugte Erklärung dem Nutzer des autonomen Gerätes zuzurechnen. 45

Rückgriffsansprüche gegen den Verkäufer oder Hersteller werden – ohne gesonderte vertragliche Regelung im Beschaffungsvertrag – in der Regel nicht bestehen. Der Verkäufer haftet nur, wenn er selbst einen Programmierfehler zu vertreten hat. Ist der Verkäufer nur Zwischenhändler, entfällt seine Haftung mangels Verschulden, auch weil der Hersteller nicht als Erfüllungsgehilfe des Verkäufers zu qualifizieren ist.[47] Gegen eine deliktische Haftung des Herstellers spricht, dass es gegenwärtig de lege lata keine gesetzlichen Grundlagen für eine Gefährdungshaftung für Fehlbestellungen autonom agierender Systeme gibt. 46

Um das Problem der fehlenden Haftungsmasse zu umgehen, wird deshalb teilweise im Rahmen der Überlegungen zur Schaffung einer **ePerson** eine **Pflichtversicherung** für das autonome System vorgeschlagen.[48] Um die Fragen rund um autonome Systeme und die damit verbundenen Unsicherheiten für Wirtschaft und Private unionsweit einheitlich zu lösen, hat das Europäische Parlament in seiner Entschließung vom 16.2.2017 mit Empfehlungen an die Kommission zu zivilrechtlichen Regelungen im Bereich Robotik die Einführung einer ePersönlichkeit für die „ausgeklügeltsten autonomen Systeme“ gefordert. Bislang wurde dieses Konzept jedoch noch nicht umgesetzt und die weitere Entwicklung bleibt abzuwarten.[49] 47

Ein **Rahmenvertrag** sollte angesichts der bestehenden Rechtsunsicherheiten zwischen Lieferant und Händler respektive Händler und Kunde geschlossen bzw. entsprechende **Geschäftsbedingungen (AGB)** vereinbart werden, die die Parameter für den (ggf. gegenseitigen) Einsatz automatisierter und/oder autonom abgegebener Willenserklärung verbindlich regeln. In einem solchen Rahmenvertrag sollte der Einsatzbereich automatischer/autonomer Willenserklärungen positiv umschrieben werden, oder jedenfalls negativ beschrieben werden, wo derartige Erklärungen einer digitalen Assistentin nicht stattfinden sollen. Enthalten sollten auch Regelungen sein, die das Risiko des Überschreitens der Ein- 48

[44] So auch *Specht/Herold* MMR 2018, 40.
[45] *Sester/Nitschke* CR 2004, 548 (550); *Cornelius* MMR 2002, 353 (354).
[46] *Dienst/Falke* in Bräutigam/Rücker E-Commerce-HdB 14. Teil Rn. 33.
[47] BGH Urt. v. 15.7.2008 – VIII ZR 211/07, NJW 2008, 2837; Urt. v. 2.4.2014 – VIII ZR 46/13, NJW 2014, 2183.
[48] *Mayinger* Die künstliche Person S. 166ff.
[49] Ausführlich zur Kritik an dem Konzept der ePerson → § 7 Rn. 127ff.; *Lohmann* ZRP 2017, 168 (170).

satzbereiche klären. Regelungsbedürftig sind auch Fragen des Zugangs und weiterer organisatorischer Maßnahmen (wie zB Protokollierung). Nicht zu vergessen sind Update-Pflichten und Regelungen im Hinblick auf Cyberrisiken.

49 Das **Verbraucherschutzrecht** stellt allerdings noch besondere Anforderungen bei **sprachgesteuerten** Bestellungen durch IoT-Geräte, die aber eingehalten werden können. Nach § 312j Abs. 2 und Abs. 3 BGB müssen vor jeder Bestellung dem Kunden die wesentlichen Eigenschaften des Produkts und der Preis mitgeteilt werden. Nach Auffassung von *Duden* soll es ausreichen, wenn die Informationen per Audiodatei übermittelt werden und der Verbraucher anschließend seine Bestellung mündlich mit dem Wortlaut „zahlungspflichtig bestellen“ aufgibt. Weder § 312j Abs. 2 oder 3 BGB noch der ihm zugrunde liegende Art. 8 Abs. 2 VR-RL würden eine visuelle, textförmige Übermittlung der Informationen erfordern. Bestätigt wird diese Ansicht durch Art. 8 Abs. 1 VR-RL und Art. 246a § 4 Abs. 3 EGBGB, die die Form der Informationsübermittlung ausdrücklich offenlassen und vorsehen, dass die Art der Informationserteilung **in einer den benutzten Fernkommunikationsmitteln angepassten Weise** erfolgen soll. Dass nach Art. 8 VR-RL ein Fernabsatzvertrag grundsätzlich auch rein mündlich geschlossen werden kann, zeigt auch dessen Abs. 6, der den Mitgliedstaaten für telefonisch geschlossene Verträge die Möglichkeit eröffnet, anzuordnen, dass Verbraucher erst an den Vertrag gebunden sind, wenn sie die Bestellbestätigung schriftlich genehmigen.[50]

3. Einsatz von Smart Contracts

50 **Einsatzmöglichkeiten** bieten sich für Smart Contracts auch im Handelssektor, sei es im Rahmen der Beschaffung von Waren oder Lizenzierung von Rechten, bei denen entweder wechselseitige von einem **Computerprogramm** automatisierte Vertragserklärungen oder aber auch autonome Vertragserklärungen abgegeben werden. Das Programm selbst ist nicht der Vertrag, sondern es hilft die automatisierten oder auch autonomen Vertragserklärungen elektronisch auszutauschen. Die vorher in einem **Rahmenvertrag** zwischen den Parteien (Käufer-Verkäufer) zu vereinbarenden vertraglichen Pflichten und die Folgen von Pflichtverletzungen werden dabei als „Wenn-Dann-Regeln“ programmiert: Wenn eine im Vertrag festgelegte Bedingung erfüllt wird, dann führt dies automatisch zu der vorher bestimmten Folge.[51] Smart Contracts können (müssen aber nicht) auf einer **Blockchain** ausgeführt werden, einer Datenbank, die nicht nur auf einem einzelnen Server gespeichert ist, sondern auf vielen miteinander verbundenen Computern, von denen jeder eine Kopie des gesamten Datensatzes hat *(Peer to Peer)*.[52]

51 Der **Vertragsschluss** selbst richtet sich nach §§ 133, 145 ff. BGB. Insoweit gibt es keine Besonderheiten. Für das Wirksamwerden einer Willenserklärung sind auch unter Einsatz eines Smart Contract deren Abgabe und Zugang erforderlich. Hierfür ist grundsätzlich auf die allgemeinen zivilrechtlichen Regeln abzustellen. Teilweise wird für die **Abgabe einer Willenserklärung** vorausgesetzt, dass sie mit dem Private Key unterzeichnet wird. Für den **Zugang** wird auf den Zeitpunkt abgestellt, in welchem der die Erklärung enthaltende Block der Blockchain angehängt wird.[53] Sollte die Mehrheit der Rechenleistung eine Vereinbarkeit mit der restlichen Blockchain ablehnen, wird der entsprechende Block nach einiger Zeit automatisch zurückgeschnitten. Durch das **Zurückschneiden des die Erklärung enthaltenden Blocks** würde der Zugang rückwirkend entfallen. Um dies zu vermeiden, bietet es sich an, einen **Bedingungszusammenhang gem. § 158 Abs. 1 BGB** zwischen Erklärung und der dauerhaften Aufnahme des „Erklärungs-Blocks“ in die Blockchain anzunehmen. Sollte ein derartiger Bedingungszusammenhang nicht bestehen, scheint

[50] *Duden* ZRP 2020, 102.
[51] *Kipker/Birreck/Niewöhner/Schnorr* MMR 2020, 509; *Fries* AnwBl 2018, 86.
[52] Ausführlich zum Einsatz von Blockchains → § 12.
[53] *Paulus/Matzke* ZfPW 2018, 431 (446); *Heckelmann* NJW 2018, 504 (505 f.).

es vorzugswürdig, auch für den Zugang auf von der Blockchain unabhängige Umstände abzustellen.[54]

Mitbestimmungsrechte des Betriebsrats sind unter Umständen zusätzlich zu berücksichtigen. Selbst wenn Smart Contracts zur Optimierung einer Lieferkette bspw. durch automatische Nachbestellung von Einbauteilen eingesetzt werden, hat der Betriebsrat ein Mitbestimmungsrecht nach § 87 Abs. 1 Nr. 6 BetrVG. Nach Ansicht des BAG besteht dieses bereits dann, wenn die technische Einrichtung nicht notwendigerweise dazu bestimmt, aber geeignet ist, die Leistung zu überwachen.[55] Da in der Blockchain der Zeitpunkt erfasst würde, ab dem die Anzahl noch vorhandener Teile derart gering ist, dass es des Nachschubs bedarf, wäre ein Rückschluss auf das Arbeitstempo möglich. Die Geeignetheit zur Überwachung des Arbeitnehmers ist damit gegeben.[56] 52

4. Service-Button/Dash-Button

Zur Steigerung der Kundenbindung wurden bereits **IoT-Service-Buttons** eingesetzt. Dies sind kleine WLAN-fähige Geräte, die auf der Vorderseite aus einem Knopf und einer mit einem Markenlogo bedruckten Fläche bestehen. Sie sind **elektronische Bestellhilfen** wie zB Dash-Button von Amazon oder „Perfect Shave"-Box von Gilette. Sie dienen lediglich als Mittel zur Abgabe von Bestellungen (Knopfdruck gleich Kaufangebot). Mit dem Drücken wird ein Kaufangebot übermittelt.[57] 53

Der Einsatz von **Dash-Buttons** oder Service-Buttons ist an sich ein zulässiger **Telemediendienst,** für den nach § 1 TMG das Telemediengesetz (TMG) gilt. Allerdings erklärte das OLG München im Jahre 2019 die sog. Amazon Dash-Buttons für **unvereinbar** mit den **verbraucherschutzrechtlichen Vorgaben des BGB.** Insbesondere wurden die vorvertraglichen Pflichten des § 312j Abs. 2 und 3 BGB nach Auffassung des OLG München nicht eingehalten.[58] Aus diesem Grund hat Amazon vorerst den Vertrieb der Dash-Buttons eingestellt. 54

Für den Abschluss elektronischer Verträge im Verkehr mit Verbrauchern bestehen gesonderte Anforderungen an die Bereitstellung **Verbraucherinformationen.** Nach § 312j Abs. 2 BGB müssen Unternehmer Verbrauchern unmittelbar vor dem Abschluss entgeltlicher Verbraucherverträge im elektronischen Geschäftsverkehr bestimmte Informationen zur Verfügung stellen (sog. Warenkorbansicht). Nach § 312j Abs. 3 BGB müssen Unternehmer die Bestellsituation zudem so gestalten, dass die Verbraucher ausdrücklich bestätigen, dass sie sich zu einer Zahlung verpflichten. Erfolgt die Bestellung über eine Schaltfläche, muss sie gut lesbar mit nichts anderem als den Wörtern „zahlungspflichtig bestellen" oder mit einer entsprechenden eindeutigen Formulierung beschriftet sein (sog. Button-Lösung). Die Idee von Amazon, in der Amazon-App die Informationen zu dem Produkt einzusehen, hielt das OLG für nicht vereinbar mit diesen Vorgaben. 55

Der **Bestellvorgang** hätte gem. § 312j Abs. 3 BGB so ausgestaltet werden müssen, dass die Kunden **ausdrücklich bestätigen,** zahlungspflichtig zu bestellen. Für die Gestaltung könne dabei die ausdrückliche Beschriftung, die § 312j Abs. 3 S. 2 BGB für Schaltflächen vorschreibt („zahlungspflichtig bestellen"), herangezogen werden. Nach § 312j Abs. 2 BGB hätten unmittelbar vor jeder einzelnen Bestellung die **wesentlichen Eigenschaften des Produkts sowie der Preis** angezeigt werden müssen. Es reiche nicht aus, dass die Informationen bei der Verknüpfung des Dash-Buttons mit einem konkreten Produkt angezeigt worden seien und später über die App einsehbar blieben. 56

---

[54] *Paulus/Matzke* ZfPW 2018, 431 (447); *Kipker/Birreck/Niewöhner/Schnorr* MMR 2020, 509.
[55] StRspr seit BAG Beschl. v. 9.9.1975 – 1 ABR 20/74, NJW 1976, 261.
[56] Bsp. bei *Kipker/Birreck/Niewöhner/Schnorr* MMR 2020, 509.
[57] *Specht/Herold* MMR 2018, 40; *Duden* ZRP 2020, 102.
[58] OLG München Urt. v. 10.1.2019 – 29 U 1091/18, MMR 2019, 532; das Urt. ist rechtskräftig; der BGH hat die Nichtzulassungsbeschwerde wegen des zu geringen Streitwerts gem. § 544 Abs. 2 Nr. 1 ZPO zurückgewiesen, BGH Beschl. v. 13.10.2020 – VIII ZR 161/19, MMR 2021, 40.

57 **Folge für displaylose Geräte** sowie bei Geräten, die automatisiert Bestellungen aufgeben können, ist, dass diese gegenwärtig (jedenfalls bis zur Klärung durch den BGH) nicht eingesetzt werden können, es sei denn das Design oder der Vertragsgestaltungsprozess mit Dash- oder Service-Buttons (invitatio ad offerendum des Käufers statt Bestellung und Käufer **bestätigt** nach Erhalt der Informationen über seine App) wird derart verändert, dass die Vorgaben des Verbraucherschutzrechts eingehalten werden können.[59]

58 Auch aus Gründen der **Identifizierung des Bestellers** ist ein **zweistufiger Vertragsschluss** sinnvoll, um so zu verhindern, dass Personen Bestellungen aufgeben, die nicht dazu berechtigt sind. Bei automatisierten IoT-Geräten sind zudem fehlerhafte Bestellungen denkbar. Schließlich sind auch Cyber-Attacken auf IoT-Geräte denkbar, die (massenweise) ungewollte Bestellungen aufgeben, um die Geschäftsabläufe betroffener Unternehmen zu stören.[60]

5. Smart Shelves und digitale Preisschilder

59 Die **Inventarverwaltung** stellt eine besondere Herausforderung für viele Handelsunternehmen dar. Sie müssen zu jedem Zeitpunkt in der Lage sein, nachzuvollziehen, wo sich ihre Ware gerade befindet. Ein Tracking der Produkte über den gesamten Lebenszyklus hinweg ist hier eine effiziente Lösung, die zugleich einhergeht mit einer besseren Vorausplanung der Lagerhaltung. Händler erhalten auf diese Weise einen umfassenden Überblick über Bestände und eventuelle Engpässe.

60 **Intelligente Regale** (**Smart Shelves**) helfen dabei, mit Hilfe des Einsatzes von RFID, real time und in Bruchteilen von Sekunden zu sehen, was noch auf Lager ist. Intelligente Regale werden dabei mit Gewichtssensoren ausgestattet und scannen die Produkte mithilfe der RFID-Tags. Hierdurch werden Inventurzeiten verkürzt und die Ein- und Abgänge von Waren digital erfasst. Intelligente, smarte Etiketten sorgen in Kombination mit Sensoren, die im Regal angebracht werden, dafür, dass Artikel nie vergriffen sind oder im falschen Regal abgelegt werden. Wenn Artikel knapp werden oder falsch platziert wurden, erhält der Händler eine Meldung.

61 Einsatzbar sind auch **digitale Preisschilder.** Dies sind **smarte Shelf Labels**, die in Regalschienen integriert sind und zumeist direkt mit Strom versorgt werden. Mit diesen digitalen Preisschildern sorgt das IoT im Handel für signifikante Vorteile: Daten im Ladenlokal können zeitgleich mit Daten im Online-Shop aktuell gehalten werden. Die Daten sind einfach vom Tablett oder Smartphone zu steuern. Auf Wettbewerbspreise kann schnell reagiert werden. Automatische Preisanpassungen, etwa zu bestimmten Uhrzeiten oder an bestimmten Tagen können vorab programmiert werden. Auf dem digitalen Preisschild können zusätzliche Informationen zum Produkt abgerufen werden. Die digitalen Informationen können als Hinweis oder als Wegweiser für den Kunden genutzt werden.

62 **Rechtlich betrachtet,** ist der Einsatz dieser Smart Devices im Handel relativ unproblematisch, solange diese nicht Daten mit Personenbezug generieren oder verarbeiten, oder eigenständig Nachlieferungen bestellen, sei es automatisiert sobald ein gewisser Füllstand unterschritten wird, sei es autonom nach Auswertung des Kaufverhaltens der Kunden.

6. Digitale Einkaufsassistenten

63 Digitale Assistenten können gleichfalls im IoT-Einsatz sein an der **Schnittstelle zum Menschen.** Ein Beispiel: Der Kunde geht ins Kaufhaus, um sich einen neuen Computer zu kaufen. Bereits beim Betreten des Shops meldet sich das Smartphone mit der virtuellen Karte des Ladens. Der Kunde sagt, dass er eine neue Uhr kaufen möchte. Der digitale

---

[59] *Duden* ZRP 2020, 102.

[60] Vgl. hierzu auch *Hergenröder* VuR 2017, 174 (175f.); *Specht/Herold* MMR 2018, 40 (41f.); *Duden* ZRP 2020, 102 bzgl. Fragen der Anscheinsvollmacht.

Assistent (ein Roboter oder das Smartphone) weist dem Kunden den direkten Weg. Darüber hinaus erhält der Kunde bereits eine Info darüber, welche Modelle gerade im Angebot sind, oder welche Vorzüge welches Modell besitzt. Humanoide Roboter oder digitale Sprachassistenten führen dazu, dass Menschen die Künstliche Intelligenz fast schon als Persönlichkeit wahrnehmen. Die Handelskette Saturn setzte diesen Roboter mit dem Namen „Paul" bereits Ende Oktober 2016 ein im Saturn-Markt Ingolstadt. Dieser Roboter begrüßte Kunden und führt sie zu den gewünschten Produkten.[61] Ein weiteres Einsatzgebiet von Robotern ist die Intralogistik (logistische Material- und Warenflüsse innerhalb des Betriebsgeländes).

Verletzungen von Kunden oder Arbeitnehmern im Shopbereich sind durch einen 64 Roboter denkbar und möglich, hervorgerufen durch eine (software-)technische Fehlfunktion. Dem Kunden können gegen den Inhaber/Betreiber des Shops in einem solchen Fall einerseits Ansprüche wegen Verletzung einer vorvertraglichen Nebenpflicht gem. § 311 Abs. 2 und Abs. 3 BGB (c.i.c) zustehen.[62] Dem Händler als Arbeitgeber obliegt zudem eine gesteigerte Fürsorgepflicht gegenüber seinen Mitarbeitern.[63] Zudem kommen Ansprüche aus Produkthaftung nach dem Produkthaftungsgesetz (ProdHaftG) und der Produzentenhaftung gem. § 823 BGB gegenüber dem Hersteller des Roboter-Einkaufsassistenten in Frage, wobei es keine Rolle spielt, ob der Schaden aufgrund eines Software-Fehlers oder eines technischen Fehlers entstanden ist.[64]

7. Invisible Payments

Im stationären Handel wird üblicherweise die Zahlung vom Zahler aktiv ausgelöst, um das 65 von ihm erworbene Produkt zu bezahlen. Unter dem Begriff „**Invisible Payments**" ist nun eine neue Zahlart am Markt, die den **Zahlungsvorgang im Hintergrund** abwickelt, ohne dass dieser separat vom Kunden initiiert werden muss. Die Zahlung ist automatische Folge der Inanspruchnahme der Hauptleistung.[65]

Beispiele hierfür sind das bargeldlose Einkaufen bei Amazon Go und das portugiesi- 66 sche Startup Sensei (Milligan). Der Kunde muss sich am Eingangsportal mit seiner App ausweisen und kann dann den Shopbereich betreten, Waren aus Regalen nehmen und diese in seinen Einkaufskorb legen. Spezielle Kameras und weitere Systeme registrieren dies und weisen die herausgenommenen Waren dem Account des Kunden zu. Bei Verlassen des Ladens durch eine *„leaving area"* werden die Waren aus dem internen Lager des Ladengeschäftsinhabers entfernt und dem Account des Käufers nun endgültig zugeordnet. Die Bezahlung erfolgt dann automatisch über den Amazon-Account mit Verlassen des Ladens. Aufgrund der dauerhaften Überwachung durch Bilderkennung muss sich der Kunde beim Verlassen nicht erneut identifizieren und kann dadurch ohne zusätzlichen Aufwand das Ladengeschäft direkt verlassen.[66]

Eine **RFID-gestützte Alternative** gibt es auch.[67] Hier erfolgt Identifizierung der Wa- 67 ren über RFID[68]-Chips vorgenommen wird. RFID-Chips sind an der jeweiligen Ware angebracht und funktionieren nach dem Sender-Empfänger-Prinzip mittels Radiowellen. Auch hier gibt es eine payment area, bei der die sich im Warenkorb befindlichen Produkte anhand der RFID-Chips automatisch gescannt, dem jeweiligen Kunden zugeordnet und von ihm bezahlt werden.[69]

---

[61] *Deinhardt* Computer & Automation 11.11.2016.
[62] MüKoBGB/*Ernst* § 280 Rn. 94.
[63] *Wiebauer* NZA 2016, 1430 (1436).
[64] Hierzu → § 8.
[65] Instruktiv *Becker/Baranowski* BB 2020, 1672.
[66] *Becker/Baranowski* BB 2020, 1672.
[67] VR Payment (zur DZ-Bank gehörend).
[68] Radio-Frequency Identification.
[69] *Becker/Baranoswski* BB 2020, 1672.

68 **Gleichzeitig** können alle drei zum Kauf erforderlichen Geschäfte (Verpflichtungs- und Verfügungsgeschäfte/Zahlung) abgeschlossen werden. Eine **(Rahmen-)Vereinbarung** (ggf. über Einbeziehung von **AGB**) zwischen Kunden und Shop-Anbieter ist Voraussetzung. Die AGB können durch ausdrücklichen Hinweis in einer App oder durch deutlich sichtbaren Aushang an einem Ort des Supermarkts in Textform wirksam in den Kaufvertrag einbezogen werden, wenn für den Kunden dadurch die Möglichkeit besteht, in zumutbarer Weise von AGB Kenntnis zu nehmen, vgl. § 305 Abs. 2 BGB.[70]

69 Die **Erfüllung der Zahlungsverpflichtung** kann auf unterschiedlichen Wegen erfolgen. § 433 Abs. 2 BGB sieht zwar gesetzlich die Zahlung in bar vor.[71] Jedoch kann auch elektronisch gezahlt werden als Erfüllung gem. § 364 Abs. 1 BGB. Einerseits kommen die üblichen elektronischen Zahlungswege in Betracht (Zahlung per Überweisung, Zahlung per SEPA-Lastschrift, Zahlung per Kreditkarte, Zahlung mit E-Geld, Abrechnung über die Mobilfunkrechnung).

70 Möglich ist aber auch eine **Zahlung mit Kryptowährungen** (Bitcoin, Ethereum, Ripple, Stellar etc). Kryptowährungen sind zwar kein Geld (auch kein E-Geld) im eigentlichen Sinne.[72] Sie können jedoch die Funktion als Universalttauschmittel erfüllen. Der EuGH erkennt daher Kryptowährungen als vertragliches Zahlungsmittel an.[73] Für die Zahlung mit Kryptowährungen bedarf es einer entsprechenden Abrede zwischen den Parteien.[74] Kryptowährungen sind rechtlich betrachtet Wertverschaffungsschulden (eine Art modifizierte Bringschuld) für die § 244 BGB analog gilt. Kryptowährungen bewegen sich daher auf einer Linie mit dem allgemeinen Geldschuldrecht im Hinblick auf Gefahr-, Risiko- und Kostentragungsregeln.[75]

71 Unterschiede bestehen hinsichtlich der Erteilung des Zahlungsauftrages durch den Kunden an den jeweiligen Zahlungsdienstleister. Um eine Vielzahl von Zahlungsvorgängen auf einheitlicher vertraglicher Grundlage für eines dieser Zahlverfahren ausführen zu können, bedarf es grundsätzlich eines **Zahlungsdiensterahmenvertrages** gem. § 675f Abs. 2 BGB. Dieser kann formfrei und damit auch elektronisch (zB über eine App) geschlossen werden. Die entsprechenden **Verbrauchervorabinformationen** müssen jedoch gem. Art. 248 § 3 EGBGB auf einem dauerhaften Datenträger mitgeteilt werden, wozu grundsätzlich auch die Übermittlung einer E-Mail an die Zahlungsdienstenutzer ausreicht.[76] Die kostengünstigsten Varianten sind die Zahlung per Überweisung und die Zahlung per Lastschrift. Die für den Zahlungsempfänger sicherste Variante ist jedoch das Kreditkartenmodell. Die **Lastschrift** ist im Verbraucherverkehr ungünstig wegen des achtwöchigen Erstattungsrechts des Kunden. Gegenüber Unternehmen ist diese Zahlungsform hingegen vorteilhaft, weil keine starke Kundenauthentifizierung erforderlich ist. Die **Überweisung** ist günstig, weil der Zahlungsauftrag mit Zugang beim Zahlungsdienstleister unwiderruflich wird. Damit eine automatische Zahlungsabwicklung jedoch möglich ist, muss das Zahlungsmittel so ausgestaltet werden, dass eine der Ausnahmen zur starken Kunden-Authentifizierung greift. Die **Kreditkarte** hat den Vorteil gegenüber dem Überweisungsmodell, dass bei entsprechender Vereinbarung im Vertrag zwischen dem Supermarkt und dem sog. Acquirer, der Acquirer die Zahlung aufgrund eines abstrakten Schuldversprechens schuldet. Das Kreditkartenmodell ist somit für den Supermarkt das sicherste Modell.[77]

---

[70] *Becker/Baranowski* BB 2020, 1672.
[71] MüKoBGB/*Westermann* § 433 Rn. 65.
[72] Es fehlt die hoheitliche Anerkennung und der entsprechende Annahmezwang; *Omlor* JZ 2017, 754 (759 f.). Virtuelle Währungen unterschieden sich von E-Geld nach der Definition in der Richtlinie 2009/110/EG des Europäischen Parlaments, da bei virtuellen Währungen im Unterschied zu E-Geld das Kapital nicht in konventionellen Rechnungseinheiten, zB in Euro, ausgedrückt wird, sondern in einer virtuellen Rechnungseinheit wie etwa „Bitcoin"; EuGH Urt. v. 22.10.2015 – C-264/14, BeckRS 2015, 81461.
[73] EuGH Urt. v. 22.10.2015 – C-264/14, ECLI:EU:C:2015:718 Rn. 42 = MMR 2016, 201 – Hedqvist.
[74] *Omlor* JuS 2019, 289.
[75] Palandt/*Grüneberg* BGB § 245 Rn. 6; *Omlor* JuS 2019, 289.
[76] *Becker/Baranowski* BB 2020, 1672.
[77] Ausführlich hierzu *Becker/Baranowski* BB 2020, 1672 ff.

8. IoT-basierte Marketingkonzepte

a) People Counting und Retail Analytics

Das elektronische **People Counting** ist eine automatisch generierte Kundenzählung und gibt Aufschluss über die Besuchsströme, beispielsweise an welchen Tagen und zu welchen Uhrzeiten die Besucherströme am größten sind. Diese Daten werden mit zusätzlich erhobenen Daten ausgewertet, zB mit Wetterdaten oder dem Feiertagskalender oder Ferienzeiten und erlauben eine Art Erfolgsmessung für das Shop-Konzept und von Werbemaßnahmen und die weitere Planung von Marketing und Personaleinsatz. Das Erfassen und Auswerten der Kundenströme liefert ggf. den Beweis, ob eine Werbeidee oder Rabattaktion, oder sonstige Aktionen und Maßnahmen zum gewünschten Effekt geführt haben. **People Tracking** kann unterschiedlich nach Standort, Zeit und Aktivität angepasst werden. Technisch erfolgt das People Counting und People Tracking mit Sensoren *(Time-of-Flight-Sensor)*[78] und dauerhafter Kameraüberwachung, die verbunden mit Künstlicher Intelligenz auch die Trittfrequenz eines Kunden verfolgen und analysieren können, oder ob es sich um eine Gruppe oder eine Einkaufseinheit handelt. Teilweise werden bei den Aufnahmen die sich darauf befindenden Kunden und Mitarbeiter unkenntlich gemacht, teilweise wird gerade damit geworben, dass die Softwarelösung eine Gesichtserkennung ermögliche, um zB Fahndungsabgleiche zu erlauben.[79] Bestimmte Kundengruppen, wie zB Kinder, können separat gezählt werden, was datenschutzrechtlich kritisch ist. Deshalb verfügen diese Counting- und Tracking-Systeme verfügen dann über einen Ausschlussfilter. 72

Die Beobachtung der Kundenbewegungen im Geschäft erlaubt es auch, die Positionierung einzelner Produkte genauer planen. Mit der exakten Auswertung des Kaufverhaltens lässt sich der künftig erforderliche Produktbestand kalkulieren. Der Onlinehandel sammelt und bündelt längst schon große Datenmengen über jeden einzelnen Kunden. Doch auch im stationären Handel halten nun derartige Analysen immer mehr Einzug. Die neuen Technologien liefern damit wertvolle Einblicke in das gesamte Kundenverhalten und Händler können ihre Angebote, Konzepte und die Gestaltung eines Shops an den tatsächlichen Bedarf anpassen und optimieren. 73

b) Beacons

Beacons (deutsch: Leuchtfeuer) zählen gleichfalls zu den Mitteln, mit denen sich das Serviceangebot erweitern und die Attraktivität eines Geschäfts steigern lässt. Sie sind auf der Bluetooth-Technologie basierende Sender, die Signale aussenden (mit einer bestimmten Identifikationsnummer) und mit einer entsprechenden App des Kunden (Shopinhaber als App-Anbieter) auf dem Endgerät des Kunden (Smartphone/Tablet) empfangen werden können. Die App kann Informationen über Produkte oder Werbeaktionen bereitstellen. Gleichzeitig ist es aber auch möglich, den Weg des Kunden nachzuverfolgen. Beacons registrieren, wenn sich ein Kunde an einem zuvor definierten Punkt befindet und können bspw. genutzt werden, um dann über eine App passende Coupons zu aktivieren. Mögliche Alternativen sind NFC-Tags oder QR-Codes. Bei diesen Varianten entscheidet der Kunde, welche Coupons oder Informationen er tatsächlich abrufen möchte und wird entsprechend selbst aktiv.[80] Bekannt ist bspw. der Apple iBeacon.[81] Ein weiteres Beispiel ist die 74

[78] Time of Flight kann man in etwa mit dem deutschen Begriff „Laufzeitverfahren" übersetzen. Dahinter steht ein Kamerasystem mit Infrarot-Bildsensor. Damit werden im Prinzip Tiefeninformationen gesammelt, um Entfernungen oder Bewegungen zu erfassen. Die Technik dabei basiert auf einem Lichtpuls, der ausgesendet wird. Dann wird die Zeit (Time of Flight) gemessen, die das Licht braucht, um zum Gegenstand und anschließend wieder zurück zum Sensor zu gelangen.

[79] *Brandenburter/Leuthner* ZD 2014, 617.

[80] Instruktiv hierzu *Brandenburg/Leuthner* ZD 2014, 617.

[81] developer.apple.com/ibeacon/.

App „Barcoo“ für die Münchner Filiale von MyMuesli.[82] Beacons sind günstig und können auch von kleineren und mittleren Unternehmen bereitgestellt werden.

c) Rabatt-Race

75 Auf Basis der mit Hilfe des IoT- und KI-Einsatzes bekannten Kaufhistorie können Händler mittlerweile Rabattangebote über Mobilfunk unmittelbar an die Kunden im Geschäft schicken bzw. – wie es ein Schuhhändler in Mittelamerika macht – wenn ein registrierter Kunde das Geschäft eines Konkurrenten in der Nähe betritt. Dann startet auf dessen Smartphone ein **„Rabatt-Countdown“** oder **„Rabatt-Race“** bei 100 Prozent: Für jede Sekunde, die der Kunde für den Sprint in den Laden des Rabattgebers braucht, reduziert sich der Nachlass um einen Prozentpunkt.

d) Rechtliche Aspekte

76 **aa) Datenschutzrecht.**[83] Bei den vorgenannten Maßnahmen werden **personenbezogene Kundendaten** iSd Art. 4 Nr. 1 DS-GVO **erhoben** und iSd Art. 4 Abs. 2 DS-GVO **verarbeitet.** Denn der Kunde wird bei der Auswahl der Produkte beobachtet und es findet eine Auswertung der Einkaufsgewohnheiten und der Bezahlung statt. Es werden Daten erhoben wie zB Name, Zahlungsinformationen der Kreditkarte oder in der App, Kaufhistorie, Bewegungsdaten, Foto- und Videoaufnahmen, Informationen zur Identifizierung und Logfiles.[84] Ein anonymer Einkauf ist ausgeschlossen. Einkaufsgewohnheiten werden erfasst und analysiert. Denkbar ist natürlich auch eine **anonymisierte** Analyse. Anonymisierte Daten weisen keine besondere Personenbezogenheit auf. Bei **Pseudonymen** findet das Datenschutzrecht hingegen Anwendung.[85]

77 Eine **Informationspflicht** gegenüber dem Kunden besteht im Fall einer personalisierten Analyse **(Profiling),** bei der der Kunde über die involvierten Logik, die Tragweite und die angestrebten Auswirkung einer derartigen Verarbeitung zu informieren ist (Art. 13 Abs. 2 lit. f DS-GVO).

78 **Sensible Daten** über genetische und soziale Herkunft (zB Hautfarbe), die Gesundheit oder körperliche Eigenschaften (Brille, Rollstuhl etc) und ggf. die Religionszugehörigkeit (zB Kreuz, Schleier) können technisch auch erhoben werden. Beim Einsatz von Gesichtserkennung können biometrische und offensichtliche Gesundheitsdaten erfasst werden. Die **Verarbeitung** derartiger Daten ist jedoch **untersagt** nach Art. 9 Abs. 1 DS-GVO. Sie ist nur bei Vorliegen einer wirksamen **Einwilligung** oder eines **anderen Ausnahmetatbestandes** zulässig gem. Art. 9 Abs. 2 DS-GVO.

79 **Rechtsgrundlagen der Datenverarbeitung beim Vorgang des Einkaufs** ergeben sich wiederum aus Art. 6 Abs. 1 lit. b DS-GVO. Diese Norm deckt die Erhebung und Verarbeitung personenbezogener Daten bei etwaigen Registrierungen zur Nutzung von Apps, zur Identifizierung des Kunden, zur Zuordnung der ausgewählten Ware zum Kunden sowie zur Bezahlung.

80 Hinsichtlich der **Analyse der Einkaufsgewohnheiten**, also welche Ware der Kunde wählt, ob er Ware aus dem Einkaufskorb ins Regal zurücklegt oder die Anzahl der Waren verändert, bedarf es gleichermaßen einer Rechtsgrundlage für diesen Verarbeitungsvorgang. Die Erfassung von Ort und Zeitpunkt des Einkaufs sowie die Kaufpreishöhe wurde von der Rechtsprechung zum Rabattpunktesystem bislang nicht beanstandet.[86] Soweit die

---

[82] www.barcoo.com/blog/barcoo-beacons-gestartet-neues-kommunikationsinstrument-fur-den-lokalen-einzelhandel.

[83] Ausführlich zum Datenschutzrecht → § 6 Rn. 112ff.

[84] *Becker/Baranowski* BB 2020, 1672.

[85] *Becker/Baranowski* BB 2020, 1677.

[86] BGH Urt. v. 11.11.2009 – VIII ZR 12/08, NJW 2010, 864; Urt. v. 16.7.2008 – VIII ZR 348/06, BB 2008, 2426 mAnm *Schirmbacher; Gulden* Amazon Go – Rechtslage in Deutschland ?; *Becker/Baranowski* BB 2020, 1672.

Analyse der Einkaufsgewohnheiten anonymisiert erfolgt, ist schon mangels Vorliegens **von** Personendaten kein Datenschutzrecht zu beachten. Soweit dies jedoch unter **Pseudonymen oder kundenspezifisch** durchgeführt wird, kann dies nicht durch Art. 6 Abs. 1 lit. b DS-GVO erfolgen, sondern es ist eine **Einwilligung** des Kunden in die Kundenanalyse nach Art. 6 Abs. 1 lit. a, 7 DS-GVO erforderlich, es sei denn der Händler kann ein berechtigtes Interesse iSv Art. 6 Abs. 1 lit. f DS-GVO nachweisen.

Für eine **Einwilligung** müssen hingegen die Voraussetzung von Art. 7 DS-GVO und 81 Erwgr. 32 und 42 DS-GVO eingehalten werden. Erforderlich ist eine eindeutige bestätigende Handlung, mit der freiwillig, für den konkreten Fall, in informierter Weise und unmissverständlich bekundet wird, dass die betroffene Person mit der Verarbeitung der sie betreffenden personenbezogenen Daten einverstanden ist. Wenn die Verarbeitung mehreren Zwecken dient, sollte für alle diese Verarbeitungszwecke eine Einwilligung gegeben werden. Zudem muss dem Kunden ausdrücklich das **Recht** eingeräumt werden, seine Einwilligung jederzeit **widerrufen.** Er ist vor Abgabe der Einwilligung über sein Widerrufsrecht zu informieren. Zu beachten ist auch das Koppelungsverbot in Art. 7 Abs. 4 DS-GVO. Die Einhaltung dieser Voraussetzungen ist in der Praxis nicht einfach. Die Rechtsprechung lässt es bereits an der Freiwilligkeit der Einwilligung fehlen, wenn diese in einer Situation wirtschaftlicher oder sozialer Schwäche oder Unterordnung erteilt wird oder wenn der Betroffene durch übermäßige Anreize finanzielle oder sonstige Natur zur Preisgabe seiner Daten verleitet wird. Des Weiteren ist bei der Verarbeitung für viele Zwecke nicht einfach, die für die Einwilligung erforderliche Information umfassend und transparent zu gestalten.

Eine **Rechtsgrundlage des berechtigten Interesses** ergibt sich aus Art. 6 Abs. 1 lit. f 82 DS-GVO. Berechtigte Interessen können rechtliche, wirtschaftliche oder ideelle Interessen sein.[87] Die Interessen des Händlers liegen in der Steigerung der Kundenzufriedenheit und der Optimierung des Warenbestandes. Es ist aber eine Interessenabwägung vorzunehmen.[88] Bei Jugendlichen unter 16 Jahren darf hingegen keine Kundenanalyse erfolgen.[89]

Weitere datenschutzrechtliche Grundsätze sind vom Händler zu beachten. Er muss 83 in der Lage sein, gem. Art. 5 DS-GVO die Rechtmäßigkeit, die Datenverarbeitung nach Treu und Glauben, die Transparenz, die Zweckbindung, die Datenminimierung, die Richtigkeit, die Speicherbegrenzung und die Integrität und Vertraulichkeit der Datenverarbeitung nachweisen zu können (Art. 5 Abs. 2 DS-GVO). Zudem ist der Kunde transparent und umfassend über die Datenverarbeitung zu informieren (Art. 13 und 14 DS-GVO). Einzuhalten sind auch die Grundsätze der Datenminimierung (Art. 5 Abs. 1 lit. c DS-GVO) und der Privacy by Design und Privacy by Default (Art. 25 DS-GVO). Unter diesem Gesichtspunkt scheint der Einsatz von RFID vorteilhaft zu sein, denn durch RFID werden weniger Daten erhoben und verarbeitet als beim Einsatz von Kameras und Sensoren.[90]

Datenübermittlung in die USA sind (jedenfalls zum Zeitpunkt dieser Veröffentli- 84 chung) nicht mehr zulässig. Sowohl der EU-US Privacy Shield als auch die SCCs können nicht mehr verwendet werden, da der EuGH in seinem Schrems II-Urteil vom 16.7.2020 den EU-US Privacy Shield für ungültig und die SCCs für eine Datenübermittlung in die USA für unzureichend erklärt hat. Gegenwärtig sollte daher andere EU- oder EWR-basierte Subprozessoren eingesetzt werden für die Auswertung von Kundendaten.

Fazit: Soweit der Händler also lediglich personenbezogene Daten des Kunden erhebt 85 und verarbeitet, die für den Einkauf erforderlich sind, wird die Datenverarbeitung in der Regel zur Vertragserfüllung nach Art.6 Abs. 1 lit. b DS-GVO zulässig sein. Soweit darüber hinaus personenbezogene Daten zur Auswertung des Kundenverhaltens erhoben und ver-

---

[87] Paal/Pauly/*Frenzel* DS-GVO Art. 6 Rn. 2.
[88] DSK, Kurzpapier Nr. 3 Verarbeitung personenbezogener Arten für Werbung, 29.7.2017.
[89] *Becker/Baranowski* BB 2020, 1672.
[90] *Becker/Baranowski* BB 2020, 1678.

arbeitet werden, wird es darauf angekommen, ob diese anonymisiert oder personalisiert verwendet werden. In der anonymen Form wird dies datenschutzrechtlich zulässig sein, in der personalisierten auch pseudonymisierten Form besteht die Herausforderung, entweder eine wirksame Einwilligung einzuholen (Art. 6 Abs. 1 lit. a DS-GVO) oder die Auswertung so zu gestalten, dass sie auf der Grundlage des berechtigten Interesses zulässig ist (Art. 6 Abs. 1 lit. f DS-GVO). Darüber hinaus sind die Grundsätze der Datenverarbeitung nach Art. 5 DS-GVO einzuhalten. Hier sind insbesondere bedeutsam: Transparenz, Zweckbindung und Datenminimalisierung.

86 **bb) Wettbewerbsrecht.** Werden die Analysen und Auswertungen im direkten Wettbewerb eingesetzt, ist das Wettbewerbsrecht (Gesetz gegen unlauteren Wettbewerb, UWG) zu beachten. Dieses regelt das **Verhältnis von Mitbewerbern untereinander** und schützt zudem die Marktteilnehmer vor unzulässigen Verhaltensweisen des jeweiligen Unternehmers. Relevant für die rechtliche Beurteilung sind insbesondere die Tatbestände der gezielten Behinderung § 4 Nr. 4 UWG und der unzumutbaren Belästigung § 7 Abs. 1 UWG[91] sowie § 7 Abs. 2 Nr. 3 UWG. § 4 Nr. 4 UWG und § 7 Abs. 1 UWG können dabei gleichzeitig vorliegen, es besteht kein generelles Ausschlussverhältnis.[92]

87 Ob eine Belästigung gem. § 7 UWG **zumutbar** ist, ist durch eine Interessenabwägung zu ermitteln. Relevant ist der Maßstab eines durchschnittlich empfindlichen und verständigen Adressaten.[93] Besonders robuste oder übersensible Personen werden daher nicht berücksichtigt.[94] Anders als im Rahmen von § 5 UWG sind die Aufmerksamkeit und der Kenntnisstand des Adressaten dabei nur am Rande relevant, es kommt vielmehr auf die durchschnittliche Resistenz gegenüber Störungen im sozialen Verkehr an.[95]

88 Im Rahmen der Tatbestände der § 7 Abs. 2 UWG wurde die Unzumutbarkeit der Belästigung bereits vom Gesetzgeber indiziert, eine weitere Prüfung der Unzumutbarkeit durch eine Interessenabwägung entfällt deshalb. Push-Nachrichten, die mittels Beacons übermittelt werden, können daher unter Umständen eine unzumutbare Belästigung gem. § 7 Abs. 1 S. 1 UWG oder § 7 Abs. 2 Nr. 3 UWG darstellen. Direkt absatzfördernde Nachrichten, die als Mitteilungen über Push-Dienste an den Nutzer übermittelt werden, sind insoweit Werbung iSv § 7 Abs. 2 UWG.[96]

89 **Unzumutbare Belästigungen** iSd § 7 UWG sind anhand des „durchschnittlich informierten, aufmerksamen und verständigen Durchschnittsadressaten" zu beurteilen. Vor allem bei Beacons besteht die Möglichkeit, auch den potenziellen Kunden außerhalb des Geschäftslokals Mitteilungen zukommen zu lassen. Beacons können daher eingesetzt werden, um Kunden von Mitbewerbern gezielt anzusprechen. Grundsätzlich stellt dies zulässigen Wettbewerb dar.[97]

90 Die Grenze zur gezielten **Behinderung** iSd § 4 Nr. 10 UWG wird überschritten, wenn zB gleichzeitig die Werbung des Mitbewerbers ausgeschaltet wird, zB wenn dem Kunden im Geschäft des Mitbewerbers statt dessen Werbung die Werbung des Geschäftsinhabers angezeigt wird.[98] Dafür, sie ebenfalls als elektronische Post iSv § 7 Abs. 2 Nr. 3 UWG zu qualifizieren spricht, dass die Netzwerke, über die sie versandt werden, in der Regel keine besondere Zugangsberechtigung erfordern, wie etwa ein firmeninternes Intranet.[99] Auch Erwgr. 40 der RL 2002/58/EG spricht für dieses Verständnis, dort wird der umfassende Schutz der Teilnehmer des Netzes „gegen die Verletzung ihrer Privatsphäre

---

[91] *Brandburger/Leuthner* ZD 2014, 618.
[92] MüKoUWG/*Leible* § 7 Rn. 40.
[93] BGH Urt. v. 3.3.2011 – I ZR 167/09, GRUR 2011, 747 Rn. 17.
[94] Ohly/Sosnitza/*Ohly* UWG § 7 Rn. 25.
[95] Ohly/Sosnitza/*Ohly* UWG § 7 Rn. 25.
[96] *Schürmann/Günther* MMR 2015, 419 (420).
[97] *Brandenburg/Leutner* ZD 2014, 617 (619).
[98] *Brandenburg/Leuthner* ZD 2014, 617 (619).
[99] *Schürmann/Günther* MMR 2015, 419 (420f.).

durch unerbetene Nachrichten für Zwecke der Direktwerbung" betont.[100] Stuft man die entsprechenden Mitteilungen nicht als elektronische Post ein, wird ihre wettbewerbliche Zulässigkeit nach § 7 Abs. 1 S. 1 UWG beurteilt.[101]

Unabhängig davon, ob § 7 Abs. 2 Nr. 3 oder § 7 Abs. 1 S. 1 UWG einschlägig ist, sollte vor dem Abschicken entsprechender Mitteilungen eine ausdrückliche **Einwilligung** der Adressaten eingeholt werden.[102] Denn eine ordnungsgemäß erteilte Einwilligung schließt eine unzumutbare Belästigung gem. § 7 Abs. 1 und Abs. 2 Nr. 3 von Beginn an aus.[103] Die Einwilligung hat „ohne Zwang, für den konkreten Fall und in Kenntnis der Sachlage" zu erfolgen. Dh sie muss in einer „spezifischen Angabe" mittels Opt-in erklärt werden (wobei ein Single-Opt-in als ausreichend betrachtet wird) und eine Klarstellung enthalten muss, dass speziell dem Erhalt von Werbung mittels einer Push-Benachrichtigung zugestimmt wird. Die Einwilligung muss ferner für den konkreten Fall erteilt werden.[104] Für **Bestandskunden** greifen die Erleichterungen des § 7 Abs. 3 UWG, sofern dessen Voraussetzungen vorliegen, dh sofern es sich ua um elektronische Post handelt.[105] 91

Der Tatbestand des § 7 Abs. 2 Nr. 4 UWG kann ebenfalls durch entsprechende **Push-Nachrichten** erfüllt werden, sofern die jeweiligen Tatbestandsvoraussetzungen vorliegen.[106] Vor allem bei Beacons besteht die Möglichkeit, auch den potenziellen Kunden außerhalb des Geschäftslokals Mitteilungen zukommen zu lassen. Beacons können daher eingesetzt werden, um Kunden von Mitbewerbern gezielt anzusprechen. Grundsätzlich stellt das zulässigen Wettbewerb dar.[107] Die Grenze zur gezielten Behinderung iSd § 4 Nr. 4 UWG wird überschritten, wenn zB gleichzeitig die Werbung des Mitbewerbers ausgeschaltet wird, zB wenn dem Kunden im Geschäft des Mitbewerbers statt dessen Werbung die Werbung des Geschäftsinhabers angezeigt wird.[108] 92

Fazit: Ob und unter welchen Bedingungen § 7 Abs. 2 Nr. 3 oder § 7 Abs. 1 S. 1 UWG einschlägig ist, wird in der Literatur unterschiedlich beurteilt. Aus Sicht des Betreibers von „Beacons" sollte besser eine ausdrückliche Einwilligung der Adressaten eingeholt werden, welche den strengen Anforderungen des § 7 Abs. 2 Nr. 3 UWG genügt. Ferner sollte § 7 Abs. 2 Nr. 4 beachtet werden. Zudem dürfen Mitbewerber nicht derart gezielt behindert werden, dass die Grenze des § 4 Nr. 4 UWG erreicht wird. 93

cc) Persönlichkeitsrechte. Retail Analytics und auch „Invisible Payments" kommen derzeit ohne dauerhafte Kameraüberwachung nicht aus. Für die Aufnahme und Auswertung von Bildern ist dabei das Recht eines jeden Kunden am eigenen Bild zu beachten. 94

Die in § 22 KUG geregelte **spezialgesetzliche Ausprägung des Allgemeinen Persönlichkeitsrechts** wird hierdurch regelmäßig nicht betroffen sein. So stellt die Norm lediglich die Verbreitung und öffentliche Zurschaustellung von Bildnissen unter den Einwilligungsvorbehalt des Abgebildeten. Während damit die Weitergabe angefertigter Aufnahmen im Sinne einer Überlassung der Verfügungsgewalt sowie das Sichtbarmachen für Dritte nur in begrenztem Rahmen möglich ist, wird das bloße Anfertigen und Vervielfältigen von Bildnissen vom Schutzgehalt der Regelung nicht erfasst[109] Wenn der Händler sicherstellt, dass eine Verwendung zu dessen eigenen Zwecken außerhalb der vorgesehe- 95

---

[100] *Schürmann/Günther* MMR 2015, 419 (420 f.).
[101] *Schürmann/Günther* MMR 2015, 419 (421); so auch Spindler/Schuster/*Micklitz/Schirmbacher* UWG § 7 Rn. 35; Fezer/Büscher/Obergfell/*Mankowski* UWG § 7 Rn. 388 f.
[102] *Schürmann/Günther* MMR 2015, 419 (421).
[103] Spindler/Schuster/*Micklitz/Schirmbacher* UWG § 7 Rn. 36.
[104] *Schürmann/Günther* MMR 2015, 419 (421 f.).
[105] *Schürmann/Günther* MMR 2015, 419 (421); aA Fezer/Büscher/Obergfell/*Mankowski* UWG § 7 Rn. 388 f.
[106] MAH GewRS/*Lotze/Heinson* § 30 Rn. 117.
[107] *Brandenburg/Leuthner* ZD 2014, 617 (619).
[108] *Brandenburg/Leuthner* ZD 2014, 617 (619).
[109] Dreier/Schulze/*Dreier/Specht* KUG § 22 Rn. 11.

nen Auswertung nicht stattfinden darf und zB zurückbleibende Kopien im Anschluss gelöscht werden, liegt somit kein einwilligungsbedürftige Handlung iSv § 22 KUG vor.[110]

96 Als **Auffangtatbestand** greift zugunsten des Abgebildeten aber jedenfalls das Allgemeine Persönlichkeitsrecht nach Art. 1 Abs. 1 iVm Art. 2 Abs. 1 GG ein. So kann eine Persönlichkeitsrechtsverletzung bereits dann anzunehmen sein, wenn ein Bildnis in der Öffentlichkeit und ohne Verbreitungsabsicht angefertigt wird.[111] Ob und in welchem Umfang in diesem Fall das Herstellen von Bildnissen rechtswidrig ist, kann jedoch nur unter Würdigung aller Umstände des Einzelfalls und durch Vornahme einer unter Berücksichtigung aller rechtlich geschützten Positionen der Beteiligten durchgeführten Güter- und Interessenabwägung ermittelt werden.[112]

97 **Voraussetzung für eine Einwilligungs- bzw. Rechtfertigungsbedürftigkeit** ist jedenfalls immer die Erkennbarkeit der abgebildeten Person. Werden die auf den Aufnahmen befindlichen Personen durch die Software derart anonymisiert, dass der Abgebildete keinen begründeten Anlass mehr zu der Annahme hat, er könne identifiziert werden, unterfällt dies nicht mehr dem Verbot des § 22 KUG bzw. liegt kein persönlichkeitsrechtlicher Eingriff vor. Bei der Auswahl der Softwarelösung sollte deshalb darauf geachtet werden, dass die Kunden unkenntlich gemacht werden.[113] Ansonsten dürfte eine Video- oder Bildaufnahme jedenfalls dann gerechtfertigt sein, wenn der Betroffene vor Betreten des gefilmten Bereichs auf die Aufnahmen und deren Auswertung hingewiesen wird. Insoweit ist von einer konkludenten Einwilligung des Betroffenen auszugehen. Erfolgt die Auswertung zudem nur mittels statischer Auswertung von Laufwegen und Kundenanzahl, ist der Eingriff als verhältnismäßig gering zu bewerten und mit Blick auf die Interessen des Geschäftsinhabers noch leichter zu rechtfertigen.[114]

IV. Fazit

98 Auch der Handel nutzt IoT-fähige Geräte im Einkauf und Verkauf. IoT ist zurzeit – vor allem für mittlere und kleine Unternehmen – noch eine finanzielle und organisatorische Herausforderungen. Es gibt auch speziell im Handel eingesetzte IoT-Gerätschaften (wie zB Smart Shelves und Smart Meter). Zunehmen wird der Einsatz von digitalen und IoT-fähigen humanoiden Robotern, die entweder als Einkaufsassistenten oder auch in übrigen Bereichen eines Stores (zB Reinigen, Nachfüllung von Ware) eingesetzt werden können. Mit dem Erwerb von IoT-fähigen Geräten müssen aber auch notwendigerweise Softwarelizenzen erworben, Plattformverträge und App-Verträge abgeschlossen werden. Herausforderungen bestehen auch aus datenschutzrechtlicher Sicht im Hinblick auf sensible Daten (wie zB Alter, Geschlecht, Hautfarbe) sowie bei digitalen Handels- und Werbekonzepten, die letztlich eine Einwilligung des Kunden erfordern. Es ist allerdings nicht eine Frage des Ob, sondern nur eine Frage des Wann und des Wie, dass IoT gewohnter Alltag im Handel sein wird.

[110] *Brandenburger/Leuthner* ZD 2014, 617 (620).
[111] BGH Urt. v. 25.4.1995 – VI ZR 272/94, NJW 1995, 1955 (1957).
[112] Dreier/Schulze/*Dreier/Specht* KUG § 22 Rn. 4.
[113] *Brandenburger/Leuthner* ZD 2014, 617 (620).
[114] *Brandenburger/Leuthner* ZD 2014, 617 (620).

§ 21 Anwendungsbereiche von IoT in der Immobilienwirtschaft

Übersicht

Literatur:

Ambista, Studie „Indoor-Generation": Leben in Räumen, 2018, www.ambista.com/de/magazin/indoor-generation-studie-zum-leben-in-raeumen (10.6.2019); *Bloomberg,* World's Greenest Office Building Is Dutch: The Edge, www.youtube.com/watch?v=JSzko-K7dzo (24.9.2015); *BOSCH,* Case Study: Die angenehme und energieeffiziente Kantine, www.bosch-connectivity.com/de/use-cases/die-angenehme-und-energieeffiziente-kantine/ (3.7.2019); *BOSCH,* Das Internet der Dinge präsentiert – #LikeABosch, www.youtube.com/watch?v=v2kV6pgJxuo (7.1.2019); *Gartner,* Leading the IoT. Gartner Insights on How to Lead in a Connected World, 2017, www.gartner.com/imagesrv/books/iot/iotEbook_digital.pdf (3.7.2019); *GEFMA/Lünendonk,* CAFM-Trendreport, 2019; *Hardbebusch,* Das nachhaltigste Bürogebäude der Welt, Immobilienmanager 10.2016, www.immobilienmanager.de/das-nachhaltigste-buerogebaeude-der-welt/150/44610/ (15.6.2019); *Kirchhof,* IoT als integraler Bestandteil der FM Digitalisierung, Vortrag Servparc 25.6.2019; *Kratzert/Collignon/Vincent,* The internet of things: a new path to european prosperity, www.kearney.com/digital-transformation/article?/a/the-internet-of-things-a-new-path-to-european-prosperity (5.6.2019); *Mattern/Flörkemeier,* Vom Internet der Computer zum Internet der Dinge, Informatik-Spektrum 2/2020, 107; *Müller-Wirth,* Was wünschen sich die Deutschen von ihrer Arbeit ?, Zeit Online 3.12.2018, www.zeit.de/2018/50/arbeitnehmer-berufsleben-erwerbstaetigkeit-zufriedenheit-themen-2019-umfrage (20.6.2019); *Nävy/Schröter,* Facility Services – Die operative Ebene des Facility Managements, Berlin/Heidelberg 2013; *Reijula/Gröhn/Müller/Reijula,* Human well-being and flowing work in an intelligent work environment, Intelligent Buildings International 2011, 223; *Schaeffler Gruppe,* Den optimale Wartungszeitpunkt vorhersagen, www.schaeffler.com/content.schaeffler.com/de/news_media/stories/digitalization_stories/predictive_maintenance/predictive_maintenance.jsp (16.6.2019); *v. Schoenebeck,* Dieses Büro-Hochhaus weiß fast alles über seine Mitarbeiter, Ingenieur.de 8.9.2016, www.ingenieur.de/technik/fachbereiche/architektur/dieses-buero-hochhaus-weiss-ueber-mitarbeiter/ (10.6.2019); *thyssenkrupp Elevator,* Maximizing City Efficiency, max.thyssenkrupp-elevator.com/assets/pdf/TK-Elevator-MAX-Report.pdf (16.6.2019); *Widmann,* Dieses Bürogebäude weiß alles, Digitale Welt 3/2017, 56.

I. Einführung

1. Überblick

1 Die Digitalisierung ist in vielen Branchen vorangeschritten und erlebt in manchen auch einen Boom – spätestens im Rahmen der weltweiten Corona-Pandemie. Aktuell steckt sie in der **Immobilienwirtschaft** noch in den Anfängen, auch wenn das von manchen Branchenverbänden teilweise anders publiziert wird. Als ein wesentlicher Ansatz zur Digitalisierung in der Immobilienwirtschaft ist besonders das Internet of Things zu nennen, welches viele unterschiedliche Gebäude, Objekte, Geräte und Anlagen miteinander vernetzen kann.

2 Das Ziel dieses Beitrags besteht darin, einen Überblick über das Thema „IoT im Immobiliensektor" zu geben. Dabei wird weniger auf die technischen Grundlagen als vielmehr auf praktische **Anwendungsfälle** (Use Cases) eingegangen. Beim Management physischer Arbeitsplätze besteht das Potenzial des IoT-Einsatzes in der arbeitsplatzgenauen Messung von deren Belegung und Auslastung. Daraus lässt sich zB bestimmen, in welchem

Gebäudebereich freie Arbeitsplätze zu welchem Zeitpunkt zur Verfügung stehen oder welche Kosten für deren Nutzung anfallen. Dies ist besonders von Bedeutung, wenn ein Unternehmen moderne agile Bürokonzepte nutzt, welche es erlauben, zB bei einer Belegschaft von 2.000 Personen physische (non-territoriale) Arbeitsplätze für nur 1.000 Personen bereitzuhalten und dabei trotzdem sämtliche gesetzlichen und unternehmensinternen Vorgaben zu erfüllen. Durch die Nutzung von Sensorik als ein wesentliches Element von IoT lässt sich die Flächeneffizienz verbessern und dabei lassen sich ggf. auch Flächeneinsparungen realisieren. Im Bereich der Reinigung existiert weiteres Optimierungspotenzial: Durch den intelligenten Einsatz von Sensoren können Reinigungsabläufe schneller, flexibler und bedarfsgerechter gestaltet werden. Einen dritten Use Case bildet die Gebäudeautomation: Die Steuerung von Gebäuden reagiert nicht nur, sondern agiert mithilfe von IoT situativ und präventiv. Dadurch ist es möglich, Gebäude nutzerorientierter, effizienter und nahezu unterbrechungsfrei zu betreiben. In der Immobilienwirtschaft steht häufig der Mensch als Nutzer von Gebäuden im Vordergrund (User Experience), deshalb gewinnen Hospitality-Leistungen immer mehr an Bedeutung. In diesem Sektor ist es möglich, Leistungen durch IoT angenehmer und sicherer zu gestalten.

3 Trotz relativ niedriger Einstiegskosten, guter **Skalierbarkeit,** überschaubarer Implementierungsrisiken und relativ kurzer Amortisationszeiten ist der Einsatz von IoT in der deutschen Immobilienwirtschaft häufig wirtschaftlich hinterfragt. Daher wird auf die Erstellung eines zugehörigen Business Case eingegangen.

4 Die dargestellten Praxisbeispiele stammen zu einem großen Teil von dem Gebäude „The LAB“ in Düsseldorf, in dem verschiedene Anwendungsbereiche von IoT seit 2017 getestet wurden.

2. IoT im Immobilien- und Facility-Management

5 Die **digitale Transformation,** die durch die voranschreitenden technologischen Möglichkeiten in allen Anwendungsbereichen und Branchen stattfindet, ist auch in der Immobilienwirtschaft zu beobachten. Im Immobilien- und **Facility-Management** steckt sie jedoch noch in den Anfängen. Speziell im Gebäudebetrieb gibt es umfangreiche Möglichkeiten, die sich mithilfe von Artificial Intelligence (AI) und dem Internet of Things (IoT) erschließen lassen. Menschen verbringen einen Großteil ihrer Lebenszeit in Gebäuden, daher sollten diese dem Menschen einen Mehrwert bringen.[1] Nicht nur der Aufenthalt in Gebäuden erzwingt eine nachhaltige Entwicklung, sondern auch die Tatsache, dass diese einen maßgeblichen Beitrag zu den globalen CO_2-Emissionen liefern. Daher werden intelligente Gebäude benötigt, die effizienter und umweltschonender betrieben werden können. Bspw. durch IoT-basierte Sensorik, die es ermöglicht, Daten zu erheben, die vorher nicht oder nur aufwendig erhoben werden konnten. Durch automatisierte Auswertung der gewonnenen Daten kann man schneller und intelligenter reagieren.

6 Die meisten Bestandsgebäude sind aktuell nicht „intelligent“. Es sind zwar Gebäudesteuerungen (traditionell „Gebäudeleittechnik“ (GLT)) vorhanden, diese arbeiten aber nicht autark. Das bedeutet, dass Menschen maßgeblich in die Gebäudesteuerung eingreifen müssen, um auf bestimmte Ereignisse zu reagieren. Dies geschieht oft reaktiv, statt präventiv. Durch die Aufrüstung dieser Gebäude mit intelligenter Sensorik können Prozesse abgesichert, beschleunigt und automatisiert werden. Die Aufrüstung ist mit Kosten verbunden, die sich jedoch in den meisten Fällen kurzfristig (< zwei Jahre) amortisieren. Bei der Neubauplanung kann das Internet of Things mit seiner Sensorik direkt in den Entwurf übernommen werden. Dabei können die Sensoren kabelgebunden sein, da Kabel (-kanäle) für die Stromversorgung mit eingeplant werden. Bei Bestandsgebäuden erfolgt eine Nachrüstung meistens mit batteriebetriebenen Sensoren. Kabelgebundene Sensoren haben den Vorteil, dass weniger Wartungsaufwand anfällt und die Betriebssicherheit höher

[1] Vgl. Ambista, Studie „Indoor-Generation“: Leben in Räumen, 2018.

ist, da keine Batterien ausgetauscht werden müssen. Durch eine integrale Neubauplanung lassen sich im Betrieb nachhaltige und intelligente Gebäude errichten. In diesem Zusammenhang ist zB das ikonische Gebäude „The Edge" in Amsterdam zu erwähnen (Abb. 1). Diese Immobilie wurde von unterschiedlichen Organisationen ausgezeichnet, ua mit dem höchsten jemals bewerteten BREEAM-Score (Building Research Establishment Environmental Assessment Methodology) von 98,36 Prozent. Dieses Gebäude zeigt, was möglich ist, wenn IoT bereits in der Planungsphase eine Rolle spielt, obwohl das Gebäude bereits 2014 fertiggestellt wurde.[2]

Abb. 1: The Edge in Amsterdam

3. IoT im Bürogebäude The LAB in Düsseldorf

Im Bürogebäude The LAB werden neue Arbeitsplatzkonzepte mit eigenen Mitarbeitern 7
und Personal von Geschäftspartnern erprobt. In diesem Gebäudekomplex befinden sich ua ein IoT- und ein Roboterlabor, eine Kantine und ein hauseigenes Fitnessstudio, welches den Mitarbeitern auch während der Arbeitszeit zur Verfügung steht. Die Arbeitsflächen sind, wie in vielen Open-Space-Büros üblich, in Besprechungsräume und unterschiedliche Arbeits-/Ruhezonen gegliedert. Dabei wurden bereits in der Designphase agile Arbeits- und Organisationsmethoden berücksichtigt, die im Nachhinein große Vorteile bei der Wiederaufnahme des Betriebs nach einem Lockdown (Gebäudeschaden, Pandemie) zeigten. Das Besondere an diesem Gebäudekomplex sind die ca. 2.000 verbauten Sensoren, mit deren Hilfe sich das Nutzerverhalten analysieren lässt (entsprechende Betriebsvereinbarungen wurden vorher mit der Arbeitnehmervertretung geschlossen). Die Kommunikation zwischen Sensoren und verschiedenen eingesetzten IT-Systemen (zB **CAFM/IWMS**) erfolgt mittels eines Gateways auf dem Dach des Gebäudekomplexes. Dabei wird ua der LoRa-Standard genutzt. In Büroräumen verbaut, messen Sensoren bspw. die CO_2-Konzentration in der Luft. Wie in Abb. 2 dargestellt, werden diese Daten an ein Gateway übermittelt, welches die Informationen in einer Private Cloud zur Verfügung stellt. Mithilfe eines Web-Services lassen sich die erfassten Daten visuell aufbereiten. Durch die Nutzung dieser Daten lässt sich ua der Reinigungsablauf besser planen und steuern. Dies ist nur eines von vielen Beispielen, bei denen Sensorik in „The LAB" genutzt wird. Nachfolgend werden der typische Tagesablauf eines Nutzers und dessen Kontakt mit IoT in „The LAB" dargestellt:

[2] Vgl. *v. Schoenebeck* Ingenieur.de 8. 9. 2016.

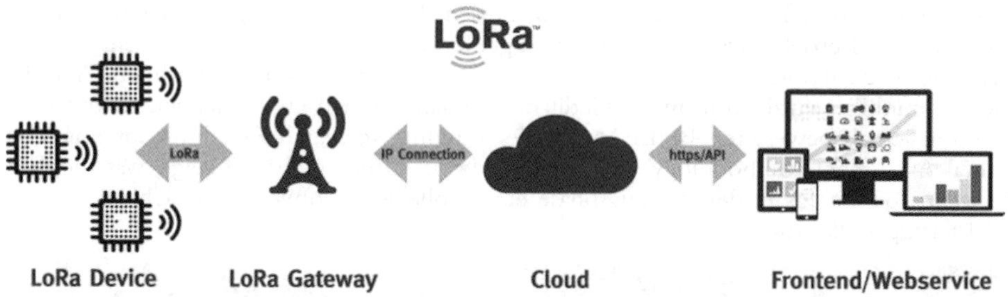

Abb. 2: Systemaufbau

8 Das Arbeiten in **„The LAB“** beginnt morgens mit der Ankunft im Gebäude. Angekommen im Eingangsbereich, sucht sich der Mitarbeiter an einem Monitor bzw. Kiosk mit Lesefunktion für Mitarbeiter- oder Besucherausweise einen freien Arbeitsplatz, welcher zu seiner aktuellen Aufgabe an diesem Tag passt. Der Mitarbeiter kann sich dann auf der vorgewählten Gebäude-Ebene in „Theo-live“, dem Belegungssystem des Gebäudes, die aktuelle Belegung pro Etage an einem Monitor/Kiosk in der Nähe von Aufzügen/Treppenhäusern anzeigen lassen. Möchte der Mitarbeiter bspw. zunächst eine Aufgabe besonders konzentriert bearbeiten, sucht er sich einen freien Platz in der sog. Quiet Zone. Ob dort noch genügend Platz verfügbar ist, kann er im Eingangsbereich am Monitor erkennen. Hat er seinen Platz ausgewählt, begibt er sich dorthin und durch Kopplung des Laptops mit der Dockingstation wird der Arbeitsplatz als belegt angezeigt. Der Arbeitsplatz selbst zeichnet sich durch seine Adaptierbarkeit auf unterschiedliche Nutzeranforderungen aus. Dies reicht von der elektrischen Höhenverstellbarkeit des Schreibtischs bis hin zur Anpassung der individuellen Beleuchtung. Nach einer gewissen Tätigkeitszeit im Büro verschlechtert sich häufig die Luftqualität. Im Raum sind Sensoren angebracht, welche den CO_2-Gehalt in der Luft messen. Ein Sensor versendet die Daten in bestimmten Zeitintervallen im LoRa-Netzwerk. Dem Nutzer wird visuell mit einer zentral im Raum installierten LED ein kritischer CO_2-Gehalt signalisiert und ihm wird vorgeschlagen, den Raum zu lüften. Bei sinkendem CO_2-Gehalt verfärbt sich die LED von Rot über Orange bis Grün, um dem Nutzer Auskunft über die Verbesserung der Luftqualität zu geben. In Abb. 3 lässt sich der aktuelle CO_2-Gehalt in „The LAB“ ablesen. Abb. 4 zeigt eine Übersicht eines exemplarisch ausgewählten Meetingraums innerhalb eines bestimmten Zeitintervalls mit den zugehörigen CO_2-Werten. Im Laufe des Tages hat der Mitarbeiter einen Ad-hoc-Termin mit einigen Arbeitskollegen. Hierfür hat er zunächst keinen Besprechungsraum im Raumbuchungssystem reserviert. Daher läuft er auf dem Weg zur Kaffee-Ecke kurz über den Flur und erkennt sogleich an der Farbe der LED am Tür-Panel des Besprechungsraums, ob dieser belegt ist oder nicht. Falls einer der Räume zur Verfügung steht, reserviert er diesen über das Buchungssystem. An der Kaffeemaschine angekommen, kann er seinen Kaffee sofort zubereiten lassen. Durch die verbaute Sensortechnik im Inneren des Kaffeeautomaten lassen sich der Füllstand und die vorgeschriebenen Reinigungsintervalle ermitteln. Im Falle einer Unterschreitung eines bestimmten Füllstands wird ein Ticket im CAFM-System ausgelöst, um die Kaffeemaschine wieder zu befüllen. Dies führt zu einer hohen Verfügbarkeit der Kaffeeautomaten. Abb. 5 spiegelt den historischen Verbrauch der Kaffeemaschine wider. Auf dem Weg zur Kantine fällt dem Mitarbeiter ein defektes Schließfach auf. Mithilfe einer App auf seinem Smartphone benachrichtigt er das Servicepersonal und schickt ein Foto des Schließfachs. In der Kantine angekommen, bekommt der Mitarbeiter über einen Bildschirm das aktuelle Speisenangebot angezeigt. Die Bezahlung erfolgt bargeldlos mit dem Mitarbeiterausweis oder einer Bezahlkarte. Nach der Mittagspause begibt sich der Mitarbeiter wieder zu seinem Arbeitsplatz. Um in den jeweiligen Bürobereich zu gelangen, benötigt er seinen Mitarbeiterausweis.

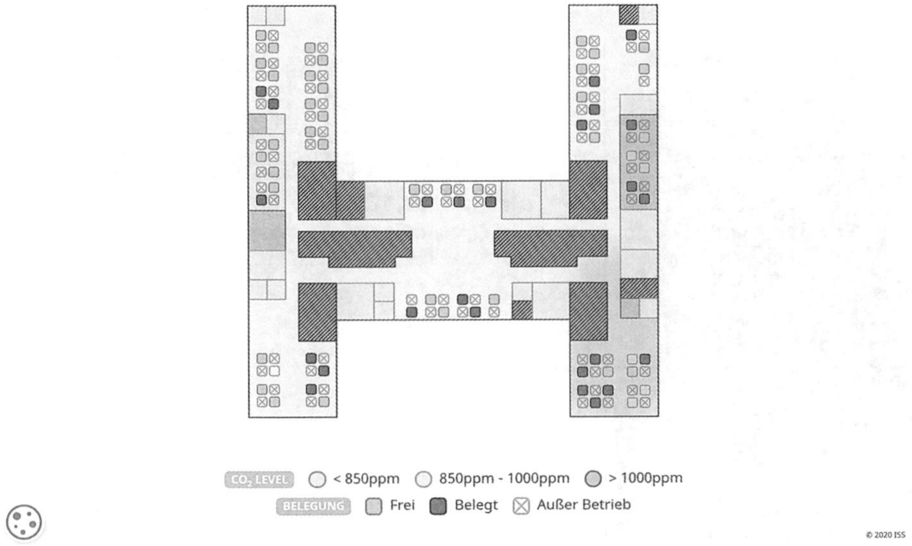

Abb. 3: Luftqualität in „The LAB"

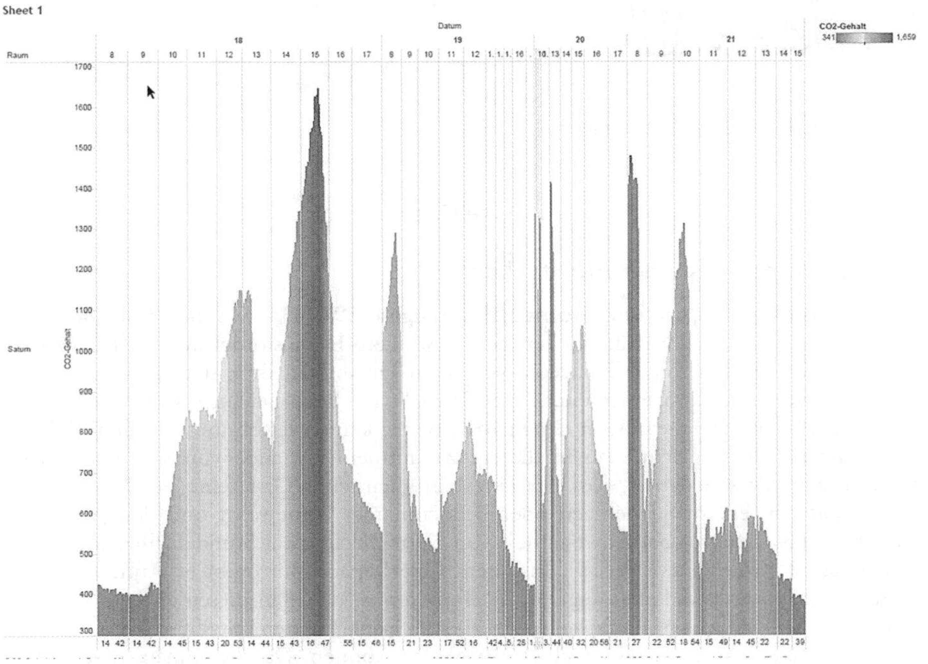

Abb. 4: CO_2-Verlauf eines Meetingraums

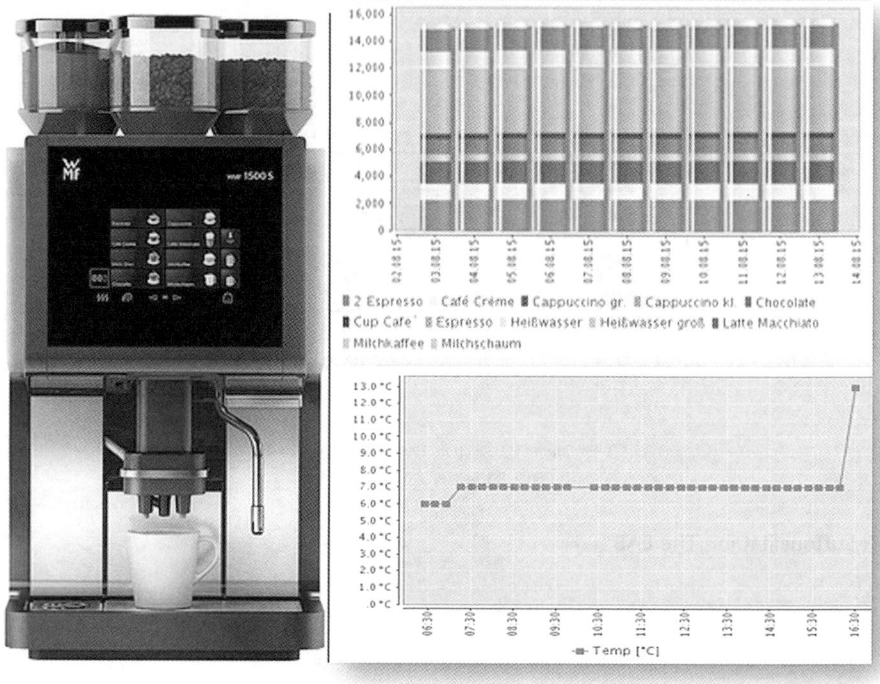

Abb. 5: Historischer Kaffeeverbrauch

II. Use Cases

1. Management physischer Arbeitsplätze

9 In Zeiten von Open Space und **Homeoffice** (englisch: WFH – working from home) ist die effiziente Nutzung von Büroflächen eine besondere Herausforderung. Dem einzelnen Mitarbeiter verschaffen solche Konzepte vor allem Flexibilität, ihm ist es also weitgehend freigestellt, wo und wann er arbeitet. Ein Open-Space-Büro zeichnet sich durch unterschiedliche Arbeitsbereiche aus, in denen Mitarbeiter keinen festen (territorialen) Arbeitsplatz besitzen, daher spricht man in diesem Zusammenhang auch von non-territorialen Arbeitsplätzen. Dies bedeutet, dass der einzelne Mitarbeiter/Gast seine persönlichen Arbeitsutensilien in einem Schließfach oder Bürocontainer aufbewahrt und den physischen Arbeitsplatz (Workspace) bei Abwesenheit von zB mehr als zwei Stunden für andere Mitarbeiter räumt (Clean Desk Policy). In einem Open-Space-Büro gibt es Ruhezonen, die sich für konzentriertes Arbeiten eignen. Telefonieren ist daher in diesen Zonen untersagt. Oftmals sind schalldichte Telefonzellen in Open-Space-Flächen integriert, um wichtige Telefonate ohne Störung der Umgebung führen zu können. Darüber hinaus gibt es auch Telefonzonen, in denen persönliche Gespräche ungestört stattfinden können. Üblicherweise existieren zusätzlich ausreichend Besprechungs- bzw. Gruppenarbeitsräume und Kreativbereiche, die für sämtliche Mitarbeiter zugänglich sind. In diesen Zonen wird den Mitarbeitern die Möglichkeit geboten, sich mit Kollegen und Gästen aus verschiedenen Bereichen auszutauschen. Dort befinden sich häufig unterschiedliche physische Arbeitsplätze: von Stehtischen bis hin zu Sitzecken und mobilen Monitoren, die nach Belieben genutzt und konfiguriert werden können.

10 Um Open-Space-Büros erfolgreich etablieren zu können, ist eine detaillierte Planung erforderlich. Dies führt nicht nur zur Notwendigkeit einer genauen Bedarfsermittlung, sondern im Fall von Bestandsimmobilien auch zu einer physischen und organisatorischen Umstrukturierung der Räumlichkeiten. Daraus entstehen neue Herausforderungen für das Flächenmanagement (FLM) und damit auch für das kaufmännische (KGM), technische (TGM) und infrastrukturelle Gebäudemanagement (IGM).

11 Durch die Einbindung von IoT in die Infrastruktur von Büros (aber auch bei industriellen Arbeitsflächen) lassen sich Arbeitsplätze effektiver nutzen. Durch ein solches System ist es möglich, dass an einem Standort bspw. 2.000 Mitarbeiter arbeiten, obwohl nur 1.000 physische Arbeitsplätze zur Verfügung stehen. Ermöglicht wird dies durch das Zusammenspiel von verschiedenen Faktoren: zum einen durch Abwesenheit von Personen bei Nutzung eines Homeoffice bzw. Terminen außer Haus oder Krankheit. Abb. 6 zeigt einen Report, der dem Standort-Manager eines Immobilienkomplexes zur Verfügung gestellt werden kann. Anhand dieser Auswertung kann er sehen, welche Bereiche in den Gebäuden wie genutzt werden und er kann anhand dieser Daten Optimierungen im Raumkonzept vornehmen.

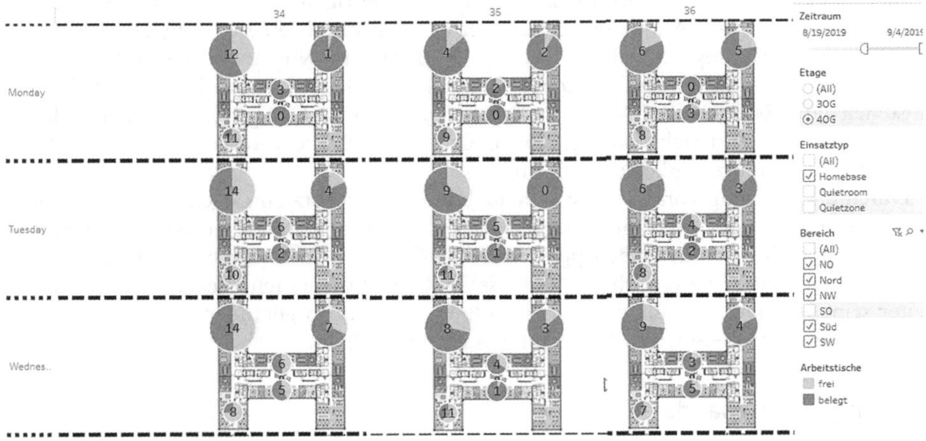

Abb. 6: Auslastungsreport

12 Der technische Teilaspekt liegt dabei auf dem Raumbuchungssystem und den damit verbundenen Daten. Die notwendigen Informationen erhält das Buchungssystem durch die Nutzer bei Durchführung ihrer jeweiligen Raumbuchung. Die Nutzer können dadurch je nach Bedarf einen Raum für ein Kundengespräch oder eine interne Besprechung für eine bestimmte Zeit reservieren. Das **Raumbuchungssystem** erhält zusätzlich Echtzeitdaten, die von per IoT vernetzten Sensoren bereitgestellt werden. Die Datenerhebung erfolgt dann zB durch Untertischsensoren oder in der Laptop-Computer-Dockingstation. Zur Einhaltung von spezifischen Vorgaben des Datenschutzes kann es auch ermöglicht werden, den für die Belegungserkennung verwendeten Sensor durch den Nutzer ausschließlich aktiv betätigen zu lassen. In Besprechungsräumen ist es außerdem möglich, durch den CO_2-Gehalt in der Luft die Anzahl der darin befindlichen Personen anonym zu bestimmen. Durch die Echtzeitdaten kann das Raumbuchungssystem erkennen, welche Arbeitsplätze belegt sind und welche aktuell zur Verfügung stehen. Diese Daten können innerhalb einer bestimmten Nutzungsperiode auch für das Reinigungsmanagement verwendet werden. Darüber hinaus besteht die Option, den elektronischen Kalender der Mitarbeiter (zB aus Outlook) mit dem Arbeitsplatz-Managementsystem zu koppeln (zB IWMS). Somit kann das System herausfinden, wann sich ein Mitarbeiter im Außendienst, im Urlaub oder im Haus befindet. Durch die Verknüpfung dieser Systeme lässt sich die Nutzung von Büroflächen optimieren, da nicht alle Mitarbeiter zur gleichen

Zeit am Standort anwesend sind. Der Belegungsplan kann vor Ort, am Eingang, am Zugang zu Aufzügen und Treppenhäusern und nach Möglichkeit in einer mobilen App eingesehen und ggf. verändert werden. Der Mitarbeiter kann zusätzlich durch visuelle Signale (zB am Raumzugang) erkennen, ob ein Raum frei, belegt oder gebucht ist bzw. wie der zugehörige Belegungsplan aussieht.

13 Ein solches System ermöglicht eine optimierte Flächenauslastung. Weiterhin lassen sich wenig genutzte Flächen und Leerstände identifizieren. Durch die daraus mögliche resultierende Flächenoptimierung werden Kosten gesenkt und die Nachhaltigkeit der Gebäudenutzung verbessert. Da weniger Fläche benötigt wird, können ggf. frei gewordene Flächen abgemietet, untervermietet oder veräußert werden. Nicht nur das KGM profitiert hiervon durch geringere Flächenbereitstellungskosten, sondern auch das IGM. Im Bereich des IGM sind Einsparpotenziale durch zB weniger Reinigungsfläche vorhanden, jedoch kann durch die Sensorik noch weiteres Potenzial erschlossen werden. Das TGM zieht den Nutzen aus den kleineren zu betreibenden Flächen durch eine geringere Zahl darauf verbauter technischer Einrichtungen. Möglicher Mehraufwand entsteht dabei durch Wartungsarbeiten an Sensoren.

14 Eine effektivere Flächennutzung schlägt sich in niedrigen Flächenbereitstellungskosten nieder. Der dafür aufzuwendende Gesamtbetrag wird durch eine Kombination von höherer Flächenauslastung und einem geringeren Bedarf an Nutzungsfläche reduziert. Flächenbereitstellungskosten sind Kosten, die durch die Bereitstellung der Räumlichkeiten entstehen (zB Abschreibung, Mietzins, Energiekosten etc).[3] Der größte und nachhaltigste Einsparungseffekt lässt sich dabei erfahrungsgemäß durch die verursachergerechte Umlegung der Flächennutzungskosten erzielen.

15 Durch die Nutzung von IoT lässt sich auch der Arbeitsplatz entsprechend den individuellen Bedürfnissen des jeweiligen Nutzers einstellen. Dies ist durch die Nutzung von vorher definierten Werten in einer App realisierbar. So ist es dem Mitarbeiter möglich, seine gewünschte Sitzhöhe bzw. auch die Höhe seines Schreibtisches festzulegen. Hat der Mitarbeiter seinen Arbeitsplatz für den Tag im Open-Space-Büro gefunden, passt sich der Arbeitsplatz an die vordefinierten Einstellungen automatisch an.

2. Intelligente Gebäude

16 Ein intelligentes Gebäude zeichnet sich dadurch aus, dass es auf sich ändernde Gegebenheiten automatisiert reagiert, um das Wohlbefinden der Menschen darin zu steigern.[4] Sinngemäß gilt dies auch für Gebäude, in denen zB Produktion und Lagerung stattfinden für die darin befindlichen Maschinen, Produkte und Güter. Intelligente Gebäude und nachhaltiges Bauen stehen oft im Zusammenhang. So lässt sich ein nachhaltiges Gebäude nur dann effizient betreiben, wenn gleichzeitig eine intelligente **Gebäudeautomation** genutzt wird. Die Relevanz von intelligenten und damit energiesparenden Gebäuden ist aufgrund des Klimawandels und der Ressourcenknappheit erheblich gestiegen.

17 Mit einem BREEAM-Nachhaltigkeitswert von 98,36 Prozent war das Bürogebäude „The Edge“ das im Jahr 2019 nachhaltigste realisierte Gebäude der Welt. Das Gebäude selbst produziert mehr Energie, als es verbraucht. Dies wird durch die geografische Ausrichtung des Gebäudes und seine Architektur sowie intelligente Gebäudetechnik bewerkstelligt. Wie in → Rn. 5 f. erwähnt, ist die Nutzung von IoT dabei von großer Relevanz. Die Immobilie verfügt über 28.000 Sensoren,[5] die Raumfeuchte, Temperatur und die Mitarbeiterpräsenz erfassen. Durch die dabei erhobenen Daten konditioniert die Gebäudetechnik das Raumklima so, dass es für den Nutzer angenehm ist. Der Nutzer legt vorher in einer eigens dafür entwickelten mobilen App seine Präferenzen fest. In dieser Applika-

[3] Vgl. *Nävy/Schröter,* Facility Services – Die operative Ebene des Facility Managements, 2013.
[4] Vgl. *Reijula/Gröhn/Müller/Reijula* Intelligent Buildings International 2011, 223.
[5] Vgl. Hardebusch Immobilienmanager 11.10.2016.

tion können bevorzugte Lichtverhältnisse, die gewünschte Raumtemperatur und Luftzirkulation bestimmt werden. Die Anwendung erfasst auch den Terminkalender der Nutzer und weist entsprechend dem Kalendereintrag einen passenden Arbeitsplatz zu. So wird bei im Kalender eingetragenen Besprechungsterminen ein geeigneter Konferenzraum reserviert. Bereits bei der Ankunft am Gebäude mit dem Auto erkennt eine Kamera das Fahrzeugkennzeichen und damit den Mitarbeiter und gewährt diesem die Einfahrt in die Tiefgarage. Sobald der Mitarbeiter sich mit seinem Auto in der Tiefgarage befindet, wird ihm der nächstgelegene Parkplatz via App angezeigt. Angekommen im Gebäude, begibt sich der Mitarbeiter zu seinem ihm zugewiesenen Arbeitsplatz, den er entsprechend seiner Tätigkeit vorselektiert hat. Möchte der Mitarbeiter konzentriert arbeiten, wählt er diese Art von Arbeit aus und das Workplace-Managementsystem sucht nach einem passenden Arbeitsplatz für ihn. Wählt er hingegen aus, dass er an diesem Tag zunächst nur E-Mails bearbeiten möchte, wird ihm ein Arbeitsplatz im Co-Workingspace zugewiesen. Weiteres Potenzial steckt in der Raumzuteilung.[6] Dort können zusätzliche Synergien geschaffen werden, bei denen der elektronische Kalender eine Rolle spielt. Durch die Verwendung der Kalenderdaten wäre es auch denkbar, dass Mitarbeiter, die an ähnlichen Themengebieten arbeiten, automatisch denselben Raum zugewiesen bekommen. Hierdurch würden automatisiert Cluster von Mitarbeitern gebildet werden, die sich dann einfacher untereinander austauschen können. Jeder Arbeitsplatz besitzt eine integrierte Induktionsladeschale, um das Mobiltelefon zu laden. Dadurch kann das System feststellen, welcher Arbeitsplatz aktuell belegt ist und welcher nicht. Dadurch ist es möglich, die Effizienz der Flächennutzung zu steigern. Dies bedeutet, dass grundsätzlich mehr Personen am Standort arbeiten können, als physische Arbeitsplätze vorhanden sind. Der Hauptmieter Deloitte beschäftigt am Standort 3.600 Mitarbeiter, jedoch sind in „The Edge" nur 1.300 Arbeitsplätze verfügbar. Durch Einsparung von Flächen wird deren Produktivität erheblich gesteigert. Die verbaute Sensortechnik mit IoT erkennt auch Bereiche, in denen sich viele, wenige oder keine Personen aufhalten und reguliert dort die Beleuchtung entsprechend. Wenn sich zB ein Mitarbeiter im Flur bewegt, wird das Licht über ihm heller und es folgt seiner Bewegungsrichtung. Hinter ihm werden die Lichter wieder etwas dunkler, um Energie einzusparen. Das genannte Beispiel „The Edge" ist in Deutschland wegen regulatorischer Rahmenbedingen, wie zB Datenschutz und betrieblicher Mitbestimmung nur bedingt realisierbar und erfordert in jedem Fall entsprechende Vereinbarungen mit den betroffenen Personen(-gruppen) bzw. der Arbeitnehmervertretung.

Ein weiterer Anwendungsbereich von IoT in der Immobilienwirtschaft besteht bei 18
Gärtnerarbeiten und Grünpflege. Im Innern einer Immobilie ist es förderlich für das Raumklima, wenn sich verschiedene Pflanzen darin befinden. Üblicherweise sucht ein spezialisierter Gärtnereibetrieb diese Pflanzen aus, pflegt und bewässert diese regelmäßig. Der Prozess beansprucht je nach Gebäudegröße, Pflanzenanzahl und Klima Zeit- und Vor-Ort-Aufwand. Mithilfe eines Hygrometers, welches direkten Kontakt zur Pflanzenerde hat, lässt sich der aktuelle Feuchtigkeitswert bestimmen und damit, ob und wie viel Wasser die jeweilige Pflanze benötigt. Damit lassen sich Einsatzzeiten und -verfahren des mit der Grünpflege beauftragten Dienstleisters optimieren. Auch bei den außenliegenden Grünflachen ist die Nutzung von Sensorik sinnvoll. Durch die Feuchtigkeitsmessung des Bodens kann automatisiert die eingebaute Bewässerungstechnik gesteuert werden. Zusätzlich kann durch die Kopplung mit aktuellen und/oder vorhergesagten Wetterdaten entsprechend reagiert werden. So wird bei einer Regenprognose nicht bewässert. Sollte die Prognose nicht eintreffen, so wird dies durch Sensoren erkannt und das System wässert automatisch nach. Prognostiziert der Wetterbericht eine Hitzewelle, wird die Bewässerungsanlage ausgiebiger und zum richtigen Zeitpunkt wässern. In Abb. 7 ist dieser Prozess veranschaulicht.

---

[6] Bloomberg, World's Greenest Office Building Is Dutch: The Edge,2015.

Abb. 7: Bewässerungsprozess

19 Mithilfe von Robotern lassen sich bei Nutzung von IoT einfache und wiederkehrende Prozesse in und um Immobilien effektiver durchführen. Wenn zB ein Rasenmähroboter eingesetzt wird, kann die Bewässerungszeit daraufhin eingestellt werden. Im Winter kann durch die Nutzung der Wetterdaten auch auf Schneefall reagiert werden. Sollte der Wetterbericht zB Schneefall zu einem Zeitpunkt frühmorgens vorhersagen, rückt ein Roboter zum Salz- oder Splittstreuen aus. Ein weiteres Einsatzgebiet von Robotern in Immobilien ist die Gebäudesicherheit. Nach Geschäftsschluss überwachen diese unter Nutzung von IoT die Geschäftsräume und erkennen, falls sich noch Personen darin aufhalten, ob diese zum Unternehmen gehören. Falls die Person betriebszugehörig ist, kann sie sich mit ihrem Mitarbeiterausweis identifizieren. Sollte dies nicht der Fall sein, wird der Werksschutz alarmiert.

20 Die Nutzung von smartem Energiemanagement ist ein wichtiger Bestandteil von intelligenten Gebäuden. Eine intelligente Lichtsteuerung ist nur ein Bestandteil davon. Wie vorher bei „The Edge“ beschrieben, wird die Beleuchtung nur dort genutzt, wo sich Personen aufhalten bzw. bewegen. Die Nutzung von Wetterdaten spielt auch hier eine entscheidende Rolle. Diese können genutzt werden, um die vom Nutzer präferierte Temperatur im Gebäude einzuregeln. Weiß das IoT-basierte Gebäudeautomationssystem, wie viele Mitarbeiter sich im Gebäude zu einer bestimmten Zeit aufhalten, kann es dementsprechend reagieren. Sind viele Personen in einem Raum, benötigt dieser eine geringere Wärmezufuhr, da die internen Wärmegewinne durch Personen und genutzte Geräte ansteigen. Durch viele Personen in einem Raum wird aber eine höhere Luftwechselrate benötigt. Die Anzahl der Personen in einem Raum kann zB mittels Sitzsensoren oder Sensoren an den Dockingstations für Laptops bestimmt werden. Weiterhin besteht auch die Möglichkeit, den elektronischen Kalender der Mitarbeiter mit dem IWMS (Integrated Workplace Management System) zu verknüpfen, um bspw. an Brückentagen die Büroauslastung vorherzusehen. Das System nutzt den Informationsvorsprung aus, um frühzeitig zu reagieren. Falls an besagtem Tag ein Großteil der Mitarbeiter Urlaub in Anspruch genommen hat, besteht die Möglichkeit, nur ausgewiesene Gebäudebereiche zu heizen, lüften und beleuchten. Die entsprechenden Bereiche veranschaulicht das IWMS den Mitarbeitern am Empfang auf einem Monitor. Darüber hinaus lässt sich die E-Ladestation für Fahrzeuge mit dem intelligenten Gebäudeinformationssystem verbinden. Bei Ankunft am Gebäude schließt der Mitarbeiter sein E-Auto an. Das System gibt mittels einer App den aktuellen Ladezustand des Fahrzeugs wieder. Betreibt ein Unternehmen Carsharing, kann dies auch mit einer mobilen Anwendung organisiert werden. Benötigt der Mitarbeiter ein Fahrzeug für einen Außer-Haus-Termin, wird ihm entsprechend der aktuellen Reichweite des Akkus das passende Fahrzeug zugewiesen. Durch die Ortsangabe im Terminkalender erkennt das IWMS das Ziel des Mitarbeiters und berechnet daraufhin die benötigte Reichweite des E-Autos.

21 Ein **intelligentes Gebäude** zeichnet sich auch durch weniger Störfälle und geringe Ausfallzeiten aus. Dies kann durch „Predictive Maintenance“ bewerkstelligt werden. Predictive Maintenance bedeutet vorausschauende Wartung und verfolgt eine präventive Instandhaltungsstrategie. An allen wartungsrelevanten Komponenten sind IoT-basierte Sensoren verbaut, um die Nutzungsdauer des jeweiligen Geräts zu ermitteln. Außer der

Nutzungsdauer erfassen sie zB Drehzahl, Temperatur und Schwingungen.[7] Durch eine Wartungssoftware (meistens als Modul eines IWMS) werden die Sensordaten erfasst und ausgewertet. Somit kann ein möglicher Ausfall frühzeitig erkannt werden und präventive Maßnahmen werden eingeleitet. Dieser Ablauf wird im Folgenden anhand einer Aufzugswartung verdeutlicht: Sensoren erkennen eine Schwachstelle einer Aufzugskomponente und das IWMS prognostiziert einen möglichen Ausfall. Den zuständigen Servicetechniker erreicht die Meldung, um welches Bauteil es sich handelt und er stellt fest, dass er dies aktuell nicht vorrätig hat. Noch bevor er zum Kunden fährt, beschafft er das fehlende Ersatzteil. Dies spart dem Techniker wertvolle Zeit, da dieser nicht einen zweiten Weg auf sich nehmen muss. Angekommen an dem für die präventive Wartung identifizierten Aufzug, behebt er das Problem. Dem Kunden erspart dies unnötige Ausfallzeit.[8] Durch den Predictive-Maintenance-Ansatz wird die Wirtschaftlichkeit des Immobilienbetriebs positiv beeinflusst, da die Ausfallzeiten so gering wie möglich gehalten werden. Die Kosten für eine Instandsetzung werden optimiert, da defekte Komponenten frühzeitig erkannt und ausgetauscht werden können. Außerdem hat Predictive Maintenance einen positiven Einfluss auf die Nutzer/Mieter-Zufriedenheit, da diese weniger von Ausfallzeiten und Störungsfällen geplagt werden. Durch die Integration von IoT in Gebäude lassen sich diese intelligent vernetzen. Wie in diesem Kapitel beschrieben, sind die Potenziale von intelligenten Gebäuden groß. Der Einfluss, den IoT auf das Nutzererlebnis in Immobilien hat, ist nicht zu vernachlässigen. Der Nutzer profitiert dabei vor allem durch die Steigerung seines Wohlbefindens. Dies wird durch hohe Serviceverfügbarkeit eines angenehmen Arbeitsumfelds erreicht.

3. Reinigungsmanagement

Das Reinigungsmanagement umfasst laut DIN 32736:2000 „die Gesamtheit der Leistungen zur Reinigung und Pflege von Gebäuden bzw. Liegenschaften und Außenanlagen".[9] Dazu gehört die Aufrechterhaltung hygienischer Standards, der Werterhalt des Gebäudes und die Förderung des Wohlbefindens der Nutzer. Die Kosten des Reinigungsmanagements hängen auch von der Planung eines Gebäudes ab, da dort mögliche Reinigungsprobleme schon im Voraus vermieden werden können. Solche Probleme können sowohl konstruktions- als auch ausstattungsbedingt sein. Konkret betrifft dies bspw. die Anordnung der tragenden Konstruktionen oder die Auswahl der Bodenbeläge. Darüber hinaus werden in der Betriebsphase die Kosten durch das Nutzerverhalten beeinflusst. Dieses lässt sich durch IoT-basierte Sensoren analysieren, um so bessere und effizientere Reinigungsergebnisse zu erzielen und somit die Nutzerzufriedenheit zu steigern. Dies ist ein wichtiger Aspekt hinsichtlich der Produktivität der Gebäudenutzer. Laut einer Untersuchung des Instituts für angewandte Sozialwissenschaften (Ifas) ist für 84 Prozent der deutschen Arbeitnehmer der Arbeitsplatz ein Ort, an dem sie sich wohlfühlen möchten.[10] 22

Die für die **Reinigung** relevanten Daten werden im gesamten Gebäude erhoben. Speziell im Bereich der Sanitäreinrichtungen sind Sensoren verbaut, da dort die Hygiene und Sauberkeit von großer Bedeutung sind, unabhängig von pandemiebedingten Vorgaben. Sensoren mit Zählern lassen sich zB im Türrahmen verbauen, um so die Anzahl der Türöffnungen zu ermitteln. Eingebaut werden die Zähler sowohl in der einzelnen Toiletteneingangstür, also auch in der Zwischentür zur Toilettenanlage. Bspw. könnte ein Nutzer lediglich den Waschraum betreten, um sich die Hände zu waschen. Daher ist es wichtig für die Datenkorrektheit, dass in beiden Türen Sensoren installiert sind. Der Nachteil der IoT-basierten Zähler besteht darin, dass bei einer einzigen Türöffnung mehrere Personen 23

[7] Vgl. Schaeffler Gruppe, Den optimale Wartungszeitpunkt vorhersagen.
[8] Vgl. thyssenkrupp Elevator, Maximizing City Efficiency.
[9] Vgl. DIN 32736:2000.
[10] Vgl. *Müller-Wirth* Zeit Online 3.12.2018.

auf einmal den Raum betreten können. Eine Möglichkeit, die Nutzung präziser abzuleiten, ist eine Lichtschranke in Türnähe, da diese jede einzelne Person anonym erfasst. Weitere IoT-relevante Daten lassen sich in den Sanitäranlagen mittels Füllsensoren in Seifen- und Papierspender erheben. Durch diese Informationen lässt sich der Reinigungsprozess optimieren. Der Reinigungsablauf orientiert sich an der Anzahl der Türöffnungen und damit der Nutzungsfälle, wo früher noch regelmäßige Sichtkontrollen durchgeführt werden mussten. Ein weiterer Vorteil besteht darin, dass anders als bei einer reinen Sichtprüfung die Anzahl der tatsächlichen Toilettennutzungen ermittelt werden kann. Hierdurch können genaue Kennzahlen gebildet werden, ab wann eine Zwischenreinigung notwendig ist. Bspw. kann die Anzahl von 20 Toilettengängen eine Kennzahl sein, bei der ein automatisierter Prozess zur Reinigung im IWMS ausgelöst wird. Ein anderer Prozess kann bspw. durch einen kritischen Füllstand des Seifen- oder Desinfektionsmittelspenders ausgelöst werden. In beiden Fällen wird das Reinigungspersonal benachrichtigt, um rechtzeitig bzw. vorsorglich reagieren zu können.

24 Die nachfolgende Abbildung zeigt den traditionellen **Reinigungsablauf.** Zuerst wird die Räumlichkeit mittels einer Sichtprüfung auf ihre Sauberkeit geprüft. Hierbei beurteilt das Reinigungspersonal selbstständig den aktuellen Zustand des Reinigungsbereichs. Stellt es hierbei keine Verunreinigung fest, wird dies protokolliert und der Raum wird später erneut geprüft. Sollte es jedoch eine Verunreinigung feststellen, wird eine Zwischenreinigung durchgeführt. Im Anschluss daran protokolliert das Personal die durchgeführte Reinigung. Danach beginnt der Zyklus wieder von vorne. Die Objektivität und Fachkenntnis des Reinigungspersonals spielen diesbezüglich eine entscheidende Rolle.

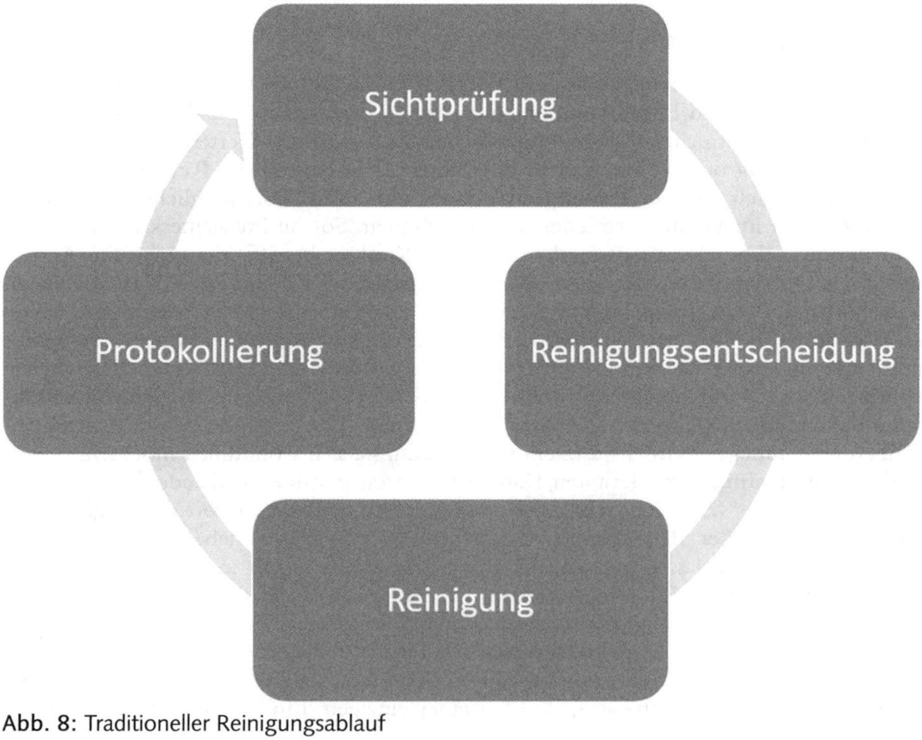

Abb. 8: Traditioneller Reinigungsablauf

25 Ein weiterer Einsatzbereich für IoT-basierte Sensorik ist die Reinigung von Büroflächen. Über den Tag verteilt bewegen sich viele Personen in einem Bürogebäude, welche es verunreinigen. Daher ist es für das Reinigungspersonal wichtig zu wissen, an welchem Ort im

Gebäude sich der Großteil der Personen aufgehalten hat. Durch dieses Wissen kann ggf. eine zusätzliche Zwischenreinigung durchgeführt werden. Dies verbessert eine bedarfsgerechte Einsatzplanung für das Reinigungspersonal. Dieses Wissen ist auch für die Reinigung am Ende eines Arbeitstages von Bedeutung, da so die Reinigungsleistung für den konkreten Tag besser abgestimmt und geplant werden kann. Wenn bspw. das dritte Stockwerk eines Bürogebäudes tagsüber größtenteils leer stand, reicht es aus, wenn das Reinigungspersonal in diesem Stockwerk nur eine Sichtprüfung durchführt. Die eingesparte Zeit kann dann für andere Aufgaben genutzt werden. So könnten das Reinigungspersonal zB im zweiten Stock die Fensterflächen putzen, statt im dritten Stock eine noch saubere Fläche zu reinigen.

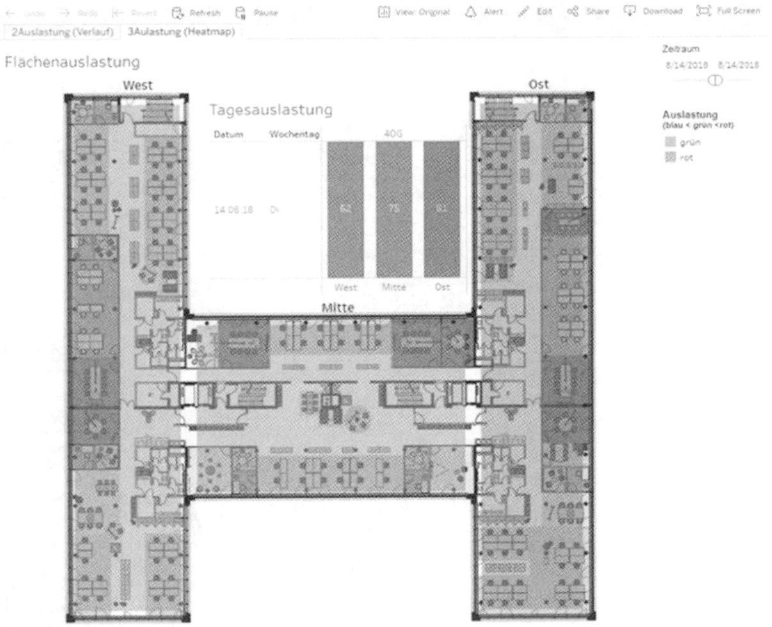

Abb. 9: Flächenauslastung ISS Deutschland-Zentrale

In Abb. 9 wird die Flächenauslastung von The LAB dargestellt. Die Abb. 10 zeigt eine Bildschirmaufnahme (Screenshot) des dynamischen Leistungsverzeichnisses, welches sich anhand der automatischen Flächenauslastung anpasst. Darin sind der Raum, die Belegungskriterien und deren Beschreibung abgebildet. In der letzten Spalte lässt sich die vorgegebene Reinigungsintensität **(Servicelevel)** ablesen. Mit dieser Information kommt das Servicepersonal nur an den Orten zum Einsatz, an denen es benötigt wird. 26

Raum	Kriterium	Beschreibung	
Büro	Sonnenschutz innenliegend	Sonnenschutz hochfahren	Full
Büro	Schranktüren	gesamte Türfläche reinigen	Full
Büro	Stühle / Polstermöbel B	Sichtkontrolle	Light
Büro	Tische	alle Tische vollflächig wischen	Full
Büro	Bildschirme	komplett abwischen	Full
Büro	Bodenbeläge textil	Vollflächig saugen	Full
Besprechung	Sonnenschutz innenliegend	Sonnenschutz hochfahren	Full
Besprechung	Tische	alle Tische vollflächig wischen	Full
Besprechung	Stühle / Polstermöbel B	Sichtkontrolle	Light

Abb. 10: Dynamisches Leistungsverzeichnis

27 Hierdurch wird der Reinigungsprozess hinsichtlich seiner Effizienz optimiert. Abb. 11 zeigt das theoretische zeitliche Einsparpotenzial des dynamischen Leistungsverzeichnisses in dem genannten Gebäude. Eine weitere Steigerung von Einsatzeffizienz und Nutzererlebnis insbesondere in größeren Immobilien bei der Reinigung besteht in der Ausstattung des Reinigungspersonals mit Tablet-Computern, über welche die jeweils aktuellen Reinigungspläne angezeigt, Nachrichten ausgetauscht und die Eintragungen zum Qualitätsmanagement der Reinigung im IWMS vorgenommen werden können. Der Einsatz von IoT erlaubt dabei zusätzlich die **Indoor-Navigation.**

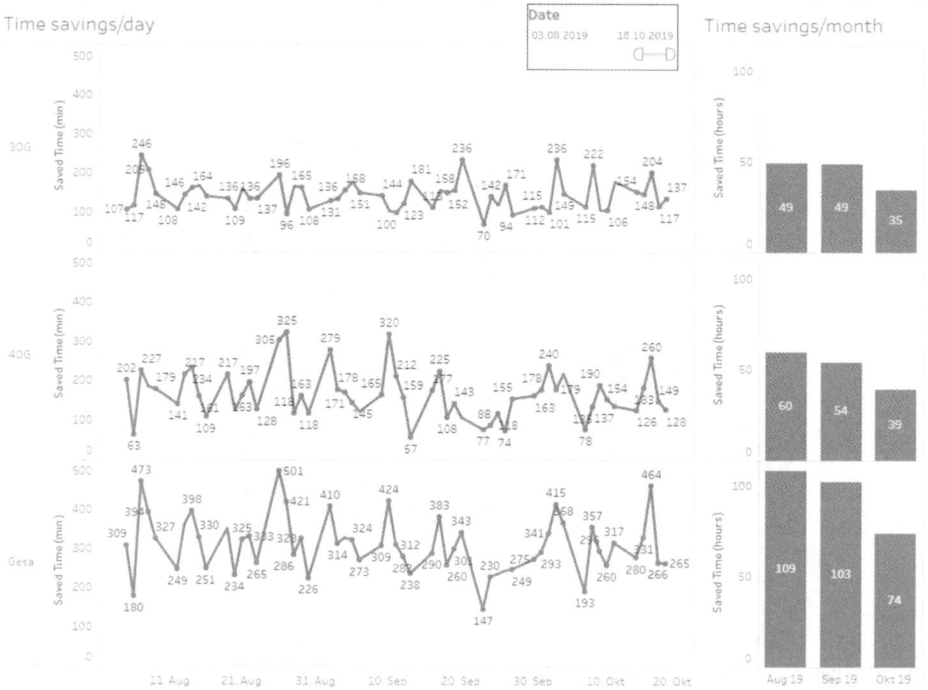

Abb. 11: Theoretisches Einsparpotential

28 Die Eingangshalle einer großen Immobilie ist ein weiterer Einsatzort für IoT-basierte Sensorik. Dort herrschen oft hohe Anforderungen an Sauberkeit und Kundenerlebnis, da dort Besucher einen ersten und oft entscheidenden Eindruck vom Unternehmen erhalten. Aus Imagegründen ist daher bei vielen Unternehmen dort eine kurze Reaktionszeit und hohe Verfügbarkeit des Reinigungspersonals erforderlich. Wenn zB in einer Premium-Immobilie ein Kaugummi in der Eingangshalle klebt, ist davon auszugehen, dass dieser innerhalb weniger Minuten entfernt wird. Sensorik trägt dazu bei, diesen hohen Servicelevel zu halten. Durch die Installation von geeigneten Lichtschranken im Eingangsbereich lässt sich abschätzen, wann eine Zwischenreinigung nötig ist. Die zusätzliche Messung von Besucherströmen ist zB für Einkaufszentren von Bedeutung. Optimieren kann man diesen Ablauf noch mit der Kopplung von Wetterdaten. Wenn die Daten zusammen mit der Besucherzahl kombiniert werden, ist es möglich, den potenziellen Verschmutzungsgrad abzuleiten. Bspw. ist bei Schneeregen der Eingangsbereich deutlich mehr verschmutzt als an Sommertagen. So kann bestimmt werden, ob und wann eine Zwischenreinigung notwendig ist. Bei Büroräumen können durch das Raumbuchungssystem weitere Daten genutzt werden. Durch Sitzbelegungssensoren kann auf die Nutzungsintensität des jeweiligen Seminarraums geschlossen werden. Wenn der Raum mehrmals am Tag durch unterschiedliche Personen(-gruppen) genutzt wird, kann durch diese Information eine Zwischenreini-

gung ausgelöst werden. Hierbei werden auch Getränke und Snacks nachgefüllt. Während dieses Prozesses wird der Raum für kurze Zeit automatisch für das Catering- und Reinigungspersonal reserviert. Im Anschluss an die Reinigung wird der Raum durch das Servicepersonal wieder freigegeben. Darüber hinaus kann während eines Meetings bei Reinigungsbedarf ein Ticket an das IWMS über ein Smartphone oder Tablet versendet werden. Der Reinigungsprozess kann mit zusätzlichen Informationen weiter optimiert werden. Wird bspw. ein Besprechungsraum nach zwei aufeinanderfolgenden Meetings zwischengereinigt und die nachfolgende Reservierung storniert, ist es ggf. nicht mehr erforderlich, den Raum am Ende des Arbeitstages zu reinigen. In diesem Fall ist eine Sichtprüfung ausreichend und die erneute Reinigung des Besprechungsraums liegt im Ermessen des Servicepersonals.

4. Hospitality

Der englische Begriff Hospitality steht für „Gastfreundschaft". Ursprünglich stammt Hospitality aus der Hotellerie, da dieser Bereich auf die Zufriedenheit der Kunden in besonders hohem Maß angewiesen ist. Wie in vielen Branchen wird auch hier eine dauerhafte Kundenbindung angestrebt, um langfristige wirtschaftliche Erfolge zu erzielen. Hospitality-Leistungen reichen in einem Hotel von Concierge-Services bis zur hauseigenen Wäscherei. Heutzutage spielt Hospitality auch in vielen anderen Bereichen eine große Rolle, bspw. bei Firmenevents. 29

Um das Wohlbefinden von Menschen an ihrem Arbeitsplatz zu steigern, ist Hospitality ein wichtiger Faktor. Es beginnt schon bei der Ankunft am Unternehmensgebäude. Hier unterscheidet man zwischen Mitarbeitern und Besuchern bzw. Kunden. Bei der Ankunft eines Mitarbeiters auf dem Firmenparkplatz erhält dieser die Information zum nächstgelegenen freien Stellplatz. Mittels eines im Parkplatz verbauten Sensors ist es möglich, die aktuelle Belegung stellplatzgenau zu ermitteln. Diese wird mithilfe eines visuellen Hinweises auf einem Monitor oder in einer App auf dem Smartphone oder auch im Navigationssystem eines Fahrzeugs an den Mitarbeiter weitergegeben und führt ihn bis zum zugewiesenen Stellplatz. Vor der Ankunft eines Besuchers wird, sofern dieser angemeldet ist und er der Speicherung seiner Daten zugestimmt hat, ein Parkplatz in Eingangsnähe reserviert. Bei der Einfahrt wird das jeweilige Kennzeichen mithilfe einer Kamera erkannt und eine automatisierte Mitteilung an die Kontaktperson des Besuchers versendet. Der Kunde wird, wie auch der Mitarbeiter, zu seinem reservierten Parkplatz geleitet. Seinen reservierten Stellplatz erkennt der Kunde an der elektronischen Anzeige, welche sein Fahrzeugkennzeichen anzeigt. Während des Aufenthalts besteht die Möglichkeit, sein Auto reinigen zu lassen. Nachdem das Fahrzeug gereinigt wurde, wird der Besitzer via App informiert und dieser Service wird auf dem Mitarbeiterkonto verbucht. 30

Bei Betreten des Gebäudes wird der Kunde von seiner Kontaktperson empfangen. Falls die Kontaktperson noch beschäftigt ist, kann dies auch ein Roboter übernehmen. Dieser führt den Besucher dann zur jeweiligen Person oder in einen der Kontaktperson mitgeteilten Wartebereich. In diesem findet der Gast gekühlte Getränke, Snacks, Kaffee, Zeitschriften und Unternehmensinformationen. Mithilfe von IoT-basierten Sensoren lassen sich auch hier die Füllstände kontrollieren, somit ist ein rechtzeitiges Nachfüllen garantiert. Veranschaulicht wird dies im folgenden Beispiel: Die Kaffeeautomaten sind zusätzlich mit dem **Ticketsystem** des IWMS verbunden, um so über die fälligen Wartungsintervalle rechtzeitig zu informieren. Das Servicepersonal erhält dann ein Ticket, mit der Information über die Füllstände und die erforderliche Wartung. Von Vorteil ist dies, wenn bspw. nur noch 40 Portionen Kaffee aufgebrüht werden können, bis die nächste Wartung durchgeführt werden muss. Erfahrungsgemäß würde das noch für zwei Arbeitstage ausreichen, jedoch ist an einem der Tage eine Konferenz, bei der mehr als 30 Personen erwartet werden. Dies hat zur Folge, dass die Wartung früher durchgeführt wird und dadurch ein unterbrechungsfreier Betrieb während der Konferenz möglich ist. Die Mitarbeiter können 31 sich auch ihren Kaffee beim per IoT gekoppelten Automaten vom Schreibtisch aus bestellen. Der Kaffee ist dann bereits fertig, wenn man diesen abholen möchte.

32 Das Wohlbefinden von Menschen in Gebäuden hängt auch maßgeblich von der darin vorhandenen Luftqualität ab. Während des Aufenthalts wird daher die Luftqualität mithilfe von IoT-basierten Sensoren überwacht. Die Sensoren messen dabei den CO_2-Gehalt, die Luftfeuchte, Temperatur und weitere Eigenschaften wie bspw. den Radongehalt der Luft. Durch die Bewertung dieser Daten lässt sich die Luftqualität beeinflussen. Durch ein farbiges Signal wird dem Nutzer die aktuelle Luftqualität mittels LED-Leuchten angezeigt, welche im jeweiligen Raum installiert sind. Die LEDs leuchten abhängig von der Luftqualität, von Grün über Orange bis hin zu Rot. Durch dieses Ampelsystem wird der Nutzer auf eine fällige Lüftung hingewiesen. Dem Nutzer bietet dies auch einen gewissen Entscheidungsspielraum. Das System kann zusätzlich mit der eingebauten **Lüftungsanlage** gekoppelt werden. Diese kann gezielt Gegenmaßnahmen einleiten, wenn definierte Werte überschritten werden. Die definierten Werte können auch individuell nutzerbezogen sein. Sollte bspw. eine Personengruppe sich bei einer Temperatur von 22 Grad Celsius wohlfühlen, so kann die Klimaanlage ihren Arbeitsbereich auf diese Temperatur hin konditionieren. Weiteres Potenzial für den Einsatz von IoT besteht im Betriebsrestaurant. Bosch nutzt in Südostasien bspw. ein Feedbacktool in der unternehmenseigenen Kantine. Den Nutzern ermöglicht dieses Feedbacktool, die Ventilatoren über dem Essbereich zu steuern. Die Ventilatoren reagieren jedoch nicht auf das Feedback einzelner Personen, sondern nur auf das Feedback einer größeren Gruppe.[11] Somit kann durch die Ventilatoren der Raum zielgerichtet gekühlt werden und die Klimaanlage auf einer niedrigen Stufe arbeiten. Durch die Feedbackmöglichkeit fühlt sich der Kantinenbesucher auch wohler, da er auf das Raumklima Einfluss nehmen kann. Eine weitere Möglichkeit IoT im Betriebsrestaurant zu nutzen, ist auch hier der Einsatz von Sitzbelegungssensoren. Der Nutzer kann die Auslastung des Betriebsrestaurants oder bestimmter Bereiche desselben durch eine mobile App, eine Internetanwendung oder auf einem Monitor einsehen. Der Kantinenbesucher kann dadurch seine Essenszeiten, je nach Auslastung von Kantine oder Cafeteria, besser einplanen. Weiterhin kann in der App ein Feedbacktool zur Essensbewertung integriert werden, um so zukünftig den Essensplan entsprechend anzupassen. In der App ist es auch möglich, seine persönlichen Essgewohnheiten anzugeben. Durch die Setzung dieser Präferenz lässt sich bspw. ableiten, wie viele vegetarische Menüs zubereitet werden sollen. Dadurch müssen weniger Lebensmittel entsorgt werden. Ein weiterer Vorteil ist die mögliche Kostensenkung, da durch bessere Kalkulation nur noch bedarfsgerecht eingekauft wird.

33 Wie in → Rn. 16ff. beschrieben, besteht bei Aufzügen im Betrieb erhebliches Einsparungspotenzial. Nicht nur bei der Aufzugswartung, sondern auch bei der Nutzung der Aufzüge. Hier kann durch die Analyse der Fahrdaten die aktuelle Wartezeit angezeigt werden. Dies ist insbesondere in Hochhäusern relevant. Es wird im Folgenden veranschaulicht: Person A möchte vom fünften Stockwerk in das siebte Stockwerk. Der Aufzug kommt vom 14. Stockwerk, fährt ins Erdgeschoss und hat einen Zwischenstopp jeweils im vierten und fünften Stockwerk. Nun wäre es für Person A von Interesse, zu wissen, wie lange die aktuelle Wartezeit und die Fahrtzeit des Aufzugs sind. Für Person A ist dies eine wichtige Zusatzinformation, um aus Zeitgründen ggf. die Treppe zu nutzen. Ermöglicht wird dies mittels der Standorterfassung des Aufzugs und der jeweiligen Zwischenstopps bis zum Ziel der Person A. Durch diese beiden Informationen lässt sich die Warte- und Fahrtzeit ermitteln.

34 Viele Fahrstühle nutzen die „Zweiknopf-Sammelsteuerung". Diese sorgt dafür, dass ein Aufzug, welcher sich von oben nach unten bewegt, nur in dem Stockwerk hält, in dem eine Person nach unten gelangen möchte. Dafür muss diese Person den Knopf mit Pfeilrichtung „unten" betätigen. Weiteres Optimierungspotenzial im Bereich von Aufzugsanlagen ist die Auslastungserkennung. Das Zweiknopfsystem gelangt hier jedoch an seine

[11] Vgl. BOSCH, Case Study: Die angenehme und energieeffiziente Kantine.

Grenzen. Da dieses System nicht die Auslastung ermitteln kann, ist es möglich, dass ein voller Fahrstuhl, welcher sich in der jeweiligen Fahrtrichtung befindet, trotzdem anhält. Durch die Verwendung von IoT-basierter Sensortechnik lässt sich die Auslastung erkennen. Wenn zB der Aufzug ausgelastet ist, fährt dieser nur die Stockwerke an, in denen Personen den Aufzug verlassen möchten. Das Benutzererlebnis kann hierdurch positiv beeinflusst werden. Sollte eine Person X auf den Aufzug warten und in diesem ist kein Platz mehr, hält der Personenaufzug an. Dadurch verlängert sich die gesamte Wartezeit der Person X, da das Öffnen und Schließen der Tür viel Zeit in Anspruch nehmen. Auch für die Passagiere des Aufzugs bedeutet dies eine Verlängerung der Fahrtzeit. Mithilfe der Auslastungserkennung lässt sich dies verhindern und es schafft einen erlebbaren Mehrwert beim Nutzer.

Zum Bereich der Hospitality gehört auch der **Besucherempfang** in Gebäuden oder am Eingang zu größeren Liegenschaften. Dort wird angemeldeten Besuchern ein physischer oder digitaler (zB durch QR-Code auf das Smartphone) Besucherausweis ausgehändigt. Auf diesem wird der für den Besucher zuständige Mitarbeiter vermerkt. Betritt der Besucher den Fahrstuhl, muss er sich wie alle anderen Personen im Aufzug mittels (Besucher-)Ausweis verifizieren. Der Aufzug erkennt die Zugehörigkeit des Besuchers zum jeweiligen Mitarbeiter und fährt automatisch in das entsprechende Stockwerk. Auch in diesem Fall erkennt das IWMS, wo sich der aktuelle Arbeitsplatz des besuchten Mitarbeiters befindet. Auf einem Bildschirm im Aufzug oder mittels einer Smartphone-App wird dem Gast ein Grundriss des Gebäudes inklusive einer Wegbeschreibung zum Ziel dargestellt. Sollte ein Besprechungsraum vom Mitarbeiter reserviert worden sein, hält der Fahrstuhl im zugehörigen Stockwerk. Der Mitarbeiter wird von der Ankunft seines Gastes auf seinem mobilen Endgerät durch ein Ticket vom IWMS informiert. Dieses Ticket wird bei Aushändigung des Besucherausweises automatisch ausgelöst. 35

Bei Großereignissen, wie zB einem Fußballspiel, ist es oft für den Besucher schwierig, sich zu orientieren. Dies hängt mit der Unübersichtlichkeit von großen Stadien und der nicht vorhandenen Ortskenntnis zusammen. Mithilfe von Indoor-Navigation lässt sich dieses Problem beheben. So kann durch den Einsatz von IoT-basierten Beacons der Standort des Besuchers ermittelt werden und die digitale Eintrittskarte liefert das Ziel. Durch diese Informationen wird der Besucher mittels einer Smartphone-App zu seinem Sitzplatz navigiert. Bei Bedarf kann der Nutzer dieser App sein Ziel individuell anpassen. Identifizieren lässt sich der Besucher durch seine Eintrittskarte. Insgesamt birgt der Hospitality-Bereich großes Potenzial für IoT-Lösungen. 36

III. Der Business Case

Bei der Betrachtung von IoT-Einführungsinitiativen kommt dem Business Case eine Schlüsselrolle zu. Im Bereich der Immobilienwirtschaft wird dieser Business Case sowohl durch finanzielle als auch nichtfinanzielle Faktoren bestimmt. In der Regel erfordern IoT-Projekte Investitionen in Hardware-, Netzwerk- und Softwareressourcen. Die Zusammenstellung der notwendigen finanziellen Investitionen ist dabei der einfachste Teil. 37

Die Definition des Nutzenversprechens bzw. des Wertbeitrags im Business Case kann wesentlich komplexer sein. Bei IoT-Implementierungen ist dies der Fall, da der Wertbeitrag regelmäßig aus finanziellen und nichtfinanziellen Bestandteilen besteht. 38

Die nichtfinanziellen Werte sind zwar oft greifbar, können aber nicht einfach in berechenbare finanzielle Formeln wie „Break-Even-Bewertungen" überführt werden. 39

Ein **Best-Practice-Ansatz** ist es, eine Investment-to-Value-Bewertung für angedachte IoT-Projekte bei Immobilien zu entwickeln. Diese Art von Bewertung umfasst sowohl strikte finanzielle Renditen als auch nichtfinanzielle Werte (vgl. Abb. 12). Der Mix aus beidem bietet zumindest eine transparente Entscheidungsgrundlage. 40

Wertfaktoren von IoT-Initiativen	Benutzererfahrung	Klima	Verbrauch	Zustand	Nachfrage
Anwesenheitserfassung	X_1		X_2		X_3
CO_2-Erfassung	Y_1	Y_2			Y_3
Anlagenzustandsüberwachung			Z_2	Z_1	
Smart Metering					
...					

Abb. 12: Beschreibung des Werts (finanziell und qualitativ) von IoT-Initiativen

41 Der Schlüsselgedanke hinter diesem gewichteten Ansatz besteht darin, sicherzustellen, dass alle potenziellen Wertfaktoren beschrieben und beurteilt werden. IoT-Projekte werden typischerweise von einem spezifischen Immobilienmanagementanwendungsbereich initiiert, zB dem Portfolio-Management, Flächenmanagement, Asset-Management oder Servicemanagement. Ein strukturierter Ansatz zur Entwicklung des Business Case kann wie folgt aussehen:

42 – Beschreiben des potenziellen Mehrwerts von Initiativen.
Dies bietet einen umfassenden Überblick über alle Vorteile, die von den in Betracht gezogenen Initiativen erwartet werden.
– Beschreiben der Infrastrukturinvestitionen, Implementierungskosten für Projekte sowie Ausgaben für Software und laufende Wartung.
– Abbilden von Kosten und Mehrwert in einem ausgewogenen Ansatz.
Die Kosten wie auch die erwarteten Vorteile werden nun im Rahmen eines ausgewogenen Kosten-Nutzen-Ansatzes beschrieben, wobei die qualitativen Nutzeffekte anhand ihres Beitrags zu den wichtigsten Immobilienzielen spezifiziert werden.

43 Dieser Ansatz führt zu einer ganzheitlichen Betrachtungsweise der Gründe, weswegen IoT-Investitionen erforderlich bzw. sinnvoll sind. Beachtet werden sollte auch, dass viele IoT-Projekte zu nachweisbarem finanziellem Nutzen in relativ kurzer Zeit (weniger als zwei Jahre) führen (Kostensenkungen und Effizienzgewinne). Solche Effekte sind unter Cost of Ownership zu sehen.

IV. Fazit und Ausblick

44 Die Nutzung von IoT in der Immobilienwirtschaft ist eine insbesondere beim Betrieb von Gebäuden und deren Anlagen vielversprechende Entwicklung. Gebäude sind facettenreiche Gebilde, die umfangreiches Know-how von Betreibern und eine gute Datenlage zu ihrer Digitalisierung erfordern. Die **Gebäudedaten** sind für den Betreiber von großer Bedeutung, da sie eine wichtige Arbeitsgrundlage für einen effizienten und kundenorientierten Betrieb und die notwendige Dokumentation zur Wahrnehmung der Betreiberverantwortung darstellen. Ohne sie ist die Entwicklung einer nachhaltigen Bewirtschaftungsstrategie kaum möglich. Die Nutzer/Mieter von Gebäuden mit IoT-Ausstattung profitieren in den unterschiedlichsten Bereichen des Gebäudebetriebs, von Reinigungsdienstleistungen über intelligente Gebäude bis hin zu Hospitality. Bei der Umsetzung von neuen agilen Bürokonzepten ist der Einsatz von IoT ein wichtiger Bestandteil. Der Nutzer gewinnt hierbei die wichtige Information, welcher Arbeitsplatz zu welchen Kosten und mit welchem Servicelevel aktuell zur Verfügung steht. Durch den

optimierten Service im Bereich der Reinigungsdienstleistungen (inkl. Desinfektion) wird eine Steigerung der Nutzerzufriedenheit bei gleichzeitiger Kosteneinsparung und Einhaltung von Hygienevorgaben erreicht. Auch Hospitality-Leistungen können durch den Einsatz von IoT effizienter und personalisiert angeboten werden.

Die Preisentwicklung der Sensortechnik bei Anschaffungs- und Betriebskosten bildet einen weiteren positiven Aspekt. Jedoch stehen bei einer zunehmenden Zahl von Unternehmen und Behörden der quantifizierte Nutzen und nicht nur die Kosten von moderner Technologie wie IoT im Vordergrund. Damit das IoT in den Unternehmen eingeführt werden kann, sind vielfältige Hemmnisse zu überwinden. Zum einen sind die verwendeten Gebäude- und Arbeitsplatzkonzepte, zum anderen die Unternehmensphilosophie und -kultur ausschlaggebend. Bei konventionellen Büroraum- und Arbeitsplatzkonzepten nimmt das Nutzungspotenzial von IoT ab, da zB das Management virtueller Arbeitsplätze keine größere Rolle spielt. Bei der **Unternehmenskultur** ist von Bedeutung, dass die Büroflächen bis auf wenige Ausnahmen (zB für Behinderte) für alle Mitarbeiter frei zur Verfügung stehen. So sollte ein bestimmter Besprechungsraum nicht einer einzelnen Abteilung zugeordnet sein, sondern grundsätzlich allen Organisationseinheiten zur Verfügung stehen. 45

Viele Bereiche der Immobilienwirtschaft werden durch die voranschreitende Digitalisierung mit IoT profitieren. Dies hängt nicht nur mit den sinkenden Technologiekosten zusammen, sondern auch mit der integralen Planung der Gebäude und einem Kulturwandel zu nicht territorialen Arbeitsplätzen ua durch vermehrte Nutzung von Homeoffice nach der Corona-Pandemie. Die vielseitigen Nutzungsmöglichkeiten werden dabei zum Alltag vieler Menschen und sie in ihrer Arbeitskultur beeinflussen. Unabhängig davon werden durch intelligentere Gebäude Betriebskosten gespart und die Umwelt durch einen geringeren Ressourcenverbrauch geschont. Das Internet of Things bietet interessante Nutzungsmöglichkeiten, jedoch stehen ihm speziell in Deutschland real oder nur antizipiert regulatorische Probleme entgegen wie zB die des Datenschutzes. 46

Im GEFMA/Lünendonk CAFM-Trendreport von 2019 wurden mehr als 300 Anwender bzw. 30 Anbieter von CAFM/IWMS-Systemen befragt. Darin wurden Befragungen zu den verschiedensten Trends im CAFM-Umfeld durchgeführt. Ua haben sich 41 Personen von der Anbieterseite bei der Befragung zum Thema „Welche neuen CAFM-Trends oder Anwendungsgebiete sehen Sie bis zum Jahr 2021 am Markt?" beteiligt. Dabei gab ein Großteil der Befragten an, dass IoT und Sensorik nach ihrer Ansicht das größte Potenzial bergen. Hierbei ist zu erkennen, welche Relevanz das Internet of Things zwischenzeitlich für die Immobilienwirtschaft hat. 47

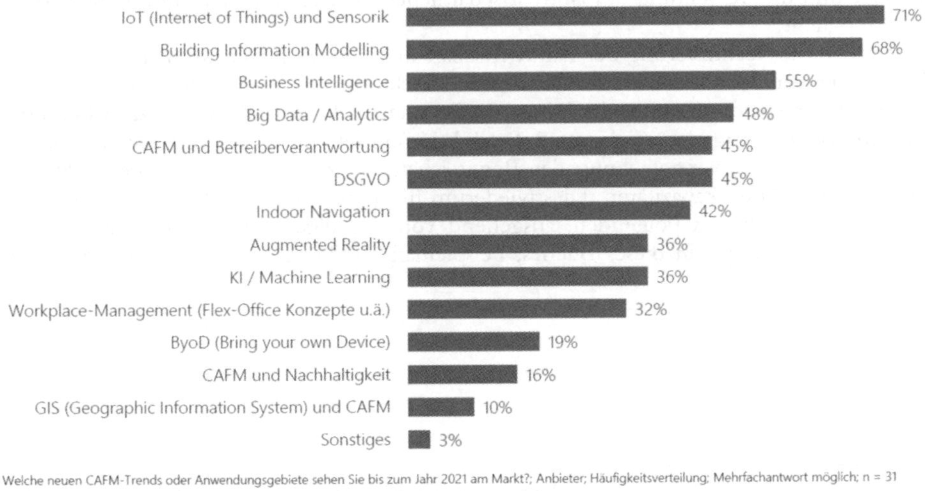

Abb. 13: Ausschnitt aus dem CAFM Trendreport 2019

§ 22 Landwirtschaft

Übersicht

Literatur:

Auer-Reinsdorff/Conrad (Hrsg.), Handbuch IT- und Datenschutzrecht, 3. Aufl., München 2019; *Bernhardt,* Technik in der Rinderhaltung, in: Frerichs (Hrsg.), Jahrbuch Agrartechnik 2016; *Fries/Scheufen,* Märkte für Maschinendaten – Eine rechtliche und rechtsökonomische Standortbestimmung, MMR 2019, 721; *Metzger,* Digitale Mobilität – Verträge über Nutzerdaten, GRUR 2019, 129; *Paal/Pauly* (Hrsg.), DS-GVO, 2. Aufl., München 2018; *Säcker/Rixecker/Oetker/Limperg* (Hrsg.), Münchener Kommentar zum BGB, 8. Aufl., München 2019.

I. Überblick IoT im landwirtschaftlichen Betrieb in den Bereichen Feld, Stall und Hof

1 Längst ist ein landwirtschaftlicher Betrieb nicht mehr nur auf die Bewirtschaftung von Feldern beschränkt. Während um die Jahrhundertwende das Feld Dreh- und Angelpunkt der Landwirtschaft war, weil zusätzlich zum Ackerbau auch Nutztiere auf der Weide gehalten wurden,[1] kann der landwirtschaftliche Betrieb nach Ansicht der Bearbeiter in der heutigen Zeit mit Optimierung und Spezialisierung in drei arbeitsteilige Bereiche eingeteilt werden: Das Feld mit Ackerbau und Feldwirtschaft, die Tierhaltung im Stall und der Hof, der die Struktur und die Verwaltung des landwirtschaftlichen Betriebes darstellt und diesen damit erst ermöglicht.

2 Während die Technisierung der Landwirtschaft die schwere Arbeit der Landwirte durch den Einsatz von Maschinen und Fahrzeugen erleichterte und die Produktionskapazitäten erhöhte, führt erst das Internet der Dinge (IoT) zu einer **Automation und darüber hinaus zur Vernetzung** der eingesetzten Produktionsmittel – und damit zu einer weiteren und gravierenderen Vereinfachung der Bewirtschaftung sowie zu einer weiteren Steigerung der Produktionskapazitäten. Dies wiederum führt zu einer Vielzahl neuer, rechtlicher Fragestellungen, die im Folgenden, ausgehend von der allgemeinen Behandlung in den vorhergehenden Kapiteln dieses Buches, beispielhaft zur Landwirtschaft in Bezug gesetzt werden.

---

[1] Historisches Lexikon Bayerns, Stichwort: Betriebs- und Wirtschaftsformen, www.historisches-lexikon-bayerns.de/Lexikon/Landwirtschaft_(19./20._Jahrhundert)#Betriebs-_und_Wirtschaftsformen (19.5.2019).

II. Maschinen-Management-Software in der Feldwirtschaft (Smart Farming)

Die Bewirtschaftung eines Feldes erfolgt je nach Anbau auf unterschiedliche Weise. Hierfür stehen die unterschiedlichsten Landmaschinen und Fahrzeuge zur Verfügung, die wiederum von diversen Herstellern entwickelt und gebaut werden. Die Entwicklung und der Bau von Landmaschinen bedürfen besonderer Spezialisierung und Erfahrung. Nicht zuletzt aus diesem Grund basieren die technischen Systeme der einzelnen Landmaschinenhersteller nicht auf denselben technischen Grundlagen. Aufgrund der stetigen technischen Weiterentwicklung des Maschinenangebots der Hersteller bestehen die vorgenannten Divergenzen abhängig vom Herstellungszeitpunkt teils auch innerhalb gleicher Produktgruppen eines Herstellers. Für Landwirte führt dieser Umstand bei einer Erneuerung des Landmaschinenfuhrparks regelmäßig zu der technischen Herausforderung, wie Daten der alten Maschine auch für die neue Maschine verwendet werden können. So kommen bspw. unterschiedliche Maschinencodes zur Anwendung, die insbesondere den **Datenaustausch zwischen den Maschinen** kompliziert macht. Es bestehen in gewissem Grad technische Inkompatibilitäten zwischen den Landmaschinen einzelner Hersteller wie auch zwischen den Landmaschinen eines einzigen Herstellers mit unterschiedlichen Herstellungszeitpunkten, die dem Landwirt die Bewirtschaftung seines Feldes erschweren. So kann er bspw. Spurlinien, nach denen sein Schlepper genau nach einer von einer Software berechneten Spurlinie fährt, um Saat und Düngung zu optimieren, nur für den Schlepper des Herstellers verwenden, mit dem die Spurlinien über das Arbeitsterminal ursprünglich erzeugt wurden. Verfügt der Landwirt über einen Schlepper eines anderen Fabrikats, möglicherweise auch über einen älteren Schlepper des gleichen Herstellers oder ein anderes Gerät eines anderen Herstellers bzw. ein anderes älteres Gerät des gleichen Herstellers, kann er diese Spurlinien nicht verwenden. Sie müssen letztlich für fast jede einzelne Landmaschine neu generiert werden. 3

Hier setzen sog. Spurlinienkonverter an, Softwareprogramme, die vorhandene Datenbestände in andere Datenformate zur Behebung vorstehend beschriebener Inkompatibilitäten konvertieren können. 4

1. Funktionsweise[2]

Moderne Landmaschinen verfügen jeweils über einen eigenen **Maschinencode** des Herstellers. Über diesen ist die Maschine steuerbar. 5

Spurlinienkonverter sind Softwareprogramme zur gezielten Konvertierung von Spurlinien in **verschiedene Datenformate.** Spurlinien sind ein Teil des Precision Farmings und können mit Hilfe eines Lenksystems und eines Arbeitsgeräts (zB Traktor oder Erntemaschine) vorab digital im FMIS (Farm-Management-Information-System) oder auf dem Feld angelegt werden. 6

Die Spurlinien in Form von AB-Linien werden mit Hilfe von **Spurlinienkonvertern** in verschiedene verfügbare Datenformate konvertiert und so für unterschiedliche Terminals verschiedener Hersteller nutzbar gemacht.[3] Die über eine Landmaschine des einen Herstellers erzeugten Spurlinien werden zunächst in ein Basisformat konvertiert und von diesem für die Landmaschine des anderen Herstellers lesbar übersetzt. Zur Konvertierung ist immer der Maschinencode des Herstellers der jeweils beteiligten Landmaschinen erforderlich. Die Übertragung der Spurlinien erfolgt über das Arbeitsterminal des Fahrzeuges. 7

[2] Funktionsweise beschrieben anhand der Software eines bestimmten Herstellers.

[3] FarmFacts, Benutzerhandbuch NEXT Farming Waylineconverter für AB-Linien, Stand: 29.8.2016, Ziff. 1.1.

2. Rechtliche Rahmenbedingungen

8 Die Nutzung von Spurlinien für den gesamten landwirtschaftlichen Fuhrpark setzt voraus, dass die Maschinendaten der jeweiligen Hersteller und die Spurlinien des landwirtschaftlichen Betriebes verbunden und verarbeitet werden. Durch die Nutzung der Software sind unterschiedliche Rechte an verschiedenen immateriellen Rechtsgütern betroffen, nämlich insbesondere die Software inklusive des Maschinencodes der Entwickler bzw. Hersteller, die geographischen Felddaten der Landwirte sowie ggf. durch die Landwirte generierte Maschinendaten. Hinzu kommt die Anwendung **länderspezifischen Rechts** in Abhängigkeit davon, wo die Software durch den jeweiligen Nutzer, in der Regel einen Landwirt, eingesetzt wird. Die Software erleichtert die praktische Arbeit des Landwirts, führt aber zu einer Reihe von relevanten Rechtsfragen va in Verbindung mit den vorgenannten Rechtsgütern, auf die nachfolgend näher einzugehen ist.

a) Rechte an Software und Maschinencode

9 Die Funktionsweise einer landwirtschaftlichen Maschine bestimmt mittlerweile nicht mehr nur der Landwirt, sondern insbesondere der in der betreffenden Maschine verbaute **Prozessor.** Dieser führt Befehle der Software aus, indem er seine diversen Schnittstellen anspricht. Damit der Prozessor arbeiten kann, bedarf es eines Maschinencodes. Hierunter versteht man das System von Instruktionen und Daten, die der Prozessor eines Computers direkt ausführen kann.[4] Der Maschinencode besteht aus einer Folge von Bits (Nullen und Einsen) und ist für den Menschen nur unter Zuhilfenahme spezieller Softwareprogramme lesbar.[5] Er ist Teil der Software, was sich aus dem weiten Anwendungsbereich des insoweit einschlägigen § 69a UrhG ergibt: Geschützt sind danach alle Ausdrucksformen eines Computerprogramms einschließlich des Entwurfsmaterials.[6] Die Software selbst sowie der Maschinencode sind damit Gegenstand des Urheberrechts, wobei jeweils der Programmierer als deren Entwickler Inhaber dieses Urheberrechts ist. In der Regel entwickelt ein Programmierer entweder als Selbstständiger im Wege der Beauftragung oder als angestellter Arbeitnehmer für den Softwarehersteller die Software und ein anderer Programmierer in gleichen Rechtsverhältnissen den Maschinencode für den Landmaschinenhersteller. Auch wenn das Urheberrecht im Hinblick auf das Urheberpersönlichkeitsrecht als Teil des Allgemeinen Persönlichkeitsrechts als solches nicht übertragbar ist,[7] stehen gem. § 69b UrhG dann in der Regel dem Softwarehersteller sämtliche vermögensrechtliche Befugnisse an der Software und dem Landmaschinenhersteller sämtliche vermögensrechtliche Befugnisse an dem Maschinencode zu.[8]

10 In diesem Zusammenhang lohnt sich auch ein kurzer Blick darauf, wie es sich mit dem Ergebnis der Datenverarbeitung der **Maschinen-Management-Software** in Bezug auf die Rechteinhaberschaft verhält. Die Software übersetzt den Maschinencode des einen Herstellers in den Maschinencode des anderen Herstellers. Sie stellt also nichts her, was nicht vorher schon vorhanden war. Ein neues urheberrechtliches Werk mit entsprechender

---

[4] *Schmidt* in Auer-Reinsdorff/Conrad IT-R-HdB § 1 Rn. 163.

[5] *Schmidt* in Auer-Reinsdorff/Conrad IT-R-HdB § 1 Rn. 165.

[6] Vgl. den Wortlaut des § 69a Abs. 1 und 2 UrhG in Auszügen:
„(1) Computerprogramme im Sinne dieses Gesetzes sind Programme in jeder Gestalt, einschließlich des Entwurfsmaterials.
(2) Der gewährte Schutz gilt für alle Ausdrucksformen eines Computerprogramms. (…)".

[7] Hierzu ausdifferenziert *Unseld* GRUR 2011, 982 ff.

[8] Vgl. den Wortlaut des § 69b UrhG:
„(1) Wird ein Computerprogramm von einem Arbeitnehmer in Wahrnehmung seiner Aufgaben oder nach den Anweisungen seines Arbeitgebers geschaffen, so ist ausschließlich der Arbeitgeber zur Ausübung aller vermögensrechtlichen Befugnisse an dem Computerprogramm berechtigt, sofern nichts anderes vereinbart ist.
(2) Absatz 1 ist auf Dienstverhältnisse entsprechend anzuwenden."

Schöpfungshöhe entsteht demnach nicht. Es bleibt daher für alle Beteiligten bei den vorgenannten Rechtsgütern und Rechtsinhaberschaften daran.

b) Rechte/Inhaberschaft an Daten

Durch die Nutzung einer Landmaschine entstehen sog. **Geodaten** im Hinblick auf den Einsatzort der Landmaschine und weiterhin **Maschinendaten** in Bezug auf die genutzte Maschine selbst. Bei den Geodaten handelt es sich um Daten mit direktem und indirektem Bezug zu einem bestimmten Standort oder geografischen Gebiet.[9] Als bloße Koordinaten sind diese Daten wie auch Maschinendaten in Bezug auf die genutzte Maschine selbst mangels einer eindeutigen gesetzlichen Zuordnung zu einem Rechtsinhaber zunächst in der Regel nicht Gegenstand von Rechten der Beteiligten. Insoweit werden angesichts der immer weiter steigenden Bedeutung „bloßer" Maschinendaten für die Ökonomie des 21. Jahrhunderts zwar Änderungsansätze von der Etablierung eines eigenen Dateneigentumsrechts vergleichbar dem sachenrechtlichen Eigentum bis hin zu einem geistigen Eigentumsrecht an Maschinendaten diskutiert;[10] dennoch liegen hierzu bisher lediglich rechtspolitische Tendenzen vor, sodass die Beteiligten abgesehen von im Wesentlichen kartellrechtlichen Beschränkungen rechtlich grundsätzlich frei sind im Generieren, Sammeln und Speichern von Maschinendaten.[11] Trotz oder gerade wegen dieser Freiheit erfolgt eine Nutzungshoheit im Hinblick auf Maschinendaten durch die tatsächliche Zugriffsmöglichkeit der Beteiligten, die entsprechend beim die Maschinendaten durch die Nutzung der Landmaschine generierenden Landwirt oder beim Hersteller der Landmaschine bzw. der Software liegt, sofern diese sich durch passende technische Einrichtungen den Zugriff auf die Maschinendaten gesichert hat. Da die Grenze zu den personenbezogenen Daten jedoch fließend sein kann und sich die Beteiligten daher schnell in dem Bereich einer eindeutigen rechtlichen Zuordnung der Inhaberschaft an Daten zu dem datenschutzrechtlich Betroffenen befinden,[12] bietet sich insbesondere für den Landmaschinenhersteller bzw. Softwarehersteller schon aus **Gründen der Rechtssicherheit** an, auch die Nutzung von Maschinendaten durch einen Vertrag zwischen etwaigen Beteiligten zu regeln und sich gewünschte Nutzungsrechte in diesem Rahmen einzuräumen. Auf diesem Wege können gegebenenfalls auch fehlende technische Einrichtungen überwunden werden, die dem Zugriff des Herstellers auf die Maschinendaten bisher entgegenstanden. 11

Insbesondere im Hinblick auf Geodaten kommen regelmäßig Informationen hinzu, die eine natürliche Person bestimmen oder bestimmbar machen.[13] So lässt sich über den Standort der Maschine – meist das Feld des Landwirts – leicht die Flurnummer des Grundstücks und damit bei Vorliegen eines berechtigten Interesses der Grundstückseigentümer – ebenfalls meist der Landwirt – herausfinden, womit der betroffene Landwirt mit seinen **personenbezogenen Daten identifiziert** werden kann. Gleiches gilt etwa für das Tracking von Fahrtwegen. Anders als bei den reinen Maschinendaten ist hier der strenge Rahmen und die rechtliche eindeutige Zuordnung dieser Daten durch das Datenschutzrecht zum betroffenen Landwirt zu beachten.[14] Betroffener im datenschutzrechtlichen Sinne kann insbesondere auch ein Selbständiger oder sonst wie beruflich Handelnder sein.[15] Somit sollten jedenfalls die Geodaten des Einzellandwirts, sofern sie ihm zugeordnet werden können, als seine personenbezogenen Daten behandelt werden, um Verstöße gegen datenschutzrechtliche Regelungen zu vermeiden. Entsprechend ist das Datenschutzrecht 12

---

[9] www.geoportal.de/DE/GDI-DE/INSPIRE/FAQ/Begriffsdefinitionen/Begriffsdefinitionen.html?lang=de (25.11.2019).

[10] Vgl. *Fries/Scheufen* MMR 2019, 721 (723).

[11] Vgl. *Fries/Scheufen* MMR 2019, 721 ff.

[12] Hierzu → § 6 Rn. 4 ff.

[13] So zu Mobilitätsdaten im Automotive-Bereich im Ergebnis auch *Metzger* GRUR 2019, 129 (131).

[14] Paal/Pauly/*Ernst* DS-GVO Art. 4 Rn. 8–13; ebenso zu Mobilitätsdaten im Automotive-Bereich *Metzger* GRUR 2019, 129 ff.

[15] Paal/Pauly/*Ernst* DS-GVO Art. 4 Rn. 4.

nach geeigneten Erlaubnistatbeständen zu durchforsten. Hier kann etwa die Erfüllung vertraglicher Verpflichtungen des Herstellers einschlägig sein, zB, wenn der Landwirt beim Hersteller im Zusammenhang mit dem Kauf einer Maschine dazugehörige Online-Services erworben hat, deren Lauffähigkeit die Erhebung bestimmter personenbezogener Daten erforderlich macht. In derartigen Fällen reicht es aus, wenn der Hersteller den Landwirt über die Verarbeitung der personenbezogenen Daten informiert. Sofern aber kein Erlaubnistatbestand einschlägig ist, kann eine Nutzung personenbezogener Daten allein über eine ausdrückliche Einwilligung des betroffenen Landwirts legitimiert werden, die im Zusammenhang mit dem Kaufvertrag eingeholt werden muss.

c) Vertragsbeziehungen und Vertragsgestaltung

13 Die unterschiedlichen Inhaber hinsichtlich der dargestellten Rechte determinieren die Vertragsbeziehungen und in der Folge die erforderliche Vertragsgestaltung zwischen den Beteiligten, um die Maschinen-Management-Software rechtssicher am Markt anbieten zu können. Sofern nicht ausnahmsweise der Hersteller der Landmaschine selbst auch die Software programmiert, gibt es regelmäßig einen unabhängigen Softwarehersteller, der sich insbesondere bei der Beauftragung externer Programmierer zunächst um die vertragliche Sicherung der Rechte an den entstehenden Werken kümmern sollte. Daneben muss er sich einerseits um die **Lizenzeinräumung zur Nutzung der Maschinencodes** bei den Landmaschinenherstellern bemühen und andererseits die Nutzung seiner Software im Verhältnis zu seinen Kunden, den Landwirten, unter besonderer Berücksichtigung datenschutzrechtlicher Vorschriften regeln, um auf diesem Wege bei seinen Kunden Vertrauen im Hinblick auf die Software und die Verarbeitung insbesondere der personenbezogenen Daten herzustellen. Der Softwarehersteller unterhält also Vertragsbeziehungen ggf. zu etwaigen externen Programmierern, jedenfalls aber zu den Landmaschinenherstellern und zu den die Software nutzenden Landwirten.

14 Insbesondere bei der Beauftragung externer Programmierer sollte sich der Softwarehersteller durch einen entsprechenden Vertrag zunächst vor allem die **exklusiven Verwertungs- und ggf. auch Bearbeitungsrechte** an den Werken der externen Programmierer sichern. Auch wenn der oben bereits erwähnte § 69b UrhG bereits von Gesetzes wegen klarstellt, dass dem Softwarehersteller im Falle der Beauftragung alle vermögensrechtlichen Befugnisse zustehen, sollte der Softwarehersteller auf einen solchen Vertrag aus Gründen der Rechtssicherheit nicht verzichten. Denn nur in diesem Rahmen kann der Softwarehersteller eine individuell ausgestaltete weitreichende Lizenzklausel vereinbaren, die § 69b UrhG in dieser Eindeutigkeit gerade nicht enthält und auf diesem Wege klare Verhältnisse und Rechtssicherheit schaffen.

15 Zwischen Softwarehersteller und Landmaschinenhersteller sollte Kern der Vereinbarung nach den vorstehenden Ausführungen die Einräumung der **Lizenz zur Nutzung der Maschinencodes** sein. Hierbei ist insbesondere auf die zeitliche und räumliche Reichweite zu achten. In zeitlicher Hinsicht bietet es sich an, die Lizenz im Rahmen der Möglichkeiten bestmöglich unbegrenzt zu verhandeln. Hierbei ist darauf zu achten, dass eine **zeitlich unbefristete Lizenz** nicht durch die Dauer des Lizenzvertrags konterkariert wird. Daher sollten auch für den Fall der Beendigung des Lizenzvertrags Vorkehrungen getroffen werden, etwa dergestalt, dass der Softwarehersteller auch nach Vertragsbeendigung ausdrücklich berechtigt ist, zumindest den im Zeitpunkt der Vertragsbeendigung aktuellen Maschinencode **auch nach Ablauf des Vertrags** benutzen zu dürfen, wenigstens bis zum Zeitpunkt, in dem der Landmaschinenhersteller diesen ändert. Zu einer Änderung wird der Landmaschinenhersteller jedenfalls nach Vertragsbeendigung auch berechtigt sein und darüber hinaus auch, ohne den Softwarehersteller hierüber zu informieren. Während der Vertragslaufzeit hingegen sollten Hersteller verpflichtet werden, geplante Änderungen an ihren Maschinencodes rechtzeitig vor deren Implementierung mitzuteilen, damit Softwarehersteller etwaige Auswirkungen der Änderung auf die Software überprüfen und tes-

ten können, um eine dauerhafte Funktionsfähigkeit von Maschinencodes abzusichern. Sobald der Maschinencode geändert wird, stimmt die Übersetzung nicht mehr. Dies hat zur Folge, dass Spurlinien nicht oder nicht korrekt übertragen werden können. Abweichungen können dazu führen, dass der Traktor nicht über den Pflanzen, sondern auf ihnen fährt oder im schlimmsten Fall das autonom gesteuerte Fahrzeug verunfallt oder gar Personen verletzt. Die räumliche Reichweite der Lizenz sollte sich an der aktuellen bzw. prognostizierten Reichweite des Kerngeschäfts des Softwareherstellers orientieren und sich damit auf die Länder beziehen, in denen der Softwarehersteller seine Software vertreibt bzw. gemäß Businessplan zu vertreiben gedenkt. Darüber hinaus sollte die erworbene Lizenz zumindest unterlizenzierbar sein und inhaltlich sämtliche Nutzungen im Hinblick auf den Maschinencode enthalten, die für den Softwarehersteller zur Herstellung und zum Vertrieb der Software erforderlich sind. Hier sollte der Softwarehersteller insbesondere auch sein Vertriebssystem im Blick haben und insbesondere prüfen, ob er seine Software auch über unabhängige Vertragshändler vertreiben will.

Die Anzahl übersetzbarer Maschinencodes und damit die Anzahl an Lizenzen hängt 16 maßgeblich davon ab, welche und wie viele Hersteller sich mit ihren Maschinencodes an einer Maschinen-Management-Software beteiligen müssen, um das Ziel einer **Vernetzung der gewünschten Maschinen** erreichen zu können. Da ein Maschinencode für Experten Einblicke in und damit Rückschlüsse auf die Funktionsweisen der jeweiligen Maschine zulässt und dadurch relevantes Know-how eines Maschinenherstellers darstellt, ist es nachvollziehbar, dass Hersteller ihre Maschinencodes rechtlich entsprechend abgesichert wissen wollen. Insofern kommen aus Sicht der Hersteller der Geheimhaltung und einem eindeutig gefassten Verwendungsvorbehalt, der auf die Übersetzung des Maschinencodes in das Basisformat und vom Basisformat zum Maschinencode beschränkt ist, eine große Bedeutung in der vertraglichen Gestaltung zu.

Die Zusammenhänge der Lizenzeinräumung zeigen auch, dass Regelungen zur Haftung 17 zwischen Landmaschinenhersteller und Softwarehersteller sorgfältig zu treffen sind, insbesondere im Hinblick auf etwaige Ansprüche von Nutzern der Maschinen-Management-Software. Im Rahmen einer **Risikoeinschätzung** ist hier insbesondere die Frage zu stellen, ob und wie im Falle eines Schadenseintritts Rückschlüsse darauf möglich sind, ob der Schaden durch den fehlerhaften Maschinencode oder durch die fehlerhafte Software im Übrigen entstanden ist. Je nach Ergebnis haftet zumindest im Innenverhältnis[16] ggf. anteilig der Landmaschinenhersteller oder/und der Softwarehersteller, was im Innenverhältnis zwischen diesen beiden entsprechend geregelt sein sollte. Auch auf Schutzrechte Dritter ist zu achten, sodass auch insoweit Regelungen zu etwaigen Freistellungen im Falle der Verletzung von Schutzrechten Dritter zu treffen sind. Derartige Vereinbarungen nehmen meist den größten Raum bei Verhandlungen ein. Insbesondere im Hinblick auf die in Rede stehende Verletzung von Schutzrechten Dritter will der jeweilige Lizenzgeber die Haftung soweit als möglich ausschließen, während der Lizenznehmer dies aufgrund des in der Regel hohen und vor allem schwer kalkulierbaren Schadensrisikos ablehnt.

Während sich das Rechtsverhältnis zwischen Softwarehersteller und Landmaschinenher- 18 steller nach dem Lizenzvertrag richtet, ist das Rechtsverhältnis zwischen Softwarehersteller und seinen Kunden, den Landwirten, durch eine **Endbenutzer-Lizenzvereinbarung (EULA)** geregelt. Hierdurch wird dem Landwirt die Nutzung der Software eingeräumt. Vertragsinhalte sollten hier insbesondere klare Regelungen zum Vertragsgegenstand, zur Lizenzgewährung, zum Endbenutzerservice im Störungsfalle, zu **Gewährleistung** und **Haftung** und zur **Verarbeitung personenbezogener Daten** bzw. Maschinendaten sein. Der Umfang der Lizenz muss sich jedenfalls im Hinblick auf den Maschinencode in dem

[16] Für die Haftung im Außenverhältnis zum Geschädigten ist regelmäßig das Produkthaftungsgesetz maßgeblich. Es haftet der Hersteller, wobei Landmaschinenhersteller und Softwarehersteller abhängig vom Marktauftritt auch Mithersteller sein können. Umso mehr ist eine Regelung des Innenverhältnisses der Mithersteller erforderlich.

Rahmen der Lizenz halten, die der Softwarehersteller vom Landmaschinenhersteller eingeräumt bekommen hat. Vor allem im Hinblick auf die Haftung ist der Landwirt insbesondere durch die Vorgabe von Prüfpflichten der Konvertierungsergebnisse sowie der Auflage, übersetzte Spurlinien nicht zum autonomen Betrieb von landwirtschaftlichen Fahrzeugen einzusetzen, zu instruieren. Diese Pflichten reduzieren den Haftungsumfang des Softwareherstellers für Fälle, in denen der Landwirt vorstehende Pflichten außer Acht lässt. Es handelt sich insoweit auch nicht um Pflichten des Landwirts, die im Lichte des deutschen AGB-Rechts nicht rechtmäßig vereinbart werden können. Eine unangemessene Benachteiligung des Landwirts liegt insoweit nicht vor, da eine Prüfpflicht im Hinblick auf das Konvertierungsergebnis zumutbar ist und auch ein autonomer Betrieb von Fahrzeugen aktuell auch aufgrund des Standes der Technik gesellschaftspolitisch wie rechtspolitisch noch nicht die Akzeptanz erreicht hat, dass derartige Regelungen unter AGB-Gesichtspunkten als kritisch zu betrachten wären. Es steht allerdings zu erwarten, dass dies bei dem zu erwartenden weiteren technischen Fortschritt in Zukunft möglicherweise anders zu bewerten ist.

19 Im Hinblick auf die Verarbeitung personenbezogener Daten ist der Kunde vom Softwarehersteller im Zusammenhang mit der EULA zwingend über die Datenverarbeitung zu informieren, sofern ein gesetzlicher datenschutzrechtlicher Erlaubnistatbestand – etwa die Erfüllung vertraglicher Pflichten – gegeben ist. Hierzu ist dem **Betroffenen eine Datenschutzinformation zur Verfügung zu stellen.** In diesem Rahmen sind insbesondere Angaben über die Art der Daten, die verarbeitet werden, den Sinn und Zweck der Verarbeitung, eine etwaige Weitergabe der Daten bzw. Übermittlung in Drittländer sowie über etwaige Rechte des Betroffenen zu machen. Soweit ein gesetzlicher datenschutzrechtlicher Erlaubnistatbestand nicht gegeben ist, reicht eine bloße Datenschutzinformation nicht aus. In diesem Fall muss der Softwarehersteller im Zusammenhang mit der EULA eine datenschutzrechtliche Einwilligungserklärung des Betroffenen einholen oder auf die Verarbeitung personenbezogener Daten insoweit verzichten. Für Maschinendaten, auf die der Softwarehersteller zugreifen will, gilt Vorstehendes zwar an sich nicht, sodass der Softwarehersteller diese Daten auch ohne Datenschutzinformation oder Einwilligung nutzen kann. Aufgrund des bereits dargestellten fließenden Übergangs zwischen personenbezogenen Daten und Maschinendaten im vorliegenden Zusammenhang sowie als besondere vertrauensbegründende Maßnahme ist es jedoch angezeigt, dass der Softwarehersteller seine Kunden auch über die Verarbeitung von Maschinendaten informiert, wobei insoweit auf die Systematik der Datenschutzinformation über die Verarbeitung personenbezogener Daten zurückgegriffen werden kann.

d) Kartellrechtliche Aspekte

20 Die Aufhebung der technischen Inkompatibilität führt dazu, dass der Landwirt insbesondere Fahrzeuge unterschiedlicher Hersteller mit den einmal erstellten Spurlinien benutzen kann. Dies gilt jedoch nur für die Landmaschinen der Hersteller, die in einer vertraglichen Beziehung zum Hersteller der Maschinen-Management-Software stehen. Der an der **Möglichkeit der Kombination von Maschinen** verschiedener Hersteller interessierte Landwirt könnte also in Betracht ziehen, Fahrzeuge, deren Maschinencode nicht für andere Maschinen übersetzt werden kann, nicht zu erwerben. Kartellrechtliche Bedenken bestehen dann, wenn Marktverschließungseffekte anzunehmen sind. Allerdings ist es so, dass dem Landwirt durch den Einsatz der Maschinen-Management-Software die Nutzung von Maschinen verschiedener Hersteller erst ermöglicht wird, was sich wettbewerbsfördernd und gerade nicht -beschränkend auswirkt.

21 Kartellrechtlich relevant wäre es weiter, wenn Anhaltspunkte für den **Missbrauch einer marktbeherrschenden Stellung** bestünden. Bei der Gestaltung von Verträgen ist deshalb darauf zu achten, dass keine marktbeherrschende Stellung, bspw. durch langfristige, exklusive Lizenzierung von Maschinendaten zur Übersetzung mit der Maschinen-Manage-

ment-Software erlangt wird und andere Hersteller hierdurch ausgeschlossen werden, weil diese so daran gehindert sind, die Software anderer Hersteller zu lizensieren oder zu nutzen. Insoweit scheint es aus betriebswirtschaftlicher Sicht allerdings beinahe ausgeschlossen, dass ein Hersteller zB seinen Maschinencode exklusiv lizenziert und sich damit in ein Inselsystem begibt, über das hinaus eine Steigerung von Verkäufen seiner Landmaschinen nicht möglich sein wird. Letztlich steht also das Interesse der Landmaschinenhersteller an einer Umsatzsteigerung einer tiefergehenden kartellrechtlichen Problematik in diesem Zusammenhang wohl entgegen.

Schließlich ist im Rechtsverhältnis zwischen Softwarehersteller und Landmaschinenhersteller vertraglich der **Austausch wettbewerbssensibler Daten** auszuschließen, abzusichern und einzuhalten, um hier dem Eindruck kartellrechtswidriger Absprachen zwischen Wettbewerbern entgegenzutreten bzw. diese zu verhindern. 22

e) Fragen der produktbezogenen Gewährleistung und Haftung des Softwareherstellers

Anknüpfungspunkt für eine **Haftung des Softwareherstellers** gegenüber seinen Kunden, den Landwirten, ist die Mangelhaftigkeit der Software. Diese ist nach allgemeinen Regelungen zur vereinbarten Beschaffenheit dann gegeben, wenn die Ist-Beschaffenheit von der Soll-Beschaffenheit abweicht.[17] In diesem Zusammenhang ist seitens des Softwareherstellers im Vorfeld des Vertragsschlusses und sodann im Rahmen der EULA eine möglichst eindeutige Beschreibung der Funktionen der Software und der Voraussetzungen für eine erfolgreiche Konvertierung zur Verfügung zu stellen. Insbesondere ist eine genaue Festlegung der konvertierbaren Maschinen einschließlich Softwareversionen im Wege einer abschließenden Aufzählung vorzuhalten. Auch mögliche Einflussfaktoren auf Seiten des Landwirts va bedingt durch die tägliche Arbeit auf dem Feld, die zu Konvertierungsungenauigkeiten führen können, sind in der Beschreibung möglichst umfangreich aufzunehmen. Im Übrigen empfiehlt es sich, den Kunden einen Vorab-Test des Konvertierungsergebnisses an einer nicht-schadensträchtigen Stelle nahezulegen, bevor die Befahrung mit ungenauen Spurlinien zu einem Schaden des Landwirts führt. Hierbei sollte auch der Begriff der nicht-schadensträchtigen Stelle näher definiert sein. Darunter sind in der Regel Stellen des Feldes zu verstehen, die sich auf der Fahrspur gemäß Konvertierungsergebnis befinden, die jedoch – idealerweise auf Basis einer vorherigen Bodenprobenanalyse – einen nicht oder im Vergleich zu anderen Stellen auf der Fahrspur zumindest weniger fruchtbaren Boden aufweisen. Ein Vorab-Test auf anderen Stellen des Feldes macht natürlich keinen Sinn, da diese Stellen nicht Teil des Konvertierungsergebnisses sind. 23

Da die **vertragliche Funktionsbeschreibung** für alle Endbenutzer gleichermaßen gelten soll, handelt es sich wie bei allen anderen Regelungen der EULA um Allgemeine Geschäftsbedingungen. Eine etwaige Gewährleistungsbeschränkung ist somit nur in den bekannten engen Grenzen der deutschen AGB-Rechtsprechung denkbar, ein genereller Gewährleistungsausschluss hingegen gar nicht möglich. Vorstehende Beschränkungen sind auch im Rechtsverhältnis zu Landwirten zu beachten, obwohl es sich bei diesen in der Regel um Unternehmer handelt,[18] gegenüber denen nicht alle Grundsätze der AGB-Rechtsprechung wie im Verhältnis zu Verbrauchern gelten. Zumindest erfährt aber insbesondere die Einbeziehung von AGB in diesem Verhältnis eine Erleichterung gegenüber einem Verbraucher. 24

Nicht in den Verantwortungsbereich des Softwareherstellers fallen hingegen Lesefehler, die beim Export- oder Importvorgang der Daten entstehen. Sie haften nicht der Maschinen-Management-Software an, sondern entstehen in der Regel durch Mängel des Geräteterminals. Die fehlerhaften Daten führen zwar auch zu einem falschen Ergebnis, sind aber 25

[17] Vgl. insoweit den Wortlaut von § 434 Abs. 1 S. 1 BGB: „Die Sache ist frei von Sachmängeln, wenn sie bei Gefahrübergang die vereinbarte Beschaffenheit hat."
[18] MüKoBGB/*Basedow* § 310 Rn. 68.

nicht der Funktionalität der Software anzulasten. Insoweit kommt also eine Haftung des Landmaschinenherstellers in Betracht, die für den Fall, dass sich der Landwirt wegen seiner Schäden an den Softwarehersteller wendet, idealerweise wie oben beschrieben bereits im Innenverhältnis zwischen Landmaschinenhersteller und Softwarehersteller im Rahmen einer Freistellungsregelung Berücksichtigung gefunden hat.

f) Internationale Bezüge

26 Hersteller von landwirtschaftlichen Maschinen vertreiben diese in der Regel international, sodass sich hieran konsequenterweise auch das Geschäftsmodell und die Märkte der Softwarehersteller für deren Maschinen-Management-Software orientieren.

27 Insofern könnte hinsichtlich des **Gewährleistungsausschlusses** alternativ die Endbenutzer-Lizenzvereinbarung zwischen Softwarehersteller und Landwirt auch dem Recht eines Staates unterworfen sein, der die Beschränkungen in der Freiheit der Gestaltung von Klauseln in Allgemeinen Geschäftsbedingungen zum teilweisen Ausschluss von Mängelansprüchen für bestimmte Mängelarten in Allgemeinen Geschäftsbedingungen so nicht bzw. nicht in dem weiten Umfang der deutschen und europäischen Gesetzgebung und Rechtsprechung kennt. Bekannt hierfür ist vor allem das Schweizer Recht. So sieht Art. 199 Bundesgesetz betreffend die Ergänzung des Schweizerischen Zivilgesetzbuches (Obligationenrecht) die Ungültigkeit des Gewährleistungsausschlusses nur als gegeben an, wenn der Verkäufer dem Käufer die „Gewährsmängel" arglistig verschwiegen hat. In jedem Fall ist dabei zu prüfen, ob eine Rechtswahlklausel möglich und das Recht eines anderen Staates für die eigenen Zwecke sinnvoll ist. Zumindest die Möglichkeit einer Rechtswahlklausel sollte angesichts der Tatsache, dass es sich bei Landwirten in der Regel um Unternehmer handelt, grundsätzlich gegeben sein.[19]

III. Tier-Sensorik in der Stallwirtschaft (Monitoring-Systeme)

28 Die **nachhaltige Produktion** von Lebensmitteln ist nicht erst in aktueller Zeit ein bedeutendes Thema. Dennoch macht insbesondere die immer mehr ins Bewusstsein der Menschheit gelangende Verschlechterung des Klimas, verbunden mit einem neuen Gesundheitsbewusstsein nicht zuletzt aufgrund der aktuell grassierenden COVID-19-Pandemie die Frage nach nachhaltigem Wirtschaften bedeutsamer denn je zuvor.[20] Gleichzeitig hat ein fast ungebrochener wirtschaftliche Aufschwung der letzten Jahrzehnte bedingt durch die Globalisierung der Wirtschaft[21] zu immer mehr Wohlstand und einer damit einhergehenden Steigerung des Lebensstandards in immer weiteren Teilen der Gesellschaft insbesondere großer Industrienationen, aber auch von Schwellenländern, geführt, sodass sich viele Menschen teurere – weil nachhaltig produzierte – Lebensmittel leisten können und wollen. Diese Entwicklungen machen auch und insbesondere vor der Landwirtschaft als wichtiger Bestandteil in der Ernährungskette der Menschheit nicht halt. Dies belegen auch die von der Bundesanstalt für Landwirtschaft und Ernährung veröffentlichten Statistiken, die eine stetige Zunahme von ökologisch betriebenen Landwirtschaften für die Jahre 2009 bis 2018 zeigen,[22] was für eine entsprechende Nachfrage nach nachhaltigen Lebensmitteln spricht. Hierbei stehen besonders Tiere im Vordergrund, denn sie tragen trotz steigender Anzahl an Menschen, die auf Fleisch verzichten, nach wie vor einen großen Anteil zur menschlichen

[19] Hierzu → Rn. 23 ff.

[20] Vgl. hierzu bspw. die Studie „Corona und Nachhaltigkeit" der ING-DiBa AG, www.ing.de/ueber-uns/wissenswert/corona-nachhaltigkeit/ (19. 9. 2020).

[21] Auch trotz verschiedener wirtschaftlicher Krisen, insbesondere der Weltwirtschaftskrise beginnend im Jahr 2007.

[22] www.ble.de/DE/Themen/Landwirtschaft/Oekologischer-Landbau/_functions/StrukturdatenOekolandbau_table.html (26. 11. 2019).

Ernährung bei.[23] Auf der anderen Seite wird diese Entwicklung in gewisser Weise konterkariert durch eine stetig wachsende Weltbevölkerung, was für die Landwirtschaft die Herausforderung birgt, immer mehr Menschen auf dem Planeten Erde versorgen zu müssen. Denn je mehr Nahrung produziert werden muss, desto schwieriger ist es schon aus Zeitgründen, Nahrung nachhaltig zu produzieren. Hier kommt die **Digitalisierung** ins Spiel, mit der die Möglichkeit besteht, die Nahrungsproduktion im Allgemeinen – und damit auch die nachhaltige Nahrungsproduktion – effizienter zu gestalten und somit den Bedarf an nachhaltig produzierter Nahrung trotz steigenden Konsums aufgrund steigender Weltbevölkerung zu decken. Der Bundesverband für Tiergesundheit e.V. sieht in der Digitalisierung im Sinne der Nachhaltigkeit darüber hinaus eine Einsatzmöglichkeit, Tiere und damit auch Menschen vor Krankheiten zu schützen, das Wohlbefinden von Nutztieren zu steigern und die Tierproduktion zu unterstützen und gleichzeitig nachhaltiger zu gestalten.[24] Das Lehr-, Versuchs- und Fachzentrum Achselschwang der Bayerischen Landesanstalt für Landwirtschaft setzt in diesem Zusammenhang auf sensorgestützte Tierbeobachtung.[25] Doch wie funktioniert sie und zu welchen rechtlichen Implikationen führt dies?

1. Funktionsweise

Tiersensorik wird in einem für die Ernährung des Menschen zentralen Bereich, der Rinderhaltung, vor allem zu den Zwecken der Tierkennzeichnung und -ortung, des Fressverhaltens und der Wiederkauaktivität sowie zur Überwachung des Gesundheitszustandes eingesetzt, wobei insbesondere bereits die über vorgenannte Erfassungszwecke gewonnen Daten auch auf den Zweck der Überwachung der Gesundheit einzahlen.[26] 29

Hierfür bedarf es zunächst eines **Sensors,** der die Aktivität des Tieres, in unserem Beispiel das Rind, aufnimmt. Der Sensor wird in aller Regel am Kopf, in der Nähe des Ohres des Tiers mittels eines Gurtes befestigt. Es gibt aber auch Sensoren, die im Pansen des Rinds ihre Tätigkeit verrichten.[27] Der Sensor registriert dann Bewegungs- und Wiederkauaktivität des Tieres, im Fachjargon auch „Pansenmotilität“ genannt, zurückgehend auf den Begriff „Motilin“, worunter ein die Darmmotorik förderndes Hormon zu verstehen ist. Ebenso wird die Körpertemperatur erfasst. Etwaige Aktivitäten des Rindes, bspw. charakteristische Kopfbewegungen, Ohrspiel oder die Aktivität der Nackenmuskulatur, werden dann an den Empfänger gesendet, ausgewertet und schließlich über die Bedienungsoberfläche der Softwareanwendung aussagekräftig dargestellt. Je nach Software hat der Landwirt auch die Möglichkeit, die automatisch übertragenen Daten durch anderweitig, insbesondere analog gewonnene weitere Daten per händischer Eingabe zu ergänzen. Zusammengefasst ergibt sich dann für den Landwirt ein Gesamtbild über den Gesundheitszustand und die Leistungsfähigkeit seiner Tiere. Er ist so in der Lage, frühzeitig mögliche gesundheitliche Probleme des einzelnen Rindes und so gegebenenfalls auch seiner ganzen Herde zu erkennen und diesen rechtzeitig entgegenzuwirken. 30

[23] Vgl. hierzu zB die Hochrechnung zum Thema „Anzahl der Personen in Deutschland, die sich selbst als Vegetarier einordnen oder als Leute, die weitgehend auf Fleisch verzichten“, Erhebungszeitraum 2015–2020, Veröffentlichungsdatum Juli 2020, de.statista.com/statistik/daten/studie/173636/umfrage/lebenseinstellung-anzahl-vegetarier/ (19. 9. 2020): Danach ordnen sich in Deutschland im Jahr 2020 in der Altersgruppe ab 14 Jahren „nur“ 6,5 Mio. Menschen von 70,64 Mio. Menschen (gemäß Hochrechnung) als Vegetarier bzw. Menschen, die kein Fleisch essen, ein.

[24] www.bft-online.de/themen/digitalisierung-und-tiergesundheit/ (26. 11. 2019).

[25] www.lfl.bayern.de/lvfz/achselschwang/181588/index.php (26. 11. 2019).

[26] *Bernhardt* in Frerichs Jahrbuch Agrartechnik 2016 S. 5.

[27] www.topagrar.com/rind/aus-dem-heft/so-arbeitet-der-pansen-sensor-9671897.html (27. 11. 2019); www.agrarheute.com/tier/rind/sensor-pansen-kuh-digital-524948 (27. 11. 2019).

2. Rechtliche Rahmenbedingungen

31 Trotz der zahlreichen neuen **Überwachungs- und Kontrollmöglichkeiten,** welche die Digitalisierung bietet, können sich Landwirte nicht allein darauf beschränken, nur bei konkreten Problemmeldungen des Systems tätig zu werden. Vielmehr führt eine grundlegend geänderte technische Ausgangsposition regelmäßig auch zu neuen bzw. erweiterten Rechtsfragen, die sich auch im Zusammenhang mit dem Einsatz von Tiersensorik stellen. Hier geben vor allem in Bezug auf die Tiersensorik in Betracht kommende Tierschutzgesetze den rechtlichen Rahmen vor, insbesondere das Tierschutzgesetz (TierSchG), die Tierschutz-Nutztierhaltungsverordnung (TierSchNutztV) und das Arzneimittelgesetz (AMG).

a) Tierschutz

32 Das TierSchG erlegt dem **Halter eines Tieres** die Ernährung, Pflege, eine verhaltensgerechte Unterbringung und die hierfür erforderlichen Kenntnisse und Fähigkeiten (§ 2 TierSchG) auf. In Ergänzung sieht § 4 Abs. 1 TierSchutzNutztV vor, dass für die Fütterung und Pflege der Tiere ausreichend viele Personen mit den hierfür erforderlichen Fähigkeiten vorhanden sind und dass das Befinden der Tiere mindestens einmal täglich und bei Kälbern zweimal täglich (§ 11 TierSchNutztV) durch direkte Inaugenscheinnahme von einer verantwortlichen Person überprüft wird.

33 Die Tierschutzgesetze lassen also einen vollständig **„automatisierten Stall"** bereits im Ausgangspunkt schon nicht zu. Elementar ist die Arbeit des Landwirtes bzw. der von ihm bestellten Personen, die die Verantwortung für die Tiere des Landwirts tragen. Die Tiersensorik kann den geschulten, erfahrenen Blick des Landwirts und darüber hinaus auch dessen Reaktionen auf zB gesundheitliche Probleme der Tiere nicht ersetzen. Insbesondere Letzteres ist in diesem Zusammenhang nicht zu unterschätzen, da die Digitalisierung in diesem Bereich zumindest im Hinblick auf eine Serienreife noch nicht so weit vorangeschritten ist, dass die Software auf ein jedes identifiziertes Problem selbst reagiert, bspw. durch die automatische Bestellung eines Tierarztes oder mit einer automatischen Umstellung und Bestellung der Ernährung. Die Tiersensorik ist aber in der Lage, Daten zu liefern, die den Landwirt bei seiner täglichen Arbeit unterstützen und helfen, einen umfangreicheren und tieferen Blick auf das vorliegende Problem zu haben und in der Folge fundiertere Entscheidungen zur Problemlösung zu treffen.

34 Die Sensoren an sich müssen so beschaffen sein, dass sie die Möglichkeit des Tieres zu artgerechter Bewegung nicht so einschränken, dass ihm Schmerzen zugefügt werden (§ 2 Nr. 2 TierSchG). So muss bspw. ein Sensor, der am Ohr der Kuh angebracht wird, leicht genug sein, um artgerechte Bewegung auch weiterhin zu ermöglichen. Sofern ein Gurt zur Befestigung des Sensors verwendet wird, ist sowohl beim Anlegen des Gurtes als auch im Hinblick auf den Tragekomfort auf hinreichende Bewegungsfreiheit zu achten. Weiterhin sind ggf. unterschiedliche Körpereigenschaften der betreffenden Tiere zu berücksichtigen, insbesondere im Hinblick auf etwaige Vorerkrankungen oder körperliche Gebrechen sowie vor allem auch in Bezug auf Gewicht, Alter und damit das Wachstum des Tieres. Bspw. muss das Gewicht eines Ohrsensors für ein Kalb leichter sein als jenes für das Muttertier.

b) Arzneimittel vs. Medizinprodukt

35 Bei Sensoren der dargestellten Art handelt es sich nicht um ein klassisches Mittel, welches zur Heilung von Mensch oder Tier bestimmt ist. Auf den ersten Blick erscheint es daher abwegig, an eine **Einordnung von Tiersensoren** als Arzneimittel oder als Medizinprodukt zu denken. Da aber die Tiersensorik sehr wohl mit der Behandlung von Tieren zu tun hat und es zumindest auch um die Überwachung der Gesundheit geht, ist eine nähere Betrachtung angezeigt. Dies umso mehr, als Arzneimittel und Medizinprodukte sensible Rechtsbereiche darstellen, die aufgrund ihrer Anwendung am bzw. in Mensch und Tier zu

Gesundheitszwecken umfangreich reguliert sind und entsprechend sogar besondere Strafvorschriften als lex specialis zum allgemeinen Strafrecht vorsehen. Ein Hersteller sollte also wissen, ob und ggf. welche gesetzlichen Regelungen einzuhalten sind.

In diesem Zusammenhang ist zunächst zu berücksichtigen, dass die Einordnung eines 36 Produkts als Arzneimittel oder als Medizinprodukt ausschließlich alternativ ist. Ein Produkt kann also nur entweder Arzneimittel oder Medizinprodukt sein.[28] Hierauf weist schon die gesetzliche Systematik des deutschen Gesetzgebers hin, der für Arzneimittel das „Gesetz über den Verkehr von Arzneimitteln", kurz Arzneimittelgesetz (AMG) und davon unabhängig für Medizinprodukte das „Gesetz über Medizinprodukte", kurz Medizinproduktegesetz (MPG) geschaffen hat. Entsprechend enthalten beide in Bezug genommenen Gesetze einen gegenseitigen Ausschluss aus der Begriffsdefinition: § 2 Abs. 3 Nr. 7 AMG regelt, dass Medizinprodukte von der Begriffsdefinition des „Arzneimittels" ausgeschlossen sind. Entsprechend stellt § 2 Abs. 4 Nr. 1 MPG klar, dass das MPG nicht für Arzneimittel gilt. Also kann ein Produkt nicht gleichzeitig Arzneimittel und Medizinprodukt sein. Beide Rechtsbereiche zeichnen sich zudem durch unterschiedliche Marktzugangsregeln aus. Nach § 21 AMG unterliegen zumindest Fertigarzneimittel der Zulassungspflicht. Ob eine Zulassung als Arzneimittel nach § 2 AMG erforderlich ist, entscheidet in der Bundesrepublik Deutschland die zuständige Landesbehörde, die die Bundesbehörde einbeziehen kann (§ 21 Abs. 4 AMG). Demgegenüber gibt es für Medizinprodukte grundsätzlich kein Zulassungsverfahren. Medizinprodukte dürfen in Verkehr gebracht bzw. in Betrieb genommen werden, wenn sie mit der entsprechenden CE-Kennzeichnung versehen sind, die angebracht werden darf, wenn die Produkte die „grundlegenden Anforderungen" an Medizinprodukte erfüllen, die in Anhang I der Richtlinien 90/385/EWG (Aktive implantierbare Medizinprodukte), 98/79/EG (In-vitro-Diagnostika) und 93/42/EWG (Sonstige Medizinprodukte) festgelegt sind. Zudem muss das vorgeschriebene Konformitätsbewertungsverfahren durchgeführt worden sein.[29] Der guten Ordnung halber sei darauf hingewiesen, dass die vorstehend in Bezug genommenen europäischen Richtlinien 90/385/EWG und 93/42/EWG mit Wirkung zum 26.5.2021 durch die VO (EU) 2017/745 über Medizinprodukte ersetzt werden. Die Verordnung hätte ursprünglich bereits zum 26.5.2020 in Kraft treten sollen, wurde im Zuge der COVID19-Pandemie aber auf Vorschlag der EU-Kommission mit Zustimmung des Parlaments sowie des Rats verschoben. Die europäische Richtlinie 98/79/EG wird mit Wirkung zum 26.5.2022 durch die VO (EU) 2017/746 über In-vitro-Diagnostika ebenfalls ersetzt werden. Inhaltlich ändert sich für die Zwecke der vorliegenden Fragestellungen jeweils nichts.

Arzneimittel sind gem. § 2 Abs. 1 des deutschen Arzneimittelgesetzes (AMG) Stoffe 37 oder Zubereitungen aus Stoffen, die zur Anwendung im oder am menschlichen oder tierischen Körper zur Heilung oder Linderung oder zur Verhütung menschlicher oder tierischer Krankheiten oder krankhafter Beschwerden bestimmt sind (§ 2 Abs. 1 Nr. 1 AMG). Sie haben den Zweck, die Wiederherstellung, Korrektur oder Beeinflussung von physiologischen Funktionen durch eine pharmakologische, immunologische oder metabolische Wirkung zu erreichen. Arzneimittel werden darüber hinaus zur Verhütung von Krankheiten oder Beschwerden eingesetzt und können am oder auch im Körper wirken. Weiterhin können Arzneimittel zur Diagnostik eingesetzt werden, indem sie zB in Form von Kontrastmitteln anatomische Strukturen sichtbar machen.[30] Demgegenüber sind Medizinprodukte gem. § 3 Medizinproduktegesetz (MPG) definiert als „alle einzeln oder miteinander verbunden verwendete Instrumente, Apparate, Vorrichtungen, Software, Stoffe und Zube-

[28] Vgl. hierzu ein Kurzüberblick zur Abgrenzung zwischen Arzneimitteln und Medizinprodukten unter reimburse ment.institute/blog/arzneimittel-versus-medizinprodukt/ (20.9.2020); im Ergebnis auch BGH Urt. v. 10.12. 2009 – I ZR 189/07, PharmR 2010, 338 – Zur Abgrenzung Arzneimittel/Medizinprodukt (Macrogol).

[29] Vgl. zu allem Vorstehenden www.bfarm.de/DE/Medizinprodukte/RechtlicherRahmen/inverk/_node.html (20.9.2020).

[30] Vgl. hierzu ein Kurzüberblick zur Abgrenzung zwischen Arzneimitteln und Medizinprodukten unter reim bursement.institute/blog/arzneimittel-versus-medizinprodukt/ (20.9.2020).

reitungen aus Stoffen oder andere Gegenstände einschließlich der vom Hersteller speziell zur Anwendung für diagnostische oder therapeutische Zwecke bestimmten und für ein einwandfreies Funktionieren des Medizinprodukts eingesetzten Software" zum Zwecke der „Anwendung für Menschen" und damit „im oder am menschlichen Körper".

38 Die Frage, ob Tier-Sensorik als Medizinprodukt einzuordnen ist und nach dem Medizinproduktegesetz (MPG) zu behandeln ist, kann also bereits aufgrund der Definition des Medizinproduktes verneint werden. Um ein Medizinprodukt nach dem MPG kann es sich nur handeln, wenn es zur Anwendung am bzw. im menschlichen Körper vorgesehen ist, was bei einer Anwendung an Tieren gerade nicht der Fall ist. Bei Betrachtung der Definition von Arzneimitteln fällt sogleich auf, dass es sich hierbei grundsätzlich um Stoffe bzw. Zubereitungen von Stoffen handeln muss. Insbesondere der Pansen-Sensor, der Darmaktivitäten misst und somit auch dazu beitragen kann, tierische Krankheiten zu verhindern, ist jedoch ein Gegenstand und kein Stoff und damit auch keine Zubereitung von Stoffen iSd AMG. Danach wären die hier in Rede stehenden Sensoren auch nicht als Arzneimittel iSd AMG einzustufen. Insoweit beinhaltet § 2 Abs. 2 Nr. 2 AMG allerdings eine Erweiterung der Definition des Arzneimittels dahingehend, dass Arzneimittel auch Gegenstände sein können, die dazu bestimmt sind, zu den im AMG festgelegten Zwecken in den tierischen Körper dauernd oder vorübergehend eingebracht zu werden. Aus diesem Grund kann von vornherein jedenfalls nicht ausgeschlossen werden, dass Tiersensoren Arzneimittel im Sinne des AMG sind. Letztlich muss der Hersteller vor dem ersten Inverkehrbringen eines Sensors prüfen, ob eine Zulassungspflicht nach dem Arzneimittelrecht besteht. Entscheidend hierfür ist im Lichte der vorstehenden Ausführungen, welche Bestimmung der betreffende Sensor hat. Dient er der medizinischen Diagnostik, dann spricht viel für einen Zulassungstatbestand; steht hingegen im Fokus, die Prozesse im Stall zu optimieren, wird die Eigenschaft als Arzneimittel zu verneinen sein. Da Abgrenzungen im Einzelfall schwierig sein können, ist dem Hersteller im Zweifel anzuraten, ausführliche Gutachten hierüber einzuholen und gegebenenfalls auch die zuständige Behörde einzuschalten.

c) Produktbezogene Haftungsfragen

39 Wie immer haftet der Verkäufer für **Mängel der Beschaffenheit.** Sofern dies nicht vereinbart ist, kommt es auf die vorausgesetzte bzw. die übliche Beschaffenheit an. In diesem Zusammenhang ist für den Hersteller von besonderer Bedeutung, dass er sein Produkt mit einer ausführlichen Leistungsbeschreibung versieht, die insbesondere die Leistungsfähigkeit des Produkts sowie etwaige Abhängigkeiten von äußeren Umständen möglichst genau beschreibt. Insbesondere ist für einen Sensor, der im Pansen des Rindes verbleibt, mangels Möglichkeit zum Batteriewechsel der Hinweis zwingend erforderlich, dass es auch hier zu einer Erschöpfung der Energiequelle kommt und der Sensor hiernach nicht mehr benutzbar ist. In diesem Zusammenhang sind die voraussichtliche Dauer der Entladung sowie etwaige Entsorgungsmöglichkeiten für den entladenen Sensor wichtige Bestandteile der Leistungsbeschreibung. Aus marketingtechnischen Überlegungen kann ein angegebener langer Lebenszyklus natürlich einen Verkaufsvorteil darstellen. Bewahrheitet sich dieser behauptete Vorteil aber nicht, haftet der Hersteller hierfür und muss darüber hinaus ggf. insbesondere im Hinblick auf das Verbot irreführender geschäftlicher Handlungen auch Sanktionen auf Grundlage des UWG befürchten. Sofern der Hersteller selbst nicht Verkäufer ist und seine Produkte zB über Vertragshändler vertreibt, haftet selbst der Vertragshändler als Verkäufer grundsätzlich für diese Angabe unabhängig davon, ob die Angabe von ihm oder vom Hersteller stammt. Etwas anderes würde nur gelten, wenn die Angabe nicht öffentlich gemacht wurde, wovon jedoch in der Praxis regelmäßig nicht auszugehen ist.

40 Ein weiteres **Haftungsproblem** kann sich daraus ergeben, dass die tatsächliche Messgenauigkeit nicht den Angaben in der Leistungsbeschreibung entspricht. Insbesondere, wenn die Messgenauigkeit von bestimmten Faktoren außerhalb des Produkts, zB von der Außentemperatur, der Körpertemperatur, von einer korrekten Platzierung, etc abhängig ist,

sind diese ebenfalls in die Beschreibung aufzunehmen. Im Hinblick auf eine möglicherweise erforderliche korrekte Platzierung durch den Anwender kommt bei hierdurch hervorgerufenen Schäden ein Mitverschulden des Anwenders in Betracht, wodurch die Haftung des Herstellers bzw. Verkäufers reduziert oder gar ausgeschlossen sein kann. Voraussetzung hierfür ist allerdings, dass die Leistungsbeschreibung bzw. Anwendungsbeschreibung entsprechend genau und verständlich gestaltet ist.

Darüber hinaus kann auch die Übertragungstechnik eine wichtige Rolle spielen. Gege- 41
benenfalls muss der Anwender, um die Funktionalität des Produkts zu gewährleisten, etwaige hardwarespezifische Voraussetzungen erfüllen, wie bspw. eine Antenne, die vorgehalten werden muss. Die genaue Position solcher Antennen ist für die Qualität des Empfangssignals und damit für die Qualität der Datenübertragung regelmäßig entscheidend. Entsprechend sollten über den Lieferumfang hinausgehende erforderliche Anschaffungen sowie eine genaue Beschreibung der konkreten Installation und Nutzung besagter Anschaffungen ebenfalls Gegenstand der Leistungsbeschreibung sein, um mögliche Haftungsrisiken zu minimieren.

d) Internationaler Bezug

Soweit der Hersteller sein Produkt international anbietet, ist genau zu prüfen, welcher 42
rechtliche Rahmen im Bereich des **Arzneimittel- bzw. Medizinprodukterechts** existiert. Möglicherweise sind hier im Vergleich zu Deutschland andere Definitionen der Grundbegriffe zugrunde zu legen, wodurch eine andere Einordnung angezeigt ist. In der Folge ist dann zu prüfen, welche Marktzugangsregelungen seitens der Gesetzgeber im betreffenden Land bestehen und inwieweit hier ebenso **Zulassungsverfahren** zu durchlaufen sind. Jedenfalls innerhalb der Europäischen Union ist aufgrund bestehender Harmonisierung von zumindest ähnlichen Regelungen auszugehen, was bereits die obige Bezugnahme auf Unionsvorschriften zum Begriff der „grundlegenden Anforderungen" an Medizinprodukte zeigt, auf denen die deutsche Gesetzgebung fußt bzw. an die die deutsche Rechtsprechung angepasst worden ist.

IV. Zusammenführende Prozessauswertung und -steuerung auf dem Hof (Farm-Management-System)

Im Hinblick auf Investitionen im digitalen Bereich fördert der Freistaat Bayern neben Vor- 43
haben, die die Umweltverträglichkeit verbessern und das Tierwohl steigern vornehmlich auch Vorhaben, die die Optimierung des betrieblichen Managements und die Steigerung der Wettbewerbsfähigkeit zum Gegenstand haben.[31] Farm-Management-Systeme dienen als eine Art digitaler Supervisor, wodurch in der Regel das **betriebliche Management** optimiert und die **Wettbewerbsfähigkeit gesteigert** wird, was sich zB durch Einsparungen, die reinvestiert werden können, in der Folge mittelbar auf eine Verbesserung der Umweltverträglichkeit und eine Steigerung des Tierwohls auswirken kann.

1. Funktionsweise

Ein Farm-Management-System kann man sich als ein **System von Systemen** vorstellen. 44
Es werden die digitalisierten Daten aus mehreren Quellen bzw. Systemen mit unterschiedlichem Einsatzzweck an einem „Ort" zusammengeführt und ausgewertet. Als ideales Beispiel können hier die Software-unterstützten Prozesse von der Saat bis zur Ernte beliebiger Früchte dienen, die über den Landwirt und sein Farm-Management-System zentral überwacht und gesteuert werden: So kann vor der Saat anhand von **Biomassekarten** detektiert werden, an welcher Stelle eines Feldes der meiste Ertrag für die betreffende Frucht zu

[31] www.stmelf.bayern.de/agrarpolitik/foerderung/200529/index.php (27.11.2019).

erwarten ist. Dementsprechend wird die Aussaat geplant, die erforderlichen Mengen an Saatgut bestellt und das Saatgut in errechneter Menge und Tiefe in den Boden eingebracht. An den Stellen, die den meisten Ertrag versprechen, wird entsprechend mehr Saatgut tiefer eingebracht, wodurch bei der Ernte in der Regel auch ein höherer Ertrag erzielt werden kann. Der Einsatz des richtigen Düngers bzw. Pflanzenschutzmittels und deren Mengen wird ebenfalls und analog zur Ausbringung des Saatguts anhand der Biomassekarten erkenn- und planbar. Die zugehörige und rechtlich vorgeschriebene Dokumentation erfolgt automatisch im Farm-Management-System, das mit dem jeweiligen Landmaschinensystem vernetzt ist (zB vernetzter Traktor), welches das Pflanzenschutzmittel ausbringt. Nach der Ausbringung der Saat können die Aufwuchsbedingungen durch ein Wetterdatensystem überwacht und gegebenenfalls angepasst werden, indem zB bei trockener Witterung über ein Bewässerungssystem ein Ausgleich geschaffen wird. Der Überblick über das Wetter durch die eingehenden Wetterdaten ermöglicht es dem Landwirt zudem, frühzeitig auf Wetterkapriolen oder gar Wetterkatastrophen wie unerwartete Wetterumschwünge, (nach langem Regen in Verbindung mit der Beschaffenheit des Bodens) zu erwartende Überschwemmungen, Stürme etc zu reagieren und einen etwaigen Ernteausfall zu verhindern oder zumindest möglichst gering zu halten. In der Tierhaltung kommen die über Sensoren und Roboter gesammelten Daten ebenfalls im Farm-Management-System zusammen und können hier vom Landwirt ausgewertet werden, um die Planung weiterer Maßnahmen des Landwirts zu vereinfachen. Das Farm-Management-System bietet dem Landwirt also die Möglichkeit, sämtliche im Einsatz befindliche Software und Hardware zu vernetzen und bringt ihn so auf verhältnismäßig komfortable Weise und auch zeitlich früher als auf anderem Wege in die Position, einen Gesamtüberblick über die Vorgänge insbesondere auf dem Feld und im Stall zu bekommen.

2. Rechtliche Rahmenbedingungen

45 Durch die in den unterschiedlichsten Bereichen eines landwirtschaftlichen Betriebes eingesetzte(n) Software, Applikationen und Sensoren werden massenhaft unterschiedliche Daten generiert, die an Struktur und Vielfalt in unterschiedlicher Qualität vorliegen und daher nicht mehr ohne eine entsprechende **automatische Datenverarbeitung** gefiltert und ausgewertet werden können. Entsprechend bewegen sich die Beteiligten hier im Bereich „Big Data", worunter im Allgemeinen große Mengen an Daten bezeichnet werden, die ua aus Bereichen wie Internet und Mobilfunk, Finanzindustrie, Energiewirtschaft, Gesundheitswesen und Verkehr und aus Quellen wie intelligenten Agenten, sozialen Medien, Kredit- und Kundenkarten, Smart-Metering-Systemen, Assistenzgeräten, Überwachungskameras sowie Flug- und Fahrzeugen stammen und die mit speziellen Lösungen gespeichert, verarbeitet und ausgewertet werden.[32] Entsprechend kommt auf den Hersteller eines Farm-Management-Systems mit vielen Schnittstellen die große Aufgabe zu, sicherzustellen, dass seine Software Zugriff auf die benötigten Daten bekommt und von seinen Kunden akzeptiert und eingesetzt wird. Da es im Zusammenhang mit dem Zugriff auf benötigte Daten auch hier entweder um Maschinendaten oder personenbezogenen Daten geht, spielt vorliegend die Frage nach den Rechten an diesen Daten eine zentrale Rolle. Insoweit gelten die zu diesem Thema gemachten Ausführungen im Rahmen der Beschreibung der Spurlinienkonverter sinngemäß auch für die Farm-Management-Systeme.[33] Auf diese Ausführungen wird zur Vermeidung von Wiederholungen verwiesen. Neben der fehlerfreien Programmierung durch den Hersteller kommt also auch hier der Vertragsgestaltung mit den Herstellern von Drittsoftware bzw. -hardware hin zum Kunden des Farm-Mana-

---

[32] Vgl. Gabler Wirtschaftslexikon, Stichwort: Big Data, wirtschaftslexikon.gabler.de/definition/big-data-54101 (20.9.2020).

[33] Hierzu → Rn. 11 f.

gement-Systems insbesondere auch im Hinblick auf die Klärung der Nutzung von personenbezogenen Daten und Maschinendaten eine zentrale Bedeutung zu.

a) Vertragsgestaltung (Verfügbarkeit von Daten)

Bei einem Farm-Management-System, das die Funktionalitäten von Software, Hardware und Daten verschiedener Hersteller vereint, besteht die große Herausforderung darin, die **unterschiedlichen Interessen** einer großen Zahl an Herstellern zu vereinen. Hierzu müssen ausgehend von der klaren Regelung einer Gesamtstruktur des Farm-Management-Systems im Hinblick auf die Vernetzung vor allem die verschiedenen Schnittstellen und deren Programmierung vertraglich definiert werden. In der Regel wird insbesondere die Programmierung der Schnittstellen Aufgabe des Herstellers des Farm-Management-Systems sein, wodurch dieser auch die Rechte daran, insbesondere etwaig entstehende Urheberrechte, erwirbt.[34] Die durch die Schnittstellen geschaffenen Kompatibilitäten muss der Hersteller des Farm-Management-Systems sichern, indem die Hersteller der eingebundenen Hardware und Software verpflichtet werden, eigene Änderungen ihrer eingebundenen Produkte (die ihnen vertraglich keinesfalls untersagt werden können) so rechtzeitig anzukündigen und zur Verfügung zu stellen, dass der Hersteller der Farm-Management-Software ausreichend Gelegenheit hat, diese zu testen und das Farm-Management-System ggf. entsprechend anzupassen. Für die Hersteller der Hardware und der Software ist weiterhin die **Vertraulichkeit der durch das Farm-Management-System genutzten Daten** regelmäßig von zentraler Bedeutung, weswegen Verträge zwischen dem Hersteller des Farm-Management-Systems und den übrigen Herstellern entsprechende Regelungen beinhalten müssen, die diese Vertraulichkeit gewährleisten und absichern. Denn zum einen haben die Hersteller kein Interesse daran, dass ihre Daten vom Farm-Management-System über den erforderlichen Umfang hinaus verwendet werden und zum anderen befinden sich die Hersteller regelmäßig bereits ebenfalls in vertraglichen Beziehungen zu ihren Endkunden, in denen Regelungen zur Verwendung von Daten vereinbart sind, die auch im Rechtsverhältnis zum Hersteller des Farm-Management-Systems Niederschlag finden müssen. Ohne derartige Regelungen würden die Hersteller ihre Daten nicht oder nur eingeschränkt zur Verfügung stellen, was wiederum zur Verringerung des Funktionsumfangs und damit zu einer geringeren Attraktivität des Farm-Management-Systems führen würde. 46

Mit dem Endnutzer des Farm-Management-Systems, regelmäßig also dem Landwirt, ist die Vertragsbeziehung sinnvollerweise durch eine EULA zu regeln. Da die Grenzen zwischen Maschinendaten und personenbezogenen Daten fließend sein können und im Farm-Management-System damit regelmäßig auch personenbezogene Daten verarbeitet werden, ist insbesondere diese Nutzung entweder über einen gesetzlichen Erlaubnistatbestand oder eine eingeholte Einwilligung des Landwirts rechtlich abzusichern.[35] Aufgrund der komplexen Struktur des Farm-Management-Systems hat der Hersteller im Rahmen der EULA darüber hinaus deutlich zu machen, dass die Software nur mit der vorgegebenen Konfiguration sicher funktioniert. Für etwaige Individualeinstellungen sollten ausführliche Beschreibungen und Hinweise auf mögliche Folgen vorgehalten werden. 47

b) Haftungsfragen in Bezug auf die Schnittstellen

Farm-Management-Systeme sind insbesondere darauf ausgelegt, Sensoren verschiedener Hersteller durch geeignete Schnittstellen miteinander zu verknüpfen. **Unnötige Haftungsrisiken** sind insbesondere durch ausreichende Kompatibilitätstests in Bezug auf die Übertragung von Daten in Qualität, Struktur und Inhalt sowie einer genauen Beschreibung der Systemvoraussetzungen zu vermeiden. Zu den Systemvoraussetzungen gehören 48

[34] Zu der Frage, was bei einer Auftragsprogrammierung durch einen Dritten im Hinblick auf die entstehenden Rechte zu beachten ist → Rn. 9f.

[35] Hierzu → Rn. 11f.

hier insbesondere die Angaben, welche Drittsysteme mit welcher Konfiguration und welchem Softwarestand zum Farm-Management-System passen und wie sie angeschlossen werden müssen. Für etwaige Schäden, die auf eine **mangelhafte Funktion der Schnittstellen** zurückgehen, wird regelmäßig der Hersteller des Farm-Management-Systems als derjenige, der die Schnittstellen üblicherweise programmiert, haften müssen. Für Schäden, die auf eine mangelhafte Qualität der Daten, ausgehend von den in das Farm-Management-System eingebundenen Drittsysteme zurückgehen oder in anderen Dysfunktionen der Drittsysteme begründet sind, wird der betreffende Hersteller des Drittsystems haften müssen. Hierzu sollten die Verträge zwischen dem Hersteller des Farm-Management-Systems und den Herstellern der Drittsysteme eine **entsprechende Haftungsklausel** im Innenverhältnis vorsehen. Ignoriert hingegen der Endkunde die vom Hersteller des Farm-Management-Systems vorgegebenen Systemvoraussetzungen und entsteht hierdurch ein Schaden, wird sich der Hersteller des Farm-Management-Systems regelmäßig von der Haftung freizeichnen können. Das gleiche Recht hat dann auch der Hersteller des Drittsystems, sofern sich der Endkunde an ihn wendet.

49 Die Möglichkeit des Zugriffs auf das Farm-Management-System, sei es durch den Landwirt per Applikation oder durch den Hersteller **zum Zwecke der Fernwartung,** birgt immer auch die Gefahr, dass ein Dritter in das EDV-System des Landwirts eindringt und Daten erbeutet. Dies gilt auch für angeschlossene Geräte, die ihre Daten über WiFi oder das Internet an das System senden. Im schlimmsten Fall kann ein Hacker auf diese Weise für einen kompletten Lockdown des Systems und damit des Hofs des Landwirts selbst sorgen, mit gravierenden Schäden für den betroffenen Landwirt als Folge. Soweit das EDV-System des Landwirts Schwachstellen hat, hat sich der Landwirt etwaige Schäden selbst zuzuschreiben, weswegen der Hersteller des Farm-Management-Systems insoweit ebenso wenig haftet wie die Hersteller der angebundenen Systeme. Anders wäre dies im Hinblick auf die Haftung des Herstellers des Farm-Management-Systems zu beurteilen, wenn eine mangelhafte Programmierung eines Ports dazu führt, dass besagter Port offen für den Datenverkehr außerhalb des geschlossenen Systems ist oder die Zugangskontrolle des geschlossenen Systems mit mäßigem Aufwand umgangen werden kann. Dies wäre wiederum ein Anknüpfungspunkt für die Haftung des Herstellers des Farm-Management-Systems. Schon aus diesem Grund ist eine Dokumentation darüber, welche Ports für die Kommunikation geöffnet werden und wie sie abgesichert sind, von entscheidender Bedeutung nicht nur in Bezug auf die Haftung des Herstellers, sondern auch für die allgemeine Datenintegrität und somit auch für das Vertrauen des Landwirts in die Software. Datenintegrität und Kundenvertrauen sind vorliegend so hervorzuheben, da durch das Farm-Management-System besonders sensible Daten des landwirtschaftlichen Betriebs erhoben, verarbeitet und gespeichert werden.

50 Ein weiteres haftungskritisches Beispiel sind verspätete Alarmmeldungen aus dem Farm-Management-System, die ihre Ursachen in der Funk-, WiFi- oder Internetverbindung, aber auch durch den Ausfall eines Systemteils haben können. Sendet bspw. der Tiersensor Signale, die auf eine Komplikation bei einer plötzlichen Geburt eines Kalbes schließen lassen und werden diese Signale nicht empfangen, führt dies neben unnötigen Qualen für die Tiere auch zu wirtschaftlichen Einbußen für den landwirtschaftlichen Betrieb und damit zu einem haftungsbegründenden Schaden. Letztlich kann man hier anhand der Logdateien herausfinden, ob die technische Ursache für einen Ausfall oder die fehlerhafte Verarbeitung im Farm-Management-System oder in einem angebundenen System, im vorgenannten Beispiel beim Tiersensor, liegt. Der jeweilige Hersteller wird sich den Schaden entsprechend zurechnen lassen müssen. Sofern beide Systeme den Schaden verursacht haben, kommt eine anteilsmäßige Haftung des Hersteller gemäß eigenem Verschuldensanteil in Betracht, was entsprechend in den Verträgen zwischen den Herstellern geregelt sein sollte.

c) Schutz personenbezogener Daten

51 Ein datenschutzrechtlicher Bezug ergibt sich im vorliegenden Zusammenhang vor allem immer dann, wenn Daten ursprünglich ohne Personenbezug durch die Kombination mit anderen personifizierten Quellen verknüpft werden, sodass diese Daten als personenbezogene Daten zu behandeln sind.[36] Als personenbezogene Daten unterliegen diese, wie bereits an mehreren vorstehenden Stellen aufgezeigt, den strengen Regeln des deutschen bzw. europäischen Datenschutzrechts. Selbst, wenn nicht von personenbezogenen Daten auszugehen ist, handelt es sich auch bei anderen Kategorien von Daten innerhalb des Farm-Management-Systems immer um **sensible Daten des Landwirts.** Regelmäßig liegt seine vollständige Existenzgrundlage in den Daten des Farm-Management-Systems, weswegen auch mit diesen Daten entsprechend vertrauensvoll umzugehen ist. Handelt es sich um Daten, die in einer Cloud abgespeichert werden, weil der Landwirt diese bspw. auch auf dem Feld oder im Stall via Applikation auf dem Mobiltelefon oder dem Tablet verfügbar halten will, muss seitens des Herstellers des Farm-Management-Systems dafür gesorgt werden, dass **kein unbefugter Dritter** Zugriff auf den Cloudspeicher hat. Zudem muss der Cloudspeicher angesichts des in der Regel niedrigeren Datenschutzniveaus in Staaten außerhalb der EU auf einem Server gehostet werden, der im Anwendungsbereich der DS-GVO lokalisiert ist Neben der Gewährleistung, dass der Landwirt jederzeit uneingeschränkt über seine Daten verfügen kann und neben einem wirksamen Schutz vor Datenverlust ist es für Hersteller von Farm-Management-Systemen sinnvoll, über weitere **Schutzmaßnahmen** für die erhobenen Daten bis hin zum Schutz der Daten durch eigene Maßnahmen des Anwenders nachzudenken und diese ggf. auch gegen Entgelt anzubieten. Insoweit sollte zB in keinem Handbuch eines Farm-Management-Systems der deutliche Hinweis fehlen, dass der Anwender regelmäßig eigene Datensicherungen zum Schutz seiner sensiblen Daten vornehmen sollte.

V. Zusammenfassung und Ausblick: Feld, Stall und Hof als vollautonomes System

52 Die Erhebung und Verarbeitung der einzelnen Daten aus verschiedener Software und Hardware, insbesondere Sensoren- und Maschinendaten, machen die jeweiligen Daten für den jeweiligen Zweck im **gesamten landwirtschaftlichen Betrieb** nutzbar. Durch Spurlinienkonverter-Software lässt sich der Fuhrpark des Landwirts verknüpfen und Daten hierdurch für sämtliche Maschinen des Fuhrparks nutzbar gemacht werden. Wetterdaten können beispielsweise für den automatischen Betrieb eines Bewässerungssystems oder aber auch für die Bestimmung des Erntezeitpunkts verwendet werden. Sensoren an Tieren melden deren Positionen oder gesundheitliche Probleme. Futter-, Melk- und Reinigungsroboter automatisieren die Tierhaltung. Sämtliche vorgenannten Systeme können durch ein passendes Farm-Management-System weitgehend miteinander verbunden werden.

53 Die Digitalisierung bis in die kleinsten Arbeitsgebiete der Landwirtschaft und die Verknüpfung der einzelnen Systeme führt in der Landwirtschaft bereits jetzt zu einem **hohen Grad an Automatisierung.** Die Landwirtschaft ist damit etwas überraschend Vorreiter in Sachen Digitalisierung, da man die Vorreiterrolle an sich eher in Bereichen wie der Automobilindustrie (Stichwort „autonomes Fahren") oder der Telekommunikation vermutet hätte.[37] Trotz dieser Vorreiterrolle ist der Weg hin zu einem vollautonomen landwirtschaftlichen System bestehend aus den Bereichen Feld, Stall und Hof mit dem Farm-Management-System auf dem Hof als „Gehirn" und „Supervisor" des Gesamtsystems noch weit. Und es ist fraglich, ob dies in letzter Konsequenz erstrebenswert ist. Schon jetzt wird der

[36] *Conrad* in Auer-Reinsdorff/Conrad IT-R-HdB § 33 Rn. 464.

[37] Vgl. hierzu bspw. www.zdin.de/digitales-niedersachsen/landwirtschaft-als-vorreiter-der-digitalen-transformation (20.9.2020).

Landwirt durch die bestehenden Möglichkeiten zwar entlastet; jedoch muss er sich nun vermehrt mit der IT, dem rechtlichen Rahmen und nicht zuletzt mit der Überwachung der IT und seines immer mehr digitalisierten Hofes beschäftigen. Je weiter diese Entwicklung voranschreitet, desto mehr wird sich der Landwirt darum kümmern müssen. Da die Landwirtschaft aber immer auch in gewisser Weise ein „people business" bleiben wird, wird die Digitalisierung des Landwirts selbst vermutlich ausbleiben. Zum Vorteil der Tiere und Pflanzen, die neben digitalen Instrumenten auch jemanden brauchen, der Intuition und Gefühle hat. Solange die künstliche Intelligenz in erweiterter Form also nicht Einzug in die Landwirtschaft hält, wird die Vision des landwirtschaftlichen Hofes als vollautonomes System eine Vision bleiben.

§ 23 Maschinenbau und Smart Factory*

Übersicht

Literatur:

Ahlberg/Götting (Hrsg.), BeckOK Urheberrecht, München, 29. Ed., Stand: 15.9.2020; *Arnold/Günther* (Hrsg.), Arbeitsrecht 4.0 – Praxishandbuch zum Arbeits-, IP- und Datenschutzrecht in einer digitalisierten Arbeitswelt, München 2018; *Barnitzke,* Zur indirekten Nutzung von Software – Komplex, intransparent und unwirksam?, K&R 2018, 455; *v. Baum/Appt/Schenk,* Die vernetzte Fabrik: Rechtliche Herausforderungen in der Industrie 4.0, Teil 1: DB 2017, 1824, Teil 2: DB 2017, 1888; *Bayer,* SAP will indirekte Nutzung klären – und scheitert, CW 26.5.2017, www.computerwoche.de/a/sap-will-indirekte-nutzung-klaeren-und-scheitert,%2033 30818 (10.1.2021); *Benkard* (Hrsg.), Patentgesetz, Kommentar, 11. Aufl., München 2015; *Bomhard,* Automatisierung und Entkollektivierung betrieblicher Arbeitsorganisation, Berlin/Heidelberg 2019; *BSI,* IT-Grundschutz-Kompendium – Ed. 2020, bsi.bund.de/DE/Themen/ITGrundschutz/ITGrundschutzKompendium/it grundschutzKompendium_node.html (10.1.2021); *Bundeskartellamt,* Big Data und Wettbewerb, Schriftenreihe „Wettbewerb und Verbraucherschutz in der digitalen Wirtschaft" Oktober 2017; *Djeffal,* IT-Sicherheit 3.0: Der neue IT-Grundschutz, MMR 2019, 289; *Dreier/Schulze* (Hrsg.), Urheberrechtsgesetz, 6. Aufl., München 2018; *Engelhardt/Klein,* Bitcoins – Geschäfte mit Geld, das keines ist – Technische Grundlagen und zivilrechtliche Betrachtung, MMR 2014, 355; *Falker,* Zugang! Bitte? – Regeln für Application Programming Interfaces, DSRITB 2019, 595; *Fries,* Trau, schau, wem? Qualitätssicherung durch Datenverwender, LR 2020, 87; *Fries/Scheufen,* Märkte für Maschinendaten, MMR 2019, 721; *Gola* (Hrsg.), Datenschutz-Grundverordnung, 2. Aufl., München 2018; *Graf v. Westphalen,* Datenvertragsrecht – disruptive Technik – disruptives Recht, IWZR 2018, 9; *Groß/Gressel,* Entpersonalisierte Arbeitsverhältnisse als rechtliche Herausforderung – Wenn Roboter zu Kollegen und Vorgesetzten werden, NZA 2016, 990; *Grützmacher,* Lizenzgestaltung für neue Nutzungsformen im Lichte von § 69d UrhG (Teil 2), CR 2011, 697; *Grützmacher,* Lizenzmetrik und Copyright – ein Widerspruch?, ITRB 2017, 141; *Günther/Böglmüller,* Digital Leadership – Mitarbeiterführung in der Arbeitswelt 4.0, NZA 2017, 546; *Hau/Poseck,* BeckOK BGB, München, 56. Ed., Stand: 1.11.2020; *Hennemann,* Datenrichtigkeit, LR 2020, 77; *Heißner/Schaffer,* Compliance in der First Line of Defense – Grundlagen und Einsatzfelder von Embedded Compliance – Warum Compliance noch enger in die „First Line of

* Der Autor bedankt sich bei *Thomas Nix,* Wissenschaftlicher Mitarbeiter bei Noerr LLP, für die Unterstützung bei der Manuskripterstellung.

Defense" integriert werden muss. Und wie das gerade inmitten der Digitalisierung gelingen kann, CCZ 2018, 147; *Hoeren,* Thesen zum Verhältnis von Big Data und Datenqualität – Erstes Raster zum Erstellen juristischer Standards, MMR 2016, 8 (11); *Kipker/Scholz,* Das IT-Sicherheitsgesetz 2.0, MMR 2019, 431; *Klebe,* Betriebsrat 4.0 – Digital und global?, NZA-Beilage 2017, 77; *Klindt,* ProdSG, 2. Aufl., München 2015; *Klösel/Mahnhold,* Die Zukunft der datenschutzrechtlichen Betriebsvereinbarung, NZA 2017, 1428; *Kornmeier/Baranowski,* Das Eigentum an Daten – Zugang statt Zuordnung, BB 2019, 1219; *Krätzschmar,* Rechtliche Anforderungen an Datenaustauschverträge, DSRITB 2015, 753; *Kraul,* „Recht an Daten": Aktuelle Gesetzeslage und vertragliche Ausgestaltung, GRUR-Prax 2019, 478; *Kroke,* Ist die Lizenz- und Vergütungspflicht für indirekte Nutzung von Software urheberrechtlich unwirksam?, CR 2019, 73; *Kühling/Buchner* (Hsrg.), Datenschutz-Grundverordnung – Kommentar, 3. Aufl., München 2020; *v. Mangoldt/Klein/Starck* (Hrsg.), Kommentar zum Grundgesetz, Band 1: Präambel – Art. 1–19, 6. Aufl. München 2010; *Martinek/Semler/Habermeier/Flohr* (Hrsg.), Handbuch des Vertriebsrechts, 4. Aufl., München 2016; *Metzger/Hoppen,* Zur Zulässigkeit von Nutzungsbeschränkungen in Lizenzverträgen bei Verwendung von Drittanbietersoftware, CR 2017, 625; *Müller-Glöge/Preis/Schmidt* (Hrsg.), Erfurter Kommentar zum Arbeitsrecht, 20. Aufl., München 2020; *Oelschlägel/Schmidt,* Lizenzpflicht für „indirekte Nutzung" von SAP-Software?, ITRB 2015, 72; *Paal/Pauly* (Hrsg.), Datenschutz-Grundverordnung, 2. Aufl., München 2018; *Plath* (Hrsg.), Kommentar zum BDSG und zur DSGVO sowie den Datenschutzbestimmungen von TMG und TKG, 3. Aufl., Köln 2018; *Peltzer/Wülbern,* Logistik 4.0: Rechtliche Rahmenbedingungen und Herausforderungen der vierten industriellen Revolution, Teil 1: DB 2016, 2279, Teil 2: DB 2016, 2339; *Rauen/Kraul/van Geerenstein,* VDMA/Noerr Leitfaden Datennutzung – Orientierungshilfe zur Vertragsgestaltung für den Mittelstand, 2019; *Redeker,* „Indirekte Nutzer" in Softwarenutzungsbedingungen, ITRB 2017, 44; *Reusch/Weidner,* Future Law. Blockchain, Industrie 4.0, Internet of Things, Robotik, Frankfurt a. M. 2018; *Riehm/v. Lewinski,* Einführung zur Beitragsreihe „Input Control" LR 2020, 73; *Rockstroh/Kunkel,* IT-Sicherheit in Produktionsumgebungen, Verantwortlichkeit von Herstellern für Schwachstellen in ihren Industriekomponenten, MMR 2017, 77; *Roßmann/Schluse* in Frenz (Hrsg.), Handbuch Industrie 4.0: Recht, Technik, Gesellschaft, Experimentierbare Digitale Zwillinge im Lebenszyklus technischer Systeme, Berlin/Heidelberg 2020; *Säcker/Rixecker/Oetker/Limperg* (Hrsg.), Münchener Kommentar zum Bürgerlichen Gesetzbuch, 8. Aufl., München 2018; *Sahl,* Gesetz oder kein Gesetz, das ist hier die Frage – zur Notwendigkeit gesetzlicher Regulierung in der Datenökonomie, PinG 2016, 146; *Schneider,* Indirekte Softwarenutzung – ein Vertragsrisiko für beide Seiten, ITRB 2017, 286; *Schricker/Loewenheim* (Hrsg.), Urheberrecht, 6. Aufl. München 2020; *Scholz,* Zur indirekten und automatisierten Nutzung von User-basiert lizenzierter Software, CR 2019, 417; *Schucht,* Der Maßstab der Sicherheit im Produktsicherheitsrecht, NVwZ 2015, 852; *Schweitzer,* Datenzugang in der Datenökonomie: Eckpfeiler einer neuen Informationsordnung, GRUR 2019, 569; *Söbbing,* Neue SAP-Lizenzbedingungen, ITRB 2018, 161; *Söllner,* Betrieb und Menschenwürde – Ein Beitrag zur Sinndeutung des Betriebsverfassungsrechts, RdA 1968, 437; *Spindler/Schuster* (Hrsg.), Recht der elektronischen Medien, 4. Aufl. München 2019; *Staudinger,* Eckpfeiler des Zivilrechts, Berlin 2012; *v. Staudinger* (Begr.), Kommentar zum Bürgerlichen Gesetzbuch mit Einführungsgesetz und Nebengesetzen, §§ 315–326 (Leistungsstörungsrecht 2), Neubearbeitung, Berlin 2015; *Wandtke/Bullinger,* Praxiskommentar Urheberrecht, 5. Aufl., München 2019; *Wittbrodt,* Industrie 4.0 und die Haftung für Maschinensoftware, InTer 2020, 74; *Wybitul,* Betriebsvereinbarungen im Spannungsverhältnis von arbeitgeberseitigem Informationsbedarf und Persönlichkeitsschutz des Arbeitnehmers, NZA 2017, 1488.

I. Einführung

1. Begriff der Smart Factory

1 Dieses sektorspezifische Kapitel widmet sich dem Bereich Maschinenbau und Fertigung. Zentrale Ausprägung der Digitalisierung ist die **Smart Factory** („intelligente Fabrik"). Der Begriff der Smart Factory bezeichnet Fertigungsanlagen und sonstige Produktions- und Betriebsumgebungen, die sich im Idealfall autonom organisieren und daher (im laufenden Betrieb) nicht auf konkrete menschliche Organisationsentscheidungen angewiesen sind.

2 Kernkomponenten der Smart Factory:

- **cyber-physische Systeme (CPS).** Hierbei handelt es sich um einen Verbund von Software- und Datenkomponenten mit mechanischen bzw. elektronischen Bauteilen (insbesondere Sensoren und Aktuatoren), welche mittels Internet oder sonstiger Infrastruktur miteinander echtzeitnah kommunizieren und interagieren. Paradebespiel ist ein moderner Robotergreifarm.
- **intelligente Vernetzung** sämtlicher Bauteile; diese kann maßgeblich zur Steigerung von Transparenz und Effizienz in der Produktion beitragen. Entscheidend sind insbesondere die **vertikale Integration** (dh IT-Systeme verschiedener Ebenen werden zu einer

durchgängigen IT-Lösung zusammengefasst) und die **horizontale Integration** (also ein abteilungs- und funktionsübergreifender Datenaustausch entlang der gesamten Wertschöpfungskette).

- **KI-Technologien,** also Softwaresysteme, die – im Gegensatz zu streng regelbasierten Algorithmen – die Fähigkeit besitzen, mithilfe von probabilistischen Informationen und großen Datensätzen („Big Data"), die in der Smart Factory generiert wurden, selbstständig zu lernen und auf dieser Erkenntnisgrundlage passende Organisationentscheidungen (autonom) zu treffen.

2. Wertschöpfung in der Smart Factory

Viele datenbasierte Geschäftsmodelle entstehen als Versuchsballon innerhalb von klassischen Industrien und sind im Anfangsstadium oftmals personell und organisatorisch mit der bisherigen analogen Wertschöpfung (dh der **„klassischen" Produktion** und Fertigung) fest verbunden. Bewahrheitet sich dann das wirtschaftliche Potenzial des neuen Digitalgeschäfts, kann dieses schnell zum festen Standbein des Unternehmens werden. 3

In der Gesamtschau geht die Smart Factory häufig mit einer Gemengelage von analoger und digitaler Wertschöpfung einher: 4

- **Analoge, traditionelle Wertschöpfung**

Es handelt sich hierbei insbesondere um die klassische Wertschaffung und Wertsteigerung durch manuelle und maschinelle Fertigung und Veredelung von körperlichen Produkten. ZB Rohöl wird zu Kunststoff verarbeitet, Kunststoff wird zu Turnschuhen verarbeitet.

- **Digitale Wertschöpfung**

Es handelt sich hierbei um den Mehrwert, den analoge Wertschöpfung durch den Einsatz von datengetriebenen, prozessoptimierenden IoT-Technologien erhält. Paradebeispiel für digitale Wertschöpfung ist **Data Mining:** Daten-Bergbau. Hierbei handelt es sich um eine systematische, softwarebasierte Anwendung von statistischen Methoden, mit deren Hilfe aus einer großen Menge digitaler Daten aussagekräftige Muster, Cluster, Prognosen und sonstige wertvolle Informationen extrahiert werden. Der Einsatz von Data Mining kann zu erheblichen Produktionsverbesserungen und Kosteneinsparungen führen. Genau hierin liegt der ökonomisch messbare Wert der digitalen Wertschöpfung.

3. Strategische Ausgliederung des datenbasierten Geschäftsmodells

Datenbasierte Geschäftsmodelle haben ein erhebliches Potenzial, neue Effizienzen und wettbewerbssteigernde Wirkungen zu erzeugen.[1] Dies gilt nicht nur für Entwicklung neuer Leistungen, sondern auch für die Verbesserung analoger Produkte der traditionellen Unternehmenssparte. Ua kann mithilfe von Konsumentendaten besser identifiziert werden, was potenzielle Kunden wirklich benötigen.[2] Die **Gemengelage** aus analoger und digitaler Wertschöpfung in der Smart Factory kann jedoch unter **Kartellrechtsgesichtspunkten** bedenklich sein. Je nach Einzelfall kann der Austausch von Maschinen- und Prozessdaten (zB durch sog. Datenpooling) die **Markttransparenz** unter Wettbewerbern erhöhen und rechtswidrige (Preis-)Absprachen erleichtern.[3] Insbesondere kann die Erhebung und Verwertung von Wettbewerberdaten zu einem kartellrechtswidrigen Informationsaustausch iSv § 1 GWB, Art. 101 Abs. 1 AEUV führen. 5

Wenn das digitale Geschäftsmodell **Einblick in Wettbewerberdaten** ermöglicht, kann dies insbesondere für das traditionelle Geschäft (zB Produktion und Vertrieb von Maschi- 6

---

[1] Bundeskartellamt Big Data und Wettbewerb S. 1.
[2] S. Bundeskartellamt Big Data und Wettbewerb S. 1.
[3] Eingehend Bundeskartellamt Big Data und Wettbewerb S. 6f.

nen) die Abstimmung des Wettbewerbsverhaltens begünstigen.[4] Um diesen wettbewerbsbeschränkenden Wirkungen und damit einem Verstoß gegen § 1 GWB und Art. 101 Abs. 1 AEUV vorzubeugen, sind betroffene Unternehmen gut beraten, eine strikte personelle und organisatorische **Trennung von Informations- und Entscheidungslinien** zwischen analogen und digitalen Geschäften der Smart Factory sicherzustellen. In der Praxis bieten sich hierfür folgende Möglichkeiten an:

7 – **Chinese Walls** (unternehmensinterne Trennung der Einfluss- und Informationssphären)
In Betracht kommt die Segmentierung des Unternehmens in verschiedene Vertraulichkeitsbereiche, um durch sog. Chinese Walls eine strikte personelle und organisatorische Trennung von Informations- und Entscheidungslinien sicherzustellen; diese **Segmentierung** wird flankiert durch laufende Kontrollmechanismen sowie entsprechende **Schulungen** der jeweiligen Mitarbeiter. Chinese Walls bieten den Vorteil, dass sie sich **kurzfristig als „Zwischenlösung"** umsetzen lassen. Sie sind allerdings laufend mit hohem Organisationsaufwand verbunden, insbesondere wenn zwischen den Mitarbeitern in unterschiedlichen Vertraulichkeitsbereichen weiterhin tatsächliche Berührungspunkte (zB physische Nähe) bestehen. Daher sind Chinese Walls als langfristige Dauerlösung häufig ineffizient und weniger praktikabel.

8 – **Ausgründung einer neuen Digital-Gesellschaft**
Eine konsequente Trennung von Informations- und Entscheidungslinien lässt sich in der Praxis oft dadurch erreichen, dass eine **neue Entität gegründet** wird, die allein das Digitalgeschäft weiterführt. Neben kartellrechtlichen Gründen können der Ausgliederung des datenbasierten Geschäftsmodells häufig auch folgende Motive zugrunde liegen:
- höhere Akzeptanz der Kunden von digitalen Services bei Vermarktung und Vertrieb
- Allokation und **Kapselung des Haftungsrisikos** in einer neuen Digital-Gesellschaft
- **Benchmarking** (ggf. verfolgen auch die Wettbewerber die Strategie, eigene digitale Gesellschaften für ihr digitales Business zu gründen)
- Synergieeffekte zwischen verschiedenen digitalen Geschäftsmodellen sind in einer eigenen Gesellschaft leichter zu erreichen.
- Digitalisierung als offener Gesellschaftszweck: Die digitalen Geschäftsmodelle können sich weit vom ursprünglichen Unternehmens- bzw. Konzernzweck entfernen.
- Zugleich ermöglicht erst die Ausgliederung des datenbasierten Geschäftsmodells dem traditionellen Geschäft eine konsequente Rückbesinnung auf die traditionelle Wertschöpfung („back to the roots").
- **Startup-Mentalität:** Die eigenständige digitale Gesellschaft bietet Vorteile bei Mitarbeiterrecruiting und -bindung, zB durch agile Organisationsformen.
- Entstehen eines **eigenständigen „digitalen" Geschäftswertes,** der im Hinblick auf Transaktionen/Börsengänge in einer eigenen Gesellschaft fungibler ist.

II. Datennutzung in der Smart Factory

1. Spannungsfeld Datennutzung

9 Datennutzung in der Smart Factory befindet sich in einem Spannungsverhältnis zwischen Datenüberfluss (dazu 1.) und Datenknappheit (dazu 2.).

a) Datenüberfluss

10 **aa) Datenhunger der Smart Factory.** Sog. **Big Data** (dh große, aussagekräftige Mengen an echtzeitnahen Daten aus unterschiedlichen Quellen)[5] sind **zentrale Grundvoraus-**

[4] Vgl. Bundeskartellamt Big Data und Wettbewerb S. 9.
[5] Vgl. die Definition des Europäischen Datenschutzbeauftragten untersecure.edps.europa.eu/EDPSWEB/edps/Consultation/big_data (10.1.2021).

setzung für intelligente, autonome Produktionsprozesse. Wenn sich zB ein Produkt autonom mittels dezentraler Regelkreise entlang einer Fertigungsinfrastruktur steuern soll, müssen hierfür große Mengen echtzeitnaher Daten erfasst, analysiert und ausgetauscht werden. Darüber hinaus kann eine umfangreiche Datennutzung Herstellern und Betreibern von Robotern dabei helfen, effiziente Produktion und maximalen Nutzen zu realisieren. Die Smart Factory ist also datengetrieben und hat daher ein zwingendes, technisch bedingtes Bedürfnis nach einem Überfluss an Maschinen- und Prozessdaten.[6]

bb) Technischer Datenüberfluss. Die technischen Möglichkeiten kommen dem Datenhunger der Smart Factory immer besser nach. Daten werden mittels Sensoren erfasst, also technischen Bauteilen, die eine Eigenschaft ihrer Umwelt messen und in ein binäres, elektrisches Signal übersetzen. Seit Jahrzehnten werden Sensoren und Schaltkreise **immer kleiner und leistungsfähiger** (dass hierbei sogar ein exponentieller Zusammenhang besteht, ist ua eindrucksvoll durch das **Moore'sche Gesetz** belegt). Dies ermöglicht den zeitlich und örtlich allgegenwärtigen Einsatz von Sensoren bei allen Prozessen der Smart Factory. Tatsächlich wächst die Menge an Maschinen- und Prozessdaten, die bei der Fertigung von Produkten erfasst werden, rasant.[7] Für 2025 schätzt die EU-Kommission das weltweite Datenvolumen auf 175 Zettabyte, was einer Zunahme von 530 Prozent im Vergleich zu 2018 (33 Zettabyte) entsprechen würde.[8] Hinzu kommen die immer besser werdenden Möglichkeiten zur Speicherung von Daten in Cloud-Systemen.[9] Zudem sind Daten unkörperlich und lassen sich – anders als analoge Leistungen – mit geringen Grenzkosten austauschen und vervielfältigen. Aus rein technischer Sicht stünde einem **Überfluss an Daten** also nichts im Wege. 11

Der Überfluss an Daten verspricht hohe Optimierungspotenziale, etwa durch **Predictive Maintenance** (Datenmessung zur Wartungs- und Pflegeoptimierung der Maschinen). Zunehmende Bedeutung gewinnt zudem sog. Operational Technology (OT), also Hard- und Software, mit denen (physische) Maschinen detailliert analysiert, kontrolliert und gesteuert werden.[10] Mit dem Einsatz von Operational Technology in der Smart Factory kommen die erweiterten technischen Möglichkeit zur Datengewinnung und -nutzung umfassend zum Tragen. Ein Beispiel hierfür sind etwa **Industrial Control Systems (ICS),**[11] die das Drehkreuz der Datenverarbeitung einer automatisierten Robotik in der Smart Factory darstellen. 12

cc) Free Flow of Data. Insbesondere hinsichtlich nicht personenbezogener Maschinendaten geht der politische Trend aktuell Richtung Open Accessibility, um besonders der Bildung von unerwünschten Datenmonopolen entgegenzuwirken. Den freien Verkehr von nicht personenbezogenen Daten in der EU zu gewährleisten ist das erklärte Ziel der **„Free Flow of Data"-Verordnung** (DatenverkehrsVO (EU) 2018/1807), die im Mai 2019 in Kraft getreten ist. Besonders abgesehen hat es der europäische Gesetzgeber dabei auf sog. **Datenlokalisierungsauflagen,** also gesetzliche oder behördliche Vorschriften, nach denen nicht personenbezogene Daten nur innerhalb eines bestimmten Gebietes oder Staates genutzt werden dürfen. Die EU-Mitgliedstaaten müssen nun bis zum **30.5.2021** dafür sorgen, dass grundsätzlich alle bestehenden Datenlokalisierungsauflagen, die durch allgemeine Rechts- und Verwaltungsvorschriften geregelt sind, aufgehoben werden. Hierdurch soll va die Dienstleistungsfreiheit innerhalb der EU in Bezug auf sämtliche Big-Data-, KI- und Cloud-Dienste gefördert werden. 13

---

[6] Vgl. *Schweitzer* GRUR 2019, 569 f.; *Fries/Scheufen* MMR 2019, 721; *v. Baum/Appt/Schenk* DB 2017, 1824.
[7] *v. Baum/Appt/Schenk* DB 2017, 1824; *Peltzer/Wülbern* DB 2016, 2279; vgl. *Schweitzer* GRUR 2019, 569.
[8] ec.europa.eu/info/strategy/priorities-2019-2024/europe-fit-digital-age/european-data-strategy.de (22.5.2020).
[9] *v. Baum/Appt/Schenk* DB 2017, 1824; *Sahl* PinG 2016, 146 (147); vgl. *Schweitzer* GRUR 2019, 569.
[10] Vgl. *Rockstroh/Kunkel* MMR 2017, 77.
[11] Zur Begriffsdefinition s. *Rockstroh/Kunkel* MMR 2017, 77.

b) Datenknappheit

14 Andererseits haben Unternehmen grundsätzlich ein erhebliches Interesse daran, die eigenen Daten zu schützen und vor Wettbewerbern und sonstigen Dritten möglichst geheim zu halten.

15 **aa) Regulatorische Gründe.** Schon aus **regulatorischen Gründen** können Unternehmen bestrebt sein, Verwendung und Weitergabe bestimmter Daten möglichst zu unterbinden:
- Bspw. bedarf etwa jede Verarbeitung von personenbezogenen Daten einer **datenschutzrechtlichen Rechtfertigung** (präventives Verbot mit Erlaubnisvorbehalt, Art. 6 Abs. 1 DS-GVO) und muss auf das für die Zwecke der Verarbeitung notwendige Maß reduziert werden (Gebot der Datenminimierung, Art. 5 Abs. 1 lit. c DS-GVO).
- Ein extensiver Einblick in Maschinen- und Prozessdaten kann außerdem zu **Marktmacht und Wettbewerbsproblemen** führen (→ § 6). Insbesondere kann der Austausch wettbewerblich sensibler Informationen gegen das kartellrechtliche Verbot aufeinander abgestimmter Verhaltensweisen iSv Art. 101 Art. 1 AEUV, § 1 GWG verstoßen. Die Wettbewerbsbehörden verfolgen deshalb sehr aufmerksam, ob und wie Datenüberfluss in der Smart Factory zu Marktmacht beitragen, Markttransparenz erhöhen und missbräuchliche Preisgestaltungen und Absprachen begünstigen kann.[12]

16 **bb) Betriebliche Gründe.** Darüber hinaus kann jeder Datenzugang zu **betrieblich unerwünschter Transparenz** führen. Insbesondere lassen sich aus Maschinen- und Produktionsdaten ggf. betriebsrelevante, kommerzielle und technische Informationen oder geistiges Eigentum eines Unternehmens ableiten, insbesondere Betriebsmethoden, **Know-how, Geschäftsgeheimnisse,** Sicherheitsmaßnahmen, Unternehmensdaten sowie Informationen über Beziehungen zu Lieferanten und Kunden. Es liegt auf der Hand, dass sich sensible Informationen in hochvernetzten Produktionsanlagen immer schwieriger verstecken lassen. Dies führt dazu, dass Unternehmen ganz bewusst hohe Geheimhaltungsmaßnahmen ergreifen, insbesondere um den unerwünschten Zugang Dritter zu den eigenen Daten möglichst zu unterbinden.

17 **cc) Ökonomische Folge.** Die **Geheimhaltung** von Daten führt zwangsläufig zu einer **Datenknappheit.** Diese Datenknappheit lässt sich ökonomisch daran messen, dass Maschinen- und Prozessdaten ein **hoher wirtschaftlicher Wert** zukommt.[13] Unternehmen sind bereit, für fremde Datensätze große Summen auszugeben, nicht zuletzt wegen hoher **Entwicklungs- und Optimierungspotenziale** für die eigenen Maschinen und Produkte. In ihrer Mitteilung zum „Aufbau einer Datenwirtschaft“[14] ging die EU-Kommission davon aus, dass die EU-Datenwirtschaft 2020 ein Volumen von 643 Mrd. EUR, dh von 3,17 Prozent des EU-BIP erreicht.[15] Für 2025 geht die EU-Kommission von einem weiteren Wachstum der EU-Datenwirtschaft auf ein Volumen von 829 Mrd. EUR aus.[16]

2. Notwendigkeit von Datennutzungsverträgen

18 Das Spannungsfeld zwischen Datenüberfluss und Datenknappheit lässt sich naturgemäß nur dadurch dauerhaft auflösen, dass die einzelnen Daten bestimmten Rechtssubjekten (oder

---

[12] S. nur Bundeskartellamt Big Data und Wettbewerb S. 6.
[13] *v. Baum/Appt/Schenk* DB 2017, 1824 (1828 f.); *Schweitzer* GRUR 2019, 569; *Fries/Scheufen* MMR 2019, 721; *Sahl* PinG 2016, 146; *Krätzschmar* DSRITB 2015, 753; vgl. *Kornmeier/Baranowski* BB 2019, 1219.
[14] Mitteilung der Kommission an das Europäische Parlament, den Rat, den europäischen Wirtschafts- und Sozialausschuss und den Ausschuss der Regionen v. 10. 1. 2017 – „Aufbau einer europäischen Datenwirtschaft“, COM(2017) 9 final.
[15] Mitteilung COM(2017) 9 final 2; *Graf v. Westphalen* IWZR 2018, 9 (13).
[16] ec.europa.eu/info/strategy/priorities-2019-2024/europe-fit-digital-age/european-data-strategy.de (10. 1. 2021).

der Allgemeinheit) **wirtschaftlich zugewiesen** werden. Andernfalls droht in der digitalen Industrie eine erhebliche Rechtsunsicherheit, insbesondere über die Reichweite der zulässigen Nutzung von Maschinen- und Prozessdaten. Die Praxis ist also dringend auf eine **rechtsverbindliche Zuweisung von Daten** angewiesen.

Allerdings kennt das Gesetz **kein Dateneigentum.** Daten werden durch geltendes 19
Recht grundsätzlich **nicht** mit absoluter Wirkung gegenüber jedermann *(inter omnes)* zugewiesen – abgesehen von Sonderkonstellationen etwa wie dem Datenbankschutz nach § 87b UrhG. Insbesondere werden Daten durch das deutsche Sachen- und Deliktsrecht, das GeschGehG, das StGB und das Datenschutzrecht keinem bestimmten Inhaber als solchem zugewiesen.[17] Für Einzelheiten wird auf → § 6 Rn. 112 ff. verwiesen. **Mangels gesetzlicher Datenzuweisung** gewinnt in der wachsenden Datenwirtschaft die Frage Bedeutung, wie sich der eigene Anteil an der digitalen Wertschöpfung privatwirtschaftlich absichern lässt.

Nach derzeitiger Rechtslage kann die wirtschaftliche Datenzuweisung nur auf **vertrag-** 20
licher Basis erfolgen. Hierbei gewinnen sog. Datennutzungsverträge zunehmend an Bedeutung, da sie **flexible und praktikable Lösungen** ermöglichen und dazu beitragen können, innovative Geschäftsmodelle und digitale Wertschöpfung rechtlich abzusichern. Im Kern zielen Datennutzungsverträge darauf ab, das Spannungsfeld zwischen Datenüberfluss und Datenknappheit aufzulösen, in dem eine **vertragliche Datenhoheit** zwischen den Vertragsparteien festgelegt und dadurch eine privatwirtschaftliche Datenzuweisung geschaffen wird.[18] Diese vertragliche Zuweisung und Verteilung von Daten ist mangels gesetzlicher Zuweisung notwendig, damit die in der Smart Factory anfallenden Maschinendaten rechtssicher genutzt werden können und auch vor der unerwünschten Verwendung durch Dritte zumindest indirekt geschützt werden.[19]

Im Ergebnis folgt aus der fehlenden gesetzlichen Datenzuweisung also eine **Notwen-** 21
digkeit von Datennutzungsverträgen. Auch die EU-Kommission verfolgt den Ansatz, wonach der Schutz von Maschinendaten allein dem Vertragsrecht vorbehalten bleiben soll.[20]

3. Ausgestaltung von Datennutzungsverträgen

a) Weitgehende Vertragsfreiheit

Bei der Ausgestaltung von Datennutzungsverträgen gilt zunächst der **Grundsatz der Ver-** 22
tragsfreiheit, die grundrechtlich in Art. 2 Abs. 1 GG verbrieft ist. Die vertragliche Gestaltungsfreiheit wird lediglich punktuell eingeschränkt. Zwar unterfallen Datennutzungsverträge, sofern es sich um AGB handelt, der Inhaltskontrolle nach § 307 Abs. 1 BGB. Faktisch dürften sich die meisten Datennutzungsverträge aber weitgehend der **AGB-Kontrolle** entziehen, da es bislang kaum gesetzliche Vorgaben für die vertragliche Zuweisung von Maschinendaten gibt.[21] In ihrer Mitteilung zum *„Aufbau einer Datenwirtschaft"* hat die EU-Kommission angekündigt, die Schaffung von Standardklauseln auf europäischer Ebene anzustoßen, an denen sich Datennutzungsverträge zukünftig orientieren könnten.[22] Dadurch könnte die vertragliche Gestaltungsfreiheit ggf. eingeschränkt werden. Denn inso-

---

[17] *Kraul* GRUR-Prax 2019, 478; *Kornmeier/Baranowski* BB 2019, 1219; *Fries/Scheufen* MMR 2019, 721 (723); *Sahl* PinG 2016, 146 (148 f.); vgl. *v. Baum/Appt/Schenk* DB 2017, 1824 (1825, 1829 f.).

[18] *Rauen/Kraul/van Geerenstein* VDMA/Noerr Leitfaden Datennutzung S. 13; vgl. *Kornmeier/Baranowski* BB 2019, 1219 (1221).

[19] *Kraul* GRUR-Prax 2019, 478 f.; *Kornmeier/Baranowski* BB 2019, 1219 (1221); *Sahl* PinG 2016, 146 (149); vgl. *Schweitzer* GRUR 2019, 569 (570); vgl. *v. Baum/Appt/Schenk* DB 2017, 1824 (1830); vgl. *Peltzer/Wilbern* DB 2016, 2279 f.

[20] Mitteilung COM(2017) 9 final 13 f.; so auch *Graf v. Westphalen* IWZR 2018, 9 (13).

[21] *Graf v. Westphalen* IWZR 2018, 9 (15 f.); vgl. *Fries/Scheufen* MMR 2019, 721 (726).

[22] Mitteilung COM(2017) 9 final 14.

fern zieht die EU-Kommission in Erwägung, dass *„Vertragsklauseln, die erheblich von den Standardvorgaben abweichen, als nichtig gelten würden.“*[23]

23 Bislang lässt sich in jedem Fall feststellen, dass sich in der Praxis bestimmte **Best Practices** für die Ausgestaltung von Datennutzungsverträgen herausgebildet haben. Die nachfolgende Darstellung möchte hierzu einen Überblick geben:

b) Zuweisung und Verteilung von Maschinendaten

24 Im Kern orientieren sich die meisten Datennutzungsverträge konzeptionell an der Mechanik des **Urheberrechts,** auch wenn dieses keine direkte Anwendung findet. Ziel ist es, immaterialgüterähnliche Rechtspositionen mit **Inter-partes-Wirkung** vertraglich nachzubilden.[24]

25 **aa) Unmittelbare Maschinendaten (Lizenzierung und Durchsetzung).** Bei den in der Smart Factory unmittelbar messbaren Daten (sog. **Primärdaten, Rohdaten** oder auch **Daten-Input**)[25] kann zwischen zwei Arten unterschieden werden: Auf der einen Seite fallen in der Smart Factory **Produktionsdaten** an, die in Zusammenhang mit der Produktion eines bestimmten Produktes stehen und Rückschlüsse auf die Produktionsprozesse wie die Einsatzweise und die Nutzung der Maschine zulassen.[26] Auf der anderen Seite fallen **Betriebsdaten** an, die in Zusammenhang mit dem Betrieb der Maschinen stehen und die Rückschlüsse auf die baulichen und/oder den technischen Zustand der Maschine zulassen.[27]

26 Eine genaue Differenzierung und Definition dieser Begriffe innerhalb des Datennutzungsvertrages macht Sinn, soweit dadurch verschiedene **„Datentöpfe“** gebildet und diese wiederrum unterschiedlichen Rechtsträgern zugeordnet bzw. Zugangsrechte hierzu geschaffen werden sollen.[28] So kann der **Hersteller einer Maschine** ein Interesse daran haben, dass die **Betriebsdaten** seiner Maschine ausschließlich ihm zugewiesen werden, um die aus diesen Daten gewinnbaren Erkenntnisse zur Weiterentwicklung und Verbesserung der Maschinen für den eigenen technologischen Vorsprung gegenüber der Konkurrenz zu nutzen. Auch im Rahmen der sog. **Predictive Maintenance** kommt den Betriebsdaten eine hohe Bedeutung zu.[29] Gleichzeitig kann ein an der **Smart Factory** beteiligter Akteur oftmals ein gesteigertes Interesse daran haben, dass die betroffenen **Produktionsdaten** ausschließlich ihm zugewiesen werden, damit allein er daraus Erkenntnisse über die Verbesserung seiner Produktion gewinnen kann.

27 Eine **partielle Überschneidung** der beiden Begriffe **(Betriebs- und Produktionsdaten)** wird sich aber nie ganz vermeiden lassen, da Daten technisch vielschichtig für unterschiedliche Rückschlüsse verwendbar sind. Aus einem Datum können teilweise Rückschlüsse sowohl zur Produktion des Produktes als auch zum Betriebszustand der Maschine gewonnen werden. Vertraglich ist daher eine Gestaltung zu erwägen, wonach bezüglich bestimmter Daten oder **Datentöpfe** einem Beteiligten ein Vorzugsrecht oder aber allen Akteuren eine gemeinschaftliche gleichrangige Inhaberschaft im Sinne eines **„Joint Ownership“** oder auch nur ein Zugangsrecht an diesen Daten eingeräumt wird.[30]

28 Ziehen die Parteien einen weniger komplexen Datennutzungsvertrag vor, muss nicht zwingend zwischen diesen Datentypen unterschieden werden. So können die beiden Begriffe Betriebs- und Produktionsdaten beispielsweise unter dem Oberbegriff **„Prozessda-**

[23] Mitteilung COM(2017) 9 final 14.
[24] Vgl. *Kraul* GRUR-Prax 2019, 478 (479); vgl. *Falker* DSRITB 2019, 595 (606).
[25] *Kraul* GRUR-Prax 2019, 478 (479); vgl. *Schweitzer* GRUR 2019, 569 (571).
[26] S. *Rauen/Kraul/van Geerenstein* VDMA/Noerr Leitfaden Datennutzung S. 13.
[27] S. *Rauen/Kraul/van Geerenstein* VDMA/Noerr Leitfaden Datennutzung S. 13.
[28] *Kornmeier/Baranowski* BB 2019, 1219 (1225); *Falker* DSRITB 2019, 595 (606); vgl. *Kraul* GRUR-Prax 2019, 478 (479) für Input- und Output-Daten.
[29] Vgl. *v. Baum/Appt/Schenk* DB 2017, 1824 (1825 f.).
[30] *Kornmeier/Baranowski* BB 2019, 1219 (1225).

ten“ oder auch **„Rohdaten“** zusammengefasst werden. Gemeint sind damit allgemein die „nicht personenbezogenen Daten“, dh solche, die nicht unter Art. 4 Nr. 1 DS-GVO fallen und von Sensoren, Maschinen oder Robotern, die in Verbindung mit dem Produktionsprozess zur Herstellung von XY erhoben wurden und nicht Ergebnisse eines Datenverarbeitungsprozesses sind. Zur Verbesserung der Rechtsklarheit werden häufig im **Anhang** eines Datennutzungsvertrag die **betroffenen Sensoren, Maschinen** oder Roboter **aufgelistet,** die in Verbindung mit dem jeweiligen Produktionsprozess stehen. Alle unter diesen Oberbegriff fallenden Daten können wiederrum vertraglich einem oder mehreren Inhabern ausschließlich oder gemeinschaftlich (inter partes) zugewiesen werden.

Bei der Ausgestaltung eines von der Inhaberschaft unabhängigen **Nutzungsrechts** 29 **bzw. Lizenzierung** wäre ua zu regeln, ob das Nutzungsrecht an den Daten räumlich beschränkt/unbeschränkt, **exklusiv/nicht exklusiv,** zeitlich beschränkt/unbeschränkt, übertragbar/nicht übertragbar, unterlizenzierbar/nicht unterlizenzierbar und/oder inhaltlich bzw. zweckmäßig **beschränkt/unbeschränkt** eingeräumt werden soll.[31] In der Praxis enthalten Datennutzugsverträge häufig die Bestimmung, dass ohne entsprechende Einräumung von Rechten der Adressat (zB Hersteller der Maschinen) nicht befugt ist, Prozessdaten, Produktionsdaten und/oder Betriebsdaten zu erheben, zu speichern oder anderweitig zu verarbeiten.[32]

Im Ergebnis ermöglicht die momentane Rechtslage eine **sehr flexible Gestaltung** der 30 vertraglichen Zuordnung bzw. des Zugangs zu Daten.[33] An der Smart Factory beteilige Unternehmen sollten bestrebt sein, von diesen Gestaltungsmöglichkeiten Gebrauch zu machen, um eine interessengerechte Datenallokation sicherzustellen.

bb) Datenschutz und Anonymisierung von Maschinendaten. Datenschutz ist eines 31 der zentralen Themen des Internet of Things (→ § 6 Rn. 112ff.). Gerade vor dem Hintergrund der **hohen Bußgelder** gem. **Art. 83 DS-GVO** sollte jedes Unternehmen bestrebt sein, Datenschutzverstöße bestmöglich zu vermeiden. Zwar zielt die Smart Factory darauf ab, autonom zu agieren, sodass die Arbeitsprozesse im besten Fall komplett ohne Menschen ablaufen können.[34] Daher kann sich bei der **Smart Factory** die Frage stellen, ob überhaupt sensible und zu schützende **personenbezogene Daten** entstehen können.[35] Allerdings arbeiten in der Praxis oft noch, wenn auch wenige, Menschen mit den ansonsten autonom agierenden Maschinen zusammen.[36] Aber gerade die Spezialisierung und Zentralisierung der noch von Menschen bedienten Steuerungseinheiten lassen durch die Maschinen- und Produktionsdaten oft **Rückschlüsse auf ganz konkrete Mitarbeiter** zu.[37] Dies ist auch dadurch bedingt, dass heutzutage sämtliche Informationen über die Smart Factory digital abgespeichert und damit miteinander vergleichbar und kombinierbar werden.[38]

Wie ein auf den ersten Blick „personenneutrales“ Maschinendatum personenbezogene 32 Informationen enthalten kann, verdeutlicht folgende beispielhafte Darstellung:
- Laufzeitdaten: Maschine M lief am 15.11.2020 zwischen 9:30 und 20 Uhr.
- Bedienungsanleitung: Maschine M kann nur über Schalteinheit S gestartet werden. Hierzu bedarf es eines *autorisierten Mitarbeiters.*
- Interne Dienstanweisung: Einzig autorisierter Mitarbeiter zur Bedienung der Maschine M ist *Herr X.*

---

[31] S. *Rauen/Kraul/van Geerenstein* VDMA/Noerr Leitfaden Datennutzung S. 15; vgl. *Kraul* GRUR-Prax 2019, 478 (479).
[32] Vgl. auch *Rauen/Kraul/van Geerenstein* VDMA/Noerr Leitfaden Datennutzung S. 15.
[33] *Kornmeier/Baranowski* BB 2019, 1219 (1221).
[34] Vgl. *Peltzer/Wülbern* DB 2016, 2339 (2342).
[35] Vgl. *v. Baum/Appt/Schenk* DB 2017, 1824 (1826f.).
[36] *Peltzer/Wülbern* DB 2016, 2339 (2342).
[37] Vgl. *v. Baum/Appt/Schenk* DB 2017, 1824 (1827).
[38] *v. Baum/Appt/Schenk* DB 2017, 1824 (1827).

33 In Kombination lassen diese Daten Rückschlüsse auf Mitarbeiter X und seine Arbeitszeit zu. Ergebnis: Durch Laufzeitdaten kann eine bestimmte Person identifiziert werden. Folglich handelt es sich hier um ein personenbezogenes Datum. Das Laufzeitdatum *„Maschine M lief am 15. 11. 2020 zwischen 9:30 und 20 Uhr.“* wird also in diesem Kontext personifiziert.

34 Im Ergebnis ergibt sich daher aus Datenschutzrechtsgesichtspunkten die Notwendigkeit, sämtliche Daten vor ihrer Zuweisung zu anonymisieren.[39] Der **juristische „Kunstgriff“** vieler Datennutzungsverträge besteht darin, auf eine **vollständige Anonymisierung** hinzuwirken, in deren Folge die betroffenen Maschinendaten dem Anwendungsbereich der DS-GVO entzogen sind.[40]

35 Im Datennutzungsvertrag sollten die **Verantwortungsbereiche und Aufgaben** der Parteien hinsichtlich der Anonymisierung klar definiert werden, flankiert durch entsprechende **Haftungs- und Freistellungsvereinbarungen.** Mit Blick auf die vertragliche Pflicht zur Anonymisierung sind **zwei Gestaltungsmöglichkeiten** denkbar.[41]

- Durch **Randomisierung** wird die direkte Verbindung zwischen Daten und der betroffenen Person entfernt.[42] Im oben genannten Beispiel gestaltet sich dies jedoch schwer, ohne den Sinn der Daten zu verlieren.[43]
- Durch die **Generalisierung** werden die Größenskalen verändert und durch einen unspezifischen Wert ersetzt.[44] Auch dies gestaltet sich im oben genannten Beispiel schwer, ohne den Sinn der Daten zu verlieren. Zudem bleibt das Problem einer sog. Re-Anonymisierung latent. Eine solche liegt vor, wenn sich die gespeicherten Daten im Zusammenhang mit weiteren Daten wieder entgeneralisieren oder entrandomisieren lassen.

36 Darüber hinaus sind weitere Regelungen denkbar, um den einzelnen Akteuren **technische Vorgaben** zur Verwendung der gewonnenen Daten zu machen oder einzuhaltende **organisatorische Maßnahmen** vorzuschreiben.[45] Zudem kann eine Klausel zur regelmäßigen und gegenseitigen **Rechenschaftspflicht** der Parteien über die datenschutzkonforme Verarbeitung (siehe zu den einzelnen Datenschutzgrundsätzen (→ § 6 Rn. 112 ff.) der Daten sinnvoll sein.[46]

37 **cc) Verteilung von sekundären Erkenntnissen.** Über die Verteilung bzw. Zuordnung der in der Smart Factory unmittelbar bei der Produktion zu gewinnenden Rohdaten (→ Rn. 25 ff.) hinaus ist bei der vertraglichen Gestaltung von Datennutzungsverträgen an die Verteilung und Zuweisung der **sekundären Daten bzw. Analyseergebnisse** (auch als **Daten-Output** bezeichnet) zu denken.[47] Hierbei geht es um Erkenntnisse und sonstige Informationen, welche aus der Analyse und Weiterverarbeitung von Rohdaten resultieren. In der Smart Factory können diese sekundären Erkenntnissen bestimmten Akteuren wirtschaftlich zugewiesen werden, wie zB dem Eigentümer der Smart Factory oder dem Hersteller der einzelnen Maschinen oder auch dem Cloud-Anbieter, der die Daten auf seinen Servern speichert. Infolge einer solchen Zuweisung wird der Adressat mit Inter-Partes-Wirkung Inhaber der Rechte an den sekundären Erkenntnissen. Dies kann insbesondere das Recht zur Einräumung von Nutzungsrechten an Dritte sowie die Nutzungsuntersagung (mit Ausnahme der durch diesen Vertrag eingeräumten Nutzungsrechte) um-

---

[39] *Kraul* GRUR-Prax 2019, 478 (479); vgl. *Fries/Scheufen* MMR 2019, 721 (722).
[40] Vgl. *v. Baum/Appt/Schenk* DB 2017, 1824 (1828), *Rauen/Kraul/van Geerenstein* VDMA/Noerr Leitfaden Datennutzung S. 16; *Kraul* GRUR-Prax 2019, 478 (479).
[41] *Rauen/Kraul/van Geerenstein* VDMA/Noerr Leitfaden Datennutzung S. 16.
[42] *Rauen/Kraul/van Geerenstein* VDMA/Noerr Leitfaden Datennutzung S. 16.
[43] Vgl. zu diesem Problem auch *v. Baum/Appt/Schenk* DB 2017, 1824 (1828).
[44] *Rauen/Kraul/van Geerenstein* VDMA/Noerr Leitfaden Datennutzung S. 17.
[45] *Rauen/Kraul/van Geerenstein* VDMA/Noerr Leitfaden Datennutzung S. 18.
[46] *Rauen/Kraul/van Geerenstein* VDMA/Noerr Leitfaden Datennutzung S. 18.
[47] *Falker* DSRITB 2019, 595 (606); vgl. *v. Baum/Appt/Schenk* DB 2017, 1824 (1830); vgl. *Schweitzer* GRUR 2019, 569 (571).

fassen. Häufig wird dies flankiert durch vertragliche Ver- und Gebote, Rohdaten zu erheben, zu speichern oder anderweitig zu verarbeiten.[48]

Unabhängig von der Inhaberschaft bietet es sich an, jedem dieser Akteure nach dem sog. **„Topfmodell"** Zugangs- und Verwertungsrechte im Sinne einer **Datenlizenzierung** einzuräumen.[49] Des Weiteren sollte vertraglich geklärt werden, wo die betroffenen Daten verarbeitet und gespeichert werden sollen bzw. müssen.[50] Hier kann zB auf ein zentrales oder dezentrales Speicherungssystem zurückgegriffen werden. 38

c) Input-Control

Unrichtige oder falsch klassifizierte Daten können zu erheblichen Folgeschäden führen. 39 Für alle Big-Data-Anwendungen ist daher neben der Datenmenge va ein Faktor von überragender Bedeutung: **die Datenqualität.** Jeder Datennutzungsvertrag ist typischerweise – neben dem zeitlich vorangehenden *Data Mining*[51] – auf die sich anschließende Verwertung der zugewiesenen und verteilten Maschinendaten ausgerichtet.[52] Dieses grundsätzliche Ziel der Vertragsparteien kann nur verwirklicht werden, soweit die Daten in der jeweils *„richtigen"* Qualität zur Verfügung gestellt werden. Diese Datenqualität kann technisch gesehen in vier Aspekte unterteilt werden, in *„availability, usability, reliability und relevance"*.[53] Auf rechtlicher Ebene liegt die *„richtige"* oder besser gesagt *„zweckmäßige"* Qualität von Daten jedoch meist im wahrsten Sinne im „Auge des Betrachters" und kann häufig nur **subjektiv** aus Sicht der betroffenen Vertragspartei bestimmt werden.[54] Folglich ist Datenqualität ein Aspekt, der vorrangig vertraglich sichergestellt werden muss.[55] Im Ergebnis heißt das, dass Datenqualität (insbesondere also *availability, usability, reliability und relevance*) im Rahmen des Datennutzungsvertrages oder auch als gesondertes *„Data Quality Agreement"* nach den Vorstellungen der Parteien geregelt werden kann und geregelt werden sollte.[56]

Die sog. **Usability** betrifft die Nutzbarkeit bzw. Verwertbarkeit der Daten für bestimmte Zwecke. Hierbei können sowohl technische als auch rechtliche Qualitätsmängel auftreten: Technisch nutzbar sind Daten nur, wenn sie im richtigen Datenformat der anderen Partei zur Verfügung gestellt werden, dh die Daten für die andere Partei **lesbar** sind. Hierzu kann im Datennutzungsvertrag bspw. vereinbart werden, dass die Parteien der Verpflichtung zum Datenaustausch insoweit nachkommen müssen, als die entsprechenden Daten der anderen Partei in einem bestimmten Format zur Verfügung gestellt werden. 40

Hohe rechtliche Risiken drohen, wenn Daten Personenbezug aufweisen (dazu bereits 41 unter → Rn. 31 ff.). Das Gleiche gilt für Daten, die mit Rechten von Dritten belastet sind, deren Verwendung also bspw. zu Urheberrechtsverstößen führt. Hier drohen mitunter hohe Bußgelder für die betroffene Partei – auch wenn diese gutgläubig ist. In der Praxis werden im Datennutzungsvertrag daher oft bestimmte **Gewährleistungsregelungen** aufgenommen, wonach die von der jeweiligen Partei zur Verfügung gestellten Daten frei von Rechten Dritter sein müssen und auch sonst keine zu Rechtsverstößen führende Informationen enthalten dürfen. Dies wird häufig von entsprechenden vertraglichen **Haftungs- und Freistellungsregelungen** flankiert.

Ein weiterer wichtiger Aspekt der Datenqualität ist die sog. **Reliability,** dh die Richtig- 42 keit oder Verlässlichkeit der Daten. Falsche Daten, insbesondere falsch klassifizierte Daten, führen oft zu fehlerhaften Rechenergebnissen, nach dem altbekannten IT-Grundsatz *„rub-*

---

[48] *Rauen/Kraul/van Geerenstein* VDMA/Noerr Leitfaden Datennutzung S. 15.
[49] Vgl. *Kraul* GRUR-Prax 2019, 478 (479); vgl. *v. Baum/Appt/Schenk* DB 2017, 1824 (1830).
[50] Vgl. *v. Baum/Appt/Schenk* DB 2017, 1824 (1830).
[51] Zur Begriffsbestimmung s. *Sahl* PinG 2016, 146.
[52] S. zur übersichtlichen Darstellung der Verwertungsschritte *Fries/Scheufen* MMR 2019, 721 (722).
[53] *Hennemann* LR 2020, 77 Rn. 3; *Hoeren* MMR 2016, 8 (11) mwN.
[54] Vgl. *Krätzschmar* DSRITB 2015, 753 (763ff.); *Hennemann* LR 2020, 77 Rn. 4.
[55] *Hennemann* LR 2020, 77 Rn. 3; *Hoeren* MMR 2016, 8f.
[56] *v. Baum/Appt/Schenk* DB 2017, 1824 (1830).

bish in – rubbish out".[57] Diese Rechenfehler setzen sich uU wiederum in Fehleinstellungen an Maschinen und Robotern fort, die zu fatalen Produktions- und Maschinenschäden und im Ergebnis sogar zu einem Ausfall oder einer Überlastung der Smart Factory führen können. Auch beim Know-how-Aufbau und den betrieblichen Abläufen des jeweiligen Unternehmens, das sich auf eine korrekte Datenerhebung verlässt, können durch falsche Daten weitreichende Folgeschäden auftreten, zB bei der Wartung, Beobachtung oder Weiterentwicklung von Robotern, Maschinen und Produkten.

43 Um Schwierigkeiten bei der **Abgrenzung von Haftungssphären** für die jeweilig vereinbarte Datenqualität zu vermeiden, sollte der Zeitpunkt sowie der technische Ort des Gefahrübergangs der Daten genau geregelt werden.[58] Es sollten **technische Übergangspunkte definiert** werden (sog. **Demarkationspunkte**), anhand derer sich bestimmen lässt, in welcher Sphäre ein von der oben dargestellten Datenqualität abweichender Mangel bzw. auch der Verlust oder Diebstahl von Daten eingetreten ist.[59] Darauf aufbauend können sodann Regelungen zur **Haftung und Regressmöglichkeiten** bei fehlerhafter Datenqualität – bspw. aufgrund von vorrangigen Rechten Dritter an den Daten – getroffen werden.[60] Zu bedenken ist dabei insbesondere, dass eine gesetzliche Haftung für „unrichtige" Daten de lege lata nicht existiert.[61] An dieser Stelle sei auf Forderungen der Literatur zur Einführung einer **Gefährdungshaftung de lege ferenda** bzw. einer **Zertifizierung von Daten** durch ISO-Normstandards[62] oder gesetzliche Regelungen zu Kauf- oder Werkmängelhaftung[63] zu verweisen. Dies indiziert in jedem Falle eine hohe Rechtsdynamik. Folglich sollte von den Parteien ein eigenständiges, belastbares Haftungssystem für Qualitätsmängel und den Verlust von Daten vereinbart werden, das auch im Falle von etwaigen Gesetzesänderungen noch weiter Bestand hat. Neben der Datenqualität im engeren Sinne sollten in Datennutzungsverträgen – soweit zweckmäßig – flankierende **Audit-Regelungen** getroffen werden. Jene können uU dazu beitragen, die Datenqualität vorgreifend zu kontrollieren.[64] Schließlich sollte der **Umgang mit Daten-Leaks,** also der Diebstahl von Daten und die unbefugte Verwendung durch Dritte, eine eigenständige vertragliche Regelung erfahren.[65]

d) Preismodelle

44 Als **Gegenleistung** für die vertragliche Zuweisung von Datenhoheit können verschiedene Preismodelle geregelt werden. So kann für die ausschließliche Zuweisung der Daten bzw. der Nutzungsrechte an diesen an eine Partei eine der Natur eines **Kaufvertrages** entsprechende, Einmalzahlung vereinbart werden.[66] Bei einer zeitlich begrenzten oder geteilten Zuweisung der Daten können sich **mietvertragliche Elemente** wie bspw. wiederkehrende Geldzahlungen einer Partei als Gegenleistung anbieten.[67] **Alarmierend** sollte sein, dass in der Praxis der Wert der Daten tatsächlich oftmals nicht erkannt bzw. nicht ausreichend gewürdigt wird und daher von einer vertraglichen Gegenleistung für Zuweisung von Datenhoheit abgesehen wird.[68]

45 Oftmals wird auch die Einräumung von Nutzungsrechten bzw. die Teilhabe an den Maschinendaten und/oder sekundären Datenergebnissen als ausreichende Gegenleistung

---

[57] *Riehm/v. Lewinski* LR 2020, 73 Rn. 7; vgl. *Fries* LR 2020, 87.
[58] *Krätzschmar* DSRITB 2015, 753 (762f.).
[59] *Krätzschmar* DSRITB 2015, 753 (762f.).
[60] Vgl. hierzu *Kraul* GRUR-Prax 2019, 478 (480); *v. Baum/Appt/Schenk* DB 2017, 1824 (1830).
[61] *Fries* LR 2020, 87 Rn. 6; vgl. *Graf v. Westphalen* IWZR 2018, 9 (19).
[62] *Fries* LR 2020, 87 Rn. 6.
[63] *Krätzschmar* DSRITB 2015, 753 (763ff.).
[64] *v. Baum/Appt/Schenk* DB 2017, 1824 (1830).
[65] *Peltzer/Wülbern* DB 2016, 2279 (2281); vgl. *v. Baum/Appt/Schenk* DB 2017, 1888.
[66] Vgl. *Krätzschmar* DSRITB 2015, 753 (759f.).
[67] Vgl. *Krätzschmar* DSRITB 2015, 753 (759f.).
[68] *Rauen/Kraul/van Geerenstein* VDMA/Noerr Leitfaden Datennutzung S. 19; *Kraul* GRUR-Prax 2019, 478 (480).

erachtet. In diesem Fall kann, je nachdem ob die Überlassung der Daten bzw. des Nutzungsrechts dauerhafter oder zeitlich begrenzter Natur ist, der Datennutzungsvertrag als **Schenkung bzw. Leihe** eingeordnet werden. Die **Pflicht zum Data Mining** bzw. zur primären Herstellung der Daten hat üblicherweise hingegen einen **werk- oder dienstvertraglichen Charakter.**[69]

e) Durchsetzung der Datenhoheit

46 Rechtliches **Kernproblem** von Datennutzungsverträgen ist die Tatsache, dass nach derzeitiger Rechtslage kein absolutes, *erga omnes* wirkendes Eigentumsrecht an Maschinendaten besteht.[70] Die Reichweite von Datennutzungsverträgen ist **grundsätzlich nur relativer vertraglicher Natur,** vertragliche Datenhoheit ist damit nur *inter partes* durchsetzbar.[71] Sobald die in Durchführung des Datennutzungsvertrages gewonnenen Daten jedoch bei einem Dritten auftauchen, hat die Vertragspartei, die nicht in einem gesonderten Vertragsverhältnis mit diesem Dritten steht, grundsätzlich **keine Möglichkeit,** ihr Recht an den Daten **gegenüber dem Dritten durchzusetzen.**[72]

47 Umso wichtiger ist es daher, schon **im Vorhinein** die Weitergabe der Daten an Dritte durch geeignete Maßnahmen zu verhindern und dem jeweiligen Vertragspartner strenge Vertraulichkeitsverpflichtungen aufzuerlegen.[73] Nur dadurch kann der durch den Datennutzungsvertrag eingeräumten Datenhoheit in der Praxis ein besonderes Gewicht und **rechtliche Durchsetzungskraft** verliehen werden.[74] Hierzu müssen die Parteien hinsichtlich der jeweiligen Maschinendaten zur **Vertraulichkeit verpflichtet** werden.[75] Dies geschieht in der Praxis dadurch, dass sich die jeweilige Partei entsprechenden Geheimhaltungsge- und verboten unterwirft.[76] **Kernverbot** jeder Vertraulichkeitsvereinbarung ist es, die Parteien dazu zu verpflichten, die vertraulichen Daten nicht an sog. „Dritte" weiterzugeben.[77] **Kerngebot** jeder Vertraulichkeitsvereinbarung ist es, die Parteien dazu zu verpflichten, die vertraulichen Daten mit technischen Vorkehrungen und auch durch Sensibilisierung der Mitarbeiter ausreichend zu schützen, sodass die Erlangung der Daten durch sog. „Dritte" verhindert wird.[78] Diese beiden Kerne der Vertraulichkeitsvereinbarung sind dann von Fall zu Fall unterschiedlich zu modifizieren und anzupassen, insbesondere zu weiten oder zu verengen.[79]

48 Aus vertraglicher Sicht wird ein Ver- oder Gebot erst dann wirkungsstark, wenn das entgegengesetzte Verhalten **pönalisiert** wird.[80] Dies geschieht durch Vereinbarung einer **Vertragsstrafe.**[81] Der entscheidende Vorteil von Vertragsstrafen besteht für den Gläubiger darin, anders als beim Schadensersatzanspruch keinen konkreten Schaden (vgl. § 249 Abs. 1 BGB) nachweisen zu müssen. Um der Vertragsstrafe ein besonderes Gewicht zu verleihen, werden in der Praxis (soweit gesetzlich zulässig) häufig die Regelungen der **§§ 340 Abs. 1 S. 2, 341 Abs. 3 und 343 BGB ausgeschlossen.** Des Weiteren sollte im Zusammenhang mit der Vereinbarung einer Vertragsstrafe geregelt werden, ob diese von einem **Verschulden** einer Partei abhängen soll und wenn ja, wen hierbei die Beweislast

---

69 *Krätzschmar* DSRITB 2015, 753 (760 f.).
70 *Kornmeier/Baranowski* BB 2019, 1219 (1221); vgl. *Kraul* GRUR-Prax 2019, 478 (480).
71 Vgl. *v. Baum/Appt/Schenk* DB 2017, 1824 (1831); *Kornmeier/Baranowski* BB 2019, 1219 (1221).
72 *v. Baum/Appt/Schenk* DB 2017, 1824 (1831); *Sahl* PinG 2016, 146 (149); *Peltzer/Wülbern* DB 2016, 2279 (2281).
73 *Kraul* GRUR-Prax 2019, 478 (480).
74 *v. Baum/Appt/Schenk* DB 2017, 1824 (1831).
75 *Kornmeier/Baranowski* BB 2019, 1219 (1221); *Peltzer/Wülbern* DB 2016, 2279 (2281).
76 Vgl. *Sahl* PinG 2016, 146 (150).
77 *Sahl* PinG 2016, 146 (150); *Peltzer/Wülbern* DB 2016, 2279 (2281).
78 *Peltzer/Wülbern* DB 2016, 2279 (2281).
79 Vgl. *v. Baum/Appt/Schenk* DB 2017, 1824 (1831).
80 Vgl. *v. Baum/Appt/Schenk* DB 2017, 1824 (1831).
81 Vgl. *Kornmeier/Baranowski* BB 2019, 1219 (1221); vgl. *Kraul* GRUR-Prax 2019, 478 (480); vgl. *Falker* DSRITB 2019, 595 (606).

trifft. In der Praxis werden hierbei häufig interessengerechte **Verschuldensvermutungen** vereinbart.

f) Physische Zugangsrechte zur Maschine

49 Neben der Zuweisung bzw. Lizenzierung von Daten ist zur technischen Durchführbarkeit des Datennutzungsvertrages bzw. zur Vermeidung von Rechtsstreitigkeiten die Vereinbarung und Ausgestaltung von **physischen Zugangsrechten** zur Maschine wichtig. Um eine sachgerechte Anbringung und **Wartung** der zur Datenerhebung erforderlichen Sensoren zu gewährleisten, kann ein Recht bzw. sogar eine Verpflichtung des Herstellers bzw. der für die Datenerhebung zuständigen Partei vertraglich vereinbart werden. Hierzu werden in Datennutzungsverträgen Regelungen zum Zugang zur betroffenen Maschine (inklusive Ankündigungsfristen) getroffen. Im Rahmen der Regelung von physischen Zugangsrechten des Herstellers oder Cloud-Inhabers sollte bei der Vertragsgestaltung auch an die Erlaubnis zur Nutzung von bestimmten **Schnittstellen** oder **Data-Boxen** (sog. **Edge-Boxen**) gedacht werden, die an der jeweiligen Maschine angebracht wurden.

III. Softwarenutzung in der Smart Factory

1. Softwarenutzung im Wandel

50 Maschineneinsatz geschieht nicht nur im Rahmen praktischer handwerklichen Tätigkeiten, sondern auch und gerade auf der Steuerungsebene.[82] Treiber der Smart Factory ist die eingesetzte Software, für deren Nutzung in der Regel eine Lizenzgebühr zu zahlen ist. Die Smart Factory zeichnet sich dadurch aus, dass die **Software meist nicht durch Menschen,** sondern **durch autonome Maschinen und Roboter „genutzt"** wird. Im Zuge dieser Entwicklungen ist es Maschinen oder sonstigen Drittwendungen insbesondere möglich, selbst auf Datenbanken und Software zuzugreifen, ohne dass sich dieser Zugriff unmittelbar einem einzelnen Menschen zuordnen ließe. Dieser **„Digital Access"** ist im Vergleich zum bloßen „Human Access" deutlich vielschichtiger.[83] Daher sind **herkömmlichen Lizenzmodelle** (insbesondere Named User und Concurrent User), deren Metrik sich an der Zahl der menschlichen Nutzer orientieren, für die Smart Factory **typischerweise ungeeignet.** Schon aus technischer Sicht ist es bei hochvernetzten Bauteilen oft unmöglich, Industrieroboter trennscharf voneinander abzugrenzen und zählen zu lassen. Bei softwaregetriebenen Robotern kommen daher zunehmend neue Lizenzmodelle zum Einsatz, die sich – unabhängig von der Zugriffsmethode – allein an der konkreter Nutzungsintensität orientieren (Stichwort: „Pay-per-Use"). Ein Beispiel hierfür ist der Lagerroboter eines Chemiekonzerns, der beim Herstellen von Waschmittel die jeweils verbrauchten Chemikalien autark und unmittelbar beim Zulieferer nachbestellt (zur rechtsgeschäftlichen Dimension von M2M-Bestellungen → § 11).

2. Bemessung nach Nutzern

a) „Menschen als Nutzer"

51 Soweit der Mensch als Nutzer von Software eine Rolle spielt, wird klassischerweise zwischen **Einfachlizenzen und Mehrfachlizenzen** unterschieden.[84] Dabei erlaubt eine Einfachlizenz die Softwarenutzung auf einen Computer durch allein eine natürliche Person.[85] Eine solche Lizenz wird den komplexen und vielschichtigen Arbeitsabläufen der heutigen

---

[82] *Bräutigam* in Bräutigam/Rücker E-Commerce-HdB 1. Teil B Rn. 7.
[83] *Söbbing* ITRB 2018, 161 (162).
[84] Vgl. *Grützmacher* CR 2011, 697.
[85] So *Kast* in Auer-Reinsdorff/Conrad IT-R-HdB § 12 Rn. 74.

Arbeitswelt selten gerecht. Deswegen wird in der Praxis eher auf Mehrfachlizenzierungsmodelle zurückgegriffen. Bei den Mehrfachlizenzierungsmodellen wird klassischerweise wiederum zwischen zwei Formen differenziert:

52 **aa) „Named-User"-Modell.** Eine Lizenz kann zunächst in der Weise beschränkt werden, dass die Nutzungsbefugnis nur bestimmten, **namentlich benannten natürlichen Personen,** sog. „Named-Usern", zugestanden wird.[86] Wirtschaftlich sinnvoll ist eine solche Lizenzierung va für den Lizenzgeber, da der Lizenznehmer meist eine höhere Anzahl an Lizenzen erwerben wird.[87]

53 **bb) „Concurrent-User"-Modell.** Demgegenüber erweitert das „Concurrent-User-Modell" die Nutzungsbefugnis schuldrechtlich in der Weise, dass die Software auf mehreren Computern installiert und **gleichzeitig** durch mehrere Personen (Concurrent-User) genutzt werden darf.[88] Dadurch können die verschiedenen Lizenznutzer **flexibel und fließend ausgetauscht** werden.[89] Das bringt dem Lizenznehmer den Vorteil, nur so viele Lizenzen erwerben zu müssen, wie voraussichtlich auch gleichzeitig in seinem Unternehmen genutzt werden.[90]

b) „Maschine als Nutzer"

54 Im Ausgangspunkt sind viele Softwarehersteller autark maschinell gesteuerter Nutzungsvorgänge mindestens genauso zu lizenzieren wie menschlich gesteuerte Nutzungsvorgänge.[91] Deshalb stellt sich bei der Gestaltung der Lizenzmetrik häufig die Frage, ob die klassischen „Named-User"- und „Concurrent-User"-Lizenzmodelle überhaupt auf Maschinen und Roboter als Nutzer **übertragbar sind.**

55 **aa) Grundsätzliche Übertragbarkeit.** Als Pendant zum „Named-User"-Modell kann eine Nutzungsbefugnis theoretisch auch an bestimmte, gelistete Computer oder Maschinen geknüpft werden.[92] Auch scheint es **denkbar,** das „Concurrent-User"-Modell auf Maschinen **zu übertragen,** wobei dann die Lizenznutzung durch die Anzahl der „Maschinen" eingeschränkt, die gleichzeitig auf die Fremdsoftware zugreifen können.[93]

56 **bb) Grundproblem: Abgrenzbarkeit von Maschinen.** In der Praxis gibt es vereinzelt Versuche, beim Lizenztarif an die einzelnen „Maschinen" anzuknüpfen. Die **zentrale Herausforderung** sowohl beim „Named-Machine"- als auch beim „Concurrent-Machine"-Modell ist hierbei die **genaue Definition und Abgrenzung** der konkreten Maschinen. Grundsätzlich kann eine trennscharfe Abgrenzung von Maschinen immer dann gelingen, wenn die betroffenen Maschinen als solche **standardisiert hergestellt** und eingesetzt werden und idealerweise auch **vom Gesetz als abgrenzbare Einheit behandelt** werden (zB Pkw, Schiff).

57 Deutlich **schwieriger** ist die Grenzziehung hingegen bei **(Individual-)Maschinen,** insbesondere wenn diese aus beliebig **kombinierbaren modularen Einzelteilen** bestehen. Bei solchen **Baukasten-Maschinen** kann aufgrund der **Vielschichtigkeit und Komplexität** kaum abstrakt definiert werden, bei welcher Komponente die Maschine anfängt und aufhört. Hinzu kommt, dass „Maschinen" in der Smart Factory häufig äußerlich

[86] *Kast* in Auer-Reinsdorff/Conrad IT-R-HdB § 12 Rn. 86; *Söbbing* ITRB 2018, 161 (162); vgl. *Grützmacher* ITRB 2017, 141 (142).
[87] *Kast* in Auer-Reinsdorff/Conrad IT-R-HdB § 12 Rn. 86.
[88] *Kast* in Auer-Reinsdorff/Conrad IT-R-HdB § 12 Rn. 78; vgl. *Grützmacher* ITRB 2017, 141 (142).
[89] *Grützmacher* CR 2011, 697.
[90] *Grützmacher* CR 2011, 697.
[91] Vgl. *Grützmacher* CR 2011, 697.
[92] *Kast* in Auer-Reinsdorff/Conrad IT-R-HdB § 12 Rn. 76; vgl. *Grützmacher* CR 2011, 697.
[93] *Kast* in Auer-Reinsdorff/Conrad IT-R-HdB § 12 Rn. 80.

wie innerlich so eng verknüpft zusammenarbeiten, dass nur schwer zu sagen ist, ob hier verschiedene „Maschinen“ am Werk sind oder die ganze Smart Factory als nur eine „Maschine“ anzusehen ist.

58 Dies soll anhand der folgenden Fragen **veranschaulicht** werden, die eine vertragliche Vergütungsregelung im **„Concurrent-Machine“-Modell** ggf. beantworten können müsste:

- Sind das Transportband, die einzelnen Greifroboter und die Sortier- und Verpackungskomponenten zusammen eine „Maschine“?
- Ist der Fall unterschiedlich zu bewerten, wenn diese Gerätekomponenten von einem oder von mehreren Rechnern, mit einem oder mehreren Prozessorkernen gesteuert werden?
- Macht es einen Unterschied, wenn die Maschinenkomponenten zugleich von einem Terminal oder einem Menschen bedient werden können?
- Was ist, wenn verschiedene KI-Einheiten diese Geräte gleichzeitig bedienen, während jeder KI dabei unterschiedliche Aufgaben zukommen?

59 Hier zeigt sich, wie schwer es in der Smart Factory sein kann, komplexe Maschinen voneinander abzugrenzen. Daher besteht, soweit beim Lizenztarif an die einzelnen „Maschinen“ angeknüpft wird, **oft große Rechtsunsicherheit** darüber, welche konkreten Nutzungsvorgänge in welcher Höhe Gebühren auslösen sollen.

60 **cc) Abgrenzung nach Bauteilen.** Da es oft schwierig ist, ein echtes Pendant zum „menschlichen Nutzer“ zu finden, geht der praktische Trend dahin, bei der **Lizenzmetrik an Bauteile anzuknüpfen,** bspw.:

- Servereinheit
- Sensor
- Chipkomponente
- Roboter
- Gehäuse
- Rechner
- Prozessor oder Prozessorkern
- Terminalsitzung
- besondere Geräteteile

61 Freilich kann zwischen den genannten Kriterien ein **fließender Übergang** bestehen.[94] In jedem Fall birgt die Abgrenzung lizenzberechtigter Maschinen nach Hardware oder anderen physischen Komponenten immer die **Gefahr, durch technische Gestaltung** (zB Austausch von Bauteilen) **umgangen zu werden.**

62 **dd) Lizenzen für virtuelle Maschinen.** Gerade im Bereich der Smart Factory ist zu beachten, dass neben den softwaregesteuerten Greifarmen und Robotern auch **virtuelle** Maschinen zum Einsatz kommen. Dabei handelt es sich um Programme, die komplette Rechner **simulieren.** Dies ermöglicht, dass auf einer Hardware eine Vielzahl von Betriebssystemen nebeneinander laufen, ohne sich gegenseitig zu beeinträchtigen.[95] Diese virtuellen Maschinen gilt es bei der lizenzrechtlichen Vertragsgestaltung zu berücksichtigen. Allerdings stoßen die „klassischen“ Lizenzformen, die die Lizenzvergütung nach „Nutzern“ bemessen, schnell an ihre Grenzen. Denn auch hier ist eine **trennscharfe Abgrenzung** solcher Recheneinheiten schwierig und **kaum abstrahierbar.**[96]

---

[94] Vgl. auch *Kast* in Auer-Reinsdorff/Conrad IT-R-HdB § 12 Rn. 80.
[95] *Kast* in Auer-Reinsdorff/Conrad IT-R-HdB § 12 Rn. 83.
[96] Weiterführend *Kast* in Auer-Reinsdorff/Conrad IT-R-HdB § 12 Rn. 84; *Grützmacher* CR 2011, 697 (698).

ee) CPU-Lizenzen. Durch **CPU-Lizenzen** kann das Nutzungsrecht an einen bestimmten CPU/Rechner gebunden werden.[97] Mit solchen Klauseln kann die Softwarenutzung nach der Leistungsfähigkeit der Hardware ausgerichtet und beschränkt werden.[98] Problematisch ist, wenn sog. enge CPU-Lizenzen nicht zu einem Wechsel der Hardware berechtigen bzw. einen solchen von einem zusätzlichen Entgelt abhängig machen.[99] Dies kann aber den Lizenznehmer **unbillig benachteiligen,** zB wenn beim routinemäßigen bzw. technologiegetriebenen Austausch der Hardware die Lizenz erlischt. Aus diesem Grund werden solche Klauseln auch teilweise als unzulässig angesehen.[100] Dem Lizenznehmer sollte folglich ein gewisser Spielraum eingeräumt werden, der zu einem **Wechsel der Hardware** berechtigt.[101] 63

Bei der Vertragsgestaltung sollte darauf geachtet werden, ob lizenzrechtlich an die CPU als solche oder die einzelnen CPU-Kerne angeknüpft wird. Dies kann im Zeitalter der **Mehrkern-CPU** zu Problemen bei der Berechnung der Lizenzgebühr führen.[102] Außerdem sollte besonderes Augenmerk der Frage gelten, ob eine solche CPU-Lizenzklausel allgemein einen wertungsgerechten **Interessensausgleich** bietet. Ihr liegt nämlich die unausgesprochene Annahme zugrunde, dass eine leistungsfähigere Hardware mehr Datenmengen verarbeitet und damit die lizenzierte Software intensiver nutzt.[103] Dies muss jedoch keinesfalls immer zutreffen: So kann es zB vorkommen, dass die CPU-Kerne nur als Speicher der Betriebsumgebung dienen, aber die eigentlichen Anwendungen von einer virtuellen Maschine ausgeführt werden, die auf mehrere CPU-Kerne gleichzeitig zugreift.[104] 64

ff) Lizenzen für Computernetze. In Betracht kommt auch eine Lizenzierung nach Computernetzen. Bei der vertraglichen Gestaltung sollte ua darauf geachtet werden, ob durch die Lizenz ein allgemeines Nutzungsrecht für den gesamten Netzwerkbetrieb eingeräumt wird[105] oder ob jede Nutzung einzeln vergütet werden muss. Beides ist grundsätzlich denkbar. Für Computernetze sind in der Smart Factory insbesondere folgende Lizenzansätze denkbar: 65

– **Cluster-Lizenzen**

Hierbei handelt es sich um Lizenzmodelle, bei denen der Lizenzgeber das Recht erhält, die Software auf einer bestimmten Anzahl von Maschinen einzusetzen, die in einem **Cluster (Mehrplatz-/Terminalsystem)** verbunden sind.[106] Der Vorteil von Cluster-Lizenzen besteht darin, dass die Maschinen je nach Beanspruchung einen Kapazitätsaustausch vornehmen können, wodurch das Lizenzsystem an **Flexibilität** gewinnt.[107] Weiterer Vorteil für die Smart Factory ist, dass hier virtuelle und physikalische Maschinen in einer Lizenz zusammengefasst werden können.[108] Allerdings stellt sich auch bei Cluster-Lizenzen die schwierige Herausforderung der trennscharfen Abgrenzung, insbesondere wenn das **Cluster sukzessive wächst.** Eine Lizenzvergütung könnte jedenfalls von einer bestimmten Größenordnung des jeweiligen Clusters abhängig gemacht werden.[109] 66

---

[97] *Kast* in Auer-Reinsdorff/Conrad IT-R-HdB § 12 Rn. 91; vgl. *Grützmacher* ITRB 2017, 141 (142).

[98] *Grützmacher* CR 2011, 697 (698).

[99] Wandtke/Bullinger/*Grützmacher* UrhG § 69d Rn. 43.

[100] Wandtke/Bullinger/*Grützmacher* UrhG § 69d Rn. 43f. mwN.

[101] *Kast* in Auer-Reinsdorff/Conrad IT-R-HdB § 12 Rn. 91; Wandtke/Bullinger/*Grützmacher* UrhG § 69d Rn. 43.

[102] Vgl. zu diesem Problem *Grützmacher* CR 2011, 697 (699); Wandtke/Bullinger/*Grützmacher* UrhG § 69d Rn. 45; *Kast* in Auer-Reinsdorff/Conrad IT-R-HdB § 12 Rn. 92 mwN.

[103] *Grützmacher* CR 2011, 697 (698).

[104] *Grützmacher* CR 2011, 697 (698).

[105] Vgl. hierzu auch ausführlich Wandtke/Bullinger/*Grützmacher* UrhG § 69d Rn. 42.

[106] *Kast* in Auer-Reinsdorff/Conrad IT-R-HdB § 12 Rn. 99; *Grützmacher* CR 2011, 697 (701); vgl. Wandtke/Bullinger/*Grützmacher* UrhG § 69d Rn. 10.

[107] *Grützmacher* CR 2011, 697 (701); *Kast* in Auer-Reinsdorff/Conrad IT-R-HdB § 12 Rn. 99.

[108] *Kast* in Auer-Reinsdorff/Conrad IT-R-HdB § 12 Rn. 99.

[109] *Schneider* ITRB 2017, 286 (288).

– **Client/Server-Lizenzen**

67 Durch die Client/Server-Lizenz wird das Nutzungsrecht durch die technische Definition der im Netzwerk berechtigten Computer/Maschinen, der Server und der Clients eingeräumt.[110] Ein Vorteil dieser Lizenzgestaltung kann darin bestehen, dass die Client/Server-Lizenz **theoretisch erweiterbar** ist. Durch diesen Flexibilitätsgewinn können uU auch virtuelle Maschinen in die Lizenz eingebunden werden, die auf mehrere Hardwaresysteme/CPU-Kerne gleichzeitig zugreifen. Freilich sollten Lizenzgeber bestrebt sein, diesen Flexibilitätsgewinn durch **Nachlizenzierungspflichten** zu flankieren.

– **Floating-Lizenzen**

68 Floating-Lizenzen umfassen eine Anzahl von Nutzungsberechtigten, die gleichzeitig auf allen Servern, Clients oder Terminals die Software nutzen dürfen.[111] Die Besonderheit dieser Lizenzform besteht darin, dass die Einhaltung der **Maximalzahl an parallelen Nutzungen** durch technische Beschränkungen erreicht werden.[112] Insofern entspricht dies wohl dem „Concurrent-User"-Modell. Hier ist also ein **fließender Wechsel** der maschinellen Nutzer möglich. Trotz – oder gerade aufgrund – dieses Flexibilitätsgewinns sollten die Parteien bei der Lizenzgestaltung auch für Produktionshochläufe vorsorgen, damit der laufende Softwarezugriff durch betriebsnotwendige Maschinen auch bei **etwaigen Engpässen** sichergestellt ist.

3. Bemessung nach Nutzung

69 Trotz der vielen Möglichkeiten der Lizenzierung von Software hat die Praxis gezeigt, dass gerade die nutzerseitige Anknüpfung der Lizenzen umgehungsanfällig ist.[113] Im Kern der Diskussion steht die Praxis vieler Unternehmen, durch firmeneigene Zugriffsapplikationen mehrere Nutzer hinter einen lizenzierten **Nutzerzugang zu bündeln (sog. Pooling),** um so – bewusst oder unbewusst – die lizenzvertraglichen Beschränkungen potenziell zu umgehen.[114]

70 Da die Lizenzmessung nach Nutzern mit zunehmenden Schwierigkeiten verbunden ist (→ Rn. 55 ff.), gewinnt eine neue Form der Lizenzmetrik derzeit an großer praktischer Relevanz: **die Bemessung nach Nutzung.** Um insbesondere der Umgehung (va von „Named-Machine"-Lizenzen) entgegenzutreten, haben die großen Softwareunternehmen (wie beispielsweise SAP oder Oracle)[115] sich von den Nutzerlizenzen abgewandt und ein weitläufiges **nutzungsabhängiges** Lizenzmodell entwickelt.[116] Bei diesem Modell müssen die Lizenznehmer jede einzelne Nutzung *(Human oder Digital Access)* der Software lizenzieren und damit vergüten.[117] Die Lizenzkosten werden in diesem Modell durch Art und Umfang der Nutzung, aber **unabhängig von Nutzerzahl und konkreter Zugriffsmethode** (Mensch oder Maschine, direkt oder indirekt) ermittelt.

71 Die **Herausforderung** der Vertragsgestaltung besteht hierbei darin, den genauen **Begriff der Nutzung** zu definieren. In den Lizenzbedingungen von SAP[118] findet sich bspw. folgende Klausel:

---

[110] Vgl. Wandtke/Bullinger/*Grützmacher* UrhG § 69d Rn. 11; *Grützmacher* ITRB 2017, 141 (142); *Kast* in Auer-Reinsdorff/Conrad IT-R-HdB § 12 Rn. 97.
[111] Wandtke/Bullinger/*Grützmacher* UrhG § 69d Rn. 42; *Kast* in Auer-Reinsdorff/Conrad IT-R-HdB § 12 Rn. 100.
[112] *Kast* in Auer-Reinsdorff/Conrad IT-R-HdB § 12 Rn. 100; Wandtke/Bullinger/*Grützmacher* UrhG § 69d Rn. 42.
[113] *Grützmacher* CR 2011, 697; *Barnitzke* K&R 2018, 455 (456).
[114] *Metzger/Hoppen* CR 2017, 625 (626).
[115] *Schneider* ITRB 2017, 286.
[116] Vgl. *Söbbing* ITRB 2018, 161.
[117] *Schneider* ITRB 2017, 286; *Söbbing* ITRB 2018, 161 (162).
[118] ZB SAP List of Prices and Conditions SAP Software and Support deAT.v.1-2016.

„‚Nutzung' bezeichnet die Ausführung der Prozessfunktionen der Software, das Laden, das Ausführen, der Zugriff auf, die Verwendung der Software oder das Anzeigen von Daten, die aus diesen Funktionen hervorgehen. Die Nutzung kann über eine Schnittstelle, die mit der Software oder als Teil der Software ausgeliefert wurde, über eine Schnittstelle des Auftraggebers oder eines Drittanbieters oder über ein anderes zwischengeschaltetes System erfolgen;"[119]

Satz 2 der soeben zitierten Regelung definiert eine, im Übrigen dem Gesetz unbekannte, sog. „indirekte" Nutzung von Software. Eine **indirekte Nutzung** ist also die Aktivierung von ERP-Verarbeitungsfähigkeiten durch Personen oder Maschinen (insbesondere **IoT-Geräte, Maschinen, Roboter** oder **Bots**) **über Schnittstellen** im System des eigentlichen Lizenznehmers.[120] Softwareanbieter möchten mit einer Lizenzbemessung nach Nutzung (anstatt nach Nutzer) typischerweise erreichen, dass (neben der klassischen, dh direkten Nutzung) auch jede indirekte Nutzung vergütet wird. Letztendlich sind Klauseln wie die soeben zitierte eine Reaktion auf die **fortschreitende Digitalisierung,** die den Zugriff auf ERP-Systeme verändert und durch die Kommunikation von Systemen und Maschinen untereinander dafür sorgt, dass die indirekte Nutzung von Software enorm zunimmt.[121] 72

Geht es nach dem Willen vieler Softwareanbieter ist künftig zu erwarten, dass Unternehmen nicht nur Lizenzgebühren für eigene Benutzer, Maschinen oder Bots, die unmittelbar mit der jeweiligen Software arbeiten, zahlen müssen, sondern ggf. auch für indirekte Nutzung der Software durch Drittanwendungen. In diesem Falle wäre grundsätzlich die **bloße Interaktion** mit der lizenzpflichtigen Software gebührenpflichtig, unabhängig davon wie, durch wen oder durch wie viele Schnittstellen vermittelt, diese stattfindet. Dadurch können auf den Lizenznehmer **hohe Nachlizenzierungsgebühren** zukommen, wie ein vom **High Court von England und Wales** entschiedener Fall verdeutlicht.[122] In diesem Fall musste der Lizenznehmer (ein Fabrikant alkoholischer Getränke) dem Lizenzgeber ca. 55 Mio. Pfund für angefallene indirekte Nutzungen in seinem Unternehmen nachzahlen. Hieran zeigt sich – auch im internationalen Kontext – die **hohe praktische und wirtschaftliche Relevanz** der Lizenzbemessung nach Nutzung. 73

a) Rechtliche Rahmenbedingungen und Herausforderungen

aa) Technische Grenzen. Ein Problem des neuen Lizenzmodells (dh der Lizenzbemessung nach Nutzung) ist eine gewisse **technische Unsicherheit** bei dessen Anwendung in der Praxis.[123] Diese entsteht dadurch, dass nicht immer genau vorhersehbar ist, wann insbesondere autonome Drittsysteme indirekt auf die Software des Lizenznehmers zugreifen.[124] Ein Beispiel dafür ist ein Zuliefersystem einer Drittfirma, das mit den Maschinen in der Smart Factory kommuniziert, um den Vorratsstatus der benötigten Arbeitsmaterialien abzufragen und ggf. nachzuliefern. Auch hierbei kann unbewusst eine indirekte Nutzung der von der Smart Factory genutzten Software entstehen. Dieses Problem wird häufig durch die **unklare Terminologie** und fast schon **uferlose Definition** von indirekter Nutzung durch die Lizenzbestimmungen der großen Softwareanbieter verschärft.[125] Dies führt im Ergebnis zu einer **Kostenintransparenz** zulasten der Lizenznehmer, obwohl es die erklärte Absicht vieler Softwareanbieter ist, die Lizenzbedingungen zukünftig leichter und transparenter zu gestalten.[126] 74

---

[119] Dazu eingehend *Redeker* ITRB 2017, 44f.; *Söbbing* ITRB 2018, 161; vgl. auch *Schneider* ITRB 2017, 286.
[120] Vgl. *Söbbing* ITRB 2018, 161 (162).
[121] *Söbbing* ITRB 2018, 161 (162); *Scholz* CR 2019, 417f.
[122] SAP v. Diageo, [2017] EWHC 189, TCC9 (High Court) CRi 2017, 54.
[123] Vgl. *Schneider* ITRB 2017, 286.
[124] *Schneider* ITRB 2017, 286.
[125] *Oelschlägel/Schmidt* ITRB 2015, 72; *Schneider* ITRB 2017, 286.
[126] Vgl. dazu etwa *Schneider* ITRB 2017, 286.

75 **bb) Urheberrecht.** Der grundlegende Ansatz des Urheberrechts besteht darin, zwei widerstrebende Interessen in Einklang zu bringen: Geschützt wird auf der einen Seite das Interesse des Softwareherstellers, das darin besteht, an dem **gewinnbringenden Wert** und der Funktionalität seiner Software wirtschaftlich vollumfänglich zu partizipieren. Dieses **Partizipationsinteresse** resultiert daraus, dass die Erstellung der Software mit erheblichen Investitionen für den Softwarehersteller verbunden ist.[127] Deswegen ordnet **§ 69c UrhG** an, dass der Softwaregeber das ausschließliche Recht hat, die bestimmungsgemäße Benutzung seiner Software gegenüber den Nutzern (vertraglich) festzulegen und sich ggf. vergüten zu lassen. Auf der anderen Seite hat der Anwender dagegen ein Interesse daran, bei der Softwarenutzung möglichst **wenigen technischen oder sonstigen Beschränkungen** zu unterliegen und nicht mit überraschenden und nachträglichen finanziellen Forderungen konfrontiert zu werden. Aus diesem Grund gewährt **§ 69d Abs. 1 UrhG** dem Nutzer Ausnahmen zu den durch den Softwaregeber zustimmungsbedürftigen Handlungen nach § 69c UrhG.[128] Für diese bedarf es mangels *„besonderer vertraglicher Bestimmungen"* nicht der Zustimmung des Rechtsinhabers.[129]

76 Diese Ausnahmen bilden den sog. **abredefesten Kern** des lizenzrechtlich eingeräumten Nutzungsrechts.[130] Soweit eine indirekte Nutzung unter diesen „abredefesten Kern" fällt, kann der Softwareanbieter diese **nicht verbieten** oder zusätzlich vergüten lassen.[131] Entscheidend ist also, welche Befugnisse der Lizenznehmer allein schon durch den Erwerb der Software erlangt.[132] Nach dem Wortlaut des § 69d UrhG erlangt der Lizenznehmer das unabdingbare Recht zur bestimmungsgemäßen Nutzung der Software.[133] **Unzulässig** ist also, wenn der Lizenzgeber über sein berechtigtes wirtschaftliches Partizipationsinteresse hinaus Handlungen verbietet, die für die **bestimmungsgemäße Benutzung des Computerprogramms notwendig** sind.[134] So muss das Laden und Ausführen der Software nach § 69d Abs. 1 UrhG durch den Lizenznehmer im Rahmen seiner vertraglich eingeräumten Rechte grundsätzlich zustimmungsfrei möglich sein.[135] Soweit also die sog. indirekte Nutzung lediglich dafür sorgt, dass das vertraglich eingeräumte Nutzungsrecht (zB durch eine Named-Machine) ausgeführt wird, darf hierfür **keine zusätzliche Vergütung** verlangt werden.[136] Als Beispiel kann der „lesende" Zugriff durch eine Drittanwendung auf die im ERP-System vorhandenen Daten genannt werden. Andersherum darf der Lizenzgeber eine **zusätzliche Vergütung** für jede Vervielfältigungshandlung, Umarbeitung und Verarbeitung verlangen (§ 69c UrhG).[137]

77 Im Ergebnis ist entscheidend, ob der indirekte Zugriff auf die Software zu einer erstgenannten berechtigten bereits lizenzierten **Ausführung der Software** führt oder eine **zusätzliche Vervielfältigungshandlung** darstellt.[138] Nur im zweiten Fall ist eine durch den Lizenzgeber zusätzlich angeordnete Lizenzierungs- und Vergütungspflicht **urheberrechtlich zulässig.**[139] Festzuhalten ist also, dass nicht einheitlich beantwortet werden kann, ob eine Vergütungsverpflichtung für indirekte Nutzungen einer Software urheberrechtlich zulässig ist oder nicht.[140] Das hängt entscheidend von der **konkreten technischen Aus-**

---

[127] Vgl. *Barnitzke* K&R 2018, 455 (457).
[128] *Grützmacher* CR 2011, 697.
[129] *Grützmacher* CR 2011, 697.
[130] Wandtke/Bullinger/*Grützmacher* UrhG § 69d Rn. 48; *Schneider* ITRB 2017, 286 (287f.); *Oelschlägel/Schmidt* ITRB 2015, 72 (75); vgl. Martinek/Semler/Habermeier/Flohr/*Chrocziel* § 48 Rn. 43.
[131] *Kroke* CR 2019, 73 Rn. 8; Wandtke/Bullinger/*Grützmacher* UrhG § 69d Rn. 48.
[132] *Grützmacher* CR 2011, 697.
[133] Wandtke/Bullinger/*Grützmacher* UrhG § 69d Rn. 48; *Grützmacher* CR 2011, 697.
[134] *Barnitzke* K&R 2018, 455 (457).
[135] *Schneider* ITRB 2017, 286 (288).
[136] *Schneider* ITRB 2017, 286 (288).
[137] *Schneider* ITRB 2017, 286 (288); *Metzger/Hoppen* CR 2017, 625 (628) mwN.
[138] *Metzger/Hoppen* CR 2017, 625 (629).
[139] *Schneider* ITRB 2017, 286 (288).
[140] *Oelschlägel/Schmidt* ITRB 2015, 72 (74).

gestaltung der Drittanwendung und deren Kommunikation mit der lizenzierten Software ab.[141] Hier sind vielfältige Varianten denkbar.[142]

Je nachdem, ob in der indirekten Nutzung eine Vervielfältigungshandlung nach § 69c UrhG gesehen werden kann oder nicht, sind zusätzliche Vergütungsansprüche des Lizenzgebers für ein indirekte Nutzung der Software begründet oder nicht.[143] Eine umfassende, insbesondere deutsche Jurisdiktion zur Beantwortung dieser Frage existiert momentan zumindest nicht,[144] bleibt aber in Zukunft – da es sich um eine äußerst praxisrelevante Thematik handelt – mit Spannung zu erwarten. 78

cc) AGB-Recht. Lizenzierungsklauseln wie die oben unter → Rn. 70 genannte Regelung werden **in aller Regel als Allgemeine Geschäftsbedingung** iSd § 305 Abs. 1 BGB einzuordnen sein, da die großen Softwareunternehmen diese mittlerweile für eine Vielzahl von Verträgen verwenden.[145] So stellt sich grundsätzlich und unabhängig davon, ob die Klauseln im Einzelfall nach § 305 Abs. 2 BGB wirksam einbezogen wurden, die Frage nach der AGB-rechtlichen Rechtmäßigkeit solcher Klauseln.[146] 79

(1) Überraschende Klausel. Nicht Vertragsbestandteil werden nach **§ 305c Abs. 1 BGB** Klauseln, wenn sie *„nach den Umständen so ungewöhnlich sind, dass der Vertragspartner nicht damit zu rechnen braucht"*. Klauseln, die eine Lizenzbemessung nach Nutzung vorsehen, sind **mittlerweile durchaus marktüblich,** insbesondere in Lizenzbestimmungen von großen Softwareunternehmen.[147] Daher können solche Klauseln kaum als überraschend iSd § 305c Abs. 1 BGB angesehen werden.[148] 80

(2) Eröffnung der AGB-Kontrolle. Gem. § 307 Abs. 3 S. 1 BGB unterliegen der AGB-Kontrolle nur Klauseln, *„durch die von Rechtsvorschriften abweichende oder diese ergänzenden Regelungen vereinbart werden"*. Die Vergütung für ein lizenziertes Nutzungsrecht ist als solches **nicht gesetzlich festgeschrieben** und kann damit grundsätzlich nicht von gesetzlichen Regelungen iSd § 307 Abs. 3 S. 1 BGB abweichen.[149] Im Detail ist hier zu unterscheiden: 81

- Klauseln, die lediglich eine **Leistungsbeschreibung** enthalten, unterfallen **nicht** der Inhaltskontrolle nach **§§ 307 ff. BGB.**[150]
- Klauseln jedoch, die das ursprüngliche Hauptleistungsversprechen einschränken bzw. verändern oder die Bedingung der Leistungserbringung festschreiben, gehen über eine bloße Beschreibung des Leistungsgegenstandes hinaus und sind so der AGB-rechtlichen Kontrolle zugänglich.[151]

Eine Klausel zur Lizenzbemessung nach Nutzung kann als eine Leistungsbeschränkung angesehen werden, soweit sie den vom Lizenzgeber zwingend zu erbringenden Leistungskern des § 69d Abs. 1 UrhG eingeschränkt.[152] Damit wäre die Inhaltskontrolle der §§ 307 ff. BGB **grundsätzlich eröffnet.**[153] 82

---

[141] *Oelschlägel/Schmidt* ITRB 2015, 72 (74).
[142] Vgl. *Metzger/Hoppen* CR 2017, 625 (626).
[143] Hierzu ausführlich *Metzger/Hoppen* CR 2017, 625 (628 f.); Wandtke/Bullinger/*Grützmacher* UrhG § 69d Rn. 54 hält solche Klauseln zumindest AGB-rechtlich für rechtswidrig.
[144] Vgl. *Metzger/Hoppen* CR 2017, 625 (629).
[145] Vgl. *Oelschlägel/Schmidt* ITRB 2015, 72 (74).
[146] Martinek/Semler/Habermeier/Flohr/*Chrocziel* § 48 Rn. 39.
[147] *Schneider* ITRB 2017, 286.
[148] *Oelschlägel/Schmidt* ITRB 2015, 72 (75).
[149] *Barnitzke* K&R 2018, 455 (457).
[150] MüKoBGB/*Wurmnest* § 307 Rn. 13.
[151] *Barnitzke* K&R 2018, 455 (458); MüKoBGB/*Wurmnest* § 307 Rn. 13.
[152] Wandtke/Bullinger/*Grützmacher* UrhG § 69d Rn. 54.
[153] So auch *Barnitzke* K&R 2018, 455 (458).

83 **(3) Unangemessene Benachteiligung.** Teilweise wird in der Literatur vorgetragen, dass solche Klauseln zu indirekten Nutzungen eine unangemessene Benachteiligung nach § 307 Abs. 2 Nr. 1 BGB darstellen, da diese von den **wesentlichen Grundgedanken der § 69c und § 69d UrhG abweichen.**[154] Hier kann auf das oben unter → Rn. 74 ff. Gesagte verwiesen werden. Unter Umständen können Klauseln zur indirekten Nutzung zudem im Einzelfall bewirken, dass der Softwareanbieter im Ergebnis nicht eine Übernutzung der Software kompensiert, sondern vielmehr eine **Überlizenzierung verlangt.**[155]

84 Allerdings hat der Lizenznehmer insbesondere beim sog. Pooling den signifikanten Vorteil, dass auf die Software über mehrere Schnittstellen gleichzeitig zugegriffen und dadurch Datenverarbeitungsvorgänge in Gang gesetzt werden können, die ansonsten immer durch die Dateneingaben über einen menschlichen Nutzer laufen müssten. Gleichzeitig darf auch nicht außer Betracht gelassen werden, dass beim sog. Pooling oft eine **Gefahr der Intransparenz** zulasten des Softwareanbieters besteht: Dieser kann nämlich oft nicht erkennen, wer hinter dem technischen User steht, wer genau also auf die Software zugreift. Eine Lizenzbemessung nach Nutzung kann diese Transparenzthematik überwinden und daher im Einzelfall zu einer interessengerechten Lösung führen.

85 Im Ergebnis stellt richtigerweise **nicht** jede Lizenzbemessung nach Nutzung **automatisch eine unangemessene Benachteiligung** iSd § 307 Abs. 1 S. 2 BGB dar. Vielmehr kommt es hier auf die konkrete Gestaltung der Klausel im Einzelfall an.

86 **(4) Transparenzgebot.** Die zentrale Herausforderung bei der Gestaltung von nutzungsbasierten Lizenzklauseln liegt in der Beachtung des sog. **Transparenzgebots.** Gem. **§ 307 Abs. 1 S. 2 BGB** kann sich eine unangemessene Benachteiligung, die zur Unwirksamkeit der Klausel führt, daraus ergeben, dass die Bestimmung nicht klar und verständlich ist. Ein Verstoß gegen dieses Transparenzgebot kann zB darin gesehen werden, dass durch die AGB zu indirekten Nutzungen die Anzahl der benötigten Lizenzen und damit die anfallenden Kosten teilweise **erst nachträglich bestimmbar** werden.[156]

87 Insbesondere sollte es dem Kunden möglich sein, **bei Vertragsschluss zu erkennen,** wie viele Lizenzen der Softwarenutzer erwerben muss.[157] Grundsätzlich muss der Verwender von AGB nach den Vorgaben des Transparenzgebotes die Klauseln *„**möglichst weitgehend konkretisieren,** so dass der Vertragspartner seine Rechte und Pflichten dem Vertragstext mit größtmöglicher Bestimmtheit entnehmen kann“*, sodass wirtschaftliche Nachteile kalkulierbar werden.[158] Auch wenn vereinzelt Fälle von unkalkulierten Kostenexplosionen bekannt geworden sind,[159] hat die Praxis allerdings gezeigt, dass dies für die Lizenznehmer oft ein **überschaubares und damit hinnehmbares Risiko** darstellt.[160]

88 Bei der Lizenzgestaltung ergibt sich damit folgendes **Spannungsfeld:** Einerseits sollte die Lizenzregelung nicht so knapp und vage sein, dass sie dem Anwender im konkreten Fall keine **belastbare Auslegung** ermöglicht. Andererseits sollte das Lizenzierungsregelwerk allein auch nicht den *„Umfang eines Handbuchs“*[161] einnehmen; in beiden Grenzfällen dürfte die Lizenzregelung intransparent sein. In der Praxis ergeben sich **innerhalb dieses Spektrums** zahlreiche Gestaltungsmöglichkeiten.

---

[154] *Metzger/Hoppen* CR 2017, 625 (632); unklar *Oelschlägel/Schmidt* ITRB 2015, 72 (75); differenzierter *Redeker* ITRB 2017, 44 (45 f.).

[155] *Barnitzke* K&R 2018, 455 (458).

[156] *Oelschlägel/Schmidt* ITRB 2015, 72 (75); *Schneider* ITRB 2017, 286 (289).

[157] *Schneider* ITRB 2017, 286 (289); *Oelschlägel/Schmidt* ITRB 2015, 72 (75).

[158] MüKoBGB/*Wurmnest* § 307 Rn. 61.

[159] S. etwa *Bayer,* SAP will indirekte Nutzung klären – und scheitert, CW 2017, www.computerwoche.de/a/sap-will-indirekte-nutzung-klaeren-und-scheitert,3330818 (10. 1. 2021).

[160] *Oelschlägel/Schmidt* ITRB 2015, 72 (75).

[161] Vgl. *Oelschlägel/Schmidt* ITRB 2015, 72; *Schneider* ITRB 2017, 286 (289) sieht gerade darin den Verstoß gegen das Transparenzgebot nach § 307 Abs. 1 S. 2 BGB.

dd) Kartellrecht. In der Einführung einer Lizenzbemessung nach Nutzung (anstatt nach Nutzern) kann unter bestimmten Voraussetzungen ein **Verstoß** des jeweiligen Softwareanbieters gegen das Verbot des Missbrauchs einer marktbeherrschenden Stellung (**Art. 102 AEUV** oder **§ 19 GWB**) gegeben sein.[162] Das kann bspw. in Betracht kommen, wenn in laufenden Lizenzbeziehungen ein Zwang zur zusätzlichen Vergütung etwaiger indirekter Nutzungen ausgeübt wird, zB wenn ein Software-Provider zB zur **Durchsetzung von neuen Lizenzbedingungen** oder von Nachzahlungen wegen indirekter Nutzung mit der abrupten Einstellung von Sicherheitsupdates droht und hierbei den sog. **„Lock-in"-Effekt** beim Kunden bewusst ausnutzt. 89

Ein Verstoß gegen § 19 GWB setzt voraus, dass der jeweilige Softwareanbieter eine **marktherrschende Stellung** auf dem betroffenen Softwaremarkt innehat, was gem. § 18 Abs. 4 GWB ab einem **Marktanteil von mindestens 40 Prozent vermutet** wird. Die dafür notwendige marktbeherrschende Stellung kann nicht allein aus der durch den Urheberschutz für die Software resultierende monopolistische Stellung der Softwareentwickler geschlussfolgert werden.[163] Dennoch wird von der Literatur teilweise eine solche Stellung der großen Softwareunternehmen angenommen und ein Missbrauch dieser Stellung durch die Verwendung der Klauseln zu indirekten Nutzungen teilweise bejaht.[164] 90

Insbesondere durch **mehrere Beschwerden** gegen die Lizenzpraxis großer Softwareanbieter, etwa des „VOICE – Bundesverband der IT-Anwender e.V." beim deutschen Bundeskartellamt sowie des niederländlichen Interessenverbands „CIO Platform Nederland", an die Generaldirektion Wettbewerb der Europäischen Kommission, ist die Lizenzbemessung nach Nutzung in den Fokus der europäischen Kartellbehörden gerückt. 91

b) Konkrete Ausgestaltung

Unter Beachtung der rechtlichen Rahmenbedingungen (→ Rn. 74 ff.) kommen folgende Ausgestaltungen der Bemessung nach Nutzung in Betracht: 92

aa) Lizenzierung nach Transaktionen. In Betracht kommt eine Vergütung nach lizenzrechtlich relevanten Transaktionen mit der Fremdsoftware (sog. **„Orders"**)[165] oder nach zur Verfügung gestellten Dokumenten bei der Nutzung von Fremddatenbanken.[166] 93

Typischerweise sollten bei der Lizenzgestaltung im Einzelfall folgende Fragen beleuchtet und durch die vertragliche Regelung belastbar reflektiert werden: 94
- Ab wann zählt ein Kommunikationsvorgang als kostenpflichtige Transaktion?
- Reicht dazu die bloße Kommunikationsanfrage der Eigensoftware aus oder muss die Fremdsoftware auch eine Antwort schicken?
- Was ist, wenn die Anfrage abgelehnt oder nur modifiziert bearbeitet wird?
- Was passiert, wenn die Anfrage falsche Transaktionen auslöst?
- Kann bereits das einfache Ablaufen der Software im Arbeitsspeicher oder erst die Reaktion der Software auf Anfragen als Transaktion gewertet werden?

Eine Antwort auf diese Fragen versucht die (neue) vertraglich mit ihren Lizenznehmern vereinbarte Bemessungsgrundlage von SAP zu geben.[167] Darin werden folgende lizenzpflichtige Dokumententypen definiert, die nach Ansicht des Konzerns einen wertbildenden Zugriff auf das ERP-System darstellen: 95
- Sales-Document
- Invoice-Document
- Purchase-Document

[162] Wandtke/Bullinger/*Grützmacher* UrhG § 69d Rn. 62; *Metzger/Hoppen* CR 2017, 625 (630 f.); *Redeker* ITRB 2017, 44 (46).
[163] *Metzger/Hoppen* CR 2017, 625 (630) mit Verweis auf einschlägige EuGH Rspr.
[164] *Grützmacher* ITRB 2017, 141 (144); *Redeker* ITRB 2017, 44 (46); *Metzger/Hoppen* CR 2017, 625 (631).
[165] *Schneider* ITRB 2017, 286.
[166] *Söbbing* ITRB 2018, 161 (162).
[167] Dazu *Söbbing* ITRB 2018, 161 (162) mwN.

– Service & Maintenance-Document
– Manufacturing-Document
– Time Management-Document
– Quality Management-Document
– Financial-Document
– Material-Document

Dabei fällt je nach Dokument ein **unterschiedlicher Faktor** zur Berechnung der Lizenzgebühr an.[168]

96 **bb) Lizenzierung nach Funktionsbeanspruchung.** Eine Lizenzmetrik lässt sich auch darauf aufbauen, dass eine Funktionsbeanspruchung als Konstante der Kostenberechnung verwendet wird. Eine Lizenzgebühr ließe sich zB danach bemessen, **ob und wie** oft auf den Code bzw. Funktionen im Quellcode der Fremdsoftware **zugegriffen wird.**[169]

97 **cc) Lizenzierung nach Nutzungsintensität.** Eine weitere Möglichkeit der Lizenzierung bietet die Bemessung der Lizenzgebühr nach der Nutzungsintensität.[170] Als Berechnungsmaß kann hier die **Einheit MIPS** („Millionen Instruktionen pro Sekunde") dienen.[171] Üblicherweise wird die Einheit MIPS zur Begrenzung der maximal zulässigen Ablaufgeschwindigkeit genutzt.[172] Genauso ist es aber denkbar, diese Einheit in der Lizenzkostenmetrik einzusetzen. Damit wird zwar das Leitbild der Softwareüberlassung auf Dauer verlassen, was aber nicht gegen die grundsätzliche Zulässigkeit eines solchen mietrechtlichen Ansatzes spricht.[173]

4. Weitere Arten der Lizenzbemessung

a) Lizenzierung nach Standort

98 Zudem wäre noch an eine **ortsabhängige Lizenzierung** zu denken. Eine solche Standortlizenz könnte bspw. regeln, dass alle Maschinen und Mitarbeiter des Lizenzgebers, die sich an einem **bestimmten Standort** befinden, die Software unbegrenzt nutzen dürfen, unabhängig von der Art und Zahl der Nutzer.[174] Diese Lizenzform ist zwar einfach zu handhaben, geht jedoch mit bedeutsamen Nachteilen einher und widerspricht typischerweise den Interessen im Umfeld der Smart Factory:

99 Zum einen kann der Lizenzgeber mit einer Standortlizenz grundsätzlich **nicht am Wachstum** des Lizenznehmers **partizipieren.** Zum anderen zeichnet sich das Internet of Things (IoT) gerade durch eine **Dezentralisierung** aus, die mit einer hohen **Ortsflexibilität** sowohl für Mitarbeiter (zB Homeoffice) als auch für Maschinen (zB Cloud-Betrieb) einhergeht. Gerade virtuelle Maschinen lassen sich oft nicht sinnvoll lokalisieren. Hinzu kommt, dass Lizenzen, die dem Anwender den Ort der Nutzung vorschreiben**, teilweise als unzulässig bzw. AGB-widrig** angesehen werden; denn insofern kann die kaufvertraglich garantierte endgültige Überlassung der Software konterkariert werden.[175]

---

[168] Eingehend zu den vorgenannten Dokumententypen *Söbbing* ITRB 2018, 161 (162).
[169] Vgl. *Barnitzke* K&R 2018, 455 (456).
[170] S. dazu *Grützmacher* CR 2011, 697 (698).
[171] *Grützmacher* CR 2011, 697 (698); vgl. *Kast* in Auer-Reinsdorff/Conrad IT-R-HdB § 12 Rn. 105.
[172] *Kast* in Auer-Reinsdorff/Conrad IT-R-HdB § 12 Rn. 105.
[173] *Kast* in Auer-Reinsdorff/Conrad IT-R-HdB § 12 Rn. 105 mwN.
[174] Wandtke/Bullinger/*Grützmacher* UrhG § 69d Rn. 47; *Kast* in Auer-Reinsdorff/Conrad IT-R-HdB § 12 Rn. 111.
[175] Wandtke/Bullinger/*Grützmacher* UrhG § 69d Rn. 47 mwN.

b) Lizenzierung nach ökonomischen Faktoren

Auch eine Bemessung nach ökonomischen Faktoren wie zB der **Anzahl der Fertigstellungen,** dem **Jahresumsatz** oder dem **abgewickelten Volumen** des Lizenznehmers ist grundsätzlich denkbar.[176] Hier würde der Lizenzgeber, je nach genauer Ausgestaltung, an den wirtschaftlichen Chancen und Risiken des Lizenznehmers partizipieren. Die Lizenzvergütung ist in diesen Gestaltungsformen für den Lizenzgeber oftmals **weniger planbar,** zumal die Funktionalität der Software selten in einem signifikanten kausalen Zusammenhang mit den ökonomischen Ergebnissen des Lizenznehmers steht. 100

IV. Sicherheit und Gesundheit in der Smart Factory

1. Enge Mensch-Roboter-Kollaboration

Aus Beschäftigtensicht bedeutet Smart Factory zunächst eine **zunehmende Mensch-Maschinen-Kollaboration,** dh fast jeder Arbeitsschritt wird an Maschinen und von Robotern verrichtet.[177] Der Einsatz von kollaborierenden Robotern geht nicht zuletzt wegen der besonderen räumlichen Nähe zwischen Mensch und Maschine mit **hohen Sicherheits- und Gesundheitsgefahren** für den Menschen einher – man denke nur an die gefahrbringenden Bewegungen von wuchtigen Roboterarmen. 101

In der Smart Factory wird diese **Gefährdungslage** durch zwei Einflussfaktoren verschärft: 102

- Wenn der Roboter mit Hilfe von KI dazu befähigt wird, autonom zu handeln und eigene Entscheidungen zu treffen, steigt zugleich die Gefahr von **fehlerhaften KI-Entscheidungen.** Naturgemäß ist komplexe Software nicht unfehlbar. Im schlimmsten Fall können Programmfehler (sog. Bugs), IT-Sicherheitslücken oder fehlerhaft klassifizierte Ausgangsdaten dazu führen, dass der Roboter „außer Kontrolle" gerät und hierbei Menschen einen Schaden zufügt.
- Wenn mobile Serviceroboter, die in steigender Zahl in der Arbeitswelt eingesetzt werden, ihre **Schutzkäfige verlassen** und Seite an Seite mit Menschen wirken, weitet sich in erheblicher Weise der technische Gefahrenbereich aus, innerhalb dessen die Sicherheit und Gesundheit von anwesenden Menschen durch die Verwendung des Roboters potenziell gefährdet ist.

2. Produktsicherheit bei Robotern

Gem. § 3 Abs. 1 Nr. 2 und Abs. 2 aE ProdSG ist das rechtmäßige Bereitstellen eines Produkts auf dem Markt ausnahmslos an das Erfordernis geknüpft, dass die Sicherheit und Gesundheit von Personen nicht gefährdet werden. **Geschützt** werden soll somit va der **Mensch,** bspw. beim Einsatz von Maschinen in der Smart Factory.[178] Das Produktsicherheitsrecht knüpft an das Bereitstellen des Produkts (zB Roboter) an und leistet damit **„vorgreifenden Arbeitsschutz".**[179] Insofern ist das Produktsicherheitsrecht dem betrieblichen Arbeitsschutz (dazu → Rn. 131 ff.) vorgelagert. 103

Im Rahmen des Einsatzes von Robotern und sonstigen Maschinen **am Arbeitsplatz** richten sich die speziellen produktsicherheitsrechtlichen Vorgaben nach § 3 Abs. 1 ProdSG nach der **MaschinenVO**[180] sowie der EU-Maschinenrichtlinie[181] (sog. harmonisierter Be- 104

[176] Vgl. *Grützmacher* ITRB 2017, 141 (142).
[177] *Bomhard* Rn. 32 mwN.
[178] Vgl. *Schucht* NVwZ 2015, 852.
[179] *Schucht* in Klindt ProdSG § 1 Rn. 2 aE.
[180] Erste Verordnung zum Produktsicherheitsgesetz (Verordnung über das Bereitstellen elektrischer Betriebsmittel zur Verwendung innerhalb bestimmter Spannungsgrenzen auf dem Markt – 1. ProdSV) v. 11.6. 1979 (BGBl. 1979 I S. 629) idF v. 8.11.2011 (BGBl. 2011 I S. 2178 (2202)).
[181] RL 2006/42/EG.

reich)[182]. Grundsätzlich muss der Betreiber eines Roboters alle „anerkannten Regeln der Technik" zur Sicherung der Gefahrenquelle beachten und die Sicherheitsvorkehrungen stets an den neusten **Stand der Technik** anpassen. Bei der Beurteilung, ob ein Roboter diese Anforderungen erfüllt, spielt häufig der **Anhang I der EU-Maschinenrichtlinie** eine besondere Rolle, da es sich hierbei um ein *„Grundlagenwerk des sicherheitsrechtlichen Konstruierens"* handelt.[183] Daneben können harmonisierte Normen zugrunde gelegt werden (§ 4 Abs. 1 ProdSG).

105 Insbesondere muss bei dem kollaborierenden Roboter ein ausreichender **Unfallschutz** sichergestellt werden. Dabei gewinnen etwa technische Normen zum hinreichenden Abstand (ua EN ISO 10218) und zur Belastbarkeit der jeweiligen Programmierung zunehmend an Bedeutung.[184] Zudem müssen bereits bei der Konstruktion des Roboters die gesundheitlichen Belastungen des **potenziellen Bedienpersonals** ausreichend berücksichtigt werden (§ 2 Nr. 12 Maschinenverordnung iVm Anhang I RL 2006/42/EG iVm EN ISO 12100 Anhang I Nr. 1.1.6).

106 Die konkreten Anforderungen sind wegen der zunehmenden technischen Möglichkeiten äußerst komplex, zumal Roboter oftmals für individuelle Einsatzzwecke konstruiert werden. Je nach Funktion und Einsatzgebiet können bei kollaborierenden Robotern insbesondere folgende **harmonisierte Normen** zur Anwendung kommen:
- EN ISO 10218–1:2011 „Industrieroboter – Sicherheitsanforderungen – Teil 1: Roboter"
- EN ISO 10218–2:2011 „Industrieroboter – Sicherheitsanforderungen – Teil 2: Robotersysteme und Integration"
- ISO/TS 15066:2016 „Roboter und Robotikgeräte – Kollaborierende Roboter"
- DIN EN ISO 12100:2011 „Sicherheit von Maschinen – Allgemeine Gestaltungsleitsätze – Risikobeurteilung und Risikominderung"
- DIN EN ISO 13849–1:2008 „Sicherheit von Maschinen – Sicherheitsbezogene Teile von Steuerungen – Teil 1: Allgemeine Gestaltungsleitsätze"

107 Bei einem Produkt, das den einschlägigen harmonisierten Normen entspricht, wird **nach § 4 Abs. 2 ProdSG vermutet,** dass es den Anforderungen nach § 3 Abs. 1 oder Abs. 2 genügt, soweit diese von den betreffenden Normen oder von Teilen dieser Normen abgedeckt sind. Insofern gilt also eine **Konformitätsvermutung.**

3. Betrieblicher Arbeitsschutz in der Smart Factory

a) ArbSchG

108 Gem. § 3 ArbSchG ist jeder **Arbeitgeber verpflichtet,** die erforderlichen Maßnahmen des gesetzlichen Arbeitsschutzes zu treffen, insbesondere Maßnahmen zur Verbesserung von **Sicherheit und Gesundheitsschutz der Beschäftigten** und zur **Verhütung von Arbeitsunfällen.** Je nach konkreter Ausgestaltung sind kollaborierende Roboter – mit Blick auf das ArbSchG – nicht nur Fluch, sondern auch Segen: Der Einsatz von kollaborierenden Roboter ist nämlich nicht nur mit besonderen Gefährdungslagen verbunden, sondern kann im Gegenteil auch in erheblicher Weise dem Arbeitsschutz zugutekommen und zu besseren Arbeitsbedingungen beitragen. Bei körperlich schwerer, belastender und gefährlicher Arbeit können Roboter zunehmend **den Menschen physisch und psychisch schonen.** Mit den neuen technischen Möglichkeiten dürfte sich das Verständnis von einem gesunden Arbeitsplatz wandeln, sodass es mit fortschreitender technischer Entwicklung in Zukunft immer häufiger arbeitsschutzwidrig sein dürfte, bestimmte Arbeiten *nicht* durch einen Roboter erledigen zu lassen.[185] Unter Umständen kann sich daher aus

[182] *Klindt* in Klindt ProdSG § 3 Rn. 2 ff.; MüKoBGB/*Wagner* § 823 Rn. 869.
[183] *Wende* in Klindt ProdSG § 8 Rn. 32.
[184] *Kohte* NZA 2015, 1417 (1420).
[185] *Günther/Böglmüller* BB 2017, 53 (54).

Vorgaben in §§ 3 Abs. 1 iVm 2 Abs. 1 ArbSchG, die eine menschengerechte Gestaltung der Arbeit verlangen, auch die **Pflicht** des Arbeitgebers ergeben, **kollaborierende Roboter einzusetzen.**[186]

b) BetrSichV

Auch wenn die BetrSichV nicht explizit auf die Smart Factory eingeht, fallen Roboter 109 unter den Begriff der Arbeitsmittel iSv § 2 Abs. 1 BetrSichV. Deshalb hat der Arbeitgeber gem. § 3 Abs. 1 S. 1 BetrSichV vor jeder Verwendung von Robotern die auftretenden Gefährdungen zu beurteilen und daraus notwendige und geeignete **Schutzmaßnahmen** abzuleiten. Roboter dürfen gem. § 4 Abs. 1 BetrSichV erst eingesetzt werden, nachdem der Arbeitgeber kumulativ:

- eine ausreichende **Gefährdungsbeurteilung** durchgeführt hat, wobei das Vorhandensein einer CE-Kennzeichnung am Arbeitsmittel nicht von der Pflicht zur Durchführung einer Gefährdungsbeurteilung entbindet (§ 3 Abs. 1 S. 2 BetrSichV);
- die dabei ermittelten **Schutzmaßnahmen** nach dem Stand der Technik getroffen hat (zB konsequente Geschwindigkeits-, Drehmoment- und Abstandsüberwachung, automatischer Roboterstillstand bei besonderen Gefahrenlagen, umgehende Kraft- und Leistungsbegrenzung im Kollisionsfall) und
- festgestellt hat, dass die Verwendung der Arbeitsmittel nach dem Stand der Technik **sicher** ist. **Stand der Technik** meint hierbei den Entwicklungsstand fortschrittlicher Verfahren, Einrichtungen oder Betriebsweisen, der die praktische Eignung einer Maßnahme oder Vorgehensweise zum Schutz der Gesundheit und zur Sicherheit der Beschäftigten oder anderer Personen gesichert erscheinen lässt (dazu § 3 Abs. 10 BetrSichV). Bei der Bestimmung des Stands der Technik sind insbesondere vergleichbare Verfahren, Einrichtungen oder Betriebsweisen heranzuziehen, die mit Erfolg in der Praxis erprobt worden sind. Zentrale Orientierungshilfe sind hierbei die Sicherheitsanforderungen der EG-Maschinenrichtlinie (2006/42/EG), konkretisiert durch die EN ISO 10218 (Teil 1 beschreibt die Sicherheitsanforderungen an den Roboterhersteller, Teil 2 beschreibt die Sicherheitsanforderungen an den Roboterintegrator).

Gem. § 5 BetrSichV muss der jeweilige Roboter zudem für die Art der auszuführenden 110 Arbeiten geeignet sein, den gegebenen Einsatzbedingungen und den vorhersehbaren Beanspruchungen angepasst sein und über die erforderlichen sicherheitsrelevanten Ausrüstungen verfügen, sodass eine **Gefährdung** durch den Robotereinsatz **so gering wie möglich** gehalten wird.

c) Robotereinsatz und Betriebsrat

Bei einem geplanten Robotereinsatz in der Smart Factory sind, soweit ein **Betriebsrat** 111 besteht, dessen betriebliche Mitbestimmungs-, Unterrichtungs- und Beratungsrechte zu beachten. Hinsichtlich der Durchführung der Gefährdungsbeurteilung hat der Betriebsrat, soweit eine entsprechende tarifliche Regelung nicht besteht, ein (nach hM erzwingbares)[187] Mitbestimmungsrecht aus § 87 Abs. 1 Nr. 7 BetrVG, wobei die **Mitbestimmung des Betriebsrats** grundsätzlich **Wirksamkeitsvoraussetzung** für die arbeitgeberseitig ergriffenen Arbeitsschutzmaßnahme ist.[188]

Darüber hinaus hat der Arbeitgeber den Betriebsrat gem. § 90 Abs. 1 Nr. 2 BetrVG 112 über die Planung von neuen Robotern und sonstigen technischen Anlagen rechtzeitig unter Vorlage der erforderlichen Unterlagen **zu unterrichten.** Der Arbeitgeber hat mit dem Betriebsrat die vorgesehenen Maßnahmen und ihre Auswirkungen auf die Arbeitnehmer, insbesondere auf die Art ihrer Arbeit sowie die sich daraus ergebenden Anforderungen an

[186] *Günther/Böglmüller* in Arnold/Günther ArbR 4.0-HdB Kap. 4 Rn. 106.
[187] Vgl. BAG Beschl. v. 8. 6. 2004 – 1 ABR 13/03, NZA 2004, 1175.
[188] HM ErfKomm BetrVG § 87 Rn. 67 mwN.

die Arbeitnehmer, so rechtzeitig **zu beraten,** dass Vorschläge und Bedenken des Betriebsrats bei der Planung berücksichtigt werden können (§ 90 Abs. 2 BetrVG). Dabei sollen auch die gesicherten arbeitswissenschaftlichen Erkenntnisse über die menschengerechte Gestaltung der Arbeit berücksichtigt werden.

4. IT-Sicherheit in der Smart Factory

113 Die Smart Factory ist **Paradebeispiel** für IT-Anwendung in Produktionsumgebung, im Rahmen der IT-Sicherheit vom Bundesamt für Sicherheit in der Informationstechnik (BSI) auch als **OT (Operational Technology)** bezeichnet. Während hier auf der einen Seite Produktionsprozesse optimiert und Maschinenausfälle verhindert werden können (Stichwort: Predictive Maintenance), entsteht auf der anderen Seite die Gefahr von Systemausfällen durch interne oder externe (beispielsweise durch Hackerangriffe verursachte) IT-Fehler.

a) IT-Grundschutz-Kompendium des BSI

114 Mit Blick auch auf die Smart Factory zählt das BSI in seinem IT-Grundschutz-Kompendium[189] ganze **47 solcher Gefahren für IT-Systeme** auf.[190] Dass diese abstrakten Gefahren in einen konkreten Schaden umschlagen, wird oftmals durch **Schwachstellen in der Systemarchitektur, unzureichende organisatorische Maßnahmen** (wie bspw. durch fehlende Zugangskontrolle von Mitarbeitern) oder auch durch Schwachstellen in einzelnen Systemkomponenten ermöglicht oder verursacht.[191] Um dem entgegenzuwirken, dienen die IT-Sicherheit und die zur Förderung derselben erlassenen Gesetze, die auf nationaler Ebene im BSIG zusammengefasst und im IT-Grundschutz-Kompendium besonders erläutert und konkretisiert sind.

115 Der Begriff der **IT-Sicherheit** wird in § 2 Abs. 2 BSIG **definiert** als

„die ***Einhaltung bestimmter Sicherheitsstandards,*** *[…] in informationstechnischen Systemen, Komponenten oder Prozessen oder bei der Anwendung [derselben]".*

116 Freilich müssen die konkret einzuhaltenden Sicherheitsstandards in Abhängigkeit von dem konkret betroffenen System und von der jeweiligen Ebene der IT-Sicherheit (Organisation, Systemarchitektur usw) bestimmt werden. Ua stellt das IT-Grundschutzkompendium hierfür sog. Bausteine zur Verfügung, die als Leitfaden für einen soliden IT-Grundschutz dienen können.[192] Die einzelnen Bausteine sind etwa:[193]

- **ISMS: Sicherheitsmanagement** (bezeichnet die Planungs-, Lenkungs- und Kontrollaufgaben, die erforderlich sind, um einen durchdachten und wirksamen Prozess zur Herstellung von Informationssicherheit aufzubauen und kontinuierlich umzusetzen)
- ORP: Organisation und Personal
- CON: Konzeption und Vorgehensweisen
- OPS: Betrieb
- DER: Detektion und Reaktion
- APP: Anwendungen
- SYS: IT-Systeme
- IND: Industrielle IT
- NET: Netze und Kommunikation
- INF: Infrastruktur

---

[189] Vgl. BSI IT-Grundschutz-Kompendium – Ed. 2020, IND.1, S. 1; vgl. *Rockstroh/Kunkel* MMR 2017, 77.
[190] Eingehend *Djeffal* MMR 2019, 289 (291).
[191] *Rockstroh/Kunkel* MMR 2017, 77 (78).
[192] *Djeffal* MMR 2019, 289 (291).
[193] BSI IT-Grundschutz-Kompendium – Ed. 2020.

Im Bereich der Smart Factory sind va die **Bausteine SYS und IND** besonders relevant. Unter SYS 4.4 finden sich sicherheitsrechtliche Anforderungen an „allgemeine IoT-Geräte", unter die auch vernetzte Roboter und Maschinen in der Smart Factory fallen. Für diese Komponenten der Smart Factory treten aber insbesondere die Anforderungen des Bausteins „IND: industrielle IT" hinzu.[194]

Das IT-Grundschutzkompendium untergliedert die IND-Anforderungen in: 117

- **IND.1 Betriebs- und Steuerungstechnik** (befasst sich mit den Anforderungen an Hard- und Software, die physische Geräte, Prozesse und Ereignisse in der Institution überwacht und steuert)
- **IND.2.1 Allgemeine ICS-Komponente** (bezweckt die Absicherung der elektronischen Komponenten, die eine Maschine oder Anlage steuern oder regeln und damit Bestandteil eines industriellen Steuerungssystems (Industrial Control System, ICS) oder – allgemeiner – einer Betriebstechnik sind)
- **IND.2.2 Speicherprogrammierbare Steuerung** (es handelt sich um Anforderungen an Speicherprogrammierbare Steuerungen (SPS, engl. Programmable Logic Controller, PLC), die Steuerungs- und Regelaufgaben in der Betriebstechnik wahrnehmen)
- **IND.2.3 Sensoren und Aktoren** (regelt ua Anforderungen an Sensoren, dh mit Mikroprozessoren und Software ausgeführte Messumformer, die eine physikalische Größe in einen elektrischen Ausgabewert wandeln)
- **IND.2.4 Maschine** (befasst sich mit technischen Vorrichtungen, zB Werkzeugmaschinen, die automatisierte Aufgaben durchführen)
- **IND.2.7 Safety Instrumented Systems** (regelt Anforderung an solche Industrial Control Systems, die eingesetzt werden, um Gefahren für technische Anlagen, Umwelt und Personen abzuwehren)

Im Bereich der smarten Industrie müssen somit die Anforderungen an die IT-Sicherheit 118
nach der jeweiligen Systemarchitektur bestimmt werden, abhängig davon, welche Komponenten sich bspw. unter **„IND.1 Betriebs- und Steuerungstechnik"**, „IND.2.3 Sensoren und Aktoren", „IND.2.4 Maschinen" etc subsumieren lassen. Gerade bei komplexen Smart-Factory-Architekturen und -Systemen fällt es jedoch **schwer,** einzelne Systemkomponenten **trennscharf zu bestimmen** und einem einzelnen Baustein zuzuweisen, sodass hier die größten Synergieeffekte durch eine **kumulierte Befolgung sämtlicher IND-Bausteine** zu erzielen sind.[195] Dies kann allerdings auf **unterschiedlichen Sicherheitslevels** erfolgen. Der IT-Grundschutz unterscheidet im jeweiligen Baustein zwischen „Basis-Anforderungen, Standard-Anforderungen und Anforderungen bei erhöhtem Schutzbedarf".[196]

Losgelöst von dieser Rangordnung ist die Befolgung dieser Standards grundsätzlich frei- 119
willig und damit die Vorgaben des IT-Grundschutz-Kompendium sog. „Soft Law". Das IT-Grundschutz-Kompendium dient **mittelbar-rechtlich zur Konkretisierung** von gesetzlich geforderten IT-Sicherungs- oder Zertifizierungspflichten.[197] Solche Sicherungspflichten finden sich bspw. auf dem „Stand der Technik" basierend in **§§ 13 Abs. 7, 109 TKG, Art. 32 DS-GVO und § 64 BDSG** oder als allgemeine zivilrechtliche Sicherungspflichten in **§ 93 AktG oder § 43 GmbHG.**[198] Das IT-Grundschutz-Kompendium gibt hierbei den Stand der Technik wieder, was die Zugrundelegung desselben für eine IT-sicherheitsrechtliche Zertifizierung gem. **ISO 27001** rechtfertigt.[199]

[194] Vgl. *Djeffal* MMR 2019, 289 (293).
[195] Vgl. *Djeffal* MMR 2019, 289 (293).
[196] BSI IT-Grundschutz-Kompendium – Ed. 2020, Glossar S. 10.
[197] *Djeffal* MMR 2019, 289 (292); *Rockstroh/Kunkel* MMR 2017, 77 (78).
[198] *Conrad/Streitz* in Auer-Reinsdorff/Conrad IT-R-HdB § 33 Rn. 39; *Djeffal* MMR 2019, 289 (292); *Rockstroh/Kunkel* MMR 2017, 77 (78ff.).
[199] Zertifizierung nach ISO 27001 auf der Basis von IT-Grundschutz – Zertifizierungsschema; Version 1.2.1, bsi.bund.de/DE/Themen/Unternehmen-und-Organisationen/Standards-und-Zertifizierung/Zertifizierung-und-Anerkennung/Zertifizierung-von-Managementsystemen/ISO27001-Basis-IT-Grundschutz/Antraege/antraege_node.html (1.3.2021).

b) Smart Factory als Kritische Infrastruktur

120 Besonders relevant wird eine Zertifizierung und die damit verbundene Einhaltung von IT-Sicherheitsstandards, wenn die konkret zu beurteilende Smart Factory zu den sog. **Kritische Infrastrukturen (KRITIS)** zählt. Mit Blick auf die Herstellung von Schutzkleidung, Gesichtsmasken oder Beatmungsgeräten hat die **Corona-Krise** verdeutlicht, dass auch die Smart Factory von hoher Bedeutung für das Funktionieren des Gemeinwesens sein kann, sofern durch ihren Ausfall oder ihre Beeinträchtigung **erhebliche Versorgungsengpässe** oder Gefährdungen für die öffentliche Sicherheit eintreten.

121 **aa) Begriff der Kritische Infrastrukturen.** Der Begriff der KRITIS wird sektorspezifisch in § 2 Abs. 10 S. 1 BSIG definiert:

„Kritische Infrastrukturen im Sinne dieses Gesetzes sind Einrichtungen, Anlagen oder Teile davon, die
1. *den Sektoren Energie, Informationstechnik und Telekommunikation, Transport und Verkehr, Gesundheit, Wasser, Ernährung sowie Finanz- und Versicherungswesen angehören und*
2. *von **hoher Bedeutung für das Funktionieren des Gemeinwesens** sind, weil durch ihren Ausfall oder ihre Beeinträchtigung **erhebliche Versorgungsengpässe** oder Gefährdungen für die öffentliche Sicherheit eintreten würden. […]“*

122 Genauere Angaben zu den einzelnen **Schwellenwerten,** wann im jeweiligen Sektor einer Einrichtung oder Anlage eine „hohe Bedeutung für das Funktionieren des Gemeinwesens“ zukommt und sie damit als KRITIS zu behandeln ist, finden sich in der **BSI-Kritisverordnung**[200] (BSI-KritisV). Da Smart Factories grundsätzlich in jedem Industriesektor eine Rolle spielen können, muss auf der Grundlage der BSI-KritisV und den dort festgelegten Schwellenwerten im Einzelfall beurteilt werden, ob die konkrete Smart Factory als KRITIS zählt.

123 **bb) Zu treffende Vorkehrungen.** § 8a Abs. 1 S. 1 iVm § 10 Abs. 1 S. 1 BSIG verlangt von Betreibern Kritischer Infrastrukturen

*„**angemessene organisatorische und technische Vorkehrungen zur Vermeidung von Störungen** der Verfügbarkeit, Integrität, Authentizität und Vertraulichkeit ihrer informationstechnischen Systeme, Komponenten oder Prozesse zu treffen, die für die Funktionsfähigkeit der von ihnen betriebenen Kritischen Infrastrukturen maßgeblich sind“.*

Diese Vorschrift basiert auf europarechtlichen Vorgaben der NIS-Richtlinie[201] zum Schutz von Kritischer Infrastruktur.[202]

124 Die Einhaltung der Vorgaben nach § 8a Abs. 1 S. 1 BSIG kann insbesondere gem. § 8a Abs. 3 S. 2 BSIG *„**durch […] Zertifizierungen** erfolgen“*. Je nach Konstellation kommt für die Smart Factory bzw. für ihre einzelnen Komponenten ua ein Sicherheitszertifikat nach § 9 Abs. 4 Nr. 1 BSIG als „Informationstechnisches System“ in Betracht.

125 Bei Nichtbefolgung der Vorgaben aus § 8a Abs. 1 S. 1 BSIG nach § 14 Abs. 1 Nr. 1, Abs. 2 BSIG können **Bußgelder iHv 50.000 EUR** drohen. Darüber hinaus haben Betreiber der KRITIS dem BSI die Einhaltung der Standards nach § 8a Abs. 1 BSIG *„mindestens alle zwei Jahre […] nachzuweisen“*. Im Ergebnis heißt das, dass die betroffenen Smart Factories grundsätzlich alle zwei Jahre auf Grundlage des IT-Grundschutz-Kompendiums neu zertifiziert werden müssen.

---

[200] Verordnung zur Bestimmung Kritischer Infrastrukturen nach dem BSI-Gesetz (BSI-Kritisverordnung – BSI-KritisV) v. 22. April 2016, BGBl. 2016 I S. 958.

[201] Richtlinie (EU) 2016/1148 des Europäischen Parlaments und des Rates v. 6. Juli 2016 über Maßnahmen zur Gewährleistung eines hohen gemeinsamen Sicherheitsniveaus von Netz- und Informationssystemen in der Union, ABl. 2016 L 194, 1.

[202] *Djeffal* MMR 2019, 289 (292).

cc) Ausblick. In der Praxis ist zu beachten, dass IT-Sicherheit aufgrund der sich rasant entwickelnden Technik und der vielen eigebundenen Akteure bei vernetzten Systemen, Maschinen und Robotern **immer relativ** ist.[203] Deswegen ist eine stetige Neuorientierung am aktuellen Stand der Technik und ein gezieltes Zusammenwirken aller Akteure (Maschinenhersteller, Sensorenhersteller, Cloud-Anbieter, Smart-Factory-Betreiber etc) notwendig.[204] So sah selbst der Referentenentwurf[205] vom 27.3.2019 für eine erneute BSIG-Novellierung in § 8 h Abs. 1 BSIG-E vor, dass *„Hersteller von IT-Produkten die Verantwortung trifft, erhebliche Störungen der IT-Sicherheitseigenschaften ihrer Produkte unverzüglich dem BSI zu melden, wenn die Anwendung des IT-Produkts zu einem Ausfall oder zu einer erheblichen Beeinträchtigung der Funktionsfähigkeit von Anlagen führen kann, die Kritische Infrastruktur sind"*.[206] Auch im Zusammenhang mit anderen Sicherheitsvorgaben und -vorkehrungen in der Smart Factory (Datenschutz, Produkt- und Betriebssicherheit usw) ist es empfehlenswert, ein **einheitliches Schutzkonzept mit der IT-Sicherheit** zu entwickeln.[207] 126

V. Steuerung von Mitarbeitern in der Smart Factory

Eine weitere Folge der **zunehmenden Mensch-Maschinen-Kollaboration** ist, dass industrielle Arbeitsabläufe zunehmend mittels cyber-physischer Systeme (CPS) erfasst werden (können) und deshalb eine immense Datenmenge zum genauen Mitarbeitereinsatz zur Verfügung steht (zB echtzeitnaher Aufenthaltsort, Arbeitsgeschwindigkeit, Pünktlichkeit oder Ausschussquote).[208] Besondere Spannungen ergeben sich in der Smart Factory, wenn KI einzelne Mitarbeiter steuert und orchestriert. 127

1. KI-Weisung und Menschenwürde

Vollständig durch KI-Weisungen gesteuert zu werden, kann für den einzelnen Mitarbeiter durchaus zur Folge haben, dass er als **„ersetzbares Rädchen" einer versachlichten Arbeitswelt** in seiner täglichen Arbeit keinen Lebenssinn mehr finden kann. Teilweise wird Weisungs-Automatisierung deshalb mit dem **Schreckensszenario einer menschenfeindlichen Maschinenherrschaft** in Verbindung gebracht. 128

Richtigerweise verletzt die bloße Einführung von IoT und Smart Factory als solche **nicht** den Mitarbeiter in seiner Menschenwürde. Weder geben Art. 1 Abs. 1, 12 Abs. 1 GG ein positives Konzept für eine bestimmte Arbeits- und Wirtschaftswelt vor noch enthalten sie einen Leistungsanspruch auf Zuweisung selbsterfüllender Beschäftigung (etwa zu vorindustriellen Bedingungen).[209] Sehr deutlich urteilte dazu bereits im Jahre 1970 das BVerfG, der Mensch sei *„nicht selten bloßes Objekt [...] der Verhältnisse und der gesellschaftlichen Entwicklung, [...] insofern er ohne Rücksicht auf seine Interessen sich fügen muß"*. Im Ergebnis wohnt dem Grundgesetz **kein absoluter Menschenvorbehalt** inne, der Entscheidungen des Objekts (Computer) über das Subjekt (Arbeitnehmer) per se verbietet.[210] 129

---

[203] *Rockstroh/Kunkel* MMR 2017, 77 (78) mit Verweis auf BR-Drs. 134/90, 20.
[204] *Rockstroh/Kunkel* MMR 2017, 77 (78).
[205] Bundesministerium des Innern, für Bau und Heimat, Referentenentwurf eines Zweiten Gesetzes zur Erhöhung der Sicherheit informationstechnischer Systeme, S. 20, intrapol.org/wp-content/uploads/2019/04/IT-Sicherheitsgesetz-2.0-_-IT-SiG-2.0.pdf (29.5.2020).
[206] *Kipker/Scholz* MMR 2019, 431 (434).
[207] *Rockstroh/Kunkel* MMR 2017, 77 (78) mit Verweis auf *Bräutigam/Klindt* NJW 2015, 1137 (1141).
[208] *Bomhard* Rn. 32 f.
[209] BVerfG v. 24.4.1991 – 1 BvR 1341/90, NJW 1991, 1667 (1670) [dort unter C.VI.]; *Starck* in v. Mangoldt/Klein/Starck GG Art. 1 Abs. 1 Rn. 16.
[210] Eingehend *Bomhard* Rn. 122 ff.

2. KI-Weisung und Direktionsrecht

130 Der Arbeitgeber kann sein Direktionsrecht an Dritte übertragen, auch wenn er dann auf die einzelne Weisungsentscheidung keinen konkreten Einfluss mehr ausübt. Im Grundsatz besteht kein Unterschied zwischen der **Übertragung des Direktionsrechts** auf einen Vorarbeiter und der „Übertragung" auf einen KI-gesteuerten Roboter.[211] Deshalb ist es im Grundsatz auch rechtlich zulässig, dass sich der Arbeitgeber in der Smart Factory bei der Ausübung des Weisungsrechts intelligenter IoT-Systeme bedient, solange sich die konkrete Weisung anhand einer **lückenlosen Legitimationskette bis zum Arbeitgeber** zurückverfolgen lässt.[212]

131 Jede Weisung muss **billigem Ermessen** entsprechen, muss also alle Umstände des Einzelfalls in einen angemessenen Ausgleich bringen **(§ 106 GewO, § 315 Abs. 1 BGB).** Soweit in der Smart Factory alle Arbeitsabläufe digital erfasst werden (können), scheint es technisch keineswegs ausgeschlossen, dass KI sämtliche Interessen und Einsatzmöglichkeiten abstrakt gewichtet, (mathematisch) optimiert und hieraus billige Weisungsentscheidungen herleitet. Vielmehr birgt die algorithmische Abwägung hinsichtlich der Transparenz der Entscheidungsfindung besondere **Dokumentationsvorteile,** soweit der zugrunde liegende Entscheidungsprozess kompatibel abgespeichert wird und sich später bei Bedarf nachvollziehen lässt.[213]

132 Vor und beim Einsatz von Weisungsalgorithmen sollte der Arbeitgeber allerdings immer größte Vorsicht walten lassen, insbesondere hinsichtlich etwaiger **Softwaremängel,** die potenziell zu fehlerhaften Weisungen führen können.[214] Zu beachten ist, dass **unbillige Weisungen** nach dem Wortlaut von § 315 Abs. 3 S. 1 BGB für den Arbeitnehmer **unverbindlich** sind,[215] der Arbeitgeber hieran jedoch einseitig gebunden bleibt.[216] Zusätzlich können unbillige Weisungen ggf. zu Schadensersatzansprüchen des Arbeitnehmers aus § 280 Abs. 1 S. 1 und 2 BGB führen, es sei denn, der Arbeitgeber kann beweisen, dass er den für die unbillige Weisung ursächlichen Softwarefehler nicht zu vertreten hat. Dieser Beweis ist in der Praxis oft nur schwer zu führen. Arbeitgeber sind in jedem Fall gut beraten, das Risiko etwaiger KI-Fehlentscheidungen – soweit möglich – mithilfe von passenden **Gewährleistungs- und Freistellungsvereinbarungen** beim jeweiligen IT-Dienstleister (und ggf. dessen Versicherung) vertraglich zu allokieren.

3. KI-Weisung und Datenschutz

133 Im Prototyp der Smart Factory können die **Mitarbeiter auf Schritt und Tritt** mittels cyber-physischer Systeme (CPS) **digital erfasst** werden, sodass personenbezogene Mitarbeiterdaten in großem Umfang erhoben und verarbeitet werden (können). Ebenso setzt die Steuerung von Mitarbeitern durch KI schon aus technischen Gründen eine umfangreiche Auswertung von personenbezogenen Daten voraus. Dabei ist zu beachten, dass in der Smart Factory oft scheinbar „anonyme" Maschinen- und Prozessdaten einen Personenbezug im Sinne von Art. 4 Nr. 1 DS-GVO aufweisen können, insbesondere wenn sie sich so mit Schichtplänen oder anderem Zusatzwissen so verknüpfen lassen, dass sich dem einzelnen Beschäftigen etwa bestimmte Betriebs-, Wartungs- oder Produktionsfehler oder andere (fehlerhafte) Arbeitsabläufe eindeutig zuzuordnen lassen. **Faustregel:** Je mehr (Zusatz-) Wissen verknüpft wird, desto eher lässt sich aus scheinbar anonymen Daten Personenbezug

[211] *Günther/Böglmüller* BB 2017, 53 (55).
[212] *Arnold/Winzer* in Arnold/Günther ArbR 4.0-HdB Kap. 3 Rn. 236; *Groß/Gressel* NZA 2016, 990 (994), *Günther/Böglmüller* BB 2017, 53 (56).
[213] Eingehend *Bomhard* Rn. 54, 196.
[214] *Bomhard* Rn. 197.
[215] BAG Urt. v. 14.6.2017 – 10 AZR 330/16, NZA 2017, 1185 (1191 ff.).
[216] Staudinger/*Rieble* BGB § 315 Rn. 412, 414 mwN.

herleiten, dh der **Grad der Persönlichkeitsrelevanz steigt grundsätzlich mit der akkumulierten Datenmenge** an.[217]

Daher ist nicht nur der Anwendungsbereich des Datenschutzrechts in der Smart Factory meist problemlos eröffnet (es sei denn, die Smart Factory agiert ausnahmsweise vollständig ohne menschliche Mitarbeiter). Vielmehr muss gem. Art. 5 Abs. 1 lit. a, Art. 6 DS-GVO jeder einzelne Umgang mit personenbezogenen Daten gesetzlich gestattet sein (sog. präventives Verbot mit Erlaubnisvorbehalt). KI-Weisungen in der Smart Factory stehen deshalb in einem **technisch bedingten Spannungsverhältnis** zu den strengen Vorgaben des Datenschutzrechts. 134

a) § 26 BDSG/Art. 5 DS-GVO

Im Allgemeinen muss sich jede Verarbeitung von Beschäftigtendaten ua an den Anforderungen des **§ 26 BDSG,** der auf Grundlage der Öffnungsklausel in Art. 88 Abs. 1 DS-GVO als spezifischere Vorschrift für den Beschäftigtendatenschutz geschaffen wurde, messen lassen. Eine zulässige Verarbeitung von personenbezogenen Beschäftigtendaten kommt nach § 26 BDSG va in folgenden Fällen in Betracht: 135

- Datenverarbeitung für die Durchführung des Beschäftigungsverhältnisses **erforderlich** (§ 26 Abs. 1 S. 1 BDSG):

Abstrakte Aussagen sind hierzu kaum möglich. Hier wird es für die Frage des zulässigen Datenumgangs entscheidend darauf ankommen, dass die konkret erhobenen und verarbeiteten Beschäftigtendaten im jeweiligen Einzelfall für ganz konkrete Verarbeitungszwecke (wie etwa die Durchführung konkreter KI-Weisungen) erforderlich sind. In vielen Fällen verspricht der Einsatz von automatisierten KI-Weisungen signifikante Effizienzgewinne und ermöglicht innovative Geschäftsmodelle in der Smart Factory. Jedenfalls wenn das Geschäftsmodell des Arbeitgebers mit der Automatisierung von Weisungen steht und fällt, lassen sich in der Praxis ggf. gute Gründe für die Annahme der Erforderlichkeit finden.

- Datenverarbeitung auf Grundlage einer **Einwilligung** (§ 26 Abs. 2 S. 1 BDSG):

Art. 7 DS-GVO ist die Einwilligung in der Praxis kaum eine verlässliche Grundlage für eine rechtssichere, planbare Datenverarbeitung in der Smart Factory. Denn die Einwilligung muss ua freiwillig (Art. 7 Abs. 4 DS-GVO) erfolgen und ist jederzeit frei widerruflich (Art. 7 Abs. 3 DS-GVO).

- Datenverarbeitung auf Grundlage von **Kollektivvereinbarungen** (§ 26 Abs. 4 S. 1 BDSG, Art. 88 DS-GVO):

Eine Datenverarbeitung auf Grundlage einer **Betriebsvereinbarung**[218] – welche hierzu ua den Vorgaben des Art. 88 DS-GVO genügen muss – kommt nur in Betracht, wenn überhaupt ein Betriebsrat gebildet wurde. Soweit dies der Fall ist, ist zu beachten, dass die Einführung und Anwendung von CPS-Systemen und sonstigen technischen Einrichtungen, die dazu bestimmt sind, das Verhalten oder die Leistung der Arbeitnehmer zu überwachen, nach § 87 Abs. 1 Nr. 6 BetrVG der umfassenden Mitbestimmung durch den Betriebsrat unterliegt.

§ 26 BDSG wird von Datenverarbeitungsprinzipien des Art. 5 DS-GVO flankiert. Danach muss der Arbeitgeber ua die Grundsätze der Transparenz, Zweckbindung und **Datenminimierung** beachten und deren Einhaltung nachweisen können. Aufgrund der immensen Datenflut der Smart Factory führt für den Arbeitgeber bspw. kein Weg an umfangreichen **Löschkonzepten** vorbei, die sicherstellen, dass die Beschäftigtendaten nicht länger gespeichert werden als für die festgelegten Verarbeitungszwecke erforderlich.[219] 136

---

[217] S. auch *Gola*/Gola DS-GVO Art. 4 Rn. 17 f.

[218] Ausführliche Gestaltungsempfehlungen bei *Klösel/Mahnhold* NZA 2017, 1428; *Wybitul* NZA 2017, 1488.

[219] *Hamann* in Arnold/Günther ArbR 4.0-HdB Kap. 6 Rn. 74.

b) Art. 22 DS-GVO

137 Fraglich ist, ob KI-Weisungen auch vom Anwendungsbereich des Art. 22 Abs. 1 DS-GVO erfasst sind. Dort heißt es:

„Die betroffene Person hat das Recht, nicht einer ausschließlich auf einer automatisierten Verarbeitung – einschließlich Profiling – beruhenden Entscheidung unterworfen zu werden, die ihr gegenüber rechtliche Wirkung entfaltet oder sie in ähnlicher Weise erheblich beeinträchtigt [...].“

138 Aufgrund des Wortlauts *(„in ähnlicher Weise erheblich“)* sowie des Zusammenspiels der beiden Folgen erfasst Art. 22 DS-GVO nach hM[220] nur solche automatisierte (dh ohne Dazwischentreten eines menschlichen Entscheiders zustande gekommenen) Entscheidungen, die Rechtspositionen der betroffenen Person **negativ** beeinflussen. Richtigerweise werden die Rechtspositionen des Mitarbeiters durch eine KI-Weisung grundsätzlich nicht negativ beeinflusst. Im Gegenteil: Erst durch die Weisung wird die Leistungspflicht des Arbeitnehmers eindeutig bestimmt, also erfüllbar und durchsetzbar; gerade diese Vollziehbarkeit des Arbeitsverhältnisses liegt **typischerweise im Interesse des Arbeitnehmers,** da er *„ohne Arbeit keinen Lohn“*[221] erhält – die KI-Weisung ist daher im Grundsatz rechtlich und tatsächlich zumindest **neutral** und fällt regelmäßig **nicht unter den Anwendungsbereich von Art. 22 DS-GVO.**[222]

139 Sollte Art. 22 Abs. 1 DS-GVO bei KI-Weisungen in Ausnahmefällen dennoch Anwendung finden, müsste die KI-Weisung gem. Art. 22 Abs. 2 lit. a DS-GVO für die Erfüllung des Arbeitsvertrags erforderlich sein. Die Frage der Erforderlichkeit ist **weniger streng zu beurteilen** als bei § 26 BDSG, wobei im Rahmen von Art. 22 Abs. 2 lit. a DSG-VO bereits jeder wirtschaftliche Grund[223] oder unmittelbare Sachzusammenhang zwischen Datenverwendung und Vertragszweck[224] genügen dürfte. Zusätzlich müsste der Arbeitgeber eine technische Möglichkeit vorsehen, mit dem der Arbeitnehmer jederzeit seinen eigenen Standpunkt darlegen und das Eingreifen einer Person des Arbeitgebers erwirken kann (Art. 22 Abs. 3 DS-GVO). In der Praxis bietet sich hierfür die Einrichtung eines sog. **„Remonstrationsknopfes“** an, mit dessen Hilfe der Arbeitnehmer der empfangenen KI-Weisung – optional unter Angabe von Gründen – per „Klick“ widersprechen und eine menschliche Neuentscheidung erzwingen kann.[225]

VI. Digital Twin

1. Begriff des digitalen Zwillings

140 Ein **digitaler Zwilling (Digital Twin)** ist die *„virtuelle digitale Repräsentanz seines materiellen oder immateriellen Assets mit (zumindest teilweise) seinen Daten und Metadaten, seinen Funktionen, seinen Kommunikationsmöglichkeiten sowie der Beschreibung seines Verhaltens“.*[226] Digitale Zwillinge sind zunehmend insbesondere in der Produktion und Fertigung zu beobachten, wo sie zur effektiven **Prozessoptimierung** und zu Problemlösungen beitragen, da sie innovative **Simulationsmöglichkeiten** bieten. Auch im Maschinen- und Anlagenbau haben Digital Twins großes Potenzial, die Branche nachhaltig zu verändern. Nicht zuletzt verspricht der ressourceneffiziente Einsatz von Digital Twins erheblichen Fortschritt in der Datenökonomie und beim **Umweltschutz** (vgl. hierzu insbesondere die Initiative „Desti-

[220] S. Gola/*Schulz* DS-GVO Art. 22 Rn. 22 mwN.
[221] Grundlegend hierzu *Söllner* AcP 167, 132ff.
[222] *Bomhard* Rn. 198.
[223] Plath/*Kamlah* DS-GVO Art. 22 Rn. 8.
[224] Paal/Pauly/*Martini* DS-GVO Art. 22 Rn. 31; Kühling/Buchner/*Buchner* DS-GVO Art. 22 Rn. 30.
[225] Zur Gestaltung des Remonstrationsknopfs *Bomhard* Rn. 55f., 201f.
[226] *Roßmann/Schluse* in Frenz Handbuch Industrie 4.0 S. 837, 841.

nation Earth“[227] der Europäischen Union, die ab 2021 einen digitalen Zwilling der Erde erschaffen will).

2. Produkthaftung und -sicherheit

Digital Twins sind im Grundsatz **unkörperlich** – grundsätzlich handelt es sich um Software und Daten. Ob Digital Twins als solche überhaupt „Produkt“ iSv § 2 ProdHaftG sein können, ist strittig und unterliegt einer **hohen Rechtsdynamik.** Die derzeit hM macht die Produkteigenschaft von Software von ihrer Verkörperung abhängig.[228] Mit zunehmender Digitalisierung erscheint es aber willkürlich, auf die Verkörperung abzustellen, zumal jene gerade keinen Einfluss auf die Funktionsweise und Gefahren der Software hat. Auch das Inverkehrbringen von fehlerhafter, unverkörperter Software kann (zumindest mittelbar) zu Gefahrensituationen führen. Daher wäre es nach hier vertretener Ansicht nur konsequent, **sämtliche** Software (verkörpert und unverkörpert) – und damit auch Digital Twins – als Produkte iSd ProdHaftG einzuordnen.[229] In diesen Kontext fügen sich auch die Bestrebungen der Europäischen Union ein, sowohl das Produktsicherheitsrecht als auch das Produkthaftungsrecht an kommende Gefahren durch Digitalisierung, künstliche Intelligenz und autonome Systeme anzupassen.[230] 141

Der Einsatz von Digital Twins verspricht, dass Mitarbeiter in Zukunft den (gefährlichen) physischen Kontakt zu Maschinen vermeiden und stattdessen vom Schreibtisch aus den Produktionsprozess steuern und simulieren können.[231] Es liegt daher auf der Hand, dass der Einsatz von Digital Twins erhebliche Vorteile hinsichtlich der **physischen Arbeitssicherheit** birgt. Von zunehmender Relevanz dürfte auch sein, dass Digital Twins – unabhängig von deren Produkteigenschaft – dem Hersteller des analogen Zwillings im Einzelfall künftig eine Möglichkeit zur **produkthaftungsrechtlichen Exkulpation** nach § 1 Abs. 2 Nr. 2 und insbesondere Nr. 5 ProdHaftG oder über eine freiwillige **Cybersicherheitszertifizierung** nach Art. 46 ff. Cybersecurity-Act (VO (EU) 2019/881) eröffnen könnten.[232] Ebenso ist immer häufiger zu erwarten, dass die vielfach von Versicherungen geforderten **Erprobungspflichten** mithilfe von Digital Twins erfüllt werden können.[233] 142

3. Datenschutz

Bei der Erhebung und Verarbeitung von personenbezogenen Daten im Zusammenhang mit dem Digital Twin müssen selbstredend die geltenden datenschutzrechtlichen Anforderungen gem. DS-GVO und BDSG eingehalten werden. Dies gilt insbesondere dann, wenn Digital Twins eingesetzt werden, um (zB pseudonymisierte) **Musterprofile** zu erstellen, mit denen das **Verhalten von Mitarbeitern** simuliert und gesteuert werden kann.[234] Im Einzelfall könnte eine Datenverarbeitung bspw. gem. Art. 6 Abs. 1 S. 1 lit. c DS-GVO gerechtfertigt sein, soweit der Einsatz des Digital Twin erforderlich ist, um **besondere Gefährdungslagen zu reduzieren** oder produktsicherheitsrechtliche Anforderungen an den realen Zwilling, also die physische Maschine, zu erfüllen.[235] Hier kommt es im Einzelfall auf die konkrete Gefahrenlage und die Reichweite der produkt- und arbeitssicherheitsrechtlichen Anforderung an. 143

---

[227] EU-Kommission, COM(2020) 66 final, S. 24.
[228] Eingehend BeckOK BGB/*Förster* ProdHaftG § 2 Rn. 22ff. mwN.
[229] Eingehend dazu auch *Wittbrodt* InTer 2020, 74 (76) mwN.
[230] EU-Kommission, COM(2018) 246 final, S. 2; EU-Kommission, COM(2018) 160, S. 3.
[231] *Klebe* NZA-Beilage 2017, 77.
[232] *Reusch/Weidner* Future Law. Blockchain, Industrie 4.0, Internet of Things, Robotik, 2018, Rn. 214.
[233] *Reusch/Weidner* Future Law Rn. 215.
[234] *Heißner/Schaffer* CCZ 2018, 147 (151).
[235] *Reusch/Weidner* Future Law Rn. 213.

4. Immaterialgüterrecht

144 Praktisches Interesse gilt außerdem der Frage, wie ein geschaffener Digital Twin durch Verpflichtungs- oder Verfügungsgeschäft **übertragen** werden kann.[236] Da es sich beim Digital Twin primär um Programm- und Datensätze handelt, steht das Immaterialgüterrecht im Fokus der Thematik. Im deutschen Recht unterliegen verfügungsfähige absolute Rechte einem **numerus clausus.**[237] Der Fokus der nachfolgenden Betrachtung liegt auf den möglichen Schutzrechten hinsichtlich eines konkret geschaffenen Digital Twin. Daneben sind auch die Schutzrechte an der allgemein zugrunde liegenden Technologie zu Schaffung von Digital Twins von praktischer Bedeutung. Dies gilt auch für die Ergebnisse des späteren Simulationsprozesses eines Digital Twin – deren Darstellung wird hier jedoch bewusst ausgeklammert.

a) Schutz als Computerprogramm

145 Fraglich ist, ob eine konkreter Digital Twin **als Computerprogramm** iSd § 69a Abs. 1 UrhG urheberrechtlichen Schutz aus §§ 2 Abs. 1, 69a Abs. 4 UrhG genießen kann. Computerprogramme werden gem. § 69a Abs. 3 UrhG geschützt, wenn sie individuelle Werke in dem Sinne darstellen, dass sie das Ergebnis der **eigenen geistigen Schöpfung** ihres Urhebers sind. Die notwendige Schöpfungshöhe erfordert einen *„hinreichenden schöpferischen Eigentümlichkeitsgrad"*.[238] Allein die statistische Einmaligkeit (zB der Struktur der Daten des Digital Twin) dürfte hierfür noch nicht ausreichen.[239] Richtigerweise sollte maßgeblich auf die individuellen analytisch-konzeptionellen Fähigkeiten, Geschick, **Einfallsreichtum** und **planerisch-konstruktives Denken**[240] des jeweiligen Programmierers abgestellt werden. Unter Umständen kommt auch ein urheberrechtlicher Schutz des Digital Twin aus **§ 3 UrhG** in Betracht; danach können spätere Bearbeitungen eines bereits bestehenden Werkes (hier: des analogen Zwillings), die wiederum persönliche geistige Schöpfungen des jeweiligen Bearbeiters sind, unbeschadet des Urheberrechts an dem bearbeiteten Werk wie selbstständige Werke geschützt werden. Wird eine körperliche Darstellung lediglich nachgebaut und dabei nicht von ihr abgewichen, dann liegt lediglich eine Vervielfältigung des bisherigen Werks vor.[241] Es fehlt insoweit an der **Eigentümlichkeit** für eine Bearbeitung iSd § 3 UrhG.[242] Es lässt sich durchaus vertreten, dass das schablonenhafte Nachmodellieren eines Werkes im digitalen Raum dem analogen Abmalen gleichzusetzen ist und daher noch keinen urheberrechtlichen Schutz genießt.

146 Im Einzelfall dürfe es darauf ankommen, ob der Digital Twin lediglich durch schematisches Digitalisieren bzw. Programmieren der analogen Attribute einer Maschine entsteht; in diesem Falle dürfte meist keine *eigene* geistige Schöpfung des jeweiligen Programmierers gegeben sein – anders dagegen, wenn die **Funktionalitäten** des Source Code des Digital Twin über die analogen, mechanischen Eigenschaften des analogen Zwillings **hinausgehen.**

[236] *Engelhardt/Klein* MMR 2014, 355 zur selben Problematik nur bei Bitcoins.
[237] Staudinger/*Seiler* Eckpfeiler des Zivilrechts Rn. 37 f.
[238] BGH Urt. v. 10.12.1987 – I ZR 198/85, GRUR 1988, 533 (535) – Vorentwurf II.
[239] Anders wohl OLG Hamburg Urt. v. 12.3.1998 – 3 U 226/97, CR 1998, 332 (333) – Computerspielergänzung; OLG Hamburg Urt. v. 12.3.1998 – 3 U 228/97, CR 1999, 298 – Vervielfältigung einer Datei; OLG München Urt. v. 27.5.1999 – 6 U 5497/98, CR 1999, 688 (689); OLG München Urt. v. 25.11.1999 – 29 U 2437/97, CR 2000, 429 (430).
[240] Schricker/Loewenheim/*Loewenheim/Spindler* UrhG § 69a Rn. 19; Wandtke/Bullinger/*Grützmacher* UrhG § 69a Rn. 36.
[241] Dreier/Schulze/*Schulze* UrhG § 3 Rn. 48.
[242] Vgl. BeckOK UrheberR/*Ahlberg* UrhG § 3 Rn. 10.

b) Schutz als Datenbank

Zu denken ist auch an einen Datenbankschutz aus §§ 87a ff. UrhG, sofern es sich bei dem Digital Twin um eine Datenbank handeln sollte. Gem. § 87b Abs. 1 S. 1 UrhG hat der **Datenbankhersteller das ausschließliche Recht,** die Datenbank insgesamt oder einen nach Art oder Umfang wesentlichen Teil der Datenbank zu vervielfältigen, zu verbreiten und öffentlich wiederzugeben. Nach der Legaldefinition des § 87a UrhG meint der **Begriff der Datenbank** eine Sammlung von Werken, Daten oder anderen unabhängigen Elementen, die systematisch oder methodisch angeordnet und einzeln mithilfe elektronischer Mittel oder auf andere Weise zugänglich sind und deren Beschaffung, Überprüfung oder Darstellung eine nach Art oder Umfang wesentliche Investition erfordert. Rechteinhaber ist diejenige Person, die die Initiative ergreift und das Investitionsrisiko trägt.[243] Da dem § 87a UrhG also ein besonderer Investitionsschutz zugrunde liegt, muss für die Annahme einer Datenbank eine **wesentliche, dh hinreichend schutzwürdige Investition** vorliegen.[244] Hier wird es im Einzelfall ua darauf ankommen, ob die Beschaffung und Darstellung der Daten zur Schaffung des Digital Twin ein hohes Maß an betriebswirtschaftlichen Mitteln und technischer Komplexität erfordert. 147

c) Patentrechtlicher Schutz

Zudem stellt sich die Frage, ob der Digital Twin patentrechtlichen Schutz genießen kann. Patente werden gem. § 1 Abs. 1 PatG für Erfindungen auf allen Gebieten der Technik erteilt, sofern sie **neu** sind, auf einer **erfinderischen Tätigkeit** beruhen und **gewerblich anwendbar** sind. 148

Problematisch dürfte oftmals schon die **Neuheit** sein. Eine Erfindung gilt gem. § 3 Abs. 1 S. 1 PatG als neu, wenn sie nicht zum Stand der Technik gehört. Der Prototyp des Digital Twin ist lediglich die virtuelle **digitale Repräsentanz** einer bereits bestehenden physischen Maschine und deren Funktionen. Sofern der Digital Twin also durch schematische, detailgetreue Erfassung der Bestandsdaten des realen Zwillings entsteht, liegt dem Digital Twin wohl keine neue Erfindung zugrunde. Etwas anderes ist freilich möglich, wenn ein Digital Twin bewusst so konstruiert wird, dass er signifikant von den Eigenschaften der realen Maschine abweicht und damit kein reiner „Zwilling" mehr ist (dann stellt sich zudem die Frage, ob man ihn dann noch unter den Begriff „Digital Twin" fassen kann). 149

Fraglich ist auch, ob es sich bei der Schaffung des Digital Twin um eine erfinderische Tätigkeit handeln kann. Eine Erfindung gilt gem. § 4 S. 1 PatG als auf einer erfinderischen Tätigkeit beruhend, wenn sie sich für den Fachmann nicht in naheliegender Weise aus dem Stand der Technik ergibt. Die Problemlösung, die den jeweiligen Digital Twin auszeichnet, dürfte sich also nicht in naheliegender Weise aus dem Stand der Technik ergeben. Hinreichende erfinderische Tätigkeit kann sich dabei auch aus der Vereinfachung bekannter Vorrichtungen ergeben.[245] Bei bloßen Optimierungsmaßnahmen wurde eine erfinderische Tätigkeit jedoch teilweise abgelehnt, sofern sich der Durchschnittsfachmann bereits durch zumutbare Erkundigungen und durch wenig Aufwand verursachende Versuche ein Bild von der Durchführbarkeit der Optimierung machen konnte.[246] In Einzelfällen dürfte die Funktionsweise des Digital Twin aufgrund seiner Komplexität nicht ohne Weiteres herauszufinden sein; vielfach wird ein Digital Twin dann nicht lediglich auf den Regeln der Zweckmäßigkeit[247] beruhen, sondern dürfte darüber hinaus durch innovative 150

[243] EG Nr. 41 zur DatenbankRL.
[244] Spindler/Schuster/*Wiebe* UrhG § 87a Rn. 7 mwN.
[245] Benkard/*Asendorf/Schmidt* PatG § 4 Rn. 117.
[246] Benkard/*Asendorf/Schmidt* PatG § 4 Rn. 110.
[247] Vgl. dazu eingehend BGH Urt. v. 27.4.2010 – X ZR 79/09, GRUR 2010, 814 – Fugenglätter; Urt. v. 12.2.2003 – X ZR 200/99, GRUR 2003, 693 – Hochdruckreiniger; Urt. v. 4.2.2010 – Xa ZR 36/08, GRUR 2010, 602 – Gelenkanordnung.

Simulationsmöglichkeiten die bisherigen Herstellungs-, Prüfungs- und Betriebsprozesse (zB Störungsanalyse, Crash-Test) erheblich verbessern.

§ 24 Medien

Übersicht

Literatur:

Bently/Sherman/Gangjee/Johnson, Intellectual Property Law, 5. Aufl., Oxford 2018; *Binder/Vesting* (Hrsg.), Beck'scher Kommentar zum Rundfunkrecht, 4. Aufl., München 2018; *Bodensiek/Walker,* Livestreams von Gaming Video Content als Rundfunk? Notwendigkeit einer verfassungskonformen Auslegung der Rundfunkzulassungspflicht, MMR 2018, 136; *Bräutigam/Klindt,* Industrie 4.0, das Internet der Dinge und das Recht, NJW 2015, 1137; *Cornils,* Vielfaltsicherung bei Telemedien, AfP 2018, 377; *Dankert/Dreyer,* Social Bots – Grenzenloser Einfluss auf den Meinungsbildungsprozess?, K&R 2017, 73; *Dörr,* Die regulatorische Relevanz der Organisation massenhafter Individualkommunikation unter besonderer Berücksichtigung der Sicherung der Meinungsvielfalt, Gutachten für die GVK der Landesmedienanstalten, Juni 2019, www.die-medienanstalten.de/fileadmin/user_upload/die_medienanstalten/Themen/Intermediaere/2019_06_04_Gutachten_Relevanz_Organisation_massenhafte_Individualkommunikation.pdf (18.2.2021); *Dörr/Natt,* Suchmaschinen und Meinungsvielfalt. Ein Beitrag zum Einfluss von Suchmaschinen auf die demokratische Willensbildung, ZUM 2014, 829; *Dreier/Schulze,* Urheberrechtsgesetz, 6. Aufl., München 2018; *Drexl,* Bedrohung der Meinungsvielfalt durch Algorithmen. Wie weit reichen die Mittel der Medienregulierung?, ZUM 2017, 529; *Ehinger/Grünberg,* Der Schutz von Erzeugnissen Künstlicher Intelligenz im Urheberrecht, K&R 2019, 232; *Eidenmüller,* The Rise of Robots and the Law of Humans, ZEuP 2017, 765; *Epping/Hillgruber* (Hrsg.), BeckOK Grundgesetz, München, 44. Ed., Stand: 15.11.2020; *Ferreau,* Rundfunkbegriff und Rundfunkregulierung – Revision erforderlich?, ZUM 2017, 632; *Gersdorf,* Der geplante Regulierungsansatz gefährdet die Vielfalt, Promedia 2016, 16; *Gersdorf/Paal* (Hrsg.), BeckOK Informations- und Medienrecht, München, 30. Ed., Stand: 1.11.2020; *Gounalakis,* Rechtliche Grenzen der Autocomplete-Funktion von Google, NJW 2013, 2321; *Gräfe/Kahl,* KI-Systeme zur automatischen Texterstellung, MMR 2021, 121; *Grützmacher,* Deliktische Haftung für autonome Systeme – Industrie 4.0 als Herausforderung fürs bestehende Recht, CR 2016, 695; *Griese,* Google ist nicht der richtige Gegner – aber manchmal der einzige, AfP 2019, 189; *Guggenberger,* Das Netzwerkdurchsetzungsgesetz in der Anwendung, NJW 2017, 2577; *Härting,* Rotlichtgerücht: Haftet Google?, K&R 2012, 633; *Hartl,* Suchmaschinen, Algorithmen und Meinungsmacht, Wiesbaden 2017; *Hartstein/Ring/Kreile/Dörr/Stettner/Cole/Wagner* (Hrsg.), Heidelberger Kommentar Rundfunkstaatsvertrag, Stand April 2019, Heidelberg; *Heilmann,* Regulierung von Suchmaschinen, MMR 2020, 162; *Hoeren/Sieber/Holznagel* (Hrsg.), Multimedia-Recht, 54. Erg.-Lfg., München 2021; *Holznagel,* Phänomen „Fake News" – Was ist zu tun?, MMR 2018, 18; *Keßler,* Intelligente Roboter – neue Technologien im Einsatz, MMR 2017, 589; *Kirn/Müller-Hengstenberg,* Intelligente (Software-)Agenten: Von der Automatisierung zur Autonomie? – Verselbstständigung technischer Systeme, MMR 2014, 225; *Kluth/Schulze,* Konvergenz und regulatorische Folgen. Gutachten im Auftrag der Rundfunkkommission der Länder, Hans-Bredow-Institut 2014; *Kreile,* Vorschläge zur Vielfaltsicherung bei Suchmaschinen im Rundfunkstaatsvertrag, ZUM 2017, 268; *Kreile/Thalhofer,* Suchmaschinen und Pluralitätsanforderungen. Ist ohne gesetzliche Regelung der Suchmaschinen der Pluralismus und die Meinungsvielfalt in Gefahr?, ZUM 2014, 629; *Krempl,* EU-Parlament: Aus für Geoblocking bei Rundfunkproduktionen im Netz, heise online 3/2019; *Kühling/Gauß,* Suchmaschinen – eine Gefahr für den

Informationszugang und die Informationsvielfalt?, ZUM 2007, 881; *Ladeur,* Ist der Regierungsentwurf eines NetzDG 2.0 vom 19.2.2020 netzgerecht?, K&R 2020, 248; *Ladeur/Gostomzyk,* Das Medienrecht und die Herausforderung der technologischen Hybridisierung, K&R 2018, 686; *Lauber-Rönsberg,* Autonome „Schöpfung" – Urheberschaft und Schutzfähigkeit?, GRUR 2019, 244; *Legner,* Erzeugnisse Künstlicher Intelligenz im Urheberrecht, ZUM 2019, 807; *Libertus,* Rechtliche Aspekte des Einsatzes von Social Bots de lege lata und de lege ferenda, ZUM 2018, 20; *Liesching,* Die Durchsetzung von Verfassungs- und Europarechts gegen das NetzDG, MMR 2018, 26; *Liesching* (Hrsg.), Nomos Kommentar Netzwerkdurchsetzungsgesetz, Baden-Baden 2018; *Lischka,* Wie Algorithmen Öffentlichkeit strukturieren, AfP 2018, 388; *Meyer,* Aktuelle Rechtsentwicklungen bei Suchmaschinen im Jahre 2012, K&R 2013, 221; *Milker,* „Social Bots" im Meinungskampf, ZUM 2017, 216; *Milstein/Lippold,* Suchmaschinenergebnisse im Lichte der Meinungsfreiheit der nationalen und europäischen Grund- und Menschenrechte, NVwZ 2013, 182; *Möhring/Nicolini,* Urheberrecht, 4. Aufl., München 2018; *Müller-Broich* (Hrsg.), Nomos Kommentar Telemediengesetz, Baden-Baden 2012; *Müller-Terpitz,* Einbindung von Intermediären in das medienrechtliche System der Vielfaltsicherung, AfP 2017, 380; *Neuberger,* Meinungsmacht im Internet aus kommunikationsrechtlicher Perspektive, UFITA 2018, 53; *Neuerer,* Die Digitalisierung bändigen, Handelsblatt Nr. 249 vom 28.12.2018, S. 13; *Nolte,* Hate-Speech, Fake-News, das „Netzwerkdurchsetzungsgesetz" und Vielfaltsicherung durch Suchmaschinen, ZUM 2017, 552; *Oppermann/Classen/Nettesheim* (Hrsg.), Europarecht, 7. Aufl., München 2016; *Oster,* Haftung für Persönlichkeitsverletzungen durch Künstliche Intelligenz, UFITA 2018, 14; *Oster,* Rechtliche Antworten auf die Künstliche Intelligenz im Mediensektor, Medienwirtschaft 1/2019, 32; *Paal,* Vielfaltsicherung bei Intermediären, MMR 2018, 567; *Paal,* Suchmaschinen, Marktmacht und Meinungsbildung, Baden-Baden 2012; *Paal/Heidtke,* Vielfaltssichernde Regulierung der Medienintermediäre nach den Vorschriften des Medienstaatsvertrages der Länder, ZUM 2020, 230; *Paal/Hennemann,* Rechtspolitik im digitalen Zeitalter, ZRP 2017, 215; *Paal/Hennemann,* Meinungsvielfalt im Internet. Regulierungsoptionen in Ansehung von Algorithmen, Fake News und Social Bots, ZRP 2017, 76; *Pfeifer,* Netzwerkdurchsetzungsgesetz: Selbstbehauptung des Rechts oder erster Schritt in die selbstregulierte Vorzensur? – Zivilrechtliche Aspekte, AfP 2018, 14; *Raab,* UN: Warnung vor den Gefahren von Künstlicher Intelligenz für Meinungsfreiheit, MMR-Aktuell 2018, 411952; *Reichwald/Pfisterer,* Autonomie und Intelligenz im Internet der Dinge, CR 2016, 208; *Schricker/Loewenheim* (Hrsg.), Urheberrecht, 6. Aufl., München 2019; *Schütz,* Regulierungen in der digitalen Medienwelt. Fünf aktuelle Herausforderungen, MMR 2018, 36; *Seitz,* Anmerkung zu OLG Köln, Urt. v. 10.5.2012 – 15 U 199/11, ZUM 2012, 994; *Spindler,* Rechtsdurchsetzung von Persönlichkeitsrechten, GRUR 2018, 365; *Spindler,* Roboter, Automation, künstliche Intelligenz, selbststeuernde Kfz – Braucht das Recht neue Haftungskategorien?, CR 2015, 766; *Stark/Dörr/Aufaenger* (Hrsg.), Die Googleisierung der Informationssuche. Suchmaschinen zwischen Nutzung und Regulierung, Berlin 2014; *Stark/Magin/Jürgens,* Politische Meinungsbildung im Netz: Die Rolle der Informationsintermediäre, UFITA 2018, 103; *Steinbach,* Social Bots im Wahlkampf, ZPR 2017, 101; *Stiemerling,* „Künstliche Intelligenz" – Automatisierung geistiger Arbeit, Big Data und das Internet der Dinge, CR 2015, 762; *Stieper,* Die Richtlinie über das Urheberrecht im digitalen Binnenmarkt, ZUM 2019, 211; *Taeger,* Die Entwicklung des IT-Rechts im Jahr 2016, NJW 2016, 3764; *Troge,* Influencer Marketing, GRUR-Prax 2018, 87; *Volkmann,* Hate Speech durch Social Bots, MMR 2018, 58.

I. Überblick

1. Das Internet der Dinge und Medien

1 Der Medienbereich nutzt schon lange die Digitalisierung, insbesondere bei der Herstellung von **Film- und Fernsehwerken, Presseartikeln** und dem **Vertrieb von Produktionen.** Auch in den Haushalten haben die digitalen Medien Einzug gehalten. Smart Speaker, also mit dem Internet verbundene Lautsprecher, transportieren Medieninhalte zum Hörer; sie besitzen die Funktion eines intelligenten persönlichen Assistenten (IPA).[1] Zu den Musik- und Audio-Dateien, die über Smart Speaker verbunden werden, zählen Musikstreaming-Dienste, Anbieter von Podcasts, Nachrichten und weitere Audio-Dienste. Daneben treten intelligente Bildtongeräte wie Fernseher mit WLAN-Funktionen, OTT-Funktionalitäten,[2] Tablets und Handys, auf denen Inhalte wie Musik, Rundfunk oder Filme gestreamt werden. Auch Smart Watches können Audio- und Videoinhalte transportieren.

2 Künftig werden nicht nur klassische Medienunternehmen die IoT-Geräte zur Verbreitung von Inhalten nutzen, sondern auch Automobilunternehmen, Versicherungen oder

[1] Den größten Anteil dieses Gerätetyps haben Alexa von Amazon und Siri von Apple.

[2] OTT = Over-the-top Content. Audio- und Videoinhalte werden ohne Kontrolle oder Involvierung des Providers über Internetzugänge übertragen.

Unternehmen der Gesundheitsindustrie. IoT-Geräte ermöglichen den direkten Zugang zum Endnutzer. Gleichwohl müssen Inhalte aber nach wie vor erst produziert werden. Beim Herstellungsprozess von Film- und Fernsehwerken wird der digitale Datentransfer genutzt. Dies bedeutet aber nicht, dass die Filmproduktion zu einer „Smart Industry" aufsteigt. Medien haben eine elementare Bedeutung für das **demokratische Gemeinwesen** und die **öffentliche Kommunikation.** Vor diesem Hintergrund werden Fragen der Künstlichen Intelligenz (KI), Algorithmen, Roboterjournalismus, Big Data und Bedrohungen für Meinungsvielfalt rechtlich und rechtspolitisch kontrovers diskutiert. Gegenstand der Auseinandersetzung sind neben medienregulatorischen Fragen auch die Schutzfähigkeit von Medieninhalten, die durch KI geschaffen werden. Das Europäische Parlament[3] behandelt zwar Erscheinungsformen der KI, verzichtet aber auf eine Definition.

Die Industrie, und nicht nur die Medienindustrie, wird künftig Medieninhalte und Informationen über Smart-Home-Geräte transportieren, die Automobilindustrie ihre Fahrzeuge zu Connected Cars entwickeln. Aber auch künftig gilt, dass für diese Anwendungen die medienregulatorischen, urheberrechtlichen und persönlichkeitsrechtlichen Anforderungen zu beachten sind, deren Rahmen im Folgenden dargestellt wird. 3

2. Öffentlich-rechtlicher Rechtsrahmen

Die Schaffung eines öffentlich-rechtlichen Rechtsrahmens, der Intermediären wie Suchmaschinen, sozialen Netzwerken und Plattformen Pflichten auferlegt, ist mit dem im Herbst 2020 in Kraft getretenen Medienstaatsvertrag (MStV) erfolgt. Der neue MStV übernimmt teilweise die Definitionen aus dem Rundfunkstaatsvertrag, hat aber die Regelungen zu Rundfunkbegriff, Plattformregulierung und Intermediäre überarbeitet. Im Mittelpunkt der Diskussion standen insbesondere die Erforderlichkeit einer medienrechtlichen Zulassung und regulatorische Ansätze der Kontrolle derjenigen Künstlichen Intelligenz, die meinungsrelevante Inhalte produziert. Die Politik fordert die „kritische Überprüfung von Marktmachtkonzentration" der digitalen Verbreitungswege, die nicht nur Daten, sondern auch Inhalte transportieren. Dies führt zu der Forderung eines zukunftsgewandten Rechtsrahmens, der mit dem Medienstaatsvertrag teilweise auf den Weg gebracht wurde, aber zu dem Kernanliegen der Medienordnung, nämlich **Meinungsvielfalt** zu gewährleisten, künftig noch weiter präzisiert werden muss. 4

II. Konkrete branchenspezifische Anwendungen

1. Künstliche Intelligenz und Medien

Eine zentrale Forderung der Politik besteht darin, dass beim Einsatz von KI der Mensch die letzte Entscheidungsinstanz bleiben muss. So darf bspw. im Medienbereich die Verantwortung für einen bestimmten Inhalt nicht komplett auf eine Maschine ausgelagert werden, sondern muss bei einer natürlichen oder juristischen Person verbleiben. Wenn eine Maschine einen eigenen Inhalt produziert, so muss dieser Inhalt noch auf eine natürliche oder juristische Person zurückgeführt werden können, die dann die Verantwortung für den entsprechenden Inhalt übernimmt. 5

KI kann Medieninhalte schaffen, was die Frage aufwirft, ob es dem Menschen dabei noch möglich ist, die letzte Instanz zu bleiben. Unterstellt man, dass bei einem durch KI erstellten Medieninhalt eine natürliche oder juristische Person noch auf den Inhalt einwirken kann, muss geklärt werden, an wen sich die Regulierung richten soll: an den Menschen, der die Nachricht oder den journalistischen Inhalt verbreitet, oder an den Betreiber der KI? Dabei kann der Verbreiter der Nachricht oder des journalistischen Inhalts identisch 6

[3] Entschließung des Europäischen Parlaments v. 16. Februar 2017 mit Empfehlungen an die Kommission zu zivilrechtlichen Regelungen im Bereich Robotik (2015/2103 NL).

sein mit dem Betreiber der KI, allerdings können diese auch auseinanderfallen. Der Einsatz von **Social Bots** wirft neben urheberrechtlichen Fragen va Fragen nach einer Kennzeichnungspflicht auf. Eine **Kennzeichnungspflicht** soll ermöglichen, dass Persönlichkeitsrechtsverletzungen auf eine natürliche oder juristische Person zurückgeführt werden können.

7 Daten können heute in Echtzeit übertragen werden und es gibt durch KI erschaffene Algorithmen, die es erlauben, Ereignisse vorauszusehen. Ein Echtzeitereignis wie bspw. ein Stau kann so schon heute vor seiner Entstehung prognostiziert werden. Wenn die Daten des aufkommenden Staus bekannt sind, kann die KI hieraus eine Nachricht entwickeln. Ob diese Nachricht bereits journalistische Qualität aufweist, kann bezweifelt werden. Dennoch stellt sie für eine Vielzahl von Menschen eine wichtige Information dar und ist daher dem publizistischen Bereich zuzuordnen. Spannender dürfte die Entwicklung von dem anthropogenen zum algorithmischen Journalismus als einer besonderen Form der Kommunikations-KI werden.[4] Denn hier unterstützt der Algorithmus nicht mehr den Journalisten, der Algorithmus selbst führt die journalistische Arbeit[5] durch und verbreitet diese an den Leser. Wer Informationen an eine unbestimmte Zahl von Lesern oder Hörern publiziert und mit diesen Inhalten die öffentliche Meinung beeinflusst, muss sich auch seiner Verantwortung als Medienunternehmen stellen. Er muss sich an die journalistischen Sorgfaltspflichten wie Wahrheitspflicht oder Beachtung der Persönlichkeitsrechte halten oder ggf. bezahlten Journalismus offenlegen, er kann sich aber auf der anderen Seite dann auch auf die Medienprivilegien, zB Art. 85 Abs. 2 DS-GVO oder auch auf Art. 5 GG, berufen.[6]

8 Brisant für den Medienjournalismus ist die Fähigkeit der KI, aufgrund von Bewegungsdaten und Erkenntnissen aus Hirnströmen die Anwendung von Gewalt durch einzelne Personen vorherzusagen. Bei Demonstrationen können so Bewegungsprofile von gewaltbereiten Teilnehmern durch eine KI analysiert und nachvollzogen werden. Für die Polizei ist das eine Möglichkeit der Gewaltprävention und eine Erleichterung für ihre Einsätze, aber auch für die journalistische Berichterstattung sind die KI-Analysen interessant. Wenn die KI einen möglichen Gewaltausbruch bei einer Demonstration berechnen kann, ist es ihr möglich, bereits vor dem eigentlichen Echtzeitergebnis einen „Artikel zu verfassen". Den Artikel bekommen die Teilnehmer der Demonstration sodann über eine Push-Nachricht in Echtzeit auf ihre mobilen Geräte wie Smartphones, Tablets, Wearables etc geschickt. Für einen solchen „Echtzeitjournalismus" wird entscheidend sein, wie der Algorithmus programmiert ist, wie dieser eine gewaltsame Demonstrationen definiert, beschreibt und bewertet. Ein solcher Artikel ist bedeutend für die Meinungsbildung und besitzt Meinungsrelevanz. Daher muss hier auch der Staat mit seiner Medienregulierung ansetzen und die presserechtliche Verantwortung für derartige Artikel klar bestimmen.

2. Algorithmische Sortiersysteme

9 Plattformbetreiber erstellen und betreiben **algorithmische Sortiersysteme.** Auch journalistische Inhalte, die durch Künstliche Intelligenz geschaffen wurden, unterliegen diesem Sortiersystem der Plattform. Im **Internet der Dinge** kommt der Plattform für die Verbreitung und Verteilung der Inhalte eine entscheidende Rolle zu. Dabei ist es gleich, um welche Art von Inhalten es sich handelt, seien es journalistische, unterhaltende oder auch bildende Medieninhalte. Ein Beitrag zur Sicherung der Meinungsvielfalt für insoweit durch KI geschaffene Inhalte kann darin bestehen, dass es mehrere algorithmische Sortiersysteme gibt und diese zu differenzierten Aussagen gelangen.[7] Sollte es aufgrund der

---

4 Vgl. hierzu *Oster* Medienwirtschaft 1/2019, 32 (34).

5 In der journalistischen Literatur werden dafür Begriffe wie Roboterjournalismus, Computerjournalismus oder Datenjournalismus verwendet; s. hierzu auch *Oster* UFITA 2018, 14 (34).

6 Vgl. *Oster,* Medienwirtschaft 1/2019, 32 (36).

7 Vgl. hierzu *Lischka* AfP 2018, 388 (388).

Marktmacht bestimmter Plattformbetreiber nicht gelingen, Meinungsvielfalt durch unterschiedliche algorithmische Sortiersysteme herbeizuführen, bedarf es der Medienregulierung und Vorschriften für Plattformen und Intermediäre, um den **Vielfaltsanforderungen** gerecht werden zu können. Dies wird im folgenden Kapitel dargestellt.

3. Telemedien

Mediale Inhalte können künftig in weiten Bereichen als **Telemedien** transportiert werden. Telemedien sind elektronische Informations- und Kommunikationsdienste, die kein Rundfunk sind.[8] Beispielsweise zählen auch Abrufdienste zu den Telemedien. Auch Plattformen, die kein Telekommunikationsdienst nach § 3 Nr. 25 TKG sind, fallen unter Telemedien, wenn sie bspw. eine Plattform für Ärzte sind, die auf diese Weise medizinische Untersuchungen austauschen oder Vorlesungen über Krankheitssymptomen einer unbegrenzten Zahl von Studierenden anbieten. Unternehmen nutzen elektronische Plattformen für Weiterbildungsmaßnahmen. Güterindustrien nutzen die Plattformen für den Absatz ihrer Waren, wobei der Vertriebskanal längst ein wichtiges Marketing- und Werbeinstrument ist. Inhalte, die keine Medieninhalte sind oder Meinungsrelevanz besitzen, gelten als Telemedien. Deren Ordnungsrahmen wird im nachfolgenden Kapitel ebenfalls dargestellt. 10

III. Branchenspezifischer Rechtsrahmen im Bereich der Medien

1. Regulierung von Plattformen und Intermediären

a) Sicherung der Meinungsvielfalt

Zentrales Regelungsziel des Rundfunkrechts der Länder ist die verfassungsrechtlich gebotene Sicherung der Meinungsvielfalt Art. 5 Abs. 1 S. 2 GG, durch Regelungen, die zum einen eine vorherrschende Meinungsmacht verhindern (negative Vielfaltsicherung) und zum anderen für ein möglichst vielfältiges Angebot sorgen (positive Vielfaltsicherung). Für das Rundfunkrecht bestehen detaillierte Regelungen, um Meinungsvielfalt zu gewährleisten, wohingegen für Intermediäre (so zB Suchmaschinen) im Rundfunkstaatsvertrag entsprechende Bestimmungen fehlten. 11

Mit dem im Herbst 2020 in Kraft getretenen Staatsvertrag zur Modernisierung der Medienordnung in Deutschland (Medienstaatsvertrag – MStV) haben die Länder nunmehr Regelungen für die Bereiche Transparenz[9] und Diskriminierungsfreiheit beschlossen. So haben nach § 93 MStV Anbieter von Medienintermediären zur Sicherung der Meinungsvielfalt bestimmte Informationen leicht wahrnehmbar, unmittelbar erreichbar und ständig verfügbar zu halten, nämlich insbesondere ihre Kriterien, die über den Zugang eines Inhalts zu einem Medienintermediär und über deren Verbleib entscheiden, sowie die zentralen Kriterien einer Aggregation, Selektion und Präsentation von Inhalten. Anbieter von Medienintermediären, die eine thematische Spezialisierung aufweisen, sind nach § 93 Abs. 2 MStV dazu verpflichtet, diese Spezialisierung durch die Gestaltung ihres Angebots wahrnehmbar zu machen. 12

Die Transparenzvorschriften für Medienintermediäre lehnen sich an die übliche Impressumspflicht an und sollen es dem Nutzer erleichtern, auch entsprechende Beschwerden vorzutragen. Hierzu sieht § 92 MStV vor, dass Anbieter von Medienintermediären im Inland einen Zustellungsbevollmächtigten zu benennen haben und auf ihrem Angebot in leicht erkennbarer und unmittelbar erreichbarer Weise auf diesen Zustellungsbevollmächtigten aufmerksam machen. Bei journalistisch-redaktionell gestalteten Angeboten müssen 13

[8] Vgl. hierzu HK-RStV/*Dörr* RStV § 2 Rn. 31 f.
[9] Vgl. zum Transparenzgebot und zum Diskriminierungsverbot *Paal/Heidtke,* ZUM 2020, 230 (236).

die Medienintermediäre gem. § 94 Abs. 1 MStV diese Angebote diskriminierungsfrei auf ihren Plattformen anbieten, dies ist Teil der Bestimmungen zur Sicherung der Medienvielfalt. Auch definiert § 94 Abs. 2 MStV, wann eine Diskriminierung vorliegt. Diese ist dann gegeben, wenn ohne sachlich gerechtfertigten Grund von den Transparenzvorschriften abgewichen wird oder die Transparenzkriterien dazu genutzt werden, um ein Angebot unmittelbar oder mittelbar systematisch zu behindern. Verstöße gegen die Diskriminierung können nach § 94 Abs. 3 MStV von der zuständigen Landesmedienanstalt von Amts wegen verfolgt werden und gem. § 115 Abs. 1 S. 2 Nr. 43 MStV mit einem Bußgeld belegt werden.

14 Die Bedeutung von Intermediären für das Aufsuchen und die Vermittlung von Informationen in der digitalen Welt nimmt stetig zu. Problemanalysen zur Rolle von Intermediären im Prozess der öffentlichen Willensbildung[10] haben Folgendes hervorgebracht:

- Der **Zugang zu Informationen im Internet** erfolgt zu wesentlichen Teilen über Suchmaschinen. Dabei hängt die Wahrnehmbarkeit einzelner Netzinhalte für die Mehrheit der Internetnutzer von deren Auffindbarkeit durch die Suchmaschine ab. Der Großteil der Bevölkerung benutzt täglich Intermediäre, va Suchmaschinen, um auf Informationen zugreifen zu können. Bei den Internetnutzern ab 14 Jahren liegt der Anteil bei über 57 Prozent, bei den Internetnutzern der 14–29-Jährigen bei mehr als 72 Prozent.[11]
- Suchmaschinen entwickeln zunehmend auch **eigene Inhalte** und treten so in direkte publizistische Konkurrenz zu anderen Anbietern von Inhalten.[12] Die Kombination von der „Auffindungssteuerung" und eigenen Inhalten macht Suchmaschinen zu (potenziell) missbrauchsanfälligen „integrierten Informationsportalen".
- Die Anzahl der beantworteten Suchanfragen verbessert die Qualität der Sucherergebnisse wesentlich, sodass allein die **Funktionsweise von Suchmaschinen** die Bildung monopolartiger Strukturen begünstigt. Es ist eine hohe Zahl von Suchanfragen erforderlich, um Suchergebnisse in einer wettbewerbsfähigen Qualität anbieten zu können. Darüber hinaus sorgen Log-in und Netzwerkeffekte für eine starke Bindung der Nutzer und erschweren den Markteintritt neuer Konkurrenten. Die Folge davon ist, dass die Nutzung von Suchmaschinen global sowie national einen hohen Konzentrationsgrad aufweist. Der Anteil der von Google kontrollierten Suchvorgänge in Deutschland beträgt über 90 Prozent.[13]
- Die Suchmaschinen sortieren die Suchergebnisse mithilfe eines **Algorithmus.** Dieser muss als **meinungsrelevanter Faktor** verstanden werden. Dem Algorithmus liegen vom Anbieter getroffene und sich ständig verändernde Wertungsentscheidungen zugrunde, die die Auswahl und Reihenfolge der angezeigten Ergebnisse bestimmen. Dabei schaffen Elemente wie die personalisierte Suche und die automatische Vervollständigung von Suchanfragen zusätzlich die **Gefahr einer verzerrten Wahrnehmung** der tatsächlich existierenden Bandbreite der Inhalte.

15 Aufgrund der Angebots- und Nutzerstruktur des Internets war es allerdings weder möglich noch sinnvoll, die bestehenden Vorschriften der Vielfaltsicherung aus der Rundfunkregulierung genau auf den Bereich der Suchmaschinen auszuweiten. Vielmehr versucht der MStV mit der Neuregelung im V. Abschnitt einen eigenen, an die Rundfunkregulie-

---

[10] Vgl. hierzu *Kluth/Schulz,* Konvergenz und regulatorische Folgen, erstellt im Auftrag der Rundfunkkommission der Länder, www.hans-bredow-institut.de/uploads/media/Publikationen/cms/media/d74b139d80000c12483526a23a55bf89f9d971c6.pdf (18. 2. 2021); *Stark/Dörr/Aufenanger* Die Googleisierung der Informationssuche; *Paal* Suchmaschinen, Marktmacht und Meinungsbildung.

[11] Kantar TNS, Wie häufig und wofür werden Intermediäre genutzt? Die quantitative Perspektive der Zusatzbefragung in der Mediengewichtungsstudie, Ergebnisbericht Folie 24, 20, 23 und 25, //bit.ly/2jx9Psu (18. 2. 2021); *Müller-Terpitz* AfP 2017, 380 (380).

[12] Vgl. *Gersdorf* Promedia 2016, 16, www.medienpolitik.net/2016/12/medienregulierung-der-geplante-regulierungsansatz-gefaehrdet-die-vielfalt/ (18. 2. 2021).

[13] Vgl. hierzu die Übersicht über die Marktanteile führender Suchmaschinen in Deutschland, de.statista.com/statistik/daten/studie/167841/umfrage/marktanteile-ausgewaehlter-suchmaschinen-in-deutschland/ (25. 10. 2018).

rung angelehnten Rechtsrahmen zu schaffen. Gleichzeitig dürfen aber auch die durch Künstliche Intelligenz und die von ihr geschaffenen Ergebnisse mit Meinungsrelevanz nicht aus dem Schutzbereich der Meinungsfreiheit gem. Art. 5 Abs. 1 S. 1 GG herausfallen und müssen sich gleichzeitig auch nach den allgemeinen Gesetzen richten.

b) Zweck und Zielsetzung von Art. 5 GG

Art. 5 Abs. 1 S. 1 GG schützt die Freiheit, seine **Meinung frei zu äußern und zu verbreiten,** sowie das Recht, sich aus allgemein zugänglichen Quellen ungehindert zu unterrichten. Das Grundrecht der Meinungsfreiheit ist essenziell für die geistige Freiheitsentfaltung in der Kommunikation und nach ständiger Rechtsprechung des BVerfG **Eckpfeiler unserer freiheitlich-demokratischen Verfassungsordnung.**[14] Nach der bekannten Lüth-Rechtsprechung des BVerfG ist „das Grundrecht auf freie Meinungsäußerung (…) unmittelbarster Ausdruck der menschlichen Persönlichkeit" und damit „eines der vornehmsten Menschenrechte überhaupt".[15] Art. 5 Abs. 1 S. 2 GG schützt die Pressefreiheit sowie die Freiheit der Berichterstattung durch Rundfunk und Film. 16

Die Freiheit der Meinungsäußerung und Meinungsverbreitung wird grundsätzlich ungeachtet des jeweiligen Meinungsinhaltes geschützt. Der Staat darf die Meinungsfreiheit nach **Art. 5 Abs. 2 GG** zum Schutze anderer Rechtsgüter beschränken, allerdings nur aufgrund eines **„allgemeinen Gesetzes"**, das heißt, dass der Gesetzgeber **kein Sonderrecht** erlassen kann, welches die geistige Wirkung bestimmter Meinungsäußerungen unterbinden will und den Prozess der freien Meinungsbildung behindert.[16] Der Kommunikationsprozess sowie die Freiheit, an diesem teilzunehmen, fallen in den sachlichen Schutzbereich von Art. 5 Abs. 1 S. 1 GG. 17

Primär sind Grundrechte **Abwehrrechte des Bürgers gegen den Staat,** allerdings kommt den Grundrechten auch eine **objektivrechtliche Ebene** zu, sodass neben dem Abwehranspruch des Bürgers gegen staatliche Eingriffe der Gesetzgeber darüber hinaus verpflichtet ist, den Prozess der freien Meinungsbildung zu schützen. Wo es erforderlich ist, muss der Gesetzgeber die **Voraussetzungen für eine freie Meinungsbildung schaffen.** Darüber hinaus unterliegt es dem Gesetzgeber, für eine **positive Ordnung** zu sorgen, um eine hinreichende **Meinungsvielfalt** sicherzustellen. Der Gesetzgeber hat eine **Einschätzungsprärogative,** ob und inwieweit er tätig wird. Er muss dann tätig werden, wenn Zweifel bestehen, ob der grundrechtliche Schutz der Meinungsfreiheit sowie der Rundfunkfreiheit noch hinreichend gewährleistet werden kann, oder wenn die Meinungsvielfalt, etwa durch vorherrschende Meinungsmacht, bedroht wird.[17] In seiner ständigen Rechtsprechung betont das BVerfG, dass Fehlentwicklungen bei dem Schutz der Meinungsvielfalt nur schwer oder gar nicht rückgängig zu machen sind.[18] Daher kommt der objektiven Schutzpflicht des Staates im Bereich der **Mediengrundrechte** eine besondere Bedeutung zu. 18

Die Rundfunkfreiheit ist eine dienende Freiheit,[19] indem sie der individuellen und öffentlichen Meinungsbildung in einem umfassenden Sinne dient. Nach der ständigen Rechtsprechung des BVerfG[20] ist die Freiheit der privaten und öffentlichen Meinungsbildung eine grundlegende Voraussetzung für die Persönlichkeitsentfaltung und das demokratische Gemeinwesen. Das Gericht misst den Massenkommunikationsmitteln Presse und Rundfunk diese **fundamentale Bedeutung für die Meinungsbildung** bei, denn indem diese Informationen und Meinungen äußern und verbreiten, tragen sie wesentlich zum 19

[14] BVerfG Beschl. v. 15.1.1958 – 1 BvR 400/51 Rn. 31 ff., GRUR 1958, 254 – Veit Harlan.
[15] BVerfG Beschl. v. 15.1.1958 – 1 BvR 400/51 Rn. 31 ff., GRUR 1958, 254 – Veit Harlan.
[16] Zu der Bedeutung von allgemeinen Gesetzen: BVerfG Beschl. v. 4.11.2009 – 1 BvR 2150/08 Rn. 10, NJW 2010, 47 – Wunsiedel.
[17] Weiterführende Anmerkungen dazu *Hartl* Suchmaschinen, Algorithmen und Meinungsmacht S. 143 ff.
[18] Vgl. BVerfG Urt. v. 16.6.1981 – 1 BvL 89/78,NJW 1981, 1774; *Müller-Terpitz* AfP 2017, 380 (381).
[19] Vgl. BVerfG Urt. v. 5.2.1991 – 1 BvF 1/85 Rn. 399, NJW 1991, 899.
[20] BVerfG Beschl. v. 15.1.1958 – 1 BvR 400/51 Rn. 25, GRUR 1958, 254 – Veit Harlan.

(öffentlichen) Kommunikationsprozess bei. Gerade der Rundfunk bedarf wegen seiner **Breitenwirkung, Aktualität** und **Suggestivkraft** einer gesetzlichen Ordnung, die den Missbrauch dieses Mediums zur einseitigen Einflussnahme auf die öffentliche Meinung verhindert und die Meinungsvielfalt sichert. Multimediale Meinungsmacht und Informationsmonopole sind mit einer parlamentarischen Demokratie nicht zu vereinbaren.[21]

20 Da der Presse ebenfalls eine erhebliche – allerdings geringere – Breitenwirkung zukommt, sieht das BVerfG den Gesetzgeber auch hier in der Pflicht, durch entsprechende Vorkehrungen das in Art. 5 Abs. 1 S. 2 GG angelegte Institut der freien Presse zu gewährleisten, etwa durch Festlegung von Zutrittsrechten der Presse zu öffentlichen Veranstaltungen, das Gebot der Neutralität des Presse-Grosso und die pressespezifische Fusionskontrolle.[22]

21 Neben Art. 5 Abs. 1 S. 1 GG gewährleisten auch Art. **10 Abs. 1 EMRK** und **Art. 11 GRCh** die **Offenhaltung von Kommunikationsprozessen** sowie **die kommunikative Chancengleichheit.**[23] Der EGMR sieht Art. 10 Abs. 1 EMRK und Art. 11 GRCh wegen ihrer **herausragenden Bedeutung** für die Demokratie als besonders schützenswert an.[24] Art. 10 Abs. 1 EMRK gewährleistet neben den abwehrrechtlichen Ansprüchen des Bürgers gegen den Staat nach dem heutigen Verständnis der Konventionsrechte von Rechtsprechung und Literatur auch **positive Handlungspflichten des Staates** zum Schutz der Meinungsfreiheit. Diese Handlungspflichten haben nach der Rechtsprechung des EGMR eine besondere Bedeutung, vor allem bei der **Sicherung der Rundfunkfreiheit und des Pluralismus** in den Medien.[25]

Die vorstehenden Grundsätze müssen auch bei durch KI geschaffenen Medieninhalten gelten.

c) Meinungsvielfalt als Schutzgut

22 Meinungsvielfalt (oder auch Meinungspluralismus) beschreibt einen Zustand, in dem keine Meinung vorherrschend ist und damit keine vorherrschende Meinungsmacht besteht. Dafür müssen alle Meinungsrichtungen, auch die Meinungen von Minderheiten, im öffentlichen Diskurs Anklang finden können und widergespiegelt werden. Darüber hinaus dürfen Einzelne keinen ungleichgewichtigen Einfluss auf die Bildung der öffentlichen Meinung nehmen. Ansonsten kann sich eine vorherrschende Meinungsmacht herausbilden und die verfassungsrechtlich gewährleistete Meinungsvielfalt gefährden. Es darf keine Situation eintreten, in der die individuelle oder öffentliche Meinungsbildung einem Einzelnen oder einer einzelnen gesellschaftlichen Gruppe ausgeliefert ist oder andere Gruppen vom Meinungsbildungsprozess ausgeschlossen werden.

23 Durch Entstehung von vorherrschender Meinungsmacht ist die Meinungsvielfalt gefährdet.[26] Diese kann sich aufgrund bestimmter Algorithmen auch durch KI geschaffene Inhalte ergeben. Dies insbesondere in den Fällen, in denen der Algorithmus so programmiert ist, dass er nur einseitige Informationen abgibt oder der Algorithmus einer Suchmaschine so filtert, dass stets nur eine Meinungsrichtung als Treffer angezeigt wird. Der Staat darf nicht erst Meinungsmonopole im Bereich durch KI geschaffener Verbreitungswege abwarten, sondern muss präventiv geeignete Vorkehrungen treffen, damit die Meinungsvielfalt geschützt ist und eine Vielfalt an bestehenden Meinungen in größtmöglicher Breite, Vollständigkeit und möglichst ungekürzt abgebildet werden kann. Dabei obliegt es dem Gesetzgeber, Tendenzen der Konzentration von Meinungen oder vorherrschender Meinungs-

---

[21] Vgl. BVerfG Urt. v. 16.6.1981 – 1 BvL 89/78 Rn. 110, NJW 1981, 1774.
[22] BVerfG Beschl. v. 22.8.2000 – 1 BvR 77/96 Rn. 4, NJW 2001, 507.
[23] *Müller-Terpitz* AfP 2017, 380 (381).
[24] *Oppermann/Classen/Nettesheim,* § 17 Rn. 57; EGMR Urt. v. 23.4.1992 – 2/1991/254/325, ÖJZ 1992, 803 – Castells v. Spain.
[25] BeckOK InfoMedienR/*Cornils* EMRK Art. 10 Rn. 11; s. auch *Kreile/Thalhofer* ZUM 2014, 629 (632).
[26] BVerfG Beschl. v. 4.11.2009 – 1 BvR 2150/08, MMR 2010, 199.

macht rechtzeitig zu erkennen und möglichst wirksam entgegenzutreten. Der **Schutz der Meinungsvielfalt** muss auch beachtet werden, wenn **durch KI vorherrschende Meinungsmacht** entstehen kann.

aa) Zielsetzung der Meinungsvielfalt bei Intermediären – verfassungsrechtliche Ausgangslage. Die private und öffentliche Meinungsbildung erfolgt mittlerweile maßgeblich auch in den vielfältigen neuen privatwirtschaftlich erbrachten Kommunikationsdiensten. Diese zeichnen sich durch eine erhebliche Breitenwirkung aus, indem sie auf viele Menschen Einfluss nehmen können und einen großen Personenkreis erreichen. Suchmaschinen und andere Intermediäre können nach dem heutigen Stand der Technik auch unmittelbar auf Ereignisse reagieren und sie in ihr Programm aufnehmen, sodass ihnen wie dem Rundfunk und der Presse Aktualität zukommt. Zwar haben Suchmaschinen grundsätzlich keine Suggestivkraft,[27] soweit ihre vorrangige Dienstleistung das Erstellen einer Trefferliste ist, der in der Regel keine erhöhte Authentizität durch die Kombination von Texten, Ton und Bild zukommt. Eine andere Bewertung ergibt sich aber bei sozialen Plattformen, die Inhalte mit Bildern oder Videos verbinden und daher eine ähnliche Suggestivkraft aufweisen wie Angebote des klassischen Rundfunks. 24

Wegen der erheblichen Breitenwirkung und zunehmender Aktualität von Intermediären (va Suchmaschinen) besteht das Erfordernis einer gewissen Pluralität zur Wahrung einer freien Meinungsbildung, was eine publizistische Steuerung dieser Dienste durch Gesetz, vergleichbar der Rundfunkordnung, erforderlich machen dürfte.[28] Das BVerfG hat sich bislang noch nicht zu der Gewährleistung der Meinungsvielfalt auf den Plattformen geäußert, allerdings hebt das Gericht in seiner neueren Rechtsprechung hervor, dass auch eine sehr hohe Zahl von Programmangeboten nicht unbedingt die publizistische Vielfalt sicherstellen kann, weswegen der Gesetzgeber weiterhin zur Gewährleistung der Pluralität angehalten sei. Die bloße Vielfalt der neuartigen Kommunikationsdienste spricht demnach noch nicht gegen ihre Regulierungsbedürftigkeit. Die für die Meinungsvielfalt beachtende Realität im Internet ist, dass der Zugang zu Informationen weit überwiegend über nur eine Suchmaschine erfolgt, auch wenn andere Angebote zur Verfügung stehen und hauptsächlich die Dienste Facebook, Google, YouTube und Twitter aufgerufen werden, um Zugang zu einzelnen Inhalten zu erhalten. Der Einfluss der Suchmaschine Google zeigt sich auch instruktiv anhand der 50 weltweit meistbesuchten Internetseiten 2018. Google belegt nicht nur die ersten drei Plätze, sondern ist über zehnmal vertreten in dieser Liste.[29] 25

Jeder kann seine Meinung im Internet frei äußern und sich (vermeintlich) unbeschränkt informieren, was grundsätzlich die **Informationsvielfalt** und **öffentliche Meinungsbildung stärkt.** Suchmaschinen machen das Internet mit seinen grenzenlosen Informationen überhaupt erst sinnvoll nutzbar.[30] Sie ermöglichen einen einfachen Zugriff auf Online-Inhalte. Aufgrund der immensen Masse an Informationen im Internet und der **„Gatekeeper"** Stellung von Informationsintermediären, liegt es an den Betreibern von Suchmaschinen für einen offenen, transparenten und diskriminierungsfreien Zugang zu Informationen und Märkten zu sorgen.[31] Ihnen kommt dabei eine **„Garantenstellung" für eine vielfältige Medienlandschaft** zu.[32] 26

---

[27] Vgl. hierzu *Kreile/Thalhofer* ZUM 2014, 629 (632).
[28] Vgl. hierzu auch *Heilmann,* MMR 2020, 163 (164) der darauf verweist, dass von global agierenden Unternehmen wie Facebook und Google eine Meinungsbildungsrelevanz ausgeht und der eine dem Rundfunk vergleichbare Regelung fordert.
[29] de.wikipedia.org/wiki/Liste_der_meistaufgerufenen_Websites (17.12.2018).
[30] *Dörr/Natt* ZUM 2014, 829 (831).
[31] *Paal* MMR 2018, 567 (567).
[32] *Dörr/Natt* ZUM 2014, 829 (830).

27 Problematisch ist, dass private Suchmaschinen nicht frei von wirtschaftlichen Zwängen sind und daher Ergebnisse prominent angezeigt werden, für die die meisten Werbeeinnahmen erzielt werden und die die größte Reichweite haben.[33] Die Relevanz einer Seite steigt je nachdem, wie viele Nutzer bereits auf deren Inhalt zugegriffen haben. Das birgt die Gefahr, dass sich das **wahrnehmbare (öffentliche) Meinungsspektrum verengt,** dass sich **Mehrheitsmeinungen perpetuieren** und sich durch daraus resultierenden antipluralistischen Tendenzen eine **weniger offene Gesellschaft** herausbildet.[34] Auch besteht die Gefahr, dass bestimmte Inhalte nicht auffindbar sind und der Internetnutzer sich nicht umfassend, und fundiert informieren kann. Das ist aber geboten, wenn der Nutzer den Dienst der Suchmaschine in Anspruch nimmt, um sich eine Meinung zu bilden. Der **freie und unbeeinflusste Meinungsbildungsprozess** ist als wesentliche Vorstufe zur Meinungsfreiheit durch **Art. 5 Abs. 1 S. 1 GG** geschützt. Genauso ist die **kommunikative Chancengleichheit** gefährdet, wenn nur noch bestimmte Inhalte aufgefunden werden können und andere nicht. Die Informationsintermediäre „kanalisieren und steuern"[35] **Meinungsbildungsprozesse.** Dabei kommt ihnen **Meinungsrelevanz und – Macht** zu. Sie nehmen Einfluss auf die politische Meinungsbildung, und im Hinblick auf personalisierte Angebote kann es zu **Wahrnehmungsverzerrungen** und **beschränkter Wahrnehmbarkeit von Inhalten** bei Nutzern führen.[36]

28 Die **personalisierte Suche** birgt auch die Gefahr der **„Blasenbildung".** Bei personalisierten Suchergebnissen wird für die Relevanz der Treffer hauptsächlich auf das bisherige Nutzungsverhalten des Nutzers geschaut. Es kann dadurch zu **Wahrnehmungsverzerrungen** kommen, im schlimmsten Fall so weit, dass der Nutzer divergierende Meinungen und Auffassungen nicht mehr wahrnimmt und sich mit diesen nicht mehr auseinandersetzt. In einer Demokratie ist es allerdings essenziell, dass ein Meinungsaustausch stattfindet und dass man in der Lage ist, sich kritisch mit anderen Meinungen auseinanderzusetzen.[37]

29 Vor diesem Hintergrund gilt es, Informationsintermediäre, va Suchmaschinen, nicht zu „dämonisieren".[38] Allerdings muss eine **(sachliche) Diskussion über die Gefahrenpotenziale** von **Informationsintermediären** stattfinden, in der das Gefahrenpotenzial für den Prozess des **Meinungspluralismus** und der **kommunikativen Chancengleichheit** beleuchtet wird.[39] Gleichzeitig ist es erforderlich, mehr Bewusstsein für diese Thematik zu schaffen; es bedarf **aufgeklärter, kritischer Internetnutzer mit entsprechender Medienkompetenz.**[40] Die Gefahren für den politischen Willensbildungsprozess können noch nicht abschließend beurteilt werden[41], aber gerade, wenn man mit der Rechtsprechung des Bundesverfassungsgericht davon ausgeht, dass Fehlentwicklungen im Bereich des Meinungspluralismus nur schwer rückgängig gemacht werden können, ist der Gesetzgeber in Hinblick auf die Gewährung des Schutzes aus Art. 5 Abs. 1 GG zum Handeln angehalten.[42]

30 Ziel muss es dabei sein, dass die Algorithmen **frei von Diskriminierung** sind und **Transparenz** bezüglich ihrer **Wirkweise** besteht.[43] Der MStV sieht in §§ 92–94 MStV Regelungen zu Transparenz und Diskriminierungsverboten für Intermediäre vor. Ob diese Regelungen ausreichend sind, bleibt abzuwarten, va, weil das Ausmaß des Einflusses von

---

33 *Paal* MMR 2018, 567 (567).
34 *Paal/Hennemann* ZRP 2017, 76 (76); ablehnend *Nolte* ZUM 2017, 552 (562).
35 *Paal/Hennemann* ZRP 2017, 76 (76).
36 *Paal/Hennemann* ZRP 2017, 76 (76).
37 *Dörr/Natt* ZUM 2014, 829 (837).
38 *Dörr/Natt* ZUM 2014, 829 (830); *Müller-Terpitz* AfP 2017, 380 (384).
39 *Müller-Terpitz* AfP 2017, 380 (384).
40 *Müller-Terpitz* AfP 2017, 380 (381).
41 So auch *Paal/Hennemann* ZRP 2017, 215 (216).
42 Vgl. zur Notwendigkeit regulatorischer Maßnahmen *Dörr,* Die regulatorische Relevanz der Organisation massenhafter Individualkommunikation S. 41 ff.
43 So auch *Kreile* ZUM 2017, 268 (268); *Müller-Terpitz* AfP 2017, 380 (383); *Paal/Hennemann* ZRP 2017, 76 (78); differenzierter *Cornils* AfP 2018, 377 (377 ff.).

Medienintermediären auf die individuelle sowie öffentliche Meinungsbildung noch nicht abschließend ermittelt werden kann.

31 Auch wäre es wünschenswert, dass der Nutzer von Intermediären **autonomer** wäre, sodass dieser bspw. die Einstellungen des Algorithmus teilweise selbst ändern könne, um damit ua einstellen zu können, **keine personalisierten,** sondern stattdessen **Durchschnittsergebnisse** angezeigt zu bekommen.[44] Das würde gleichzeitig die Nutzer in Bezug auf die Funktionsweise von Intermediären sensibilisieren und transparenter machen, wie ein Suchergebnis zustande gekommen ist.[45]

32 **bb) Ansatz der Bund-Länder-Kommission.** Nach Art. 30, 70 Abs. 1 GG haben die Länder die Gesetzgebungskompetenz, vielfaltsichernde Regelungen zu treffen. Das Erfordernis nach solchen Regelungen ergibt sich unmittelbar aus Art. 5 Abs. 1 GG; danach muss der Gesetzgeber gesetzliche Voraussetzungen für die freie Meinungsbildung schaffen, wenn dies erforderlich ist. Die freie Meinungsbildung kann nicht ausschließlich durch datenschutzrechtliche, kartellrechtliche oder telekommunikationsrechtliche Vorschriften gesichert werden.

33 Neu im MStV wurde der Begriff und die Definition **Medienintermediär** geschaffen, **§ 2 Abs. 2 Nr. 16 MStV,** worunter insbesondere **Suchmaschinen** und **soziale Netzwerke** zu fassen sind. Er enthält in §§ 93, 94 MStV **Regelungen zur Diskriminierungsfreiheit und zur Transparenz der Arbeitsweise von Intermediären.** Von der Regulierung ausgenommen sind Angebote, die keine Relevanz für die Meinungsvielfalt haben, bspw. solche mit weniger als einer Million Nutzer (§ 91 Abs. 2 Nr. 1 MStV) oder solche, die ausschließlich Waren oder Dienstleistungen als Inhalt von Aggregation, Selektion oder Präsentation (§ 91 Abs. 2 Nr. 2 MStV) anbieten. Auch erfolgt eine Abgrenzung zu Angeboten zu privaten Zwecken (§ 91 Abs. 2 Nr. 3 MStV). Intermediäre müssen nach § 92 MStV einen **inländischen Zustellungsbeauftragten** benennen, dürfen Anbieter von journalistisch-redaktionellen Inhalten **nicht diskriminieren oder unterschiedlich behandeln** und ihr Angebot muss **transparent** sein.

34 Grundsätzlich ist es denkbar, dass Anbieter, die über mehr als eine Million Nutzer verfügen, lediglich eine geringe oder keine Bedeutung für die öffentliche Meinungsbildung aufweisen, genauso wie der umgekehrte Fall, dass Anbieter, die über weniger als eine Millionen Nutzer verfügen, eine hohe Bedeutung für die Meinungsbildung aufweisen. Das könnte eine ungerechtfertigte Ungleichbehandlung nach Art. 3 Abs. 1 GG darstellen.[46] Besser wäre es, ab einer Million Nutzer die **widerlegbare Vermutung** aufzustellen, dass das Angebot einen **Einfluss auf die Meinungsbildung** hat, sowie bei weniger als einer Millionen Nutzer widerlegbar zu vermuten, dass kein Einfluss auf die öffentliche Meinungsbildung vorliegt. Die amtliche Begründung zu § 91 Abs. 2 Nr. 1 MStV verweist darauf, dass die Schwelle von einer Million Nutzer pro Monat festgelegt ist und daher auf den einzelnen Nutzer (unique user) abzustellen ist. Dies bedeutet, dass die Schwelle von einer Million erst dann erreicht ist, wenn eine Million unterschiedliche Personen in diesem Zeitraum das Angebot des Medienintermediärs abgerufen haben. Um Schwankungsbreiten zu berücksichtigen, wurde ein Zeitintervall von sechs Monaten gewählt, um den Schwellenwert zu ermitteln. Dies bedeutet, dass in dem Sechs-Monate-Zeitraum Zugriffe von über einer Million Nutzer durch Unterschreitung in anderen Monaten dieses Zeitraums ausgeglichen werden können.

---

[44] *Müller-Terpitz* AfP 2017, 380 (384).
[45] *Lischka* AfP 2018, 388 (391).
[46] *Ladeur/Gostomzyk* K&R 2018, 686 (690).

35 **cc) Medienübergreifende Vielfaltsicherung.** Durch die zunehmende Konvergenz der Medien treten neben den Rundfunk vielfältige weitere mediale Angebote, deren Bedeutung sich dem Rundfunk immer weiter annähern, zB die Annäherung von Rundfunk- und Online-Angeboten. Nach der verfassungsrechtlichen Rechtsprechung entsteht vorherrschende Meinungsmacht va durch das Zusammenwirken verschiedener Massenmedien. Es ist daher notwendig, ein **medienumfassendes Vielfaltsicherungsrecht** zu schaffen, das va auch Einflusspotenziale in den Blick nimmt, die von Informationsvermittlern in der digitalen Welt ausgehen. Die Gefahren für die Meinungsvielfalt entsprechen nicht denjenigen der klassischen Rundfunkangebote. Im Vordergrund steht nicht der Inhalt selbst, sondern die Kontrolle des Zugangs und der Auffindbarkeit von meinungsrelevanten Inhalten. In der analogen Welt war es das primäre Anliegen der Regulierungen, die Übertragung bestimmter Inhalte durch Must-Carry-Vorgaben sicherzustellen, in der digitalen Welt mit einem viel größeren und vielfältigeren Angebot muss es va darum gehen, die Auffindbarkeit bestimmter Inhalte durch die Mediennutzer zu erleichtern.[47]

d) Medienrechtliche Zulassung von Suchmaschinen

36 Suchmaschinen wie Google listen bei Suchanfragen nicht bloß alle möglichen Webseiten auf, sondern **sortieren die Suchergebnisse nach Relevanz** in Form eines **Rankings.** Die Suchergebnisse werden (vereinfacht) in einem dreistufigen Verfahren ermittelt. Zuerst erfasst der „Crawler“ alle öffentlich zugänglichen Webseiten und speichert diese auf dem „Cache“ ab. Danach versieht das „Information Retrieval System“ die Datenmenge mit **Relevanzkriterien** und es entsteht ein durchsuchbarer Index. Die Qualität des Suchergebnisses hängt maßgeblich davon ab, wie gut das „Information Retrieval System“ die Relevanz eines Dokuments erfassen kann; dies basiert auf einem **Algorithmus.**[48] **Dieser Algorithmus ist dem Bereich der Künstlichen Intelligenz zuzuordnen.** Wie diese Gewichtung vorgenommen wird, ist *„das Herz“* der Suchmaschine.[49] Der Intermediär nimmt die Stellung eines **„Gatekeeper“** ein, denn er bestimmt die wesentliche Auswahl und Wertentscheidungen für die angezeigten Inhalte.[50]

37 Google benutzt den **Page-Rank-Algorithmus,** entwickelt von *Brin* und *Page.* Dieser Algorithmus bemisst die Relevanz eines Textes für ein Thema danach, wie häufig der Text von anderen Autoren zitiert wurde.[51] Der Page-Rank-Algorithmus bezieht für die Suchergebnisse noch über 200 weitere Kriterien mit ein und wird täglich geändert. Teilweise wird auch manuell in den Algorithmus eingegriffen, um bspw. Inhalte zu entfernen, die gegen das Urheberrecht verstoßen.[52] Der Page-Rank-Algorithmus ist als **Betriebs- und Geschäftsgeheimnis** dabei selbst geschützt von **Art. 14 Abs. 1 GG.**

38 Suchmaschinen sind so konzipiert, dass sie den Suchenden **umfassende Ergebnisse** liefern können und **Informationen auffindbar und zugänglich machen.** Damit tragen sie dazu bei, die Vielfalt an Informationen im Internet zu fördern und den Zugang zu Informationsquellen zu verbessern. Das Interesse des Suchmaschinenbetreibers liegt (theoretisch) darin, aus unzähligen unterschiedlichen Internetadressen das **relevanteste Ergebnis** für den Nutzer aufzufinden.[53] Die Suchmaschinen sind angewiesen auf ihre Nutzer, die Konkurrenz ist nur **„one klick away“,** allerdings dadurch, dass der Algorithmus von Google bspw. so ausgefeilt ist und die Suchergebnisse bei jeder neuen Suchanfrage opti-

---

[47] *Schütz* MMR 2018, 36 (38).
[48] *Milstein/Lippold* NVwZ 2013, 182 (183); Genaueres zu der technischen Funktionsweise von Suchmaschinen *Hartl* Suchmaschinen, Algorithmen und Meinungsmacht S. 10ff.
[49] So *Hartl* Suchmaschinen, Algorithmen und Meinungsmacht S. 14.
[50] *Paal/Hennemann* ZRP 2017, 76 (76).
[51] *Milstein/Lippold* NVwZ 2013, 182 (183).
[52] *Milstein/Lippold* NVwZ 2013, 182 (183).
[53] *Nolte* ZUM 2017, 552 (562).

miert werden, ist es eher unwahrscheinlich, dass der Nutzer auf eine andere Suchmaschine umsteigt.

aa) Definition. Nach **§ 2 Abs. 2 Nr. 16 MStV** ist ein Medienintermediär jedes Telemedium, das auch journalistisch-redaktionelle Angebote Dritter **aggregiert, selektiert** und **allgemein zugänglich präsentiert,** ohne diese zu einem Gesamtangebot zusammenzufassen, darunter fallen **Suchmaschinen** und **soziale Netzwerke,** weiterhin auch User-Generated-Content-Portale, Blogging-Portale sowie News-Aggregatoren.[54] Kürzer gefasst sind Intermediäre Institutionen, die basierend auf Algorithmen den Zugang zu Informationen im Internet vermitteln.[55] Maßgeblich für Intermediäre ist die Verwendung von Algorithmen. Algorithmen sind automatisierte Verfahren, die nach einem statistischen Verfahren aus einem Input ein Output ermitteln. Der Output kommt dabei durch eine Wechselwirkung von Individuum, Gesellschaft und Technologie zustande.[56] 39

Suchmaschinen durchsuchen das Internet aufgrund der Suchanfrage eines Nutzers und stellen die entsprechenden Treffer in einer Liste dar.[57] Die drei wesentlichen Funktionen von Suchmaschinen sind die **Erstellung und Pflege eines Index, die Verarbeitung von Suchanfragen und die Aufarbeitung eines Suchergebnisses** in einer möglichst sinnvollen Form. Für Informationssuchende im Internet sind Suchmaschinen die zentrale Anlaufstelle. 40

bb) Einordnung Suchmaschinen als Rundfunk. Fraglich ist, ob Suchmaschinen unter den **Rundfunkbegriff** fallen oder einen **Telemediendienst** darstellen. Die Einordnung, ob Suchmaschinen unter den Rundfunkbegriff fallen, entscheidet, ob das **Erfordernis einer rundfunkrechtlichen Zulassung nach § 52 Abs. 1 MStV besteht.** Wenn Suchmaschinen als Rundfunkprogramm einzuordnen wären, bedürften sie einer Zulassung nach § 52 MStV. 41

Nach **§ 2 Abs. 1 MStV** ist Rundfunk ein linearer Informations- und Kommunikationsdienst, der für die Allgemeinheit und zum zeitgleichen Empfang bestimmte Veranstaltungen und die Verbreitung von **journalistisch redaktionell** gestalteten Angeboten in Bild oder Ton entlang eines Sendeplans mittels Telekommunikation bereitstellt. Suchmaschinen würden unter die Definition des Rundfunks fallen, wenn diese nicht nur anhand technischer Vorgaben die Trefferliste sortieren, **sondern eigene Inhalte produzieren.** Dies gilt auch dann, wenn der Inhalt selbst durch Künstliche Intelligenz geschaffen wurde. 42

Der einfachgesetzliche Rundfunkbegriff ist so zu bemessen, dass er sämtliche für den Meinungsbildungsprozess relevanten Dienste einer ihrer Relevanz gemäßen Regulierung zuführt.[58] Die **grundrechtlich orientierte Auslegung im Sinne der Rechtsprechung des BVerfG** stellt bei der Frage, ob es sich um Rundfunk handelt, auf die Kriterien der **Breitenwirkung, Aktualität** und **Suggestivkraft** ab. Suchmaschinen, allen voran Google, kommt eine enorme Breitenwirkung und Aktualität zu. Allerdings fehlt es Suchmaschinen im Gegensatz zu dem Angebot des klassischen Rundfunks an Suggestivkraft. Für die Einordnung als Rundfunk gilt des Weiteren die **teleologische Überlegung,** ob die strengen Kontroll- und Pluralismus-Schutzvorschriften einschließlich der Erlaubnispflicht nach dem MStV greifen müssen, um die **Meinungsvielfalt** zu gewährleisten oder ob die liberalen Vorgaben des TMG dafür ausreichend sind.[59] Gem. TMG besteht für Telemediendienste Zulassungsfreiheit, siehe hierzu → Rn. 58 ff. 43

Suchmaschinen müssten ein **journalistisch-redaktionell gestaltetes Angebot** bereitstellen, um als Rundfunk eingeordnet werden zu können. Ein journalistisch gestaltetes 44

[54] Vgl. amtliche Begründung zu § 2 Abs. 2 Nr. 16 MStV, abgedruckt in HK-MStV.
[55] So *Müller-Terpitz* AfP 2017, 380 (380).
[56] *Ladeur/Gostomzyk* K&R 2018, 686 (688).
[57] www.onlinemarketing-praxis.de/glossar/suchmaschinen (29.11.2018).
[58] *Ferreau* ZUM 2017, 632 (637).
[59] *Kühling/Gauß* ZUM 2007, 881 (886).

Angebot zeichnet sich aus durch inhaltliche Vielfalt, Aktualität, Periodizität und die Adressierung der Allgemeinheit. Voraussetzung ist eine **regelmäßige** sowie **kontinuierliche Inhaltsauswahl, Bearbeitung** und die **formale Vereinheitlichung der Einzelbeiträge** des Angebots durch **eine natürliche Person.** Ein Angebotsinhalt ist journalistisch-redaktionell, wenn dieser von einer natürlichen Person verfasst und bearbeitet wurde; vollautomatisierte Vorgänge sollen nicht erfasst werden.[60] Aus Sicht des Rezipienten ist regelmäßig nicht erkenntlich, wie der Verarbeitungsprozess der inhaltlichen Zusammenstellung abläuft. Algorithmus basierte Auswahlprozesse stellen aufgrund ihrer Automatisierung eine besondere Gefahr für den Meinungsbildungsprozess dar und bedürfen daher spezieller regulatorischer Anforderungen.[61] Suchmaschinen produzieren grundsätzlich **keine eigenen Inhalte,** sondern stellen ihren Nutzern lediglich **fremde Inhalte** zur Verfügung. Sie handeln dabei nicht aufgrund einer öffentlichen Aufgabe wie die klassischen Massenmedien, sondern aus **ökonomischer Rationalität** heraus. Vorrangig zeigen sie Inhalte an, die die Verweildauer und Interaktion der Nutzer auf dem entsprechenden Dienst steigern sollen. Dabei treten sie als zusätzliche Instanz zwischen die klassischen Medien und Rezipienten und beeinflussen primär die **Auffindbarkeit und Darstellung von bestimmten Inhalten.**[62]

45 Suchmaschinen haben einen **erheblichen Einfluss auf die öffentliche und die private Meinungsbildung,** weil sie alltäglich von einer Vielzahl von Personen benutzt werden, um auf Informationen zugreifen zu können. Auch hinsichtlich der starken Stellung von Google kann es zu Missbrauch sowie Manipulationen kommen, die geeignet sind, die freie Meinungsbildung zu beeinträchtigen.[63] Allerdings unterscheiden sich Suchmaschinen vom klassischen Rundfunk dadurch, dass sie die Inhalte, die sie anzeigen, nicht selbst erschaffen, sondern nur auffindbar machen. Sie fallen daher nicht unter den Begriff des Rundfunks nach **§ 2 Abs. 1 MStV.**[64] Suchmaschinenbetreiber sind keine privaten Veranstalter von Rundfunk und bedürfen daher keiner Zulassung nach § 52 MStV.

e) Regulierung der Autocomplete-Funktion als journalistisch redaktionell gestaltetes Angebot?

46 Der BGH geht bei der automatischen Vervollständigungsfunktion von Google (auch: **Autocomplete-Funktion**) von einem **eigenen Inhalt der Suchmaschine** aus, denn die automatische Vervollständigung des Suchbegriffs wird durch einen von Google geschaffenen Algorithmus erstellt und dem Nutzer anschließend unterbreitet. Die Autocomplete-Funktion bewirkt, dass während der Eingabe von einem Suchbegriff in die Suchmaschine automatisch Begriffe auf dem Bildschirm erscheinen, die zu den eingegebenen Wörtern vermeintlich passen. Ob ein eigener Inhalt der Suchmaschine vorliegt, muss durch **Auslegung** ermittelt werden, dabei ist auf das **Verständnis des Durchschnittsbetrachters** abzustellen. Nach der Rechtsprechung des Bundesverfassungsgerichts ist die Absicht des Äußernden für die Auslegung unerheblich.[65] Das im Einzelfall entscheidende Gericht muss die Frage klären, was der durchschnittliche Leser oder der Durchschnittsnutzer von Google unter der automatischen Vervollständigung des Suchbegriffes versteht, wenn diese ihm als Suchvorschlag präsentiert wird.[66] Das **OLG Köln** hat entschieden, dass der durchschnittliche Internetnutzer erkennt, dass die Suchvorschläge **automatisch erstellt** worden sind und **keine inhaltliche Aussage** treffen sollen. Der Ergänzungsvorschlag erhalte nur die Aussage, dass andere Nutzer die gewählte Begriffskombination zur Recherche eingegeben haben oder dass sich die Ergänzungssuchbegriffe in einem verlinkten

[60] BeckOK InfoMedienR/*Lent* RStV § 54 Rn. 5.1.
[61] *Ferreau* ZUM 2017, 632 (636).
[62] *Ladeur/Gostomzyk* K&R 2018, 686 (687).
[63] *Heilmann* MMR 2020, 162 (163).
[64] So auch *Kühling/Gauß* ZUM 2007, 881 (886).
[65] BVerfG Beschl. v. 10.10.1995 – 1 BvR 1476/91 NJW 1995, 3303 Rn. 120.
[66] *Gounalakis* NJW 2013, 2321 (2324).

Drittinhalt auffinden lassen.[67] Das Gericht verneint daher einen Anspruch gegen Google auf Entfernung von Links aus dem Suchindex und sieht einen Unterlassungsanspruch gegen den Suchmaschinenbetreiber als unbegründet an.[68] Genauso urteilten auch das **LG Hamburg** sowie das **OLG München,** die ebenso einen Unterlassungsanspruch bei einer ehrverletzenden Vervollständigung des Suchbegriffes gegen den Suchmaschinenbetreiber verneinten. Für den Nutzer der Suchmaschine sei erkenntlich, dass die vorgeschlagenen Suchbegriffe **keine Tatsachenbehauptungen des Suchmaschinenbetreibers** darstellen, sondern das Ergebnis eines vollständig automatisierten Verfahrens sind, das per Algorithmus die Häufigkeit von Suchanfragen ermittelt, um daraus entsprechende Suchvorschläge abzuleiten.[69] Der durchschnittliche Suchmaschinennutzer wird Suchvorschläge von Google nicht als Aussage eines Google-Mitarbeiters missverstehen. Bei der Ergänzung des Namens einer (berühmten) Person oder eines Unternehmens durch Suchvorschläge wie „Betrug", „Abzocke" oder „Escort" geht der Nutzer von Google nicht automatisch davon aus, dass die Suchbegriffe inhaltlich in einem Zusammenhang stehen.[70] Die Stichwortergänzung kommt nicht unmittelbar von der Suchmaschine selbst, sondern von dem von der Suchmaschine benutzten Algorithmus, was gegen einen eigenen Inhalt spricht. Der Algorithmus ist zwar von der Suchmaschine erstellt, die Vervollständigung des Suchbegriffes wird aber von dem Algorithmus selbstständig vorgenommen, ohne dass der Suchmaschinenbetreiber noch Einfluss auf den konkreten Inhalt nimmt. Darüber hinaus können Algorithmen durch **Künstliche Intelligenz** auch **„selbstlernend"** sein, das heißt, dass der Algorithmus dann in seiner konkreten Ausgestaltung nicht mehr unmittelbar von dem Suchmaschinenbetreiber gestaltet ist, sondern sich **selbstständig weiterentwickelt** hat.

Der BGH bejaht dagegen einen **Unterlassungsanspruch** gegen den Betreiber der 47 Suchmaschine und nimmt bei der Autocomplete-Funktion einen **eigenen Inhalt des Suchmaschinenbetreibers** an. Der Internetnutzer kann erheblich durch die Autocomplete-Funktion einer Suchmaschine **beeinflusst** werden, sodass bei vielen Internetnutzern negative Suchvorschläge in Erinnerung bleiben und den ersten Eindruck bei der Informationssuche im Internet stark prägen. Vorschläge von Google sorgen dafür, dass die entsprechenden Suchanfragen noch öfter gestellt werden und sich dadurch immer mehr häufen. Infolgedessen lässt sich grundsätzlich nicht mehr klären, ob die vorgeschlagenen Suchanfragen so populär sind, weil sie von vielen Internetnutzern gestellt oder weil sie den Internetnutzern häufig von der Suchmaschine vorgeschlagen worden sind.[71] Gerade im gewerblichen Bereich, wo Suchmaschinen konkurrierende Angebote auflisten, kann ein belastendes Suchergebnis einen **erheblichen negativen Eindruck** begründen und mit wirtschaftlichen Nachteilen verbunden sein. Unabhängig von dem Aussagegehalt bleibt dem Nutzer der Suchmaschine immer etwas in Erinnerung von der Stichwortergänzung, *semper aliquid haeret – irgendetwas bleibt immer hängen.*[72]

Selbst wenn man mit dem BGH von einem eigenen Inhalt des Suchmaschinenbetrei- 48 bers ausgeht, ist die Vervollständigung des Suchbegriffs **kein journalistisch redaktionell gestaltetes Angebot.**[73] Zum einen fehlt der Wille, bei der Vervollständigung des Suchbegriffes publizistisch tätig zu werden, und zum anderen ist die Vervollständigung keine bewusste Entscheidung des Suchmaschinenbetreibers, sondern ausschließlich Folge davon, dass die Suchbegriffe häufig in Kombination aufgesucht worden sind. Die Vervollständigungsfunktion erstellt ein automatisiertes Ergebnis und stellt daher kein journalistisch redaktionelles Angebot dar. Ein journalistisch-redaktionelles Angebot muss nach der vor-

[67] OLG Köln Urt. v. 10.5.2012 – 15 U 199/11, GRUR-RR 2012, 486 Rn. 27ff.,
[68] OLG Köln Urt. v. 10.5.2012 – 15 U 199/11, GRUR-RR 2012, 486.
[69] OLG München Urt. v. 29.9.2011 – 29 U 1747/11, ZUM-RD 2012, 344 Rn. 27ff.,
[70] *Härting* K&R 2012, 633 (634).
[71] *Meyer* K&R 2013, 221 (225).
[72] *Seitz* ZUM 2012, 994 (995).
[73] Zu den zivilrechtlichen Herausforderungen, wie Äußerungen einer Kommunikations-KI auszulegen sind, vgl. *Oster* UFITA 2018, 14 (34ff.).

herrschenden Meinung von einer natürlichen Person verfasst und bearbeitet werden. Bei Suchergebnissen von Suchmaschinen werden fremde journalistische Beiträge ohne eigenständige publizistische Intention von einem Algorithmus generiert bzw. automatisiert zusammengeführt. Es geht Suchmaschinen darum, möglichst vollständig alle Seiten aufzulisten, in denen die vom Nutzer eingegebenen Suchbegriffe auftauchen. Auch wenn der Nutzer regelmäßig nur die ersten Ergebnisse anklickt, soll die von dem Algorithmus erstellte Auswahl an Treffern dem Nutzer bei seiner Suche helfen und nicht als vorgenommene Selektion relevanter Themen für den Nutzer verstanden werden. Die Ergebnisse der Suche sind vielmehr nur auf die Suchanfrage bezogen.[74] Die Autocomplete-Funktion von Suchmaschinen ist daher auch nicht als Rundfunk nach **§ 2 Abs. 1 und Abs. 2 Nr. 1–3 MStV** einzuordnen.

f) Anforderungen an die Transparenz und Diskriminierungsfreiheit

49 Nach **§ 93 MStV** müssen die Anbieter von Medienintermediären, worunter auch Suchmaschinen zu fassen sind, die Kriterien über den Zugang oder Verbleib eines Inhaltes, die zentralen Kriterien der Aggregation, Selektion und Präsentation sowie ihre Gewichtung einschließlich Informationen über die Funktionsweise in verständiger Sprache leicht erkennbar, unmittelbar erreichbar und ständig verfügbar halten. Dabei entsprechen die Anforderungen an die Verständlichkeit und Verfügbarkeit der Informationen den Anforderungen zur Bereithaltung eines Impressums nach § 5 Abs. 1 TMG. Die Algorithmen von Suchmaschinen weisen eine höhere Komplexität auf als ein Impressum. Es ist fraglich, inwieweit die Durchsichtigkeit der Funktionsweise von Algorithmen erreichbar ist und ob der erreichte Nutzen mit dem Aufwand in einem angemessenen Verhältnis steht. Eine genaue Offenlegung der Algorithmen kann das Risiko krimineller Interventionen steigern und erhebliche wirtschaftliche Interessen der Ersteller der Algorithmen gefährden. Dazu ist eine detaillierte Beschreibung der Funktionsweise der Algorithmen aufgrund ihrer Komplexität wohl auch nicht besonders aussagekräftig für den durchschnittlichen Internetnutzer.[75] Letztlich werden die Algorithmen der Suchmaschinen als Geschäfts- und Betriebsgeheimnisse von **Art. 14 Abs. 1 GG** geschützt. Die komplette Offenlegung der Funktionsweise stellt einen Eingriff in das Grundrecht dar, auf den die Betreiber von Suchmaschinen sich gem. Art. 19 Abs. 3 GG berufen können.

50 Nach **§ 93 Abs. 3 MStV** müssen **Änderungen der Kriterien** der Algorithmen kenntlich gemacht werden. Bei Suchmaschinen wird der Suchalgorithmus mehrere hundertmal im Jahr geändert, deswegen erscheint diese Vorschrift wenig praktikabel und es bleibt offen, wie diese Pflicht erfüllt werden kann. Gem. **§ 93 Abs. 2 MStV** muss, wenn ein Medienintermediär eine thematische Spezialisierung aufweist, diese Spezialisierung durch Gestaltung des Angebotes kenntlich gemacht werden. Dieser Pflicht kommen viele Medienintermediäre bereits (aus Marketingzwecken) nach.[76]

51 Anbieter von sozialen Netzwerken haben gem. § 93 Abs. 4 iVm § 18 MStV die Informationsverpflichtung eines Telemedienanbieters zu erfüllen.

52 Zur Sicherung der Meinungsvielfalt dürfen journalistisch-redaktionell gestaltete Angebote nach § 94 MStV durch Medienintermediäre weder **mittelbar noch unmittelbar unbillig behindert** oder ohne sachlich gerechtfertigten Grund **unterschiedlich behandelt** werden. Eine Diskriminierung nach § 94 Abs. 2 MStV soll va dann vorliegen, wenn von den allgemeinen Regeln der Aggregation, Selektion und Präsentation zugunsten oder zulasten eines bestimmten Inhalts bewusst und zielgerichtet abgewichen wird. Das ist bspw. dann der Fall, wenn ein Intermediär unmittelbar oder mittelbar über **eigene Inhalte** verfügt und diese **privilegiert zugänglich oder auffindbar** macht. Auch liegt eine Diskriminierung vor, wenn der Medienintermediär wegen einer **vertraglichen Verein-**

---

[74] Binding/Vesting/*Held* RStV § 54 Rn. 58; BeckOK InfoMedienR/*Lent* RStV § 54 Rn. 5.1.
[75] *Ladeur/Gostomzyk* K&R 2018, 686 (690).
[76] *Ladeur/Gostomzyk* K&R 2018, 686 (690).

barung oder **kommerziellen Kooperation** die Inhalte des Vertragspartners besonders listet, hervorhebt oder besser darstellt als andere Inhalte, ohne kenntlich zu machen, dass es sich um ein bezahltes Angebot handelt. Der Medienintermediär darf nicht willkürlich bestimmte Inhalte schwerer oder überhaupt nicht anzeigen, die Nutzer weder manipulieren noch einen unsachgemäßen Einfluss darauf ausüben, auf welche meinungsrelevanten Inhalte diese aufmerksam werden. Intermediäre müssen nicht immer neutral sein, allerdings müssen sie sich an ihren eigenen Aussagen und Leitprinzipien messen lassen.[77]

Inwiefern ein **neutrales Suchergebnis** überhaupt entstehen kann und was für eine hohe Relevanz unterschiedliche Inhalte auf die Meinungsfreiheit haben, kann bislang nicht mit abschließender Genauigkeit gesagt werden. Möglicherweise ist eine Suchmaschine wertlos, die dem Nutzer ein Suchergebnis lediglich nach dem Zufallsprinzip anzeigt, denn die personalisierte Auswahl von Treffern ist niemals rein zufällig und neutral.[78] Es stellt sich daher die Frage, wie **Diskriminierungen** von **zulässigen und notwendigen Differenzierungen** abzugrenzen sind, etwa bei der Selektion oder der Gewichtung eines Suchergebnisses. Sinnvoll wäre eine **Selbstverpflichtung** der Suchmaschinenbetreiber, Inhalte nicht aus weltanschaulichen oder politischen Gründen anzuzeigen sowie im Wahlkampf keine unlautere Werbung zu unterstützen.[79] Intermediäre könnten sich freiwilligen Regelungen unterwerfen und sich selbst dazu verpflichten, **diskriminierungsfreie Suchergebnisse anzuzeigen.** 53

Im Falle der Selbstregulierung kann die Überprüfung zunächst **durch den Anbieter** oder eine **Selbstregulierungsinstanz** erfolgen. Nachrangig ist eine Kontrolle durch die zuständige **Landesmedienanstalt** denkbar. Die Landesmedienanstalten haben nach § 95 MStV die Befugnis, sich die für eine Bewertung der Diskriminierung erforderlichen Unterlagen vorlegen zu lassen. Sie können nach § 96 MStV auch durch Satzungen und Richtlinien die Anforderungen an Transparenz und Diskriminierungsfreiheit weiter präzisieren. 54

Das Verständnis der Rolle von Suchmaschinen auf Meinungsbildungsprozesse ist momentan erst rudimentär vorhanden. Dennoch ist es sinnvoll, dass die Gewährleistung der Meinungsfreiheit im Internet **ex ante** sichergestellt wird,[80] denn aufgrund vergangener Ereignisse und Datenskandale (Cambridge Analytica als prominentes Beispiel, das im Jahr 2018 bekannt wurde) lässt sich absehen, dass die Meinungsfreiheit durch Medienintermediäre erheblich gefährdet werden kann, da diese Möglichkeiten besitzen, auf die Meinungsbildung Einfluss zu nehmen und Meinungen auch manipulieren können. **Die Meinungsbildungsrelevanz** des Internets nimmt stetig zu. Durch das multioptionale technische Potenzial des Internets entsteht ein hohes Maß an **Dynamik** und **Heterogenität.** Dies führt zu einer **Neuverteilung von Meinungsmacht.** Hinsichtlich der Auswirkungen auf Meinungsbildungsprozesse wäre es möglich, dass es zu einer Abnahme von Meinungsmacht kommt und zu einer breiteren Machtverteilung im Internet aufgrund der technisch vereinfachten Partizipation und der Möglichkeit eines jeden Internetnutzers, Inhalte im Internet zu verbreiten. Wahrscheinlicher ist allerdings, dass die Meinungsmacht nur umverteilt wird und es zu einer neuen Machtballung kommt.[81] 55

---

[77] Suchmaschinen und Social Media – Gatekeeper der digitalen Gesellschaft?, mediapolicylab.de/blog/news-details/suchmaschinen-und-social-media-gatekeeper-der-digitalen-gesellschaft.html (18.12.2018).

[78] So *Ladeur/Gostomzyk* K&R 2018, 686 (691).

[79] *Ladeur/Gostomzyk* K&R 2018, 686 (691).

[80] *Ladeur/Gostomzyk* K&R 2018, 686 (692).

[81] *Neuberger* UFITA 1/2018, 53 (60).

2. Anbieter von Telemedien in sozialen Netzwerken

a) Definition Telemedien

56 Unter **Telemedien** fallen alle **Informations- und Kommunikationsdienste,** die nicht ausschließlich Telekommunikationsdienste oder Rundfunk sind. Voraussetzung ist das Merkmal der **elektronischen Übertragung,** auf die Entgeltlichkeit kommt es dagegen nicht an. Typische Beispiele für Telemedien sind **Onlinedienste** wie **Internetsuchmaschinen,** Websites privater und gewerblicher Anbieter, **Online-Shops** und **Online-Auktionshäuser.** Auch **Bewertungsforen, Informationsdienste, Telespiele, Meinungsforen, Chatrooms** und **Blogs;** Microblogging-Dienste wie **Twitter,** audiovisuelle Mediendienste wie beispielsweise **Podcasts** können Telemedien sein.[82] Telemedien erstrecken sich auf einen weiten Bereich von wirtschaftlichen Tätigkeiten, die elektronisch in Form von Bild, Text oder Toninhalten zur Verfügung gestellt werden.[83] Praktisch ist **jeder Onlineauftritt** umfasst von Telemedien. Plattformen wie Facebook, Twitter oder YouTube sind Medienintermediäre, auf deren Plattformen in der Regel Telemedien angeboten werden. Im Einzelfall kann eine Abgrenzung zum Rundfunk erforderlich sein, nämlich wenn ein Angebotsinhalt als Bewegtbild im Rahmen eines übergeordneten, regelmäßig verbreiteten Streaming-Angebots bereitgestellt wird, zB bei einem (linearen) Livestream, der entlang eines Sendeplans läuft und Breitenwirkung, Aktualität und Suggestivkraft aufweist.[84]

b) Definition soziale Netzwerke

57 **§ 1 Abs. 1 S. 1 NetzDG** enthält eine Legaldefinition des Begriffs der **sozialen Netzwerke.** Hiernach sind soziale Netzwerke Plattformen, die von Telemediendiensteanbietern mit Gewinnerzielungsabsicht im Internet betrieben werden und dazu bestimmt sind, dass Nutzer beliebige Inhalte mit anderen Nutzern teilen oder der Öffentlichkeit zugänglich machen. Der Begriff des sozialen Netzwerks setzt zunächst die **Qualifikation als Telemedium** voraus. Das heißt Rundfunk, Near-Video-on-Demand und Livestreaming sind nicht erfasst vom Begriff des sozialen Netzwerks. Unter Near-Video-on-Demand-Angeboten versteht man die zeitversetzte Ausstrahlung eines Films oder sonstigen Inhalts, bei dem die Anfangszeit vorgegeben ist, diese aber in kurzen Intervallen, zB 15- oder 30-Minuten-Intervallen. Urheberrechtlich handelt es sich, ebenso wie das Livestreaming, um die Nutzung des Senderechts gem. § 20 UrhG. Die Internetplattform muss vom Diensteanbieter mit Gewinnerzielungsabsicht betrieben werden. An der Gewinnerzielungsabsicht kann es fehlen, wenn das Angebot nicht dauerhaft oder nachhaltig angelegt ist. Anbieter der sozialen Netzwerke wie Facebook, Twitter oder YouTube sind Diensteanbieter. Nach **§ 1 Abs. 3 NetzDG** sind Plattformen ausgenommen, die lediglich zur Individualkommunikation oder zur Verbreitung spezifischer Inhalte bestimmt sind, damit werden Messaging- und Maildienste aus der Definition herausgenommen. Dabei ist gerade charakteristisch für viele Telemedien, dass sie von der Individualkommunikation schnell in die Massenkommunikation umschlagen können, bspw. bei WhatsApp-Chats mit mehreren 100 Teilnehmern.[85]

c) Zulassungserfordernisse

58 Nach **§ 4 TMG** sind Telemedien nach dem TMG **zulassungsfrei** und genießen das Privileg der **Zulassungs- und Anmeldefreiheit,** anders als genehmigungs- und anmeldepflichtige Mediendienste wie insbesondere der Rundfunk. Die Zulassungs- und Anmelde-

[82] Nomos-BR/*Müller-Broich* TMG § 1 Rn. 6; *Holznagel* in Hoeren/Sieber/Holznagel MultimediaR Teil 3 Rn. 87.
[83] Binder/Vesting/*Schulz* RStV § 2 Rn. 71.
[84] Nomos-BR/*Liesching* NetzDG § 1 Rn. 43.
[85] *Spindler* GRUR 2018, 365 (367).

freiheit bezieht sich dabei nur auf das Telemedium selbst. Sonstige Zulassungs- und Anmeldeerfordernisse nach allgemeinen Gesetzen bleiben unberührt. Das ergibt sich auch aus den allgemeinen Informationspflichten gem. **§ 5 Abs. 1 Nr. 3 TMG.**[86] Beiträge von „Influencern" in sozialen Netzwerken unterliegen als Telemedien dem Regelungsbereich des MStV, dem TMG und allgemeinen Bestimmungen des Lauterkeitsrechts.[87]

Das Betreiben von Videokanälen wird hinsichtlich der viele Rezipienten, dem vergleichsweise geringen Aufwand (etwa bei YouTube-Videos) und den zu erzielenden Werbeeinnahmen immer attraktiver. Live Let's Plays wie beispielsweise von *Gronkh* oder *PietSmiet,* also das Vorführen und Kommentieren eines Computerspiels, welches in Videoportalen als Livestreaming verbreitet wird, wurden als Rundfunk eingeordnet, sodass beispielsweise *Gronkh* und *PietSmiet* (deutsche Let's Player) aufgefordert worden sind, eine **Rundfunkzulassung nach § 20 RStV** (jetzt § 52 MStV) zu beantragen, woraufhin diese die Ausstrahlung ihrer Programme eingestellt haben. ***Gronkh*** (mit bürgerlichem Namen *Erik Range*) hat im **Januar 2018** eine **Rundfunkzulassung** erhalten **nach § 20 RStV** bzw. § 52 MStV für den Betrieb eines Kanals, auf dem ganztägig vorproduzierte Videos zum Thema Computerspiele und eSports (insbesondere Let's Plays) laufen sowie an mehreren Wochentagen Livestreams zu denselben Themen. Die Programme werden über die Website „Gronkh.tv" und „Twitchtv" ausgestrahlt.[88] 59

Das Angebot von *PietSmiet* umfasste einen Streaming-Kanal, der an sieben Tagen in der Woche 24 Stunden überwiegend Let's Plays verbreitete, die das Spielen von virtuellen Computer-Games zeigten und kommentierten. Die Landesmedienanstalt Nordrhein-Westphalen hat das Angebot daraufhin überprüft, ob dieses unter den **Rundfunkbegriff nach § 2 Abs. 1 RStV** (jetzt § 2 Abs. 1 MStV) fällt und einer Zulassung nach § 20 RStV (jetzt § 52 MStV) bedarf. Die Anstalt hat das Angebot von *PietSmiet* als Rundfunk eingeordnet. Die Kommission für Zulassung und Aufsicht der Landesmedienanstalten **(ZAK)** hat darauf hingewiesen, dass der Rundfunkbegriff nicht mehr zeitgemäß ist und angepasst werden muss. Gem. **§ 2 Abs. 1 MStV** ist Rundfunk ein **linearer Informations- und Kommunikationsdienst.** Er ist für die **Allgemeinheit** zum zeitgleichen Empfang bestimmt und veranstaltet und verbreitet Angebote mit bewegtem Bild oder Ton entlang eines **Sendeplans.** Ein Livesream fällt dann nicht unter den Rundfunkbegriff, wenn die Übertragung nicht linear gestaltet ist und nur unregelmäßig oder anlassbezogen erfolgt. Das Angebot von *PietSmiet* war ein linearer Informations- und Kommunikationsdienst, gerichtet an die Allgemeinheit, der ausgewählte Angebote verbreitet hat, welche die Nutzer weder zeitlich noch inhaltlich beeinflussen konnten und der anhand eines Sendeplans lief. Auf das Angebot konnten mehr als 500 User zeitgleich zugreifen. 60

Nach der Neuregelung für zulassungsfreie Rundfunkprogramme in § 54 MStV ist für Angebote wie Let's Plays zukünftig **keine Rundfunkzulassung** erforderlich. Gem. **§ 54 Abs. 1 Nr. 2 MStV** sind Rundfunkangebote im Internet, die regelmäßig im Monatsdurchschnitt weniger als 20.000 Zuschauer erreichen oder vorwiegend dem Vorführen und Kommentieren des Spielens eines virtuellen Spiels dienen, sog. **Bagatellrundfunk** und bedürfen **keiner Zulassung,** sondern die zuständige Landesmedienanstalt bestätigt die Zulassungsfreiheit auf Antrag durch eine **Unbedenklichkeitsbescheinigung** (§ 54 Abs. 1 Nr. 2 S. 2 MStV). Die Anbieter von Let's Plays benötigen zukünftig keine Zulassung mehr, es sei denn sie kommentieren oder führen nicht vorwiegend ein virtuelles 61

[86] Nomos-BR/*Müller-Broich* TMG § 4 Rn. 1.
[87] *Troge* GRUR-Prax 2018, 87 (87).
[88] Meldung der KEK, www.g-s-legal.com/gronkhtv-erhaelt-rundfunkzulassung-fuer-live-streaming-kanaele/ (19.12.2018).

Spiel vor. Ein Angebot, welches hauptsächlich aus Talk-Runden mit anderen Playern oder ihrem Publikum besteht, wäre kein Rundfunk.

62 Durch den digitalen Wandel kommt den kommunikativen Grundrechten eine andere Bedeutung zu als noch im analogen Zeitalter, da kaum Hürden zur Verbreitung eigener medialer Inhalte bestehen. Aufgrund der vielen tausend aktiven Kanälen auf Videoplattformen besteht ein sehr **hohes heterogenes und prinzipiell vielfältiges Angebot.** Die Zulassungspflicht nach § 52 MStV trägt dem Umstand Rechnung, dass früher das Betreiben von Rundfunk kostenintensiv war und die Frequenzen stark begrenzt waren. Das ist heute nicht mehr der Fall, sodass eine Unbedenklichkeitsbescheinigung als ausreichend angesehen werden kann. Die Gefahr, dass sich Meinungsmonopole im Internet bilden, stellt sich dadurch nicht mehr vorrangig, denn jeder kann einfach Online-Inhalte erstellen. Problematisch ist nicht ein potenziell einseitiges Angebot, sondern die **Darstellung und Auffindbarkeit bestimmter Inhalte,** was faktisch zu einem einseitigen Angebot führen kann.[89] Das Problem der begrenzten Frequenzen besteht nicht mehr, allerdings sind die Rezipienten nur **begrenzt aufnahmefähig** und daher ist die Auffindbarkeit, Sortierung und Darstellung der verschiedenen Inhalte im Internet **entscheidend für deren Wahrnehmbarkeit.**

d) Transparenz

63 Nach § 5 TMG bestehen für Telemedienanbieter, die geschäftsmäßig in der Regel gegen ein Entgelt angebotene Telemedien bereithalten, allgemeine Informationspflichten. Diese dienen der Transparenz. Es müssen Informationen über den Diensteanbieter preisgegeben werden (insbesondere Namen und Anschrift) sowie Kommunikationsdaten, Angaben zur Zulassungs- und Aufsichtsbehörde, Registerinfos, Umsatzsteuer- und Wirtschaftssteueridentifikationsnummer. Die Angaben müssen leicht erkennbar, unmittelbar erreichbar und ständig verfügbar sein. Nach § 74 Abs. 1 MStV muss Werbung in Telemedien als solche klar erkennbar und von dem übrigen Inhalt eindeutig getrennt sein.

e) Melde- und Abhilfeverfahren

64 Soweit soziale Netzwerke als Videosharing-Plattformen ausgestaltet sind, sieht § 10b TMG vom 27. 11. 2020 Melderegelungen für Nutzerbeschwerden vor.

65 Nach § 10a TMG sind Videosharing-Plattformanbieter verpflichtet, ein Meldeverfahren vorzuhalten, mit dem Nutzerbeschwerden über rechtswidrige Inhalte elektronisch auf der Videosharing-Plattform gemeldet werden können. Dabei muss das Meldeverfahren leicht auffindbar, nutzerfreundlich und transparent sein sowie gewährleisten, dass der Videosharing-Anbieter Nutzerbeschwerden unverzüglich zur Kenntnis nimmt und prüfen kann. Weiterhin ist dem Beschwerdeführer die Möglichkeit zu geben, die Beschwerde näher zu begründen. § 10b TMG enthält Regelungen zur Abhilfe der Nutzerbeschwerden. So muss nach § 10b Abs. 2 TMG nach einer entsprechenden Prüfung und der Feststellung, dass ein Inhalt rechtswidrig ist, der Videosharing-Plattformanbieter den Inhalt unverzüglich entfernen oder den Zugang zu diesem sperren.

66 Nach § 10b Abs. 3 TMG ist der Videosharing-Plattformanbieter drüber hinaus verpflichtet, den Beschwerdeführer und den von der Beschwerde betroffenen Nutzer unverzüglich über seine Entscheidung zu informieren und seine Entscheidung zu begründen. Im Falle der Entfernung des Inhalts oder der Sperrung des Zugangs ist die Rechtsgrundlage zu benennen, auf die der Videosharing-Plattformanbieter seine Maßnahme stützt. Zugleich muss der Videosharing-Plattformanbieter dem Beschwerdeführer und den von der Beschwerde betroffenen Nutzer über die Möglichkeit der Teilnahme an einem unparteiischen Schlichtungsverfahren informieren. Nach § 10c TMG sind Videosharing-Plattform-

[89] So auch *Bodensiek/Walker* MMR 2018, 136 (139).

anbieter darüber hinaus verpflichtet, in ihren Allgemeinen Geschäftsbedingungen Bestimmungen zu verwenden, die ihren Nutzern untersagen, rechtswidrige Inhalte oder unzulässige audiovisuelle Kommunikation auf die Videosharing-Plattform hochzuladen und die ihnen das Recht einräumen, durch Nutzer hochgeladene rechtswidrige Inhalte oder unzulässige audiovisuelle kommerzielle Kommunikation zu entfernen oder den Zugang zu ihnen zu sperren.

3. Social Bots

a) Definition

Social Bots sind von Menschen **programmierte Computerprogramme,** die **eine menschliche Identität vortäuschen** und zu manipuliertem Zweck eingesetzt werden.[90] Sie sind darauf ausgerichtet, in sozialen Netzwerken maschinell erstellte Beiträge wie Kommentare, Antworten und Meinungsäußerungen zu generieren, um den **öffentlichen Diskurs zu beeinflussen** oder gar zu **manipulieren.** Dabei verbreiten, kommentieren und teilen sie fast ununterbrochen Beiträge in den sozialen Medien, insbesondere auf Twitter, aber auch auf Facebook.[91] Bot steht für Software Robot als Bezeichnung für ein autonomes Computerprogramm und nutzt Algorithmen als Teil einer KI. Social verweist auf den Anwendungsbereich der Programme in den sozialen Medien wie Facebook oder Twitter.[92] 67

Social Bots zeichnen sich im Wesentlichen durch drei Charaktereigenschaften aus, nämlich, dass es sich bei ihnen um einen in einer **Software implementierten Algorithmus** handelt, der **vortäuscht, eine reale Person** zu sein und versucht, **Einfluss auf die Meinungsbildung** zu nehmen.[93] Unterschieden wird zwischen zwei Arten von Social Bots, den **„wohlwollenden Bots“**, die für Werbe- und Kundendienstzwecke eingesetzt werden, sowie den **„bösartigen Bots“**, die eingesetzt werden, um Meinungen zu beeinflussen, Falschinformationen zu verbreiten und Mehrheitsmeinungen zu simulieren. Rechtlich ist zu differenzieren zwischen Social Bots, die ökonomisch relevante Handlungen beeinflussen, und Bots, die Einfluss auf politisch relevante Einstellungen nehmen und sich dann wiederum potenziell auf demokratische Handlungen auswirken können wie bspw. auf Wahlen oder Abstimmungen.[94] 68

Social Bots können eine Gefahr für die Kommunikation im öffentlichen Raum darstellen durch die Verbreitung von Ideologien, Beleidigungen oder falschen Tatsachen (Fake News), die geäußert werden können, „getarnt“ durch einen anonymen Bot. Die genauen Auswirkungen von Social Bots auf das öffentliche Meinungsbild sind noch nicht abschließend geklärt.[95] Es wird allerdings zu Recht befürchtet, dass Social Bots die öffentliche und private Meinungsbildung durch **Desinformation** und **Manipulation verfälschen** können. Das löst besondere Besorgnis aus im Hinblick auf zukünftige Wahlkämpfe politischer Parteien und demokratischer Wahlen.[96] Social Bots können einen erheblichen Einfluss auf soziale Netzwerke nehmen, ohne von menschlichen Teilnehmern bemerkt zu werden, denn die Unterscheidung eines Bots von einer realen Person ist auf den ersten Blick nicht möglich. Der Empfänger der Nachricht geht dann irrtümlicherweise davon aus, dass er den Beitrag einer natürlichen Person liest und mit deren persönlicher Meinung konfrontiert ist.[97] Das Wirkungspotenzial von sozialen Netzwerken wie Facebook oder Twitter 69

---

90 *Libertus* ZUM 2018, 20 (20).
91 *Drexl* ZUM 2017, 529 (530).
92 *Volkmann* MMR 2018, 58 (58 f.).
93 TAB Büro für Technikfolgen Abschätzung beim Deutschen Bundestag, Social Bots – die potenziellen Meinungsmacher, www.tab-beim-bundestag.de/de/pdf/publikationen/tab-fokus/TAB-Fokus-016.pdf (10. 12. 2018).
94 *Dankert/Dreyer* K&R 2017, 73 (73).
95 *Volkmann* MMR 2018, 58 (58).
96 *Steinbach* ZRP 2017, 101 (101).
97 *Drexl* ZUM 2017, 529 (534).

zeigt sich am stärksten in der **Einschätzung des Meinungsklimas,** welches wiederum Auswirkungen auf die öffentliche Meinungsbildung hat. Der Einsatz von Social Bots kann das Meinungsklima erheblich beeinflussen oder sogar sabotieren.[98]

70 Die beiden **prototypischen Handlungen** von Social Bots sind das „Reposting" von bestehenden Beiträgen sowie **das Generieren neuer Beiträge.**[99] Wer die Kontrolle über eine Vielzahl von Social Bots hat, kann durch massenhafte und vollautomatisierte Äußerungen versuchen, **Einfluss auf die Meinungsbildung** zu nehmen.[100] Social Bots werden typischerweise verwendet in politischen, ideologischen und hochemotionalen Debatten. Sie sind dabei meist so programmiert, dass sie sich bei Diskussionen aktiv beteiligen können.[101] Die **potenzielle Wirkweise** von Social Bots ist dabei, dass sie die (öffentliche) Diskussion **qualitativ oder quantitativ verzerren** können und damit die Debattenkultur im Internet stören. Bots können Statistiken bei der Auswertung von Daten in den sozialen Netzwerken verfälschen, zB durch häufiges „Retweeten" eines Tweets, um dessen Popularität zu steigern. So können Social Bots auch Einfluss auf aktuelle Themen nehmen, indem sie bestimmte Themen zu „Trending Topics" werden lassen und die Bedeutung von Themen sowie die Beliebtheit von Personen und Produkten künstlich überhöhen.[102] Durch die Verbreitung von Falschmeldungen können Bots für eine erhebliche Verunsicherung im Internet sorgen. Das ist besonders brisant in Ausnahmesituationen, bspw. im Falle eines Anschlags.[103]

71 Die empirische Relevanz von Social Bots wird momentan noch als gering eingeschätzt. Dies erweist sich unter dem Gesichtspunkt der Sicherung der Meinungsvielfalt als Fehler. Social Bots wirken nicht in der Weise auf die Meinung der Nutzer ein, dass sie diese von Grund auf ändern, sondern vielmehr werden die Nutzer regelmäßig in ihren schon bestehenden Meinungen bestärkt. Auch dies ist ein negativer Vielfaltsaspekt.

b) Regelungsansatz

72 **aa) Haftung für Persönlichkeitsverletzungen durch KI.** Herausfordernd für das moderne Medienrecht ist die Frage nach der Haftung für Informationen, die durch Systeme von KI erstellt und gegenüber Menschen kommuniziert werden, zB Persönlichkeitsverletzungen durch die Ergänzungsfunktion von Internetsuchmaschinen oder Rechtsverletzungen durch Social Bots.[104] Es stellt sich die Frage, wem das Handeln des Social Bots zivilrechtlich zuzurechnen ist, va wenn durch den Einsatz von KI der Bot „dazugelernt" hat und „eigene" Schlussfolgerungen zieht.[105] **Von KI können Gefahren für die Meinungsfreiheit ausgehen.** Bspw. zeigt sich das bei sozialen Netzwerken oder Suchmaschinen, wo wenige private Unternehmen unverhältnismäßig großen Einfluss auf die Meinungsbildung nehmen können. Darüber hinaus haben einige wenige private Unternehmen bei der Entwicklung von KI-Systemen eine Führungsrolle inne. Indem Staaten komplexe Überwachungs- und Zensurmaßnahmen an Private outsourcen, kann eine Abhängigkeit dieser Staaten von der Technologie des privaten Sektors entstehen.[106]

73 KI ist **Meta-Technologie,** die in der Lage ist, ein **strategisches Ziel zu erreichen.** Sie trifft **autonome Entscheidungen** und ist **selbstlernend.**[107] Unterschieden wird zwischen **starker** und **schwacher KI.** Starke KI kann jede kognitive Aufgabe genauso gut

[98] *Stark/Magin/Jürgens* UFITA 1/2018, 103 (127).
[99] *Volkmann* MMR 2018, 58 (59).
[100] *Dankert/Dreyer* K&R 2017, 73 (73).
[101] *Dankert/Dreyer* K&R 2017, 73 (74).
[102] *Steinbach* ZRP 2017, 101 (102).
[103] TAB Büro für Technikfolgen Abschätzung beim Deutschen Bundestag, Social Bots – die potenziellen Meinungsmacher, www.tab-beim-bundestag.de/de/pdf/publikationen/tab-fokus/TAB-Fokus-016.pdf (10. 12. 2018).
[104] *Oster* UFITA 1/2018, 14 (15).
[105] *Keßler* MMR 2017, 589 (590).
[106] *Raab* MMR-Aktuell 2018, 411952.
[107] *Kirn/Müller-Hengstenberg* MMR 2014, 225 (226).

oder besser als ein Mensch lösen. Diese Art von Künstlicher Existenz gibt es noch nicht und es wird kontrovers debattiert, ob und wann es eine solche „superhumane" KI überhaupt geben kann.[108] Schwache Intelligenz ist „nur" in der Lage, in einem bestimmten und begrenzten Anwendungsbereich bestimmte Ziele zu erreichen und ermöglicht dabei eine Vielzahl von Anwendungen, bspw. auch Kommunikation. Sie kann noch einem Menschen, ihrem Betreiber, haftungsrechtlich zugeordnet werden. Künstliche Intelligenz kann in einer komplexen Situation **autonome Entscheidungen** treffen. Eine komplexe Situation liegt vor, wenn auf die Künstliche Intelligenz unvorhersehbare Informationen einwirken und das KI-System aufgrund der zur Verfügung stehenden Datensätze reagiert. Die KI handelt autonom, wenn sie nicht auf eine vorgegebene Art reagiert, sondern selbst der Programmierer die konkrete Entscheidung der KI **nicht vorhersehen** kann.[109] Wenn die konkrete Reaktion des Programms bereits durch den Algorithmus determiniert ist, ist nicht von einem autonomen System zu sprechen, sondern von einem **automatischen System.**[110] KI beruht auf einem **selbstlernenden Algorithmus.** Dieser „lernt", indem er Muster erkennt auf der Grundlage von aufgenommener Informationen und eigener „Fehler" und daraufhin eine Handlungsoption wählt, die der Erreichung des strategischen Ziels am dienlichsten ist.[111] Das Kriterium Lernen aus eigener Erfahrung unterscheidet KI-Systeme von anderen autonomen Systemen.[112]

Es bestehen zurzeit **weder** im nationalen noch im internationalen Recht **spezielle Regelungen zur Haftung** von durch KI geschaffene Medieninhalte. Denkbar wäre eine Haftung für **nachgewiesenes eigenes Verschulden, eine Haftung für vermutetes eigenes Verschulden sowie die Gefährdungshaftung.** Die Gefährdungshaftung kommt nach dem geltenden Recht nicht in Betracht, insbesondere nicht nach § 1 Abs. 1 S. 1 ProdHaftG, da diese Vorschrift nur die Rechtsgutsverletzungen Tötung, Körper- und Gesundheitsverletzungen umfasst. Bei einem Algorithmus handelt es sich des Weiteren nicht um ein Produkt nach § 2 ProdHaftG, außer er wird auf einem Datenträger verkörpert in den Verkehr gebracht.[113] Eine Haftung nach einem vermuteten Verschulden, bspw. nach § 831 BGB, scheidet aus, da die KI nicht als Verrichtungsgehilfe angesehen werden kann. Die Situation unterscheidet sich auch wesentlich dadurch, dass die KI keine willentliche Handlung vornimmt und die Systeme anders als ein Verrichtungsgehilfe, als beaufsichtigende Person, vollständig autonom handeln sollen. Eine Beaufsichtigung der Systeme würde ihre Vorteile gerade zunichtemachen. Auch § 832 BGB, die Haftung des Aufsichtspflichtigen, muss aus diesen Gründen ausscheiden.[114] Eine analoge Anwendung der Tierhalterhaftung ist fernliegend, nach § 833 BGB soll gehaftet werden für die Verwirklichung einer tierspezifischen Gefahr, ausgehend von tierischen Trieben. Systeme Künstlicher Intelligenz weisen diese nicht auf, sodass es an der für die Analogie erforderliche vergleichbare Interessenslage fehlt. Die verschuldensunabhängige Haftung ist eine Ausnahme von dem sonstigen Haftungssystem und darf deswegen nicht über die ausdrücklich kodifizierten Tatbestände hinausgehen.[115] 74

Möglich erscheint eine **Haftung des Anbieters** der Kommunikations-KI aus **§ 823 Abs. 1 BGB** für die **Verletzungen von Persönlichkeitsrechten** wie etwa Ehre, Privatheit oder dem allgemeinen Persönlichkeitsrecht als „sonstiges Recht". Wie die Äußerungen einer Kommunikations-KI auszulegen sind, stellt eine Herausforderung für die Rechtsprechung dar. Nach der Rechtsprechung des BGH[116] ist der Suchergänzungsfunktion von 75

[108] *Oster* UFITA 1/2018, 14 (18).
[109] *Stiemerling* CR 2015, 762 (764); *Eidenmüller* ZEuP 2017, 765 (769).
[110] *Oster* UFITA 1/2018, 14 (19).
[111] *Oster* UFITA 1/2018, 14 (20); *Spindler* CR 2015, 766 (766).
[112] *Reichwald/Pfisterer* CR 2016, 208 (208); *Taeger* NJW 2016, 3764 (3764).
[113] *Oster* UFITA 1/2018, 14 (24).
[114] *Grützmacher* CR 2016, 695 (697).
[115] *Bräutigam/Klindt* NJW 2015, 1137 (1139).
[116] BGH Urt. v. 14.5.2013 – VI ZR 269/12, BGHZ 197, 213 Rn. 13 = MMR 2013, 535 mAnm *Engels* – Google.

Google nicht nur der Inhalt zu entnehmen, dass Nutzer die Begriffe zur Recherche eingegeben haben oder dass eine Webseite diese Begriffe enthält, sondern vielmehr, dass zwischen der Eingabe des Personennamens und dem vorgeschlagenen Ergänzungsbegriff ein sachlicher Zusammenhang besteht. Nach der BGH-Rechtsprechung ist es daher möglich, dass eine Kommunikations-KI Persönlichkeitsrechte so beeinträchtigen kann wie die menschliche Kommunikation. Wenn sich die Äußerung der Kommunikations-KI einem Diensteanbieter zurechnen lässt, handelt es sich um seine eigene Information und er ist gem. § 7 Abs. 1 TMG nach den allgemeinen Gesetzen verantwortlich. **Eine Handlung im deliktsrechtlichen Sinne** kann jedoch ein **willensgesteuertes menschliches Verhalten** sein. Das Handeln der Kommunikations-KI ist kein menschliches Verhalten und daher de lege lata nicht von **§ 823 Abs. 1 BGB** umfasst. Daher kommt ausschließlich eine **Rechtsgutsverletzung durch den Anbieter des KI-Dienstes** in Betracht. Bei KI ist gerade die Besonderheit, dass das System **autonom** handelt und sein Verhalten gerade **nicht vorhersehbar** ist. Dass durch Kommunikations-KI allgemeine Persönlichkeitsrechte verletzt werden können, liegt nicht außerhalb jeglicher Wahrscheinlichkeit, denn im Rahmen von Kommunikation ist die Möglichkeit einer Persönlichkeitsrechtsverletzung stets vorhersehbar erhöht.[117] Wenn die KI das Ziel verfolgt, Persönlichkeitsverletzungen zu begehen **(algorithm bias),** bspw. ein Social Bot, der die Meinungsbildung von politischen Gegnern beeinflussen soll, bedarf es für die Haftung nach **§ 823 Abs. 1 BGB** nicht der zusätzlichen Verletzung einer Verkehrssicherungspflicht, vielmehr liegt die Rechtsgutsverletzung in einem Handeln des Anbieters. Wenn sich nicht belegen lässt, dass die Rechtsgutsverletzung unmittelbar in dem Algorithmus angelegt war, ist davon auszugehen, dass die KI die Verletzungshandlung autonom vorgenommen hat und die erforderliche Information selbstständig erlernt hat. Dann liegt der „Schwerpunkt der Vorwerfbarkeit" darin, dass der Diensteanbieter es unterlassen hat, die von der KI begangene Rechtsgutsverletzung zu unterbinden. Zusätzlich bedarf es der **Verletzung einer Verkehrssicherheitspflicht.**[118]

76 **bb) Kennzeichnungspflicht.** Wenn Social Bots politisch motivierte Aussagen treffen, kann dies Kennzeichnungspflichten nach §§ 92–95 MStV auslösen. Diese Normen sind weit zu verstehen und erfassen nicht nur geschäftliche Zwecke. Von den Vorschriften ausgenommen ist die rein private oder familiäre Kommunikation. Je wichtiger ein Telemedium für den Meinungsbildungsprozess ist, desto mehr Transparenz muss gewährleistet sein. Die automatisierte Meinungsäußerung mittels eines oder mehrerer Social Bots ist ein starkes Indiz dafür, dass die Verwendung der Bots auf die Einflussnahme der Meinungsbildung abzielt.[119] Einfachgesetzliche Regelungen für den Einsatz von Social Bots sind va die Informationspflichten nach §§ 5, 6 TMG sowie § 93 MStV sowie das Diskriminierungsverbot nach § 94 MStV. Eine weitreichendere Kennzeichnungspflicht könnte Informationen darüber geben, ob Inhalte von einem Menschen stammen oder automatisch erstellt worden sind. Wenn **automatisierte Meinungsäußerungen kenntlich gemacht** werden, kann idealerweise ihr Einfluss auf die öffentliche Meinung reduziert werden.

77 **cc) Grundrechtsschutz für Social Bots?** Social Bots können ein Risiko für die private oder öffentliche Meinungsbildung darstellen. Fraglich ist, ob die Verwendung von Social Bots durch die Meinungsfreiheit geschützt ist. Träger des Grundrechts der Meinungsfreiheit sind natürliche Personen unter den zusätzlichen Voraussetzungen des Art. 19 Abs. 3 GG sowie inländische juristische Personen und Personenvereinigungen.[120] Maschinen genießen selbst keinen Grundrechtsschutz.[121] Möglicherweise können sich die Ersteller der

[117] *Oster* UFITA 1/2018, 14 (28).
[118] *Oster* UFITA 1/2018, 14 (28f.).
[119] *Dankert/Dreyer* K&R 2017, 73 (77).
[120] BeckOK GG/*Schemmer* Art. 5 Rn. 2.
[121] *Milker* ZUM 2017, 216 (217).

Bots aber in sachlicher Hinsicht auf die Meinungsfreiheit berufen. Der sachliche Schutzbereich von Art. 5 Abs. 1 S. 1 GG umfasst die Äußerung von Meinungen und Tatsachen. Anonyme Meinungsäußerungen sowie Meinungsäußerungen unter Vortäuschung einer anderen Identität sind grundsätzlich auch von der Meinungsfreiheit geschützt.[122] Das Grundrecht auf freie Meinungsäußerung ist **technikneutral.** Der Äußernde kann das Verbreitungsmedium seiner Meinung selbst bestimmen und sich dabei auch eines Algorithmus bedienen. Bots können so programmiert werden, dass diese auf bestimmte Aussagen treffende Erwiderungen anhand eines einprogrammierten Formulierungsmuster abgeben können. Die Programmierung eines Social Bot ist eine antizipierte Äußerung der Meinung oder Tatsache, sodass die Entscheidung des Ob, Wann und Wie der Äußerung zeitlich vorverlagert und die Äußerung selbst von abstrakten Kriterien ausgelöst wird. Die für den Bot verantwortliche Person kann dann von der Meinungsfreiheit Gebrauch machen, als hätte sie in dem konkreten Moment die Äußerung selbst und unmittelbar getroffen.[123] Sie muss sich dann aber auch zu erkennen geben. Von dem sachlichen Schutzbereich der Meinungsfreiheit ausgenommen sind die Behauptung unwahrer Tatsachen, Schmähkritik oder Identitätsdiebstahl.[124] Charakteristisch für Social Bots ist, dass man nicht erkennen kann, dass es sich bei ihnen um keine natürlichen Personen handelt, sondern die Kommunikation durch einen Algorithmus ausgelöst und automatisch betrieben wird. Social Bots werden benutzt, um die Öffentlichkeit bewusst darüber zu täuschen, wer die Äußerung getätigt hat. Es entsteht die Erwartungshaltung, dass der Account von einem menschlichen Nutzer betrieben wird. Falsche Informationen können nicht zum öffentlichen Diskurs beitragen und sind in Bezug auf die Meinungsfreiheit grundsätzlich nicht schutzwürdig.[125] Nicht jede anonyme Nutzung oder jede Nutzung eines anderen Namens im Internet ist schädlich für die öffentliche Meinungsbildung. So kann dies bspw. einer einzelnen Person ermöglichen, eine unpopuläre Meinung zu äußern, ohne Angst vor gesellschaftlicher Ausgrenzung oder staatlicher Verfolgung haben zu müssen. Davon unterscheidet sich die Benutzung von Social Bots aber wesentlich, denn bei der Bot-Benutzung wird schon grundlegend über die Eigenschaft „Mensch" getäuscht. Social Bots können zusätzlich auch mit falschen Identitäten aufgeladen sein. Die Meinungsfreiheit soll eine offene und friedliche geistige Auseinandersetzung gewährleisten, der Einsatz von Bots, der darauf ausgerichtet ist, die inhaltliche öffentliche Diskussion durch Zwang zu unterbinden, kann vor diesem Hintergrund nicht schutzwürdig sein. Bots können es Dritten erschweren, ihre Meinung wahrnehmbar zu äußern, oder sie bei der Informationssuche behindern. Durch Tausende Spam-Beiträge können Bots themenbezogene Äußerungen von Dritten in der Masse untergehen lassen. Das heißt, dass ein Einzelner durch die Benutzung von Social Bots ohne große Investitionen (Bots können für wenig Geld im Internet gekauft werden) einen erheblichen Schaden anrichten kann. Den Äußerungen der Bots kommt wegen ihrer immanenten Täuschung, wenn überhaupt, nur ein geringer grundrechtlicher Schutz zu. Vorbeugende Maßnahmen, um abstrakte Gefahren für die Meinungsbildung zu eliminieren und die Verhinderung von Spam-Beiträgen überwiegen das Interesse an der Bot-Nutzung.[126]

Die komplette Transparenz bei der Verwendung von Social Bots sowie die Kennzeichnungspflicht würden offenlegen, dass keine natürliche Person kommuniziert, sondern ein Bot. Damit würde die wesentliche Eigenschaft der Social Bots wegfallen. Der Nutzer könnte leicht erkennen, dass es sich bei der Meinungsäußerung nicht um die Äußerung einer natürlichen Person handelt, sondern um die eines Social Bot. Des Weiteren könnten die Äußerungen auf eine natürliche Person zurückgeführt werden, was besonders wichtig ist hinsichtlich der Verfolgung von privaten Rechten, wenn beispielsweise eine Beleidi- 78

[122] *Milker* ZUM 2017, 216 (217 ff.).
[123] *Milker* ZUM 2017, 216 (217).
[124] *Holznagel* MMR 2018, 18 (20).
[125] *Milker* ZUM 2017, 216 (218).
[126] *Milker* ZUM 2017, 216 (218 f.).

gung vorliegt oder eine Persönlichkeitsrechtsverletzung. Das wirft allerdings die praktische Frage auf, wer die Kennzeichnungspflicht überprüfen soll und ob eine solche Regelung hinsichtlich der bislang kaum nachgewiesenen, wenn überhaupt geringen Relevanz von Social Bots auf die Meinungsbildung überhaupt erforderlich ist.

79 Die Facebook-Nutzungsbedingungen untersagen bspw. die Benutzung von Social Bots. In den Nutzungsbedingungen Nr. 3 Ziff. 2 Nr. 3 mit dem Titel „Deine Verpflichtungen gegenüber Facebook und der Gemeinschaft" verpflichtet sich der Nutzer, dass er Facebook nur unter Verwendung des eigenen Namen benutzt und korrekte Informationen über sich zur Verfügung stellt. Darüber hinaus darf man nur ein einziges Konto verwenden, sein Passwort nicht weitergeben sowie keinem anderen Zugriff auf das eigene Konto gewähren bzw. ohne Genehmigung von Facebook das Konto auf keine andere Person übertragen. Nach den beschriebenen Nutzungsbedingungen ist das Benutzen von Social Bots auf Facebook untersagt, denn man darf zum einen nur ein einziges Konto verwenden und zum anderen muss man den Namen verwenden, den man auch im täglichen Leben trägt. Praktisch werden diese Vorgaben in der Regel nicht überprüft, jedoch verlangt in Ausnahmefällen Facebook aber nach einem Ausweis, wenn der Name geändert werden soll.[127]

80 Es ist erforderlich, dass die **Medienkompetenz** der Bevölkerung **geschärft** wird, sodass die Internetnutzer zukünftig nicht mehr nur den Wahrheitsgehalt der Beiträge selbst kritisch hinterfragen, sondern auch die Person hinter den Beiträgen auf ihre Echtheit überprüfen, ggf. auch durch technische Hilfsmittel.[128] Die etablierten Massenmedien müssen Äußerungen sorgfältig prüfen, damit es zu keinen Verstärkungseffekten von vermeintlichen (durch Social Bots veränderten) Mehrheitsmeinungen kommt und diese nicht als falsche Tatsachengrundlage in der Berichterstattung einfach übernommen werden. Es bestehen hohen Anforderungen an das Gebot der journalistischen Sorgfalt bezüglich der Recherche.[129] Der Bundesrat fordert eine Kennzeichnungspflicht für die Verwendung von Social Bots und begründet dies mit der Beeinflussung von Social Bots auf die gesellschaftliche und politische Meinungsbildung, insbesondere durch die Verbreitung falscher Tatsachen und teilweise manipulativer Informationen. Verlangt wird mehr Transparenz und klare Regeln auf den digitalen Märkten zur Bekämpfung von Datenmissbrauch sowie Falschinformationen. Die Länder halten eine strengere Regulierung sozialer Netzwerke für erforderlich, denn für soziale Netzwerke sei es teilweise lukrativer, Regeln nicht einzuhalten, da die Strafen geringer sind, als die Gewinne ausfallen. Daher fordern die Länder eine striktere Regulierung, Aufsicht und Kontrolle auf Basis nationaler und europäischer Vorschriften.[130]

81 **dd) Ordnungswidrigkeiten.** Es ist gesetzlich nicht verboten, Social Bots einzusetzen, und es gibt keine Rechtsgrundlage, die eine automatische Verbreitung von Bots untersagt.[131] Social Bots können durch die Nutzungsbedingungen der Anbieter von sozialen Netzwerken verboten werden wie zB von den Nutzungsbedingungen von Facebook. Bei einem Verstoß gegen die Facebook-Nutzungsbedingungen kann nach Nutzerbedingung Nr. 3 mit dem Titel „Deine Verpflichtung gegenüber Facebook" Facebook diese Inhalte entfernen oder blockieren.[132]

[127] de-de.facebook.com/help/159096464162185 (6.11.2019).
[128] *Milker* ZUM 2017, 216 (221).
[129] *Dankert/Dreyer* K&R 2017, 73 (78).
[130] beck-aktuell, 23.11.2018, becklink 2011552.
[131] *Libertus* ZUM 2018, 20 (21).
[132] Facebook Nutzerbedingung Nr. 3 Ziff. 2 Abs. 3 – Stand 15.4.2020.

Momentan gibt es noch keine Kennzeichnungspflicht. Der Verwender der Social Bots kann sich ggf. der Beleidigung nach §§ 184 ff. StGB strafbar machen oder auch der Volksverhetzung nach § 130 StGB. 82

Bei Social Bots, die im geschäftlichen Verkehr eingesetzt werden, kann eine gezielte Mitbewerberbehinderung vorliegen und damit ein Verstoß gegen § 4 Nr. 4 UWG iVm § 3 Abs. 1 UWG. Nach § 8, 9 UWG kann dann Unterlassung, Beseitigung oder Schadensersatz verlangt werden. Schutzgut des UWG ist allerdings nicht die Meinungsvielfalt, sondern der lautere Wettbewerb, der Schutz der Mitwettbewerber und Verbraucher (Schutzrechtstrias), § 1 UWG. 83

4. Netzwerkdurchsetzungsgesetz

a) Schutz des öffentlichen Meinungsklimas

Die Kommunikation innerhalb von sozialen Netzwerken wie Facebook, Twitter und YouTube ist teilweise geprägt von **Hetze, Hassnachrichten, Beleidigungen** oder Falschnachrichten **(Fake News).** Das Netzwerkdurchsetzungsgesetz **(NetzDG)** als das Gesetz zur **Verbesserung der Rechtsdurchsetzung in sozialen Netzwerken** soll dazu beitragen, strafbare Falschnachrichten (Fake News) und Hasskriminalität in sozialen Netzwerken zu bekämpfen. 84

Die Betreiber der sozialen Netzwerke haben in ihren selbst festgelegten Gemeinschaftsstandards und Richtlinien[133] bereits Bestimmungen, mit denen ihre Nutzer vor strafbaren und falschen Inhalten geschützt sowie Schäden für diese verhindert werden sollen, indem (vermeintlich) rechtswidrige Inhalte oder Inhalte, die gegen die Gemeinschaftsstandards verstoßen, von den Nutzern gemeldet werden können. Bislang haben soziale Netzwerke auf derartige Meldungen teilweise nur träge und intransparent reagiert, sodass sich Opfer von beleidigenden oder falschen Posts gegen Hass und Hetze kaum wehren konnten sowie kaum eine Chance hatten, gegen solche Posts angemessen vorzugehen. Das NetzDG soll dafür sorgen, dass Plattformen strafbare Inhalte **schneller** und **umfangreicher löschen,** um das **öffentliche Meinungsklima** im Internet zu **bewahren** und Hate Speech einzudämmen. Der Einsatz von Social Bots und von „Trollen“, die für Unternehmen Äußerungen im Internet platzieren, birgt wesentliche Schwierigkeiten, Persönlichkeitsrechte durchzusetzen, va wegen der Anonymität der Nutzer. Die unmittelbare Rechtsverfolgung gegen den Schädiger ist oft nur schwer möglich. 85

Das **NetzDG** ist seit dem **1.1.2018** vollständig in Kraft und zuletzt geändert zum 30.11.2020. Kritiker[134] werfen dem Gesetz vor, dass es formell sowie materiell verfassungswidrig sei. Der Bund sei zum Erlass des Gesetzes nicht zuständig gewesen, weil die vom Gesetzgeber herangezogene Kompetenznorm des Art. 74 Abs. 1 Nr. 7 GG – öffentliche Fürsorge – nicht gegeben sei. Zudem verstoße das Gesetz vor dem Hintergrund der kurzen Prüffristen gegen die Meinungsfreiheit aus Art. 5 Abs. 1 S. 1 GG, da die grundsätzlich einzelfallbezogene Abwägung der Rechtsgüter Meinungsfreiheit und Persönlichkeitsrechte der Betroffenen in diesen kurzen Fristen des Gesetzes nicht zu schaffen sei. Ob sich durch den Einsatz eines Reputation Management,[135] das mittels KI selbst auf Lernfähigkeit angelegt ist, etwas ändert, bleibt abzuwarten. Das Gesetz verstoße gegen den Gleichheitsgrundsatz aus Art. 3 Abs. 1 GG und sei zu unbestimmt formuliert.[136] Darüber hinaus sei 86

---

[133] Bei YouTube s. www.youtube.com/intl/de/yt/about/policies/#community-guidelines (21.12.2018).
[134] Vgl. *Kalscheuer/Hornung,* NVwZ 2017, 1721.
[135] Vgl. *Ladeur* K&R 2020, 248 (251).
[136] Die FDP-Politiker und Bundestagsabgeordneten *Schulz* und *Höferlin* haben gegen das Gesetz Klage beim VG Köln eingereicht. Die Klage wurde als unzulässig abgewiesen, s. www.juris.de/jportal/portal/page/homerl.psml?nid=jnachr-JUNA190200340&cmsuri=%2Fjuris%2Fde%2Fnachrichten%2Fzeigenachricht.jsp (18.2.2021).

das Gesetz europarechtswidrig, indem es gegen die Dienstleistungsfreiheit des Art. 56 AEUV verstoße und unvereinbar mit der E-Commerce-RL sei.[137]

87 Mit dem von der Bundesregierung am 1.4.2020 beschlossenen Regierungsentwurf eines Gesetzes zur Verbesserung der Rechtsdurchsetzung in sozialen Netzwerken[138] wurde in § 2 NetzDG eine gesetzliche Berichtspflicht für soziale Netzwerke über den Umgang mit Hasskriminalität und anderen strafbaren Inhalten, ein wirksames Beschwerdemanagement sowie die Benennung eines inländischen Zustellungsbevollmächtigten vorgesehen.

b) Wesentlicher Regelungsgegenstand des NetzDG

88 Ein weiterer Hauptzweck des Gesetzes ist die Regelung von Kommunikation im Netz durch die Beseitigung von Störungen der öffentlichen Sicherheit. Die Durchsetzung des Rechts liegt dabei nicht beim Staat, sondern bei privaten Akteuren, nämlich den Betreibern der sozialen Netzwerke.

89 Das Gesetz richtet sich an soziale Netzwerke mit mehr als zwei Millionen registrierten Nutzern nach § 1 Abs. 2 NetzDG. Gem. § 1 Abs. 1 NetzDG sind soziale Netzwerke Telemediendienste, die mit Gewinnerzielungsabsicht Plattformen im Internet betreiben, die dazu bestimmt sind, dass Nutzer beliebige Inhalte mit anderen Nutzern teilen oder der Öffentlichkeit zugänglich machen. Davon ausgenommen sind Plattformen mit journalistisch-redaktionell gestalteten Angeboten, die vom Diensteanbieter selbst verantwortet werden, und Plattformen, die zur Individualkommunikation oder zur Verbreitung bestimmter Inhalte bestimmt sind, § 1 Abs. 1 S. 2, 3 NetzDG.

90 Die wesentlichen Bestandteile des NetzDG sind die **Berichts- und Organisationspflichten** für das Beschwerdemanagementsystem und die **Pflicht zur Entfernung offensichtlich rechtswidriger Inhalte.** Rechtswidrige Inhalte sind in § 1 Abs. 3 NetzDG abschließend genannt und definieren den sachlichen Anwendungsbereich des Gesetzes. Die wesentlichen Normen entstammen dabei dem Bereich des Schutzes des demokratischen Rechtsstaats, der öffentlichen Ordnung, der persönlichen Ehre und der sexuellen Selbstbestimmung.[139]

91 Es besteht eine Berichtspflicht nach § 2 NetzDG für soziale Netzwerke, die im Jahr mehr als 100 Beschwerden über rechtswidrige Inhalte erhalten, einmal pro Halbjahr einen deutschsprachigen Bericht über den Umgang mit rechtswidrigen Inhalten zu erstellen und diesen im Bundesanzeiger sowie auf der eigenen Homepage zu veröffentlichen.

c) Einfluss des NetzDG auf Inhalte

92 Der Betreiber des sozialen Netzwerks muss sich die Frage stellen, was noch eine von **Art. 5 Abs. 1 S. 1 GG geschützte Meinung** ist und was bereits einen strafbaren Inhalt darstellt und mithin nicht mehr von der Meinungsfreiheit gedeckt ist. Der ehemalige Justizminister *Heiko Maas* hat es zugespitzt so formuliert: „Die Meinungsfreiheit endet eben da, wo das Strafrecht beginnt."[140] Diese Abgrenzung, wann eine Äußerung strafrechtlich relevant ist, erfordert die umfassende Kenntnisnahme und eine angemessene Würdigung des gesamten Sachverhalts unter Berücksichtigung der elementaren Bedeutung der Meinungsfreiheit und der vom BVerfG entwickelten **Wechselwirkungslehre,** die der besonderen Bedeutung der Meinungsfreiheit für eine funktionierende Demokratie Rechnung trägt. Der Inhalt und die Reichweite der Meinungsfreiheit sind geprägt durch die umfangreiche Rechtsprechung des BVerfG und anderer höchstrichterlicher Rechtsprechung. Das NetzDG überlässt die Entscheidung, wann eine Äußerung rechtswidrig ist, privaten Un-

---

[137] Ausführlich *Liesching* MMR 2018, 26 (26 ff.).
[138] Vgl. zum Regierungsentwurf *Ladeur* K&R 2020, 248.
[139] *Guggenberger* NJW 2017, 2577 (2578).
[140] S. www.bpb.de/dialog/netzdebatte/264134/das-netzwerkdurchsetzungsgesetz-war-noetig-und-ueberfaellig (21.12.2018).

ternehmern und verlangt von diesen, darüber zu entscheiden, wann eine Äußerung nicht mehr unter den Schutz von Art. 5 Abs. 1 S. 1 GG fällt.

Gem. **§ 3 Abs. 2 NetzDG** muss der Betreiber des sozialen Netzwerks gewährleisten, dass Beschwerden durch die Nutzer unverzüglich zur Kenntnis genommen werden und **offensichtlich rechtswidrige Inhalte** binnen 24 Stunden sowie **sonstige rechtswidrige Inhalte** maximal nach sieben Tagen gelöscht werden. Als rechtswidrig gelten dabei die in **§ 1 Abs. 3 NetzDG** genannten strafrechtlichen Tatbestände. Diese Tatbestände müssen in objektiver und subjektiver Hinsicht erfüllt sowie rechtswidrig begangen worden sein. Dagegen werden die schuldhafte Begehung sowie Schuldausschließungsgründe nicht geprüft.[141] Nach dem NetzDG müssen die Betreiber der sozialen Netzwerke über sehr komplexe Rechtsfragen entscheiden und es ist ihnen überlassen, die Grenzen der Meinungsfreiheit zu definieren. Abgesehen von der Pflicht, die Rechtmäßigkeit der Inhalte unverzüglich zu prüfen, und der Geldstrafe bei Verstößen, haben die Betreiber von sozialen Netzwerken bereits vor dem Erlass des NetzDG darüber entschieden, welche Inhalte unvereinbar mit ihren Nutzungsrichtlinien sind und haben diese dementsprechend entfernt und nach demselben Prinzip auch Accounts gesperrt. 93

Kritiker des Gesetzes befürchten, dass die Betreiber der Netzwerke zu viele Inhalte entfernen und sich, wenn nicht eindeutig feststeht, ob ein entsprechender Inhalt rechtwidrig ist, im Zweifel dafür entscheiden, diesen „vorsorglich" zu entfernen. „In dubio" kann sich gegen die Meinungsfreiheit ihrer Nutzer richten. Das kann zu einem sog. **Overblocking** von Inhalten führen und negative Auswirkungen auf den freiheitlichen öffentlichen Diskurs haben. Es gilt zu berücksichtigen, dass diese systematische Nichtlöschung von Inhalten nach § 4 NetzDG bußgeldbewehrt ist. Um einen Verstoß gegen § 4 NetzDG zu vermeiden, kann es für die Betreiber der sozialen Netzwerke durchaus wirtschaftlich sinnvoll sein, im Zweifel von einem rechtswidrigen Inhalt auszugehen und diesen zu entfernen. Allerdings wird ein Bußgeld nach § 4 NetzDG nur dann verhängt, wenn der Netzwerkbetreiber die Rechtswidrigkeit von Beiträgen *systematisch* falsch beurteilt; eine Fehlbeurteilung im Einzelfall ist nicht bußgeldbewährt. Bei der fehlenden Eindeutigkeit und einer darauf unterlassenen Löschung liegt kein systematisches Versagen des Netzwerkbetreibers vor und auch kein untaugliches Beschwerdesystem, sodass dies keinen Verstoß gegen § 3 Abs. 2 NetzDG nach sich zieht und nicht bußgeldbewehrt ist. Mit dem Entwurf eines NetzDG 2.0 will der Gesetzgeber va durch strafprozessuale Maßnahmen und die Einführung einer Anzeigepflicht in Bezug auf strafbare Inhalte gegenüber dem Bundeskriminalamt eine effektivere Durchsetzung des Verbots von Hasskriminalität und verbotenen rechtsextremistischen Äußerungen erreichen.[142] 94

Hasserfüllte Posts (Hate Speech) im Internet können dafür sorgen, dass Äußernde eingeschüchtert werden und sich nicht mehr trauen, offen und frei ihre Meinung zu vertreten (Silencing). Sie können dadurch so eingeschüchtert werden, dass sie nicht mehr frei kommunizieren, aus Angst, von anderen Internetnutzern beleidigt oder Opfer von Cybermobbing zu werden. Um dem objektiv-rechtlichen Schutzgehalt der Meinungsfreiheit gerecht zu werden, muss der Staat einen freien Kommunikationsprozess gewährleisten. Der Staat trägt die Verantwortung für einen freien und offenen Prozess der Meinungs- und Willensbildung und es darf ihm nicht gleichgültig sein, ob die Bürger sich frei fühlen, öffentlich ohne Einschüchterung zu sprechen und sich nicht mit ihrer Meinung zurückhalten müssen. Gesetzgeberisches Ziel der NetzDG ist, hasserfüllte Kommentare und Posts zu eliminieren, sodass kein Internetnutzer Gefahr laufen muss, durch Hassbotschaften angegriffen und ausgegrenzt zu werden. Jedoch ist nicht auszuschließen, dass aber auch der umgekehrte Fall eintreten und damit eine Gefahr für die freie Meinungsäußerung entstehen kann. Möglicherweise fühlt sich der Nutzer in seiner Meinungsfreiheit beeinträchtigt, weil er gehemmter ist, frei und unbefangen online zu kommunizieren. Angesichts der an- 95

[141] *Pfeifer* AfP 2018, 14 (17).
[142] Vgl. zum Regierungsentwurf des NetzDG 2.0 *Ladeur* K&R 2020, 248.

gedrohten Löschung von Posts oder der Sperrung von Accounts nimmt sich der Nutzer möglicherweise zurück und äußert keine „grenzwertigen" Meinungen, die noch von der Meinungsfreiheit gedeckt wären, sodass der Nutzer es bspw. unterlässt, sich polemisch, scharf, überspitzt oder gar verletzend zu äußern, obwohl er das rechtlich dürfte. Das kann so weit gehen, dass sich der Nutzer einer „Selbstzensur" unterlegt aus Angst vor den Konsequenzen für seine Nutzung von sozialen Netzwerken.

96 Bei der Lektüre der Berichte der sozialen Netzwerke fällt auf, dass die meisten Inhalte bereits aufgrund der Nutzungsbedingungen gelöscht worden sind und nicht aufgrund des neu erlassenen NetzDG. Auch kam es entgegen der Befürchtungen noch zu keinem Overblocking. Die Betreiber haben mehr Personal eingestellt, um rechtswidrige Inhalte aufzufinden und dagegen vorzugehen. Die Betreiber der sozialen Netzwerke werden mit dem NetzDG auch stärker in die Pflicht genommen, für eine angemessene „Atmosphäre" im Netz zu sorgen, denn im Internet haben ehrverletzende Äußerungen und Hetze ein ganz anderes Ausmaß und eine viel breitere Reichweite als außerhalb des Internets.

5. Presserechtlicher Rahmen

97 Den rechtlichen Rahmen für durch KI erzeugte Presse bilden die einzelnen Landespressegesetze, die im Wesentlichen inhaltsidentisch sind. Von besonderer presseordnungsrechtlicher Bedeutung sind in der Praxis die Impressumspflicht und das Recht auf Gegendarstellung.

a) Verantwortliche Person/Impressum

98 Das Presserecht ist von dem Leitbild geprägt, dass hinter jedem Druckwerk eine natürliche oder eine juristische Person steht wie etwa der Redakteur, der Verleger, der Drucker etc. Diese stehen für die Rechtmäßigkeit des Druckwerks ein. Die Landespressegesetze enthalten vor diesem Hintergrund zahlreiche Bestimmungen, denen nur nachgekommen werden kann, wenn tatsächlich eine natürliche Person in **verantwortlicher Position** am Druckwerk beteiligt ist. Deutlich sichtbar wird dies bspw. bei der **Impressumspflicht.** Die Impressumspflicht bestimmt, dass Drucker und Verleger namentlich und mit Anschrift benannt werden müssen (ggf. die Firma) und teilweise müssen auch ein verantwortlicher Redakteur, der Verfasser oder der für den Anzeigenteil Verantwortliche angegeben werden. Wenn Computerprogramme in ihrem Zusammenwirken autonom Druckwerke schaffen, wie etwa durch die vollautomatische Generierung von Texten oder die autonome Vergabe von Werbeanzeigen in virtuellen, sekundenschnellen Auktionen, können die zwingenden gesetzlichen Vorgaben nicht erfüllt werden. Bisher haben weder Gesetzgebung noch Rechtsprechung hierzu Lösungswege aufgezeigt. Zu begrüßen wäre daher eine gesetzliche Regelung, wonach für durch KI geschaffene Presse ebenfalls eine Impressumspflicht für den Schaffer des Algorithmus eingeführt wird.

b) Recht auf Gegendarstellung

99 Der Betroffene einer medialen Berichterstattung hat das Recht, seinen Standpunkt auf dem gleichen medialen Weg zu verbreiten. **Das Recht auf Gegendarstellung** leitet sich aus dem allgemeinen Persönlichkeitsrecht des Betroffenen gem. § 823 BGB ab. Bei einem Druckwerk sind der verantwortliche Redakteur und der Verleger, bei digitalen Medien der Diensteanbieter, der Verleger oder der Redakteur zur Gegendarstellung verpflichtet. Das Recht auf Gegendarstellung greift nicht, wenn die Tatsachenbehauptung autonom und ohne die Mitwirkung einer natürlichen oder juristischen Person veröffentlicht oder verbreitet wurde. Insoweit existiert nämlich kein verantwortlicher Diensteanbieter, Verleger oder Redakteur. Möglicherweise leitet sich aus dem allgemeinen Persönlichkeitsrecht aber auch ein Anspruch auf Gegendarstellung ab, wenn die Veröffentlichung autonom er-

stellt wurde. Wer dann jedoch Adressat dieser Verpflichtung ist, ist weiterhin offen und bislang ungeklärt.

c) Haftung für Persönlichkeitsrechtsverletzungen durch KI-gestützten Journalismus

Wie unter → Rn. 5 ff. bereits dargelegt, stellt der algorithmische Journalismus eine besondere Form der Kommunikations-KI dar. Werden hierdurch Verletzungen von Persönlichkeitsrechten, etwa dem allgemeinen Persönlichkeitsrecht, dem Schutz der Ehre oder dem Schutz der Privatheit begangen, stellt sich neben der presserechtlichen Verantwortung auch die zivilrechtliche Haftungsfrage. Eine Verschuldenshaftung scheidet regelmäßig aus, da das Verschulden einer Person zuzuordnen ist. Sofern allerdings ein Presseorgan einen Artikel veröffentlicht, der durch Künstliche Intelligenz generiert worden ist, gelten die üblichen presserechtlichen Haftungsregelungen. Dort, wo der Algorithmus selbst den Inhalt geschaffen hat und den Beitrag Dritten zur Verfügung stellt, wird rechtspolitisch für eine Gefährdungshaftung oder eine Umkehr einer Beweislast eingetreten. Die Beweislastumkehr würde dabei helfen nachzuweisen, dass im Algorithmus die Rechtsverletzung bereits angelegt war.[143] Rechtspolitisch könnte weiter überlegt werden, eine Gefährdungshaftung einzuführen. Die Gefährdungshaftung betrifft erlaubtes, aber gefährliches Tun und beruht nicht auf der Verantwortlichkeit für Unrecht, sondern auf dem Prinzip der Schadlosstellung für den Fall, dass sich ein Risiko verwirklicht, welches die Rechtsordnung zur Nutzung des technischen Fortschritts zulässt.[144] Diejenigen, die den Algorithmus für die KI-basierten journalistischen Beiträge geschaffen haben, bei denen Persönlichkeitsrechtsverletzungen stattfinden, könnten über eine entsprechende Versicherung die ihnen obliegende verschuldensunabhängige Haftung versichern.[145] Auch das Europäische Parlament plädiert für eine Gefährdungshaftung.[146] 100

6. Urheberrechtlicher Schutz für künstlich geschaffene Presseartikel

a) Schutz des Werkes

Wenn die KI einen eigenen Inhalt geschaffenen hat, bspw. einen Presseartikel verfasst oder ein Foto/Gemälde generiert hat, stellt sich die Frage, ob diese „Werke" urheberrechtlich geschützt sind. Genießt ein mittels KI geschaffener Presseartikel Urheberrechtsschutz? Kann ein durch KI-generiertes Foto oder Gemälde urheberrechtlichen Schutz genießen? 101

Die Computerkunst gilt ohne Zweifel als schutzfähig, wenn ein menschlicher Künstler diese geschaffen hat. KI ist bereits so hoch entwickelt, dass sie journalistische Artikel und Bildnisse sowie Gemälde ganz ohne menschliches Zutun erstellen kann. Es stellt sich daher die Frage, inwieweit der urheberrechtliche Schutz eines Werkes nach wie vor an den menschlichen Gestaltungswillen und die Gestaltungshöhe anknüpft und diese voraussetzt.[147] Bei von KI geschaffenen Inhalten verringert sich der menschliche Gestaltungswille auf ein Minimum oder ist gar nicht vorhanden. 102

§ 2 Abs. 2 UrhG knüpft den urheberrechtlichen Schutz an eine **persönliche geistige Schöpfung und** den entsprechenden **Schöpfungswillen.** Im Umkehrschluss bedeutet dies, dass rein maschinelle Erzeugnisse nicht als schutzfähig angesehen werden.[148] Um ein urheberrechtlich schutzfähiges Werk zu schaffen, ist nur ein natürlicher Handlungswille er- 103

---

[143] Vgl. hierzu ausf. *Oster* UFITA 1/2018, 14 (50).
[144] Vgl. hierzu BGH NJW 1988, 3019 – Streufahrzeug.
[145] *Oster* lehnt die Einführung einer Gefährdungshaftung für Kommunikations-KI ab, vgl. hierzu ausf. *Oster* UFITA 1/2018, 14 (49).
[146] Vgl. Entschließung des Europäischen Parlaments v. 16. Februar 2017 mit Empfehlung an die Kommission zur zivilrechtlichen Regelung im Bereich Robotik (2015/2013 (INL)).
[147] S. dazu auch *Ehinger/Grünberg* K&R 2019, 232.
[148] Schricker/Loewenheim/*Loewenheim* UrhG § 2 Rn. 38 ff.; Dreier/Schulze/*Schulze* UrhG § 2 Rn. 8.

forderlich.[149] Das heißt, dass auch solche Personen ein Urheberrecht schaffen können, die nicht geschäftsfähig sind.

104 Das Urheberrecht schützt nach § 2 Abs. 2 UrhG lediglich persönliche geistige Schöpfungen. Die Schutzfähigkeit des Werkes setzt dabei voraus, dass die persönliche geistige Schöpfung in ihrer konkreten Ausformung **sinnlich wahrnehmbar** ist. Die Idee, die der geistigen Schöpfung zugrunde liegt, ist nicht urheberrechtlich geschützt. Das bedeutet, dass der Algorithmus der KI selbst nicht schutzfähig ist, auch wissenschaftliche Lehren sind nicht schutzfähig.

105 Allein eine natürliche Person kann aufgrund des ihr entspringenden individuellen Geistes Schöpfer eines Werkes sein. Deswegen sind „computer generated works" nicht schutzfähig, wenn keine natürliche Person den Schöpfungsvorgang steuert. Wenn ein Computerprogramm einen Zeitungsartikel verfasst, etwa auf der Grundlage von Presseagenturmeldungen oder Wikipedia-Einträgen, so ist dieser Artikel kein urheberrechtlich geschütztes Werk. Wenn Smart Products allein oder zusammen ein sinnlich wahrnehmbares Arbeitsergebnis erzeugen, ohne dass ein Mensch die konkrete Gestalt vorgibt, entsteht an diesem Arbeitsergebnis ebenfalls kein Urheberrecht. Dagegen kann eine geistige Schöpfung entstehen, wenn eine natürliche Person den Schaffungsprozess mit der Hilfe technischer Mittel plant und gestaltet, sog. „computer aided works".

106 Gleichwohl sollte rechtspolitisch überlegt werden, dem Betreiber einer „Zeitung", deren Artikel durch computergesteuerte Künstliche Intelligenz hergestellt wird, ein **eigenes Leistungsschutzrecht** zu gewähren. Ein weiterer Vorschlag[150] ist die Einführung eines eigenen Nutzerrechts, mit dem die Amortisation der Aufwendungen des Erstellers abgegolten wird. Dies müsste aber *de lege lata* und nicht *de lege ferenda* eingeführt werden und den Schutz des Ergebnisses, also der Texte und Bilder, umfassen.

b) Schutz des Datenbankherstellers

107 Die durch KI geschaffenen Schöpfungen sind nicht urheberrechtlich geschützt. Daher stellt sich die Frage, ob das durch die KI geschaffene Werk, das in gewisser Weise eine Datenbank darstellt, unter das **Datenbankherstellerrecht** nach **§ 87a Abs. 1 S. 1 UrhG** fällt. Weder durch nationale noch durch europäische Rechtsprechung ist bisher entschieden, ob ein KI-generierter Text oder eine KI-generierte Software als Datenbank anzusehen ist. Das könnte dann anzunehmen sein, wenn die Texte oder die Software, die Texte im journalistischen Bereich entwickelt, für Dritte von Interesse sind und dem Betreiber der KI-generierten Zeitung ein Leistungsschutzrecht zustehen könnte.

108 Das Leistungsschutzrecht des Datenbankherstellers nach §§ 87a ff. UrhG schützt den **Hersteller der Datenbank,** der zu Beschaffung, Überprüfung oder Darstellung eine nach Art oder Umfang **wesentliche Investition** vorgenommen hat. Dagegen schützt es nicht einzelne Daten. Kosten für die Entwicklung und Betreuung der Software, mit denen der Hersteller die Daten erfasst und darstellt, sind als Investitionen iSd § 87a Abs. 1 UrhG berücksichtigt. Der Inhalt der Datenbank muss systematisch oder methodisch angeordnet sein. Ungeordnete Datenanhäufungen unterfallen nicht dem Leistungsschutzrecht des Datenbankherstellers. Hersteller der Datenbank iSd § 87a Abs. 2 UrhG kann jede **natürliche** oder **juristische Person** sein. Der Datenbankhersteller kann die Daten mit technischen Hilfsmitteln sammeln und systematisch oder methodisch anordnen. Daher sind auch solche Datenbanken geschützt, die aufgrund einer Software generiert werden. Der von einem Computerprogramm erzeugte einzelne Zeitungsartikel oder Filmbeitrag ist nicht urheberrechtlich geschützt. Gleichwohl kann die von einem Computerprogramm erzeugte systematische oder methodische Anordnung einer Sammlung solcher automatisch erzeugten Zeitungsartikel und Filmbeiträge dem Datenbankherstellerrecht unterfallen. Dann verfügt der Datenbankhersteller über das ausschließliche Recht, die Datenbank insgesamt, einen

[149] Dreier/Schulze/*Schulze* UrhG § 2 Rn. 10.
[150] So *Legner* ZUM 2019, 807 (812).

nach Art und Umfang wesentlichen Teil der Datenbank und die Datenbank systematisch und wiederholt zu vervielfältigen, zu verbreiten oder öffentlich wiederzugeben.

Gem. § 87a Abs. 2 UrhG ist derjenige als Schutzrechtsinhaber der Datenbank anzusehen, der das **organisatorische** und **wirtschaftliche Risiko** für den Aufbau und den Betrieb der Datenbank trägt. Wenn man den „Verleger" einer KI-gestützten Zeitung oder Bewegtbildangebots als den Betreiber einer Datenbank ansieht, von der aus der Leser oder Zuseher auf die KI-generierten Inhalte zugreifen kann, dann würde seine Zeitung/Bewegtbildangebot leistungsschutzrechtlich geschützt sein, sofern der Zugriff auf die Datenbank selbst den Schutz gewährt. Nicht geschützt wäre dann der einzelne Artikel, sondern nur der **Betreiber der Datenbank.** Denn die einzelne Nachricht bzw. der einzelne Artikel bleibt ein „journalistisches Werk", welches jedoch nur dann Urheberrechtsschutz genießen kann, wenn es von einer natürlichen Person, einem Schöpfer, geschaffen ist. 109

IV. Internationale Bezüge

1. Überblick

Der europäische Rechtsrahmen im Bereich der Medien nähert sich nur langsam den zunehmenden Herausforderungen der Digitalisierung an. EU-Richtlinien im Bereich Medien zur Regelung von KI fehlen. Ansätze finden sich in Art. 9 des Vertrages zwischen der Bundesrepublik Deutschland und der Französischen Republik über die **deutsch-französische Zusammenarbeit und Integration** vom 22.1.2019 **(Vertrag von Aachen).** Der Vertrag sieht die Einrichtung einer digitalen Plattform vor, die sich insbesondere an die Jugend richten soll. Der medienrechtliche Rahmen wird im Wesentlichen durch die Richtlinie über audiovisuelle Mediendienste der EU (**AVMD-Richtlinie** 2010/13 EU) in der novellierten Fassung der Änderungsrichtlinie 2018/1808/EU vom 14.11.2018[151] geprägt. 110

Ergänzt wird der medienrechtliche Rahmen durch zahlreiche **Urheberrechtsrichtlinien,** von denen für den Bereich IoT und KI die jüngst verabschiedete Urheberrechtsrichtlinie in der digitalen Gesellschaft ansatzweise einen Rechtsrahmen bietet. Die Richtlinie muss allerdings erst noch in das nationale Recht umgesetzt werden. 111

2. Audiovisuelle Mediendienste-Richtlinie der EU

Die Richtlinie (EU) 2018/1808 des Europäischen Parlaments und des Rats vom 20. November 2018 zur **Änderung der Richtlinie 2010/13/EU** zur Koordinierung bestimmter Rechts- und Verwaltungsvorschriften der Mitgliedstaaten über die Bereitstellung audiovisueller Mediendienste (**Richtlinie über audiovisuelle Mediendienste,** AVMD-RL) trägt im Hinblick auf sich verändernde Marktgegebenheiten ihren Anspruch bereits im Titel. Der europäische Gesetzgeber will mit der neugefassten Richtlinie auf die veränderten Marktbedingungen eingehen. Die EU hat dabei nicht nur die **technische Entwicklung** und das **geänderte mediale Konsumverhalten** im Blick, sondern auch die zunehmende Annäherung **(Konvergenz)** von Fernseh- und Internetdiensten. Eine wesentliche Änderung der überarbeiteten Richtlinie ist die deutliche Ausweitung ihres sachlichen Anwendungsbereichs. Der sachliche Anwendungsbereich erfasst jetzt auch Videostreaming-Plattformen. Daneben wurden die Kernanliegen der Richtlinie aus dem Jahr 2010 fortentwickelt. Dazu zählt die Förderung europäischer Inhalte, indem die Quotenregelung auf Video-on-Demand-Plattformen ausgeweitet wird. Weitere Neuerungen sind gelockerte Regelungen für Fernsehwer- 112

[151] Richtlinie (EU) 2018/1808 des Europäischen Parlaments und des Rates v. 14. November 2018 zur Änderung der Richtlinie 2010/13/EU zit. Koordinierung bestimmter Rechts- und Verwaltungsvorschriften der Mitgliedstaaten über die Bereitstellung audiovisueller Mediendienste (Richtlinie über audiovisuelle Mediendienste) im Hinblick auf sich verändernde Marktgegebenheiten.

bung, der stärkere Schutz von Minderjährigen vor schädlichen Inhalten und die Ausweitung des Schutzes vor Hass und Hetze.

113 Die Mitgliedstaaten haben durch die Neuformulierung von **Art. 6 AVMD-RL** und den neu eingefügten **Art. 6a AVMD-RL** dafür Sorge zu tragen, dass die Inhalte audiovisueller Medien keine Aufstachelung zu Gewalt, Hass oder eine Aufforderung zur Begehung einer terroristischen Straftat enthalten. Art. 6a AVMD-RL widmet sich speziell dem **Schutz von Minderjährigen** vor potenziell schädlichen Inhalten in audiovisuellen Medien. Audiovisuelle Mediendienste, die die körperliche, geistige oder sittliche Entwicklung von Minderjährigen zu beeinträchtigen vermögen, dürfen nur so bereitgestellt werden, dass sie von Minderjährigen üblicherweise nicht konsumiert werden können. Dabei greift die Richtlinie allerdings wieder auf das Modell von beschränkten Sendezeiten, das alte Verifikationssystem oder technische Schutzmaßnahmen zurück. Die Richtlinie fordert weiterhin, dass ein Diensteanbieter auffindbar ist, der für etwaige Verstöße gegen die Jugendschutzregelungen verantwortlich ist und haftet. Auch im europäischen Rahmen stellt sich die Frage, inwieweit Plattformbetreiber, die KI-Inhalte hochladen, für die Einhaltung jugendschutzrelevanter Positionen haftbar gemacht werden können.

114 Nachdem die Richtlinie im Amtsblatt der EU vom 28.11.2018 veröffentlicht worden ist, bleibt den Mitgliedstaaten eine Übergangsfrist von 21 Monaten, sodass die Neuregelung bis zum 28.8.2020 umzusetzen war. Die Umsetzung erfolgte im Wesentlichen im Medienstaatsvertrag (vgl. hierzu → Rn. 11 ff.).

3. Urheberrechts-Richtlinie der EU

115 Das europäische Parlament hat am 26.3.2019 die Reform des digitalen Urheberrechts beschlossen (Digital Single Market-Richtlinie – DSM-RL[152]). Am 15.4.2019 hat der EU-Ministerrat zugestimmt, sodass die formalen Voraussetzungen für die Umsetzung in nationales Recht vorliegen. Nach Art. 1 DSM-RL verfolgt die Richtlinie das Ziel, die Vorschriften des Unionsrechts auf dem Gebiet des Urheberrechts und der verwandten Schutzrechte im Rahmen des Binnenmarktes aneinander anzugleichen unter Berücksichtigung der **digitalen** und grenzüberschreitenden **Nutzung geschützter Inhalte.** Nach Angaben des Europäischen Parlaments soll die DSM-RL sicherstellen, dass die seit Langem bestehenden Rechte und Pflichten des Urheberrechts auch für das Internet gelten. Direkt von der DSM-RL betroffen sind Internetplattformen wie YouTube, Facebook oder Google News. Die DSM-RL regelt, dass Internetplattformen für die Inhalte ihrer Nutzer haften, wobei die Richtlinie auch Ausnahmen vorsieht.[153] Die DSM-RL soll die Stellung der Rechteinhaber verbessern, insbesondere die von Musikern, Interpreten und Drehbuchautoren sowie von Nachrichtenagenturen. Bezweckt wird, dass diese auf Internetplattformen eine bessere Vergütung für die Verwendung ihrer Werke durchsetzen können. Nicht unter die neuen Regelungen fallen dagegen Online-Plattformen, die Werke für nicht kommerzielle Zwecke hochladen und Start-ups.[154] Nach Art. 29 DSM-RL müssen die Mitgliedstaaten die Richtlinie innerhalb 24 Monaten nach ihrem Inkrafttreten in das nationale Recht, dh bis zum 7.7.2021, umsetzen. Die Bundesregierung hat mit Stand 24.1.2021 den Entwurf eines Gesetzes zur Anpassung des Urheberrechts an die Erfordernisse des digitalen Binnenmarktes vorgelegt, der in den parlamentarischen Beratungen höchst umstritten ist. Das Inkrafttreten ist zum 7.6.2021 vorgesehen.

---

[152] Richtlinie (EU) 2019/790 über das Urheberrecht und die verwandten Schutzrechte im digitalen Binnenmarkt und zur Änderung der Richtlinien 96/9 EG und 2001/29/EG, ABl. 2019 L 130, 92.

[153] beck-aktuell v. 26.3.2019, becklink 2012653.

[154] www.europarl.europa.eu/news/de/press-room/20190321IPR32110/parlament-billigt-reform-des-digitalen-urheberrechtsschutzes (18.2.2021).

a) Leistungsschutzrecht für Presseverlage

Art. 15 DSM-RL führt ein **europäisches Leistungsschutzrecht für Presseverlage** ein. 116
Neben Suchmaschinen und News-Aggregatoren erfasst die Regelung alle Anbieter von Diensten der Informationsgesellschaft. Nachrichtendienste wie Google News sollen zukünftig für angezeigte Inhalte von europäischen Presseverlagen Gebühren zahlen. Das heißt, wenn solche Portale Ausschnitte aus Artikeln in ihren Suchergebnissen anzeigen, sollen sie dafür die Presseverlage angemessen vergüten. Für die ausschließlich private oder nicht kommerzielle Nutzung sowie für die Nutzung einzelner Wörter oder sehr kurzer Auszüge einer Presseveröffentlichung ist dagegen keine Lizenz erforderlich. Gem. Art. 15 Abs. 4 DSM-RL erlöschen die Rechte des Leistungsschutzrechts zwei Jahre nach der Erstveröffentlichung. Die Berechnung dieser Frist beginnt ab dem 1. Januar des auf den Tag der Veröffentlichung folgenden Jahres.

b) Verantwortlichkeit für Inhalte

Art. 17 DSM-RL bestimmt die Haftung der Plattformen für Urheberrechtsverstöße. Bis- 117
lang konnten die Betreiber von Plattformen nur als Störer in Anspruch genommen werden, wenn diese den Rechtsverstoß kannten oder hätten kennen müssen. Im Regelfall war für ein Tätigwerden der Plattform ein Hinweis auf den Urheberrechtsverstoß erforderlich. Art. 17 DSM-RL bestimmt, dass Diensteanbieter (wie Plattformen) unmittelbar für die Urheberrechtsverletzungen ihrer Nutzer haften. Die Plattformanbieter sollen daher vor dem Hochladen geschützter Inhalte die Erlaubnis des jeweiligen Rechteinhabers einholen, etwa durch eine Lizenzvereinbarung. Problematisch ist, dass die Zahl der potenziellen Rechteinhaber immens ist, gerade auch vor dem Hintergrund, dass der Großteil der Inhalte auf Plattformen mittlerweile als kommerziell eingestuft werden kann. Nach Erwgr. 61 sollen die Rechteinhaber eine angemessene Vergütung für die Nutzung ihrer Werke und sonstigen Schutzgegenstände erhalten. Ob das in Form einer kostenpflichtigen Lizenz oder der Abgabe eines Teils der Einnahmen geschehen soll, geht aus der Urheberrichtlinie nicht hervor.[155] Sollte die Einholung einer Erlaubnis vom Rechteinhaber nicht möglich sein, soll der Anbieter alle Anstrengungen unternehmen, damit die Werke nicht verfügbar oder abrufbar sind und diese schnellst möglichst entfernen. In der Praxis läuft das höchstwahrscheinlich auf den Einsatz von „Upload-Filtern" hinaus.[156] Damit wollen die Plattformen eine unmittelbare Haftung vermeiden angesichts der unüberschaubaren Anzahl von Nutzeraktivitäten.[157]

Nutzergenerierte Inhalte, die geschütztes Material verwenden, sind zulässig, wenn es 118
sich um Zitate, Kritik oder Rezensionen handelt. Auch zulässig sind diese, wenn die Nutzung zum Zwecke von Karikaturen oder Parodien erfolgt. Ob Upload-Filter in der Lage sind, eine solche Einordnung vorzunehmen, ist fraglich. Für ein unrechtmäßiges Filtern sollen den Nutzern wirksame und zügige Beschwerde- und Rechtsbehelfsverfahren zur Verfügung stehen. Explizit von der Regelung ausgenommen sind Anbieter, die ihre Dienste seit weniger als drei Jahren zur Verfügung stellen oder weniger als 10 Mio. EUR Jahresumsatz bei weniger als fünf Millionen Nutzer machen.

4. Geoblocking von Inhalten

Das Europäische Parlament hat am 17.4.2019 die Richtlinie mit Vorschriften für die Aus- 119
übung von Urheberrechten und verwandten Schutzrechten in Bezug auf bestimmte Online-Übertragungen von Sendeunternehmen und die Weiterverbreitung von Fernseh- und

[155] www.golem.de/news/urheberrecht-das-steht-in-der-eu-urheberrechtsrichtlinie-1903-140273-4.html (18.2.2021).
[156] S. auch *Stieper* ZUM 2019, 211 (215).
[157] *Henrich* EMR Das aktuelle Stichwort S. 5.

Hörfunkprogrammen und zur Änderung der Richtlinie 93/83/EWS des Rates[158] verabschiedet, die zu weniger Geoblocking von Rundfunkangeboten führen und den grenzüberschreitenden Zugang zu Fernseh- und Hörfunkinhalten vereinfachen soll.[159] Europäische Rundfunksender sollen in Zukunft in Online-Mediatheken ihre Eigenproduktionen leichter in allen Mitgliedstaaten der EU anbieten können. Die Richtlinie soll es TV-Sendern ermöglichen, „vollständig finanzierte" Eigenproduktionen wie Serien, Nachrichtensendungen oder Beiträge zum aktuellen Zeitgeschehen in allen Mitgliedstaaten der EU anzubieten. Durch den Wegfall des Geoblockings sollen einige ausgewählte Inhalte im EU-Ausland über das Internet angeschaut werden können. Allerdings sind Sportveranstaltungen von der Richtlinie ausgenommen.[160] Bezweckt wird die leichtere und bessere Verbreitung von Nachrichten und Sendungen zum aktuellen Geschehen innerhalb der EU, um einen funktionierenden digitalen Binnenmarkt zu erzielen und Rundfunkinhalte über die Grenzen hinweg verfügbar zu machen.[161] Die Europäer sollen durch die Lockerungen Zugang zu einem reichhaltigen Angebot an europäischen Fernsehinhalten bekommen.

5. Der Ansatz nach britischem Recht

120 Das britische Recht gewährt computergenerierten Werken einen eigenständigen Schutz. Werke, die allein von einem Computer geschaffen worden sind, gelten nach dem **„Copyright, Designs and Patents Act 1988"** (CDPA 1988) als schutzfähig, obwohl sie keinem persönlichen Schaffen und damit keinem Menschen zugerechnet werden können. Insofern unterscheidet sich das britische Recht vom deutschen Recht. Die Unterschiede lassen sich dabei aus der verschiedenen Rechtssystematik beider Rechtsordnungen ableiten. Während das deutsche Recht dem kontinentaleuropäischen **Droit-d'Auteur-System** folgt, sieht das angloamerikanische **Copyright-System** einen stärkeren Schutz des Herstellers vor. Der Herstellerschutz zielt auf die wirtschaftliche und organisatorische Leistungsfähigkeit des Herstellers ab[162] und ist ein Investitionsschutz, der auch für KI nutzbar gemacht werden kann. Im deutschen Recht ist der Herstellerschutz im Wesentlichen im **Leistungsschutzrecht** verankert. Der britische Regelungsansatz wird nach dem Brexit umso interessanter, weil sich dann die Schutzfähigkeit von KI nach dem „Copyright, Designs und Patents Act 1988" nicht mehr nach den Vorgaben des EU-Rechts bemessen muss. Der EuGH verlangt für einen urheberrechtlichen Schutz nach wie vor eine menschliche Schöpfung, wie dies auch im deutschen Recht der Fall ist.[163]

121 Jedoch wird im britischen Schrifttum damit argumentiert, dass der Schutz für computergenerierte Werke aufgrund der besonderen Bestimmungen über Urheberschaft und Schutzfrist nicht einem urheberrechtlichen, sondern nur einem leistungsschutzrechtlichen Schutz entspreche, sodass der Originalitätsgrad nicht durch den **acquis communautaire,** sondern lediglich durch das britische Recht festgelegt werde.[164]

[158] ABl. 2019 L 130, 82.

[159] ec.europa.eu/germany/news/fernseh20181213_de (18.2.2021); MMR-Aktuell 2019, 415364.

[160] *Krempl* heise online, 3/2019, www.heise.de/newsticker/meldung/EU-Parlament-Aus-fuer-Geoblocking-bei-Rundfunkproduktionen-im-Netz-4356391.html (18.2.2021).

[161] *Andrus Ansip,* Vizepräsident für digitalen Binnenmarkt der Kommission, sieht in der Richtlinie einen wichtigen Schritt für einen „funktionierenden digitalen Binnenmarkt", //europa.eu/rapid/press-release_IP-18-6541_en.htm (18.2.2021).

[162] Möhring/Nicolini/*Diesbach/Vohwinkel* UrhG § 94 Rn. 1.

[163] S. BGH Urt. v. 4.10.1990 – I ZR 139/89, BGHZ 112, 264 (271) = GRUR 1991, 449 – Betriebssystem; insgesamt zum Erfordernis der persönlichen geistigen Schöpfung Schricker/Loewenheim/*Loewenheim* UrhG § 2 Rn. 220; Möhring/Nicolini/*Ahlberg* UrhG § 2 Rn. 68.

[164] Vgl. hierzu ausführlich *Lauber-Rönsberg* GRUR 2019, 244 (249) unter Verweis auf *Bently/Sherman/Gangjee/Johnson* S. 118.

§ 25 Öffentliche Verwaltung und Smart Cities

Übersicht

Literatur:

Albrecht, Das neue EU-Datenschutzrecht – von der Richtlinie zur Verordnung, CR 2016, 88; *Artikel-29-Datenschutzgruppe,* Stellungnahme 8/2014 zu den jüngsten Entwicklungen im Internet der Dinge, WP 223, 2014; *Bergt,* Die Bestimmbarkeit als Grundproblem des Datenschutzrechts, ZD 2015, 365; *Braun Binder,* Vollständig automatisierter Erlass eines Verwaltungsaktes und Bekanntgabe über Behördenportale, DÖV 2016, 891; *Bräutigam/Klindt,* Industrie 4.0, das Internet der Dinge und das Recht, NJW 2015, 1137; *Bull,* Der „vollständig automatisiert erlassene" Verwaltungsakt, DVBl 2017a, 409; *Caragliu/Del Bo/Nijkamp,* Smart Cities in Europe, Journal of Urban Technology 2011, 65; *Chourabi/Nam/Walker/Gil-Garcia/Mellouli/Nahon/Pardo/Scholl,* Understanding Smart Cities: An Integrative Framework, in: Sprague (Hrsg.), Proceedings of the 45th Hawaii International Conference on System Sciences, Piscataway, NJ 2012, 2289; *Djeffal,* Neue Sicherungspflicht für Telemediendiensteanbieter, MMR 2015, 716; *Djeffal,* Das Internet der Dinge und die öffentliche Verwaltung, DVBl 2017, 808; *Djeffal,* Künstliche Intelligenz in der öffentlichen Verwaltung, Berichte des NEGZ 2018, 1; *Eckert,* IT-Sicherheit, 10. Aufl., Oldenburg 2018; *Eifert,* Zweckvereinbarkeit statt Zweckbindung als Baustein eines modernisierten Datenschutzes, in: Gropp/Lipp/Steiger (Hrsg.), Rechtswissenschaft im Wandel: Festschrift des Fachbereichs Rechtswissenschaft zum 400-jährigen Gründungsjubiläum der Justus-Liebig-Universität Gießen, Tübingen 2007; *Engewald,* Die Reform des Hamburgischen Transparenzgesetzes, NVwZ 2018, 1536; *Europol,* IOCTA 2015, Den Haag 2015; *Federal Trade Commission,* Internet of Things: Privacy & Security in a Connected World, 2015; *Geppert/Schütz* (Hrsg.), Beck'scher TKG-Kommentar, 4. Aufl., München 2013; *Gersdorf/Paal* (Hrsg.), BeckOK Informations- und Medienrecht, 29. Ed., München 2020; *Gola/Heckmann* (Hrsg.), Bundesdatenschutzgesetz, 13. Aufl., München 2019; *v. Grafenstein,* Die Auswirkungen des Zweckbindungsprinzips auf Innovationsprozesse in Startups, DSRITB 2016, 233; *Heckmann,* E-Government, in: Heckmann (Hrsg.), Juris Praxiskommentar Internetrecht, 6. Aufl., Saarbrücken 2019; *Hofmann/Hornung,* Rechtliche Herausforderungen des Internets der Dinge, in: Sprenger/Engemann (Hrsg.), Internet der Dinge, Bielefeld 2015; *Industrial Internet Consortium,* Industrial Internet of Things Volume G4: Security Framework, 2016; *International Telecommunications Union,* The Internet of Things, Geneva 2005; *Kopp/Ramsauer* (Hrsg.), Verwaltungsverfahrensgesetz, 20. Aufl., München 2019; *Little/eco,* Management Summary: Der deutsche Smart-City-Markt 2017–2022, Management Summary, 2017; *Mann/Sennekamp/Uechtritz* (Hrsg.), Verwaltungsverfahrensgesetz, 2. Aufl., Baden-Baden 2019; *Maras,* Internet of Things, International Data Privacy Law 2015, 99; *Novoselic,* Smart Politics, in: v. Lucke (Hrsg.), Smart Government – Intelligent vernetztes Regierungs- und Verwaltungshandeln in Zeiten des Internets der Dinge und des Internets der Dienste, Friedrichshafen 2016; *Rammo/Holzgräfe,* Datenschutz bei vernetzten Autos – Elektronische Fahrtenbücher, DSRITB 2014, 351; *Roßnagel,* Wie zukunftsfähig ist die Datenschutz-Grundverordnung?, DuD 2016, 561; *Roßnagel/Moser-Knierim/Schweda,* Interessenausgleich im Rahmen der Vorratsdatenspeicherung, Baden-Baden 2013; *Samsel,* Risiken der Informationstechnologie, in: Pünder/Klafki (Hrsg.), Risiko und Katastrophe als Herausforderung für die Verwaltung, Baden-Baden 2016, 121; *Schaar,* Das digitale Wir, Hamburg 2015; *Schmitz/Prell,* Neues zum E-Government, NVwZ 2016, 1273; *Šehić/Rengers/Hense,* Internet of Things – Predictive Consumer Intention im E-Commerce: Informationspflichten, Datenschutz, Sicherheit, DSRITB 2015, 393; *Stegmüller,* Vollautomatische Verwaltungsakte – eine kritische Sicht auf die neuen § 24 I 3 und § 35a VwVfG, NVwZ 2018, 353; *Steinmaurer,* Big Data und Profiling: Chancen und Risiken in der Datenschutzgrundverordnung, in: Knyrim (Hrsg.), Datenschutzgrundverordnung: Praxishandbuch, Wien 2016; *Stelkens/Bonk/Sachs* (Hrsg.), Verwaltungsverfahrensgesetz, 9. Aufl., München 2018; *Tamò-Larrieux,* Designing for privacy and its legal framework, Cham 2018; *UK Government Office for Science,* Internet of Things: making the most of the Second Digital Revolution, 2014; *Venzke-Caprarese,* Internet der Dinge – Digitalisierung des Alltags und datenschutzrechtliche Auswirkungen auf den Einzelnen, DSRITB 2015, 377; *Wehrmann/Bluhm/Rink,* IT-Sicherheit: Rechtsentwicklung, Bedrohungslage und Schutzkonzepte, DSRITB 2016, 247; *Wewer/Wewer,* Open Government, Wien 2019; *Zanella/Bui/Castellani/Vangelista/Zorzi,* Internet of

Things for Smart Cities, IEEE Internet Of Things Journal 2014, 22; *Ziekow,* Das Verwaltungsverfahrensrecht in der Digitalisierung der Verwaltung, NVwZ 2018, 1169.

I. Übersicht

1 Das Konzept des Internets der Dinge hat ein besonderes transformatives Potenzial, und das nicht nur im Kontext von Industrie- und Konsumentenanwendungen. Auch in der öffentlichen Verwaltung kann das Internet der Dinge eine große Rolle spielen. Smart-City-Konzepte gehören neben Smart-Factory- und Smart-Home-Ideen bereits heute zu den Aushängeschildern für das Internet der Dinge. Das Potenzial für ein verbessertes Regierungs- und Verwaltungshandeln findet seinen Niederschlag in zahlreichen Hochtechnologiestrategien auf kommunaler,[1] Länder-[2] und Bundesebene.[3] Dementsprechend schlagen der öffentliche Sektor und verwandte Bereiche in den Umsatzerwartungen von Unternehmen der Branche zu Buche.[4]

2 Natürlich ist das Internet der Dinge im Bereich von Regierung und Verwaltung nicht auf den städtischen Bereich beschränkt. Mit dem Begriff „Smart Country“ werden etwa IoT-Anwendungen und andere digitale Anwendungen bezeichnet, die speziell für die Verwaltung im ländlichen Bereich gedacht sind und dort das Leben verbessern sollen. Auch in anderen Verwaltungsbereichen gibt es zahlreiche Anwendungen. Hier sticht besonders die Verkehrs- und Mobilitätsverwaltung hervor. Aufgrund der gestiegenen Anwendungsmöglichkeiten und Anwendungsabsichten ist in den kommenden Jahren mit einem erhöhten anwaltlichen Beratungsbedarf auch im Bereich der öffentlichen Verwaltung zu rechnen. Das Besondere bei der anwaltlichen Beratung ist hierbei, dass die öffentliche Verwaltung im Hinblick auf das IoT ganz unterschiedliche Rollen spielen kann. Natürlich kann die Verwaltung **Anwenderin** sein, dann nämlich, wenn sie IoT-Anwendungen zur Erfüllung ihrer Aufgaben einsetzt. Aber auch im Bereich der IoT-**Infrastruktur** spielt die öffentliche Verwaltung eine wichtige Rolle. Besonders deutlich wird dies bei sog. Long Range Wide Area Networks (LoRaWANs), die als funkbasierte Dateninfrastruktur die umfassende Vernetzung von Gegenständen auf großen Flächen ermöglichen. So hat etwa die Stadt Lübeck ein solches LoRaWAN im Stadtgebiet errichtet.[5] Regierung und Verwaltung spielen wiederum bei der **Regulierung** und der **Überwachung** des IoT eine wichtige Rolle.

3 Das Internet der Dinge hält sowohl Chancen als auch Risiken bereit, die sich besonders auf die Verwaltungsarbeit auswirken können.[6] Die großen **Chancen** liegen in den Vorteilen der Sensorik und den Möglichkeiten, welche Datenanalyse und automatisierte Handlungen bieten. Im Bereich der Sensorik ist es möglich, örtlich **ubiquitär** und zeitlich **permanent** Daten zu erheben.[7] Dies wirkt sich besonders dann aus, wenn große Flächen oder fernliegende Orte beobachtet werden müssen, wie etwa bei Baumkatastern in Wäldern. Ein weiterer Vorteil einer umfassenden Sensorik ist, dass Daten viel genauer und **granularer** erhoben werden können als mit herkömmlichen Instrumenten. IoT-Anwendungen ermöglichen zudem automatisierte Reaktionen, was zu **Effizienzsteigerungen** der Verwaltung führen kann. In der Entwicklung sind zB Feuerwehrroboter und Feuerwehrdrohnen, die teilweise auch autonom handeln können. Die Drohnen können automatisiert schneller zu Brandherden gelangen, während die Roboter in lebensgefährlichen

---

[1] Beispielhaft die Digitalstrategie der Stadt Hamburg, www.hamburg.de/digitale-stadt/ (2. 12. 2019); einen Überblick über die kommunalen Initiativen gibt etwa der Smart City Index 2019 des Digitalverbands Bitkom, www.bitkom.org/sites/default/files/2019-10/191021_smart-city-index_gesamt.pdf (2. 12. 2019).

[2] Beispielhaft www.digitalstrategie.nrw/digitalnrw/de/home (2. 12. 2019).

[3] www.bundesregierung.de/breg-de/themen/digital-made-in-de/die-digitalstrategie-der-bundesregierung-1549554 (2. 12. 2019).

[4] *Little/eco,* Der deutsche Smart-City-Markt 2017–2022 – Management Summary, 2017, S. 4.

[5] www.energiecluster-luebeck.de/was-ist-eigentlich-lorawan/ (2. 12. 2019).

[6] Eine allgemeine Darstellung findet sich bei *Novoselic* in Lucke Smart Government S. 77 (82 ff.).

[7] Zu Permanenz und Ubiquität s. International Telecommunications Union, The Internet of Things, 2005, S. 2. Von Allgegenwärtigkeit sprechen *Hofmann/Hornung* in Engemann/Sprenger Internet der Dinge S. 181 (212).

Situationen, bspw. in einsturzgefährdeten Gebäuden, eingesetzt werden können, ohne dass Menschen durch den Einsatz gefährdet werden.[8]

Es wird verschiedentlich auf die **Gefahren** hingewiesen, die mit dem Internet der Dinge einhergehen.[9] Zum einen wohnen ihm selbst gewisse Gefahren inne, zum anderen bietet es aber auch Angriffsflächen für Gefahren von außen.[10] Inhärente Fehlfunktionen können gravierende Konsequenzen für Beteiligte haben. So wurde etwa bei selbstfahrenden Bussen des öffentlichen Nahverkehrs bereits von Unfällen berichtet.[11] In solchen Fällen kann es für Geschädigte schwer zu erkennen sein, wer für die technische Handlung der Systeme verantwortlich ist. Überdies gehen von der ständigen Aufzeichnung von Daten, die durch die vernetzte Sensorik ermöglicht wird, neuartige Gefahren für die Privatsphäre der Menschen aus.[12] Gefahren von außen betreffen insbesondere die Integrität der Systeme und die Sicherheit der darauf gespeicherten Daten.[13] Verletzungen der Integrität können dazu führen, dass das ganze System ferngesteuert werden kann, wenn Angreifer Kontrolle über die Systeme erlangen. Die Systeme können aber auch zu anderen Tätigkeiten über das Internet missbraucht werden. Bei mangelnder IT-Sicherheit können insbesondere IoT-Anwendungen, die mit dem Internet verbunden sind,[14] als Computer ferngesteuert werden (→ § 10 Rn. 51–54). In jüngerer Zeit kam es öfter zu sog. DDoS-Attacken, bei denen Kriminelle durch mangelhaft gesicherte IoT-Systeme Internetseiten und die damit verbundenen Dienste unzugänglich gemacht haben (→ § 10 Rn. 28–31).[15] 4

II. Anwendungsfelder und Beispiele

1. Smart City und Smart Country

Der Begriff **Smart City** bezeichnet einen seit einiger Zeit anhaltenden stadtplanerischen Trend, nach dem durch die Anwendung von Informations- und Kommunikationstechnologien das Leben in Städten verbessert werden soll.[16] Die europäische Allianz zur Förderung von Smart-City-Konzepten – die „Smart Cities & Communities Industrial Initiative" – geht auf eine Initiative der EU-Kommission zurück[17] und ist Teil des europäischen Strategieplans für Energietechnologie (SET-Plan) zur Senkung der Kohlenstoffemissionen.[18] Jüngere Strategien nehmen dabei direkt oder indirekt Bezug auf IoT-Anwendungen. Die Smart-City-Strategie Berlin etwa sieht „nahezu unbegrenzt erscheinende technische Möglichkeiten eröffnet, Informationen über Vorgänge und Ereignisse im Stadtraum mittels Sensoren automatisiert zu erfassen und in digitale Informationen umzuwandeln, welche 5

---

[8] *Beer* heise online 5.2.2015, www.heise.de/newsticker/meldung/Feuerwehrroboter-SAFFiR-soll-im-Team-arbeiten-2541293.html (2.12.2019).

[9] Zusammenfassend UK Government Office for Science, Internet of Things: making the most of the Second Digital Revolution, 2014, S. 18; Federal Trade Commission, internet of things, 2015, S. 10–18.

[10] Europol, Internet Organised Crime Threat Assessment 2015, S. 8.

[11] Postauto unterbricht Test nach Unfall, NZZ Online 22.9.2016, www.nzz.ch/schweiz/selbstfahrender-minibus-postauto-unterbricht-test-nach-unfall-ld.118212 (3.12.2019).

[12] Artikel-29-Datenschutzgruppe, Stellungnahme 8/2014 zu den jüngsten Entwicklungen im Internet der Dinge, WP 223, S. 9.

[13] Dabei steigert das Internet der Dinge insbesondere die Komplexität der Systeme, s. *Samsel* in Pünder/Klafki Risiko und Katastrophe als Herausforderung für die Verwaltung S. 121 (122).

[14] Anders als der Name erwarten lässt, fallen unter den Begriff Internet der Dinge auch Anwendungen, die in einem internen Netzwerk verbunden sind, das nicht öffentlich zugänglich ist.

[15] *Maras,* Internet of Things, International Data Privacy Law 2015, 99; *Böck* Golem.de 26.9.2016, www.golem.de/news/ddos-das-internet-of-things-gefaehrdet-das-freie-netz-1609-123454.html (3.12.2019); *Goodin* Ars Technica 28.6.2016, arstechnica.com/security/2016/06/large-botnet-of-cctv-devices-knock-the-snot-out-of-jewelry-website/ (3.12.2019).

[16] Zum Konzept s. etwa *Chourabi/Nam/Walker/Gil-Garcia/Mellouli/Nahon/Pardo/Scholl* in Sprague, Proceedings of the 45th Annual Hawaii International Conference on System Sciences, S. 2289; *Caragliu/Del Bo/Nijkamp* Journal of Urban Technology 2011, 65.

[17] KOM(2009) 519 endgültig.

[18] KOM(2007) 723 endgültig.

ausgewertet und in Sekundenbruchteilen (‚in Echtzeit') in Steuerungsinformationen für angemessene Reaktionen auf die Ereignisse umgesetzt werden können."[19]

6 Als **Anwendungsgebiete** werden Telekommunikation, Energieversorgung, Wasser- und Abfallkreislaufwirtschaft und Verkehr genannt, **Vorteile** bestünden in höherer Qualität, Effizienz und Kundenorientierung der Leistungen bei niedrigerem Ressourcenverbrauch.[20] Die Entwicklungsmöglichkeiten werden wie folgt dargestellt: „Die relativ preisgünstige Verfügbarkeit technisch immer leistungsfähigerer und zunehmend miniaturisierter Sensoren, Prozessoren und Aktoren [...] in Verbindung mit dem rapiden Ausbau der Kapazitäten, Übertragungs- und Reaktionsgeschwindigkeiten von netzgebundenen und drahtlosen Kommunikationskanälen, Massendatenspeichern und Zentralrechnern ermöglicht heute und künftig nicht nur die weitgehend automatisierte Steuerung einzelner Prozesse und Verfahrensabläufe. Auch komplexe Zusammenhänge, wie zB die Verkehrsströme und Auslastungsgrade der verschiedenen Verkehrszweige innerhalb einer Stadt, lassen sich perspektivisch mittels ‚intelligenter' technischer Systeme in Echtzeit steuern."[21] Der Zusammenhang zwischen dem Smart-City-Konzept und dem Internet der Dinge geht daraus deutlich hervor.[22]

7 Zur Illustration dieser Definition werden einige **Beispiele** genannt, die als sog. Leuchtturmprojekte die tatsächliche Entwicklung dieser Vision aufzeigen. So erzeugen Sensoren in den Straßenlaternen von Barcelona eine granulare Statistik über die Luftqualität der Stadt.[23] Bewässerungssysteme der öffentlichen Parks und Gärten werden ebenfalls über die Integration von Sensornetzwerken bedarfsgerecht gesteuert und schaffen dadurch Kosteneinsparungen. Es sind allerdings auch granulare Anwendungen möglich, wie etwa eine automatische sensorgesteuerte Belüftung in Kindergärten. Alle derart anfallenden Daten können über eine zentrale Anlaufstelle der Stadt von Interessierten eingesehen und verwendet werden.[24] Eine solche zentrale Datenerhebung mit vielen verschiedenen Anwendungen ist auch im südkoreanischen **Songdo** geplant. Diese Stadt ist umfassend mit Sensoren ausgestattet, um den Energie- und Ressourcenbedarf zu senken. Ein japanischer Automobilhersteller kündigte Anfang 2020 an, eine neue Stadt (woven city) unter Einbeziehung neuer Technologien zu planen.[25]

2. Verkehrsverwaltung

8 Schon seit einigen Jahren wird im europäischen Rahmen die Implementation sog. „**Intelligenter Verkehrssysteme**" (→ § 27 Rn. 31 ff.) geplant und vorangetrieben.[26] Dabei handelt es sich laut Definition der zugrundeliegenden Richtlinie um Systeme, „bei denen Informations- und Kommunikationstechnologien im Straßenverkehr, einschließlich seiner

[19] Senatsverwaltung für Stadtentwicklung und Umwelt, Smart City-Strategie Berlin, 2015, S. 3, www.berlin-partner.de/fileadmin/user_upload/01_chefredaktion/02_pdf/02_navi/21/Strategie_Smart_City_Berlin.pdf (3. 12. 2019).

[20] Senatsverwaltung für Stadtentwicklung und Umwelt, Smart City-Strategie Berlin, 2015, S. 3, www.berlin-partner.de/fileadmin/user_upload/01_chefredaktion/02_pdf/02_navi/21/Strategie_Smart_City_Berlin.pdf (3. 12. 2019).

[21] Senatsverwaltung für Stadtentwicklung und Umwelt, Smart City-Strategie Berlin, 2015, S. 3, www.berlin-partner.de/fileadmin/user_upload/01_chefredaktion/02_pdf/02_navi/21/Strategie_Smart_City_Berlin.pdf (3. 12. 2019).

[22] Für den technischen Zusammenhang s. *Zanella/Bui/Castellani/Vangelista/Zorzi* IEEE Internet Of Things Journal 2014, 22 ff.

[23] *Adler* Ash Center Online 12. 2. 2016, datasmart.ash.harvard.edu/news/article/how-smart-city-barcelona-brought-the-internet-of-things-to-life-789 (3. 12. 2019).

[24] opendata.bcn.cat/opendata/en (3. 12. 2019).

[25] *Pluta* Golem.de 8. 1. 2020, www.golem.de/news/woven-city-toyota-plant-intelligente-stadt-am-fuss-des-fuji yama-2001-145941.html (27. 1. 2020).

[26] Den Rahmen bildet dabei Richtlinie 2010/40/EU des Europäischen Parlaments und des Rates vom 7. Juli 2010 zum Rahmen für die Einführung intelligenter Verkehrssysteme im Straßenverkehr und für deren Schnittstellen zu anderen Verkehrsträgern, ABl. 2010 L 207, 1.

Infrastrukturen, Fahrzeuge und Nutzer, sowie beim Verkehrs- und Mobilitätsmanagement und für Schnittstellen zu anderen Verkehrsträgern eingesetzt werden".[27] Diese Dienste bauen oft auf IoT-Anwendungen auf.

Ein Beispiel dafür ist das sog. **eCall-System,** ein automatisches Notrufsystem, das seit 31.3.2018 sowohl Fahrzeughersteller als auch Rettungsdienste implementieren sollen.[28] Die Fahrzeuge werden mit Sensoren ausgestattet, die bei Unfällen automatisch eine telefonische Verbindung mit einer Rettungszentrale herstellen und ferner noch eine Textnachricht mit den für die Rettungskräfte wichtigsten Informationen absetzen. Hier kommunizieren im Notfall Einheiten in einem Fahrzeug automatisiert mit Rettungszentralen. 9

Auch die **Wartung** wichtiger Teile der Infrastruktur kann durch IoT-Anwendungen erleichtert werden (Smart Maintenance). So wird derzeit bspw. die Vernetzung von Brücken auf Fernstraßen erprobt.[29] Wie bereits in → Rn. 2 erwähnt, können sog. **Verkehrsbeeinflussungsanlagen** den Verkehr auf Grund aktueller Daten in Echtzeit steuern und so Unfälle und Staus vermeiden helfen. In Dresden wurde ein solches System großflächig ausgebaut und um verschiedene Funktionen erweitert. Unter dem Namen VAMOS ist ein Verkehrsregelungssystem entstanden, das die Verkehrsbeeinflussungsanlagen auf Autobahnen mit verkehrsabhängigen grünen Wellen, einem dynamischen Parkleitsystem und einem Verkehrs-Informationssystem unterstützt.[30] Bei Verkehrshindernissen kann der Verkehr durch dynamische Verkehrstafeln – sog. Prismenwender – umgeleitet werden. 10

3. Sonstige Anwendungen

Auch in anderen Bereichen der Verwaltung werden IoT-Anwendungen bereits eingesetzt, bzw. ist ihr Einsatz möglich und zu erwarten. Ein wichtiges und lehrreiches Beispiel sind Personenkontrollen an Grenzen. Das Potential des Internets der Dinge wird hier insbesondere in der Zusammenschau mit Technologien der künstlichen Intelligenz deutlich. So werden Grenzkontrollen etwa durch das **Easy-Pass-System** komplementiert, wie es etwa bereits an den Flughäfen Hamburg, Berlin-Schönefeld, Berlin-Tegel, Düsseldorf, Köln/Bonn, Frankfurt und München eingesetzt wird.[31] Dabei stehen mehrere vernetzte und automatisierte Schranken (eGates) vor einem Grenzbeamten, die auf freiwilliger Basis in Anspruch genommen werden können. Lesegeräte lesen die Ausweisdaten inklusive der biometrischen Daten ein und gleichen diese automatisch mit relevanten Fahndungsdatenbanken ab. Im zweiten Schritt werden die biometrischen Daten mit einer Gesichtserkennungssoftware abgeglichen. Entweder das System erlaubt den Grenzübertritt oder der bzw. die Betroffene muss sich an Grenzbeamte wenden, die hinter den Vorrichtungen an einem Schalter sitzen. 11

III. Besondere rechtliche Rahmenbedingungen

Weil es sehr viele Anwendungs- und Gestaltungsmöglichkeiten für das IoT im Bereich der öffentlichen Verwaltung gibt, scheidet der Versuch einer umfassenden Erfassung aller 12

[27] Richtlinie 2010/40/EU des Europäischen Parlaments und des Rates vom 7. Juli 2010 zum Rahmen für die Einführung intelligenter Verkehrssysteme im Straßenverkehr und für deren Schnittstellen zu anderen Verkehrsträgern, ABl. 2010 L 207, 1.

[28] S. dazu folgende Rechtsakte: Delegierte Verordnung (EU) Nr. 305/2013 der Kommission vom 26. November 2012 zur Ergänzung der Richtlinie 2010/40/EU des Europäischen Parlaments und des Rates in Bezug auf die harmonisierte Bereitstellung eines interoperablen EU-weiten eCall-Dienstes (eCall-VO), ABl. 2013 L 91, 1; Verordnung (EU) Nr. 2015/758 des Europäischen Parlamentes und des Rates vom 29. April 2015 über Anforderungen für die Typgenehmigung zur Einführung des auf dem 112-Notruf basierenden bordeigenen eCall-Systems in Fahrzeugen und zur Änderung der Richtlinie 2007/46/EG, ABl. 2015 L 123, 77.

[29] www.intelligentebruecke.de/ibruecke/DE/Home/home_node.html (3.12.2019).

[30] www.vamosportal.de/ (3.12.2019).

[31] www.easypass.de/EasyPass/DE/Was_ist_EasyPass/home_node.html (3.12.2019).

rechtlichen Fragen von vorneherein aus. Hier sollen daher insbesondere die Rechtsfragen behandelt werden, die regelmäßig bzw. sehr häufig vorkommen und die von besonderer Wichtigkeit oder Aktualität sind.

1. Herausforderung für die rechtsberatende Perspektive

13 Verschiedene Aspekte der anwaltlichen Beratung zu Fragen über IoT-Systeme sind im Kontext der Verwaltungsdigitalisierung speziell. Eine Herausforderung aus rechtlicher und wirtschaftlicher Sicht sind der Föderalismus und die Selbstständigkeit der Kommunen. Während manche Regelungsmaterien wie der Datenschutz mit der Datenschutzgrundverordnung eine gewisse Vereinheitlichung erfahren haben, ist dies in anderen Bereichen nicht der Fall. Dabei unterscheiden sich die Länder und der Bund zB stark im Hinblick auf Fragen der Veröffentlichungs- und Transparenzpflichten von Daten. Wenn auch die Langsamkeit des Gesetzgebers beklagt wird, ändert sich der Regelungsbestand im Bereich der Verwaltungsdigitalisierung fortwährend. Die besondere Herausforderung für Anwälte besteht darin, nicht nur die geltende Rechtslage zu kennen, sondern **größere gesetzgeberische Trends** im Blick zu behalten und ggf. sogar zu antizipieren. Solche Trends werden hier etwa in → Rn. 24 im Rahmen des offenen Regierungs- und Verwaltungshandelns angesprochen.

14 Eine weitere Herausforderung der anwaltlichen und der allgemeinen rechtlichen Beratung in diesen Kontexten ist ihre **Gestaltungsorientierung.** Ähnlich wie bei der Vertragsgestaltung hat man es nicht mit einem abgeschlossenen Sachverhalt zu tun, der nur noch bewertet werden muss. Vielmehr schlägt man durch die rechtliche Beratung gewisse Pfade ein, die dann eine Auswirkung auf den weiteren Projektverlauf haben. Anders als bei der Vertragsgestaltung etwa im Rahmen einer erbrechtlichen Beratung kann dieser Prozess nicht von Juristen allein gesteuert werden. Vielmehr müssen Lösungswege und Lösungen in enger Kooperation und Zusammenarbeit mit unterschiedlichen Vertretern beim Mandanten entwickelt werden. Im Bereich der öffentlichen Verwaltung kann sich das auf die IT-Abteilung, die entsprechende Fachabteilung, die Leitungsebene und sogar die politische Ebene erstrecken. Jeder dieser Bereiche bringt eine spezifische Perspektive auf das Problem mit; alle müssen sich auf die fachlichen, technischen und rechtlichen Perspektiven einlassen. Das verlangt aktive Verständigung, Übersetzungsarbeit und eine kontinuierliche, agile und techniknahe Beratung. Wenn sich Anwälte in einen solchen Kontext lösungsorientiert einbringen, werden sie eher als „Ermöglicher" (Enabler) denn als Teil des zu lösenden Problems wahrgenommen.

15 Diese Ermöglichungsfunktion können Anwälte besonders dann gut ausfüllen, wenn sie sich vor Augen führen, dass das Recht mehr Funktionen besitzt, als Grenzen für Technikentwicklungen zu statuieren. Vielmehr können die Funktionen des Rechts mit den Schlagworten **Grund, Grenze und Gestaltung** umschrieben werden. Das Recht ist **Grund** für den Technologieeinsatz, wenn es diesen motiviert oder sogar vorschreibt. Solche Pflichten können etwa aus Instandhaltungspflichten oder Verkehrssicherungspflichten und IT-Sicherheitspflichten nach dem Stand der Technik folgen. In der anwaltlichen Beratung geht es hier besonders darum, den Konnex zwischen Tatbestandsmerkmal und dem Internet der Dinge zu finden. Besonders plastisch wird dies bei Pflichten, die nach dem Stand der Technik zu erfüllen sind, etwa im Umweltrecht. Hier müssen beratende Anwälte den Konnex zwischen Technik und deren Möglichkeit zur Rechtsverwirklichung erkennen und beurteilen können. Das kann zu einer Pflicht zum Einsatz des Internets der Dinge führen. Das Recht kann aber auch im Kontext der **Technikgestaltung** eine Rolle spielen, etwa dadurch, dass es Gestaltungsziele vorgibt oder den Prozess durch Verfahrens- und Dokumentationspflichten strukturiert. Einen entsprechenden Fokus hat dann auch die anwaltliche Beratung.

2. Grundsätzliche rechtliche Rahmenbedingungen

a) Rechtsgrundlage

Die Frage, ob der Einsatz des Internets der Dinge einer **gesetzlichen Grundlage** bedarf, richtet sich nach den allgemeinen Regeln. Der Einsatz des IoT kommt von vornherein nicht in Betracht, wo er verboten ist. Betreffen die entsprechenden Aktivitäten den Vorbehalt des Gesetzes, bedarf das entsprechende Handeln einer Rechtsgrundlage. Ist das nicht der Fall, ist ein Einsatz ohne weitere Ermächtigung denkbar. Bei der rechtlichen Bewertung sind dabei zwei Fragen strikt zu trennen. Erstens, ob die Verwaltung überhaupt zuständig dafür ist, eine bestimmte Maßnahme vorzunehmen, und zwar unabhängig vom Einsatz technischer Systeme. Ist dies der Fall, stellt sich die Frage, ob die Verwaltung diese Maßnahmen gerade auch mit der Hilfe technischer Systeme vornehmen darf. Hier ist insbesondere die zweite Frage wichtig, also ob die Verwaltung eine Rechtsgrundlage für den Einsatz des Internets der Dinge braucht. Dabei sind drei Alternativen denkbar: dass der Technologieeinsatz verboten ist, dass er einer gesetzlichen Grundlage bedarf oder dass eine Aufgabe ohne weitere gesetzliche Voraussetzungen durch technische Mittel ausgeführt werden darf. 16

Explizite **Verbote** können sich auf die vom IoT verübten Funktionen beziehen. Darunter fällt zB das in § 114 Abs. 4 BBG statuierte Verbot, beamtenrechtliche Entscheidungen ausschließlich „auf eine automatisierte Verarbeitung personenbezogener Daten [zu stützen,] die der Bewertung einzelner Persönlichkeitsmerkmale dienen." Was den **Vorbehalt des Gesetzes** angeht, kann dieser sich aus verschiedenen Gründen ergeben, wie etwa aus der Notwendigkeit einer gesetzlichen Grundlage zum Eingriff in Grundrechte oder aus dem Haushaltsrecht des Parlaments. Der Vorbehalt des Gesetzes kann sich entweder explizit aus der Verfassung ergeben oder implizit darin enthalten sein, etwa bei vorbehaltlos gewährleisteten Grundrechten. Er kann auch durch einzelne Gesetze statuiert und erweitert werden, wie etwa durch § 35a VwVfG, der noch näher erläutert wird. 17

Verwaltungshandeln durch Technik, das im Rahmen der Zuständigkeiten der öffentlichen Verwaltung liegt, dessen technischer Aspekt aber nicht unter den Vorbehalt des Gesetzes fällt, bedarf **keiner gesetzlichen Grundlage.** So berührt etwa die Reinigung eines Verwaltungsgebäudes durch einen vernetzten Staubsauger weder die Grundrechte, noch stellt sie sonst eine wesentliche Entscheidung dar. Es spielt hier auch keine Rolle, ob eine Person oder eine vernetzte Maschine staubsaugt. Komplexer ist die Lage allerdings, wenn eine Maßnahme **grundrechtswesentliche Auswirkungen** hat. Dann muss es unter Anlegung der allgemeinen Regeln darauf ankommen, ob die **Gefährdung der Grundrechte** gerade **technologiespezifisch** ist. Ist dies der Fall, muss sich die Ermächtigung gerade auch auf den Einsatz der technischen Methode erstrecken. In anderen Fällen reicht eine allgemeine Ermächtigung aus. Das entscheidende Abgrenzungskriterium ist dabei, ob gerade der Technologieeinsatz grundrechtsrelevant ist und gesetzlich gerechtfertigt werden muss oder ob die Grundrechtsrelevanz in der Maßnahme selbst liegt und unabhängig davon ist, ob ein Mensch oder eine Maschine sie ausführt. Ist zB in einem Gesetz ein bestimmtes Punktesystem definiert, das formal abgebildet werden kann und über die Vergabe von Sozialwohnungen entscheidet, kommt es nicht darauf an, ob diese formalen Werte von einer Maschine oder einem Menschen berechnet werden. Bedarf eine Verwaltungsentscheidung jedoch der vorherigen Kommunikation und einer kontextsensitiven Einschätzung und Subsumtion, so ist der Einsatz von Technologie nach dem heutigen Stand der Technik grundrechtswesentlich. 18

Regulierungsbedarf sah der Gesetzgeber bisher insbesondere beim Erlass von **Verwaltungsakten durch automatische Einrichtungen** ohne menschliche Beteiligung. Wie die in → Rn. 6 ff. erwähnten Beispiele der automatisierten Kennzeichenerkennung zur Prüfung von Fahrverboten, der automatisierten Geschwindigkeitskontrolle oder der Anordnung von Verkehrszeichen durch intelligente Verkehrssysteme zeigen, gibt es hier tatsächlich verschiedene Anwendungsmöglichkeiten für das Internet der Dinge. Die ge- 19 setzlichen Regelungen unterscheiden sich aber. Während der Gesetzgeber im Steuerverfahrensrecht und im Sozialverwaltungsverfahrensrecht einzelne grundrechtserhebliche Anwendungen regelte,[32] sah er hier von einer allgemeinen Regel ab. Demgegenüber hat der Bundesgesetzgeber mit § 35a VwVfG eine allgemeine Vorschrift geschaffen, die für den Erlass eines Verwaltungsakts durch eine automatische Einrichtung eine Rechtsvorschrift erfordert. Während die Verwaltungsverfahrensgesetze einiger Bundesländer auf das Verwaltungsverfahrensgesetz des Bundes und die entsprechende Regelung des § 35a VwVfG verweisen, haben Hessen, Nordrhein-Westfalen und Mecklenburg-Vorpommern mittlerweile eine gleichlautende Regelung in ihre Verwaltungsverfahrensgesetze eingefügt. § 35a VwVfG ist rechtspolitisch umstritten,[33] dennoch hat die Regel seit ihrer Einführung im Gesetz zur Modernisierung des Besteuerungsverfahrens eine große Ausdehnung erfahren. In seinem Anwendungsbereich fordert § 35a jedenfalls das Vorliegen einer Rechtsvorschrift.

20 Der **Anwendungsbereich des § 35a VwVfG** erstreckt sich auf das allgemeine Verwaltungsverfahrensrecht und mithin nicht auf die Steuer- und die Sozialverwaltung. Eine analoge Anwendung in anderen Verfahrensordnungen scheidet aus,[34] weil der Gesetzgeber im Rahmen des Gesetzes zur Modernisierung des Besteuerungsverfahrens bewusst darauf verzichtet hat. In der AO und im SGB X hat er demgegenüber andere Ansätze verfolgt und mit § 31a SGB X und § 155 Abs. 4 AO spezifische Regeln geschaffen.[35] Daher bleibt es außerhalb des Anwendungsbereichs des § 35a VwVfG bei den allgemeinen Regeln. In der Praxis hat sich umgekehrt die Frage gestellt, ob der Anwendungsbereich des § 35a VwVfG zu begrenzen ist. Denn bei genauer Betrachtung erfasst er auch viele bereits bestehende Anwendungen, wie etwa Ampeln oder Verkehrsbeeinflussungsanlagen.[36] In anderen Fällen werden praktische Anwendungen ausgebremst, bei denen eine gesetzliche Ermächtigung als bloßer Formalismus erscheint. So können manche Verwaltungsdienstleitungen, wie die Ausstellung von Anwohnerparkausweisen, durch einen einfachen Registerabgleich entschieden werden. Ferner könnten sogar Zufallsentscheidungen unter § 35a VwVfG fallen.[37]

21 Dementsprechend hat sich aus der Beratungsperspektive bereits mehrfach die Frage gestellt, ob § 35a VwVfG auf alle diese Fälle Anwendung finden soll. Hier kommt eine **teleologische Reduktion** in Betracht. Eine Möglichkeit ist dabei, „einfache Vollautomatisierung“ nicht als vollständig durch automatische Einrichtungen erlassenen Verwaltungsakt zu qualifizieren.[38] Als Unterscheidungskriterium wird dabei angeführt, dass in diesen Fällen insbesondere die Sachverhaltsermittlung entfalle.[39] Dieses Abgrenzungskriterium birgt allerdings bedeutende Abgrenzungsschwierigkeiten.[40] Eine andere Auffassung will bereits bestehende Anwendungen, gegen die kein Einspruch erhoben wurde, vom Anwendungsbereich ausnehmen.[41] Ein anderer Weg wäre, § 35a VwVfG dann teleologisch zu reduzieren, wenn durch den Technikeinsatz weder eine grundrechtswesentliche noch sonst eine wesentliche Entscheidung getroffen wird. In einem solchen Fall wäre eine Rechtsvorschrift als Grundlage ein Formalismus ohne erkennbaren Mehrwert. Wie in → Rn. 7 bereits angeführt, kommt es in diesem Fall nicht darauf an, ob der Verwaltungsakt selbst belastend

[32] NK-VwVfG/*Windoffer* § 35a Rn. 11.
[33] *Stegmüller* NVwZ 2018, 353; *Ziekow* NVwZ 2018, 1169.
[34] Kopp/Ramsauer/*Ramsauer* VwVfG § 35a Rn. 5a.
[35] NK-VwVfG/*Windoffer* § 35a Rn. 11.
[36] *Djeffal* DVBl 2017, 808 (815).
[37] Stelkens/Bonk/Sachs/*Stelkens* VwVfG § 35a Rn. 23.
[38] Stelkens/Bonk/Sachs/*Stelkens* VwVfG § 35a Rn. 22.
[39] Stelkens/Bonk/Sachs/*Stelkens* VwVfG § 35a Rn. 22.
[40] Der Fokus auf (grundrechts-)wesentliche Erwägungen ist direkt verbunden mit dem Normzweck, das Verfahren nach rechtsstaatlichen und grundrechtlichen Standards zu gestalten. Hier spielt weniger die Komplexität der Anwendung als vielmehr ihre Grundrechtsrelevanz eine Rolle.
[41] Kopp/Ramsauer/*Ramsauer* VwVfG § 35a Rn. 12. Diese Ansicht mag für den Fall zu praktisch sinnvollen Ergebnissen führen, ist jedoch rechtsstaatlich schwer zu begründen.

ist. Fraglich ist, ob gerade durch den Technikeinsatz eine eigene Möglichkeit der Grundrechtsgefährdung geschaffen wird bzw. ob diese aufgrund ihrer Wichtigkeit einer demokratischen Entscheidung bedarf. Beides wird man im Hinblick auf das Anwohnerparken verneinen können. Hier kommt es prinzipiell auf einen Abgleich verschiedener Register und eine Erstellung bereits vorgefertigter Schreiben an. Unter Rechtsvorschrift versteht man herkömmlicherweise formelle Gesetze und Rechtsverordnungen.[42] Unter den Begriff kommunaler Satzungen können im Bereich kommunaler Organisationshoheit auch Rechtsvorschriften fallen.[43]

b) IT-Sicherheit

Implementiert die Verwaltung Anwendungen des Internets der Dinge, muss sie adäquate **Sicherheitsvorkehrungen** treffen. Diese allgemeine Pflicht zur Sicherung von informationstechnischen Systemen lässt sich mittelbar schon aus Art. 91c Abs. 2 S. 1 GG ableiten.[44] Sicherheitspflichten werden der Verwaltung in § 23 EGovG Bln oder Art. 11 BayEGovG auferlegt. Aus verschiedenen Vorschriften wie § 64 BDSG bzw. Art. 32 DS-GVO, § 13 Abs. 7 TMG und § 109 TKG kann sich dabei allgemein die Notwendigkeit ergeben, technische und organisatorische Schutzmaßnahmen zu treffen (→ § 10 Rn. 95 f.).[45] Nach allen zuletzt genannten Vorschriften müssen die Maßnahmen verhältnismäßig sein,[46] wobei generell der Stand der Technik zu berücksichtigen ist. Welche Maßnahmen genau zu treffen sind, muss entweder selbst ermittelt oder vorhandenen Standards entnommen werden. Solche Standards können von der Verwaltung selbst verfasst sein oder von Branchenverbänden oder ähnlichen Organisationen stammen.[47] 22

Da das Internet der Dinge sein Potential besonders dann entfalten kann, wenn verschiedene Systeme miteinander verknüpft und interoperabel sind, sind manche Anwendungen auch im Hinblick auf die IT-Sicherheit normiert worden. So wurden im Kontext der Einführung der eCall-Systeme verschiedene Normen für die Sicherheit der Systeme erarbeitet.[48] Will eine Behörde eine bestimmte Anwendung implementieren, wird sie auch jenseits von konkreten gesetzlichen Verpflichtungen ein Sicherheitskonzept erstellen oder ihr Sicherheitskonzept erweitern.[49] Gerade solche Situationen können jedoch sehr hilfreich dafür sein, Erfahrungen für die allgemeine Regulierung von Systemen des Internets der Dinge zu sammeln. Dies wird besonders in dem Maße gelingen, indem sich zwischen verschiedenen Behörden auf verschiedenen Ebenen ein **Wissensaustausch** etabliert. Ein solcher Austausch ist auch für die Schließung von Sicherheitslücken von großer Bedeutung. Selbst wenn die Verwaltung in der Regel nicht in den Anwendungsbereich des § 8b 23

[42] *Schmitz/Prell* NVwZ 2016, 1273 (1276).
[43] Stelkens/Bonk/Sachs/*Stelkens* VwVfG § 35a Rn. 36; *Bull* DVBl 2017, 409 (411); *Braun Binder* DÖV 2016, 891 (893); allgemein zur Auslegung des Kriteriums s. Stelkens/Bonk/Sachs/*Sachs* VwVfG § 49 Rn. 43a.
[44] Die dort erwähnte Notwendigkeit der Sicherheitsanforderungen ist zum einen Betonung der Erforderlichkeit im Rahmen der Verhältnismäßigkeit, zeigt damit aber, dass Sicherheitsanforderungen verfassungsrechtlich grundsätzlich für erforderlich gehalten werden.
[45] Zu den Einzelheiten der jeweiligen Vorschriften s. etwa Beck TKG/*Eckhardt* § 109; Gola/Heckmann/*Marnau* BDSG § 64; *Djeffal* MMR 2015, 716. Für ein konkretes Beispiel eines digitalen Fahrtenschreibers als Telemediendienst s. *Rammo/Holzgräfe* DSRITB 2014, 351 (361).
[46] Das betrifft das Verhältnis des Zwecks der zu sichernden Systeme zum Aufwand der Maßnahme.
[47] S. zB den kürzlich entwickelten Standard des Industrial Internet Consortium, Industrial Internet of Things Volume G4: Security Framework, 2016. Allgemeine Anforderungen an informationstechnische Systeme lassen sich auch aus den IT-Grundschutz-Kompendien des BSI ableiten.
[48] Insbesondere EN 16072:2015-08 „Intelligente Transportsysteme – ESicherheit – Paneuropäische Notruf-Betriebsanforderungen"; EN 16062:2015-08 „Intelligente Transportsysteme – ESicherheit – Anforderungen an High-Level-Anwendungsprotokolle für eCall (HLAP) unter Verwendung von geschalteten GSM/UTMS Netzwerken".
[49] Zu Sicherheitskonzepten s. *Wehrmann/Bluhm/Rink* DSRITB 2016, 247 (255 f.); *Eckert,* IT-Sicherheit, 2018, S. 34–41.

Abs. 4 BSIG und der NIS-Richtlinie fällt,[50] wird ein Informationsaustausch dennoch angezeigt sein.

c) Datenschutz

24 Im Hinblick auf den Datenschutz der öffentlichen Verwaltung ist zu beachten, dass der Anwendungsbereich der DS-GVO sich nicht auf Polizei und Justizbehörden erstreckt. Dieser ist in der JI-RL (EU) 2016/680[51] geregelt und durch das neue BDSG, insbesondere in dessen Teil 3 (§§ 45 ff. BDSG), umgesetzt. Anwendbar ist Teil 3 des BDSG gem. § 45 BDSG „für die Verarbeitung personenbezogener Daten durch die für die Verhütung, Ermittlung, Aufdeckung, Verfolgung oder Ahndung von Straftaten oder Ordnungswidrigkeiten zuständigen öffentlichen Stellen, soweit sie Daten zum Zweck der Erfüllung dieser Aufgaben verarbeiten." Sowohl nach der DS-GVO als auch nach Teil 3 des BDSG setzt die Anwendbarkeit des Rechts dabei voraus, dass es sich um **personenbezogene Daten** handelt.

25 **aa) Anwendbarkeit des Datenschutzrechts.** Die Verarbeitung personenbezogener Daten steht bei IoT-Anwendungen oft in Rede. Denn das IoT basiert maßgeblich auf sensorischen Daten, die in vielen Fällen personenbezogen sind und damit sowohl nach § 45 Abs. 1 BDSG als auch nach Art. 2 Abs. 1 DS-GVO in den Anwendungsbereich der jeweiligen Datenschutzgesetze fallen können. Ob Daten personenbezogen sind, hängt nach § 46 Nr. 1 BDSG bzw. Art. 4 Nr. 1 DS-GVO maßgeblich davon ab, ob sie sich auf eine identifizierte oder identifizierbare natürliche Person beziehen. Das maßgebliche Kriterium der **Identifizierbarkeit** ist allerdings sehr umstritten.[52] Dabei geht es besonders um die Frage, inwiefern Wissen und Fähigkeiten Dritter Berücksichtigung finden sollen. Nach Erwgr. 26 der DS-GVO „sollten alle Mittel berücksichtigt werden, die von dem Verantwortlichen oder einer anderen Person nach allgemeinem Ermessen wahrscheinlich genutzt werden, um die natürliche Person direkt oder indirekt zu identifizieren". Ob es wahrscheinlich ist, dass Mittel zur Identifizierung genutzt werden, ist unter Berücksichtigung aller objektiven Faktoren wie der „Kosten der Identifizierung und [des] dafür erforderliche[n] Zeitaufwand[es]" zu ermitteln. Der EuGH urteilte jüngst, dass das Risiko einer Identifizierung vernachlässigbar erschiene, „wenn die Identifizierung der betreffenden Person gesetzlich verboten oder praktisch nicht durchführbar wäre".[53] Ein relevanter Aspekt für den Kontext des Verwaltungshandelns ist, dass es hier nur auf rechtmäßiges Handeln ankommt.[54]

26 Dass es bei der praktischen Durchführbarkeit auf die aktuellen Möglichkeiten ankommt, wird von der DS-GVO ausdrücklich erwähnt, da „die zum Zeitpunkt der Verarbeitung verfügbare Technologie und technologische Entwicklungen zu berücksichtigen sind."[55] Schon jetzt wird das Internet der Dinge aber als eine solche technologische Entwicklung gesehen,[56] denn die Möglichkeit automatisierter, permanenter und ubiquitärer Datener-

[50] Ausnahmen sind sicher Straßenverkehr und intelligente Verkehrsbehörden, s. Anhang II Nr. 2. lit. d RL (EU) 2016/1148 vom 6. Juli 2016 über Maßnahmen zur Gewährleistung eines hohen gemeinsamen Sicherheitsniveaus von Netz- und Informationssystemen in der Union, ABl. 2016 L 194, 1.

[51] Richtlinie (EU) 2016/680 des Europäischen Parlaments und des Rates vom 27. April 2016 zum Schutz natürlicher Personen bei der Verarbeitung personenbezogener Daten durch die zuständigen Behörden zum Zwecke der Verhütung, Ermittlung, Aufdeckung oder Verfolgung von Straftaten oder der Strafvollstreckung sowie zum freien Datenverkehr und zur Aufhebung des Rahmenbeschlusses 2008/977/JI des Rates, ABl. 2016 L 119, 89.

[52] Zu den verschiedenen Ansichten s. etwa *Bergt* ZD 2015, 365.

[53] EuGH Urt. v. 19.10.2016 – C-582/14, NJW 2016, 3579 Rn. 46 – Breyer. Bei diesem Urteil stehen insbes. die rechtlichen Erwägungen im Vordergrund, weil sich das Problem des Personenbezugs sowohl durch die DS-GVO als auch durch die Einführung von IPv6 überholen wird bzw. überholt hat.

[54] Kritisch zum Aspekt der Rechtmäßigkeit etwa *Bergt* ZD 2015, 365 (370).

[55] Erwgr. 26 DS-GVO.

[56] *Albrecht* CR 2016, 88 (98); *Bräutigam/Klindt* NJW 2015, 1137 (1140); *Schaar,* Das digitale Wir, 2015, S. 43.

hebung verschärft die Frage nach der Wirksamkeit von Anonymisierung zusätzlich.[57] Besonders im Hinblick auf IoT-Anwendungen und -Systeme fordern mehrere Stimmen, entweder grundsätzlich oder im Zweifel von einem **Personenbezug** auszugehen.[58] Auf Grundlage des bisher technisch Möglichen ist eine differenzierende Sicht vorzuziehen,[59] insbesondere im Verwaltungskontext. Bei Wetter- oder Pollenflugdaten kann ein Personenbezug uU verneint werden. Aber auch in anderen Kontexten ist es möglich, einen Personenbezug durch technische Gestaltung auszuschließen. Das zeigt ein Projekt aus Hamburg zur Verkehrsmengenerfassung, das auf Wärmebildkameras basiert.[60] Diese Wärmebildkameras produzieren Bilder, auf deren Grundlage durch smarte Auswertung Verkehrsteilnehmer nach bestimmten Kategorien klassifiziert werden können. Die so generierten Daten werden anschließend auf der Hamburger Urban Data Plattform frei verfügbar bereitgestellt. Auf der Grundlage dieser Sensordaten kann dann die Ampelsteuerung angepasst werden, es können aber auch zahlreiche andere öffentliche und private Anwendungen – wie etwa Navigationssysteme – damit verkoppelt werden.[61]

Im Kontext von **Datenschutz durch Technikgestaltung** (Privacy by Design) kann es 27 zu schwierigen Abgrenzungsfragen kommen, insbesondere wenn man durch Technikgestaltung verhindern will, dass automatisierte sensorische Vorgänge als Verarbeitung personenbezogener Daten gewertet werden. Dies ist in der Vergangenheit in Deutschland immer wieder im Rahmen der automatisierten Kennzeichenerfassung problematisch geworden. Ein Eingriff liegt nach dem BVerfG dann nicht vor, wenn „personenbezogene Daten Dritter im Rahmen von elektronischen Datenverarbeitungsprozessen nur zufällig am Rande miterfasst werden und unmittelbar nach der Erfassung technisch wieder anonym, spurenlos und ohne Erkenntnisinteresse für die Behörden gelöscht werden".[62] Demgegenüber spielt es für das BVerfG keine Rolle, ob Datensätze, die nicht unter die Suchkriterien fallen, automatisiert und spurlos wieder ausgeschieden werden. An diesem Beispiel lässt sich gut zeigen, dass sich rechts- und verfassungskonforme Technikgestaltung nicht in einfachen technischen Nachbildungen erschöpft, die zB Nicht-Treffer schnell und nicht nachvollziehbar ausscheiden. Es kommt vielmehr auf eine sozio-technische Gesamtwürdigung der Lage an, die kontextsensitiv die Rechte und Interessen der Betroffenen mit einbezieht.[63] Hier spielt insbesondere das Gefühl der permanenten Überwachung eine Rolle, das schwerwiegend in das Recht auf informationelle Selbstbestimmung eingreift.

bb) Erheben und Verwenden: Erforderlichkeit und Zweckmäßigkeit. Die in → Rn. 3 28 beschriebenen Besonderheiten des Internets der Dinge bei der Datensammlung (Automation, Ubiquität, Permanenz) wirken sich auch im Kontext der Rechtfertigung der Erhebung und der Verwendung von Daten durch öffentliche Stellen aus. Sowohl Art. 6 Abs. 1 S. 1 lit. e DS-GVO als auch § 3 BDSG betonen das Zulässigkeitskriterium der **Erforderlichkeit.** Nach diesen Normen ist die Verarbeitung personenbezogener Daten dann zulässig, wenn sie entweder zur Aufgabenerfüllung oder bei der Ausübung öffentlicher Gewalt erforderlich ist. Als erforderlich wird diejenige Datenverarbeitung angesehen, ohne welche die öffentliche Stelle ihr Ziel „nicht, nicht vollständig oder nicht in rechtmäßiger Weise" erreichen könnte.[64] Im Kontext der rechtmäßigen Aufgabenerfüllung ist zu bedenken, dass

---

[57] S. zB Artikel-29-Datenschutzgruppe, Stellungnahme 8/2014 zu den jüngsten Entwicklungen im Internet der Dinge, WP 223, S. 8.

[58] *Steinmaurer* in Knyrim Datenschutzgrundverordnung S. 91 (93); *Šehić/Rengers/Hense* DSRITB 2015, 393 (398).

[59] So *Venzke-Caprarese* DSRITB 2015, 377 (385).

[60] Behörde für Wirtschaft, Verkehr und Innovation, Pressemitteilung v. 4.7.2019, www.hamburg.de/pressearchiv-fhh/12757966/2019-07-04-bwvi-intelligente-verkehrssysteme/ (3.12.2019).

[61] Behörde für Wirtschaft, Verkehr und Innovation, Pressemitteilung v. 4.7.2019, www.hamburg.de/pressearchiv-fhh/12757966/2019-07-04-bwvi-intelligente-verkehrssysteme/ (3.12.2019).

[62] BVerfG Beschl. v. 18.12.2018 – 1 BvR 142/15, NJW 2019, 827 Rn. 48.

[63] *Djeffal* Berichte des NEGZ 2018 Nr. 3 S. 1 (14).

[64] Gola/Heckmann/*Starnecker* BDSG § 3 Rn. 28.

die Maßnahme im Hinblick auf die informationelle Selbstbestimmung auch **verhältnismäßig** sein muss. Ein Eingriff ist dabei besonders schwer, wenn er eine große Zahl von Personen betrifft,[65] diese Personen den Eingriff nicht veranlasst haben,[66] der Eingriff heimlich oder intransparent stattfindet[67] oder die verwendeten Daten besonders persönlichkeitsrelevant sind. Diese Persönlichkeitsrelevanz kann sich auch erst durch die Möglichkeit von Rückschlüssen aus an sich nicht persönlichkeitsrelevanten Daten ergeben,[68] wie etwa bei Bewegungsprofilen.[69]

29 Das BVerfG hat auch klargestellt, dass Voraussetzung der Zulässigkeit einer Maßnahme eine **normenklare gesetzliche Definition des Zwecks der Datenerhebung** ist. Der Zweck begrenzt gem. § 14 BDSG auch die Möglichkeiten der Datenverarbeitung. Laut der Rechtsprechung des BVerfG ist der Zweck der Verwendung der Daten **„bereichsspezifisch"** und **„präzise"** anzugeben.[70] Der gesetzlich festgelegte Zweck begrenzt damit zugleich die Möglichkeit der Datenerhebung. Dieser Grundsatz der Zweckbindung findet bei der Aufgabenerfüllung durch öffentliche Stellen nun in Art. 5 Abs. 1 lit. b DS-GVO bzw. bei Handeln im Bereich der JI-RL in § 47 Nr. 2 und 3 BDSG eine gesetzliche Ausprägung. Ob vor dem Hintergrund von eGovernment und Big Data an diesem engen Zweckverständnis festgehalten werden soll, ist in der Literatur umstritten.[71] Während auf der einen Seite die Aushöhlung rechtsstaatlicher Garantien befürchtet wird, wird auf der anderen Seite bemängelt, dass mit dem Zweckbindungsprinzip und der dahinterstehenden rechtlichen Architektur der falsche Regulierungsansatz gewählt wird. Aufgeweicht wurde der strikte Zweckbindungsgrundsatz durch die Kategorie der Weiterverarbeitung, die sich zB in Art. 5 Abs. 1 lit. b DS-GVO findet. Sie steht zwischen dem Primärzweck und einer Zweckänderung und erleichtert so die Nachnutzung von Daten. Die generelle Problematik, die die Zweckbindung für einen Teil der datenintensiven Nutzungen des IoT darstellt, ist durch die Ermöglichung einer Weiterverarbeitung allerdings nicht beseitigt.

30 Der europäische Verordnungsgeber hat im Hinblick auf die **eCall-Systeme** und zukünftige Innovationen einen interessanten Kompromiss vorgesehen. Das eCall-System selbst ist nach Art. 6 Abs. 2 eCall-VO auf den Zweck der automatisierten Kommunikation mit Notrufzentralen beschränkt. Ferner werden strenge Anonymisierungs- und Löschpflichten vorgesehen. Jedoch können die Hersteller auf der Sensorik aufbauend einen Dienst mit Zusatznutzen vorsehen, ohne dass die enge Zweckbindung der eCall-VO für sie gilt.[72]

---

[65] BVerfG Beschl. v. 12.4.2005 – 2 BvR 1027/02, BVerfGE 113, 29 (53) = NJW 2005, 1917; Urt. v. 27.7.2005 – 1 BvR 668/04, BVerfGE 113, 348 (383) = MMR 2005, 674; Beschl. v. 4.4.2006 – 1 BvR 518/02, BVerfGE 115, 320 (354) = MMR 2006, 531 mAnm *Geis.*

[66] BVerfG Beschl. v. 12.4.2005 – 2 BvR 1027/02, BVerfGE 113, 29 (53) = NJW 2005, 1917; Urt. v. 27.7.2005 – 1 BvR 668/04, BVerfGE 113, 348 (383) = MMR 2005, 674; Beschl. v. 4.4.2006 – 1 BvR 518/02, BVerfGE 115, 320 (354) = MMR 2006, 531 mAnm *Geis.*

[67] BVerfG Beschl. v. 4.4.2006 – 1 BvR 518/02, BVerfGE 115, 320 (353) = MMR 2006, 531 mAnm *Geis;* Urt. v. 2.3.2006 – 2 BvR 2099/04, BVerfGE 115, 166 (194) = MMR 2006, 217.

[68] Artikel-29-Datenschutzgruppe, Stellungnahme 8/2014 zu den jüngsten Entwicklungen im Internet der Dinge, WP 223, S. 7.

[69] BVerfG Urt. v. 11.3.2008 – 1 BvR 2074/05, BVerfGE 120, 378 (406) = MMR 2008, 308. Zum Problem von Persönlichkeitsprofilen allgemein s. *Roßnagel/Moser-Knierim/Schweda,* Interessenausgleich im Rahmen der Vorratsdatenspeicherung, 2013, S. 107.

[70] BVerfG Beschl. v. 13.6.2007 – 1 BvR 1550/03, BVerfGE 118, 168 (187f.) = NJW 2007, 2464; Urt. v. 2.3.2010 – 1 BvR 256/08, BVerfGE 125, 260; Beschl. v. 24.1.2012 – 1 BvR 1299/05, BVerfGE 130, 151 (202) = MMR 2012, 410 mAnm *Meinicke.*

[71] Für ein weiteres Verständnis etwa *Eifert* in Gropp/Lipp/Steiger Rechtswissenschaft im Wandel S. 139. Generell für ein enges Verständnis der Zweckbindung *Roßnagel* DuD 2016, 561 (564). Weitere Nachweise bei *v. Grafenstein* DSRITB 2016, 233 (234 Fn. 3).

[72] Wie aus Erwgr. 15 der eCall-VO hervorgeht, sind hier vielmehr die allgemeinen Regeln des Datenschutzrechts anwendbar. Ferner darf kein Austausch von Daten zwischen den Systemen stattfinden und die Dienste mit Zusatznutzen sollten optional sein.

d) Offenheit und Informationsfreiheit

Eine Besonderheit des Verwaltungsrechts ist es, dass es nicht nur den Schutz und die Geheimhaltung von Daten regelt, sondern auch explizite Vorschriften zur **Transparenz und zur Offenheit von Daten** enthält. Der Grundgedanke ist hierbei, dass es sich bei Verwaltungsdaten um öffentliche Daten handelt, die Bürgern grundsätzlich zugänglich sein sollen. Die Digitalisierung hat hierbei die Möglichkeiten zum Teilen von Daten wesentlich erhöht. Was die konkreten rechtlichen Vorgaben im Hinblick auf Transparenzpflichten und -rechte angeht, haben wir es mit einem föderalen Flickenteppich zu tun. Grundsätzlich wird der Bereich der Offenheit von Daten regelmäßig von drei Regelungsregimen geprägt: dem Recht der Datenbereitstellung (Open Data), dem Informationsfreiheitsrecht und dem Informationsweiterverwendungsrecht. Während die Rechtsetzung und auch die jeweiligen Kategorien der Gesetze einige Kritik auf sich gezogen haben, müssen sie für die Rechtsberatung als gegeben angenommen werden. In einer holzschnittartigen Betrachtung regelt das Informationsfreiheitsrecht den Zugang von Personen des Privatrechts zu Verwaltungsdaten. Sowohl der Bund als auch die meisten Länder haben dazu Informationsfreiheitsgesetze erlassen. Für Bund und Länder gleichermaßen gilt das Informationsweiterverwendungsgesetz (IWG), das die sog. PIS-Richtlinie umsetzt. 31

Aus rechtsberatender Perspektive kommen hier insbesondere zwei Konstellationen in Betracht. In der ersten Konstellation geht es um die **Rechtsberatung** bei der Einführung und Ausgestaltung gewisser technischer Lösungen und Verfahren, im vorliegenden Kontext also um die Einführung eines IoT-Systems in die öffentliche Verwaltung. Dabei kommt sowohl die Ausgestaltung durch die Behörde selbst in Betracht, wie auch die Gestaltung durch einen Dritten mit anschließender Übernahme der Lösung bzw. Vergabe der Lösung. Dabei ist dann fraglich, ob und auf welche Weise Daten zugänglich gemacht werden sollen und müssen. In der zweiten Konstellation geht es darum, dass jemand sowohl Zugang zu als auch die Möglichkeit der Weiterverwendung von Daten der öffentlichen Verwaltung begehrt. Hierbei kann es um Daten aus IoT-Anwendungen gehen, es kann aber auch ein spezielles Interesse an Datensätzen geben, die für die Entwicklung von IoT-Anwendungen, insbesondere auf der Basis des maschinellen Lernens, wichtig sind. Das ist häufig der Fall, weil insbesondere bei überwachtem maschinellen Lernen solche Daten erforderlich sind. In anderen Fällen sind gewisse Daten auch Grundlage dafür, dass Modelle überhaupt erstellt werden können. Ein Beispiel bilden etwa Geo-Daten, die Grundlage für Anwendungen sind, die eine örtliche Orientierung aufweisen müssen. 32

Die Herausforderungen der föderalistischen Staatsorganisation und kommunaler Selbstverwaltung kommen hier besonders zum Tragen. Ein sichtbares Zeichen dafür ist, dass es derzeit 96 verschiedene Open-Data-Portale gibt, die quer durch den deutschen Verwaltungsaufbau reichen.[73] Insbesondere im Zuge der Technikgestaltung ist es wichtig, zwischen diesen verschiedenen Regelungsmaterien navigieren zu können. Weil es sich insbesondere bei Fragen von Datenoffenheit und Informationszugang um einen besonders dynamischen Bereich handelt, in dem immer wieder regulatorische Trends und Ansätze dazukommen, die sich dann mehr oder weniger schnell in der deutschen regulatorischen Landschaft ausbreiten, ist es wichtig, **Entwicklungslinien** zu kennen und zu erkennen, um diese insbesondere bei großen und wichtigen Projekten zu antizipieren. 33

In den vergangenen 30 Jahren erlebte die Verwaltung im Hinblick auf ihre Informationsordnung einen erheblichen **Wandel.** Dieser reagierte im Wesentlichen auf europäische und internationale Trends, die entweder vom Bund oder von bestimmten progressiven Ländern aufgenommen wurden und dann im Laufe der Zeit immer mehr Nachahmer fanden. Das jeweilige Leitbild wandelte sich im Laufe der Zeit vom „Amtsgeheimnis (häu- 34

[73] www.offenesdatenportal.de/dataset/ubersicht-der-open-data-angebote-in-deutschland (27.5.2020). Zu den Portalen zählen etwa Städte wie Moers und Dormagen, aber auch Frankfurt und Stuttgart, die Kreise Kleve und Viersen, Bundesländer wie Bayern und Hamburg, der Regionalverband Ruhr, die Deutsche Bahn, das Bundesamt für Seeschifffahrt und Hydrographie und das Bundesministerium für Verkehr und Digitale Infrastruktur.

fig abwertend als Arkanprinzip bezeichnet) und dem anschließend herrschenden Prinzip der beschränkten Aktenöffentlichkeit in Deutschland“[74] über den Grundsatz vom offenen Regierungs- und Verwaltungshandeln hin zum Leitbild eines offenen Regierungs- und Verwaltungshandelns. Institutionell unterfüttert wurde diese Entwicklung dadurch, dass die meisten Datenschutzbeauftragten auch als Transparenz- oder Informationsfreiheitsbeauftragte fungieren und Belange von Offenheit und Transparenz aktiv einbringen. Informations- und Auskunftsansprüche wurden durch das **Europarecht** zuerst im Umweltrecht eingeführt und dann auch in das allgemeine Verwaltungsrecht aufgenommen. Wegen dem europarechtlich verankerten Grundsatz der beschränkten Einzelermächtigung und der institutionellen und verfahrensmäßigen Autonomie der Mitgliedstaaten kann das Europarecht diese Fragen aber nur für einzelne Materien regeln, für die ein Kompetenztitel besteht. Da neben Spezialmaterien wie dem Umweltrecht nur allgemeine Kompetenzen für Maßnahmen zum Funktionieren des Binnenmarktes bestehen, musste die PSI-Richtlinie auf diese Kompetenzen gestützt werden.

35 Ein internationaler Trend, der immer größere Auswirkungen zeitigt, ist die **Open Government Partnership.** Hierbei handelt es sich um eine Initiative von Staaten, der auch Deutschland seit 2016 angehört und die von den Vereinigten Staaten und Brasilien im Jahr 2010 ins Leben gerufen wurde. Die grundsätzliche Idee ist dabei, dass Staaten schrittweise die Idee eines offenen Regierungs- und Verwaltungshandeln im Austausch mit der Zivilgesellschaft umsetzen. Dabei stellen die Regierungen in einem partizipativen Prozess nationale Aktionspläne auf und setzen diese innerhalb von zwei Jahren um. Deutschland hat im ersten nationalen Aktionsplan 15 Verpflichtungen auf Bundesebene definiert, die zwischen 2017 und 2019 abgearbeitet werden sollten. Demgegenüber wird im zweiten nationalen Aktionsplan die Ebene der Länder adressiert. Während es sich weder bei der Open Government Partnership noch bei den Aktionsplänen um Rechtspflichten handelt, zeigt dies doch eine deutliche Hinwendung zum offenen Regierungs- und Verwaltungshandeln, die teilweise bereits im Recht Niederschlag gefunden hat und mit zunehmender Wahrscheinlichkeit auch noch finden wird. Die Aktivitäten unterstreichen, dass sich die Verwaltung in einem **dynamischen Prozess** befindet, in dem sie sich in tatsächlicher und rechtlicher Hinsicht weiter öffnen wird.[75] Natürlich wird diese Entwicklung aus verschiedenen Gründen kritisiert,[76] auch sind bei weitem noch nicht alle Konsequenzen offenbar geworden. Denn Transparenz kann manchmal ungeahnte und auch negative Nebenfolgen haben. Aus der Perspektive der anwaltlichen Beratung sind jedenfalls zwei Schlüsse aus den Entwicklungen der letzten Jahre zu ziehen: es ist mit einer verstärkten Öffnung von Verwaltungsdaten zu rechnen. Diese Öffnung wird sich auch rechtlich weiterhin niederschlagen. In diesem Prozess werden aber die Grenzen der Öffnung immer neu verhandelt werden müssen. Während Belange aus dem Datenschutzrecht und dem Recht des geistigen Eigentums bereits zu einem gewissen Grad erschlossen sind, müssen andere Grenzen erst noch ausgelotet werden. Eine weitere gesetzgeberische Entwicklung ist die Datenstrategie der EU auf deren Grundlage im Dezember 2020 der Digital Governance Act vorgeschlagen wurde.

36 **aa) Rechte auf Datenzugriff und Datenweiterverwendung (IFG, IWG).** Eine wichtige Frage für die **Weiterverwendbarkeit** der Informationen ist, wie die Daten gewonnen, bearbeitet und aufbereitet wurden. Vor dem VG Darmstadt war streitig, ob die Modalitäten der Datenaufbereitung für einen Algorithmus des Deutschen Wetterdienstes eine amtliche Information iSv § 2 S. 1 Nr. 1 IFG darstellen.[77] Das VG grenzte die durch die Anwendung gewonnen Informationen vom Bearbeitungsmedium selbst ab. Während ers-

[74] BeckOK InfoMedienR/*Debus* IFG § 1 Rn. 2.
[75] Zur Überarbeitung des Hamburger Transparenzgesetzes s. etwa *Engewald* NVwZ 2018, 1536.
[76] *Wewer/Wewer,* Open Government, 2019, S. 231 ff.
[77] VG Darmstadt Urt. v. 8.5.2019 – 3 K 1708/17.DA, BeckRS 2019, 17014.

tere als amtliche Informationen zu kategorisieren seien, falle das Bearbeitungsmedium selbst nicht unter § 2 S. 1 Nr. 1 IFG. Dabei legte das VG den Wortlaut der Wendung „amtlichen Zwecken dienende Informationen" insbesondere dahingehend aus, dass sich das Interesse der Behörde insbesondere auf das Ergebnis, also den Output richtet. Demgegenüber ließe sich einwenden, dass das Ergebnis wesentlich von der Gestaltung der Datenverarbeitung abhängt. Die Ergebnisse hängen wesentlich mit der Gestaltung des jeweiligen Algorithmus zusammen. Insbesondere bei der Bewertung der Ergebnisse und bei der Einordnung hinsichtlich der Weiterverwendbarkeit können Informationen über die jeweiligen Anwendungen durchaus einem amtlichen Interesse dienen. Es ist zu erwarten, dass es in diesen Bereichen zu weiteren Fragen kommen wird.

37 Auch das **IWG** muss allerdings bald geändert werden, denn die dem Gesetz zugrundeliegende PSI-Richtlinie[78] wurde neu gefasst.[79] Diese Neufassung ist am 26.6.2019 in Kraft getreten und muss von den Mitgliedstaaten gem. ihrem Art. 17 Abs. 1 bis zum 17.7.2021 umgesetzt werden. Eine bahnbrechende Neuerung, die mit der bisherigen gesetzlichen Systematik bricht, betrifft sog. **„hochwertige Datensätze"**. Darunter versteht man gem. Art. 2 Nr. 10 RL 2019/1024/EU „Dokumente, deren Weiterverwendung mit wichtigen Vorteilen für die Gesellschaft, die Umwelt und die Wirtschaft verbunden ist, insbesondere aufgrund ihrer Eignung für die Schaffung von Mehrwertdiensten, Anwendungen und neuer, hochwertiger und menschenwürdiger Arbeitsplätze sowie aufgrund der Zahl der potenziellen Nutznießer der Mehrwertdienste und -anwendungen auf der Grundlage dieser Datensätze". An dieser Stelle durchbricht die Richtlinie die Trennung zwischen der Zurverfügungstellung und der Weiternutzung und enthält eine umfassende Regelung zur offenen Datenhaltung. Da man sich im Gesetzgebungsverfahren nicht darauf einigen konnte, was als hochwertige Daten angesehen werden soll und diese Frage auch nicht der Auslegung durch Verwaltungen und Gerichte überlassen wollte, soll dies durch die Kommission durch Durchführungsrechtsakte und delegierte Gesetzgebung nach dem in Art. 15 ff. RL 2019/1024/EU festgelegten Verfahren geklärt werden.

38 Doch auch neben der Kategorie der hochwertigen Datensätze hält die neue Richtlinie einige interessante Neuerungen bereit. Neue datenintensive Technologien wie das Internet der Dinge oder künstliche Intelligenz gehörten zu den zentralen Motivationen der Reform und werden in der Richtlinie explizit adressiert.[80] Eine Neuerung, die das IoT direkt betrifft, ist die neue Kategorie der **„dynamischen Daten"**. Gem. der Definition in Art. 2 Nr. 8 RL (EU) 2019/1024 sind das „Dokumente in digitaler Form, die häufig oder in Echtzeit aktualisiert werden, insbesondere aufgrund ihrer Volatilität oder ihres raschen Veraltens; von Sensoren generierte Daten werden in der Regel als dynamische Daten angesehen". Diese Daten sollen gem. Art. 5 Abs. 5 RL (EU) 2019/1024 von öffentlichen Stellen und nach Abs. 7 auch von öffentlichen Unternehmen unmittelbar zur Weiterverwendung zugänglich gemacht werden. Das bedeutet, dass zum einen Daten aus IoT-Anwendungen zugänglich gemacht werden, zum anderen aber auch IoT-Anwendungen auf der Basis dynamischer Verwaltungsdaten generiert werden können. Erste Beispiele dafür sind kommerzielle Chatbots,[81] die gewisse Live-Auskünfte geben können, die auf Sensordaten von Verwaltungen basieren. So kann man dabei etwas über Pegelstände von Flüssen oder die aktuelle Verkehrslage erfragen.

39 Es sind aber noch viele weitere Anwendungen in dieser Richtung denkbar. Die Richtlinie erkennt richtig, dass die **zeitliche Komponente** bei dynamischen Daten besonders wichtig ist. Denn viele auf die Daten aufbauende Dienstleistungen können erst dann sinnvoll genutzt werden, wenn sie in unmittelbarem zeitlichen Zusammenhang mit dem Anfallen der Daten bereitgestellt werden. Wenn eine IoT-Anwendung auf den Ver-

[78] RL 2003/98/EG, geändert durch RL 2013/37/EU.
[79] RL (EU) 2019/1024.
[80] Erwgr. 10 RL (EU) 2019/1024.
[81] Chatbots sind Konversationssysteme, die auf Technologien der KI beruhen.

kehr reagieren soll, nützen die Verkehrsdaten von gestern wenig. Um zur Lösung dieser Konflikte eine Hilfestellung zu geben, gibt Art. 5 Abs. 6 der Richtlinie einige Abwägungskriterien an die Hand: eine Verzögerung kommt nur in Betracht, wenn eine sofortige Veröffentlichung die „finanzielle und technische Leistungsfähigkeit der öffentlichen Stelle" übersteigen würde. Auch dann müssen die Daten aber „innerhalb einer Frist oder mit vorübergehenden technischen Beschränkungen zur Weiterverwendung zugänglich gemacht [werden], die die Nutzung ihres wirtschaftlichen und sozialen Potenzials nicht übermäßig beeinträchtigen". Letztlich ist also der Aufwand der Zurverfügungstellung mit dem Interesse an der Nutzung abzuwägen. Eine weitere Neuerung, die allerdings im Gesetzgebungsverfahren äußerst umstritten war, ist, dass öffentliche Unternehmen nun auch unter den Anwendungsbereich der Richtlinie fallen, sofern sie gem. Art. 1 Abs. 2 lit. b sublit. i RL (EU) 2019/1024 nach vergaberechtlichen Kriterien nicht dem Wettbewerb unterliegen.

40 **bb) Offenes Regierungs- und Verwaltungshandeln.** Ein zunehmend verwirklichtes Leitbild ist das **offene Regierungs- und Verwaltungshandeln.** Dieses verzichtet auf spezifische Regelungen von Zugang und Weiterverwendung. Ziel ist es vielmehr, Verwaltungsdaten grundsätzlich auf Portalen zugänglich zu machen, ohne dass die Weiternutzung in irgendeiner Art und Weise beschränkt ist.[82] Neben den in → Rn. 25 ff. erwähnten Zugangs- und Weiterverwendungsrechten kristallisiert sich zunehmend ein rechtliches Regime über offene Verwaltungsdaten heraus. Dabei zeichnen sich **unterschiedliche rechtliche Umsetzungsmodelle** insbesondere bei den Ländern ab. Zum einen gibt es Rechtsordnungen, die keine rechtlichen Regelungen kennen, wobei sie teilweise trotzdem entsprechende Datenportale errichten.[83] Eine zweite Gruppe von Rechtsordnungen verpflichtet zwar nicht zur Veröffentlichung von Daten, beschreibt aber verpflichtende oder nicht verpflichtende Voraussetzungen für die Veröffentlichung.[84] Eine dritte Gruppe von Rechtsordnungen statuiert eine objektive Rechtspflicht zur Veröffentlichung von Daten.[85] Eine vierte Gruppe von Rechtsordnungen statuiert nicht nur eine objektive Pflicht zur Veröffentlichung bestimmter Datensätze, sondern räumt Personen des Privatrechts auch ein subjektives Recht ein, dies geltend zu machen.[86]

41 Die Chancen eines Mandanten auf grundsätzlichen Zugang und freie Verwendung von Daten für eine IoT-Anwendungen hängt also stark davon ab, auf welche Rechtsordnung bzw. Rechtsordnungen sich das Interesse bezieht. Ist der Rechtsweg abgeschnitten, können auch informelle Anfragen im Namen des Mandanten zum Erfolg führen, ggf. auch unter Einbeziehung des jeweiligen Beauftragten für Datenschutz und Informationsfreiheit. Wird die Behörde bei der Entwicklung bzw. Beschaffung einer IoT-Anwendung beraten, sind diese Prozesse bereits in frühen Phasen zu berücksichtigen. Besteht eine Verpflichtung zur Veröffentlichung der Daten, so ist diese notwendigerweise als Gestaltungsanforderung im Sinne einer „**Transparency by Design**" auszulegen. § 12a EGovG Bund macht dies explizit und bezeichnet es als Pflicht zur frühzeitigen Berücksichtigung. Ferner zählt er auch die verschiedenen Situationen auf, zu denen eine solche Berücksichtigung vorgenommen werden muss:

---

[82] Zur Einführung jurisPK InternetR/*Heckmann* Kap. 5 Rn. 25; *Dietrich* bpb Online 26. 10. 2011, www.bpb.de/gesellschaft/digitales/opendata/64055/was-sind-offene-daten (4. 12. 2019).

[83] Dazu gehören Bayern, wobei hier wohl eine gesetzgeberische Initiative vorbreitet wird, s. dazu mit Verweis auf entsprechende Berichte jurisPK InternetR/*Heckmann* Kap. 5 Rn. 31, Brandenburg, Hessen, Sachsen-Anhalt, wobei in den letzteren beiden Ländern der entsprechende Gesetzesentwurf noch nicht angenommen wurde, sowie Schleswig-Holstein.

[84] § 10 Abs. 1 EGovG BW; § 10 Abs. 1 Gesetz zur Förderung der elektronischen Verwaltung in Bremen; § 8 Abs. 1 EGovG MV; § 16 EGovG NRW; § 17 Abs. 1 E-GovG SL; § 22 Abs. 1 ThürEGovG.

[85] § 13 Abs. 1 EgovG Bln; § 8 Abs. 1 SächsEGovG.

[86] § 1 Abs. 2 HmbTG.

„Die Behörden der unmittelbaren Bundesverwaltung sollen die Anforderungen an die Bereitstellung von Daten im Sinne des Absatzes 1 Satz 1 bereits frühzeitig berücksichtigen bei: 42
1. der Optimierung von Verwaltungsabläufen gem. § 9,
2. dem Abschluss von vertraglichen Regelungen zur Erhebung oder Verarbeitung der Daten sowie
3. bei der Beschaffung von informationstechnischen Systemen für die Speicherung und Verarbeitung der Daten."

Bereits aus Nr. 1 ergibt sich hierbei, dass die Pflicht zur Berücksichtigung auch Konstellationen einschließt, in denen die Verwaltung selbst IoT-Technik entwickelt und einsetzt.

Was die **Anforderungen an die Daten** angeht, so spielen in allen Gesetzen im We- 43
sentlichen die Maschinenlesbarkeit, die Bereitstellung von Metadaten und die Offenheit eine Rolle. **Maschinenlesbar** sind Daten gem. § 16 S. 2 EGovG NRW, „wenn die enthaltenen Daten durch Software automatisiert ausgelesen und verarbeitet werden können". Der Begriff **Metadaten** meint Daten, „die andere Datenobjekte (zB Dokumente) näher beschreiben. Typische Metadaten sind beispielsweise der Autor eines Dokuments, das Erstellungsdatum oder der Dateiname. Die meisten Dokumentenformate bieten die Möglichkeit, bestimmte Metadaten zu pflegen."[87] Dabei muss festgelegt werden, wie die Metadaten dargestellt werden sollen (Beschreibungssprache) und welche Metadaten auf welche Weise angegeben werden sollen.[88] Verschiedene technische und rechtliche Gestaltungsaspekte haben Einfluss auf die **Offenheit.** Auch deshalb formulieren einige Gesetze, dass die Daten „möglichst offen" zugänglich zu machen sind.[89] Hier kann man also an unterschiedlichen Aspekten anknüpfen.[90] In den Gesetzen werden insbesondere Aspekte des Zugangs ohne Registrierung und Begründung, der unbeschränkten Weiterverwendung und der Entgelt- und Gebührenfreiheit hervorgehoben. Teilweise wird bereits gesetzlich klargestellt, dass kein Anspruch auf eine bestimmte Datenqualität besteht,[91] in anderen Fällen kann das durch einen Gewährleistungs- und Haftungsausschluss abgesichert werden. Aus alledem lassen sich folgende Kriterien für die Datenoffenheit ableiten:

Checkliste: Offenheit von Daten 44

- Technisch
  - Maschinenlesbarkeit
  - Bereitstellung mit Metadaten
  - Einstellung der Metadaten in das nationale Metadatenportal
- Offenheit
  - Entgelt- und gebührenfrei
  - Unbeschränkte Weiterverwendung

[87] Beauftragter der Bundesregierung für Informationstechnik, SAGA-Modul Technische Spezifikationen, www.cio.bund.de/SharedDocs/Publikationen/DE/Architekturen-und-Standards/SAGA/saga_modul_tech_spez_de_bund_5_0_download.pdf?__blob=publicationFile (4.12.2019).

[88] Beauftragter der Bundesregierung für Informationstechnik, SAGA-Modul Technische Spezifikationen, www.cio.bund.de/SharedDocs/Publikationen/DE/Architekturen-und-Standards/SAGA/saga_modul_tech_spez_de_bund_5_0_download.pdf?__blob=publicationFile (4.12.2019).

[89] S. zB § 16 S. 1 EgovG NRW; § 22 S. 1 ThürEGovG.

[90] Für technische Spezifikation ist das SAGA-Modul des Beauftragen der Bundesregierung für Informationstechnik heranzuziehen, s. Beauftragter der Bundesregierung für Informationstechnik, www.cio.bund.de/SharedDocs/Publikationen/DE/Architekturen-und-Standards/SAGA/saga_modul_tech_spez_de_bund_5_0_download.pdf?__blob=publicationFile (4.12.2019). Für eine Checkliste aus zivilgesellschaftlicher Sicht s. *Kuzev,* Open Data, www.kas.de/documents/252038/253252/7_dokument_dok_pdf_44530_1.pdf/58511e42-8639-2c18-c76b-a1103b4df3c6?version=1.0&t=1539651094138 (4.12.2019).

[91] § 12a Abs. 8 EgovG Bund etwa besagt: „Die Behörden der unmittelbaren Bundesverwaltung sind nicht verpflichtet, die bereitzustellenden Daten auf Richtigkeit, Vollständigkeit, Plausibilität oder in sonstiger Weise zu prüfen."

  - Ohne Registrierung
  - Ohne Begründung
- Rechtlich, insbesondere durch Nutzungsbedingungen
  - Datenschutz
  - Geistiges Eigentum
  - Höherrangiges Recht
  - Spezialgesetzliche Regelungen
  - Gewährleistungs- und Haftungsausschlüsse
  - Keine Beschränkung der Weiterverwendung
  - Entgelt- und Gebührenregelungen

3. Verhältnismäßigkeit

45 Verhältnismäßigkeitsprüfungen spielen in vielen Rechtsbereichen eine Rolle. Bei der Bestimmung des Stands der Technik im IT-Sicherheitsrecht oder im Datenschutzrecht ist zu prüfen, ob die entsprechende Maßnahme verhältnismäßig ist. Auch sonst spielt der **Verhältnismäßigkeitsgrundsatz** für das IoT eine wichtige Rolle. Eine Frage, die dabei immer wieder auftauchen kann, ist, inwiefern eine **lückenlose Regelüberwachung** durch das IoT noch verhältnismäßig sein kann. Wie das in → Rn. 8 erwähnte Beispiel der Section Control zeigt, lässt sich die Rechtsbefolgung in bestimmten Verwaltungsbereichen wie dem Verkehr teilweise lückenlos überwachen. Es wäre heute weder kostenmäßig noch technisch ein Problem, weite Teile des Fernverkehrs komplett zu überwachen. Obwohl diese Fragen in verschiedenen verfassungsrechtlichen Kontexten virulent werden können, sind sie bisher am ausdrücklichsten im Kontext der informationellen Selbstbestimmung erörtert worden. Zur Freiheitlichkeit des Gemeinwesens gehört es für das BVerfG, dass Bürger grundsätzlich handeln können, „ohne dabei beliebig staatlich registriert zu werden, hinsichtlich ihrer Rechtschaffenheit Rechenschaft ablegen zu müssen und dem Gefühl eines ständigen Überwachtwerdens ausgesetzt zu sein".[92] Ob aus bestimmten Gründen oder in bestimmten Kontexten dennoch eine permanente Kontrolle verhältnismäßig sein kann, hängt von den zu schützenden Gütern und den Umständen des Einzelfalls ab. Da das Internet der Dinge den Behörden in vielen Bereichen ganz neue Möglichkeiten der Durchsetzung offeriert, werden solche Fragen immer wieder virulent werden. Hier ist es einmal mehr entscheidend, die **rechtlichen Möglichkeiten der Technikgestaltung** zu erkennen und zu nutzen. Nicht jede Möglichkeit einer ubiquitären und permanenten Überwachung muss auch genutzt werden. Vielmehr sind kreative Gestaltungen denkbar, die bspw. die Möglichkeit einer phasenweisen Verkehrsüberwachung ermöglichen, ohne dass sich die Betroffenen jedoch permanent überwacht fühlen müssen. Insbesondere in Antizipation einer Verhältnismäßigkeitsprüfung ist die anwaltliche Befassung mit technischen Gestaltungsmöglichkeiten essenziell.

IV. Internationale Bezüge

46 Wie bereits erwähnt, findet das Internet der Dinge in Regierungen und Verwaltungen überall in Europa und auch auf der Welt Anwendung. Wie in → Rn. 34 bereits gezeigt, gehen viele Impulse zur Regulierung vom EU-Recht aus. Das betrifft insbesondere die Rechtsbereiche des Datenschutzes, der IT-Sicherheit und des offenen Regierungs- und Verwaltungshandelns. International steht bisher insbesondere die **Regulierung der IT-Sicherheit des IoT** im Vordergrund. Explizit wird dies zB durch ein Gesetz zur Sicherheit

[92] BVerfG Beschl. v. 18.12.2018 – 1 BvR 142/15, NJW 2019, 827 (830) mwN.

vernetzter Systeme (Security of Connected Devices) des Staates Kalifornien adressiert.[93] Dieses sieht eine generische Pflicht zur Sicherung vernetzter Gegenstände vor, wobei zwei Maßnahmen hinsichtlich der Zugangspasswörter konkret vorgeschrieben werden: Standardpasswörter sind verboten und Passwörter müssen abänderbar sein.

Transnationale Regulierung mit großen Auswirkungen geht von **Standardisierungsvorhaben** aus. Internationale und nationale Standards definieren auch für den Bereich der öffentlichen Verwaltung auf verschiedenen Ebenen Bedeutung, Implementation und technische Gestaltungen des IoT. Sehr weit vorangeschritten ist dabei die Standardisierung und Normierung im Bereich Smart Cities, die wie beim Internet der Dinge üblich sowohl auf Seiten der Internationalen Organisation für Normung (ISO) wie auch der Fernmeldeunion (ITU) angesiedelt sind. Viele der Standards haben einen unmittelbaren Bezug zur öffentlichen Verwaltung. Wie stark das Internet der Dinge öffentliche und private Akteure vernetzt, lässt sich an Standards für smarte Straßenbeleuchtung zeigen.[94] Neben der IoT-Grundanwendung als ereignisgesteuerte adaptive Außenbeleuchtungsanlage werden ua die folgenden Nutzungen beschrieben: Verkehrsdatenerfassung, öffentliches W-LAN, intelligente Kommunikation mit Fahrzeugen, Funkzellenunterstützung, Umweltdatenerfassung, Ladestation für E-Fahrzeuge und Drohnen, öffentliche und private Sicherheit, Beschilderung und Werbung. 47

Ein besonders kontroverses Thema ist die Nutzung von **Gesichtserkennung** durch die öffentliche Verwaltung. Die Nutzungsmöglichkeiten reichen dabei von der Strafverfolgung bis hin zu einfachen Identifikationsmechanismen. Weil in vielen Ländern international ein allgemeiner Datenschutzrahmen fehlt, werden insbesondere Kommunen auf diesem Gebiet tätig. So hat etwa die Stadt San Francisco Gesichtserkennungssoftware und Überwachungssysteme reguliert.[95] Demgegenüber sind in Cambridge, Massachusetts, der Heimat der Harvard Universität und des Massachusetts Institute of Technology, Gesichtserkennungstechnologien für die öffentliche Verwaltung verboten. Somit scheiden IoT-Anwendungen, die auf Gesichtserkennung basieren, hier von vornherein aus.[96] Diese Regulierungsdiskussionen werden auch auf europäischer Ebene geführt. Dies ist Beispiel für eine Regulierungsdiskussion, die von der kommunalen Ebene im Ausland bis auf die europäische Ebene reicht. Sie könnte den Trend bestätigen, dass grundsätzliche Regulierungsdebatten smarter Technologien im Kontext der öffentlichen Verwaltung stattfinden und hier Grundentscheidungen getroffen werden, die auch auf andere Bereiche ausstrahlen. 48

V. Zusammenfassung

Das große Anwendungspotential des Internets der Dinge macht sich auch in der öffentlichen Verwaltung bemerkbar, insbesondere in den Bereichen Smart Cities und Verkehr. Wegen der rechtsstaatlichen Bindung der Verwaltung besteht hier ein großes Beratungsbedürfnis, sowohl im Hinblick auf die Rechtmäßigkeit bestehender Lösungen als auch auf die Rechtsgestaltung. In diesem Kontext stellen sich zahlreiche Rechtsfragen. 49

Fraglich ist in manchen Fällen, ob es für den Einsatz des IoT durch Regierung und Verwaltung einer **Rechtsgrundlage** bedarf. Hierbei ist in erster Linie auf spezielle Regelungen, wie etwa Verbote von Entscheidungen durch automatische Einrichtungen, abzustellen. Grundsätzlich kommt es nach den allgemeinen Regeln darauf an, ob der Vorbehalt des Gesetzes auf der Basis eines Grundrechtseingriffs oder aus einem sonstigen Grund greift. Dies ist grundsätzlich dann der Fall, wenn sich die Wesentlichkeit technologiespezi- 50

---

[93] Senate Bill No. 327, CHAPTER 886, TITLE 1.81.26. Security of Connected Devices, leginfo.legislature.ca.gov/faces/billNavClient.xhtml?bill_id=201720180SB327 (3.12.2019).

[94] DIN SPEC 91347, Integrierter multifunktionaler Humble Lamppost (imHLa).

[95] Ordinance No. 103-19, 14.5.2019.

[96] Ordinance No. 1416, 12.12.2019.

fisch ergibt, wenn sie also im hiesigen Fall gerade im Einsatz des IoT begründet liegt. Ist dies nicht der Fall, ist auch die Vorschrift des § 35a VwVfG zu reduzieren.

51 Konkrete Anforderungen, die beim Einsatz des IoT in Regierung und Verwaltung regelmäßig zu beachten sind, sind das **IT-Sicherheitsrecht** und der **Datenschutz.** Bei den jeweiligen IT-sicherheitsrechtlichen Pflichten spielen oft die jeweiligen technischen und organisatorischen Maßnahmen sowie der Stand der Technik eine Rolle, wobei in der rechtlichen Beratung zum einen oft fraglich ist, welche technischen und organisatorischen Maßnahmen den Stand der Technik abbilden. Ferner ist auch fraglich, ob die fortschrittlichsten Maßnahmen verhältnismäßig sind, insbesondere im Hinblick auf wirtschaftliche Aspekte. Im Datenschutzrecht spielen sowohl die Anwendbarkeit als auch die Erforderlichkeit eine große Rolle.

52 Eine große Relevanz haben im Bereich von Regierung und Verwaltung **Transparenzpflichten,** die sich aus spezifischen Pflichten zu Informationszugriff und Informationsweiterverarbeitung ergeben oder aus allgemeinen Pflichten zur freien Bereitstellung der Daten nach den Prinzipien eines offenen Regierungs- und Verwaltungshandelns. Diese sind sowohl in der Gestaltungsphase als auch danach zu berücksichtigen.

§ 26 Telekommunikation

Übersicht

Literatur:
Artikel-29-Datenschutzgruppe, Stellungnahme 5/2014 zu Anonymisierungstechniken, 0829/14/DE WP 216, ec.europa.eu/justice/article-29/documentation/opinion-recommendation/files/2014/wp216_de.pdf; *Auer-Reinsdorff/Conrad* (Hrsg.), Handbuch IT- und Datenschutzrecht 3. Aufl., München 2019; *Bitkom Bundesverband Informationswirtschaft, Telekommunikation und neue Medien e. V.,* Rechtliche Aspekte von Industrie 4.0 Leitfaden (Vorabfassung) Stand: 1.4.2016, Berlin 2016; *Blees,* Qualitätsmanagement in Verkehrsplanungsprozessen, Fachbereich Bauingenieurwesen und Geodäsie, der Technischen Universität Darmstadt, Darmstadt 2004; *Der Bundesbeauftragte für den Datenschutz und die Informationssicherheit,* Positionspapier zur Anonymisierung unter der DSGVO unter besonderer Berücksichtigung der TK-Branche, Berlin 2020; *Die Bundesbeauftragte für den Datenschutz und die Informationssicherheit,* 26. Tätigkeitsbericht zum Datenschutz für die Jahre 2015 und 2016, Berlin 2017; *Ehmann/Selmayr* (Hrsg.), Datenschutz-Grundverordnung Kommentar, 2. Aufl., München 2018; *Gola,* DS-GVO, 2. Aufl., München 2018; *Hoeren/Sieber/Holznagel* (Hrsg.), Handbuch Multimedia-Recht, 54. Erg.-Lfg., München 2020; *Kirn/Müller-Hengstenberg,* Überfordert die digitale Welt der Industrie 4.0 die Vertragstypen des BGB?, NJW 2017, 433; *Markl/Hoeren/Krcmar,* Innovationspotenzialanalyse für die neuen Technologien für das Verwalten und Analysieren von großen Datenmengen (Big Data Management), Version 1.0, Bundesministerium für Wirtschaft und Technologie, Berlin 2013; *Moos,* Datenschutz- und Datennutzungsverträge, 2. Aufl., Köln 2018; *Niemann/Paul,* Rechtsfragen des Cloud Computing, Berlin 2014; *Paal/Pauly* (Hrsg.), DS-GVO, 2. Aufl., München 2018; *Plath* (Hrsg.), DS-GVO/BDSG, 3. Aufl., Köln 2018; *Pohle,* EU Datenschutz: Entwurf einer Privacy-VO, ZD-Aktuell 2017, 05452; *KOSIS-Gemeinschaft Urban Audit,* Urban Audit – Lebensqualität: Erschließung neuer Datenquellen, Mannheim, 2019; *Redeker,* IT-Recht, 6. Aufl., München 2017; *Säcker/Rixecker/Oetker/Limberg* (Hrsg.), Münchener Kommentar zum Bürgerlichen Gesetzbuch, 8.Aufl., München 2019; *Sassenberg/Faber* (Hrsg.), Rechtshandbuch Industrie 4.0 und Internet of Things – Praxisfragen und Perspektiven der digitalen Zukunft, 2. Aufl., München 2020; *Schaffland/Wiltfang,* Datenschutz-Grundverordnung (DS-GVO)/Bundesdatenschutzgesetz (BDSG), Erg.-Lfg. 2/21, Berlin 2020; *Schmidt/Männel,* Potenzialanalyse zur Mobilfunkdatennutzung in der Verkehrsplanung, Fahrzeugautomatisierung als Treiber für Service-Innovationen, Fraunhofer-Institut für Arbeitswirtschaft und Organisation IAO, Stuttgart 2017, publica.fraunhofer.de/documents/N-438270.html; *Schwartmann/Jaspers/Thüsing/Kugelmann* (Hrsg.), DS-GVO/BDSG, Heidelberg 2018; *Spindler/Schuster* (Hrsg.), Recht der elektronischen Medien, 4. Aufl., München 2019; *Ulmer,* Zur ePrivacy Verordnung Regulierung ohne Ende, HandelsblattJournal 2018, 12; *Wagner,* Aktuelle Möglichkeiten und rechtliche Probleme der Creative Commons-Lizenzmodelle, MMR 2017, 216; *Ward/Barker,* Undefined By Data: A Survey of Big Data Definitions. School of Computer Science. University of St Andrews, UK, 2013.

I. Überblick

Die Vernetzung von Endgeräten und deren Kommunikation untereinander sind bereits die zentrale Funktion der bestehenden Telekommunikationsnetze. Das Internet der Dinge stellt aus Sicht der Telekommunikationsindustrie die konsequente Weiterentwicklung dieser bestehenden Vernetzung von Endgeräten durch Erweiterung oder auch Spezialisierung derselben auf Bereiche dar, die bisher nicht mit den bestehenden Telekommunikationsnetzen verbunden waren. Prognosen gehen davon aus, dass im Jahr 2025 bis zu 75 Milliarden Geräte miteinander vernetzt sein könnten. 1

Die Telekommunikationsnetze bilden einen zentralen und zwingend erforderlichen Bestandteil des Internets der Dinge, ohne den der Austausch von Daten zwischen einzelnen Endgeräten oder zwischen Endgeräten und IT-Plattformen nicht möglich wäre. Das 2

Telekommunikationsnetz, bestehend aus Festnetz- und drahtlosen Verbindungen, bildet den untersten Layer eines jeden IoT-Netzes[1] und erhält somit eine fundamentale Bedeutung.

3 Die praktischen Anwendungsbeispiele von IoT-Netzwerken in der Telekommunikationsindustrie sind entsprechend vielfältig. Neben der klassischen Aufgabe von Telekommunikationsunternehmen, die Konnektivität, also den untersten Layer eines IoT-Netzes, bereitzustellen, bietet die Digitalisierung die Möglichkeit durch die Virtualisierung von Funktionen der Telekommunikationsnetze deren Effizienz und Flexibilität zu steigern. Gesondert hervorzuheben ist jedoch die Möglichkeit der Verwendung von Infrastrukturdaten für statistische Analysen. Die hierdurch gewonnenen Erkenntnisse können ua zur optimierten Nutzung vorhandener, nicht zwingend eigener Infrastrukturen, oder als Grundlage für Planungen künftiger Investitionen herangezogen werden.

II. Konkrete, branchenspezifische Anwendungen des Internets der Dinge (Use Cases)

4 Viele Mobilfunkteilnehmer legen täglich weite Wege zurück. Die an das Mobilfunknetz angeschlossenen Endgeräte sind dabei ständige Begleiter dieser Mobilfunkteilnehmer. Durch die Registrierung der Geräte im Mobilfunknetz und deren aktive Nutzung durch die Mobilfunkteilnehmer hinterlassen sie hierbei notwendigerweise personenbezogene, digitale Daten. Auf alle Mobilfunkteilnehmer aufsummiert entstehen hierdurch umfangreiche Datenmengen, also Big Data. Diese Datenmengen können im Rahmen von Big-Data-Analysen für die Lösung einer Vielzahl von gesellschaftlichen und wirtschaftlichen Problem- und Fragestellungen gewinnbringend verwendet werden.

1. Big-Data-Analysen

5 Die zunehmende Vernetzung sowie die Verwendung fortgeschrittener Sensorik führen zu einer immer größer werdenden Vielfalt von Datenmengen, die zudem einer immer größeren Anzahl von Personen zur Verfügung steht. Die Analyse dieser Datenmengen verspricht, wirtschaftliche, wissenschaftliche und gesellschaftliche Prozesse zu revolutionieren.[2]

6 Für den Begriff „Big Data“ existiert keine allgemeingültige Definition.[3] Als kennzeichnend wird zumeist das Vorliegen eines der folgenden Kriterien angesehen:[4]

- Volume: große Datenmengen
- Variety: Vielfalt an unterschiedlichen Datenquellen, -formaten und -modellen und unstrukturierte Daten
- Velocity: hohe Geschwindigkeit der Datengenerierung und -auswertung, nicht selten in Echtzeit
- Veracity: Echtheit von Daten

7 Big Data umfasst somit als Oberbegriff nicht nur die umfangreichen Mengen von unstrukturierten und semistrukturierten Daten, sondern auch die digitalen Technologien, die zum Sammeln und Auswerten dieser Datenmengen verwendet werden.[5] Die **Wertschöpfung** bei Big-Data-Analysen erfolgt zumeist durch die intelligente Verknüpfung verschiedener Datenquellen. Analysewerkzeuge und Suchalgorithmen generieren aus vorhande-

[1] Vgl. auch *Henseler-Unger* in Sassenberg/Faber Industrie 4.0 und Internet-HdB § 1 Rn. 68 ff.
[2] *Markl/Hoeren/Krcmar* Innovationspotenzialanalyse für die neuen Technologien für das Verwalten und Analysieren von großen Datenmengen (Big Data Management) S. 10.
[3] *Ward/Barker* Undefined By Data: A Survey of Big Data Definitions.
[4] *Tonndorf* in Urban Audit, Big Data und Crowd Data, S. 9.
[5] *Dumbill,* web.archive.org/web/20140423230830/, strata.oreilly.com/2012/01/what-is-big-data.html (16.12.2019).

nen, unstrukturierten Datenhaufen (Big Data) sog. Smart Data, also Datensätze, denen neue Erkenntnisse und ein wirtschaftlicher Wert innewohnen.[6]

Der **Vorteil** von Big-Data-Analysen für den Anwender liegt neben der Nutzbarmachung bisher ungenutzter Datenmengen und den daraus zu gewinnenden neuen Erkenntnissen auch in einem finanziellen Aspekt, da die für die Auswertung erforderliche Datengrundlage nicht erst durch Investition zusätzlicher Ressourcen wie Personal und/oder Hardware generiert werden muss. 8

Analysedienstleister verknüpfen die im Telekommunikationsnetz anfallenden Signalisierungsdaten und soziodemografischen Daten zu statistischen Analysezwecken. Dabei ist ein Rückschluss auf den einzelnen Mobilfunkteilnehmer aufgrund der Verwendung anonymisierter Daten nicht möglich. 9

2. Datenquellen

Mit guten Daten trifft man die besseren Entscheidungen – oder anders gesagt, ist die Auswahl der Datenquellen entscheidend für das Ergebnis der Big-Data-Analyse und der daraus generierten Wertschöpfung. 10

a) Signalisierungsdaten

Bei **Signalisierungsdaten** handelt es sich um Daten, die im Mobilfunknetz durch den Betrieb der angeschlossenen Geräte anfallen. Mit Hilfe von Signalisierungsdaten wird die Kommunikation von Endgeräten innerhalb eines Telekommunikationsnetzes gesteuert. Hierbei ist zwischen aktiven Ereignissen (zB durch Anrufe, SMS oder die Übermittlung von Daten) und passiven Ereignissen (zB durch den Übertritt eines Mobilfunkgeräts in eine andere Mobilfunkzelle) zu unterscheiden. Die Signalisierungsdaten können zwischen dem mobilen Endgerät, der Sendeeinrichtung des Mobilfunknetzes und dem IT-Backend des Netzbetreibers erzeugt werden. Die generierten Datenpakete ermöglichen so erst die Nutzung des Mobilfunknetzes durch das jeweilige Endgerät, bspw. durch die Registrierung des Endgeräts in der jeweiligen Funkzelle des Mobilfunknetzes. 11

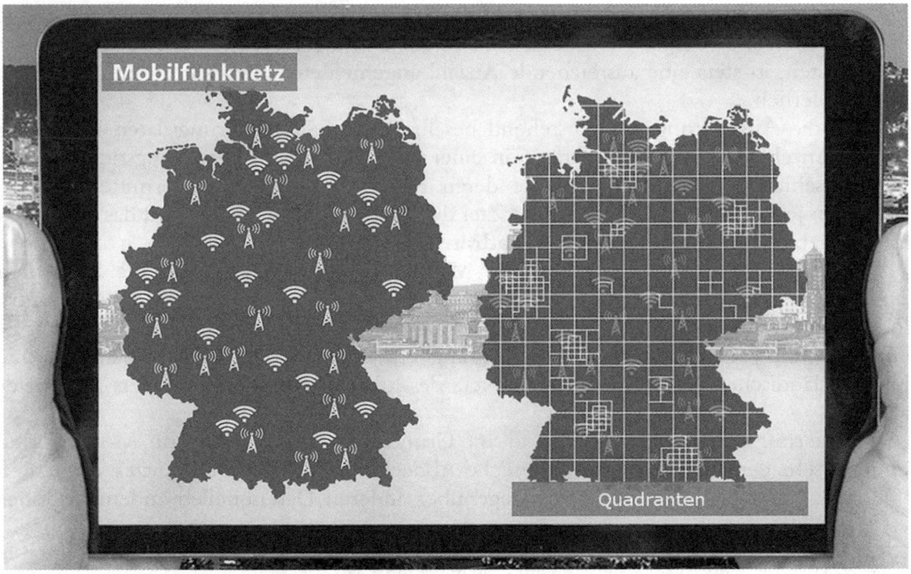

Abb. 1: Mobilfunknetz und Quadranten

[6] Bitkom Rechtliche Aspekte von Industrie 4.0 Ziff. 4.1.

12 Im Rahmen der Analysen werden ausschließlich Signalisierungsdaten ausgewertet, die im Backend des Mobilfunkbetreibers anfallen und anonymisiert werden. Die Kommunikation zwischen dem Endgerät und dem Mobilfunknetz ist hierbei nicht Gegenstand der Auswertung.

13 Die Signalisierungsdaten des Endgeräts werden von den Sendeeinrichtungen in den Mobilfunkzellen empfangen, in denen sich das jeweilige Endgerät befindet, und an das IT-Backend des Netzbetreibers weitergeleitet.

14 Als notwendigerweise im Rahmen der Mobilfunkkommunikation anfallende Daten sind diese Signalisierungsdaten von dem eigentlichen Inhalt der Kommunikation sowie anderen Datenquellen, wie zB durch die Endgeräte erzeugte GPS-Daten abzugrenzen.[7] Signalisierungsdaten fallen als Bestandteile von **Verkehrsdaten** unter § 96 TKG (§ 9 TTDSG-E[8]). Das TKG erfährt derzeit eine Neuregelung. Im Rahmen der Neuregelung sollen auch erforderliche Anpassungen der Datenschutzbestimmungen des TKG und des TMG vorgenommen und die bestehenden Regelungen an die DS-GVO angeglichen werden. Die Datenschutzbestimmungen von TKG und TMG einschließlich der Bestimmungen zum Fernmeldegeheimnis werden künftig im TTDSG zusammengefasst.

15 Eine **Mobilfunkzelle** ist hierbei der Bereich, in dem das Signal der Sendeeinrichtung eines Mobilfunknetzes empfangen und genutzt werden kann. Jede Funkzelle hat eine eigene Cell-ID,[9] die gem. § 113b Abs. 4 TKG (§ 166 TKG-E[10]) durch den jeweiligen Mobilfunkanbieter zu speichern ist. Eine geographische Zuordnung des jeweiligen Endgeräts ist somit über die gespeicherten Signalisierungsdaten innerhalb einer Mobilfunkzelle möglich.

16 Die Größe einer Mobilfunkzelle wird durch die Reichweite des Funksignals begrenzt. Dieses hängt ua von geografischen Gegebenheiten, dem verwendeten Mobilfunkstandard, nutzungsabhängigen Interferenzen sowie der Sendeleistung der verwendeten Antennen ab. Die Größe von Mobilfunkzellen in deutschen Mobilfunknetzen beträgt zwischen wenigen hundert Metern in Siedlungsgebieten bis hin zu einigen Kilometern in ländlichen Regionen. Die Genauigkeit der geographischen Zuordnung verhält sich antiproportional zur Größe der jeweiligen Mobilfunkzelle.

17 Jede im Telekommunikationsnetz registrierte **SIM-Karte** generiert durchschnittlich einige Hundert Signale pro Tag. Die Anzahl der Signale hängt von der Nutzung des Endgeräts und dem vorhandenen Mobilfunkstandard ab. Um die Repräsentativität der Daten zu gewährleisten, ist stets eine ausreichende Anzahl angemeldeter SIM-Karten im Mobilfunknetz erforderlich.

18 Durch die Auswertung der vorstehend beschriebenen Signalisierungsdaten ist es möglich, die Anzahl von Mobilfunkgeräten in einer Funkzelle, deren Bewegungsrichtung zwischen verschiedenen Funkzellen sowie deren Herkunft und Ziel zu ermitteln. Da die Funkzellen jedoch nicht zwingend dem Ziel der Analyse entsprechen, wird das geographische Zielgebiet zumeist in **virtuelle Quadranten** unterteilt.

19 Die Signalisierungsdaten enthalten den **Mobile-Country-Code,** der die Länderkennung des Heimatnetzes des jeweiligen Endgeräts enthält. Anhand des Mobile-Country-Code ist somit eine grobe geografische Zuordnung des Endgerätes möglich. Auch lässt der Mobile-Country-Code International Roaming erkennen, also ob sich ein Endgerät aus einem ausländischen Mobilfunknetz im Netz des lokalen Mobilfunkproviders angemeldet hat.

20 Signalisierungsdaten sind aktuell und auf Grund der großen Basis von Mobilfunkteilnehmern sehr genau. Durch eine räumliche Abdeckung des Mobilfunknetzes von nahezu 100 Prozent sind Signalisierungsdaten gegenüber anderen Datenquellen zudem in hohem

[7] *Schmidt/Männel* Potentialanalyse zur Mobilfunkdatennutzung S. 3.
[8] Telekommunikation-Telemedien-Datenschutzgesetz (Entwurf), Stand: 10.2.2021.
[9] Mobilfunkzellenidentifikationsnummer.
[10] Telekommunikationsmodernisierungsgesetz (Entwurf), Stand: 7.8.2020.

Grade repräsentativ. Abweichungen in der **Genauigkeit** der Signalisierungsdaten können sich jedoch dadurch ergeben, dass durch einen Mobilfunkkunden mehrere mobile Endgeräte mitgeführt werden oder mitgeführte Endgeräte deaktiviert sind.

Da Signalisierungsdaten durch die Nutzung der Mobilfunknetze notwendigerweise an- 21
fallen und nicht erst generiert werden müssen, bietet deren Verwendung einen großen **finanziellen Vorteil.** Die bisherigen Methoden zur Datenerhebung, wie etwa auf Basis von Haushaltsbefragungen, sind mit Kosten von bis zu 18 EUR pro Person vergleichsweise kostenintensiv und aufgrund der im Verhältnis kleinen Basis der herangezogenen Personen und deren begrenzt validen Aussagen nur beschränkt aussagekräftig und schnell veraltet.[11]

b) Soziodemografische Daten

Aus den bei dem Mobilfunkanbieter vorhandenen **Vertragsdaten** der Mobilfunkteilneh- 22
mer lassen sich soziodemografische Merkmale erheben. Hierbei handelt es sich um Informationen zum Alter, Geschlecht oder auch zum gemeldeten Wohnort der Mobilfunkteilnehmer. Die soziodemografischen Daten können den Signalisierungsdaten der Endgeräte der jeweiligen Mobilfunkteilnehmer zugeordnet werden.

Die Vertragsdaten können in **Kategorien** wie Altersgruppe, Geschlecht und gemelde- 23
ten Wohnort (PLZ) aggregiert und dadurch anonymisiert werden. Durch die Beachtung einer Mindestanzahl anonymisierter Mobilfunkteilnehmerdaten zur Erstellung der Kategorien ist auf Basis der Vertragsattribute kein Rückschluss auf einzelne Personen möglich.

Anders als bei Befragungen, bei denen die soziodemografischen Daten direkt mit den 24
jeweiligen Aussagen der befragten Personen erhoben werden, muss bei der Verwendung von Signalisierungsdaten eine nachgelagerte Zuordnung der soziodemografischen Daten erfolgen.

Bedingt durch fehlende Informationen bei Prepaid-Kunden, Familientarifen oder 25
Groß- und Firmenkundenverträgen mit einer Vielzahl von Endgeräten kann es zu **Ungenauigkeiten** bei der Auswertung der vorhandenen Vertragsdaten des jeweiligen Mobilfunkanbieters kommen. Diese Ungenauigkeiten können jedoch durch Anwendung entsprechender Berechnungsmethoden abgeschwächt oder korrigiert werden.[12]

c) Sonstige Datenquellen

Allein aus den Signalisierungsdaten und den aggregierten soziodemografischen Daten des 26
Mobilfunkanbieters lassen sich ggf. nicht alle Auswertungsziele des Kunden hinreichend genau beantworten. Die Verknüpfung der vorhandenen Daten mit zusätzlichen Datenquellen kann daher nicht nur zu einer Veredelung der bereits vorhandenen Datenbasis genutzt werden und somit deren Wertschöpfung erhöhen, sondern – abhängig vom Auswertungsziel des Kunden – ist dies ggf. für die Durchführung der Analyse erforderlich.

In der Regel handelt es sich bei diesen zusätzlichen Datenquellen um **geografische** 27
Daten, wie Positionsdaten nach WGS84,[13] Postleitzahlengebiete, Gebiete von Gemeinden oder Landkreisen gemäß des amtlichen Gemeindeschlüssels. Die Verwendung von **Geschwindigkeitsdaten** oder Daten zu Verhaltensmustern ist zwar grundsätzlich denkbar, auf Grund der hohen Anforderungen an die Anonymisierung personenbezogener Daten jedoch nur stark eingeschränkt möglich. Auch besteht die Möglichkeit, dass der Kunde **eigene** Daten für den von ihm angestrebten Analysezweck bereitstellt.

---

[11] Vgl. *Schmidt/Männel* Potentialanalyse zur Mobilfunkdatennutzung S. 15.
[12] Vgl. *Schmidt/Männel* Potentialanalyse zur Mobilfunkdatennutzung S. 46.
[13] Geodätisches Referenzsystem als einheitliche Grundlage für Positionsangaben auf der Erde und im erdnahen Weltraum.

3. Analyse

28 Die der statistischen Analyse zu Grunde liegenden Signalisierungsdaten und soziodemografischen Daten des Mobilfunkanbieters werden durch diesen anonymisiert und aggregiert und hiernach durch den Mobilfunkanbieter mit der entsprechenden Software analysiert und ausgewertet. Zum Schutz der Daten erhalten externe Unternehmen zu keinem Zeitpunkt Zugriff auf die Daten des Mobilfunkanbieters.

29 Für die weitere Analyse ist entscheidend, welche Erkenntnisse aus den anonymisierten und aggregierten Daten des Mobilfunknetzes gewonnen werden sollen. Allein auf Basis einer klaren Zieldefinition für die aus der Analyse zu erzielenden Erkenntnissen ist es möglich, weitere Datenquellen auszuwählen, die, verknüpft mit den Daten des Mobilfunkanbieters, eine Aussage für das jeweilige **Ziel der Analyse** treffen können.[14]

30 Die Daten des Mobilfunkanbieters können bei Aufrechterhaltung der Anonymisierung mit diesen Datenquellen, zB GIS-Daten,[15] Unternehmensstandorten und Beschäftigtenzahlen, Jahres- oder Ferienzeiten, Straßennetz- oder sonstigen Verkehrsnetzdaten kombiniert und plausibilisiert werden. Die Zusammenführung von Daten aus verschiedenen Datenquellen wird als **Datenintegration** bezeichnet.

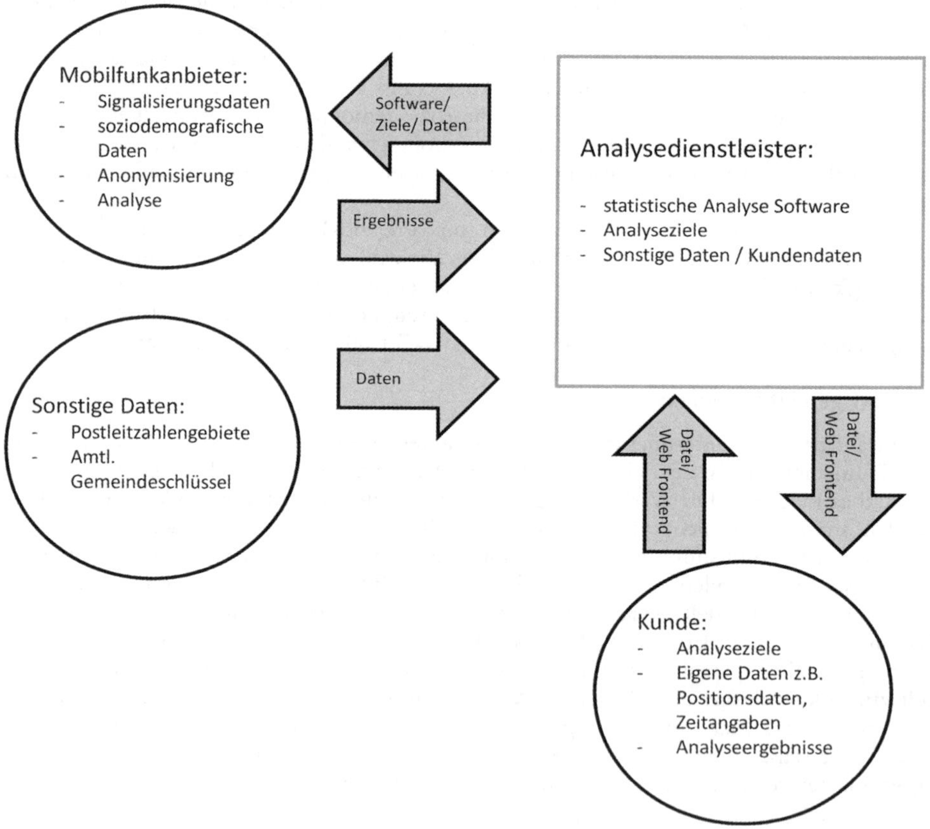

Abb. 2: Übersicht Analyse und Daten

[14] *Markl/Hoeren/Krcmar* Innovationspotenzialanalyse für die neuen Technologien für das Verwalten und Analysieren von großen Datenmengen (Big Data Management) S. 112.
[15] Daten geografischer Informationssysteme.

Zur Analyse der Daten ist in der Regel eine Statistiksoftware oder die Zuhilfenahme von Algorithmen erforderlich. Inhalt und Ablauf des **Algorithmus** sind stark von dem jeweiligen Auswertungsziel abhängig. Ein einfaches Beispiel für eine Quelle-Ziel-Analyse könnte wie folgt aussehen: 31

- Einlesen der Datenquellen
- Definition der Funkzelle(n)/Quadranten im Zielgebiet (Ziel)
- Definition der Funkzelle(n)/Quadranten der Ausgangsorte (Quelle)
- Definition des Analyse-Zeitraums
- Addition der Anzahl der Mobilfunkteilnehmer im Ziel innerhalb des Analysezeitraums ausgehend von der Quelle

Der Mobilfunkanbieter kann hierbei die Daten bereits als Tabelle in Form einer ODM-Matrix[16] zur Verfügung stellen. Das **Ergebnis** der Analyse kann dem Kunden als CSV-Datei[17] über eine API[18] oder aber visualisiert über ein Webfrontend bereitgestellt werden. Über das Webfrontend besteht zumeist auch Zugriff auf eine Vielzahl von Filtern und Auswahlmöglichkeiten, um individuelle und zielgenaue Antworten aus den analysierten Daten gewinnen zu können. 32

Praxistipp: 33

Bei regionalen Analysen ist eine gute Kenntnis der geografischen Gegebenheiten sowie eine geschickte Auswahl der Funkzellen unabdingbar, um Fehlinterpretationen zu vermeiden. Eine solche Fehlinterpretation wäre zB durch die Einbeziehung von Funkzellen im Bereich einer Fernstraße bei einer Analyse des innerstädtischen Verkehrs möglich.

4. Anwendungsbeispiele

Die folgenden Anwendungsbeispiele der Nutzung von Signalisierungsdaten für statistische Analysen zeigen, dass nicht nur der direkte Kunde, sondern mittelbar auch der einzelne Mobilfunkteilnehmer dessen Daten anonymisiert verwendet werden, profitiert: 34

a) Transport und Verkehr

Die bestehenden **Verkehrsmodelle** im ÖPNV, aber auch im motorisierten Individualverkehr, sind oftmals veraltet, historisch gewachsen oder aber durch fachfremde Erwägungen geprägt.[19] Insbesondere vor dem Hintergrund des Klimawandels sowie dem Umstand, dass der motorisierte Individualverkehr in den Städten zunehmend zu Problemen bis hin zum Verkehrskollaps beiträgt, besteht die Aufgabe, aktuelle Verkehrsmodelle weiterzuentwickeln und an künftige Herausforderungen anzupassen. 35

[16] Origin Destination Matrix.

[17] Comma-seperated values = Text-Datei, die häufig tabellarische Daten in einem austauschbaren Format enthält.

[18] Application Programming Interface oder Anwendungsschnittstelle.

[19] *Blees,* Qualitätsmanagement in Verkehrsplanungsprozessen, Fachbereich Bauingenieurwesen und Geodäsie, der Technischen Universität Darmstadt, 2004.

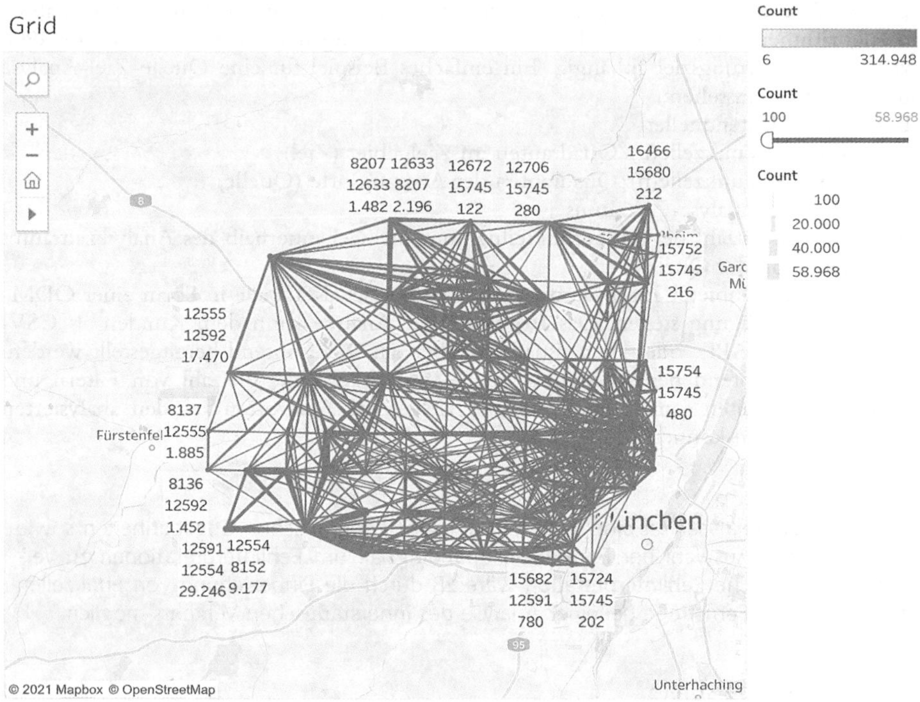

Abb. 3: Beispiel Quelle-Ziel-Matrix München NW

36 Die hohe zeitliche und räumliche Auflösung von Mobilfunkdaten bietet hierbei eine neue und kostengünstige Möglichkeit der Verkehrsanalyse.

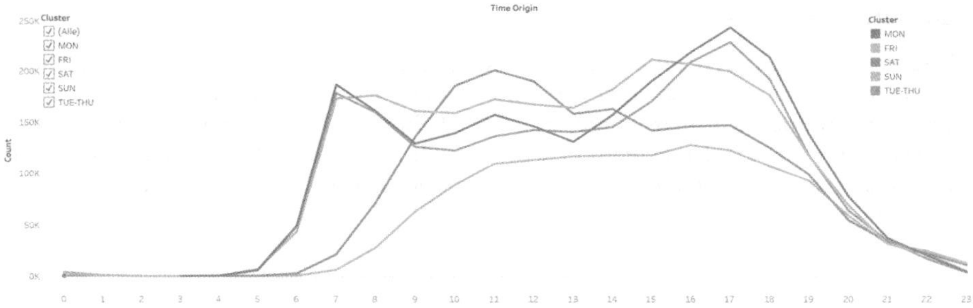

Abb. 4: Beispiel Visualisierung Verkehrsaufkommen nach Wochentagen

37 Differenzierte und detaillierte Untersuchungen des Mobilitätsverhaltens in deutschen Städten sind regelmäßig mit hohen Kosten und aufwendigen Erhebungen verbunden, die eine sich wiederholende und zeitnahe Erfassung erschweren.[20]

38 Durch die Verwendung anonymisierter Signalisierungsdaten ist es möglich, bestehende Verkehrsmodelle tagesaktuell und empirisch fundiert zu überprüfen. Abhängig vom Ergebnis der Big-Data-Analyse können die Kapazitäten bestehender Verkehrsmodelle fortlaufend überprüft und optimiert werden bzw. es kann auf Basis aktueller Trends mit der Planung neuer Kapazitäten begonnen werden.

[20] *Bachmann,* Wissenschaftsstadt Darmstadt: Neue Verkehrsanalysen mit Mobilfunkdaten – ein Zwischenbericht, Urban Audit S. 34.

Die finanziellen Risiken und die Risiken von Fehlplanungen, die stets mit der Schaffung zusätzlicher Kapazitäten verbundenen sind, können durch die Verwendung der aktuellen und repräsentativen Datenbasis reduziert werden. Dies gilt nicht nur für den täglichen Betrieb der Verkehrsmodelle, sondern auch im Hinblick auf punktuelle Großereignisse wie Konzerte, Volksfeste oder Fußballspiele. 39

Die Auswertung von Signalisierungsdaten bietet eine jederzeit verfügbare und aktuelle Datengrundlage und damit die Möglichkeit, Verkehrsflüsse stundengenau darzustellen und den Abgleich zwischen der Nachfrage der Verkehrsteilnehmer und dem bestehenden Angebot vornehmen zu können. Die Auswertung von Signalisierungsdaten könnte darüber hinaus auch in Echtzeit erfolgen, wodurch sich die Genauigkeit erhöhen und die möglichen Anwendungsfälle der Verwendung erweitern ließen. 40

Konkrete **Anwendungsfälle** sind bspw. die Pendleranalyse, Fahrgastzählungen, Netzplanung für Ladesäulen oder Verkehrsmittel im öffentlichen Verkehr. Auch die Visualisierung von Verkehrsverflechtungen zwischen einzelnen Verkehrsbezirken oder der Auslastung bestehender Verkehrswege, um eine Übersicht des tatsächlichen Bedarfs auf den Routen des Verkehrsnetzes zu erhalten, stellen konkrete Anwendungsfälle dar. 41

Zusammenfassend steht durch die Verwendung von Signalisierungsdaten in Kombination mit soziodemografischen Daten verkehrsplanenden Stellen eine kostengünstige, aktuelle Datengrundlage für eine bedarfsgerechte Verkehrsplanung und die Bewältigung städtebaulicher und ökologischer Probleme zur Verfügung. Dies kommt letztlich nicht nur den Mobilfunkteilnehmern, sondern auch Dritten, wie Anwohnern und Nutzern der Verkehrsinfrastrukturen, zu Gute. 42

b) Einzelhandel, Marketing

Den **Einzelhandel** kann die anonymisierte Auswertung von Signalisierungsdaten bei der Bewertung der eigenen Wettbewerbsposition durch die Erhebung von Besucherzahlen oder deren Unterteilung nach Zielgruppen wie zB nach Alter und Geschlecht unterstützen. Die aktuellen Kennzahlen der Signalisierungsdaten ermöglichen das Erkennen kurzfristiger Trends und/oder Veränderungen der Bestandssituation. Sie können somit eine ergänzende Basis für unternehmerische Entscheidungen, wie der Wahl des richtigen Standorts für das eigene Geschäft, des Standortes von Plakatwerbung oder der Ausgestaltung der eigenen Produktpalette anhand der Besucherstruktur darstellen. Auch Öffnungszeiten können auf Basis der Datenauswertung überprüft werden. 43

Neben den Akteuren im Einzelhandel können hierbei auch die Besucher von einer auf ihre Anforderungen zugeschnittene Infrastruktur profitieren. 44

c) Tourismus

Daten zum **Tourismus** in Deutschland resultieren aktuell primär aus Übernachtungsstatistiken sowie Umfragen und der Auswertung von Online-Aktivitäten. 45

Die Auswertung von Signalisierungsdaten liefert darüber hinaus eine räumlich differenzierte Betrachtung der Tourismusaktivitäten durch die Ermittlung von Anzahl, Herkunft und der Verteilung von Tagestouristen im Zielgebiet. Die Besucher werden kategorisiert und auf Grund von Faktoren wie der Verweildauer und dem tatsächlichen Bewegungsverhalten aller Mobilfunkteilnehmer im jeweiligen Mobilfunknetz ermittelt und näherungsweise auf die Gesamtbevölkerung hochgerechnet. 46

Die Auswertung kann als Grundlage zur Planung der **Tourismusentwicklung** dienen, insbesondere bei der Entwicklung von Informationsangeboten für weniger bekannte Sehenswürdigkeiten oder der Ausgestaltung von touristischen Hotspots für die sie besuchenden Gruppen. 47

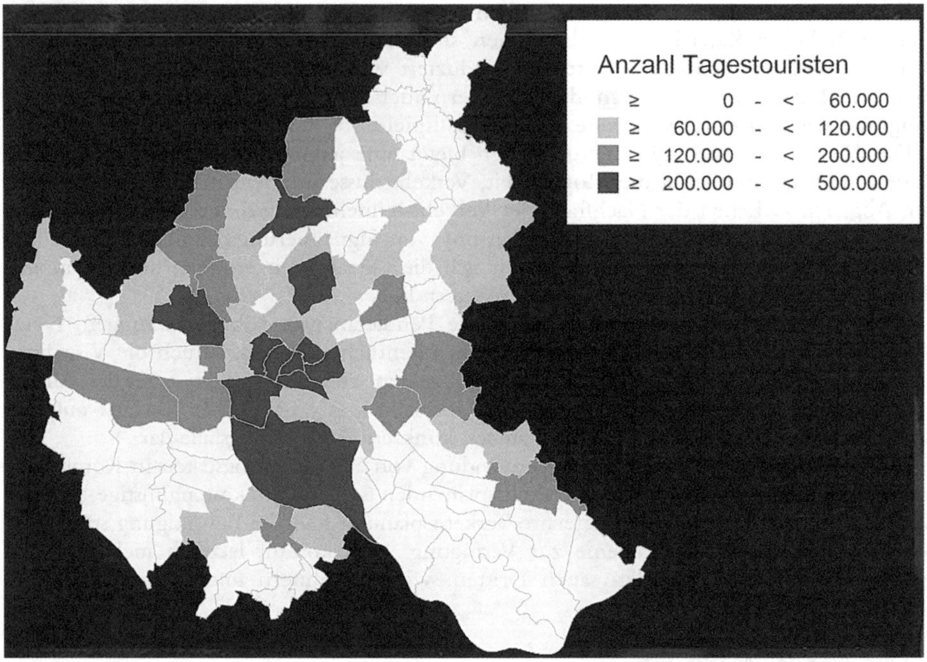

Abb. 5: Anzahl Tagestouristen nach Stadtteilen am Beispiel Hamburg

d) Öffentlicher Sektor

48 Die statistische Auswertung von Signalisierungsdaten und soziodemografischen Daten können **amtliche Statistiken** erweitern und ergänzen und bestehende Methoden der Datenerhebung für amtliche Zwecke mit den bereits beschriebenen Nachteilen ablösen. Zudem können Big-Data-Analysen den öffentlichen Sektor unterstützen Dienstleistungen bedarfsgerecht anzubieten.[21]

III. Besondere rechtliche Rahmenbedingungen

49 Bei der Etablierung von Geschäftsmodellen im Bereich der Big-Data-Analysen ergeben sich eine Vielzahl rechtlicher Frage- und Problemstellungen. Neben Fragen zum Eigentum an Daten und urheberrechtlichen Fragestellungen betrifft dies insbesondere die Bereiche des Datenschutzes und der Vertragsgestaltung.

1. Datenschutzrechtliche Aspekte

50 Big-Data-Analysen beinhalten nicht nur das Versprechen, neue Erkenntnisse aus bisher ungenutzten Daten gewinnen zu können, sie lösen auch Skepsis bei Datenschützern und den betroffenen Personen aus, deren Daten für die Analysen herangezogen werden. Datenschutzkonformität, Datensicherheit und Schutz der Privatsphäre sowie Transparenz gegenüber den und Akzeptanz durch die betroffenen Personen sind daher stets Voraussetzung für die erfolgreiche Etablierung von Big-Data-Geschäftsmodellen.

[21] Vgl. *Markl/Hoeren/Krcmar* Innovationspotenzialanalyse für die neuen Technologien für das Verwalten und Analysieren von großen Datenmengen (Big Data Management) S. 75 ff.

51 Big-Data-Anwendungen und das damit verbundene Interesse, vorhandene Daten wirtschaftlich verwerten zu können, stehen mitunter im Konflikt mit dem Recht der betroffenen Personen auf **informationelle Selbstbestimmung.**

52 Sowohl die DS-GVO als auch spezialgesetzliche Regelungen wie das TKG dienen dazu, Menschen vor einer Beeinträchtigung ihrer Persönlichkeitsrechte durch den Umgang mit personenbezogenen Daten zu schützen.[22] **Personenbezogene Daten** sind hierbei gem. Art. 4 Nr. 1 DS-GVO alle Informationen, die sich auf eine identifizierte oder identifizierbare natürliche Person beziehen.

53 **Maschinengenerierte Daten** unterliegen grundsätzlich nicht dem Anwendungsbereich der DS-GVO. Dies gilt jedoch nur, wenn die Daten keinen Personenbezug zulassen. Der Personenbezug der Daten kann hierbei sowohl direkt, also als Aussage über eine Person, als auch indirekt, zB als Aussage über einen einer Person zugeordneten Gegenstand erfolgen.[23] Es ist ausreichend, dass ein beliebiger Dritter nach allgemeinem Ermessen die Identifizierung der betroffenen Person wahrscheinlich durchführen kann.[24] Der Schutz von personenbeziehbaren Daten wurde durch den EuGH ausdrücklich festgestellt.[25]

54 Bei der Etablierung von Big-Data-Geschäftsmodellen sollte der Personenbezug der dem Modell zu Grunde liegenden Daten stets genau beleuchtet werden, um sicherzustellen, dass diese rechtskonform verwendet werden. Dies gilt insbesondere auch im Hinblick auf die Sanktionen des Art. 83 DS-GVO, die bei einem Verstoß gegen datenschutzrechtliche Vorschriften drohen.

55 Das Datenschutzrecht folgt dem Prinzip des Verbots mit Erlaubnisvorbehalt. Die Verarbeitung personenbezogener Daten ist daher nur zulässig, wenn ein gesetzlicher Erlaubnistatbestand einschlägig ist oder eine wirksame Einwilligung der betroffenen Person vorliegt.[26]

56 In der Praxis stellt sich die Frage, wie die hohen Anforderungen der DS-GVO im Umgang mit personenbezogenen Daten eingehalten werden können bzw. ob durch die Anonymisierung erreicht werden kann, dass die Daten nicht mehr dem Schutzzweck der Datenschutzgesetze unterfallen. Die Abgrenzung personenbezogener Daten von nicht personenbezogenen Daten fällt mitunter schwer.[27]

a) Rechtliche Einordnung

57 **aa) Signalisierungsdaten.** Wie bereits dargestellt, fallen Signalisierungsdaten durch den Betrieb von Endgeräten im Mobilfunknetz des jeweiligen Netzbetreibers an. Es handelt sich um maschinengenerierte Daten, die jedoch bei der Erbringung eines Telekommunikationsdienstes notwendigerweise erhoben, verarbeitet und genutzt werden. Es handelt sich somit grundsätzlich um **Verkehrsdaten** iSd § 3 Nr. 30 TKG (§ 3 Nr. 64 TKG-E).[28]

58 Signalisierungsdaten lassen den Rückschluss auf eine natürliche Person, zB den Mobilfunkteilnehmer, zu. Signalisierungsdaten sind daher **personenbezogene Daten,** die als Verkehrsdaten nach § 96 Abs. 1 Nr. 5 TKG (§ 9 Abs. 1 Nr. 5 TTDSG-E) einem gesonderten Schutz unterliegen. Einzelne Verstöße gegen § 96 TKG (§ 9 TTDSG-E) sind nach § 149 Abs. 1 Nr. 16 und 17 TKG (§ 26 Abs. 1 Nr. 2 TTDSG-E) bußgeldbewehrt.[29]

59 Gem. § 96 Abs. 2 TKG (§ 9 Abs. 1, 2 TTDSG-E) ist die **Verwendung** von Verkehrsdaten auf dort genannte Zwecke, also im Wesentlichen die Erbringung der Telekommunikationsleistungen, beschränkt.

---

[22] Vgl. Ehmann/Selmayr/*Klabunde* DS-GVO Art. 4 Rn. 7f.
[23] Vgl. Paal/Pauly/*Ernst* DS-GVO Art. 4 Rn. 8–13.
[24] Vgl. Ehmann/Selmayr/*Klabunde* DS-GVO Art. 4 Rn. 7f.
[25] EuGH Urt. v. 24.11.2011 – C-70/10, MMR 2012, 174.
[26] Schwartmann/Jaspers/Thüsing/Kugelmann/*Schwartmann/Jacquemain* DS-GVO Art. 6 Rn. 6.
[27] Bitkom Rechtliche Aspekte von Industrie 4.0 Ziff. 7.1.
[28] Vgl. Spindler/Schuster/*Eckhardt* TKG, § 96 Rn. 2f.
[29] Plath/*Jenny* TKG § 96 Rn. 11.

60 Aufgrund von Art. 95 DS-GVO gelten die Vorschriften des TKG für Erbringer öffentlicher Telekommunikationsdienste vorrangig zur DS-GVO, sodass diese insoweit keine Anwendung findet.[30] Bei Mobilfunkleistungen handelt es sich um öffentlich zugängliche Telekommunikationsdienste. Die statistische Auswertung der Signalisierungsdaten stellt keinen in § 96 Abs. 1 TKG (§ 9 Abs. 1 TTDSG-E) genannten **Zweck** der Erhebung und Verarbeitung dar.

61 Eine Verwendung von Verkehrsdaten über die in § 96 Abs. 1 TKG (§ 9 Abs. 1 TTDSG-E) genannten Zwecke hinaus ist grundsätzlich nur unter den Voraussetzungen des § 96 Abs. 3, 4 TKG (§ 9 Abs. 2 TTDSG-E) möglich. § 96 Abs. 3 TKG (§ 9 Abs. 2 TTDSG-E) erlaubt den Telekommunikationsverkehr der Teilnehmer zB durch Analyse von Verkehrsströmen für **Dienste mit Zusatznutzen,** welche die Erhebung und Verwendung von Verkehrsdaten in einer Art und Weise erfordern, die über das für Nachrichtentransport oder Entgeltabrechnung erforderliche Maß hinausgehen, zu verwenden.[31]

62 § 96 Abs. 1 S. 3 TKG (§ 9 Abs. 1 TTDSG-E) stellt darüber hinaus klar, dass Verkehrsdaten vom Diensteanbieter nach Beendigung der Verbindung unverzüglich zu löschen sind. Da gem. Art. 4 Ziff. 2 DS-GVO die Löschung und die Vernichtung alternativ aufgeführt werden, wird vertreten, dass Löschung nicht zwingend die faktische Vernichtung der Daten voraussetzt.[32] Die Entfernung des Personenbezugs, also die Anonymisierung von personenbezogenen Daten, kann somit grundsätzlich ein mögliches Mittel zur Löschung iSv Art. 4 Ziff. 2 iVm Art. 17 Abs. 1 DS-GVO sein.[33] Dabei muss sichergestellt sein, dass weder der Verantwortliche selbst, noch ein Dritter ohne unverhältnismäßigen Aufwand einen Personenbezug wiederherstellen kann.[34] Diese Annahme muss folgerichtig auch für die Löschung gem. Art. 96 Abs. 1 S. 3 TKG (§ 9 Abs. 1 TTDSG-E) gelten.

63 Für die statistische Analyse wird lediglich ein kleiner Ausschnitt aller anfallenden Verkehrsdaten nach § 96 TKG (§ 9 Abs. 1 TTDSG-E), wie die Cell-ID und die MSISDN[35], verwendet. Ob § 96 TKG (§ 9 Abs. 1 TTDSG-E) daher auf diese Daten überhaupt Anwendung findet, ist daher im Einzelfall zu prüfen.

64 **bb) Soziodemografische Daten.** Die soziodemografischen Daten werden auf Basis der beim Mobilfunkanbieter vorliegenden Vertragsdaten der Mobilfunkteilnehmer generiert. Bei den Vertragsdaten handelt es sich um personenbezogene Daten, deren Verarbeitung ausschließlich im Rahmen von Art. 6 Abs. 1 UAbs. 1 lit. b DS-GVO zulässig ist.

b) Anonymisierung und Pseudonymisierung

65 Soweit die verwendeten Daten die Identifizierung einer natürlichen Person iSd Art. 4 Nr. 1 DS-GVO nicht mehr ermöglichen, ist der Anwendungsbereich der DS-GVO bzw. der jeweils einschlägigen spezialgesetzlichen Regelung ausgeschlossen.

66 **aa) Pseudonymisierung.** Gem. Art. 4 Nr. 5 DS-GVO ist **Pseudonymisierung** die Verarbeitung personenbezogener Daten in einer Weise, dass die personenbezogenen Daten ohne Hinzuziehung zusätzlicher Informationen nicht mehr einer spezifischen betroffenen Person zugeordnet werden können. Diese zusätzlichen Informationen werden gesondert aufbewahrt und unterliegen technischen und organisatorischen Maßnahmen, die gewährleisten, dass die personenbezogenen Daten nicht einer identifizierten oder identifizierbaren

[30] Vgl. Spindler/Schuster/*Eckhardt* TKG § 96 Rn. 13.
[31] Plath/*Jenny* TKG § 96 Rn. 9.
[32] Vgl. Ehmann/Selmayr/*Kamann/Braun* DS-GVO Art. 17 Rn. 34 ff.
[33] Vgl. BfDI Positionspapier zur Anonymisierung S. 11 f.
[34] So auch die österreichische Datenschutzbehörde in DSB-D123.270/0009-DSB/2018 v. 5.12.2018, www.ris.bka.gv.at/Dokumente/Dsk/DSBT_20181205_DSB_D123_270_0009_DSB_2018_00/DSBT_20181205_DSB_D123_270_0009_DSB_2018_00.html (16.12.2019).
[35] Mobile Subscriber Integrated Services Digital Network Number oder auch Mobile Station Integrated Services Digital Network Number.

natürlichen Person zugewiesen werden. Pseudonymisierte Daten unterliegen dem Anwendungsbereich der DS-GVO, da sie als personenbeziehbare Daten die Identifikation der natürlichen Personen noch ermöglichen.[36]

bb) Anonymisierung. Die DS-GVO enthält keine positive **Definition** der Anonymisierung. Regelmäßig wird daher die Definition aus § 6 Abs. 3 BDSG aF herangezogen.[37] Im Erwgr. 26 zur DS-GVO wird zudem klargestellt, dass auf anonyme Daten die Datenschutzgesetze keine Anwendung finden.[38] **Anonyme Daten** sind solche Daten, bei denen von vornherein kein Personenbezug vorliegt. Unter **anonymisierten Daten** versteht man personenbezogene Daten, die erst nachträglich anonymisiert wurden.[39] 67

Eine Anonymisierung von personenbezogenen Daten liegt dann vor, wenn diese so verändert werden, dass die Identifizierbarkeit der betroffenen Personen nicht mehr gegeben ist.[40] Der Informationsgehalt des Datensatzes soll dabei soweit möglich erhalten bleiben. 68

Im Rahmen der Anonymisierung ist umstritten, ob diese einer eigenen **Rechtsgrundlage** bedarf und welche **Anforderungen** an die Anonymisierung personenbezogener Daten zu stellen sind, sodass diese nicht mehr re-personalisiert werden können 69

(1) Erforderlichkeit einer Rechtsgrundlage. Die Veränderungen der personenbezogenen Daten im Rahmen des Anonymisierungsvorgangs könnte bei entsprechend weiter Auslegung des Verarbeitungsbegriffs nach Art. 4 Nr. 2 DS-GVO als Verarbeitung personenbezogener Daten angesehen werden und somit einer entsprechenden Rechtsgrundlage bedürfen. Bei konsequenter Umsetzung dieser Auffassung wären viele Big-Data-Geschäftsmodelle mitunter nicht oder nur mit unverhältnismäßig großem Aufwand realisierbar. 70

Diese Auffassung überzeugt jedoch nicht. Anders als die Pseudonymisierung, die in Art. 4 Nr. 5 DS-GVO als Verarbeitung personenbezogener Daten ausdrücklich aufgeführt wird, findet sich die Anonymisierung lediglich in den Erwägungsgründen der DS-GVO und ist nicht als eigene Form der Verarbeitung definiert. Historisch gesehen sah die RL 95/46/EG zudem bei einem vergleichbar weiten Verarbeitungsbegriff ebenfalls keine Rechtsgrundlage für die Anonymisierung von personenbezogenen Daten vor. Zu bedenken ist auch, dass die DS-GVO neben dem Schutz der natürlichen Personen und deren Recht auf Schutz ihrer personenbezogenen Daten auch von wirtschaftlichen Erwägungen getragen wurde und Europa für das digitale Zeitalter rüsten sollte.[41] Die Anonymisierung dient nicht nur dem Schutz natürlicher Personen, sondern ermöglicht auch die die Nutzung des Informationsgehalts der Daten im digitalen Zeitalter. 71

Die BfDI kam in ihrem 26. Tätigkeitsbericht für die Jahre 2015–2016[42] ebenfalls zu dem Ergebnis, dass die Anonymisierung personenbezogener Daten **ohne entsprechende Rechtsgrundlage** zulässig ist. Im Positionspapier des BfDI zur Anonymisierung unter der DS-GVO unter besonderer Berücksichtigung der TK-Branche vom 29.6.2020 kommt dieser wiederum zu dem Ergebnis, dass die Anonymisierung eine Verarbeitung personenbezogener Daten darstellt und als solche einer Rechtsgrundlage bedarf. Als Rechtsgrundlage soll hierbei jedoch auch die Erfüllung einer rechtlichen Verpflichtung in Betracht kommen.[43] 72

Die Diskussionen zur Erforderlichkeit einer Rechtsgrundlage zur Anonymisierung durch die Datenschutzbehörden auf nationaler und europäischer Ebene sind jedoch noch nicht abgeschlossen. Es bleibt abzuwarten, ob mit Einführung der neuen **ePrivacy-Ver-** 73

---

[36] Vgl. *Conrad* in Auer-Reinsdorff/Conrad IT-R-HdB § 34 Rn. 106 f.
[37] Gola/*Gola* DS-GVOArt. 4 Rn. 41.
[38] Vgl. Erwgr. 26 zur DS-GVO „Keine Anwendung auf anonymisierte Daten".
[39] *Mantz/Spittka* in Sassenberg/Faber Industrie 4.0 und Internet § 6.
[40] Ehmann/Selmayr/*Klabunde* DS-GVO Art. 4 Rn. 20.
[41] Vgl. Plath/*Plath* DS-GVO Art. 1 Rn. 1.
[42] Vgl. BfDI 26. Tätigkeitsbericht 2015–2016, Kap. 17.2.4.4 S. 170.
[43] Vgl. BfDI Positionspapier zur Anonymisierung S. 11 f.

ordnung die bestehenden Rechtsunsicherheiten endgültig beseitigt werden können, was sowohl für die Betroffenen als auch die Industrie wünschenswert wäre.

74 **(2) Anforderungen.** Solange eine Re-Personalisierung der anonymisierten Daten möglich ist und somit das Identifizierungsdatum noch vorhanden bzw. auffindbar ist, liegt lediglich eine Pseudonymisierung der personenbezogenen Daten vor.[44] Umstritten ist, welche Anforderungen an die **technischen Maßnahmen** zur Anonymisierung zu stellen sind, damit eine Re-Personalisierung nicht mehr möglich ist.

75 Erwgr. 26 zur DS-GVO stellt hierbei grundsätzlich höhere Anforderungen an die Anonymisierung als § 3 Abs. 4 Nr. 6 BDSG aF. Hiernach war es ausreichend, dass die Daten nur mit einem unverhältnismäßig hohen Aufwand wieder einer natürlichen Person zugeordnet werden konnten. Erwgr. 26 zur DS-GVO stellt jedoch darüber hinaus auf alle objektiven Faktoren ab. Maßgeblich sind demnach die **Kosten,** der **Zeitaufwand** und die verfügbaren **Technologien,** die zur Re-Personalisierung erforderlich sind.[45]

76 Der Verantwortliche hat im Einzelfall eine **Verhältnismäßigkeitsprüfung** anhand der vorstehenden Kriterien durchzuführen und einzuschätzen, ob es sich um anonymisierte oder lediglich pseudonymisierte Daten handelt.[46] Die sich aus Erwgr. 26 zur DS-GVO ergebende Verpflichtung, auch die künftige technologische Entwicklung zu berücksichtigen, unterstreicht die Notwendigkeit einer fortwährenden Bewertung der getroffenen Maßnahmen durch den Verantwortlichen.[47]

77 Die Artikel-29-Datenschutzgruppe hat in ihrer Stellungnahme zu **Anonymisierungstechniken** (0892/14/DE WP 216) klargestellt, dass Anonymisierungstechniken grundsätzlich geeignet sind, ausreichende Garantien für den Schutz der Privatsphäre zu schaffen, und eingesetzt werden können, um wirksame Anonymisierungsverfahren zu entwickeln. Dies gilt allerdings nur, wenn ihre Anwendung ordnungsgemäß geplant wird und die bestehenden Risiken regelmäßig neu bewertet werden.[48] Grundsätzlich lassen sich zwei Anonymisierungsansätze unterscheiden:

– Randomisierung
Bei der Randomisierung werden die Daten in der Weise verfälscht, dass die direkte Verbindung zwischen diesen und der betroffenen Person nicht mehr möglich ist.[49]

– Generalisierung
Bei der Generalisierung werden die Merkmale der betroffenen Personen durch die Veränderung der Größenskala oder Größenordnung generalisiert, also durch einen weniger spezifischen Wert ersetzt (zB Bildung einer Altersgruppe statt Angabe des konkreten Alters).[50]

78 Die **Aggregierung** als Form der Generalisierung kann als sichere Methode der Anonymisierung angesehen werden.[51] Aggregierung bedeutet das Zusammenführen mehrerer personenbezogener Daten zu einer Gruppe, so dass Rückschlüsse auf den Einzeldatensatz nicht mehr möglich sind. Dies ist dann der Fall, wenn die Schwellenwerte hinreichend groß gewählt werden und seltene Merkmale (sog. Quasi-Identifikatoren), die in den Datensätzen enthalten sind und einen Rückschluss auf einzelne Personen zulassen können, entfernt werden. Fehler sind jedoch auch hierbei nicht ausgeschlossen.[52]

---

[44] Paal/Pauly/*Ernst* DS-GVO Art. 4 Rn. 48–51.
[45] Paal/Pauly/*Ernst* DS-GVO Art. 4 Rn. 48–51.
[46] Schwartmann/Jaspers/Thüsing/Kugelmann/*Schwartmann/Mühlenbeck* DS-GVO Art. 4 Rn. 74.
[47] Ehmann/Selmayr/*Klabunde* DS-GVO Art. 4 Rn. 20.
[48] Vgl. Artikel-29-Datenschutzgruppe, Stellungnahme 7/2014 zum Schutz personenbezogener Daten in Québec, WP 219, S. 4.
[49] Vgl. Artikel-29-Datenschutzgruppe, Stellungnahme 7/2014 zum Schutz personenbezogener Daten in Québec, WP 219, S. 14.
[50] Vgl. Artikel-29-Datenschutzgruppe, Stellungnahme 5/2014 zu Anonymisierungstechniken, WP 216, S. 19.
[51] Paal/Pauly/*Ernst* DS-GVO Art. 4 Rn. 48 ff.
[52] Vgl. Artikel-29-Datenschutzgruppe, Stellungnahme 5/2014 zu Anonymisierungstechniken, WP 216, S. 19.

Die Anonymisierungssoftware sollte daher verschiedene Anonymisierungsverfahren in Kombination verwenden, um die Identifizierbarkeit der Mobilfunkteilnehmer sicher auszuschließen. Die Prozesse zur Datenverarbeitung sollten zudem in enger Abstimmung mit dem Bundesbeauftragten für Datenschutz und Informationsfreiheit (BfDI) entwickelt und durch externe Prüfstellen für Datenschutz kontrolliert und zertifiziert werden, um sicherzustellen, dass die Daten rechtskonform verarbeitet werden. 79

Praxistipp: 80

- Soweit personenbezogene Daten vorliegen, sollte geprüft werden, welche Merkmale die Identifizierung der Person zulassen und welche Merkmale des Datensatzes nach der Anonymisierung verwendet werden sollen.
- Ggf. sollten mehrere Anonymisierungsverfahren kombiniert werden, um eine ausreichende Anonymisierung sicherzustellen.
- Quasi-Identifikatoren sollten gelöscht werden.
- Ob die getroffenen Anonymisierungsmaßnahmen noch ausreichen, sollte fortlaufend anhand der Kriterien Kosten, Zeitaufwand und verfügbare, Technologien überprüft werden.
- Die Prozesse sollten dokumentiert und mit dem zuständigen Datenschutzbeauftragten abgestimmt werden, um deren Zulässigkeit sicherzustellen.

c) Einwilligung

Losgelöst von der vorstehenden Diskussion um die Erforderlichkeit einer Rechtsgrundlage besteht grundsätzlich die Möglichkeit, die Einwilligung der betroffenen Person zur Verwendung ihrer personenbezogenen Daten einzuholen und hierdurch die Rechtmäßigkeit der Verarbeitung nach Art. 6 Abs. 1 DS-GVO bzw. Art. 9 DS-GVO zu begründen. 81

Die Einwilligung ist in Art. 4 Nr. 11 DS-GVO definiert. Art. 7 DS-GVO bestimmt darüber hinaus die Bedingungen, welche die Rechtswirksamkeit einer Einwilligung zu stellen sind. Es ergeben sich ua folgende **Anforderungen:** 82

– **Willensbekundung, Unmissverständlichkeit** 83
Die Einwilligung sollte durch eine eindeutige, bestätigende Handlung erfolgen, durch die unmissverständlich bekundet wird, dass die betroffene Person mit der Verarbeitung ihrer personenbezogenen Daten einverstanden ist.[53] Stillschweigen oder die Inaktivität der betroffenen Person, also das Fehlen einer Willensbekundung, ist nicht ausreichend[54] (zB bei vorausgewählten Feldern – sog. Opt-out-Lösung[55]). Die „Planet49"-Entscheidung des EuGH[56] wird künftig in § 9 TTDSG-E berücksichtigt und damit kodifiziert.

– **Freiwilligkeit** 84
Dieses Merkmal beinhaltet, dass die Person ohne Nachteile auf die Erteilung der Einwilligung verzichten kann.[57]

– **Informiertheit, Transparenz** (Art. 4 Nr. 11, Art. 7 Abs. 2 DS-GVO) 85
Das Transparenzgebot des Art. 5 Abs. 1 DS-GVO gilt auch für die Einwilligung. Dies bedeutet, dass der betroffenen Person die wesentlichen Umstände der Datenverarbeitung, wie die Identität des Verantwortlichen, die Zwecke der Datenverarbeitung, die Art der verwendeten Daten und die Art der Verwendung der Daten, das Bestehen des Widerrufs-

[53] Vgl. Erwgr. 32 DS-GVO.
[54] Ehmann/Selmayr/*Klabunde* DS-GVO Art. 4 Rn. 46ff.
[55] BGH Beschl. v. 5.10.2017 – I ZR 7/16, MMR 2018, 90 – Cookie-Einwilligung; Vorabentscheidungsersuchen in der Rs. C-673/17 – Planet49.
[56] EuGH Urt. v. 1.10.2019 – C-673/17, MMR 2019, 732 mAnm *Moos/Rothkegel* – Planet49.
[57] Ehmann/Selmayr/*Klabunde* DS-GVO Art. 4 Rn. 46ff.

rechts und ggf. bestehende Risiken durch die Übertragung in Drittstaaten mitgeteilt werden müssen.[58]

86 – **Widerrufbarkeit** (Art. 7 Abs. 3 DS-GVO)
Die betroffene Person hat das Recht, ihre Einwilligung jederzeit und ohne Angabe von Gründen zu widerrufen und ist über dieses Recht zu belehren. Der Widerruf unterliegt jedoch den Grundsätzen von Treu und Glauben, um den Betroffenen zu schützen.[59]

87 – **Minderjährige** (Art. 8 DS-GVO)
Sofern sich das Dienstleistungsangebot direkt an ein Kind richtet, ist die Einwilligung der Sorgeberechtigten erforderlich, sofern das Kind das 16. Lebensjahr noch nicht vollendet hat. Der Verantwortliche hat angemessene Anstrengungen zu unternehmen, um sicherzustellen, dass der Sorgeberechtigte die Einwilligung erteilt hat. Im Einzelfall ist es schwierig, die Identität der Sorgeberechtigten festzustellen und die Authentizität der Einwilligungserklärungen zu überprüfen.[60]

88 Im Ergebnis müssen der betroffenen Person alle Umstände der geplanten Datenverarbeitung so mitgeteilt werden, dass diese ihr **Recht auf informationelle Selbstbestimmung** ausüben kann. Die Beweislast für die ordnungsgemäße Einwilligung liegt beim Verantwortlichen.[61] Der Verantwortliche sollte daher die Einwilligung durch den Betroffenen dokumentieren. Einmal erteilt gilt diese auch über einen längeren Zeitraum. Eine Erneuerung der Einwilligung ist nicht vorgesehen.[62]

89 Insgesamt sind an eine rechtswirksame Einwilligung der betroffenen Person hohe Anforderungen gestellt. Allein durch die Größe der im Rahmen von Big-Data-Analysen zu verarbeitenden Datenbeständen ist die Einhaltung aller vorstehenden Anforderungen, insbesondere der Dokumentationspflichten, beliebig kompliziert. Zudem dürfte die jederzeitige Widerrufbarkeit von Willenserklärungen die Anbieter von Big-Data-Analysen vor große Herausforderungen stellen, da der verwendbare Datenbestand ständigen Schwankungen unterworfen sein kann und abhängig vom konkreten Auswertungsziel ggf. nicht mehr repräsentativ ist.

90 Im **Ergebnis** erscheint es daher nur bedingt praktikabel, die Verarbeitung der personenbezogenen Daten im Rahmen von Big-Data-Analysen auf die Einwilligung der betroffenen Person zu stützen.

d) Transparenz/Akzeptanz

91 Wie vorstehend dargestellt, sprechen gute Gründe dafür, dass für die Anonymisierung von personenbezogenen Daten keine Rechtsgrundlage erforderlich ist.

92 Neben der Rechtmäßigkeit der Verarbeitung der Signalisierungs- und soziodemografischen Daten ist die **Akzeptanz** durch die Mobilfunkteilnehmer, also der betroffenen Personen, für die Etablierung von Big-Data-Geschäftsmodellen von entscheidender Bedeutung. Dies gilt unabhängig davon, dass entsprechende Datenschutzkonzepte die rechtskonforme Nutzung der Signalisierungsdaten und soziodemografischen Daten ermöglichen.

93 Um der Angst der betroffenen Personen vor einem Missbrauch ihrer Daten entgegenzuwirken, ist eine offene Kommunikation mit diesen angeraten.[63] Im Rahmen dieser **Kommunikation** sollte dem einzelnen Betroffenen dargestellt werden, für welche Zwecke seine Daten gesammelt, wie diese verarbeitet werden sowie welchen Mehrwert die Verarbeitung seiner Daten für ihn persönlich, zB im Rahmen der Optimierung von Verkehrskonzepten, haben kann.

---

[58] Schwartmann/Jaspers/Thüsing/Kugelmann/*Schwartmann/Klein* DS-GVO Art. 7 Rn. 22–24.
[59] Schaffland/Wiltfang/*Schaffland/Holthaus* DS-GVO, Art. 7 Rn. 55.
[60] Schwartmann/Jaspers/Thüsing/Kugelmann/*Schwartmann/Hilgert* DS-GVO Art. 8 Rn. 65.
[61] Ehmann/Selmayr/*Klabunde* DS-GVO Art. 4 Rn. 46ff.
[62] Schwartmann/Jaspers/Thüsing/Kugelmann/*Schwartmann/Klein* DS-GVO Art. 7 Rn. 21.
[63] *Schmidt/Männel* Potentialanalyse zur Mobilfunkdatennutzung S. 6.

94 Um Fehlinformationen insbesondere auch der Öffentlichkeit zu vermeiden, empfiehlt sich darüber hinaus auch den unmittelbaren Vertragspartner, den Kunden über den Zweck der Erhebung der Daten, die Art deren Verwendung sowie die bestehenden Datenschutzkonzepte aufzuklären, um zu vermeiden, dass etwaig falsche Aussagen des Kunden zu Irritationen in der Öffentlichkeit oder aber bei den Betroffenen führen.

95 Die Akzeptanz bei Betroffenen und Kunden kann zudem durch das freiwillige Anbieten einer **Widerspruchsmöglichkeit** der Verwendung der personenbezogenen Daten der Betroffenen gesteigert werden.

96 Die Telekom Deutschland GmbH als Mobilfunkanbieter bietet daher ihren Mobilfunkteilnehmern im Rahmen der Kommunikation zur Verwendung ihrer Vertragsdaten die Möglichkeit an, der Anonymisierung und Verwendung zur statistischen Analyse im Rahmen eines Opt-out-Prozesses zu widersprechen.[64]

97 Praxistipp:

Mobilfunkteilnehmer und Kunden sollten bei Anonymisierung personenbezogener Daten über folgende Aspekte informiert werden:
- Welche Daten werden verwendet?
- Wie werden die Daten verwendet?
- Welche Vorteile bietet die Verarbeitung der Daten für Mobilfunkteilnehmer und Kunden?
- Widerspruchsmöglichkeit zur Verwendung der Vertragsdaten
- Kontaktmöglichkeit bei Fragen
- Die Information sollte auf mehrfachem Weg erfolgen, um die Kenntnisnahme sicherzustellen.

e) ePrivacy-Verordnung

98 Die Verordnung des Europäischen Parlaments und des Rates über die Achtung des Privatlebens und den Schutz personenbezogener Daten in der elektronischen Kommunikation und zur Aufhebung der Richtlinie 2002/58/EG – Verordnung über Privatsphäre und elektronische Kommunikation, kurz **ePrivacy-Verordnung,** ist eine EU-Verordnung, die auf eine Initiative der EU-Kommission im Januar 2017 zurückgeht. Nachdem die ePrivacy-VO ursprünglich direkt mit der DS-GVO in Kraft treten sollte, haben sich die Mitgliedstaaten nunmehr am 10. 2. 2021 auf einen gemeinsamen Text geeinigt. Das Gesetzgebungsverfahren ist jedoch mit der Einigung der Mitgliedstaaten noch nicht abgeschlossen. Im nächsten Schritt sind Verhandlungen mit dem Europäischen Parlament über den endgültigen Wortlaut der Verordnung zu führen. Da das Europaparlament und der Europarat bei vielen Themen weit auseinanderliegen, ist insoweit mit schwierigen Trilog-Verhandlungen zu rechnen.

99 Die ePrivacy-VO soll die ePrivacy-Richtlinie (RL 2002/58/EG in der Fassung durch RL 2009/136/EG), die in Deutschland größtenteils im TKG und TMG umgesetzt wurde, deren Regelungen sich künftig im TTDSG finden werden, ablösen und reformieren.[65] Insbesondere soll sie die DS-GVO um den Bereich der elektronischen Kommunikation ergänzen und damit der rasanten Innovation im Bereich der Telekommunikation und Telemedien gerecht werden.

100 Da es sich bei der künftigen Regelung um eine EU-Verordnung handelt, ist die Umsetzung in nationalgesetzliche Regelungen nicht mehr erforderlich, was der Fragmentierung des Datenschutzrechts in der EU entgegenwirken soll.[66] Darüber hinaus stellt der Gesetzgeber klar, dass jede Verarbeitung personenbezogener Daten im Zusammenhang mit elek-

[64] www.optout-service.telekom-dienste.de/public/anmeldung.jsp (16. 12. 2019).
[65] *Pohle* ZD-Aktuell 2017, 05452.
[66] *Pohle* ZD-Aktuell 2017, 05452.

tronischer Kommunikation dem Geltungsbereich der ePrivacy-VO unterfällt. Dies gilt auch, wenn die elektronischen Kommunikationsdienste aus Drittstaaten heraus angeboten werden, sich aber an Endkunden in der EU richten.[67]

101 In Bezug auf die Verarbeitung von Signalisierungsdaten, oder Verkehrsdaten iSd TKG, stellt Art. 7 ePrivacy-VO-E[68] klar, dass die Daten unverzüglich zu löschen oder aber zu anonymisieren sind, sofern diese nicht mehr für die Erbringung der Telekommunikationsleistung benötigt werden. Somit wäre eine klare Rechtsgrundlage für die Anonymisierung der Signalisierungsdaten geschaffen und die vorstehende Diskussion beendet.

102 Zudem sieht der Entwurf vor, die Möglichkeiten, die Verarbeitung von Daten auf Basis einer **Einwilligung** des Endnutzers durchzuführen, auszuweiten.[69] Die Verarbeitung von Daten ohne die Einwilligung des Endnutzers ist wie bisher auf bestimmte abschließend geregelte Fälle wie zB Qualitätssicherung, IT-Sicherheit oder Abrechnung beschränkt. Art. 6c ePrivacy-VO-E sieht jedoch die Verarbeitung von elektronischen **Metadaten** auch zu anderen als den ursprünglichen Zwecken und ohne Zustimmung des Betroffenen vor, sofern diese mit dem ursprünglichen Zweck der Datenerhebung vereinbar sind und ausreichend starke Schutzmaßnahmen, wie eine Verschlüsselung oder Pseudonymisierung, zur Anwendung kommen. Die Probleme, Big-Data-Geschäftsmodelle auf eine Einwilligung des Endnutzers zu stützen, gelten daher auch künftig fort, sollte Art. 6c ePrivacy-VO-E im Rahmen der anstehenden Trilog-Verhandlungen wieder gestrichen werden.

103 Generell bieten **anonymisierte Daten** eine ausreichende Basis für verschiedene Geschäftsmodelle. Ungeachtet dessen wäre eine Auswertung auf einer individuelleren Basis für eine Vielzahl anderer Geschäftsmodelle hilfreich. Insoweit wäre der aktuelle Entwurf der ePrivacy-VO, der die Weiterverarbeitung rechtmäßig erhobener Telekommunikationsdaten unter Verwendung geeigneter Schutzmechanismen auch ohne vorherige Einwilligung zulässt, wenn der neue Verarbeitungszweck mit dem ursprünglichen Erhebungszweck kompatibel und damit vereinbar ist, ein wichtiger Schritt zur Harmonisierung mit den bestehenden Regelungen der DS-GVO (vgl. Art. 6 Nr. 4 DS-GVO).[70] Die **Pseudonymisierung** als anerkannte Schutzmaßnahme in der DS-GVO hat den Vorteil gegenüber anonymisierten Daten, dass die für Big-Data-Anwendungen wichtigen „Identifier", erhalten bleiben und somit auch kleinere als für eine Anonymisierung erforderliche Datenmengen für entsprechende Auswertungen genutzt werden könnten.[71]

104 Pseudonymisierte Meta- bzw. Signalisierungsdaten könnten beispielhaft dazu beitragen, insbesondere für Mobilfunkteilnehmer nachfolgende, verbesserte Leistungen zu erbringen:[72]

105 – Parkleitsysteme, verbesserte Parkplatzsuche
Standortdaten könnten mit Informationen über freie Parkplätze zusammengeführt werden, wodurch ua der Feinstaub und CO_2-Ausstoß reduziert werden könnte.

106 – Optimierung der Verkehrsinfrastruktur
Die Möglichkeiten der Optimierung von Transport und Verkehr wurden bereits vorstehend dargestellt. Mit pseudonymisierten Daten könnten Fahrgastunternehmern mit den Auswertungen von Analysedienstleistern über die bestehenden Möglichkeiten hinaus, anhand konkreter Fahrgastzahlen die Auslastung von Zügen und öffentlichen Verkehrsmitteln bestimmen und ihren Reisenden bspw. Empfehlungen für alternative Verbindungen

[67] Vgl. Art. 3 ePrivacy-VO (Entwurf), Stand: 10.2.2021.
[68] ePrivacy-VO (Entwurf), Stand: 10.2.2021.
[69] Vgl. Erwgr. 17 ePrivacy-VO-E.
[70] Vgl. *Ulmer* Handelsblatt-Journal 16.5.2018, 12.
[71] Vgl. Erwgr. 17 ePrivacy-VO (Entwurf), Stand: 10.2.2021.
[72] Vgl. hierzu auch Stellungnahme der Deutschen Telekom anlässlich der Anhörung des Ausschusses für Digitalisierung und Innovation – „Hohe Datenschutzstandards sicherstellen – Wirtschaft bei Umsetzung der Europäischen Datenschutzreform unterstützen!" – www.telekom.com/resource/blob/519104/40962f34e95cd1b34cbe971509a03505/dl-180322-dpos-plea-of-europe-data.pdf (16.12.2019).

mit geringerer Auslastung geben. Auch könnte der Infrastrukturausbau zB mit eTankstellen bedarfsgerecht erfolgen, insbesondere im ländlichen Raum, wo geringe Mobilfunkteilnehmerzahlen eine Anonymisierung durch Aggregierung nicht ermöglichen.

– Information von Mobilfunkteilnehmern 107
Mobilfunkteilnehmer könnten zudem über Ereignisse in räumlicher Nähe ihres Aufenthaltsbereichs zB eine Straßensperrung, eine Umweltbelastung, oder einen Terrorakt gezielt informiert werden.

Zum **Schutz der betroffenen Personen** müssten diese informiert werden und könnten 108 der Weiterverarbeitung der bereits rechtmäßig erhobenen Telekommunikationsdaten widersprechen.[73] Zudem könnte der Gesetzgeber technische Anforderungen an die Pseudonymisierung vorgeben, um einen ausreichenden Schutz der Betroffenen sicherzustellen.[74]

In diesem Zusammenhang ist auch die **Ungleichbehandlung** bei der Verwendung von 109 Standortdaten zu berücksichtigen, die der angestrebten Harmonisierung des Datenschutzrechts entgegensteht. Anders als mit aus Telekommunikationsdiensten generierten Standortdaten, die dem strengen Zweckbestimmungsgrundsatz des § 98 TKG (§ 9 Abs. 1 TTDSG-E) unterliegen, ist es mit aus GPS-Signalen generierten Standortdaten der Nutzer bereits heute möglich, diese mit anderen sozialen Daten dieser Nutzer zusammenzuführen, da der Gesetzgeber GPS-basierte Standortdaten nicht als sensible Daten iSd DS-GVO einordnet.

Eine vergleichbare Lösung wäre mit aus Telekommunikationsdiensten generierten 110 Standortdaten unzulässig und soll dies nach den Regelungen des Entwurfs der ePrivacy-VO auch bleiben,[75] obgleich die aus GPS-Signalen generierten Standortdaten wesentlich präziser sind.[76] Insoweit stellt sich die Frage, ob sektorspezifische Regelungen mit dem Grundgedanken der DS-GVO und dem Ziel der ePrivacy-VO einer Fragmentierung der Datenschutzregelungen entgegenzuwirken und diese zu harmonisieren vereinbar sind.

Im Ergebnis könnte die ePrivacy-VO dem gesetzgeberischen Willen, die EU für das 111 digitale Zeitalter zu rüsten, Rechnung tragen und die erforderliche Rechtssicherheit schaffen. Wann und mit welchem Inhalt die ePrivacy-VO jedoch letztlich in Kraft treten wird, ist derzeit nicht absehbar und hängt letztlich vom Einigungswillen der Parlamentarier, der Mitgliedstaaten sowie dem weiteren gesetzgeberischen Verfahren ab.

2. Vertragsgestaltung

a) Überblick

Als das BGB am 1. 1. 1900 in Kraft trat, war weder an IoT noch an die statistische Analyse 112 der in Kommunikationsnetzen anfallenden Daten zu denken. Gleichwohl kam der 71. Juristentag unter dem Motto „Digitale Wirtschaft – Analoges Recht – Braucht das BGB ein Update?" zu dem Ergebnis, dass spezielle Regelungen für zivilrechtliche Verträge mit digitalen Inhalten nicht erforderlich seien.[77] Eine Zuordnung zu den bestehenden Vertragstypen des BGB setzt jedoch eine klare Beschreibung der Leistung unter Berücksichtigung der technischen Besonderheiten voraus.

[73] Vgl. Erwgr. 17aa ePrivacy-VO (Entwurf), Stand: 10. 2. 2021.
[74] Vgl. *Ulmer* Handelsblatt-Journal 16. 5. 2018, 12.
[75] Vgl. *Ulmer* Handelsblatt-Journal 16. 5. 2018, 12.
[76] Vgl. Artikel-29-Datenschutzgruppe, Stellungnahme 13/2011 zu den Geolokalisierungsdiensten von intelligenten mobilen Endgeräten, WP 185.
[77] Vgl. *Kirn/Müller-Hengstenberg* NJW 2017, 433.

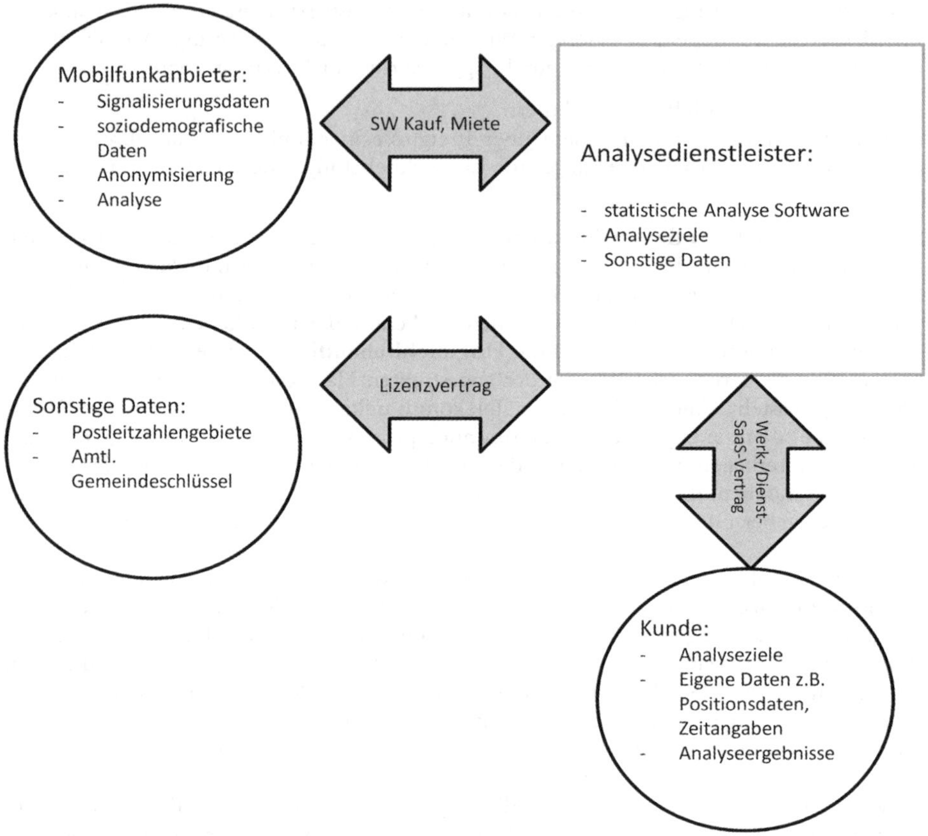

Abb. 6: Übersicht Vertragsbeziehungen

113 Bei den folgend diskutierten Vertragsverhältnissen handelt es sich ausschließlich um **B2B-Verträge,** sodass ggf. bestehende strengere Anforderungen des Verbraucherrechts bewusst nicht berücksichtigt werden.

b) Analysedienstleister – Kunde

114 Ausgangspunkt für die Vertragsgestaltung ist das Prinzip der Vertragsfreiheit als Ausprägung der Privatautonomie nach Art. 2 I GG. Die Verteilung von Rechten und Pflichten obliegt demnach grundsätzlich dem Willen der Parteien. Entscheidend für die rechtliche Einordnung sind die zwischen den Vertragsparteien vereinbarten Hauptleistungspflichten. Für die Vertragsgestaltung ist das **Leitbild** des jeweiligen Vertragstyps nach § 307 BGB maßgeblich.[78] Vorliegend kommen insbesondere zwei Gestaltungsvarianten in Betracht:

115 **aa) Werk-/Dienstvertrag.** Der Anbieter wird in der Regel beauftragt, gemäß der kundenseitig vorgegebenen Parameter ein Analyseergebnis zu erstellen bzw. den Kunden bei der Erstellung seiner Analyse zu unterstützen. Die Ergebnisse der Analyse werden dem Kunden in Form eines Reports zur Verfügung gestellt. Die dem Auswertungsergebnis zu Grunde liegende technische Infrastruktur ist als Hilfsmittel des Anbieters nicht Gegenstand der vertraglich geschuldeten Leistung. Es kommen folgende Vertragstypen in Betracht:

[78] Vgl. MüKoBGB/*Wurmnest* § 307 Rn. 66–71.

– Dienstvertrag 116
Der Dienstverpflichtete schuldet dem Dienstherrn eine Dienstleistung mittlerer Art und Güte[79] gegen Vergütung. Das Erfolgsrisiko trägt der Dienstherr.[80]

– Werkvertrag
Der Unternehmer verpflichtet sich zur Herstellung des versprochenen Werks gegenüber dem Besteller gegen Vergütung. Das Erfolgsrisiko liegt hier beim Unternehmer.[81]

– Typengemischte Verträge
Bei typengemischten Verträgen ist zwischen gekoppelten Verträgen, also einem Gesamtvertrag mit mehreren Einzelverträgen die gemeinsam stehen und fallen sollen, und echten gemischten Verträgen, einem Vertrag mit Bestandteilen mehrerer Vertragstypen, zu unterscheiden.[82] Während bei gekoppelten Verträgen die Bewertung der einzelnen Vertragsteile für sich möglich ist, ist bei echten gemischten Verträgen zumeist, wenn auch nicht zwingend, der Schwerpunkt der Leistung entscheidend.[83]

Gegenstand der Leistungen bei der Erstellung statistischer Analysen sind **Beratungs- sowie tätigkeitsbezogene Leistungen.** Die Analysen werden gemäß dem konkreten Ziel des Kunden für die Auswertung erstellt. Der Kunde gibt hierbei ggf. nach Beratung durch den Dienstleister wesentliche Parameter der Auswertung, wie die zu verknüpfenden Daten, Zeiträume und geografische Koordinaten sowie regionale Besonderheiten vor. Die genannten Aspekte sprechen für die Einordnung als Dienstvertrag nach § 611 BGB. 117

Über die tätigkeitsbezogenen Leistungen hinaus ist zumeist auch ein bestimmter Erfolg in Form eines Reports oder der Übermittlung von Ergebnissen der Analyse geschuldet. Die auf einen Erfolg ausgerichtet Tätigkeit spricht für die Einordnung als Werkvertrag nach § 631 BGB. 118

Im Ergebnis ist eine pauschale Aussage über die Rechtsnatur der Vereinbarung über die Erstellung statistischer Analysen nicht möglich. Diese richtet sich stets nach der konkreten Ausgestaltung im Einzelfall. In der Regel wird man jedoch von einem typengemischten Vertrag ausgehen müssen.[84] 119

bb) SaaS-Vertrag. Die rechtliche Einordnung statistischer Analyseleistungen ist jedoch abweichend zu bewerten, wenn der Anbieter dem Kunden die Nutzung seines **IT-Systems,** bspw. in Form eines Dashboards oder Webfrontends, ermöglicht.[85] Abweichend zum vorstehenden Beispiel ist die Bereitstellung eines IT-Services in diesem Fall Gegenstand der Leistung. 120

Der Anbieter stellt in der Regel dem Kunden die Möglichkeit, seine Analyse eigenständig im **Selfservice** über ein Webfrontend zu erstellen, zur Verfügung. Gegenstand des Vertrags ist nicht die Überlassung von IT-Infrastruktur oder einer Software, sondern die Bereitstellung einer bestimmten Funktionalität. Die Leistungen werden zumeist als Software as a Service (SaaS) erbracht. 121

Über die Einordnung von modernen IT-Leistungen, wie SaaS, besteht in vielen Fällen keine Einigkeit. Sie ist anhand der konkret vereinbarten Leistung vorzunehmen.[86] 122

[79] Vgl. § 243 Abs. 1 BGB.
[80] Vgl. Jauernig/*Mansel* BGB § 611 Rn. 1.
[81] Vgl. Jauernig/*Mansel* BGB § 631 Rn. 1.
[82] Vgl. Jauernig/*Stadler* BGB § 311 Rn. 28–33.
[83] Vgl. BGH Urt. v. 29.3.1978 – VIII ZR 220/76, BGHZ 71, 177 = BeckRS 1978, 106436; Jauernig/*Stadler* BGB § 311 Rn. 28–33.
[84] *Baumgartner* in Moos Datenschutz- und Datennutzungsverträge § 16 B.II.
[85] *Baumgartner* in Moos Datenschutz- und Datennutzungsverträge § 16 B.II.
[86] *Niemann* in Niemann/Paul Rechtsfragen des Cloud Computing Kap. 8 Rn. 30.

123 Neben der Einordnung als Dienst- oder Werkvertrag wird insbesondere die Einordnung als Mietvertrag diskutiert. Gegenstand des Mietvertrags nach § 535 BGB ist die entgeltliche Gebrauchsüberlassung einer Sache für die Dauer des Mietverhältnisses.[87]

124 Im Ergebnis geht der BGH in seinen Entscheidungen zur Rechtsnatur von IT-Verträgen stets von einer **Schwerpunktbetrachtung** aller Leistungen aus Sicht des Kunden aus.[88] Für die Einordnung von SaaS-Verträgen werden insbesondere folgende Entscheidungen herangezogen:

125 – ASP-Vertrag[89]
In seiner Entscheidung zur Softwareüberlassung im Rahmen eines ASP-Vertrags[90] nahm der BGH das Vorliegen eines Mietvertrags an. Die Entscheidung gilt insbesondere als umstritten, als der **Mietvertrag** auf die entgeltliche Gebrauchsüberlassung von Sachen beschränkt ist, dem Nutzer im zu Grunde liegenden Fall jedoch lediglich eine Software über eine Internetverbindung zur Verfügung gestellt wurde. Es sprechen gute Gründe dafür, die ASP-Leistung nicht als Mietvertrag, sondern als Dienstvertrag zu qualifizieren. Selbst wenn man mit dem BGH davon ausgeht, dass die Software irgendwo verkörpert ist und somit die Sacheigenschaft begründet, ist dies für die Parteien des ASP-Vertrags nicht von Bedeutung.[91]

126 – Internet-System-Vertrag[92]
Der Entscheidung des BGH lag ein Vertrag über die Erstellung und die Betreuung einer Website zu Grunde. Der BGH sah den Schwerpunkt der Leistung in der Herstellung einer Internetpräsenz und damit im **Werkvertragsrecht.**

127 – Access-Provider-Vertrag[93]
In dieser Entscheidung hat der BGH einen **Dienstvertrag** angenommen und seine bisherige Rechtsprechung zu Telekommunikationsdiensten fortgesetzt.[94] Kritisiert wird diese Einordnung insbesondere, da sie der Bedeutung des Zugangs zum Internet in der heutigen Gesellschaft nicht gerecht wird, nach der man einen Erfolg als geschuldet annehmen müsse. Die Annahme einer mietvertraglichen Leistung wird hingegen überwiegend abgelehnt.[95]

128 Die bisher ergangene Rechtsprechung ist auf SaaS-Verträge nicht übertragbar. Allein das ASP-Modell weist eine gewisse Ähnlichkeit zu SaaS-Verträgen auf. Im Unterschied zu ASP-Verträgen ist der Gegenstand von SaaS-Verträgen jedoch nicht die Nutzungsüberlassung von bestimmten Programmen an einzelne Nutzergruppen über eine Netzwerkverbindung. Vielmehr ist für SaaS charakterisierend, dass jedem Kunden eine Funktion über ein Netzwerk zumeist als Public-Cloud-Service zur Verfügung gestellt wird.

129 Für die Vertragsparteien ist es unerheblich, mit welchen Soft- oder Hardwarekomponenten diese bereitzustellende Funktion realisiert wird bzw. welchen Release-Stand die für die Realisierung verwendeten Komponenten haben, oder wo die für die Realisierung der Funktion verwendeten Softwarekomponenten betrieben werden.[96] Die der Funktion zu Grunde liegende, zumeist virtuelle, Hardware bzw. die für die Realisierung der Funktion eingesetzte Software ist daher regelmäßig nicht Gegenstand von SaaS-Verträgen.

---

[87] Jauernig/*Teichmann* BGB § 535 Rn. 11–14.
[88] Vgl. *Kirn/Müller-Hengstenberg* NJW 2017, 433.
[89] BGH Urt. v. 15.11.2006 – XII ZR 120/04, NJW 2007, 2394.
[90] Application-Service-Providing-Vertrag.
[91] Vgl. *Redeker* in Hoeren/Sieber/Holznagel MultimediaR-HdB Teil 12 Rn. 386–400.
[92] BGH Urt. v. 4.3.2010 – III ZR 79/09, MMR 2010, 398.
[93] BGH Urt. v. 23.3.2005 – III ZR 338/04, NJW 2005, 2076.
[94] Vgl. *Kirn/Müller-Hengstenberg* NJW 2017, 433.
[95] Vgl. *Redeker* in Hoeren/Sieber/Holznagel MultimediaR-HdB Teil 12 Rn. 154–162a.
[96] *Redeker* IT-R Rn. 1124–136.

SaaS-Produkte unterliegen einer ständigen Weiterentwicklung und Veränderung. Diese Funktionsanpassungen sind sowohl im Interesse des Kunden als auch des Anbieters und für Mietverträge untypisch. 130

Selbst wenn man mit dem BGH davon ausgeht, dass eine irgendwie vorliegende Verkörperung zur Bejahung der Sacheigenschaft ausreichend ist, erscheint die Übertragung der Rechtsprechung auf SaaS-Verträge nicht angebracht, da es neben der Sacheigenschaft, insbesondere auf Grund der Virtualisierung der zu Grunde liegenden Infrastrukturen,[97] auch an einer Software fehlt, die dem Kunden überlassen wird. 131

Für die Anwendung von mietvertraglichen Regelungen spräche daher allein das Bedürfnis des Kunden, die Qualität der zu erbringenden Leistungen zu regeln.[98] Die Vereinbarung einer Servicequalität durch Service Level Agreements in der Leistungsbeschreibung steht der Annahme eines Dienstleistungsverhältnisses nicht entgegen. Die Erforderlichkeit, die Qualität der Leistung zu vereinbaren, ist zudem von dem konkreten Anwendungsfall abhängig und lässt sich nicht pauschal bejahen. 132

Diskutiert wird, ob die Vereinbarung einer bestimmten Servicequalität oder das Versprechen eines konkreten Erfolgs zur Anwendbarkeit werkvertragsrechtlicher Regelungen führt.[99] Bei SaaS-Leistungen handelt es sich um Public-Cloud-Leistungen. Der Kunde nutzt demnach die gleiche, hochstandardisierte Leistung wie eine Vielzahl anderer Anwender. Die Übertragung werkvertraglicher Regelungen dürfte daher bereits an der Herstellung eines Werkes für den Kunden scheitern. Die Vereinbarung einer Servicequalität ist zudem leistungsabhängig und daher nicht zwingender Bestandteil von SaaS-Verträgen. 133

Im **Ergebnis** sprechen gute Gründe für die Qualifizierung von SaaS-Verträgen als Dienstleistungsverträge nach § 611 BGB.[100] 134

cc) Praxishinweis Vertragsgestaltung. Die vorstehenden Ausführungen zeigen, dass die rechtliche Einordnung der vereinbarten Leistungen mitunter schwierig ist und im Wesentlichen von der getroffenen Vereinbarung zwischen den Parteien und deren Umsetzung abhängt. 135

Der Beschreibung der Leistung kommt insoweit eine besondere Bedeutung zu. Insbesondere folgende Punkte sollten bei der Vertragserstellung und -prüfung Berücksichtigung finden: 136

- Leistungen des Anbieters 137
  - Die beschriebenen Leistungen bestimmten den Vertragstyp und damit das gesetzliche Leitbild nach § 307 BGB.
  - Leistungsbeschreibungen sollten klar verständlich, widerspruchsfrei und abschließend erfolgen.
  - Bei typengemischten Verträgen sollte der Schwerpunkt der Leistung erkennbar sein.
  - Gegenstand der Leistungen sowie Art und Form der Bereitstellung der Analyseergebnisse sollten beschrieben werden.
- Mitwirkungsleistungen des Kunden 138
  - Die für die Leistungserbringung erforderlichen Mitwirkungsleistungen sowie Rechtsfolgen bei nicht, nicht ordnungsgemäßer oder nicht rechtzeitiger Erbringung derselben sind zu regeln.
  - Insbesondere die Benennung eines entscheidungsbefugten und qualifizierten Ansprechpartners des Kunden sowie die Mitteilung aller erforderlichen Informationen in geeigneter Form und Qualität sind relevant.

[97] *Kirn/Müller-Hengstenberg* NJW 2017, 433.
[98] Vgl. *Redeker* in Hoeren/Sieber/Holznagel MultimediaR-HdB Teil 12 Rn. 154–162a.
[99] *Koch* CR 2006, 42.
[100] Vgl. *Kirn/Müller-Hengstenberg* NJW 2017, 433.

139 – Leistungsanpassungsrechte
  – Hier kommt die Vereinbarung einseitiger Leistungsanpassungen bei Cloud-Leistungen sowie Leistungsanpassungen im Rahmen eines Change-Request-Verfahrens bei anderen Vertragstypen in Betracht.

140 – Service Level Agreement
  – Es handelt sich um Regelungen zur Qualität der Leistungen zB Reaktions- und Servicezeiten.
  – Bei Vereinbarung einer Mindestverfügbarkeit von IT-Leistungen sollten der Bezugspunkt, die Berechnung der Verfügbarkeit, bei der Berechnung nicht zu berücksichtigende Ereignisse (zB Wartungsfenster) und die Rechtsfolgen deren Nichteinhaltung geregelt werden.
  – Regelungen zu Service-Credits bei Nichteinhaltung der Mindestverfügbarkeit sollten abschließend vereinbart werden.

141 – Haftung, Rechte bei Schlechtleistung
  – Regelmäßig getroffene Vereinbarungen sind abschließende Haftungsregelungen, ggf. mit summenmäßiger Haftungsbeschränkung, sowie der Ausschluss von Folgeschäden, wie entgangenem Gewinn.

142 – Nutzungsrechte/Schutzrechtsfreistellung
  – Bei der Bereitstellung einer SaaS-Leistung ist das Recht des Kunden zur Nutzung des SaaS-Portals zu regeln.
  – Die Rechte an Arbeitsergebnissen sollten unter Berücksichtigung der Vereinbarung als Dienst- oder Werkvertrag vereinbart werden.
  – Die Rechte an überlassenen Daten sowie die Rechtsfolgen bei Verstoß gegen Rechte Dritter sollten geregelt werden.

143 – Datenschutz
  – Die Parteien sollten sich zur Einhaltung datenschutzrechtlicher Bestimmungen und, soweit erforderlich, zum Abschluss einer Vereinbarung zur Auftragsverarbeitung verpflichten.
  – Die Erforderlichkeit der Aufnahme von Regelungen zur Datensicherheit ist zu prüfen.

144 – Sonstige Regelungen
  – In der Regel sind folgende, sonstige Regelungen Bestandteil des Vertrags:
  – Laufzeit, Kündigung, Vergütung, Vertraulichkeit, Höhere Gewalt, Schlussbestimmungen ua geltendes Recht und ggf. Vereinbarung eines Gerichtstandes.

c) Analysedienstleister – Datenlieferant

145 Die Beschaffung der für das Auswertungsziel des Kunden gegebenenfalls erforderlichen sonstigen Daten kann insbesondere durch die Nutzung von Open Data oder dem Kauf von Daten erfolgen.

146 **aa) Open Data.** Unter Open Data versteht man Datenbestände, die im Interesse der Allgemeinheit **zur freien Nutzung** für jedermann zugänglich gemacht werden.[101] Inhaltlich handelt es sich meist um Behördendaten, aber auch wissenschaftliche Publikationen oder Datensätze privater Unternehmen. Der Deutsche Bundestag hat bspw. im Jahr 2017 das sog. Open-Data-Gesetz beschlossen, nach dem Daten von Bundesbehörden maschinenlesbar und entgeltfrei öffentlich zugänglich gemacht werden sollen. Auch der Entwurf der Verordnung des Europäischen Parlaments und des Rates über die europäische Daten-Governance (Daten-Governance-Gesetz) verfolgt den Zweck, die Verfügbarkeit von Daten

[101] *Hackenberg* in Hoeren/Sieber/Holznagel MultimediaR-HdB Teil 15.2 Rn. 35 f.

zur Nutzung innerhalb der EU zu fördern, das Vertrauen in Datenmittler zu erhöhen und Mechanismen für die gemeinsame Datennutzung in der EU zu stärken.[102]

Die Daten werden zumeist auf öffentlichen Portalen, zB GovData,[103] aber auch Datenbörsen, wie dem Data Intelligence Hub,[104] zum Download via Webportal oder über ein API bereitgestellt. 147

Entscheidend bei der geplanten Verwendung von Open-Data-Datenbeständen und oftmals einzige Rechtsgrundlage sind die **Lizenzbestimmungen** des Urhebers. Diese sollten zwar grundsätzlich einem Standard[105] entsprechen, ähnlich wie bei Open-Source-Lizenzverträgen sind jedoch auch hier Abweichungen möglich und nicht unüblich. Die Daten können insbesondere in ihrem Verwendungszweck (zB non commercial use) eingeschränkt sein oder unter dem Zustimmungsvorbehalt Dritter stehen. Auch können die Lizenzbestimmungen nachträglich durch den Urheber geändert werden. Eine Prüfung der Lizenzbestimmungen hinsichtlich der Zulässigkeit der Verwendung im konkreten Einzelfall ist daher unbedingt angeraten. 148

Als **gängige Lizenzen** bei der Bereitstellung von Open Data können die Creative-Commons-Lizenzen in ihren verschiedenen Ausprägungen angesehen werden.[106] Der Urheber kann sich mit den verschiedenen Arten der Creative-Commons-Lizenzen eine auf seine Bedürfnisse zugeschnittene Regelung zusammenstellen.[107] 149

Praxishinweis: 150

- Die Lizenzbestimmungen sind auf Einschränkungen hinsichtlich der geplanten Verwendung zu prüfen.
- Zum Zeitpunkt der Verwendung der Daten sollte eine timestamp erstellt werden, anhand derer nachvollzogen werden kann, welche Lizenzbestimmungen zum Zeitpunkt der Verwendung galten.

bb) Kauf von Daten. Der Kauf von Daten ist neben der Verwendung von Open-Data-Datenbeständen eine schnelle und mit überschaubarem Aufwand verbundene Möglichkeit, um Daten zu Analysezwecken zu beschaffen.[108] 151

Maßgebliche Regelung im Rahmen eines **Datenkaufvertrags** ist insbesondere die Einräumung von Nutzungsrechten dergestalt, dass diese für den angestrebten Zweck, wie die Weitergabe zu statistischen Analysezwecken, verwendet werden können. 152

Darüber hinaus sollte eine **Haftungsfreistellung** bei Verletzung von Rechten Dritter geregelt werden. Aus Sicht des Anbieters ist es zumeist wünschenswert, diese lediglich im Rahmen der vertraglich vereinbarten Haftungsbeschränkung zu gewähren. 153

---

[102] Vgl. Daten-Governance-Gesetz (Entwurf) Stand 25.11.2020.
[103] www.govdata.de/ (16.12.2019).
[104] dih.telekom.net/ (16.12.2019).
[105] Vgl. opendefinition.org/od/2.1/en/ (16.12.2019).
[106] Vgl. creativecommons.org/licenses/?lang=de (16.12.2019).
[107] *Wagner* MMR 2017, 216.
[108] *Hackenberg* in Hoeren/Sieber/Holznagel MultimediaR-HdB Teil 15.2 Rn. 35f.

§ 27 Verkehr

Übersicht

Literatur:

Bidinger/Müller-Bidinger/Bidinger (Hrsg.), Personenbeförderungsrecht, Kommentar, Loseblatt, Berlin, Stand: 3/2020; *Degen,* Ladeinfrastruktur für Elektromobilität, NJW Spezial 2018, 748; *Haack/Dathe,* Novellierung des Personenbeförderungsrechts, ZRP 2019, 81; *Harendt/Mayer,* Rechtsrahmen und Vorschläge zur Änderung für Ladeinfrastruktur im Neubau und Bestand, KommJur 2016, 161; *Hartwig/Sterniczuk,* Probleme des Grundsatzes der Wettbewerbsneutralität des straßenrechtlichen Sondernutzungsrechts, NVwZ 2016, 1375; *Heinze/Fehling/Fiedler* (Hrsg.), Personenbeförderungsgesetz, 2. Aufl., München 2014; *Klinger,* Landesrechtliche Kompetenzen für eine City-Maut zur Verminderung der Luftbelastung, ZUR 2019, 591; *Linke/Jürschik,* Analog trifft digital – Neuigkeiten bei den rechtlichen Rahmenbedingungen zum Ride- und Carsharing, NZV 2018, 496; *Lüdemann,* Connected Cars – Das vernetzte Auto nimmt Fahrt auf, der Datenschutz bleibt zurück, ZD 2015, 247; *Märtens/Wynands,* Abschnittskontrolle: Amtliche Überwachung der Durchschnittsgeschwindigkeit von Fahrzeugen, NZV 2019, 83; *Pfeifer/Nowack,* Der Rechtsrahmen zur Förderung der Elektromobilität unter besonderer Berücksichtigung kommunaler Handlungsmöglichkeiten, ZUR 2019, 650; *Robbert,* Parkraumbewirtschaftung im Gewand des Straßenrechts?, NVwZ 2015, 1259; *Schröder,* Verbesserung des Klimaschutzes durch Einführung einer City-Maut, NVwZ 2012, 1438; *Schütte,* Verkehrswende jetzt!, ZUR 2018, 65; *Schweditsch,* Die deutsche Ladesäulenverordnung – (k)ein Vorbild für Österreich?, EnWZ 2016, 213; *Spiecker gen. Döhmann,* Digitale Mobilität: Plattform Governance – IT-sicherheits- und datenschutzrechtliche Implikationen, GRUR 2019, 341; *Wimmer/Weiß,* Taxi-Apps zwischen Vermittlungstätigkeit und Personenbeförderung, MMR 2015, 80; *Zeil/Prinz zur Lippe,* Der rechtliche Rahmen für innovative Mobilitätsangebote, GewArch 2018, 405.

I. IoT im öffentlichen Verkehr

1. Einführung

1 Egal ob E-Cityroller, Motorroller oder Auto, die **Sharing Economy** hält gestützt auf neue Technologien Einzug in Europa und Deutschland. Gerade die durch die Urbanisierung zahlenmäßig gewachsene zivile Gesellschaft fordert verstärkt alternative und innovative Mobilitätskonzepte, die dem drohenden städtischen „Verkehrsinfarkt" entgegenwirken. Schaut man sich die Verkehrsaufzeichnung etwa von GoogleMaps an, so sind die Ballungszentren Europas und Deutschlands (jedenfalls bis zum Beginn der **Corona-Krise**) mehr oder weniger den ganzen Tag rot bis dunkelrot. Hat man sich mit dem Privatfahrzeug durch diese Staus gekämpft, beginnt die nervenzehrende und zeitfressende Suche nach einem Parkplatz. Während die Privatwagenfahrer sich über Stau, mangelnde und teure Parkplätze beklagen, leidet die urbane Bevölkerung unter Lärm und Abgasen. Steigt infolge der Corona-Krise eine Vielzahl von Verkehrsteilnehmern zur Vermeidung von Infektionsrisiken vom **ÖPNV** in das eigene Auto um, könnten sich diese Probleme

weiter verschlimmern. Freilich lassen sich die Langzeitauswirkungen dieser Krise zum jetzigen Zeitpunkt nur schwer prognostizieren. Auch wenn durch die Corona-Folgen die Mobilitätsdiskussion unter neuen Parametern geführt werden muss, werden die bis zum Krisenbeginn bestehenden Probleme des Verkehrssektors durch die (momentan noch) eingeschränkte Mobilität nicht ohne Weiteres wegfallen. So war auch die vorhandene Infrastruktur des ÖPNV „am Limit". Sie ist bzw. war nicht auf die Massen ausgelegt, die täglich transportiert werden müssen, und Erneuerungen und Ausbauten kommen infolge langwieriger Planverfahren nur schwer voran. Gleichzeitig wurde von dem Einzelnen sowohl im privaten als auch im beruflichen Bereich eine gesteigerte Mobilität verlangt. In diesem Klima tauchen so unterschiedliche Angebote wie etwa Uber, MOIA oder Drive-Now auf. Ihnen ist gemein, dass sie auf einer **digitalisierten Revolution** der Mobilitätsdienste beruhen und der Entlastung des städtischen Verkehrs und damit letztlich dem Umwelt- und Klimaschutz dienen. Ob mit oder ohne Corona – die vernetzten Alltagsdienste des Internet der Dinge werden zur Bewältigung der sektoralen Probleme im Verkehrsbereich eine wichtige Rolle einnehmen.

Der städtische motorisierte Personenverkehr war lange Zeit geprägt von Individualverkehr, ÖPNV und Taxis. Das 1934 eingeführte Personenbeförderungsgesetz (PBefG)[1] regelte den Linienverkehr und Gelegenheitsverkehr auf der Straße einschließlich des Straßenbahnverkehrs umfassend neu und sicherte Reichspost und -bahn gegen Beeinträchtigungen und Wettbewerb.[2] 1952[3] wurde das Personenbeförderungsgesetz in seiner Fassung von 1937[4] neu in Kraft gesetzt. Spätestens seitdem Uber über den großen Teich nach Europa geschwappt ist, brodelt es in der Küche der Personenbeförderung. Private Unternehmen machen sich die Digitalisierung zunutze, um eine Mobilität 4.0 entstehen zu lassen. Über die Nutzung der Smartphone-Apps hat man die Wahl zwischen verschiedenen Carsharing-Modellen wie DriveNow oder car2go,[5] Ridepooling-Angeboten wie Clever-Shuttle, MOIA oder BerlKönig[6] und reinen Vermittlungsplattformen wie UberTaxi. Die Möglichkeiten sind unbegrenzt – jedenfalls theoretisch. Praktisch stoßen die innovativen Mobilitätskonzepte auf Widerstand. Etablierte Personenbeförderungssysteme fühlen sich bedroht,[7] althergebrachte Gesetze stoßen an ihre Grenzen.[8] Konsequenz sind Rechtsstreitigkeiten[9] und Vorschläge zu Gesetzesänderungen.[10] 2

2. Plattformdienste

a) Charakteristika der Plattformdienste

Das Konzept der Mobilität unterliegt einer steten Veränderung, die durch die technische Entwicklung der Kommunikationsmittel stark beeinflusst und beschleunigt wird. Während bei U- und S-Bahn der Fokus auf der Beförderung der breiten Masse liegt, kristallisierte sich in den letzten Jahren ein erhöhtes Bedürfnis nach bedarfsorientierter öffentlicher Per- 3

[1] RGBl. I S. 1217.
[2] Heinze/Fehling/Fiedler/*Heinze* PBefG IV Vorb. Rn. 2.
[3] BGBl. I S. 21.
[4] RGBl. I S. 1319.
[5] www.car2go.com/DE/en (15.6.2020).
[6] www.berlkoenig.de/ (15.6.2020).
[7] www.zeit.de/arbeit/2018-11/uber-deutschland-taxi-fahrdienst-konkurrenzkampf-lobby; www.faz.net/aktuell/rhein-main/streit-um-ein-monopol-in-frankfurt-16202624.html (15.6.2019).
[8] *Haack/Dathe* ZRP 2019, 81.
[9] Vgl. etwa für Clevershuttle VG Hamburg Beschl. v. 30.4.2019 – 5 E 16/19, MMR-Aktuell 2019, 417127; für MOIA OVG Hamburg Beschl. v. 1.7.2019 – 3 Bs 113/19, BeckRS 2019, 14007; für UberBlack BGH Urt. v. 13.12.2019 – I ZR 3/16, GRUR 2019, 298.
[10] Eckpunkte für eine Novellierung des Personenbeförderungsrechts; https://www.verkehrsministerkonferenz.de/VMK/DE/termine/sitzungen/19-04-04-05-vmk/19-4-04-05-bericht-bmvi-4-8.pdf?__blob=publicationFile&v=3 (25.3.2021); der aktuelle Gesetzesbeschluss im Bundestag ist einzusehen in BT-Drs. 19/26175 und BT-Drs. 19/27288.

sonenbeförderung heraus. Dies führte zu Sonderformen des ÖPNV wie dem Anruf-Sammeltaxi oder dem Anrufbus, die nur auf Abruf, also bei Bedarf verkehren. Moderne, sich ständig weiterentwickelnde Technologien ermöglichen es, die individuelle Mobilität für eine Vielzahl von Einzelpersonen bestmöglich zu organisieren. Dies geschieht in der Regel über **Plattformdienste,** die als Applikation (App) auf dem Smartphone installiert werden.

4 Die Plattformdienste zeichnen sich dadurch aus, dass sie verschiedene Angebote an Mobilitätskonzepten präsentieren, aus denen der Nutzer frei wählen kann. Dabei ist zu unterscheiden, ob der Plattformdienst selbst das Beförderungsangebot betreibt oder ob er reiner **Vermittler** ist, der nicht selbst den Fahrgast befördert, sondern nur den Kontakt zwischen Nutzer und (dem plattformfremden) Fahrer herstellt. Zur erstgenannten Gruppe von Anbietern eines eigenständigen Beförderungsangebots gehören etwa MOIA und Clever-Shuttle.[11] In letzterem Fall einer reinen Vermittlung wird die Funktion einer zuteilenden – aber digitalen und nicht analogen – Zentrale wahrgenommen. Hierzu zählen die ehemalige App MyTaxi[12] und UberTaxi[13], bei denen die Beförderungsverträge mit dem jeweiligen Taxi zustande kommen und demgegenüber auch das Entgelt entrichtet werden kann.[14] Schwierigkeiten bereitet die Einordnung und Behandlung solcher „Plattformdienste", deren eigene Leistung so umfassend ist, dass sie selbst als Verkehrsdienstleistung anzusehen ist und die Plattformdienstleistung lediglich „integraler Bestandteil" einer umfassenden Gesamtdienstleistung ist. Zu diesen zähl(t)en UberBlack[15] und UberPop. Allen aber ist gemein, dass sie **On-Demand-Dienste** sind. Die Fahrt wird bei Bedarf mittels einer App gebucht und ggf. auch bezahlt. Erst dann macht sich das Fahrzeug zu dem Fahrgast auf, lädt ihn ein und befördert ihn zu einem bestimmten Ziel. Sie werden also gerade nicht durch ein Winkzeichen vom Straßenrand herbeigerufen.

b) Rechtliche Einordnung und Rahmenbedingungen

5 Die Unterscheidung in Plattformdienste, die sich lediglich auf die Vermittlung einer Fahrt beschränken und solcher Apps, die den gesamten Transport inklusive Bezahlung abwickeln, schlägt sich in der rechtlichen Einordnung nieder. Aus europarechtlicher Sicht stellt sich die Frage, ob ein Plattformdienst als **Vermittlungsdienst** unter die Dienstleistungsfreiheit des Art. 56 AEUV und die RL 2006/123/EG sowie RL 2000/31/EG fällt und insoweit vor staatlichen Eingriffen der Mitgliedstaaten geschützt ist oder als **Verkehrsdienstleistung** iSv Art. 58 AEUV den Bestimmungen des Titels über den Verkehr (Art. 90 ff. AEUV) unterliegt und somit – vorbehaltlicher einer auf Art. 91 AEUV gestützten einheitlichen europäischen Regelung – allein dem nationalen Gesetzgeber überlassen ist. Dienstleistungen sind nach Art. 57 AEUV Leistungen, die in der Regel gegen Entgelt erbracht werden, soweit sie nicht den Vorschriften über den freien Waren- und Kapitalverkehr und über die Freizügigkeit der Personen unterliegen. Eine dem Schutz des Art. 57 AEUV unterfallende Vermittlungsdienstleistung liegt nach der Rechtsprechung des EuGH[16] vor, wenn mittels einer Smartphone-App lediglich eine Übermittlung der Information über die Buchung der Verkehrsdienstleistung zwischen dem Passagier und dem Fahrer, der die Beförderung mit seinem eigenen Fahrzeug durchführt, erfolgt. Darin liegt eine Dienstleistung der Informationsgesellschaft iSv Art. 1 Nr. 2 RL 98/34 idF der RL 98/

---

[11] www.zeit.de/arbeit/2018-11/uber-deutschland-taxi-fahrdienst-konkurrenzkampf-lobby; www.clevershuttle.de (15.6. 2020).

[12] Seit Juli 2019 umbenannt in Free Now, www.zeit.de/arbeit/2018-11/uber-deutschland-taxi-fahrdienst-konkurrenzkampf-lobby; www.welt.de/newsticker/dpa_nt/infoline_nt/netzwelt/article196231245/MyTaxi-baut-Fahrdienste-aus-und-benennt-sich-in-Free-Now-um.html (15.6.2020).

[13] www.zeit.de/arbeit/2018-11/uber-deutschland-taxi-fahrdienst-konkurrenzkampf-lobby; www.uber.com/us/en/ride/ubertaxi (15.6.2020).

[14] OVG Berlin-Brandenburg Beschl. v. 10.5.2015 – OVG 1 S 96.14, BeckRS 2015, 44779.

[15] www.zeit.de/arbeit/2018-11/uber-deutschland-taxi-fahrdienst-konkurrenzkampf-lobby; www.uber.com/de/en/ride/uberblack (15.6.2020).

[16] EuGH Urt. v. 20.12.2017 – C-434/15, MMR 2018, 144 Rn. 35.

48, Art. 2 lit. a RL 2000/31, da eine Dienstleistung vorliegt, die – in der Regel gegen Entgelt – elektronisch im Fernabsatz und auf individuellen Abruf eines Empfängers erbracht wird. Eine staatliche Beschränkung dieser Dienstleistung muss sich an Art. 56 AEUV messen lassen.

Eine Verkehrsdienstleistung iSv Art. 2 Abs. 2 lit. d RL 2006/123 liegt hingegen vor, 6
wenn der Vermittlungsdienst lediglich integraler Bestandteil einer Gesamtdienstleistung ist, die hauptsächlich aus einer Verkehrsdienstleistung besteht.[17] Als solche unterfällt sie dem Regelungsbereich des Art. 58 AEUV. Dieser ist nicht unionsrechtlich reglementiert, da diesbezüglich bisher keine einschlägigen gemeinsamen Vorschriften oder sonstige Maßnahmen auf der Grundlage von Art. 91 Abs. 1 AEUV erlassen wurden. Die Regelung der Vermittlungsdienste obliegt allein den nationalen Gesetzgebern der Mitgliedstaaten. Für die rechtliche Bewertung der innovativen Mobilitätskonzepte kommt es daher ausschließlich auf die nationale Gesetzeslage und in Deutschland entscheidend auf das PBefG an.

Relevante Punkte sind insoweit die Frage, ob das PBefG überhaupt anwendbar ist und 7
ob nicht schon eine privilegierte Beförderung nach § 1 Abs. 2 S. 1 Nr. 1 PBefG vorliegt. Ferner die Frage, ob der Plattformdienst selbst als Unternehmer iSv § 2 Abs. 1 S. 2 PBefG anzusehen ist. Und falls ja, ob das Mobilitätskonzept genehmigungsfähig nach § 2 PBefG ist, wobei insbesondere § 2 Abs. 1 Nr. 3, Abs. 4 und Abs. 6, 7 PBefG relevant sind.

Nach § 1 Abs. 1 S. 1 PBefG ist das PBefG anwendbar, wenn es um die **entgeltliche** 8
oder geschäftsmäßige Beförderung von Personen ua mit Kraftfahrzeugen geht. Genehmigungsfrei ist eine Beförderung nach § 1 Abs. 2 S. 1 Nr. 1 iVm S. 2 PBefG, wenn die Beförderung mit Personenkraftwagen zwar geschäftsmäßig, aber unentgeltlich erfolgt oder jedenfalls das Gesamtentgelt die Betriebskosten der Fahrt nicht übersteigt. Privilegiert werden sollen Gefälligkeitsfahrten unter Privatpersonen.[18]

Das PBefG stellt nach Rechtsprechung und Praxis aufgrund der Definition der ver- 9
schiedenen Verkehrsarten und -formen in §§ 42, 43, 46–49 PBefG einen **Typenzwang** auf.[19] Beförderungen, die weder Linien- noch Taxen, Ausflugs-, Fernreise- oder Mietkraftwagenverkehr sind, gehören zu keiner der gesetzlich gebilligten Typen. Sie sind nicht nach § 2 PBefG genehmigungsfähig. Das BVerfG hat einen solchen uneingeschränkten Typenzwang mit der Wirkung eines automatischen Beförderungsverbots ohne Möglichkeit der Genehmigungsfähigkeit für verfassungswidrig erklärt und den Gesetzgeber darauf hingewiesen, dass eine Neuregelung der Tätigkeit der Mitfahr-Vermittler mit deren Berufsfreiheit (Art. 12 GG) in Einklang gebracht werden muss.[20] Als Reaktion hierauf wurde der heutige § 2 Abs. 6 PBefG eingeführt, wonach Verkehrsarten und -formen, die sich nicht eindeutig einer der in §§ 42, 43, 46–49 PBefG genannten Verkehrsart und -form zuordnen lassen, nach denjenigen Vorschriften des PBefG genehmigungsfähig sind, denen diese nicht eindeutig zuzuordnende Beförderung am meisten entspricht.[21]

c) Die Causa Uber im Besonderen

Als Plattformdienst, der sich nicht auf die reine Vermittlung der Fahrt beschränkt, beschäf- 10
tigt seit Jahren in Europa und Deutschland Uber va mit seinen Angeboten UberPop und UberBlack die Gerichte. In den Entscheidungen **UberSpain/EliteTaxi**[22] und **Uber-France**[23] stellte der EuGH fest, dass sich Uber mit seinem Geschäftsmodell UberPop nicht auf die Dienstleistungsfreiheit des Art. 56 AEUV berufen könne. Vielmehr stufte der EuGH das Angebot UberPop als Verkehrsdienstleistung (→ Rn. 6) ein, da gleichzeitig mit

[17] EuGH Urt. v. 20.12.2017 – C-434/15, MMR 2018, 144 Rn. 38ff.
[18] *Bidinger* PBefG § 1 Rn. 152.
[19] Heinze/Fehling/Fiedler/*Heinze* PBefG § 2 Rn. 49.
[20] BVerfG Beschl. v. 7.4.1964 – 1 BvL 12/63 juris Rn. 28–39 = NJW 1964, 1219; mwN Heinze/Fehling/Fiedler/*Heinze* PBefG § 2 Rn. 50.
[21] Heinze/Fehling/Fiedler/*Heinze* PBefG § 2 Rn. 50, 53.
[22] EuGH Urt. v. 20.12.2017 – C-434/15, MMR 2018, 144.
[23] EuGH Urt. v. 10.4.2018 – C 320/16, GRUR-Int 2018, 1065.

dem Vermittlungsdienst ein Angebot über innerstädtische Verkehrsdienstleistungen abgegeben werde, das durch die App zugänglich gemacht werde und somit der Vermittlungsdienst nur integraler Bestandteil einer Gesamtdienstleistung, die hauptsächlich aus einer Verkehrsdienstleistung bestehe, sei.[24]

11 In den Entscheidungen **UberBlack I**[25]**, II**[26] erklärte der BGH auf nationaler Ebene das Geschäftsmodell UberBlack für unzulässig, da ein Verstoß gegen § 49 Abs. 4 S. 2 PBefG angenommen wurde, indem die Beförderungsaufträge unmittelbar und gleichzeitig bei Fahrer und Betriebssitz des Mietwagenverleihers eingingen. Uber hat daraufhin in Europa UberPop und in den meisten deutschen Städten UberBlack aus seinem Angebotskatalog herausgenommen und durch UberX ersetzt. Bei UberPop stellte ein privater Fahrer seinen Privatwagen zur Verfügung. Bei UberBlack wird ein Mietwagen von einem professionellen Fahrer, der eine Genehmigung nach § 2 PBefG besitzt, zur Verfügung gestellt. **UberX** erfolgt nach demselben Prinzip wie UberBlack, jedoch mit dem Unterschied, dass bei UberX kein luxuriöser schwarzer Wagen vorfährt. Seinen Vorlagebeschluss zum EuGH hat der BGH nach den Entscheidungen UberSpain auf Anraten des EuGH zurückgenommen, da es keinen Unterschied für die **Einstufung als Verkehrsdienstleistung**[27] mache, ob der Fahrer seine Leistung berufsmäßig oder nicht erbringe.[28] Danach sind für die rechtliche Beurteilung von UberPop bzw. UberX und UberBlack va die Vorschriften des PBefG relevant, da der Bereich der Verkehrsdienstleistung iSv Art. 58 AEUV mangels unionsrechtlicher Vorschriften dem alleinigen Kompetenzbereich der Mitgliedstaaten verbleibt.

12 Eine Genehmigungsfreistellung nach § 1 Abs. 2 S. 1 Nr. 1 iVm S. 2 PBefG verweigerten die nationalen Gerichte UberPop[29] und UberBlack[30] mit der Begründung, dass die Fahrten nicht unentgeltlich erfolgten, da ein errechneter Betrag von 1,50 EUR[31] – 1,98 EUR[32] pro gefahrenem Kilometer die errechneten Betriebskosten von 0,23 EUR – 0,35 EUR[33] um ein Mehrfaches übersteige. Der **aktuelle Gesetzentwurf der Bundesregierung** zur Novelle des PBefG **(PBefG-E)** begegnet dem Problem, indem nach § 1 Abs. 2 S. 1 lit. b PBefG-E der in § 5 Abs. 2 S. 1 BRKG genannte Betrag als pauschale Wertgrenze festgesetzt wird.[34]

13 Eine **Genehmigungsfähigkeit** für die verschiedenen Uber-Angebote kommt mit Blick auf § 2 Abs. 1 Nr. 4, Abs. 6 oder 7 PBefG in Betracht, wobei die Rechtsprechung UberPop und UberBlack bisher ausschließlich an § 2 Abs. 1 S. 1 Nr. 4 iVm § 46 Abs. 2 Nr. 3 iVm § 49 Abs. 4 PBefG gemessen hat. Nach § 2 Abs. 1 S. 1 Nr. 4 PBefG sind die **Beförderung von Personen mit Kraftfahrzeugen im Gelegenheitsverkehr** genehmigungspflichtig. Gelegenheitsverkehr wird ua in § 46 Abs. 2 Nr. 3 PBefG als Verkehr mit Mietomnibussen und -wagen definiert. Verkehr mit Mietwagen ist nach § 49 Abs. 4 S. 1 PBefG wiederum die Beförderung von Personen mit Personenkraftwagen, die nur im Ganzen zur Beförderung gemietet werden und mit denen der Unternehmer Fahrten ausführt, deren Zweck, Ziel und Ablauf der Mieter bestimmt und die nicht Verkehr mit Taxen nach § 47 PBefG sind. Dies zeigt, warum UberPop, das mit Privatwagen der Fahrer, die selbst keiner staatlichen Kontrolle zum Schutz der Fahrgäste unterliegen, betrieben wurde, in Deutschland nicht nach § 2 Abs. 1 S. 1 Nr. 4 PBefG genehmigungsfähig war.[35]

---

[24] EuGH Urt. v. 20.12.2017 – C-434/15, MMR 2018, 144 (145).
[25] BGH Beschl. v. 18.5.2017 – I ZR 3/16, MMR 2017, 686.
[26] BGH Urt. v. 13.12.2018 – I ZR 3/16, GRUR 2019, 298.
[27] Vgl. Definition des EuGH in EuGH Urt. v. 20.12.2017 – C-434/15, MMR 2018, 144 Rn. 35.
[28] BGH Urt. v. 13.12.2018 – I ZR 3/16, GRUR 2019, 298 (303) Rn. 54.
[29] OVG Hamburg Beschl. v. 24.9.2014 – 3 Bs 175/14, NVwZ 2014, 1528 (1529) Rn. 10; OLG Frankfurt a. M. Urt. v. 9.6.2016 – 6 U 73/15, GRUR-RR 2017, 17 (18) Rn. 37.
[30] OVG Berlin-Brandenburg Beschl. v. 10.4.2015 – OVG 1 S 96.14, BeckRS 2015, 44779.
[31] OVG Hamburg Beschl. v. 24.9.2014 – 3 Bs 175/14, NVwZ 2014, 1528 (1529) Rn. 10.
[32] OLG Frankfurt a. M. Urt. v. 9.6.2016 – 6 U 73/15, GRUR-RR 2017, 17 (18) Rn. 37.
[33] OVG Hamburg Beschl. v. 24.9.2014 – 3 Bs 175/14, NVwZ 2014, 1528 (1529) Rn. 10.
[34] BT-Drs. 19/26175, 7.
[35] Vgl. VG Berlin Beschl. v. 26.9.2014 – 11 L 353.14 Rn. 51, BeckRS 2014, 57087, bestätigt durch das OVG Berlin-Brandenburg Beschl. v. 10.4.2015 – OVG 1 S 94.14 Rn. 48, BeckRS 2015, 44779.

Für UberBlack, bei dem die Beförderung nur über ihrerseits konzessionierte Mietwagen erfolgt, stellte sich dieses Problem nicht. Aber es stellt sich eine andere Frage, nämlich **ob Uber bei UberBlack Unternehmer iSd PBefG ist.** Dies ist gem. § 2 Abs. 1 S. 2 PBefG, wer etwa nach § 2 Abs. 1 S. 1 Nr. 4 PBefG Personen entgeltlich oder geschäftsmäßig befördert.

Uber schließt in den Nutzungsbedingungen aus, Beförderer zu sein, und stellt klar, nur als Vermittler tätig zu werden.[36] Diese Klarstellung ist aber unbeachtlich, wenn die rechtlichen und tatsächlichen Umstände ergeben, dass Uber nach dem PBefG eben doch Beförderer ist.[37] Das OLG Frankfurt a. M. hat zudem darauf abgestellt, wer aus Sicht des Fahrgastes Erbringer der Dienstleistung ist.[38] Dabei haben die Gerichte[39] festgestellt, dass Uber mit den Nutzern im eigenen Namen den Vertrag über die Beförderungsdienstleistung schließt, Fahrpreise festsetzt, Stornogebühren erhebt und die Bezahlung ausschließlich über Uber erfolgt, wobei hierüber eine Rechnung im Namen von Uber ausgestellt wird. Bargeldzahlungen an den Fahrer sind ausgeschlossen, Trinkgelder müssen nicht gegeben werden. Die Fahrer werden ausschließlich von Uber entlohnt, wobei das OVG Hamburg[40] festgestellt hat, dass Uber eine Unterstützungsgebühr für 40 Stunden Arbeitszeit bezahlt hat und nach der Durchführung der Fahrt mithilfe des den Fahrern zur Verfügung gestellten Smartphones abrechnet und den Einsatz der Fahrer mithilfe des den Fahrern zur Verfügung gestellten Smartphones steuert. Um Fahrer für Uber werden zu können, müssen bestimmte vorgegebene Anforderungen bzgl. des Fahrverhaltens sowie Alter und Qualität der Fahrzeuge eingehalten werden.[41] Insoweit überschneiden sich die Argumentation des EuGH, warum UberPop eine Verkehrsdienstleistung darstellen soll, und die Einstufung als Unternehmer iSd PBefG.[42] 14

Während der BGH in UberBlack II die Frage der Unternehmereigenschaft offengelassen hat, da er jedenfalls einen Verstoß gegen die Pflicht aus § 49 Abs. 4 S. 2 PBefG angenommen hat, sah das **Eckpunktepapier** (vgl. Nn. in → Rn. 2) der Bundesregierungskoalition vom November 2018 unter 1) a. vor, in § 3 PBefG den Unternehmerbegriff auf die Vermittlung von Fahrten zur Personenbeförderung auszudehnen, um klarzustellen, dass auch die digitale Vermittlung von Fahrten, die selbst als Beförderungsleistung einzustufen ist, genehmigungspflichtig ist und dem PBefG unterliegt. Im Novellierungsentwurf des PBefG setzt der Gesetzgeber – systematisch richtig – bei § 1 an. Nach den Regelungen des § 1 PBefG-E unterfällt die reine Vermittlung von Fahrten zwar dem Anwendungsbereich des PBefG, ist aber nicht automatisch genehmigungspflichtig. Wann eine digitale Fahrtenvermittung als Beförderungsleistung einzustufen und damit genehmigungspflichtig ist, soll in § 1 Abs. 1a PBefG-E definiert werden.[43] In der Entscheidung UberBlack I und II hat der BGH einen **Verstoß gegen § 49 Abs. 4 S. 2 PBefG** angenommen, da ein Beförderungsauftrag erst am Betriebssitz oder in der Wohnung des Unternehmers eingehen muss und deshalb schon die Genehmigung verweigert werden musste und jedenfalls in der vom BGH zu prüfenden Version von UberBlack Fahrer und Betriebssitz gleichzeitig und unmittelbar über den Beförderungsauftrag unterrichtet wurden.[44] 15

[36] Dies folgt aus Ziffer 2 „Die Vermittlungsdienstleistungen", letzter Absatz vor dem Punkt „Lizenz", www.uber.com/legal/en/document/?name=general-terms-of-use&country=germany&lang=de (15.6.2020).

[37] OVG Berlin-Brandenburg Beschl. v. 10.4.2015 – OVG 1 S 96.14, BeckRS 2015, 44779.

[38] OLG Frankfurt a. M. Urt. v. 9.6.2016 – 6 U 73/15, GRUR-RR 2017, 17 (19) Rn. 40.

[39] OLG Frankfurt a. M. Urt. v. 9.6.2016 – 6 U 73/15, GRUR-RR 2017, 17 (19) Rn. 39ff.; OVG Berlin-Brandenburg Beschl. v. 10.4.2015 – OVG 1 S 96.14, BeckRS 2015, 44779; OVG Hamburg Beschl. v. 24.9.2014 – 3 Bs 175/14, NVwZ 2014, 1528 (1529f.) Rn. 11f.

[40] OVG Hamburg Beschl. v. 24.9.2014 – 3 Bs 175/15, NVwZ 2014, 1528 (1529f.) Rn. 12.

[41] Vgl. auch www.uber.com/de/drive/resources/vehicle-requirements/ (15.6.2020).

[42] EuGH Urt. v. 20.12.2017 – C-434/15, MMR 2018, 144 Rn. 38.

[43] Zur Erläuterung des Ganzen BT-Drs. 19/26175, 7, 24, 36 f.

[44] BGH Beschl. v. 18.5.2017 – I ZR 3/16, MMR 2017, 686 (687) Rn. 21.

16 Diese Regelung dient einzig dem Schutz des Taximarktes.[45] Sie birgt die Frage, inwieweit eine derartige Privilegierung im Lichte innovativer Mobilitätsformen und auch mit Blick auf Art. 107 ff. AEUV als unzulässige **Beihilfe** überhaupt zulässig ist. Eine Änderung dieser Regelung, um das antiquierte PBefG an die Bedürfnisse des 21. Jahrhunderts anzupassen, ist auch im Eckpunktepapier der Bundesregierung nicht vorgesehen.[46] Auch im aktuellen PBefG-E wird § 49 Abs. 4 S. 2 nicht geändert.[47] Die Debatte um die (dringend notwendige) Novellierung des PBefG bleibt spannend. Insbesondere die causa Uber spaltet im aktuellen Gesetzgebungsverfahren die Gemüter.[48] In der Begründung des PBefG-E taucht der Begriff Uber (bewusst?) nicht auf.[49] Begrüßenswert ist, dass das Institut für Klimaschutz, Energie und Mobilität (IKEM) in einer Studie im Auftrag des BMVI Handlungsbedarf im Bereich des Personenbeförderungsrechts bei digitalen Plattformen aufgezeigt hat.[50] Der hoffentlich zügige Abschluss des Novellierungsverfahrens wird zeigen, ob entsprechende Handlungsmöglichkeiten im PBefG sinnvoll umgesetzt werden. Es steht aber zu erwarten, dass der neue Rechtsrahmen den über Jahrzehnte etablierten Schutz bestehender Verkehrsträger zugunsten innovativer, klimafreundlicher und ökonomisch sinnvoller Beförderungsangebote nicht in Gänze wird umkehren können. Ein erster wichtiger Schritt wird gleichwohl getan werden.

3. Ridepooling/Ridesharing

a) Charakteristika dieser Dienste

17 Ridepooling entspringt dem neuen Gefühl der Sharing Economy, wonach die vorhandenen Ressourcen gemeinschaftlich optimiert und damit volkswirtschaftlich effizient genutzt werden sollen.[51] Dabei wird das vorhandene Transportmittel von mehreren gleichzeitig genutzt. Die Nutzer haben nicht notwendigerweise dasselbe Start- und Endziel. Stattdessen nehmen sie in Kauf, dass das Fahrzeug Umwege fährt, um Mitfahrer mit einer ähnlichen Route einzusammeln.[52] Beispiele sind MOIA-Pooling, CleverShuttle und UberPool. Dabei werden von den Betreibern auf dem Stadtgebiet virtuelle Haltepunkte festgelegt, zu denen sich die Fahrgäste begeben müssen, wenn sie eine Fahrt mit dem Pooling-Dienst gebucht haben und an denen sie von dem Fahrdienst abgesetzt werden. Es findet also keine Haustür-zu-Haustür-Beförderung statt. Virtuell ist der Haltepunkt, weil er für einen Offline-Fußgänger anders als die Haltestelle des städtischen Busverkehrs nicht zu erkennen ist, sondern nur digital in der App angezeigt verschiedenen Fahrtanfragen der Nutzer bestimmt, jedenfalls im Rahmen der virtuellen Haltepunkte. Es wird nur insoweit eine feste Strecke befahren, als dass jede individuelle Fahrt entlang derwird.[53] Ein computergestützter Algorithmus bündelt verschiedene Fahrtanfragen mit ähnlichem Fahrweg. Die so zu einem

---

[45] *Bidinger* PBefG § 49 Rn. 149 ff.

[46] https://www.verkehrsministerkonferenz.de/VMK/DE/termine/sitzungen/19-04-04-05-vmk/19-04-04-05-bericht-bmvi-4-8.pdf?__blob=publicationFile&v=3 (25.3.2021).

[47] Vgl. zu den Änderungen des § 49 PBefG BT-Drs. 19/26175, 13 f.

[48] S. den Beschlussantrag einiger Abgeordneter und der Fraktion DIE LINKE im Bundestag „Keine Schlupflöcher für Uber & Co – Mietwagen wirksam regulieren", BT-Drs. 19/26173.

[49] Das Taxi-Gewerbe zeigt sich gegenüber dem jüngsten Änderungsentwurf des PBefG kritisch, https://www.taxi innung.org/kein-freibrief-fuer-uber-durch-scheuers-pbefg-novelle (3.3.2021). Die Novellierung des PBefG wird indessen seit Langem gefordert. Aus dem Forschungsprojekt der Agora Verkehrswende „Das PBefG und sein notwendiger Novellierungsbedarf" ist ein Argumentationspapier PBefG-Novelle entstanden, downloadbar unter www.roedl.de/themen/kompass-mobilitaet/09-2019/adac-roedl-partner-stellen-vorschlaege-pbefg-novelle-vor (15.6.2020); s. auch die Stellungnahme von bitkom, www.bitkom.org/sites/default/files/2019-04/kommentie rung_eckpunkte_pbefg.pdf (15.6.2020).

[50] Zusammenfassung der Studie „Digitale Mobilitätsplattformen", www.bmvi.de/SharedDocs/DE/Publikatio nen/DG/broschuere-digitale-mobilitaetsplattform-kurzfassung.pdf?__blob=publicationFile (15.6.2020).

[51] *Wimmer/Weiß* MMR 2015, 80 (81).

[52] *Zeil/Prinz zur Lippe* GewArch 2018, 405.

[53] Vgl. zB help.moia.io/hc/de/articles/360000792145-Was-ist-ein-MOIA-Haltepunkt-und-wie-finde-ich-den- (15.6.2020).

Ridepool gebündelten Fahrgäste werden an ihnen nächstgelegenen virtuellen Haltepunkten im Laufe der Fahrt vom Fahrdienst eingesammelt und befördert. Dabei wird die Fahrt des jeweiligen Fahrgastes durch Zwischenstopps, an denen bisherige Fahrgäste aus- oder neue Fahrgäste einsteigen, unterbrochen. Die Fahrtstrecke wird also durch die virtuellen Haltepunkte erfolgt.

Im Unterschied zu **reinen Vermittlungsplattformen** wie etwa myTaxi oder UberTa- 18
xi werden Fahrt und Vermittlung von derselben Person durchgeführt. Sie sind daher „echte" Beförderungsunternehmen iSv § 3 Abs. 2 PBefG, da sie selbst im eigenen Namen, unter eigener Verantwortung und auf eigene Rechnung mit eigenen Fahrzeugen agieren. Abzugrenzen ist hiervon das **Carsharing,** also die gemeinsame und koordinierte Nutzung eines Fahrzeugs durch eine Vielzahl von Personen.[54] Dies ist stationsunabhängig oder stationsbasiert möglich und durch das CsgG geregelt. Beispiele sind etwa car2go oder DriveNow.

b) Rechtliche Einordnung und Rahmenbedingungen

Auch für die Ridepool-Mobilitätskonzepte ist der Begriff des Unternehmers iSv § 2 19
Abs. 1 S. 2 PBefG entscheidend, da sich daran die Genehmigungspflicht knüpft. Relevant ist dabei eine Genehmigung nach § 2 Abs. 1 S. 1 Nr. 3, 4 und Abs. 6 und 7 PBefG. Lässt sich ein Mobilitätskonzept nicht eindeutig einer Verkehrsform des § 2 Abs. 1 S. 1 PBefG zuordnen, kommt eine Genehmigung nach § 2 Abs. 6 PBefG in Betracht oder, wenn das neuartige Mobilitätskonzept an sich nicht genehmigungsfähig ist, eine **Erprobungsgenehmigung** nach § 2 Abs. 7 PBefG. Für die Fälle der Genehmigung nach § 2 Abs. 1 S. 1 Nr. 3, 4 und Abs. 6 PBefG ist zwischen Linienverkehr, §§ 42 ff. PBefG und Gelegenheitsverkehr, § 46 Abs. 2 PBefG, abzugrenzen.

Linienverkehr ist gem. § 42 PBefG eine zwischen bestimmten Ausgangs- und End- 20
punkten eingerichtete regelmäßige Verkehrsverbindung, mit der Fahrgäste an bestimmten Haltestellen ein- und aussteigen können. Vorteilhaft bei einer Einstufung als Linienverkehr wäre, dass anders als bei der Einstufung als Mietomnibus oder -wagen ein Pooling-Verbot nicht besteht. Gem. § 49 Abs. 1 S. 1, Abs. 4 S. 1 PBefG müssen Letztgenannte im Ganzen zur Beförderung angemietet werden. Dies ist unproblematisch in den Fällen der Exklusivbeförderung, ähnlich wie bei Taxis. Im Fall von Ridepooling hingegen basiert das Mobilitätskonzept gerade auf dem Gedanken des Sharings, also der Vermietung einzelner Sitzplätze innerhalb des Gesamtfahrzeugs. Schwierigkeiten für die Einordnung als Linienverkehr bereitet das Merkmal **„regelmäßig",** wobei dieses in zeitlicher und örtlicher Hinsicht vorliegen muss.[55] Ausreichend ist grundsätzlich, dass der Verkehr vorhersehbar wiederkehrend stattfindet, wobei an Abfahrts- und Ankunftszeiten keine allzu strengen Anforderungen zu stellen sind.[56] In örtlicher Hinsicht verlangt das BVerwG die Bedienung derselben Strecke.[57] Die Ridepooling-Konzepte basieren darauf, dass während fester Betriebszeiten zwar ausschließlich Strecken entlang der virtuellen Haltepunkte abgefahren werden, diese sich jedoch hinsichtlich Start, Ziel und Reihenfolge an den jeweiligen Fahrgästen ausrichten, die aber wiederum nicht beliebig eingesammelt werden, sondern durch den Algorithmus gebündelt werden, sodass sich eine optimale Fahrstrecke ergibt, auf der möglichst viele Fahrgäste in einem Fahrzeug transportiert werden können.[58]

Als Formen des **Gelegenheitsverkehrs** kommen nach § 46 Abs. 2 PBefG nur in Be- 21
tracht Verkehr mit Taxen (Nr. 1), § 47 PBefG, und Verkehr mit Mietomnibussen und Mietwagen (Nr. 3), § 49 PBefG. **Verkehr mit Taxen** dürfte jedoch für Ridepooling-Mo-

[54] *Linke/Jürschik* NZV 2018, 496 f.
[55] *Zeil/Prinz zur Lippe* GewArch 2018, 405 (406).
[56] BVerwG Urt. v. 12.12.2013 – 3 C 30/12, KommJur 2014, 306 (309) Rn. 27.
[57] BVerwG Urt. v. 27.8.2015 – 3 C 14/14, NVwZ 2016, 695 (697) Rn. 27 ff.
[58] *Zeil/Prinz zur Lippe* GewArch 2018, 405 (406).

bilitätskonzepte regelmäßig ausscheiden, da die eingesetzten Fahrzeuge in der Regel nicht an den für Taxen behördlich zugelassenen Stellen bereitgehalten werden, § 47 Abs. 1 PBefG, und auch das Beförderungskonzept ein völlig anderes ist: Taxis führen eine Exklusivbeförderung des Fahrgastes von Haustür zu Haustür durch, Ridepooling hingegen bündelt mehrere voneinander unabhängige Fahrgäste in einem Fahrzeug, indem verschiedene virtuelle Haltepunkte auf dem als optimal ermittelten Fahrtweg angefahren werden. Als zulässiges Beförderungsvehikel kommen somit nur noch **Mietomnibusse und -wagen** als Gelegenheitsverkehr in Betracht, § 46 Abs. 2 Nr. 3 PBefG.

22 Dabei stößt das Ridepooling auf vier Probleme: erstens der Eingang des Beförderungsauftrags, der am Betriebssitz eingehen muss, § 49 Abs. 4 S. 2 PBefG, zweitens die Rückkehrpflicht nach § 49 Abs. 4 S. 3 PBefG, drittens das **Verbot des Poolings,** wonach nur das gesamte Fahrzeug gemietet werden darf, nicht einzelne Sitzplätze innerhalb des Fahrzeugs, und viertens muss gem. § 49 Abs. 4 S. 1 PBefG der Mieter Zweck, Ziel und Ablauf der Fahrt bestimmen. Darüber, inwieweit Letzteres tatsächlich problematisch ist, kann man nach Belieben streiten. Einerseits nimmt der Fahrgast entscheidend Einfluss auf die Fahrt, indem er Start- und Endpunkt festlegt und auch entsprechend dieser Vorgaben befördert wird. Andererseits muss er sich den Vorgaben des Beförderungsunternehmers beugen, da er nur innerhalb der nächstgelegenen virtuellen Haltepunkte transportiert wird und während der Fahrt Umwege gemacht werden können, um weitere Fahrgäste aufzunehmen.[59] Nach diesen Abgrenzungen dürften Ridepooling-Angebote wie MOIA als atypischer Linienverkehr einzuordnen sein.[60]

23 Das **Eckpunktepapier** (vgl. Nn. in → Rn. 2) der Regierungskoalition sieht unter 1) c. vor, dass das angesprochene Pooling-Verbot für Mietwagen aufgehoben und die Vorgabe gestrichen werden soll, wonach der Ablauf der Fahrt vom Mieter bestimmt wird. Dabei wird ausdrücklich der Zweck genannt, eine algorithmus-gesteuerte Streckenführung zu ermöglichen. Danach würde das Ridepooling ohne Änderung der §§ 42ff. PBefG als Gelegenheitsverkehr nach § 46 Abs. 2 Nr. 3 PBefG einzuordnen sein. Während das Eckpunktepapier mit Blick auf die innovativen Mobilitätskonzepte begrüßenswert ist, fällt auf, dass damit private Ridepooling-Unternehmen auf den Gelegenheitsverkehr verwiesen werden, wohingegen ÖPNV-Ridepooling-Dienste nach 1) b. in § 43 PBefG als Sonderform des Linienverkehrs eingeordnet werden sollen. An dieser Konzeption halten nun auch §§ 46 Abs. 2 Nr. 4, 50 PBefG-E fest, wonach eine auf das Ridepooling zugeschnittene, weitere Form des Gelegenheitsverkehrs – sog. „gebündelter Bedarfsverkehr" – eingeführt wird. Die Formulierungen des § 50 PBefG-E, sicherlich das Ergebnis eines hart ausgefochtenen politischen Kompromisses, wirken jedoch sehr unhandlich. Die Privilegierung des ÖPNV-Ridepoolings bleibt erhalten. Neben einer Vereinbarkeit mit dem allgemeinen Gleichheitssatz, Art. 3 GG, stellt sich die Frage, ob eine derartige Regelung mit dem unionsrechtlichen Beihilfenrecht nach Art. 107ff. AEUV vereinbar ist. Wie schon jetzt das PBefG den Taximarkt gegenüber anderen Exklusivbeförderern privilegiert, soll ausweislich des PBefG-E der Linienverkehr gegenüber privaten Mobilitätskonzepten privilegiert werden. Anstelle einer Öffnung des antiquierten PBefG für regelmäßig wiederkehrende innovative Mobilitätskonzepte, die, wie die Vergangenheit zeigt, aus der freien Wirtschaft kommen und nicht aus dem abgeriegelten und geschützten Markt, läuft ein nach diesem jüngsten Gesetzentwurf überarbeitetes PBefG Gefahr, in seinen starren Mustern zu verharren und der technischen Entwicklung der Vergangenheit hinterherzuhinken.

24 Dass das starre PBefG mit seinem Typenzwang auch verfassungsrechtlich nicht uneingeschränkt unproblematisch ist, hat bereits das BVerfG[61] entschieden, woraufhin die heutigen[62] Absätze 6 und 7 des § 2 PBefG eingeführt wurden, um eine **Öffnung des PBefG**

[59] Vgl. dazu *Zeil/Prinz zur Lippe* GewArch 2018, 405 (406).
[60] *Zeil/Prinz zur Lippe* GewArch 2018, 405 (407).
[61] BVerfG Beschl. v. 8.6.1960 – 1 BvL 53/55, BVerfGE 11, 168; NJW 1960, 1515.
[62] Vgl. BT-Drs. 11/4310, 104.

zu erreichen.[63] Diese Vorschriften stehen dabei grundsätzlich nebeneinander.[64] Ist ein Merkmal der im PBefG vorgesehen Verkehrsarten und -mittel erfüllt und stehen der zu genehmigenden Verkehrsart oder -mittel keine öffentlichen Interessen entgegen, ist diese nach § 2 Abs. 6 PBefG genehmigungsfähig.[65] Ist ein Mobilitätskonzept noch nicht ausreichend erprobt und stehen ihm aber keine öffentlichen Interessen entgegen, ist es nach der Experimentierklausel des § 2 Abs. 7 PBefG auf Zeit genehmigungsfähig. Nach Ablauf der vierjährigen Erprobungszeit ist entweder eine Genehmigung nach § 2 Abs. 6 PBefG zu erteilen oder das PBefG anzupassen.[66] Im Falle von MOIA Hamburg[67] und Hannover[68] wurde etwa eine Erprobungsgenehmigung nach § 2 Abs. 7 PBefG erteilt.

Hat eine Kommune die Absicht, ihr ÖPNV-Angebot um solche **Mobility-as-a-service-Angebote** ergänzen, hat sie die Vorgaben des jeweiligen Landes-ÖPNVG zu beachten. Diese regeln die Ausführung der Verordnung 1370/2007/EG, welche die Dienstleistungsfreiheit schützen und das Verbot staatlicher Beihilfen gewährleisten möchte. 25

4. Autonome Verkehrsdienstleistungen

a) Charakteristika dieser Dienste

PeopleMover sind in der Regel Kleinelektrobusse, die zwischen sechs und 15 Personen auf einer im Voraus festgelegten Kurzstrecke als On-Demand Dienst oder nach einem festen Fahrplan ohne Fahrer mit bis zu maximal 20 km/h befördern und Teil des ÖPNV sind. Momentan sind sie nur zeitlich befristet auf öffentlichen Straßen zugelassen und es muss ein Operator mitfahren, der Fahrmanöver, die für den autonomen Bus noch zu kompliziert sind, dirigiert. Anzutreffen sind solche Projekte in Monheim am Rhein, Bad Birnbach in Niederbayern, im Olympiapark in München, in Berlin mit den Projekten Charité, EUREF und Virchow Kliniken und in Hamburg mit dem Projekt HEAT. 26

b) Rechtliche Einordnung und Rahmenbedingungen

Momentan erfolgt eine Genehmigung der PeopleMover, soweit sie dem PBefG unterfallen, nach § 2 Abs. 7 PBefG. Daran wird auch die bald zu beschließende PBefG-Novelle nichts ändern. Nach Ablauf der praktischen Erprobungszeit und Bewährung während dieser kann eine Genehmigung auf § 2 Abs. 1 oder Abs. 6 PBefG gestützt werden. 27

Straßenverkehrsrechtlich wird für einen künftigen regulären Einsatz der PeopleMover eine weitere Änderung der StVO dahingehend notwendig sein, auch das autonome Fahren zuzulassen und zu regeln. Momentan wird von den neu geschaffenen §§ 1a, 1b StVG[69] nur das hoch- und vollautomatisierte Fahren erfasst.[70] Es wird weiterhin ein wahrnehmungs- und übernahmebereiter Fahrer verlangt (vgl. § 1a Abs. 2 Nr. 3, 4 StVG). Außerdem ist eine Änderung der internationalen Regeln, auf die § 1a Abs. 3 StVG Bezug nimmt, nötig. Hier sind insbesondere das Wiener Übereinkommen im Straßenverkehr von 1968 zu nennen, das durch den Änderungsvertrag von 2014 auf automatisierte Systeme angepasst wurde, sowie die Typengenehmigungsrichtlinie 2007/46/EG und die UN-ECE-Regelung Nr. 79 über Lenkanlagen, auf welche auch die EU-Richtlinie vielfach Bezug nimmt. Nach dieser ist autonome Lenkung ausgeschlossen (1.2.2.) und jederzeit durch den Fahrer übersteuerbare Fahrassistenz-Anlagen nur bis zu einer Geschwindigkeit von 12 km/h vorgesehen (5.1.6.1.). 28

---

[63] Heinze/Fehling/Fiedler/*Heinze* PBefG § 2 Rn. 50; VG Hannover Beschl. v. 25.7.2019 – 5 B 905/19, nv.
[64] *Bidinger* PBefG § 2 Rn. 483.
[65] *Zeil/Prinz zur Lippe* GewArch 2018, 405 (407).
[66] *Bidinger* PBefG § 2 Rn. 492; VG Hannover Beschl. v. 25.7.2019 – 5 B 905/19, nv.
[67] OVG Hamburg Beschl. v. 1.7.2019 – 3 Bs 113/19, BeckRS 2019, 14007.
[68] VG Hannover Beschl. v. 25.7.2019 – 5 B 905/19, nv.
[69] BGBl. 2017 I S. 1648.
[70] WD 7-3000-111/18, S. 4, 8f.

29 Neben diesen Anpassungen an die neuen technischen Herausforderungen ist eine Harmonisierung der Haftungsregeln des StVG (§§ 7, 18) und des ProdHaftG (§ 1) notwendig. Die BOKraft wiederum ist unter zwei Gesichtspunkten zu modifizieren. Soweit weiterhin „Betriebspersonal" in den PeopleMovern vorhanden sein soll – was unter den Gesichtspunkten (witterungsbedingter) Ausnahmesituationen oder Unfälle zumindest nach dem derzeitigen Stand der Technik durchaus sinnvoll erscheint –, sind nur dort minimale Änderungen notwendig, wo von einem „Lenken" gesprochen wird, zB § 8 Abs. 3 BOKraft, da das Betriebspersonal in den PeopleMovern nicht mehr eigenverantwortlich das Fahrzeug durch den Verkehr unter Ausnutzung seiner technischen Vorrichtungen führt, sondern dem Computer Bestätigungen oder Befehle erteilt. Soweit hingegen nicht einmal mal Betriebspersonal mitfahren soll, sind die Vorschriften über das Verhalten im Fahrdienst, § 8 BOKraft, umfänglich zu ändern. Autonom fahrende PeopleMover setzen schließlich eine grundlegende Änderung und Anpassung der StVZO an das System des autonomen Fahrens voraus. Noch müssen alle Fahrzeuge mit einer Lenk- und Bremsvorrichtung ausgestattet sein, die leicht bedienbar sind, vgl. §§ 31 Abs. 1, 38 Abs. 1 StVZO sowie §§ 64 Abs. 1, 65 Abs. 1 StVZO.

5. Fazit

30 Die vorgestellten innovativen Mobilitätskonzepte stellen unterschiedliche Verkehrsdienstleistungen iSv Art. 2 Abs. 2 lit. d RL 2006/13 dar, welche dem Regelungsbereich des Art. 58 AEUV unterfallen. Dies hat zur Folge, dass ihre rechtliche Bewertung in Deutschland entscheidend auf das PBefG zu stützen ist. Plattformdienste wie Uber, die nicht nur vermittelnd tätig werden, verstoßen schnell gegen § 49 Abs. 4 S. 2 PBefG, wenn der Beförderungsauftrag nicht am Betriebssitz oder in der Wohnung des Unternehmers zuerst eingeht. Die Nutzung von Privatwagen ist in Deutschland nicht nach § 2 Abs. 1 S. 2 PBefG genehmigungsfähig. Beim Ridepooling werden die Fahrtwünsche verschiedener Fahrgäste gebündelt, um diese zu ihrer virtuellen Wunschhaltestelle zu befördern. § 49 Abs. 1 S. 1, Abs. 4 S. 1 PBefG verlangt eine Exklusivbeförderung bei Mietomnibussen und -wagen. Danach wäre Ridepooling unzulässig. Überzeugender ist jedoch eine Einordnung als Linienverkehr gem. § 42 PBefG, da sich der Fahrgast den Vorgaben des Unternehmens beugen muss. Damit autonome Verkehrsdienstleistungen möglich werden, sind grundlegende Gesetzesänderungen nötig. Diese umfassen unter anderem das StVG, die Typengenehmigungsrichtlinie 2007/46/EG, BOKraft und die StVZO. Wie das Eckpunktepapier der Regierungskoalition zeigt, werden rechtliche Änderungen des PBefG in näherer Zukunft zu erwarten sein.

II. IoT in der Verkehrsleitung

1. Einführung

31 Intelligente Verkehrssysteme (IVS) – engl. Intelligent Transport Systems (ITS) – sind gem. Art. 4 Nr. 1 RL 2010/40/EU Systeme, bei denen Informations- und Kommunikationstechnologien (IKT) im Straßenverkehr, einschließlich seiner Infrastrukturen, Fahrzeuge und Nutzer, sowie beim Verkehrs- und Mobilitätsmanagement und für Schnittstellen zu anderen Verkehrsträgern eingesetzt werden. Der Wortanteil Intelligenz von IVS steht dabei als Synonym für Informationen und Erkenntnisse, die durch das Sammeln und Auswerten von Daten gewonnen wurden und die es ihren Nutzern ermöglichen, sich sicherer und effizienter im Verkehrssystem zu verhalten.[71] Der Einsatz von Informations- und Kommunikationstechnologien wird auch kurz „Telematik" genannt, woraufhin IVS im Bereich

[71] www.bmvi.de/SharedDocs/DE/Anlage/DG/ivs-aktionsplan-strasse-broschuere.pdf?__blob=publicationFile (15.6.2020), S. 8.

straßenseitiger Einrichtungen häufig auch mit „Straßenverkehrstelematik" gleichgesetzt wird.[72] Ziele der IVS sind die Erhöhung der Verkehrssicherheit, Verbesserung der Verkehrseffizienz und Verringerung der negativen Auswirkungen des Verkehrs auf die Umwelt.[73] Derzeit stehen die IVS in Deutschland und Europa noch am Anfang des Möglichen. Beispiele bereits umgesetzter IVS sind BayernInfo[74] und Fahrgastinformationen, die Informationen über aktuelle Verkehrsstörungen auf Straßen und Schienen mitteilen sowie LKW-Parkleitsysteme wie das Testfeld PWC Gelbelsee A9.

Mobilität ist als Ausdruck von Freiheit und Lebensqualität und als Grundvoraussetzung 32
für wirtschaftlichen Erfolg nicht wegzudenken. Prognosen bis 2050 erwarten va für wachsende Regionen eine Steigerung der Personenverkehrsleistung um über 25 Prozent.[75] IVS mit dem zentralen Bestandteil C-ITS sollen als Schlüssel zur Optimierung des Verkehrs dienen, der einen Verkehrsinfarkt vermeidet und mehr Sicherheit schafft. Durch Projekte wie den Euro-Korridor „Rotterdam–Frankfurt/Main–Wien"[76] sollen die Grundlagen für die Nutzung kooperativer intelligenter Systeme (C-ITS) gelegt werden, die durch digitale Vernetzung (Car2X) von Einrichtungen der Straßeninfrastruktur mit den Fahrzeugen (Car2I) und der Fahrzeuge untereinander (Car2Car) eine präzise Gefahrenwarnung an den Fahrer übermitteln können sollen. Dadurch wäre es nicht nur wie bisher möglich, vor Verkehrsstaus oder Straßenbauarbeiten sowie vor Fußgängern und Radfahrern im toten Winkel zu warnen, sondern auch über die richtige Geschwindigkeit zu informieren, um die nächste Ampel bei „Grün" überfahren zu können.[77] Ebenso kann Einfluss auf die Verkehrssteuerung genommen werden, indem zB zu Stoßzeiten Standstreifen zur Befahrung freigegeben werden oder öffentlichen Verkehrsmitteln an Kreuzungen Vorfahrt gewährt wird.[78]

2. Automatisierte, autonome Leitung des öffentlichen Verkehrs

a) Charakteristika dieser Steuerung

Die IVS basieren auf der Kommunikation der Verkehrsteilnehmer untereinander. Durch 33
fahrzeuginterne Geräte und Sensoren können Fahrzeuge untereinander und mit der Infrastruktur kommunizieren. Dieses kooperative intelligente Verkehrssystem basiert auf für Verkehr spezialisierter WLAN-Technologie (802.11p), auch ITS-5G WLAN genannt.[79] Kommunikation ist so auf einige hundert Meter möglich. Über größere Distanzen ist C-ITS möglich über das (zukünftige) 5G Mobilfunknetz. C-ITS ist auch ein wesentlicher Entwicklungsschritt hin zu autonomem Fahren und Smart Cities.[80]

b) Rechtliche Einordnung und Rahmenbedingungen

Die grundlegenden Rahmenbedingungen ergeben sich aus der Richtlinie 2010/40/EU 34
des Europäischen Parlaments und des Rates zum Rahmen für die Einführung intelligenter

[72] www.bmvi.de/SharedDocs/DE/Anlage/DG/ivs-aktionsplan-strasse-broschuere.pdf?__blob=publicationFile (15.6.2020), S. 8.

[73] www.bmvi.de/SharedDocs/DE/Anlage/DG/ivs-aktionsplan-strasse-broschuere.pdf?__blob=publicationFile (15.6.2020), S. 8.

[74] www.bayerninfo.de/ (15.6.2020).

[75] www.bmvi.de/SharedDocs/DE/Anlage/DG/ivs-aktionsplan-strasse-broschuere.pdf?__blob=publicationFile (15.6.2020), S. 11.

[76] Vgl. dazu www.bmvi.de/SharedDocs/DE/Anlage/DG/flyer-eurokorridor-cooperative-its-corridor-in-deutsch.pdf?__blob=publicationFile (15.6.2020).

[77] EU-KOM Fact Sheet, europa.eu/rapid/press-release_MEMO-19-1649_de.htm (15.6.2020).

[78] Commission staff working document, ec.europa.eu/transport/sites/transport/files/themes/urban/doc/ump/swd%282013%29527-communication.pdf (15.6.2020), S. 4.

[79] Positionspapier des ITS Germany eV, itsgermany.org/ckeditor_assets/attachments/247/positionspapier_des_its_germany_final.pdf (15.6.2020).

[80] Vgl. für autonomes Fahren EU-KOM Fact Sheet, europa.eu/rapid/press-release_MEMO-19-1649_de.htm (15.6.2020).

Verkehrssysteme im Straßenverkehr und für deren Schnittstellen zu anderen Verkehrsträgern.[81] Sie enthält Vorgaben über die Einführung verbindlicher Spezifikationen von Bestimmungen mit Anforderungen, Verfahren oder sonstigen relevanten Regeln durch die Kommission (Art. 6 RL 2010/40/EU), über die Einführung von Normen für Interoperabilität, Kompatibilität und Kontinuität bei der Einführung und dem Betrieb von IVS (Art. 8 RL 2010/40/EU) und über die Pflichten der Mietgliedstaaten, IVS einzuführen (Art. 5 RL 2010/40/EU), Haftungsfragen zu regeln (Art. 11 RL 2010/40/EU) und Berichte über Fortschritte bei der Einführung der Aktivitäten und Projekte in den vorrangigen Bereichen des Art. 2 RL 2010/40/EU iVm Anhang I – Optimale Nutzung von Straßen-, Verkehrs- und Reisedaten sowie Kontinuität der IVS-Dienste in den Bereichen Verkehrs- und Frachtmanagement, IVS-Anwendungen für die Straßenverkehrssicherheit sowie Verbindung zwischen Fahrzeug und Verkehrsinfrastruktur – zu erstatten (Art. 17 Abs. 3 RL 2010/40/EU).

35 Diese Richtlinie wurde in Deutschland 2013 durch das Gesetz über Intelligente Verkehrssysteme im Straßenverkehr und deren Schnittstellen zu anderen Verkehrsträgern (Intelligente Verkehrssysteme Gesetz – IVSG)[82] umgesetzt, das nicht den Individualverkehr regelt, sondern auf grenzüberschreitende technische Harmonisierung abzielt.[83]Am 13. 3. 2019 hat die Kommission einen delegierten Rechtsakt[84] bezüglich C-ITS auf Grundlage des Art. 7 Abs. 1 RL 2010/40/EU erlassen, dessen Inkrafttreten der Rat jedoch bis auf Weiteres verhindert hat, da eine Einigung über die Art der Kommunikation (W-LAN [Standard ITS-G5] oder Mobilfunk [G5]) nicht erreicht werden konnte.

3. Private Fernsteuerung von Verkehrsinfrastruktur

a) Charakteristika dieser Steuerung

36 Die Entwicklung benutzerfreundlicher und neuartiger IVS eröffnet die Möglichkeit, Parkplatzprobleme zu entzerren, indem Echtzeit-Parkinformationen und Buchungsmöglichkeiten bereitgestellt werden.[85] Anbieter von „Smart Parking Solutions" wollen privaten Endnutzern Kosten- und Zeitaufwand bei der Suche[86] nach Parkplätzen im öffentlichen Raum („On-Street-Parkplätze") und im halböffentlichen Raum (zB auf Supermarktparkplätzen oder in Parkhäusern) erleichtern sowie die Auslastung von Ladesäulen für Elektromobile reduzieren und damit insgesamt zu einer nachfragegerechten, effizienten Nutzung des verfügbaren Parkraums beitragen.[87] Dabei steht im Vordergrund, dass nicht ein Mangel an Parkplätzen, sondern vornehmlich ein Mangel an *Information* zu nervenzehrenden, unökologischen und volkswirtschaftlich schädlichen, überlangen Parkplatzsuchen führt.[88] Zur Bewältigung des Problems muss zunächst eine effektive und verlässliche Grundlage von Verkehrsdaten (vor allem durch Sensorik) gesammelt, diese sodann über ein leistungsfähi-

---

[81] ABl. 2010 L 207, 1.

[82] BGBl. 2013 I S. 1553.

[83] *Lüdemann* ZD 2015, 247 (251).

[84] www.europarl.europa.eu/cmsdata/159902/Delegated%20Regulation%20C-ITS.pdf (15. 6. 2020).

[85] Commission staff working document, ec.europa.eu/transport/sites/transport/files/themes/urban/doc/ump/swd%282013%29527-communication.pdf (15. 6. 2020), S. 4.

[86] Laut einer 2017 durch INRIX veröffentlichten Studie wenden Autofahrer in deutschen Städten durchschnittlich 41 Stunden pro Jahr für die Parkplatzsuche auf; der hierdurch entstehende volkswirtschaftliche Schaden wird auf 40,4 Milliarden EUR beziffert, inrix.com/press-releases/parking-pain-de/ (15. 6. 2020).

[87] Abschlussbericht zum Förderprojekt City2.e 2.0 – Smart Parking Solutions für das Parken am Straßenrand und an Elektroladesäulen in der Stadt von morgen, öffentliche Version 2.0 vom 23. 5. 2017, www.erneuerbar-mobil.de/sites/default/files/2017-05/2017-05-23_City2.e_2.0-Abschlussbericht_V.2.0_final_an_TIB.pdf (15. 6. 2020), S. 8; zur Definition von „Smart Parking" s. die Präsentation der Agora Verkehrswende „Die Digitale Transformation des städtischen Parkens" S. 13, downloadbar auf der Veranstaltungshomepage „Streitfall Parken", www.agora-verkehrswende.de/veranstaltungen/streitfall-parken/ (15. 6. 2020); die Originalstudie kann heruntergeladen werden unter publica.fraunhofer.de/dokumente/N-538133.html (15. 6. 2020).

[88] S. inrix.com/resources/inrix-parking-infographic-a-complete-solution/ (15. 6. 2020).

ges Back-end verarbeitet und schließlich dem privaten Endanwender zur Verfügung gestellt werden. Die Geschäftsmodelle der Anbieter von Smart Parking Solutions können dabei ganz unterschiedlich sein.[89]

Zur Verwirklichung können verschiedene Technologien nutzbar gemacht werden. Etabliert sind mittlerweile cloudbasierte Datendienste wie die „On Street Parking Information" von „BMW Connected Drive" oder das „Community-based Parking" von Bosch (→ § 6 Rn. 112 ff.), bei denen aktuelle Parkinformationen von vorbeifahrenden Fahrzeugen („Floating CarData") mit ihren On-Board-Sensoren – über diese verfügen neuere Fahrzeuge bereits ab Werk – gesammelt und anonymisiert an die Cloud übermittelt werden. Diese Rohdaten werden von einer intelligenten Software zu Informationen für Parkplatzsuchende verarbeitet und diesen im Fahrzeug, bspw. über ihr Navigationssystem, angezeigt.[90] Es findet also letztlich eine effektive **Car2Car**-Informationsübermittlung statt. Diese Art sensorgesteuertes Parken wird mit guten Argumenten als wesentlicher Bestandteil moderner Parklösungen für „Smart Cities" beworben.[91] Im öffentlichen/halböffentlichem Raum werden auch mit Algorithmik zur optimalen Signalverarbeitung ausgestattete Radarsensoren samt weiterer Komponenten (Gateway, WLAN-Access Point, ggf. Videokamera) zur Parkraum- und Ladesäulendetektion verwendet.[92] Die über das jeweilige Back-end mit Information ausgestatteten Endanwender-Apps, wie zB PARK NOW, EasyPark oder ParkME, sind bei der Suche nach Parkplätzen, der Navigation dorthin und der bargeldlosen Abwicklung des Parkvorgangs behilflich. Gleichartige Apps existieren auch zum Auffinden von Elektroauto-Ladestationen, zB ChargeNow oder die mobility+ App von EnBW. 37

Einzige „Hürde" für den Endanwender ist, dass die jeweilige App am jeweiligen Standort verfügbar sein muss. Dies kann insbesondere die Kommune durch ein intelligentes digitales Parkraummanagement ermöglichen. Private und kommunale Fernsteuerung müssen zur effizienten Nutzung des öffentlichen Parkraums also aufeinander aufbauen und gegenseitig abgestimmt werden.[93] 38

b) Rechtliche Einordnung und Rahmenbedingungen

Die Nutzung des öffentlichen Verkehrs- und parkraums sowie von Ladeinfrastruktur ist durch komplexe rechtliche Regelungen geprägt.[94] Va das Straßen- und das Straßenverkehrsrecht sind relevant, wobei sich eine **Unterteilung in öffentlichen und halböffentlichen Raum** anbietet, wie dies auch beim Thema Zugang zu Elektroauto-Ladestationen geschieht.[95] „Halböffentlich" ist dabei der abseits der öffentlichen Straßen gelegene Verkehrsraum, der zwar in privatem Eigentum steht, aber von einem unbestimmten oder nur 39

[89] Ein Überblick möglicher Modelle findet sich im Abschlussbericht zum Förderprojekt City2.e 2.0, www.erneuerbar-mobil.de/sites/default/files/2017-05/2017-05-23_City2.e_2.0-Abschlussbericht_V.2.0_final_an_TIB.pdf (15. 6. 2020), Ziff. 4.4.3.4, S. 69–72.

[90] www.bosch-mobility-solutions.com/media/global/highlights/connected-mobility/community-based-parking/community-based_parking-infographics_driver_de-2.pdf (15. 6. 2020).

[91] www.bosch-connectivity.com/de/use-cases/guided-parking-mit-parksensorik-in-der-smart-city/ (15. 6. 2020).

[92] S. die technische Erläuterung im Abschlussbericht zum Förderprojekt City2.e 2.0, www.erneuerbar-mobil.de/sites/default/files/2017-05/2017-05-23_City2.e_2.0-Abschlussbericht_V.2.0_final_an_TIB.pdf (15. 6. 2020), Ziffer 4.1, S. 10–21.

[93] Dies geht auch aus der Vielzahl technischer Möglichkeiten digitaler Parkraumbewirtschaftung hervor, anschaulich dargestellt in der Präsentation „Die digitale Transformation des städtischen Parkens", S. 18, downloadbar auf der Veranstaltungshomepage „Streitfall Parken" www.agora-verkehrswende.de/veranstaltungen/streitfall-parken/ (15. 6. 2020).

[94] Zur Verschaffung eines Überblicks über den Rechtsrahmen bzgl. Ladeinfrastruktur *Harendt/Mayer* KommJur 2016, 161 und *Pfeifer/Nowack* ZUR 2019, 650; s. auch *Degen* NJW-Spezial 2018, 748; die straßen- und straßenverkehrsrechtlichen Grenzen kommunaler Parkraumbewirtschaftung diskutiert *Robbert* NVwZ 2015, 1259.

[95] Dazu bspw. *Schweditsch* EnWZ 2016, 213 (214), auch unter Berücksichtigung der RL 2014/94/EU, mwN zur Unterteilung in Fn. 13.

nach allgemeinen Merkmalen bestimmbaren Personenkreis tatsächlich befahren werden kann.[96]

40 Aus straßen- und straßenverkehrsrechtlicher Sicht bestehen keine Bedenken, wenn Privatpersonen das per App/Navigationsgerät bereitgestellte Angebot an sensorermittelter Information über die Verfügbarkeit von öffentlichem und halböffentlichem Parkraum oder Ladeinfrastruktur lediglich als Informationsquelle und ggf. zur Navigation zu einem Park- oder Ladeplatz nutzen.[97] Im öffentlichen Raum sind jedoch die Grenzen des durch die straßenrechtliche Widmung verfügten **Gemeingebrauchs** (vgl. Art. 6, 14 BayStrwG, §§ 2, 7 FStrG) zu beachten. Dort ist insbesondere das Reservieren oder Freihalten von Stellplätzen durch einzelne Endnutzer oder das Bereitstellen einer solchen Möglichkeit durch Anbieter – unabhängig ob zum Parken oder Laden – als eine den Gemeingebrauch verdrängende **Sondernutzung** grundsätzlich unzulässig.[98] Endanwender oder Anbieter von Smart Parking Solutions können sich im öffentlichen Raum daher nur im Rahmen des Gemeingebrauchs bewegen oder sich die von Straßenverkehrsbehörden bzw. Kommunen – rechtmäßiger Weise – eingeräumten Bevorrechtigungen für moderne Mobilität[99] zunutze machen. Zu beachten ist, dass auch diese kommunale Parkraumsteuerung – insbesondere durch Entwidmung, Umwidmung oder Einziehung – rechtlichen Grenzen unterworfen ist.[100] Auch die Erteilung einer Sondernutzungserlaubnis nach den Straßengesetzen der Länder (zB Art. 18 BayStrWG) muss sich im Rahmen dessen bewegen, was das Bundesrecht – insbesondere die StVO – in Bezug auf den ruhenden Verkehr zulässt[101] sowie wettbewerbs- und konkurrenzneutral erfolgen.[102] Eine weitergehende Privilegierung einzelner Verkehrsteilnehmer oder von Elektrofahrzeugen durch eine Reservierungsmöglichkeit, die den Parklückenvorrang gem. § 12 Abs. 5 StVO aushebelt, ist aus diesem Grund derzeit im öffentlichen Raum nicht möglich. Unabhängig davon erscheint auch die technische Umsetzung der dann notwendigen „Freihaltetechniken" problematisch.[103] Daher ergibt es Sinn, dass Reservierungsmöglichkeiten von Parkflächen per App derzeit nur im halböffentlichen Raum bestehen.[104]

4. Fazit

41 Die IVS iSv Art. 4 Nr. 1 RL 2010/40/EU bergen enormes Potenzial zur Erhöhung der Verkehrssicherheit und der Verkehrseffizienz. Wünschenswert ist, dass im Bereich der autonomen Verkehrsleitung noch mehr innovative, technische Lösungen präsentiert und umgesetzt werden, wie dies im Bereich „Smart Parking Solutions" bereits der Fall ist. Dabei wird va auf datenschutzrechtliche Vorgaben und die Grenzen des allgemeinen Persönlichkeitsrechts (Art. 2 Abs. 1 iVm Art. 1 Abs. 1 GG) achtzugeben sein. Letztere sind keines-

---

[96] Eine auf andere Bereiche übertragbare Definition liefert § 2 Nr. 9 Ladesäulenverordnung (LSV); Abschlussbericht zum Förderprojekt City2.e 2.0, www.erneuerbar-mobil.de/sites/default/files/2017-05/2017-05-23_City2.e_2.0-Abschlussbericht_V.2.0_final_an_TIB.pdf (15. 6. 2020), Ziff. 4.2.1.2, S. 23.

[97] Vgl. Abschlussbericht zum Förderprojekt City2.e 2.0, www.erneuerbar-mobil.de/sites/default/files/2017-05/2017-05-23_City2.e_2.0-Abschlussbericht_V.2.0_final_an_TIB.pdf (15. 6. 2020), Ziffer 4.2.1.2, S. 23, wonach diese Informationen ohne rechtliche Hindernisse zusammen angeboten werden können. Gleiches muss auch für die im Rahmen des Gemeingebrauchs zulässige Nutzung dieser Information gelten.

[98] Abschlussbericht zum Förderprojekt City2.e 2.0, www.erneuerbar-mobil.de/sites/default/files/2017-05/2017-05-23_City2.e_2.0-Abschlussbericht_V.2.0_final_an_TIB.pdf (15. 6. 2020), Ziff. 4.4.3.6, S. 75.

[99] ZB über kommunale Verkehrssteuerung durch Zeichen nach §§ 45 Abs. 1b, 39 Abs. 10 StVO, § 3 Abs. 4 EmoG.

[100] *Robbert* NVwZ 2015, 1259 unter Berücksichtigung früher Leitentscheidungen des BVerwG.

[101] Vgl. BVerwG Urt. v. 28. 11. 1969 – VII C 67.68, BeckRS 1969, 30425332 = juris Rn. 10–17.

[102] Zu Letzterem *Hartwig/Sterniczuk* NVwZ 2016, 1375 (1376).

[103] Abschlussbericht zum Förderprojekt City2.e 2.0, www.erneuerbar-mobil.de/sites/default/files/2017-05/2017-05-23_City2.e_2.0-Abschlussbericht_V.2.0_final_an_TIB.pdf (15. 6. 2020), Ziff. 4.2.3.6, S. 38.

[104] Vgl. die Nutzungsbedingungen von zum Beispiel ParkMe, www.parkme.com/de/terms-of-use (15. 6. 2020), Part I. 1., die „Reservation Services" nur im Off-street-Bereich vorsehen. EasyPark – als weiteres Bsp. – ermöglicht die Vorabbuchung nur für längere Aufenthalte am Flughafen, easypark.de/howItWorks/de (15. 6. 2020).

wegs als Hindernisse der IVS zu betrachten, aber bedürfen technisch und rechtlich auf sie zugeschnittene Lösungen.[105] Auch wenn die rechtlichen Möglichkeiten privater Fernsteuerung von Verkehrsinfrastruktur im öffentlichen Raum derzeit ausgeschöpft sind, ist dennoch durch moderne Smart Parking Solutions ein rechtssicherer Fortschritt zur effizienteren Verkehrs- und insbesondere Parkraumnutzung in den letzten Jahren zu verzeichnen. Nächster Schritt sollte nicht sein, die privaten Fernsteuerungsmöglichkeiten zu Lasten des Gemeingebrauchs zu erweitern, sondern – feinsteuernd – die rechtlichen Vorgaben zu digitalisieren, die mit der Setzung von Anreizen zur verkehrs- und nachfrageoptimalen Nutzung von Parkraum in Zusammenhang stehen[106] (zB Vorgaben des Mess- und Eichrechts zur rechtssicheren Abschreckung von „Dauerparkern", insbesondere an Ladesäulen[107]).

III. IoT in der Verkehrsüberwachung

1. Einführung

Zur Überwachung insbesondere des fließenden Verkehrs bestehen weitreichende techni- 42
sche Möglichkeiten und durchaus auch rechtlicher Handlungsspielraum. Begrifflich kann hier von intelligenter Verkehrsüberwachung („Intelligent Traffic Enforcement"[108]) gesprochen werden, die sich ua der Technologien zur elektronischen Fahrzeugidentifizierung („Electronic Vehicle Identification" (EVI)) bedient und dabei mit fahrzeugseitigen Lösungen wie der „Intelligent Speed Adaption/Assistance (ISA)"[109] und auch den bereits angesprochenen IVS (s. o.) in Wechselwirkung steht.[110] Durch digitalisierte und damit effektivere Ahndung von Geschwindigkeitsübertretungen im repressiven Polizeibereich lässt sich ein Beitrag zu mehr Verkehrssicherheit leisten. Eine Alternative zu traditionellen Messverfahren zur Geschwindigkeitsüberwachung bietet dann bspw. eine sog. „Sector Control". Bei diesem Verfahren wird die Durchschnittsgeschwindigkeit eines Fahrzeugs zwischen zwei Messpunkten ermittelt.[111]

Auf präventiver Ebene steht zur Debatte, wie sich Zufahrtsbeschränkungen in den In- 43
nenstadtbereich technisch effizient und rechtssicher umsetzen lassen, um so einen Anreiz zu ökonomisch und klimapolitisch sinnvollem Fahrerverhalten zu setzen. In besonderen Fokus gerät seit einiger Zeit die Idee der sog. City-Maut.[112] Gemein ist jeder – präventiven oder repressiven – öffentlichen Verkehrssteuerung, dass hierbei im Rahmen hoheitlicher Gewaltausübung in Grundrechte eingegriffen wird. Der rechtliche Rahmen der angesprochenen Arten von Verkehrsüberwachung ist daher besonders in den Blick zu nehmen.

---

[105] Zur Schnittstelle Datenschutz-Mobilität-Grundrechtsschutz s. *Spiecker gen. Döhmann* GRUR 2019, 341.

[106] Für eine sinnvolle Anreizsetzung, zB über die Bepreisung, spricht sich auch der Abschlussbericht zum Förderprojekt City2.e 2.0, www.erneuerbar-mobil.de/sites/default/files/2017-05/2017-05-23_City2.e_2.0-Abschlussbericht_V.2.0_final_an_TIB.pdf (15. 6. 2020), Ziffer 4.4.3.6, S. 74, aus.

[107] Zu bestehenden Problemen *Pfeifer/Nowack* ZUR 2019, 650 (653 f.).

[108] www.inhandnetworks.de/article/91.html (15. 6. 2020).

[109] Zu den Begriffen EVI und ISA s. das Papier „Speed Enforcement 2018" der European Road Safety Observatory (ERSO), ec.europa.eu/transport/road_safety/sites/roadsafety/files/pdf/ersosynthesis2018-speedenforcement.pdf (15. 6. 2020), sowie zu ISA und der dahinterstehenden Technologie etsc.eu/intelligent-speed-assistance-isa/ (15. 6. 2020).

[110] S. dazu auch ec.europa.eu/transport/sites/transport/files/legislation/swd20190283-roadsafety-vision-zero.pdf (15. 6. 2020), S. 13.

[111] www.adac.de/verkehr/recht/bussgeld-punkte/section-control/ (15. 6. 2020).

[112] www.ioew.de/news/article/gemeinsames-plaedyoer-oekonomen-fordern-staedte-maut-statt-fahrverbote (15. 6. 2020).

2. Rechtsgrundlagen für Überwachungsmaßnahmen

a) Zufahrtsbeschränkungen und City-Maut

44 Bei Zufahrtsbeschränkungen, von denen gegen Entgelt befreit wird, handelt es sich um eine „Maut", die bspw. für das Befahren des Innenstadtbereichs (City-Maut) zu entrichten ist, wobei der Begriff der „Maut" hier untechnisch zu verstehen ist. Beispiele für eine solche City-Maut sind die sog. Congestion Charge in London[113], die Maut in Stockholm oder in Singapur.[114] In Deutschland ist die Einführung einer solchen immer öfter im Gespräch, bleibt aber immer noch politisch und rechtlich umstritten. So hieß es von der Berliner Verkehrssenatorin Günther, dass eine solche Abgabe über kurz oder lang diskutiert werden müsse.[115] Auch der Deutsche Städtetag befürwortet eine City-Maut, zumindest auf Probe.[116] Ziel ist es, das Verkehrsaufkommen in den Innenstädten zu reduzieren und Emissionen zu vermindern. Für die Umsetzungen der Abgabenerhebung im Falle der Einführung einer solchen City-Maut können dann im Wesentlichen Technologien aus dem Bereich des IoT angewendet werden.

45 Fraglich ist zunächst va, ob Kommunen überhaupt die Kompetenz zur Erhebung einer City-Maut haben. Insoweit ist auch zu fragen, wie diese umzusetzen ist. In Betracht kommen verschiedene Ausgestaltungsmodelle: zB als Straßennutzungsgebühr oder als Lenkungssonderabgabe.[117] Für eine Straßenbenutzungsgebühr kommt eine konkurrierende Gesetzgebungskompetenz der Länder gem. Art. 74 Abs. 1 Nr. 22 Var. 4 GG in Betracht. Von dieser hat der Bund mit Ausnahme der Bundesfernstraßen noch nicht abschließend Gebrauch gemacht.[118] Eine Lenkungssonderabgabe lässt sich je nach konkreter Ausgestaltung auf Art. 74 Abs. 1 Nr. 22 oder Nr. 24 GG stützen.[119] Somit bestünde zwar theoretisch Landeskompetenz, es fehlen jedoch Landesvorschriften, die eine Erhebung durch die Kommunen erlauben. Eine Ermächtigungsgrundlage hierfür könnte durch Änderungen der jeweiligen Landesstraßengesetze oder Kommunalabgabengesetze geschaffen werden.[120]

b) Sector Control

46 Bei der Sector Control soll unmittelbar nach der Datenerhebung eine Verschlüsselung und elektronische Signierung stattfinden. Die Kennzeichen werden mithilfe einer **Hashfunktion** in sog. Hashwerte umgewandelt.[121] Hierdurch wird sichergestellt, dass Rückschlüsse auf das Originalkennzeichen nicht gezogen werden können.[122] Dennoch sind sie charakteristisch und eindeutig für das jeweilige Kennzeichen.[123] Aus der Differenz der Stempelzeiten des Hashcodes (Einfahrts- und Ausfahrtsquerschnitt) wird die Geschwindigkeit ermittelt und im Falle eines Geschwindigkeitsverstoßes Front- und Heckfotos des Tatfahrzeugs aufgenommen.[124]

47 Aber auch im Fall eines Nichttreffers kann durch die Erfassung und den Abgleich des Kennzeichens ein Eingriff in das **Grundrecht auf informationelle Selbstbestimmung** liegen.[125] Im Fall der Section Control werden Daten technikbedingt zunächst miterfasst, auch wenn sie im Anschluss daran unmittelbar wieder „anonym, spurenlos und ohne Er-

---

[113] tfl.gov.uk/modes/driving/congestion-charge (15. 6. 2020).
[114] *Schröder* NVwZ 2012, 1438.
[115] www.autobild.de/artikel/city-maut-in-staedten-3660857.html (15. 6. 2020).
[116] www.dnn.de/Nachrichten/Politik/Deutscher-Staedtetag-befuerwortet-Einfuehrung-von-City-Maut-zu-Testzwecken (15. 6. 2020).
[117] *Klinger* ZUR 2016, 591 (597).
[118] *Schröder* NVwZ 2012, 1438 (1439).
[119] *Schröder* NVwZ 2012, 1438 (1440).
[120] *Klinger* ZUR 2016, 591 (596).
[121] *Märtens/Wynands* NZV 2019, 83 (84).
[122] www.adac.de/verkehr/recht/bussgeld-punkte/section-control/ (15. 6. 2020).
[123] *Märtens/Wynands* NZV 2019, 83 (84).
[124] *Märtens/Wynands* NZV 2019, 83 (84).
[125] Vgl. hierzu BVerfG Beschl. v. 18. 12. 2018 – 1 BvR 142/15, NVwZ 2019, 381 Rn. 45 ff.

kenntnisinteresse für die Behörden“ ausgesondert werden.[126] Um verfassungsrechtlich gerechtfertigt zu sein, bedarf es somit zunächst einer Rechtsgrundlage. Ursprünglich entschied das OVG Lüneburg, dass ein solches Verfahren in Ermangelung einer Rechtsgrundlage im Niedersächsischen POG unzulässig sei.[127] Mittlerweile[128] ist jedoch § 32 Abs. 7 NPOG in Kraft getreten, welcher eine taugliche Rechtsgrundlage bietet. Der Beschluss ist deshalb nachträglich aufgehoben worden.[129]

c) Einbindung privater Unternehmen

48 Grundsätzlich unproblematisch ist die Verwendung technischer Hilfe durch private Dienstleister, soweit sichergestellt wird, dass die Verantwortung des Einsatzes sowohl im Hinblick auf die Messung als auch der Auswertung bei der Gemeinde verbleibt.[130] Fraglich ist allerdings, ob auch eine Umsetzung der Verkehrsüberwachung mithilfe von **Beliehenen** möglich ist, denn die Ausübung hoheitlicher Befugnisse ist in der Regel Angehörigen des öffentlichen Dienstes zu übertragen, vgl. Art. 33 Abs. 4 GG. Aus dem Wortlaut „in der Regel“ folgt aber auch, dass Ausnahmen möglich sind und somit Aufgaben auch auf Nichtbeamte übertragen werden können. Eine solche Übertragung muss allerdings die Ausnahme bleiben.[131] Zur Sicherung des Funktionsvorbehalts für Beamte darf eine Beleihung nur durch oder aufgrund eines Gesetzes erfolgen.[132] Zu beachten ist indes, dass die Überwachung des fließenden Verkehrs eine Kernaufgabe des Staates darstellt.[133] Absolut hoheitliche Kernaufgaben sind nicht übertragbar, da sie von derartigem Verfassungsrang sind.[134] Hierzu gehören insbesondere Justiz, Polizei und Fiskalverwaltung.[135] Die Aufgabe der Überwachung des fließenden Verkehrs folgt unmittelbar aus dem Gewaltmonopol und berechtigt zur Verhängung von Strafen und Bußgeldern nach OWiG und StVG.[136] Folglich ist derzeit eine Beleihung mit der Aufgabe der Überwachung des fließenden Verkehrs, auch in Form einer Section Control, nicht möglich. Die Erhebung einer City-Maut fällt, da diese jedenfalls nicht als Steuer ausgestaltet werden kann, nicht in eine absolute Kernaufgabe, sodass eine Beleihung in diesem Bereich grundsätzlich möglich wäre. In Anbetracht des Regel-Ausnahme-Verhältnisses ist dies nur möglich bei einer klaren und eindeutigen Ermächtigungsgrundlage.[137] Aus dieser muss hervorgehen was, warum und wie es übertragen und wie es kontrolliert wird.[138]

49 Private könnten allerdings auch lediglich als Verwaltungshelfer zur Erledigung hoheitlicher Maßnahmen herangezogen werden. In einem solchen Fall nimmt die öffentliche Hand weitgehend auf die Durchführung der Maßnahmen Einfluss; der Private wird zum bloßen „Werkzeug“.[139] Einer Amtshaftung kann sich so jedoch nicht entzogen werden.[140] Dies ist so lange möglich, solange sichergestellt ist, dass die Gemeinde bzw. die jeweils zuständige Behörde „Herrin des Verfahrens“ bleibt.[141] Sie muss somit „die Messung und das Verfahren nach Maßgabe des § 47 I OWiG iVm § 26 I StVG“ behalten. Hierzu gehören insbesondere „Vorgaben über Ort, Zeit, Dauer und Häufigkeit der Messungen, die

[126] OVG Lüneburg Beschl. v. 10.5.2019 – 12 ME 68/19 Rn. 6, BeckRS 2019, 8453.
[127] OVG Lüneburg Beschl. v. 10.5.2019 – 12 ME 68/19, BeckRS 2019, 8453.
[128] Seit 24.5.2019.
[129] OVG Lüneburg Urt. v. 13.11.2019 – 12 LC 79/19, NZV 2020, 145.
[130] BayObLG Beschl. v. 29.10.2019 – 202 ObOWi 1600/19, NStZ-RR 2020, 92.
[131] BVerfG Urt. v. 27.4.1959 – 2 BvF 2/58, BVerfGE 9, 268 (284) = NJW 1959, 1171.
[132] BVerwG Urt. v. 26.8.2010 – 3 C 35/09, NVwZ Zoll, 368 (370), Rn. 24.
[133] BVerfG Beschl. v. 1.8.1978 – 2 BVR1013/77, 2 BvR 1019/77, 2 BvR 1034/77, BVerfGE 49, 24 (56f.) = NJW 1978, 2235; OLG Frankfurt a. M., Beschl. v. 6.11.2019 – 2 Ss-OWi 942/19, NStZ-RR 2020, 53 (54).
[134] OLG Frankfurt a. M., Beschl. v. 6.11.2019 – 2 Ss-OWi 942/19, NStZ-RR 2020, 53 (54).
[135] OLG Frankfurt a. M., Beschl. v. 6.11.2019 – 2 Ss-OWi 942/19, NStZ-RR 2020, 53 (54).
[136] OLG Frankfurt a. M., Beschl. v. 6.11.2019 – 2 Ss-OWi 942/19, NStZ-RR 2020, 53 (54).
[137] OLG Frankfurt a. M., Beschl. v. 6.11.2019 – 2 Ss-OWi 942/19, NStZ-RR 2020, 53 (54).
[138] OLG Frankfurt a. M., Beschl. v. 6.11.2019 – 2 Ss-OWi 942/19, NStZ-RR 2020, 53 (54).
[139] OLG Karlsruhe, Urt. v. 1.2.2017 – 7 U 97/16, NJW-RR 2017, 986.
[140] BGH Urt. v. 18.2.2014 – VI ZR 383/12, NJW 2014, 2577.
[141] BayObLG Beschl. v. 29.10.2019 – 202 ObOWi 1600/19 NStZ-RR 2020, 92 (93).

Kontrolle des Messvorgangs, die Verantwortung für den ordnungsgemäßen Einsatz technischer Hilfsmittel sowie die Kontrolle über die Ermittlungsdaten von deren Generierung bis zur Umwandlung der digitalen Messdaten in die lesbare Bildform und die anschließende Auswertung der Messung und schließlich die Entscheidung, ob und gegen wen ein Bußgeldverfahren einzuleiten ist."[142] Wird Personal von privaten Dienstleistern überlassen, so ist dieses in die räumlichen und organisatorischen Strukturen der Gemeinde zu integrieren und einem Leiter der zuständigen Organisationshoheit der Gemeinde zu unterstellen.[143]

IV. Ausblick – die Mobilität der Zukunft

50 Die Digitalisierung des Verkehrsraums bedarf auch der Digitalisierung der rechtlichen Vorgaben.[144] Die zunehmende Vernetzung unseres Alltags und die technischen Möglichkeiten alternativer Mobilitätsangebote stellen das Recht vor Herausforderungen. Diese Herausforderung gilt es jedoch offen für Innovation und Anpassung des Rechts bei gleichzeitiger Aufrechterhaltung hoher Schutzstandards für wichtige Rechts- und Gemeinschaftsgüter anzunehmen. So viele Risiken die Digitalisierung und das Internet der Dinge auch mit sich bringen mag, die Chancen überwiegen hier um ein Vielfaches. Das Recht sollte diese Chancen ergreifen, da nicht der wirtschaftlichen Realität angepasste Regulierung Gefahr läuft, dieser Realität irgendwann hinterherzuhinken und Rechtsunsicherheit zu zementieren.[145]

51 Als Negativbeispiel ist hier das anachronistische PBefG zu nennen, das hoffentlich rasch einer Reform zugeführt wird. Hier greifen nicht nur die bereits angesprochenen beihilfen- und wettbewerbsrechtlichen Bedenken. Überdies ist aus Sicht des Verbrauchers hervorzuheben, dass digitale Mobilitätsplattformen die gegenwärtig eingeschränkte Mobilität auch im ländlichen Raum bereichern sowie Verbraucherschutz und Benutzerfreundlichkeit erhöhen können.[146] Eine weitere „Reformbaustelle" sind die Normen in StVG, StVO, StVZO, BOKraft im Hinblick auf Erfordernisse des autonomen Fahrens. Auf europäischer Ebene ist es bedauerlich, dass eine sinnvolle Gesetzgebungsinitiative im Bereich der IVS an Modalitäten der technischen Umsetzung scheitern musste.

52 Dass das Recht im Bereich IoT-basierter Verkehrstechnologien durchaus anpassungsfähig ist, zeigt zB das Urteil des BVerfG zur sog. „Section Control" im Rahmen der automatisierten Kennzeichenkontrolle.[147] Die **grundrechtlichen Vorgaben,** insbesondere des allgemeinen Persönlichkeitsrechts und der Berufsfreiheit, lassen sich an modernen Verkehrstechnologien messen und bei kluger Umsetzung auch mit diesen vereinbaren. Die Aufforderung zu kluger Umsetzung ist an Politik und Verwaltung adressiert, die von den ihnen eingeräumten Einschätzungsprärogativen innovationsoffenen Gebrauch machen sollten und erfreulicherweise in einigen Bereichen auch schon Gebrauch gemacht haben bzw. Gebrauch machen. Im ganzen Land werden moderne Verkehrskonzepte entwickelt, besonders mit dem Thema digitaler Parkraumbewirtschaftung wird sich intensiv auseinandergesetzt, auch wenn hier noch einiges an Umsetzungsbedarf besteht.

---

[142] BayObLG Beschl. v. 29.10.2019 – 202 ObOWi 1600/19 NStZ-RR 2020, 92 (93 f.) mwN.

[143] BayObLG Beschl. v. 29.10.2019 – 202 ObOWi 1600/19 NStZ-RR 2020, 92 (94); DAR 2005, 633; NZV 1999, 2020; 1997, 312.

[144] Abschlussbericht zum Förderprojekt City2.e 2.0, www.erneuerbar-mobil.de/sites/default/files/2017-05/2017-05-23_City2.e_2.0-Abschlussbericht_V.2.0_final_an_TIB.pdf (15.6.2020), Ziff. 4.4.3.6, S. 75.

[145] Dazu anschaulich für das Datenschutzrecht im Bereich Digitale Mobilität/Plattform Governance *Spiecker gen. Döhmann* GRUR 2019, 341.

[146] S. das Fazit der Zusammenfassung der Ergebnisse aus der Studie des Instituts für Klimaschutz, Energie und Mobilität (IKEM) „Digitale Mobilitätsplattformen", www.bmvi.de/SharedDocs/DE/Publikationen/DG/broschuere-digitale-mobilitaetsplattform-kurzfassung.pdf?__blob=publicationFile (15.6.2020).

[147] BVerfG Beschl. v. 18.12.2018 – 1 BvR 142/15, NVwZ 2019, 381.

Technologisch ist das Internet der Dinge in jedem Fall für eine umfassende Verkehrswende gerüstet, die Verkehrsprobleme entzerrt, positive gesamtwirtschaftliche Gemeinwohleffekte erzeugt und zur überragend wichtigen Einhaltung der CO_2-Grenzwerte beiträgt. Die Ideen von **„Smart Cities", „Sharing Economies"** etc werden dabei aber nur sinnvoll als Teil eines Rechts- und Wirtschaftsbereiche übergreifenden Gesamtkonzepts verwirklicht, wenn alle beteiligten Akteure (insbesondere Bund, Länder, Kommunen und auch große Konzerne) den entsprechenden Umsetzungswillen haben und Taten folgen lassen.[148] 53

Die **Corona-Krise** scheint hier zunächst als Hemmnis weiterer Planungen zu wirken. 54
Aber sie kann auch zu Gedächtnis bringen, wie empfindlich unser Ökosystem ist und wie wichtig es ist, dieses durch den Einsatz ökologisch und ökonomisch effizienter und intelligenter Technologie zu schützen. Erfreulicherweise sieht das jüngste von der Bundesregierung verabschiedete Konjunkturpaket eine weitreichende Förderung nachhaltiger Mobilität vor.[149] Es steht zu hoffen, dass hiervon auch der Verkehrssektor profitiert.

---

148 Wichtige Bereiche der notwendigen Verkehrswende werden prägnant angesprochen von *Schütte* ZUR 2018, 65.

149 Eine Übersicht der Konjunkturmaßnahmen findet sich auf http://www.bundesfinanzministerium.de/Web/DE/Themen/Schlaglichter/Konjunkturpaket/das-konjunkturpaket.html (15.6.2020).

§ 28 Versicherungswirtschaft

Übersicht

Literatur:

Aktuar Aktuell Mitteilungen der Deutschen Aktuarsvereinigung e.V., Ausgabe 36, Dezember 2016, aktuar.de/politik-und-presse/aktuar-aktuell/Documents/Aktuar%20Aktuell%20Nr.%2036.pdf (22.3.2021); *BaFin* Digitalisierungsstrategie, www.bafin.de/DE/DieBaFin/ZieleStrategie/Digitalisierungsstrategie/digitalisierungsstrategie_node.html (22.3.2021); *BaFin* Big Data trifft auf Künstliche Intelligenz, www.bafin.de/SharedDocs/Downloads/DE/dl_bdai_studie.pdf?__blob=publicationFile&v=9 (22.3.2021); *BaFin* BaFin Perspektiven 1/2018, www.bafin.de/SharedDocs/Downloads/DE/BaFinPerspektiven/2018/bp_18-1_digitalisierung.html (22.3.2021); *BaFin* Erläuterung zu Leitlinien zum Governance-System, 20.5.2016; *BaFin* Rundschreiben 10/2018 (VA) – Versicherungsaufsichtliche Anforderungen an die IT (VAIT), Stand 20.3.2019; *BaFin* Rundschreiben 2/2017 (VA) – Mindestanforderungen an die Geschäftsorganisation von Versicherungsunternehmen (MaGo), Stand 2.3.2018; *Bähr* (Hrsg.), Handbuch des Versicherungsaufsichtsrechts, München 2011; *Brand/Baroch Castellvi* (Hrsg.), VAG, Baden-Baden 2018; *Brand,* Zulässigkeit und Ausgestaltung von Telematiktarifen, VersR 2019, 725; *Brömmelmeyer,* Belohnungen für gesundheitsbewusstes Verhalten in der Lebens- und Berufsunfähigkeitsversicherung? Rechtliche Rahmenbedingungen für Vitalitäts-Tarife, r+s 2017, 225; *Dreher/Ballmeier,* Der Dienstleistungsvertrag bei der Auslagerung nach § 64a Abs. 4 VAG, VersR 2014, 8; *Gebert/Erdmann/Schradin* (Hrsg.), BeckOK VAG, 12. Ed. 2021; *Grund,* Neue Herausforderungen für Aufsicht und Branche, www.bafin.de/SharedDocs/Veroeffentlichungen/DE/Reden/re_181113_va_konferenz_bonn_ed_va.html (22.3.2021); *Hufeld,* Rede zu Big Data und Künstlicher Intelligenz in der Finanzindustrie, www.bafin.de/SharedDocs/Veroeffentlichungen/DE/Reden/re_181010_BCG_Board_Briefing_p.html (22.3.2021); *Kaulbach/Bähr/Pohlmann* (Hrsg.), VAG, 6. Aufl., München 2019; *Klimke,* Telematik-Tarife in der Kfz-Versicherung, r+s 2015, 217; *Langheid/Rixecker* (Hrsg.), VVG, 5. Aufl., München 2016; *Langheid/Wandt* (Hrsg.), Münchener Kommentar zum VVG, 2. Aufl., München 2016; *Prölss/Dreher* (Hrsg.), VAG, 13. Aufl., München 2018; *Prölss/Martin* (Hrsg.), VVG, 30. Aufl., München 2018; *Rudkowski,* Vertragsrechtliche Anforderungen an die Gestaltung von „Self-Tracking"-Tarifen in der Privatversicherung, ZVersWiss 106 (2017), 453–502; *Säcker/Rixecker/Oetker/Limperg* (Hrsg.), Münchener Kommentar zum BGB, Bd. 1, 8. Aufl., München 2018; *Schmidt-Kessel/Grimm* (Hrsg.), Telematiktarife & Co. – Versichertendaten als Prämienersatz, Schriftenreihe der Zeitschrift Versicherungsrecht Bd. 63; *Schoenfeldt/Kalis,* Rechtliche Rahmenbedingungen des Gesundheitsmanagements in der Privaten Krankenversicherung, VersR 2001, 1325.

I. Einleitung

1 Gesellschaft und Wirtschaft durchleben gegenwärtig einen weitreichenden **digitalen Wandel.** So führt die exponenzielle Steigerung der Vernetzung durch das IoT zu einer riesigen und kontinuierlich stark wachsenden **Datenmenge;**[1] Fortschritte in der Erforschung der Themen „Künstliche Intelligenz (KI) und maschinelles Lernen" ermöglichen verbesserte **Datenanalysemethoden,** die die Datenmengen schneller und effizienter nutzbar machen.[2] Dies gilt insbesondere auch für die Versicherungswirtschaft und bietet vielfältige Chancen und Veränderungspotenziale.

---

[1] Die Datenmenge wird gemeinhin „Big Data" genannt.

[2] Daten werden als die neue Währung, das neue Gold oder Öl der digitalen Wirtschaft bezeichnet, s. dazu *Brand* VersR 2019, 725 mwN.

Für die Versicherungswirtschaft sind die Erhebung, Auswertung und Verwertung von Daten zwar **nichts Neues.**[3] So sind Versicherungsunternehmen aufgrund ihres Geschäftsmodells seit jeher auf eine Vielzahl **strukturierter Daten** der Versicherungsnehmer und der versicherten Personen angewiesen. Daten ermöglichen den Versicherern, das versicherte Risiko einschätzen, etwaige betrügerische Manipulationen aufdecken sowie den Versicherungsfall feststellen und regulieren zu können.[4] 2

Allerdings helfen Datenmengen in Verbindung mit verbesserten Datenauswertungsmethoden und IoT-Geräten der Versicherungswirtschaft, bestehende Strukturen zu verbessern und neue Anwendungen, Produkte und Dienstleistungen entwickeln zu können.[5] In erster Linie kann ein Versicherer deutlich **individuellere** Versicherungsprodukte anbieten. Daneben ermöglicht eine qualifiziertere Datenauswertung, das versicherte Risiko besser durch Risikobeobachtung, **Schadenspräventions**- und Schadensminderungsmaßnahmen zu steuern. Schließlich gestatten IoT-Geräte neue und schnellere Möglichkeiten der Kundenkommunikation und damit neue **Vertriebswege** und Arbeitsprozesse im **Schadensmanagement.** 3

Diese IoT-Anwendungsfälle bieten etablierten Versicherungsunternehmen **(„Incumbents")** die Möglichkeit, den Herausforderungen durch gewandelte Kundenerwartungen, Kostenreduzierungsdruck und schwindenden Wachstumsraten zu begegnen. Die Chancen sind aber nicht nur für die nach traditionellen Geschäftsmodellen tätigen Versicherer interessant, sondern auch für Start-ups **(„InsurTechs")** und Technologieunternehmen (**„BigTechs"**[6]).[7] 4

Jedes Unternehmen, das mit datengetriebenen Geschäftsmodellen im deutschen Versicherungsmarkt aktiv werden will, findet sich in einem sehr stark **regulierten** Dienstleistungssektor wieder. Im Gegensatz zu anderen Jurisdiktionen werden Versicherer und Vermittler, die (weitestgehend) mit technologiegetriebenen Geschäftsmodellen tätig werden wollen und sich damit in vielerlei Hinsicht von traditionellen Wettbewerbern unterscheiden, in Deutschland regulatorisch **nicht privilegiert.** InsurTechs unterliegen in gleicher Art und Weise der staatlichen Aufsicht wie alle anderen im Versicherungsmarkt tätigen Unternehmen. 5

Die Aufsicht über in Deutschland aktive Versicherungsunternehmen führt grundsätzlich die Bundesanstalt für Finanzdienstleistungsaufsicht **(BaFin).** Die BaFin verfolgt bei der Beaufsichtigung von Versicherungsunternehmen – anders als Aufsichtsbehörden anderer Jurisdiktionen[8] – keinen sog. **Sandbox-Ansatz.** Vielmehr gilt ein **technologieneutraler** Ansatz nach dem Motto „gleiches Geschäft, gleiches Risiko, gleiche Regulierung".[9] Es ist damit nicht möglich, ein neues Geschäftsmodell zunächst für einen begrenzten Zeitraum mit einem begrenzten Kundenkreis unter Aufsicht und Anleitung der BaFin in einer sog. „Sandbox" unter reduzierten aufsichtsrechtlichen Anforderungen zu testen. Vielmehr müssen alle Versicherungsunternehmen unabhängig vom Geschäftsmodell die gleichen aufsichtsrechtlichen Anforderungen beachten. Allenfalls in der Intensität der Aufsicht kann die BaFin nach den Umständen des Einzelfalls Unterschiede machen.[10] Für Versicherungsunternehmen mit einem technologiegetriebenen Geschäftsmodell bedeutet dies im Ergebnis, dass die BaFin sowohl im Rahmen der **Zulassungsaufsicht** als auch der **laufenden** 6

[3] *Brand* VersR 2019, 725.
[4] *Brand* VersR 2019, 725.
[5] BaFin Big Data trifft auf Künstliche Intelligenz S. 3.
[6] Beispielhaft genannt seien Amazon, Alphabet (Google), Apple oder Microsoft.
[7] Insurtechs und Bigtechs treten aktuell zunehmend auf Basis von technologie- und datengetriebenen Geschäftsmodellen neu in den Versicherungsmarkt ein – etwa als Dienstleister für Versicherer, aber auch als Risikoträger. S. zu den Auswirkungen von Big Data und KI auf die Teilnehmer am Versicherungsmarkt BaFin Big Data trifft auf Künstliche Intelligenz S. 97 ff.
[8] Bspw. Großbritannien, Niederlande, Australien, Singapur und Hongkong.
[9] BaFin Digitalisierungsstrategie S. 6.
[10] BaFin Digitalisierungsstrategie S. 6.

Aufsicht überwacht, ob ein Unternehmen die Belange der Versicherten wahrt und nicht gegen für den Betrieb von Versicherungsgeschäft relevante Rechtsvorschriften verstößt.[11]

7 Gleiches gilt für in Deutschland tätige **Versicherungsvermittler** (Versicherungsmakler und Versicherungsvertreter), die der Aufsicht der jeweils zuständigen Industrie- und Handelskammer **(IHK)** unterliegen. Auch die digitale Vermittlung von Versicherungsverträgen ist aufsichtsrechtlich **nicht privilegiert.**[12]

8 Die folgenden Ausführungen behandeln die für die Versicherungswirtschaft wesentlichen Anwendungsfälle des IoT hinsichtlich deren Vereinbarkeit mit den gesetzlichen Vorgaben (→ Rn. 9ff.). Daneben werden die allgemeinen rechtlichen Rahmenbedingungen erläutert, die ein Unternehmen bei der Implementierung von IoT-Systemen beachten muss. Hier wird insbesondere auch der rechtliche Rahmen einer Ausgliederung der Datenerfassung von IoT-Geräten und der anschließenden Analyse auf externe IT-Dienstleistungsanbieter dargestellt (→ Rn. 54ff.). Schließlich werden die besonderen aufsichtsrechtlichen Anforderungen erläutert, die die BaFin an die IT von Versicherungsunternehmen (VAIT) stellt (→ Rn. 66ff.).

II. Anwendungsfälle des IoT in der Versicherungswirtschaft

1. Telematiktarife und Assistance-Leistungen

9 Die größere zur Verfügung stehende Datenmenge in Verbindung mit besseren Auswertungsmethoden ermöglicht dem Versicherer einerseits die Weiterentwicklung individualisierter, verhaltensbasierter Versicherungsprodukte – sog. **Telematiktarife.**[13] Andererseits bieten sie dem Versicherer die Chance zur aktiven Risikosteuerung durch **Assistance-Leistungen** zur Risikobeobachtung, Schadensprävention oder -minimierung.

10 Bei Telematiktarifen richtet sich sowohl der **Versicherungsschutz** als auch die dafür zu leistende **Prämie** nach dem individuellen Profil des Versicherungsnehmers. Im Kern bedeutet das, dass der Versicherungsnehmer mit IoT-Geräten ausgestattet wird, die sein **individuelles Verhalten** aufzeichnen und automatisch an den Versicherer weitergeben.[14] Die Datenweitergabe erfolgt regelmäßig über ein für die Datenanalyse zuständiges Tochterunternehmen.[15] Eine gezielte Datenanalyse ermöglicht dem Versicherer dann vor Vertragsschluss, die Prämienkalkulation nicht mehr nur auf Basis von **Paulschalstatistiken,** sondern individualisiert auf Grundlage des konkreten Verhaltens des Versicherungsnehmers vorzunehmen. Sofern die Daten fortlaufend während des Versicherungsverhältnisses erhoben und übermittelt werden, kann daneben das Risikoprofil des Versicherungsnehmers laufend an dessen tatsächliches Verhalten angepasst werden. Ergibt die Risikoanalyse nach Vertragsschluss, dass sich das Risiko aufgrund des Verhaltens des Versicherungsnehmers im Vergleich zur Ersteinschätzung geändert hat, kann die Prämie an das aktualisierte Risiko angeglichen werden. Sollte sich der Versicherungsnehmer etwa besonders risikobewusst verhalten haben, kommen **Belohnungen** in Betracht, zB Beitragsrückerstattungen, Grati-

[11] Neben den Vorgaben des VAG, VVG und PflVG sind dies auch alle Vorschriften, die nach dem Schutzzweck der Norm den Betrieb des Versicherungsgeschäfts berühren – etwa Vorgaben aus dem BGB, HGB, AktG, UWG und AGG – und über deren Einhaltung keine andere staatliche Behörde wacht. Aus diesem Grund fällt grds. die Einhaltung von Datenschutzvorschriften nicht in die Zuständigkeit der BaFin. Im Falle von systematischen Verstößen behält sie sich dennoch vor, gegen diese im Rahmen der Missstandsaufsicht vorzugehen, vgl. *Hufeld* BaFin Perspektiven 1/2018, 9 (21).

[12] So hat erst in jüngerer Vergangenheit der BGH festgestellt, dass das Betreiben von Vergleichsportalen für Versicherungen im Internet eine Versicherungsvermittlung darstellt, die nach § 34d GewO der Erlaubnis der zuständigen IHK bedarf; vgl. BGH Urt. v. 28.11.2013 – I ZR 7/13, GRUR 2014, 398 – Tchibo-Urteil; OLG München Urt. v. 6.4.2017 – 29 U 3139/16, VersR 2017, 1270 – Check24-Urteil.

[13] Diese Terminologie verwenden zB auch *Brand* VersR 2019, 725 oder *Pohlmann* VersR Schriften 63, S. 75.

[14] Die Datensammlung sowie die Datenanalyse bringen zahlreiche datenschutzrechtliche Fragen mit sich, auf die an dieser Stelle nicht weiter eingegangen werden kann.

[15] Zu den datenschutzrechtlichen Vorteilen der Einschaltung eines für die Datenanalyse zuständigen Tochterunternehmens *Brand* VersR 2019, 725.

fikationen oder eine Herabsetzung der zukünftigen Prämie. Natürlich sind bei einer „falschen", dh risikoerhöhenden, Verhaltensweise des Versicherten auch **Prämienerhöhungen** oder gar Kündigungen des Versicherungsvertrages denkbar.

Bereits heute werden va in der **Kfz-Haftpflichtversicherung** Telematiktarife angeboten.[16] Abgesehen von vereinzelten Angeboten in der **Risikolebens**- und **Berufsunfähigkeitsversicherung**[17] existieren in anderen Versicherungssparten bisher keine Telematiktarife. 11

Ein Telematiktarif in der Kfz-Versicherung funktioniert grundsätzlich wie folgt: Der Versicherer erhebt Daten über das individuelle **Fahrverhalten.** Hierzu zählen Kriterien wie Geschwindigkeit oder das Beschleunigungs-, Brems- und Kurvenverhalten. Diese Informationen werden mit den jeweiligen Fahrbedingungen kombiniert, dh Datum, Uhrzeit, Wetter, Verkehrs- und Baustellensituation. Die Erhebung der Daten erfolgt entweder durch das Kraftfahrzeug selbst oder durch IoT-Geräte, die der Versicherer dem Versicherungsnehmer zur Verfügung stellt. Die auf diesem Wege ermittelten Telematikdaten werden anschließend ausgewertet und in einen **Score-Wert** übersetzt. Die Risikoanalyse bei Abschluss des Versicherungsvertrages beschränkt sich damit nicht mehr allein auf Informationen zum Wohnort, jährliche Fahrleistung und Fahrzeugtyp. Vielmehr wird ganz konkret das **Risikoprofil** des Versicherungsnehmers im Hinblick auf das tatsächliche Fahrverhalten im Straßenverkehr berücksichtigt. Es wird zB beurteilt, ob der Fahrer die Höchstgeschwindigkeiten einhält, risikoreich beschleunigt oder bremst und ob er das Fahrverhalten an die jeweilige Situation anpasst. Je nachdem, wie sich der Score-Wert im Laufe eines Bemessungszeitraums verändert, kann dies zu **Anpassungen** der zu zahlenden Prämie führen. 12

Neben dem Angebot von Telematiktarifen ermöglicht die fortlaufende Datenauswertung dem Versicherer, das versicherte Risiko aktiv zu steuern. So kann der Versicherer neben dem eigentlichen Kerngeschäft – der Risikoübernahme – **Assistance-Leistungen** zur Risikobeobachtung, Schadensprävention oder -minderung anbieten. Durch die Auswertung von Standort- und Wetterdaten kann ein Versicherungsunternehmen den Versicherungsnehmer zB vor Gefahren am aktuellen Standort des versicherten Pkw oder Hauses **warnen,** die aus Stürmen, Gewittern, Hochwassern, Schneefällen oder ähnlichen Naturereignissen herrühren. Im Rahmen dessen kann der Versicherer gegenüber dem Versicherungsnehmer eine **Handlungsempfehlung** aussprechen, um einen Schadensfall zu vermeiden. 13

Im Folgenden wird erläutert, ob und inwieweit das Angebot von Telematiktarifen, ggf. in Verbindung mit weiteren Assistance-Leistungen, rechtlich zulässig ist.[18] 14

a) Telematiktarife

aa) Gleichbehandlungsgebot (§§ 138 Abs. 2, 146 Abs. 2 VAG). Gem. §§ 138 Abs. 2, 146 Abs. 2 S. 2 VAG dürfen Prämien und Leistungen in der Lebens- und Krankenversicherung bei gleichen Voraussetzungen nur nach gleichen Grundsätzen bemessen werden. Mit dem **Gleichbehandlungsgebot** soll verhindert werden, dass einzelne Versicherte oder Gruppen von Versicherten zu Lasten anderer Versicherter trotz gleicher Zusage einer Gewinnbeteiligung bevorzugt werden.[19] 15

Das Angebot von Telematiktarifen in der Kranken- oder Lebensversicherung wird in der wissenschaftlichen Literatur teilweise als **Verstoß** gegen die Gleichbehandlungsgrundsätze beurteilt. Eine Ungleichbehandlung könne bei Telematiktarifen daraus folgen, dass 16

[16] Bsp. von der HUK Coburg (Smart Driver), Allianz Versicherungs-AG (BonusDrive), CosmosDirekt (BetterDrive), mit jeweils leicht unterschiedlichen Tarifgestaltungen. Für einen Überblick zu existierenden Tarifmodellen und ihren Funktionsweisen vgl. *Grimm* VersR Schriften 63, S. 47 ff.

[17] Generali bietet mit *Generali Vitality* bereits einen solchen Tarif an.

[18] Aufgrund des Umfangs des Beitrags sind die aufgezeigten rechtlichen Herausforderungen nicht abschließend.

[19] *Heitzer/Brasseler* VersR Schriften 63, S. 148 mwN.

Versicherungsnehmer mit Telematiktarif im Gegensatz zu den Versicherten mit klassischen Tarifen für gesundheitsrelevantes Verhalten durch bessere Prämien **„belohnt“** werden. Unzulässig ist eine derartige Ungleichbehandlung dann, wenn sie nicht durch das Vorliegen eines sachlichen Grundes gerechtfertigt werden könnte. Ein sachlicher Grund dürfte wohl in der Tatsache liegen, dass jene Versicherungsverträge mit Telematik-Zusatz einen anderen **Schadenserwartungswert** und nachweisbar niedrigere Kosten generieren.[20] Sie sind damit einer anderen **Risikogruppe** zugehörig als Verträge ohne einen derartigen Zusatz.[21] Inwieweit dies im Bereich der Lebens- und Krankenversicherung tatsächlich und nachweisbar der Fall ist, wird derzeit in der wissenschaftlichen Literatur aufgrund **fehlender Erfahrungswerte** allerdings noch unterschiedlich bewertet.[22]

17 **bb) Sondervergütungsverbot (§ 48b VAG).** § 48b VAG untersagt einem Versicherer, dem Versicherungsnehmer **Sondervergütungen** zu gewähren oder zu versprechen. Ziel des Verbots ist die Vermeidung von **Fehlanreizen** beim Versicherungsnehmer, primär im Hinblick auf den Abschluss eines bestimmten Versicherungsvertrages.

18 Zentrale Frage ist somit, ob die für den Versicherungsnehmer wirtschaftlich günstigeren Telematiktarife als Sondervergütung im weitesten Sinne anzusehen sind. Nach der Legaldefinition des § 48b VAG ist eine Sondervergütung jede unmittelbare oder mittelbare **Zuwendung** neben der im Versicherungsvertrag vereinbarten Leistung. Eine solche Leistung ist insbesondere jede vollständige oder teilweise Provisionsabgabe, sonstige Sach- oder Dienstleistung, die nicht die Versicherungsleistung betrifft, sowie Rabattierung auf Waren und Dienstleistungen. Eine Ausnahme besteht lediglich für den Fall, dass die Leistung geringwertig ist. Im Rahmen von Telematiktarifen passen Beitragsrückerstattungen, Gratifikationen oder eine Herabsetzung der zukünftigen Prämie den vertraglich zu zahlenden Betrag an das Verhalten des Versicherungsnehmers an. Der „Bonus“ oder „Nachlass“ ist also Teil der vertraglichen Abrede zur Bestimmung der **Gegenleistung** des Versicherungsnehmers für die Risikoübernahme durch den Versicherer. Bereits deshalb dürfte der Bonus richtigerweise nicht als „Zuwendung neben dem Versicherungsvertrag“ verstanden werden.[23]

19 Problematisch ist allerdings die Fallgestaltung, in der der Versicherer das risikomindernde Verhalten des Versicherten durch **Vergünstigungen** bei einem **Drittanbieter** honoriert. Beispiele sind Vergünstigungen bei Sportartikeln oder Lifestyle-Produkten, günstige Tarife bei Fitnessstudiomitgliedschaften sowie (kostenlose) Fitness- und Gesundheitstests.[24] Zentrale und bislang nicht geklärte Frage ist hierbei, ob auch Rabatte auf Waren und Leistungen von Drittanbietern eine so enge Bindung zum eigentlichen Versicherungsvertrag aufweisen, dass sie nicht als Zuwendung neben dem Versicherungsvertrag einzustufen sind.[25] In jedem Fall sind derartige Vergünstigungen als Zuwendungen neben dem Versicherungsvertrag gem. § 48b Abs. 2 S. 2 VAG auf **15 EUR** pro Vertragsverhältnis und Kalenderjahr begrenzt.

20 **cc) Gefahrerhöhung (§§ 23 ff. VVG).** In §§ 23 ff. VVG ist der Fall geregelt, dass sich die beim Abschluss des Versicherungsvertrags vom Versicherer vorausgesetzte **Gefahrenlage** nachträglich zu Ungunsten des Versicherers verlagert. Insofern regeln §§ 23 ff. VVG abweichend von allgemeinen zivilrechtlichen Grundsätzen die Störung der Geschäftsgrundlage durch **Veränderung** des **Gleichgewichts** von Gefahrenlage und Prämie.

---

[20] *Heitzer/Brasseler* VersR Schriften 63, S. 151 f.

[21] *Heitzer/Brasseler* VersR Schriften 63, S. 151 f.

[22] Zur allg. Rechtmäßigkeit von Telematik-Tarifen auch *Stadler* VersR Schriften 63, S. 173 ff. sowie *Brömmelmeyer* r+s 2017, 225 (227 f.); krit. hingegen etwa Prölss/Martin/*Präve* VVG § 146 Rn. 25 oder HK-VAG/*Brand* § 146 Rn. 46, wobei *Brand* seine Ansicht zu revidieren scheint, vgl. *Brand* VersR 2019, 725 (730).

[23] *Stadler* VersR Schriften 63, S. 176 ff.

[24] *Heitzer/Brasseler* VersR Schriften 63, S. 156.

[25] *Brand* VersR 2019, 725 (728).

Telematiktarife ermöglichen wie bereits erläutert eine Anpassung der Versicherungsprämie in Abhängigkeit von bestimmten Parametern, die durch das IoT ermittelt werden. Daher kann sich die zu zahlende Prämie von Versicherungsperiode zu Versicherungsperiode unterscheiden. Zur Frage, ob diese Veränderlichkeit der Versicherungsprämie mit den Grundsätzen der Gefahrerhöhung vereinbar ist, gehen die Auffassungen in der wissenschaftlichen Literatur auseinander.[26] Im Ergebnis geht der **überwiegende** Teil der Literatur richtigerweise davon aus, dass Telematiktarife in der Kfz- sowie der Risikolebens- und Berufsunfähigkeitsversicherung mit den Grundsätzen der §§ 23ff. VVG **vereinbar** sind.[27] Lediglich vereinzelt wird danach unterschieden, ob eine Prämienerhöhung bis über den Ausgangswert möglich ist oder nicht.[28] Nur in dem Fall, dass sich die Prämie nicht über den Ausgangswert erhöhen kann, soll demnach ein Telematiktarif mit §§ 23ff. VVG vereinbar sein.[29] Im Rahmen der **Krankenversicherung** wird die Einführung von Telematiktarifen hingegen berechtigt sehr **kritisch** gesehen. So wird angenommen, dass die in Telematiktarifen vorgesehenen schwankenden Prämien mit dem Grundgedanken des § 194 Abs. 1 S. 2 VVG unvereinbar sind. Danach sind die §§ 23ff. VVG auf Krankenversicherungen gerade nicht anwendbar. 21

dd) Prämienanpassung (§§ 163, 176, 203 VVG). §§ 163, 176 und 203 VVG räumen dem Versicherer für die Sparten der Lebens-, Berufsunfähigkeits- und Krankenversicherung ein einseitiges **Prämienanpassungsrecht** ein. Hintergrund ist, dass die Versicherungsverhältnisse in diesen Sparten typischerweise viele Jahre, überwiegend sogar über Jahrzehnte, bestehen. In der Lebensversicherung und regelmäßig auch in der Krankenversicherung ist das ordentliche Kündigungsrecht des Versicherers gesetzlich oder vertraglich ausgeschlossen. Ohne das gesetzliche Prämienanpassungsrecht bestünde daher die Gefahr, dass der Versicherer nicht dauerhaft das **Äquivalenzverhältnis** zwischen Leistungsversprechen und Prämie aufrechterhalten kann.[30] Die dauerhafte Gewährleistung des Äquivalenzverhältnisses ist für die Funktionsfähigkeit einer Versicherung aber von entscheidender Bedeutung. Eine **Schieflage** zwischen Leistungsversprechen und Prämie kann in letzter Konsequenz zur Insolvenz des Versicherers führen, die unvorhersehbare Folgen für den Versicherer und für die Versicherten hätte. Zum Schutz der Interessen der Versicherungsnehmer sieht das Gesetz allerdings **hohe Anforderungen** für eine Prämienanpassung vor,[31] von denen nicht zum Nachteil des Versicherungsnehmers abgewichen werden darf, §§ 176, 208 VVG. 22

Telematiktarifen in der Kranken-, Lebens- und Berufsunfähigkeitsversicherung könnten diese gesetzlichen Regelungen des VVG entgegenstehen. Zum Angebot privater Versicherungsunternehmen mit laufendem individuellem Gesundheits-Monitoring mittels Apps und darauf aufbauenden risikoadjustierten Prämien hat die **Bundesregierung** bereits erklärt, dass diese nicht mit den Vorschriften der §§ 155, 160 VAG iVm § 203 Abs. 2 VVG vereinbar seien.[32] Die Bundesregierung hat ihre Rechtsauffassung nicht im Detail erläutert. Gleichwohl dürfte der Ansicht der Bundesregierung zuzustimmen sein, da eine verhaltensbasierte Prämienkalkulation nicht mit den Rechnungsgrundlagen nach §§ 2ff. KVAV[33] übereinstimmt.[34] Bei Lebensversicherungen und Berufslebensversicherungen dürften Prä- 23

---

[26] Vgl. zu einem Überblick *Pohlmann* VersR Schriften 63 S. 86ff. oder *Brand* VersR 2019, 725 (734).
[27] ZB *Pohlmann* VersR Schriften 63, S. 86ff.; *Brand* VersR 2019, 725 (734); *Klimke* r+s 2015, 217 (220).
[28] *Rudkowski* ZVersWiss 106 (2017), 453 (455ff.).
[29] *Rudkowski* ZVersWiss 106 (2017), 453 (455ff.).
[30] In AVB kann zwar eine Anpassungsklausel vorgesehen sein. Diese unterliegt aber der AGB-Kontrolle nach den §§ 305ff. BGB. Abhängig von der Ausgestaltung im Einzelfall könnte diese daher unwirksam sein.
[31] So muss zB ein unabhängiger Treuhänder der Anpassung zustimmen.
[32] BT-Drs. 18/10259, 5.
[33] Krankenversicherungsaufsichtsverordnung (KVAV).
[34] *Brömmelmeyer* r+s 2017, 225 (229).

mienänderungen ebenfalls **unzulässig** sein. §§ 163, 176 VVG entsprechen insofern § 203 Abs. 2 VVG.[35]

24 Gleichwohl wird bereits in der Lebens- und Berufsunfähigkeitsversicherung über Gestaltungen diskutiert, bei denen die Prämie unverändert bleibt und eine Ermäßigung bei gesundheitsbewusstem Verhalten im Rahmen der **Überschussbeteiligung** erfolgt. Dann seien §§ 163 Abs. 1, 176 VVG **nicht einschlägig.**[36] Sofern mit dem Gleichbehandlungsgrundsatz in §§ 146 Abs. 1 S. 1, 138 Abs. 2 VAG vereinbar, wird auch für die Krankenversicherung diskutiert, gesundheitsabhängige Betragsermäßigungen über eine erfolgsabhänge Beitragsrückerstattung zu finanzieren.[37]

25 **ee) Transparenzgebot (§ 307 Abs. 1 S. 2 BGB).** § 307 Abs. 1 S. 2 BGB regelt ein Transparenzgebot für AGB, das auch für Allgemeine Versicherungsbedingungen (AVB) gilt. Das Transparenzgebot verpflichtet den AGB-Verwender, Rechte und Pflichten des Vertragspartners möglichst **klar** und **durchschaubar** darzustellen.[38] Mit Blick auf Telematik-Klauseln ist erforderlich, dass die AVB deutlich machen, welches konkrete Verhalten in welchem Umfang Einfluss auf die Prämienhöhe hat.[39] Dafür müssen zunächst die **Parameter** offengelegt werden, die in die konkrete Bewertung einfließen.[40] Ferner muss erklärt werden, wie diese gewichtet werden.[41] Entscheidend ist, dass die Tarifberechnung so erläutert wird, dass der Versicherungsnehmer sein Verhalten tatsächlich daran **ausrichten** kann.[42] Sofern AVB von Telematiktarifen diese Vorgaben einhalten, dürften sie nicht gegen das Transparenzgebot aus § 307 Abs. 1 S. 2 BGB verstoßen.

26 **ff) Aufsichtsrechtliche Anforderungen an die Geschäftsorganisation, insbesondere der versicherungsmathematischen Funktion.** Ein Versicherungsunternehmen muss gem. § 23 Abs. 1 VAG über eine Geschäftsorganisation verfügen, die eine **solide** und **umsichtige** Leitung des Unternehmens ebenso gewährleistet wie die Einhaltung der vom Versicherungsunternehmen zu beachtenden Gesetze, Verordnungen und aufsichtsbehördlichen Anforderungen. Für eine ordnungsgemäße Geschäftsorganisation iSd § 23 VAG muss ein Versicherer daher neben der internen Revision, der Compliance- und Risikomanagement-Funktion, insbesondere eine **versicherungsmathematische Funktion** vorsehen (§ 31 Abs. 1 VAG), die **zuverlässig** und **fachlich** geeignet ist (§ 24 Abs. 1 VAG). Aufgabe der versicherungsmathematischen Funktion ist vor allem die Koordinierung der Berechnung der versicherungsmathematischen Rückstellungen, die Gewährleistung der Angemessenheit der verwendeten Modelle sowie die bei der Berechnung der versicherungstechnischen Rückstellungen gemachten Annahmen. Ferner gehören zu den Aufgaben die Bewertung der Hinlänglichkeit und Qualität der Daten, die bei der Berechnung der versicherungsmathematischen Rückstellungen zugrunde gelegt werden, § 31 Abs. 1 S. 2 Nr. 2 und 3 VAG.

27 Das Angebot von Telematiktarifen stellt den Versicherer vor die Herausforderung, die für die Kalkulation notwendigen Daten in ausreichender Menge und datenschutzkonformer Art und Weise zu sammeln, auszuwerten und mit internen Daten in Bezug zu setzen.[43] In der Kfz-Haftpflichtversicherung müssen die Versicherer etwa die gesammelten Fahrzeugdaten mit externen Datenquellen zu Themen wie Geo-, Wetter- oder Straßenzustandsinformationen sowie internen Daten zum Versicherungsnehmer in Relation zuein-

[35] *Brömmelmeyer* r+s 2017, 225 (229).
[36] Ausf. dazu *Brömmelmeyer* r+s 2017, 225 (229).
[37] Ausf. dazu *Brömmelmeyer* r+s 2017, 225 (229).
[38] StRspr., vgl. etwa BGH Urt. v. 25.11.2015 – VIII ZR 360/14, NJW 2016, 936 Rn. 12 mwN.
[39] *Klimke* r+s 2015, 217 (218f.); *Brömmelmeyer* r+s 2017, 225 (229f.).
[40] *Klimke* r+s 2015, 217 (218f.); *Brömmelmeyer* r+s 2017, 225 (229f.).
[41] *Klimke* r+s 2015, 217 (218f.); *Brömmelmeyer* r+s 2017, 225 (229f.).
[42] *Klimke* r+s 2015, 217 (218f.); *Brömmelmeyer* r+s 2017, 225 (229f.).
[43] *Heitzer/Brasseler* VersR Schriften 63 S. 149.

ander setzen.[44] Bestehende, **klassische** versicherungsmathematische **Verfahren** kommen bei verhaltensbasierten Versicherungsprodukten an ihre **Grenzen.** Wie bereits erläutert, bedarf es für die Auswertung der relevanten Daten weit entwickelter **KI-Anwendungen.**[45] Die versicherungsmathematische Funktion muss daher über angemessene **Expertise** zu solchen neuen, insbesondere auf KI-basierenden Ansätzen verfügen. Ansonsten wird die BaFin die nach § 31 Abs. 3 und § 24 VAG geforderte fachliche Eignung in Frage stellen und eine Anpassung der Geschäftsorganisation verlangen. Das Angebot von Telematiktarifen dürfte daher in aufsichtsrechtlicher Hinsicht oftmals die Anpassung der Geschäftsorganisation des Versicherungsunternehmens erforderlich machen.

gg) Überlassung von IoT-Geräten – versicherungsfremdes Geschäft (§ 15 VAG). 28
§ 15 Abs. 1 S. 1 VAG regelt das Verbot des Betriebs von versicherungsfremdem Geschäft. Das Verbot soll verhindern, dass die Erfüllbarkeit der Verpflichtungen aus dem Versicherungsverhältnis und damit die **Solvabilität** des Unternehmens durch Risiken **gefährdet** wird, die aus der Betätigung des Versicherers in anderen Wirtschaftszweigen resultieren. Ein Verstoß liegt dann vor, wenn das Versicherungsunternehmen ein Geschäft betreibt, das in keinem **unmittelbaren Zusammenhang** zum Versicherungsgeschäft des Versicherungsunternehmens steht. Das Versicherungsgeschäft iSv § 15 Abs. 1 S. 1 VAG umfasst die gesamte Tätigkeit des Versicherungsunternehmens, dh Produktentwicklung, Vertrieb, Bestandsverwaltung, Leistungsbearbeitung, Rechnungswesen, interne Kontrolle, interne Revision sowie Kapitalanlage.[46] Ob das betriebene Geschäft mit der Versicherungstätigkeit im unmittelbaren Zusammenhang steht, hängt im Einzelfall von einer funktional wirtschaftlichen Wertung unter Berücksichtigung der Verkehrssitte ab.[47] Bei der Beurteilung ist stets zu beachten, dass ein unmittelbarer Zusammenhang nach § 15 Abs. 1 S. 4 VAG ausgeschlossen ist, wenn das Geschäft mit einem zusätzlichen finanziellen Risiko verbunden ist.

Im Rahmen der gegenwärtig schon am Markt erhältlichen Telematiktarife stellt der 29
Versicherer dem Versicherungsnehmer regelmäßig das erforderliche IoT-Gerät zur Datenerfassung zur Verfügung. In der Regel erfolgt diese Überlassung entgeltlich.[48]

Der Überlassung der IoT-Geräte durch den Versicherer dürfte nach hiesiger Ansicht das 30
Verbot des Betriebs von versicherungsfremdem Geschäft nach § 15 Abs. 1 S. 1, 4 VAG aber nicht entgegenstehen.[49] Das IoT-Gerät ermöglicht eine risikogerechtere Prämienkalkulation, eine genauere Aufklärung des Versicherungsfalls und eine Schadensmitigation. Zum Teil wird daher angenommen, dass die Überlassung eines IoT-Geräts im Zusammenhang mit verhaltensgebundenen Tarifen nicht nur in einem unmittelbaren Zusammenhang zum Versicherungsgeschäft steht, sondern sogar **Teil** des **Versicherungsgeschäfts** ist.[50] Daneben dürfte richtigerweise der erforderliche **Zusammenhang** zum Versicherungsgeschäft grundsätzlich gegeben sein, wenn das Gerät schwerpunktmäßig Verhaltensdaten aufzeichnet und nicht hauptsächlich anderen Funktionen dient (wie etwa bei einem Smartphone).[51] Durch die Überlassung von technischen Geräten besteht zwar an sich ein Gewährleistungsrisiko wegen möglicher Mängel nach §§ 434 ff., 536 ff. BGB und damit

---

[44] *Heitzer/Brasseler* VersR Schriften 63 S. 149; *Aktuar Aktuell* Mitteilungen der Deutschen Aktuarsvereinigung e.V. S. 7.

[45] *Heitzer/Brasseler* VersR Schriften 63 S. 149; *Aktuar Aktuell* Mitteilungen der Deutschen Aktuarsvereinigung e.V. S. 7.

[46] Kaulbach/Bähr/Pohlmann/*Pohlmann* VAG § 15 Rn. 11; so auch bis auf interne Kontrolle und Produktentwicklung BeckOK VAG/*Viecens* § 15 Rn. 12; Kaulbach/Bähr/Pohlmann/*Kaulbach* VAG § 7 Rn. 17.

[47] Vgl. Kaulbach/Bähr/Pohlmann/*Pohlmann* VAG § 15 Rn. 12; *Heitzer/Brasseler* VersR Schriften 63 S. 151 f.; Prölss/Martin/*Präve* VVG § 15 Rn. 10; HK-VAG/*Brand* § 15 Rn. 24; *Eilert* in Bähr VAG-HdB § 5 Rn. 31.

[48] Entweder direkt oder indirekt durch Einpreisung in die Prämie.

[49] So auch Kaulbach/Bähr/Pohlmann/*Pohlmann* VAG § 15 Rn. 14; Prölss/Dreher/*Präve* VAG § 15 Rn. 22; *Klimke* r+s 2015, 217 (222); mit Einschränkungen auch HK-VAG/*Brand* § 15 Rn. 33.

[50] So etwa auch Kaulbach/Bähr/Pohlmann/*Pohlmann* VAG § 15 Rn. 14.

[51] So auch HK-VAG/*Brand* § 15 Rn. 33; *Klimke* r+s 2015, 217 (221); Prölss/Dreher/*Präve* VAG § 15 Rn. 22; *Heitzer/Brasseler* VersR Schriften 63, S. 154.

ein mögliches finanzielles Risiko.[52] Dieses finanzielle Risiko kann aber von vornherein bei der Kalkulation der Versicherungsprämie berücksichtigt werden, sodass richtigerweise kein finanzielles Risiko iSd § 15 Abs. 1 S. 4 VAG vorliegt.[53]

31 Etwas anderes gilt auch dann nicht, wenn die überlassenen IoT-Geräte bestimmte **Zusatzfunktionen** wie etwa einen automatischen Notfallnotruf zur Verfügung stellen.[54] In diesem Fall droht zwar eine gravierende Haftung, wenn zB bei Ausfall der Zusatzfunktion Schäden an anderen Rechtsgütern des Versicherungsnehmers eintreten. So kann es zu einer „Vergrößerung" des bei einem Unfall eingetretenen Schadens kommen, weil der automatische Notruf versagt hat und die Rettungskräfte deshalb später am Unfallort eintreffen.[55] Ein etwaiger Schadensersatzanspruch des geschädigten Versicherungsnehmers gegen das Versicherungsunternehmen wäre aber in aller Regel **mangels Verschulden** des Versicherers unbegründet.[56] Das IoT-Gerät wurde schließlich nicht vom Versicherer hergestellt.[57] Unabhängig davon läge selbst bei einer Schadensersatzpflicht häufig **keine** finanzielle **Zusatzbelastung** für den Versicherer vor.[58] Der infolge des Mangels eingetretene bzw. „vergrößerte" Schaden stellt kein finanzielles Risiko dar, soweit der Schaden ohnehin versichert ist und vom Versicherer unabhängig von einer Mängelhaftung ersetzt werden muss.[59]

b) Assistance-Leistungen

32 **aa) Versicherungsfremdes Geschäft (§ 15 VAG).** Auch bei Assistance-Leistungen zur Risikoüberwachung, Schadensprävention oder Schadensminderung stellt sich zunächst die Frage, ob ein solches Angebot nicht als versicherungsfremdes Geschäft iSd § 15 Abs. 1 VAG einzustufen ist. Für Assistance-Leistungen wird richtigerweise angenommen, dass diese in **unmittelbarem** Zusammenhang zum Versicherungsgeschäft stehen, wenn sie nur eigenen Versicherten und nicht auch Dritten angeboten werden sowie auf die Schadensbegrenzung oder -prävention abzielen.[60] Sollte der Service zur Schadensprävention also nur Versicherungsnehmern als **zusätzliche Leistung** angeboten werden, stellt dies kein versicherungsfremdes Geschäft dar und ist mithin grundsätzlich zulässig.

33 **bb) Leistungskürzung bei Missachtung der Empfehlung (§§ 81, 82 VVG).** Neben der aufsichtsrechtlichen Zulässigkeit stellt sich allerdings die Frage, wie sich der Umstand auswirkt, dass der Versicherer über die Assistance-Leistungen Kenntnis von versicherungsvertraglich relevanten Informationen über den Versicherungsnehmer erlangt. Insbesondere wird dies in dem Fall relevant, dass der Versicherungsnehmer etwaige klare Vorgaben, Empfehlungen oder Weisungen des Versicherers zur Risikominderung oder im Schadensfall missachtet. Eine solche **Missachtung** des Versicherungsnehmers könnte zur **Leistungskürzung** oder sogar **Leistungsfreiheit** des Versicherers führen. § 82 Abs. 1 und 2 VVG sehen derartige Rechtsfolgen für Schadensversicherungen vor, sollte der Versicherungsnehmer bei Eintritt des Versicherungsfalls nicht für die Abwendung oder Minderung des Schadens sorgen und zumutbare Weisungen des Versicherers nicht befolgen. Gleiches

---

[52] So auch *Klimke* r+s 2015, 217 (221); Kaulbach/Bähr/Pohlmann/*Pohlmann* VAG § 15 Rn. 14; HK-VAG/*Brand* § 15 Rn. 33.

[53] So auch *Klimke* r+s 2015, 217 (221); Kaulbach/Bähr/Pohlmann/*Pohlmann* VAG § 15 Rn. 14 geht sogar davon aus, dass deshalb § 15 Abs. 1 VAG gar nicht anwendbar ist, da es sich um ein Versicherungsgeschäft handele.

[54] Eine solche Funktion enthält bspw. die Apple Watch.

[55] *Heitzer/Brasseler* VersR Schriften 63 S. 155.

[56] *Heitzer/Brasseler* VersR Schriften 63 S. 155 f.

[57] *Heitzer/Brasseler* VersR Schriften 63 S. 155 f.

[58] *Heitzer/Brasseler* VersR Schriften 63 S. 155 f.

[59] *Klimke* r+s 2015, 217 (222); *Heitzer/Brasseler* VersR Schriften 63, S. 156.

[60] Vgl. HK-VAG/*Brand* § 15 Rn. 31; auch Kaulbach/Bähr/Pohlmann/*Pohlmann* VAG § 15 Rn. 13; Prölss/Dreher/*Präve* VAG § 15 Rn. 29; ausf. zur Zulässigkeit des Gesundheitsmanagements *Schoenfeldt/Kalis* VersR 2001, 1325 (1327 f.).

gilt in der Krankenversicherung, soweit diese nach den Grundsätzen der Schadensversicherung betrieben wird, § 194 Abs. 1 S. 1 VVG.

Entscheidend ist, dass die Erklärung des Versicherers als **Weisung** qualifiziert werden 34
kann. Dazu muss für den Versicherungsnehmer erkennbar sein, dass der Versicherer nicht nur einen Rat oder eine Empfehlung abgibt, sondern ausdrücklich ein bestimmtes Verhalten **verlangt.**[61] Weiter ist erforderlich, dass es für den Versicherungsnehmer **zumutbar** wäre, der Weisung nachzukommen. Wann die Grenze des Zumutbaren erreicht ist, hängt von den jeweiligen Umständen des Einzelfalls ab.[62]

2. Vertrieb und Schadensmanagement unter Einsatz des IoT

Zentrales Merkmal des pflichtgemäßen Versicherungsvertriebs ist die persönliche Beratung 35
des zukünftigen Versicherungsnehmers durch den Versicherungsvermittler. Auch das Schadensmanagement erfolgt traditionell überwiegend durch beim Versicherer angestellte Sachbearbeiter. Der klassische Vertriebsweg wie auch das Schadensmanagement erfahren mit den Möglichkeiten des IoT und der Digitalisierung einen signifikanten **Umbruch.** Bei weniger komplexen und erklärungsbedürftigen Versicherungsprodukten[63] ist ein Internetvertrieb bereits weit verbreitet. Komplexe Produkte wie zB Lebensversicherungsprodukte werden hingegen noch überwiegend nach einer persönlichen Beratung durch den Vermittler vertrieben. Es ist aber zu erwarten, dass auch hier der digitale Vertrieb zunehmen wird. Gründe dafür sind die generell steigende Affinität der Kunden zum Online-Abschluss sowie die gesteigerten technischen Möglichkeiten in allen Sparten.

Neben Beratung, Information und Dokumentation des Versicherungsprozesses unter 36
Zuhilfenahme eines IoT-Geräts mit Sprachassistent oder Chat-Bot ist denkbar, dass auch der **Vertragsschluss** selbst mit einem virtuellen Assistenten vollzogen wird. Das IoT-Gerät gibt quasi die Vertragserklärung des Versicherers ab.[64] Vergleichbares dürfte in Zukunft auch im Rahmen des **Schadensmanagements** möglich sein. So könnte der Versicherungsnehmer die Schadensanzeige gegenüber dem Sprachassistenten des IoT-Geräts vornehmen und ihm die erforderlichen Daten via App übermitteln.[65] Der für das IoT-Gerät beim Versicherer hinterlegte KI-Algorithmus könnte dann die Schadensanzeige mit den Versicherungsbedingungen und der aktuellen Rechts- und Gesetzeslage hinsichtlich der Frage der Begründetheit des Anspruchs abgleichen, eine Entscheidung treffen und diese dem Versicherer in kürzester Zeit über das IoT-Gerät mitteilen.

Fraglich ist, ob derzeit in Deutschland der erforderliche rechtliche Rahmen für derartige 37
Prozesse besteht.

a) Vertrieb

aa) Vermittlerstellung des Vertreibers oder Betreibers eines IoT-Geräts. Soweit 38
Versicherungsverträge über IoT-Geräte mit Sprachassistenz[66] vertrieben werden sollen, stellt sich die Frage, ob durch die Bereitstellung des IoT-Geräts und die Möglichkeit zur Erlangung von Versicherungsschutz hierüber **Vermittlertätigkeit** ausgeübt wird. Dann wäre die nach § 34d GewO erforderliche Erlaubnis der zuständigen IHK erforderlich.

§ 34d Abs. 1 S. 1 GewO **legaldefiniert** Versicherungsvermittler als Personen, die ge- 39
werbsmäßig den Abschluss von Versicherungs- oder Rückversicherungsverträgen vermitteln wollen. Vermittlung ist eine Tätigkeit, die zum konkreten Abschluss eines Versiche-

[61] Prölss/Martin/*Voit* VVG § 82 Rn. 22.
[62] S. hierzu Prölss/Martin/*Voit* VVG § 82 Rn. 15–17.
[63] ZB Hausrats- oder Kfz-Haftpflichtversicherung.
[64] Bereits heute ist zu beobachten, dass einzelne Versicherer mit einem Vertragsabschluss über „Alexa“ werben.
[65] Die Möglichkeit der automatischen Schadensanzeige durch ein IoT-Gerät wird auch als Touchless Claim bezeichnet.
[66] Bspw. über Amazons Sprachassistent „Alexa“.

rungsvertrages Dritter führt oder jedenfalls auf einen solchen abzielt, ohne dass ein Erfolg in Gestalt eines tatsächlichen Vertragsabschlusses eintreten muss.[67] Gem. § 34d Abs. 1 S. 4 Nr. 2 GewO umfasst die Tätigkeit als Versicherungsvermittler auch die folgenden **Online-Tätigkeiten,** wenn ein Versicherungsnehmer einen Versicherungsvertrag unmittelbar oder mittelbar über eine **Website** abschließen kann: einerseits die Bereitstellung von Informationen über einen oder mehrere Versicherungsverträge aufgrund von Kriterien, die ein Versicherungsnehmer über eine Website oder andere Medien wählt, anderseits die Erstellung einer Rangliste von Versicherungsprodukten einschließlich eines Preis- und Produktvergleichs.

40 Abzugrenzen ist die Versicherungsvermittlung von der **erlaubnisfreien** Tätigkeit eines sog. **Tippgebers** (auch Kontaktgeber oder Namhaftmacher). Ein Tippgeber beschränkt sich darauf, Möglichkeiten zum Abschluss von Versicherungsverträgen namhaft zu machen oder Kontakte zwischen einem potentiellen Versicherungsnehmer und einem Vermittler bzw. Versicherungsunternehmen herzustellen.[68] Entscheidend für die Abgrenzung des bloßen Tippgebens von der Versicherungsvermittlung ist das objektive **Erscheinungsbild** der Tätigkeit im jeweiligen Einzelfall.[69]

41 Ähnlich wie bei Internetvergleichsportalen liegt richtigerweise auch beim Einsatz eines IoT-Geräts eine erlaubnisfreie **Tippgebertätigkeit** vor, wenn (1) über das IoT-Gerät keine konkreten Versicherungsprodukte bestimmter Anbieter empfohlen, sondern solche nur **allgemein dargestellt** werden und (2) die Möglichkeit unterbreitet wird, über eine offensichtliche **Weiterleitung** zur Internetpräsenz des jeweiligen Versicherers zu gelangen, auf der dann konkret der Versicherungsvertrag abgeschlossen werden kann.

42 Entsprechend sind sowohl der Vertreiber als auch der Betreiber des IoT-Geräts in den meisten Fällen als Tippgeber und gerade nicht als Versicherungsvermittler anzusehen.

43 **bb) Beratung, Information und Dokumentation.** Sowohl für Versicherer als auch für Versicherungsvermittler ordnet das Gesetz vorvertragliche Beratungs-, Informations- und Dokumentationspflichten an. Ziel ist es, dem Versicherungsnehmer eine **informierte Entscheidung** über die zur Wahl stehenden Versicherungsprodukte zu ermöglichen. Fraglich ist, ob die Kommunikationsleistung eines IoT-Geräts ausreicht, um die gesetzlich geforderten vorvertraglichen Beratungs-, Informations- und Dokumentationspflichten des Versicherungsvermittlers oder eines Versicherers zu erfüllen.

44 **(1) Beratung (§§ 6, 60, 61 VVG).** Gem. § 6 VVG und §§ 60, 61 VVG muss der Versicherungsnehmer vom Versicherer oder Vermittler **anlassbezogen** befragt und begründet beraten werden. Ziel der Beratung ist es, dem Versicherungsnehmer eine rationale Wahl eines seinen Bedürfnissen entsprechenden Versicherungsschutzes zu ermöglichen. Dazu muss der Versicherer oder Vermittler den Versicherungsnehmer nach dessen **Wünschen** und **Bedürfnissen** befragen. Anschließend muss der Vermittler den Versicherungsnehmer auf dieser Grundlage und unter Berücksichtigung der Person und Situation des Versicherungsnehmers sowie der Komplexität des Versicherungsprodukts **beraten.**[70]

45 Die Erfüllung dieser Beratungspflichten unter Einsatz eines IoT-Geräts gestaltet sich in der Praxis als rechtlich **schwierig.** Mittels eines sog. Chat-Bots kann zwar über die verschiedenen digitalen Kanäle (Chat, Telefon etc) mit dem IoT-Gerät kommuniziert werden. Dabei greift das IoT-Gerät bislang auf **Frage-Antwort-Dialoge** zurück. Um der gesetzlichen Beratungspflicht zu genügen, muss das IoT-Gerät aber in der Lage sein, für den jeweiligen Versicherungsbedarf entsprechende, **individuelle** Fragen zu stellen. Dabei kommt es bei **beratungsintensiveren** Versicherungsprodukten entscheidend darauf an,

[67] BGH Urt. v. 28.11.2013 – I ZR 7/13, GRUR 2014, 398.
[68] Vgl. BT-Drs. 16/1935, 17; BGH Urt. v. 28.11.2013 – I ZR 7/13, GRUR 2014, 398.
[69] BGH Urt. v. 28.11.2013 – I ZR 7/13, GRUR 2014, 398 Rn. 21.
[70] Dazu ausf. zB MüKoVVG/*Armbrüster* § 6 Rn. 22ff.

dass eine über eine bloße Ja/Nein-Antwort hinausgehende Kommunikation vorgehalten werden kann.

(2) Dokumentation (§§ 6 Abs. 2, 62 VVG). Den erteilten Rat und dessen Begründung muss der Versicherer oder Vermittler gem. § 6 Abs. 2 und § 62 VVG **dokumentieren** und dem Versicherungsnehmer in **Textform übermitteln.** Die Einhaltung der Dokumentationspflicht sollte über ein IoT-Gerät **weniger problematisch** erfüllbar sein. Es muss lediglich technisch und entsprechend datenschutzrechtlicher Vorgaben sichergestellt werden, dass die Beratung seitens des IoT-Geräts von dem Gerät erfasst, niedergeschrieben und sodann per E-Mail an den Versicherungsnehmer übermittelt wird. 46

(3) Information (§ 7 VVG, § 15 VersVermV). Nach § 7 VVG und § 15 VersVermV muss der Versicherer oder der Vermittler dem Versicherungsnehmer vor Vertragsschluss, dh beim ersten Geschäftskontakt, **relevante Informationen** über sich selbst und das etwaige Versicherungsprodukt zukommen lassen.[71] Dies kann entweder auf Papier oder über ein anderes dauerhaftes Medium wie etwa eine **E-Mail** erfolgen. Dieses Erfordernis sollte relativ **problemlos** durch ein IoT-Gerät erfüllt werden können, wenn dieses die erforderlichen Informationen dem Versicherungsnehmer per E-Mail übermittelt. Entscheidend ist, dass der Versicherungsnehmer sein Einverständnis erklärt, bevor er seine Vertragserklärung abgibt. 47

cc) Automatisierter Vertragsschluss über ein IoT-Gerät. Soweit ein Versicherer ermöglicht, dass auch der Vertragsschluss selbst mit dem virtuellen Assistenten vollzogen wird, stellt sich die Frage, ob ein zur Entscheidungsfindung eingesetzter Algorithmus mit aufsichtsrechtlichen Vorgaben vereinbar ist. Nach Verlautbarung der BaFin ist es einem Versicherungsunternehmen grundsätzlich erlaubt, einen Algorithmus zur **autonomen Entscheidung** über risikobehaftete Sachverhalte oder deren Vorbereitung einzusetzen.[72] Dies gilt allerdings nur unter der Voraussetzung, dass der Algorithmus – ähnlich einem Mitarbeiter – Teil der ordnungsgemäßen Geschäftsorganisation ist.[73] Maßgeblich ist, dass die Entscheidungen des Algorithmus für die verantwortlichen Personen im Unternehmen sowie Dritte überprüfbar bzw. **nachvollziehbar** sind.[74] Es darf sich also nicht um eine sog. **Blackbox** handeln.[75] Erforderlich ist, dass der Algorithmus zu einem gewissen Maß verständlich, mithin **erklärbar** ist. Konkrete Vorgaben zur Erläuterung dieses Maßstabs gibt die BaFin bislang jedoch nicht. Sie verweist lediglich beispielhaft auf technische Möglichkeiten, wie die erforderliche Erklärbarkeit hergestellt werden kann.[76] 48

[71] § 15 VersVermV schreibt vor, welche Informationen der Versicherungsvermittler dem Versicherungsnehmer beim ersten Geschäftskontakt mitzuteilen hat. Entsprechende Vorgaben für einen Versicherer enthalten die §§ 1–5 VVG-InfoV. § 1 VVG-InfoV regelt die spartenübergreifenden Informationspflichten. Ergänzend bestimmen die §§ 2 und 3 VVG-InfoV, welche speziellen Angaben ein Versicherer in der Lebens-, Berufsunfähigkeits-, Kranken- und Unfallversicherung mit Prämienrückgewähr machen muss. Sofern es sich bei dem Versicherungsnehmer um einen Verbraucher handelt, beinhaltet § 4 VVG-InfoV die Pflicht, dem Versicherungsnehmer ein Produktinformationsblatt nach den europäischen Vorgaben der Durchführungsverordnung (EU) 2017/1469 zur Verfügung zu stellen. Spezifische Anforderungen enthält überdies § 5 VVG-InfoV für den Fall, dass der Versicherer telefonisch Kontakt zum Versicherungsnehmer aufnimmt.

[72] *Hufeld* BaFin Perspektiven 1/2018, 9 (12).

[73] *Hufeld* BaFin Perspektiven 1/2018, 9 (12); BaFin Big Data trifft auf Künstliche Intelligenz S. 175.

[74] *Hufeld* BaFin Perspektiven 1/2018, 9 (12).

[75] BaFin Big Data trifft auf Künstliche Intelligenz S. 175; *Hufeld* BaFin Perspektiven 1/2018, 9 (12); *Hufeld,* Rede zu Big Data und Künstlicher Intelligenz in der Finanzindustrie; *Grund,* Neue Herausforderungen für Aufsicht und Branche.

[76] Vgl. BaFin Big Data trifft auf Künstliche Intelligenz S. 37 hinsichtlich des LIME-Algorithmus und *Grund,* Neue Herausforderungen für Aufsicht und Branche, zum Process-Mining. BaFin-Präsident Felix Hufeld ließ aber schon verlautbaren, dass es zukünftig ggf. erforderlich werden könnte, Mindestanforderungen an Algorithmen, „MaAlgo", zu erlassen. Bis dahin sollte ein Versicherungsunternehmen daher bei Einführung

b) Schadensmanagement

49 **aa) Schadensanzeige durch IoT-Gerät.** § 30 VVG regelt die gesetzliche Obliegenheit des Versicherungsnehmers und etwaiger versicherter Personen, den Eintritt eines Versicherungsfalles nach Kenntniserlangung **unverzüglich** dem Versicherer anzuzeigen. Der Versicherer soll so umgehend mit seinen Erhebungen beginnen und Maßnahmen zur Schadensabwendung oder Schadensminderung treffen können.[77] Da es sich um eine **Obliegenheit** und keine Rechtspflicht handelt, führt ein Verstoß nicht zu Schadensersatzansprüchen. Die Verletzung einer Obliegenheitsverletzung kann aber **Leistungskürzungen** zur Folge haben.

50 IoT-Geräte sind zunehmend in der Lage, einen Defekt an sich selbst oder an den umliegenden Geräten zu erkennen. Zukünftig wird es daher möglich sein, dass IoT-Geräte einen erkannten Schaden **autonom** dem Versicherer **anzeigen.** So wird zB das Smarte Haus erkennen, wenn das Kühlaggregat im Kühlschrank einen Defekt hat. Diesen Defekt wird das Smarte Haus dann nicht nur dem Versicherungsnehmer, sondern va auch direkt dem Versicherer anzeigen können. Problematisch ist der Fall, dass ein IoT-Gerät einen Schadensfall nicht oder erst verspätet dem Versicherer anzeigt. Darin könnte ein Verstoß gegen § 30 Abs. 1 VVG liegen.

51 Richtigerweise wird es aber auf die **Kenntnis** des Versicherungsnehmers oder der versicherten Person, dh auf **positives Wissen** vom Versicherungsfall, ankommen.[78] Wenn das IoT-Gerät den Schaden dem Versicherungsnehmer nicht anzeigt und der Versicherungsnehmer auch in sonst keiner Weise Kenntnis vom Versicherungsfall erlangt, scheidet ein Verstoß bei einer nicht unverzüglichen Anzeige durch das IoT-Gerät aus.

52 Auch dürfte die Kenntnis des IoT-Geräts dem Versicherungsnehmer nicht zugerechnet werden können. Eine **Zurechnung** im Rahmen des § 30 Abs. 1 VVG kann zwar grundsätzlich nach den Grundsätzen des Wissensvertreters erfolgen.[79] Die Grundsätze der Wissenszurechnung dürften indes nicht auf ein IoT-Gerät übertragbar sein, da es sich bei diesem Gerät um eine Sache und nicht um eine natürliche Person handelt.

53 **bb) Automatisierte Schadensbearbeitung unter Einsatz eines IoT-Geräts.** Wenn der Versicherungsnehmer über ein IoT-Gerät oder ein IoT-Gerät selbst einen Schaden dem Versicherer anzeigt, könnte ein beim Versicherer eingesetzter KI-Algorithmus die Schadensanzeige mit den Versicherungsbedingungen, Gesetzestexten, Urteilen und Kommentaren hinsichtlich der Begründetheit des Anspruchs überprüfen, eine Entscheidung treffen und diese dem Versicherer in kürzester Zeit über das IoT-Gerät mitteilen. Der Algorithmus würde also wie beim Vertragsschluss selbst und **autonom** eine risikorelevante Entscheidung treffen. Es gilt folglich das bereits festgestellte Ergebnis: Die Entscheidungsfindung muss für den Versicherer und Dritte **nachvollziehbar** sein.

III. Outsourcing von IT-Dienstleistungen eines Versicherungsunternehmens

54 Für Versicherungsunternehmen ist es zentral, Expertise und Erfahrung zu den neuen Technologien rund um Big Data, IoT und KI aufzubauen.[80] Sofern die Versicherer diese technischen Möglichkeiten nicht selbst aufbauen können oder wollen, können sie kosten-

---

eines Algorithmus zur Entscheidung(-svorbereitung) auf technische anerkannte Methoden zurückgreifen, um die Erklärbarkeit zu gewährleisten.

[77] Langheid/Rixecker/*Rixecker* VVG § 30 Rn. 1.

[78] Kennen müssen genügt nicht, vgl. BGH Urt. v. 30.4.2008 – IV ZR 227/06, VersR 2008, 905 (906).

[79] Wissensvertreter ist jeder, der nach der Organisation des Geschäftsherrn damit betraut ist, im Rechtsverkehr als dessen Repräsentant aufzutreten, bestimmte Aufgaben eigenverantwortlich zu erledigen und die dabei anfallenden Informationen zur Kenntnis zu nehmen sowie ggf. weiterzuleiten, vgl. dazu ausf. zB MüKoBGB/*Schubert* § 166 Rn. 28 mwN.

[80] BaFin Big Data trifft auf Künstliche Intelligenz S. 96.

günstig und flexibel von Technologieunternehmen Dienstleistungen wie Rechenleistung, Speicherkapazität und Softwareanwendungen einkaufen. Sowohl die technische Implementierung der IoT-Anwendungsfälle als auch deren Betrieb kann so von **externen Dienstleistern** erbracht werden, auf die der Versicherer diese Funktionen im Wege der sog. **Ausgliederung** überträgt. Hierbei sind die folgenden **rechtlichen Schranken** zu beachten.

1. Qualifizierung als Ausgliederung iSd § 32 VAG

Die BaFin stellt in den **VAIT** klar, dass bei einer (Teil-)Ausgliederung von IT-Dienstleis- 55
tungen die Anforderungen des § 32 VAG beachtet werden müssen. Dies gelte auch dann, wenn die IT-Dienstleistungen über eine Cloud zur Verfügung gestellt werden, es sich also um sog. Cloud-Dienstleistungen handelt. Nach § 32 VAG bedeutet das für ein auslagerndes Versicherungsunternehmen, dass es für die Erfüllung aller aufsichtsrechtlichen Vorschriften und Anforderungen **verantwortlich** bleibt. Außerdem muss es hinsichtlich der von der Ausgliederung betroffenen Tätigkeiten sicherstellen, dass das ausgliedernde Unternehmen, seine Abschlussprüfer und die Aufsichtsbehörde auf alle Daten **zugreifen** können und der Dienstleister mit der Aufsichtsbehörde **zusammenarbeitet.**

Die BaFin hat in den folgenden Fällen eine rechtliche Einordnung von IT-Dienstleis- 56
tungen vorgenommen: Zunächst ist der **isolierte** Bezug von **Hard-** und/oder **Software** durch das Unternehmen nicht als Ausgliederung anzusehen.[81] Von einer Ausgliederung iSd § 32 VAG geht die BaFin demgegenüber grundsätzlich bei folgenden Dienstleistungen aus:

- Unterstützungsleistungen wie bspw. die Anpassung der Software an die Erfordernisse des Unternehmens
- die entwicklungstechnische Umsetzung von Änderungswünschen (Programmierung)
- das Testen, die Freigabe und die Implementierung der Software in die Produktionsprozesse beim erstmaligen Einsatz und bei wesentlichen Veränderungen, insbesondere von programmtechnischen Vorgaben
- Fehlerbehebungen gemäß der Anforderungs-/Fehlerbeschreibung des Auftraggebers oder Herstellers
- sonstige Unterstützungsleistungen, die über die reine Beratung hinausgehen[82]

Voraussetzung für die Einstufung als Ausgliederung ist nach Ansicht der BaFin aber, dass 57
sich die Leistungen auf eine Software beziehen, die zur Identifizierung, Bewertung, Überwachung und Steuerung der Risiken oder zur Berichterstattung über diese Risiken eingesetzt wird.[83] Eine Qualifizierung als Ausgliederung kommt daneben auch in Betracht, wenn die Leistung für die Durchführung anderer aufgrund gesetzlicher Vorgaben oder für den Betrieb notwendiger Tätigkeiten von Bedeutung ist.[84]

In allen anderen Anwendungsfällen kommt es für die Frage der Anwendbarkeit des § 32 58
VAG allgemein darauf an, ob eine **Funktion** iSd § 7 Nr. 9 VAG oder eine **Versicherungstätigkeit** Gegenstand der Ausgliederung ist. IT-Tätigkeiten wie Wartungsservices, Programmierungstätigkeiten oder Bereitstellung von IT-Infrastrukturen können als Versicherungstätigkeiten eingestuft werden, wenn sie Versicherungsgeschäftstätigkeiten **ermöglichen** oder **erleichtern.**[85] Dann betreffen sie nämlich den Kern der Versicherungstätigkeit des Unternehmens.[86] Dies gilt insbesondere auch für den Fall, dass der IT-Dienstleister eine Software oder eine Entwicklungsplattform über eine Cloud zur Verfügung stellt.[87]

[81] Vgl. BaFin VAIT Rn. 70.
[82] Vgl. BaFin VAIT Rn. 70.
[83] Vgl. BaFin VAIT Rn. 70.
[84] Vgl. BaFin VAIT Rn. 70.
[85] Vgl. Prölss/Dreher/*Dreher* VAG § 32 Rn. 36; *Dreher/Ballmeier* VersR 2014, 8 (11).
[86] Vgl. Prölss/Dreher/*Dreher* VAG § 32 Rn. 36; *Dreher/Ballmeier* VersR 2014, 8 (11).
[87] ZB Software as a Service (SaaS) bzw. Platform as a Service (PaaS); vgl. Prölss/Dreher/*Dreher* VAG § 32 Rn. 36.

59 Ausgehend vom Sinn und Zweck des § 32 VAG ist weiter entscheidend, ob die Einwirkungsmöglichkeit des Versicherungsunternehmens und der Aufsicht sichergestellt werden muss, um die Beeinträchtigung der **Funktionsfähigkeit** der **Aufsicht** zu vermeiden.[88] Zunächst sind für die Beantwortung dieser Frage die konkreten Umstände entscheidend, dh insbesondere Merkmale wie der **Umfang,** die **Dauer** und die **Häufigkeit** der Übertragung.[89] Feste Grenzwerte gibt es hierzu nicht. Die Kriterien sind vielmehr einzelfallabhängig zu würdigen. Je substanzieller der betroffene Bereich für das Unternehmen ist, desto wahrscheinlicher ist jedoch vom Vorliegen einer Ausgliederung auszugehen.[90] Das bedeutet, dass grundsätzlich IT-Dienstleistungen, die Versicherungstätigkeiten ermöglichen oder erleichtern und für einen längeren Zeitraum als sechs Monate ausgelagert werden, als Ausgliederung iSd § 32 VAG einzustufen sind.[91]

2. Konkrete Anforderungen an eine IT-Ausgliederung

60 Die rechtlichen Rahmenbedingungen für eine IT-Ausgliederung ergeben sich aus §§ 23 Abs. 3, 32 und 47 Nr. 8 und 9 VAG und Art. 274 der Delegierten Verordnung (EU) 2015/35 (Solvency-II-VO). Konkretisiert werden die Vorgaben durch die bereits angesprochenen Rundschreiben MaGo und VAIT der BaFin sowie die EIOPA Leitlinien zum Governance-System (EIOPA-BoS-14/253).

a) Allgemeine Anforderungen für alle Ausgliederungen

61 Gem. § 32 Abs. 2 S. 2 VAG hat das Versicherungsunternehmen durch entsprechende **vertragliche Gestaltungen** va den **Datenzugriff** beim Dienstleister sicherzustellen. Zugriff müssen das Versicherungsunternehmen, die Abschlussprüfer und die Aufsichtsbehörde haben. Daneben ist die Zusammenarbeit des Dienstleisters mit der BaFin sicherzustellen. Außerdem müssen **Zugangsrechte** der BaFin oder für von ihr eingesetzte Dritte zu den Räumen des Dienstleisters vertraglich vereinbart werden. Ferner hat sich das ausgliedernde Versicherungsunternehmen gem. § 32 Abs. 4 S. 1 VAG die erforderlichen **Auskunfts**- und **Weisungsrechte** vertraglich zu sichern. Schließlich sind die ausgegliederten Funktionen bzw. Versicherungstätigkeiten in das **Risikomanagement** einzubeziehen, damit der externe Dienstleister vom Versicherer während des Outsourcings überwacht werden kann.[92]

b) Spezielle Voraussetzungen für die Ausgliederung wichtiger Funktionen

62 Das Versicherungsunternehmen muss qualitativ weitergehende Anforderungen erfüllen, wenn es sich bei der ausgegliederten Tätigkeit um eine „wichtige" Funktion handelt, § 32 Abs. 3 VAG. Wichtig im Sinne des Gesetzes ist die Funktion dann, wenn diese oder die Tätigkeit für das Unternehmen **unverzichtbar** sind, da es „ohne diese Funktion oder Tätigkeit nicht in der Lage wäre, seine Leistungen für die Versicherungsnehmer zu erbringen".[93] Dies ist bei den vier **Schlüsselfunktionen** des Versicherungsunternehmens iSd § 7 Nr. 9 VAG der Fall.[94] Daneben hängt es vom **Einzelfall** und individuellem Unternehmensprofil ab, ob das Unternehmen im Self-Assessment zur Einstufung der Funktion als „wichtig" gelangt.[95]

---

[88] Vgl. Kaulbach/Bähr/Pohlmann/*Pohlmann* VAG § 32 Rn. 15; zum Normzweck vgl. ausf. Prölss/Dreher/*Dreher* VAG § 32 Rn. 5.
[89] Vgl. Kaulbach/Bähr/Pohlmann/*Pohlmann* VAG § 32 Rn. 15; HK-VAG/*Schaaf* § 32 Rn. 9.
[90] BaFin MaGo Rn. 240.
[91] Der Zeitraum einer Leistungsübernahme von sechs Monaten wird in der Literatur als Mindestdauer diskutiert, vgl. etwa Kaulbach/Bähr/Pohlmann/*Pohlmann* VAG § 32 Rn. 16 oder Prölss/Dreher/*Dreher* VAG § 32 Rn. 29.
[92] Vgl. LL 14 EIOPA-BoS-14/253 DE.
[93] Vgl. LL 60 EIOPA-BoS-14/253 DE.
[94] Vgl. HK-VAG/*Schaaf* § 32 Rn. 12.
[95] Vgl. HK-VAG/*Schaaf* § 32 Rn. 12.

Als Beispiele für wichtige Funktionen nennt die BaFin zB die Kapitalanlage und Kapitalverwaltung, Schadensbearbeitung, Datenspeicher-, Systemverwaltungs- und Supportdienste sowie den Rechnungslegungs- und ORSA-Prozess.[96] Ausgehend von den dieser Präzisierung zugrunde liegenden Wertungen sind va Ausgliederungen der Funktionen **Datenerhebung** oder **-auswertung** zum Zwecke der Produktentwicklung, Preisfindung und Schadensbearbeitung in der Regel als „wichtiges Outsourcing" einzustufen. Das Unternehmen hat folglich für diese Funktionen sicherzustellen, dass durch die Ausgliederung wesentliche Beeinträchtigungen der Qualität des Governance-Systems, ein übermäßiger Anstieg des operationellen Risikos, eine Beeinträchtigung der Zugriffsrechte der Aufsichtsbehörde sowie eine Gefährdung der kontinuierlichen und zufriedenstellenden Dienstleistung für die Versicherungsnehmer vermieden werden (Art. 32 Abs. 3 VAG, Art. 49 Abs. 2 RL 2009/138/EG). Hinsichtlich der Vertragsgestaltung sind insbesondere die speziellen Vorgaben des Art. 294 Nr. 4 Solvency-II-VO einzuhalten. Ferner ist wichtig, dass das Unternehmen der **Anzeigepflicht** gegenüber der BaFin gem. § 47 Nr. 8 und 9 VAG unverzüglich nachkommt. 63

3. BaFin-Anforderungen an Beauftragungen von IT-Dienstleistungen, die keine Ausgliederung darstellen

Für die Beauftragung von Drittanbietern zur Vornahme von IT-Dienstleistungen, die nach den oben genannten Kriterien nicht als Ausgliederung eingestuft werden, sowie für den **isolierten Bezug** von IT-**Hard**- oder **Software** schreibt die BaFin in den VAIT Folgendes vor: 64

Das Unternehmen muss bezüglich jeder sonstigen Dienstleistung im IT-Bereich selbstständig vorab eine **Risikoanalyse** durchführen.[97] Art und Umfang der vorzunehmenden Risikoanalyse hängen entsprechend dem Proportionalitätsprinzip vom individuellen Unternehmen ab.[98] Das Unternehmen muss die für die Informationssicherheit und das Notfallmanagement verantwortlichen Funktionen oder Personen in die Risikoanalyse einbinden.[99] Die IT-Dienstleistungsbeziehungen sind im Einklang mit den Strategien entsprechend der Risikoanalyse des Unternehmens zu steuern und zu überwachen.[100] Dazu hat das Unternehmen eine vollständige und strukturierte **Vertragsübersicht** vorzuhalten.[101] Auf dieser Basis kann die Steuerung unter Zuhilfenahme von bestehenden Steuerungsmechanismen durch die Bündelung von Verträgen über sonstige IT-Dienstleistungsbeziehungen zu einem Vertragsportfolio erfolgen.[102] Die aus der Risikoanalyse in Bezug auf sonstige IT-Dienstleistungsbeziehungen abgeleiteten Maßnahmen hat das Unternehmen angemessen in der Vertragsgestaltung zu berücksichtigen.[103] Dazu gehören etwa Vereinbarungen zum **Informationsrisiko**- und **Informationssicherheitsmana-** 65

---

[96] BaFin Erläuterung zu Leitlinien zum Governance-System Tz. 2.291; weitere Beispiele sind die Produktentwicklung und die regelmäßige Unterstützung der Schlüsselfunktionen; Beispiele für Funktionen und Tätigkeiten, die die BaFin nicht als „wichtig" qualifiziert, sind danach die folgenden: die Erbringung von Beratungs- und anderen Dienstleistungen, die nicht Bestandteil der Versicherungs- oder Rückversicherungstätigkeit des Unternehmens sind wie Rechtsberatungen, Schulungen des Personals und Dienstleistungen bezüglich der Sicherheit von Geschäftsräumen und Personal; der Kauf standardisierter Dienstleistungen einschließlich Marktinformationsdienste und die Versorgung mit Marktkursen (Price-Feeds); die Erbringung logistischer Unterstützung wie Reinigung und Catering; die Erbringung von Unterstützungsleistungen für die Personalbeschaffung wie vorübergehende Anwerbung von Mitarbeitern oder die Lohnabrechnung.

[97] Vgl. BaFin VAIT Rn. 70.

[98] Vgl. BaFin VAIT Rn. 70.

[99] Vgl. BaFin VAIT Rn. 70.

[100] Vgl. BaFin VAIT Rn. 70.

[101] Vgl. BaFin VAIT Rn. 70.

[102] Vgl. BaFin VAIT Rn. 70.

[103] Vgl. BaFin VAIT Rn. 70.

gement sowie zum **Notfallmanagement.**[104] Die Ergebnisse der Risikoanalyse muss der Versicherer in angemessener Art und Weise im **Managementprozess** des operationellen Risikos und insbesondere bei der **Gesamtrisikobewertung** des operationellen Risikos berücksichtigen.[105] Soweit relevant muss auch ein möglicher **Ausfall** eines IT-Dienstleisters berücksichtigt und für einen solchen Fall eine Exit- oder Alternativ-Strategie entwickelt und dokumentiert werden.[106]

IV. Aufsichtsrechtliche Anforderungen an die IT von Versicherungsunternehmen

66 Sowohl die Auswirkungen der IT auf die Wertschöpfungskette von Teilnehmern am Versicherungsmarkt als auch die damit einhergehenden Probleme möglicher **Cyberangriffe** und der **IT-Sicherheit** haben die BaFin dazu bewogen, die VAIT zu verabschieden. Die erste Fassung der VAIT wurde am 2.6.2018 veröffentlicht. Im März 2019 ergänzte die BaFin diese um ein KRITIS-Modul.

67 Die VAIT richten sich an alle von der BaFin beaufsichtigten Erst- und Rückversicherungsunternehmen, Versicherungsholdinggesellschaften und Pensionsfonds sowie Versicherungsgruppen.[107] Für diese gibt die BaFin einen **flexiblen** und **praxisnahen Rahmen** insbesondere für das Management der IT-Ressourcen, das Informationsrisiko- und das Informationssicherheitsmanagement vor.[108] Konkret bedeutet das, dass die VAIT Hinweise zur Auslegung der Vorschriften über die **Geschäftsorganisation** im VAG enthält, soweit sich diese auf die technisch-organisatorische Ausstattung der Unternehmen beziehen.[109]

68 Zu beachten ist jedoch, dass die Vorgaben der VAIT nur einen Rahmen für den Umgang mit IT in Versicherungsunternehmen setzen. In welcher Art und Weise die VAIT durch das jeweilige Versicherungsunternehmen umgesetzt werden müssen, ist im Einzelfall anhand der Wesensart, des Umfangs und des Risikoprofils des Unternehmens zu bestimmen (sog. **Proportionalitätsprinzip**).[110] Aufgrund der komplexen IT-Strukturen, die erforderlich sind, um IoT-Anwendungsfälle zu implementieren, ist richtigerweise davon auszugehen, dass an die IT eines Versicherers **hohe Anforderungen** gestellt werden müssen. Wichtig ist, dass ein Versicherungsunternehmen die VAIT nach Umsetzung nicht vernachlässigen darf. Es muss die Umsetzung vielmehr stetig daraufhin **überprüfen,** ob diese auch unter Berücksichtigung des mitunter rasanten Fortschritts in der IT nach wie vor angemessen ist oder ob die IT-Strukturen den neuen Gegebenheiten angepasst werden können oder müssen.[111] Im Hinblick auf den rasanten Fortschritt im Bereich des IoT wird dies von entscheidender Bedeutung sein. Die **Gesamtverantwortung** für die Umsetzung und Einhaltung der VAIT liegt zwingend bei der gesamten Geschäftsleitung und ist insbesondere auch in haftungsrechtlicher Hinsicht ein zwingend von der Unternehmensleitung zu berücksichtigendes Feld.[112]

69 Bei der Implementierung von IoT-Anwendungsbereichen sind va die folgenden Vorgaben für ein Versicherungsunternehmen relevant: Wenn ein Unternehmen wesentliche Veränderungen in den IT-Systemen plant oder neue IT-Anwendungen etablieren möchte, muss es vorab die Auswirkungen auf die IT-Prozesse **analysieren.** Außerdem muss es die neuen IT-Systeme vor der Implementierung **testen.**[113]

---

[104] Vgl. BaFin VAIT Rn. 70.
[105] Vgl. BaFin VAIT Rn. 70.
[106] Vgl. BaFin VAIT Rn. 70.
[107] Vgl. BaFin VAIT Rn. 2f.
[108] Vgl. BaFin VAIT Rn. 1.
[109] Vgl. BaFin VAIT Rn. 1.
[110] Vgl. BaFin VAIT Rn. 6f.
[111] Vgl. BaFin VAIT Rn. 8.
[112] Vgl. BaFin VAIT Rn. 11.
[113] Vgl. BaFin VAIT Rn. 2, 42ff.

V. Fazit

Anwendungsfälle des IoT sind in der Versicherungswirtschaft zahlreich. Es bietet Versicherungsunternehmen primär die **Chance,** schrumpfendem Wachstum, hohem Kostenreduzierungsdruck und veränderten Kundenerwartungen zu begegnen. Versicherungsvermittler dürften von den Möglichkeiten der besseren Kundenkommunikation profitieren. Auf der anderen Seite dürften ihre Marktstellung und -anteile durch die Zunahme des Direktvertriebs abnehmen. 70

In **rechtlicher Sicht** stehen grundsätzlich keine gesetzlichen oder aufsichtsrechtlichen Vorgaben dem Angebot von Telematiktarifen und Assistance-Leistungen, dem Vertrieb und Schadensmanagement unter Einsatz von IoT oder der Zusammenarbeit mit Technologieunternehmen entgegen. Bereits am Markt seit Jahren etablierte Versicherungsunternehmen mit traditionellem Geschäftsmodell, die ein datengetriebenes Versicherungsgeschäft betreiben wollen, dürfen dies nur im **Rahmen** der **gesetzlichen** und **aufsichtsbehördlichen Vorgaben.** 71

Sollten InsurTechs oder BigTechs als Risikoträger zukünftig Versicherungsgeschäfte betreiben wollen und hierfür zunächst einen Versicherer mit entsprechender **Erlaubnis** gründen wollen, müssen sie sämtliche allgemeinen aufsichtsrechtlichen Voraussetzungen für die Erlangung einer Erlaubnis erfüllen. Die Ausgestaltung eines Risikoträgers mit weitestgehend datengetriebenem Geschäftsmodell und entsprechend schlanker Personal- und Kostenstruktur **privilegieren** in keiner Weise in aufsichtsrechtlicher Hinsicht. 72

VI. Ausblick

Fraglich wird sein, ob sich Versicherer zumindest in Teilbereichen zukünftig den datengetriebenen **Geschäftsmodellen** der **BigTechs** annähern können, um neue Geschäftsfelder und Ertragsquellen zu erschließen. So könnte ein Versicherungsunternehmen zB die Daten, die im Rahmen eines Telematiktarifs erhoben werden und über die es Verfügungsgewalt hat, anonymisiert an interessierte Unternehmen verkaufen.[114] Die erhobenen Telematikdaten könnten an Kfz-Händler, Gesundheitsdaten aus Wearables an Fitnesscenter-Betreiber veräußert werden.[115] 73

Diese Möglichkeit hat die BaFin auch schon erkannt und als **regelungsbedürftig** angesehen. So hat die Aufsicht klargestellt, dass Versicherungsunternehmen beim Verkauf von anonymisierten Datenpaketen insbesondere das Verbot des **versicherungsfremden Geschäfts** zu berücksichtigen haben.[116] Nach aktueller Gesetzeslage ist in der Tat ein Verkauf von anonymisierten Datenmengen durch das Versicherungsunternehmen selbst nicht zulässig. Denkbar erscheint lediglich, dass ein Versicherungsunternehmen den Datenkauf über ein Tochterunternehmen abwickelt. Voraussetzung hierfür ist, dass das Tochterunternehmen rechtlich und wirtschaftlich unabhängig ist und gerade auch im Verhältnis von Mutter- und Tochterunternehmen datenschutzrechtliche Vorgaben beachtet werden. Dies aber wird eine der zentralen Hürden für den Betrieb derartiger Geschäftsmodelle sein. 74

[114] BaFin Big Data trifft auf Künstliche Intelligenz S. 11, 107.
[115] BaFin Big Data trifft auf Künstliche Intelligenz S. 107.
[116] BaFin Big Data trifft auf Künstliche Intelligenz S. 11.

Sachverzeichnis

Fette Zahlen bezeichnen die Kapitel, magere Zahlen deren Randnummern.